sein[1] [zaɪn] **1.** (*war, gewesen, sn*) *dauernd*: ser; *vorübergehend*: estar; (*vorhanden* ~) existir; ***es ist schönes Wetter*** hace buen tiempo; ***es ist drei Uhr*** son las tres; ***was ist?*** ¿qué hay?; ***da ist*** (***sind***) hay; **2.** ♀ *n* (*-s; sin pl*) ser *m*; existencia *f*

Hochzahlen (Exponenten) bei Stichwörtern mit gleicher Schreibung.

sein[2] [zaɪn] *pron* su; ***die ♀en*** los suyos; **~erseits** ['-nər'zaɪts] de su lado *od* parte; **'~es'gleichen** su igual; sus semejantes; **'~et'wegen** por él; por culpa suya

um [um] **1.** *prp* (*ac*) **a**) *örtlich*: (~ ... *herum*) alrededor de; **b**) *zeitlich*: a; (*ungefähr*) hacia, a eso de; **c**) *Grund*: (~ ... *willen*) por, a causa de; **d**) *Preis*: por, al precio de; **2.** *cj*: ***~ zu*** (*inf*) para; **3.** *adv*: ***~ und ~*** por todos lados

Angabe der Wortart,

schlagen ['ʃlɑːgən] (*schlug, geschlagen, h*) **1.** *v/t* golpear; (*prügeln*) pegar; (*besiegen*) vencer; derrotar, batir; *Schlacht*: librar; *Eier*: batir; *Sahne*: montar; ***sich ~*** reñir, pelearse; batirse; **2.** *v/i Herz*: latir, palpitar; *Uhr*: dar la hora; ***es schlägt drei*** dan las tres

ebenso transitives und intransitives Verb.

Straße ['ʃtrɑːsə] *f* (*-; -n*) calle *f*; (*Land*♀) carretera *f*; vía *f*; *mar* estrecho *m*; *fig* ***auf die ~ setzen*** poner en la calle

Die Tilde ersetzt das ganze Stichwort,

'Fließ|band ['fliːs-] *n* (*-[e]s; ¨er*) cadena *f* de montaje; **♀en** (*floss, geflossen, sn*) correr, fluir; ***~ durch*** pasar por; **♀end** *Wasser*: corriente; *Stil, Verkehr*: fluido; ***~ sprechen*** hablar con soltura

einen Teil des Stichworts,

ein Stichwort, das selbst schon mithilfe der Tilde gebildet wurde.

Rost [rɔst] *m* (*-[e]s; sin pl*) orín *m*, herrumbre *f*, óxido *m*; (*pl -e*) (*Brat*♀) parrilla *f*, gril *m*; (*Gitter*♀) rejilla *f*; **'♀en** (*ge-, sn od h*) oxidarse

Knüppel ['knypəl] *m* (*-s; -*) garrote *m*, palo *m*; (*Gummi*♀) porra *f*

Wechselt die Schreibung gegenüber dem Hauptwort von klein zu groß oder umgekehrt, steht die Kreistilde.

A B C D E F G H I J K L M N Ñ O P Q R S T U V W Z

Langenscheidt
Wörterbücher

Langenscheidt

Wörterbuch Spanisch

Spanisch – Deutsch
Deutsch – Spanisch

Herausgegeben von der
Langenscheidt-Redaktion

Langenscheidt

Berlin · München · Wien · Zürich · New York

In der neuen deutschen Rechtschreibung

Als Marken geschützte Wörter werden in diesem Wörterbuch in der Regel durch das Zeichen Wz kenntlich gemacht. Das Fehlen eines solchen Hinweises begründet jedoch nicht die Annahme, eine nicht gekennzeichnete Ware oder eine Dienstleistung sei frei.

Ergänzende Hinweise, für die wir jederzeit dankbar sind, bitten wir zu richten an:
Langenscheidt Verlag, Postfach 40 11 20, 80711 München

Druck: Clausen & Bosse, Leck
Printed in Germany
ISBN-13: 978-3-468-12344-3
ISBN-10: 3-468-12344-2

Inhaltsverzeichnis
Indice

Vorwort

2006 – Langenscheidt feiert 150-jähriges Firmenjubiläum, und aus diesem Anlass werfen wir einen Blick auf die historische Situation heute: In der zweiten Hälfte des 20. Jahrhunderts wurden die Fundamente für die Einigung Europas gelegt, beginnend mit der Gründung der Montanunion und der EWG in den Fünfzigerjahren. Den sechs Gründungsmitgliedern schlossen sich weitere Staaten an, und in der Folge erhielt die europäische Integration durch den Vertrag von Maastricht 1993 (Europäische Union, gemeinsamer Binnenmarkt), das Schengener Abkommen 1995 (Abbau der Grenzkontrollen) und die Einführung der gemeinsamen Währung 1999 weitere Impulse. Mit der Ausgabe der Euro-Banknoten und -Münzen am 1. Januar 2002 wurde der Einigungsprozess für alle europäischen Bürger zur Alltagsrealität. Das politische wie wirtschaftliche Zusammenwachsen der europäischen Staaten bringt für die Bürger zwangsläufig engeren Kontakt mit ihren Nachbarn. Sprachkenntnisse, insbesondere der in der EU gesprochenen Sprachen, sind daher heute wichtiger denn je. Dies gilt nicht nur für Urlaubsreisende, sondern insbesondere für Geschäftsleute wie auch für Techniker, Politiker, Sportler und Künstler.

Charakteristisches und damit wichtigstes Merkmal dieses Wörterbuches ist der dargebotene Wortschatz: Das Schwergewicht bei der Auswahl der über den allgemeinsprachlichen Wortschatz hinausgehenden Wörter und Wendungen lag dabei auf den Sachgebieten Wirtschaft, Handel, Reise und Büro, wobei aber auch so wichtige Gebiete wie Politik, Technik und Kultur gebührende Berücksichtigung fanden.

Ergänzt wird diese Wörterbuchausgabe durch 8 Seiten farbige Landkarten in der Buchmitte, auf denen alle geographischen Namen auf Spanisch angegeben sind. Sie sind damit ideal nicht nur zum Nachschlagen, sondern auch zum Lernen – und zum virtuellen „Verreisen mit dem Finger auf der Landkarte“.

Durch seinen breiten Wortschatz, die zahlreichen grammatischen und Aussprachehilfen in beiden Sprachrichtungen sowie die Karten ist dieses Wörterbuch eine besonders praktische Hilfe bei der Kommunikation im Beruf, auf Reisen und im Alltag des modernen Europa.

LANGENSCHEIDT VERLAG

Hinweise für die Benutzung des Wörterbuches
Indicaciones para el uso del diccionario

1. **Die alphabetische Reihenfolge** ist überall streng eingehalten. Die Umlaute ä, ö, ü wurden hierbei den Buchstaben a, o, u gleichgestellt. An alphabetischer Stelle sind auch die wichtigsten unregelmäßigen Formen der spanischen Verben angegeben.

1. **El orden alfabético** queda rigurosamente establecido. Las metafonías ä, ö, ü fueron tratadas como las vocales simples a, o, u. En el correspondiente lugar alfabético se hallan también las formas irregulares más importantes de los verbos españoles.

2. **Rechtschreibung**. Für die Schreibung der deutschen Wörter dienten als Norm die neuen amtlichen Regeln für die deutsche Rechtschreibung (Duden), gültig ab dem 1. 8. 1998, für die spanischen Wörter die Regeln der Real Academia Española.

2. **Ortografía**. Para las voces alemanas han servido de norma las nuevas reglas oficiales que rigen para la ortografía alemana (Duden) desde el 1. 8. 1998, para las españolas las reglas establecidas por la Real Academia Española.

3. **Phonetische Angaben**

   a) **Die Aussprache** der Stichwörter wird in eckigen Klammern durch die Zeichen der Association Phonétique Internationale angegeben (s. S. 13-17).

   b) **Die Betonung** der deutschen Wörter wird durch das Tonzeichen (ˈ) vor der betonten Silbe angegeben. Bei mit Tilde angehängten Stichwörtern, deren Betonung mit der des Hauptstichwortes übereinstimmt, entfällt das Tonzeichen. Bei Gruppenartikeln ist der Tonwechsel zu beachten, z. B.:

3. **Indicaciones Fonéticas**

   a) **La pronunciación** de las voces-guía se indica entre corchetes, utilizando los símbolos de la Asociación Fonética Internacional (v. págs. 13-17).

   b) **Acentuación**. La sílaba en que carga la pronunciación de las palabras alemanas ya marcada con un acento (ˈ) delante de la sílaba tónica. En las voces-guía añadidas con una tilde, cuya acentuación coincide con la de la voz-guía principal, se omite el acento ápice. Si varias palabras van reunidas en párrafo bajo una «voz-guía» (vocablo común), hay que tener en cuenta el cambio de acento, v.gr.:

über ...: ˈ≗blick; ~ˈblicken

4. **Tilde und Strich**. Abgeleitete und zusammengesetzte Wörter sind zwecks Raumersparnis oft zu Gruppen vereinigt.

4. **Tilde y Raya**. Para reservar todo el espacio disponible a las voces-guía, las palabras derivadas y compuestas se han reunido casi siempre en grupos.

Der senkrechte Strich (|) im ersten Stichwort einer solchen Gruppe trennt den Teil ab, der allen folgenden Wörtern dieser Gruppe gemeinsam ist.

La raya (|) separa de la voz-guía la parte común de todas las demás voces del grupo.

Die Tilde (~) vertritt entweder das ganze erste Stichwort einer Gruppe oder den vor dem senkrechten Strich (|) stehenden Teil dieses Stichwortes. Die Tilde vertritt außerdem in Wendungen innerhalb des Artikels das ganze, unmittelbar vorhergehende Stichwort, das selbst schon mithilfe der Tilde gebildet sein kann. Wenn sich der Anfangsbuchstabe ändert (groß in klein oder umgekehrt), steht statt der Tilde die Tilde mit Kreis (≗):

La tilde (~) sustituye la primera voz-guía entera de un grupo o bien la parte de la voz-guía que precede a la raya (|). La tilde sustituye además, en locuciones dentro del artículo, la voz-guía entera que precede inmediatamente y puede ser formada ella misma por medio de la tilde. La transformación de mayúscula en minúscula o viceversa se indica por el signo ≗:

Schuh, ~geschäft = Schuhgeschäft
Schul|ung, ~zeit = Schulzeit
Scheide, ≗n = scheiden, ***sich ~ lassen*** = sich scheiden lassen
Schema, ≗tisch = schematisch

5. **Der Bindestrich (-)** findet als Abkürzungszeichen vor der Endung -a der weiblichen Form von Substantiven Verwendung und bedeutet Ersatz des Endvokals -o der Maskulinform durch -a oder Anhängung des a an den Endkonsonanten der Maskulinform. Außerdem wird er verwendet bei Ersatz der Endung mit Akzent durch Endung ohne Akzent; z. B.:

5. **El guión (-)** se emplea como signo de abreviación delante de la letra final -a de la forma femenina de sustantivos y significa sustitución de la -o final del masculino por -a, o agregación de esta letra a la consonante final del masculino precedente. Además se usa el guión para sustituir una terminación con acento por otra sin acento; v.g.:

suizo *m*, **-a** *f* = suiza *f* Schweizer(in *f*) *m*
español *m*, **-a** *f* = española *f* Spanier(in *f*) *m*
Berliner(in *f*) *m* berlinés *m*, -esa *f* = berlinesa

6. **Wörter gleicher Schreibung**, aber von verschiedener Abstammung oder verschiedener Wortart sind getrennt aufgeführt und in solchen Fällen mit [1, 2] usw. bezeichnet worden, z. B.:

6. **Voces de igual ortografía**, pero de etimología diferente o pertenecientes a partes de la oración distintas se encuentran en apartes distintos y marcadas en tal caso con [1, 2], etc., v.g.:

Heide[1] ['haɪːdə] *m* (*-n*; *-n*) pagano *m*
'Heide[2] *f* (-; *-n*) brezal *m*; landa *f*

7. Die runden Klammern (). Wenn in einem Wort einzelne Buchstaben in runden Klammern stehen, so handelt es sich um zwei unterschiedslos gebräuchliche Formen, z. B.:

7. Los paréntesis (). Cuando en una voz ciertas letras están entre paréntesis, se trata de dos formas que se usan sin distinción de sentido, v.g.:

confes(i)onario = confesonario
confesionario = Beichtstuhl

8. Die grammatischen Bezeichnungen (*adj*, *adv*, *v/t*, *v/i*, *prp* usw.) sind da, wo beide Sprachen übereinstimmen, weggelassen worden, außer wo eine Unterscheidung notwendig war.

Das Geschlecht (*m*, *f*, *n*) ist bei allen spanischen und deutschen Substantiven angegeben.

8. Las advertencias gramaticales (*adj*, *adv*, *v/t*, *v/i*, *prp* etc.) quedan omitidas siempre que los dos idiomas concuerden entre sí, excepto cuando resulte necesaria una diferenciación.

Se indica **el género** (*m*, *f*, *n*) de todos los sustantivos españoles y alemanes.

9. Die Rektion der Verben ist nur da angegeben, wo sie in beiden Sprachen verschieden ist.

9. El régimen de los verbos se indica solamente si hay diferencia en este punto entre los dos idomas.

10. Übersetzung und Bedeutung. Die Bedeutungsunterschiede sind gekennzeichnet: durch Synonyme in runden Klammern; durch vorgesetzte spanische bzw. deutsche Ergänzungen oder Erklärungen; durch vorgesetzte Abkürzungen.

Durch Komma werden gleiche oder ähnliche Bedeutungen getrennt, das Semikolon trennt unterschiedliche Bedeutungen. Wesentliche Bedeutungsunterschiede bzw. verschiedene Wortarten werden durch Zahlen oder Buchstaben gekennzeichnet.

10. Traducción y significación de las palabras. Las diferencias de significación se indican: anteponiendo a la traducción un sinónimo entre paréntesis; por medio de complementos o explicaciones antepuestos a la traducción; por abreviaturas.

Por medio de la coma se separan significados idénticos o similares. El punto y coma separa diferentes significados. Por medio de números o letras se separan diferencias de significado considerables o bien diferentes clases de palabras.

11. Grammatische Angaben

A) Spanische Verben: Bei jedem spanischen Verb weisen die in runden Klammern stehenden Zahlen und Buchstaben auf das entsprechende Konjugationsmuster im Anhang hin (s. S. 562).

11. Instrucciones gramaticales

A) Verbos españoles: En cada verbo español, los números y letras entre paréntesis aluden al paradigma de conjugación correspondiente indicado en el apéndice (v. pág. 562).

B) Deutsche Substantive und Verben:

a) Bei jedem deutschen **Substantiv** wird die Genitiv- und die Pluralform angegeben:

Affe *m* (*-n*, *-n*) = des Affen; die Affen

Das „e“ in eckigen Klammern bedeutet, dass der Genitiv mit „s“ oder mit „es“ gebildet werden kann: Das Zeichen „¨“ bedeutet, dass in der Pluralform ein Umlaut auftritt:

Blatt *n* (*-[e]s*; *¨er*) = des Blatts, des Blattes; die Blätter

Bleibt das Substantiv im Genitiv bzw. im Plural unverändert, so wird dies mit einem Strich angegeben:

Kreisel *m* (*-s*; -) = des Kreisels; die Kreisel

Diese Angaben stehen bei Grundwörtern. Bei zusammengesetzten Wörtern stehen sie nur, wenn der entsprechende Teil an alphabetischer Stelle in der Form abweicht oder wenn dort mehrere Formen angegeben sind, die für das zusammengesetzte Wort nicht alle zutreffen:

Bank *f* (-; *-en* bzw. *¨e*)
Datenbank *f* (-; *-en*)

b) Bei allen deutschen **Verben** wird das Hilfszeitwort *„sn“* oder *„h“* (sein oder haben) angegeben. Bei regelmäßigen Grundverben ist zusätzlich angegeben, wenn das Partizip mit *„ge“* gebildet wird:

arbeiten (*ge-*, *h*) = hat gearbeitet

B) Sustantivos y verbos alemanes:

a) En cada **sustantivo** alemán se indica el genitivo y el plural:

La «e» entre corchetes significa que el genitivo se puede formar con «s» o con «es». El símbolo «¨» significa que el plural lleva vocal modificada:

Si el sustantivo permanece invariable en genitivo o bien en plural, esto se indica con un guión:

Estas indicaciones son válidas para las palabras simples. En las palabras combinadas sólo aparecen cuando la parte correspondiente en orden alfabético diverge en la forma o cuando se indican más formas, de las que no todas se aplican a la palabra combinada:

b) En todos los **verbos** alemanes se indica la abreviatura del verbo auxiliar para el perfecto *«sn»* o *«h»* («sein» o «haben»). Para los verbos simples regulares se indica además cuando se construye el participio con *«ge»*:

Bei unregelmäßigen Grundverben stehen in Klammern Imperfekt und Partizip sowie das Hilfszeitwort:

En los verbos irregulares aparecen entre paréntesis el imperfecto y el participio, así como el verbo auxiliar para el perfecto:

bringen (*brachte*, *gebracht*, *h*)

Bei zusammengesetzten Verben ist angegeben, ob im Präsens (und im Imperfekt) die Vorsilbe abgetrennt wird und ob im Partizip ein *-ge-* eingeschoben wird:

En los verbos combinados se indica si el prefijo ha de ser separado en presente (y en imperfecto) y si hay que intercalar una *«ge»* en el participio:

abfassen (*sep*, *-ge-*, *h*) = fasst(e) ab, hat abgefasst

Bei unregelmäßigen zusammengesetzten Verben ist zusätzlich *„irr"* (= unregelmäßig) sowie der Verweis auf das Grundverb angegeben:

Los verbos irregulares combinados se indican adicionalmente con *«irr»* (= irregular) así como con la referencia al verbo simple:

abschreiben (*irr*, *sep*, *-ge-*, *h* → ***schreiben***)

Die Aussprache des Spanischen

Die Aussprachebezeichnung ist in der Lautschrift der Association Phonétique Internationale wiedergegeben. Bei zwei- und mehrsilbigen Wörtern steht vor der betonten Silbe der Akzent (').

Zeichen	Wert des Zeichens	Beispiele
	A. Vokale	
a	kurzes helles **a** wie in *Abend*	mano ['mano] Hand
ɛ e	kurzes offenes **e** wie in *ändern* kurzes halb offenes **e** wie in *essen*	llover [ʎoƀɛr] regnen meseta [me'seta] Hochfläche
i ĭ	reines geschlossenes **i** wie in *hier* unbetonter Teil des Doppellauts [aĭ] wie in *Saite* unbetonter Teil des Doppellauts [ɛĭ] wie in *hebräisch* unbetonter Teil des Doppellauts [ɔĭ] wie in *heute*	mina ['mina] Bergwerk baile ['baĭle] Tanz peine ['pɛĭne] Kamm boina ['bɔĭna] Baskenmütze
ɔ o	kurzes offenes **o** wie in *Wolle* kurzes halb offenes **o** wie in *Norden*	ojo ['ɔxo] Auge oficina [ofi'θina] Büro
u ŭ	reines geschlossenes **u** wie in *Huhn* unbetonter Teil des Doppellauts [ɛŭ] wie in *Jubiläum*	pluma ['pluma] Feder deuda ['deŭđa] Schuld
	B. Konsonanten	
b ƀ	deutsches **b** wie in *Bad*, doch möglichst weich zu sprechen stimmhafter, mit beiden Lippen gebildeter Reibelaut	basta ['basta] genügt escribir [eskri'ƀir] schreiben
d đ	deutsches **d** wie in *dann*, doch möglichst weich zu sprechen stimmhafter Reibelaut, ähnlich dem englischen stimmhaften **th** in *other*	donde ['dɔnde] wo nada ['nađa] nichts

Zeichen	Wert des Zeichens	Beispiele
f	deutsches **f** wie in *Fall*	favor [fa'ƀɔr] Gunst
g ɡ	deutsches **g** wie in *Golf*, doch möglichst weich zu sprechen stimmhafter Reibelaut wie in *Hagel*	gusto ['gusto] Geschmack agua ['aɡŭa] Wasser
x	wie **ch** in *Dach*	gerente [xe'rente] Geschäftsführer jefe ['xefe] Chef
j	deutsches **j** wie in *jeder*, jedoch möglichst weich zu sprechen	yema ['jema] Eigelb
k	deutsches **k** wie in *kalt*	casa ['kasa] Haus
l	deutsches **l** wie in *Lampe*	leche ['letʃe] Milch
ʎ	mouilliertes **l** ähnlich wie in *Familie*	capilla [ka'piʎa] Kapelle
m	deutsches **m** wie in *Magen*	miel [mĭɛl] Honig
n	deutsches **n** wie in *nie*	naranja [na'raŋxa] Apfelsine
ɲ	wie **gn** in *Champagner*	España [es'paɲa] Spanien
ŋ	wie deutsches **n** vor **g** oder **k** in *Menge* oder *Anker*	tengo ['teŋgo] ich habe
p	deutsches **p** wie in *Puppe*	pastas ['pastas] Gebäck
r rr	Zungen-**r** stark gerolltes Zungen-**r**	señor [se'ɲɔr] Herr espárragos [es'parraɡos] Spargel
s z	scharfes **s** wie in *Messer*, jedoch mit leichtem Anklang an das deutsche **sch** weiches **s** wie in *Sonne*	casa ['kasa] Haus mismo ['mizmo] selbst
t	deutsches **t** wie in *Tor*	nata ['nata] Sahne
θ	stimmloser Lispellaut wie **th** in englisch *thing*	cinco ['θiŋko] fünf zapato [θa'pato] Schuh

Zeichen	Wert des Zeichens	Beispiele
ð	stimmhafter Lispellaut wie **th** in englisch *there*	juzgado [xuð'gađo] Gerichtshof
tʃ	**t** mit deutschem **sch** wie in *Pritsche*	mucho ['mutʃo] viel
w	kurzes **u,** wie **w** in englisch *ware*	software ['sɔftwɛːr] Software

Für die mit **b** und **v** beginnenden Wörter machen wir den deutschen Benutzer noch besonders darauf aufmerksam, dass der diesen beiden Buchstaben entsprechende Laut im Wörterverzeichnis logischerweise mit deutschem b (Verschlusslaut!) wiedergegeben ist, da er hier im absoluten Anlaut steht, während er im Wortgefüge wie im Wortinneren – außer nach m und n – als ƀ (Reibelaut!) zu sprechen ist, also: *babor* = ba'ƀɔr; aber: *el babor* = el ƀa'ƀɔr; *vivienda* = bi'ƀĭenda, *la vivienda* = la ƀi'ƀĭenda – neben: *viento* ['bĭento] und *un viento* [um 'bĭento].

Das Gleiche gilt für **d**: im Vokabelanfang = d, im Wortgefüge wie im Wortinneren = đ – außer nach l und n, also: *deuda* = 'deŭđa, aber: *la deuda* = la đeŭđa – neben: *dedo* ['deđo], *el dedo* [el 'deđo] und *un dedo* [un 'deđo]. Am Wortende ist đ kaum hörbar: usted [us'teđ].

Das spanische Alphabet

A a	B b	C c	Ch ch	D d	E e	F f	G g	H h	I i	J j	K k
a	be	θe	tʃe	de	e	'efe	xe	'atʃe	i	'xota	ka
L l	Ll ll	M m	N n	Ñ ñ	O o	P p	Q q	R r	S s	T t	U u
'ele	'eʎe	'eme	'ene	'eɲe	o	pe	ku	'ere	'ese	te	u

V v	W w	X x	Y y	Z z
'uƀe	'doƀle'uƀe	'ekis	i'grĭega	'θeđa

Beim Nachschlagen im spanisch-deutschen Wörterbuch ist darauf zu achten, dass im spanischen Alphabet ñ als eigener Buchstabe auf n folgt.

Hingegen gelten seit 1994 ch und ll im Spanischen nicht mehr als eigene Buchstaben und sind hier dementsprechend wie im Deutschen in c und l eingeordnet.

La pronunciación de las palabras alemanas

según el sistema de la Asociación Fonética Internacional

a) Vocales:

(Las vocales seguidas de dos puntos son largas [aː], las demás breves [a]).

aː como la **â** francesa en **â**me; más larga que la **a** en m**a**dre.
a más breve que la **a** en b**a**rco.
eː más cerrada y larga que la **e** en Jos**é**.
e cerrada y breve como la **e** en d**e**bido.
ɛː abierta y larga como la **è** francesa en m**è**re.
ɛ abierta y breve como la **e** en p**e**rro.
ə (sólo en sílabas átonas); más breve y relajada que la **e** en bail**e**; suena como la **e** francesa en sabr**e**.
iː más larga que la **i** en sal**i**da.
ɪ más breve y abierta que la **i** en c**i**rco.
o cerrada y breve como la **o** en p**ó**liza.
oː más cerrada y larga que la **o** en c**o**la; suena como la **ô** francesa en c**ô**te.
ɔ abierta y breve como la **o** en g**o**rra.
ø más cerrada y larga que la **eu** francesa en qu**eu**e.
œ abierta y breve como la **eu** francesa en m**eu**rtre o la **u** inglesa en hurt.
uː más larga que la **u** en n**u**be.
ʊ breve como la **u** en s**u**spiro.
yː larga como la **û** francesa en s**û**r.
ʏ breve como la **u** francesa en b**u**t.
ã, ɛ̃, ɔ̃, œ̃: vocales de sonido nasal como en las palabras francesas pl**an**, f**in**, b**on**, br**un**; no se encuentran sino en extranjerismos de origen francés.
ʔ significa que la vocal que sigue se pronuncia con una ligera aspiración, v. gr. Beamte [bəˈʔamtə].

b) Diptongos:

aɪ como **ai** en b**ai**le.
aʊ como **au** en **au**la.
ɔʏ como **oi** en b**oi**na.

c) Consonantes:

k, p, t: como en **k**ilo, **p**adre, **t**ío; al principio de una sílaba tónica se pronuncian con una ligera aspiración.
b, d, g: como en em**b**argo, sol**d**ar, ¡**g**racias!
f, v: como en **f**alta, u**v**a.
s como la **s** sorda en **s**anto.
z como la **s** sonora en Li**s**boa, pero pronunciada con más fuerza.
ts como **ts** en **ts**e-**ts**é (mosca africana) o la **z** italiana en raga**zz**o.
x como la **j** en ba**j**o.
ç sonido palatal que no existe en el idioma español; es el sonido sordo que corresponde al sonido sonoro de la letra **y** en **y**erro.
j como la **y** en a**y**uda o la **i** en p**i**erna.
ʃ como **sh** en la voz inglesa **sh**ip o como **ch** en la palabra francesa **ch**anson.
ʒ como la **g** francesa en **g**êne; no se encuentra sino en extranjerismos de origen francés.
m, n, l: como en **m**adre, **n**oche, **l**ago.
ŋ sonido nasal como el de la **n** en bla**n**co.
r se pronuncia en algunas regiones como la **r** española en mi**r**to; pero en la mayor parte de Alemania tiene un sonido uvular o gutural como la **r** francesa.
w una **u** corta como la **w** en inglés **we**
h aspiración al principio de una palabra o sílaba, más fuerte que la **h** francesa en **h**âte; su sonido tiene cierta semejanza con el de la **j** española.

d) Acentuación:

El acento prosódico va colocado delante de la sílaba, en la cual debe cargar, v.gr. fordern [ˈfɔrdərn], Forelle [foˈrɛlə].

Dos acentos indican acentuación ambigua, v.gr. grundverschieden [ˈgruntfɛrˈʃiːdən].

e) Advertencias:

Un guión sustituye una sílaba ya transcrita en las transcripciones precedentes, v.gr. Witz [vits]; ~bold ['-bɔlt]; direkt [di'rɛkt]; ≗or [-'-tɔr].

Por falta de espacio prescindimos de la transcripción fonética de palabras compuestas como Briefkasten, Absicht, visto que la pronunciación de cada uno de sus elementos se indica en el respectivo lugar alfabético: Brief, Kasten, ab, Sicht.

Lista de los sufijos y desinencias

más usuales, cuya transcripción, por falta de espacio, no se incluye en el texto del diccionario:

-bar(keit) [-baːr(kaɪt)]
-ei [-'aɪ]
-el, -eln(d) [-əl, -əln(t)]
-en, -ens... [-ən(s...)]
-end, -ende(r) [-ənt, -əndə(r)]
-er(in), -erisch [ər(in), -əriʃ]
-ern [-ərn]
-et [-ət]
-haft(s...), -haftigkeit [-haft(s...), -haftiçkaɪt]
-heit(s...) [-haɪt(s...)]
-ieren [-'iːrən]
-ig [-iç], **-igen** [-igən], **-ige(r)** [-igə(r)], **-igkeit** [-içkaɪt], **-igt** [-içt], **-igung** [-iguŋ]
-in [-in]
-isch [-iʃ]
-istisch [-'istiʃ]
-keit(s...) [-kaɪt(s...)]
-lich(keit) [-liç(kaɪt)]
-los, -losigkeit [-loːs, -loːziçkaɪt]
-nis [-nis]
-sal [-zaːl]
-sam(keit) [-zaːm(kaɪt)]
-schaft(s...) [-ʃaft(s...)]
-ste(l), -stens [-stə(l), -stəns]
-te(l), -tens [-tə(l), -təns]
-tum [-tuːm]
-ung(s...) [-uŋ(s...)]

El alfabeto alemán

A a	B b	C c	D d	E e	F f	G g	H h	I i	J j	K k
aː	beː	tseː	deː	eː	'ɛf	geː	haː	iː	jɔt	kaː
L l	M m	N n	O o	P p	Q q	R r	S s	(ß)	T t	U u
ɛl	ɛm	ɛn	oː	peː	kuː	ɛr	ɛs	(ɛs-tsɛt)	teː	uː
V v	W w	X x	Y y	Z z						
faʊ	veː	iks	'ypsilon	tsɛt						

A

A, **a** *f* [a] A, a *n*

a [a] *prp* **1.** (*lugar*) ***a la mesa*** am Tisch, bei Tisch; ***a la puerta*** an der Tür; ***a la derecha*** rechts; ***al sol*** in der Sonne; ***a tres kilómetros de Madrid*** drei Kilometer von Madrid (entfernt); **2.** (*dirección*) ***a casa*** nach Hause; ***al cine*** ins Kino; ***a Francia*** nach Frankreich; ***ir a la escuela*** (***a la cama***, ***al médico***) zur Schule (ins *od* zu Bett, zum Arzt) gehen; ***a la izquierda*** nach links; **3.** (*tiempo*) ***a las tres*** um drei (Uhr); ***de once a doce*** von elf bis zwölf; ***a la llegada del tren*** bei Ankunft des Zuges; ***a medianoche*** um Mitternacht; ***a los diez años*** mit (*od* nach) zehn Jahren; ***estamos a dos de junio*** heute ist der 2. Juni; **4.** (*modo*) ***a pie*** zu Fuß; ***a mano*** mit der Hand; ***a la española*** auf spanische Art; **5.** (*precio*) ***¿a cómo*** (***está***)***?***, ***¿a cuánto*** (***está***)***?*** wie teuer ist das?, was kostet das?; ***a mil pesetas el kilo*** das Kilo zu tausend Peseten, **6.** *Akkusativobjekt* (*bei Personen*): ***he visto a mi amigo*** ich habe meinen Freund gesehen; *Dativobjekt*: ***lo doy a mi madre*** ich gebe es meiner Mutter

ábaco ['abako] *m* Rechenbrett *n* (*mit Kugeln*); *arqu* Kapitelplatte *f*

abad [a'bađ] *m* Abt *m*

aba|desa [aƀa'đesa] *f* Äbtissin *f*; **~día** [-'đia] *f* Abtei *f*

abajo [a'ƀaxo] *adv* (*dirección*) herunter, hinunter, hinab; (*lugar*) unten; ***más ~*** weiter unten; ***hacia ~*** nach unten, abwärts; ***de diez para ~*** unter zehn; ***el ~ firmante*** der Unterzeichnete

abalanzarse [aƀalan'θarse] (*1f*): ***~ sobre*** herfallen über (*ac*); sich stürzen auf (*ac*)

abalorio [aba'lorĭo] *m* Glasperle *f*

abanderado [aƀande'rađo] *m* Fahnenträger *m*; *fig* Anführer *m*

abandon|ado [aƀando'nađo] verlassen; (*descuidado*) verwahrlost; **~ar** [-'nar] (*1a*) verlassen; im Stich lassen; (*renunciar*) aufgeben; **~arse** sich gehen lassen; **~o** [-'dono] *m* (*renuncia*) Aufgabe *f*, Verzicht *m*; (*descuido*) Verwahrlosung *f*; Verlassenheit *f*; (*de la energía nuclear*) Ausstieg *m*

abani|car [aƀani'kar] (*1g*) fächeln; **~co** [-'niko] *m* Fächer *m*; *fig* Palette *f*

abarata|miento [aƀarata'mĭento] *m* Verbilligung *f*; **~r** [-'tar] (*1a*) verbilligen; **~rse** billiger werden

abarcar [aƀar'kar] (*1g*) *a fig* umfassen, umschließen; enthalten; **~** (***con la vista***) überblicken

abarrota|do [aƀarrɔ'tađo] überfüllt, F gerammelt voll; **~r** [-'tar] (*1a*) (*llenar*) vollstopfen; füllen

abaste|cedor [aƀasteθe'đɔr] *m* Lieferant *m*; **~cer** [-'θɛr] (*2d*) beliefern, versorgen (***mit*** *dat* de); **~cerse *de*** sich eindecken mit (*dat*); **~cimiento** [-θi'mĭento] *m* Versorgung *f*, (Be-)Lieferung *f*; ***~ energético*** Energieversorgung *f*

abasto [a'ƀasto] *m* Versorgung *f* (*bsd mit Lebensmitteln*); ***mercado*** *m* ***de ~s*** Markt(platz) *m*; ***no dar ~*** es nicht schaffen; nicht fertig werden (mit *dat* ***a***, ***con***)

abate [a'ƀate] *m* Abbé *m*

aba|tible [aƀa'tiƀle] Klapp..., Kipp...; ***asiento*** *m* **~** Liegesitz *m* (*auto*); **~tido** [-'tiđo] mutlos, niedergeschlagen; **~timiento** [-ti'mĭento] *m* Niedergeschlagenheit *f*; **~tir** [-'tir] (*3a*) niederreißen; *avia* abschießen; (*persona*) entmutigen

abdica|ción [aƀđika'θĭɔn] *f* Abdankung *f*; Verzicht *m*; **~r** [-'kar] (*1g*) abdanken; ***~ de*** aufgeben

abdom|en [aƀ'đomen] *m* Unterleib *m*; Bauch *m*; **~inal** [aƀđomi'nal] Bauch..., Unterleibs...; ***cavidad*** *f* **~** Bauchhöhle *f*

abecé [aƀe'θe] *m* Alphabet *n*, Abc *n*; *fig* Anfangsgründe *m*/*pl*

abecedario [aƀeθe'đarĭo] *m* Alphabet *n*; (*libro*) Fibel *f*

abedul [aƀe'đul] *m* Birke *f*

abe|ja [a'ƀexa] *f* Biene *f*; ***~ reina*** Bienenkönigin *f*, Weisel *m*; **~ *obrera*** Arbeitsbiene *f*; **~jarrón** [-xa'rrɔn] *m*, **~jón** [-'xɔn] *m* Drohne *f*; Hummel *f*; **~jorro** [-'xɔrrɔ] *m* Hummel *f*; Maikäfer *m*

aberración [aƀɛrra'θĭɔn] *f* Abweichung *f*, *fig* Verirrung *f*

abertura [aƀɛr'tura] *f* Öffnung *f*; Riss *m*; Spalt *m*; Schlitz *m*

abeto [a'ƀeto] *m* Tanne *f*; **~ *blanco*** Edeltanne *f*; **~ *rojo*** Fichte *f*

abierto [a'ƀĭɛrto] offen, geöffnet; *fig* offenherzig; **~ *a a/c*** aufgeschlossen für et (*ac*); **~ *a mediodía*** durchgehend geöffnet

abigarrado [aƀiga'rrađo] bunt, buntscheckig

abisal [aƀi'sal] Tiefsee...

abis|mado [aƀiz'mađo] *fig* **~ *en*** versunken in (*ac*); **~mal** [-'mal] *fig* abgrundtief; **~marse** [-'marse] (*1a*) sich versenken (in *ac* ***en***); **~mo** [a'ƀizmo] *m a fig* Abgrund *m*; Kluft *f*; ***estar al borde del ~*** am Rande des Abgrunds stehen (*a fig*)

abjuración [aƀxura'θĭɔn] *f* Abschwören *n*; Widerruf *m*

ablandar [aƀlan'dar] (*1a*) weich machen, aufweichen; *fig* besänftigen, beschwichtigen; **~se** weich werden (*a fig*)

ablución [aƀlu'θĭɔn] *f* Waschung *f* (*a rel*)

abnega|ción [aƀnega'θĭɔn] *f* Selbstverleugnung *f*, Entsagung *f*; **~do** [-'gađo] selbstlos

abobado [aƀo'ƀađo] dumm

abocado [aƀo'kađo] süffig (*vino*); **~ *al fracaso*** zum Scheitern verurteilt

abochorna|do [aƀotʃɔr'nađo] beschämt; **~r** [-'nar] (*1a*) erhitzen; *fig* beschämen; **~rse** schwül werden; *fig* sich schämen

abofetear [aƀofete'ar] (*1a*) ohrfeigen

aboga|cía [aƀoga'θia] *f* Anwaltschaft *f*; **~da** [-'gađa] *f* (Rechts-)Anwältin *f*; **~do** [-'gađo] *m* (Rechts-)Anwalt *m*; *fig* Fürsprecher *m*; **~ *del Estado*** Rechtsvertreter des Staates; **~ *de oficio*** Pflichtverteidiger; **~r** [-'gar] (*1h*) *fig*: **~ *por*** sich einsetzen, eintreten, plädieren für

abolengo [aƀo'leŋgo] *m* Abstammung *f*; ***de rancio ~*** aus altem Adel; alteingesessen

aboli|ción [aƀoli'θĭɔn] *f* Abschaffung *f*, Aufhebung *f*; **~r** [-'lir] (*3a*) abschaffen, aufheben

aboll|adura [aƀoʎa'đura] *f* Beule *f*; **~ar** [-'ʎar] (*1a*) verbeulen

abombar [aƀɔm'bar] (*1a*) wölben, ausbauschen

abomi|nable [aƀomi'naƀle] abscheulich; scheußlich; **~nación** [-na'θĭɔn] *f* Abscheu *m*; Gräuel *m*; **~nar** [-'nar] (*1a*) verabscheuen

abona|ble [aƀo'naƀle] *com* zahlbar; **~do** [-'nađo] *m* Abonnent *m*; *tel* Teilnehmer *m*; *agr* Düngung *f*

abo|nar [aƀo'nar] (*1a*) *com* (be)zahlen; *agr* düngen; **~ *en cuenta*** gutschreiben; **~narse** [-'narse] (*1a*) abonnieren (*ac* ***a***); **~no** [a'ƀono] *m* (Be-)Zahlung *f*; Vergütung *f*; *teat* Abonnement *n*; *ferro* Zeitkarte *f*; *agr* Dünger *m*; **~ *en cuenta*** Gutschrift *f*

abor|dable [aƀɔr'đaƀle] zugänglich (*a fig*); **~daje** *mar* [-'đaxe] *m* Entern *n*; **~dar** [-'đar] (*1a*) **1.** *v/t mar* entern, rammen; (*tema*) anschneiden, zur Sprache bringen; (*asunto*) in Angriff nehmen; (*persona*) ansprechen; **2.** *v/i mar* anlegen

abo|rigen [aƀo'rixen] **1.** *adj* einheimisch; **2. ~rígenes** *m/pl* Ureinwohner *m/pl*

aborre|cer [aƀɔrre'θɛr] (*2d*) verabscheuen, hassen; **~cible** [-'θiƀle] abscheulich, hassenswert; **~cimiento** [-θi'mĭento] *m* Abneigung *f*; Abscheu *m*

abor|tado [aƀɔr'tađo] *fig* missglückt, gescheitert; **~tar** [-'tar] (*1a*) abtreiben; (*espontáneamente*) e-e Fehlgeburt haben; *fig* misslingen, fehlschlagen; **~tivo** [-'tiƀo] *m* Abtreibungsmittel *n*; **~to** [a'ƀɔrto] *m* Fehlgeburt *f*; **~ *provocado*** Abtreibung *f*

abotonar [aƀoto'nar] (*1a*) **1.** *v/t* zuknöpfen; **2.** *v/i* Knospen treiben

aboveda|do [aƀoƀe'đađo] gewölbt; **~r** [-'đar] (*1a*) überwölben

abrasa|dor [aƀrasa'đɔr] brennend, sengend; **~r** [-'sar] (*1a*) (ver)brennen; stechen (*sol*); *fig* verzehren; **~rse** verbrennen; **~ *de sed*** (***calor***) vor Durst (Hitze) vergehen *od* F umkommen

abrasivo *tec* [aƀra'siƀo] *m* Schleifmittel *n*

abra|zadera [aƀraθa'đera] *f* Klammer *f*; Rohrschelle *f*, Muffe *f*; **~zar** [-'θar] (*1f*) umarmen; *a fig* umfassen; **~zo** [a'ƀraθo] *m* Umarmung *f*; ***dar un ~*** umarmen

abre|cartas [aƀre'cartas] *m* Brieföffner *m*; **~latas** [-'latas] *m* Büchsen-, Dosenöffner *m*

abre|vadero [aƀreƀa'đero] *m* Tränke *f*; **~var** [-'ƀar] (*1a*) tränken

abrevia|r [aƀre'ƀĭar] (*1b*) (ab-, ver-)kürzen; **~tura** [-ƀĭa'tura] *f* Abkürzung *f*

abridor [aƀri'đor] *m* (Flaschen-)Öffner *m*

abri|gado [aƀri'gađo] warm angezogen; (*sitio*) geschützt; **~gar** [-'gar] (*1h*) (*proteger*) schützen (vor *dat* **de**); (*ropa*) warm halten; (*esperanza*) hegen; **~garse** sich zudecken; sich warm anziehen; **~go** [a'ƀrigo] *m* Schutz *m* (*a fig*); (*prenda*) Mantel *m*; ***~ de entretiempo*** Übergangsmantel *m*; ***ropa*** *f* ***de ~*** warme Wäsche (*od* Kleidung) *f*; ***al ~ de*** geschützt vor (*dat*)

abril [a'ƀril] *m* April *m*

abrillanta|dor [aƀriʎanta'đɔr] *m* Diamantenschleifer *m*; (*detergente*) Klarspülmittel *n*; **~r** [-'tar] (*1a*) polieren, auf Hochglanz bringen

abrir [a'ƀrir] (*3a*; *part* ***abierto***) öffnen, aufmachen; (*libro*) aufschlagen; (*túnel, canal*) bauen; (*camino*) anlegen; (*cuenta, sesión, etc*) eröffnen; *fig* ***~ camino*** e-n Weg bahnen; ***~ los ojos*** staunen, große Augen machen; ***~ el apetito*** Appetit machen; ***~ paso*** Platz machen; ***a medio ~*** halb geöffnet; ***en un ~ y cerrar de ojos*** im Nu; **~se** sich öffnen; (*puerta*) aufgehen; ***~ a alg*** j-m sein Herz ausschütten; ***~ paso*** sich durchdrängen; *fig* s-n Weg machen, sich durchsetzen

abrochar [aƀro'tʃar] (*1a*) zuknöpfen, zuhaken; (*zapatos*) zuschnüren

abroga|ción [aƀroga'θĭɔn] *f* Aufhebung *f*; Abschaffung *f*; **~r** [-'gar] (*1h*) aufheben, abschaffen, außer Kraft setzen

abruma|dor [aƀruma'đɔr] drückend; lästig; **~r** [-'mar] (*1a*) bedrücken, belasten; ***~ de reproches*** mit Vorwürfen überschütten; ***~ de*** (*od* ***con***) ***trabajo*** mit Arbeit überlasten; **~rse** neblig werden

abrupto [a'ƀrupto] steil; *a fig* schroff

absceso [aƀs'θeso] *m* Abszess *m*

abscisa *mat* [aƀs'θisa] *f* Abszisse *f*

absentismo [aƀsen'tizmo] *m* Absentismus *m*, Fernbleiben *n* von der Arbeit

ábside *arqu* ['aƀside] *m* Apsis *f*

absolu|ción [aƀsolu'θĭɔn] *f jur* Freispruch *m*; *rel* Lossprechung *f*, Absolution *f*; **~tamente** [-luta'mente] absolut, durchaus; ***~ nada*** gar nichts; **~tismo** [-lu'tizmo] *m* Absolutismus *m*; **~to** [-'luto] absolut, völlig; unumschränkt; ***en ~*** durchaus nicht, überhaupt nicht

absolver [aƀsɔl'ƀɛr] (*2h*; *part* ***absuelto***) *jur* freisprechen; *rel* lossprechen

absor|bente *quím* [aƀsɔr'ƀente] saugfähig; absorbierend; *fig* verzehrend; **~ber** [-'ƀɛr] (*2a*) ein-, aufsaugen, *a fig* aufnehmen, absorbieren; *fig* ganz in Anspruch nehmen; fesseln; **~ción** [-'θĭɔn] *f quím* Absorption *f*; Ein-, Aufsaugung *f*; *fig* Aufnahme *f*; **~to** [aƀ'sɔrto] *fig* versunken (in *ac* **en**)

abstemio [aƀs'temĭo] **1.** *adj* abstinent; **2.** *m* Abstinenzler *m*

abste|nción [aƀsten'θĭɔn] *f* Enthaltung *f*, Verzicht *m*; *pol* Stimmenthaltung *f*; **~nerse** [-'nɛrse] (*2l*): ***~ de*** sich enthalten (*gen*); verzichten auf (*ac*); ***~ (de votar)*** sich der Stimme enthalten

abstinen|cia [aƀsti'nenθĭa] *f* Enthaltsamkeit *f*; Abstinenz *f*; **~te** [-'nente] enthaltsam; mäßig

abstrac|ción [aƀstrag'θĭɔn] *f* Abstraktion *f*; ***hacer ~ de*** außer Acht lassen; ***~ hecha de*** abgesehen von (*dat*); **~to** [-'trakto] abstrakt (*a pint*)

abstra|er [aƀstra'ɛr] (*2p*) abziehen, abstrahieren; **~erse** sich vertiefen, sich versenken (in *ac* ***en***); **~ído** [-'iđo] gedankenverloren; zerstreut

abstruso [aƀs'truso] abstrus, schwer verständlich; verworren

absuelto *jur* [aƀ'sŭɛlto] freigesprochen

absurdo [aƀ'surđo] **1.** *adj* absurd; ungereimt; widersinnig; **2.** *m* Ungereimtheit *f*; Widersinn *m*

abubilla [aƀu'ƀiʎa] *f* Wiedehopf *m*

abuche|ar [aƀutʃe'ar] (*1a*) *v/t* auspfeifen, -zischen, -buhen; **~o** [-'tʃeo] *m* Auspfeifen *n*, -zischen *n*, -buhen *n*

abue|la [a'ƀŭela] *f* Großmutter *f*; F ***¡que se lo cuente a su ~!*** machen Sie das einem andern weis!; **~lo** [a'ƀŭelo] *m* Großvater *m*; **~s** *m/pl* Großeltern *pl*

ab|ulia [a'ƀulĭa] *f* Willenlosigkeit *f*, Willensschwäche *f*; **~úlico** [a'ƀuliko] willensschwach

abulta|do [aƀul'tađo] dick; sperrig, Platz raubend; **~r** [-'tar] (*1a*) **1.** *v/t fig* übertreiben, aufbauschen; **2.** *v/i* viel Platz einnehmen

abun|damiento [aƀunda'mĭento] *m*: ***a mayor ~*** zu allem Überfluss; **~dancia** [-'danθĭa] *f* Überfluss *m*; Fülle *f*; ***en ~*** in Hülle und Fülle; **~dante** [-'dante] reichlich; reichhaltig; **~dar** [-'dar] (*1a*) reichlich vorhanden sein

aburguesa|do [aƀurge'sađo] bürgerlich; *desp* spießig; **~rse** [-'sarse] (*1a*) verbürgerlichen; *desp* verspießern

aburri|do [aƀu'rriđo] langweilig; **~miento** [-rri'mĭento] *m* Langeweile *f*; **~r** [-'rrir] (*3a*) langweilen

abu|sar [aƀu'sar] (*1a*): ***~ de a/c*** et missbrauchen; ***~ de alg*** j-n ausnützen; ***~ de una mujer*** e-e Frau missbrauchen; **~sivo** [-'siƀo] missbräuchlich; ***precio ~*** Wucherpreis *m*; **~so** [a'ƀuso] *m* Missbrauch *m*; ***~ de autoridad*** Amts-, Ermessensmissbrauch *m*; ***~ de confianza*** Vertrauensbruch *m*; ***~s deshonestos*** unzüchtige Handlungen *f/pl*

abyec|ción [aƀjɛg'θĭɔn] *f* Verworfenheit *f*; **~to** [-'jɛkto] verworfen; niederträchtig, gemein

acá [a'ka] *adv* hierher; ***~ y allá*** hier und dort; ***de ~ para allá*** hin und her; ***¡ven ~!*** komm her!

acaba|do [aka'ƀađo] **1.** *adj* fertig, vollendet; (*persona*) erledigt; ***producto m ~*** Fertigware *f*; **2.** *m tec* Endverarbeitung *f*; Finishing *n*; **~lladero** [-ƀaʎa'đero] *m* Gestüt *n*; **~miento** *m* Ende *n*; Vollendung *f*; Abschluss *m*

acabar [aka'ƀar] (*1a*) (be)enden, abschließen, vollenden, fertig stellen; ***~ con alg*** j-n erledigen; ***~ con a/c*** fertig sein mit et; *fig* mit et Schluss machen; ***~ de hacer a/c*** et soeben getan haben; ***~ por hacer a/c*** schließlich et tun; ***no acabo de comprender*** ich verstehe einfach nicht; ***~ en*** enden, auslaufen in (*ac*); ***~ en punta*** spitz zulaufen; ***~ bien*** gut ausgehen; ***(él) va a ~ mal*** es wird ein schlimmes Ende mit ihm nehmen; ***es cosa de nunca ~*** das nimmt ja kein Ende; ***¡acaba ya!*** nun mach doch endlich!; **~se** zu Ende gehen

acacia [a'kaθĭa] *f* Akazie *f*

aca|demia [aka'đemĭa] *f* Akademie *f*; Privatschule *f*; ***~ de idiomas*** Sprachenschule *f*; **~démico** [-'đemiko] **1.** *adj* akademisch; **2.** *m* Mitglied *n* e-r Akademie

acae|cer [akae'θɛr] (*2d*) geschehen, sich ereignen; **~cimiento** [-θi'mĭento] *m* Ereignis *n*, Begebenheit *f*

acallar [aka'ʎar] (*1a*) zum Schweigen bringen; beschwichtigen; **~se** sich beruhigen

acalora|do [akalo'rađo] hitzig, heftig; **~miento** [-ra'mĭento] *m* Erhitzung *f*; *fig* Eifer *m*; **~r** [-'rar] (*1a*) erhitzen; *fig* erregen; **~rse** sich erhitzen; *fig* sich ereifern

acampada [akam'pađa] *f* Zelten *n*

acampanado [akampa'nađo] glockenförmig; ***falda f -a*** Glockenrock *m*

acampar [akam'par] (*1a*) *v/i* zelten, kampieren

acanala|do [akana'lađo] gerillt; **~dura** [-'đura] *f* Rille *f*; Auskehlung *f*; **~r** [-'lar] (*1a*) auskehlen, riefeln

acantilado [akanti'lađo] **1.** *adj* steil (*costa*); **2.** *m* Steilküste *f*

acanto [a'kanto] *m bot* Bärenklau *m*; *arqu* Akanthus *m*

acapara|dor [akapara'đɔr] *m* Aufkäufer *m*, Hamsterer *m*; **~r** [-'rar] (*1a*) aufkaufen, hamstern; *fig* an sich reißen

acariciar [akari'θĭar] (*1b*) liebkosen; streicheln; ***~ una idea*** mit e-m Gedanken spielen; ***~ una esperanza*** e-e Hoffnung hegen

ácaro ['akaro] *m* Milbe *f*

acarre|ar [akarrɛ'ar] (*1a*) transportieren, befördern; *fig* verursachen, nach sich ziehen; **~o** [-'rrɛo] *m* Beförderung *f*; Anlieferung *f*; (*precio*) Rollgeld *n*

acaso [a'kaso] vielleicht; ***por si ~*** falls (etwa); für alle Fälle

acata|miento [akata'mĭento] *m* (*de una ley, etc*) Befolgung; **~r** [-'tar] (*1a*) (*ley, regla*) befolgen, einhalten

acatarrarse [akata'rrarse] (*1a*) sich erkälten

acaudalado [akaŭđa'lađo] reich, vermögend, wohlhabend

acaudillar [akaŭđi'ʎar] (*1a*) anführen, befehligen

acceder [agθe'dɛr] (*2a*) zustimmen; einwilligen (in *ac* ***a***)

accesible [agθe'siƀle] zugänglich; (*precio*) erschwinglich

accésit [ag'θesit] *m* Nebenpreis *m*, Trostpreis *m*

acceso [ag'θeso] *m* Zutritt *m*, Zugang *m*; *inform* Zugriff *m*; *med u fig* Anfall *m*; **~ *a la autopista*** Autobahnzubringer *m*; ***de difícil* ~** schwer zugänglich; **~rio** [-'sorĭo] **1.** *adj* nebensächlich, Neben...; **2. ~*s*** *m/pl* Zubehör *n*; (*moda*) Accessoires *n/pl*; *teat* Requisiten *n/pl*

acciden|tado [agθiđen'tađo] **1.** *adj* verunglückt; (*viaje*, *etc*) voller Zwischenfälle; (*terreno*) hügelig, uneben; **2.** *m* Verunglückte(r) *m*; **~tal** [-'tal] (*casual*) zufällig; (*secundario*) unwesentlich; **~tarse** [-'tarse] (*1a*) verunglücken; **~te** [-'đente] *m* Unfall *m*; (*del terreno*) Unebenheit *f*; *mús* Vorzeichen *n*; **~ *de tráfico*** Verkehrsunfall *m*

acción [ag'θĭɔn] *f* Handlung *f*; Tat *f*; (*efecto*) Wirkung *f*; *com* Aktie *f*; **~ *concertada*** konzertierte Aktion *f*; ***entrar en* ~** in Aktion treten; ***poner en* ~** in Betrieb setzen

acciona|miento *tec* [agθĭona'mĭento] *m* Antrieb *m*; **~r** [-'nar] (*1a*) antreiben, betätigen

accionista [agθĭo'nista] *m* Aktionär *m*

acebo [a'θeƀo] *m* Stechpalme *f*

acech|ar [aθe'tʃar] (*1a*) auflauern (*dat*); **~o** [a'θetʃo] *m* Auflauern *n*; (*caza*) Anstand *m*; ***al* ~** auf der Lauer; ***ponerse al* ~** sich auf die Lauer legen

acedera [aθe'đera] *f* Sauerampfer *m*

acei|tar [aθɛĭ'tar] (*1a*) ölen, schmieren; **~te** [a'θɛĭte] *m* Öl *n*; **~ *de oliva*** Olivenöl *n*; **~ *de hígado de bacalao*** Lebertran *m*; **~ *mineral*** Mineralöl *n*; **~ *pesado*** Schweröl *n*; **~ *solar*** Sonnenöl *n*; **~ *vegetal*** Pflanzenöl *n*; **~tera** [-'tera] *f* Ölkanne *f*; **~tuna** [-'tuna] *f* Olive *f*

acelera|ción [aθelera'θĭɔn] *f* Beschleunigung *f*; **~dor** [-ra'đɔr] *m auto* Gaspedal *n*; **~r** [-'rar] (*1a*) beschleunigen (*a fig*)

acelga *bot* [a'θɛlga] *f* Mangold *m*

acen|to [a'θento] *m* Akzent *m*, Betonung *f*; *fig* Nachdruck *m*; **~tuar** [aθen'tŭar] (*1e*) betonen, hervorheben; **~tuarse** sich verschärfen; zunehmen

acepción [aθɛƀ'θĭɔn] *f* Bedeutung *f*; ***sin* ~ *de personas*** ohne Ansehen der Person

acepilladora [aθepiʎa'đora] *f* Hobelmaschine *f*

acepta|ble [aθɛp'taƀle] annehmbar; **~ción** [-ta'θĭɔn] *f* Annahme *f*; Anerkennung *f*; *com* Akzept *n*; **~nte** [-'tante] *m* Akzeptant *m*; **~r** [-'tar] (*1a*) annehmen; *a com* akzeptieren

acequia [a'θekĭa] *f* Bewässerungsgraben *m*, -kanal *m*

acera [a'θera] *f* Gehweg *m*

acera|do [aθe'rađo] gestählt, stählern; *fig* schneidend, scharf; **~r** [-'rar] (*1a*) *a fig* stählen

acerbo [a'θɛrƀo] herb; *fig* hart

acerca [a'θɛrka]: **~ *de*** betreffs (*gen*); über (*ac*); hinsichtlich (*gen*)

acercar [aθɛr'kar] (*1g*) (näher) heranbringen; **~se** sich nähern, näher kommen

acería [aθe'ria] *f* Stahlwerk *n*

acero [a'θero] *m* Stahl *m*; **~ *especial*** Edelstahl *m*; **~ *bruto*** Rohstahl *m*; **~ *fundido*** Gussstahl *m*

acérrimo [a'θɛrrimo] sehr scharf; *fig* erbittert; hartnäckig

acer|tado [aθɛr'tađo] treffend; richtig; **~tante** [-'tante] *m* Gewinner *m* (*en un concurso*, *etc*); **~tar** [-'tar] (*1k*) erraten; (das Richtige) treffen; ***no acierto a hacerlo*** es gelingt mir nicht; **~tijo** [-'tixo] *m* Rätsel *n*

acervo [a'θɛrƀo] *m fig* Gemeingut *n*; **~ *cultural*** Kulturgut *n*

acético [a'θetiko] Essig...

ace|tileno [aθeti'leno] *m* Azetylen *n*; **~tona** [-'tona] *f* Azeton *n*

achacar [atʃa'kar] (*1g*): **~ *a*** schieben auf; **~ *la culpa a alg*** j-m die Schuld zuschieben

achacoso [atʃa'koso] kränklich; gebrechlich

achaparrado [atʃapa'rrađo] (*persona*) untersetzt; *bot* verkümmert

achaque [a'tʃake] *m* Unpässlichkeit *f*; *med* Beschwerde *f*; **~*s de la edad*** Altersbeschwerden *f/pl*

achicar [atʃi'kar] (*1g*) verkleinern; (*intimidar*) einschüchtern; *mar* auspumpen; **~se** F *fig* klein werden

achicoria [atʃi'korĭa] *f* Zichorie *f*

achicharrar [atʃitʃa'rrar] (*1a*) (zu) stark braten; anbrennen lassen; **~se** (*de calor*) vor Hitze eingehen

achisparse F [atʃis'parse] (*1a*) sich beschwipsen

achuchar [atʃu'tʃar] (*1a*) aufhetzen; hetzen auf; zerquetschen

aciago [a'θĭago] Unglück bringend, unheilvoll; ***día*** *m* **~** Unglückstag *m*

aciano [a'θĭano] *m* Kornblume *f*

acicalar [aθika'lar] (*1a*) herausputzen, schniegeln; **~se** sich herausputzen

acicate [aθi'kate] *m fig* Antrieb *m*, Anreiz *m*

acidez [aθi'đeθ] *f* Säure *f*; Säuregehalt *m*; **~ *de estómago*** Sodbrennen *n*

ácido ['aθiđo] **1.** *adj* sauer; **2.** *m* Säure *f*; **~ *acético*** Essigsäure *f*; **~ *carbónico*** Kohlensäure *f*; **~ *clorhídrico*** Salzsäure *f*; **~ *sulfúrico*** Schwefelsäure *f*; **~ *úrico*** Harnsäure *f*

acídulo [a'θiđulo] säuerlich

acierto [a'θĭɛrto] *m* Treffer *m*; *fig* Geschicklichkeit *f*; Erfolg *m*; ***con*** **~** geschickt, treffend

aclama|ción [aklama'θĭɔn] *f* Beifall(sruf) *m*; Zuruf *m*; **~r** [-'mar] (*1a*) zujubeln; applaudieren

aclara|ción [aklara'θĭɔn] *f* Aufklärung *f*; Erläuterung *f*; **~r** [-'rar] (*1a*) **1.** *v/t* (auf-) klären; (*explicar*) erklären, erläutern; (*color*) aufhellen; (*líquido*) verdünnen; (*bosque*) lichten; (*ropa*) spülen; **2.** *v/i* aufklären, sich aufhellen

aclimata|ción [aklimata'θĭɔn] *f* Akklimatisierung *f*; Eingewöhnung *f*; **~r** [-'tar] (*1a*) akklimatisieren; **~rse** sich eingewöhnen

acné *med* [ak'ne] *f* Akne *f*

acobardar [akođar'đar] (*1a*) einschüchtern; **~se** verzagen, den Mut verlieren

aco|dado [ako'đađo] gebogen; **~darse** [-'đarse] (*1a*) sich auf die Ellbogen stützen; **~do** *agr* [-'kođo] *m* Ableger *m*

acog|edor [akɔxe'đor] gastlich, gemütlich; **~er** [-'xɛr] (*2c*) aufnehmen; *fig* **~ *con satisfacción*** begrüßen, gutheißen; **~erse**: **~ *a alg*** bei j-m Schutz (*od* Hilfe) suchen; **~ *a a/c*** sich auf et (*ac*) berufen; **~ida** [-'xiđa] *f* Aufnahme *f*, Empfang *m*; ***tener buena*** **~** Beifall finden; gut ankommen (*beim Publikum*)

acolchar [akɔl'tʃar] (*1a*) polstern, steppen, wattieren

acólito [a'kolito] *m* Ministrant *m*; Messdiener *m*; *fig* Anhänger *m*

acome|ter [akome'tɛr] (*2a*) angreifen; *fig* in Angriff nehmen; **~tida** [-'tiđa] *f* Angriff *m*; *tec* Anschluss *m*

acomoda|ble [akomo'đađle] anpassungsfähig; **~ción** [-đa'θĭɔn] *f* Anpassung *f*; Umbau *m*, -gestaltung *f*; **~dizo** [-'điθo] anpassungsfähig; fügsam; **~do** [-'đađo] (*cómodo*) bequem; (*rico*) wohlhabend; **~dor** [-'đɔr] *m* Logenschließer *m*; Platzanweiser *m*; **~r** [-'đar] (*1a*) anpassen; (*alojar*) unterbringen; **~rse** sich anpassen (an *ac* ***a***)

acompaña|miento [akɔmpaɲa'mĭento] *m* Begleitung *f* (*a mús*); *gastr* Beilage *f*; **~nte** [-'ɲante] *m* Begleiter *m*, Beifahrer *m*; **~r** [-'ɲar] (*1a*) begleiten (*a mús*); *j-m* Gesellschaft leisten; (*adjuntar*) beilegen

acompasado [akɔmpa'sađo] nach dem Takt; rhythmisch; *fig* gemessen

acompleja|do [akɔmplɛ'xađo]: ***estar*** **~** Komplexe haben; **~r** [-'xar] (*1a*) Komplexe verursachen; **~rse** Komplexe bekommen

acondiciona|do [akɔndiθĭo'nađo]: ***aire*** *m* **~** Klimaanlage *f*; **~dor** [-'đɔr] *m*: **~ *de aire*** Klimaanlage *f*; **~miento** [-'mĭento] *m* Einrichtung *f*; Gestaltung *f*; **~ *de aire*** Klimatisierung *f*; **~r** [-'nar] (*1a*) gestalten; herrichten; (*aire*) klimatisieren

acongojar [akɔŋgɔ'xar] (*1a*) bedrücken, bekümmern, beklemmen

acónito *bot* [a'konito] *m* Eisenhut *m*

aconseja|ble [akɔnsɛ'xađle] ratsam; empfehlenswert; **~r** [-'xar] (*1a*) empfehlen; *j-m* raten, *j-n* beraten; **~rse**: **~ *de*** (*od* ***con***) sich (*dat*) Rat holen bei (*dat*)

aconte|cer [akɔnte'θɛr] (*2d*) sich ereignen, geschehen; **~cimiento** [-θi'mĭento] *m* Ereignis *n*, Begebenheit *f*

acopi|ar [ako'pĭar] (*1b*) anhäufen, ansammeln; **~o** [a'kopĭo] *m* Anhäufung *f*; Vorrat *m*

acopla|miento *tec* [akopla'mĭento] *m* Kupplung *f*; Kopplung *f*; **~ *en serie*** Reihen-, Serienschaltung *f*; **~r** [-'plar] (*1a*) zs.-fügen; kuppeln

acoraza|do [akora'θađo] **1.** *adj* gepanzert; Panzer...; **2.** *m mar* Panzerkreuzer *m*; **~r** [-'θar] (*1f*) panzern

acor|dado [akɔr'đađo] beschlossen; ***lo*** **~** der Beschluss; die Vereinbarung; **~dar** [-'dar] (*1m*) beschließen, vereinbaren; **~darse** sich erinnern (an *ac* ***de***); ***si mal no me acuerdo*** wenn ich mich recht entsinne; **~de** [a'kɔrđe] **1.** *adj* übereinstimmend; **~ *con*** in Einklang mit; **2.** *mús m* Akkord *m*

acorde|ón [akɔrđe'ɔn] *m* Akkordeon *n*, Ziehharmonika *f*; **~onista** [-đeo'nista] *m* Akkordeonspieler *m*

acordona|miento [akɔrđona'mĭento] *m* Abriegelung *f*, Absperrung *f*; **~r** [-'nar] (*1a*) abriegeln, absperren

acorralar [akɔrra'lar] (*1a*) (*ganado*) einpferchen; *fig* in die Enge treiben

acortar [akɔr'tar] (*1a*) *v/t* (ab-, ver)kürzen; (*falda*) kürzer machen; **~se** (*día*) kürzer werden

aco|sar [ako'sar] (*1a*) hetzen; *fig* bedrängen; *j-m* zusetzen (***con preguntas*** mit Fragen); **~so** [a'koso] *m* Hetzjagd *f*; **~ *sexual*** sexuelle Belästigung *f*

acostar [akɔs'tar] (*1m*) zu Bett bringen; **~se** zu Bett gehen, schlafen gehen

acostumbra|do [akɔstum'brađo] gewohnt; ***estar ~ a a|c*** an et (*ac*) gewöhnt sein; **~r** [-'brar] (*1a*) **1.** *v/t* gewöhnen (an *ac* ***a***); **2.** *v/i* pflegen, gewohnt sein (zu *inf*); **~rse** sich gewöhnen (an ***a***)

acota|ción [akota'θĭɔn] *f* Randbemerkung *f*; *teat* Bühnenanweisung *f*; **~miento** [-'mĭento] *m* Abgrenzung *f*; **~r** [-'tar] (*1a*) mit Randbemerkungen versehen; (*terreno*) abgrenzen; einfried(ig)en

ácrata ['acrata] **1.** *adj* anarchistisch; **2.** *m* Anarchist *m*

acre ['akre] scharf, herb (*a fig*)

acrecentar [akreθen'tar] (*1k*) vermehren, steigern; **~se** zunehmen, anwachsen

acredita|do [akređi'tađo] geachtet, angesehen; bewährt; **~r** [-'tar] (*1a*) Ansehen verleihen (*dat*); verbürgen; *pol* beglaubigen, akkreditieren; *com* gutschreiben; **~rse** sich bewähren; sich Ansehen erwerben

acreedor [akree'đɔr] **1.** *adj* anspruchsberechtigt; **2.** *m* [-'đor] Gläubiger *m*

acribillar [akriƀi'ʎar] (*1a*) durchlöchern; *fig* bedrängen (mit *dat* ***a***)

acrimonia [akri'monĭa] *f* Schärfe *f*; *fig* Bitterkeit *f*

acrisolar [akriso'lar] (*1a*) (*metal*) läutern (*a fig*)

acristalar [akrista'lar] (*1a*) verglasen

acritud [akri'tuđ] *f* Schärfe *f* (*a fig*)

acr|óbata [a'kroƀata] *m* Akrobat *m*; **~obático** [akro'ƀatiko] akrobatisch; ***vuelo*** *m* **~** Kunstflug *m*

acta ['akta] *f* Urkunde *f*; (*de una sesión, etc*) Protokoll *n*; *jur* Akte *f*; **~ *notarial*** notarielle Urkunde *f*; ***hacer constar en ~*** aktenkundig machen, protokollieren; ***levantar ~*** beurkunden, zu Protokoll nehmen

acti|tud [akti'tuđ] *f* Stellung *f*, Haltung *f*; *fig* Einstellung *f*, Verhalten *n*; **~ *ante la vida*** Lebenseinstellung *f*; **~var** [-'ƀar] (*1a*) beschleunigen; aktivieren; **~vidad** [-ƀi'đađ] *f* Tätigkeit *f*, Aktivität *f*; *fig* Betriebsamkeit *f*; **~vista** [-'ƀista] *m pol* Aktivist *m*; **~vo** [-'tiƀo] **1.** *adj* aktiv; tätig; tatkräftig; ***en ~*** im Dienst (stehend); *gram* ***voz*** *f* **-*a*** Aktiv *n*; **2.** *m com* Aktivvermögen *n*, Aktiva *pl*

acto ['akto] *m* Tat *f*, Handlung *f*; *teat* Akt *m*, Aufzug *m*; **~ *inaugural*** Eröffnungsfeier *f*; **~ *de clausura*** Schlussfeier *f*; ***hacer ~ de presencia*** sich (kurz) blicken lassen; **~ *seguido*** anschließend, gleich darauf; ***en el ~*** auf der Stelle, unverzüglich; ***en ~ de servicio*** in Erfüllung s-r Pflicht

ac|tor [ak'tɔr] *m* Schauspieler *m*; **~triz** [-'triθ] *f* Schauspielerin *f*

actua|ción [aktŭa'θĭɔn] *f* Tätigkeit *f*; Auftreten *n*, Auftritt *m* (*a teat*); **~ *en directo*** Liveauftritt *m*; *jur* ***actuaciones*** *pl* Prozessführung *f*; **~l** [-'tŭal] aktuell, gegenwärtig; **~lidad** [-tŭali-đađ] *f* Gegenwart *f*; Aktualität *f*; ***de gran ~*** sehr aktuell; ***en la ~*** zurzeit, gegenwärtig; **~lizar** [-'θar] (*1f*) aktualisieren, auf den neuesten Stand bringen; **~r** [-'tŭar] (*1e*) tätig sein bzw werden; wirken (*a med*); *teat* auftreten; **~ *de*** sich betätigen als, auftreten als; **~rio** [-'tŭarĭo] *m jur* Protokollführer *m*, Urkundsbeamte(r) *m*

acuare|la [akŭa'rela] *f* Aquarell *n*; **~lista** [-re'lista] *m* Aquarellmaler *m*

acuario [a'kŭarĭo] *m* Aquarium *n*; *astr* ♒ Wassermann *m*

acuartela|miento [akŭartela'mĭento] *m* Kasernierung *f*; **~r** [-'lar] (*1a*) kasernieren

acuático [a'kŭatiko] Wasser...

acuchillar [akutʃi'ʎar] (*1a*) niederstechen; (*matar*) erstechen; (*parqué*) abziehen

acucia|nte [aku'θĭante] dringend, brennend; **~r** [-'θĭar] (*1b*) anstacheln
acuclillarse [akukli'ʎarse] (*1a*) sich hocken, sich (nieder)kauern
acudir [aku'đir] (*3a*) herbeieilen; (*asistir*) teilnehmen (an *dat* ***a***); ***~ a alg*** sich an j-n wenden; ***~ a las urnas*** wählen
acueducto [akŭe'đukto] *m* Aquädukt *m*
acuerdo [a'kŭɛrđo] *m* Übereinkunft *f*; Übereinstimmung *f*; (*convenio*) Abkommen *n*, Vereinbarung *f*; Beschluss *m*; ***~ comercial*** Handelsabkommen *n*; ***estar de ~ con*** einverstanden sein mit (*dat*); ***llegar a un ~*** zu e-r Einigung kommen; ***ponerse de ~*** sich einigen (mit *dat* ***con***); ***tomar un ~*** e-n Beschluss fassen; ***de común ~*** einmütig; ***de ~ con*** gemäß (*dat*); ***¡de ~!*** einverstanden!
acumula|ción [akumula'θĭɔn] *f* Anhäufung *f*; **~dor** [-'đɔr] *el m* Akku(mulator) *m*; **~r** [-'lar] (*1a*) an-, aufhäufen; **~rse** sich ansammeln
acuña|ción [akuɲa'θĭɔn] *f* (Münz-)Prägung *f*; **~r** [-'ɲar] (*1a*) (*moneda, palabra*) prägen
acuoso [a'kŭoso] wässerig; (*fruta*) saftig
acupuntura [akupun'tura] *f* Akupunktur *f*
acurrucarse [akurru'karse] (*1g*) sich ducken; sich zs.-kauern
acu|sación [akusa'θĭɔn] *f* Beschuldigung *f*; *jur* Anklage *f*; **~sado** [-'sađo] *m* Angeklagte(r) *m*; **~sador** [-'đɔr] *m* Ankläger *m*; **~sar** [-'sar] (*1a*) anklagen; beschuldigen; (*mostrar*) aufweisen; ***~ recibo*** den Empfang bestätigen; **~sativo** *gram* [-sa'tiƀo] *m* Akkusativ *m*; **~satorio** [-sa'torĭo] Anklage...; **~se** [a'kuse] *m*: ***~ de recibo*** Empfangsbestätigung *f*; **~són** F [aku'sɔn] *m* Petze *f*
acústi|ca [a'kustika] *f* Akustik *f*; **~co** [-ko] akustisch
acutángulo [aku'taŋgulo] spitzwinklig
adagio [a'đaxĭo] *m* Sprichwort *n*; Spruch *m*; *mús* Adagio *n*
adalid [ađa'liđ] *m* Anführer *m*; *fig* Vorkämpfer *m*
adapta|ble [ađap'taƀle] anpassungsfähig; **~ción** [-ta'θĭɔn] *f* Anpassung *f*; (*de un texto*) Bearbeitung *f*; **~dor** *tec* [-'đɔr] *m* Adapter *m*; **~r** [-'tar] (*1a*) anpassen; bearbeiten; **~rse** sich anpassen (an *ac* ***a***)
adecentar [ađeθen'tar] (*1a*) (ordentlich) herrichten
ade|cuado [ađe'kŭađo] angemessen, geeignet, passend; **~cuar** [-'kŭar] (*1d*) anpassen
adefesio F [ađe'fesĭo] *m* (*persona*) Vogelscheuche *f*
adelanta|do [ađelan'tađo] vorgerückt; fortgeschritten; vorzeitig; ***pagar por ~*** vorausbezahlen; ***ir ~*** vorgehen (*reloj*); **~miento** [-ta'mĭento] *m auto* Überholen *n*; **~r** [-'tar] (*1a*) **1.** *v/t* vorrücken; *auto* überholen; (*dinero*) vorstrecken; (*reloj*) vorstellen; (*fecha*) vorverlegen; **2.** *v/i* Fortschritte machen; (*reloj*) vorgehen; **~rse** vorangehen; *fig* ***~ a alg*** j-m zuvorkommen
adelante [ađe'lante] vorwärts; ***¡~!*** los!; vorwärts!; herein!; ***de ahora*** (*od* ***aquí***) ***en ~*** von jetzt an; ***más ~*** weiter vorn; (*más tarde*) später; ***salir ~*** *fig* vorwärts kommen, es zu et bringen
adelanto [ađe'lanto] *m* Fortschritt *m*; *com* Vorschuss *m*
adelfa *bot* [a'đɛlfa] *f* Oleander *m*
adelgaza|miento [ađelgaθa'mĭento] *m*: ***cura*** *f* ***de ~*** Abmagerungskur *f*; **~r** [-'θar] (*1f*) abnehmen
ademán [ađe'man] *m* Gebärde *f*, Geste *f*
además [ađe'mas] **1.** *adv* außerdem, ferner; **2.** *prp* ***~ de*** außer (*dat*)
adentrarse [ađen'trarse] (*1a*) eindringen (*a fig*) (in *ac* ***en***)
adentro [a'đentro] hinein; *mar* ***~*** seewärts; ***tierra ~*** landeinwärts; ***decir para sus ~s*** zu sich selbst sagen
adepto [a'đɛpto] *m* Anhänger *m*
adere|zar [ađere'θar] (*1f*) herrichten, zurechtmachen; *gastr* zubereiten, anrichten; (*tela*) appretieren; **~zarse** sich zurechtmachen; **~zo** [-'reθo] *m gastr* Zubereitung *f*; Würze *f*; (*adorno*) Schmuck *m*
adeu|dado [ađeŭ'đađo] verschuldet; **~dar** [-'đar] (*1a*) schulden; ***~ en cuenta*** das Konto belasten; **~darse** Schulden machen; **~do** [a'đeŭđo] *m* Schuld *f*; ***~ en cuenta*** Belastung *f*; Lastschrift *f*
adhe|rencia [ađe'renθĭa] *f* Anhaften *n*; *med* Verwachsung *f*; **~rente** [-'rente] (an)haftend, (an)klebend; **~rir** [-'rir] (*3i*) (an)haften; **~rirse** sich anschließen (an *ac* ***a***); beitreten (*a un partido, etc*, *dat*); **~sión** [-'sĭɔn] *f* Anschluss *m*, Bei-

tritt *m*; *fig* Adhäsion *f*; **~sivo 1.** *adj* (an)haftend, Haft...; **2.** *m* Klebstoff *m*
adicción *med* [adiɡ'θĭɔn] *f* Sucht *f*
adi|ción [adi'θĭɔn] *f* Zusatz *m*; *mat* Addieren *n*, Addition *f*; **~cional** [-θĭo'nal] zusätzlich, Zusatz...; **~cionar** [-'nar] (*1a*) hinzufügen; *mat* addieren
adicto [a'dikto] **1.** *adj* ergeben, zugetan (*dat* **a**); (*a las drogas, etc*) süchtig; **2.** *m* Anhänger *m*; *med* Süchtige(r) *m*
adiestra|miento [adĭestra'mĭento] *m* Abrichtung *f*; Dressur *f*; **~r** [-'trar] (*1a*) abrichten, dressieren; (*instruir*) anleiten, schulen
adinerado [adine'rado] vermögend
adiós [a'dĭɔs] **1.** *int* auf Wiedersehen!; **2.** *m* Abschied *m*
adiposo [adi'poso] Fett...; ***tejido*** *m* **~** Fettgewebe *n*
adit|amento [adita'mento] *m* Zusatz *m*; **~ivo** [-'tibo] *m* Zusatz(stoff) *m*
adivi|nación [adibina'θĭɔn] *f* Wahrsagung *f*; Erraten *n*; **~nanza** [-'nanθa] *f* Rätsel *n*; **~nar** [-'nar] (*1a*) (*predecir*) wahrsagen; (*acertar*) (er)raten; **~no** *m*, **-na** *f* [-'bino, -'bina] Wahrsager(in *f*) *m*
adjetivo [adxe'tibo] *m* Eigenschaftswort *n*, Adjektiv *n*
adjudica|ción [adxudika'θĭɔn] *f* Zuerkennung *f*; (*subasta*) Zuschlag *m*; **~ *de una obra*** Vergabe *f* e-s Baues; **~r** [-'kar] (*1g*) zuerkennen; (*subasta*) zuschlagen
adjun|tar [adxun'tar] (*1a*) beilegen, -fügen; **~to** [-'xunto] beiliegend
administra|ción [administra'θĭɔn] *f* Verwaltung *f*; **~dor** [-'dɔr] *m* Verwalter *m*; Geschäftsführer *m*; **~r** [-'trar] (*1a*) verwalten; *med* verabreichen; *rel* spenden; **~tivo** [-tra'tibo] **1.** *adj* Verwaltungs...; **2.** *m* Verwaltungsangestellte(r) *m*
admira|ble [admi'rable] bewundernswert; **~ción** [-ra'θĭɔn] *f* Bewunderung *f*; (*asombro*) Staunen *n*; (***signo*** *m* ***de***) **~** Ausrufungszeichen *n*; **~dor** [-'dɔr] *m* Bewunderer *m*; Verehrer *m*; **~r** [-'rar] (*1a*) bewundern; (*extrañar*) erstaunen; **~rse** sich wundern (über *ac* ***de***)
admi|sible [admi'sible] zulässig, statthaft; **~sión** [-'sĭɔn] *f* Zulassung *f*; Aufnahme *f*; **~tir** [-'tir] (*3a*) zulassen, aufnehmen; (*reconocer*) zugeben; **~ *en pago*** in Zahlung nehmen
admonición [admoni'θĭɔn] *f* Ermahnung *f*; Verwarnung *f*
ado|bar [ado'bar] (*1a*) *gastr* marinieren, beizen; **~be** [a'dobe] *m* Luftziegel *m*; **~bo** [a'dobo] *m gastr* Marinade *f*, Beize *f*
adocenado [adoθe'nado] alltäglich
adoctrinar [adɔktri'nar] (*1a*) belehren, unterweisen
adolecer [adole'θɛr] (*2d*) kranken, leiden (an *dat* ***de***)
adolescen|cia [adoles'θenθĭa] *f* Jünglingsalter *n*; **~te** [-'θente] *m* Jugendliche(r) *m*, Halbwüchsige(r) *m*
adonde [a'dɔnde] wohin
¿adónde? [a'dɔnde] *interr* wohin?
adop|ción [adɔb'θĭɔn] *f* Adoption *f*; **~tar** [adɔp'tar] (*1a*) adoptieren; (*aceptar*) annehmen; **~ *una medida*** e-e Maßnahme ergreifen; **~ *una resolución*** e-n Entschluss fassen; **~tivo** [-'tibo] Adoptiv...; ***patria*** *f* ***-a*** Wahlheimat *f*
ado|quín [ado'kin] *m* Pflasterstein *m*; **~quinado** [-ki'nado] *m* Pflaster(n) *n*; **~quinar** [-ki'nar] (*1a*) pflastern
adora|ble [ado'rable] *fig* entzückend; **~ción** [-ra'θĭɔn] *f* Anbetung *f*; Verehrung *f*; **~dor** [-'dɔr] *m* Verehrer *m*; **~r** [-'rar] (*1a*) anbeten; verehren; abgöttisch lieben
adormece|dor [adɔrmeθe'dɔr] einschläfernd; **~r** [-'θɛr] (*2d*) einschläfern; **~rse** einschlummern
adormidera [adɔrmi'dera] *f* Mohn *m*
adormi|larse [adɔrmi'larse], **~tarse** [-'tarse] (*1a*) einnicken
ador|nar [adɔr'nar] (*1a*) schmücken, verzieren; **~no** [a'dɔrno] *m* Schmuck *m*; Verzierung *f*
adosar [ado'sar] (*1a*) anlehnen
adqui|rir [adki'rir] (*3i*) erwerben; anschaffen; (*conseguir*) erlangen; **~sición** [-si'θĭɔn] *f* Erwerb(ung *f*) *m*; Anschaffung *f*; **~sitivo** [-'tibo]: ***poder*** *m* **~** Kaufkraft *f*
adrede [a'drede] *adv* absichtlich
adua|na [a'dŭana] *f* Zoll *m*; **~nero** [adŭa'nero] **1.** *adj* Zoll...; **2.** *m* Zollbeamte(r) *m*
aducir [adu'θir] (*3o*) (*pruebas*) beibringen, vorlegen

adueñarse [ađŭe'ɲarse] (*1a*): ~ ***de*** sich bemächtigen (*gen*)
adula|ción [ađula'θĭɔn] *f* Schmeichelei *f*; **~dor** [-'đɔr] *m* Schmeichler *m*; **~r** [-'lar] (*1a*) *j-m* schmeicheln
adúltera [a'đultera] *f* Ehebrecherin *f*
adultera|ción [ađultera'θĭɔn] *f* Verfälschung *f*; **~r** [-'rar] (*1a*) (ver)fälschen
adulterio [ađul'terĭo] *m* Ehebruch *m*
adúltero [a'đultero] **1.** *adj* ehebrecherisch; **2.** *m* Ehebrecher *m*
adulto [a'đulto] **1.** *adj* erwachsen; **2.** *m* Erwachsene(r) *m*
adusto [a'đusto] finster, mürrisch
adve|nedizo [ađƀene'điθo] **1.** *adj* fremd; hergelaufen; **2.** *m* Fremde(r) *m*; Emporkömmling *m*; **~nimiento** [-ni'mĭento] *m* Ankunft *f*; (*al trono*) Thronbesteigung *f*
adverbio [ađ'ƀɛrƀĭo] *m* Umstandswort *n*, Adverb *n*
adver|sario [ađƀɛr'sarĭo] *m* Gegner *m*; **~sidad** [-si'đađ] *f* Widrigkeit *f*; Missgeschick *n*; **~so** [-'ƀɛrso] widrig; feindlich; ungünstig
adver|tencia [ađƀɛr'tenθĭa] *f* Warnung *f*; Hinweis *m*; **~tir** [-'tir] (*3i*) bemerken; (*indicar*) aufmerksam machen; (*avisar*) warnen
adviento *rel* [ađ'ƀĭento] *m* Advent *m*
adyacente [ađja'θente] angrenzend
aeración [aera'θĭɔn] *f* (Be-)Lüftung *f*
aéreo [a'ereo] Luft...; ***compañía*** *f* ***-a*** Luftfahrtgesellschaft *f*; ***ferrocarril*** *m* ~ Schwebebahn *f*
aero|bús [aero'ƀus] *m* Airbus *m*; **~deslizador** [-dezliθa'đɔr] *m* Luftkissenboot *n*; **~dinámico** [-đi'namiko] stromlinienförmig
aeródromo [ae'rođromo] *m* Flugplatz *m*
aero|espacial [aeroespa'θĭal] (Luft- und) Raumfahrt...; **~foto** [-'foto] *f* Luftbild *n*; **~grama** [-'grama] *m* Luftpostleichtbrief *m*; **~modelismo** [-mođe'lizmo] *m* Flugmodellbau *m*; **~moza** [-'moθa] *f Am* Stewardess *f*; **~náutica** [-'naŭtika] *f* Luftfahrt *f*; **~náutico** [-'naŭtiko] Luftfahrt...; **~nave** [-'naƀe] *f* Luftschiff *n*; **~navegación** [-naƀega'θĭɔn] *f* Luftfahrt *f*; **~puerto** [-'pŭɛrto] *m* Flughafen *m*; **~sol** [-'sɔl] *m* Aerosol *n*; Spray *m u n*; **aeróstato** [ae'rɔstato] *m* Luftballon *m*, Fesselballon *m*; **~taxi** [-'taksi] *m* Lufttaxi *n*; **~técnica** [-'tɛknika] *f* Flugtechnik *f*; **~vía** [-'ƀia] *f* Fluglinie *f*
afab|ilidad [afaƀili'đađ] *f* Freundlichkeit *f*; **~le** [a'faƀle] freundlich
afamado [afa'mađo] berühmt
afán [a'fan] *m* Streben *n*; Eifer *m*; (*anhelo*) Gier *f*; ~ ***de aprender*** Bildungsdrang *m*; ~ ***de lucro*** Gewinnsucht *f*
afanar [afa'nar] (*1a*) F klauen, stibitzen; **~se** sich abmühen, F sich abrackern
afear [afe'ar] (*1a*) verunstalten, entstellen; ~ ***a/c a alg*** j-m et vorwerfen
afección [afɛg'θĭɔn] *f* Zuneigung *f*; *med* Leiden *n*
afecta|ción [afɛkta'θĭɔn] *f* Geziertheit *f*, Affektiertheit *f*; **~do** [-'tađo] betroffen (von *dat* ***por***); (*amanerado*) geziert, affektiert; **~r** [-'tar] (*1a*) betreffen, angehen; (*fingir*) vorgeben; *med* befallen; (*emocionar*) berühren; ***esto le afecta mucho*** das geht ihm sehr nahe
afec|tivo [afɛk'tiƀo] Gemüts...; gefühlsbetont; **~to** [a'fɛkto] **1.** *adj* geneigt, zugetan (j-m ***a alg***); *med* ~ ***de*** befallen von; **2.** *m* Affekt *m*; Zuneigung *f*; **~tuosidad** [-tŭosi'đađ] *f* Herzlichkeit *f*; **~tuoso** [-'tŭoso] herzlich, liebevoll
afei|tado [afɛĭ'tađo] *m* Rasieren *n*, Rasur *f*; **~tadora** [-ta'đora] *f* Trockenrasierer *m*; **~tar** [-'tar] (*1a*) rasieren; **~te** [a'fɛĭte] *m* Schminke *f*
afeminado [afemi'nađo] **1.** *adj* weibisch; **2.** *m* Weichling *m*
aferra|do [afɛ'rrađo] verrannt (in *ac* ***a***); **~miento** [-rra'mĭento] *m* Hartnäckigkeit *f*; **~rse** [-'rrarse] (*1k*): ~ ***a a/c*** *fig* auf et (*dat*) beharren
afianza|miento [afĭanθa'mĭento] *m* Stütze *f*; Sicherung *f*; **~r** [-'θar] (*1f*) befestigen; (ab)stützen; *fig* festigen
afición [afi'θĭɔn] *f* Zuneigung *f*; Neigung *f* (zu ***por***); ***la*** ~ die Anhänger, die Fans; ***por*** ~ aus Liebhaberei; als Hobby
aficiona|do [afiθĭo'nađo] **1.** *adj*: ~ ***a*** geneigt zu; begeistert für; **2.** *m* Liebhaber *m*, Amateur *m*; Fan *m*; **~r** [-'nar] (*1a*) gewinnen für (*ac* ***a***); **~rse**: ~ ***a*** sich für et begeistern
afila|cuchillos [afilaku'tʃiʎos] *m* Messerschärfer *m*; **~do** [-'lađo] scharf; spitz; **~dor** [-la'đɔr] *m* (Scheren-) Schleifer *m*; **~dora** [-'đora] *f* Schleifmaschine *f*; **~lápices** [-'lapiθes] *m* Blei-

stiftspitzer *m*; **~r** [-'lar] (*1a*) schleifen; (*lápiz*) spitzen
afilia|ción [afilĭa'θĭɔn] *f* Beitritt *m* (zu *dat* ***a***); Mitgliedschaft *f* (bei *dat* ***a***); **~do** [-'lĭađo] **1.** *adj*: ***estar ~ a*** angehören (*dat*); **2.** *m* Mitglied *n*; **~rse** [-'lĭarse] (*1b*) eintreten (in *ac* ***a***); beitreten (*dat*)
afín [a'fin] angrenzend; *fig* verwandt
afina|ción [afina'θĭɔn] *f mús* Stimmen *n*; **~dor** [-'đɔr] *m mús* (Klavier-)Stimmer *m*; Stimmschlüssel *m*; **~r** [-'nar] (*1a*) **1.** *v/t* verfeinern; *mús* stimmen; **2.** *v/i* (ton)rein spielen (*od* singen)
afincarse [afiŋ'karse] (*1g*) ansässig werden; sich niederlassen
afinidad [afini'đađ] *f* Verwandtschaft *f* (*a fig*)
afirma|ción [afirma'θĭɔn] *f* Behauptung *f*; Bestätigung *f*; **~r** [-'mar] (*1a*) behaupten; bestätigen; bejahen; (*sujetar*) befestigen; **~tiva** [-ma'tiƀa] *f* Bejahung *f*; Zusage *f*; **~tivo** [-'tiƀo] bejahend
aflic|ción [aflig'θĭɔn] *f* Betrübnis *f*; Kummer *m*; **~tivo** [aflik'tiƀo] betrüblich
afligi|do [afli'xiđo] bedrückt; bekümmert; **~r** [-'xir] (*3c*) betrüben; bedrücken; **~rse** sich grämen
aflojar [aflɔ'xar] (*1a*) **1.** *v/t* lockern; F (*dinero*) locker machen; **2.** *v/i* abflauen; **~se** locker werden
aflorar [aflo'rar] (*1a*) zutage treten
afluen|cia [a'flŭenθĭa] *f* Zustrom *m*; Andrang *m*; **~te** [a'flŭente] *m* Nebenfluss *m*
afluir [a'flŭir] (*3g*) einmünden; herbeiströmen (*a fig*)
afonía [afo'nia] *f* Stimmlosigkeit *f*
afónico [a'foniko] stimmlos; (stock)heiser
aforismo [afo'rizmo] *m* Sinnspruch *m*, Aphorismus *m*
aforo [a'foro] *m* (*de una sala, etc*) Fassungsvermögen *n*
afortuna|damente [afɔrtunađa'mente] glücklicherweise, zum Glück; **~do** [-'nađo] glücklich
afrenta [a'frenta] *f* Beleidigung *f*; **~r** [-'tar] (*1a*) beleidigen
africano [afri'kano] **1.** *adj* afrikanisch; **2.** *m*, **-a** *f* Afrikaner(in *f*) *m*
afrodisíaco [afrodi'siako] *m* Aphrodisiakum *n*
afrontar [afrɔn'tar] (*1a*) gegenüberstellen; (*arrostrar*) trotzen (*dat*)
aft|a *med* ['afta] *f* Mundfäule *f*; **~oso** [af'toso]: ***fiebre f -a*** Maul- und Klauenseuche *f*
afuera [a'fŭera] draußen; hinaus; ***de ~*** von draußen; von auswärts; **~s** *f/pl* Umgebung *f*; Außenbezirke *m/pl*
agachar [aga'tʃar] (*1a*) neigen; beugen; **~se** sich ducken; sich bücken
agalla [a'gaʎa] *f zo* Kieme *f*; F ***tener ~s*** Schneid haben
ágape ['agape] *m* Festessen *n*
agarra|dero [agarra'đero] *m* Griff *m*, Henkel *m*; **~do** [-'rrađo] *fig* F knauserig, geizig; **~dor** [-'đɔr] *m* Topflappen *m*; **~r** [-'rrar] (*1a*) (er)greifen, (an)packen; **~rse** sich festhalten (an ***a***)
agasa|jar [agasa'xar] (*1a*) bewirten; beschenken; *j-n* feiern; **~jo** [-'saxo] *m* Bewirtung *f*; (festlicher) Empfang *m*; Ehrung *f*
ágata ['agata] *f* Achat *m*
agavanz|a [aga'ƀanθa] *f* Hagebutte *f*; **~o** *m* Heckenrose *f*
agave [a'gaƀe] *f* Agave *f*
agazaparse [agaθa'parse] (*1a*) sich ducken
agencia [a'xenθĭa] *f* Agentur *f*, Vertretung *f*; ***~ de informes*** Auskunftei *f*; ***~ inmobiliaria*** Maklerbüro *n*; ***~ matrimonial*** Eheanbahnungsinstitut *n*; ***~ de noticias*** Nachrichtenagentur *f*; ***~ de publicidad*** Werbeagentur *f*; ***~ de traducción*** Übersetzungsbüro *n*; ***~ de transportes*** Spedition(sfirma) *f*; ***~ de viajes*** Reisebüro *n*
agenda [a'xenda] *f* Notizbuch *n*; Terminkalender *m*; *Am* Tagesordnung *f*
agente [a'xente] *m* Agent *m*; Vertreter *m*; ***~ de cambio y bolsa*** Börsenmakler *m*; ***~ marítimo*** Schiffsmakler *m*; ***~ patógeno*** Krankheitserreger *m*; ***~ de la propiedad industrial*** Patentanwalt *m*; ***~ de la propiedad inmobiliaria*** Immobilienmakler *m*; ***~*** (***de policía***) Polizist *m*; ***~ secreto*** Geheimagent *m*; ***~ de tráfico*** Verkehrspolizist *m*; ***~ de transportes*** Spediteur *m*
agigantado [axigan'tađo] riesenhaft, riesig; ***a pasos ~s*** mit Riesenschritten
ágil ['axil] behänd, flink, beweglich
agili|dad [axili'đađ] *f* Behändigkeit *f*, Gewandtheit *f*; Beweglichkeit *f*; **~zar**

[-'θar] (*1f*) beschleunigen

agio *com* ['axĭo] *m* Agio *n*, Aufgeld *n*; **~tista** [-'tista] *m* (Börsen-)Spekulant *m*

agita|ción [axita'θĭɔn] *f* (heftige) Bewegung *f*; Auf-, Erregung *f*; *pol* Unruhe *f*; **~do** [-'tađo] aufgeregt, erregt; bewegt; stürmisch; **~dor** [-ta'đɔr] *m* Agitator *m*, Aufwiegler *m*; **~r** [-'tar] (*1a*) schwenken, schütteln; *fig* er-, aufregen

aglomera|ción [aglomera'θĭɔn] *f* Anhäufung *f*; Zs.-ballung *f*; **~ *urbana*** Ballungsgebiet *n*; **~ *de gente*** Gedränge *n*; **~r** [-'rar] (*1a*) anhäufen; **~rse** sich zs.-ballen; (*gente*) sich ansammeln

aglutina|nte [agluti'nante] **1.** *adj* Binde..., Klebe...; **2.** *m* Bindemittel *n*; **~r** [-'nar] (*1a*) verkleben; agglutinieren

agobi|ante [ago'bĭante] drückend, lastend; **~ar** [-'bĭar] (*1b*) *fig* (be-, nieder-) drücken; überlasten; **~o** [a'gɔbĭo] *m fig* Druck *m*; Last *f*

agolpa|miento [agɔlpa'mĭento] *m* Auflauf *m*; Andrang *m*; **~rse** [-'parse] (*1a*) sich drängen

agon|ía [ago'nia] *f* Todeskampf *m*, Agonie *f*; **~izar** [-ni'θar] (*1f*) im Sterben liegen

agorafobia *med* [agora'fobĭa] *f* Platzangst *f*

ago|rar [ago'rar] (*1n*) voraussagen, prophezeien; **~rero** [-'rero] **1.** *adj* Unheil verkündend; ***ave f -a*** Unglücksvogel *m*; **2.** *m* Zeichendeuter *m*; *fig* Schwarzseher *m*

agosto [a'gɔsto] *m* August *m*; ***hacer su ~*** sein Schäfchen ins Trockene bringen

agota|do [ago'tađo] erschöpft, (*mercancía*) ausverkauft; (*libro*) vergriffen; **~miento** [-'mĭento] *m* Erschöpfung *f*; **~r** [-'tar] (*1a*) erschöpfen (*a fig*); (*provisiones*) aufbrauchen

agracia|do [agra'θĭađo] anmutig; (*vom Glück*) begünstigt; ***salir ~*** gewinnen; **~r** [-'θĭar] (*1b*) auszeichnen (mit *dat* ***con***); *jur* begnadigen

agra|dable [agra'đable] angenehm; nett; **~dar** [-'đar] (*1a*) gefallen

agrade|cer [agrađe'θɛr] (*2d*) danken (***a/c a alg*** j-m für et); ***se lo agradezco*** ich bin Ihnen dankbar dafür; **~cido** [-'θiđo] dankbar; **~cimiento** [-θi'mĭento] *m* Dank *m*; Dankbarkeit *f*

agrado [a'građo] *m* Anmut *f*; (Wohl-) Gefallen *n*; ***ser del ~ de alg*** j-m zusagen

agrandar [agran'dar] (*1a*) vergrößern, erweitern

agrario [a'grarĭo] Agrar...; ***reforma f -a*** Bodenreform *f*

agrava|ción [agraba'θĭɔn] *f* Erschwerung *f*; Verschärfung *f*; *med* Verschlimmerung *f*; **~nte** [-'bante] erschwerend; *jur* strafverschärfend; **~r** [-'bar] (*1a*) erschweren; verschärfen; *med* verschlimmern

agravio [a'grabĭo] *m* Beleidigung *f*

agredir [agre'đir] (*3a*; *ohne stammbetonte Formen*) angreifen; überfallen

agrega|do [agre'gađo] *m pol* Attaché *m*; **~r** [-'gar] (*1h*) hinzufügen; (*destinar*) zuteilen

agre|sión [agre'sĭɔn] *f* Angriff *m*, Überfall *m*; **~sividad** [-sibi'đađ] *f* Angriffslust *f*, Aggressivität *f*; **~sivo** [-'sibo] aggressiv; **~sor** [-'sɔr] *m* Angreifer *m*

agreste [a'greste] ländlich; *fig* ungeschliffen, grob

agria|do [a'grĭađo] verbittert; **~rse** (*1b od 1c*) sauer werden; *fig* sich ärgern

agrícola [a'grikola] *adj* landwirtschaftlich, Agrar...

agricul|tor [agrikul'tɔr] *m* Landwirt *m*; **~tura** [-'tura] *f* Landwirtschaft *f*

agridulce [agri'đulθe] süßsauer (*a fig*)

agrietarse [agrĭe'tarse] (*1a*) Risse bekommen, rissig werden (*tb piel*)

agrio ['agrĭo] sauer; ***~s*** *m/pl* Zitrusfrüchte *f/pl*

agronomía [agrono'mia] *f* Landwirtschaftskunde *f*

agrónomo [a'gronomo] *m* Agronom *m*; ***ingeniero*** *m* **~** Diplomlandwirt *m*

agrupa|ción [agrupa'θĭɔn] *f* Gruppierung *f*; Gruppe(nbildung) *f*; **~r** [-'par] (*1a*) gruppieren; **~rse** sich zs.-schließen

agua ['agŭa] **1.** *f* Wasser *n*; ***~ bendita*** Weihwasser *n*; ***~ de Colonia*** kölnisch Wasser *n*; ***~ corriente*** fließendes Wasser *n*; ***~ dulce*** Süßwasser *n*; ***~ del grifo*** Leitungswasser *n*; ***~ de manantial*** Quellwasser *n*; ***~ de mar*** Seewasser *n*; ***~ mineral*** Mineralwasser *n*; ***~ oxigenada*** Wasserstoffsuperoxid *n*; ***~ potable*** Trinkwasser *n*; ***~ refrigerante*** Kühlwasser *n*; ***como ~ de mayo*** hochwillkommen; ***claro como el ~*** sonnenklar; ***~(s) abajo*** (***arriba***) stromabwärts

(-aufwärts); ***ha corrido mucha ~*** viel Zeit ist vergangen; ***llevar el ~ a su molino*** auf s-n Vorteil bedacht sein; ***llevar ~ al mar*** Eulen nach Athen tragen; ***se me hace la boca ~*** das Wasser läuft mir im Munde zusammen; *mar* ***hacer ~*** lecken; **2.** ***~s*** *pl* Gewässer *n*; ***~ freáticas*** (*od* ***subterráneas***) Grundwasser *n*; ***~ jurisdiccionales*** Hoheitsgewässer *n/pl*; ***~ residuales*** Abwässer *n/pl*; ***~ termales*** Thermalquelle *f*

aguacate [agŭa'kate] *m* Avocado *f*

agua|cero [agŭa'θero] *m* Platzregen *m*, Regenguss *m*; **~fiestas** [-'fĭestas] *m* Spielverderber *m*; **~fuerte** *m* Radierung *f*; **~marina** [-ma'rina] *f min* Aquamarin *m*; **~nieve** [-'nĭeƀe] *f* Schneewasser *n*, -regen *m*

aguan|tar [agŭan'tar] (*1a*) aushalten; ertragen; (*sostener*) (fest) halten; ***no le puedo ~*** ich kann ihn nicht ausstehen; **~te** [a'gŭante] *m* Ausdauer *f*; Widerstandsfähigkeit *f*

aguar [a'gŭar] (*1a*) verwässern; ***~ la fiesta*** den Spaß verderben

aguardar [agŭar'đar] (*1a*) (er-, ab)warten

aguardiente [agŭar'đĭente] *m* Branntwein *m*, F Schnaps *m*

aguarrás [agŭa'rras] *m* Terpentin *n*

aguatinta [agŭa'tinta] *f* Tuschzeichnung *f*

agu|deza [agu'đeθa] *f* Schärfe *f*; Scharfsinn *m*; **~dizar** [-đi'θar] (*1f*) verschärfen; ***~se*** sich zuspitzen; **~do** [a'guđo] spitz; scharf; *med* akut; *mús* hoch; *fig* scharfsinnig, geistreich

agüero [a'gŭero] *m* Vorbedeutung *f*; ***de mal ~*** Unheil verkündend

aguerrido [agɛ'rriđo] *fig* abgehärtet

agui|jar [agi'xar] (*1a*) *fig* anstacheln, anspornen; **~jón** [-'xɔn] *m* Stachel *m*; *fig* Antrieb *m*, Ansporn *m*

águila ['agila] *f* Adler *m*; *fig* ***ser un ~*** ein schlauer Fuchs sein

agui|leño [agi'leɲo] Adler...; ***nariz*** *f* ***-a*** Adlernase *f*; **~lucho** [-'lutʃo] *m* Jungadler *m*

aguinaldo [agi'naldo] *m* *Esp* Geldgeschenk *n* zu Weihnachten

aguja [a'guxa] *f* Nadel *f*; (*de reloj*) Zeiger *m*; *arqu* Spitze *f*; *ferro* Weiche *f*; ***~ de coser*** Nähnadel *f*; ***~ de gancho*** Häkelnadel *f*; ***~ de*** (***hacer***) ***media*** (*od* ***punto***) Stricknadel *f*; ***~ de zurcir*** Stopfnadel *f*; ***buscar una ~ en un pajar*** *fig* e-e Stecknadel im Heu suchen

agu|jerear [aguxere'ar] (*1a*) durchlöchern; **~jero** [-'xero] *m* Loch *n*, Öffnung *f*; ***~*** (***en la capa***) ***de ozono*** Ozonloch *n*; ***tapar ~s*** Löcher stopfen (*a fig*); **~jetas** [-'xetas] *f/pl* Muskelkater *m*

agustino [agus'tino] *m* Augustiner *m*

aguzanieves *zo* [aguθa'nĭeƀes] *f* Bachstelze *f*

aguzar [agu'θar] (*1f*) schärfen (*a fig*); ***~ el oído*** die Ohren spitzen

ahí [a'i] da, dort; dorthin; ***de ~ que*** deshalb, darum; ***por ~*** dort(herum); ungefähr; ***por ~ voy*** darauf wollte ich hinaus

ahija|do *m*, **-a** *f* [ai'xađo, -đa] Patenkind *n*; **~r** [-'xar] (*1a*) adoptieren

ahínco [a'iŋko] *m* Nachdruck *m*; Eifer *m*; ***con ~*** eifrig; ***poner ~ en a/c*** auf et Nachdruck legen, et betonen

aho|gar [ao'gar] (*1h*) ertränken; (*asfixiar*) ersticken; **~garse** ertrinken; (*asfixiarse*) ersticken; ***~ en un vaso de agua*** wegen e-r Kleinigkeit den Mut verlieren; **~go** [a'ogo] *m* Ersticken *n*; Beklemmung *f*; *fig* Bedrängnis *f*

ahondar [aɔn'dar] (*1a*) vertiefen; *a fig* eindringen (in *ac* ***en***); *fig* ergründen

ahora [a'ɔra] jetzt, nun; (*en seguida*) gleich; ***~ mismo*** gerade, soeben; (*en seguida*) gleich, (jetzt) sofort; ***por ~*** vorläufig; ***~ bien*** also; ***~ más*** nun erst recht; ***desde ~*** (***en adelante***) von nun an; ***¡hasta ~!*** bis gleich!

ahorcar [aɔr'kar] (*1g*) (auf)hängen, henken; **~se** sich erhängen

ahorr|ador [aɔrra'đɔr] **1.** *adj* sparsam; **2.** *m* Sparer *m*; **~ar** [aɔ'rrar] (*1a*) sparen; *a fig* ersparen; **~o** [a'ɔrro] *m* Sparen *n*; **~s** *m/pl* Ersparnisse *f/pl*

ahuecar [aŭe'kar] (*1g*) aushöhlen; (auf-)lockern; **~se** F sich aufblasen

ahuma|do [au'mađo] geräuchert; Räucher...; ***cristal*** *m* ***~*** Rauchglas *n*; **~r** [-'mar] (*1a*) *gastr* räuchern; ausräuchern; mit Rauch füllen

ahuyentar [aujen'tar] (*1a*) verjagen, verscheuchen (*a fig*)

aira|do [aĭ'rađo] zornig, aufgebracht; **~r** [-'rar] (*1a*) erzürnen; **~rse** zornig werden, aufbrausen

aire ['aĭre] *m* Luft *f*; (*viento*) Wind *m*;

(*aspecto*) Aussehen *n*; *mús* Weise *f*, Melodie *f*; **~ comprimido** Druckluft *f*; **al ~ libre** im Freien; **a su ~** wie es ihm passt; **corre mucho ~** es zieht; **darse ~s de** sich aufspielen als; **estar en el ~** in der Luft hängen; in der Schwebe sein; **flotar en el ~** in der Luft liegen; **tomar el ~** frische Luft schöpfen

airear [aĭre'ar] (*1a*) lüften; **~se** an die Luft gehen

airoso [aĭ'roso] anmutig; **salir ~** glänzend abschneiden (bei **de**)

aisla|do [aĭz'lađo] abgesondert, vereinzelt; isoliert; **~dor** [-'đɔr] *m* Isolator *m*; **~miento** [-'mĭento] *m* Isolierung *f* (*a tec*, *el*); **~ acústico** (**térmico**) Schall-(Wärme-)dämmung *f*; *jur* **~ celular** Einzelhaft *f*; **~nte** [-'lante] *m* Isolierstoff *m*; **~r** [-'lar] (*1a*) isolieren; absondern

aja|do [a'xađo] zerknittert; *a fig* welk; **~r** [a'xar] (*1a*) zerknittern; **~rse** verblühen; welken (*a fig*)

ajedrea *bot* [axe'đrea] *f* Bohnenkraut *n*

ajedre|cista [axeđre'θista] *m* Schachspieler *m*; **~z** [-'dreθ] *m* Schach(spiel) *n*

ajenjo [a'xeŋxo] *m bot* Wermut *m*; (*bebida*) Absinth *m*

ajeno [a'xeno] fremd, Fremd...; **~ de** frei von (*dat*); fern von (*dat*); **lo ~** fremdes Gut *n*; **ser ~ de a/c** mit et nichts zu tun haben

ajetre|arse F [axetre'arse] (*1a*) sich plagen; sich abhetzen; **~o** F [-'treo] *m* Plackerei *f*; Hetze *f*

ají *bot* [a'xi] *m Am Art* Pfeffer *m od* Paprika *m*

ajillo [a'xiʎo] *m*: **al ~** mit Knoblauch (gebraten)

ajo ['axo] *m* Knoblauch *m*; F **andar** (*od* **estar**) **en el ~** s-e Hände im Spiel haben

ajonjolí *bot* [axɔŋxo'li] *m* Sesam *m*

ajuar [a'xŭar] *m* Hausrat *m*; (*de novia*) Aussteuer *f*

ajus|table [axus'tađle] einstellbar; regulierbar; **~tado** [-'tađo] passend; (*precio*) angemessen; (*cálculo*) knapp; (*vestido*) eng anliegend; **~tador** *tec* [-ta'đɔr] *m* Monteur *m*; **~tar** [-'tar] (*1a*) anpassen, einpassen; angleichen; *tec* justieren (*a tip*), einstellen; **~ cuentas** abrechnen (*a fig*); **~tarse**: **~ a** sich richten nach; sich halten an; (*corresponder*) entsprechen (*dat*); **~te** [a'xuste] *m* Anpassung *f*; Einstellung *f*; **~ de cuentas** Abrechnung *f* (*a fig*)

ajusticiar [axusti'θĭar] (*1b*) hinrichten

ala ['ala] *f* Flügel *m*; *dep* Flügelstürmer *m*; **~ delta** Deltaflügel *m*, Flugdrachen *m*; **~ del sombrero** Hutkrempe *f*

alaba|nza [ala'đanθa] *f* Lob *n*; **~r** [-'đar] (*1a*) loben, rühmen; **~rse** sich rühmen (*gen* **de**), prahlen (mit **de**)

alabastro [ala'đastro] *m* Alabaster *m*

alacena [ala'θena] *f* Küchenschrank *m*

alacrán [ala'kran] *m* Skorpion *m*

alado [a'lađo] geflügelt; *fig* beschwingt, schnell

alambique [alam'bike] *m* Destillierkolben *m*

alam|brada [alam'brađa] *f* Drahtgitter *n*; **~ de púas** Stacheldrahtverhau *m*; **~brado** [-'brađo] *m* Drahtgeflecht *n*; Drahtzaun *m*; **~brar** [-'brar] (*1a*) mit Draht einzäunen; **~bre** [a'lambre] *m* Draht *m*; **~ de púas** Stacheldraht *m*; **~brera** [alam'brera] *f* Drahtgitter *n*; (*ventana*) Fliegenfenster *n*

alameda [ala'međa] *f* Pappelbestand *m*; (*paseo*) Allee *f*

álamo ['alamo] *m* Pappel *f*; **~ temblón** Zitterpappel *f*, Espe *f*

alarde [a'larđe] *m* Prahlerei *f*; Protzerei *f*; **hacer ~ de** prahlen mit (*dat*); **~ar** [-'ar] (*1a*) prahlen, protzen (mit *dat* **de**)

alarga|miento [alarga'mĭento] *m* Verlängerung *f*; **~r** [-'gar] (*1h*) verlängern; (*brazo*) ausstrecken; (*cuello*) recken; **~rse** länger werden; *fig* sich in die Länge ziehen

alarido [ala'riđo] *m* Geschrei *n*; **dar ~s** schreien

alarm|a [a'larma] *f* Alarm *m*; *fig* Sorge *f*, Unruhe *f*; **~ por ozono** Ozonalarm *m*; **falsa ~** blinder Alarm *m*; **dar la** (**voz de**) **~** Alarm schlagen; **~ante** [alar'mante] beunruhigend, alarmierend; **~ar** [-'mar] (*1a*) alarmieren; *fig* beunruhigen; **~arse** sich beunruhigen; **~ista** [-'mista] *m* Panikmacher *m*

alazán [ala'θan] *m* (*caballo*) Fuchs *m*

alba ['alđa] *f* Tagesanbruch *m*; Morgendämmerung *f*

albacea [alđa'θea] *m* Testamentsvollstrecker *m*

albahaca *bot* [alđa'aka] *f* Basilikum *n*

albañil [alđa'ɲil] *m* Maurer *m*; **~ería**

[-ɲile'ria] *f* Maurerhandwerk *n*; (*obra*) Mauerwerk *n*
albarán [alƀa'ran] *m* Lieferschein *m*
albarda [al'ƀarđa] *f* Pack-, Saumsattel *m*
albaricoque [alƀari'koke] *m* Aprikose *f*; **~ro** [-ko'kero] *m* Aprikosenbaum *m*
albedrío [alƀe'đrio] *m*: ***libre ~*** freier Wille *m*; ***a su ~*** nach s-m Ermessen
alber|gar [alƀɛr'gar] (*1h*) beherbergen; *fig* (*idea, etc*) hegen; **~garse** einkehren, sich einlogieren; **~gue** [al'ƀɛrge] *m* Herberge *f*; Obdach *n*; ***~ de carreteras*** Rasthaus *n*; ***~ juvenil*** Jugendherberge *f*
albino [al'ƀino] *m* Albino *m*
albóndiga [al'ƀɔndiga] *f* Kloß *m*, Knödel *m*
alborada [alƀo'rađa] *f* Tagesanbruch *m*; *mús* Morgenständchen *n*
albornoz [alƀɔr'nɔθ] *m* Bademantel *m*; (*de los árabes*) Burnus *m*
alboro|tador [alƀorota'đɔr] **1.** *m* Aufwiegler *m*; Randalierer *m*; **2.** *adj* lärmend, randalierend; **~tar** [-'tar] (*1a*) **1.** *v/t* aufwiegeln; **2.** *v/i* randalieren; **~to** [-'roto] *m* Lärm *m*; Aufruhr *m*
alboro|zar [alƀoro'θar] (*1f*) sehr erfreuen; **~zarse** jubeln, sich sehr freuen; **~zo** [-'roθo] *m* Fröhlichkeit *f*, Jubel *m*
albricias [al'ƀriθĭas] *f/pl*: ***¡~!*** gute Nachricht!
álbum ['alƀun] *m* Album *n*
alcachofa [alka'tʃofa] *f* Artischocke *f*
alcahueta [alka'ŭeta] *f* Kupplerin *f*
alcal|de [al'kalde] *m* Bürgermeister *m*; **~día** [alkal'dia] *f* Bürgermeisteramt *n*
alcalino [alka'lino] alkalisch
alcance [al'kanθe] *m* Reichweite *f*; *fig* Tragweite *f*; ***accidente*** *m* ***por ~*** Auffahrunfall *m*; ***al ~ de*** erreichbar für (*ac*); zugänglich (*dat*); ***al ~ de la mano*** in Reichweite; ***de largo ~*** weit reichend; *fig* ***de pocos ~s*** beschränkt
alcancía [alkan'θia] *f* Sparbüchse *f*
alcanfor [alkam'fɔr] *m* Kampfer *m*
alcantarilla [alkanta'riʎa] *f* Abwasserkanal *m*; **~do** [-ri'ʎađo] *m* (städtische) Kanalisation *f*
alcanzar [alkan'θar] (*1f*) **1.** *v/t* einholen; erreichen, erlangen; (*dar*) reichen; (*bala*) treffen; *fig* verstehen, begreifen; **2.** *v/i* (aus)reichen
alcaparra [alka'parra] *f* Kaper *f*
alcázar [al'kaθar] *m* Burg *f*, Festung *f*
alce ['alθe] *m zo* Elch *m*
alcista [al'θista] *m* (*bolsa*): ***tendencia*** *f* ***~*** steigende Tendenz *f*
alcoba [al'koƀa] *f* Schlafzimmer *n*
alco|hol [alko'ɔl] *m* Alkohol *m*; ***~ de quemar*** Brennspiritus *m*; ***~ etílico*** Äthylalkohol *m*; ***~ metílico*** Methylalkohol *m*; **~holemia** [-'lemĭa] *f* Blutalkohol(gehalt) *m*; ***prueba*** *f* ***de ~*** Alkoholtest *m*; **~hólico** [-'oliko] **1.** *adj* alkoholisch; **2.** *m* Trinker *m*, Alkoholiker *m*; **~holismo** [-o'lizmo] *m* Alkoholismus *m*; Trunksucht *f*
alcornoque [alkɔr'noke] *m* Korkeiche *f*; F *fig* Dussel *m*, Dummkopf *m*
alcurnia [al'kurnĭa] *f* Abstammung *f*; ***de noble ~*** aus adligem Geschlecht
alcuza [al'kuθa] *f* Ölkrug *m*; Ölkanne *f*
alda|ba [al'daƀa] *f* Türklopfer *m*; **~bonazo** [-ƀo'naθo] *m* Schlag *m* mit dem Türklopfer; *fig* Warnung *f*
aldea [al'dea] *f* Dorf *n*; ***~ infantil*** SOS-Kinderdorf *n*; ***~ de vacaciones*** Feriendorf *n*; **~no** [alde'ano] **1.** *adj* dörflich; **2.** *m* Bauer *m*
alea|ción [alea'θĭɔn] *f* Legierung *f*; **~r** [-'ar] (*1a*) legieren
aleatorio [alea'torĭo] vom Zufall abhängig, aleatorisch
aleccionaldor [alɛgθĭona'dɔr] lehrreich; **~r** [-'nar] (*1a*) lehren, unterweisen
aledaño [ale'đaɲo] **1.** *adj* angrenzend; *fig* nahe stehend; **2.** *m* Anlieger *m*
alega|r [ale'gar] (*1h*) **1.** *v/t* anführen; (*pruebas*) beibringen; **2.** *v/i* plädieren; **~to** [-'gato] *m jur* Schriftsatz *m*; *a fig* Plädoyer *n*
ale|goría [alego'ria] *f* Allegorie *f*; **~górico** [-'goriko] allegorisch
ale|grar [ale'grar] (*1a*) erfreuen; *fig* beleben; **~grarse** sich freuen (über *ac* ***de***); **~gre** fröhlich, lustig; (*bebido*) angeheitert; **~gría** [-'gria] *f* Freude *f*; Fröhlichkeit *f*
aleja|miento [alɛxa'mĭento] *m* Entfernung *f*; Zurückgezogenheit *f*; (*entre personas*) Entfremdung *f*; **~r** [-'xar] (*1a*) entfernen; fern halten; **~rse** sich entfernen; sich zurückziehen (von ***de***)
alelado [ale'lađo] blöde, einfältig
aleluya [ale'luja] Halleluja *n*; (*dibujo*) Bilderbogen *m*
alem|án [ale'man] **1.** *adj* deutsch; ***en alemán*** auf Deutsch; **2.** *m* Deutsche(r)

m; Deutsch *n*; ***alto ~*** Hochdeutsch *n*; ***bajo ~*** Nieder-, Plattdeutsch *n*; **~ana** [-'mana] *f* Deutsche *f*

alenta|dor [alenta'đɔr] ermutigend; **~r** [-'tar] (*1k*) ermutigen; **~rse** Mut fassen

alerce *bot* [a'lɛrθe] *m* Lärche *f*

al|ergia *med* [a'lɛrxĭa] *f* Allergie *f*; **~érgico** [a'lɛrxiko] allergisch (gegen *ac* ***a***) (*a fig*)

ale|ro [a'lero] *m* Schutzdach *n*; Vordach *n*; ***estar en el ~*** in der Schwebe sein; **~rón** [ale'rɔn] *m avia* Querruder *n*

alerta [a'lɛrta] **1.** *adv* wachsam, aufmerksam; **2.** *f* Alarm *m*; **~r** [alɛr'tar] (*1a*) warnen

aleta [a'leta] *f zo* Flosse *f*; ***~ de la nariz*** Nasenflügel *m*; ***~s*** *f/pl* Schwimmflossen *f/pl*

aletear [alete'ar] (*1a*) flattern

alevín [ale'ƀin] *m* Fischbrut *f*; *fig* Anfänger *m*

alevo|sía [aleƀo'sia] *f* Hinterlist *f*, Heimtücke *f*; **~so** [-'ƀoso] hinterlistig, heimtückisch

alfabético [alfa'ƀetiko] alphabetisch; ***por orden ~*** in alphabetischer Reihenfolge

alfabeto [alfa'ƀeto] *m* Alphabet *n*

alfalfa *bot* [al'falfa] *f* Luzerne *f*

alfare|ría [alfare'ria] *f* Töpferei *f*; Töpferware *f*; **~ro** [-'rero] *m* Töpfer *m*

alféizar [al'fɛĭθar] *m* Fensterbrett *n*, Fenstersims *m od n*

alférez [al'fereθ] *m* Leutnant *m*; ***~ de navío*** Leutnant *m* zur See

alfil [al'fil] *m* (*ajedrez*) Läufer *m*

alfiler [alfi'lɛr] *m* Stecknadel *f*; (*broche*) Brosche *f*; ***~ de corbata*** Krawattennadel *f*; ***no caber un ~*** überfüllt sein; ***de veinticinco ~es*** in vollem Staat; **~azo** [-le'raθo] *m* Nadelstich *m* (*a fig*)

alfom|bra [al'fɔmbra] *f* Teppich *m*; **~brilla** [-'briʎa] *f* kleiner Teppich *m*; Fußmatte *f*; Bettvorleger *m*

alforfón *bot* [alfɔr'fɔn] *m* Buchweizen *m*

alforja(s) [al'fɔrxa(s)] *f* (*pl*) Satteltasche *f*

alga ['alga] *f* Alge *f*; Tang *m*

algarabía [algara'ƀia] *f* Kauderwelsch *n*; (*griterío*) Geschrei *n*, Getöse *n*

algarrobo [alga'rrɔƀo] *m* Johannisbrotbaum *m*

álgebra ['alxeƀra] *f* Algebra *f*

algebraico [alxe'ƀraĭko] algebraisch

álgido ['alxiđo] eisig: ***punto*** *m* ***~*** *fig* Höhepunkt *m*

algo ['algo] etwas; ***por ~*** aus gutem Grund; ***~ es ~*** besser als nichts

algo|dón [algo'đɔn] *m* Baumwolle *f*; ***~*** (***hidrófilo***) (Verbands-)Watte *f*; ***criado entre algodones*** sehr verwöhnt; **~donero** [-đo'nero] **1.** *adj* Baumwoll...; **2.** *m* Baumwollstaude *f*; (*persona*) Baumwollpflanzer *m*

alguacil [algŭa'θil] *m* Gerichts-, Amtsdiener *m*; **~illo** [-θi'liʎo] *m taur* Vorreiter *m*

alguien ['algĭen] jemand

algún [al'gun] = ***alguno*** (*delante de su/m*)

alguno [al'guno] **1.** *pron* jemand; **2.** *adj* mancher; (irgend)einer; ***~s*** einige; ***algún día*** e-s Tages; ***-a vez*** (irgend)einmal; ***de modo ~*** keineswegs, -falls

alhaja [al'axa] *f* Schmuckstück *n*; *a fig* Juwel *n*

alhelí *bot* [ale'li] *m* Levkoje *f*; ***~ amarillo*** Goldlack *m*

alheña *bot* [al'eɲa] *f* Liguster *m*

alia|do [a'lĭađo] **1.** *adj* verbündet; **2.** *m* Verbündete(r) *m*; ***~s*** *m/pl pol* Alliierte(n) *m/pl*; **~nza** [a'lĭanθa] *f* Bündnis *n*; Allianz *f*; (*anillo*) Trau-, Ehering *m*; **~rse** [a'lĭarse] (*1c*) sich verbünden

alias ['alĭas] **1.** *adv* alias, genannt; **2.** *m* Spitzname *m*; Deckname *m*

alicaído [alika'iđo] *fig* schwach; mutlos

alica|tado [alika'tađo] *m* Fliesenbelag *m*; Kachelung *f*; **~tes** [-'kates] *m/pl* Flachzange *f*; ***~ universales*** Kombizange *f*

aliciente [ali'θĭente] *m* Lockmittel *n*; *fig* Anreiz *m*

alie|nación [alĭena'θĭɔn] *f* Veräußerung *f*; ***~ mental*** geistige Umnachtung *f*; **~nar** [-'nar] (*1a*) veräußern; **~nista** [-'nista] *m* Irrenarzt *m*

aliento [a'lĭento] *m* Atem *m*; ***mal ~*** Mundgeruch *m*; *fig* ***cobrar ~*** Mut schöpfen; ***de un ~*** in e-m Zug; ***sin ~*** atemlos; ***tomar ~*** Atem holen

aligerar [alixe'rar] (*1a*) erleichtern; (*atenuar*) lindern; ***~ el paso*** den Schritt beschleunigen

alijo [a'lixo] *m* Schmuggelware *f*; ***~ de drogas*** geschmuggelte Drogen *f/pl*

alimaña [ali'maɲa] *f* kleines Raubzeug *n*; *fig* Ungeziefer *n*

alimen|tación [alimenta'θĭɔn] *f* Ernährung *f*; **~tar** [-'tar] (*1a*) ernähren; *fig* nähren, schüren; **~tario** [-'tarĭo], **~ticio** [-'tiθĭo] Nähr...; Nahrungs...; **~to** [-'mento] *m* Nahrung *f*; Nahrungsmittel *n*; **~s** *pl jur* Alimente *n/pl*

alimón [ali'mɔn]: ***al ~*** gemeinsam, mit vereinten Kräften

aline|ación [alinea'θĭɔn] *f* Aufstellung *f*; **~ar** [-'ar] (*1a*) aufstellen; *pol* ***países*** *m/pl* ***no alineados*** blockfreie Länder *n/pl*

ali|ñar [ali'ɲar] (*1a*) schmücken; *gastr* würzen, anmachen; **~ño** [a'liɲo] *m* Verzierung *f*; *gastr* Zubereitung *f*; Würze *f*

alisar [ali'sar] (*1a*) glätten, polieren

alisio [a'lisĭo]: **(*vientos*) ~*s*** *m/pl* Passatwinde *m/pl*

aliso *bot* [a'liso] *m* Erle *f*

alista|miento [alista'mĭento] *m* Einschreibung *f*; *mil* Anwerbung *f*; Erfassung *f*; **~r** [-'tar] (*1a*) einschreiben; auflisten; *mil* anwerben; erfassen; **~rse** sich einschreiben; sich melden

aliteración [alitera'θĭɔn] *f* Stabreim *m*, Alliteration *f*

alivi|ar [ali'ƀĭar] (*1b*) erleichtern; (*dolor*) lindern; **~o** [a'liƀĭo] *m* Erleichterung *f*

aljibe [al'xiƀe] *m* Zisterne *f*

allá [a'ʎa] dort, da; dorthin; (*tiempo*) damals; ***más ~*** weiter (weg); ***más ~ de*** jenseits von; ***el más ~*** Jenseits *n*; ***por ~*** dorthin; ungefähr dort; ***¡~ voy!*** ich komme schon!; ***~ él*** das ist s-e Sache

allana|miento [aʎana'mĭento] *m* (Ein-)Ebnen *n*; *jur* ***~ de morada*** Hausfriedensbruch *m*; **~r** [-'nar] (*1a*) ebnen, planieren; *jur* ***~ una casa*** Hausfriedensbruch begehen

allegado [aʎe'gađo] **1.** *adj* nahe (stehend) **2.** *m* Angehörige(r) *m*

allí [a'ʎi] da, dort; ***~ mismo*** genau dort; ***de ~*** daher; ***hasta ~*** bis dahin; ***por ~*** dort (herum)

alma ['alma] *f* Seele *f* (*a fig*); *fig* Herz *n*, Gemüt *n*; ***llegar al ~*** tief ergreifen; ***no se ve un ~*** man sieht keine Menschenseele

almacén [alma'θen] *m* Lager *n*; *Am* Gemischtwarenhandlung *f*; ***tener en ~*** auf Lager haben, vorrätig haben; ***grandes almacenes*** *m/pl* Kauf-, Warenhaus *n*

almace|naje [almaθe'naxe] *m* (Ein-)Lagerung *f*; Lagerhaltung *f*; **~namiento** [-'mĭento] *m* Bevorratung *f*, (Ein-)Lagerung *f*; *inform* Speicherung *f*; ***~ final*** Endlagerung *f*; **~nar** [-'nar] (*1a*) speichern (*a inform*), (ein)lagern; *fig* anhäufen; **~nero** [-'nero] *m* Lagerist *m*; **~nista** [-'nista] *m* Lagerhalter *m*; Großhändler *m*

almadraba [alma'đraƀa] *f* Thunfischerei *f*

almanaque [alma'nake] *m* Almanach *m*, Kalender *m*

almazara [alma'θara] *f* Ölmühle *f*

almeja [al'mɛxa] *f* Venusmuschel *f*

almena [al'mena] *f* (Mauer-)Zinne *f*

almen|dra [al'mendra] *f* Mandel *f*; ***~ amarga*** bittere Mandel *f*; ***~ garapiñada*** gebrannte Mandel *f*; **~dro** [-dro] *m* Mandelbaum *m*

almiar *agr* [al'mĭar] *m* (Heu-)Miete *f*

almíbar [al'miƀar] *m* Sirup *m*; ***melocotón*** *m* ***en ~*** Pfirsichkompott *n*

almibarado [almiƀa'rađo] *fig* zuckersüß

almi|dón [almi'đɔn] *m* Stärke *f*; Stärkemehl *n*; **~donar** [-đo'nar] (*1a*) (*ropa*) stärken

alminar [almi'nar] *m* Minarett *n*

almiran|tazgo [almiran'taðgo] *m* Admiralität *f*; **~te** [-'rante] *m* Admiral *m*

almirez [almi'reθ] *m* Mörser *m*

almizcle [al'miθkle] *m* Moschus *m*

almoha|da [almo'ađa] *f* Kopfkissen *n*; ***~ neumática*** Luftkissen *n*; ***consultar a/c con la ~*** et überschlafen; **~dilla** [-'điʎa] *f* kleines Kissen *n*; Sitzkissen *n*; (*de tinta*) Stempelkissen *n*; ***~ eléctrica*** Heizkissen *n*; **~dón** [-'đɔn] *m* großes Kissen *n*; Sofakissen *n*

almorranas [almɔ'rranas] *f/pl* Hämorrhoiden *pl*

almorta *bot* [al'mɔrta] *f* Platterbse *f*

almorzar [almɔr'θar] (*1f u 1m*) zu Mittag essen; *reg* frühstücken

almuecín [almŭe'θin], **almuédano** [al'mŭeđano] *m* Muezzin *m*

almuerzo [al'mŭɛrθo] *m* Mittagessen *n*; *reg* Frühstück *n*; ***~ de negocios***, ***~ de trabajo*** (*a mediodía*) Arbeitsessen *n*, Geschäftsessen *n*

alocado [alo'kađo] verrückt

alocución [aloku'θĭɔn] *f* kurze Ansprache *f*

aloe, **áloe** *bot* ['aloe] *m* Aloe *f*

aloja|miento [alɔxa'mĭento] *m* Unter-

kunft *f*; Unterbringung *f*; **~r** [-'xar] (*1a*) beherbergen; unterbringen; **~rse** absteigen (in *dat* ***en***)
alondra [a'lɔndra] *f* Lerche *f*
alopecia [alo'peθĭa] *f* Haarausfall *m*
alpaca [al'paka] *f zo*, *metal* Alpaka *n*
alpargata [alpar'gata] *f Esp* Leinenschuh *m* mit Hanfsohle
alpi|nismo [alpi'nizmo] *m* Bergsport *m*; **~nista** [-'nista] *su* Bergsteiger(in *f*) *m*; **~no** [-'pino] Alpen...
alpiste [al'piste] *m* Kanariengras *n*; Vogelfutter *n*
alqui|lar [alki'lar] (*1a*) (*tomar*) mieten; leihen; (*dar*) vermieten; verleihen; ***se alquila*** zu vermieten; **~ler** [-'lɛr] *m* Vermieten *n*; Verleih *m*; (*precio*) Miete *f*; ***~-venta*** Mietkauf *m*; ***de ~*** Miet...
alqui|mia [al'kimĭa] *f* Alchimie *f*; **~mista** [-ki'mista] *m* Alchimist *m*
alquitrán [alki'tran] *m* Teer *m*
alrededor [alrrɛđe'đɔr] ringsherum; ***~ de*** um ... herum; ungefähr; **~es** *m/pl* Umgebung *f*; Umland *n*
alsaciano [alsa'θĭano] **1.** *adj* elsässisch; **2.** *m* Elsässer *m*
alta ['alta] *f* Anmeldung *f*; *med* Entlassung(sschein *m*) *f*; ***dar de ~*** anmelden; *med* gesundschreiben, (als gesund) entlassen; ***darse de ~*** (als Mitglied) eintreten; sich anmelden
altamente [alta'mente] höchst, äußerst
altane|ría [altane'ria] *f* Hochmut *m*, Stolz *m*; **~ro** [-'nero] hochmütig
altar [al'tar] *m* Altar *m*; ***~ mayor*** Hochaltar *m*
altavoz [alta'ƀɔθ] *m* Lautsprecher *m*
altera|ble [alte'raƀle] veränderlich; wandelbar; **~ción** [-ra'θĭɔn] *f* Veränderung *f*; (*perturbación*) Störung *f*; (*excitación*) Aufregung *f*; **~r** [-'rar] (*1a*) (ver)ändern; verfälschen; (*persona*) verstören; aufregen; ***~ el orden*** Unruhe stiften; **~rse** (*persona*) sich aufregen; (*alimentos*) schlecht werden
altercado [altɛr'kađo] *m* Wortwechsel *m*; Streit *m*
alterna|ción [altɛrna'θĭɔn] *f* Abwechslung *f*, Wechsel *m*; **~r** [-'nar] (*1a*) **1.** *v/t* (ab)wechseln; **2.** *v/i*: ***~ con*** alternieren, abwechseln mit; (*tener trato*) verkehren mit; **~rse** sich abwechseln; **~tiva** [-na'tiƀa] *f* Alternative *f*; *taur* ***dar la ~*** als Matador zulassen; **~tivo** [-'tiƀo] alternativ, Alternativ...
alterne [al'tɛrne] *m*: ***bar*** *m* ***de ~*** Animierlokal *n*; ***chica*** *f* ***de ~*** Animierdame *f*
alterno [al'tɛrno] abwechselnd; *agr* ***cultivo*** *m* ***~*** Fruchtwechsel *m*
alteza [al'teθa] *f* Hoheit *f*; Würde *f*; **≗ *Real*** Königliche Hoheit *f*
altibajos [alti'baxos] *m/pl fig* Auf und Ab *n*; Wechselfälle *m/pl*
altillo [al'tiʎo] *m* Anhöhe *f*; (*armario*) Schrankaufsatz *m*
altímetro [al'timetro] *m* Höhenmesser *m*
altiplan|icie [altipla'niθĭe] *f* Hochfläche *f*, -ebene *f*; **~o** [-'plano] *m* Hochland *n*, Hochebene *f*
altisonante [altiso'nante] hochtrabend
altitud [alti'tuđ] *f* Höhe *f*
alti|vez [alti'ƀeθ] *f* Stolz *m*, Hochmut *m*; **~vo** [-'tiƀo] stolz, hochmütig
alto ['alto] **1.** *adj* hoch; (*persona*) groß; ***en -as horas de la noche*** spät nachts; ***-a calidad*** erstklassige Qualität *f*; ***-a sociedad*** vornehme Gesellschaft *f*; ***en -a mar*** auf hoher See; ***en voz -a*** laut; **2.** *adv* ***hablar ~*** laut sprechen; ***volar ~*** hoch fliegen; ***llegar ~*** es weit bringen; ***pasar por ~*** *fig* übergehen; **3.** *m* Halt *m*; Rast *f*; (*altura*) Höhe *f*; *geo* Anhöhe *f*; ***dos metros de ~*** zwei Meter hoch; ***dar el ~*** anhalten; ***hacer*** (***un***) ***~*** Halt machen, rasten; ***~ el fuego*** Feuereinstellung *f*, Waffenruhe *f*; ***¡~!*** halt!
altoparlante [altopar'lante] *m Am* Lautsprecher *m*
altramuz *bot* [altra'muθ] *m* Lupine *f*
altruis|mo [altru'izmo] *m* Selbstlosigkeit *f*, Altruismus *m*; **~ta** [-'ista] **1.** *adj* selbstlos; **2.** *m* Altruist *m*
altura [al'tura] *f* Höhe *f*; (*estatura*) Größe *f* (*a fig*); ***a estas ~s*** beim jetzigen Stand der Dinge; ***estar a la ~ de a/c*** e-r Sache gewachsen sein; *avia* ***tomar ~*** steigen
alubia *bot* [a'luƀĭa] *f* (weiße) Bohne *f*
aluci|nación [aluθina'θĭɔn] *f* Halluzination *f*; **~nante** [-'nante] *fig* unglaublich, F super; **~nar** [-'nar] (*1a*) blenden; fesseln; **~nógeno** [-'noxeno] *m med* Halluzinogen *n*
alud [a'luđ] *m* Lawine *f* (*a fig*)
aludir [alu'đir] (*3a*): ***~ a*** anspielen auf (*ac*); erwähnen; (***no***) ***darse por aludi-***

do sich (nicht) angesprochen fühlen

alumbra|do [alum'brađo] *m* Beleuchtung *f*; ~ ***público*** Straßenbeleuchtung *f*; **~miento** *m* Beleuchtung *f*; *med* Entbindung *f*, Niederkunft *f*; **~r** [-'brar] (*1a*) er-, beleuchten; *med* niederkommen mit

alumbre [a'lumbre] *m* Alaun *m*

aluminio [alu'minĭo] *m* Aluminium *n*; ***papel*** *m* ***de*** ~ Alufolie *f*

alum|nado [alum'nađo] *m* Schülerschaft *f*; **~no** *m* [a'lumno] Schüler *m*

aluniza|je [aluni'θaxe] *m* Mondlandung *f*; **~r** [-'θar] (*1f*) auf dem Mond landen

alusi|ón [alu'sĭɔn] *f* Anspielung *f* (auf *ac* ***a***); Erwähnung *f*; ***hacer*** ~ ***a*** anspielen auf; **~vo** [-'siƀo] anspielend (auf ***a***)

aluvión [alu'ƀĭɔn] *m* Überschwemmung *f*; Schwemmland *n*; *fig* Schwall *m*

alvéolo [al'ƀeolo] *m* *med* Alveole *f*; Zahnfach *n*; Lungenbläschen *n*

alza ['alθa] *f* Steigerung *f*; ~ ***de precios*** Preisanstieg *m*; (*bolsa*) ***jugar al*** ~ auf Hausse spekulieren; **~do** [-'θađo] *m* *arqu* Aufriss *m*; **~miento** [-θa'mĭento] *m* *pol* Erhebung *f*, Aufstand *m*; **~r** [-'θar] (*1f*) aufheben; hochhalten; emporheben; (*mano*, *voz*, *etc*) erheben; (*precio*) erhöhen; ~ ***la vista*** aufblicken; **~rse** sich erheben, aufstehen (*a mil*); ~ ***con el triunfo*** den Sieg davontragen

ama ['ama] *f* Herrin *f*; ~ ***de casa*** Hausfrau *f*; ~ ***de cría*** Amme *f*; ~ ***de llaves*** Wirtschafterin *f*, Haushälterin *f*

ama|bilidad [amaƀili'đađ] *f* Liebenswürdigkeit *f*; **~ble** [a'maƀle] liebenswürdig; freundlich; **~do** [a'mađo] *m*, **-a** *f* Geliebte(r *m*) *m*/*f*

amadrinar [amađri'nar] (*1a*) Patin sein bei

amaestra|miento [amaestra'mĭento] *m* Unterweisung *f*; Abrichten *n*, Dressur *f*; **~r** [-'trar] (*1a*) unterweisen; (*animal*) abrichten, dressieren

ama|gar [ama'gar] (*1h*) drohen; **~go** [a'mago] *m* drohende Gebärde *f*; *med* Anflug *m*; Anzeichen *n*

amainar [amaĭ'nar] (*1a*) *v*/*i* nachlassen

amalgama [amal'gama] *f* Amalgam *n*; *fig* Gemisch *n*; **~r** [-ga'mar] (*1a*) *fig* verquicken; vermengen; **~rse** verschmelzen

amamantar [amaman'tar] (*1a*) stillen; (*animal*) säugen

amanecer [amane'θɛr] **1.** *v*/*i* (*2d*) tagen, Tag werden; **2.** *m* Tagesanbruch *m*; ***al*** ~ bei Tagesanbruch

amanera|do [amane'rađo] geziert; affektiert; **~miento** [-ra'mĭento] *m* Affektiertheit *f*

amansar [aman'sar] (*1a*) zähmen; *fig* besänftigen; **~se** zahm werden

amante [a'mante] **1.** *adj* liebend; ~ ***de la paz*** friedliebend; **2.** *su* Liebhaber(in *f*) *m*; Geliebte(r *m*) *m*/*f* ~ ***de la música*** Musikliebhaber(in *f*) *m*; **~s** *pl* Liebespaar *n*

amapola *bot* [ama'pola] *f* Mohn *m*

amar [a'mar] (*1a*) lieben

amara|je *avia* [ama'raxe] *m* Wasserung *f*; **~r** [-'rar] (*1a*) wassern

amar|gar [amar'gar] (*1h*) verbittern; **~go** [a'margo] bitter (*a fig*); **~gor** [-'gɔr] *m*, **~gura** [-'gura] *f* Bitterkeit *f* (*a fig*)

amari|llento [amari'ʎento] gelblich; **~llo** [-'riʎo] gelb

amarra *mar* [a'marra] *f* Tau *n*, Trosse *f*; **~dero** [amarra'đero] *m* Anlegeplatz *m*; **~r** [-'rrar] (*1a*) festbinden; *mar* vertäuen

amarre *mar* [a'marre] *m* Vertäuen *n*; Liegeplatz *m*

amartelado [amarte'lađo] sehr verliebt

amasar [ama'sar] (*1a*) (ver)kneten; *fig* anhäufen

amateur [ama'tœr] *m* Amateur *m*

amatista [ama'tista] *f* Amethyst *m*

amazona [ama'θona] *f* Amazone *f* (*a fig*), Reiterin *f*

ambages [am'baxes] *m*/*pl*: ***sin*** ~ unverhohlen, ohne Umschweife

ámbar ['ambar] *m* Bernstein *m*

ambi|ción [ambi'θĭɔn] *f* Ehrgeiz *m*; **~cionar** [-θĭo'nar] (*1a*) erstreben, sehnlich wünschen; **~cioso** [-'θĭoso] ehrgeizig

ambien|tación [ambĭenta'θiɔn] *f* (*cine*, *etc*) Milieugestaltung *f*; **~tador** [-'đɔr] *m* Raumspray *m*; **~tal** [-'tal] Umwelt...; **~tar** [-'tar] (*1a*) ein Milieu schaffen; **~te** [-'bĭente] **1.** *adj* umgebend; ***medio*** *m* ~ Umwelt *f*; **2.** *m* Umwelt *f*, Milieu *n*; *fig* Stimmung *f*, Atmosphäre *f*

ambigú [ambi'gu] *m* kaltes Büfett *n*; Theaterbüfett *n*

ambi|güedad [ambigŭe'đađ] *f* Zweideutigkeit *f*; **~guo** [-'bigŭo] zweideutig, doppelsinnig; (*carácter*) zwiespältig

ámbito ['ambito] *m* Umkreis *m*; Bereich *m*

amb|os, ~as ['ambɔs, -as] beide

ambula|ncia [ambu'lanθĭa] *f* Krankenwagen *m*; **~nte** [-'lante] wandernd; umherziehend; ***copa*** *f* **~** Wanderpokal *m*; ***vendedor*** *m* **~** Hausierer *m*; **~torio** [-la'torĭo] *m* **1.** *adj med* ambulant; **2.** *m* Ambulanz *f*

ameba [a'meƀa] *f* = ***amiba***

amedrentar [ameđren'tar] (*1a*) einschüchtern; **~se** verzagen

amén [a'men] *m* Amen *n*; ***en un decir*** **~** im Nu; **~ *de*** außer (*dat*)

amenaza [ame'naθa] *f* Drohung *f*; **~dor** [-'đɔr], **~nte** [-'θante] drohend; **~r** [-'θar] (*1f*) bedrohen (*ac*); drohen (*dat*)

ame|nizar [ameni'θar] (*1f*) verschönern; anregend gestalten; **~no** [a'meno] anregend; unterhaltsam

amento *bot* [a'mento] *m* Kätzchen *n*

america|na [ameri'kana] *f* Jackett *n*, Sakko *m*; **~no** [-'kano] **1.** *adj* amerikanisch; **2.** *m*, **-a** *f* Amerikaner(in *f*) *m*

ameri|zaje [ameri'θaxe] *m* = ***amaraje***; **~zar** [-'θar] (*1f*) = ***amarar***

ametralla|dora *mil* [ametraʎa'đora] *f* Maschinengewehr *n*; **~r** [-'ʎar] (*1a*) beschießen; niederschießen

amianto [a'mĭanto] *m* Asbest *m*

amiba [a'miba] *f* Amöbe *f*

amiga [a'miga] *f* Freundin *f*; (*amante*) Geliebte *f*; **~ble** [ami'gaƀle] freundlich; freundschaftlich

am|ígdala *med* [a'migđala] *f* Mandel *f*; **~igdalitis** [amigđa'litis] *f* Mandelentzündung *f*

amigo [a'migo] **1.** *adj* befreundet; **2.** *m* Freund *m*; (*amante*) Liebhaber *m*; ***hacerse*** **~*s*** sich anfreunden

amilanar [amila'nar] (*1a*) einschüchtern; **~se** verzagen

aminorar [amino'rar] (*1a*) (ver)mindern; **~ *la marcha*** langsamer fahren

amis|tad [amis'tađ] *f* Freundschaft *f*; **~*es*** *f/pl* Freundes-, Bekanntenkreis *m*; **~toso** [-'toso] freundschaftlich

amnesia [am'nesĭa] *f* Amnesie *f*, Gedächtnisverlust *m*

amnis|tía [amnis'tia] *f* Amnestie *f*; **~tiar** [-'tĭar] (*1c*) amnestieren

amo ['amo] *m* Herr *m*; Eigentümer *m*; Dienstherr *m*

amojonar [amɔxo'nar] (*1a*) vermarken, abgrenzen

amolar [amo'lar] (*1m*) schleifen

amoldar [amɔl'dar] (*1a*) anpassen; formen, modellieren; **~se** sich anpassen (an *ac* ***a***)

amonesta|ción [amonesta'θĭɔn] *f* Ermahnung *f*; Verwarnung *f*; **~ciones** *f/pl* (Heirats-)Aufgebot *n*; **~r** [-'tar] (*1a*) ermahnen; verwarnen; (*novios*) aufbieten

amoníaco [-'niako] *m* Salmiakgeist *m*

amontona|miento [amɔntona'mĭento] *m* An-, Aufhäufung *f*; **~r** [-'nar] (*1a*) anhäufen; (auf)stapeln; **~rse** sich häufen; (*gente*) sich ansammeln

amor [a'mɔr] *m* Liebe *f*; **~ *propio*** Eigenliebe *f*; ***por*** **~ *al arte*** gratis, umsonst; ***por*** **~ *de Dios*** um Gottes willen; ***hacer el*** **~** lieben, koitieren

amoratado [amora'tađo] dunkelviolett; **~ *de frío*** blau vor Kälte

amordazar [amɔrđa'θar] (*1f*) knebeln; *fig* mundtot machen

amorío [amo'rio] *m* Liebelei *f*

amoroso [amo'roso] liebevoll

amortigua|dor [amɔrtigŭa'đor] *m* Stoßdämpfer *m*; **~r** [-'gŭar] (*1i*) abschwächen, dämpfen; lindern

amortiza|ble [amɔrti'θable] tilgbar, amortisierbar; **~ción** [-θa'θĭɔn] *f* Tilgung *f*, Abschreibung *f*, Amortisierung *f*; **~r** [-'θar] (*1f*) tilgen, abschreiben; amortisieren

amotina|do [amoti'nađo] *m* Meuterer *m*; **~r** [-'nar] (*1a*) aufwiegeln; **~rse** meutern

ampa|rar [ampa'rar] (*1a*) (be)schützen; **~rarse** sich schützen, Schutz suchen; **~ro** [-'paro] *m* Schutz *m*, Hilfe *f*; ***al*** **~ *de*** unter dem Schutz von (*dat*)

amplia|ción [amplĭa'θĭɔn] *f* Erweiterung *f*; Vergrößerung *f* (*a fot*); **~ *de capital*** Kapitalerhöhung *f*; **~mente** [-'mente] reichlich; ausführlich; **~r** [am'plĭar] (*1c*) erweitern; vergrößern (*a fot*)

amplifi|cación [amplifika'θĭɔn] *f* Erweiterung *f*; *mús* Verstärkung *f*; **~cador** [-'đɔr] *m mús* Verstärker *m*; **~car** [-'kar] (*1g*) erweitern; *mús* verstärken

ampli|o ['amplĭo] weit, ausgedehnt; (*extenso*) ausführlich; (*espacioso*) geräumig; **~tud** [-pli'tuđ] *f* Ausdehnung *f*,

Weite *f*; *fis* Amplitude *f*
ampolla [am'poʎa] *f med* Blase *f*; (*vasija*) Ampulle *f*; *fig* ***levantar ~s*** Aufsehen erregen
ampuloso [ampu'loso] schwülstig, hochtrabend
ampu|tación [amputa'θĭɔn] *f med* Amputation *f*; **~tar** [-'tar] (*1a*) amputieren; *fig* beschneiden
amueblar [amŭe'ƀlar] (*1a*) möblieren
amuleto [amu'leto] *m* Amulett *n*
amurallar [amura'ʎar] (*1a*) mit Mauern umgeben
anabolizante [anaƀoli'θante] *m* Anabolikum *n*
anacardo *bot* [ana'karđo] *m* Cashewnuss *f*
ana|crónico [ana'kroniko] anachronistisch; **~cronismo** [-kro'nizmo] *m* Anachronismus *m*
ánade ['anađe] *m* Ente *f*
anadear [anađe'ar] (*1a*) watscheln
anal [a'nal] anal, After...
anales [a'nales] *m/pl* Annalen *pl*
analfabe|tismo [analfaƀe'tizmo] *m* Analphabetentum *n*; **~to** [-'ƀeto] *m* Analphabet *m*
analgésico [anal'xesiko] *m* schmerzstillendes Mittel *n*, Analgetikum *n*
análisis [a'nalisis] *m* Analyse *f*; ***~ de sistema*** *inform* Systemanalyse *f*
ana|lista [ana'lista] *m*: ***~ de sistemas*** Systemanalytiker *m*; **~lítico** [-'litiko] analytisch; **~lizar** [-li'θar] (*1f*) analysieren
analogía [analɔ'xia] *f* Analogie *f*
analógico [ana'lɔxiko], **análogo** [a'nalogo] analog
ananá(s) *bot* [ana'na(s)] *f Am* Ananas *f*
anaquel [ana'kɛl] *m* (Regal-)Brett *n*; Schrankbrett *n*
anaranjado [anaraŋ'xađo] orange(nfarbig)
anar|quía [anar'kia] *f* Anarchie *f*; **~quista** [-'kista] **1.** *adj* anarchistisch; **2.** *m* Anarchist *m*
anatema [ana'tema] *m* Bannfluch *m*
ana|tomía [anato'mia] *f* Anatomie *f*; **~tómico** [-'tomiko] anatomisch
anca ['aŋka] *f* Hinterbacken *m*; *gastr* ***~s de rana*** Froschschenkel *m/pl*
ancestral [anθes'tral] (von den Vorfahren) überliefert
ancho ['antʃo] **1.** *adj* breit; weit; ***estar a sus -as*** sich wohl fühlen; **2.** *m* Breite *f*; *ferro* ***~ de vía*** Spurweite *f*
anchoa [an'tʃoa] *f* Anschovis *f*, Sardelle *f*
anchura [an'tʃura] *f* Breite *f*, Weite *f*
ancia|na [an'θĭana] *f* Greisin *f*; **~nidad** [-θĭani'đađ] *f* (Greisen-)Alter *n*; **~no** [-'θĭano] **1.** *adj* alt, (hoch)betagt; **2.** *m* Greis *m*
ancla ['aŋkla] *f* Anker *m*; ***echar ~s*** Anker werfen; ***levar ~s*** die Anker lichten; **~dero** [-'đero] *m* Ankerplatz *m*; **~r** [-'klar] (*1a*) (ver)ankern
áncora ['aŋkora] *f* Anker *m* (*reloj*, *fig*); ***~ de salvación*** *fig* Rettungsanker *m*
anda|das [an'dađas] *f/pl*: ***volver a las ~*** in e-e schlechte Gewohnheit zurückfallen; **~dura** [-'đura] *f* Gang *m*; Gangart *f*
andaluz [anda'luθ] **1.** *adj* andalusisch; **2.** *m*, **-a** *f* [-'luθa] Andalusier(in *f*) *m*
anda|miaje [anda'mĭaxe] *m*, **~mio** [-'damĭo] *m* (Bau-)Gerüst *n*
andanza [an'danθa] *f* Abenteuer *n*
andar [an'dar] (*1q*) **1.** *v/i* gehen; *tec* laufen, funktionieren; ***~ mal de dinero*** knapp bei Kasse sein; ***~ con cuidado*** (*od* ***ojo***) vorsichtig zu Werk gehen; ***~ en*** (*od* ***por***) ***los 30*** etwa 30 Jahre alt sein; ***~ por buen camino*** auf dem rechten Wege sein (*a fig*); ***~ por mal camino*** *fig* auf die schiefe Bahn geraten; ***~ tras a/c*** hinter et her sein; ***¡anda!*** nanu!; nur zu!; los!; ***¡andando!*** also los!; **2.** *v/t* (*camino*) zurücklegen; **3.** *m*: ***~es*** *pl* Gang *m*, Gangart *f*
anda|riego [anda'rĭego], **~rín** [-'rin] **1.** *adj* wanderlustig; gut zu Fuß; **2.** *m* guter Fußgänger *m*
andas ['andas] *f/pl* Bahre *f*; Traggestell *n*
andén [an'den] *m* Bahnsteig *m*
andrajo [an'draxo] *m* Lumpen *m*; **~so** [-dra'xoso] abgerissen, zerlumpt
an|écdota [a'nɛgđota] *f* Anekdote *f*; **~ecdótico** [anɛg'đotiko] anekdotisch
anegar [ane'gar] (*1h*) unter Wasser setzen
anejo [a'nɛxo] = ***anexo***
anemia [a'nemĭa] *f* Blutarmut *f*, Anämie *f*
anémico [a'nemiko] blutarm
anémona [a'nemona] *bot f* Anemone *f*
anes|tesia [anes'tesĭa] *f* Anästhesie *f*,

Narkose *f*; **~ *general*** Vollnarkose *f*; **~ *local*** Lokalanästhesie *f*; **~tesiar** [-te'sĭar] (*1b*) betäuben; **~tésico** [-'tesiko] *m* Betäubungsmittel *n*; **~tesista** [-te'sista] *m* Narkosearzt *m*, Anästhesist *m*

ane|x(ion)ar [anɛg'sar *od* -gsĭo'nar] (*1a*) angliedern; annektieren; **~xión** [-g'sĭɔn] *f* Annexion *f*; **~xo** [a'nɛgso] **1.** *adj* beiliegend; **2.** *m* Nebengebäude *n*; (*en una carta*) Anlage *f*

anfetamina *med* [amfeta'mina] Amphetamin *n*

anfibio [am'fibĭo] **1.** *adj* amphibisch; Amphibien...; **2.** *m* Amphibie *f*

anfiteatro [amfite'atro] *m* Amphitheater *n*; *teat* Rang *m*

anfitr|ión [amfi'trĭɔn] *m* Gastgeber *m*; **~iona** [-'trĭona] *f* Gastgeberin *f*

ánfora ['amfora] *f* Amphore *f*

ángel ['aŋxɛl] *m* Engel *m*; **~ *custodio*, ~ *de la guarda*** Schutzengel *m*

angélica *bot* [aŋ'xelika] *f* Engelwurz *f*

an|gelical [aŋxeli'kal], **~gélico** [-'xeliko] engelhaft

angina *med* [aŋ'xina] *f* (*mst* **~s** *pl*) Angina *f*, Halsentzündung *f*; **~ *de pecho*** Angina *f* pectoris

anglicano [aŋgli'kano] **1.** *adj* anglikanisch; **2.** *m* Anglikaner *m*

anglosajón [aŋglosa'xɔn] angelsächsisch

angos|to [aŋ'gɔsto] eng, knapp; **~tura** [-gɔs'tura] *f* Enge *f*, Verengung *f*

anguila [aŋ'gila] *f* Aal *m*

angula [aŋ'gula] *f* Jungaal *m*; *gastr* Glasaal *m*

angular [aŋgu'lar] eckig; Winkel...; ***piedra f ~*** Eckstein *m* (*a fig*)

ángulo ['aŋgulo] *m* Ecke *f*; *mat* Winkel *m*; **~ *agudo*** (***obtuso***, ***recto***) spitzer (stumpfer, rechter) Winkel *m*

anguloso [aŋgu'loso] winkelig; (*cara*) kantig

angus|tia [aŋ'gustĭa] *f* Angst *f*; Beklemmung *f*; **~tiado** [-gus'tĭađo] ängstlich; **~tiar** [-'tĭar] (*1b*) ängstigen; **~tioso** [-'tĭoso] beängstigend; angstvoll

anhe|lante [ane'lante] *fig* sehnsüchtig; **~lar** [-'lar] (*1a*) *fig* ersehnen; **~lo** [a'nelo] *m* Sehnsucht *f*, Verlangen *n*

anidar [ani'đar] (*1a*) *v/i* nisten (*a fig*)

anilla [a'niʎa] *f tec* Ring *m*; **~s** *f/pl dep* Ringe *m/pl*

anillo [a'niʎo] *m* Ring *m*; **~ *de boda*** Trauring *m*, Ehering *m*; ***como ~ al dedo*** wie angegossen

ánima ['anima] *f rel*, *tec* Seele *f*

anima|ción [anima'θĭɔn] *f* Belebung *f*; Lebhaftigkeit *f*; (*actividad*) bewegtes Treiben *n*, Betrieb *m*; **~do** [-'mađo] lebhaft, munter; (*conversación*) angeregt; **~dor** [-ma'đɔr] *m* Conférencier *m*; Animateur *m*; **~dora** [-'đora] *f* Ansagerin *f*; Animateurin *f*

animadversión [animađƀɛr'sĭɔn] *f* Abneigung *f*

animal [ani'mal] **1.** *adj* tierisch; Tier...; **2.** *m* Tier *n*; *fig* Dummkopf *m*

animar [ani'mar] (*1a*) beleben; animieren; aufmuntern; ermutigen; **~se** sich aufraffen, sich entschließen (zu ***a***)

ánimo ['animo] *m* Gemüt *n*; (*valor*) Mut *m*; ***estado*** *m* ***de ~*** Gemütsverfassung *f*; ***presencia*** *f* ***de ~*** Geistesgegenwart *f*; ***con ~ de*** in der Absicht zu; ***¡~!*** Kopf hoch!; nur Mut!

animo|sidad [animosi'đađ] *f* Abneigung *f*; **~so** [-'moso] tatkräftig; beherzt

aniquilar [aniki'lar] (*1a*) zerstören, vernichten; **~se** zunichte werden

anís *bot* [a'nis] *m* Anis *m*; (*bebida*) Anislikör *m*

aniversario [aniƀɛr'sarĭo] *m* Jahrestag *m*; Jubiläum *n*; **~ *de boda*** Hochzeitstag *m*

ano ['ano] *m* After *m*

anoche [a'notʃe] gestern Abend; **~cer** [-'θɛr] **1.** *v/i* (*2d*) Nacht werden; **2.** *m* Abenddämmerung *f*; ***al ~*** bei Einbruch der Dunkelheit

anodino [ano'đino] nichts sagend

an|omalía [anoma'lia] *f* Anomalie *f*; **~ómalo** [a'nomalo] anomal

anonadar [anona'đar] (*1a*) vernichten; niederschmettern; verblüffen

anonimato [anoni'mato] *m* Anonymität *f*

anónimo [a'nonimo] **1.** *adj* anonym; **2.** *m* anonymer Brief *m*

anorak [ano'rak] *m* Anorak *m*

anorexígeno [anorɛg'sixeno] *m* Appetitzügler *m*

anormal [anɔr'mal] anormal

anota|ción [anota'θĭɔn] *f* Anmerkung *f*; **~r** [-'tar] (*1a*) notieren

anovulatorio [anoƀula'torĭo] *m* Ovulationshemmer *m*

ansi|a ['ansĭa] *f* Sehnsucht *f*; Drang *m*; (*angustia*) Angst *f*; **~ de saber** Wissbegier(de) *f*; **~ar** [-'sĭar] (*1b*) ersehnen; **~edad** [-sĭe'đađ] *f* (Seelen-)Angst *f*; innere Unruhe *f*; **~oso** [-'sĭoso] begierig; **estar ~ por** *inf* sich sehnen nach
anta|gónico [anta'goniko] antagonistisch; gegensätzlich; **~gonismo** [-go'nizmo] *m* Antagonismus *m*; **~gonista** [-go'nista] *m* Widersacher *m*; Gegenspieler *m*
antaño [an'taɲo] ehemals, einst
antártico [an'tartiko] antarktisch
ante ['ante] **1.** *m* Wildleder *n*; **2.** *prp* vor (*dat*); angesichts (*gen*); **~ todo** vor allem; **~anoche** [-a'notʃe] vorgestern Abend; **~ayer** [-a'jɛr] vorgestern
antebrazo [ante'ƀraθo] *m* Unterarm *m*
antece|dente [anteθe'đente] **1.** *adj* vorhergehend, vorig; **2.** *m* **~s** *pl* Vorleben *n*; **~s penales** Vorstrafen *f*/*pl*; **sin ~s** nicht vorbestraft; **estar en ~s** im Bilde sein; **~sor** [-θe'sɔr] *m* Vorgänger *m*; (*antepasado*) Vorfahr *m*
antediluviano [anteđilu'ƀĭano] vorsintflutlich (*a fig*)
ante|lación [antela'θĭɔn] *f*: **con ~** im Voraus; **con la debida ~** rechtzeitig; **~mano** [-'mano]: **de ~** im Voraus
antena [an'tena] *f* Antenne *f*; *zo* Fühler *m*; **~ colectiva** Gemeinschaftsantenne *f*; **~ parabólica** Parabolantenne *f*
ante|ojeras [anteɔ'xeras] *f*/*pl* Scheuklappen *f*/*pl*; **~ojo** [-'ɔxo] *m* Fernglas *n*
antepasados [antepa'sađos] *m*/*pl* Vorfahren *m*/*pl*
anteponer [antepo'nɛr] (*2r*) voranstellen; *fig* den Vorrang geben (vor *dat* **a**)
anteproyecto [antepro'jɛkto] *m* Vorprojekt *n*, Vorentwurf *m*
anterior [ante'rĭɔr] vorhergehend; früher (als **a**); **~idad** [-rĭori'đađ] *f*: **con ~** früher, eher
antes ['antes] **1.** *prp* **~ de** vor; bevor; **~ de hora** (*od* **tiempo**) vorzeitig; **2.** *adv* früher; vorher; eher; **~ bien** vielmehr; **cuanto ~**, **lo ~ posible** möglichst bald; **poco ~** kurz zuvor; **el día ~** tags zuvor; **3.** *cj* **~ (de) que** *subj* bevor, ehe
antesala [ante'sala] *f* Vorzimmer *n*
antiaéreo [antia'ereo] Fliegerabwehr...
antialcohólico [antialko'oliko] *m* Antialkoholiker *m*
antibalas [anti'ƀalas]: **chaleco** *m* **~** kugelsichere Weste *f*; **cristal** *m* **~** Panzerglas *n*
antibelicista [antiƀeli'θista] *m* Kriegsgegner *m*
antibiótico [anti'ƀĭɔtiko] *m* Antibiotikum *n*
antibloqueo [antiblo'keo]: **sistema** *m* **~ de frenos** Antiblockiersystem *n* (ABS)
anticiclón [antiθi'klɔn] *m* *met* Hoch (-druckgebiet) *n*
antici|pación [antiθipa'θĭɔn] *f* Vorwegnahme *f*; **con ~** im Voraus; **~pado** [-'pađo] vorzeitig; (*elecciones, etc*) vorgezogen; **por ~** im Voraus; **~par** [-'par] (*1a*) verfrühen; vorwegnehmen; (*dinero*) vorschießen; **~parse** vorzeitig kommen; **~ a alg** j-m zuvorkommen; **~po** [-'θipo] *m* Vorschuss *m*; Vorauszahlung *f*
anticoncep|ción [antikonθɛƀ'θĭɔn] *f* Empfängnisverhütung *f*; **~tivo** [-'tiƀo] *m* Empfängnisverhütungsmittel *n*
anticongelante [antikɔŋxe'lante] *m* Frostschutzmittel *n*
anticonstitucional [antikɔnstituθĭo'nal] verfassungswidrig
anticorrosivo [antikɔrro'siƀo] *m* Rostschutzmittel *n*
anticua|do [anti'kŭađo] veraltet; **~rio** [-'kŭarĭo] *m* Antiquitätenhändler *m*
anticuerpo *med* [anti'kŭɛrpo] *m* Antikörper *m*
antideslizante [antiđezli'θante] **1.** *adj* rutschfest; **2.** *m* Gleitschutz *m*
antidisturbios [antiđis'turƀĭos]: **policía** *f* **~** Bereitschaftspolizei *f*
antidoping [anti'đopiŋ]: **control** *m* **~** Dopingkontrolle *f*
antídoto [an'tiđoto] *m* Gegengift *n*; *fig* Gegenmittel *n*
antifaz [anti'faθ] *m* Gesichtsmaske *f*
antigualla [anti'gŭaʎa] *f*: **~s** *pl* alter Kram *m*, Plunder *m*
antigüedad [antigŭe'đađ] *f* Altertum *n*, Antike *f*; Dienstalter *n*; **~es** *pl* Antiquitäten *pl*
antiguo [an'tigŭo] *adj* alt; ehemalig; antik
antihigiénico [antii'xĭeniko] unhygienisch
antílope [an'tilope] *m* Antilope *f*
antinatural [antinatu'ral] widernatürlich

antinuclear [antinukle'ar] *m* Kernkraftgegner *m*
antioxidante [antiɔgsi'đante] *m* Rostschutzmittel *n*
antiparásito *tec* [antipa'rasito] entstört
anti|patía [antipa'tia] *f* Antipathie *f*, Abneigung *f*; **~pático** [-'patiko] unsympathisch
antirreglamentario [antirreglamen'tarĭo] vorschriftswidrig; verkehrswidrig
antirrobo [anti'rrɔƀo] *m*: **(*sistema* *m*) ~** Diebstahlsicherung *f*
antisemitismo [antisemi'tizmo] *m* Antisemitismus *m*
antiséptico [anti'sɛptiko] **1.** *adj* antiseptisch; keimtötend; **2.** *m* Antiseptikum *n*
antiterrorista [antitɛrro'rista]: ***lucha*** *f* **~** Terroristenbekämpfung *f*
antítesis [an'titesis] *f* Antithese *f*; Gegensatz *m*
anto|jadizo [antɔxa'điθo] launenhaft; **~jarse** [-'xarse] (*1a*): ***se me antoja*** ich habe Lust zu ...; es scheint mir; **~jo** [an'tɔxo] Gelüst *n*; Laune *f*; ***a su*** **~** nach Gutdünken
antología [antolɔ'xia] Anthologie *f*; ***de*** **~** hervorragend
antonomasia [antono'masĭa] *f*: ***por*** **~** schlechthin
antorcha [an'tɔrtʃa] *f* Fackel *f*
ántrax *med* ['antrags] *m* Milzbrand *m*
antro ['antro] *m* Höhle *f*, Grotte *f*; *fig* F Bruchbude *f*; Spelunke *f*
antro|pófago [antro'pofago] *m* Menschenfresser *m*; **~pología** [-polɔ'xia] *f* Anthropologie *f*
anual [a'nŭal] jährlich; Jahres...; **~idad** [anŭali'đađ] *f* Jahresbetrag *m*, -rate *f*
anuario [a'nŭarĭo] *m* Jahrbuch *n*
anudar [anu'đar] (*1a*) (ver)knoten; (*alfombra*) knüpfen; *fig* verbinden
anula|ción [anula'θĭɔn] *f* Aufhebung *f*; Nichtigkeitserklärung *f*; Annullierung *f*; Storno *m u n*; **~r** [-'lar] **1.** *v/t* (*1a*) streichen, annullieren; rückgängig machen; **2.** *adj* ringförmig; **3.** *m*: **(*dedo* *m*) ~** Ringfinger *m*
anun|ciación [anunθĭa'θĭɔn] *f* Ankündigung *f*; *rel* ♀ Mariä Verkündigung *f*; **~ciante** [-'θĭante] *m* Inserent *m*; **~ciar** [-'θĭar] (*1b*) bekannt machen, ankündigen; inserieren, annoncieren; **~cio** [a'nunθĭo] *m* Anzeige *f*, Annonce *f*; Bekanntmachung *f*
anverso [am'bɛrso] *m* Vorderseite *f*; (*de una moneda*) Bildseite *f*
anzuelo [an'θŭelo] *m* Angelhaken *m*; *fig* Köder *m*
añadi|dura [aɲađi'đura] *f* Zusatz *m*; ***por*** **~** obendrein; **~r** [-a'đir] (*3a*) hinzufügen
añejo [a'ɲɛxo] (*vino*) alt
añicos [a'ɲikos] *m/pl*: ***hacer*** **~** zerbrechen, F kaputtmachen
año ['aɲo] *m* Jahr *n*; **(*día* *m* *de*) ♀ *Nuevo*** Neujahr(stag *m*) *n*; ***el*** **~** ***que viene*** nächstes Jahr; ***entrado*** (*od* ***metido***) ***en*** **~*s*** bejahrt; ***quitarse*** **~*s*** sich für jünger ausgeben; ***¿cuántos*** **~*s tienes?*** wie alt bist du?; ***¡por muchos*** **~*s!*** meine Glückwünsche!
añora|nza [aɲo'ranθa] *f* Sehnsucht *f*; Heimweh *n*; **~r** [-'rar] (*1a*) sich sehnen nach (*dat*); nachtrauern (*dat*)
aorta [a'ɔrta] *f* Aorta *f*
apacentar [apaθen'tar] (*1k*) weiden
apacible [apa'θiƀle] mild, ruhig; sanft
apaciguar [apaθi'gŭar] (*1i*) beruhigen, besänftigen
apadrinar [apađri'nar] (*1a*) Pate sein bei (*dat*); *fig* fördern
apaga|do [apa'gađo] erloschen; (*sonido*, *color*) gedämpft; (*voz*) dumpf; (*persona*) schwunglos; **~r** [-'gar] (*1h*) (aus)löschen; (*luz*, *radio*) ausmachen; (*ruidos*) dämpfen; (*sed*) löschen, stillen; **~rse** erlöschen, ausgehen
apagón [apa'gɔn] *m* (plötzlicher) Stromausfall *m*, Black-out *m*
apalabrar [apala'ƀrar] (*1a*) absprechen, vereinbaren; **~se** sich verabreden
apalear [apale'ar] (*1a*) (ver)prügeln
apaña|do [apa'ɲađo] anstellig; geschickt; ***estar*** **~** F aufgeschmissen sein; **~r** [-'ɲar] (*1a*) (*arreglar*) flicken, ausbessern, zurechtmachen; (*coger*) wegnehmen; **~rse** zurechtkommen
aparador [apara'đɔr] *m* Büfett *n*, Sideboard *n*
aparato [apa'rato] *m* Apparat *m*; Gerät *n*; (*boato*) Prunk *m*, Pomp *m*; *tel* ***al*** **~** am Apparat; **~so** [-'toso] protzig, pompös; Aufsehen erregend
aparca|dero [aparka'đero] *m* Parkplatz *m*; **~miento** [-'mĭento] *m* Parken *n*; Parkplatz *m*; **~** ***subterráneo*** Tiefgarage *f*; **~r** [-'kar] (*1g*) parken; *fig* auf Eis legen

aparear [apare'ar] (*1a*) *zo* paaren

aparecer [apare'θɛr] (*2d*) erscheinen, auftauchen

apare|jador [aparɛxa'đɔr] *m* Bauleiter *m*, -führer *m*; **~jar** [-'xar] (*1a*) herrichten; (*caballo*) (an)schirren; *mar* auftakeln; **~jo** [-'rɛxo] *m tec* Flaschenzug *m*; (*de caballo*) Geschirr *n*; *mar* Takelage *f*; **~s** *pl* Gerätschaften *f/pl*; **~ de pescar** Angelgerät *n*

aparen|tar [aparen'tar] (*1a*) vorspiegeln, vorgeben; ***no aparenta la edad que tiene*** er sieht nicht so alt aus, wie er ist; **~te** [-'rente] scheinbar; sichtbar

aparición [apari'θĭɔn] *f* Erscheinung *f*; Erscheinen *n*

apariencia [apa'rĭenθĭa] *f* Aussehen *n*; Schein *m*; Anschein *m*; ***salvar las ~s*** den Schein wahren; ***las ~s engañan*** der Schein trügt; ***según las ~s*** allem Anschein nach

aparta|do [apar'tađo] **1.** *adj* entfernt, abgelegen; **2.** *m tip* Absatz *m*; **~ (de correos)** Postfach *n*; **~mento** [-'mento] *m* Appartement *n*; **~r** [-'tar] (*1a*) entfernen; (*separar*) trennen; **~ de** abbringen von (*dat*); **~rse** beiseite treten; abweichen (von **de**)

aparte [a'parte] **1.** *adv* beiseite; gesondert, für sich; ***~ de ello*** außerdem; ***~ de que*** abgesehen davon, dass; **2.** *m tip* Absatz *m*; ***punto y ~*** neuer Absatz

apasiona|do [apasĭo'nađo] leidenschaftlich; **~miento** [-na'mĭento] *m* Begeisterung *f*; **~nte** [-'nante] begeisternd, mitreißend; **~r** [-'nar] (*1a*) begeistern; **~rse**: ***~ por*** sich begeistern für

apatía [apa'tia] *f* Teilnahmslosigkeit *f*, Apathie *f*

apático [a'patiko] teilnahmslos, apathisch

apátrida [a'patriđa] staatenlos

apea|dero [apea'đero] *m ferro* Haltepunkt *m*; **~rse** aus-, absteigen; *fig* abtreten

apedrear [apeđre'ar] (*1a*) mit Steinen bewerfen; steinigen

ape|gado [ape'gađo]: ***estar ~ a*** an et hängen; **~go** [a'pego] *m* Anhänglichkeit *f*, Zuneigung *f*

apela|ción *jur* [apela'θĭɔn] *f* Berufung *f*; **~nte** [-'lante] *m* Berufungskläger *m*; **~r** [-'lar] (*1a*) appellieren (an *ac* **a**); *jur* Berufung einlegen (gegen **de**)

apelli|dar [apeʎi'đar] (*1a*) nennen; **~darse** heißen; **~do** [-'ʎiđo] *m* Familienname *m*

apelotonarse [apeloto'narse] sich zs.-drängen

apenar [ape'nar] (*1a*) bekümmern; **~se** traurig werden

apenas [a'penas] kaum

apéndice [a'pendiθe] *m* Anhang *m*; *med* **~ (vermiforme)** Wurmfortsatz *m*

apendicitis [apendi'θitis] *f* Blinddarmentzündung *f*

apercibir [apɛrθi'bir] (*3a*) mahnen; verwarnen; **~se**: ***~ de a/c*** et merken

aperitivo [aperi'tibo] *m* Aperitif *m*

aperos [a'peros] *m* Geräte *n/pl*

apertura [apɛr'tura] *f* Eröffnung *f*; Öffnung *f*; *met* ***~ de claros*** Aufheiterung *f*

apesadumbrar [apesađum'brar] (*1a*) bekümmern; **~se** sich grämen

apes|tar [apes'tar] (*1a*) **1.** *v/t* verpesten; **2.** *v/i* stinken; **~toso** [-'toso] stinkig

apete|cer [apete'θɛr] (*2d*) begehren; ***(no) me apetece*** ich habe (keine) Lust auf (*ac*); **~cible** [-'θible] wünschens-, begehrenswert; **~ncia** [-'tenθĭa] *f* Verlangen *n* (nach *dat* **de**)

apetito [ape'tito] *m* Appetit *m*; *fig* Trieb *m*, Begierde *f*; **~so** [-ti'toso] appetitlich; verlockend

apiadarse [apĭa'đarse] (*1a*) Mitleid haben (mit *dat* **de**)

ápice ['apiθe] *m* Gipfel *m*; Spitze *f*; ***no falta ni un ~*** kein Tüpfelchen fehlt

apicul|tor [apikul'tɔr] *m* Bienenzüchter *m*, Imker *m*; **~tura** [-'tura] *f* Bienenzucht *f*, Imkerei *f*

apilar [api'lar] (*1a*) stapeln

apiña|do [api'ɲađo] dicht gedrängt; **~r(se)** [-'ɲar(se)] (*1a*) (sich) zs.-drängen

apio *bot* ['apĭo] *m* Sellerie *m od f*

apisonadora [apisona'đora] *f* Dampf-, Straßenwalze *f*

aplacar [apla'kar] (*1g*) besänftigen

aplana|miento [aplana'mĭento] *m* Einebnen *n*, Planieren *n*; **~r** [-'nar] (*1a*) (ein)ebnen, planieren

aplasta|nte [aplas'tante] erdrückend; ***con mayoría ~*** mit überwältigender Mehrheit; **~r** [-'tar] (*1a*) plattdrücken; zertreten; *fig* erledigen; niederschlagen

aplau|dir [aplaŭ'đir] (*3a*) Beifall klatschen, applaudieren; *fig* begrüßen; **~so** [a'plaŭso] *m* Beifall *m*, Applaus *m*
aplaza|miento [aplaθa'mĭento] *m* Vertagung *f*; Aufschub *m*; **~r** [-'θar] (*1f*) vertagen, auf-, verschieben
aplica|ble [apli'kaƀle] anwendbar (auf ***a***); **~ción** [-ka'θĭɔn] *f* Anwendung *f*; Verwendung *f*; Fleiß *m*; **~do** [-'kađo] fleißig; (*ciencia*) angewandt; **~r** [-'kar] (*1g*) an-, auflegen; (*emplear*) an-, verwenden; **~rse** fleißig sein
aplique [a'plike] *m* Wandlampe *f*
aplomo [a'plomo] *m* Selbstsicherheit *f*; sicheres Auftreten *n*
apoca|do [apo'kađo] kleinmütig, verzagt; (*tímido*) schüchtern; **~miento** [-ka'mĭento] *m* Kleinmut *m*; Verzagtheit *f*; **~rse** [-'karse] (*1g*) sich demütigen; (*desanimarse*) verzagen
apodar [apo'đar] (*1a*) e-n Spitznamen geben (*dat*)
apodera|do [apođe'rađo] *m* Bevollmächtigte(r) *m*, Prokurist *m*; **~r** [-'rar] (*1a*) bevollmächtigen; **~rse**: **~ *de*** sich bemächtigen (*gen*)
apodo [a'pođo] *m* Spitzname *m*
apogeo [apɔ'xeo] *m astr* Erdferne *f*; *fig* Höhepunkt *m*
apolítico [apo'litiko] unpolitisch
apología [apolɔ'xia] *f* Verteidigungsrede *f*, -schrift *f*
apoplejía [apoplɛ'xia] *f* Schlaganfall *m*
aporrear [apɔrre'ar] (*1a*) verprügeln; *fig* hämmern gegen *od* auf
aporta|ción [apɔrta'θĭɔn] *f* Beitrag *m*; **~r** [-'tar] (*1a*) beisteuern, beitragen
aposen|tar [aposen'tar] (*1a*) beherbergen; **~to** [-'sento] *m* Zimmer *n*; Quartier *n*
apósito *med* [a'posito] *m* Wundverband *m*
apostar [apɔs'tar] (*1m*) wetten; setzen auf; *mil* (*1a*) aufstellen, postieren
apostilla [apɔs'tiʎa] *f* Erläuterung *f*; Randbemerkung *f*
apóstol [a'pɔstɔl] *m* Apostel *m*
apostólico [apɔs'toliko] apostolisch
apóstrofo [a'pɔstrofo] *m* Apostroph *m*
apoteosis [apote'osis] *f* Apotheose *f*; *fig* Höhepunkt *m*
apo|yar [apo'jar] (*1a*) stützen; *fig* unterstützen; **~yarse** sich stützen (auf *ac* ***en***); **~yatura** *mús* [-ja'tura] *f* Vorschlag *m*; **~yo** [a'pojo] *m* Stütze *f*; *fig* Unterstützung *f*; Rückhalt *m*
apre|ciable [apre'θĭaƀle] schätzbar, wahrnehmbar; *fig* beachtlich; **~ciación** [-θĭa'θĭɔn] *f* (Wert-)Schätzung *f*; Beurteilung *f*; **~ciar** [-'θĭar] (*1b*) schätzen (*a fig*); taxieren; beurteilen; **~cio** [a'preθĭo] *m* (Hoch-)Achtung *f*
aprehen|der [apreen'dɛr] (*2a*) fassen; (*confiscar*) beschlagnahmen; *fig* erfassen; **~sión** [-'sĭɔn] *f* Ergreifung *f*, Festnahme *f*; Beschlagnahme *f*
apre|miante [apre'mĭante] dringend; **~miar** [-'mĭar] (*1b*) **1.** *v/t* (be)drängen; *jur* mahnen; **2.** *v/i* dringlich sein; **~mio** [a'premĭo] *m* Druck *m*; Dringlichkeit *f*; *jur* Mahnung *f*; ***por ~ de tiempo*** aus Zeitmangel
aprend|er [apren'dɛr] (*2a*) lernen; **~iz** [-'diθ] *m* Lehrling *m*, Auszubildende(r) *m*; **~iza** [-'diθa] *f* Lehrmädchen *n*; **~izaje** [-di'θaxe] *m* Lehrzeit *f*, Lehre *f*
apren|sión [apren'sĭɔn] *f* Besorgnis *f*; Angst *f*; **~sivo** [-'siƀo] überängstlich
apresa|miento [apresa'mĭento] *m mar* Kapern *n*; **~r** [-'sar] (*1a*) ergreifen, fangen; *mar* kapern, aufbringen
apres|tar [apres'tar] (*1a*) vorbereiten; *tec* appretieren; **~tarse** sich bereitmachen (zu ***a***); **~to** [a'presto] *m* Vorbereitung *f*; *tec* Appretur *f*
apresura|do [apresu'rađo] eilig; **~miento** [-ra'mĭento] *m* Eile *f*; **~r** [-'rar] (*1a*) antreiben; **~rse** sich beeilen
apre|tado [apre'tađo] eng, knapp; (*gente*) dicht gedrängt; **~tar** [-'tar] (*1k*) **1.** *v/t* drücken; zs.-pressen; (*tornillo*, *freno*) anziehen; *fig* in die Enge treiben; (be-) drängen; **~ *el paso*** den Schritt beschleunigen; **~ *los dientes*** die Zähne zs.-beißen; **~ *los puños*** die Fäuste ballen; **2.** *v/i* (*tiempo*, *etc*) drängen; **~tarse** sich drängen; **~ *el cinturón*** den Gürtel enger schnallen; **~tón** [-'tɔn] *m* Druck *m*; Gedränge *n*; **~ *de manos*** Händedruck *m*
apretu|jar [apretu'xar] (*1a*) drängeln; **~ra** [-'tura] *f* Enge *f*; Gedränge *n*; *fig* Bedrängnis *f*
aprieto [a'prĭeto] *m* Bedrängnis *f*, Not (-lage) *f*; ***estar en un ~*** F in der Klemme sein
aprisa [a'prisa] schnell
aprisionar [aprisĭo'nar] (*1a*) einsperren

(ins Gefängnis); *fig* einklemmen

aproba|ción [aproƀa'θĭɔn] *f* Billigung *f*; **~do** [-'ƀađo] (*examen*) bestanden; (*nota*) genügend; **~r** [-'ƀar] (*1m*) billigen; (*examen*) bestehen

apropia|ción [apropĭa'θĭɔn] *f* Aneignung *f*; **~do** [-'pĭađo] geeignet, angemessen; **~r** [-'pĭar] (*1b*) anpassen; **~rse *a*/*c*** sich et aneignen

aprovecha|ble [aproƀe'tʃaƀle] brauchbar; verwertbar; **~do** [-'tʃađo] (*alumno*) fleißig; *desp* berechnend; **~miento** [-tʃa'mĭento] *m* Nutzung *f*; Ausnutzung *f*; *tec* Verwertung *f*; **~ *de residuos*** Abfallverwertung *f*; **~r** [-'tʃar] (*1a*) (be-)nutzen; ausnutzen; verwerten; ***¡que aproveche!*** guten Appetit!; **~rse *de*** sich *et* zunutze machen, ausnützen

aprovisiona|miento [aprɔƀisĭɔna'mĭento] *m* Versorgung *f*; **~r** [-'nar] (*1a*) versorgen; verproviantieren; **~rse** sich eindecken (mit *dat* ***de***)

aproxima|ción [aprɔgsima'θĭɔn] *f* Annäherung *f*; **~damente** [-đa'mente] ungefähr, etwa; **~do** [-'mađo] annähernd; **~r** [-'mar] (*1a*) nähern; **~rse** sich nähern; **~tivo** [-ma'tiƀo] annähernd

aptitud [apti'tuđ] *f* Eignung *f*, Fähigkeit *f*

apto ['apto] fähig; geeignet; tauglich; ***~ para menores*** jugendfrei

apuesta [a'pŭesta] *f* Wette *f*

apuesto [a'pŭesto] stattlich, schmuck; gut aussehend

apunta|do [apun'tađo] spitz; **~dor** [-ta'đɔr] *m teat* Souffleur *m*

apuntalar [apunta'lar] (*1a*) abstützen

apun|tar [apun'tar] (*1a*) **1.** *v/t* (*arma*) zielen (auf *ac* ***a***); (*señalar*) zeigen, hinweisen (auf *ac* ***a***); (*anotar*) notieren; *teat* soufflieren; **2.** *v/i* sich zeigen; (*día*) anbrechen; (*barba*) sprießen; ***~ a*** hindeuten auf; **~tarse: *~ a*** sich melden zu; **~te** [a'punte] *m* Notiz *f*; *pint* Skizze *f*; *com* Buchung *f*; ***~s*** *pl* Aufzeichnungen *f/pl*; ***tomar ~s*** sich Notizen machen; mitschreiben

apuñalar [apuɲa'lar] (*1a*) erdolchen, erstechen

apura|do [apu'rađo] (*agotado*) erschöpft; (*difícil*) heikel, schwierig; (*apresurado*) eilig; **~ (*de dinero*)** abgebrannt, in Geldnöten; **~r** [-'rar] (*1a*) (*agotar*) aufbrauchen, *a fig* erschöpfen; leeren, austrinken; (*dar prisa*) drängen; **~rse** sich grämen; *bsd Am* sich beeilen

apuro [a'puro] *m* Bedrängnis *f*; Verlegenheit *f*; (Geld-)Not *f*; (*aflicción*) Kummer *m*; *bsd Am* Eile *f*

aqueja|do [akɛ'xađo]: ***~ de*** *med* leidend an (*dat*); **~r** [-'xar] (*1a*) quälen; bedrängen

aquel, **~la**, **~lo** [a'kɛl, a'keʎa, a'keʎo] jener, jene, jenes; der, die, das dort; der-, die-, dasjenige

aquelarre [ake'larre] *m* Hexensabbat *m* (*a fig*)

aquí [a'ki] hier; hierher; ***de ~ que*** daher (kommt es), dass; ***de ~ para allí*** hin u her; ***de ~ a ocho días*** heute in acht Tagen; ***por ~*** hier(her); ***he ~*** hier ist (sind)

aquiescencia [akĭes'θenθĭa] *f* Zustimmung *f*

ara ['ara] *f* Altar *m*; ***en ~s de*** um ... willen, wegen (*gen*)

árabe ['araƀe] **1.** *adj* arabisch; **2.** *m* Araber *m*

arable [a'raƀle] anbaufähig; ***suelo*** *m* **~** Ackerboden *m*

arado [a'rađo] *m* Pflug *m*

aragonés [arago'nes] **1.** *adj* aragon(es)isch; **2.** *m* Aragonier *m*

arancel [aran'θɛl] *m* Tarif *m*

arándano [a'randano] *m* Heidel-, Blaubeere *f*; ***~ rojo*** Preiselbeere *f*

arandela *tec* [aran'dela] *f* Scheibe *f*

araña [a'raɲa] *f zo* Spinne *f*; (*lámpara*) Kronleuchter *m*, Lüster *m*; **~r** [-'ɲar] (*1a*) kratzen; *fig* zs.-kratzen; **~zo** [-'ɲaθo] *m* Kratzer *m*; Schramme *f*

arar [a'rar] (*1a*) pflügen

arbitr|aje [arƀi'traxe] *m* Schiedsspruch *m*; **~al** [-'tral] Schieds...; **~ar** [-'trar] (*1a*) schlichten; *dep* Schiedsrichter sein; **~ariedad** [-trarĭe'đađ] *f* Willkür *f*; Eigenmächtigkeit *f*; **~ario** [-'trarĭo] willkürlich; eigenmächtig; **~io** [-'ƀitrĭo] *m* freier Wille *m*; Gutdünken *n*; *com* Abgabe *f*, Steuer *f*

árbitro ['arƀitro] *m* Schiedsrichter *m*

árbol ['arƀɔl] *m* Baum *m*; *mar* Mast *m*; *tec* Achse *f*, Welle *f*; ***~ genealógico*** Stammbaum *m*; ***~ frutal*** Obstbaum *m*; ***~ de levas*** Nockenwelle *f*; ***~ de Navidad*** Weihnachtsbaum *m*; **~ete** *m* Bäumchen *n*

arbotante *arqu* [arƀo'tante] *m* Strebepfeiler *m*, -bogen *m*

arbusto [ar'ƀusto] *m* Strauch *m*; Staude *f*
arca ['arka] *f* Kasten *m*, Truhe *f*; ~ ***de Noé*** Arche *f* Noah
arcada [ar'kađa] *f* Arkade *f*, Säulengang *m*; (*puente*) Brückenbogen *m*
arcaico [ar'kaĭko] altertümlich; veraltet
arcángel [ar'kaŋxɛl] *m* Erzengel *m*
arcano [ar'kano] *m* Geheimnis *n*
arce *bot* ['arθe] *m* Ahorn *m*
arcén [ar'θen] *m* Rand-, Seitenstreifen *m*
archi... [artʃi...] Erz...; **~duque** [-'đuke] *m* Erzherzog *m*; **~duquesa** [-đu'kesa] *f* Erzherzogin *f*; **~piélago** [-'pĭelago] *m* Inselgruppe *f*, Archipel *m*
archi|vador [artʃiƀa'đɔr] *m* Aktenschrank *m*; (Brief-)Ordner *m*; **~var** [-'ƀar] (*1a*) archivieren, ablegen; *fig* ad acta legen; **~vo** [ar'tʃiƀo] *m* Archiv *n*; Datei *f*
arcilla [ar'θiʎa] *min f* Ton *m*
arco ['arko] *m* Bogen *m* (*a arqu*, *mús*); ~ ***iris*** Regenbogen *m*
arcón [ar'kɔn] *m* große Truhe *f*
arder [ar'đɛr] (*2a*) brennen; in Flammen stehen; *fig* ~ ***de*** (*od* ***en***) brennen vor
ardid [ar'điđ] *m* List *f*; Trick *m*
ardiente [ar'đĭente] brennend, heiß, *fig* feurig
ardilla [ar'điʎa] *f* Eichhörnchen *n*
ardor [ar'đɔr] *m* Glut *f*, Hitze *f*; *fig* Eifer *m*; ~ ***de estómago*** Sodbrennen *n*; **~oso** [-đo'roso] glühend; *fig* feurig
arduo ['arđŭo] schwierig; mühselig
área ['area] *f* Fläche *f*; Gebiet *n* (*a fig*); (*medida*) Ar *n*; *dep* ~ ***de castigo***, ~ ***de penalty*** Strafraum *m*; *auto* ~ ***de descanso*** Rastplatz *m*; ~ ***de servicio*** Rasthof *m*, -stätte *f*
arena [a'rena] *f* Sand *m*; (*plaza*) Arena *f*
arenga [a'reŋga] *f* Ansprache *f*; **~r** [areŋ'gar] (*1h*) eine Ansprache halten
are|nilla [are'niʎa] *f* Streusand *m*; *med* Grieß *m*; **~nisca** [-'niska] *f* Sandstein *m*; **~noso** [-'noso] sandig
arenque [a'reŋke] *m* Hering *m*; ~ ***ahumado*** Bückling *m*
arete [a'rete] *m* Ohrring *m*
argamasa [arga'masa] *f* Mörtel *m*
argelino [arxe'lino] **1.** *adj* algerisch; **2.** *m*, **-a** *f* Algerier(in *f*) *m*
argentino [arxen'tino] **1.** *adj* argentinisch; (*argénteo*) silbern; *fig* silberhell; **2.** *m*, **-a** *f* Argentinier(in *f*) *m*
argolla [ar'goʎa] *f* Metallring *m*
argot [ar'go] *m* Argot *m od n*, Jargon *m*
argucia [ar'guθĭa] *f* Arglist *f*; Spitzfindigkeit *f*
argüir [ar'gŭir] (*3g*) argumentieren, vorbringen; (*deducir*) folgern
argumen|tación [argumenta'θĭɔn] *f* Beweisführung *f*, Argumentation *f*; **~tar** [-'tar] (*1a*) argumentieren; **~to** [-'mento] *m* Argument *n*; Beweis(grund) *m*; (*de un libro*, *etc*) Inhaltsangabe *f*
aria ['arĭa] *f* Arie *f*
aridez [ari'đeθ] *f* Dürre *f*, Trockenheit *f*
árido ['ariđo] dürr; trocken (*a fig*)
Aries *astr* ['arĭɛs] *m* Widder *m*
ariete [a'rĭete] *m hist* Sturm-, Rammbock *m*; *dep* (Mittel-)Stürmer *m*
ario ['arĭo] **1.** *adj* arisch; **2.** *m* Arier *m*
arisco [a'risko] unliebenswürdig, schroff
arista [a'rista] *f* Kante *f*
aris|tocracia [aristo'kraθĭa] *f* Aristokratie *f*; **~tócrata** [-'tokrata] *m* (*f*) Aristokrat(in *f*) *m*; **~tocrático** [-to'kratiko] aristokratisch
aritméti|ca [ariđ'metika] *f* Arithmetik *f*; **~co** [-ko] arithmetisch
arlequín [arle'kin] *m* Harlekin *m*
arma ['arma] *f* Waffe *f* (*a fig*); *mil* Waffengattung *f*; ~ ***blanca*** blanke Waffe *f*; ~ ***de fuego*** Schusswaffe *f*; ~ ***punzante*** Stichwaffe *f*; **~s** *pl* (*blasón*) Wappen *n*; ***pasar por las ~s*** (standrechtlich) erschießen
armada [ar'mađa] *f* Kriegsflotte *f*; *hist* Armada *f*
armadillo *zo* [arma'điʎo] *m* Gürteltier *n*
arma|do [ar'mađo] bewaffnet; **~dor** *mar* [arma'đɔr] *m* Reeder *m*; **~dura** [-'đura] *f* (Ritter-)Rüstung *f*; *tec* Gerüst *n*; **~mento** [-'mento] *m* Rüstung *f*; Bewaffnung *f*; *mar* Bestückung *f*
armar [ar'mar] (*1a*) bewaffnen; ausrüsten; (*montar*) aufstellen; *mar* bestücken; **~se** sich rüsten (*a fig*); ~ ***de paciencia*** sich mit Geduld wappnen
armario [ar'marĭo] *m* Schrank *m*; ~ ***empotrado*** Einbauschrank *m*; ~ ***de luna*** Spiegelschrank *m*; ~ ***rinconero*** Eckschrank *m*; ~ ***ropero*** Kleider-, Wäscheschrank *m*
armazón [arma'θɔn] *f* Gerüst *n* (*a fig*); Gestell *n*; Rahmen *m*
arme|ría [arme'ria] *f* Waffenhandlung *f*;

~ro [ar'mero] *m* Waffenschmied, -händler *m*
armiño [ar'miɲo] *m* Hermelin *n*; (*piel*) Hermelinpelz *m*
armisticio [armis'tiθĭo] *m* Waffenstillstand *m*
armonía [armo'nia] *f* Harmonie *f* (*a fig*); *mús* Harmonielehre *f*
armóni|ca [ar'monika] *f* Mundharmonika *f*; **~co** [-ko] harmonisch
armoni|o *mús* [ar'monĭo] *m* Harmonium *n*; **~oso** [armo'nĭoso] harmonisch; **~zación** [-θa'θĭɔn] *f* Harmonisierung *f*; **~zar** [-ni'θar] (*1f*) **1.** *v/t* in Einklang bringen (*a fig*); **2.** *v/i* harmonieren
arnés [ar'nes] *m* Harnisch *m*; ***arneses*** *pl* Pferdegeschirr *n*
aro ['aro] *m* Reifen *m*; ***pasar por el ~*** sich fügen, klein beigeben
aro|ma [a'roma] *m* Duft *m*, Aroma *n*; **~mático** [aro'matiko] aromatisch
arpa ['arpa] *f* Harfe *f*
arpegio *mús* [ar'pɛxĭo] *m* Arpeggio *n*
arpía [ar'pia] *f mit* Harpyie *f*; *fig* Drachen *m*
arpillera [arpi'ʎera] *f* Sackleinen *n*
arpista [ar'pista] *su* Harfenist(in *f*) *m*
arpón [ar'pɔn] *m* Harpune *f*
arque|ado [arke'ađo]: ***piernas*** *f/pl* ***-as*** O-Beine *n/pl*; **~ar** [-'ar] (*1a*) wölben; biegen; **~o** [-'keo] *m* Krümmung *f*; *mar* Tonnage *f*; *com* Kassensturz *m*
arque|ología [arkeolɔ'xia] *f* Archäologie *f*; **~ológico** [-'lɔxiko] archäologisch; **~ólogo** [-'ologo] *m* Archäologe *m*
arquero [ar'kero] *m* Bogenschütze *m*
arquetipo [arke'tipo] *m* Urbild *n*, Archetyp *m*
arquitec|to [arki'tɛkto] *m* Architekt *m*; **~tónico** [-tɛk'toniko] architektonisch; **~tura** [-'tura] *f* Baukunst *f*, Architektur *f*
arrabal [arra'ƀal] *m* Vorstadt *f*
arraiga|do [arraĭ'gađo] verwurzelt (*a fig*); **~r** [-'gar] (*1h*) (ein)wurzeln, Wurzel schlagen; **~rse** *fig* Fuß fassen
arran|car [arraŋ'kar] (*1g*) **1.** *v/t* ausreißen; entreißen; abreißen; **2.** *v/i* anfahren; abfahren; anlaufen, starten; (*motor*) anspringen; *fig* ausgehen (von ***de***); **~que** [a'rraŋke] *m* Ausreißen *n*; Anfahren *n*; Anlaufen *n*, Start *m*; *auto* Anlasser *m*; *fig* Anwandlung *f*, Anfall *m*; ***~ automático*** Startautomatik *f*; (*moto*) ***~ de pie*** Kickstarter *m*; ***punto m de ~*** Ausgangspunkt *m*
arrasar [arra'sar] (*1a*) verwüsten; dem Erdboden gleichmachen
arrast|rado [arras'trađo] armselig, elend; **~rar** [-'trar] (*1a*) **1.** *v/t* schleppen, schleifen; mit sich fortreißen; *fig* nach sich ziehen; ***~ los pies*** schlurfen; **2.** *v/i* (*cartas*) Trumpf ausspielen; **~rarse** kriechen; *fig* sich erniedrigen; **~re** [a'rrastre] *m* Fortschleppen *n*; *taur* Abschleppen *n* des toten Stiers; (*cartas*) Trumpfausspielen *n*; ***estar para el ~*** schrottreif sein; *fig* zum alten Eisen gehören
arrayán [arra'jan] *m* Myrte *f*
arrear [arre'ar] (*1a*) (*animal*, *fig*) antreiben; F (*asestar*) versetzen, verpassen
arreba|tado [arrɛƀa'tađo] ungestüm, hastig; **~tador** [-ta'đɔr] hinreißend; entzückend; **~tar** [-'tar] (*1a*) entreißen, rauben; *fig* hinreißen; **~tarse** außer sich geraten; sich ereifern; **~to** [-'ƀato] *m* (*ímpetu*) Erregung *f*; (*éxtasis*) Verzückung *f*; ***~ de cólera*** Jähzorn *m*
arreciar [arrɛ'θĭar] (*1b*) (*viento*, *etc*) stärker werden
arrecife [arrɛ'θife] *m* Riff *n*
arredrarse [arre'đrarse] (*1a*) zurückweichen; Angst bekommen
arreg|lado [arrɛ'glađo] ordentlich; geregelt; **~lar** [-'glar] (*1a*) regeln, ordnen; in Ordnung bringen; aufräumen; (*reparar*) reparieren, ausbessern; *mús* bearbeiten; **~larse** sich herrichten; *jur* ***~ con alg*** sich mit j-m vergleichen; **~lárselas** zurechtkommen, sich zu helfen wissen; **~lista** *mús* [-'glista] *m* Arrangeur *m*; **~lo** [a'rrɛglo] *m* Regelung *f*; Ordnung *f*; (*acuerdo*) Abmachung *f*; (*reparación*) Reparatur *f*; *mús* Arrangement *n*; ***con ~ a*** gemäß (*dat*); ***esto no tiene ~*** da ist nichts zu machen
arremangar [arrɛmaŋ'gar] (*1h*) auf-, hochkrempeln; **~se** die Ärmel aufkrempeln
arreme|ter [arrɛme'tɛr] (*2a*) angreifen, anfallen; ***~ con*** (*od* ***contra***) herfallen über (*ac*); **~tida** [-'tiđa] *f* Angriff *m*, Überfall *m*
arrenda|dor [arrenda'đɔr] *m* Verpächter *m*; Vermieter *m*; **~miento** [-'mĭento] *m* Verpachtung *f*; Vermietung *f*; (*precio*)

Pacht *f*; **~r** [-'dar] (*1k*) (*ceder*) verpachten, vermieten; (*tomar*) pachten, mieten; **~tario** [-da'tarĭo] *m* Pächter *m*, Mieter *m*

arrepenti|do [arrɛpen'tiđo] reumütig; ***estar ~ de a/c*** et bereuen; **~miento** [-ti'mĭento] *m* Reue *f*; **~rse** [-'tirse] (*3i*): ***~ de a/c*** et bereuen

arres|tar [arres'tar] (*1a*) verhaften; **~to** [a'rresto] *m* Verhaftung *f*; Haft *f*; Arrest *m*; ***orden*** *m* ***de ~*** Haftbefehl *m*; ***~ domiciliario*** Hausarrest *m*; ***~s*** *pl* Mut *m*, F Schneid *m*

arriar [a'rrĭar] (*1c*) (*vela*, *bandera*) einholen; *fig* ***~ velas*** klein beigeben

arriate [a'rrĭate] *m* Rabatte *f*, Blumenbeet *n*

arriba [a'rriƀa] oben; (*dirección*) hinauf; ***~ de*** mehr als; ***de ~ abajo*** von oben bis unten; *fig* ganz u gar, völlig; ***~ mencionado*** oben erwähnt; ***hacia ~*** nach oben, aufwärts; ***más ~*** weiter oben; ***¡~!*** auf!

arri|bada *mar* [arri'ƀađa] *f* Einlaufen *n*; **~bar** *mar* [-'ƀar] (*1a*) einlaufen; **~bista** [-'ƀista] *m* Emporkömmling *m*

arriero [a'rrĭero] *m* Maultiertreiber *m*

arriesga|do [arrĭez'gađo] gefährlich, riskant; **~r** [-'gar] (*1h*) wagen, riskieren; **~rse** sich in Gefahr begeben; ***~ a a/c*** sich an et wagen

arrimar [arri'mar] (*1a*) nähern; heranrücken; ***~ el hombro*** sich ins Zeug legen; **~se** sich anlehnen; (nah) herankommen

arrimo [a'rrimo] *m* Stütze *f*; *fig* Schutz *m*, Gunst *f*

arrincona|do [arriŋko'nađo] abgelegen, verlassen; vergessen; **~r** [-'nar] (*1a*) in die Ecke stellen (*a fig*); *fig* vernachlässigen; (*acosar*) in die Enge treiben

arroba [a'rrɔƀa] *f* (*unidad de peso*, 11,5 kg); *inform* Klammeraffe (*@-Zeichen*) *m*

arro|bamiento [arrɔƀa'mĭento] Verzückung *f*; Entzücken *n*; **~barse** [-'ƀarse] (*1a*) in Verzückung geraten; **~bo** [a'rrɔƀo] *m* = ***arrobamiento***

arrodillarse [arrɔđi'ʎarse] (*1a*) niederknien

arroga|ncia [arrɔ'ganθĭa] *f* Arroganz *f*, Anmaßung *f*; **~nte** [-'gante] arrogant, überheblich; (*gallardo*) forsch, schneidig; **~rse**: ***~ a/c*** sich et anmaßen

arro|jado [arrɔ'xađo] mutig, kühn; **~jar** [-'xar] (*1a*) werfen; schleudern; (*humo*) ausstoßen; *com* ergeben; abwerfen; *med* erbrechen; **~jarse** sich stürzen (in ***a***, auf ***sobre***); **~jo** [a'rrɔxo] *m* Verwegenheit *f*, Schneid *m*

arrolla|dor [arrɔʎa'đɔr] überwältigend; umwerfend; **~r** [-'ʎar] (*1a*) aufrollen; *auto* überfahren; *mil u fig* überrollen

arropar [arrɔ'par] (*1a*) zudecken; bedecken

arrostrar [arrɔs'trar] (*1a*) die Stirn bieten, trotzen

arroyo [a'rrɔjo] *m* Bach *m*; (*de la calle*) Rinnstein *n*, *a fig* Gosse *f*

arroz [a'rrɔθ] *m* Reis *m*; ***~ con leche*** Milchreis *m*; **~al** [arrɔ'θal] *m* Reisfeld *n*

arruga [a'rruga] *f* Falte *f*; **~do** [-'gađo] runzlig; verknittert; **~r** [-'gar] (*1h*) runzeln; zerknüllen, zerknittern; (*nariz*) rümpfen; **~rse** knittern

arruinar [arrŭi'nar] (*1a*) zerstören; ruinieren; **~se** sich ruinieren, sich zugrunde richten

arrullar [arru'ʎar] (*1a*) **1.** *v/t* (*niño*) einwiegen; **2.** *v/i* gurren; *fig* turteln

arrumaco F [arru'mako] *m* *mst* ***~s*** *pl* Geschmuse *n*

arsenal [arse'nal] *m* Arsenal *n*

arsénico [ar'seniko] *m* Arsen *n*

arte ['arte] *m* (*pl f*) Kunst *f*; (*habilidad*) Kunstfertigkeit *f*; (*astucia*) List *f*; ***bellas ~s*** schöne Künste *f/pl*

artefacto [arte'fakto] *m* Apparat *m*; ***~ (explosivo)*** Sprengkörper *m*

artemisa *bot* [arte'misa] *f* Beifuß *m*

arteria [ar'terĭa] *f* Arterie *f*; *fig* Hauptverkehrsstraße *f*

arteriosclerosis [arterĭɔskle'rosis] *f* Arterienverkalkung *f*

artesa [ar'tesa] *f* (Back-)Trog *m*; **~nal** [artesa'nal] handwerklich; Handwerks...; **~nía** [-'nia] *f* (Kunst-)Handwerk *n*; **~no** [-'sano] *m* Handwerker *m*

artesonado *arqu* [arteso'nađo] *m* Kassettendecke *f*

ártico ['artiko] arktisch

articula|ción [artikula'θĭɔn] *f* *anat*, *tec* Gelenk *n*; Artikulation *f*; **~do** [-'lađo] gegliedert; Glieder...; **~r** [-'lar] **1.** *adj* Gelenk...; **2.** *v/t* (*1a*) artikulieren

artículo [ar'tikulo] *m* Artikel *m* (*a com*, *gram*); *jur* Paragraph *m*; ***~ de consumo*** Gebrauchsartikel *m*; ***~ de fondo***

Leitartikel *m*; **~ *de gran consumo*** Massenartikel *m*

artífice [ar'tifiθe] *m* Künstler *m*; *fig* Urheber *m*

artifi|cial [artifi'θĭal] künstlich; **~ciero** [-'θĭero] *m* Feuerwerker *m*; **~cio** [-'fiθĭo] *m* Kunstgriff *m*, Kniff *m*; (*destreza*) Kunstfertigkeit *f*; **~cioso** [-fi'θĭoso] gekünstelt

artillería [artiʎe'ria] *f* Artillerie *f*

artilugio [arti'luxĭo] *m* Gerät *n*, F Ding *n*; *fig* Trick *m*, Kniff *m*

artista [ar'tista] *m* (*f*) Künstler(in *f*) *m*; **~ *de circo*** Artist(in *f*) *m*

artístico [ar'tistiko] künstlerisch, Kunst...

artritis [ar'tritis] *f* Arthritis *f*

arveja [ar'ƀɛxa] *f* Wicke *f*; *Am* Erbse *f*

arzobis|pado [arθoƀis'pađo] *m* Erzbistum *n*; **~pal** [-'pal] erzbischöflich; **~po** [-'ƀispo] *m* Erzbischof *m*

as [as] *m* Ass *n* (*a fig*)

asa ['asa] *f* Henkel *m*, Griff *m*

asa|do [a'sađo] **1.** *adj* gebraten; **2.** *m* Braten *m*; **~dor** [asa'đɔr] *m* Bratspieß *m*; Grillrestaurant *n*; **~dura** [-'đura] *f* Innereien *pl*

asalariado [asala'rĭađo] *m* Lohn-, Gehaltsempfänger *m*

asal|tante [asal'tante] *m* Angreifer *m*; **~tar** [-'tar] (*1a*) angreifen; überfallen; *mil* stürmen; *fig* befallen; **~to** [a'salto] *m* Angriff *m*; Überfall *m*; (*boxeo*) Runde *f*; ***tomar por* ~** im Sturm nehmen (*a fig*)

asamblea [asam'blea] *f* Versammlung *f*

asar [a'sar] (*1a*) braten; **~ *a la parrilla*** grillen

asbesto [az'ƀesto] *m* Asbest *m*

ascen|dencia [asθen'denθĭa] *f* Vorfahren *m*/*pl*; **~dente** [-'dente] (auf)steigend; **~der** [-'dɛr] (*2g*) **1.** *v*/*t* befördern; **2.** *v*/*i* hinaufsteigen; **~ *a*** sich belaufen auf; **~diente** [-'dĭente] *m* Einfluss *m*; **~sión** [-'sĭɔn] *f* Aufstieg *m*; Besteigung *f*; ♀ (Christi) Himmelfahrt *f*; **~so** [as'θenso] *m fig* Beförderung *f*

ascensor [asθen'sɔr] *m* Aufzug *m*, Fahrstuhl *m*; **~ista** [-so'rista] *m* Liftboy *m*

as|ceta [as'θeta] *m* Asket *m*; **~cético** [-'θetiko] asketisch

asco ['asko] *m* Ekel *m*; ***me da* ~** es ekelt mich an; ***¡que ~!*** pfui!

ascua ['askŭa] *f* Glut *f*; F ***arrimar el ~ a su sardina*** auf s-n Vorteil bedacht sein; *fig* ***estar en*** (*od* ***sobre***) **~*s*** auf glühenden Kohlen sitzen

asea|do [ase'ađo] sauber, reinlich; **~r** [-'ar] (*1a*) säubern; **~rse** sich zurechtmachen

asedi|ar [ase'dĭar] (*1b*) belagern; *fig* bedrängen, bestürmen; **~o** [a'seđĭo] *m* Belagerung *f*

asegura|do [asegu'rađo] *m* Versicherte(r) *m*; **~dor** [-ra'đɔr] *m* Versicherer *m*; **~r** [-'rar] (*1a*) versichern; (*garantizar*) zusichern, sicherstellen; (*sujetar*) sichern, befestigen; **~rse** sich versichern; sich vergewissern

asemejarse [asemɛ'xarse] (*1a*) ähnlich sehen, ähneln (*dat* ***a***)

asentar [asen'tar] (*1k*) errichten, (auf-) stellen; ansiedeln; (*golpe*) versetzen; *com* buchen; **~se** sich niederlassen, sich ansiedeln

asen|timiento [asenti'mĭento] *m* Zustimmung *f*, Einwilligung *f*; **~tir** [-'tir] (*3i*) zustimmen

aseo [a'seo] *m* Sauberkeit *f*; **~ (*personal*)** Körperpflege *f*; (***cuarto*** *m* ***de***) **~** Badezimmer *n*; Waschraum *m*

aséptico [a'sɛptiko] keimfrei, aseptisch

asequible [ase'kiƀle] erreichbar

aserra|dero [asɛrra'đero] *m* Sägewerk *n*; **~r** [-'rrar] (*1k*) (zer)sägen

asesi|nar [asesi'nar] (*1a*) ermorden; **~nato** [-'nato] *m* Mord *m*; **~no** [-'sino] **1.** *adj* mörderisch; **2.** *m* Mörder *m*

asesor [ase'sɔr] **1.** *adj* beratend; **2.** *m* Berater *m*; **~ *de empresa*** Unternehmensberater *m*; **~ *fiscal*** Steuerberater *m*; **~ *de imagen*** Imageberater *m*; **~ *de inversiones*** Anlageberater *m*; **~ *jurídico*** Rechtsberater *m*; **~amiento** [-sora'mĭento] *m* Beratung *f*; **~ar** [-'rar] (*1a*) beraten; **~ía** [-'ria] *f* Beratungsbüro *n*

asestar [ases'tar] (*1a*) (*golpe*) versetzen

aseverar [aseƀe'rar] (*1a*) versichern, behaupten

asfal|tado [asfal'tađo] *m* Asphaltierung *f*; Asphalt(belag) *m*; **~tar** [-'tar] (*1a*) asphaltieren; **~to** [-'falto] *m* Asphalt *m*

asfixia [as'figsĭa] *f* Ersticken *n*; **~r(se)** [-fig'sĭar(se)] (*1b*) ersticken

así [a'si] **1.** *adv* so; **~ ~** soso, mittelmäßig; **~ *como* ~** ohne weiteres; **~ *y todo***

trotzdem; immerhin; ~ ***es*** so ist es; stimmt; **2.** *cj* ~ ***que***, ~ ***pues*** also
asiático [a'sĭatiko] **1.** *adj* asiatisch; **2.** *m*, **-a** *f* Asiat(in *f*) *m*
asidero [asi'đero] *m* Griff *m*
asidu|idad [asiđŭi'đađ] *f* Fleiß *m*; Eifer *m*; **~o** [a'siđŭo] eifrig; häufig (anwesend); ***cliente*** *m* ~ Stammgast *m*
asiento [a'sĭento] *m* Sitz *m*; Sitzgelegenheit *f*; Platz *m*; *com* Buchung *f*, Posten *m*; *avia* ~ ***eyectable*** *od* ***catapulta*** Schleudersitz *m*; ***tomar*** ~ Platz nehmen
asigna|ción [asigna'θĭɔn] *f* An-, Zuweisung *f*; Zuteilung *f*; **~r** [-'nar] (*1a*) zuweisen, anweisen; zuteilen; **~tura** [-'tura] *f* (Lehr-)Fach *n*
asi|lado [asi'lađo] *m pol* Asylant *m*; **~lar** [-'lar] (*1a*) *pol* Asyl gewähren; **~lo** [a'silo] *m* Asyl *n* (*a pol*); Heim *n*; ~ ***de ancianos*** Altersheim *n*
asimi|lación [asimila'θĭɔn] *f* Angleichung *f*, Assimilation *f*; **~lar** [-'lar] (*1a*) angleichen, assimilieren; verarbeiten (*a fig*)
asimismo [asi'mizmo] auch, ebenfalls, ebenso
asir [a'sir] (*3a*; *pre* ***asgo***, ***ases*** *usw*) (an-)fassen; (er)greifen
asis|tencia [asis'tenθĭa] *f* Anwesenheit *f*, Teilnahme *f*; (*ayuda*) Hilfe *f*, Beistand *m*; ~ ***facultativa*** (*od* ***médica***) ärztliche Hilfe *f*; ~ ***social*** Sozialfürsorge *f*; **~tenta** [-'tenta] *f* Assistentin *f*; (*criada*) Zugeh-, Putzfrau *f*; **~tente** [-'tente] *m* Anwesende(r) *m*, Teilnehmer *m*; Assistent *m*; ~ *su* ***social*** Fürsorger(in *f*) *m*; ***~ido por ordenador*** *inform* computergestützt, computerunterstützt; **~tir** [-'tir] (*3a*) **1.** *v/t* unterstützen, helfen (*dat*); *med* betreuen; **2.** *v/i* anwesend sein; teilnehmen (an *dat* ***a***)
asma ['azma] *f* Asthma *n*
asmático [az'matiko] asthmatisch
asno ['azno] *m* Esel *m* (*a fig*)
asocia|ción [asoθĭa'θĭɔn] *f* Vereinigung *f*; Verein *m*; Verband *m*; ~ ***de consumidores*** Verbraucherzentrale *f*; ~ ***de ideas*** Gedankenverbindung *f*; **~do** [-'θĭađo] *m* Teilhaber *m*; **~r** [-'θĭar] (*1b*) verbinden; ~ ***a alg a*** j-n beteiligen an (*dat*); **~rse** sich zs.-schließen; ~ ***a*** sich anschließen an (*ac*)
asola|dor [asola'đɔr] verheerend; **~r** [-'lar] (*1m*) zerstören, verwüsten
asomar [aso'mar] (*1a*) **1.** *v/t* hinausst(r)ecken; zeigen; **2.** *v/i* zum Vorschein kommen; hervorgucken; **~se** sich hinauslehnen; sich zeigen; ~ ***a la ventana*** zum Fenster hinaussehen
asom|brar [asɔm'brar] (*1a*) erstaunen; **~brarse** sich wundern; **~bro** [a'sɔmbro] *m* Erstaunen *n*; **~broso** [-'broso] erstaunlich; verblüffend
asomo [a'somo] *m* Anzeichen *n*; Anflug *m*; ***ni por*** ~ nicht die Spur; auf keinen Fall
aspa ['aspa] *f* Windmühlenflügel *m*; (*cruz*) Kreuz *n*; **~viento** [-'ƀĭento] *m* Getue *n*
aspecto [as'pɛkto] *m* Anblick *m*; Aussehen *n*; *fig* Aspekt *m*; ***tener buen*** ~ gut aussehen
aspereza [aspe'reθa] *f* Rauheit *f*; Herbheit *f*; (*del terreno*) Unebenheit *f*
áspero ['aspero] rau; herb; (*terreno*) uneben; *fig* schroff
aspersor [aspɛr'sɔr] *m* Rasensprenger *m*
áspid ['aspiđ] *m* Natter *f*
aspira|ción [aspira'θĭɔn] *f* Einatmen *n*; *tec* An-, Einsaugen *n*; *fig* Streben *n*; **~dor** [-'đɔr] *m*, **-a** [-'đora] *f* Staubsauger *m*; **~nte** [-'rante] *m* (*f*) Anwärter(in *f*) *m*; **~r** [-'rar] (*1a*) (ein)atmen; *tec* an-, einsaugen; ~ ***a*** streben nach (*dat*), anstreben (*ac*)
asque|ar [aske'ar] (*1a*) anwidern, anekeln; **~arse** Ekel empfinden; **~roso** [-'roso] ekelhaft, widerlich
asta ['asta] *f* Fahnenstange *f*; (*cuerno*) Horn; ***a media*** ~ halbmast
ast|enia *med* [as'tenĭa] *f* Asthenie *f*, Schwäche *f*; **~énico** [-'teniko] asthenisch
aster *bot* [as'tɛr] *m* Aster *f*
asterisco [aste'risko] *m tip* Sternchen *n*
astill|a [as'tiʎa] *f* Splitter *m*, Span *m*; ***hacerse ~s*** zersplittern; **~ero** [-'ʎero] *m* Schiffswerft *f*
astracán [astra'kan] *m* Persianer(mantel) *m*
astral [as'tral] Sternen...; Astral...
astro ['astro] *m* Gestirn *n*; Stern *m*; *fig* Star *m*; **~logía** [-lɔ'xia] *f* Astrologie *f*
astrólogo [as'trologo] *m* Astrologe *m*
astro|nauta [astro'naŭta] *m* Astronaut *m*; **~náutica** [-'naŭtika] *f* Raumfahrt

f; **~nave** [-'naƀe] *f* Raumschiff *n*; **~nomía** [-no'mia] *f* Sternkunde *f*, Astronomie *f*; **~nómico** [-'nomiko] astronomisch (*a fig*)

astrónomo [as'tronomo] *m* Astronom *m*

astroso [as'troso] verlottert; zerlumpt

astucia [as'tuθĭa] *f* Schlauheit *f*; (Hinter-)List *f*

asturiano [astu'rĭano] **1.** *adj* asturisch; **2.** *m* Asturier *m*

astuto [as'tuto] schlau; (hinter)listig

asueto [a'sŭeto] *m*: (***día*** *m* ***de***) ~ freier Tag *m*

asumir [asu'mir] (*3a*) übernehmen; auf sich nehmen

Asunción [asun'θĭon] *f* Mariä Himmelfahrt *f*

asunto [a'sunto] *m* Angelegenheit *f*, Sache *f*; (*tema*) Thema *n*

asusta|dizo [asusta'điθo] schreckhaft; **~r** [-'tar] (*1a*) erschrecken; **~rse** erschrecken; sich fürchten (vor *dat* ***de***)

ataca|nte [ata'kante] *m* Angreifer *m*; **~r** [-'kar] (*1g*) angreifen; *med* befallen

atadura [ata'đura] *f* Bindung *f*; Band *n* (*a fig*)

atajo [a'taxo] *m* Abkürzung(sweg *m*) *f*

atalaya [ata'laja] *f* Wachtturm *m*; Aussichtsturm *m*

ataque [a'take] *m* Angriff *m*; *med* Anfall *m*

atar [a'tar] (*1a*) (an-, fest-, zu)binden; *fig* ***~ corto a alg*** j-n kurz halten

atardecer [atarđe'θεr] **1.** (*2d*) Abend werden; dämmern; **2.** *m* Abenddämmerung *f*; ***al ~*** gegen Abend

atarea|do [atare'ađo] viel beschäftigt; **~rse** [-'arse] (*1a*) angestrengt arbeiten; F schuften

atas|carse [atas'karse] (*1g*) sich verstopfen; *a fig* stecken bleiben; **~co** [a'tasko] *m* Verstopfung *f*; *auto* Stau *m*

ata|viar [ata'ƀĭar] (*1c*) schmücken; zurechtmachen; **~vío** [-'ƀio] *m* Schmuck *m*; Aufmachung *f*

ateísmo [ate'izmo] *m* Atheismus *m*

atemorizar [atemori'θar] (*1f*) erschrecken, einschüchtern

atenazar [atena'θar] (*1f*) *fig* in die Zange nehmen

aten|ción [aten'θĭon] *f* Aufmerksamkeit *f*; (*obsequio*) Gefälligkeit *f*; ***¡~!*** Achtung!, Vorsicht!; ***llamar la ~ de alg sobre a/c*** j-n auf et aufmerksam machen; ***llamar la ~*** auffallen; ***prestar ~*** aufpassen (auf *ac* ***a***); ***en ~ a*** mit Rücksicht auf (*ac*); **~der** [-'dεr] (*2g*) beachten; (*cuidar*) betreuen, sich kümmern (um *ac* ***a***); (*cliente*) bedienen

atenerse [ate'nεrse] (*2l*): ***~ a*** sich halten an (*ac*); ***saber a qué ~*** wissen, woran man ist

aten|tado [aten'tađo] *m* Anschlag *m*, Attentat *n*; **~tamente** [-ta'mente] (*final de carta*) hochachtungsvoll; **~tar** [-'tar] (*1k*): ***~ contra alg*** e-n Anschlag auf j-n verüben; ***~ contra a/c*** gegen et verstoßen; **~to** [a'tento] aufmerksam, achtsam

atenua|ción [atenŭa'θĭɔn] *f* Abschwächung *f*, Milderung *f*; **~nte** [-'nŭante] **1.** *adj* mildernd; **2.** *jur m* mildernder Umstand *m*; **~r** [-'nŭar] (*1e*) abschwächen, mildern

ateo [a'teo] **1.** *adj* gottlos, atheistisch; **2.** *m* Atheist *m*

aterciopelado [atεrθĭope'lađo] samtig (*a fig*)

aterra|dor [atεrra'đɔr] schrecklich; **~r** [atε'rrar] (*1a*) erschrecken

aterriza|je *avia* [atεrri'θaxe] *m* Landung *f*; ***~ forzoso*** (*od* ***de emergencia***) Notlandung *f*; ***~ instrumental*** Blindlandung *f*; **~r** *avia* [-'θar] (*1f*) landen

aterrorizar [atεrrɔri'θar] (*1f*) terrorisieren

atesorar [ateso'rar] (*1a*) anhäufen, ansammeln (*a fig*)

ates|tado [ates'tađo] **1.** *adj* gedrängt (F gerammelt) voll; **2.** *m* Attest *n*; Bescheinigung *f*; **~tar** [-'tar] **a)** (*1k*) (ganz) füllen; voll stopfen (mit *dat* ***de***); **b)** (*1a*) (be)zeugen, bescheinigen; **~tiguar** [-ti'gŭar] (*1i*) bezeugen

atiborrar [atiƀɔ'rrar] (*1a*) voll pfropfen; **~se**: ***~ de*** sich vollstopfen mit

ático ['atiko] *m* Dachgeschoss *n*; Dachwohnung *f*

atilda|do [atil'dađo] herausgeputzt, -staffiert; **~r** [-'dar] (*1a*) herausputzen

atiza|dor [atiθa'đɔr] *m* Schür-, Feuerhaken *m*; **~r** [-'θar] (*1f*) schüren (*a fig*); (*golpe*) versetzen; F ***¡atiza!*** nanu!

atlas ['atlas] *m* Atlas *m*

at|leta [at'leta] *m* (*f*) Athlet(in *f*) *m*; **~lético** [-'letiko] athletisch; **~letismo** [-le'tizmo] *m* (Leicht-)Athletik *f*

atmósfera [ađ'mɔsfera] *f* Atmosphäre *f* (*a fig*)
atmosférico [ađmɔs'feriko] atmosphärisch; ***presión*** *f* ***-a*** Luftdruck *m*
atolla|dero [atoʎa'đero] *m fig* Klemme *f*, F Patsche *f*; **~rse** [-'ʎarse] (*1a*) sich festfahren (*a fig*)
atolondra|do [atolɔn'drađo] unbesonnen; unvernünftig; **~miento** [-'mĭento] *m* Unbesonnenheit *f*
atómico [a'tomiko] atomar; Atom...
atomiza|dor [atomiθa'đɔr] *m* Zerstäuber *m*; **~r** [-'θar] (*1f*) zerstäuben
átomo ['atomo] *m* Atom *n*; *fig* Spur *f*
atónito [a'tonito] verblüfft, verdutzt
atonta|do [atɔn'tađo] benommen; (*tonto*) blöd, dumm; **~miento** [-'mĭento] *m* Benommenheit *f*; Dummheit *f*
atormentar [atɔrmen'tar] (*1a*) foltern; *fig* quälen, peinigen
atornillar [atɔrni'ʎar] (*1a*) fest-, anschrauben
atosigar [atosi'gar] (*1h*) *fig* drängen
atraca|dero *mar* [atraka'đero] *m* Anlegeplatz *m*; **~dor** [-'đɔr] *m* Bandit *m*, Gangster *m*; **~r** [-'kar] (*1g*) **1.** *v/i mar* anlegen; **2.** *v/t* (*robar*) überfallen
atracción [atrag'θĭɔn] *f* Anziehung(skraft) *f*; ***parque*** *m* ***de atracciones*** Vergnügungspark *m*
atraco [a'trako] *m* (Raub-)Überfall *m*; ***~ a mano armada*** bewaffneter Raubüberfall *m*
atractivo [atrak'tiƀo] **1.** *adj* anziehend, charmant, attraktiv; ***fuerza*** *f* ***-a*** Anziehungskraft *f*; **2.** *m* Reiz *m*, Charme *m*
atraer [atra'ɛr] (*2p*) anziehen
atragantarse [atragan'tarse] (*1a*) sich verschlucken; *fig* stecken bleiben
atrapar [atra'par] (*1a*) fangen, F erwischen
atrás [a'tras] hinten; rückwärts; zurück; ***años ~*** vor Jahren; ***dejar ~*** hinter sich lassen (*a fig*); ***echar ~*** rückwärts gehen *od* -fahren; ***hacia ~*** rückwärts; ***quedarse ~*** zurückbleiben, nicht mitkommen (*a fig*); ***volverse ~*** (*od* ***echarse***) *fig* e-n Rückzieher machen; ***¡~!*** zurück!
atra|sado [atra'sađo] (*niño*) zurückgeblieben; (*país*) rückständig; ***ir ~, estar ~*** (*reloj*) nachgehen; **~sar** [-'sar] (*1a*) **1.** *v/t* verzögern; (*fecha*) verschieben; (*reloj*) zurückstellen; **2.** *v/i* (*reloj*) nachgehen; **~sarse** sich verspäten; **~so** [a'traso] *m* Verspätung *f*; Rückständigkeit *f*; *com* ***~s*** *pl* Außenstände *m/pl*; Rückstände *m/pl*
atravesar [atraƀe'sar] (*1k*) (*cruzar*) über-, durchqueren; (*traspasar*) durchbohren; *fig* durchmachen, erleben
atrayente [atra'jente] anziehend
atre|verse [atre'ƀɛrse] (*2a*) wagen; sich trauen; ***~ a*** (*inf*) (es) wagen zu (*inf*); ***¿cómo te atreves?*** was unterstehst du dich?; **~vido** verwegen; (*insolente*) dreist; **~vimiento** [-'ƀi'mĭento] *m* Verwegenheit *f*; (*insolencia*) Unverschämtheit *f*
atribu|ción [atriƀu'θĭɔn] *f* Zuweisung *f*; (*competencia*) Befugnis *f*; **~ir** [-'ir] (*3g*) zuschreiben, zuerkennen
atribular [atriƀu'lar] (*1a*) Sorge (*od* Kummer) machen; betrüben
atributo [atri'ƀuto] *m* Eigenschaft *f*; *gram u fig* Attribut *n*
atril [a'tril] *m* Pult *n*; Notenständer *m*
atrincherarse [atrintʃe'rarse] (*1a*) *a fig* sich verschanzen (hinter *dat* ***tras***, ***en***)
atrio ['atrĭo] *m* Vorhalle *f*; Vorhof *m*
atrocidad [atroθi'đađ] *f* Scheußlichkeit *f*, Gräuel *m*
atrofia [a'trofĭa] *f* Atrophie *f*, Schwund *m*; **~rse** [-'fĭarse] (*1b*) verkümmern (*a fig*)
atropell|ado [atrope'ʎađo] überstürzt; **~ar** [-'ʎar] (*1a*) überfahren (*a fig*); umrennen; **~arse** sich überstürzen; **~o** [-'peʎo] *m* Überfahren *n*; *fig* Beleidigung *f*
atroz [a'trɔθ] grässlich, scheußlich
atuendo [a'tŭendo] *m* Kleidung *f*, Aufmachung *f*
atún [a'tun] *m* Thunfisch *m*
aturdi|do [atur'điđo] unbesonnen; (*desconcertado*) verblüfft; *med* benommen; **~miento** [-đi'mĭento] *m* Bestürzung *f*; Verwirrung *f*; *med* Benommenheit *f*; **~r** [-'đir] (*3a*) betäuben; *fig* verblüffen
auda|cia [aŭ'đaθĭa] *f* Kühnheit *f*, Verwegenheit *f*; **~z** [-'đaθ] kühn, verwegen
audi|ble [aŭ'điƀle] hörbar; **~ción** [aŭđi'θĭon] *f* Hören *n*; *mús* Vorspielen *n*; Anhörung *f*
audiencia [aŭ'đĭenθĭa] *f* Audienz *f*; *jur* Gerichtshof *m*; *TV*, *radio* Zuhörer *m/pl*, -schauer *m/pl*; (***índice*** *m* ***de***) **~** Einschaltquote *f*

audífono [aŭ'đifono] *m* Hörapparat *m*, -gerät *n*
audiovisual [aŭđĭobi'sŭal] audiovisuell
auditivo [aŭđi'tiƀo] Gehör..., Hör...
auditor [aŭđi'tɔr] *m* Rechnungsprüfer *m*; **~ía** [-to'ria] *f* Rechnungsprüfung *f*; **~io** [-'torĭo] *m* Zuhörer(schaft *f*) *m*/*pl*; (*sala*) Konzertsaal *m*
auge ['aŭxe] *m* Aufschwung *m*; Höhepunkt *m*; ***estar en ~*** florieren
augu|rar [aŭgu'rar] (*1a*) prophezeien, voraussagen; **~rio** [-'gurĭo] *m* Vorzeichen *n*, Omen *n*
augusto [aŭ'gusto] erhaben, edel
aula ['aŭla] *f* Hörsaal *m*; Klassenzimmer *n*
aull|ar [aŭ'ʎar] (*1a*) heulen; **~ido** [-'ʎiđo] *m* Geheul *n*
aumen|tar [aŭmen'tar] (*1a*) **1.** *v/t* vermehren; vergrößern; (*precio*) erhöhen; **2.** *v/i* zunehmen; (*precio*) steigen; **~to** [-'mento] *m* Vergrößerung *f*; Erhöhung *f*; Zunahme *f*; Anstieg *m*; ***ir en ~*** zunehmen
aun [aŭn] sogar; ***~ cuando*** obwohl; ***ni ~*** nicht einmal
aún [a'un] noch, immer noch
aunar [aŭ'nar] (*1a*) verbinden, vereinigen
aunque ['aŭŋke] obwohl, obgleich, wenn auch
aupar F [aŭ'par] (*1a*) hochheben
aureola [aŭre'ola] *f* Heiligenschein *m*
auricular [aŭriku'lar] *m* (Telefon-)Hörer *m*; ***~es pl*** Kopfhörer *m*
aurora [aŭ'rora] *f* Morgenröte *f*
auscultar *med* [aŭskul'tar] (*1a*) abhorchen
ausen|cia [aŭ'senθĭa] *f* Abwesenheit *f*; (*carencia*) Fehlen *n*, Mangel *m* (an ***de***); **~tarse** [-sen'tarse] (*1a*) sich entfernen; weggehen; **~te** [-'sente] abwesend
auspicio [aŭs'piθĭo] *m* Vorzeichen *n*, Vorbedeutung *f*; ***bajo los ~s de*** unter dem Schutz von
auste|ridad [aŭsteri'đađ] *f* Strenge *f*; *com* Sparsamkeit *f*; **~ro** [-'tero] streng; ernst; nüchtern; sparsam
austral [aŭs'tral] südlich, Süd...
australiano [aŭstra'lĭano] **1.** *adj* australisch; **2.** *m* Australier *m*
austríaco [aŭs'triako] **1.** *adj* österreichisch; **2.** *m*, **-a** *f* Österreicher(in *f*) *m*
autarquía [aŭtar'kia] *f* Autarkie *f*
autenticidad [aŭtentiθi'đađ] *f* Echtheit *f*
auténtico [aŭ'tentiko] echt, authentisch
auto ['aŭto] *m* (*coche*) Auto *n*; *jur* Beschluss *m*; ***~ de detención*** Haftbefehl *m*
auto|adhesivo [aŭtoađe'siƀo] selbstklebend; **~banco** *com* [-'baŋko] *m* Autoschalter *m*; **~biografía** [-bĭogra'fia] *f* Autobiographie *f*; **~bús** [-'ƀus] *m* (Auto-)Bus *m*; ***~ escolar*** Schulbus *m*; **~car** [-'kar] *m* Reisebus *m*; **~caravana** [-kara'ƀana] *f* Wohnmobil *n*; Campingbus *m*; **~cine** [-'θine] *m* Autokino *n*
autocompla|cencia [aŭtokɔmpla'θenθĭa] *f* Selbstgefälligkeit *f*; **~ciente** [-'θĭente] selbstgefällig
autóctono [aŭ'tɔktono] eingeboren; einheimisch
auto|determinación [aŭtođetɛrmina'θĭɔn] *f* Selbstbestimmung *f*; **~didacta** [-đi'đakta] *m* Autodidakt *m*; **~disparador** *fot* [-đispara'đɔr] *m* Selbstauslöser *m*; **~dominio** [-đo'minĭo] *m* Selbstbeherrschung *f*
autódromo [aŭ'tođromo] *m* Autorennbahn *f*
auto|escuela [aŭtoes'kŭela] *f* Fahrschule *f*; ***profesor m de ~*** Fahrlehrer *m*; **~expreso** [-es'preso] *m* Auto(reise-)zug *m*
autógeno [aŭ'tɔxeno] autogen
autogestión [aŭtoxes'tĭɔn] *f* Selbstverwaltung *f*
auto|giro *avia* [aŭtɔ'xiro] *m* Tragschrauber *m*; **~gol** [-'gol] *m dep* Eigentor *n*
autógrafo [aŭ'tografo] **1.** *adj* eigenhändig (geschrieben); **2.** *m* Autogramm *n*
autómata [aŭ'tomata] *m* Automat *m*
auto|mático [aŭto'matiko] automatisch; **~matización** [-matiθa'θĭɔn] *f* Automatisierung *f*; **~matizar** [-'θar] (*1f*) automatisieren
auto|móvil [aŭto'moƀil] *m* Kraftfahrzeug *n*; Auto *n*, Wagen *m*; **~movilismo** [-moƀi'lizmo] *m* Auto-, Kraftfahrsport *m*; **~movilista** [-'lista] *m* Auto-, Kraftfahrer *m*
autonomía [aŭtono'mia] *f* Autonomie *f*, Unabhängigkeit *f*
autónomo [au'tonomo] unabhängig, selbstständig, autonom
autopista [aŭto'pista] *f* Autobahn *f*; **~**

de datos *inform* Datenautobahn *f*
autopsia [aŭ'tɔpsĭa] *f* Obduktion *f*, Autopsie *f*
autor [aŭ'tɔr] *m* Autor *m*, Verfasser *m*; Urheber *m*; *jur* Täter *m*
autori|dad [aŭtori'đađ] *f* Autorität *f*; *mst pl* ***~es*** Obrigkeit *f*, Behörde *f*; **~tario** [-'tarĭo] autoritär; **~zación** [-θa'θĭɔn] *f* Genehmigung *f*; **~zado** [-'θađo] ermächtigt; befugt; **~zar** [-'θar] (*1f*) berechtigen; genehmigen
autorradio [aŭtɔ'rrađĭo] *m* Autoradio *n*
autorrealización [aŭtorrɛaliθa'θĭɔn] *f* Selbstverwirklichung *f*
autorretrato [aŭtɔrrɛ'trato] *m* Selbstbildnis *n*
autoservicio [aŭtɔsɛr'ƀiθĭo] *m* Selbstbedienung *f*
autostop [aŭtɔ'stɔp] *m* Autostopp *m*; ***hacer ~*** trampen, per Anhalter fahren; **~ista** [-stɔ'pista] *m* Anhalter *m*, Tramper *m*
autosugestión [aŭtosuxes'tĭɔn] *f* Autosuggestion *f*
autotrén [aŭto'tren] *m* Auto(reise)zug *m*
autovía [aŭto'ƀia] *f* Schnellstraße *f*
auxiliar [aŭgsi'lĭar] **1.** *adj* Hilfs...; **2.** *v/t* (*1b*) helfen; beistehen; **3.** *m* Gehilfe *m*; Hilfskraft *f*; *avia* ***~ de vuelo*** Steward *m*; *~ f* ***de médico*** Arzthelferin *f*
auxilio [aŭ'gsilĭo] *m* Hilfe *f*, Beistand *m*; ***~ en carretera*** Pannenhilfe *f*; ***primeros ~s*** *m/pl* erste Hilfe *f*
aval [a'ƀal] *m* Bürgschaft *f*; Aval *m*; ***~ bancario*** Bankbürgschaft *f*
avalancha [aƀa'lantʃa] *f* Lawine *f* (*a fig*)
avalar [aƀa'lar] (*1a*) bürgen für
avan|ce [a'ƀanθe] *m* Vorrücken *n*, Vormarsch *m*; (*progreso*) Fortschritt *m*; ***~ editorial*** Vorabdruck *m*; ***~ de programas*** Programmvorschau *f*; **~zado** [-'θađo] fortschrittlich; (*edad, hora*) vorgeschritten; **~zar** [-'θar] (*1f*) vorrücken; *fig* fortschreiten, Fortschritte machen
ava|ricia [aƀa'riθĭa] *f* Geiz *m*; **~ro** [a'ƀaro] **1.** *adj* geizig; **2.** *m* Geizhals *m*
avasalla|dor [aƀasaʎa'dɔr] überwältigend; **~r** [-'ʎar] (*1a*) unterwerfen; *fig* überwältigen
ave ['aƀe] *f* Vogel *m*; ***~ de paso*** Zugvogel *m*; ***~ de rapiña*** Raubvogel *m*; ***~s de corral*** Geflügel *n*

avecinarse [aƀeθi'narse] (*1a*) sich nähern
avefría *zo* [aƀe'fria] *f* Kiebitz *m*
avejentado [aƀexen'tađo] (*1a*) (vorzeitig) gealtert
avella|na [aƀe'ʎana] *f* Haselnuss *f*; **~no** [-'ʎano] *m* Haselstrauch *m*
avena [a'ƀena] *f* Hafer *m*
ave|nencia [aƀe'nenθĭa] *f* Übereinkunft *f*; Vergleich *m*; **~nida** [-'niđa] *f* Allee *f*, Boulevard *m*; (*de un río*) Hochwasser *n*; **~nido** [-'niđo]: ***bien ~*** einig; ***mal ~*** uneinig; (*matrimonio*) unharmonisch
aventaja|do [aƀenta'xađo] (*alumno*) begabt; **~r** [-'xar] (*1a*) übertreffen; **~rse** sich hervortun
aventu|ra [aƀen'tura] *f* Abenteuer *n*; **~rar** [-tu'rar] (*1a*) wagen; **~rarse** sich in Gefahr begeben; **~rero** [-tu'rero] **1.** *adj* abenteuerlich; **2.** *m* Abenteurer *m*
avergonza|do [aƀɛrgɔn'θađo] be-, verschämt; **~r** [-'θar] (*1n u 1f*) beschämen; **~rse** sich schämen
ave|ría [aƀe'ria] *f* *mar* Havarie *f*; *tec* Schaden *m*; (*auto*) Panne *f*; **~riado** [-'rĭađo] beschädigt
averigua|ción [aƀerigŭa'θĭɔn] *f* Ermittlung *f*; **~r** [-'gŭar] (*1i*) untersuchen; ermitteln; in Erfahrung bringen
aversión [aƀɛr'sĭɔn] *f* Abneigung *f*; Widerwille *m*
avestruz *zo* [aƀes'truθ] *m* Strauß *m*
avia|ción [aƀĭa'θĭɔn] *f* Luftfahrt *f*; **~dor** [-'đɔr] *m* Flieger *m*
avícola [a'ƀikola] Geflügel...; ***granja f ~*** Geflügelfarm *f*
avicul|tor [aƀikul'tɔr] *m* Geflügelzüchter *m*; **~tura** [-'tura] *f* Geflügelzucht *f*
avidez [aƀi'đeθ] *f* Gier *f*
ávido ['aƀiđo] gierig
avío [a'ƀio] *m* Ausrüstung *f*; **~s** *pl* Werkzeug *n*; Sachen *f/pl*
avión [a'ƀĭɔn] *m* Flugzeug *n*; ***~ comercial*** Verkehrsflugzeug *n*; ***~ chárter*** Chartermaschine *f*; ***~ a*** (*od* ***de***) ***reacción*** Düsenflugzeug *n*; ***por ~*** *corr* mit Luftpost
avioneta [aƀĭo'neta] *f* Sportflugzeug *n*
avi|sado [aƀi'sađo] schlau; ***mal ~*** unklug; übel beraten; **~sador** [-sa'đɔr] *m*: ***~ de incendios*** Feuermelder *m*; **~sar** [-'sar] (*1a*) benachrichtigen, Bescheid sagen; (*anunciar*) melden, ankündigen; (*advertir*) warnen; **~so** [a'ƀi-

so] *m* Benachrichtigung *f*, Nachricht *f*; (*advertencia*) Warnung *f*; ***estar sobre ~*** auf der Hut sein; ***sin previo ~*** unangemeldet

avis|pa [a'ƀispa] *f* Wespe *f*; **~pado** F [-'pađo] aufgeweckt; **~pero** [-'pero] *m* Wespennest *n*; **~pón** [-'pɔn] *m* Hornisse *f*

avistar [aƀis'tar] (*1a*) erblicken

avituallar [aƀitŭa'ʎar] (*1a*) verpflegen, verproviantieren

avutarda *zo* [aƀu'tarđa] *f* Trappe *f*

axila [a'gsila] *f* Achsel(höhle) *f*

axioma [a'gsĭoma] *m* Axiom *n*

¡ay! [aĭ] ach!, oh!; (*dolor*) au!; ***¡~ de mí!*** wehe mir!

aya ['aja] *f* Kinderfrau *f*; Erzieherin *f*

ayer [a'jɛr] gestern; ***~ por la mañana*** gestern Morgen

ayuda [a'juđa] **1.** *f* Hilfe *f*; ***~ al desarrollo*** Entwicklungshilfe *f*; **2.** *m*: ***~ de cámara*** Kammerdiener *m*; **~nte** [aju'đante] *m* Gehilfe *m*; Assistent *m*; *mil* Adjutant *m*; **~r** [-'đar] (*1a*) helfen

ayu|nar [aju'nar] (*1a*) fasten; **~nas** [a'junas]: ***en ~*** nüchtern; **~no** [a'juno] *m* Fasten *n*

ayuntamiento [ajunta'mĭento] *m* Rathaus *n*; (*administración*) Gemeinde-, Stadtverwaltung *f*

azada [a'θađa] *f* Hacke *f*

azafata [aθa'fata] *f* Stewardess *f*; ***~ de congresos*** Hostess *f*

azafrán *bot* [aθa'fran] *m* Safran *m*

azahar [aθa'ar] *m* Orangenblüte *f*

azalea *bot* [aθa'lea] *f* Azalee *f*

azar [a'θar] *m* Zufall *m*; ***al ~*** aufs Geratewohl; ***juego*** *m* ***de ~*** Glücksspiel *n*

azaroso [aθa'roso] gefahrvoll

ázimo ['aθimo] (*pan*) ungesäuert

azogue [a'θoge] *m* Quecksilber *n* (*a fig*)

azor [a'θɔr] *m* (Hühner-)Habicht *m*

azo|taina F [aθo'taĭna] *f* Tracht *f* Prügel; **~tar** [-'tar] (*1a*) geißeln (*a fig*); (aus-)peitschen; **~te** [a'θote] *m* Peitsche *f*; *a fig* Geißel *f*; (*golpe*) Peitschenhieb *m*; Klaps *m*

azotea [aθo'tea] *f* Dachterrasse *f*

azúcar [a'θukar] *m* (*a f*) Zucker *m*; ***~ glas***, ***~ lustre*** Puderzucker *m*; ***~ cande***, ***~ candi*** Kandiszucker *m*; ***~ en terrones***, ***~ cortadillo*** Würfelzucker *m*

azuca|rar [aθuka'rar] (*1a*) zuckern; **~rero** [-'rero] **1.** *adj* Zucker...; **2.** *m* Zuckerdose *f*

azucena [aθu'θena] *f* weiße Lilie *f*

azufre [a'θufre] *m* Schwefel *m*

azul [a'θul] blau; ***~ celeste*** himmelblau; ***~ marino*** marineblau

azulejo [aθu'lɛxo] *m* Fliese *f*, Kachel *f*

azuzar [aθu'θar] (*1f*) (*perro*) hetzen; *fig* antreiben, anstacheln

B

B, **b** [be] *f* B, b *n*

baba ['baƀa] *f* Geifer *m*, Speichel *m*

babear [baƀe'ar] (*1a*) geifern, F sabbern

babel [ba'ƀɛl] *su* Wirrwarr *m*

babero [ba'ƀero] *m* Lätzchen *n*

Babia ['baƀĭa] *f*: ***estar en ~*** geistesabwesend sein

babor *mar* [ba'ƀɔr] *m* Backbord *n*

babosa *zo* [ba'ƀosa] *f* Nacktschnecke *f*

baca ['baka] *f auto* Dachgepäckträger *m*

bacalao [baka'lao] *m* Kabeljau *m*, Dorsch *m*; ***~*** (***seco***) Stockfisch *m*; F ***cortar el ~*** den Ton angeben

bacilo [ba'θilo] *m* Bazillus *m*

bacón [ba'kɔn] *m* (Frühstücks-)Speck *m*

bacteria [bak'terĭa] *f* Bakterie *f*

báculo ['bakulo] *m* Stab *m*; *fig* Stütze *f*; ***~ pastoral*** Bischofsstab *m*

bache ['batʃe] *m* Schlagloch *n*; *fig* Tiefpunkt *m*; *avia* ***~*** (***de aire***) Luftloch *n*

bachiller [batʃi'ʎɛr] *m* Abiturient *m*; **~ato** [-ʎe'rato] *m* Abitur *n*; ***estudiar el ~*** aufs Gymnasium gehen

badajo [ba'đaxo] *m* Glockenschwengel *m*, Klöppel *m*

badén [ba'đen] *m* Querrinne *f*

bafle ['bafle] *m* Lautsprecherbox *f*

bagaje [ba'gaxe] *m* Gepäck *n*; *fig* Rüstzeug *n*

bagatela [baga'tela] *f* Lappalie *f*, Bagatelle *f*

bahía [ba'ia] *f* Bucht *f*

B

bai|lable [baĭ'laƀle] *m* Tanzplatte *f*; ***música f ~*** Tanzmusik *f*; **~lador** *m* [-la'đɔr] Tänzer *m*; **~laor** [-'ɔr] *m* Flamencotänzer *m*; **~lar** [-'lar] *(1a)* tanzen; *fig* ***~ con la más fea*** den Kürzeren ziehen; **~larín** *m*, **~larina** *f* [-la'rin, -'rina] (Ballett-)Tänzer(in *f*) *m*; **~le** ['baĭle] *m* Tanz *m*; *(fiesta)* Ball *m*; ***~ de disfraces*** Maskenball *m*; ***~ de salón*** Gesellschaftstanz *m*

baja ['baxa] *f* Fallen *n*, Sinken *n* (*tb precios*); *(bolsa)* Baisse *f*; *mil* Verlust *m*; *med* Krankmeldung *f*; *(cese)* Austritt *m*; Abmeldung *f*; ***dar de ~*** abmelden; entlassen; *med* krankschreiben; ***darse de*** *od* ***causar ~*** austreten; ausscheiden; sich abmelden

bajada [ba'xađa] *f* Abstieg *m*

bajamar [baxa'mar] *f* Ebbe *f*

bajar [ba'xar] *(1a)* **1.** *v/t* herunterholen, -nehmen, -bringen, -lassen; *(escalera)* hinuntergehen; *(precio, voz, etc)* senken; **2.** *v/i* sinken; *(de un vehículo)* aussteigen; *inform* downloaden

bajeza [ba'xeθa] *f* Niedertracht *f*; Gemeinheit *f*

bajista [ba'xista] *com*: ***tendencia f ~*** fallende Tendenz *f*

bajo ['baxo] **1.** *adj* niedrig (*a fig*); tief (gelegen); *(estatura)* klein; *(voz)* leise; *mús* tief; *(inferior)* unter; ***por lo ~*** insgeheim; unter der Hand; **2.** *m mús* Bass *m*; Bassist *m*; (***piso*** *m*) ~ Erdgeschoss *n*; **3.** *adv*: ***hablar ~*** leise sprechen; **4.** *prp* unter; ***~ juramento*** unter Eid

bajón [ba'xɔn] *m* Niedergang *m*

bajorrelieve [baxɔrrɛ'lĭeƀe] *m* Flachrelief *n*

bala ['bala] *f* Kugel *f*; *com* Ballen *m*

balada [ba'lađa] *f* Ballade *f*

baladí [bala'đi] belanglos

balan|ce [ba'lanθe] *m com* Bilanz *f* (*a fig*); **~cear** [-lanθe'ar] *(1a)* **1.** *v/t* schaukeln; *(equilibrar)* ausbalancieren; **2.** *v/i mar* schlingern; **~cín** [-'θin] *m* Balancierstange *f*; Gartenschaukel *f*

balan|dra *mar* [ba'landra] *f* Kutter *m*; **~dro** [-dro] (leichtes) Segelboot *n*

balanza [ba'lanθa] *f* Waage *f*; *com* ***~ comercial*** Handelsbilanz *f*; ***~ de pagos*** Zahlungsbilanz *f*

balar [ba'lar] *(1a)* blöken

balasto [ba'lasto] *m ferro* Schotter *m*, Bettung *f*

balaustrada [balaŭs'trađa] *f* Balustrade *f*, Brüstung *f*

balazo [ba'laθo] *m* Schuss *m*; *(herida)* Schusswunde *f*

balbu|cear [balƀuθe'ar] *(1a)* stammeln, stottern; **~ceo** [-'θeo] *m* Stammeln *n*, Stottern *n*

balcánico [bal'kaniko] Balkan..., balkanisch

balcón [bal'kɔn] *m* Balkon *m*

baldaquín [balda'kin] *m* Baldachin *m*

balde ['balde] *m bds mar* Wassereimer *m*; ***de ~*** umsonst, unentgeltlich; ***en ~*** vergeblich; ***estar de ~*** überflüssig sein

baldío [bal'dio] **1.** *adj* unbebaut; brachliegend; *fig* zwecklos; **2.** *m* Brachland *n*

baldosa [bal'dosa] *f* (Boden-)Fliese *f*

balear [bale'ar] **1.** *(1a) Am* beschießen; erschießen; **2.** *adj* von den Balearen

balido [ba'liđo] *m* Blöken *n*

balística [ba'listika] *f* Ballistik *f*

baliza *mar* [ba'liθa] *f* Bake *f*, Boje *f*; **~miento** [-'mĭento] *m* Befeuerung *f* (*a avia*)

ballena [ba'ʎena] *f* Wal(fisch) *m*

ballesta [ba'ʎesta] *f* Armbrust *f*; *tec* Feder *f*

ballet [ba'lɛt] *m* Ballett *n*

balneario [balne'arĭo] *m* Bade-, Kurort *m*

balompié [balɔm'pĭe] *m* Fußball *m*

balón [ba'lɔn] *m* Ball *m*

balon|cesto [balɔn'θesto] *m* Basketball *m*; **~mano** [-'mano] *m* Handball *m*; **~volea** [balɔmbo'lea] *m* Volleyball *m*

balsa ['balsa] *f* Floß *n*

bálsamo ['balsamo] *m* Balsam *m*

báltico ['baltiko] baltisch

baluarte [ba'lŭarte] *m* Bollwerk *n* (*a fig*)

bambú [bam'bu] *m* Bambus *m*

banal [ba'nal] banal; **~idad** [-nali'đađ] *f* Banalität *f*

bana|na *Am* [ba'nana] *f* Banane *f*; **~nero** [-na'nero] *m*, **~no** [-'nano] *m* Bananenstaude *f*

banca ['baŋka] *f com* Bank *f*; Bankwelt *f*, Bankwesen *n*; *(en el juego)* Bank *f*; **~rio** [-'karĭo] Bank...; **~rrota** [-'rrɔta] *f* Bankrott *m*

banco ['baŋko] *m* (Sitz-)Bank *f*; *com* Bank *f*; *tec* Arbeits-, Werkbank *f*; ***~ de arena*** Sandbank *f*; ***~ de carpintero*** Hobelbank *f*; ***≗ Central Europeo*** (***BCE***) Europäische Zentralbank *f*

(EZB); ***~ de crédito*** Kreditbank *f*; ***~ de datos*** Datenbank *f*; ***~ emisor*** Notenbank *f*; ***♀ Europeo de Inversiones*** Europäische Investitionsbank *f* (EIB); ***~ de pruebas*** Prüfstand *m*; ***~ de sangre*** Blutbank *f*

banda ['banda] *f* Band *n*; Schärpe *f*; (*pandilla*) Bande *f*; *mús* Blaskapelle *f*; ***~ de frecuencias*** Frequenzband *n*; ***~ sonora*** Tonstreifen *m*; **~da** [-'dađa] *f* (*de pájaros, peces*) Schwarm *m*

bandeja [ban'dɛxa] *f* Tablett *n*

bandera [ban'dera] *f* Fahne *f*, Flagge *f*; ***bajada*** *f* ***de ~*** (*taxi*) Grundpreis *m*

banderil|la *taur* [bande'riʎa] *f* Banderilla *f*; **~ero** [-ri'ʎero] *m* Banderillero *m*

banderín [bande'rin] *m* Fähnchen *n*; Wimpel *m*

bandido [ban'diđo] *m* Bandit *m*

bando ['bando] *m* Erlass *m*; Bekanntmachung *f*; (*facción*) Partei *f*

bandole|ra [bando'lera] *f* Schulterriemen *m*; (*bolso*) Umhänge-, Schultertasche *f*; ***en ~*** umgehängt; **~rismo** [-le'rizmo] *m* Räuberunwesen *n*; **~ro** [-'lero] *m* (Straßen-)Räuber *m*, Bandit *m*

bandurria *mús* [ban'durrĭa] *f* Bandurria *f*

banjo *mús* ['baŋxo] *m* Banjo *n*

banquero [baŋ'kero] *m* Bankier *m*; (*juego*) Bankhalter *m*

banque|ta [baŋ'keta] *f* Schemel *m*; **~te** [-'kete] *m* Bankett *n*, Festessen *n*

banquillo [baŋ'kiʎo] *m* Fußschemel *m*; *jur* Anklagebank *f*; *dep* Reservebank *f*

bañ|ador [baɲa'đɔr] *m* Badeanzug *m*; Badehose *f*; **~ar** [-'ɲar] (*1a*) baden; **~era** [-'ɲera] *f* Badewanne *f*; **~ero** [-'ɲero] *m* Bademeister *m*; **~ista** [-'ɲista] *m* Badende(r) *m*; Badegast *m*; **~o** ['baɲo] *m* Bad *n*; Badezimmer *n*; *tec* Überzug *m*, Glasur *f*; ***~ de azúcar*** Zuckerguss *m*; ***~ María*** Wasserbad *n*; ***~s*** *pl* Heilbad *n*

baptisterio [baptis'terĭo] *m* Taufkapelle *f*

baqueta [ba'keta] *f* Gerte *f*, Rute *f*; *mús* Trommelstock *m*, -schlegel *m*

bar [bar] *m* Imbissstube *f*, Café *n*; ***~ americano*** (Nacht-)Bar *f*

bara(h)únda [bara'unda] *f* Lärm *m*, Tumult *m*, Wirrwarr *m*

bara|ja [ba'raxa] *f* Spiel *n* Karten; **~jar** [-ra'xar] (*1a*) (*naipes*) mischen; ***~ cifras*** mit Zahlen jonglieren

baran|da [ba'randa] *f* Geländer *n*; (*billar*) Bande *f*; **~dilla** [-'diʎa] *f* Geländer *n*

baratear [barate'ar] (*1a*) verschleudern, verramschen

barati|ja [bara'tixa] *f* (wertlose) Kleinigkeit *f*; ***~s*** *pl* Ramsch(ware *f*) *m*, Plunder *m*; **~llero** [-ti'ʎero] *m* Trödler *m*; **~llo** [-'tiʎo] *m* Trödelmarkt *m*, -laden *m*

bara|to [ba'rato] billig; **~tura** [-ra'tura] *f* Billigkeit *f*

barba ['barƀa] *f* Bart *m*; ***por ~*** pro Kopf, F pro Nase

barbacoa [barƀa'koa] *f* (Garten-)Grill *m*; (*comida*) Grillparty *f*, -fest *n*

barba|ridad [barƀari'đađ] *f* Barbarei *f*; Ungeheuerlichkeit *f*; ***¡qué ~!*** unglaublich!; **~rie** [-'ƀarĭe] *f* Barbarei *f*

bárbaro ['barƀaro] **1.** *adj* barbarisch; roh; F toll; **2.** *m* Barbar *m* (*a fig*)

barbecho [bar'ƀetʃo] *m* Brachfeld *n*; ***estar de ~*** brachliegen

barbe|ría [barƀe'ria] *f* (Herren-)Friseurgeschäft *n*; **~ro** [-'ƀero] *m* Barbier *m*; Herrenfriseur *m*

barbilla [bar'ƀiʎa] *f* Kinn *n*

barbo ['barƀo] *m* (*pez*) Barbe *f*

barbudo [bar'ƀuđo] bärtig

barca ['barka] *f* Boot *n*; Kahn *m*; ***~ de pesca*** Fischerboot *n*; ***~ de remos*** Ruderboot *n*; **~za** *mar* [-'kaθa] *f* Barkasse *f*

barco ['barko] *m* Schiff *n*; ***~ pesquero*** Fischerboot *n*; ***~ salvador*** Bergungsschiff *n*; ***~ de vela*** Segelschiff *n*

bardana *bot* [bar'đana] *f* Klette *f*

baremo [ba'remo] *m* Tarifliste *f*; (Lohn-)Tabelle *f*; Tarifordnung *f*

barítono [ba'ritono] *m* Bariton *m*

barlovento *mar* [barlo'ƀento] *m* Luv (-seite) *f*

barman ['barman] *m* Barkeeper *m*

barniz [bar'niθ] *m* Firnis *m*; Lack *m*; (*para madera*) Beize *f*; **~ar** [-'θar] (*1f*) firnissen; lackieren; beizen

barómetro [ba'rometro] *m* Barometer *n*

ba|rón [ba'rɔn] *m* Baron *m*, Freiherr *m*; **~ronesa** [baro'nesa] *f* Baronin *f*, Freifrau *f*

barquero [bar'kero] *m* Bootsführer *m*; Fährmann *m*

barquillo [bar'kiʎo] *m* Waffel *f*

B

barra ['barra] *f* Stab *m*, Stange *f*; *jur* Gerichtsschranken *f|pl*; (*mostrador*) Theke *f*, Bar *f*; *mús* Taktstrich *m*; **~ americana** (Nacht-)Bar *f*; *dep* **~ de equilibrios** Schwebebalken *m*; **~ fija** Reck *n*; **~ de labios** Lippenstift *m*; **~s asimétricas** Stufenbarren *m*; **~s paralelas** Barren *m*
barraca [ba'rraka] *f* Baracke *f*; **~ de feria** (Jahrmarkts-)Bude *f*
barranco [ba'rraŋko] *m* Schlucht *f*; Steilhang *m*
barredera [barrɛ'đera] *f* Straßenkehrmaschine *f*
barrena [ba'rrɛna] *f* Bohrer *m*; *avia* Trudeln *n*; **entrar en ~** (ab)trudeln; **~dora** [barrɛna'đora] *f* Bohrmaschine *f*; **~r** [-'nar] (*1a*) bohren
barrendero [barren'dero] *m* Straßenkehrer *m*
barreno [ba'rrɛno] *m* Sprengloch *n*, Bohrloch *n*
barreño [ba'rrɛɲo] *m* (große) Schüssel *f*; Kübel *m*
barrer [ba'rrɛr] (*2a*) kehren, fegen
barrera [ba'rrɛra] *f* Schranke *f* (*a ferro*); Barriere *f* (*a fig*); *fig* Hindernis *n*; **~ del sonido** Schallmauer *f*
barriada [ba'rrĭađa] *f* Stadtteil *m*
barrica [ba'rrika] *f* Fass *n*; **~da** [barri'kađa] *f* Barrikade *f*, Straßensperre *f*
barrido [ba'rriđo] *m* Kehren *n*; Kehricht *m*
barriga [ba'rriga] *f* Bauch *m*
barril [ba'rril] *m* Fass *n*, Tonne *f*; (*de petróleo*) Barrel *n*
barrio ['barrĭo] *m* Stadtviertel *n*, -teil *m*
barrizal [barri'θal] *m* Morast *m*, Sumpf *m*
barro ['barrɔ] *m* Schlamm *m*; Lehm *m*; (*de alfarero*) Ton *m*
barroco [ba'rrɔko] **1.** *adj* barock; **2.** *m* Barock(stil) *m*
barrote [ba'rrɔte] *m* (Eisen-)Stange *f*
barrun|tar [barrun'tar] (*1a*) ahnen, vermuten; **~to** [ba'rrunto] *m* Ahnung *f*, Vorgefühl *n*
barullo [ba'ruʎo] *m* Wirrwarr *m*; (*ruido*) Lärm *m*, Krach *m*
basalto [ba'salto] *m* Basalt *m*
basar [ba'sar] (*1a*) gründen, stützen (auf **en**); **~se** beruhen (auf *dat* **en**)
báscula ['baskula] *f* Waage *f*
base ['base] *f* Grundlage *f*, Basis *f*; *quím* Base *f*; *mil* Stützpunkt *m*; **a ~ de** aufgrund von
bási|camente [basika'mente] grundsätzlich; im Wesentlichen; **~co** ['basiko] Grund...; grundlegend; *quím* basisch
basílica [ba'silika] *f* Basilika *f*
basta|nte [bas'tante] **1.** *adj* genügend, ausreichend; **2.** *adv* genug; ziemlich; **~r** [-'tar] (*1a*) genügen, ausreichen
bastar|dilla [bastar'điʎa] *f* Kursivschrift *f*; **~do** [-'tarđo] *m* Bastard *m*
bastidor [basti'đɔr] *m* Rahmen *m*; Gestell *n*; *teat* **~es** *pl* Kulissen *f|pl*; *fig* **entre ~es** hinter den Kulissen
bastión [bas'tĭɔn] *m* Bollwerk *n* (*a fig*), Bastion *f*
bas|tón [bas'tɔn] *m* Stock *m*, Stab *m*; Spazierstock *m*; **~ de esquí** Skistock *m*; **~tonazo** [-to'naθo] *m* Stockhieb *m*
basu|ra [ba'sura] *f* Abfall *m*, Müll *m*; *fig* Dreck *m*; **cubo** *m* **de ~** Mülleimer *m*; **~rero** [-'rero] *m* Müllfahrer *m*, -mann *m*; (*lugar*) Müllhaufen *m*; Mülldeponie *f*
bata ['bata] *f* Haus-, Schlaf-, Morgenrock *m*; Kittel *m*
bata|lla [ba'taʎa] *f* Schlacht *f*; **~ campal** Feldschlacht *f*; **~ de flores** Blumenkorso *m*; **~llar** [bata'ʎar] (*1a*) kämpfen; **~llón** [-'ʎɔn] *m* Bataillon *n*
batata [ba'tata] *f* Batate *f*, Süßkartoffel *f*
batería [bate'ria] **1.** *f mil*, *el* Batterie *f*; *mús* Schlagzeug *n*; **~ de cocina** Topfset *m*; **2.** *m mús* Schlagzeuger *m*
bati|da [ba'tiđa] *f* Treibjagd *f*; (*redada*) Razzia *f*; **~do** [-'tiđo] **1.** *adj* (*camino*) ausgetreten; **2.** *m* (Milch-)Mixgetränk *n*; **~dor** [-ti'đɔr] *m* Schneebesen *m*; **~dora** [-'đora] *f* Mixer *m*, Rührgerät *n*
batín [ba'tin] *m* Hausrock *m*
batir [ba'tir] (*3a*) schlagen; (*récord*) brechen; (*rastrear*) absuchen, durchkämmen; **~se** kämpfen, sich schlagen
batiscafo [batis'kafo] *m* Tiefseetauchgerät *n*
batista [ba'tista] *f* Batist *m*
batuta *mús* [ba'tuta] *f* Taktstock *m*
baúl [ba'ul] *m* Truhe *f*; (*maleta*) Schrankkoffer *m*
bauti|smal [baŭtiz'mal] Tauf...; **~smo** [-'tizmo] *m* Taufe *f*; **~zar** [-ti'θar] (*1f*) taufen; **~zo** [-'tiθo] *m* Taufe *f*; **~ de fuego** Feuertaufe *f*

bávaro ['baƀaro] **1.** *adj* bay(e)risch; **2.** *m* Bayer *m*
baya ['baja] *f* Beere *f*
bayeta [ba'jeta] *f* Scheuertuch *n*
bayoneta [bajo'neta] *f* Bajonett *n*
baza ['baθa] *f* (*juego*) Stich *m*; *fig* Trumpf *m*; ***meter ~*** F seinen Senf dazugeben
bazar [ba'θar] *m* Basar *m*
bazo *anat* ['baθo] *m* Milz *f*
bazooka *mil* [ba'θoka] *m* Panzerfaust *f*
bea|ta [be'ata] *f desp* Betschwester *f*; **~tificar** [-tifi'kar] (*1g*) selig sprechen; **~titud** [-ti'tuđ] *f* Glückseligkeit *f*; **~to** [be'ato] **1.** *adj* selig; *desp* scheinheilig; **2.** *m* Selige(r) *m*
bebé [be'ƀe] *m* Baby *n*; ***~-probeta*** Retortenbaby *n*
bebe|dero [beƀe'đero] *m* Tränke *f*; Trinknapf *m*; **~dor** *m* [-'đɔr] Trinker *m*; **~r** [be'ƀɛr] (*2a*) trinken
bebi|da [be'ƀiđa] *f* Getränk *n*; **~do** [-đo] angetrunken
beca ['beka] *f* Stipendium *n*
becada *zo* [be'kađa] *f* Schnepfe *f*
becario [be'karĭo] *m* Stipendiat *m*
becerro [be'θɛrro] *m* Stierkalb *n*; ***~ de oro*** Goldenes Kalb *n*
bechamel [betʃa'mɛl] *f* Bechamelsoße *f*
becuadro *mús* [be'kŭađro] *m* Auflösungszeichen *n*
bedel [be'đɛl] *m* Pedell *m*
beduino [be'đŭino] *m* Beduine *m*
befa ['befa] *f* Spott *m*, Hohn *m*
béisbol ['beisƀɔl] *m* Baseball *m*
bejuco *bot* [bɛ'xuko] *m* Liane *f*
beldad [bɛl'dađ] *f* Schönheit *f*
belén [be'len] *m* (Weihnachts-)Krippe *f*
belfo ['bɛlfo] dicklippig
belga ['bɛlga] **1.** *adj* belgisch; **2.** *su* Belgier(in *f*) *m*
belicista [beli'θista] *m* Kriegshetzer *m*, Kriegstreiber *m*
bélico ['beliko] kriegerisch, Kriegs...
beli|coso [beli'koso] kriegerisch; (*agresivo*) streitsüchtig; **~gerante** [-xe'rante] Krieg führend
bellaco [be'ʎako] *m* Schurke *m*
belladona *bot* [beʎa'đona] *f* Tollkirsche *f*
belleza [be'ʎeθa] *f* Schönheit *f*
bello ['beʎo] schön
bellota *bot* [be'ʎota] *f* Eichel *f*
bemol *mús* [be'mɔl] *m* Erniedrigungszeichen *n*, b *n*; ***tener ~es*** schwierig sein
bencina [ben'θina] *f quím* Benzin *n*
ben|decir [bende'θir] (*3p*) segnen; **~dición** [-di'θĭɔn] *f* Segen *m* (*a fig*); **~dito** [-'dito] gesegnet; geweiht
benedictino [beneđik'tino] *m* Benediktiner *m*
benefi|cencia [benefi'θenθĭa] *f* Wohltätigkeit *f*; **~ciar** [-'θĭar] (*1b*) zustatten kommen, Nutzen bringen; **~ciarse** Nutzen ziehen (aus ***de***); **~ciario** [-'θĭarĭo] *m* Begünstigte(r) *m*, Nutznießer *m*; **~cio** [-'fiθĭo] *m com* Gewinn *m*; (*provecho*) Nutzen *m*, Vorteil *m*; **~cioso** [-fi'θĭoso] vorteilhaft, einträglich
benéfico [be'nefiko] wohltätig; wohl tuend; Wohltätigkeits...
bene|mérito [bene'merito] verdienstvoll; **~plácito** [-'plaθito] *m* Genehmigung *f*; ***dar su ~*** sein Plazet geben; **~volencia** [-ƀo'lenθĭa] *f* Wohlwollen *n*
benévolo [be'neƀolo] wohlwollend
ben|gala [beŋ'gala] *f* Leuchtrakete *f*
benig|nidad [benigni'đađ] *f* Güte *f*; Milde *f*; *med* Gutartigkeit *f*; **~no** [-'nigno] gütig; mild; *med* gutartig
benjamín [beŋxa'min] *m fig* Benjamin *m*; Nesthäkchen *n*
beodo [be'ođo] betrunken
berberecho [bɛrƀe'retʃo] *m* Herzmuschel *f*
berbiquí [bɛrƀi'ki] *m* Drillbohrer *m*
berenjena [bereŋ'xena] *f* Aubergine *f*
bergantín *mar* [bɛrgan'tin] *m* Brigg *f*
berli|na [bɛr'lina] *f auto* Limousine *f*; **~nés** [-li'nes] *m* Berliner *m*
bermejo [bɛr'mɛxo] (hoch)rot
bermudas [bɛr'muđas] *f/pl* Bermudashorts *pl*
berr|ear [bɛrrɛ'ar] (*1a*) blöken; *fig* plärren; **~ido** [-'rriđo] *m* Blöken *n*; *fig* Geplärr *n*; **~inche** F [-'rrintʃe] *m* Wutanfall *m*
berro ['bɛrrɔ] *m* (Brunnen-)Kresse *f*
berza ['bɛrθa] *f* Kohl *m*
besamel [besa'mɛl] *f s* ***bechamel***
be|sar [be'sar] (*1a*) küssen; **~so** ['beso] *m* Kuss *m*
bestia ['bestĭa] *f* Tier *n*, Vieh *n*; **~l** [bes'tĭal] bestialisch, viehisch; F toll; **~lidad** [-tĭali'đađ] *f* Bestialität *f*; Gemeinheit *f*
besugo [be'sugo] *m* See-, Meerbrasse *f*
betún [be'tun] *m* Teer *m*; (*para zapatos*)

B

Schuhcreme *f*

biberón [biƀe'rɔn] *m* (Baby-)Flasche *f*

Biblia ['biƀlĭa] *f* Bibel *f*

bíblico ['biƀliko] biblisch

biblio|grafía [biƀlĭogra'fia] *f* Bibliographie *f*; **~teca** [-'teka] *f* Bibliothek *f*; (*mueble*) Bücherschrank *m*; **~tecario** [-te'karĭo] *m* Bibliothekar *m*

bicarbonato [bikarƀo'nato] *m*: **~ de sodio** Natron *n*

bíceps ['biθɛƀs] *m* Bizeps *m*

bicho ['bitʃo] *m* Tier *n*; **~ raro** komischer Kauz *m*; **~s** *pl* Ungeziefer *n*

bicicleta [biθi'kleta] *f* Fahrrad *n*; **ir** (*od* **montar**) **en ~** Rad fahren, F radeln; **~ de carreras** Rennrad *n*; **~ de montaña** Mountain-Bike *n*; **~ plegable** Klapprad *n*

bicoca [bi'koka] *f* gutes Geschäft *n*; günstiger Kauf *m*

bicolor [biko'lɔr] zweifarbig

bidé [bi'đe] *m* Bidet *n*

bidón [bi'đɔn] *m* Kanister *m*

biela ['bĭela] *f* Pleuelstange *f*

bien [bĭen] **1.** *m* Gut *n*; Gute(s) *n*; Wohl *n*; **~es** *pl* Vermögen *n*; Güter *n/pl*; **~es de consumo** Konsumgüter *n/pl*; **~es de equipo** Investitionsgüter *n/pl*; **2.** *adv* gut, wohl; gern; sehr; richtig; **más ~** eher, vielmehr; **3.** *cj*: **si ~, ~ que** obgleich, wenn auch; **~ ... (o) ~ ...** entweder ... oder ...

bienal [bĭe'nal] **1.** *adj* zweijährlich; **2.** *f* Biennale *f*

bien|aventurado [bĭenaƀentu'rađo] glücklich; *rel* selig; **~estar** [-es'tar] *m* Wohlstand *m*; Wohlbefinden *n*; **~hechor** [-e'tʃɔr] *m* Wohltäter *m*; **~intencionado** [-intenθĭo'nađo] wohlmeinend, wohlgesinnt

bienio [bi'enĭo] *m* Zeitraum *m* von zwei Jahren

bienveni|da [bĭembe'niđa] *f* Willkomm(en *n*) *m*; **dar la ~** willkommen heißen; **~do** [-đo] willkommen

bies ['bĭes]: **al ~** schräg, quer

biftec [bif'tek] *m s* **bistec**

bifurca|ción [bifurka'θĭɔn] *f* Gabelung *f*; Abzweigung *f*; **~rse** [-'karse] (*1g*) abzweigen; sich gabeln

bigamia [bi'gamĭa] *f* Bigamie *f*

bígamo ['bigamo] *m* Bigamist *m*

bigo|te [bi'gote] *m* Schnurrbart *m*; **~tudo** [-'tuđo] schnurrbärtig

bigudí [bigu'đi] *m* Lockenwickler *m*

bikini [bi'kini] *m* Bikini *m*

bilateral [bilate'ral] zweiseitig, bilateral

biliar [bi'lĭar] Gallen...

bilingü|e [bi'liŋgŭe] zweisprachig; **~ismo** [-liŋ'gŭismo] *m* Zweisprachigkeit *f*

bilis ['bilis] *f* Galle *f*

billar [bi'ʎar] *m* Billard(spiel) *n*

billete [bi'ʎete] *m* Fahrkarte *f*, -schein *m*; **~ (de banco)** Banknote *f*, Geldschein *m*; **~ (de lotería)** (Lotterie-)Los *n*; **~ de avión** Flugschein *m*; **~ de ida y vuelta** Rückfahrkarte *f*; **~ infantil** Kinderfahrkarte *f*

billeter|a [biʎe'tera] *f*, **~o** [-ro] *m* Brieftasche *f*

billón [bi'ʎɔn] *m* Billion *f*

bimensual [bimen'sŭal] vierzehntägig

bimestral [bimes'tral] zweimonatlich

bimotor [bimo'tɔr] **1.** *adj* zweimotorig; **2.** *m* zweimotoriges Flugzeug *n*

bingo ['biŋgo] *m* Bingo *n*

biodegradable [bĭođegra'đaƀle] biologisch abbaubar

bio|grafía [bĭogra'fia] *f* Biographie *f*; **~gráfico** [-'grafiko] biographisch

biógrafo ['bĭografo] *m* Biograph *m*

bio||logía [bĭolɔ'xia] *f* Biologie *f*; **~lógico** [-'lɔxiko] biologisch

biólogo ['bĭologo] *m* Biologe *m*

biombo ['bĭɔmbo] *m* Wandschirm *m*

biopsia *med* ['bĭɔpsĭa] *f* Biopsie *f*

bioquímica [bĭo'kimika] *f* Biochemie *f*

biotopo [bĭo'topo] *m* Biotop *n*

bipartidismo [biparti'đizmo] *m pol* Zweiparteiensystem *n*

biplaza [bi'plaθa] *m* Zweisitzer *m*

birlar F [bir'lar] (*1a*) klauen

birrete [bi'rrɛte] *m* Barett *n*

birria F ['birrĭa] *f* F Mist *m*, Schmarren *m*

bis [bis] *m mús* Zugabe *f*

bisabuel|a [bisa'ƀŭela] *f* Urgroßmutter *f*; **~o** [-lo] *m* Urgroßvater *m*

bisagra [bi'sagra] *f* Scharnier *n*

bisiesto [bi'sĭesto]: **año** *m* **~** Schaltjahr *n*

bismuto [biz'muto] *m* Wismut *m*

bisnieto [biz'nĭeto] *m* Urenkel *m*

bisonte [bi'sɔnte] *m* Bison *m*; **~ europeo** Wisent *m*

bisoño [bi'soɲo] **1.** *adj* neu, unerfahren; **2.** *m* Neuling *m*

bisté [bis'te], **bistec** [bis'tɛk] *m* Beefsteak *n*

bisturí [bistu'ri] *m* Skalpell *n*
bisutería [bisute'ria] *f* Modeschmuck *m*
bitácora *mar* [bi'takora] *f* Kompasshaus *n*; ***cuaderno*** *m* ***de ~*** Logbuch *n*
bizco ['biθko] schielend; ***ser ~*** schielen
bizcocho [biθ'kotʃo] *m* Zwieback *m*; (*pastel*) Biskuit *n od m*
blanca ['blaŋka] *f mús* halbe Note *f*
Blancanieves [blaŋka'nĭeƀes] *f* Schneewittchen *n*
blanco ['blaŋko] **1.** *adj* weiß; ***en ~*** unbeschrieben; *com* Blanko...; ***pasar la noche en ~*** eine schlaflose Nacht verbringen; **2.** *m* Weiß *n*; Weiße(r) *m*; (*de tiro*) Ziel *n*, *a fig* Zielscheibe *f*
blancura [blaŋ'kura] *f* Weiße *f*
blan|do ['blando] weich (*a droga*); zart; *fig* sanft; **~dura** [-'dura] *f a fig* Weichheit *f*; Sanftheit *f*
blanque|ante [blaŋke'ante] *m* Bleichmittel *n*; Weißmacher *m*; **~ar** [-'ar] (*1a*) weißen, tünchen; (*ropa*) bleichen; *gastr* blanchieren; (*dinero*) waschen
blasfe|mar [blasfe'mar] (*1a*) lästern, fluchen; **~mia** [-'femĭa] *f* Gotteslästerung *f*, Blasphemie *f*
blasón [bla'sɔn] *m* Wappen *n*
blinda|do [blin'dađo] gepanzert, Panzer...; **~je** [-'daxe] *m* Panzerung *f*; *el* Abschirmung *f*; **~r** [-'dar] (*1a*) panzern; *el* abschirmen
bloc [blɔk] *m* (Schreib-)Block *m*; ***~ de notas*** Notizblock *m*
blonda ['blɔnda] *f* Seidenspitze *f*
bloque ['bloke] *m* Block *m*; Klotz *m*; ***en ~*** im Ganzen, pauschal; **~ar** [-ke'ar] (*1a*) blockieren; *a com* sperren; **~o** [-'keo] *m* Blockade *f*; Sperre *f*; Blockierung *f*
blusa ['blusa] *f* Bluse *f*
boa ['boa] *f* Boa *f*
boato [bo'ato] *m* Prunk *m*, Pomp *m*
bobada [bo'ƀađa] *f* Dummheit *f*
bobina [bo'ƀina] *f* Spule *f*; (Garn-)Rolle *f*; **~r** [-'nar] (auf)spulen, wickeln
bobo ['boƀo] **1.** *adj* dumm, albern; **2.** *m* Narr *m*, Dummkopf *m*
boca ['boka] *f* Mund *m*; (*de animales*) Maul *n*, Schnauze *f*; (*abertura*) Mündung *f*, Öffnung *f*; (*entrada*) Eingang *m*; *med* ***~ a ~*** *m* Mund-zu-Mund-Beatmung *f*; ***~ de riego*** Hydrant *m*; ***~ abajo*** auf dem Bauch; ***~ arriba*** auf dem Rücken; ***a pedir de ~*** ganz nach Wunsch; ***correr de ~ en ~*** von Mund zu Mund gehen; ***no decir esta ~ es mía*** den Mund nicht aufmachen; ***meterse en la ~ del lobo*** sich in die Höhle des Löwen wagen; ***quedarse con la ~ abierta*** sprachlos sein
boca|calle [boka'kaʎe] *f* Straßeneinmündung *f*; **~dillo** [-'điʎo] *m* belegtes Brötchen *n*; (*cómic*) Sprechblase *f*; **~do** [-'kađo] *m* Bissen *m*, Happen *m*; ***no probar ~*** keinen Bissen anrühren; **~jarro** [-'xarrɔ] *m*: ***a ~*** aus nächster Nähe; **~ta** F [-'kata] *m* belegtes Brötchen *n*; **~zas** [-'kaθas] *m* F Schwätzer *m*, Großmaul *n*
boceto [bo'θeto] *m* Skizze *f*; Entwurf *m*
bochorno [bo'tʃɔrno] *m* Schwüle *f*; *fig* Scham(röte) *f*; **~so** [botʃɔr'noso] schwül; *fig* beschämend, peinlich
bocina [bo'θina] *f* Sprachrohr *n*, Schalltrichter *m*; *auto* Hupe *f*; *mar* Nebelhorn *n*
bocio *med* ['boθĭo] *m* Kropf *m*
boda ['bođa] *f* Hochzeit *f*; ***~s de oro*** goldene Hochzeit *f*; ***~s de plata*** silberne Hochzeit *f*
bode|ga [bo'đega] *f* Weinkeller *m*; Kellerei *f*; Weinhandlung *f*; (*despensa*) Vorratskeller *m*; *mar* Laderaum *m*; **~gón** [bođe'gɔn] *m pint* Stillleben *n*
bodrio ['bođrĭo] *m* F Fraß *m*; (*libro o cuadro malo*) F Schinken *m*
bofe ['bofe] *m* (*mst pl*) Lunge *f* (*de animales*); **~tada** [-'tađa] *f*, **~tón** [-'tɔn] *m* Ohrfeige *f*
boga ['boga] *f* Rudern *n*; ***estar en ~*** Mode sein; beliebt sein; **~r** [-'gar] (*1h*) rudern; **~vante** [-'ƀante] *m* Hummer *m*
bohemio [bo'emĭo] **1.** *adj* böhmisch; ***vida f -a*** Bohemeleben *n*; **2.** *m* Böhme *m*; Bohemien *m*
boicot [bɔĭ'kɔt] *m* Boykott *m*; **~ear** [-kote'ar] (*1a*) boykottieren
boina ['bɔĭna] *f* Baskenmütze *f*
boite *gal* [bŭat] *f* Nachtlokal *n*
boj *bot* [bɔx] *m* Buchsbaum *m*
bol [bɔl] *m* henkellose Tasse *f*, Schale *f*
bola ['bola] *f* Kugel *f*; *fig* Lüge *f*; (Zeitungs-)Ente *f*; ***~ portatipos*** Kugelkopf *m*
bolchevi|que [bɔltʃe'ƀike] **1.** *adj* bolschewistisch; **2.** *m* Bolschewist *m*; **~smo** [-'ƀizmo] *m* Bolschewismus *m*
bolera [bo'lera] *f* Kegelbahn *f*
bolero [bo'lero] *m* Bolero *m*

B

boletín [bole'tin] *m* Bulletin *n*; (amtlicher) Bericht *m*; (*papeleta*) Schein *m*, Zettel *m*; **~ oficial** Amtsblatt *n*; **~ de pedido** Bestellschein *m*

boleto [bo'leto] *m* (Lotterie-)Los *n*; Tippschein *m*; *Am* Fahrkarte *f*; Eintrittskarte *f*

bólido ['boliđo] *m* Meteorstein *m*; *fig* Rennwagen *m*

bolígrafo [bo'ligrafo] *m* Kugelschreiber *m*

boliviano [boli'ƀĭano] **1.** *adj* bolivianisch; **2.** *m*, **-a** *f* Bolivianer(in *f*) *m*

boll|ería [boʎe'ria] *f* Feinbäckerei *f*; **~o** ['boʎo] *m* Milchbrötchen *n*; (*chichón*) Beule *f*

bolo ['bolo] *m* Kegel *m*; *teat* Tournee *f*; (**juego** *m* **de**) **~s** Kegelspiel *n*; **jugar a los ~s** kegeln

bol|sa ['bɔlsa] *f* Beutel *m*, Tasche *f*; Tüte *f*; Tragetasche *f*; *com* Börse *f*; **~ de agua caliente** Wärmflasche *f*; **~ de aseo** Kulturbeutel *m*; **~ de la basura** Mülltüte *f*; **~ de la compra** Einkaufstasche *f*; **~ de estudios** Stipendium *n*; **~ isotérmica** Kühltasche *f*; **~ de plástico** Plastiktüte *f*; **~ de trabajo** Arbeitsmarkt *m*; **~ de valores** Wertpapier-, Effektenbörse *f*; **~sillo** [-'siʎo] *m* Tasche *f*; **de ~** Taschen...; **~so** ['bɔlso] *m* Handtasche *f*

bomba ['bɔmba] *f* Pumpe *f*; *mil* Bombe *f*; **~ atómica** Atombombe *f*; **~ de calor** Wärmepumpe *f*; **~ explosiva** Sprengbombe *f*; **~ fétida** Stinkbombe *f*; **~ incendiaria** Brandbombe *f*; **~ lacrimógena** Tränengasbombe *f*; **~ de relojería** (*od* **de tiempo**) Zeitbombe *f*; *fig* **caer como una ~** wie e-e Bombe einschlagen; F **pasarlo ~** F sich toll amüsieren

bombacho [bɔm'batʃo]: **pantalón** *m* **~**, **~s** Pumphosen *f*/*pl*

bombarde|ar [bɔmbarđe'ar] (*1a*) bombardieren; **~o** [-'đeo] *m* Bombardierung *f*, Bombenangriff *m*; **~ro** [-'đero] *m avia* Bombenflugzeug *n*, Bomber *m*

bombe|ar [bɔmbe'ar] (*1a*) pumpen; **~o** [-'beo] *m* Pumpen *n*; **~ro** [-'bero] *m* Feuerwehrmann *m*

bombilla [bɔm'biʎa] *f* Glühbirne *f*

bombín [bɔm'bin] *m* (*sombrero*) Melone *f*

bombo ['bɔmbo] *m mús* große Trommel *f*, Pauke *f*; (*de sorteo*) Lostrommel *f*; *fig* **a ~ y platillo(s)** mit großem Tamtam

bom|bón [bɔm'bɔn] *m* Praline *f*; **~bona** [-'bona] *f* Ballon-, Korbflasche *f*; **~ de gas** Gasflasche *f*; **~bonera** [-'nera] *f* Pralinenschachtel *f*; **~bonería** [-'ria] *f* Süßwarengeschäft *n*

bonachón [bona'tʃɔn] gutmütig

bonan|cible [bonan'θiƀle] mild; friedlich; **~za** [-'nanθa] *f* Meeresstille *f*

bondad [bɔn'dađ] *f* Güte *f*; **~oso** [-da'đoso] gütig

boniato *bot* [bo'nĭato] *m* Süßkartoffel *f*

bonifica|ción [bonifika'θĭɔn] *f* Vergütung *f*; **~r** [-'kar] (*1g*) vergüten

bonito [bo'nito] **1.** *adj* hübsch; nett; **2.** *m* Bonito *m* (*Art Thunfisch*)

bono *com* ['bono] *m* Gutschein *m*, Bon *m*; Bonus *m*; **~ del tesoro** Schatzanweisung *f*

boñiga [bo'ɲiga] *f* Kuhmist *m*

boom [bum] *m* Boom *m*

boque|rón [boke'rɔn] *m zo* Sardelle *f*; **~te** [-'kete] *m* Bresche *f*, Loch *n*

boqui|abierto [bokĭa'ƀĭɛrto] mit offenem Munde; *fig* sprachlos; **~lla** [-'kiʎa] *f mús* Mundstück *n*; (*para cigarrillos*) Zigarettenspitze *f*; *tec* Düse *f*

borbo|llar [bɔrƀo'ʎar], **~tar** [-'tar] (*1a*) sprudeln

borceguí [bɔrθe'gi] *m* Halbstiefel *m*

borda ['bɔrđa] *f mar* Reling *f*; *fig* **echar por la ~** über Bord werfen

borda|do [bɔr'đađo] *m* Stickerei *f*; **~dora** [-đa'đora] *f* Stickerin *f*; **~dura** [-'đura] *f* Stickerei *f*; **~r** [-'đar] (*1a*) sticken

borde ['bɔrđe] *m* Rand *m*; (*orilla*) Ufer *n*; **al ~ de** am Rande *gen* (*a fig*); **~ar** [-đe'ar] (*1a*) *mar* entlangfahren, umfahren; *fig* grenzen an

bordelés [bɔrđe'les] aus Bordeaux

bordillo [bɔr'điʎo] *m* Randstein *m*, Bordstein *m*

bordo *mar* ['bɔrđo] *m* Bord *m*; **a ~** an Bord

boreal [bore'al] nördlich

borgo|ña [bɔr'gɔɲa] *m* Burgunder (-wein) *m*; **~ñón** [-go'ɲɔn] **1.** *adj* burgundisch; **2.** *m* Burgunder *m*

bórico ['boriko] Bor...; **ácido** *m* **~** Borsäure *f*

borla ['bɔrla] *f* Quaste *f*, Troddel *f*

borne ['bɔrne] *m tec* Klemme *f*

boro ['boro] *m* Bor *n*

borra|chera [bɔrra'tʃera] *f* Rausch *m* (*a fig*); **~cho** [-'rratʃo] **1.** *adj* betrunken; *fig* trunken; **2.** *m* Betrunkene(r) *m*

borra|dor [bɔrra'đɔr] *m* Entwurf *m*, Konzept *n*; (*cuaderno*) Schmierheft *n*; **~dura** [-'đura] *f* Streichung *f*; **~ja** *bot* [-'rraxa] *f* Borretsch *m*; **~r** [-'rrar] (*1a*) (durch)streichen; ausradieren; löschen (*a inform*, *cinta*)

borras|ca [bɔ'rraska] *f* Sturm *m*, Unwetter *n*; *met* (Sturm-)Tief *n*; **~coso** [bɔrras'koso] stürmisch

borrego [bɔ'rrɛgo] *m* einjähriges Schaf *n*; *fig* Dummkopf *m*

borrico [bɔ'rriko] *m* Esel *m* (*a fig*)

borrón [bɔ'rrɔn] *m* Klecks *m*; *fig* Schandfleck *m*; ***¡~ y cuenta nueva!*** Schwamm drüber!, Strich drunter!

borroso [bɔ'rrɔso] verschwommen, undeutlich

boscoso [bɔs'koso] waldig

bosque ['bɔske] *m* Wald *m*; **~jar** [-kɛ'xar] (*1a*) skizzieren; entwerfen; **~jo** [-'kɛxo] *m* Skizze *f*; Entwurf *m*

boste|zar [bɔste'θar] (*1f*) gähnen; **~zo** [-'teθo] *m* Gähnen *n*

bota ['bota] *f* Stiefel *m*; (*para vino*) Lederflasche *f*; ***~ de montar*** Reitstiefel *m*

botadura *mar* [bota'đura] *f* Stapellauf *m*

botáni|ca [bo'tanika] *f* Botanik *f*; **~co** [-ko] **1.** *adj* botanisch; **2.** *m* Botaniker *m*

botar [bo'tar] (*1a*) **1.** *v/t mar* vom Stapel lassen; **2.** *v/i* zurückprallen

bote ['bote] *m* (*salto*) Sprung *m*, Satz *m*; (*vasija*) Büchse *f*, Dose *f*; *mar* Boot *n*; ***~ neumático*** Schlauchboot *n*; ***~ plegable*** Faltboot *n*; ***~ salvavidas***, ***~ de salvamento*** Rettungsboot *n*; ***tener a alg en el ~*** j-n in der Tasche haben; ***de ~ en ~*** gestopft voll

bote|lla [bo'teʎa] *f* Flasche *f*; ***~ retornable*** Pfandflasche *f*; **~llero** [-te'ʎero] *m* Flaschenständer *m*; **~llín** [-'ʎin] *m* Fläschchen *n*

botica [bo'tika] *f* Apotheke *f*; **~rio** [-ti'karĭo] *m* Apotheker *m*

botijo [bo'tixo] *m* Trinkkrug *m* aus Ton

botín [bo'tin] *m* Beute *f*; (*calzado*) Halbstiefel *m*

botiquín [boti'kin] *m* Haus-, Reiseapotheke *f*; *med* Verbandskasten *m*

botón [bo'tɔn] *m* Knopf *m*; *bot* Knospe *f*; ***~ de muestra*** Muster *n*, Probe *f*; ***~ de presión*** Druckknopf *m*

boton|adura [botona'đura] *f* Knopfgarnitur *f*; **~es** [-'tones] *m* Laufbursche *m*; Boy *m*, Page *m*

boutique [bu'tik] *f* Boutique *f*

bóveda ['boƀeđa] *f* Gewölbe *n*

bovino [bo'ƀino] Rind..., Rinder...

boxe|ador [bɔgsea'đɔr] *m* Boxer *m*; **~ar** [-'ar] (*1a*) boxen; **~o** [-'seo] *m* Boxen *n*

boya *mar* ['boja] *f* Boje *f*; (*corcho*) Schwimmer *m*; **~nte** [-'jante] *fig* erfolgreich; glücklich

bo|zal [bo'θal] *m* Maulkorb *m*; **~zo** [-'θo] *m* Flaum-, Milchbart *m*

brace|ar [braθe'ar] (*1a*) mit den Armen fuchteln; **~ro** [-'θero] *m* Tagelöhner *m*; Erntearbeiter *m*

bra|ga ['braga] *f* (*mst* ***~s*** *pl*) Schlüpfer *m*; **~gazas** F [-'gaθas] *m* Pantoffelheld *m*; **~guero** *med* [-'gero] *m* Bruchband *n*; **~gueta** [-'geta] *f* Hosenlatz *m*

bramante [bra'mante] *m* Bindfaden *m*

bram|ar [bra'mar] (*1a*) brüllen; (*viento*) heulen; **~ido** [-'miđo] *m* Gebrüll *n*; Tosen *n*

bran|di, **~dy** ['brandi] *m* Weinbrand *m*

branquia *zo* ['braŋkĭa] *f* Kieme *f*

bras|a ['brasa] *f* Glut *f*; *gastr* ***a la ~*** vom Rost; **~ero** [-'sero] *m* Kohlenbecken *n*

brasileño [brasi'leɲo] **1.** *adj* brasilianisch; **2.** *m*, **-a** *f* Brasilianer(in *f*) *m*

bravío [bra'ƀio] wild, ungebändigt; *fig* ungehobelt

bravo ['braƀo] tapfer, mutig; wild

bravu|cón F [braƀu'kɔn] *m* Maulheld *m*, Prahlhans *m*; **~ra** [-'ƀura] *f* Mut *m*, Tapferkeit *f*; Wildheit *f*

braza ['braθa] *f mar* Faden *m*; *dep* Brustschwimmen *n*; **~l** [-'θal] *m* Armbinde *f*; **~lete** [-θa'lete] *m* Armband *n*; (*brazal*) Armbinde *f*

brazo ['braθo] *m* Arm *m*; Oberarm *m*; *zo* Vorderbein *n*; (*de sillón*) Armlehne *f*; ***a ~ partido*** aus Leibeskräften; ***ir del ~*** Arm in Arm gehen; ***no dar su ~ a torcer*** nicht nachgeben; ***ser el ~ derecho de alg*** j-s rechte Hand sein

brea ['brea] *f* Teer *m*, Pech *n*

brebaje [bre'ƀaxe] *m desp* Gesöff *n*

brécol(es) ['brekol(es)] *m* (*pl*) Brokkoli *pl*

brecha ['bretʃa] *f* Bresche *f*; ***abrir ~*** eine Bresche schlagen (*a fig*); ***seguir en la ~*** (immer) noch tätig sein

brega ['brega] *f* Kampf *m*; *fig* harte Arbeit *f*; ***andar a la ~*** = **~r** [-'gar] (*1h*) sich abrackern, schuften

breve ['breƀe] kurz; ***en ~*** bald; ***ser ~*** sich kurz fassen; **~dad** [-ƀe'đađ] *f* Kürze *f*

breviario [bre'ƀĭarĭo] *m* Brevier *n*

bre|zal [bre'θal] *m* Heide *f*; **~zo** ['breθo] *m* Heidekraut *n*

bribón [bri'ƀɔn] *m* Gauner *m*; Schurke *m*

bricola|dor [brikola'đɔr] *m* Bastler *m*, Heimwerker *m*; **~ge**, **~je** [-'laxe] *m* Basteln *n*, Heimwerken *n*

brida ['briđa] *f* Zaum *m*, Zügel *m*; *tec* Flansch *m*; ***a toda ~*** in vollem Galopp

bridge [bridʒ] *m* Bridge *n*

brigada [bri'gađa] **a)** *f mil* Brigade *f*; (*de trabajadores*) (Arbeiter-)Trupp *m*; **b)** *m mil* (Ober-)Feldwebel *m*

brill|ante [bri'ʎante] **1.** *adj* glänzend (*a fig*), strahlend; **2.** *m* Brillant *m*; **~antez** [-ʎan'teθ] *f* Glanz *m*; **~ar** [-'ʎar] (*1a*) glänzen (*a fig*), funkeln; **~o** ['briʎo] *m* Glanz *m*, Schein *m*; ***sacar ~ a*** polieren

brin|car [briŋ'kar] (*1g*) hüpfen, springen; **~co** ['briŋko] *m* Sprung *m*, Satz *m*; ***dar ~s*** hüpfen

brin|dar [brin'dar] (*1a*) **1.** *v/t* anbieten; **2.** *v/i* anstoßen (auf *ac* ***por***); e-n Trinkspruch ausbringen (auf *ac* ***por***); **~dis** ['brindis] *m* Trinkspruch *m*, Toast *m*

brío ['brio] *m* Schwung *m*, Elan *m*, Schneid *m*

brioso ['brĭoso] schwungvoll; feurig

brisa ['brisa] *f* Brise *f*

británico [bri'taniko] **1.** *adj* britisch; **2.** *m* Brite *m*

broca ['broka] *f* Bohreinsatz *m*

brocado [bro'kađo] *m* Brokat *m*

brocal [bro'kal] *m* Brunnenrand *m*

brocha ['brotʃa] *f* Malerpinsel *m*; **~ (*de afeitar*)** Rasierpinsel *m*

broche ['brotʃe] *m* Haken *m* u Öse *f*; (*joya*) Brosche *f*; *fig* ***~ de oro*** Krönung *f*

bro|ma ['broma] *f* Scherz *m*; Witz *m*, Ulk *m*; Spaß *m*; ***~ pesada*** übler Scherz *m*; ***en ~*** zum Spaß; ***no estoy para ~s*** mir ist nicht zum Lachen (zu Mute); **~mear** [-me'ar] (*1a*) scherzen; **~mista** [-'mista] *m* Spaßvogel *m*

bromo ['bromo] *m* Brom *n*

bronca ['brɔŋka] *f* Zänkerei *f*; Krach *m*; F Rüffel *m*; ***echar una ~ a alg*** j-n ausschimpfen

bronce ['brɔnθe] *m* Bronze *f*; **~ado** [-θe'ađo] **1.** *adj* bronzefarben; (*por el sol*) (sonnen)gebräunt, braungebrannt; **2.** *m* (Sonnen-)Bräune *f*; *tec* Bronzieren *n*; **~ador** [-θea'đɔr] *m* Sonnenöl *n*, -creme *f*; **~ar** [-θe'ar] (*1a*) bräunen

bronco ['brɔŋko] *fig* schroff, barsch

bronqui|al [brɔŋ'kĭal] bronchial; **~os** ['brɔŋkĭɔs] *m/pl* Bronchien *f/pl*; **~tis** *med* [-'kitis] *f* Bronchitis *f*

broqueta [bro'keta] *f* Bratspieß *m*

bro|tar [bro'tar] (*1a*) *agr* keimen; sprießen (*a fig*); (*líquido*) hervorquellen; **~te** ['brote] *m* Knospe *f*, Spross *m*, Trieb *m*

bruces ['bruθes]: ***caer de ~*** aufs Gesicht (F auf die Nase) fallen

bru|ja ['bruxa] *f* Hexe *f* (*a fig*); **~jería** [-xe'ria] *f* Hexerei *f*, Zauberei *f*; **~jo** ['bruxo] *m* Hexenmeister *m*, Zauberer *m*

brújula ['bruxula] *f* Kompass *m*

bru|ma ['bruma] *f* Nebel *m*, Dunst *m*; **~moso** [-'moso] neblig, dunstig

brus|co ['brusko] plötzlich, jäh; (*carácter*) brüsk, barsch; **~quedad** [-ke'đađ] *f* Schroffheit *f*

brutal [bru'tal] brutal, roh; F *fig* toll; **~idad** [-tali'đađ] *f* Brutalität *f*; Roheit *f*

bruto ['bruto] **1.** *adj fig* dumm; grob (-schlächtig); *com* brutto, Brutto...; *tec* ***en ~*** im Rohzustand; **2.** *m fig* Rohling

bucal [bu'kal] Mund...

buce|ador [buθea'đɔr] *m* Taucher *m*; **~ar** [-θe'ar] (*1a*) tauchen; **~o** [-'θeo] *m* Tauchen *n*

bucle ['bukle] *m* Locke *f*; *fig* Windung *f*, Schleife *f*

bucólico [bu'koliko] Hirten..., Schäfer...; bukolisch

buche ['butʃe] *m zo* Kropf *m*

budín [bu'đin] *m* Pudding *m*

budis|mo [bu'đizmo] *m* Buddhismus *m*; **~ta** [-'đista] **1.** *adj* buddhistisch; **2.** *m* Buddhist *m*

buen [bŭen] *s* ***bueno***

buenaventura [bŭenaƀen'tura] *f* Glück *n*; ***decir la ~*** wahrsagen

bueno ['bŭeno] (*vor su sg* ***buen***) gut; (*niño*) artig, brav; (*bondadoso*) gutmütig;

a la buena de Dios aufs Geratewohl, auf gut Glück; ***por las buenas*** im Guten; gutwillig; ***de buenas a primeras*** mir nichts, dir nichts
buey [bŭɛĭ] *m* Ochse *m*
búfalo ['bufalo] *m* Büffel *m*
bufanda [bu'fanda] *f* Schal *m*
bufar [bu'far] (*1a*) schnauben; fauchen
bufete [bu'fete] *m* Anwaltskanzlei *f*
buffet [bu'fet] *m gastr* Büfett *n*; **~ *libre*** Selbstbedienungsbüfett *n*
bufido [bu'fiđo] *m* Schnauben *n*
bufo ['bufo] **1.** *adj* komisch; ***ópera** f **-a*** komische Oper *f*; **2.** *m mús* Buffo *m*
bufón [bu'fɔn] **1.** *adj* närrisch; **2.** *m* Spaßmacher *m*; Hofnarr *m*
buhardilla [buar'điʎa] *f* Dachkammer *f*; (*ventana*) Dachluke *f*
búho ['buo] *m* Uhu *m*
buhonero [buo'nero] *m* Hausierer *m*
buitre ['bŭitre] *m* Geier *m* (*a fig*)
bujía [bu'xia] *f* Kerze *f*; *auto* Zündkerze *f*
bula ['bula] *f* (päpstliche) Bulle *f*
bulbo ['bulƀo] *m* (Blumen-)Zwiebel *f*, Knolle *f*
bulevar [bule'ƀar] *m* Boulevard *m*
búlgaro ['bulgaro] **1.** *adj* bulgarisch; **2.** *m* Bulgare *m*
bullicio [bu'ʎiθĭo] *m* Getöse *n*; Tumult *m*; **~so** [-ʎi'θĭoso] lärmend, unruhig
bullir [bu'ʎir] (*3h*) sieden, kochen; *fig* wimmeln
bulo ['bulo] *m* Falschmeldung *f*, Ente *f*
bulto ['bulto] *m* Gepäckstück *n*; Bündel *n*; *med* Beule *f*, Schwellung *f*; *ferro* **~s** *pl* Stückgut *n*; ***de ~*** wichtig, bedeutend; ***escurrir el ~*** sich drücken
buñuelo [bu'ɲŭelo] *m span* Ölgebäck *n*; **~ *de viento*** Windbeutel *m*
buque ['buke] *m* Schiff *n*; **~ *de carga*** Frachter *m*; **~ *escuela*** Schulschiff *n*; **~ *frigorífico*** Kühlschiff *n*; **~ *de guerra*** Kriegsschiff *n*; **~ *mercante*** Handelsschiff *n*; **~ *de pasaje(ros)*** Passagierdampfer *m*; **~ *portacontenedores*** Containerschiff *n*
burbu|ja [bur'ƀuxa] *f* (Wasser-, Luft-) Blase *f*; (Sekt-)Perle *f*; **~jear** [-ƀuxe'ar] (*1a*) sprudeln; perlen
burdel [bur'đɛl] *m* Bordell *n*
burdeos [bur'đeɔs] **1.** *adj* bordeauxrot; **2.** *m* (***vino** m **de***) **~** Bordeaux(wein) *m*
burdo ['burđo] grob; plump
bur|gués [bur'ges] **1.** *adj* bürgerlich; *desp* spießbürgerlich; **2.** *m* Bürger *m*; ***pequeño ~*** Klein-, Spießbürger *m*; **~guesía** [-ge'sia] *f* Bürgerstand *m*; (***pequeña***) **~** (Klein-)Bürgertum *n*
buril [bu'ril] *m* Stichel *m*
burla ['burla] *f* Spott *m*; (*broma*) Spaß *m*; ***de ~s*** zum Spaß; **~dero** [-la'đero] *m taur* Schutzwand *f* für den Stierkämpfer; **~dor** [-'đɔr] *m* Spötter *m*; (*libertino*) Verführer *m*; **~r** [-'lar] (*1a*) verspotten, necken; (*engañar*) täuschen, hintergehen; ***~rse de alg*** sich über j-n lustig machen
burlesco [bur'lesko] Spaßhaft, burlesk
burlete [bur'lete] *m* Stoffleiste *f* (*zum Abdichten von Fenstern u Türen*)
burlón [bur'lɔn] **1.** *adj* spöttisch; **2.** *m* Spötter *m*
bu|rocracia [buro'kraθĭa] *f* Bürokratie *f*; **~rócrata** [-'rokrata] *m* Bürokrat *m*; **~rocrático** [-ro'kratiko] bürokratisch
burra ['burra] *f* Eselin *f*; F *fig* dumme Kuh *f*; **~da** [-'rrađa] *f* Eselei *f*, Dummheit *f*
burro ['burrɔ] *m* Esel *m* (*a fig*); *tec* Sägebock *m*; **~ *de carga*** Packesel *m* (*a fig*); ***caer*** (*od* ***apearse***) ***del ~*** s-n Irrtum einsehen
bursátil [bur'satil] Börsen...
bus [bus] *m* = ***autobús***
busca ['buska] *f* Suche *f*; ***en ~ de*** auf der Suche nach; **~r** [-'kar] (*1g*) suchen; ***ir a ~*** abholen
buscona [bus'kona] *f* Straßendirne *f*
búsqueda ['buskeđa] *f* Suche *f*; **~ *por texto completo*** *inform* Volltextsuche *f*
busto ['busto] *m* Büste *f*; Oberkörper *m*
butaca [bu'taka] *f* Lehnstuhl *m*; *teat* Parkettplatz *m*
butano [bu'tano] *m* Butan(gas) *n*
butifarra [buti'farra] *f* katalanische Bratwurst *f*
buzo ['buθo] *m* Taucher *m*
buzón [bu'θɔn] *m* Briefkasten *m*
byte [baĭt] *m* Byte *n*

C

C, c [θe] *f* C, c *n*
cabal [ka'ƀal] richtig; (*sensato*) vernünftig; ***no estar en sus ~es*** F nicht recht bei Trost sein
cabalga|da [kaƀal'gađa] *f* Reitertrupp *m*; **~dura** [-ga'đura] *f* Reit-, Lasttier *n*; **~r** [-'gar] (*1h*) reiten; **~ta** [-'gata] *f* Kavalkade *f*; Umzug *m*
caballa *zo* [ka'ƀaʎa] *f* Makrele *f*
caball|ar [kaƀa'ʎar] Pferde...; **~eresco** [-ʎe'resko] ritterlich, Ritter...; **~ería** [-ʎe'ria] *f* Reittier *n*; *mil* Kavallerie *f*; *hist* Rittertum *n*; ***libro*** *m* ***de ~s*** Ritterroman *m*
caballero [kaƀa'ʎero] *m* Reiter *m*; *hist* Ritter *m*; Ordensritter *m*; (*hombre cortés*) Kavalier *m*, Gentleman *m*, Herr *m*; **~sidad** [-ʎerosi'đađ] *f* Ritterlichkeit *f*; **~so** [-ʎe'roso] ritterlich
caballete [kaƀa'ʎete] *m pint* Staffelei *f*; *tec* Gestell *n*, Bock *m*
caballito [kaƀa'ʎito] *m*: ***~ de*** *mar* Seepferdchen *n*; **~s** *m/pl* Karussell *n*
caballo [ka'ƀaʎo] *m* Pferd *n*; (*ajedrez*) Springer *m*; (*naipes*) Dame *f*; F Heroin *n*; *fig* ***~ de batalla*** Lieblingsthema *n*; ***~ blanco*** Schimmel *m*; ***~ de carreras*** Rennpferd *n*; ***~ negro*** Rappe *m*; ***~ de vapor*** (***CV***) Pferdestärke *f* (PS); ***a ~*** zu Pferd; ***a ~ entre*** zwischen
cabaña [ka'ƀaɲa] *f* Hütte *f*; (*rebaño*) Herde *f*
cabaret [kaƀa'ret] *m* Nachtlokal *n*
cabece|ar [kaƀeθe'ar] (*1a*) **1.** *v/t* (*pelota*) köpfen; **2.** *v/i* mit dem Kopf wackeln; (ein)nicken; *mar* stampfen; **~ra** [-'θera] *f* Kopfende *n*; (*de un río*) Oberlauf *m*
cabecilla [kaƀe'θiʎa] *m* Anführer *m*; Rädelsführer *m*
cabe|llera [kaƀe'ʎera] *f* (Haupt-)Haar *n*; (*de cometa*) Schweif *m*; **~llo** [-'ƀeʎo] *m* Haar *n*; ***~ de ángel*** Kürbiskonfitüre *f*
caber [ka'ƀɛr] (*2m*) hineingehen, (-)passen; Platz haben; (*tocarle a alg*) zufallen, zuteil werden; (*ser posible*) möglich sein; ***no ~ en sí de alegría*** vor Freude außer sich sein; ***no cabe duda*** zweifellos; ***no me cabe en la cabeza*** das will mir nicht in den Kopf
cabestr|illo *med* [kaƀes'triʎo] *m* Armbinde *f*, -schlinge *f*; **~o** [-'ƀestro] *m* Halfter *n*
cabe|za [ka'ƀeθa] **a)** *f* Kopf *m*, Haupt *n* (*a fig*); *fig* Verstand *m*; (*res*) Stück *n* (Vieh); ***~ de ajo*** Knoblauchzwiebel *f*; ***~ de chorlito*** leichtsinniger Mensch *m*; ***~ de turco*** Prügelknabe *m*; ***a la ~***, ***en ~*** an der Spitze; ***meterse a/c en la ~*** sich et in den Kopf setzen; ***perder la ~*** *fig* den Kopf verlieren; ***romperse la ~*** *fig* sich den Kopf zerbrechen; ***sentar la ~*** Vernunft annehmen; **b)** *m* (An-)Führer *m*, Leiter *m*; ***~ de familia*** Familienoberhaupt *n*; **~zada** [-'θađa] *f* Stoß *m* mit dem Kopf; ***dar una ~*** ein Nickerchen machen; **~zal** [-'θal] *m* Kopfkissen *n*; *tec* Abtastkopf *m*; **~zazo** [-'θaθo] *m* Kopfstoß *m*; **~zón** [-'θɔn], **~zota** [-'θota], **~zudo** [-'θuđo] **1.** *adj* dickköpfig; **2.** *m* Dickkopf *m*
cabida [ka'ƀiđa] *f* Fassungsvermögen *n*; ***dar ~ a*** aufnehmen; *fig* berücksichtigen
cabina [ka'ƀina] *f* Kabine *f*; (*de camión*) Führerhaus *n*; *avia* ***~ del piloto*** Cockpit *n*; ***~ telefónica*** Telefonzelle *f*
cabizbajo [kaƀið'ƀaxo] niedergeschlagen, verzagt
cable ['kaƀle] *m* Kabel *n*; Tau *n*, Seil *n*; **~ado** [-e'ađo] *m* Kabelanschluss *m*; **~ar** [-e'ar] (*1a*) verkabeln; **~grafiar** [-gra'fĭar] (*1c*) kabeln; **~(grama)** [-'grama] *m* Kabel(nachricht *f*) *n*
cabo ['kaƀo] *m* Ende *n*; *geo* Kap *n*; *mar* Leine *f*, Tau *n*; *mil* Gefreite(r) *m*; ***al ~ de un mes*** nach e-m Monat; ***al fin y al ~*** letzten Endes; ***de ~ a rabo*** von A bis Z
cabotaje [kaƀo'taxe] *m* Küstenschifffahrt *f*
cabra ['kaƀra] *f* Ziege *f*; ***~ montés*** Steinbock *m*; F ***estar como una ~*** verrückt sein, spinnen
cabrear F [kaƀre'ar] (*1a*) ärgern; **~se** sich ärgern, F einschnappen
cabrestante *mar* [kaƀres'tante] *m* Ankerwinde *f*, Spill *n*
cabrío [ka'ƀrio] Ziegen...; ***macho*** *m* ***~*** Ziegenbock *m*
ca|britilla [kaƀri'tiʎa] *f* Ziegen-, Schaf-,

Glacéleder *n*; **~brito** [-'ƀrito] *m* Zicklein *n*; **~brón** [-'ƀrɔn] *m* Ziegenbock *m*; V Saukerl *m*; **~bronada** P [-ƀro'nađa] *f* P Sauerei *f*, Hundsgemeinheit *f*
cacahuete [kaka'ŭete] *m* Erdnuss *f*
cacao [ka'kao] *m* Kakao *m*; *fig* Durcheinander *n*
cacarear [kakare'ar] (*1a*) **1.** *v/i* gackern (*a fig*); **2.** *v/t* häufig erwähnen; F ausposaunen
cacatúa [kaka'tua] *f* Kakadu *m*
cacería [kaθe'ria] *f* Jagd *f*
cacerola [kaθe'rola] *f* Kasserolle *f*, Schmortopf *m*, Stieltopf *m*
cachalote [katʃa'lote] *m* Pottwal *m*
cacharr|ería [katʃarrɛ'ria] *f* Töpferladen *m*; **~o** [-'tʃarro] *m* (irdener) Topf *m*; *desp* altes Stück *n*; **~s** *m/pl* Küchengeräte *n/pl*; Kram *m*
cachear [katʃe'ar] durchsuchen; F filzen
cachemira [katʃe'mira] *f* Kaschmir *m*
cacheo [ka'tʃeo] *m* Durchsuchung *f*; Leibesvisitation *f*
cachet [ka'ʃɛ, ka'tʃɛt] *m* Gage *f*
cachete [ka'tʃete] *m* Klaps *m*
cacho ['katʃo] *m* Stück *n*; Brocken *m*
cachon|deo P [katʃɔn'deo] *m* Spaß *m*, Gaudi *f*; **~do** [ka'tʃɔndo] *zo* läufig; F *fig* scharf, geil; (*gracioso*) witzig
cachorro [ka'tʃɔrrɔ] *m* Junge(s) *n*; (*perro*) Welpe *m*
caciqu|e [ka'θike] *m* Kazike *m*, Häuptling *m*; *fig* Bonze *m*; **~ismo** [-θi'kizmo] *m* Bonzentum *n*, Klüngel *m*
caco F ['kako] *m* Dieb *m*
cacofonía [kakofo'nia] *f* Missklang *m*
cact|o['kakto], **~us** ['kaktus]*m* Kaktus *m*
cada ['kađa] jeder, jede, jedes; **~ cosa** alles Mögliche; **~ uno**, **~ cual** jeder; **~ vez** jedes Mal; **~** jeder Dritte **vez más** immer mehr; **~ tres días** alle drei Tage; **uno de ~ tres**
cadalso [ka'đalso] *m* Schafott *n*
cadáver [ka'đaƀɛr] *m* Leiche *f*, Leichnam *m*, Kadaver *m*
cadena [ka'đena] *f* Kette *f*; *TV* Kanal *m*, Programm *n*; **~s (antideslizantes)** Schneeketten *f/pl*; **~ de alta fidelidad** Hi-Fi-Anlage *f*; **~ de montaje** Fließband *n*; **~ perpetua** lebenslängliche Zuchthausstrafe *f*
cadencia [ka'đenθĭa] *f* Rhythmus *m*; Takt *m*; *mús* Kadenz *f*
cadera [ka'đera] *f* Hüfte *f*
cadete [ka'đete] *m* Kadett *m*
cadmio ['kađmĭo] *m* Kadmium *n*
cadu|car [kađu'kar] (*1g*) verfallen (*a fig*); ablaufen; veralten; **~cidad** [-θi'ђađ] *f* Hinfälligkeit *f*; *fig* Vergänglichkeit *f*; *com* **fecha** *f* **de ~** Verfallsdatum *n*; **~co** [-'đuko] hinfällig; vergänglich
caer [ka'ɛr] (*2o*) fallen; stürzen; ab-, herunterfallen; **~ sobre** herfallen über; *fig* hereinbrechen über; **~ cerca** in der Nähe liegen; **~ bien** (**mal**) (*vestido*) gut (schlecht) sitzen *od* stehen; (*persona*) (un)sympathisch sein; **estar al ~** unmittelbar bevorstehen; **~ en domingo** auf e-n Sonntag fallen; **~ enfermo** krank werden; **~ en suerte** zufallen; **~ en la cuenta** begreifen; **~ en la red**, **~ en la trampa** in die Falle gehen (*bsd fig*); **~se** stürzen; (hin)fallen, umfallen; **~ de risa** sich totlachen; **~ de sueño** vor Müdigkeit umfallen
café [ka'fe] *m* Kaffee *m*; (*local*) Café *n*; **~ con leche** Milchkaffee *m*; **~ solo** schwarzer Kaffee *m*; **~ con terraza** Straßencafé *n*
cafeína [kafe'ina] *f* Koffein *n*
cafe|tera [kafe'tera] *f* Kaffeekanne *f*; **~ automática** Kaffeemaschine *f*; **~tería** [-te'ria] *f* Cafeteria *f*, Snackbar *f*; **~to** [-'feto] *m* Kaffeebaum *m*
caí|da [ka'iđa] *f* Fall *m*, Sturz *m*; **a la ~ del sol** bei Sonnenuntergang; **~ del pelo** Haarausfall *m*; **~do** [-'iđo] **1.** *adj* gefallen; herabhängend; **2. ~s** *m/pl* *mil* Gefallene(n) *m/pl*
caigo ['kaĭgo] *s* **caer**
caja ['kaxa] *f* Kiste *f*; Kasten *m*; Dose *f*; Schachtel *f*; *com* Kasse *f*; **~ acústica** Lautsprecherbox *f*; **~ (postal) de ahorros** (Post-)Sparkasse *f*; **~ de cartón** Pappschachtel *f*; **~ de caudales**, **~ fuerte** Tresor *m*, Safe *m*; **~ de cambios** *auto* Getriebe *n*; **~ de colores** Malkasten *m*; **~ de compases** Reißzeug *n*; **~ de la escalera** Treppenhaus *n*; **~ de música** Spieldose *f*; **~ negra** *avia* Flugschreiber *m*; **~ de reloj** Uhrgehäuse *n*; **~ de resistencia** Streikkasse *f*; **~ de seguridad** (Bank-)Safe *m*; **~ torácica** Brustkorb *m*
cajero [ka'xero] *m* Kassierer *m*; **~ automático** Geldautomat *m*
cajetilla [kaxe'tiʎa] *f* Schachtel *f* Zigaretten

C

cajón [ka'xɔn] *m* Schublade *f*; **~ *de sastre*** F Sammelsurium *n*
cal [kal] *f* Kalk *m*; ***de ~ y canto*** felsenfest, dauerhaft
cala ['kala] *f* kleine Bucht *f*
calaba|cín [kalaƀa'θin] *m* Zucchini *f*; **~za** [-'ƀaθa] *f* Kürbis *m*; ***dar ~s*** *fig* einen Korb geben
calabozo [kala'ƀoθo] *m* Verlies *n*, Kerker *m*; Arrestzelle *f*
caladero [kala'đero] *m* Fischgrund *m*
calado [ka'lađo] **1.** *adj* durchnässt; **2.** *m mar* Tiefgang *m*; (*bordado*) Hohlsaum *m*
calafatear *mar* [kalafate'ar] (*1a*) kalfatern; abdichten
calamar [kala'mar] *m* Kalmar *m* (*Art Tintenfisch*)
calambre [ka'lambre] *m* Muskel-, Wadenkrampf *m*; *el* Schlag *m*
calami|dad [kalami'đađ] *f* Not *f*; Unheil *n*; Katastrophe *f*; *fig* Unglücksmensch *m*; **~toso** [-'toso] unheilvoll; trübselig
calar [ka'lar] (*1a*) (*penetrar*) durchbohren, hineinstoßen; (*mojar*) durchnässen, durchtränken; (*sombrero*, *etc*) aufsetzen; (*motor*) abwürgen; (*melón*) anschneiden; *fig* durchschauen; **~ *hondo*** zu Herzen gehen; **~ (*hasta los huesos*)** (bis auf die Haut) nass werden
calavera [kala'ƀera] **1.** *f* Totenkopf *m*; **2.** *m fig* Windhund *m*
calcar [kal'kar] (*1g*) durchpausen, -zeichnen; *fig* (sklavisch) nachahmen
calcáreo [kal'kareo] kalkig, -haltig
calceta [kal'θeta] *f* Strumpf *m*; ***hacer ~*** stricken
calcetín [kalθe'tin] *m* Socke *f*
calcinado [kalθi'nađo] ausgebrannt, verkohlt
calcio ['kalθĭo] *m* Kalzium *n*
calco ['kalko] *m* Pause *f*, Durchzeichnung *f*; *fig* Abklatsch *m*; **~manía** [-ma'nia] *f* Abziehbild *n*
calcula|ble [kalku'laƀle] berechenbar; **~dor** [-la'đɔr] **1.** *adj fig* berechnend; **2.** *m* Rechner *m*; **~dora** [-'đora] *f* Rechenmaschine *f*; **~ *de bolsillo*** Taschenrechner *m*; **~r** [-'lar] (*1a*) (be-, aus)rechnen; kalkulieren; **~torio** [-la'tɔrĭo] kalkulatorisch, rechnerisch
cálculo ['kalkulo] *m* Rechnen *n*; Berechnung *f*, Kalkulation *f*; **~ *mental*** Kopfrechnen *n*; *med* **~ (*vesical*, *renal*, *biliar*)** (Blasen-, Nieren-, Gallen-)Stein *m*
caldas ['kaldas] *f/pl* Thermalquelle *f*
calde|ar [kalde'ar] (*1a*) erhitzen, erwärmen (*a fig*); **~ra** [-'dera] *f* Kessel *m*; Heizkessel *m*; **~rero** [-'rero] *m* Kesselschmied *m*; **~rilla** [-'riʎa] *f* Kleingeld *n*
calderón [kalde'rɔn] *m mús* Fermate *f*
caldo ['kaldo] *m* Brühe *f*; **~ *de carne*** Fleischbrühe *f*, Bouillon *f*; ***hacer(le) el ~ gordo a alg*** j-n begünstigen
calefac|ción [kalefag'θĭɔn] *f* Heizung *f*; **~ *central*** Zentralheizung *f*; **~ *individual*** Etagenheizung *f*; **~tor** [-fak'tɔr] *m* Heizgerät *n*
calendario [kalen'darĭo] *m* Kalender *m*; **~ *de actos*** Veranstaltungskalender *m*; **~ *de taco*** Abreißkalender *m*
calen|tador [kalenta'đɔr] *m* Heizgerät *n*; **~ *de agua*** Boiler *m*; **~tamiento** [-'mĭento] *m* (Er-)Wärmen *n*, Erhitzen *n*; **~tar** [-'tar] (*1k*) (er)wärmen; (be-)heizen; **~tarse** sich wärmen; warm werden; **~tura** [-'tura] *f* Fieber *n*; **~turiento** [-tu'rĭento] fiebrig
cali|brador *tec* [kaliƀra'đɔr] *m* Schublehre *f*; **~brar** [-'ƀrar] (*1a*) messen; eichen; *fig* einschätzen; **~bre** [-'liƀre] *m* Kaliber *n* (*a fig*)
calidad [kali'đađ] *f* Qualität *f*; ***de* (*primera*) ~** erstklassig, hochwertig; ***en ~ de*** als; **~ *de vida*** Lebensqualität *f*
cálido ['kaliđo] warm (*a fig*); heiß
calidoscopio [kaliđɔs'kopĭo] *m* Kaleidoskop *n*
caliente [ka'lĭente] heiß, warm
califa [ka'lifa] *m* Kalif *m*
califica|ción [kalifika'θĭɔn] *f* Qualifikation *f*, Eignung *f*; (*examen*) Benotung *f*, Note *f*; **~do** [-'kađo] qualifiziert, geeignet; **~r** [-'kar] (*1g*) qualifizieren; beurteilen; bezeichnen (als ***de***); **~tivo** [-ka'tiƀo] **1.** *adj* bezeichnend, kennzeichnend; **2.** *m* Beiname *m*
caligrafía [kaligra'fia] *f* Schönschrift *f*; Handschrift *f*
cali|ma [ka'lima], **~na** [-'lina] *f* Dunst *m*
cáliz ['kaliθ] *m* Kelch *m* (*a bot*)
caliza [ka'liθa] *f* Kalkstein *m*
calla|da [ka'ʎađa] *f*: ***dar la ~ por respuesta*** nicht antworten; **~do** [-'ʎađo] schweigsam; still; **~r** [ka'ʎar] (*1a*) **1.** *v/t* verschweigen; **~ *la boca*** den Mund halten; **2.** *v/i* schweigen; **~rse** schwei-

gen; still sein

calle ['kaʎe] *f* Straße *f*; *dep* Bahn *f*; ~ ***de dirección única*** Einbahnstraße *f*; ~ ***comercial*** Geschäftsstraße *f*; ~ ***lateral*** Nebenstraße *f*; ~ ***mayor*** Hauptstraße *f*; ***en la*** ~ auf der Straße; ***poner a alg*** (***de patitas***) ***en la*** ~ j-n auf die Straße setzen; **~jear** [-ʎɛxe'ar] (*1a*) durch die Straßen bummeln; **~jero** [-'xero] **1.** *adj* Straßen...; **2.** *m* Straßenverzeichnis *n*; **~jón** [-'xɔn] *m* (enge) Gasse *f*; ~ ***sin salida*** Sackgasse *f* (*a fig*)

calli|cida [kaʎi'θiđa] *m* Hühneraugenmittel *n*; **~sta** [-'ʎista] *m* Fußpfleger *m*

callo ['kaʎo] *m* Schwiele *f*; Hühnerauge *n*; **~s** *pl gastr* Kutteln *f/pl*; **~sidad** [-si'đađ] *f* Hornhaut *f*; **~so** [-'ʎoso] schwielig

cal|ma ['kalma] *f* Stille *f*, Ruhe *f*; *mar* Windstille *f*; *fig* Gemütsruhe *f*; ~ ***chicha*** Flaute *f*; **~mante** [-'mante] **1.** *adj* beruhigend; schmerzlindernd; **2.** *m* Beruhigungsmittel *n*; schmerzstillendes Mittel *n*; **~mar** [-'mar] (*1a*) beruhigen; **~moso** [-'moso] ruhig, still

caló [ka'lo] *m* Zigeunersprache *f*

calor [ka'lɔr] *m* (F *f*) Wärme *f* (*a fig*), Hitze *f*; ***hace*** (***mucho***) ~ es ist (sehr) heiß; ***entrar en*** ~ warm werden; ***tengo*** ~ mir ist warm *od* heiß

caloría [kalo'ria] *f* Kalorie *f*; ***bajo*** (***rico***) ***en*** **~s** kalorienarm (-reich)

calorífico [kalo'rifiko] wärmeerzeugend; Wärme...

calumni|a [ka'lumnĭa] *f* Verleumdung *f*; **~ador** [-'đɔr] **1.** *adj* verleumderisch; **2.** *m* Verleumder *m*; **~ar** [-'nĭar] (*1b*) verleumden

caluroso [kalu'roso] heiß; *fig* warm, herzlich

cal|va ['kalƀa] *f* Glatze *f*; *fig* kahle Stelle *f*; **~vario** [-'ƀarĭo] *m* Kreuzweg *m*; *fig* Leidensweg *m*; **~vicie** [-'ƀiθĭe] *f* Kahlheit *f*; Glatze *f*; **~vo** ['kalƀo] **1.** *adj* kahl(köpfig); **2.** *m* Kahl-, Glatzkopf *m*

calza ['kalθa] *f* Keil *m*; **~s** *pl* Hosen *f/pl*; **~da** [-'θađa] *f* Fahrbahn *f*; **~do** [-'θađo] *m* Schuhwerk *n*; **~dor** [-θa'đɔr] *m* Schuhanzieher *m*; **~r** [-'θar] (*1f*) (*zapatos, etc*) anziehen; anhaben; *tec* sichern, verkeilen; ***¿qué número calza?*** welche Schuhgröße haben Sie?

calzón [kal'θɔn] *m* Hose *f*

calzon|azos F [kalθo'naθos] *m* Pantoffelheld *m*; **~cillos** [-'θiʎos] *m/pl* Unterhose(n) *f(pl)*

cama ['kama] *f* Bett *n*; *agr* Streu *f*; ~ ***de matrimonio*** Ehebett *n*, Doppelbett *n*; ~ ***elástica*** Trampolin *n*; ~ ***individual*** Einzelbett *n*; ~ ***nido*** Bettcouch *f*; ~ ***plegable*** Klappbett *n*; ~ ***turca*** Schlafcouch *f*

camada [ka'mađa] *f zo* Wurf *m*

camaleón [kamale'ɔn] *m* Chamäleon *n*

cámara ['kamara] **1.** *f* Kammer *f*; *fot, TV* Kamera *f*; *auto* ~ ***de aire*** Schlauch *m*; ~ ***de comercio*** (***e industria***) (Industrie- und) Handelskammer *f*; ~ ***de diputados*** Abgeordnetenkammer *f*; ~ ***frigorífica*** Kühlkammer *f*; ~ ***lenta*** Zeitlupe *f*; ~ ***oscura*** Dunkelkammer *f*; **2.** *m* Kameramann *m*

camara|da [kama'rađa] *m* Kamerad *m*; *pol* Genosse *m*; **~dería** [-rađe'ria] *f* Kameradschaft *f*

camare|ra [kama'rera] *f* Kellnerin *f*; (*hotel*) Zimmermädchen *n*; *mar* Stewardess *f*; **~ro** [-'rero] *m* Kellner *m*; *mar* Steward *m*

camarilla [kama'riʎa] *f* Kamarilla *f*; *fig* Clique *f*

camarón *zo* [kama'rɔn] *m* Sandgarnele *f*

camarote *mar* [kama'rote] *m* Kajüte *f*, Kabine *f*

camastro [ka'mastro] *m* Pritsche *f*

cambalache F [kamba'latʃe] *m* Tausch (-handel) *m*

cambia|ble [kam'bĭaƀle] ver-, austauschbar; wandelbar; **~nte** [-'bĭante] wechselnd, wechselhaft; *Textilien* schillernd

cambiar [kam'bĭar] (*1b*) **1.** *v/t* (ver-, um-) tauschen; (*dinero*) wechseln; (*modificar*) (ver-, um-, ab)ändern; **2.** *v/i* sich ändern, wechseln; ~ ***de lugar*** um-, verstellen; ~ ***de traje*** sich umziehen; ~ ***de tren*** umsteigen; ~ ***de velocidad*** schalten; **~se** sich umziehen; **~io** [-'bĭarĭo] Wechsel...

cambio ['kambĭo] *m* Wechsel *m*, (Ver-) Änderung *f*; *com* Geldwechsel *m*; Wechselkurs *m*; (*dinero*) Wechselgeld *n*, Kleingeld *n*; (*intercambio*) (Aus-) Tausch *m*; Umtausch *m*; *auto* ~ (***de marchas***) (Gang-)Schaltung *f*; ~ ***automático*** Automatikschaltung *f*; ~ ***de neumático*** Reifenwechsel *m*; ***a*** ~ ***de*** gegen, für; ***en*** ~ hingegen

C

C

cambista [kam'bista] *m* (Geld-)Wechsler *m*

camelia *bot* [ka'melĭa] *f* Kamelie *f*

camello [ka'meʎo] *m* Kamel *n*; F Drogenhändler *m*, Dealer *m*

camerino *teat* [kame'rino] *m* Künstlergarderobe *f*

camill|a [ka'miʎa] *f* Tragbahre *f*; (*mesa*) runder Tisch *m*; **~ero** [-mi'ʎero] *m* Krankenträger *m*; Sanitäter *m*

camina|nte [kami'nante] *m* Fußgänger *m*; Wanderer *m*; **~r** [-'nar] (*1a*) gehen, wandern; **~ta** [-'nata] *f* Wanderung *f*, Fußreise *f*

camino [ka'mino] *m* Weg *m*; ***por*** (*od* ***en***) ***el ~*** unterwegs; ***~ de*** auf dem Wege nach; ***abrirse ~*** *fig* s-n Weg machen; ***ponerse en ~*** sich auf den Weg machen

camión [ka'mĭɔn] *m* Last(kraft)wagen *m*; ***~ cisterna*** Tankwagen *m*; ***~ de mudanzas*** Möbelwagen *m*; ***~ frigorífico*** Kühlwagen *m*

camione|ro [kamĭo'nero] *m* Lastwagenfahrer *m*, Fernfahrer *m*; **~ta** [-'neta] *f* Lieferwagen *m*; Kleinbus *m*

cami|sa [ka'misa] *f* Hemd *n*; ***~ de fuerza*** Zwangsjacke *f*; ***~ de vestir*** Oberhemd *n*; ***meterse en ~ de once varas*** F sich in Dinge einmischen, die e-n nichts angehen; **~sería** [-se'ria] *f* Herrenwäschegeschäft *n*; **~sero** [-'sero] *m* Hemdbluse *f*; (***vestido*** *m*) **~** Hemdblusenkleid *n*; **~seta** [-'seta] *f* Unterhemd *n*; T-Shirt *n*; **~són** [-'sɔn] *m* Nachthemd *n*

camorr|a [ka'mɔrra] *f* Streit *m*; Schlägerei *f*; **~ista** [kamɔ'rrista] *m* Raufbold *m*

campa|l [kam'pal]: ***batalla*** *f* **~** Feldschlacht *f*; **~mento** [-pa'mento] *m* (Feld-, Truppen-, Zelt-)Lager *n*

campa|na [kam'pana] *f* Glocke *f*; ***~ de chimenea*** Rauchfang *m*; ***~ de rebato*** Sturmglocke *f*; ***echar las ~s al vuelo*** frohlocken; **~nada** [-pa'nađa] *f* Glockenschlag *m*; *fig* ***dar la ~*** (ärgerliches) Aufsehen erregen; **~nario** [-'narĭo] *m* Glockenturm *m*; **~nilla** [-'niʎa] *f* Glöckchen *n*; Klingel *f*; *anat* Zäpfchen *n*; **~nte** F [-'pante] unbekümmert; ***quedarse tan ~*** so tun, als ob nichts dabei wäre

campaña [kam'paɲa] *f* Kampagne *f*, Feldzug *m*; ***~ electoral*** Wahlkampf *m*; ***~ publicitaria*** Werbeaktion *f*, -feldzug *m*

campechano [kampe'tʃano] ungezwungen; jovial

campe|ón [kampe'ɔn] *m* Meister *m*; *fig* Vorkämpfer *m*; **~onato** [-o'nato] *m* Meisterschaft(skampf *m*) *f*; ***~ mundial***, ***~ del mundo*** Weltmeisterschaft *f*

campesino [kampe'sino] **1.** *adj* ländlich; **2.** *m* Landbewohner *m*; Bauer *m*

campestre [kam'pestre] ländlich, Land...

camping ['kampiŋ] *m* Zelten *n*, Camping *n*; (*lugar*) Zelt-, Campingplatz *m*, ***hacer ~*** zelten, campen

campista [kam'pista] *m* Zeltler *m*

campo ['kampo] *m* Feld *n*; Acker *m*; Land *n*; *mil* Lager *n*; *dep* Platz *m*; *fig* Gebiet *n*; ***~ de batalla*** Schlachtfeld *n*; ***~ de tiro*** Schießplatz *m*; *med* ***~ visual*** Gesichtsfeld *n*; ***en el ~*** auf dem Land; (***a***) ***~ traviesa*** querfeldein; *fig* ***tener ~ libre*** freie Bahn haben; **~santo** [-'santo] *m* Friedhof *m*

camufla|je [kamu'flaxe] *m* Tarnung *f*; **~r** [-'flar] (*1a*) tarnen

can [kan] *m* Hund *m*

cana ['kana] *f* weißes Haar *n*; ***peinar ~s*** alt sein; F ***echar una ~ al aire*** sich e-n vergnügten Tag machen

canadiense [kana'đĭense] **1.** *adj* kanadisch; **2.** *su* Kanadier(in *f*) *m*

canal [ka'nal] *m* Kanal *m* (*a TV*); *arqu* Rille *f*; **~ización** [-liθa'θĭɔn] *f* Kanalisation *f*; **~izar** [-li'θar] (*1f*) kanalisieren

canalla [ka'naʎa] **1.** *f* Gesindel *n*, Pack *n*; **2.** *m* Schuft *m*, Kanaille *f*; **~da** [-'ʎađa] *f* Schurkerei *f*

canal|ón [kana'lɔn] *m* Dachrinne *f*; **~ones** *gastr* [-'lones] *m/pl s* ***canelones***

canana [ka'nana] *f* Patronengurt *m*

canapé [kana'pe] *m* Sofa *n*; *gastr* (fein) belegtes Brot *n*

canario [ka'narĭo] **1.** *m* Kanarienvogel *m*; *geo* Kanarier *m*; **2.** *adj geo* kanarisch

canas|ta [ka'nasta] *f* Henkelkorb *m*; **~tilla** [-'tiʎa] *f* Körbchen *n*; (*de bebé*) Babyausstattung *f*; **~to** [-'nasto] *m* Tragkorb *m*

cancela|ción [kanθela'θĭɔn] *f* Streichung *f*; Absage *f*; *com* Tilgung *f*, Löschung *f*; **~dora** [-'đora] *f*: ***~ de billetes*** Fahrscheinentwerter *m*; **~r** ['lar] (*1a*)

streichen; absagen; *com* tilgen, löschen; (*billete*) entwerten
cáncer ['kanθɛr] *m med* Krebs *m*; *astr* ♋ Krebs *m*
cance|rígeno [kanθe'rixeno] Krebs erregend; **~roso** [-'roso] krebsartig, Krebs...
cancha ['kantʃa] *f* Spielplatz *m*, -feld *n*; **~ *de tenis*** Tennisplatz *m*
canciller [kanθi'ʎɛr] *m* Kanzler *m*; **~ *federal*** Bundeskanzler *m*; **~ía** [-ʎe'ria] *f* (Staats-)Kanzlei *f*; Kanzleramt *n*
canci|ón [kan'θĭɔn] *f* Lied *n*; **~ *de cuna*** Wiegenlied *n*; **~ *de moda*** Schlager *m*; **~onero** [-θĭo'nero] *m* Liederbuch *n*, -sammlung *f*
candado [kan'dađo] *m* Vorhängeschloss *n*
cande|la [kan'dela] *f* Kerze *f*; **~labro** [-de'laƀro] *m* Armleuchter *m*, Kandelaber *m*; **♋laria** *rel* [-de'larĭa] *f* Lichtmess *f*; **~lero** [-'lero] *m* Leuchter *m*
candente [kan'dente] glühend; *fig* aktuell, brennend
candida|to [kandi'đato] *m* Kandidat *m*, Bewerber *m*; **~tura** [-đa'tura] *f* Bewerbung *f*, Kandidatur *f*; ***presentar su ~ para*** sich bewerben um
candidez [kandi'đeθ] *f* Aufrichtigkeit *f*, Offenheit *f*; Naivität *f*
cándido ['kandiđo] arglos; offen; naiv
candil [kan'dil] *m* Öllampe *f*; **~ejas** [-di'lexas] *f/pl teat* Rampenlicht *n*
candor [kan'dɔr] *m* Treuherzigkeit *f*; **~oso** [-do'roso] arglos, aufrichtig
canela [ka'nela] *f* Zimt *m*; **~ *en rama*** Zimtstange *f*
canelones [kane'lones] *m/pl* Canneloni *pl*
cangrejo *zo* [kaŋ'grɛxo] *m* Krebs *m*; **~ *de río*** Flusskrebs *m*
canguro [kaŋ'guro] **1.** *m* Känguru *n*; **2.** *su* F Babysitter(in *f*) *m*
ca|níbal [ka'niƀal] **1.** *adj* kannibalisch; **2.** *m* Menschenfresser *m*, Kannibale *m*; **~nibalismo** [-ƀa'lizmo] *m* Kannibalismus *m*
canica [ka'nika] *f* Murmel *f*
canícula [ka'nikula] *f* Hundstage *m/pl*
canijo [ka'nixo] schwächlich, kränklich
canino [ka'nino] Hunde...; ***hambre** f* **-*a*** Heißhunger *m*; (***diente** m*) **~** Eckzahn *m*
canje ['kaŋxe] *m* Austausch *m*; Umtausch *m*; Einlösung *f*; *pol* **~ *de notas*** Notenwechsel *m*; **~ar** [-xe'ar] (*1a*) austauschen; umtauschen; einlösen
cano ['kano] (*pelo*) grau, weiß
canoa [ka'noa] *f* Kanu *n*
canódromo [ka'nođromo] *m* Hunderennbahn *f*
canon ['kanɔn] *m* Regel *f*; Kanon *m* (*a mús*); *jur* Pachtgebühr *f*
canóni|co [ka'noniko] kanonisch; ***derecho** m* **~** Kirchenrecht *n*; **~go** [-'nonigo] *m* Domherr *m*; *bot* (***hierba** f* ***de***) **~(*s*)** *m*(*pl*) Feldsalat *m*
canoniza|ción [kanoniθa'θĭɔn] *f* Heiligsprechung *f*; **~r** [-'θar] (*1f*) heilig sprechen
canoro [ka'noro]: ***pájaro* ~** Singvogel *m*
canoso [ka'noso] grauhaarig
canotaje [kano'taxe] *m* Kanusport *m*
can|sado [kan'sađo] müde, matt; erschöpft, abgespannt; **~sancio** [-'sanθĭo] *m* Müdigkeit *f*; Erschöpfung *f*; **~sar** [-'sar] (*1a*) ermüden, ermatten; (*aburrir*) langweilen; **~sarse** müde werden; **~ *de a/c*** et satt haben; **~sino** [-'sino] matt, ermüdet
cantábrico [kan'taƀriko] kantabrisch
cantante [kan'tante] *m* (*f*) Sänger(in *f*) *m*
cantaor [kanta'ɔr] *m*, **-a** [-'ora] *f* Flamencosänger(in *f*) *m*
cantar [kan'tar] (*1a*) **1.** *v/i* singen (*a fig*); (*gallo*) krähen; **2.** *v/t* besingen, preisen; **3.** *m* Lied *n*; F ***ese es otro* ~** das ist et ganz anderes
cantarela *bot* [kanta'rela] *f* Pfifferling *m*
cántaro ['kantaro] *m* (Henkel-)Krug *m*; ***llover a* ~*s*** in Strömen regnen
cantata [kan'tata] *f* Kantate *f*
cantautor [kantaŭ'tɔr] *m* Liedermacher *m*
cante ['kante] *m*: **~ *jondo*** *Art Flamencogesang*
cante|ra [kan'tera] *f* Steinbruch *m*; *dep* Nachwuchs *m*; **~ro** [-'tero] *m* Steinmetz *m*; (*de pan*) Kanten *m*
cántico ['kantiko] *m* Kirchenlied *n*
cantidad [kanti'đađ] *f* Quantität *f*, Anzahl *f*, Menge *f*; (*de dinero*) Betrag *m*, Summe *f*
cantimplora [kantim'plora] *f* Feldflasche *f*
cantina [kan'tina] *f* Kantine *f*
canto ['kanto] *m* Gesang *m*; (*canción*)

Lied *n*; (*borde*) Kante *f*; Ecke *f*, Rand *m*; (*guijarro*) (Kiesel-)Stein *m*; **~s rodados** Geröll *n*

C

cantor [kan'tɔr] **1.** *adj* Sing...; **maestro** *m* **~** Meistersinger *m*; **niño** *m* **~** Sängerknabe *m*; **pájaro** *m* **~** Singvogel *m*; **2.** *m* Sänger *m*

canturrear [kanturre'ar] (*1a*) trällern

cánula *med* ['kanula] *f* Kanüle *f*

caña ['kaɲa] *f bot* (Schilf-)Rohr *n*; (*vaso*) kleines Glas *n* Bier; *mús* Rohrblatt *n*; (*de la bota*) (Stiefel-)Schaft *m*; *anat* Röhrenknochen *m*; **~ de azúcar** Zuckerrohr *n*; **~ de pescar** Angel(rute) *f*

cañada [ka'ɲađa] *f* Engpass *m*; Hohlweg *m*; (*paso de animales*) (Vieh-)Trift *f*

cañamazo [kaɲa'maθo] *m* Gitterleinen *n*, Stramin *m*

cáñamo ['kaɲamo] *m* Hanf *m*

cañería [kaɲe'ria] *f* Rohrleitung *f*

caño ['kaɲo] *m* Röhre *f*, Rohr *n*

cañón [ka'ɲɔn] *m* Kanone *f*, Geschütz *n*; (*de fusil*) Lauf *m*; *geo* Cañon *m*

caño|nazo [kaɲo'naθo] *m* Kanonenschuss *m*; **~nero** [-'nero] *m* Kanonenboot *n*

caoba [ka'ođa] *f* Mahagoni(holz) *n*

ca|os ['kaɔs] *m* Chaos *n*; **~ótico** [ka'otiko] chaotisch

capa ['kapa] *f* Schicht *f* (*a fig*); (*prenda*) Umhang *m*, Cape *n*; **~ (de pintura)** Anstrich *m*; **~ de ozono** Ozonschicht *f*; **bajo ~ de** unter dem Vorwand von; **andar** (*od* **ir**) **de ~ caída** heruntergekommen sein, F schlecht dran sein

capaci|dad [kapaθi'đađ] *f* Fassungsvermögen *n*; (*aptitud*) Fähigkeit *f*; Talent *n*; **~ de memoria** *inform* Speicherkapazität *f*; **~tación** [-ta'θĭɔn] *f* Befähigung *f*; **curso** *m* **de ~** Fortbildungskurs *m*; **~tar** [-'tar] (*1a*) befähigen; berechtigen

capar [ka'par] (*1a*) kastrieren

caparazón [kapara'θɔn] *m zo* Panzer *m*

capataz [kapa'taθ] *m* Vorarbeiter *m*; Werkmeister *m*; Aufseher *m*; *arqu* Polier *m*; *min* **~ de mina** Steiger *m*

capaz [ka'paθ] fähig; befähigt; tüchtig; imstande (zu **de**)

capazo [ka'paθo] *m* (flacher) Korb *m*; Einkaufskorb *m*

capcioso [kađ'θĭoso] verfänglich; **pregunta** *f* **-a** Fangfrage *f*

capea *taur* [ka'pea] *f* Amateurkampf *m* mit Jungstieren; **~r** [-pe'ar] (*1a*) *den Stier* mit der Capa reizen

capellán [kape'ʎan] *m* Kaplan *m*

Caperucita [kaperu'θita] *f*: **~ Roja** Rotkäppchen *n*

caperuza [kape'ruθa] *f* Kapuze *f*; *tec* Kappe *f*

capicúa [kapi'kua] *m* symmetrische Zahl *f* (*z.B. 5665*)

capilar [kapi'lar] Haar...; Kapillar...

capilla [ka'piʎa] *f* Kapelle *f*; **~ ardiente** (Raum *m* für die) feierliche Aufbahrung *f*

cápita ['kapita]: **per ~** pro Kopf

capital [kapi'tal] **1.** *adj* hauptsächlich, wesentlich; Haupt..., Kapital...; **2.** *f* Hauptstadt *f*; **3.** *m com* Kapital *n*; **~ social** Gesellschafts-, Stammkapital *n*; **~ismo** [-ta'lizmo] *m* Kapitalismus *m*; **~ista** [-'lista] *m* Kapitalist *m*; **~izar** [-li'θar] (*1f*) kapitalisieren

capi|tán [kapi'tan] *m mar* Kapitän *m*; *mil* Hauptmann *m*; *dep* Mannschaftsführer *m*; **~tanear** [-tane'ar] (*1a*) befehligen, anführen; *fig* leiten

capitel *arqu* [kapi'tɛl] *m* Kapitell *n*

capitolio [kapi'tolĭo] *m* Kapitol *n*

capitoste F [kapi'tɔste] *m* F Bonze *m*; F Boss *m*

capitula|ción [kapitula'θĭɔn] *f* Kapitulation *f*; **capitulaciones** *pl* **matrimoniales** Ehevertrag *m*; **~r** [-'lar] **1.** *adj* Kapitel... **2.** *v/i* (*1a*) kapitulieren (*a fig*); *jur* vereinbaren

capítulo [ka'pitulo] *m* Kapitel *n* (*tb rel*); *fig* **llamar a ~** zur Rechenschaft ziehen

capó [ka'po] *m* Motorhaube *f*

capón [ka'pɔn] *m* Kapaun *m*

capota [ka'pota] *f auto* Verdeck *n*; **~r** [-'tar] (*1a*) *avia*, *auto* sich überschlagen

capote [ka'pote] *m* Umhang *m*; *taur* Stierkämpferumhang *m*; **decir** (**pensar**) **para su ~** bei sich sagen (denken)

capricho [ka'pritʃo] *m* Einfall *m*, Laune *f*; Schrulle *f*; **~so** [-'tʃoso] launisch; kapriziös

Capricornio [kapri'kɔrnĭo] *m astr* Steinbock *m*

cápsula ['kađsula] *f* Kapsel *f*, Hülse *f*

capta|ción [kapta'θĭɔn] *f* Erfassung *f*, Gewinnung *f*; **~ de clientes** Kundenfang *m*; **~r** [-'tar] (*1a*) gewinnen; (*atención*) fesseln; (*emisora*) empfangen;

(*comprender*) erfassen
captura [kap'tura] *f* Fang *m*; *jur* Festnahme *f*; **~r** [-'rar] (*1a*) fangen; *jur* festnehmen; *mar* aufbringen; *inform* erfassen
capu|cha [ka'putʃa] *f* Kapuze *f*; **~china** [-'tʃina] *f bot* Kapuzinerkresse *f*; **~chino** [-'tʃino] *m* Kapuzinermönch *m*; **~chón** [-'tʃɔn] *m* Kapuze *f*; *tec* (Verschluss-)Kappe *f*
capullo [ka'puʎo] *m* Kokon *m*; *bot* Knospe *f*
caqui ['kaki] **1.** *m* Kakifrucht *f*; **2.** *adj* kaki(farben)
cara ['kara] *f* Gesicht *n*; Miene *f*; (*de disco*) Seite *f*; (*de moneda*) Bildseite *f*; (*aspecto*) Aussehen *n*; *fig* **~ (dura)** Unverschämtheit *f*; **~ a ~** von Angesicht zu Angesicht; **de ~** von vorn; **(de) ~ a** im Hinblick auf; angesichts; **dar la ~** für s-e Handlung einstehen; **dar la ~ por alg** sich für j-n einsetzen; **echar en ~** vorwerfen; **hacer ~ a** die Stirn bieten; **tener ~ de** aussehen wie; **tener buena (mala) ~** gut (schlecht) aussehen
carabela [kara'ƀela] *f* Karavelle *f*
carabina [kara'ƀina] *f* Karabiner *m*; *fig* F Anstandswauwau *m*
caracol [kara'kɔl] *m zo* Schnecke *f*
carácter [ka'raktɛr] *m* Charakter *m*; Wesen *n*; **~ especial** *tip* Sonderzeichen *n*; **caracteres** *m/pl* **de imprenta** Druckbuchstaben *m/pl*
caracte|rística [karakte'ristika] *f* Kennzeichen *n*, Merkmal *n*; **~rístico** [-ko] bezeichnend, charakteristisch; **~rizar** [-ri'θar] (*1f*) charakterisieren; *teat* treffend darstellen; **~ de** verkleiden als
caradura P [kara'đura] *m* unverschämter Kerl *m*
¡caramba! [ka'ramba] verdammt (noch mal)!; (*sorpresa*) na, so was!
carámbano [ka'rambano] *m* Eiszapfen *m*
carambola [karam'bola] *f* Karambolage *f* (*billar*)
caramelo [kara'melo] *m* Bonbon *n/m*; (*azúcar*) Karamell(zucker) *m*
carátula [ka'ratula] *f* Maske *f*
carava|na [kara'ƀana] *f* Karawane (*a fig*); (*de coches*) Autoschlange *f*; (*remolque*) Wohnwagen(anhänger) *m*; **~ning** [-'ƀaniŋ] *m* Reisen *n* im Wohnwagen, Caravaning *n*
¡caray! [ka'rai̯] verdammt
carbón [kar'ƀɔn] *m* Kohle *f*; **~ vegetal**, **~ de leña** Holzkohle *f*; **dibujo** *m* **al ~** Kohlezeichnung *f*
carbo|nato [karƀo'nato] *m* Karbonat *n*; **~ncillo** [-ƀɔn'θiʎo] *m* Zeichenkohle *f*, Kohlestift *m*; **~nera** [-ƀo'nera] *f* Kohlenkeller *m*; *mar* Bunker *m*; **~nería** [-ne'ria] *f* Kohlenhandlung *f*; **~nero** [-'nero] **1.** *m* Kohlenhändler *m*; **2.** *adj* Kohlen...; **~nilla** [-'niʎa] *f* Kohlenstaub *m*; **~nizar** [-ni'θar] (*1f*) verkohlen; **~no** *quím* [-'ƀono] *m* Kohlenstoff *m*
carbunco [kar'ƀuŋko] *m* Milzbrand *m*
carbura|ción [karƀura'θi̯ɔn] *f auto* Vergasung *f*; **~dor** [-'đɔr] *m* Vergaser *m*; **~nte** [-'rante] *m* Treib-, Kraftstoff *m*; **~r** [-'rar] (*1a*) vergasen
carca P ['karka] rückständig, stockkonservativ
carcaj [kar'kax] *m* Köcher *m*
carcajada [karka'xađa] *f* Gelächter *n*; **reír a ~s** aus vollem Halse lachen
cárcel ['karθɛl] *f* Kerker *m*; Gefängnis *n*
carcelero *m* [karθe'lero] Gefängniswärter *m*
carcinoma *med* [karθi'noma] *m* Karzinom *n*, Krebsgeschwulst *f*
carco|ma [kar'koma] *f* Holzwurm *m*; **~mido** [-'miđo] wurmstichig
cardar [kar'đar] (*1a*) (*lana*) kämmen; (*pelo*) toupieren
cardenal [karđe'nal] *m* Kardinal *m*; *med* blauer Fleck *m*
cardíaco *med* [kar'điako] Herz...; herzkrank
cardinal [karđi'nal] Haupt...; **números** *m/pl* **~es** Grundzahlen *f/pl*; **los puntos ~es** die Himmelsrichtungen *f/pl*
cardiólogo [kar'đi̯ɔlogo] *m* Herzspezialist *m*
cardo *bot* ['karđo] *m* Distel *f*
cardumen [kar'đumen] *m* Fischschwarm *m*, -bank *f*
carear [kare'ar] (*1a*) gegenüberstellen; *fig* vergleichen; **~se** sich aussprechen
carecer [kare'θɛr] (*2d*): **~ de** nicht haben; entbehren
caren|cia [ka'renθi̯a] *f* Mangel *m* (an *dat* **de**), Fehlen *n*; **~te** [-'rente]: **~ de** mangelnd an, ohne
careo *jur* [ka'reo] *m* Gegenüberstellung *f*
carestía [kares'tia] *f* Mangel *m*; *com*

C

Teuerung *f*; Verteuerung *f*
careta [ka'reta] *f* Maske *f*
carey [ka'rɛĭ] *m* Schildpatt *n*
carga ['karga] *f* Last *f*, Bürde *f* (*a fig*); *com* Fracht *f*; Ladung *f* (*a mil, el*); *mil* Angriff *m*; *fig* Belastung *f*; ***~ explosiva*** Sprengladung *f*; ***~ útil*** Nutzlast *f*; ***~s sociales*** Soziallasten *f/pl*, -abgaben *f/pl*; ***volver a la ~*** auf et bestehen; **~do** [-'gađo] beladen (mit ***de***); (*arma*) geladen; (*bebida*) stark; *met* schwül; **~dor** [-ga'đɔr] *m* Verlader *m*; *el* Ladegerät *n*; (*de arma*) Magazin *n*; ***~ de muelle*** *mar* Dockarbeiter *m*, Schauermann *m*; **~mento** [-'mento] *m* Ladung *f*; Fracht *f*; **~nte** F [-'gante] lästig, aufdringlich
cargar [kar'gar] (*1h*) **1.** *v/t* beladen; (*arma*) laden; *el* aufladen; (*culpa*) zuschieben; ***~ en cuenta*** ein Konto belasten; **2.** *v/i* lasten (auf ***sobre***); ***~ con*** tragen; *fig* übernehmen; ***~ contra*** *mil* angreifen; **~se** (*cielo*) sich beziehen; F ***~ a alg*** (*examen*) j-n durchfallen lassen; P (*matar*) j-n umlegen; ***~ a/c*** et kaputtmachen
cargo ['kargo] *m* Amt *n*, Posten *m*; *jur* Anklagepunkt *m*; ***alto ~*** hohe Stellung *f* (*od* Persönlichkeit *f*); ***~ en cuenta*** Lastschrift *f*; ***a ~ de*** zulasten von; ***hacerse ~ de*** übernehmen
carguero [kar'gero] *m mar* Frachter *m*; (***avión*** *m*) **~** Lastflugzeug *n*
cariado [ka'rĭađo] (*diente*) faul, kariös
caricatu|ra [karika'tura] *f* Karikatur *f*; **~rista** [-'rista] *m* Karikaturist *m*; **~rizar** [-ri'θar] (*1f*) karikieren
caricia [ka'riθĭa] *f* Liebkosung *f*, Zärtlichkeit *f*
caridad [kari'đađ] *f* Nächstenliebe *f*; Wohltätigkeit *f*; (*limosna*) Almosen *n*
caries ['karĭes] *f med* Karies *f*
carillón [kari'ʎɔn] *m* Glockenspiel *n*
cariño [ka'riɲo] *m* Liebe *f*, Zuneigung *f*; ***¡~!*** Liebling!; ***tomar ~ a*** lieb gewinnen; **~so** [-ri'ɲoso] liebevoll; zärtlich
carisma [ka'rizma] *m* Charisma *n*, Ausstrahlung *f*
caritativo [karita'tiƀo] mildtätig, karitativ
cariz [ka'riθ] *m* Aussehen *n*; Lage *f*; ***tomar mal ~*** bedenklich aussehen
carlinga *avia* [kar'liŋga] *f* Pilotenkanzel *f*, Cockpit *n*
carmelita [karme'lita] *m* (*f*) Karmeliter(in *f*) *m*
car|mesí [karme'si] karmesinrot; **~mín** [-'min] *m* Karmin(rot) *n*
carnal [kar'nal] fleischlich, sinnlich; (*pariente*) leiblich
carnaval [karna'ƀal] *m* Karneval *m*, Fasching *m*
carne ['karne] *f* Fleisch *n*; ***~ de cañón*** *fig* Kanonenfutter *n*; ***~ congelada*** Gefrierfleisch *n*; ***~ de gallina*** *fig* Gänsehaut *f*; ***~ de membrillo*** Quittengelee *n*; ***~ picada*** Hackfleisch *n*; ***poner toda la ~ en el asador*** alle Hebel in Bewegung setzen
carné [kar'ne] *m s* ***carnet***
carnero [kar'nero] *m* Hammel *m*; (*carne*) Hammelfleisch *n*
carnet [kar'ne] *m* Ausweis *m*; ***~ de conducir*** Führerschein *m*; ***~ de identidad*** Personalausweis *m*
carnice|ría [karniθe'ria] *f* Metzgerei *f*, Fleischerei *f*; *fig* Blutbad *n*, Gemetzel *n*; **~ro** [-'θero] *m* Fleischer *m*, Metzger *m*
cárnico ['karniko] Fleisch...
carnívoro [kar'niƀoro] Fleisch fressend
carnoso [kar'noso] fleischig
caro ['karo] teuer; *fig a* lieb
carótida *anat* [ka'rotiđa] *f* Halsschlagader *f*
carpa ['karpa] *f zo* Karpfen *m*; (*entoldado*) Zirkuszelt *n*
carpeta [kar'peta] *f* (Akten-)Mappe *f*; Aktendeckel *m*; Schreibunterlage *f*
carpinte|ría [karpinte'ria] *f* Schreinerwerkstatt *f*, Tischlerei *f*; (*oficio*) Tischlerhandwerk *n*; **~ro** [-'tero] *m* Schreiner *m*, Tischler *m*; (***pájaro*** *m*) **~** Specht *m*
carraspe|ar [karraspe'ar] (*1a*) sich räuspern; **~ra** [-'pera] *f* Heiserkeit *f*
carrera [ka'rrɛra] *f* Lauf *m*; Wettlauf *m*; Rennen *n*; (*trayecto*) Weg(strecke *f*) *m*; (*estudios*) Laufbahn *f*, Karriere *f*; (*en la media*) Laufmasche *f*; ***~ de armamentos*** Wettrüsten *n*; ***~ de fondo*** Lang(-strecken)lauf *m*; ***tomar ~*** Anlauf nehmen
carre|ta [ka'rrɛta] *f* Karren *m*; **~te** [ka'rrɛte] *m* Spule *f*; *fot* (Roll-)Film *m*; ***~ de hilo*** Garnrolle *f*; **~tera** [-'tera] *f* Landstraße *f*; **~tilla** [-'tiʎa] *f* Schubkarre *f*

carril [ka'rril] *m* Fahrspur *f*; *ferro* Schiene *f*; **~ de adelantamiento** Überholspur *f*; **~-bici** Fahrradweg *m*; **~ para vehículos lentos** Kriechspur *f*
carri|llo [ka'rriʎo] *m* Backe *f*, Wange *f*; **~to** [-'rrito] *m* Wägelchen *n*; **~ de compra** Einkaufswagen *m*; **~ para equipajes** Kofferkuli *m*; **~ de té** (*od* **de servicio**) Teewagen *m*
carrizo [ka'rriθo] *m* Schilf *n*; Rohr *n*
carro ['karrɔ] *m* Karren *m*, Karre *f*; (*máquina de escribir*) Wagen *m*; *Am* Auto *n*; **~ de combate** Panzer(wagen) *m*
carrocería [karrɔθe'ria] *f* Karosserie *f*
carroña [ka'rrɔɲa] *f* Aas *n*
carroza [ka'rrɔθa] **1.** *f* Karosse *f*; **2.** *adj* F alt, altmodisch
carruaje [ka'rrŭaxe] *m* Fuhrwerk *n*
carta ['karta] *f* Brief *m*, Schreiben *n*; *pol* Charta *f*; (*naipe*) (Spiel-)Karte *f*; *gastr* (Speise-)Karte *f*; **~ de ajuste** *TV* Testbild *n*; **~ blanca** Blankovollmacht *f*; **~-bomba** *f* Briefbombe *f*; **~ certificada** Einschreiben *n*; **~ comercial** Geschäftsbrief *m*; **~ con valores** (**declarados**) Wertbrief *m*; **~ de vinos** Getränkekarte *f*; **~ urgente** Eilbrief *m*; **dar ~ blanca a alg** j-m freie Hand lassen; **jugarse todo a una ~** *fig* alles auf e-e Karte setzen; **tomar ~s en el asunto** eingreifen; **tomar ~ de naturaleza** *fig* sich einbürgern
cartabón [karta'ƀɔn] *m* Winkelmaß *n*, Zeichendreieck *n*
cartapacio [karta'paθĭo] *m* Mappe *f*
cartearse [karte'arse] (*1a*) in Briefwechsel stehen
cartel [kar'tɛl] *m* Plakat *n*; **estar en ~** auf dem Spielplan stehen
cártel *com* ['kartɛl] *m* Kartell *n*
cartele|ra [karte'lera] *f* Anschlagbrett *n*; Veranstaltungskalender *m*; **~ro** [-'lero] *m* Plakatkleber *m*
carteo [kar'teo] *m* Briefwechsel *m*
cárter ['kartɛr] *m tec* Gehäuse *n*; *auto* Ölwanne *f*
carte|ra [kar'tera] *f* Brieftasche *f*; Aktentasche *f*; Schultasche *f*; Mappe *f*; *com* Bestand *m*; (*persona*) Briefträgerin *f*; *pol* Portefeuille *n*; **~ría** [-'ria] *f* Briefabfertigung *f*; **~rista** [-'rista] *m* Taschendieb *m*; **~ro** [-'tero] *m* Briefträger *m*
cartílago [kar'tilago] *m* Knorpel *m*
cartilla [kar'tiʎa] *f* Fibel *f*; **~ de ahorro** Sparbuch *n*
cartógrafo [kar'tografo] *m* Kartenzeichner *m*, Kartograph *m*
cartomancia [karto'manθĭa] *f* Kartenlegen *n*, -schlagen *n*
cartón [kar'tɔn] *m* Pappe *f*, Karton *m*; (*de cigarrillos*) Stange *f*; **~ ondulado** Wellpappe *f*; **~ piedra** Pappmaché *n*
cartoné *cien* [karto'ne] kartoniert
cartuch|era [kartu'tʃera] *f* Patronentasche *f*; **~o** [-'tutʃo] *m* Patrone *f*
cartu|ja [kar'tuxa] *f* Kartäuserkloster *n*; **~jo** [-'tuxo] *m* Kartäuser(mönch) *m*
cartulina [kartu'lina] *f* dünner Karton *m*, feine Pappe *f*
casa ['kasa] *f* Haus *n*; Wohnung *f*; *com* Firma *f*; **a ~** nach Hause, *österr*, *schweiz* nachhause; **en ~** zu Hause *österr*, *schweiz* zuhause; **~ adosada** Reihenhaus *n*; **~ de campo** Landhaus *n*; **~-cuna** Kinderkrippe *f*; **~ de empeños**, **~ de préstamos** Pfandhaus *n*; **~ de huéspedes** Pension *f*; **~ de locos** Irrenhaus *n*; **~ de maternidad** Entbindungsanstalt *f*; **~ de pisos** (**de alquiler**) Mietshaus *n*; **~ matriz** *com* Stammhaus *n*; **~ prefabricada** Fertighaus *n*; **~ pública** Bordell *n*; **echar** (*od* **tirar**) **la ~ por la ventana** das Geld zum Fenster hinauswerfen; **llevar la ~** den Haushalt führen
casación *jur* [kasa'θĭɔn] *f* Kassation *f*; Aufhebung *f*
casa|dero [kasa'đero] heiratsfähig; **~mentero** *m* [-men'tero] Heiratsvermittler *m*; **~miento** [-'mĭento] *m* Heirat *f*, Hochzeit *f*, Trauung *f*
casar [ka'sar] (*1a*) **1.** *v/t* verheiraten, trauen; *jur* für ungültig erklären; **2.** *v/i fig* harmonieren; **~se** (sich ver)heiraten; **~ por lo civil** (**por la iglesia**) standesamtlich (kirchlich) heiraten
cascabel [kaska'ƀɛl] *m* Schelle *f*; Glöckchen *n*; **serpiente** *f* **de ~** Klapperschlange *f*
cascа|da [kas'kađa] *f* Wasserfall *m*; Kaskade *f*; **~do** [-'kađo] verbraucht; altersschwach; (*voz*) brüchig; **~nueces** [-'nŭeθes] *m* Nussknacker *m*
cascar [kas'kar] (*1g*) knacken; zerbrechen; *fig* prügeln; (*charlar*) schwatzen
cáscara ['kaskara] *f* Schale *f*

C

casco ['kasko] *m* Helm *m*; (*fragmento*) Scherbe *f*; Splitter *m*; *mar* (Schiffs-)Rumpf *m*; *zo* Huf *m*; (*envase*) Flasche *f*; **~ antiguo** Altstadt *f*; **~ azul** Blauhelm *m*; **~ urbano** Stadtkern *m*; **~s** *pl* F Kopfhörer *m/pl*; F ***ligero de ~s*** leichtsinnig

cascote [kas'kote] *m* (Bau-)Schutt *m*

case|río [kase'rio] *m* Weiler *m*; Gehöft *n*; **~ro** [-'sero] **1.** *adj* Haus...; häuslich; *gastr* hausgemacht; **2.** *m* Hausherr *m*, -wirt *m*; **~rón** [-se'rɔn] *m* großes, altes Haus *n*; **~ta** [-'seta] *f* Hütte *f*; Bude *f*; ***~ de baños*** Badekabine *f*; ***~ de tiros*** Schießbude *f*

casete [ka'sete] *m* = ***cassette***

casi ['kasi] beinahe, fast

casilla [ka'siʎa] *f* Häuschen *n*; (*de ajedrez*) Feld *n*; (*de un mueble*) Fach *n*; (*en un papel*) Kästchen *n*; *fig* ***salirse de sus ~s*** aus dem Häuschen geraten

casino [ka'sino] *m* Kasino *n*; Klubhaus *n*; ***~ de juego*** Spielbank *f*

casis ['kasis] *f* Schwarze Johannisbeere *f*

caso ['kaso] *m* Fall *m*; *gram a* Kasus *m*; ***en ~ de que*** (*subj*), ***~ de*** (*inf*) falls; ***estar en el ~*** im Bilde sein; ***hacer ~ a alg*** auf j-n hören; ***hacer ~ de*** beachten; ***no hacer*** (*od* ***venir***) ***al ~*** nicht zur Sache gehören; ***hacer ~ omiso de*** unbeachtet lassen; ***¡vamos al ~!*** kommen wir zur Sache!; ***en todo ~*** auf jeden Fall; (*a lo sumo*) allenfalls; ***en último ~*** notfalls

casorio F [ka'sorĭo] *m* Missheirat *f*

caspa ['kaspa] *f* (Kopf-)Schuppen *f/pl*

casquillo [kas'kiʎo] *m* Patronenhülse *f*; *tec* Hülse *f*

casquivano F [kaski'ƀano] leichtsinnig, F windig

cassette [ka'sɛt] *f* (Tonband-)Kassette *f*; (*aparato*) Kassettenrekorder *m*; ***~ virgen*** unbespielte Kassette *f*, Leerkassette *f*

casta ['kasta] *f* Kaste *f*; Geschlecht *n*

casta|ña [kas'taɲa] *f* Kastanie *f*; *fig* ***sacar las ~s del fuego*** die Kastanien aus dem Feuer holen; **~ño** [-'taɲo] **1.** *adj* kastanienbraun; **2.** *m* Kastanienbaum *m*; F ***pasar de ~ oscuro*** über die Hutschnur gehen; **~ñuela** [-ta'ɲŭela] *f* Kastagnette *f*

castellano [kaste'ʎano] **1.** *adj* kastilisch; (*lengua*) spanisch; **2.** *m* Kastilier *m*; (*lengua*) Spanisch(e) *n*

castidad [kasti'đađ] *f* Keuschheit *f*

casti|gador [kastiga'đɔr] *m fig* Frauenheld *m*; **~gar** [-'gar] (*1h*) (be)strafen; **~go** [-'tigo] *m* Strafe *f*, Bestrafung *f*; (*escuela*) Strafarbeit *f*

castillete [kasti'ʎete] *m* Förderturm *m*; ***~ de sondeos*** Bohrturm *m*

castillo [kas'tiʎo] *m* Burg *f*; Schloss *n*; ***~ de naipes*** Kartenhaus *n* (*a fig*); ***~ en el aire*** *fig* Luftschloss *n*

castizo [kas'tiθo] echt, rein; urwüchsig

casto ['kasto] keusch, züchtig

castor [kas'tɔr] *m* Biber *m*

castra|ción [kastra'θĭɔn] *f* Kastration *f*; **~r** [-'trar] (*1a*) kastrieren

castrense [kas'trense] Militär...

casual [ka'sŭal] zufällig; **~idad** [-li'đađ] *f* Zufall *m*; Zufälligkeit *f*; ***por ~*** zufällig

casulla [ka'suʎa] *f* Messgewand *n*

cata ['kata] *f* Probieren *n*, Kosten *n*; ***~ de vinos*** Weinprobe *f*; **~clismo** [-'klizmo] *m* Katastrophe *f* (*a fig*); **~cumbas** [-'kumbas] *f/pl* Katakomben *f/pl*; **~dor** [-'đɔr] *m*: **~ (*de vinos*)** Weinprüfer *m*

catalán [kata'lan] **1.** *adj* katalanisch; **2.** *m* Katalane *m*; (*lengua*) Katalanisch(e) *n*

catalejo [kata'lɛxo] *m* Fernrohr *n*

catalizador [kataliθa'đɔr] *m* Katalysator *m* (*a auto*)

cat|alogar [katalo'gar] (*1h*) katalogisieren; **~álogo** [-'talogo] *m* Katalog *m*

cataplasma *med* [kata'plazma] *f* Umschlag *m*

catapulta [kata'pulta] *f* Katapult *m od n*; **~r** [-'tar] (*1a*) katapultieren (*a fig*)

catar [ka'tar] (*1a*) probieren

catarata [kata'rata] *f* Wasserfall *m*; *med* grauer Star *m*

catarro [ka'tarrɔ] *m* Katarr(h) *m*; Erkältung *f*

catastro [ka'tastro] *m* Kataster *m*, *n*

catástrofe [ka'tastrofe] *f* Katastrophe *f*

catastrófico [katas'trofiko] katastrophal

catavino [kata'ƀino] *m* Stechheber *m*; **~s** [-'ƀinos] *m* Weinprüfer *m*

catear F [kate'ar] (*1a*) durchfallen (lassen)

catecismo [kate'θizmo] *m* Katechismus *m*

cátedra ['kateđra] *f* Lehrstuhl *m*, Professur *f*
catedral [kate'đral] *f* Kathedrale *f*; Dom *m*
catedrático [kate'đratiko] *m* Professor *m*; **~ de Instituto** *etwa*: Studienrat *m*
cate|goría [katego'ria] *f* Kategorie *f*; (*rango*) Rang *m*; (*calidad*) Güte *f*; Klasse *f*; **~ media** Mittelklasse *f*; **de ~** bedeutend, von Rang; **~górico** [-'goriko] kategorisch
catéter *med* [ka'tetɛr] *m* Katheter *m*
cátodo *el* ['katođo] *m* Kathode *f*
catolicismo [katoli'θizmo] *m* Katholizismus *m*
católico [ka'toliko] **1.** *adj* katholisch; **2.** *m* Katholik *m*
catorce [ka'tɔrθe] vierzehn
catre ['katre] *m* Feldbett *n*
cauce ['kaŭθe] *m* Flussbett *n*; *fig* Bahn *f*, Weg *m*; **volver a su ~** *fig* wieder ins Geleise kommen
caucho ['kaŭtʃo] *m* Kautschuk *m*
caución [kaŭ'θĭɔn] *f* Sicherheitsleistung *f*, Kaution *f*
caudal [kaŭ'đal] *m* Wassermenge *f*; *fig* Fülle *f*; Vermögen *n*; **~oso** [-đa'loso] wasserreich
caudillo [kaŭ'điʎo] *m* (An-)Führer *m*
causa ['kaŭsa] *f* Ursache *f*, Grund *m*; *jur* Prozess *m*; **a ~ de** wegen; **por mí ~** meinetwegen; **hacer ~ común con** gemeinsame Sache machen mit (*dat*); **~nte** [-'sante] *m* Urheber *m*; **~r** [-'sar] (*1a*) verursachen
causticidad [kaŭstiθi'đađ] *f fig* Bissigkeit *f*
cáustico ['kaŭstiko] ätzend; *fig* beißend, bissig
caute|la [kaŭ'tela] *f* Vorsicht *f*; **~loso** [-te'loso] vorsichtig, behutsam
cauterizar [kaŭteri'θar] (*1f*) (aus)brennen; ätzen
cauti|var [kaŭti'ƀar] (*1a*) gefangen nehmen; *fig* fesseln, entzücken; **~verio** [-ti'ƀerĭo] *m*, **~vidad** [-ƀi'đađ] *f* Gefangenschaft *f*; **~vo** [-'tiƀo] **1.** *adj* gefangen; **2.** *m* Gefangene(r) *m*
cauto ['kaŭto] vorsichtig; behutsam
cava ['kaƀa] **a)** *f* Weinkellerei *f*; **b)** *m* Sekt *m*; **~r** [-'ƀar] (*1a*) hacken; graben
caverna [ka'ƀɛrna] *f* Höhle *f*
caviar [ka'ƀĭar] *m* Kaviar *m*
cavidad [kaƀi'đađ] *f* Höhlung *f*; Vertiefung *f*; *med* Höhle *f*
cavilar [kaƀi'lar] (*1a*) grübeln
cayad|o *m*, **-a** *f* [ka'jađo, -đa] Hirtenstab *m*; Bischofsstab *m*
caza ['kaθa] **a)** *f* Jagd *f*; (*animales*) Wild *n*; **b)** *avia m* Jagdflugzeug *n*; **~ de reacción** Düsenjäger *m*; **~bombardero** [-ƀɔmbar'đero] *m* Jagdbomber *m*; **~dor** [-'đɔr] *m* Jäger *m* (*a mil*); **~dora** [-'đora] *f* Jägerin *f*; (*chaqueta*) Sport-, Windjacke *f*; **~r** [ka'θar] (*1f*) jagen (*a fig*); F ergattern; ertappen
cazo ['kaθo] *m* Stieltopf *m*
cazuela [ka'θŭela] *f* Koch-, Schmortopf *m*
ceba|da [θe'ƀađa] *f* Gerste *f*; **~r** [-'ƀar] (*1a*) mästen; *fig* schüren, nähren; **~rse: ~ en alg** s-e Wut an j-m auslassen
cebellina [θeƀe'ʎina] *f* Zobel *m*
cebo ['θeƀo] *m* Mastfutter *n*; (*para peces, etc*) Köder *m* (*a fig*)
cebo|lla [θe'ƀoʎa] *f* Zwiebel *f*; **~lleta** [-'ʎeta] *f* Frühlingszwiebel *f*; **~llino** [-'ʎino] *m* Schnittlauch *m*
cebra ['θeƀra] *f* Zebra *n*; **paso** *m* **~** Zebrastreifen *m*
Ceca ['θeka] *f*: **ir** (*od* **andar**) **de la ~ a la Meca** von Pontius zu Pilatus laufen
cece|ar [θeθe'ar] (*1a*) lispeln; **~o** [-'θeo] *m* Lispeln *n*
cecina [θe'θina] *f* Rauch-, Dörrfleisch *n*
cedazo [θe'đaθo] *m* Sieb *n*
ceder [θe'đɛr] (*2a*) **1.** *v/t* abtreten, überlassen; **~ el paso** den Vortritt lassen; **ceda el paso** Vorfahrt gewähren; **2.** *v/i* nachgeben; (*disminuir*) nachlassen
cedro *bot* ['θeđro] *m* Zeder *f*
cédula ['θeđula] *f* Schein *m*; Urkunde *f*; *Am* **~ de identidad** Personalausweis *m*
cegar [θe'gar] (*1h u 1k*) blenden; *fig* verblenden; (*tapar*) verstopfen; zuschütten
ceguera [θe'gera] *f* Blindheit *f*
ceja ['θɛxa] *f* Augenbraue *f*; **tener entre ~ y ~** (*e-e Sache*) im Auge haben
cejar [θɛ'xar] (*1a*) nachgeben
celador [θela'đɔr] *m* Aufseher *m*; (Gefängnis-)Wärter *m*
cel|da ['θɛlda] *f* (Kloster-, Gefängnis-) Zelle *f*; **~dilla** [-'diʎa] *f* Bienenzelle *f*
celebra|ción [θeleƀra'θĭɔn] *f* Feier *f*; **~r** [-'ƀrar] (*1a*) feiern, begehen; (*alabar*) loben; (*acto*) veranstalten; abhalten;

C

lo celebro mucho das freut mich sehr; **~rse** stattfinden

célebre ['θeleƀre] berühmt

celebridad [θeleƀri'đađ] *f* Berühmtheit *f*

celeridad [θeleri'đađ] *f* Schnelligkeit *f*

celes|te [θe'leste] himmlisch, Himmels...; (*color*) himmelblau; **~tial** [-'tĭal] himmlisch (*a fig*); **~tina** [-'tina] *f* Kupplerin *f*

celibato [θeli'ƀato] *m* Zölibat *n*, *m*

célibe ['θeliƀe] unverheiratet, ledig

celo ['θelo] *m* Eifer *m*; *zo* Brunst *f*, **~s** *pl* Eifersucht *f*; ***tener ~s de*** eifersüchtig sein auf (*ac*)

celofán [θelo'fan] *m* Cellophan *n*

celosía [θelo'sia] *f* Jalousie *f*

celoso [θe'loso] eifersüchtig (auf *ac* ***de***)

celta ['θɛlta] **1.** *adj* keltisch; **2.** *su* Kelte *m*, Keltin *f*

celtibérico [θɛlti'ƀeriko] keltiberisch

céltico ['θɛltiko] keltisch

célula ['θelula] *f* Zelle *f*; ***~ fotoeléctrica*** Fotozelle *f*

celu|lar [θelu'lar] Zell..., Zellen...; **~litis** *med* [-'litis] *f* Zellulitis *f*; **~losa** [-'losa] *f* Zellulose *f*

cemen|tar [θemen'tar] (*1a*) zementieren; **~terio** [-'terĭo] *m* Friedhof *m*; **~to** [-'mento] *m* Zement *m*

cena ['θena] *f* Abendessen *n*; ***~ de negocios***, ***~ de trabajo*** Arbeitsessen *n*, Geschäftsessen *n*

cenador [θena'đɔr] *m* Laube *f*

cena|gal [θena'gal] *m* Moor *n*; Morast *m*; **~goso** [-'goso] morastig

cenar [θe'nar] (*1a*) zu Abend essen

cencerro [θen'θɛrrɔ] *m* Kuhglocke *f*

cenefa [θe'nefa] *f* Borte *f*; Einfassung *f*; *arqu* Randverzierung *f*

ceni|cero [θeni'θero] *m* Aschenbecher *m*; **℃cienta** [-'θĭenta] *f* Aschenputtel *n* (*a fig*); **~ciento** [-'θĭento] aschgrau

cenit [θe'nit] *m* Zenit *m* (*a fig*)

ceni|za [θe'niθa] *f* Asche *f*; **~zo** [-θo] *m* F Pechvogel *m*

censo ['θenso] *m* (Volks-)Zählung *f*; ***~ electoral*** Wählerliste *f*; **~r** [-'sɔr] *m* Zensor *m*; ***~ jurado de cuentas*** Wirtschaftsprüfer *m*

censura [θen'sura] *f* Zensur *f*; Tadel *m*; **~ble** [-'raƀle] tadelnswert; **~r** [-'rar] (*1a*) zensieren; kritisieren; tadeln

centavo [θen'taƀo] *m* Hundertstel *n*

centell|a [θen'teʎa] *f* Funke(n) *m*; Blitz *m*; **~ear** [-teʎe'ar] (*1a*) funkeln, glitzern

centena [θen'tena] *f*, **~r** [-te'nar] *m* Hundert *n*; **~rio** [-'narĭo] **1.** *adj* hundertjährig; **2.** *m* Hundertjahrfeier *f*

centeno [θen'teno] *m* Roggen *m*

cen|tésimo [θen'tesimo] hundertste(r); **~tígrado** [-'tigrađo]: ***grados*** *m/pl* ***~s*** Grad *m/pl* Celsius; **~tímetro** [-'timetro] *m* Zentimeter *m od n*

centinela [θenti'nela] *m* (Wacht-)Posten *m*

central [θen'tral] **1.** *adj* zentral; Haupt...; Mittel...; **2.** *f* Zentrale *f*, Hauptstelle *f*; ~ (***eléctrica***) Kraft-, Elektrizitätswerk *n*; ***~ hidroeléctrica*** Wasserkraftwerk *n*; ***~ nuclear*** Kernkraftwerk *n*; ***~ telefónica*** Telefonzentrale *f*; ***~ térmica*** Wärmekraftwerk *n*; **~ismo** [-'izmo] *m* Zentralismus *m*; **~ita** *tel* [-tra'lita] *f* Hausvermittlung *f*; **~izar** [-trali'θar] (*1f*) zentralisieren

centrar [θen'trar] (*1a*) *tec* zentrieren; *dep* flanken; *fig* auf sich ziehen; **~se** sich konzentrieren (auf *ac* ***en***)

céntrico ['θentriko] zentral gelegen

centrifuga|dora [θentrifuga'đora] *f* Zentrifuge *f*; (*para ropa*) Schleuder *f*; **~r** [-'gar] (*1h*) schleudern

centro ['θentro] *m* Mitte *f*; Mittelpunkt *m*; Zentrum *n*; ***~ de cálculo*** Rechenzentrum *n*; ***~ comercial*** Einkaufszentrum *n*; ***~ de datos*** Datenzentrum *n*; ***~ de gravedad*** Schwerpunkt *m*; ***~ urbano*** Stadtzentrum *n*; **~americano** [-ameri'kano] mittelamerikanisch; **~campista** [-kam'pista] *m dep* Mittelfeldspieler *m*; **~europeo** [-eŭro'peo] mitteleuropäisch

ceñi|do [θe'ɲiđo] eng anliegend; **~r** [-'ɲir] (*3l u 3h*) gürten, umschnallen; (*rodear*) um-, einfassen; **~rse** sich beschränken (auf *ac* ***a***)

ceñ|o ['θeɲo] *m* Stirnrunzeln *n*; finstere Miene *f*; **~udo** [-'ɲuđo] stirnrunzelnd; (finster) blickend

cepa ['θepa] *f* Baumstrunk *m*; (*vid*) Reb-, Weinstock *m*; ***de pura ~*** echt, F waschecht

cepill|ar [θepi'ʎar] (*1a*) bürsten; *tec* hobeln; **~o** [-'piʎo] *m* Bürste *f*; *tec* Hobel *m*; *rel* Opferstock *m*; ***~ de dientes*** Zahnbürste *f*

cepo ['θepo] *m auto* Parkkralle *f*

cera ['θera] *f* Wachs *n*
cerámica [θe'ramika] *f* Keramik *f*
ceramista [θera'mista] *m* (*f*) Keramiker(in *f*) *m*
cerca[1] ['θɛrka] *f* Umzäunung *f*; Zaun *m*
cerca[2] ['θɛrka] nahe; ***de ~*** aus der Nähe; ***~ de*** nahe bei; (*aproximadamente*) ungefähr
cercado [θɛr'kađo] *m* Umzäunung *f*, Einfriedigung *f*; Gehege *n*
cercanía [θɛrka'nia] *f* Nähe *f*; ***~s*** *f/pl* Umgebung *f*; ***tren*** *m* ***de ~s*** Nahverkehrszug *m*
cercano [θɛr'kano] nahe
cercar [θɛr'kar] (*1g*) umgeben; *mil* einschließen, umzingeln
cerciorarse [θɛrθĭo'rarse] (*1a*) sich vergewissern
cerco ['θɛrko] *m* Ring *m*, Kreis *m*; *mil* Belagerung *f*
cer|da ['θɛrđa] *f* Borste *f*; *zo* Sau *f*; **~do** ['θɛrđo] *m* Schwein *n* (*a fig*)
cereales [θere'ales] *m/pl* Getreide *n*
cere|belo [θere'ƀelo] *m* Kleinhirn *n*; **~bral** [-'ƀral] Gehirn..., Hirn...; **~bro** [-'reƀro] *m* Gehirn *n*, Hirn *n*
ceremoni|a [θere'monĭa] *f* Feierlichkeit *f*; Zeremonie *f*; **~al** [-mo'nĭal] **1.** *adj* feierlich; förmlich; **2.** *m* Zeremoniell *n*; **~oso** [-'nĭoso] förmlich
céreo ['θereo] wächsern
cere|za [θe'reθa] *f* Kirsche *f*; **~zo** [-'reθo] *m* Kirschbaum *m*
cerilla [θe'riʎa] *f* Streichholz *n*
cerner [θɛr'nɛr] (*2g*) sieben; **~se** drohen, sich zs.-brauen
cero ['θero] *m* Null *f*; F ***ser un ~ a la izquierda*** e-e Null sein
cerra|do [θɛ'rrađo] geschlossen, zu; (*curva*) scharf; (*noche*) finster; (*barba*) dicht; *fig* verschlossen; engstirnig; ***oler a ~*** muffig riechen; **~dura** [θɛrra'đura] *f* Schloss *n*; ***~ de contacto*** Zündschloss *n*; ***~ de seguridad*** Sicherheitsschloss *n*; **~jería** [-xe'ria] *f* Schlosserei *f*; **~jero** [-'xero] *m* Schlosser *m*
cerrar [θɛ'rrar] (*1k*) **1.** *v/t* (ab-, ver-, zu-) schließen, zumachen; (*paso*, *etc*) (ver-) sperren; ***~ al tráfico*** für den Verkehr sperren; **2.** *v/i* schließen, zugehen; **~se** sich schließen; *fig* ***~ a*** sich verschließen (*dat*)
cerro ['θɛrrɔ] *m* Hügel *m*; **~jo** [θɛ'rrɔxo] *m* Riegel *m*; ***echar el ~ a*** zuriegeln
certamen [θɛr'tamen] *m* Wettbewerb *m*, -streit *m*
cer|tero [θɛr'tero] treffend, genau; **~teza** [-'teθa] *f*, **~tidumbre** [-ti'đumbre] *f* Gewissheit *f*, Sicherheit *f*
certifica|ción [θɛrtifika'θĭɔn] *f* Bescheinigung *f*; Bestätigung *f*; **~do** [-'kađo] *m* Bescheinigung *f*; Zertifikat *n*; *med* Attest *n*; *corr* Einschreiben *n*; **~r** [-'kar] (*1g*) bescheinigen; bestätigen; *corr* einschreiben lassen
cerumen [θe'rumen] *m* Ohrenschmalz *n*
cervato [θɛr'ƀato] *m* Hirschkalb *n*
cerve|cería [θɛrƀeθe'ria] *f* Brauerei *f*; (*local*) Bierstube *f*; **~cero** [-'θero] *m* Brauer *m*; **~za** [-'ƀeθa] *f* Bier *n*; ***~ de barril*** Fassbier *n*
cervical [θɛrƀi'kal] Hals...
cesa|ción [θesa'θĭɔn] *f* Aufhören *n*; Einstellung *f*; **~r** [-'sar] (*1a*) aufhören; ***sin ~*** unaufhörlich
cesárea *med* [θe'sarea] *f* Kaiserschnitt *m*
cese ['θese] *m* Aufhören *n*, Beendigung *f*; Ausscheiden *n* (aus dem Dienst); ***~ del negocio*** Geschäftsaufgabe *f*
cesión [θe'sĭɔn] *f* Abtretung *f*, Überlassung *f*
césped ['θespeđ] *m* Rasen *m*
ces|ta ['θesta] *f* Korb *m*; *com* ***~ de la compra*** Warenkorb *m*; **~tería** [-te'ria] *f* Korbmacherei *f*; **~to** ['θesto] *m* (größerer) Korb *m*
cesura [θe'sura] *f* Zäsur *f* (*a fig*)
cetro ['θetro] *m* Zepter *n*
chabaca|nería [tʃaƀakane'ria] *f* Geschmacklosigkeit *f*; **~no** [-'kano] geschmacklos
chabola [tʃa'ƀola] *f* Hütte *f*; Elendswohnung *f*
chacal [tʃa'kal] *m* Schakal *m*
chacha F ['tʃatʃa] *f* (Kinder-, Dienst-) Mädchen *n*
cháchara ['tʃatʃara] *f* Geschwätz *n*
chafar [tʃa'far] (*1a*) zertreten; zerknittern; zerdrücken
chaflán [tʃa'flan] *m* Schrägkante *f*; (abgeschrägte) Haus- *od* Straßenecke *f*
chal [tʃal] *m* Schal *m*; **~ado** P [tʃa'lađo] verrückt; ***~ por*** F verknallt in
chalana *mar* [tʃa'lana] *f* Leichter *m*, Schute *f*
chalé [tʃa'le] *m s* ***chalet***
chaleco [tʃa'leko] *m* Weste *f*; ***~ salvavi-***

C

das Schwimmweste *f*
chalet [tʃa'lɛt] *m* Villa *f*; Landhaus *n*; **~ *adosado*** Reihenhaus *n*
chalote *bot* [tʃa'lote] *m* Schalotte *f*
chalupa [tʃa'lupa] *f mar* Schaluppe *f*
chamba ['tʃamba] *f* Zufallstreffer *m*; glücklicher Zufall *m*
cham|pán [tʃam'pan], **~paña** [-'paɲa] *m* Champagner *m*; **~pañera** [-pa'ɲera] *f* Sektkühler *m*
champiñon [tʃampi'ɲɔn] *m* Champignon *m*
champú [tʃam'pu] *m* Shampoo *n*
chamuscar [tʃamus'kar] (*1g*) an-, versengen; leicht rösten
chancho *Am* ['tʃantʃo] *m* Schwein *n*
chanchull|ero [tʃantʃu'ʎero] *m* Schwindler *m*; **~o** [-'tʃuʎo] *m* Schwindelei *f*; Schiebung *f*
chanc|la ['tʃaŋkla] *f* F Latsche *f*; **~leta** [-'kleta] *f* Pantoffel *m*, Hausschuh *m*; **~lo** ['tʃaŋklo] *m* Überschuh *m*; Gummischuh *m*
chándal ['tʃanđal] *m* Trainings-, Jogginganzug *m*
chanquete [tʃaɲ'kete] *m* (*pez*) Weißgrundel *m*
chanta|je [tʃan'taxe] *m* Erpressung *f*; ***hacer ~*** = **~jear** [-taxe'ar] (*1a*) erpressen; **~jista** [-ta'xista] *m* Erpresser *m*
chapa ['tʃapa] *f* Blech *n*; Platte *f*; Blechmarke *f*; (*tapón*) Kronkorken *m*; **~do** [-'pađo] furniert; beschlagen; ***~ en oro*** aus Golddoublé
chaparrón [tʃapa'rrɔn] *m* Regenguss *m*
chapero F [tʃa'pero] *m* F Strichjunge *m*
chapistería [tʃapiste'ria] *f auto* Karosseriewerkstatt *f*
chapotear [tʃapote'ar] (*1a*) **1.** *v/t* anfeuchten; **2.** *v/i* plätschern; plantschen
chapuce|ar [tʃapuθe'ar] (*1a*) (ver)pfuschen; stümpern; **~ría** [-θe'ria] *f* Pfusch(erei *f*) *m*; Stümperei *f*; **~ro** [-'θero] *m* Stümper *m*
chapurr(e)ar [tʃapu'rrar, -rrɛ'ar] (*1a*) (*idioma*) radebrechen
chapu|za [tʃa'puθa] *f* Pfuscharbeit *f*; **~zón** [-'θɔn] *m* Untertauchen *n*; Sprung *m* ins Wasser
chaqué [tʃa'ke] *m* Cut(away) *m*
chaque|ta [tʃa'keta] *f* Jacke *f*; ***~ de punto*** Strickjacke *f*; **~tón** [-ke'tɔn] *m* Dreivierteljacke *f*
charada [tʃa'rađa] *f* Scharade *f*
charanga [tʃa'raŋga] *f* Blechmusik(kapelle) *f*
char|ca ['tʃarka] *f* Tümpel *m*; **~co** [-ko] *m* Pfütze *f*; Lache *f*
charcutería [tʃarkute'ria] *f* (Schweine-) Metzgerei *f*; Wurstwaren *f/pl*
charla ['tʃarla] *f* Plauderei *f*; **~r** [-'lar] (*1a*) plaudern, schwatzen; **~tán** [-la'tan] *m* Schwätzer *m*; Scharlatan *m*
charnela [tʃar'nela] *f* Scharnier *n*
charol [tʃa'rɔl] *m* Glanzleder *n*; ***zapatos*** *m/pl* ***de ~*** Lackschuhe *m/pl*
chárter ['tʃartɛr]: ***vuelo*** *m* **~** Charterflug *m*
chasco ['tʃasko] *m* Streich *m*; (*decepción*) Reinfall *m*; ***llevarse un ~*** reinfallen
chasis ['tʃasi(s)] *m auto* Fahrgestell *n*
chasqu|ear [tʃaske'ar] (*1a*) **1.** *v/t* anführen, F reinlegen; **2.** *v/i* (*látigo*) knallen mit; (*lengua*) schnalzen mit; **~ido** [-'kiđo] *m* (Peitschen-)Knall *m*; Knacken *n*; Schnalzen *n*
chatarr|a [tʃa'tarra] *f* Schrott *m*; **~ero** [-'rrero] *m* Schrotthändler *m*
chato ['tʃato] **1.** *adj* stumpfnasig; **2.** *m* niedriges Weinglas *n*
chaval [tʃa'ƀal] *m* Junge *m*; **~a** [-'ƀala] *f* Mädchen *n*
chaveta [tʃa'ƀeta] *f* Splint *m*; Bolzen *m*; F ***perder la ~*** den Verstand verlieren
checo ['tʃeko] **1.** *adj* tschechisch; **2.** *m*, **-a** *f* [-ka] Tscheche *m*, Tschechin *f*
chelín [tʃe'lin] *m* Schilling *m*
cheque *com* ['tʃeke] *m* Scheck *m*; ***~ cruzado*** Verrechnungsscheck *m*; ***~ al portador*** Inhaberscheck *m*; ***~-regalo*** Geschenkgutschein *m*; ***~ de viaje*** Reisescheck *m*; **~o** [-'keo] *m med* Generaluntersuchung *f*; *auto* Inspektion *f*; ***~ oncológico*** *med* Krebsvorsorgeuntersuchung *f*; **~ra** *Am* [-'kera] *f* Scheckheft *n*
chic [tʃik] schick
chica ['tʃika] *f* Mädchen *n*; (*criada*) Dienstmädchen *n*
chicharrón [tʃitʃa'rrɔn] *m* Speckgriebe *f*
chichón [tʃi'tʃɔn] *m* Beule *f am Kopf*
chicle ['tʃikle] *m* Kaugummi *m*
chico ['tʃiko] **1.** *adj* klein; **2.** *m* Junge *m*
chifla|do F [tʃi'flađo] verrückt; ***~ por*** F verknallt in; **~dura** [-'đura] *f* Verrücktheit *f*, Marotte *f*; **~r** [-'flar] (*1a*): ***me chifla ...*** ich schwärme für ...; **~rse** ver-

rückt sein (nach ***por***)
chileno [tʃi'leno] **1.** *adj* chilenisch; **2.** *m*, **-a** *f* [-na] Chilene *m*, Chilenin *f*
chill|ar [tʃi'ʎar] (*1a*) kreischen; schreien; (*chirriar*) quietschen; **~ería** [-ʎe'ria] *f* Geschrei *n*; **~ido** [-'ʎiđo] *m* (gellender) Schrei *m*; **~ón** [-'ʎɔn] **1.** *adj* kreischend, schrill; (*color*) grell; **2.** *m* Schreihals *m*
chimenea [tʃime'nea] *f* Schornstein *m*; (*hogar*) Kamin *m*
chimpancé [tʃimpan'θe] *m* Schimpanse *m*
china ['tʃina] *f* Chinesin *f*; (*piedra*) Steinchen *n*; (***porcelana*** *f* ***de***) **~** feines Porzellan *n*
chinche ['tʃintʃe] *f zo* Wanze *f*; **~ta** [-'tʃeta] *f* Reiß-, Heftzwecke *f*
chinchilla [tʃin'tʃiʎa] *f* Chinchilla *f*
chinela [tʃi'nela] *f* Pantoffel *m*, Hausschuh *m*
chino ['tʃino] **1.** *adj* chinesisch; **2.** *m* Chinese *m*; (*colador*) Sieb *n*; ***esto es ~ para mí*** das kommt mir spanisch vor
chip ['tʃip] *m inform* Chip *m*
chipirón [tʃipi'rɔn] *m* kleiner Tintenfisch *m*
chiquill|a [tʃi'kiʎa] *f* kleines Mädchen *n*; **~ada** [-'ʎađa] *f* Kinderei *f*; **~o** *m* kleines Kind *n*
chirigota F [tʃiri'gota] *f* Scherz *m*
chirimía *mús* [tʃiri'mia] *f* Schalmei *f*
chirimoya [tʃiri'mɔja] *f* Zuckerapfel *m*
chiringuito [tʃirin'gito] *m* Trink- *od* Imbissbude *f* im Freien
chirla ['tʃirla] *f Art* Venusmuschel *f*
chirona F [tʃi'rona] *f* Kittchen *n*; ***estar en ~*** hinter Schloss und Riegel sitzen
chirri|ar [tʃi'rrĭar] (*1c*) quietschen; knarren; (*cigarra*) zirpen; **~do** [-'rriđo] *m* Quietschen *n*; Knarren *n*; Zirpen *n*
¡chis! [tʃis] pst!
chis|me ['tʃizme] *m* Klatsch *m*; F (*trasto*) Ding *n*; **~s** *pl* Zeug *n*, Kram *m*; **~morrear** [-mɔrre'ar] (*1a*) klatschen; **~mosa** [-'mosa] *f* Klatschbase *f*; **~moso** [-'moso] **1.** *adj* klatschsüchtig; **2.** *m* Klatschmaul *n*
chis|pa ['tʃispa] *f* Funke(n) *m*; *fig* Geist(esblitz) *m*; Witz *m*; F Schwips *m*; ***echar ~s*** wütend sein; ***una ~ de*** ein bisschen; ***ni ~*** keine Spur; **~pazo** [-'paθo] *m* Funke(n) *m* (*a fig*); **~peante** [-pe'ante] Funken sprühend; *fig* geistsprühend; **~pear** [-pe'ar] (*1a*) funkeln
chistar [tʃis'tar] (*1a*): ***sin ~*** ohne sich zu mucksen
chiste ['tʃiste] *m* Witz *m*
chistera F [tʃis'tera] *f* Zylinder *m*
chistoso [tʃis'toso] witzig
chita ['tʃita] *f*: F ***a la ~ callando*** still u heimlich
chiva|rse [tʃi'ƀarse] (*1a*) F petzen; **~to** [-'ƀato] *m* F Petze(r *m*) *f*
chivo ['tʃiƀo] *m* Zicklein *n*; ***~ expiatorio*** Sündenbock *m*
choc *med* [tʃɔk] *m* Schock *m*; **~ante** [tʃo'kante] anstößig; schockierend; **~ar** [-'kar] (*1g*) **1.** *v/i* zs.-stoßen (*a fig*); **2.** *v/t* (*brindar*) anstoßen; *fig* Anstoß erregen bei, schockieren
chocha ['tʃotʃa] *f* Schnepfe *f*
choch|ear [tʃotʃe'ar] (*1a*) kindisch werden; vertrotteln; **~o** ['tʃotʃo] kindisch; vertrottelt
chocolate [tʃoko'late] *m* Schokolade *f*; (*bebida*) Kakao *m*; P Hasch(isch) *m od n*; **~ría** [-late'ria] *f* Schokoladenfabrik *f*, -geschäft *n*
chófer ['tʃofɛr] *m* Chauffeur *m*, Fahrer *m*
choll|a F ['tʃoʎa] *f* Kopf *m*, P Birne *f*; **~o** F ['tʃoʎo] *m* Gelegenheitskauf *m*
chopo ['tʃopo] *m* Pappel *f*
choque ['tʃoke] *m* Stoß *m*; Zs.-stoß *m* (*a fig*); *med* Schock *m*; ***~ en cadena*** Massenkarambolage *f*
chorizo [tʃo'riθo] *m* Paprikawurst *f*; P Taschendieb *m*
chorr|ada P [tʃɔ'rrađa] *f* Unsinn *m*, F Quatsch; **~ear** [-rrɛ'ar] (*1a*) rieseln; triefen
chorro ['tʃɔrrɔ] *m* (Wasser-)Strahl *m*; *fig* Schwall *m*; ***a ~s*** in Strömen
chotis ['tʃotis] *m Madrider Volkstanz*
choto ['tʃoto] *m* Zicklein *n*
choza ['tʃoθa] *f* Hütte *f*
christmas ['krismas] *m* Weihnachtskarte *f*
chubas|co [tʃu'ƀasko] *m* (Regen-)Schauer *m*; **~quero** [-'kero] *m* Wetter-, Regenmantel *m*
chuchería [tʃutʃe'ria] *f* (nette) Kleinigkeit *f*; (*golosina*) Näscherei *f*
chucho ['tʃutʃo] *m* F Köter *m*
chucrut [tʃu'krut] *m* Sauerkraut *n*
chufa *bot* ['tʃufa] *f* Erdmandel *f*
chulear P [tʃule'ar] (*1a*) angeben
chuleta [tʃu'leta] *f* Kotelett *n*; (*papel*)

C

Spickzettel *m*

chulo ['tʃulo] **1.** *adj* vorlaut; kess; F nett, hübsch; **2.** *m* Angeber *m*; F Zuhälter *m*

chupa|da [tʃu'pađa] *f*: ***dar una ~*** e-n Zug tun; **~do** [-'pađo] (*flaco*) ausgemergelt; F (*fácil*) (kinder)leicht; **~r** [-'par] (*1a*) lutschen; (auf)saugen; ***~se los dedos*** sich die Finger nach et lecken; ***no ~se el dedo*** nicht auf den Kopf gefallen sein

chupete [tʃu'pete] *m* Schnuller *m*

churro ['tʃurrɔ] *m in Öl ausgebackenes Spritzgebäck*

chusco ['tʃusko] drollig, witzig

chusma ['tʃuzma] *m* Gesindel *n*, Pöbel *m*

chut [tʃut] *m* (*fútbol*) Schuss *m*; **~ar** [-'tar] (*1a*) schießen; F ***esto va que chuta*** F das geht wie geschmiert

cianuro [θĭa'nuro] *m* Zyankali *n*

ciáti|ca ['θĭatika] *f* Ischias *m* (*a n*); **~co** [-ko] Hüft...

ciber|bar [θiƀerbar] *m*, **~café** *inform* [θiƀerkafe] *n* Internetcafé *n*

cibernética [θiƀer'netika] *f* Kybernetik *f*

cicate|ría [θikate'ria] *f* Knauserei *f*; **~ro** [-'tero] knauserig

cicatriz [θika'triθ] *f* Narbe *f*; **~ación** [-triθa'θĭɔn] *f* Vernarbung *f*; **~ar** [-'θar] (*1f*) vernarben

ciclamen [θi'klamen] *m* Alpenveilchen *n*

cíclico ['θikliko] zyklisch

ciclis|mo [θi'klizmo] *m* Radsport *m*; **~ta** [θi'klista] *m* (*f*) Radfahrer(in *f*) *m*

ciclo ['θiklo] *m* Zyklus *m*; **~motor** [-mo'tɔr] *m* Moped *n*

ciclón [θi'klɔn] *m* Wirbelsturm *m*

cicuta *bot* [θi'kuta] *f* Schierling *m*

ciego ['θĭego] **1.** *adj* blind; ***a ciegas*** blindlings; **2.** *m* Blinde(r) *m*; (***intestino*** *m*) **~** Blinddarm *m*

cielo ['θĭelo] *m* Himmel *m*; ***llovido del ~*** wie gerufen (kommen)

ciempiés *zo* [θĭem'pĭes] *m* Tausendfüßler *m*

cien [θĭen] *s* ***ciento***

ciencia ['θĭenθĭa] *f* Wissenschaft *f*; ***~-ficción*** Science-Fiction *f*; ***a ~ cierta*** mit aller Bestimmtheit; ***~s*** Naturwissenschaften *f/pl*; ***~s empresariales*** Betriebswirtschaft *f*

cieno ['θĭeno] *m* Schlamm *m*

científico [θĭen'tifiko] **1.** *adj* wissenschaftlich; **2.** *m* Wissenschaftler *m*

ciento ['θĭento] (*delante de su* ***cien***) hundert; ***por ~*** Prozent *n*; ***el cinco por ~*** 5%

cierre ['θiɛrre] *m* Schließung *f*, Schluss *m*; (*cerradura*) Verschluss *m*; ***~ centralizado*** *auto* Zentralverriegelung *f*; *TV* **~** (***de las emisiones***) Sendeschluss *m*; ***~ patronal*** Lock-out *n*, Aussperrung *f*

cierto ['θĭɛrto] gewiss, sicher; (*exacto*) richtig; ***es ~*** das stimmt; ***por ~*** übrigens; ***estar en lo ~*** Recht haben

ciervo ['θĭɛrƀo] *m* Hirsch *m*

cierzo ['θĭɛrθo] *m* Nordwind *m*

cifra ['θifra] *f* Ziffer *f*, Zahl *f*; (*cantidad*) Summe *f*; **~r** [-'frar] (*1a*) verschlüsseln, chiffrieren

cigala *zo* [θi'gala] *f* Kaisergranat *m*, Kronenhummer *m*

cigarra *zo* [θi'garra] *f* Zikade *f*, Grille *f*

cigarre|ra [θiga'rrera] *f* Zigarrenetui *n*; **~ría** *Am* [-rre'ria] *f* Tabakladen *m*

cigarr|illo [θiga'rriʎo] *m* Zigarette *f*; **~o** [-'garro] *m* Zigarre *f*

cigüeña [θi'gŭeɲa] *f* Storch *m*; **~l** [θigŭe'ɲal] *m auto* Kurbelwelle *f*

cilantro *bot* [θi'lantro] *m* Koriander *m*

cilindrada *auto* [θilin'drađa] *f* Hubraum *m*

cilíndrico [θi'lindriko] zylindrisch

cilindro [θi'lindro] *m* Zylinder *m*, Walze *f*

cima ['θima] *f* Gipfel *m*; Spitze *f*; (*de árbol*) Wipfel *m*; *fig* Höhepunkt *m*

cim|entar [θimen'tar] (*1k*) das Fundament legen; *fig* (be)gründen; **~iento(s)** [-'mĭento(s)] *m*(*pl*) Grundmauer *f*; Fundament *n* (*a fig*)

cinc [θiŋk] *m* Zink *n*

cincel [θin'θɛl] *m* Meißel *m*; **~ar** [-θe'lar] (*1a*) meißeln; ziselieren

cinco ['θiŋko] fünf

cincuen|ta [θiŋ'kŭenta] fünfzig; **~tón** [-kŭen'tɔn] *m* Fünfzig(jährig)er *m*

cine ['θine] *m* Kino *n*; **~asta** [-'asta] *m* Filmschaffende(r) *m*, -regisseur *m*

cinéfilo [θi'nefilo] *m* Filmfan *m*

cinegético [θine'xetiko] Jagd...

cinemato|grafía [θinematogra'fia] *f* Filmkunst *f*; **~gráfico** [-'grafiko] Film...

cinética [θi'netika] *f* Kinetik *f*

cínico ['θiniko] **1.** *adj* zynisch; **2.** *m* Zyniker *m*
cinismo [θi'nizmo] *m* Zynismus *m*
cin|ta ['θinta] *f* Band *n*; Schleife *f*; (*de máquina de escribir*) Farbband *n*; (*película*) Film(streifen) *m*; **~ adhesiva** Klebestreifen *m*; **~ aislante** Isolierband *n*; **~ magnetofónica** Tonband *n*; **~ métrica** Bandmaß *n*; **~ de vídeo** Videoband *n*; **~tura** [-'tura] *f* Taille *f*; **meter en ~** zur Vernunft bringen; **~turón** [-tu'rɔn] *m* Gürtel *m*; Gurt *m*; *mil* Koppel *n*; **~ (de ronda)** Ringstraße *f*; **~ de seguridad** Sicherheitsgurt *m*
ciprés [θi'pres] *m* Zypresse *f*
circense [θir'θense] Zirkus...
circo ['θirko] *m* Zirkus *m*
circuito [θir'kŭito] *m* Umkreis *m*; (*viaje*) Rundfahrt *f*, -reise *f*; *dep* Rennstrecke *f*; *el* Stromkreis *m*
circulación [θirkula'θĭɔn] *f* Kreislauf *m*; *auto* Verkehr *m*; **~ de la sangre** Blutkreislauf *m*; **~ giratoria** Kreisverkehr *m*; **~ monetaria** Geldumlauf *m*
circular¹ [θirku'lar] **1.** *adj* kreisförmig; **2.** *f* Rundschreiben *n*
circular² [θirku'lar] (*1a*) (umher)gehen; zirkulieren; (*coches etc*) fahren; (*tren*) verkehren; **¡circulen!** weitergehen!
circulatorio [θirkula'torĭo] Kreis...; *med* Kreislauf...
círculo ['θirkulo] *m* Kreis *m* (*a fig*); **~ vicioso** Teufelskreis *m*
circunci|dar [θirkunθi'đar] (*1a*) beschneiden; **~sión** [-'sĭɔn] *f* Beschneidung *f*
circun|dar [θirkun'dar] (*1a*) umgeben; einfassen; **~ferencia** [-kumfe'renθĭa] *f* Umfang *m*; Umkreis *m*; **~navegación** [-kunnaƀega'θĭɔn] *f* Umseglung *f*, Umschiffung *f*
circunscri|bir [θirkunskri'ƀir] (*3a*) eingrenzen; *mat* umschreiben; **~pción** [-kriƀ'θĭɔn] *f* Eingrenzung *f*; *pol* Bezirk *m*
circunspec|ción [θirkunspɛg'θĭɔn] *f* Umsicht *f*, Bedacht *m*; **~to** [-'pɛkto] umsichtig; zurückhaltend
circunstancia [θirkuns'tanθĭa] *f* Umstand *m*
circun|valación [θirkumbala'θĭɔn] *f* Umgehungsstraße *f*; **~volución** [-bolu'θĭɔn] *f* Windung *f*
cirio ['θirĭo] *m* Kerze *f*
cirue|la [θi'rŭela] *f* Pflaume *f*; **~ claudia** Reneklode *f*; **~ pasa** Backpflaume *f*; **~lo** [-lo] *m* Pflaumenbaum *m*
ciru|gía [θiru'xia] *f* Chirurgie *f*; **~ estética** Schönheitschirurgie *f*; **~jano** [-'xano] *m* Chirurg *m*
cisne ['θizne] *m* Schwan *m*; (**jersey** *m* **de**) **cuello** *m* **~** Rollkragen(pullover) *m*
cisterciense [θister'θĭense] *m* Zisterzienser *m*
cisterna [θis'tɛrna] *f* Zisterne *f*
cita ['θita] *f* Verabredung *f*; Termin *m*; (*referencia*) Zitat *n*; **~ción** [-'θĭɔn] *f jur* Vorladung *f*; **~r** [-'tar] (*1a*) bestellen; *jur* vorladen; (*mencionar*) zitieren, anführen; **~rse** sich verabreden
cítara ['θitara] *f* Zither *f*
cítrico ['θitriko] **1.** *adj*: **ácido** *m* **~** Zitronensäure *f*; **2. ~s** *m/pl* Zitrusfrüchte *f/pl*
ciudad [θĭu'đađ] *f* Stadt *f*; **~ gemela** Partnerstadt *f*; **~anía** [-đađa'nia] *f* Staatsangehörigkeit *f*; **~ano** [-'đano] **1.** *adj* städtisch; **2.** *m* Bürger *m*; (*súbdito*) Staatsbürger *m*; **~ela** [-'đela] *f* Zitadelle *f*
cívico ['θiƀiko] (staats)bürgerlich; **deber** *m* **~** Bürgerpflicht *f*
civil [θi'ƀil] **1.** *adj* bürgerlich; zivil, Zivil...; **2.** *m bsd Am* Zivilist *m*; **~ización** [-liθa'θĭɔn] *f* Zivilisation *f*, Kultur *f*; **~izado** [-li'θađo] gesittet; gebildet; zivilisiert; **~izar** [-li'θar] (*1f*) zivilisieren
civismo [θi'ƀizmo] *m* Bürgersinn *m*
cizalla(s) [θi'θaʎa(s)] *f(pl)* Blechschere *f*
clamar [kla'mar] (*1a*) schreien (nach *dat* **por**)
clamor [kla'mɔr] *m* Geschrei *n*; **~oso** [-mo'roso] *fig* laut(stark); (*éxito*) überwältigend
clan [klan] *m* Klan *m*; Sippe *f*
clandesti|nidad [klandestini'đađ] *f* Heimlichkeit *f*; **~no** [-'tino] heimlich; Geheim..., Schwarz...
claqué [kla'ke] *m* Stepptanz *m*
clara ['klara] *f* Eiweiß *n*; **~boya** [-'ƀoja] *f* Dachluke *f*; Oberlicht *n*
clarete [kla'rete] *m* Klarettwein *m*
clari|dad [klari'đađ] *f* Helle *f*; *fig* Klarheit *f*; **~ficar** [-fi'kar] (*1g*) klären
clarín [kla'rin] *m* Signalhorn *n*
clarinet|e [klari'nete] *m* Klarinette *f*;

C

~ista [-'tista] *su* Klarinettist(in *f*) *m*

claividen|cia [klariƀi'đenθĭa] *f* Scharfblick *m*; **~te** [-'đente] scharfsichtig, weitblickend

claro ['klaro] **1.** *adj* hell; klar; (*pelo, etc*) dünn; (*líquido*) dünn(flüssig); **¡~!** natürlich!, klar!; **2.** *adv* klar, deutlich; **3.** *m* Helle *f*, Licht *n*; (*del bosque*) Lichtung *f*; (*espacio*) Lücke *f*; *met* (apertura *f* de) **~s** Aufheiterungen *f/pl*; **~ de luna** Mondschein *m*; **poner en ~** klarstellen

claroscuro [klarɔs'kuro] *m* Helldunkel *n*

clase ['klase] *f* Klasse *f*; Art *f*, Sorte *f*; (*aula*) Klasse(nzimmer *n*) *f*; Hörsaal *m*; (*lección*) Unterricht *m*, Vorlesung *f*; **~ económica** Economyklasse *f*; **~ media** Mittelstand *m*; **~ particular** Privatstunde *f*; **dar ~** Unterricht geben

clásico ['klasiko] **1.** *adj* klassisch; **2.** *m* Klassiker *m*

clasifica|ción [klasifika'θĭɔn] *f* Einteilung *f*, Klassifizierung *f*; *dep* Qualifikation *f*; **~dor** [-'đɔr] *m* (Akten-)Ordner *m*; **~r** [-'kar] (*1g*) einordnen; klassifizieren; **~rse** *dep* sich qualifizieren

claudicar [klaŭđi'kar] (*1g*) *fig* nachgeben

claustro ['klaŭstro] *m* Kreuzgang *m*; **~ de profesores** Lehrkörper *m*

cláusula ['klaŭsula] *f* Klausel *f*

clausura [klaŭ'sura] *f rel* Klausur *f*; *fig* (Ab-)Schluss *m*; **~r** [-'rar] (*1a*) (*sesión, etc*) (ab)schließen

clava|do [kla'ƀađo] *fig* pünktlich; **~r** [-'ƀar] (*1a*) (an)nageln; befestigen; (*clavo*) einschlagen

clave ['klaƀe] **a)** *f fig* Schlüssel *m*; Code *m*; *arqu* Schlussstein *m*; *mús* Notenschlüssel *m*; **~ de fa** Bassschlüssel *m*; **~ de sol** Violinschlüssel *m*; **b)** *m mús* Cembalo *n*

clavel *bot* [kla'ƀɛl] *m* Nelke *f*

clavi|cémbalo *mús* [klaƀi'θɛmbalo] *m* Cembalo *n*; **~cordio** *mús* [-'kɔrđĭo] *m* Klavichord *n*

clavícula [kla'ƀikula] *f* Schlüsselbein *n*

clavija [kla'ƀixa] *f* Stift *m*, Bolzen *m*; Zapfen *m*; *mús* Wirbel *m*; *el* Stecker *m*; **apretar las ~s a alg** j-n unter Druck setzen

clavo ['klaƀo] *m* Nagel *m*; *bot* Gewürznelke *f*; **agarrarse a un ~ ardiendo** *fig* sich an e-n Strohhalm klammern; **como un ~** pünktlich; **dar en el ~** den Nagel auf den Kopf treffen

claxon *auto* ['klagsɔn] *m* Hupe *f*; **tocar el ~** hupen

clemen|cia [kle'menθĭa] *f* Milde *f*, Gnade *f*; **~te** [-'mente] mild, gütig

clementina *bot* [klemen'tina] *f* Klementine *f*

clerical [kleri'kal] geistlich, klerikal; **~ismo** [-ka'lizmo] *m* Klerikalismus *m*

clérigo ['klerigo] *m* Geistliche(r) *m*

clero ['klero] *m* Klerus *m*, Geistlichkeit *f*

clic *inform* [klik] *m* **~ con el ratón** Mausklick *m*; **por un ~ con el ratón** per Mausklick

cliché [kli'tʃe] *m* Klischee *n* (*a fig*)

clien|ta ['klĭenta] *f* Kundin *f*; *jur* Klientin *f*; **~te** ['klĭente] *m* Kunde *m*; *jur* Klient *m*; **~tela** [-'tela] *f* Kundschaft *f*, Kundenkreis *m*; **~ fija** Stammkundschaft *f*

clima ['klima] *m* Klima *n* (*a fig*)

climaterio [klima'terĭo] *m* Wechseljahre *n/pl*

climático [kli'matiko] klimatisch, Klima...

climatizado [klimati'θađo] klimatisiert; *auto* mit Klimaanlage; **~r** [-'đɔr] *m* Klimaanlage *f*

clíni|ca ['klinika] *f* Klinik *f*; **~co** [-ko] klinisch

clip [klip] *m* Büroklammer *f*; (*pendiente*) Ohrclip *m*

clítoris ['klitoris] *m* Klitoris *f*

cloaca [klo'aka] *f* Kloake *f* (*a zo*)

cloro ['kloro] *m* Chlor *n*; **~fila** [-'fila] *f* Chlorophyll *n*; **~fluorocarbono** (**CFC**) *m* Fluorchlorkohlenwasserstoff (FCKW) *m*; **~formo** [-'fɔrmo] *m* Chloroform *n*

club [kluƀ] *m* Klub *m*; **~ deportivo** Sportverein *m*; **~ nocturno** Nachtlokal *n*

clueca ['klŭeka] *f* Glucke *f*

coagula|ción [koagula'θĭɔn] *f* Gerinnung *f*; **~rse** [-'larse] (*1a*) gerinnen

coágulo [ko'agulo] *m* Gerinnsel *n*

coalición [koali'θĭɔn] *f* Bündnis *n*; *pol* Koalition *f*

coartada [koar'tađa] *f* Alibi *n*

coautor [koaŭ'tɔr] *m* Mitautor *m*; *jur* Mittäter *m*

coba F ['koba] *f*: **dar ~ a alg** F j-m Honig um den Bart schmieren

cobalto [ko'ƀalto] *m* Kobalt *n*
cobar|de [ko'ƀarđe] **1.** *adj* feige; **2.** *m* Feigling *m*; **~día** [-'đia] *f* Feigheit *f*
cobaya [ko'ƀaja] *f* Meerschweinchen *n*
cobertura [koƀɛr'tura] *f com* Deckung *f*; **~ *de aguas*** *arqu* Richtfest *n*
cobij|ar [koƀi'xar] (*1a*) beherbergen; (*proteger*) (be)schützen; **~arse** Zuflucht suchen; **~o** [-'ƀixo] *m* Unterschlupf *m*
cobra ['koƀra] *f* Kobra *f*
cobrador [koƀra'dɔr] *m* Kassierer *m*; (*bus, etc*) Schaffner *m*
cobrar [ko'ƀrar] (*1a*) kassieren, einziehen; (*cheque*) einlösen; (*sueldo*) beziehen, verdienen; (*precio*) verlangen; **~ *ánimo*** Mut fassen
cobr|e ['koƀre] *m* Kupfer *n*; **~izo** [-'ƀriθo] kupferfarben
cobro ['koƀro] *m* Einziehung *f*, Inkasso *n*; (*de tasas*) Erhebung *f*; (*de cheques*) Einlösung *f*
coca *bot* ['koka] *f* Kokastrauch *m*
cocaína [koka'ina] *f* Kokain *n*
cocción [kɔg'θĭɔn] *f* (Ab-)Kochen *n*
cocear [koθe'ar] (*1a*) (*caballo*) ausschlagen
cocer [ko'θɛr] (*2b u 2h*) **1.** *v/t* kochen; (*al horno*) backen; (*cerámica*) brennen; **2.** *v/i* kochen
cochambr|e F [ko'tʃambre] *m* F Dreck *m*; **~oso** F [-'ƀroso] F dreckig
coche ['kotʃe] *m* Auto *n*, Wagen *m*; (*de caballos*) Kutsche *f*; *ferro* Waggon *m*; **~ *de alquiler*** Mietwagen *m*; **~*-bomba*** *m* Autobombe *f*; **~*-cama*** Schlafwagen *m*; **~ *de carrera*** Rennwagen *m*; **~ *celular*** Gefängniswagen *m*; **~ *directo*** Kurswagen *m*; **~ *fúnebre*** Leichenwagen *m*; **~ *de línea*** Überlandbus *m*, Linienbus *m*; **~*-literas*** Liegewagen *m*; **~ *de niño*** Kinderwagen *m*; **~ (*radio-*)*patrulla*** (Funk-)Streifenwagen *m*; **~ *restaurante*** Speisewagen *m*; **~ *usado*** (*od* ***de ocasión***) Gebrauchtwagen *m*; **~ra** [ko'tʃera] *f* Wagenschuppen *m*; Garage *f*; **~ro** [-ro] *m* Kutscher *m*
cochi|na [ko'tʃina] *f* Sau *f* (*a fig*); **~nillo** [-'niʎo] *m* Ferkel *n*; **~no** [-'tʃino] **1.** *adj fig* schmutzig, dreckig; **2.** *m* Schwein *n* (*a fig*)
cocido [ko'θiđo] *m spanischer* Eintopf *m*
cociente [ko'θĭente] *m* Quotient *m*
coci|na [ko'θina] *f* Küche *f*; (*aparato*) Herd *m*; **~ *eléctrica*** Elektroherd *m*; **~ *de gas*** Gasherd *m*; **~nar** [-'nar] (*1a*) *v/t u v/i* kochen; **~nera** [-'nera] *f* Köchin *f*; **~nero** [-'nero] *m* Koch *m*; **~nilla** [-'niʎa] *f* (Spiritus-)Kocher *m*
coco *bot* ['koko] *m* Kokosnuss *f*
cocodrilo [koko'đrilo] *m* Krokodil *n*
cocotero [koko'tero] *m* Kokospalme *f*
cóctel ['kɔktɛl] *m* Cocktail *m*
coctelera [kɔkte'lera] *f* Mixbecher *m*, Shaker *m*
codazo [ko'đaθo] *m* Stoß *m* mit dem Ellenbogen; Rippenstoß *m*
codici|a [ko'điθĭa] *f* Habsucht *f*; Geldgier *f*; **~ar** [-'θĭar] (*1b*) begehren; **~oso** [-'θĭoso] habsüchtig
codificar [kođifi'kar] (*1g*) kodieren, verschlüsseln; *jur* kodifizieren
código ['kođigo] *m* Kode *m*; *jur* Gesetzbuch *n*; *com* **~ *de barras*** Strichkode *m*; **~ *civil*** Bürgerliches Gesetzbuch *n*; **~ *penal*** Strafgesetzbuch *n*; **~ *postal*** Postleitzahl *f*
codo ['kođo] *m* Ellbogen *m*; *tec* Knierohr *n*; ***hablar por los ~s*** (zu viel) schwatzen
codorniz [kođɔr'niθ] *f* Wachtel *f*
coeficiente [koefi'θĭente] *m* Koeffizient *m*
coetáneo [koe'taneo] **1.** *adj* gleichaltrig; zeitgenössisch; **2.** *m* Alters-, Zeitgenosse *m*
coexist|encia [koɛgsis'tenθĭa] *f* Koexistenz *f*; **~ir** [-'tir] (*3a*) nebeneinander bestehen
cofa *mar* ['kofa] *f* Mastkorb *m*
cofia ['kofĭa] *f* Haube *f*
cofradía [kofra'đia] *f* Laienbruderschaft *f*
cofre ['kofre] *m* Truhe *f*; Kästchen *n*, Schatulle *f*
coger [kɔ'xɛr] (*2c*) nehmen, (er)greifen; (*ladrón*) fangen; (*enfermedad*) sich holen; *taur* auf die Hörner nehmen; (*flores, frutas*) pflücken; **~ *frío*** sich erkälten; **~ *de sorpresa*** überraschen
cogestión [koxes'tĭɔn] *f* Mitbestimmung *f*
cogida [kɔ'xiđa] *f taur* Verletzung *f* (*durch den Stier*)
cogollo *bot* [ko'goʎo] *m* (*de lechuga*) Herz *n*
cogote [ko'gote] *m* Nacken *m*

C

cohabitar [koaƀi'tar] (*1a*) (ehelich) zs.-leben
cohech|ar [koe'tʃar] (*1a*) bestechen; **~o** [ko'etʃo] *m* Bestechung *f*
cohe|rencia [koe'renθĭa] *f* Zs.-hang *m*; **~rente** [-'rente] zs.-hängend; **~sión** [koe'sĭɔn] *f* Zs.-halt *m*; *fig* Kohäsion *f*
cohete [ko'ete] *m* Rakete *f*; ***~ portador*** Trägerrakete *f*
cohibi|ción [koiƀi'θĭɔn] *f* Einschränkung *f*; Hemmung *f* (*a psic*); **~do** [-'ƀiđo] befangen, gehemmt; **~r** [-'ƀir] (*3a*) hemmen, einschüchtern
coinci|dencia [koinθi'đenθĭa] *f* Zs.-treffen *n*; Übereinstimmung *f*; **~dir** [-'đir] (*3a*) zs.-treffen, -fallen; übereinstimmen
coito ['kɔĭto] *m* Beischlaf *m*, Koitus *m*
coje|ar [kɔxe'ar] (*1a*) hinken, humpeln; (*mueble*) wackeln; **~ra** [-'xera] *f* Hinken *n*
cojín [kɔ'xin] *m* Kissen *n*
cojinete [kɔxi'nete] *m tec* Lager *n*; ***~ de bolas*** Kugellager *n*
cojo ['kɔxo] **1.** *adj* hinkend; lahm; (*mueble*) wackelig; **2.** *m* Lahme(r) *m*
co|jón P [kɔ'xɔn] *m* Hoden *m*; **~jonudo** P [-xo'nuđo] toll, fantastisch
col [kɔl] *f* Kohl *m*; ***~ de Bruselas*** Rosenkohl *m*
cola ['kola] *f* Schwanz *m*; (*de cometa*) Schweif *m*; (*del vestido*) Schleppe *f*; (*de gente*) Schlange *f*; (*para pegar*) Leim *m*; ***~ de caballo*** (*peinado*) Pferdeschwanz *m*; ***hacer ~*** Schlange stehen; ***traer ~*** Folgen haben
colabora|ción [kolaƀora'θĭɔn] *f* Mitarbeit *f*; **~dor** [-'đɔr] *m* Mitarbeiter *m*; **~r** [-'rar] (*1a*) mitarbeiten, mitwirken; zs.-arbeiten
colación [kola'θĭɔn] *f* Imbiss *m*; ***traer*** (*od* ***sacar***) ***a ~*** zur Sprache bringen
cola|da [ko'lađa] *f* Wäsche *f*; **~dor** [-'đɔr] *m* Sieb *n*, Durchschlag *m*
colapso [ko'laƀso] *m med* Kollaps *m*; *fig* Zs.-bruch *m*
colar [ko'lar] (*1m*) **1.** *v/t* (durch)sieben; **2.** *v/i* durch-, einsickern; **~se** sich einschleichen; sich vordrängeln
colateral [kolate'ral] Seiten...; Neben...
colch|a ['kɔltʃa] *f* Überdecke *f*, Tagesdecke *f*; **~ón** [-'tʃɔn] *m* Matratze *f*; ***~ de muelles*** Sprungfedermatratze *f*; ***~ neumático*** Luftmatratze *f*; **~oneta** [-'neta] *f* Polster *n*; *dep* Matte *f*; Luftmatratze *f*
colear [kole'ar] (*1a*) (mit dem Schwanz) wedeln; *fig* noch anhalten, (an)dauern
colec|ción [kolɛg'θĭɔn] *f* Sammlung *f*; *com* Kollektion *f*; **~cionar** [-θĭo'nar] (*1a*) sammeln; **~cionista** [-θĭo'nista] *m* Sammler *m*; **~ta** [-'lɛkta] *f* Kollekte *f*; **~tividad** [-tiƀi'đađ] *f* Gemeinschaft *f*; Kollektiv *n*; **~tivo** [-'tiƀo] **1.** *adj* gemeinsam; Sammel...; **2.** *m Am* kleiner Autobus *m*; **~tor** [-'tɔr] *m tec* Sammelkanal *m*; Kollektor *m*; ***~ solar*** Sonnenkollektor *m*
cole|ga [ko'lega] *su* Kollege *m*, Kollegin *f*; **~giado** [-lɛ'xĭađo] *m dep* Schiedsrichter *m*; **~gial** [-'xĭal] *m* (Ober-) Schüler *m*; **~giala** [-'xĭala] *f* (Ober-) Schülerin *f*; *a fig* Schulmädchen *n*; **~giata** [-'xĭata] *f* Stiftskirche *f*
colegio [ko'lɛxĭo] *m* Schule *f*; (*asociación*) Kammer *f*; ***~ de abogados*** Anwaltskammer *f*; ***~ electoral*** Wahllokal *n*; ***~ mayor*** Studentenheim *n*; ***~ de médicos*** Ärztekammer *f*
cólera ['kolera] **a)** *f* Zorn *m*; ***montar en ~*** zornig werden; **b)** *m med* Cholera *f*
colérico [ko'leriko] cholerisch; aufbrausend, jähzornig
colesterol [koleste'rɔl] *m* Cholesterin *n*
colga|dero [kɔlga'đero] *m* Kleiderhaken *m*; **~do** [-'gađo] hängend; ***dejar ~ a alg*** j-n im Stich lassen; ***estar ~*** hängen; **~dor** [-'đɔr] *m* Kleiderbügel *m*; **~nte** [-'gante] **1.** *adj* hängend; **2.** *m* (*joya*) Anhänger *m*
colgar [kɔl'gar] (*1h u 1m*) **1.** *v/t* (an-, auf-, um)hängen; *tel* auflegen; *fig* anhängen, zuschieben; F (*en un examen*) durchfallen lassen; ***¡no cuelgue!*** bleiben Sie am Apparat!; **2.** *v/i* (herab-, heraus)hängen; **~se** *inform* abstürzen
colibacilo [koliƀa'θilo] *m* Kolibazillus *m*
colibrí *zo* [koli'ƀri] *m* Kolibri *m*
cólico *med* ['koliko] *m* Kolik *f*
coliflor [koli'flɔr] *f* Blumenkohl *m*
colilla [ko'liʎa] *f* (Zigaretten-)Stummel *m*, Kippe *f*
colina [ko'lina] *f* Hügel *m*
colindante [kolin'dante] angrenzend, benachbart
colirio *med* [ko'lirĭo] *m* Augentropfen *m/pl*

colisión [koli'sĭɔn] *f* Zs.-stoß *m*; *fig* Kollision *f*; ~ ***múltiple*** *od* ***en cadena*** Massenkarambolage *f*
colista [ko'lista] *m dep* Tabellenletzte(r) *m*
colitis *med* [ko'litis] *f* Kolitis *f*, Dickdarmentzündung *f*
collar [ko'ʎar] *m* Halskette *f*; (*de perro*) Halsband *n*
colma|do [kɔl'mađo] *m reg* Lebensmittelgeschäft *m*; **~r** [-'mar] (*1a*) (an)füllen (mit *dat* ***de***); *fig* überhäufen
colme|na [kɔl'mena] *f* Bienenkorb *m*; **~nero** [-me'nero] *m* Imker *m*
colmenilla [kɔlme'niʎa] *f* Morchel *f*
colmillo [kɔl'miʎo] *m* Eckzahn *m*; *zo* Stoß-, Reißzahn *m*, Hauer *m*
colmo ['kɔlmo] *m* Übermaß *n*; *fig* Gipfel *m*; F ***¡es el ~!*** das ist die Höhe!
coloca|ción [koloka'θĭɔn] *f* Aufstellung *f*; Anordnung *f*; (*empleo*) Stelle *f*, Anstellung *f*; **~r** [-'kar] (*1g*) stellen, legen, setzen; (*dinero*) anlegen; *com* absetzen; (*emplear*) anstellen, unterbringen; **~rse** e-e Anstellung finden
colofón [kolo'fɔn] *m* Abschluss *m*; Höhepunkt *m*
colombiano [kolɔm'bĭano] **1.** *adj* kolumbianisch; **2.** *m*, **-a** *f* Kolumbianer(in *f*) *m*
colon ['kolɔn] *m anat* Grimmdarm *m*
colo|nia [ko'lonĭa] *f* Kolonie *f*; Siedlung *f*; ~ *od* ***agua*** *f* ***de*** ♀ *f* Kölnisch Wasser *n*; **~nial** [kolo'nĭal] Kolonial...; **~nización** [-niθa'θĭɔn] *f* Kolonisation *f*; Besiedlung *f*; **~nizar** [-ni'θar] (*1f*) besiedeln; kolonisieren; **~no** [-'lono] *m* (An-)Siedler *m*; *agr* (Pacht-)Bauer *m*
coloquial [kolo'kĭal] umgangssprachlich
coloquio [ko'lokĭo] *m* Gespräch *n*, Kolloquium *n*
color [ko'lɔr] *m* Farbe *f*; ***de ~*** farbig; ***de ~ de rosa*** *fig* in rosigem Licht
color|ación [kolora'θĭɔn] *f* Färbung *f*; Farbgebung *f*; **~ado** [-'rađo] rot; ***ponerse ~*** rot werden; **~ante** [-'rante] *m* Farbstoff *m*; **~ear** [-re'ar] (*1a*) kolorieren; färben; *fig* beschönigen; **~ete** [-'rete] *m* Schminke *f*; **~ido** [-'riđo] *m* Farbe *f*, Färbung *f*
colos|al [kolo'sal] riesig, kolossal; **~o** [ko'loso] *m* Koloss *m* (*a fig*)
colum|na [ko'lumna] *f* Säule *f*; *tip* Spalte *f*; *mil* Kolonne *f*; ~ ***de anuncios*** Litfaßsäule *f*; ~ ***vertebral*** Wirbelsäule *f*; **~nata** [-'nata] *f* Kolonnade *f*; **~nista** [-'nista] *m* Kolumnist *m*
columpi|ar [kolum'pĭar] (*1b*) schaukeln; **~o** [ko'lumpĭo] *m* Schaukel *f*
colza *bot* ['kɔlθa] *f* Raps *m*
coma ['koma] **a)** *f gram* Komma *n*; **b)** *m med* Koma *n*
coma|dre [ko'mađre] *f* (*chismosa*) Klatschbase *f*; **~dreja** *zo* [-'đrɛxa] *f* Wiesel *n*; **~drona** [-'đrona] *f* Hebamme *f*
comanda|ncia [koman'danθĭa] *f* Kommandantur *f*; **~nte** [-'dante] *m* Kommandant *m*; *mil* Major *m*; *avia* Kapitän *m*
comanditario *com* [-di'tarĭo] **1.** *adj* Kommandit...; **2.** *m* Kommanditist *m*
comando [ko'mando] *m* Kommando *n*
comarca [ko'marka] *f* Landstrich *m*; Gegend *f*
comba ['kɔmba] *f* Biegung *f*, Krümmung *f*; (*juego*) Springseil *n*; ***jugar*** (*od* ***saltar***) ***a la ~*** Seil springen; **~r** [-'bar] (*1a*) biegen, krümmen
comba|te [kɔm'bate] *m* Kampf *m*; Gefecht *n*; ***fuera de ~*** außer Gefecht (*a fig*); **~tiente** [-ba'tĭente] *m* Kämpfer *m*; **~tir** [-'tir] (*3a*) **1.** *v/i* kämpfen; **2.** *v/t* bekämpfen; **~tivo** [-'tiƀo] kampflustig
combina|ción [kɔmbina'θĭɔn] *f* Kombination *f*; Zs.-stellung *f*; *quím* Verbindung *f*; (*prenda*) Unterrock *m*; **~do** [-'nađo] *m* Cocktail *m*; **~r** [-'nar] (*1a*) zs.-stellen; kombinieren
combusti|ble [kɔmbus'tiƀle] **1.** *adj* brennbar; **2.** *m* Kraftstoff *m*; Brennstoff *m*; **~ón** [-'tĭɔn] *f* Verbrennung *f*
comedia [ko'mеđĭa] *f* Lustspiel *n*, (*a fig*) Komödie *f*; Schauspiel *n*; ***~ musical*** Musical *n*; **~nte** [kome'đĭante] *m* Schauspieler *m*; *a fig* Komödiant *m*
comedi|do [kome'điđo] bescheiden; zurückhaltend; **~miento** [-đi'mĭento] *m* Höflichkeit *f*; Anstand *m*; **~rse** [-'đirse] (*3l*) sich zurückhalten
come|dón *med* [kome'đɔn] *m* Mitesser *m*; **~dor** [-'đɔr] *m* Esszimmer *n*; Speisesaal *m*; (*de empresa*, *etc*) Kantine *f*; ~ ***universitario*** Mensa *f*
comensal [komen'sal] *m* Tischgast *m*, -genosse *m*

C

comentar [komen'tar] (*1a*) kommentieren; besprechen; **~io** [-'tar̆o] *m* Kommentar *m*; **~s** *pl* Bemerkungen *f/pl*; **~ista** [-'rista] *m* Kommentator *m*
comenzar [komen'θar] (*1f u 1k*) anfangen, beginnen
comer [ko'mɛr] (*2a*) **1.** *v/t* essen; (*animal*) fressen; **2.** *v/i* essen; (*almorzar*) zu Mittag essen; **~se** aufessen; (*palabra*) verschlucken
comer|cial [komɛr'θĭal] kaufmännisch, Handels..., Geschäfts...; **~cialización** [-θĭaliθa'θĭɔn] *f* Vermarktung *f*; **~cializar** [-θĭali'θar] (*1f*) vermarkten; kommerzialisieren; **~ciante** [-'θĭante] *su* Kaufmann *m*, Kauffrau *f*, Händler *m*; **~ciar** [-'θĭar] (*1b*) handeln, Handel treiben; **~cio** [ko'mɛrθĭo] *m* Handel *m*; (*tienda*) Geschäft *n*, Laden *m*; *fig* Umgang *m*, Verkehr *m*; **~ *al por mayor*** Großhandel *m*; **~ *exterior* (*interior*)** Außen- (Binnen-)handel *m*
comestible [komes'tiƀle] **1.** *adj* essbar; **2.** **~s** *m/pl* Lebensmittel *pl*; **~s *finos*** Feinkost *f*
cometa [ko'meta] **1.** *m* Komet *m*; **2.** *f* (Papier-)Drachen *m*
come|ter [kome'tɛr] (*2a*) begehen; verüben; **~tido** [-'tiđo] *m* Auftrag *m*; Aufgabe *f*; (*deber*) Pflicht *f*
cómic ['komik] *m* Comic *m*
comicidad [komiθi'đađ] *f* Komik *f*
comicios [ko'miθĭɔs] *m/pl* Wahlen *f/pl*
cómico ['komiko] **1.** *adj* komisch; **2.** *m* Komiker *m*
comida [ko'miđa] *f* Essen *n*; (*de mediodía*) Mittagessen *n*; **~ *casera*** Hausmannskost *f*; **~ *de negocios*** Geschäftsessen *n*; **~ *de trabajo*** Arbeitsessen *n*
comidilla [komi'điʎa] *f* Stadtgespräch *n*
comienzo [ko'mĭenθo] *m* Beginn *m*, Anfang *m*
comillas [ko'miʎas] *f/pl* Anführungszeichen *n/pl*
comi|lón F [komi'lɔn] **1.** *adj* gefräßig; **2.** *m* Vielfraß *m*; **~lona** [-'lona] *f* Gelage *n*
comino *bot* [ko'mino] *m* Kümmel *m*
comisar|ía [komisa'ria] *f* Kommissariat *n*; Polizeirevier *n*; **~io** [-'sar̆o] *m* Kommissar *m*; Beauftragte(r) *m*
comisión [komi'sĭɔn] *f* Kommission *f*, Ausschuss *m*; *com* Provision *f*
comisura [komi'sura] *f*: **~ *de los labios*** Mundwinkel *m*
comi|té [komi'te] *m* Ausschuss *m*, Komitee *n*; **~ *de empresa*** Betriebsrat *m*; **~tiva** [-'tiƀa] *f* Gefolge *n*, Zug *m*
como ['komo] **1.** *adv* wie, sowie; (*en calidad de*) als; (*aproximadamente*) ungefähr; **~ *quien dice*** sozusagen; **2.** *cj* da, weil; (*si*) wenn; **~ *si***, **~ *que*** als ob
cómo ['komo] wie?; wieso?; wie (sehr) ...; ***¿~ (dice)?*** wie bitte?; ***¿a ~?*** wie viel?, wie teuer?; ***¿~ que no?*** wieso nicht?; ***¡~ no!*** natürlich!, selbstverständlich!
cómoda ['komođa] *f* Kommode *f*
comodidad [komođi'đađ] *f* Bequemlichkeit *f*; **~es** *pl* Komfort *m*
comodín [komo'đin] *m* (*naipe*) Joker *m*
cómodo ['komođo] bequem
compacto [kɔm'pakto] kompakt
compadecer [kɔmpađe'θɛr] (*2d*) bemitleiden; **~se**: **~ *de alg*** Mitleid haben mit j-m
compagina|ción [kɔmpaxina'θĭɔn] *f tip* Umbruch *m*; **~r** [-'nar] (*1a*) *tip* umbrechen; *fig* in Einklang bringen
compañe|rismo [kɔmpaɲe'rizmo] *m* Kameradschaftlichkeit *f*; Kollegialität *f*; **~ro** [-pa'ɲero] *m* Kollege *m*; Kamerad *m*; Gefährte *m*; **~ *de clase*** Mitschüler *m*, Klassenkamerad *m*
compañía [kɔmpa'ɲia] *f com* Gesellschaft *f* (*a fig*); *mil* Kompanie *f*; *teat* Truppe *f*; **~ *aérea*** Fluggesellschaft *f*; **~ *naviera*** Reederei *f*; ***en ~ de*** in Begleitung von; ***hacer ~ a alg*** j-m Gesellschaft leisten
compara|ble [kɔmpa'raƀle] vergleichbar; **~ción** [-ra'θĭɔn] *f* Vergleich *m*; **~r** [-'rar] (*1a*) vergleichen; **~tivo** [-ra'tiƀo] **1.** *adj* vergleichend; **2.** *m gram* Komparativ *m*
comparecer [kɔmpare'θɛr] (*2d*) (vor Gericht) erscheinen
comparsa [kɔm'parsa] *m* (*f*) *teat* Statist(in *f*) *m*
comparti|m(i)ento [kɔmparti'm(ĭ)ento] *m* Abteilung *f*, Fach *n*; *ferro* Abteil *n*; **~r** [-'tir] (*3a*) einteilen; (*repartir*) verteilen; **~ *con*** teilen mit (*dat*)
compás [kɔm'pas] *m mat* Zirkel *m*; *mús* Takt *m*; *mar* Kompass *m*
compasi|ón [kɔmpa'sĭɔn] *f* Mitleid *n*; **~vo** [-'siƀo] mitleidig
compati|bilidad [kɔmpatiƀili'đađ] *f*

Vereinbarkeit *f*; **~ble** [-'tiƀle] vereinbar; *inform* kompatibel; **~ *con el medio ambiente*** umweltfreundlich; umweltverträglich
compatriota [kɔmpa'trĭota] *su* Landsmann *m*, -männin *f*
compendio [kɔm'pendĭo] *m* Auszug *m*; Abriss *m*; Leitfaden *m*
compenetra|do [kɔmpene'trađo] aufea. eingestellt; **~rse** [-'trarse] (*1a*) inea. aufgehen
compensa|ción [kɔmpensa'θĭɔn] *f* Ausgleich *m*; Abfindung *f*; Entschädigung *f*; *com, pol* **~ *financiera*** Finanzausgleich *m*; **~r** [-'sar] (*1a*) ausgleichen; entschädigen (für ***de***)
compe|tencia [kɔmpe'tenθĭa] *f* Wettbewerb *m*, Konkurrenz *f*; (*incumbencia*) Kompetenz *f*, Zuständigkeit *f* (*a jur*); **~tente** [-'tente] zuständig; (*capaz*) kompetent, fähig; **~tición** [-ti'θĭɔn] *f* Wettbewerb *m*, -streit *m*; **~tidor** [-ti'đɔr] *m* Konkurrent *m*; **~tir** [-'tir] (*3l*) konkurrieren (mit *dat* ***con***); **~titividad** *f com* Wettbewerbsfähigkeit *f*; **~titivo** [-ti'tiƀo] konkurrenzfähig, Konkurrenz...
compilar [kɔmpi'lar] (*1a*) zusammenstellen, kompilieren
compla|cencia [kɔmpla'θenθĭa] *f* Wohlgefallen *n*; Gefälligkeit *f*; **~cer** [-'θɛr] (*2x*) gefällig sein; (*contentar*) befriedigen; **~cerse**: **~ *en*** Gefallen finden an (*dat*); **~cido** [-'θiđo] zufrieden; **~ciente** [-'θĭente] gefällig, zuvorkommend
comple|jidad [kɔmplɛxi'đađ] *f* Vielgestaltigkeit *f*; Schwierigkeit *f*; **~jo** [-'plɛxo] **1.** *adj* verwickelt, komplex; kompliziert; **2.** *m* Komplex *m* (*a med*)
complemen|tario [kɔmplemen'tarĭo] ergänzend; **~to** [-'mento] *m* Ergänzung *f*; *gram* Objekt *n*
comple|tar [kɔmple'tar] (*1a*) vervollständigen, ergänzen; **~to** [-'pleto] vollständig; vollkommen; (*lleno*) voll, besetzt; ***por ~*** völlig
complexión [kɔmplɛg'sĭɔn] *f* Körperbau *m*, Konstitution *f*
complica|ción [kɔmplika'θĭɔn] *f* Komplikation *f* (*a med*); Kompliziertheit *f*; **~r** [-'kar] (*1g*) komplizieren
cómplice ['kɔmpliθe] *su* Komplize *m*, Komplizin *f*
complicidad [kɔmpliθi'đađ] *f* Mitschuld *f*, Beihilfe *f*
complot [kɔm'plɔt] *m* Komplott *n*
compone|nte [kɔmpo'nente] *m* Bestandteil *m*; **~r** [-'nɛr] (*2r*) zs.-setzen; bilden; (*reparar*) ausbessern; *tip* (ab-) setzen; *mús* komponieren; **~rse** bestehen (aus *dat* ***de***)
comporta|miento [kɔmpɔrta'mĭento] *m* Betragen *n*, Verhalten *n*; **~rse** [-'tarse] (*1a*) sich benehmen, sich verhalten
composi|ción [kɔmposi'θĭɔn] *f* Zs.-setzung *f*; *mús* Komposition *f*; *tip* Satz *m*; **~tor** *mús* [-'tɔr] *m* Komponist *m*
compostura [kɔmpɔs'tura] *f* Ausbesserung *f*; *fig* Zurückhaltung *f*; Anstand *m*
compo|ta [kɔm'pota] *f* Kompott *n*; **~tera** [-po'tera] *f* Kompottschale *f*
compra ['kɔmpra] *f* Kauf *m*; Einkauf *m*; ***ir de ~s*** einkaufen gehen; ***~ a plazos*** Ratenkauf *m*; **~dor** *m* [-'đɔr] Käufer *m*; **~r** [-'prar] (*1a*) kaufen; **~venta** [-pra'ƀenta] *f*: ***contrato*** *m* ***de ~*** Kaufvertrag *m*
compren|der [kɔmpren'dɛr] (*2a*) (*incluir*) umfassen, einschließen; (*entender*) begreifen, verstehen; **~sible** [-'siƀle] verständlich; **~sión** [-'sĭɔn] *f* Verständnis *n*; **~sivo** [-'siƀo] verständnisvoll
compre|sa [kɔm'presa] *f* Kompresse *f*; Damenbinde *f*; **~sión** [-'sĭɔn] *f* Kompression *f*; **~sor** [-'sɔr] *m* Kompressor *m*
comprimi|do *med* [kɔmpri'miđo] *m* Tablette *f*; **~r** [-'mir] (*3a*) zs.-pressen, -drücken
comproba|ción [kɔmproƀa'θĭɔn] *f* Überprüfung *f*; (*prueba*) Beweis *m*, Nachweis *m*; **~nte** [-'ƀante] *m* Beleg *m*; Kassenbon *m*; **~r** [-'ƀar] (*1m*) nach-, überprüfen
comprome|tedor [kɔmpromete'đɔr] kompromittierend; heikel; **~ter** [-'tɛr] (*2a*) kompromittieren; (*arriesgar*) gefährden; verpflichten; **~terse** sich verpflichten (zu ***a***); **~tido** [-'tiđo] heikel; ***estar ~*** schon etwas vorhaben, schon e-e Verabredung haben
compromiso [kɔmpro'miso] *m* Kompromiss *m*; (*obligación*) Verpflichtung *f*; ***~ matrimonial*** Verlobung *f*; ***sin ~*** unverbindlich

C

compuesto [kɔm'pŭesto] **1.** *adj* zs.-gesetzt; **2.** *m quím* Verbindung *f*
compulsión [kɔmpul'sĭɔn] *f* Zwang *m*
computa|dor [kɔmputa'đɔr] *m*, **~dora** [-'đora] *f* Computer *m*; ***asistido por ~*** computergestützt; **~r** [-'tar] *(1a)* aus-, an-, berechnen
computerizar [kɔmputeri'θar] *(1f)* computerisieren
cómputo ['kɔmputo] *m* Berechnung *f*
comulgar [komul'gar] *rel* zur Kommunion gehen, kommunizieren
común [ko'mun] *adj* gemeinsam; (*corriente*) gewöhnlich; ***en ~*** gemeinsam; ***por lo ~*** gewöhnlich
comuna [ko'muna] *f* Kommune *f*, Wohngemeinschaft *f*
comunica|ción [komunika'θĭɔn] *f* Mitteilung *f*; *a tel* Verbindung *f*; ***comunicaciones*** *pl* Verkehrsverbindungen *f|pl*; **~do** [-'kađo] **1.** *adj*: ***bien ~*** mit guten Verkehrsverbindungen; verkehrsgünstig; **2.** *m* Kommuniqué *n*; **~r** [-'kar] *(1g)* **1.** *v/t* mitteilen; verbinden; **2.** *v/i* in Verbindung stehen; *tel* besetzt sein; **~rse** sich in Verbindung setzen (mit ***con***); **~tivo** [-ka'tiƀo] mitteilsam, gesprächig
comunidad [komuni'đađ] *f* Gemeinschaft *f*; ***♀ Europea*** Europäische Gemeinschaft *f*; ***♀ Europea del Carbón y del Acero*** (***CECA***) Montanunion *f*
comunión [komu'nĭɔn] *f rel* Kommunion *f*, Abendmahl *n*
comunis|mo [komu'nizmo] *m* Kommunismus *m*; **~ta** [-'nista] **1.** *adj* kommunistisch; **2.** *su* Kommunist(in *f*) *m*
comunitario [komuni'tarĭo] Gemeinschafts...; *pol* EG-...
con [kɔn] mit; ***~ tal que*** *subj* vorausgesetzt, dass; ***~ lo caro que es*** obwohl es so teuer ist
conato *jur* [ko'nato] *m* Versuch *m*
cóncavo ['kɔŋkaƀo] konkav; hohl
concebir [kɔnθe'ƀir] *(3l)* begreifen; (*plan*) fassen; *biol* empfangen
conceder [kɔnθe'đɛr] *(2a)* gewähren; zugestehen
conce|jal [kɔnθɛ'xal] *m* Stadtrat *m* (*persona*); **~jo** [-'θɛxo] *m* Stadtrat *m*
concentra|ción [kɔnθentra'θĭɔn] *f* Konzentration *f*; ***~ de masas*** Massenkundgebung *f*; **~r(se)** [-'trar(se)] *(1a)* (sich) konzentrieren (auf *ac* ***en***)
concep|ción [kɔnθɛƀ'θĭɔn] *f biol* Empfängnis *f*; *fig* Vorstellung *f*, Auffassung *f*; **~to** [-'θɛpto] *m* Begriff *m*, Idee *f*; Meinung *f*; ***en ~ de*** als
concernir [kɔnθɛr'nir] *(3i)* betreffen, angehen
concertar [kɔnθɛr'tar] *(1k)* *com* abschließen; (*acordar*) vereinbaren, abmachen
concerti|no *mús* [kɔnθɛr'tino] *m* Konzertmeister *m*, erster Geiger *m*; **~sta** [-'tista] *su* Konzertgeiger(in *f*) *m*, -pianist(in *f*) *m etc*
concesi|ón [kɔnθe'sĭɔn] *f* Bewilligung *f*, Gewährung *f*; Konzession *f*, Zugeständnis *n*; **~onario** [-sĭo'narĭo] *m* Konzessionär *m*; Vertragshändler *m*
concha ['kɔntʃa] *f* Muschel *f*; *zo* Schale *f*; Schildpatt *n*
concien|cia [kɔn'θĭenθĭa] *f* Gewissen *n*; Bewusstsein *n*; ***a ~*** gewissenhaft; ***en ~*** mit gutem Gewissen; **~zudo** [-'θuđo] gewissenhaft
concierto [kɔn'θĭɛrto] *m* Übereinkunft *f*; *mús* Konzert *n*
concili|ación [-lĭa'θĭɔn] *f* Versöhnung *f*; *jur* Schlichtung *f*; **~ar** [-'lĭar] *(1b)* versöhnen; ***~ el sueño*** einschlafen; **~o** [-'θilĭo] *m* Konzil *n*
conciso [kɔn'θiso] knapp, kurz
conclu|ir [kɔŋklu'ir] *(3g)* **1.** *v/t* (ab-) schließen, beenden; (*deducir*) folgern; **2.** *v/i* enden; **~sión** [-'sĭɔn] *f* Abschluss *m*; Schlussfolgerung *f*
concor|dancia [kɔŋkɔr'đanθĭa] *f* Übereinstimmung *f*; Konkordanz *f*; **~dar** [-'đar] *(1m)* **1.** *v/t* in Einklang bringen; **2.** *v/i* übereinstimmen; **~dato** [-'đato] *m* Konkordat *n*; **~dia** [-'kɔrđĭa] *f* Eintracht *f*
concre|tar [kɔŋkre'tar] *(1a)* konkretisieren; **~to** [-'kreto] **1.** *adj* konkret; **2.** *m Am* Beton *m*
concupiscen|cia [kɔŋkupis'θenθĭa] *f* Sinneslust *f*; **~te** [-'θente] lüstern
concurr|encia [kɔŋku'rrenθĭa] *f* Zulauf *m*; Publikum *n*; *fig* Zs.-treffen *n*; **~ido** [-'rriđo] stark besucht, beliebt; **~ir** [-'rrir] *(3a)* zs.-kommen (*a fig*); ***~ a*** teilnehmen an, mitwirken bei (*dat*)
concur|sante [kɔŋkur'sante] *m* Bewerber *m*; Teilnehmer *m*; **~sar** [-'sar] *(1a)* sich an e-m Wettbewerb beteiligen; **~so** [-'kurso] *m* Wettbewerb *m*; Preis-

ausschreiben *n*; (*ayuda*) Mitwirkung *f*; *com* Ausschreibung *f*

con|dado [kɔn'dađo] *m* Grafschaft *f*; **~dal** [-'dal] gräflich; **~de** ['kɔnde] *m* Graf *m*

condeco|ración [kɔndekora'θĭɔn] *f* Auszeichnung *f*; Orden *m*; **~rar** [-'rar] (*1a*) auszeichnen

condena *jur* [kɔn'dena] *f* Verurteilung *f*; Strafe *f*; **~ción** [-dena'θĭɔn] *f* Verurteilung *f*; *rel* Verdammnis *f*; **~r** [-'nar] (*1a*) verurteilen (*a fig*)

condensa|dor [kɔndensa'đɔr] *m* Kondensator *m*; **~r** [-'sar] (*1a*) kondensieren; zs.-fassen

condesa [kɔn'desa] *f* Gräfin *f*

condescen|dencia [kɔndesθen'denθĭa] *f* Nachgiebigkeit *f*; *desp* Herablassung *f*; **~der** [-'dɛr] (*2g*) einwilligen (in *ac* ***a***); *desp* sich herablassen (zu ***a***); **~diente** [-'dĭente] nachgiebig; *desp* herablassend

condici|ón [kɔndi'θĭɔn] *f* Bedingung *f*; (*situación*) Zustand *m*; Beschaffenheit *f*; (*rango*) Rang *m*, Stand *m*; ***-ones de trabajo*** Arbeitsbedingungen *f/pl*; ***~ previa*** Voraussetzung *f*; ***a ~ de que*** (*subj*) unter der Bedingung, dass; **~onal** [-θĭo'nal] *m gram* Konditional *m*; **~onar** [-θĭo'nar] (*1a*) bedingen; abhängig machen von

condimen|tar [kɔndimen'tar] (*1a*) würzen; **~to** [-'mento] *m* Gewürz *n*

condiscípulo *m* [kɔndis'θipulo] Mitschüler *m*

condón [kɔn'dɔn] *m* Kondom *n*, Präservativ *n*

cóndor ['kɔndɔr] *m* Kondor *m*

conduc|ción [kɔndug'θĭɔn] *f auto* Lenkung *f*; *tec* Leitung *f*; **~ir** [-'θir] (*3o*) führen, leiten; *auto* fahren; **~irse** sich benehmen; **~ta** [-'dukta] *f* Verhalten *n*; Benehmen *n*; **~tibilidad** [-duktiƀili'đađ] *f* Leitfähigkeit *f*; **~to** [-'dukto] *m* Leitung *f*; *anat* Gang *m*, Kanal *m*; **~tor** [-'tɔr] *m* Fahrer *m*; *el* Leiter *m*

conectar [konɛk'tar] (*1a*) verbinden; *el* einschalten; anschließen; ***~ a tierra*** erden

cone|jera [konɛ'xera] *f* Kaninchenstall *m*; **~jillo** [-'xiʎo] *m*: ***~ de Indias*** Meerschweinchen *n*; *fig* Versuchskaninchen *n*; **~jo** [-'nɛxo] *m* Kaninchen *n*

conexión [konɛg'sĭɔn] *f* Verbindung *f*; *fig* Zs.-hang *m*; *el* Schaltung *f*; Anschluss *m*

confecc|ión [kɔmfɛg'θĭɔn] *f* Anfertigung *f*; Konfektion *f*; **~ionar** [-θĭo'nar] (*1a*) anfertigen

confederación [kɔmfeđera'θĭɔn] *f* Bündnis *n*, Bund *m*

conferencia [kɔmfe'renθĭa] *f* Konferenz *f*; (*discurso*) Vortrag *m*; *tel* Ferngespräch *n*; ***~ nacional*** *od* ***interurbana*** Inlandsgespräch *n*; ***~ telefónica*** *tel* Telefonkonferenz *f*; **~nte** [-ren'θĭante] *m* Vortragende(r) *m*, Redner *m*

conferir [kɔmfe'rir] (*3i*) verleihen

confe|sar [kɔmfe'sar] (*1k*) gestehen; *rel* beichten; **~sarse** beichten; **~sión** [-'sĭɔn] *f* Geständnis *n*; *rel* Beichte *f*; Konfession *f*; **~s(i)onario** [-fes(ĭ)o'narĭo] *m* Beichtstuhl *m*; **~so** *jur* [-'feso] geständig; **~sor** *rel* [-'sɔr] *m* Beichtvater *m*

confeti [kɔm'feti] *m* Konfetti *n*

confia|do [kɔm'fĭađo] vertrauensvoll, -selig; **~nza** [-'fĭanθa] *f* Vertrauen *n*; ***~ en sí mismo*** Selbstvertrauen *n*; ***de ~*** zuverlässig; ***en ~*** vertraulich; **~r** [-'fĭar] (*1c*) **1.** *v/t* anvertrauen; **2.** *v/i* vertrauen (auf *ac* ***en***)

confiden|cia [kɔmfi'đenθĭa] *f* vertrauliche Mitteilung *f*; **~cial** [-đen'θĭal] vertraulich; **~te** [-'đente] *m* Vertraute(r) *m*; (*policial*) Spitzel *m*

confina|miento [kɔmfina'mĭento] *m* Zwangsaufenthalt *m*; **~r** [-'nar] (*1a*) verbannen; (*encerrar*) einsperren

confirma|ción [kɔmfirma'θĭɔn] *f* Bestätigung *f*; *rel* Firmung *f*; Konfirmation *f*; ***~ del pedido*** Auftragsbestätigung *f*; **~r** [-'mar] (*1a*) bestätigen; *rel* firmen; konfirmieren

confisca|ción [kɔmfiska'θĭɔn] *f* Beschlagnahme *f*; **~r** [-'kar] (*1g*) konfiszieren, beschlagnahmen

confi|tería [kɔmfite'ria] *f* Süßwarengeschäft *n*; **~tura** [-'tura] *f* Konfitüre *f*

conflic|tivo [kɔmflik'tiƀo] konfliktreich; **~to** [-'flikto] *m* Konflikt *m*

conflu|encia [kɔm'flŭenθĭa] *f* Zs.-fluss *m*; **~ir** [-'ir] (*3g*) zs.-fließen, *a fig* zs.-strömen

confor|mación [kɔmfɔrma'θĭɔn] *f* Gestalt(ung) *f*, Bau *m*; **~mar** [-'mar] (*1a*) bilden, gestalten; **~marse** sich abfinden *bzw* begnügen (mit *dat* ***con***);

C

~me [-'fɔrme] **1.** *adj*: ***ser ~ a*** entsprechen; ***estar ~ con*** einverstanden sein mit; **2.** *prp*: **~ a** gemäß, entsprechend; **~midad** [-fɔrmi'đađ] *f* Übereinstimmung *f*; Zustimmung *f*

confort [kɔm'fɔrt] *m* Komfort *m*; **~able** [-fɔr'taƀle] bequem, gemütlich

confortar [kɔmfɔr'tar] (*1a*) trösten

confronta|ción [kɔmfrɔnta'θĭɔn] *f* Gegenüberstellung *f*; **~r** [-'tar] (*1a*) gegenüberstellen; vergleichen

confu|ndir [kɔmfun'dir] (*3a*) verwechseln; (*perturbar*) durchea.-bringen, verwirren; **~ndirse** in Verwirrung geraten; (*equivocarse*) sich irren; **~sión** [-fu'sĭɔn] *f* Verwirrung *f*; Verwechslung *f*; (*desorden*) Durcheinander *n*; **~so** [-'fuso] verworren, konfus; (*persona*) verwirrt

congela|ción [kɔŋxela'θĭɔn] *f* Gefrieren *n*; (*a fig*) Einfrieren *n*; ***~ de precios*** Preisstopp *m*; **~do** [-'lađo] tiefgekühlt; (***alimentos*** *m/pl*) ***~s*** Tiefkühlkost *f*; **~dor** [-la'đɔr] *m* Gefrierfach *n*; ***~ horizontal*** Tiefkühltruhe *f*; **~r** [-'lar] (*1a*) tiefkühlen, einfrieren; **~rse** gefrieren

con|geniar [kɔŋxe'nĭar] (*1b*) harmonieren; **~génito** [-'xenito] angeboren

congestión [kɔŋxes'tĭɔn] *f med* Stauung *f*; ***~ del tráfico*** Verkehrsstockung *f*

congoja [kɔŋ'gɔxa] *f* Kummer *m*

congra|ciarse [kɔŋgra'θĭarse] (*1b*): ***~ con*** sich beliebt machen bei (*dat*); **~tularse**: ***~ de a/c*** *fig* et begrüßen

congre|gar [kɔŋgre'gar] (*1h*) versammeln; **~sista** [-'sista] *m* Kongressteilnehmer *m*; **~so** [-'greso] *m* Kongress *m*

congrio ['kɔŋgrĭo] *m* Meeraal *m*

congruen|cia [kɔŋ'grŭenθĭa] *f* Übereinstimmung *f*; **~te** [-'grŭente] angemessen, passend

cónico ['koniko] kegelförmig

coníferas [ko'niferas] *f/pl* Nadelhölzer *n/pl*

conjetura [kɔŋxe'tura] *f* Vermutung *f*; **~r** [-'rar] (*1a*) mutmaßen

conjuga|ción [kɔŋxuga'θĭɔn] *f* Konjugation *f*; **~r** [-'gar] (*1h*) konjugieren; *fig* vereinigen

conjun|ción [kɔŋxun'θĭɔn] *f* Verbindung *f*; *gram* Konjunktion *f*; **~tiva** *anat* [-'tiƀa] *f* Bindehaut *f*; **~tivitis** *med* [-ti'ƀitis] *f* Bindehautentzündung *f*; **~to** [-'xunto] **1.** *adj* verbunden; gemeinsam; **2.** *m* Gesamtheit *f*, Ganze(s) *n*; *mús*, *moda* Ensemble *n*; ***en ~*** im Ganzen (gesehen)

conjura [kɔŋ'xura], **~ción** [-'θĭɔn] *f* Verschwörung *f*; **~r** [-'rar] (*1a*) **1.** *v/t* beschwören **2.** *v/i* konspirieren

conllevar [kɔnʎe'ƀar] (*1a*) ertragen; *fig* mit sich bringen

conmemora|ción [kɔnmemora'θĭɔn] *f* Gedenken *n*; Gedenkfeier *f*; **~r** [-'rar] (*1a*) gedenken, (feierlich) begehen

conmigo [kɔn'migo] mit mir, bei mir

conmiseración [kɔnmisera'θĭɔn] *f* Erbarmen *n*, Mitleid *n*

conmo|ción [kɔnmo'θĭɔn] *f* Erschütterung *f* (*a fig*); ***~ cerebral*** Gehirnerschütterung *f*; **~cionar** [-'nar] (*1a*) erschüttern; **~vedor** [-ƀe'đɔr] erschütternd, rührend; **~ver** [-'ƀɛr] (*2h*) erschüttern; rühren

conmutador *el* [kɔnmuta'đɔr] *m* Schalter *m*

cono ['kono] *m* Kegel *m*

cono|cedor [konoθe'đɔr] *m* Kenner *m*; **~cer** [-'θɛr] (*2d*) kennen; kennen lernen; (*reconocer*) erkennen (an ***por***); ***dar a ~*** bekannt geben; **~cido** [-'θiđo] **1.** *adj* bekannt; **2.** *m*, **-a** *f* [-'θiđa] Bekannte(r) *m*, Bekannte *f*; **~cimiento** [-θi'mĭento] *m* Kenntnis *f*; *med* Bewusstsein *n*

conque ['kɔŋke] also, nun

conquista [kɔŋ'kista] *f* Eroberung *f* (*a fig*); **~dor** [-'đɔr] *m* Eroberer *m*; *fig* Frauenheld *m*; **~r** [-'tar] (*1a*) erobern

consabido [kɔnsa'ƀiđo] bewusst; (sattsam) bekannt

consagra|ción [kɔnsagra'θĭɔn] *f* Weihe *f*; *rel* Wandlung *f*; *fig* Bestätigung *f*; **~r** [-'grar] (*1a*) *rel* weihen; *fig* widmen

consanguíneo [kɔnsaŋ'gineo] blutsverwandt

consciente [kɔns'θĭente] bewusst

consecu|ción [kɔnseku'θĭɔn] *f* Erlangung *f*, Erreichung *f*; **~encia** [-'kŭenθĭa] *f* Folge *f*, Konsequenz *f*; ***a ~ de*** als Folge von; ***en ~*** folglich; **~ente** [-'kŭente] konsequent; **~tivo** [-ku'tiƀo] aufea.-folgend; ***tres horas -as*** drei Stunden hintereinander

conseguir [kɔnse'gir] (*3l u 3d*) erreichen; bekommen

conse|jero [kɔnsɛ'xero] *m* Ratgeber *m*;

Berater *m*; ~ ***matrimonial*** Eheberater *m*; **~jo** [-'sɛxo] *m* Rat(schlag) *m*; *pol* Rat *m*; ~ ***de ministros*** Ministerrat *m*; ♀ ***de Europa*** Europarat *m*

consen|so [kɔn'senso] *m* Zustimmung *f*; Konsens *m*; ***llegar a un*** ~ sich einigen; **~timiento** [-ti'mĭento] *m* Einwilligung *f*, Zustimmung *f*; **~tir** [-'tir] (*3i*) gestatten; zulassen

conserje [kɔn'sɛrxe] *su* Pförtner(in *f*) *m*; Hausmeister(in *f*) *m*; **~ría** [-'ria] *f* Pförtnerloge *f*

conserva [kɔn'sɛrƀa] *f* Konserve *f*; **~ción** [-sɛrƀa'θĭɔn] *f* Konservierung *f*; *fig* Erhaltung *f*; **~dor** [-'đɔr] **1.** *adj* konservativ; **2.** *m* (*de museo*) Kustos *m*; *pol* Konservative(r) *m*; **~nte** [-'ƀante] *m* Konservierungsmittel *n*; **~r** [-'ƀar] (*1a*) erhalten, (auf)bewahren; (*alimentos*) konservieren; **~torio** [-ƀa'torĭo] *m* Konservatorium *n*

considera|ble [kɔnsiđe'raƀle] beträchtlich, erheblich; **~ción** [-ra'θĭɔn] *f* Betrachtung *f*; Überlegung *f*; (*respeto*) Rücksicht(nahme) *f*; ***de*** ~ erheblich; ***en*** ~ ***a*** in Anbetracht (*gen*); **~do** [-'rađo] angesehen; rücksichtsvoll; **~r** [-'rar] (*1a*) bedenken, erwägen; berücksichtigen; **~(*se*)** (sich) halten für

consigna [kɔn'signa] *f* Losung *f*; Weisung *f*; *ferro* Gepäckaufbewahrung *f*; ~ ***automática*** Schließfach *n*

consigo [kɔn'sigo] **1.** *pron* mit sich, bei sich; **2.** *s* ***conseguir***

consiguiente [kɔnsi'gĭente] entsprechend (*dat*); ***por*** ~ folglich

consis|tencia [kɔnsis'tenθĭa] *f* Konsistenz *f*; Festigkeit *f*; **~tente** [-'tente] fest, stark; ~ ***en*** bestehend aus; **~tir** [-'tir] (*3a*): ~ ***en*** bestehen aus (*dat*)

consola|ción [kɔnsola'θĭɔn] *f* Trost *m*; **~dor** [-'đɔr] tröstlich; **~r** [-'lar] (*1m*) trösten

consolida|ción [kɔnsoliđa'θĭɔn] *f* Festigung *f*; Konsolidierung *f*; **~r** [-'đar] (*1a*) festigen, sichern

consomé [kɔnso'me] *m* Kraftbrühe *f*, Bouillon *f*

consonan|cia [kɔnso'nanθĭa] *f* Konsonanz *f*; ***en*** ~ ***con*** *fig* in Einklang mit; **~te** [-'nante] *f* Konsonant *m*

consorcio [kɔn'sɔrθĭo] *m* Konzern *m*

consorte [kɔn'sɔrte] *su* Ehegatte *m*, -gattin *f*

conspicuo [kɔns'pikŭo] hervorragend

conspira|ción [kɔnspira'θĭɔn] *f* Verschwörung *f*; **~dor** [-'đɔr] *m* Verschwörer *m*; **~r** [-'rar] (*1a*) sich verschwören

consta|ncia [kɔns'tanθĭa] *f* Beständigkeit *f*, Ausdauer *f*; ***dejar*** ~ ***de*** *et* bestätigen; *et* zum Ausdruck bringen; **~nte** [-'tante] beständig, konstant; **~r** [-'tar] (*1a*) feststehen; ~ ***de*** bestehen aus; ~ ***en*** verzeichnet sein in; **~tar** [-ta'tar] (*1a*) feststellen

constelación [kɔnstela'θĭɔn] *f* Sternbild *n*; *fig* Konstellation *f*

consterna|ción [kɔnstɛrna'θĭɔn] *f* Bestürzung *f*; **~r** [-'nar] (*1a*) bestürzen

constipa|do [kɔnsti'pađo] **1.** *adj* erkältet; **2.** *m* Erkältung *f*; Schnupfen *m*; **~rse** [-'parse] (*1a*) sich e-n Schnupfen holen; sich erkälten

constitu|ción [kɔnstitu'θĭɔn] *f* Beschaffenheit *f*; *med* Konstitution *f*; *pol* Verfassung *f*; **~cional** [-θĭo'nal] verfassungsmäßig; **~ir** [-tu'ir] (*3g*) bilden; gründen; *jur* einsetzen

constru|cción [kɔnstrug'θĭɔn] *f* Bau(en *n*) *m*; Bauwesen *n*; (*edificio*) Bau *m*; **~ctor** [-truk'tɔr] *m* Erbauer *m*; Konstrukteur *m*; **~ir** [-tru'ir] (*3g*) (er)bauen; errichten

consuegros [kɔn'sŭegros] *m/pl* Gegenschwiegereltern *pl*

consuelo [kɔn'sŭelo] *m* Trost *m*

cónsul ['kɔnsul] *su* Konsul(in *f*) *m*

consulado [kɔnsu'lađo] *m* Konsulat *n*

consul|ta [kɔn'sulta] *f* Befragung *f*; Beratung *f*; *med* Sprechstunde *f*; Praxis *f*; ***obra*** *f* ***de*** ~ Nachschlagewerk *n*; **~tar** [-'tar] (*1a*) befragen, zurate ziehen; **~torio** [-'torĭo] *m* Beratungsstelle *f*; *med* Sprechzimmer *n*; Praxis *f*

consuma|ción [kɔnsuma'θĭɔn] *f* Vollendung *f*; *jur* Vollziehung *f*; **~r** [-'mar] (*1a*) vollbringen; *jur* vollziehen

consumi|ción [kɔnsumi'θĭɔn] *f* *gastr* Verzehr *m*; Zeche *f*; **~dor** [-'đɔr] *m* Verbraucher *m*; **~r** [-'mir] (*3a*) verzehren; verbrauchen

consumo [kɔn'sumo] *m* Verbrauch *m*, Konsum *m*

conta|bilidad [kɔntaƀili'đađ] *f* *com* Buchführung *f*, -haltung *f*; ~ ***doble de la moneda*** doppelte Währungsbuchhaltung *f*; **~ble** [-'taƀle] *m* Buchhalter *m*

C

contac|tar [kɔntak'tar] (*1a*) Verbindung (*od* Kontakt) aufnehmen (mit *dat* ***con***); **~to** [-'takto] *m* Berührung *f*; Kontakt *m* (*a el*); ***ponerse en ~*** sich in Verbindung setzen (mit *dat* ***con***)

conta|do [kɔn'tađo]: ***al ~*** bar; ***-as veces*** selten; **~dor** [-ta'đɔr] *m tec* Zähler *m*; **~duría** [-đu'ria] *f* Rechnungsamt *n*, -stelle *f*

contagi|ar [kɔnta'xĭar] (*1b*) anstecken (*a fig*); **~o** [-'taxĭo] *m* Ansteckung *f*; **~oso** [-ta'xĭoso] ansteckend

contamina|ción [kɔntamina'θĭɔn] *f* Verunreinigung *f*; Verseuchung *f*; ***~ ambiental*** Umweltverschmutzung *f*; ***~ atmosférica*** Luftverschmutzung *f*; **~nte** [-'nante]: ***no ~*** schadstofffrei; ***poco ~*** schadstoffarm; **~r** [-'nar] (*1a*) verseuchen; verschmutzen

contar [kɔn'tar] (*1m*) **1.** *v/t* zählen; aus-, berechnen; (*narrar*) erzählen; **2.** *v/i* rechnen (*a fig*); ***~ con alg*** auf j-n zählen, mit j-m rechnen; ***~ entre*** zählen zu

contempla|ción [kɔntɛmpla'θĭɔn] *f* Betrachtung *f*; ***sin -ones*** rücksichtslos; **~r**[-'plar] (*1a*) betrachten

contemporáneo [kɔntɛmpo'raneo] **1.** *adj* zeitgenössisch; **2.** *m* Zeitgenosse *m*

conten|ción [kɔnten'θĭɔn] *f* Mäßigung *f*, Beherrschung *f*; **~cioso** [-'θĭoso] strittig; (***asunto*** *m*) **~** Streitsache *f*; **~edor** [-ne'đɔr] *m* Container *m*; ***~ de vidrio reciclable*** Altglascontainer *m*; ***~ para la basura orgánica*** Biotonne *f*; **~er** [-'nɛr] (*2l*) enthalten; (*retener*) zurückhalten; **~erse** an sich halten; **~ido** [-'niđo] *m* Inhalt *m*

conten|tar [kɔnten'tar] (*1a*) zufrieden stellen; **~tarse** sich begnügen (mit *dat* ***de***); **~to** [-'tento] **1.** *adj* zufrieden; **2.** *m* Zufriedenheit *f*

contesta|ción [kɔntesta'θĭɔn] *f* Antwort *f*; Beantwortung *f*; **~dor** [-'đɔr] *m tel* Anrufbeantworter *m*; **~r** [-'tar] (*1a*) **1.** *v/t* beantworten; **2.** *v/i* antworten (auf ***a***)

contexto [kɔn'testo] *m* Zs.-hang *m*

contienda [kɔn'tĭenda] *f* Streit *m*

contigo [kɔn'tigo] mit dir, bei dir

contiguo [kɔn'tigŭo] angrenzend; Neben...

continen|cia [kɔnti'nenθĭa] *f* Enthaltsamkeit *f*; **~tal** [-'tal] kontinental; **~te** [-'nente] **1.** *adj* enthaltsam; **2.** *m* Erdteil *m*, Kontinent *m*

contingente [kɔntiŋ'xente] *m* Kontingent *n*

continu|ación [kɔntinŭa'θĭɔn] *f* Fortsetzung *f*; ***a ~*** anschließend; **~ar** [-nu'ar] (*1e*) **1.** *v/t* fortsetzen; **2.** *v/i* andauern; weitermachen; **~idad** [-nŭi'đađ] *f* Stetigkeit *f*, Kontinuität *f*; **~o** [-'tinŭo] ununterbrochen; dauernd

contor|no [kɔn'tɔrno] *m* Umriss *m*; Kontur *f*; ***~s*** *m/pl* Umgegend *f*; **~sión** [-tɔr'sĭɔn] *f* Verrenkung *f*; **~sionista** [-'nista] *m* Schlangenmensch *m*

contra ['kɔntra] **1.** *prp* gegen (*ac*); **2.** *adv*: ***en ~*** dagegen

contraataque [kɔntra'take] *m* Gegenangriff *m*

contrabajo *mús* [kɔntra'ƀaxo] *m* Kontrabass *m*; (*persona*) Kontrabassist *m*

contraban|dista [kɔntraƀan'dista] *m* Schmuggler *m*; **~do** [-'ƀando] *m* Schmuggel *m*; (*mercancía*) Schmuggelware *f*; ***pasar de ~*** durchschmuggeln

contracción [kɔntrag'θĭɔn] *f* Zs.-ziehung *f*; Kontraktion *f*

contracep|ción [kɔntraθɛƀ'θĭɔn] *f* Empfängnisverhütung *f*; **~tivo** [-'tiƀo] *m* Verhütungsmittel *n*

contracorriente [kɔntrakɔ'rrĭente] *f* Gegenströmung *f*

contractual [kɔntrak'tŭal] vertraglich

contra|decir [kɔntrađe'θir] (*3p*) widersprechen; **~dicción** [-đig'θĭɔn] *f* Widerspruch *m*; **~dictorio** [-đik'torĭo] widersprüchlich

contraer [kɔntra'ɛr] (*2p*) zs.-ziehen; verkürzen; (*enfermedad*) sich zuziehen; (*deudas*) machen; ***~ matrimonio*** die Ehe schließen; **~se** sich zs.-ziehen

contraespionaje [kɔntraespĭo'naxe] *m* Spionageabwehr *f*

contralto *mús* [kɔn'tralto] *m* Alt *m*

contra|luz [kɔntra'luθ] *f* Gegenlicht(aufnahme *f*) *n*; **~maestre** [-ma'estre] *m* Werkmeister *m*; *mar* Obermaat *m*; **~orden** [-'ɔrđen] *f* Gegenbefehl *m*; *fig* Widerruf *m*; **~partida** [-par'tiđa] *f fig* Gegenleistung *f*; **~pelo** [-'pelo]: ***a ~*** gegen den Strich; **~peso** [-'peso] *m* Gegengewicht *n* (*a fig*); **~prestación** [-presta'θĭɔn] *f* Gegenleistung *f*; **~producente** [-prođu'θente] unzweckmäßig; **~puesto** [-'pŭesto] gegensätzlich, entgegengesetzt; **~punto** *mús* [-'punto]

m Kontrapunkt *m*
contra|ria [kɔn'traria]: ***llevar la ~*** widersprechen; **~riar** [-'rĭar] (*1c*) sich entgegenstellen (*dat*); (*disgustar*) (ver-)ärgern; **~riedad** [-rĭe'đađ] *f* (unvorhergesehene) Schwierigkeit *f*; (*disgusto*) Ärger *m*; **~rio** [-'trarĭo] **1.** *adj* entgegengesetzt; (*adverso*) feindlich; ***al ~***, ***por lo ~*** im Gegenteil; ***de lo ~*** andernfalls, sonst; **2.** *m* Gegner *m*, Feind *m*, Gegenspieler *m*
contra|rrestar [kɔntrarrɛs'tar] (*1a*) entgegenwirken (*dat*); **~rrevolución** [-rrɛƀolu'θĭɔn] *f* Gegenrevolution *f*; **~sentido** [-sen'tiđo] *m* Widersinn *m*; **~seña** [-'seɲa] *f* Losungswort *n*, Kennwort *n*
contras|tar [kɔntras'tar] (*1a*) **1.** *v/t tec* eichen; **2.** *v/i* im Widerspruch stehen (zu *dat* ***con***); **~te** [-'traste] *m* Gegensatz *m*, Kontrast *m*
contrata|ción [kɔntrata'θĭɔn] *f* Vertragsabschluss *m*; (*de obreros*) Einstellung *f*; **~nte** [-'tante] *m* Vertragspartner *m*; **~r** [-'tar] (*1a*) vertraglich abmachen; (*personal*) einstellen; (*artista*) engagieren
contratiempo [kɔntra'tĭempo] *m* Unannehmlichkeit *f*; (ärgerlicher) Zwischenfall *m*
contratista [kɔntra'tista] *m*: ***~ de obras*** Bauunternehmer *m*
contrato [kɔn'trato] *m* Vertrag *m*; ***~ generacional*** Generationenvertrag *m*
contravalor [kɔntraƀa'lɔr] *m* Gegenwert *m*
contraven|ción [kɔntraƀen'θĭɔn] *f* Übertretung *f*; Zuwiderhandlung *f*; **~ir** [-ƀe'nir] (*3s*): ***~ a*** verstoßen gegen (*ac*)
contrayentes [kɔntra'jentes] *m/pl* Eheschließende *pl*
contribu|ción [kɔntriƀu'θĭɔn] *f* Beitrag *m*; (*impuesto*) Steuer *f*, Abgabe *f*; **~ir** [-'ir] (*3g*) beitragen, beisteuern; **~yente** [-ƀu'jente] *m* Steuerzahler *m*
contrincante [kɔntriŋ'kante] *m* Mitbewerber *m*; Gegenspieler *m*
control [kɔn'trɔl] *m* Kontrolle *f*; ***~ aéreo*** Flugsicherung *f*; ***~ de calidad*** Qualitätskontrolle *f*; **~ador** [-trola'đɔr] *m*: ***~ aéreo*** Fluglotse *m*; **~ar** [-'lar] (*1a*) kontrollieren, überwachen; **~arse** sich beherrschen
controver|sia [kɔntro'ƀɛrsĭa] *f* Streit *m*, Kontroverse *f*; **~tido** [-ƀɛr'tiđo] umstritten
contuma|cia [kɔntu'maθĭa] *f* Hartnäckigkeit *f*; **~z** [-'maθ] hartnäckig
contundente [kɔntun'dente] überzeugend, schlagend; ***arma f ~*** Schlagwaffe *f*
contusión *med* [kɔntu'sĭɔn] *f* Quetschung *f*; Prellung *f*
convale|cencia [kɔmbale'θenθĭa] *f* Genesung *f*; **~cer** [-'θɛr] (*2d*) genesen; **~ciente** [-'θĭente] *m* Rekonvaleszent *m*
convalida|ción [kɔmbaliđa'θĭɔn] *f* Bestätigung *f*; (*de certificados*, *etc*) Anerkennung *f*; **~r** [-'đar] (*1a*) bestätigen; anerkennen
conven|cer [kɔmben'θɛr] (*2b*) überzeugen; überreden; **~cimiento** [-θi'mĭento] *m* Überzeugung *f*; **~ción** [-'θĭɔn] *f* Abkommen *n*, Konvention *f*; **~cional** [-θĭo'nal] herkömmlich, konventionell
convenien|cia [kɔmbe'nĭenθĭa] *f* Zweckmäßigkeit *f*; Nutzen *m*; **~te** [-'nĭente] zweckmäßig, angebracht
convenio [kɔm'benĭo] *m* Abkommen *n*; ***~ colectivo*** (Mantel-)Tarifvertrag *m*
convenir [kɔmbe'nir] (*3s*) **1.** *v/t* vereinbaren; **2.** *v/i* passen; (*estar de acuerdo*) übereinstimmen; (*ser oportuno*) angebracht sein
convento [kɔm'bento] *m* Kloster *n*
conver|gencia [kɔmbɛr'xenθĭa] *f* Zs.-laufen *n*; *fig* Übereinstimmung *f*; (*financiero*) Konvergenz *f*; **~ger** [-'xɛr] (*2c*), **~gir** [-'xir] (*3c*) konvergieren, zs.-laufen
conversa|ción [kɔmbɛrsa'θĭɔn] *f* Unterhaltung *f*, Gespräch *n*; **~r** [-'sar] (*1a*) sich unterhalten
conver|sión [kɔmbɛr'sĭɔn] *f* Umwandlung *f*; *rel* Bekehrung *f*; *com* Umrechnung *f*; *inform* Konvertierung *f*; ***~ del dinero efectivo*** (*euro*) Bargeldumstellung *f*; **~so** *rel* [-'bɛrso] *m* Konvertit *m*; **~tible** [-'tiƀle] konvertierbar; **~tir** [-'tir] (*3i*) um-, verwandeln; *com*, *inform* konvertieren; *rel* bekehren; **~tirse** sich verwandeln (in ***en***), werden (zu ***en***); *rel* übertreten (zu ***a***)
convexo [kɔm'bɛgso] konvex
convic|ción [kɔmbig'θĭɔn] *f* Überzeugung *f*; **~to** [-'bikto] überführt
convida|do [kɔmbi'đađo] *m* Gast *m*; **~r** [-'đar] (*1a*) einladen (zu ***a***)

C

C

convincente [kɔmbin'θente] überzeugend
conviv|encia [kɔmbi'ƀenθi̯a] *f* Zs.-leben *n*; **~ir** [-'ƀir] (*3a*) zs.-leben
convoca|ción [kɔmboka'θi̯ɔn] *f* Einberufung *f*; **~r** [-'kar] (*1g*) einberufen
convoy [kɔm'bɔi̯] *m auto* Kolonne *f*; *mil* Geleitzug *m*; *ferro* Zug *m*
convulsión [kɔmbul'si̯ɔn] *f* Krampf *m*
conyugal [kɔnju'gal] ehelich; Ehe...
cónyuge ['kɔnjuxe] *su* Ehegatte *m*
coñac [kɔ'ɲak] *m* Kognak *m*
coopera|ción [koopera'θi̯ɔn] *f* Mitwirkung *f*; Zs.-arbeit *f*; **~nte** [-'rante] *m* Entwicklungshelfer *m*; **~r** [-'rar] (*1a*) mitarbeiten; **~tiva** [-ra'tiƀa] *f* Genossenschaft *f*; **~tivo** [-ra'tiƀo] Genossenschafts...
coordina|ción [koɔrđina'θi̯ɔn] *f* Koordinierung *f*; **~r** [-'nar] (*1a*) koordinieren
copa ['kopa] *f* (Stiel-)Glas *n*; Pokal *m* (*a dep*); *bot* (Baum-)Krone *f*; **♀ de Europa** Europapokal *m*; **~s** (*naipes*) *etwa*: Herz *n*
copia ['kopi̯a] *f* Kopie *f*; *fot* Abzug *m*; **~ de seguridad** Sicherheitskopie *f*; **~r** [-'pi̯ar] (*1b*) kopieren; (*alumno*) abschreiben
copiloto [kopi'loto] *m* Kopilot *m*
copioso [ko'pi̯oso] reichlich
copla ['kopla] *f* Strophe *f*; Lied *n*
copo ['kopo] *m* Flocke *f*; **~ de nieve** Schneeflocke *f*
coproducción [koprođug'θi̯ɔn] *f* Koproduktion *f*
copropietario [kopropi̯e'tari̯o] *m* Miteigentümer *m*
coque ['koke] *m* Koks *m*
coque|tear [kokete'ar] (*1a*) kokettieren; **~to** [-'keto] kokett; **~tón** [-'tɔn] reizend
coraje [ko'raxe] *m* Mut *m*; (*ira*) Wut *f*
coral [ko'ral] **1.** *m* Koralle *f*; *mús* Choral *m*; **2.** *f* Chor *m*
corán [ko'ran] *m* Koran *m*
coraza [ko'raθa] *f* Panzer *m*
cora|zón [kora'θɔn] *m* Herz *n*; **~zonada** [-θo'nađa] *f* Ahnung *f*
corbata [kɔr'ƀata] *f* Krawatte *f*
corbeta *mar* [kɔr'ƀeta] *f* Korvette *f*
corche|a *mús* [kɔr'tʃea] *f* Achtelnote *f*; **~te** [-'tʃete] *m* Haken *m*; *tip* eckige Klammer *f*
corcho ['kɔrtʃo] *m* Kork(en) *m*
corcovado [kɔrko'ƀađo] bucklig
corda|da [kɔr'đađa] *f* Seilschaft *f*; **~je** *mar* [-'đaxe] *m* Takelwerk *n*
cordel [kɔr'đɛl] *m* Schnur *f*
cordero [kɔr'đero] *m* Lamm *n*
cordial [kɔr'đi̯al] herzlich; **~idad** [-đi̯ali'đađ] *f* Herzlichkeit *f*
cordillera [kɔrđi'ʎera] *f* Gebirgskette *f*
cordobés [kɔrđo'ƀes] aus Córdoba
cordón [kɔr'đɔn] *m* Schnur *f*; (*de zapato*) Schnürsenkel *m*; *mil* Kordon *m*, Sperrkette *f*; ***~ umbilical*** Nabelschnur *f*
cordura [kɔr'đura] *f* Verstand *m*; Besonnenheit *f*
core|ografía [koreogra'fia] *f* Choreographie *f*; **~ógrafo** [-'ografo] *m* Choreograph *m*
corista [ko'rista] **a)** *su* Chorsänger(in *f*) *m*; **b)** *f* Revuegirl *n*
corna|da [kɔr'nađa] *f taur* Verletzung *f* durch Hornstoß; **~menta** [-'menta] *f* Gehörn *n*; Geweih *n*; **~musa** [-'musa] *f* Dudelsack *m*
córnea ['kɔrnea] *f* (*ojo*) Hornhaut *f*
corneja [kɔr'nɛxa] *f* Krähe *f*
córneo ['kɔrneo] Horn...
córner ['kɔrnɛr] *m dep* Eckball *m*
corne|ta [kɔr'neta] *f mús* Kornett *n*; **~zuelo** *bot* [-'θu̯elo] *m* Mutterkorn *n*
cornisa *arqu* [kɔr'nisa] *f* Kranzgesims *n*
corno *mús* ['kɔrno] *m*: ***~ inglés*** Englischhorn *n*
cornudo [kɔr'nuđo] gehörnt (*a fig*)
coro ['koro] *m mús* Chor *m*; *arqu* Empore *f*
coroides *anat* [ko'rɔi̯đes] *f* Aderhaut *f*
corona [ko'rona] *f* Krone *f*; (*de flores*) Kranz *m*; **~ción** [korona'θi̯ɔn] *f* Krönung *f* (*a fig*); **~r** [-'nar] (*1a*) krönen (*a fig*); *fig* vollenden; **~rio** *med* [-'nari̯o] Herzkranz..., Koronar...
coronel [koro'nɛl] *m* Oberst *m*
corpora|ción [kɔrpora'θi̯ɔn] *f* Körperschaft *f*; **~l** [-'ral] körperlich, Körper...
corpulen|cia [kɔrpu'lenθi̯a] *f* Beleibtheit *f*; **~to** [-'lento] korpulent, beleibt
Corpus ['kɔrpus] *m*: **~ (*Christi*)** Fronleichnam(sfest) *n*
corral [kɔ'rral] *m* Geflügelhof *m*
correa [kɔ'rrɛa] *f* Riemen *m*, Gurt *m*; *tec* Treibriemen *m*; ***~ del ventilador*** Keilriemen *m*
correc|ción [kɔrrɛg'θi̯ɔn] *f* Verbesserung *f*; Korrektur *f* (*a tip*); *fig* Korrekt-

heit *f*; **~to** [-'rrɛkto] richtig; korrekt; **~tor** [-'tɔr] *m tip* Korrektor *m*
corre|dera [kɔrrɛ'đera] *f tec* Schieber *m*; **~dizo** [-'điθo] Schiebe...; **~dor** [-'đɔr] *m* (Wett-)Läufer *m*; Rennfahrer *m*; *com* Makler *m*; (*pasillo*) Korridor *m*; *~ **aéreo*** Luftkorridor *m*; **~gir** [-'xir] (*3c u 3l*) (ver)bessern, berichtigen; korrigieren; **~girse** sich bessern
correo [kɔ'rrɛo] *m* Post *f* (*Wz*); (*persona*) Kurier *m*; ***por ~*** mit der Post (*Wz*); *~ **aéreo*** Luftpost *f*; ***oficina** f **de ~s*** Postamt *n*; *~ **a paso de tortuga*** Schneckenpost *f*
correr [kɔ'rrɛr] (*2a*) **1.** *v/i* laufen, rennen; *auto* schnell fahren; (*tiempo*) vergehen; (*agua*) fließen; *~ **con los gastos*** die Kosten tragen; **2.** *v/t* (*mueble*) (ver)rücken; (*cerrojo*) vorschieben; (*cortina*) zuziehen; **~se** (beiseite) rücken
correspon|dencia [kɔrrɛspɔn'denθĭa] *f* Briefwechsel *m*; Korrespondenz *f*; (*cartas*) Post *f*; *ferro* Anschluss *m*; *fig* Entsprechung *f*; **~der** [-'đɛr] (*2a*) entsprechen (*dat **a***); (*favor, etc*) erwidern; (*pertenecer*) zustehen, -kommen (*dat **a***); **~diente** [-'dĭente] entsprechend; **~sal** [-'sal] *su* Korrespondent(in *f*) *m*; Berichterstatter(in *f*) *m*
corretaje [kɔrrɛ'taxe] *m* Maklergebühr *f*
corrida [kɔ'rriđa] *f* Lauf *m*; *~ **(de toros)*** Stierkampf *m*
corriente [kɔ'rrĭente] **1.** *adj* laufend; fließend; (*normal*) üblich, gewöhnlich; **2.** *f* Strom *m* (*a fig u el*); *fig* Strömung *f*; *~ **de aire*** Luftzug *m*; *fig* ***ir contra la ~*** gegen den Strom schwimmen; **3.** *m* laufende(r) Monat *m*; ***estar (tener) al ~*** auf dem Laufenden sein (halten); ***fuera de lo ~*** außergewöhnlich
corro ['kɔrrɔ] *m* Kreis *m* (von Personen)
corroborar [kɔrrɔƀo'rar] (*1a*) (be)stärken; bekräftigen
corromper [kɔrrɔm'pɛr] (*2a*) verderben; *fig* bestechen
corros|ión [kɔrrɔ'sĭɔn] *f* Korrosion *f*; **~ivo** [-'siƀo] **1.** *adj* ätzend; **2.** *m* Ätzmittel *n*
corrup|ción [kɔrruƀ'θĭɔn] *f fig* Bestechung *f*; Korruption *f*, Verfall *m*; *~ **de menores*** Verführung *f* Minderjähriger; **~tible** [-'tiƀle] bestechlich; **~to** [kɔ'rrupto] verdorben; korrupt
corsario [kɔr'sarĭo] *m* Seeräuber *m*, Korsar *m*
corsé [kɔr'se] *m* Korsett *n*
corso ['kɔrso] **1.** *adj* korsisch; **2.** *m* Korse *m*
corta|césped [kɔrta'θespeđ] *m* Rasenmäher *m*; **~do** [-'tađo] **1.** *adj* (*leche*) geronnen; (*turbado*) verlegen; **2.** *m* Kaffee *m* mit et Milch; **~fiambres** [-'fĭambres] *m* Aufschnittmaschine *f*; **~frío** [-'frio] *m* Hartmeißel *m*; **~nte** [-'tante] schneidend (*a fig*); **~papeles** [-tapa'peles] *m* Brieföffner *m*; **~pisa** [-'pisa] *f*: ***poner ~s*** *fig* Steine in den Weg legen
cortar [kɔr'tar] (*1a*) schneiden; ab-, aus-, zer-, durchschneiden; (*tela*) zuschneiden; (*comunicación*) unterbrechen; (*árbol*) fällen; (*agua, gas, luz, calle*) sperren; (*naipes*) abheben; **~se** sich schneiden; (*leche*) gerinnen; (*turbarse*) verlegen werden
corta|úñas [kɔrta'uɲas] *m* Nagelzange *f*; **~vientos** [-'ƀĭentos] *m* Windschutz *m*
corte ['kɔrte] **a)** *m* Schnitt *m*; *med* Schnittwunde *f*; (*de ropa*) Zuschnitt *m*; (*de luz, etc*) Sperre *f*; **b)** *f* (Königs-)Hof *m*; *Am* Gerichtshof *m*; ***℈s*** *pl* das spanische Parlament
corte|jar [kɔrtɛ'xar] (*1a*) den Hof machen; **~jo** [-'tɛxo] *m* Zug *m*, Gefolge *n*; *~ **fúnebre*** Trauerzug *m*
cortés [kɔr'tes] höflich
corte|sana [kɔrte'sana] *f* Kurtisane *f*; *hist* Hofdame *f*; **~sano** [-'sano] **1.** *adj* höfisch **2.** *m* Höfling *m*; **~sía** [-'sia] *f* Höflichkeit *f*
corteza [kɔr'teθa] *f* Rinde *f*; (*de pan*) Kruste *f*; (*de fruta*) Schale *f*
cortijo [kɔr'tixo] *m andalusisches* Landgut *n*
cortina [kɔr'tina] *f* Gardine *f*, Vorhang *m*
corto ['kɔrto] kurz; *fig* beschränkt; *~ **de vista*** kurzsichtig; ***a la -a o a la larga*** über kurz oder lang; ***no quedarse ~*** keine Antwort schuldig bleiben; **~circuito** *el* [-θir'kŭito] *m* Kurzschluss *m*; **~(metraje)** [-me'traxe] *m* Kurzfilm *m*
corvo ['kɔrƀo] krumm, gebogen
corzo ['kɔrθo] *m* Reh *n*
cosa ['kosa] *f* Sache *f*, Ding *n*; *~ **de*** ungefähr; ***otra ~*** et anderes; ***poca ~*** we-

C

nig; ***como si tal ~*** als ob nichts geschehen wäre

cosaco [ko'sako] *m* Kosak *m*

cosecha [ko'setʃa] *f* Ernte *f*; **~dora** [-'đora] *f* Mähdrescher *m*; **~r** [-'tʃar] (*1a*) ernten

coser [ko'sɛr] (*2a*) nähen; ***ser ~ y cantar*** kinderleicht sein

cosméti|ca [kɔz'metika] *f* Kosmetik *f*; **~co** [-'metiko] **1.** *adj* kosmetisch; **2.** *m* Schönheitsmittel *n*

cósmico ['kɔzmiko] kosmisch

cosmo|nauta [kɔzmo'naŭta] *m* Kosmonaut *m*; **~polita** [-po'lita] *m* Weltbürger *m*

cosmos ['kɔzmɔs] *m* Kosmos *m*

cosquill|as [kɔs'kiʎas] *f/pl* Kitzeln *n*; ***hacer ~*** kitzeln; **~oso** [-ki'ʎoso] kitz(e)lig; *fig* empfindlich

costa ['kɔsta] *f* Küste *f*; ***~s*** Kosten *pl*; ***a ~ de*** auf Kosten von; ***a toda ~*** um jeden Preis; **~do** [-'tađo] Seite *f*; Flanke *f*

cos|tar [kɔs'tar] (*1m*) kosten; *fig* schwer fallen; *fig* ***~ caro*** teuer zu stehen kommen; **~te** ['kɔste] *m* Kosten *pl*; ***~ de la vida*** Lebenshaltungskosten *pl*; **~tear** [kɔste'ar] (*1a*) die Kosten tragen

costilla [kɔs'tiʎa] *f* Rippe *f*

costo ['kɔsto] *m* Kosten *pl*; **~so** [-'toso] kostspielig; teuer

costra ['kɔstra] *f* Kruste *f*; *med* Schorf *m*

costumbre [kɔs'tumbre] *f* Gewohnheit *f*; Sitte *f*; Brauch *m*; ***mala ~*** Unsitte *f*; ***de ~*** gewöhnlich, üblich

costu|ra [kɔs'tura] *f* Naht *f*; Nähen *n*; ***alta ~*** Haute Couture *f*; **~rera** [-'rera] *f* Näherin *f*; **~rero** [-'rero] *m* Nähkasten *m*

cotidiano [koti'đĭano] täglich

cotill|a F [ko'tiʎa] *f* F Klatschbase *f*; **~ear** [-ʎe'ar] (*1a*) F klatschen

cotiza|ción [kotiθa'θĭɔn] *f* Notierung *f*; Kurs *m*; **~r** [-'θar] (*1f*) **1.** *v/t com* notieren; **2.** *v/i* Beitrag zahlen

coto ['koto] *m* eingezäuntes Grundstück *n*; ***~ de caza*** Jagdrevier *n*

cotorra [ko'tɔrra] *f* F Klatschbase *f*

cox|al *med* [kɔg'sal] *adj* Hüft...; **~is** ['kɔgsis] *m* Steißbein *n*

coyuntura [kojun'tura] *f* Konjunktur *f*

coz [kɔθ] *f* (*caballo*, *etc*) Ausschlagen *n*

crac [krak] *m* Börsenkrach *m*

cráneo ['kraneo] *m* Schädel *m*

craso ['kraso] krass

cráter ['kratɛr] *m* Krater *m*

crea|ción [krea'θĭɔn] *f* Schöpfung *f*; Erschaffung *f*; **~dor** [-'đɔr] **1.** *adj* schöpferisch; **2.** *m* Schöpfer *m*; **~r** [-'ar] (*1a*) (er)schaffen; (*fundar*) gründen; **~tividad** [-tiđi'đađ] *f* Kreativität *f*; **~tivo** [-'tiđo] kreativ

cre|cer [kre'θɛr] (*2d*) wachsen; (*río*) anschwellen; *fig* zunehmen; **~cida** [-'θiđa] *f* Hochwasser *n*; **~cido** [-'θiđo] erwachsen; groß; **~ciente** [-'θĭente] steigend, wachsend; (*luna*) zunehmend; **~cimiento** [-θi'mĭento] *m* Wachstum *n*; *fig* Zunahme *f*

credencial [kređen'θĭal]: ***(cartas) ~es*** *f/pl* Beglaubigungsschreiben *n*

credi|bilidad [kređiđili'đađ] *f* Glaubwürdigkeit *f*; **~ticio** [-'tiθĭo] Kredit...

crédito ['kređito] *m com* Kredit *m*; *fig* Ansehen *n*; ***a ~*** auf Kredit; ***dar ~ a alg*** j-m Glauben schenken

credo ['kređo] *m* Kredo *n*, Glaubensbekenntnis *n*

credulidad [kređuli'đađ] *f* Leichtgläubigkeit *f*

crédulo ['kređulo] leichtgläubig

creencia [kre'enθĭa] *f* Glaube *m*

creer [kre'ɛr] (*2e*) glauben (an *ac* ***en***); (*considerar*) halten für; **~se** sich et einbilden; sich halten für

creí|ble [kre'iđle] glaubhaft; **~do** [-'iđo] eingebildet, eitel

crema ['krema] *f* Creme *f*; (*nata*) Sahne *f*; ***~ dental*** Zahncreme *f*

cremación [krema'θĭɔn] *f* Verbrennung *f*; Feuerbestattung *f*

cremallera [krema'ʎera] *f* Reißverschluss *m*; ***(ferrocarril*** *m* ***de) ~*** Zahnradbahn *f*

crematorio [krema'torĭo] *m* Krematorium *n*

crepitar [krepi'tar] (*1a*) prasseln, knistern

crepúsculo [kre'puskulo] *m* Dämmerung *f*

cresta ['kresta] *f* (*de gallo*) Kamm *m*

cretino [kre'tino] **1.** *adj* dumm; **2.** *m* Schwachkopf *m*, Kretin *m*

creyente [kre'jente] **1.** *adj* gläubig; **2.** *m* Gläubige(r) *m*

cría ['kria] *f* Zucht *f*; (*animal*) Junge(s) *n*; ***~ de animales en gran escala*** Massentierhaltung *f*

cria|da [kri'ađa] *f* Dienstmädchen *n*;

~do [-'ađo] *m* Diener *m*; **~dor** [-a'đɔr] *m* Züchter *m*; **~nza** [-'anθa] *f* (Auf-) Zucht *f*; **~r** [-'ar] (*1c*) züchten; (*niño*) aufziehen; **~rse** aufwachsen; **~tura** [-a'tura] *f* Kreatur *f*, Geschöpf *n*; (*niño*) Kind *n*
criba ['kriƀa] *f* Sieb *n*; **~r** [-'ƀar] (*1a*) sieben
crimen ['krimen] *m* Verbrechen *n*
criminal [krimi'nal] **1.** *adj* verbrecherisch, kriminell; **2.** *m* Verbrecher *m*; **~idad** [-nali'đađ] *f* Kriminalität *f*
crío ['krio] *m* F Kind *n*
cripta ['kripta] *f* Gruft *f*, Krypta *f*
crisantemo *bot* [krisan'temo] *m* Chrysantheme *f*
crisis ['krisis] *f* Krise *f*
crisol [kri'sɔl] *m* Schmelztiegel *m* (*a fig*)
crispa|ción [krispa'θĭɔn] *f* Verkrampfung *f*; *fig* Spannung *f*; **~r** [-'par] (*1a*) zs.-krampfen; *fig* in Wut bringen; **~ *los nervios*** auf die Nerven gehen
cristal [kris'tal] *m* Kristall *n*; (*vidrio*) Glas *n*; Fensterscheibe *f*; **~era** [-ta'lera] *f* Glasschrank *m*; **~ería** [-le'ria] *f* Glaswaren *f/pl*; Gläser *n/pl*; **~ero** [-'lero] *m* Glaser *m*; **~ino** [-'lino] **1.** *adj* kristallklar; **2.** *m* (*del ojo*) Linse *f*; **~izar** [-li'θar] (*1f*) kristallisieren
cristia|ndad [kristĭan'dađ] *f* Christenheit *f*; **~nismo** [-'nizmo] *m* Christentum *n*; **~no** [-'tĭano] **1.** *adj* christlich; **2.** *m* Christ *m*
criterio [kri'terĭo] *m* Kriterium *n*; ***~s*** *m/pl* ***de convergencia*** (*euro*) Konvergenzkriterien *n/pl*
crítica ['kritika] *f* Kritik *f*
criticar [kriti'kar] (*1g*) kritisieren
crítico ['kritiko] **1.** *adj* kritisch; **2.** *m* Kritiker *m*
croar [kro'ar] (*1a*) quaken
croata [kro'ata] **1.** *adj* kroatisch; **2.** *su* Kroate *m*, Kroatin *f*
crol [krol] *m dep* Kraulen *n*
cromar [kro'mar] (*1a*) verchromen
cromo ['kromo] *m* Chrom *n*; (*estampa*) Sammelbild *n*
cromosoma [kromo'soma] *m* Chromosom *n*
cróni|ca ['kronika] *f* Chronik *f*; (Zeitungs-)Bericht *m*; **~co** [-ko] chronisch
cronista [kro'nista] *m* Chronist *m*
cron|ológico [krono'lɔxiko] chronologisch; **~ometrar** [-me'trar] (*1a*) die Zeit abnehmen (*od* stoppen); **~ómetro** [-'nometro] *m* Stoppuhr *f*
croqueta [kro'keta] *f* Krokette *f*
croquis ['krokis] *m* Skizze *f*
cruce ['kruθe] *m* Kreuzung *f* (*a biol*); **~ro** [-'θero] *m arqu* Querschiff *n*; *mar* Kreuzer *m*; (*viaje*) Kreuzfahrt *f*; **~ta** [-'θeta] *f* Kreuzstich *m*
crucial [kru'θĭal] *fig* entscheidend
crucifi|car [kruθifi'kar] (*1g*) kreuzigen; **~jo** [-'fixo] *m* Kruzifix *n*; **~xión** [-fig'θĭɔn] *f* Kreuzigung *f*
crucigrama [kruθi'grama] *m* Kreuzworträtsel *n*
cru|deza [kru'đeθa] *f* Rohheit *f*; **~do** ['kruđo] **1.** *adj* roh (*a fig*); *fig* grob; rau; **2.** *m* Rohöl *n*
cruel [kru'ɛl] grausam; **~dad** [kruɛl'đađ] *f* Grausamkeit *f*
cruento [kru'ento] blutig
cruji|ente [kru'xĭente] *gastr* knusprig; **~r** [-'xir] (*3a*) knistern; knarren
crustáceos [krus'taθeos] *m/pl* Krusten-, Krebstiere *n/pl*
cruz [kruθ] *f* Kreuz *n* (*a fig*); (*de una moneda*) Schriftseite *f*; ***~ gamada*** Hakenkreuz *n*; ***♀ Roja*** Rotes Kreuz *n*; **~ada** [-'θađa] *f* Kreuzzug *m* (*a fig*); **~ado** [-'θađo] **1.** *adj* (*traje*) zweireihig; **2.** *m* Kreuzfahrer *m*; **~ar** [-'θar] (*1f*) kreuzen (*a biol*); (*atravesar*) durchqueren; (*calle*) überqueren; (*cartas, palabras*) wechseln; **~arse** sich begegnen
cuaderno [kŭa'đɛrno] *m* Heft *n*
cuadra ['kŭađra] *f* (Pferde-)Stall *m*; **~do** [-'đrađo] **1.** *adj* quadratisch; **2.** *m* Quadrat *n*; **~ngular** [-đraŋgu'lar] viereckig
cuadriculado [kŭađriku'lađo] (*papel*) kariert
cuadrilla [kŭa'đriʎa] *f* Gruppe *f*, Trupp *m*; *taur* Mannschaft *f* e-s Toreros
cuadro ['kŭađro] *m* (*pintura*) Bild *n* (*a teat u fig*), Gemälde *n*; *agr* Gartenbeet *n*; *el* ***~ de distribución*** Schalttafel *f*; *auto* ***~ de mandos*** Armaturenbrett *n*; ***~ sinóptico*** Übersichtstabelle *f*; ***a*** *od* ***de ~s*** kariert
cuádruple ['kŭađruple] vierfach
cua|jada [kŭa'xađa] *f* Dickmilch *f*; **~jar** [-'xar] **1.** *m zo* Labmagen *m*; **2.** (*1a*) *v/i* fest werden; (*nieve*) liegen bleiben; *fig* gelingen, F klappen; **~jarse** gerinnen; **~jo** ['kŭaxo] *m* Lab *n*
cual [kŭal] *pron relat* ***el, la, lo ~*** der, die,

das; welche(r, s); ***a ~ más*** um die Wette; ***por lo ~*** weswegen
cuál [kŭal] *pron interr* wer?, welche(r, s)?

C

cuali|dad [kŭali'đađ] *f* Eigenschaft *f*, Qualität *f*; **~tativo** [-ta'tiƀo] qualitativ
cualquier [kŭal'kĭɛr] irgendein; ***~ día*** irgendwann; ***de ~ modo*** irgendwie; **~a** [-'kĭera] irgendjemand; jeder (beliebige)
cuan [kŭan] wie (sehr)
cuando ['kŭando] **1.** *cj* wenn; (*pasado*) als; **2.** *adv*: ***de ~ en ~*** von Zeit zu Zeit; ***~ más***, ***~ mucho*** höchstens; ***~ menos*** wenigstens; ***~ quiera*** jederzeit
cuándo ['kŭando] *interr* wann?; ***¿para ~?*** bis wann?
cuan|tía [kŭan'tia] *f* Summe *f*; Menge *f*; **~tioso** [-'tĭoso] reichlich, bedeutend; **~titativo** [-tita'tiƀo] quantitativ
cuanto ['kŭanto] alles, was; so viel wie; ***en ~*** sobald, sowie; ***en ~ a*** was ... betrifft; ***~ más que*** um so mehr als; ***~ antes*** möglichst bald; ***~ antes, mejor*** je eher, desto besser; ***unos ~s*** einige, ein paar
cuánto ['kŭanto] *pron* wie viel; wie viele?; ***¿a ~s estamos?*** den Wievielten haben wir heute?; ***¡~ me alegro!*** wie ich mich freue!
cuaren|ta [kŭa'renta] vierzig; **~tena** [-'tena] *f* Quarantäne *f*
cuaresma [kŭa'rezma] *f* Fastenzeit *f*
cuarta ['kŭarta] *f mús* Quart *f*
cuartel [kŭar'tɛl] *m* Kaserne *f*; ***~ general*** Hauptquartier *n*
cuarteto *mús* [kŭar'teto] *m* Quartett *n*
cuarto ['kŭarto] **1.** *adj* vierte(r); **2.** *m* Viertel *n*; (*habitación*) Zimmer *n*; ***~ de baño*** Badezimmer *n*; ***~ de estar*** Wohnzimmer *n*; ***~ de hora*** Viertelstunde *f*
cuarzo *min* ['kŭarθo] *m* Quarz *m*
cuatrillizos [kŭatri'ʎiθos] *m/pl* Vierlinge *m/pl*
cuatro ['kŭatro] vier
cuba ['kuƀa] *f* Fass *n*
cubano [ku'ƀano] **1.** *adj* kubanisch; **2.** *m*, **-a** *f* Kubaner(in *f*) *m*
cuberte|ría [kuƀɛrte'ria] *f* Besteck *n*; **~ro** [-'tero] *m* Besteckkasten *m*
cubeta [ku'ƀeta] *f* Zuber *m*; *quím* Wanne *f*
cúbico ['kuƀiko] kubisch; Kubik...
cubier|ta [ku'ƀĭɛrta] *f* Hülle *f*; (*de un libro*) Umschlag *m*; *auto* (Reifen-)Decke *f*; *mar* Deck *n*; **~to** [-to] **1.** *adj* bedeckt; *com* gedeckt; **2.** *m* Besteck *n*; (*menú*) Gedeck *n*
cubismo [ku'ƀizmo] *m* Kubismus *m*
cubi|tera [kuƀi'tera] *f* Eiswürfelbehälter *m*; **~to** [-'ƀito] *m*: ***~ de caldo*** Suppenwürfel *m*; ***~ de hielo*** Eiswürfel *m*
cúbito *anat* ['kuƀito] *m* Elle *f*
cubo ['kuƀo] *m mat* Würfel *m*; Kubikzahl *f*; (*vasija*) Eimer *m*, Kübel *m*; *tec* Nabe *f*; ***~ de basura*** Mülleimer *m*
cubrir [ku'ƀrir] (*3a*) be-, zudecken; (*recorrer*) zurücklegen; *com*, *zo* decken; (*informar*) berichten über; (*puesto*) besetzen; *fig* ***~ de*** überhäufen mit; **~se** den Hut aufsetzen
cucaracha [kuka'ratʃa] *f* Schabe *f*, Kakerlak *m*
cucha|ra [ku'tʃara] *f* (Ess-)Löffel *m*; **~rada** [-'rađa] *f* (ein) Esslöffel voll; **~rilla** [-'riʎa], **~rita** [-'rita] *f* Tee-, Kaffeelöffel *m*; **~rón** [-'rɔn] *m* Schöpflöffel *m*
cuclill|as [ku'kliʎas]: ***en ~*** in Hockstellung; **~o** [-'kliʎo] *m* Kuckuck *m*
cuco ['kuko] *m* Kuckuck *m*
cucurucho [kuku'rutʃo] *m* Tüte *f*
cuchich|ear [kutʃitʃe'ar] (*1a*) flüstern; **~eo** [-'tʃeo] *m* Getuschel *n*
cuchi|lla [ku'tʃiʎa] *f* Klinge *f*, Schneide *f*; **~llada** [-'ʎađa] *f* Messerstich *m*; **~llo** [-'tʃiʎo] *m* Messer *n*
cuece ['kŭeθe] *s* ***cocer***
cuello ['kŭeʎo] *m* Hals *m*; (*de camisa, etc*) Kragen *m*; ***~ de botella*** *a fig* Engpass *m*
cuen|ca ['kŭeŋka] *f geo* Becken *n*; **~co** [-'ko] *m* Napf *m*
cuenta ['kŭenta] *f* Rechnung *f*; *com* Konto *n*; ***~ atrás*** Count-down *m*; ***~ corriente*** Girokonto *n*, laufendes Konto *n*; ***~ de gastos*** Spesenrechnung *f*; ***por ~ de*** auf Rechnung von; ***dar ~*** Rechenschaft ablegen; ***darse ~ de*** (be)merken; ***echar ~s*** abrechnen; ***pagar a ~*** anzahlen; ***tener*** (*od* ***tomar***) ***en ~*** berücksichtigen; **~gotas** [-'gotas] *m* Tropfenzähler *m*; **~kilómetros** [-ki'lometros] *m* Kilometerzähler *m*; **~rrevoluciones** [-rrɛƀolu'θĭones] *m* Drehzahlmesser *m*
cuento ['kŭento] *m* Geschichte *f*; Mär-

chen *n*; *fig* Gerede *n*; ***dejarse de ~s*** zur Sache kommen
cuerda ['kŭɛrđa] *f* Seil *n*; Schnur *f*; *mús* Saite *f*; (*del reloj*) Feder *f*; ***bajo ~*** heimlich; ***dar ~*** (*reloj*) aufziehen; ***~s** pl* ***vocales*** Stimmbänder *n/pl*
cuerdo ['kŭɛrđo] klug, vernünftig
cuerno ['kŭɛrno] *m* Horn *n* (*a mús*); *fig* ***poner ~s a alg*** j-m Hörner aufsetzen
cuero ['kŭero] *m* Leder *n*; ***~ cabelludo*** Kopfhaut *f*; ***en ~s*** splitternackt
cuerpo ['kŭɛrpo] *m* Körper *m*; *mil* Korps *n*; ***~ de bomberos*** Feuerwehr *f*; ***~ docente*** Lehrkörper *m*; *jur* ***~ del delito*** Beweisstück *n*, Corpus Delicti *n*; ***a ~ de rey*** fürstlich; *fig* ***tomar ~*** Gestalt annehmen
cuervo ['kŭɛrƀo] *m* Rabe *m*
cuesta ['kŭesta] *f* Abhang *m*; Steigung *f*; Gefälle *n*; ***~ abajo*** bergab; ***~ arriba*** bergauf; ***a ~s*** auf dem Rücken
cuestación [kŭesta'θĭɔn] *f* Sammlung *f*
cuestión [kŭes'tĭɔn] *f* Frage *f*
cuestiona|ble [kŭestĭo'naƀle] streitig, zweifelhaft; **~r** [-'nar] (*1a*) infrage stellen; **~rio** [-'narĭo] *m* Fragebogen *m*
cueva ['kŭeƀa] *f* Höhle *f*
cuida|do [kŭi'đađo] *m* Sorgfalt *f*; Vorsicht *f*; (*atención*) Pflege *f*; Betreuung *f*; ***tener ~*** aufpassen; ***¡~!*** Vorsicht!; **~dor** [-'đɔr] *m* Pfleger *m*; **~doso** [-'đoso] sorgfältig; **~r** [-'đar] (*1a*) betreuen; pflegen; versorgen; ***~ de*** sorgen für; **~rse** sich pflegen; sich schonen; ***~ de*** sich kümmern um
culata [ku'lata] *f* Gewehrkolben *m*; *auto* Zylinderkopf *m*
cule|bra [ku'leƀra] *f* Schlange *f*; **~brón** F [-'ƀrɔn] *m TV* Endlos-Serie *f*
culinario [kuli'narĭo] kulinarisch; Koch...
culmina|ción [kulmina'θĭɔn] *f* Höhepunkt *m*, Gipfel *m*; **~nte** [-'nante]: ***punto*** *m* ***~*** Höhepunkt *m*; **~r** [-'nar] (*1a*) **1.** *v/i* gipfeln; **2.** *v/t* vollenden
culo ['kulo] *m* F Hintern *m*
culpa ['kulpa] *f* Schuld *f*; Verschulden *n*; ***echar la ~ de a/c a alg*** j-m die Schuld an et geben; ***tener la ~ de*** schuld sein an; ***por ~ de*** wegen (*gen*); **~bilidad** [-ƀili'đađ] *f* Schuld *f*; **~ble** [-'paƀle] **1.** *adj* schuldig; **2.** *su* Schuldige(r *m*) *f*; **~r** [-'par] (*1a*) beschuldigen
culti|var [kulti'ƀar] (*1a*) anbauen, bebauen; züchten; *fig* pflegen; **~vo** [-'tiƀo] *m* Anbau *m*; Züchtung *f*; *fig* Pflege *f*
culto ['kulto] **1.** *adj* gebildet; kultiviert; **2.** *m* Gottesdienst *m*; Kult *m*
cultura [kul'tura] *f* Kultur *f*; Bildung *f*; **~l** [-'ral] kulturell
culturismo [kultu'rizmo] *m* Body-Building *n*
cumbre ['kumbre] *f* Gipfel *m* (*a fig*); *pol* Gipfeltreffen *n*
cumpleaños [kumple'aɲos] *m* Geburtstag *m*
cumpli|do [kum'plido] *m* Kompliment *n*; ***por ~*** aus Höflichkeit; ***sin ~s*** ohne Umstände; **~dor** [-'đɔr] gewissenhaft, pflichtbewusst; **~mentar** [-men'tar] (*1k*) begrüßen; beglückwünschen; (*orden, etc*) ausführen; **~miento** [-'mĭento] *m* Erfüllung *f*; Ausführung *f*
cumplir [kum'plir] (*3a*) erfüllen; ausführen; (*pena*) verbüßen, absitzen; ***~ años*** Geburtstag feiern; ***~ con su deber*** s-e Pflicht tun; ***por ~*** aus Höflichkeit; **~se** in Erfüllung gehen
cuna ['kuna] *f* Wiege *f*; Kinderbett *n*; *fig* Abstammung *f*
cuneta [ku'neta] *f* Straßengraben *m*
cuña ['kuɲa] *f* Keil *m*; ***~ publicitaria*** Werbespot *m*
cuña|da [ku'ɲađa] *f* Schwägerin *f*; **~do** [ku'ɲađo] *m* Schwager *m*
cuota ['kŭota] *f* Quote *f*; (Mitglieds-)Beitrag *m*
cupé [ku'pe] *m auto* Coupé *n*
cupo ['kupo] *m* Quote *f*; Kontingent *n*, Anteil *m*
cupón [ku'pɔn] *m* Kupon *m*; Zinsschein *m*
cúpula ['kupula] *f* Kuppel *f*
cura ['kura] **1.** *m* Geistliche(r) *m*; **2.** *f* Kur *f*; ***~ de almas*** Seelsorge *f*; ***~ termal*** Badekur *f*; ***~ de urgencia*** erste Hilfe *f*; **~ble** [-'raƀle] heilbar; **~ción** [-'θĭɔn] *f* Heilung *f*; **~ndero** [-ran'dero] *m* Kurpfuscher *m*
curar [ku'rar] (*1a*) **1.** *v/i* genesen, heilen; **2.** *v/t med* behandeln; heilen; (*carne*) einsalzen, räuchern; (*cuero*) gerben; **~se** genesen, gesund werden; ***~ en salud*** vorbeugen, vorbauen
curra|nte [ku'rrante] *m* F Jobber *m*; **~r** [-'rrar] F (*1a*) jobben
curio|sear [kurĭose'ar] (*1a*) neugierig

sein; F herumschnüffeln; **~sidad** [-si'đađ] *f* Neugier(de) *f*; (*cosa rara*) Kuriosität *f*; **~es** *pl* Sehenswürdigkeiten *f/pl*; **~so** [ku'rĭoso] neugierig; (*raro*) merkwürdig, sonderbar
currícu|lo [ku'rrikulo] *m* Curriculum *n*; **~lum vitae** [-lum ƀitɛ] *m* Lebenslauf *m*
cursar [kur'sar] (*1a*) (*estudios*) studieren; (*dar curso*) weiterleiten; (*telegrama*) aufgeben
cursi F ['kursi] kitschig, geschmacklos; **~lería** [kursile'ria] *f* Kitsch *m*; Getue *n*
cursill|ista [kursi'ʎista] *su* Kursteilnehmer(in *f*) *m*; **~o** [-'siʎo] *m* Kurs *m*, Lehrgang *m*
cursivo [kur'siƀo] kursiv
curso ['kurso] *m* Lauf *m*; Verlauf *m*; (*cursillo*) Kurs(us) *m*, Lehrgang *m*; (*lección*) Vorlesung *f*; (*año escolar*) Schul-, Studienjahr *n*; **~ *acelerado*** Schnellkurs *m*; **~ *a distancia*, ~ *por correspondencia*** Fernkurs *m*; ***dar* ~ *a*** (amtlich) weiterleiten
cursor [kur'sɔr] *m inform* Cursor *m*
curti|do [kur'tiđo] abgehärtet; gebräunt; **~dor** [-ti'đɔr] *m* Gerber *m*; **~r** [-'tir] (*3a*) gerben; *fig* abhärten
cur|va ['kurƀa] *f* Kurve *f*; **~var** [-'ƀar] (*1a*) krümmen; beugen; **~vatura** [-'tura] *f* Krümmung *f*; **~vo** ['kurƀo] gebogen, krumm
cúspide ['kuspiđe] *f* Spitze *f*; Gipfel *m*
custodia [kus'tođĭa] *f* Aufbewahrung *f*; Bewachung *f*; *jur* Sorgerecht *n*; *rel* Monstranz *f*; *com* ***derechos*** *m/pl* ***de* ~** Depotgebühren *f/pl*; **~r** [-'đĭar] (*1b*) bewachen, hüten
cutáneo [ku'taneo] Haut...
cúter *mar* ['kutɛr] *m* Kutter *m*
cutis ['kutis] *m* (Gesichts-)Haut *f*
cuyo, -a ['kujo, -ja] dessen, deren
Ch, ch [tʃe] *f* Ch, ch *n*; *s* ***C, c***

D

D, d [de] *f* D, d *n*
dádiva ['dađiƀa] *f* Gabe *f*, Spende *f*
dadivoso [dađi'ƀoso] freigebig
dado ['dađo] **1.** *m* Würfel *m*; **2.** *part de* ***dar***; **3.** *prp* angesichts (*gen*), in Anbetracht (*gen*); **4.** *cj* **~ *que*** da, weil
dador *m jur, com* [da'đɔr] Geber *m*
daga ['daga] *f* Dolch *m*
dalia *bot* ['dalĭa] *f* Dahlie *f*
dalto|niano [dalto'nĭano] farbenblind; **~nismo** [-'nizmo] *m* Farbenblindheit *f*
dama ['dama] *f* Dame *f*; (***juego*** *m* ***de***) **~*s*** *f/pl* Damespiel *n*; **~juana** [-'xŭana] *f* Korbflasche *f*; Glasballon *m*
damasco [da'masko] *m* Damast *m*; *Am* Aprikose *f*
damero [da'mero] *m* Damebrett *n*
damnifica|do [damnifi'kađo] *m* Geschädigte(r) *m*; **~r** [-'kar] (*1g*) schädigen
dandi ['danđi] *m* Dandy *m*
da|nés [da'nes] **1.** *adj* dänisch; **2.** *m*, **~nesa** [-'nesa] *f* Däne *m*, Dänin *f*
dantesco [dan'tesko] dantesk, schauerlich
danza ['danθa] *f* Tanz *m*; **~nte** [-'θante] *m* Tänzer *m*; **~r** [-'θar] (*1f*) tanzen; **~rín** *m*, **~rina** *f* [-'rin, -'rina] Tänzer(in *f*) *m*
dañ|ar [da'ɲar] (*1a*) schaden (*dat*); schädigen; **~arse** Schaden leiden; **~ino** [-'ɲino] schädlich; **~o** ['daɲo] *m* Schaden *m*; **~ *material*** Sachschaden *m*; ***hacer* ~** weh tun; verletzen; **~*s y perjuicios*** *m/pl* Schaden(ersatz) *m*
dar [dar] (*1r*) **1.** *v/t* geben; her-, abgeben; (*regalar*) schenken; (*recuerdos*) bestellen; (*golpe*) versetzen; (*conferencia*) halten; (*valor*) beimessen; **~ *las cinco*** fünf Uhr schlagen; **2.** *v/i* **~ *a*** (*ventana*) gehen auf; **~ *con*** finden; (*persona*) (zufällig) treffen; ***no* ~ *con el nombre*** nicht auf den Namen kommen; **~ *contra*** stoßen gegen; **~ *de comer*** zu essen geben; **~ *de sí*** (*rendir*) einbringen, hergeben; (*tela*, *etc*) sich dehnen *od* weiten; **~ *por muerto*** für tot halten; **~ *que hablar*** Anlass zu Gerede geben; ***¡qué más da!*** was liegt schon daran!; **~se** (*suceder*) vorkommen; **~ *a*** sich widmen (*dat*); (*a un vicio*, *etc*) sich ergeben, verfallen (*dat*); **~ *por*** sich halten für
dardo ['darđo] *m* Wurfspieß *m*

dársena ['darsena] *f* Hafenbecken *n*
datar [da'tar] (*1a*) **1.** *v/t* datieren; **2.** *v/i*: **~ de** zurückgehen auf
dátil *bot* ['datil] *m* Dattel *f*
datilera [dati'lera] *f*: (**palmera** *f*) **~** Dattelpalme *f*
dativo *gram* [da'tiƀo] *m* Dativ *m*
dato ['dato] *m* Angabe *f*; **~s** *pl* Daten *n/pl*; **~s personales** Personalien *pl*
de [de] von, aus; **~ Madrid** aus Madrid; **~ madera** aus Holz; **un vaso ~ agua** ein Glas Wasser; **el padre ~ mi amigo** der Vater m-s Freundes; **más** (**menos**) **~** mehr (weniger) als; **~ 20 años** zwanzigjährig; **~ miedo** aus Furcht; **~ noche** nachts; **~ niño** als Kind; **trabajar ~ albañil** als Maurer arbeiten
deambular [deambu'lar] (*1a*) wandeln; schlendern
debajo [de'ƀaxo] unten; darunter; **~ de** unter
debat|e [de'ƀate] *m* Debatte *f*; **~ir** [-ƀa'tir] (*3a*) besprechen; verhandeln, debattieren über
debe *com* ['deƀe] *m* Soll *n*, Debet *n*
deb|er [de'ƀɛr] **1.** *m* Pflicht *f*; **~es** *m/pl* Hausaufgaben *f/pl*; **2.** (*2a*) *v/t* schulden; *fig* verdanken; **3.** *v/i* + *inf* müssen; sollen; **no ~** nicht dürfen; **~erse** zurückzuführen sein (auf *ac* **a**); **~idamente** [-ƀiđa'mente] ordnungsgemäß; **~ido** [-'ƀiđo] gebührend; **como es ~** wie es sich gehört; **~ a** wegen
débil ['deƀil] schwach
debili|dad [deƀili'đađ] *f* Schwäche *f* (*a fig*); **~ mental** Schwachsinn *m*; **~tar** [-'tar] (*1a*) schwächen; **~tarse** schwach werden
débito ['deƀito] *m* Schuld *f*; Soll *n*
debut [de'ƀut] *m* Debüt *n*; **~ante** [-ƀu'tante] *su* Debütant(in *f*) *m*; **~ar** [-'tar] (*1a*) debütieren
década ['dekađa] *f* Dekade *f*
deca|dencia [deka'đenθĭa] *f* Verfall *m*; Dekadenz *f*; **~dente** [-'đente] dekadent; **~er** [-'ɛr] (*2o*) verfallen; nachlassen; **~ído** [-'iđo] kraftlos; *fig* mutlos; **~imiento** [-kaĭ'mĭento] *m* Verfall *m*; *fig* Niedergeschlagenheit *f*
decálogo *rel* [de'kalogo] *m die* Zehn Gebote *n/pl*
decano [de'kano] *m* Dekan *m*; Älteste(r) *m*
decapitar [dekapi'tar] (*1a*) enthaupten
decatlón [deka'tlɔn] *m* Zehnkampf *m*
decena [de'θena] *f* (etwa) zehn; *mús* Dezime *f*
decencia [de'θenθĭa] *f* Anstand *m*
decenio [de'θenĭo] *m* Jahrzehnt *n*
decente [de'θente] anständig
decepci|ón [deθɛƀ'θĭɔn] *f* Enttäuschung *f*; **~onar** [-θĭo'nar] (*1a*) enttäuschen
decibelio [deθi'ƀelĭo] *m* Dezibel *n*
decidi|do [deθi'điđo] entschieden; entschlossen (zu **a**); *fig* energisch; **~r** [-'đir] (*3a*) entscheiden; bestimmen; beschließen; **~rse** sich entscheiden; sich entschließen (zu **a**)
décima ['deθima] *f* Zehntel *n*; **tener ~s** leichtes Fieber haben
decimal [deθi'mal] Dezimal...
décimo ['deθimo] **1.** *adj* zehnt; **2.** *m* Zehntel *n*; (*de lotería*) Zehntellos *n*
decir [de'θir] **1.** *v/t*, *v/i* (*3p*) sagen; **~ que sí** (**no**) Ja (Nein) sagen; **como quien dice** sozusagen; **querer ~** bedeuten; **es ~** das heißt; **¡no me diga!** was Sie nicht sagen!; **por así ~lo** sozusagen; **¡quién lo diría!** wer hätte das gedacht!; **dicen que** man sagt, es heißt, dass; **¡diga!** *tel* hallo!; **2.** *m* Redensart *f*; **es un ~** das sagt man so
decisi|ón [deθi'sĭɔn] *f* Entscheidung *f*; Entschluss *m*; *jur* Beschluss *m*; *fig* Entschlossenheit *f*; **~vo** [-'siƀo] entscheidend
declamar [dekla'mar] (*1a*) vortragen, deklamieren
declara|ción [deklara'θĭɔn] *f* Erklärung *f*; Aussage *f*; **~ de impuestos** Steuererklärung *f*; **~ jurada** eidesstattliche Erklärung *f*; *jur* **tomar ~** verhören; **~r** [-'rar] (*1a*) erklären; *jur* aussagen; *com* deklarieren, angeben; **~rse** (*incendio*, *etc*) ausbrechen
declina|ción [deklina'θĭɔn] *f gram* Deklination *f*; *fig* Verfall *m*; **~r** [-'nar] (*1a*) **1.** *v/t* ablehnen; *gram* deklinieren; **2.** *v/i* (*día*) sich neigen; (*salud*) sich verschlechtern; (*decaer*) verfallen
declive [de'kliƀe] *m* Abhang *m*; **en ~** abschüssig
decomi|sar [dekomi'sar] (*1a*) (gerichtlich) einziehen; **~so** [-'miso] *m* Beschlagnahme *f*, Einziehung *f*
decora|ción [dekora'θĭɔn] *f* Dekoration *f*; **~do** [-'rađo] *m* Ausschmückung *f*;

teat Bühnenbild *n*; **~s** *m/pl* (*cine*) Bauten *m/pl*; **~dor** [-'đɔr] *m* Dekorateur *m*; *teat* Bühnenbildner *m*; ***~ de interiores*** Innenarchitekt *m*; **~r** [-'rar] (*1a*) ausschmücken; dekorieren; **~tivo** [-ra'tiƀo] dekorativ

D

decoro [de'koro] *m* Anstand *m*; Würde *f*; Schicklichkeit *f*; **~so** [-ko'roso] anständig; sittsam

decrecer [dekre'θɛr] (*2d*) abnehmen

decrépito [de'krepito] hinfällig, altersschwach; verfallen

decrepitud [dekrepi'tuđ] *f* Altersschwäche *f*

decre|tar [dekre'tar] (*1a*) anordnen, verordnen; **~to** [-'kreto] *m* Verordnung *f*; Erlass *m*; ***~ reglamentario*** Durchführungsbestimmung *f*; ***~-ley*** *m* Gesetzesverordnung *f*; ***~ de la UE*** EU-Verordnung *f*

decúbito *med* [de'kuƀito] *m* Lage *f*; ***~ supino*** Rückenlage *f*

dedal [de'đal] *m* Fingerhut *m*

dédalo ['deđalo] *m* Labyrinth *n*

dedica|ción [deđika'θĭɔn] *f* Widmung *f*; *fig* Hingabe *f*; **~r** [-'kar] (*1g*) widmen; **~toria** [-ka'torĭa] *f* Widmung *f*

dedo ['deđo] *m* Finger *m*; (*del pie*) Zeh *m*, Zehe *f*; ***~ anular*** Ringfinger *m*; ***~ del corazón*** Mittelfinger *m*; ***~ gordo*** große Zehe *f*; ***a dos ~s de*** ganz nah; ***no tener dos ~s de frente*** kein Kirchenlicht sein

deduc|ción [deđug'θĭɔn] *f* Ableitung *f*; Folgerung *f*; *com* Abzug *m*; **~ir** [-đu'θir] (*3o*) ableiten; folgern; *com* abziehen

defeca|ción [defeka'θĭɔn] *f* Stuhlgang *m*; **~r** [-'kar] (*1g*) Stuhlgang haben

defec|to [de'fɛkto] *m* Fehler *m*; (*carencia*) Mangel *m*; **~tuoso** [-'tŭoso] fehlerhaft; schadhaft

defen|der [defen'dɛr] (*2g*) verteidigen; **~sa** [-'fensa] **a)** *f* Verteidigung *f*; ***~s*** *pl med* Abwehrkräfte *f/pl*; ***legítima ~*** Notwehr *f*; **b)** *m dep* Verteidiger *m*; **~sivo** [-'siƀo] verteidigend; Defensiv...; **~sor** *m* [-'sɔr] ***a*** *jur* Verteidiger *m*; ***~ de oficio*** Pflichtverteidiger *m*

deferen|cia [defe'renθĭa] *f* Ehrerbietung *f*; **~te** [-'rente] ehrerbietig

deficien|cia [defi'θĭenθĭa] *f* Mangel *m*; Fehlerhaftigkeit *f*; ***~ mental*** Geistesschwäche *f*; **~te** [-te] mangelhaft

déficit ['defiθit] *m* Defizit *n*

deficitario [defiθi'tarĭo] defizitär

defini|ción [defini'θĭɔn] *f* Definition *f*; ***de alta ~*** *TV* hoch auflösend; **~r** [-'nir] (*3a*) bestimmen; definieren; **~tivo** [-ni'tiƀo] endgültig, definitiv; ***en -a*** letzten Endes

defoliar [defo'lĭar] (*1b*) entlauben

deforesta|ción [deforesta'θĭɔn] *f* Abholzung *f*; **~r** [-'tar] (*1a*) abholzen

defor|mación [defɔrma'θĭɔn] *f* Entstellung *f*; Verzerrung *f*; *med* Missbildung *f*; **~mar** [-'mar] (*1a*) entstellen; **~me** [-'fɔrme] unförmig; entstellt

defrauda|ción [defraŭđa'θĭɔn] *f* Veruntreuung *f*; Unterschlagung *f*; **~dor** *m* [-'đɔr] Betrüger *m*; **~r** [-'đar] (*1a*) hinterziehen; unterschlagen; betrügen; (*decepcionar*) enttäuschen

defunción [defun'θĭɔn] *f* Tod(esfall) *m*

degenera|ción [dɛxenera'θĭɔn] *f* Entartung *f*; **~r** [-'rar] (*1a*) entarten; ***~ en*** ausarten in

deglución [deglu'θĭɔn] *f* Schlucken *n*

degollar [dego'ʎar] (*1n*) köpfen; niedermetzeln

degrada|ción [degrađa'θĭɔn] *f* Degradierung *f*; Erniedrigung *f*; **~nte** [-'đante] erniedrigend; entwürdigend; **~r** [-'đar] (*1a*) degradieren; (*humillar*) erniedrigen

degusta|ción [degusta'θĭɔn] *f* Kosten *n*; ***~ de vino*** Weinprobe *f*; **~r** [-'tar] (*1a*) kosten, probieren

dehesa [de'esa] *f* (Vieh-)Weide *f*; Koppel *f*

deidad [deĭ'đađ] *f* Gottheit *f*

deja|dez [dɛxa'đeθ] *f* Nachlässigkeit *f*; Schlamperei *f*; **~do** [-'xađo] nachlässig

dejar [dɛ'xar] (*1a*) lassen; (*permitir*) zulassen; (*ceder*) überlassen; (*omitir*) aus-, weglassen; (*abandonar*) verlassen, im Stich lassen; (*al morir*) hinterlassen; (*empleo*) aufgeben; ***~ atrás*** zurücklassen; *fig* übertreffen; ***~ de*** *inf* aufhören zu *inf*; ***~ mucho que desear*** viel zu wünschen übrig lassen; ***no poder ~ de*** *inf* nicht umhin können zu *inf*; **~se** sich gehen lassen; ***~ caer*** *fig* plötzlich auftauchen; ***~ llevar*** sich hinreißen lassen

deje ['dɛxe] *m* Tonfall *m*; (*sabor*) Nachgeschmack *m*; *fig* Anflug *m*

delantal [delan'tal] *m* Schürze *f*

delante [de'lante] vorn; voran; ***de*** (*od*

por) ~ von vorn; ***~ de*** vor; **~ra** [-'tera] *f* Vorderteil *n*; Vorderseite *f*; *dep* Sturm *m*; ***llevar la ~*** e-n Vorsprung haben; ***tomar la ~*** überholen; **~ro** [-ro] **1.** *adj* vorder, Vorder...; **2.** *m dep* Stürmer *m*; ***~ centro*** Mittelstürmer *m*

dela|tar [dela'tar] (*1a*) anzeigen, denunzieren; **~tor** [-'tɔr] *m* Denunziant *m*

delco ['dɛlko] *m auto* Zündverteiler *m*

delega|ción [delega'θĭɔn] *f* Abordnung *f*, Delegation *f*; ***~ de Hacienda*** Finanzamt *n*; ***por ~*** in Vertretung; **~do** [-'gađo] *m* Beauftragte(r) *m*; Delegierte(r) *m*; **~r** [-'gar] (*1h*) abordnen; delegieren; (*poder*) übertragen

delei|tar [delɛĭ'tar] (*1a*) erfreuen; **~te** [-'lɛĭte] *m* Vergnügen *n*; Wonne *f*

deletrear [deletre'ar] (*1a*) buchstabieren

delfín [dɛl'fin] *m* Delphin *m*

delga|dez [dɛlga'đeθ] *f* Schlankheit *f*; **~do** [-'gađo] dünn; schlank

delibera|ción [delibera'θĭɔn] *f* Überlegung *f*; Beratung *f*; **~r** [-'rar] (*1a*) **1.** *v/t* besprechen; **2.** *v/i* beraten (über *ac* ***sobre***)

delica|deza [delika'đeθa] *f* Zartheit *f*; *fig* Zartgefühl *n*; Takt *m*; **~do** [-'kađo] zart; fein; feinfühlig; *med* schwächlich; kränklich; (*sensible*) empfindlich; (*difícil*) heikel

delici|a [de'liθĭa] *f* Vergnügen *n*; Entzücken *n*; Wonne *f*; ***hacer las ~s de alg*** j-n entzücken; **~oso** [-'θĭoso] köstlich; entzückend

delimitar [delimi'tar] (*1a*) abgrenzen, begrenzen

delincuen|cia [deliŋ'kŭenθĭa] *f* Kriminalität *f*; ***~ informática*** Computerkriminalität *f*; **~te** [-te] *m* Delinquent *m*

delinea|nte [deline'ante] *m* technischer Zeichner *m*; **~r** [-'ar] (*1a*) umreißen; *fig* entwerfen

deli|rante [deli'rante] *fig* rasend; **~rar** [-'rar] (*1a*) irrereden, fantasieren; **~rio** [de'lirĭo] *m med* Delirium *n*; *fig* Raserei *f*; ***~ de grandeza*** Größenwahn *m*

delito [de'lito] *m* Vergehen *n*; Straftat *f*

delta ['dɛlta] *m* Delta *n*

demacrado [dema'kräđo] abgemagert, ausgezehrt

demago|gia [dema'gɔxĭa] *f* Demagogie *f*; **~go** [-'gogo] *m* Demagoge *m*

demanda [de'manda] *f* Forderung *f*; Anfrage *f*; *com* Nachfrage *f* (nach ***de***); *jur* Klage *f*; ***en ~ de*** auf der Suche nach; **~do** [-'dađo] *m* Beklagte(r) *m*; **~nte** [-'dante] *su* Kläger(in *f*) *m*; **~r** [-'dar] (*1a*) bitten, fordern; *jur* verklagen

demarca|ción [demarka'θĭɔn] *f* Abgrenzung *f*; Bezirk *m*; **~r** [-'kar] (*1g*) abgrenzen; abstecken

demás [de'mas]: ***lo ~*** das Übrige; ***los ~*** die anderen; ***por lo ~*** im Übrigen

demasía [dema'sia] *f* Übermaß *n*; ***en ~*** im Übermaß, zu viel

demasiado [dema'sĭađo] zu viel; zu (sehr)

demen|cia [de'menθĭa] *f* Wahnsinn *m*; ***~ senil*** Altersschwachsinn *m*; **~te** [-'mente] **1.** *adj* wahnsinnig; **2.** *m* Wahnsinnige(r) *m*

dem|ocracia [demo'kraθĭa] *f* Demokratie *f*; **~ócrata** [-'mokrata] *su* Demokrat(in *f*) *m*; **~ocrático** [-'kratiko] demokratisch

demo|grafía [demogra'fia] *f* Bevölkerungslehre *f*, Demographie *f*; **~gráfico** [-'grafiko] demographisch, Bevölkerungs...

demo|ler [demo'lɛr] (*2h*) zerstören; abreißen; **~lición** [-li'θĭɔn] *f* Zerstörung *f*; Abbruch *m*

demon|íaco [demo'niako] dämonisch, teuflisch; **~io** [de'monĭo] *m* Teufel *m*; Dämon *m*

demora [de'mora] *f* Verzögerung *f*; *com* Verzug *m*; ***sin ~*** unverzüglich; **~r** [-'rar] (*1a*) verzögern

demostra|ble [demɔs'traƀle] nachweisbar; **~ción** [-'θĭɔn] *f* Vorführung *f*; (*prueba*) Beweis *m*; Nachweis *m*; **~r** [-'trar] (*1m*) (*probar*) beweisen; (*mostrar*) zeigen, vorführen; **~tivo** [-'tiƀo] *gram* demonstrativ

denegar [dene'gar] (*1h u 1k*) verweigern; ablehnen

denigrar [deni'grar] (*1a*) schlecht machen, herabsetzen

denodado [deno'đađo] mutig

denomina|ción [denomina'θĭɔn] *f* Benennung *f*; ***~ de origen*** Ursprungsbezeichnung *f*; **~dor** [-'đɔr] *m mat* Nenner *m*; ***~ común*** gemeinsamer Nenner *m* (*a fig*); **~r** [-'nar] (*1a*) benennen

denotar [deno'tar] (*1a*) (an)zeigen; hindeuten auf

den|sidad [densi'đađ] *f* Dichte *f*; **~so**

['denso] dicht

den|tadura [denta'đura] *f* Gebiss *n*; **~ postiza** (künstliches) Gebiss *n*; **~tal** [-'tal] Zahn...; **~tición** [-ti'θĭɔn] *f* Zahnen *n*; **~tífrico** [-'tifriko] **1.** *adj*: **agua** *f* **-a** Mundwasser *n*; **2.** *m* Zahnpasta *f*; **~tista** [-'tista] *su* Zahnarzt *m*, -ärztin *f*; **~tón** *zo* [-'tɔn] *m* Zahnbrasse *f*

D

dentro ['dentro] **1.** *adv* darin, drinnen; **de** (*od* **por**) **~** von innen; **2.** *prp* **~ de** in (*dat*), innerhalb (*gen*); **~ de un momento** gleich

denuncia [de'nunθĭa] *f* Anzeige *f*; **~nte** [-'θĭante] *m* Denunziant *m*; **~r** [-'θĭar] (*1b*) *jur* anzeigen; denunzieren

deparar [depa'rar] (*1a*) bescheren, bieten

departamento [departa'mento] *m* Abteilung *f*; *ferro* Abteil *n*; (*universidad*) Fachbereich *m*

depen|dencia [depen'denθĭa] *f* Abhängigkeit *f*; *arqu* Nebengebäude *n*; *com* Zweigstelle *f*; **~der** [-'dɛr] (*2a*) abhängen (von *dat* **de**); **¡depende!** das kommt darauf an!; **~dienta** [-'dĭenta] *f* Angestellte *f*; Verkäuferin *f*; **~diente** [-'dĭente] **1.** *adj* abhängig; **2.** *m* Angestellte(r) *m*; Verkäufer *m*

depila|r [depi'lar] (*1a*) enthaaren; **~torio** [-la'torĭo] *m* Enthaarungsmittel *n*

deplora|ble [deplo'raƀle] bedauerlich; **~r** [-'rar] (*1a*) bedauern

deportar [depɔr'tar] (*1a*) deportieren, verschleppen

depor|te [de'pɔrte] *m* Sport *m*; **~tista** [-'tista] *su* Sportler(in *f*) *m*; **~tivo** [-'tiƀo] sportlich; Sport...

deposi|ción [deposi'θĭɔn] *f* Amtsenthebung *f*; *jur* Aussage *f*; **~tante** [-'tante] *m jur* Hinterleger *m*; **~tar** [-'tar] (*1a*) deponieren, hinterlegen; (*dinero*) einzahlen; (*mercancía*) einlagern

depósito [de'posito] *m* Hinterlegung *f*; *com* Einlage *f*; (*de mercancías*) Depot *n*; Lager *n*; (Flaschen-)Pfand *n*; **~ de aduana** Zolllager *n*; **~ de cadáveres** Leichenhaus *n*; **~ de gasolina** Benzintank *m*

deprava|ción [depraƀa'θĭɔn] *f* Verderbnis *f*; Sittenlosigkeit *f*; **~do** [-'ƀađo] verkommen, verworfen

deprecia|ción [depreθĭa'θĭɔn] *f* (Geld-) Entwertung *f*; **~rse** [-'θĭarse] (*1b*) an Wert verlieren

depresión [depre'sĭɔn] *f med*, *com* Depression *f*; *geo* Senke *f*, Senkung *f*

deprim|ente [depri'mente] deprimierend; **~ido** [-'miđo] deprimiert, niedergeschlagen; **~ir** [-'mir] (*3a*) deprimieren

depura|ción [depura'θĭɔn] *f* Reinigung *f*; *pol* Säuberung *f*; **~dora** [-'đora]: (**estación** *f*) **~** Kläranlage *f*; **~r** [-'rar] (*1a*) reinigen; *pol* säubern

derecha [de'retʃa] *f* rechte Hand *f*; *pol* die Rechte; **a la ~** rechts

derecho [de'retʃo] **1.** *adj* recht; (*erguido*) gerade; aufrecht (*a fig*); **2.** *adv* gerade(aus); **3.** *m* Recht *n*; **~ de asilo** Asylrecht *n*; **~ de autor** Urheberrecht *n*; **~ civil** Zivilrecht *n*; **~s humanos** Menschenrechte *n/pl*; **~ internacional** Völkerrecht *n*; **~ penal** Strafrecht *n*; **~ de la propiedad industrial** Patentrecht *n*; **~ de la propiedad intelectual** Urheberrecht *n*; **dar ~ a** berechtigen zu; **tener ~ a** Anspruch haben auf; **4. ~s** *pl* Steuer *f*; Gebühren *f/pl*; **~s de aduana** Zoll *m*; **~s de inscripción** Einschreibegebühr *f*

deriva *mar* [de'riƀa] *f*: **ir a la ~** abgetrieben werden; **~brisas** [-'ƀrisas] *m auto* Ausstellfenster *n*; **~ción** [-'θĭɔn] *f* Ableitung *f*; Abzweigung *f*; **~do** [-'ƀađo] *m* Nebenprodukt *n*; **~r** [-'ƀar] (*1a*) ableiten; abzweigen (*a el*)

dermatólog|o [dɛrma'tologo] *m*, **-a** *f* Hautarzt *m*, -ärztin *f*

deroga|ción [deroga'θĭɔn] *f* Aufhebung *f*, Abschaffung *f*; **~r** [-'gar] (*1h*) aufheben, abschaffen

derra|ma [dɛ'rrama] *f* Umlage *f*; **~mamiento** [-'mĭento] *m* Vergießen *n*; **~mar** [-'mar] (*1a*) vergießen, verschütten; **~marse** ausfließen; sich ergießen; **~me** [-'rrame] *m* Auslaufen *n*; *med* **~ cerebral** Gehirnblutung *f*

derrapar [dɛrra'par] (*1a*) *auto* ins Schleudern geraten

derretir [dɛrre'tir] (*3l*) schmelzen; **~se** schmelzen, zergehen

derri|bar [dɛrri'ƀar] (*1a*) umwerfen; (*edificio*) abreißen, abbrechen; *avia* abschießen; *pol* stürzen; **~bo** [dɛ'rriƀo] *m* Abbruch *m*; *avia* Abschuss *m*

derrocar [dɛrrɔ'kar] (*1g*) *pol* stürzen

derro|chador *m* [dɛrrɔtʃa'đɔr] Verschwender *m*; **~char** [-'tʃar] (*1a*) verschwenden; **~che** [dɛ'rrɔtʃe] *m* Ver-

schwendung *f*
derro|ta [dɛ'rrɔta] *f* Niederlage *f*; *mar* Kurs *m*; **~tar** [-'tar] (*1a*) schlagen; **~tero** [-'tero] *m mar* Kurs *m*; *fig* Weg *m*, Bahn *f*; **~tista** [-'tista] *m* Defätist *m*
derrumba|miento [dɛrrumba'mĭento] *m* Einsturz *m*; *a fig* Zs.-bruch *m*; **~r** [-'bar] (*1a*) abstürzen; **~rse** einstürzen
desabrido [desa'ƀriđo] (*insípido*) geschmacklos; (*tiempo*) unfreundlich; *fig* mürrisch
desabrochar [desaƀro'tʃar] (*1a*) aufknöpfen, aufmachen
desaca|tar [desaka'tar] (*1a*) respektlos behandeln; (*ley*) missachten; **~to** [-'kato] *m* Respektlosigkeit *f*; Missachtung *f*
desacelerar [desaθele'rar] (*1a*) verlangsamen
desa|certado [desaθɛr'tađo] falsch; irrig; **~certar** [-'tar] (*1k*) sich irren; **~cierto** [-'θĭɛrto] *m* Irrtum *m*; Missgriff *m*
desaconsejar [desakɔnsɛ'xar] (*1a*) abraten
desacostumbra|do [desakɔstum'brađo] ungewohnt, ungewöhnlich; **~r** [-'brar] (*1a*): **~ *a alg de a/c*** j-m et abgewöhnen
desacreditar [desakređi'tar] (*1a*) in Verruf bringen
desactivar [desakti'ƀar] (*1a*) (*bomba, etc*) entschärfen
desacuerdo [desa'kŭɛrđo] *m* Meinungsverschiedenheit *f*; Unstimmigkeit *f*; ***estar en ~ con*** nicht einverstanden sein mit
desafiar [desafi'ar] (*1c*) herausfordern; (*afrontar*) trotzen (*dat*)
desafina|do *mús* [desafi'nađo] verstimmt; **~r** [-'nar] (*1a*) unrein singen *od* spielen
desafío [desa'fio] *m* Herausforderung *f*
desafortunado [desafɔrtu'nađo] unglücklich
desagra|dable [desagra'đaƀle] unangenehm; peinlich; **~dar** [-'đar] (*1a*) missfallen; **~decido** [-đe'θiđo] undankbar; **~decimiento** [-θi'mĭento] *m* Undank (-barkeit *f*) *m*; **~do** [-'građo] *m* Missfallen *n*; **~vio** [-'graƀĭo] *m* Genugtuung *f*; Wiedergutmachung *f*
desagüe [de'sagŭe] *m* Abfluss *m*
desaho|gado [desao'gađo] bequem; geräumig; (*adinerado*) wohlhabend; **~garse** [-'garse] (*1h*) *fig* sich aussprechen; **~go** [-'ogo] *m* Erleichterung *f*
desahuci|ar [desau'θĭar] (*1b*) (*enfermo*) aufgeben; (*inquilino*) zur Räumung zwingen; **~o** [-'uθĭo] *m* Zwangsräumung *f*
desai|rar [desaĭ'rar] (*1a*) kränken; zurückweisen; **~re** [de'saĭre] *m* Zurücksetzung *f*; Kränkung *f*
desajus|tar [desaxus'tar] (*1a*) in Unordnung bringen; **~te** [-'xuste] *m* Unordnung *f*
desalar [desa'lar] (*1a*) entsalzen
desal|entar [desalen'tar] (*1k*) entmutigen; **~iento** [-'lĭento] *m* Mutlosigkeit *f*
desali|ñado [desali'ɲađo] ungepflegt, F schlampig; **~ño** [-'liɲo] *m* Verwahrlosung *f*; F Schlamperei *f*
desalmado [desal'mađo] herzlos; gewissenlos
desaloja|miento [desalɔxa'mĭento] *m* Vertreibung *f*; (*de un edificio*) Räumung *f*; **~r** [-'xar] (*1a*) vertreiben; (*lugar*) räumen
desamor [desa'mɔr] *m* Lieblosigkeit *f*
desampar|ado [desampa'rađo] hilflos; **~o** [-'paro] *m* Schutzlosigkeit *f*
desangrarse [desaŋ'grarse] (*1a*) verbluten
des|animado [desani'mađo] mutlos; lustlos; **~animar** [-'mar] (*1a*) entmutigen; **~animarse** den Mut verlieren; **~ánimo** [de'sanimo] *m* Mutlosigkeit *f*
desapacible [desapa'θiƀle] unangenehm; (*tiempo*) unfreundlich
desapar|ecer [desapare'θɛr] (*2d*) verschwinden; **~ecido** [-'θiđo] *m* Vermisste(r) *m*; Verschollene(r) *m*; **~ición** [-ri'θĭɔn] *f* Verschwinden *n*
desapercibido [desapɛrθi'ƀiđo] unvorbereitet; ***pasar ~*** unbeachtet bleiben
desaprensi|ón [desapren'sĭɔn] *f* Rücksichtslosigkeit *f*; **~vo** [-'siƀo] rücksichtslos
desaproba|ción [desaproƀa'θĭɔn] *f* Missbilligung *f*; **~r** [-'ƀar] (*1m*) missbilligen; ablehnen
desaprovecha|do [desaproƀe'tʃađo] ungenutzt; **~r** [-'tʃar] (*1a*) nicht nutzen; (*ocasión*) versäumen
desar|mar [desar'mar] (*1a*) entwaffnen (*a fig*); **~me** [de'sarme] *m* Abrüstung *f*
desarrai|gar [desarraĭ'gar] (*1h*) entwurzeln; *fig* ausrotten; **~go** [-'rraĭgo] *m*

D

Entwurzelung *f*; *fig* Ausrottung *f*

desarregl|ado [desarrɛ'glađo] unordentlich, liederlich; **~o** [-'rrɛglo] *m* Unordnung *f*; Störung *f*

desarroll|ar [desarrɔ'ʎar] (*1a*) entrollen; *fig* entwickeln; **~arse** sich entwickeln; *fig* sich abspielen; **~o** [-'rrɔʎo] *m* Entwicklung *f*; ***ayuda f al ~*** Entwicklungshilfe *f*

desarticular [desartiku'lar] (*1a*) *med* ausrenken; *fig* zerschlagen

desaseado [desase'ađo] ungepflegt

desaso|segar [desasose'gar] (*1h u 1k*) beunruhigen; **~siego** [-'sĭego] *m* Unruhe *f*

desas|trado [desas'trađo] zerlumpt; **~tre** [de'sastre] *m* Katastrophe *f*; Unglück *n*; **~troso** [desas'troso] katastrophal; verheerend

desata|r [desa'tar] (*1a*) losbinden; lösen; *fig* entfesseln; **~rse** sich lösen; *fig* losbrechen; **~scar** [-tas'kar] (*1g*) (*tubo*) frei machen

desaten|ción [desaten'θĭɔn] *f* Unaufmerksamkeit *f*; (*descortesía*) Unhöflichkeit *f*; **~der** [-'dɛr] (*2g*) nicht beachten; sich nicht kümmern um

desati|nado [desati'nađo] sinnlos; unsinnig; **~nar** [-'nar] (*1a*) Unsinn reden; **~no** [-'tino] *m* Torheit *f*

desatornillar [desatɔrniʎar] (*1a*) ab-, losschrauben

desautorizar [desaŭtori'θar] (*1f*) die Zuständigkeit absprechen (*dat*); (*prohibir*) verbieten

desave|nencia [desaƀe'nenθĭa] *f* Uneinigkeit *f*; Streit *m*; **~nido** [-'niđo] uneinig; **~nirse** [-'nirse] (*3s*) sich entzweien

desaventajado [desaƀenta'xađo] benachteiligt; nachteilig

desayun|ar(se) [desaju'nar(se)] (*1a*) frühstücken; **~o** [-'juno] *m* Frühstück *n*

desa|zón [desa'θɔn] *f* Verdruss *m*; Unbehagen *n*; **~zonar** [-θo'nar] (*1a*) verdrießen; Sorgen machen

desbancar [dezƀaŋ'kar] (*1g*) *fig j-n* verdrängen

desbanda|da [dezƀan'dađa] *f* wilde Flucht *f*; **~rse** [-'darse] (*1a*) auseinander stieben

desbarajuste [dezƀara'xuste] *m* Wirrwarr *m*

desbordar [dezƀɔr'đar] (*1a*) überfluten; *fig* übersteigen; **~se** über die Ufer treten; *fig* überquellen

descabe|llado [deskaƀe'ʎađo] *fig* unsinnig; **~llar** [-'ʎar] (*1a*) *taur* durch Genickstoß töten; **~llo** [-'ƀeʎo] *m* Genickstoß *m*; **~zado** [-ƀe'θađo] kopflos (*a fig*); **~zar** [-'θar] (*1f*) köpfen

descafeinado [deskafeĭ'nađo] koffeinfrei, entkoffeiniert

descalabro [deska'laƀro] *m* Schaden *m*; Missgeschick *n*; Schlappe *f*

descalcifica|dor [deskalθifika'đɔr] *m* Entkalker *m*; **~r** [-'kar] (*1g*) entkalken

descalificar [deskalifi'kar] (*1g*) disqualifizieren

descalzo [des'kalθo] barfuß

descaminado [deskami'nađo] abwegig; irrig; ***andar ~*** in die Irre gehen

descampado [deskam'pađo] *m* freies Feld *n*

descansa|do [deskan'sađo] bequem; geruhsam; **~r** [-'sar] (*1a*) (aus)ruhen; rasten; ***¡que descanses!*** schlaf gut!

descanso [des'kanso] *m* Ruhe *f*; Erholung *f*; *teat* Pause *f*; *dep* Halbzeit *f*; (*apoyo*) Stütze *f*; ***sin ~*** unermüdlich

descapotable [deskapo'taƀle] *m* Kabriolett *n*

descarado [deska'rađo] unverschämt

descar|ga [des'karga] *f* Entladung *f* (*a el*); Ab-, Ausladen *n*, *mar* Löschen *n*; *mil* Salve *f*; *jur* Entlastung *f*; **~gador** [-'đɔr] *m* Ablader *m*; ***~ de muelle*** Schauermann *m*; **~gar** [-'gar] (*1h*) **1.** *v/t* abladen; *mar* löschen; *el*, (*arma*) entladen; (*tiro*) abgeben; *jur* entlasten; *inform* downloaden, herunterladen; **2.** *v/i* (*tormenta*) losbrechen; **~go** [-'kargo] *m* Entlastung *f* (*a jur*)

descaro [des'karo] *m* Unverschämtheit *f*, Frechheit *f*

descarriar [deska'rrĭar] (*1c*) irreführen; **~se** sich verirren, sich verlaufen; *fig* auf die schiefe Bahn geraten

descarrila|miento *ferro* [deskarrila'mĭento] *m* Entgleisung *f*; **~r** [-'lar] (*1a*) entgleisen

descartar [deskar'tar] (*1a*) ausschließen; **~se** (Karten) ablegen

descastado [deskas'tađo] aus der Art geschlagen; (*niño*) ungeraten

descen|dencia [desθen'denθĭa] *f* Nachkommenschaft *f*; (*origen*) Abstammung *f*; **~dente** [-'dente] absteigend; fallend; **~der** [-'dɛr] (*2g*) **1.** *v/i* herab-, hinuntersteigen, heruntergehen; (*del tren, etc*) aussteigen; (*precios, etc*) fallen; **~ de** abstammen von; **2.** *v/t* herunternehmen, -holen, -tragen; **~diente** [-'dĭente] *m* Nachkomme *m*; **~so** [-'θenso] *m* Heruntersteigen *n*; Abstieg *m*; (*precios*) Fallen *n*; (*esquí*) Abfahrtslauf *m*

descentraliza|ción [desθentraliθa'θĭɔn] *f* Dezentralisierung *f*; **~r** [-'θar] (*1f*) dezentralisieren

descifrar [desθi'frar] (*1a*) entziffern; *fig* enträtseln

descodificador [deskodifika'đɔr] *m* Decoder *m*

descolgar [deskɔl'gar] (*1h u 1m*) abnehmen; (*perseguidor*) abhängen; **~se** sich herablassen; herabsteigen

descollar [desko'ʎar] (*1m*) hervorragen

descolonización [deskoloniθa'θĭɔn] *f* Entkolonisierung *f*

descolor|ar [deskolo'rar] (*1a*) entfärben; **~arse** verblassen; **~ido** [-'riđo] blass, farblos

descombr|ar [deskɔm'brar] (*1a*) Schutt wegräumen; **~o** [-'kɔmbro] *m* Trümmerbeseitigung *f*; Aufräumungsarbeiten *f/pl*

descompo|ner [deskɔmpo'nɛr] (*2r*) zerlegen; zersetzen (*a quím*); (*desordenar*) in Unordnung bringen; **~nerse** sich zersetzen; (*alimentos*) verderben; (*cadáver*) verwesen; *fig* die Fassung verlieren; **~sición** [-si'θĭɔn] *f* Zersetzung *f*, Verfaulen *n*; Verwesung *f*

descompuesto [deskɔm'pŭesto] (*roto*) kaputt; (*cara*) verstört, verzerrt; (*alimento*) schlecht

descomunal [deskomu'nal] ungeheuer; riesig

desconcerta|do [deskɔnθɛr'tađo] verwirrt; bestürzt; **~r** [-'tar] (*1k*) verwirren; bestürzen, verblüffen

desconcierto [deskɔn'θĭɛrto] *m* Verwirrung *f*; (*desorden*) Unordnung *f*

desconcharse [deskɔn'tʃarse] (*1a*) abbröckeln; abblättern

desconectar *el* [deskonɛk'tar] (*1a*) ab-, ausschalten

desconfia|do [deskɔmfi'ađo] misstrauisch; **~nza** [-'anθa] *f* Misstrauen *n*; Argwohn *m*; **~r** [-fi'ar] (*1c*): **~ de** misstrauen (*dat*); zweifeln an (*dat*)

descongela|ción [deskɔŋxela'θĭɔn] *f* Auf-, Abtauen *n*; **~r** [-'lar] (*1a*) auf-, abtauen; (*precios*) freigeben

descongestión [deskɔŋxes'tĭɔn] *f* (*del tráfico*) Entlastung *f*

descono|cer [deskono'θɛr] (*2d*) nicht kennen; (*ignorar*) nicht wissen; **~cido** [-'θiđo] **1.** *adj* unbekannt; nicht wieder zu erkennen; **2.** *m* Unbekannte(r) *m*; **~cimiento** [-θi'mĭento] *m* Unkenntnis *f*

desconsiderado [deskɔnsiđe'rađo] rücksichtslos

descon|solado [deskɔnso'lađo] trostlos; untröstlich; **~suelo** [-'sŭelo] *m* Trostlosigkeit *f*; (tiefe) Betrübnis *f*

descontado [deskɔn'tađo]: ***dar por ~*** als sicher annehmen; ***por ~*** selbstverständlich

descontamina|ción [deskɔntamina-'θĭɔn] *f* Entseuchung *f*; **~r** [-'nar] (*1a*) entseuchen

descontar [deskɔn'tar] (*1m*) abziehen

descontento [deskɔn'tento] **1.** *adj* unzufrieden; **2.** *m* Unzufriedenheit *f*

desconvocar [deskɔmbo'kar] (*1g*) absagen

descorazonar [deskoraθo'nar] (*1a*) entmutigen; **~se** den Mut verlieren

descorcha|dor [deskɔrtʃa'đɔr] *m* Korkenzieher *m*; **~r** [-'tʃar] (*1a*) entkorken

descorrer [deskɔ'rrɛr] (*2a*) (*cortina*) aufziehen; (*cerrojo*) zurückschieben

descor|tés [deskɔr'tes] unhöflich; **~tesía** [-te'sia] *f* Unhöflichkeit *f*

descoser [desko'sɛr] (*2a*) auftrennen

descrédito [des'kređito] *m* Misskredit *m*; Verruf *m*

descreído [deskre'iđo] ungläubig

descremar [deskre'mar] (*1a*) entrahmen

descri|bir [deskri'ƀir] (*3a*; *part* ***descrito***) beschreiben (*a mat*); **~pción** [-kriƀ'θĭɔn] *f* Beschreibung *f*; Schilderung *f*; **~ptivo** [-krip'tiƀo] beschreibend; anschaulich

descuartizar [deskŭarti'θar] (*1f*) zerstückeln

descubierto [desku'ƀĭɛrto] unbedeckt; offen; (*cielo*) wolkenlos; (*cheque*) ungedeckt; *com* (*cuenta*) überzogen

descubri|dor [deskuƀri'đɔr] *m* Entdecker *m*; **~miento** [-'mĭento] *m* Entdeckung *f*; **~r** [-'ƀrir] (*3a*; *part* ***descubierto***) aufdecken; entdecken, finden; **~rse** den Hut abnehmen

D

D

descuento [des'kŭento] *m* Abzug *m*, Rabatt *m*, Skonto *n*; Diskont *m*
descui|dado [deskŭi'đađo] nachlässig; unvorsichtig; **~dar** [-'đar] (*1a*) **1.** *v/t* vernachlässigen; ***¡descuide!*** seien Sie unbesorgt!; **2.** *v/i u* **~darse** nachlässig sein; unvorsichtig sein; **~dero** [-'đero] *m* Taschendieb *m*; **~do** [-'kŭiđo] *m* Nachlässigkeit *f*; Unachtsamkeit *f*; ***por ~*** aus Versehen
desde ['dezđe] **1.** *prp* (*tiempo*) seit, von ... an; (*lugar*) aus, von, von ... aus (*dat*); ***~ entonces*** seitdem; ***~ hace tres días*** seit drei Tagen; **2.** *adv* ***~ luego*** selbstverständlich; **3.** *cj* ***~ que*** seitdem
desdecirse [dezđe'θirse] (*3p*): ***~ de a/c*** et widerrufen
desdén [dez'đen] *m* Verachtung *f*
desdeñ|ar [dezđe'ɲar] (*1a*) verachten; verschmähen; **~oso** [-'ɲoso] verächtlich
desdicha [dez'đitʃa] *f* Unglück *n*; **~do** [-đi'tʃađo] unglücklich
desdoblar [dezđo'ƀlar] (*1a*) entfalten, ausbreiten
desea|ble [dese'aƀle] wünschenswert; erwünscht; **~r** [-'ar] (*1a*) wünschen; mögen
desecar [dese'kar] (*1g*) (aus)trocknen; trockenlegen
desech|able [dese'tʃaƀle] Wegwerf...; **~ar** [-'tʃar] (*1a*) wegwerfen; *fig* verwerfen; **~os** [de'setʃos] *m/pl* Abfall *m*
desembalar [desemba'lar] (*1a*) auspacken
desembaraz|ar [desembara'θar] (*1f*) freimachen, räumen; **~arse**: ***~ de a/c*** sich e-r Sache entledigen; **~o** [-'raθo] *m* Ungezwungenheit *f*
desembar|cadero [desembarka'đero] *m* Landungsplatz *m*; **~car** [-'kar] (*1g*) **1.** *v/t* (*personas*) ausschiffen; (*cosas*) ausladen; **2.** *v/i* an Land gehen; auschecken; **~co** [-'barko] *m*, **~que** [-'barke] *m* Ausschiffung *f*; Ausladen *n*; *mil* Landung *f*
desemboca|dura [desemboka'đura] *f* Mündung *f*; **~r** [-'kar] (*1g*) münden
desembols|ar [desembɔl'sar] (*1a*) ausgeben; zahlen; **~o** [-'bɔlso] *m* (Geld-)Ausgabe *f*; Zahlung *f*
desembra|gar [desembra'gar] (*1h*) *auto* auskuppeln; **~gue** [-'brage] *m* Auskuppeln *n*
desembrollar F [desembro'ʎar] (*1a*) entwirren
desempapelar [desempape'lar] (*1a*) aus dem Papier wickeln
desempaquetar [desempake'tar] (*1a*) auspacken
desempate [desem'pate] *m* Stichentscheid *m*
desempe|ñar [desempe'ɲar] (*1a*) (*prenda*) auslösen; (*cargo*) ausüben; ***~ un papel*** e-e Rolle spielen (*a fig*); **~ño** [-'peɲo] *m* Ein-, Auslösen *n*; (*de un cargo*) Ausübung *f*
desempleo [desem'pleo] *m* Arbeitslosigkeit *f*
desempolvar [desempɔl'ƀar] (*1a*) abstauben
desencadenar [deseŋkađe'nar] (*1a*) entfesseln; **~se** losbrechen, wüten
desencaja|do *med* verrenkt; *fig* verzerrt; **~rse** [-'xarse] (*1a*) aus der Fassung geraten
desencan|tar [deseŋkan'tar] (*1a*) entzaubern; *fig* enttäuschen; **~to** [-'kanto] *m* Entzauberung *f*; *fig* Ernüchterung *f*; Enttäuschung *f*
desenchufar *el* [desentʃu'far] (*1a*) abstellen, ausschalten
desenfa|dado [desemfa'đađo] ungezwungen, ungehemmt; **~do** [-'fađo] *m* Ungezwungenheit *f*
desenfre|nado [desemfre'nađo] zügellos, hemmungslos; **~no** [-'freno] *m* Zügellosigkeit *f*; Ungestüm *n*
desenganchar [deseŋgan'tʃar] (*1a*) loshaken; ausspannen
desenga|ñar [deseŋga'ɲar] (*1a*) enttäuschen; ernüchtern; **~ño** [-'gaɲo] *m* Enttäuschung *f*; Ernüchterung *f*
desenlace [desen'laθe] *m* Lösung *f*; (*final*) Ausgang *m*, Ende *n*
desenmarañar [desenmara'ɲar] (*1a*) entwirren; aufklären
desenmascarar [desenmaska'rar] (*1a*) demaskieren, entlarven
desenredar [desenrrɛ'đar] (*1a*) entwirren
desenroscar [desenrrɔs'kar] (*1g*) auf-, abschrauben
desentenderse [desenten'dɛrse] (*2g*): ***~ de*** nichts wissen wollen von; sich fern halten von
desenterrar [desentɛ'rrar] (*1k*) ausgraben (*a fig*)

desentonar [desento'nar] (*1a*) *fig* nicht passen (zu *dat* ***con***)
desentrañar [desentra'ɲar] (*1a*) *fig* ergründen
desentrenado [desentre'nađo] aus der Übung gekommen
desentumecerse [desentume'θɛrse] (*2d*): ~ ***las piernas*** sich die Beine vertreten
desenvainar [desembaĭ'nar] (*1a*) (*arma*) zücken
desenvol|tura [desembɔl'tura] *f* Ungezwungenheit *f*; Unbefangenheit *f*; **~ver** [-'ƀɛr] (*2h*; *part* **desenvuelto**) auf-, loswickeln; auspacken; (*tema*) entwickeln
desenvuelto [desem'ƀŭelto] ungezwungen; zwanglos; keck
deseo [de'seo] *m* Wunsch *m*; Verlangen *n*; Drang *m*; **~so** [dese'oso]: ~ ***de*** begierig nach (*dat*)
desequili|brado [desekili'ƀrađo] unausgeglichen; ~ ***mental*** geistesgestört; **~brar** [-'ƀrar] (*1a*) aus dem Gleichgewicht bringen; **~brio** [-'liƀrĭo] *m* gestörtes Gleichgewicht *n*; Ungleichgewicht *n*
deser|ción [desɛr'θĭɔn] *f* Fahnenflucht *f*; **~tar** [-'tar] (*1a*) fahnenflüchtig werden; überlaufen
desértico [de'sɛrtiko] wüstenartig; Wüsten...
desertización [desɛrtiθa'θiɔn] *f* Ausbreitung *f* der Wüste; Versteppung *f*
desertor [desɛr'tɔr] *m* Fahnenflüchtige(r) *m*, Deserteur *m*
desespera|ción [desespera'θĭɔn] *f* Verzweiflung *f*; **~do** [desespe'rađo] hoffnungslos; verzweifelt; **~nte** [-'rante] entmutigend; zum Verzweifeln; **~r** [-'rar] (*1a*) **1.** *v/t* zur Verzweiflung bringen; **2.** *v/i* verzweifeln (an *dat* ***de***); **~rse** verzweifeln
desestabilizar [desestaƀili'θar] (*1f*) *pol* destabilisieren
desestimar [desesti'mar] (*1a*) verachten; gering schätzen; (*denegar*) ablehnen
desfachatez [desfatʃa'teθ] *f* Unverschämtheit *f*, Frechheit *f*
desfal|car [desfal'kar] (*1g*) unterschlagen; **~co** [-'falko] *m* Unterschlagung *f*
desfalle|cer [desfaʎe'θɛr] (*2d*) schwach werden; (*desmayarse*) in Ohnmacht fallen; **~cimiento** [-θi'mĭento] *m* Schwäche(anfall *m*) *f*; (*desmayo*) Ohnmacht *f*
desfavorable [desfaƀo'raƀle] ungünstig
desfigurar [desfigu'rar] (*1a*) entstellen; verzerren
desfi|ladero [desfila'đero] *m* Hohlweg *m*, Engpass *m*; **~lar** [-'lar] (*1a*) vorbeimarschieren, defilieren; **~le** [-'file] *m* Parade *f*; ~ ***de modelos*** Modenschau *f*
desfogarse [desfo'garse] (*1h*) *fig* sich Luft machen; sich austoben
desgana [dez'gana] *f* Appetitlosigkeit *f*; *fig* Unlust *f*; ***a*** ~ ungern, widerwillig
desgañitarse F [dezgaɲi'tarse] (*1a*) sich heiser schreien
desgarbado [dezgar'ƀađo] anmutlos, ungraziös
desgarr|ador [dezgarra'đɔr] herzzerreißend; **~ar** [-'rrar] (*1a*) zerreißen; **~o** [-'garrɔ] *m med* Riss *m*; *fig* Frechheit *f*
desgas|tar [dezgas'tar] (*1a*) abnutzen, verschleißen; **~te** [-'gaste] *m* Abnutzung *f*; Verschleiß *m*
desglo|sar [dezglo'sar] (*1a*) aufschlüsseln; **~se** [-'glose] *m* Aufschlüsselung *f*
desgracia [dez'graθĭa] *f* Unglück *n*; Missgeschick *n*; ***caer en*** ~ in Ungnade fallen; ***por*** ~ leider; ***~s personales*** Personenschaden *m*; **~damente** [-đa'mente] unglücklicherweise; leider; **~do** [-'θĭađo] **1.** *adj* unglücklich; **2.** *m* Unglücksmensch *m*; armer Teufel *m*
desgrava|ción *com* [dezgraƀa'θĭɔn] *f* Steuernachlass *m*; **~r** [-'ƀar] (*1a*) steuerfrei sein
desgreñado [dezgre'ɲađo] zerzaust, struppig
desgua|ce [dez'gŭaθe] *m mar* Abwracken *n*; Verschrotten *n*; **~zar** [-gŭa'θar] (*1f*) abwracken; verschrotten
deshabitado [desaƀi'tađo] unbewohnt
deshabituar [desaƀitu'ar] (*1e*): ~ ***a alg de a/c*** j-m et abgewöhnen
deshacer [desa'θɛr] (*2s*) auseinander nehmen; aufmachen; (*diluir*) auflösen; (*maleta*) auspacken; (*plan*) zunichte machen; **~se** auseinander-, F kaputtgehen; (*nudo*, *etc*) aufgehen; (*diluirse*) sich auflösen; ~ ***de a/c*** sich e-r Sache entledigen; et loswerden; ~ ***de alg*** sich j-n vom Halse schaffen; ~ ***por alg*** F *fig* sich für j-n umbringen

D

desharrapado [desarra'pađo] zerlumpt
deshecho [de'setʃo] *s* ***deshacer***; *fig* aufgelöst; kaputt
deshelar [dese'lar] (*1k*) (auf)tauen
desherbar *agr* [desεr'ƀar] (*1k*) jäten
desheredar [desere'đar] (*1a*) enterben
deshidrata|ción *med* [desiđrata'θĭɔn] *f* Flüssigkeitsverlust *m*; **~r** [-'tar] (*1a*) Wasser entziehen (*dat*)
deshielo [de'sĭelo] *m* Auftauen *n*; Tauwetter *n* (*a pol*)
deshinchar [desin'tʃar] (*1a*) die Luft herauslassen; **~se** *med* abschwellen; *fig* klein beigeben
deshojar [desɔ'xar] (*1a*) ab-, entblättern; **~se** die Blätter verlieren
deshollinador [desoʎina'đɔr] *m* Schornsteinfeger *m*, Kaminkehrer *m*
deshonest|idad [desonesti'đađ] *f* Unehrbarkeit *f*; *jur* Unzucht *f*; **~o** [-'nesto] unehrlich; (*inmoral*) unanständig; unzüchtig
deshonra [des'ɔnrra] *f* Unehre *f*; Schande *f*; **~r** [-'rrar] (*1a*) entehren; schänden; Schande machen (*dat*)
deshora [des'ora] *f*: ***a ~*** zur Unzeit, ungelegen
deshuesar [desŭe'sar] (*1a*) (*fruta*) entsteinen; (*carne*) entbeinen
desidi|a [de'siđĭa] *f* Nachlässigkeit *f*; **~oso** [-'đĭoso] nachlässig
desierto [de'sĭεrto] **1.** *adj* leer, öde; (*calle*) menschenleer; (wie) ausgestorben; ***declarar ~*** *e-n Preis* nicht vergeben; **2.** *m* Wüste *f*
desig|nación [designa'θĭɔn] *f* Bezeichnung *f*; (*nombramiento*) Ernennung *f*; **~nar** [-'nar] (*1a*) bezeichnen; (*nombrar*) ernennen; **~nio** [-'signĭo] *m* Vorhaben *n*; Vorsatz *m*
desigual [desi'gŭal] ungleich(mäßig); (*terreno*) uneben; **~dad** [-'dađ] *f* Ungleichheit *f*; Unebenheit *f*
desilusi|ón [desilu'sĭɔn] *f* Enttäuschung *f*; **~onar** [-sĭo'nar] (*1a*) enttäuschen
desinfec|ción [desimfεg'θĭɔn] *f* Desinfektion *f*; **~tante** [-fεk'tante] *m* Desinfektionsmittel *n*; **~tar** [-'tar] (*1a*) desinfizieren
desinflar [desim'flar] (*1a*) die Luft herauslassen aus
desinsectación [desinsεkta'θĭɔn] *f* Insektenvertilgung *f*
desintegra|ción [desintegra'θĭɔn] *f* Zerfall *m* (*a fig*); **~rse** [-'grarse] (*1a*) sich auflösen; zerfallen
desinte|rés [desinte'res] *m* Interesselosigkeit *f*; (*altruismo*) Selbstlosigkeit *f*; **~resado** [-re'sađo] uninteressiert; (*abnegado*) uneigennützig, selbstlos
desintoxi|cación [desintɔgsika'θĭɔn] *f* Entgiftung *f*; ***cura f de ~*** Entziehungskur *f*; **~car** [-'kar] (*1g*) entgiften
desistir [desis'tir] (*3a*): ***~ de*** Abstand nehmen von; verzichten auf (*ac*)
desleal [dezle'al] treulos; unredlich; **~tad** [-leal'tađ] *f* Treulosigkeit *f*; Untreue *f*
desleír [dezle'ir] (*3m*) auflösen; **~se** zergehen
deslenguado [dezleŋ'gŭađo] unverschämt
deslindar [dezlin'dar] (*1a*) abgrenzen (*a fig*)
desliz [dez'liθ] *m* Fehltritt *m*; Versehen *n*; F Ausrutscher *m*; **~ar** [-'θar] (*1f*) **1.** *v/t* gleiten lassen (über ***por***); (*palabra*) fallen lassen; **2.** *v/i u* **~arse** (dahin)gleiten, abgleiten; (herunter)rutschen
deslomarse F [dezlo'marse] (*1a*) sich abrackern
desluci|do [dezlu'θiđo] reiz-, glanzlos; **~r** [-'θir] (*3f*) den Glanz nehmen (*dat*); *fig* beeinträchtigen; **~rse** den Reiz verlieren
deslumbra|nte [dezlum'brante] blendend; glänzend; **~r** [-'brar] (*1a*) blenden (*a fig*)
desmad|rarse F [dezma'đrarse] (*1a*) aus der Rolle fallen; **~re** [-'mađre] *m* Durcheinander *n*
desmán [dez'man] *m* Ausschreitung *f*, Übergriff *m*
desmantela|miento [dezmantela'mĭento] *m* Demontage *f*; **~r** [-'lar] (*1a*) demontieren; ausräumen
desmaquillarse [dezmaki'ʎarse] (*1a*) sich abschminken
desmarcarse [dezmar'karse] (*1g*) sich distanzieren (von ***de***)
desma|yado [dezma'jađo] ohnmächtig; (*color*) matt; **~yarse** [-'jarse] (*1a*) ohnmächtig werden; **~yo** [-'majo] *m* Ohnmacht *f*; *fig* Mutlosigkeit *f*
desmedi|do [dezme'điđo] übermäßig; **~rse** [-'đirse] (*3l*) das Maß überschreiten
desmejorar [dezmεxo'rar] (*1a*) ver-

schlechtern; (*dañar*) beeinträchtigen; **~se** sich verschlimmern
desmelenar [dezmele'nar] (*1a*) zerzausen
desmembrar [dezmem'brar] (*1k*) zerstückeln; (ab)trennen
desmenti|do [dezmen'tiđo] *m* Dementi *n*; **~r** [-'tir] (*3i*) abstreiten; *pol* dementieren; *fig* widersprechen
desmenuzar [dezmenu'θar] (*1f*) zerkleinern, zerstückeln
desmerecer [dezmere'θɛr] (*2d*) nicht verdienen
desmesurado [dezmesu'rađo] unmäßig, maßlos
desmiga|jar [dezmiga'xar] (*1a*), **~r** [-'gar] (*1h*) zerbröckeln, zerkrümeln
desmilitarizar [dezmilitari'θar] (*1f*) entmilitarisieren
desmonta|ble [dezmɔn'tab̄le] zerlegbar, abnehmbar; **~je** [-'taxe] *m* Demontage *f*, Abbau *m*; **~r** [-'tar] (*1a*) **1.** *v/t* demontieren, abbauen; **2.** *v/i* absitzen, absteigen
desmonte [dez'mɔnte] *m* Abholzen *n*; **~ *completo*** Kahlschlag *m*
desmoralizar [dezmorali'θar] (*1f*) demoralisieren; entmutigen
desmorona|miento [dezmorona'mĭento] *m* Einsturz *m*; *fig* Zerfall *m*; **~rse** [-'narse] (*1a*) einstürzen; *fig* ver-, zerfallen
desnacionalizar [deznaθĭonali'θar] (*1f*) reprivatisieren
desnatar [dezna'tar] (*1a*) entrahmen
desnaturalizado [deznaturali'θađo] entartet; *quím* denaturiert
desnivel [dezni'b̄ɛl] *m* Höhenunterschied *m*, Gefälle *n*; *fig* Ungleichheit *f*
desnu|dar [deznu'đar] (*1a*) ausziehen, entkleiden; *a fig* entblößen; **~darse** sich ausziehen; **~dez** [-'đeθ] *f* Nacktheit *f*, Blöße *f*; **~dismo** [-'đizmo] *m s* ***nudismo***; **~do** [-'nuđo] **1.** *adj* nackt, bloß; *fig* kahl; **2.** *m pint* Akt *m*
desnutri|ción [deznutri'θĭɔn] *f* Unterernährung *f*; **~do** [-'triđo] unterernährt
desobe|decer [desob̄eđe'θɛr] (*2d*) nicht gehorchen; **~diencia** [-'đĭenθĭa] *f* Ungehorsam *m*; **~diente** [-'đĭente] ungehorsam
desocupa|ción [desokupa'θĭɔn] *f* Untätigkeit *f*; Arbeitslosigkeit *f*; **~do** [-'pađo] unbeschäftigt; (*vacío*) leer; frei; **~r** [-'par] (*1a*) räumen, freimachen
desodorante [desođo'rante] **1.** *adj* geruchtilgend; **2.** *m* Deo(dorant) *n*
desoír [deso'ir] (*3q*) überhören, kein Gehör schenken
desola|ción [desola'θĭɔn] *f* Verheerung *f*; *fig* Trostlosigkeit *f*; **~dor** [-'đɔr] trostlos; **~r** [-'lar] (*1m*) verheeren, verwüsten
desorbitado [desɔrb̄i'tađo] maßlos
desorden [de'sɔrđen] *m* Unordnung *f*; Durcheinander *n*; **~ado** [-'nađo] unordentlich; **~ar** [-'nar] (*1a*) in Unordnung bringen
desorganiza|ción [desɔrganiθa'θĭɔn] *f* Desorganisation *f*; **~r** [-'θar] (*1f*) zerrütten; durchea.-bringen
desorientar [desorĭen'tar] (*1a*) irreleiten; *fig* verwirren; **~se** die Richtung verlieren, sich verirren
deso|var [deso'b̄ar] (*1a*) laichen; **~ve** [de'sob̄e] *m* Laichen *n*
despabila|do [despab̄i'lađo] munter; *fig* aufgeweckt; **~r** [-'lar] (*1a*) aufmuntern; **~rse** munter werden
despa|char [despa'tʃar] (*1a*) abfertigen; erledigen; (*enviar*) (ab)senden; (*despedir*) entlassen; (*cliente*) bedienen; **~cho** [-'patʃo] *m* Abfertigung *f*; Erledigung *f*; (*oficina*) Büro *n*; Arbeitszimmer *n*; (*de venta*) Verkaufsstelle *f*; (*nota*) Depesche *f*; **~ *de bebidas*** Getränkeausschank *m*; **~ *de billetes*** Fahrkartenschalter *m*
despacio [des'paθĭo] langsam; *Am* leise
desparpajo [despar'paxo] *m* Zungenfertigkeit *f*; (*desenvoltura*) Forschheit *f*
desparramar [desparra'mar] (*1a*) zer-, verstreuen; **~se** sich ausbreiten
despavorido [despab̄o'riđo] entsetzt
despectivo [despɛk'tib̄o] verächtlich
despecho [des'petʃo] *m* Erbitterung *f*; ***a ~ de alg*** j-m zum Trotz
despedazar [despeđa'θar] (*1f*) zerfetzen, zerstückeln
despedi|da [despe'điđa] *f* Abschied *m*; Verabschiedung *f*; **~r** [-'đir] (*3l*) verabschieden; (*empleado*) entlassen; kündigen (*dat*); (*olor*, *etc*) ausströmen; **~rse** sich verabschieden
despe|gar [despe'gar] (*1h*) **1.** *v/t* ab-, loslösen; **2.** *v/i avia* starten; **~gue** *avia* [-'pege] *m* Start *m*; *fig* Aufschwung *m*
despeina|do [despɛĭ'nađo] mit zerzaus-

ten Haaren; ungekämmt; **~r** [-'nar] (*1a*) zerzausen
despe|jado [despɛ'xađo] (*cielo*) wolkenlos; (*mente*) klar; **~jar** [-'xar] (*1a*) freimachen; *fig* (auf)klären; **~jarse** (*cielo*) sich aufheitern; **~jo** [-'pɛxo] *m* Räumung *f*
despenalizar [despenali'θar] (*1f*) für straffrei erklären, entkriminalisieren
despensa [des'pensa] *f* Speise-, Vorratskammer *f*
despeña|dero [despeɲa'đero] *m* steiler Abhang *m*; **~r** [-'ɲar] (*1a*) herab-, hinabstürzen; **~rse** abstürzen
desperdi|ciar [despɛrđi'θĭar] (*1b*) verschwenden, vergeuden; (*ocasión*) versäumen; **~cio** [-'điθĭo] *m* Verschwendung *f*; ***~s*** *pl* Abfall *m*
desperezarse [despere'θarse] (*1f*) sich strecken, sich recken
desperfecto [despɛr'fɛkto] *m* Beschädigung *f*; (*defecto*) Mangel *m*, Fehler *m*
desperta|dor [despɛrta'đɔr] *m* Wecker *m*; **~r** [-'tar] (*1k*) **1.** *v/t* wecken; **2.** *v/i u* **~rse** aufwachen
despiadado [despĭa'đađo] erbarmungslos
despido [des'piđo] *m* Entlassung *f*, Kündigung *f*
despierto [des'pĭɛrto] wach; munter; *fig* aufgeweckt; ***soñar ~*** mit offenen Augen träumen
despilfarr|ar [despilfa'rrar] (*1a*) verschwenden, vergeuden; **~o** [-'farrɔ] *m* Verschwendung *f*, Vergeudung *f*, Misswirtschaft *f*
despis|tado [despis'tađo] zerstreut; **~tar** [-'tar] (*1a*) ablenken; irreführen; **~tarse** vom Weg abkommen, sich verirren; *fig* den Faden verlieren; **~te** [-'piste] *m* Zerstreutheit *f*
desplante [des'plante] *m* Frechheit *f*; ***dar un ~ a alg*** j-n abblitzen lassen
desplaza|miento [desplaθa'mĭento] *m* Verschiebung *f*; *mar* Wasserverdrängung *f*; (*viaje*) Fahrt *f*, Reise *f*; **~r** [-'θar] (*1f*) verdrängen (*a mar*); verschieben; **~rse** reisen, fahren
despl|egar [desple'gar] (*1h u 1k*) entfalten; ausbreiten; *fig* aufbieten; **~iegue** [-'plĭege] *m* Entfaltung *f*; ***con gran ~ de*** mit großem Aufgebot an
desplomarse [desplo'marse] (*1a*) zu Boden sinken; (*edificio*) einstürzen
desplumar [desplu'mar] (*1a*) rupfen (*a fig*)
despobla|ción [despođla'θĭɔn] *f* Entvölkerung *f*; **~r** [-'đlar] (*1m*) entvölkern
despo|jar [despɔ'xar] (*1a*) berauben; **~jarse**: ***~ de*** ablegen; **~jo** [-'pɔxo] *m* Beraubung *f*; ***~s*** *pl* Schlachtabfälle *m/pl*; (*restos*) Überbleibsel *n/pl*; ***~s mortales*** sterbliche Überreste *m/pl*
desposa|da [despo'sađa] *f* Braut *f*; **~do** [-'sađo] *m* Bräutigam *m*; **~dos** [-'sađos] *m/pl* Brautpaar *n*; **~r** [-'sar] (*1a*) trauen
déspota ['despota] *m* Despot *m*
des|pótico [des'potiko] despotisch; **~potismo** [-'tizmo] *m* Despotismus *m*
desprecia|ble [despre'θĭađle] verächtlich; **~r** [-'θĭar] (*1b*) verachten; verschmähen; **~tivo** [-θĭa'tiđo] verächtlich
desprecio [des'preθĭo] *m* Verachtung *f*
despren|der [despren'dɛr] (*2a*) losmachen; **~derse** sich lösen, abfallen; ***~ de*** sich frei machen von; loswerden; *fig* sich ergeben aus (*dat*); **~dimiento** [-di'mĭento] *m* Losmachen *n*; Freiwerden *n*; *med* ***~ de retina*** Netzhautablösung *f*; ***~ de tierras*** Erdrutsch *m*
despreocupa|ción [despreokupa'θĭɔn] *f* Sorglosigkeit *f*; **~do** [-'pađo] sorglos, unbekümmert
despresti|giar [despresti'xĭar] (*1b*) um sein Ansehen bringen; **~gio** [-'tixĭo] *m* Prestigeverlust *m*
desprevenido [despređe'niđo] unvorbereitet; ***coger ~*** überraschen, -rumpeln
desproporci|ón [despropɔr'θĭɔn] *f* Missverhältnis *n*; **~onado** [-θĭo'nađo] disproportioniert
despropósito [despro'posito] *m* Ungereimtheit *f*; Unsinn *m*
desprovisto [despro'đisto]: ***~ de*** ohne
después [des'pŭes] **1.** *adv* nachher, später; danach; **2.** *prp* ***~ de*** nach: ***~ de todo*** letzten Endes
desquiciar [deski'θĭar] (*1b*) aus den Angeln heben; *fig* beirren; zerrütten; **~se** *fig* den Halt verlieren
desqui|tar [deski'tar] (*1a*) entschädigen; **~tarse**: ***~ de*** sich revanchieren, sich rächen für; **~te** [-'kite] *m* Vergeltung *f*
desratización [dezrratiθa'θĭɔn] *f* Rattenvertilgung *f*
destaca|do [desta'kađo] führend, hervorragend; **~mento** *mil* [-ka'mento]

m Sonderkommando *n*; Abteilung *f*; **~r** [-'kar] (*1g*) hervorheben; *mil* abkommandieren; **~rse** sich abheben; sich auszeichnen (durch *ac* ***por***)
destajo [des'taxo] *m* Akkordarbeit *f*; ***a ~*** im Akkord
destapar [desta'par] (*1a*) aufdecken (*a fig*); öffnen
destartalado [destarta'lađo] baufällig
destello [des'teʎo] *m* Aufleuchten *n*; Funkeln *n*
destemplado [destem'plađo] unbeherrscht; unfreundlich; *mús* verstimmt
desteñir [deste'ɲir] (*3h u 3l*) entfärben; **~se** die Farbe verlieren
desternillarse [destɛrni'ʎarse] (*1a*): ***~ de risa*** sich kranklachen
desterrar [destɛ'rrar] (*1k*) verbannen (*a fig*)
destetar [deste'tar] (*1a*) entwöhnen, absetzen, abstillen
destiempo [des'tĭempo]: ***a ~*** zur Unzeit, ungelegen
destierro [des'tĭɛrrɔ] *m* Verbannung *f*
destila|ción [destila'θĭɔn] *f* Destillation *f*; **~r** [-'lar] (*1a*) destillieren
destilería [destile'ria] *f* Brennerei *f*
desti|nar [desti'nar] (*1a*) bestimmen; zuweisen; (*persona*) versetzen; **~natario** [-na'tarĭo] *m* Empfänger *m*, Adressat *m*; **~no** [-'tino] *m* Schicksal *n*; (*lugar*) Bestimmung(sort *m*) *f*; Ziel *n*
destitu|ción [destitu'θĭɔn] *f* Absetzung *f*; **~ir** [-tu'ir] (*3g*) absetzen, des Amtes entheben
destornilla|dor [destɔrniʎa'đɔr] *m* Schraubenzieher *m*; **~r** [-'ʎar] (*1a*) ab-, auf-, losschrauben
destreza [des'treθa] *f* Geschicklichkeit *f*
destronar [destro'nar] (*1a*) entthronen
destro|zar [destro'θar] (*1f*) zerstören; zerbrechen; F kaputtmachen; **~zo** [-'troθo] *m* Zerstörung *f*; **~s** *pl* Schaden *m*
destruc|ción [destrug'θĭɔn] *f* Zerstörung *f*; **~tivo** [-truk'tiƀo] zerstörend; destruktiv; **~tor** [-'tɔr] **1.** *adj* zerstörend; **2.** *m* Zerstörer *m* (*a mar*)
destruir [destru'ir] (*3g*) zerstören, vernichten
desuni|ón [desu'nĭɔn] *f* Trennung *f*; *fig* Uneinigkeit *f*; **~r** [-'nir] (*3a*) trennen; *fig* entzweien
desu|sado [desu'sađo] ungebräuchlich; **~so** [de'suso] *m*: ***caer en ~*** außer Gebrauch kommen, veralten
desvalido [dezƀa'liđo] hilflos; schutzlos; verlassen
desvalijar [dezƀali'xar] (*1a*) ausplündern
desvaloriza|ción [dezƀaloriθa'θĭɔn] *f* Entwertung *f*, Abwertung *f*; **~r** [-'θar] (*1f*) entwerten, abwerten
desván [dez'ƀan] *m* Dachboden *m*
desvanecer [dezƀane'θɛr] (*2d*) verwischen; zerstreuen (*a fig*); **~se** verdunsten; sich auflösen; *med* ohnmächtig werden; *fig* verblassen, verschwinden
desva|riar [dezƀa'rĭar] (*1c*) irrereden; *med* fantasieren; **~río** [-'rio] *m* Wahnsinn *m*; (Fieber-)Fantasien *f/pl*
desve|lar [dezƀe'lar] (*1a*) wach halten; *fig* enthüllen, aufdecken; **~larse** nicht schlafen können; *fig* wachsam sein; **~lo** [-'ƀelo] *m* Schlaflosigkeit *f*; *fig* (Für-)Sorge *f*
desvencijarse [dezƀenθi'xarse] (*1a*) aus den Fugen (*od* dem Leim) gehen
desven|taja [dezƀen'taxa] *f* Nachteil *m*; ***~ competitiva*** *com* Wettbewerbsnachteil *m*; **~tajoso** [-'xoso] nachteilig; unvorteilhaft; **~tura** [-'tura] *f* Unglück *n*; **~turado** [-'rađo] unglücklich
desver|gonzado [dezƀɛrgɔn'θađo] unverschämt, frech; **~güenza** [-'gŭenθa] *f* Unverschämtheit *f*; Schamlosigkeit *f*
desvestir [dezƀes'tir] (*3l*) entkleiden, ausziehen
desvia|ción [dezƀĭa'θĭɔn] *f* Abweichung *f*; *auto* Umleitung *f*; *med* Verkrümmung *f*; **~r** [-'ƀĭar] (*1c*) ablenken; *auto* umleiten; **~rse** abweichen
desvío [dez'ƀio] *m* Abweichung *f*; *auto* Abzweigung *f*; Umleitung *f*
deta|llado [deta'ʎađo] ausführlich; **~llar** [-'ʎar] (*1a*) ausführlich beschreiben; einzeln aufführen; **~lle** [-'taʎe] *m* Einzelheit *f*, Detail *n*; *fig* Aufmerksamkeit *f*; ***en ~*** im Einzelnen; **~llista** [-'ʎista] *m* Einzelhändler *m*
detec|ción [detɛg'θĭɔn] *f* Aufspüren *n*; *med* ***~ precoz*** Früherkennung *f*; **~tar** [-tɛk'tar] (*1a*) auffinden; entdecken
detective [detɛk'tiƀe] *m* Detektiv *m*; ***~ privado*** Privatdetektiv *m*
detector [detɛk'tɔr] *m* Detektor *m*; ***~ de mentiras*** Lügendetektor *m*
deten|ción [deten'θĭɔn] *f* Festnahme *f*,

D

Verhaftung *f*; *fig* Aufhalten *n*; Verzögerung *f*; **~ ilegal** Freiheitsberaubung *f*; **~er** [-te'nɛr] *(2l)* verhaften, festnehmen; (*parar*) an-, aufhalten; **~erse** stehen bleiben; anhalten; **~ido** [-'niđo] **1.** *adj fig* eingehend; **2.** *m* Häftling *m*, Verhaftete(r) *m*; **~imiento** [-ni'mĭento] *m*: **con ~** ausführlich, eingehend

D

detergente [detɛr'xente] *m* Wasch-, Reinigungsmittel *n*

deterio|rar [deterĭo'rar] *(1a)* beschädigen; verderben; **~rarse** verderben, schlecht werden; (*salud*) sich verschlechtern; **~ro** [-'rĭɔro] *m* Beschädigung *f*

determina|ción [determina'θĭɔn] *f* Bestimmung *f*; Entschluss *m*; *fig* Entschlossenheit *f*; **~do** [-'nađo] entschlossen; bestimmt; **~nte** [-'nante] bestimmend; entscheidend; **~r** [-'nar] *(1a)* bestimmen; festsetzen; **~rse** sich entschließen (zu *dat* ***a***)

detes|table [detes'taƀle] abscheulich; **~tar** [-'tar] *(1a)* verabscheuen; hassen

detona|ción [detona'θĭɔn] *f* Knall *m*; Detonation *f*; **~dor** [-'đɔr] *m* Zündsatz *m*; **~r** [-'nar] *(1a)* detonieren

detractor *m* [detrak'tɔr] Verleumder *m*

detrás [de'tras] **1.** *adv* hinten; zurück; ***por ~*** von hinten; **2.** *prp*: ***~ de*** hinter; ***uno ~ de otro*** hintereinander

detrimento [detri'mento] *m* Schaden *m*; ***en ~ de*** auf Kosten *gen*; zum Schaden von

deuda ['deŭđa] *f* Schuld *f* (*a fig*)

deudo ['deŭđo] *m* Verwandte(r) *m*

deudor [deŭ'đɔr] *m* Schuldner *m*

devalua|ción [deƀalŭa'θĭɔn] *f* Abwertung *f*; **~r** [-'lŭar] *(1e)* abwerten

devasta|ción [deƀasta'θĭɔn] *f* Verwüstung *f*; **~dor** [-'đɔr] verheerend; **~r** [-'tar] *(1a)* verwüsten, verheeren

deven|gar [deƀeŋ'gar] *(1h)* einbringen; (*intereses*) abwerfen; **~go** [-'ƀeŋgo] *m*: ***con ~ de interés*** verzinslich

devoción [deƀo'θĭɔn] *f* Andacht *f*; Frömmigkeit *f*; *fig* Verehrung *f*

devol|ución [deƀolu'θĭɔn] *f* Rückgabe *f*; (*reembolso*) Rückerstattung *f*; **~ver** [-ƀɔl'ƀɛr] (*2h*; *part* ***devuelto***) zurückgeben, -zahlen; (*visita*, *etc*) erwidern; (*vomitar*) erbrechen

devorar [deƀo'rar] *(1a)* verschlingen (*a fig*); (auf)fressen

devoto [de'ƀoto] **1.** *adj* andächtig; fromm; **2.** *m* Andächtige(r) *m*

día ['dia] *m* Tag *m*; ***~ festivo*** (*od* ***inhábil***) Feiertag *m*; ***~ fijado*** (***para la introducción del euro***) Stichtag *m* (zur Einführung des Euro); ***~ hábil*** (*od* ***laborable***) Werktag *m*; ***~ de la Madre*** Muttertag *m*; ***al ~*** auf dem Laufenden; ***poner al ~*** auf den neuesten Stand bringen; ***el ~ menos pensado*** ehe man sichs versieht; ***el otro ~*** neulich; ***en su ~*** zu gegebener Zeit; (*pasado*) seinerzeit; ***de ~*** tagsüber; ***hace mal ~*** es ist schlechtes Wetter; ***un ~ sí y otro no*** jeden zweiten Tag; ***a los pocos ~s*** wenige Tage später; ***todos los ~s*** täglich, jeden Tag; ***¡buenos ~s!*** guten Tag!; guten Morgen!

diab|etes [dĭa'ƀetes] *f* Diabetes *m*, Zuckerkrankheit *f*; **~ético** [-'ƀetiko] **1.** *adj* zuckerkrank; **2.** *m* Diabetiker *m*

dia|blo ['dĭaƀlo] *m* Teufel *m*; ***mandar al ~*** zum Teufel schicken; **~blura** [-'ƀlura] *f* Streich *m*; **~bólico** [-'ƀoliko] teuflisch

diaconisa [dĭako'nisa] *f* Diakonissin *f*

diácono ['dĭakono] *m* Diakon *m*

diadema [dĭa'đema] *f* Diadem *n*

diáfano ['dĭafano] durchsichtig

diafragma [dĭa'fragma] *m anat* Zwerchfell *n*; *fot* Blende *f*; *med* Pessar *n*

diagn|osis [dĭag'nosis] *f* Diagnose *f*; **~osticar** [-nɔsti'kar] *(1g)* diagnostizieren; **~óstico** [-'nɔstiko] **1.** *adj* diagnostisch; **2.** *m* Diagnose *f*

diagonal [dĭago'nal] **1.** *adj* diagonal; **2.** *f* Diagonale *f*

diagrama [dĭa'grama] *m* Diagramm *n*

dial ['dĭal] *m tel* Wählscheibe *f*; (*radio*) Skala *f*

dialec|tal [dĭalɛk'tal] mundartlich; **~to** [-'lɛkto] *m* Dialekt *m*

diálisis *med* ['dĭalisis] *f* Dialyse *f*

diálogo ['dĭalogo] *m* Dialog *m*

diamante [dĭa'mante] *m* Diamant *m*

diametralmente [dĭametral'mente]: ***~ opuesto*** grundverschieden

diámetro ['dĭametro] *m* Durchmesser *m*

diana ['dĭana] *f* (das Schwarze der) Zielscheibe *f*; *mil* Wecken *n*; ***hacer ~*** ins Schwarze treffen

diapasón *mús* [dĭapa'sɔn] *m* Stimmgabel *f*; (*del violín*, *etc*) Griffbrett *n*

diapositiva *fot* [dĭaposi'tiƀa] *f* Dia(positiv) *n*

diario ['dĭarĭo] **1.** *adj* täglich; **2.** *m* Tagebuch *n*; (*periódico*) (Tages-)Zeitung *f*
diarrea *med* [dĭa'rrɛa] *f* Durchfall *m*
dibu|jante [diƀu'xante] *m* Zeichner *m*; **~jar** [-'xar] (*1a*) zeichnen; **~jarse** sich abzeichnen; **~jo** [di'ƀuxo] *m* Zeichnen *n*; Zeichnung *f*; (*de tela*) Muster *n*; **~s** *pl* ***animados*** Zeichentrickfilm *m*
diccionario [digθĭo'narĭo] *m* Wörterbuch *n*; Lexikon *n*
dice ['diθe] *s* ***decir***
dicha ['ditʃa] *f* Glück *n*
dicho ['ditʃo] **1.** *part v* ***decir***; **2.** *adj* besagt, genannt; ***~ y hecho*** gesagt, getan; ***~ (sea) de paso*** nebenbei bemerkt; **3.** *m* Ausdruck *m*; Ausspruch *m*; **~so** [di'tʃoso] glücklich; F verflixt
diciembre [di'θĭembre] *m* Dezember *m*
dicta|do [dik'tađo] *m* Diktat *n*; ***al ~*** nach Diktat; **~dor** [-'đɔr] *m* Diktator *m*; **~dura** [-'đura] *f* Diktatur *f*
dictam|en [dik'tamen] *m* Meinung *f*; Urteil *n*; **~inar** [-mi'nar] (*1a*): ***~ sobre*** begutachten
dictar [dik'tar] (*1a*) diktieren; (*conferencia*) halten; *jur* ***~ sentencia*** das Urteil fällen
didácti|ca [di'đaktika] *f* Didaktik *f*; **~co** [-ko] didaktisch
dieci|nueve [dĭeθi'nŭeƀe] neunzehn; **~ocho** [-'otʃo] achtzehn; **~séis** [-'sɛĭs] sechzehn; **~siete** [-'sĭete] siebzehn
diente ['dĭente] *m* Zahn *m* (*a tec*); ***~ de ajo*** Knoblauchzehe *f*; ***~ de leche*** Milchzahn *m*; *bot* ***~ de león*** Löwenzahn *m*; ***dar ~ con ~*** mit den Zähne klappern; ***enseñar los ~s*** *fig* die Zähne zeigen; ***hablar entre ~s*** in den Bart brummen
diestr|a ['dĭestra] *f* rechte Hand *f*; **~o** [-tro] **1.** *adj* rechte(r, -s); rechtshändig; *fig* geschickt; ***a ~ y siniestro*** aufs Geratewohl, F drauflos; **2.** *m* Torero *m*
dieta ['dĭeta] *f* Ernährungsweise *f*; *med* Diät *f*; *pol* Landtag *m*; **~s** *pl* Tagegelder *n/pl*; **~rio** [dĭe'tarĭo] *m* Merkbuch *n*
dietéti|ca [dĭe'tetika] *f* Diätetik *f*; **~co** [-'tetiko]: ***productos*** *m/pl* ***~s*** Reformkost *f*
diez [dĭeθ] zehn; **~mar** [dĭeð'mar] (*1a*) dezimieren (*a fig*)
difama|ción [difama'θĭɔn] *f* Verleumdung *f*; üble Nachrede *f*; **~dor** [-'đɔr] **1.** *adj* verleumderisch; **2.** *m* Verleumder *m*; **~r** [-'mar] (*1a*) verleumden, in Verruf bringen; **~torio** [-'torĭo] verleumderisch
dife|rencia [dife'renθĭa] *f* Unterschied *m*; *mat, com u fig* Differenz *f*; ***a ~ de*** zum Unterschied von; ***~ horaria*** Zeitunterschied *m*; **~rencial** [-'θĭal] **1.** *m auto* Differenzial(getriebe) *n*; **2.** *adj* Differenzial...; **~renciar(se)** [-'θĭar(se)] (*1b*) (sich) unterscheiden; **~rente** [-'rente] verschieden; **~rido** [-'riđo]: *TV* ***en ~*** in e-r Aufzeichnung; **~rir** [-'rir] (*3i*) **1.** *v/t* aufschieben; **2.** *v/i* verschieden sein
difícil [di'fiθil] schwer, schwierig
dificult|ad [difikul'tađ] *f* Schwierigkeit *f*; ***sin ~*** ohne weiteres; **~ar** [-'tar] (*1a*) erschweren, behindern; **~oso** [-'toso] schwierig
difteria *med* [dif'terĭa] *f* Diphtherie *f*
difundir [difun'dir] (*3a*) verbreiten; **~se** sich ausbreiten
difunto [di'funto] **1.** *adj* tot, verstorben; **2.** *m* Verstorbene(r) *m*; ***día*** *m* ***de (los fieles) ~s*** Allerseelen *n*
difu|sión [difu'sĭɔn] *f* Verbreitung *f*; **~so** [-'fuso] verschwommen; diffus (*a fig*)
digeri|ble [dixe'riƀle] verdaulich; **~r** [-'rir] (*3i*) verdauen (*a fig*)
digesti|ble [dixes'tiƀle] verdaulich; **~ón** [-'tĭɔn] *f* Verdauung *f*; **~vo** [-'tiƀo] Verdauungs...
digita|ción *mús* [dixita'θĭɔn] *f* Fingersatz *m*; **~l** [-'tal] **1.** *adj* digital, Digital...; **2.** *bot f* Fingerhut *m*
dígito ['dixito] *m* einstellige Zahl *f*; ***de dos ~s*** zweistellig
digna|rse [dig'narse] (*1a*) (*inf*) sich herablassen, geruhen (zu *inf*); **~tario** [-na'tarĭo] *m* Würdenträger *m*
dign|idad [digni'đađ] *f* Würde *f*; **~o** ['digno] würdig; ***~ de mención*** erwähnenswert
digo ['digo] *s* ***decir***
digresión [digre'sĭɔn] *f* Abschweifung *f*
dije ['dixe] **1.** *s* ***decir***; **2.** *m* (*colgante*) Anhänger *m*
dilapidar [dilapi'đar] (*1a*) verschwenden, vergeuden
dilata|ble [dila'taƀle] dehnbar; **~ción** [-ta'θĭɔn] *f* Dehnung *f*; **~r** [-'tar] (*1a*) ausdehnen; (*diferir*) verzögern, hinausziehen

D

D

dilema [di'lema] *m* Dilemma *n*
diletan|te [dile'tante] *m* Dilettant *m*; **~tismo** [-'tizmo] *m* Dilettantismus *m*
diligen|cia [dili'xenθĭa] *f* Fleiß *m*, Eifer *m*; *hist* Postkutsche *f*; **~s** *pl* Schritte *m*/*pl*, Maßnahmen *f*/*pl*; *jur* Ermittlungen *f*/*pl*; **~te** [-'xente] fleißig
dilucidar [diluθi'đar] (*1a*) aufklären
dilu|ción [dilu'θĭɔn] *f* Verdünnung *f*; **~ente** [-'lŭɛnte] *m* Verdünnungsmittel *n*; **~ir** [-'ir] (*3g*) (auf)lösen; verdünnen
dilu|viar [dilu'ƀĭar] (*1b*) stark regnen, gießen; **~vio** [di'luƀĭo] *m* Sintflut *f*
dimensión [dimen'sĭɔn] *f* Dimension *f*; *fig* Ausmaß *n*; ***dimensiones*** *pl* Abmessungen *f*/*pl*
diminu|tivo [diminu'tiƀo] *m gram* Diminutiv *n*; **~to** [-'nuto] winzig
dimi|sión [dimi'sĭɔn] *f* Rücktritt *m*; **~tir** [-'tir] (*3a*) zurücktreten
dinámi|ca [di'namika] *f* Dynamik *f*; **~co** [-ko] dynamisch (*a fig*)
dinami|ta [dina'mita] *f* Dynamit *n*; **~tar** [-'tar] (*1a*) in die Luft sprengen; **~tero** [-mi'tero] *m* Sprengmeister *m*
dínamo ['dinamo] *f* Dynamo *m*
dinastía [dinas'tia] *f* Dynastie *f*
dine|ral [dine'ral] *m* F Heidengeld *n*; **~ro** [-'nero] *m* Geld *n*; ***~ (en) efectivo***, ***~ en metálico*** Bargeld *n*; ***~ suelto*** Kleingeld *n*
dintel [din'tɛl] *m* Tür-, Fenstersturz *m*
diñarla P [di'ɲarla] (*1a*) F abkratzen, F krepieren
dio ['dĭo] *s* ***dar***
diócesis ['dĭoθesis] *f* Diözese *f*
diodo ['dĭođo] *m* Diode *f*
Dios [dĭɔs] *m* Gott *m*; ***como ~ manda*** wie es sich gehört; ***¡por ~!*** um Gottes willen!; ***a la buena de ~*** aufs Geratewohl
diosa ['dĭosa] *f* Göttin *f*
diplo|ma [di'ploma] *m* Diplom *n*; **~macia** [diplo'maθĭa] *f* Diplomatie *f*; **~mado** [-'mađo] diplomiert; Diplom...; **~mático** [-'matiko] **1.** *adj* diplomatisch; **2.** *m* Diplomat *m*
diptongo [dip'tɔŋgo] *m* Diphthong *m*
diputa|ción [diputa'θĭɔn] *f* Abordnung *f*; **~do** [-'tađo] *m* Abgeordnete(r) *m*
dique ['dike] *m* Damm *m*; Deich *m*; ***~ seco*** Trockendock *n*; ***~ flotante*** Schwimmdock *n*
direc|ción [dirɛg'θĭɔn] *f* Leitung *f*, Führung *f*; Management *n*; (*sentido*) Richtung *f*; (*señas*) Anschrift *f*, Adresse *f*; *teat*, *cine* Regie *f*; *auto* Lenkung *f*; ***~ asistida*** Servolenkung *f*; ***~ habitual*** Heimatadresse *f*; **~tivo** [dirɛk'tiƀo] **1.** *adj* leitend; **2.** *m* Manager *m*; Führungskraft *f*; **~to** [-'rɛkto] direkt; (*derecho*) gerade; *ferro* durchgehend; ***(re)transmitir en ~*** live senden, direkt übertragen; **~tor** [-'tɔr] **1.** *adj* leitend; **2.** *m* Direktor *m*; Leiter *m*; ***~ de cine*** Filmregisseur *m*; ***~ de venta*** Vertriebsleiter *m*; ***~ de orquesta*** Dirigent *m*; **~tora** [-'tora] *f* Leiterin *f*, Direktorin *f*; **~torio** [-'torĭo] *m* Direktorium *n*; Leitung *f*; (*agenda*) Adressbuch *n*; **~triz** [-'triθ] *f* Richtlinie *f*
diri|gente [diri'xente] *m* Leiter *m*; führende Persönlichkeit *f*; **~gible** [-'xiƀle] *m* Luftschiff *n*; **~gir** [-'xir] (*3c*) richten (an ***a***); (*guiar*) leiten, lenken; *mús* dirigieren; *teat*, *cine* Regie führen; **~girse** zugehen, -fahren (auf *ac* ***a***, ***hacia***); sich wenden (an *ac* ***a***)
discernir [disθɛr'nir] (*3i*) unterscheiden
disciplina [disθi'plina] *f* Disziplin *f*, Zucht *f*; *cien* Fach *n*
discípulo [dis'θipulo] *m* Schüler *m*; *rel* Jünger *m*; *fig* Anhänger *m*
disco ['disko] *m* Scheibe *f*; *mús* Schallplatte *f*; *tel* Wählscheibe *f*; *dep* Diskus *m*; *auto* (Verkehrs-)Ampel *f*; ***~ intervertebral*** *anat* Bandscheibe *f*; ***~ compacto*** Compact Disc *f*, CD *f*; ***~ duro*** *inform* Festplatte *f*; ***~ magnético*** Magnetplatte *f*; ***~ de control*** Parkscheibe *f*; **~gráfico** [-'grafiko] Schallplatten...
díscolo ['diskolo] widerspenstig
discor|dancia [diskɔr'đanθĭa] *f* (Meinungs-)Verschiedenheit *f*; **~dante** [-'đante] abweichend; **~dar** [-'đar] (*1m*) abweichen; nicht übereinstimmen; **~dia** [-'kɔrđĭa] *f* Zwietracht *f*
discoteca [disko'teka] *f* Diskothek *f*
discreci|ón [diskre'θĭɔn] *f* Diskretion *f*; ***a ~*** nach Belieben; **~onal** [-θĭo'nal] beliebig; ***parada*** *f* ***~*** Bedarfshaltestelle *f*
discrepa|ncia [diskre'panθĭa] *f* Diskrepanz *f*; (Meinungs-)Verschiedenheit *f*; **~r** [-'par] (*1a*) abweichen; anderer Meinung sein
discreto [dis'kreto] diskret; zurückhaltend; (*listo*) klug
discrimina|ción [diskrimina'θĭɔn] *f*

Diskriminierung *f*; **~ *de la tercera edad*** Altersdiskriminierung *f*; **~r** [-'nar] (*1a*) diskriminieren

disculpa [dis'kulpa] *f* Entschuldigung *f*; **~ble** [-'paƀle] entschuldbar; **~r** [-'par] (*1a*) entschuldigen

discurso [dis'kurso] *m* Rede *f*

discu|sión [disku'sĭɔn] *f* Diskussion *f*; Besprechung *f*; **~tible** [-'tiƀle] strittig; fraglich; **~tido** [-'tiđo] umstritten; **~tir** [-'tir] (*3a*) diskutieren; besprechen

diseminar [disemi'nar] (*1a*) ausstreuen; *fig* verbreiten

disentería *med* [disente'ria] *f* Ruhr *f*

disentir [disen'tir] (*3i*) anderer Meinung sein (als ***de***)

dise|ñador [diseɲa'đɔr] *m* Designer *m*; **~ñar** [-'ɲar] (*1a*) zeichnen, entwerfen; **~ño** [di'seɲo] *m* Entwurf *m*; Zeichnung *f*; Design *n*

disertación [disɛrta'θĭɔn] *f* Abhandlung *f*; Vortrag *m*

disfraz [dis'fraθ] *m* Verkleidung *f*; (Masken-)Kostüm *n*; **~ar** [-fra'θar] (*1f*) verkleiden, maskieren; **~arse**: **~ *de*** sich verkleiden als

disfru|tar [disfru'tar] (*1a*): **~ (*de*)** genießen; sich erfreuen (*gen*); **~te** [-'frute] *m* Genuss *m*

disgus|tado [dizgus'tađo] verärgert; verstimmt; **~tar** [-'tar] (*1a*) *j-m* nicht gefallen, missfallen; *j-n* verstimmen; **~tarse** sich ärgern; **~to** [-'gusto] *m* Ärger *m*, Verdruss *m*; ***a* ~** mit Widerwillen

disidente [disi'đente] *m* Dissident *m*

disimul|ación [disimula'θĭɔn] *f* Verstellung *f*; **~ar** [-'lar] (*1a*) **1.** *v/t* verbergen; verheimlichen; **2.** *v/i* sich verstellen; **~o** [-'mulo] *m* Verstellung *f*; ***con* ~** verstohlen; unauffällig

disipa|ción [disipa'θĭɔn] *f* Verschwendung *f*; **~r** [-'par] (*1a*) verschwenden; *fig* zerstreuen; **~rse** (*niebla*) sich auflösen

diskette *inform* [dis'kete] *m* Diskette *f*

dislate [diz'late] *m* Unsinn *m*

dis|lexia [diz'legsĭa] *f* Legasthenie *f*; **~léxico** [-'legsiko] *m* Legastheniker *m*

disloca|ción *med* [dizloka'θĭɔn] *f* Aus-, Verrenkung *f*; **~r** [-'kar] (*1g*) aus-, verrenken

disminu|ción [dizminu'θĭɔn] *f* Verminderung *f*; Abnahme *f*; Rückgang *m*; **~ *física*** Körperbehinderung *f*; **~ido** [-'iđo] *m*: **~ (*físico*)** (Körper-)Behinderte(r) *m*; **~ir** [-'ir] (*3g*) **1.** *v/t* vermindern, verringern; **2.** *v/i* abnehmen, nachlassen

disolu|ción [disolu'θĭɔn] *f* Auflösung *f*; *fig* Ausschweifung *f*; **~to** [-'luto] ausschweifend

disolve|nte [disɔl'ƀente] *m* Lösemittel *n*; **~r** [-'ƀɛr] (*2h*; *part* ***disuelto***) auflösen

disonancia [diso'nanθĭa] *f mús* Missklang *m* (*a fig*), Dissonanz *f*

dispar [dis'par] ungleich

dispara|dor [dispara'đɔr] *m* Abzug *m*; *fot* Auslöser *m*; **~r** [-'rar] (*1a*) **1.** *v/t* schießen; (*tiro*) abgeben; *fot* knipsen; **2.** *v/i* schießen; **~rse** (*tiro*) losgehen; (*precios*) in die Höhe schnellen

dispara|tado [dispara'tađo] unsinnig; **~te** [-'rate] *m* Dummheit *f*; Unsinn *m*

disparidad [dispari'đađ] *f* Ungleichheit *f*; *com* Gefälle *n*

disparo [dis'paro] *m* Schuss *m*

dispensa [dis'pensa] *f* Dispens *m*, Erlass *m*; **~r** [-'sar] (*1a*) (*disculpar*) entschuldigen; **~ *de*** befreien, dispensieren von; **~rio** *med* [-'sarĭo] *m* Ambulanz *f*

disper|sar [dispɛr'sar] (*1a*) zerstreuen; **~sión** [-'sĭɔn] *f* (Zer-)Streuung *f*; **~so** [-'pɛrso] zerstreut; vereinzelt

disponer [dispo'nɛr] (*2r*) **1.** *v/t* (an)ordnen; (*preparar*) vorbereiten, herrichten; **2.** *v/i* verfügen (über *ac* ***de***); **~se** sich anschicken (zu ***a***)

disponi|bilidad [disponiƀili'đađ] *f* Verfügbarkeit *f*; **~ble** [-'niƀle] verfügbar; *com* vorrätig

disposi|ción [disposi'θĭɔn] *f* Anordnung *f*; Verfügung *f*; **~ *a*** Bereitschaft zu; **~ *para*** Veranlagung für; ***estar a (la)* ~ *de alg*** j-m zur Verfügung stehen; **~tivo** [-'tiƀo] *m* Vorrichtung *f*; Gerät *n*; *inform* **~ *de entrada*** Eingabegerät *n*

dispuesto [dis'pŭesto]: **~ *a*** bereit zu

disputa [dis'puta] *f* Disput *m*; *dep* Austragung *f*; **~r** [-'tar] (*1a*) **1.** *v/t* bestreiten; (*juego*, *etc*) austragen; **2.** *v/i* disputieren; streiten; **~rse**: **~ *a/c*** sich um et streiten

disquería *Am* [diske'ria] *f* Schallplattengeschäft *n*

disquete *inform* [dis'kete] *m* Diskette *f*; **~ *de seguridad*** Sicherungsdiskette *f*

dista|ncia [dis'tanθĭa] *f* Entfernung *f*;

Abstand *m*; **~nciar** [-'θĭar] (*1b*) entfernen; *fig* entfremden; **~nciarse**: **~ *de*** sich distanzieren von; **~nte** [-'tante] entfernt; **~r** [-'tar] (*1a*) entfernt sein; *fig* verschieden sein (von *dat* ***de***)
distensión [disten'sĭɔn] *f med* Zerrung *f*; *pol* Entspannung *f*

D

distin|ción [distin'θĭɔn] *f* Unterscheidung *f*; (*honor*) Auszeichnung *f*; (*elegancia*) Vornehmheit *f*; ***a ~ de*** zum Unterschied von; **~guido** [-tiŋ'giđo] vornehm, distinguiert; **~guir** [-'gir] (*3d*) unterscheiden; (*honrar*) auszeichnen; **~tivo** [-tin'tiƀo] *m* Kennzeichen *n*; Abzeichen *n*; **~to** [-'tinto] unterschiedlich; verschieden; (*claro*) deutlich
distorsión [distɔr'sĭɔn] *f* Verzerrung *f*; *med* Verstauchung *f*
distra|cción [distrag'θĭɔn] *f* Unachtsamkeit *f*, Zerstreutheit *f*; (*diversión*) Ablenkung *f*, Zerstreuung *f*; ***por ~*** aus Versehen; **~er** [-'ɛr] (*2p*) zerstreuen, ablenken; (*divertir*) unterhalten; **~erse** sich ablenken lassen; **~ído** [-tra'iđo] zerstreut; unaufmerksam; (*divertido*) unterhaltsam
distribu|ción [distriƀu'θĭɔn] *f* Verteilung *f*; *com* Vertrieb *m*; **~idor** [-i'đɔr] *m com* Auslieferer *m*; *el* Verteiler *m*; ***~ automático*** Warenautomat *m*; **~idora** [-'đora] *f* Filmverleih *m*; (***sociedad*** *f*) **~** Vertriebsgesellschaft *f*; **~ir** [-'ir] (*3g*) aus-, verteilen; *com* vertreiben
distrito [dis'trito] *m* Bezirk *m*, Distrikt *m*; ***~ electoral*** Wahlbezirk *m*
disturbio [dis'turƀĭo] *m* Störung *f*, Unruhe *f*
disua|dir [disŭa'đir] (*3a*): ***~ de*** abbringen von, abraten; **~sión** [-'sĭɔn] *f* Abraten *n*; *pol* Abschreckung *f*
disyuntiva [disjun'tiƀa] *f* Alternative *f*
diurético [dĭu'retiko] harntreibend
diurno ['dĭurno] täglich, Tages...
diva ['diƀa] *f* Diva *f*; ***caprichos*** *m/pl* ***de ~*** Starallüren *f/pl*
divaga|ción [diƀaga'θĭɔn] *f* Abschweifung *f*; **~r** [-'gar] (*1h*) abschweifen
diván [di'ƀan] *m* Diwan *m*
diver|gencia [diƀɛr'xenθĭa] *f* Abweichung *f*; Divergenz *f*; *fig* Meinungsverschiedenheit *f*; **~gente** [-'xente] abweichend; **~gir** [-'xir] (*3c*) abweichen; divergieren; **~sidad** [-si'đađ] *f* Verschiedenheit *f*; Mannigfaltigkeit *f*; **~sión** [-'sĭɔn] *f* Ablenkung *f*; Vergnügen *n*; **~so** [-'ƀɛrso] verschieden
diverti|do [diƀɛr'tiđo] lustig; unterhaltend; **~r** [-'tir] (*3i*) unterhalten, vergnügen; **~rse** sich (gut) unterhalten; sich amüsieren; ***¡que te diviertas!*** viel Spaß!
divi|dendo [điđi'đendo] *m* Dividende *f*; *mat* Dividend *m*; **~dir** [-'đir] (*3a*) teilen; *mat* dividieren
divi|nidad [diƀini'đađ] *f* Gottheit *f*; **~no** [-'ƀino] göttlich; himmlisch (*a fig*)
divisa [di'ƀisa] *f* Devise *f*; Wahlspruch *m*; ***~s*** *pl com* Devisen *f/pl*
divi|sible [diƀi'siƀle] teilbar; **~sión** [-'sĭɔn] *f* Teilung *f*; *gram* Trennungsstrich *m*; *mil*, *mat* Division *f*; **~sor** [-'sɔr] *m mat* Divisor *m*
divo ['diƀo] *m* Opern-, Bühnenstar *m*
divorci|ado [diƀɔr'θĭađo] geschieden; **~arse** [-'θĭarse] (*1b*) sich scheiden lassen; **~o** [-'ƀɔrθĭo] *m* Scheidung *f*
divulga|ción [diƀulga'θĭɔn] *f* Bekanntmachung *f*; Verbreitung *f*; **~r** [-'gar] (*1h*) verbreiten, bekannt machen
do *mús* [do] *m* C *n*; ***~ de pecho*** hohes C *n*
dobla|dillo [doƀla'điʎo] *m* Kleidersaum *m*; **~je** [-'ƀlaxe] *m* (*cine*) Synchronisation *f*; ***actor*** *m* (***actriz*** *f*) ***de ~*** Synchronsprecher(in *f*) *m*; **~r** [-'ƀlar] (*1a*) **1.** *v/t* verdoppeln; (*torcer*) biegen; (*plegar*) falten; (*cine*) synchronisieren; **2.** *v/i* (*campana*) läuten; ***~ a la derecha*** rechts abbiegen; **~rse** sich fügen
doble ['doƀle] **1.** *adj* doppelt, Doppel...; **2.** *m* Doppelte *n*; (*persona*) Doppelgänger *m*; (*cine*) Double *n*; **~gar** [-'gar] (*1h*) biegen; *fig* gefügig machen; **~garse** nachgeben
doblez [do'ƀleθ] **a)** *m* Falte *f*; **b)** *f fig* Falschheit *f*
doce ['doθe] zwölf; **~na** [-'θena] *f* Dutzend *n*
docen|cia [do'θenθĭa] *f* Lehrtätigkeit *f*; **~te** [-'θente] lehrend, unterrichtend; ***cuerpo*** *m* **~** Lehrkörper *m*
dócil ['doθil] folgsam; gelehrig
docto ['dɔkto] gelehrt
doctor [dɔk'tɔr] *m* Doktor *m*; Arzt *m*; **~a** [-'tora] *f* Ärztin *f*; **~ado** [-'rađo] *m* Doktortitel *m*; Promotion *f*; **~arse** s-n Doktor machen, promovieren
doctrina [dɔk'trina] *f* Lehre *f*, Doktrin *f*

documen|tación [dokumenta'θĭɔn] *f* Dokumentation *f*, Unterlagen *f/pl*; (Ausweis-)Papiere *n/pl*; **~ *del coche*** Wagenpapiere *n/pl*; **~tal** [-'tal] *m* Kulturfilm *m*; **~tar** [-'tar] (*1a*) beurkunden, belegen; **~to** [-'mento] *m* Dokument *n*; Urkunde *f*; *Esp* **~ *nacional de identidad*** Personalausweis *m*
dog|ma ['dɔgma] *m* Dogma *n*; **~mático** [-'matiko] dogmatisch
dogo ['dogo] *m* Dogge *f*
dólar ['dolar] *m* Dollar *m*
dol|encia [do'lenθĭa] *f* Leiden *n*; **~er** [-'lɛr] (*2h*) wehtun, schmerzen; **~erse** bedauern; **~ido** [-'liđo] gekränkt
dolo *jur* ['dolo] *m* Vorsatz *m*; Arglist *f*
dolor [do'lɔr] *m* Schmerz *m*; *fig a* Leid *n*; **~*es* (*del parto*)** Wehen *f/pl*; **~oso** [-'roso] schmerzhaft; *fig* schmerzlich
doma ['doma] *f* Zähmung *f*; **~dor** [-'đɔr] *m* Dompteur *m*; **~r** [-'mar] (*1a*) zähmen; bändigen
domesticar [domesti'kar] (*1g*) zähmen
doméstico [do'mestiko] häuslich, Haus...
domicili|ación *com* [domiθilĭa'θĭɔn] *f* Domizilierung *f*; Abbuchungsauftrag *m*; **~ado** [-'lĭađo] wohnhaft; **~ar** [-'lĭar] (*1b*) *com* domizilieren; **~o** [-'θilĭo] *m* Wohnort *m*, Wohnsitz *m*
domina|ción [domina'θĭɔn] *f* Herrschaft *f*; **~nte** [-'nante] **1.** *adj* (vor)herrschend, dominierend; (*persona*) herrschsüchtig; **2.** *f mús* Dominante *f*; **~r** [-'nar] (*1a*) **1.** *v/t* beherrschen; **2.** *v/i* vorherrschen; **~rse** sich beherrschen
domin|go [do'miŋgo] *m* Sonntag *m*; **≗ *de Ramos*** Palmsonntag *m*; **~guero** [-'gero] **1.** *adj* sonntäglich; **2.** *m* F Sonntagsfahrer *m*
dominical [domini'kal] sonntäglich, Sonntags...
dominio [do'minĭo] *m* Herrschaft *f*; **~ *de sí mismo*** Selbstbeherrschung *f*
dominó [domi'no] *m* Domino(spiel) *n*
don[1] [dɔn] *m* Gabe *f*; **~ *de gentes*** Gewandtheit *f* im Umgang mit Menschen
don[2] [dɔn] *m* Don (*Titel vor männlichen Vornamen*); Herr *m*
dona|ción [dona'θĭɔn] *f* Schenkung *f*; **~ *de sangre*** Blutspende *f*; **~dor** *m* [-'đɔr] Spender *m*
donaire [do'naĭre] *m* Anmut *f*
dona|nte [do'nante] *m* Stifter *m*, Spender *m*; **~ *de sangre*** Blutspender *m*; **~r** [-'nar] (*1a*) schenken; stiften; **~tivo** [-'tiƀo] *m* Gabe *f*, Spende *f*
doncella [dɔn'θeʎa] *f* Jungfrau *f*; (*criada*) Kammermädchen *n*; Zofe *f*
donde (*interr* **dónde**) ['dɔnde] wo; worin; *Am* bei; (*adonde*) wohin; ***de* ~** woher; von wo; ***en* ~** wo; ***hacia* ~** wohin; **~quiera** [-'kĭera] wo auch immer
donoso [do'noso] anmutig
donostiarra [donɔs'tĭarra] aus San Sebastián
doña ['doɲa] *f* Frau *f* (*Titel vor weiblichen Vornamen*)
dop|ar(se) [do'par(se)] (*1a*) (sich) dopen; **~ing** ['-piŋ] *m* Doping *n*
dora|da *zo* [do'rađa] *f* Goldbrasse *f*; **~do** [-'rađo] golden; vergoldet; **~r** [-'rar] (*1a*) vergolden; *gastr* leicht anbraten
dormi|do [dɔr'miđo]: ***estar* ~** schlafen; ***quedarse* ~** einschlafen; **~lón** [-'lɔn] *m* Langschläfer *m*; **~r** [-'mir] (*3k*) schlafen; **~rse** einschlafen; **~torio** [-'torĭo] *m* Schlafzimmer *n*
dor|sal [dɔr'sal] Rücken...; **~so** ['-so] *m* Rückseite *f*; ***al* ~** umseitig
dos [dɔs] zwei; ***de* ~ *en* ~** zu zweit; ***cada* ~ *por tres*** dauernd, ständig; **~cientos** [-'θĭentos] zweihundert
dosificar [dosifi'kar] (*1g*) dosieren
dosis ['dosis] *f* Dosis *f*
dota|ción [dota'θĭɔn] *f* Ausstattung *f*; *mar* Mannschaft *f*; *avia* Besatzung *f*; **~r** [-'tar] (*1a*) ausstatten, -rüsten, versehen (mit *dat* **de**)
dote ['dote] **a)** *su* Mitgift *f*; Aussteuer *f*; **b)** *f*: **~*s*** Talent *n*, Begabung *f*
doy [dɔĭ] *s* ***dar***
draga ['draga] *f* Bagger *m*; **~minas** [-'minas] *m* Minensuchboot *n*, -räumboot *n*; **~r** [-'gar] (*1h*) (aus)baggern
dragón [dra'gɔn] *m* Drache *m*
drama ['drama] *m* Drama *n* (*a fig*)
dramático [dra'matiko] dramatisch
drama|tizar [dramati'θar] (*1f*) dramatisieren (*a fig*); **~turgo** [-'turgo] *m* Dramatiker *m*; Dramaturg *m*
drena|je [dre'naxe] *m* Entwässerung *f*; Dränage *f* (*a med*); **~r** [-'nar] (*1a*) entwässern
driblar [dri'ƀlar] (*1a*) dribbeln
dro|ga ['droga] *f* Droge *f*; Rauschgift *n*; **~gadicto** [-'đikto] **1.** *adj* drogen-, rauschgiftsüchtig; **2.** *m* Drogensüchti-

ge(r) *m*; **~garse** [-'garse] (*1h*) Drogen nehmen; **~godependencia** [-godepen'denθĭa] *f* Drogenabhängigkeit *f*; **~guería** [-ge'ria] *f* Drogerie *f*; **~guero** [-'gero] *m*, **~guista** [-'gista] *m* Drogist *m*
dromedario [drome'đarĭo] *m* Dromedar *n*
ducal [du'kal] herzoglich
dúctil ['duktil] dehnbar; geschmeidig; *fig* gefügig
ducha ['dutʃa] *f* Dusche *f*; **~r(se)** [-'tʃar(se)] (*1a*) (sich) duschen
ducho ['dutʃo] erfahren; bewandert
du|da ['duđa] *f* Zweifel *m*; ***sin ~*** zweifellos; ***poner en ~*** in Zweifel ziehen; infrage stellen; **~dar** [-'đar] (*1a*) **1.** *v/i* zweifeln (an *dat* ***de***); **2.** *v/t* bezweifeln; **~doso** [-'đoso] zweifelhaft; verdächtig
duelo ['dŭelo] *m* Trauer *f*; (*combate*) Duell *n*
duende ['dŭende] *m* Kobold *m*
dueñ|a ['dŭeɲa] *f* Eigentümerin *f*; Herrin *f*; **~o** ['dŭeɲo] *m* Eigentümer *m*; Wirt *m*
duermo ['dŭɛrmo] *s* ***dormir***
dul|ce ['dulθe] **1.** *adj* süß; *fig* lieblich; sanft; **2.** *m* Süßigkeit *f*; Süßspeise *f*; **~zón** [-'θɔn] süßlich; **~zura** [-'θura] *f* Süße *f* (*a fig*); Lieblichkeit *f*, Sanftmut *f*
dumping ['dampiŋ] *m* Dumping *n*
duna ['duna] *f* Düne *f*
dúo *mús* ['duo] *m* Duett *n*; Duo *n*
duodeno *anat* [dŭo'đeno] *m* Zwölffingerdarm *m*
dúplex ['duplɛks] *m* Maisonette *f*
dupli|cado [dupli'kađo] **1.** *adj* (ver)doppelt; ***por ~*** in zweifacher Ausfertigung; **2.** *m* Duplikat *n*, Zweitschrift *f*; **~car** [-'kar] (*1g*) verdoppeln
duque ['duke] *m* Herzog *m*; **~sa** [-'kesa] *f* Herzogin *f*
dura|ble [du'rađle] dauerhaft; haltbar; **~ción** [-'θĭɔn] *f* Dauer *f*; **~dero** [-'đero] dauerhaft; langlebig; **~nte** [-'rante] während; **~r** [-'rar] (*1a*) (an)dauern; halten; **~zno** [-'rađno] *m* Herzpfirsich *m*; *Am* Pfirsich *m*
dureza [du'reθa] *f* Härte *f* (*a fig*)
duro ['duro] **1.** *adj* hart (*a droga*); (*clima*) rau; (*carne*) zäh; *fig* schwierig; ***~ de oído*** schwerhörig; **2.** *m* Duro *m*, Fünfpesetenstück *n*

E

E, e [e] *f* E, e *n*
e [e] und (*vor* ***i*** *u* ***hi***)
ebanis|ta [eđa'nista] *m* Möbeltischler *m*; **~tería** [-niste'ria] *f* Möbeltischlerei *f*
ébano ['eđano] *m* Ebenholz *n*
ebrio ['eđrĭo] betrunken; *fig* trunken (vor ***de***)
ebullición [eđuʎi'θĭɔn] *f* Sieden *n*
echar [e'tʃar] (*1a*) werfen; wegwerfen; (*expulsar*) hinauswerfen; vertreiben; (*bebida*) eingießen, -schenken; (*carta*) einwerfen; (*humo, etc*) ausströmen, -stoßen; ***~ abajo*** abreißen; ***~ a*** *inf* anfangen zu *inf*; ***~ a correr*** losrennen; ***~ de menos*** vermissen; **~se** sich hinlegen; ***~ encima*** herfallen über; ***echárselas de*** sich aufspielen als
eclesiástico [ekle'sĭastiko] kirchlich
eclip|sar [ekliđ'sar] (*1a*) verfinstern; *fig* in den Schatten stellen; **~se** [e'kliđse] *m* Verfinsterung *f*, Finsternis *f*
eco|grafía *med* [ekogra'fia] *f* Ultraschallaufnahme *f*; **~logía** [-lo'xia] *f* Ökologie *f*; **~lógico** [-'lɔxiko] ökologisch; umweltfreundlich; Umwelt...; **~logismo** [-lo'xismo] *m* Ökobewegung *f*; **~logista** [-lo'xista] **1.** *adj* Öko...; **2.** *su* Umweltschützer(in *f*) *m*
economía [ekono'mia] *f* Wirtschaft *f*; *fig* Sparsamkeit *f*; Ersparnis *f*; ***~ de mercado*** Marktwirtschaft *f*; ***~ sumergida*** Schattenwirtschaft *f*
económico [eko'nomiko] wirtschaftlich, Wirtschafts...; (*barato*) billig; (*persona*) sparsam
economi|sta [ekono'mista] *m* Volkswirt(schaftler) *m*; **~zar** [-'θar] (*1f*) (ein)sparen
ecosistema [ekosis'tema] *m* Ökosystem *n*

ecua|ción *mat* [ekŭa'θĭɔn] *f* Gleichung *f*; **~dor** [-'đor] *m* Äquator *m*; **~toriano** [-to'rĭano] **1.** *adj* ecuadorianisch; **2.** *m* Ecuadorianer *m*
ecuestre [e'kŭestre] Reiter...
ecuménico [eku'meniko] ökumenisch
eczema *med* [ɛg'θema] *m* Ekzem *n*
edad [e'đađ] *f* Alter *n*; **♀ Media** Mittelalter *n*; ***la tercera ~*** (*personas*) die Senioren; ***a la ~ de*** im Alter von; ***¿qué ~ tienes?*** wie alt bist du?
edema *med* [e'đema] *m* Ödem *n*
edición [eđi'θĭɔn] *f* Ausgabe *f*; Auflage *f*
edicto [e'đikto] *m* Verordnung *f*
edifi|cación [eđifika'θĭɔn] *f* Erbauung *f* (*a fig*); Bau *m*; **~cante** [-'kante] erbaulich; **~car** [-'kar] (*1g*) erbauen (*a fig*); **~cio** [-'fiθĭo] *m* Gebäude *n*, Bau *m*
edi|tar [eđi'tar] (*1a*) herausgeben, -bringen; **~tor** [-'tɔr] *m* Herausgeber *m*; Verleger *m*; **~torial** [-to'rĭal] **1.** *adj* Verlags...; **2.** *m* Leitartikel *m*; **3.** *f* Verlag *m*
edredón [eđre'đɔn] *m* Federbett *n*; Daunendecke *f*
educa|ción [eđuka'θĭɔn] *f* Erziehung *f*; ***profesor*** *m* ***de ~ física*** Sportlehrer *m*; **~dor** [-'đɔr] *m* Erzieher *m*; **~r** [-'kar] (*1g*) erziehen
edulcorante [eđulko'rante] *m* Süßstoff *m*
efec|tismo [efɛk'tizmo] *m* Effekthascherei *f*; **~tivo** [-'tiƀo] wirklich, tatsächlich; ***hacer ~*** *com* einlösen; ***en ~*** in bar; **~to** [e'fɛkto] *m* Wirkung *f*, Effekt *m*; Ergebnis *n*; ***~ secundario*** Nebenwirkung *f*; ***hacer*** (*od* ***surtir***) ***~*** wirken; ***en ~*** in der Tat; ***con ~ retroactivo*** rückwirkend; ***~s*** *pl* Sachen *f/pl*; *com* Effekten *m/pl*, Wertpapiere *n/pl*; **~tuar** [-'tŭar] (*1e*) ausführen; unternehmen; **~tuarse** zustande kommen, stattfinden
efeméride [efe'meriđe] *f* wichtiges Ereignis *n od* Datum *n*
efervescente [efɛrƀes'θente] aufbrausend (*a fig*)
efi|cacia [efi'kaθĭa] *f* Wirksamkeit *f*; *fig* Tüchtigkeit *f*; **~caz** [-'kaθ] wirksam; (*persona*) tüchtig; **~ciencia** [-'θĭenθĭa] *f* Wirksamkeit *f*; Leistungsfähigkeit *f*; **~ciente** [-'θĭente] wirksam; (*persona*) leistungsfähig; tüchtig; effizient
efigie [e'fixĭe] *f* Bildnis *n*
efímero [e'fimero] kurzlebig
efusivo [efu'siƀo] überschwänglich, -strömend
egipcio [ɛ'xiƀθĭo] **1.** *adj* ägyptisch; **2.** *m*, **-a** *f* Ägypter(in *f*) *m*
egoís|mo [ego'izmo] *m* Egoismus *m*; **~ta** [-'ista] **1.** *adj* egoistisch; **2.** *su* Egoist(in *f*) *m*
egregio [e'grɛxĭo] berühmt, erlaucht
eje ['ɛxe] *m* Achse *f*; *tec* Welle *f*
ejecu|ción [ɛxeku'θĭɔn] *f* Ausführung *f*, (*ajusticiamiento*) Hinrichtung *f*; *jur* Vollstreckung *f*; *mús* Vortrag *m*, Spiel *n*; **~tante** [-'tante] *m* (vortragender) Künstler *m*; **~tar** [-'tar] (*1a*) ausführen; *jur* vollstrecken; (*matar*) hinrichten; *mús* spielen; **~tivo** [-'tiƀo] **1.** *adj* ausübend; *pol* (***poder*** *m*) **~** Exekutive *f*; **2.** *m* Manager *m*, Führungskraft *f*
ejem|plar [ɛxem'plar] **1.** *adj* vorbildlich, musterhaft; **2.** *m* Exemplar *n*; Muster *n*; **~plo** [ɛ'xemplo] *m* Beispiel *n*; Vorbild *n*; ***por ~*** zum Beispiel
ejer|cer [ɛxɛr'θɛr] (*2b*) **1.** *v/t* ausüben; (*cargo*) bekleiden; **2.** *v/i med* praktizieren; ***~ de*** tätig sein als; **~cicio** [-'θiθĭo] *m* Übung *f*; Ausübung *f*; *com* Geschäfts-, Rechnungsjahr *n*; ***hacer ~*** sich Bewegung machen; *mil* ***~s*** *pl* Exerzieren *n*; *rel* ***~s espirituales*** Exerzitien *pl*
ejército [ɛ'xɛrθito] *m* Heer *n*; Armee *f*
el [ɛl] *art* der
él [ɛl] *pron* er
elabora|ción [elaƀora'θĭɔn] *f* Ausarbeitung *f*; Herstellung *f*; **~r** [-'rar] (*1a*) ausarbeiten; herstellen
elasticidad [elastiθi'đađ] *f* Elastizität *f*
elástico [e'lastiko] **1.** *adj* elastisch; dehnbar; **2.** *m* Gummiband *n*
elec|ción [elɛg'θĭɔn] *f* Wahl *f*; Auswahl *f*; ***~ciones*** *f/pl* ***europeas*** Europawahlen *f/pl*; **~to** [e'lɛkto] gewählt; **~tor** *m* [-'tɔr] Wähler *m*; **~torado** [-to'rađo] *m* Wählerschaft *f*; **~toral** [-'ral] Wahl...
electrici|dad [elɛktriθi'đađ] *f* Elektrizität *f*; **~sta** [-'θista] *m* Elektriker *m*
eléctrico [e'lɛktriko] elektrisch
electr|ificar [elɛktrifi'kar] (*1g*) elektrifizieren; **~izar** [-'θar] (*1f*) elektrisieren; *fig* begeistern; **~ocardiograma** [-trokarđĭo'grama] *m* Elektrokardiogramm *n*; **~ocutar** [-ku'tar] (*1a*) durch elektrischen Strom hinrichten *od* töten;

E

~ochoque *med* [-'tʃoke] *m* Elektroschock *m*; **~odo** [-'trođo] *m* Elektrode *f*; **~odoméstico** [-đo'mestiko] *m* Elektrogerät *n*; (***tienda*** *f* ***de***) **~s** Elektrogeschäft *n*; **~oencefalograma** [-enθefalo'grama] *m* Elektroenzephalogramm *n*; **~ólisis** [-'trolisis] *f* Elektrolyse *f*; **~ón** [-'tron] *m* Elektron *n*; **~ónica** [-'tronika] *f* Elektronik *f*; **~ónico** [-'troniko] elektronisch; **~otecnia** [-'tɛknia] *f* Elektrotechnik *f*

E

elefante [ele'fante] *m* Elefant *m*

elegan|cia [ele'ganθĭa] *f* Eleganz *f*; **~te** [-'gante] elegant

elegía [elɛ'xia] *f* Elegie *f*

elegir [ele'xir] (*3c u 3l*) wählen; (*escoger*) aussuchen, -wählen

elemen|tal [elemen'tal] elementar; Grund...; **~to** [-'mento] *m* Element *n* (*a fig*); ***estar en su ~*** in s-m Element sein

elenco [e'leŋko] *m teat* Ensemble *n*; Besetzung *f*

elepé [ele'pe] *m* Langspielplatte *f*, LP *f*

eleva|ción [eleƀa'θĭɔn] *f* Anhebung *f*, Erhöhung *f*; *geo* Erhebung *f*; *fig* Höhe *f*; **~do** [-'ƀađo] hoch (*a fig*); **~r** [-'ƀar] (*1a*) (empor)heben; (*precio*, *etc*) anheben, erhöhen; (*edificio*) errichten; **~rse** sich erheben; ***~ a*** sich belaufen auf

elimina|ción [elimina'θĭɔn] *f* Beseitigung *f*; Ausscheidung *f* (*a med*); ***~ de desechos*** Entsorgung *f*; ***~ de residuos*** Abfallentsorgung *f*, Abfallbeseitigung *f*; **~r** [-'nar] (*1a*) beseitigen; ausscheiden; *mat*, *dep* eliminieren; **~toria** [-na'torĭa] *f* Ausscheidungskampf *m*; Vorrunde *f*

elipse [e'liƀse] *f* Ellipse *f*

élite ['elite] *f* Elite *f*

elitista [eli'tista] elitär

elocuen|cia [elo'kŭenθĭa] *f* Beredsamkeit *f*; **~te** [-'kŭente] beredt

elogi|ar [elɔ'xĭar] (*1b*) loben; preisen; **~o** [e'lɔxĭo] *m* Lob *n*; **~oso** [-'xĭoso] lobend, anerkennend

eludir [elu'đir] (*3a*) umgehen

ella ['eʎa] *pron* sie; **ello** ['eʎo] *pron* es

emanar [ema'nar] (*1a*) ausgehen, herrühren (von ***de***)

emancipa|ción [emanθipa'θĭɔn] *f* Befreiung *f*; Emanzipation *f*; **~rse** [-'parse] (*1a*) sich emanzipieren, sich unabhängig machen (von ***de***)

embadurnar [embađur'nar] (*1a*) be-, verschmieren

embaja|da [emba'xađa] *f* Botschaft *f*; **~dor** [-'đɔr] *m*, **~dora** [-'đora] *f* Botschafter(in *f*) *m*

embala|je [emba'laxe] *m* Verpackung *f*; **~r** [-'lar] (*1a*) verpacken

embaldosar [embaldo'sar] (*1a*) mit Fliesen belegen

embalsamar [embalsa'mar] (*1a*) einbalsamieren

embalse [em'balse] *m* Stausee *m*

embara|zada [embara'θađa] **1.** *adj* schwanger; **2.** *f* Schwangere *f*; **~zar** [-'θar] (*1f*) hindern, hemmen; (*turbar*) verlegen machen; (*mujer*) schwängern; **~zo** [-'raθo] *m* Schwangerschaft *f*; *fig* Hemmung *f*; ***interrupción*** *f* ***del ~*** Schwangerschaftsabbruch *m*

embarca|ción [embarka'θĭɔn] *f* Wasserfahrzeug *n*, Schiff *n*, Boot *n*; **~dero** [-'đero] *m mar* Ladeplatz *m*; Landungsbrücke *f*; **~r** [-'kar] (*1g*) einschiffen; verladen; einchecken; **~rse** sich einschiffen, *a avia* an Bord gehen; einchecken; *fig* sich einlassen (auf *ac* ***en***)

embar|gar [embar'gar] (*1h*) beschlagnahmen; *jur* pfänden; **~go** [-'bargo] *m* Beschlagnahme *f*; Embargo *n*; ***sin ~*** jedoch; trotzdem

embarque [em'barke] *m* Einschiffung *f*, Verschiffung *f*

embarrancar [embarraŋ'kar] (*1g*) *mar* stranden; **~se** stecken bleiben

embaucar [embaŭ'kar] (*1g*) betrügen

embele|sar [embele'sar] (*1a*) begeistern, entzücken; **~so** [-'leso] *m* Entzücken *n*

embelle|cer [embeʎe'θɛr] (*2d*) verschönern; **~cimiento** [-θi'mĭento] *m* Verschönerung *f*

embesti|da [embes'tiđa] *f* Angriff *m*; **~r** [-'tir] (*3l*) anfallen; angreifen

emblema [em'blema] *m* Emblem *n*

embobar [embo'ƀar] (*1a*) verblüffen, erstaunen

embolia *med* [em'bolĭa] *f* Embolie *f*

émbolo *tec* ['embolo] *m* Kolben *m*

embolsar(se) [embɔl'sar(se)] (*1a*) (*dinero*) einnehmen, einstecken

emborrachar [embɔrra'tʃar] (*1a*) betrunken machen; berauschen; **~se** sich betrinken

emboscada [embɔs'kađa] *f* Hinterhalt *m*; *fig* Falle *f*

embotella|miento [emboteʎa'mĭento] *m* Verkehrsstockung *f*; **~r** [-'ʎar] (*1a*) auf Flaschen ziehen, abfüllen
embra|gar [embra'gar] (*1h*) kuppeln; **~gue** *tec* [-'brage] *m* Kupplung *f*
embria|gar [embrĭa'gar] (*1h*) berauschen; *fig a* entzücken; **~garse** sich betrinken; **~guez** [-'geθ] *f* Trunkenheit *f*; Rausch *m* (*a fig*)
embrión [em'brĭɔn] *m* Embryo *m*
embro|llar [embro'ʎar] (*1a*) verwirren; **~llo** [em'broʎo] *m* Verwirrung *f*; Durcheinander *n*
embrujar [embru'xar] (*1a*) be-, verhexen
embrute|cer(se) [embrute'θɛr(se)] (*2d*) verrohen; abstumpfen; **~cimiento** [-θi'mĭento] *m* Verrohung *f*; Stumpfsinn *m*
embudo [em'buđo] *m* Trichter *m*
embuste [em'buste] *m* Schwindel *m*; Lüge *f*; **~ro** [-'tero] *m* Schwindler *m*; Lügner *m*
embutido [embu'tiđo] *m* Wurst *f*; ***~s*** *m/pl* Wurstwaren *f/pl*
emerge|ncia [emɛr'xenθĭa] *f* Auftauchen *n*; (***caso*** *m* ***de***) **~** Notfall *m*; ***estado*** *m* ***de*** **~** Notstand *m*; **~r** [-'xɛr] (*2c*) auftauchen
emérito [e'merito] emeritiert
emigra|ción [emigra'θĭɔn] *f* Auswanderung *f*; **~nte** [-'grante] *m* Auswanderer *m*; Emigrant *m*; **~r** [-'grar] (*1a*) auswandern, emigrieren
eminen|cia [emi'nenθĭa] *f geo* Anhöhe *f*; (*persona*) (bedeutende) Persönlichkeit *f*, Größe *f*; (*título*) Eminenz *f*; **~te** [-'nente] hervorragend
emirato [emi'rato] *m* Emirat *n*
emi|sario [emi'sarĭo] *m* (Send-)Bote *m*; *tec* Abflussrohr *n*; **~sión** [-'sĭɔn] *f com* Ausgabe *f*, Emission *f*; (*radio*, *TV*) Sendung *f*; **~ *contaminante*** Schadstoffemission *f*; **~sora** [-'sora] *f* Sendestation *f*, Sender *m*; **~tir** [-'tir] (*3a*) abgeben; *com* ausgeben; (*radio*, *TV*) senden; *a fís* ausstrahlen
emo|ción [emo'θĭɔn] *f* Gemütsbewegung *f*, Emotion *f*; Rührung *f*; (*excitación*) Auf-, Erregung *f*; **~cionante** [-θĭo'nante] ergreifend; (*excitante*) aufregend; **~cionar** [-'nar] (*1a*) rühren, ergreifen; (*excitar*) er-, aufregen
emolumentos [emolu'mentos] *m/pl* Einkünfte *pl*; Bezüge *m/pl*
emoticón *inform* [emotikɔn] *m* Emoticon *n*
emotivo [emo'tiƀo] erregend
empacar [empa'kar] (*1g*) ein-, verpacken
empacho [em'patʃo] *m* verdorbener Magen *m*
empadronamiento [empađrona'mĭento] *m* (Eintragung *f* in die) Volkszählungs-, Steuer- *od* Wahlliste *f*
empalagoso [empala'goso] widerlich süß; *fig* süßlich, aufdringlich
empalizada [empali'θađa] *f* Pfahlwerk *n*; Zaun *m*; Palisade *f*
empal|mar [empal'mar] (*1a*) **1.** *v/t* verbinden, zs.-fügen; anschließen; **2.** *v/i* (*tren*, *etc*) Anschluss haben (an *ac* ***con***); **~me** [-'palme] *m* Verbindung *f*; Anschluss *m*; *ferro* Knotenpunkt *m*
empana|da [empa'nađa] *f* Pastete *f*; **~r** [-'nar] (*1a*) panieren
empañar [empa'ɲar] (*1a*) trüben (*a fig*); **~se** (*cristales*) (sich) beschlagen
empapar [empa'par] (*1a*) durchnässen; (*mojar*) tränken; (*absorber*) aufsaugen
empapela|dor [empapela'đɔr] *m* Tapezierer *m*; **~r** [-'lar] (*1a*) tapezieren
empaquetar [empake'tar] (*1a*) ein-, verpacken
emparedado [empare'đađo] *m* Sandwich *n*
emparentar [emparen'tar] (*1k*) sich verschwägern
empas|tar [empas'tar] (*1a*) (*diente*) füllen, plombieren; **~te** [-'paste] *m* (Zahn-)Plombe *f*, Füllung *f*
empa|tar [empa'tar] (*1a*) unentschieden enden; **~te** [-'pate] *m* Unentschieden *n*
empedernido [empeđɛr'niđo] hartherzig; (*fumador*, *etc*) unverbesserlich; (*soltero*) eingefleischt
empedra|do [empe'đrađo] *m* (Straßen-)Pflaster *n*; **~r** [-'đrar] (*1k*) pflastern
empeine [em'pɛĭne] *m* (*del pie*) Rist *m*, Spann *m*
empellón [empe'ʎɔn] *m* Stoß *m*
empe|ñar [empe'ɲar] (*1a*) verpfänden; **~ñarse** Schulden machen; **~ *en*** bestehen auf (*dat*); **~ño** [-'peɲo] *m* Verpfändung *f*; *fig* Bestreben *n*
empeora|miento [empeora'mĭento] *m* Verschlechterung *f*; **~r** [-'rar] (*1a*) **1.**

E

v/t verschlimmern; **2.** *v/i* sich verschlimmern; sich verschlechtern
empequeñecer [empekeɲe'θɛr] (*2d*) verkleinern; *fig* herabsetzen
empera|dor [empera'đɔr] *m* Kaiser *m*; *zo* Schwertfisch *m*; **~triz** [-'triθ] *f* Kaiserin *f*
emperejilarse F [emperɛxi'larse] (*1a*) sich herausputzen
empezar [empe'θar] (*1f u 1k*) *v/i u v/t* anfangen, beginnen (zu ***a***); **~ *por hacer a/c*** zunächst et tun
empina|do [empi'nađo] hoch; steil; *fig* hoch stehend; **~r** [-'nar] (*1a*) (steil) aufrichten; F **~ *el codo*** gern e-n heben
empírico [em'piriko] empirisch
emplasto *med* [em'plasto] *m* Pflaster *n*
emplaza|miento [emplaθa'mĭento] *m* Standort *m*; Lage *f*; *jur* Vorladung *f*; **~r** [-'θar] (*1f*) aufstellen; *jur* vorladen
emple|ada [emple'ađa] *f* Angestellte *f*; **~ *del hogar*** Hausangestellte *f*; **~ado** [-'ađo] *m* Angestellte(r) *m*; **~ar** [-'ar] (*1a*) anwenden; verwenden; (*persona*) anstellen, beschäftigen; **~o** [-'pleo] *m* Anwendung *f*; Verwendung *f*; (*puesto*) Stelle *f*
empobre|cer [empoƀre'θɛr] (*2d*) **1.** *v/t* arm machen; **2.** *v/i u* **~cerse** verarmen; **~cimiento** [-θi'mĭento] *m* Verarmung *f*
empoll|ar [empo'ʎar] (*1a*) **1.** *v/t* aus-, bebrüten; **2.** *v/i* F büffeln; **~ón** [-'ʎɔn] *m* Streber *m*
emporio [em'porĭo] *m Am* Kaufhaus *n*
empotrado [empo'trađo] eingebaut; ***armario** m* **~** Einbauschrank *m*
emprende|dor [emprende'đɔr] unternehmungslustig; **~r** [-'dɛr] (*2a*) unternehmen
empresa [em'presa] *f* Unternehmen *n*; Betrieb *m*; **~ *de servicios*** Dienstleistungsunternehmen *n*; **~rial** [-'rĭal] Unternehmens...; Betriebs..., betrieblich; **~rio** [-'sarĭo] *m* Unternehmer *m*; *mús*, *teat* Impresario *m*
empréstito [em'prestito] *m* Anleihe *f*
empu|jar [empu'xar] (*1a*) schieben; drücken; stoßen; *fig* (an)treiben; **~je** [-'puxe] *m* Stoß *m*; (*presión*) Druck *m*; *fig* Schwung *m*; **~jón** [-'xɔn] *m* Stoß *m*; Schub *m*
empuña|dura [empuɲa'đura] *f* Griff *m*; **~r** [-'ɲar] (*1a*) ergreifen, packen
emular [emu'lar] (*1a*) nacheifern (*dat*); wetteifern mit
emulsión [emul'sĭɔn] *f* Emulsion *f*
en [en] in; an; auf; bei; mit
enagua(s) [e'nagŭa(s)] *f*(*pl*) (Frauen-) Unterrock *m*
enajena|ción [enaxena'θĭɔn] *f* Veräußerung *f*; *fig* Verzückung *f*; **~ *mental*** Irresein *n*, geistige Umnachtung *f*; **~r** [-'nar] (*1a*) veräußern; *fig* verzücken
enaltecer [enalte'θɛr] (*2d*) preisen, verherrlichen
enamo|radizo [enamora'điθo] leicht entflammt; **~rado** [-'rađo] verliebt (in *ac* ***de***); **~rar** [-'rar] (*1a*) verliebt machen; **~rarse** sich verlieben (in *ac* ***de***)
enano [e'nano] *m* Zwerg *m*
enardecer [enarđe'θɛr] (*2d*) *fig* entzünden; entflammen; **~se** *fig* sich erhitzen
encabeza|miento [eŋkaƀeθa'mĭento] *m* Eingangsformel *f*; Briefkopf *m*; **~r** [-'θar] (*1f*) anführen; (*carta*, *etc*) überschreiben; einleiten
encadenar [eŋkađe'nar] (*1a*) anketten; fesseln
enca|jar [eŋka'xar] (*1a*) **1.** *v/t* einfügen; einpassen; (*golpe*, *gol*) einstecken; **2.** *v/i fig* passen (zu ***con***); **~je** [-'kaxe] *m* Einfügen *n*; *com* Kassenbestand *m*; (*tejido*) Spitze *f*; **~ *de bolillos*** Klöppelspitze *f*
encalar [eŋka'lar] (*1a*) weißen, tünchen
encallar [eŋka'ʎar] (*1a*) *mar* stranden
encaminar [eŋkami'nar] (*1a*) auf den Weg bringen; **~se** sich aufmachen (nach ***a***)
encandilar [eŋkandi'lar] (*1a*) blenden, bezaubern
encanta|do [eŋkan'tađo] verzaubert, verwunschen; **~ *de*** entzückt über, begeistert von; **~** (***de conocerle***) es freut mich sehr (, Sie kennen zu lernen); **~dor** [-'đɔr] bezaubernd, entzückend; **~miento** [-'mĭento] *m* Entzücken *n*; Bezauberung *f*; **~r** [-'tar] (*1a*) verzaubern; *fig* begeistern, entzücken
encanto [eŋ'kanto] *m* Zauber *m*, Entzücken *n*; (*atractivo*) Charme *m*
encañonar [eŋkaɲo'nar] (*1a*): **~ *a alg*** auf j-n anlegen
encapotarse [eŋkapo'tarse] (*1a*) (*cielo*) sich beziehen, sich bedecken
encapricharse [eŋkapri'tʃarse] (*1a*) versessen sein (auf *ac* ***de***, ***por***)
encapuchado [eŋkapu'tʃađo] *m* Kapu-

E

zenträger *m* (*bei Prozessionen*)
encaramar [eŋkara'mar] (*1a*) emporheben; **~se** (hinauf)klettern (auf *ac* ***en***)
encarcelar [eŋkarθe'lar] (*1a*) einsperren, ins Gefängnis sperren
encare|cer [eŋkare'θɛr] (*2d*) **1.** *v/t* verteuern; (*alabar*) sehr loben; **2.** *v/i u* **~cerse** teurer werden; **~cidamente** [-θiđa'mente] inständig; **~cimiento** [-'mĭento] *m* Verteuerung *f*; *fig* Nachdruck *m*; ***con ~*** eindringlich
encar|gado [eŋkar'gađo] **1.** *adj* beauftragt; **2.** *m* Beauftragte(r) *m*; ***~ de curso*** Lehrbeauftragte(r) *m*; ***~ de negocios*** Geschäftsträger *m*; **~gar** [-'gar] (*1h*) bestellen; ***~ a/c a alg*** j-n mit et beauftragen; **~garse**: ***~ de a/c*** et übernehmen; **~go** [-'kargo] *m* Auftrag *m*; Bestellung *f*; ***por ~ de*** im Auftrag von
encariñarse [eŋkari'ɲarse] (*1a*): ***~ con alg*** *od* ***a/c*** j-n *od* et liebgewinnen
encar|nación [eŋkarna'θĭɔn] *f rel* Fleischwerdung *f*; *fig* Verkörperung *f*; **~nado** [-'nađo] (hoch)rot; ***ponerse ~*** erröten, rot werden; **~nar** [-'nar] (*1a*) verkörpern (*a teat*); **~nizado** [-ni'θađo] *fig* erbittert; **~nizamiento** [-θa'mĭento] *m* Erbitterung *f*; Blutgier *f*
encarrilar [eŋkarri'lar] (*1a*) *fig* auf den rechten Weg bringen; F einrenken
encasillar [eŋkasi'ʎar] (*1a*) *fig* einordnen; festlegen auf
encasquillarse [eŋkaski'ʎarse] (*1a*) stecken bleiben; (*arma*) Ladehemmung haben
encauza|miento [eŋkaŭθa'mĭento] *m* Flussregulierung *f*; **~r** [-'θar] (*1f*) eindämmen; *fig* (in e-e Bahn) lenken
encefálico [enθe'faliko] Gehirn...
encéfalo [en'θefalo] *m* Gehirn *n*
encefalopatía espongiforme bovina *f* (**EEB**) Rinderwahn(sinn) *m* (BSE)
encen|dedor [enθende'đɔr] *m* Anzünder *m*; Feuerzeug *n*; **~der** [-'dɛr] (*2g*) anzünden; (*luz*, *radio*, *etc*) anmachen; *fig* entflammen, entfachen; **~dido** [-'điđo] **1.** *adj* brennend (*a fig*); **2.** *m auto* Zündung *f*
encera|dora [enθera'đora] *f* Bohnermaschine *f*; **~r** [-'rar] (*1a*) bohnern; wachsen
encerrar [enθɛ'rrar] (*1k*) einschließen (*a fig*), einsperren
encestar [enθes'tar] (*1a*) *dep* in den Korb treffen
enchapa|do [entʃa'pađo] *m* Furnier *n*; **~r** [-'par] (*1a*) furnieren
encharcado [entʃar'kađo] sumpfig
enchu|far [entʃu'far] (*1a*) *el* anschließen; *tec* verbinden; **~fe** [-'tʃufe] *m el* Anschluss *m*; Steckdose *f*; Stecker *m*; F *fig* gute Beziehung *f*; Pöstchen *n*
encía(s) [en'θia(s)] *f*(*/pl*) Zahnfleisch *n*
enciclo|pedia [enθiklo'pedĭa] *f* Enzyklopädie *f*; **~pédico** [-'pediko] enzyklopädisch
encierro [en'θĭɛrro] *m* Einschließen *n*, Einsperren *n*; *taur* Eintreiben *n* der Stiere
encima [en'θima] **1.** *adv* oben; darauf; (*además*) obendrein; ***por ~*** *fig* obenhin, oberflächlich; ***llevar ~*** bei sich haben; **2.** *prp* ***~ de*** auf, über; ***estar por ~ de alg*** j-m überlegen sein; ***por ~ de todo*** vor allem
encina [en'θina] *f* Steineiche *f*
encinta [en'θinta] schwanger
encla|vado [eŋkla'ƀađo] eingefügt; **~ve** [eŋ'klaƀe] *m* Enklave *f*
encofr|ado [eŋko'frađo] *m* Verschalung *f*; **~ar** [-'frar] (*1a*) verschalen
encoger [eŋkɔ'xɛr] (*2c*) **1.** *v/t* einziehen; verkürzen; *fig* einschüchtern; **2.** *v/i* (*tejido*) einlaufen; **~se** sich zs.-ziehen; *fig* kleinlaut werden; ***~ de hombros*** die Achseln zucken
encolar [eŋko'lar] (*1a*) leimen
encolerizar [eŋkoleri'θar] (*1f*) erzürnen; **~se** in Zorn geraten
encomendar [eŋkomen'dar] (*1k*): ***~ a/c a alg*** j-n mit et beauftragen; **~se**: ***~ a alg*** sich j-m anvertrauen
encomiar [eŋko'mĭar] (*1b*) loben, preisen
encon|ado [eŋko'nađo] (*1a*) erbittert; verbissen; **~o** [-'kono] *m* Groll *m*
encon|trar [eŋkɔn'trar] (*1m*) treffen; begegnen (*dat*); (*hallar*) finden; **~trarse** sich begegnen, sich treffen; zs.-treffen; (*hallarse*) sich befinden; ***me encuentro bien*** es geht mir gut; **~tronazo** [-tro'naθo] *m* Zusammenstoß *m*
encopetado [eŋkope'tađo] vornehm; *desp* hochgestochen
encorva|do [eŋkɔr'ƀađo] krumm; **~r** [-'ƀar] (*1a*) krümmen, biegen
encrespa|do [eŋkres'pađo] kraus;

E

(*olas*) schäumend; **~r** [-'par] (*1a*) kräuseln; **~rse** (*mar*) schäumen; *fig* aufbrausen
encrucijada [eŋkruθi'xađa] *f* Kreuzweg *m*, Kreuzung *f*; *fig* Scheideweg *m*
encuaderna|ción [eŋkŭađɛrna'θĭɔn] *f* Einbinden *n*; Einband *m*; **~dor** [-'đɔr] *m* Buchbinder *m*; **~r** [-'nar] (*1a*) (ein-)binden

E

encu|bierto [eŋku'ƀĭɛrto] versteckt, verblümt; **~bridor** [-ƀri'đɔr] *m* Hehler *m*; **~brimiento** [-'mĭento] *m* Hehlerei *f*; Begünstigung *f*; **~brir** [-'ƀrir] (*3a*; *part* ***encubierto***) verbergen; verhehlen; (*criminal*) decken
encuentro [eŋ'kŭentro] *m* Begegnung *f*; Treffen *n* (*a mil*, *pol*, *dep*); ***salir*** (*od* ***ir***) ***al ~ de alg*** j-m entgegengehen
encuesta [eŋ'kŭesta] *f* Umfrage *f*; Befragung *f*; ***~ demoscópica*** Meinungsumfrage *f*; **~dor** [-'đɔr] *m* Meinungsbefrager *m*; **~r** [-'tar] (*1a*) e-e Umfrage veranstalten; befragen
encumbra|do [eŋkum'brađo] hoch(gestellt); **~miento** [-bra'mĭento] *m* Erhöhung *f*; *fig* Aufstieg *m*; **~r** [-'brar] (*1a*) *fig* rühmen; **~rse** sich erheben; *fig* aufsteigen, emporkommen
encurtidos [eŋkur'tiđos] *m/pl* Essiggemüse *n*
endeble [en'deƀle] schwächlich; *a fig* schwach
endémico *med* [en'demiko] endemisch
endemonia|do [endemo'nĭađo] **1.** *adj* besessen; teuflisch; **2.** *m* Besessene(r) *m*
enderezar [endere'θar] (*1f*) gerade richten, aufrichten; *fig* in Ordnung bringen; **~se** sich aufrichten
endeuda|do [endeŭ'đađo] verschuldet; **~miento** [-'mĭento] *m* Verschuldung *f*; **~rse** [-'đarse] (*1a*) Schulden machen, sich verschulden
endiablado [endĭa'ƀlađo] verteufelt; teuflisch
endibia *bot* [en'diƀĭa] *f* Chicorée *m*, *f*
endilgar F [endil'gar] (*1h*) *fig* aufhängen, aufhalsen
endomingado [endomiŋ'gađo] im Sonntagsstaat
endosar [endo'sar] (*1a*) *com* indossieren; *fig* F aufbürden, aufhalsen
endri|na *bot* [en'drina] *f* Schlehe *f*; **~no** [-'drino] *m* Schlehdorn *m*
endulzar [endul'θar] (*1f*) süßen; *fig* versüßen
endure|cer [endure'θɛr] (*2d*) härten; abhärten; *fig* verhärten; **~cerse** hart werden (*a fig*); **~cimiento** [-θi'mĭento] *m* Abhärtung *f*; *fig* Verhärtung *f*
enebro *bot* [e'neƀro] *m* Wacholder *m*
eneldo *bot* [e'nɛldo] *m* Dill *m*
enema *med* [e'nema] *m* Klistier *n*; Einlauf *m*
enemigo [ene'migo] **1.** *adj* feindlich; **2.** *m* Feind *m*
enemista|d [enemis'tađ] *f* Feindschaft *f*; **~r** [-'tar] (*1a*) verfeinden
energía [enɛr'xia] *f* Energie *f*; Tatkraft *f*; ***~ alternativa*** Alternativenergie *f*; ***~ nuclear*** Kernenergie *f*; ***~ solar*** Sonnenenergie *f*
enérgico [e'nɛrxiko] energisch
enero [e'nero] *m* Januar *m*
enervar [enɛr'ƀar] (*1a*) entnerven
enésimo [e'nesimo]: ***por -a vez*** F zum x-ten Male
enfa|dado [emfa'đađo] böse (auf *ac* ***con***); **~dar** [-'đar] (*1a*) ärgern; **~darse** böse werden; sich ärgern; **~do** [-'fađo] *m* Ärger *m*; **~doso** [-'đoso] ärgerlich
énfasis ['emfasis] *m* Emphase *f*, Nachdruck *m*; ***poner ~ en*** Nachdruck legen auf (*ac*)
enfático [em'fatiko] emphatisch, nachdrücklich
enfer|mar [emfɛr'mar] (*1a*) **1.** *v/t* krank machen; entkräften; **2.** *v/i* erkranken; **~medad** [-me'đađ] *f* Krankheit *f*; **~mera** [-'mera] *f* Krankenschwester *f*; **~mería** [-me'ria] *f* Krankenstation *f*; **~mero** [-'mero] *m* Krankenpfleger *m*; **~mizo** [-'miθo] kränklich; *fig* krankhaft; **~mo** [-'fɛrmo] **1.** *adj* krank; **2.** *m* Kranke(r) *m*; Patient *m*
enfisema *med* [emfi'sema] *m* Emphysem *n*
enflaquecer [emflake'θɛr] (*2d*) abmagern
enfo|car [emfo'kar] (*1g*) *fot* einstellen; (*tema*, *etc*) untersuchen, beleuchten; **~que** [-'foke] *m* Einstellung *f* (*a fig*)
enfrascarse [emfras'karse] (*1g*) sich vertiefen (in *ac* ***en***)
enfrenta|miento [emfrenta'mĭento] *m* *fig* Zs.-stoß *m*; **~r** [-'tar] (*1a*) gegenüberstellen; (*afrontar*) gegenübertreten (*dat*); **~rse** sich gegenüberstehen

(*a fig*); ~ ***con alg*** j-m gegenübertreten
enfrente [em'frente] gegenüber
enfria|miento [emfrĭa'mĭento] *m* Abkühlung *f* (*a fig*); *med* Erkältung *f*; **~r** [-fri'ar] (*1c*) kühlen; abkühlen; **~rse** sich abkühlen (*a fig*)
enfurecer [emfure'θɛr] (*2d*) wütend machen; **~se** wütend werden
engalanar [eŋgala'nar] (*1a*) schmücken
engan|char [eŋgan'tʃar] (*1a*) ein-, festhaken; (*animal*) anspannen; *mil* anwerben; (*vagón*) koppeln; **~charse** hängen bleiben; *mil* sich anwerben lassen; **~che** [-'gantʃe] *m* Ankoppeln *n*; *mil* Anwerbung *f*
enga|ñabobos F [eŋgaɲa'ƀoƀos] *m* Bauernfänger *m*; **~ñar** [-'ɲar] (*1a*) betrügen; täuschen; **~ñarse** sich täuschen; **~ño** [-'gaɲo] *m* Betrug *m*; Täuschung *f*; ***llamarse a ~*** sich betrogen fühlen; **~ñoso** [-'ɲoso] (be)trügerisch
engas|tar [eŋgas'tar] (*1a*) einfassen; **~te** [-'gaste] *m* Fassung *f*
engatusar F [eŋgatu'sar] (*1a*) F einwickeln
engen|drar [eŋxen'drar] (*1a*) (er)zeugen; hervorbringen; **~dro** [eŋ'xendro] *m* Missgeburt *f*; *fig* Ausgeburt *f*
englobar [eŋglo'ƀar] (*1a*) umfassen; zs.-fassen
engolfarse [eŋgɔl'farse] (*1a*) sich vertiefen (in *ac* ***en***)
engomar [eŋgo'mar] (*1a*) gummieren
engor|dar [eŋgɔr'đar] (*1a*) **1.** *v/t* dick machen; *zo* mästen; **2.** *v/i* dick werden, zunehmen; **~de** [eŋ'gɔrđe] *m* Mast *f*
engorro [eŋ'gɔrrɔ] *m* Belästigung *f*; **~so** [-'rrɔso] lästig; umständlich
engrana|je [eŋgra'naxe] *m* Getriebe *n*; *a fig* Räderwerk *n*; **~r** [-'nar] (*1a*) ineinandergreifen (*a fig*)
engrande|cer [eŋgrande'θɛr] (*2d*) vergrößern; *fig* erhöhen; **~cimiento** [-θi'mĭento] *m* Vergrößerung *f*; Erhöhung *f*
engra|sar [eŋgra'sar] (*1a*) einfetten; *tec* ölen; (ab)schmieren; **~se** [-'grase] *m* (Ab-)Schmieren *n*
engre|ído [eŋgre'iđo] eingebildet; **~imiento** [-'mĭento] *m* Dünkel *m*; Einbildung *f*; **~írse** [-'irse] (*3m*) eingebildet werden
engrosar [eŋgro'sar] (*1m*) **1.** *v/t* vermehren; vergrößern; **2.** *v/i* dicker werden
engrudo [eŋ'gruđo] *m* Kleister *m*
engullir [eŋgu'ʎir] (*3h*) (ver)schlingen
enharinar [enari'nar] (*1a*) mit Mehl bestreuen
enhebrar [ene'ƀrar] (*1a*) einfädeln
enhorabuena [enora'ƀŭena] *f* Glückwunsch *m*; ***dar la ~*** beglückwünschen; ***¡~!*** ich gratuliere!; ***estar de ~*** Glück haben
enig|ma [e'nigma] *m* Rätsel *n*; **~mático** [-'matiko] rätselhaft
enjabonar [eŋxaƀo'nar] (*1a*) einseifen; F *fig j-m* Honig ums Maul schmieren
enjalbegar [eŋxalƀe'gar] (*1h*) weißen; tünchen
enjambre [eŋ'xambre] *m* Schwarm *m* (*a fig*)
enjarciar *mar* [eŋxar'θĭar] (*1b*) auftakeln
enjaular [eŋxaŭ'lar] (*1a*) in e-n Käfig sperren; F einlochen
enjua|gar [eŋxŭa'gar] (*1h*) (aus)spülen; **~gue** [-'xŭage] *m* Spülen *n*
enjugar [eŋxu'gar] (*1h*) (ab)trocknen; abwischen
enjuicia|miento [eŋxŭiθĭa'mĭento] *m* Einleitung *f* des Gerichtsverfahrens; ***ley*** *f* ***de ~ civil*** (***criminal***) Zivil-, (Straf-)prozessordnung *f*; **~r** [-'θĭar] (*1b*) *jur* das Verfahren eröffnen; *fig* beurteilen
enjundia [eŋ'xundĭa] *f fig* Gehalt *m*, innerer Wert *m*
enjuto [eŋ'xuto] trocken; *fig* dürr; ***a pie ~*** trockenen Fußes
enlace [en'laθe] *m* Verbindung *f*; *ferro* Anschluss *m*; (*persona*) Verbindungsmann *m*; ~ (***matrimonial***) Vermählung *f*, Eheschließung *f*
enlazar [enla'θar] (*1f*) **1.** *v/t* festbinden; (*unir*) verbinden, verknüpfen; *Am* mit dem Lasso (ein)fangen; **2.** *v/i ferro* Anschluss haben (an *ac* ***con***)
enloque|cer [enloke'θɛr] (*2d*) **1.** *v/t* verrückt machen; **2.** *v/i* den Verstand verlieren; **~cimiento** [-θi'mĭento] *m* Verrücktheit *f*
enlosa|do [enlo'sađo] *m* Fliesenbelag *m*; **~r** [-'sar] (*1a*) mit Fliesen (*od* Steinplatten) belegen
enluci|do [enlu'θiđo] *m* (Gips-)Verputz *m*; **~r** [-'θir] (*3f*) weißen; gipsen
enluta|do [enlu'tađo] in Trauer(kleidung); **~rse** [-'tarse] (*1a*) Trauer tragen

E

enmarañar [enmara'ɲar] (*1a*) verwirren, verwickeln
enmascarar [enmaska'rar] (*1a*) maskieren; *fig* tarnen
enmasillar [enmasi'ʎar] (*1a*) verkitten
enmendar [enmen'dar] (*1k*) (ver)bessern; (*compensar*) (wieder)gutmachen
enmienda [en'mĭenda] *f* Verbesserung *f*; Änderung *f*; *pol* Abänderung(santrag *m*) *f*
enmohecerse [enmoe'θɛrse] (*2d*) (ver-) schimmeln
enmoquetar [enmoke'tar] (*1a*) mit Teppichboden auslegen
enmudecer [enmuđe'θɛr] (*2d*) *v/i* verstummen; schweigen
ennegrecer [ennegre'θɛr] (*2d*) schwärzen; *fig* verdunkeln; **~se** schwarz werden; *fig* sich verfinstern
ennoblecer [ennoƀle'θɛr] (*2d*) veredeln; adeln (*a fig*)
eno|jadizo [enɔxa'điθo] reizbar; jähzornig; **~jar** [-'xar] (*1a*) erzürnen; ärgern; **~jarse** sich ärgern (über *ac* ***de***); **~jo** [e'nɔxo] *m* Zorn *m*; Ärger *m*; **~joso** [-'xoso] ärgerlich
enorgullecer [enɔrguʎe'θɛr] (*2d*) stolz machen; **~se** stolz sein (auf *ac* ***de***)
enor|me [e'nɔrme] riesig, ungeheuer, enorm; **~midad** [-mi'đađ] *f* Ungeheuerlichkeit *f*
enraizar [enrraĭ'θar] (*1f*) Wurzeln schlagen
enrarecido [enrrare'θiđo] (*aire*) dünn; verdorben; *fig* getrübt, gespannt
enre|dadera *bot* [enrrɛđa'đera] *f* Schling-, Kletterpflanze *f*; **~dar** [-'đar] (*1a*) verwickeln (*a fig*); **~darse** *fig* sich verstricken (in *ac* ***en***); **~ *con alg*** sich mit j-m einlassen; **~do** [-'rrɛđo] *m* Verwicklung *f*; Verwirrung *f*; (*intriga*) Intrige *f*; (*amorío*) Techtelmechtel *n*
enreja|do [enrrɛ'xađo] *m* Gitter(werk) *n*; **~r** [-'xar] (*1a*) vergittern
enrevesado [enrrɛƀe'sađo] verzwickt, verworren
enrique|cer [enrrike'θɛr] (*2d*) **1.** *v/t* reich machen; bereichern; *quím* anreichern; **2.** *v/i u* **~cerse** reich werden; **~cimiento** [-θi'mĭento] *m* Bereicherung *f*; *quím* Anreicherung *f*
enrojecer [enrrɔxe'θɛr] (*2d*) **1.** *v/t* röten; **2.** *v/i u* **~se** erröten, rot werden
enrolarse [enrrɔ'larse] (*1a*) sich anwerben lassen; *mar* anmustern
enrollar [enrrɔ'ʎar] (*1a*) aufrollen
enroque [en'rrɔke] *m* (*ajedrez*) Rochade *f*
enroscar [enrrɔs'kar] (*1g*) zs.-rollen; *tec* fest-, einschrauben
enrostrar *Am* [enrrɔs'trar] (*1a*) vorwerfen, ins Gesicht sagen
ensaimada [ensaĭ'mađa] *f span* Hefeblätterteiggebäck *n*
ensala|da [ensa'lađa] *f* Salat *m*; **~dera** [-'đera] *f* Salatschüssel *f*; **~dilla** [-'điʎa] *f*: **~ *rusa*** italienischer Salat *m*
ensalzar [ensal'θar] (*1f*) preisen, rühmen
ensambla|dura *tec* [ensambla'đura] *f* Verbindung *f*, Verzapfung *f*; **~r** [-'blar] (*1a*) zs.-fügen; zs.-bauen, montieren
ensan|char [ensan'tʃar] (*1a*) erweitern, weiter machen; ausweiten; **~charse** sich ausdehnen; **~che** [en'santʃe] *m* Erweiterung *f*; (*de una ciudad*) Außenbezirk *m*
ensangrentar [ensaŋgren'tar] (*1k*) mit Blut beflecken
ensaña|miento [ensaɲa'mĭento] *m* Erbitterung *f*; Grimm *m*; **~rse** [-'ɲarse] (*1a*): **~ *en alg*** s-e Wut an j-m auslassen
ensartar [ensar'tar] (*1a*) (*perlas*) aufreihen
ensa|yar [ensa'jar] (*1a*) versuchen; (aus)probieren; *mús*, *teat* proben, üben; *tec* testen; **~yista** [-'jista] *m* Essayist *m*; **~yo** [-'sajo] *m* Versuch *m*; Probe *f*; *lit* Essay *m*; **~ *general*** Generalprobe *f*
enseguida [ense'giđa] sofort
ensenada [ense'nađa] *f* Bucht *f*
enseña [en'seɲa] *f* Fahne *f*; Feldzeichen *n*; **~nza** [-'ɲanθa] *f* Unterricht(swesen *n*) *m*; *a fig* Lehre *f*; **~ *primaria*** Grundschulwesen *n*; **~ *secundaria*** höheres Schulwesen *n*; **~ *superior*** Hochschulwesen *n*; **~ *a distancia*** Fernunterricht *m*; **~r** [-'ɲar] (*1a*) lehren, unterrichten; (*mostrar*) zeigen
enseres [en'seres] *m/pl* Sachen *f/pl*; Geräte *n/pl*
ensillar [ensi'ʎar] (*1a*) satteln
ensimismarse [ensimiz'marse] (*1a*) sich in Gedanken versenken; *Am* eingebildet werden
ensoberbecerse [ensoƀɛrƀe'θɛrse] (*2d*) hochmütig werden
ensombrecer [ensɔmbre'θɛr] (*2d*) ver-

düstern, überschatten (*a fig*)
ensordece|dor [ensɔrđeθe'đɔr] (ohren)betäubend; **~r** [-'θɛr] (*2d*) **1.** *v/t* betäuben; taub machen; **2.** *v/i* taub werden
ensortijar [ensɔrti'xar] (*1a*) kräuseln; ringeln
ensuciar [ensu'θĭar] (*1b*) beschmutzen, verunreinigen; **~se** sich schmutzig machen; P in die Hose (*od* ins Bett) machen
ensueño [en'sŭeɲo] *m* Traum *m*; Träumerei *f*; ***de ~*** traumhaft
entabla|do [enta'ƀlađo] *m* Bretterboden *m*; Podium *n*; **~r** [-'ƀlar] (*1a*) täfeln; (*conversación*) beginnen, anknüpfen
entablillar *med* [entaƀli'ʎar] (*1a*) schienen
entallado [enta'ʎađo] auf Taille gearbeitet, tailliert
entarima|do [entari'mađo] *m* Täfelung *f*; Parkett *n*; Podium *n*; **~r** [-'mar] (*1a*) täfeln; dielen
ente ['ente] *m* Wesen *n*; *pol* Körperschaft *f*
entender [enten'dɛr] (*2g*) begreifen, verstehen; (*opinar*) meinen; ***dar a ~*** zu verstehen geben; ***hacerse ~*** sich verständlich machen; ***~ de*** et verstehen von; ***a mi ~*** meiner Meinung nach; **~se** sich verständigen; (*comprenderse*) sich verstehen; ***yo me entiendo*** ich weiß, was ich sage
entendi|do [enten'điđo] **1.** *adj* sachverständig; beschlagen; ***¡~!*** einverstanden!; ***tengo ~ que*** ich habe gehört, dass ...; **2.** *m* Kenner *m*; **~miento** [-'mĭento] *m* Verständnis *n*; (*juicio*) Verstand *m*; Einsicht *f*
entera|do [ente'rađo] erfahren; ***estar ~*** Bescheid wissen (über *ac* ***de***); **~mente** [-'mente] ganz; völlig; **~r** [-'rar] (*1a*) unterrichten, informieren (über *ac* ***de***); **~rse**: ***~ de a/c*** sich über et informieren; et erfahren
entereza [ente'reθa] *f* Standhaftigkeit *f*; (Charakter-)Festigkeit *f*
enterne|cer [entɛrne'θɛr] (*2d*) *fig* rühren; **~cerse** gerührt werden; **~cimiento** [-θi'mĭento] *m* Rührung *f*
entero [en'tero] **1.** *adj* ganz; *fig* standhaft; (*justo*) redlich; ***por ~*** gänzlich; voll(ständig); **2.** *m* ganze Zahl *f*; *com* Punkt *m*
enterra|dor [entɛrra'đɔr] *m* Totengräber *m*; **~miento** [-'mĭento] *m* Begräbnis *n*; **~r** [-'rrar] (*1k*) begraben (*a fig*); vergraben
entibiar [enti'ƀĭar] (*1b*) abkühlen (*a fig*)
entidad [enti'đađ] *f* Wesenheit *f*; (*asociación*) Vereinigung *f*; Verein *m*; Körperschaft *f*; Firma *f*
entierro [en'tĭɛrrɔ] *m* Begräbnis *n*, Beerdigung *f*
entoldado [entɔl'dađo] *m* (Tanz-, Fest-, Bier-)Zelt *n*
entomología [entomolɔ'xia] *f* Insektenkunde *f*, Entomologie *f*
entona|ción [entona'θĭɔn] *f mús* Intonation *f*; Tonfall *m*; **~r** [-'nar] (*1a*) **1.** *v/t mús* anstimmen; **2.** *v/i* harmonieren (mit ***con***)
entonces [en'tɔnθes] damals; dann, da; ***desde ~*** seitdem
entontecer [entɔnte'θɛr] (*2d*) verdummen
entor|nar [entɔr'nar] (*1a*) (*puerta*) anlehnen; (*ojos*) halb schließen; **~no** [-'tɔrno] *m* Umgebung *f*, Milieu *n*; Umfeld *n*
entorpe|cer [entɔrpe'θɛr] (*2d*) erschweren; behindern; **~cimiento** [-θi'mĭento] *m* Hemmung *f*; Behinderung *f*
entrada [en'trađa] *f* Eingang *m*; Eintritt *m*; Einfahrt *f*; Einreise *f*; (*billete*) Eintrittskarte *f*; *gastr* Vorspeise *f*; *mús* Einsatz *m*; *com* Anzahlung f; (*léxico*) Stichwort *n*; *inform* Eingabe *f*; *teat* ~ (***en escena***) Auftritt *m*; **~s** F Geheimratsecken *f/pl*
entramparse [entram'parse] (*1a*) sich in Schulden stürzen
entrante [en'trante] *m gastr* Vorspeise *f*
entraña [en'traɲa] *f*, *mst* **~s** *pl* Eingeweide *n*; *fig* Innere(s) *n*; Gemüt *n*; ***sin ~s*** hartherzig; **~ble** [-'ɲaƀle] innig (geliebt); herzlich
entrar [en'trar] (*1a*) **1.** *v/i* eintreten, hineingehen, -fahren; *mar*, *ferro* einlaufen; *mús* einsetzen; ***~ en*** (***una casa***, *etc*) (ein Haus *etc*) betreten; **2.** *v/t* hineinbringen, -fahren, -stecken; *inform* eingeben; einloggen
entre ['entre] zwischen; ***~ nosotros*** unter uns; ***~ ellos*** untereinander; **~abrir** [entrea'ƀrir] (*3a*; *part* ***-abierto***) halb öffnen; **~acto** [-'akto] *m* Pause *f*; **~cejo** [-'θɛxo] *m* Stirnrunzeln *n*; **~cortado**

E

[-kɔr'tađo] (*voz*) stockend; **~dicho** [-'đitʃo] *m*: ***poner en ~*** *fig* in Zweifel ziehen
entrega [en'trega] *f* Übergabe *f*; *com* Lieferung *f*; ***~ a domicilio*** Zustellung *f* ins Haus; **~r** [-'gar] (*1h*) abliefern, ausliefern; aushändigen, übergeben; **~rse** sich ergeben; sich hingeben; (*criminal*) sich stellen; ***~ a*** sich widmen (*dat*)

E

entre|lazar [entrela'θar] (*1f*) verflechten; **~més** [-'mes] *m* Zwischenspiel *n*; **~meses** [-'meses] *m/pl gastr* Vorspeisen *f/pl*; **~meter** [-me'tɛr] (*2a*) einschieben; **~meterse** sich einmischen; **~metido** [-me'tiđo] zudringlich; vorlaut; **~mezclar** [-meθ'klar] (*1a*) unter-, vermischen
entrena|dor [entrena'đɔr] *m* Trainer *m*; **~miento** [-'mĭento] *m* Training *n*; Ausbildung *f*; **~r(se)** [-'nar(se)] (*1a*) trainieren
entrepuente *mar* [entre'pŭente] *m* Zwischendeck *n*
entresuelo *arqu* [entre'sŭelo] *m* Zwischenstock *m*; Hochparterre *n*
entretanto [entre'tanto] **1.** *adv* unterdessen; **2.** *m* Zwischenzeit *f*
entrete|ner [entrete'nɛr] (*2l*) (*detener*) aufhalten; (*dar largas*) hinhalten; (*divertir*) unterhalten; **~nerse** sich unterhalten, sich vergnügen; (*retrasarse*) sich aufhalten lassen; **~nido** [-'niđo] unterhaltend, vergnüglich; **~nimiento** [-'mĭento] *m* Unterhaltung *f*; Zeitvertreib *m*
entretiempo [entre'tĭempo] *m* Übergangszeit *f*; ***ropa f de ~*** Übergangskleidung *f*
entrever [entre'ƀɛr] (*2v*) undeutlich sehen; *fig* ahnen
entreverado [entreƀe'rađo] (*tocino*) durchwachsen
entrevista [entre'ƀista] *f* Interview *n*; Besprechung *f*; ***~ personal*** Vorstellungsgespräch *n*; **~dor** [-'đɔr] *m* Interviewer *m*; **~r** [-'tar] (*1a*) interviewen; **~rse** zs.-kommen, sich treffen
entristecer [entriste'θɛr] (*2d*) traurig machen; **~se** traurig werden
entrometido [entrome'tiđo] neugierig; indiskret
entubar *med* [entu'ƀar] (*1a*) intubieren
entuerto [en'tŭɛrto] *m* Unrecht *n*
entumecerse [entume'θɛrse] (*2d*) starr werden; (*miembro*) einschlafen
enturbiar [entur'ƀĭar] (*1b*) trüben (*a fig*)
entusi|asmar [entusĭaz'mar] (*1a*) begeistern; **~asmo** [-'sĭazmo] *m* Begeisterung *f*; **~asta** [-'sĭasta] **1.** *adj* begeistert; **2.** *su* Enthusiast(in *f*) *m*; begeisterte(r) Anhänger(in *f*) *m* (*gen* ***de***); **~ástico** [-'sĭastiko] begeistert, enthusiastisch
enumera|ción [enumera'θĭɔn] *f* Aufzählung *f*; **~r** [-'rar] (*1a*) aufzählen
envalentonar [embalento'nar] (*1a*) ermutigen; **~se** frech werden
envanecer [embane'θɛr] (*2d*) stolz machen; **~se** sich et einbilden (auf ***de***)
enva|sar [emba'sar] (*1a*) ab-, einfüllen; verpacken; **~se** [-'base] *m* (Ab-)Füllen *n*; (*recipiente*) Behälter *m*; Verpackung *f*; ***~ no retornable*** Einwegflasche *f*; ***~s vacíos*** Leergut *n*
envejecer [embɛxe'θɛr] (*2d*) **1.** *v/t* alt machen; **2.** *v/i u* **~se** alt werden, altern
envenena|miento [embenena'mĭento] *m* Vergiftung *f*; **~r** [-'nar] (*1a*) vergiften (*a fig*)
envergadura [embɛrga'đura] *f* Spannweite *f*; *fig* Tragweite *f*
envés [em'bes] *m* Rückseite *f*
envia|do [em'bĭađo] *m* Bote *m*; ***~ especial*** Sonderberichterstatter *m*; **~r** [-'bĭar] (*1c*) (ab)senden, schicken
envidi|a [em'biđĭa] *f* Neid *m*; ***tener ~ de*** neidisch sein auf (*ac*); **~able** [-'đĭaƀle] beneidenswert; **~ar** [-'đĭar] (*1b*): ***~ a/c a alg*** j-n um et beneiden; **~oso** [-'đĭoso] neidisch
envile|cer [embile'θɛr] (*2d*) herabwürdigen; **~cerse** sich erniedrigen; **~cimiento** [-θi'mĭento] *m* Erniedrigung *f*
envío [em'bio] *m* Sendung *f*; Versand *m*
enviudar [embĭu'đar] (*1a*) verwitwen
envol|torio [embɔl'torĭo] *m* Bündel *n*; *com* Verpackung *f*; **~tura** [-'tura] *f* Hülle *f*; **~ver** [-'ƀɛr] (*2h*) einwickeln; einpacken; *fig* hineinziehen (in *ac* ***en***)
enyesa|do [enje'sađo] *m* Eingipsen *n*; *med* Gipsverband *m*; **~r** [-'sar] (*1a*) eingipsen
enzarzar(se) [enθar'θar(se)] (*1f*) (sich) verstricken (in *ac* ***en***)
enzima *quím* [en'θima] *m od f* Enzym *n*
épi|ca ['epika] *f* Epik *f*, epische Dichtung *f*; **~co** [-ko] **1.** *adj* episch; **2.** *m* Epiker *m*
epi|demia [epi'đemĭa] *f* Epidemie *f*, Seu-

che *f*; **~démico** [-'đemiko] epidemisch
epidermis [epi'đɛrmis] *f* Oberhaut *f*
Epifanía [epifa'nia] *f* Dreikönigsfest *n*
epi|lepsia *med* [epi'lɛƀsĭa] *f* Epilepsie *f*; **~léptico** [-'lɛptiko] **1.** *adj* epileptisch; **2.** *m* Epileptiker *m*
epílogo [e'pilogo] *m* Epilog *m*, Nachwort *n*; *fig* Nachspiel *n*
episcopal [episko'pal] bischöflich
episodio [epi'sođĭo] *m* Episode *f*
epistaxis *med* [epis'tagsis] *f* Nasenbluten *n*
epístola [e'pistola] *f* Brief *m*; Epistel *f*
epitafio [epi'tafĭo] *m* Grabschrift *f*
época ['epoka] *f* Zeit *f*; Epoche *f*; ***hacer ~*** Epoche machen
epopeya [epo'peja] *f* Epos *n*
equidad [eki'đađ] *f* Gerechtigkeit *f*
equili|brado [ekili'ƀrađo] ausgeglichen; **~brar** [-'ƀrar] (*1a*) ins Gleichgewicht bringen; *auto* auswuchten; **~brio** [-'liƀrĭo] *m* Gleichgewicht *n*; **~brista** [-li'ƀrista] *su* Seiltänzer(in *f*) *m*
equino [e'kino] Pferde...
equinoccio [eki'nɔgθĭo] *m* Tagundnachtgleiche *f*
equipa|je [eki'paxe] *m* Gepäck *n*; ***~ de mano*** Handgepäck *n*; **~miento** [-'mĭento] *m* Ausstattung *f* (*a auto*), Ausrüstung *f*; **~r** [-'par] (*1a*) ausrüsten; ausstatten
equipara|ble [ekipa'raƀle] vergleichbar; **~r** [-'rar] (*1a*) gleichstellen, -setzen
equipo [e'kipo] *m* Ausrüstung *f*; Ausstattung *f*; *a dep* Mannschaft *f*, Team *n*; *tec* Anlage *f*; ***~ de alta fidelidad*** Hi-Fi-Anlage *f*; ***~ estéreo*** (*od* ***de sonido***) Stereoanlage *f*; ***~ de novia*** Brautausstattung *f*; ***~ periférico*** *inform* Peripheriegeräte *n*/*pl*
equitación [ekita'θĭɔn] *f* Reiten *n*; Reitsport *m*
equitativo [ekita'tiƀo] gerecht
equivale|nte [ekiƀa'lente] **1.** *adj* gleichwertig; **2.** *m* Gegenwert *m*, Äquivalent *n*; **~r** [-'lɛr] (*2q*) gleich(wertig) sein, gleichkommen
equivoca|ción [ekiƀoka'θĭɔn] *f* Irrtum *m*; Missverständnis *n*; ***por ~*** aus Versehen; **~do** [-'kađo]: ***estar ~*** sich irren; **~r** [-'kar] (*1g*) verfehlen; **~rse** sich irren; ***~ de*** et verwechseln
equívoco [e'kiƀoko] **1.** *adj* doppelsinnig; zweideutig, verdächtig; **2.** *m* Doppelsinn *m*; Zweideutigkeit *f*
era ['era] **1.** *s* ***ser***; **2.** *f* Zeitalter *n*; Ära *f*; *agr* Tenne *f*
erario [e'rarĭo] *m* Staatskasse *f*
erec|ción [erɛg'θĭɔn] *f* Errichtung *f*; *med* Erektion *f*; **~to** [e'rɛkto] aufrecht
erguir(se) [ɛr'gir(se)] (*3n*) (sich) aufrichten
erigir [eri'xir] (*3c*) auf-, errichten
eriza|do [eri'θađo] borstig; *fig* gespickt (mit ***de***); **~rse** [-'θarse] (*1f*) (*pelo*) sich sträuben
erizo [e'riθo] *m* Igel *m*; ***~ de mar***, ***~ marino*** Seeigel *m*
ermi|ta [ɛr'mita] *f* Einsiedelei *f*; **~taño** [ɛrmi'taɲo] *m* Einsiedler *m*
erosión [ero'sĭɔn] *f* *med* Hautabschürfung *f*; *geo* Erosion *f*
erótico [e'rotiko] erotisch
erotismo [ero'tizmo] *m* Erotik *f*
erra|dicar [ɛrrađi'kar] (*1g*) ausrotten; **~do** [ɛ'rrađo] irrig; unrichtig; **~nte** [ɛ'rrante] umherirrend; **~r** [ɛ'rrar] (*1l*) **1.** *v*/*t* verfehlen; ***~ el tiro*** vorbeischießen; **2.** *v*/*i* (sich) irren; (*vagar*) umherirren; **~ta** [ɛ'rrata] *f* Druckfehler *m*
erróneo [ɛ'rrɔneo] irrig, Fehl...
error [ɛ'rrɔr] *m* Irrtum *m*; Fehler *m*; ***~ de cálculo*** Rechenfehler *m*; ***~ judicial*** Justizirrtum *m*
eruc|tar [eruk'tar] (*1a*) aufstoßen, rülpsen; **~to** [e'rukto] *m* Rülpser *m*
erudi|ción [eruđi'θĭɔn] *f* Gelehrsamkeit *f*; **~to** [-'đito] **1.** *adj* gelehrt; **2.** *m* Gelehrte(r) *m*
erupción [eruƀ'θĭɔn] *f* *geo* Ausbruch *m*; *med* Ausschlag *m*
es [es] *s* ***ser***
esa ['esa] *s* ***ese***
esbel|tez [ezƀɛl'teθ] *f* Schlankheit *f*; **~to** [ez'ƀɛlto] schlank
esbo|zar [ezƀo'θar] (*1f*) skizzieren; andeuten; **~zo** [-'ƀoθo] *m* Skizze *f*
escabeche [eska'ƀetʃe] *m* *gastr* Marinade *f*; ***en ~*** mariniert
escabel [eska'ƀɛl] *m* Schemel *m*
escabroso [eska'ƀroso] holprig, uneben; *fig* anstößig, schlüpfrig; (*difícil*) heikel
escabullirse [eskaƀu'ʎirse] (*3h*) entgleiten; *fig* entwischen
escafandr|a [eska'fandra] *f*, **~o** [-dro] *m* Taucheranzug *m*
escala [es'kala] *f* Skala *f*; (*proporción*)

E

Maßstab *m*; *mús* Tonleiter *f*; *avia* Zwischenlandung *f*; **~ de cuerda** Strickleiter *f*; **hacer ~ (en)** *mar* anlaufen; *avia* zwischenlanden; **~da** [-'lađa] *f* Ersteigen *n*; Klettertour *f*; *pol* Eskalation *f*; **~dor** [-'đɔr] *m* Bergsteiger *m*; **~fón** [-'fɔn] *m* Rang-, Beförderungsliste *f*; **~r** [-'lar] (*1a*) besteigen, erklettern

escalda|do [eskal'dađo] *fig* gewitzigt; abgebrüht; **~r** [-'dar] (*1a*) *gastr* abbrühen

E

escale|ra [eska'lera] *f* Treppe *f*; **~ (de mano)** Leiter *f*; **~ de caracol** Wendeltreppe *f*; **~ de emergencia** Nottreppe *f*; **~ de incendios** Feuerleiter *f*; **~ mecánica** Rolltreppe *f*; **~ telescópica** Ausziehleiter *f*; **~rilla** [-le'riʎa] *f* Trittleiter *f*; *avia* Gangway *f*

escalfar [eskal'far] (*1a*) *gastr* pochieren

escalinata [eskali'nata] *f* Freitreppe *f*

escalo|friante [eskalofri'ante] schaurig; **~frío** [-'frio] *m* Schüttelfrost *m*; *fig* Schauder *m*

escalón [eska'lɔn] *m* Stufe (*a fig*); (Leiter-)Sprosse *f*

escalonar [eskalo'nar] (*1a*) abstufen; staffeln

escalo|pa [eska'lopa] *f*, **~pe** [-'lope] *m* Schnitzel *n*

escalpelo [eskal'pelo] *m* Seziermesser *n*; Skalpell *n*

escama [es'kama] *f* Schuppe *f*; *fig* Argwohn *m*; **~do** [-'mađo] misstrauisch; **~r** [-'mar] (*1a*) schuppen; *fig* argwöhnisch machen; **~rse** stutzig werden

escamotear [eskamote'ar] (*1a*) wegzaubern; verschwinden lassen

escandalizar [eskandali'θar] (*1f*) Anstoß erregen bei (*dat*), schockieren; **~se** sich entrüsten (über *ac* **de**); Anstoß nehmen (an *dat* **de**)

escándalo [es'kandalo] *m* Skandal *m*; Ärgernis *n*; (*tumulto*) Tumult *m*; **armar un ~** Krach schlagen

escandaloso [eskanda'loso] skandalös; anstößig; empörend

escandinavo [eskandi'naƀo] **1.** *adj* skandinavisch; **2.** *m* Skandinavier *m*

escanear *inform* [eskanear] (*1a*) (ein-)scannen

escaño [es'kaɲo] *m pol* Sitz *m*

escapa|da [eska'pađa] *f* Ausreißen *n*; *fig* Abstecher *m*; **~r** [-'par] (*1a*) *v/i u* **~rse** entkommen, entwischen; ausreißen; *fig* entgehen

escaparate [eskapa'rate] *m* Schaufenster *n*

escapatoria [eskapa'torĭa] *f* Ausflucht *f*; F Hintertür *f*

escape [es'kape] *m* Entweichen *n*; *tec* undichte Stelle *f*; (*de gas*) Ausströmen *n*; *auto* Auspuff *m*; *fig* Ausweg *m*

escara|bajo [eskara'ƀaxo] *m* Käfer *m*; **~mujo** [-'muxo] *m* Hagebutte(nstrauch *m*) *f*; **~muza** *mil* [-'muθa] *f* Scharmützel *n*; *fig* Geplänkel *n*

escarbar [eskar'ƀar] (*1a*) (auf)scharren; wühlen, stochern in (*dat*)

escarcha [es'kartʃa] *f* (Rau-)Reif *m*

escar|dar [eskar'đar] (*1a*) jäten; **~dillo** [-'điʎo] *m* Jäthacke *f*

escarla|ta [eskar'lata] *f* scharlachrot; **~tina** [-'tina] *f med* Scharlach *m*

escar|mentar [eskarmen'tar] (*1k*) **1.** *v/t* hart bestrafen; **2.** *v/i* aus Erfahrung lernen; **~miento** [-'mĭento] *m* (schlimme) Erfahrung *f*; (abschreckendes) Beispiel *n*

escar|necer [eskarne'θɛr] (*2d*) verspotten; **~nio** [-'karnĭo] *m* Spott *m*

escarola [eska'rola] *f* Endivie *f*

escarpado [eskar'pađo] abschüssig, steil

esca|sear [eskase'ar] (*1a*) *v/i* selten werden; knapp sein; **~sez** [-'seθ] *f* Knappheit *f*; Mangel *m*; **~so** [es'kaso] knapp; gering

escatimar [eskati'mar] (*1a*) sparen mit; **~ a/c a alg** j-m et vorenthalten; **no ~ esfuerzos** keine Anstrengungen scheuen

escayola [eska'jola] *f* (Fein-)Gips *m*; *med* Gips(verband) *m*; **~r** [-'lar] (*1a*) eingipsen

escena [es'θena] *f* Bühne *f*; (*a fig*) Szene *f*, Auftritt *m*; **poner en ~** inszenieren; **entrar en ~** auftreten; **~rio** [-'narĭo] *m* Bühne *f*; *fig* Schauplatz *m*

escenifica|ción [esθenifika'θĭɔn] *f* Inszenierung *f*; **~r** [-'kar] (*1g*) inszenieren

escen|ografía [esθenogra'fia] *f* Bühnenbild *n*; **~ógrafo** [-'nografo] *m* Bühnenbildner *m*

esc|epticismo [esθɛpti'θizmo] *m* Skepsis *f*; **~éptico** [es'θɛptiko] **1.** *adj* skeptisch; **2.** *m* Skeptiker *m*

escisión [esθi'sĭɔn] *f* Spaltung *f*

esclare|cer [esklare'θɛr] (*2d*) erleuchten; *fig* aufklären; **~cimiento** [-θi'mĭento] *m* Aufklärung *f*

escla|va [es'klaƀa] *f* Sklavin *f*; (*joya*) (glatter) Armreif *m*; **~vitud** [-ƀi'tuđ] *f* Sklaverei *f*; **~vizar** [-'θar] (*1f*) versklaven; **~vo** [es'klaƀo] *m* Sklave *m*

esclerosis [eskle'rosis] *f* Sklerose *f*

esclusa [es'klusa] *f* Schleuse *f*

esco|ba [es'koƀa] *f* Besen *m*; **~billa** [-'ƀiʎa] *f* (Klo-)Bürste *f*; *auto* Wischerblatt *n*

escocer [esko'θɛr] (*2b u h*) brennen, stechen

escocés [esko'θes] **1.** *adj* schottisch; **2.** *m* Schotte *m*

escoger [eskɔ'xɛr] (*2c*) auswählen; aussuchen

esco|lar [esko'lar] **1.** *adj* Schul...; **2.** *su* Schüler(in *f*) *m*; **~larización** [-riθa'θĭɔn] *f* Einschulung *f*; **~ *obligatoria*** Schulpflicht *f*; **~larizar** [-'θar] (*1f*) einschulen

escolta [es'kɔlta] *f* Eskorte *f*; Begleitung *f*; Geleitschutz *m*; **~r** [-'tar] (*1a*) eskortieren; begleiten

escollo [es'koʎo] *m* Klippe *f* (*a fig*)

escom|brera [eskɔm'brera] *f* Schuttabladeplatz *m*; **~bros** [-'kɔmbros] *m|pl* Bauschutt *m*; Trümmer *pl*

escon|der [eskɔn'dɛr] (*2a*) verstecken; verbergen; **~didas** [-'điđas]: ***a ~*** im Geheimen; **~dite** [-'dite] *m* Versteck *n*; (*juego*) Versteckspiel *n*; **~drijo** [-'drixo] *m* Versteck *n*

escopeta [esko'peta] *f* Flinte *f*; (Jagd-)Gewehr *n*; ***~ de aire comprimido*** Luftgewehr *n*

escoplo [es'koplo] *m* Meißel *m*

escoria [es'korĭa] *f* Schlacke *f*

Escorpi|o [es'kɔrpĭo] *m astr* Skorpion *m*; **ꞩón** [-'pĭɔn] *m zo* Skorpion *m*

escorzonera [eskɔrθo'nera] *f* Schwarzwurzel *f*

esco|tado [esko'tađo] ausgeschnitten, dekolletiert; **~te** [-'kote] *m* Ausschnitt *m*, Dekolleté *n*; (***pagar***) ***a ~*** anteilmäßig (zahlen)

escotill|a *mar* [esko'tiʎa] *f* Luke *f*; **~ón** [-'ʎɔn] *m* Falltür *f*; *teat* Versenkung *f*

escozor [esko'θɔr] *m* Brennen *n*

escri|banía [eskriƀa'nia] *f* Schreibtischgarnitur *f*; **~bir** [-'ƀir] (*3a*; *part* ***escrito***) schreiben; ***~ a máquina*** mit der Maschine schreiben, tippen; **~to** [es'krito] **1.** *adj* geschrieben; schriftlich; **2.** *m* Schreiben *n*; Schriftstück *n*; ***por ~*** schriftlich; **~tor** *m* [eskri'tɔr] Schriftsteller *m*; **~torio** [-'torĭo] *m* Schreibtisch *m*; ***artículos** m|pl **de ~*** Büroartikel *m|pl*; Schreibwaren *f|pl*; **~tura** [-'tura] *f* (Hand-)Schrift *f*; *jur* Urkunde *f*; ***Sagrada ꞩ*** Heilige Schrift *f*

escroto [es'kroto] *m* Hodensack *m*

escr|úpulo [es'krupulo] *m* Skrupel *m*, Bedenken *n*; ***sin ~s*** skrupellos; **~upuloso** [-'loso] gewissenhaft, peinlich genau

escru|tador [eskruta'đɔr] **1.** *adj* forschend; **2.** *m* Stimm(en)zähler *m*; **~tar** [-'tar] (*1a*) (*votos*) (aus)zählen; *fig* erforschen; **~tinio** [-'tinĭo] *m* Stimm(en)zählung *f*

escua|dra [es'kŭađra] *f mat* Zeichendreieck *n*; *mil* Trupp *m*; *mar* Geschwader *n*; **~drilla** [-'đriʎa] *f* Trupp *m*; *mar* Flottille *f*; *avia* Staffel *f*; **~drón** [-'đrɔn] *m mil* Schwadron *f*; *avia* Geschwader *n*

escucha [es'kutʃa] **a)** *m* Horcher *m*; *mil* Horchposten *m*; **b)** *f* (Ab-)Hören *n*; ***~s telefónicas*** Abhören *n* v Telefongesprächen; **~r** [-'tʃar] (*1a*) horchen; an-, zuhören; hören auf (*ac*)

escu|dar [esku'đar] (*1a*) (be)schützen; **~darse** *fig* sich verschanzen (hinter *dat* ***en***); **~dería** [-đe'ria] *f auto* Rennstall *m*; **~dilla** [-'điʎa] *f* (Suppen-)Napf *m*; **~do** [-'kuđo] *m* Schild *m*

escudriñar [eskuđri'ɲar] (*1a*) durchsuchen; nachprüfen, -forschen

escuela [es'kŭela] *f* Schule *f*; ***~ de idiomas*** Sprachenschule *f*

escueto [es'kŭeto] schlicht; einfach

escul|pir [eskul'pir] (*3a*) meißeln; (be-)hauen; schnitzen; **~tor** *m* [-'tɔr] Bildhauer *m*; **~tura** [-'tura] *f* Bildhauerkunst *f*; (*obra*) Skulptur *f*; **~tural** [-'ral] Bildhauer...; *fig* bildschön

escupi|dera [eskupi'đera] *f* Spucknapf *m*; **~r** [-'pir] (*3a*) (aus)spucken

escurreplatos [eskurrɛ'platos] *m* Abtropfständer *m*

escurri|dizo [eskurri'điθo] schlüpfrig, glatt; **~r** [-'rrir] (*3a*) abtropfen lassen; (*ropa*) auswringen; **~rse** ausrutschen; entgleiten

ese, **esa**, **eso**, **esos**, **esas** (*allein stehend* ***a* ése**, **ésa[s]**, **ésos**) ['ese, 'esa, 'eso, 'esos, 'esas] dieser, diese, dies(es); *pl*

diese; **¡eso es!** ganz richtig!; das stimmt!; **eso sí** das allerdings; **a eso de** (**las dos**) gegen (zwei Uhr)
esencia [e'senθĭa] *f fil* Wesen *n*; *a quím* Essenz *f*; **~l** [-'θĭal] wesentlich; Haupt...; *quím* ätherisch
esfera [es'fera] *f* Sphäre *f* (*a fig*), Kugel *f*; (*de reloj*) Zifferblatt *n*
esférico [es'feriko] **1.** *adj* kugelförmig; **2.** F *m dep* Ball *m*
esfinge [es'fiŋxe] *f* Sphinx *f*
esfínter *anat* [es'fintɛr] *m* Schließmuskel *m*
esforza|do [esfɔr'θađo] tapfer, mutig; **~r** [-'θar] (*1f u 1m*) ermutigen; (ver-)stärken; **~rse** sich anstrengen, sich bemühen
esfuerzo [es'fŭɛrθo] *m* Anstrengung *f*; Mühe *f*; *tec* Beanspruchung *f*; **hacer un ~** sich anstrengen; **sin ~** mühelos
esfumarse [esfu'marse] (*1a*) sich auflösen; verschwinden; F *fig* abhauen
esgri|ma [ez'ɡrima] *f* Fechten *n*; **~midor** [-mi'đɔr] *m* Fechter *m*; **~mir** [-'mir] (*3a*) (*arma*) schwingen; (*argumentos*) vorbringen
esguince [ez'ɡinθe] *m med* Verstauchung *f*; Zerrung *f*
eslabón [ezla'bɔn] *m* Kettenglied *n*; *fig* Bindeglied *n*
eslavo [ez'labo] **1.** *adj* slawisch; **2.** *m* Slawe *m*
eslogan [ez'logan] *m* Slogan *m*
eslora *mar* [ez'lora] *f* Kiel-, Schiffslänge *f*
eslo|vaco [ezlo'bako] **1.** *adj* slowakisch; **2.** *m* Slowake *m*; **~veno** [-'beno] **1.** *adj* slowenisch; **2.** *m* Slowene *m*
esmal|tar [ezmal'tar] (*1a*) emaillieren; **~te** [ez'malte] *m* Email *n*; **~ dental** Zahnschmelz *m*; **~ para uñas** Nagellack *m*
esmerado [ezme'rađo] sorgfältig
esmeralda [ezme'ralda] *f* Smaragd *m*
esmerarse [ezme'rarse] (*1a*) sich große Mühe geben
esmerilar [ezmeri'lar] (*1a*) schmirgeln; (ab)schleifen
esmero [ez'mero] *m* Sorgfalt *f*; Gewissenhaftigkeit *f*; **con ~** sorgfältig
esmirriado [ezmi'rrĭađo] ausgemergelt; F mick(e)rig
esmoquin [ez'mokin] *m* Smoking *m*
esnifar [ezni'far] (*1a*) (*cocaína*) schnupfen, F sniffen
esnob [ez'nɔb] **1.** *adj* snobistisch; **2.** *m* Snob *m*; **~ismo** [-no'bizmo] *m* Snobismus *m*
eso ['eso] *s* **ese**
esófago *anat* [e'sofago] *m* Speiseröhre *f*
espabila|do [espabi'lađo] aufgeweckt; **~rse** [-'larse] (*1a*) munter werden; F sich zu helfen wissen
espa|ciador [espaθĭa'đɔr] *m* (*máquina de escribir*) Leertaste *f*; **~cial** [-'θĭal] (Welt-)Raum...; **~cio** [-'paθĭo] *m* Raum *m*; (*de tiempo*) Zeitraum *m*; (*distancia*) Zwischenraum *m*; *TV* Sendung *f*; **~cioso** [-'θĭoso] weit; geräumig
espada [es'pađa] **a)** *f* Degen *m*; Schwert *n*; (*naipes*) **~s** *pl etwa*: Pik *n*; **b)** *m taur* Matador *m*
espaguetis [espa'getis] *m/pl* Spaghetti *pl*
espal|da [es'palda] *f* Rücken *m*; **a ~s de** hinter *j-s* Rücken; **de ~s a** mit dem Rücken nach; **por la ~** von hinten; *fig* hinterrücks; **volver las ~s a alg** j-m den Rücken kehren; **~dera** [-'dera] *f* Sprossenwand *f*; *agr* Spalier *n*; **~dilla** [-'diʎa] *f* Schulterblatt *n*
espan|tadizo [espanta'điθo] schreckhaft; scheu; **~tajo** [-'taxo] *m* Vogelscheuche *f*; *fig* Schreckgespenst *n*; **~tapájaros** [-'paxaros] *m* Vogelscheuche *f* (*a fig*); **~tar** [-'tar] (*1a*) erschrecken; (*ahuyentar*) verscheuchen; **~tarse** erschrecken; **~to** [es'panto] *m* Schrecken *m*; Entsetzen *n*; *Am* Gespenst *n*; **~toso** [-'toso] schrecklich, entsetzlich
español [espa'ɲɔl] **1.** *adj* spanisch; **2.** *m*, **-a** *f* [-'ɲola] Spanier(in *f*) *m*
esparadrapo [espara'đrapo] *m* Heftpflaster *n*
esparci|miento [esparθi'mĭento] *m* Aus-, Verstreuen *n*; *fig* Zerstreuung *f*; Vergnügen *n*; **~r** [-θir] (*3b*) ver-, ausstreuen; *fig* verbreiten
espárrago [es'parrago] *m* Spargel *m*
espartano [espar'tano] spartanisch
esparto *bot* [es'parto] *m* Espartogras *n*
espas|mo [es'pazmo] *m* Krampf *m*; **~módico** [-'mođiko] krampfartig
especia [es'peθĭa] *f* Gewürz *n*
especial [espe'θĭal] besonders, speziell; Sonder...; **en ~** insbesondere; **~idad** [-li'đađ] *f* Spezialität *f*; Besonderheit

f; *cien* Fachgebiet *n*; **~ista** [-'lista] *m* Spezialist *m*, Fachmann *m*; *med* Facharzt *m*; (*cine*) Stuntman *m*; **~izarse** [-'θarse] (*1f*) sich spezialisieren (auf *ac* **en**)
especie [es'peθĭe] *f* Art *f* (*a biol*); (*rumor*) Gerücht *n*; **en ~(s)** in Naturalien
espe|cificar [espeθifi'kar] (*1g*) genau angeben, spezifizieren; **~cífico** [-'θifiko] spezifisch
espécimen [es'peθimen] *m* Exemplar *n*; Muster *n*
espec|tacular [espɛktaku'lar] Aufsehen erregend; **~táculo** [-'takulo] *m* Schauspiel *n* (*a fig*); Darbietung *f*; Vorstellung *f*; *fig* Anblick *m*; **~tador** *m* [-'đɔr] Zuschauer *m*; **~tro** [es'pɛktro] *m* Gespenst *n*; *fís* Spektrum *n*
especula|ción [espekula'θĭɔn] *f* Spekulation *f*; **~dor** [-'đɔr] *m* Spekulant *m*; **~r** [-'lar] (*1a*) *com* spekulieren
espe|jismo [espɛ'xizmo] *m* Luftspiegelung *f*; Fata Morgana *f*; **~jo** [-'pɛxo] *m* Spiegel *m*; **~ retrovisor** Rückspiegel *m*
espeleología [espeleolo'xia] *f* Höhlenforschung *f*
espeluznante [espeluð'nante] haarsträubend; grauenhaft
espera [es'pera] *f* Warten *n*; Wartezeit *f*; **en ~ de** in Erwartung (*gen*); **~nza** [-'ranθa] *f* Hoffnung *f*; **~ de vida** Lebenserwartung *f*; **~nzador** [-θa'đɔr] viel versprechend; **~r** [-'rar] (*1a*) warten (auf *ac*), erwarten; (*desear*) hoffen
esperma [es'pɛrma] *m*/*f* Sperma *n*
esperpento [espɛr'pento] *m fig* Vogelscheuche *f*
espe|sar [espe'sar] (*1a*) ein-, verdicken; **~so** [-'peso] dick(flüssig); *fig* dicht; **~sor** [-'sɔr] *m* Dicke *f*; Stärke *f*
espetón [espe'tɔn] *m* Bratspieß *m*
espía [es'pia] *su* Spion(in *f*) *m*
espiar [espi'ar] (*1c*) (aus)spionieren; bespitzeln
espiga [es'piga] *f* Ähre *f*
espigón [espi'gɔn] *m* Wellenbrecher *m*; Mole *f*
espina [es'pina] *f* Dorn *m*; Stachel *m*; (*de pez*) Gräte *f*; **~ dorsal** Rückgrat *n*; **dar mala ~** verdächtig vorkommen
espinaca(s) [espi'naka(s)] *f* (*pl*) Spinat *m*
espinazo [espi'naθo] *m* Rückgrat *n*
espinilla [espi'niʎa] *f* Schienbein *n*; *med* Mitesser *m*
espino *bot* [es'pino] *m* Weißdorn *m*; **~so** [-'noso] dornig; *fig* heikel
espionaje [espĭo'naxe] *m* Spionage *f*; **~ industrial** Werkspionage *f*
espiral [espi'ral] **1.** *adj* spiralförmig, Spiral...; **2.** *f* Spirale *f*
espirar [espi'rar] (*1a*) ausatmen
espiritismo [espiri'tizmo] *m* Spiritismus *m*
espíritu [es'piritu] *m* Geist *m*
espiritu|al [espiri'tŭal] geistig; *rel* geistlich; **~oso** [-'tŭoso]: **bebidas** *f*/*pl* **-as** Spirituosen *pl*
espita [es'pita] *f* Fass-, Zapfhahn *m*
espléndido [es'plendiđo] prächtig; herrlich; (*generoso*) freigebig
esplendor [esplen'dɔr] *m* Glanz *m*; Pracht *f*
espliego *bot* [es'plĭego] *m* Lavendel *m*
espole|ar [espole'ar] (*1a*) anspornen (*a fig*); **~ta** [-'leta] *f* Zünder *m*
espolvorear [espɔlƀore'ar] (*1a*) bestäuben, bestreuen
espon|ja [es'pɔŋxa] *f* Schwamm *m*; **~joso** [-'xoso] porös; locker
esponsales [espɔn'sales] *m*/*pl* Verlobung *f*
espon|taneidad [espɔntanɛĭ'đađ] *f* Spontaneität *f*, Natürlichkeit *f*; **~táneo** [-'taneo] spontan, natürlich
espora *bot* [es'pora] *f* Spore *f*
esporádico [espo'rađiko] vereinzelt, sporadisch
espo|sa [es'posa] *f* Gemahlin *f*, Gattin *f*, Ehefrau *f*; **~s** *f*/*pl* Handschellen *f*/*pl*; **~sar** [-'sar] (*1a*) Handschellen anlegen (*dat*); **~so** [-'poso] *m* Gemahl *m*, Gatte *m*, Ehemann *m*; **~s** *m*/*pl* Eheleute *pl*
espuela [es'pŭela] *f* Sporn *m*
espuma [es'puma] *f* Schaum *m*; *com* Schaumstoff *m*
espumoso [espu'moso] schaumig
esqueje *agr* [es'kɛxe] *m* Steckling *m*
esquela [es'kela] *f*: **~ (de defunción)** Todesanzeige *f*
esqueleto [eske'leto] *m* Skelett *n*
esque|ma [es'kema] *m* Schema *n*; **~mático** [-ke'matiko] schematisch
esquí [es'ki] *m* Schi *m*, Ski *m*; (*deporte*) Skisport *m*; **~ acuático** Wasserski *m*; **~ de fondo** Langlaufski *m*; (*deporte*) (Ski-)Langlauf *m*
esquia|dor *m* [eskia'đɔr] Skiläufer *m*; **~r**

[-'ar] (*1a*) Ski laufen
esquil|ar [eski'lar] (*1a*) (*ovejas*) scheren; **~eo** [-'leo] *m* Schafschur *f*
esquimal [eski'mal] *m* Eskimo *m*
esquina [es'kina] *f* Ecke *f*
esquirla [es'kirla] *f* (Knochen-, Glas-) Splitter *m*
esquirol [eski'rɔl] *m* Streikbrecher *m*
esquisto [es'kisto] *m* Schiefer *m*
esqui|var [eski'ƀar] (*1a*) vermeiden; ausweichen; **~vo** [-'kiƀo] spröde, scheu
esquizofr|enia [eskiθo'frenĭa] *f* Schizophrenie *f*; **~énico** [-'freniko] schizophren
esta ['esta] *s* **este²**
esta|bilidad [estaƀili'đađ] *f* Beständigkeit *f*, Stabilität *f*; **~ de los precios** *com* Preisstabilität *f*; **~bilizar** [-'θar] (*1f*) stabilisieren; **~ble** [es'taƀle] beständig; fest, stabil
estable|cer [estaƀle'θɛr] (*2d*) (be)gründen; errichten; ein-, festsetzen; **~cerse** sich niederlassen; **~cimiento** [-θi'mĭento] *m* Errichtung *f*; Festsetzung *f*; (*lugar*) Anstalt *f*; Geschäft *n*
establo [es'taƀlo] *m* Stall *m*
estaca [es'taka] *f* Pfahl *m*, Pflock *m*
esta|ción [esta'θĭɔn] *f* Station *f*; (*del año*) Jahreszeit *f*; *ferro* Bahnhof *m*; **~ de mercancías** Güterbahnhof *m*; **~ meteorológica** Wetterwarte *f*; **~ de servicio** (Groß-)Tankstelle *f*; **~ termal** Badeort *m*; **~cional** [-θĭo'nal] jahreszeitlich; saisonbedingt; **~cionamiento** [-na'mĭento] *m* Parken *n*; **~ prohibido** Parkverbot *n*; **~cionar** [-'nar] (*1a*) abstellen, parken; *mil* stationieren; **~cionario** [-'narĭo] stationär; *com* stagnierend
estadio [es'tađĭo] *m* Stadion *n*; *med u fig* Stadium *n*
estadista [esta'đista] *m* Staatsmann *m*
estadísti|ca [esta'đistika] *f* Statistik *f*; **~co** [-ko] **1.** *adj* statistisch; **2.** *m* Statistiker *m*
estado [es'tađo] *m* Stand *m*; Zustand *m*; Lage *f*; ♀ Staat *m*; **~ civil** Familien-, Personenstand *m*; **~ de excepción** Ausnahmezustand *m*; ♀ **industrial** Industriestaat *m*; ♀ **Mayor** *mil* (General-)Stab *m*; **~unidense** [-uni'đense] aus den USA
estafa [es'tafa] *f* Betrug *m*; **~dor** *m* [-'đɔr] Betrüger *m*; Hochstapler *m*; **~r** [-'far] (*1a*) betrügen; (*dinero*) veruntreuen
estafeta [esta'feta] *f* Stafette *f*; **~ de correos** Postamt *n*
estall|ar [esta'ʎar] (*1a*) platzen; explodieren; *fig* ausbrechen; **~ido** [-'ʎiđo] *m* Knall *m*; Explosion *f*; *fig* Ausbruch *m*
estam|pa [es'tampa] *f* Bild *n*; (*huella*) Abdruck *m*; *fig* Aussehen *n*; **~pado** [-'pađo] (*tela*) bedruckt; **~par** [-'par] (*1a*) (be)drucken; *tec* prägen, stanzen; *fig* aufdrücken; (*firma*) setzen (unter) (*ac*); **~pido** [-'piđo] *m* Knall *m*; Krachen *n*; **~pilla** [-'piʎa] *f Am* Briefmarke *f*
estan|camiento [estaŋka'mĭento] *m* Stockung *f*; *com* Stagnation *f*; **~car** [-'kar] (*1g*) stauen; *fig* zum Stocken bringen; **~cia** [-'tanθĭa] *f* Aufenthalt *m*; *Am* Viehgroßfarm *f*; **~co** [-'taŋko] **1.** *adj* wasserdicht; **2.** *m com* Monopol *n*; (*tienda*) Tabakladen *m*
estandariza|ción [estandariθa'θĭɔn] *f* Standardisierung *f*; **~r** [-'θar] (*1f*) standardisieren
estandarte [estan'darte] *m* Standarte *f*
estanque [es'taŋke] *m* Teich *m*
estanquero [estaŋ'kero] *m* Tabakhändler *m*
estante [es'tante] *m* Bücherbrett *n*, Bord *n*; **~ría** [-'ria] *f* Regal *n*
estaño [es'taɲo] *m* Zinn *n*
estar [es'tar] (*1p*) sein; sich befinden; stehen; liegen; **¿cómo estás?** wie geht es dir?; **estoy bien** (**mal**) es geht mir gut (schlecht); **estamos a 3 de enero** wir haben den 3. Januar; **el pan está a veinte pesetas** das Brot kostet zwanzig Peseten; **~** + *ger* gerade et tun; **~ de** arbeiten *od* tätig sein als; **~ en todo** an alles denken; **~ por a/c** (**alg**) für et (j-n) sein; **~ por hacer** noch zu tun sein; **¿estamos?** (ein)verstanden?; **ya estoy** ich bin schon fertig; **¡ya está!** schon erledigt!
estatal [esta'tal] staatlich
estátic|a [es'tatika] *f* Statik *f*; **~o** [-ko] statisch
estatu|a [es'tatŭa] *f* Statue *f*; **~illa** [-'tŭiʎa] *f* Statuette *f*
estatu|ra [esta'tura] *f* Körpergröße *f*, Statur *f*; **~to** [-'tuto] *m* Statut *n*; **~s** *pl* Satzung *f*

este[1] ['este] *m* Osten *m*
este[2], **esta**, **esto**, **estos**, **estas** (*allein stehend* ***a*** **éste**, **ésta[s]**, **éstos**) ['este, 'esta, 'esto, 'estos, 'estas] dieser (hier), diese, dieses, diese; ***esta tarde*** heute Nachmittag; ***en ésta*** *com* am hiesigen Ort, hier; ***esto es*** nämlich; das heißt; ***por esto*** deshalb, deswegen
estela [es'tela] *f mar* Kielwasser *n*; *fig* Spur *f*; **~r** [-'lar] Stern...
estenotipia [esteno'tipĭa] *f* Maschinenkurzschrift *f*
estentóreo [esten'toreo]: ***voz*** *f* ***-a*** Stentorstimme *f*
estepa [es'tepa] *f* Steppe *f*
estera [es'tera] *f* (Fuß-)Matte *f*
estercolero [estɛrko'lero] *m* Mist-, Dunghaufen *m*
estereo... [estereo...] Stereo...; **~tipado** [-ti'pađo] stereotyp
estéril [es'teril] unfruchtbar; *med* steril (*a fig*)
esterili|dad [esterili'đađ] *f* Unfruchtbarkeit *f*; **~zación** [-θa'θĭɔn] *f* Sterilisierung *f*; **~zar** [-'θar] (*1f*) sterilisieren
esterilla [este'riʎa] *f* (kleine) Matte *f*
esterlina [estɛr'lina]: ***libra*** *f* **~** Pfund *n* Sterling
esternón [estɛr'nɔn] *m* Brustbein *n*
estética [es'tetika] *f* Ästhetik *f*
esteticista [esteti'θista] *f* Kosmetikerin *f*
estético [es'tetiko] ästhetisch
estetoscopio *med* [estetɔs'kopĭo] *m* Hörrohr *n*; Stethoskop *n*
estibador *mar* [estiƀa'đɔr] *m* Schauermann *m*
estiércol [es'tĭɛrkɔl] *m* Dung *m*, Mist *m*
estigma [es'tigma] *m* Stigma *n*
estilarse [esti'larse] (*1a*) üblich sein
esti|lista [esti'lista] *su* Stilist(in *f*) *m*; **~lizar** [-'θar] (*1f*) stilisieren; **~lo** [-'tilo] *m* Stil *m*; *bot* Griffel *m*
estilográfica [estilo'grafika]: (***pluma***) **~** *f* Füllfederhalter *m*
estima [es'tima] *f* Schätzung *f*; Achtung *f*; **~ción** [-'θĭɔn] *f* (Ab-)Schätzung *f*; (*aprecio*) Achtung *f*; **~r** [-'mar] (*1a*) **1.** *v/t* (ab-, ein)schätzen; (*apreciar*) (hoch-) achten, schätzen; **2.** *v/i* meinen, der Ansicht sein
estimula|nte [estimu'lante] **1.** *adj* anregend; **2.** *m* Anregungs-, Aufputschmittel *n*; **~r** [-'lar] (*1a*) anregen; anspornen
estímulo [es'timulo] *m* Reiz *m* (*a med*); *fig* Anreiz *m*
estío [es'tio] *m* Sommer *m*
estipula|ción [estipula'θĭɔn] *f* Festsetzung *f*; Abmachung *f*; *jur* Klausel *f*; **~r** [-'lar] (*1a*) abmachen, vereinbaren
estirar [esti'rar] (*1a*) ziehen, strecken; recken; (*piel*) straffen
estirpe [es'tirpe] *f* Stamm *m*; Geschlecht *n*; Herkunft *f*
estival [esti'ƀal] Sommer...
esto ['esto] *s* ***este***[2]
estocada [esto'kađa] *f* Degenstoß *m*
estofa|do [esto'fađo] **1.** *adj* geschmort; **2.** *m* Schmorbraten *m*; **~r** [-'far] (*1a*) schmoren, dünsten
estoico [es'toĭko] stoisch
estolón *bot* [esto'lɔn] *m* Ausläufer *m*
estomacal [estoma'kal] **1.** *adj* Magen...; **2.** *m* Magenbitter *m*
estómago [es'tomago] *m* Magen *m*
estonio [es'tonĭo] **1.** *adj* estnisch; **2.** *m*, **-a** *f* [-ĭa] Este *m*, Estin *f*
estoque [es'toke] *m* Stoßdegen *m*
estor|bar [estɔr'ƀar] (*1a*) stören, (be-) hindern; **~bo** [es'tɔrƀo] *m* Störung *f*; Hindernis *n*
estornino *zo* [estɔr'nino] *m* Star *m*
estornu|dar [estɔrnu'đar] (*1a*) niesen; **~do** [-'nuđo] *m* Niesen *n*
estoy [es'tɔĭ] *s* ***estar***
estrabismo *med* [estra'ƀizmo] *m* Schielen *n*
estrado [es'trađo] *m* Podium *n*
estrafalario [estrafa'larĭo] extravagant, ausgefallen
estrago [es'trago] *m* Verwüstung *f*; (schwerer) Schaden *m*
estragón *bot* [estra'gɔn] *m* Estragon *m*
estrambótico F [estram'botiko] extravagant, verschroben
estrangula|ción [estraŋgula'θĭɔn] *f* Erdrosselung *f*, Erwürgen *n*; **~r** [-'lar] (*1a*) erdrosseln, erwürgen
estra|tagema [estrata'xema] *f* Kriegslist *f*; *fig* List *f*; **~tegia** [-'tɛxĭa] *f* Strategie *f*; **~tégico** [-'tɛxiko] strategisch
estrato [es'trato] *m* Schicht *f*
estre|char [estre'tʃar] (*1a*) verengen; (*vestido*) enger machen; (*mano*) drücken; **~chez** [-'tʃeθ] *f* Enge *f*; *fig* Bedrängnis *f*, Not *f*; **~** ***de miras*** Engstirnigkeit *f*; **~cho** [-'tretʃo] **1.** *adj* eng; schmal; **2.** *m* Meerenge *f*

estrella [es'treʎa] *f* Stern *m*; *fig* (Film-) Star *m*; **~ fugaz** Sternschnuppe *f*; **~ de** *mar* Seestern *m*; **~r** [-'ʎar] (*1a*) zerschmettern; zertrümmern; **~rse** zerschellen; *fig* scheitern
estreme|cer [estreme'θɛr] (*2d*) erschüttern; **~cerse** schaudern; zs.-fahren; **~cimiento** [-θi'mĭento] *m* Schauder *m*
estre|nar [estre'nar] (*1a*) *teat* erst-, uraufführen; **~no** [es'treno] *m* *teat* Erstaufführung *f*, Premiere *f*
estreñimiento *med* [estreɲi'mĭento] *m* Verstopfung *f*
estr|épito [es'trepito] *m* Getöse *n*, Lärm *m*; **~epitoso** [-'toso] lärmend, geräuschvoll
estr|és [es'tres] *m* Stress *m*; **~esante** [-tre'sante] stressig; **~esar** [-'sar] (*1a*) stressen
estría [es'tria] *f* Rille *f*; Streifen *m*
estri|billo [estri'ƀiʎo] *m* Kehrreim *m*, Refrain *m*; **~bo** [es'triƀo] *m* Steigbügel *m* (*a anat*); Trittbrett *n*; ***perder los ~s*** die Beherrschung verlieren
estribor *mar* [estri'ƀɔr] *m* Steuerbord *n*
estricto [es'trikto] streng; strikt
estridente [estri'đente] schrill
estrofa [es'trofa] *f* Strophe *f*
estrógeno [es'troxeno] *m* Östrogen *n*
estroncio [es'trɔnθĭo] *m* Strontium *n*
estropajo [estro'paxo] *m* Topfkratzer *m*
estropear [estrope'ar] (*1a*) beschädigen; kaputtmachen; *fig* verderben; **~se** kaputtgehen
estructura [estruk'tura] *f* (Auf-)Bau *m*; Struktur *f*; **~l** [-'ral] strukturell
estruendo [es'trŭendo] *m* Getöse *n*; **~so** [-'doso] lärmend; tosend
estrujar [estru'xar] (*1a*) aus-, zerdrücken; auspressen
estuario [es'tŭarĭo] *m* (breite) Flussmündung *f*, Trichtermündung *f*
estu|cado [estu'kađo] *m* Stuckarbeit *f*; **~co** [-'tuko] *m* Stuck *m*
estuche [es'tutʃe] *m* Futteral *n*, Etui *n*
estudia|ntado [estuđĭan'tađo] *m* Studentenschaft *f*; **~nte** [-'đĭante] *su* Student(in *f*) *m*; Schüler(in *f*) *m*; **~r** [-'đĭar] (*1b*) (ein)studieren; lernen; üben
estudio [es'tuđĭo] *m* Studium *n*; (*obra*) Studie *f*; *mús* Etüde *f*; (*local*) Atelier *n*; *radio*, *TV* Studio *n*; **~so** [-'đĭoso] lernbegierig, fleißig
estufa [es'tufa] *f* Ofen *m*
estupe|faciente [estupefa'θĭente] *m* Rauschgift *n*; **~facto** [-'fakto] sprachlos; bestürzt
estupendo [estu'pendo] fabelhaft, großartig, F toll
est|upidez [estupi'đeθ] *f* Dummheit *f*; **~úpido** [-'tupiđo] **1.** *adj* dumm; **2.** *m* Dummkopf *m*
estupor [estu'pɔr] *m* Erstaunen *n*, Verblüffung *f*
esturión [estu'rĭɔn] *m* Stör *m*
etapa [e'tapa] *f* Etappe *f*; *fig* Phase *f*; Stufe *f*
éter ['etɛr] *m* Äther *m*
eter|nidad [etɛrni'đađ] *f* Ewigkeit *f*; **~no** [e'tɛrno] ewig
éti|ca ['etika] *f* Ethik *f*; **~co** [-ko] ethisch
etimología [etimolɔ'xia] *f* Etymologie *f*
etiqueta [eti'keta] *f* Etikett *n*; (*ceremonial*) Etikette *f*
étnico ['ɛtniko] ethnisch, Volks...
etnología [ɛtnolɔ'xia] *f* Völkerkunde *f*
etología [etolɔ'xia] *f* Verhaltensforschung *f*, Ethologie *f*
eucalipto *bot* [eŭka'lipto] *m* Eukalyptus *m*
eucaristía [eŭkaris'tia] *f* Eucharistie *f*
eufemismo [eŭfe'mizmo] *m* Euphemismus *m*
euf|oria [eŭ'forĭa] *f* Euphorie *f*; **~órico** [-'foriko] euphorisch
eunuco [eŭ'nuko] *m* Eunuch *m*
euro ['eŭro] *m* (*moneda*) Euro *m*
euro|cheque [eŭro'tʃeke] *m* Euroscheck *m*; **~diputado** [-đipu'tađo] *m*, **-a** *f* Europaabgeordnete(r *m*) *f*; **~peo** [-'peo] **1.** *adj* europäisch, Europa...; **2.** *m*, **-a** *f* [-'pea] Europäer(in *f*) *m*
euskera [eŭs'kera] **1.** *adj* baskisch; **2.** *m* baskische Sprache *f*
eutanasia [eŭta'nasĭa] *f* Euthanasie *f*
evacua|ción [eƀakŭa'θĭɔn] *f* Evakuierung *f*; Räumung *f*; **~dor** [-'đɔr] *m*: **~ *de basuras*** Müllschlucker *m*; **~r** [-'kŭar] (*1d*) räumen
evadir [eƀa'đir] (*3a*) vermeiden, umgehen; **~se** entfliehen
evalua|ción [eƀalŭa'θĭɔn] *f* Schätzung *f*; Bewertung *f*; **~r** [-'lŭar] (*1e*) (ab)schätzen; aus-, bewerten
evan|gélico [eƀaŋ'xeliko] evangelisch; **~gelio** [-'xelĭo] *m* Evangelium *n*
evapora|ción [eƀapora'θĭɔn] *f* Verdunstung *f*; **~rse** [-'rarse] (*1a*) verdampfen,

verdunsten; F *fig* verduften, abhauen
evasi|ón [eƀa'sĭɔn] *f* Flucht *f*; **~ *de capitales*** Kapitalflucht *f*; **~va** [-'siƀa] *f* Ausrede *f*; **~vo** [-'siƀo] ausweichend
evento [e'ƀento] *m* Ereignis *n*
eventual [eƀen'tŭal] möglich, eventuell; (*ocasional*) gelegentlich
eviden|cia [eƀi'đenθĭa] *f* Offenkundigkeit *f*; **~te** [-'đente] offensichtlich, klar; ***ser ~*** einleuchten
evita|ble [eƀi'taƀle] vermeidbar; **~r** [-'tar] (*1a*) vermeiden; (*impedir*) verhindern; *j-m* aus dem Weg gehen
evocar [eƀo'kar] (*1g*) heraufbeschwören; wachrufen
evolu|ción [eƀolu'θĭɔn] *f* Entwicklung *f*; Verlauf *m* (*a med*); **~cionar** [-θĭo'nar] (*1a*) sich (weiter)entwickeln
ex [ɛks] *vor su* Ex...; ehemalig
exac|titud [ɛgsakti'tuđ] *f* Genauigkeit *f*; Richtigkeit *f*; **~to** [ɛg'sakto] genau, exakt; richtig
exagera|ción [ɛgsaxera'θĭɔn] *f* Übertreibung *f*; **~r** [-'rar] (*1a*) übertreiben
exalta|ción [ɛgsalta'θĭɔn] *f* Lobpreisung *f*; Begeisterung *f*; **~do** [-'tađo] überspannt; exaltiert; **~r** [-'tar] (*1a*) preisen; verherrlichen
examen [ɛg'samen] *m* Examen *n*; Prüfung *f*; Untersuchung *f* (*a med*)
examina|dor [ɛgsamina'đɔr] *m* Prüfer *m*; **~r** [-'nar] (*1a*) prüfen; untersuchen (*a med*); **~rse** e-e Prüfung ablegen (in ***de***)
exaspera|ción [ɛgsaspera'θĭɔn] *f* Erbitterung *f*; **~r** [-'rar] (*1a*) aufbringen, zur Verzweiflung bringen; **~rse** außer sich geraten
excarcelar [eskarθe'lar] (*1a*) aus dem Gefängnis entlassen
excava|ción [eskaƀa'θĭɔn] *f* Ausgrabung *f*; **~dora** [-'đora] *f* Bagger *m*; **~r** [-'ƀar] (*1a*) ausgraben; ausbaggern
excede|nte [esθe'đente] **1.** *adj* überzählig; *com* überschüssig; **2.** *m* Überschuss *m*; **~r** [-'đɛr] (*2a*) übersteigen, übertreffen; **~rse** zu weit gehen
excelen|cia [esθe'lenθĭa] *f* Vortrefflichkeit *f*; 2 Exzellenz *f*; ***por ~*** schlechthin; **~te** [-'lente] vortrefflich; ausgezeichnet
ex|centricidad [esθentriθi'đađ] *f* Überspanntheit *f*; **~céntrico** [-'θentriko] überspannt; exzentrisch
excep|ción [esθɛƀ'θĭɔn] *f* Ausnahme *f*; ***a*** (*od* ***con***) ***~ de*** mit Ausnahme von, ausgenommen; ***sin ~*** ausnahmslos; **~cional** [-θĭo'nal] außerordentlich; **~to** [es'θɛpto] ausgenommen; **~tuar** [-tu'ar] (*1e*) ausnehmen
exce|sivo [esθe'siƀo] übermäßig; übertrieben; **~so** [es'θeso] *m* Übermaß *n*; ***~ de velocidad*** Geschwindigkeitsüberschreitung *f*; ***en ~*** übermäßig
excita|ble [esθi'taƀle] reizbar; **~ción** [-'θĭɔn] *f* Erregung *f*, Aufregung *f*; **~nte** [-'tante] an-, er-, aufregend; **~r** [-'tar] (*1a*) an-, erregen; reizen; **~rse** sich aufregen
exclama|ción [esklama'θĭɔn] *f* Ausruf *m*; **~r** [-'mar] (*1a*) ausrufen
exclu|ir [esklu'ir] (*3g*) ausschließen; **~sión** [-'sĭɔn] *f* Ausschluss *m*; **~siva** [-'siƀa] *f* Alleinvertretung *f*; Exklusivrecht *n*; **~sivo** [-'siƀo] ausschließlich
excomu|lgar [eskomul'gar] (*1h*) exkommunizieren; **~nión** [-'nĭɔn] *f* Exkommunizierung *f*
excremento(s) [eskre'mento(s)] *m*(*pl*) Exkrement(e) *n*(*pl*); Kot *m*
excur|sión [eskur'sĭɔn] *f* Ausflug *m*; **~sionista** [-sĭo'nista] *m* Ausflügler *m*
excusa [es'kusa] *f* Entschuldigung *f*; (*pretexto*) Ausflucht *f*, Ausrede *f*; **~r** [-'sar] (*1a*) entschuldigen
exen|ción [ɛgsen'θĭɔn] *f* Befreiung *f*; Freistellung *f*; ***~ fiscal*** Steuerfreiheit *f*; **~to** [ɛg'sento] frei, befreit; ***~ de impuestos*** steuerfrei
exequias [ɛg'sekĭas] *f*/*pl* Begräbnisfeierlichkeiten *f*/*pl*
exhaust|ivo [ɛgsaŭs'tiƀo] erschöpfend (*a fig*); **~o** [ɛg'saŭsto] erschöpft
exhibi|ción [ɛgsiƀi'θĭɔn] *f* Ausstellung *f*; Vorführung *f*, Schau *f*; **~cionismo** [-θĭo'nizmo] *m* Exhibitionismus *m*; **~r** [-'ƀir] (*3a*) ausstellen; (*a fig*) zur Schau stellen; (*documento*) vorweisen
exhorta|ción [ɛgsɔrta'θĭɔn] *f* Ermahnung *f*; **~r** [-'tar] (*1a*) ermahnen; auffordern (zu ***a***)
exigen|cia [ɛgsi'xenθĭa] *f* Forderung *f*; **~te** [-'xente] anspruchsvoll
exigir [ɛgsi'xir] (*3c*) (er)fordern; verlangen
exil|(i)arse [ɛgsi'l(ĭ)arse] (*1a*) ins Exil gehen; **~io** [-'silĭo] *m* Exil *n*
eximir [ɛgsi'mir] (*3a*) befreien (von ***de***)
exis|tencia [ɛgsis'tenθĭa] *f* Dasein *n*;

E

Existenz *f*; *com* **en ~** vorrätig; **~s** *pl com* Bestände *m/pl*; **~tente** [-'tente] bestehend; vorrätig; **~tir** [-tir] (*3a*) bestehen; existieren; (*vivir*) leben
éxito ['ɛgsito] *m* Erfolg *m*
exitoso *bsd Am* [ɛgsi'toso] erfolgreich
éxodo ['ɛgsođo] *m* Auszug *m*; Abwanderung *f*; **~ *rural*** Landflucht *f*
exorbitante [ɛgsɔrđi'tante] übermäßig; übertrieben

E

exorci|smo [ɛgsɔr'θizmo] *m* Teufelsaustreibung *f*; **~zar** [-θi'θar] (*1f*) beschwören, austreiben
exótico [ɛg'sotiko] exotisch
expansi|ón [espan'sĭɔn] *f* Ausdehnung *f*; Expansion *f*; **~vo** [-'siđo] expansiv; *fig* mitteilsam; ***onda*** *f* **-a** Druckwelle *f*
expatriarse [espa'trĭarse] (*1b*) auswandern
expecta|ción [espɛkta'θĭɔn] *f* Erwartung *f*; **~nte** [-'tante] abwartend; **~tiva** [-ta'tiđa] *f* Erwartung *f*; **~ *de vida*** Lebenserwartung *f*; ***estar a la*** **~** sich abwartend verhalten
expedición [espeđi'θĭɔn] *f* Beförderung *f*; Versand *m*; (*de un documento*) Ausstellung *f*; (*viaje*) Expedition *f*
expedien|tar [espeđĭen'tar] (*1a*): **~ a alg** gegen j-n ein Verfahren einleiten; **~te** [-'đĭente] *m* Akte *f*; *jur* Verfahren *n*
expedir [espe'đir] (*3l*) (ab-, ver)senden; (*documento*) ausstellen, ausfertigen
expendedor [espende'đɔr] *m*: **~ *automático*** (Waren-)Automat *m*
expensas [es'pensas] *f/pl* Kosten *pl*; ***a*** **~ *de*** auf Kosten (*gen*)
experiencia [espe'rĭenθĭa] *f* Erfahrung *f*; (*experimento*) Versuch *m*
experimen|tación [esperimenta'θĭɔn] *f* Erprobung *f*; **~tado** [-'tađo] erfahren; erprobt; **~tal** [-'tal] experimentell, Versuchs...; **~tar** [-'tar] (*1a*) **1.** *v/t* erproben; *fig* erleben; erfahren; empfinden; **2.** *v/i* experimentieren; **~to** [-'mento] *m* Versuch *m*; Experiment *n*
experto [es'pɛrto] **1.** *adj* sachkundig, erfahren; **2.** *m* Fachmann *m*, Experte *m*
expiar [es'pĭar] (*1c*) sühnen; (*condena*) abbüßen
expira|ción [espira'θĭɔn] *f* Ablauf *m*, Erlöschen *n*; **~r** [-'rar] (*1a*) sterben; (*plazo*) ablaufen
explayarse [espla'jarse] (*1a*) sich ausdehnen; *fig* sich aussprechen
explica|ción [esplika'θĭɔn] *f* Erklärung *f*; **~r** [-'kar] (*1g*) erklären; **~rse**: **~ a/c** sich et erklären können; **~tivo** [-'tiđo] erläuternd
explícito [es'pliθito] ausdrücklich
explora|ción [esplora'θĭɔn] *f* Erforschung *f*; *med* Untersuchung *f*; **~dor** *m* [-'đɔr] Forscher *m*; Pfadfinder *m*; *mil* Kundschafter *m*; Aufklärer *m*; **~r** [-'rar] (*1a*) erforschen; *mil* auskundschaften; *med* untersuchen
explosi|ón [esplo'sĭɔn] *f* Explosion *f*; ***hacer*** **~** explodieren; **~vo** [-'siđo] *m* Sprengkörper *m*, -stoff *m*
explota|ción [esplota'θĭɔn] *f* Ausbeutung *f* (*a fig*); *agr* Nutzung *f*; (*empresa*) Betrieb *m*; **~r** [-'tar] (*1a*) **1.** *v/t* (aus)nutzen; ausbeuten; betreiben, bewirtschaften; *min* abbauen; **2.** *v/i* explodieren
expoliar [espo'lĭar] (*1b*) ausplündern
exponer [espo'nɛr] (*2r*) darlegen; (*exhibir*) ausstellen; (*arriesgar*) gefährden; *fot* belichten; **~se** sich *e-r Gefahr etc* aussetzen
exporta|ción [espɔrta'θĭɔn] *f* Ausfuhr *f*, Export *m*; **~dor** [-'đɔr] *m* Exporteur *m*; **~r** [-'tar] (*1a*) ausführen, exportieren
exposición [esposi'θĭɔn] *f* Ausstellung *f*; *fig* Darlegung *f*; *fot* Belichtung *f*
expósito [es'posito] *m* Findelkind *n*
expositor [esposi'tɔr] *m* Aussteller *m*
expre|sar [espre'sar] (*1a*) ausdrücken; äußern; **~sión** [-'sĭɔn] *f* Ausdruck *m*; **~sivo** [-'siđo] ausdrucksvoll; **~so** [-'preso] **1.** *adj* ausdrücklich; **2.** *m ferro* Schnellzug *m*
exprimi|dor [esprimi'đɔr] *m* Fruchtpresse *f*; **~r** [-'mir] (*3a*) auspressen
expropia|ción [espropĭa'θĭɔn] *f* Enteignung *f*; **~r** [-'pĭar] (*1b*) enteignen
expuesto [es'pŭesto] **1.** *part v* ***exponer***; **2.** *adj* gefährdet; gefährlich
expul|sado [espul'sađo] *m* Vertriebene(r) *m*; **~sar** [-'sar] (*1a*) vertreiben, ausweisen; (*humo*) ausstoßen; **~sión** [-'sĭɔn] *f* Vertreibung *f*; Ausweisung *f*; Ausstoßung *f*
exquisito [eski'sito] erlesen, vorzüglich; (*comida*) köstlich
extasiarse [esta'sĭarse] (*1c*) in Verzückung geraten
éxtasis ['estasis] *m* Verzückung *f*, Ekstase *f*

exten|der [esten'der] (*2g*) ausbreiten; ausdehnen; (*cheque, etc*) ausstellen; **~sible** [-'siƀle] ausziehbar; **~sión** [-'sĭɔn] *f* Ausdehnung *f*, Umfang *m*; Dauer *f*; *tel* Durchwahl *f*; **~so** [es'tenso] weit; ausgedehnt

extenua|ción [estenŭa'θĭɔn] *f* Entkräftung *f*; **~r** [-nu'ar] (*1e*) entkräften; erschöpfen

exterior [este'rĭɔr] **1.** *adj* äußerlich, Außen...; **2.** *m* Äußere(s) *n*; **~es** *m/pl* Außenaufnahmen *f/pl*; **~izar** [-rĭori'θar] (*1f*) äußern, zum Ausdruck bringen

extermi|nar [estɛrmi'nar] (*1a*) ausrotten; vernichten; **~nio** [-'minĭo] *m* Ausrottung *f*; Vernichtung *f*

externo [es'tɛrno] äußerlich

extin|ción [estin'θĭɔn] *f* Löschung *f*; *biol* Aussterben *n*; **~guir** [estiŋ'gir] (*3d*) (aus)löschen; **~guirse** erlöschen (*a fig*); *biol* aussterben; **~to** [es'tinto] erloschen; **~tor** [-'tɔr] *m* (*de incendios*) Feuerlöscher *m*

extirpa|ción [estirpa'θĭɔn] *f* Ausrottung *f*; **~r** [-'par] (*1a*) ausrotten; *med* entfernen

extorsión [estɔr'sĭɔn] *f* Erpressung *f*

extra ['ɛgstra] **1.** *adj* Extra...; Sonder...; **2.** *m* Zulage *f*; (*cine*) Statist *m*

extrac|ción [estrag'θĭɔn] *f* Herausziehen *n*; *med* Ziehen *n*; *min* Förderung *f*; Gewinnung *f*; **~to** [es'trakto] *m* Auszug *m*; Extrakt *m*; **~ *de cuenta*** Kontoauszug *m*; **~tor** [-'tɔr] *m*: **~ *de humos*** Rauchabzug *m*

extradi|ción [estrađi'θĭɔn] *f jur* Auslieferung *f*; **~tar** [-'tar] (*1a*) ausliefern

extraer [estra'ɛr] (*2p*) herausziehen; (*muela*) ziehen; (*sangre*) entnehmen; *min* fördern

extranjero [estraŋ'xero] **1.** *adj* ausländisch; **2.** *m* Ausländer *m*; (*país*) Ausland *n*

extra|ñar [estra'ɲar] (*1a*) wundern, befremden; *bsd Am* vermissen; **~ñarse** sich wundern, erstaunt sein (über *ac* ***de***); **~ñeza** [-'ɲeθa] *f* Befremden *n*; Erstaunen *n*; **~ño** [es'traɲo] fremd; (*raro*) sonderbar, seltsam

extra|ordinario [estraɔrđi'narĭo] außergewöhnlich; außerordentlich; Sonder...; **~rradio** [-'rrađĭo] *m* Außenbezirk *m*; Stadtrand *m*; **~terrestre** [-tɛ'rrestre] außerirdisch; **~vagancia** [-ƀa'ganθĭa] *f* Extravaganz *f*; **~vagante** [-'gante] extravagant; **~vertido** [-ƀɛr'tiđo] extrovertiert; **~viar** [-ƀi'ar] (*1c*) (*perder*) verlegen; **~viarse** sich verlaufen; (*cosa*) abhanden kommen

extre|mado [estre'mađo] übertrieben; **~mar** [-'mar] (*1a*) übertreiben; verschärfen; **~maunción** *rel* [-maun'θĭɔn] *f* letzte Ölung *f*; **~meño** [-'meɲo] aus Estremadura; **~midad** [-mi'đađ] *f* Spitze *f*; Ende *n*; **~es** *f/pl* Gliedmaßen *pl*; **~mista** [-'mista] *m* Radikale(r) *m*; Extremist *m*; **~mo** [es'tremo] **1.** *adj* äußerst; extrem; **2.** *m* (äußerste) Ende *n*; Extrem *n*; *dep* Außenstürmer *m*

exuberan|cia [ɛgsuƀe'ranθĭa] *f* Überfülle *f*; **~te** [-'rante] üppig, wuchernd, strotzend

eyacula|ción [ejakula'θĭɔn] *f* Samenerguss *m*; **~r** [-'lar] (*1a*) ejakulieren

F

F, f ['efe] *f* F, f *n*

fa *mús* [fa] *m* F *n*

fábrica ['faƀrika] *f* Fabrik *f*

fabrica|ción [faƀrika'θĭɔn] *f* Fabrikation *f*, Herstellung *f*; **~ *en serie*** Serienherstellung *f*; **~nte** [-'kante] *m* Fabrikant *m*, Hersteller *m*; **~r** [-'kar] (*1g*) herstellen

fabril [fa'ƀril] Fabrik...

fábula ['faƀula] *f* Fabel *f*

fabuloso [faƀu'loso] fabelhaft

facción [fag'θĭɔn] *f* Rotte *f*; Bande *f*; ***facciones*** *pl* Gesichtszüge *m/pl*

faceta [fa'θeta] *f fig* Aspekt *m*

facha F ['fatʃa] **1.** *f* Aussehen *n*; **2.** *m desp* Faschist *m*; **~da** [fa'tʃađa] *f* Fassade *f*

facial [fa'θĭal] Gesichts...

fácil ['faθil] leicht; *fig* leichtfertig; **~ *de usar*** *inform* benutzerfreundlich

facili|dad [faθili'đađ] *f* Leichtigkeit *f*; Gewandtheit *f*; **~es** *pl* Erleichterungen *f/pl*; **~tar** [-'tar] (*1a*) erleichtern; (*proporcionar*) be-, verschaffen
facsímil(e) [fak'simil(e)] *m* Faksimile *n*
factible [fak'tiƀle] machbar
factor [fak'tɔr] *m* Faktor *m*; **~ de protección solar** Lichtschutzfaktor *m*; **~ía** [-to'ria] *f* Fabrik *f*, Werk *n*
factura [fak'tura] *f* Rechnung *f*; **~ción** [-'θĭɔn] *f* Berechnung *f*; *ferro* (Gepäck-)Aufgabe *f*, Abfertigung *f*; Umsatz *m*; **~r** [-'rar] (*1a*) in Rechnung stellen; (*equipaje*) aufgeben; *avia* einchecken

F

faculta|d [fakul'tađ] *f* Fähigkeit *f*; (*poder*) Befugnis *f*; (*universidad*) Fakultät *f*; **~r** [-'tar] (*1a*) ermächtigen (zu **para**); **~tivo** [-ta'tiƀo] **1.** *adj* fakultativ; freiwillig; *med* ärztlich; **2.** *m* Arzt *m*
faena [fa'ena] *f* Arbeit *f*; **hacer una ~ a alg** j-m übel mitspielen; **~r** [fae'nar] (*1a*) fischen, auf Fang gehen
fagot *mús* [fa'gɔt] *m* Fagott *n*
faisán [faĭ'san] *m* Fasan *m*
faja ['faxa] *f* Schärpe *f*; (*corsé*) Mieder *n*; *med* Leibbinde *f*; (*de terreno*) Streifen *m*; *corr* **bajo ~** unter Streif-, Kreuzband *n*
fajo ['faxo] *m* Bündel *n*
falange [fa'laŋxe] *f* Fingerglied *n*
falaz [fa'laθ] (be)trügerisch
falda ['falda] *f* Rock *m*; *geo* Berghang *m*; **~ pantalón** Hosenrock *m*; **~ plisada** Plisseerock *m*
falible [fa'liƀle] fehlbar
falla ['faʎa] *f* (Material-)Fehler *m*; *geo* Bruch *m*; *Am* Versagen *n*; **~r** [-'ʎar] (*1a*) versagen; *jur* das Urteil fällen
falle|cer [faʎe'θɛr] (*2d*) sterben; **~cido** [-'θiđo] *m* Verstorbene(r) *m*; **~cimiento** [-'mĭento] *m* Tod *m*
fallido [fa'ʎiđo] fehlgeschlagen
fallo ['faʎo] *m jur* Urteil *n*; (*defecto*) Fehler *m*; *med*, *tec* Versagen *n*; **~ humano** menschliches Versagen *n*
false|ar [false'ar] (*1a*) verfälschen; **~dad** [-'đađ] *f* Falschheit *f*; Fälschung *f*
falsifica|ción [falsifika'θĭɔn] *f* (Ver-)Fälschung *f*; **~dor** *m* [-'đɔr] Fälscher *m*; **~ de moneda** Falschmünzer *m*; **~r** [-'kar] (*1g*) fälschen
falso ['falso] falsch; unwahr
falta ['falta] *f* Fehler *m*; (*carencia*) Mangel *m* (an *dat* **de**); (*ausencia*) Fehlen *n*; *dep* Foul *n*; **a** (*od* **por**) **~ de** mangels (*gen*); **sin ~** ganz bestimmt; **echar en ~** vermissen; **hacer ~** nötig sein; **~r** [-'tar] (*1a*) fehlen; ausbleiben; **~ a** verstoßen gegen (*ac*); **~ a clase** den Unterricht versäumen; **~ a su palabra** sein Wort brechen
falto ['falto]: **~ de** in Ermangelung (*gen*); **~ de recursos** mittellos
fama ['fama] *f* Ruf *m*; Ruhm *m*; **de ~ mundial** weltberühmt; **tener mala ~** e-n schlechten Ruf haben
famélico [fa'meliko] ausgehungert
familia [fa'milĭa] *f* Familie *f*; **~ numerosa** kinderreiche Familie *f*; **~r** [fami'lĭar] **1.** *adj* Familien...; *fig* vertraut; familiär; **2.** *m* Familienangehörige(r) *m*; **~rizar(se)** [-ri'θar(se)] (*1f*) (sich) vertraut machen (mit *dat* **con**)
famoso [fa'moso] berühmt
fan [fan] *su* Fan *m*
fanático [fa'natiko] **1.** *adj* fanatisch; **2.** *m* Fanatiker *m*; Fan *m*
fanatismo [fana'tizmo] *m* Fanatismus *m*
fanfarr|ón [famfa'rrɔn] **1.** *adj* prahlerisch; **2.** *m* Aufschneider *m*, Angeber *m*; **~onada** [-farrɔ'nađa] *f* Angeberei *f*; **~onear** [-ne'ar] (*1a*) aufschneiden, angeben
fango ['faŋgo] *m* Schlamm *m*; **~so** [-'goso] schlammig
fantas|ear [fantase'ar] (*1a*) fantasieren; **~ía** [-'sia] *f* Fantasie *f*; **~ma** [-'tazma] *m* Gespenst *n*
fantástico [fan'tastiko] fantastisch
faquir [fa'kir] *m* Fakir *m*
farándula [fa'randula] *f* Komödiantentum *n*; (**mundo** *m* **de la**) **~** Showbusiness *n*
fardo ['farđo] *m* Ballen *m*
farero [fa'rero] *m* Leuchtturmwärter *m*
farfullar [farfu'ʎar] (*1a*) stammeln
faring|e [fa'riŋxe] *f* Rachen *m*; **~itis** *med* [-'xitis] *f* Rachenentzündung *f*
farma|céutico [farma'θeŭtiko] **1.** *adj* pharmazeutisch; **2.** *m* Apotheker *m*; **~cia** [-'maθĭa] *f* Apotheke *f*; (*ciencia*) Pharmazie *f*
fármaco ['farmako] *m* Arzneimittel *n*
faro ['faro] *m* Leuchtturm *m*; *auto* Scheinwerfer *m*; **~ antiniebla** Nebelscheinwerfer *m*; **~ halógeno** Halogen-

scheinwerfer *m*; **~l** [fa'rɔl] *m* (Straßen-)Laterne *f*; F Bluff *m*; **~la** [-'rola] *f* Straßenlaterne *f*; **~lero** [-'lero] *m fig* Angeber *m*; **~lillo** [-'liʎo] *m* Lampion *m*; **~ rojo** *fig* Schlusslicht *n*
farra *Am* ['farra] *f* lärmendes Fest *n*
farsa ['farsa] *f* Posse *f*; *fig* Farce *f*; **~nte** [-'sante] *m* Schwindler *m*
fascículo [fas'θikulo] *m* Heft *n*
fascina|ción [fasθina'θĭɔn] *f* Faszination *f*, Zauber *m*; **~r** [-'nar] (*1a*) faszinieren, bezaubern
fascis|mo [fas'θizmo] *m* Faschismus *m*; **~ta** [-'θista] **1.** *adj* faschistisch; **2.** *m* Faschist *m*
fase ['fase] *f* Phase *f*
fastidi|ar [fasti'đĭar] (*1b*) ärgern; belästigen; **~o** [-'tiđĭo] *m* Ärger *m*; Überdruss *m*; **~oso** [-'đĭoso] lästig; ärgerlich
fastuoso [fas'tŭoso] prunkvoll
fatal [fa'tal] verhängnisvoll; **~idad** [-li'đađ] *f* Verhängnis *n*; **~ista** [-'lista] **1.** *adj* fatalistisch; **2.** *m* Fatalist *m*
fatídico [fa'tiđiko] unheilvoll
fati|ga [fa'tiga] *f* Mühe *f*; Strapaze *f*; (*cansancio*) Ermüdung *f*; **~gar** [-'gar] (*1h*) ermüden; anstrengen; **~garse** müde werden, ermüden; **~goso** [-'goso] ermüdend; anstrengend
fatuo ['fatŭo] eingebildet, eitel
fauna ['faŭna] *f* Tierwelt *f*, Fauna *f*
fauno ['faŭno] *m* Faun *m*
fausto ['faŭsto] *m* Pracht *f*, Pomp *m*
favor [fa'ƀɔr] *m* Gunst *f*; Gefälligkeit *f*; Gefallen *m*; ***a ~ de*** zugunsten von; ***a mi ~*** zu m-n Gunsten; ***por ~*** bitte!; ***hacer el ~ de*** so freundlich sein (*inf*); **~able** [faƀo'raƀle] günstig; **~ecedor** [-reθe'đɔr] *m* vorteilhaft; **~ecer** [-'θɛr] (*2d*) begünstigen; (*vestido*) gut stehen; **~itismo** [-ri'tizmo] *m* Günstlingswirtschaft *f*; **~ito** [-'rito] **1.** *adj* Lieblings...; ***plato m ~*** Leibgericht *n*; **2.** *m* Günstling *m*; Favorit *m*
faz [faθ] *f* Antlitz *n*
fe [fe] *f* Glaube *m* (an *ac* ***en***); (*confianza*) Vertrauen *n* (zu *dat*, in *ac* ***en***); ***~ de erratas*** Druckfehlerverzeichnis *n*
fealdad [feal'dađ] *f* Hässlichkeit *f*
febrero [fe'ƀrero] *m* Februar *m*
febril [fe'ƀril] fieberhaft (*a fig*)
fecal [fe'kal]: ***materias*** *f/pl* ***~es*** Fäkalien *pl*; Kot *m*
fecha ['fetʃa] *f* Datum *n*; ***~ de caducidad*** Haltbarkeitsdatum *n*; ***hasta la ~*** bis heute; **~r** [-'tʃar] (*1a*) datieren
fechoría [fetʃo'ria] *f* Missetat *f*
fécula ['fekula] *f* Stärke(mehl *n*) *f*
fecun|dación [fekunda'θĭɔn] *f* Befruchtung *f*; **~dar** [-'dar] (*1a*) befruchten; **~didad** [-di'đađ] *f* Fruchtbarkeit *f*; **~do** [fe'kundo] fruchtbar (*a fig*)
federa|ción [fеđera'θĭɔn] *f* Bund *m*; Verband *m*; ***♀ Europea de Bolsas*** Europäischer Börsenverband *n*; **~l** [-'ral] Bundes...; **~lismo** [-'lizmo] *m* Föderalismus *m*
fehaciente [fea'θĭente] glaubhaft
felici|dad [feliθi'đađ] *f* Glück *n*; ***¡~es!*** herzlichen Glückwunsch!; **~tación** [-ta'θĭɔn] *f* Glückwunsch *m*; **~tar** [-'tar] (*1a*) beglückwünschen; gratulieren (zu *dat* ***por***)
felino [fe'lino] katzenhaft (*a fig*)
feliz [fe'liθ] glücklich
fel|pa ['fɛlpa] *f* Plüsch *m*; **~pudo** [-'puđo] *m* Fußmatte *f*
femenino [feme'nino] **1.** *adj* weiblich; Frauen...; **2.** *m gram* Femininum *n*
femini|dad [femini'đađ] *f* Weiblichkeit *f*; Fraulichkeit *f*; **~smo** [-'nizmo] *m* Feminismus *m*; **~sta** [-'nista] **1.** *adj* feministisch; **2.** *f* Feministin *f*
fémur ['femur] *m* Oberschenkelknochen *m*, Femur *m*
fenicio [fe'niθĭo] **1.** *adj* phönizisch; **2.** *m* Phönizier *m*
fen|omenal [fenome'nal] *fig* großartig, phänomenal; **~ómeno** [fe'nɔmeno] *m* Phänomen *n*, Erscheinung *f*
feo ['feo] hässlich
féretro ['feretro] *m* Sarg *m*
feria ['ferĭa] *f* Jahrmarkt *m*; *com* Messe *f*; ***~ de muestras*** Mustermesse *f*; ***~ monográfica*** Fachmesse *f*; **~nte** [fe'rĭante] *m* Messebesucher *m*; Schausteller *m*
fermen|tación [fɛrmenta'θĭɔn] *f* Gärung *f*; **~tar** [-'tar] (*1a*) gären; **~to** [-'mento] *m* Ferment *n*
fero|cidad [feroθi'đađ] *f* Wildheit *f*; **~z** [fe'rɔθ] wild; grausam
férreo ['fɛrrɛo] eisern (*a fig*)
ferretería [fɛrrɛte'ria] *f* Eisenwarenhandlung *f*
ferro|carril [fɛrrɔka'rril] *m* Eisenbahn *f*; **~viario** [-'ƀĭarĭo] **1.** *adj* Eisenbahn...; **2.** *m* Eisenbahner *m*

ferry ['fɛrri] *m* (Auto-)Fähre *f*
fértil ['fɛrtil] fruchtbar (*a fig*)
fertili|dad [fɛrtili'đađ] *f* Fruchtbarkeit *f*; **~zante** [-'θante] *m* Düngemittel *n*; **~zar** [-'θar] (*1f*) düngen
fer|viente [fɛr'ƀĭente] inbrünstig; glühend; **~vor** [-'ƀɔr] *m* Inbrunst *f*; *fig* Feuereifer *m*; **~voroso** [-ƀo'roso] inbrünstig; eifrig
fes|tejar [festɛ'xar] (*1a*) feiern; **~tín** [-'tin] *m* Festmahl *n*, Bankett *n*; **~tival** [-ti'ƀal] *m* Festival *n*; Festspiele *n/pl*; **~tividad** [-tiƀi'đađ] *f* Fest(lichkeit *f*) *n*; **~tivo** [-'tiƀo] festlich, Fest...; *fig* fröhlich

F

fetal [fe'tal] *adj* Fötus..., fetal
fetiche [fe'titʃe] *m* Fetisch *m*
fétido ['fetiđo] stinkend
feto ['feto] *m* Fötus *m*
feudal [feŭ'đal] feudal; Lehns...; **~ismo** [-'lizmo] *m* Lehnswesen *n*
fia|ble [fi'aƀle] zuverlässig; **~dor** [fia'đɔr] *m* Bürge *m*
fiambre ['fĭambre] *m* Aufschnitt *m*; **~ra** [-'brera] *f* Picknickdose *f*; **~ría** *Am* [-'ria] *f* Feinkostgeschäft *n*
fia|nza [fi'anθa] *f* Bürgschaft *f*; Kaution *f*; ***bajo ~*** gegen Kaution; **~r** [fi'ar] (*1c*) bürgen für (*ac*); **~rse**: ***~ de alg*** j-m trauen; sich auf j-n verlassen
fiasco ['fĭasko] *m* Fiasko *n*
fibra ['fiƀra] *f* Faser *f*; (*de un alimento*) Faserstoffe *m/pl*; ***~ óptica***, ***~ de vidrio*** Glasfaser *f*; ***~ sintética*** Kunstfaser *f*
fic|ción [fig'θĭɔn] *f* Fiktion *f*; **~ticio** [fik'tiθĭo] erdacht, fiktiv; fingiert
fich|a ['fitʃa] *f* Spielmarke *f*; *tel* Münze *f*; (*tarjeta*) Karteikarte *f*; ***~ de sonido*** Soundkarte *f*; **~ar** [fi'tʃar] (*1a*) **1.** *v/t* registrieren, erfassen; *dep* verpflichten, unter Vertrag nehmen; **2.** *v/i dep* sich verpflichten (bei ***por***); **~ero** [fi'tʃero] *m* Kartei *f*; Karteikasten *m*; *inform* Datei *f*
ficus *bot* ['fikus] *m* Gummibaum *m*
fidedigno [fiđe'điɡno] glaubwürdig
fidelidad [fiđeli'đađ] *f* Treue *f*; ***alta ~*** Hi-Fi *f*
fideos [fi'đeos] *m/pl* (Faden-)Nudeln *f/pl*
fiduciario [fiđu'θĭarĭo] *adj* Treuhand...
fiebre ['fĭeƀre] *f* Fieber *n*; ***~ amarilla*** Gelbfieber *n*; ***~ del heno*** Heuschnupfen *m*
fiel ['fĭɛl] **1.** *adj* treu; getreu; zuverlässig; **2.** *m rel* Gläubige *m*
fieltro ['fĭɛltro] *m* Filz *m*
fie|ra ['fĭera] *f* Raubtier *n*; **~reza** [-'reθa] *f* Wildheit *f*; **~ro** ['fĭero] wild, grausam
fiesta ['fĭesta] *f* Fest *n*; Feiertag *m*; ***~ nacional*** Nationalfeiertag *m*; *Esp* Stierkampf *m*; ***hacer ~*** nicht arbeiten
figura [fi'ɡura] *f* Figur *f*; Gestalt *f*; **~do** [-'rađo] (sinn)bildlich; ***sentido** m **~*** übertragene Bedeutung *f*; **~nte** *m*, **~nta** *f* [-'rante, -'ranta] Statist(in *f*) *m*; **~r** [-'rar] (*1a*) **1.** *v/t* darstellen; **2.** *v/i* aufgeführt sein, stehen (auf, in *dat* ***en***); **~rse** sich denken; ***¡figúrate!*** stell dir (nur) vor!
fija|ción [fixa'θĭɔn] *f* Befestigung *f*; *com* Festsetzung *f*; (*esquí*) Bindung *f*; **~dor** [-'đɔr] *m* Haarfestiger *m*; *fot* Fixiermittel *n*; **~r** [-'xar] (*1a*) befestigen; (*precio, etc*) festsetzen; *fot* fixieren; **~rse** bemerken; achten (auf *ac* ***en***)
fijo ['fixo] fest; ***idea** f **-a*** fixe Idee *f*
fila ['fila] *f* Reihe *f*; *mil* Glied *n*; ***~ india*** Gänsemarsch *m*; *mil* ***llamar a ~s*** einberufen, einziehen
filateli|a [fila'telĭa] *f* Philatelie *f*; **~sta** [-'lista] *m* Briefmarkensammler *m*
filete [fi'lete] *m gastr* Scheibe *f* Fleisch; (Fisch-)Filet *n*
filia|ción [filĭa'θĭɔn] *f* Abstammung *f*; *pol* Mitgliedschaft *f*; **~l** [fi'lĭal] **1.** *adj* Kindes...; **2.** *f* Tochtergesellschaft *f*
filipino [fili'pino] **1.** *adj* philippinisch; **2.** *m* Filipino *m*
film|(e) [film(e)] *m* Film *m*; **~ación** [-ma'θĭɔn] *f* Verfilmung *f*; Filmen *n*; **~adora** [-'đora] *f* Filmkamera *f*; **~ar** [-'mar] (*1a*) (ver)filmen; **~oteca** [-'teka] *f* Filmarchiv *n*
filo ['filo] *m* Schneide *f*; ***de dos ~s***, ***de doble ~*** zweischneidig
filología [filolɔ'xia] *f* Philologie *f*
filólogo [fi'lɔloɡo] *m* Philologe *m*
filón [fi'lɔn] *m* Erzader *f*; Flöz *n*; *fig* Goldgrube *f*
filosofía [filoso'fia] *f* Philosophie *f*
filósofo [fi'losofo] *m* Philosoph *m*
filoxera [filɔɡ'sera] *f* Reblaus *f*
filtrar [fil'trar] (*1a*) filtern; **~se** durchsickern (*a fig*)
filtro ['filtro] *m* Filter *m*
fin [fin] *m* Ende *n*; (*finalidad*) Ziel *n*; Zweck *m*; ***~ de semana*** Wochenende

n; **al** (*od* **en**, **por**) **~** endlich; **a ~ de** *inf* um zu *inf*; **a ~** (*od* **con el ~**) **de que** damit; **a ~es de mayo** Ende Mai; **al ~ y al cabo** letzten Endes
finado *m* [fi'nađo] Verstorbene(r) *m*
final [fi'nal] **1.** *adj* Schluss..., End...; **2.** *m* Ende *n*; *mús* Finale *n*; **3.** *f dep* Endspiel *n*, Finale *n*; **~ista** [-'lista] *m* Endspielteilnehmer *m*; **~izar** [-'θar] (*1f*) beenden; **~mente** [-'mente] endlich, schließlich
finan|ciación [finanθĭa'θĭɔn] *f* Finanzierung *f*; **~ciar** [-'θĭar] (*1b*) finanzieren; **~ciero** [-'θĭero] **1.** *adj* Finanz...; finanziell; **2.** *m* Finanzmann *m*; **~zas** [fi'nanθas] *f*/*pl* Finanzen *f*/*pl*
finca ['fiŋka] *f* Grundstück *n*; Landgut *n*; **~ urbana** Wohnhaus *n*
fineza [fi'neθa] *f* Feinheit *f*
fingi|do [fiŋ'xiđo] verstellt, fingiert; **~r** [-'xir] (*3c*) vortäuschen, vorgeben
finlandés [finlan'des] **1.** *adj* finnisch; **2.** *m* Finne *m*
fino ['fino] fein; dünn; *fig* höflich
finura [fi'nura] *f* Feinheit *f*
firma ['firma] *f* Unterschrift *f*
firmamento [firma'mento] *m* Firmament *n*
firma|nte [fir'mante] *m* Unterzeichner *m*; **~r** [-'mar] (*1a*) unterzeichnen, -schreiben
firme ['firme] **1.** *adj* fest; sicher; **2.** *m* Straßendecke *f*; **~za** [-'meθa] *f* Festigkeit *f*; *fig* Standhaftigkeit *f*
fiscal [fis'kal] **1.** *adj* Steuer...; **2.** *su* Staatsanwalt *m*, -anwältin *f*; **~ía** [-'lia] *f* Staatsanwaltschaft *f*
fisco ['fisko] *m* Fiskus *m*
físi|ca ['fisika] *f* Physik *f*; **~co** [-ko] **1.** *adj* physikalisch; physisch, körperlich; **2.** *m* Physiker *m*; (*aspecto*) Aussehen *n*
fisiología [fisĭolɔ'xia] *f* Physiologie *f*
fisión [fi'sĭɔn] *f*: **~ nuclear** Kernspaltung *f*
fisioterapeuta [fisĭotera'peŭta] *su* Physiotherapeut(in *f*) *m*; Heilgymnast(in *f*) *m*
fisonomía [fisono'mia] *f* Physiognomie *f*; Gesichtsausdruck *m*
fístula *med* ['fistula] *f* Fistel *f*
fisura [fi'sura] *f* Spalt *m*; Fissur *f*
fito... [fito] *in Zssgn* Pflanzen..., Phyto...
fláccido ['flagθiđo] schlaff
flaco ['flako] **1.** *adj* mager, dürr; *a fig* schwach; **2.** *m* schwache Seite *f*; Schwäche *f*
flagelo [fla'xelo] *m* Geißel *f* (*a fig*)
flagrante [fla'grante]: **en ~** auf frischer Tat
flamante [fla'mante] (funkel)nagelneu
flamenco [fla'meŋko] **1.** *adj* flämisch; **2.** *m* Flame *m*; *zo* Flamingo *m*; *Esp* Flamenco *m*
flan [flan] *m* Pudding *m*
flanco [flaŋko] *m* Seite *f*, Flanke *f*
flaque|ar [flake'ar] nachgeben; nachlassen; **~za** [-'keθa] *f* Magerkeit *f*; *fig* Schwäche *f*
flash [flaʃ] *m fot* Blitzlicht *n*; **~ back** [-'bek] *m* Rückblende *f*
flato ['flato] *m* Blähung *f*
flau|ta ['flaŭta] *f* Flöte *f*; **~ dulce** Blockflöte *f*; **~tín** [-'tin] *m* Pikkoloflöte *f*; **~tista** [-'tista] *su* Flötist(in *f*) *m*
flebitis [fle'bitis] *f* Venenentzündung *f*
flecha ['fletʃa] *f* Pfeil *m*; **~zo** [-'tʃaθo] *m* Pfeilschuss *m*; F Liebe *f* auf den ersten Blick
fleco ['fleko] *m* Franse *f*
flem|a ['flema] *f* Phlegma *n*; **~ático** [-'matiko] phlegmatisch
flemón *med* [fle'mɔn] *m* Zahngeschwür *n*
flequillo [fle'kiʎo] *m* (*pelo*) Pony *m*
fletar [fle'tar] (*1a*) chartern
flexi|ble [flɛgsible] biegsam, flexibel; **~ón** [-'sĭɔn] *f* Biegung *f*; *dep* Beuge *f*; *gram* Flexion *f*
flirt [flirt] *m* Flirt *m*; **~ear** [flirte'ar] (*1a*) flirten; **~eo** [-'teo] *m* Flirten *n*
flojo ['flɔxo] locker; *fig* schlapp; (*débil*) schwach
flor [flɔr] *f* Blume *f*; Blüte *f*; **la ~ y nata** (**de la sociedad**) die Creme (der Gesellschaft); **~a** ['flora] *f* Pflanzenwelt *f*; Flora *f*; **~ación** [-'θĭɔn] *f* Blüte(zeit) *f*; **~ecer** [-re'θɛr] (*2d*) blühen (*a fig*); **~eciente** [-re'θĭente] blühend (*a fig*); **~ero** [-'rero] *m* Blumenvase *f*
florete [flo'rete] *m* Florett *n*
florín [flo'rin] *m* Gulden *m*
floris|ta [flo'rista] *su* Blumenhändler(in *f*) *m*; **~tería** [-te'ria] *f* Blumengeschäft *n*
flota ['flota] *f* Flotte *f*; **~dor** [-'đɔr] *m* Schwimmgürtel *m*; *tec* Schwimmer *m*; **~r** [-'tar] (*1a*) schwimmen, treiben; (*en el aire*) schweben

F

flote *mar* ['flote]: ***a ~*** flott; ***mantenerse a ~*** *fig* sich über Wasser halten; ***poner*** (*od* ***sacar***) ***a ~*** flottmachen (*a fig*)
fluctua|ción [fluktua'θĭɔn] *f* Schwankung *f*; **~r** [-'ar] (*1e*) schwanken (*a fig*)
flui|dez [flui'đεθ] *f* Flüssigkeit *f* (*a fig*); **~do** [-'iđo] flüssig, fließend (*a fig*); **~r** [-'ir] (*3g*) fließen.
flujo ['fluxo] *m* Fluss *m*; Fließen *n*; *med* Ausfluss *m*
flúor ['fluɔr] *m* Fluor *n*
fluvial [flu'ƀĭal] Fluss...
fobia ['foƀĭa] *f* Phobie *f*

F

foca ['foka] *f* Robbe *f*, Seehund *m*
foco ['foko] *m* Brennpunkt *m*; *el* Scheinwerfer *m*; *med u fig* Herd *m*
fogón [fo'gɔn] *m* (Küchen-)Herd *m*
fogoso [fo'goso] ungestüm; feurig
foie-gras [foa'gras] *m* Leberpastete *f*
folkl|ore [fɔlk'lore] *m* Folklore *f*; **~órico** [-'loriko] folkloristisch
follaje [fo'ʎaxe] *m* Laubwerk *n*
folle|tín [foʎe'tin] *m* Feuilleton *n*; *TV* Seifenoper *f*; **~to** [fo'ʎeto] *m* Broschüre *f*; Prospekt *m*
follón [fo'ʎɔn] *m* Krach *m*; Durcheinander *n*
fomen|tar [fomen'tar] (*1a*) fördern; **~to** [fo'mento] *m* Förderung *f*
fonda ['fɔnda] *f* Gasthaus *n*, -hof *m*
fondo [fɔndo] *m* Grund *m*, Boden *m*; *fot*, *pint* Hintergrund *m*; *com* Fonds *m*; ***~ monetario*** Währungsfonds *m*; ***~s*** *pl* Geldmittel *n*/*pl*; ***a ~*** gründlich; ***en el ~*** im Grunde (genommen); *fig* ***tocar ~*** den Tiefpunkt erreichen; ***sin ~s*** (*cheque*) ungedeckt; ***los bajos ~s*** Unterwelt *f*
fonéti|ca [fo'netika] *f* Phonetik *f*; **~co** [-'netiko] phonetisch
fontane|ría [fɔntane'ria] *f* Klempnerei *f*; **~ro** [-'nero] *m* Klempner *m*; Installateur *m*
footing ['futiŋ] *m* Jogging *n*
forastero [foras'tero] **1.** *adj* fremd; auswärtig; **2.** *m* Fremde(r) *m*
forceje|ar [fɔrθεxe'ar] (*1a*) (mitea) ringen; **~o** [-'xeo] *m* Gerangel *n*
fórceps ['fɔrθεƀs] *m* Geburtszange *f*
forense [fo'rense] **1.** *adj* gerichtlich, Gerichts...; **2.** *m* Gerichtsarzt *m*
forestal [fores'tal] Forst..., Wald...
forja ['fɔrxa] *f* Schmiede *f*; **~r** [-'xar] (*1a*) schmieden (*a fig*)
forma ['fɔrma] *f* Form *f*; Gestalt *f*; (*modo*) Art *f*, Weise *f*; ***de ~ que*** sodass; ***de todas ~s*** jedenfalls; ***estar en ~*** in Form sein; **~ción** [-'θĭɔn] *f* Bildung *f*, Gestaltung *f*; (*educación*) Ausbildung *f*; **~l** [-'mal] formal; (*persona*) förmlich, formell; (*serio*) zuverlässig; **~lidad** [-li'đađ] *f* Formalität *f*; Förmlichkeit *f*; Zuverlässigkeit *f*; **~lizar** [-'θar] (*1f*) ordnungsgemäß ausfertigen; offiziell gestalten; **~r** [-'mar] (*1a*) formen, bilden, gestalten; (*educar*) ausbilden; **~rse** sich bilden, entstehen; **~tear** *inform* (*1a*) formatieren; **~teo** *inform m* Formatierung *f*; **~to** [-'mato] *m* Format *n*
formidable [fɔrmi'đaƀle] F riesig, toll
formón [fɔr'mɔn] *m* Stemmeisen *n*
fórmula ['fɔrmula] *f* Formel *f*
formular [fɔrmu'lar] (*1a*) formulieren; **~io** [-'larĭo] *m* Formular *n*; ***~ de inscripción*** Anmeldeformular *n*
fornicar [fɔrni'kar] (*1g*) huren
fornido [fɔr'niđo] stark, stämmig
foro ['foro] *m* Forum *n*
forra|do [fɔ'rrađo] gefüttert (mit ***de***); *fig* ***~*** (***de dinero***) F betucht; **~je** [-'rraxe] *m* (Vieh-)Futter *n*; **~r** [-'rrar] (*1a*) (*vestido*) füttern; (*libro*) einschlagen
forro ['fɔrrɔ] *m* Futter *n*; (*de libro*) Umschlag *m*; (*funda*) Überzug *m*
fortale|cer [fɔrtale'θεr] (*2d*) stärken; **~cimiento** [-θi'mĭento] *m* Stärkung *f*; **~za** [-leθa] *f* Kraft *f*; Stärke *f*; *mil* Festung *f*
fortifica|ción [fɔrtifika'θĭɔn] *f* Befestigung *f*; **~r** [-'kar] (*1g*) stärken; *mil* befestigen
fortuito [fɔr'tŭito] zufällig
fortuna [fɔr'tuna] *f* Schicksal *n*; (*suerte*) Glück *n*; (*dinero*) Vermögen *n*; ***por ~*** glücklicherweise
forúnculo *med* [fo'ruŋkulo] *m* Furunkel *m*
forza|do [fɔr'θađo] *adj* gezwungen; erzwungen; ***trabajos*** *m*/*pl* ***~s*** Zwangsarbeit *f*; **~r** [-'θar] (*1f u 1m*) zwingen (zu ***a***); (*puerta*) aufbrechen; (*violar*) vergewaltigen; *fig* forcieren, erzwingen
forzoso [fɔr'θoso] notwendig; Not..., Zwangs...
forzudo [fɔr'θuđo] sehr stark
fosa ['fosa] *f* Grab *n*; ***~ común*** Massengrab *n*; ***~ nasal*** Nasenhöhle *f*
fosfato [fɔs'fato] *m* Phosphat *n*; ***sin ~s***

phosphatfrei
fósforo ['fɔsforo] *m* Phosphor *m*; (*cerilla*) Streichholz *n*
fósil ['fosil] *m* Fossil *n*
foso ['foso] *m* Graben *m*; Grube *f*; *teat* Versenkung *f*; *mús* Orchestergraben *m*
foto ['foto] *f* Foto *n*; **~copia** [-'kopĭa] *f* Fotokopie *f*; **~copiadora** [-'đora] *f* Fotokopiergerät *n*; **~copiar** [-'pĭar] (*1a*) fotokopieren; **~génico** [-'xeniko] fotogen; **~grafía** [-gra'fia] *f* Fotografie *f*; **~grafiar** [-fi'ar] (*1c*) fotografieren; **~gráfico** [-'grafiko] fotografisch
fotó|grafo [fo'tografo] *m* Fotograf *m*; **~metro** [-metro] *m* Belichtungsmesser *m*
frac [frak] *m* Frack *m*
fraca|sado [fraka'sađo] *m* (*persona*) Versager *m*; **~sar** [-'sar] (*1a*) scheitern; misslingen; **~so** [-'kaso] *m* Scheitern *n*; Misserfolg *m*, Fehlschlag *m*
fracci|ón [frag'θĭɔn] *f mat* Bruch *m*; Bruchteil *m*; **~onar** [-θĭo'nar] (*1a*) zerteilen; (zer)stückeln
fractura [frak'tura] *f med* Bruch *m*; **~r** [-'rar] (*1a*) (zer)brechen
fragan|cia [fra'ganθĭa] *f* Duft *m*; **~te** [-'gante] duftend
fragata *mar* [fra'gata] *f* Fregatte *f*
frágil ['fraxil] zerbrechlich; (*débil*) schwach
fragilidad [fraxili'đađ] *f* Zerbrechlichkeit *f*; *fig* Schwäche *f*
fragmen|tario [fragmen'tarĭo] fragmentarisch, bruchstückhaft; **~to** [-'mento] *m* Fragment *n*, Bruchstück *n*; Scherbe *f*
fragua ['fragŭa] *f* Schmiede *f*; **~r** [-'gŭar] (*1i*) schmieden (*a fig*)
fraile ['fraĭle] *m* Mönch *m*
frambuesa [fram'bŭesa] *f* Himbeere *f*
francamente [franka'mente] offen (gesagt)
fran|cés [fran'θes] **1.** *adj* französisch; **2.** *m* Franzose *m*; **~cesa** [-'θesa] *f* Französin *f*
franco ['fraŋko] **1.** *adj* frei; *fig* offen(herzig); *hist* fränkisch; **~ *de porte*** portofrei; **~ *de servicio*** dienstfrei; **2.** *m* (*moneda*) Franc *m*; Franken *m*
francotirador [fraŋkotira'đɔr] *m* Freischärler *m*
franela [fra'nela] *f* Flanell *m*
franja ['fraŋxa] *f* Streifen *m*
franque|adora [fraŋkea'đora] *f* Frankiermaschine *f*; **~ar** [-'ar] (*1a*) *corr* frankieren; (*paso*) freigeben; (*pasar*) überschreiten, durchqueren; ***sin* ~** unfrankiert; **~o** [-'keo] *m* Frankieren *n*; Porto *n*; **~za** [-'keθa] *f* Offenheit *f*
franquicia [fraŋ'kiθĭa] *f* Zollfreiheit *f*; **~ *postal*** Portofreiheit *f*
frasco ['frasko] *m* Fläschchen *n*, Flakon *m*, *n*
frase ['frase] *f* Satz *m*; **~ *hecha*** Redewendung *f*; **~o** *mús* [-'seo] *m* Phrasierung *f*; **~ología** [-lɔ'xia] *f* Phraseologie *f*
fraternal [fratɛr'nal] brüderlich
fraude ['fraŭđe] *m* Betrug *m*; **~ *fiscal*** Steuerhinterziehung *f*
fraudulento [fraŭđu'lento] betrügerisch
frecuen|cia [fre'kŭenθĭa] *f* Häufigkeit *f*; *el* Frequenz *f*; ***con* ~** häufig; **~tar** [-'tar] (*1a*) (häufig) besuchen; **~te** [-'kŭente] häufig
frega|dero [frega'đero] *m* Spülbecken *n*; **~r** [-'gar] (*1h u 1k*) scheuern; (*platos*) abwaschen, spülen; *Am* belästigen
frei|dora [frɛĭ'đora] *f* Frittiertopf *m*; **~duría** [-đu'ria] *f* (Fisch-)Braterei *f*
freír [fre'ir] (*3m*; *part* ***frito***) braten; (in Fett) ausbacken, frittieren
fréjol ['frɛxɔl] *m* Bohne *f*
frena|r [fre'nar] (*1a*) bremsen; **~zo** [-'naθo] *m* plötzliche(s) Bremsen *n*
fren|esí [frene'si] *m* Raserei *f*; **~ético** [-'netiko] rasend, frenetisch
freno ['freno] *m* Bremse *f*; (*de caballo*) Zaum *m*; **~ *de alarma*** Notbremse *f*; **~ *de disco*** Scheibenbremse *f*; **~ *de mano*** Handbremse *f*
frente ['frente] **1. a)** *f* Stirn *f*; **b)** *m* Vorderseite *f*; *mil* Front *f*; **~ *frío*** Kalt(-luft)front *f*; ***estar al* ~** an der Spitze stehen; ***hacer* ~ *a*** die Stirn bieten; (*a un deber*, *etc*) nachkommen; ***ponerse al* ~** die Leitung übernehmen; **2.** *adv*, *prp* ***de* ~** von vorn; ***en* ~** gegenüber; **~ *a*** gegenüber (*dat*)
fresa ['fresa] *f bot* Erdbeere *f*; *tec* Fräse *f*; **~dora** [-'đora] *f* Fräsmaschine *f*; **~r** [-'sar] (*1a*) fräsen
fresco ['fresko] **1.** *adj* frisch; kühl; **2.** *m* Frische *f*, Kühle *f*; *pint* Fresko *n*; *Am* Erfrischungsgetränk *n*
fres|cor [fres'kɔr] *m* Kühle *f*; **~cura** [-'kura] *f* Kühle *f*; *fig* Frechheit *f*

fresno *bot* ['frezno] *m* Esche *f*
fresón [fre'sɔn] *m* Gartenerdbeere *f*
freza ['freθa] *f* Laich *m*; Laichzeit *f*; **~r** [fre'θar] (*1f*) laichen
frialdad [frial'đađ] *f* Kälte *f*; *fig* Gleichgültigkeit *f*
fricción [frig'θĭɔn] *f* Ab-, Einreibung *f*; *tec u fig* Reibung *f*
frigidez [frixi'đeθ] *f* Kälte *f* (*a fig*); *med* Frigidität *f*
frigorífico [frigo'rifiko] **1.** *adj* Kühl...; **2.** *m* Kühlschrank *m*; *Am* Kühlhaus *n*
fríjol ['frixɔl] *m* Bohne *f*
frío ['frio] **1.** *adj* kalt (*a fig*); **2.** *m* Kälte *f*; ***coger* ~** sich erkälten; ***tengo* ~** ich friere
friole|ra [frio'lera] *f* Kleinigkeit *f*; **~ro** [-'lero] verfroren
friso *arqu* ['friso] *m* Fries *m*
frisón [fri'sɔn] **1.** *adj* friesisch; **2.** *m* Friese *m*
frita|da [fri'tađa] *f* Gebackene(s) *n*; **~r** *Am* [-'tar] (*1a*) *s* ***freír***
fri|to ['frito] *s* ***freír***; **~tura** [-'tura] *f* Fritture *f*
frivolidad [friƀoli'đađ] *f* Leichtfertigkeit *f*, Frivolität *f*
frívolo ['friƀolo] leichtfertig, frivol
frondoso [frɔn'doso] dicht belaubt
frontal [frɔn'tal] Stirn...; frontal
fronte|ra [frɔn'tera] *f* Grenze *f*; **~rizo** [-'riθo] angrenzend, Grenz...
frontón [frɔn'tɔn] *m arqu* Giebel *m*; *dep* Pelotaspielplatz *m*
frotar [fro'tar] (*1a*) reiben; frottieren
frotis *med* ['frotis] *m* Abstrich *m*
fruc|tífero [fruk'tifero] fruchtbringend; *fig* fruchtbar; **~tuoso** [-'tŭoso] *fig* nützlich; einträglich
frugal [fru'gal] einfach, frugal; (*persona*) genügsam
fruición [frui'θĭɔn] *f* Genuss *m*
fruncir [frun'θir] (*3b*) runzeln; (*tela*) kräuseln; ***~ el ceño*** die Stirn runzeln
frustra|ción [frustra'θĭɔn] *f* Frustration *f*; **~r** [-'trar] (*1a*) vereiteln; zum Scheitern bringen; (*persona*) frustrieren; **~rse** scheitern
fru|ta ['fruta] *f* Obst *n*; Frucht *f*; **~tal** [-'tal] *m* Obstbaum *m*; **~tería** [-te'ria] *f* Obstladen *m*; **~ticultura** [-'tura] *f* Obstbau *m*; **~tilla** *Am* [-'tiʎa] *f* Erdbeere *f*
fruto ['fruto] *m* Frucht *f* (*a fig*); *fig* Gewinn *m*, Nutzen *m*
fucsia *bot* ['fugsĭa] *f* Fuchsie *f*
fue ['fŭe] *s* ***ir*** *u* ***ser***
fuego ['fŭego] *m* Feuer *n* (*a fig*); ***~ fatuo*** Irrlicht *n*; ***pegar*** (*od* ***prender***) ***~ a*** in Brand stecken; ***~s*** *pl* ***artificiales*** Feuerwerk *n*
fuel(oil) [fjul(ɔil)] *m* Heizöl *n*
fuelle ['fŭeʎe] *m* (Blase-)Balg *m*
fuente ['fŭente] *f* Quelle *f* (*a fig*); Springbrunnen *m*; (*plato*) Schüssel *f*
fuera ['fŭera] **1.** *adv* außen; draußen; auswärts; ***¡~!*** raus!; **2.** *prp*: ***~ de*** außerhalb; *fig* außer, ausgenommen; ***~ de sí*** außer sich; **~borda** [-'ƀɔrđa] *m* Außenbordmotor *m*; (*barco*) Außenborder *m*
fuerte ['fŭɛrte] **1.** *adj* stark; kräftig; (*duro*) hart; **2.** *adv* laut; kräftig; **3.** *m fig* starke Seite *f*, Stärke *f*
fuerza ['fŭɛrθa] *f* Kraft *f*; Stärke *f*; Gewalt *f*; Macht *f*; ***~ mayor*** höhere Gewalt *f*; ***~s armadas*** Streitkräfte *f/pl*
fuete *Am* ['fŭete] *m* Peitsche *f*
fuga ['fuga] *f* Flucht *f*; *mús* Fuge *f*; *tec* undichte Stelle *f*; ***~ de capitales*** Kapitalflucht *f*; ***darse a la ~*** die Flucht ergreifen; **~rse** [-'garse] (*1h*) fliehen
fugaz [fu'gaθ] *fig* flüchtig; vergänglich
fugitivo [fuxi'tiƀo] **1.** *adj* flüchtig (*a fig*); **2.** *m* Flüchtling *m*
fui ['fŭi] *s* ***ir*** *u* ***ser***
ful|gor [ful'gɔr] *m* Schimmer *m*; Glanz *m*; **~gurante** [-gu'rante] blitzend; glänzend; *med* (*dolor*) stechend
fulminante [fulmi'nante] **1.** *adj* blitzartig; Zünd...; **2.** *m* Zündstoff *m*
fuma|dor *m* [fuma'đɔr] Raucher *m*; ***no ~*** Nichtraucher *m*; **~r** [-'mar] (*1a*) rauchen; ***~ en pipa*** Pfeife rauchen
fumigar [fumi'gar] (*1h*) (aus)räuchern
funámbulo [fu'nambulo] *m* Seiltänzer *m*
funci|ón [fun'θĭɔn] *f* Funktion *f*; Amt *n*; *teat* Vorstellung *f*; ***en funciones*** amtierend; **~onal** [-θĭo'nal] funktionell; **~onamiento** [-na'mĭento] *m* Funktionieren *n*; Gang *m* (*e-r Maschine*); Betrieb *m*; **~onar** [-'nar] (*1a*) funktionieren, gehen; in Betrieb sein; ***no funciona*** außer Betrieb; **~onario** [-'narĭo] *m* Beamte(r) *m*
funda ['funda] *f* Hülle *f*; Bezug *m*; *med* (Zahn-)Krone *f*
funda|ción [funda'θĭɔn] *f* Gründung *f*;

Stiftung *f*; **~dor** *m* [-'đɔr] Gründer *m*; **~mental** [-men'tal] grundlegend; wesentlich; Grund...; **~mentar** [-'tar] (*1a*) gründen (auf ***en***); **~mento** [-'mento] *m* Grundlage *f*; *arqu mst* **~s** *pl* Fundament *n*; ***sin* ~** unbegründet; **~r** [-'dar] (*1a*) gründen; *fig* stützen (auf *ac* ***en***)

fundi|ción [fundi'θĭɔn] *f* Gießen *n*; Gießerei *f*; **~r** [-'dir] (*3a*) schmelzen, gießen; *fig* verschmelzen; **~rse** schmelzen; *el* durchbrennen; *fig* sich zs.-schließen; *Am* sich ruinieren

fúnebre ['funeƀre] Leichen...; Grab...; Trauer...; traurig; düster

funera|l [fune'ral] *m* Trauerfeier *f*; Trauergottesdienst *m*; **~ria** [-'rarĭa] *f* Beerdigungsinstitut *n*

funesto [fu'nesto] unheilvoll; verhängnisvoll

funicular [funiku'lar] *m* Drahtseilbahn *f*

furg|ón [fur'gɔn] *m ferro* Gepäckwagen *m*; **~oneta** [-go'neta] *f* Lieferwagen *m*

furi|a ['furĭa] *f* Wut *f*, Raserei *f*; Furie *f*; **~oso** [-'rĭoso] wütend; rasend

furor [fu'rɔr] *m* Raserei *f*; Wut *f*; ***hacer* ~** Furore machen

furtivo [fur'tiƀo] heimlich, verstohlen

fusa *mús* ['fusa] *f* Zweiunddreißigstelnote *f*

fuselaje *avia* [fuse'laxe] *m* Rumpf *m*

fusible *el* [fu'siƀle] *m* Sicherung *f*

fusil [fu'sil] *m* Gewehr *n*; **~amiento** [-la'mĭento] *m* Erschießung *f*; **~ar** [-'lar] (*1a*) erschießen

fusi|ón [fu'sĭɔn] *f* Schmelzen *n*; *fig* Verschmelzung *f*, Zs.-schluss *m*; *com* Fusion *f*; **~onar** [-sĭo'nar] (*1a*) *com* fusionieren, sich zs.-schließen

fuso *m* Raute *f*

fustigar [fusti'gar] (*1h*) peitschen

fútbol ['futƀɔl] *m* Fußball *m*; **~ *sala*** Hallenfußball *m*

futbo|lín [futƀo'lin] *m* Tischfußball *m*; **~lista** [-'lista] *m* Fußballspieler *m*

fútil ['futil] nichtig; belanglos

futuro [fu'turo] **1.** *adj* zukünftig; **2.** *m* Zukunft *f*; *gram* Futur *n*; ***en el* ~** in Zukunft, künftig

G

G, g [xe] *f* G, g *n*

gabardina [gaƀar'đina] *f* Regenmantel *m*

gabarra *mar* [ga'ƀarra] *f* Last-, Frachtkahn *m*

gabinete [gaƀi'nete] *m* Kabinett *n* (*a pol*)

gacela [ga'θela] *f* Gazelle *f*

gaceta [ga'θeta] *f* Zeitung *f*

gaditano [gađi'tano] aus Cádiz

gafas ['gafas] *f/pl* Brille *f*; **~ *de concha*** Hornbrille *f*; **~ *de sol*** Sonnenbrille *f*

gafe F ['gafe] *m* Unglücksbringer *m*

gait|a *mús* ['gaĭta] *f* Dudelsack *m*; **~ero** [-'tero] *m* Dudelsackpfeifer *m*

gala ['gala] *f* Festkleidung *f*; (***función*** *f* ***de***) **~** Galavorstellung *f*; ***de* ~** in Gala; Gala...; ***hacer* ~ *de*** renommieren mit

galante [ga'lante] galant; **~ría** [-'ria] *f* Höflichkeit *f*; Galanterie *f*

galar|dón [galar'đɔn] *m* Auszeichnung *f*, Preis *m*; **~donar** [-đo'nar] (*1a*) auszeichnen

galaxia [ga'lagsĭa] *f* Milchstraße *f*

galera [ga'lera] *f mar* Galeere *f*; *zo* Heuschreckenkrebs *m*; **~da** *tip* [-'rađa] *f* Korrekturfahne *f*

galería [gale'ria] *f* Galerie *f*; *min* Stollen *m*

galgo ['galgo] *m* Windhund *m*

galicismo [gali'θizmo] *m* Gallizismus *m*

gallardo [ga'ʎarđo] stattlich; (*valiente*) kühn, F schneidig

gallego [ga'ʎego] **1.** *adj* galicisch; **2.** *m* Galicier *m*

galleta [ga'ʎeta] *f* Keks *m*

galli|na [ga'ʎina] **a)** *f* Huhn *n*, Henne *f*; **~ *ciega*** (*juego*) Blindekuh *f*; **b)** *m* F Memme *f*; **~nero** [-'nero] *m* Hühnerstall *m*; *teat* Olymp *m*

gallo ['gaʎo] *m* Hahn *m*; (*pez*) Flügelbutt *m*; *mús* F Kickser *m*

galo ['galo] **1.** *adj hist* gallisch; *fig* französisch; **2.** *m* Gallier *m*

galón [ga'lɔn] *m* Tresse *f*; Litze *f*

galo|par [galo'par] (*1a*) galoppieren;

~pe [-'lope] *m* Galopp *m*
galvanizar [galƀani'θar] (*1f*) galvanisieren
gama ['gama] *f mús* Tonleiter *f*; *fig* Palette *f*, Skala *f*
gamba ['gamba] *f* Garnele *f*
gamberr|ada [gambɛ'rrada] *f* Halbstarkenstreich *m*; **~o** [-'bɛrrɔ] *m* Halbstarke(r) *m*, Rowdy *m*
gamo ['gamo] *m* Damhirsch *m*
gamuza [ga'muθa] *f* Gämse *f*; (*trapo*) Fensterleder *n*
gana ['gana] *f* Verlangen *n*, Lust *f*; (*apetito*) Appetit *m*; ***de buena ~*** gern; ***de mala ~*** ungern; ***no me da la ~*** ich habe keine Lust; ***quedarse con las ~s*** leer ausgehen; ***tener ~s de*** Lust haben zu
gana|dería [ganađe'ria] *f* Viehzucht *f*; **~dero** [-'đero] *m* Viehzüchter *m*; **~do** [-'nađo] *m* Vieh *n*; ***~ mayor*** Großvieh *n*; ***~ menor*** Kleinvieh *n*
gana|dor [gana'đɔr] **1.** *adj* siegreich; **2.** *m* Gewinner *m*; **~ncia** [-'nanθĭa] *f* Gewinn *m*; Ertrag *m*; Verdienst *m*; **~r** [-'nar] (*1a*) gewinnen; (*sueldo*) verdienen
ganchillo [gan'tʃiʎo] *m* Häkelnadel *f*; (*labor*) Häkelarbeit *f*; ***hacer ~*** häkeln
gancho ['gantʃo] *m* Haken *m*
gandul [gan'dul] **1.** *adj* faul; **2.** *m* Faulenzer *m*; **~ear** [-le'ar] (*1a*) bummeln, faulenzen
ganga ['gaŋga] *f* Gelegenheitskauf *m*, gutes Geschäft *n*
ganglio ['gaŋglĭo] *m* Nervenknoten *m*; Lymphknoten *m*
gangrena *med* [gaŋ'grena] *f* Brand *m*
gángster ['gaŋster] *m* Gangster *m*
ganso *m* ['ganso] Gans *f*
ganzúa [gan'θua] *f* Dietrich *m*, Nachschlüssel *m*
garaba|tear [garaƀate'ar] (*1a*) kritzeln; **~tos** [-'ƀatos] *m/pl* Gekritzel *n*
garaje [ga'raxe] *m* Garage *f*; ***~ subterráneo*** Tiefgarage *f*
garan|te [ga'rante] *m* Bürge *m*; **~tía** [-'tia] *f* Garantie *f*; ***~ de calidad*** Qualitätsgarantie *f*; ***sin ~*** ohne Gewähr; **~tizar** [-ti'θar] (*1f*) garantieren
garbanzo [gar'ƀanθo] *m* Kichererbse *f*
garbo ['garƀo] *m* Anmut *f*; Grazie *f*
gardenia *bot* [gar'đenĭa] *f* Gardenie *f*
garfio ['garfĭo] *m* Haken *m*; Steigeisen *n*
gargan|ta [gar'ganta] *f* Kehle *f*; (*externa*) Hals *m*; *geo* Schlucht *f*; **~tilla** [-'tiʎa] *f* Halskette *f*, -band *n*
gárgara ['gargara] *f* Gurgeln *n*; ***hacer ~s*** gurgeln
gárgola ['gargola] *f* Wasserspeier *m*
gari|ta [ga'rita] *f mil* Schilderhaus *n*; *ferro* Bahnwärterhaus *n*; **~to** [-to] *m* Spielhölle *f*
garlopa [gar'lopa] *f* Schlichthobel *m*
garra ['garra] *f* Klaue *f*; Kralle *f*
garrafa [ga'rrafa] *f* Karaffe *f*; Korbflasche *f*
garrapata [garra'pata] *f* Zecke *f*
garrote [ga'rrɔte] *m* Knüppel *m*, Stock *m*
garza ['garθa] *f* Reiher *m*
gas [gas] *m* Gas *n*; ***con*** (***sin***) ***~*** mit (ohne) Kohlensäure; ***~ de escape*** Abgas *n*; ***~ hilarante*** Lachgas *n*; ***~ lacrimógeno*** Tränengas *n*; ***~ natural*** Erdgas *n*; ***~ propelente*** Treibgas *n*
gasa ['gasa] *f* Gaze *f*; *med* Verbandsmull *m*
gaseo|sa [gase'osa] *f* Brause(limonade) *f*; **~so** [-'oso] gashaltig, gasförmig
gasoducto [gaso'đukto] *m* Erd-, Ferngasleitung *f*
gasoil [ga'sɔĭl] *m*, **gasóleo** [ga'soleo] *m* Dieselöl *n*
gasoli|na [gaso'lina] *f* (Auto-)Benzin *n*; ***~ normal*** Normal(benzin) *n*; ***echar ~*** tanken; **~nera** [-'nera] *f* Tankstelle *f*; *mar* Motorboot *n*
gasómetro [ga'sometro] *m* Gasbehälter *m*, Gasometer *m*
gasta|do [gas'tađo] abgenutzt; (*persona*) verbraucht; *fig* abgedroschen; **~dor** [-'đɔr] **1.** *adj* verschwenderisch; **2.** *mil m* Pionier *m*; **~r** [-'tar] (*1a*) ausgeben (für ***en***); (*desgastar*) verbrauchen, abnutzen; (*usar*) benutzen; (*gafas, etc*) tragen; ***~ bromas*** Späße machen; **~rse** sich abnutzen
gasto ['gasto] *m* Ausgabe *f*; (*consumo*) Verbrauch *m*; ***~s*** *pl* Auslagen *f/pl*; (Un-)Kosten *pl*; ***~s de almacenaje*** Lagerhaltungskosten *pl*
gástrico ['gastriko] Magen...
gastritis [gas'tritis] *f* Magenschleimhautentzündung *f*, Gastritis *f*
gas|tronomía [gastrono'mia] *f* Gastronomie *f*; **~tronómico** [-'nomiko] gastronomisch; **~trónomo** [-'tronomo] *m* Gastronom *m*; Feinschmecker *m*

gata ['gata] *f* Katze *f*; ***a ~s*** auf allen vieren
gatear [gate'ar] (*1a*) klettern; (*niño*) krabbeln
gatillo [ga'tiʎo] *m* (*de un arma*) Abzug *m*; ***apretar el ~*** abdrücken
gato ['gato] *m* Katze *f*; Kater *m*; *auto* Wagenheber *m*; ***~ montés*** Wildkatze *f*; ***dar ~ por liebre*** F übers Ohr hauen; F *fig* ***cuatro ~s*** nur ein paar Mann
gavilán *zo* [gaƀi'lan] *m* Sperber *m*
gavilla *agr* [ga'ƀiʎa] *f* Garbe *f*
gaviota [ga'ƀĭota] *f* Möwe *f*
gay [gai] **1.** *adj* homosexuell, schwul; **2.** *m* Homo(sexueller) *m*
gazapo [ga'θapo] *m* junges Kaninchen *n*; *fig* Schnitzer *m*
gazmoñería [gaðmoɲe'ria] *f* Scheinheiligkeit *f*; Heuchelei *f*
gaznate [gað'nate] *m* Kehle *f*
gazpacho [gaθ'patʃo] *m kalte Suppe aus Tomaten, Paprika, Brot, Öl, Essig etc*
gel [xel] *m* Gel *n*
gelatin|a [xela'tina] *f* Gelatine *f*; **~oso** [-'noso] gallertartig
gélido ['xeliđo] eisig, eiskalt
gema ['xema] *f* Edelstein *m*
gemelo [xe'melo] **1.** *adj* Zwillings...; **2.** ***~s*** *m/pl* Zwillinge *m/pl*; (*anteojos*) Fernglas *n*; Opernglas *n*; (*botones*) Manschettenknöpfe *m/pl*
gemido [xe'miđo] *m* Wimmern *n*; Ächzen *n*; Stöhnen *n*
Géminis *astr* ['xeminis] *m* Zwillinge *pl*
gemir [xe'miur] (*3l*) ächzen; wimmern; stöhnen
gen *biol* [xen] *m* Gen *n*
genciana *bot* [xen'θĭana] *f* Enzian *m*
genealogía [xenealɔ'xia] *f* Genealogie *f*; Abstammung *f*
genera|ción [xenera'θĭɔn] *f* Generation *f*; *biol* (Er-)Zeugung *f*; **~dor** [-'đɔr] *m el* Generator *m*
general [xene'ral] **1.** *adj* allgemein; General...; ***en*** (*od* ***por lo***) ***~*** im Allgemeinen; **2.** *m* General *m*; **~idad** [-li'đađ] *f* Allgemeinheit *f*; **~izar** [-'θar] (*1f*) verallgemeinern; **~mente** [-ral'mente] im Allgemeinen, meistens
generar [xene'rar] (*1a*) erzeugen
genérico [xe'neriko] **1.** *adj* allgemein; Gattungs...; **2.** *m*: ***~s*** *pl* (*cine*) Vorspann *m*
género ['xenero] *m* Gattung *f* (*a lit, biol*); Geschlecht *n*; *gram* Genus *n*; *com* Ware *f*; ***~s de punto*** Trikotagen *f/pl*
genero|sidad [xenerosi'đađ] *f* Großzügigkeit *f*; Freigebigkeit *f*; **~so** [-'roso] großzügig
génesis ['xenesis] *f* Entstehung *f*
genéti|ca [xe'netika] *f* Genetik *f*; **~co** [-'netiko] genetisch; Gen...
genial [xe'nĭal] genial; **~idad** [-li'đađ] *f* Genialität *f*
genio ['xenĭo] *m* Geistes-, Gemütsart *f*; Wesen *n*; Geist *m*; Genie *n*; ***de buen ~*** gutmütig; ***de mal ~*** jähzornig; ***tener mal ~*** e-n schlechten Charakter haben
genital [xeni'tal] Geschlechts..., genital; **~es** *m/pl* Genitalien *pl*
genitivo *gram* [xeni'tiƀo] *m* Genitiv *m*
genocidio [xeno'θiđĭo] *m* Völkermord *m*
gente ['xente] *f* Leute *pl*; ***la ~ guapa*** Schickeria *f*
gentil [xen'til] hübsch; (*amable*) nett, liebenswürdig; **~eza** [-'leθa] *f* Liebenswürdigkeit *f*; **~hombre** [-'ɔmbre] *m* Edelmann *m*
gen|tío [xen'tio] *m* Menschenmenge *f*; **~tuza** [-'tuθa] *f* Gesindel *n*, Pack *n*
genuflexión [xenuflɛg'sĭɔn] *f* Kniefall *m*, -beuge *f*
genuino [xe'nŭino] echt, unverfälscht
geogr|afía [xeogra'fia] *f* Erdkunde *f*, Geographie *f*; **~áfico** [-'grafiko] geographisch
ge|ología [xeolɔ'xia] *f* Geologie *f*; **~ólogo** [-'ɔlogo] *m* Geologe *m*
geometría [xeome'tria] *f* Geometrie *f*
geranio *bot* [xe'ranĭo] *m* Geranie *f*
geren|cia [xe'renθĭa] *f* Geschäftsführung *f*; Management *n*; **~te** [xe'rente] *m* Geschäftsführer *m*
geri|atría [xerĭa'tria] *f* Geriatrie *f*, Altersheilkunde *f*; **~átrico** [-'rĭatriko] *m*: (***centro*** *m*) **~** Altenpflegeheim *n*
germ|ánico [xɛr'maniko] germanisch; *fig* deutsch; **~anista** [-'ista] *su* Germanist(in *f*) *m*; **~ano** [-'mano] **1.** *adj* germanisch; **2.** *m* Germane *m*; **~anofederal** [-feđe'ral] bundesdeutsch
ger|men ['xɛrmen] *m* Keim *m* (*a fig*); **~minar** [-'nar] (*1a*) keimen
gerundio *gram* [xe'rundĭo] *m* Gerundium *n*
gesta ['xesta] *f* Heldentat *f*; ***cantar*** *m*

de ~ Heldenepos *n*
gestación [xesta'θĭɔn] *f* Schwangerschaft *f*; *zo* Trächtigkeit *f*
gesticula|ción [xestikula'θĭɔn] *f* Gestikulieren *n*; **~r** [-'lar] (*1a*) gestikulieren
gesti|ón [xes'tĭɔn] *f* Geschäftsführung *f*; Management *n*; (*de una cosa*) Betreibung *f*; ***~ de residuos*** Abfallmanagement *n*; ***hacer gestiones*** Schritte unternehmen; **~onar** [-tĭo'nar] (*1a*) betreiben
gesto ['xesto] *m* Miene *f*; (*ademán*) Geste *f*, Gebärde *f*
gestor [xes'tɔr] *m* Inhaber *m* e-r → **~ía** [-to'ria] *f Esp* Agentur *f* zur Erledigung amtlicher Formalitäten
giba ['xiƀa] *f* Höcker *m*, Buckel *m*
gigante [xi'gante] **1.** *adj* riesig; **2.** *m* Riese *m*; **~sco** [-'tesko] riesenhaft, gigantisch
gilipollas P [xili'poʎas] *m* F Blödmann *m*, F Flasche *f*
gimna|sia [xim'nasĭa] *f* Turnen *n*, Gymnastik *f*; ***hacer ~*** turnen; **~sio** [-'nasĭo] *m* Turnhalle *f*; Fitness-Center *n*; **~sta** [-'nasta] *su* Turner(in *f*) *m*
gimo ['ximo] *s* ***gemir***
ginebra [xi'neƀra] *f* Gin *m*
gine|cología [xinekolɔ'xia] *f* Gynäkologie *f*; **~cólogo, -a** [-'kɔlogo, -a] *m/f* Frauenarzt *m*, -ärztin *f*
gira ['xira] *f* Rundreise *f*; *teat*, *mús* Tournee *f*
girar [xi'rar] (*1a*) **1.** *v/i* sich drehen, *a fig* kreisen; (*torcer*) (ab)biegen; **2.** *v/t* drehen; (*dinero*) überweisen
girasol [xira'sɔl] *m* Sonnenblume *f*
giratorio [xira'torĭo] Kreis...; Dreh...
giro ['xiro] *m* Drehung *f*, (*a fig*) Wendung *f*; (*frase*) Redewendung *f*; *com* Überweisung *f*; ***~ postal*** Postanweisung *f*
gitano [xi'tano] **1.** *adj* zigeunerhaft; **2.** *m* Zigeuner *m*
glacial [gla'θĭal] eiskalt, eisig (*a fig*); ***época*** *f* ***~*** Eiszeit *f*
glaciar [gla'θĭar] *m* Gletscher *m*
gladíolo [gla'điolo] *m* Gladiole *f*
glándula ['glandula] *f* Drüse *f*
glandular [glandu'lar] Drüsen...
glaucoma *med* [glaŭ'koma] *m* grüner Star *m*, Glaukom *n*
glicerina [gliθe'rina] *f* Glyzerin *n*
global [glo'ƀal] Pauschal..., global; **~ización** [-'θĭɔn] *f* Globalisierung *f*; **~mente** [-'mente] im Ganzen genommen
globo ['gloƀo] *m* Kugel *f*; Globus *m*; (*juguete*) Luftballon *m*; *avia* ***~ aerostático*** Ballon *m*; ***~ del ojo*** Augapfel *m*; ***~-sonda*** Versuchsballon *m* (*a fig*)
glóbulo ['gloƀulo] *m*: ***~ sanguíneo*** Blutkörperchen *n*
glori|a ['glorĭa] *f* Ruhm *m*; *fig* Wonne *f*; ***estar en la ~*** überglücklich sein; **~ficar** [-rifi'kar] (*1g*) verherrlichen; rühmen; **~oso** [-'rĭoso] glorreich, ruhmreich
glosa ['glosa] *f* Glosse *f*; ***~ (marginal)*** Randbemerkung *f*; **~r** [-'sar] (*1a*) glossieren, kommentieren; **~rio** [-'sarĭo] *m* Glossar *n*
glo|tón [glo'tɔn] **1.** *adj* gefräßig; **2.** *m* Vielfraß *m*; **~tonería** [-tone'ria] *f* Gefräßigkeit *f*
glucosa [glu'kosa] *f* Traubenzucker *m*
glúteo *anat* ['gluteo] Gesäß...
gnomo ['gnomo] *m* Gnom *m*
goberna|ción [goƀεrna'θĭɔn] *f* Regieren *n*; Statthalterschaft *f*; **~dor** [-'đɔr] *m* Statthalter *m*; Gouverneur *m*; **~nte** [-'nante]: ***los ~s*** die Regierenden *m/pl*; **~r** [-'nar] (*1k*) regieren; leiten; *mar* steuern
gobierno [go'ƀĭεrno] *m* Regierung *f*; ***~ de la casa*** Haushaltung *f*
goce ['goθe] *m* Genuss *m*; Vergnügen *n*
godo ['gođo] **1.** *adj* gotisch; **2.** *m* Gote *m*
gol [gol] *m dep* Tor *n*; **~eador** [-lea'đɔr] *m* Torschütze *m*
golf [gɔlf] *m* Golf *n*; **~ista** [-'fista] *su* Golfspieler(in *f*) *m*, Golfer(in *f*) *m*
golfo ['gɔlfo] *m geo* Golf *m*; (*pilluelo*) Straßenjunge *m*; Strolch *m*
golondrina [golɔn'drina] *f* Schwalbe *f*
golo|sina [golo'sina] *f* Süßigkeit *f*; Leckerbissen *m*; **~so** [-'loso] naschhaft
golpe ['gɔlpe] *m* Schlag *m*; Stoß *m*; Hieb *m*; ***~ bajo*** (*boxeo*, *fig*) Tiefschlag *m*; ***~ de Estado*** Staatsstreich *m*, Putsch *m*; ***~ franco*** *dep* Freistoß *m*; ***~ de gracia*** Gnadenstoß *m*; ***no dar ~*** faulenzen; **~ar** [-'ar] (*1a*) schlagen; klopfen
golpista [gɔl'pista] *m* Putschist *m*
goma ['goma] *f* Gummi *n*, *m*; ***~ (de borrar)*** Radiergummi *m*; ***~ espuma*** Schaumgummi *m*
góndola ['gɔndola] *f* Gondel *f*
gong [gɔŋ] *m* Gong *m*

gonorrea *med* [gonɔ'rrɛa] *f* Tripper *m*
gor|do ['gɔrđo] **1.** *adj* dick; fett; **2.** *m* große(s) Los *n*, Haupttreffer *m*; **~dura** [-'đura] *f* Korpulenz *f*
gorila [go'rila] *m* Gorilla *m*; *fig* Leibwächter *m*
gorr|a ['gɔrra] *f* Mütze *f*; Kappe *f*; *fig* ***de ~*** auf Kosten anderer; **~ear** F [gɔrre'ar] (*1a*) schmarotzen
gorrino [gɔ'rrino] *m* Schwein *n* (*a fig*)
gorrión [gɔ'rrĭɔn] *m* Sperling *m*, Spatz *m*
gorro ['gɔrrɔ] *m* Mütze *f*
gorrón [gɔ'rrɔn] *m* F Schnorrer *m*
gota ['gota] *f* Tropfen *m*; *med* Gicht *f*; ***~ fría*** *met* Kaltlufttropfen *m*; *med* ***~ a ~*** *m* F Tropf *m*
gote|ar [gote'ar] (*1a*) tröpfeln (*a fig*); tropfen; **~ra** [-'tera] *f* undichte Stelle (im Dach)
gótico ['gotiko] gotisch; (***estilo*** *m*) **~** Gotik *f*
goza|da [go'θađa] *f* Hochgenuss *m*; **~r** [-'θar] (*1f*): ***~ de*** genießen; sich erfreuen (*gen*)
gozo ['goθo] *m* Freude *f*; Vergnügen *n*; **~so** [-'θoso] fröhlich, freudig
graba|ción [građa'θĭɔn] *f* Aufnahme *f*; Aufzeichnung *f*; **~do** [-'đađo] *m* Illustration *f*, Abbildung *f*; (*arte*) Stich *m*; Graphik *f*; **~dor** [-'đɔr] *m* Graveur *m*; **~dora** [-'đora] *f* Tonbandgerät *n*; **~r** [-'đar] (*1a*) (ein)gravieren; *mús* aufnehmen; *fig* einprägen
gracia ['graθĭa] *f* Grazie *f*; Anmut *f*; Witz *m*; *rel* Gnade *f*; ***hacer ~ a alg*** j-m gefallen; (*divertir*) j-n amüsieren; ***¡~s!*** danke!; ***~s a*** *prp* dank (*gen*); ***dar las ~s a alg*** sich bei j-m bedanken
gracioso [gra'θĭoso] **1.** *adj* graziös, anmutig; (*divertido*) witzig; **2.** *m* Witzbold *m*; *teat* komische Person
grada ['građa] *f* Stufe *f*; *teat* Stufensitz *m*; *agr* Egge *f*; ***~s*** *pl* Freitreppe *f*
gradería [građe'ria] *f* (ansteigende) Sitzreihen *f/pl*
grado ['građo] *m* Grad *m*; Rang *m*; ***de buen ~*** gern, gutwillig; ***de mal ~*** ungern, widerwillig, ***en alto ~*** in hohem Maße
gradua|ción [građŭa'θĭɔn] *f* Gradeinteilung *f*; *tec* Einstellung *f*; *mil* Dienstgrad *m*; (*de un vino, etc*) Alkoholgehalt *m*; **~l** [-'đŭal] abgestuft, allmählich; **~r** [-'đŭar] (*1e*) graduieren; abstufen; **~rse** e-n akademischen Titel erwerben
gráfi|ca ['grafika] *f s* ***gráfico*** 2.; **~co** [-ko] **1.** *adj* grafisch; **2.** *m* grafische Darstellung *f*; Diagramm *n*
grafista [gra'fista] *m* Grafiker *m*
grafito [gra'fito] *m* Graphit *m*
gra|fología [grafolɔ'xia] *f* Graphologie *f*; **~fólogo** [-'fologo] *m* Graphologe *m*
gragea [gra'xea] *f* Dragee *n*
grajo ['graxo] *m* Saatkrähe *f*
grama *bot* ['grama] *f* Quecke *f*
gramática [gra'matika] *f* Grammatik *f*; ***~ parda*** Bauernschläue *f*
gramo ['gramo] *m* Gramm *n*
gran [gran] *s* ***grande***
grana|da [gra'nađa] *f bot* Granatapfel *m*; *mil* Granate *f*; **~dino** [-'đino] aus Granada
granate [gra'nate] **1.** *m min* Granat *m*; **2.** *adj* granatfarben
grande ['grande] (*vor su sg* ***gran***) groß; ***pasarlo en ~*** sich großartig amüsieren; ***vivir a lo ~*** auf großem Fuß leben; **~za** [-'deθa] *f* Größe *f*
grandi|locuente [grandilo'kŭente] geschwollen, hochtrabend; **~oso** [-'dĭoso] großartig; herrlich
granel [gra'nɛl]: ***a ~*** *com* unverpackt, lose
granero [gra'nero] *m* Kornkammer *f* (*a fig*); Getreidespeicher *m*
granito [gra'nito] *m* Granit *m*
grani|zado [grani'θađo] *m* Eisgetränk *n*; **~zar** [-'θar] (*1f*) hageln; **~zo** [-'niθo] *m* Hagel *m*
granja ['graŋxa] *f* Bauernhof *m*; Farm *f*; (*local*) Milchbar *f*; ***~ marina*** Fischzuchtanstalt *f*
granjero [gran'xero] *m* Farmer *m*, Landwirt *m*
grano ['grano] *m* Korn *n*; (*de café*) Bohne *f*; *med* Pickel *m*; ***ir al ~*** zur Sache kommen
granuja [gra'nuxa] *m* Gauner *m*
granula|do [granu'lađo], **~r** [-'lar] körnig
grapa ['grapa] *f* (Heft-)Klammer *f*; **~dora** [-'đora] *f* Heftmaschine *f*
gra|sa ['grasa] *f* Fett *n*; **~siento** [-'sĭento] fettig; schmierig; **~so** ['graso] fett
gratifica|ción [gratifika'θĭɔn] *f* Gratifikation *f*; ***~ navideña*** Weihnachtsgeld *n*; **~nte** [-'kante] erfreulich, angenehm;

G

~r [-'kar] (*1g*) belohnen; *fig* erfreuen
gratinar [grati'nar] (*1a*) überbacken, gratinieren
gratis ['gratis] unentgeltlich, gratis
gratitud [grati'tuđ] *f* Dankbarkeit *f*
grato ['grato] angenehm
gratui|dad [gratŭi'đađ] *f* Kostenlosigkeit *f*; ~ ***de la enseñanza*** Schulgeldfreiheit *f*; **~to** [-'tŭito] unentgeltlich, kostenlos; *fig* grundlos
grava ['graƀa] *f* Kies *m*; Schotter *m*; **~r** [-'ƀar] (*1a*) belasten; besteuern
grave ['graƀe] schwer; (*serio*) ernst; *mús* tief; ***estar*** ~ schwer krank sein; **~dad** [-'đađ] *f* Schwere *f*; Ernst *m*; ***herido de*** ~ schwer verletzt
G
gravidez [graƀi'đeθ] *f* Schwangerschaft *f*
gravilla [gra'ƀiʎa] *f* Kies *m*; Rollsplitt *m*
gravitación [graƀita'θĭɔn] *f* Schwerkraft *f*
graznar [grað'nar] (*1a*) krächzen
gremio ['gremĭo] *m* Innung *f*; *hist* Zunft *f*
greña ['greɲa] *f*: ***andar a la*** ~ sich in den Haaren liegen; raufen
gres [gres] *m* Steingut *n*
griego ['grĭego] **1.** *adj* griechisch; **2.** *m*, **-a** *f* Grieche *m*, Griechin *f*
grieta ['grĭeta] *f* Spalte *f*; Riss *m*
grifo ['grifo] *m* Wasserhahn *m*
grillo *zo* ['griʎo] *m* Grille *f*
gringo *Am* ['griŋgo] *m* Yankee *m*
gripe *med* ['gripe] *f* Grippe *f*
gris [gris] grau (*a fig*)
grisú [gri'su] *m* Grubengas *n*
gri|tar [gri'tar] (*1a*) schreien; rufen; **~terío** [-te'rio] *m* Geschrei *n*; **~to** ['grito] *m* Schrei *m*; Ruf *m*; ***dar ~s*** schreien
grosella [gro'seʎa] *f* Johannisbeere *f*; ~ ***espinosa*** Stachelbeere *f*
gro|sería [grose'ria] *f* Grobheit *f*; **~sero** [-'sero] **1.** *adj* grob; flegelhaft; **2.** *m* Grobian *m*; Flegel *m*; **~sor** [-'sɔr] *m* Dicke *f*, Stärke *f*
grotesco [gro'tesko] grotesk
grúa ['grua] *f* Kran *m*; *auto* Abschleppwagen *m*
grueso ['grŭeso] **1.** *adj* dick; groß; *mar f* ***-a*** schwere See *f*; **2.** *m* Dicke *f*, Stärke *f*; *mil* Gros *n*
grulla ['gruʎa] *f* Kranich *m*
grumete [gru'mete] *m* Schiffsjunge *m*
grumo ['grumo] *m* Klumpen *m*; **~so** [-'moso] klumpig
gru|ñido [gru'ɲiđo] *m* Grunzen *n*; *fig* Murren *n*; **~ñir** [-'ɲir] (*3h*) grunzen; *fig* murren
grupa ['grupa] *f* Kruppe *f*
grupo ['grupo] *m* Gruppe *f*; ~ ***de destino*** Zielgruppe *f*; ~ ***electrógeno*** Stromaggregat *n*; ~ ***parlamentario*** Fraktion *f*; ~ ***de presión*** Interessengruppe *f*; Lobby *f*; ~ ***sanguíneo*** Blutgruppe *f*
gruta ['gruta] *f* Grotte *f*; Höhle *f*
guadaña [gŭa'đaɲa] *f* Sense *f*
guante ['gŭante] *m* Handschuh *m*; ~ ***de datos*** *inform* Datenhandschuh *m*; **~ra** [-'tera] *f auto* Handschuhfach *n*
guapo ['gŭapo] hübsch; schick
guarda ['gŭarđa] **a**) *su* Wächter(in *f*) *m*, Aufseher(in *f*) *m*; ~ ***forestal*** Förster *m*; ~ ***jurado*** amtlich bestellter Wächter *m*; **b**) *f* Wache *f*; Aufsicht *f*; *jur* ***derecho*** *m* ***de*** ~ Sorgerecht *n*; **~barrera** *ferro* [-ƀa'rrɛra] *m* Schrankenwärter *m*; **~barros** [-'ƀarrɔs] *m auto* Kotflügel *m*; **~bosque** [-'ƀɔske] *m* Forstaufseher *m*; **~costas** [-'kɔstas] *m* Küstenwachschiff *n*; **~espaldas** [-es'paldas] *m* Leibwächter *m*; **~fango** *Am* [-'faŋgo] *m* Kotflügel *m*; **~gujas** *ferro* [-'guxas] *m* Weichensteller *m*; **~meta** [-'meta] *m* Torwart *m*; **~muebles** [-'mŭeƀles] *m* Möbellager *n*; **~polvo** [-'pɔlƀo] *m* (Arbeits-)Kittel *m*
guardar [gŭar'đar] (*1a*) aufbewahren, verwahren; behalten; (*vigilar*) bewachen; ~ ***cama*** das Bett hüten; ~ ***silencio*** schweigen; **~se** sich hüten (vor ***de***)
guarda|rropa [gŭarđa'rrɔpa] *m* Garderobe *f*; (*armario*) Kleiderschrank *m*; ***encargada f del*** ~ Garderobenfrau *f*; **~vía** *ferro* [-'ƀia] *m* Streckenwärter *m*
guardería [gŭarđeria] *f*: ~ ***infantil*** Kinderkrippe *f*
guardia ['gŭarđĭa] **a**) *f* Wache *f*; ~ ***civil*** *Esp etwa*: Landpolizei *f*; ~ ***urbana*** Stadtpolizei *f*; ***de*** ~ Dienst tuend, vom Dienst; ***estar de*** ~ Wache stehen; *med* (Bereitschafts-, Nacht-)Dienst haben; **b**) *m* Polizist *m*, Schutzmann *m*; ~ ***civil*** Landpolizist *m*; ~ ***marina*** Seekadett *m*
guardián [gŭar'đĭan] *m* Wächter *m*
guarecer [gŭare'θɛr] (*2d*) schützen (vor *dat* ***de***); **~se** Schutz suchen (vor ***de***)

guarida [gŭa'riđa] *f* Höhle *f*; Bau *m*; *fig* Schlupfwinkel *m*
guarismo [gŭa'rizmo] *m* Ziffer *f*
guar|necer [gŭarne'θɛr] (*2d*) garnieren (*a gastr*), besetzen (mit ***de***); **~nición** [-ni'θĭɔn] *f* Besatz *m*; *mil* Garnison *f*; *gastr* Beilage *f*
guarr|a ['gŭarra] *f* Sau *f* (*a fig*); **~o** [-rrɔ] **1.** *adj* dreckig; **2.** *m* Schwein *n* (*a fig*)
guas|a ['gŭasa] *f* Scherz *m*; ***de ~*** im Scherz; **~ón** [-'sɔn] *m* Spaßvogel *m*
guatemalteco [gŭatemal'teko] **1.** *adj* guatemaltekisch; **2.** *m*, **-a** *f* Guatemalteke *m*, Guatemaltekin *f*
guateque [gŭa'teke] *m* Party *f*
guberna|mental [guƀɛrnamen'tal], **~tivo** [-'tiƀo] Regierungs...
gubia ['guƀĭa] *f* Hohlmeißel *m*
guedeja [ge'đɛxa] *f* Haarsträhne *f*; Mähne *f*
guepardo *zo* [ge'parđo] *m* Gepard *m*
guerr|a ['gɛrra] *f* Krieg *m*; ***~ civil*** Bürgerkrieg *m*; ***~ fría*** kalter Krieg *m*; ***~ mundial*** Weltkrieg *m*; ***dar ~*** Ärger (*od* Mühe) machen; **~ear** [gɛrrɛ'ar] (*1a*) Krieg führen; **~ero** [-'rrɛro] **1.** *adj* kriegerisch; **2.** *m* Krieger *m*; **~illa** [-'rriʎa] *f* Guerilla *f*; **~illero** [-'ʎero] *m* Freischärler *m*
guía ['gia] **a)** *su* (Fremden-)Führer(in *f*); Reiseleiter(in *f*) *m*; ***~ escolar*** (***de tráfico***) Schülerlotse *m*; **b)** *f* Reiseführer *m* (*libro*); *fig* Richtschnur *f*; ***~ de ferrocarriles*** Kursbuch *n*; ***~ telefónica*** Telefonbuch *n*
guiar [gi'ar] (*1c*) führen; leiten; *auto* lenken; **~se** sich richten (nach *dat* ***por***)
guija ['gixa] *f*, **~rro** [-'xarrɔ] *m* Kieselstein *m*
guillotina [giʎo'tina] *f* Guillotine *f*; *tec* Papierschneidemaschine *f*
guinda ['ginda] *f* Sauerkirsche *f*
guindilla [gin'diʎa] *f* scharfe Pfefferschote *f*
guiña|po [gi'ɲapo] *m* Lumpen *m*, Fetzen *m*; **~r** [-'ɲar] (*1a*) blinzeln; ***~ los ojos*** mit den Augen zwinkern
guiño ['giɲo] *m* Zwinkern *n*, Blinzeln *n*
guiñol [gi'ɲɔl] *m* Kasperletheater *n*
guión [gi'ɔn] *m* (*cine*) Drehbuch *n*; *gram* Binde-, Trennungsstrich *m*
guionista [gio'nista] *su* Drehbuchautor(in *f*) *m*
guirnalda [gir'nalda] *f* Girlande *f*
guisa ['gisa] *f*: ***a ~ de*** als; ***de esta ~*** auf diese Weise; ***de tal ~*** derart
guisado [gi'sađo] *m* Schmorgericht *n*
guisante [gi'sante] *m* Erbse *f*
gui|sar [gi'sar] (*1a*) kochen; **~so** ['giso] *m* Gericht *n*
guitarr|a [gi'tarra] *f* Gitarre *f*; **~ista** [-'rrista] *su* Gitarrist(in *f*) *m*
gula ['gula] *f* Völlerei *f*; Gefräßigkeit *f*
gusano [gu'sano] *m* Wurm *m*; ***~ de seda*** Seidenraupe *f*
gus|tar [gus'tar] (*1a*) **1.** *v/t* kosten, probieren; **2.** *v/i* gefallen; (*comida*) schmecken; ***me gustaría*** *inf* ich möchte (*od* würde) gern *inf*; ***me gusta leer*** ich lese gern; ***cuando guste*** wann Sie wollen!; **~tazo** [-'taθo] *m* Riesenfreude *f*; **~tillo** [-'tiʎo] *m* Nach-, Beigeschmack *m*; **~to** ['gusto] *m* Geschmack *m*; (*placer*) Vergnügen *n*; Gefallen *n* (an *dat* ***por***); ***de buen ~*** geschmackvoll; ***de mal ~*** geschmacklos; ***con mucho ~*** sehr gern; ***tomar ~ a*** Gefallen finden an (*dat*); **~tosamente** [-tosa'mente] gern; **~toso** [-'toso] schmackhaft; *fig* bereitwillig
gutural [gutu'ral] kehlig, Kehl..., guttural

H

H, h ['atʃe] *f* H, h *n*
ha [a] *s* ***haber***
haba [aƀa] *f* dicke Bohne *f*; Saubohne *f*
haber [a'ƀɛr] **1.** (*2k*) *vb auxiliar* haben, sein; ***~ de*** *inf* müssen, sollen; ***no ~ de*** *inf* nicht sollen; nicht dürfen; ***hay*** es gibt; ***hay que*** *inf* man muss; ***qué ~?*** F was gibt's?; wie geht's?; ***no hay que*** *inf* man darf nicht; man braucht nicht zu; ***no hay de qué*** nichts zu danken; ***no hay más que*** *inf* man braucht nur zu; ***no hay como*** es geht nichts über (*ac*);

2. *m* Haben *n*; Guthaben *n*; **~es** *pl* Vermögen *n*
habichuela [aƀi'tʃŭela] *f* Bohne *f*
hábil ['aƀil] geschickt, fähig
habili|dad [aƀili'đađ] *f* Geschicklichkeit *f*, Fähigkeit *f*; **~tación** [-ta'θĭɔn] *f* Befähigung *f*; Ermächtigung *f*; (*de un edificio*) Einrichtung *f*; **~tar** [-'tar] (*1a*) befähigen; ermächtigen; (*preparar*) ein-, herrichten
habita|ble [aƀi'taƀle] bewohnbar; **~ción** [-'θĭɔn] *f* Zimmer *n*; **~ *doble* (*individual*)** Doppel- (Einzel-)zimmer *n*; **~nte** [-'tante] *m* Bewohner *m*; Einwohner *m*; **~r** [-'tar] (*1a*) **1.** *v/t* bewohnen; **2.** *v/i* wohnen
hábito ['aƀito] *m* Gewohnheit *f*; *rel* Ordenskleid *n*
habitu|ación [aƀitŭa'θĭɔn] *f* Gewöhnung *f*; **~al** [-'tŭal] gewöhnlich; ***cliente** m* **~** Stammgast *m*; **~ar(se)** [-'tŭar(se)] (*1e*) (sich) gewöhnen (an *ac* ***a***)
habla ['aƀla] *f* Sprache *f*; Sprechweise *f*; ***ponerse al ~ con alg*** sich mit j-m in Verbindung setzen; **~durías** [-đu'rias] *f/pl* Gerede *n*, Klatsch *m*
hablar [a'ƀlar] (*1a*) sprechen, reden; ***¡ni ~!*** kommt nicht in Frage !; **~se**: ***no ~*** nicht mitea sprechen *od* verkehren
habón *med* [a'ƀɔn] *m* Quaddel *f*
hacen|dado [aθen'dađo] *m* Gutsbesitzer *m*; **~dero** [-'dero] *m Am* Farmer *m*; **~doso** [-'doso] arbeitsam
hacer [a'θɛr] (*2s*) machen, tun; veranlassen; (*maleta*) packen; (*pastel*) backen; (*pregunta*) stellen; (*papel*) spielen; ***~ bien (mal)*** richtig (falsch) handeln; ***~ de*** arbeiten *od* fungieren als; ***~ clic sobre*** *inform* anklicken; ***~ como que*** so tun, als ob; ***~ que*** *subj* veranlassen, bewirken, dass; ***no ~ más que*** *inf* nichts anderes tun als; ***hace calor (frío)*** es ist warm (kalt); ***hace tres días*** vor drei Tagen; ***¡qué le vamos a ~!*** was will man da machen !; **~se** werden; ***~ viejo*** alt werden; ***~ de noche*** Nacht werden; ***~ el sordo (tonto)*** sich taub (dumm) stellen; ***~ con a/c*** sich etwas verschaffen *od* aneignen
hacia ['aθĭa] nach, zu; ***~ aquí*** hierher; ***~ las cuatro*** gegen vier Uhr
hacienda [a'θĭenda] *f Am* Landgut *n*; Farm *f*; **~ (*pública*)** Finanzwesen *n*, -verwaltung *f*
hacinar [aθi'nar] (*1a*) aufhäufen; *fig* zs.-pferchen
hacha ['atʃa] *f* Axt *f*; Beil *n*; **~zo** [a'tʃaθo] *m* Axthieb *m*
hachís [a'tʃis] *m* Haschisch *n*
hada ['ađa] *f* Fee *f*
hado ['ađo] *m* Schicksal *n*
hago ['ago] *s* ***hacer***
hala|gar [ala'gar] (*1h*) schmeicheln; **~go** [a'lago] *m* Schmeichelei *f*; **~güeño** [-'gŭeɲo] schmeichelhaft
halcón [al'kɔn] *m* Falke *m*
hálito ['alito] *m* Hauch *m*; Atem *m*
halitosis *med* [ali'tosis] *f* Mundgeruch *m*
hall [xɔl] *m* (Hotel-)Halle *f*
hallar [a'ʎar] (*1a*) finden; (an)treffen; **~se** sich befinden
hallazgo [a'ʎađgo] *m* Fund *m*
halterofilia [altero'filĭa] *f* Gewichtheben *n*
hamaca [a'maka] *f* Hängematte *f*; (*asiento*) Liegestuhl *m*; *Am* Schaukel *f*
ham|bre ['ambre] *f* Hunger *m* (*a fig*); ***pasar ~*** hungern; **~briento** [-'brĭento] hungrig; *fig* begierig (nach ***de***)
hambur|gués [ambur'ges] *m* Hamburger *m*; **~guesa** [-'gesa] *f* Hamburgerin *f*; *gastr* Frikadelle *f*, Hamburger *m*
hampa ['ampa] *f* Unterwelt *f*
hámster *zo* ['amster] *m* Hamster *m*
hangar [aŋ'gar] *m* (Flugzeug-)Halle *f*
hara|gán [ara'gan] *m* Faulenzer *m*; **~ganear** [-gane'ar] (*1a*) faulenzen; **~piento** [-'pĭento] zerlumpt; **~po** [a'rapo] *m* Lumpen *m*, Fetzen *m*
hardware *inform* ['ha(r)dwea] *m* Hardware *f*
harén [a'ren] *m* Harem *m*
hari|na [a'rina] *f* Mehl *n*; **~noso** [-'noso] mehlig
har|tar [ar'tar] (*1a*) sättigen; **~tarse** sich satt essen; *fig*: ***~ de a/c*** et satt haben; **~to** ['arto] **1.** *adj* (über)satt; *fig* überdrüssig; ***estar ~ de a/c*** et satt haben; **2.** *adv* allzu; sattsam
hasta ['asta] **1.** *prp* bis; ***~ ahora*** bisher, bis jetzt; ***¡~ luego!*** bis nachher!, bis gleich!; ***~ que*** bis; **2.** *adv* sogar, selbst
hastiar [asti'ar] (*1c*) langweilen; **~se**: ***~ de*** überdrüssig werden (*gen*)
hastío [as'tio] *m* Überdruss *m*
hato ['ato] *m* (Kleider-)Bündel *n*; (*reba-*

ño) Herde *f*
hay [aĭ] *s* ***haber***
hay|a ['aja] *f* Buche *f*; **~uco** [a'juko] *m* Buchecker *f*
haz [aθ] *f* Garbe *f*; Bündel *n*; *tec, el* Strahl *m*
hazaña [a'θaɲa] *f* Heldentat *f*
hazmerreír [aðmɛrrɛ'ir] *m* Witzfigur *f*; *fig* Gespött *n*
he [e] *s* ***haber***
hebilla [e'ƀiʎa] *f* Schnalle *f*
hebra ['eƀra] *f* Faden *m*; Faser *f*
hebreo [e'ƀreo] **1.** *adj* hebräisch; **2.** *m* Hebräer *m*
hecatombe [eka'tɔmbe] *f* Hekatombe *f*; *fig* Blutbad *n*
hechi|cera [etʃi'θera] *f* Hexe *f*, Zauberin *f*; **~cería** [-'ria] *f* Zauberei *f*; **~cero** [-'θero] *m* Hexenmeister *m*, Zauberer *m*; **~zar** [-'θar] *(1f)* verzaubern; *fig* bezaubern; **~zo** [e'tʃiθo] *m* Zauber *m (a fig)*
hecho ['etʃo] **1.** *part v* ***hacer***; ***¡bien ~!*** recht so!; ***muy ~*** *(carne)* gut durchgebraten; ***~ para*** (wie) geschaffen für; **2.** *m* Tat *f*; Tatsache *f*; ***de ~*** de facto
hechura [e'tʃura] *f* Anfertigung *f*; Machart *f*; *(dinero)* Macherlohn *m*
hectárea [ek'tarea] *f* Hektar *n od m*
hectolitro [ɛkto'litro] *m* Hektoliter *m od n*
hediondo [e'đĭɔndo] stinkig; ekelhaft
hedor [e'đɔr] *m* Gestank *m*
hegemonía [exemo'nia] *f* Vorherrschaft *f*, Hegemonie *f*
hela|da [e'lađa] *f* Frost *m*; **~dera** [-'đera] *f Am* Kühlschrank *m*; **~dería** [-đe'ria] *f* Eisdiele *f*; **~do** [e'lađo] **1.** *adj* gefroren; *fig* eiskalt; **2.** *m* (Speise-)Eis *n*; **~dora** [-'đora] *f* Eismaschine *f*; **~r** [e'lar] *(1k)* gefrieren lassen; *fig* erstarren lassen; ***hiela, está helando*** es friert; **~rse** er-, gefrieren; *(lago, etc)* zufrieren; *(carretera)* vereisen
helecho *bot* [e'letʃo] *m* Farn *m*
hélice ['eliθe] *f* (Schiffs-)Schraube *f*; *avia* Propeller *m*
heli|cóptero [eli'kɔptero] *m* Hubschrauber *m*; **~puerto** [-pŭɛrto] *m* Hubschrauberlandeplatz *m*
helvético [el'ƀetiko] helvetisch, schweizerisch
hematoma *med* [ema'toma] *m* Bluterguss *m*
hembra ['embra] *f zo* Weibchen *n*; F Weib *n*, Frau *f*
hemi|ciclo [emi'θiklo] *m* Halbkreis *m*; **~sferio** [emis'ferĭo] *m* Halbkugel *f*
hemof|ilia *med* [emo'filĭa] *f* Bluterkrankheit *f*; **~ílico** [-'filiko] *m* Bluter *m*
hemorr|agia *med* [ɛmɔ'rraxĭa] *f* Blutung *f*; **~oides** *med* [-'rrɔĭđes] *f/pl* Hämorr(ho)iden *f/pl*
hend|er [en'dɛr] *(2g)* spalten; **~idura** [-di'đura] *f* Spalt *m*; Schlitz *m*
heno ['eno] *m* Heu *n*
hep|ático [e'patiko] Leber...; **~atitis** [-'titis] *f* Leberentzündung *f*, Hepatitis *f*
heráldica [e'raldika] *f* Wappenkunde *f*
herbicida [ɛrƀi'θiđa] *m* Unkrautvernichtungsmittel *n*, Herbizid *n*
herboristería [ɛrƀoriste'ria] *f* Kräuterladen *m*
here|dar [ere'đar] *(1a)* erben (von ***de***); **~dero** [-'đero] *m*, **-a** *f* [-'đera] Erbe *m*, Erbin *f*; **~ditario** [-đi'tarĭo] erblich; Erb...
here|je [e'rɛxe] *su* Ketzer(in *f*) *m*; **~jía** [erɛ'xia] *f* Ketzerei *f*
herencia [e'renθĭa] *f* Erbschaft *f*; Erbe *n*
heri|da [e'riđa] *f* Wunde *f*; Verletzung *f*; *fig* Kränkung *f*; **~do** [e'riđo] *m* Verwundete(r) *m*; Verletzte(r) *m*; **~r** [e'rir] *(3i)* verwunden; verletzen *(a fig)*
herman|a [ɛr'mana] *f* Schwester *f*; **~amiento** [-mĭento] *m*: ***~ de ciudades*** Städtepartnerschaft *f*; **~ar** [-'nar] *(1a)* verbrüdern; vereinen; **~astro** *m*, **-a** *f* [-'nastro, -'nastra] Stiefbruder *m*, -schwester *f*; **~dad** [ɛrman'dađ] *f* Bruderschaft *f*; Brüderlichkeit *f*; **~o** [ɛr'mano] *m* Bruder *m*; ***~s*** *pl* Geschwister *pl*; *com* Gebrüder *pl*
hermético [ɛr'metiko] hermetisch; *fig* verschlossen
hermo|so [ɛr'moso] schön; **~sura** [-'sura] *f* Schönheit *f*
hernia *med* ['ɛrnĭa] *f* Bruch *m*; ***~ discal*** Bandscheibenvorfall *m*; ***~ inguinal*** Leistenbruch *m*
héroe ['eroe] *m* Held *m*
hero|ico [ɛ'rɔĭko] heldenhaft, heroisch; **~ína** [ero'ina] *f* Heldin *f*; *quím* Heroin *n*; **~inómano** [-i'nomano] **1.** *adj* heroinsüchtig; **2.** *m* Heroinsüchtige(r) *m*; **~ísmo** [-'izmo] *m* Heldentum *n*
herpes *med* ['ɛrpes] *m* Herpes *m*

herra|dura [ɛrra'đura] *f* Hufeisen *n*; ***curva** f **en** ~* Haarnadelkurve *f*; **~mienta** [-'mĭenta] *f* Werkzeug *n*; **~r** [ɛ'rrar] (*1k*) beschlagen
herre|ría [ɛrrɛ'ria] *f* Schmiede *f*; **~ro** [ɛ'rrɛro] *m* Schmied *m*
herrumbre [ɛ'rrumbre] *f* Rost *m*
hervi|dero [ɛrƀi'đero] *m fig* Gewimmel *n*; **~r** [-'ƀir] (*3i*) sieden, kochen; *fig* wimmeln (von ***de***)
heterogéneo [eterɔ'xeneo] heterogen
híbrido ['iƀriđo] hybrid
hice ['iθe] *s* ***hacer***
hidratante [iđra'tante]: ***crema** f* **~** Feuchtigkeitscreme *f*
hidráuli|ca [i'đra'lika] *f* Hydraulik *f*; **~co** [-ko] hydraulisch
hidr|oavión [iđroa'ƀĭɔn] *m* Wasserflugzeug *n*; **~ocarburos** [-kar'ƀuros] *m/pl* Kohlenwasserstoffe *m/pl*; **~ocultivo** [-kul'tiƀo] *m* Hydrokultur *f*; **~ofobia** [-'foƀĭa] *f* Wasserscheu *f*; **~ógeno** [i'đrɔxeno] *m* Wasserstoff *m*
hiedra ['jeđra] *f* Efeu *m*
hiel [jɛl] *f* Galle *f*; *fig* Bitterkeit *f*
hielo ['jelo] *m* Eis *n*; Frost *m*; ***romper el** ~ fig* das Eis brechen
hiena ['jena] *f* Hyäne *f*
hierba ['jɛrƀa] *f* Gras *n*; Kraut *n*; ***mala*** **~** Unkraut *n*; **~buena** *bot* [-'ƀŭena] *f* Minze *f*
hierro ['jɛrrɔ] *m* Eisen *n*; **~ *forjado*** Schmiedeeisen *n*; **~ *fundido*** Gusseisen *n*; ***quitar** ~ **a a/c*** e-r Sache die Spitze nehmen
hígado ['igađo] *m* Leber *f*
higiene [i'xĭene] *f* Hygiene *f*
higiénico [i'xĭeniko] hygienisch
higo ['igo] *m* Feige *f*; **~ *chumbo*** Kaktusfeige *f*
higuera [i'gera] *f* Feigenbaum *m*
hij|a ['ixa] *f* Tochter *f*; **~astro** *m*, **-a** *f* [i'xastro, -tra] Stiefsohn *m*, -tochter *f*; **~o** ['ixo] *m* Sohn *m*; **~ *predilecto*** Ehrenbürger *m*; **~ *único*** Einzelkind *n*; **~s** *pl* Kinder *n/pl*
hila|ndería [ilande'ria] *f* Spinnerei *f*; **~r** [i'lar] (*1a*) spinnen
hilaridad [ilari'đađ] *f* Heiterkeit *f*
hilera [i'lera] *f* Reihe *f*
hilo ['ilo] *m* Faden *m*; Garn *n*; *tec* (feiner) Draht *m*; **~ *de coser*** Nähgarn *n*; ***pender de un*** **~** an e-m (seidenen) Faden hängen
hilvanar [ilƀa'nar] (*1a*) heften
himno ['imno] *m* Hymne *f*
hincapié [iŋka'pĭe]: ***hacer*** **~** Nachdruck legen (auf *ac* ***en***)
hincar [iŋ'kar] (*1g*) einschlagen; **~se**: **~ *de rodillas*** niederknien
hincha ['intʃa] **a)** *f* Abneigung *f*; F ***tener** ~ **a alg*** j-n nicht riechen können; **b)** *m* Fan *m*; **~do** [in'tʃađo] geschwollen; *a fig* aufgeblasen; **~r** [in'tʃar] (*1a*) aufblasen, -pumpen; *fig* aufbauschen; **~rse** anschwellen (*a med*); *fig* sich aufblähen; **~zón** [intʃa'θɔn] *f med* Schwellung *f*
hinojo *bot* [i'nɔxo] *m* Fenchel *m*
hiper|mercado [ipɛrmɛr'kađo] *m* großer Supermarkt *m*; **~sensible** [-sen'siƀle] überempfindlich; **~tensión** *med* [-ten'sĭɔn] *f* Bluthochdruck *m*
hípi|ca ['ipika] *f* Reitsport *m*; **~co** ['ipiko] Pferde...; Reit...
hipismo [i'pizmo] *m* Pferdesport *m*
hipno|sis [iƀ'nosis] *f* Hypnose *f*; **~tizar** [-ti'θar] (*1f*) hypnotisieren
hipo ['ipo] *m* Schluckauf *m*
hipocresía [ipokre'sia] *f* Heuchelei *f*; Scheinheiligkeit *f*
hipócrita [i'pokrita] **1.** *adj* heuchlerisch; **2.** *su* Heuchler(in *f*) *m*
hipódromo [i'pođromo] *m* (Pferde-)Rennbahn *f*
hipófisis [i'pofisis] *f* Hypophyse *f*
hipopótamo [ipo'potamo] *m* Nilpferd *n*
hipoteca [ipo'teka] *f* Hypothek *f*; **~r** [-te'kar] (*1g*) mit e-r Hypothek belasten
hipótesis [i'potesis] *f* Hypothese *f*, Annahme *f*
hirsuto [ir'suto] struppig, borstig
hirviente [ir'ƀĭente] kochend
his|pánico [is'paniko] (hi)spanisch; **~panista** [-'nista] *su* Hispanist(in *f*) *m*
his|teria [is'terĭa] *f* Hysterie *f*; **~térico** [is'teriko] hysterisch
historia [is'torĭa] *f* Geschichte *f*; ***pasar a la*** **~** in die Geschichte eingehen; **~dor** [-'đɔr] *m* Historiker *m*; **~l** [-'rĭal] *m* Werdegang *m*; **~ *médico*** Krankengeschichte *f*
histórico [is'toriko] geschichtlich, historisch
hito ['ito] *m* Grenzstein *m*; *fig* Markstein *m*; ***mirar de** ~ **en** ~* scharf ansehen
hizo ['iθo] *s* ***hacer***
hocico [o'θiko] *m* Schnauze *f*

H

hockey ['xɔke] *m* Hockey *n*; **~ *sobre hielo*** Eishockey *n*; **~ *sobre patines*** Rollschuhhockey *n*
hogar [o'gar] *m* Herd *m*; Feuerstelle *f*; *fig* Heim *n*; **~eño** [oga'rɛɲo] häuslich
hoguera [o'gera] *f* Scheiterhaufen *m*; Lagerfeuer *n*
hoja ['ɔxa] *f* Blatt *n* (*a bot*); (*de ventana*) Flügel *m*; **~ *de afeitar*** Rasierklinge *f*
hojalata [ɔxa'lata] *f* Blech *n*
hojaldre [ɔ'xaldre] *m* Blätterteig *m*
hojarasca [ɔxa'raska] *f* dürres Laub *n*
hojear [ɔxe'ar] (*1a*) durchblättern
¡hola! ['ola] hallo!
holan|dés [olan'des] **1.** *adj* holländisch; **2.** *m*, **~desa** [-'desa] *f* Holländer(in *f*) *m*
holga|do [ɔl'gađo] (*vestido*) weit, bequem; (*espacio*) geräumig; *fig* sorgenfrei; **~nza** [ɔl'ganθa] *f* Müßiggang *m*; **~r** [ɔl'gar] (*1h u 1m*) müßig sein; (*sobrar*) überflüssig sein; sich erübrigen; **~zán** [ɔlga'θan] *m* Faulenzer *m*; **~zanear** [-ne'ar] (*1a*) faulenzen
holocausto [olo'kaŭsto] *m* (Brand-) Opfer *n*; *fig* Holocaust *m*
hollín [o'ʎin] *m* Ruß *m*
hombre ['ɔmbre] *m* Mann *m*; Mensch *m*; **~ *de Estado*** Staatsmann *m*; **~ *de negocios*** Geschäftsmann *m*; **~ra** [ɔm'brera] *f* Schulterpolster *n*; (*tirante*) Träger *m*; Achselstück *n*
hombría [ɔm'bria] *f* Mannhaftigkeit *f*; **~ *de bien*** Rechtschaffenheit *f*
hombro ['ɔmbro] *m* Schulter *f*
homenaje [ome'naxe] *m*; Ehrung *f*; ***en* ~ *de*** zu Ehren von; **~ado** [-'ađo] *m* Jubilar *m*; Gefeierte(r) *m*; **~ar** [--'ar] (*1a*) ehren, feiern
homeopatía [omeopa'tia] *f* Homöopathie *f*
homici|da [omi'θiđa] *m* Totschläger *m*; **~dio** [-'θiđĭo] *m* Totschlag *m*, Tötung *f*
homogéneo [omo'xeneo] gleichartig, homogen
homólogo [o'mologo] **1.** *adj* homolog; **2.** *m* Amtskollege *m*
homónimo [o'monimo] **1.** *adj* gleich lautend; **2.** *m* Namensvetter *m*; *gram* Homonym *n*
homosexual [omosɛg'sŭal] **1.** *adj* homosexuell; **2.** *m* Homosexuelle(r) *m*; **~idad** [-sŭali'đađ] *f* Homosexualität *f*
hon|da ['ɔnda] *f* Schleuder *f*; **~do** ['ɔndo] **1.** *adj* tief; **2.** *m* Tiefe *f*; **~dura** [-'dura] *f* Tiefe *f*
hones|tidad [onesti'đađ] *f* Ehrlichkeit *f*; Anständigkeit *f*; **~to** [o'nesto] ehrlich; anständig
hongo ['ɔŋgo] *m* Pilz *m*; (*sombrero*) Melone *f*
honor [o'nɔr] *m* Ehre *f*; ***en* ~ *de*** zu Ehren *gen*; **~able** [ono'rađle] ehrenwert; rühmlich; **~ario** [-'rarĭo] Ehren...; **~arios** [-'rarĭos] *m*/*pl* Honorar *n*; **~ífico** [-'rifiko] ehrenvoll; Ehren...
honra ['ɔnrra] *f* Ehre *f*; Ehrgefühl *n*; (*prestigio*) Ansehen *n*; **~dez** [-'đeθ] *f* Ehrbarkeit *f*; Rechtschaffenheit *f*; **~do** [ɔn'rrađo] ehrlich; rechtschaffen; anständig; **~r** [ɔn'rrar] (*1a*) ehren
honroso [ɔn'rrɔso] ehrenvoll
hora ['ora] *f* Stunde *f*; Zeit *f*; **~ *de cierre*** Polizeistunde *f*; (*de los comercios*) Ladenschlusszeit *f*; **~ *local*** Ortszeit *f*; ***a última* ~** im letzten Augenblick; ***dar la* ~** (*reloj*) schlagen; ***pedir* ~** sich e-n Termin geben lassen; ***¿qué* ~ *es?*** wie viel Uhr (*od* wie spät) ist es?; ***a altas* ~*s de la noche*** spät in der Nacht; ***a primera* ~ *de la tarde*** am frühen Nachmittag; **~*s de oficina*** Geschäftsstunden *f*/*pl*; **~*s extra*(*ordinarias*)** Überstunden *f*/*pl*; **~*s punta*** Stoßzeit *f*
horadar [ora'đar] (*1a*) durchbohren; durchlöchern
horario [o'rarĭo] *m* Stunden-, Zeitplan *m*; *ferro* Fahrplan *m*; **~ *flexible*** gleitende Arbeitszeit *f*, Gleitzeit *f*; **~ *de verano*** Sommerfahrplan *m*
horca ['ɔrka] *f* Galgen *m*; **~jadas** [-'xađas]: ***a* ~** rittlings
horchata [ɔr'tʃata] *f* Erdmandelmilch *f*
horda ['ɔrđa] *f* Horde *f*
horizon|tal [oriθɔn'tal] horizontal, waagerecht; **~te** [-'θɔnte] *m* Horizont *m*
horma ['ɔrma] *f* Form *f*; Schuhspanner *m*; Leisten *m*
hormi|ga [ɔr'miga] *f* Ameise *f*; **~gón** [-'gɔn] *m* Beton *m*; **~ *armado*** Stahlbeton *m*; **~gonera** [-go'nera] *f* Betonmischmaschine *f*
hormigu|ear [ɔrmige'ar] (*1a*) kribbeln; *fig* wimmeln; **~ero** [-'gero] *m* Ameisenhaufen *m*; *fig* Gewimmel *n*
hormona [ɔr'mona] *f* Hormon *n*
hor|nacina [ɔrna'θina] *f* Mauernische *f*; **~nillo** [ɔr'niʎo] *m* Kocher *m*; Kochplat-

te *f*; **~no** ['ɔrno] *m* (Back-, Brat-)Ofen *m*; ***alto ~*** Hochofen *m*
horóscopo [o'rɔskopo] *m* Horoskop *n*
horquilla [ɔr'kiʎa] *f* Haarnadel *f*; *agr*, *tec* Gabel *f*
horrendo [ɔ'rrendo] grausig
horri|ble [ɔrriƀle] schrecklich; grauenvoll; **~pilante** [-pi'lante] haarsträubend; schauerlich
horror [ɔ'rrɔr] *m* Schrecken *m*; Schauder *m*; (*aversión*) Abscheu *m* (vor *dat* ***a***); ***tener ~ a*** verabscheuen; **~izar** [ɔrrɔri'θar] (*1f*) mit Entsetzen erfüllen; **~oso** [-'roso] entsetzlich
hortaliza [ɔrta'liθa] *f* Gemüse *n*
hortelano [ɔrte'lano] *m* Gemüsegärtner *m*
hortensia *bot* [ɔr'tensia] Hortensie *f*
hortícola [ɔr'tikola] Garten(bau)...
horticultura [ɔrtikul'tura] *f* Gartenbau *m*
hospeda|je [ɔspe'đaxe] *m* Beherbergung *f*; **~r** [-'đar] (*1a*) beherbergen; **~rse** logieren; absteigen
hospital [ɔspi'tal] *m* Krankenhaus *n*; **~ario** [-ta'larĭo] gastfreundlich; **~idad** [-li'đađ] *f* Gastfreundschaft *f*; **~ización** [-θa'θĭɔn] *f* Einweisung *f* in ein Krankenhaus; **~izar** [-'θar] (*1f*) in ein Krankenhaus einweisen
hostal [ɔs'tal] *m* Hotel *n*
hoste|lería [ɔstele'ria] *f* Hotel- u Gaststättengewerbe *n*; **~lero** [-'lero] *m* Gastwirt *m*; **~ría** [-'ria] *f* Gasthaus *n*
hostia ['ɔstĭa] *f* Hostie *f*
hostigar [ɔsti'gar] (*1h*) züchtigen; *fig* belästigen; reizen
hostil [ɔs'til] feindlich, feindselig; **~idad** [-li'đađ] *f* Feindseligkeit *f*
hotel [ɔ'tɛl] *m* Hotel *n*; ***~ de cinco estrellas*** Fünfsternehotel *n*; **~ero** [ote'lero] *m* Hotelbesitzer *m*
hoy [ɔĭ] heute; ***de ~*** heutig; ***de ~ en adelante*** von heute an; ***~ por ~*** einstweilen; ***~ (en) día*** heutzutage; ***~ mismo*** noch heute
hoy|o ['ojo] *m* Grube *f*; Grab *n*; **~uelo** [o'jŭelo] *m* Grübchen *n*
hoz [ɔθ] *f* Sichel *f*
hucha ['utʃa] *f* Sparbüchse *f*
hueco ['ŭeko] **1.** *adj* hohl; *fig* eitel; **2.** *m* Lücke *f*; Hohlraum *m*; **~grabado** [-gra'ƀađo] *m* Tiefdruck *m*
huel|ga ['ŭɛlga] *f* Streik *m*; ***~ de advertencia*** Warnstreik *m*; ***~ de brazos caídos*** Sitzstreik *m*; ***~ de celo*** Bummelstreik *m*; ***~ general*** Generalstreik *m*; ***~ de hambre*** Hungerstreik *m*; ***estar en ~*** streiken; **~guista** [-'gista] *m* Streikende(r) *m*
huella ['ŭeʎa] *f* Spur *f*; ***~s*** *pl* ***digitales*** (*od* ***dactilares***) Fingerabdrücke *m*/*pl*
huelo ['ŭɛlo] *s* ***oler***
huérfano ['ŭɛrfano] **1.** *adj* verwaist; **2.** *m*, **-a** *f* [-na] Waise *f*; ***~ de padre y madre*** Vollwaise *f*
huer|ta ['ŭɛrta] *f* Obst- u Gemüseland *n*; **~to** ['ŭɛrto] *m* Obst- u Gemüsegarten *m*
hueso ['ŭeso] *m* Knochen *m*; (*de fruta*) Stein *m*
huésped ['ŭespeđ] *m* Gast *m*
huesudo [ŭe'suđo] (stark)knochig
hue|vas ['ŭeƀas] *f*/*pl* Rogen *m*; **~vera** [ŭe'ƀera] *f* Eierbecher *m*; **~vo** ['ŭeƀo] *m* Ei *n*; ***~ duro*** hart gekochtes Ei *n*; ***~ pasado por agua*** weiches Ei *n*; ***~ frito*** Spiegelei *n*; ***~s revueltos*** Rühreier *n*/*pl*
hui|da [u'iđa] *f* Flucht *f*; **~dizo** [ui'điθo] flüchtig; (*tímido*) scheu; **~r** [u'ir] (*3g*) **1.** *v*/*t* (ver)meiden; aus dem Weg gehen (*dat*); **2.** *v*/*i* fliehen; (*tiempo*) verfliegen
hule ['ule] *m* Wachstuch *n*
hulla ['uʎa] *f* Steinkohle *f*
huma|nidad [umani'đađ] *f* Menschheit *f*; Menschlichkeit *f*; ***~es*** *pl* humanistische Bildung *f*; **~nista** [-'nista] *m* Humanist *m*; **~nitario** [-ni'tarĭo] menschenfreundlich; **~nizar** [-'θar] (*1f*) humanisieren; **~no** [u'mano] menschlich; human
humareda [uma'ređa] *f* Rauchwolke *f*
humear [ume'ar] (*1a*) rauchen; dampfen
hume|dad [ume'đađ] *f* Feuchtigkeit *f*; **~decer** [-đe'θɛr] (*2d*) be-, anfeuchten
húmedo ['umeđo] feucht
húmero ['umero] *m* Oberarmknochen *m*
humil|dad [umil'dađ] *f* Demut *f*; **~de** [u'milde] demütig; bescheiden
humilla|ción [umiʎa'θĭɔn] *f* Demütigung *f*; Erniedrigung *f*; **~r** [-'ʎar] (*1a*) demütigen; erniedrigen
humo ['umo] *m* Rauch *m*; ***echar ~*** rauchen, qualmen; ***tener muchos ~s*** eingebildet sein
humor [u'mɔr] *m* Laune *f*; Humor *m*;

H

estar de buen (***mal***) ~ guter (schlechter) Laune sein; **~ado** [-'rađo]: ***bien*** (***mal***) ~ gut (schlecht) gelaunt; **~ismo** [-'rizmo] *m* Humor *m*; **~ista** [-'rista] *m* Humorist *m*; **~ístico** [-'ristiko] humoristisch

humus ['umus] *m* Humus *m*

hundi|do [un'diđo] eingefallen; (*ojos*) tief liegend; **~miento** [-'mĭento] *m* Versenken *n*; Einsturz *m*; *a fig* Untergang *m*; **~r** [-'dir] (*3a*) versenken; zerstören; *fig* vernichten; **~rse** versinken, *a fig* untergehen

húngaro ['uŋgaro] **1.** *adj* ungarisch; **2.** *m*, **-a** *f* [-ra] Ungar(in *f*) *m*

huracán [ura'kan] *m* Orkan *m*

huraño [u'raɲo] mürrisch; menschenscheu

hurgar [ur'gar] (*1h*) stochern, wühlen in

hur|tadillas [urta'điʎas]: ***a*** ~ verstohlen; **~tar** [ur'tar] (*1a*) stehlen; **~to** ['urto] *m* Diebstahl *m*

husmear [uzme'ar] (*1a*) wittern; *fig* herumschnüffeln

huso ['uso] *m* Spindel *f*

huyo ['ujo] *s* ***huir***

I

I, **i** [i] *f* I, i *n*

ibérico [i'beriko] iberisch

ibero [i'bero] *m* Iberer *m*; **~americano** [iberoameri'kano] iberoamerikanisch

ibicenco [ibi'θenko] aus Ibiza

iceberg [iθe'bɛr] *m* Eisberg *m*

icono [i'kono] *m* Ikone *f*

ictericia *med* [ikte'riθĭa] *f* Gelbsucht *f*

ida ['iđa] *f* Hinweg *m*, -fahrt *f*, -reise *f*; ***~ y vuelta*** Hin- u Rückfahrt *f*

idea [i'đea] *f* Idee *f*; ***no tener*** (***ni***) ~ keine Ahnung haben; **~l** [iđe'al] **1.** *adj* ideal; **2.** *m* Ideal *n*; **~lismo** [-'lizmo] *m* Idealismus *m*; **~lista** [-'lista] **1.** *adj* idealistisch; **2.** *m* Idealist *m*; **~lizar** [-li'θar] (*1f*) idealisieren; **~r** [iđe'ar] (*1a*) ersinnen, (sich) ausdenken

ídem [iđen] desgleichen, ebenso

idéntico [i'đentiko] identisch

identi|dad [iđenti'đađ] *f* Identität *f*; **~ficación** [-fika'θĭɔn] *f* Identifizierung *f*; **~ficar** [-fi'kar] (*1g*) identifizieren; **~ficarse** sich ausweisen

ideol|ogía [iđeolɔ'xia] *f* Ideologie *f*; **~ógico** [-'lɔxiko] ideologisch

idilio [i'đilĭo] *m* Idyll *n*

idioma [i'dĭoma] *m* Sprache *f*

idiosincrasia [iđĭosiŋ'krasĭa] *f* Eigenart *f*

idio|ta [i'đĭota] **1.** *adj* blöd(sinnig); idiotisch; **2.** *su* Idiot *m*; **~tez** [-'teθ] *f* Blödsinn *m*; Idiotie *f*

ido ['iđo] *s* ***ir***; *fig* verrückt

idola|trar [iđola'trar] (*1a*) vergöttern; **~tría** [-'tria] *f* Vergötterung *f*

ídolo ['iđolo] *m* Idol *n*

idoneidad [iđonɛĭ'đađ] *f* Tauglichkeit *f*; Eignung *f*; Fähigkeit *f*

idóneo [i'đoneo] tauglich; geeignet

iglesia [i'glesĭa] *f* Kirche *f*

ignomini|a [igno'minĭa] *f* Schmach *f*, Schande *f*; **~oso** [-mi'nĭoso] schmachvoll, schändlich

ignora|ncia [igno'ranθĭa] *f* Unwissenheit *f*; Unkenntnis *f*; **~nte** [-'rante] unwissend; **~r** [-'rar] (*1a*) nicht wissen (*od* kennen); ***no*** ~ sehr wohl wissen

igual [i'gŭal] gleich; gleich bleibend, -förmig, -mäßig; (***al***) ***~ que*** genauso wie; ***es*** ~ das ist egal; ***me da*** ~ das ist mir gleich; ***sin*** ~ unvergleichlich; **~ar** [-'lar] (*1a*) gleichmachen; gleichstellen; (*terreno*) planieren; **~dad** [igŭal'dađ] *f* Gleichheit *f*; ***~ de derechos*** Gleichberechtigung *f*; ***~ de oportunidades*** Chancengleichheit *f*; **~mente** [-'mente] gleichfalls, ebenfalls

iguana *zo* [i'gŭana] *f* Leguan *m*

ilegal [ile'gal] ungesetzlich, illegal; **~idad** [-gali'đađ] *f* Illegalität *f*, Gesetzwidrigkeit *f*

ilegible [ilɛ'xible] unleserlich

ilegítimo [ilɛ'xitimo] ungesetzlich; (*hijo*) unehelich

íleo *med* ['ileo] *m* Darmverschluss *m*

ileso [i'leso] unverletzt

ilícito [i'liθito] unerlaubt

ilimitado [ilimi'tađo] unbeschränkt

ilocalizable [ilokali'θaƀle] unauffindbar
ilógico [i'lɔxiko] unlogisch
ilumina|ción [ilumina'θĭɔn] *f* Beleuchtung *f*; **~dor** [-'đor] *m teat* Beleuchter *m*; **~r** [-'nar] (*1a*) beleuchten
ilu|sión [ilu'sĭɔn] *f* Illusion *f*; (*alegría*) (Vor-)Freude *f*; **~sionista** [-sĭo'nista] *m* Zauberkünstler *m*; **~so** [i'luso] leichtgläubig; naiv; **~sorio** [-'sorĭo] trügerisch; illusorisch
ilus|tración [ilustra'θĭɔn] *f* Illustration *f*, Abbildung *f*; (*cultura*) Bildung *f*; *hist* Aufklärung *f*; **~trado** [-'trađo] gebildet; (*libro*) illustriert; **~trar** [-'trar] (*1a*) erläutern; (*instruir*) bilden; (*libro, etc*) illustrieren, bebildern; **~tre** [i'lustre] berühmt; erlaucht
imagen [i'maxen] *f* Bild *n*; **~ (*pública*)** Image *n*
imagina|ble [imaxi'naƀle] denkbar, vorstellbar; **~ción** [-na'θĭɔn] *f* Fantasie *f*; **~r** [-'nar] (*1a*) (sich) ausdenken, ersinnen; **~rse** sich vorstellen; **~rio** [-'narĭo] erdacht, imaginär; **~tivo** [-'tiƀo] einfallsreich
imán [i'man] *m* Magnet *m*
imbatido [imba'tiđo] ungeschlagen, unbesiegt
im|bécil [im'beθil] **1.** *adj* blöd(sinnig); **2.** *m* Dummkopf *m*, F Blödmann *m*; **~becilidad** [-θili'đađ] *f* Blödsinn *m*
imberbe [im'bɛrƀe] bartlos
imborrable [imbɔ'rraƀle] unauslöschlich
imbuir [imbu'ir] (*3g*) einflößen
imita|ción [imita'θĭɔn] *f* Nachahmung *f*; **~r** [-'tar] (*1a*) nachahmen, imitieren
impacien|cia [impa'θĭenθĭa] *f* Ungeduld *f*; **~tar** [-θĭen'tar] (*1a*) ungeduldig machen; **~tarse** ungeduldig werden; **~te** [-'θĭente] ungeduldig
impacto [im'pakto] *m* Einschlag *m*; *fig* (Aus-)Wirkung *f*; **~ *ambiental*** (*od* ***ecológico***) Umweltbelastung *f*
impar [im'par] ungerade
imparable [impa'raƀle] unaufhaltsam
imparcia|l [impar'θĭal] unparteiisch; **~lidad** [-li'đađ] *f* Unparteilichkeit *f*
impartir [impar'tir] (*3a*) (*clases*) erteilen, geben
impasi|bilidad [impasiƀili'đađ] *f* Gleichmut *m*; **~ble** [-'siƀle] gefühllos; gleichmütig
impávido [im'paƀiđo] unerschrocken
impecable [impe'kaƀle] tadellos; einwandfrei
impedi|do [impe'điđo] gelähmt; **~mento** [-đi'mento] *m* Hindernis *n*; **~r** [-'đir] (*3l*) (be-, ver)hindern
impenetrable [impene'traƀle] undurchdringlich; *fig* unerforschlich
impensado [impen'sađo] unerwartet, unvermutet
impera|r [impe'rar] (*1a*) herrschen; **~tivo** [-ra'tiƀo] **1.** *adj* gebieterisch; zwingend; **2.** *m gram* Imperativ *m*; *fig* Gebot *n*
imperceptible [impɛrθɛp'tiƀle] unmerklich; nicht wahrnehmbar
imperdible [impɛr'điƀle] *m* Sicherheitsnadel *f*
imperdonable [impɛrđo'naƀle] unverzeihlich
imperecedero [impereθe'đero] unvergänglich
imperfec|ción [impɛrfɛg'θĭɔn] *f* Unvollkommenheit *f*; **~to** [-'fɛkto] **1.** *adj* unvollkommen; **2.** *m gram* Imperfekt *n*
imperial [impe'rĭal] kaiserlich; **~ismo** [-'lizmo] *m* Imperialismus *m*
impericia [impe'riθĭa] *f* Unerfahrenheit *f*
imperio [im'perĭo] *m* Kaiserreich *n*, Reich *n*; **~so** [-'rĭoso] gebieterisch; dringend
impermea|bilidad [impɛrmeaƀili'đađ] *f* Undurchlässigkeit *f*; **~bilizar** [-'θar] (*1f*) imprägnieren; **~ble** [-'aƀle] **1.** *adj* undurchlässig; wasserdicht; **2.** *m* Regenmantel *m*
impersonal [impɛrso'nal] unpersönlich
impertérrito [impɛr'tɛrrito] unerschrocken; unerschütterlich
impertinen|cia [impɛrti'nenθĭa] *f* Ungehörigkeit *f*; Frechheit *f*; **~te** [-'nente] ungehörig; unverschämt
imperturbable [impɛrtur'ƀaƀle] unerschütterlich
ímpetu ['impetu] *m* Heftigkeit *f*; Ungestüm *n*; Schwung *m*
impetuo|sidad [impetŭosi'đađ] *f* Ungestüm *n*; **~so** [-'tŭoso] heftig; ungestüm
impío [im'pio] gottlos; *fig* herzlos
implacable [impla'kaƀle] unerbittlich
implantar [implan'tar] (*1a*) einpflanzen; *fig* einführen
implicar [impli'kar] (*1g*) verwickeln, hineinziehen (in *ac* ***en***); (*incluir*) mit sich bringen; voraussetzen

implícito [im'pliθito] mit einbegriffen; implizit

implorar [implo'rar] (*1a*) anflehen

impon|ente [impo'nente] imposant, eindrucksvoll; **~er** [-'nɛr] (*2r*) **1.** *v/t* auferlegen; aufdrängen; (*nombre*) geben; (*dinero*) einzahlen; **2.** *v/i* Eindruck machen, imponieren; **~erse** sich durchsetzen; **~ible** [-'niƀle] besteuerbar

impopular [impopu'lar] unbeliebt

importa|ción [impɔrta'θĭɔn] *f* Einfuhr *f*; Import *m*; **~dor** [-'đɔr] *m* Importeur *m*; **~ncia** [-'tanθĭa] *f* Wichtigkeit *f*, Bedeutung *f*; ***dar ~ a*** Wert legen auf; ***darse ~*** sich wichtig machen; **~nte** [-'tante] wichtig, bedeutend; **~r** [-'tar] (*1a*) **1.** *v/i* wichtig sein; ***no importa*** das macht nichts; **2.** *v/t* einführen, importieren; (*valer*) betragen

importe [im'pɔrte] *m* Betrag *m*

importu|nar [impɔrtu'nar] (*1a*) belästigen; **~no** [-'tuno] lästig; ungelegen

imposi|bilidad [imposiƀili'đađ] *f* Unmöglichkeit *f*; **~bilitar** [-'tar] (*1a*) unmöglich machen; **~ble** [-'siƀle] unmöglich

imposición [imposi'θĭɔn] *f* Auferlegung *f*; Besteuerung *f*; *com* Einlage *f*; ***doble ~*** Doppelbesteuerung *f*

impostor [impɔs'tɔr] *m* Betrüger *m*

impoten|cia [impo'tenθĭa] *f* Unvermögen *n*; *med* Impotenz *f*; **~te** [-'tente] machtlos; unfähig; impotent

impracticable [imprakti'kaƀle] unausführbar; (*camino*) unbefahrbar

imprecar [impre'kar] (*1g*) verwünschen, verfluchen

impreciso [impre'θiso] ungenau

impregnar [impreg'nar] (*1a*) imprägnieren; durchtränken

imprenta [im'prenta] *f* (Buch-)Druckerei *f*; Druck *m*

imprescindible [impresθin'diƀle] unentbehrlich; unumgänglich

impre|sión [impre'sĭɔn] *f* Abdruck *m*; *tip* Druck *m*; *fig* Eindruck *m*; **~sionable** [-sĭo'naƀle] leicht zu beeindrucken; **~sionante** [-'nante] eindrucksvoll; **~sionar** [-'nar] (*1a*) beeindrucken; *fot* belichten; **~sionismo** [-'nizmo] *m* Impressionismus *m*; **~so** [-'preso] **1.** *s* ***imprimir***; **2.** *m* Formular *n*; *corr* Drucksache *f*; **~sor** [-'sɔr] *m* (Buch-) Drucker *m*; **~sora** [-'sora] *f inform* Drucker *m*

imprevis|ible [impreƀi'siƀle] unvorhersehbar; **~to** [-'ƀisto] unvorhergesehen

imprimir [impri'mir] (*3a*; *part* ***impreso***) (ab)drucken; *fig* einprägen

improbable [impro'ƀaƀle] unwahrscheinlich

ímprobo ['improƀo] mühselig

improcedente [improθe'dente] unzulässig; (*inadecuado*) unangebracht

improductivo [improđuk'tiƀo] unergiebig; unproduktiv

impro|perio [impro'perĭo] *m* Beschimpfung *f*, Schmähung *f*; **~pio** [im'propĭo] unschicklich, unpassend

improvisa|ción [improƀisa'θĭɔn] *f* Improvisation *f*; **~r** [-'sar] (*1a*) improvisieren

improviso [impro'ƀiso]: ***al*** (*od* ***de***) **~** unvermutet

impruden|cia [impru'đenθĭa] *f* Unvorsichtigkeit *f*; *jur* Fahrlässigkeit *f*; **~te** [-'đente] unvorsichtig; unvernünftig

impúdico [im'puđiko] unzüchtig

impuesto [im'pŭesto] **1.** *part v* ***imponer***; **2.** *m* Steuer *f*; ***~ sobre bienes inmuebles*** Grundsteuer *f*; ***~ de sociedades*** Körperschaftssteuer *f*; ***~ sobre el patrimonio*** Vermögenssteuer *f*; ***~ sobre la renta*** Einkommensteuer *f*; ***~ sobre la renta del capital*** Kapitalertrag(s)steuer *f*; ***~ sobre el valor añadido*** Mehrwertsteuer *f*; ***~ sobre el volumen de negocios*** Umsatzsteuer *f*

impugnar [impug'nar] (*1a*) anfechten

impul|sar [impul'sar] (*1a*) antreiben; **~sivo** [-'siƀo] impulsiv; **~so** [-'pulso] *m* Antrieb *m*; Impuls *m*

impu|ne [im'pune] straflos; **~nidad** [impuni'đađ] *f* Straflosigkeit *f*

impu|reza [impu'reθa] *f* Unreinheit *f*; ***~s pl*** Verschmutzung *f*; **~ro** [-'puro] unrein (*a fig*)

imputa|ción [imputa'θĭɔn] *f* Beschuldigung *f*; **~r** [-'tar] (*1a*) zuschreiben

inacaba|ble [inaka'ƀaƀle] endlos; **~do** [-'ƀađo] unvollendet

inaccesible [inagθe'siƀle] unzugänglich (*a fig*); unerreichbar

inaceptable [inaθɛp'taƀle] unannehmbar

inacti|vidad [inaktiƀi'đađ] *f* Untätigkeit *f*; **~vo** [-'tiƀo] untätig

inadecuado [inađe'kŭađo] unangemessen; ungeeignet

inadmisible [inađmi'siƀle] unzulässig
inadver|tencia [inađƀɛr'tenθĭa] *f* Unachtsamkeit *f*; **~tido** [-'tiđo] unachtsam; ***pasar ~*** nicht bemerkt werden
inagotable [inago'taƀle] unerschöpflich
inaguantable [inagŭan'taƀle] unerträglich
inalámbrico *el* [ina'lamƀriko] drahtlos
inalienable [inalĭe'naƀle] unveräußerlich
inalterable [inalte'raƀle] unveränderlich
inani|ción [inani'θĭɔn] *f* Entkräftung *f*; **~mado** [-'mađo] leblos
inapelable [inape'laƀle] unwiderruflich
inapeten|cia [inape'tenθĭa] *f* Appetitlosigkeit *f*; **~te** [-'tente] appetitlos
inaplazable [inapla'θaƀle] unaufschiebbar
inapreciable [inapre'θĭaƀle] unschätzbar (*a fig*); geringfügig
inarrugable [inarru'gaƀle] knitterfrei
inasequible [inase'kiƀle] unerreichbar; (*precio*) unerschwinglich
inaudi|ble [inaŭ'điƀle] unhörbar; **~to** [-'đito] unerhört
inaugura|ción [inaŭgura'θĭɔn] *f* Einweihung *f*; Eröffnung *f*; **~r** [-'rar] (*1a*) einweihen; eröffnen
incalculable [iŋkalku'laƀle] unberechenbar; unermesslich
incalificable [iŋkalifi'kaƀle] unqualifizierbar; *fig* schmählich
incansable [iŋkan'saƀle] unermüdlich
incapa|cidad [iŋkapaθi'đađ] *f* Unfähigkeit *f*; **~citar** [-θi'tar] (*1a*) unfähig machen; *jur* entmündigen; **~z** [-'paθ] unfähig (zu ***de***)
incau|tarse [iŋkaŭ'tarse] (*1a*): **~ *de*** beschlagnahmen; **~to** [iŋ'kaŭto] unbedacht; leichtgläubig
incendi|ar [inθen'dĭar] (*1b*) anzünden; in Brand stecken; **~arse** in Brand geraten; **~ario** [-'dĭarĭo] *m* Brandstifter *m*; **~dio** [in'θendĭo] *m* Feuer(sbrunst *f*) *n*; Brand *m*; **~ *forestal*** Waldbrand *m*; **~ *provocado*** Brandstiftung *f*
incentivo [inθen'tiƀo] *m* Anreiz *m*, Ansporn *m*
incertidumbre [inθɛrti'đumbre] *f* Ungewissheit *f*
incesante [inθe'sante] unablässig
incesto [in'θesto] *m* Inzest *m*
inciden|cia [inθi'đenθĭa] *f* Auswirkung *f*; **~te** [-'đente] *m* Zwischenfall *m*
incidir [inθi'đir] (*3a*): **~ *en*** verfallen in; *fig* sich auswirken auf
incienso [in'θĭenso] *m* Weihrauch *m*
incierto [in'θĭɛrto] ungewiss; unsicher
incinera|ción [inθinera'θĭɔn] *f* Einäscherung *f*; **~ *de basuras*** Müllverbrennung *f*; **~r** [-'rar] (*1a*) einäschern
incipiente [inθi'pĭente] beginnend
inci|sión [inθi'sĭɔn] *f* Einschnitt *m*; **~sivo** [-'siƀo] schneidend (*a fig*); (***diente m***) **~** Schneidezahn *m*; **~so** [in'θiso] *adj*: ***herida f -a*** Schnittwunde *f*
incita|ción [inθita'θĭɔn] *f* Anstiftung *f*; **~r** [-'tar] (*1a*) antreiben; aufhetzen
inclemencia [iŋkle'menθĭa] *f* (*clima*) Rauheit *f*, Unfreundlichkeit *f*
inclina|ción [iŋklina'θĭɔn] *f* Verneigung *f*, Verbeugung *f*; *fig* Neigung *f*; **~r** [-'nar] (*1a*) neigen, beugen; **~rse** sich neigen; sich (ver)beugen; **~ *a*** neigen zu
inclu|ir [iŋklu'ir] (*3g*) einschließen; aufnehmen; beilegen; **~sión** [-'sĭɔn] *f* Einfügung *f*, Aufnahme *f*; **~sive** [-'siƀe] einschließlich; **~so** [iŋ'kluso] sogar
incógni|ta [iŋ'kɔgnita] *f mat u fig* Unbekannte *f*; **~to** [iŋ'kɔgnito] unbekannt; ***de* ~** inkognito
incoheren|cia [iŋkoe'renθĭa] *f* Zs.-hanglosigkeit *f*; **~te** [-'rente] unzs.-hängend
incoloro [iŋko'loro] farblos
incólume [iŋ'kolume] unversehrt
incombustible [iŋkɔmbus'tiƀle] unverbrennbar, feuerfest
incomo|dar [iŋkomo'đar] (*1a*) belästigen; **~darse** sich ärgern (über ***por***); **~didad** [-đi'đađ] *f* Unbequemlichkeit *f*
incómodo [iŋ'komođo] unbequem
incomparable [iŋkɔmpa'raƀle] unvergleichlich
incomparecencia *jur* [iŋkɔmpare'θenθĭa] *f* Nichterscheinen *n*
incompatible [iŋkɔmpa'tiƀle] unverträglich, unvereinbar
incompeten|cia [iŋkɔmpe'tenθĭa] *f* Unfähigkeit *f*; *jur* Unzuständigkeit *f*; **~te** [-'tente] unfähig; unzuständig
incompleto [iŋkɔm'pleto] unvollständig
incomprensi|ble [iŋkɔmpren'siƀle] unverständlich, unbegreiflich; **~vo** [-'siƀo] verständnislos
incomunicado [iŋkomuni'kađo] *v der*

Außenwelt abgeschnitten; *jur* in Einzelhaft
inconcebible [iŋkɔnθe'ƀiƀle] unfasslich, unbegreiflich
inconciliable [iŋkɔnθi'lĭaƀle] unversöhnlich; unvereinbar
incondicional [iŋkɔndiθĭo'nal] bedingungslos
inconfundible [iŋkɔmfun'diƀle] unverwechselbar
incongruente [iŋkɔn'grŭente] zs.-hanglos
inconscien|cia [iŋkɔns'θĭenθĭa] *f* Bewusstlosigkeit *f*; *fig* Leichtfertigkeit *f*; **~te** [-'θĭente] unbewusst; *med* bewusstlos; *fig* leichtfertig
inconsecuen|cia [iŋkɔnse'kŭenθĭa] *f* Inkonsequenz *f*; **~te** [-'kŭente] inkonsequent
inconsiderado [iŋkɔnsiđe'rađo] unbedacht; rücksichtslos
inconsistente [iŋkɔnsis'tente] unbeständig; haltlos
inconsolable [iŋkɔnso'laƀle] untröstlich
inconstante [iŋkɔns'tante] unbeständig; wankelmütig
incontenible [iŋkɔnte'niƀle] unbezähmbar; unaufhaltsam
incontestable [iŋkɔntes'taƀle] unbestreitbar
incontinen|cia [iŋkɔnti'nenθĭa] *f* Hemmungslosigkeit *f*; *med* **~** (***nocturna***) Bettnässen *n*; **~te** [-'nente] hemmungslos
incontrolable [iŋkɔntro'laƀle] unkontrollierbar
inconvenien|cia [iŋkɔmbe'nĭenθĭa] *f* Unschicklichkeit *f*; **~te** [-'nĭente] **1.** *adj* unschicklich; unangebracht; **2.** *m* Hindernis *n*; Nachteil *m*; ***no tengo ~*** ich habe nichts dagegen
incordiar [iŋkɔr'đĭar] (*1b*) belästigen, stören
incorpora|ción [iŋkɔrpora'θĭɔn] *f* Aufnahme *f*; Eingliederung *f*; **~r** [-'rar] (*1a*) einfügen; aufnehmen; **~rse** sich aufrichten; sich anschließen (an *ac* ***a***)
incorrec|ción [iŋkɔrrɛg'θĭɔn] *f* Unrichtigkeit *f*; *fig* Unhöflichkeit *f*; **~to** [-'rrɛkto] unrichtig; *fig* unhöflich
incorregible [iŋkɔrrɛ'xiƀle] unverbesserlich
incorruptible [iŋkɔrrup'tiƀle] unverderblich; *fig* unbestechlich
incrédulo [iŋ'kređulo] ungläubig
increíble [iŋkre'iƀle] unglaublich
incremen|tar [iŋkremen'tar] (*1a*) vergrößern; (*precio*) erhöhen; **~to** [-'mento] *m* Zuwachs *m*, Zunahme *f*; Erhöhung *f*
increpar [iŋkre'par] (*1a*) beschimpfen
incrimina|ción [iŋkrimina'θĭɔn] *f* Beschuldigung *f*; **~r** [-'nar] (*1a*) beschuldigen
incruento [iŋ'krŭento] unblutig
incrustar [iŋkrus'tar] (*1a*) einlegen; **~se** verkrusten
incuba|ción [iŋkuƀa'θĭɔn] *f* Ausbrütung *f*; *med* (***período*** *m* ***de***) **~** Inkubationszeit *f*; **~dora** [-'đora] *f* Brutapparat *m*, -kasten *m*; **~r** [-'ƀar] (*1a*) ausbrüten (*a fig*)
incuestionable [iŋkuestĭo'naƀle] unbestreitbar
inculcar [iŋkul'kar] (*1g*) einschärfen, F eintrichtern
inculpa|do [iŋkul'pađo] *m* Beschuldigte(r) *m*; **~r** [-'par] (*1a*) beschuldigen
inculto [iŋ'kulto] ungebildet; *agr* unbebaut
incum|bencia [iŋkum'benθĭa] *f* Obliegenheit *f*; ***no es*** (***asunto***) ***de mi ~*** damit habe ich nichts zu tun; **~bir** [-'bir] (*3a*) obliegen
incumpli|miento [iŋkumpli'mĭento] *m* Nichterfüllung *f*; **~r** [-'plir] (*3a*) nicht erfüllen, nicht halten
incurable [iŋku'raƀle] unheilbar
incur|rir [iŋku'rrir] (*3a*) verfallen, geraten (in *ac* ***en***); **~sión** *mil* [iŋkur'sĭɔn] *f* Einfall *m*
indaga|ción [indaga'θĭɔn] *f* Nachforschung *f*; **~r** [-'gar] (*1h*) nachforschen; untersuchen
indebido [inde'ƀiđo] ungebührlich
indecente [inde'θente] unanständig
indecible [inde'θiƀle] unsagbar
indeci|sión [indeθi'sĭon] *f* Unentschlossenheit *f*; **~so** [-'θiso] unentschlossen
indefectible [indefɛk'tiƀle] unausbleiblich; unfehlbar
indefenso [inde'fenso] wehrlos
indefini|ble [indefi'niƀle] unbestimmbar; **~damente** [-đa'mente] auf unbestimmte Zeit; **~do** [-'niđo] unbestimmt
indeformable [indefor'maƀle] formbeständig

I

indeleble [inde'leƀle] unauslöschlich
indem|ne [in'demne] schadlos; heil; **~nización** [-niθa'θĭɔn] *f* Entschädigung *f*; **~nizar** [-'θar] (*1f*) entschädigen
indepen|dencia [indepen'denθĭa] *f* Unabhängigkeit *f*; **~diente** [-'dĭente] unabhängig; selbstständig; **~dizarse** [-di'θarse] (*1f*) sich selbstständig machen
indescriptible [indeskrip'tiƀle] unbeschreiblich
indeseable [indese'aƀle] unerwünscht
indestructible [indestruk'tiƀle] unzerstörbar
indeterminado [indetɛrmi'nađo] unbestimmt
indica|ción [indika'θĭɔn] *f* Hinweis *m*; Angabe *f*; *inform* Anzeige *f*; **~do** [-'kađo] zweckmäßig; **~dor** [-'đɔr] *m* Anzeiger *m*; Zeiger *m*; **~r** [-'kar] (*1g*) anzeigen; angeben; hinweisen auf (*ac*); **~tivo** [-'tiƀo] *m gram* Indikativ *m*; *tel* (Länder-)Kennzahl *f*, Vorwahl *f*
índice ['indiθe] *m* (Inhalts-)Verzeichnis *n*; Register *n*; *com u rel* Index *m*; *anat* (***dedo*** *m*) **~** Zeigefinger *m*
indicio [in'diθĭo] *m* Anzeichen *n*; *jur* Indiz *n*
indiferen|cia [indife'renθĭa] *f* Gleichgültigkeit *f*; **~te** [-'rente] gleichgültig; teilnahmslos
indígena [in'dixena] **1.** *adj* eingeboren; einheimisch; **2.** *su* Eingeborene(r *m*) *f*
indigen|cia [indi'xenθĭa] *f* Armut *f*, Bedürftigkeit, *f*; **~te** [-'xente] arm, bedürftig
indiges|tión [indixes'tĭon] *f* Verdauungsstörung *f*; **~to** [-'xesto] unverdaulich
indig|nación [indigna'θĭɔn] *f* Entrüstung *f*; Empörung *f*; **~nar** [-'nar] (*1a*) empören; **~narse** sich entrüsten; **~no** [in'digno] unwürdig (*gen* ***de***); schändlich
indio ['indĭo] **1.** *adj* indisch; (*de América*) indianisch; **2.** *m* Inder *m*; Indianer *m*; F ***hacer el ~*** sich albern benehmen
indirec|ta [indi'rɛkta] *f* Anspielung *f*; **~to** [-to] indirekt
indisciplina [indisθi'plina] *f* Disziplinlosigkeit *f*; **~do** [-'nađo] *f* zuchtlos, undiszipliniert
indiscre|ción [indiskre'θĭɔn] *f* Indiskretion *f*; Taktlosigkeit *f*; **~to** [-'kreto] taktlos, indiskret
indiscutible [indisku'tiƀle] indiskutabel; unbestreitbar
indisoluble [indiso'luƀle] unauflöslich
indispensable [indispen'saƀle] unerlässlich; unentbehrlich
indis|posición [indisposi'θĭɔn] *f* Unwohlsein *n*; **~puesto** [-pŭesto] unpässlich; indisponiert
indistint|amente [indistinta'mente] ohne Unterschied; **~o** [-'tinto] undeutlich
individu|al [indiƀi'đŭal] individuell; Einzel...; **~alista** [-đŭa'lista] *m* Individualist *m*; **~o** [-'ƀiđŭo] *m* Individuum *n* (*a desp*)
indivi|sible [indiƀi'siƀle] unteilbar; **~so** [-'ƀiso] ungeteilt
indocumentado [indokumen'tađo] ohne Ausweispapiere
índole ['indole] *f* Beschaffenheit *f*; Art *f*; ***de esta ~*** derartig
indolen|cia [indo'lenθĭa] *f* Trägheit *f*; **~te** [-'lente] träge; lässig
indomable [indo'maƀle] unbezwinglich; un(be)zähmbar
indómito [in'domito] ungebärdig
inducir [indu'θir] (*3o*) verleiten (zu ***a***); (*deducir*) folgern (aus ***de***)
indudable [indu'đaƀle] zweifellos
indulgen|cia [indul'xenθĭa] *f* Nachsicht *f*; **~te** [-'xente] nachsichtig; milde
indul|tar [indul'tar] (*1a*) begnadigen; **~to** [-'dulto] *m* Begnadigung *f*
indumentaria [indumen'tarĭa] *f* Kleidung *f*
industria [in'dustrĭa] *f* Industrie *f*; **~ *del futuro*** Zukunftsindustrie *f*; **~ *pesada*** Schwerindustrie *f*; **~l** [-'trĭal] **1.** *adj* industriell; **2.** *m* Industrielle(r) *m*; **~lización** [-liθa'θĭɔn] *f* Industrialisierung *f*; **~lizar** [-li'θar] (*1f*) industrialisieren
inédito [i'neđito] unveröffentlicht
inefable [ine'faƀle] unaussprechlich, unsäglich
inefica|cia [inefi'kaθĭa] *f* Unwirksamkeit *f*; **~z** [-'kaθ] unwirksam
ineludible [inelu'điƀle] unumgänglich
inenarrable [inena'rraƀle] unbeschreiblich
inencogible [ineŋkɔ'xiƀle] (*tejido*) nicht einlaufend
inepto [i'nɛpto] untüchtig, unfähig
inequívoco [ine'kiƀoko] eindeutig

inercia [i'nɛrθĭa] *f* Trägheit *f* (*a fís*)
inerme [i'nɛrme] unbewaffnet; *fig* wehrlos
inescrutable [ineskru'taƀle] unerforschlich, unergründlich
inesperado [inespe'rađo] unerwartet; unverhofft
inestable [ines'taƀle] unbeständig
inestimable [inesti'maƀle] unschätzbar
inevitable [ineƀi'taƀle] unvermeidlich, unausbleiblich
inexac|titud [inɛgsakti'tuđ] *f* Ungenauigkeit *f*; **~to** [-'sakto] ungenau, unrichtig
inexcusable [inesku'saƀle] unentschuldbar, unverzeihlich
inexorable [inɛgso'raƀle] unerbittlich
inexper|iencia [inespe'rĭenθĭa] *f* Unerfahrenheit *f*; **~to** [-'pɛrto] unerfahren
inexplicable [inespli'kaƀle] unerklärlich, unbegreiflich
inexpresivo [inespre'siƀo] ausdruckslos
inextricable [inestri'kaƀle] unentwirrbar
infalible [imfa'liƀle] unfehlbar (*a rel*)
infam|e [im'fame] schändlich, gemein, infam; **~ia** [-'famĭa] *f* Schändlichkeit *f*; Schande *f*
infan|cia [im'fanθĭa] *f* Kindheit *f*; **~ta** [-'fanta] *f Esp* Infantin *f*; **~te** [-'fante] *m* Kind *n*; *Esp* Infant *m*; *mil* Infanterist *m*; **~tería** *mil* [-'ria] *f* Infanterie *f*; **~til** [-'til] kindlich, Kinder...; *desp* kindisch
infarto *med* [im'farto] *m* Infarkt *m*; **~ *de miocardio*** Herzinfarkt *m*
infatigable [imfati'gaƀle] unermüdlich
infausto [im'faŭsto] unglücklich
infec|ción [imfeg'θĭɔn] *f* Infektion *f*; **~cioso** [-'θĭoso] ansteckend; **~tar** [-fɛk'tar] (*1a*) anstecken, infizieren
infeli|cidad [imfeliθi'đađ] *f* Unglück *n*; **~z** [-'liθ] unglücklich
inferior [imfe'rĭɔr] untere(r, -s); *fig* unterlegen; (*calidad*) minderwertig; **~idad** [-rĭori'đađ] *f* Unterlegenheit *f*; Minderwertigkeit *f*
infernal [imfɛr'nal] höllisch
infestar [imfes'tar] (*1a*) verseuchen; (*invadir*) befallen
infidelidad [imfiđeli'đađ] *f* Untreue *f*
infiel [im'fĭɛl] **1.** *adj* untreu; *rel* ungläubig; **2.** *m* Ungläubige(r) *m*
infiernillo [imfĭɛr'niʎo] *m* Spirituskocher *m*
infierno [im'fĭɛrno] *m* Hölle *f*
infiltra|ción [imfiltra'θĭɔn] *f* Einsickern *n*; *pol* Einschleusung *f*; **~r** [-'trar] (*1a*) infiltrieren; **~rse** einsickern; *pol* **~ *en*** unterwandern
ínfimo ['imfimo] unterst, niedrigst
infini|dad [imfini'đađ] *f* Unendlichkeit *f*; *fig* Unmenge *f*; **~tivo** [-'tiƀo] *m* Infinitiv *m*; **~to** [-'nito] **1.** *adj* unendlich; (*numeroso*) zahllos; **2.** *m* Unendlichkeit *f*
inflación [imfla'θĭɔn] *f* Inflation *f*
inflama|ble [imfla'maƀle] entzündbar; feuergefährlich; **~ción** [-'θĭɔn] *f* Entzündung *f* (*a med*); **~r(se)** [-'mar(se)] (*1a*) (sich) entzünden
inflar [im'flar] (*1a*) aufblasen, aufpumpen; **~se** *fig* sich aufblasen
inflexible [imflɛg'siƀle] unbiegsam; *fig* unbeugsam; unerbittlich
infligir [imfli'xir] (*3c*) auferlegen; (*derrota*) bereiten
influ|encia [imflu'enθĭa] *f* Einfluss *m*; **~ir** [-'ir] (*3g*) beeinflussen; **~jo** [-'fluxo] *m* Einfluss *m*; **~yente** [-'jente] einflussreich
informa|ción [imfɔrma'θĭɔn] *f* Auskunft *f*, Information *f*; (*noticia*) Nachricht *f*; **~ *viaria*** Verkehrsfunk *m*; **~dor** [-'đɔr] *m* Informant *m*; Reporter *m*; **~l** [-'mal] zwanglos; (*persona*) unzuverlässig; **~lidad** [-li'đađ] *f* Unzuverlässigkeit *f*; **~r** [-'mar] (*1a*) informieren, benachrichtigen; **~rse** sich erkundigen (nach ***de***), sich informieren
informáti|ca [imfɔr'matika] *f* Informatik *f*; **~co** [-'matiko] *m* Informatiker *m*
infor|mativo [imfɔrma'tiƀo] **1.** *adj* informativ, Informations...; **2.** *m* Nachrichtensendung *f*; **~me** [-'fɔrme] **1.** *adj* formlos; unförmig; **2.** *m* Bericht *m*; *jur* Plädoyer *n*; ***~s*** *pl* Referenzen *f/pl*
infortu|nado [imfɔrtu'nađo] unglücklich; **~nio** [-'tunĭo] *m* Unglück *n*
infracción *jur* [imfrag'θĭɔn] *f* strafbare Handlung *f*; Verstoß *m*
infraestructura [imfraestruk'tura] *f* Infrastruktur *f*; *tec* Unterbau *m*
in fraganti *jur* [imfra'ganti] auf frischer Tat, in flagranti
infrahumano [imfrau'mano] menschenunwürdig
infranqueable [imfranke'aƀle] unpassierbar; *fig* unüberwindlich

I

infrarrojo [imfra'rrɔxɔ] infrarot
infringir *jur* [imfriŋ'xir] (*3c*) verstoßen gegen
infructuoso [imfruk'tŭoso] nutzlos, zwecklos
infun|dado [imfun'dađo] unbegründet; **~dir** [-'dir] (*3a*) einflößen
infusión [imfu'sĭɔn] *f* (Kräuter-)Tee *m*
ingeni|ar [iŋxe'nĭar] (*1b*) ersinnen; **~ería** [-e'ria] *f*: **~ *genética*** Gentechnik *f*; **~ero** [-'nĭero] *m* Ingenieur *m*; **~ *agrónomo*** Diplomlandwirt *m*; **~ *de sonido*** Toningenieur *m*; **~o** [iŋ'xenĭo] *m* Geist *m*; Genie *n*; *tec* Vorrichtung *f*; *Am* Zuckerfabrik *f*; **~oso** [-'nĭoso] sinnreich; erfinderisch; (*persona*) geistreich
ingente [iŋ'xente] ungeheuer groß
ingenu|idad [iŋxenŭi'đađ] *f* Naivität *f*; Unbefangenheit *f*; **~o** [iŋ'xenŭo] treuherzig; naiv
ingerir [iŋxe'rir] (*3i*) zu sich nehmen; *med* einnehmen
ingle *anat* ['iŋgle] *f* Leiste *f*
ingl|és [iŋ'gles] **1.** *adj* englisch; **2.** *m*, **~esa** [-'glesa] *f* Engländer(in *f*) *m*
ingra|titud [iŋgrati'tuđ] *f* Undankbarkeit *f*; **~to** [iŋ'grato] undankbar (*a fig*)
ingravidez [iŋgrađi'đeθ] *f* Schwerelosigkeit *f*
ingre|diente [iŋgre'dĭente] *m* Bestandteil *m*; *gastr* Zutat *f*; **~sar** [-'sar] (*1a*) **1.** *v/i* eintreten; *med* eingeliefert werden; **2.** *v/t* einzahlen; **~so** [iŋ'greso] *m* Eintritt *m*; *med* Einlieferung *f*; *com* Einzahlung *f*; (***examen*** *m* ***de***) **~** Aufnahmeprüfung *f*; **~s** *m/pl* Einkommen *n*; ***~s brutos*** Bruttoeinkommen *n*
inhábil [i'nađil] unfähig; untauglich
inhabita|ble [inađi'tađle] unbewohnbar; **~do** [-'tađo] unbewohnt
inhalar [ina'lar] (*1a*) inhalieren, einatmen
inherente [ine'rente] innewohnend; (eng) verknüpft mit
inhibi|ción [iniđi'θĭɔn] *f* Verbot *n*; *psic* Hemmung *f*; **~r** [-'đir] (*3a*) untersagen; *psic* hemmen
inhospitalario [inɔspita'larĭo] ungastlich; unwirtlich
inhuma|ción [inuma'θĭɔn] *f* Beerdigung *f*; **~no** [-'mano] unmenschlich
inici|al [ini'θĭal] **1.** *adj* anfänglich, Anfangs...; **2.** *f* Anfangsbuchstabe *m*; **~alizar** *inform* (*1a*) booten; **~ar** [-'θĭar] (*1b*) beginnen; (*enseñar*) einführen (in ***en***); **~ativa** [-'tiđa] *f* Initiative *f*; **~o** [-'niθĭo] *m* Beginn *m*, Anfang *m*
iniguala|ble [inigŭa'lađle] unvergleichlich; **~do** [-'lađo] unerreicht
inimaginable [inimaxi'nađle] unvorstellbar
inimitable [inimi'tađle] unnachahmlich
ininteligible [ininteli'xiđle] unverständlich
ininterrumpido [ininterrum'piđo] ununterbrochen
inje|rencia [iŋxe'renθĭa] *f* Einmischung *f*; **~rirse** [-'rirse] (*3i*) sich einmischen (in *ac* ***en***)
injer|tar [iŋxɛr'tar] (*1a*) *agr* pfropfen; *med* verpflanzen; **~to** [iŋ'xɛrto] *m agr* Pfropfreis *n*; *med* Verpflanzung *f*
injuria [iŋ'xurĭa] *f* Beleidigung *f*; Beschimpfung *f*; **~r** [-'rĭar] (*1b*) beleidigen; beschimpfen
injus|ticia [iŋxus'tiθĭa] *f* Ungerechtigkeit *f*; Unrecht *n*; **~tificado** [-tifi'kađo] ungerechtfertigt, unberechtigt; **~to** [iŋ'xusto] ungerecht
inmaculado [inmaku'lađo] unbefleckt (*a rel*); makellos
inmadu|rez [inmađu'reθ] *f* Unreife *f* (*a fig*); **~ro** [-'đuro] unreif
inmedia|tamente [inmeđĭata'mente] sofort; **~to** [-'đĭato] unmittelbar; sofortig
inmejorable [inmɛxo'rađle] unübertrefflich, vorzüglich
inmenso [in'menso] unermesslich
inmerecido [inmere'θiđo] unverdient
inmersión [inmɛr'sĭɔn] *f* Eintauchen *n*
inmigra|ción [inmigra'θĭɔn] *f* Einwanderung *f*; **~nte** [-'grante] *m* Einwanderer *m*; **~r** [-'grar] (*1a*) einwandern
inminente [inmi'nente] nahe bevorstehend
inmiscuirse [inmisku'irse] (*3g*) sich einmischen
inmobiliario [inmođi'lĭarĭo] Immobilien...
inmoderado [inmođe'rađo] unmäßig; maßlos
inmodesto [inmo'đesto] unbescheiden
inmoral [inmo'ral] unmoralisch, unsittlich
inmortal [inmɔr'tal] unsterblich; **~idad** [-tali'đađ] *f* Unsterblichkeit *f*; **~izar**

[-'θar] (*1f*) unsterblich machen; verewigen
inmotivado [inmoti'βaðo] grundlos, unmotiviert
inmóvil [in'moβil] unbeweglich
inmueble [in'mŭeβle] *m* Gebäude *n*; **~s** *pl* Immobilien *pl*
inmun|dicia [inmun'diθĭa] *f* Schmutz *m*; Unrat *m*; **~do** [in'mundo] schmutzig; *fig* unrein
inmu|ne [in'mune] immun; **~nidad** [-ni'ðađ] *f* Immunität *f*; **~nizar** [-'θar] (*1f*) immunisieren
inmutable [inmu'taβle] unveränderlich; *fig* unerschütterlich
innato [in'nato] angeboren
innecesario [inneθe'sarĭo] unnötig
innegable [inne'gaβle] unleugbar
innovación [innoβa'θĭɔn] *f* Neuerung *f*
innumerable [innume'raβle] unzählig, zahllos
inocen|cia [ino'θenθĭa] *f* Unschuld *f*; **~te** [-'θente] unschuldig; *fig* naiv
inocuo [i'nokŭo] unschädlich
inodoro [ino'đoro] **1.** *adj* geruchlos; **2.** *m* WC *n*
inofensivo [inofen'siβo] harmlos; unschädlich
inolvidable [inɔlβi'đaβle] unvergesslich
inoperante [inope'rante] wirkungslos
inopinado [inopi'nađo] unerwartet
inoportuno [inopɔr'tuno] ungelegen; unpassend
inorgánico *quím* [inɔr'ganiko] anorganisch
inoxidable [inɔgsi'đaβle] rostfrei, nicht rostend
inquebrantable [iŋkeβran'taβle] *fig* unverbrüchlich
inquie|tar [iŋkĭe'tar] (*1a*) beunruhigen; **~to** [iŋ'kĭeto] unruhig; **~tud** [-'tuđ] *f* Unruhe *f*; Beunruhigung *f*
inquilino [iŋki'lino] *m* Mieter *m*
inquisi|ción [iŋkisi'θĭɔn] *f* Nachforschung *f*; *hist* ♀ Inquisition *f*; **~dor** [-'đɔr] **1.** *adj* forschend; **2.** *m* Inquisitor *m*
insaciable [insa'θĭaβle] unersättlich
insalubre [insa'luβre] ungesund
insano [in'sano] ungesund
insatisfecho [insatis'fetʃo] unzufrieden
inscri|bir [inskri'βir] (*3a*; *part* ***inscrito***) einschreiben, eintragen; **~birse** sich anmelden; **~pción** [-kriβ'θĭɔn] *f* Inschrift *f*; Anmeldung *f*
insec|ticida [insɛkti'θiđa] *m* Insektizid *n*; **~to** [in'sɛkto] *m* Insekt *n*
insegu|ridad [inseguri'đađ] *f* Unsicherheit *f*; **~ro** [-'guro] unsicher
insensa|tez [insensa'teθ] *f* Unsinn *m*; Verrücktheit *f*; **~to** [-'sato] unsinnig; unvernünftig
insensible [insen'siβle] unempfindlich, gefühllos (gegen ***a***)
inseparable [insepa'raβle] untrennbar; unzertrennlich
insertar [insɛr'tar] (*1a*) einschalten; einfügen; (*anuncio*) aufgeben
inservible [insɛr'βiβle] unbrauchbar
insidioso [insi'đĭoso] hinterlistig; heimtückisch
insign|e [in'signe] berühmt; **~ia** [-nĭa] *f* Abzeichen *n*
insignificante [insignifi'kante] geringfügig, unbedeutend
insinua|ción [insinua'θĭɔn] *f* Anspielung *f*, Andeutung *f*; **~r** [-'ar] (*1e*) andeuten; **~rse** sich einschmeicheln
insípido [in'sipiđo] fade, geschmacklos (*a fig*)
insist|encia [insis'tenθĭa] *f* Beharrlichkeit *f*; Nachdruck *m*; **~ir** [-'tir] (*3a*) dringen, bestehen (auf *dat* ***en***)
insobornable [insoβor'naβle] unbestechlich
insociable [inso'θĭaβle] ungesellig
insolación [insola'θĭɔn] *f* Sonnenstich *m*
insolen|cia [inso'lenθĭa] *f* Unverschämtheit *f*; **~te** [-'lente] unverschämt, frech
insólito [in'solito] ungewöhnlich
insoluble [inso'luβle] unlöslich
insolven|cia [insɔl'βenθĭa] *f* Zahlungsunfähigkeit *f*, Insolvenz *f*; **~te** [-'βente] zahlungsunfähig, insolvent
insom|ne [in'sɔmne] schlaflos; **~nio** [-nĭo] *m* Schlaflosigkeit *f*
insondable [insɔn'daβle] unergründlich
insono|rización [insonoriθa'θĭɔn] *f* Schalldämmung *f*; **~rizar** [-'θar] (*1f*) schalldicht machen; **~ro** [-'noro] schalldicht
insoportable [insopɔr'taβle] unerträglich; unausstehlich
insospechado [insɔspe'tʃađo] unvermutet
insostenible [insɔste'niβle] unhaltbar

I

inspec|ción [inspɛg'θĭɔn] *f* Besichtigung *f*; Kontrolle *f*, Inspektion *f*; **~cionar** [-θĭo'nar] (*1a*) besichtigen; kontrollieren; **~tor** [-pɛk'tor] *m* Aufseher *m*; Inspektor *m*; **~ *tributario*** Steuerprüfer *m*

inspira|ción [inspira'θĭɔn] *f* Einatmung *f*; *fig* Inspiration *f*, Eingebung *f*; **~r** [-'rar] (*1a*) einatmen; *fig* einflößen; (*sugerir*) anregen, inspirieren

instala|ción [instala'θĭɔn] *f* Einrichtung *f*; Installation *f*; *tec* Anlage *f*; ***-ones sanitarias*** Sanitäranlagen *f/pl*; **~dor** [-'đɔr] *m* Installateur *m*; Monteur *m*; **~r** [-'lar] (*1a*) einrichten, aufstellen, installieren; **~rse** sich niederlassen

instan|cia [ins'tanθĭa] *f* Gesuch *n*; Eingabe *f*; *jur* Instanz *f*; **~tánea** [-'tanea] *f* *fot* Schnappschuss *m*; **~táneo** [-'taneo] augenblicklich; Instant...; **~te** [-'tante] *m* Augenblick *m*, Moment *m*; ***al ~*** sofort; ***en un ~*** im Nu

instar [ins'tar] (*1a*) **1.** *v/t* dringend bitten, drängen; **2.** *v/i* dringend sein

instiga|ción [instiga'θĭɔn] *f* Anstiftung *f*; **~r** [-'gar] (*1h*) anstiften (zu ***a***)

instin|tivo [instin'tiƀo] instinktiv; **~to** [-'tinto] *m* Instinkt *m*

institu|ción [institu'θĭɔn] *f* Einrichtung *f*, Institution *f*; Anstalt *f*; **~ir** [-'ir] (*3g*) gründen; einsetzen; **~to** [-'tuto] *m* Institut *n*; ***♀ Monetario Europeo (IME)*** Europäisches Währungsinstitut (EWI) *n*; ***~ de belleza*** Kosmetiksalon *m*; *Esp* ***♀ (de Enseñanza Media)*** Gymnasium *n*; **~triz** [-'triθ] *f* Erzieherin *f*

instru|cción [instrug'θĭɔn] *f* Schulung *f*; Ausbildung *f* (*a mil*); (*cultura*) Bildung *f*; *inform* Befehl *m*; ***-ones*** *pl* Anweisung *f*; Vorschrift *f*; ***-ones de uso*** (*od* ***de servicio***) Bedienungsanleitung *f*; **~ctivo** [-truk'tiƀo] lehrreich; **~ctor** [-'tɔr] *m mil* Ausbilder *m*; **~ido** [-'iđo] gebildet; **~ir** [-'ir] (*3g*) ausbilden, schulen; unterweisen

instrumen|tación *mús* [instrumenta'θĭɔn] *f* Instrumentierung *f*; **~tar** [-'tar] (*1a*) instrumentieren; **~tista** *mús* [-'tista] *m* Instrumentalist *m*; **~to** [-'mento] *m* Instrument *n*; *tec* Werkzeug *n*; *mús* ***~ de arco (de cuerda, de percusión, de viento)*** Streich- (Saiten-, Schlag-, Blas-)instrument *n*

insubordina|ción [insuƀɔrđina'θĭɔn] *f* Gehorsamsverweigerung *f*; **~rse** [-'narse] (*1a*) den Gehorsam verweigern

insuficien|cia [insufi'θĭenθĭa] *f* Unzulänglichkeit *f*; **~te** [-'θĭente] unzulänglich; (*nota*) ungenügend

insufrible [insu'friƀle] unerträglich

insular [insu'lar] Insel...

insulina [insu'lina] *f* Insulin *n*

insulso [in'sulso] geschmacklos, fade (*a fig*)

insul|tar [insul'tar] (*1a*) beleidigen; **~to** [-'sulto] *m* Beleidigung *f*

insuperable [insupe'raƀle] unüberwindlich; *fig* unübertrefflich

insurrección [insurrɛg'θĭɔn] *f* Aufstand *f*

insustituible [insustitu'iƀle] unersetzlich

intacto [in'takto] unberührt; unversehrt, intakt

intachable [inta'tʃaƀle] tadellos, einwandfrei

intangible [intaŋ'xiƀle] unantastbar

integra|l [inte'gral] vollständig; *mat* Integral...; **~nte** [-'grante] **1.** *adj* wesentlich; **2.** *su* Mitglied *n*; **~r** [-'grar] (*1a*) bilden; *mat*, *pol* integrieren

integridad [integri'đađ] *f* Vollständigkeit *f*; *fig* Redlichkeit *f*

íntegro ['integro] vollständig; *fig* rechtschaffen, redlich

intelec|to [inte'lɛkto] *m* Intellekt *m*; **~tual** [-'tŭal] **1.** *adj* intellektuell; **2.** *su* Intellektuelle(r *m*) *f*

inteligen|cia [inteli'xenθĭa] *f* Intelligenz *f*; **~te** [-'xente] intelligent; klug

inteligible [inteli'xiƀle] verständlich

intemperie [intem'perĭe] *f*: ***a la ~*** bei Wind und Wetter; im Freien

intempestivo [intempes'tiƀo] ungelegen

intemporal [intempo'ral] zeitlos

intenci|ón [inten'θĭɔn] *f* Absicht *f*; ***segunda ~*** Hintergedanke *m*; ***sin ~*** unabsichtlich; **~onado** [-θĭo'nađo] vorsätzlich, absichtlich; **~onal** [-θĭo'nal] absichtlich

inten|sidad [intensi'đađ] *f* Stärke *f*; Intensität *f*; ***~ del sonido*** Lautstärke *f*; **~sificar** [-fi'kar] (*1g*) verstärken; intensivieren; **~so** [in'tenso] intensiv; heftig; stark

inten|tar [inten'tar] (*1a*) versuchen; **~to**

[in'tento] *m* Versuch *m*; **~tona** [-'tona] *f*: **~** (***golpista***) Putschversuch *m*
interacción [interag'θĭɔn] *f* Wechselwirkung *f*
interactivo [interak'tiƀo] interaktiv
intercalar [interka'lar] (*1a*) einfügen, einschieben
intercam|biable [interkam'bĭaƀle] austauschbar; **~bio** [-'kambĭo] *m* Austausch *m*
interceder [interθe'đer] (*2a*) sich verwenden (für *ac* ***por***)
interceptar [interθep'tar] (*1a*) abfangen; *tel* abhören
intercesión [interθe'sĭɔn] *f* Vermittlung *f*; Fürsprache *f*
interés [inte'res] *m* Interesse *n*; *com* Zins(en) *m*(*pl*); *fig* Eigennutz *m*; ***-eses acreedores*** Habenzinsen *m*/*pl*
interesa|do [intere'sađo] **1.** *adj* beteiligt; interessiert (an *dat* ***en***); *desp* eigennützig; **2.** *m* Interessent *m*; **~nte** [-'sante] interessant; **~r** [-'sar] (*1a*) interessieren; (*afectar*) betreffen; in Mitleidenschaft ziehen; **~rse** sich interessieren (für *ac* ***por***)
interfaz *inform* [inter'faθ] *m u f* Schnittstelle *f*
interferencia [interfe'renθĭa] *f el* Interferenz *f*, Überlagerung *f*
interfono [inter'fono] *m* (Gegen-) Sprechanlage *f*
interino [inte'rino] einstweilig
interior [inte'riɔr] **1.** *adj* innere(r, -s); Innen...; **2.** *m das* Innere *n*; Inland *n*; ***~es*** *m*/*pl* (*cine*) Innenaufnahmen *f*/*pl*; **~idades** [-rĭori'đađes] *f*/*pl* private Angelegenheiten *f*/*pl*; Intimsphäre *f*
interjección *gram* [interxeg'θĭɔn] *f* Interjektion *f*
interlocutor [interloku'tɔr] *m* Gesprächspartner *m*
interme|diario [interme'đĭarĭo] **1.** *adj* Zwischen..., Mittel...; **2.** *m* Vermittler *m*; *com* Zwischenhändler *m*; **~dio** [-'međĭo] **1.** *adj* Zwischen...; **2.** *m* Zwischenzeit *f*; *teat* Pause *f*
intermi|nable [intermi'naƀle] endlos; **~tente** [-'tente] **1.** *adj* intermittierend; ***luz*** *f* **~** Blinklicht *n*; **2.** *m auto* Blinker *m*
internacional [internaθĭo'nal] international
intern|ado [inter'nađo] *m* Internat *n*; (*persona*) Internierte(r) *m*; **~ar** [-'nar] (*1a*) internieren; *med* einweisen; **~arse** eindringen (in *ac* ***en***); **~ista** *med* [-'nista] *su* Internist(in *f*) *m*
Internet *inform* ['internet] *m* Internet *n*
interno [in'terno] **1.** *adj* innere(r, -s); innerlich; **2.** *m* Internatsschüler *m*
interpela|ción [interpela'θĭɔn] *f pol* Anfrage *f*; **~r** [-'lar] (*1a*) anfragen; interpellieren
interplanetario [interplane'tarĭo] Weltraum...
interponer [interpo'ner] (*2r*) einschieben; dazwischenstellen
interpreta|ción [interpreta'θĭɔn] *f* Interpretation *f* (*a mús*); Auslegung *f*, Deutung *f*; (*traducción*) Dolmetschen *n*; *teat* Spiel *n*; **~r** ['tar] (*1a*) interpretieren (*a mús*); auslegen; (*traducir*) dolmetschen; *teat* darstellen, spielen
intérprete [in'terprete] *su* Dolmetscher(in *f*) *m*; Interpret(in *f*) *m* (*a mús*); *teat* Darsteller(in *f*) *m*
interroga|ción [interrɔga'θĭɔn] *f* Frage *f*; (***signo*** *m* ***de***) **~** Fragezeichen *n*; **~nte** [-'gante] *m* (offene) Frage *f*, Fragezeichen *n*; **~r** [-'gar] (*1h*) befragen; *jur* verhören; **~torio** *jur* [-'torĭo] *m* Verhör *n*
interru|mpir [interrum'pir] (*3a*) unterbrechen; **~pción** [-rruƀ'θĭɔn] *f* Unterbrechung *f*; **~ptor** [-rrup'tɔr] *m el* Schalter *m*
intervalo [inter'ƀalo] *m* Zwischenzeit *f*; (*espacio*) Zwischenraum *m*; Abstand *m*; *mús* Intervall *n*
interven|ción [interƀen'θĭɔn] *f* Eingreifen *n*; *pol* Intervention *f*; *med* Eingriff *m*; **~ir** [-ƀe'nir] (*3s*) **1.** *v*/*i* vermitteln; (*participar*) teilnehmen (an *dat* ***en***); eingreifen; **2.** *v*/*t med* operieren; *tel* abhören; **~tor** [-ƀen'tɔr] *m* Kontrolleur *m*; Inspektor *m*
interviú [inter'ƀĭu] *f* Interview *n*
intesti|nal [intesti'nal] Darm...; **~no** [-'tino] **1.** *adj* innere(r, -s); **2.** *m* Darm *m*; **~** ***delgado*** Dünndarm *m*; **~** ***grueso*** Dickdarm *m*; ***~s*** *pl* Eingeweide *n*/*pl*
intimar [inti'mar] (*1a*) **1.** *v*/*t* auffordern; **2.** *v*/*i* (enge) Freundschaft schließen (mit *dat* ***con***)
intimi|dad [intimi'đađ] *f* Intimität *f*; Vertrautheit *f*; ***en la*** **~** im engsten Kreis; **~dar** [-'đar] (*1a*) einschüchtern

I

íntimo ['intimo] innerst; intim; vertraut
intolera|ble [intole'raƀle] unerträglich; **~ncia** [-'ranθĭa] *f* Intoleranz *f*; **~nte** [-'rante] unduldsam, intolerant
intoxica|ción [intɔgsika'θĭɔn] *f* Vergiftung *f*; **~r** [-'kar] (*1g*) vergiften
Intranet *inform* ['intranɛt] *m* Intranet *n*
intranqui|lidad [intraŋkili'đađ] *f* Unruhe *f*; **~lizar** [-'θar] (*1f*) beunruhigen; **~lo** [-'kilo] unruhig; ängstlich
intransferible [intransfe'riƀle] nicht übertragbar
intransi|gencia [intransi'xenθĭa] *f* Unnachgiebigkeit *f*; **~gente** [-'xente] unnachgiebig; **~table** [-'taƀle] unwegsam; nicht befahrbar; **~tivo** *gram* [-'tiƀo] intransitiv
intrascendente [intrasθen'dente] unwichtig, unwesentlich
intravenoso *med* [intraƀe'noso] intravenös
intr|epidez [intrepi'đeθ] *f* Unerschrockenheit *f*; **~épido** [in'trepiđo] unerschrocken, verwegen
intriga [in'triga] *f* Intrige *f*; **~nte** [-'gante] *m* Intrigant *m*; **~r** [-'gar] (*1h*) **1.** *v/t* neugierig machen; **2.** *v/i* intrigieren
intrincado [intriŋ'kađo] unwegsam; *fig* verwickelt, verworren
intrínseco [in'trinseko] inner(lich), eigentlich
introdu|cción [introđug'θĭɔn] *f* Einführung *f*; Einleitung *f*; **~cir** [-đu'θir] (*3o*) einführen; *inform* eingeben; **~cirse** eindringen
intromisión [intromi'sĭɔn] *f* Einmischung *f*
introvertido [introƀɛr'tiđo] introvertiert
intruso [in'truso] *m* Eindringling *m*; Störenfried *m*
intui|ción [intŭi'θĭɔn] *f* Intuition *f*; **~r** [intu'ir] (*3g*) intuitiv erkennen; **~tivo** [intŭi'tiƀo] intuitiv
inunda|ción [inunda'θĭɔn] *f* Überschwemmung *f*; **~r** [-'dar] (*1a*) überschwemmen, überfluten (*a fig*)
inusitado [inusi'tađo] ungebräuchlich, ungewöhnlich
inútil [i'nutil] **1.** *adj* unnütz; zwecklos; *mil* untauglich; **2.** *m* Taugenichts *m*
inutili|dad [inutili'đađ] *f* Nutz-, Zwecklosigkeit *f*; **~zar** [-'θar] (*1f*) unbrauchbar machen; (*sello*) entwerten

I

invadir [imba'đir] (*3a*) überfallen; einfallen in (*ac*); (*plaga*) befallen
invali|dar [imbali'đar] (*1a*) ungültig machen; **~dez** [-'đeθ] *f* Ungültigkeit *f*; *med* Invalidität *f*
inválido [im'baliđo] **1.** *adj* ungültig; *med* invalide; **2.** *m* Invalide *m*
invariable [imba'rĭaƀle] unveränderlich
inva|sión [imba'sĭɔn] *f* Invasion *f*; **~sor** [-'sɔr] *m* Eindringling *m*
invencible [imben'θiƀle] unbesiegbar; *fig* unüberwindlich
invención [imben'θĭɔn] *f* Erfindung *f*
invendible [imben'diƀle] unverkäuflich
inven|tar [imben'tar] (*1a*) erfinden; **~tario** [-'tarĭo] *m* Inventur *f*, Bestandsaufnahme *f*; (*lista*) Inventar *n*; **~tiva** [-'tiƀa] *f* Erfindungsgabe *f*; **~tivo** [-'tiƀo] erfinderisch; **~to** [im'bento] *m* Erfindung *f*; **~tor** [-'tɔr] *m* Erfinder *m*
inverna|dero [imbɛrna'đero] *m* Treibhaus *n*; ***efecto*** *m* **~** Treibhauseffekt *m*; **~l** [-'nal] winterlich; **~r** [-'nar] (*1k*) überwintern
inverosímil [imbero'simil] unwahrscheinlich
inver|sión [imbɛr'sĭɔn] *f* Umkehrung *f*; *com* Anlage *f*, Investition *f*; **~so** [-'bɛrso] umgekehrt; entgegengesetzt; ***a la -a*** umgekehrt; **~sor** [-'sɔr] *m com* Anleger *m*, Investor *m*
inverti|do [imbɛr'tiđo] umgekehrt; (*persona*) homosexuell; **~r** [-'tir] (*3i*) umkehren, umdrehen; *com* anlegen, investieren; (*tiempo*) aufwenden (für ***en***)
investiga|ción [imbestiga'θĭɔn] *f* Forschung *f*; *jur* Ermittlungen *f/pl*, Untersuchung *f*; **~dor** [-'đɔr] *m* Forscher *m*; **~ *privado*** Privatdetektiv *m*; **~r** [-'gar] (*1h*) (er)forschen; untersuchen
inveterado [imbete'rađo] eingewurzelt; eingefleischt
inviable [im'bĭaƀle] undurchführbar
invicto [im'bikto] unbesiegt
invidente [imbi'đente] blind
invierno [im'bĭɛrno] *m* Winter *m*
inviolable [imbĭo'laƀle] unverletzlich
invisible [imbi'siƀle] unsichtbar
invita|ción [imbita'θĭɔn] *f* Einladung *f*; Aufforderung *f*; **~do** [-'tađo] *m* Gast *m*; **~r** [-'tar] (*1a*) einladen; auffordern (zu ***a***)
involuntario [imbolun'tarĭo] unfreiwillig; unabsichtlich

invulnerable [imbulne'raƀle] unverwundbar
inyec|ción [injɛg'θĭɔn] *f* Injektion *f*, Spritze *f*; *a auto* Einspritzung *f*; **~tar** [-jɛk'tar] (*1a*) (ein)spritzen
ir [ir] (*3t*) gehen; fahren; reisen; (*vestido*) stehen, passen; **~ *a*** *inf* sich anschicken zu *inf*; ***voy a comer*** ich gehe jetzt essen; ***~ en coche*** (***tren***) mit dem Auto (Zug) fahren; ***~ en avión*** fliegen; ***~ para viejo*** alt werden; ***~ por*** (F ***a por***) ***a/c*** et holen; ***a eso voy*** darauf will ich hinaus; ***¡(ya) voy!*** ich komme (schon)!; ***¡qué va!*** ach was!; ***¡vamos!*** gehen wir!; ***¡vaya!*** na so was!; **~se** (weg)gehen; wegfahren; abreisen; ***¡vámonos!*** los, gehen wir!
ira ['ira] *f* Zorn *m*; Wut *f*; **~cundo** [-'kundo] jähzornig
ira|ní [ira'ni] **1.** *adj* iranisch; **2.** *su* Iraner(in *f*) *m*; **~kí** [-'ki] **1.** *adj* irakisch; **2.** *su* Iraker(in *f*) *m*
iris ['iris] *m anat* Iris *f*, Regenbogenhaut *f*; ***arco*** *m* **~** Regenbogen *m*
irlan|dés [irlan'des] **1.** *adj* irisch; **2.** *m*, **~desa** [-'desa] *f* Ire *m*, Irin *f*
ironía [iro'nia] *f* Ironie *f*
irónico [i'roniko] ironisch
irradia|ción [irrađĭa'θĭɔn] *f* Aus-, Bestrahlung *f*; **~r** [-'đĭar] (*1b*) ausstrahlen (*a fig*); *med* bestrahlen
irreal [irrɛ'al] unwirklich, irreal; **~izable** [-ali'θaƀle] unausführbar
irre|conciliable [irrɛkɔnθi'lĭaƀle] unversöhnlich; **~cuperable** [-kupe'raƀle] unwiederbringlich; **~flexivo** [-fleg'siƀo] unüberlegt; **~futable** [-fu'taƀle] unwiderleglich; unumstößlich
irregular [irrɛgu'lar] unregelmäßig; **~idad** [-ri'đađ] *f* Unregelmäßigkeit *f*
irre|levante [irrɛle'ƀante] irrelevant, unerheblich; **~mediable** [-me'đĭaƀle] unabänderlich; **~parable** [-pa'raƀle] nicht wieder gutzumachen(d); unersetzlich; **~prochable** [-pro'tʃaƀle] untadelig; **~sistible** [-sis'tiƀle] unwiderstehlich; **~spetuoso** [-pe'tŭoso] respektlos; **~sponsable** [-pɔn'saƀle] unverantwortlich; verantwortungslos; **~vocable** [-ƀo'kaƀle] unwiderruflich
irriga|ción [irriga'θĭɔn] *f agr* Bewässerung *f*; *med* Spülung *f*; **~r** [-'gar] (*1h*) *med* spülen; *Am* bewässern
irrisorio [irri'sorĭo] lächerlich, lachhaft; ***precio*** *m* **~** Spottpreis *m*
irrita|ble [irri'taƀle] reizbar; **~ción** [-ta'θĭɔn] *f* Reizung *f* (*a med*); Gereiztheit *f*; **~r** [-'tar] (*1a*) reizen (*a med*); **~rse** sich aufregen
irrompible [irrɔm'piƀle] unzerbrechlich
irru|mpir [irrum'pir] (*3a*) eindringen, einfallen; **~pción** [irruƀ'θĭɔn] *f* Einfall *m*; Einbruch *m*
isla ['izla] *f* Insel *f*
isl|am [iz'lam] *m* Islam *m*; ***~ámico*** islamisch
islan|dés [izlan'des] **1.** *adj* isländisch; **2.** *m*, **~desa** [-'desa] *f* Isländer(in *f*) *m*
isleño [iz'leɲo] **1.** *adj* Insel...; **2.** *m* Inselbewohner *m*
israelí [izrae'li] **1.** *adj* israelisch; **2.** *m* Israeli *m*
istmo ['istmo] *m* Landenge *f*
italiano [ita'lĭano] **1.** *adj* italienisch; **2.** *m*, **-a** [-na] *f* Italiener(in *f*) *m*
itinerario [intine'rarĭo] *m* Reiseplan *m*, -route *f*; Wanderweg *m*
izar [i'θar] (*1f*) hissen
izquier|da [iθ'kĭɛrđa] *f* linke Hand *f*; *pol* Linke *f*; ***a la*** (*od* ***por la***) **~** links; **~dista** [-'đista] *m pol* Linke(r) *m*; **~do** [iθ'kĭɛrđo] linke(r, -s)

J

J, j ['xota] *f* J, j *n*
jabalí [xaƀa'li] *m* Wildschwein *n*
jabalina [xaƀa'lina] *f dep* Speer *m*
jabón [xa'ƀɔn] *m* Seife *f*
jabonera [xaƀo'nera] *f* Seifenschale *f*
jacinto *bot* [xa'θinto] *m* Hyazinthe *f*
jacta|ncia [xak'tanθĭa] *f* Prahlerei *f*; **~rse** [-'tarse] (*1a*) prahlen (mit *dat* ***de***)
jadear [xađe'ar] (*1a*) keuchen
jaguar [xa'gŭar] *m* Jaguar *m*
jalea [xa'lea] *f* Gelee *n*
jale|ar [xale'ar] (*1a*) anfeuern; **~o** [-'leo]

m Krach *m*; F Rummel *m*; Durcheinander *n*; ***armar ~*** F Radau machen
jalón [xa'lɔn] *m* Messstange *f*
jalonar [xalo'nar] (*1a*) abstecken
jamás [xa'mas] nie(mals); je(mals)
jamelgo [xa'mɛlgo] *m* Klepper *m*
jamón [xa'mɔn] *m* Schinken *m*; ***~ dulce*** gekochter Schinken *m*; ***~ serrano*** roher Schinken *m*
japon|és [xapo'nes] **1.** *adj* japanisch; **2.** *m*, **~esa** [-'nesa] *f* Japaner(in *f*) *m*
jaque ['xake] *m* Schach *n*; ***~ mate*** schachmatt; *fig* ***tener en ~*** in Schach halten
jaqueca [xa'keka] *f* Migräne *f*
jarabe [xa'raƀe] *m* Sirup *m*
jarcia *mar* ['xarθĭa] *f* Takelwerk *n*
jardín [xar'đin] *m* Garten *m*; ***~ de infancia*** Kindergarten *m*
jardine|ra [xarđi'nera] *f* Gärtnerin *f*; (*macetero*) Blumenkasten *m*; **~ría** [-'ria] *f* Gärtnerei *f*; Gartenarbeit *f*; **~ro** [-'nero] *m* Gärtner *m*
jarr|a ['xarra] *f* Krug *m*; **~o** ['xarrɔ] *m* Krug *m*, Kanne *f*; *fig* ***un ~ de agua fría*** e-e kalte Dusche
jauja ['xaŭxa] *f* Schlaraffenland *n*
jaula ['xaŭla] *f* Käfig *m*; *min* Förderkorb *m*
jauría [xaŭ'ria] *f* Meute *f*
jazmín *bot* [xađ'min] *m* Jasmin *m*
jefa ['xefa] *f* Chefin *f*; **~tura** [-'tura] *f* Behörde *f*; ***~ de policía*** Polizeipräsidium *n*
jefe ['xefe] *m* Chef *m*; Leiter *m*; ***~ de estación*** *ferro* Stationsvorsteher *m*; ***~ de taller*** Werkmeister *m*; ***~ de tren*** *ferro* Zugführer *m*; ***~ de tribu*** Häuptling *m*
jengibre [xeŋ'xiƀre] *m* Ingwer *m*
jeque ['xeke] *m* Scheich *m*
jerarquía [xerar'kia] *f* Hierarchie *f*; Rang(ordnung *f*) *m*
jerez [xe'reθ] *m* Sherry *m*
jerga ['xɛrga] *f* Jargon *m*
jerigonza [xeri'gɔnθa] *f* Jargon *m*; Kauderwelsch *n*
jerin|ga [xe'riŋga] *f*, **~guilla** [-'giʎa] *f* *med* Spritze *f*
jeroglífico [xero'glifiko] *m* Hieroglyphe *f*; *fig* Bilderrätsel *n*
jersey [xɛr'se] *m* Pullover *m*
Jesu|cristo [xesu'kristo] *m* Jesus Christus *m*; **≗ita** [-'ita] *m* Jesuit *m*
jibia ['xiƀĭa] *f* Tintenfisch *m*
jilguero [xil'gero] *m* Stieglitz *m*, Distelfink *m*
jinete [xi'nete] *m* Reiter *m*
jirafa [xi'rafa] *f* Giraffe *f*
jirón [xi'rɔn] *m* Fetzen *m*
jocoso [xo'koso] spaßig; lustig
joder V [xo'đɛr] (*2a*) **1.** *v/i* V bumsen, ficken; **2.** *v/t* ärgern; (*j-m*) et vermasseln
joint-venture [dʒɔĭnt 'venʃə] *f* Jointventure *n*
jolgorio [xɔl'gorĭo] *m* F Rummel *m*
jordano [xor'đano] jordanisch; **2.** *m*, **-a** *f* Jordanier(in *f*) *m*
jornada [xɔr'nađa] *f* (Arbeits-)Tag *m*; (*camino*) Tagesreise *f*; **~(s)** *f* (*pl*) Tagung *f*; ***~ intensiva*** durchgehende Arbeitszeit *f*; ***~ reducida*** Kurzarbeit *f*
jornal [xɔr'nal] *m* Tagelohn *m*; **~ero** [-'lero] *m* Tagelöhner *m*
joroba [xo'roƀa] *f* Buckel *m*; **~do** [-'ƀađo] buck(e)lig
joven ['xoƀen] **1.** *adj* jung; **2.** *su* junger Mann *m*; junges Mädchen *n*; ***los jóvenes*** die Jugendlichen *pl*
jovial [xo'ƀĭal] heiter; fröhlich; **~idad** [-li'đađ] *f* Heiterkeit *f*
joya ['xoja] *f* Juwel *n*, Schmuckstück *n*; *fig* Perle *f*; **~s** *pl* Schmuck *m*
joye|ría [xoje'ria] *f* Juwelierladen *m*; **~ro** [-'jero] *m* Juwelier *m*; (*estuche*) Schmuckkasten *m*
juanete [xŭa'nete] *m* *med* Ballen *m*; *mar* Bram-, Toppsegel *n*
jubila|ción [xuƀila'θĭɔn] *f* Pensionierung *f*; Ruhestand *m*; (*dinero*) Rente *f*; Pension *f*; **~do** [-'lađo] **1.** *adj* im Ruhestand; pensioniert; **2.** *m* Rentner *m*; **~r** [-'lar] (*1a*) in den Ruhestand versetzen; pensionieren; **~rse** in Pension (*od* Rente) gehen
júbilo ['xuƀilo] *m* Jubel *m*; Freude *f*
judería [xuđe'ria] *f* Judenviertel *n*
judía [xu'đia] *f* **a**) Jüdin *f*; **b**) *bot* Bohne *f*
judi|catura [xuđika'tura] *f* Richteramt *n*; Gerichtsbarkeit *f*; **~cial** [-'θĭal] richterlich; gerichtlich; ***por vía ~*** auf dem Rechtswege
judío [xu'đio] **1.** *adj* jüdisch; **2.** *m* Jude *m*
judo ['xuđo] *m* *dep* Judo *n*
juego ['xŭego] **1.** *s* ***jugar***; **2.** *m* Spiel *n*; (*conjunto*) Satz *m*, Garnitur *f*; ***~s olímpicos*** Olympische Spiele *n/pl*; ***~ de café*** Kaffeeservice *n*; ***~ de cama*** Garni-

tur *f* Bettwäsche; ~ ***de manos*** Taschenspielertrick *m*; ~ ***de niños*** *fig* Kinderspiel *n*; ***estar en*** ~ auf dem Spiel stehen; ***fuera de*** ~ *dep* abseits; ***hacer*** ~ zs.-passen; passen (zu *dat* ***con***)

juerga ['xŭɛrga] *f* lärmendes Vergnügen *n*; Rummel *m*

jueves ['xŭeƀes] *m* Donnerstag *m*; ♀ ***Santo*** Gründonnerstag *m*; ***no es cosa del otro*** ~ das ist nichts Besonderes

juez ['xŭeθ] *su* Richter(in *f*) *m*; *dep* ~ ***de línea*** Linienrichter *m*

juga|da [xu'gađa] *f* Zug *m*; *fig* übler Streich *m*; **~dor** *m* [-'đɔr] Spieler *m*; **~r** [-'gar] (*1o*) **1.** *v/i* spielen; ~ ***al fútbol*** Fußball spielen; ~ ***al millón*** flippern; **2.** *v/t* (*carta*) ausspielen; **~rse** *et* verspielen; aufs Spiel setzen; ~ ***la vida*** sein Leben riskieren

jugo ['xugo] *m* Saft *m*; **~so** [-'goso] saftig

jugue|te [xu'gete] *m* Spielzeug *n*; **~tería** [-'ria] *f* Spielwarenhandlung *f*; **~tón** [-'tɔn] verspielt

juicio ['xŭiθĭo] *m* Urteil(svermögen) *n*, Verstand *m*; (*opinión*) Meinung *f*; *jur* Prozess *m*; ***el*** ~ ***final*** das Jüngste Gericht; ***a mi*** ~ m-s Erachtens; ***estar en su*** ~ bei Verstand sein; **~so** [-'θĭoso] vernünftig

julio ['xulĭo] *m* Juli *m*

Jumbo ['xumbo] *m* Jumbojet *m*

junco ['xuŋko] *m* *bot* Binse *f*

jungla ['xuŋgla] *f* Dschungel *m*

junio ['xunĭo] *m* Juni *m*

junta ['xunta] *f* Versammlung *f*; *tec* Dichtung *f*; ~ ***directiva*** Vorstand *m*; ~ ***militar*** Militärjunta *f*; **~mente** [-'mente] zusammen; **~r** [-'tar] (*1a*) zs.-bringen, -stellen, -fügen; **~rse** sich zs.-tun

junto ['xunto] vereint; **~s** zusammen; ~ ***a*** bei, neben (*dat*)

juntura [xun'tura] *f* *tec* Gelenk *n*; Fuge *f*; Verbindung *f*

jura ['xura] *f* Eid *m*; ~ ***de la bandera*** Fahneneid *m*; **~do** [-'rađo] **1.** *adj* beeidigt; **2.** *m* Jury *f*; *jur* Schwurgericht *n*; (*persona*) Geschworene(r) *m*; **~mentar** [-men'tar] (*1a*) vereidigen; **~mento** [-'mento] *m* Eid *m*; Schwur *m*; ***bajo*** ~ unter Eid; **~r** [-'rar] (*1a*) **1.** *v/t* schwören; ~ ***el cargo*** den Amtseid leisten; **2.** *v/i* fluchen

jurídico [xu'riđiko] juristisch, rechtlich, Rechts...

juris|dicción [xurizđig'θĭɔn] *f* Gerichtsbarkeit *f*; Rechtsprechung *f*; **~ta** [-'rista] *su* Jurist(in *f*) *m*

justi|cia [xus'tiθĭa] *f* Gerechtigkeit *f*; Justiz *f*; **~ciero** [-ti'θĭero] gerechtigkeitsliebend

justifica|ción [xustifika'θĭɔn] *f* Rechtfertigung *f*; **~nte** [-'kante] *m* Beleg *m*; **~r** [-'kar] (*1g*) rechtfertigen; belegen

justo ['xusto] gerecht; (*preciso*) richtig; genau; (*ajustado*) eng; knapp

juven|il [xuƀe'nil] jugendlich; **~tud** [xuƀen'tuđ] *f* Jugend *f*

juzga|do [xuð'gađo] *m* Gericht *n*; **~r** [-'gar] (*1h*) richten; (*opinar*) (be)urteilen; halten für

K

K, k [ka] *f* K, k *n*

karate [ka'rate] *m* Karate *n*; **~ca** [-'teka] *m* Karatekämpfer *m*

keroseno [kero'seno] *m* Kerosin *n*

kilo(gramo) [kilo('gramo)] *m* Kilo(gramm) *n*

kilometraje [kilome'traxe] *m* Kilometerstand *m*; (*dinero*) Kilometergeld *n*

kilómetro [ki'lometro] *m* Kilometer *m*

kilovatio [kilo'ƀatĭo] *m* Kilowatt *n*

kiosco ['kĭɔsko] *m* Kiosk *m*

kiwi *bot* ['kiƀi] *f* Kiwi *f*

L

L, l ['ele] *f* L, l *n*
la [la] *f* die; *mús* A *n*; **~ *bemol*** As *n*
laberinto [laƀe'rinto] *m* Labyrinth *n*
labio ['laƀĭo] *m* Lippe *f*
labor [la'ƀɔr] *f* Arbeit *f*; (*costura*) Handarbeit *f*; **~able** [laƀo'raƀle]: ***día** m* **~** Werktag *m*; **~al** [-'ral] Arbeits...; **~atorio** [-ra'torĭo] *m* Labor(atorium) *n*; **~ *de idiomas*** Sprachlabor *n*; **~ioso** [-'rĭoso] arbeitsam, fleißig; (*penoso*) mühsam
labra|dor [laƀra'đɔr] *m* Landmann *m*, Bauer *m*; **~dora** [-'đora] *f* Bäuerin *f*; **~nza** [la'ƀranθa] *f* Feldarbeit *f*; ***casa** f **de*** **~** Bauernhof *m*; **~r** [la'ƀrar] (*1a*) bearbeiten; (*campo*) bestellen
laca ['laka] *f* Lack *m*; (*para el pelo*) Haarspray *m*; **~ *de uñas*** Nagellack *m*
lacayo [la'kajo] *m* Lakai *m*
lacio ['laθĭo] welk; schlaff; (*pelo*) glatt
lacónico [la'koniko] lakonisch
lac|ra ['lakra] *f* Gebrechen *n*; Defekt *m*; **~rar** [la'krar] (*1a*) versiegeln; **~re** ['lakre] *m* Siegellack *m*
lacrimógeno [lakri'mɔxeno] rührselig; ***gas** m* **~** Tränengas *n*
lactan|cia [lak'tanθĭa] *f* Stillperiode *f*; **~te** [-'tante] *m* Säugling *m*
lácteo ['lakteo] milchig; Milch...; ***vía** f **-a*** Milchstraße *f*
ladera [la'đera] *f* Bergabhang *m*
ladilla [la'điʎa] *f* Filzlaus *f*
lado ['lađo] *m* Seite *f*; ***hacerse a un*** **~** zur Seite treten; ***al*** **~** nebenan, daneben; ***al*** **~ *de*** neben; ***al otro*** **~ *de*** jenseits; ***de*** **~** seitlich, von der Seite; ***por otro*** **~** andererseits; ***dejar a un*** **~** beiseite lassen
ladrar [la'đrar] (*1a*) bellen
ladrillo [la'điʎo] *m* Ziegelstein *m*
ladrón [la'đrɔn] *m* Dieb *m*
lagar [la'gar] *m* Weinkelter *f*
lagar|tija [lagar'tixa] *f* Mauereidechse; **~to** [la'garto] *m* Eidechse *f*
lago ['lago] *m* See *m*
lágrima ['lagrima] *f* Träne *f*
lagrimear *med* [lagrime'ar] (*1a*) tränen
laguna [la'guna] *f* Lagune *f*; *fig* Lücke *f*
laico ['laĭko] **1.** *adj* laienhaft; weltlich; **2.** *m rel* Laie *m*
lamen|table [lamen'taƀle] kläglich; bedauerlich; **~tación** [-ta'θĭɔn] *f* Gejammer *n*; **~tar** [-'tar] (*1a*) beklagen; (*sentir*) bedauern; **~to** [la'mento] *m* Wehklagen *n*
lamer [la'mɛr] (*2a*) (ab)lecken
lámina ['lamina] *f* dünne Platte *f*; Blech *n*; Folie *f*; *tec* Lamelle *f*
lamina|do [lami'nađo] *m* Walzen *n*; **~dora** [-'đora] *f* Walzwerk *n*; **~r** [-'nar] (*1a*) (aus)walzen
lámpara ['lampara] *f* Lampe *f*; **~ *de cabecera*** Nachttischlampe *f*; **~ *colgante*** Hängelampe *f*; **~ *de pie*** Stehlampe *f*
lamprea *zo* [lam'prea] *f* Neunauge *n*
lana ['lana] *f* Wolle *f*
lance ['lanθe] *m* Vorfall *m*; ***de*** **~** antiquarisch
lancha ['lantʃa] *f* Boot *n*; **~ *motora*** Motorboot *n*; **~ *neumática*** Schlauchboot *n*; **~ *rápida*** Schnellboot *n*
langos|ta [laŋ'gɔsta] *f* Languste *f*; (*insecto*) (Wander-)Heuschrecke *f*; **~tino** [-'tino] *m* Kaisergranat *m*
languidez [laŋgi'đeθ] *f* Mattigkeit *f*; *com* Flaute *f*
lánguido ['laŋgiđo] schlaff; matt
lanza ['lanθa] *f* Lanze *f*; *fig* ***romper una*** **~ *por*** e-e Lanze brechen für; **~dera** *tec* [-'đera] *f* Weberschiffchen *n*; ***servicio** m **de*** **~** Pendelverkehr *m*; **~llamas** [-'ʎamas] *m* Flammenwerfer *m*; **~miento** [-'mĭento] *m* Werfen *n*; *mil* Abschuss *m*, -wurf *m*; (Raketen-)Start *m*; *com* Einführung *f*; **~ *de disco*** Diskuswerfen *n*; **~ *de martillo*** Hammerwerfen *n*; **~ *de peso*** Kugelstoßen *n*; **~r** [-'θar] (*1f*) werfen, schleudern; (*bombas*) abwerfen; (*cohete*) starten; (*grito*) ausstoßen; (*moda*) einführen; *com* auf den Markt bringen; **~rse** sich stürzen; (*decidirse*) es wagen; **~ *en paracaídas*** mit dem Fallschirm abspringen
lapa *bot* ['lapa] *f* Klette *f* (*a fig*)
lápida ['lapiđa] *f* Gedenkstein *m*; **~ (*funeraria*)** Grabstein *m*
lapidar [lapi'đar] (*1a*) steinigen; **~io** [-'đarĭo] lapidar
lápiz ['lapiθ] *m* Bleistift *m*; **~ *de cejas*** Augenbrauenstift *m*; **~ *de color*** Farb-

stift *m*; ~ ***de labios*** Lippenstift *m*
lapón [la'pɔn] **1.** *adj* lappländisch; **2.** *m* Lappe *m*
lapso ['laƀso] *m* Zeitraum *m*
larga ['larga] *f*: ***dar ~s a*** auf die lange Bank schieben; **~r** [-'gar] (*1h*) losmachen, -lassen; **~rse** F abhauen
largo ['largo] **1.** *adj* lang; *fig* langwierig; ***pasar de ~*** vorbeigehen, -fahren; *fig* unbeachtet lassen; ***a la -a*** auf die Dauer; ***a lo ~*** der Länge nach; ***a lo ~ de*** entlang; im Laufe von; **2.** *m* Länge *f*; **~metraje** [-me'traxe] *m* Spielfilm *m*
larin|ge [la'riŋxe] *f* Kehlkopf *m*; **~gitis** [-'xitis] *f* Kehlkopfentzündung *f*
larva ['larƀa] *f* Larve *f*
lascivo [las'θiƀo] geil; schlüpfrig
láser ['lasɛr] *m*: ***rayo*** *m* ~ Laserstrahl *m*
la|situd [lasi'tuđ] *f* Mattigkeit *f*; Schlaffheit *f*; **~so** ['laso] matt, schlaff
lástima ['lastima] *f* Mitleid *n*; ***dar ~*** Leid tun; ***es una ~*** es ist schade; ***¡qué ~!*** wie schade!
lastimar [lasti'mar] (*1a*) verletzen
lata ['lata] *f* Blech *n*; (*caja*) Dose *f*, Büchse *f*; F ***dar la ~*** F anöden; ***es una ~*** das ist stinklangweilig
latente [la'tente] latent; schleichend
lateral [late'ral] seitlich; Seiten...
latido [la'tiđo] *m med* Klopfen *n*; (*del corazón*) Schlagen *n*
latifundio [lati'fundĭo] *m* Großgrundbesitz *m*
latigazo [lati'gaθo] *m* Peitschenhieb *m*
látigo ['latigo] *m* Peitsche *f*
latín [la'tin] *m* Latein *n*
latino [la'tino] lateinisch
latir [la'tir] (*3a*) klopfen, schlagen
latitud [lati'tuđ] *f geo* Breite *f*
latón [la'tɔn] *m* Messing *n*
laucha *Am* ['laŭtʃa] *f* Maus *f*
laúd *mús* [la'uđ] *m* Laute *f*
laudable [laŭ'đaƀle] lobenswert
laudo ['laŭđo] *m* Schiedsspruch *m*
laureado [laŭre'ađo] preisgekrönt
laurel [laŭrɛl] *m* Lorbeer *m*; ***dormirse sobre*** (*od* ***en***) ***los ~es*** auf s-n Lorbeeren ausruhen
lava ['laƀa] *f* Lava *f*
lava|ble [la'ƀaƀle] waschbar; **~bo** [-'ƀaƀo] *m* Waschbecken *n*; (*cuarto*) Waschraum *m*; (*retrete*) Toilette *f*; **~da** *Am* [-'ƀađa] *f* Waschen *n*; **~dero** [-'đero] *m* Waschplatz *m*; **~do** [-'ƀađo] *m* Waschen *n*; ~ ***de cerebro*** Gehirnwäsche *f*; ~ ***en seco*** chemische Reinigung *f*; **~dora** [-'đora] *f* Waschmaschine *f*
lavanda *bot* [la'ƀanda] *f* Lavendel *m*
lava|ndería [laƀande'ria] *f* Wäscherei *f*; Waschsalon *m*; **~parabrisas** [-para'brisas] *m auto* Scheibenwaschanlage *f*; **~platos** [-'platos] *m* Geschirrspülmaschine *f*; (*persona*) Tellerwäscher *m*; **~r** [-'ƀar] (*1a*) waschen; (*platos*) spülen; (*dientes*) putzen; ~ ***en seco*** chemisch reinigen; ***~se las manos*** *fig* s-e Hände in Unschuld waschen; **~tiva** [-'tiƀa] *f med* Klistier *n*; **~torio** [-'torĭo] *m Am* Waschbecken *n*; **~vajillas** [-'ƀaxiʎas] *m* Geschirrspülmaschine *f*
laxante *med* [lag'sante] *m* Abführmittel *n*
lazarillo [laθa'riʎo] *m* Blindenführer *m*
lazo ['laθo] *m* Schleife *f*; (*cuerda*) Lasso *n*; (*trampa*) Schlinge *f*; (*corbata*) Fliege *f*; (*vínculo*) Band *n*
le [le] **1.** (*dat*) ihm, ihr; Ihnen; **2.** (*ac*) ihn; Sie
leal [le'al] treu, loyal; **~tad** [-'tađ] *f* Treue *f*, Loyalität *f*
lebrel [le'ƀrɛl] *m* Windhund *m*
lección [lɛg'θĭɔn] *f* Lektion *f*; (Unterrichts-)Stunde *f*; *fig* Lehre *f*
leche ['letʃe] *f* Milch *f*; ~ ***condensada*** Kondensmilch *f*; ~ ***descremada*** (*od* ***desnatada***) entrahmte Milch *f*; ~ ***entera*** Vollmilch *f*; ~ ***en polvo*** Milchpulver *n*; ~ ***semidescremada*** (*od* ***semidesnatada***) fettarme Milch *f*; **~ra** [le'tʃera] *f* Milchfrau *f*; (*vasija*) Milchkanne *f*; **~ría** [-'ria] *f* Milchgeschäft *n*; Molkerei *f*; **~ro** [le'tʃero] **1.** *adj* Milch...; **2.** *m* Milchmann *m*
lecho ['letʃo] *m* Bett *n*; (*de río*) Flussbett *n*
lechón [le'tʃɔn] *m* Spanferkel *n*
lechuga *bot* [le'tʃuga] *f* Kopfsalat *m*
lec|tor *m* [lɛk'tɔr] Leser *m*; (*profesor*) Lektor *m*; **~tura** [-'tura] *f* Lesen *n*; Lektüre *f*
leer [le'ɛr] (*2e*) lesen; vorlesen
lega|ción [lega'θĭɔn] *f* Gesandtschaft *f*; **~do** [-'gađo] *m* Vermächtnis *n*
legajo [le'gaxo] *m* Aktenbündel *n*
legal [le'gal] legal, gesetzlich; **~idad** [-li'đađ] *f* Gesetzlichkeit *f*, Legalität *f*; **~ización** [-θa'θĭɔn] *f* Legalisierung *f*;

Beglaubigung *f*; **~izar** [-'θar] (*1f*) legalisieren; (*documento*) beglaubigen
legar [le'gar] (*1h*) vermachen
legendario [lɛxen'darĭo] sagenhaft, legendär
legible [lɛ'xiƀle] leserlich
legión [lɛ'xĭɔn] *f* Legion *f* (*a fig*); ♀ ***Extranjera*** Fremdenlegion *f*
legisla|ción [lɛxizla'θĭɔn] *f* Gesetzgebung *f*; **~dor** [-'đɔr] *m* Gesetzgeber *m*; **~r** [-'lar] (*1a*) Gesetze erlassen; **~tivo** [-la'tiƀo] gesetzgebend; (***poder*** *m*) ~ gesetzgebende Gewalt *f*, Legislative *f*; **~tura** [-la'tura] *f* Legislaturperiode *f*
legítima *jur* [lɛ'xitima] *f* Pflichtteil *m od n*
legitima|ción [lɛxitima'θĭɔn] *f* Legitimation *f*; **~r** [-'mar] (*1a*) legitimieren, für rechtmäßig (*niño*: ehelich) erklären; **~rse** sich ausweisen
legítimo [lɛ'xitimo] rechtmäßig, legitim; (*auténtico*) echt
lego ['lego] **1.** *adj* weltlich; *fig* unwissend; **2.** *m* Laie *m* (*a fig*)
legrado *med* [le'građo] *m* Ausschabung *f*
legua ['legŭa] *f* Meile *f*
legumbre *bot* [le'gumbre] *f* Hülsenfrucht *f*; (*hortaliza*) Gemüse *n*
leído [le'iđo] belesen
leja|nía [lɛxa'nia] *f* Ferne *f*; **~no** [lɛ'xano] entfernt, fern
lejos ['lɛxos] fern; weit weg; ***a lo*** ~ in der Ferne; ***de(sde)*** ~ von weitem; ~ ***de*** weit entfernt von (*a fig*)
lelo ['lelo] dumm, blöd
lema ['lema] *m* Motto *n*
lencería [lenθe'ria] *f* Weißwaren *f/pl*; (*tienda*) Wäschegeschäft *n*
lengua ['leŋgŭa] *f* Zunge *f*; (*idioma*) Sprache *f*; ~ ***materna*** Muttersprache *f*; ***no morderse la*** ~ kein Blatt vor den Mund nehmen; ***lo tengo en*** (***la punta de***) ***la*** ~ es liegt mir auf der Zunge; **~do** [-'gŭađo] *zo m* Seezunge *f*; **~je** [-'gŭaxe] *m* Sprache *f*; Ausdrucksweise *f*; ~ ***de programación*** Programmiersprache *f*
lengüeta [leŋ'gŭeta] *f tec*, *mús* Zunge *f*
lente ['lente] *m opt* Linse *f*; **~*s*** *pl* Brille *f*; ***~s de contacto*** Kontaktlinsen *f/pl*
lente|ja *bot* [len'tɛxa] *f* Linse *f*; **~juela** [-te'xŭela] *f* Paillette *f*
lentillas [len'tiʎas] *f/pl* Kontaktlinsen *f/pl*
len|titud [lenti'tuđ] *f* Langsamkeit *f*; **~to** ['lento] langsam
leñ|a ['leɲa] *f* Brennholz *n*; ***echar ~ al fuego*** *fig* Öl ins Feuer gießen; **~ador** [-'đɔr] *m* Holzfäller *m*; **~o** ['leɲo] *m* Holzscheit *n*; (Holz-)Kloben *m*
Leo *astr* ['leo] *m* Löwe *m*
león [le'ɔn] *m* Löwe *m*; *Am* Puma *m*; ~ ***marino*** Seelöwe *m*
leo|na [le'ona] *f* Löwin *f*; **~pardo** [-'parđo] *m* Leopard *m*; **~tardos** [-'tarđos] *m/pl* Strumpfhose *f*
lepra *med* ['lepra] *f* Aussatz *m*, Lepra *f*
leproso [le'proso] *f* aussätzig
lerdo ['lɛrđo] schwerfällig; plump
les [les] (*dat*) ihnen; (*ac*) sie
lesbiana [lez'ƀĭana] Lesbierin *f*
lesi|ón [le'sĭɔn] *f* Verletzung *f*; **~onar** [lesĭo'nar] (*1a*) verletzen
letal [le'tal] tödlich
letanía [leta'nia] *f* Litanei *f*
letárgico [le'tarxiko] lethargisch (*a fig*)
letargo [le'targo] *m* Lethargie *f*
letón [le'tɔn] **1.** *adj* lettisch; **2.** *m*, **-ona** *f* [-ona] Lette *m*, Lettin *f*
letra ['letra] *f* Buchstabe *m*; (*escritura*) (Hand-)Schrift *f*; *mús* Text *m*; *com* Wechsel *m*; ***la ~ pequeña*** *fig* das Kleingedruckte; ***a*(*l pie de*) *la*** ~ wörtlich; **~*s*** *pl* Geisteswissenschaften *f/pl*; **~do** [le'trađo] **1.** *adj* gelehrt; **2.** *m* Rechtsanwalt *m*
letrero [le'trero] *m* Schild *n*; Etikett *n*
letrina [le'trina] *f* Latrine *f*
letrista *mús* [le'trista] *m* Texter *m*
leucemia *med* [leŭ'θemĭa] *f* Leukämie *f*
levadura [leƀa'đura] *f* Hefe *f*; ~ ***en polvo*** Backpulver *n*
levanta|miento [leƀanta'mĭento] *m* Heben *n*; *mil* Erhebung *f*, Aufstand *m*; ~ ***de pesos*** Gewichtheben *n*; **~r** [-'tar] (*1a*) (er)heben; aufrichten; (*edificar*) errichten; (*desmontar*) abbauen; (*pena, etc*) aufheben; (*tropas*) ausheben; (*polvo*) aufwirbeln (*a fig*); ~ ***el vuelo*** davonfliegen; ~ ***la mesa*** (den Tisch) abdecken; ~ ***los ojos*** aufblicken; ~ ***la voz*** die Stimme erheben; **~rse** sich erheben (*a fig*), aufstehen; (*viento*) aufkommen
levante [le'ƀante] *m* Osten; (*viento*) Ostwind *m*

L

leve ['leƀe] leicht; gering(fügig); **~dad** [-'đađ] *f* Leichtigkeit *f*
léxico ['legsiko] *m* Wortschatz *m*; (*diccionario*) Lexikon *n*
ley [lɛĭ] *f* Gesetz *n*; (*de un metal*) Feingehalt *m*; ***oro*** *m* (***plata*** *f*) ***de ~*** Feingold *n* (-silber *n*)
leyenda [le'jenda] *f* Legende *f*; (*inscripción*) Beschriftung *f*
liar [li'ar] (*1c*) binden; einwickeln; (*cigarrillo*) drehen; *fig* verwickeln; **~se** sich einlassen (mit *dat* ***con***)
libanés [liƀa'nes] **1.** *adj* libanesisch; **2.** *m* Libanese *m*
libelo [li'ƀelula] *f* Libelle *f*
libera|ción [liƀera'θĭɔn] *f* Befreiung *f*; Freilassung *f*; **~l** [-'ral] freigebig; (*profesión*) frei; *pol* liberal; **~lidad** [-li'đađ] *f* Freigebigkeit *f*; **~lismo** [-'lizmo] *m* Liberalismus *m*; **~lización** [-liθa'θĭɔn] *f* Liberalisierung *f*; **~lizar** [-li'θar] (*1f*) liberalisieren; **~r** ['rar] (*1a*) befreien
liber|tad [liƀɛr'tađ] *f* Freiheit *f*; *jur* ***~ condicional*** Entlassung *f* auf Bewährung; **~tador** [-ta'đɔr] *m* Befreier *m*; **~tar** [-'tar] (*1a*) befreien; **~tinaje** [-ti'naxe] *m* Zügellosigkeit *f*; Ausschweifung *f*; **~tino** [-'tino] *m* Wüstling *m*
libra ['liƀra] *f* Pfund *n*; ***~ esterlina*** Pfund *n* Sterling; *astr* ♎ Waage *f*
librar [li'ƀrar] (*1a*) **1.** *v/t* befreien; retten; (*cheque, etc*) ausstellen; (*batalla*) liefern; **2.** *v/i* freihaben
libre ['liƀre] frei (von ***de***)
librecambio [liƀre'kambĭo] Freihandel *m*
libre|ría [liƀre'ria] *f* Buchhandlung *f*; (*mueble*) Bücherregal *m*, -schrank *m*; ***~ de lance*** (*od* ***de ocasión***) Antiquariat *n*; **~ro** [li'ƀrero] *m* Buchhändler *m*; *Am* Bücherregal *n*
libre|ta [li'ƀreta] *f* Notizbuch *n*; ***~ de ahorros*** Sparbuch *n*; **~to** [-'ƀreto] *m* Libretto *n*, Textbuch *n*
libro [liƀro] *m* Buch *n*; ***~ de bolsillo*** Taschenbuch *n*; ***~ de cabecera*** Bettlektüre *f*; ***~ de cocina*** Kochbuch *n*; ***~ de cuentos*** Märchenbuch *n*; ***~ de reclamaciones*** Beschwerdebuch *n*; ***~ de texto*** Schulbuch *n*
licencia [li'θenθĭa] *f* Erlaubnis *f*, Genehmigung *f*; Lizenz *f*; ***~ de armas*** Waffenschein *m*; ***~ de caza*** Jagdschein *m*; ***~ de pesca*** Angelschein *m*; **~do** [-'θĭađo] *m* Lizenziat *m*; **~r** [-'θĭar] (*1b*) *mil* entlassen; **~rse** *etwa*: sein Staatsexamen ablegen; **~tura** [-'tura] *f etwa*: Staatsexamen *n*
licencioso [liθen'θĭoso] ausschweifend; liederlich
licita|ción [liθita'θĭɔn] *f* Ausschreibung *f*; *Am* Versteigerung *f*; **~r** [-'tar] (*1a*) bieten; ausschreiben; *Am* versteigern
lícito ['liθito] erlaubt, zulässig
licor [li'kɔr] *m* Likör *m*
licuadora [likŭa'đora] *f* Entsafter *m*
lid *lit* [liđ] *f* Kampf *m*, Streit *m*
líder ['liđɛr] *m* Führer *m*; ***~ (en el mercado)*** (Markt-)Führer *m*
lidera|to, **~zgo** [liđe'rato, -'raðgo] *m* Führung *f*; Führungsrolle *f*
lidia ['liđĭa] *f* (Stier-)Kampf *m*; **~r** [li'đĭar] (*1b*) kämpfen
liebre ['lĭeƀre] *f* Hase *m*; ***levantar la ~*** *fig* den Stein ins Rollen bringen
lienzo ['lĭenθo] *m* Leinwand *f*; (*cuadro*) (Öl-)Gemälde *n*
liga ['liga] *f* Bund *m*; *pol*, *dep* Liga *f*; (*de medias*) Strumpfband *n*; Sockenhalter *m*; **~dura** [-'đura] *f med* Abbinden *n*; ***~ de trompas*** Tubenligatur *f*; **~mento** [-'mento] *m anat* Band *n*; **~r** [li'gar] (*1h*) (ver)binden; ***~ con alg*** F mit j-m anbändeln
lige|reza [lixe'reθa] *f* Leichtigkeit *f*; *fig* Leichtsinn *m*; **~ro** [li'xero] leicht; (*rápido*) flink; *fig* leichtsinnig, -fertig; ***a la -a*** obenhin, leichthin
ligue F ['lige] *m* (Liebes-)Verhältnis *n*
lija ['lixa] *f*: ***papel*** *m* ***de ~*** Schmirgelpapier *n*; **~r** [-'xar] (*1a*) (ab)schmirgeln
lila ['lila] **1.** *adj* lila; **2.** *f bot* Flieder *m*
lima ['lima] *f* Feile *f*; *bot* Limette *f*; ***~ de uñas*** Nagelfeile *f*; **~r** [li'mar] (*1a*) feilen; *fig* ausfeilen
limita|ción [limita'θĭɔn] *f* Begrenzung *f*; Beschränkung *f*; ***~ de velocidad*** Geschwindigkeitsbeschränkung *f*; Tempolimit *n*; **~r** [-'tar] (*1a*) **1.** *v/t* begrenzen; (*reducir*) be-, einschränken; **2.** *v/i*: ***~ con*** grenzen an (*ac*)
límite ['limite] *m* Grenze *f*; *com* Limit *n*
limítrofe [li'mitrofe] angrenzend
limo ['limo] *m* Schlamm *m*
limón [li'mɔn] *m* Zitrone *f*
limo|nada [limo'nađa] *f* Zitronenlimo-

L

nade *f*; **~nero** [-'nero] *m* Zitronenbaum *m*
limosna [li'mɔzna] *f* Almosen *n*
limpia|barros [limpĭa'ƀarrɔs] *m* Fußabstreifer *m*; **~botas** [-'ƀotas] *m* Schuhputzer *m*; **~cristales** [-kris'tales] *m* Fensterputzmittel *n*; **~parabrisas** [-para'ƀrisas] *m* Scheibenwischer *m*; **~ *trasero*** Heckscheibenwischer *m*; **~r** [-'pĭar] (*1b*) reinigen, säubern, putzen; **~úñas** [-'uɲas] *m* Nagelreiniger *m*
lim|pieza [lim'pĭeθa] *f* Reinheit *f*; Sauberkeit *f*; (*acción*) Putzen *n*, Reinigen *n*; **~ *pública*** Straßenreinigung *f*; **~pio** ['limpĭo] sauber; *a fig* rein; ***poner en ~*** ins Reine schreiben
linaje [li'naxe] *m* Abstammung *f*
linaza [li'naθa] *f* Leinsamen *m*
lince ['linθe] *m* Luchs *m* (*a fig*)
linchar [lin'tʃar] (*1a*) lynchen
lin|dante [lin'dante] angrenzend; **~dar** [-'dar] (*1a*) angrenzen (an *ac* ***con***)
lin|deza [lin'deθa] *f* Nettigkeit *f* (*a iron*); **~do** ['lindo] hübsch, nett; *Am* schön; ***de lo ~*** gründlich, gehörig
línea ['linea] *f* Linie *f*; (*fila*) Reihe *f*; (*renglón*) Zeile *f*; *tel* Leitung *f*; **~ *aérea*** Fluglinie *f*; **~ *directa*** Luftlinie *f*; **~ *de meta*** *dep* Ziellinie *f*; (*fútbol*) Torlinie *f*; ***entre ~s*** zwischen den Zeilen
linf|a ['limfa] *f* Lymphe *f*; **~ático** [-'fatiko] Lymph...
lingote [liŋ'gote] *m* (Metall-)Barren *m*; **~ *de oro*** Goldbarren *m*
lingual [liŋ'gŭal] Zungen...
lingü|ista [liŋ'gŭista] *m* Linguist *m*; **~ística** [-'gŭistika] *f* Sprachwissenschaft *f*, Linguistik *f*; **~ístico** [-'gŭistiko] sprachlich, linguistisch
lino ['lino] *m* Leinen *n*; *bot* Flachs *m*
linterna [lin'tɛrna] *f* Laterne *f*; **~ (*de bolsillo*)** Taschenlampe *f*
lío ['lio] *m* Bündel *n*; *fig* Durcheinander *n*; **~ (*amoroso*)** Liebesverhältnis *n*; ***hacerse un ~*** durcheinander kommen; ***meterse en ~s*** in Schwierigkeiten geraten
lipotimia *med* [lipo'timĭa] *f* Ohnmachtsanfall *m*
liquen *bot* ['liken] *m* Flechte *f*
liqui|dación [likiđa'θĭɔn] *f com* Abrechnung *f*; Liquidation *f*; (*rebajas*) Ausverkauf *m*; **~ *de negocio*** Geschäftsaufgabe *f*; **~ *total*** Räumungsverkauf *m*; **~dar** [-'đar] (*1a*) abrechnen; (*cuenta*) begleichen; (*negocio*) liquidieren (*a fig matar*); *fig* erledigen, regeln; **~dez** [-'đeθ] *f com* Liquidität *f*
líquido ['likiđo] **1.** *adj* flüssig; *com* Netto..., Rein...; **2.** *m* Flüssigkeit *f*
lira ['lira] *f mús* Leier *f*; (*moneda*) Lira *f*
líri|ca ['lirika] *f* Lyrik *f*; **~co** ['liriko] lyrisch
lirio ['lirĭo] *m* Schwertlilie *f*
lirón [li'rɔn] *m* Siebenschläfer *m*; ***dormir como un ~*** wie ein Murmeltier schlafen
lisia|do [li'sĭađo] **1.** *adj* verkrüppelt; **2.** *m* Krüppel *m*; **~r** [li'sĭar] (*1b*) verletzen
liso ['liso] eben, glatt; (*color*) uni, einfarbig
lison|ja [li'sɔŋxa] *f* Schmeichelei *f*; **~jear** [-xe'ar] (*1a*) *j-m* schmeicheln
lista ['lista] *f* Liste *f*; **~ *de correos*** postlagernd; **~ *de espera*** Warteliste *f*; **~ *de precios*** Preisliste *f*; ***pasar ~*** aufrufen; **~do** [-'tađo] **1.** *adj* gestreift; **2.** *inform* **~ (*del ordenador*)** (Computer-) Ausdruck *m*
listín [lis'tin] *m* Telefonbuch *n*
listo ['listo] fertig, bereit; (*inteligente*) schlau, klug
listón [lis'tɔn] *m* Leiste *f*; Latte *f*
litera [li'tera] *f* Sänfte *f*; *mar* Koje *f*; (*cama*) Etagenbett *n*; *ferro* Liegewagen (-platz) *m*
literal [lite'ral] buchstäblich, wörtlich
litera|rio [lite'rarĭo] literarisch; **~tura** [-'tura] *f* Literatur *f*
liti|gante [liti'gante] **1.** *adj jur* streitend; **2.** *m* Prozesspartei *f*; **~gio** [li'tixĭo] *m* (Rechts-)Streit *m*
litografía [litogra'fia] *f* Lithographie *f*
litoral [lito'ral] **1.** *adj* Küsten...; **2.** *m* Küstengebiet *n*, -streifen *m*
litro ['litro] *m* Liter *m od n*
lituano [li'tŭano] **1.** *adj* litauisch; **2.** *m*, **-a** *f* [-na] Litauer(in *f*) *m*
liturgia [li'turxĭa] *f* Liturgie *f*
liviano [li'ƀĭano] leicht (*a fig*)
lividez [liƀi'đeθ] *f* Totenblässe *f*
lívido ['liƀiđo] (toten)bleich
living ['liƀiŋ] *m* Wohnzimmer *n*
llaga ['ʎaga] *f* (offene) Wunde *f*; Geschwür *n*; *fig* ***poner el dedo en la ~*** den wunden Punkt berühren
llama ['ʎama] *f* Flamme *f*; *zo* Lama *n*
llama|da [ʎa'mađa] *f* Ruf *m*; *tel* Anruf *m*;

L

~miento [-'mĭento] *m* Aufruf *m*; **~ *a filas*** *mil* Einberufung *f*; **~ *al orden*** Ordnungsruf *m*; **~r** [-'mar] (*1a*) **1.** *v/t* rufen; nennen; aufrufen; *tel* anrufen; **2.** *v/i* klingeln, läuten; klopfen; **~rse** heißen

llamativo [ʎama'tiƀo] auffällig

llano ['ʎano] **1.** *adj* eben; *fig* einfach, schlicht; **2.** *m* Ebene *f*, Flachland *n*

llanta ['ʎanta] *f* Felge *f*; *Am* Reifen *m*

llantén *bot* [ʎan'ten] *m* Wegerich *m*

llanto ['ʎanto] *m* Weinen *n*

llanura [ʎa'nura] *f* Ebene *f*

llave ['ʎaƀe] *f* Schlüssel *m*; *mús* Klappe *f*; (*grifo*) Hahn *m*; *dep* Griff *m*; **~ *de contacto*** *auto* Zündschlüssel *m*; **~ *inglesa*** Schraubenschlüssel *m*; **~ *maestra*** Hauptschlüssel *m*; **~ *en mano*** schlüsselfertig; **~ro** [ʎa'ƀero] *m* Schlüsselring *m*, -tasche *f*

llega|da [ʎe'gađa] *f* Ankunft *f*; **~r** [-'gar] (*1h*) (an)kommen; (*alcanzar*) reichen (bis ***a***, ***hasta***); **~ *a viejo*** alt werden; **~ *a comprender*** dahinter kommen; **~ *a saber*** (durch Zufall) erfahren; **~ *lejos*** es weit bringen

llenar [ʎe'nar] (*1a*) füllen (mit ***de***); (*formulario*, *etc*) ausfüllen; *fig* erfüllen

lleno ['ʎeno] **1.** *adj* voll; (*persona*) füllig; ***de* ~** völlig; **2.** *m* Überfülle *f*; **~ (*total*)** *teat* volles Haus *n*

llevadero [ʎeƀa'đero] erträglich

llevar [ʎe'ƀar] (*1a*) bringen; (*camino*) führen; (*transportar*) mitnehmen, bringen; (*ropa*) tragen, anhaben; (*dirigir*) leiten, führen; (*dinero*, *etc*) bei sich haben; **~ *a cabo*** durchführen, ausführen; **~ *consigo*** bei sich haben; *fig* mit sich bringen; **~ *las de perder*** den Kürzeren ziehen; ***ya llevo ocho días aquí*** ich bin schon seit acht Tagen hier; ***me lleva dos años*** er ist zwei Jahre älter als ich; **~se** mitnehmen; **~ *bien* (*mal*)** sich gut (schlecht) vertragen

llorar [ʎo'rar] (*1a*) **1.** *v/i* weinen; **2.** *v/t* beklagen; beweinen

llor|iquear [ʎorike'ar] (*1a*) wimmern; **~o** [ʎoro] *m* Weinen *n*; **~ón** [-'rɔn] **1.** *adj* weinerlich; **2.** *m* F Heulsuse *f*; **~oso** [-'roso] verweint

llov|er [ʎo'ƀɛr] (*2h*) regnen; **~izna** [-'ƀiđna] *f* Sprühregen *m*; **~iznar** [-'nar] (*1a*) nieseln

llueve ['ʎŭeƀe] *s* ***llover***

lluvi|a ['ʎuƀĭa] *f* Regen *m*; **~ *ácida*** saurer Regen; **~oso** [-'ƀĭoso] regnerisch

lo [lo] **1.** *art* das; **~ *bueno*** das Gute; **2.** *pron* es; ihn; **~ *que*** (das) was

loa ['loa] *f* Lob *n*; **~ble** [lo'aƀle] löblich; **~r** [lo'ar] (*1a*) loben

lob|a ['loƀa] *f* Wölfin *f*; **~o** ['loƀo] *m* Wolf *m*; **~ *de mar*** *fig* alter Seebär *m*

lóbrego ['loƀrego] düster, finster

lóbulo *med*, *bot* ['loƀulo] *m* Lappen *m*; **~ (*de la oreja*)** Ohrläppchen *n*

local [lo'kal] **1.** *adj* örtlich, Orts...; **2.** *m* Lokal *n*; Raum *m*; **~idad** [-li'đađ] *f* Örtlichkeit *f*; *teat* Eintrittskarte *f*; **~izar** [-'θar] (*1f*) lokalisieren; finden

loción [lo'θĭɔn] *f* Lotion *f*; **~ *capilar* (*facial*)** Haar- (Gesichts-)wasser *n*

loco ['loko] **1.** *adj* verrückt; **2.** *m* Verrückte(r) *m*

locomo|ción [lokomo'θĭɔn] *f* Fortbewegung *f*; **~tora** [-'tora] *f* Lokomotive *f*

locu|az [lo'kŭaθ] geschwätzig; **~ción** [loku'θĭɔn] *f* Redewendung *f*; **~ra** [-'kura] *f* Verrücktheit *f*; Wahnsinn *m*; **~tor** [-'tɔr] *m* Ansager *m*, Sprecher *m*; **~torio** [-'tɔrĭo] *m* Sprechzimmer *n*; *tel* Fernsprechzelle *f*

lodo ['lođo] *m* Schlamm *m*

logia ['lɔxĭa] *f* Freimaurerloge *f*

lógi|ca ['lɔxika] *f* Logik *f*; **~co** ['lɔxiko] logisch

logística [lo'xistika] *f* Logistik *f*

logra|do [lo'građo] (gut) gelungen; **~r** [-'grar] (*1a*) erreichen; es schaffen

logro ['logro] *m* Gewinn *m*; (*éxito*) Gelingen *n*, Erfolg *m*

lombarda [lɔm'barđa] *f* Rotkohl *m*

lombriz [lɔm'briθ] *f* Wurm *m*; **~ (*de tierra*)** Regenwurm *m*

lomo ['lomo] *m* Lende *f* (*a gastr*); *zo* Rücken *m*; *fig* Buchrücken *m*

lona ['lona] *f* Segeltuch *n*; Zeltplane *f*

loncha ['lɔntʃa] *f gastr* Scheibe *f*

longaniza [lɔŋga'niθa] *f Art* Hartwurst *f*

longe|vidad [lɔŋxeƀi'đađ] *f* Langlebigkeit *f*; **~vo** [-'xeƀo] langlebig

longitud [lɔŋxi'tuđ] *f* Länge *f*; **~inal** [-tuđi'nal] Längen..., Längs...

lonja ['lɔŋxa] *f* Schnitte *f*, Scheibe *f*; *com* (Waren-)Börse *f*

loro ['loro] *m* Papagei *m*

los [los] *pl* **1.** *art* die; **2.** *pron ac* sie

losa ['losa] *f* Steinplatte *f*

lote ['lote] *m* Anteil *m*; *com* Posten *m*

lote|ría [lote'ria] *f* Lotterie *f*; Lotto *n*;

~ro [-'tero] *m* Lotterieeinnehmer *m*
loza ['loθa] *f* Steingut *n*; Tonware(n) *f* (*pl*); ***de ~*** irden
loza|nía [loθ'nia] *f* Üppigkeit *f*; **~no** [-'θano] üppig; *fig* frisch
lubina *zo* [lu'ƀina] *f* Wolfsbarsch *m*
lubrica|ción [luƀrika'θĭɔn] *f* Abschmieren *n*; **~nte** [-'kante] *m* Schmieröl *n*; **~r** [-'kar] (*1g*) schmieren
lucero [lu'θero] *m* (Abend-, Morgen-) Stern *m*
lucha ['lutʃa] *f* Kampf *m*; *dep* Ringkampf *m*; ***~ antidroga*** Rauschgiftbekämpfung *f*; ***~ libre*** Freistilringen *n*; **~dor** [-'đɔr] *m* Kämpfer *m*; Ringer *m*; **~r** [lu'tʃar] (*1a*) kämpfen; ringen
luci|dez [luθi'đeθ] *f* Klarheit *f*; **~do** [-'θiđo] prächtig, glanzvoll
lúcido ['luθiđo] licht, klar
luciente [lu'θĭente] strahlend
luciérnaga [lu'θĭɛrnaga] *f* Glühwürmchen *n*
lucio *zo* ['luθĭo] *m* Hecht *m*; **~perca** *zo* [-'perka] *f* Zander *m*
lucir [lu'θir] (*3f*) **1.** *v/i* leuchten, glänzen; **2.** *v/t* zur Schau stellen, tragen; **~se** sich hervortun, glänzend abschneiden; *iron* sich blamieren
lucr|ativo [lukra'tiƀo] einträglich, lukrativ; **~o** ['lukro] *m* Gewinn *m*; Nutzen *m*; ***sin ánimo de ~*** gemeinnützig
luego ['lŭego] nachher; dann; (*consecuencia*) demnach, also; ***hasta ~*** bis nachher; ***desde ~*** selbstverständlich
lugar [lu'gar] *m* Ort *m*, Stelle *f*; ***~ común*** Gemeinplatz *m*; ***dar ~ a*** Anlass geben zu; ***fuera de ~*** unangebracht, fehl am Platz; ***tener ~*** stattfinden; ***en ~ de*** statt; ***en primer ~*** erstens
lúgubre ['luguƀre] traurig; düster; unheilvoll
lujo ['luxo] *m* Luxus *m*; ***de ~*** Luxus...; **~so** [lu'xoso] luxuriös
lujuri|a [lu'xurĭa] *f* Unzucht *f*, Geilheit *f*; **~oso** [-'rĭoso] unzüchtig, lüstern
lumba|go *med* [lum'bago] *m* Hexenschuss *m*; **~r** [-'bar] Lenden...
lumbre ['lumbre] *f* (Herd-)Feuer *n*; (*luz*) Licht *n*; **~ra** [-'brera] *f fig* Leuchte *f*
lumino|so [lumi'noso] leuchtend, *a fig* glänzend; Licht...; **~tecnia** [-no'tɛgnĭa] *f* Beleuchtungstechnik *f*
luna ['luna] *f* Mond *m*; (*vidrio*) Schaufensterscheibe *f*; Spiegelglas *n*; ***~ de miel*** Flitterwochen *f/pl*; ***~ nueva*** Neumond *m*; ***~ llena*** Vollmond *m*; ***~ trasera*** Heckfenster *n*, -scheibe *f*; ***estar en la ~*** nicht bei der Sache sein
lunar [lu'nar] **1.** *adj* Mond...; **2.** *m* Muttermal *n*; *fig* Schönheitsfehler *m*; ***de ~es*** (*tela*) gepunktet
lunes ['lunes] *m* Montag *m*; ***el ~*** am Montag
luneta [lu'neta] *f*: ***~ trasera*** *auto* Heckscheibe *f*
lupa ['lupa] *f* Lupe *f*
lúpulo *bot* ['lupulo] *m* Hopfen *m*
luso ['luso] portugiesisch
lus|trar [lus'trar] (*1a*) blank putzen; polieren; **~tre** ['lustre] *m* Glanz *m*
luto ['luto] *m* Trauer *f*; (*ropa*) Trauerkleidung *f*; ***estar de ~ por alg*** um j-n trauern
luxación *med* [lugsa'θĭɔn] *f* Verrenkung *f*
luxembur|gués [lugsembur'ges] **1.** *adj* luxemburgisch; **2.** *m*, **~guesa** [-'gesa] *f* Luxemburger(in *f*) *m*
luz [luθ] *f* Licht *n*; ***~ antiniebla trasera*** Nebelschlussleuchte *f*; ***~ intermitente de alarma*** Warnblinkanlage *f*; ***~ de carretera*** Fernlicht *n*; ***~ de cruce*** Abblendlicht *n*; ***~ de marcha atrás*** Rückfahrscheinwerfer *m*; ***~ verde*** *a fig* grünes Licht *n*; ***a todas luces*** in jeder Hinsicht; ***dar la ~*** Licht machen; ***dar a ~*** zur Welt bringen; ***sacar a la ~*** (*obra*) veröffentlichen; ***salir a la ~*** erscheinen
Ll, ll ['eʎe] *f s.u.* ***l***

M

M, m ['eme] *f* M, m *n*
macabro [ma'kaƀro] schaurig; makaber; ***danza*** *f* ***-a*** Totentanz *m*
macarrones [maka'rrɔnes] *m/pl* Makkaroni *pl*
macedonia [maθe'đonĭa] *f*: **~ (*de frutas*)** Obstsalat *m*; **~ (*de verduras*)** Mischgemüse *n*
macerar [maθe'rar] (*1a*) einweichen; *gastr* einlegen
macet|a [ma'θeta] *f* Blumentopf *m*; **~ero** [-'tero] *m* Blumenständer *m*
macha|car [matʃa'kar] (*1g*) **1.** *v/t* zerstoßen; zerquetschen; *fig* F eintrichtern; **2.** *v/i* aufdringlich sein; **~conería** [-kone'ria] *f* Aufdringlichkeit *f*
machete [ma'tʃete] *m* Buschmesser *n*
mach|ismo [ma'tʃizmo] *m* (übertriebener) Männlichkeitskult *m*; **~ista** [-'tʃista] *m* F Chauvi *m*; **~o** ['matʃo] **1.** *m zo* Männchen *n*; **2.** *adj* kräftig; männlich; *Am* tapfer
macilento [maθi'lento] abgezehrt
macizo [ma'θiθo] **1.** *adj* massiv; **2.** *m geo* Massiv *n*; *bot* Blumenbeet *n*
macrobiótico [makro'bĭotiko] makrobiotisch
macuto [ma'kuto] *m* Tornister *m*; (*mochila*) Rucksack *m*
madeja [ma'đɛxa] *f* (Haar-)Strähne *f*; (*de lana*) Strang *m*
made|ra [ma'đera] *f* Holz *n*; *fig* ***tener ~ de*** das Zeug haben zu; **~ro** [-'đero] *m* (Stück) Holz *n*; Balken *m*
madona [ma'đona] *f* Madonnenbild *n*
madra|stra [ma'đrastra] *f* Stiefmutter *f*; **~za** [-'đraθa] *f* (allzu) nachsichtige Mutter *f*
madre ['mađre] *f* Mutter *f*; **~ *política*** Schwiegermutter *f*; **~ *soltera*** allein erziehende Mutter *f*; ***salirse de ~*** (*río*) über die Ufer treten; **~perla** [-'pɛrla] *f* Perlmutt(er *f*) *n*; **~selva** *bot* [-'sɛlƀa] *f* Geißblatt *n*
madriguera [mađri'gera] *f* (Kaninchen-)Bau *m*; *fig* Schlupfwinkel *m*
madrileño [mađri'leɲo] **1.** *adj* aus Madrid; **2.** *m*, **-a** *f* [-'leɲa] Madrider(in *f*) *m*
madrina [ma'đrina] *f* Taufpatin *f*, Patentante *f*; (*de boda*) Trauzeugin *f*
madroño *bot* [ma'droɲo] *m* Erdbeerbaum *m*
madruga|da [mađru'gađa] *f* Morgenfrühe *f*; ***de ~*** sehr früh; **~dor** [-'đɔr] *m* Frühaufsteher *m*; **~r** [-'gar] (*1h*) früh aufstehen
madu|rar [mađu'rar] (*1a*) **1.** *v/t* zur Reife bringen; *fig* reiflich überlegen; **2.** *v/i* reifen; **~rez** [-'reθ] *f* Reife *f* (*a fig*); **~ro** [-'đuro] reif (*a fig*)
maes|tra [ma'estra] *f* (Grundschul-)Lehrerin *f*; Meisterin *f*; **~ *de párvulos*** Kindergärtnerin *f*; **~tría** [-'tria] *f* Meisterschaft *f*; **~tro** [-'estro] **1.** *adj* Meister...; **2.** *m* (Grundschul-)Lehrer *m*; Meister *m*; **~ *de obras*** Bauleiter *m*
mafia ['mafĭa] *f* Mafia *f* (*a fig*)
magia ['maxĭa] *f* Zauberei *f*; Magie *f*
mágico ['maxiko] magisch; (*a fig*) zauberhaft
magisterio [maxis'terĭo] *m* Lehramt *n*; Lehrerschaft *f*
magistra|do [maxis'trađo] *m* Richter *m*; **~l** [-'tral] meisterhaft; Meister...
magn|animidad [magnanimi'đađ] *f* Edelmut *m*; **~ánimo** [-'nanimo] großmütig
magnate [mag'nate] *m* Magnat *m*
magnesio [mag'nesĭo] *m* Magnesium *n*
magn|ético [mag'netiko] magnetisch; **~etismo** [-'tizmo] *m* Magnetismus *m*; **~etizar** [-ti'θar] (*1f*) magnetisieren; *fig* begeistern
magne|tofón [magneto'fɔn], **~tófono** [-'tofono] *m* Tonbandgerät *n*; **~toscopio** [-tɔs'kopĭo] *m* Videorekorder *m*
magn|ificencia [magnifi'θenθĭa] *f* Pracht *f*; Pomp *m*; **~ífico** [-'nifiko] prächtig; herrlich; **~itud** [magni'tuđ] *f* Größe *f*
magnolia *bot* [mag'nolĭa] *f* Magnolie *f*
mago ['mago] *m* Magier *m*; Zauberer *m*; ***los Reyes Magos*** die Heiligen Drei Könige
magro ['magro] mager
magulla|dura [maguʎa'đura] *f* Quetschung *f* (*a med*); **~r** [-'ʎar] (*1a*) (zer-)quetschen
maíz [ma'iθ] *m* Mais *m*

majade|ría [maxađe'ria] *f* Albernheit *f*; **~ro** [-'đero] *m* Trottel *m*, Depp *m*
majareta F [maxa'reta] verrückt
majes|tad [maxes'tađ] *f* Majestät *f*; **~tuoso** [-'tŭoso] majestätisch
majo ['maxo] hübsch, fesch; (*simpático*) nett, sympathisch
mal [mal] **1.** *adj* (*vor m/sg*) *s* ***malo***; **2.** *adv* schlecht; ***~ que bien*** recht und schlecht; ***¡menos ~!*** zum Glück!; ***de ~ en peor*** immer schlechter (*od* schlimmer); ***tomar a ~*** übel nehmen; **3.** *m* Übel *n*; *med* Leiden *n*; ***~ de mar*** Seekrankheit *f*; ***el ~ menor*** das kleinere Übel
malabarista [malaƀa'rista] *m* Jongleur *m*
malaconsejado [malakɔnsɛ'xađo] schlecht beraten
malacostumbrado [malakɔstum'brađo] verwöhnt
malagueño [mala'geɲo] aus Málaga
malaria *med* [ma'larĭa] *f* Malaria *f*
malayo [ma'lajo] **1.** *adj* malaiisch; **2.** *m* Malaie *m*
malbaratar [malƀara'tar] (*1a*) verschwenden; (*vender*) verschleudern
malcriado [malkri'ađo] schlecht erzogen; ungezogen
maldad [mal'dađ] *f* Bosheit *f*; Schlechtigkeit *f*
mal|decir [malde'θir] (*3p*) **1.** *v/t* verfluchen; **2.** *v/i* lästern, fluchen (über ***de***); **~dición** [-di'θĭɔn] *f* Fluch *m*; **~dito** [-'dito] verflucht, verdammt; ***¡-a sea!*** verdammt noch mal!
maleante [male'ante] *m* Bösewicht *m*, Übeltäter *m*
malecón [male'kɔn] *m* Damm *m*; Mole *f*
maledicencia [maleđi'θenθĭa] *f* Verleumdung *f*
maleficio [male'fiθĭo] *m* Unheil *n*; Verwünschung *f*
maléfico [ma'lefiko] schädlich; unheilvoll, verderblich
malentendido [malenten'điđo] *m* Missverständnis *n*
malestar [males'tar] *m* Unwohlsein *n*; Unbehagen *n*
male|ta [ma'leta] *f* Koffer *m*; **~tero** [-'tero] *m* Gepäckträger *m*; *auto* Kofferraum *m*; **~tín** [-'tin] *m* Handkoffer *m*; ***~ ejecutivo*** *Am* Aktenkoffer *m*
malévolo [ma'leƀolo] böswillig
maleza [ma'leθa] *f* Unkraut *n*; Gestrüpp *n*
malgache [mal'gatʃe] aus Madagaskar, madagassisch
malgastar [malgas'tar] (*1a*) verschwenden
mal|hablado [mala'ƀlađo] unflätig redend; **~hechor** [-e'tʃɔr] *m* Übeltäter *m*; **~herir** [-e'rir] (*3i*) schwer verwunden; **~humorado** [-umo'rađo] schlecht gelaunt
malici|a [ma'liθĭa] *f* Bosheit *f*; Tücke *f*; (*astucia*) Verschmitztheit *f*; **~oso** [-'θĭoso] boshaft; tückisch; (*astuto*) gerissen
malign|idad [maligni'đađ] *f* Bösartigkeit *f* (*a med*); **~o** [-'ligno] böse; bösartig (*a med*)
malintencionado [malintenθĭo'nađo] übel gesinnt; heimtückisch
malla ['maʎa] *f* Masche *f*; **~s** *pl* Trikot *n*
mallorquín [maʎɔr'kin] **1.** *adj* mallorkinisch; **2.** *m* Mallorkiner *m*
malo ['malo] schlecht; schlimm; *med* krank; (*niño*) unartig; ***por las -as*** mit Gewalt; ***ponerse ~*** krank werden
malogra|do [malo'građo] (zu) früh verstorben; **~r** [-'grar] (*1a*) verderben; F verpfuschen; **~rse** misslingen; scheitern; verderben
maloliente [malo'lĭente] übel riechend
malparado [malpa'rađo] übel zugerichtet; ***quedar*** (*od* ***salir***) ***~*** schlecht wegkommen
malpensado [malpen'sađo]: ***ser ~*** immer gleich das Schlechte(re) annehmen *od* denken
malsano [mal'sano] ungesund
malsonante [malso'nante] (*palabra*) anstößig
malta ['malta] *f* Malz *n*
maltratar [maltra'tar] (*1a*) misshandeln
maltrecho [mal'tretʃo] übel zugerichtet
malva *bot* ['malƀa] *f* Malve *f*
malvado [mal'ƀađo] **1.** *adj* böse, verrucht; **2.** *m* Bösewicht *m*
malvavisco *bot* [malƀa'ƀisko] *m* Eibisch *m*
malvender [malƀen'dɛr] (*2a*) verschleudern
malversa|ción [malƀɛrsa'θĭɔn] *f*: ***~ (de fondos)*** Veruntreuung *f*; **~r** [-'sar] (*1a*) veruntreuen
mamá [ma'ma] *f* Mama *f*, Mutti *f*
mama ['mama] *f* (weibliche) Brust *f*; **~r**

[-'mar] (*1a*) saugen; ***dar de ~*** stillen
mamarracho F [mama'rratʃo] *m* F Schmarren *m*
mamífero [ma'mifero] *m* Säugetier *n*
mamografía *med* [mamogra'fia] *f* Mammographie *f*
mamotreto F [mamo'treto] *m* F (*libro*) Schinken *m*, Wälzer *m*; *bsd Am* ungefüges Möbel *n*
mampara [mam'para] *f* Wandschirm *m*
mampostería [mampɔste'ria] *f* Mauerwerk *n*
maná [ma'na] *m* Manna *n*
manada [ma'nađa] *f* Herde *f*; Rudel *n*
mana|ntial [manan'tĭal] *m* Quelle *f*; **~r** [-'nar] (*1a*) quellen; fließen
manazas [ma'naθas] *m* ungeschickter Mensch
mancebo [man'θeƀo] *m* Jüngling *m*; (Apotheken-)Gehilfe *m*
mancha ['mantʃa] *f* Fleck *m* (*a fig*); **~r** [-'tʃar] (*1a*) beflecken (*a fig*); beschmutzen
manchego [man'tʃego] aus der Mancha
mancilla [man'θiʎa] *f* Makel *m*; **~r** [-θi'ʎar] (*1a*) *fig* beflecken
manco ['maŋko] einarmig; ***no ser ~*** nicht ungeschickt sein
mancomunidad [maŋkomuni'dađ] *f* Gemeinschaft *f*; (Zweck-)Verband *m*
manda|do [man'dađo] *m* Auftrag *m*; Befehl *m*; **~más** F [-'mas] *m* F Boss *m*; **~miento** [-'mĭento] *m* Befehl *m*; Gebot *n* (*a rel*); **~nte** [-'dante] *m* Auftraggeber *m*; *jur* Mandant *m*; **~r** [-'dar] (*1a*) **1.** *v/t* befehlen, anordnen; (*enviar*) senden, schicken; *mil* (an)führen; ***~ hacer*** machen lassen; **2.** *v/i* befehlen; ***¿mande?*** wie bitte?
mandarina [manda'rina] *f* Mandarine *f*
manda|tario [manda'tarĭo] *m* Beauftragte(r) *m*; **~to** [-'dato] *m* Befehl *m*; Auftrag *m*; *pol* Mandat *n*
mandíbula [man'diƀula] *f* Kiefer *m*; Kinnlade *f*
mandil [man'dil] *m* Schürze *f*
mando ['mando] *m* Herrschaft *f*; *mil* Befehl(sgewalt *f*) *m*, Kommando *n*; *tec* Steuerung *f*; ***~ a distancia*** Fernbedienung *f*; ***~ global*** Globalsteuerung *f*
mandolina [mando'lina] *f* Mandoline *f*
mandón [man'dɔn] herrisch
manecilla [mane'θiʎa] *f* Uhrzeiger *m*
mane|jable [manɛ'xaƀle] handlich; **~jar** [-'xar] (*1a*) handhaben; bedienen; (*dirigir*) führen, leiten; *Am auto* fahren; **~jo** [-'nɛxo] *m* Handhabung *f*; Bedienung *f*
manera [ma'nera] *f* Art *f*, Weise *f*; ***de ~ que*** sodass; ***de ninguna ~*** keineswegs; ***no hay ~ de*** *inf* es ist nicht möglich zu *inf*; ***hacer de ~ que*** es so einrichten, dass; ***de mala ~*** gemein; übel; ***en gran ~*** in hohem Maße; ***de todas ~s*** jedenfalls; immerhin; ***~s*** *pl* Manieren *f/pl*
manga ['maŋga] *f* Ärmel *m*; *mar* (Schiffs-)Breite *f*; *dep* Durchgang *m*; ***~ de riego*** (Garten-)Schlauch *m*; ***en ~s de camisa*** in Hemdsärmeln; ***sin ~s*** ärmellos
manganeso [maŋga'neso] *m* Mangan *n*
manga|nte P [maŋ'gante] *m* Gauner *m*; **~r** P [-'gar] (*1h*) F klauen
mango ['maŋgo] *m* Stiel *m*; Griff *m*; *bot* Mango *f*
manguera [maŋ'gera] *f* (Wasser-)Schlauch *m*
manguito [maŋ'gito] *m* Muff *m*; *tec* Muffe *f*
maní [ma'ni] *m Am* Erdnuss *f*
manía [ma'nia] *f* Manie *f*; ***~ persecutoria*** Verfolgungswahn *m*; ***tener ~ a alg*** j-n nicht leiden können
maniatar [manĭa'tar] (*1a*) *j-m* die Hände binden
mani|ático [ma'nĭatiko] manisch; verrückt, wahnsinnig; **~comio** [mani'komĭo] *m* Irrenhaus *n*
manicura [mani'kura] *f* Maniküre *f* (*a persona*)
manido [ma'niđo] *fig* abgegriffen
manifesta|ción [manifesta'θĭɔn] *f* Erklärung *f*; Äußerung *f*; *pol* Demonstration *f*; **~nte** [-'tante] *m* Demonstrant *m*; **~r** [-'tar] (*1k*) zeigen; (*declarar*) äußern; ***~ públicamente la homosexualidad de alg*** j-n outen; ***~ públicamente su homosexualidad*** sich outen; **~rse** *pol* demonstrieren
manifiesto [mani'fĭesto] **1.** *adj* offenkundig, deutlich; ***poner de ~*** bekunden; **2.** *m* Manifest *n*
manija [ma'nixa] *f* Griff *m*
manillar [mani'ʎar] *m* Lenkstange *f*
maniobra [ma'nĭoƀra] *f* Manöver *n* (*a fig*); ***~s*** *pl* Ränke *pl*; **~r** [-'ƀrar] (*1a*) manövrieren (*a fig*)
manipula|ción [manipula'θĭɔn] *f* Handhabung *f*; *a fig* Manipulation *f*; ***~ ge-***

M

nética Genmanipulation *f*; **~r** [-'lar] (*1a*) handhaben; *a fig* manipulieren

maniquí [mani'ki] **a)** *m* Modell-, Schneiderpuppe *f*; **b)** *su* Mannequin *m*

manirroto [mani'rrɔto] verschwenderisch

manivela [mani'ƀela] *f* Kurbel *f*

manjar [maŋ'xar] *m* Speise *f*

mano ['mano] *f* Hand *f*; *zo* Vorderfuß *m*, -pfote *f*; ***~ de obra*** Arbeitskräfte *f/pl*; ***~ de pintura*** Anstrich *m*; ***a ~ armada*** mit Waffengewalt; ***bajo ~*** unter der Hand, heimlich; ***de segunda ~*** aus zweiter Hand, gebraucht; ***echar una ~ a alg*** j-m helfen; ***hecho a ~*** handgemacht; ***llegar a las ~s*** handgemein werden; ***pedir la ~ de alg*** um j-s Hand anhalten; ***tener a ~*** zur Hand haben

manojo [ma'nɔxo] *m* Bündel *n*; ***~ de llaves*** Schlüsselbund *m od n*

manopla [ma'nopla] *f* Fausthandschuh *m*

manosea|do [manose'ađo] abgegriffen; **~r** [-'ar] (*1a*) betasten; F befummeln

mansedumbre [manse'đumbre] *f* Sanftmut *f*

mansión [man'sĭɔn] *f* Herrensitz *m*; herrschaftliches Haus *n*

M

manso ['manso] sanft; mild; (*animal*) zahm; (*agua*) still

manta ['manta] *f* Decke *f*; F ***a ~*** in Hülle und Fülle

manteca [man'teka] *f* Schmalz *n*; *bsd Am* Butter *f*; **~do** [-'kađo] *m Art* Schmalzgebäck *n*

mantel [man'tɛl] *m* Tischtuch *n*; ***~ individual*** Platzdeckchen *n*, Set *n*; **~ería** [-tele'ria] *f* Tischwäsche *f*

mante|ner [mante'nɛr] (*2l*) halten; (*conservar*) er-, behalten, aufrechterhalten; (*alimentar*) unterhalten; *tec* warten; **~nerse** sich halten; sich behaupten; (*subsistir*) leben (von ***de***); **~nimiento** [-ni'mĭento] *m* Erhaltung *f*; Aufrechterhaltung *f*; (*sustento*) Unterhalt *m*; *tec* Wartung *f*

mante|quera [mante'kera] *f* Butterdose *f*; **~quilla** [-'kiʎa] *f* Butter *f*

mantill|a [man'tiʎa] *f* Mantille *f*; (*para bebés*) Einschlagtuch *n*; **~o** [-'tiʎo] *m* Humuserde *f*

man|to ['manto] *m* Umhang *m*; **~tón** [-'tɔn] *m* Schultertuch *n*

manual [ma'nŭal] **1.** *adj* manuell, Hand...; **2.** *m* Handbuch *n*; **~idades** [-li'đađes] *f/pl* Handarbeiten *f/pl*; Werken *n*

manufactura [manufak'tura] *f* Manufaktur *f*; **~r** [-'rar] (*1a*) fabrizieren, fertigen

manuscrito [manus'krito] **1.** *adj* handschriftlich; **2.** *m* Manuskript *n*

manutención [manuten'θĭɔn] *f* Unterhalt *m*; Verpflegung *f*

manza|na [man'θana] *f* Apfel *m*; *arqu* Häuserblock *m*; ***~ de la discordia*** Zankapfel *m*; **~nilla** [-'niʎa] *f* Kamille *f*; (*infusión*) Kamillentee *m*; **~no** [-'θano] *m* Apfelbaum *m*

maña ['maɲa] *f* Geschicklichkeit *f*; ***darse ~*** sich geschickt anstellen

mañana [ma'ɲana] **1.** *f* Morgen *m*; Vormittag *m*; ***esta ~*** heute Morgen; ***por la ~*** morgens; ***~ por la ~*** morgen früh; **2.** *adv* morgen; ***pasado ~*** übermorgen

maño F ['maɲo] *m* Aragonier *m*; **~so** [ma'ɲoso] geschickt

mapa ['mapa] *m* Landkarte *f*; **~mundi** [-'mundi] *m* Weltkarte *f*

maqueta *arqu* [ma'keta] *f* Modell *n*

maquilla|dor [makiʎa'đɔr] *m* Maskenbildner *m*; **~je** [-'ʎaxe] *m* Make-up *n*; **~r(se)** [-'ʎar(se)] (sich) schminken; F (*balance*, *etc*) frisieren

máquina ['makina] *f* Maschine *f*; *ferro* Lokomotive *f*; ***~ de afeitar*** Rasierapparat *m*; ***~ de coser*** Nähmaschine *f*; ***~ de escribir*** (***portátil***) (Reise-) Schreibmaschine *f*; ***fotográfica*** Fotoapparat *m*; ***~ herramienta*** Werkzeugmaschine *f*; ***a ~*** maschinell; ***a toda ~*** mit Volldampf (*a fig*)

maquina|ción [makina'θĭɔn] *f* Intrige *f*; ***-ciones*** *pl* Machenschaften *f/pl*; **~l** [-'nal] *fig* mechanisch; **~r** [-'nar] (1a) aushecken

maqui|naria [maki'narĭa] *f* Maschinenpark *m*; Maschinerie *f* (*a fig*); **~nista** [~'nista] *m*; Maschinist *m*; *ferro* Lokomotivführer *m*

mar [mar] *m u f* Meer *n*, See *f*; ***~ de fondo*** Dünung *f*; ***en alta ~*** auf hoher See; *fig* ***la ~ de*** e-e Unmenge *f* (von); ***a ~es*** in Strömen; reichlich

maraca *mús* [ma'raka] *f* Rumbakugel *f*

maraña [ma'raɲa] *f* Gestrüpp *n*; *fig* Wirrwarr *m*

marat(h)ón [mara'tɔn] *m u f* Marathonlauf *m*
maravill|a [mara'ƀiʎa] *f* Wunder *n*; **~ar** [-'ʎar] (1a) (verwundern); **~arse** sich wundern, staunen (über *ac* ***de***); **~oso** [-'ʎoso] wunderbar
marbete [mar'ƀete] *m* Aufklebezettel *m*
marca ['marka] *f* Marke *f*; Warenzeichen *n*; *dep* Rekord *m*; **~ción** [-'θĭɔn] *f* Markierung *f*; ***~ rápida*** *tel* Kurzwahl *f*; **~do** [-'kađo] deutlich; ausgeprägt; **~dor** [-'đɔr] *m dep* Ergebnistafel *f*; **~pasos** *med* [-'pasos] *m* Herzschrittmacher *m*; **~r** [-'kar] (1g) kennzeichnen; markieren; *dep* decken; (*gol*) schießen; (*pelo*) einlegen; *tel* wählen
marcha ['martʃa] *f* Marke *m*; Abreise *f*; *auto* Gang *m*; *dep* Gehen *n*; ***dar ~ atrás*** rückwärts fahren; *fig* e-n Rückzieher machen; ***a toda ~*** mit Vollgas; ***sobre la ~*** nebenbei; ***poner en ~*** in Gang setzen; **~dor** [-'đɔr] *m dep* Geher *m*; **~nte** [-'tʃante] *m* (Kunst-)Händler *m*; *Am* Kunde *m*; **~r** [-'tʃar] (1a) marschieren; gehen (*a fig*); *tec* funktionieren; **~rse** (weg)gehen; abreisen
marchi|tarse [martʃi'tarse] (1a) verwelken; **~to** [-'tʃito] welk, verwelkt (*a fig*)
marcia|l [mar'θĭal] martialisch, kriegerisch; ***ley f ~*** Standrecht *n*; **~no** [-'θĭano] *m* Marsmensch *m*
marco ['marko] *m* Rahmen *m* (*a fig*); (*moneda*) Mark *f*
mare|a [ma'rea] *f* Gezeiten *pl*; ***~ alta*** Flut *f*; ***~ baja*** Ebbe *f*; **~ar** [-'ar] (1a) schwindlig machen; *fig* auf die Nerven gehen (*dat*); **~arse** seekrank *od* schwindlig werden; ***me mareo*** mir wird schlecht; **~jada** [-'xađa] *f* hoher Seegang *m*; **~jadilla** [-'điʎa] *f* leichter Seegang *m*; **~moto** [-'moto] *m* Seebeben *n*; **~o** [-'reo] *m* Seekrankheit *f*; Schwindel *m*; Übelkeit *f*
marfil [mar'fil] *m* Elfenbein *n*
marga [marga] *f* Mergel *m*
margarina [marga'rina] *f* Margarine *f*
margarita [marga'rita] *f* Margerite *f*; Gänseblümchen *n*; *tec* Typenrad *n*
margen ['marxen] *m* Rand *m*; *com* Spanne *f*; *fig* Spielraum *m*; ***mantenerse al ~*** sich heraushalten
margina|do [marxi'nađo] *m*: ***~s pl*** (***sociales***) (soziale) Randgruppen *f/pl*; **~l** [-'nal] Rand…

mari|ca F [ma'rika] *m*, **~cón** P [-'kɔn] *m* Schwule(r) *m*
marido [ma'riđo] *m* Ehemann *m*
marihuana [mari'xŭana] *f* Marihuana *n*
mari|na [ma'rina] *f* Marine *f*; ***~ mercante*** Handelsmarine *f*; **~nar** [-'nar] (1a) *gastr* marinieren; **~nero** [-'nero] **1.** *adj* See…; Meeres…; **2.** *m* Seemann *m*
mariposa [mari'posa] *f* Schmetterling *m*; *dep* Schmetterlingsstil *m*
mariquita [mari'kita] **a)** *f* Marienkäfer *m*; **b)** *m* F weibischer Mann *m*
mariscal [maris'kal] *m* Marschall *m*
mariscos [ma'riskos] *m/pl* Meeresfrüchte *f/pl*
marisma [ma'rizma] *f* sumpfiges Küstengebiet *n*
marital [mari'tal] ehelich
marítimo [ma'ritimo] Meer...; See...
marketing ['marketiŋ] *m* Marketing *n*
marmita [mar'mita] *f* Kochtopf *m*
mármol ['marmɔl] *m* Marmor *m*
marmota [mar'mota] *f* Murmeltier *n*
maroma [ma'roma] *f* Seil *n*; Trosse *f*
marqu|és [mar'kes] *m* Marquis *m*; **~esa** [-'kesa] *f* Marquise *f*; **~esina** [-'sina] *f* Schutzdach *n*; Markise *f*
marquetería [markete'ria] *f* Einlegearbeit *f*; Intarsie *f*
marra|na [ma'rrana] *f* Sau *f* (*a fig*); **~no** [-'rrano] **1.** *adj* schweinisch; schmutzig; **2.** Schwein *n* (*a fig*)
marras F ['marras]: ***de ~*** der (die, das) bewusste
marrón [ma'rrɔn] braun
marro|quí [marrɔ'ki] **1.** *adj* marokkanisch; **2.** *m* Marokkaner *m*; **~quinería** [-kine'ria] *f* (feine) Lederwaren *f/pl*
marsopa *zo* [mar'sopa] *f* Tümmler *m*
marta ['marta] *f* Marder *m*
Marte *astr* ['marte] *m* Mars *m*
martes ['martes] *m* Dienstag *m*
marti|llar [marti'ʎar] (*1a*) hämmern; **~llo** [-'tiʎo] *m* Hammer *m*; ***~ neumático*** Presslufthammer *m*
mártir ['martir] *su* Märtyrer(in *f*) *m*
martiri|o [mar'tirĭo] *m* Martyrium *n* (*a fig*); **~zar** [-ri'θar] (*1f*) martern, quälen
marzo ['marθo] *m* März *m*
mas [mas] aber, jedoch
más [mas] **1.** *adv* mehr; *mat* plus; ***~ bien*** eher; ***a lo ~*** höchstens; ***a cual ~*** um die Wette; ***~ o menos*** mehr oder weniger, ungefähr; ***por ~ que*** wie sehr auch; ***sin***

~ *ni* ~ mir nichts, dir nichts; ***tanto ~ cuanto que*** um so mehr als; ***estar de ~*** überflüssig sein; **2.** *comparativo*: **~ *grande*** größer; **~ *lejos*** weiter (entfernt); ***el ~ grande*** der größte
masa ['masa] *f* Masse *f*; *gastr* Teig *m*
masacre [ma'sakre] *f* Massaker *n*
masa|je [ma'saxe] *m* Massage *f*; ***dar (un)*** **~** massieren; **~jista** [-'xista] *su* Masseur(in *f*) *m*
mascar [mas'kar] (*1g*) kauen
máscara ['maskara] *f* Maske *f*; **~ *antigás*** Gasmaske *f*
masca|rada [maska'rađa] *f* Maskerade *f*; **~rilla** [-'riʎa] *f* (*cosmética*) Gesichtsmaske *f*; **~rón** [-'rɔn] *m*: **~ *de proa*** *mar* Galionsfigur *f*
mascota [mas'kota] *f* Maskottchen *n*
masculino [masku'lino] männlich
mascullar [masku'ʎar] (*1a*) murmeln
masifica|ción [masifika'θĭɔn] *f* Vermassung *f*; **~r** ['kar] (*1g*) vermassen
masilla [ma'siʎa] *f* (Glaser-)Kitt *m*
masivo [ma'siƀo] massiv, Massen...
masón [ma'sɔn] *m* Freimaurer *m*
masonería [masone'ria] *f* Freimaurerei *f*
masticar [masti'kar] (*1g*) kauen
mástil ['mastil] *m mar* Mast *m*; *mús* Griffbrett *n*
mastín [mas'tin] *m* großer Hirtenhund *m*
masturba|ción [masturƀa'θĭɔn] *f* Masturbation *f*; **~rse** [-'ƀarse] (*1a*) masturbieren, onanieren
mata ['mata] *f* Strauch *m*, Busch *m*
mata|dero [mata'đero] *m* Schlachthof *m*; **~dor** [-'đɔr] *m taur* Matador *m*; **~nza** [-'tanθa] *f* Schlachtung *f*; *fig* Gemetzel *n*; **~r** [-'tar] (*1a*) töten; (*animal*) schlachten; (*tiempo*) totschlagen; (*hambre*) stillen; **~ *a tiros*** erschießen; **~rse** ums Leben kommen
matasellos [mata'seʎos] *m* Poststempel *m*
mate ['mate] **1.** *adj* matt, glanzlos; **2.** *m* (*ajedrez*) Matt *n*; (*infusión*) Mate(tee) *m*
matemáti|cas [mate'matikas] *f/pl* Mathematik *f*; **~co** [-ko] **1.** *adj* mathematisch; **2.** *m* Mathematiker *m*
materia [ma'terĭa] *f* Materie *f*, Stoff *m*; (*asignatura*) Fach *n*; **~ *prima*** Rohstoff *m*; **~l** [-'rĭal] **1.** *adj* materiell; sachlich; **2.** *m* Material *n*; **~lista** [-rĭa'lista] *m* Materialist *m*; **~lizar** [-li'θar] (*1f*) materialisieren; verwirklichen
mater|nal [matɛr'nal] mütterlich; Mutter...; **~nidad** [-ni'đađ] *f* Mutterschaft *f*; (***casa** f **de***) **~** Entbindungsanstalt *f*; **~no** [-'tɛrno] *s* ***maternal***
matinal [mati'nal] morgendlich
matiz [ma'tiθ] *m* Farbton *m*; *fig* Nuance *f*; **~ar** [-'θar] (*1f*) (ab)tönen; *fig* nuancieren
matón [ma'tɔn] *m* Raufbold *m*
matorral [matɔ'rral] *m* Gebüsch *n*; Gestrüpp *n*
matrícula [ma'trikula] *f* Register *n*; *auto* Kennzeichen *n*; (*escuela*) Einschreibung *f*; Immatrikulation *f*
matricular [matriku'lar] (*1a*) immatrikulieren, einschreiben; *auto* zulassen
matrimo|nial [matrimo'nĭal] ehelich, Ehe...; **~nio** [-'monĭo] *m* Heirat *f*; Ehe *f*; (*pareja*) Ehepaar *n*; **~ *con dos sueldos*** Doppelverdiener *pl*; **~ *civil*** standesamtliche Trauung; **matriz** [ma'triθ] *f anat* Gebärmutter *f*; *tip* Matrize *f*
matrona [ma'trona] *f* Matrone *f*; (*comadrona*) Hebamme *f*
matutino [matu'tino] Morgen...; (***periódico** m*) **~** Morgenzeitung *f*
maullar [maŭ'ʎar] (*1a*) miauen
mausoleo [maŭso'leo] *m* Mausoleum *n*
maxilar [magsi'lar] **1.** *adj* Kiefer...; **2.** *m* Kiefer(knochen) *m*
máxi|ma ['magsima] *f* Grundsatz *m*, Maxime *f*; **~me** [-me] vor allem; umso mehr; **~mo** [-mo] **1.** *adj* größte(r), Höchst...; ***como ~*** höchstens; **2.** *m* Maximum *n*; *das* Äußerste *n*
mayo ['majo] *m* Mai *m*
mayonesa [majo'nesa] *f* Mayonnaise *f*
mayor [ma'jɔr] **1.** *comparativo*: größer; höher; älter; (*adulto*) erwachsen; Haupt...; Ober...; **~ *de edad*** volljährig; *mús* ***modo** m* **~** Dur *n*; ***al por ~*** *com* en gros; **2.** *superlativo*: ***el ~*** der größte; der älteste; **3.** *m* Erwachsene(r) *m*; *mil* Major *m*
mayor|al [majo'ral] *m agr* Vorarbeiter *m*; **~domo** [-'đomo] *m* (Guts-)Verwalter *m*; (*criado*) Butler *m*; **~ía** [-'ria] *f* Mehrheit *f*; **~ *de edad*** Volljährigkeit *f*; **~ista** [-'rista] *m* Großhändler *m*
mayúscul|a [ma'juskula] *f* Großbuchstabe *m*; **~o** [-lo] riesig

maza ['maθa] *f* Keule *f*
mazapán [maθa'pan] *m* Marzipan *n*
mazmorra [mađ'mɔrra] *f* (unterirdischer) Kerker *m*, Verlies *n*
mazorca [ma'θɔrka] *f* Maiskolben *m*
me [me] mir; mich
mear P [me'ar] (*1a*) F pinkeln
mecáni|ca [me'kanika] *f* Mechanik *f*; **~ *de precisión*** Feinmechanik *f*; **~co** [-ko] **1.** *adj* mechanisch; maschinell; **2.** *m* Mechaniker *m*
mecani|smo [meka'nizmo] *m* Mechanismus *m*; Vorrichtung *f*; **~ *de tipo de cambio*** Wechselkursmechanismus *m*; **~zación** [-θa'θĭɔn] *f* Mechanisierung *f*
meca|nógrafa [meka'nografa] *f* Schreibkraft *f*; **~nografía** [-gra'fia] *f* Maschineschreiben *n*; **~nografiar** [-fi'ar] (*1c*) mit der Maschine schreiben
mecedora [meθe'đora] *f* Schaukelstuhl *m*
mecenas [me'θenas] *m* Mäzen *m*
mecer [me'θɛr] (*2b*) wiegen; schaukeln
mech|a ['metʃa] *f* Docht *m*; (*de arma*) Zündschnur *f*; (*de pelo*) Haarsträhne *f*; **~ar** [-'tʃar] (*1a*) *gastr* spicken; **~era** F [-'tʃera] *f* Ladendiebin *f*; **~ero** [-'tʃero] *m* Feuerzeug *n*; **~ón** [-'tʃɔn] *m* (Haar-)Strähne *f*
meda|lla [međa'ʎa] *f* Medaille *f*; **~llón** [međa'ʎon] *m* Medaillon *n*
media ['međĭa] *f* Strumpf *m*; (*promedio*) Durchschnitt *m*; **~ *corta*** Kniestrumpf *m*; **~ción** [-'θĭɔn] *f* Vermittlung *f*; **~do** [-'đĭađo]: ***a ~s de junio*** Mitte Juni; **~dor** [-'đɔr] *m* Vermittler *m*; **~nía** [-'nia] *f* Mittelmäßigkeit *f*; **~no** [-'đĭano] mittelgroß; *fig* mittelmäßig; **~noche** [-'notʃe] *f* Mitternacht *f*; **~nte** [-'đĭante] mittels (*gen*); ***Dios ~*** so Gott will; **~r** [-'đĭar] (*1b*) vermitteln
medicamento [međika'mento] *m* Medikament *n*
medicina [međi'θina] *f* Medizin *f*; (*medicamento*) Arznei *f*; **~ *general*** Allgemeinmedizin *f*
medición [međi'θĭɔn] *f* (Ver-)Messung *f*
médico ['međiko] **1.** *adj* ärztlich; **2.** *m* Arzt *m*; **~ *de cabecera*** Hausarzt *m*; **~ (*de medicina*) *general*** praktischer Arzt *m*; **~ *forense*** Gerichtsarzt *m*; **~ *jefe*** Chefarzt *m*; **~ *de urgencia*** Notarzt *m*
medi|da [me'điđa] *f* Maß *n*; *fig* Maßnahme *f*; ***a ~*** nach Maß, Maß...; ***a ~ que*** in dem Maße wie; ***en gran ~*** in hohem Maße; ***tomar la ~*** Maß nehmen; ***tomar ~s*** Maßnahmen ergreifen; ***~s de readaptación*** (***profesional***) Umschulungsmaßnahmen *f/pl*
medie|val [međĭe'ƀal] mittelalterlich; **~vo** [me'đĭeƀo] *m* Mittelalter *n*
medio ['međĭo] **1.** *adj* halb; Mittel...; Durchschnitts...; ***las dos y -a*** halb drei; **2.** *m* Mitte *f*; (*ambiente*) Milieu *n*; (*método*) Mittel *n*; (*fútbol*) Mittelfeldspieler *m*; ***por ~ de*** mittels (*gen*); **~s** *pl* Geldmittel *n/pl*; **~ *de transporte*** (***colectivo***) (Massen-)Verkehrsmittel *n*; ***~s informativos*** Medien *n/pl*; ***~s de comunicación social*** (*od* ***de masas***) Massenmedien *n/pl*; **3.** *adv* halb; ***a ~ hacer*** halb fertig; ***en ~ de*** inmitten (*gen*); ***a -as*** zur Hälfte; ***quitar de en ~*** aus dem Weg räumen; **~ambiental** [-ambĭen'tal] Umwelt...
mediocridad [međĭokri'đađ] *f* Mittelmäßigkeit *f*
mediodía [međĭo'đia] *m* Mittag *m*; ***a ~*** mittags
medir [me'đir] (*3l*) messen
medita|bundo [međita'ƀundo] nachdenklich; **~ción** [-'θĭɔn] *f* Meditation *f*; **~r** [-'tar] (*1a*) nachdenken über (*ac*); meditieren
mediterráneo [međitɛ'rraneo] Mittelmeer...
médium ['međĭun] *su* Medium *n*
medrar [me'đrar] (*1a*) gedeihen; *fig* vorwärts kommen
médula ['međula] *f* Mark *n*; *fig* Kern *m*; **~ *espinal*** Rückenmark *n*; **~ *ósea*** Knochenmark *n*
meg|afonía [megafo'nia] *f* Verstärkeranlage *f*; **~áfono** [-'gafono] *m* Megaphon *n*
megalomanía [megaloma'nia] *f* Größenwahn *m*
mejicano [mexi'kano] **1.** *adj* mexikanisch; **2.** *m*, **-a** *f* Mexikaner(in *f*) *m*
mejilla [mɛ'xiʎa] *f* Wange *f*, Backe *f*
mejillón [mɛxi'ʎɔn] *m* Miesmuschel *f*
mejor [mɛ'xɔr] besser; ***lo ~*** das Beste; ***a lo ~*** vielleicht, womöglich; ***lo ~ posible*** so gut wie möglich; ***está ~*** es geht ihm besser; **~a** [mɛ'xora] *f*, **~amiento** [-'mĭento] *m* (Ver-)Besserung *f*; *com*

~a de calidad Qualitätssteigerung *f*

mejorana *bot* [mɛxo'rana] *f* Majoran *m*

mejo|rar [mɛxo'rar] (*1a*) **1.** *v/t* (ver)bessern; steigern; **2.** *v/i* sich bessern, besser werden; ***¡que se mejore!*** gute Besserung!; **~ría** [-'ria] *f med* Besserung *f*

melan|colía [melaŋko'lia] *f* Melancholie *f*; **~cólico** [-'koliko] schwermütig; melancholisch

mele|na [me'lena] *f* Mähne *f*; ***media ~*** halblange Haare *n/pl*; **~nudo** [-'nuđo] langhaarig

mella ['meʎa] *f* Scharte *f*; ***hacer ~*** Eindruck machen (auf *ac* ***en***)

mellizo [me'ʎiθo] **1.** *adj* Zwillings...; **2.** *m* Zwilling *m*

meloco|tón [meloko'tɔn] *m* Pfirsich *m*; **~tonero** [-to'nero] *m* Pfirsichbaum *m*

melodía [melo'đia] *f* Melodie *f*

melódico [me'lođiko] melodisch

melodioso [melo'đĭoso] melodiös

melodrama [melo'đrama] *m* Melodram(a) *n*

melómano [me'lomano] *m* Musikliebhaber *m*

melón [me'lɔn] *m* Melone *f*

meloso [me'loso] honigsüß (*a fig*), F schmalzig; (*carne*) zart

membrana [mem'brana] *f* Häutchen *n*; Membran(e) *f*

membrete [mem'brete] *m* Briefkopf *m*

membrillo [mem'briʎo] *m* Quitte *f*

memo ['memo] dumm; blöd(e)

memo|rable [memo'rađle] denkwürdig; **~rándum** [-'randun] *m* Memorandum *n*; **~ria** [-'morĭa] *f* Gedächtnis *n*; (*recuerdo*) Erinnerung *f*; *inform* Speicher *m*; ***~ dura*** *inform* Festspeicher *m*; ***~ RAM*** *inform* Arbeitsspeicher *m*; ***de ~*** auswendig; ***hacer ~*** nachdenken; **~s** *pl* Memoiren *pl*; **~rizar** [-ri'θar] (*1f*) memorieren; auswendig lernen; *inform* speichern

menaje [me'naxe] *m* Hausrat *m*

menci|ón [men'θĭɔn] *f* Erwähnung *f*; **~onar** [-θĭo'nar] (*1a*) erwähnen

mendi|cidad [mendiθi'đađ] *f* Bettelei *f*; **~gar** [-'gar] (*1h*) betteln; **~go** *m* [-'digo] Bettler *m*

menear [mene'ar] (*1a*) schwenken; schütteln; ***~ la cola*** mit dem Schwanz wedeln

menester [menes'tɛr] *m* Notwendigkeit *f*; ***ser ~*** nötig sein; **~es** *pl* Obliegenheiten *f/pl*; **~oso** [-te'roso] bedürftig

menestra [me'nestra] *f* Gemüseeintopf *m*

mengua|nte [meŋ'gŭante] abnehmend; **~r** [-'gŭar] (*1i*) **1.** *v/i* abnehmen; **2.** *v/t* schmälern

meningitis *med* [meniŋ'xitis] *f* Hirnhautentzündung *f*

menopausia [meno'paŭsĭa] *f* Wechseljahre *n/pl*

menor [me'nɔr] **1.** *adj* kleiner; (*más joven*) jünger; *fig* geringer; *mús* ***modo m ~*** Moll *n*; ***~ de edad*** minderjährig; ***el ~*** der Kleinste; der Jüngste; *com* ***al por ~*** im Detail, Einzel...; **2.** *su* Minderjährige(r *m*) *f*

menos ['menos] *adv* weniger; *mat* minus; ***a ~ que*** falls nicht; ***al ~, por lo ~*** wenigstens; ***eso es lo de ~*** darauf kommt es nicht an; ***~ mal*** zum Glück; **~cabo** [-'kađo] *m* Verminderung *f*; Schaden *m*; **~preciar** [-pre'θĭar] (*1b*) gering schätzen; verachten; **~precio** [-'preθĭo] *m* Geringschätzung *f*; Verachtung *f*

mensaje [men'saxe] *m* Botschaft *f*; **~ro** [-'xero] *m* Bote *m*

menstruación [menstrŭa'θĭɔn] *f* Menstruation *f*, Regel *f*

mensual [men'sŭal] monatlich; **~idad** [-li'đađ] *f* Monatsgeld *n*; (*plazo*) Monatsrate *f*

menta *bot* ['menta] *f* Minze *f*

men|tal [men'tal] geistig; Geistes...; **~talidad** [-li'đađ] *f* Mentalität *f*; **~tar** [-'tar] (*1k*) erwähnen; **~te** ['mente] *f* Geist *m*; Verstand *m*

mentir [men'tir] (*3i*) lügen; **~a** [-'tira] *f* Lüge *f*; ***¡parece ~!*** unglaublich!; **~oso** [-ti'roso] **1.** *adj* verlogen; **2.** *m* Lügner *m*

mentís [men'tis] *m* Dementi *n*; ***dar un ~ a*** dementieren

mentón [men'tɔn] *m* Kinn *n*

menú [me'nu] *m* Menü *n*; Speisekarte *f*

menude|ar [menuđe'ar] (*1a*) oft vorkommen; **~ncia** [-'đenθĭa] *f* Kleinigkeit *f*

menu|dillos [menu'điʎos] *m/pl* (Geflügel-)Innereien *f/pl*; **~do** [-'nuđo] klein, winzig; *fig* geringfügig; ***a ~*** oft

meñique [me'ɲike] *m* (***dedo*** *m*) **~** kleiner Finger *m*

meollo [me'oʎo] *m* Mark *n*; *fig* Kern *m*

merca|dería [mɛrkađe'ria] *f Am* Ware *f*; **~do** [-'kađo] *m* Markt *m*; ***~dos** m/pl **de valores*** Wertpapiermärkte *m/pl*; ***ᴤ Común*** Gemeinsamer Markt *m*; ***~ único*** (europäischer) Binnenmarkt *m*; **~ncía** [-kan'θia] *f* Ware *f*

merced [mɛr'θeđ] *f* Gnade *f*; Gunst *f*; ***estar a ~ de alg*** j-m ausgeliefert sein

mercenario [mɛrθe'narĭo] *m* Söldner *m*; Lohnarbeiter *m*

mercería [mɛrθe'ria] *f* Kurzwaren(geschäft *n*) *f/pl*

mercurio [mɛr'kurĭo] *m* Quecksilber *n*

mere|cer [mere'θɛr] (*2d*) verdienen; **~cido** [-'θiđo] **1.** *adj* verdient; **2.** *m* verdiente Strafe *f*

meren|dar [meren'dar] (*1k*) vespern; **~dero** [-'dero] *m* Ausflugs-, Gartenlokal *n*

merengue [me'reŋge] *m* Baiser *n*

meridi|ano [meri'đĭano] *m* Meridian *m*; **~onal** [-đĭo'nal] **1.** *adj* südlich; **2.** *su* Südländer(in *f*) *m*

merienda [me'rĭenda] *f* Vesperbrot *n*; Picknick *n*

mérito ['merito] *m* Verdienst *n*

meritorio [meri'torĭo] verdienstvoll

merluza [mɛr'luθa] *f* Seehecht *m*

merma ['mɛrma] *f* Verringerung *f*; Abnahme *f*; **~r** [-'mar] (*1a*) **1.** *v/i* abnehmen; **2.** *v/t* verringern; *fig* herabsetzen

mermelada [mɛrme'lađa] *f* Marmelade *f*

mero ['mero] **1.** *adj* rein; bloß; **2.** *m* Zackenbarsch *m*

merodear [merođe'ar] (*1a*) sich herumtreiben

mes [mes] *m* Monat *m*

mesa ['mesa] *f* Tisch *m*; ***~ de centro*** Couchtisch *m*; ***~ redonda*** *fig* Gesprächsrunde *f*

meseta [me'seta] *f* Hochebene *f*

mesita [me'sita] *f*: ***~ de noche*** Nachttisch *m*

mesón [me'sɔn] *m* Gaststätte *f*

mestizo [mes'tiθo] *m* Mestize *m*

mesura [me'sura] *f* Gemessenheit *f*; Mäßigung *f*; **~do** ['rađo] gemessen; gesetzt

meta ['meta] *f* Ziel *n*; (*fútbol*) Tor *n*; **~bolismo** [-ƀo'lizmo] *m* Stoffwechsel *m*

metáfora [me'tafora] *f* Metapher *f*

metal [me'tal] *m* Metall *n*; *mús* Blech *n*; ***~ precioso*** Edelmetall *n*

metálico [me'taliko] metallisch (*a fig*); ***en ~*** bar

metal|urgia [meta'lurxĭa] *f* Hüttenkunde *f*, Metallurgie *f*; **~úrgico** [-'lurxiko] **1.** *adj* Metall...; **2.** *m* Metallarbeiter *m*

metamorfosis [metamɔr'fosis] *f* Umwandlung *f*, Metamorphose *f*

metano [me'tano] *m* Methan *n*

metástasis *med* [me'tastasis] *f* Metastase *f*

meteo|rito [meteo'rito] *m* Meteorit *m*; **~rología** [-rolɔ'xia] *f* Meteorologie *f*; **~rológico** [-'lɔxiko] Wetter...; **~rólogo** [-'rologo] *m* Meteorologe *m*

meter [me'tɛr] (*2a*) stecken (in *ac* ***en***); (hinein)legen, -stecken, -tun; **~se** sich einmischen (in *ac* ***en***); sich einlassen (auf *ac* ***en***); ***~ con alg*** sich mit j-m anlegen

meticulo|sidad [metikulosi'đađ] *f* Gewissenhaftigkeit *f*; *desp* Pedanterie *f*; **~so** [-'loso] gewissenhaft; (peinlich) genau

metódico [me'tođiko] methodisch

método ['metođo] *m* Methode *f*

metrall|a [me'traʎa] *f* Splitter *m*; **~eta** [-'ʎeta] *f* Maschinenpistole *f*

métrico ['metriko] metrisch

metro ['metro] *m* Meter *m od n*; (*tren*) U-Bahn *f*, Metro *f*; **~ (*plegable*)** Zollstock *m*

metrópoli [me'tropoli] *f* Hauptstadt *f*, Metropole *f*

mezcla ['meθkla] *f* Mischung *f*; **~r** [-'klar] (*1a*) (ver)mischen; **~rse** sich einmischen (in *ac* ***en***)

mezqui|ndad [meθkin'dađ] *f* Kleinlichkeit *f*; Knauserei *f*; **~no** [-'kino] kleinlich; (*avaro*) knauserig

mezquita [meθ'kita] *f* Moschee *f*

mi *mús* [mi] *m* E *n*; ***~ bemol*** Es *n*

mi, **mis** [mi, mis] mein(e)

mí [mi] (*nach prp*) mir; mich

micción [mig'θĭɔn] *f* Harnen *n*

microbio [mi'kroƀĭo] *m* Mikrobe *f*

micro|bús [mikro'ƀus] *m* Kleinbus *m*; **~chip** [-'tʃip] *m* Mikrochip *m*; **~ficha** [-'fitʃa] *f* Mikrofiche *m*, *n*; **~film** [-'film] *m* Mikrofilm *m*

micrófono [mi'krofono] *m* Mikrofon *n*

micro|onda [mikro'ɔndə] *f* Mikrowelle *f*; (***horno** m*) ***~s*** *m* Mikrowellenherd *m*; **~ordenador** [-ɔrđena'đɔr] *m* Mikro-

M

computer *m*; **~procesador** [-proθesa'đɔr] *m* Mikroprozessor *m*
microscopio [mikrɔs'kopĭo] *m* Mikroskop *n*; **~ *electrónico*** Elektronenmikroskop *n*
mide ['miđe] *s* ***medir***
miedo ['mĭeđo] *m* Furcht *f*, Angst *f* (vor ***a***); F ***de ~*** toll; **~so** [-'đoso] furchtsam
miel [mĭɛl] *f* Honig *m*
miembro ['mĭembro] *m* Glied *n*; (*socio*) Mitglied *n*; **~ (*viril*)** Penis *m*
miente ['mĭente] *s* ***mentir***
mientras ['mĭentras] während; **~ *que*** (*contraste*) während; **~ (*tanto*)** unterdessen, inzwischen
miércoles ['mĭɛrkoles] *m* Mittwoch *m*; **~ *de ceniza*** Aschermittwoch *m*
mierda V ['mĭɛrđa] **1.** *f* Scheiße *f*; **2.** *m* Scheißkerl *m*
miga ['miga] *f* Brotkrume *f*; (*migaja*) Krümel *m*; *fig* Gehalt *m*; ***hacer buenas (malas) ~s*** gut (schlecht) mitea auskommen
migra|ción [migra'θĭɔn] *f* Wanderung *f*; **~ña** [-'graɲa] *f* Migräne *f*; **~torio** [-'torĭo]: ***ave*** *f* ***-a*** Zugvogel *m*
mijo *bot* ['mixo] *m* Hirse *f*
mil [mil] tausend
milagro [mi'lagro] *m* Wunder *n*; ***de ~*** wie durch ein Wunder; **~so** [-'groso] wunderbar
milenario [mile'narĭo] **1.** *adj* tausendjährig; **2.** *m* Jahrtausendfeier *f*
milenio [mi'lenĭo] *m* Jahrtausend *n*
mili F ['mili] *f* Wehrdienst *m*; **~cia** [-'liθĭa] *f* Miliz *f*
milímetro [mi'limetro] *m* Millimeter *m od n*
milita|nte [mili'tante] **1.** *adj* militant; **2.** *m* Aktivist *m*; **~r** [-'tar] **1.** *adj* militärisch; Militär..., **2.** *m* (Berufs-)Soldat *m*, Militär *m*; **3.** *v/i* (*1a*) *mil* dienen; *pol* aktiv sein
milla ['miʎa] *f* Meile *f*
millar [mi'ʎar] *m* tausend *n*
mill|ón [mi'ʎɔn] *m* Million *f*; **~onario** [miʎo'narĭo] *m* Millionär *m*
mimar [mi'mar] (*1a*) verwöhnen
mimbre *bot* ['mimbre] *m* Korbweide *f*; ***sillón*** *m* ***de ~*** Korbsessel *m*
mimeógrafo *Am* [mime'ografo] *m* Vervielfältigungsapparat *m*
mímica ['mimika] *f* Mimik *f*
mimo ['mimo] *m* Liebkosung *f*; Verhätschelung *f*; *teat* (Panto-)Mime *m*; **~sa** *bot* [-'mosa] *f* Mimose *f*
mina ['mina] *f min* Bergwerk *n*; Mine *f* (*a mil*); *fig* Goldgrube *f*; **~r** [-'nar] (*1a*) verminen; *fig* untergraben
mineral [mine'ral] **1.** *adj* Mineral...; **2.** *m* Mineral *n*, Erz *n*
mine|ría *min* [mine'ria] *f* Bergbau *m*; **~ro** [-'nero] *m* Bergmann *m*
miniatura [minĭa'tura] *f* Miniatur *f*
mini|falda [mini'falda] *f* Minirock *m*; **~golf** [-'golf] *m* Minigolf *n*; **~mizar** [-mi'θar] (*1f*) bagatellisieren
mínimo *f* ['minimo] **1.** *adj* kleinste(r, -s); Mindest...; ***como ~*** mindestens; **2.** *m* Minimum *n*
minio ['minĭo] *m* Mennige *f*
ministerio [minis'terĭo] *m* Ministerium *n*; **~ *de Asuntos Exteriores*** Außenministerium *n*; **~ *de Hacienda*** Finanzministerium *n*; **~ *del Interior*** Innenministerium *n*
ministro, **-a** [mi'nistro, -a] *m*, *f* Minister(in *f*) *m*; **~ *del Interior*** Innenminister(in *f*) *m*; ***primer ~*** Premierminister *m*
minoría [mino'ria] *f* Minderheit *f*; **~ *de edad*** Minderjährigkeit *f*
minucio|sidad [minuθĭosi'đađ] *f* (peinliche) Genauigkeit *f*; **~so** [-'θĭoso] eingehend, (peinlich) genau
minué *mús* [minu'e] *m* Menuett *n*
minúscul|a [mi'nuskula] *f* Kleinbuchstabe *m*; **~o** [-lo] winzig
minusválido [minuz'ƀaliđo] **1.** *adj* (körper)behindert; **2.** *m* Behinderte(r) *m*
minu|ta [mi'nuta] *f* Gebührenrechnung *f*; *gastr* Speisekarte *f*; **~to** [-'nuto] *m* Minute *f*
mío, **mía** ['mio, mia] mein, meine; ***los ~s*** m-e Angehörigen
mio|pe ['mĭope] kurzsichtig; **~pía** [mĭo'pia] *f* Kurzsichtigkeit *f*
mira ['mira] *f* Visier *n*; ***con ~s a*** im Hinblick auf; **~da** [-'rađa] *f* Blick *m*; ***echar una ~*** e-n Blick werfen (auf ***a***); **~do** [-'rađo]: ***bien ~*** gern gesehen; *fig* genau genommen; **~dor** [-'đɔr] *m* Aussichtspunkt *m*; **~miento** [-'mĭento] *m* Rücksicht *f*; ***sin ~s*** rücksichtslos; **~r** [-'rar] (*1a*) **1.** *v/t* ansehen, anschauen; (*observar*) beobachten; betrachten; **2.** *v/i* sehen, schauen; (*considerar*) überlegen, zusehen; **~ *por*** sorgen für
mirilla [mi'riʎa] *f* Guckloch *n*

M

mirlo ['mirlo] *m* Amsel *f*
mirón [mi'rɔn] *m* Zaungast *m*; Voyeur *m*
mirra *bot* ['mirra] *f* Myrrhe *f*
mirto *bot* ['mirto] *m* Myrte *f*
misa ['misa] *f* Messe *f*; ***~ del gallo*** Christmette *f*; **~l** [mi'sal] *m* Messbuch *n*
miser|able [mise'raƀle] elend; (*avaro*) knauserig; **~ia** [-'serĭa] *f* Elend *n*; Not *f*; *fig* Hungerlohn *m*
misericordia [miseri'kɔrđĭa] *f* Barmherzigkeit *f*; Erbarmen *n*
misil [mi'sil] *m* Rakete *f*
misi|ón [mi'sĭɔn] *f* Mission *f*; *fig* Sendung *f*, Auftrag *m*; **~onero** [misĭo'nero] *m* Missionar *m*
mismo ['mizmo] selbst; (*semejante*) gleich; ***el ~*** derselbe, der gleiche; ***hoy ~*** noch heute; ***aquí ~*** genau hier; ***lo ~ que*** ebenso wie; ***da lo ~*** das ist egal
misterio [mis'terĭo] *m* Geheimnis *n*; **~so** [-'rĭoso] geheimnisvoll
místi|ca ['mistika] *f* Mystik *f*; **~co** [-ko] mystisch
mitad [mi'tađ] *f* Hälfte *f*; ***~ y ~*** halb und halb; ***a ~ del camino*** auf halbem Wege
mítico ['mitiko] mythisch
mitigar [miti'gar] (*1h*) mildern; lindern; beschwichtigen
mitin ['mitin] *m pol* Meeting *n*
mito ['mito] *m* Mythos *m*; **~logía** [-lɔ'xia] *f* Mythologie *f*
mix|to ['misto] gemischt; **~tura** [-'tura] *f* Mixtur *f*; Mischung *f*
mobbing ['mɔbiŋ] *m* Mobbing *n*
mobiliario [moƀi'lĭarĭo] *m* Mobiliar *n*
mocedad [moθe'đađ] *f* Jugendzeit *f*
mochila [mo'tʃila] *f* Rucksack *m*
moción [mo'θĭɔn] *f pol* Antrag *m*; ***~ de censura*** Misstrauensantrag *m*
moco ['moko] *m* Nasenschleim *m*
moda ['mođa] *f* Mode *f*; ***de ~*** modern; modisch; ***fuera*** (*od* ***pasado***) ***de ~*** unmodern
modal|es [mo'đales] *m/pl* Manieren *f/pl*; **~idad** [-li'đađ] *f* Modalität *f*
mode|lar [mođe'lar] (*1a*) formen; modellieren; **~lo** [-'đelo] **1.** *m* Modell *n*; Vorbild *n*; **2.** *f* (*persona*) Modell *n*; Mannequin *n*
modera|ción [mođera'θĭɔn] *f* Mäßigung *f*; **~do** [-'rađo] gemäßigt; mäßig; **~dor** [-'đɔr] *m*, **-a** [-'đora] *f TV*, *etc* Moderator(in *f*) *m*; **~r** [-'rar] (*1a*) mäßigen; *TV*, *etc* moderieren
moder|nismo [mođɛr'nizmo] *m* Jugendstil *m*; **~nizar** [-ni'θar] (*1f*) modernisieren; **~no** [-'đɛrno] modern
modes|tia [mo'đestĭa] *f* Bescheidenheit *f*; **~to** [-to] bescheiden
módico ['mođiko] mäßig, gering
modifica|ción [mođifika'θĭɔn] *f* (Ab-) Änderung *f*; ***~do genéticamente*** genverändert; **~r** [-'kar] (*1g*) (ab-, ver-) ändern
modis|ta [mo'đista] *f* Modistin *f*; Damenschneiderin *f*; **~to** [-'đisto] *m* Modeschöpfer *m*
modo ['mođo] Art *f*, Weise *f*; *gram* Modus *m*; *mús* Tonart *f*; ***~ de empleo*** Gebrauchsanweisung *f*; ***a ~ de*** (in der Art) wie; ***de ~ que*** sodass; also; ***de otro ~*** sonst; ***de ningún ~*** keineswegs; ***de tal ~*** derart, so; ***en cierto ~*** gewissermaßen; ***de todos ~s*** auf alle Fälle
módulo ['mođulo] *m* Modul *n*
mofa ['mofa] *f* Spott *m*; **~rse** [-'farse] (*1a*): ***~ de*** sich lustig machen über (*ac*)
moho ['moo] *m* Schimmel *m*; **~so** [mo'oso] schimm(e)lig
moja|do [mɔ'xađo] nass; feucht; **~r** [-'xar] (*1a*) anfeuchten; nass machen
mojigato [mɔxi'gato] scheinheilig, bigott
mojón [mɔ'xɔn] *m* Grenzstein *m*
molar [mo'lar]: (***diente*** *m*) **~** Backenzahn *m*
molde ['mɔlde] *m* Form *f*; **~ado** [-'ađo] *m* (*peluquería*) Formwelle *f*; **~ar** [-'ar] (*1a*) formen; modellieren
moldura [mɔl'dura] *f* (Profil-, Zier-) Leiste *f*
molécula [mo'lekula] *f* Molekül *n*
moler [mo'lɛr] (*2h*) mahlen
moles|tar [moles'tar] (*1a*) belästigen; stören; **~tarse** sich bemühen; **~tia** [-'lestĭa] *f* Belästigung *f*; Mühe *f*; **~s** *pl med* Beschwerden *pl*; **~to** [-'lesto] lästig; unbequem; (*enfadado*) ärgerlich
moli|nero [moli'nero] *m* Müller *m*; **~nillo** [-'niʎo] *m*: ***~ de café*** Kaffemühle *f*; **~no** [-'lino] *m* Mühle *f*; ***~ de viento*** Windmühle *f*
molleja [mo'ʎɛxa] *f gastr* Bries *n*
molusco [mo'lusko] *m* Weichtier *n*
momen|táneo [momen'taneo] augenblicklich; **~to** [-'mento] *m* Augenblick *m*, Moment *m*; ***a cada ~*** ständig; ***al ~*** sofort; ***por el ~***, ***de ~*** zurzeit, momentan

momia ['momĭa] *f* Mumie *f*
mona ['mona] *f* Äffin *f*; F Rausch *m*; **~ de Pascua** Osterkuchen *m*; **dormir la ~** s-n Rausch ausschlafen
monaguillo [mona'giʎo] *m* Ministrant *m*, Messdiener *m*
monar|ca [mo'narka] *m* Monarch *m*; **~quía** [-'kia] *f* Monarchie *f*
monasterio [monas'terĭo] *m* Kloster *n*
monda|dientes [mɔnda'đĭentes] *m* Zahnstocher *m*; **~duras** [-'đuras] *f/pl* (Obst-, Kartoffel-)Schalen *f/pl*; **~r** [-'dar] (*1a*) schälen
mone|da [mo'neđa] *f* Währung *f*; (*pieza*) Münze *f*; Geldstück *n*; **~ euro** Eurowährung *f*; **~dero** [-'đero] *m* Portemonnaie *n*, Geldbeutel *m*; **~tario** [-'tarĭo] Währungs...; ***Instituto*** *m* **♀ *Europeo*** (***IME***) Europäisches Währungsinstitut *n* (EWI)
monitor [moni'tɔr] *m* (Sport-, Tennis-, Ski-, *etc*)Lehrer *m*; *TV* Monitor *m*
mon|ja ['mɔŋxa] *f* Nonne *f*; **~je** [-xe] *m* Mönch *m*
mono ['mono] **1.** *m zo* Affe *m*; (*prenda*) Overall *m*; Latzhose *f*; **2.** *adj* hübsch; niedlich; nett
monóculo [mo'nokulo] *m* Monokel *n*
mon|ogamia [mono'gamĭa] *f* Monogamie *f*; **~ógamo** [-'nogamo] monogam
monólogo [mo'nologo] *m* Monolog *m*
monopatín [monopa'tin] *m* Skateboard *n*
monopoli|o [mono'polĭo] *m* Monopol *n*; **~zar** [-li'θar] (*1f*) monopolisieren
mon|otonía [monoto'nia] *f* Eintönigkeit *f*, Monotonie *f*; **~ótono** [-'notono] eintönig, monoton
monseñor [mɔnse'ɲɔr] *m* Monsignore *m*
monstruo ['mɔnstrŭo] *m* Ungeheuer *n*; Monstrum *n*; Scheusal *n*; **~sidad** [-si'đađ] *f* Ungeheuerlichkeit *f*; **~so** [-'trŭoso] ungeheuer(lich); scheußlich; (*enorme*) riesig
monta ['mɔnta] *f*: ***de poca ~*** unbedeutend; **~cargas** [-'kargas] *m* Lastenaufzug *m*; **~do** [-'tađo] beritten; **~dor** [-'đɔr] *m* Monteur *m*; (*cine*) Schnittmeister *m*, Cutter *m*; **~je** [-'taxe] *m* Einbau *m*; Montage *f*; (*cine*) Schnitt *m*; *teat* Inszenierung *f*; F *fig* Show *f*
montañ|a [mɔn'taɲa] *f* Gebirge *n*; Berg *m*; ***~ rusa*** Achterbahn *f*; **~ismo** [-'ɲizmo] *m* Bergsteigen *n*, Bergsport *m*; **~oso** [-'ɲoso] bergig; gebirgig
montar [mɔn'tar] (*1a*) *tec* aufstellen, montieren; (*caballo*) reiten; (*casa*) einrichten; (*negocio*) aufziehen; (*obra*) inszenieren; (*nata*, *clara*) schlagen
monte ['mɔnte] *m* Berg *m*; (*bosque*) Wald *m*; ***~ de piedad*** Leih-, Pfandhaus *n*; **~ra** [-'tera] *f* Stierkämpfermütze *f*; **~ría** [-'ria] *f* Hochjagd *f*
montón [mɔn'tɔn] *m* Haufen *m* (*a fig*)
montura [mɔn'tura] *f* Reittier *n*; (*de gafas*) Fassung *f*
monumen|tal [monumen'tal] monumental; gewaltig; **~to** [-'mento] *m* Denkmal *n*
monzón [mɔn'θɔn] *m* Monsun *m*
moño ['moɲo] *m* Haarknoten *m*
moqueta [mo'keta] *f* Teppichboden *m*
mora ['mora] *f* Maurin *f*; *bot* Maulbeere *f*; Brombeere *f*
morada [mo'rađa] *f* Wohnung *f*; (*estancia*) Aufenthalt *m*
morado [mo'rađo] dunkelviolett; F ***las pasé -as*** es ist mir übel ergangen
moral [mo'ral] **1.** *adj* moralisch; sittlich; **2. a)** *f* Moral *f*; **b)** *m* Maulbeerbaum *m*; **~eja** [-'lɛxa] *f* Moral *f e-r Fabel*; **~idad** [-li'đađ] *f* Sittlichkeit *f*; Moral *f*
moratoria *com* [mora'torĭa] *f* Aufschub *m*; Stundung *f*
morboso [mɔr'ƀoso] krankhaft
morcilla [mɔr'θiʎa] *f* Blutwurst *f*
mor|dacidad [mɔrđaθi'đađ] *f* Bissigkeit *f*; **~daz** [-'đaθ] bissig; **~daza** [-'đaθa] *f* Knebel *m*; **~dedura** [-đe'đura] *f* Biss *m*; **~der** [-'đɛr] (*2h*) beißen; ***~ el polvo*** ins Gras beißen; **~disco** [-'đisko] *m* Biss *m*; (*trozo*) Bissen *m*
more|na [mo'rena] *f geo* Moräne *f*; *zo* Muräne *f*; **~no** [-no] (dunkel)braun; dunkelhaarig, -häutig
morera [mo'rera] *f* (weißer) Maulbeerbaum *m*
moretón [more'tɔn] *m* blauer Fleck *m*
morfin|a [mɔr'fina] *f* Morphium *n*; **~ómano** [-'nomano] *m* Morphinist *m*
morir [mo'rir] (*3k*; *part* ***muerto***) sterben (an ***de***); umkommen; ***~(se) de hambre*** verhungern; **~se** sterben; *fig* ***~ de*** vergehen vor; ***~ de risa*** sich totlachen
moro ['moro] **1.** *adj* maurisch; **2.** *m* Maure *m*

M

moroso [mo'roso] langsam; *com* säumig
morral [mɔ'rral] *m* Futterbeutel *m*; Jagdtasche *f*; Brotbeutel *m*
morriña [mɔ'rriɲa] *f* Heimweh *n*
morro ['mɔrrɔ] *m* Schnauze *f*, Maul *n* (*a fig*); ***estar de ~(s)*** schmollen
morsa *zo* ['mɔrsa] *f* Walross *n*
morta|ja [mɔr'taxa] *f* Leichentuch *n*; *Am* Zigarettenpapier *n*; **~l** [-'tal] sterblich; tödlich (*a fig*); **~lidad** [-tali'đađ] *f* Sterblichkeit *f*; **~ndad** [-tan'dađ] *f* Massensterben *n*
mortero [mɔr'tero] *m* Mörser *m* (*a mil*); *arqu* Mörtel *m*
mortífero [mɔr'tifero] tödlich
mortifica|ción [mɔrtifika'θĭɔn] *f* Kasteiung *f*; *fig* Demütigung *f*; **~r** [-'kar] (*1g*) kasteien; *fig* demütigen
mortuorio [mɔr'tŭorĭo] Leichen..., Sterbe...; Toten...
morueco [mo'rŭeko] *m* Widder *m*
mosaico [mo'saĭko] *m* Mosaik *n*
mosca ['mɔska] *f* Fliege *f*; F ***soltar*** (*od* ***aflojar***) ***la ~*** Geld herausrücken; F ***por si las ~s*** für alle Fälle
moscarda [mɔs'karđa] *f* Schmeißfliege *f*
moscatel [mɔska'tɛl] *m* Muskateller (-wein) *m*
mosquearse [mɔske'arse] (*1a*) F einschnappen
mosquetero *mil* [mɔske'tero] *m* Musketier *m*
mosqui|tero [mɔski'tero] *m* Moskitonetz *n*; **~to** [-'kito] *m* (Stech-)Mücke *f*
mostaza [mɔs'taθa] *f* Senf *m*
mosto ['mɔsto] *m* Most *m*
mostra|dor [mɔstra'đor] *m* Ladentisch *m*; Theke *f*; **~r** [-'trar] (*1m*) zeigen
mote ['mote] *m* Spitzname *m*
motear [mote'ar] (*1a*) tüpfeln
motel [mo'tɛl] *m* Motel *n*
motín [mo'tin] *m* Meuterei *f*
moti|var [moti'ƀar] (*1a*) verursachen; (*explicar*) motivieren, begründen; **~vo** [-'tiƀo] *m* Grund *m*, Anlass *m*, Motiv *n*; ***con ~ de*** anlässlich (*gen*)
moto F ['moto] *f* Motorrad *n*; ***~ de agua*** (*od* ***acuática***) Wassermotorrad *n*; **~cicleta** [-θi'kleta] *f* Motorrad *n*; **~ciclismo** [-'klizmo] *m* Motorradsport *m*; **~ciclista** [-'klista] *m* Motorradfahrer *m*; **~cross** [-'krɔs] *m* Motocross *n*
motor [mo'tɔr] *m* Motor *m*; ***~ de dos*** (***cuatro***) ***tiempos*** Zwei- (Vier-)taktmotor *m*; ***~ de búsqueda*** *inform* Suchmaschine *f*; **~a** [-'tora] *f* Motorboot *n*; **~ismo** [-'rizmo] *m* Motorsport *m*; **~ista** [-'rista] *m* Motorradfahrer *m*; **~izar** [-ri'θar] (*1f*) motorisieren
motosierra [moto'sĭɛrra] *f* Motorsäge *f*
motriz [mo'triθ]: ***fuerza f ~*** Triebkraft *f*
move|dizo [moƀe'điθo] beweglich; **~r** [-'ƀɛr] (*2h*) bewegen, antreiben (*a fig*)
movible [mo'ƀiƀle] beweglich
móvil ['moƀil] **1.** *adj* beweglich; **2.** *m* Beweggrund *m*, Motiv *n*; (*arte*) Mobile *n*; **3.** *m tel* Handy *n*
movili|dad [moƀili'đađ] *f* Beweglichkeit *f*; **~zación** [-θa'θĭɔn] *f* Mobilmachung *f*; **~zar** [-'θar] (*1f*) mobil machen; *fig* mobilisieren
movimiento [moƀi'mĭento] *m* Bewegung *f*; *fig* Betrieb *m*; *mús* Satz *m*; ***~ pacifista*** Friedensbewegung *f*
moza ['moθa] *f* Mädchen *n*; (*criada*) Magd *f*
mozo ['moθo] **1.** *adj* jung; **2.** *m* junger Mann *m*; Bursche *m*; (*sirviente*) Kellner *m*; Diener *m*; *mil* erfasster Wehrpflichtige(r) *m*; ***~ (de estación)*** Gepäckträger *m*
muca|ma *Am reg* [mu'kama] *f* Dienstmädchen *n*; **~mo** [-mo] *m* Diener *m*
muchach|a [mu'tʃatʃa] *f* Mädchen *n*; (*criada*) Dienstmädchen *n*; **~o** [-'tʃatʃo] *m* Junge *m*
muchedumbre [mutʃe'đumbre] *f* (Menschen-)Menge *f*
mucho ['mutʃo] **1.** *adj* viel; **2.** *adv* sehr, viel; lange; oft; ***(ni) con ~*** bei weitem (nicht); ***como ~*** höchstens; ***por ~ que*** *subj* so sehr auch; ***ni ~ menos*** überhaupt nicht, keineswegs
muco|sa [mu'kosa] *f* Schleimhaut *f*; **~sidad** [-si'đađ] *f* Schleim *m*
muda ['muđa] *f* Wäsche *f* zum Wechseln; *zo* Mauser *f*; (*de la voz*) Stimmbruch *m*; **~nza** [-'đanθa] *f* (*de casa*) Umzug *m*; **~r** [-'đar] (*1a*) ändern; wechseln; *zo* sich mausern; **~rse** sich umziehen; **~** (***de casa***) umziehen
mudo ['muđo] stumm
mueble ['mŭeƀle] **1.** *adj jur* beweglich; **2.** *m* Möbel *n*; ***~ bar*** Hausbar *f*
mueca ['mŭeka] *f* Grimasse *f*
muela ['mŭela] *f* Mühlstein *m*; (*diente*) Backenzahn *m*; ***~ del juicio*** Weisheitszahn *m*

muelle ['mŭeʎe] **1.** *adj* weich; **2.** *m* Sprungfeder *f*; *mar* Mole *f*; Kai *m*
muerdo ['mŭɛrđo] *s* ***morder***
muero ['muɛro] *s* ***morir***
muerte ['mŭɛrte] *f* Tod *m*; ***de mala ~*** elend, erbärmlich; ***dar ~ a*** töten
muerto ['mŭɛrto] **1.** *adj* tot; gestorben; **2.** *m*, **-a** *f* [-ta] Tote(r) *m*, Tote *f*
muesca ['mŭeska] *f* Kerbe *f*
muestra ['mŭestra] *f* (Waren-)Probe *f*; (*modelo*) Muster *n*; *fig* Beweis *m*; **~rio** [-'trarĭo] *m* Musterbuch *n*, -kollektion *f*
muestro ['mŭestro] *s* ***mostrar***
muevo ['mŭeƀo] *s* ***mover***
mugir [mu'xir] (*3c*) (*vaca*) muhen; *fig* brüllen
mugr|e ['mugre] *f* Schmutz *m*; **~iento** [-'grĭento] schmierig
muguete [mu'guete] *m bot* Maiglöckchen *n*; *med* Soor *m*
mujer [mu'xɛr] *f* Frau *f*; ***~ de faenas*** Putzfrau *f*; ***~ de negocios*** Geschäftsfrau *f*; **~iego** [muxe'rĭego] *m* Schürzenjäger *m*, Weiberheld *m*
mula ['mula] *f* Maultier *n*
mulato [mu'lato] *m* Mulatte *m*
muleta [mu'leta] *f* Krücke *f*; *taur* Muleta *f*
mulo ['mulo] *m* Maulesel *m*
multa ['multa] *f* Geldstrafe *f*; Strafzettel *m*; **~r** [-'tar] (*1a*) mit e-r Geldstrafe belegen
multi|color [multiko'lɔr] vielfarbig; **~copiar** [-'pĭar] (*1b*) vervielfältigen; **~copista** [-'pista] *f* Vervielfältigungsapparat *m*; **~cultural** [-kultu'ral] multikulturell; **~lateral** [-late'ral] multilateral; **~millonario** [-miʎo'narĭo] *m* Multimillionär *m*; **~nacional** [-naθĭo'nal] *f* multinationaler Konzern *m*, F Multi *m*
múltiple ['multiple] vielfältig; ***de ~ uso*** Mehrzweck...
multipli|cación [multiplika'θĭɔn] *f mat* Multiplikation *f*; *biol* Vermehrung *f* (*a fig*); **~car** [-'kar] (*1g*) multiplizieren; vermehren
multitud [multi'tuđ] *f* Menge *f*; **~inario** [-tuđi'narĭo] Massen...
multiuso [multi'uso] Mehrzweck...
munda|nal [munda'nal], **~no** [-'dano] weltlich, Welt...
mundial [mun'dĭal] **1.** *adj* Welt...; **2.** *m* Weltmeisterschaft *f*
mundo ['mundo] *m* Welt *f*; ***el otro ~*** das Jenseits; ***nada del otro ~*** nichts Besonderes; ***todo el ~*** jedermann, alle (Welt)
munición [muni'θĭɔn] *f* Munition *f*
munici|pal [muniθi'pal] städtisch; Stadt..., Gemeinde...; **~pio** [-'θipĭo] *m* Gemeinde *f*
muñe|ca [mu'ɲeka] *f* Puppe *f*; *anat* Handgelenk *n*; **~co** [-'ɲeko] *m* Puppe *f*; *fig* Marionette *f*
muñón [mu'ɲɔn] *m med* Stumpf *m*
mural [mu'ral] **1.** *adj* Mauer...; Wand...; **2.** *m* Wandbild *n*; **~la** [-'raʎa] *f* (Stadt-) Mauer *f*
murciélago [mur'θĭelago] *m* Fledermaus *f*
murmu|llo [mur'muʎo] *m* Gemurmel *n*; Säuseln *n*; **~ración** [-ra'θĭɔn] *f* Gerede *n*; **~rar** [-'rar] (*1a*) murmeln; murren; (*viento, etc*) säuseln; (*cotillear*) lästern, F klatschen
muro ['muro] *m* Mauer *f*; Wand *f*
musa ['musa] *f* Muse *f* (*a fig*)
muscula|r [musku'lar] Muskel...; **~tura** [-la'tura] *f* Muskulatur *f*
músculo ['muskulo] *m* Muskel *m*
musculoso [musku'loso] muskulös
muselina [muse'lina] *f* Musselin *m*
museo [mu'seo] *m* Museum *n*
musgo *bot* ['muzgo] *m* Moos *n*
música ['musika] *f* Musik *f*; (*partitura*) Noten *f*/*pl*; ***~ de fondo*** Untermalungsmusik *f*; ***~ folk*** Folkmusik *f*; ***~ ligera*** Unterhaltungsmusik *f*; ***~ de cámara*** Kammermusik *f*; ***poner en ~*** vertonen
musica|l [musi'kal] **1.** *adj* musikalisch, Musik...; **2.** *m* Musical *n*; **~r** [-'kar] (*1g*) vertonen
músico ['musiko] *m* Musiker *m*
music|ología [musikolo'xia] *f* Musikwissenschaft *f*; **~ólogo** [-'kologo] *m* Musikwissenschaftler *m*
musitar [musi'tar] (*1a*) murmeln
muslo ['muzlo] *m* Oberschenkel *m*; *gastr* Schenkel *m*
musulmán [musul'man] **1.** *adj* mohammedanisch; **2.** *m* Mohammedaner *m*, Moslem *m*
mutación [muta'θĭɔn] *f* Veränderung *f*; *biol* Mutation *f*
mutila|ción [muti'laθĭɔn] *f* Verstümme-

M

lung *f*; **~do** [-'lađo] *m* Krüppel *m*; ***~ de guerra*** Kriegsversehrte(r) *m*; **~r** [-'lar] (*1a*) verstümmeln
mutismo [mu'tizmo] *m* Stummheit *f*; Schweigen *n*
mutualidad [mutŭali'đađ] *f* Gegenseitigkeit *f*; (*asociación*) Versicherung *f* auf Gegenseitigkeit
mutuo ['mutŭo] gegenseitig
muy [mŭi] sehr

N

N, n ['ene] *f* N, n *n*
nabo ['naƀo] *m* weiße Rübe *f*
nácar ['nakar] *m* Perlmutt(er *f*) *n*
nacer [na'θɛr] (*2d*) geboren werden; (*día*) anbrechen; (*río*) entspringen (*a fig*); *fig* entstehen
naci|ente [na'θĭente] entstehend, werdend; (*sol*) aufgehend; **~miento** [naθi'mĭento] *m* Geburt *f*; *fig* Herkunft *f*, Ursprung *m*; (*de Navidad*) (Weihnachts-)Krippe *f*
nación [na'θĭɔn] *f* Nation *f*
nacional [naθĭo'nal] national, National...; **~idad** [-nali'đađ] *f* Nationalität *f*; Staatsangehörigkeit *f*; **~ismo** [-'lizmo] *m* Nationalismus *m*; **~izar** [-'θar] (*1f*) verstaatlichen
nada ['nađa] **1.** *f* Nichts *n*; **2.** *adv* nichts; ***~ mal*** gar nicht schlecht; ***~ más*** weiter nichts; ***como si ~*** als ob nichts (dabei) wäre; ***¡de ~!*** bitte sehr!, keine Ursache!; ***más que ~*** vor allem; ***¡pues ~!*** also gut!; ***no es ~*** das ist nicht schlimm
nada|dor [nađa'đɔr] *f* Schwimmer *m*; **~r** [-'đar] (*1a*) schwimmen
nadería [nađe'ria] *f* Lappalie *f*
nadie ['nađĭe] niemand
nado ['nađo] *m*: ***a ~*** schwimmend; ***pasar a ~*** durchschwimmen
naipe ['naĭpe] *m* Spielkarte *f*
nalga ['nalga] *f* Hinterbacke *f*; **~s** *pl* Gesäß *n*, F Hintern *m*
nana ['nana] *f* Wiegenlied *n*
naran|ja [na'raŋxa] **1.** *f* Apfelsine *f*, Orange *f*; F ***media ~*** F bessere Hälfte *f*; **2.** *adj* orange(farben); **~jada** [-'xađa] *f* Orangeade *f*; **~jo** [na'raŋxo] *m* Orangenbaum *m*
narciso *bot* [nar'θiso] *m* Narzisse *f*
narcótico [nar'kotiko] **1.** *adj* betäubend; **2.** *m* Betäubungsmittel *n*
narco|tizar [narkoti'θar] (*1f*) betäuben; **~traficante** [-trafi'kante] *m* Drogenhändler *m*; **~tráfico** [-'trafico] *m* Drogenhandel *m*
nariz [na'riθ] *f* Nase *f*; F ***estar hasta las narices*** F die Nase voll haben; ***meter las narices en a/c*** s-e Nase in et stecken
narra|ción [narra'θĭɔn] *f* Erzählung *f*; **~dor** *m* [-'đor] Erzähler *m*; **~r** [na'rrar] (*1a*) erzählen
nasal [na'sal] Nasen..., nasal
nata ['nata] *f* Rahm *m*, Sahne *f*; ***~ montada*** Schlagsahne *f*
natación [nata'θĭɔn] *f* Schwimmen *n*
natal [na'tal] Geburts...; Heimat...; **~idad** [-li'đađ] *f* Geburtenziffer *f*; ***control*** *m* ***de ~*** Geburtenregelung *f*
natillas [na'tiʎas] *f/pl* Cremespeise *f*
nativo [na'tiƀo] **1.** *adj* gebürtig (aus ***de***); **2.** *m* Einheimische(r) *m*; Eingeborene(r) *m*
nato ['nato] geboren
natural [natu'ral] **1.** *adj* natürlich; Natur...; (*hijo*) unehelich; ***ser ~ de*** stammen aus; ***es ~*** das ist verständlich; **2.** *m* Naturell *n*; **~eza** [-ra'leθa] *f* Natur *f*; ***~ muerta*** Stillleben *n*; **~idad** [-li'đađ] *f* Natürlichkeit *f*; **~ismo** [-'lizmo] *m* Naturalismus *m*; **~ista** [-'lista] *m* Naturalist *m*; (*científico*) Naturforscher *m*; **~izar** [-li'θar] (*1f*) naturalisieren, einbürgern; **~mente** [-'mente] natürlich, selbstverständlich
naturis|mo [natu'rizmo] *m* natürliche Lebensweise *f*; **~ta** [-'rista] *m* Naturist *m*; ***médico*** *m* ***~*** Naturarzt *m*
naturopatía [naturopa'tia] *f* Naturheilkunde *f*
naufra|gar [naŭfra'gar] (*1h*) Schiffbruch erleiden; *fig* scheitern; **~gio** [-'fraxĭo] *m* Schiffbruch *m*
náufrago ['naŭfrago] **1.** *adj* schiffbrü-

chig; **2.** *m* Schiffbrüchige(r) *m*
nauseabundo [naŭsea'ƀundo] Übelkeit erregend, Ekel erregend
náuseas ['naŭseas] *f/pl* Übelkeit *f*; *fig* Ekel *m*
náuti|ca ['naŭtika] *f* Nautik *f*; *dep* Wassersport *m*; **~co** [-ko] nautisch; ***club*** *m* **~** Jachtklub *m*
navaja [na'ƀaxa] *f* Taschenmesser *n*; **~ *de afeitar*** Rasiermesser *n*; **~zo** [-'xaθo] *m* Messerstich *m*
naval [na'ƀal] See..., Schiffs...
nave ['naƀe] *f* Schiff *n* (*a arqu*); **~ (*industrial*)** Fabrik-, Werkhalle *f*; **~ *espacial*** Raumschiff *n*; **~gable** [-'gaƀle] schiffbar; **~gación** [-ga'θĭɔn] *f* Schifffahrt; **~gante** [-'gante] *m* Seefahrer *m*; **~gar** [-'gar] (*1h*) *mar* (zur See) fahren; *avia* fliegen; **~ *por la red*** *inform* im Internet surfen
navi|dad [naƀi'đađ] *f* Weihnacht(en *n*) *f*; **~deño** [-'đeɲo] weihnachtlich, Weihnachts...
navío [na'ƀio] *m* Schiff *n*
neblina [ne'ƀlina] *f* Dunst *m*
nebuloso [neƀu'loso] neb(e)lig, dunstig; *fig* nebelhaft
necedad [neθe'đađ] *f* Dummheit *f*
nece|sario [neθe'sarĭo] notwendig, nötig; erforderlich; **~ser** [-'sɛr] *m* Necessaire *n*; **~sidad** [-si'đađ] *f* Notwendigkeit *f*; ***de primera* ~** lebensnotwendig; **~sitado** [-'tađo] bedürftig; Not leidend; **~sitar** [-'tar] (*1a*) (***a* ~ *de***) benötigen; brauchen
necio ['neθĭo] dumm, albern
necrología [nekrolɔ'xia] *f* Nachruf *m*
néctar ['nɛktar] *m* Nektar *m*
nectarina *bot* [nɛkta'rina] *f* Nektarine *f*
neerlandés [neɛrlan'des] **1.** *adj* niederländisch; **2.** *m* Niederländer *m*
nefasto [ne'fasto] unheilvoll
nefr|ítico [ne'fritiko] Nieren...; **~itis** [-'fritis] *f* Nierenentzündung *f*
nega|ción [nega'θĭɔn] *f* Verneinung *f*; (*rechazo*) Ablehnung *f*; **~r** [-'gar] (*1h u 1k*) verneinen; leugnen; (*denegar*) verweigern, abschlagen; **~rse** sich weigern (zu ***a***); **~tiva** [-'tiƀa] *f* Weigerung *f*, Absage *f*; **~tivo** [-'tiƀo] **1.** *adj* negativ; **2.** *m fot* Negativ *n*
negligen|cia [negli'xenθĭa] *f* Nachlässigkeit *f*; *jur* Fahrlässigkeit *f*; **~te** [-'xente] nachlässig
negocia|ción [negoθĭa'θĭɔn] *f* Verhandlung *f*; **~do** [-'θĭađo] *m* Amt *n*; Geschäftsstelle *f*; **~nte** [-'θĭante] *su* Geschäftsmann *m*, -frau *f*; **~r** [-'θĭar] (*1b*) **1.** *v/t* aushandeln; **2.** *v/i* verhandeln; *com* handeln, Handel treiben (mit ***en***)
negocio [ne'goθĭo] *m* Geschäft *n*; Handel *m*; (*tienda*) Laden *m*; ***hombre*** *m* ***de* ~s** Geschäftsmann *m*
neg|ra ['negra] *f* Negerin *f*; *Am* Liebling *m*; *mús* Viertelnote *f*; **~rero** [-'grero] *m* Sklavenhändler *m*; *fig* Leuteschinder *m*; **~ro** ['negro] **1.** *adj* schwarz; F ***verse* ~ *para hacer a/c*** große Mühe haben, et zu tun; **2.** *m* Neger *m*; *fig* Ghostwriter *m*; *Am* Liebling *m*
ne|na ['nena] *f* kleines Mädchen *n*; **~ne** ['nene] *m* F kleines Kind *n*
nenúfar [ne'nufar] *m* Seerose *f*
neo... [neo] *in Zssgn* Neu...; Neo...
neófito [ne'ofito] *m fig* Neuling *m*
neologismo [neolɔ'xizmo] *m* Neuwort *n*, Neologismus *m*
neón [ne'ɔn] *m* Neon *n*
neoyorquino [neojɔr'kino] aus New York
neozelandés [neoθelan'des] **1.** *adj* neuseeländisch; **2.** *m* Neuseeländer *m*
nepotismo [nepo'tizmo] *m* Vetternwirtschaft *f*
nervio ['nɛrƀĭo] *m* Nerv *m*; *arqu* Rippe *f*; *fig* Kraft *f*; *fig* ***tener* ~s** nervös sein; Lampenfieber haben; **~sismo** [-'sizmo] *m* Nervosität *f*; **~so** [-'ƀĭoso] Nerven...; *fig* nervös
netiqueta *inform* [nɛtikɛta] *f* Netikette *f*
neto ['neto] rein; *com* Netto...
neumático [neŭ'matiko] **1.** *adj* Luft...; **2.** *m auto* Reifen *m*
neumonía [neŭmo'nia] *f* Lungenentzündung *f*
neur|algia [neŭ'ralxĭa] *f* Neuralgie *f*; **~ólogo** [-'rologo] *m* Nervenarzt *m*, Neurologe *m*; **~osis** [-'rosis] *f* Neurose *f*; **~ótico** [-'rotiko] neurotisch
neutral [neŭ'tral] neutral; **~idad** [-li'đađ] *f* Neutralität *f*; **~izar** [-'θar] (*1f*) neutralisieren
neutr|o ['neŭtro] neutral; *gram* sächlich; **~ón** [neŭ'trɔn] *m* Neutron *n*
neva|da [ne'ƀađa] *f* Schneefall *m*; **~r** [-'ƀar] (*1k*) schneien
nevera [ne'ƀera] *f* Kühlschrank *m*; **~**

N

portátil Kühlbox *f*
nexo ['nɛgso] *m* Verbindung *f*; Zusammenhang *m*
ni [ni] auch nicht; **~ ... ~** weder ... noch
nicaragüense [nikara'gŭense] **1.** *adj* nicaraguanisch; **2.** *m* Nicaraguaner *m*
nicho ['nitʃo] *m* Nische *f*
nicotina [niko'tina] *f* Nikotin *n*
nidificar [niđifi'kar] (*1g*) nisten
nido ['niđo] *m* Nest *n* (*a fig*)
niebla ['nĭeƀla] *f* Nebel *m*
niego ['nĭego] *s* ***negar***
nieto *m*, **-a** *f* ['nĭeto, -ta] Enkel(in *f*) *m*; ***~s*** *pl* Enkelkinder *n*/*pl*
nieva ['nĭeƀa] *s* ***nevar***
nieve ['nĭeƀe] *f* Schnee *m*
nimbo ['nimbo] *m* Heiligenschein *m*, Nimbus
ninfa ['nimfa] *f* Nymphe *f*
nin|gún [niŋ'gun], **~guno** [-'guno] kein; (*nadie*) niemand
niñ|a ['niɲa] *f* Kind *n*, Mädchen *n*; F ***~ bien*** höhere Tochter *f*; ***~ del ojo*** *anat* Pupille *f*; *fig* Augapfel *m*; **~era** [ni'ɲera] *f* Kindermädchen *n*; **~ez** [ni'ɲeθ] *f* Kindheit *f*; **~o** ['niɲo] *m* Kind *n*
nip|ón [ni'pɔn] **1.** *adj* japanisch; **2.** *m*, **~ona** *f* [ni'pona] Japaner(in *f*) *m*
níquel ['nikɛl] *m* Nickel *n*
níspero *bot* ['nispero] *m* Mispel *f*
nitidez [niti'đeθ] *f* Reinheit *f*; *fot*, *TV* Schärfe *f*
nítido ['nitiđo] rein; *fot* scharf
nitrato [ni'trato] *m* Nitrat *n*
nitrógeno [ni'trɔxeno] *m* Stickstoff *m*
nivel [ni'ƀɛl] *m* Niveau *n*; *tec* Wasserwaage *f*; *fig* Ebene *f*; ***~ del*** *mar* Meeresspiegel *m*; ***~ de ruido***, ***~ sonoro*** Geräuschpegel *m*; ***~ de vida*** Lebensstandard *m*; **~adora** *tec* [-'đora] *f* Planierraupe *f*; **~ar** [-'lar] (*1a*) ebnen, planieren; *a fig* nivellieren
no [no] nicht; nein; ***~ del todo*** nicht ganz; ***~ ya*** nicht nur; ***ya ~*** nicht mehr; ***~ más*** *Am* nur; ***~ más que*** nur (noch); ***~ por eso*** nichtsdestoweniger; ***¡a que ~!*** etwa nicht?; ***un ~ sé qué*** ein gewisses Etwas
noble ['noƀle] **1.** *adj* ad(e)lig; *fig* edel (-mütig); **2.** *m* Ad(e)lige(r) *m*; **~za** [-'ƀleθa] *f* Adel *m*; *fig* Edelmut *m*
noche [notʃe] *f* Nacht *f*; (*tarde*) Abend *m*; ***de ~***, ***por la ~*** nachts; ***de la ~ a la mañana*** von heute auf morgen; ***hacer ~*** übernachten (in ***en***); ***¡buenas ~s!*** guten Abend!; gute Nacht!; **℞buena** [-'ƀŭena] *f* Weihnachtsabend *m*, Heilige(r) Abend *m*; **℞vieja** [-'ƀĭɛxa] *f* Silvesterabend *m*
noción [no'θĭɔn] *f* Begriff *m*; Idee *f*; ***-ones*** *pl* Grundkenntnisse *f*/*pl*
nocivo [no'θiƀo] schädlich
noctámbulo [nɔk'tambulo] *m* Nachtwandler *m*; F Nachtschwärmer *m*
nocturno [nɔk'turno] **1.** *adj* nächtlich, Nacht...; **2.** *m mús* Notturno *n*
nodriza [no'đriθa] *f* Amme *f*
nódulo *med* ['nođulo] *m* Knötchen *n*
nogal [no'gal] *m* Nussbaum *m*
nómada ['nomađa] *m* Nomade *m*
nombra|miento [nɔmbra'mĭento] *m* Ernennung *f*; **~r** [-'brar] (er)nennen
nombre ['nɔmbre] *m* Name *m*; *gram* Hauptwort *n*; ***~*** (***de pila***) Vorname *m*; ***~ de guerra*** Deckname *m*
nomeolvides *bot* [nomeɔl'ƀiđes] *f* Vergissmeinnicht *n*
nómina ['nomina] *f* Gehaltsliste *f*; (*sueldo*) Gehalt *n*; Gehaltsabrechnung *f*
nomina|ción [nomina'θĭɔn] *f pol* Nominierung *f*; **~l** [-'nal] namentlich; **~tivo** [-na'tiƀo] *m gram* Nominativ *m*
noquear [nɔke'ar] (*1a*) k.o. schlagen
nor(d)este [nɔr'(đ)este] *m* Nordost *m*
nórdico ['nɔrđiko] nordisch
noria ['norĭa] *f* Schöpfrad *n*; (*de feria*) Riesenrad *n*
norma ['nɔrma] *f* Regel *f*; Norm *f*; **~l** [-'mal] normal; **~lidad** [-li'đađ] *f* Normalität *f*; ***volver a la ~*** sich normalisieren; **~lizar** [-li'θar] (*1f*) normalisieren; *tec* normen
noroeste [noro'este] *m* Nordwest *m*
norte ['nɔrte] *m* Norden *m*; ***al ~ de*** nördlich von; **~americano** [-ameri'kano] nordamerikanisch
noruego [no'rŭego] **1.** *adj* norwegisch; **2.** *m*, **-a** *f* [-ga] Norweger(in *f*) *m*
nos [nɔs] uns; **~otros** [no'sotros] wir; (*nach prp*) uns
nost|algia [nɔs'talxĭa] *f* Heimweh *n*; Nostalgie *f*; **~álgico** [-'talxiko] sehnsüchtig; wehmütig
nota ['nota] *f* Notiz *f*; (*cuenta*) Rechnung *f*; *mús u fig* Note *f*; ***tomar ~ de*** zur Kenntnis nehmen; (*apuntar*) notieren; **~ble** [-'taƀle] bemerkenswert; beträchtlich; **~r** [-'tar] (*1a*) (be)merken

notar|ía [nota'ria] *f* Notariat *n*; **~ial** [-'rĭal] notariell; **~io** [-'tarĭo] *m* Notar *m*
noticia [no'tiθĭa] *f* Nachricht *f*; **~rio** [-'θĭarĭo] *m* (*radio*) Nachrichten *f/pl*
notifica|ción [notifika'θĭɔn] *f* (*amtliche*) Benachrichtigung *f*; **~r** [-'kar] (*1g*) mitteilen
notorio [no'torĭo] offenkundig
novecientos [noƀe'θĭentos] neunhundert
novedad [noƀe'đađ] *f* Neuheit *f*; (*noticia*) Neuigkeit *f*
nove|la [no'ƀɛla] *f* Roman *m*; **~ *corta*** Novelle *f*; **~ *policíaca*** Kriminalroman *m*; **~lista** [-'lista] *m* Romanschriftsteller *m*
noven|o [no'ƀeno] neunte(r, -s); **~ta** [no'ƀenta] neunzig
novia ['noƀĭa] *f* Braut *f*; Verlobte *f*; (feste) Freundin *f*; **~zgo** [no'ƀĭaðgo] *m* Verlobungs-, Brautzeit *f*
novicio [no'ƀiθĭo] *m* Novize *m*; *fig* Neuling *m*
noviembre [no'ƀĭembre] *m* November *m*
novill|a [no'ƀiʎa] *f* Färse *f*; **~ada** [-'ʎađa] *f* Stierkampf *m* mit Jungstieren; **~ero** [-'ʎero] *m* Stierkämpfer *m* bei e-r ***novillada***; **~o** [-'ƀiʎo] *m* Jungstier *m*; F ***hacer ~s*** (die Schule) schwänzen
novio ['noƀĭo] *m* Bräutigam *m*; Verlobte *m*; (fester) Freund *m*; ***los ~s*** das Brautpaar
nube ['nuƀe] *f* Wolke *f*; *fig* Schwarm *m*; ***estar por las ~s*** unerschwinglich sein
nubla|do [nu'ƀlađo] bewölkt; **~r** [-'ƀlar] (*1a*) trüben; **~rse** sich bewölken
nubo|sidad [nuƀosi'đađ] *f* Bewölkung *f*; **~so** [-'ƀoso] wolkig
nuca ['nuka] *f* Nacken *m*; Genick *n*
nuclear [nukle'ar] Kern...
núcleo ['nukleo] *m* Kern *m* (*a fig*)
nudillo [nu'điʎo] *m* (Finger-)Knöchel *m*
nudis|mo [nu'đizmo] *m* Freikörperkultur *f*, FKK *f*; **~ta** [-'đista] *su* Nudist(in *f*) *m*; ***playa*** *f* **~** FKK-Strand *m*
nudo ['nuđo] *m* Knoten *m* (*a mar*); ***~ de comunicaciones*** Verkehrsknotenpunkt *m*; **~so** [-'đoso] knotig
nuera ['nŭera] *f* Schwiegertochter *f*
nuestro ['nŭestro] unser
nueva ['nŭeƀa] *f* Neuigkeit *f*; **~mente** [-'mente] von neuem, nochmals
nueve ['nŭeƀe] neun
nuevo ['nŭeƀo] neu; ***de ~*** von neuem, nochmals
nuez ['nŭeθ] *f* Walnuss *f*; *anat* Adamsapfel *m*; ***~ moscada*** Muskatnuss *f*
nul|idad [nuli'đađ] *f* Nichtigkeit *f*; *jur* Ungültigkeit *f*; *fig* Null *f*, Niete *f*; **~o** ['nulo] nichtig; ungültig
numera|ción [numera'θĭɔn] *f* Nummerierung *f*; **~dor** [-'đor] *m mat* Zähler *m*; **~r** [-'rar] (*1a*) nummerieren
número ['numero] *m* Zahl *f*; Nummer *f*; *fig* Anzahl *f*; ***~ de la cuenta*** Kontonummer *f*; ***~ personal*** Geheimnummer *f*; ***sin ~*** unzählig; ***~ de teléfono*** Telefonnummer *f*
numeroso [nume'roso] zahlreich
numismática [numiz'matika] *f* Münzkunde *f*
nunca ['nuŋka] nie, niemals; ***~ jamás*** nie und nimmer; ***~ más*** nie wieder, nie mehr; ***más que ~*** mehr denn je
nuncio ['nunθĭo] *m* Nuntius *m*
nupcia|l [nuƀ'θĭal] Hochzeits...; Braut...; **~s** ['nuƀθĭas] *f/pl* Hochzeit *f*; ***en segundas ~*** in zweiter Ehe
nutria ['nutrĭa] *f* Fischotter *m*
nutri|ción [nutri'θĭɔn] *f* Ernährung *f*; **~do** [-'triđo] *fig* zahlreich; **~r(se)** [-'trir(se)] (*3a*) (sich) ernähren; **~tivo** [-tri'tiƀo] nahrhaft

Ñ

Ñ, ñ ['eɲe] *f das spanische* ñ
ñame *bot* ['ɲame] *m* Jamswurzel *f*
ñandú *zo* [ɲan'du] *m* Nandu *m*
ñaque ['ɲake] *m* Gerümpel *n*
ñoño ['ɲoɲo] albern; zimperlich
ñu *zo* [ɲu] *m* Gnu *n*

O

O, o [o] *f* O, o *n*
o [o] oder; **~ ... ~** entweder ... oder; ***~ sea*** das heißt
oasis [o'asis] *m* Oase *f* (*a fig*)
obceca|ción [ɔbθeka'θĭɔn] *f* Verblendung *f*; **~do** [-'kađo] verblendet
obe|decer [obeđe'θɛr] (*2d*) gehorchen; ***~ a*** zurückzuführen sein auf; **~diencia** [-'đĭenθĭa] *f* Gehorsam *m*; **~diente** [-'đĭente] gehorsam
obelisco [obe'lisko] *m* Obelisk *m*
obertura *mús* [obɛr'tura] *f* Ouvertüre *f*
obe|sidad [obesi'đađ] *f* Fettleibigkeit *f*; **~so** [o'beso] fett(leibig)
obispo [o'bispo] *m* Bischof *m*
obje|ción [ɔbxe'θĭɔn] *f* Einwand *m*; ***~ de conciencia*** Wehrdienstverweigerung *f*; **~tar** [-'tar] (*1a*) einwenden; **~tividad** [-tibi'đađ] *f* Sachlichkeit *f*; **~tivo** [-'tibo] **1.** *adj* objektiv, sachlich; **2.** *m* Ziel *n*, Zweck *m*; *opt* Objektiv *n*; **~to** [ɔb'xeto] *m* Objekt *n*; Gegenstand *m*; (*fin*) Zweck *m*; **~tor** [-'tɔr] *m*: ***~ de conciencia*** Wehrdienstverweigerer *m*
oblea [o'blea] *f* Oblate *f*
oblicuo [o'blikŭo] schräg
obliga|ción [obliga'θĭɔn] *f* Pflicht *f*; Verpflichtung *f*; *com* Obligation *f*; **~do** [-'gađo] verpflichtet (zu ***a***); **~r** [-'gar] (*1h*) zwingen; verpflichten (zu ***a***); **~torio** [-ga'torĭo] verbindlich, obligatorisch
obo|e *mús* [o'boe] *m* Oboe *f*; (*persona*) = **~ísta** [obo'ista] *m* Oboist *m*, Oboenspieler *m*
obra ['obra] *f* Werk *n*; Arbeit *f*; (*edificio*) Bauwerk *n*; ***~ de arte*** Kunstwerk *n*; ***~ maestra*** Meisterwerk *n*; ***~ de teatro*** Theaterstück *n*; **~s** *pl* Bauarbeiten *f/pl*; ***~s completas*** gesammelte Werke *n/pl*; **~r** [o'brar] (*1a*) handeln, vorgehen; (*tener efecto*) wirken
obrero [o'brero] **1.** *adj* Arbeiter...; **2.** *m* Arbeiter *m*; ***~ especializado*** Facharbeiter *m*
obsce|nidad [ɔbsθeni'đađ] *f* Obszönität *f*; Zote *f*; **~no** [-'θeno] unanständig, obszön
obsequi|ar [ɔbse'kĭar] (*1b*) beschenken (mit ***con***); (*agasajar*) bewirten; ehren; **~o** [ɔb'sekĭo] *m* Geschenk *n*, Aufmerksamkeit *f*
observa|ción [ɔbsɛrba'θĭɔn] *f* Beobachtung *f*; (*comentario*) Bemerkung *f*; **~dor** [-'đɔr] *m* Beobachter *m*; **~ncia** [-'banθĭa] *f* Befolgung *f*; Einhaltung *f*; **~r** [-'bar] (*1a*) beobachten; (*ley*, *regla*) befolgen; (*advertir*) bemerken; **~torio** [-'torĭo] *m* Observatorium *n*
obsesión [ɔbse'sĭɔn] *f* Besessenheit *f*
obsoleto [ɔbso'leto] veraltet
obst|aculizar [ɔbstakuli'θar] (*1f*) behindern; **~áculo** [-'takulo] *m* Hindernis *n*
obstante [ɔbs'tante]: ***no ~*** *prp* trotz; *adv* trotzdem
obstetricia [ɔbste'triθĭa] *f* Geburtshilfe *f*
obstina|ción [ɔbstina'θĭɔn] *f* Hartnäckigkeit *f*; Eigensinn *m*; **~do** [-'nađo] hartnäckig; eigensinnig; **~rse** [-'narse] (*1a*) sich versteifen (auf ***en***)
obstru|cción [ɔbstrug'θĭɔn] *f* Verstopfung *f*; **~ir** [-tru'ir] (*3g*) verstopfen; versperren
obten|ción [ɔbten'θĭɔn] *f* Erlangung *f*; *quím* Gewinnung *f*; **~er** [-'nɛr] (*2l*) erlangen, bekommen; *quím* gewinnen
obturador [ɔbtura'đɔr] *m fot* Verschluss *m*
obtuso [ɔb'tuso] stumpf; *fig* schwer von Begriff
obvio ['ɔbbĭo] einleuchtend; ***es ~*** es liegt auf der Hand
oca ['oka] *f* Gans *f*
ocasi|ón [oka'sĭɔn] *f* Gelegenheit *f*; ***de ~*** Gelegenheits...; ***con ~ de*** anlässlich (*gen*); ***en ocasiones*** gelegentlich; **~onal** [okasĭo'nal] gelegentlich; **~onar** [-'nar] (*1a*) verursachen
ocaso [o'kaso] *m astr u fig* Untergang *m*
occiden|tal [ɔgθiđen'tal] abendländisch; westlich, West...; **~te** [-'đente] *m* Abendland *n*; Westen *m*
océano [o'θeano] *m* Ozean *m*
ochenta [o'tʃenta] achtzig
ocho ['otʃo] acht; **~cientos** [-'θĭentos] achthundert.
ocio ['oθĭo] *m* Muße *f*; (*tiempo libre*) Freizeit *f*; **~sidad** [-si'đađ] *f* Müßig-

gang *m*; **~so** [o'θĭoso] müßig
ocre ['okre] ockerfarben
octa|naje [ɔkta'naxe] *m* Oktanzahl *f*; **~no** [-'tano] *m* Oktan *n*
octa|va [ɔk'taƀa] *f mús* Oktave *f*; **~villa** [-'ƀiʎa] *f* Flugblatt *n*
octavo [ɔktaƀo] **1.** *adj* achte(r, -s); **2.** *m* Achtel *n*
octeto *mús* [ɔk'teto] *m* Oktett *n*
octogenario [ɔktɔxe'narĭo] achtzigjährig
octubre [ɔk'tuƀre] *m* Oktober *m*
ocu|lar [oku'lar] **1.** *adj* Augen...; **2.** *m* Okular *n*; **~lista** [-'lista] *su* Augenarzt *m*, -ärztin *f*
ocul|tar [okul'tar] (*1a*) verbergen; verheimlichen; **~to** [o'kulto] verborgen
ocupa F [o'kupa] *m* Hausbesetzer *m*; **~ción** [-'θĭɔn] *f* Besetzung *f* (*a mil*); (*empleo*) Beschäftigung *f*; *mil* Besatzung *f*; **~nte** [-'pante] *m auto* Insasse *m*, Fahrgast *m*; **~r** [-'par] (*1a*) besetzen (*a mil*); beschäftigen; (*espacio*) einnehmen; (*cargo*) bekleiden; (*casa*) bewohnen; ***ocupado*** besetzt; **~rse** sich beschäftigen (mit *dat* ***de***); sich kümmern (um *ac* ***de***)
ocurr|encia [oku'rrenθĭa] *f* Einfall *m*; **~ente** [-'rrente] witzig; **~ir** [-'rrir] (*3a*) passieren, geschehen; ***¿qué ocurre?*** was ist los?; **~irse**: ***se me ocurrió*** mir fiel ein ...
oda ['ođa] *f* Ode *f*
odiar [o'đĭar] (*1b*) hassen
odio ['ođĭo] *m* Hass *m*; **~so** [o'đĭoso] verhasst; (*persona*) gehässig, gemein
odisea [ođi'sea] *f* Odyssee *f* (*a fig*)
odont|ología [ođɔntolɔ'xia] *f* Zahnmedizin *f*; **~ólogo** [-'tologo] *m* Zahnarzt *m*
oeste [o'este] *m* Westen *m*
ofen|der [ofen'dɛr] (*2a*) beleidigen, kränken; **~derse** beleidigt (*od* gekränkt) sein; **~sa** [o'fensa] *f* Beleidigung *f*; Kränkung *f*; **~siva** [ofen'siƀa] *f* Offensive *f*
oferta [o'fɛrta] *f* Angebot *n*; **~r** *com* [-'tar] (*1a*) anbieten
oficial [ofi'θĭal] **1.** *adj* offiziell, amtlich; **2.** *m* Geselle *m*; *mil* Offizier *m*
oficin|a [ofi'θina] *f* Büro *n*; Amt *n*; **~ *de objetos perdidos*** Fundbüro *n*; **~ *de turismo*** Fremdenverkehrsamt *n*; **~ista** [-'nista] *su* Büroangestellte(r *m*) *f*
oficio [o'fiθĭo] *m* Beruf *m*; Handwerk *n*; *rel* Gottesdienst *m*; ***de ~*** von Amts wegen; **~so** [-'θĭoso] halbamtlich, offiziös
ofimática [ofi'matika] *f* Bürokommunikation *f*
ofre|cer [ofre'θɛr] (*2d*) (an)bieten; ***¿qué se le ofrece?*** Sie wünschen?; **~cimiento** [-θi'mĭento] *m* Angebot *n*
oftalm|ología [ɔftalmolɔ'xia] *f* Augenheilkunde *f*; **~ólogo** [-'mologo] *m* Augenarzt *m*
ofusca|ción [ofuska'θĭɔn] *f fig* Verblendung *f*; **~r** [-'kar] (*1g*) (ver)blenden
ogro ['ogro] *m* Menschenfresser *m*
oída [o'iđa] *f*: ***de ~s*** vom Hörensagen
oído [o'iđo] *m* Gehör(sinn *m*) *n*; (*órgano*) Ohr *n*
oigo ['ɔĭgo] *s* ***oír***
oír [o'ir] (*3q*) hören; ***¡oye!*** hör mal!
ojal [ɔ'xal] *m* Knopfloch *n*
ojalá [ɔxa'la]: ***¡~!*** hoffentlich!; ***~ venga pronto*** hoffentlich kommt er bald
ojeada [ɔxe'ađa] *f* Blick *m*; ***echar una ~*** e-n Blick werfen (auf *ac* ***a***, ***sobre***)
ojiva [ɔ'xiƀa] *f arqu* Spitzbogen *m*; *mil* Sprengkopf *m*
ojo ['ɔxo] *m* Auge *n*; ***~ de la aguja*** Nadelöhr *n*; ***~ de buey*** *mar* Bullauge *n*; ***a ~*** nach Augenmaß; ***¡~!*** Achtung!, Vorsicht!
ola ['ola] *f* Welle *f* (*a fig*)
¡olé! [o'le] bravo!
óleo ['oleo] *m* Öl *n*; *pint* Ölgemälde *n*
oleoducto [oleo'đukto] *m* Ölleitung *f*, Pipeline *f*
oler [o'lɛr] (*2i*) riechen (nach ***a***)
olfato [ɔl'fato] *m* Geruchssinn *m*; *fig* Gespür *n*
olimpíada [olim'piađa] *f* Olympiade *f*
olímpico [o'limpiko] olympisch (*a fig*); ***juegos*** *m/pl* ***~s*** Olympische Spiele *n/pl*
oli|va [o'liƀa] *f* Olive *f*; **~vo** [oli'ƀo] *m* Öl-, Olivenbaum *m*
olla ['oʎa] *f* (Koch-)Topf *m*; ***~ a presión*** Dampf-, Schnellkochtopf *m*
olmo ['ɔlmo] *m* Ulme *f*; ***pedir peras al ~*** Unmögliches verlangen
olor [o'lɔr] *m* Geruch *m*; **~oso** [olo'roso] wohlriechend
olvi|dadizo [ɔlƀiđa'điθo] vergesslich; **~dar** [-'đar] (*1a*) vergessen; **~do** [ɔl'ƀiđo] *m* Vergessenheit *f*
ombligo [ɔm'bligo] *m* Nabel *m*

O

omi|sión [omi'sĭɔn] *f* Auslassung *f*; *jur* Unterlassung *f*; **~tir** [omi'tir] *(3a)* unterlassen; übergehen; auslassen
omnipoten|cia [ɔmnipo'tenθĭa] *f* Allmacht *f*; **~te** [-'tente] allmächtig
omnívoro [ɔm'niƀoro] **1.** *adj* allesfressend; **2.** *m* Allesfresser *m*
omóplato *anat* [o'moplato] *m* Schulterblatt *n*
once ['ɔnθe] **1.** elf; **2.** *m dep* Elf *f*
oncología *med* [ɔnkolo'xia] *f* Onkologie *f*
ond|a ['ɔnda] *f* Welle *f*; **~ *corta* (*larga*, *media*, *ultracorta*)** Kurz- (Lang-, Mittel-, Ultrakurz-)welle *f*; **~ear** [-de'ar] *(1a)* flattern, wehen
ondula|ción [ɔndula'θĭɔn] *f* Wellenbewegung *f*; **~do** [-'lađo] gewellt
oneroso [one'roso] kostspielig
onomástico [ono'mastiko] *m* Namenstag *m*
opaco [o'pako] undurchsichtig
ópalo *min* ['opalo] *m* Opal *m*
opci|ón [ɔƀ'θĭɔn] *f* Wahl *f*; Option *f*; **~onal** [-θĭo'nal] wahlweise
ópera ['opera] *f* Oper *f*
opera|ble [ope'raƀle] operierbar; **~ción** [-'θĭɔn] *f* Operation *f* (*a mil u med*); **~ *retorno*** *Esp* Rückreiseverkehr *m*; **~r** *(1a)* operieren; **~rse** *med* sich operieren lassen
operativo [opera'tiƀo] wirksam; *inform* ***sistema*** *m* **~** Betriebssystem *n*
opereta *mús* [ope'reta] *f* Operette *f*
opin|ar [opi'nar] *(1a)* meinen, glauben; **~ión** [-'nĭɔn] *f* Meinung *f*
opio ['opĭo] *m* Opium *n*
opone|nte [opo'nente] *su* Gegner(in *f*) *m*; **~r** [-'nɛr] *(2r)* entgegensetzen, -stellen; (*resistencia*) leisten; **~rse** sich widersetzen
oportu|nidad [opɔrtuni'đađ] *f* Gelegenheit *f*; Chance *f*; **~nista** [-'nista] *m* Opportunist *m*; **~no** [-'tuno] gelegen; angebracht; günstig
oposición [oposi'θĭɔn] *f* Widerstand *m*; *pol* Opposition *f*; ***oposiciones*** *pl Esp* Auswahlprüfung *f für Staatsstellen*
opre|sión [opre'sĭɔn] *f* Unterdrückung *f*; **~sor** [-'sɔr] *m* Unterdrücker *m*
oprimir [opri'mir] *(3a)* (be-, unter-) drücken
optar [ɔp'tar] *(1a)* optieren, sich entscheiden (für ***por***)
ópti|ca ['ɔptika] *f* Optik *f*; **~co** [-ko] **1.** *adj* optisch; **2.** *su* Optiker(in *f*) *m*
optimis|mo [opti'mizmo] *m* Optimusmus *m*; **~ta** [-'mista] **1.** *adj* optimistisch; **2.** *su* Optimist(in *f*) *m*
óptimo ['ɔptimo] optimal
opuesto [o'pŭesto] entgegengesetzt; (*en frente*) gegenüberliegend
opulen|cia [opu'lenθĭa] *f* Üppigkeit *f*; Überfluss *m*; **~to** [-'lento] üppig
ora ['ora]: **~ ... ~** bald ... bald
oración [ora'θĭɔn] *f* Gebet *n*; *gram* Satz *m*
oráculo [o'rakulo] *m* Orakel *n*
orador [ora'đɔr] *m* Redner *m*
oral [o'ral] mündlich; *med* oral
orangután [oraŋgu'tan] *m* Orang-Utan *m*
orar [o'rar] *(1a)* beten
oratorio *mús* [ora'torĭo] *m* Oratorium *n*
órbita ['ɔrƀita] *f astr* Umlaufbahn *f*; *anat* Augenhöhle *f*
orden ['ɔrđen] **a)** *m* Ordnung *f*; Reihenfolge *f*; **~ *del día*** Tagesordnung *f*; **b)** *f* Befehl *m*; *com* Auftrag *m*; *rel*, *hist* Orden *m*; ***por* ~ *de*** im Auftrag von; **~ación** [-na'θĭɔn] *f rel* Priesterweihe *f*; **~ado** [-'nađo] ordentlich; **~ador(a)** [-'đɔr(a)] *m* Computer *m*; **~ *de a bordo*** *auto* Bordcomputer *m*; **~ *personal*** Personal Computer *m*, PC *m*; **~anza** [-'nanθa] **a)** *f* Anordnung *f*; Verordnung *f*; **b)** *m* Amtsbote *m*; *mil* Ordonnanz *f*; **~ar** [-'nar] *(1a)* ordnen, aufräumen; (*mandar*) anordnen, befehlen; (*sacerdote*) weihen
ordeñar [ɔrđe'ɲar] *(1a)* melken
ordinario [ɔrđi'narĭo] gewöhnlich; (*vulgar*) ordinär
orégano *bot* [o'regano] *m* Oregano *m*
oreja [o'rɛxa] *f* Ohr *n*
orfan|ato [ɔrfa'nato] *m* Waisenhaus *n*; **~dad** [-'dađ] *f* Verwaisung *f*; (***pensión* *f* *de***) **~** Waisenrente *f*
orfebre [ɔr'feƀre] *m* Goldschmied *m*; **~ría** [-ƀre'ria] *f* Goldschmiedekunst *f*
organero [ɔrga'nero] *m* Orgelbauer *m*
orgánico [ɔr'ganiko] organisch
organigrama [ɔrgani'grama] *m* Organisationsschema *n*
organillo [ɔrga'niʎo] *m* Drehorgel *f*; Leierkasten *m*
organis|mo [ɔrga'nizmo] *m* Organismus *m*; **~ta** [-'nista] *su* Organist(in *f*) *m*

organiza|ción [ɔrganiθa'θĭɔn] *f* Organisation *f*; **~dor** [-'đɔr] *m* Organisator *m*; Veranstalter *m*; **~r** [-'θar] (*1f*) organisieren; veranstalten
órgano ['ɔrgano] *m mús* Orgel *f*; *anat u fig* Organ *n*
orgasmo [ɔrgazmo] *m* Orgasmus *m*
orgía [ɔr'xia] *f* Orgie *f*
orgullo [ɔr'guʎo] *m* Stolz *m*; Hochmut *m*; **~so** [-'ʎoso] stolz (auf **de**); hochmütig
orien|tación [orĭenta'θĭɔn] *f* Orientierung *f*; **~ *profesional*** Berufsberatung *f*; **~tal** [-'tal] orientalisch; östlich; Ost...; **~tar** [-'tar] (*1a*) orientieren; beraten; **~tarse** sich zurechtfinden; **~te** [o'rĭente] *m* Osten *m*; Orient *m*
orificio [ori'fiθĭo] *m* Öffnung *f*, Loch *n*
origen [o'rixen] *m* Ursprung *m*; Herkunft; *fig* Ursache *f*
origina|l [orixi'nal] **1.** *adj* ursprünglich; Original...; originell; **2.** *m* Original *n*; **~lidad** [-nali'đađ] *f* Ursprünglichkeit *f*; Originalität *f*; **~r** [-'nar] (*1a*) verursachen; **~rio** [-'narĭo] ursprünglich; (*nativo*) stammend (aus ***de***)
orilla [o'riʎa] *f* Rand *m*; Ufer *n*
orín [o'rin] *m* Rost *m*
orina [o'rina] *f* Urin *m*; **~l** [ori'nal] *m* Nachttopf *m*; **~r** [-'nar] (*1a*) urinieren
oriundo [o'rĭundo] stammend, gebürtig (aus ***de***)
orla ['ɔrla] *f* Borte *f*; Rand *m*
ornamen|tar [ɔrnamen'tar] (*1a*) verzieren; **~to** [-'mento] *m* Verzierung *f*, Ornament *n*; **~s** *pl* Priestergewänder *n/pl*
orna|r [ɔr'nar] (*1a*) schmücken; **~to** [ɔr'nato] *m* Schmuck *m*
ornitología [ɔrnitolɔ'xia] *f* Vogelkunde *f*
oro [oro] *m* Gold *n*; ***prometer el ~ y el moro*** das Blaue vom Himmel versprechen; **~s** *pl* (*naipes*) *etwa*: Karo *n*
orondo [o'rɔndo] dick; *fig* eingebildet
oropel [oro'pɛl] *m* Flittergold *n*
orquesta [ɔr'kesta] *f* Orchester *n*
orquídea *bot* [ɔr'kiđea] *f* Orchidee *f*
ortiga *bot* [ɔr'tiga] *f* Brennnessel *f*
orto|doncia *med* [ɔrto'đɔnθĭa] *f* Kieferorthopädie *f*; **~doxo** [-'đɔgso] orthodox; **~grafía** [-gra'fia] *f* Rechtschreibung *f*; **~pedia** [-'peđĭa] *f* Orthopädie *f*; **~pédico** [-'peđiko] orthopädisch
oruga [o'ruga] *f* Raupe *f*
orujo [o'ruxo] *m* Trester *pl*

orza ['ɔrθa] *f* Steintopf *m*
orzuelo *med* [ɔr'θŭelo] *m* Gerstenkorn *n*
os [ɔs] euch
osa ['osa] *f* Bärin *f*; **♀ *Mayor*** (***Menor***) *astr* Großer (Kleiner) Bär
osa|día [osa'đia] *f* Kühnheit *f*, Wagemut *m*; **~do** [o'sađo] kühn
osar [o'sar] (*1a*) wagen
oscila|ción [ɔsθila'θĭɔn] *f* Schwingung *f*; *a fig* Schwankung *f*; **~r** [-'lar] (*1a*) schwingen; schwanken
oscu|recer [ɔskure'θɛr] (*2d*) **1.** *v/t* verdunkeln; **2.** *v/i* dunkel werden; **~ridad** [-ri'đađ] *f* Dunkelheit *f*, *a fig* Dunkel *n*; **~ro** [ɔs'kuro] dunkel (*a fig y color*)
óseo ['oseo] knöchern; Knochen...
oso ['oso] *m* Bär *m*
osten|sible [ɔsten'siƀle] offensichtlich; deutlich; **~tación** [-ta'θĭɔn] *f* (Zur-) Schaustellung *f*; ***hacer ~ de*** sich brüsten mit; **~tar** [-'tar] (*1a*) zur Schau stellen; (*cargo*, *título*) innehaben
ostra ['ɔstra] *f* Auster *f*
otitis *med* [o'titis] *f* Ohrenentzündung *f*; ***~ media*** Mittelohrentzündung *f*
otoñ|al [oto'ɲal] herbstlich; **~o** [o'toɲo] *m* Herbst *m*
otorga|miento [otɔrga'mĭento] *m* Bewilligung *f*; Erteilung *f*; Gewährung *f*; **~r** [-'gar] (*1h*) bewilligen; gewähren
otorrinolaringólogo [otɔrrinolariŋ'gologo] *m* Hals-Nasen-Ohrenarzt *m*
otro ['otro] **1.** *adj* andere(r, s); **2.** *pron* ein anderer; noch ein; ***el ~ día*** neulich; ***al ~ día*** am nächsten Tag
ova|ción [oƀa'θĭɔn] *f* Ovation *f*; **~cionar** [-θĭo'nar] (*1a*) *j-m* zujubeln
oval [o'ƀal], **~ado** [-'lađo] oval
ovario *anat* [o'ƀarĭo] *m* Eierstock *m*
oveja [o'ƀɛxa] *f* Schaf *n*; ***~ negra*** *fig* schwarzes Schaf *n*
ovillo [o'ƀiʎo] *m* Knäuel *n*
ovino [o'ƀino] Schaf...
ovulación [oƀula'θĭɔn] *f* Eisprung *m*
óvulo ['oƀulo] *m* Eizelle *f*
oxidar [ɔgsi'đar] (*1a*) oxidieren; **~se** rosten
óxido ['ɔgsiđo] *m* Oxid *n*
oxígeno [ɔg'sixeno] *m* Sauerstoff *m*
oyente [o'jente] *su* Hörer(in *f*) *m*; Gasthörer(in *f*) *m*
ozono [o'θono] *m* Ozon *n*; ***agujero*** *m* (***en la capa***) ***de ~*** Ozonloch *n*

O

P

P, p [pe] *f* P, p *n*
pabellón [paƀe'ʎɔn] *m* Pavillon *m*; *mar* Flagge *f*; **~ (*de la oreja*)** Ohrmuschel *f*
pacer [pa'θɛr] (*2d*) weiden
pacien|cia [pa'θĭenθĭa] *f* Geduld *f*; **~te** [-te] **1.** *adj* geduldig; **2.** *su* Patient(in *f*) *m*
pacifica|ción [paθifika'θĭɔn] *f* Befriedung *f*; **~r** [-'kar] (*1g*) befrieden; *fig* besänftigen
pa|cífico [pa'θifiko] friedfertig; friedlich; **~cifista** [-θi'fista] *m* Pazifist *m*
pacotilla [pako'tiʎa] *f* Schund *m*; ***de ~*** minderwertig, Schund...
pac|tar [pak'tar] (*1a*) **1.** *v/t* vereinbaren; **2.** *v/i* paktieren; **~to** ['pakto] *m* Vertrag *m*; Pakt *m*
pade|cer [pađe'θɛr] (*2d*) **1.** *v/t* erleiden, erdulden; **2.** *v/i* leiden; **~cimiento** [-θi'mĭento] *m* Leiden *n*
padra|stro [pa'đrastro] *m* Stiefvater *m*; *fig* Rabenvater *m*; **~zo** F [-'đraθo] *m* herzensguter Vater *m*
padre ['pađre] *m* Vater *m*; *rel* Pater *m*; ***~ espiritual*** Beichtvater *m*; ***~s*** *pl* Eltern *pl*; **~nuestro** [-'nŭɛstro] *m* Vaterunser *n*
padrino [pa'đrino] *m* Taufpate *m*; **~ (*de boda*)** Trauzeuge *m*
padrón [pa'đrɔn] *m* Einwohnerverzeichnis *n*
paella [pa'eʎa] *f* Paella *f* (*typisches Reisgericht*)
paga ['paga] *f* Zahlung *f*; Lohn *m*; *mil* Sold *m*; ***~ y señal*** Anzahlung *f*; **~dero** [-'đero] zahlbar; **~duría** [-đu'ria] *f* Zahlstelle *f*
paga|na [pa'gana] *f* Heidin *f*; **~no** [-'gano] **1.** *adj* heidnisch; **2.** *m* Heide *m*
pagar [pa'gar] (*1h*) zahlen; bezahlen
pagaré [paga're] *m* Schuldschein *m*
página ['paxina] *f* Seite *f*
pago [pago] *m* (Be-)Zahlung *f*; ***~ al contado*** Barzahlung *f*; ***~ anticipado*** Vorauszahlung *f*; ***~ a cuenta*** Akontozahlung *f*; ***~ a plazos*** Ratenzahlung *f*; ***~ suplementario*** Nachzahlung *f*
país [pa'is] *m* Land *n*; ***~ de origen*** Herkunftsland *n*; ***~ en*** **(*vías de*)** ***desarrollo*** Entwicklungsland *n*; ***~ exportador*** Exportland *n*; ***~ miembro*** Mitgliedsland *n*
paisa|je [paĭ'saxe] *m* Landschaft *f*; **~jista** [-'xista] *m* Landschaftsmaler *m*; **~no** [-'sano] *m* Zivilist *m*; (*del mismo país*) Landsmann *m*; ***de ~*** in Zivil
paja ['paxa] *f* Stroh *n*; (*para beber*) Strohhalm *m*; ***hombre m de ~*** *fig* Strohmann *m*; **~r** [-'xar] *m* Scheune *f*
pajarita [paxa'rita] *f* (*corbata*) Fliege *f*
pájaro ['paxaro] *m* Vogel *m*; *fig* Schlaukopf *m*; ***~ bobo*** Pinguin *m*
paje ['paxe] *m* Page *m*
pakistaní [pakista'ni] **1.** *adj* pakistanisch; **2.** *m* Pakistaner *m*
pala ['pala] *f* Schaufel *f*; (*raqueta*) Schläger *m*
palabr|a [pa'laƀra] *f* Wort *n* (*a fig*); ***~ clave*** *inform* Passwort *n*; ***bajo ~*** auf Ehrenwort; ***coger a alg la ~*** j-n beim Wort nehmen; ***tomar la ~*** das Wort ergreifen; **~ería** [-ƀre'ria] *f* leeres Gerede *n*; **~ota** [-'ƀrota] *f* derber Ausdruck *m*; Schimpfwort *n*
palacio [pa'laθĭo] *m* Palast *m*, Schloss *n*; ***~ de Justicia*** Justizpalast *m*
paladar [pala'đar] *m* Gaumen *m*; *fig* Geschmack *m*
palanca [pa'laŋka] *f* Hebel *m*
palanqueta [palaŋ'keta] *f* Brecheisen *n*, -stange *f*
palatino [pala'tino] Palast..., Hof...; *anat* Gaumen...
palco ['palko] *m* *teat* Loge *f*
palestino [pales'tino] **1.** *adj* palästin(en-s)isch; **2.** *m* Palästinenser *m*
paleta [pa'leta] **a)** *f* *pint* Palette *f*; *tec* Schaufel *f*; (*de albañil*) Kelle *f*; **b)** *m* *reg* Maurer *m*
paletilla [pale'tiʎa] *f* Schulterblatt *n*
palia|r [pa'lĭar] (*1b*) lindern; *fig* abhelfen (*dat*), beheben; **~tivo** [-'tiƀo] *m* Linderungsmittel *n*; *fig* Notbehelf *m*
palide|cer [paliđe'θɛr] (*2d*) erbleichen, erblassen; **~z** [-'đeθ] *f* Blässe *f*
pálido ['paliđo] bleich, blass
palillo [pa'liʎo] *m* Zahnstocher *m*; *mús* Trommelstock *m*; ***~s*** *pl* Essstäbchen *n/pl*
paliza [pa'liθa] *f* Tracht *f* Prügel; *fig* har-

P

te Arbeit *f*; **~da** [-'θađa] *f* Pfahlwerk *n*, Palisade *f*
palma ['palma] *f* Palme *f*; (*hoja*) Palm(en)zweig *m*; (*de la mano*) Handteller *m*, -fläche *f*; ***llevarse la ~*** den Sieg erringen; **~da** [-'mađa] *f* Schlag *m* (mit der flachen Hand); ***dar ~s*** in die Hände klatschen; **~rés** [-'res] *m* Siegerliste *f*; **~rio** [-'marĭo] offenkundig
palmera [pal'mera] *f* Palme *f*; (*gastr pasta*) Schweinsohr *n*
palmito [pal'mito] *m* Palmenherz *n*
palmo ['palmo] *m* Spanne *f*, Handbreit *f*
palo ['palo] *m* Stock *m*; Stab *m*; (*mango*) Stiel *m*; *mar* Mast *m*; (*naipes*) Farbe *f*; ***~ de golf*** Golfschläger *m*; ***~s*** *pl* Stockhiebe *m*/*pl*, Prügel *pl*
palo|ma [pa'loma] *f* Taube *f*; ***~ mensajera*** Brieftaube *f*; **~mitas** [-'mitas] *f*/*pl* Puffmais *m*, Popcorn *n*
palosanto *bot* [palo'santo] *m* Kakifrucht *f*
palpa|ble [pal'pađle] tastbar, fühlbar; *fig* deutlich; **~r** [-'par] (*1a*) betasten, befühlen
palpita|ción [palpita'θĭɔn] *f* Herzklopfen *n*; **~nte** [-'tante] *fig* brennend; **~r** [-'tar] (*1a*) schlagen, klopfen
paludismo *med* [palu'đizmo] *m* Malaria *f*
palustre [pa'lustre] Sumpf...
pamela [pa'mela] *f* Florentiner Hut *m*
pampa ['pampa] *f* Pampa *f*
pan [pan] *m* Brot *n*; ***~ francés*** *Am* Brötchen *n*; ***~ integral*** Vollkornbrot *n*; ***~ de molde*** Kastenbrot *n*; ***~ rallado*** Paniermehl *n*; ***~ tostado*** Toastbrot *n*
pana ['pana] *f* Kord(samt) *m*
panacea [pana'θea] *f* Allheilmittel *n*
panade|ría [panađe'ria] *f* Bäckerei *f*; **~ro** [-'đero] *m* Bäcker *m*
panadizo *med* [pana'điθo] *m* Nagelbettentzündung *f*
panal [pa'nal] *m* Wabe *f*
panameño [pana'meɲo] **1.** *adj* panamaisch; **2.** *m* Panamaer *m*
pancarta [paŋ'karta] *f* Plakat *n*; Transparent *n*, Spruchband *n*
páncreas ['paŋkreas] *m* Bauchspeicheldrüse *f*, Pankreas *n*
pande|reta [pande'reta] *f*, **~ro** [-'dero] *m* Tamburin *n*
pandilla F [pan'diʎa] *f* Bande *f*, Clique *f*
panecillo [pane'θiʎo] *m* Brötchen *n*
panel [pa'nɛl] *m* Tafel *f*; *arqu* Paneel *n*
panera [pa'nera] *f* Brotkorb *m*
panfleto [pam'fleto] *m* Pamphlet *n*
pánico ['paniko] *m* Panik *f*
pano|cha [pa'notʃa] *f*, **~ja** [pa'nɔxa] *f* Maiskolben *m*
pano|rama [pano'rama] *m* Panorama *n*; Rundblick *m*; **~rámico** [-'ramiko]: ***vista*** *f* ***-a*** Rundblick *m*; Aussicht *f*
pantalla [pan'taʎa] *f* Lampenschirm *m*; *TV*, *inform* Bildschirm *m*; (*cine*) Leinwand *f*; ***~ (anti)sónica*** (*od* ***acústica***) Lärmschutzwand *f*; ***~ grande*** Großbildschirm *m*; ***~ panorámica*** Breitwand *f*; ***pequeña ~*** *fig* Fernsehen *n*
pantalón [panta'lɔn] *m* Hose *f*; ***~ de peto*** Latzhose *f*; ***~ de pinzas*** Bundfaltenhose *f*; ***llevar los pantalones*** F *fig* die Hosen anhaben
pantano [pan'tano] *m* Sumpf *m*; (*embalse*) Stausee *m*
pantera [pan'tera] *f* Panther *m*
pantomi|ma [panto'mima] *f* Pantomime *f*; **~mo** [-'mimo] *m* Pantomime *m*
pantorrilla [pantɔ'rriʎa] *f* Wade *f*
panty ['panti] *m* Strumpfhose *f*
pan|za [panθa] *f* Bauch *m*, Wanst *m*; **~zudo** [-'θuđo] dickbäuchig
pañal [pa'ɲal] *m* Windel *f*; *fig* ***estar aún en ~es*** noch in den Kinderschuhen stecken
paño ['paɲo] *m* Tuch *n*; Stoff *m*
pañuelo [pa'ɲŭelo] *m* Taschentuch *n*; (*de cabeza*) Kopftuch *n*; (*de cuello*) Halstuch *n*; ***el mundo es un ~*** die Welt ist ein Dorf
papa ['papa] **1.** *m* Papst *m*; **2.** *f* *Am* Kartoffel *f*
papá [pa'pa] *m* Papa *m*; F ***~s*** *pl* Eltern *pl*
papada [pa'pađa] *f* Doppelkinn *n*
papagayo [papa'gajo] *m* Papagei *m*
papal [pa'pal] päpstlich
papaya *bot* [pa'paja] *f* Papaya *f*
papel [pa'pɛl] *m* Papier *n*; (*hoja*) Zettel *m*; *teat u fig* Rolle *f*; ***~ carbón*** Kohlepapier *n*; ***~ de cartas*** Briefpapier *n*; ***~ continuo*** Endlospapier *n*; ***~ de embalar*** Packpapier *n*; ***~ higiénico*** Toilettenpapier *n*; ***~ de música*** (*od* ***pautado***) Notenpapier *n*; ***~ pintado*** Tapete *f*; ***~ secante*** Löschpapier *n*; ***hacer buen (mal) ~*** e-e gute (schlechte) Figur machen; ***ser ~ mojado*** nichts wert sein; **~eo** [-'leo] *m* Papierkram

m; -krieg *m*; **~era** [-'lera] *f* Papierkorb *m*; **~ería** [-'ria] *f* Schreibwarenhandlung *f*; **~eta** [-'leta] *f* Zettel *m*
paperas *med* [pa'peras] *f/pl* Mumps *m*
papilla [pa'piʎa] *f* Brei *m*
paquebote [pake'ƀote] *m* Passagierdampfer *m*
paquete [pa'kete] *m* Paket *n* (*a corr u fig*); F (*moto*) Beifahrer *m*; *corr* ***pequeño ~*** Päckchen *n*
par [par] **1.** *adj* (*número*) gerade; ***a la ~*** gleichzeitig; *com* al pari; ***de ~ en ~*** sperrangelweit (offen); ***sin ~*** unvergleichlich; **2.** *m* Paar *n*; ***un ~ de*** zwei
para ['para] **1.** (*dirección*) nach; ***salir ~*** abreisen nach; **2.** (*tiempo*) für; bis; ***~ siempre*** für immer; ***~ Pascua*** zu Ostern; **3.** (*finalidad*) ***~*** (*inf*) um zu (*inf*); ***~ ti*** für dich; ***~ eso*** dafür, dazu; ***~ que*** (*subj*) damit; ***¿ ~ qué?*** wozu?
parabién [para'ƀĭen] *m* Glückwunsch *m*; ***dar el ~*** beglückwünschen
parábola [pa'raƀola] *f mat u fig* Parabel *f*; *rel* Gleichnis *n*
para|brisas [para'ƀrisas] *m* Windschutzscheibe *f*; **~caídas** [-ka'iđas] *m* Fallschirm *m*; **~caidista** [-kai'đista] *m* Fallschirmspringer *m*; **~choques** [-'tʃokes] *m auto* Stoßstange *f*
parada [pa'rađa] *f* Anhalten *n*; Stilllegung *f*; Aufenthalt *m*; (*de autobús, etc*) Haltestelle *f*; *mil* Parade *f*; ***~ de taxis*** Taxistand *m*
paradero [para'đero] *m* Verbleib *m*; Aufenthaltsort *m*
paradisíaco [pađi'siako] paradiesisch
parado [pa'rađo] **1.** *adj* stillstehend; (*persona*) arbeitslos; ***~ de larga duración*** langzeitarbeitslos; *Am* aufrecht; **2.** *m* Arbeitslose(r *m*)*f*; ***~ de larga duración*** Langzeitarbeitslose(r *m*)*f*
para|doja [para'đɔxa] *f* Paradox *n*; **~dójico** [-'đɔxiko] paradox
parador [para'đɔr] *m Esp* staatliches Hotel *n*
parafina [para'fina] *f* Paraffin *n*
par|afrasear [parafrase'ar] (*1a*) umschreiben; **~áfrasis** [-'rafrasis] *f* Umschreibung *f*
paraguas [pa'ragŭas] *m* Regenschirm *m*
paraguayo [para'gŭajo] **1.** *adj* paraguayisch; **2.** *m* Paraguayer *m*
paragüero [para'gŭero] *m* Schirmständer *m*
paraíso [para'iso] *m* Paradies *n*
paraje [pa'raxe] *m* Gegend *f*
parale|la [para'lela] *f mat* Parallele *f*; *dep* ***~s*** *pl* Barren *m*; **~lo** [-'lelo] **1.** *adj* parallel; **2.** *m* Vergleich *m*, Parallele *f*; *geo* Breitengrad *m*
parálisis [pa'ralisis] *f* Lähmung *f*
para|lítico [para'litiko] **1.** *adj* gelähmt; **2.** *m* Gelähmte(r) *m*; **~lización** [-liθa'θĭɔn] *f* Lähmung *f* (*a fig*); **~lizar** [-li'θar] (*1f*) lähmen (*a fig*)
parámetro [pa'rametro] *m* Parameter *m*; *fig* Faktor *m*
parangón [paraŋ'gɔn] *m* Vergleich *m*; ***sin ~*** ohnegleichen
paraninfo [para'nimfo] *m* Aula *f*
parapente [para'pente] *m* Gleitschirmfliegen *n*, Paragliding *n*
parape|tarse [parape'tarse] (*1a*) sich verschanzen; **~to** [-'peto] *m* Brüstung *f*
parapléjico *med* [para'plɛxiko] querschnitt(s)gelähmt
parar [pa'rar] (*1a*) **1.** *v/t* anhalten, stoppen; *tec* abstellen, abschalten; **2.** *v/i* halten; (*cesar*) aufhören (zu ***de***); ***ir a ~ a*** auf *et* hinauswollen; F (irgendwo) landen; ***sin ~*** unaufhörlich; **~se** stehen bleiben; *Am* aufstehen
pararrayos [para'rrajos] *m* Blitzableiter *m*
parásito [pa'rasito] *m* Schmarotzer *m*, Parasit *m* (*a fig*); **~s** *pl* (*radio*) Störgeräusche *n/pl*
parasol [para'sɔl] *m* Sonnenschirm *m*; *auto*, *fot* Sonnenblende *f*
parcela [par'θela] *f* Parzelle *f*
parche ['partʃe] *m* Flicken *m*; (*de ojo*) Augenklappe *f*; *fig* Notbehelf *m*
parcial [par'θĭal] teilweise; Teil...; *fig* parteiisch; **~idad** [-li'đađ] *f* Parteilichkeit *f*
parco ['parko] spärlich, karg; ***~ en palabras*** wortkarg
pardo ['parđo] (grau)braun
pare|cer [pare'θɛr] (*2d*) **1.** *v/i* scheinen; aussehen wie; ***me parece bien*** das finde ich richtig; ***a lo que parece*** anscheinend; ***¿qué te parece?*** was meinst du (dazu)?; **~se** sich gleichen; ***~se a alg*** j-m ähnlich sein; **2.** *m* Meinung *f*, Ansicht *f*; (*apariencia*) Aussehen *n*; ***al ~*** anscheinend; **~cido** [-'θiđo] **1.** *adj* ähn-

P

lich; **2.** *m* Ähnlichkeit *f*

pared [pa'red̄] *f* Wand *f*; Mauer *f*

pareja [pa'rɛxa] *f* Paar *n*; (Tanz-, *etc*) Partner *m*

parente|la [paren'tela] *f* Verwandtschaft *f*; **~sco** [-'tesko] *m* Verwandtschaft(s-verhältnis *n*) *f*

paréntesis [pa'rentesis] *m* Klammer *f*; *fig* Unterbrechung *f*, Pause *f*; ***entre ~*** in Klammern; *fig* nebenbei bemerkt

paridad [pari'đađ] *f* Gleichheit *f*; *com* Parität *f*

pariente [pa'rĭente] **1.** *adj* verwandt; **2.** *su* Verwandte(r *m*) *f*

parir [pa'rir] (*3a*) gebären; (*animal*) werfen

parisiense [pari'sĭense] **1.** *adj* aus Paris; **2.** *su* Pariser(in *f*) *m*

parking ['parkiŋ] *m* Parkplatz *m*, -haus *n*

parlamen|tar [parlamen'tar] (*1a*) verhandeln; **~tario** [-'tarĭo] **1.** *adj* parlamentarisch; **2.** *m* Parlamentarier *m*; **~to** [-'mento] *m* Parlament *n*; ♀ ***Europeo*** Europaparlament *n*

parné P [par'ne] *m* F Zaster *m*

paro ['paro] *m* Stillstand *m*; (*desempleo*) Arbeitslosigkeit *f*; ***~ (laboral)*** Streik *m*; *med* ***~ cardíaco*** Herzstillstand *m*; ***en ~*** arbeitslos; ***~ de larga duración*** Langzeitarbeitslosigkeit *f*

parodia [pa'rođĭa] *f* Parodie *f*; **~r** [-'đĭar] (*1b*) parodieren

parpade|ar [parpađe'ar] (*1a*) blinzeln; **~o** [-'đeo] *m* Blinzeln *n*

párpado ['parpađo] *m* Augenlid *n*

parque ['parke] *m* Park *m*; ***~ infantil*** Kinderspielplatz *m*; ***~ nacional*** Nationalpark *m*; ***~ natural*** Naturschutzpark *m*; ***~ tecnológico*** Technologiepark *m*

parqué, **parquet** [par'ke, -'kɛt] *m* Parkett *n*

parquímetro [par'kimetro] *m* Parkuhr *f*

parra ['parra] *f* Weinranke *f*; ***hoja f de ~*** *fig* Feigenblatt *n*

párrafo ['parrafo] *m* Paragraph *m*; *tip* Absatz *m*

parranda F [pa'rranda] *f*: ***andar*** (*od* ***irse***) ***de ~*** bummeln gehen

parrilla [pa'rriʎa] *f* Rost *m*; Grill *m*; Grillrestaurant *n*; ***a la ~*** gegrillt; **~da** [-'ʎađa] *f* Grillplatte *f*

párroco ['parrɔko] *m* Pfarrer *m*

parroquia [pa'rrɔkĭa] *f* Pfarrei *f*, Gemeinde *f*; *com* Kundschaft *f*; **~no** [-'kĭano] *m* Pfarrkind *n*; *com* (Stamm-) Kunde *m*

parte ['parte] **a)** *m* Bericht *m*; ***dar ~ a alg*** j-n benachrichtigen; **b)** *f* Teil *m*; (*cantidad*) Anteil *m*; *jur* Seite *f*, Partei *f*; *mús*, *teat* Part *m*; ***~ del león*** Löwenanteil *m*; ***~ integrante*** Bestandteil *m*; ***estar de ~ de alg*** auf j-s Seite stehen; ***formar ~ de*** gehören zu; ***tomar ~ en*** teilnehmen an; ***de ~ de*** (im Namen) von; ***por mi ~*** meinerseits; ***en ~*** zum Teil, teilweise; ***en ninguna ~*** nirgends; ***en otra ~*** anderswo; ***la mayor ~ de*** die meisten; ***por otra ~*** andererseits; ***en todas ~s*** überall

partera [par'tera] *f* Hebamme *f*

parterre [par'tɛrre] *m* Blumenbeet *n*

partición [parti'θĭɔn] *f* Teilung *f*

participa|ción [partiθipa'θĭɔn] *f* Teilnahme *f*; *com* Beteiligung *f*, Anteil *m*; (*anuncio*) Anzeige *f*; **~nte** [-'pante] *su* Teilnehmer(in *f*) *m*; **~r** [-'par] (*1a*) **1.** *v/t* mitteilen; **2.** *v/i* teilnehmen, beteiligt sein (an *dat* ***en***)

participio *gram* [parti'θipĭo] *m* Partizip *n*

partícula [par'tikula] *f* Teilchen *n*, Partikel *f*

particular [partiku'lar] **1.** *adj* besonders; (*privado*) Privat...; ***en ~*** im Besonderen; **2.** *m* Privatperson *f*; ***sin otro ~*** nichts weiter; ***sobre el ~*** darüber, hierzu; **~idad** [-lari'đađ] *f* Besonderheit *f*; Eigentümlichkeit *f*

parti|da [par'tiđa] *f* Abreise *f*, Abfahrt *f*; (*juego*) Partie *f*; *com* Posten *m*; ***~ de nacimiento*** (***defunción***, ***matrimonio***) Geburts- (Sterbe-, Heirats-)urkunde *f*; **~dario** [-'đarĭo] *m* Anhänger *m*; ***ser ~ de*** dafür sein, dass; **~do** [-'tiđo] *m pol* Partei *f*; *dep* Spiel *n*; ***sacar ~ de*** Nutzen ziehen aus; ***tomar ~*** Partei ergreifen

partir [par'tir] (*3a*) **1.** *v/t* teilen; (*romper*) zerbrechen; (*nueces*) knacken; **2.** *v/i* abreisen; ***~ de*** *fig* ausgehen von; ***a ~ de hoy*** von heute an

partitura *mús* [parti'tura] *f* Partitur *f*

parto ['parto] *m* Geburt *f*

parturienta [partu'rĭenta] *f* Wöchnerin *f*

parvulario [parbu'larĭo] *m* Kindergarten *m*; Vorschule *f*

P

párvulo ['parƀulo] *m* Kleinkind *n*
pasa ['pasa] *f* Rosine *f*; **~ *de Corinto*** Korinthe *f*
pasable [pa'saƀle] passabel
pasa|da [pa'sađa] *f* Durchgang *m*; ***de ~*** beiläufig; ***mala ~*** übler Streich *m*; **~dero** [-'đero] erträglich; **~dizo** [-'điθo] *m* enger Gang *m*; Steg *m*
pasado [pa'sađo] **1.** *adj* vergangen; (*comida*) verdorben; ***~ de moda*** veraltet; **2.** *m* Vergangenheit *f*
pasador [pasa'đɔr] *m* Spange *f*; *tec* Riegel *m*; (*colador*) Sieb *n*
pasaje [pa'saxe] *m* Durchgang *m*; (*fragmento*) Passage *f*, Stelle *f*; *mar*, *avia* Passagiere *m/pl*; ***~ de avión*** Flugschein *m*; **~ro** [-'xero] **1.** *adj* vorübergehend; **2.** *m* Reisende(r) *m*; Fahrgast *m*, Passagier *m*; *Am* Hotelgast *m*
pasa|mano(s) [pasa'mano(s)] *m* Geländer *n*; **~montañas** [-mɔn'taɲas] *m* Klappmütze *f*
pasante [pa'sante] *m* Praktikant *m*
pasaporte [pasa'pɔrte] *m* Reisepass *m*
pasar [pa'sar] (*1a*) **1.** *v/t* über-, durchqueren; *a fig* überschreiten; *auto* überholen; (*dar*) (über)geben, reichen; *gastr* passieren, (durch)sieben; (*soportar*) erdulden, durchmachen; (*tiempo*) verbringen; (*examen*) ablegen; ***~ a máquina*** abtippen; ***~lo bien*** sich gut amüsieren; **2.** *v/i* vorbei-, vorübergehen, -fahren; (*tiempo*) vergehen; (*en el juego*) passen; (*suceder*) geschehen, passieren; ***~ a*** übergehen auf, zu; ***~ de todo*** F auf alles pfeifen; ***~ por*** gehen (*od* kommen) durch; *fig* gelten als; ***dejar ~*** durchlassen; *fig* durchgehen lassen; ***poder ~ sin a/c*** et entbehren können; ***puede ~*** das geht (gerade noch); ***¡pase!*** herein!; ***¿qué pasa?*** was ist los?; ***¿qué te pasa?*** was ist mit dir (los?); **~se** (*al enemigo*) überlaufen; *fig* zu weit gehen; (*comida*) schlecht werden; ***~ de listo*** überschlau sein (wollen)
pasarela [pasa'rela] *f* Laufsteg *m*; *mar* Gangway *f*, Landungssteg *m*
pasatiempo [pasa'tĭempo] *m* Zeitvertreib *m*
Pascua ['paskŭa] *f* Ostern *n*; **~ (*de Navidad*)** Weihnachten *n*; ***¡felices ~s!*** fröhliche Weihnachten!; frohes Fest!
pase ['pase] *m* Passierschein *m*; Freikarte *f*; (*fútbol*) Pass *m*; ***~ de modelos*** Modenschau *f*
pase|ante [pase'ante] *m* Spaziergänger *m*; **~ar** [-'ar] (*1a*) **1.** *v/t* spazieren führen; **2.** *v/i u* **~arse** spazieren gehen; **~o** [pa'seo] *m* Spaziergang *m*; (*avenida*) Promenade *f*; ***~ marítimo*** Uferpromenade *f*; ***dar un ~*** e-n Spaziergang machen; F ***mandar a ~*** schroff abweisen
pasillo [pa'siʎo] *m* Flur *m*, Gang *m*; ***~ aéreo*** Flugschneise *f*
pasión [pa'sĭɔn] *f* Leidenschaft *f*; *a rel* Passion *f*
pasi|vidad [pasiƀi'đađ] *f* Passivität *f*; **~vo** [pa'siƀo] **1.** *adj* passiv; **2.** *m gram* Passiv *n*; *com* Soll *n*
pas|mar [paz'mar] (*1a*) verblüffen; **~marse** starr sein, (er)staunen; **~mo** ['pazmo] *m* Verblüffung *f*
paso ['paso] *m* Schritt *m* (*a fig*); (*huella*) (Fuß-)Spur *f*; (*acción*) Durchgang *m*; Durchreise *f*, -zug *m*; (*cruce*) Übergang *m*; *geo* (Berg-)Pass *m*; ***~ a nivel*** (schienengleicher) Bahnübergang *m*; **~ (*de contador*)** *tel* (Gebühren-)Einheit *f*; ***~ elevado*** Überführung *f*; ***~ ligero*** Laufschritt *m*; ***~ de peatones*** Fußgängerüberweg *m*; ***~ inferior*** *od* ***subterráneo*** Unterführung *f*; ***~ en falso*** Fehltritt *m*; ***a cada ~*** auf Schritt u Tritt; ***a dos ~s*** ganz in der Nähe; ***de ~*** beiläufig, nebenbei; ***salir al ~ a alg*** j-m entgegentreten
pasota F [pa'sota] *m* F Null-Bock-Typ *m*; Aussteiger *m*
pasta ['pasta] *f* Paste *f*; *gastr* Teig *m*; P (*dinero*) F Zaster *m*; **~s** *pl* Gebäck *n*; **~s (*alimenticias*)** Nudeln *f/pl*, Teigwaren *f/pl*; ***~s de té*** Teegebäck *n*
pastel [pas'tɛl] *m* Kuchen *m*; Pastete *f*; ***color*** *m* **~** Pastellfarbe *f*; (***pintura*** *f* ***al***) **~** Pastell *n*; **~ería** [-tele'ria] *f* Konditorei *f*; **~ero** [-'lero] *m* Konditor *m*
paste(u)rizar [paste(ŭ)ri'θar] (*1f*) pasteurisieren
pastilla [pas'tiʎa] *f* Pastille *f*; (*de chocolate*) Tafel *f*; (*de jabón*) Stück *n*
pasto ['pasto] *m* Weide *f*; (*alimento*) Futter *n*; ***ser ~ de las llamas*** ein Raub der Flammen werden; **~r** [-'tɔr] *m* Hirt *m*, Schäfer *m*; *rel* Pastor *m*; ***~ alemán*** *zo* Deutscher Schäferhund *m*
pata ['pata] *f* Pfote *f*, Tatze *f*, Pranke *f*; F Bein *n*; *fig* ***~ de gallo*** Krähenfüße *n*; F

P

estirar la ~ F abkratzen; F ***meter la ~*** sich blamieren; F ***mala ~*** Pech; ***a cuatro ~s*** auf allen vieren; **~da** [-'tađa] *f* Fußtritt *m*; **~lear** [-le'ar] (*1a*) strampeln; trampeln

patata [pa'tata] *f* Kartoffel *f*; ***~s pl fritas*** Pommes frites *pl*; Chips *pl*

paté [pa'te] *m* (Leber-)Pastete *f*

patear F [pate'ar] (*1a*) **1.** *v/t* mit Füßen treten; **2.** *v/i* trampeln

paten|tar [paten'tar] (*1a*) patentieren; **~te** [-'tente] **1.** *adj* offen; klar; **2.** *f* Patent *n*

pater|nal [patɛr'nal] väterlich; Vater...; **~nidad** [-ni'đađ] *f* Vaterschaft *f*; **~no** [-'tɛrno] väterlich; Vater...

pat|ético [pa'tetiko] pathetisch; **~etismo** [-'tizmo] *m* Pathos *n*

patíbulo [pa'tiƀulo] *m* Galgen *m*; Schafott *n*

patillas [pa'tiʎas] *f/pl* Backenbart *m*, F Koteletten *pl*

patín [pa'tin] *m* Schlittschuh *m*; **~ (*acuático*)** Tretboot *n*; **~ (*de ruedas*)** Rollschuh *m*

patina|dor *m* [patina'đɔr] Schlittschuh- *od* Rollschuhläufer *m*; **~je** [-'naxe] *m* Schlittschuhlaufen *n*; ***~ artístico*** Eiskunstlauf *m*; **~ (*sobre ruedas*)** Rollschuhlaufen *n*; ***~ de velocidad*** Eisschnelllauf *m*; **~r** [-'nar] (*1a*) Schlittschuh *od* Rollschuh laufen; *auto* schleudern; **~zo** [-'naθo] *m*: ***dar un ~*** *auto* ins Schleudern geraten; *fig* sich blamieren

patinete [pati'nete] *m* (Kinder-)Roller *m*

patio ['patĭo] *m* (Innen-)Hof *m*; **~ (*de recreo*)** Schulhof *m*; ***~ de butacas*** *teat* Parkett *n*, Parterre *n*

pato ['pato] *m* Ente *f*; F ***pagar el ~*** et ausbaden müssen

pato|logía [patolɔ'xia] *f* Pathologie *f*; **~lógico** [-'lɔxiko] krankhaft; pathologisch

patoso F [pa'toso] ungeschickt; F albern

patraña [pa'traɲa] *f* Schwindel *m*, Lüge(ngeschichte) *f*

patria ['patrĭa] *f* Vaterland *n*; F ***~ chica*** Heimat *f*

patriarca [pa'trĭarka] *m* Patriarch *m*; **~l** [-'kal] patriarchalisch (*a fig*)

patri|monio [patri'monĭo] *m* Erbe *n*; Vermögen *n*; **~ota** [-'trĭota] *su* Patriot (-in *f*) *m*; **~otismo** [-'tizmo] *m* Patriotismus *m*

patrocin|ador [patroθina'đɔr] *m* Sponsor *m*, Förderer *m*; **~ar** [-'nar] (*1a*) fördern, sponsern; **~io** [-'θinĭo] *m* Schirmherrschaft *f*; Förderung *f*

patrón [pa'trɔn] *m rel* Schutzheilige(r) *m*; *bsd Am* Arbeitgeber *m*, Chef *m*; (*dueño*) (Haus-)Wirt *m*; *mar* Schiffsführer *m*; (*de costura*) (Schnitt-)Muster *n*

patro|na [pa'trona] Arbeitgeberin *f*, Chefin *f*; *rel* Schutzheilige *f*; (*dueña*) Hauswirtin *f*; **~nal** [patro'nal] **1.** *adj* Arbeitgeber...; ***fiesta f ~*** Patronatsfest *n*; **2.** *f* Arbeitgeberverband *m*; **~nato** [-'nato] *m* Patronat *n*; **~no** [-'trono] *m Esp* Arbeitgeber *m*

patrull|a [pa'truʎa] *f* Patrouille *f*; Streife *f*; **~ar** [-'ʎar] (*1a*) patrouillieren; **~ero** *mar* [-'ʎero] *m* Patrouillenboot *n*

paulatino [paŭla'tino] allmählich

pausa ['paŭsa] *f* Pause *f*; **~do** [-'sađo] ruhig; langsam

pauta ['paŭta] *f fig* Regel *f*, Norm *f*

pava ['paƀa] *f* Truthenne *f*, Pute *f*

pavimen|tar [paƀimen'tar] (*1a*) pflastern; **~to** [-'mento] *m* Bodenbelag *m*; Straßenpflaster *n*

pavo ['paƀo] *m* Truthahn *m*, Puter *m*; ***~ real*** Pfau *m*

pavonearse [paƀone'arse] (*1a*) sich brüsten

pavor [pa'ƀɔr] *m* Schreck *m*, Entsetzen *n*; **~oso** [paƀo'roso] schrecklich, entsetzlich

payaso [pa'jaso] *m* Clown *m*

payés [pa'jes] *m* Bauer *m aus Katalonien od von den Balearen*

paz [paθ] *f* Friede(n) *m*; *fig* Ruhe *f*; ***dejar en ~*** in Ruhe lassen; ***quedar en ~*** quitt sein; ***hacer las paces*** sich versöhnen

peaje [pe'axe] *m* Autobahngebühr *f*

peatón [pea'tɔn] *m* Fußgänger *m*

peca ['peka] *f* Sommersprosse *f*

peca|do [pe'kađo] *m* Sünde *f*; ***~ mortal*** Todsünde *f*; **~dor** [-'đɔr] *m* Sünder *m*; **~r** [-'kar] (*1g*) sündigen

pecera [pe'θera] *f* Goldfischglas *n*

pecho ['petʃo] *m* Brust *f*, Busen *m*; ***dar el ~*** stillen; ***tomar a/c a ~*** sich et zu Herzen nehmen

P

pechuga [pe'tʃuga] *f* Bruststück *n des Geflügels*; F Busen *m*
pecoso [pe'koso] sommersprossig
pectoral [pɛkto'ral] Brust...
pecuario [pe'kŭarĭo] Vieh...
peculiar [peku'lĭar] eigen(tümlich); **~idad** [-ri'đađ] *f* Eigentümlichkeit *f*; Besonderheit *f*
pecuniario [peku'nĭarĭo] Geld...
peda|gogía [peđagɔ'xia] *f* Pädagogik *f*; **~gógico** [-'gɔxiko] pädagogisch
pedal [pe'đal] *m* Pedal *n*; **~ *de freno*** Bremspedal *n*; **~ear** [-le'ar] (*1a*) radeln
pedante [pe'đante] **1.** *adj* pedantisch; **2.** *m* Pedant *m*; **~ría** [-'ria] *f* Pedanterie *f*
pedazo [pe'đaθo] *m* Stück *n*; ***hacer ~s*** F kaputtmachen
pedestal [peđes'tal] *m* Sockel *m*
pedia|tra [pe'đĭatra] *su* Kinderarzt *m*, -ärztin *f*; **~tría** [-'tria] *f* Kinderheilkunde *f*
pedicura [peđi'kura] *f* Fußpflege *f*; (*persona*) Fußpflegerin *f*
pedi|do [pe'điđo] *m* Auftrag *m*, Bestellung *f*; **~r** [-'đir] (*3l*) (er)bitten; (*exigir*) fordern; verlangen; *com*, *gastr* bestellen; **~ *a/c a alg*** j-n um et bitten
pedo V ['peđo] *m* Furz *m*
pedrisco [pe'đrisko] *m* Hagel(schlag) *m*
pega ['pega] *f fig* Schwierigkeit *f*; ***poner ~s*** et auszusetzen haben; ***tener una ~*** e-n Haken haben; **~dizo** [-'điθo] klebrig; *mús* leicht ins Ohr gehend; **~joso** [-'xoso] klebrig; *fig* aufdringlich; **~mento** [-'mento] *m* Klebstoff *m*
pegar [pe'gar] (*1h*) **1.** *v/t* (an)kleben; (*golpear*) schlagen, (ver)prügeln; (*golpe*) versetzen; (*grito*) ausstoßen; (*tiro*) abgeben; *med* anstecken mit; ***no ~ ojo*** kein Auge zutun; **2.** *v/i* haften, kleben; **~ *con*** passen zu; **~se** festkleben; (*comida*) anbrennen; *mús* **~ (*al oído*)** ins Ohr gehen; **~ *un tiro*** sich erschießen
pegatina [pega'tina] *f* Aufkleber *m*
peina|do [pɛĭ'nađo] *m* Frisur *f*; **~dor** [-'đɔr] *m* Frisiermantel *m*; **~r** [-'nar] (*1a*) kämmen
peine ['pɛĭne] *m* Kamm *m*; **~ta** [pɛĭ'neta] *f* Einsteckkamm *m*
pela F ['pela] *f* Pesete *f*; **~dilla** [-'điʎa] *f* Zuckermandel *f*; **~do** [-'lađo] geschoren; **~duras** [-'đuras] *f/pl* (Obst-)Schalen *f/pl*; **~je** [-'laxe] *m* Fell *n*
pelar [pe'lar] (*1a*) schälen; *fig* rupfen
peldaño [pɛl'daɲo] *m* Stufe *f*; (*de escalera*) Sprosse *f*
pelea [pe'lea] *f* Kampf *m*; Streit *m*; **~r** [-'ar] kämpfen; raufen; **~rse** sich streiten, sich zanken
pelele [pe'lele] *m* Strampelhose *f*
pelete|ría [pelete'ria] *f* Pelzwaren *f/pl*; (*tienda*) Pelzgeschäft *n*; **~ro** [-'tero] *m* Kürschner *m*, Pelzhändler *m*
peliagudo [pelĭa'guđo] *fig* heikel
pelícano [pe'likano] *m* Pelikan *m*
película [pe'likula] *f* Häutchen *n*; (*cine*) Film *m*; **~ *del Oeste*** Wildwestfilm *m*; **~ *en color*** Farbfilm *m*; **~ *muda*** Stummfilm *m*; **~ *policíaca*** Kriminalfilm *m*; **~ *sonora*** Tonfilm *m*; F ***de ~*** traumhaft
peligr|ar [peli'grar] (*1a*) in Gefahr sein; **~o** [-'ligro] *m* Gefahr *f*; ***correr ~*** Gefahr laufen; ***poner en ~*** gefährden; **~oso** [-'groso] gefährlich
pelirrojo [peli'rrɔxo] rothaarig
pellejo [pe'ʎɛxo] *m* Fell *n* (*a fig*); ***salvar el ~*** mit heiler Haut davonkommen
pelliz|car [peʎiθ'kar] (*1g*) kneifen; **~co** [pe'ʎiθko] *m* Kneifen *n*; *fig* Bissen *m*; (*de sal*, *etc*) Prise *f*
pelo ['pelo] *m* Haar *n*; ***no tener un ~ de tonto*** *fig* nicht auf den Kopf gefallen sein; ***no tener ~s en la lengua*** *fig* nicht auf den Mund gefallen sein; ***por un ~*** um ein Haar; ***por los ~s*** gerade noch; ***tomar el ~ a alg*** *fig* j-n auf den Arm nehmen; ***los ~s se le ponen de punta*** *fig* die Haar stehen ihm zu Berge; *fig* ***con ~s y señales*** haargenau
pelo|ta [pe'lota] *f* Ball *m*; **~ (*vasca*)** Pelotaspiel *n*; P ***en ~(s)*** splitternackt; **~tari** [-'tari] *m* Pelotaspieler *m*; **~tilla** F [-'tiʎa] *f*: ***hacer la ~ a alg*** j-m um den Bart gehen; **~tón** [-'tɔn] *m mil* Trupp *m*; *dep* Feld *n*; **~ *de ejecución*** Erschießungskommando *n*
peluca [pe'luka] *f* Perücke *f*
peluche [pe'lutʃe] *m* Plüsch *m*
peludo [pe'luđo] (stark) behaart
peluqu|era [pelu'kera] *f* Friseurin *f*; **~ería** [-'ria] *f* Friseursalon *m*; **~ *de caballeros*** Herrenfriseur *m*; **~ *de señoras*** Damenfriseur *m*; **~ero** [-'kero] *m* Friseur *m*; **~ín** [-'kin] *m* Haarteil *n*, Toupet *n*
pelusa [pe'lusa] *f* Flaum *m*; Fussel *f*
pelvis *anat* ['pɛlƀis] *f* Becken *n*

pena ['pena] *f* Strafe *f*; *fig* Kummer *m*, Leid *n*; (*dificultad*) Mühe *f*; **~ capital** (*od* **de muerte**) Todesstrafe *f*; **vale** (*od* **merece**) **la ~** es lohnt sich; **dar ~** Leid tun; **sin ~ ni gloria** sang- u klanglos; **¡qué ~!** wie schade!; **a duras ~s** mit knapper Not

penal [pe'nal] **1.** *adj* Straf...; **2.** *m* Strafanstalt *f*; **~ización** [-liθa'Tĭɔn] *f* Bestrafung *f*; *dep* Strafpunkt *m*; **~izar** [-'θar] (*1f*) bestrafen

penalty [pe'nalti] *m dep* Strafstoß *m*, Elfmeter *m*

penar [pe'nar] (*1a*) (be)strafen

pendenci|a [pen'denθĭa] *f* Zank *m*; **~ero** [-'θĭero] streitsüchtig

pen|der [pen'dɛr] (*2a*) hängen; **~diente** [-'dĭente] **1.** *adj* hängend; *fig* unerledigt; *jur* schwebend, anhängig; **~ de solución** ungelöst; **2. a**) *m* Ohrring *m*; **b**) *f* Abhang *m*; Gefälle *n*

péndulo ['pendulo] *m* Pendel *n*

pene *anat* ['pene] *m* Penis *m*

penetra|ción [penetra'θĭɔn] *f* Eindringen *n*; Durchdringung *f*; *fig* Scharfsinn *m*; **~nte** [-'trante] durchdringend; (*olor*) penetrant; *fig* scharf(sinnig); **~r** [-'trar] (*1a*) **1.** *v/t* durchdringen; **2.** *v/i* eindringen (in **en**)

penicilina [peniθi'lina] *f* Penicillin *n*

península [pe'ninsula] *f* Halbinsel *f*

penitencia [peni'tenθĭa] *f* Buße *f*; **~rio** [-'θĭarĭo] Straf...; **centro** *m* **~** Strafanstalt *f*

penitente [peni'tente] *su* Büßer(in *f*) *m*

penoso [pe'noso] schmerzlich; (*trabajoso*) beschwerlich

pensa|dor [pensa'đɔr] *m* Denker *m*; **~miento** [-'mĭento] *m* Gedanke *m*; Denken *n*; *bot* Stiefmütterchen *n*; **~r** [-'sar] (*1k*) **1.** *v/t* denken; aus-, überdenken; (*proyectar*) vorhaben, zu tun gedenken; **2.** *v/i* denken (an *ac* **en**); (*opinar*) meinen; **sin ~(lo)** unvermutet; **~tivo** [-'tiƀo] nachdenklich

pensi|ón [pen'sĭɔn] *f* Rente *f*; (*hotel*) Pension *f*; **~ alimenticia** Unterhalt(srente *f*) *m*; **~ completa** Vollpension *f*; **media ~** Halbpension *f*; **~onista** [-sĭo'nista] *m* Rentner *m*

pen|tágono [pen'tagono] *m* Fünfeck *n*; **~tagrama** [-ta'grama] *m mús* Liniensystem *n*; **≈tecostés** [-tekos'tes] *m* Pfingsten *n*

P

penúltimo [pe'nultimo] vorletzte(r, -s)

penumbra [pe'numbra] *f* Halbschatten *m*; Halbdunkel *n*

penuria [pe'nurĭa] *f* Mangel *m*, Not *f*

peña ['peɲa] *f* Fels *m*; (*grupo*) Freundeskreis *m*; Stammtisch(runde *f*) *m*; **~sco** [pe'ɲasko] *m* Felsblock *m*

peñón [pe'ɲɔn] *m* Felskuppe *f*

peón [pe'ɔn] *m* Hilfsarbeiter *m*; (*ajedrez*) Bauer *m*; *Am* Landarbeiter *m*; **~ caminero** Straßenwärter *m*

peonía *bot* [peo'nia] *f* Pfingstrose *f*

peonza [pe'ɔnθa] *f* Kreisel *m*

peor [pe'ɔr] *comparativo*: schlechter; schlimmer; **tanto ~** umso schlimmer

pepi|nillo [pepi'niʎo] *m* Essiggurke *f*; **~no** [pe'pino] *m* Gurke *f*

pepita [pe'pita] *f* Obstkern *m*

peque|ñez [peke'ɲeθ] *f* Kleinheit *f*; **~ño** [pe'keɲo] klein; *fig* gering; **desde ~** von klein auf; **~ñoburgués** [-bur'ges] klein-, spießbürgerlich

pera ['pera] *f* Birne *f*; **~l** [pe'ral] *m* Birnbaum *m*

perca *zo* ['pɛrka] *f* Barsch *m*

percance [pɛr'kanθe] *m* Zwischenfall *m*; Missgeschick *n*

percatarse [pɛrka'tarse] (*1a*): **~ de** wahrnehmen, bemerken

percebe *zo* [pɛr'θeƀe] *m* Entenmuschel *f*

percep|ción [pɛrθɛƀ'θĭɔn] *f* Wahrnehmung *f*; (*de dinero*) Bezug *m*; (*de impuestos, etc*) Erhebung *f*; **~tible** [-θɛp'tiƀle] wahrnehmbar

perch|a ['pɛrtʃa] *f* Stange *f*; (*colgador*) Kleiderbügel *m*; **~ero** [-'tʃero] *m* Garderobe(nständer *m*) *f*

percibir [pɛrθi'ƀir] (*3a*) wahrnehmen; (*sueldo, etc*) beziehen

percusión [pɛrku'sĭɔn] *f mús* Schlaginstrumente *n/pl*

perde|dor [pɛrđe'đɔr] *m* Verlierer *m*; **~r** [-'đɛr] (*2g*) verlieren; (*tren, ocasión, etc*) verpassen, versäumen; *fig* zugrunde richten, verderben; **echar a ~** ruinieren; zunichte machen; **echarse a ~** (*alimentos*) verderben; **~ de vista** aus den Augen verlieren; **~rse** verloren gehen; (*extraviarse*) sich verirren; *fig* zugrunde gehen; verderben

perdición [pɛrđi'θĭɔn] *f* Verderben *n*

pérdida ['pɛrđiđa] *f* Verlust *m*; **no tener ~** nicht zu verfehlen sein

perdigón [pɛrđi'gɔn] *m* junges Rebhuhn *n*; ***perdigones*** *pl* Schrot *m*, *n*
perdiz [pɛr'điθ] *f* Rebhuhn *n*
perdón [pɛr'đɔn] *m* Verzeihung *f*; Vergebung *f*; ***pedir ~*** um Verzeihung bitten
perdona|ble [pɛrđo'naƀle] verzeihlich; **~r** [-'nar] (*1a*) verzeihen; vergeben; (*deuda, etc*) erlassen; (*vida*) schenken
perdura|ble [pɛrđu'raƀle] dauerhaft; **~r** [-'rar] (*1a*) (an)dauern, anhalten
perece|dero [pereθe'đero] vergänglich; (*alimentos*) (leicht) verderblich; **~r** [-'θɛr] (*2d*) umkommen, sterben
peregri|nación [peregrina'θĭɔn] *f* Wallfahrt *f*, Pilgerfahrt *f*; **~nar** [-'nar] (*1a*) pilgern; **~no** [-'grino] *m* Pilger *m*
perejil *bot* [perɛ'xil] *m* Petersilie *f*
perentorio [peren'torĭo] dringlich; unaufschiebbar
pere|za [pe'reθa] *f* Faulheit *f*; Trägheit *f*; **~zoso** [-'θoso] **1.** *adj* faul, träge; **2.** *m* F Faulpelz *m*, *a zo* Faultier *n*
perfec|ción [pɛrfɛg'θĭɔn] *f* Vollendung *f*; Vollkommenheit *f*; ***a la ~*** perfekt; **~cionamiento** [-θĭona'mĭento] *m* Vervollkommnung *f*; **~cionar** [-θĭo'nar] (*1a*) vervollkommnen; (*mejorar*) verbessern; **~to** [-'fɛkto] **1.** *adj* vollkommen, perfekt; **2.** *m gram* Perfekt *n*
perfidia [pɛr'fiđĭa] *f* Treulosigkeit *f*; Niedertracht *f*
pérfido ['pɛrfiđo] treulos; heimtückisch
perfil [pɛr'fil] *m* Profil *n* (*a tec*); Umriss *m*; **~ado** [-'lađo] profiliert (*a fig*); (*cara*) scharf geschnitten; **~ar** [-'lar] (*1a*) umreißen; **~arse** sich abzeichnen
perfora|ción [pɛrfora'θĭɔn] *f* Bohren *n*; Bohrloch *n*; *a med* Durchbruch *m*; **~dor** [-'đɔr] *m* Locher *m*; **~dora** [-'đora] *f* Bohrmaschine *f*; **~r** [-'rar] (*1a*) (durch)bohren; lochen
perfum|ar [pɛrfu'mar] (*1a*) parfümieren; **~e** [-'fume] *m* Parfüm *n*; *fig* Duft *m*; **~ería** [-'ria] *f* Parfümerie *f*
pergamino [pɛrga'mino] *m* Pergament *n*
pericia [pe'riθĭa] *f* Erfahrung *f*; Sachkenntnis *f*
periferia [peri'ferĭa] *f* Peripherie *f*; Stadtrand *m*
perifollo *bot* [peri'foʎo] *m* Kerbel *m*
perímetro [pe'rimetro] *m* Umfang *m*
periódico [pe'rĭođiko] **1.** *adj* periodisch; **2.** *m* Zeitung *f*
perio|dismo [perĭo'đizmo] *m* Journalismus *m*; **~dista** [-'đista] *su* Journalist(in *f*) *m*; **~dístico** [-'đistiko] journalistisch
período [pe'riođo], **periodo** [-'rĭođo] *m* Periode *f* (*a med*); Zeitraum *m*; ***~ de doble circulación de monedas*** (*euro*) Doppelwährungsphase *f*; ***~ de transición*** Übergangsphase *f*
peripecia [peri'peθĭa] *f* Wechselfall *m*; Zwischenfall *m*
peripuesto F [peri'pŭesto] geschniegelt
peri|quete F [peri'kete]: ***en un ~*** im Nu; **~quito** [-'kito] *m* Wellensittich *m*
periscopio [peris'kopĭo] *m* Sehrohr *n*, Periskop *n*
peri|taje [peri'taxe] *m* Gutachten *n*; **~to** [-'rito] **1.** *adj* erfahren; sachkundig; **2.** *m* Sachverständige(r) *m*; Gutachter *m*
perito|neo [perito'neo] *m* Bauchfell *n*; **~nitis** [-'nitis] *f* Bauchfellentzündung *f*
perju|dicar [pɛrxuđi'kar] (*1g*) schaden (*dat*), schädigen; **~dicial** [-'θĭal] schädlich; **~icio** [-'xŭiθĭo] *m* Schaden *m*; Nachteil *m*; ***sin ~ de*** unbeschadet (*gen*)
perju|rar [pɛrxu'rar] (*1a*) e-n Meineid schwören; **~rio** [-'xurĭo] *m* Meineid *m*
perla ['pɛrla] *f* Perle *f* (*a fig*); ***~ cultivada*** Zuchtperle *f*; F ***de ~s*** wie gerufen
permane|cer [pɛrmane'θɛr] (*2d*) bleiben; fortdauern; **~ncia** [-'nenθĭa] *f* Fortdauer *f*; Verweilen *n*; (*estancia*) Aufenthalt *m*; **~nte** [-'nente] **1.** *adj* bleibend; (*constante*) ständig; **2.** *f* Dauerwelle *f*
permeable [pɛrme'aƀle] durchlässig
permi|sible [pɛrmi'siƀle] zulässig; **~sivo** [-'siƀo] permissiv; **~so** [-'miso] *m* Erlaubnis *f*; Genehmigung *f*; *mil* Urlaub *m*; ***~ de circulación*** Kraftfahrzeug-, Kfz.-Schein *m*; ***~ de conducir*** Führerschein *m*; ***~ de residencia*** Aufenthaltsgenehmigung *f*; ***con ~*** mit Verlaub; ***estar con*** (*od* ***de***) ***~*** auf Urlaub sein; **~tir** [-'tir] (*3a*) erlauben, gestatten; zulassen
permuta [pɛr'muta] *f* Tausch *m*
pernicioso [pɛrni'θĭoso] schädlich
perno ['pɛrno] *m* Bolzen *m*
pernoctar [pɛrnɔk'tar] (*1a*) übernachten
pero ['pero] aber; jedoch
perogrullada F [perogru'ʎađa] *f* Binsenwahrheit *f*

peroné [pero'ne] *m* Wadenbein *n*
perpendicular [pɛrpendiku'lar] lot-, senkrecht
perpetrar *jur* [pɛrpe'trar] (*1a*) begehen
perpetu|ar [pɛrpe'tŭar] (*1e*) verewigen; **~idad** [-tŭi'đađ] *f* Fortdauer *f*; ***a ~*** auf Lebenszeit; lebenslänglich; **~o** [-'petŭo] fortdauernd; *jur* lebenslänglich; *fig* ewig
perple|jidad [pɛrplɛxi'đađ] *f* Bestürzung *f*; **~jo** [-'plɛxo] verblüfft, perplex
perr|a ['pɛrra] *f* Hündin *f*; **~era** [pɛ'rrɛra] *f* Hundezwinger *m*; **~o** ['pɛrro] *m* Hund *m*; ***~ de aguas***, ***~ de lanas*** Pudel *m*; ***~ faldero*** Schoßhund *m*; ***~ caliente*** Hot Dog *m*
persa ['pɛrsa] **1.** *adj* persisch; **2.** *su* Perser(in *f*) *m*
perse|cución [pɛrseku'θĭɔn] *f* Verfolgung *f*; **~guidor** [-gi'đɔr] *m* Verfolger *m*; **~guir** [-'gir] (*3l u 3d*) verfolgen
persevera|ncia [pɛrseƀe'ranθĭa] *f* Beharrlichkeit *f*; Ausdauer *f*; **~nte** [-'rante] beharrlich; **~r** [-'rar] (*1a*) ausharren; ***~ en*** beharren auf (*dat*)
persiana [pɛr'sĭana] *f* Jalousie *f*; ***~ (enrollable)*** Rollladen *m*
persignarse [pɛrsig'narse] (*1a*) sich bekreuzigen
persis|tencia [pɛrsis'tenθĭa] *f* Andauern *n*, Fortbestand *m*; **~tente** [-'tente] andauernd; (*crecimiento*; *uso de materias primas*) nachhaltig; **~tir** [-'tir] (*3a*) andauern, anhalten
persona [pɛr'sona] *f* Person *f*; ***en ~*** persönlich; ***~ con dos sueldos*** Doppelverdiener(in *f*) *m*; **~je** [-'naxe] *m* Persönlichkeit *f*; *teat*, *lit* Person *f*; **~l** [-'nal] **1.** *adj* persönlich; **2.** *m* Personal *n*; F Leute *pl*; *avia* ***~ de tierra*** Bodenpersonal *n*; **~lidad** [-li'đađ] *f* Persönlichkeit *f*; **~rse** [-'narse] (*1a*) *persönlich* erscheinen
personificar [pɛrsonifi'kar] (*1g*) personifizieren, verkörpern
perspectiva [pɛrspɛk'tiƀa] *f* Perspektive *f*; *fig* Aussicht *f*
perspica|cia [pɛrspi'kaθĭa] *f* Scharfblick *m*; **~z** [-'kaθ] scharfsinnig
persua|dir [pɛrsŭa'đir] (*3a*) überreden; (*convencer*) überzeugen; **~sión** [-'sĭɔn] *f* Überredung *f*; Überzeugung *f*; **~sivo** [-'siƀo] überzeugend
pertene|cer [pɛrtene'θɛr] (*2d*) gehören (zu *dat* ***a***); **~ciente** [-'θĭente] zugehörig (*dat* ***a***); **~ncia** [-'nenθĭa] *f* Zugehörigkeit *f*; ***~s*** *pl* Eigentum *n*
pérti|ga ['pɛrtiga] *f* Stange *f*; **~go** [-go] *m* Deichsel *f*
pertina|cia [pɛrti'naθĭa] *f* Hartnäckigkeit *f*; **~z** [-'naθ] hartnäckig
pertinente [pɛrti'nente] einschlägig; sachgemäß; (*oportuno*) treffend, passend
pertre|char [pɛrtre'tʃar] (*1a*) ausrüsten; herrichten; **~chos** [-'tretʃos] *m/pl* Geräte *n/pl*
perturba|ción [pɛrturƀa'θĭɔn] *f* Störung *f*; *pol* Unruhe *f*; **~do** [-'ƀađo]: ***~ (mental)*** geistesgestört; **~dor** [-'đɔr] **1.** *adj* störend; verwirrend; **2.** *m* Ruhestörer *m*; **~r** [-'ƀar] (*1a*) stören; verwirren; (*inquietar*) beunruhigen
peruano [peru'ano] **1.** *adj* peruanisch; **2.** *m*, **-a** *f* Peruaner(in *f*) *m*
perver|sidad [pɛrƀɛrsi'đađ] *f* Verderbtheit *f*; Perversität *f*; **~sión** [-'sĭɔn] *f* Entartung *f*; Perversion *f*; **~so** [-'ƀɛrso] verderbt; pervers; **~tir** [-'tir] (*3i*) verderben; **~tirse** (sittlich) verkommen
pesa ['pesa] *f* Gewicht(stein *m*) *n*; *dep* Hantel *f*; **~bebés** [-ƀe'ƀes] *m* Säuglingswaage *f*; **~cartas** [-'kartas] *m* Briefwaage *f*; **~dez** [-'đeθ] *f* Schwere *f*; *fig* Schwerfälligkeit *f*; Beschwerlichkeit *f*; **~dilla** [-'điʎa] *f* Albdruck *m*, -traum *m*; **~do** [pe'sađo] schwer; (*molesto*) lästig; (*aburrido*) langweilig; (*persona*) aufdringlich; **~dumbre** [-'đumbre] *f* Kummer *m*
pésame ['pesame] *m* Beileid *n*; ***dar el ~*** sein Beileid aussprechen
pesar [pe'sar] (*1a*) **1.** *v/t* (ab)wiegen; *fig* abwägen; **2.** *v/i* wiegen; *fig* Leid tun; ***a ~ de*** trotz; ***a ~ de todo*** trotz allem; **3.** *m* Leid *n*; Kummer *m*; Sorge *f*; Bedauern *n*
pesca ['peska] *f* Fischfang *m*; Fischerei *f*; ***~ submarina*** Unterwasserjagd *f*; **~dería** [-đe'ria] *f* Fischgeschäft *n*; **~dero** *m* [-'đero] Fischhändler *m*; **~dilla** [-'điʎa] *f* junger Seehecht *m*; **~do** [-'kađo] *m gastr* Fisch *m*; **~dor** [-'đɔr] *m* Fischer *m*; ***~ (de caña)*** Angler *m*; **~nte** [-'kante] *m* Kutschbock *m*; **~r** [-'kar] (*1g*) fischen; *fig* F erwischen; ***~ con caña*** angeln; *fig* ***~ en río revuelto*** im Trüben fischen

P

pescuezo [pes'kŭeθo] *m* Genick *n*, Nacken *m*
pese ['pese]: **~ *a*** trotz; **~ *a que*** obwohl
pesebre [pe'seƀre] *m* Krippe *f*
peseta [pe'seta] *f* Pesete *f*
pesimis|mo [pesi'mizmo] *m* Pessimismus *m*; **~ta** [-'mista] **1.** *adj* pessimistisch; **2.** *su* Pessimist(in *f*) *m*
pésimo ['pesimo] sehr schlecht
peso ['peso] *m* Gewicht *n* (*a fig*); *fig* Last *f*; (*balanza*) Waage *f*; **~ *pesado*** (*boxeo*) Schwergewicht *n*; **~ *pluma*** Federgewicht *n*; *fig* ***de* ~** (ge)wichtig
pesquero [pes'kero] **1.** *adj* Fisch...; Fischer..., Fischerei...; **2.** *m* Fischdampfer *m*
pesquisa [pes'kisa] *f* Nachforschung *f*; Fahndung *f*
pestañ|a [pes'taɲa] *f* Wimper *f*; **~ear** [-taɲe'ar] (*1a*) blinzeln; ***sin* ~** ohne mit der Wimper zu zucken
peste ['peste] *f med* Pest *f*; *fig* Gestank *m*; ***echar* ~s** schimpfen (auf ***contra***)
pesticida [pesti'θiđa] *m* Schädlingsbekämpfungsmittel *n*, Pestizid *n*
pestilen|cia [pesti'lenθĭa] *f* Gestank *m*; **~te** [-'lente] stinkend
pestillo [pes'tiʎo] *m* Riegel *m*
petaca [pe'taka] *f* Tabaksbeutel *m*
pétalo ['petalo] *m* Blütenblatt *n*
petardo [pe'tarđo] *m* Feuerwerkskörper *m*
petici|ón [peti'θĭɔn] *f* Bitte *f*; Gesuch *n*; ***a* ~ *de*** auf Wunsch (*gen*); **~onario** [-θĭo'narĭo] *m* Bittsteller *m*
petimetre [peti'metre] *m* Geck *m*
petirrojo [peti'rrɔxo] *m* Rotkehlchen *n*
peto ['peto] *m* Brustlatz *m*
pétreo ['petreo] Stein..., steinern
petrificar [petrifi'kar] (*1g*) versteinern (*a fig*)
petróleo [pe'troleo] *m* Erdöl *n*
petro|lero [petro'lero] **1.** *adj* Erdöl...; **2.** *m mar* (Öl-)Tanker *m*; **~química** [-'kimika] *f* Petrochemie *f*
petulan|cia [petu'lanθĭa] *f* Anmaßung *f*; **~te** [-'lante] anmaßend; dreist
peyorativo [pejora'tiƀo] pejorativ, abwertend
pez [peθ] **1.** *m* Fisch *m*; **~ *espada*** Schwertfisch *m*; F *fig* **~ *gordo*** F hohes Tier; **2.** *f* Pech *n*
pezón [pe'θɔn] *m* Brustwarze *f*
pezuña [pe'θuɲa] *f* Klaue *f*
piadoso [pĭa'đoso] barmherzig; (*devoto*) fromm
pia|nista [pĭa'nista] *su* Pianist(in *f*) *m*; **~no** ['pĭano] *m* Klavier *n*; **~ *de cola*** Flügel *m*
piar [pi'ar] (*1c*) piep(s)en
pica ['pika] *f* Spieß *m*; **~dero** [-'đero] *m* Reitbahn *f*; **~dillo** [pika'điʎo] *m gastr* Haschee *n*; **~do** [pi'kađo] (*diente*) faul; (*fruta*) angefault; (*mar*) kabbelig; *fig* pikiert; **~dor** [-'đɔr] *m taur* Picador *m*; *min* Hauer *m*; **~dora** [-'đora] *f* Allesschneider *m*; **~ *de carne*** Fleischwolf *m*; **~dura** [-'đura] *f* Insektenstich *m*
picante [pi'kante] scharf, (*a fig*) pikant
pica|pedrero [pikape'đrero] *m* Steinmetz *m*; **~pleitos** F [-'plɛĭtos] *m* Winkeladvokat *m*; **~porte** [-'pɔrte] *m* Türklinke *f*, -klopfer *m*
picar [pi'kar] (*1g*) **1.** *v/t* stechen; (*serpiente*) beißen; (*ave*) picken; (*piedra*) behauen; (*carne*, *etc*) hacken; *fig* reizen; **2.** *v/i* brennen; jucken; (*sol*) stechen; (*pez*) anbeißen; **~ *muy alto*** hoch hinauswollen; **~se** (*comida*) schlecht werden; (*mar*) unruhig werden; F *fig* einschnappen; **~día** [-'đia] *f* Schlauheit *f*; Gerissenheit *f*; **~esco** [-'resko]: ***novela f -a*** Schelmenroman *m*
pícaro ['pikaro] **1.** *adj* spitzbübisch; durchtrieben; **2.** *m* Schelm *m* (*a lit*), Schlingel *m*, F Lausbub *m*
pichi ['pitʃi] *m* Trägerrock *m*
pichón [pi'tʃɔn] *m* junge Taube *f*
pico ['piko] *m* Schnabel *m*; (*de una vasija*) Tülle *f*; (*punta*) Spitze *f*; (*herramienta*) Spitzhacke *f*; *geo* Bergspitze *f*; *zo* Specht *m*; ***cien pesetas y* ~** et über 100 Peseten; ***a las tres y* ~** kurz nach drei Uhr
picor [pi'kɔr] *m* Jucken *n*; Brennen *n*
picota [pi'kota] *f* Schandpfahl *m*; *fig* ***poner en la* ~** an den Pranger stellen
picotear [pikote'ar] (*1a*) picken
pictograma [pikto'grama] *m* Piktogramm *n*
pictórico [pik'toriko] malerisch; Mal...
pido ['piđo] *s* ***pedir***
pie [pĭe] *m* Fuß *m*; **~ *plano*** Platt-, Senkfuß *m*; **~ *valgo*** Knickfuß *m*; ***a* ~** zu Fuß; ***a* ~*s juntillas*** mit beiden Füßen zugleich; *fig* felsenfest; ***de* ~** stehend; ***en* ~ *de guerra*** auf Kriegsfuß; ***de* ~*s a cabeza*** von Kopf bis Fuß; ***estar de***

~ stehen; ***no tener ni ~s ni cabeza*** weder Hand noch Fuß haben; ***ponerse de ~*** aufstehen; F ***poner ~s en polvorosa*** sich aus dem Staub machen; ***seguir en ~*** weiterhin bestehen

piedad [pĭe'đađ] *f* Frömmigkeit *f*; (*compasión*) Mitleid *n*; Erbarmen *n*

piedra ['pĭeđra] *f* Stein *m*; ***~ de escándalo*** Stein *m* des Anstoßes; ***~ filosofal*** Stein *m* der Weisen; ***~ preciosa*** Edelstein *m*; ***~ de toque*** Prüfstein *m*; ***colocar*** (*od* ***poner***) ***la primera ~*** den Grundstein legen

piel [pĭɛl] *f* Haut *f*; *zo* Fell *n*; Pelz *m*; *bot* Schale *f*; (*cuero*) Leder *n*

pienso ['pĭenso] **1.** *s* ***pensar***; **2.** *m* Viehfutter *n*

pierdo ['pĭɛrđo] *s* ***perder***

pierna ['pĭɛrna] *f* Bein *n*; *gastr* Keule *f*; ***~ de ternera*** Kalbshaxe *f*

pieza ['pĭeθa] *f* Stück *n* (*a teat*; *mús*); (*habitación*) Zimmer *n*; (*de juego*) Stein *m*, Figur *f*; ***~ de repuesto*** (*od* ***de recambio***) Ersatzteil *n*

pífano *mús* ['pifano] *m* Querpfeife *f*

pifia ['pifĭa] *f fig* Schnitzer *m*

pigmeo [pig'meo] *m* Pygmäe *m*

pignorar [pigno'rar] (*1a*) verpfänden

pijama [pi'xama] *m* Pyjama *m*, Schlafanzug *m*

pila ['pila] *f* (Spül-)Becken *n*; (*montón*) Stapel *m*; *el* Batterie *f*; ***~ bautismal*** Taufbecken *n*; ***~ botón*** Knopfbatterie *f*

pilar [pi'lar] *m* Pfeiler *m*; *fig* Stütze *f*

píldora ['pildora] *f* Pille *f*; ***~ (anticonceptiva)*** (Antibaby-)Pille *f*; ***dorar la ~*** *fig* die Pille versüßen

pileta [pi'leta] *f Am* Schwimmbassin *n*

pilla|je [pi'ʎaxe] *m* Raub *m*; Plünderung *f*; **~r** [pi'ʎar] (*1a*) plündern; F erwischen

pill|o ['piʎo] **1.** *adj* schlau; durchtrieben; **2.** *m* Spitzbube *m*; **~uelo** [pi'ʎŭelo] *m* Schlingel *m*; F Lausbub *m*

pilo|tar [pilo'tar] (*1a*) *avia*, *auto* lenken; **~to** [-'loto] **1.** *m* Pilot *m*; (*de carreras*) Rennfahrer *m*; *el* Kontrolllampe *f*; ***~ antiniebla trasero*** *auto* Nebelschlussleuchte *f*; ***~ automático*** *avia* Autopilot *m*; ***~ de pruebas*** Testpilot *m*; **2.** *adj* Pilot...; ***programa*** *m* ***~*** Pilotprogramm *n*

piltrafa [pil'trafa] *f fig* Wrack *n*

pimentón [pimen'tɔn] *m* Paprika(pulver *n*) *m*

pimien|ta [pi'mĭenta] *f* Pfeffer *m*; **~to** [-to] *m* Paprikaschote *f*

pimpante F [pim'pante] forsch; (*elegante*) flott

pinacoteca [pinako'teka] *f* Pinakothek *f*

pinar [pi'nar] *m* Pinien-, Kiefernwald *m*

pincel [pin'θɛl] *m* Pinsel *m*

pincha|r [pin'tʃar] (*1a*) **1.** *v/t* stechen; *med* e-e Spritze geben; *fig* aufstacheln; F (*teléfono*) anzapfen; **2.** *v/i auto* e-n Platten haben; **~rse** F fixen; **~zo** [-'tʃaθo] *m* Einstich *m*; Stichwunde *f*; *auto* Reifenpanne *f*; *fig* Stichelei *f*

pinche ['pintʃe] *m* Küchenjunge *m*

pinchito [pin'tʃito] *m gastr* Spießchen *n*

pincho F ['pintʃo] *m* Stachel *m*

pingüino [piŋ'gŭino] *m* Pinguin *m*

pinitos [pi'nitos] *m/pl fig* erste Versuche *m/pl*

pino ['pino] *m* Pinie *f*; Kiefer *f*

pinta ['pinta] *f* F Aussehen *n*; ***tener buena ~*** gut aussehen; **~da** [pin'tađa] *f* Wandschmiererei *f*; *zo* Perlhuhn *n*; **~r** [-'tar] (*1a*) malen; (an)streichen; *fig* schildern; F ***no ~ nada*** nichts zu sagen haben; **~rse** sich schminken

pintor [pin'tɔr] *m* Maler *m*; ***~ (de brocha gorda)*** Anstreicher *m*; **~esco** [-to'resko] malerisch

pintura [pin'tura] *f* Anstrich *m*; (*arte*) Malerei *f*; (*cuadro*) Gemälde *n*; (*material*) Farbe *f*

pinza ['pinθa] *f* (Wäsche-)Klammer *f*; *zo* Schere *f*; (*costura*) Abnäher *m*; ***~s*** *pl* Zange *f*; Pinzette *f*

pinzón *zo* [pin'θɔn] *m* Fink *m*

piña ['piɲa] *f* Tannen-, Kiefern-, Pinienzapfen *m*; *fig* Gruppe *f*; ***~ (tropical)*** Ananas *f*

piñón [pi'ɲɔn] *m* Pinienkern *m*; *tec* kleines Zahnrad *n*

pío ['pio] *adj* fromm; F ***no decir ni ~*** keinen Piep sagen

piojo ['pĭɔxo] *m* Laus *f*

piolet [pĭo'lɛt] *m* Eispickel *m*

pionero [pĭo'nero] *m* Pionier *m* (*a fig*)

pipa ['pipa] *f* (Tabaks-)Pfeife *f*; *bot* Kern *m*; ***~s*** *pl* Sonnenblumenkerne *m/pl*

pipeta [pi'peta] *f* Pipette *f*

pipí F [pi'pi] *m*: ***hacer ~*** Pipi machen

pique ['pike] *m*: *mar* ***echar a ~*** versenken; *fig* zugrunde richten; ***irse a ~*** untergehen

piqué [pi'ke] *m* (*tejido*) Pikee *m*

P

piqueta [pi'keta] *f* Spitzhacke *f*; Pickel *m*

piquete [pi'kete] *m* Pfahl *m*; (Zelt-)Hering *m*; *mil* Trupp *m*; (*de huelga*) Streikposten *m*

pira ['pira] *f* Scheiterhaufen *m*

pira|gua *mar* [pi'ragŭa] *f* Kanu *n*; Paddelboot *n*; **~güismo** [-'gŭizmo] *m* Kanusport *m*

pirámide [pi'ramiđe] *f* Pyramide *f*

pira|ta [pi'rata] *m* Seeräuber *m*, Pirat *m*; **~ aéreo** Luftpirat *m*; **edición** *f* **~** Raubdruck *m*; **~tería** [-te'ria] *f* Piraterie *f*

pirenaico [pire'naĭko] pyrenäisch, Pyrenäen...

pirómano [pi'romano] *m* Pyromane *m*

piropo [pi'ropo] *m* Schmeichelei *f*, Kompliment *n*

piro|tecnia [piro'tɛgnĭa] *f* Pyrotechnik *f*, Feuerwerkerei *f*; **~técnico** [-'tɛgniko] *m* Feuerwerker *m*

pirueta [pi'rŭeta] *f* Pirouette *f*

pis F ['pis] *m*: **hacer ~** Pipi machen

pisa|da [pi'sađa] *f* Fußspur *f*; Fußstapfe *f*; **~papeles** [-pa'peles] *m* Briefbeschwerer *m*; **~r** [pi'sar] (*1a*) treten (auf *ac*); betreten

pisci|cultura [pisθikul'tura] *f* Fischzucht *f*; **~factoría** [-fakto'ria] *f* Fischzuchtanstalt *f*

piscina [pis'θina] *f* Schwimmbecken *n*, -bad *n*; **~ cubierta** Hallenbad *n*

Piscis *astr* ['pisθis] *m* Fische *m/pl*

piscolabis F [pisko'labis] *m* Imbiss *m*; *Am* Aperitif *m*

piso ['piso] *m* (Fuß-)Boden *m*; (*planta*) Stock(werk *n*) *m*; (*vivienda*) Wohnung *f*; **~ franco** konspirative Wohnung *f*

pisotear [pisote'ar] (*1a*) zertreten; *fig* mit Füßen treten

pista ['pista] *f* Spur *f*, Fährte *f*; *dep* Bahn *f*, Piste *f*; *avia* Rollfeld *n*; **~ de aterrizaje** *avia* Landebahn *f*; **~ de baile** Tanzfläche *f*; **~ de circo** Manege *f*; **~ de despegue** *avia* Startbahn *f*; **~ de tenis** Tennisplatz *m*; **seguir la ~ a alg** j-m nachspüren

pistacho [pis'tatʃo] *m* Pistazie *f*

pistilo *bot* [pis'tilo] *m* Stempel *m*

pisto|la [pis'tola] *f* Pistole *f*; **~lero** [-'lero] *m* Pistolenschütze *m*; Bandit *m*; **~letazo** [-'taθo] *m* Pistolenschuss *m*

pistón [pis'tɔn] *m* Kolben *m*; Ventil *n*

pita *bot* ['pita] *f* Agave *f*

pita|da [pi'tađa] *f* Pfiff *m*; *desp* Auspfeifen *n*; **~r** [-'tar] (*1a*) **1.** *v/t* auspfeifen; **2.** *v/i* pfeifen; F klappen; *Am* rauchen; **salir pitando** F abhauen

pitido [pi'tiđo] *m* Pfiff *m*

piti|llera [piti'ʎera] *f* Zigarettenetui *n*; **~llo** F [pi'tiʎo] *m* Zigarette *f*

pito ['pito] *m* (Triller-)Pfeife *f*; V Penis *m*

pitón [pi'tɔn] *m zo* Pythonschlange *f*

pitonisa [pito'nisa] *f* Wahrsagerin *f*

pitorro [pi'tɔrrɔ] *m* Tülle *f*

pizarra [pi'θarra] *f* Schiefer *m*; (*tablero*) (Schiefer-)Tafel *f*

pizca ['piθka] *f* Bisschen *n*; *gastr* Prise *f*; **ni ~** F keine Spur

placa ['plaka] *f* Platte *f*; (*letrero*) Schild *n*; (*chapa*) Plakette *f*; **~ de matrícula** *auto* Nummernschild *n*

placen|ta *anat* [pla'θenta] *f* Plazenta *f*, Mutterkuchen *m*; **~tero** [-'tero] behaglich, gemütlich

placer [pla'θɛr] **1.** *v/i* (*2x*) gefallen; **2.** *m* Lust *f*; Vergnügen *n*; Freude *f*

plácido ['plaθiđo] ruhig; gemütlich

plafón [pla'fɔn] *m* Deckenlampe *f*

plaga ['plaga] *f* Plage *f*; *agr* Schädling *m*; **~do** [-'gađo] verseucht; **~ de** wimmelnd von

plagi|ar [pla'xĭar] (*1b*) plagiieren, abschreiben; **~o** ['plaxĭo] *m* Plagiat *n*

plaguicida [plagi'θiđa] *m* Pflanzenschutzmittel *n*

plan [plan] *m* Plan *m*; **en ~ de** als; F **a todo ~** ganz groß

plana ['plana] *f* (Blatt-)Seite *f*; **~ mayor** *mil* Stab *m*; *fig* Mitarbeiterstab *m*; **en primera ~** auf der Titelseite

plancha ['plantʃa] *f* Platte *f*; (*utensilio*) Bügeleisen *n*; F Blamage *f*; **~ de vapor** Dampfbügeleisen *n*; F **tirarse una ~** sich blamieren; **no precisa ~** bügelfrei; **~do** [-'tʃađo] *m* Bügeln *n*; **~dora** [-tʃa'đora] *f* Büglerin *f*; **~ eléctrica** Heimbügler *m*; **~r** [-'tʃar] (*1a*) bügeln

plane|ador [planea'đɔr] *m* Segelflugzeug *n*; **~ar** [-'ar] (*1a*) **1.** *v/t* planen; **2.** *v/i avia* gleiten

planeta [pla'neta] *m* Planet *m*; **~rio** [-'tarĭo] *m* Planetarium *n*

planicie [pla'niθĭe] *f* Ebene *f*

planifica|ción [planifika'θĭɔn] *f* Planung *f*; **~ familiar** Familienplanung *f*; **~r** [-'kar] (*1g*) planen

plano ['plano] **1.** *adj* eben; flach; **de ~** ge-

P

radeheraus; **2.** *m* Fläche *f*; Ebene *f* (*a mat*); *arqu* Grundriss *m*; (*de la ciudad*) Stadtplan *m*; ***primer ~*** Vordergrund *m*; *fot* Nahaufnahme *f*; ***segundo ~*** Hintergrund *m* (*a fig*)

planta ['planta] *f bot* Pflanze *f*; (*del pie*) Fußsohle *f*; *arqu* Stock(werk *n*) *m*; *tec* Anlage *f*; ***~ baja*** Erdgeschoss *n*; ***edificio*** *m* ***de nueva ~*** Neubau *m*; ***~ recicladora*** Wiederaufbereitungsanlage *f*; **~ción** [-'θĭɔn] *f* Pflanzung *f*; Plantage *f*; **~r** [-'tar] (*1a*) (be)pflanzen; ***~ en la calle*** *fig* auf die Straße setzen; **~rse** F *fig* sich aufpflanzen

plante|amiento [plantea'mĭento] *m* (Frage-, Problem-)Stellung *f*; **~ar** [-'ar] (*1a*) (*problema, cuestión*) aufwerfen

plantilla [plan'tiʎa] *f* Einlegesohle *f*; *tec* Schablone *f*; (*personal*) Belegschaft *f*

plantón [plan'tɔn] *m*: F ***dar un ~ a alg*** j-n versetzen

plasma ['plazma] *m* Plasma *n*; **~r** [-'mar] (*1a*) formen, gestalten; **~rse** s-n Niederschlag finden (in *dat* ***en***); sich äußern in

plasticidad [plastiθi'đađ] *f* Plastizität *f*; *fig* Bildhaftigkeit *f*

plástico ['plastiko] **1.** *adj* plastisch (*a fig*); ***artes*** *f/pl* ***-as*** bildende Künste *f/pl*; **2.** *m* Kunststoff *m*, Plastik *n*

plata ['plata] *f* Silber *n*; *Am* Geld *n*

plataforma [plata'fɔrma] *f* Plattform *f*; ***~ de lanzamiento*** Abschussrampe *f*; ***~ petrolera*** (*od* ***de sondeo***) Bohrinsel *f*

plátano ['platano] *m* (*árbol*) Platane *f*; (*fruta*) Banane *f*

platea *teat* [pla'tea] *f* Parkett *n*

plate|ado [plate'ađo] versilbert; **~ría** [-'ria] *f* Silberzeug *n*; **~ro** [-'tero] *m* Silberschmied *m*

platicar [plati'kar] (*1g*) plaudern

platillo [pla'tiʎo] *m* Untertasse *f*; (*de la balanza*) Waagschale *f*; ***~ volante***, *Am* ***volador*** fliegende Untertasse *f*; *mús* ***~s*** *pl* Becken *n/pl*

platin|a [pla'tina] *f*: ***~*** (***a cassettes***) Kassettendeck *n*; **~o** [-'tino] *m* Platin *n*

plato ['plato] *m* Teller *m*; *gastr* Gericht *n*; Gang *m*; ***~ combinado*** Tellergericht *n*; ***~ del día*** Tagesgericht *n*; ***~ preparado***, ***~ precocinado*** Fertiggericht *n*

plató [pla'to] *m* Filmkulisse *f*

platónico [pla'toniko] platonisch

plausible [plaŭ'siƀle] einleuchtend, plausibel

playa ['plaja] *f* Strand *m*

playero [pla'jero] Strand...

plaza ['plaθa] *f* Platz *m*; (*mercado*) Markt(platz) *m*; ***~ de toros*** Stierkampfarena *f*

plazo ['plaθo] *m* Frist *f*; (*pago*) Rate *f*; ***a corto*** (***largo***, ***medio***) ***~*** kurz- (lang-, mittel)fristig; ***a ~s*** auf Raten; ***~ de entrega*** Lieferfrist *f*; ***~ de vencimiento*** Laufzeit *f*

pleamar [plea'mar] *f* Flut *f*

plebe ['pleƀe] *f* Plebs *m*; **~yo** [ple'ƀejo] plebejisch; gemein

plebiscito [pleƀis'θito] *m* Volksabstimmung *f*, -entscheid *m*

plega|ble [ple'gaƀle] (zs.-)klappbar, Klapp...; **~r** [-'gar] (*1h u 1k*) (zs.-)falten; *tec* falzen; **~rse** sich fügen (*dat* ***a***)

plegaria [ple'garĭa] *f* (Bitt-)Gebet *n*

plei|tear [plɛĭte'ar] (*1a*) prozessieren; **~to** ['plɛĭto] *m* Prozess *m*, (Rechts-) Streit *m*; ***poner*** (***un***) ***~*** e-n Prozess anstrengen (gegen ***a***)

pleni|lunio [pleni'lunĭo] *m* Vollmond *m*; **~potenciario** [-poten'θĭarĭo] *m* Bevollmächtigte(r) *m*

plenitud [pleni'tuđ] *f* Fülle *f*; Vollkraft *f*

pleno ['pleno] **1.** *adj* voll; ***~ empleo*** *m* Vollbeschäftigung *f*; ***en ~ día*** am helllichten Tag; ***en ~ invierno*** mitten im Winter; **2.** *m* Vollversammlung *f*; Plenum *n*

pletórico [ple'toriko] strotzend (von *dat* ***de***)

pleu|ra *anat* ['pleŭra] *f* Brustfell *n*; **~resía** [-re'sia] *f* Brustfellentzündung *f*

pliego ['plĭego] **1.** *s* ***plegar***; **2.** *m* (*papel*) Bogen *m*

pliegue ['plĭege] *m* Falte *f*

plinto ['plinto] *m dep* Kasten *m*

plom|ada [plo'mađa] *f* Lot *n*; Senkblei *n*; **~ero** [-'mero] *m Am* Klempner *m*

plomo ['plomo] *m* Blei *n*; *el* Sicherung *f*; ***con pies de ~*** vorsichtig; ***con ~*** verbleit; ***sin ~*** bleifrei, unverbleit

pluma ['pluma] *f* Feder *f*; **~je** [-'maxe] *m* Gefieder *n*

plumero [plu'mero] *m* Staubwedel *m*; (*plumier*) Federkasten *m*

plumier [plu'mĭɛr] *m* Federkasten *m*

plural [plu'ral] *m* Plural *m*

pluripartidismo [pluriparti'đizmo] *m*

Mehrparteiensystem *n*

plus [plus] *m* Zulage *f*; **~marca** [pluz'marka] *f dep* Rekord *m*; **~valía** [-ƀa'lia] *f* Mehrwert *m*; Wertzuwachs *m*

plutonio [plu'tonĭo] *m* Plutonium *n*

pobla|ción [poƀla'θĭɔn] *f* Bevölkerung *f*; (*poblado*) Ortschaft *f*; **~ *activa*** erwerbstätige Bevölkerung *f*; **~do** [po'ƀlađo] **1.** *adj* bevölkert, (dicht) bewohnt; **2.** *m* Ortschaft *f*; **~dor** [-'đɔr] *m* Siedler *m*; **~r** [-'ƀlar] (*1m*) bevölkern; besiedeln; *bot* bepflanzen (mit ***de***)

pobre ['poƀre] **1.** *adj* arm; *fig* ärmlich, armselig; **2.** *su* Arme(r *m*) *f*; **~za** [-'ƀreθa] *f* Armut *f*

pocilga [po'θilga] *f* Schweinestall *m* (*a fig*)

pócima ['poθima] *f* Arzneitrank *m*

poco ['poko] wenig; ***un ~*** (***de***) ein bisschen, etwas; ***~ a ~*** allmählich, nach und nach; ***dentro de ~*** in Kürze, bald; ***hace ~*** vor kurzem; ***por ~*** beinahe, fast; ***por si fuera ~*** und obendrein

podar *agr* [po'đar] (*1a*) beschneiden

poder [po'đɛr] **1.** (*2t*) können; dürfen; ***~ a alg*** j-m überlegen sein; ***no ~ con*** nicht fertig werden mit; F nicht ausstehen können; ***no ~ más*** nicht mehr können; ***no ~ menos de*** *inf* nicht umhin können zu *inf*; ***a más no ~*** aus Leibeskräften, F was das Zeug hält; ***puede ser*** vielleicht; ***¿se puede?*** darf man eintreten?; **2.** *m* Macht *f*; *bsd pol* Gewalt *f*; (*capacidad*) Fähigkeit *f*; Kraft *f*; *jur* Vollmacht *f*

pode|río [pođe'rio] *m* Macht *f*; **~roso** [-'roso] mächtig

podio ['pođĭo] *m* Podium *n*

podólogo *med* [po'đologo] *m* Facharzt *m* für Fußleiden

podr|edumbre [pođre'đumbre] *f* Fäulnis *f*; **~ido** [po'đriđo] faul, verfault; *a fig* verdorben

poe|ma [po'ema] *m* Dichtung *f*; **~sía** [poe'sia] *f* Gedicht *n*; *a fig* Poesie *f*; **~ta** [po'eta] *m* Dichter *m*

poético [po'etiko] poetisch, dichterisch

poetisa [poe'tisa] *f* Dichterin *f*

polaco [po'lako] **1.** *adj* polnisch; **2.** *m*, **-a** [-ka] *f* Pole *m*, Polin *f*

polar [po'lar] Polar...; Pol...; **~izar** [-ri'θar] (*1f*) polarisieren

polea *tec* [po'lea] *f* Riemenscheibe *f*; Laufrad *n*

polémi|ca [po'lemika] *f* Polemik *f*; **~co** [-'lemiko] polemisch

polen *bot* ['polen] *m* Blütenstaub *m*, Pollen *m*

poli|cía [poli'θia] **1.** *f* Polizei *f*; **2.** *su* Polizist(in *f*) *m*; **~cíaco** [-'θiako] Polizei...; Kriminal...; **~cial** [-'θĭal] polizeilich, Polizei...

poli|clínica [poli'klinika] *f* Poliklinik *f*; **~cromo** [-'kromo] vielfarbig, bunt; **~deportivo** [-depɔr'tiƀo] *m* Sportanlage *f*; **~facético** [-fa'θetiko] vielseitig; **~fónico** [-'foniko] polyphon; **~gamia** [-'gamĭa] *f* Polygamie *f*; **~gloto** [-'gloto] vielsprachig, polyglott

polilla [po'liʎa] *f* Motte *f*

polio(mielitis) *med* ['polĭo(mie'litis)] *f* Kinderlähmung *f*

pólipo ['polipo] *m* Polyp *m* (*med u zo*)

politécnico [poli'tɛgniko] polytechnisch

políti|ca [po'litika] *f* Politik *f*; ***~ monetaria*** Währungspolitik *f*; **~co** [-'litiko] **1.** *adj* politisch; (*parentesco*) Schwieger...; **2.** *m* Politiker *m*

póliza ['poliθa] *f* Steuermarke *f*; ***~ de seguro*** Versicherungspolice *f*

polizón [poli'θɔn] *m* blinder Passagier *m*

pollería [poʎe'ria] *f* Geflügelhandlung *f*

pollo ['poʎo] *m* junges Huhn *n*; *gastr* Hähnchen *n*

polluelo [po'ʎŭelo] *m* Küken *n*

polo ['polo] *m geo*, *el*, *fig* Pol *m*; *dep* Polo *n*; (*helado*) Eis *n* am Stiel; (*camisa*) Polohemd *n*

polonesa [polo'nesa] *f* Polonäse *f*

poltrona [pɔl'trona] *f* Lehnstuhl *m*

polución [polu'θĭɔn] *f* Verschmutzung *f*

polvareda [pɔlƀa'ređa] *f* Staubwolke *f*; ***levantar una ~*** Staub aufwirbeln (*a fig*)

polvera [pɔl'ƀera] *f* Puderdose *f*

polvo ['pɔlƀo] *m* Staub *m*; Pulver *n*; **~s** *pl* Puder *m*

pólvora ['pɔlƀora] *f* Schießpulver *n*

polvo|riento [pɔlƀo'rĭento] staubig; **~rín** [-'rin] *m fig* Pulverfass *n*

pomada [po'mađa] *f* Salbe *f*

pomelo [po'melo] *m* Grapefruit *f*

pómez ['pomeθ]: (***piedra*** *f*) **~** Bimsstein *m*

pomo ['pomo] *m* Türknauf *m*

pomp|a ['pɔmpa] *f* Pracht *f*, Pomp *m*; ***~ de jabón*** Seifenblase *f*; **~s** *pl* ***fúnebres***

Beerdigungsinstitut *n*; **~oso** [-'poso] pomphaft, pompös
pómulo ['pomulo] *m* Backenknochen *m*
ponche ['pɔntʃe] *m* Punsch *m*
poncho *Am* ['pɔntʃo] *m* Poncho *m*
pondera|do [pɔnde'rađo] überlegt; ausgewogen; **~r** [-'rar] (*1a*) abwägen
ponen|cia [po'nenθĭa] *f* Referat *n*; **~te** [-'nente] *m* Referent *m*
poner [po'nɛr] (*2r*) setzen; stellen; legen; (*nombre*) geben; (*cara*) machen; (*mesa*) decken; (*ropa*) anziehen; *tel* verbinden (mit ***con***); (*radio*, *etc*) anmachen; (*cine*, *teat*) bringen; **~** + *adj* machen, *p ej* ***~ furioso*** wütend machen; ***pongamos que*** (*subj*) nehmen wir an, dass; **~se** (*ropa*) anziehen; (*sombrero*, *gafas*) aufsetzen; (*sol*) untergehen; **~** + *adj* werden, *p ej* ***~ pálido*** blass werden; ***~ a*** (*inf*) anfangen zu (*inf*)
poney ['poni] *m* Pony *n*
pongo ['pɔŋgo] *s* ***poner***
pontifi|cado [pɔntifi'kađo] *m* Pontifikat *n*; **~cal** [-'kal] päpstlich; bischöflich
popa *mar* ['popa] *f* Heck *n*
popula|cho [popu'latʃo] *m* Pöbel *m*; **~r** [-'lar] volkstümlich, Volks...; populär; **~ridad** [-lari'đađ] *f* Popularität *f*; Beliebtheit *f*; **~rizar** [-lari'θar] (*1f*) populär machen
populoso [popu'loso] volkreich
póquer ['pokɛr] *m* Poker *n*
poquito [po'kito]: ***un ~*** ein bisschen
por [pɔr] (*causa*) wegen, durch; (*pasivo*) durch, von; (*precio*) für; ***~ Navidad*** zu Weihnachten; ***~ un año*** für ein Jahr; ... ***~ hora ...*** pro Stunde; (*lugar*) ***~ Toledo*** über *bzw* durch Toledo; *mat* ***dos ~ dos*** zwei mal zwei; ***~ mí*** meinetwegen; ***¿~ qué?*** warum?; ***~ lo que***, ***~ lo cual*** weswegen, weshalb; ***~ difícil que sea*** so schwierig es auch sein mag
porcelana [pɔrθe'lana] *f* Porzellan *n*
porcentaje [pɔrθen'taxe] *m* Prozentsatz *m*
porche ['pɔrtʃe] *m* Säulengang *m*; Vorhalle *f*
porcino [pɔr'θino] Schweine...
porción [pɔr'θĭɔn] *f* Portion *f*; (*parte*) Teil *m*
pordiosero *m* [pɔrđĭo'sero] Bettler *m*
porfia|do [pɔrfi'ađo] hartnäckig; **~r** [-'ar] (*1c*) beharren (auf ***en***)
pormenor [pɔrme'nɔr] *m* Einzelheit *f*; **~izar** [-nori'θar] (*1f*) genau beschreiben
porno ['pɔrno] Porno...; **~grafía** [-gra'fia] *f* Pornographie *f*; **~gráfico** [-'grafiko] pornographisch
poro ['poro] *m* Pore *f*; **~so** [-'roso] porös
poroto *Am* [po'roto] *m* Bohne *f*
porque ['pɔrke] weil
porqué [pɔr'ke] *m* Ursache *f*, Grund *m*
porquería [pɔrke'ria] *f* Schweinerei *f*; (*suciedad*) Dreck *m* (*a fig*)
porra ['pɔrra] *f* (Gummi-)Knüppel *m*
porrillo F [pɔ'rriʎo]: ***a ~*** in Hülle und Fülle
porro F ['pɔrrɔ] *m* Joint *m*
porrón [pɔ'rrɔn] *m* *Trinkgefäß aus Glas mit langer Tülle*
portaaviones [pɔrtaa'bĭones] *m* Flugzeugträger *m*
porta|da [pɔr'tađa] *f* Portal *n*; *tip* Titelblatt *n*; **~dor** [-ta'đɔr] *m* Träger *m* (*a med*); *com* Inhaber *m*; Überbringer *m*
porta|equipajes [pɔrtaeki'paxes] *m auto* Gepäckträger *m*; **~esquís** [-es'kis] *m auto* Skiträger *m*; **~estandarte** [-estan'darte] *m* Fahnenträger *m*; **~folios** [-'folĭos] *m* Aktenkoffer *m*; **~fotos** [-'fotos] *m* Fotorahmen *m*
portal [pɔr'tal] *m* Portal *n*; Hauseingang *m*
porta|minas [pɔrta'minas] *m* Drehbleistift *m*; **~monedas** [-mo'neđas] *m* Geldbörse *f*, Portmonnaie *n*; **~objeto(s)** [-ɔb'xeto(s)] *m* Objektträger *m*
portarse [pɔr'tarse] (*1a*) sich benehmen
portátil [pɔr'tatil] tragbar; Reise..., Hand...
portaviones [pɔrta'bĭones] *m* Flugzeugträger *m*
portavoz [pɔrta'bɔθ] *su* Sprachrohr *n* (*a fig*); Sprecher(in *f*) *m*
portazo [pɔr'taθo] *m*: ***dar un ~*** die Tür zuschlagen
porte ['pɔrte] *m corr* Porto *n*; *com* Fracht *f*; *fig* Haltung *f*; *corr* ***a ~ debido*** unfrei
portento [pɔr'tento] *m* Wunder *n*; **~so** [-'toso] wunderbar
porteño [pɔr'teɲo] aus Buenos Aires
porte|ra [pɔr'tera] *f* Pförtnerin *f*; Hausmeisterin *f*; **~ría** [-'ria] *f* Pförtnerloge *f*; *dep* Tor *n*; **~ro** [-'tero] *m* Pförtner *m*; Hausmeister *m*; *dep* Torwart *m*; ***~ electrónico*** automatischer Türöffner

m (mit Sprechanlage)
pórtico ['pɔrtiko] *m* Säulengang *m*
portorriqueño [pɔrtɔrri'keɲo] aus Puerto Rico
portuario [pɔr'tŭarĭo] Hafen...
portu|gués [pɔrtu'ges] **1.** *adj* portugiesisch; **2.** *m*, **~guesa** [-'gesa] *f* Portugiese *m*, Portugiesin *f*
porvenir [pɔrƀe'nir] *m* Zukunft *f*
pos [pɔs]: ***en ~ de alg*** hinter j-m her
posada [po'sađa] *f* Gasthaus *n*
posaderas [posa'đeras] *f/pl* Gesäß *n*
posar [po'sar] (*1a*) Modell stehen, posieren; **~se** (*ave*, *etc*) sich setzen; *avia* aufsetzen
posdata [pɔz'đata] *f* Nachschrift *f*
pose ['pɔse] *f* Pose *f*
pose|edor [posee'đɔr] *m* Besitzer *m*, Inhaber *m*; **~er** [-'ɛr] (*2e*) besitzen; **~ído** [-'iđo] besessen; **~sión** [-'sĭɔn] *f* Besitz *m*; ***tomar ~ de*** Besitz ergreifen von; (*cargo*) antreten; **~sivo** [-'siƀo] besitzergreifend; *gram* ***pronombre*** *m* **~** Possessivpronomen *n*; **~so** [-'seso] *m* Besessene(r) *m*
posguerra [pɔz'gɛrra] *f* Nachkriegszeit *f*
posibili|dad [posiƀili'đađ] *f* Möglichkeit *f*; **~tar** [-'tar] (*1a*) ermöglichen
posible [po'siƀle] möglich; ***hacer*** (***todo***) ***lo ~*** sein Möglichstes tun
posición [posi'θĭɔn] *f* Stellung *f*; Position *f*
positivo [posi'tiƀo] **1.** *adj* positiv; **2.** *m fot* Positiv *n*
poso ['poso] *m* Bodensatz *m*
posponer [pɔspo'nɛr] (*2r*) hintansetzen
postal [pɔs'tal] **1.** *adj* Post...; **2.** (***tarjeta*** *f*) **~** Postkarte *f*
poste ['poste] *m* Pfosten *m*; Pfeiler *m*; Mast *m*
póster ['pɔstɛr] *m* Poster *n*, *m*
postergar [pɔstɛr'gar] (*1a*) zurücksetzen, -stellen; übergehen
posteri|dad [pɔsteri'đađ] *f* Nachwelt *f*; **~or** [-'rĭɔr] spätere(r, -s); hintere(r, -s); **~oridad** [-rĭori'đađ] *f*: ***con ~*** nachträglich
postguerra [pɔz'gɛrra] *s* ***posguerra***
postigo [pɔs'tigo] *m* Fensterladen *m*
postizo [pɔs'tiθo] **1.** *adj* falsch, künstlich; **2.** *m* Haarteil *n*, Toupet *n*
postor [pɔs'tɔr] *m* Bieter *m*; ***al mejor ~*** meistbietend
postra|ción [pɔstra'θĭɔn] *f* Kniefall *m*; *fig* Niedergeschlagenheit *f*; **~r** [-'trar] (*1a*) niederwerfen; **~rse** niederknien
postre ['pɔstre] *m* Nachtisch *m*; ***a la ~*** zu guter Letzt
postrero [pɔs'trero] letzte(r, -s)
postulado [pɔstu'lađo] *m* Postulat *n*; Forderung *f*
póstumo ['pɔstumo] post(h)um; (*obra*) nachgelassen
postura [pɔs'tura] *f* Stellung *f*; Haltung *f*; (*subasta*) Gebot *n*; *fig* Einstellung *f*
potable [po'taƀle] trinkbar
potaje [po'taxe] *m* Gemüseeintopf *m*, -suppe *f*
potasio [po'tasĭo] *m* Kalium *n*
pote ['pote] *m* Topf *m*
potencia [po'tenθĭa] *f* Macht *f*; *tec* Stärke *f*, Kraft *f*; Leistung *f*; *biol* Potenz *f*; ***en ~*** potenziell; ***gran ~*** Großmacht *f*; **~l** [-'θĭal] **1.** *adj* möglich; potenziell; **2.** *m* Potenzial *n*
potente [po'tente] stark; *biol* potent
potestad [potes'tađ] *f*: ***patria ~*** elterliche Gewalt *f*
potro ['potro] *m* Fohlen *n*; *dep* Bock *m*
pozo ['poθo] *m* Brunnen *m*; *min* Schacht *m*; ***~ negro*** Abortgrube *f*; *fig* ***~ sin fondo*** Fass *n* ohne Boden
práctica ['praktika] *f* Übung *f*; Praxis *f*; ***~s*** *pl* Praktikum *n*; ***poner en ~*** verwirklichen
practica|ble [prakti'kaƀle] ausführbar; (*camino*) befahrbar; **~nte** [-'kante] *m etwa*: Arztgehilfe *m*; **~r** [-'kar] (*1g*) ausüben, betreiben, praktizieren; *dep* treiben
práctico ['praktiko] **1.** *adj* praktisch; **2.** *m* Praktiker *m*; *mar* Lotse *m*
pra|dera [pra'đera] *f* Wiese *f*; *Am* Prärie *f*; **~do** ['prađo] *m* Wiese *f*
pragmático [prag'matiko] pragmatisch
preámbulo [pre'ambulo] *m* Präambel *f*, Einleitung *f*; ***sin ~s*** ohne Umschweife
preaviso [prea'ƀiso] *m* Vorankündigung *f*; ***sin ~*** fristlos
prebenda [pre'ƀenda] *f* Pfründe *f*
precario [pre'karĭo] prekär; heikel
precaución [prekaŭ'θĭɔn] *f* Vorsicht *f*; ***por ~*** vorsorglich; ***tomar precauciones*** Vorsichtsmaßnahmen treffen
precav|er [preka'ƀɛr] (*2a*) vorbeugen (*dat*); **~erse** sich schützen (gegen ***de***); **~ido** [-'ƀiđo] vorsichtig

P

precede|ncia [preθe'đenθĭa] *f* Vorrang *m*; Vortritt *m*; **~nte** [-'đente] **1.** *adj* vorhergehend; **2.** *m* Präzedenzfall *m*; **~r** [-'đɛr] (*2a*) vorhergehen, vorangehen

precepto [pre'θɛpto] *m* Gebot *n*

preciarse [pre'θĭarse] (*1b*): **~ de** sich rühmen (*gen*)

precin|tar [preθin'tar] (*1a*) versiegeln; plombieren; **~to** [-'θinto] *m* Verschluss *m*; (Zoll-)Plombe *f*

precio ['preθĭo] *m* Preis *m*; **~ al contado** Barzahlungspreis *m*; **~ al por mayor** Großhandelspreis *m*; **~ de compra** Einkaufspreis *m*; **~ de coste** Selbstkostenpreis *m*; **~ de lanzamiento** Einführungspreis *m*; **~ de venta al público** Ladenpreis *m*; **a buen ~** preiswert; **no tener ~** unbezahlbar sein; **~sidad** [-si'đađ] *f* Kostbarkeit *f*; **~so** [-'θĭoso] kostbar, wertvoll; (*bonito*) reizend

precipi|cio [preθi'piθĭo] *m* Abgrund *m*; **~tación** [-pita'θĭɔn] *f* Übereilung *f*, Hast *f*; *met* Niederschlag *m*; **~tado** [-'tađo] **1.** *adj* übereilt, hastig; **2.** *m quím* Niederschlag *m*; **~tar** [-'tar] (*1a*) hinabstürzen; *fig* übereilen; **~tarse** (sich) stürzen; *fig* sich überstürzen

preci|samente [preθisa'mente] genau; gerade; **~sar** [-'sar] (*1a*) genau angeben, präzisieren; (*necesitar*) brauchen; **~sión** [-'sĭɔn] *f* Genauigkeit *f*; Präzision *f*; **~so** [-'θiso] nötig, notwendig; (*exacto*) genau; präzis(e)

precocidad [prekoθi'đađ] *f* Frühreife *f*

preconcebido [prekɔnθe'bido] vorbedacht; **idea** *f* **-a** vorgefasste Meinung *f*

precoz [pre'kɔθ] frühreif; Früh...

precursor [prekur'sɔr] *m* Vorläufer *m*, Vorbote *m*

prede|cesor [predeθe'sɔr] *m* Vorgänger *m*; **~cir** [-'θir] (*3p*) voraussagen

predestinar [predesti'nar] (*1a*) vorherbestimmen

predica|do *gram* [predi'kađo] *m* Prädikat *n*; **~dor** [-'đɔr] *m* Prediger *m*; **~r** [-'kar] (*1g*) predigen

predicción [predig'θĭɔn] *f* Vorhersage *f*

predilec|ción [predilɛg'θĭɔn] *f* Vorliebe *f*; **~to** [-'lɛkto] Lieblings...; bevorzugt

predis|posición [predisposi'θĭɔn] *f* Anlage *f*; *med* Anfälligkeit *f*; **~puesto** [-'pŭesto] voreingenommen (gegen **contra**); *med* anfällig (für **a**)

predomin|ante [predomi'nante] vorherrschend; **~ar** [-'nar] (*1a*) vorherrschen, überwiegen; **~io** [-'minĭo] *m* Vorherrschaft *f*; Übergewicht *n*

preescolar [preesko'lar] Vorschul...

prefabricado [prefabri'kađo] vorgefertigt, Fertig...

prefacio [pre'faθĭo] *m* Vorwort *n*

prefe|rencia [prefe'renθĭa] *f* Vorzug *m*; Vorliebe *f*; **~ (de paso)** Vorfahrt *f*; **de ~** vornehmlich; **~rente** [-'rente] bevorrechtigt; bevorzugt; **~rible** [-'rible] vorzuziehen; **~rido** [-'riđo] Lieblings...; **~rir** [-'rir] (*3i*) vorziehen

prefijo [pre'fixo] *m gram* Vorsilbe *f*, Präfix *n*; *tel* Vorwahl *f*

pre|gón [pre'gɔn] *m* öffentliches Ausrufen *n*; (*discurso*) Fest-, Eröffnungsrede *f*; **~gonar** [-go'nar] (*1a*) öffentlich ausrufen; *fig* ausposaunen

pregunta [pre'gunta] *f* Frage *f*; **~r** [-'tar] (*1a*) fragen (nach *dat* **por**)

prehistórico [preis'toriko] vorgeschichtlich, prähistorisch

prejubilación [prexubila'θĭɔn] *f* Vorruhestand *m*

prejuicio [prɛ'xŭiθĭo] *m* Vorurteil *n*; **sin ~ de** unbeschadet (*gen*)

prelado [pre'lađo] *m* Prälat *m*

preliminar [prelimi'nar] einleitend, Vor...

preludio [pre'luđĭo] *m mús* Vorspiel *n* (*a fig*), Präludium *n*; *fig* Einleitung *f*

prematuro [prema'turo] **1.** *adj* verfrüht; vorzeitig; **2.** *m* Frühgeburt *f*

premedita|ción [premedita'θĭɔn] *f* Vorbedacht *m*; **con ~** vorsätzlich; **~r** [-'tar] (*1a*) vorher überlegen

premi|ar [pre'mĭar] (*1b*) belohnen; mit e-m Preis auszeichnen; **~o** ['premĭo] *m* Preis *m*; (*recompensa*) Belohnung *f*, Prämie *f*; (*lotería*) Gewinn *m*

premonición [premoni'θĭɔn] *f* Vorgefühl *n*, Vorahnung *f*

premura [pre'mura] *f* Dringlichkeit *f*; Eile *f*; **~ de tiempo** Zeitdruck *m*

prenda ['prenda] *f* Pfand *n*; (*ropa*) Kleidungsstück *n*; **no soltar ~** sehr verschwiegen sein

prendedor [prende'đor] *m* Brosche *f*

prender [pren'dɛr] (*2a*; *part a* **preso**) **1.** *v/t* festnehmen; (*sujetar*) befestigen; **2.** *v/i* Feuer fangen; *agr* Wurzel fassen

prensa ['prensa] *f* Presse *f*; **~ del corazón** (*od* **amarilla**) F Regenbogen-

P

presse *f*; ***en ~*** im Druck; **~r** [-'sar] (*1a*) pressen; (*uva*) keltern
preña|do [pre'nađo] schwanger; (*animal*) trächtig; **~r** [-'ɲar] (*1a*) schwängern
preñez [pre'ɲeθ] *f* Schwangerschaft *f*; *zo* Trächtigkeit *f*
preocupa|ción [preokupa'θĭɔn] *f* Besorgnis *f*, Sorge *f*; **~do** [-'pađo] besorgt; **~r** [-'par] (*1a*) Sorgen machen; **~rse** sich Sorgen machen (um ***por***); ***~ de*** sich kümmern um; ***¡no se preocupe!*** seien Sie unbesorgt!
prepara|ción [prepara'θĭɔn] *f* Vorbereitung *f*; **~do** [-'rađo] *m* Präparat *n*; **~r** [-'rar] (*1a*) vorbereiten; (*comida*) zubereiten; **~tivos** [-ra'tiƀos] *m/pl* Vorbereitungen *f/pl*; **~torio** [-ra'torĭo] vorbereitend
preponderar [prepɔnde'rar] (*1a*) überwiegen; vorherrschen
preposición *gram* [preposi'θĭɔn] *f* Präposition *f*
prepoten|cia [prepo'tenθĭa] *f* Vorherrschen *n*; Übermacht *f*; **~te** [-'tente] übermächtig
prepucio *anat* [pre'puθĭo] *m* Vorhaut *f*
presa ['presa] *f* Beute *f*; (*de agua*) Staudamm *m*, Talsperre *f*
presag|iar [presa'xĭar] (*1b*) vorher-, voraussagen; **~io** [-'saxĭo] *m* Vorbedeutung *f*; Vorzeichen *n*
presbicia [prez'ƀiθĭa] *f* Alters(weit-)sichtigkeit *f*
présbita ['prezƀita] weitsichtig
prescin|dible [presθin'diƀle] entbehrlich; **~dir** [-'dir] (*3a*): ***~ de*** absehen von; verzichten auf
prescri|bir [preskri'ƀir] (*3a*; *part* ***prescrito***) **1.** *v/t* vorschreiben; *med* verschreiben; **2.** *v/i jur* verjähren; **~pción** [-kriƀ'θĭɔn] *f* Vorschrift *f*; *jur* Verjährung *f*; *med* Verordnung *f*
presencia [pre'senθĭa] *f* Gegenwart *f*; Anwesenheit *f*; ***de buena ~*** gut aussehend; **~r** [-'θĭar] (*1b*) beiwohnen (*dat*), dabei sein bei (*dat*)
presenta|ción [presenta'θĭɔn] *f* Vorstellung *f*; Präsentierung *f*; (*aspecto*) Aufmachung *f*; **~dor** [-'đɔr] *m TV*, *etc* Ansager *m*; **~r** [-'tar] (*1a*) vorstellen; (*mostrar*) bieten; auf-, vorweisen; **~rse** erscheinen; auftreten
presente [pre'sente] **1.** *adj* gegenwärtig; anwesend; **2.** *m* Gegenwart *f*; *gram* Präsens *n*
presen|timiento [presenti'mĭento] *m* Vorgefühl *n*, Ahnung *f*; **~tir** [-'tir] (*3i*) ahnen
preserva|ción [presɛrƀa'θĭɔn] *f* Bewahrung *f*; Schutz *m*; **~r** [-'ƀar] (*1a*) bewahren, schützen (vor ***de***); **~tivo** [-ƀa'tiƀo] *m* Präservativ *n*
presiden|cia [presi'đenθĭa] *f* Präsidentschaft *f*; Vorsitz *m*; **~ta** [-'đenta] *f* Präsidentin *f*; **~te** [-'đente] *m* Vorsitzende(r) *m*; Präsident *m*; ***≗ del Banco Central*** (*EU*) Zentralbankpräsident *m*; ***~ del Consejo*** Ministerpräsident *m*; ***~ de la junta directiva*** Vorstandsvorsitzende(r) *m*
presi|diario [presi'đĭarĭo] *m* Sträfling *m*; **~dio** [-'siđĭo] *m* Zuchthaus *n*
presidir [presi'đir] (*3a*) den Vorsitz führen bei (*dat*); vorstehen (*dat*)
presi|ón [pre'sĭɔn] *f* Druck *m*; ***~ sanguínea*** Blutdruck *m*; ***~ de los neumáticos*** Reifendruck *m*; **~onar** [-sĭo'nar] (*1a*) drücken; *fig* unter Druck setzen
preso ['preso] **1.** *part v* ***prender***; **2.** *m* Häftling *m*; ***~ preventivo*** Untersuchungshäftling *m*
prestación [presta'θĭɔn] *f* Leistung *f*; ***~ social*** Sozialleistung *f*
préstamo ['prestamo] *m* Darlehen *n*
prestar [pres'tar] (*1a*) (aus-, ver)leihen; (*servicio*, *ayuda*) leisten; **~se** sich anbieten; sich hergeben (zu ***a***)
presteza [pres'teθa] *f* Schnelligkeit *f*
prestidigitador [prestiđixita'đɔr] *m* Zauberer *m*, Taschenspieler *m*
prestigio [pres'tixĭo] *m* Ansehen *n*, Prestige *n*; **~so** [-'xĭoso] angesehen
presumi|ble [presu'miƀle] vermutlich; **~do** [-'miđo] eingebildet; **~r** [-'mir] (*3a*) **1.** *v/t* vermuten, annehmen; **2.** *v/i* angeben (mit *dat* ***de***)
presun|ción [presun'θĭɔn] *f* Vermutung *f*; (*engreimiento*) Überheblichkeit *f*, Dünkel *m*; **~to** [-'sunto] vermeintlich; angeblich; **~tuoso** [-'tŭoso] eingebildet, überheblich
presu|poner [presupo'nɛr] (*2r*) voraussetzen; **~puesto** [-'pŭesto] *m* Kostenvoranschlag *m*; *com* Haushalt *m*, Budget *n*
presuroso [presu'roso] eilig
preten|cioso [preten'θĭoso] anmaßend;

angeberisch; **~der** [-'dɛr] (*2a*) fordern, beanspruchen; (*afirmar*) vorgeben, behaupten; (*intentar*) versuchen; **~diente** [-'dĭente] *m* Bewerber *m*; **~sión** [-'sĭɔn] *f* Anspruch *m*; *Am* Dünkel *m*; **~sioso** *Am* [-'sĭoso] dünkelhaft, eingebildet

pretex|tar [pretes'tar] (*1a*) vorgeben, vorschützen; **~to** [-'testo] *m* Vorwand *m*; Ausrede *f*

prevaricación [preƀarika'θĭɔn] *f* Amts-, Pflichtverletzung *f*

preven|ción [preƀen'θĭɔn] *f* Vorkehrung *f*; *a med* Vorbeugung *f*, Verhütung *f*; ***~ del cáncer*** Krebsvorsorge *f*; **~ido** [-ƀe'niđo] vorbereitet; (*cauto*) vorsichtig; **~ir** [-'nir] (*3s*) verhüten; vorbeugen (*dat*); (*avisar*) warnen

prever [pre'ƀɛr] (*2v*) voraussehen

previo ['preƀĭo] vorhergehend

previs|ible [preƀi'siƀle] voraussehbar; **~ión** [-'sĭɔn] *f* Voraussicht *f*; ***~ (privada) para la tercera edad*** (private) Altersvorsorge *f*; ***~ del tiempo*** Wettervorhersage *f*; **~or** [-'sɔr] vorsichtig; **~to** [-'ƀisto] vor(aus)gesehen; ***tener ~*** vorsehen, vorhaben

prieto ['prĭeto] eng; knapp; *Am* dunkel

prima ['prima] *f* Kusine *f*; *com* Prämie *f*

prima|cía [prima'θia] *f* Vorrang *m*; **~r** [-'mar] (*1a*) vorherrschen, überwiegen

primario [pri'marĭo] primär

primavera [prima'ƀera] *f* Frühling *m*; *bot* Primel *f*, Schlüsselblume *f*; **~l** [-'ral] Frühlings..., frühlingshaft

primero [pri'mero] **1.** *adj* erste(r, -s); ***de -a*** erstklassig; ***a ~s de enero*** Anfang Januar; **2.** *adv* zuerst

primitivo [primi'tiƀo] ursprünglich; primitiv

primo ['primo] *m* Vetter *m*; **~génito** [-'xenito] *m* Erstgeborene(r) *m*

primordial [primɔr'đĭal] grundlegend, wesentlich

primoroso [primo'roso] vorzüglich; vortrefflich

prímula *bot* ['primula] *f* Primel *f*

prin|cesa [prin'θesa] *f* Fürstin *f*; Prinzessin *f*; **~cipado** [-θi'pađo] *m* Fürstentum *m*

principal [prinθi'pal] **1.** *adj* Haupt..., hauptsächlich; ***lo ~*** die Hauptsache *f*; **2.** *m* erster Stock *m*

príncipe ['prinθipe] *m* Fürst *m*; Prinz *m*; ***~ azul*** *fig* Märchenprinz *m*; ***~ heredero*** Erb-, Kronprinz *m*

princi|piante [prinθi'pĭante] *m* Anfänger *m*; **~pio** [-'θipĭo] *m* Anfang *m*; (*concepto*) Grundsatz *m*, Prinzip *n*; ***~ activo*** Wirkstoff *m*; ***al ~*** anfangs; ***en ~*** grundsätzlich, im Prinzip; ***a ~s de mayo*** Anfang Mai

pringoso [prin'goso] fettig; schmierig

priori|dad [prĭori'đađ] *f* Vorrang *m*, Priorität *f*; *auto* Vorfahrt *f*; **~tario** [-'tarĭo] vorrangig

prisa ['prisa] *f* Eile *f*; ***a toda ~*** in aller Eile; ***darse ~*** sich beeilen; ***correr ~*** eilig sein; ***tener ~*** es eilig haben

prisi|ón [pri'sĭɔn] *f* Gefängnis *n*; ***~ incomunicada*** Einzelhaft *f*; ***~ preventiva*** Untersuchungshaft *f*; **~onero** [-sĭo'nero] *m* Gefangene(r) *m*; ***caer ~*** in Gefangenschaft geraten

prismáticos [priz'matikos] *m/pl* Feldstecher *m*; Fernglas *n*

priva|ción [priƀa'θĭɔn] *f* Beraubung *f*; Entzug *m*; (*carencia*) Entbehrung *f*; **~do** [-'ƀađo] privat, Privat...; **~r** [-'ƀar] (*1a*) berauben; entziehen; **~rse**: ***~ de a/c*** auf et verzichten; **~tizar** [-ti'θar] (*1f*) privatisieren

privile|giar [priƀilɛ'xĭar] (*1b*) bevorzugen; privilegieren; **~gio** [-'lɛxĭo] *m* Vorrecht *n*, Privileg *n*

pro [pro] *m*: ***en ~ de*** zum Nutzen von; ***el ~ y el contra*** das Für und Wider

proa *mar* ['proa] *f* Bug *m*

proba|bilidad [proƀaƀili'đađ] *f* Wahrscheinlichkeit *f*; **~ble** [-'ƀaƀle] wahrscheinlich

proba|do [pro'ƀađo] erprobt, bewährt; **~dor** [-'đɔr] *m* Anproberaum *m*; **~r** [-'ƀar] (*1m*) **1.** *v/t* erproben, ausprobieren; (*a comida*) probieren; (*ropa*) (*mst* ***~se***) anprobieren; (*demostrar*) beweisen; **2.** *v/i* (gut) bekommen

probeta [pro'ƀeta] *f* Reagenzglas *n*

proble|ma [pro'ƀlema] *m* Problem *n*; *mat* Aufgabe *f*; **~mática** [-'matika] *f* Problematik *f*; **~mático** [-'matiko] problematisch

probo ['proƀo] rechtschaffen

procaz [pro'kaθ] unverschämt, frech

proce|dencia [proθe'đenθĭa] *f* Herkunft *f*; **~dente** [-'đente] (her)stammend, kommend (aus ***de***); (*oportuno*) angebracht; **~der** [-'đɛr] **1.** (*2a*) (her)kommen, stammen (aus ***de***); (*actuar*) vor-

P

gehen; (*ser oportuno*) angebracht sein; **~ a** übergehen zu; **2.** *m* Verhalten *n*; Vorgehen *n*; **~dimiento** [-đi'mĭento] *m* Verfahren *n* (*a jur u tec*)

procesa|do [proθe'sađo] *m* Angeklagte(r) *m*; **~dor** [-'đɔr] *m inform* Prozessor *m*; **~ de textos** Textverarbeitungssystem *n*; **~miento** [-'mĭento] *m* Gerichtsverfahren *n*; gerichtliche Verfolgung *f*; **~r** [-'sar] (*1a*) gerichtlich verfolgen

procesión [proθe'sĭɔn] *f* Prozession *f*

proceso [pro'θeso] *m* Prozess *m*; **~ de datos** (**textos**) Daten- (Text-)verarbeitung *f*

proclama|ción [proklama'θĭɔn] *f* Proklamation *f*, Verkündigung *f*; **~r** [-'mar] (*1a*) ausrufen, proklamieren

procre|ación [prokrea'θĭɔn] *f* Fortpflanzung *f*; **~ar** [-'ar] (*1a*) zeugen, fortpflanzen

procura|dor [prokura'đɔr] *m* (*nicht plädierender*) Anwalt *m*; **~r** [-'rar] (*1a*) besorgen, verschaffen; **~** *inf* versuchen zu

prodigalidad [prođigali'đađ] *f* Verschwendung *f*; Überfluss *m*

prodigio [pro'đixĭo] *m* Wunder *n*; **niño** *m* **~** Wunderkind *n*; **~so** [-đi'xĭoso] wunderbar

pródigo ['prođigo] verschwenderisch; **el hijo ~** der verlorene Sohn

produc|ción [prođug'θĭɔn] *f* Erzeugung *f*, Produktion *f*, Herstellung *f*; **~ir** [-'θir] (*3o*) erzeugen, herstellen, produzieren; (*causar*) hervorrufen; **~irse** sich ereignen, eintreten; **~tividad** [-đuktiƀi'đađ] *f* Produktivität *f*; **~tivo** [-'tiƀo] produktiv; **~to** [-'đukto] *m* Produkt *n*, Erzeugnis *n*; **~ orgánico** Bioprodukt *n*; **~ nacional bruto** Bruttosozialprodukt *n*; **~tor** [-'tɔr] **1.** *adj* erzeugend; **2.** *m* Erzeuger *m*; Hersteller *m*; (*a cine*) Produzent *m*

proeza [pro'eθa] *f* Heldentat *f*

profa|nación [profana'θĭɔn] *f* Entweihung *f*; Schändung *f*; **~nar** [-'nar] (*1a*) entweihen; schänden; **~no** [-'fano] **1.** *adj* profan; weltlich; **2.** *m* Laie *m*

profe|cía [profe'θia] *f* Prophezeiung *f*; **~rir** [-'rir] (*3i*) aussprechen; (*grito, etc*) ausstoßen; **~sar** [-'sar] (*1a*) (*profesión*) ausüben; *rel* bekennen; **~sión** [-'sĭɔn] *f* Beruf *m*; **~sional** [-sĭo'nal] **1.** *adj* berufsmäßig, Berufs...; **2.** *su* Fachmann *m*, Fachfrau *f*; *dep* F Profi *m*; **~ liberal** Freiberufler *m*; **~sor** *m* [-fe'sɔr] Lehrer *m*; **~ universitario** (Universitäts-) Dozent *m*; **~sorado** [-so'rađo] *m* Lehramt *n*; (*profesores*) Lehrerschaft *f*, Lehrkörper *m*

profe|ta [pro'feta] *m*, **~tisa** [-'tisa] *f* Prophet(in *f*) *m*; **~tizar** [-'θar] (*1f*) prophezeien

profético [pro'fetiko] prophetisch

profiláctico *med* [profi'laktiko] vorbeugend, prophylaktisch

prófugo ['profugo] **1.** *adj* flüchtig; **2.** *m mil* Fahnenflüchtige(r) *m*

profun|didad [profundi'đađ] *f* Tiefe *f*; **~dizar** [-'θar] (*1f*) vertiefen; *fig* auf den Grund gehen (*dat*); **~do** [-'fundo] tief

profu|sión [profu'sĭɔn] *f* Übermaß *n*; Überfluss *m*; **~so** [-'fuso] verschwenderisch; reichlich

progenitor [prɔxeni'tɔr] *m* Erzeuger *m*; **~es** *pl* Eltern *pl*

programa [pro'grama] *m* Programm *n*; **~ de estudios** Lehrplan *m*; **~ de traducción** Übersetzungsprogramm *n*; **~ de verificación ortográfica** Rechtschreib(prüf)programm *n*; **~ción** [-'θĭɔn] *f* Programmierung *f*; **~dor** [-'đɔr] *m* Programmierer *m*; **~r** [-'mar] (*1a*) planen; *inform* programmieren

progre|sar [progre'sar] (*1a*) Fortschritte machen; fortschreiten; **~sivo** [-'siƀo] progressiv; fortschreitend; **~so** [-'greso] *m* Fortschritt *m*

prohibi|ción [proiƀi'θĭɔn] *f* Verbot *n*; **~r** [-'ƀir] (*3a*) verbieten; **~tivo** [-ƀi'tiƀo] prohibitiv; (*precio*) unerschwinglich

prohombre [pro'ɔmbre] *m* Prominente(r) *m*

prójimo ['proximo] *m* Nächste(r) *m*, Mitmensch *m*

prole ['prole] *f* Nachkommenschaft *f*; **~tariado** [-ta'rĭađo] *m* Proletariat *n*; **~tario** [-'tarĭo] **1.** *adj* proletarisch; **2.** *m* Proletarier *m*

prolifera|ción [prolifera'θĭɔn] *f med* Wucherung *f*; *fig* Zunahme *f*; **~r** [-'rar] (*1a*) sich vermehren

prolífico [pro'lifiko] fruchtbar

prolijo [pro'lixo] weitschweifig

prólogo ['prologo] *m* Vorwort *n*, Prolog *m*

prolonga|ción [prolɔŋga'θĭɔn] *f* Verlängerung *f*; **~do** [-'gađo] ausgedehnt, lan-

g(e dauernd); **~r** [-'gar] (*1h*) verlängern; **~rse** lange dauern
promedio [pro'međĭo] *m* Durchschnitt *m*; ***en ~*** durchschnittlich
prome|sa [pro'mesa] *f* Versprechen *n*; **~tedor** [-te'đɔr] viel versprechend; **~ter** [-'tɛr] (*2a*) versprechen; **~terse** sich verloben; **~tida** [-'tiđa] *f* Verlobte *f*, Braut *f*; **~tido** [-'tiđo] *m* Verlobte(r) *m*, Bräutigam *m*
prominen|cia [promi'nenθĭa] *f* (Boden-) Erhebung *f*; *med* Auswuchs *m*; **~te** [-'nente] vorstehend, vorspringend; (*ilustre*) prominent
promo|ción [promo'θĭɔn] *f* Beförderung *f*; *fig* Förderung *f*; **~cionar** [-θĭo'nar] (*1a*) fördern; **~tor** [-'tɔr] *m* Förderer *m*, Promotor *m*
promulgar [promul'gar] (*1h*) verkünden; *fig* verbreiten
pronombre *gram* [pro'nɔmbre] *m* Fürwort *n*, Pronomen *n*
pro|nosticar [pronɔsti'kar] (*1g*) vorhersagen; **~nóstico** [-'nɔstiko] *m* Vorhersage *f*; *med* Prognose *f*; ***~ del tiempo*** Wettervorhersage *f*
pron|titud [prɔnti'tuđ] *f* Schnelligkeit *f*; **~to** ['prɔnto] **1.** *adj* schnell; ***de ~*** plötzlich; ***por lo ~*** vorläufig; **2.** *adv* bald; (*temprano*) früh; ***¡hasta ~!*** bis bald!
pronuncia|ción [pronunθĭa'θĭɔn] *f* Aussprache *f*; **~do** [-'θĭađo] deutlich, betont; **~r** [-'θĭar] (*1b*) aussprechen; (*discurso*) halten; **~rse** sich äußern; *mil* sich erheben
propaga|ción [propaga'θĭɔn] *f* Ver-, Ausbreitung *f*; **~nda** [-'ganda] *f* Propaganda *f*, Werbung *f*; **~r** [-'gar] (*1h*) verbreiten; *biol* fortpflanzen
propalar [propa'lar] (*1a*) verbreiten; F ausposaunen
propasarse [propa'sarse] (*1a*) zu weit gehen
propen|sión [propen'sĭɔn] *f* Neigung *f*; Hang *m*; **~so** [-'penso] geneigt (zu ***a***); ***ser ~ a*** neigen zu; *med* anfällig sein für
propiamente [propĭa'mente] eigentlich
propicio [pro'piθĭo] günstig
propie|dad [propĭe'đađ] *f* Eigentum *n*; Besitz *m*; (*cualidad*) Eigenschaft *f*; **~tario** *m* [-'tarĭo] Eigentümer *m*; Besitzer *m*
propina [pro'pina] *f* Trinkgeld *n*; **~r** [-'nar] (*1a*) (*paliza*, *etc*) verpassen
propio ['propĭo] eigen; (*mismo*) selbst; ***~ de*** bezeichnend für
proponer [propo'nɛr] (*2r*) vorschlagen; **~se** sich vornehmen
propor|ción [propɔr'θĭɔn] *f* Verhältnis *n*; Proportion *f*; ***en ~ a*** im Verhältnis zu; **~cional** [-θĭo'nal] verhältnismäßig; proportional; **~cionar** [-'nar] (*1a*) verschaffen, besorgen
proposición [proposi'θĭɔn] *f* Vorschlag *m*; Antrag *m*
propósito [pro'posito] *m* Absicht *f*; Vorsatz *m*; ***a ~*** übrigens; (*adecuado*) gelegen, erwünscht; beiläufig gesagt; ***de ~*** absichtlich; ***fuera de ~*** ungelegen
propuesta [pro'pŭesta] *f* Vorschlag *m*
propugnar [propug'nar] (*1a*) eintreten für, verfechten
propuls|ar [propul'sar] (*1a*) antreiben; *fig* fördern; **~ión** [-'sĭɔn] *f* Antrieb *m*; ***~ a reacción*** Düsenantrieb *m*
prorra|ta [prɔ'rrata] *f*: ***a ~*** anteilmäßig; **~tear** [-te'ar] (*1a*) anteilmäßig verteilen
prórroga ['prɔrrɔga] *f* Verlängerung *f*; Aufschub *m*
prorrogar [prɔrrɔ'gar] (*1h*) verlängern; aufschieben
prorrumpir [prɔrrumʃ'pir] (*3a*) ausbrechen (in *ac* ***en***)
prosa ['prosa] *f* Prosa *f*; **~ico** [-'saĭko] prosaisch; banal
proscribir [prɔskri'ƀir] (*3a*; *part* ***proscrito***) ächten; (*prohibir*) verbieten
proseguir [prose'gir] (*3d u 3l*) **1.** *v/t* fortsetzen; **2.** *v/i* weitermachen
prospecto [prɔs'pɛkto] *m* Prospekt *m*
prospe|rar [prospe'rar] (*1a*) gedeihen, florieren; Erfolg haben; **~ridad** [-ri'đađ] *f* Gedeihen *n*; Wohlstand *m*
próspero ['prɔspero] blühend; erfolgreich
próstata *anat* ['prɔstata] *f* Prostata *f*
prostíbulo [prɔs'tiƀulo] *m* Bordell *n*
prostitu|ción [prɔstitu'θĭɔn] *f* Prostitution *f*; **~ir(se)** [-'ir(se)] (*3g*) (sich) prostituieren; **~ta** [-'tuta] *f* Prostituierte *f*
protagoni|sta [protago'nista] *su* Held(in *f*) *m*; Hauptdarsteller(in *f*) *m*, -person *f*; **~zar** [-ni'θar] (*1f*) die Hauptrolle spielen
protec|ción [protɛg'θĭɔn] *f* Schutz *m*; ***~ del consumidor*** Verbraucherschutz *m*; ***~ de datos*** Datenschutz *m*; **~tor** [-tɛk'tɔr] **1.** *adj* schützend; Schutz...;

P

2. *m* (Be-)Schützer *m*
prote|ger [protɛ'xɛr] (*2c*) (be)schützen (vor ***de***); **~gido** [-'xiđo] *m* Schützling *m*
proteína [prote'ina] *f* Protein *n*
protésico [pro'tesiko] *m*: **~ *dental*** Zahntechniker *m*
prótesis ['protesis] *f* Prothese *f*
protesta [pro'testa] *f* Protest *m*; **~nte** [-'tante] **1.** *adj* protestantisch; **2.** *su* Protestant(in *f*) *m*; **~ntismo** [-'tizmo] *m* Protestantismus *m*; **~r** [-'tar] (*1a*) protestieren; *com* (*letra*) zu Protest gehen lassen
protocolo [proto'kolo] *m* Protokoll *n*
prototipo [proto'tipo] *m* Prototyp *m*
provecho [pro'ƀetʃo] *m* Vorteil *m*, Nutzen *m*; *com* Profit *m*; ***¡buen ~!*** guten Appetit!; ***sacar ~ de*** Nutzen ziehen aus; **~so** [-'tʃoso] nützlich; einträglich
provee|dor [proƀee'đɔr] *m* Lieferant *m*; **~r** [-'ɛr] (*2e*; *part* ***provisto***) beliefern, versehen (mit ***de***); **~rse** sich versorgen (mit ***de***)
provenir [proƀe'nir] (*3s*) (her)kommen, stammen (von, aus ***de***)
prover|bial [proƀɛr'ƀĭal] sprichwörtlich; **~bio** [-'ƀɛrƀĭo] *m* Sprichwort *n*
providencia [proƀi'đenθĭa] *f* Vorsehung *f*
provincia [pro'ƀinθĭa] *f* Provinz *f*; **~l** [-'θĭal] Provinz...; **~no** [-'θĭano] **1.** *adj* Provinz..., provinziell (*a desp*); **2.** *m* Provinzler *m*
provi|sión [proƀi'sĭɔn] *f* Vorrat *m*; *com* ***~ de fondos*** Deckung *f*; ***provisiones*** *pl* Proviant *m*; **~sional** [-sĭo'nal], **~sorio** *Am* [-'sorĭo] vorläufig, provisorisch
provisto [pro'ƀisto] *s* ***proveer***
provoca|ción [proƀoka'θĭɔn] *f* Herausforderung *f*, Provokation *f*; **~dor** [-'đɔr] *s* ***~tivo***; **~r** [-'kar] (*1g*) herausfordern, provozieren; (*causar*) verursachen, bewirken; **~tivo** [-ka'tiƀo] herausfordernd, provozierend
proxeneta [prɔgse'neta] *m* Zuhälter *m*
próximamente [prɔgsima'mente] demnächst
proximidad [prɔgsimi'đađ] *f* Nähe *f*
próximo ['prɔgsimo] nahe; nächste(r, -s)
proyec|ción [projɛg'θĭɔn] *f* Projektion *f*; **~tar** [-jɛk'tar] (*1a*) projizieren; (*película*) vorführen; (*planear*) planen; **~til** [-'til] *m* Geschoss *n*; **~to** [-'jɛkto] *m* Entwurf *m*; Projekt *n*, Plan *m*; ***en ~*** geplant; **~tor** [-'tɔr] *m* Projektor *m*
pruden|cia [pru'đenθĭa] *f* Klugheit *f*; (*cautela*) Vorsicht *f*; **~cial** [-'θĭal] klug, vernünftig; (*plazo, etc*) angemessen; **~te** [-'đente] klug, vernünftig; (*cauto*) vorsichtig
prueba ['prŭeƀa] *f* Beweis *m*, Nachweis *m*; (*ensayo*) Probe *f*, Versuch *m*; *tip* Abzug *m*; ***a*** (***título de***) **~** auf Probe, probeweise; ***a ~ de agua*** wasserdicht; ***a ~ de bala*** (***de bomba***) kugel- (bomben)sicher; ***a ~ de fuego*** feuerfest; ***poner a ~*** auf die Probe stellen
pruebo ['prŭeƀo] *s* ***probar***
prurito [pru'rito] *m med* Hautjucken *n*, Juckreiz *m*; *fig* Kitzel *m*
prusiano [pru'sĭano] **1.** *adj* preußisch; **2.** *m* Preuße *m*
psic|oanálisis [psikoa'nalisis] *f* Psychoanalyse *f*; **~ología** [-lɔ'xia] *f* Psychologie *f*; **~ológico** [-'lɔxiko] psychologisch; **~ólogo** [-'kologo] *m* Psychologe *m*; **~ópata** [-'kopata] *su* Psychopath(in *f*) *m*; **~osis** [-'kosis] *f* Psychose *f*
psiquia|tra [psi'kĭatra] *su* Psychiater(in *f*) *m*; **~tría** [-'tria] *f* Psychiatrie *f*
psíquico ['psikiko] psychisch, seelisch
púa ['pua] *f* Stachel *m*; (*de peine*) Zinke *f*, Zahn *m*; *mús* Plektron *n*
pubertad [puƀɛr'tađ] *f* Pubertät *f*
publi|cación [puƀlika'θĭɔn] *f* Veröffentlichung *f*; Herausgabe *f*; **~car** [-'kar] (*1g*) veröffentlichen, herausgeben; **~cidad** [-θi'đađ] *f* Öffentlichkeit *f*; *com* Werbung *f*, Reklame *f*; ***~ luminosa*** Neon-, Lichtreklame *f*; **~cista** [-'θista] *m* Publizist *m*; **~citario** [-θi'tarĭo] Werbe...
público ['puƀliko] **1.** *adj* öffentlich; ***en ~*** öffentlich; ***hacer ~*** bekannt machen; **2.** *m* Publikum *n*
puchero [pu'tʃero] *m* Kochtopf *m*; *gastr* Eintopf(gericht *n*) *m*
pucho *Am* ['putʃo] *m* Zigarettenstummel *m*
pude ['puđe] *s* ***poder***
púdico ['puđiko] schamhaft
pudiente [pu'đĭente] wohlhabend
pudín [pu'đin] *m* Pudding *m*
pudo ['puđo] *s* ***poder***
pudor [pu'đɔr] *m* Scham(haftigkeit) *f*; **~oso** [-đo'roso] schamhaft
pudrirse [pu'đrirse] (*3a*) (ver)faulen

P

pueblo ['pŭeƀlo] *m* Volk *n*; (*poblado*) Dorf *n*
puedo ['pŭeđo] *s* ***poder***
puente ['pŭente] *m* Brücke *f* (*a med*); *mar* Deck *n*; *mús* Steg *m*; ***~ aéreo*** Luftbrücke *f*; ***~ colgante*** Hängebrücke *f*; ***~ levadizo*** Zugbrücke *f*; ***hacer ~*** an e-m Werktag zwischen zwei Feiertagen nicht arbeiten
puerco ['pŭɛrko] **1.** *adj* schweinisch; schmutzig; **2.** *m* Schwein *n* (*a fig*); ***~ espín*** Stachelschwein *n*
puericul|tora [pŭerikul'tora] *f* Säuglingspflegerin *f*; **~tura** [-'tura] *f* Säuglings-, Kinderpflege *f*
pueril [pŭe'ril] kindisch
puerro *bot* ['pŭɛrrɔ] *m* Lauch *m*, Porree *m*
puerta ['pŭɛrta] *f* Tür *f*; Tor *n*; ***~ de servicio*** Hintertür *f*; ***a ~ cerrada*** unter Ausschluss der Öffentlichkeit
puerto ['pŭɛrto] *m* Hafen *m*; (*de montaña*) (Berg-)Pass *m*; ***~ de destino*** Zielhafen *m*; ***~ fluvial*** Binnenhafen *m*; **~rriqueño** [-rri'keɲo] **1.** *adj* aus Puerto Rico; **2.** *m* Puertoricaner *m*
pues [pŭes] *cj* da; denn; also; ***¡~ bien!*** also gut!; ***~ sí*** freilich, doch
puesta ['pŭesta] *f* Einsatz *m*; *astr* Untergang *m*; ***~ en escena*** *teat* Inszenierung *f*; ***~ en marcha*** *tec* Inbetriebnahme *f*; *auto* Anlassen *n*; ***~ en práctica*** Verwirklichung *f*
puesto ['pŭesto] **1.** *s* ***poner***; **2.** *m* (*lugar*) Platz *m*; (*empleo*) Stelle *f*, Posten *m*; (*de venta*) (Verkaufs-)Stand *m*; ***~ de socorro*** Unfallstation *f*; ***~ de trabajo*** Arbeitsplatz *m*; ***~ de trabajo frente al monitor*** Bildschirmarbeitsplatz *m*; **3.** *cj* ***~ que*** weil, da (ja)
púgil ['puxil] *m* Boxer *m*
pugilato [puxi'lato] *m* Boxkampf *m*
pugna ['pugna] *f fig* Kampf *m*, Streit *m*; **~r** [-'nar] (*1a*) kämpfen
puja|nte [pu'xante] *com* aufstrebend; **~r** [-'xar] (*1a*) (*subasta*) höher bieten
pul|critud [pulkri'tuđ] *f* Sauberkeit *f*; Sorgfalt *f*; **~cro** ['pulkro] sauber; sorgfältig
pulga ['pulga] *f* Floh *m*; **~da** [-'gađa] *f* (*medida*) Zoll *m*
pulgar [pul'gar] *m* Daumen *m*
pulgón [pul'gɔn] *m* Blattlaus *f*
puli|do [pu'liđo] poliert, blank; **~mentar** [-men'tar] (*1a*) polieren; **~mento** [-'mento] *m* Politur *f*; **~r** [-'lir] (*3a*) polieren; *fig* ausfeilen
pulla ['puʎa] *f* Stichelei *f*
pulm|ón [pul'mɔn] *m* Lunge *f*; **~onar** [-mo'nar] Lungen...; **~onía** [-'nia] *f* Lungenentzündung *f*
pulpa ['pulpa] *f* Fruchtfleisch *n*
púlpito ['pulpito] *m* Kanzel *f*
pulpo ['pulpo] *m* Polyp *m*
pul|sación [pulsa'θĭɔn] *f* Pulsschlag *m*; (*piano*, *máquina de escribir*) Anschlag *m*; **~sador** [-'đɔr] *m tec* Knopf *m*; **~sar** [-'sar] (*1a*) **1.** *v/t* (*botón*, *tecla*) drücken; **2.** *v/i* pulsieren, schlagen; **~sera** [-'sera] *f* Armband *n*; **~so** ['pulso] *m* Puls (-schlag) *m*; *fig* Kraftprobe *f*; *med* ***tomar el ~*** den Puls fühlen
pulular [pulu'lar] (*1a*) wimmeln
pulveriza|dor [pulƀeriθa'đɔr] *m* Zerstäuber *m*; **~r** [-'θar] (*1f*) zerstäuben
puna *Am* ['puna] *f* Höhenkrankheit *f*
punción *med* [pun'θĭɔn] *f* Punktion *f*
pundonor [pundo'nɔr] *m* Ehrgefühl *n*
puni|ble [pu'niƀle] strafbar; **~ción** [-'θĭɔn] *f* Bestrafung *f*
punta ['punta] *f* Spitze *f*; (*extremo*) Ende *n*; *fig* Spur *f*; *Am* Anzahl *f*; ***a ~ de pistola*** mit vorgehaltener Pistole; ***de ~ en blanco*** F piekfein; ***sacar ~ a*** anspitzen; **~da** [-'tađa] *f* (Nadel-)Stich *m*
puntal [pun'tal] *m* Stützbalken *m*; *fig* Stütze *f*
puntapié [punta'pĭe] *m* Fußtritt *m*
punte|ría [punte'ria] *f* Zielen *n*; ***tener buena ~*** ein guter Schütze sein; **~ro** [-'tero] Spitzen...
puntiagudo [puntĭa'guđo] scharf, spitz
puntill|a [pun'tiʎa] *f* (*encaje*) Spitze *f*; *taur* Genickstoß *m*; ***de ~s*** auf Zehenspitzen; **~oso** [-'ʎoso] (über)empfindlich
punto ['punto] *m* Punkt *m* (*a fig*); (*puntada*) Stich *m*; ***~ de enlace en la red*** *tel* Einwahlknoten *m*; ***~ de partida*** Ausgangspunkt *m*; ***~ de vista*** Gesichts-, Standpunkt *m*; ***~ muerto*** *auto* Leerlauf *m*; ***~ y coma*** Semikolon *n*; Strichpunkt *m*; ***a ~*** bereit; ***estar a ~*** fertig sein; *gastr* gar sein; ***a ~ de nieve*** (*clara*) steif geschlagen; ***estar a ~ de*** *inf* im Begriff sein zu; ***hacer ~*** stricken; ***hasta cierto ~*** bis zu e-m gewissen Grade; ***hasta qué ~*** inwieweit; ***a las tres***

en ~ Punkt drei Uhr; ***géneros*** *m/pl* ***de ~*** Strick-, Wirkwaren *f/pl*; ***dos ~s*** Doppelpunkt *m*

puntua|ción [puntŭa'θĭɔn] *f* Zeichensetzung *f*; *dep* Punktwertung *f*; **~l** [-'tŭal] pünktlich; (*medidas, etc*) gezielt; **~lidad** [-li'đađ] *f* Pünktlichkeit *f*; **~lizar** [-'θar] (*1f*) klarstellen

punzante [pun'θante] (*dolor*) stechend; ***herida*** *f* **~** Stichwunde *f*

puñado [pu'ɲađo] *m* Hand voll *f* (*a fig*)

puñal [pu'ɲal] *m* Dolch *m*; **~ada** [-'lađa] *f* Dolchstich *m*, -stoß *m*

puñetazo [puɲe'taθo] *m* Faustschlag *m*

puño ['puɲo] *m* Faust *f*; (*de camisa*) Manschette *f*; (*de bastón, etc*) Griff *m*; ***de*** (***su***) ***~ y letra*** eigenhändig

pupi|la [pu'pila] *f* Pupille *f*; **~laje** [-'laxe] *m auto* (laufende) Wartung *f*; **~lo** [-'pilo] *m* Mündel *n*; Zögling *m*

pupitre [pu'pitre] *m* Pult *n*

puré [pu're] *m* Püree *n*

pureza [pu'reθa] *f* Reinheit *f*

purga ['purga] *f pol* Säuberung *f*; **~nte** [-'gante] *m* Abführmittel *n*; **~r** [-'gar] (*1h*) *med* abführen; *pol* säubern; **~torio** *rel* [-'torĭo] *m* Fegefeuer *n*

purificar [purifi'kar] (*1g*) reinigen

puritano [puri'tano] **1.** *adj* puritanisch; **2.** *m* Puritaner *m*

puro ['puro] **1.** *adj* rein; (*casto*) keusch; (*mero*) bloß, lauter; **2.** *m* Zigarre *f*

púrpura ['purpura] *f* Purpur *m*

purpúreo [pur'pureo] purpurfarben

purulento [puru'lento] eiternd

pus [pus] *m* Eiter *m*

puse ['puse] *s* ***poner***

pusilánime [pusi'lanime] kleinmütig; verzagt

pústula *med* ['pustula] *f* Pustel *f*

puta P ['puta] *f* Hure *f*, Nutte *f*

putativo vermeintlich

putre|facción [putrefag'θĭɔn] *f* Fäulnis *f*; Verwesung *f*; **~facto** [-'fakto] verfault, verwest

pútrido ['putriđo] verfault; faulig

Q

Q, q [ku] *f* Q, q *n*

que [ke] **1.** *pron relat* welche(r, -s); der, die, das; ***el*** (***la, lo***) **~** der- (die-, das)jenige, welcher (welche, welches); **2.** *cj* dass; *comparativo* als; ***¡~ entre!*** er soll eintreten!; ***¡~ usted descanse!*** schlafen Sie gut!; ***~ sí*** bestimmt; ja (doch)!; ***~ no*** bestimmt nicht; nein (doch)!; ***eso sí ~ no*** das bestimmt nicht; ***yo ~ tú*** ich an deiner Stelle; ***¡a ~ no!*** wetten, dass nicht!

qué [ke] *pron interr* welche(r, -s)?; was?; ***¡~!*** welch!, was für ein!; ***¡~ guapo!*** wie hübsch!; ***¡~ va!*** ach was!; ***¡y ~!*** na und?; ***¿a mí ~?*** was geht mich das an?; ***un no sé ~*** ein gewisses Etwas; ***el ~ dirán*** das Gerede (der Leute)

quebra|dero [keƀra'đero] *m*: ***~(s) de cabeza*** Kopfzerbrechen *n*; **~do** [-'ƀrađo] *m mat* Bruch *m*

quebranta|huesos *zo* [keƀranta'ŭesos] *m* Bart-, Lämmergeier *m*; **~r** [-'tar] (*1a*) zerbrechen, zerschlagen; (*ley, etc*) brechen; *fig* zerrütten; **~rse** zerbrechen

quebrar [ke'ƀrar] (*1k*) **1.** *v/t* (zer)brechen; **2.** *v/i* Bankrott machen; **~se** zerbrechen

quedar [ke'đar] (*1a*) bleiben; (*sobrar*) übrig bleiben; ***~ bien*** (***mal***) gut (schlecht) abschneiden *od* ausfallen; (*vestido*) gut (schlecht) stehen; ***~ bien con alg*** e-n guten Eindruck bei j-m machen; ***~ en*** verabreden; ***~ por hacer*** noch zu tun sein; ***por mí que no quede*** an mir soll's nicht liegen; ***queda mucho*** es fehlt noch viel; ***¿en qué quedamos?*** wie wollen wir nun verbleiben?; **~se** bleiben; ***~ con a/c*** et behalten; (*comprar*) et nehmen; ***~ ciego*** blind werden; ***~ sin dinero*** kein Geld mehr haben; ***~ sin comer*** nichts zu essen bekommen

quedo ['keđo] ruhig; still; leise

quehacer [kea'θɛr] *m* Arbeit *f*; Aufgabe *f*; ***~es pl*** Beschäftigung *f*

quej|a ['kɛxa] *f* Klage *f*; Beschwerde *f*; **~arse** [kɛ'xarse] (*1a*) sich beklagen *od* beschweren (bei ***a***; über ***de***);

~ido [kɛ'xiđo] *m* Jammern *n*; **~umbroso** [kɛxum'broso] jämmerlich; wehleidig
quema ['kema] *f* Verbrennung *f*; **~dura** *med* [-'đura] *f* Brandwunde *f*, Verbrennung *f*; **~ *de sol*** Sonnenbrand *m*; **~r** [ke'mar] (*1a*) **1.** *v/t* verbrennen; versengen; **2.** *v/i* brennen; brennend heiß sein; **~rse** sich verbrennen; (*comida*) anbrennen; (*casa*, *etc*) abbrennen; **~rropa** [kema'rrɔpa]: ***a ~*** aus nächster Nähe
quepo ['kepo] *s* ***caber***
queque *Am* ['keke] *m* Kuchen *m*
querella [ke'reʎa] *f* Streit *m*; *jur* Strafantrag *m*; **~rse** [-'ʎarse] (*1a*) *jur* klagen; Strafantrag stellen (gegen ***contra***)
querer [ke'rɛr] (*2u*) wollen; mögen; (*amar*) lieben; ***~ decir*** bedeuten, heißen; ***sin ~*** unabsichtlich; ***sea como quiera*** wie dem auch sei; ***como quiera que*** da, weil
queri|da [ke'riđa] *f* Geliebte *f*; **~do** [-'riđo] **1.** *adj* geliebt; lieb; **2.** *m* Geliebte(r) *m*
queroseno [kero'seno] *m* Kerosin *n*
queso ['keso] *m* Käse *m*; ***~ de bola*** Edamer Käse *m*; ***~ para untar*** Streichkäse *m*; F ***darla con ~*** *j-n* anschmieren
quicio ['kiθĭo] *m* Türangel *f*; ***sacar a alg de ~*** F j-n aus dem Häuschen bringen
quiebra *com* ['kĭeƀra] *f* Bankrott *m*, Konkurs *m*
quien [kĭen] *pron relat* wer; welche(r, -s); der, die, das; ***hay ~*** manch einer; einige
quién [kĭen] *pron interr* wer?
quienquiera [kĭeŋ'kĭera] irgendwer; wer auch immer
quiero ['kĭero] *s* ***querer***
quie|to ['kĭeto] ruhig; **~tud** [kĭe'tuđ] *f* Ruhe *f*
quijada [ki'xađa] *f* Kiefer *m*; Kinnbacken *m*, -lade *f*
quilate [ki'late] *m* Karat *n*
quilla *mar* ['kiʎa] *f* Kiel *m*
quimera [ki'mera] *f* Hirngespinst *n*
químí|ca ['kimika] *f* Chemie *f*; **~co** [-ko] **1.** *adj* chemisch; ***producto*** *m* ***~*** Chemikalie *f*; **2.** *m* Chemiker *m*
quimioterapia [kimĭote'rapĭa] *f* Chemotherapie *f*
quina ['kina] *f* Chinarinde *f*
quincalla [kiŋ'kaʎa] *f* Eisen-, Blechwaren *f/pl*
quince ['kinθe] fünfzehn; ***dentro de ~ días*** in vierzehn Tagen; **~na** [-'θena] *f* vierzehn Tage *m/pl*
quiniela [ki'nĭela] *f* Totoschein *m*; ***~s*** *pl* Toto *n*
quinientos [ki'nĭentos] fünfhundert
quinina [ki'nina] *f* Chinin *n*
quinta ['kinta] *f* Landhaus *n*; *mil* Jahrgang *m*; *mús* Quint(e) *f*
quintaesencia [kintae'senθĭa] *f* Quintessenz *f*
quintal [kin'tal] *m*: ***~ métrico*** Doppelzentner *m*
quinteto *mús* [kin'teto] *m* Quintett *n*
quintillizos [kinti'ʎiθos] *m/pl* Fünflinge *m/pl*
quinto ['kinto] **1.** *adj* fünfte(r, -s); **2.** *m* Rekrut *m*
quíntuplo ['kintuplo] fünffach
quiosco ['kĭɔsko] *m* Kiosk *m*
quirófano [ki'rofano] *m* Operationssaal *m*
quiromancia [kiro'manθĭa] *f* Chiromantie *f*, Handlesekunst *f*
quirúrgico [ki'rurxiko] chirurgisch
quise ['kise] *s* ***querer***
quisquilloso [kiski'ʎoso] kleinlich; (*susceptible*) empfindlich
quiste *med* ['kiste] *m* Zyste *f*
quita|esmalte [kitaez'malte] *m* Nagellackentferner *m*; **~manchas** [-'mantʃas] *m* Fleckenentferner *m*; **~nieves** [-'nĭeƀes] *m* Schneepflug *m*
quitar [ki'tar] (*1a*) (weg)nehmen; entfernen; (*mesa*) abdecken; ***~ el polvo*** Staub wischen; **~se** (*ropa*) ausziehen; (*sombrero*) abnehmen; ***~ a alg de encima*** F sich j-n vom Halse schaffen; ***se me quitó un peso de encima*** mir fiel ein Stein vom Herzen
quitasol [kita'sɔl] *m* Sonnenschirm *m*
quizá(s) [ki'θa(s)] vielleicht
quórum ['korun] *m* Quorum *n*; ***alcanzar el ~*** beschlussfähig sein

Q

R

R, **r** ['ere] *f* R, r *n*
rabanito [rraƀa'nito] *m* Radieschen *n*
rábano *bot* ['rraƀano] *m* Rettich *m*; **~ *picante*** Meerrettich *m*
rabia ['rraƀĭa] *f* Wut *f*; *med* Tollwut *f*; ***dar* ~** wütend machen; **~r** [-'ƀĭar] (*1b*) wüten, toben
rabino [rra'ƀino] *m* Rabbiner *m*
rabioso [rra'ƀĭoso] wütend; *med* tollwütig
rabo ['rraƀo] *m* Schwanz *m*
rach|a ['rratʃa] *f* Windstoß *m*, Bö *f*; ***buena*** (***mala***) **~** Glücks- (Pech-)strähne *f*; **~eado** [-tʃe'ađo] (*viento*) böig
racial [rra'θĭal] Rassen...
racimo [rra'θimo] *m* Büschel *n*; (*de uvas*) Traube *f*
ración [rra'θĭɔn] *f* Ration *f*; Portion *f*
raciona|l [rraθĭo'nal] vernünftig, rational; rationell; **~miento** [-'mĭento] *m* Rationierung *f*; **~r** [-'nar] (*1a*) rationieren
rada ['rrađa] *f* Reede *f*
radar [rra'đar] *m* Radar *m od n*
radia|ción [rrađĭa'θĭɔn] *f* Strahlung *f*; **~ctividad** [-ktiƀi'đađ] *f* Radioaktivität *f*; **~ctivo** [-'tiƀo] radioaktiv; **~dor** [-'đɔr] *m* Heizkörper *m*; *auto* Kühler *m*; **~nte** [-'điante] strahlend (*a fig*); **~r** [-'đĭar] (*1b*) ausstrahlen; (*radio*) senden
radica|l [rrađi'kal] **1.** *adj* gründlich; *a pol* radikal; *agr* Wurzel...; **2.** *m pol* Radikale(r) *m*; *gram* Stamm *m*; **~lismo** [-'lizmo] *m* Radikalismus *m*; **~r** [-'kar] (*1g*) wurzeln; **~ *en*** beruhen auf (*dat*)
radio ['rrađĭo] **a**) *m mat* Radius *m*; *tec*, *anat* Speiche *f*; *quím* Radium *n*; *fig* Umkreis *m*; **b**) *f* Radio *n*; Rundfunk *m*; **~aficionado** [-afiθĭo'nađo] *m* Funkamateur *m*; **~cassette** [-ka'sɛt] *m* Radiorekorder *m*; **~difusión** [-đifu'sĭɔn] *f* Rundfunk *m*; **~escucha** [-es'kutʃa] *su* Rundfunkhörer(in *f*) *m*; **~fónico** [-'foniko] Rundfunk..., Radio...; **~grafía** [-gra'fia] *f* Röntgenbild *n*; **~grafiar** [-gra'fĭar] (*1b*) röntgen, durchleuchten; **~grama** [-'grama] *m* Funkspruch *m*; **~logía** *med* [-lɔ'xia] *f* Röntgenologie *f*; **~novela** [-no'ƀela] *f* Hörspiel *n*; **~patrulla** [-pa'truʎa] *f* Funkstreife *f*; **~scopia** *med* [-đĭɔs'kopĭa] *f* Durchleuchtung *f*; **~taxi** [-đio'taksi] *m* Funktaxi *n*; **~teléfono** [-te'lefono] *m* Funksprechgerät *n*; **~telegrafista** [-telegra'fista] *m* Funker *m*; **~terapia** [-te'rapĭa] *f* Strahlentherapie *f*; **~yente** [-'jente] *su* Rundfunkhörer(in *f*) *m*
ráfaga ['rrafaga] *f* Windstoß *m*; *mil* (Geschoss-)Garbe *f*
rafia ['rrafĭa] *f* Bast *m*
raído [rra'iđo] abgeschabt; abgetragen
raíl [rra'il] *m* Eisenbahnschiene *f*
raíz [rra'iθ] *f* Wurzel *f* (*a fig*); **~ *cuadrada*** *mat* Quadratwurzel *f*; ***a* ~ *de*** aufgrund von; ***echar raíces*** Wurzeln schlagen (*a fig*)
ralentí *auto* [rralen'ti] *m* Leerlauf *m*
ralla|dor [rraʎa'đɔr] *m* Reibe *f*; **~r** [-'ʎar] (*1a*) reiben
rally(e) ['rrali] *m* Rallye *f*
ralo ['rralo] spärlich; dünn
rama ['rrama] *f* Ast *m*; Zweig *m* (*a fig*); ***andarse por las* ~s** sich verzetteln; **~je** [-'maxe] *m* Geäst *n*; **~l** [-'mal] *m ferro* Nebenstrecke *f*
rambla ['rrambla] *f* ausgetrocknetes Flussbett; *reg* Promenade *f*
ramera [rra'mera] *f* Dirne *f*
ramifi|cación [rramifika'θĭɔn] *f* Verzweigung *f*; **~carse** [-'karse] (*1g*) sich verzweigen
ramo ['rramo] *m* Zweig *m* (*a fig*); *com* Branche *f*; **~ (*de flores*)** (Blumen-)Strauß *m*
rampa ['rrampa] *f* Rampe *f*; (*cuesta*) Steigung *f*
ramplón [rram'plɔn] schäbig; geschmacklos
rana ['rrana] *f* Frosch *m*; ***salir* ~** missraten; ***hombre* *m* ~** Froschmann *m*
rancho ['rrantʃo] *m mil* Verpflegung *f*; *Am* Viehfarm *f*, Ranch *f*
rancio ['rranθĭo] ranzig; (*viejo*) alt
rango ['rraŋgo] *m* Rang *m*
ranura [rra'nura] *f* Nut(e) *f*, Rille *f*; (*para monedas*) Schlitz *m*
rapapolvo F [rrapa'pɔlƀo] *m* Rüffel *m*
rapar [rra'par] (*1a*) abrasieren; ganz kurz schneiden

rapaz [rra'paθ] **1.** *adj* raubgierig; (**ave** *f*) ~ Raubvogel *m*; **2.** *m* Junge *m*
rape ['rrape] *m* (*pez*) Seeteufel *m*
rapé [rra'pe] *m* Schnupftabak *m*
rapidez [rrapi'đeθ] *f* Schnelligkeit *f*
rápido ['rrapiđo] **1.** *adj* schnell; **2.** *m* Eilzug *m*; (*de río*) Stromschnelle *f*
rapiña [rra'piɲa] *f* Raub *m*
raposa [rra'posa] *f* Fuchs *m*
rap|tar [rrap'tar] (*1a*) entführen; **~to** ['rrapto] *m* Entführung *f*; Raub *m*
raqueta [rra'keta] *f* (Tennis-)Schläger *m*
raqu|ítico [rra'kitiko] rachitisch; *fig* verkümmert; **~itismo** [-'tizmo] *m* Rachitis *f*
rareza [rra'reθa] *f* Seltenheit *f*; *fig* Seltsamkeit *f*
raro ['rraro] selten; (*extraño*) seltsam, sonderbar
ras [rras] *m*: ***a ~ de*** dicht über
rasante [rra'sante] rasant, flach; ***vuelo*** *m* ~ Tiefflug *m*
rasca|cielos [rraska'θĭelos] *m* Wolkenkratzer *m*; **~r(se)** [rras'kar(se)] (*1g*) (sich) kratzen
ras|gado [rraz'gađo] geschlitzt; (*ojos*) mandelförmig; **~gar** [-'gar] (*1h*) zerreißen; (auf)schlitzen; **~go** ['rrazgo] *m* Strich *m*; *fig* (Wesens-, Charakter-)Zug *m*; **~s** *pl* Gesichtszüge *m/pl*; ***a grandes ~s*** in großen Zügen; **~gón** [-'gɔn] *m* Riss *m*
rasguñ|ar [rrazgu'ɲar] (*1a*) (zer)kratzen; schrammen; **~o** [-'guɲo] *m* Kratzer *m*, Schramme *f*; *med* Kratzwunde *f*
raso ['rraso] **1.** *adj* flach; (*liso*) glatt; (*cielo*) wolkenlos; ***soldado*** *m* ~ Gemeine(r) *m*; **2.** *m* Satin *m*; ***al ~*** im Freien
raspa ['rraspa] *f* Gräte *f*; **~do** *med* [-'pađo] *m* Auskratzung *f*; **~r** [-'par] (*1a*) ab-, auskratzen; ausradieren
rastre|ar [rrastre'ar] (*1a*) nachspüren; (*terreno*) durchkämmen; **~ro** [-'trero] schleppend; kriechend; *fig* niederträchtig; ***perro*** *m* ~ Spürhund *m*
rastri|llar [rrastri'ʎar] (*1a*) harken; eggen; **~llo** [-'triʎo] *m* Rechen *m*, Harke *f*
rastro ['rrastro] *m* Spur *f*; *agr* Rechen *m*, Harke *f*; ♀ Trödelmarkt *m*; ***sin dejar ~*** spurlos; **~jo** [-'trɔxo] *m* Stoppeln *f/pl*; (*campo*) Stoppelfeld *n*
rasurar [rrasu'rar] (*1a*) rasieren
rata ['rrata] *f* Ratte *f*

rate|ar [rrate'ar] (*1a*) F klauen; **~ro** [-'tero] *m* Taschendieb *m*
raticida [rrati'θiđa] *m* Rattengift *n*
ratifica|ción [rratifika'θĭɔn] *f* Ratifizierung *f*; **~r** [-'kar] (*1g*) bestätigen; *pol* ratifizieren
rato ['rrato] *m* Weile *f*; Augenblick *m*; ***a ~s*** hin u wieder; ***a cada ~*** ständig; ***al poco ~*** kurz darauf; ***hay para ~*** das kann noch (länger) dauern; ***pasar el ~*** sich die Zeit vertreiben
rat|ón [rra'tɔn] *m a inform* Maus *f*; **~onera** [-to'nera] *f* Mausefalle *f*
raudo ['rraŭđo] schnell, ungestüm
raya ['rraja] *f* Strich *m*, Linie *f*; (*del pelo*) Scheitel *m*; (*guión*) Gedankenstrich *m*; *zo* Rochen *m*; ~ (***del pantalón***) Bügelfalte *f*; ***a ~s*** gestreift; ***tener a ~*** in Schach halten; ***pasar de*** (***la***) ~ zu weit gehen; **~do** [rra'jađo] gestreift; **~r** [-'jar] (*1a*) **1.** *v/t* schraffieren; lin(i)ieren; **2.** *v/i a fig* grenzen (an ***en***)
rayo ['rrajo] *m* Strahl *m*; (*relámpago*) Blitz *m*; ***~s X*** Röntgenstrahlen *m/pl*
raza ['rraθa] *f* Rasse *f*
razón [rra'θɔn] *f* Vernunft *f*; Verstand *m*; (*motivo*) Grund *m*; (*derecho*) Recht *n*; ***dar la ~*** Recht geben; ***entrar en ~*** zur Vernunft kommen; ***perder la ~*** den Verstand verlieren; (***no***) ***tener ~*** (Un-)Recht haben
razona|ble [rraθo'naƀle] vernünftig; (*precio*) angemessen; **~miento** [-'mĭento] *m* Gedankengang *m*; Überlegung *f*
re *mús* [rrɛ] *m* D *n*
rea ['rrɛa] *f* Angeklagte *f*
reacci|ón [rrɛag'θĭɔn] *f* Reaktion *f*; ***~ en cadena*** Kettenreaktion *f*; **~onar** [-θĭo'nar] (*1a*) reagieren (auf *ac* ***a***); **~onario** [-'narĭo] reaktionär
reacio [rrɛ'aθĭo] widerspenstig; ***~ a*** abgeneigt (*dat*)
reac|tivar [rrɛakti'ƀar] (*1a*) reaktivieren; *bsd com* ankurbeln; **~tor** [-'tɔr] *m* Reaktor *m*; *avia* Düsenflugzeug *n*
readap|tar [rrɛađaptar] (*1a*) ~ (***profesionalmente***) umschulen; **~tación** *f* [-ta'θĭɔn] *f* ~ (***profesional***) Umschulung *f*
reagrupar [rrɛagru'par] (*1a*) umgruppieren
reaju|star [rrɛaxus'tar] (*1a*) angleichen; **~ste** [-'xuste] *m* Angleichung *f*; ***~ ministerial*** *pol* Kabinettsumbildung *f*

R

real [rrɛ'al] wirklich, tatsächlich, real; (*del rey*) königlich
realeza [rrɛa'leθa] *f* Königtum *n*
reali|dad [rrɛali'dad] *f* Wirklichkeit *f*, Realität *f*; ***en ~*** in Wirklichkeit; eigentlich; **~smo** [-'lizmo] *m* Realismus *m*; **~sta** [-'lista] **1.** *adj* realistisch; **2.** *m* Realist *m*; **~zable** [-li'θaƀle] ausführbar; **~zación** [-θa'θĭɔn] *f* Verwirklichung *f*; Durchführung *f*; **~zador** [-'đɔr] *m* Regisseur *m*; **~zar** [-'θar] (*1f*) verwirklichen, ausführen; *Am* ausverkaufen; **~zarse** sich verwirklichen, wahr werden
realquilar [rrɛalki'lar] (*1a*) untervermieten
realzar [rrɛal'θar] (*1f*) hervorheben
reanimar [rrɛani'mar] (*1a*) wieder beleben; **~se** wieder aufleben
reanudar [rrɛanu'đar] (*1a*) wieder aufnehmen
reaparecer [rrɛapare'θɛr] (*2d*) wieder erscheinen
reapertura [rrɛapɛr'tura] *f* Wiedereröffnung *f*; *jur* Wiederaufnahme *f* (des Verfahrens)
rearme [rrɛ'arme] *m* (Wieder-)Aufrüstung *f*; Nachrüstung *f*
rebaja [rrɛ'ƀaxa] *f* Rabatt *m*; Ermäßigung *f*; ***~s** pl* Schlussverkauf *m*; **~r** [-'xar] (*1a*) (*precio*) herabsetzen; *fig* erniedrigen; **~rse** sich erniedrigen
rebanada [rrɛƀa'nađa] *f* (Brot-)Scheibe *f*
rebaño [rrɛ'ƀaɲo] *m* Herde *f* (*a fig*)
rebasar [rrɛƀa'sar] (*1a*) überschreiten (*a fig*)
rebati|ble [rrɛƀa'tiƀle] widerlegbar; **~r** [-'tir] (*3a*) widerlegen
rebato [rrɛ'ƀato] *m* Sturmläuten *n*; ***tocar a ~*** Sturm läuten
rebeca [rrɛ'ƀeka] *f* Strickjacke *f*
rebeco [rrɛ'ƀeko] *m* Gämse *f*
rebel|arse [rrɛƀe'larse] (*1a*) sich empören, rebellieren; **~de** [-'ƀɛlde] **1.** *adj* rebellisch, widerspenstig; *med* hartnäckig; **2.** *m* Rebell *m*; **~día** [-'dia] *f* Rebellion *f*; Widerspenstigkeit *f*; *jur* Nichterscheinen *n des Angeklagten*; ***en ~*** *jur* in Abwesenheit; **~ión** [rrɛƀe'lĭɔn] *f* Rebellion *f*, Aufstand *m*
rebosar [rrɛƀo'sar] (*1a*) überlaufen; ***~ de*** strotzen vor
rebo|tar [rrɛƀo'tar] (*1a*) **1.** *v/t* zurückschlagen; **2.** *v/i* auf-, abprallen; **~te** [-'ƀote] *m* Rückprall *m*; ***de ~*** als Folge
rebozar [rrɛƀo'θar] (*1f*) *gastr* panieren
rebuscado [rrɛƀus'kađo] gekünstelt
rebuznar [rrɛƀuð'nar] (*1a*) (*asno*) schreien, iahen
recabar [rrɛka'ƀar] (*1a*) ansuchen um, ersuchen
reca|dero [rrɛka'đero] *m* Bote(ngänger) *m*; **~do** [-'kađo] *m* Bestellung *f*; Nachricht *f*; Besorgung *f*; ***dejar un ~*** e-e Nachricht hinterlassen
recaída [rrɛka'iđa] *f* Rückfall *m*
recal|car [rrɛkal'kar] (*1g*) betonen; **~citrante** [-θi'trante] störrisch, verstockt
recalentar [rrɛkalen'tar] (*1k*) überhitzen; (*comida*) aufwärmen
recam|biar [rrɛkam'ƀĭar] (*1b*) austauschen; auswechseln; **~bio** [-'kambĭo] *m* Umtausch *m*; Ersatz *m*; ***de ~*** Ersatz...; (***pieza** f **de***) **~** Ersatzteil *n*
recapacitar [rrɛkapaθi'tar] (*1a*) überdenken; genau überlegen
recapitular [rrɛkapitu'lar] (*1a*) kurz wiederholen, zs.-fassen
recar|gar [rrɛkar'gar] (*1h*) überladen (*a fig*), überlasten; (*precio*) aufschlagen; **~go** [-'kargo] *m* Aufschlag *m*
reca|tado [rrɛka'tađo] zurückhaltend; **~to** [-'kato] *m* Zurückhaltung *f*; (*pudor*) Sittsamkeit *f*
recauchutar [rrɛkaŭtʃu'tar] (*1a*) (*neumático*) runderneuern
recau|dación [rrɛkaŭđa'θĭɔn] *f* Erhebung *f*; Einnahme *f*; **~dar** [-'đar] (*1a*) (*impuestos*) erheben; (*dinero*) einnehmen; **~do** [-'kaŭđo] *m*: ***a buen ~*** wohlverwahrt
rece|lar [rrɛθe'lar] (*1a*) argwöhnen; ***~ de*** misstrauen (*dat*); **~lo** [-'θelo] *m* Argwohn *m*; Misstrauen *n*; **~loso** [-'loso] argwöhnisch; misstrauisch
recep|ción [rrɛθɛƀ'θĭɔn] *f* Empfang *m*; Aufnahme *f*; Rezeption *f*; **~cionista** [-θĭo'nista] *su* Empfangschef *m*, -dame *f*; **~tación** *jur* [-θɛpta'θĭɔn] *f* Hehlerei *f*; **~tor** [-'tɔr] *m* Empfänger *m* (*a radio*)
recesión [rrɛθe'sĭɔn] *f* Rezession *f*
receta [rrɛ'θeta] *f* Rezept *n* (*a med*); ***con ~ médica*** rezeptpflichtig; ***sin ~ médica*** rezeptfrei; **~r** [-θe'tar] (*1a*) *med* verschreiben
recha|zar [rrɛtʃa'θar] (*1f*) ab-, zurückweisen; ablehnen; **~zo** [-'tʃaθo] *m* Zu-

R

rückweisung *f*; Ablehnung *f*

rechinar [rrɛtʃi'nar] (*1a*) quietschen, knarren; knirschen

rechistar F [rrɛtʃis'tar] (*1a*): ***sin ~*** ohne Widerspruch

recibi|da *Am* [rrɛθi'ƀiđa] *f* Empfang *m*, Aufnahme *f*; **~dor** [-'đɔr] *m* Empfangszimmer *n*; Diele *f*; **~miento** [-'mĭento] *m* Empfang *m*; **~r** [-'ƀir] (*3a*) empfangen, erhalten; (*acoger*) aufnehmen

recibo [rrɛ'θiƀo] *m* Empfang *m*; (*documento*) Quittung *f*

recicla|je [rrɛθi'klaxe] *m* Recycling *n*; **~r** [-'klar] (*1a*) wieder verwerten, wieder aufbereiten

recién [rrɛ'θĭen] neu..., frisch...; *Am* soeben; kürzlich; ***~ nacido*** neugeboren; ***~ pintado*** frisch gestrichen

reciente [rrɛ'θĭente] jüngst; frisch, neu; ***de ~ publicación*** soeben erschienen; **~mente** [-'mente] kürzlich; neulich

recinto [rrɛ'θinto] *m* Bereich *m*, Gebiet *n*; ***~ ferial*** Messegelände *n*

recio ['rrɛθĭo] stark, kräftig

recipiente [rrɛθi'pĭente] *m* Gefäß *n*; Behälter *m*

recíproco [rrɛ'θiproko] gegenseitig

reci|tal [rrɛθi'tal] *m* (Solo-)Konzert *n*; ***~ poético*** Dichterlesung *f*; **~tar** [-'tar] (*1a*) vortragen, rezitieren

reclama|ción [rrɛklama'θĭɔn] *f* Reklamation *f*, Beanstandung *f*; **~r** [-'mar] (*1a*) **1.** *v/t* reklamieren, beanstanden; (*exigir*) (zurück)fordern; **2.** *v/i* Einspruch erheben; sich beschweren

reclamo [rrɛ'klamo] *m* Lockvogel *m*; Lockruf *m*; *Am* Reklamation *f*; ***~ publicitario*** Reklame *f*

reclinar [rrɛkli'nar] (*1a*) (an-, zurück-) lehnen; **~se** sich (an)lehnen

R

reclu|ir [rrɛklu'ir] (*3g*) einschließen, -sperren; **~sión** [-'sĭɔn] *f jur* Haft *f*; **~so** [-'kluso] *m* Häftling *m*; Sträfling *m*

recluta [rrɛ'kluta] *m* Rekrut *m*; **~miento** [-'mĭento] *m mil* Aushebung *f*; **~r** [-'tar] (*1a*) *mil* rekrutieren; (*trabajadores*) anwerben

recobrar [rrɛko'ƀrar] (*1a*) wiederbekommen, -erlangen; **~se** sich erholen (von ***de***)

recodo [rrɛ'kođo] *m* Biegung *f*

recoge|dor [rrɛkɔxe'đɔr] *m* Kehrschaufel *f*; **~pelotas** [-pe'lotas] *m* Balljunge *m*; **~r** [rrɛkɔ'xɛr] (*2c*) aufheben; (*reunir*) sammeln; (*guardar*) weg-, aufräumen; (*acoger*) aufnehmen; (***ir a***) **~** abholen

recogi|da [rrɛkɔ'xiđa] *f* Sammeln *n*, Abholen *n*; *corr* Leerung *f*; ***~ de la basura*** Müllabfuhr *f*; ***~ selectiva de la basura*** Mülltrennung *f*; **~miento** [-'mĭento] *m* Zurückgezogenheit *f*

recolec|ción [rrɛkolɛg'θĭɔn] *f* Sammlung *f*; *agr* Ernte *f*; **~tar** [-lɛk'tar] (*1a*) sammeln; *agr* ernten

recomenda|ble [rrɛkomen'daƀle] empfehlenswert; **~ción** [-'θĭɔn] *f* Empfehlung *f*; **~r** [-'dar] (*1k*) empfehlen

recompensa [rrɛkɔm'pensa] *f* Belohnung *f*; ***en ~ de*** zum Lohn für; **~r** [-'sar] (*1a*) belohnen; entschädigen

reconcilia|ción [rrɛkɔnθilĭa'θĭɔn] *f* Versöhnung *f*; **~r(se)** [-'lĭar(se)] (*1b*) (sich) versöhnen

reconfortar [rrɛkɔmfɔr'tar] (*1a*) stärken; trösten

recono|cer [rrɛkono'θɛr] (*2d*) (wieder) erkennen; *med* untersuchen; (*terreno*) erkunden; (*admitir*) anerkennen (als ***por***); (*confesar*) zugeben; **~cido** [-'θiđo] dankbar (für ***por***); **~cimiento** [-θi'mĭento] *m* Anerkennung *f*; *med* Untersuchung *f*; (*gratitud*) Dankbarkeit *f*; *mil* Aufklärung *f*; ***~ de voz*** *inform* Spracherkennung *f*

reconquista [rrɛkɔŋ'kista] *f* Wiedereroberung *f*; **~r** [-'tar] (*1a*) zurückerobern

reconstru|cción [rrɛkɔnstrug'θĭɔn] *f* Wiederaufbau *m*; **~ir** [-'ir] (*3g*) wieder aufbauen; *fig* rekonstruieren

recopila|ción [rrɛkopila'θĭɔn] *f* Zs.-stellung *f*; **~r** [-'lar] (*1a*) zs.-stellen, zs.-tragen

récord ['rrɛkɔr] *m* Rekord *m*

recordar [rrɛkɔr'đar] (*1m*) sich erinnern an (*ac*); ***~ a/c a alg*** j-n an et (*ac*) erinnern

recorr|er [rrɛkɔ'rrɛr] (*2a*) durchlaufen, -fahren; bereisen; (*texto*) überfliegen; (*trayecto*) zurücklegen; **~ido** [-'rriđo] *m* Strecke *f*

recor|tar [rrɛkɔr'tar] (*1a*) beschneiden, ausschneiden; **~tarse** sich abzeichnen; **~te** [-'kɔrte] *m* Ausschnitt *m*

recostar(se) [rrɛkɔs'tar(se)] (*1m*) (sich) an-, zurücklehnen

recre|ar [rrɛkre'ar] (*1a*) ergötzen, erquicken; **~ativo** [-a'tiƀo] unterhaltend;

Vergnügungs...; ***salón*** *m* ~ Spielhalle *f*; **~o** [-'kreo] *m* Erholung *f*, Entspannung *f*; (Schul-)Pause *f*

recrimina|ción [rrɛkrimina'θĭɔn] *f* An-, Beschuldigung *f*; **~r** [-'nar] (*1a*) Vorwürfe machen; beschuldigen

recrude|cer(se) [rrɛkruđe'θɛr(se)] (*2d*) (sich) verschlimmern, (sich) verschlechtern; **~cimiento** [-θi'mĭento] *m* Verschlimmerung *f*; Verschärfung *f*

recta ['rrɛkta] *f* Gerade *f*; ~ ***final*** *dep* Zielgerade *f*; *fig* Endrunde *f*

rec|tangular [rrɛktaŋgu'lar] rechteckig; *mat* rechtwinklig; **~tángulo** [-'taŋgulo] *m* Rechteck *n*

recti|ficar [rrɛktifi'kar] (*1g*) berichtigen; verbessern; (*río, etc*) begradigen; **~tud** [-'tuđ] *f* Richtigkeit *f*; *fig* Rechtschaffenheit *f*

recto ['rrɛkto] **1.** *adj* gerade; *fig* redlich; **2.** *m* Mastdarm *m*

rector [rrɛk'tɔr] *m* Rektor *m*

recubrir [rrɛku'ƀrir] (*3a*; *part* ***recubierto***) überziehen (mit ***de***)

recuento [rrɛ'kŭento] *m* Zählung *f*; (*de votos*) Auszählung *f*

recuerdo [rrɛ'kŭɛrđo] *m* Erinnerung *f*; (*objeto*) Andenken *n*, Souvenir *n*; ***dar ~s*** Grüße ausrichten

recupera|ción [rrɛkupera'θĭɔn] *f* Wiedererlangung *f*; Rückgewinnung *f*; *med* Genesung *f*; ***curso*** *m* ***de*** ~ Nachholkurs *m*; **~r** [-'rar] (*1a*) wiedererlangen; (*tiempo*) nach-, aufholen; **~rse** sich erholen

recurrir [rrɛku'rrir] (*3a*) sich wenden (an *ac* ***a***); greifen (zu *dat* ***a***); *jur* Berufung einlegen

recurso [rrɛ'kurso] *m* Zuflucht *f*; *fig* Ausweg *m*; *jur* ~ ***de apelación*** Berufung *f*; **~s** *pl* (Geld-)Mittel *n/pl*; ***sin ~s*** mittellos

recusar [rrɛku'sar] (*1a*) verwerfen; *jur* ablehnen

red [rređ] *f* Netz *n*; ~ ***fija*** *tel* Festnetz *n*; ~ ***de telefonía móvil*** Mobil(funk)netz *n*; *fig* ***caer en la*** ~ ins Garn gehen

redac|ción [rrɛđag'θĭɔn] *f* Abfassung *f*; Redaktion *f*; (*escolar*) Aufsatz *m*; **~tar** [-đak'tar] (*1a*) ver-, abfassen, redigieren; **~tor** [-'tɔr] *m* Verfasser *m*; Redakteur *m*

redada [rrɛ'đađa] *f* Fischzug *m*; (*de policía*) Razzia *f*

redil [rrɛ'đil] *m* Pferch *m*; Hürde *f*

redimir [rređi'mir] (*3a*) *rel* erlösen

rédito ['rređito] *m* Rendite *f*

redob|lar [rređo'ƀlar] (*1a*) **1.** *v/t* verdoppeln; **2.** *v/i mús* Trommelwirbel schlagen; **~le** [-'đoble] *m* Trommelwirbel *m*

redomado [rređo'mađo] gerissen

redon|da [rrɛ'đɔnda] *f mús* ganze Note *f*; ***a la*** ~ rundherum; im Umkreis; **~dear** [-de'ar] (*1a*) abrunden; **~do** [-'đɔndo] rund; *fig* glatt; eindeutig; ***en*** ~ rundherum; *fig* rundweg

redu|cción [rrɛđug'θĭɔn] *f* Verminderung *f*; Herabsetzung *f*; *med* Einrenkung *f*; ~ ***de las áreas agrarias*** Flächenstilllegung *f*; ~ ***de empleo*** Stellenabbau *m*; **~cido** [-'θiđo] klein; gering; **~cir** ['θir] (*3o*) vermindern; herabsetzen; ein-, beschränken, reduzieren; *mil* niederwerfen; *med* einrenken, einrichten; **~cirse** sich einschränken; sich beschränken (auf *ac* ***a***)

redun|dancia [rrɛđun'danθĭa] *f* Überfluss *m*; *lit* Redundanz *f*; **~dante** [-'dante] weitschweifig; überflüssig; **~dar** [-'dar] (*1a*) sich auswirken, gereichen (zu *dat* ***en***)

reduplicar [rrɛđupli'kar] (*1g*) verdoppeln; verstärken

reeducar [rrɛeđu'kar] (*1g*) umschulen

reele|cción [rrɛelɛg'θĭɔn] *f* Wiederwahl *f*; **~gir** [-'xir] (*3c u 3l*) wieder wählen

reembol|sar [rrɛembɔl'sar] (*1a*) zurückzahlen; erstatten; **~so** [-'bɔlso] Rückzahlung *f*; ***contra*** ~ gegen Nachnahme

reempla|zar [rrɛempla'θar] (*1f*) ersetzen; vertreten; **~zo** [-'plaθo] *m* Ersatz *m*

reestructura|ción [rrɛestruktura'θĭɔn] *f* Umstrukturierung *f*; **~r** [-'rar] (*1a*) umstrukturieren

R

reexpedir [rrɛespe'đir] (*3l*) nachsenden

referencia [rrɛfe'renθĭa] *f* Hinweis *m*, Verweis *m*; *com* Bezug *m*; **~s** *pl* Referenzen *f/pl*; ***con*** ~ ***a*** mit Bezug auf (*ac*)

referéndum [rrɛfe'rendun] *m* Volksabstimmung *f*, Referendum *n*

refer|ente [rrɛfe'rente]: ~ ***a*** bezüglich (*gen*), mit Bezug auf (*ac*); **~ir** [-'rir] (*3i*) erzählen, berichten; **~irse** sich beziehen (auf *ac* ***a***)

refina|do [rrɛfi'nađo] raffiniert (*a fig*); **~miento** [-'mĭento] *m* Verfeinerung *f*; *fig* Raffinement *n*; **~r** [-'nar] (*1a*) verfei-

nern; *tec* raffinieren
refinería *tec* [rrɛfine'ria] *f* Raffinerie *f*
refle|jar [rrɛflɛ'xar] (*1a*) (wider)spiegeln; (*a fig*) reflektieren; **~jo** [-'flɛxo] **1.** *adj* Reflex...; **2.** *m* Reflex *m*; **~xión** [-flɛg'sĭɔn] *f* Spiegelung *f*, Reflexion *f*; *fig* Überlegung *f*; **~xionar** [-sĭo'nar] (*1a*) überlegen, nachdenken; **~xivo** [-'siƀo] nachdenklich; *gram* reflexiv
reflujo [rrɛ'fluxo] *m* Rückfluss *m*
refocilarse [rrɛfoθi'larse] (*1a*) sich weiden (an *dat* **en**)
reforesta|ción *bsd Am* [rrɛforesta'θĭɔn] *f* Aufforstung *f*; **~r** [-'tar] (*1a*) (wieder-) aufforsten
reforma [rrɛ'fɔrma] *f* Reform *f*; *rel* Reformation *f*; **~ *monetaria*** Währungsreform *f*; Währungsumstellung *f*; **~ *ortográfica*** Rechtschreibreform *f*; **~s** *pl* Umbau *m*; **~r** [-'mar] (*1a*) umgestalten; reformieren; *arqu* umbauen; **~rse** sich bessern; **~torio** [-ma'torĭo] *m* Erziehungsanstalt *f*
reformismo [rrɛfɔr'mizmo] *m* Reformpolitik *f*
reforzar [rrɛfɔr'θar] (*1f u 1m*) verstärken
refrac|ción *fís* [rrɛfrag'θĭɔn] *f* Brechung *f*; **~tar** [-frak'tar] (*1a*) (*rayos*) brechen; **~tario** [-'tarĭo] widerspenstig; *tec* feuerfest
refrán [rrɛ'fran] *m* Sprichwort *n*
refranero [rrɛfra'nero] *m* Sprichwörtersammlung *f*
refregar [rrɛfre'gar] (*1h u 1k*) reiben, scheuern
refrendar [rrɛfren'dar] (*1a*) gegenzeichnen; *fig* bestätigen
refres|cante [rrɛfres'kante] erfrischend; **~car** [-'kar] (*1g*) **1.** *v/t* erfrischen; (ab-) kühlen; **2.** *v/i* sich abkühlen; **~co** [-'fresko] *m* Erfrischung(sgetränk *n*) *f*
refrige|ración [rrɛfrixera'θĭɔn] *f* Kühlung *f*; **~rar** [-'rar] (*1a*) (ab)kühlen; **~rio** [-'xerĭo] *m* Imbiss *m*
refuerzo [rrɛ'fŭɛrθo] *m* Verstärkung *f*
refu|giado [rrɛfu'xĭađo] *m* Flüchtling *m*; **~giarse** [-'xĭarse] (*1b*) (sich) flüchten; **~gio** [-'fuxĭo] *m* Zuflucht *f*; (*casa*) Schutzhütte *f*; (*tráfico*) Verkehrsinsel *f*; **~ (*anti*)*atómico*** Atombunker *m*
refun|dición [rrɛfundi'θĭɔn] *f* Neubearbeitung *f*; **~dir** [-'dir] (*3a*) neu bearbeiten; umarbeiten
refunfuñar [rrɛfumfu'ɲar] (*1a*) brummen; murren
refutar [rrɛfu'tar] (*1a*) widerlegen
rega|dera [rrɛga'đera] *f* Gießkanne *f*; **~dío** [-'đio] *m* Bewässerungsland *n*
regala|do [rrɛga'lađo] geschenkt (*a fig*); (*vida*) bequem; **~r** [-'lar] (*1a*) schenken; (*deleitar*) beschenken; bewirten
regaliz [rrɛga'liθ] *m* Lakritze *f*
regalo [rrɛ'galo] *m* Geschenk *n*
regaña|dientes [rrɛgaɲa'đĭentes]: ***a ~*** zähneknirschend; **~r** [-'ɲar] (*1a*) ausschimpfen
regar [rrɛ'gar] (*1h u 1k*) bewässern; (be)gießen; (*calle*) sprengen
regata [rrɛ'gata] *f* Regatta *f*
regat|ear [rrɛgate'ar] (*1a*) feilschen; *dep* dribbeln; **~eo** [-'teo] *m* Feilschen *n*; *dep* Dribbeln *n*
regazo [rrɛ'gaθo] *m* Schoß *m* (*a fig*)
regenerar [rrɛxene'rar] (*1a*) regenerieren; erneuern
regen|tar [rrɛxen'tar] (*1a*) verwalten; leiten; **~te** [-'xente] *su* Verwalter(in *f*) *m*; *pol* Regent(in *f*) *m*
régimen ['rrɛximen] *m pol* Regime *n*; *med* Diät *f*
regimiento *mil* [rrɛxi'mĭento] *m* Regiment *n*
regio ['rrɛxĭo] königlich; *fig* prächtig
regi|ón [rrɛ'xĭɔn] *f* Region *f*, Gegend *f*; Gebiet *n*; **~onal** [-xĭo'nal] regional
regir [rrɛ'xir] (*3l u 3c*) **1.** *v/t* regieren; leiten; **2.** *v/i* gültig sein
regis|trar [rrɛxis'trar] (*1a*) durchsuchen; (*anotar*) registrieren, eintragen; (*grabar*) aufnehmen; **~trarse** zu verzeichnen sein; **~tro** [-'xistro] *m* Verzeichnis *n*; Register *n* (*a mús*); (*policial*) Durchsuchung *f*; *tec* Klappe *f*; Schieber *m*; **~ *civil*** Standesamt *n*; **~ *domiciliario*** Haussuchung *f*; **~ *de la propiedad*** Grundbuch *n*
regla ['rrɛgla] *f* Regel *f* (*a med*); Norm *f*; (*utensilio*) Lineal *n*; ***en ~*** in Ordnung; ***por ~ general*** im Allgemeinen
reglamen|tación [rrɛglamenta'θĭɔn] *f* Regelung *f*; Ordnung *f*; **~tar** [-'tar] (*1a*) regeln; **~tario** [-'tarĭo] vorschriftsmäßig; **~to** [-'mento] *m* Vorschrift *f*; (Haus-, Betriebs-)Ordnung *f*
regoci|jar [rrɛgoθi'xar] (*1a*) erfreuen; **~jo** [-'θixo] *m* Freude *f*; Jubel *m*

regodearse F [rrɛgođe'arse] (*1a*) sich weiden (an *dat* ***en***)
regre|sar [rrɛgre'sar] (*1a*) zurückkehren; **~so** [-'greso] *m* Rückkehr *f*
reguero [rrɛ'gero] *m* Rinnsal *n*; *fig* ***~ de pólvora*** Lauffeuer *n*
regula|ble [rrɛgu'lable] regulierbar; **~ción** [-'θĭɔn] *f* Regulierung *f*; Regelung *f*; **~r** [-'lar] **1.** *adj* regelmäßig; geordnet; (*normal*) normal, regulär; (*mediano*) (mittel)mäßig; **2.** *v/t* (*1a*) regeln, ordnen; *tec* einstellen, regulieren; **~ridad** [-ri'đađ] *f* Regelmäßigkeit *f*; **~rizar** [-'θar] (*1f*) regeln, ordnen
regusto [rrɛ'gusto] *m* Nachgeschmack *m* (*a fig*)
rehabilita|ción [rrɛabilita'θĭɔn] *f* Rehabilitation *f* (*a med*); *arqu* Renovierung *f*; **~r** [-'tar] (*1a*) rehabilitieren
rehén [rrɛ'en] *m* Geisel *f*; ***toma*** *f* ***de rehenes*** Geiselnahme *f*
rehogar [rrɛo'gar] (*1h*) schmoren, dünsten
rehuir [rrɛu'ir] (*3g*) vermeiden; aus dem Weg gehen (*dat*)
rehusar [rrɛu'sar] (*1a*) ablehnen
reimpresión [rrɛimpre'sĭɔn] *f tip* Nachdruck *m*
reina ['rrɛĭna] *f* Königin *f*; (*ajedrez*) Dame *f*; **~do** [-'nađo] *m* Regierung(szeit) *f*; **~nte** [-'nante] regierend; *a fig* herrschend; **~r** [-'nar] (*1a*) regieren; *a fig* herrschen
reinci|dente *jur* [rrɛinθi'đente] rückfällig; **~dir** [-'đir] (*3a*) rückfällig werden
reincorporar [rrɛiŋkɔrpo'rar] (*1a*) wieder eingliedern; **~se** zurückkehren (an, in, auf *ac* ***a***)
reino ['rrɛĭno] *m* Königreich *n*; *fig* Reich *n*
reinte|grar [rrɛinte'grar] (*1a*) wieder einsetzen; (*devolver*) zurückerstatten; **~grarse** zurückkehren (an, in *ac* ***a***); **~gro** [-'tegro] *m* Rückkehr *f*; (*devolución*) Rückzahlung *f*
reír [rrɛ'ir] (*3m*) lachen; **~se** lachen; ***~ de*** sich lustig machen über (*ac*)
reiterar [rrɛite'rar] (*1a*) wiederholen
reivindica|ción [rrɛĭbindika'θĭɔn] *f* Forderung *f*; **~r** [-'kar] (*1g*) fordern, beanspruchen
rej|a ['rrɛxa] *f* Gitter *n*; *agr* Pflugschar *f*; **~illa** [-'xiʎa] *f* Gitter *n*; *ferro* Gepäcknetz *n*
rejoneador [rrɛxonea'đɔr] *m* Stierkämpfer *m* zu Pferd
rejuvene|cer [rrɛxubene'θɛr] (*2d*) verjüngen; **~cimiento** [-θi'mĭento] *m* Verjüngung *f*
relaci|ón [rrɛla'θĭɔn] *f* Beziehung *f*; Verhältnis *n*; (*informe*) Bericht *m*; (*lista*) Aufstellung *f*, Verzeichnis *n*; ***-ones económicas*** Wirtschaftsbeziehungen *f/pl*; ***-ones públicas*** Öffentlichkeitsarbeit *f*; **~onar** [-θĭo'nar] (*1a*) in Verbindung bringen (mit *dat* ***con***)
relaja|ción [rrɛlaxa'θĭɔn] *f* Entspannung *f*; **~r** [-'xar] (*1a*) entspannen (*a fig*); (auf)lockern; **~rse** erschlaffen; sich entspannen
relamer [rrɛla'mɛr] (*2a*) ablecken; **~se** sich die Lippen lecken
relámpago [rrɛ'lampago] *m* Blitz *m*
relampaguear [rrɛlampage'ar] (*1a*) (auf)blitzen; wetterleuchten
relatar [rrɛla'tar] (*1a*) erzählen, schildern
relati|vidad [rrɛlatibi'đađ] *f* Relativität *f*; **~vo** [-'tibo] relativ (*a gram*); ***~ a*** bezüglich (*gen*)
relato [rrɛ'lato] *m* Erzählung *f*; Bericht *m*; **~r** [-'tɔr] *m Am* Berichterstatter *m*
relegar [rrɛle'gar] (*1h*) verweisen, verbannen
rele|vante [rrɛle'bante] bedeutend; hervorragend; **~var** [-'bar] (*1a*) befreien (von ***de***); (*destituir*) entlassen; (*sustituir*) ablösen; **~vo** [rrɛ'lebo] *m* Ablösung *f*; ***carrera*** *f* ***de ~s*** Staffellauf *m*
rellano [rrɛ'ʎano] *m* Treppenabsatz *m*
relle|nar [rrɛʎe'nar] (*1a*) füllen (*a gastr*); (*impreso*) ausfüllen; **~no** [-'ʎeno] **1.** *adj* voll; gefüllt; **2.** *m* Füllung *f* (*a gastr*)
relieve [rrɛ'lĭebe] *m* Relief *n*; ***poner de ~*** hervorheben
religi|ón [rrɛli'xĭɔn] *f* Religion *f*; **~osa** [-'xĭoso] *f* Nonne *f*; **~osidad** [-si'đađ] *f* Frömmigkeit *f*; **~oso** [-'xĭoso] **1.** *adj* religiös; fromm; **2.** *m* Mönch *m*
relinchar [rrɛlin'tʃar] (*1a*) wiehern
reliquia [rrɛ'likĭa] *f* Reliquie *f*
reloj [rrɛ'lɔx] *m* Uhr *f*; ***~ de arena*** Sanduhr *f*; ***~ digital*** Digitaluhr *f*; ***~ de pulsera*** Armbanduhr *f*; ***~ de sol*** Sonnenuhr *f*; **~ería** [-lɔxe'ria] *f* Uhrengeschäft *n*; **~ero** [-'xero] *m* Uhrmacher *m*
reluc|iente [rrɛlu'θĭente] glänzend; **~ir** [-'θir] (*3f*) glänzen, strahlen

remache [rrɛ'matʃe] *m* Niete *f*
remanente [rrɛma'nente] *m* Überrest *m*; *com* Restbetrag *m*
remar [rrɛ'mar] (*1a*) rudern
rema|tar [rrɛma'tar] (*1a*) abschließen, vollenden; *Am* versteigern; **~te** [-'mate] *m* Abschluss *m*; (*fútbol*) Schuss *m* aufs Tor; *com* Ausverkauf *m*; *Am* Versteigerung *f*; ***de ~*** völlig
remedar [rrɛme'đar] (*1a*) nachahmen
reme|diar [rrɛme'đĭar] (*1b*) abhelfen (*dat*); *fig* ändern; (ver)hindern; **~dio** [-'međĭo] *m* Abhilfe *f*; *med* Heilmittel *n*; ***no hay más ~ que*** es bleibt nichts anderes übrig als
remendar [rrɛmen'dar] (*1k*) flicken
remero [rrɛ'mero] *m* Ruderer *m*
remesa [rrɛ'mesa] *f* Sendung *f*
remiendo [rrɛ'mĭendo] *m* Flicken *m*
remil|gado [rrɛmil'gađo] zimperlich; geziert; **~go** [-'milgo] *m* Ziererei *f*; Getue *n*
reminiscencia [rrɛminis'θenθĭa] *f* Erinnerung *f*; Anklang *m*
remi|sión [rrɛmi'sĭɔn] *f* Nachlassen *n*; *rel* Vergebung *f*; (*envío*) Übersendung *f*; **~te** [-'mite] *m* Absender *m*; **~tente** [-'tente] *su* Absender(in *f*) *m*; **~tir** [-'tir] (*3a*) **1.** *v/t* verweisen (auf *ac* ***a***); (*enviar*) (über)senden; **2.** *v/i* nachlassen; **~tirse** sich berufen (auf *ac* ***a***)
remo ['rrɛmo] *m* Ruder *n*; (*deporte*) Rudern *n*
remodelar [rrɛmođe'lar] (*1a*) umgestalten
remo|jar [rrɛmɔ'xar] (*1a*) einweichen; **~jo** [-'mɔxo] *m* Einweichen *n*; ***poner en ~*** einweichen
remolacha [rrɛmo'latʃa] *f* Rübe *f*; ***~ azucarera*** Zuckerrübe *f*; ***~ roja*** Rote Bete *f*
remol|cador *mar* [rrɛmɔlka'đɔr] *m* Schlepper *m*; **~car** [-'kar] (*1g*) *mar* schleppen; *auto* abschleppen
remolino [rrɛmo'lino] *m* Wirbel *m* (*a fig*)
remolque [rrɛ'mɔlke] *m* Abschleppen *n*; *auto* Anhänger *m*; ***llevar a ~*** (ab-) schleppen
remontarse [rrɛmɔn'tarse] (*1a*) *fig* zurückgehen (auf *ac* ***a***)
remordimiento [rrɛmɔrđi'mĭento] *m* Gewissensbiss *m*
remoto [rrɛ'moto] entlegen; (weit) entfernt
remover [rrɛmo'ƀɛr] (*2h*) umrühren; (*quitar*) entfernen; *fig* aufwühlen
remplazar [rrempla'θar] (*1f*) *s* ***reemplazar***
remunera|ción [rrɛmunera'θĭɔn] *f* Bezahlung *f*; Vergütung *f*; **~r** [-'rar] (*1a*) vergüten; (*recompensar*) belohnen
rena|cer [rrɛna'θɛr] (*2d*) *fig* wieder aufleben; **~cimiento** [-θi'mĭento] *m* Wiedergeburt *f*; ≗ Renaissance *f*
renacuajo [rrɛna'kŭaxo] *m* Kaulquappe *f*
renal [rrɛ'nal] Nieren...
rencilla [rren'θiʎa] *f* Streiterei *f*
rencor [rreŋ'kɔr] *m* Groll *m*; ***guardar ~ a alg*** j-m et nachtragen; **~oso** [-ko'roso] nachtragend
rendi|ción [rrendi'θĭɔn] *f* Bezwingung *f*; Übergabe *f*; ***~ de cuentas*** Abrechnung *f*; **~do** [-'điđo] erschöpft; (*sumiso*) ergeben; **~ja** [-'dixa] *f* Spalt *m*; **~miento** [-di'mĭento] *m* Leistung(sfähigkeit) *f*; *com* Ertrag *m*; **~r** [-'dir] (*3l*) **1.** *v/t* (*vencer*) bezwingen; *mil* übergeben; (*beneficio*) abwerfen, einbringen; **2.** *v/i* sich rentieren; **~rse** sich ergeben
renega|do [rrɛne'gađo] **1.** *adj* abtrünnig; **2.** *m* Renegat *m*; **~r** [-'gar] (*1h u 1k*) ableugnen
renglón [rreŋ'glɔn] *m* Zeile *f*; *com* Posten *m*; ***a ~ seguido*** gleich danach
renitente [rrɛni'tente] widerspenstig, renitent
reno ['rrɛno] *m* Ren(tier) *n*
renom|brado [rrɛnɔm'brađo] berühmt; **~bre** [-'nɔmbre] *m* Ruhm *m*, Ruf *m*
renova|ción [rrɛnoƀa'θĭɔn] *f* Erneuerung *f*; Renovierung *f*; **~r** [-'ƀar] (*1m*) erneuern; renovieren
renquear [rreŋke'ar] (*1a*) hinken
renta ['rrenta] *f* Rente *f*, Ertrag *m*; (*ingresos*) Einkommen *n*; (*alquiler*) Miete *f*; ***de ~ fija*** festverzinslich; ***~ per cápita*** Pro-Kopf-Einkommen *n*; **~bilidad** [-ƀili'đađ] *f* Rentabilität *f*; **~ble** [-'taƀle] rentabel; lohnend; **~r** [-'tar] (*1a*) einbringen
renuncia [rrɛ'nunθĭa] *f* Verzicht *m*; **~r** [-'θĭar] (*1b*) verzichten (auf *ac* ***a***)
reñi|do [rrɛ'ɲiđo] zerstritten; (*combate*) erbittert; ***estar ~ con*** F verkracht sein mit; *fig* unvereinbar sein mit; **~r** [rrɛ'ɲir] (*3h u 3l*) **1.** *v/t* ausschimpfen; **2.** *v/i* sich zanken, sich streiten

R

reo ['rrɛo] *m* Angeklagte(r) *m*
reojo [rrɛ'ɔxo]: ***mirar de ~*** verstohlen ansehen
reorganizar [rrɛɔrgani'θar] (*1f*) neugestalten; umorganisieren
reorientación [rrɛorĭenta'θĭɔn] *f* Umstellung *f*; Neuorientierung *f*
repara|ble [rrɛpa'raƀle] ersetzbar; wieder gutzumachen(d); **~ción** [-'θĭɔn] *f* Reparatur *f*; *fig* Wiedergutmachung *f*; **~r** [-'rar] (*1a*) ausbessern, reparieren; (*daño*) (wieder) gutmachen; ***~ en a/c*** et bemerken; ***no ~ en gastos*** keine Kosten scheuen
reparo [rrɛ'paro] *m* Bedenken *n*; Einwand *m*; ***poner ~s a*** Einwände erheben gegen (*ac*)
repar|tición [rrɛparti'θĭɔn] *f* Verteilung *f*; **~tida** *Am* [-'tiđa] *f s* ***reparto***; **~tidor** [-ti'đɔr] *m* Verteiler *m*; (*de periódicos*) Austräger *m*; **~tir** [-'tir] (*3a*) ver-, austeilen; (*correo*) zustellen, austragen; (*beneficio*) ausschütten; **~to** [-'parto] *m* Verteilung *f*; *com* Ausschüttung *f*; *corr* Zustellung *f*; *teat* Besetzung *f*
repa|sar [rrɛpa'sar] (*1a*) durchsehen; (*lección*) wiederholen; *tec* überprüfen; **~so** [rrɛ'paso] *m* Durchsicht *f*; *tec* Überprüfung *f*
repatriar [rrɛpa'trĭar] (*1b*) repatriieren; **~se** heimkehren
repele|nte [rrɛpe'lente] **1.** *adj* abstoßend (*a fig*); **2.** *m* Insektenschutzmittel *n*; **~r** [-'lɛr] (*2a*) abweisen; *fig* abstoßen
repen|te [rrɛ'pente] *m*: ***de ~*** plötzlich; **~tino** [-'tino] plötzlich
repercu|sión [rrɛpɛrku'sĭɔn] *f* Widerhall *m* (*a fig*); Rückwirkung *f*; **~tir** [-'tir] (*3a*) widerhallen; *fig* sich auswirken (auf *ac* ***en***)
repertorio [rrɛpɛr'torĭo] *m* Verzeichnis *n*; *teat* Repertoire *n*
repe|tición [rrɛpeti'θĭɔn] *f* Wiederholung *f*; **~tir** [-'tir] (*3l*) wiederholen
repi|car [rrɛpi'kar] (*1g*) (*campanas*) läuten; **~que** [-'pike] *m* Glockenläuten *n*
repisa [rrɛ'pisa] *f* Konsole *f*
replegarse [rrɛple'garse] (*1h u 1k*) *mil* sich zurückziehen
repleto [rrɛ'pleto] (bis oben hin) voll
réplica ['rrɛplika] *f* Erwiderung *f*; (*copia*) Replik *f*, Nachbildung *f*
replicar [rrɛpli'kar] (*1g*) erwidern
repliegue [rrɛ'plĭege] *m* Falte *f*; Knick *m*; *mil* Rückzug *m*
repobla|ción [rrɛpoƀla'θĭɔn] *f* Wiederbevölkerung *f*; ***~ forestal*** Wiederaufforstung *f*; **~r** [-'ƀlar] (*1m*) wiederbevölkern; wiederaufforsten
repollo [rrɛ'poʎo] *m* (Weiß-)Kohl *m*; ***~ morado*** *Am* Rotkohl *m*
reponer [rrɛpo'nɛr] (*2r*) ersetzen; (*replicar*) antworten; *teat* wieder aufführen; **~se** sich (wieder) erholen
repor|taje [rrɛpɔr'taxe] *m* Reportage *f*; ***~ gráfico*** Bildbericht *m*; **~tero** [-'tero] *m* Reporter *m*; ***~ gráfico*** Bildberichterstatter *m*
repo|sacabezas [rrɛposaka'ƀeθas] *m auto* Kopfstütze *f*; **~sado** [-'sađo] ruhig, gelassen; **~sar** [-'sar] (*1a*) ruhen; sich ausruhen; **~sera** *Am* [-'sera] *f* Liege *f*
reposición [rrɛposi'θĭɔn] *f* Wiedereinsetzung *f*; (*cine*) Wiederaufführung *f*; *teat* Neuinszenierung *f*
reposo [rrɛ'poso] *m* Ruhe *f*
repostar [rrɛpɔs'tar] (*1a*) (*gasolina*) auf-, nachtanken
repostería [rrɛpɔste'ria] *f* Konditoreiwaren *f/pl*
repren|der [rrɛpren'dɛr] (*2a*) tadeln; vorwerfen; **~sión** [-'sĭɔn] *f* Tadel *m*, Rüge *f*
represa [rrɛ'presa] *f Am* Staudamm *m*
represalia [rrɛpre'salĭa] *f* Vergeltung(smaßnahme) *f*, Repressalie *f*
represar [rrɛpre'sar] (*1a*) stauen
representa|ción [rrɛpresenta'θĭɔn] *f* Darstellung *f*; *teat* Aufführung *f*; *com* Vertretung *f*; ***~ proporcional*** Verhältniswahlrecht *n*; **~nte** [-'tante] *m* Vertreter *m*; *teat* Darsteller *m*; **~r** [-'tar] (*1a*) vertreten; (*significar*) bedeuten; *a teat* darstellen; (*obra*) aufführen; **~tivo** [-ta'tiƀo] repräsentativ
represi|ón [rrɛpre'sĭɔn] *f* Unterdrückung *f*; *psic* Verdrängung *f*; **~vo** [-'siƀo] repressiv
repri|menda [rrɛpri'menda] *f* Verweis *m*; **~mir** [-'mir] (*3a*) unterdrücken; *psic* verdrängen
reproba|ble [rrɛpro'ƀaƀle] verwerflich; **~ción** [-'θĭɔn] *f* Missbilligung *f*; **~r** [-'ƀar] (*1m*) missbilligen
repro|chable [rrɛpro'tʃaƀle] tadelnswert; **~char** [-'tʃar] (*1a*) vorwerfen; **~che** [-'protʃe] *m* Vorwurf *m*; Tadel

R

m; ***sin ~*** tadellos

reprodu|cción [rrɛprođugˈθĭɔn] *f* Reproduktion *f*; Wiedergabe *f*; *biol* Fortpflanzung *f*; **~cir** [-ˈθir] (*3o*) nachbilden, reproduzieren; wiedergeben; **~cirse** sich fortpflanzen

reptil [rrɛpˈtil] *m* Reptil *n*

república [rrɛˈpuƀlika] *f* Republik *f*; ***~ federal*** Bundesrepublik *f*

republicano [rrɛpuƀliˈkano] **1.** *adj* republikanisch; **2.** *m* Republikaner *m*

repu|diar [rrɛpuˈđĭar] (*1b*) ablehnen; (*mujer*) verstoßen; (*herencia*) ausschlagen; **~dio** [-ˈpuđĭo] *m* Verstoßung *f*; Ablehnung *f*

repuesto [rrɛˈpŭesto] *m* Vorrat *m*; *tec* Ersatzteil *n*; ***de ~*** Ersatz..., Reserve...

repugna|ncia [rrɛpugˈnanθĭa] *f* Widerwille *m*, Ekel *m*; **~nte** [-ˈnante] abstoßend, widerlich; **~r** [-ˈnar] (*1a*) abstoßen, anekeln

repul|sa [rrɛˈpulsa] *f* Ablehnung *f*; **~sión** [-ˈsĭɔn] *f* Abneigung *f*, Widerwille *m*; **~sivo** [-ˈsiƀo] abstoßend, widerlich, ekelhaft

reputa|ción [rrɛputaˈθĭɔn] *f* Ruf *m*; Name *m*; **~do** [-ˈtađo] angesehen; berühmt

reque|rimiento [rrɛkeriˈmĭento] *m* Aufforderung *f*; Bitte *f*; **~rir** [-ˈrir] (*3i*) auffordern; bitten; (*necesitar*) erfordern

requesón [rrɛkeˈsɔn] *m* Quark *m*

réquiem [ˈrrɛkĭen] *m* Requiem *n*

requisa [rrɛˈkisa] *f* Inspektion *f*; *mil* Requisition *f*; **~r** [-ˈsar] (*1a*) *mil* requirieren; *Am* durchsuchen

requisito [rrɛkiˈsito] *m* Erfordernis *n*; Formalität *f*

res [rres] *f* Stück *n* Vieh; *Am* Rind *n*

resabio [rrɛˈsaƀĭo] *m* Nachgeschmack *m*

resaca [rrɛˈsaka] *f* Dünung *f*; Sog *m*; F Kater *m*

resaltar [rrɛsalˈtar] (*1a*) hervor-, herausragen (*a fig*); (***hacer***) **~** hervorheben

resarcir [rrɛsarˈθir] (*3b*) entschädigen (für ***de***); **~se** sich schadlos halten (für ***de***)

resba|ladizo [rrezƀalaˈđiθo] rutschig; **~lar** [-ˈlar] (*1a*) ausrutschen; *auto* schleudern; **~lón** [-ˈlɔn] *m fig* Ausrutscher *m*

resca|tar [rreskaˈtar] (*1a*) loskaufen; auslösen; *fig* retten, bergen; **~te** [-ˈkate] *m* Rettung *f*, Bergung *f*; (*dinero*) Lösegeld *n*

resci|ndir [rresθinˈdir] (*3a*) (*contrato*) aufheben, kündigen; **~sión** [-θiˈsĭɔn] *f* Aufhebung *f*, Kündigung *f*

resenti|do [rrɛsenˈtiđo] nachtragend; **~miento** [-ˈmĭento] *m* Groll *m*; Ressentiment *n*; **~rse** [-ˈtirse] (*3i*): ***~ de*** (noch) spüren; die Nachwirkungen spüren

reseña [rrɛˈseɲa] *f* Beschreibung *f*; *lit* Rezension *f*; **~r** [-ˈɲar] (*1a*) beschreiben; *lit* besprechen, rezensieren

reserva [rrɛˈsɛrƀa] *f* Reserve *f* (*a mil*); (*de plaza, etc*) Reservierung *f*; Buchung *f*; *fig* Zurückhaltung *f*; (*zona*) Reservat *n*; **~** (***biológica***) Naturschutzgebiet *n*; ***sin ~s*** vorbehaltlos; **~do** [-ˈƀađo] reserviert (*a fig*); zurückhaltend; **~r** [-ˈƀar] (*1a*) reservieren; buchen; (*guardar*) aufsparen; **~rse** sich *et* vorbehalten

resfria|do [rresfriˈađo] *m* Erkältung *f*; Schnupfen *m*; **~rse** [-ˈarse] (*1c*) sich erkälten; *fig* sich abkühlen

resfrío *Am* [rresˈfrio] *m* Erkältung *f*

resguar|dar [rrezgŭarˈđar] (*1a*) bewahren, schützen (vor ***de***); **~do** [-ˈgŭarđo] *m* Schutz *m*; (*documento*) Beleg *m*, Schein *m*

resi|dencia [rrɛsiˈđenθĭa] *f* Wohnsitz *m*; Residenz *f*; ***~ de ancianos*** Altersheim *n*; ***~ de estudiantes*** Studentenheim *n*; **~dencial** [-ˈθĭal] Wohn...; **~dente** [-ˈđente] **1.** *adj* wohnhaft; **2.** *m* Bewohner *m*; *com* Deviseninländer *m*; **~dir** [-ˈđir] (*3a*) wohnen; residieren; ***~ en*** *fig* liegen in; **~duo** [-ˈsiđŭo] *m* Rest *m*; Rückstand *m*; ***~s*** *pl* Abfall *m*; ***~s radiactivos*** Atommüll *m*

resigna|ción [rrɛsignaˈθĭɔn] *f* Resignation *f*; **~rse** [-ˈnarse] (*1a*) sich abfinden (mit ***con***); resignieren

resina [rrɛˈsina] *f* Harz *n*

resis|tencia [rrɛsisˈtenθĭa] *f* Widerstand *m* (*a el*); Widerstandskraft *f*; **~tente** [-ˈtente] widerstandsfähig; *tec* haltbar; beständig (gegen ***a***); **~tir** [-ˈtir] (*3a*) **1.** *v/i* widerstehen (*dat*); **2.** *v/t* ertragen, aushalten; **~tirse** sich sträuben (gegen *ac* ***a***)

resolu|ción [rrɛsoluˈθĭɔn] *f* (Auf-)Lösung *f*; (*decisión*) Entscheidung *f*, Beschluss *m*; *fig* Entschlossenheit *f*; **~to**

R

[-'luto] entschlossen
resolver [rrɛsɔl'ƀɛr] (*2h*; *part* ***resuelto***) (auf)lösen; (*decidir*) beschließen; **~se** sich entschließen (zu ***a***)
resona|ncia [rrɛso'nanθĭa] *f* Resonanz *f*; *fig* Anklang *m*, Echo *n*; **~r** [-'nar] (*1m*) widerhallen (*a fig*)
resoplar [rrɛso'plar] (*1a*) schnauben
resorte [rrɛ'sɔrte] *m* Sprungfeder *f*; *fig* Triebfeder *f*; Mittel *n*
respal|dar [rrespal'dar] (*1a*) unterstützen; **~darse** sich anlehnen; **~do** [-'paldo] *m* Rückenlehne *f*; *fig* Rückendeckung *f*, Unterstützung *f*
respec|tar [rrespɛk'tar] (*1a*) angehen; ***por lo que respecta a ...*** was ... betrifft; **~tivo** [-'tiƀo] betreffend; jeweilig; **~to** [-'pɛkto] *m*: (***con***) **~ *a*** hinsichtlich (*gen*); ***a este ~*** in dieser Hinsicht
respe|table [rrespe'taƀle] achtbar; ansehnlich; **~tar** [-'tar] (*1a*) achten, respektieren; **~to** [-'peto] *m* Achtung *f*; Respekt *m*; **~tuoso** [-'tŭoso] respektvoll
respi|ración [rrespira'θĭɔn] *f* Atmung *f*; **~rar** [-'rar] (*1a*) atmen; *fig* aufatmen; **~ratorio** [-'torĭo] Atmungs...; Atem...; **~ro** [-'piro] *m fig* Atem-, Verschnaufpause *f*
resplan|decer [rresplande'θɛr] (*2d*) glänzen, strahlen; **~dor** [-'dɔr] *m* Glanz *m*; Schein *m*
respon|der [rrespɔn'dɛr] (*2a*) antworten, erwidern; **~ *a*** antworten auf (*ac*), beantworten; (*corresponder*) entsprechen (*dat*); *med* reagieren auf (*ac*); **~ *de*** verantwortlich sein für; haften für; **~dón** F [-'dɔn] F schnippisch
responsa|bilidad [rresponsaƀili'đađ] *f* Verantwortlichkeit *f*; Verantwortung *f* (für ***de***); *jur* Haftung *f*; **~ *civil*** Haftpflicht *f*; **~bilizarse** [-'θarse] (*1f*) die Verantwortung übernehmen (für *ac* ***de***); **~ble** [-'saƀle] verantwortlich (für ***de***); haftbar
respuesta [rres'pŭesta] *f* Antwort *f*; ***en ~ a*** in Beantwortung (*gen*)
resquemor [rreske'mɔr] *m* Groll *m*
resta *mat* ['rresta] *f* Subtrahieren *n*
restable|cer [rrestaƀle'θɛr] (*2d*) wieder herstellen; **~cerse** sich erholen, genesen; **~cimiento** [-θi'mĭento] *m* Wiederherstellung *f*; *med* Genesung *f*
resta|nte [rres'tante] **1.** *adj* restlich; **2.** *m* Überrest *m*; **~r** [-'tar] (*1a*) **1.** *v/t* subtrahieren, abziehen; **2.** *v/i* übrig bleiben
restaura|ción [rrestaŭra'θĭɔn] *f* Wiederherstellung *f*; Restaurierung *f*; **~nte** [-'rante] *m* Restaurant *n*; **~ *de autoservicio*** Selbstbedienungsrestaurant *n*; **~r** [-'rar] (*1a*) wiederherstellen; restaurieren
restitu|ción [rrestitu'θĭɔn] *f* Rückerstattung *f*; **~ir** [-tu'ir] (*3g*) zurückerstatten, -geben
resto ['rresto] *m* Rest *m*; ***los ~s mortales*** die sterbliche Hülle *f*
restregar [rrestre'gar] (*1h u 1k*) reiben, scheuern
restricción [rrestrig'θĭɔn] *f* Einschränkung *f*; ***-ones*** *pl* ***a la importación*** Importbeschränkungen *f/pl*
restringir [rrestriŋ'xir] (*3c*) ein-, beschränken
resucitar [rrɛsuθi'tar] (*1a*) **1.** *v/t* wieder erwecken; **2.** *v/i* (wieder) auferstehen
resuelto [rrɛ'sŭelto] **1.** *part v* ***resolver***; **2.** *adj* entschlossen; beherzt
resulta|do [rrɛsul'tađo] *m* Ergebnis *n*, Resultat *n*; **~r** [-'tar] (*1a*) sich ergeben; sich herausstellen (als)
resu|men [rrɛ'sumen] *m* Zs.-fassung *f*; **~mir** [-su'mir] (*3a*) zs.-fassen
resu|rgir [rrɛsur'xir] (*3c*) wieder erscheinen; **~rrección** [-surrɛg'θĭɔn] *f* Auferstehung *f*
retablo [rrɛ'taƀlo] *m* Altarbild *n*
retaguardia *mil* [rrɛta'gŭarđĭa] *f* Nachhut *f*
retal [rrɛ'tal] *m* Stoffrest *m*
retama *bot* [rrɛ'tama] *f* Ginster *m*
retar [rrɛ'tar] (*1a*) herausfordern
retar|dar [rrɛtar'đar] (*1a*) verzögern; aufschieben; **~darse** sich verspäten; **~do** [-'tarđo] *m* Aufschub *m*; Verzögerung *f*
retén [rrɛ'ten] *m* Brandwache *f*
reten|ción [rrɛten'θĭɔn] *f* Zurückbehaltung *f*; Einbehaltung *f*; ***-ones*** *pl* (Verkehrs-)Stau *m*; **~er** [-te'nɛr] (*2l*) zurück(be)halten; einbehalten
retina [rrɛ'tina] *f* Netzhaut *f*
retira|da [rrɛti'rađa] *f* Rückzug *m* (*a mil*); Entzug *m*; **~do** [-'rađo] außer Dienst; (*alejado*) abgelegen; (*vida*) zurückgezogen; **~r** [-'rar] (*1a*) zurückziehen; (*quitar*) wegnehmen; (*dinero*) abheben

R

retiro [rrɛ'tiro] *m* Ruhestand *m*; (*pensión*) Ruhegeld *n*; *fig* Zurückgezogenheit *f*; *mil* Abschied *m*
reto ['rrɛto] *m* Herausforderung *f*
retocar [rrɛto'kar] (*1g*) überarbeiten; *fot* retuschieren
retoño [rrɛ'toɲo] *m bot* Schössling *m*, Spross *m*; *fig* Sprössling *m*
retoque [rrɛ'toke] *m* Überarbeitung *f*; *fot* Retusche *f*
retorcer [rrɛtɔr'θɛr] (*2b u 2h*) verdrehen (*a fig*); (*ropa*) (aus)wringen; **~se** sich krümmen, sich winden
retóri|ca [rrɛ'torika] *f* Rhetorik *f*; **~co** [-'toriko] rhetorisch
retor|nar [rrɛtɔr'nar] (*1a*) **1.** *v/t* zurückgeben; **2.** *v/i* zurückkehren; **~no** [-'tɔrno] *m* Rückkehr *f*; (*devolución*) Rückgabe *f*
retozar [rrɛto'θar] (*1f*) hüpfen; (herum-)tollen
retracta|ción [rrɛtrakta'θĭɔn] *f* Widerruf *m*; **~r** [-'tar] (*1a*) widerrufen; **~rse** (sein Wort) zurücknehmen
retra|er [rrɛtra'ɛr] (*2p*) zurückziehen; (*devolver*) wiederbringen; **~erse** sich zurückziehen; **~ído** [-'iđo] zurückgezogen; *fig* zurückhaltend
retransmi|sión [rrɛtranzmi'sĭɔn] *f* Übertragung *f*; **~ *en diferido*** Aufzeichnung *f*; **~ *en directo*** Direktübertragung *f*, Livesendung *f*; **~tir** [-'tir] (*3a*) übertragen
retra|sado [rrɛtra'sađo] zurückgeblieben (*a med*); **~sar** [-'sar] (*1a*) verzögern; aufschieben; (*reloj*) zurückstellen; **~sarse** sich verzögern; (*reloj*) nachgehen; *ferro*, *etc* sich verspäten; **~so** [-'traso] *m* Verzögerung *f*; *ferro* Verspätung *f*
retra|tar [rrɛtra'tar] (*1a*) porträtieren; *fot* aufnehmen; *fig* schildern; **~to** [-'trato] *m* Porträt *n*; **~*-robot*** Phantombild *n*
retre|ta *mil* [rrɛ'treta] *f* Zapfenstreich *m*; **~te** [-'trete] *m* Klosett *n*
retribu|ción [rrɛtriƀu'θĭɔn] *f* Vergütung *f*; Entlohnung *f*; **~ir** [-'ir] (*3g*) vergüten; bezahlen
retro|activo [rrɛtroak'tiƀo] rückwirkend; **~ceder** [-θe'đɛr] (*2a*) zurückweichen; **~ceso** [-'θeso] *m* Zurückweichen *n*; *fig* Rückschritt *m*; Rückschlag *m*
retrógrado [rrɛ'trɔgrađo] *fig* rückständig, rückschrittlich
retro|spectiva [rrɛtrɔspɛk'tiƀa] *f* Rückschau *f*, Retrospektive *f*; **~spectivo** [-'tiƀo] rückblickend, -schauend; **~visor** [-ƀi'sɔr] *m* Rückspiegel *m*
retumbar [rrɛtum'bar] (*1a*) dröhnen
reuma(tismo) *med* ['rrɛŭma('tizmo)] *m* Rheuma(tismus *m*) *n*; **~ *articular*** Gelenkrheumatismus *m*
reunifi|cación [rrɛŭnifika'θĭɔn] *f pol* Wiedervereinigung *f*; **~car** [-'kar] (*1g*) wieder vereinigen
reuni|ón [rrɛŭ'nĭɔn] *f* Versammlung *f*; Sitzung *f*; **~r** [-'nir] (*3a*) sammeln, zs.-tragen; (*personas*) versammeln; **~rse** sich treffen, zs.-kommen
revaloriza|ción [rrɛƀaloriθa'θĭɔn] *f* Aufwertung *f*; **~r** [-'θar] (*1f*) aufwerten
revaluar [rrɛƀa'lŭar] (*1e*) aufwerten
revancha [rrɛ'ƀantʃa] *f* Revanche *f*
revela|ción [rrɛƀela'θĭɔn] *f* Enthüllung *f*; **~do** *fot* [-'lađo] *m* Entwickeln *n*; **~dor** [-'đɔr] **1.** *adj* aufschlussreich; **2.** *m fot* Entwickler *m*; **~r** [-'lar] (*1a*) enthüllen; *fot* entwickeln
reven|der [rrɛƀen'dɛr] (*2a*) weiterverkaufen; **~ta** [-'ƀenta] *f* Weiterverkauf *m*
reventar [rrɛƀen'tar] (*1k*) **1.** *v/i* platzen (*a fig* vor ***de***), bersten; **2.** *v/t* zum Platzen bringen; kaputtmachen; (*molestar*) rasend machen; **~se** zerplatzen
reventón [rrɛƀen'tɔn] *m auto* Reifenpanne *f*
reveren|cia [rrɛƀe'renθĭa] *f* Ehrfurcht *f*; (*inclinación*) Verbeugung *f*; **~do** [-'rendo] *rel* ehrwürdig; **~te** [-'rente] ehrerbietig, respektvoll
rever|sible [rrɛƀɛr'siƀle] umkehrbar; (*ropa*) beidseitig tragbar; **~so** [-'ƀɛrso] *m* Rückseite *f*; Kehrseite *f* (*a fig*)
revés [rrɛ'ƀes] *m* Rückseite *f*; *fig* Missgeschick *n*; (*tenis*) Rückhand(schlag *m*) *f*; ***al* ~** umgekehrt
revesti|miento [rrɛƀesti'mĭento] *m tec* Verkleidung *f*; Belag *m*; Überzug *m*; **~r** [-'tir] (*3l*) verkleiden; belegen; überziehen (mit ***de***)
revi|sar [rrɛƀi'sar] (*1a*) nach-, durchsehen; nachprüfen; *tec* überholen; **~sión** [-'sĭɔn] *f* Überprüfung *f*; Revision *f*; *auto* Inspektion *f*; *tec* Überholung *f*; **~sor** [-'sɔr] *m* Kontrolleur *m*; *ferro* Schaffner *m*; **~sta** [-'ƀista] *f* Zeitschrift

f; *teat* Revue *f*; *mil* (Truppen)Besichtigung *f*; ***pasar ~ a mil*** besichtigen; (die Front) abschreiten; **~stero** [-'tero] *m* Zeitungsständer *m*

revoca|ble [rrɛƀo'kaƀle] widerruflich; **~ción** [-ka'θĭɔn] *f* Widerruf *m*; Aufhebung *f*; **~r** [-'kar] (*1g*) widerrufen, aufheben; (*pared*) tünchen

revolcar [rrɛƀɔl'kar] (*1g u 1m*) zu Fall bringen; **~se** sich (herum)wälzen

revol|tijo [rrɛƀɔl'tixo] *m* Wirrwarr *m*; **~toso** [-'toso] aufsässig; (*niño*) ungezogen

revolu|ción [rrɛƀolu'θĭɔn] *f* Revolution *f*; *astr* Umlauf *m*; *tec* Umdrehung *f*; **~cionar** [-θĭo'nar] (*1a*) revolutionieren; **~cionario** [-θĭo'narĭo] **1.** *adj* revolutionär; **2.** *m* Revolutionär *m*

revólver [rrɛ'ƀɔlƀɛr] *m* Revolver *m*

revolver [rrɛƀɔl'ƀɛr] (*2h*; *part* ***revuelto***) umrühren; umwühlen; (*desordenar*) durchea. bringen; *fig* aufwühlen

revoque [rrɛ'ƀoke] *m* Verputz *m*

revuelo [rrɛ'ƀŭelo] *m* Durcheinander *n*; Aufruhr *m*

revuel|ta [rrɛ'ƀŭɛlta] *f* Aufruhr *m*, Revolte *f*; **~to** [rrɛ'ƀŭɛlto] **1.** *part v* ***revolver***; **2.** *adj* unruhig; (*desordenado*) durcheinander; (*mar*) aufgewühlt

rey [rrɛĭ] *m* König *m* (*a ajedrez*)

reyerta [rrɛ'jɛrta] *f* Streit *m*, Zank *m*

rezaga|do [rrɛθa'gađo] *m* Nachzügler *m*; **~rse** [-'garse] (*1h*) zurückbleiben

re|zar [rrɛ'θar] (*1f*) beten; (*texto*) lauten; **~zo** ['rrɛθo] *m* Beten *n*; Gebet *n*

rezumarse [rrɛθu'marse] (*1a*) durchsickern (*a fig*)

ría ['rria] *f fjordähnliche* Flussmündung *f*

ria|chuelo [rria'tʃŭelo] *m* Flüsschen *n*; Bach *m*; **~da** [rri'ađa] *f* Hochwasser *n*

ribera [rri'ƀera] *f* Ufer *n*

ribete [rri'ƀete] *m* Saum *m*; Besatz *m*; *fig* ***~s*** *pl* Anzeichen *n/pl*; Anflug *m*

ricino *bot* [rri'θino] *m* Rizinus *m*

rico ['rriko] **1.** *adj* reich (an ***en***); (*comida*) köstlich, F lecker; (*niño*) niedlich; **2.** *m* Reiche(r) *m*; ***nuevo ~*** Neureiche(r) *m*

ridicu|lez [rriđiku'leθ] *f* Lächerlichkeit *f*; **~lizar** [-li'θar] (*1f*) lächerlich machen

ridículo [rri'đikulo] lächerlich; ***hacer el ~*** sich lächerlich machen, sich blamieren; ***poner en ~*** lächerlich machen

ríe ['rrie] *s* ***reír***

riego ['rrĭego] *m* Bewässerung *f*; ***~ sanguíneo*** Durchblutung *f*

riel [rrĭɛl] *m* (Gardinen-)Stange *f*; *ferro* Schiene *f*

rienda ['rrĭenda] *f* Zügel *m* (*a fig*); ***dar ~ suelta*** freien Lauf lassen

riesgo ['rrĭezgo] *m* Risiko *n*; Gefahr *f*; ***~ de tipo de cambio*** Wechselkursrisiko *n*; a ***~ de*** auf die Gefahr hin, zu; ***correr (el) ~*** Gefahr laufen; **~so** *Am* [rrĭez'goso] riskant

rifa ['rrifa] *f* Verlosung *f*, Tombola *f*; **~r** [rri'far] (*1a*) verlosen

rifle ['rrifle] *m* Büchse *f*, Gewehr *n*

rigidez [rrixi'đeθ] *f* Starrheit *f*; *fig* Strenge *f*

rígido ['rrixiđo] starr; *fig* streng

rigor [rri'gɔr] *m* Strenge *f*, Härte *f*; ***en ~*** streng genommen; ***ser de ~*** unerlässlich (*od* Vorschrift) sein

riguro|sidad [rrigurosi'đađ] *f* Strenge *f*; **~so** [-'roso] streng; rigoros; unerbittlich

rima ['rrima] *f* Reim *m*; ***~s*** *f/pl* Verse *m/pl*; **~r** [rri'mar] (*1a*) reimen; sich reimen (auf *ac* ***con***)

rimbombante [rrimbɔm'bante] hochtönend; bombastisch

rímel ['rrimɛl] *m* Wimperntusche *f*

rin|cón [rriŋ'kɔn] *m* Winkel *m*, Ecke *f*; **~conera** [-ko'nera] *f* Ecktisch *m*; Eckschrank *m*

ring [rriŋ] *m* (Box-)Ring *m*

rinoceronte [rrinoθe'rɔnte] *m* Nashorn *n*

riña ['rriɲa] *f* Zank *m*, Streit *m*

riñón [rri'ɲɔn] *m* Niere *f*; ***costar un ~*** ein Heidengeld kosten

río ['rrio] **1.** *m* Fluss *m*, Strom *m*; **2.** *s* ***reír***

ripio ['rripĭo] *m fig* Flickwort *n*; ***no perder ~*** sich nichts entgehen lassen

riqueza [rri'keθa] *f* Reichtum *m*; ***~s del subsuelo*** Bodenschätze *m/pl*

risa ['rrisa] *f* Lachen *n*; ***dar ~*** zum Lachen sein; ***tomar a ~*** nicht ernst nehmen

risotada [rriso'tađa] *f* schallendes Gelächter *n*

ristra ['rristra] *f* Schnur *f* (*mit Knoblauch, Zwiebeln usw*)

risueño [rri'sŭeɲo] lachend; heiter

rítmico ['rriđmiko] rhythmisch

ritmo ['rriđmo] *m* Rhythmus *m*

rito ['rrito] *m* Ritus *m*

ritual [rri'tŭal] **1.** *adj* rituell; **2.** *m* Ritual *n*
rival [rri'ƀal] *su* Rivale *m*, Rivalin *f*; **~idad** [-ƀali'đađ] *f* Rivalität *f*; **~izar** [-'θar] (*1f*) wetteifern, rivalisieren
riza|do [rri'θađo] lockig; kraus; **~r** [-'θar] (*1f*) kräuseln
rizo ['rriθo] *m* Locke *f*; (*tela*) Frottee *n*, *m*
robar [rrɔ'ƀar] (*1a*) stehlen; (be)rauben
roble *bot* ['rrɔƀle] *m* Eiche *f*
roblón *tec* [rrɔ'ƀlɔn] *m* Niet *m*
robo ['rrɔƀo] *m* Raub *m*; Diebstahl *m*; **~ con fractura** Einbruch(diebstahl) *m*; **~ con homicidio** Raubmord *m*
robot ['rrɔƀɔt] *m* Roboter *m*
robótica [rrɔ'ƀotika] *f* Robotik *f*
robus|tecer [rrɔƀuste'θɛr] (*2d*) stärken; **~tez** [-'teθ] *f* Kraft *f*; Stärke *f*; **~to** [-'ƀusto] stark, robust
roca ['rrɔka] *f* Fels(en) *m*
roce ['rrɔθe] *m* Reibung *f*; *fig* Reiberei *f*
rociar [rrɔ'θĭar] (*1c*) besprengen
rocín [rrɔ'θin] *m* Gaul *m*, Klepper *m*
rocío [rrɔ'θio] *m* Tau *m*
rococó [rrɔko'ko] *m* Rokoko *n*
rocoso [rrɔ'koso] felsig
rodaballo *zo* [rrɔđa'ƀaʎo] *m* Steinbutt *m*
rodada [rrɔ'đađa] *f* Radspur *f*, Wagenspur *f*
roda|ja [rrɔ'đaxa] *f* Scheibe *f*; **~je** [-'đaxe] *m* (*cine*) Drehen *n*, Dreharbeiten *f/pl*; *auto* Einfahren *n*; **en ~** wird eingefahren
rodamiento *tec* [rrɔđa'mĭento] *m* Lager *n*; **~ de bolas** Kugellager *n*
rodapié *arqu* [rrɔđa'pĭe] *m* Fußleiste *f*
rodar [rrɔ'đar] (*1m*) **1.** *v/i* rollen; (*caer*) herunterrollen; (*dar vueltas*) sich drehen; **2.** *v/t* (*cine*) drehen; *auto* einfahren
rode|ar [rrɔđe'ar] (*1a*) umgeben (mit **de**); umringen; **~o** [-'đeo] *m* Umweg *m*; *fig* Ausflucht *f*; *Am* Rodeo *m od n*; **sin ~s** ohne Umschweife
rodi|lla [rrɔ'điʎa] *f* Knie *n*; **de ~s** kniend; **hincarse** (*od* **ponerse**) **de ~s** niederknien; **~llera** [-đi'ʎera] *f* Knieschützer *m*; **~llo** [-'điʎo] *m* Rolle *f*; Walze *f*; *gastr* Nudelholz *n*
rododendro *bot* [rrɔđo'đendro] *m* Rhododendron *m*
Rodríguez F [rrɔ'đrigeθ]: **estar de ~** Strohwitwer sein
roe|dor [rrɔe'đɔr] *m* Nagetier *n*; **~r** [-'ɛr] (*2za*) (ab)nagen; nagen an (*a fig*)
roga|r [rrɔ'gar] (*1h u 1m*) bitten; **hacerse (de) ~** sich bitten lassen; **~tiva** [-ga'tiƀa] *f* Bittgebet *n*
ro|jizo [rrɔ'xiθo] rötlich; **~jo** ['rrɔxɔ] rot
rol [rrɔl] *m* Rolle *f*
rollizo [rrɔ'ʎiθo] rundlich; stramm
rollo ['rrɔʎo] *m* Rolle *f*; *fot* Rollfilm *m*; F **es un ~** das ist stinklangweilig
romance [rrɔ'manθe] *m* Romanze *f* (*a fig*)
románico [rrɔ'maniko] **1.** *m* Romanik *f*; **2.** *adj* romanisch
romanista [rrɔma'nista] *m* Romanist *m*
romano [rrɔ'mano] römisch
rom|anticismo [rrɔmanti'θizmo] *m* Romantik *f*; **~ántico** [-'mantiko] romantisch
rombo ['rrɔmbo] *m* Rhombus *m*, Raute *f*
rome|ría [rrɔme'ria] *f* Wallfahrt *f*; **~ro** [-'mero] *m* Pilger *m*; *bot* Rosmarin *m*
romo ['rrɔmo] stumpf
rompe|cabezas [rrɔmpeka'ƀeθas] *m* Puzzle *n*; **~hielos** *mar* [-'ĭelos] *m* Eisbrecher *m*; **~huelgas** *Am* [-'ŭɛlgas] *m* Streikbrecher *m*; **~olas** [-'olas] *m* Wellenbrecher *m*
romper [rrɔm'pɛr] (*2a*; *part* **roto**) **1.** *v/t* (zer)brechen, F kaputtmachen; zerreißen; abbrechen (*a fig*); **2.** *v/i*: **~ a** (plötzlich) anfangen zu; **~ con alg** mit j-m brechen; **~se** zerbrechen, F kaputtgehen
ron [rrɔn] *m* Rum *m*
roncar [rrɔŋ'kar] (*1g*) schnarchen
ronco ['rrɔŋko] heiser, rau
ronda ['rrɔnda] *f* Runde *f*; (*patrulla*) Streife *f*; **~r** [-'dar] (*1a*) die Runde machen; bummeln; **~ las mil pesetas** etwa tausend Peseten betragen
ron|quera [rrɔŋ'kera] *f* Heiserkeit *f*; **~quido** [-'kiđo] *m* Schnarchen *n*
ronronear [rrɔnrrɔne'ar] (*1a*) schnurren
roñ|a ['rrɔɲa] *f* Räude *f*, Krätze *f*; **~oso** [rrɔ'ɲoso] räudig; *fig* knauserig
ropa ['rrɔpa] *f* Kleidung *f*; **~ de cama** Bettwäsche *f*; **~ interior** Unterwäsche *f*; **~vejero** [-ƀɛ'xero] *m* Trödler *m*
ropero [rrɔ'pero] *m* Kleiderschrank *m*
rorro F ['rrɔrrɔ] *m* Baby *n*
ros *mil* [rrɔs] *m* Käppi *n*

R

rosa ['rrɔsa] **1.** *adj* rosa; **2.** *f* Rose *f*; ***verlo todo de color de ~*** alles in rosigem Licht sehen; **~do** [rrɔ'sađo] **1.** *adj* rosenrot; **2.** *m* Rosé(wein) *m*
rosal [rrɔ'sal] *m* Rosenstrauch *m*
rosario *rel* [rrɔ'sarĭo] *m* Rosenkranz *m*
rosbif [rrɔz'ƀif] *m* Roastbeef *n*
rosca ['rrɔska] *f tec* Gewinde *n*; *gastr* Kranz *m*; ***pasarse de ~*** *fig* zu weit gehen
rosetón *arqu* [rrɔse'tɔn] *m* Rosette *f*
rosquilla [rrɔs'kiʎa] *f* Brezel *f*
rostro ['rrɔstro] *m* Gesicht *n*, Antlitz *n*
rota|ción [rrɔta'θĭɔn] *f* Drehung *f*; Umdrehung *f*; ***~ de cultivos*** *agr* Fruchtwechsel *m*; **~torio** [-'torĭo] rotierend
roto ['rrɔto] **1.** *s* ***romper***; **2.** *adj* zerbrochen, F kaputt
rótula ['rrɔtula] *f* Kniescheibe *f*
rotula|dor [rrɔtula'đɔr] *m* Filzstift *m*; **~r** [-'lar] (*1a*) beschriften
rótulo ['rrɔtulo] *m* Aufschrift *f*; (*letrero*) Schild *n*
rotun|damente [rrɔtunda'mente] rundweg, -heraus; **~do** [-'tundo] entschieden, kategorisch
rotura [rrɔ'tura] *f* (Zer-)Brechen *n*; Bruch *m*; *a med* Riss *m*
roturar *agr* [rrɔtu'rar] (*1a*) urbar machen; roden
roya *bot* ['rrɔja] *f* Rost *m*
roza|dura [rrɔθa'đura] *f* Schramme *f*, Kratzer *m*; **~r** [-'θar] (*1f*) streifen; (leicht) berühren
rubéola *med* [rru'ƀeola] *f* Röteln *pl*
rubí [rru'ƀi] *m* Rubin *m*
rubi|a ['rruƀĭa] *f* Blondine *f*; **~o** ['rruƀĭo] blond; *fig* hell
rublo ['rruƀlo] *m* Rubel *m*
rubor [rru'ƀɔr] *m* (Scham-)Röte *f*; Scham(gefühl *n*) *f*; **~izarse** [-ƀori'θarse] (*1f*) (scham)rot werden, erröten
rúbrica ['rruƀrika] *f* Schnörkel *m am Namenszug*; *fig* Überschrift *f*
rubricar [rruƀri'kar] (*1g*) abzeichnen
ruda *bot* ['rruđa] *f* Raute *f*
rudeza [rru'đeθa] *f* Rauheit *f*; Derbheit *f*; Schroffheit *f*
rudimen|tario [rruđimen'tarĭo] rudimentär; **~to** [-'mento] *m* Rudiment *n*; ***~s*** *pl* Grundbegriffe *m/pl*
rudo ['rruđo] roh; plump; (*duro*) rau
rueca ['rrŭeka] *f* Spinnrocken *m*
rue|da ['rrŭeđa] *f* Rad *n*; ***~ de prensa*** Pressekonferenz *f*; **~do** [-đo] *m taur* Arena *f*
ruego ['rrŭego] **1.** *s* ***rogar***; **2.** *m* Bitte *f*
rufián [rru'fĭan] *m* Zuhälter *m*; *fig* Gauner *m*
rugby ['rrugƀi] *m* Rugby *n*
rugi|do [rru'xiđo] *m* Brüllen *n*; **~r** [-'xir] (*3c*) brüllen; toben
rugo|sidad [rrugosi'đa(đ)] *f* Runzel *f*; *fig* Unebenheit *f*; **~so** [-'goso] runz(e)lig
ruibarbo *bot* [rrŭi'ƀarƀo] *m* Rhabarber *m*
ruido ['rrŭiđo] *m* Lärm *m*; Geräusch *n*; ***~ de fondo*** Geräuschkulisse *f*; **~so** [-'đoso] lärmend, geräuschvoll; *fig* Aufsehen erregend
ruin [rrŭin] niederträchtig; (*avaro*) schäbig
ruin|a ['rrŭina] *f* Ruine *f* (*a fig*); *com* Ruin *m*; ***amenazar ~*** einzustürzen drohen; **~oso** [-'noso] baufällig; *com* ruinös
ruiseñor [rrŭise'ɲɔr] *m* Nachtigall *f*
ruleta [rru'leta] *f* Roulett *n*
rulo ['rrulo] *m* Lockenwickler *m*
rumano [rru'mano] **1.** *adj* rumänisch; **2.** *m* Rumäne *m*
rumbo ['rrumbo] *m* Kurs *m*; *fig* Weg *m*; Richtung *f*; (*esplendor*) Prunk *m*, Pracht *f*; (*generosidad*) Freigebigkeit *f*; **~so** [-'boso] prächtig, prunkhaft; (*generoso*) freigebig
rumia|nte [rru'mĭante] *m* Wiederkäuer *m*; **~r** [-'mĭar] (*1b*) wiederkäuen
rumor [rru'mɔr] *m* Gerücht *n*; **~ear** [-more'ar] (*1a*) munkeln
rupestre [rru'pestre]: ***pintura*** *f* ***~*** Höhlenmalerei *f*
ruptura [rrup'tura] *f* (Ab-)Bruch *m*
rural [rru'ral] ländlich; Land...
ruso ['rruso] **1.** *adj* russisch; **2.** *m*, **-a** *f* [-sa] Russe *m*, Russin *f*
rústico ['rrustiko] ländlich, Land...; rustikal; ***en -a*** (*libro*) broschiert
ruta ['rruta] *f* Weg *m*; Route *f*
rutilante [rruti'lante] glänzend, schimmernd
rutina [rru'tina] *f* Routine *f*; **~rio** [-'narĭo] routine-, gewohnheitsmäßig

R

S

S, s ['ese] *f* S, s *n*
sábado ['saƀađo] *m* Sonnabend *m*, Samstag *m*; ♀ ***Santo*** (*od* ***de Gloria***) Kar-, Ostersamstag *m*
sábana ['saƀana] *f* Betttuch *n*; ~ ***ajustable*** Spannbetttuch *n*
sabana [sa'ƀana] *f* Savanne *f*
sabandija [saƀan'dixa] *f* Gewürm *n*
sabañón [saƀa'ɲɔn] *m* Frostbeule *f*
sabelotodo [saƀelo'tođo] *m* Besserwisser *m*
saber [sa'ƀɛr] (*2n*) **1.** *v/t* wissen; können; (*tener noticia*) erfahren; ***hacer*** ~ mitteilen; ***¡qué sé yo!*** keine Ahnung!; ***no que yo sepa*** nicht, dass ich wüsste; ***a*** ~ nämlich; **2.** *v/i* schmecken (nach ***a***); ***me sabe mal*** es ist mir unangenehm; **3.** *m* Wissen *n*; Können *n*
sabi|do [sa'ƀiđo] bekannt; **~duría** [-đu'ria] *f* Weisheit *f*; Wissen *n*; **~endas** [sa'ƀĭendas]: ***a*** ~ wissentlich; **~hondo** F [-'ɔndo] *m* Besserwisser *m*
sabio ['saƀĭo] **1.** *adj* weise; gelehrt; **2.** *m* Weise(r) *m*, Gelehrte(r) *m*
sab|lazo [sa'ƀlaθo] *m* Säbelhieb *m*; F ***dar un*** ~ ***a alg*** F j-n anpumpen; **~le** ['saƀle] *m* Säbel *m*
sabor [sa'ƀɔr] *m* Geschmack *m*; **~ear** [saƀore'ar] (*1a*) genießen
sabot|aje [saƀo'taxe] *m* Sabotage *f*; **~ear** [-te'ar] (*1a*) sabotieren
sabroso [sa'ƀroso] schmackhaft; *Am* herrlich
sabueso [sa'ƀŭeso] *m* Spürhund *m*; *fig* Schnüffler *m*
saca ['saka] *f* Post-, Geldsack *m*; **~corchos** [-'kɔrtʃos] *m* Korkenzieher *m*; **~puntas** [-'puntas] *m* Bleistiftanspitzer *m*
sacar [sa'kar] (*1g*) herausziehen, -nehmen, -holen; entnehmen; (*libro*, *etc*) herausbringen; (*lengua*) herausstrecken; (*muela*) ziehen; (*billete*) lösen; (*foto*) machen; ~ ***adelante*** vorantreiben; durchbringen; ~ ***a bailar*** zum Tanz auffordern; ~ ***en claro*** klarstellen; ~ ***de paseo*** spazieren führen
sacarina [saka'rina] *f* Sa(c)charin *n*, Süßstoff *m*
sacerdo|te [saθɛr'đote] *m* Priester *m*; **~tisa** [-đo'tisa] *f* Priesterin *f*
saci|ar [sa'θĭar] (*1b*) sättigen; *fig* befriedigen; **~edad** [saθĭe'đađ] *f* Sättigung *f*; ***hasta la*** ~ bis zum Überdruss
saco ['sako] *m* Sack *m*; *Am* Sakko *m*; ~ ***de dormir*** Schlafsack *m*; ***no echar a/c en*** ~ ***roto*** et beherzigen
sacramento [sakra'mento] *m* Sakrament *n*
sacrifica|do [sakrifi'kađo] aufopfernd; **~r** [-'kar] (*1g*) opfern; (*res*) schlachten; **~rse** sich aufopfern (für *ac* ***por***)
sacri|ficio [sakri'fiθĭo] *m* Opfer *n*; **~legio** [-'lɛxĭo] *m* Sakrileg *n*; Frevel *m*
sacrílego [sa'krilego] gotteslästerlich; frevelhaft
sacris|tán [sakris'tan] *m* Küster *m*; **~tía** [-'tia] *f* Sakristei *f*
sacro ['sakro] heilig
sacudi|da [saku'điđa] *f* Erschütterung *f*; Stoß *m*; **~dor** [-'đɔr] *m* Teppichklopfer *m*; **~r** [-'đir] (*3a*) schütteln, rütteln; erschüttern; (*alfombra*) (aus)klopfen
sádico ['sađiko] **1.** *adj* sadistisch; **2.** *m* Sadist *m*
sadismo [sa'đizmo] *m* Sadismus *m*
saeta [sa'eta] *f* Pfeil *m*
safari [sa'fari] *m* Safari *f*
saga ['saga] *f* Sage *f*
saga|cidad [sagaθi'đađ] *f* Scharfsinn *m*; Spürsinn *m*; **~z** [sa'gaθ] schlau; scharfsinnig
Sagitario *astr* [saxi'tarĭo] *m* Schütze *m*
sagra|do [sa'građo] heilig; **~rio** [sa'grarĭo] *m* Tabernakel *n*
sagú [sa'gu] *m* Sago *m*
sainete [saĭ'nete] *m* Schwank *m*
sajón [sa'xɔn] **1.** *adj* sächsisch; **2.** *m* Sachse *m*
sal [sal] *f* Salz *n*; *fig* Mutterwitz *m*; ~ ***común*** Kochsalz *n*
sala ['sala] *f* Saal *m*; *jur* Kammer *f*; ~ ***de espera*** Wartesaal *m*, -zimmer *n*; ~ ***de estar*** Wohnzimmer *n*; ~ ***de fiestas*** Vergnügungslokal *n*
salado [sa'lađo] salzig; *fig* witzig; geistreich
salaman|dra [sala'mandra] *f* Salamander *m*; **~quesa** [-maŋ'kesa] *f* (Mauer-) Gecko *m*

S

salar [sa'lar] (*1a*) salzen
sala|rial [sala'rĭal] Lohn...; **~rio** [-'larĭo] *m* Lohn *m*; **~ *base*** Grundlohn *m*; **~ *mínimo*** Mindestlohn *m*
salazón [sala'θɔn] *f* Einsalzen *n*
salchi|cha [sal'tʃitʃa] *f* Würstchen *n*; **~chón** [-tʃi'tʃɔn] *m* Hartwurst *f*
sal|dar [sal'dar] (*1a*) *com* begleichen; (*vender*) ausverkaufen; *fig* beilegen; **~do** ['saldo] *m com* Saldo *m*; (*venta*) Ausverkauf *m*; **~ *acreedor*** (***deudor***) Haben- (Soll-)Saldo *m*
salero [sa'lero] *m* Salzstreuer *m*; *fig* Anmut *f*; **~so** F [-'roso] anmutig; charmant; witzig
salida [sa'liđa] *f* Ausgang *m*; Ausfahrt *f*; (*partida*) Abfahrt *f*; *avia* Abflug *m*; *dep* Start *m*; *com* Absatz *m*; (*ocurrencia*) (witziger) Einfall *m*; **~ *del sol*** Sonnenaufgang *m*; **~ *de emergencia*** Notausgang *m*; **~ *de tono*** ungehörige Bemerkung *f*
saliente [sa'lĭente] **1.** *adj* vorspringend; *fig* hervorstechend; *pol* ausscheidend; **2.** *m* Vorsprung *m*
sali|na [sa'lina] *f* Salzbergwerk *n*, Saline *f*; **~nidad** [-lini'đađ] *f* Salzgehalt *m*; **~no** [-'lino] salzig
salir [sa'lir] (*3r*) ausgehen; hinausgehen; weggehen; abreisen; abfahren; *astr* aufgehen; (*libro*) erscheinen; **~ *adelante*** vorwärtskommen; **~ *bien*** (***mal***) gut (schlecht) ablaufen *od* geraten; **~ *caro*** teuer zu stehen kommen; **~ *ileso*** unverletzt bleiben; **~ *a alg*** j-m ähneln; **~ *con alg*** F mit j-m gehen; **~ *perdiendo*** den Kürzeren ziehen; ***a lo que salga*** auf gut Glück; **~se** (*líquido*) auslaufen; **~ *de*** abweichen von (*dat*); **~ *con la suya*** s-n Kopf durchsetzen
saliva [sa'liƀa] *f* Speichel *m*
salmo ['salmo] *m* Psalm *m*
salmón [sal'mɔn] *m* Lachs *m*
salmonelas [salmo'nelas] *f/pl* Salmonellen *f/pl*
salmonete *zo* [salmo'nete] *m* Rotbarbe *f*
salmuera [sal'mŭera] *f* Salzlake *f*
salobre [sa'loƀre] salzig; ***agua*** *f* **~** Brackwasser *n*
salón [sa'lɔn] *m* Saal *m*; Salon *m*; (*sala de estar*) Wohnzimmer *n*; **~ *de actos*** Festsaal *m*; Aula *f*; **~ *de baile*** Ballsaal *m*; **~ *de belleza*** Kosmetiksalon *m*
salpica|dero [salpika'đero] *m auto* Instrumentenbrett *n*; **~dura** [-'đura] *f* Spritzer *m*; **~r** [-'kar] (*1g*) bespritzen
salpimentar [salpimen'tar] (*1k*) mit Salz u Pfeffer würzen
sal|sa ['salsa] *f* Soße *f*; *fig* Würze *f*; **~sera** [-'sera] *f* Soßenschüssel *f*
saltamontes [salta'mɔntes] *m* Heuschrecke *f*
saltar [sal'tar] (*1a*) **1.** *v/i* springen, hüpfen; (*romperse*) zerspringen; **~ *a la vista*** *fig* ins Auge springen; **2.** *v/t* überspringen (*a fig*); (***hacer***) **~** (in die Luft) sprengen; **~se** *fig* überspringen
saltea|dor [saltea'đɔr] *m* Straßenräuber *m*; **~r** [-'ar] (*1a*) überfallen; *gastr* (an-) braten
saltimbanqui [saltim'baŋki] *m* Gaukler *m*
salto ['salto] *m* Sprung *m*; **~ *de agua*** Wasserfall *m*; **~ *de altura*** Hochsprung *m*; **~ *de caballo*** Rösselsprung *m*; **~ *de longitud*** Weitsprung *m*; **~ *con pértiga*** Stabhochsprung *m*; **~ *triple*** Dreisprung *m*
saltón [sal'tɔn] hervorstehend; ***ojos*** *m/pl* ***saltones*** Glotzaugen *n/pl*
salubre [sa'luƀre] gesund
salud [sa'luđ] *f* Gesundheit *f*; **¡(*a su*) ~!** auf Ihr Wohl!, prost!; **~able** [-'đaƀle] heilsam; gesund; **~ador** [-đa'đɔr] *m* Quacksalber *m*
salu|dar [salu'đar] (*1a*) (be)grüßen; **~do** [-'luđo] *m* Gruß *m*; Begrüßung *f*; **~tación** [-ta'θĭɔn] *f* Begrüßung *f*
salva *mil* ['salƀa] *f* Salve *f*; ***~s de ordenanza*** Salutschüsse *m/pl*
salva|ción [salƀa'θĭɔn] *f* Rettung *f*; ***ejército*** *m* ***de*** **~** Heilsarmee *f*; **~do** [-'ƀađo] *m* Kleie *f*; **~dor** [-'đɔr] **1.** *adj* rettend; **2.** *m* Retter *m*; *rel* Heiland *m*; **~guardar** [-gŭar'đar] (*1a*) bewahren; schützen; **~guardia** [-'gŭarđĭa] *f* Geleitbrief *m*; *fig* Schutz *m*
salvaje [sal'ƀaxe] wild; *fig* roh, brutal
salva|manteles [salƀaman'teles] *m* Untersetzer *m*; **~mento** [-'mento] *m* Rettung *f*; Bergung *f*; **~pantallas** *inform* [-pan'taʎas] *m* Bildschirmschoner *m*
salvar [sal'ƀar] (*1a*) retten; bergen; (*distancia*) zurücklegen; (*obstáculo, etc*) überwinden
salvavidas [salƀa'ƀiđas] *m* Rettungs-

S

ring *m*; (***chaleco*** *m*) ~ Schwimmweste *f*

salvia *bot* ['salƀĭa] *f* Salbei *m od f*

salvo ['salƀo] **1.** *adj* unbeschädigt, heil; ***a ~*** in Sicherheit; **2.** *adv*, *prp* außer; ***~ que*** es sei denn (,dass); **~conducto** [-kɔn'dukto] *m* Passierschein *m*

San [san] *vor Namen*: heilig

sana|r [sa'nar] (*1a*) **1.** *v/t* heilen; **2.** *v/i* gesund werden; **~torio** [-'torĭo] *m* Sanatorium *n*

sanci|ón [san'θĭɔn] *f* Bestätigung *f*; Genehmigung *f*; *jur* Strafe *f*; **~onar** [-θĭo'nar] (*1a*) bestätigen; *jur* bestrafen

sandalia [san'dalĭa] *f* Sandale *f*

sandez [san'deθ] *f* Dummheit *f*

sandía *bot* [san'dia] *f* Wassermelone *f*

sandwich ['sanƀitʃ] *m* Sandwich *n*

sane|amiento [sanea'mĭento] *m* Sanierung *f*; ***~ de vertederos de residuos contaminantes*** Altlastensanierung *f*; **~ar** [-'ar] (*1a*) sanieren

san|grar [saŋ'grar] (*1a*) **1.** *v/t* zur Ader lassen; **2.** *v/i* bluten; **~gre** ['saŋgre] *f* Blut *n*; ***a ~ fría*** kaltblütig; ***echar ~*** bluten; ***pura ~*** Vollblut *n*; **~gría** [-'gria] *f* Aderlass *m* (*a fig*); (*bebida*) Rotweinbowle *f*; **~griento** [-'grĭento] blutig; **~guijuela** [-gi'xŭela] *f* Blutegel *m*; **~guina** [-'gina] *f*: (***naranja*** *f*) ~ Blutorange *f*; **~guinario** [-gi'narĭo] blutdürstig, grausam; **~guíneo** [-'gineo] Blut...; **~guinolento** [-gino'lento] blutbefleckt; blutig

sani|dad [sani'đa(đ)] *f* Gesundheit *f*; Gesundheitswesen *n*; **~tario** [-'tarĭo] **1.** *adj* gesundheitlich, Gesundheits...; sanitär; **2.** *m mil* Sanitäter *m*; ***~s*** *pl* sanitäre Einrichtungen *f/pl*

sano ['sano] gesund; ***~ y salvo*** wohlbehalten

santa ['santa] *f* Heilige *f*

santiamén F [santĭa'men] *m*: ***en un ~*** im Nu

santidad [santi'đađ] *f* Heiligkeit *f*

santificar [santifi'kar] (*1g*) heiligen

santiguarse [santi'gŭarse] (*1i*) sich bekreuzigen

santo ['santo] **1.** *adj* heilig; **2.** *m* Heilige(r) *m*; (*fiesta*) Namenstag *m*; ***~ y seña*** Losungswort *n*; ***¿a ~ de qué?*** wieso?; ***Todos los ℒs*** Allerheiligen *n*

santuario [san'tŭarĭo] *m* Heiligtum *n*

saña ['saɲa] *f* (blinde) Wut *f*

sapo ['sapo] *m* Kröte *f*

saque ['sake] *m* (*fútbol*) Anstoß *m*; (*tenis*) Aufschlag *m*; ***~ de esquina*** Eckstoß *m*; **~ar** [-'ar] (*1a*) plündern; **~o** [-'keo] *m* Plünderung *f*

sarampión *med* [saram'pĭɔn] *m* Masern *pl*

sar|casmo [sar'kazmo] *m* Sarkasmus *m*; **~cástico** [-'kastiko] sarkastisch

sarcófago [sar'kofago] *m* Sarkophag *m*

sardina [sar'đina] *f* Sardine *f*

sardónico [sar'đoniko] sardonisch

sargento [sar'xento] *m* Unteroffizier *m*

sarmiento [sar'mĭento] *m* Weinrebe *f*; Rebholz *n*

sarna *med* ['sarna] *f* Krätze *f*

sarro ['sarrɔ] *m* Zahnstein *m*

sartén [sar'ten] *f* Pfanne *f*; F ***tener la ~ por el mango*** das Heft in der Hand haben

sastr|a ['sastra] *f* Schneiderin *f*; **~e** ['sastre] *m* Schneider *m*; **~ería** [-'ria] *f* Schneiderei *f*

satánico [sa'taniko] teuflisch

satélite [sa'telite] *m* Satellit *m*; ***~ de comunicaciones*** Nachrichtensatellit *m*; ***~ meteorológico*** Wettersatellit *m*

satén [sa'ten] *m* Satin *m*

sátira ['satira] *f* Satire *f*

sat|írico [sa'tiriko] satirisch; **~irizar** [-'θar] (*1f*) verspotten

satis|facción [satisfag'θĭɔn] *f* Genugtuung *f*; (*contento*) Befriedigung *f*, Zufriedenheit *f*; **~facer** [-fa'θɛr] (*2s*) zufrieden stellen; befriedigen; (*pagar*) bezahlen; **~factorio** [-fak'torĭo] befriedigend, zufrieden stellend; **~fecho** [-'fetʃo] zufrieden; befriedigt; ***darse por ~*** sich zufrieden geben

satura|ción [satura'θĭɔn] *f* Sättigung *f*; **~r** [-'rar] (*1a*) sättigen

sauce *bot* ['saŭθe] *m* Weide *f*; ***~ llorón*** Trauerweide *f*

saúco [sa'uko] *m* Holunder *m*

sauna ['saŭna] *f* Sauna *f*

savia ['saƀĭa] *f* Pflanzensaft *m*

saxofón [sagso'fɔn] *m*, **saxófono** [-'sofono] *m* Saxophon *n*

saz|ón [sa'θɔn] *f* Reife *f*; ***a la ~*** damals; **~onar** [saθo'nar] (*1a*) *gastr* würzen

scooter ['skutɛr] *m* Motorroller *m*

se [se] sich; ***~ dice*** man sagt

sé [se] *s* ***saber***

sebo ['seƀo] *m* Talg *m*

S

secа|dor [seka'đɔr] *m tec* Trockner *m*; Trockenhaube *f*; ~ ***(de mano)*** Fön *m*; **~dora** [-'đora] *f* (Wäsche-)Trockner *m*; **~no** [se'kano] *m* unbewässertes Land *n*

secar [se'kar] (*1g*) trocknen; abtrocknen; **~se** (ver-, aus)trocknen

secci|ón [sɛg'θĭɔn] *f* Einschnitt *m* (*a med*); (*parte*) Abschnitt *m*; *mat* Querschnitt *m*; *com* Abteilung *f*; **~onar** [-θĭo'nar] (*1a*) durchtrennen, -schneiden

seco ['seko] trocken; *fig* kurz angebunden; ***parar en ~*** plötzlich anhalten

secre|ción [sekre'θĭɔn] *f* Absonderung *f*; Sekret *n*; **~tar** [-'tar] (*1a*) absondern

secreta|ria [sekre'tarĭa] *f* Sekretärin *f*; ~ ***de dirección*** Chefsekretärin *f*; **~ría** [-'ria] *f*, **~riado** [-'rĭađo] *m* Sekretariat *n*; **~rio** [-'tarĭo] *m* Sekretär *m*

secre|ter [sekre'tɛr] *m* (*mueble*) Sekretär *m*; **~to** [se'kreto] **1.** *adj* geheim, heimlich; Geheim...; **2.** *m* Geheimnis *n*; ~ ***a voces*** offenes Geheimnis *n*; ***en ~*** insgeheim, heimlich

secta ['sɛkta] *f* Sekte *f*

sector [sɛk'tɔr] *m* Sektor *m* (*a fig*); ~ ***de servicios*** Dienstleistungssektor *m*

secuela [se'kŭela] *f* Folge *f* (*a med*)

secuencia [se'kŭenθĭa] *f* Sequenz *f*

secuest|rador [sekŭestra'đɔr] *m* Entführer *m*; ~ ***aéreo*** Flugzeugentführer *m*; **~rar** [-'trar] (*1a*) entführen; *jur* beschlagnahmen; **~ro** [se'kŭestro] *m* Entführung *f*; *jur* Beschlagnahme *f*

secular [seku'lar] hundertjährig; *rel* weltlich

secundar [sekun'dar] (*1a*) unterstützen; **~io** [-'darĭo] zweitrangig, sekundär

sed [seđ] *f* Durst *m*; *fig* Gier *f*, Drang *m*

seda ['seđa] *f* Seide *f*; *fig* ***como una ~*** wie am Schnürchen

sedal [se'đal] *m* Angelschnur *f*

sedante [se'đante] *m* Beruhigungsmittel *n*

sede ['seđe] *f* Sitz *m*; ***la Santa*** ♀ der Heilige Stuhl; **~ntario** [seđen'tarĭo] sesshaft

sediento [se'đĭento] durstig

sedimento [seđi'mento] *m* Bodensatz *m*; Ablagerung *f*

sedoso [se'đoso] seidig

seduc|ción [seđug'θĭɔn] *f* Verführung *f*; **~ir** [-'θir] (*3o*) verführen; *fig* verlocken; **~tor** [-đuk'tɔr] **1.** *adj* verführerisch; **2.** *m* Verführer *m*

sega|dora [sega'đora] *f* Mähmaschine *f*; ***~-trilladora*** *f* Mähdrescher *m*; **~r** [se'gar] (*1h u 1k*) mähen; *fig* zerstören

seglar [se'glar] **1.** *adj* weltlich; **2.** *m* Laie *m*

segmento [sɛg'mento] *m* Segment *n*

segui|da [se'giđa]: ***en ~*** sofort; **~do** [se'giđo] hinter-, nacheinander; **~dor** [segi'đɔr] *m* Anhänger *m*; **~miento** [-'mĭento] *m* Verfolgung *f*

seguir [se'gir] (*3l u 3d*) **1.** *v/t* folgen (*dat*); befolgen; **2.** *v/i* fortfahren, weitermachen; andauern; (noch) bleiben; ~ ***haciendo a/c*** et weiter *bzw* immer noch tun

según [se'gun] **1.** *prp* nach (*dat*), gemäß (*dat*); ~ ***él*** nach s-r Meinung; **2.** *adv* je nachdem; ~ ***y como*** je nachdem

segun|dero [segun'dero] *m* Sekundenzeiger *m*; **~do** [se'gundo] **1.** *adj* zweite(r); **2.** *m* Sekunde *f*

segu|ridad [seguri'đađ] *f* Sicherheit *f*; ♀ ***Social*** Sozialversicherung *f*; **~ro** [se'guro] **1.** *adj* sicher, gewiss; **2.** *adv* bestimmt; **3.** *m* Versicherung *f*; *tec* Sicherung *f*; ~ ***a todo riesgo*** (Voll-)Kaskoversicherung *f*; ~ ***de equipajes*** Reisegepäckversicherung *f*; ~ ***de ocupantes*** Insassenversicherung *f*; ***ir sobre ~*** ganz sichergehen

seis [sɛĭs] sechs; **~cientos** [sɛĭs'θĭentos] sechshundert

seísmo [se'izmo] *m* Erdbeben *n*

selec|ción [selɛg'θĭɔn] *f* Auswahl *f*; *dep* ~ ***nacional*** Nationalmannschaft *f*; **~cionar** [-θio'nar] (*1a*) auswählen; **~to** [se'lɛkto] ausgewählt; *fig* erlesen

sellar [se'ʎar] (*1a*) (ver)siegeln; stempeln; *fig* besiegeln

sello ['seʎo] *m* Siegel *n*; (*de goma*) Stempel *m* (*a fig*); *corr* Briefmarke *f*

selva ['sɛlƀa] *f* Wald *m*; ~ ***virgen*** Urwald *m*

semáforo [se'maforo] *m* Verkehrsampel *f*; *ferro* Signal *n*; ~ ***para peatones*** Fußgängerampel *f*

semana [se'mana] *f* Woche *f*; ~ ***inglesa*** Fünftagewoche *f*; ♀ ***Santa*** Karwoche *f*; ***entre ~*** wochentags; **~l** [-'nal] wöchentlich; **~rio** [-'narĭo] *m* Wochenschrift *f*

semblante [sem'blante] *m* Antlitz *n*;

Gesicht *n*; *fig* Miene *f*, Gesichtsausdruck *m*; Aspekt *m*
sembra|do [sem'brađo] *m* Saatfeld *n*; **~dora** [-'đora] *f* Drill-, Sämaschine *f*; **~r** [-'brar] (*1k*) (aus)säen; *fig* verbreiten
semejan|te [semɛ'xante] ähnlich; (*tal*) solch, so ein; **~za** [-'xanθa] *f* Ähnlichkeit *f*
semen *biol* ['semen] *m* Samen *m*; **~tal** [semen'tal] *m* Zuchttier *n*; (*caballo*) Hengst *m*
semes|tral [semes'tral] halbjährlich; halbjährig; **~tre** [-'mestre] *m* Semester *n*, Halbjahr *n*
semi|circular [semiθirku'lar] halbkreisförmig; **~círculo** [-'θirkulo] *m* Halbkreis *m*; **~conductor** *el* [-kɔnduk'tɔr] *m* Halbleiter *m*; **~corchea** *mús* [-kɔr'tʃea] *f* Sechzehntelnote *f*; **~final** [-fi'nal] *f dep* Halbfinale *n*
semill|a *bot* [se'miʎa] *f* Samen *m*; **~ero** [-'ʎero] *m* Pflanzschule *f*; *fig* Brutstätte *f*
seminari|o [semi'narĭo] *m* Seminar *n*; **~sta** [-na'rista] *m* Seminarist *m*
sémola ['semola] *f* Grieß *m*
sempiterno [sempi'tɛrno] ewig
senado [se'nađo] *m* Senat *m*; **~r** [-'đɔr] *m* Senator *m*
senci|llez [senθi'ʎeθ] *f* Einfachheit *f*; Schlichtheit *f*; **~llo** [-'θiʎo] einfach; schlicht
sen|da ['senda] *f*, **~dero** [-'dero] *m* Fußweg *m*, Pfad *m*
sen|dos ['sendos], **~das** ['sendas] je ein
senectud [senɛk'tuđ] *f* Greisenalter *n*
senil [se'nil] greisenhaft, senil
seno ['seno] *m* Busen *m*; *mat* Sinus *m*; *fig* Schoß *m*; *anat* **~ *frontal*** Stirnhöhle *f*
sensaci|ón [sensa'θĭɔn] *f* Empfindung *f*; Gefühl *n*; *fig* Sensation *f*; ***causar* ~** Aufsehen erregen; **~onal** [-θĭo'nal] Aufsehen erregend, sensationell; **~onalista** [-'lista] sensationslüstern; ***prensa*** *f* **~** Skandalpresse *f*
sensa|tez [sensa'teθ] *f* Besonnenheit *f*; **~to** [-'sato] vernünftig
sensi|bilidad [sensiƀili'đađ] *f* Empfindlichkeit *f*; Empfindsamkeit *f*; **~ble** [-'siƀle] empfindlich (gegen ***a***); *a fig* fühlbar
sensual [sen'sŭal] sinnlich; **~idad** [-li'đađ] *f* Sinnlichkeit *f*
senta|da [sen'tađa] *f* Sitzblockade *f*; **~do** [-'tađo] sitzend; ***estar* ~** sitzen; **~r** [-'tar] (*1k*) **1.** *v/t* setzen; **2.** *v/i* **~ *bien*** (***mal***) gut (schlecht) bekommen; (*vestido*) gut (schlecht) stehen; **~rse** sich setzen
sentencia [sen'tenθĭa] *f jur* Urteil *n*; (*dicho*) Ausspruch *m*
senti|do [sen'tiđo] **1.** *adj* tief empfunden; innig; **2.** *m* Sinn *m*; Bedeutung *f*; (*dirección*) Richtung *f*; **~ *común*** gesunde(r) Menschenverstand *m*; **~ *del deber*** Pflichtgefühl *n*; **~ *de giro obligatorio*** Kreisverkehr *m*; **~ *del humor*** Sinn *m* für Humor; ***perder el* ~** das Bewusstsein verlieren; **~mental** [-men'tal] gefühlvoll, sentimental; **~miento** [-'mĭento] *m* Gefühl *n*, Empfindung *f*
sentir [sen'tir] (*3i*) *v/t* fühlen; empfinden; spüren; (*lamentar*) bedauern; ***lo siento*** es tut mir Leid; **~se** sich fühlen
seña ['seɲa] *f* Zeichen *n*; **~s** *pl* Anschrift *f*, Adresse *f*; **~*s personales*** Personenbeschreibung *f*; ***hacer* ~*s*** winken
señal [se'ɲal] *f* Zeichen *n*; Signal *n*; *com* Anzahlung *f*; **~ *de prioridad*** (*od* ***preferencia***) Vorfahrt(s)schild *n*; **~ *de prohibición*** Verbotsschild *n*; **~ *de tráfico*** Verkehrszeichen *n*; ***en* ~ *de*** zum Zeichen *gen*; **~ado** [-'lađo] *fig* bedeutsam; **~ar** [-'lar] (*1a*) kennzeichnen; (*indicar*) anzeigen; aufweisen; zeigen auf; (*fijar*) festsetzen; **~izar** [-li'θar] (*1f*) be-, ausschildern
señor [se'ɲɔr] *m* Herr *m*; (*dueño*) Besitzer *m*; **~a** [se'ɲora] *f* Frau *f*; (*dama*) Dame *f*; **~ial** [-'rĭal] herrschaftlich; **~ita** [-'rita] *f* Fräulein *n*; junge Dame *f*; **~ito** [-'rito] *m* junger Herr *m*
señuelo [se'ɲŭelo] *m* Lockvogel *m*; Köder *m*
separa|ción [separa'θĭɔn] *f* Trennung *f*; **~ *de bienes*** Gütertrennung *f*; **~do** [-'rađo] getrennt, einzeln; ***por* ~** *corr* mit getrennter Post; **~r** [-'rar] (*1a*) trennen; (*del cargo*) entlassen; **~rse** sich trennen; **~ta** [-'rata] *f* Sonderdruck *m*; **~tista** [-'tista] *m* Separatist *m*
sepelio [se'pelĭo] *m* Begräbnis *n*
sepia ['sepĭa] *f* Tintenfisch *m*
septentrional [sɛptentrĭo'nal] nördlich, Nord...
septicemia *med* [sɛpti'θemĭa] *f* Blutvergiftung *f*

septiembre [se'tĭembre] *m* September *m*
séptimo ['sɛptimo] siebente(r, -s)
sepul|cro [se'pulkro] *m* Grab(stätte *f*) *n*; **~tar** [-'tar] (*1a*) begraben (*a fig*); **~tura** [-'tura] *f* Bestattung *f*; (*tumba*) Grab *n*; **~turero** [-'rero] *m* Totengräber *m*
sequedad [seke'đađ] *f* Trockenheit *f*; *fig* Unfreundlichkeit *f*
sequía [se'kia] *f* Dürre *f*
séquito ['sekito] *m* Gefolge *n*
ser [sɛr] **1.** *v/i* (*2w*) sein; (*pasivo*) werden; **~ de** (*pertenecer*) gehören (zu) (*dat*); ***de no ~ así*** andernfalls; ***a no ~ que*** falls nicht; ***o sea*** das heißt; ***¡eso es!*** (das) stimmt!; gut so!; ***¿a cómo es?*** was kostet es?; ***sea lo que sea*** wie dem auch sei; **2.** *m* Sein *n*; Wesen *n*
serbio ['sɛrƀĭo] serbisch
sere|nar(se) [sere'nar(se)] (*1a*) (sich) beruhigen; **~nata** *mús* [-'nata] *f* Serenade *f*; **~nidad** [-ni'đađ] *f* Gelassenheit *f*; **~no** [se'reno] **1.** *m* Nachtwächter *m*; **2.** *adj* gelassen; (*tiempo*) heiter
serial [se'rĭal] **1.** *adj* seriell; **2.** *m TV, radio* Serie *f*; Sendereihe *f*
serie ['serĭe] *f* Serie *f*; Reihe *f*; ***de ~*** serienmäßig; ***en ~*** Serien...; ***fuera de ~*** außergewöhnlich
ser|iedad [serĭe'đađ] *f* Ernst *m*; (*formalidad*) Zuverlässigkeit *f*; **~io** ['serĭo] ernst; (*formal*) seriös, zuverlässig; ***en ~*** im Ernst; ***tomar en ~*** ernst nehmen
sermón [sɛr'mɔn] *m* Predigt *f*; F Standpauke *f*
sero|negativo [seronega'tiƀo] HIV-negativ; **~positivo** [-posi'tiƀo] HIV-positiv
serpen|tear [sɛrpente'ar] (*1a*) sich schlängeln; **~tina** [-'tina] *f* Serpentine *f*; (*papel*) Luft-, Papierschlange *f*
serpiente [sɛr'pĭente] *f* Schlange *f*
serra|nía [sɛrra'nia] *f* Bergland *n*; **~no** [sɛ'rrano] **1.** *adj* Berg...; **2.** *m* Gebirgsbewohner *m*
serr|ar [sɛ'rrar] (*1k*) sägen; **~ín** [sɛ'rrin] *m* Sägemehl *n*; **~ucho** *tec* [sɛ'rrutʃo] *m* Fuchsschwanz *m*
servi|ble [sɛr'ƀiƀle] brauchbar; **~cial** [-ƀi'θĭal] hilfsbereit, gefällig; **~cio** [-'ƀiθĭo] *m* Dienst *m*; *gastr etc* Bedienung *f*, Service *m*; ***~ de averías*** Pannendienst *m*; ***~ discrecional*** Sonderfahrt *f*; ***~ a domicilio*** Partyservice *m*; ***~ en línea*** Online-Dienst *m*; ***~s*** *pl* Toilette *f*; ***~ militar*** Wehrdienst *m*; ***~ de pagos (electrónico)*** elektronischer Zahlungsverkehr *m*; ***~ pos(t)venta*** Kundendienst *m*; ***~ sustitutorio*** (Wehr-) Ersatzdienst *m*; ***~ de traducción*** Übersetzungsdienst *m*; ***fuera de ~*** *tec* außer Betrieb; **~dor** [-'đɔr] *m* Diener *m*; **~dumbre** [-'đumbre] *f* Dienerschaft *f*, Gesinde *n*; *fig* Knechtschaft *f*; **~l** [-'ƀil] knechtisch; sklavisch; unterwürfig
servillе|ta [sɛrƀi'ʎeta] *f* Serviette *f*; **~tero** [-'tero] *m* Serviettenring *m*
servir [sɛr'ƀir] (*3l*) **1.** *v/t* bedienen; (*comida*) auftragen, servieren; **2.** *v/i* dienen (*a mil*); ***~ de*** dienen als; ***~ para*** taugen zu (*dat*); **~se** sich bedienen, zugreifen
sésamo *bot* ['sesamo] *m* Sesam *m*
sesenta [se'senta] sechzig
sesión [se'sĭɔn] *f* Sitzung *f*; (*cine*) Vorstellung *f*
seso ['seso] *m* Gehirn *n*; *fig* Verstand *m*; ***~s*** *pl gastr* Hirn *n*
seta *bot* ['seta] *f* Pilz *m*
setecientos [sete'θĭentos] siebenhundert
setenta [se'tenta] siebzig
setiembre [se'tĭembre] *m* September *m*
seto ['seto] *m* Zaun *m*; ***~ vivo*** Hecke *f*
seudo... ['seŭđo] Pseudo...
seudónimo [seŭ'đonimo] *m* Pseudonym *n*
seve|ridad [seƀeri'đađ] *f* Strenge *f*; **~ro** [se'ƀero] streng; (*serio*) ernst
sexo ['sɛgso] *m* Geschlecht *n*; (*sexualidad*) Sex *m*
sexto ['sesto] **1.** *adj* sechste(r, -s); **2.** *m* Sechstel *n*
sexual [sɛg'sŭal] sexuell; Geschlechts...; **~idad** [-li'đađ] *f* Sexualität *f*
shock [ʃɔk] *m* Schock *m*; ***~ cultural*** Kulturschock *m*
si [si] **1.** *cj* wenn; ob; ***~ no*** falls nicht; sonst; ***como ~*** als ob; **2.** *m mús* H *n*; ***~ bemol*** B *n*
sí [si] **1.** *pron* sich; ***por ~ solo*** von selbst; ***seguro de ~ mismo*** selbstsicher; **2.** *adv* ja; **3.** *m* Ja(wort) *n*
sico... *s* ***psico...***
sida *med* ['siđa] *m* Aids *n*
sidecar [siđe'kar] *m* Beiwagen *m*
sideral [siđe'ral] Stern(en)...

siderurgia [siđe'rurxĭa] *f* Eisen- u Stahlindustrie *f*
sidra ['siđra] *f* Apfelwein *m*
siembra ['sĭembra] *f* Saat *f*
siempre ['sĭempre] immer; ***de ~*** von jeher; ***lo de ~*** immer wieder dasselbe; ***~ que*** sofern; (*cada vez*) immer wenn
sien [sĭen] *f* Schläfe *f*
siento ['sĭento] *s* ***sentar*** *u* ***sentir***
sierra ['sĭɛrra] *f* Säge *f*; *geo* Bergkette *f*; ***~ circular*** Kreissäge *f*
siervo ['sĭɛrƀo] *m* Leibeigene(r) *m*
siesta ['sĭesta] *f* Mittagsruhe *f*, Siesta *f*
siete ['sĭete] sieben
sífilis *med* ['sifilis] *f* Syphilis *f*
sifón [si'fɔn] *m* Siphon *m*
sigla ['sigla] *f* Sigel *n*; Abkürzung *f*
siglo ['siglo] *m* Jahrhundert *n*
signa|r [sig'nar] (*1a*) unterzeichnen; **~rse** sich bekreuzigen; **~tario** [-na'tarĭo] *m* Unterzeichner *m*
significa|ción [signifika'θĭɔn] *f*, **~do** [-'kađo] *m* Bedeutung *f*; Sinn *m*; **~r** [-'kar] (*1g*) bedeuten; **~tivo** [-'tiƀo] bezeichnend; bedeutsam
signo ['signo] *m* Zeichen *n*
siguiente [si'gĭente] folgend; ***¡el ~!*** der Nächste, bitte!
sílaba ['silaƀa] *f* Silbe *f*
silb|ar [sil'ƀar] (*1a*) pfeifen; **~ato** [-'ƀato] *m* Pfeife *f*; **~ido** [-'ƀiđo] *m* Pfiff *m*
silenci|ador [silenθĭa'đɔr] *m* Schalldämpfer *m*; *auto* Auspufftopf *m*; **~ar** [-'θĭar] (*1b*) verschweigen; **~o** [si'lenθĭo] *m* Schweigen *n*; *fig* Ruhe *f*, Stille *f*; **~oso** [-'θĭoso] still, schweigsam
silicio *quím* [si'liθĭo] *m* Silizium *n*
silicona *quím* [sili'kona] *f* Silikon *n*
silla ['siʎa] *f* Stuhl *m*; **~ (*de montar*)** Sattel *m*; **~r** [si'ʎar] *m* Quaderstein *m*
sillín [si'ʎin] *m* Fahrradsattel *m*
sillón [si'ʎɔn] *m* Sessel *m*; ***~ de ruedas*** Rollstuhl *m*
silo ['silo] *m* Silo *m*
silueta [si'lŭeta] *f* Silhouette *f*
silvestre [sil'ƀestre] wild
silvicultura [silƀikul'tura] *f* Forstwirtschaft *f*
simbólico [sim'boliko] symbolisch
símbolo ['simbolo] *m* Symbol *n*
sim|etría [sime'tria] *f* Symmetrie *f*; **~étrico** [si'metriko] symmetrisch
simiente [si'mĭente] *f* Samen *m*
simi|lar [simi'lar] ähnlich; (*análogo*) gleichartig; **~litud** [-li'tuđ] *f* Ähnlichkeit *f*
sim|patía [simpa'tia] *f* Sympathie *f*; **~pático** [-'patiko] sympathisch, nett
sim|ple ['simple] einfach; (*mero*) bloß; (*ingenuo*) einfältig; **~pleza** [-'pleθa] *f* Einfalt *f*; **~plicidad** [-pliθiđađ] *f* Einfachheit *f*; **~plificar** [-fi'kar] (*1g*) vereinfachen
simposio [sim'posĭo] *m* Symposium *n*
simula|ción [simula'θĭɔn] *f* Vortäuschung *f*; **~cro** [-'lakro] *m* Trugbild *n*; ***~ de*** Schein..., vorgetäuscht; **~r** [-'lar] (*1a*) vortäuschen; simulieren
simultáneo [simul'taneo] gleichzeitig; Simultan...
sin [sin] ohne; ***~ clorofluorocarbono*** FCKW-frei; ***~ más*** ohne weiteres; ***~ que*** ohne dass
sinagoga [sina'goga] *f* Synagoge *f*
since|rarse [sinθe'rarse] (*1a*) sich aussprechen; **~ridad** [-ri'đađ] *f* Aufrichtigkeit *f*; **~ro** [-'θero] aufrichtig, ehrlich
sincronizar [siŋkroni'θar] (*1f*) synchronisieren
sindica|l [sindi'kal] Gewerkschafts...; **~lista** [-ka'lista] *su* Gewerkschaftler(in *f*) *m*; **~to** [-'kato] *m* Gewerkschaft *f*
síndico ['sindiko] *m* Justiziar *m*
síndrome ['sindrome] *m* Syndrom *n*
sinfín [sim'fin] *m* Unmenge *f*
sinf|onía *mús* [simfo'nia] *f* Sinfonie *f*; **~ónico** [-'foniko] sinfonisch
singular [siŋgu'lar] **1.** *adj* einzeln; *fig* einzig(artig); außergewöhnlich; **2.** *m gram* Singular *m*; **~idad** [-ri'đađ] *f* Eigenart *f*
sinies|trado [sinĭes'trađo] verunglückt; be-, geschädigt; **~tro** [si'nĭestro] **1.** *adj fig* unheilvoll; unheimlich; **2.** *m* Unglück(sfall *m*) *n*, Schadensfall *m*
sinnúmero [sin'numero] *m* Unzahl *f*
sino ['sino] **1.** *m* Schicksal *n*; **2.** *prp* außer; **3.** *cj* sondern; ***no sólo ... ~ también*** nicht nur ... sondern auch
sinónimo [si'nonimo] *m* Synonym *n*
sintaxis [sin'tagsis] *f* Syntax *f*
síntesis ['sintesis] *f* Synthese *f*
sintético [sin'tetiko] synthetisch
síntoma ['sintoma] *m* Symptom *n*
sintomático [sinto'matiko] symptomatisch; bezeichnend
sintoniza|dor [sintoniθa'đɔr] *m* Tuner *m*; **~r** [-'θar] (*1f*) (*emisora*) einstellen

sinuoso [si'nŭoso] gewunden
sinusitis *med* [sinu'sitis] *f*: ~ **(*frontal*)** Stirnhöhlenentzündung *f*
sinvergüenza [simbɛr'gŭenθa] *m* unverschämter Kerl *m*
siquiera [si'kĭera] **1.** *cj* auch wenn; **2.** *adv* wenigstens; ***ni*** ~ nicht einmal
sirena [si'rena] *f* Sirene *f*
sirio ['sirĭo] **1.** *adj* syrisch; **2.** *m* **-a** *f* Syrer(in *f*) *m*
sirve ['sirƀe] *s* ***servir***
sirvien|ta [sir'ƀĭenta] *f* Dienstmädchen *n*; **~te** [-'ƀĭente] *m* Diener *m*
sisar [si'sar] (*1a*) F Schmu machen
sisear [sise'ar] (*1a*) auszischen
sismógrafo [siz'mografo] *m* Seismograph *m*
siste|ma [sis'tema] *m* System *n*; ~ ***monetario*** Währungssystem *n*; Währungsordnung *f*; *inform* ~ ***operativo*** Betriebssystem *n*; ~ ***social*** Gesellschaftssystem *n*; **~mático** [-'matiko] systematisch
sitiar [si'tĭar] (*1b*) belagern
sitio ['sitĭo] *m* Platz *m*; Ort *m*; Stelle *f*; *mil* Belagerung *f*
situa|ción [sitŭa'θĭɔn] *f* Lage *f*; Situation *f*; **~do** [si'tŭađo] gelegen; ***bien*** ~ gut situiert; ***estar*** ~ liegen; **~r** [si'tŭar] (*1e*) legen; stellen; **~rse** (*acción*) sich abspielen; *dep* sich platzieren
slalom ['slalɔm] *m* Slalom *m*
smog [smog] *m* Smog *m*
sobaco [so'ƀako] *m* Achselhöhle *f*
soba|do [so'ƀađo] abgegriffen; abgedroschen; **~r** [so'ƀar] (*1a*) F befummeln
sobera|nía [soƀera'nia] *f* Souveränität *f*; **~no** [-'rano] **1.** *adj* souverän; *fig* erhaben; **2.** *m* Souverän *m*, Herrscher *m*
sober|bia [so'ƀɛrƀĭa] *f* Stolz *m*, Hochmut *m*; **~bio** [-ƀĭo] stolz, hochmütig; *fig* prächtig
sobor|nar [soƀɔr'nar] (*1a*) bestechen; **~no** [-'ƀɔrno] *m* Bestechung *f*; **~s** *pl* Bestechungsgelder *n/pl*, Schmiergelder *n/pl*
sobra ['soƀra] *f*: ***de*** ~ im Überfluss; ***saber de*** ~ nur allzu gut wissen; **~s** *pl* (Speise-)Reste *m/pl*, Überbleibsel *n/pl*; **~nte** [so'ƀrante] **1.** *adj* übrig (bleibend); **2.** *m* Überrest *m*; (*excedente*) Überschuss *m*; **~r** [so'ƀrar] (*1a*) übrig bleiben, übrig sein; *a fig* überflüssig sein
sobre ['soƀre] **1.** *m* Briefumschlag *m*; **2.** *prp* auf; (*encima de*) über; ~ ***todo*** vor allem; ~ ***las tres*** gegen drei Uhr
sobre|alimentación [soƀrealimenta'θĭɔn] *f* Überernährung *f*; **~calentar** [-kalen'tar] (*1k*) überhitzen; **~capacidad** [-kapaθi'đađ] *f* Überkapazität *f*; **~cargar** [-kar'gar] (*1h*) überladen, -lasten; **~cogedor** [-kɔxe'đɔr] erschreckend; **~cogerse** [-kɔ'xɛrse] (*2c*) zs.fahren, erschrecken; **~cubierta** [-ku'ƀĭɛrta] *f* Schutzumschlag *m*; **~dosis** [-'đosis] *f* Überdosis *f*; **~estimar** [-esti'mar] (*1a*) überschätzen; **~exponer** [-espo'nɛr] (*2r*) *fot* überbelichten; **~humano** [-u'mano] übermenschlich; **~impresión** [-impre'sĭɔn] *f* *TV* Einblenden *n*; **~llevar** [-ʎe'ƀar] ertragen; **~manera** [-ma'nera] außerordentlich; **~mesa** [-'mesa] *f*: ***de*** ~ nach Tisch; Tisch...; **~natural** [-natu'ral] übernatürlich; **~nombre** [-'nɔmbre] *m* Beiname *m*
sobrentenderse [soƀrenten'dɛrse] (*2g*) sich von selbst verstehen
sobre|pasar [soƀrepa'sar] (*1a*) übertreffen, übersteigen; **~peso** [-'peso] *m* Übergewicht *n*; **~ponerse** [-po'nɛrse] (*2r*): ~ ***a*** sich hinwegsetzen über; **~precio** [-'preθĭo] *m* Aufpreis *m*; **~producción** [-prođug'θĭɔn] *f* Überproduktion *f*; **~saliente** [-sa'lĭente] hervorragend; (*nota*) sehr gut; **~salir** [-sa'lir] (*3r*) heraus-, hervorragen; **~saltar(se)** [-sal'tar(se)] (*1a*) erschrecken; **~salto** [-'salto] *m* jäher Schrecken *m*; **~tasa** [-'tasa] *f* Aufschlag *m*, Zuschlag *m*; **~todo** [-'tođo] *m* *bsd Am* Mantel *m*; **~valorar** [-ƀalo'rar] (*1a*) überbewerten; **~venir** [-ƀe'nir] (*3s*) plötzlich geschehen *od* eintreten; **~vivir** [-ƀi'ƀir] (*3a*) überleben; **~volar** [-ƀo'lar] (*1m*) überfliegen
sobriedad [soƀrĭe'đađ] *f* Genügsamkeit *f*; Nüchternheit *f*
sobri|na [so'ƀrina] *f* Nichte *f*; **~no** [-'ƀrino] *m* Neffe *m*
sobrio ['soƀrĭo] mäßig; nüchtern
socarrón [soka'rrɔn] schlau; verschmitzt
socavón [soka'ƀɔn] *m* Erdeinsturz *m*
socia|ble [so'θĭaƀle] gesellig; umgänglich; **~l** [so'θĭal] gesellschaftlich; sozial; **~lismo** [soθĭa'lizmo] *m* Sozialismus *m*; **~lista** [-'lista] **1.** *adj* sozialistisch; **2.** *su*

Sozialist(in *f*) *m*

sociedad [soθi̯e'đađ] *f* Gesellschaft *f*; (*asociación*) Verein *m*; **~ *anónima*** Aktiengesellschaft *f*; **~ *del bienestar*** Wohlstandsgesellschaft *f*; **~ *de consumo*** Konsumgesellschaft *f*; **~ *del despilfarro*** Wegwerfgesellschaft *f*; **~ *multicultural*** multikulturelle Gesellschaft *f*

socio *m* ['soθi̯o] Mitglied *n*; *com* Teilhaber *m*; Gesellschafter *m*

soci|ología [soθi̯olɔ'xia] *f* Soziologie *f*; **~ólogo** [so'θi̯ologo] *m* Soziologe *m*

socorr|er [sokɔ'rrɛr] (*2a*) unterstützen; helfen (*dat*); **~ismo** [-'rrizmo] *m* erste Hilfe *f*; Rettungswesen *n*; **~ista** [-'rrista] *su* (Lebens-)Retter(in *f*) *m*; Helfer(in *f*) *m*; **~o** [so'kɔrrɔ] *m* Hilfe *f*

soda ['sođa] *f* Soda(wasser) *n*

sodio ['sođi̯o] *m* Natrium *n*

soez [so'eθ] gemein; obszön

sofá [so'fa] *m* Sofa *n*; **~-*cama*** Bett-, Schlafcouch *f*

sofisticado [sofisti'kađo] affektiert; raffiniert

sofo|cante [sofo'kante] erstickend; **~car** [-'kar] (*1g*) ersticken; *fig* beschämen; **~co** [so'foko] *m* Erstickungsanfall *m*; Atemnot *f*; *fig* Verdruss *m*

software ['softwea] *m* Software *f*; **~ *de traducción*** Übersetzungssoftware *f*

soga ['soga] *f* Seil *n*; Strick *m*

soja *bot* ['sɔxa] *f* Soja(bohne) *f*

sol [sɔl] *m* Sonne *f*; *mús* G *n*; ***tomar el* ~** sich sonnen

solamente [sola'mente] nur; erst

solapa [so'lapa] *f* Klappe *f*, Revers *n od m*; **~do** [-'pađo] hinterhältig

solar [so'lar] **1.** *m* Baugelände *n*, Bauplatz *m*; **2.** *adj* Sonnen...

solari|o, **~um** [so'lari̯o, -'lari̯un] *m* Solarium *n*

solda|da *mil* [sɔl'dađa] *f* Wehrsold *m*; **~do** [-'dađo] *m* Soldat *m*

solda|dor [sɔlda'đɔr] *m* Lötkolben *m*; (*persona*) Schweißer *m*; **~dura** [-'đura] *f* Löten *n*; Schweißen *n*; **~r** [-'dar] (*1m*) schweißen; löten

soleado [sole'ađo] sonnig

soledad [sole'đađ] *f* Einsamkeit *f*

solem|ne [so'lemne] feierlich; **~nidad** [-ni'đađ] *f* Feierlichkeit *f*

soler [so'lɛr] (*2h*) pflegen (zu)

solfeo [sɔl'feo] *m* Musiklehre *f*

solicita|ción [soliθita'θi̯ɔn] *f* Gesuch *n*; Bewerbung *f*; **~do** [-'tađo] begehrt; umworben; **~nte** [-'tante] *m* Antragsteller *m*; **~ *de asilo*** Asylbewerber *m*; **~r** [-'tar] (*1a*) beantragen; (*empleo, etc*) sich bewerben um

solícito [so'liθito] eifrig; hilfsbereit

solicitud [soliθi'tuđ] *f* Gesuch *n*; Antrag *m*; *fig* Sorgfalt *f*; Eifer *m*; **~ *enviada a ciegas*** Blindbewerbung *f*

solidari|dad [solíđari'đađ] *f* Solidarität *f*; **~o** [-'đari̯o] solidarisch; **~zarse** [-đari'θarse] (*1f*) sich solidarisch erklären (mit *dat* ***con***)

solidez [soli'đeθ] *f* Festigkeit *f*; Solidität *f*; *fig* Zuverlässigkeit *f*

sólido ['soliđo] fest; haltbar; solide

solista *mús* [so'lista] *su* Solist(in *f*) *m*

solita|ria [soli'tari̯a] *f* Bandwurm *m*; **~rio** [-'tari̯o] **1.** *adj* einsam; **2.** *m* Einzelgänger *m*; (*joya*) Solitär *m*; ***hacer* ~s** Patiencen legen

soliviantar [soliƀi̯an'tar] (*1a*) aufreizen, -hetzen; empören

solla *zo* ['soʎa] *f* Scholle *f*

sollo|zar [soʎo'θar] (*1f*) schluchzen; **~zo** [so'ʎoθo] *m* Schluchzen *n*

solo ['solo] **1.** *adj* allein; (*único*) einzig; ***a solas*** (ganz) allein; **2.** *m mús* Solo *n*

sólo ['solo] nur; erst

solomillo [solo'miʎo] *m* Filet *n*

solsticio [sɔls'tiθi̯o] *m* Sonnenwende *f*

soltar [sɔl'tar] (*1m*) losmachen; loslassen; (*preso*) freilassen; (*palabra*) ausstoßen; **~se** sich lösen, aufgehen; *fig* aus sich herausgehen

solte|ra [sɔl'tera] *f* Junggesellin *f*; **~ro** [-'tero] **1.** *adj* ledig, unverheiratet; **2.** *m* Junggeselle *m*; **~rona** [-'rona] *f* alte Jungfer *f*

soltura [sɔl'tura] *f* Gewandtheit *f*

solu|ble [so'luƀle] löslich; **~ción** [-'θi̯ɔn] *f* Lösung *f* (*a fig*); **~cionar** [-θi̯o'nar] (*1a*) lösen

solven|cia [sɔl'ƀenθi̯a] *f* Zahlungsfähigkeit *f*; **~te** [-'ƀente] zahlungsfähig, solvent

sombra ['sɔmbra] *f* Schatten *m*; **~ *de ojos*** Lidschatten *m*; F ***estar a la* ~** im Kittchen sitzen

sombrero [sɔm'brero] *m* Hut *m*; **~ *de copa*** Zylinder *m*

som|brilla [sɔm'briʎa] *f* Sonnenschirm *m*; **~brío** [-'brio] schattig; *fig* düster

S

somero [so'mero] oberflächlich
someter [some'tɛr] (*2a*) unterwerfen; (*exponer*) vorlegen, unterbreiten; **~se** sich fügen; **~ a** sich unterziehen (*dat*)
somier [so'mĭɛr] *m* Sprungfedermatratze *f*
som|nífero [sɔm'nifero] *m* Schlafmittel *n*; **~nolencia** [-no'lenθĭa] *f* Schläfrigkeit *f*
son [sɔn] *m* Klang *m*; ***en ~ de paz*** in friedlicher Absicht
sonado [so'nađo] Aufsehen erregend; F (*loco*) verrückt
sonajero [sona'xero] *m* (Kinder-)Rassel *f*
sonámbulo [so'nambulo] **1.** *adj* mondsüchtig; **2.** *m* Schlaf-, Nachtwandler *m*
sonar [so'nar] (*1m*) klingen; (er)tönen; (*timbre*) klingeln, läuten; ***me suena*** das kommt mir bekannt vor; **~se** sich die Nase putzen
sonata *mús* [so'nata] *f* Sonate *f*
sond|a ['sɔnda] *f* Sonde *f* (*a med*); *mar* Lot *n*; **~(e)ar** [-'dar, -de'ar] (*1a*) sondieren (*a fig*); *mar* loten; **~eo** [-'deo] *m* Sondierung *f*; Lotung *f*; **~ (*de opinión*)** Umfrage *f*; Meinungsforschung *f*
soneto [so'neto] *m* Sonett *n*
sonido [so'niđo] *m* Ton *m*, Laut *m*; Klang *m*; Schall *m*
sono|ridad [sonori'đađ] *f* Klangfülle *f*; **~ro** [so'noro] klangvoll; wohlklingend
son|reír [sɔnrrɛ'ir] (*3m*) lächeln; **~riente** [-'rrĭente] lächelnd; **~risa** [-'rrisa] *f* Lächeln *n*
sonro|jarse [sɔnrrɔ'xarse] (*1a*) erröten; **~jo** [-'rrɔxo] *m* Schamröte *f*; Erröten *n*
sonsacar [sɔnsa'kar] (*1g*) entlocken; *fig j-n* ausholen
soña|dor [soɲa'đɔr] **1.** *adj* träumerisch; verträumt; **2.** *m* Träumer *m*; **~r** [so'ɲar] (*1m*) träumen (von *dat* ***con***)
soñoliento [soɲo'lĭento] schläfrig
sopa ['sopa] *f* Suppe *f*
sopapo F [so'papo] *m* Ohrfeige *f*
sope|ra [so'pera] *f* Suppenschüssel *f*; **~ro** [-ro] Suppen...
sopesar [sope'sar] (*1a*) *fig* abwägen
sopetón [sope'tɔn]: ***de ~*** unversehens; plötzlich
sop|lar [so'plar] (*1a*) **1.** *v/i* blasen, pusten; (*viento*) wehen; **2.** *v/t* vorsagen; (*delatar*) F verpfeifen; (*quitar*) F klauen; **~lete** *tec* [so'plete] *m* Gebläse *n*; (Schweiß-)Brenner *m*; **~lo** ['soplo] *m* Hauch *m*; *fig* Wink *m*; ***en un ~*** im Nu; **~lón** [so'plɔn] *m* F Petzer *m*
sopor [so'pɔr] *m* Benommenheit *f*; **~ífero** [sopo'rifero] einschläfernd
sopor|table [sopɔr'table] erträglich; **~tar** [-'tar] (*1a*) stützen, tragen; *fig* ertragen; **~te** [so'pɔrte] *m* Stütze *f* (*a fig*); *tec* Träger *m*; Ständer *m*
soprano *mús* [so'prano] **a)** *m* Sopran *m*; **b)** *f* Sopranistin *f*
sorb|er [sɔr'bɛr] (*2a*) schlürfen; *fig* auf-, einsaugen; **~ete** [-'bete] *m* Sorbett *n*; Fruchteis *n*; **~o** ['sɔrbo] *m* Schluck *m*
sordera [sɔr'đera] *f* Taubheit *f*
sordidez [sɔrđi'đeθ] *f* Schmutz *m*; *fig* Schäbigkeit *f*
sórdido [sɔrđiđo] schmutzig; (*avaro*) geizig
sordo ['sɔrđo] taub; schwerhörig; *fig* dumpf; **~mudo** [-'muđo] *m* taubstumm
sorna ['sɔrna] *f* hämischer Tonfall *m*; Ironie *f*; ***con ~*** hämisch
soroche *Am* [sɔ'rotʃe] *m* Höhenkrankheit *f*
sorpre|ndente [sɔrpren'dente] überraschend; erstaunlich; **~nder** [-'dɛr] (*2a*) überraschen; **~sa** [-'presa] *f* Überraschung *f*; **~sivo** *Am* [-pre'sibo] überraschend
sor|tear [sɔrte'ar] (*1a*) aus-, verlosen; *fig* ausweichen, aus dem Wege gehen (*dat*); **~teo** [-'teo] *m* Verlosung *f*, Auslosung *f*; (*lotería*) Ziehung *f*
sortija [sɔr'tixa] *f* (Finger-)Ring *m*; (*rizo*) Locke *f*
sortilegio [sɔrti'lɛxĭo] *m* Zauberei *f*, Hexerei *f*
sosa ['sosa] *f* Soda *f od n*; Natron *n*
sose|gado [sose'gađo] ruhig; gelassen; **~gar** [-'gar] (*1h u 1k*) beruhigen
sosia(s) ['sosĭa(s)] *m* Doppelgänger *m*
sosiego [so'sĭego] *m* Ruhe *f*; Gelassenheit *f*
soso ['soso] fade (*a fig*)
sospech|a [sɔs'petʃa] *f* Verdacht *m*; Argwohn *m*; **~ar** [-pe'tʃar] (*1a*) vermuten; argwöhnen; ***~ de alg*** j-n verdächtigen; **~oso** [-pe'tʃoso] verdächtig
sostén [sɔs'ten] *m* Stütze *f* (*a fig*); (*prenda*) Büstenhalter *m*
soste|ner [sɔste'nɛr] (*2l*) (unter)stützen; (unter)halten; (*afirmar*) behaupten; **~nerse** sich halten; **~nido** *mús* [-'niđo]

S

1. *adj* erhöht; ***fa ~*** Fis *n*; 2. *m* Kreuz *n*
sota ['sota] *f* (*naipe*) Bube *m*
sotana [so'tana] *f* Soutane *f*
sótano ['sotano] *m* Keller(geschoss *n*) *m*
sotavento *mar* [sota'ƀento] *m* Lee(seite) *f*
soterrar [sotɛ'rrar] (*1k*) vergraben
soto ['soto] *m* Gehölz *n*, Wäldchen *n*
soviético *hist* [so'ƀĭetiko] sowjetisch
soy [sɔi] *s* ***ser***
soya *Am* ['soja] *f* Sojabohne *f*
stand [stand] *m* (Messe-)Stand *m*
stock [stɔk] *m* Lagerbestand *m*; ***tener en ~*** auf Lager haben
su, **sus** [su, sus] sein(e); ihr(e); Ihr(e)
sua|ve ['sŭaƀe] weich; sanft; mild; **~vidad** [-ƀi'đađ] *f* Weichheit *f*; Sanftheit *f*; Milde *f*; **~vizante** [-'θante] *m* Weichspüler *m*; **~vizar** [-ƀi'θar] (*1f*) *fig* mildern
subarrendar [suƀarren'dar] (*1k*) unterverpachten
subasta [su'ƀasta] *f* Versteigerung *f*, Auktion *f*; **~r** [-'tar] (*1a*) versteigern
subcampeón [suƀkampe'ɔn] *m dep* Vizemeister *m*
subconsciente [suƀkɔns'θĭente] 1. *adj* unterbewusst; 2. *m* Unterbewusstsein *n*
subcutáneo *med* [suƀku'taneo] subkutan
subdesarrollado [suƀđesarrɔ'ʎađo] unterentwickelt
subdirector [suƀđirɛk'tɔr] *m* stellvertretender Direktor *m*
súbdito ['suƀđito] *m* Untergebene(r) *m*; Staatsangehörige(r) *m*
subdivi|dir [suƀđiƀi'đir] (*3a*) unterteilen; **~sión** [-'sĭɔn] *f* Unterabteilung *f*; Unterteilung *f*
subestimar [suƀesti'mar] (*1a*) unterschätzen
subi|da [su'ƀiđa] *f* (An-)Steigen *n*; Aufstieg *m*; ***~ de precios*** Preissteigerung *f*; **~do** [-'ƀiđo] (*precio*) hoch; (*color*) kräftig, intensiv
subinquilino *m*, **-a** *f* [suƀiŋki'lino, -'lina] Untermieter(in *f*) *m*
subir [su'ƀir] (*3a*) 1. *v/t* hinauftragen, -bringen, -fahren; (*precio*) erhöhen; 2. *v/i* (an)steigen; hinaufgehen, -fahren, -steigen; (*a un vehículo*) einsteigen; (*suma*) sich belaufen (auf *ac* ***a***)
súbito ['suƀito] plötzlich
subjetivo [suƀxe'tiƀo] subjektiv
subjuntivo *gram* [suƀxun'tiƀo] *m* Konjunktiv *m*
subleva|ción [suƀleƀa'θĭɔn] *f* Aufstand *m*; **~r** [-'ƀar] (*1a*) aufwiegeln; empören; **~rse** sich erheben
sublime [su'ƀlime] erhaben
submari|nismo [suƀmari'nizmo] *m* Unterwassersport *m*; **~nista** [-'nista] *m* Sporttaucher *m*; **~no** [-'rino] 1. *adj* unterseeisch; 2. *m* Unterseeboot *n*
subnormal [suƀnɔr'mal] (geistig) zurückgeblieben
suboficial *mil* [suƀofi'θĭal] *m* Unteroffizier *m*
subordina|do [suƀɔrđi'nađo] 1. *adj* untergeordnet; 2. *m* Untergebene(r) *m*; **~r** [-'nar] (*1a*) unterordnen
subproducto [suƀpro'đukto] *m* Nebenprodukt *n*
subrayar [suƀrra'jar] (*1a*) unterstreichen; *fig a* hervorheben
subsanar [suƀsa'nar] (*1a*) wieder gutmachen; beheben
subscr.. [suskr..] *s* ***suscr...***
subsecretario [suƀsekre'tarĭo] *m pol* Staatssekretär *m*
subsidio [suƀ'siđĭo] *m* Beihilfe *f*; Zuschuss *m*; ***~ de paro*** Arbeitslosengeld *n*; ***~ por hijos*** Kindergeld *n*
subsist|encia [suƀsis'tenθĭa] *f* Lebensunterhalt *m*; (*permanencia*) Fortbestand *m*; **~ir** [-'tir] (*3a*) (fort)bestehen, anhalten; (*vivir*) leben
subst... [sust…] *s* ***sust...***
sub|suelo [suƀ'sŭelo] *m* Untergrund *m*; **~teniente** [-te'nĭente] *m* Leutnant *m*; **~terfugio** [-tɛrfuxĭo] *m* Ausflucht *f*; Vorwand *m*; **~terráneo** [-tɛ'rraneo] 1. *adj* unterirdisch; 2. *m Am* Untergrundbahn *f*; **~título** [-'titulo] *m* Untertitel *m*; **~tropical** [-tropi'kal] subtropisch; **~urbano** [-ur'ƀano] vorstädtisch; Vorort...; **~urbio** [su'ƀurƀĭo] *m* Vorort *m*; Vorstadt *f*
subvenci|ón [suƀƀen'θĭɔn] *f* Subvention *f*; Zuschuss *m*; **~onar** [-θĭo'nar] (*1a*) subventionieren
subversi|ón [suƀƀɛr'sĭɔn] *f* Umsturz *m*; **~vo** [-'siƀo] subversiv
sub|yacente [suƀja'θente] darunter liegend; **~yugar** [-ju'gar] (*1h*) unterjochen; bezwingen

S

sucedáneo [suθe'đaneo] *m* Ersatz(produkt *n*) *m*
suce|der [suθe'đɛr] (*2a*) folgen (auf *ac* ***a***); (*ocurrir*) geschehen; zustoßen; ***¿qué sucede?*** was ist los?; **~sión** [-'sĭɔn] *f* Folge *f*; **~** (***al trono***) Thronfolge *f*; **~sivo** [-'siƀo] folgend; ***en lo ~*** von nun an, künftig; **~so** [su'θeso] *m* Ereignis *n*; Vorfall *m*; **~sor** [suθe'sɔr] *m* Nachfolger *m*
suciedad [suθĭe'đađ] *f* Schmutz *m*
sucinto [su'θinto] kurz, knapp
sucio ['suθĭo] schmutzig; dreckig
suculento [suku'lento] saftig; nahrhaft
sucumbir [sukum'bir] (*3a*) unterliegen; erliegen
sucursal [sukur'sal] *f* Zweigstelle *f*, Filiale *f*
sudamericano [suđameri'kano] südamerikanisch
sudar [su'đar] (*1a*) schwitzen
sud|este [su'đeste] *m* Südosten *m*; **~oeste** [suđo'este] *m* Südwesten *m*
sudor [su'đɔr] *m* Schweiß *m*; **~oso** [-'roso] verschwitzt
sue|ca ['sŭeka] *f* Schwedin *f*; **~co** ['sŭeko] **1.** *adj* schwedisch; **2.** *m* Schwede *m*; F ***hacerse el ~*** sich dumm stellen
sueg|ra ['sŭegra] *f* Schwiegermutter *f*; **~ro** ['sŭegro] *m* Schwiegervater *m*; ***~s*** *pl* Schwiegereltern *pl*
suela ['sŭela] *f* (Schuh-)Sohle *f*
sueldo ['sŭɛldo] *m* Gehalt *n*
suelo ['sŭelo] **1.** *s* ***soler***; **2.** *m* Boden *m*; Fußboden *m*
suelto ['sŭɛlto] **1.** *adj* lose; frei; (*pelo*) offen; (*separado*) einzeln; **2.** *m* Kleingeld *n*
sueño ['sŭeɲo] **1.** *s* ***soñar***; **2.** *m* Schlaf *m*; Traum *m*; ***tener ~*** müde sein
suero *med* ['sŭero] *m* Serum *n*
suerte ['sŭɛrte] *f* Schicksal *n*; Los *n*; (*fortuna*) Glück *n*; ***mala ~*** Pech *n*; ***de ~ que*** sodass; ***por ~*** zum Glück; ***toda ~ de*** jede Art von; **~ro** *Am* [-'tero] *m* Glückspilz *m*
suéter ['sŭetɛr] *m* Pullover *m*
suficiente [sufi'θĭente] genügend, ausreichend
sufijo *gram* [su'fixo] *m* Suffix *n*
sufra|gar [sufra'gar] (*1h*) (*gastos*) bestreiten; **~gio** [su'fraxĭo] *m* Wahlrecht *n*; (*voto*) Stimme *f*
sufri|do [su'friđo] geduldig; **~miento** [-'mĭento] *m* Leiden *n*; **~r** [-'frir] (*3a*) leiden; (*tolerar*) dulden, ertragen
suge|rencia [suxe'renθĭa] *f* Anregung *f*; Vorschlag *m*; **~rir** [-'rir] (*3i*) anregen, vorschlagen; nahe legen; **~stión** [suxes'tĭɔn] *f* Beeinflussung *f*, Suggestion *f*; **~stionar** [-tĭo'nar] (*1a*) suggerieren
suici|da [sŭi'θida] *su* Selbstmörder(in *f*) *m*; **~darse** [-'đarse] (*1a*) Selbstmord begehen; **~dio** [-'θiđĭo] *m* Selbstmord *m*
suizo ['sŭiθo] **1.** *adj* schweizerisch; **2.** *m*, **-a** *f* [-θa] Schweizer(in *f*) *m*
sujeta|dor [suxeta'đɔr] *m* Büstenhalter *m*; **~r** [-'tar] (*1a*) unterwerfen; (*fijar*) befestigen; fest halten
sujeto [su'xeto] **1.** *adj* befestigt; **~ *a*** unterworfen; **2.** *m* (*tema*) Stoff *m*, Gegenstand *m*; (*persona*) Person *f*; *gram* Subjekt *n*
sulfamida [sulfa'miđa] *f* Sulfonamid *n*
sultán [sul'tan] *m* Sultan *m*
suma ['suma] *f* Summe *f*; Betrag *m*; *mat* Addition *f*; ***en ~*** kurz (und gut); **~mente** [-'mente] höchst, äußerst; **~r** [su'mar] (*1a*) zs.-zählen, addieren; betragen; **~rse** sich anschließen (*dat* ***a***); **~rio** [-rĭo] **1.** *adj* zs.-gefasst; summarisch; **2.** *m* Zs.-fassung *f*; *jur* Ermittlungsverfahren *n*
sumergi|ble [sumɛr'xiƀle] *m* Unterseeboot *n*; **~r** [-'xir] (*3c*) ein-, untertauchen; **~rse** tauchen; versinken; *fig* sich versenken (in *ac* ***en***)
sumidero [sumi'đero] *m* Abfluss *m*; Gully *m*
suminis|trador [suministra'đɔr] *m* Lieferant *m*; **~trar** [-'trar] (*1a*) liefern; **~tro** [-'nistro] *m* Lieferung *f*
sumi|sión [sumi'sĭɔn] *f* Unterwerfung *f*; *fig* Ergebenheit *f*; **~so** [-'miso] unterwürfig; gehorsam
sumo ['sumo] höchste(r, -s); äußerste(r, -s); ***a lo ~*** höchstens
suntuoso [sun'tŭoso] prächtig; prunkvoll
supeditar [supeđi'tar] (*1a*) abhängig machen (von *dat* ***a***)
super|able [supe'raƀle] überwindbar; **~ar** [-'rar] (*1a*) übertreffen; überwinden
superávit [supe'raƀit] *m* Überschuss *m*
supercheria [supɛrtʃe'ria] *f* Betrug *m*
superdotado [supɛrdo'tađo] hoch begabt
superfi|cial [supɛrfi'θĭal] oberflächlich

(*a fig*); **~cialidad** [-θĭali'đađ] *f* Oberflächlichkeit *f*; **~cie** [-'fiθĭe] *f* Oberfläche *f*; Fläche *f*
superfluo [su'pɛrfluo] überflüssig
superior [supe'rĭɔr] **1.** *adj* höher; höchst; Ober...; *fig* überlegen; ***ser ~ a*** übertreffen (*ac*); **2.** *m* Vorgesetzte(r) *m*; **~idad** [-rĭori'đađ] *f* Überlegenheit *f*
super|lativo [supɛrla'tiƀo] *gram m* Superlativ *m*; **~mercado** [-mɛr'kađo] *m* Supermarkt *m*; **~numerario** [-nume'rarĭo] überzählig; außerplanmäßig; **~sónico** [-'soniko] Überschall...
supersti|ción [supɛrsti'θĭɔn] *f* Aberglaube *m*; **~cioso** [-'θĭoso] abergläubisch
supervisar [supɛrƀi'sar] (*1a*) überwachen
supervi|vencia [supɛrƀi'ƀenθĭa] *f* Überleben *n*; **~viente** [-'ƀĭente] **1.** *adj* überlebend; **2.** *m* Überlebende(r) *m*
suplemen|tario [suplemen'tarĭo] zusätzlich; **~to** [-'mento] *m* Ergänzung *f*; (*de periódico*) Beilage *f*; *ferro* Zuschlag *m*; ***~ por horas extra*** Überstundenzuschlag *m*
suplen|cia [su'plenθĭa] *f* Stellvertretung *f*; **~te** [-'plente] *m* Stellvertreter *m*
supletorio [suple'torĭo] zusätzlich; (***teléfono*** *m*) **~** Nebenapparat *m*
suplicar [supli'kar] (*1g*) bitten, flehen
suplicio [su'pliθĭo] *m* Folter *f*; *fig* Qual *f*
supo ['supo] *s* ***saber***
supo|ner [supo'nɛr] (*2r*) voraussetzen; annehmen, vermuten; (*significar*) bedeuten; **~sición** [-si'θĭɔn] *f* Vermutung *f*; **~sitorio** *med* [-si'torĭo] *m* Zäpfchen *n*
supranacional [supranaθĭo'nal] übernational
supre|macía [suprema'θia] *f* Überlegenheit *f*; **~mo** [su'premo] oberste(r, -s); höchste(r, -s)
supresión [supre'sĭɔn] *f* Abschaffung *f*; Aufhebung *f*; Streichung *f*
suprimir [supri'mir] (*3a*) abschaffen; aufheben; streichen
supuesto [su'pŭesto] **1.** *adj* vermeintlich; angeblich; ***~ que*** vorausgesetzt, dass; ***por ~*** selbstverständlich; **2.** *m* Annahme *f*
supurar [supu'rar] (*1a*) eitern
sur [sur] *m* Süden *m*
sur|car [sur'kar] (*1g*) furchen; *fig* durchqueren; **~co** ['surko] *m* Furche *f*; (*disco*) Rille *f*
surf|(ing) ['surf(iŋ)] *m* Surfen *n*; ***~ a vela*** Windsurfen *n*; ***practicar el ~*** surfen; **~ista** [-'fista] *su* Surfer(in *f*) *m*
surgir [sur'xir] (*3c*) *fig* auftauchen, erscheinen
surti|do [sur'tiđo] **1.** *adj com* sortiert; gemischt; **2.** *m* Sortiment *n*; Auswahl *f*; **~dor** [-'đɔr] *m* Springbrunnen *m*; **~** (***de gasolina***) Zapfsäule *f*; **~r** [-'tir] (*3a*) versorgen, beliefern; ***~ efecto*** wirken; **~rse** sich eindecken (mit *dat* ***de***)
suscepti|bilidad [susθɛptiƀili'đađ] *f* Empfindlichkeit *f*; **~ble** [-'tiƀle] empfindlich
suscitar [susθi'tar] (*1a*) hervorrufen
suscri|bir [suskri'ƀir] (*3a*; *part* ***suscrito***) unterschreiben; *com* zeichnen; ***~se a a/c*** et abonnieren; **~pción** [-'θĭɔn] *f* Abonnement *n*; *com* Zeichnung *f*; **~ptor** [-krip'tɔr] *m* Abonnent *m*
suspen|der [suspen'dɛr] (*2a*) aufhängen; (*obras etc*) einstellen; (*del cargo*) suspendieren; (*estudiante*) durchfallen lassen; (*sesión*) aufheben; **~se** [-'pense] *m* Spannung *f*; **~sión** [-'sĭɔn] *f* Aufhängen *n*; *fig* Einstellung *f*; Unterbrechung *f*; *tec* Federung *f*; ***~ de pagos*** Zahlungseinstellung *f*; **~so** [-'penso] **1.** *adj* (*estudiante*) durchgefallen; ***en ~*** in der Schwebe; ***tener en ~*** auf die Folter spannen; **2.** *m* (*nota*) nicht bestanden
suspi|cacia [suspi'kaθĭa] *f* Misstrauen *n*; **~caz** [-'kaθ] argwöhnisch; misstrauisch
suspi|rar [suspi'rar] (*1a*) seufzen; ***~ por*** *et* ersehnen; **~ro** [-'piro] *m* Seufzer *m*
sustanci|a [sus'tanθĭa] *f* Substanz *f*; Stoff *m*; **~al** [-'θĭal] wesentlich; **~oso** [-'θĭoso] nahrhaft; gehaltvoll
sustantivo [sustan'tiƀo] *m* Hauptwort *n*, Substantiv *n*
susten|tar [susten'tar] (*1a*) stützen, tragen; (*mantener*) unterhalten; **~to** [-'tento] *m* Lebensunterhalt *m*
sustitu|ción [sustitu'θĭɔn] *f* (Stell-)Vertretung *f*; Ersetzung *f*; Ersatz *m*; **~ir** [-tu'ir] (*3g*) ersetzen; **~to** [-'tuto] *m* (Stell-)Vertreter *m*
susto ['susto] *m* Schreck(en) *m*
sustra|cción [sustrag'θĭɔn] *f* Entwendung *f*; *mat* Subtraktion *f*; **~er** [-'ɛr]

S

(*2p*) entwenden; *mat* subtrahieren; **~erse** sich entziehen
susurr|ar [susu'rrar] (*1a*) flüstern; *fig* murmeln, säuseln; **~o** [su'surrɔ] *m* Flüstern *n*; Säuseln *n*, Murmeln *n*
sutil [su'til] dünn, fein; (*agudo*) scharfsinnig; **~eza** [-ti'leθa] *f* Feinheit *f*; Scharfsinn *m*; Spitzfindigkeit *f*
sutura *med* [su'tura] *f* Naht *f*
suyo, **suya** ['sujo, 'suja] sein(e); ihr(e); Ihr(e); ***hacer ~*** sich zu eigen machen; ***ir a lo ~*** auf s-n Vorteil bedacht sein

T

T, **t** [te] *f* T, t *n*
tabaco [ta'ƀako] *m* Tabak *m*
tábano *zo* ['taƀano] *m* Bremse *f*
taberna [ta'ƀɛrna] *f* Schenke *f*, Taverne *f*
tabique [ta'ƀike] *m* Zwischen-, Trennwand *f*; *anat* Scheidewand *f*
tabla ['taƀla] *f* Brett *n*; Platte *f*; Tafel *f*; (*lista*) Tabelle *f*; ***~ de materias*** Inhaltsverzeichnis *n*; ***~ de multiplicar*** Einmaleins *n*; ***~ de planchar*** Bügelbrett *n*; ***~ de salvación*** *fig* letzte Rettung *f*; ***~ de surf*** Surfbrett *n*; ***hacer ~ rasa*** reinen Tisch machen; ***~s*** *pl* Bühne *f*, *fig* Bretter *n/pl*; (*ajedrez*) Remis *n*; **~do** [ta'ƀlađo] *m* Gerüst *n*; Podium *n*
table|ro [ta'ƀlero] *m* Tafel *f*; Platte *f*; (*de juego*) Spielbrett *n*; ***~ de mandos*** Schalttafel *f*; *auto* Armaturenbrett *n*; **~ta** [ta'ƀleta] *f* (*de chocolate*) Tafel *f*; *med* Tablette *f*
tablón [ta'ƀlɔn] *m*: ***~ de anuncios*** schwarze(s) Brett *n*, Anschlagbrett *n*
tabú [ta'ƀu] *m* Tabu *n*
taburete [taƀu'rete] *m* Schemel *m*, Hocker *m*
tacaño [ta'kaɲo] knauserig
tacha ['tatʃa] *f* Fehler *m*; Makel *m*; **~r** [ta'tʃar] (*1a*) tadeln; (*borrar*) ausstreichen
tácito ['taθito] stillschweigend
taciturno [taθi'turno] schweigsam
taco ['tako] *m tec* Dübel *m*; (*billar*) Stock *m*; (*bloc*) (Abreiß-)Block *m*; (*de queso*, *etc*) Würfel *m*; (*palabrota*) Schimpfwort *n*; *Am* (Schuh-)Absatz *m*
tacógrafo *auto* [ta'kografo] *m* Fahrtenschreiber *m*
tacón [ta'kɔn] *m* (Schuh-)Absatz *m*
táctic|a ['taktika] *f* Taktik *f*; **~o** ['taktiko] taktisch
tacto ['takto] *m* Tastsinn *m*; *fig* Takt *m*; ***falta*** *f* ***de ~*** Taktlosigkeit *f*
tafetán [tafe'tan] *m* Taft *m*
tafilete [tafi'lete] *m* Saffian(-leder *n*) *m*
tahona [ta'ona] *f* Bäckerei *f*
tahúr [ta'ur] *m* (Gewohnheits-)Spieler *m*; Falschspieler *m*
taimado [taĭ'mađo] schlau; F gerieben
taja|da [ta'xađa] *f* Schnitte *f*, Scheibe *f*; **~nte** [-'xante] *fig* scharf, schneidend, kategorisch
tal [tal] **1.** *pron* solche(r, -s); derartige(r, -s); ***un ~*** ein gewisser; **2.** *adv* so, derart; ***~ como*** genauso wie; ***~ vez*** vielleicht; ***¿qué ~?*** wie geht's?; ***~ cual*** so wie; **3.** *cj* ***con ~ que*** *subj* vorausgesetzt, dass
tala ['tala] *f* Fällen *n*; Abholzen *n*
tala|dradora [talađra'đora] *f* Bohrmaschine *f*; **~drar** [-'đrar] (*1a*) (durch-) bohren; **~dro** [ta'lađro] *m* Bohrer *m*
talante [ta'lante] *m* Art *f*, Wesen *n*; ***de buen*** (***mal***) ***~*** gut (schlecht) gelaunt
talar [ta'lar] (*1a*) (*árbol*) fällen
talco ['talko] *m* Talk *m*
talento [ta'lento] *m* Talent *n*; Begabung *f*
talismán [taliz'man] *m* Talisman *m*
talla ['taʎa] *f* Wuchs *m*; Gestalt *f*; (*de vestido*, *etc*) Größe *f*; (*de diamantes*) Schliff *m*; (*escultura*) Schnitzerei *f*; *mil* Musterung *f*; **~r** [ta'ʎar] (*1a*) (*madera*) schnitzen; (*piedra*) meißeln; (*diamantes*) schleifen; *mil* mustern
tallarín [taʎa'rin] *m* Bandnudel *f*
talle ['taʎe] *m* Taille *f*; (*figura*) Figur *f*
taller [ta'ʎɛr] *m* Werkstatt *f*; Atelier *n*; ***~ concesionario*** Vertragswerkstatt *f*; ***~ de reparación*** Reparaturwerkstatt *f*
tallo *bot* ['taʎo] *m* Stängel *m*; Stiel *m*
talón [ta'lɔn] *m* Ferse *f*; *com* Abschnitt *m*; Schein *m*; F Scheck *m*; ***~ de entrega*** Lieferschein *m*

talonario [talo'narĭo] *m*: **~ *de cheques*** Scheckheft *n*; **~ *de recibos*** Quittungsblock *m*
talud [ta'luđ] *m* Böschung *f*
tamaño [ta'maɲo] **1.** *adj* so groß; derartig; **2.** *m* Größe *f*; Format *n*
tambalearse [tambale'arse] (*1a*) hin und her schwanken, taumeln
también [tam'bĭen] auch
tambor [tam'bɔr] *m* Trommel *f* (*a tec*); (*persona*) Trommler *m*; (*de bordar*) Stickrahmen *m*; **~il** [-bo'ril] *m* Handtrommel *f*; **~ilear** [-rile'ar] (*1a*) trommeln (*a fig*)
tamiz [ta'miθ] *m* (feines) Sieb *n*; **~ar** [tami'θar] (*1f*) sieben
tampoco [tam'poko] auch nicht
tampón [tam'pɔn] *m* Stempelkissen *n*; *med* Tampon *m*
tan [tan] so, so sehr; **~ *siquiera*** wenigstens; **~ *sólo*** nur
tanda ['tanda] *f* Reihe *f*, Serie *f*; (*turno*) Schicht *f*; *Am* (Serien-)Vorstellung *f*
tanga ['taŋga] *m* Tanga *m*
tang|ente *mat* [taŋ'xente] *f* Tangente *f*; ***salirse por la ~*** F sich drücken; **~ible** [-'xiƀle] greifbar (*a fig*)
tango ['taŋgo] *m* Tango *m*
tanque ['taŋke] *m* Tank *m*; *mil* Panzer *m*
tante|ar [tante'ar] (*1a*) *fig* sondieren; **~o** [tan'teo] *m dep* Spielstand *m*
tanto ['tanto] **1.** *adj u pron* so viel; so groß; ***~s pl*** einige, etliche; ***a ~s del mes*** den soundsovielten des Monats; ***otro ~*** noch einmal so viel; dasselbe; **2.** *adv* so, so sehr; ebenso (viel, sehr); derart; so lange; **~ *más*** (***menos***) umso mehr (weniger); **~ *mejor*** umso besser; ***no es*** (*od* ***hay***) ***para ~*** es ist nicht so schlimm; ***estar al ~*** auf dem Laufenden sein; ***por*** (***lo***) **~** daher; ***¡y ~!*** und ob!; **3.** *cj* ***en ~ que*** während; **~ *... como ...*** sowohl ... als auch ...; **4.** *m* (bestimmte) Menge *f od* Summe *f*; *dep* Punkt *m*; Tor *n*; **~ *por ciento*** Prozentsatz *m*
tapa ['tapa] *f* Deckel *m*; *gastr* ***~s pl*** Appetithappen *m/pl*; **~cubos** [-'kuƀos] *m auto* Radkappe *f*; **~dera** [-'đera] *f* (Topf-)Deckel *m*; *fig* Deckmantel *m*; **~dillo** [-'điʎo]: ***de ~*** heimlich; **~do** *Am* [ta'pađo] *m* (Damen-)Mantel *m*; **~r** [ta'par] (*1a*) zudecken; (*agujero*) stopfen; (*ocultar*) verhüllen, verdecken
tapete [ta'pete] *m* Tischdecke *f*; ***poner sobre el ~*** *fig* aufs Tapet bringen
tapia ['tapĭa] *f* Lehmwand *f*; Mauer *f*; **~r** [ta'pĭar] (*1b*) zumauern
tapice|ría [tapiθe'ria] *f* Wandbehang *m*; Tapisserie *f*; (*tienda*) Polsterei *f*; **~ro** [-'θero] *m* Polsterer *m*
tapioca [ta'pĭoka] *f* Tapioka *f*
tapiz [ta'piθ] *m* (Wand-)Teppich *m*; **~ar** [tapi'θar] (*1f*) beziehen; polstern
tapón [ta'pɔn] *m* Korken *m*, Pfropfen *m*, Stöpsel *m*; **~ *de rosca*** Schraubverschluss *m*
taponar [tapo'nar] (*1a*) verkorken; *med* tamponieren
tapujo [ta'puxo] *m*: ***sin ~s*** klipp u klar
taqu|igrafía [takigra'fia] *f* Stenographie *f*; **~igrafiar** [-fi'ar] (*1c*) stenographieren; **~ígrafo** [ta'kigrafo] *m* Stenograph *m*
taquilla [ta'kiʎa] *f* (Karten-)Schalter *m*
taquimecanógrafa [takimeka'nografa] *f* Stenotypistin *f*
taquímetro [ta'kimetro] *m auto* Tacho (-meter) *m*
tara ['tara] *f com* Tara *f*, Leergewicht *n*; *fig* Mangel *m*; **~do** [ta'rađo] fehlerhaft
tarántula *zo* [ta'rantula] *f* Tarantel *f*
tararear [tarare'ar] (*1a*) trällern
tard|anza [tar'đanθa] *f* Verzögerung *f*; Verspätung *f*; **~ar** [-'đar] (*1a*) zögern; lange ausbleiben; (lange) dauern *od* brauchen; ***a más ~*** spätestens; ***sin ~*** unverzüglich
tarde ['tarđe] **1.** *adv* spät, zu spät; ***de ~ en ~*** von Zeit zu Zeit; **2.** *f* Nachmittag *m*; *früher* Abend *m*; ***¡buenas ~s!*** guten Tag!; guten Abend!
tardío [tar'đio] spät; Spät...
tardo ['tarđo] langsam; schwerfällig
tarea [ta'rea] *f* Arbeit *f*; Aufgabe *f*
tarifa [ta'rifa] *f* Tarif *m*; Gebühr *f*; *tel* **~ *urbana*** Ortstarif *m*
tarima [ta'rima] *f* Podium *n*
tarjeta [tar'xeta] *f* Karte *f*; **~ *chip*** Chipkarte *f*; **~ *de crédito*** Kreditkarte *f*; **~ *dorada*** *ferro* Seniorenpass *m*; **~ *de embarque*** *avia* Bordkarte *f*; **~ *eurocheque*** Euroscheckkarte *f*;**~ *gráfica*** Grafikkarte *f*; **~ *Interrail*** Interrail-Karte *f*; **~ *multiviaje*** Streifenkarte *f*; **~ *perforada*** Lochkarte *f*; **~ *postal*** Postkarte *f*; **~ *de respuesta*** Rückantwortkarte *f*; **~ *de teléfono*** Telefonkar-

te *f*; ~ ***de visita*** Visitenkarte *f*
tarro ['tarrɔ] *m* Topf *m*, Tiegel *m*
tarso *anat* ['tarso] *m* Fußwurzel *f*
tarta ['tarta] *f* Torte *f*
tartamu|dear [tartamuđe'ar] (*1a*) stottern; **~do** [-'muđo] *m* Stotterer *m*
tártaro *quím* ['tartaro] *m* Weinstein *m*
tartera [tar'tera] *f* Tortenform *f*
tarugo [ta'rugo] *m* Pflock *m*, Dübel *m*, Zapfen *m*
tasa ['tasa] *f* Gebühr *f*, Taxe *f*; ~ ***de inflación*** Inflationsrate *f*; **~ción** [-'θĭɔn] *f* Schätzung *f*, Taxierung *f*; **~r** [ta'sar] (*1a*) schätzen, taxieren
tasca F ['taska] *f* Kneipe *f*
tatara|buelo *m*, **-a** *f* [tatara'ƀŭelo, -'ƀŭela] Ururgroßvater *m*, -mutter *f*; **~nieto** [-'nĭeto] *m* Ururenkel *m*
tatua|je [ta'tŭaxe] *m* Tätowierung *f*; **~r** [-'tŭar] (*1d*) tätowieren
taurino [taŭ'rino] Stier(kampf)...
Tauro *astr* ['taŭro] *m* Stier *m*; **2maquia** [-'makĭa] *f* Stierkämpferkunst *f*
taxi ['tagsi] *m* Taxi *n*; ~ ***aéreo*** Lufttaxi *n*
taxímetro [tag'simetro] *m* Fahrpreisanzeiger *m*
taxista [tag'sista] *su* Taxifahrer(in *f*) *m*
taza ['taθa] *f* Tasse *f*
tazón [ta'θɔn] *m* große Tasse *f*
te [te] dir, dich
té [te] *m* Tee *m*
tea ['tea] *f* Fackel *f*; Kienspan *m*
tea|tral [tea'tral] Theater...; *fig* theatralisch; **~tro** [te'atro] *m* Theater *n*; *fig* Schauplatz *m*; ~ ***al aire libre*** Freilichtbühne *f*
tebeo [te'ƀeo] *m* Comicheft *n*
teca ['teka] *f* Teakholz *n*
techo ['tetʃo] *m* Dach *n*; (*interior*) Zimmerdecke *f*; *fig* Obergrenze *f*; ~ ***solar*** *auto* Sonnendach *n*
tecla ['tekla] *f* Taste *f*; ~ ***de marcación rápida*** Kurzwahltaste *f*; **~do** [te'klađo] *m* Tastatur *f*
teclear [tekle'ar] (*1a*) die Tasten anschlagen; F klimpern
técni|ca ['tɛgnika] *f* Technik *f*; **~co** ['tɛgniko] **1.** *adj* technisch; **2.** *m* Techniker *m*
tecnología [tɛgnolɔ'xia] *f* Technologie *f*; ~ ***del ordenador***, ~ ***del computador*** Computertechnik *f*; Computertechnologie *f*; ***alta*** ~, ~ ***punta*** Spitzentechnologie *f*, High tech *n*
tedio ['teđĭo] *m* Langeweile *f*; Überdruss *m*
teja ['tɛxa] *f* Dachziegel *m*; **~do** [tɛ'xađo] *m* Dach *n*
tejano [tɛ'xano] *m* Texaner *m*; ***~s*** *pl* Jeans *pl*
teje|dor *m* [tɛxe'đɔr] Weber *m*; **~maneje** F [-ma'nɛxe] *m* Intrigenspiel *n*; **~r** [tɛ'xɛr] (*2a*) weben; *Am* stricken
tejido [tɛ'xiđo] *m* Gewebe *n* (*a anat*); ***~s*** *pl* Textilien *pl*
tejo *bot* ['tɛxo] *m* Taxus *m*, Eibe *f*
tejón *zo* [tɛ'xɔn] *m* Dachs *m*
tela ['tela] *f* Stoff *m*; Gewebe *n*; (*lienzo*) Leinwand *f*; ~ ***metálica*** Maschendraht *m*; ***poner en*** ~ ***de juicio*** anzweifeln
telar [te'lar] *m* Webstuhl *m*; *teat* Schnürboden *m*
telaraña [tela'raɲa] *f* Spinnwebe *f*
tele|arrastre [telea'rrastre] *m* Schlepplift *m*; **~cabina** [-ka'ƀina] *f* Kabinenlift *m*; **~comunicaciones** [-komunika'θĭones] *f/pl* Fernmeldewesen *n*; **~copiadora** [-kopĭa'đora] *f* Fernkopierer *m*; **~diario** *TV* [-'đĭarĭo] *m* Tagesschau *f*; **~dirigido** [-điri'xiđo] ferngelenkt, -gesteuert; **~férico** [-'feriko] *m* Drahtseilbahn *f*; **~film(e)** [-'film(e)] *m* Fernsehfilm *m*
tele|fonear [telefone'ar] (*1a*) telefonieren; **~fonema** *Am* [-fo'nema] *m* Telefongespräch *n*; **~fónico** [-'foniko] telefonisch; **~fonista** [-fo'nista] *su* Telefonist(in *f*) *m*
teléfono [te'lefono] *m* Telefon *n*; ~ ***celular*** *Am* Handy *n*; ~ ***móvil*** Handy *n*; ~ ***público*** Münzfernsprecher *m*; ~ ***de tarjeta*** Kartentelefon *n*; ~ ***de teclado*** Tastentelefon *n*
telegr|afía [telegra'fia] *f* Telegrafie *f*; **~afiar** [-'fĭar] (*1c*) telegrafieren; **~áfico** [-'grafiko] telegrafisch
telégrafo [te'legrafo] *m* Telegraf *m*
telegrama [tele'grama] *m* Telegramm *n*
tele|novela [teleno'ƀela] *f* Fernsehspiel(serie *f*) *n*; **~objetivo** [-ɔƀxe'tiƀo] *m* Teleobjektiv *n*; **~patía** [-pa'tia] *f* Telepathie *f*, Gedankenübertragung *f*
teles|cópico [teles'kopiko] ausziehbar; **~copio** [-'kopĭo] *m* Teleskop *n*
tele|silla [tele'siʎa] *f* Sessellift *m*; **~spectador** [-spɛkta'đɔr] *m* Fernsehzuschauer *m*; **~squí** [-s'ki] *m* Skilift *m*; **~texto** [-'testo] *m* Videotext *m*; **~ti-**

po [-'tipo] *m* Fernschreiber *m*; **~vidente** [-ƀi'đente] *m* Fernsehzuschauer *m*; **~visar** [-'sar] (*1a*) *im Fernsehen* senden, übertragen; **~visión** [-'sĭɔn] *f* Fernsehen *n*; **~ *por cable*** Kabelfernsehen *n*; **~ *en color*** Farbfernsehen *n*; **~ *de pago*** Pay-TV *n*; **~ *vía satélite*** Satellitenfernsehen *n*; **~visivo** [-'siƀo] Fernseh...; **~visor** [-'sɔr] *m* Fernsehgerät *n*; **~ *en color*** Farbfernseher *m*

télex ['telegs] *m* Telex *n*, Fernschreiben *n*

telón [te'lɔn] *m teat* Vorhang *m*; **~ *de fondo*** *fig* Hintergrund *m*

tema ['tema] *m* Thema *n*

temática [te'matika] *f* Thematik *f*

tembl|ar [tem'blar] (*1k*) zittern; **~or** [-'blɔr] *m* Zittern *n*; **~ *de tierra*** Erdbeben *n*; **~oroso** [-blo'roso] zitt(e)rig

temer [te'mɛr] (*2a*) fürchten; **~ario** [teme'rarĭo] verwegen, tollkühn; **~idad** [-ri'đađ] *f* Verwegenheit *f*, Tollkühnheit *f*; **~oso** [-'roso] furchtsam, ängstlich

temible [te'miƀle] Furcht erregend

temor [te'mɔr] *m* Furcht *f*, Angst *f*

tempera|mento [tempera'mento] *m* Temperament *n*; **~tura** [-ra'tura] *f* Temperatur *f*

tempes|tad [tempes'tađ] *f* Sturm *m*; Unwetter *n*; **~tuoso** [-'tŭoso] stürmisch

templa|do [tem'plađo] maßvoll, gemäßigt; (*agua*) lauwarm; (*clima*) mild; **~nza** [-'planθa] *f* Mäßigung *f*; (*del clima*) Milde *f*; **~r** [-'plar] (*1a*) mäßigen; temperieren; *tec* härten

templo ['templo] *m* Tempel *m*; Kirche *f*

tempo|rada [tempo'rađa] *f* Zeitraum *m*; Jahreszeit *f*; Saison *f*; *teat* Spielzeit *f*; **~ *alta*** Hoch-, Hauptsaison *f*; **~ *baja*** Vor- *od* Nachsaison *f*; **~ral** [-'ral] **1.** *adj* zeitweilig; *rel* weltlich; **2.** *m* Sturm *m*; Unwetter *n*; *anat* Schläfenbein *n*

temporero [tempo'rero]: (***trabajador** m*) **~** Saisonarbeiter *m*

temprano [tem'prano] frühzeitig; Früh...; *adv* (zu) früh

tenacidad [tenaθi'đađ] *f* Zähigkeit *f*; Hartnäckigkeit *f*

tenaz [te'naθ] zäh; hartnäckig

tenazas [te'naθas] *f/pl* Zange *f*

tenca *zo* ['teŋka] *f* Schleie *f*

tenden|cia [ten'denθĭa] *f* Neigung *f*; Tendenz *f*; Trend *m*; **~cioso** [-den'θĭoso] tendenziös

tender [ten'dɛr] (*2g*) **1.** *v/t* ausbreiten; (*cuerda*) spannen; (*cable*) verlegen; (*ropa*) aufhängen; **2.** *v/i* neigen (zu ***a***); **~se** sich hinlegen, sich ausstrecken

tende|rete [tende'rete] *m* Verkaufsstand *m*; **~ro** [-'dero] *m* Ladeninhaber *m*

tendido [ten'diđo] *m taur* Sperrsitz *m*; *el* Verlegung *f v Leitungen*; Leitung *f*

tendón *anat* [ten'dɔn] *m* Sehne *f*

tenebroso [tene'ƀroso] finster; düster (*a fig*)

tenedor [tene'đɔr] *m* Gabel *f*; *com* Inhaber *m*

tenencia [te'nenθĭa] *f* Besitz *m*; **~ (*ilícita*) *de armas*** (unerlaubter) Waffenbesitz *m*

tener [te'nɛr] (*2l*) haben, besitzen; (*sostener*) (fest) halten; **~ *puesto*** (*vestido, etc*) anhaben; **~ *10 años*** 10 Jahre alt sein; **~ *a bien*** *inf* so freundlich sein, zu; **~ *por*** halten für; **~ *que*** müssen; ***no* ~ *que*** nicht brauchen; (***no***) **~ *que ver con*** (nichts) zu tun haben mit (*dat*); **~se** sich festhalten; **~ *por*** sich halten für

tenería [tene'ria] *f* Gerberei *f*

tengo ['teŋgo] *s* ***tener***

tenia ['tenĭa] *f* Bandwurm *m*

teniente [te'nĭente] *m mil* Oberleutnant *m*; **~ *de alcalde*** zweiter Bürgermeister *m*; **~ *coronel*** Oberstleutnant *m*; **~ *general*** Generalleutnant *m*

tenis ['tenis] *m* Tennis *n*; **~ *de mesa*** Tischtennis *n*; **~ta** [te'nista] *su* Tennisspieler(in *f*) *m*

tenor [te'nɔr] *m* Wortlaut *m*, Tenor *m*; *mús* Tenor *m*; ***a* ~ *de*** laut, gemäß

ten|sar [ten'sar] (*1a*) spannen, straffen; **~sión** [-'sĭɔn] *f* Spannung *f* (*a el u fig*); *med* **~ (*arterial*)** Blutdruck *m*; **~so** ['tenso] gespannt (*a fig*)

tentación [tenta'θĭɔn] *f* Versuchung *f*

tentáculo *zo* [ten'takulo] *m* Fangarm *m*

tenta|dor [tenta'đɔr] verführerisch, verlockend; **~r** [-'tar] (*1k*) betasten; (*atraer*) (ver)locken; versuchen; **~tiva** [-ta'tiƀa] *f* Versuch *m*

tentempié F [tentem'pĭe] *m* Imbiss *m*

tenue ['tenŭe] dünn; schwach

teñir [te'ɲir] (*3h u 3l*) färben; *fig* tönen

teología [teolɔ'xia] *f* Theologie *f*

teológico [teo'lɔxiko] theologisch

teólogo [te'ologo] *m* Theologe *m*

teorema [teo'rema] *m* Lehrsatz *m*
teoría [teo'ria] *f* Theorie *f*
teórico [te'oriko] theoretisch
tera|péutico [tera'peŭtiko] therapeutisch; **~pia** [te'rapĭa] *f* Therapie *f*
tercer [tɛr'θer] *s* ***tercero***; **~a** *mús* [-'θera] *f* Terz *f*; **~mundista** [-mun'dista] der Dritten Welt; **~o** [-'θero] dritte(r, -s); ***el Tercer Mundo*** die Dritte Welt
terceto *mús* [tɛr'θeto] *m* Terzett *n*
ter|ciar [tɛr'θĭar] (*1b*) (*mediar*) vermitteln; (*intervenir*) eingreifen; **~ciario** [-'θĭarĭo] tertiär; **~cio** ['tɛrθĭo] *m* Drittel *n*
terciopelo [tɛrθĭo'pelo] *m* Samt *m*
terco ['tɛrko] starrköpfig; zäh
tergiversa|ción [tɛrxiƀɛrsa'θĭɔn] *f* (Wort-)Verdrehung *f*; **~r** [-'sar] (*1a*) verdrehen
terma|l [tɛr'mal] Thermal...; **~s** ['tɛrmas] *f/pl* Thermalquellen *f/pl*
térmico ['tɛrmiko] thermisch, Wärme...
termina|ción [tɛrmina'θĭɔn] *f* Beendigung *f*; *gram* Endung *f*; **~l** [-'nal] **1.** *adj* End..., Schluss...; **2.** *m inform* Terminal *n*; **3.** *f* Endstation *f*; *avia* Terminal *n*; **~ *de autobuses*** Busbahnhof *m*; **~nte** [-'nante] entscheidend; kategorisch; **~r** [-'nar] (*1a*) **1.** *v/t* beenden; abschließen; **2.** *v/i* zu Ende gehen, enden; **~rse** zu Ende sein
término ['tɛrmino] *m* Ende *n*, Schluss *m*; (*plazo*) Frist *f*; Termin *m*; (*palabra*) Ausdruck *m*; ***por ~ medio*** im Durchschnitt; **~ *municipal*** Gemeindegebiet *n*; **~ *técnico*** Fachausdruck *m*; ***en último ~*** letzten Endes; notfalls
terminología [tɛrminolɔ'xia] *f* Terminologie *f*
termo ['tɛrmo] *m* Thermosflasche *f*
termómetro [tɛr'mometro] *m* Thermometer *n*; **~ *clínico*** Fieberthermometer *n*
termostato [tɛrmɔs'tato] *m* Thermostat *m*
terne|ra [tɛr'nera] *f* Kalbfleisch *n*; *zo* (Kuh-)Kalb *n*; **~ro** [-'nero] *m* (Stier-)Kalb *n*
terno ['tɛrno] *m* dreiteiliger (Herren-)Anzug *m*
ternura [tɛr'nura] *f* Zartheit *f*; Zärtlichkeit *f*
terquedad [tɛrke'đađ] *f* Hartnäckigkeit *f*; Eigensinn *m*
terrado [tɛ'rrađo] *m* flaches Dach *n*; (Dach-)Terrasse *f*
terraplén [tɛrra'plen] *m* (Bahn-, Straßen-)Damm *m*
terrateniente [tɛrrate'nĭente] *m* (Groß-)Grundbesitzer *m*
terraza [tɛ'rraθa] *f* Terrasse *f*
terremoto [tɛrrɛ'moto] *m* Erdbeben *n*
terre|nal [tɛrrɛ'nal] irdisch; **~no** [tɛ'rrɛno] *m* Boden *m*; Gelände *n*; Grundstück *n*; *fig* Bereich *m*, Gebiet *n*
terrestre [tɛ'rrestre] Erd...; Land...; irdisch
terrible [tɛ'rriƀle] schrecklich; furchtbar
territo|rial [tɛrrito'rĭal] Gebiets...; **~rio** [-'torĭo] *m* Gebiet *n*
terrón [tɛ'rrɔn] *m* Erdklumpen *m*; (*de azúcar*) Stück *n*
terror [tɛ'rrɔr] *m* Schrecken *m*; Entsetzen *n*; Terror *m*; **~ífico** [tɛrrɔ'rifiko] Schrecken erregend; **~ismo** [-'rizmo] *m* Terrorismus *m*; **~ista** [-'rista] *su* Terrorist(in *f*) *m*
terso ['tɛrso] glatt; (*estilo*) flüssig
tertulia [tɛr'tulĭa] *f* Gesellschaft *f*; Stammtisch *m*
tesina [te'sina] *f* Diplomarbeit *f*
tesis ['tesis] *f* These *f*; **~ *doctoral*** Doktorarbeit *f*
tesitura [tesi'tura] *f mús* Stimmlage *f*
tesón [te'sɔn] *m* Beharrlichkeit *f*
teso|rería [tesore'ria] *f* Schatzamt *n*; **~rero** [-'rero] *m* Schatzmeister *m*; Kassenwart *m*; **~ro** [te'soro] *m* Schatz *m*; **~ (*público*)** Staatskasse *f*
test [test] *m* Test *m*
testaferro [testa'fɛrrɔ] *m fig* Strohmann *m*
testamen|tario [testamen'tarĭo] testamentarisch, Testaments...; **~to** [-'mento] *m* Testament *n*; ***Antiguo* ≗, *Nuevo* ≗** Altes, Neues Testament *n*
testaru|dez [testaru'đeθ] *f* Starrköpfigkeit *f*; **~do** [-'rudo] starrköpfig
testículo [tes'tikulo] *m* Hoden *m*
testi|ficar [testifi'kar] (*1g*) bezeugen, bekunden; **~go** [-'tigo] *su* Zeuge *m*, Zeugin *f*; *dep* (Staffel-)Stab *m*; **~ *de cargo*** Belastungszeuge *m*; **~ *ocular*** (*od* ***presencial***) Augenzeuge *m*; **~moniar** [-timo'nĭar] (*1b*) bezeugen; aussagen; **~monio** [-'monĭo] *m* Zeugnis *n*; Zeugenaussage *f*
teta ['teta] *f* Zitze *f*; P Brust *f*

T

tétanos *med* ['tetanos] *m* Wundstarrkrampf *m*, Tetanus *m*
tetera [te'tera] *f* Teekanne *f*
tétrico ['tetriko] trübselig; finster
textil [tes'til] **1.** *adj* Textil...; **2. ~es** *m/pl* Textilien *pl*
tex|to ['testo] *m* Text *m*; **~ completo** *inform* Volltext *m*; **~tual** [tes'tŭal] wörtlich
textura [tes'tura] *f* Gewebe *n*; *tec* Textur *f*; *fig* Struktur *f*
tez [teθ] *f* Gesichtsfarbe *f*, Teint *m*
ti [ti] dir, dich
tía ['tia] *f* Tante *f*; *desp* Weib(sbild) *n*; **~ abuela** Großtante *f*
tibia *anat* ['tiƀĭa] *f* Schienbein *n*
tibio ['tiƀĭo] lau(warm); *fig* lau
tiburón [tiƀu'rɔn] *m* Hai(fisch) *m*
tic *med* [tik] *m* Tick *m*
ticket [ti'kɛt] *m* Kassenzettel *m*, Bon *m*
tiempo ['tĭempo] *m* Zeit *f*; *met* Wetter *n*; **~ libre** Freizeit *f*; **primer ~** *dep* erste Halbzeit *f*; **a ~** rechtzeitig; **a su ~** zu gegebener Zeit; **antes de ~** vorzeitig; **con ~** früh genug, rechtzeitig; **de un ~ a esta parte** seit einiger Zeit; **desde hace mucho ~** seit langem; **hace buen (mal) ~** es ist gutes (schlechtes) Wetter
tienda ['tĭenda] *f* Laden *m*, Geschäft *n*; **~ de campaña** Zelt *n*; **ir de ~s** e-n Einkaufsbummel machen
tierno ['tĭɛrno] zart, weich; *fig* zärtlich
tierra ['tĭɛrra] *f* Erde *f*; Land *n*; (*suelo*) Boden *m*; (*patria*) Heimat *f*; **~ firme** Festland *n*; **echar por ~** zunichte machen; **echar ~ a a/c** et vertuschen; **tomar ~** *avia* landen
tieso ['tĭeso] steif, starr
tiesto ['tĭesto] *m* Blumentopf *m*
tifón [ti'fɔn] *m* Taifun *m*
tifus *med* ['tifus] *m* Typhus *m*
tigre ['tigre] *m* Tiger *m*; *Am* Jaguar *m*; **~sa** [ti'gresa] *f* Tigerin *f*
tije|ra [ti'xera] *f* (*mst pl* **~s**) Schere *f*; **de ~** Klapp...; **~reta** *zo* [-'reta] *f* Ohrwurm *m*
tila ['tila] *f* Lindenblütentee *m*
til|dar [til'dar] (*1a*) bezeichnen (als **de**); **~de** ['tilde] *m od f gram* Tilde *f*
tilo *bot* ['tilo] *m* Linde *f*
tima|dor [tima'đɔr] *m* Schwindler *m*; **~r** [ti'mar] (*1a*) F übers Ohr hauen; neppen
timbal [tim'bal] *m mús* Kesselpauke *f*; **~ero** [-ba'lero] *m* Paukenschläger *m*
tim|brar [tim'brar] (*1a*) stempeln; **~bre** ['timbre] *m* Stempel *m*; Stempelmarke *f*; *Am* Briefmarke *f*; (*campanilla*) Klingel *f*; *mús* Klangfarbe *f*, Timbre *n*; **tocar el ~** klingeln, läuten
timidez [timi'đeθ] *f* Schüchternheit *f*
tímido ['timiđo] schüchtern, scheu
timo ['timo] *m* Schwindel *m*; Betrug *m*
timón [ti'mɔn] *m mar*, *avia u fig* Steuer *n*, Ruder *n*
timonel *mar* [timo'nɛl] *m* Steuermann *m*
tímpano ['timpano] *m arqu* Giebelfeld *n*; *anat* Trommelfell *n*
tina ['tina] *f* Bottich *m*; Wanne *f*; **~ja** [ti'naxa] *f großer* Tonkrug *m*
tinerfeño [tinɛr'feɲo] aus Teneriffa
tinglado [tiŋ'glađo] *m* (Bretter-)Schuppen *m*; *fig* Intrige *f*; Klüngel *m*
tinieblas [ti'nĭeƀlas] *f/pl* Finsternis *f*
tino ['tino] *m* Geschick *n*; Treffsicherheit *f*; *fig* Fingerspitzengefühl *n*
tinta ['tinta] *f* Tinte *f*; **~ china** Tusche *f*; **de buena ~** aus sicherer Quelle
tinte ['tinte] *m* Färben *n*; (*colorante*) Farbstoff *m*; F (chemische) Reinigung *f*; **~ro** [-'tero] *m* Tintenfass *n*
tintinear [tintine'ar] (*1a*) klirren; bimmeln
tinto ['tinto] gefärbt; (**vino** *m*) **~** Rotwein *m*; **~rería** [-re'ria] *f* Färberei *f*; chemische Reinigung *f*
tintura [tin'tura] *f* Tinktur *f*
tiña *med* ['tiɲa] *f* Grind *m*
tío ['tio] *m* Onkel *m*; F Kerl *m*; **~ abuelo** Großonkel *m*
tiovivo [tĭo'ƀiƀo] *m* Karussell *n*
típico ['tipiko] typisch (für **de**)
tipo ['tipo] *m* Typ *m* (*a F fig*); Art *f*; **~ de cambio** Wechselkurs *m*; **~ de descuento** Diskontsatz *m*; **~ impositivo** Steuersatz *m*; **~ de interés** Zinssatz *m*; **tener buen ~** e-e gute Figur haben; **~grafía** [-gra'fia] *f* Buchdruckerkunst *f*; **~gráfico** [-'grafiko] typographisch
tipógrafo [ti'pografo] *m* Buchdrucker *m*
tira ['tira] *f* Streifen *m*; **~chinas** [-'tʃinas] *m* (Stein-)Schleuder *f*
tira|da [ti'rađa] *f* Wurf *m*; *tip* Auflage *f*; **de una ~** in e-m Zug; **~do** [ti'rađo] *fig* spottbillig; **~dor** [-'đɔr] *m* Schütze *m*; *tec* Griff *m*; **~je** *Am* [ti'raxe] *m tip* Auf-

lage *f*; **~líneas** [-'lineas] *m* Reißfeder *f*
tiranía [tira'nia] *f* Tyrannei *f*
tiránico [ti'raniko] tyrannisch
tira|nizar [tirani'θar] (*1f*) tyrannisieren; **~no** [ti'rano] *m* Tyrann *m*
tirante [ti'rante] **1.** *adj* gespannt (*a fig*); straff; **2.** *m* Träger *m*; **~s** *pl* Hosenträger *m/pl*; **~z** [-'teθ] *f* Spannung *f* (*a fig*)
tirar [ti'rar] (*1a*) **1.** *v/t* werfen; weg-, umwerfen; (*casa*) abreißen; (*disparar*) abfeuern; (*línea*) ziehen; (*dinero*) verschleudern; *tip* drucken; abziehen; **2.** *v/i* ziehen; (*disparar*) schießen; ***~ a la derecha*** nach rechts einbiegen; ***~ a*** neigen zu; ***a todo ~*** höchstens; ***ir tirando*** sich durchschlagen; **~se** sich stürzen
tiritar [tiri'tar] (*1a*) frösteln, zittern
tiro ['tiro] *m* Wurf *m*; (*disparo*) Schuss *m*; ***~ con arco*** Bogenschießen *n*; ***~ al blanco*** Scheibenschießen *n*; ***~ al plato*** Tontaubenschießen *n*; ***~ de pichón*** Taubenschießen *n*; ***de ~s largos*** F piekfein
tiroides [ti'rɔĭđes] *m* Schilddrüse *f*
tirón [ti'rɔn] *m* Zug *m*, Ruck *m*; ***de un ~*** auf einmal
tiroteo [tiro'teo] *m* Schießerei *f*
tisana [ti'sana] *f* Kräutertee *m*
títere ['titere] *m* Marionette *f*; *a fig* Hampelmann *m*; (***teatro*** *m* ***de***) **~s** *pl* Kasperletheater *n*; ***no dejar ~ con cabeza*** alles kurz u klein schlagen
titiritero [titiri'tero] *m* Puppenspieler *m*
titubear [tituƀe'ar] (*1a*) schwanken; *fig* zögern
titula|do [titu'lađo] *m* Inhaber *m* e-s (akademischen) Titels; **~r** [-'lar] **1.** (*1a*) betiteln; **2.** *m* Inhaber *m*; *tip* Schlagzeile *f*; *auto* Fahrzeughalter *m*
título ['titulo] *m* Titel *m*; *com* Wertpapier *n*; ***a ~ de*** (in der Eigenschaft) als; **~s** *pl* ***de crédito*** (*cine*) Vorspann *m*
tiza ['tiθa] *f* Kreide *f*
toall|a [to'aʎa] *f* Handtuch *n*; *fig* ***tirar la ~*** das Handtuch werfen; **~ero** [toa'ʎero] *m* Handtuchhalter *m*
tobera [to'ƀera] *f* Düse *f*
tobillo [to'ƀiʎo] *m* Fußknöchel *m*
tobogán [toƀo'gan] *m* Rutschbahn *f*
toca ['toka] *f* Haube *f*; **~discos** [-'điskos] *m* Plattenspieler *m*; **~do** [to'kađo] *m* Frisur *f*; Kopfputz *m*; **~dor** [-'đɔr] *m* Toiletten-, Frisiertisch *m*
tocante [to'kante]: (***en lo***) ***~ a*** was ... anbetrifft; bezüglich (*gen*)
tocar [to'kar] (*1g*) **1.** *v/t* berühren (*a fig*), anfassen; *mús* spielen; **2.** *v/i* gebühren, zukommen; (*concernir*) betreffen; ***me toca a mí*** ich bin an der Reihe
tocayo *m*, **-a** *f* [to'kajo, -ja] Namensvetter *m*, -schwester *f*
tocino [to'θino] *m* Speck *m*
tocólogo *med* [to'kologo] *m* Geburtshelfer *m*
tocón [to'kɔn] *m* Baumstumpf *m*
todavía [tođa'ƀia] noch (immer)
todo ['tođo] **1.** *adj* ganze(r, -s); jeder; alles; **~s** *pl* alle; ***~ cuanto*** alles was; ***~s los días*** jeden Tag; **2.** *adv* ganz, völlig; ***ante ~***, ***sobre ~*** vor allem; ***con ~*** jedoch, trotzdem; ***del ~*** ganz u gar; ***no del ~*** nicht ganz; **3.** *m* Ganze(s) *n*
todopoderoso [tođopođe'roso] allmächtig; *rel* ***el*** ♀ der Allmächtige
toga ['toga] *f* Toga *f*; Robe *f*
toldo ['tɔldo] *m* Sonnendach *n*
tolera|ble [tole'raƀle] erträglich; **~ncia** [-'ranθĭa] *f* Toleranz *f*; **~nte** [-'rante] tolerant; **~r** [-'rar] (*1a*) dulden, tolerieren; (*aguantar*) er-, vertragen
toma ['toma] *f* Nehmen *n*; *mil* Einnahme *f*; ***~ de corriente*** Stromanschluss *m*; ***~ del poder*** Machtergreifung *f*; ***~ hostil*** feindliche Übernahme *f*; ***~ de posesión*** Besitznahme *f*, Amtsantritt *m*; ***~ de posición*** Stellungnahme *f*; ***~ de tierra*** *el* Erdung *f*; *avia* Landung *f*; **~dura** [-'đura] *f* *F*: ***~ de pelo*** Neckerei *f*; (*timo*) Schwindel *m*; **~r** [to'mar] (*1a*) nehmen; annehmen; einnehmen (*a mil*); (*café*, *etc*) trinken; ***~ por*** halten für
tomate [to'mate] *m* Tomate *f*; ***ponerse como un ~*** puterrot werden
tomavistas [toma'ƀistas] *m* Filmkamera *f*
tomillo *bot* [to'miʎo] *m* Thymian *m*
tomo ['tomo] *m* Band *m*
tona|da [to'nađa] *f* Lied *n*, Weise *f*; **~lidad** [-li'đađ] *f* *mús* Tonart *f*
tonel [to'nɛl] *m* Tonne *f*; Fass *n*; **~ada** [tone'lađa] *f* Tonne *f*; **~aje** *mar* [-'laxe] *m* Tonnage *f*; **~ero** [-'lero] *m* Böttcher *m*
tongo ['tɔŋgo] *m* *dep* Schiebung *f*
tóni|ca ['tonika] *f* *mús* Tonika *f*; *gastr* Tonikwasser *n*; **~co** ['toniko] **1.** *adj* *mús*

tonisch; *med* stärkend; **2.** *m med* Tonikum *n*

tono ['tono] *m* Ton *m* (*a fig*); Tonart *f*; ***a ~*** (dazu) passend; ***de buen*** (***mal***) ***~*** (un)schicklich; ***darse ~*** sich wichtig machen

ton|tear [tɔnte'ar] (*1a*) (herum)albern; flirten; **~tería** [-'ria] *f* Dummheit *f*, Albernheit *f*; *fig* Lappalie *f*; **~to** ['tɔnto] **1.** *adj* dumm; albern; **2.** *m* Dummkopf *m*; ***hacer el ~*** sich albern benehmen; ***hacerse el ~*** sich dumm stellen

topacio [to'paθĭo] *m* Topas *m*

topar [to'par] (*1a*) zs.-stoßen; ***~ con*** stoßen auf (*ac*)

tope ['tope] *m* Spitze *f*; *ferro* Puffer *m*; Prellbock *m*; *tec* Anschlag(stift) *m*; ***a ~, hasta los ~s*** bis obenhin voll

tópico ['topiko] **1.** *adj med* äußerlich, örtlich; **2.** *m* Gemeinplatz *m*

topo ['topo] *m* Maulwurf *m*

topografía [topogra'fia] *f* Topographie *f*

topónimo [to'ponimo] *m* Ortsname *m*

toque ['toke] *m* Berührung *f*; *mús* Tusch *m*; Signal *n*; *fig* Note *f*, Touch *m*; ***~ de queda*** Sperrstunde *f*; *mil* Zapfenstreich *m*; *fig* ***dar el último ~ a*** den letzten Schliff geben

tórax ['toragṣ] *m* Brustkorb *m*

torbellino [tɔrƀe'ʎino] *m* Wirbel *m*; Strudel *m*; Wirbelwind *m* (*a fig*)

torce|dura [tɔrθe'đura] *f* Krümmung *f*; *med* Zerrung *f*; **~r** [tɔr'θɛr] (*2b u 2h*) drehen; krümmen; verbiegen; (*ropa*) (aus)wringen; (*palabras, etc*) verdrehen; ***~ a la derecha*** rechts abbiegen; **~rse** sich verbiegen; *fig* F schief gehen; ***~ el pie*** sich den Fuß verstauchen

torcido [tɔr'θiđo] krumm; schief

tordo ['tɔrđo] *m* Drossel *f*

tore|ar [tore'ar] (*1a*) mit Stieren kämpfen; **~o** [to'reo] *m* Stierkampf *m*; **~ro** [to'rero] *m* Stierkämpfer *m*, Torero *m*

toril [to'ril] *m* Stierzwinger *m*

tormen|ta [tɔr'menta] *f* Gewitter *n*; *a fig* Sturm *m*; **~to** [-'mento] *m* Folter *f*; *fig* Qual *f*; **~toso** [-'toso] stürmisch

tornear *tec* [tɔrne'ar] (*1a*) drechseln; drehen

torneo [tɔr'neo] *m* Turnier *n*

tornero [tɔr'nero] *m* Drechsler *m*; Dreher *m*

tornillo [tɔr'niʎo] *m* Schraube *f*

torniquete [tɔrni'kete] *m* Drehkreuz *n*; *med* Aderpresse *f*

torno *tec* ['tɔrno] *m* Drehbank *f*; Töpferscheibe *f*; ***en ~ a*** über; um ... herum

toro ['toro] *m* Stier *m*, Bulle *m*; ***~ de lidia*** Kampfstier *m*; **~s** *pl* Stierkampf *m*

toronja [to'rɔŋxa] *f* Pomeranze *f*, Bitterorange *f*; *bsd Am* Grapefruit *f*

torpe ['tɔrpe] ungeschickt; schwerfällig

torpe|dear [tɔrpeđe'ar] (*1a*) torpedieren (*a fig*); **~dero** *mar* [-'đero] *m* Torpedoboot *n*; **~do** [-'peđo] *m zo* Zitterrochen *m*; *mar* Torpedo *m*

torpeza [tɔr'peθa] *f* Ungeschicklichkeit *f*; Schwerfälligkeit *f*

torre ['tɔrrɛ] *f* Turm *m* (*tb ajedrez*); *reg* Villa *f*; ***~ de comunicaciones*** Funk- (und Fernseh)turm *m*; ***~ de control*** *avia* Kontrollturm *m*

torrefac|ción [tɔrrɛfag'θĭɔn] *f* Rösten *n*; **~to** [-'fakto] geröstet

torren|cial [tɔrren'θĭal]: ***lluvia f ~*** strömender Regen *m*; **~te** [tɔ'rrente] *m* Sturzbach *m*; *fig* Flut *f*, Strom *m*

tórrido ['tɔrriđo] heiß

torsión [tɔr'sĭɔn] *f* Drehung *f*

torta ['tɔrta] *f* Kuchen *m*; Fladen *m*; F Ohrfeige *f*

tortícolis *med* [tɔr'tikolis] *m* steifer Hals *m*

tortilla [tɔr'tiʎa] *f* Omelett *n*; *Am* Maisfladen *m*; ***~ española*** Kartoffelomelett *n*

tórtola ['tɔrtola] *f* Turteltaube *f*

tortuga [tɔr'tuga] *f* Schildkröte *f*; ***a paso de ~*** im Schneckentempo

tortuoso [tɔr'tŭoso] gewunden; geschlängelt; krumm

tortura [tɔr'tura] *f* Folter *f*; *fig* Qual *f*; **~r** [-'rar] (*1a*) foltern, quälen (*a fig*)

tos [tɔs] *f* Husten *m*; ***~ ferina*** Keuchhusten *m*

tosco ['tɔsko] unbearbeitet, roh; *fig* ungehobelt

toser [to'sɛr] (*2a*) husten

tosta|da [tɔs'tađa] *f* Toast *m*; **~do** [-'tađo] geröstet; (*persona*) braun (gebrannt); **~dor** [-'đɔr] *m* Toaster *m*; **~r** [-'tar] (*1m*) rösten; bräunen

tostón [tɔs'tɔn] *m* gebratenes Spanferkel *n*; F *fig* Schinken *m*

total [to'tal] **1.** *adj* ganz, völlig, total; Gesamt...; ***en ~*** insgesamt; **2.** *adv* alles in allem; kurz (u gut); **3.** *m* Gesamtsumme *f*; **~idad** [-li'đađ] *f* Gesamtheit *f*;

~izar [-'θar] (*1f*) zs.-zählen; insgesamt betragen
touroperador [turopera'đɔr] *m* Reiseveranstalter *m*
tóxico ['tɔgsiko] **1.** *adj* giftig; **2.** *m* Gift *n*
toxicómano [tɔgsi'komano] **1.** *adj* rauschgiftsüchtig; **2.** *m* Süchtige(r) *m*
tozudo [to'θuđo] dickköpfig
traba ['traƀa] *f* Band *n*, Fessel *f*; *fig* Hindernis *n*
traba|jador [traƀaxa'đɔr] **1.** *adj* arbeitsam, fleißig; **2.** *m* Arbeiter *m*; **~ *eventual*** Gelegenheitsarbeiter *m*; **~ *extranjero*** Gast-, Fremdarbeiter *m*; **~ *semicualificado*** angelernter Arbeiter *m*; **~jar** [-'xar] (*1a*) **1.** *v/i* arbeiten; **2.** *v/t* verarbeiten; **~jo** [-'ƀaxo] *m* Arbeit *f*; *fig* Mühe *f*; **~ *a destajo*** Akkordarbeit *f*; **~ *a domicilio*** Heimarbeit *f*; **~ *en equipo*** Teamarbeit *f*; **~ *frente al monitor*** Bildschirmarbeit *f*; **~s** *pl* ***forzados*** Zwangsarbeit *f*; **~ *temporal*** Zeitarbeit *f*; **~ *por turnos*** Schichtarbeit *f*; **~joso** [-'xoso] mühsam
traba|lenguas [traƀa'leŋgŭas] *m* Zungenbrecher *m*; **~r** [tra'ƀar] (*1a*) verbinden; *fig* anknüpfen
tracción [trag'θĭɔn] *f* Ziehen *n*, Zug *m*; *tec* Zugkraft *f*; Antrieb *m*; **~ *delantera*** (***trasera***) Vorder- (Hinter)radantrieb *m*
tracoma *med* [tra'koma] *m* Trachom *n*
tractor [trak'tɔr] *m* Traktor *m*; **~ista** [-to'rista] *su* Traktorfahrer(in *f*) *m*
tradi|ción [tređi'θĭɔn] *f* Tradition *f*, Überlieferung *f*; **~cional** [-θĭo'nal] überliefert, traditionell
traduc|ción [tređug'θĭɔn] *f* Übersetzung *f*; **~ir** [-đu'θir] (*3o*) übersetzen; **~tor** [-đuk'tɔr] *m*, **~tora** [-'tora] *f* Übersetzer(in *f*) *m*
traer [tra'ɛr] (*2p*) (her)bringen; mitbringen; *fig* mit sich bringen; **~ *entre manos*** vorhaben
trafica|nte *desp* [trafi'kante] *m* Händler *m*; **~ *de drogas*** Drogenhändler *m*; **~r** [-'kar] (*1g*) handeln (mit ***en***)
tráfico ['trafiko] *m* Verkehr *m*; *com* Handel *m*; **~ *aéreo*** Flugverkehr *m*; **~ *de drogas*** Drogenhandel *m*; **~ *de influencias*** Vetternwirtschaft *f*, F Filz *m*; **~ *pesado*** Schwerverkehr *m*; **~ *rodado*** Fahrverkehr *m*
traga|luz [traga'luθ] *m* Dachfenster *n*; Luke *f*; Oberlicht *n*; **~perras** F [-'pɛrras] *su* Spielautomat *m*
tragar [tra'gar] (*1h*) (ver)schlucken; (ver)schlingen; ***no poder ~ a alg*** j-n nicht ausstehen können
tragedia [tra'xeđĭa] *f* Tragödie *f* (*a fig*)
trágico ['traxiko] tragisch
tragicomedia [traxiko'međĭa] *f* Tragikomödie *f*
trago ['trago] *m* Schluck *m*; ***pasar un mal ~*** Schweres durchmachen
tragón F [tra'gɔn] gefräßig
trai|ción [traĭ'θĭɔn] *f* Verrat *m*; ***alta ~*** Hochverrat *m*; **~cionar** [-θĭo'nar] (*1a*) verraten; **~cionero** [-θĭo'nero] verräterisch; **~dor** [-'đɔr] **1.** *adj* verräterisch; treulos; **2.** *m* Verräter *m*
traigo ['traĭgo] *s* ***traer***
trailer ['traĭlɛr] *m* (Film-)Vorschau *f*; *auto* Sattelschlepper *m*
traje ['traxe] *m* Anzug *m*; Kleid *n*; **~ *de baño*** Badeanzug *m*; **~ (*de*) *chaqueta*** Damenkostüm *n*; **~ *de etiqueta*** Gesellschaftsanzug *m*; **~ *hecho*** Konfektionsanzug *m*; **~ *de luces*** Stierkämpfertracht *f*; **~ *de noche*** Abendkleid *n*; **~*-pantalón*** Hosenanzug *m*; **~ *regional*** Tracht *f*; **~ *sastre*** Kostüm *n*
trajín [tra'xin] *m fig* Betrieb *m*, Hektik *f*
trajinar [traxi'nar] (*1a*) sehr beschäftigt sein; herumwirtschaften
trajo ['traxo] *s* ***traer***
trama ['trama] *f fig* Komplott *n*; **~r** [tra'mar] (*1a*) *fig* anzetteln
tramita|ción [tramita'θĭɔn] *f* (amtliche) Erledigung *f*; Formalitäten *f/pl*; ***en ~*** in Bearbeitung; **~r** [-'tar] (*1a*) (amtlich) erledigen; betreiben; bearbeiten
trámite ['tramite] *m* Dienstweg *m*; Formalität *f*
tramo ['tramo] *m* Strecke *f*; Abschnitt *m*
tramo|ya [tra'moja] *f teat* Bühnenmaschinerie *f*; **~yista** [-'jista] *m teat* Maschinist *m*; Kulissenschieber *m*
trampa ['trampa] *f* Falle *f* (*a fig*); (*puerta*) Falltür *f*; F ***hacer ~s*** mogeln
trampolín [trampo'lin] *m* Sprungbrett *n* (*a fig*); (*esquí*) Sprungschanze *f*
tramposo [tram'poso] **1.** *adj* betrügerisch; **2.** *m* Betrüger *m*, Schwindler *m*
tranca ['traŋka] *f* Sperrbalken *m*; ***a ~s y barrancas*** mit Ach u Krach
trance ['tranθe] *m* kritischer Augenblick *m*; (*hipnosis, etc*) Trance *f*; ***a todo***

~ auf jeden Fall, unbedingt

tranqui|lidad [traŋkili'đađ] *f* Ruhe *f*; Stille *f*; Gelassenheit *f*; **~lizante** [-'θante] *m* Beruhigungsmittel *n*; **~lizar** [-'θar] (*1f*) beruhigen; **~lo** [-'kilo] ruhig; still; gelassen

trans... [trans] *s a* ***tras...***; **~acción** [-sag'θĭɔn] *f com* Geschäft *n*; **~atlántico** [-sat'lantiko] **1.** *adj* überseeisch; **2.** *m* Überseedampfer *m*; **~bordador** [tranzƀorđa'đɔr] *m mar* Fähre *f*; ***~ espacial*** Raumfähre *f*; **~bordo** [-'ƀɔrđo] *m* Umsteigen *n*; ***hacer ~*** umsteigen; **~cripción** [-kriƀ'θĭɔn] *f* Ab-, Umschrift *f*; ***~ fonética*** Lautschrift *f*; **~currir** [-ku'rrir] (*3a*) verstreichen, vergehen; **~curso** [-'kurso] *m* Verlauf *m*; **~eúnte** [-se'unte] *m* Passant *m*; Durchreisende(r) *m*

transfer|encia [transfe'renθĭa] *f* Übertragung *f*; *com* Überweisung *f*; ***~ de datos*** *inform* Datentransfer *m*; ***~ de tecnología*** Technologietransfer *m*; **~ible** [-'riƀle] übertragbar; **~ir** [-'rir] (*3i*) übertragen; *com* überweisen

transforma|ción [transfɔrma'θĭɔn] *f* Umbildung *f*; Verwandlung *f*; **~dor el** [-'đɔr] *m* Transformator *m*; **~r** [-'mar] (*1a*) verwandeln; ändern

transfronterizo [transfrɔnte'riθo] grenzüberschreitend

tránsfuga ['transfuga] *m* Überläufer *m*; *mil* Deserteur *m*

transfusión [transfu'sĭɔn] *f*: *med* ***~ de sangre*** Blutübertragung *f*

transgénico [trans'xɛniko] transgen

transgre|dir *jur* [tranzgre'đir] übertreten, verstoßen gegen; **~sión** [-'sĭɔn] *f* Übertretung *f*

transición [transi'θĭɔn] *f* Übergang *m*; ***de ~*** Übergangs...

transi|gente [transi'xente] nachgiebig; versöhnlich; **~gir** [-'xir] (*3c*) nachgeben

transi|stor [transis'tɔr] *m* Transistor *m*; **~table** [-'taƀle] gangbar, befahrbar; **~tar** [-'tar] (*1a*) durchgehen, -reisen; verkehren; **~tivo** [-'tiƀo] *gram* transitiv

tránsito ['transito] *m* Verkehr *m*; Transit *m*; ***de ~*** auf der Durchreise

transitorio [transi'torĭo] vorübergehend; Übergangs...

transmi|sible [transmi'siƀle] übertragbar; **~sión** [-'sĭɔn] *f* Übertragung *f* (*a med*); ***~ en directo*** Livesendung *f*, Direktübertragung *f*; **~tir** [-'tir] (*3a*) übertragen; senden

transparen|cia [transpa'renθĭa] *f* Durchsichtigkeit *f*; **~te** [-'rente] durchsichtig

transpira|ción [transpira'θĭɔn] *f* Ausdünstung *f*; Schwitzen *n*; **~r** [-'rar] (*1a*) schwitzen

transpor|tar [transpɔr'tar] (*1a*) befördern, transportieren; *mús* transponieren; **~te** [-'pɔrte] *m* Transport *m*; Beförderung *f*; ***~s públicos*** öffentliche Verkehrsmittel *n/pl*; **~tista** [-'tista] *m* Transportunternehmer *m*, Spediteur *m*

transversal [tranzƀɛr'sal] quer, Quer...

tranvía [tram'bia] *m* Straßenbahn *f*

trape|cio [tra'peθĭo] *m* Trapez *n*; **~cista** [-'θista] *su* Trapezkünstler(in *f*) *m*

trapero [tra'pero] *m* Lumpensammler *m*

trapiche|ar [trapitʃe'ar] (*1a*) schachern; **~os** [-'tʃeos] *m/pl* Schliche *m/pl*, Kniffe *m/pl*

trapo ['trapo] *m* Lappen *m*; (Staub-, Wisch-)Tuch *n*; F ***poner a alg como un ~*** j-n herunterputzen

tráquea *anat* ['trakea] *f* Luftröhre *f*

traqueotomía *med* [trakeoto'mia] *f* Luftröhrenschnitt *m*

traquetear [trakete'ar] (*1a*) rütteln, schütteln

tras [tras] (*después*) nach; (*detrás*) hinter; ***uno ~ otro*** hintereinander; ***andar ~ a/c*** hinter et (*dat*) her sein

tras... [tras] *s a* ***trans...***

trascend|encia [trasθen'denθĭa] *f* Bedeutung *f*; Tragweite *f*; **~ental** [-'tal] bedeutend; weit reichend; **~er** [-'dɛr] (*2g*) (*noticia*) durchsickern; ***~ a*** sich auswirken auf (*ac*)

trasegar [trase'gar] (*1h u 1k*) (*líquido*) umfüllen

trasero [tra'sero] **1.** *adj* hintere(r, -s); Hinter..., Rück...; **2.** *m* F Hintern *m*

trasfondo [tras'fɔndo] *m fig* Hintergrund *m*

trashumante *agr* [trasu'mante] Wander...

trasla|dar [trazla'đar] (*1a*) (*mueble*) verrücken; (*persona*) versetzen; (*cadáver, etc*) überführen; (*fecha*) verschieben, verlegen; **~darse** sich begeben (nach ***a***); umziehen; **~do** [-'lađo] *m* Versetzung *f*; Verlegung *f*; Umzug *m*; (*turismo*) Transfer *m*

T

trasnocha|do [trazno'tʃađo] *fig* veraltet, überholt; **~dor** [-'đɔr] *m* Nachtschwärmer *m*; **~r** [-'tʃar] (*1a*) sich die Nacht um die Ohren schlagen; durchmachen

traspapelar [traspape'lar] (*1a*) verlegen; **~se** abhanden kommen

traspa|sar [traspa'sar] (*1a*) überschreiten (*a fig*); (*atravesar*) durchbohren; *jur* übertragen; **~so** [-'paso] *m* Überschreitung *f*; *jur* Übertragung *f*; Abtretung *f*; (*precio*) Abstandssumme *f*

traspié [tras'pĭe] *m* Stolpern *n*; ***dar un ~*** e-n Fehltritt tun (*a fig*)

trasplan|tar *agr* [trasplan'tar] (*1a*) verpflanzen; *med a* transplantieren; **~te** [-'plante] *m* Verpflanzung *f*; Transplantation *f*

traste ['traste] *m mús* Bund *m*; F ***dar al ~ con a/c*** et kaputtmachen

traste|ría [traste'ria] *f* Trödelladen *m*; **~ro** [-'tero]: (***cuarto*** *m*) **~** Rumpelkammer *f*; Abstellraum *m*

trastienda [tras'tĭenda] *f* Raum *m* hinter dem Laden

trasto ['trasto] *m* (altes) Möbelstück *n*; *fig* Nichtsnutz *m*; ***~s*** *pl* Zeug *n*, Kram *m*; ***~s viejos*** altes Gerümpel *n*

trastor|nar [trastɔr'nar] (*1a*) umstürzen; durchea.-bringen; (*perturbar*) verwirren; **~narse** verrückt werden; **~no** [-'tɔrno] *m* Störung *f* (*a med*); ***~ circulatorio*** Kreislaufstörung *f*

trasvasar [traz'ƀasar] (*1a*) umfüllen

trata ['trata] *f* Sklavenhandel *m*; ***~ de blancas*** Mädchenhandel *m*; **~ble** [tra'taƀle] umgänglich; **~do** [-'tađo] *m* Abhandlung *f*; *com*, *pol* Vertrag *m*; **~miento** [-'mĭento] *m* Behandlung *f* (*a med*); (*título*) Anrede *f*; ***~ de datos*** (***textos***) Daten- (Text)verarbeitung *f*; ***~ de residuos*** Abfallaufbereitung *f*; **~nte** [-'tante] *m* Händler *m*

tratar [tra'tar] (*1a*) **1.** *v/t* behandeln (*a med*); **2.** *v/i*: ***~ con alg*** mit j-m verkehren; ***~ de*** handeln von (*dat*); ***~ de*** (*inf*) versuchen zu (*inf*); ***~ en*** handeln mit (*dat*); **~se** sich handeln (um *ac* ***de***)

trato ['trato] *m* Behandlung *f*; *com* Abmachung *f*, Vertrag *m*; *fig* Umgang *m*; ***malos ~s*** Misshandlung *f*; ***¡~ hecho!*** abgemacht!

trauma *psic* ['traŭma] *m* Trauma *n*; **~tismo** *med* [-'tizmo] *m* Trauma *n*, Verletzung *f*; **~tología** [-tolɔ'xia] *f* Unfallheilkunde *f*

través [tra'ƀes] *m*: ***a ~ de*** (quer) über; *a fig* durch; ***de ~*** schräg

travesaño [traƀe'saɲo] *m* Querbalken *m*

travesía [traƀe'sia] *f* Querstraße *f*; (*viaje*) Überfahrt *f*

travestí [traƀes'ti] *m* Transvestit *m*

travesura [traƀe'sura] *f* Streich *m*

travie|sa *ferro* [tra'ƀĭesa] *f* Schwelle *f*; **~so** [-'ƀĭeso] (*niño*) mutwillig, ausgelassen

trayecto [tra'jɛkto] *m* Strecke *f*; Weg *m*; ***~ de tránsito*** Transitstrecke *f*; **~ria** [-'torĭa] *f* Flug-, Geschossbahn *f*; *fig* (Lebens-)Weg *m*, Bahn *f*

traza ['traθa] *f* Plan *m*; Trasse *f*; **~do** [tra'θađo] *m* Entwurf *m*; Aufriss *m*; Verlauf *m*; **~r** [-'θar] (*1f*) entwerfen; (*línea*, *etc*) ziehen; *fig* umreißen

trazo ['traθo] *m* Strich *m*; Schriftzug *m*

trébol *bot* ['treƀɔl] *m* Klee *m*

trece ['treθe] dreizehn; F ***mantenerse en sus ~*** hartnäckig bei s-r Meinung bleiben

trecho ['tretʃo] *m* Strecke *f*; Stück *n*; ***a ~s*** streckenweise; zeitweise

tregua ['tregŭa] *f* Waffenruhe *f*; *fig* Pause *f*; ***sin ~*** unablässig

treinta ['trɛĭnta] dreißig

trekking ['trekiŋ] *m* Trekking *n*

tremendo [tre'mendo] fürchterlich, schrecklich, furchtbar; F riesig, toll

trementina [tremen'tina] *f* Terpentin *n*

tren [tren] *m ferro* Zug *m*; ***~ de aterrizaje*** *avia* Fahrgestell *n*; ***~ directo*** Schnellzug *m*; ***~ de laminación*** *tec* Walzstraße *f*; ***~ de mercancías*** Güterzug *m*; ***~ de pasajeros*** Personenzug *m*, Reisezug *m*; ***~ de vida*** Lebensweise *f*

trenca ['treŋka] *f* Dufflecoat *m*

trenza ['trenθa] *f* Zopf *m*; **~r** [-'θar] (*1f*) flechten

trepador [trepa'đɔr] **1.** *adj* kletternd, Kletter...; **2.** *m* Kletterer *m*; *fig* Karrieremacher *m*

trepanar *med* [trepa'nar] (*1a*) trepanieren

trepar [tre'par] (*1a*) klettern

trepidar [trepi'đar] (*1a*) beben, zittern

tres [tres] drei; **~cientos** [-'θĭentos] dreihundert

tresillo [tre'siʎo] *m* Couchgarnitur *f*; *mús* Triole *f*
treta ['treta] *f* List *f*; Kniff *m*
triangular [trĭaŋgu'lar] dreieckig
triángulo ['trĭaŋgulo] *m* Dreieck *n*; *mús* Triangel *m*
tribal [tri'ƀal] Stammes...
tribu ['triƀu] *f* Stamm *m*
tribulación [triƀula'θĭɔn] *f* Drangsal *f*; Leid *n*
tribuna [tri'ƀuna] *f* Tribüne *f*, Empore *f*
tribunal [triƀu'nal] *m* Gericht(shof *m*) *n*; Prüfungsausschuss *m*; **~ *de cuentas*** Rechnungshof *m*; **~ *de menores*** Jugendgericht *n*
tribu|tar [triƀu'tar] (*1a*) (Steuer) zahlen; *fig* zollen; **~tario** [-'tarĭo] Steuer...; steuerpflichtig; **~to** [tri'ƀuto] *m* Steuer *f*, Abgabe *f*; *fig* Tribut *m*
tri|ciclo [tri'θiklo] *m* Dreirad *n*; **~color** [-ko'lɔr] dreifarbig; **~cotar** [-'tar] (*1a*) stricken; **~cotosa** [-'tosa] *f* Strickmaschine *f*
trienio [tri'enĭo] *m* Zeitraum *m* von drei Jahren
trigésimo [tri'xesimo] dreißigste(r, -s)
trigo ['trigo] *m* Weizen *m*; **~ *sarraceno*** Buchweizen *m*
trigonometría *mat* [trigonome'tria] *f* Trigonometrie *f*
trilla|do [tri'ʎađo] *fig* abgedroschen; **~dora** [-ʎa'đora] *f* Dreschmaschine *f*; **~r** [tri'ʎar] (*1a*) dreschen
trillizos [tri'ʎiθos] *m/pl* Drillinge *m/pl*
trimestr|al [trimes'tral] vierteljährlich; **~e** [-'mestre] *m* Vierteljahr *n*, Quartal *n*
trinca ['triɲka] *f* Dreiergruppe *f*
trinch|ar [trin'tʃar] (*1a*) tranchieren; **~era** [-'tʃera] *f* Schützengraben *m*; (*gabardina*) Trenchcoat *m*; **~ero** [-'tʃero] *m* Anrichte *f*
trineo [tri'neo] *m* Schlitten *m*
trinidad *rel* [trini'đađ] *f* Dreifaltigkeit *f*
trino ['trino] *m* Triller *m*
trinquete [triŋ'kete] *m mar* Fockmast *m*; *tec* Sperrklinke *f*
trío ['trio] *m* Trio *n*
tripa ['tripa] *f* Darm *m*; F Bauch *m*; ***hacer de ~s corazón*** sich ein Herz fassen
triple ['triple] **1.** *adj* dreifach; **2.** *m* das Dreifache *n*
triplica|do [tripli'kađo]: ***por ~*** in dreifacher Ausfertigung; **~r** [-'kar] (*1g*) verdreifachen
trípode ['tripođe] *m* Stativ *n*
tríptico ['triptiko] *m* Triptychon *n*
tripula|ción [tripula'θĭɔn] *f mar*, *avia* Besatzung *f*; **~nte** [-'lante] *m* Besatzungsmitglied *n*; **~r** [-'lar] (*1a*) bemannen
triqui|na [tri'kina] *f* Trichine *f*; **~nosis** *med* [-ki'nosis] *f* Trichinose *f*
triste ['triste] traurig; betrübt; **~za** [-'teθa] *f* Traurigkeit *f*
triturar [tritu'rar] (*1a*) zerkleinern, zermahlen
triun|fador [trĭumfa'đɔr] **1.** *adj* triumphierend; siegreich; **2.** *m* Sieger *m*; **~fal** [-'fal] Triumph...; **~far** [-'far] (*1a*) triumphieren; *dep* siegen; **~fo** [-'trĭumfo] *m* Triumph *m*; *dep* Sieg *m*; (*naipes*) Trumpf *m*
trivial [tri'ƀĭal] trivial, banal; **~idad** [-li'đađ] *f* Plattheit *f*; Gemeinplatz *m*
triza ['triθa] *f*: ***hacer ~s*** F kaputtmachen; ***hecho ~s*** F kaputt
trocar [tro'kar] (*1g u 1m*) (ein-, ver)tauschen (gegen ***por***)
trocha ['trotʃa] *f* Pfad *m*; *Am ferro* Spurweite *f*
trofeo [tro'feo] *m* Trophäe *f*
troglodita [troglo'đita] *m* Höhlenbewohner *m*
tromba ['trɔmba] *f* Wasserhose *f*
trombón *mús* [trɔm'bɔn] *m* Posaune *f*; (*persona*) Posaunist *m*
trombosis *med* [trɔm'bosis] *f* Thrombose *f*
trompa ['trɔmpa] *f mús* (Wald-)Horn *n*; *zo* Rüssel *m*; F *fig* Rausch *m*; **~zo** [-'paθo] *m* Stoß *m*; Zusammenstoß *m*
trompe|ta *mús* [trɔm'peta] **a)** *f* Trompete *f*; **b)** *m* = **~tista** [-'tista] *m* Trompeter *m*
trompicar [trɔmpi'kar] (*1g*) straucheln
tronar [tro'nar] (*1m*) donnern; *fig* wettern
troncho ['trɔntʃo] *m* Strunk *m*
tronco ['trɔŋko] *m* Baumstamm *m*; *anat* Rumpf *m*
trono ['trono] *m* Thron *m*
tropa ['tropa] *f mil* Truppe *f*; *fig* Trupp *m*
tropel [tro'pɛl] *m* (Menschen-)Menge *f*, Haufen *m*; ***en ~*** haufenweise
trope|zar [trope'θar] (*1f u 1k*) stolpern; **~ *con*** stoßen an, auf (*ac*); **~zón** [-'θɔn] *m*:

dar un ~ stolpern
tropical [tropi'kal] tropisch, Tropen...
trópico *geo* ['tropiko] *m* Wendekreis *m*; ***~s*** *pl* Tropen *pl*
tropiezo [tro'pĭeθo] *m* Hindernis *n*; Schwierigkeit *f*; *fig* Entgleisung *f*
trota|mundos [trota'mundos] *m* Globetrotter *m*; **~r** [-'tar] (*1a*) traben, trotten (*a fig*)
trote ['trote] *m* Trab *m*; ***al ~*** im Trab
trotón *zo* [tro'tɔn] *m* Traber *m*
trozo ['troθo] *m* Stück *n*
trucha ['trutʃa] *f* Forelle *f*; ***~ asalmonada*** Lachsforelle *f*
truco ['truko] *m* Trick *m*
truculento [truku'lento] schaurig; blutrünstig
trueno ['trŭeno] *m* Donner *m*
trueque ['trŭeke] *m* Tausch *m*
trufa *bot* ['trufa] *f* Trüffel *f*; **~do** [-'fađo] getrüffelt
truhán [tru'an] *m* Gauner *m*
truncar [truŋ'kar] (*1g*) abschneiden; *fig* zunichte machen
tú [tu] du; ***tratar de ~*** duzen
tu, **tus** [tu, tus] dein(e)
tuberculo|sis *med* [tuƀɛrku'losis] *f* Tuberkulose *f*; **~so** [-'loso] tuberkulös
tubería [tuƀe'ria] *f* (Rohr-)Leitung *f*
tubo ['tuƀo] *m* Röhre *f*, Rohr *n*; Tube *f*; (*flexible*) Schlauch *m*; ***~ de ensayo*** Reagenzglas *n*; ***~ de escape*** *auto* Auspuffrohr *n*; ***~ fluorescente*** Leuchtstoffröhre *f*
tuerca *tec* ['tŭɛrka] *f* Schraubenmutter *f*
tuerto ['tŭɛrto] einäugig
tuétano ['tŭetano] *m* (Knochen-)Mark *n*
tufo ['tufo] *m* Gestank *m*, F Mief *m*
tugurio [tu'gurĭo] *m* F Bruchbude *f*
tul [tul] *m* Tüll *m*
tulipán *bot* [tuli'pan] *m* Tulpe *f*
tullido [tu'ʎiđo] **1.** *adj* gelähmt; **2.** *m* Krüppel *m*
tumba ['tumba] *f* Grab(stätte *f*) *n*
tum|bar [tum'bar] (*1a*) umwerfen; **~barse** sich hinlegen; **~bo** ['tumbo] *m*: ***dar ~s*** taumeln; **~bona** [-'bona] *f* Liege(stuhl *m*) *f*
tumor *med* [tu'mɔr] *m* Geschwulst *f*, Tumor *m*
tumult|o [tu'multo] *m* Aufruhr *m*, Tumult *m*; **~uoso** [-'tŭoso] stürmisch; lärmend
tuna ['tuna] *f bot* Feigenkaktus *m*; *mús* Studentenkapelle *f*; **~nte** [tu'nante] *m* Spitzbube *m*, Gauner *m*
tunecino [tune'θino] **1.** *adj* tunesisch; **2.** *m* Tunesier *m*
túnel ['tunɛl] *m* Tunnel *m*; ***~ aerodinámico*** (*od* ***del viento***) Windkanal *m*; ***~ de lavado*** *auto* Waschstraße *f*
tungsteno [tuŋgs'teno] *m* Wolfram *n*
túnica ['tunika] *f* Tunika *f*
tuntún [tun'tun]: ***al*** (***buen***) ***~*** aufs Geratewohl
tupido [tu'piđo] dicht
turba ['turƀa] *f* Torf *m*; *fig* Haufen *m*, (Menschen-)Menge *f*
turbación [turƀa'θĭɔn] *f* Störung *f*; *fig* Bestürzung *f*
turbante [tur'ƀante] *m* Turban *m*
turbar [tur'ƀar] (*1a*) stören; *fig* bestürzen; **~se** in Aufregung *bzw* Verlegenheit geraten; sich beunruhigen
turbina [tur'ƀina] *f* Turbine *f*
turbio ['turƀĭo] trübe; *fig* unsauber
turbo... [turƀo] Turbo...; **~propulsor** [-propul'sɔr] *m* Turboproptriebwerk *n*
turbulen|cia [turƀu'lenθĭa] *f* Turbulenz *f*; Unruhe *f*; Verwirrung *f*; **~to** [-'lento] ungestüm, wild, turbulent
turco ['turko] **1.** *adj* türkisch; **2.** *m*, **-a** [-ka] *f* Türke *m*, Türkin *f*
turis|mo [tu'rizmo] *m* Tourismus *m*, Fremdenverkehr *m*; *auto* Personenwagen *m*; ***~ de mochila*** Rucksacktourismus *m*; **~ta** [tu'rista] *su* Tourist(in *f*) *m*
turístico [tu'ristiko] touristisch, Touristen..., Fremdenverkehrs...
turnarse [tur'narse] (*1a*) sich abwechseln, sich ablösen
turno ['turno] *m* Reihe(nfolge) *f*; (*de trabajo*) Schicht *f*; ***estar de ~*** Dienst haben; ***por ~(s)*** abwechselnd; ***es mi ~*** ich bin an der Reihe
turón *zo* [tu'rɔn] *m* Iltis *m*
turquesa [tur'kesa] *f* Türkis *m*
turrón [tu'rrɔn] *m span Süßigkeit zu Weihnachten*
tutear [tute'ar] (*1a*) duzen
tutela [tu'tela] *f* Vormundschaft *f*; *fig* Schutz *m*; ***poner bajo ~*** entmündigen
tuteo [tu'teo] *m* Duzen *n*
tutor [tu'tɔr] *m* Tutor *m*; *jur* Vormund *m*; *agr* Stützpfahl *m*; **~ía** [tuto'ria] *f* Vormundschaft *f*
tuyo, **tuya** ['tujo, 'tuja] dein(e)

U

U, **u** [u] *f* U, u *n*
u [u] (*vor* ***o*** *od* ***ho***) oder
ubi|cación [uƀika'θĭɔn] *f Am* Unterbringung *f*; *bsd Am* Lage *f*, Standort *m*; **~cado** [-'kađo] gelegen; ***estar* ~** liegen; **~car** *Am* [-'kar] (*1g*) unterbringen; **~carse** *Am* sich befinden; **~cuo** [u'ƀikŭo] allgegenwärtig
ubre ['uƀre] *f* Euter *n*
ufa|narse [ufa'narse] (*1a*) sich brüsten, sich rühmen; **~no** [u'fano] eingebildet
ujier [u'xĭɛr] *m* Gerichtsdiener *m*
úlcera ['ulθera] *f* Geschwür *n*
ulterior [ulte'rĭɔr] weiter, ferner; später
últimamente ['ultima'mente] in letzter Zeit
ulti|mar [ulti'mar] (*1a*) beenden, abschließen; *Am* töten; **~mátum** [-'matun] *m* Ultimatum *n*
último ['ultimo] letzte(r, -s); ***por* ~** zuletzt; schließlich
ultra... [ultra] *in Zssgn* ultra...
ultra|derechismo [ultrađere'tʃizmo] *m* Rechtsextremismus *m*; **~izquierdismo** [-iθkĭɛr'đizmo] *m* Linksextremismus *m*
ultra|jar [ultra'xar] (*1a*) beleidigen; **~je** [ul'traxe] *m* Beleidigung *f*
ultramar [ultra'mar] *m* Übersee *f*; ***de* ~** überseeisch
ultramarino [ultrama'rino] **1.** *adj* überseeisch; **2.** ***~s*** *m/pl* Kolonialwaren *f/pl*
ultranza [ul'tranθa]: ***a* ~** aufs Äußerste
ultra|sonido [ultraso'niđo] *m* Ultraschall *m*; **~violeta** [-ƀĭo'leta] ultraviolett
ulular [ulu'lar] (*1a*) heulen
umbilical [umbili'kal] Nabel...
umbral [um'bral] *m* Türschwelle *f*; *fig* Schwelle *f*
umbr|ío [um'brio], **~oso** [-'broso] schattig
un, **una** [un, 'una] ein(e)
unánime [u'nanime] einmütig; einstimmig
unanimidad [unanimi'đađ] *f* Einmütigkeit *f*, Einstimmigkeit *f*; ***por* ~** einstimmig
unción [un'θĭɔn] *f* Salbung *f*
undécimo [un'deθimo] elfte(r, -s)
ungir [uŋ'xir] (*3c*) salben
ungüento [uŋ'gŭento] *m* Salbe *f*
úni|camente ['unikamente] nur, lediglich; **~co** ['uniko] einzig; *fig* einzigartig, einmalig
unicornio [uni'kɔrnĭo] *m* Einhorn *n*
uni|dad [uni'đađ] *f* Einheit *f*; *com* Stück *n*; *med* **~ *de cuidados intensivos*** (*od* ***de vigilancia intensiva***) Intensivstation *f*; *inform* **~ *de disco*** Diskettenlaufwerk *n*; **~do** [u'niđo] vereinigt; verbunden
unifamiliar [unifami'lĭar] Einfamilien...
unifi|cación [unifika'θĭɔn] *f* Vereinheitlichung *f*; Vereinigung *f*; **~car** [-'kar] (*1g*) vereinen; vereinheitlichen
unifor|mar [unifɔr'mar] (*1a*) vereinheitlichen; **~me** [-'fɔrme] **1.** *adj* gleichförmig; gleichmäßig; einheitlich; **2.** *m* Uniform *f*; **~midad** [-mi'đađ] *f* Gleichförmigkeit *f*; Gleichmäßigkeit *f*
unilateral [unilate'ral] einseitig
unión [u'nĭɔn] *f* Vereinigung *f*; Einigkeit *f*; Verbindung *f*; **♀ *Europea*** (***UE***) Europäische Union (EU); **♀** (***Económica y***) ***Monetaria Europea*** (***UME***) Europäische (Wirtschafts- und) Währungsunion *f* (EWU)
unir [u'nir] (*3a*) vereinigen; verbinden; zs.-fügen; **~se** sich zs.-schließen; **~ *a*** sich anschließen an *ac*
unísono [u'nisono]: ***al* ~** einstimmig
univer|sal [uniƀɛr'sal] allgemein; universal; weltweit; **~sidad** [-si'đađ] *f* Universität *f*; **~ *a distancia*** Fernuniversität *f*; **~sitario** [-si'tarĭo] **1.** *adj* Universitäts...; **2.** *m* Akademiker *m*; Student *m*; **~so** [-'ƀɛrso] *m* Weltall *n*
uno ['uno] **1.** *pron* eine(r, -s); jemand, man; (*número*) eins; **~ *por* ~** einer nach dem andern; ***a una*** gemeinsam; gleichzeitig; ***~s*** *pl* einige; ***unas cien pesetas*** etwa hundert Peseten; **2.** *m* Eins *f*
untar [un'tar] (*1a*) (ein)schmieren; (*pan*) bestreichen; *fig* bestechen, F schmieren
uña ['uɲa] *f anat* Nagel *m*; *zo* Huf *m*; Klaue *f*; ***ser* ~ *y carne*** ein Herz u e-e Seele sein
uranio [u'ranĭo] *m* Uran *n*
urba|nidad [urƀani'đađ] *f* Höflichkeit *f*;

~nismo [-'nizmo] *m* Städtebau *m*; Stadtplanung *f*; **~nización** [-θa'θĭɔn] *f* Bebauung *f*; (*casas*) (Villen-, Häuser-) Kolonie *f*; ***plan*** *m* ***de ~*** Bebauungsplan *m*; **~nizar** [-'θar] (*1f*) (*terreno*) erschließen, bebauen; **~no** [ur'ƀano] städtisch; Stadt...; (***guardia*** *m*) **~** Stadtpolizist *m*
urbe ['urƀe] *f* Groß-, Weltstadt *f*
urdir [ur'đir] (*3a*) anzetteln (*a fig*)
urea [u'rea] *f* Harnstoff *m*
uréter *anat* [u'retɛr] *m* Harnleiter *m*
uretra *anat* [u'retra] *f* Harnröhre *f*
urgen|cia [ur'xenθĭa] *f* Dringlichkeit *f*; *med* Notfall *m*; ***de ~*** Not...; Eil...; **~te** [-te] dringend; eilig
urgir [ur'xir] (*3c*) dringend sein
urinario [uri'narĭo] **1.** *adj* Harn...; **2.** *m* Pissoir *n*
urna ['urna] *f* Urne *f*; ***~ electoral*** Wahlurne *f*
urogallo *zo* [uro'gaʎo] *m* Auerhahn *m*
urólogo *med* [u'rologo] *m* Urologe *m*
urraca [u'rraka] *f* Elster *f*
urticaria *med* [urti'karĭa] *f* Nesselfieber *n*
uruguayo [uru'gŭajo] **1.** *adj* uruguayisch; **2.** *m* Uruguayer *m*
usado [u'sađo] gebraucht; abgenutzt
usanza [u'sanθa] *f* Brauch *m*, Sitte *f*
usar [u'sar] (*1a*) gebrauchen, benutzen; (*ropa*) tragen; ***~ de*** Gebrauch machen von (*dat*); **~se** gebräuchlich sein
uso ['uso] *m* Gebrauch *m*, Benutzung *f*, Verwendung *f*; (*usanza*) Brauch *m*, Sitte *f*
usted [us'teđ] Sie; ***tratar de ~*** siezen
usual [u'sŭal] gebräuchlich, üblich
usuario [u'sŭarĭo] *m* Benutzer *m*; *inform* Nutzer *m*
usufructo [usu'frukto] *m* Nießbrauch *m*, Nutznießung *f*
usu|ra [u'sura] *f* Wucher *m*; **~rero** [-'rero] *m* Wucherer *m*
usurpa|ción [usurpa'θĭɔn] *f* Usurpation *f*; **~r** [-'par] (*1a*) usurpieren
utensilio [uten'silĭo] *m* Gerät *n*; ***~s*** *pl* Handwerkszeug *n*; Utensilien *pl*
útero *anat* ['utero] *m* Uterus *m*, Gebärmutter *f*
útil ['util] **1.** *adj* nützlich; tauglich; **2.** ***~es*** *m/pl* Gerät *n*, Werkzeug *n*
utili|dad [utili'đađ] *f* Nutzen *m*; ***de ~ pública*** gemeinnützig; **~zable** [-'θaƀle] brauchbar, verwendbar; **~zación** [-θa'θĭɔn] *f* Benutzung *f*; Verwendung *f*; Verwertung *f*; **~zar** [-'θar] (*1f*) benutzen; ver-, anwenden; verwerten
utillaje [uti'ʎaxe] *m* Geräte *n/pl*; Ausrüstung *f*
utopía [uto'pia] *f* Utopie *f*
utópico [u'topiko] utopisch
uva ['uƀa] *f* Traube *f*

V

V, v ['uƀe] *f* V, v *n*
va [ba] *s* ***ir***
vaca ['baka] Kuh *f*; (*carne*) Rindfleisch *n*; ***~ lechera*** Milchkuh *f*; ***las ~s flacas*** (***gordas***) die mageren (fetten) Jahre *n/pl*
vaca|ciones [baka'θĭones] *f/pl* Ferien *pl*; Urlaub *m*; **~nte** [-'kante] **1.** *adj* unbesetzt, frei; **2.** *f* offene Stelle *f*; ***cubrir una ~*** e-e Stelle besetzen
vacada *f* Rinderherde *f*
vacia|do [ba'θĭađo] *m* Entleerung *f*; (*en molde*) Abguss *m*; **~r** [ba'θĭar] (*1c*) (aus)leeren; (aus)räumen
vacila|ción [baθila'θĭɔn] *f* Schwanken *n*; Unentschlossenheit *f*; **~nte** [-'lante] schwankend; **~r** [-'lar] (*1a*) schwanken; zaudern
vacío [ba'θio] **1.** *adj* leer; *fig* nichts sagend; hohl; **2.** *m* Leere *f*; (*hueco*) Lücke *f*; *fís* Vakuum *n*; ***dejar un ~*** *fig* e-e Lücke reißen
vacuna [ba'kuna] *f* Impfstoff *m*; **~ción** [-'θĭɔn] Impfung *f*; ***~ preventiva*** Schutzimpfung *f*; **~r** [-'nar] (*1a*) impfen
vacuno [ba'kuno] **1.** *adj* Rind(er)...; **2.** *m* Rind *n*
vacuo ['bakŭo] *fig* leer
vado ['bađo] *m* Furt *f*; ***~ permanente*** Halteverbot *n vor Ausfahrten*
vagabun|dear [bagaƀunde'ar] (*1a*) umherstreichen, vagabundieren; **~do**

[-'ƀundo] **1.** *adj* vagabundierend; (*perro*) streunend; **2.** *m* Landstreicher *m*, Vagabund *m*
vaga|ncia [ba'ganθĭa] *f* Landstreicherleben *n*; (*pereza*) Faulheit *f*; **~r** [-'gar] (*1h*) umherstreifen; faulenzen
vagina *anat* [ba'xina] *f* Scheide *f*
vago ['bago] **1.** *adj* faul; *fig* unbestimmt, vage; **2.** *m* Faulpelz *m*
vagón [ba'gɔn] *m* (Eisenbahn-)Wagen *m*, Waggon *m*; **~ *cisterna*** Tankwagen *m*; **~ *directo*** Kurswagen *m*; **~ *frigorífico*** Kühlwagen *m*; **~ *de mercancías*** Güterwagen *m*; **~ *restaurante*** Speisewagen *m*
vagoneta [bago'neta] *f* Lore *f*
vaho ['bao] *m* Dampf *m*, Dunst *m*
vaina ['baĭna] *f* (*Degen-*, *Messer-*)Scheide *f*; *bot* Hülse *f*, Schote *f*
vainica [baĭ'nika] *f* Hohlsaum *m*
vainilla [baĭ'niʎa] *f* Vanille *f*
vaivén [baĭ'ƀen] *m* Hin und Her *n*; Auf und Ab *n*
vajilla [ba'xiʎa] *f* Geschirr *n*
vale ['bale] *m* Gutschein *m*; **~dero** [-'đero] gültig
valen|cia *quím* [ƀa'lenθĭa] *f* Valenz *f*, Wertigkeit *f*; **~tía** [-'tia] *f* Mut *m*, Tapferkeit *f*
valer [ba'lɛr] (*2q*) **1.** *v/t* (*costar*) kosten; *fig* einbringen; **2.** *v/i* wert sein; (*ser válido*) gelten, gültig sein; (*ser útil*) nützen, taugen; ***más vale ...*** es ist besser ...; ***¡vale!*** in Ordnung!; **~se**: **~ *de a/c*** sich e-r Sache bedienen; zurückgreifen auf et (*ac*)
valeriana *bot* [bale'rĭana] *f* Baldrian *m*
valía [ba'lia] *f* Wert *m*
validez [bali'đeθ] *f* Gültigkeit *f*
válido ['baliđo] gültig
valiente [ba'lĭente] tapfer, mutig
valija [ba'lixa] *f* Handkoffer *m*; **~ *diplomática*** Diplomatengepäck *n*
valioso [ba'lĭoso] wertvoll
valla ['baʎa] *f* Zaun *m*; *f*; *dep* Hürde *f*; **~ *protectora*** Leitplanke *f*; **~ *publicitaria*** Reklametafel *f*; **~do** [ba'ʎađo] *m* Zaun *m*; Einzäunung *f*; **~r** [ba'ʎar] (*1a*) einzäunen
valle ['baʎe] *m* Tal *n*
valor [ba'lɔr] *m* Wert *m*; (*coraje*) Mut *m*; **~ *cívico*** Zivilcourage *f*; ***~es** pl com* Wertpapiere *n/pl*, Effekten *pl*; **~ación** [balora'θĭɔn] *f* Bewertung *f*; Schätzung *f*; **~ar** [-'rar] (*1a*) schätzen; bewerten
vals [bals] *m* Walzer *m*
válvula ['balƀula] *f* Ventil *n*; Klappe *f* (*a anat*)
vampiro [bam'piro] *m* Vampir *m*
vanagloriarse [banaglo'rĭarse] (*1b*) prahlen (mit *dat* ***de***)
vandalismo [banda'lizmo] *m* Vandalismus *m*
vándalo ['bandalo] *m* Vandale *m* (*a fig*)
vanguardia [baŋ'gŭarđĭa] *f mil* Vorhut *f*; *fig* Avantgarde *f*
vani|dad [bani'đađ] *f* Eitelkeit *f*; **~doso** [-'đoso] eitel, eingebildet
vano ['bano] eitel; nichtig; (*inútil*) vergeblich, unnütz; ***en* ~** vergebens
vapor [ba'pɔr] *m* Dampf *m*; Dunst *m*; *mar* Dampfer *m*; ***al* ~** *gastr* gedämpft, gedünstet; **~ización** [baporiθa'θĭɔn] *f* Verdunstung *f*; **~izador** [-'đɔr] *m* Zerstäuber *m*; **~izar** [-'θar] (*1f*) zerstäuben; **~izarse** verdunsten; **~oso** [-'roso] *fig* leicht, duftig
vapulear F [bapule'ar] (*1a*) durchprügeln; F fertig machen
vaquero [ba'kero] *m* Rinderhirt *m*; *Am* Cowboy *m*; ***~s** pl* Jeans *pl*
vara ['bara] *f* Stab *m*; Stange *f*
varia|ble [ba'rĭaƀle] veränderlich; unbeständig; **~ción** [-'θĭɔn] *f* Veränderung *f*, Wechsel *m*; *mús* Variation *f*; ***~ciones** f/pl **de tipo de cambio*** Wechselkursschwankungen *f/pl*; **~do** [-'rĭađo] verschieden(artig); abwechslungsreich; **~nte** [-'rĭante] *f* Variante *f*, Abwandlung *f*; **~r** [-'rĭar] (*1c*) **1.** *v/t* (ab-, ver)ändern; variieren; **2.** *v/i* wechseln; sich ändern
varicela *med* [bari'θela] *f* Windpocken *f/pl*
varices *med* [ba'riθes] *f/pl* Krampfadern *f/pl*
variedad [barĭe'đađ] *f* Vielfalt *f*; *agr* Sorte *f*; ***~es** pl* Varieté *n*
varilla [ba'riʎa] *f* Gerte *f*; (dünne) Stange *f*; (Brillen-)Bügel *m*
vario ['barĭo] verschieden; ***~s** pl* mehrere; **~pinto** F [-'pinto] bunt
varita [ba'rita] *f* kleiner Stab *m*; **~ *mágica*** Zauberstab *m*
var|ón [ba'rɔn] *m* männliche(s) Wesen *n*, Mann *m*; **~onil** [baro'nil] männlich
vasallo [ba'saʎo] *m* Vasall *m*
vas|co ['basko] **1.** *adj* baskisch; **2.** *m*, **-a**

V

[-ka] *f* Baske *m*, Baskin *f*; **~cuence** [-'küenθe] *m* baskische Sprache *f*
vascular *anat* [basku'lar] Gefäß...
vasija [ba'sixa] *f* Gefäß *n*
vaso ['baso] *m* Glas *n*; *anat* Gefäß *n*
vástago ['bastago] *m bot* Schössling *m*; *fig* Sprössling *m*; *tec* **~ *del émbolo*** Kolbenstange *f*
vasto ['basto] weit; ausgedehnt; umfassend
vatici|nar [batiθi'nar] (*1a*) wahrsagen, prophezeien; **~nio** [-'θinĭo] *m* Prophezeiung *f*, Voraussage *f*
vatio *el* ['batĭo] *m* Watt *n*
vaya ['baja] *s* ***ir***
vea ['bea] *s* ***ver***
vecin|al [beθi'nal] nachbarlich; **~dad** [beθin'dađ] *f* Nachbarschaft *f*; (*alrededores*) Umgebung *f*; **~dario** [-'darĭo] *m* Einwohnerschaft *f*
vecino [be'θino] **1.** *adj* benachbart; **2.** *m* Nachbar *m*; (*habitante*) Einwohner *m*
veda ['beđa] *f* Schonzeit *f*; **~do** [be'đađo] *m* Gehege *n*; **~r** [be'đar] (*1a*) verbieten
vega ['bega] *f* Aue *f*; fruchtbare Ebene *f*
vegeta|ción [bɛxeta'θĭɔn] *f* Pflanzenwuchs *m*, Vegetation *f*; **~l** [-'tal] **1.** *adj* pflanzlich, Pflanzen...; **2.** *m* Pflanze *f*; **~r** [-'tar] (*1a*) *fig* vegetieren; **~riano** [-ta'rĭano] **1.** *adj* vegetarisch; **2.** *m* Vegetarier *m*
vehemen|cia [bee'menθĭa] *f* Heftigkeit *f*; Ungestüm *n*; **~te** [-'mente] heftig; ungestüm
vehículo [be'ikulo] *m* Fahrzeug *n*; *fig* Träger *m*; **~ *todo terreno*** Geländefahrzeug *n*
veinte ['bɛĭnte] zwanzig
veja|ción [bɛxa'θĭɔn] *f* Belästigung *f*; Schikane *f*; **~r** [bɛ'xar] (*1a*) schikanieren; drangsalieren; **~torio** [-'torĭo] demütigend; schikanös
vejez [bɛ'xeθ] *f* (hohes) Alter *n*
vejiga *anat* [bɛ'xiga] *f* Blase *f*
vela ['bela] *f* Kerze *f*; *mar* Segel *n*; *dep* Segeln *n*; ***en*** **~** schlaflos, wach(end)
vela|da [be'lađa] *f* Abendveranstaltung *f*; Abendgesellschaft *f*; **~dor** [-'đɔr] *m* rundes Tischchen *n*; **~r** [be'lar] (*1a*) **1.** *v/t* bewachen, wachen bei (*dat*); (*cubrir con un velo*) verschleiern (*a fig*); **2.** *v/i* wachen (über *ac* ***por***); **~torio** [-'torĭo] *m* Totenwache *f*
veleid|ad [belɛĭ'đađ] *f* Anwandlung *f*; Laune *f*; **~oso** [-'đoso] wankelmütig; launisch
velero [be'lero] *m* Segelschiff *n*
veleta [be'leta] *f* Wetterfahne *f*
vell|o ['beʎo] *m* Flaum *m*; (Körper-) Haar *n*; **~udo** [be'ʎuđo] haarig; zottig
velo ['belo] *m* Schleier *m*
velo|cidad [beloθi'đađ] *f* Geschwindigkeit *f*; *auto* Gang *m*; **~ *de crucero*** *mar, avia* Reisegeschwindigkeit *f*; **~ *máxima*** Höchstgeschwindigkeit *f*; **~címetro** [-'θimetro] *m* Geschwindigkeitsmesser *m*; **~cista** [-'θista] *m dep* Sprinter *m*
velódromo [be'lođromo] *m* Radrennbahn *f*
velomotor [belomo'tɔr] *m* Mofa *n*
veloz [be'lɔθ] schnell
vena ['bena] *f* Vene *f*; *a fig* Ader *f*
venado [be'nađo] *m* Hirsch *m*; Rotwild *n*
venal [be'nal] käuflich; *fig* bestechlich; **~idad** [-li'đađ] *f* Bestechlichkeit *f*
vencedero *com* [benθe'đero] fällig
vencedor [benθe'đɔr] **1.** *adj* siegreich; **2.** *m* Sieger *m*
venc|er [ben'θɛr] (*2b*) **1.** *v/t* besiegen; *fig* überwinden; **2.** *v/i* siegen; *com* (*plazo, etc*) ablaufen; (*pago*) fällig sein; **~imiento** [-θi'mĭento] *com m* Verfall(stag) *m*; Fälligkeit *f*
venda ['benda] *f* Binde *f*; **~je** [ben'daxe] *m* Verband *m*; **~r** [-'dar] (*1a*) verbinden
vendaval [benda'bal] *m* Sturm *m*
vende|dor [bende'đɔr] *m* Verkäufer *m*; **~r** [-'dɛr] (*2a*) verkaufen
vendimia [ben'dimĭa] *f* Weinlese *f*; **~dor** [-dimĭa'dɔr] *m* Weinleser *m*; **~r** [-'mĭar] (*1b*) Weinlese halten
veneno [be'neno] *m* Gift *n* (*a fig*); **~so** [-'noso] giftig
venera|ble [bene'rable] ehrwürdig; **~ción** [-'θĭɔn] *f* Verehrung *f*; **~r** [-'rar] (*1a*) verehren
venéreo *med* [be'nereo]: ***enfermedad*** *f* ***-a*** Geschlechtskrankheit *f*
venezolano [beneθo'lano] **1.** *adj* venezolanisch; **2.** *m* Venezolaner *m*
venga ['beŋga] *s* ***venir***
venga|dor [beŋga'đɔr] *m* Rächer *m*; **~nza** [-'ganθa] *f* Rache *f*; **~r** [-'gar] (*1h*) rächen; **~rse** sich rächen (an *dat* ***de***; für *ac* ***por***); **~tivo** [-'tibo] rachsüchtig

vengo ['beŋgo] *s* ***venir***

venia ['benĭa] *f* Erlaubnis *f*; **~l** [be'nĭal] verzeihlich; (*pecado*) lässlich

veni|da [be'niđa] *f* Ankunft *f*; **~dero** [-'đero] kommend, (zu)künftig

venir [be'nir] (*3s*) kommen; *fig* herrühren, (ab)stammen (von ***de***); ***~ bien*** (***mal***) gut (schlecht) passen; ***~ a menos*** *fig* herunterkommen; ***el año que viene*** nächstes Jahr; ***viene a ser lo mismo*** das läuft auf dasselbe hinaus; ***~ por*** (F ***a por***) (ab)holen; ***¡venga!*** los!; ***¿a qué viene eso?*** was soll das?; **~se**: ***~ abajo*** einstürzen; *fig* fehlschlagen

venoso [be'noso] venös, Venen...

venta ['benta] *f* Verkauf *m*, Absatz *m*; ***~ anticipada*** Vorverkauf *m*; ***~ por correspondencia*** Versandhandel *m*; ***en ~*** zu verkaufen; **~ja** [-'taxa] *f* Vorteil *m*; ***~ competitiva*** *f com* Wettbewerbsvorteil *m*; ***~ fiscal*** Steuervergünstigung *f*; ***llevar ~ a alg*** e-n Vorsprung vor j-m haben; **~joso** [-'xoso] vorteilhaft

venta|na [ben'tana] *f* Fenster *n*; *inform* Bildschirmfenster *n*; **~nilla** [-'niʎa] *f* Schalter *m*; *avia*, *auto* Fenster *n*

ventila|ción [bentila'θĭɔn] *f* Lüftung *f*; **~dor** [-'đɔr] *m* Ventilator *m*; **~r** [-'lar] (*1a*) lüften; *a fig* ventilieren

ventisca [ben'tiska] *f* Schneesturm *m*

vento|sa [ben'tosa] *f* Saugnapf *m* (*a zo*); **~sidad** [-si'đađ] *f* Blähung *f*; **~so** [-'toso] windig

ventral *anat* [ben'tral] Bauch...

ventrílocuo [ben'trilokŭo] *m* Bauchredner *m*

ventu|ra [ben'tura] *f* Glück *n*; **~roso** [-'roso] glücklich

ver [bɛr] (*2v*) *v/t* sehen; ***hacer ~*** zeigen; ***ir*** (*od* ***venir***) ***a ~*** besuchen; ***no poder ~ a alg*** j-n nicht riechen können; (***no***) ***tener*** (***nada***) ***que ~ con*** (nichts) zu tun haben mit; ***volver a ~*** wieder sehen; ***vamos a ~*** (wir wollen) mal sehen; ***¡a ~!*** mal sehen!; zeig mal!

vera ['bera] *f* Rand *m*; Ufer *n*

veracidad [beraθi'đađ] *f* Wahrhaftigkeit *f*

vera|neante [berane'ante] *m* Sommerfrischler *m*; **~near** [-'ar] (*1a*) den Sommer(urlaub) verbringen; **~neo** [-'neo] *m* Sommerfrische *f*; **~niego** [-'nĭego] sommerlich, Sommer...; **~nillo** [-'niʎo] *m* Nachsommer *m*; ***~ de San Martín*** Altweibersommer *m*; **~no** [be'rano] *m* Sommer *m*

veras ['beras] *f/pl*: ***de ~*** im Ernst; wirklich

veraz [be'raθ] wahrheitsliebend; wahrhaft

verbal [bɛr'ƀal] mündlich; *gram* verbal, Verb...

verbena [bɛr'ƀena] *f* Volksfest *n*; *bot* Eisenkraut *n*

verbo ['bɛrƀo] *m* Verb *n*; **~rrea** [-'rrea] *f* Geschwätzigkeit *f*; **~sidad** [-si'đađ] *f* Wortschwall *m*

verdad [bɛr'đađ] *f* Wahrheit *f*; ***a decir ~*** eigentlich; offen gesagt; ***de ~*** im Ernst; wirklich; ***¿~?*** nicht wahr?; ***es ~*** das stimmt; **~ero** [-đa'đero] wahr; wahrhaftig; wirklich

verde ['bɛrđe] **1.** *adj* grün; (*fruta*) unreif; (*chiste*) unanständig; F ***viejo*** *m* ***~*** alter Lustgreis *m*; **2.** *m* Grün *n*; ***los ~s*** *pol* die Grünen; **~ar** [-đe'ar] (*1a*) grünen; **~rón** *zo* [-'rɔn] *m* Grünfink *m*

verdo|r [bɛr'đɔr] *m* (frisches) Grün *n*; **~so** [-'đoso] grünlich

verdugo [bɛr'đugo] *m* Henker *m* Scharfrichter *m*

verdu|lero *m* [bɛrđu'lero] Gemüsehändler *m*; **~ra** [-'đura] *f* Gemüse *n*

vereda [be'ređa] *f* Fußweg *m*; *Am* Geh-, Bürgersteig *m*

veredicto [bere'đikto], *m jur* Spruch *m der Geschworenen*; *fig* Urteil *n*

vergel [bɛr'xɛl] *m* Ziergarten *m*

vergonzoso [bɛrgɔn'θoso] schändlich, beschämend; (*tímido*) schamhaft; schüchtern

vergüenza [bɛr'gŭenθa] *f* Scham *f*; (*infamia*) Schande *f*; ***me da ~*** ich schäme mich; ***tener ~*** sich schämen

verídico [be'riđiko] wahr; wahrheitsgetreu

verifica|ción [berifika'θĭɔn] *f* (Über-, Nach-)Prüfung *f*, Kontrolle *f*; **~r** [-'kar] (*1g*) nach-, überprüfen; **~rse** sich bewahrheiten; (*tener lugar*) stattfinden

verja ['bɛrxa] *f* Gitter *n*

vermut [bɛr'mut] *m* Wermut *m*

vernáculo [bɛr'nakulo]: ***lengua f -a*** Landessprache *f*

verosímil [bero'simil] wahrscheinlich; glaubhaft

V

verraco [bɛ'rrako] *m* Eber *m*
verruga [bɛ'rruga] *f* Warze *f*
versado [bɛr'sađo] bewandert, beschlagen (in ***en***)
versar [bɛr'sar] (*1a*) handeln (von *dat* ***sobre***)
vers|átil [bɛr'satil] vielseitig; (*voluble*) wankelmütig; **~atilidad** [-satili'đađ] *f* Vielseitigkeit *f*; Wankelmut *m*
versículo [bɛr'sikulo] *m* Bibelvers *m*
versión [bɛr'sĭɔn] *f* Version *f*, Fassung *f*
verso ['bɛrso] *m* Vers *m*
vértebra *anat* ['bɛrteƀra] *f* Wirbel *m*
vertebral [bɛrte'ƀral] Wirbel...
vertedero [bɛrte'đero] *m*: **~** (***de basura***) Müllabladeplatz *m*, Mülldeponie *f*; **~ *de residuos contaminantes*** Sondermülldeponie *f*
verter [bɛr'tɛr] (*2g*) (ein-, aus-, ver)gießen; (ver)schütten; auskippen; ***~ al mar*** verklappen
vertical [bɛrti'kal] senkrecht
vertido [bɛrti'đo] *m* ***~ al mar*** Verklappung *f*
vertiente [bɛr'tĭente] *f* Abhang *m*; Gefälle *n*; *fig* Seite *f*, Aspekt *m*
vertiginoso [bɛrtixi'noso] Schwindel erregend (*a fig*); *fig* atemberaubend
vértigo *med* ['bɛrtigo] *m* Schwindel *m*
vesícula [be'sikula] *f* Bläschen *n*; ***~ biliar*** Gallenblase *f*
vespertino [bespɛr'tino] Abend...; (***periódico*** *m*) **~** Abendzeitung *f*
vestíbulo [bes'tiƀulo] *m* Vorhalle *f*; Diele *f*; *teat* Foyer *n*
vesti|do [bes'tiđo] *m* Kleid *n*; *Am* Anzug *m*; **~dura** [-'đura] *f* Kleidung *f*; ***rasgarse las ~s*** *fig* sich entrüsten
vestigio [bes'tixĭo] *m* Spur *f*
vesti|menta [besti'menta] *f* Kleidung *f*; **~r** [-'tir] (*3l*) **1.** *v/t* anziehen, (be)kleiden; (*llevar*) anhaben, tragen; **2.** *v/i* sich kleiden; **~rse** sich ankleiden, -ziehen
vestuario [bes'tŭarĭo] *m* Kleidung *f*, Garderobe *f*; *dep* Umkleideraum *m*
veta ['beta] *f* Maserung *f*; *min* Gang *m*, Ader *f*
vetar *pol* [be'tar] (*1a*) sein Veto einlegen gegen
veterano [bete'rano] **1.** *adj* altgedient; **2.** *m* Veteran *m*
veterina|ria [beteri'narĭa] *f* Tierheilkunde *f*; **~rio** [-'narĭo] *m* Tierarzt *m*
veto ['beto] *m* Einspruch *m*, Veto *n*
vetusto [be'tusto] uralt
vez [beθ] *f* Mal *n*; (*turno*) Reihe(nfolge) *f*; ***a la ~*** gleichzeitig; ***a su ~*** seinerseits; ***cada ~ que*** jedes Mal wenn; ***de una ~*** auf einmal; ***de ~ en cuando*** ab und zu; ***en ~ de*** statt, anstelle von; ***érase una ~*** es war einmal; ***otra ~*** ein andermal; noch mal; ***rara ~*** selten; ***tal ~*** vielleicht; ***a veces*** zuweilen, manchmal; ***muchas veces*** oft; ***tantas veces*** so oft; ***varias veces*** mehrmals
vía ['bia] **1.** *f* Weg *m* (*a anat u fig*); Bahn *f*; Straße *f*; Gleis *n*; ***~ de agua*** *mar* Leck *n*; ***~ estrecha*** *ferro* Schmalspur *f*; ***~ lenta*** *auto* Kriechspur *f*; ***por ~ de*** mittels, durch; ***por ~ aérea*** mit Luftpost; auf dem Luftweg; **2.** *prp* über, via
viable ['bĭaƀle] lebensfähig; *fig* durchführbar
viaducto [bia'đukto] *m* Viadukt *m*
via|jante [bia'xante] *m* (Geschäfts-)Reisende(r) *m*; **~jar** [-'xar] (*1a*) reisen; fahren; ***~ por autostop*** trampen; **~je** [bi'axe] *m* Reise *f*; Fahrt *f*; ***~ colectivo*** Gesellschaftsreise *f*, Gruppenreise *f*; ***estar de ~*** verreist sein; ***irse*** (*od* ***salir***) ***de ~*** verreisen; **~jero** [bia'xero] *m* Reisende(r) *m*; Fahrgast *m*
vial [bi'al] Straßen...
viandante [bian'dante] *m* Wanderer *m*; Fußgänger *m*
viario ['bĭarĭo] Straßen...
víbora ['biƀora] *f* Viper *f*; Kreuzotter *f*; *Am* Schlange *f*
vibra|ción [biƀra'θĭɔn] *f* Schwingung *f*; Vibration *f*; **~dor** [-'đɔr] *m* Vibrator *m*; **~r** [bi'ƀrar] (*1a*) schwingen, vibrieren
vicario [bi'karĭo] *m* Vikar *m*
vice... [biθe...] Vize...
viceversa [biθe'ƀɛrsa] umgekehrt
vici|ado [bi'θĭađo] verdorben; (*aire*) schlecht; **~ar** [bi'θĭar] (*1b*) verderben
vicio ['biθĭo] *m* Laster *n*; Fehler *m*; schlechte Angewohnheit *f*; **~so** [bi'θĭoso] fehlerhaft; lasterhaft
vicisitud [biθisi'tuđ] *f* Wechselfall *m*
víctima ['biktima] *f* Opfer *n*
victori|a [bik'torĭa] *f* Sieg *m*; **~oso** [-'rĭoso] siegreich
vid [biđ] *f* Weinstock *m*, Rebe *f*
vida ['biđa] *f* Leben *n*; ***de por ~*** auf Lebenszeit; ***en ~*** bei Lebzeiten; ***en mi ~***

noch nie (in m-m Leben); ***ganarse la ~*** s-n Lebensunterhalt verdienen; ***salir con ~*** mit dem Leben davonkommen
vidente [bi'đente] *su* (Hell-)Seher(in *f*) *m*
vídeo ['biđeo] *m* Video *n*, Videorekorder *m*
video|cámara [biđeo'kamara] *f* Videokamera *f*; **~cassette** [-ka'sɛt] *f* Videokassette *f*; **~film(e)** [-'film(e)] *m* Videofilm *m*; **~teca** [-'teka] *f* Videothek *f*; **~teléfono** [-te'lefono] *m* Bildtelefon *n*; **~tex** [-'tɛks] *m* Bildschirmtext *m*
vidri|era [bi'đrĭera] *f* Glasfenster *n*; *Am* Schaufenster *n*; **~ería** [biđrĭe'ria] *f* Glaserei *f*; **~ero** [bi'đrĭero] *m* Glaser *m*; **~o** ['biđrĭo] *m* Glas *n*; Glas-, Fensterscheibe *f*; **~oso** [bi'đrĭoso] glasig
viejo ['bĭɛxo] **1.** *adj* alt; abgenutzt; **2.** *m*, **-a** *f* ['bĭɛxa] Alte(r) *m*, Alte *f*
vienés [bĭe'nes] **1.** *adj* wienerisch; **2.** *m* Wiener *m*
viento ['bĭento] *m* Wind *m*; ***hace ~*** es ist windig
vientre ['bĭentre] *m* Bauch *m*; Leib *m*; ***bajo ~*** Unterleib *m*
viernes ['bĭɛrnes] *m* Freitag *m*; ♀ ***Santo*** Karfreitag *m*
viga ['biga] *f* Balken *m*; Träger *m*
vigen|cia [bi'xenθĭa] *f* Gültigkeit *f*; **~te** [-te] gültig
vigésimo [bi'xesimo] zwanzigste(r, -s)
vigila|ncia [bixi'lanθĭa] *f* Wachsamkeit *f*; Be-, Überwachung *f*; **~nte** [-'lante] **1.** *adj* wachsam; **2.** *m* Wächter *m*; Aufseher *m*; ***~ nocturno*** Nachtwächter *m*; **~r** [-'lar] (*1a*) (be)wachen; überwachen
vigilia [bi'xilĭa] *f* Nachtwache *f*; *rel* Abstinenz *f*
vigor [bi'gɔr] *m* Kraft *f*; *jur* Gültigkeit *f*; ***entrar en ~*** in Kraft treten; **~oso** [-'roso] kräftig, stark
vil [bil] niederträchtig, gemein; **~eza** [bi'leθa] *f* Gemeinheit *f*
villa ['biʎa] *f* Kleinstadt *f*; *reg* Villa *f*
villancico [biʎan'θiko] *m* span Weihnachtslied *n*
vilo ['bilo]: ***en ~*** in der Schwebe (*a fig*); *fig* ***estar en ~*** in Ungewissheit schweben; ***tener a alg en ~*** j-n auf die Folter spannen
vinagre [bi'nagre] *m* Essig *m*; **~ras** [-'greras] *f*/*pl* Essig- und Ölgestell *n*
vinate|ría [binate'ria] *f* Weinhandlung *f*; **~ro** ['tero] *m* Weinhändler *m*
vincu|lación [biŋkula'θĭɔn] *f* Verknüpfung *f*; Bindung *f*; **~lar** [-'lar] (*1a*) (ver)binden; (ver)knüpfen
vínculo ['biŋkulo] *m* Bindung *f*, Band *n*
vinícola [bi'nikola] Weinbau...
vine ['bine], **vino** ['bino] *s* ***venir***
vino ['bino] *m* Wein *m*; ***~ blanco*** Weißwein *m*; ***~ espumoso*** Schaumwein *m*; ***~ de postre*** Dessertwein *m*; ***~ tinto*** Rotwein *m*
viñ|a ['biɲa] *f*, **~edo** [bi'ɲeđo] *m* Weinberg *m*
vio ['bĭo] *s* ***ver***
viola *mús* ['bĭola] *f* Bratsche *f*, Viola *f*
violáceo [bĭo'laθeo] violett
viola|ción [bĭola'θĭɔn] *f* Vergewaltigung *f*; *jur* Verletzung *f*; **~r** [-'lar] (*1a*) vergewaltigen; (*ley*, *etc*) verletzen
violen|cia [bĭo'lenθĭa] *f* Gewalt *f*; Heftigkeit *f*; **~to** [-'lento] heftig; gewaltsam; (*embarazoso*) peinlich, unangenehm; ***estar ~*** sich gehemmt fühlen
violeta *bot* [bĭo'leta] *f* Veilchen *n*
vio|lín [bĭo'lin] *m* Geige *f*; **~linista** [-li'nista] *su* Geiger(in *f*) *m*
violon|celista [bĭolɔnθe'lista] *su* Cellist(in *f*) *m*; **~celo** [-'θelo], **~chelo** [-'tʃelo] *m* Cello *n*
vira|je [bi'raxe] *m* Kurve *f*, Wendung *f*; **~r** [-'rar] (*1a*) drehen, wenden
vir|gen ['birxen] **1.** *adj* jungfräulich, unberührt; **2.** *f* Jungfrau *f*; **~ginidad** [-xini'đađ] *f* Jungfräulichkeit *f*
Virgo *astr* ['birgo] *m* Jungfrau *f*
viril [bi'ril] männlich; mannhaft; **~idad** [birili'đađ] *f* Männlichkeit *f*
virrey [bi'rrɛĭ] *m* Vizekönig *m*
virtual [bir'tŭal] virtuell; möglich
virtud [bir'tuđ] *f* Tugend *f*; (*facultad*) Fähigkeit *f*; ***en ~ de*** aufgrund (*gen*)
virtuo|sismo [birtŭo'sizmo] *m* Virtuosität *f*; **~so** [-'tŭoso] **1.** *adj* tugendhaft; *mús* virtuos; **2.** *m* Virtuose *m*
viruela *med* [bi'rŭela] *f* Pocken *f*/*pl*
virulen|cia [biru'lenθĭa] *f med* Virulenz *f*; *fig* Boshaftigkeit *f*; **~to** [-'lento] *med* virulent, bösartig; *fig* boshaft
virus *med* ['birus] *m* Virus *m*, *n*
viruta [bi'ruta] *f* Span *m*
visa *Am* ['bisa] *f*, **~do** [bi'sađo] *m* Visum *n*
víscera ['bisθera] *f* Eingeweide *n*
visceral [bisθe'ral] Eingeweide...; *fig*

tief (sitzend)
viscoso [bis'koso] klebrig; zäh(flüssig)
visera [bi'sera] *f* Mützenschirm *m*; *hist* Visier *n*
visib|ilidad [bisiƀili'đađ] *f* Sicht *f*; **~le** [bi'siƀle] sichtbar, wahrnehmbar; offenkundig
visigodo [bisi'gođo] *m* Westgote *m*
visillo [bi'siʎo] *m* Scheibengardine *f*
visión [bi'sĭɔn] *f* Sehen *n*; Sehvermögen *n*; (*aparición*) Vision *f*; Erscheinung *f*; *fig* Ansicht *f*
visita [bi'sita] *f* Besuch *m*; Besichtigung *f*; *med* Visite *f*; **~ *de cumplido*** Anstandsbesuch *m*; **~nte** [-'tante] *su* Besucher(in *f*) *m*; **~r** [-'tar] (*1a*) besuchen; besichtigen; *med* untersuchen
vislumbrar [bizlum'brar] (*1a*) *undeutlich* sehen; *fig* ahnen
visón [bi'sɔn] *m* Nerz *m*
visor *fot* [bi'sɔr] *m* Sucher *m*
víspera ['bispera] *f* Vorabend *m*; ***en ~s de*** am Vorabend von; kurz vor
vista ['bista] *f* Gesichtssinn *m*; Sehvermögen *n*; (*mirada*) Blick *m*, Anblick *m*; Ansicht *f*; Aussicht *f*; *jur* (Gerichts-)Verhandlung *f*; ***a primera ~*** auf den ersten Blick; ***con ~s a*** im Hinblick auf; ***de ~*** vom Sehen; ***en ~ de*** in Anbetracht (*gen*); ***estar a la ~*** auf der Hand liegen; ***hasta la ~*** auf Wiedersehen; ***hacer la ~ gorda*** *fig* ein Auge zudrücken; **~zo** [bis'taθo] *m*: ***echar un ~ a*** e-n (flüchtigen) Blick werfen auf (*ac*)
visto ['bisto] **1.** *adj* gesehen; ***está ~ que*** es ist offensichtlich, dass; ***~ que*** in Anbetracht, dass; ***bien*** (***mal***) **~** (un)beliebt; ***por lo ~*** offenbar; **2.** *m*: ***~ bueno*** Sicht-, Genehmigungsvermerk *m*; ***dar el ~ bueno*** genehmigen, gutheißen; **~so** [bis'toso] auffällig; prächtig
visual [bi'sŭal] Seh...; visuell
vital [bi'tal] Lebens...; *fig* lebenswichtig; (*persona*) vital; **~icio** [-'liθĭo] lebenslänglich; **~idad** [-li'đađ] *f* Lebensfähigkeit *f*; *fig* Vitalität *f*
vitamina [bita'mina] *f* Vitamin *n*
vitícola [bi'tikola] Weinbau...
viticul|tor [bitikul'tɔr] *m* Winzer *m*; **~tura** [-'tura] *f* Weinbau *m*
vítores ['bitores] *m/pl* Hochrufe *m/pl*
vítreo ['bitreo] gläsern, Glas...
vitrina [bi'trina] *f* Glasschrank *m*; Vitrine *f*; *Am* Schaufenster *n*
vitrocerámica [bitroθe'ramika] *f* Glaskeramik *f*
viu|da ['bĭuđa] *f* Witwe *f*; **~dez** [bĭu'đeθ] *f* Witwen-, Witwerstand *m*; **~do** ['bĭuđo] **1.** *adj* verwitwet; **2.** *m* Witwer *m*; ***quedarse ~*** verwitwen
viva ['biƀa] **1.** ***¡~!*** hurra!, hoch!; es lebe ...! **2.** *m* Hoch *n*, Hochruf *m*
vivacidad [biƀaθi'đađ] *f* Lebhaftigkeit *f*
vivaracho [biƀa'ratʃo] sehr lebhaft; lebenslustig
vivaz [bi'ƀaθ] lebhaft; *bot* ausdauernd
vivencia [bi'ƀenθĭa] *f* Erlebnis *n*
víveres ['biƀeres] *m/pl* Lebensmittel *pl*, Proviant *m*
vivero [bi'ƀero] *m* Baumschule *f*; (*de peces*) Fischteich *m*
viveza [bi'ƀeθa] *f* Lebhaftigkeit *f*
vivienda [bi'ƀĭenda] *f* Wohnung *f*
viviente [bi'ƀĭente] lebend, lebendig
vivir [bi'ƀir] (*3a*) **1.** *v/t* erleben; verleben; **2.** *v/i* leben; wohnen; ***~ al día*** in den Tag hineinleben
vivo ['biƀo] lebendig, lebhaft; (*listo*) schlau, clever
vizcaíno [biθka'ino] biskayisch
voca|blo [bo'kaƀlo] *m* Wort *n*; Vokabel *f*; **~bulario** [-ƀu'larĭo] *m* Vokabular *n*, Wortschatz *m*
vocación [boka'θĭɔn] *f* Berufung *f*
vocal [bo'kal] **1.** *adj* Stimm..., Vokal...; **2. a**) *m* Beisitzer *m*; **b**) *f* Vokal *m*
voce|ar [boθe'ar] (*1a*) **1.** *v/t* (*mercancía*) ausrufen; F ausposaunen; **2.** *v/i* schreien; **~río** [-'rio] *m* Geschrei *n*; **~ro** *bsd Am* [-'θero] *m* Sprecher *m*
vociferar [boθife'rar] (*1a*) schreien, zetern
voladura [bola'đura] *f* Sprengung *f*
volante [bo'lante] **1.** *adj* fliegend; **2.** *m auto* Lenkrad *n*; (*del vestido*) Volant *m*
volar [bo'lar] (*1m*) **1.** *v/i* fliegen; *fig* eilen; verfliegen; **2.** *v/t* (in die Luft) sprengen
volatería [bolate'ria] *f* Geflügel *n*
volátil [bo'latil] *quím* flüchtig; *fig* flatterhaft
volatilizar(se) [bolatili'θar(se)] (*1f*) (sich) verflüchtigen (*a fig*)
vol|cán [bɔl'kan] *m* Vulkan *m*; **~cánico** [-'kaniko] vulkanisch
volcar [bɔl'kar] (*1g u 1m*) **1.** *v/t* umwerfen; **2.** *v/i* umkippen; **~se** *fig* sein Bestes tun
voleibol [bolɛi'ƀɔl] *m* Volleyball *m*

volquete [bɔl'kete] *m* Kippwagen *m*
voltaje *el* [bɔl'taxe] *m* Spannung *f*
volte|ar [bɔlte'ar] (*1a*) herumdrehen; umkehren; *Am* umwerfen; **~reta** [-'reta] *f* Purzelbaum *m*; Luftsprung *m*
voltio *el* ['bɔltĭo] *m* Volt *n*
volub|ilidad [boluƀili'đađ] *f* Unbeständigkeit *f*; **~le** [-'luƀle] unbeständig
volum|en [bo'lumen] *m* Umfang *m*; Volumen *n*; *tip* Band *m*; *mús* Lautstärke *f*; **~ *de ventas*** *com* Umsatz *m*; **~inoso** [-mi'noso] umfangreich
volunta|d [bolun'tađ] *f* Wille *m*; ***a ~*** nach Belieben; ***última ~*** letzte(r) Wille *m*; **~rio** [-'tarĭo] **1.** *adj* freiwillig; **2.** *m* Freiwillige(r) *m*; **~rioso** [-'rĭoso] zielstrebig; (*obstinado*) eigenwillig
voluptuo|sidad [boluptŭosi'đađ] *f* Wollust *f*; **~so** [-'tŭoso] wollüstig, sinnlich
volver [bɔl'ƀɛr] (*2h*; *part* ***vuelto***) **1.** *v/t* drehen, (um)wenden, umkehren; ***~ loco*** verrückt machen; **2.** *v/i* umkehren, zurückkommen, -kehren, -fahren, -gehen; ***~ a hacer a/c*** et wieder tun; ***~ en sí*** wieder zu sich kommen; ***~ sobre a/c*** auf et zurückkommen; **~se** sich umdrehen; *con adj*: werden, *p ej* ***~ pálido*** blass werden
vomitar [bomi'tar] (*1a*) (er)brechen, sich übergeben; *fig* ausspeien
vómito ['bomito] *m* (Er-)Brechen *n*
vora|cidad [boraθi'đađ] *f* Gefräßigkeit *f*; **~z** [bo'raθ] gefräßig; *fig* gierig
vos [bos] *Am* du; **~otros** [bo'sotros] ihr; *dat, ac* euch
vota|ción [bota'θĭɔn] *f* Abstimmung *f*; **~nte** [-'tante] *m* Stimmberechtigte(r) *m*; **~r** [bo'tar] (*1a*) (ab)stimmen; wählen
voto ['boto] *m* Gelübde *n*; *pol* Stimme *f*; ***~ de censura*** Misstrauensvotum *n*
voy [bɔĭ] *s* ***ir***
voz [bɔθ] *f* Stimme *f*; (*palabra*) Wort *n*; *mil* ***~ de mando*** Kommando *n*; ***a ~ en cuello*** (*od* ***en grito***) aus vollem Halse; ***a media ~*** halblaut; ***en ~ alta*** (***baja***) laut (leise); ***corre la ~*** es geht das Gerücht; ***llevar la ~ cantante*** *fig* den Ton angeben; ***dar voces*** laut rufen, schreien
vuelco ['bŭɛlko] **1.** *s* ***volcar***; **2.** *m*: ***dar un ~*** umstürzen
vuelo ['bŭelo] *m* Flug *m*; (*de la falda*) Weite *f*; ***~ acrobático*** Kunstflug *m*; ***~ internacional*** Ausland(s)flug *m*; ***~ nacional*** Inland(s)flug *m*; ***~ nocturno*** Nachtflug *m*; ***~ regular*** Linienflug *m*; ***~ sin escala*** Non-Stop-Flug *m*; ***~ sin motor*** Segelflug *m*; ***~ en picado*** Sturzflug *m*
vuelta ['bŭɛlta] *f* (Um-)Drehung *f*; (*regreso*) Rückkehr *f*; Rückfahrt *f*; (*dinero*) Wechselgeld *n*; *dep* Tour *f*; Runde *f*; ***~ al mundo*** Weltreise *f* ***a la ~ de la esquina*** gleich um die Ecke; ***a ~ de correo*** postwendend; ***dar la ~*** umwenden, umkehren; ***dar media ~*** kehrtmachen; ***dar una ~*** e-n kleinen Spaziergang machen; ***estar de ~*** zurück sein
vuelto ['bŭɛlto] **1.** *s* ***volver***; **2.** *m Am* Wechselgeld *n*
vuelvo ['bŭɛlƀo] *s* ***volver***
vuestro, -a ['bŭestro, -tra] euer
vulcanizar [bulkani'θar] (*1f*) vulkanisieren
vulgar [bul'gar] vulgär, gewöhnlich; **~idad** [-gari'đađ] Vulgarität *f*, Gewöhnlichkeit *f*; **~izar** [-'θar] (*1f*) allgemein verbreiten; **~mente** [-gar'mente] gemeinhin
vulgo ['bulgo] *m* gemeines Volk *n*, Pöbel *m*
vulne|rable [bulne'raƀle] verwundbar, verletzlich; **~rar** [-'rar] (*1a*) verletzen (*a fig*)

W

W, w [doƀle'uƀe] *f* W, w *n*
water ['batɛr] *m* Klo(sett) *n*, WC *n*
waterpolo [batɛr'polo] *m* Wasserball *m*
western ['bestɛrn] *m* Wildwestfilm *m*
whisky ['gŭiski] *m* Whisky *m*
wolframio [bɔl'framĭo] *m* Wolfram *n*

X

X, x ['ekis] *f* X, x *n*; ***rayos*** *m/pl* ~ Röntgenstrahlen *m/pl*
xen|ofobia [kseno'foƀĭa] *f* Fremdenfeindlichkeit *f*; **~ófobo** [kse'nofoƀo] fremdenfeindlich
xilófono *mús* [ksi'lofono] *m* Xylofon *n*
xilografía [ksilogra'fia] *f* Holzschneidekunst *f*

Y

Y, y [i'grĭega] *f* Y, y *n*
y [i] und
ya [ja] schon; (*ahora*) jetzt; gleich; ***~ lo creo*** das will ich meinen!; ***~ no*** nicht mehr; ***~ que*** da (ja); ***¡~!*** ach so!; ***~ ... ~ ...*** bald ... bald ...
yacer [ja'θɛr] (*2y*) liegen; (*muerto*) begraben sein; ***aquí yace*** hier ruht
yacimiento *min* [jaθi'mĭento] *m* Fundort *m*, Lager *n*; Vorkommen *n*
yanqui ['jaŋki] *m* Yankee *m*
yapa *Am* ['japa] *f* Zugabe *f*
yate ['jate] *m* Jacht *f*
yegua ['jegŭa] *f* Stute *f*
yema ['jema] *f* Eigelb *n*, Dotter *m*, *n*; *bot* Knospe *f*; ***~ del dedo*** Fingerkuppe *f*
yermo ['jɛrmo] **1.** *adj* öde, wüst; **2.** *m* Ödland *n*
yerno ['jɛrno] *m* Schwiegersohn *m*
yerro ['jɛrrɔ] **1.** *s* ***errar***; **2.** *m* Irrtum *m*
yesca ['jeska] *f* Zunder *m*
yesero [je'sero] *m* Stuckateur *m*
yeso ['jeso] *m* Gips *m*
yo [jo] ich
yodo ['jođo] *m* Jod *n*
yoga ['joga] *m* Joga *n*, Yoga *n*
yogur(t) [jo'gur] *m* Joghurt *m*
yuca *bot* ['juka] *f* Yucca *f*
yugo ['jugo] *m* Joch *n* (*a fig*)
yugoslavo [jugos'laƀo] **1.** *adj* jugoslawisch; **2.** *m*, **-a** [-ƀa] *f* Jugoslawe *m*, -slawin *f*
yunque ['juŋke] *m* Amboss *m* (*a anat*)
yunta ['junta] *f* Gespann *n*
yuppie *od* **yuppy** ['yupi] *m* Yuppie *m*
yute ['jute] *m* Jute *f*
yuxta|poner [justapo'nɛr] (*2r*) nebenea-stellen; **~posición** [-posi'θĭɔn] *f* Nebenea-stellung *f*
yuyo *Am* ['jujo] *m* Unkraut *n*

Z

Z, z ['θeta] *f* Z, z *n*
zafarse [θa'farse] (*1a*) sich drücken (vor ***de***)
zafarrancho *mar* [θafa'rrantʃo] *m* Klarmachen *n*, Klarschiff *n*; *fig* Streit *m*, F Krach *m*; ***¡~ de combate!*** klar zum Gefecht!
zafio ['θafĭo] grob; derb
zafiro [θa'firo] *m* Saphir *m*
zafra ['θafra] *f* Zucker(rohr)ernte *f*
zaga ['θaga] *f*: ***a la ~*** hintenan; ***ir a la ~*** zurückbleiben; ***no quedarse a la ~ a alg*** j-m nicht nachstehen
zagal [θa'gal] *m* Hirtenjunge *m*; Bursche *m*; **~a** [θa'gala] *f* Hirtenmädchen *n*; junges Mädchen *n*
zaguán [θa'gŭan] *m* Diele *f*, Flur *m*
zaherir [θae'rir] (*3i*) F herunterputzen, abkanzeln
zahorí [θao'ri] *m* (Wünschel-)Rutengänger *m*
zalame|ría [θalame'ria] *f* Schmeichelei *f*; **~ro** [-'mero] **1.** *adj* schmeichlerisch; **2.** *m* Schmeichler *m*

zambo ['θambo] krumm-, x-beinig
zambomba *mús* [θam'bɔmba] *f* Reibtrommel *f*
zambra ['θambra] *f* Volksfest *n* der Zigeuner; *fig* Trubel *m*; F Rummel *m*
zambulli|da [θambu'ʎiđa] *f* Untertauchen *n*; Kopfsprung *m*; **~rse** [-'ʎirse] (*3h*) (unter)tauchen; ins Wasser springen
zampar(se) [θam'par(se)] (*1a*) (hinunter)schlingen, F verdrücken
zanahoria [θana'ɔrĭa] *f* Mohrrübe *f*
zanca|da [θaŋ'kađa] *f* langer Schritt *m*; **~dilla** [-ka'điʎa] *f* Beinstellen *n*; ***echar la ~ a alg*** j-m ein Bein stellen (*a fig*)
zanco ['θaŋko] *m* Stelze *f*
zancudo [θaŋ'kuđo] **1.** *adj* stelzbeinig; **2.** *m Am* Stechmücke *f*
zanganear [θaŋgane'ar] (*1a*) herumlungern
zángano ['θaŋgano] *m zo* Drohne *f*; *fig* Faulenzer *m*
zanja ['θaŋxa] *f* Graben *m*; **~r** [-'xar] (*1a*) (*fosa*) ausheben; *fig* beseitigen; beilegen
zapa|dor *mil* [θapa'đɔr] *m* Pionier *m*; **~llo** [θa'paʎo] *m Am* Kürbis *m*; **~pico** [-'piko] *m* Picke *f*
zapa|ta *tec* [θa'pata] *f* Hemmschuh *m*; Bremsklotz *m*; **~teado** [-te'ađo] *m andalusischer* Tanz *m*; **~tería** [-'ria] *f* Schuhmacherwerkstatt *f*; (*tienda*) Schuhgeschäft *n*; **~tero** [-'tero] *m* Schuhmacher *m*; **~tilla** [-'tiʎa] *f* Pantoffel *m*, Hausschuh *m*; *dep* Turnschuh *m*; **~to** [θa'pato] *m* Schuh *m*
zar [θar] *m* Zar *m*
zarabanda [θara'ƀanda] *f mús* Sarabande *f*
zarandear [θarande'ar] (*1a*) sieben; *fig* schütteln
zarina [θa'rina] *f* Zarin *f*
zarpa ['θarpa] *f* Tatze *f*, Pranke *f*
zar|par *mar* [θar'par] (*1a*) die Anker lichten; auslaufen; **~pazo** [-'paθo] *m* Prankenhieb *m*
zarza ['θarθa] *f* Brombeerstrauch *m*; **~mora** *bot* [-θa'mora] *f* Brombeere *f*
zarzuela [θar'θŭela] *f* spanisches Singspiel *n*
zigzag [θig'θag] *m* Zickzack *m*; **~uear** [-θage'ar] (*1a*) im Zickzack gehen (*od* fahren)
zinc [θiŋk] *m* Zink *n*
zócalo ['θokalo] *m* Sockel *m*; Fußleiste *f*
zodíaco *astr* [θo'điako] *m* Tierkreis *m*
zona ['θona] *f* Zone *f*; **~ *ajardinada*** (*od* ***verde***) Grünzone *f*; **~ *azul*** Kurzparkzone *f*; **~ (*del*) *euro*** Euroland *n*; **~ *peatonal*** Fußgängerzone *f*; **~ *de librecambio*** Freihandelszone *f*; **~ *de recreo*** Erholungsgebiet *n*; **~ *residencial*** Wohngebiet *n*
zonzo *bsd Am* ['θɔnθo] geschmacklos; reizlos; dumm
zoo [θoo] *m* Zoo *m*; **~logía** [-lɔ'xia] *f* Zoologie *f*; **~lógico** [-'lɔxiko] zoologisch; ***parque*** *m* **~** Zoo *m*, Tierpark *m*
zoólogo [θo'ologo] *m* Zoologe *m*
zopenco [θo'peŋko] *m* Trottel *m*
zoquete [θo'kete] *m* Holzklötzchen *n*; *fig* Dummkopf *m*
zorr|a ['θɔrra] *f* Füchsin *f*; P Dirne *f*; **~o** ['θɔrrɔ] **1.** *adj* listig, gerissen; **2.** *m* Fuchs *m*; *fig* schlauer Fuchs *m*
zorzal *zo* [θɔr'θal] *m* Drossel *f*
zozobra [θo'θoƀra] *f mar* Kentern *n*; *fig* Aufregung *f*; Angst *f*; **~r** [-'ƀrar] (*1a*) *mar* kentern; *fig* scheitern
zueco ['θŭeko] *m* Holzschuh *m*
zulo ['θulo] *m* Waffenversteck *n*
zum|bar [θum'bar] (*1a*) **1.** *v/i* summen; (*motor*) brummen; ***me zumban los oídes*** es saust mir in den Ohren; **2.** *v/t* verprügeln; **~bido** [θum'biđo] *m* Summen *n*; *med* Ohrensausen *n*
zumo ['θumo] *m* (Frucht-)Saft *m*
zurci|do [θur'θiđo] *m* Stopfen *n*; Flicken *n*; **~r** [-'θir] (*3b*) flicken; stopfen
zurdo ['θurđo] **1.** *adj* linkshändig; **2.** *m* Linkshänder *m*
zurra ['θurra] *f* Tracht *f* Prügel; **~r** [θu'rrar] (*1a*) *fig* verprügeln
zurrón [θu'rrɔn] *m* Hirtentasche *f*
zutano [θu'tano] *m* ein gewisser Herr X; ***fulano y ~*** Herr X und Herr Y

A

A, **a** [aː] *n* (-; -) A, a *f*; ***von A bis Z*** de pe a pa, de cabo a rabo

Aal [aːl] *m* (*-[e]s*; *-e*) anguila *f*

Aas [aːs] *n* (*-es*; *sin pl*) carroña *f*; F *fig* (*pl Äser*) mal bicho *m*

ab [ap] **1.** *zeitlich*: a partir de, desde; ***~ und zu*** de vez en cuando; **2.** *örtlich*: desde, de; ***~ Werk*** puesto en fábrica

'abändern (*sep*, *-ge-*, *h*) modificar, cambiar

'Abart *f* (-; *-en*) variedad *f*

'Abbau *m* (*-[e]s*; *sin pl*) *min* explotación *f*; *tec* desmontaje *m*; *Preise*, *Personal*: reducción *f*; **2en** (*sep*, *-ge-*, *h*) *min* explotar; *tec* desmontar; *Preise*, *Personal*: reducir

'ab|beißen (*irr*, *sep*, *-ge-*, *h*, → ***beißen***) arrancar con los dientes; mordisquear; **~berufen** (*irr*, *sep*, *h*, → ***berufen***) llamar, retirar; **~bestellen** (*sep*, *h*) anular; *Zeitung*: dar de baja; **~biegen** (*irr*, *sep*, *-ge-*, *sn*, → ***biegen***): ***nach links ~*** girar *od* torcer a la izquierda

'Abbildung *f* (-; *-en*) ilustración *f*

'ab|binden (*irr*, *sep*, *-ge-*, *h*, → ***binden***) *med* ligar; **~blasen** (*irr*, *sep*, *-ge-*, *h*, → ***blasen***) *fig* F anular, desconvocar

'abblend|en (*sep*, *-ge-*, *h*) *auto* bajar las luces; **2licht** *n* luz *f* corta *od* de cruce

'abbrechen (*irr*, *sep*, *-ge-*, → ***brechen***) **1.** *v/t* (*h*) romper (*a fig Beziehungen usw*); *Gebäude*: derribar; *Zelt*: levantar; (*unterbrechen*) interrumpir; **2.** *v/i* (*sn*) romperse

'ab|bremsen (*sep*, *-ge-*, *h*): (***scharf***) **~** frenar (en seco); **~brennen** (*irr*, *sep*, *-ge-*, → ***brennen***) **1.** *v/t* (*h*) quemar; **2.** *v/i* (*sn*) quemarse; **~bringen** (*irr*, *sep*, *-ge-*, *h*, → ***bringen***) *vom Weg*: apartar; desviar (*a fig*); *vom Vorhaben*: disuadir; **~bröckeln** (*sep*, *-ge-*, *sn*) *Verputz*, *Glasur etc*: desconcharse

'Abbruch *m* (*-[e]s*; *sin pl*) derribo *m*, demolición *f*; *der Beziehungen*: ruptura *f*

'ab|buchen (*sep*, *-ge-*, *h*) *com* cargar en cuenta; **~bürsten** (*sep*, *-ge-*, *h*) *Kleidung*: cepillar; *Staub*: quitar

Abc [abeː'tseː] *n* (-; -) abecé *m*, alfabeto *m*

'abdank|en (*sep*, *-ge-*, *h*) abdicar; **2ung** *f* (-; *-en*) abdicación *f*

'ab|decken (*sep*, *-ge-*, *h*) descubrir; destapar; *Tisch*: quitar; (*bedecken*) cubrir, tapar; **~dichten** (*sep*, *-ge-*, *h*) tapar; *mar* calafatear; **~drehen** (*sep*, *-ge-*, *h*) **1.** *v/t Gas*, *Wasser*: cerrar; *el* apagar; **2.** *v/i mar*, *avia* cambiar de rumbo

'Abdruck *m* (*-[e]s*; *sin pl*) impresión *f*; (*pl -e*) reproducción *f*; (*pl ⸚e*) (*Finger2*) huella *f*

'abdrücken (*sep*, *-ge-*, *h*) *Waffe*: disparar

'Abend [aːbənt] *m* (*-s*; *-e*) (*früher*) tarde *f*; (*später*) noche *f*; (*Veranstaltung*) velada *f*; ***am ~*** por la noche *bzw* tarde; ***zu ~ essen*** cenar; **~brot**, **~essen** *n* cena *f*; **~kasse** *f* taquilla *f*; **~kleid** *n* traje *m* de noche; **~kurs** *m* curso *m* de noche, clases *f/pl* nocturnas; **~mahl** *n rel* comunión *f*; *Bibel*: Cena *f*; **2s** ['-bənts] por la tarde *bzw* noche; **~veranstaltung** *f* velada *f*

'Abenteu|er ['aːbəntɔʏər] *n* (*-s*; -) aventura *f*; **2erlich** aventurero; **~rer** *m* ['-rər] (*-s*; -), **~rerin** *f* (-; *-nen*) aventurero *m*, -a *f*

'aber ['aːbər] *cj* pero; ***~ sicher!*** ¡claro que sí!, *bsd Am* ¡cómo no!

'Aber|glaube *m* (*-ns*; *sin pl*) superstición *f*; **2gläubisch** ['-glɔʏbiʃ] supersticioso

'aberkennen ['apˀ-] (*irr*, *sep*, *h*, → ***erkennen***): ***j-m et ~*** privar a alg de a/c

'abermals [aːbərmaːls] de nuevo, otra vez

'abfahren ['ap-] (*irr*, *sep*, *-ge-*, → ***fahren***) **1.** *v/t* (*h*) *Strecke*: recorrer; *Reifen*: gastar; **2.** *v/i* (*sn*) salir, partir (***nach*** para); *mar* zarpar (***nach*** para)

'Abfahrt *f* (-; *-en*) salida *f*, partida *f* (***nach*** para); *Schi*: descenso *m*; **2(s)bereit** listo para salir; **'~slauf** *m Schi*: (carrera *f* de) descenso *m*; **'~szeit** *f* hora *f* de salida

'Abfall *m* (*-[e]s*; *⸚e*) desechos *m/pl*; (*Müll*) basura *f*; **~aufbereitung** *f* (-;

sin pl) tratamiento *m* de residuos; **~beseitigung** *f* eliminación *f* de residuos; **~eimer** *m* cubo *m* de la basura; **2en** (*irr, sep, -ge-, sn,* → ***fallen***) caer; *Gelände*: ir en declive; **~management** *n* gestión *f* de residuos; **~verwertung** *f* (-; *sin pl*) aprovechamiento *m* de residuos

'abfällig desfavorable; despectivo

'ab|fangen (*irr, sep, -ge-, h,* → ***fangen***) *Brief usw*: interceptar; *avia* enderezar; **~färben** (*sep, -ge-, h*) desteñir

'abfass|en (*sep, -ge-, h*) redactar; **2ung** *f* (-; *-en*) redacción *f*

'abfertig|en (*sep, -ge-, h*) despachar; *Gepäck*: facturar; **2ung** *f* (-; *-en*) despacho *m*; facturación *f*

'abfeuern (*sep, -ge-, h*) disparar

'abfind|en (*irr, sep, -ge-, h,* → ***finden***) compensar, indemnizar; ***sich mit et ~*** conformarse con a/c; **2ung** *f* (-; *-en*) indemnización *f*

'ab|flauen ['-flauən] (*sep, -ge-, sn*) *Wind*: amainar; **~fliegen** (*irr, sep, -ge-, sn,* → ***fliegen***) *avia* despegar; *j*: partir en avión

'Abflug *avia m* (*-[e]s*; *⸗e*) despegue *m*; *j-s*: salida *f* (en avión); **~halle** *f* sala *f* de embarque; **~(s)zeit** *f* hora *f* de salida

'Abfluss *m* (*-es*; *⸗e*) salida *f*; desagüe *m*; **~rohr** *n* tubo *m* de desagüe

Abfuhr ['apfuːr] *f* (-; *-en*) *Müll*: recogida *f*; *fig* desaire *m*, desplante *m*

'abführ|en (*sep, -ge-, h*) *Geld*: pagar; *med* purgar; *Verbrecher*: llevar detenido; **2mittel** *n* laxante *m*, purgante *m*

'Abgabe *f* (-; *-n*) entrega *f*; (*Steuer*) impuesto *m*; *Fußball*: pase *m*

'Abgang *m* (*-s*; *sin pl*) salida *f*; (*pl ⸗e*) *teat* mutis *m*; **~szeugnis** *n* certificado *m od* diploma *m* de fin de estudios

'Abgas *n* (*-es*; *-e*) gas *m* de escape; **2arm** de bajo nivel contaminante; **~katalysator** *m* catalizador *m* de gases de escape

'abgeben (*irr, sep, -ge-, h,* → ***geben***) entregar; *Gepäck*: consignar; *Schuss*: disparar; *Stimme*: emitir; *Fußball*: pasar; ***sich ~ mit*** ocuparse en *od* de

abge|brannt ['apgəbrant] F *fig*: ***~ sn*** estar sin blanca; **~droschen** ['-drɔʃən] *fig* trillado; **~härtet** ['-hɛrtət] endurecido; aguerrido

'abgehen (*irr, sep, -ge-, sn,* → ***gehen***) salir; *mar* zarpar; (*sich lösen*) desprenderse; *Knopf*: caerse; *fig* ***~ von*** desistir de

'abge|kartet ['apgəkartət]: ***~e Sache*** *f* golpe *m* tramado; **~laufen** *Pass usw* caducado; **~legen** apartado, aislado; **~macht** ['-maxt]: ***~!*** ¡de acuerdo!

'Abgeordnete ['-gəˀɔrdnətə] *m/f* (*-n*; *-n*) diputado *m*, -a *f*

'Abgesandte *m/f* (*-n*; *-n*) enviado *m*, -a *f*, delegado *m*, -a *f*

'abgeschieden ['-gəʃiːdən] solitario, aislado

'abgesehen: ***~ von*** prescindiendo de, abstracción hecha de; ***davon ~*** aparte de eso

'abge|spannt cansado, fatigado; **~tragen** gastado; **~wöhnen** desacostumbrar, deshabituar (***j-m et ~*** a alg de a/c); ***sich*** (*dat*) ***das Rauchen ~*** dejar de fumar

'Ab|gott *m* (*-[e]s*; *⸗er*) ídolo *m*; **2göttisch** ['-gœtiʃ]: ***~ lieben*** idolatrar

'abgrenzen (*sep, -ge-, h*) delimitar; deslindar

'Abgrund *m* (*-[e]s*; *⸗e*) abismo *m* (*a fig*), precipicio *m*

'ab|hacken (*sep, -ge-, h*) cortar (a hachazos); **~haken** (*sep, -ge-, h*) *in e-r Liste*: marcar, puntear; **~halten** (*irr, sep, -ge-, h,* → ***halten***) (*hindern*) impedir; estorbar; *Sitzung*: celebrar

'abhandeln (*sep, -ge-, h*) *Thema*: tratar; ***vom Preis ~*** regatear el precio

ab'handen [ap'handən]: ***~ kommen*** perderse, extraviarse

'Abhandlung *f* (-; *-en*) tratado *m*; disertación *f*

'Abhang *m* (*-[e]s*; *⸗e*) cuesta *f*, pendiente *f*; declive *m*

'abhäng|en **1.** *v/t* (*sep, -ge-, h*) descolgar (*a fig Verfolger*); desenganchar; **2.** *v/i* (*irr, sep, -ge-, h,* → ***hängen***) depender (***von*** de); **~ig** dependiente (***von*** de); **2igkeit** *f* (-; *sin pl*) dependencia *f*

'ab|härten (*sep, -ge-, h*): **(*sich*) ~ (*gegen*)** curtir(se) (contra); **~hauen** *v/i* (*sep, -ge-, sn*) F largarse

'abheb|en (*irr, sep, -ge-, h,* → ***heben***) **1.** *v/t* levantar; *Karten*: cortar; *Geld*: retirar; *tel* descolgar; *fig* ***sich ~*** destacarse (***von*** de); **2.** *v/i avia*despegar; **2ung** *f* (-; *-en*) *Geld*: retirada *f*

'ab|heften (*sep, -ge-, h*) archivar; **~heilen** (*sep, -ge-, sn*) cicatrizarse; **~helfen**

(*irr, sep, -ge-, h,* → **helfen**) (*dat*) remediar (*ac*), poner remedio a; **~hetzen** (*sep, -ge-, h*): **sich ~** ajetrearse

'**Abhilfe** *f* (-; *sin pl*) remedio *m*; **~ schaffen** poner remedio (**für** *ac* a)

'**ab|holen** (*sep, -ge-, h*) (ir a) buscar; recoger; **~ lassen** enviar por; **~holzen** (*sep, -ge-, h*) talar; desforestar; **~horchen** (*sep, -ge-, h*) *med* auscultar; **~hören** (*sep, -ge-, h*) escuchar; *tel* intervenir

Abitu|r [abi'tuːr] *n* (-*s*; *sin pl*) bachillerato *m*; **~'rient** [-tu'rjɛnt] *m* (-*en*; -*en*), **~'rientin** *f* (-; -*nen*) bachiller *m, f*

'**ab|kanzeln** (*sep, -ge-, h*) F sermonear; **~kaufen** (*sep, -ge-, h*) comprar (**j-m et** a/c a alg); F *fig* creer; **~kehren** (*sep, -ge-, h*) (*fegen*) barrer; **sich ~** apartarse

'**ab|klingen** (*irr, sep, -ge-, sn,* → **klingen**) *Ton*: ir extinguiéndose; *Schmerz*: ir disminuyendo; **~klopfen** (*sep, -ge-, h*) *med* percutir; **~kochen** (*sep, -ge-, h*) *v/t* hervir; **~kommen** (*irr, sep, -ge-, sn,* → **kommen**): **vom** *Thema* **~** apartarse de; **vom Weg ~** perderse, extraviarse; **von** *e-r Absicht* **~** abandonar

'**Abkommen** *n* (-*s*; -) convenio *m*, arreglo *m*

'**abkratzen** (*sep, -ge-*) **1.** *v/t* (*h*) raspar, rascar; **2.** *v/i* (*sn*) F *fig* diñarla

'**abkühl|en** (*sep, -ge-, h*) refrigerar; **sich ~** refrescarse; *fig* enfriarse; **²ung** *f* (-; *sin pl*) enfriamiento *m*; refrigeración *f*

'**abkürz|en** (*sep, -ge-, h*) acortar (*a Weg*); *Wort*: abreviar; **²ung** *f* (-; -*en*) abreviatura *f*; acortamiento *m*; (*Weg*) atajo *m*

'**abladen** (*irr, sep, -ge-, h,* → **laden**) descargar

'**Ablage** *f* (-; -*n*) *für Kleider*: guardarropa *m*; *v Akten*: archivo *m*

'**Ablagerung** *f* (-; -*en*) *geol* sedimento *m*

'**ablassen** (*irr, sep, -ge-, h,* → **lassen**) **1.** *v/t Wasser, Dampf*: dejar escapar; *vom Preis*: rebajar; **2.** *v/i* desistir (**von** de), renunciar (a)

'**Ablauf** *m* (-*[e]s*; ⸚*e*) salida *f*; desagüe *m*; (*Verlauf*) desarrollo *m*; (*sin pl*) (*Frist usw*) expiración *f*; **nach ~ e-s Jahres** al cabo de un año; **²en** (*irr, sep, -ge-,* → **laufen**) **1.** *v/i* (*sn*) correr, salir; *Frist, Vertrag*: caducar; expirar; *Handlung*: desarrollarse; **gut ~** salir bien; **schlecht ~** acabar mal; **2.** *v/t* (*h*) *Schuhe*: gastar

'**ablecken** (*sep, -ge-, h*) lamer, chupar (-se)

'**ableg|en** (*sep, -ge-, h*) deponer; *Kleider*: quitarse; *Briefe*: archivar; *Fehler*: corregir; *Eid*: prestar; *Prüfung*: hacer, pasar; **²er** *bot* ['-leːgər] *m* (-*s*; -) vástago *m*

'**ablehn|en** (*sep, -ge-, h*) rechazar, rehusar; *Einladung*: declinar; **²ung** *f* (-; -*en*) negativa *f*

'**ableiten** (*sep, -ge-, h*) desviar (*a Fluss*); *fig* deducir, derivar

'**ablenk|en** (*sep, -ge-, h*) apartar, desviar; *fig* distraer; **²ung** *f* (-; -*en*) distracción *f*

'**ab|lesen** (*irr, sep, -ge-, h,* → **lesen**) leer (**aus**, **von** en); *Zähler usw*: efectuar la lectura (de); **~liefern** (*sep, -ge-, h*) entregar

'**ablös|en** (*sep, -ge-, h*) desprender; despegar; **sich ~** turnarse; **²ung** *f* (-; -*en*) desprendimiento *m*; *mil* relevo *m*

'**abmach|en** (*sep, -ge-, h*) (*losmachen*) quitar; (*vereinbaren*) convenir, acordar; **²ung** *f* (-; -*en*) acuerdo *m*, convenio *m*; **e-e ~ treffen** llegar a un acuerdo

'**abmager|n** (*sep, -ge-, sn*) adelgazar; **²ungskur** *f* cura *f* de adelgazamiento

'**abmeld|en** (*sep, -ge-, h*): (**sich**) **~** dar (-se) de baja; **²ung** *f* (-; -*en*) baja *f*

'**abmess|en** (*irr, sep, -ge-, h,* → **messen**) medir; **²ungen** *f/pl* dimensiones *f/pl*

'**ab|montieren** (*sep, h*) desmontar; **~mühen** (*sep, -ge-, h*): **sich ~** afanarse, ajetrearse; **~nagen** (*sep, -ge-, h*) roer

Abnahme ['-naːmə] *f* (-; -*n*) *com* compra *f*; *med* amputación *f*; (*Verminderung*) disminución *f*; **bei ~ von** tomando una partida de

'**abnehm|bar** ['-neːmbaːr] desmontable; amovible; **~en** (*irr, sep, -ge-, h,* → **nehmen**) **1.** *v/t* quitar; *Hut*: quitarse; *tel* descolgar; *med* amputar; *Ware*: comprar; **2.** *v/i* disminuir; *Mond*: menguar; *an Gewicht*: adelgazar; *Tage*: acortarse; **²er** *m* (-*s*; -) comprador *m*

'**Abneigung** *f* (-; -*en*) antipatía *f*, aversión *f* (**gegen** a)

'**abnutzen** (*sep, -ge-, h*) (des)gastar

Abonn|ement [abɔnə'mɑ̃] *n* (-*s*; -*s*) abono *m*; suscripción *f*; **~ent** [-'nɛnt] *m* abonado *m*, suscriptor *m*; **²'ieren** (*h*) abonarse, suscribirse (**et** a a/c)

Abordnung [ap-] *f* (-; -*en*) delegación *f*

'**abpacken** (*sep, -ge-, h*) empaquetar, envasar

'ab|pfeifen (*irr, sep, -ge-, h,* → ***pfeifen***) *Spiel*: dar la pitada final; **~pflücken** (*sep, -ge-, h*) (re)coger; **~prallen** (*sep, -ge-, sn*) rebotar; **~quälen** (*sep, -ge-, h*): ***sich ~*** bregar; **~raten** (*irr, sep, -ge-, h,* → ***raten***): ***j-m*** (***v***) ***et ~*** desaconsejar a/c a alg; **~räumen** (*sep, -ge-, h*) quitar (***den Tisch*** la mesa); *Schutt*: des(es)combrar

'abrechn|en (*sep, -ge-, h*) *v/i* pasar cuentas; *fig* ***mit j-m ~*** ajustar las cuentas a alg; **≗ung** *f* (-; *-en*) (*Konto≗*) liquidación *f*; *fig* ajuste *m* de cuentas; **≗ungszeitraum** *m* periodo *m* de liquidación

'abreiben (*irr, sep, -ge-, h,* → ***reiben***) frotar; *med* friccionar

'Abreise *f* (-; *-n*) salida *f*, partida *f*; **≗n** (*sep, -ge-, sn*) salir, partir (***nach*** para); **~tag** *m* fecha *f* de salida

'abreißen (*irr, sep, -ge-,* → ***reißen***) **1.** *v/t* (*h*) arrancar; *arqu* derribar, demoler; **2.** *v/i* (*sn*) romperse

'ab|richten (*sep, -ge-, h*) *Tier*: amaestrar, adiestrar; **~riegeln** ['-riːgəln] (*sep, -ge-, h*) echar el cerrojo a; *durch Polizei*: acordonar

'Abriss *m* (*-es*; *-e*) *v Gebäuden*: derribo *m*; (*Buch*) compendio *m*

'Abruf *m* (*-[e]s*; *sin pl*) llamamiento *m*; ***auf ~*** a demanda

'abrunden (*sep, -ge-, h*) redondear (*a fig*)

abrupt [-'rupt] abrupto

'abrüst|en (*sep, -ge-, h*) desarmar; **≗ung** *f* (-; *sin pl*) desarme *m*

'Absage ['-zɑːgə] *f* (-; *-n*) negativa *f*; **≗n** (*sep, -ge- h*) *Veranstaltung*: suspender, desconvocar

'absägen (*sep, -ge-, h*) (a)serrar

'Absatz *m* (*-es*; *⸗e*) (*Schuh*) tacón *m*; *Text*: párrafo *m*; *com* venta *f*; **~förderung** *f* promoción *f* de ventas; **~gebiet** *n* mercado *m*, zona *f* de venta

'abschaff|en (*sep, -ge-, h*) suprimir, abolir; **≗ung** *f* (-; *sin pl*) supresión *f*, abolición *f*

'ab|schalten (*sep, -ge-, h*) *el* desconectar; *Maschine*: parar; F *fig* relajarse; **~schätzen** (*sep, -ge-, h*) *Wert*: (e)valuar

'Abscheu *m* (*-s*; *sin pl*) horror *m* (***vor*** *dat* de); asco *m* (de); **≗lich** [-'ʃɔʏliç] abominable, horrible

'ab|schicken (*sep, -ge-, h*) enviar, expedir; **~schieben** (*irr, sep, -ge-, h,* → ***schieben***) apartar; *Ausländer*: expulsar

'Abschied ['-ʃiːt] *m* (*-[e]s*; *-e*) despedida *f*; ***~ nehmen*** despedirse (***von*** de)

'abschießen (*irr, sep, -ge-, h,* → ***schießen***) disparar; *Rakete, Pfeil*: lanzar; *Flugzeug, Panzer*: derribar

'Abschlag *m* (*-[e]s*; *⸗e*) descuento *m*, rebaja *f*; **≗en** (*irr, sep, -ge-, h,* → ***schlagen***) cortar; *Angriff*: rechazar; *Bitte*: rehusar, (de)negar

'Abschlagszahlung *f* pago *m* a cuenta *bzw* a plazos

'abschleifen (*irr, sep, -ge-, h,* → ***schleifen***) pulir, rebajar

'Abschlepp|dienst *m* servicio *m* de grúa; **≗en** (*sep, -ge-, h*) remolcar; **~wagen** *m* grúa *f*

'abschließen (*irr, sep, -ge-, h,* → ***schließen***) **1.** *v/t* (*beenden*) concluir, terminar; *Tür*: cerrar con llave; *Vertrag*: concluir; **2.** *v/i* terminarse; **~d** definitivo; final; *adv* en conclusión

'Abschluss *m* (*-es*; *⸗e*) fin *m*; *com* transacción *f*; *Vertrag*: conclusión *f*; **~prüfung** *f* examen *m* final

'abschneiden (*irr, sep, -ge-, h,* → ***schneiden***) cortar (*a fig*); ***gut ~*** salir airoso

'Abschnitt *m* (*-[e]s*; *-e*) sección *f*; *mat* segmento *m*; *tip* párrafo *m*; pasaje *m*; (*Kontroll≗*) talón *m*; (*Zeit*) periodo *m*

'ab|schrauben (*sep, -ge-, h*) destornillar; **~schrecken** (*sep, -ge-, h*) intimidar, escarmentar; *pol* disuadir; *gastr* pasar por agua fría

'abschreib|en (*irr, sep, -ge-, h,* → ***schreiben***) copiar (***von*** de); *com* amortizar; **≗ung** *com f* (-; *-en*) amortización *f*

'Abschrift *f* (-; *-en*) copia *f*

'Abschürfung *f* (-; *-en*) excoriación *f*

'Abschuss *m* (*-es*; *⸗e*) disparo *m*; *avia* derribo *m*; *Rakete*: lanzamiento *m*

abschüssig ['-ʃʏsiç] en declive, escarpado

'ab|schwächen (*sep, -ge-, h*) *Stoß, Schall*: amortiguar; *fig* atenuar, suavizar; **~schweifen** (*sep, -ge-, sn*) apartarse (***von*** de); **~schwellen** (*irr, sep, -ge-, sn,* → ***schwellen***) deshincharse

'abseh|bar ['-zeːbɑːr]: ***in ~er Zeit*** dentro de poco, en breve; **~en** (*irr, sep, -ge-, h,*

Alemania: mapa político
Mar Báltico
ar del Norte
DINAMARCA
Kiel
Schleswig-
Holstein
Meclemburgo-
Pomerania Occidental
Hamburgo
Schwerin
Hamburgo
Brema
Brema
Elba
PAÍSES
BAJOS
Baja Sajonia
Hannóver
Oder
BERLÍN
Berlín
Potsdam
POLONIA
Magdeburgo
Brandeburgo
Weser
Renania del
Norte-Westfalia
Sajonia-Anhalt
ALEMANIA
Duesseldorf
Dresde
Erfurt
Sajonia
Rin
Hesse
Turingia
ÉLGICA
Renania-
Palatinado
PRAGA
Wiesbaden
REPÚBLICA
CHECA
Mosela
Meno
LUXEM-
BURGO
Maguncia
EMBURGO
Sarre
Saarbruecken
Baviera
Stuttgart
Danubio
Danubio
Baden-
Wurtemberg
FRANCIA
Munich
1 : 6 300 000
50
100
150 km
AUSTRIA
VADUZ
LIECHTEN-
STEIN
BERNA
SUIZA
ITALIA
ESLOVENIA

Europa: mapa político
30°
20°
10°
0°
10°
60°
50°
40°
Círculo ártico
ISLANDIA
Reykjavik
OCÉANO ATLÁNTICO
Islas Faeroes (Din.)
Islas Shetland
Islas Hébridas
Islas Orcadas
Mar de Noruega
Escandinavia
NORUEGA
SUEC
Oslo
Estocc
Mar del Norte
DINAMARCA
Copenhague
Sjaelland
Bornholm
Mar Bá
Öla
Escocia
Inglaterra
Irlanda del Norte
Belfast
Isla de Man
Mar de Irlanda
REINO UNIDO
Dublín
IRLANDA
Gales
Mar Céltico
Londres
Támesis
Islas Frisias
PAÍSES BAJOS
Amsterdam
Rin
Berlín
Elba
Oder
P
Canal de la Mancha
Islas del Canal (R.U.)
BÉLGICA
Bruselas
ALEMANIA
LUXEMBURGO
Luxemburgo
Seine
París
Meuse
Meno
Praga
REPÚBLICA CHECA
Loira
Danubio
Viena
ESLOV
Bratis
FRANCIA
Berna
SUIZA
Vaduz
LIECHTENSTEIN
AUSTRIA
Budapes
HUNG
Golfo de Vizcaya
4807 Monte Blanco
ALPES
ESLOVENIA
Ljubljana
Zagreb
Ródano
Garona
Po
CROACIA
BOSNIA-HERZEGOVIN
Sarajevo
PIRINEOS
3404 Pico de Aneto
ANDORRA
Andorra
MÓNACO
Mar Ligur
SAN MARINO
Mar Adriático
Douro
PORTUGAL
Madrid
Duero
Ebro
Lisboa
Tajo
ESPAÑA
Guadiana
Córcega (Fr.)
Elba
ITALIA
Ciudad del Vaticano
Roma
ALB
Tira
Islas Baleares
Menorca
Ibiza
Mallorca
Cerdeña
Mar Tirreno
Mar Mediterráneo
Mar Jónico
Sicilia
Rabat
AR-RIF
2456
MARRUECOS
Argel
ARGELIA
Túnez
TUNICIA
MALTA
La Valetta
1 : 24 000 000
0
200
400
600 km
Oeste 0° Este

Mar de Barents
Península de Kola
Mar Blanco
Karelia
FINLANDIA
Lago Onega
Lago Ladoga
Helsinki
Tallin
ESTONIA
Lago Peipus
LETONIA
LITUANIA
Vilna
Minsk
BIELORRUSIA
Dniéper
RUSIA
MONTAÑAS URAL
Ob
Volga
Moskva
Moscú
Don
KAZAKISTÁN
Depresión del Caspio
Kiev
UCRANIA
Dniéster
CÁRPATOS
MOLDAVIA
Chișinău
RUMANIA
Bucarest
Danubio
Mar de Azov
Crimea
CÁUCASO
5642 Elbrus
GEORGIA
Tiflis
Bakú
ARMENIA
Yereván
Mar Caspio
Mar Negro
MONTES BALCÁNICOS
Sofía
BULGARIA
Skopje
Mar de Mármara
Ankara
TURQUÍA
IRÁN
IRAK
Tigris
Éufrates
SIRIA
Bagdad
Mar Egeo
Atenas
Cícladas
Espóradas
Creta
CHIPRE
Nicosia
LÍBANO
30°
40°
50°
60°
70°

España: mapa geográfico

FRANCIA
Midi-Pyrénées
Aquitaine
Landes
Côte d'Argent
Gascogne
Languedoc
Roussillon
Camargue
Agen
Montauban
Millau
Tarn
Toulouse
Garonne
Mimizan
Bayonne
Biarritz
San Sebastián
Nîmes
Avignone
Aix-en-Provence
Arles
Montpellier
Marseille
Béziers
Carcassonne
Narbonne
1211
Golfo de Lyon
2229
Puerto de Roncesvalles
1057
Pamplona
Navarra
Pirineos
Vignemale 3303
1632
Mte. Perdido 3355
Pico de Aneto 3404
P. N. de Aigüestortes
ANDORRA
Andorra
La Seu d'Urgell
Col du Perthus
290
Sangüesa
Huesca
Cataluña
Gerona
Manresa
Tossa de Mar
Costa Brava
Sierra de Moncayo 2313
Ebro
Zaragoza
Aragón
Lérida
Terrassa
Barcelona
Costa
Reus
Tarragona
Costa Dorada
Sistema Ibérico
Medinaceli
1855
Serranía de Cuenca
Teruel
Cuenca
2020
Costa del Azahar
Castellon de la Plana
Golfo de Valencia
Sagunto
Valencia
Júcar
La Mancha
Albacete
Sierra de Alcaraz
Gandía
Dénia
1558 Aitana
Calpe
Benidorm
Costa Blanca
Elche
Alicante
Murcia
Cartagena
Almería
Cabo de Gata
Islas Baleares
Menorca
Ciudadela
357
Maó
Cap de Formentor
Puig Major 1445
Alcúdia
Palma
Manacor
Mallorca
Ibiza
San Antonio Abad
Formentera
Baleares
1656
Mar Mediterráneo
Argel
2308 Djebel Djudjura
1577
Dahra
Montañas de Quarsenis
Atlas
ARGELIA
Oran
2331
Oeste 0° Este
2°
0°
4°
44°
42°
40°
38°
36°

España: mapa político
A Coruña
A Coruña
Lugo
Lugo
SANTIAGO DE COMPOSTELA
GALICIA
Pontevedra
Pontevedra
Ourense
Ourense
PRINCIPADO DE ASTURIAS
OVIEDO
CANT
León
León
CASTILL
Palencia
Palencia
Zamora
Zamora
VALLADOLID
Valladolid
Y LEÓN
Salamanca
Salamanca
Segovia
Segovia
Ávila
Ávila
Madrid
MADRID
OCÉANO ATLÁNTICO
PORTUGAL
LISBOA
Cáceres
Cáceres
EXTREMADURA
Badajoz
MÉRIDA
Badajoz
E S P
Toledo
TOLEDO
CASTILLA
LA MA
Ciudad Real
Ciudad Real
Huelva
Huelva
Córdoba
Córdoba
SEVILLA
Sevilla
Jaén
Jaén
ANDALUCIA
GOLFO DE CÁDIZ
Cádiz
Cádiz
Málaga
Málaga
Granada
Granada
Almería
Almería
1 : 5 000 000
0 50 100 150 km
Gibraltar (GB)
Tanger
MARRUECOS

OLFO DE
VIZCAYA
DER
FRANCIA
bao
San Sebastián
Biskaia
Guipúzcoa
EUSKADI
GASTEIZ
COMUNIDAD
PAMPLONA
FORAL DE
NAVARRA
OGROÑO
LA RIOJA
ANDORRA
LA VELLA
ANDORRA
GOLFO DE
LYON
Huesca
Huesca
Soria
ria
Zaragoza
ZARAGOZA
ARAGÓN
Lleida
CATALUNYA
Girona
Girona
Lleida
Barcelona
dalajara
Tarragona
BARCELONA
Tarragona
A Ñ A
Teruel
Teruel
Cuenca
enca
Castelló
MAR
MEDITERRÁNEO
Castelló de la Plana
COMUNIDAD
VALÈNCIA
Menorca
Albacete
València
GOLF DE
VALÈNCIA
PALMA DE
MALLORCA
acete
VALENCIANA
Mallorca
Eivissa
Alacant
ILLES BALEARS
REGIÓN
MURCIA
Alacant
MURCIA
La Palma
OCÉANO ATLÁNTICO
Lanzarote
Tenerife
Santa Cruz
de Tenerife
Fuerteventura
La Gomera
Las Palmas
de Gran Canaria
Hierro
Santa Cruz de Tenerife
Gran Canaria
Las Palmas

Austria y Suiza: mapa político

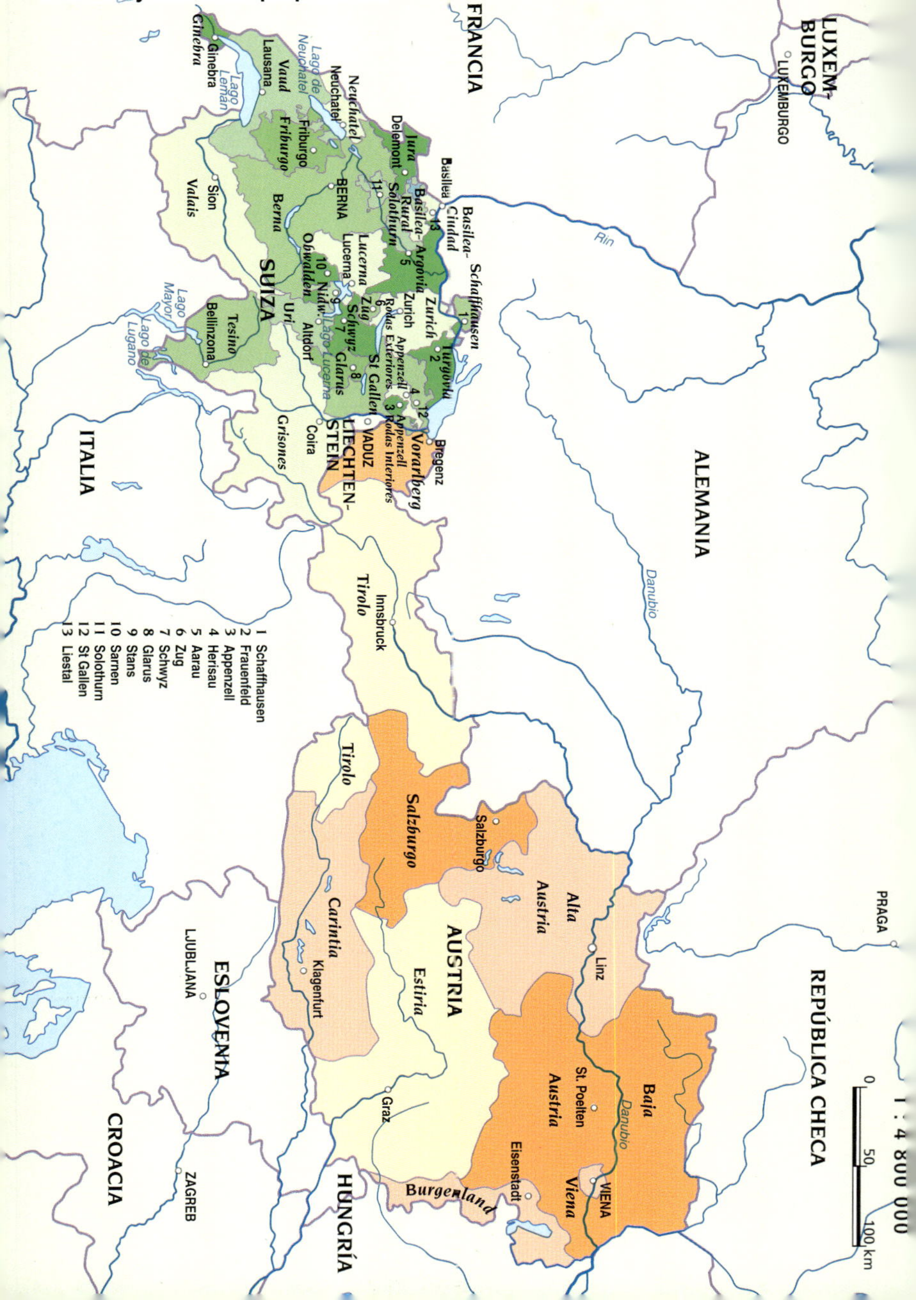

→ ***sehen***) prever, ver; ***es abgesehen haben auf*** (*ac*) poner la vista en; ***von et*** ~ prescindir de a/c

abseits ['-zaɪts] aparte; apartado; *dep* fuera de juego

'absend|en (*irr, sep, -ge-, h,* → ***senden***) mandar, enviar; remitir; **²er** *m* (*-s; -*) remitente *m*, expedidor *m*; *corr* ***an ~ zurück*** devuelto al remitente

'absetz|bar ['-zɛtsbɑːr] *com von der Steuer*: deducible; **~en** (*sep, -ge-, h*) **1.** *v/t* poner en el suelo; depositar; *j-n*: dejar (***am Bahnhof*** en la estación); *Beamten*: destituir; *com Waren*: dar salida a, colocar; *Betrag*: deducir

'Absicht *f* (*-; -en*) intención *f*, propósito *m*; **²lich** intencionado; *adv* adrede, de propósito

'absitzen (*irr, sep, -ge-, h,* → ***sitzen***): ***e-e Strafe ~*** cumplir (una) condena

absolut [-zo'luːt] absoluto; ~ ***nicht*** (no) ... en absoluto

absonder|lich [-'zɔndərliç] raro, extraño; **'~n** (*sep, -ge-, h*) separar, apartar; aislar; *med* secretar; **'²ung** *f* (*-; -en*) separación *f*; *med* secreción *f*

'abspeichern (*sep, -ge-, h*) *inform* almacenar

abspenstig ['-ʃpɛnstiç]: ~ ***machen*** quitar; sonsacar

'absperr|en (*sep, -ge-, h*) cerrar (con llave); *Wasser, Gas, el*: cortar; *Straße*: cerrar; **²ung** *f* (*-; -en*) cierre *m*; corte *m*

'abspielen (*sep, -ge-, h*) *mus* tocar; *Ball*: pasar; ***sich ~*** suceder, ocurrir

'Absprache *f* (*-; -n*) acuerdo *m*, convenio *m*

'ab|sprechen (*irr, sep, -ge-, h,* → ***sprechen***) *Recht, Verdienst usw*: negar; (*verabreden*) concertar; **~springen** (*irr, sep, -ge-, h,* → ***springen***) saltar; *Knopf usw*: desprenderse; *fig* retirarse

'Absprung *m* (*-[e]s; ⸚e*) salto *m*

'abspülen (*sep, -ge-, h*) lavar; *Geschirr*: fregar

'abstamm|en (*sep, h*) descender (***von*** de); **²ung** *f* (*-; sin pl*) descendencia *f*, origen *m*

'Abstand *m* (*-[e]s; ⸚e*) *a fig* distancia *f* (***halten*** guardar); intervalo *m*; *fig* ***mit ~*** con mucho

abstatten ['-ʃtatən] (*sep, -ge-, h*) *Besuch*: hacer; ***s-n Dank ~ für*** dar las gracias por

'abstauben (*sep, -ge-, h*) quitar el polvo (a), desempolvar; F *fig* birlar

'abstech|en (*irr, sep, -ge-, h,* → ***stechen***): ~ ***von*** contrastar con; **²er** *m* (*-s; -*): ***e-n ~ machen nach*** dar una vuelta por

'abstehend *Ohr*: separado

'absteigen (*irr, sep, -ge-, sn,* → ***steigen***) bajar, descender; *v Pferd, Fahrzeug*: apearse; *im Hotel*: hospedarse

'abstell|en (*sep, -ge-, h*) dejar (*a Wagen*), depositar; *Radio, TV*: apagar; *Maschine*: parar; *Wasser, Gas*: cerrar, cortar; *Missstand*: suprimir; **²gleis** *n* apartadero *m*; **²raum** *m* trastero *m*

'abstempeln (*sep, -ge-, h*) timbrar; *Marken*: matasellar

Abstieg ['-ʃtiːk] *m* (*-[e]s; -e*) bajada *f*; descenso *m* (*a dep*); *fig* decadencia *f*

'abstimm|en (*sep, -ge-, h*) **1.** *v/t* (*aufeinander*) armonizar; **2.** *v/i* ~ ***über*** (*ac*) votar (*ac*); **²ung** *f* (*-; -en*) votación *f*

Abstinenzler [-sti'nɛntslər] *m* (*-s; -*) abstemio *m*

'abstoß|en (*irr, sep, -ge-, h,* → ***stoßen***) repeler; *fig* repugnar; **~end** repugnante

abstrakt [-'strakt] abstracto

'abstreiten (*irr, sep, -ge-, h,* → ***streiten***) desmentir, negar

'Abstrich *m* (*-[e]s; -e*) *med* frotis *m*; *Abzug*: deducción *f*

'abstuf|en ['-ʃtuːfən] (*sep, -ge-, h*) graduar; matizar; **²ung** *f* (*-; -en*) graduación *f*; matización *f*

'Ab|sturz *m* (*-es; ⸚e*); caída *f*; **²stürzen** (*sep, -ge-, sn*) caer(se); *avia a* estrellarse; *im Gebirge*: despeñarse; *inform* colgarse

'absuchen (*sep, -ge-, h*) registrar; *Gelände*: batir

absurd [-'zurt] absurdo

Abszess [aps'tsɛs] *m* (*-es; -e*) absceso *m*

Abt [apt] *m* (*-[e]s; ⸚e*) abad *m*

'abtauen *v/t* (*sep, -ge-, h*) descongelar

Abtei [-'taɪ] *f* (*-; -en*) abadía *f*

Abteil *ferro* [-'taɪl] *n* (*-[e]s; -e*) compartim(i)ento *m*; **'~ung** *f* (*-; -en*) **a)** separación *f*; división *f*; **b)** [-'taɪluŋ] sección *f*; departamento *m*; **~ungsleiter(in *f*)** *m* jefe *m*, -a *f* de departamento

'abtippen F (*sep, -ge-, h*) pasar a máquina

Äbtissin [ɛp'tisin] *f* (*-; -nen*) abadesa *f*

'abtransportieren ['ap-] (*sep, h*) transportar
'abtreib|en (*irr, sep, -ge-, →* ***treiben***) **1.** *v/t* (*h*) *med* abortar; **2.** *v/i* (*sn*) *mar, avia* desviarse, ir a la deriva; **²ung** *med f* (-; *-en*) aborto *m* (provocado)
'abtrennen (*sep, -ge-, h*) separar; *Genähtes*: descoser
'abtret|en (*irr, sep, -ge-, →* ***treten***) **1.** *v/t* (*h*) ceder; *Füße*: limpiarse; **2.** *v/i* (*sn*) retirarse; **²er** *m* (*-s*; -) felpudo *m*; **²ung** *f* (-; *-en*) cesión *f*
'ab|trocknen (*sep, -ge-, h*) enjugar, secar; **~tropfen** (*sep, -ge-, sn*) escurrir(se)
'ab|urteilen (*sep, -ge-, h*) juzgar; **~wägen** (*wog ab, abgewogen, h*) ponderar; *Worte*: medir; **~warten** (*sep, -ge-, h*) esperar, aguardar
abwärts ['-vɛrts] (hacia *od* cuesta) abajo
'abwasch|bar lavable; **~en** (*irr, sep, -ge-, h, →* ***waschen***) lavar; *Geschirr*: fregar
'Abwasser *n* (*-s*; *⸚*) (*mst pl*) aguas *f/pl* residuales
'abwechs|eln (*sep, -ge-, h*) variar; *regelmäßig*: alternar; ***sich ~*** turnarse; **~elnd** *adv* por turno; **²lung** *f* (-; *-en*) variedad *f*; cambio *m*; ***zur ~*** para variar; **~lungsreich** variado
'Abwehr *f* (-; *sin pl*) defensa *f* (*a dep*); **²en** (*sep, -ge-, h*) rechazar; *Schlag*: parar
'abweich|en (*irr, sep, -ge-, sn, →* ***weichen***) apartarse, desviarse; (*anders sein*) diferir; **~end** diferente; **²ung** *f* (-; *-en*) desviación *f*; divergencia *f*; *fig* discrepancia *f*
'ab|weisen (*irr, sep, -ge-, h, →* ***weisen***) rechazar; **~wenden** (*irr, sep, -ge-, h, →* ***wenden***) apartar; *fig* evitar, prevenir; **~werfen** (*irr, sep, -ge-, h, →* ***werfen***) lanzar; *Reiter*: derribar; *Gewinn*: producir, arrojar; *Zinsen*: devengar
'abwert|en (*sep, -ge-, h*) devaluar (*a Währung*); **²ung** *f* (-; *-en*) devaluación *f*
'abwesen|d ['-veːzənt] ausente; **²heit** *f* (-; *-en*) ausencia *f*
'ab|wickeln (*sep, -ge-, h*) *Garn*: devanar; *fig* realizar; *fig* ***sich ~*** desarrollarse; **~wiegen** (*irr, sep, -ge-, h, →* ***wiegen***) pesar; **~wischen** (*sep, -ge-, h*) limpiar; *Nasses*: enjugar, secar
'Abwurf *m* (*-[e]s*; *⸚e*) lanzamiento *m*
'abwürgen (*sep, -ge-, h*) *Motor*: estrangular
'abzählen (*sep, -ge-, h*) contar
'abzahl|en (*sep, -ge-, h*) pagar a plazos; *Schuld*: saldar, liquidar; **²ung** *f* (-; *-en*) pago *m* a plazos; ***auf ~*** a plazos
'Abzeichen *n* (*-s*; -) distintivo *m*
'ab|zeichnen (*sep, -ge-, h*) copiar, dibujar; *Schriftstück*: rubricar; *fig* ***sich ~*** perfilarse; vislumbrarse; **~ziehen** (*irr, sep, -ge-, →* ***ziehen***) **1.** *v/t* (*h*) quitar (***das Bett*** las sábanas); *tip* tirar; *mat* restar, sustraer; *com* deducir; *vom Lohn*: retener; *Truppen*: retirar; **2.** *v/i* (*sn*) irse, marcharse; *Rauch*: salir
'Abzug *m* (*-[e]s*; *⸚e*) *fot* copia *f*; *tip* prueba *f*; *am Gewehr*: gatillo *m*; *com* deducción *f*; *v Preis*: descuento *m*; *v Lohn*: retención *f*; (*sin pl*) *mil* retirada *f*
abzüglich ['-tsyːkliç] menos
Abzweigung ['-tsvaiguŋ] *f* (-; *-en*) bifurcación *f*
ach! [ax] ¡ah!; ***~ so!*** ¡(ah,) ya!
Achse ['aksə] *f* (-; *-n*) eje *m*; (*Welle*) árbol *m*
Achsel ['-səl] *f* (-; *-n*) hombro *m*; ***mit den ~n zucken*** encogerse de hombros; **'~höhle** *f* sobaco *m*, axila *f*
acht [axt] **1.** ocho; ***in ~ Tagen*** dentro de ocho días; **2.** **²** *f* (-; *-en*) ocho *m*
Acht [axt] *f*: ***~ geben*** tener cuidado; ***~ geben auf*** (*ac*) cuidar de; ***sich in ~ nehmen*** tener cuidado; ***außer ~ lassen*** descuidar
'achte octavo; ***am*** (*od* ***den***) ***~n März*** el ocho de marzo
'Achteck *n* (*-[e]s*; *-e*) octágono *m*
'Achtel ['axtəl] *n* (*-s*; -) octavo *m*; **~finale** *n dep* octavos *m/pl* de final
achten ['-tən] (*ge-, h*) **1.** *v/t* estimar, apreciar; respetar; **2.** *v/i* ***~ auf*** (*ac*) fijarse en
achtens ['-təns] en octavo lugar
'Achter ['-tər] *mar m* (*-s*; -) bote *m* de a ocho; **~bahn** *f* montaña *f* rusa
'acht|hundert ochocientos; **~los** descuidado; **²'stundentag** *m* jornada *f* de ocho horas
Achtung ['axtuŋ] *f* (-; *sin pl*) estima (-ción) *f*; ***~ vor*** (*dat*) respeto *m* a; ***~!*** ¡cuidado!, *a mil* ¡atención!; ***alle ~!*** F ¡chapó!
achtzehn ['axtseːn] dieciocho

achtzig ['-siç] ochenta; ***in den ~er Jahren*** en los años ochenta
ächzen ['ɛçtsən] (*ge-*, *h*) gemir
'Acker ['akər] *m* (*-s*; *⸚*) campo *m*; **~bau** *m* (*-[e]s*; *sin pl*) agricultura *f*
addieren [a'diːrən] (*h*) sumar, adicionar
'Adel ['ɑːdəl] *m* (*-s*; *sin pl*) nobleza *f*
Ader ['ɑːdər] *f* (*-*; *-n*) vena *f* (*a fig u min*), arteria *f*
Adjektiv ['atjɛktiːf] *n* (*-s*; *-e*) adjetivo *m*
Adler ['ɑːdlər] *m* (*-s*; *-*) águila *f*
adlig ['ɑːdliç] noble
Admiral [atmi'rɑːl] *m* (*-s*; *-e*) almirante *m*
adopt|ieren [adɔp'tiːrən] (*h*) adoptar; **⁀ion** [-'tsjoːn] *f* (*-*; *-en*) adopción *f*; **⁀ivkind** [-'tiːfkint] *n* hijo *m* adoptivo
Adressbuch [a'drɛsbuːx] *n* guía *f* comercial, *Am* directorio *m*
A'dress|e [a'drɛsə] *f* (*-*; *-n*) dirección *f*, señas *f/pl*; **~enänderung** *f* cambio *m* de señas; **~enliste** *f* relación *f* de direcciones; **⁀'ieren** (*h*) dirigir (***an*** *ac* a); poner las señas; **~'iermaschine** *f* máquina *f* para imprimir direcciones
Advent [at'vɛnt] *m* (*-[e]s*; *raro -e*) Adviento *m*
Adverb [-'vɛrp] *n* (*-s*; *-bien*) adverbio *m*
Affäre [a'fɛːrə] *f* (*-*; *-n*) asunto *m*
Affe ['afə] *m* (*-n*; *-n*) mono *m*
affektiert [afɛk'tiːrt] afectado
Afrika|ner [afri'kɑːnər] *m* (*-s*; *-*), **~nerin** *f* (*-*; *-nen*), **⁀nisch** africano *m*, -a *f*
After ['aftər] *m* (*-s*; *-*) ano *m*
Agave *bot* [a'gɑːvə] *f* (*-*; *-n*) agave *m/f*, pita *f*
Agent [a'gɛnt] *m* (*-n*; *-n*), **~in** *f* (*-*; *-nen*) agente *su*; representante *su*; **~ur** [-'tuːr] *f* (*-*; *-en*) agencia *f*
aggressiv [agre'siːf] agresivo
A'grar|land [a'grɑːrlant] *n* país *m* agrícola; **~markt** *m* mercado *m* agrícola; **~politik** *f* política *f* agraria
Ägypt|er [ɛ'gyptər] *m* (*-s*; *-*), **~erin** *f* (*-*; *-nen*), **⁀isch** egipcio *m*, -a *f*
ähneln ['ɛːnəln] (*ge-*, *h*) parecerse a, (a)semejarse a
ahnen [ɑːnən] (*ge-*, *h*) sospechar; (*Vorgefühl haben*) presentir
'Ahnen *m/pl* antepasados *m/pl*
'ähnlich ['ɛːnliç] parecido, semejante; ***j-m ~ sehen*** parecerse a alg; *iron* ***das sieht ihm ~!*** es una de las suyas; **⁀keit** *f* (*-*; *-en*) parecido *m*, semejanza *f*
'Ahnung ['ɑːnuŋ] *f* (*-*; *-en*) presentimiento *m*; (*Vorstellung*) idea *f*; F ***keine ~!*** no tengo idea; **⁀slos** desprevenido
Ahorn *bot* ['ɑːhɔrn] *m* (*-s*; *-e*) arce *m*
Ähre ['ɛːrə] *f* (*-*; *-n*) espiga *f*
'Aids ['eɪdz] *n* (*-*; *sin pl*) SIDA *m*, sida *m*; **⁀krank** enfermo de sida; **~test** *m* prueba *f* del sida
'Air|bag ['ɛːrbɛg] *m* (*-s*; *-s*) *auto* bolsa *f* de aire; **~bus** *m* aerobús *m*, airbus *m*
Akadem|ie [akade'miː] *f* (*-*; *-en*) academia *f*; **~iker** [-'deːmikər] *m* (*-s*; *-*), **~ikerin** *f* (*-*; *-nen*) universitario *m*, -a *f*; **⁀isch** [-'-miʃ] académico; universitario
akklimatisieren [aklimati'ziːrən] (*h*) *a fig* aclimatar
Ak'kord [a'kɔrt] *m* (*-[e]s*; *-e*) *mus* acorde *m*; ***im ~ arbeiten*** trabajar a destajo; **~arbeit** *f* trabajo *m* a destajo
Akkordeon [-'-deɔn] *n* (*-s*; *-s*) acordeón *m*
Akkordlohn [-'-toːn] *m* salario *m* a destajo
Akku F ['aku] *m* (*-s*; *-s*), **~mulator** [-mu'lɑːtɔr] *m* (*-s*; *-en* [-la'toːren]) acumulador *m*
Akkusativ ['-zatiːf] *m* (*-s*; *-e*) acusativo *m*
Akne ['aknə] *f* (*-*; *sin pl*) acné *m*
Akrobat [akro'bɑːt] *m* (*-en*; *-en*), **~in** *f* (*-*; *-nen*) acróbata *su*
Akt [akt] *m* (*-[e]s*; *-e*) acto *m* (*a teat*); *Malerei*: desnudo *m*; **'~e** *f* (*-*; *-*) expediente *m*; acta *f*; ***zu den ~n legen*** archivar (*a fig*)
'Akten|deckel *m* carpeta *f*; **~koffer** *m* portafolios *m*, attaché *m*; **~mappe**, **~tasche** *f* cartera *f*; **~notiz** *f* apunte *m*; **~ordner** *m* clasificador *m*; **~schrank** *m* archivador *m*, clasificador *m*; **~zeichen** *n* referencia *f*
'Aktie ['aktsjə] *f* (*-*; *-n*) acción *f*; **~ngesellschaft** *f* sociedad *f* anónima; **~nmarkt** *m* mercado *m* de acciones; **~nmehrheit** *f* mayoría *f* de acciones
Aktion [ak'tsjoːn] *f* (*-*; *-en*) acción *f*; *Werbe⁀ usw*: campaña *f*; **~är** [-jo'nɛːr] *m* (*-s*; *-e*), **~ärin** *f* (*-*; *-nen*) accionista *su*
aktiv [ak'tiːf] activo; **⁀ität** [-tivi'tɛːt] *f* (*-*; *-en*) actividad *f*
aktuell [aktu'ɛl] actual, de actualidad
akustisch [a'kustiʃ] acústico
akut [a'kuːt] agudo (*a med*)
Akzent [ak'tsɛnt] *m* (*-[e]s*; *-e*) acento *m*

akzept|abel [-tsɛp'tɑːbəl] aceptable; **~'ieren** (*h*) aceptar
A'larm [a'larm] *m* (*-[e]s*; *-e*) alarma *f*, alerta *f*; ***blinder ~*** falsa alarma *f*; *a fig* ***~ schlagen*** dar la (voz de) alarma; **~anlage** *f* sistema *m od* dispositivo *m* de alarma; **≗'ieren** (*h*) alarmar (*a fig*)
Alaun [a'laʊn] *m* (*-s*; *sin pl*) alumbre *m*
Albdruck ['albdruk] *m* (*-[e]s*; *sin pl*) pesadilla *f*
albern ['albərn] necio, tonto
Album ['-bum] *n* (*-s*; *Alben*) álbum *m*
Alge ['-gə] *f* (*-*; *-n*) alga *f*
Algebra ['-gebrɑː] *f* (*-*; *sin pl*) álgebra *f*
Algeri|er [-'geːrjər] *m* (*-s*; *-*), **~erin** *f* (*-*; *-nen*), **≗sch** argelino *m*, -a *f*
Alibi ['ɑːlibi] *n* (*-s*; *-s*) coartada *f*
'Alkohol ['-kohoːl] *m* (*-[e]s*; *-e*) alcohol *m*; **≗frei** sin alcohol; **~gehalt** *m* graduación *f* alcohólica; **~iker** [-'hoːlikər] *m* (*-s*; *-*), **~ikerin** *f* (*-*; *-nen*) alcohólico *m*, -a *f*; **≗isch** [-'hoːliʃ] alcohólico; **~spiegel** *m* alcoholemia *f*; **~test** *m* prueba *f* de alcoholemia
all [al] **1.** todo (-a); **~e** *pl* todos (-as), todo el mundo; ***~e Länder*** todos los países; ***vor ~em*** sobre todo; ***~e drei Jahre*** cada tres años; ***~es*** todo; ***~es, was*** (todo) cuanto; todo lo que; **2.** **≗** *n* (*-s*; *sin pl*) universo *m*
'alle F acabado; ***~ werden*** acabarse
Allee [a'leː] *f* (*-*; *-n*) avenida *f*, paseo *m*
al'lein [a'laɪn] **1.** *adj* solo; ***~ der Gedanke*** la sola idea; **2.** *adv* sólo, solamente; **~ stehend** solo; (*ledig*) soltero; *Gebäude*: aislado
allenfalls ['alən'fals] a lo más
aller... ['alər...]: *in Zssgn mit Superlativ*: el más ... (de todos); **'~'beste** el mejor de todos; **~dings** ['-'diŋs] en efecto; (*einschränkend*) sin embargo; ***~!*** ¡ya lo creo!; *Am* ¿cómo no?
Allerg|ie [alɛr'giː] *f* (*-*; *-n*) alergia *f*; **≗isch** [-'-giʃ] alérgico (***gegen*** a)
aller|hand ['alər'hant] toda clase de; ***das ist ~!*** ¡esto es el colmo!; **≗heiligen** [-'haɪligən] *n* (*-*; *sin pl*) Todos los Santos; **'~'höchstens** a lo sumo; **'~'lei** toda clase de; **≗'seelen** *n* (*-*; *sin pl*) día *m* de los (Fieles) Difuntos; **~seits** ['-'zaɪts] por todas partes
alles *s* ***all***
alle|samt ['alə'zamt] todos juntos; **'≗skleber** *m* (*-s*; *-*) pegamento *m* universal, F pegalotodo *m*; **'~'zeit** siempre
allge'mein general; ***im ≗en*** por lo (*od* en) general; ***~ gültig*** universal; ***~ verständlich*** comprensible para todos; **≗arzt** *m* médico *m* de medicina general; **≗befinden** *n* estado *m* general; **≗bildung** *f* cultura *f* general; **≗heit** *f* (*-*; *sin pl*) generalidad *f*; público *m* (en general)
Alli|anz [ali'ants] *f* (*-*; *-en*) alianza *f*; **~ierte** [-'iːrtə] *m* (*-n*; *-n*) aliado *m*
all|'jährlich anual; *adv* todos los años; **~mählich** [-'mɛːliç] paulatino; *adv* poco a poco; **'≗radantrieb** *m* tracción *f* sobre las cuatro ruedas; **'≗tag** *m fig* vida *f* cotidiana; **~'täglich** diario, cotidiano; *fig* corriente; **'~zu**, **'~zu sehr**, **'~zu viel** demasiado
Alm [alm] *f* (*-*; *-en*) pasto *m* alpino
Almosen ['-moːzən] *n* (*-s*; *-*) limosna *f*
Alpdruck → ***Albdruck***
alpin [-'piːn] alpino, alpestre
als [als] *zeitlich*: cuando; *nach Komparativ*: que; *vor Zahlen*: de; ***nichts ~*** nada más que; ***~ ob*** como si; ***~ Ausländer*** como extranjero; ***schon ~ Kind*** ya de niño
also ['alzoː] *cj* por tanto, por consiguiente; ***~ gut!*** pues bien!
alt [alt] **1.** *adj* viejo; (*antik*, *ehemalig*) antiguo; (*gebraucht*) usado; ***wie ~ bist du?*** ¿qué edad *od* cuántos años tienes?; ***ich bin 20 Jahre ~*** tengo 20 años (de edad); ***gleich ~ sn*** tener la misma edad; **2.** **≗** *mus m* (*-s*; *sin pl*) contralto *m*
Al'tar [al'tɑːr] *m* (*-[e]s*; *⸚e*) altar *m*; **~bild** *n* retablo *m*
'Alte ['altə] *m*/*f* (*-n*; *-n*) anciano *m*, -a *f*, viejo *m*, -a *f*; **~nheim** *n* residencia *f* de ancianos *od* para la tercera edad
'Alter *n* (*-s*; *sin pl*) edad *f*; (*Greisen≗*) vejez *f*; ***im ~ von*** a la edad de
älter ['ɛltər] más viejo; *Person*: mayor; ***ein ~er Herr*** un señor de (cierta) edad; ***~ sn als*** tener más años que
alterna'tiv [altɛrna'tiːf] alternativo; **≗e** [-'-və] *f* (*-*; *-n*) alternativa *f*, opción *f*; **≗energie** *f* energía *f* alternativa
'Alters|diskriminierung ['altərsdiskriminiːruŋ] *f* discriminación *f* de la tercera edad; **~heim** *n* asilo *m od* residencia *f* de ancianos; **~rente** *f* pensión *f* de vejez; **~versicherung** *f* seguro *m* de vejez; **~versorgung** *f* pensiones *f*/*pl* de

vejez; **~vorsorge** *f* previsión *f* para la tercera edad; ***private ~*** previsión *f* privada para la tercera edad

'Alter|tum ['-tu:m] *n* (*-s*; *sin pl*) antigüedad *f*; **~tümer** ['-ty:mər] *n/pl* antigüedades *f/pl*; **2tümlich** antiguo, arcaico

'Alt|glas['altglas] *n* (*-es*; *sin pl*) vidrio *m* reciclable; **~glascontainer** [-kontɛnər] *m* contenedor *m* de vidrio reciclable; **~lasten** *f/pl* vertederos *m/pl* de residuos contaminantes; **~lastensanierung** *f* saneamiento *m* de vertederos de residuos contaminantes

'alt|modisch ['altmo:diʃ] pasado de moda; anticuado; **2papier** *n* papel *m* viejo; **2stadt** *f* casco *m* antiguo; **2stadtsanierung** *f* saneamiento *m* del casco antiguo

Alu|folie [alu'fo:ljə] *f* hoja *f* de aluminio; **~minium** [-'mi:njum] *n* (*-s*; *sin pl*) aluminio *m*

am [am] = ***an dem***

Amateur [ama'tø:r] *m* (*-s*; *-e*) aficionado *m*; *bsd dep*: amateur *m*

ambulan|t [-bu'lant] *med* ambulatorio; *com* ambulante; **2z** [-'lants] *f* (*-*; *-en*) (*Klinik*) ambulatorio *m*, dispensario *m*

'Ameise ['a:maɪzə] *f* (*-*; *-n*) hormiga *f*; **~nhaufen** *m* hormiguero *m*

Amerika|ner [ameri'ka:ner] *m* (*-s*; *-*), **~nerin** *f* (*-*; *-nen*), **2nisch** americano *m*, -a *f*

Amnestie [amnɛs'ti:] *f* (*-*; *-n*) amnistía *f*

Ampel ['ampəl] *f* (*-*; *-n*) (*Verkehrs2*) semáforo *m*, disco *m*

Ampere [-'pɛ:r] *n* (*-s*; *-*) amperio *m*

Amphitheater [am'fi:tea:tər] *n* anfiteatro *m*

Ampulle [-'pulə] *f* (*-*; *-n*) ampolla *f*

Ampu|tation [-puta'tsjo:n] *f* (*-*; *-en*) amputación *f*; **2'tieren** (*h*) amputar

Amsel ['-zəl] *f* (*-*; *-n*) mirlo *m*

Amt [amt] *n* (*-[e]s*; *⁻er*) oficina *f*; (*Posten*) cargo *m*; (*Tätigkeit*) función *f*; (*Aufgabe*) misión *f*; (*Behörde*) servicio *m*; negociado *m*; **2'ieren** (*h*) actuar (***als*** de); **2'ierend** en funciones; **'2lich** oficial

'Amts|arzt *m* médico *m* oficial; **~gericht** *n* juzgado *m* de primera instancia; **~zeit** *f* duración *f* del cargo

amüs|ant [amy'zant] divertido; **~'ieren** (*h*) (***sich***) ~ divertir(se)

an [an] *prp* **a)** *örtlich*: ***am Tisch*** a la mesa; ***~ der Wand*** en la pared; ***~ der Straße*** junto a la carretera; ***am Tajo*** a orillas del *od* sobre el Tajo; ***~ e-m Ort*** en un sitio; **b)** *zeitlich*: ***am Tage*** de día; ***am Abend*** por la noche; ***am nächsten Montag*** el lunes que viene; ***am 5. April*** el cinco de abril; ***am folgenden Tag*** al día siguiente

Analphabet [anˀalfa'be:t] *m* (*-en*; *-en*) analfabeto *m*

Analyse [ana'ly:zə] *f* (*-*; *-n*) análisis *m*

Ananas ['ananas] *f* (*-*; *-[se]*) piña *f* (de América); *Am* ananá(s) *m*

Anarchie [anar'çi:] *f* (*-*; *-n*) anarquía *f*

Anatomie [anato'mi:] *f* (*-*; *sin pl*) anatomía *f*

'Anbau *m* (*-[e]s*; *sin pl*) *agr* cultivo *m*; (*pl -ten*) *arqu* anexo *m*; **2en** (*sep*, *-ge-*, *h*) *agr* cultivar; *arqu* añadir; ampliar; **~möbel** *n/pl* muebles *m/pl* por elementos

'anbehalten (*irr*, *sep*, *h*, → ***behalten***) *Kleid usw*: dejar puesto

an'bei adjunto

'anbeißen (*irr*, *sep*, *-ge-*, *h*, → ***beißen***) *v/t* morder (en)

'anbelangen: ***was ... anbelangt*** en cuanto a ...

'anbeten (*sep*, *-ge-*, *h*) adorar

'Anbetracht: ***in ~*** (*gen*) en consideración a, teniendo en cuenta

'an|bieten (*irr*, *sep*, *-ge-*, *h*, → ***bieten***) ofrecer; **2bieter** *m* (*-s*; *-*) oferente *m*; **~binden** (*irr*, *sep*, *-ge-*, *h*, → ***binden***) atar (***an*** *ac* a)

'Anblick *m* (*-[e]s*; *-e*) vista *f*; (*Aussehen*) aspecto *m*; **2en** (*sep*, *-ge-*, *h*) mirar

'an|brechen (*irr*, *sep*, *-ge-*, → ***brechen***) **1.** *v/t* (*h*) empezar; **2.** *v/i* (*sn*) empezar; *Tag*: despuntar; *Nacht*: entrar; **~brennen** (*irr*, *sep*, *-ge-*, *sn*, → ***brennen***) *v/i* *Speisen*: quemarse; pegarse; ***angebrannt riechen*** oler a quemado; **~bringen** (*irr*, *sep*, *-ge-*, *h*, → ***bringen***) traer; (*befestigen*) fijar, colocar

'Anbruch *m* (*-[e]s*; *sin pl*) comienzo *m*; ***bei ~ des Tages*** al amanecer; ***bei ~ der Nacht*** al anochecer.

Anchovis → ***Anschovis***

An|dacht ['-daxt] *f* (*-*; *sin pl*) recogimiento *m*; (*pl -en*) (*Gottesdienst*) oficio *m* divino; **2dächtig** ['-dɛçtiç] devoto; *fig* atento

Andalus|ier [-da'lu:zjər] *m* (*-s*; *-*), **~ierin** *f* (*-*; *-nen*), **2isch** andaluz(a *f*) *m*

'andauern (*sep*, *-ge-*, *h*) continuar, persistir; **~d** continuo, permanente
'Andenken *n* (*-s*; *-*) memoria *f*; recuerdo *m*; ***zum ~ an*** (*ac*) en recuerdo de
'ander ['-dər] otro; ***~e*** otros; ***et ~es*** otra cosa; ***et ganz ~es*** algo muy distinto; ***nichts ~es als*** nada más que; ***alles ~e*** todo lo demás; ***alles ~e als*** todo menos que; ***unter ~em*** entre otras cosas; **~erseits** ['-rərzaɪts] por otra parte
ändern ['ɛndərn] (*ge-*, *h*) cambiar, modificar; ***s-e Meinung ~*** cambiar de parecer; ***sich ~*** cambiar
andernfalls ['andərnfals] de lo contrario
'anders ['-dərs] de otro modo, de otra manera; ***jemand ~*** otra persona; **~wo** en otra parte; **~wohin** a otra parte
anderthalb ['-dərthalp] uno y medio; ***~ Meter*** un metro y medio
Änderung ['ɛndəruŋ] *f* (*-*; *-en*) cambio *m*, modificación *f*
'andeut|en ['andɔʏtən] (*sep*, *-ge-*, *h*) indicar; dar a entender; **≗ung** *f* (*-*; *-en*) indicación *f*; alusión *f*
'Andrang *m* (*-[e]s*; *sin pl*) afluencia *f*
'andrehen (*sep*, *-ge-*, *h*) *Gas*, *Heizung*: abrir; ***das Licht ~*** dar la luz
aneignen ['-ˀaɪgnən] (*sep*, *-ge-*, *h*): ***sich*** (*dat*) ~ apropiarse; *Kenntnisse*: adquirir
anein'ander uno a *bzw* con otro; ***~ geraten*** tener un altercado (***mit*** con)
anerkannt ['-kant] reconocido; *fig* renombrado
'anerkenn|en (*irr*, *sep*, *h*, → ***erkennen***) reconocer, admitir; (*loben*) elogiar; **~end** elogioso; **≗ung** *f* (*-*; *sin pl*) reconocimiento *m*
'anfahren (*irr*, *sep*, *-ge-*, → ***fahren***) **1.** *v/t* (*h*) *Fußgänger*: atropellar; *fig* increpar; **2.** *v/i* (*sn*) *auto* arrancar
'Anfall *med m* (*-[e]s*; *⸚e*) acceso *m*, ataque *m*; **≗en** (*irr*, *sep*, *-ge-*, *h*, → ***fallen***) *v/t* atacar, acometer
'anfällig *med* propenso (***für*** a)
'Anfang *m* (*-[e]s*; *⸚e*) principio *m*, comienzo *m*; ***~ Januar*** a principios de enero; ***von ~ an*** desde un principio; **≗en** (*irr*, *sep*, *-ge-*, *h*, → ***fangen***) empezar, comenzar (***zu*** *inf* a)
Anfänger ['-fɛŋər] *m* (*-s*; *-*), **~in** *f* (*-*; *-nen*) principiante *su*
'anfangs ['-faŋs] al principio
'an|fassen (*sep*, *-ge-*, *h*) (*berühren*) tocar; ***mit ~*** echar una mano; **~fechten** (*irr*, *sep*, *-ge-*, *h*, → ***fechten***) *jur* impugnar; **~fertigen** (*sep*, *-ge-*, *h*) hacer, fabricar, elaborar; **~feuchten** ['-fɔʏçtən] (*sep*, *-ge-*, *h*) humedecer, mojar; **~feuern** (*sep*, *-ge-*, *h*) *fig* alentar, animar; **~fliegen** (*irr*, *sep*, *-ge-*, *h*, → ***fliegen***) *avia* hacer escala en
'Anflug *m* (*-[e]s*; *⸚e*) *avia* vuelo *m* de aproximación; *fig* deje *m*
'anforder|n (*sep*, *-ge-*, *h*) pedir (***von*** *j-m* a); exigir; **≗ung** *f* (*-*; *-en*) demanda *f*; exigencia *f*
'Anfrage *f* (*-*; *-n*) pregunta *f*; *pol* interpelación *f*; **≗n** (*sep*, *-ge-*, *h*) preguntar (***bei*** a); pedir informes (a)
'an|freunden ['-frɔʏndən] (*sep*, *-ge-*, *h*): ***sich ~ mit*** hacerse amigo de; **~fügen** (*sep*, *-ge-*, *h*) juntar, añadir
'anführ|en dirigir; *Liste*: encabezar; (*erwähnen*) mencionar; *Gründe*: alegar; *Zitat*: citar; (*täuschen*) F tomar el pelo a; **≗er** *m* jefe *m*; *bsd pol*, *dep* líder *m*; **≗ungszeichen** *n/pl* comillas *f/pl*
'Angabe *f* (*-*; *-n*) indicación *f*; información *f*; (*Anweisung*) instrucción *f*; F (*Prahlerei*) fanfarronada *f*; ***~n*** *pl* datos *m/pl*; ***nach amtlichen ~n*** según datos oficiales
'angeb|en (*irr*, *sep*, *-ge-*, *h*, → ***geben***) **1.** *v/t* indicar; (*aussagen*) declarar; *Namen*, *Ton*: dar; **2.** *v/i* F (*prahlen*) fanfarronear; **≗er** *m* (*-s*; *-*) F fanfarrón *m*, farolero *m*; **~lich** ['-geːpliç] supuesto, presunto; *adv* según dicen
'angeboren [-gəboːrən] innato; *med* congénito
'Angebot *n* (*-[e]s*; *-e*) *a com* oferta *f*
ange|bracht ['-braxt] oportuno, conveniente; **~heitert** ['-haɪtərt] achispado, F piripi
'angehen (*irr*, *sep*, *-ge-*, *h*) *v/t* (*betreffen*) referirse a; ***was ... angeht*** en cuanto a; ***das geht mich nichts an*** eso no me importa nada
'angehör|en (*sep*, *h*) (*dat*) pertenecer a, ser de; **≗ige** ['-rigə] *m* (*-n*; *-n*) miembro *m*; (*Verwandte*) familiar *m*; ***m-e ~n*** los míos, mi familia
Angeklagte ['-gəklaːktə] *m/f* (*-n*; *-n*) acusado *m*, -a *f*
Angel ['aŋəl] *f* (*-*; *-n*) caña *f* (de pescar); (*Tür≗*) gozne *m*, quicio *m*
Angelegenheit ['angəleːgənhaɪt] *f* (*-*;

-en) asunto *m*
angelernt ['angəlɛrnt]: **~er Arbeiter** *m* trabajador *m* semicalificado
'Angel|haken ['aŋəlhaːkən] *m* anzuelo *m*; **2n** (*ge-*, *h*) pescar (con caña); **~rute** *f* caña *f* de pescar; **~schnur** *f* sedal *m*
'ange|messen ['angə-] adecuado; *Preis*: razonable; **~nehm** agradable, grato; *j*: simpático; **~nommen** ['-nɔmən]: **~, dass** supuesto que (*subj*)
'angesehen respetado; *com* acreditado
'angesichts (*gen*) en vista de, delante de
Angestellte ['-ʃtɛltə] *m/f* (*-n*; *-n*) empleado *m*, -a *f*; **'~nversicherung** *f* seguro *m* de empleados
'ange|wiesen ['-viːzən]: **~ sn auf** (*ac*) depender de; **~wöhnen** (*sep*, *-ge-*, *h*) acostumbrar (***j-m et*** a alg a a/c); ***sich*** (*dat*) ***et*~** acostumbrarse a a/c; **2wohnheit** *f* (*-*; *-en*) costumbre *f*; ***schlechte* ~** vicio *m*
Angina [aŋ'giːna] *f* (*-*; *-nen*) angina(s) *f*(*pl*); ***~ pectoris*** angina *f* de pecho
'angleichen ['an-] (*irr*, *sep*, *-ge-*, *h*, → ***gleichen***) adaptar, ajustar
Angler ['aŋlər] *m* (*-s*; *-*), **~in** *f* (*-*; *-nen*) pescador(a *f*) *m* de caña
'angreif|en ['an-] (*irr*, *sep*, *-ge-*, *h*, → ***greifen***) atacar (*a fig*); **2er** *m* (*-s*; *-*), **2erin** *f* (*-*; *-nen*) agresor(a *f*) *m*
'angrenzen (*sep*, *-ge-*, *h*): ***~ an*** (*ac*) lindar con
'Angriff *m* (*-[e]s*; *-e*) ataque *m* (*a fig*); ***in ~ nehmen*** acometer, abordar
Angst [aŋst] *f* (*-*; *ⁿe*) miedo *m* (***vor*** a)
'ängst|igen ['ɛŋstigən] (*ge-*, *h*): (***sich***) **~** inquietar(se); **~lich** ['-liç] miedoso; (*beunruhigt*) inquieto; (*scheu*) tímido
'an|gucken ['an-] (*sep*, *-ge-*, *h*) mirar; **~haben** (*irr*, *sep*, *-ge-*, *h*, → ***haben***) *Kleidung*: llevar (puesto)
'anhalt|en (*irr*, *sep*, *-ge-*, *h*, → ***halten***) **1.** *v/t* parar, detener; *Atem*: contener; **2.** *v/i* parar(se); (*dauern*) durar; **2er** *m* (*-s*; *-*), **'2erin** *f* (*-*; *-nen*) autostopista *su*; ***per ~ fahren*** viajar por *od* hacer autostop; **2spunkt** *m* punto *m* de referencia
'Anhang *m* (*-[e]s*; *ⁿe*) apéndice *m*; (*sin pl*) *fig* partidarios *m/pl*; ***ohne ~*** sin familia
'anhäng|en (*sep*, *-ge-*, *h*) *v/t* colgar (***an*** *ac* de, en); *Wagen*: enganchar; **2er** *m* (*-s*; *-*) *pol* partidario *m*; *dep* aficionado *m*; (*Wagen*) remolque *m*; (*Schmuck*) colgante *m*; *am Koffer usw*: etiqueta *f*; **2erin** *f* (*-*; *-nen*) partidaria *f*; aficionada *f*; **2erkupplung** *f* enganche *m* para remolque; **~lich** fiel; afecto (a)
'an|häufen (*sep*, *-ge-*, *h*) acumular, amontonar; **~heften** (*sep*, *-ge-*, *h*) fijar, pegar (***an*** *ac* en); sujetar (a)
'Anhieb *m*: ***auf ~*** de golpe
'Anhöhe *f* (*-*; *-n*) colina *f*, cerro *m*
'anhören (*sep*, *-ge-*, *h*) escuchar; ***sich gut ~*** sonar bien
animieren [-'miːrən] (*h*) animar, estimular
A'nis [a'niːs] *m* (*-[es]*; *-e*) anís *m*
'Ankauf *m* (*-[e]s*; *ⁿe*) compra *f*
'Anker ['aŋkər] *m* (*-s*; *-*) *mar* ancla *f*; *Uhr*: áncora *f*; ***vor ~ gehen***, ***~ werfen*** echar anclas; ***vor ~ liegen*** estar anclado *od* surto; **2n** (*ge-*, *h*) anclar, fondear; **~platz** *m* fondeadero *m*
'Anklage ['an-] *f* (*-*; *-n*) acusación *f*; **2n** (*sep*, *-ge-*, *h*) acusar (***wegen*** de)
'anklammern (*sep*, *-ge-*, *h*): ***sich ~ an*** (*ac*) agarrarse a; *a fig* aferrarse a
'Anklang *m*: ***~ finden*** hallar buena acogida, ser bien acogido
'an|kleben (*sep*, *-ge-*, *h*) pegar, fijar; **~kleiden** (*sep*, *-ge-*, *h*): (***sich***) **~** vestir (-se); **~klicken** (*sep*, *-ge-*, *h*) *inform* hacer clic; **'~klopfen** (*sep*, *-ge-*, *h*) llamar (a la puerta); **'~knüpfen** (*sep*, *-ge-*, *h*) **1.** *v/t* anudar; *Gespräch*: entablar; ***Beziehungen ~*** entrar en relaciones (***zu j-m*** con alg); **2.** *v/i* ***~ an*** (*ac*) partir de
'ankommen (*irr*, *sep*, *-ge-*, *sn*, → ***kommen***) llegar (***in*** *dat* a); ***das kommt darauf an*** depende; ***darauf kommt es nicht an*** eso es lo de menos
'ankündig|en (*sep*, *-ge-*, *h*) anunciar; **2ung** *f* (*-*; *-en*) anuncio *m*, aviso *m*
'Ankunft ['-kunft] *f* (*-*; *sin pl*) llegada *f*; **~stag** *m* fecha *f* de llegada
'an|kurbeln (*sep*, *-ge-*, *h*) *Wirtschaft*: relanzar, reactivar; **~lächeln** (*sep*, *-ge-*, *h*) sonreír a
'Anlage *f* (*-*; *-n*) (*Anordnung*) disposición *f*; (*Geld*) inversión *f*; *tec* instalación *f*; *arqu* construcción *f*; (*Park*) jardín *m* público; (*Ferien2*) complejo *m* turístico; (*Talent*) disposición *f*; talento *m*; (*Beilage*) anexo *m*; ***in der ~*** adjunto; **~berater** *com m* asesor *m* de inversión;

~kapital *n* capital *m* invertido *bzw* fijo
Anlass ['-las] *m* (*-es*; *⸚e*) motivo *m*; (*Gelegenheit*) ocasión *f*; **~ geben zu** dar lugar para
'anlass|en (*irr*, *sep*, *-ge-*, *h*, → **lassen**) *Kleider*: dejar puesto; *Licht*: no apagar; *auto* arrancar; **⁀er** *m* (*-s*; *-*) arranque *m*
anlässlich ['-lɛsliç] (*gen*) con motivo *od* ocasión de
'Anlauf *m* (*-[e]s*; *⸚e*) arranque *m*; *dep* (**e-n**) **~ nehmen** tomar impulso; **⁀en** (*irr*, *sep*, *-ge-*, → **laufen**) **1.** *v/t* (*h*) *mar* hacer escala en; **2.** *v/i* (*sn*) *Maschine*: ponerse en marcha (*a fig*); *Glas*: empañarse
'anlege|n (*sep*, *-ge-*, *h*) **1.** *v/t* poner, colocar (**an** *ac* contra); *Gewehr*: apuntar; *Kapital*: invertir; *med* aplicar; **2.** *v/i mar* atracar; **⁀platz** *m*, **⁀stelle** *f mar* embarcadero *m*; **⁀r** *com m* (*-s*; *-*) inversor *m*
'anlehnen (*sep*, *-ge-*, *h*) adosar (**an** *ac* a), arrimar (a), apoyar (contra); *Tür*: entornar
Anleihe ['-laɪə] *f* (*-*; *-n*) empréstito *m*
'anleit|en (*sep*, *-ge-*, *h*) guiar, instruir; **⁀ung** *f* (*-*; *-en*) instrucciones *f/pl*
'Anlieg|en *n* (*-s*; *-*) deseo *m*, ruego *m*; petición *f*; **⁀end** *Kleid*: ceñido, ajustado; *Brief*: adjunto; **~er** *m* (*-s*; *-*) vecino *m*
'an|locken (*sep*, *-ge-*, *h*) atraer; **~lügen** (*irr*, *sep*, *-ge-*, *h*, → **lügen**): **j-n ~** mentir a alg; **~machen** (*sep*, *-ge-*, *h*) fijar; *Feuer*, *Licht*: encender; *Salat*: aderezar
'anmaß|en ['-maːsən] (*sep*, *-ge-*, *h*): **sich** (*dat*) *et* **~** arrogarse; **~end** presuntuoso, arrogante; **⁀ung** *f* (*-*; *-en*) presunción *f*, arrogancia *f*
'Anmeld|eformular ['-mɛldə-] *n* formulario *m* de inscripción; **⁀en** (*sep*, *-ge-*, *h*) avisar, anunciar; *auto* matricular; *beim Zoll*: declarar; **sich ~** inscribirse; *polizeilich*: darse de alta; *beim Arzt*: pedir hora; **~ung** *f* (*-*; *-en*) aviso *m*; inscripción *f*; alta *f*
'anmerk|en (*sep*, *-ge-*, *h*): **man merkt es ihm an** se le nota; **sich** (*dat*) **nichts ~ lassen** disimular; **⁀ung** *f* (*-*; *-en*) nota *f*
'Anmut *f* (*-*; *sin pl*) gracia *f*; **⁀ig** gracioso
'an|nageln (*sep*, *-ge-*, *h*) clavar; **~nähen** (*sep*, *-ge-*, *h*) coser
'annäher|nd *adv* aproximadamente; **⁀ung** *f* (*-*; *-en*) acercamiento *m*
Annahme ['anaːmə] *f* (*-*; *sin pl*) aceptación *f*; *Kind*, *Antrag usw*: adopción *f*; (*pl -n*) (*Vermutung*) suposición *f*
'annehm|bar ['aneːmbaːr] aceptable; **~en** (*irr*, *sep*, *-ge-*, *h*, → **nehmen**) aceptar, recibir; (*zulassen*) admitir; (*vermuten*) suponer; **sich e-r Sache ~** encargarse de a/c; **⁀lichkeit** *f* (*-*; *-en*) comodidad *f*
Annonc|e [a'nɔ̃sə] *f* (*-*; *-n*) anuncio *m*; **⁀'ieren** (*h*) poner un anuncio
annullieren [anu'liːrən] (*h*) anular
anonym [ano'nyːm] anónimo
Anorak ['-rak] *m* (*-s*; *-s*) anorak *m*
'anordn|en (*sep*, *-ge-*, *h*) disponer; (*befehlen*) ordenar; **⁀ung** *f* (*-*; *-en*) disposición *f* (**treffen** tomar); (*Befehl*) orden *f*
'anpass|en (*sep*, *-ge-*, *h*) ajustar; **sich ~** adaptarse (**an** *ac* a); **⁀ung** *f* (*-*; *-en*) adaptación *f*; **~ungsfähig** adaptable
'Anpfiff *m* (*-[e]s*; *-e*) *dep* pitada *f* inicial; F *fig* bronca *f*
'an|pflanzen (*sep*, *-ge-*, *h*) plantar; cultivar; **~preisen** (*irr*, *sep*, *-ge-*, *h*, → **preisen**) elogiar, alabar
'Anprob|e *f* (*-*; *-n*) prueba *f*, ensayo *m*; **⁀ieren** (*sep*, *h*) probarse
'an|pumpen (*sep*, *-ge-*, *h*) F dar un sablazo a; **~rechnen** (*sep*, *-ge-*, *h*) cargar en cuenta; **hoch ~** agradecer mucho
'Anrecht *n* (*-[e]s*; *-e*) derecho *m* (**auf** *ac* a)
'Anrede *f* (*-*; *-n*) tratamiento *m*; **⁀n** (*sep*, *-ge-*, *h*) dirigir la palabra a; **mit Sie ~** tratar de usted; **mit Du ~** tutear
'anreg|en (*sep*, *-ge-*, *h*) animar; *a med* estimular; (*vorschlagen*) sugerir; *Appetit*: abrir; **~end** excitante; *a med* estimulante; **⁀ung** *f* (*-*; *-en*) estímulo *m*; sugerencia *f*
'Anreiz *m* (*-es*; *-e*) estímulo *m*, incentivo *m*
'Anrichte ['-riçtə] *f* (*-*; *-n*) aparador *m*; **⁀n** (*sep*, *-ge-*, *h*) *Speisen*: aderezar; *Schaden usw*: ocasionar, causar
'Anruf *m* (*-[e]s*; *-e*) llamada *f*; **~beantworter** *m* (*-s*; *-*) contestador *m* automático (de llamadas); **⁀en** (*irr*, *sep*, *-ge-*, *h*, → **rufen**) llamar
'anrühren (*sep*, *-ge-*, *h*) tocar; *Farbe usw*: mezclar; *Teig*: amasar
'Ansage ['-zaːgə] *f* (*-*; *-n*) *TV usw*: presentación *f*; **⁀n** (*sep*, *-ge-*, *h*) avisar,

anunciar; **~r** *m* (*-s*; -), **'~rin** *f* (-; *-nen*) *Radio*: locutor(a *f*) *m*; *TV* presentador(a *f*) *m*

'Ansammlung *f* (-; *-en*) reunión *f*; aglomeración *f* (*a v Menschen*)

'ansässig ['-zɛsiç] domiciliado (**in** *dat* en)

'anschaff|en (*sep*, *-ge-*, *h*) adquirir, comprar; **≈ung** *f* (-; *-en*) adquisición *f*

'anschalten (*sep*, *-ge-*, *h*) *Licht*: encender; *Gerät*: conectar

'anschau|en (*sep*, *-ge-*, *h*) mirar; contemplar; **~lich** expresivo; **≈ung** *f* (-; *-en*) (*Meinung*) opinión *f*; modo *m* de ver

'Anschein *m* (*-[e]s*; *sin pl*) apariencia *f*; **≈end** *adv* por lo visto, al parecer

'Anschlag *m* (*-[e]s*; *⸚e*) *tec* tope *m*; *mus u Schreibmaschine*: pulsación *f*; (*Plakat*) letrero *m*, cartel *m*; (*Mord≈*) atentado *m* (**auf** *ac* a); **~brett** *n* tablón *m* de anuncios; cartelera *f*; **≈en** (*irr*, *sep*, *-ge-*, → **schlagen**) **1.** *v/t* (*h*) fijar (*a Plakat*); **2.** *v/i* (*h u sn*) dar (**an** *ac* contra); *Hund* (*h*): ladrar; (*wirken*) surtir efecto; **~säule** *f* columna *f* anunciadora; **~tafel** *f* tablón *m* de anuncios

'anschließen (*irr*, *sep*, *-ge-*, *h*, → **schließen**) unir; *el* conectar, enchufar (**an** *ac* a, con); **sich ~ an** (*ac*) unirse, adherirse a; **~d** siguiente; *adv* a continuación

'Anschluss *m* (*-es*; *⸚e*) *tec* conexión *f* (*a el*); *tel* comunicación *f*; *Gas*, *Wasser*: acometida *f*; *ferro*, *avia* enlace *m*, correspondencia *f*; **~ suchen** (**finden**) buscar (encontrar) compañía; **~flug** *m* vuelo *m* de enlace; **~zug** *m* tren *m* de enlace

'anschnall|en (*sep*, *-ge-*, *h*) sujetar, atar; *auto*, *avia* **sich ~** abrocharse el cinturón; **≈gurt** *m* cinturón *m* (de seguridad); **≈pflicht** *f* uso *m* obligatario del cinturón de seguridad

'an|schnauzen (*sep*, *-ge-*, *h*) F echar una bronca a; **~schneiden** (*irr*, *sep*, *-ge-*, *h*, → **schneiden**) empezar; *fig* abordar

Anschovis [-'ʃoːvis] *f* (-; -) anchoa *f*

'an|schrauben (*sep*, *-ge-*, *h*) atornillar; **~schreiben** (*irr*, *sep*, *-ge-*, *h*, → **schreiben**) *j-n*: escribir a; **~ lassen** comprar fiado; **~schreien** (*irr*, *sep*, *-ge-*, *h*, → **schreien**): **j-n ~** gritar a alg

'Anschrift *f* (-; *-en*) dirección *f*, señas *f/pl*

'anschwellen (*irr*, *sep*, *-ge-*, *sn*, → **schwellen**) *med* hincharse

'ansehen 1. *v/t* (*irr*, *sep*, *-ge-*, *h*, → **sehen**) mirar; **~ für** *od* **als** (*ac*) considerar como; **man sieht es ihm an** se le ve en la cara; **2. ≈** *n* (*-s*; *sin pl*) *fig* reputación *f*, prestigio *m*

ansehnlich ['-zəːnliç] de buena presencia, vistoso; considerable

'an|seilen ['-zaɪlən] (*sep*, *-ge-*, *h*): **sich ~** encordarse; **~setzen** (*sep*, *-ge-*, *h*) juntar, unir; *Termin*: señalar, fijar; **Fett ~** echar carnes

'Ansicht *f* (-; *-en*) vista *f*; (*Meinung*) parecer *m*, opinión *f*; *com* **zur ~** como muestra; **~skarte** *f* postal *f* (ilustrada)

'ansiedeln (*sep*, *-ge-*, *h*) (**sich**) **~** asentar(se), establecer(se)

'anspann|en (*sep*, *-ge-*, *h*) *Pferd*: enganchar; **s-e Kräfte ~** hacer un esfuerzo; **≈ung** *f* (-; *-en*) tensión *f*

'anspiel|en (*sep*, *-ge-*, *h*) *dep* hacer el saque; *fig* **~ auf** (*ac*) aludir a; **≈ung** *f* (-; *-en*) alusión *f*

'Ansporn *m* (*-[e]s*; *sin pl*) estímulo *m*

'Ansprache *f* (-; *-n*) alocución *f*

'ansprechen (*irr*, *sep*, *-ge-*, *h*, → **sprechen**) dirigir la palabra a; **~d** simpático, agradable

'anspringen *v/i* (*irr*, *sep*, *-ge-*, *sn*, → **springen**) *Motor*: arrancar

'Anspruch *m* (*-[e]s*; *⸚e*) (*Recht*) derecho *m* (**auf** a); pretensión *f* (a); **~ erheben auf** (*ac*) reclamar (*a/c*); reivindicar; **in ~ nehmen** recurrir a; **≈slos** modesto, sin pretensiones; **≈svoll** exigente

Anstalt ['-ʃtalt] *f* (-; *-en*) establecimiento *m*; institución *f*, instituto *m*

'An|stand *m* (*-[e]s*; *sin pl*) decencia *f*, decoro *m*; **≈ständig** decente, decoroso

'anstandshalber ['-halbər] para guardar el decoro

'anstarren (*sep*, *-ge-*, *h*) mirar fijamente

anstatt [-'ʃtat] (*gen*, **zu** *inf*) en vez de

'ansteck|en (*sep*, *-ge-*, *h*) *v/t* prender; *Ring*: ponerse; *Zigarette*: encender; *med* contagiar; **~end** contagioso; **≈ung** *med* *f* (-; *-en*) contagio *m*, infección *f*

'anstehen (*irr*, *sep*, *-ge-*, *h u sn*, → **stehen**) (*Schlange stehen*) hacer cola

'ansteigen (*irr*, *sep*, *-ge-*, *sn*, → **steigen**) subir; *fig a* aumentar

an'stelle (*gen*) en lugar de, en vez de

'anstell|en (*sep*, *-ge-*, *h*) *Radio usw*: poner; *Personal*: emplear; **sich (hinten) ~** hacer cola; **sich (un)geschickt ~** darse buena (mala) maña; **≈ung** *f* (-; *-en*) empleo *m*, colocación *f*

Anstieg ['-ʃtiːk] *m* (*-[e]s*; *-e*) subida *f* (*a fig*)

'anstift|en (*sep*, *-ge-*, *h*) *j-n*: instigar (**zu** *ac* a); **≈ung** *f* (-; *-en*) instigación *f*

'anstimmen (*sep*, *-ge-*, *h*) *Lied*: entonar

'Anstoß *m* (*-es*; *⸚e*) (*Antrieb*) impulso *m*; *dep* saque *m* inicial; **~ erregen** causar escándalo; **~ nehmen** escandalizarse (**an** *dat* de, con); **≈en** (*irr*, *sep*, *-ge-*, *sn*, → **stoßen**) *v/i* tropezar (**an** *ac* con), chocar (contra); **auf j-n ~** brindar por alg

anstößig ['-ʃtøːsiç] chocante, escandaloso

'anstreichen (*irr*, *sep*, *-ge-*, *h*, → **streichen**) pintar; *Stelle*: marcar

'anstreng|en ['-ʃtrɛŋən] (*sep*, *-ge-*, *h*) cansar; **sich ~** esforzarse; **~end** fatigoso, penoso; **≈ung** *f* (-; *-en*) esfuerzo *m*

'Anstrich *m* (*-[e]s*; *-e*) (capa *f* de) pintura *f*

'Ansturm *m* (*-[e]s*; *⸚e*) *fig* afluencia *f*

'Anteil *m* (*-[e]s*; *-e*) parte *f*; *fig* interés *m*; **~nahme** ['-naːmə] *f* (-; *sin pl*) interés *m*; simpatía *f*

Antenne [-'tɛnə] *f* (-; *-n*) antena *f*

Anti... ['anti...]: *in Zssgn* anti...; **~'babypille** *f* píldora *f* (anticonceptiva); **~biotikum** [-bi'oːtikum] *n* (*-s*; *-tika*) antibiótico *m*; **~blo'ckiersystem** *n* *auto* sistema *m* antibloqueo (de frenos)

an'tik [-'tiːk] antiguo; **≈e** *f* (-; *sin pl*) edad *f* antigua, antigüedad *f*

Anti|lope [-ti'loːpə] *f* (-; *-n*) antílope *m*; **~pathie** [-pa'tiː] *f* (-; *sin pl*) antipatía *f*

Anti|quariat [-kvar'jaːt] *n* (*-[e]s*; *-e*) librería *f* de lance *od* de ocasión; **~quitätengeschäft** [-kvi'tɛːtən-] *n* tienda *f* de antigüedades

Antisemitismus [-zemi'tismus] *m* (-; *sin pl*) antisemitismo *m*

'Antrag ['-traːk] *m* (*-[e]s*; *⸚e*) (*Gesuch*) solicitud *f*; instancia *f*; **~sformular** *n* modelo *m* de instancia; **~steller** ['-ʃtɛlər] *m* (*-s*; -) solicitante *m*

'an|treffen (*irr*, *sep*, *-ge-*, *h*, → **treffen**) encontrar; **~treiben** (*irr*, *sep*, *-ge-*, *h*, → **treiben**) *tec* accionar; *jur*, *avia* propulsar; *fig* estimular; **~treten** (*irr*, *sep*, *-ge-*, *h*, → **treten**) *Reise*: emprender; *Arbeit*: empezar

'Antrieb *m* (*-[e]s*; *-e*) *tec* accionamiento *m*; impulso *m* (*a fig*); *avia*, *mar* propulsión *f*; **aus eigenem ~** espontáneamente

'Antritt *m*: **vor ~ der Reise** antes de emprender el viaje

'antun (*irr*, *sep*, *-ge-*, *h*, → **tun**) *Gewalt*, *Ehre*: hacer; **sich** (*dat*) **et ~** atentar contra la propia vida

'Antwort ['antvɔrt] *f* (-; *-en*) contestación *f*, respuesta *f*; **≈en** (*ge-*, *h*) contestar, responder (**auf** *ac* a); **~(post)karte** *f* tarjeta *f* postal-respuesta

'an|vertrauen (*sep*, *h*) confiar; **sich j-m ~** confiarse a alg; **~wachsen** (*irr*, *sep*, *-ge-*, *sn*, → **wachsen**) *fig* crecer

Anwalt ['-valt] *m* (*-[e]s*; *⸚e*) abogado *m*

'anwärmen (*sep*, *-ge-*, *h*) calentar

'Anwärter *m* (*-s*; -) aspirante *m*, candidato *m* (**auf** *ac* a)

'anweis|en (*irr*, *sep*, *-ge-*, *h*, → **weisen**) ordenar; (*anleiten*) instruir; *Geld*: consignar, girar; *Platz*: indicar; **≈ung** *f* (-; *-en*) instrucciones *f/pl*; (*Geld*) giro *m*

'anwend|en ['-vɛndən] (*irr*, *sep*, *-ge-*, *h*, → **wenden**) emplear, utilizar; aplicar (**auf** *ac* a); **'≈ersoftware** *f* software *m* aplicativo *od* de usuario; **≈ung** *f* (-; *-en*) empleo *m*; aplicación *f*

'anwesen|d presente; **~ sein bei** asistir a; **≈heit** *f* (-; *sin pl*) presencia *f*

anwidern ['-viːdərn] (*sep*, *-ge-*, *h*) repugnar

'Anzahl *f* (-; *sin pl*) número *m*, cantidad *f*; **≈en** (*sep*, *-ge-*, *h*) pagar a cuenta; **~ung** *f* (-; *-en*) pago *m* a cuenta

'Anzeichen *n* (*-s*; -) señal *f*; (*Vorzeichen*) presagio *m*; *med* síntoma *m*

'Anzeige ['-tsaɪgə] *f* (-; *-n*) *com* aviso *m*; (*Zeitungs≈*) anuncio *m*; *jur* denuncia *f*; **≈n** (*sep*, *-ge-*, *h*) indicar; (*ankündigen*) anunciar; avisar; *jur* denunciar

'anzieh|en (*irr*, *sep*, *-ge-*, *h*, → **ziehen**) *v/t* atraer (*a fig*); *Kleidung*: ponerse; *Schraube*, *Bremse*: apretar; **sich ~** vestirse; **~end** atrayente, atractivo; **≈ung** *f* (-; *sin pl*) atracción *f* (*a fig*)

'Anzug *m* (*-[e]s*; *⸚e*) traje *m*; conjunto *m*

anzüglich ['-tsyːkliç] picante

'anzünd|en (*sep*, *-ge-*, *h*) encender; *Haus*: incendiar; **≈er** *m* (*-s*; -) encendedor *m*

apathisch [a'paːtiʃ] apático

Aperitif [aperi'tiːf] *m* (*-s*; *-s*) aperitivo *m*
'Apfel ['apfəl] *m* (*-s*; *¨*) manzana *f*; **~baum** *m* manzano *m*; **~mus** *n* puré *m* de manzana; **~sine** [-'ziːnə] *f* (*-*; *-n*) naranja *f*; **~'sinenbaum** *m* naranjo *m*; **~wein** *m* sidra *f*
Apostel [a'pɔstəl] *m* (*-s*; *-*) apóstol *m*
Apo'theke [apo'teːkə] *f* (*-*; *-n*) farmacia *f*; **~r** *m* (*-s*; *-*), **~rin** *f* (*-*; *-nen*) farmacéutico *m*, -a *f*
Apparat [apa'raːt] *m* (*-[e]s*; *-e*) aparato *m*; *fot* máquina *f*; *tel* teléfono *m*; ***bleiben Sie am ~!*** ¡no cuelgue!
Appartement [apart(ə)'mɑ̃ː] *n* (*-s*; *-s*) apartamento *m*; estudio *m*
Appell [a'pɛl] *m mil* llamada *f*; *fig* llamamiento *m*
Appe'tit [apə'tiːt] *m* (*-[e]s*; *-e*) apetito *m*; ***guten ~!*** ¡que aproveche!; **&lich** apetitoso; **~losigkeit** *f* falta *f* de apetito
Applaus [a'plaus] *m* (*-es*; *sin pl*) aplauso *m*
Apri'kose [apri'koːzə] *f* (*-*; *-n*) albaricoque *m*, *Am* damasco *m*
A'pril [a'pril] *m* (*-[s]*; *raro -e*) abril *m*
Aquädukt [akvɛ'dukt] *m* (*-[e]s*; *-e*) acueducto *m*
Aquarell [akva'rɛl] *n* (*-s*; *-e*) acuarela *f*
Aquarium [a'kvaːrjum] *n* (*-s*; *-rien*) acuario *m*
Äquator [ɛ'kvaːtɔr] *m* (*-s*; *sin pl*) ecuador *m*
Ar [aːr] *n* (*-[e]s*; *-e*, *después de números inv*) área *f*
Ära ['ɛːra] *f* (*-*; *Ären*) era *f*
Arab|er ['arabər] *m* (*-s*; *-*), **~erin** *f* (*-*; *-nen*), **&isch** [a'raːbiʃ] árabe *su*
'Arbeit ['arbait] *f* (*-*; *-en*) trabajo *m*; (*Werk*) obra *f*; (*Aufgabe*) tarea *f*; **&en** (*ge-*, *h*) trabajar; *Maschine*: funcionar, marchar
'Arbeiter *m* (*-s*; *-*), **'~in** *f* (*-*; *-nen*) trabajador(a *f*) *m*; obrero *m*, -a *f*; **~...** *in Zssgn mst* obrero
'Arbeit|geber *m* patrono *m*; **~geberanteil** *m* cuota *f* patronal; **~geberverband** *m* (asociación *f*) patronal *f*; **~nehmer** ['-neːmər] *m* (*-s*; *-*) empleado *m*; **~nehmeranteil** *m* cuota *f* del empleado
'Arbeits|amt *n* oficina *f* de empleo; **~bedingungen** *f/pl* condiciones *f/pl* de trabajo; **~beschaffung** *f* creación *f* de empleo; **~erlaubnis** *f* permiso *m* de trabajo; **~essen** *n* comida *f* (almuerzo *m*, cena *f*) de trabajo; **&fähig** capaz de trabajar; **~kampf** *m* lucha *f* laboral; **~kräfte** ['-krɛftə] *f/pl* mano *f* de obra; **&los** sin trabajo, parado, en paro; **~losengeld** *n* (*-[e]s*; *-er*) subsidio *m* de paro *od* de desempleo; **~losenversicherung** *f* seguro *m* contra el paro; **~losigkeit** *f* paro *m* (forzoso), desempleo *m*; **~platz** *m* puesto *m* de trabajo; (*Stelle*) empleo *m*; (*Ort*) lugar *m* de trabajo; **~speicher** *m inform* memoria *f* RAM; **~tag** *m* jornada *f* laboral; **~teilung** *f* división *f* del trabajo; **&unfähig** incapaz para el trabajo; inválido; **~unfall** *m* accidente *m* de trabajo; **~zeit** *f* horas *f/pl* de trabajo, jornada *f* laboral; **~zeitverkürzung** *f* reducción *f* del horario laboral
Archäologie [arçɛolo'giː] *f* (*-*; *sin pl*) arqueología *f*
Architekt [-çi'tɛkt] *m* (*-en*; *-en*), **~in** *f* (*-*; *-nen*) arquitecto *m*, -a *f*; **~ur** [-'tuːr] *f* (*-*; *-en*) arquitectura *f*
Archiv [-'çiːf] *n* (*-s*; *-e*) archivo *m*
Arena [a'reːna] *f* (*-*; *-nen*) arena *f*; *taur* plaza *f* de toros
arg [ark] malo; grave; (*sehr*) muy
Argentin|ier [argɛn'tiːnjər] *m* (*-s*; *-*), **~ierin** *f* (*-*; *-nen*), **&isch** argentino *m*, -a *f*
'Ärger ['ɛrgər] *m* (*-s*; *sin pl*) disgusto *m*; (*Unmut*) enfado *m*, enojo *m*; **&lich** *et*: enojoso; *j*: enfadado (**über** *ac* por); **&n** (*ge-*, *h*) enfadar, disgustar; ***sich ~*** enfadarse; **~nis** *n* (*-ses*; *-se*) escándalo *m*; contrariedad *f*
'arg|listig ['arklistiç] malicioso; *jur* doloso; **~los** ingenuo
Argument [-gu'mɛnt] *n* (*-[e]s*; *-e*) argumento *m*
Arg|wohn ['arkvoːn] *m* (*-s*; *sin pl*) sospecha *f*; recelo *m*; **&wöhnisch** ['-vøːniʃ] receloso, suspicaz
Arie ['aːrjə] *f* (*-*; *-n*) aria *f*
arktisch ['arktiʃ] ártico
arm [arm] pobre (***an*** *dat* en)
Arm [arm] *m* (*-[e]s*; *-e*) brazo *m*; F *fig j-n* ***auf den ~ nehmen*** tomar el pelo a
Armaturenbrett [arma'tuːrənbrɛt] *n* tablero *m* de instrumentos, cuadro *m* de mandos
'Arm|band ['armbant] *n* (*-[e]s*; *¨er*) pulsera *f*; **~banduhr** *f* reloj *m* de pulsera;

~binde *f* brazalete *m*; *med* cabestrillo *m*
Armee [ar'meː] *f* (-; *-n*) ejército *m*
Ärmel ['ɛrməl] *m* (*-s*; -) manga *f*
Armleuchter ['arm-] *m* candelabro *m*; P *fig* gilipollas *m P*
ärmlich ['ɛrmliç] *s* ***armselig***
'Arm|reif ['armraɪf] *m* brazalete *m*; **≗selig** pobre, miserable, mísero
Armut ['armuːt] *f* (-; *sin pl*) pobreza *f*
Aroma [a'roːma] *n* (*-s*; *-men*) aroma *m*
Arrest [a'rɛst] *m* (*-[e]s*; *-e*) arresto *m*
arrogant [aro'gant] arrogante
Arsch [arʃ] V *m* (*-[e]s*; *⸚e*) P culo *m*; **'~loch** V *fig n* P mierda *m*
Art [ɑːrt] *f* (-; *-en*) (*Weise*) manera *f*; (*Gattung*) clase *f*, categoría *f*; *a biol* especie *f*; (*Eigen≗*) índole *f*
Ar'terie [ar'teːrjə] *f* (-; *-n*) arteria *f*; **~nverkalkung** *f* arteriosclerosis *f*
artig ['ɑːrtiç] *Kind*: formal, bueno
Artikel [ar'tiːkəl] *m* (*-s*; -) artículo *m*
Artillerie [-tilə'riː] *f* (-; *-n*) artillería *f*
Artischocke *bot* [-ti'ʃɔkə] *f* (-; *-n*) alcachofa *f*
Artist [-'tist] *m* (*-en*; *-en*), **~in** *f* (-; *-nen*) artista *su* de circo, acróbata *su*
Arznei [arts'naɪ] *f* (-; *-en*), **~mittel** *n* medicamento *m*, fármaco *m*
Arzt [artst] *m* (*-es*; *⸚e*) médico *m*
Arzthelferin ['artsthɛlfərin] *f* auxiliar *f* de médico
'Ärzt|in ['ɛrtstin] *f* (-; *-nen*) médica *f*; **≗lich** médico, facultativo
As → ***Ass***
Asbest [-'bɛst] *m* (*-[e]s*; *-e*) amianto *m*
'Asche ['aʃə] *f* (-; *-n*) ceniza *f*; **~nbecher** *m* cenicero *m*
Aschermittwoch [aʃər'mitvɔx] *m* miércoles *m* de ceniza
Asiat [az'jɑːt] *m* (*-en*; *-en*), **~in** *f* (-; *-nen*), **≗isch** asiático *m*, -a *f*
asozial ['azotsjɑːl] antisocial
Aspekt [as'pɛkt] *m* (*-[e]s*; *-e*) aspecto *m*
Asphal|t [-'falt] *m* (*-[e]s*; *-e*) asfalto *m*; **≗'tieren** (*h*) asfaltar
Aspirin [aspi'riːn] *Wz n* (*-s*; *sin pl*) aspirina *f* (*Wz*)
Ass [as] *n* (*-es*; *-e*) *Karten u fig* as *m*
Assisten|t [asis'tɛnt] *m* (*-en*; *-en*), **~tin** *f* (-; *-nen*) asistente *su*, ayudante *su*; **~zarzt** [-'-sˀartst] *m* médico *m* ayudante
Ast [ast] *m* (*-[e]s*; *⸚e*) rama *f*
Aster *bot* ['astər] *f* (-; *-n*) aster *m*
Asthma ['astma] *n* (*-s*; *sin pl*) asma *f*
Astro|logie [astrolo'giː] *f* (-; *sin pl*) astrología *f*; **~naut** [-'naʊt] *m* (*-en*; *-en*) astronauta *m*; **~nomie** [-no'miː] *f* (-; *sin pl*) astronomía *f*
A'syl [a'zyːl] *n* (*-s*; *sin pl*) asilo *m*; **~ant** [-zy'lant] *m* (*-en*; *-en*) asilado *m*; **~antrag** *m* petición *f* de asilo; **~bewerber** *m* solicitante *m* de asilo
Atelier [atəl'jeː] *n* (*-s*; *-s*) taller *m*; *Malerei*, *Film*: estudio *m*
'Atem ['ɑːtəm] *m* (*-s*; *sin pl*) aliento *m*; respiración *f*; ***außer* ~** sin aliento; **~beschwerden** *f/pl* molestias *f/pl* respiratorias; **≗los** sin aliento; **~pause** *f fig* respiro *m*; **~zug** *m* inspiración *f*
Atheist [ate'ist] *m* (*-en*; *-en*), **~in** *f* (-; *-nen*), **≗isch** ateo *m*, -a *f*
Äther ['ɛːtər] *m* (*-s*; *sin pl*) éter *m*
Athlet [at'leːt] *m* (*-en*; *-en*), **~in** *f* (-; *-nen*) atleta *su*
Atlas ['-las] *m* **a**) (*Landkarte*) (*-[ses]*; *Atlanten*, *-se*) atlas *m*; **b**) (*Stoff*) (*-[ses]*; *-se*) raso *m*; satén *m*
atmen ['ɑːtmən] (*ge-*, *h*) respirar
Atmosphäre [atmɔs'fɛːrə] *f* (-; *-n*) atmósfera *f*; *fig* ambiente *m*
Atmung ['ɑːtmuŋ] *f* (-; *sin pl*) respiración *f*
A'tom [a'toːm] *n* (*-s*; *-e*) átomo *m*; **≗ar** [ato'mɑːr] atómico; **~bombe** *f* bomba *f* atómica; **~energie** *f* energía *f* atómica; **~kraftgegner** *m/pl* antinucleares *m/pl*; **~kraftwerk** *n* central *f* atómica *od* nuclear
Attaché [ata'ʃeː] *m* (*-s*; *-s*) agregado *m*
'Atten|tat ['atəntɑːt] *n* (*-[e]s*; *-e*) atentado *m*; **~täter** *m* autor *m* de un atentado
Attest [a'tɛst] *n* (*-[e]s*; *-e*) certificado *m*
attraktiv [atrak'tiːf] atractivo
Attrappe [a'trapə] *f* (-; *-n*) objeto *m* simulado *od* F de pega
au! [aʊ] *int* ¡ay!
Aubergine [obɛr'ʒiːnə] *f* (-; *-n*) berenjena *f*
auch [aʊx] también; **~ *nicht*** tampoco; ***oder* ~** o sea; ***sowohl ... als* ~** tanto ... como; **~ *wenn*** aun cuando
Audienz [aʊ'djɛnts] *f* (-; *-en*) audiencia *f*
audiovisuell [aʊdjovizu'ɛl] audiovisual
auf [aʊf] **1.** *prp* sobre; en, encima de; **~ *dem Tisch*** sobre la mesa; **~ *dem Boden*** en el suelo; **~ *dem Land*** en el cam-

po; ~ ***der Straße*** en la calle; ~ ***dieser Seite*** por *od* de este lado; ~ ***Besuch*** de visita; ~ ***Deutsch*** en alemán; **2.** *adv* (*offen*) abierto; (*aufgestanden*) levantado

'auf|arbeiten (*sep*, *-ge-*, *h*) (*beenden*) terminar; (*erneuern*) renovar; **~atmen** (*sep*, *-ge-*, *h*) respirar (*a fig*)

'Aufbau *m* (*-[e]s*; *sin pl*) construcción *f*; *tec* montaje *m*; (*Gliederung*) estructura *f*; organización *f*; *mar pl* **~ten** superestructura *f*; **2en** (*sep*, *-ge-*, *h*) construir; *tec* montar; *fig* organizar

'auf|bauschen (*sep*, *-ge-*, *h*) hinchar (*a fig*); **~begehren** (*sep*, *h*) protestar, rebelarse (***gegen*** contra); **~bessern** (*sep*, *-ge-*, *h*) *Gehalt*: aumentar

'aufbewahr|en (*sep*, *h*) guardar, conservar; *für später*: reservar; **2ung** *f* (-; *sin pl*) conservación *f*; (*Gepäck*) consigna *f*

'auf|bieten (*irr*, *sep*, *-ge-*, *h*, → ***bieten***) *fig* movilizar; *Mittel*: poner en juego; ***alle Kräfte*** ~ emplearse a fondo; **~blasen** (*irr*, *sep*, *-ge-*, *h*, → ***blasen***) inflar, hinchar; **~bleiben** (*irr*, *sep*, *-ge-*, *sn*, → ***bleiben***) quedar abierto; *nachts*: no acostarse, velar; **~blenden** (*sep*, *-ge-*, *h*) *auto* poner las luces de carretera; **~blicken** (*sep*, *-ge-*, *h*) alzar la vista; **~blühen** (*sep*, *-ge-*, *sn*) abrirse; *fig* florecer; prosperar; **~brauchen** (*sep*, *-ge-*, *h*) apurar; agotar; **~brechen** (*irr*, *sep*, *-ge-*, → ***brechen***) **1.** *v/t* (*h*) abrir, romper; *gewaltsam*: forzar; **2.** *v/i* (*sn*) abrirse; (*fortgehen*) marcharse (***nach*** para); **~bringen** (*irr*, *sep*, *-ge-*, *h*, → ***bringen***) *Geld*: reunir; *Gerücht*: inventar; *Mode usw*: lanzar; *fig* irritar, enojar

'Aufbruch *m* (*-[e]s*; *⸗e*) salida *f*, marcha *f*

'auf|brühen (*sep*, *-ge-*, *h*) *Tee*: hacer; **~decken** (*sep*, *-ge-*, *h*) destapar; *fig* descubrir, desvelar; **~drängen** (*sep*, *-ge-*, *h*): ***sich j-m*** ~ importunar a alg; **~drehen** (*sep*, *-ge-*, *h*) *Hahn*: abrir

'aufdringlich importuno, pesado

aufei'nander [-ʔaɪ'nʔandər] uno(s) sobre otro(s); *zeitlich*: uno tras otro; ~ ***folgen*** seguirse, sucederse; ~ ***folgend*** sucesivo; ~ ***prallen***, ~ ***stoßen*** entrechocarse; chocar (*a fig*)

'Aufenthalt ['aʊfʔɛnthalt] *m* (*-[e]s*; *-e*) estancia *f*; *ferro* parada *f*; **~sgenehmigung** *f* permiso *m* de residencia; **~sort** *m* paradero *m*

'auferlegen (*sep*, *h*) imponer

'aufersteh|en (*irr*, *sep*, *sn*, → ***erstehen***) resucitar; **2ung** *f* (-; *sin pl*) resurrección *f*

'aufessen (*irr*, *sep*, *-ge-*, *h*, → ***essen***): ***alles*** ~ comérselo todo

'auffahr|en *v/i* (*irr*, *sep*, *-ge-*, *sn*, → ***fahren***) chocar (***auf*** *ac* con); **2t** *f* (-; *-en*) (*Rampe*) rampa *f*; (*Autobahn*) acceso *m*; **2unfall** *m* accidente *m* por alcance

'auffallen (*irr*, *sep*, *-ge-*, *sn*, → ***fallen***) *fig* llamar la atención; **~d**, **'auffällig** vistoso, llamativo

'auffangen (*irr*, *sep*, *-ge-*, *h*, → ***fangen***) coger (al vuelo); *Funkspruch*: captar

'auffass|en (*sep*, *-ge-*, *h*) comprender, interpretar; ~ ***als*** considerar como; **2ung** *f* (-; *-en*) concepción *f*; interpretación *f*; modo *m* de ver

'auffinden (*irr*, *sep*, *-ge-*, *h*, → ***finden***) hallar, encontrar

'aufforder|n (*sep*, *-ge-*, *h*) invitar (***zu*** a); *amtlich*: requerir; ***zum Tanz*** ~ sacar a bailar; **2ung** *f* (-; *-en*) invitación *f*; requerimiento *m*

aufforst|en ['-fɔrstən] (*sep*, *-ge-*, *h*) repoblar; **'2ung** *f* (-; *-en*) repoblación *f* forestal

'auf|fressen (*irr*, *sep*, *-ge-*, *h*, → ***fressen***) devorar; F comerse; **~frischen** ['-friʃən] (*sep*, *-ge-*, *h*) refrescar (*a fig*)

'aufführ|en (*sep*, *-ge-*, *h*) (*nennen*) citar, mencionar; *teat* representar; *mus* ejecutar; ***sich*** ~ conducirse, portarse; ***aufgeführt sn*** *in e-r Liste*: figurar; **2ung** *f* (-; *-en*) representación *f*; *mus* ejecución *f*

'Aufgabe *f* **a)** (-; *-n*) tarea *f*, función *f*; **b)** (-; *sin pl*) *Gepäck*: facturación *f*; *corr* envío *m*; (*Verzicht*) abandono *m*, renuncia *f*

'aufgabeln (*sep*, *-ge-*, *h*) F *fig* pescar

'Aufgang *m* (*-[e]s*; *⸗e*) (*Treppe*) escalera *f*; (*sin pl*) *astr* salida *f*

'aufgeben (*irr*, *sep*, *-ge-*, *h*, → ***geben***) *Brief*: echar al correo; *Telegramm*, *Annonce*: poner; *Gepäck*: facturar; *Rätsel*: (pro)poner; (*verzichten*) renunciar a; *Plan*: abandonar (*a v/i dep*); *v/i* resignarse; ***die Hoffnung*** ~ desesperar

'Aufgebot *n* (*-[e]s*; *-e*) (*Ehe~*) amonestaciones *f/pl*

'aufgehen (*irr*, *sep*, *-ge-*, *sn*, → ***gehen***) abrirse; *astr* salir; *Vorhang*: levantarse;

Knoten: deshacerse; *Naht*: descoserse

aufge|kratzt F ['-gəkratst] muy alegre; **~legt** ['-leːkt]: **~ sn zu** estar de humor para; **gut (schlecht) ~** de buen (mal) humor; **~regt** ['-reːkt] agitado, excitado; **~schlossen** ['-ʃlɔsən] *fig* abierto (**für** a); **~weckt** ['-vɛkt] *fig* (d)espabilado

'aufgießen (*irr, sep, -ge-, h*, → **gießen**) *Tee*: hacer, preparar

auf'grund: **~ (von)** por razón de, a raíz de

'Aufguss *m* (*-es*; *⸚e*) infusión *f*

'aufhaben (*irr, sep, -ge-, h*, → **haben**) *Hut*: tener puesto; *Geschäft*: tener abierto

aufhalten (*irr, sep, -ge-, h*, → **halten**) dejar *od* tener abierto; (*stoppen*) parar, detener; (*verzögern*) retardar; **sich ~** permanecer

'aufhäng|en (*sep, -ge-, h*) colgar (**an** *dat* de *od* en); *Wäsche*: tender; **2ung** *f* (*-; -en*) *tec* suspensión *f*

'auf|heben (*irr, sep, -ge-, h*, → **heben**) levantar (*a fig Tafel, Sitzung, Belagerung*); *vom Boden*: recoger; (*abschaffen*) abolir; (*aufbewahren*) guardar, conservar; **viel 2s machen von** hacer mucho ruido por; **~heitern** ['-haɪtərn] (*sep, -ge-, h*) animar; **sich ~** despejarse; **~hellen** ['-hɛlən] (*sep, -ge-, h*): **sich ~** aclararse; *Himmel*: despejarse; **~hetzen** (*sep, -ge-, h*) incitar, instigar (**zu** a); **~holen** (*sep, -ge-, h*) ganar terreno; *Zeit*: recuperar; **~hören** (*sep, -ge-, h*) terminar, acabar; **~ zu** cesar de, dejar de; **~kaufen** (*sep, -ge-, h*) acaparar; **~klaren** (*sep, -ge-, h*) *Wetter*: despejarse

'aufklär|en (*sep, -ge-, h*) aclarar, esclarecer; *j-n*: abrir los ojos (a); **2ung** *f* (*-; -en*) aclaración *f*, esclarecimiento *m*

'aufklebe|n (*sep, -ge-, h*) pegar (**auf** *ac* en); **2r** *m* (*-s; -*) pegatina *f*

'auf|knöpfen (*sep, -ge-, h*) desabotonar, desabrochar; **~kochen** (*sep, -ge-, h*) hervir; **~kommen** (*irr, sep, -ge-, sn*, → **kommen**) levantarse (*a Wind usw*); *Mode, Brauch*: introducirse; **~ für** *Kosten*: sufragar, *Schäden*: resarcir; **~laden** (*irr, sep, -ge-, h*, → **laden**) cargar (*a el*)

'Auflage *f* (*-; -n*) *tip* edición *f*; (*Bedingung*) condición *f*

'auflassen (*irr, sep, -ge-, h*, → **lassen**) *Tür*: dejar abierto; *Hut*: dejar puesto

'Auflauf *m* (*-[e]s*; *⸚e*) agolpamiento *m*, tumulto *m*; *gastr* soufflé *m*

'auflegen (*sep, -ge-, h*) poner, colocar; *tel* colgar; *Buch*: editar

'auflehn|en (*sep, -ge-, h*): **sich ~** rebelarse, sublevarse (**gegen** contra); **2ung** *f* (*-; -en*) rebelión *f*, sublevación *f*

'aufleuchten (*sep, -ge-, h*) resplandecer, iluminarse

'auflös|en (*sep, -ge-, h*) deshacer, desatar; *Versammlung, Ehe, quím*: disolver; *in Wasser*: desleír, diluir; *Geschäft*: liquidar; **sich ~** descomponerse; **2ung** *f* (*-; -en*) solución *f*; disolución *f*; descomposición *f*

'aufmach|en (*sep, -ge-, h*) abrir; **sich ~ nach** ponerse en camino hacia; **2ung** *f* (*-; -en*) presentación *f*

'aufmerksam ['-mɛrkzaːm] atento (**auf** a); **j-n auf et ~ machen** llamar la atención de alg sobre a/c; **2keit** *f* (*-; -en*) atención *f*

aufmuntern ['-muntərn] (*sep, -ge-, h*) animar, estimular

'Aufnahme ['-naːmə] *f* (*-; -en*) acogida *f*; (*Zulassung*) admisión *f*; *e-s Kredits*: obtención *f*; *fot* foto *f*, vista *f*; (*Ton2*) grabación *f*; (*Film2*) toma *f*; **~prüfung** *f* examen *m* de ingreso

'aufnehmen (*irr, sep, -ge-, h*, → **nehmen**) (*aufheben*) recoger; *als Gast*: acoger, recibir; (*zulassen*) admitir; *in Listen, Wörterbücher*: incluir; *fot* fotografiar; *Ton*: grabar; *Gelder*: tomar prestado; *Protokoll*: levantar; *Arbeit*: comenzar; *Verbindung*: establecer

'aufpassen (*sep, -ge-, h*) prestar atención (**auf** a); tener cuidado (con); **auf j-n ~** cuidar de alg; **pass auf!** ¡cuidado!

'Aufprall ['-pral] *m* (*-[e]s; sin pl*) choque *m*; (*Einschlag*) impacto *m*; **2en** (*sep, -ge-, sn*) chocar (**auf** *ac* contra)

'aufpumpen (*sep, -ge-, h*) inflar

'aufputsch|en (*sep, -ge-, h*) amotinar; **sich ~** tomar estimulantes; **2mittel** *n* estimulante *m*, excitante *m*

'aufraffen (*sep, -ge-, h*) *fig*: **sich ~** hacer un esfuerzo

'aufräumen (*sep, -ge-, h*) ordenar, arreglar

'aufrecht derecho, *a fig* recto; (*stehend*) en pie; **~erhalten** (*irr, sep, h*, → **erhalten**) sostener, mantener

'aufreg|en (*sep, -ge-, h*) agitar, excitar;

sich ~ excitarse (**über** *ac* por); **~end** excitante; **ᴥung** *f* (-; *-en*) agitación *f*, excitación *f*
'**aufreibend** agotador
'**aufreißen** (*irr, sep, -ge-, h,* → **reißen**) *v/t Tür*: abrir bruscamente; *Pflaster, Straße*: levantar
'**aufrichten** (*sep, -ge-, h*) poner derecho; levantar; (*trösten*) alentar
'**aufrichtig** sincero, franco; **ᴥkeit** *f* (-; *sin pl*) sinceridad *f*
'**Aufruf** *m* (*-[e]s; -e*) proclamación *f*; llamamiento *m*; *avia* llamada *f*
'**Auf|ruhr** *m* (*-s; sin pl*) alboroto *m*, revuelta *f*; **~rührer** *m* (*-s;* -) rebelde *m*
'**aufrunden** (*sep, -ge-, h*) redondear
'**aufrüst|en** (*sep, -ge-, h*) rearmar; **ᴥung** *f* (-; *sin pl*) rearme *m*
aufsässig ['-zɛsiç] rebelde, levantisco
'**Aufsatz** *m* (*-es; ⸚e*) (*Zeitungsᴥ*) artículo *m*; *lit* ensayo *m*
'**aufschieben** (*irr, sep, -ge-, h,* → **schieben**) *fig* aplazar
'**Aufschlag** *m* (*-[e]s; ⸚e*) choque *m*, impacto *m*; *Ball*: rebote *m*; *Tennis*: servicio *m*; (*Zuschlag*) recargo *m*, suplemento *m*; **ᴥen** (*irr, sep, -ge-,* → **schlagen**) **1.** *v/t* (*h*) (*öffnen*) abrir; *Zelt, Bett*: armar; **2.** *v/i* (*sn*) chocar (**auf** *ac* contra), caer (en); (*h*) *Tennis*: servir; *Preis*: subir
'**auf|schließen** *v/t* (*irr, sep, -ge-, h,* → **schließen**) abrir (con llave); **~schlussreich** instructivo
'**auf|schneiden** (*irr, sep, -ge-, h,* → **schneiden**) **1.** *v/t* cortar; **2.** *v/i* fanfarronear; **ᴥschnitt** *gastr m* fiambres *m/pl*
'**aufschrecken** (*sep, -ge-*) **1.** *v/t* (*h*) asustar; **2.** *v/i* (*sn*) sobresaltarse
'**aufschreiben** (*irr, sep, -ge-, h,* → **schreiben**) apuntar, anotar
'**Aufschrift** *f* (-; *-en*) inscripción *f*
'**Aufschub** *m* (*-[e]s; ⸚e*) aplazamiento *m*; *com* demora *f*, prórroga *f*
'**Aufschwung** *m* (*-[e]s; sin pl*) *fig* auge *m*
'**Aufseh|en** *n*: **~ erregen** hacer sensación; **~ erregend** sensacional, espectacular; **~er** *m* (*-s;* -) vigilante *m*; *Museum*: celador *m*
'**aufsetzen** (*sep, -ge-, h*) **1.** *v/t* poner (*a Miene*); *Hut usw*: ponerse; *Text*: redactar; **sich ~** incorporarse; **2.** *v/i avia* tomar tierra, posarse
'**Aufsicht** *f* (-; *sin pl*) vigilancia *f*
'**auf|sitzen** (*irr, sep, -ge-, sn,* → **sitzen**) *Reiter*: montar (a caballo); **~spannen** (*sep, -ge-, h*) tender; *Schirm*: abrir; **~sperren** (*sep, -ge-, h*) abrir (**weit** de par en par); **~spielen** (*sep, -ge-, h*): **sich ~** F darse tono; **sich ~ als** echárselas de; **~spießen** (*sep, -ge-, h*) espetar; (*durchbohren*) atravesar con; *taur* coger; **~springen** (*irr, sep, -ge-, sn,* → **springen**) *j*: levantarse de pronto; *Tür*: abrirse de golpe; *Haut*: agrietarse; **~spüren** (*sep, -ge-, h*) dar con la pista de; (*finden*) descubrir, localizar
'**Auf|stand** *m* (*-[e]s; ⸚e*) sublevación *f*, insurrección *f*; **ᴥständisch** ['-ʃtɛndiʃ] sedicioso; **die ~en** los insurrectos
'**auf|stecken** (*sep, -ge-, h*) *Haar*: sujetar con horquillas; F (*aufgeben*) abandonar; **~stehen** (*irr, sep, -ge-, sn,* → **stehen**) levantarse; *Tür*: estar abierto
'**aufsteige|n** (*irr, sep, -ge-, sn,* → **steigen**) *a fig* subir, *a dep u fig* ascender; *avia* tomar altura; *Reiter usw*: montar; **ᴥr** *m* (*-s;* -) *fig* trepador *m*
'**aufstell|en** colocar, poner; *tec* montar, instalar; *Mannschaft*: formar; *Liste, Rechnung*: hacer; *Rekord*: establecer; *Kandidaten*: designar; **ᴥung** *f* (-; *-en*) (*Liste*) lista *f*; relación *f*
Aufstieg ['-ʃtiːk] *m* (*-[e]s; -e*) subida *f*, ascensión *f*; *beruflich*: ascenso *m* (*a dep*)
'**auf|stoßen** (*irr, sep, -ge-, h,* → **stoßen**) **1.** *v/t* abrir (de un empujón); **2.** *v/i* (*rülpsen*) eructar; **~stützen** (*sep, -ge-, h*): (**sich**) apoyar(se) (**auf** *ac* en); **~suchen** (*sep, -ge-, h*) *j-n*: ir a ver, visitar; **~tanken** (*sep, -ge-, h*) echar gasolina; **~tauchen** (*sep, -ge-, sn*) emerger; *fig* surgir; **~tauen** (*sep, -ge-*) **1.** *v/t* (*h*) *Tiefkühlkost*: descongelar; **2.** *v/i* (*sn*) derretirse; *Flüsse*: deshelarse
'**aufteilen** (*sep, -ge-, h*) repartir
'**Auftrag** ['-traːk] *m* (*-[e]s; ⸚e*) encargo *m*; *com* orden *f*, pedido *m*; (*Aufgabe*) cometido *m*, misión *f*; **im ~** por poder, por orden (de); **im ~ von** de parte de; **ᴥen** (*irr, sep, -ge-, h,* → **tragen**) *Speisen*: servir; *Farbe*: aplicar; **j-m et ~** encargar a/c a alg; **~geber** *m com* cliente *m*, comitente *m*; **~sbestätigung** *f* confirmación *f* del pedido
'**auf|treiben** (*irr, sep, -ge-,* → **treiben**) F (*beschaffen*) conseguir; **~trennen** (*sep, -ge-, h*) deshacer; *Naht*: descoser

'auftreten **1.** *v/i* (*irr, sep, -ge-, sn,* → ***treten***) sentar el pie; *teat* entrar en escena; (*spielen*) actuar; (*vorkommen*) producirse; (*sich benehmen*) (com)portarse; ***~ als*** hacer de; **2.** ≗ *n* (*-s; sin pl*) aparición *f*; (*Benehmen*) comportamiento *m*
'Auftritt *m* (*-[e]s; -e*) *teat u fig* escena *f*; *des Schauspielers*: entrada *f* (en escena)
'auf|wachen (*sep, -ge-, sn*) despertar (-se); **~wachsen** (*irr, sep, -ge-, sn,* → ***wachsen***) criarse
'Aufwand ['-want] *m* (*-[e]s; sin pl*) *an Geld*: dispendio *m*; (*Prunk*) boato *m*, lujo *m*
aufwändig → ***aufwendig***
'aufwärmen (*sep, -ge-, h*) recalentar; *fig* desenterrar; ***sich ~*** calentarse
aufwärts ['-vɛrts] (hacia) arriba
'auf|wecken (*sep, -ge-, h*) despertar; **~weichen** (*sep, -ge-, h*) *v/t* reblandecer; **~weisen** (*irr, sep, -ge-, h,* → ***weisen***) mostrar
'aufwend|en (*irr, sep, -ge-, h,* → ***wenden***) emplear, *Geld*: *a* gastar; **~ig** costoso; lujoso; **≗ungen** *f/pl* gastos *m/pl*
'aufwert|en (*sep, -ge-, h*) revalorizar; **≗ung** *f* (*-; -en*) revalorización *f*
'aufwickeln (*sep, -ge-, h*) arollar, enrollar; *Garn*: devanar; (*auswickeln*) desenrollar; *Haar*: poner los rulos a
Aufwiegler ['-viːglər] *m* (*-s; -*) agitador *m*, alborotador *m*
'auf|wirbeln (*sep, -ge-, h*) *Staub*: levantar; **~wischen** (*sep, -ge-, h*) limpiar
'aufzähl|en (*sep, -ge-, h*) enumerar; *im Einzelnen*: detallar; **≗ung** *f* (*-; -en*) enumeración *f*
'aufzeichn|en (*sep, -ge-, h*) dibujar; (*notieren*) apuntar; *TV* grabar; **≗ung** *f* (*-; -en*) apunte *m*, nota *f*; *TV usw*: grabación *f*; ***in e-r ~*** en diferido
'aufzieh|en (*irr, sep, -ge-,* → ***ziehen***) **1.** *v/t* (*h*) *Vorhang*: descorrer; *Schublade*: abrir; *Uhr*: dar cuerda a; *Kind*: criar; F (*foppen*) tomar el pelo a; **2.** *v/i* (*sn*) *Gewitter*: amenazar; *Wache*: relevarse
'Aufzug *m* (*-[e]s; ⸚e*) (*Fahrstuhl*) ascensor *m*; *teat* acto *m*; *desp Kleidung*: atavío *m*, atuendo *m*
'aufzwingen (*irr, sep, -ge-, h,* → ***zwingen***) imponer
Augapfel ['aʊkˀapfəl] *m* globo *m* del ojo
Auge ['aʊɡə] *n* (*-s; -n*) ojo *m*; (*Würfel*) punto *m*; (*Sehkraft*) vista *f*; ***kein ~ zutun*** no pegar (el) ojo; ***mit bloßem ~*** a simple vista; ***unter vier ~n*** a solas; ***ins ~ fallen*** saltar a la vista
'Augen|arzt *m*, **~ärztin** *f* oculista *su*, oftalmólogo *m*, -a *f*; **~blick** *m* momento *m*, instante *m*; ***im ~*** de momento; ***jeden ~*** de un momento a otro; **≗blicklich** momentáneo; *adv* en seguida; (*vorläufig*) de momento; **~braue** *f* ceja *f*; **~brauenstift** *m* lápiz *m* de cejas; **~klinik** *f* clínica *f* oftalmológica; **~licht** *n* vista *f*; **~lid** *n* párpado *m*; **~maß** *n*: ***nach ~*** a ojo (de buen cubero); **~wimper** *f* pestaña *f*; **~zeuge** *m* testigo *m* presencial *od* ocular
August [-'gust] *m* (*-; raro -e*) agosto *m*
Auktion [aʊk'tsjoːn] *f* (*-; -en*) subasta *f*; **~ator** [-jo'nɑːtɔr] *m* (*-s; -en* [-na'toːrən]) subastador *m*
Aula ['aʊla] *f* (*-; Aulen*) salón *m* de actos; *Universität*: paraninfo *m*
Aupairmädchen [o'pɛːr-] *n* chica *f* au pair
aus [aʊs] **1.** *prp* (*dat*) **a)** *örtlich, zeitlich, Stoff*: de; ***~ Berlin*** de Berlín; ***~ Gold*** de oro; ***~ dem Fenster*** por la ventana; ***~ e-m Glas trinken*** beber en un vaso; **b)** *Ursache*: por; ***~ Furcht*** por miedo; ***~ diesem Grunde*** por esta razón; **2.** *adv* acabado, terminado; *Licht*: apagado; ***alles ist ~*** todo se acabó; **3.** ≗ *dep n* (*-; -*) fuera *m* (de juego)
'ausarbeit|en (*sep, -ge-, h*) elaborar; **≗ung** *f* (*-; -en*) elaboración *f*
'aus|arten (*sep, -ge-, sn*) degenerar (***in*** *ac* en); **'~atmen** (*sep, -ge-, h*) espirar
'Ausbau *m* (*-[e]s; sin pl*) ampliación *f* (*a fig*); **≗en** (*sep, -ge-, h*) ampliar; *fig* desarrollar; intensificar; *tec* desmontar
'ausbessern (*sep, -ge-, h*) reparar, arreglar; *Kleidung*: remendar
'ausbeut|en ['-bɔʏtən] (*sep, -ge-, h*) explotar (*a j-n*); **≗er** *m* (*-s; -*) explotador *m*; **'≗ung** *f* (*-; sin pl*) explotación *f*, aprovechamiento *m*
'ausbild|en (*sep, -ge-, h*) formar, instruir; **≗ung** *f* (*-; -en*) formación *f*, instrucción *f*
'ausbleiben (*irr, sep, -ge-, sn,* → ***bleiben***) no venir; faltar
'Ausblick *m* (*-[e]s; -e*) vista *f*
'ausbrechen (*irr, sep, -ge, sn,* → ***brechen***) evadirse; *Krieg*: estallar; *Brand, Krankheit*: declararse; *Vulkan*: entrar

en erupción; ***in Tränen ~*** romper a llorar

'aus|breiten ['-braɪtən] (*sep*, *-ge-*, *h*) extender; *fig* difundir, propagar; **~brennen** (*irr*, *sep*, *-ge-*, → ***brennen***) **1.** *v/t* (*h*) *med* cauterizar; **2.** *v/i* (*sn*) quemarse

'Ausbruch *m* (*-[e]s*; *⸚e*) (*Vulkan*) erupción *f*; *jur* evasión *f*; *med* aparición *f*

'aus|brüten (*sep*, *-ge-*, *h*) incubar, empollar (*a fig*); **~bürgern** ['-byrgərn] (*sep*, *-ge-*, *h*) desnaturalizar; **~bürsten** (*sep*, *-ge-*, *h*) cepillar

'auschecken ['aʊstʃɛkən] (*sep*, *-ge-*, *h*) *v/i u v/t* desembarcar

'Ausdauer *f* (-; *sin pl*) perseverancia *f*, constancia *f*; **ᴥnd** perseverante, constante

'ausdehn|en (*sep*, *-ge-*, *h*) extender; *zeitlich*: alargar; **ᴥung** *f* (-; *-en*) extensión *f*; expansión *f*; (*Größe*) dimensión *f*

'aus|denken (*irr*, *sep*, *-ge-*, *h*, → ***denken***): ***sich*** (*dat*) ~ imaginarse, figurarse; **~drehen** (*sep*, *-ge-*, *h*) *Licht*: apagar

'Ausdruck *m* (*-[e]s*; *sin pl*) expresión *f*; (*pl ⸚e*) (*Wort*) término *m*; ***zum ~ bringen*** expresar

'ausdrück|en (*sep*, *-ge-*, *h*) exprimir; *Zigarette*: apagar; *fig* expresar; **~lich** expreso; *adv* expresamente

'ausdrucks|los inexpresivo; **~voll** expresivo; **ᴥweise** *f* manera *f* de expresarse; estilo *m*

ausei'nander separado; ***~ fallen*** caer en pedazos; *a fig* desmoronarse; ***~ gehen*** separarse; *Menge*: dispersarse; *Meinungen*: discrepar; ***~ nehmen*** deshacer; desmontar; ***~ setzen*** *fig* explicar, exponer; ***sich ~ setzen mit*** enfrentarse con; **ᴥsetzung** *f* (-; *-en*) (*Streit*) disputa *f*, discusión *f*

'Ausfahrt *f* (-; *-en*) *a Autobahn*: salida *f*; ***~ freihalten*** *etwa*: vado permanente

'Ausfall *m* (*-[e]s*; *⸚e*) (*Haarᴥ*) caída *f*; (*Verlust*) pérdida *f*; *tec* avería *f*; **ᴥen** (*irr*, *sep*, *-ge-*, *sn*, → ***fallen***) *Haar*: caerse; *Ergebnis*: resultar, salir; (*wegfallen*) no tener lugar, suspenderse; **ᴥend** agresivo; **~straße** *f* carretera *f* de salida

'ausfertig|en (*sep*, *-ge-*, *h*) extender, redactar; **ᴥung** *f* (-; *-en*) extensión *f*, redacción *f*; ***in doppelter ~*** por duplicado

'aus|findig: ***~ machen*** descubrir, localizar, dar con; **~fließen** (*irr*, *sep*, *-ge-*, *sn*, → ***fließen***) salir, derramarse

'Ausflüchte *f/pl*: ***~ machen*** buscar subterfugios

'Ausflug *m* (*-[e]s*; *⸚e*) excursión *f*

'ausfragen (*sep*, *-ge-*, *h*) interrogar

Ausfuhr ['-fuːr] *f* (-; *-en*) exportación *f*

'ausführen (*sep*, *-ge-*, *h*) ejecutar, realizar; *Auftrag*: cumplir; *com* exportar; (*darlegen*) exponer, explicar

'Ausfuhrgenehmigung *f* permiso *m* de exportación

'ausführ|lich ['-fyːrliç] detallado; *adv* con todo detalle; **ᴥung** *f* (-; *-en*) ejecución *f*, realización *f*; (*Modell*) versión *f*; ***~en*** *pl* declaraciones *f/pl*

'Ausfuhrzoll *m* derecho *m* de exportación

'ausfüllen (*sep*, *-ge-*, *h*) llenar (*a fig*); *Formular*: rellenar

'Ausgabe *f* (-; *-n*) distribución *f*, reparto *m*; (*Geld*) gasto *m*; (*Aktien*) emisión *f*; (*Buch*) edición *f*

'Ausgang *m* (*-[e]s*; *⸚e*) salida *f*; (*sin pl*) (*Ergebnis*) resultado *m*; *fig* desenlace *m*; **~spunkt** *m* punto *m* de partida

'ausgeben (*irr*, *sep*, *-ge-*, *h*, → ***geben***) distribuir; *Geld*: gastar; *Aktien*: emitir; *Fahrkarten*: expender; ***sich ~ für*** hacerse pasar por

'ausge|bucht ['-gəbuːxt] completo; **~dehnt** ['-gədeːnt] extenso; **~fallen** raro, excéntrico; **~glichen** ['-gliçən] equilibrado (*a fig*)

'ausgehen (*irr*, *sep*, *-ge-*, *sn*, → ***gehen***) salir; *Ware*: agotarse; *Feuer*, *Licht*: apagarse; *Haare*: caerse; *Geld*, *Geduld*: acabarse; ***gut*** (***schlecht***) ~ acabar bien (mal); ***leer ~*** quedarse con las ganas; ***~ von*** partir de

ausge|lassen ['-gə-] travieso, retozón; **~nommen** ['-nɔmən] (*ac*) excepto, menos; **~rechnet** ['-'rɛçnət] *adv* precisamente; **~schlossen** ['-'ʃlɔsən] excluido; ***~!*** ¡imposible!; **~sucht** ['-zuːxt] selecto; exquisito; **~zeichnet** ['-'tsaɪçnət] excelente; F estupendo

ausgiebig ['-giːbiç] abundante; *adv* ampliamente

'ausgießen (*irr*, *sep*, *-ge-*, *h*, → ***gießen***) verter; (*leeren*) vaciar

'Ausgleich *m* (*-[e]s*; *raro -e*) compensación *f*; *dep* empate *m*; **ᴥen** (*irr*, *sep*, *-ge-*, *h*, → ***gleichen***) compensar;

dep empatar; **~ung** igualación *f*
'ausgleiten (*irr, sep, -ge-, sn,* → ***gleiten***) resbalar
'ausgrab|en (*irr, sep, -ge-, h,* → ***graben***) desenterrar (*a fig*); **≗ung** *f* (-; *-en*) excavación *f*
'Ausguss *m* (*-es*; *⸚e*) *Küche*: pila *f*
'aushalten (*irr, sep, -ge-, h,* → ***halten***) resistir; (*ertragen*) aguantar, soportar
aushändigen ['-hɛndigən] (*sep, -ge-, h*) entregar
'Aushang *m* (*-[e]s*; *⸚e*) cartel *m*
'ausharren (*sep, -ge-, h*) perseverar
'aushelfen (*irr, sep, -ge-, h,* → ***helfen***) (*dat*) ayudar; sacar de apuros
'Aushilf|e *f* (-; *-n*) **a**) ayuda *f*; **b**) = **~skraft** *f* auxiliar *su*; sustituto *m*
'aus|horchen (*sep, -ge-, h*) sondear; **~kehren** (*sep, -ge-, h*) barrer; **~kennen** (*irr, sep, -ge-, h,* → ***kennen***): ***sich ~ in*** (*dat*) estar familiarizado con, conocer (*a/c*) (a fondo); **~klammern** (*sep, -ge-, h*) *fig* dejar a un lado; **~klopfen** (*sep, -ge-, h*) sacudir
'auskommen (*irr, sep, -ge-, sn,* → ***kommen***): ***mit j-m ~*** entenderse con alg; ***gut mit j-m ~*** llevarse bien con alg; ***mit et ~*** tener bastante de a/c; ***~ ohne*** pasarse sin
'auskosten (*sep, -ge-, h*) saborear
auskundschaften ['-kuntʃaftən] (*sep, -ge-, h*) explorar; *fig* espiar
Auskunft ['-kunft] *f* (-; *⸚e*) informe *m* (***erteilen*** dar); (*a Schalter*) información *f*; **~sbüro** *n* agencia *f* de informes
'aus|kuppeln (*sep, -ge-, h*) *v/t u v/i tec* desembragar; **~lachen** (*sep, -ge-, h*) reírse de; **~laden** (*irr, sep, -ge-, h,* → ***laden***) descargar; *mar* desembarcar
'Auslage *f* (-; *-n*) (*Waren≗*) escaparate *m*; *pl* **~n** (*Geld*) gastos *m/pl*
'auslagern (*sep, -ge-, h*) *v/t* poner a salvo
'Ausland *n* (*-[e]s*; *sin pl*) extranjero *m*
'Ausländ|er ['-lɛndər] *m* (*-s*; -), **~erin** *f* (-; *-nen*), **≗isch** extranjero *m*, -a *f*
'Auslands|aufenthalt *m* estancia *f* en el extranjero; **~auftrag** *m* pedido *m* del extranjero; **~gespräch** *n tel* conferencia *f* internacional; **~krankenschein** *m* volante *m* del seguro para el extranjero; **~markt** *m* mercado *m* exterior; **~porto** *n* tarifa *f* internacional
'auslassen (*irr, sep, -ge-, h,* → ***lassen***) omitir; *Fett*: derretir; *fig Ärger usw*: descargar (***an*** *dat* en, sobre)
'aus|laufen (*irr, sep, -ge-, sn,* → ***laufen***) *Flüssigkeit*: derramarse; *mar* salir, zarpar; (*enden*) acabar (***in*** *ac* en); *Vertrag usw*: expirar; **~leeren** (*sep, -ge-, h*) vaciar; *Glas*: apurar
'ausleg|en (*sep, -ge-, h*) revestir, cubrir (***mit*** de); *Geld*: adelantar; (*deuten*) interpretar; **≗eware** *f* moqueta *f*; **≗ung** *f* (-; *-en*) interpretación *f*
'aus|leihen (*irr, sep, -ge-, h,* → ***leihen***) prestar; ***sich*** (*dat*) **~** tomar prestado; **~lernen** (*sep, -ge-, h*) terminar el aprendizaje; ***man lernt nie aus*** siempre se aprende algo nuevo
'Auslese *f* (-; *-n*) selección *f*; *fig* élite *f*
'ausliefer|n (*sep, -ge-, h*) entregar; *jur* extraditar; **≗ung** *f* (-; *-en*) entrega *f*; *jur* extradición *f*
'auslosen (*sep, -ge-, h*) sortear
'auslös|en (*sep, -ge-, h*) *Pfand*: desempeñar; *fig* desencadenar; **≗er** *m* (*-s*; -) *fot* disparador *m*
'ausmachen (*sep, -ge-, h*) *Licht, Radio, TV*: apagar; (*vereinbaren*) convenir; (*bedeuten*) importar
'Ausmaß *n* (*-es*; *-e*) dimensión *f*
'ausmessen (*irr, sep, -ge-, h,* → ***messen***) medir
Ausnahme ['-nɑːmə] *f* (-; *-n*) excepción *f*; ***mit ~ von*** a excepción de, excepto
ausnahmsweise excepcionalmente
'ausnehmen (*irr, sep, -ge-, h,* → ***nehmen***) *Tier*: destripar; (*ausschließen*) exceptuar
'aus|nutzen (*sep, -ge-, h*) aprovechar, aprovecharse de; (*missbrauchen*) explotar; **~packen** (*sep, -ge-, h*) desembalar; *Koffer*: deshacer; F *fig* desembuchar; **~pfeifen** (*irr, sep, -ge-, h,* → ***pfeifen***) silbar, abuchear; **~plaudern** (*sep, -ge-, h*) propalar; **~plündern** (*sep, -ge-, h*) desvalijar; **~probieren** (*sep, h*) probar, ensayar
'Auspuff *auto m* (*-s*; *-e*) escape *m*; **~gas** *n* gas *m* de escape; **~rohr** *n* tubo *m* de escape; **~topf** *m* silenciador *m*
'aus|pumpen (*sep, -ge-, h*) achicar; *med Magen*: lavar; **~radieren** (*sep, h*) borrar; **~rauben** (*sep, -ge-, h*) robar, desvalijar; **~räumen** (*sep, -ge-, h*) vaciar; *Zimmer*: desamueblar; **~rechnen**

(*sep*, *-ge-*, *h*) calcular
'Ausrede *f* (-; *-n*) excusa *f*; pretexto *m*; **2n** (*sep*, *-ge-*, *h*) **1.** *v/t*: ***j-m et*** ~ disuadir a alg de a/c; **2.** *v/i* acabar de hablar; ~ ***lassen*** dejar hablar
'ausreichen (*sep*, *-ge-*, *h*) bastar, ser suficiente; **~d** suficiente
'Ausreise *f* (-; *-n*) salida *f*; **~erlaubnis** *f* permiso *m* de salida; **2n** (*sep*, *-ge-*, *sn*) salir; **~visum** *n* visado *m* de salida
'aus|reißen (*irr*, *sep*, *-ge-*, → ***reißen***) **1.** *v/t* (*h*) arrancar; **2.** *v/i* (*sn*) desgarrarse; F *fig* escaparse; **~renken** ['-rɛŋkən] (*sep*, *-ge-*, *h*) dislocar; **~richten** (*sep*, *-ge-*, *h*) alinear; (*erreichen*) conseguir; *Fest usw*: organizar; (*bestellen*) dar un recado; ***e-n Gruß*** ~ dar recuerdos
'ausrott|en ['-rɔtən] (*sep*, *-ge-*, *h*) *fig* exterminar; **2ung** *f* (-; *-en*) exterminio *m*
'ausrücken (*sep*, *-ge-*, *sn*) F (*davonlaufen*) escaparse
'Ausruf *m* (*-[e]s*; *-e*) exclamación *f*; **2en** (*irr*, *sep*, *-ge-*, *h*, → ***rufen***) exclamar; (*verkünden*) proclamar; **~ezeichen** *n* (signo *m* de) admiración *f*; **~ung** *f* (-; *-en*) proclamación *f*
'ausruhen (*sep*, *-ge-*, *h*) (*a* ***sich***) descansar
'ausrüst|en (*sep*, *-ge-*, *h*) equipar; *fig* proveer (***mit*** de); **2ung** *f* (-; *-en*) equipo *m*
'ausrutschen (*sep*, *-ge-*, *sn*) resbalar
'Aussage ['-zɑːgə] *f* (-; *-n*) declaración *f* (*a jur*); **2n** (*sep*, *-ge-*, *h*) afirmar, *a jur* declarar
'Aussatz *med m* (*-es*; *sin pl*) lepra *f*
'ausschalten (*sep*, *-ge-*, *h*) *el* desconectar; *Licht*, *Radio*: apagar; *fig* eliminar
Ausschank ['-ʃank] *m* (*-[e]s*; *sin pl*) despacho *m* de bebidas
'ausscheid|en (*irr*, *sep -ge-*, → ***scheiden***)**1.** *v/t* (*h*) eliminar; *Physiologie*: excretar; **2.** *v/i* (*sn*) retirarse (***aus*** de); darse de baja (***aus*** de); *dep* ser eliminado; **2ung** *f* (-; *-en*) *Physiologie*: excreción *f*; **2ungskampf** *m*, **2ungsspiel** *n* eliminatoria *f*
'aus|schiffen (*sep*, *-ge-*, *h*) desembarcar; **~schimpfen** (*sep*, *-ge-*, *h*) reñir, regañar; **~schlafen** (*irr*, *sep*, *-ge-*, *h*, → ***schlafen***) (*a* ***sich***) dormir a su gusto
'Ausschlag *m* (*-[e]s*; *⸚e*) *med* erupción *f*; *fís* desviación *f*; ***den*** ~ ***geben*** ser decisivo; **2en** (*irr*, *sep*, *-ge-*, *h*, → ***schlagen***) **1.** *v/t Auge*, *Zähne*: saltar; (*ablehnen*) rehusar, rechazar; **2.** *v/i bot* brotar, retoñar; *Pferd*: cocear, dar coces; *fís* oscilar; **2gebend** decisivo
'ausschließ|en (*irr*, *sep*, *-ge-*, *h*, → ***schließen***) excluir; **~lich** exclusivo; *adv* exclusivamente
'Ausschluss *m* (*-es*; *⸚e*) exclusión *f*
'aus|schneiden (*irr*, *sep*, *-ge-*, *h*, → ***schneiden***) (re)cortar; *Bäume*: podar; **2schnitt** *m* (*-[e]s*; *-e*) recorte *m* (*a Zeitungs*2); *Kleid*: escote *m*
'ausschreib|en (*irr*, *sep*, *-ge-*, *h*, → ***schreiben***) escribir en letra(s); *com* (*ausstellen*) extender; *Aufträge*: sacar a concurso; **2ung** *f* (-; *-en*) concurso-subasta *m*
'Ausschreitungen *f/pl* excesos *m/pl*
'Ausschuss *m* (*-es*; *⸚e*) comité *m*, comisión *f*; *tec* (*sin pl*) desecho *m*; **~ware** *f* pacotilla *f*
'aus|schütteln (*sep*, *-ge-*, *h*) sacudir; **~schütten** (*sep*, *-ge-*, *h*) verter; vaciar; *com Dividende*: repartir; ***j-m sein Herz*** ~ desahogarse con alg
ausschweifend ['-ʃvaɪfənt] licencioso, libertino; *Fantasie*: exuberante
'aussehen **1.** *v/i* (*irr*, *sep*, *-ge-*, *h*, → ***sehen***) tener cara (***wie*** de); parecerse (***wie*** a); ***gut*** (***schlecht***) ~ tener buena (mala) cara; **2.** 2 *n* (*-s*; *sin pl*) aspecto *m*; apariencia *f*
'außen ['aʊsən] (a)fuera; ***von*** ~ de (*od* por) fuera; ***nach*** ~ hacia fuera; **2aufnahmen** *f/pl* exteriores *m/pl*; **2bordmotor** *m* (motor *m*) fueraborda *m*; **2dienst(leiter** *m*) *m* (jefe *m* del) servicio *m* exterior
'Außenhandel *m* comercio *m* exterior; **~sdefizit** *n* déficit *m* del comercio exterior; **~süberschuss** *m* excedente *m* del comercio exterior
'Außen|minister *m* ministro *m* de Asuntos Exteriores; **~politik** *f* política *f* exterior; **~seite** *f* exterior *m*; **~seiter** ['-zaɪtər] *m* (*-s*; -) solitario *m*; *dep* outsider *m*; **~spiegel** *auto m* retrovisor *m* exterior; **~stürmer** *m dep* (delantero *m*) extremo *m*
'außer ['aʊsər] **1.** *prp* (*dat*) fuera de; (*neben*) además de; (*ausgenommen*) excepto, menos; *fig* ~ ***sich sn*** estar fuera de sí; **2.** *cj* ~ ***dass*** excepto que; ~ ***wenn***

a menos que, a no ser que (*subj*); **~dem** además

äußere ['ɔʏsərə] **1.** *adj* exterior; **2.** **≗** *n* (*-n*; *sin pl*) exterior *m*

'außer|ehelich ['aʊsərˀ-] extraconyugal; *Kind*: ilegítimo, natural; **~gewöhnlich** extraordinario, excepcional; **~halb 1.** *prp* (*gen*) fuera de; **2.** *adv* fuera, al exterior; **~irdisch** extraterrestre

äußerlich ['ɔʏsərliç] exterior; *a med* externo; *adv* por fuera

äußern ['-sərn] (*ge-*, *h*) expresar; ***sich ~*** expresarse, manifestarse

außerordentlich ['aʊsərˀɔrdəntliç] extraordinario

äußerst ['ɔʏsərst] *adj* extremo; *Preis*: último; *adv* sumamente

außerstande [aʊsər'ʃtandə]: ***~ sein zu*** ser incapaz de

Äußerung ['ɔʏsəruŋ] *f* (-; *-en*) expresión *f*; manifestación *f*, declaración *f*

'aussetzen ['aʊs-] (*sep*, *-ge-*, *h*) **1.** *v/t* exponer (*e-r Gefahr usw*: a); *Belohnung*: ofrecer; ***et auszusetzen haben an*** (*dat*) poner reparos a; **2.** *v/i tec* pararse

'Aussicht *f* (-; *sin pl*) vista *f*; (*pl -en*) *fig* probabilidad *f*; perspectiva *f* (*mst pl*) (***auf*** *ac* de); **≗slos** inútil; **~spunkt** *m* mirador *m*; **≗sreich** prometedor

aussöhn|en ['-zøːnən] (*sep*, *-ge-*, *h*) reconciliar; **≗ung** *f* (-; *-en*) reconciliación *f*

'aus|sortieren (*sep*, *h*) separar; (*auswählen*) seleccionar; **~spannen** (*sep*, *-ge-*, *h*) *v/i fig* descansar

'aussperr|en (*sep*, *-ge-*, *h*) *j-n*: cerrar la puerta a; **≗ung** *f* (-; *-en*) cierre *m* patronal, lock-out *m*

'aus|spielen (*sep*, *-ge-*, *h*) **1.** *v/t* jugar (*a fig* ***gegeneinander*** el uno contra el otro); **2.** *v/i* ser mano, salir; **~spionieren** (*sep*, *h*) espiar

'Aussprache *f* (-; *-n*) pronunciación *f*; (*Gespräch*) discusión *f*, debate *m*

'aussprechen (*irr*, *sep*, *-ge-*, *h*, → ***sprechen***) pronunciar; *Gedanken*: expresar; ***sich mit j-m ~*** explicarse con alg; ***sich ~ für*** declararse en favor de

'Ausspruch *m* (*-[e]s*; *⸚e*) dicho *m*

'aus|spucken (*sep*, *-ge-*, *h*) escupir; **~spülen** (*sep*, *-ge-*, *h*) enjuagar (*a Mund*); *Wäsche*: aclarar

'Ausstand *m* (*-[e]s*; *⸚e*) huelga *f*; ***in den ~ treten*** declararse en huelga

'ausstatt|en ['-ʃtatən] (*sep*, *-ge-*, *h*) equipar (***mit*** de); **≗ung** *f* (-; *-en*) equipo *m*; *teat*, *Film*: decoración *f*, decorado *m*; *auto* equipamiento *m*

'aus|stehen (*irr*, *sep*, *-ge-*, *h*, → ***stehen***) *v/t* sufrir, soportar; ***j-n nicht ~ können*** no poder aguantar a alg; **~steigen** (*irr*, *sep*, *-ge-*, *sn*, → ***steigen***) bajar, apearse; *mar* desembarcar; *fig* retirarse; **≗steiger** *m etwa*: pasota *m*

'ausstell|en (*sep*, *-ge-*, *h*) exponer, exhibir; *Schriftstück*, *Scheck*: extender; *com Wechsel*: librar, girar (***auf*** *ac* contra); **≗er** *m* (*-s*; -) expositor *m*; *com* librador *m*; girador *m*; **≗ung** *f* (-; *-en*) exposición *f*; **≗ungsgelände** *n* recinto *m* ferial; **≗ungsraum** *m* sala *f* de exposiciones

'aussterben (*irr*, *sep*, *-ge-*, *sn*, → ***sterben***) *a zo* desaparecer

Ausstieg ['-ʃtiːk] *m* (*-[e]s*; *-e*) salida *f*; *Kernenergie*: abandono *m*

'aus|stopfen (*sep*, *-ge-*, *h*) rellenar (***mit*** de); *Tier*: disecar; **~stoßen** (*irr*, *sep*, *-ge-*, *h*, → ***stoßen***) *Schrei*: lanzar, dar; *j-n*: expulsar, excluir; **~strahlen** (*sep*, *-ge-*, *h*) irradiar (*a fig*); *Radio*, *TV*: emitir; **~strecken** (*sep*, *-ge-*, *h*) extender, estirar; **~streichen** (*irr*, *sep*, *-ge-*, *h*, → ***streichen***) tachar, borrar; **~strömen** (*sep*, *-ge-*, *sn*) *v/i* salir, derramarse; *Gas*: escaparse; **~suchen** (*sep*, *-ge-*, *h*) escoger

'Austausch *m* (*-[e]s*; *sin pl*) intercambio *m*; *tec* recambio *m*; **≗bar** (inter)cambiable; **≗en** (*sep*, *-ge-*, *h*) (inter)cambiar; *tec* recambiar; **~student** *m* estudiante *m* de intercambio

'austeilen (*sep*, *-ge-*, *h*) distribuir, repartir

Auster ['aʊstər] *f* (-; *-n*) ostra *f*

'austrag|en (*irr*, *sep*, *-ge-*, *h*, → ***tragen***) *a Briefe*: repartir; *dep* disputar; **≗ung** *f* (-; *-en*) *dep* disputa *f*

Austral|ier [-'trɑːljər] *m* (*-s*; -), **~ierin** *f* (-; *-nen*), **≗isch** australiano *m*, -a *f*

'aus|treiben (*irr*, *sep*, *-ge-*, *h*, → ***treiben***) expulsar; **~treten** (*irr*, *sep*, *-ge-*, *sn*, → ***treten***) *Gas usw*: escaparse, salir; *j*: darse de baja; retirarse (***aus*** de); (*Toilette*) ir al lavabo; **~trinken** (*irr*, *sep*, *-ge-*, *h*, → ***trinken***) beberlo todo; *Glas*: apurar

'Austritt *m* (*-[e]s*; *-e*) salida *f*; retirada *f*, baja *f*; *Gas usw*: escape *m*

'aus|trocknen (*sep*, *-ge-*, *h*, *v/i sn*) (de-)secar(se); **~üben** (*sep*, *-ge-*, *h*) ejercer; *Amt*: desempeñar; *dep usw*: practicar

'Ausverkauf *m* (*-[e]s*; *¨e*) venta *f* total, liquidación *f*; **≗t** agotado

'Auswahl *f* (*-*; *sin pl*) selección *f* (*a dep*), elección *f* (***treffen*** hacer)

'auswählen (*sep*, *-ge-*, *h*) escoger

'Auswander|er *m* (*-s*; *-*) emigrante *m*; **≗n** (*sep*, *-ge-*, *sn*) emigrar; **~ung** *f* (*-*; *-en*) emigración *f*

'auswärt|ig ['-vɛrtiç] de fuera; forastero; *pol* exterior; **~s** ['-vɛrts] fuera

'auswechseln (*sep*, *-ge-*, *h*) cambiar; *tec* recambiar

'Ausweg *m* (*-[e]s*; *-e*) salida *f* (*a fig*); **≗los** sin salida

'ausweich|en (*irr*, *sep*, *-ge-*, *sn*, → ***weichen***) (*dat*) *Schlag*: esquivar (*ac*); *fig* eludir (*ac*); **~end** evasivo

'Ausweis ['-vaɪs] *m* (*-es*; *-e*) carnet *m*, carné *m*; (*Personal≗*) documento *m* de identidad; **≗en** ['-zən] (*irr*, *sep*, *-ge-*, *h*, → ***weisen***) expulsar; ***sich ~*** identificarse; **~papiere** *n/pl* documentación *f*; **~ung** *f* (*-*; *-en*) expulsión *f*

'auswendig de memoria

'aus|werfen (*irr*, *sep*, *-ge-*, *h*, → ***werfen***) arrojar; *Angel*: lanzar; *Anker*: echar; **~werten** (*sep*, *-ge-*, *h*) aprovechar, utilizar; *Daten*: evaluar

'auswirk|en (*sep*, *-ge-*, *h*): ***sich ~*** repercutir (***auf*** *ac* en); **≗ung** *f* (*-*; *-en*) repercusión *f*, efecto *m*

'aus|wischen limpiar; *Schrift*: borrar; **~wuchten** (*sep*, *-ge-*, *h*) *Rad*: equilibrar; **~zahlen** (*sep*, *-ge-*, *h*) pagar; **~zählen** (*sep*, *-ge-*, *h*) contar; *Stimmen*: escrutar; **≗zahlung** *f* (*-*; *-en*) pago *m*

'auszeichn|en (*sep*, *-ge-*, *h*) *a Waren*: marcar; *j-n*: condecorar; ***sich ~*** distinguirse; **≗ung** *f* (*-*; *-en*) distinción *f*; condecoración *f*

'auszieh|bar ['-tsiːbaːr] extensible; **~en** (*irr*, *sep*, *-ge-*, → ***ziehen***) **1.** *v/t* (*h*) sacar; *Kind*: desnudar; *Kleid*: quitarse; (*verlängern*) extender; ***sich ~*** desnudarse; **2.** *v/i* (*sn*) mudarse (de casa); marchar (-se)

Auszubildende ['-tsubildəndə] *m/f* (*-n*; *-n*) aprendiz(a *f*) *m*

'Auszug *m* (*-[e]s*; *¨e*) *Buch*, *Konto*: extracto *m*; (*Wohnung*) mudanza *f*

Autarkie [aʊtar'kiː] *f* (*-*; *-n*) autarquía *f*

authentisch [-'tɛntiʃ] auténtico

'Auto ['aʊto] *n* (*-s*; *-s*) auto(móvil) *m*, coche *m*; **~bahn** *f* autopista *f*; **~bahnauffahrt** *f* entrada *f* a la autopista; **~bahnausfahrt** *f* salida *f* de la autopista; **~bahndreieck** *n* cruce *m* de autopistas; **~bahngebühr** *f* peaje *m*; **~bahnzubringer** *m* (vía *f* de) acceso *m* a la autopista; **~biogra'fie**, **~biogra'phie** *f* autobiografía *f*; **~bus** *m* autobús *m*; (*Reisebus*) autocar *m*; **~fähre** *f* transbordador *m*; **~fahrer(in** *f*) *m* automovilista *su*; **~'gramm** *n* (*-s*; *-e*) autógrafo *m*; **~karte** *f* mapa *m* de carreteras; **~kino** *n* autocine *m*; **~mat** [-'maːt] *m* (*-en*; *-en*) *für Waren*: expendedora *f* automática; **~matik** [-'maːtik] *f* (*-*; *tec -en*) automatismo *m*; *auto* cambio *m* automático; **~mation** [-ma'tsjoːn] *f* (*-*; *sin pl*) automatización *f*; **≗'matisch** automático; **~mechaniker** *m* mecánico *m* de automóviles; **~mo'bilklub** *m* Automóvil Club *m*; **≗nom** [-'noːm] autónomo; **~nomie** [-no'miː] *f* (*-*; *-n*) autonomía *f*

Autor ['-tɔr] *m* (*-s*; *-en* [-'toːrən]), **~in** [-'toːrin] *f* (*-*; *-nen*) autor(a *f*) *m*

'Auto|radio *n* autorradio *f*; **~reisezug** *m* autotrén *m*, autoexpreso *m*; **~rennen** *n* carrera *f* de automóviles

autoritä|r [-ri'tɛːr] autoritario; **≗t** [-'tɛːt] *f* (*-*; *sin pl*; *j*: *-en*) autoridad *f*

'Auto|schalter *m Bank*: autobanco *m*; **~schlüssel** *m* llave *f* del coche; **~skooter** ['-skuːtər] *m* (*-s*; *-*) auto *m* choque; **~vermietung** *f* alquiler *m* de coches; **~waschanlage** *f* tren *m od* túnel *m* de lavado

Avocado [avo'kaːdo] *f* (*-*; *-s*) aguacate *m*

Axt [akst] *f* (*-*; *Äxte*) hacha *f*

Azalee [atsa'le] *f* azalea *f*

B

B, b [beː] *n* (-; -) B, b *f*; *mus* si *m* bemol; ***B-Dur*** si *m* bemol mayor; ***b-Moll*** si *m* bemol menor

Baby ['beːbi] *n* (*-s*; *-s*) nene *m*, bebé *m*; **~sitter** ['-sitər] *m* (*-s*; -) F canguro *su*

Bach [bax] *m* (*-[e]s*; *⸚e*) arroyo *m*, riachuelo *m*

Backbord ['bak-] *mar n* (*-s*; *sin pl*) babor *m*

Backe ['bakə] *f* (-; *-n*) mejilla *f*

backen ['-kən] (*buk*, *backte*, *gebacken*, *h*) cocer; *in der Pfanne*: freír; *Kuchen*: hacer

'Backen|bart *m* patillas *f/pl.*; **~knochen** *m* pómulo *m*; **~zahn** *m* muela *f*

Bäcker ['bɛkər] *m* (*-s*; -) panadero *m*; **~ei** [-'raɪ] *f* (-; *-en*) panadería *f*

'Back|huhn ['bak-] *n* pollo *m* asado; **~ofen** *m* horno *m*; **~pflaume** *f* ciruela *f* pasa; **~pulver** *n* levadura *f* en polvo; **~stein** *m* ladrillo *m*

Bad [baːt] *n* (*-[e]s*; *⸚er*) baño *m* (*a fot*); (*Ort*) balneario *m*

'Bade|anzug ['baːdə-] *m* traje *m* de baño, bañador *m*; **~gast** *m* bañista *m*; **~gel** ['-geːl] *n* (*-s*; *-e*) gel *m* de baño; **~hose** *f* bañador *m*; **~kappe** *f* gorro *m* de baño; **~mantel** *m* albornoz *m*; **~meister** *m* bañero *m*; **≗n** (*ge-*, *h*) *v/t* bañar; *v/i* bañarse; **~ort** *m* balneario *m*; **~strand** *m* playa *f*; **~tuch** *n* (*-[e]s*; *⸚er*) toalla *f* de baño; **~wanne** *f* bañera *f*; **~zimmer** *n* (cuarto *m* de) baño *m*

Bagatelle [baga'tɛlə] *f* (-; *-n*) bagatela *f*

Bagger ['bagər] *m* (*-s*; -) excavadora *f*

Bahn [baːn] *f* (-; *-en*) camino *m*, vía *f*; *Geschoss*: trayectoria *f*; *dep* pista *f*; *ferro* ferrocarril *m*; ***mit der ~*** en tren; **'~anschluss** *m* enlace *m* ferroviario; **'~beamte** *m* ferroviario *m*; **'~damm** *m* terraplén *m*; **'≗en** (*ge-*, *h*) (*ebnen*) allanar, aplanar; ***sich e-n Weg ~*** abrirse paso; **'~fahrt** *f* viaje *m* en tren; **'~hof** *m* estación *f*; **'~linie** *f* línea *f* férrea; **'~polizei** *f* policía *f* de ferrocarriles; **'~steig** *m* andén *m*; **'~übergang** *m* paso *m* a nivel (***beschrankt*** con barrera; ***unbeschrankt*** sin barrera)

Bahre [baːrə] *f* (-; *-n*) camilla *f*

Baiser [bɛ'zeː] *n* (*-s*; *-s*) merengue *m*

Baisse ['bɛːs(ə)] *f* (-; *-n*) baja *f*

Bakterie [bak'teːrjə] *f* (-; *-n*) bacteria *f*

balancieren [balɑ̃'siːrən] (*h*) balancear

bald [balt] pronto, dentro de poco; ***~ darauf*** poco después; ***so ~ wie möglich*** cuanto antes, lo más pronto posible

Baldrian ['-driɑːn] *m* (*-s*; *-e*) valeriana *f*

balg|en ['balgən] (*ge-*, *h*): ***sich ~*** pelearse; **≗e'rei** *f* (-; *-en*) pelea *f*

Balken ['-kən] *m* (*-s*; -) viga *f*, madero *m*; travesaño *m*

Balkon [-'kɔŋ, -'koːn] *m* (*-s*; *-s*, *-e*) balcón *m*

Ball [bal] *m* (*-[e]s*; *⸚e*) **a)** pelota *f*; (*Fuß≗*) balón *m*; ***~ spielen*** jugar a la pelota; **b)** (*Tanz*) baile *m*

Ballast ['-last] *m* (*-[e]s*; *-e*) lastre *m*

Ballett [-'lɛt] *n* (*-[e]s*; *-e*) ballet *m*

Ballon [ba'lɔ̃] *m* (*-s*; *-s*) globo *m*

'Ballungs|gebiet ['baluŋgsgəbiːt] *n*, **~raum** *m* aglomeración *f* urbana

Balt|e ['-tə] *m* (*-n*; *-n*), **~in** *f* (-; *-nen*), **≗isch** báltico *m*, -a *f*

Bambus ['bambus] *m* (*-[ses]*; *-se*) bambú *m*

banal [ba'nɑːl] trivial, banal

Banane [-'nɑːnə] *f* (-; *-n*) plátano *m*, *Am* banana *f*

Band [bant] **a)** *m* (*-[e]s*; *⸚e*) tomo *m*, volumen *m*; **b)** *n* (*-[e]s*; *⸚er*) cinta *f*; *anat* ligamento *m*; ***auf ~ aufnehmen*** grabar en cinta; **c)** *n* (*-[e]s*; *-e*) *fig* vínculo *m*, lazo *m*; **d)** *mus* [bɛnt] *f* (-; *-s*) conjunto *m*

Bandag|e [-'dɑːʒə] *f* (-; *-n*) vendaje *m*

Bande ['-də] *f* (-; *-n*) *a desp* banda *f*, pandilla *f*, cuadrilla *f*

bändigen ['bɛndigən] (*ge-*, *h*) domar; *fig* refrenar

Bandit [ban'diːt] *m* (*-en*; *-en*) bandido *m*, bandolero *m*

'Band|maß ['bantmɑːs] *n* cinta *f* métrica; **~scheibe** *anat f* disco *m* intervertebral; **~wurm** *m* tenia *f*, solitaria *f*

bang(e) [baŋ(ə)] inquieto; ***mir ist ~*** tengo miedo (***vor*** *dat* a)

Bank [baŋk] *f* **a)** (-; *⸚e*) banco *m*; *ohne Lehne*: banqueta *f*; **b)** *com* (-; *-en*) banco *m*; (*Spiel*) banca *f*; **'~beamte** *m* empleado *m* de banco

Bankett [-'kɛt] *n* (*-[e]s*; *-e*) banquete *m*, festín *m*

'Bank|halter *m* banquero; **~ier** [-'jeː] *m* (*-s*; *-s*) banquero *m*; **~konto** *n* cuenta *f* bancaria; **~leitzahl** *f* clave *f* bancaria; **~note** *f* billete *m* de banco; **~omat** [-o'maːt] *m* (*-en*; *-en*) cajero *m* automático; **⁀rott** [-'rɔt] en quiebra; **~'rott** *m* (*-[e]s*; *-e*) bancarrota *f*, quiebra *f*; **~ machen** quebrar; **~verbindung** *f* (*Konto*) cuenta *f* bancaria

bar [baːr]: **~es Geld** dinero *m* contante; ***gegen ~***, ***in ~*** al contado; en efectivo, en metálico

Bar *f* (-; *-s*) bar *m* (americano); (*Theke*) barra *f*

Bär [bɛːr] *m* (*-en*; *-en*) oso *m*

Baracke [ba'rakə] *f* (-; *-n*) barraca *f*

Bardame ['baːr-] camarera *f* de bar

'bar|fuß ['baːrfuːs] descalzo; **⁀geld** *n* (*-[e]s*; *sin pl*) dinero *m* (en) efectivo; **~geldlos** por cheque, a través de cuentas; **⁀geldumstellung** *f* (*Euro*) conversión *f* del dinero efectivo

Bariton *mus* ['baːritɔn] *m* (*-s*; *-e*) barítono *m*

Barkasse *mar* [bar'kasə] *f* (-; *-n*) lancha *f*

Barkeeper ['baːrkiːpər] *m* (*-s*; -) barman *m*

barm'herzig [barm'hɛrtsiç] misericordioso, caritativo; **⁀keit** *f* (-; *sin pl*) misericordia *f*

Barmittel ['baːrmitəl] *n*/*pl* fondos *m*/*pl* líquidos

'Barmixer *m* (*-s*; -) barman *m*

ba'rock [ba'rɔk], **⁀** *n*, *m* (*-[s]*; *sin pl*) barroco (*m*); **⁀stil** *m* (estilo *m*) barroco *m*; *in Spanien*: estilo *m* churrigueresco

Barometer [-ro'meːtər] *n* (*-s*; -) barómetro *m*

Ba'ron [-'roːn] *m* (*-s*; *-e*) barón *m*; **~in** *f* (-; *-nen*) baronesa *f*

Barren ['-rən] *m* (*-s*; -) (*Gold⁀*) barra *f*; (*Turn⁀*) (barras) paralelas *f*/*pl*

Barriere [-r'jɛːrə] *f* (-; *-n*) barrera *f*

Barrikade [-ri'kaːdə] *f* (-; *-n*) barricada *f*

Barsch [barʃ] *zo m* (*-[e]s*; *-e*) perca *f*

barsch brusco, seco

Barscheck ['baːr-] *m* cheque *m* no cruzado

Bart [baːrt] *m* (*-[e]s*; *⸚e*) barba *f*

'Barzahlung ['baːr-] *f* pago *m* al contado; **~spreis** *m* precio *m* al contado

Basar [ba'zaːr] *m* (*-s*; *-e*) bazar *m*

Base ['baːzə] *f* (-; *-n*) *quím* base *f*

Baseball ['beːsbɔːl] *m* (*-s*; *sin pl*) béisbol *m*

basieren [ba'ziːrən] (*h*) basarse (***auf*** *dat* en)

Basilika [-'zilikaː] *f* (-; -ken) basílica *f*

Basis ['baːzis] *f* (-; -sen) base *f* (*a fig*)

'Bask|e ['baskə] *m* (-; -) vasco *m*; **~enmütze** *f* boina *f*; **~in** *f* (-; *-nen*) vasca *f*; **⁀isch** vasco; *Provinzen*: vascongado; ***das ⁀e*** el vascuence, el euskera

Bass *mus* [bas] *m* (*-es*; *⸚e*) bajo *m*; **'~geige** *f* contrabajo *m*

Bast [bast] *m* (*-[e]s*; *-e*) *bot* líber *m*; rafia *f*

'basteln ['-təln] (*ge-*, *h*) dedicarse al bricolaje; **⁀** *n* (*-s*; *sin pl*) bricolaje *m*

Batist [-'tist] *m* (*-[e]s*; *-e*) batista *f*

Batterie [-tə'riː] *f* (-; *-n*) *mil*, *el* batería *f*; *el kleine*: pila *f*

Bau [baʊ] *m* (*-[e]s*; *sin pl*) construcción *f*; (*pl -ten*) (*Gebäude*) edificio *m*; (*Bauarbeiten*) obras *f*/*pl*; **'~arbeiten** *f*/*pl* obras *f*/*pl*; **'~arbeiter** *m* obrero *m* de la construcción; **'~art** *f* estilo *m*; *tec* tipo *m*

Bauch [baʊx] *m* (*-[e]s*; *⸚e*) vientre *m*; **'~fellentzündung** *f* peritonitis *f*; **'~höhle** *f* cavidad *f* abdominal; **'~schmerzen** *m*/*pl* dolor *m* de vientre; **'~speicheldrüse** *f* páncreas *m*; **'~tanz** *m* danza *f* de vientre

bauen ['baʊən] (*ge-*, *h*) construir; *arqu* edificar; *agr* cultivar

Bauer ['-ər]: **1.** *m* (*-n*; *-n*) campesino *m*; *Schach*: peón *m*; **2.** *n* (*-s*; -) jaula *f*

'Bäuer|in ['bɔʏərin] *f* (-; *-nen*) campesina *f*; **⁀lich** campesino, rústico

'Bauern|haus ['baʊərn-] *n* casa *f* de campo; **~hof** *m* finca *f*, granja *f*

'bau|fällig ruinoso; **~ *sn*** amenazar ruina; **⁀firma** *f* empresa *f* constructora; **⁀genehmigung** *f* permiso *m* de construcción; **⁀gerüst** *n* andamio *m*, andamiaje *m*; **⁀gewerbe** *n* (ramo *m* de la) construcción *f*; **⁀kunst** *f* arquitectura *f*

Baum [baʊm] *m* (*-[e]s*; *⸚e*) árbol *m*

Baumeister ['-maɪstər] *m* aparejador *m*, arquitecto *m*

baumeln ['-məln] (*ge-*, *h*) bambolear(se)

'Baum|stamm *m* tronco *m* (de árbol); **~wolle** *f* algodón *m*

'Bauplatz ['baʊplats] *m* solar *m*

Bausch [baʊʃ] *m* (*-[e]s*; *⸚e*) *Watte*: tampón *m*

'Bau|sparkasse *f* caja *f* de ahorros para

la construcción; **~stelle** *f* obras *f/pl*; **~stil** *m* estilo *m* (arquitectónico); **~unternehmer** *m* contratista *m* (de obras); **~werk** *n* edificio *m*, construcción *f*

Bay|er ['baɪər] *m* (*-n*; *-n*), **~erin** *f* (*-*; *-nen*), **≈risch** bávaro *m*, -a *f*

Bazillus [ba'tsilus] *m* (*-*; *-len*) bacilo *m*

be'absichtig|en [bə'ˀapziçtigən] (*h*) tener la intención (***zu*** de), proponerse (*inf*); **~t** intencionado, intencional

be'acht|en (*h*) fijarse en; (*berücksichtigen*) tener en cuenta; (*befolgen*) observar; ***nicht ~*** no hacer caso de; **~lich** considerable; **≈ung** *f* (*-*; *sin pl*) atención *f*, consideración *f*; observancia *f*

Beamt|e [-'ˀamtə] *m* (*-n*; *-n*), **~in** *f* (*-*; *-nen*) funcionario *m*, -a *f*

beanspruchen [-'ˀanʃpruxən] (*h*) pretender, exigir; *Zeit*: requerir

be'anstand|en [-'ˀanʃtandən] (*h*) protestar, reclamar (***et*** contra a/c); **≈ung** *f* (*-*; *-en*) objeción *f*; reclamación *f*

beantragen [-'ˀantra:gən] (*h*) solicitar, pedir

be'antwort|en (*h*) contestar (a), responder a; **≈ung** *f*: ***in ~*** (*gen*) en contestación a

be'arbeit|en (*h*) trabajar; *tec* labrar; *Buch*: refundir; *teat*, *Film usw.*: adaptar; **≈ung** *f* (*-*; *-en*) *tec* labrado *m*; *Buch*: refundición *f*; *teat usw.*: adaptación *f*; **≈ungsgebühr** *f* cuota *f* de gestión

Be'atmung *f* (*-*; *-en*): (***künstliche***) **~** respiración *f* artificial

beaufsichtigen [-'ˀaʊfziçtigən] (*h*) vigilar, inspeccionar

beauftrag|en [-'ˀaʊftra:gən] (*h*): ***j-n mit et ~*** encargar a/c a alg; **≈te** [-'-tra:ktə] *m/f* (*-n*; *-n*) encargado *m*, -a *f*

be'bauen (*h*) *arqu* edificar; (*erschließen*) urbanizar; *agr* cultivar

beben ['be:bən] (*ge-*, *h*) temblar

Becher ['bɛçər] *m* (*-s*; *-*) vaso *m*

Becken ['bɛkən] *n* (*-s*; *-*) pila *f*; (*Wasch≈*) lavabo *m*; *geo* cuenca *f*; *anat* pelvis *f*; (*Schwimm≈*) piscina *f*

be'danken [bə-] (*h*): ***sich bei j-m für et ~*** dar las gracias a alg por a/c

Be'darf [-'darf] *m* (*-[e]s*; *sin pl*) necesidades *f/pl* (***an*** *dat* de); ***bei ~*** si es necesario; **~shaltestelle** *f* parada *f* discrecional

be'dauer|lich [-'daʊərliç] deplorable; **~n** (*h*) sentir; *j-n*: compadecer; **≈n** *n* (*-s*; *sin pl*) sentimiento *m*; ***zu m-m*** (***großen***) **~** (muy) a pesar mío; **~nswert** *j*: digno de lástima; *et*: lamentable

be'deck|en (*h*) cubrir (***mit*** de, con); tapar; **~t** *a Himmel*: cubierto

be'denk|en (*bedachte*, *bedacht*, *h*) considerar, pensar en; tener en cuenta; **≈en** *n/pl* dudas *f/pl*, escrúpulos *m/pl*; **~enlos** sin escrúpulos; **~lich** grave; (*gewagt*) arriesgado

be'deut|en (*h*) significar, querer decir; ***das hat nichts zu ~*** no tiene importancia; **~end** importante, considerable; *j*: eminente; **≈ung** *f* (*-*; *-en*) (*Sinn*) sentido *m*, significado *m*; (*sin pl*) (*Wichtigkeit*) importancia *f*; **~ungslos** insignificante

be'dien|en (*h*) servir; *com* atender; *tec* manejar; ***sich ~*** servirse (*gen* de) (*a bei Tisch*); **≈ung** *f* (*-*; *sin pl*) servicio *m*; *tec* manejo *m*; (*pl -en*) (*Kellnerin*) camarera *f*; **≈ungsanleitung** *f* instrucciones *f/pl* para el uso

Be'dingung [-'diŋuŋ] *f* (*-*; *-en*) condición *f* (***stellen*** poner); ***unter der ~, dass*** a condición de que (*subj*); **≈slos** incondicional; *adv* sin reservas

be'droh|en (*h*) amenazar (***mit*** con); **~lich** amenazador; crítico

be'drück|en (*h*) oprimir, agobiar; **~end** opresivo, vejatorio; deprimente

be'dürfen [bə'dyrfən] (*bedurfte*, *bedurft*, *h*) necesitar (***e-r Sache*** a/c), hacer falta (a/c a alg)

Be'dürf|nis *n* (*-ses*; *-se*) necesidad *f*; **≈tig** necesitado, menesteroso

Beefsteak ['bi:fste:k] *n* (*-s*; *-s*) bistec *m*, bisté *m*

be'eilen [bə'ˀaɪlən] (*h*): ***sich ~*** darse prisa; apresurarse (***zu*** a)

be'ein|drucken [-'ˀaɪndrukən] (*h*) impresionar; **~flussen** [-'-flusən] (*h*) influir (en); influenciar; **~trächtigen** (*h*) perjudicar, mermar

be'enden (*h*) acabar, terminar

be'erben (*h*): ***j-n ~*** ser heredero de alg

be'erdig|en [-'ˀe:rdigən] (*h*) enterrar; **≈ung** *f* (*-*; *-en*) entierro *m*; **≈ungsinstitut** *n* funeraria *f*

Beere ['be:rə] *f* (*-*; *-n*) baya *f*

Beet [be:t] *n* (*-[e]s*; *-e*) bancal *m*; (*Blumen≈*) cuadro *m*, macizo *m*

befähig|en [bə'fɛ:igən] (*h*) habilitar, capacitar (***zu*** para); **~t** [-'-içt] habilitado,

capaz (***zu***, ***für*** para)
be'fahr|bar [-'fɑːrbɑːr] transitable; **~en** (*befuhr*, *befahren*, *h*) circular por
be'fallen (*befiel*, *befallen*, *h*) acometer (*a Schlaf*); *med* afectar
be'fangen (*scheu*) tímido; (*voreingenommen*) parcial; **≗heit** *f* (-; *sin pl*) timidez *f*; parcialidad *f*
be'fassen (*h*): ***sich ~ mit*** ocuparse de
Be'fehl [-'feːl] *m* (*-[e]s*; *-e*) orden *f*; (*~sgewalt*) mando *m* (***führen*** tener, ***über*** *ac* de); **≗en** (*befahl*, *befohlen*, *h*) mandar, ordenar; **~shaber** [-'-hɑːbər] *m* (*-s*; -) jefe *m*; comandante *m*
be'festigen (*h*) fijar, sujetar
befeuchten [-'fɔʏçtən] (*h*) humedecer, mojar
be'finden **1.** *v/refl* (*befand*, *befunden*, *h*): ***sich ~*** hallarse, encontrarse; (*sich fühlen*) sentirse, estar; **2.** **≗** *n* (*-s*; *sin pl*) (estado *m* de) salud *f*
be'folgen (*h*) seguir; *Befehl*, *Gesetz*: cumplir; *Vorschrift*: observar
be'förder|n (*h*) *com* transportar; *im Rang*: promover, ascender; **≗ung** *f* (-; *-en*) transporte *m*; promoción *f*, ascenso *m*
be'frag|en (*h*) preguntar (***wegen*** por); consultar; *jur* interrogar; **≗ung** *f* (-; *-en*) consulta *f*; (*Umfrage*) encuesta *f*
be'frei|en [-'fraɪən] (*h*) liberar; *v Pflichten usw*: dispensar, eximir; ***sich ~*** deshacerse (***von*** de); **≗er** *m* (*-s*; -) libertador *m*; **~t** exento (***von*** de); **≗ung** *f* (-; *-en*) liberación *f*; exención *f*
befreunden [-'frɔʏndən] (*h*): ***sich ~ mit*** *j-m*: trabar amistad con; *et*: familiarizarse con; ***befreundet sn mit*** ser amigo de
be'fried|en [-'friːdən] (*h*) pacificar; **~igen** [-'-digən] (*h*) satisfacer, contentar; **~igend** satisfactorio; **~igt** [-'-diçt] satisfecho, contento; **≗igung** *f* (-; *sin pl*) satisfacción *f*
be'fristet a plazo fijo
be'frucht|en (*h*) fecundar (*a fig*); **≗ung** *f* (-; *-en*) fecundación *f*
Be'fug|nis [-'fuːknis] *f* (-; *-se*) competencia *f*, autorización *f*; **≗t** autorizado (***zu*** para)
Be'fund *m* (*-[e]s*; *-e*) *a med* resultado *m*; comprobación *f*
be'fürcht|en (*h*) recelar, temer; **≗ung** *f* (-; *-en*) recelo *m*, temor *m*
befürworten [-'fyːrvɔrtən] (*h*) abogar por
begab|t [-'gɑːpt] talentoso; ***~ für*** dotado para; **≗ung** [-'-buŋ] *f* (-; *-en*) talento *m*, dotes *f/pl* (***für*** para)
be'geben (*begab*, *begeben*, *h*): ***sich ~*** ir, dirigirse (***nach*** a); **≗heit** *f* (-; *-en*) suceso *m*, acontecimiento *m*
be'gegn|en [-'geːgnən] (*sn*) encontrar (***j-m*** a alg); **≗ung** *f* (-; *-en*) encuentro *m*
be'gehen (*beging*, *begangen*, *h*) *Fest*: celebrar; *Fehler*, *Verbrechen*: cometer
be'gehr|en [-'geːrən] (*h*) desear, codiciar; ***sehr begehrt*** muy solicitado; **~enswert** deseable, apetecible
be'geister|n [-'gaɪstərn] (*h*): (***sich***) **~** entusiasmar(se), apasionar(se) (***für*** por); **~t** entusiasmado (***von*** con); **≗ung** *f* (-; *sin pl*) entusiasmo *m*
begierig [-'giːriç] ávido, ansioso (***nach*** de)
be'gießen (*begoss*, *begossen*, *h*) *agr* regar; F (*feiern*) remojar
Be'ginn [-'gin] *m* (*-[e]s*; *sin pl*) comienzo *m*, principio *m*; ***bei ~*** al comienzo; **≗en** (*begann*, *begonnen*, *h*) empezar, comenzar (***mit*** con; ***zu*** a)
be'glaubig|en [-'glaʊbigən] (*h*) certificar, atestar; *jur Unterschrift*, *Urkunde*: legalizar; **≗ung** *f* (-; *-en*) legalización *f*; **≗ungsschreiben** *n* (cartas *f/pl*) credenciales *f/pl*
be'gleichen (*beglich*, *beglichen*, *h*) arreglar, pagar
be'gleit|en (*h*) acompañar (*a mus*); **≗er** *m* (*-s*; -), **≗erin** *f* (-; *-nen*) acompañante *su*; (*Gefährte*) compañero *m*, -a *f*; **≗papiere** *n/pl* documentación *f* (anexa); **≗schreiben** *n* carta *f* adjunta; **≗ung** *f* (-; *-en*) acompañamiento *m* (*a mus*); ***in ~ von*** en compañía de, acompañado de
beglückwünschen [bə'glyk-] (*h*) felicitar, dar la enhorabuena (***zu*** por)
be'gnadig|en [-'gnaːdigən] (*h*) indultar; **≗ung** *f* (-; *-en*) indulto *m*
begnügen [-'gnyːgən] (*h*): ***sich ~ mit*** contentarse con
be|'graben (*begrub*, *begraben*, *h*) enterrar (*a fig*); **≗'gräbnis** [-'grɛːpnis] *n* (*-ses*; *-se*) entierro *m*
be'greif|en (*begriff*, *begriffen*, *h*) comprender, entender; **~lich** comprensible
be'grenz|en (*h*) limitar; reducir (***auf*** *ac*

a); **ˆung** *f* (-; *-en*) limitación *f*
Be'griff *m* (*-[e]s*; *-e*) concepto *m*, idea *f*; ***im ~ sn zu*** estar a punto de
be'gründ|en (*h*) fundar; *fig* motivar (***mit*** por); **ˆung** *f* (-; *-en*) fundación *f*; motivación *f*
be'grüß|en (*h*) saludar; *fig* celebrar; **ˆung** *f* (-; *-en*) salutación *f*; (*Willkommen*) bienvenida *f*
be'günstig|en [-'gynstigən] (*h*) favorecer; **ˆung** *f* (-; *-en*) protección *f*
be'gutachten (*h*) dictaminar sobre; (*prüfen*) examinar
begütert [-'gy:tərt] acaudalado
behag|en [-'hɑ:gən] (*h*) gustar, agradar; **~lich** [-'hɑ:kliç]: ***sich ~ fühlen*** sentirse a sus anchas
behalten (*behielt*, *behalten*, *h*) guardar; quedarse con; *im Gedächtnis*: retener
Behälter [-'hɛltər] *m* (*-s*; -) recipiente *m*
be'hand|eln (*h*) tratar (*a med*); **ˆlung** *f* (-; *-en*) tratamiento *m* (*a med*)
be'harr|en (*h*) perseverar, persistir (***auf*** *dat* en); **~lich** perseverante, tenaz
be'haupt|en [-'haʊptən] (*h*) afirmar; ***sich ~*** mantenerse; **ˆung** *f* (-; *-en*) afirmación *f*
be'helf|en (*behalf*, *beholfen*, *h*): ***sich ~*** arreglarse; **~smäßig** provisional, improvisado
beherbergen [-'hɛrbɛrgən] (*h*) hospedar, alojar
be'herrsch|en (*h*) dominar (*a fig*); ***sich ~*** dominarse, contenerse; **ˆung** *f* (-; *sin pl*) dominación *f*
be'herz|igen [-'hɛrtsigən] (*h*) tomar a pecho; **~t** [-'hɛrtst] valiente, arrojado
behilflich [-'hilfliç]: ***j-m bei et ~ sn*** ayudar a alg en a/c
be'hinder|n (*h*) estorbar; *a Verkehr*: obstaculizar; **ˆte** *m/f* (*-n*; *-n*) impedido *m*, -a *f*, minusválido *m*, -a *f*; **~tengerecht** apto para minusválidos
Behörde [-'hø:rdə] *f* (-; *-n*) autoridad *f*, administración *f*
be'hüten (*h*) guardar, preservar (***vor*** *dat* de)
behutsam [-'hu:tzɑ:m] cauteloso; (*sorgsam*) cuidadoso
bei [baɪ] (*dat*): **a**) *örtlich*: junto a, cerca de; **~** *j-m* en casa de; ***~m Bäcker*** en la panadería; ***~ sich haben*** llevar consigo; ***~ Calderón*** en Calderón; **b**) *zeitlich*: durante; ***~m Essen*** durante *od* en la comida; ***~ Nacht*** de noche; ***~ m-r Ankunft*** a mi llegada; **c**) (*Umstände*) ***~ der Arbeit sn*** estar trabajando; ***~ diesem Wetter*** con este tiempo
'beibringen (*irr*, *sep*, *-ge-*, *h*, → ***bringen***) *Niederlage*: infligir; (*lehren*) enseñar
'Beicht|e ['baɪçtə] *f* (-; *-n*) confesión *f*; **ˆen** (*ge-*, *h*) **1.** *v/t* confesar; **2.** *v/i* confesarse; **~stuhl** *m* confes(i)onario *m*
beide ['-də] *pl* ambos, los dos; ***~s*** las dos cosas; ***keiner von ~n*** ni uno ni otro; **wir ~** nosotros dos
beiderseits ['-dərzaɪts] a ambos lados de; recíprocamente
beiein'ander juntos (-as)
'Beifahrer(in *f*) *m* acompañante *su*
'Beifall *m* (*-[e]s*; *sin pl*) aplauso *m*; ***j-m ~ spenden*** aplaudir a alg; ***~ finden*** *fig* tener gran aceptación (***bei*** entre)
'beifügen (*sep*, *-ge-*, *h*) añadir; *e-m Schreiben*: acompañar, incluir
'Beigeschmack *m* gustillo *m*, saborcillo *m*; *fig* deje *m*
'Beihilfe *f* ayuda *f*, subsidio *m*; *jur* complicidad *f*
Beil ['baɪl] *n* (*-[e]s*; *-e*) hacha *f*
'Beilage *f* suplemento *m*; *zum Brief*: anexo *m*; *gastr* guarnición *f*
'beiläufig *adv* de paso
'beilegen (*sep*, *-ge-*, *h*) *e-m Brief*: acompañar, adjuntar; *Streit*: dirimir, zanjar
'Beileid *n* (*-[e]s*; *sin pl*): ***sein ~ aussprechen*** dar el pésame
'beiliegend adjunto
beim [baɪm] = ***bei dem***
'beimessen (*irr*, *sep*, *-ge-*, *h*, → ***messen***) atribuir; ***Wert ~*** dar importancia
Bein [baɪn] *n* (*-[e]s*; *-e*) pierna *f*; (*Tier*ˆ, *Tisch*ˆ) pata *f*; (*Knochen*) hueso *m*
'beinah(e) casi; *bei vb*: por poco
'Beinbruch *m* fractura *f* de (la) pierna
be'inhalten [bə'ʔinhaltən] (*h*) contener
beipflichten ['baɪpfliçtən] (*sep*, *-ge-*, *h*) (*dat*) aprobar (*ac*); ***j-m ~*** adherirse a la opinión de alg
bei'sammen [baɪ'zamən] juntos, reunidos; **ˆsein** *n* (*-s*; *sin pl*) reunión *f*; *geselliges*: tertulia *f*
'Beisein *n*: ***im ~ von*** en presencia de
bei'seite aparte; ***~ lassen*** dejar a un lado
'beisetz|en (*sep*, *-ge-*, *h*) sepultar, dar sepultura a; **ˆung** *f* (-; *-en*) sepelio *m*
'Beispiel *n* (*-[e]s*; *-e*) ejemplo *m* (***zum***

por); **≈haft** ejemplar; **≈sweise** por ejemplo

'beißen ['-sən] (*biss, gebissen, h*) morder; *Insekten, Rauch*: picar

'Bei|stand *m* (*-[e]s; sin pl*) ayuda *f*, asistencia *f*; **≈stehen** (*irr, sep, -ge-, h,* → ***stehen***): ***j-m ~*** ayudar *od* asistir a alg

'beisteuern (*sep,-ge-, h*) contribuir (***zu*** a)

'Beitrag ['-traːk] *m* (*-[e]s; ⸚e*) contribución *f*; (*Mitglieds≈*) cuota *f*; **≈en** (*irr, sep, -ge-, h,* → ***tragen***) contribuir (***zu*** a)

'bei|treten (*irr, sep, -ge-, sn,* → ***treten***) *e-m Verein*: ingresar en; *e-r Partei*: afiliarse a; **≈tritt** *m* (*-[e]s; -e*) afiliación *f* (***zu*** a); ingreso *m* (en)

'Beiwagen *m Motorrad*: sidecar *m*

Beize ['-tsə] *f* (*-; -n*) *für Holz*: barniz *m*; *gastr* adobo *m*

beizeiten [-'tsaɪtən] a tiempo

be'jahen [bə'jaːən] (*h*) *Frage*: responder afirmativamente a; **~d** afirmativo

bejahrt [-'jaːrt] entrado en años

be'kämpfen (*h*) luchar contra

be'kannt [-'kant] conocido (***bei*** de); sabido (de); ***~ machen*** dar a conocer, publicar; ***~ sn mit*** conocer (*ac*); ***mit j-m ~ machen*** presentar a alg; **≈e** *m/f* (*-n; -n*) conocido *m*, -a *f*; **≈gabe** *f* (*-; sin pl*), **≈machung** [-'-maxuŋ] *f* (*-; -en*) publicación *f*; (*Mitteilung*) aviso *m*; *amtlich*: bando *m*; **~lich** como es sabido; **≈schaft** *f* (*-; sin pl*) conocimiento *m*; ***j-s ~ machen*** conocer a alg

be'kehr|en (*h*) convertir (***zu*** a); **≈ung** *f* (*-; -en*) conversión *f*

be'kenn|en (*bekannte, bekannt, h*) confesar; ***sich schuldig ~*** reconocerse culpable; ***sich ~ zu*** declararse partidario de; **≈tnis** *n* (*-ses; -se*) confesión *f*; *des Glaubens*: profesión *f*

be'klag|en (*h*) lamentar; ***sich ~*** quejarse (***über*** *ac* de, ***bei*** *j-m* a); **~enswert** deplorable; **≈te** [-'klaːktə] *m/f* (*-n; -n*) *jur* demandado *m*, -a *f*

be'kleckern (*h*) manchar

be'kleid|en (*h*) vestir; *Amt*: desempeñar; **≈ung** (*-; -en*) vestidos *m/pl*

Be'klemmung *f* (*-; -en*) opresión *f*, congoja *f*

be'kommen (*bekam, bekommen*) **1.** *v/t* (*h*) recibir; (*erlangen*) obtener, conseguir; *Krankheit*: contraer; *Schreck*: llevarse; ***wie viel ~ Sie?*** ¿cuánto le debo?; **2.** *v/i* (*sn*): ***gut*** (***schlecht***) **~** probar *od* sentar bien (mal)

be|'kräftigen (*h*) corroborar, confirmar; **~'kümmern** (*h*) afligir; **~kunden** [-'kundən] (*h*) manifestar; **~'laden** (*belud, beladen, h*): ***~ mit*** cargar de

Belag [-'laːk] *m* (*-[e]s; ⸚e*) (*Zahn≈*) sarro *m*; (*Brot≈*) fiambre *m*

be'lager|n (*h*) sitiar; *fig* asediar; **≈ung** *f* (*-; -en*) sitio *m*

Be'lang|e [-'laŋə] *m/pl* intereses *m/pl*; **≈los** insignificante, irrelevante

be'lasten (*h*) cargar (***mit*** de); *mit Abgaben*: gravar (con); ***j-s Konto mit et ~*** cargar a/c en cuenta a alg

be'lästig|en [-'lɛstigən] (*h*) importunar, molestar; **≈ung** *f* (*-; -en*) molestia *f*

Belastung [-'lastuŋ] *f* carga *f* (*a tec u fig*); *Konto*: adeudo *m*; *jur* gravamen *m*

be'laufen (*belief, belaufen, h*): ***sich ~ auf*** (*ac*) ascender a, importar (*ac*)

be'leb|en (*h*) (re)animar; **~t** [-'leːpt] animado; *Ort*: concurrido

Be'leg [-'leːk] *m* (*-[e]s; -e*) justificante *m*, comprobante *m*; **≈en** [-'leːgən] (*h*) cubrir (***mit*** con, de); *Sitz*: reservar; *Vorlesung*: matricularse para; (*beweisen*) probar; **~schaft** [-'leːkʃaft] *f* (*-; -en*) personal *m*; **≈t** [-'leːkt] *Platz*: ocupado; *Zunge*: sucio; ***~es Brot*** bocadillo *m*; sandwich *m*

be'lehr|en (*h*) instruir; **≈ung** *f* (*-; -en*) instrucción *f*

be'leidig|en [-'laɪdigən] (*h*) ofender, insultar; **~end** ofensivo, insultante; **≈ung** *f* (*-; -en*) ofensa *f*, insulto *m*, injuria *f*

be'lesen leído

be'leucht|en (*h*) alumbrar, iluminar; **≈ung** *f* (*-; -en*) alumbrado *m*; iluminación *f*

Belg|ier ['bɛlgjər] *m* (*-s; -*), **~ierin** *f* (*-; -nen*), **≈isch** belga *su*

be'licht|en (*h*) [bə'liçtən] *fot* exponer; **≈ung** *f* (*-; -en*) exposición *f*; **≈ungsmesser** *m* fotómetro *m*

Be'lieb|en *n*: ***nach ~*** a discreción; **≈ig** cualquiera; **≈t** [-'liːpt] *j*: popular; *et*: en boga; **~theit** *f* (*-; sin pl*) popularidad *f*

be'liefern (*h*) proveer, abastecer (***mit*** de)

bellen ['bɛlən] (*ge-, h*) ladrar

be'lohn|en [bə'-] (*h*) recompensar; **≈ung** *f* (*-; -en*) recompensa *f*

B

be'lügen (*belog, belogen, h*) mentir (***j-n*** a alg)
be'lustig|end [-'lustigənt] divertido; **≗ung** *f* (-; *-en*) diversión *f*
be|mächtigen [-'mɛçtigən] (*h*): ***sich e-r Sache*** (*gen*) ~ apoderarse de a/c; **~'malen** (*h*) pintar (***blau*** de azul); **~mängeln** [-'mɛŋəln] (*h*) criticar, censurar
be'merk|bar: ***sich ~ machen*** hacerse sentir, manifestarse; **~en** (*h*) notar, darse cuenta de; (*sagen*) observar, decir; **~enswert** notable; **≗ung** *f* (-; *-en*) observación *f*
be'mitleiden [-'mitlaɪdən] (*h*): ***ich bemitleide ihn*** me da lástima; **~swert** digno de compasión
be'müh|en (*h*): ***sich ~*** esforzarse (***um*** por), procurar (*inf*); ***~ Sie sich nicht!*** ¡no se moleste!; **≗ung** *f* (-; *-en*) esfuerzo *m* (***um*** por); ***~en*** *pl* gestiones *f/pl*
benachbart [-'naxbɑːrt] vecino
be'nachrichtig|en [-'nɑːxriçtigən] (*h*) avisar, informar, enterar; **≗ung** *f* (-; *-en*) información *f*, aviso *m*
benachteiligen [-'-taɪligən] (*h*) perjudicar
benehmen [bə'neːmən] **1.** *v/refl* (*benahm, benommen, h*): ***sich ~*** conducirse, (com)portarse; **2.** **≗** *n* (*-s; sin pl*) conducta *f*, comportamiento *m*
be'neiden (*h*): ***j-n um et ~*** envidiar a/c a alg; **~swert** envidiable
Bengel ['bɛŋəl] *m* (*-s*; -) rapaz *m*
benommen [bə'nɔmən] aturdido, atontado
be'nötigen (*h*) necesitar
be'nutz|en (*h*) usar, utilizar, *a Gelegenheit*: aprovechar; **≗er** *m* (*-s*; -) usuario *m a inform*; **~erfreundlich** fácil de usar; **≗ung** *f* (-; *sin pl*) empleo *m*, uso *m*
Ben'zin [bɛn'tsiːn] *n* (*-s*; *-e*) *auto* gasolina *f*; *quím* bencina *f*; **~kanister** *m* bidón *m* de gasolina; **~tank** *m* depósito *m* de gasolina; **~uhr** *f* indicador *m* de gasolina
be'obacht|en [bə'ʔoːbaxtən] (*h*) observar; **≗er** *f* (*-s*; -) observador *m*; **≗ung** (-; *-en*) observación *f*
be'pflanzen (*h*) plantar (***mit*** de).
be'quem [-'kveːm] cómodo, confortable; *j*: perezoso; **≗lichkeit** *f* (-; *sin pl*) comodidad *f*; (*Trägheit*) pereza *f*
be'rat|en (*beriet, beraten, h*) **1.** *v/t* aconsejar; **2.** *v/i* deliberar; **≗er** *m* (*-s*; -) consejero *m*; **≗ung** *f* (-; *-en*) deliberación *f*; *a med* consulta *f*
be'rauben (*h*) robar (***j-n e-r Sache*** a/c a alg); *fig* privar (de)
be'rechn|en (*h*) calcular; *com* cargar (en cuenta); **≗ung** *f* (-; *-en*) cálculo *m*; (*sin pl*) *fig* egoísmo *m*
be'rechtig|en [-'rɛçtigən] (*h*) autorizar, habilitar (***zu*** para); **~t** autorizado; *Sache*: fundado; **≗ung** (-; *sin pl*) autorización *f*; derecho *m*
beredt [-'reːt] elocuente
Be'reich *m* (*-[e]s*; *-e*) ámbito *m*; *fig* esfera *f*
bereichern [-'raɪçərn] (*h*): **(*sich*) ~** enriquecer(se) (***an*** *dat* con)
Be'reifung *f* (-; *-en*) neumáticos *m/pl*
be'reisen (*h*) viajar por, recorrer
be'reit [-'raɪt] dispuesto (***zu*** a); (*fertig*) listo; **~en** (*h*) *Essen*: preparar; *Freude, Schmerz usw*: causar, dar; **~halten** (*irr, sep, -ge-, h,* → ***halten***) tener preparado; **sich ~machen** (*sep, -ge-, h,* → ***machen***) prepararse, disponerse (***zu*** a); **~s** ya; **≗schaft** *f* (-; *sin pl*) disposición *f* (***zu*** a); **≗schaftsdienst** *m* guardia *f*; **~stellen** (*sep, -ge-, h*) preparar; poner a disposición; **~willig** gustoso
be'reuen (*h*) arrepentirse de
Berg [bɛrk] *m* (*-[e]s*; *-e*) montaña *f*; **≗'ab** cuesta abajo; **≗'auf** cuesta arriba; **'~bahn** *f* ferrocarril *m* de montaña; **'~bau** *m* (*-[e]s; sin pl*) industria *f* minera
bergen ['bɛrgən] (*barg, geborgen, h*) salvar, rescatar
'Berg|führer ['bɛrk-] *m* guía *m* (de montaña); **≗ig** ['-giç] montañoso; **~kette** *f* sierra *f*; **~mann** *m* (*-[e]s*; *-leute*) minero *m*; **~rutsch** *m* desprendimiento *m* de tierras; **~spitze** *f* pico *m*; **~steigen** *n* alpinismo *m*, montañismo *m*; **~steiger** *m* (*-s*; -), **~steigerin** *f* (-; *-nen*) alpinista *su*, montañero *m*, -a *f*; **~ung** ['-guŋ] *f* salvamento *m*, rescate *m*; **~wacht** *f* servicio *m* de salvamento en la montaña; **~wandern** *n* excursión *f* a la montaña; **~werk** *n* mina *f*
Be'richt [bə'riçt] *m* (*-[e]s*; *-e*) relación *f*, informe *m*; (*Zeitungs≗*) crónica *f*; (*Erzählung*) relato *m*; **≗en** (*h*) informar (***über*** *ac* de, sobre); (*erzählen*) relatar; **~erstatter** [-'-ʔɛrʃtatər] *m* (*-s*; -) reportero *m*; *auswärtiger*: corresponsal *m*;

2igen [-ˈ-tigən] (*h*) rectificar, corregir; **~igung** *f* (-; *-en*) rectificación *f*
Berliner [bɛrˈliːnər] *m* (*-s*; -), **~in** *f* (-; *-nen*) berlinés *m*, -esa *f*
Bernstein [ˈbɛrnʃtaɪn] *m* (*-[e]s*; *sin pl*) ámbar *m*
berüchtigt [bəˈryçtiçt] de mala fama
be'rücksichtig|en [-ˈrykziçtigən] (*h*) considerar, tener en cuenta; **2ung** *f* (-; *sin pl*) consideración *f*
Be'ruf [-ˈruːf] *m* (*-[e]s*; *-e*) profesión *f*, oficio *m*; ***von ~*** de profesión; **2en** (*berief*, *berufen*, *h*) nombrar (***zu*** para); ***sich ~ auf*** (*ac*) referirse a; **2lich** profesional; **~sausbildung** *f* formación *f* profesional; **~sberatung** *f* orientación *f* profesional; **2stätig** que ejerce una profesión; activo; **~ung** *f* (-; *-en*) vocación *f*; (*Ernennung*) nombramiento *m* (***zu*** para); *jur* apelación *f*; ***~ einlegen*** apelar (***gegen*** de)
be'ruhen (*h*): ***~ auf*** (*dat*) basarse en
be'ruhig|en [-ˈruːigən] (*h*): (***sich***) ***~*** calmar(se), tranquilizar(se); **~end** tranquilizador; **2ung** *f* (-; *sin pl*) calma *f*; **2ungsmittel** *med n* calmante *m*, sedante *m*
be'rühmt [-ˈryːmt] famoso, célebre; **2heit** *f* (-; *sin pl*) renombre *m*
be'rühr|en (*h*) tocar (*a fig*); *Gemüt*: afectar; **2ung** *f* (-; *-en*) tacto *m*; *a fig* contacto *m*
be'sagen (*h*) (querer) decir, significar
besänftigen [-ˈzɛnftigən] (*h*) apaciguar, calmar
Be'satz *m* (*-es*; *⸚e*) guarnición *f*; **~ung** *f* (-; *-en*) *mar*, *avia* tripulación *f*
be'saufen P (*besoff*, *besoffen*, *h*): ***sich ~*** F coger una trompa *od* una mona
be'schädig|en (*h*) deteriorar (*a com*), estropear; *mar*, *avia* averiar; **2ung** *f* (*h*) deterioro *m*, desperfecto *m*
be'schaffen (*h*) proporcionar, procurar, facilitar; **2heit** *f* (-; *sin pl*) condición *f*, estado *m*; índole *f*
be'schäftig|en [-ˈʃɛftigən] (*h*) dar trabajo a; *fig* preocupar; ***sich ~*** ocuparse (***mit*** de, en); **2ung** *f* (-; *-en*) ocupación *f*; empleo *m*
be'schäm|end vergonzoso; humillante; **~t** avergonzado; **2ung** *f* (-; *sin pl*) vergüenza *f*, confusión *f*
Bescheid [-ˈʃaɪt] *m* (*-[e]s*; *-e*) respuesta *f*; ***j-m ~ geben*** informar a alg; ***~ wissen über*** (*ac*) estar enterado de
be'scheiden modesto; **2heit** *f* (-; *sin pl*) modestia *f*
be'scheinig|en [-ˈʃaɪnigən] (*h*) certificar; **2ung** *f* (-; *-en*) certificado *m*
be'schenken (*h*) obsequiar
Bescherung [-ˈʃeːruŋ] *f* (-; *-en*) reparto *m* de regalos; ***schöne ~!*** ¡estamos listos!
be|'schieß|en (*beschoss*, *beschossen*, *h*) hacer fuego *od* tirar sobre; **~'schimpfen** (*h*) insultar, injuriar
Be'schlag *m*: ***in ~ nehmen***, ***mit ~ belegen*** incautarse de; *fig* acaparar (*a j-n*); **2en 1.** (*beschlug*, *beschlagen*, *h*) **a)** *v/t Pferd*: herrar; **b)** *v/i u* ***sich ~*** *Glas*: empañarse; **2.** *adj* entendido, versado; **~nahme** [-ˈ-knaːmə] *f* (-; *-n*) embargo *m*, confiscación *f*; **2nahmen** (*h*) confiscar, embargar
be'schleunig|en [-ˈʃlɔʏnigən] (*h*) acelerar; **2ung** *f* (-; *-en*) aceleración *f*
be'schließen (*beschloss*, *beschlossen*, *h*) concluir, terminar; (*entscheiden*) resolver, decidir
Be'schluss *m* (*-es*; *⸚e*) resolución *f*, decisión *f*; acuerdo *m* (***fassen*** tomar)
be|'schmieren (*h*) untar; (*besudeln*) embadurnar; **~'schmutzen** (*h*) ensuciar, manchar; **~'schönigen** [-ˈʃøːnigən] (*h*) cohonestar, colorear
be'schränk|en [-ˈʃrɛŋkən] (*h*) limitar (***auf*** *ac* a); restringir, reducir; **~t** limitado; (*eng*) estrecho; *j*: de pocos alcances; **2ung** *f* (-; *-en*) limitación *f*, restricción *f*
be'schreib|en (*beschrieb*, *beschrieben*, *h*) describir; **2ung** *f* (-; *-en*) descripción *f*
be'schuldig|en [-ˈʃuldigən] (*h*) culpar (*gen* de); inculpar; **2ung** *f* (-; *-en*) inculpación *f*
be'schütz|en (*h*) proteger (***vor*** *dat* de, contra); **2er** *m* (*-s*; -) protector *m*
Be'schwer|de [-ˈʃveːrdə] *f* (-; *-n*) *com* queja *f*, reclamación *f*; *med* **~n** *pl* dolores *m/pl*; molestias *f/pl*; **2en** (*h*): ***sich ~ über*** quejarse de (***bei j-m*** a alg)
be|'schwichtigen [-ˈʃviçtigən] (*h*) calmar, apaciguar; **~'schwindeln** (*h*) engañar; mentir (***j-n*** a alg)
beschwipst [-ˈʃvipst] F achispado, piripiri
be'schwören (*beschwor*, *beschworen*,

B

h) afirmar bajo juramento, jurar; *Geister*: conjurar
be'seitigen [-'zaɪtigən] (*h*) eliminar (*a j-n*); *Hindernis*: allanar
Besen ['beːzən] *m* (*-s*; -) escoba *f*
besessen [bə'zɛsən] obsesionado (***von*** con), poseso
be'setz|en (*h*) *Stelle*: cubrir; *mil*, *Platz*: ocupar; **~t** ocupado; *Bus usw*: completo; *tel* **~ *sn*** estar comunicando; **2tzeichen** *n tel* señal *f* de ocupado; **2ung** *f* (-; *-en*) ocupación *f*; *teat* reparto *m*
be'sichtig|en [-'ziçtigən] (*h*) visitar; inspeccionar; **2ung** *f* (-; *-en*) visita *f*
be'siede|ln (*h*) poblar; colonizar; **~lt**: ***dicht* ~** densamente poblado
be'siegen (*h*) vencer
be'sinn|en [-'zinən] (*besann*, *besonnen*, *h*): ***sich* ~** acordarse (***auf*** *ac* de); ***sich anders* ~** cambiar de parecer; **2ung** *f* (-; *sin pl*) conocimiento *m*, sentido *m*; ***wieder zur* ~ *kommen*** volver en sí
Be'sitz [-'zits] *m* (*-[e]s*; *sin pl*) posesión *f*; **2en** (*besaß*, *besessen*, *h*) poseer; **~er** *m* (*-s*; -), **~erin** *f* (-; *-nen*) poseedor(a *f*) *m*; dueño *m*, -a *f*; (*Eigentümer*) propietario *m*, -a *f*
besoffen P [-'zɔfən] borracho
besohlen [-'zoːlən] (*h*) poner suelas a
Besoldung [-'zɔlduŋ] *f* (-; *-en*) sueldo *m*
be'sonder [-'zɔndər] particular, especial; **2heit** *f* (-; *-en*) particularidad *f*; **~s** especialmente, sobre todo
be'sonnen [-'zɔnən] prudente
be'sorg|en (*h*) (*verschaffen*) procurar; (*kaufen*) comprar; (*erledigen*) hacer; **2nis** [-'zɔrknis] *f* (-; *-se*) preocupación *f*; **~ *erregend*** alarmante; **~t** preocupado (***um*** por); **2ung** *f* (-; *-en*) recado *m*
be'sprech|en (*besprach*, *besprochen*, *h*) discutir; ***sich mit j-m* ~** conferenciar con alg (***über*** *ac* sobre); **2ung** *f* (-; *-en*) entrevista *f*, conferencia *f*; (*Buch2*) reseña *f*
be'spritzen (*h*) rociar; *mit Schmutz*: salpicar
'besser ['bɛsər] (*Komparativ v* gut) mejor; ***umso* ~** tanto mejor; **~ *werden*** mejorar; ***es wäre* ~** más valdría (*inf*); **~n** (*ge-*, *h*): ***sich* ~** mejorar(se); **2ung** *f* (-; *sin pl*) mejora *f*; *med* mejoría *f*; ***gute* ~!** ¡que se mejore!
best [bɛst] (*Superlativ v* gut) mejor; ***am* ~*en***, ***das* 2*e*** lo mejor; ***der erste* 2*e*** el primero que llegue; ***zu Ihrem* 2*en*** para su bien
Be'stand [bə'ʃtant] *m* (*-[e]s*; *sin pl*) (*Dauer*) duración *f*; (*pl* *⸗e*) *com* existencias *f*/*pl*; ***von* ~** durable
be'ständig estable (*a Wetter*), constante; (*andauernd*) continuo
Be'standteil *m* componente *m*, parte *f* integrante, elemento *m*
be'stätig|en [-'ʃtɛːtigən] (*h*) confirmar; **2ung** *f* (-; *-en*) confirmación *f*
be'statt|en [-'ʃtatən] (*h*) sepultar, inhumar; **2ungsinstitut** *n* funeraria *f*, pompas *f*/*pl* fúnebres
be'stech|en (*bestach*, *bestochen*, *h*) sobornar, corromper; **~lich** corruptible; **2ung** *f* (-; *-en*) soborno *m*; corrupción *f*; **2ungsgelder** *n*/*pl* sobornos *m*/*pl*
Besteck [-'ʃtɛk] *n* (*-[e]s*; *-e*) cubierto *m*
be'stehen (*bestand*, *bestanden*, *h*) **1.** *v*/*t Kampf*: sostener; *Examen*: aprobar; **2.** *v*/*i* existir; **~ *auf*** (*dat*) insistir en; **~ *in*** (*dat*) consistir en; **~ *aus*** constar de, componerse de
be'stehlen (*bestahl*, *bestohlen*, *h*) robar
be'steigen (*bestieg*, *bestiegen*, *h*) subir a, *Berg a*: escalar; *Pferd*: montar a
be'stell|en (*h*) *com* encargar, pedir (***bei j-m*** a alg); *Zimmer*: reservar; *Grüße*: dar; ***j-n* ~** hacer venir a alg; ***j-m et* ~** dar un recado a alg; **2er** *m* (*-s*; -) comprador *m*; **2formular** *n*, **2schein** *m*, **2zettel** *m* formulario *m od* nota *f od* hoja *f* de pedido; **2ung** *f* (-; *-en*) *com* pedido *m*
bestenfalls ['bɛstənfals] en el mejor de los casos
be'steuer|n [bə'-] (*h*) gravar con impuestos; **2ung** *f* (-; *sin pl*) imposición *f*
be'stimm|en (*h*) determinar; (*entscheiden*) decidir; (*festsetzen*) fijar; (*ausersehen*) destinar, designar; (*anordnen*) disponer; **~t** determinado; (*sicher*) cierto, seguro; (*energisch*) categórico, terminante; *adv* seguramente; **2ung** *f* (-; *-en*) destino *m*; (*Vorschrift*) prescripción *f*; **2ungsort** *m* lugar *m* de destino
be'straf|en (*h*) castigar; **2ung** *f* (-; *-en*) castigo *m*; pena *f*
be'strahl|en (*h*) *med* irradiar; **2ung** *med f* (-; *-en*) irradiación *f*; radioterapia *f*
be|'streichen (*bestrich*, *bestrichen*, *h*) pintar; *Brot*: untar; **~'streiken** (*h*) ha-

cer huelga contra (*una empresa*); **~'streiten** (*bestritt, bestritten, h*) negar; (*anfechten*) impugnar; *Kosten*: cubrir; **~'streuen** (*h*) espolvorear (***mit*** de); **~'stürmen** (*h*) *fig* asediar

be'stürz|t [-'ʃtyrtst] consternado, perplejo; **2ung** *f* (-; *sin pl*) consternación *f*

Be'such [-'zu:x] *m* (-*[e]s*; -*e*) visita *f*; **2en** (*h*) visitar; *j-n*: *a* ir a ver; *Schule*: ir a; *Versammlung*: asistir a; **~er** *m* (-*s*; -), **~erin** *f* (-, -*nen*) visitante *su*; **~szeit** *f* horas *f*/*pl* de visita

be'tätig|en (*h*) *tec* accionar; ***sich ~*** actuar (***als*** de); **2ung** *f* (-; -*en*) actividad *f*; actuación *f*

be'täub|en [-'tɔʏbən] (*h*) *med* anestesiar, narcotizar; *fig* aturdir; **2ung** *f* (-; -*en*) anestesia *f*; **2ungsmittel** *n* narcótico *m*

Bete *bot* ['be:tə] *f* (-; -*n*): ***Rote ~*** remolacha *f* roja

be'teilig|en [bə'taɪligən] (*h*) hacer participar (***an*** *dat* en); ***sich ~ an*** (*dat*) tomar parte en, participar en; **2te** [-'-liçtə] *m*/*f* (-*n*; -*n*) interesado *m*, -a *f*; **2ung** *f* (-; -*en*) participación *f*

beten ['be:tən] (*ge-*, *h*) orar, rezar

beteuern [bə'tɔʏərn] (*h*) aseverar

Beton [be'tɔ̃] *m* (-*s*; -*s*) hormigón *m*

be'ton|en [bə'to:nən] (*h*) acentuar, *fig a* subrayar; **2ung** *f* (-; -*en*) acento *m* (*a fig*); acentuación *f*

Be'tracht [-'traxt] *m*: ***in ~ ziehen*** tomar en consideración; ***in ~ kommen*** venir al caso; **2en** (*h*) contemplar; *fig* considerar (***als*** como)

beträchtlich [-'trɛçtliç] considerable

Be'trag [-'trɑ:k] *m* (-*[e]s*; ⸚*e*) importe *m*, cantidad *f*; **2en** [-'-gən] **1.** *v*/*t* (*betrug, betragen, h*) ascender a, elevarse a; ***sich ~*** (com)portarse; **2.** **2** *n* (-*s*; *sin pl*) comportamiento *m*, conducta *f*

Be'treff [-'trɛf] *m im Brief*: asunto *m*, objeto *m*; **2s** (*gen*) respecto a, en cuanto a; **2en** (*betraf, betroffen, h*) concernir, afectar; ***was mich betrifft*** en cuanto a mí; **2end** respectivo, en cuestión

be'treiben (*betrieb, betrieben, h*) (*ausüben*) practicar, ejercer

be'treten **1.** *v*/*t* (*betrat, betreten, h*) *Raum*: entrar en; **2.** *adj* confuso

be'treu|en [-'trɔʏən] (*h*) atender a; cuidar (a, de); **2er** *m* (-*s*; -) *a dep* cuidador *m*; **2ung** *f* (-; *sin pl*) cuidado *m*

Be'trieb [-'tri:p] *m* (-*[e]s*; -*e*) empresa *f*; (*sin pl*) *tec* funcionamiento *m*, marcha *f*; servicio *m*; *fig* F jaleo *m*; ***in ~ sn*** funcionar; ***außer ~*** fuera de servicio; no funciona; ***in ~ setzen*** poner en marcha; **2lich**: ***~e Mitbestimmung*** *f* cogestión *f* empresarial

Be'triebs|ausgaben *f*/*pl* gastos *m*/*pl* de producción; **~gewinn** *m* beneficios *m*/*pl* empresariales; **~kapital** *n* capital *m* de explotación; **~leitung** *f* dirección *f* (de la empresa); **~rat** *m* comité *m* de empresa; **~system** *n inform* sistema *m* operativo

be'trinken (*betrank, betrunken, h*): ***sich ~*** emborracharse, embriagarse

betroffen [-'trɔfən] *fig* confuso

be'trübt [-'try:pt] afligido, triste

Betrug [-'tru:k] *m* (-*[e]s*; *sin pl*) estafa *f*, engaño *m*; *jur* fraude *m*

be'trüg|en (*betrog, betrogen, h*) engañar; *im Spiel*: hacer trampas; **2er** *m* (-*s*; -), **2erin** *f* (-; -*nen*) estafador(a *f*) *m*

be'trunken borracho

Bett [bɛt] *n* (-*[e]s*; -*en*) cama *f*; (*Fluss2*) cauce *m*; ***zu ~ gehen*** irse a la cama; ***das ~ hüten*** guardar cama; **'~couch** *f* sofá-cama *m*; **'~decke** *f* manta *f*; (*Überdecke*) colcha *f*

betteln ['-təln] (*ge-*, *h*) mendigar

'bett|lägerig ['-lɛ:gəriç]: ***~ sn*** guardar cama; **2laken** *n* sábana *f*

Bettler ['-lər] *m* (-*s*; -), **~in** *f* (-; -*nen*) mendigo *m*, -a *f*

'Bett|ruhe *f* reposo *m* en cama; **~tuch** *n* sábana *f*; **~vorleger** *m* alfombrilla *f*, pie *m* de cama; **~wäsche** *f* ropa *f* de cama

betucht [bə'tu:xt] F forrado de dinero

beugen ['bɔʏgən] (*ge-*, *h*) doblar; *fig* doblegar; ***sich ~*** *fig* rendirse

Beule ['-lə] *f* (-; -*n*) bollo *m*, abolladura *f*; *med* chichón *m*

be'unruhig|en [bə'ʔunru:igən] (*h*) inquietar, preocupar

be'urlauben [-'ʔu:rlaʊbən] (*h*) dar permiso a; *vom Amt*: suspender

be'urteil|en (*h*) juzgar (de); **2ung** *f* (-; -*en*) juicio *m*, dictamen *m*

Beute ['bɔʏtə] *f* (-; *sin pl*) botín *m*; presa *f* (*a fig*)

Beutel ['-təl] *m* (-*s*; -) bolsa *f*

be'völker|n [bə'fœlkərn] (*h*) poblar; **2ung** *f* (-; -*en*) población *f*

be'vollmächtig|en [-'fɔlmɛçtigən] (*h*)

B

apoderar, autorizar; ≗te [-tiçtə] *m/f* (*-n*; *-n*) apoderado *m*, -a *f*; *jur* mandatario *m*

be'vor antes (de) que (*subj*); antes de (*inf*); **~stehen** (*irr, sep, -ge-, h,* → ***stehen***) estar próximo; **~zugen** [-tsu:gən] (*h*) preferir (***vor*** *dat* a)

be'wach|en (*h*) vigilar; **~t** vigilado; **≗ung** *f* (-; *sin pl*) vigilancia *f*

be'waffn|en [-'wafnən] (*h*) armar; **≗ung** *f* (-; *sin pl*) armamento *m*

be'wahren (*h*) guardar; (*erhalten*) conservar; **~** ***vor*** (*dat*) preservar de

be'währ|en (*h*): ***sich*** **~** dar buen resultado; *j*: acreditarse; **~t** probado, acreditado; **≗ung** *f*: *jur* ***mit*** **~** condicional

bewältigen [-'vɛltigən] (*h*) dominar; superar; *Arbeit*: llevar a cabo

bewandert [-'vandərt] versado, entendido (***in*** *dat* en)

be'wässer|n [-'vɛsərn] (*h*) regar; **≗ung** *f* (-; *-en*) riego *m*

be'weg|en [-'ve:gən] *v/t* **a)** (*h*) mover; *Gemüt*: conmover; **b)** (*bewog, bewogen, h*) (*veranlassen*) inducir, determinar; **≗grund** [-'ve:kgrunt] *m* móvil *m*; **~lich** [-'ve:kliç] móvil; *Fest*: movible; *fig* ágil; **~t** *See*: agitado; (*gerührt*) emocionado; **≗ung** [-'-guŋ] *f* (-; *-en*) movimiento *m* (*a pol*); (*sin pl*) *fig* emoción *f*; **~ungslos** inmóvil

Be'weis [-'vaɪs] *m* (*-es*; *-e*) prueba *f* (***für*** de); **≗en** [-'-zən] (*bewies, bewiesen, h*) probar, demostrar; (*feststellen*) comprobar

be'werb|en (*bewarb, beworben, h*): ***sich*** **~** ***um*** solicitar (*ac*); **≗er** *m* (*-s*; -), **≗erin** *f* (-; *-nen*) candidato *m*, -a *f*; solicitante *su*, aspirante *su*; **≗ung** *f* (-; *-en*) solicitud *f* (***um*** de); **≗ungsgespräch** *n* entrevista *f* personal; **≗ungsschreiben** *n* solicitud *f* (de empleo)

bewerkstelligen [-'vɛrkʃtɛligən] (*h*) realizar, conseguir

be'wert|en (*h*) valorar; **≗ung** *f* (-; *-en*) valoración *f*

be'willig|en [-'viligən] (*h*) conceder, otorgar; **≗ung** *f* (-; *-en*) concesión *f*

be'wirken (*h*) causar, originar; (*erreichen*) conseguir

be'wirt|en [-'virtən] (*h*) obsequiar; **~schaften** (*h*) explotar; *Waren*: racionar; **≗ung** *f* (-; *-en*) agasajo *m*

be'wohn|en (*h*) habitar; **≗er** *m* (*-s*; -), **≗erin** *f* (-; *-nen*) habitante *su*; *e-s Hauses*: vecino *m*, -a *f*

be'wölk|en [-'vœlkən] (*h*): ***sich*** **~** nublarse; **~t** nublado, nuboso; **≗ung** *f* (-; *sin pl*) nubosidad *f*

be'wunder|n [-'vundərn] (*h*) admirar; **~nswert** admirable; **≗ung** *f* (-; *sin pl*) admiración *f*

be'wusst [-'vust] consciente; (*bekannt*) consabido, en cuestión; **~los** sin conocimiento; **~** ***werden*** desmayarse; **≗losigkeit** *f* (-; *sin pl*) desmayo *m*; **≗sein** *n* (*-s*; *sin pl*) conciencia *f*; *med* conocimiento *m*

be'zahl|en (*h*) pagar; **≗ung** *f* (-; *sin pl*) pago *m*; **≗fernsehen** (*-s*; *sin pl*) *n* televisión *f* de pago

be'zaubernd encantador

be'zeichn|en (*h*) marcar, señalar; (*bestimmen*) designar; **~** ***als*** calificar de; **~end** significativo; **~** ***für*** característico de; **≗ung** *f* (-; *-en*) denominación *f*, nombre *m*

be'zeugen (*h*) atestiguar, dar fe de

bezichtigen [-'tsiçtigən] (*h*) (*gen*) inculpar de

be'zieh|en (*bezog, bezogen, h*) **1.** *v/t* *Wohnung*: instalarse en, ocupar; *Gehalt*: cobrar, percibir; *Zeitung*: estar suscrito a; *Waren*: comprar (***aus*** en, ***von*** a); *Bett*: poner ropa a; **2.** *v/refl* *Himmel*: encapotarse; ***sich*** **~** ***auf*** (*ac*) referirse a; **≗er** *m* (*-s*; -), **≗erin** *f* (-; *-nen*) comprador(a *f*) *m*; suscriptor(a *f*) *m*; **≗ung** *f* (-; *-en*) relación *f*; (*Hinsicht*) respecto *m*; ***in jeder*** **~** por todos conceptos; ***in*** **~** ***stehen zu*** estar relacionado con; **~ungsweise** o sea, o bien

Bezirk [-'tsirk] *m* (*-[e]s*; *-e*) *m* distrito *m*

Be|zug [-'tsu:k] *m* (*-[e]s*; *¨-e*) (*Überzug*) funda *f*; *fig* referencia *f*; (*sin pl*) (*Waren*≗) compra *f*; *e-r Zeitung*: suscripción *f* a; ***Bezüge*** *pl* (*Gehalt*) emolumentos *m/pl*; ***in*** **~** ***auf*** (*ac*) respecto a *od* de; **≗züglich** [-'tsy:kliç] (*gen*) referente a, relativo a; **~zugnahme** [-'tsu:kna:mə] *f*: ***unter*** **~** ***auf*** (*ac*) con referencia a

be'zweifeln (*h*) dudar (***et*** de a/c)

Bibel ['bi:bəl] *f* (-; *-n*) Biblia *f*

Biber ['-bər] *m* (*-s*; -) castor *m*

Bibliothe|k [biblio'te:k] *f* (-; *-en*) biblioteca *f*; **~kar** [-te'ka:r] *m* (*-s*; *-e*), **~karin** *f* (-; *-nen*) bibliotecario *m*, -a *f*

biblisch ['bi:blɪʃ] bíblico

bieg|en ['-gən] (*bog, gebogen*) **1.** *v/t* (*h*) torcer, doblar; (*krümmen*) encorvar; **2.** *v/i* (*sn*): ***um die Ecke ~*** doblar la esquina; **~sam** ['bi:kzɑ:m] flexible; **2ung** ['-gʊŋ] *f* (-; *-en*) recodo *m*, revuelta *f*

'Biene ['-nə] *f* (-; *-n*) abeja *f*; **~nkorb, ~stock** *m* colmena *f*

Bier [bi:r] *n* (*-[e]s*; *-e*) cerveza *f* (***helles*** rubia; ***dunkles*** negra; ***vom Fass*** de barril); **'~brauerei** *f*, **'~lokal** *n* cervecería *f*; **'~garten** *m* cervecería *f* al aire libre

bieten ['bi:tən] (*bot, geboten, h*) ofrecer; *Versteigerung*: licitar, (*höher ~*) pujar; ***sich ~*** presentarse; ***sich*** (*dat*) ***et nicht ~ lassen*** no tolerar a/c

Bikini [bi'ki:ni] *m* (*-s*; *-s*) bikini *m*

Bilanz [-'lants] *f* (-; *-en*) balance *m*; (*Handels2*) balanza *f*

bilateral [-latə'rɑ:l] bilateral

Bild [bilt] (*-[e]s*; *-er*) imagen *f*; (*Gemälde*) cuadro *m*, pintura *f*; *Buch*: ilustración *f*; ***im ~e sn*** estar enterado *od* al corriente; **2en** ['-dən] (*ge-, h*) formar; *geistig*: instruir; **'2end** *Kunst*: plástico, gráfico

'Bilder|buch ['-dərbu:x] *n* libro *m* de estampas; **~galerie** *f* galería *f* de pintura

'Bild|hauer ['bilthaʊər] *m* (*-s*, -), **~hauerin** *f* (-; *-nen*) escultor(a *f*) *m*; **2lich** plástico; *Sinn*: figurado; **~nis** *n* (*-ses*; *-se*) retrato *m*; **~platte** *f* videodisco *m*; **~plattenspieler** *m* videotocadiscos *m*; **~röhre** *f TV* tubo *m* de imagen; **~schirm** *m* pantalla *f*; ***am ~ arbeiten*** trabajar con pantalla; **~schirmarbeit** *f* trabajo *m* en el monitor; **~schirmarbeitsplatz** *m* puesto *m* de trabajo en el monitor; **~schirmfenster** *n* ventana *f*; **~schirmschoner** *m* salvapantallas *m*; **~schirmtext** *m* videotex *m*; **~ung** ['-dʊŋ] *f* (-; *-en*) formación *f*; (*sin pl*) *geistige*: cultura *f*; (*Aus2*) formación *f*, instrucción *f*

'Billard ['biljart] *n* (*-s*; *-e*) billar *m*; **~stock** *m* taco *m*

'billig ['biliç] barato, económico; **~en** ['-gən] (*ge-, h*) aprobar; **2flug** *m* vuelo *m* barato; **2lohnland** *n* país *m* de bajo nivel salarial

Bimsstein ['bimsʃtaɪn] *m* piedra *f* pómez

'Binde ['-də] *f* (-; *-n*) *med* venda *f*; (*Damen2*) compresa *f*; **~hautentzündung** *f* conjuntivitis *f*; **2n** (*band, gebunden, h*) atar; ligar (*a mus*); *Buch*: encuadernar; *Krawatte*: anudar; **2nd** *fig* obligatorio; **~strich** *m* guión *m*

Bindfaden ['bintfɑ:dən] *m* cordel *m*

Bindung ['-dʊŋ] *f* (-; *-en*) (*Ski*) fijación *f*; *fig* obligación *f*, compromiso *m* (***eingehen*** contraer)

'binnen ['-ən] (*dat, a gen*) dentro de; ***~ kurzem*** dentro de poco; **2hafen** *m* puerto *m* interior *bzw* fluvial; **2markt** *m* mercado *m* interior; *EG*: mercado *m* único

Bio|grafie, ~graphie [biogra'fi:] *f* (-; *-n*) biografía *f*; **~logie** [-lo'gi:] *f* (-; *sin pl*) biología *f*; **2logisch** [-'lo:giʃ] biológico; ***~ abbaubar*** biodegradable; **~müll** *m* basura *f* orgánica; **~produkt** *n* producto *m* orgánico; **~tonne** *f* contenedor *m* para la basura orgánica; **~top** [-to:p] *n* (*-s*; *-e*) biotopo *m*

Birke ['birkə] *f* (-; *-n*) abedul *m*

Birn|baum ['birnbaʊm] *m* peral *m*; **~e** (-; *-n*) pera *f*; *el* bombilla *f*

bis [bis] **1.** *prp* **~** (***zu, nach***) hasta; ***von ... ~*** de ... a, desde ... hasta; ***zwei ~ drei Tage*** dos o tres días; ***~ auf*** (*ac*) (*außer*) excepto, menos, salvo; **2.** *cj* hasta que

Bischof ['biʃɔf] *m* (*-s*; *¨e*) obispo *m*

bischöflich ['-ʃø:fliç] episcopal

bisher [bis'he:r] hasta ahora, hasta la fecha

Biskuit [-'kvit] *n, m* (*-s*; *-s*) bizcocho *m*

Bison ['bi:zɔn] *m* (*-s*; *-s*) bisonte *m*

Biss [bis] *m* (*-es*; *-e*) mordedura *f* (*a med*)

bisschen [' bis çən]: ***ein ~*** un poco

'Biss|en ['bisən] *m* (*-s*; -) bocado *m*; **2ig** mordedor; *fig* mordaz; **~wunde** *f* mordedura *f*

Bistum ['bistu:m] *n* (*-s*; *¨er*) obispado *m*

bisweilen [-'vaɪlən] a veces

'Bitte ['bitə] **1.** *f* (-; *-n*) ruego *m*; ***ich habe e-e ~ an Sie*** quisiera pedirle un favor; **2.** **2** *adv* por favor; *nach Dank*: de nada; ***wie ~?*** ¿cómo dice(s)?; **2n** (*bat, gebeten, h*) pedir (***j-n um et*** a/c a alg); ***~ zu*** (*inf*) *od* ***dass*** rogar que (*subj*)

'bitter ['bitər] amargo, agrio (*beide a fig*); *Kälte*: intenso; **2keit** *f* (-; *sin pl*) *fig* amargura *f*

Bitt|gesuch ['bit-] *n*, **~schrift** *f* solicitud *f*, súplica *f*

B

Blähungen ['blɛːuŋən] *f/pl* flatos *m/pl*
Blam|age [bla'mɑːʒə] *f* (-; -*n*) vergüenza *f*; **2'ieren** (*h*): ***sich ~*** F tirarse una plancha
blank [blaŋk] reluciente; brillante; F *fig* ***~ sn*** estar sin blanca; **2oscheck** ['-ko-] *m* cheque *m* en blanco
Bläschen *med* ['blɛːsçən] *n* (-*s*; -) vesícula *f*
'Blase ['blɑːzə] *f* (-; -*n*) (*Wasser2*, *Luft2*) burbuja *f*; (*Harn2*) vejiga *f*; (*Haut2*) ampolla *f*; **~balg** *m* fuelle *m*; **2n** (*blies, geblasen, h*) soplar; *mus* tocar; **~nentzündung** *f* cistitis *f*
Blasinstrument ['blɑːsˀ-] *n* instrumento *m* de viento
blass [blas] pálido; ***~ werden*** palidecer
Blatt [blat] *n* (-*[e]s*; ⸚*er*) hoja *f*; (*Zeitung*) periódico *m*
'blätter|n ['blɛtərn] (*ge-, h*) hojear (***in*** *dat a/c*); **2teig** *m* hojaldre *m*
blau [blaʊ] *adj* azul (*a Blut*); F (*betrunken*) borracho; ***~er Fleck*** cardenal *m*; **~äugig** ['-ˀɔʏgiç] de ojos azules; *fig* cándido; **'2beere** *bot f* arándano *m*; **'2helm** *m* casco *m* azul
bläulich ['blɔʏliç] azulado
blaumachen F ['blaʊmaxən] (*sep, -ge-, h*) hacer fiesta
Blech [blɛç] *n* (-*[e]s*; -*e*) chapa *f*; lámina *f*; (*Weiß2*) hojalata *f*; **'~büchse**, **'~dose** *f* lata *f*; **'2en** F (*ge-, h*) pagar, F aflojar la mosca; **'~schaden** *m* daños *m/pl* en la carrocería
Blei [blaɪ] *n* (-*[e]s*; *sin pl*) plomo *m*
'Bleibe ['-bə] F *f* (-; *raro* -*n*) alojamiento *m*; **2n** (*blieb, geblieben, sn*) quedar(se); (*weiterhin ~*) seguir, continuar; (*aus~*) tardar (***lange*** mucho); ***lassen*** dejar; guardarse de (*inf*); ***es bleibt dabei*** quedamos en lo convenido; **2nd** permanente, duradero
bleich [blaɪç] pálido; **'~en** (*ge-, h*) blanquear
'blei|frei sin plomo; **2stift** *m* lápiz *m*; **2stiftspitzer** *m* sacapuntas *m*
'Blend|e ['blɛndə] *f* (-; -*n*) *fot* diafragma *m*; **2en** (*ge-, h*) cegar; *fig* deslumbrar; **2end** deslumbrante
Blick [blik] *m* (-*[e]s*; -*e*) mirada *f*; *flüchtiger*: ojeada *f*, vistazo *m*; (*Aussicht*) vista *f*; ***auf den ersten ~*** a primera vista; ***e-n ~ werfen auf*** echar una mirada a; **'2en** (*ge-, h*) mirar (***auf*** *ac* a); ***sich ~ lassen*** dejarse ver
blind [blint] ciego (*a fig*); *Glas*: opaco; *Alarm*: falso; ***~er Passagier*** polizón *m*; **'2bewerbung** *f* solicitud *f* enviada a ciegas; **'2darm** *m* intestino *m* ciego; **'2darmentzündung** *f* apendicitis *f*; **2heit** *f* (-; *sin pl*) ceguedad *f* (*a fig*), ceguera *f*; **~lings** ['-liŋs] a ciegas
'blink|en ['bliŋkən] (*ge-, h*) centellear; hacer señales luminosas; **2er** *m* (-*s*; -) *auto* intermitente *m*; **2feuer** *n*, **2licht** *n* luz *f* intermitente
blinzeln ['blintsəln] (*ge-, h*) parpadear; guiñar
Blitz [blits] *m* (-*es*; -*e*) relámpago *m*; *einschlagender*: rayo *m*; **'~ableiter** ['-ˀaplaɪtər] *m* (-*s*; -) pararrayos *m*; **'2en** (*ge-, h*) relampaguear; *fig* brillar; *auto* ***geblitzt werden*** caer en un control de radar; **'~licht** *fot n* flash *m*; **'~schlag** *m* rayo *m*
Block [blɔk] *m* (-*[e]s*; -*s*, ⸚*e*) bloque *m* (*a pol*); (*Häuser2*) manzana *f*; (*Schreib2*) bloc *m*; **~ade** [-'kɑːdə] *f* (-; -*n*) bloqueo *m*; **'~flöte** *f* flauta *f* dulce; **2'ieren** (*h*) bloquear
'blöd|(e) ['bløːt, ('-də)] estúpido, tonto, bobo; **2sinn** *m* (-*s*; *sin pl*) tontería *f*; **~sinnig** idiota
blöken ['bløːkən] (*ge-, h*) *Schaf*: balar
blond ['blɔnt] rubio; **2ine** [-'diːnə] *f* (-; -*n*) rubia *f*
bloß [bloːs] **1.** *adj* desnudo; (*nichts als*) mero, solo; ***mit ~em Auge*** a simple vista; **2.** *adv* (tan) sólo, solamente
Blöße ['bløːsə] *f* (-; -*n*) desnudez *f*; ***sich e-e ~ geben*** descubrir su punto flaco
bloßstellen ['bloːs-] (*sep, -ge-, h*) *fig* comprometer
Blouson [blu'zɔ̃] *n* (-*s*; -*s*) cazadora *f*
Bluff [bluf, blœf] *m* (-*s*; -*s*) bluff *m*
blühen ['blyːən] (*ge-, h*) florecer (*a fig*)
Blume ['bluːmə] *f* (-; -*n*) flor *f*; *Wein*: buqué *m*
'Blumen|geschäft *n* floristería *f*; **~händler(in** *f*) *m* florista *su*; **~kohl** *m* coliflor *f*; **~strauß** *m* ramo *m* de flores; **~topf** *m* maceta *f*, tiesto *m*; **~vase** *f* florero *m*
Bluse ['-zə] *f* (-; -*n*) blusa *f*
Blut [bluːt] *n* (-*[e]s*; *sin pl*) sangre *f*; **'~alkohol** *m* alcoholemia *f*; **'~bank** *f* (-; -*en*) banco *m* de sangre; **'~bild** *n* cuadro *m* hemático; **'~druck** *m* tensión *f* arterial;

den ~ messen tomar la tensión
Blüte ['bly:tə] *f* (-; *-n*) flor *f* (*a fig*); (*sin pl*) *fig* prosperidad *f*
'Blut|egel ['blu:tˀe:gəl] *m* sanguijuela *f*; **≗en** (*ge-*, *h*) echar sangre, *a fig* sangrar; **~erguss** *m* hematoma *m*; **~gefäß** *n* vaso *m* sanguíneo; **~gerinnsel** *n* coágulo *m*; **~gruppe** *f* grupo *m* sanguíneo; **≗ig** sangriento (*a fig*); **~kreislauf** *m* circulación *f* sanguínea; **~orange** *f* naranja *f* sanguina; **~probe** *f* análisis *m* de sangre; **~spender(in *f*)** *m* donante *su* de sangre; **≗stillend** ['-ʃtilənt] hemostático; **~übertragung** *f* transfusión *f* de sangre; **~ung** *f* (-; *-en*) hemorragia *f*; **~vergiftung** *f* septicemia *f*; **~wurst** *f* morcilla *f*
Bö [bø:] *f* (-; *-en*) ráfaga *f*, racha *f*
Bob [bɔp] *m* (*-s*; *-s*) bob(sleigh) *m*
Bock [bɔk] *m* (*-[e]s*; *⸚e*) macho *m*; (*Ziegen≗*) macho *m* cabrío; *tec* caballete *m*; (*Turngerät*) potro *m*; F *fig* ***e-n ~ schießen*** meter la pata; **'≗ig** terco, obstinado, cabezón; **'~wurst** *f* salchicha *f*
'Boden ['bo:dən] *m* (*-s*; *⸚*) suelo *m*; tierra *f*; *e-s Gefäßes*: fondo *m*; (*Dach≗*) desván *m*; **~personal** *avia n* personal *m* de tierra; **~reform** *f* reforma *f* agraria; **~schätze** *m/pl* riquezas *f/pl* del subsuelo; **~turnen** *n* ejercicios *m/pl* en el suelo
Body-Building ['bɔdibildiŋ] *n* (*-s*; *sin pl*) culturismo *m*
'Bogen ['bo:gən] *m* (*-s*; -) arco *m* (*a mus*); (*Biegung*) curva *f*; (*Papier≗*) hoja *f*, pliego *m*; **~gang** *m* (*-[e]s*; *⸚e*) arcada *f*; **~schießen** *n* tiro *m* con arco
Bohle ['bo:lə] *f* (-; *-n*) tablón *m*
Bohne ['bo:nə] *f* (-; *-n*) judía *f*, alubia *f*; ***grüne ~n*** judías *f/pl* verdes; ***dicke ~*** haba *f*
bohnern ['-nərn] (*ge-*, *h*) encerar
'bohr|en ['-rən] (*ge-*, *h*) taladrar, horadar; *Brunnen*, *Schacht*: perforar; **≗er** *m* (*-s*; -) taladro *m*, barrena *f*; *med* torno *m*; **≗insel** *f* plataforma *f* petrolera; **≗maschine** *f* taladradora *f*; **≗turm** *m* torre *f od* castillete *m* de sondeo; **≗ung** *f* (-; *-en*) perforación *f*; sondeo *m*
Boiler ['bɔylər] *m* (*-s*; -) termo(sifón) *m*, calentador *m* de agua
Boje ['bo:jə] *f* (-; *-n*) boya *f*, baliza *f*
Bolivian|er [bolivi'a:nər] *m* (*-s*; -), **~erin** *f* (-; *-nen*), **≗isch** *adj* boliviano *m*, -a *f*
Bolzen *tec* ['bɔltsən] *m* (*-s*; -) perno *m*
bombardieren [bɔmbar'di:rən] (*h*) bombardear (*a fig*)
Bombe ['-bə] *f* (-; *-n*) bomba *f*; **~nanschlag** *m* atentado *m* con bomba; **~r** *m* (*-s*; -) bombardero *m*
Bon [bõ] *m* (*-s*; *-s*) vale *m*, bono *m*; (*Kassenzettel*) ticket *m*
Bonbon [-'bõ] *m u n* (*-s*; *-s*) caramelo *m*
Bonus ['bo:nus] *m* (*-[ses]*; *-se*, *Boni*) gratificación *f*
Boot [bo:t] *n* (*-[e]s*; *-e*) bote *m*, barca *f*;
booten [bu:tən] (*h*) *inform* inicializar
Boots|fahrt *f* paseo *m* en barca; **'~verleih** *m* alquiler *m* de botes
Bord [bɔrt]: **a)** *m mar* ***an ~*** a bordo; ***an ~ gehen*** subir a bordo, embarcarse; ***über ~ werfen*** echar por la borda (*a fig*); **b)** *n* (*-[e]s*; *-e*) anaquel *m*; estante *m*; **'~computer** *m auto* ordenador *m* de a bordo *od* de viaje
Bordell [-'dɛl] *n* (*-s*; *-e*) burdel *m*
Bordkarte ['bɔrt-] *avia f* tarjeta *f* de embarque
borgen ['bɔrgən] (*ge-*, *h*) (*ausleihen*) prestar; (*entleihen*) tomar prestado
Borke ['-kə] *f* (-; *-n*) corteza *f*
Borsalbe ['bo:rzalbə] *f* ungüento *m* bórico
Börse ['bœrzə] *f* (-; *-n*) bolsa *f*; (*Geld≗*) monedero *m*; (*Waren≗*) lonja *f*
'Börsen|bericht *m* información *f* bursátil; **~makler** *m* corredor *m* de bolsa
Borste ['bɔrstə] *f* (-; *-n*) cerda *f*
Borte ['-tə] *f* (-; *-n*) ribete *m*; (*Tresse*) galón *m*
'bösartig ['bø:sˀa:rtiç] maligno (*a med*); **≗keit** *f* (-; *sin pl*) malignidad *f*
Böschung ['bœʃuŋ] *f* (-; *-en*) repecho *m*; *steile*: talud *m*
böse ['bø:zə] malo; (*ärgerlich*) disgustado, enfadado (***auf*** *ac* con)
'bos|haft ['bo:shaft] malicioso; **≗heit** *f* (-; *sin pl*) maldad *f*, malicia *f*
böswillig ['bø:sviliç] malévolo
Bo'tan|ik [bo'ta:nik] *f* (-; *sin pl*) botánica *f*; **≗isch** botánico
Bote ['bo:tə] *m* (*-n*; *-n*) mensajero *m*; *für Gänge*: recadero *m*
'Botschaft ['-ʃaft] *f* (-; *-en*) mensaje *m*; *pol* embajada *f*; **~er** *m* (*-s*; -), **~erin** *f* (-; *-nen*) embajador(a *f*) *m*
Bouillon [bul'jõ] *f* (-; *-s*) caldo *m*, consomé *m*

B

Boule'vard [bulə'vaːr] *m* (*-s*; *-s*) avenida *f*; **~presse** *f* prensa *f* amarilla
Boutique [bu'tiːk] *f* (*-*; *-en*) boutique *f*
Bowle [boːlə] *f* (*-*; *-n*) ponche *m*; (*Gefäß*) ponchera *f*
Box [bɔks] *f* (*-*; *-en*) box *m*; **'2en** (*ge-*, *h*) boxear; **'~en** *n* (*-s*; *sin pl*) boxeo *m*; **'~er** *m* (*-s*; *-*) boxeador *m*; **'~kampf** *m* boxeo *m*
Boy [bɔʏ] *m* (*-s*; *-s*) *Hotel*: botones *m*
Boykott [-'kɔt] *m* (*-[e]s*; *-s*) boicot(eo) *m*; **2'ieren** (*h*) boicotear
'Branche ['brɑ̃ʃə] *f* (*-*; *-n*) ramo *m*; **~nverzeichnis** *n* índice *m* comercial
Brand [brant] *m* (*-[e]s*; *⸚e*) incendio *m*; *med* gangrena *f*; ***in ~ geraten*** inflamarse, incendiarse; ***in ~ stecken*** pegar fuego a; **'~blase** *f* ampolla *f*; **'~gefahr** *f* peligro *m* de incendio; **'~salbe** *f* pomada *f* para quemaduras; **'~schaden** *m* daño *m* causado por un incendio; **'~stiftung** *f* incendio *m* provocado; **~ung** ['-duŋ] *f* (*-*; *sin pl*) oleaje *m*; **~wunde** *f* quemadura *f*
Branntwein ['brant-] *m* aguardiente *m*
Brasilian|er [brazil'jɑːnər] *m* (*-s*; *-*), **~erin** *f* (*-*; *-nen*), **2isch** brasileño *m*, -a *f*
'brat|en ['brɑːtən] (*briet*, *gebraten*, *h*) asar; *in der Pfanne*: freír; **2en** *m* (*-s*; *-*) asado *m*; **2fisch** *m* pescado *m* frito; **2huhn** *n* pollo *m* asado; **2kartoffeln** *f/pl* patatas *f/pl* doradas; **2ofen** *m* horno *m*; **2pfanne** *f* sartén *f*; **2rost** *m* parrilla *f*
Bratsche *mus* ['-ʃə] *f* (*-*; *-n*) viola *f*
'Brat|spieß *m* asador *m*; **~wurst** *f* salchicha *f* (frita)
Brauch [braʊx] *m* (*-[e]s*; *⸚e*) costumbre *f*, uso *m*; **'2bar** *et*: utilizable, útil; *j*: apto, útil (***zu***, ***für*** para); **'2en** (*ge-*, *h*) necesitar; *Zeit*: tardar; ***man braucht nur zu*** (*inf*) no hay más que (*inf*); **'~tum** *n* (*-s*; *sin pl*) costumbres *f/pl*
Braue ['braʊə] *f* (*-*; *-n*) ceja *f*
Brauerei [-'raɪ] *f* (*-*; *-en*) cervecería *f*
braun [braʊn] marrón, pardo; *Haut*: moreno; *Haar*: castaño; ***~ gebrannt*** bronceado
'Bräune ['brɔʏnə] *f* (*-*; *sin pl*) (*Sonnen2*) bronceado *m*; **2n** (*ge-*, *h*) *gastr* dorar; tostar; *Haut*: broncear
Braunkohle ['braʊn-] *f* lignito *m*
'Brause ['braʊzə] *f* (*-*; *-n*) ducha *f*; (*Gießkannen2*) roseta *f*; **~(limonade)** *f* gaseosa *f*; **2n** (*ge-*, *h*) *Wind*: soplar; *Sturm*, *Meer*: bramar
Braut [braʊt] *f* (*-*; *⸚e*) novia *f*
Bräutigam ['brɔʏtigam] *m* (*-s*; *-e*) novio *m*
Brautpaar ['braʊt-] *n* novios *m/pl*
brav [brɑːf] (*ehrenhaft*) honrado; (*artig*) bueno, formal
bravo! ['-voː] ¡bravo!, ¡olé!
'Brech|durchfall ['brɛç-] *med m* colerina *f*; **2en** (*brach*, *gebrochen*) **1.** *v/t* (*h*) romper (*a fig Schweigen*, *Blockade*), quebrar; *med* fracturar; *Widerstand*: vencer; *Wort*, *Vertrag*: faltar a; *Gesetz*, *Frieden*: violar; *Rekord*: superar; **2.** *v/i* (*sn*) romperse, quebrarse; (*h*) (*er~*) vomitar; ***mit j-m ~*** romper con alg; **~mittel** *n* vomitivo *m*; **~reiz** *m* náuseas *f/pl*
Brei [braɪ] *m* (*-[e]s*; *-e*) (*Kinder2*) papilla *f*; *v Erbsen*, *Kartoffeln*: puré *m*
breit [braɪt] ancho; ***drei Meter ~*** tres metros de ancho; **'2e** *f* (*-*; *-n*) anchura *f*, ancho *m*; *geo* latitud *f*; **'2engrad** *m* grado *m* de latitud; **'2wand** *f* pantalla *f* panorámica
'Brems|belag ['brɛms-] *m* forro *m* de(l) freno; **~e** ['-zə] *f* (*-*; *-n*) freno *m*; *zo* tábano *m*; **2en** (*ge-*, *h*) frenar (*a fig*); **~licht** ['-sliçt] *n* luz *f* de frenado; **~pedal** *n* pedal *m* de freno; **~spur** *f* huella *f* de frenado; **~weg** *m* distancia *f* de frenado
'brenn|bar ['brɛnbɑːr] combustible, inflamable; **~en** (*brannte*, *gebrannt*, *h*) **1.** *v/t Branntwein*: destilar; *Ziegel*: cocer; **2.** *v/i* arder, quemar; *Licht*: estar encendido; *Sonne*: abrasar; *med* escocer; **2e'rei** *f* destilería *f*; **2holz** *n* leña *f*; **2nessel** *f* ortiga *f*; **2punkt** *m* foco *m*; **2spiritus** *m* alcohol *m* de quemar; **2stoff** *m* combustible *m*
Brett [brɛt] *n* (*-[e]s*; *-er*) tabla *f*; *dickes*: tablón *m*; (*Spiel2*) tablero *m*; ***schwarzes ~*** tablón *m* de anuncios
Brezel ['breːtsəl] *f* (*-*; *-n*) rosquilla *f*
Brief [briːf] *m* (*-[e]s*; *-e*) carta *f*; **'~bogen** *m* pliego *m*; **'~bombe** *f* carta-bomba *f*; **'~freund** *m* amigo *m* por correspondencia; **'~geheimnis** *n* secreto *m* postal; **'~kasten** *m* buzón *m*; **'~kastenfirma** *f* empresa *f* ficticia *od* fantasma; **'~kopf** *m* membrete *m*; (*Anrede*) encabezamiento *m*; **'2lich** por escrito *od* carta; **'~marke** *f* sello *m* (postal), *Am*

estampilla *f*; **'~markensammler** *m* filatelista *m*; **'~öffner** *m* abrecartas *m*; **'~papier** *n* papel *m* de cartas; **'~porto** *n* franqueo *m*; **'~tasche** *f* cartera *f*; **'~telegramm** *n* telegrama-carta *m*; **'~träger** *m* cartero *m*; **'~umschlag** *m* sobre *m*; **'~wahl** *f* voto *m* por correo; **'~wechsel** *m* correspondencia *f*

Brikett [bri'kɛt] *n* (*-s*; *-s*) briqueta *f*

Brillant [bril'jant] *m* (*-en*; *-en*), ♀ *adj* brillante (*m*)

Brille ['brilə] *f* (*-*; *-n*) gafas *f/pl*; **~nfassung** *f*, **~ngestell** *n* montura *f*

bringen ['briŋən] (*brachte*, *gebracht*, *h*) (*her~*) traer; (*fort~*) llevar; (*begleiten*) acompañar; *Opfer*: hacer; *Glück*, *Unglück*: traer; *Film usw*: echar, dar; *fig* ***mit sich ~*** llevar consigo; ***es zu et ~*** abrirse camino, hacer carrera; ***zum Lachen*** (***Schweigen***, ***Sprechen***) ~ hacer reír (callar, hablar)

Brise ['bri:zə] *f* (*-*; *-n*) brisa *f*

Brit|e ['britə] *m* (*-*; *-*), **~in** *f* (*-*; *-nen*), **♀isch** británico *m*, -a *f*

Brocken ['brɔkən] *m* (*-s*; *-*) pedazo *m*, trozo *m*

Brokkoli ['brɔkoli] *pl* brécoles *m/pl*

Brokat [bro'ka:t] *m* (*-[e]s*; *-e*) brocado *m*

Brom *quím* [bro:m] *n* (*-s*; *sin pl*) bromo *m*

'Brombeer|e *bot* ['brɔmbe:rə] *f* (zarza-) mora *f*; **~strauch** *m* zarza *f*

Bronch|ien ['brɔnçiən] *f/pl* bronquios *m/pl*; **~itis** [-'çi:tis] *f* (*-*; *-tiden* [-çi'ti:dən]) bronquitis *f*

Bronze ['brɔ̃sə] *f* (*-*; *-n*) bronce *m*

Brosch|e ['brɔʃə] *f* (*-*; *-n*) broche *m*; **~üre** [-'ʃy:rə] *f* (*-*; *-n*) folleto *m*

Brot [bro:t] *n* (*-[e]s*; *-e*) pan *m*

Brötchen ['brø:tçən] *n* (*-s*; *-*) panecillo *m*

'Brot|korb ['bro:t-] *m* panera *f*; **~schneidemaschine** *f* máquina *f* de cortar pan; **~schnitte** *f* rebanada *f* (de pan)

Bruch [brux] *m* (*-[e]s*; *¨e*) rotura *f*; *fig* ruptura *f*; *med* fractura *f*; (*Leisten♀ usw*) hernia *f*; *mat* quebrado *m*, fracción *f*; **'~band** *n* (*-[e]s*; *¨er*) braguero *m*; **'~bude** F *f* chabola *f*, cuchitril *m*

'Bruch|rechnung ['bruxrɛçnuŋ] *f* cálculo *m* de fracciones; **~stück** *n* fragmento *m*; **~teil** *m* fracción *f*; **~zahl** *f* número *m* quebrado

Brücke ['brykə] *f* (*-*; *-n*) puente *m* (*a Zahn♀*)

Bruder ['bru:dər] *m* (*-s*; *¨*) hermano *m* (*a rel*)

brüderlich ['bry:dərliç] fraternal

'Brüh|e ['bry:ə] *f* (*-*; *-n*) caldo *m*; **~würfel** *m* cubito *m* de caldo

brüllen ['brylən] (*ge-*, *h*) bramar (*a Stier*); *Rind*: mugir; *j*: vociferar

'brumm|en ['brumən] (*ge-*, *h*) gruñir, rezongar; (*summen*) zumbar; **~ig** gruñón, regañón, rezongón

brünett [bry'nɛt] moreno

Brunft [brunft] *f* (*-*; *¨e*) brama *f*

'Brunnen ['brunən] *m* (*-s*; *-*) pozo *m*; (*Quelle*) fuente *f*; **~kresse** *bot f* berro *m*

Brunst [brunst] *f* (*-*; *¨e*) celo *m*

brüsk [brysk] brusco

Brust [brust] *f* (*-*; *¨e*) pecho *m*; (*Geflügel♀*) pechuga *f*; **'~bein** *n* esternón *m*; **'~bild** *n* retrato *m* de medio cuerpo

brüsten ['brystən] (*ge-*, *h*): ***sich ~*** pavonearse, jactarse (***mit*** de)

'Brust|fell ['brustfɛl] *n* pleura *f*; **~fellentzündung** *f* pleuresía *f*; **~korb** *m* tórax *m*; **~krebs** *m* cáncer *m* de mama; **~schwimmen** *n* braza *f*

Brüstung ['brystuŋ] *f* (*-*; *-en*) parapeto *m*, baranda *f*

'Brust|warze ['brustvartsə] *f* pezón *m*; **~weite** *f* perímetro *m* torácico

Brut ['bru:t] *f* (*-*; *-en*) cría *f*; (*sin pl*) (*Brüten*) incubación *f*; *fig desp* engendro *m*

brutal [bru'ta:l] brutal

brüten ['bry:tən] *v/t u v/i* (*ge-*, *h*) empollar, incubar

Brutkasten ['bru:t-] *m* incubadora *f*

'brutto ['bruto] bruto; **♀einkommen** *n* ingresos *m/pl* brutos; **♀sozialprodukt** *n* producto *m* nacional bruto

Bub ['bu:p] *m* (*-en*; *-en*) muchacho *m*; **~e** ['-bə] *m* (*-n*; *-n*) (*Karte*) sota *f*

Buch [bu:x] *n* (*-[e]s*; *¨er*) libro *m*; **'~binder** *m* (*-s*; *-*) encuadernador *m*; **~druckerei** *f* (taller *m* de) imprenta *f*

Buche ['bu:xə] *f* (*-*; *-n*) haya *f*

'buchen (*ge-*, *h*) *com* (a)sentar, contabilizar; *Flug*, *Hotel usw*: reservar

'Bücher|brett ['by:çər-] *n* estantería *f*; **~ei** [-'raı] *f* (*-*; *-en*) biblioteca *f*; **~regal** *n* estantería *f*, librería *f*; **~schrank** *m* armario *m* para libros

'Buch|führung ['bu:x-] *f* teneduría *f* de

B

libros; **~halter** *m* (*-s*; -), **~halterin** *f* (*-*; *-nen*) contable *su*; **~haltung** *f* contabilidad *f*; **~handel** *m* comercio *m* de libros; **~händler(in** *f*) *m* librero *m*, -a *f*; **~handlung** *f* librería *f*; **~prüfer** *m* revisor *m* de cuentas
Büchse ['byksə] *f* (*-*; *-n*) caja *f*, bote *m*; (*Blech*≗) lata *f*; (*Gewehr*) rifle *m*; **~nfleisch** *n* carne *f* en conserva; **~nmilch** *f* leche *f* condensada; **~nöffner** *m* abrelatas *m*
Buch|stabe ['buːxʃtaːbə] *m* (*-s*; -) letra *f*, carácter *m*; ***großer ~*** mayúscula *f*; ***kleiner ~*** minúscula *f*; **≗stabieren** [-ʃta'biːrən] (*h*) deletrear
Bucht [buxt] *f* (*-*; *-en*) bahía *f*, ensenada *f*; *kleine*: abra *f*, cala *f*
'Buchung ['buːxuŋ] *f* (*-*; *-en*) *com* asiento *m*; *Reise usw*: reserva *f*; **~sbestätigung** *f* confirmación *f* de la reserva; **~smaschine** *f* contabilizadora *f*
Buckel ['bukəl] *m* (*-s*; -) joroba *f*, giba *f*
bück|en ['bykən] (*ge-*, *h*): ***sich ~*** bajarse, agacharse; **≗ling** ['-liŋ] *m gastr* (*-s*; *-e*) arenque *m* ahumado
Bude ['buːdə] *f* (*-*; *-n*) puesto *m*, caseta *f*; F (*Zimmer*) cuarto *m*
Budget [by'dʒeː] *n* (*-s*; *-s*) presupuesto *m*
Büfett [by'feː] *n* (*-s*; *-s*) (*Möbel*) aparador *m*; (*Schanktisch*) mostrador *m*; ***kaltes ~*** bu(f)fet *m* frío
'Büff|el ['byfəl] *m* (*-s*; -) *zo* búfalo *m*; **≗eln** F (*ge-*, *h*) empollar
Bug *mar* [buːk] *m* (*-[e]s*; *raro -e*) proa *f*
'Bügel ['byːgəl] *m* (*-s*; -) (*Kleider*≗) colgador *m*, percha *f*; (*Brillen*≗) varilla *f*; **~brett** *n* tabla *f* de planchar; **~eisen** *n* plancha *f*; **~falte** *f* raya *f* (del pantalón); **≗frei** no necesita plancha; **≗n** (*ge-*, *h*) planchar
Bühne ['byːnə] *f* (*-*; *-n*) escenario *m*, escena *f*; *fig* teatro *m*
Bühnen|bild *n* escenografía *f*, decorado *m*; **~bildner** ['-biltnər] *m* (*-s*; -) escenógrafo *m*
Bulgar|e [bul'gaːrə] *m* (*-n*; *-n*), **~in** *f* (*-*; *-nen*), **≗isch** búlgaro *m*, -a *f*
'Bull|auge *mar* ['bulʔ-] *n* portilla *f*; ojo *m* de buey; **~e** ['-lə] *m* (*-n*; *-n*) *zo* toro *m*; F *desp* polizonte *m*, P bofia *m*
'Bummel F ['buməl] *m* (*-s*; -) paseíto *m*; ***e-n ~ machen*** dar un garbeo; **≗n** (*ge-*, *h*) (*trödeln*) remolonear, ser lento; (*sn*) ***~ gehen*** irse de juerga; (***durch die Straßen***) ~ callejear; **~streik** *m* huelga *f* de celo; **~zug** *ferro m* tren *m* botijo
bumsen ['-zən] (*ge-*, *h*) *vulgär*: joder
Bund [bunt]: **a)** *m* (*-[e]s*; *⸚e*) unión *f*; *pol* alianza *f*; (con)federación *f*; (*Hosen*≗) pretina *f*; **b)** *n* (*-[e]s*; *-e*) haz *m*; (*Schlüssel*) manojo *m*
'Bündel ['byndəl] *n* (*-s*; -) lío *m*; (*Kleider*≗) hato *m*; (*Banknoten*) fajo *m*
'Bundes|bank ['bundəs-] *f* (*-*; *sin pl*) Banco *m* Federal; **~kanzler** *m* canciller *m* federal; **~liga** *f dep* primera división *f*; **~republik** *f* República *f* Federal; **~staat** *m* Estado *m* federal; **~wehr** *f* fuerzas *f/pl* armadas de la República Federal
Bündnis ['byntnis] *n* (*-ses*; *-se*) alianza *f*
Bungalow ['buŋgaloː] *m* (*-s*; *-s*) bungalow *m*, chalet *m*
bunt [bunt] en *od* de colores, multicolor; **'≗stift** *m* lápiz *m* de color
Burg [burk] *f* (*-*; *-en*) castillo *m*
'Bürge ['byrgə] *m* (*-n*; *-n*) fiador *m*, garante *m*; **≗n** (*ge-*, *h*) responder (***für*** *j-n* por; ***für*** *et* de); garantizar (*ac*)
'Bürger ['byrgər] *m* (*-s*; -), **~in** *f* (*-*; *-nen*) (*Staats*≗) ciudadano *m*, -a *f*; *pol* burgués *m*, -esa *f*; **~initiative** *f* iniciativa *f* ciudadana; **~krieg** *m* guerra *f* civil; **≗lich** civil (*a jur*), cívico; *pol* burgués; ***~e Küche*** cocina *f* casera; **~meister(in** *f*) *m* alcalde(sa *f*) *m*; **~steig** *m* acera *f*; **~tum** *n* (*-s*; *sin pl*) burguesía *f*
Bürgschaft ['byrkʃaft] *f* (*-*; *-en*) fianza *f*, caución *f* (***leisten*** dar, prestar); garantía *f*
Bü'ro [by'roː] *n* (*-s*; *-s*) oficina *f*; despacho *m*; **~angestellte** *m/f* (*-n*; *-n*) oficinista *su*; **~arbeit** *f* trabajo *m* de oficina; **~bedarf** *m* material *m* de oficina; **~klammer** *f* sujetapapeles *m*, clip *m*
Bürokrat [-ro'kraːt] *m* (*-en*; *-en*) burócrata *m*; **~ie** [-kra'tiː] *f* (*-*; *-n*) burocracia *f*; **≗isch** [-'kraːtiʃ] burocrático
Bursche ['burʃə] *m* (*-n*; *-n*) mozo *m*
'Bürste ['byrstə] *f* (*-*; *-n*) cepillo *m*; **≗n** (*ge-*, *h*) cepillar
Bus [bus] *m* (*-ses*; *-se*) autobús *m*; (*Reise*≗) autocar *m*; (*Überland*≗) coche *m* de línea; **'~bahnhof** *m* terminal *f* de autobuses
Busch [buʃ] *m* (*-[e]s*; *⸚e*) mata *f*, arbusto *m*
Büschel ['byʃəl] *n* (*-s*; -) mechón *m*;

Gras usw: manojo *m*
Buschmesser ['bʊʃ-] *n* machete *m*
'Busen ['bu:zən] *m* (*-s*; -) pecho *m*; *fig* seno *m*; **~freund** *m* amigo *m* íntimo
'Bus|fahrer(in *f*) ['bʊs-] *m* conductor(a *f*) *m* de(l) autobús; **~haltestelle** *f* parada *f* de autobuses
Buße ['bu:sə] *f* (-; *-n*) penitencia *f*; (*Geld*~) multa *f*
büßen ['by:sən] (*ge-*, *h*) expiar (***für et*** a/c); *fig* pagar
'Buß|geld ['bu:s-] *n* multa *f*; **~- u Bettag** *m* día *m* de oración y penitencia
Büste ['bystə] *f* (-; *-n*) busto *m*; **~nhalter** *m* sujetador *m*
Busverbindung ['bʊs-] *f* servicio *m* de autobuses
'Butter ['bʊtər] *f* (-; *sin pl*) mantequilla *f*, *Am* manteca *f*; **~brot** *n* pan *m* con mantequilla; **~brotpapier** *n* papel *m* parafinado; **~dose** *f* mantequera *f*; **~milch** *f* suero *m* de manteca
Byte ['baɪt] *n* (*-[s]*; *-[s]*) byte *m*

C

C, c [tse:] *n* (-; -) C, c *f*; *mus* do *m*; ***C-Dur*** do *m* mayor; ***c-Moll*** do *m* menor
Cabrio → ***Kabrio***
Café [ka'fe:] *n* (*-s*; *-s*) café *m*
Cafeteria *f* [kafetə'ri:a] *f* (-; *-s*, *-rien*) cafetería *f*
Calcium → ***Kalzium***
'camp|en ['kɛmpən] (*ge-*, *h*) acampar, hacer camping; **~er** *m* (*-s*; -) campista *m*; **~ing** ['-piŋ] *n* (*-s*; *sin pl*) camping *m*; **~ingbus** *m* autocaravana *f*; **~ingplatz** *m* (terreno *m* de) camping *m*
Cape [ke:p] *n* (*-s*; *-s*) capa *f*
Cello ['tʃɛlo] *n* (*-s*; *-s*, *-li*) violonc(*h*)elo *m*
Celsius ['tsɛlzjʊs]: ***Grad ~*** grado(s) *m* (*pl*) centígrado(s)
Champagner [ʃam'panjər] *m* (*-s*; -) champaña *m*, champán *m*
Champignon ['-pinjõ] *m* (*-s*; *-s*) champiñón *m*
'Chance ['ʃɑ̃sə] *f* (-; *-n*) posibilidad *f*, oportunidad *f*; **~ngleichheit** *f* igualdad *f* de oportunidades
Chao|s ['ka:ɔs] *n* (-; *sin pl*) caos *m*; **~tisch** [ka'o:tiʃ] caótico
Charakter [ka'raktər] *m* (*-s*; *-tere* [-'te:rə]) carácter *m*; **~'istisch** característico (***für*** de)
charm|ant [ʃar'mant] encantador; **~e** [ʃarm] *m* (*-[e]s*; *sin pl*) encanto *m*, atractivo *m*
'Charter ['tʃartər] *m* (*-s*; *-s*) fletamento *m*; **~flug** *m* vuelo *m* chárter; **~gesellschaft** *f* compañía *f* chárter; **~maschine** *f* avión *m* chárter; **~n** (*ge-*, *h*) fletar
Chauffeur [ʃo'fø:r] *m* (*-s*; *-e*) conductor *m*, chófer *m*
checken [tʃɛkən] (*ge-*, *h*) *F examinar*, *probar*, *verificar*
Chef [ʃɛf] *m* (*-s*; *-s*) jefe *m*; **'~arzt** *m* médico *m* jefe; **~in** *f* (-; *-nen*) jefa *f*; **~redakteur** *m* redactor *m* jefe; **~sekretärin** *f* secretaria *f* de dirección
Che'mie [çe'mi:] *f* (-; *sin pl*) química *f*; **~faser** *f* fibra *f* sintética
Chem|ikalien [-mi'ka:ljən] *f/pl* productos *m/pl* químicos; **~iker** ['çe:mikər] *m* (*-s*; -), **~ikerin** *f* (-; *-nen*), **~isch** químico *m*, -a *f*
Chicorée ['ʃikore:] *f* (-; *sin pl*) endibia *f*
Chiffr|e ['ʃifər, 'ʃifrə] *f* (-; *-n*) cifra *f*; **~ieren** [-'fri:ren] (*h*) cifrar
Chilen|e [tʃi'le:nə] *m* (*-n*; *-n*), **~in** *f* (*-n*; *-nen*), **~isch** chileno *m*, -a *f*
Chines|e [çi'ne:zə] *m* (*-n*; *-n*), **~in** *f* (-; *-nen*), **~isch** chino *m*, -a *f*
Chinin *med* [-'ni:n] *n* (*-s*; *sin pl*) quinina *f*
Chip ['tʃip] *m* (*-s*; *-s*) *inform*: chip *m*; **~karte** *f inform* tarjeta *f* chip; *gastr* ***~s*** *pl* patatas *f/pl* fritas
Chirurg [çi'rʊrk] *m* (*-en*; *-en*) cirujano *m*; **~ie** [-'gi:] *f* (-; *sin pl*) cirugía *f*; **~in** [-'rurgin] *f* (-; *-nen*) cirujana *f*; **~isch** ['-giʃ] quirúrgico
Chlor *quím* [klo:r] *n* (*-s*; *sin pl*) cloro *m*
Cholera *med* ['ko:ləra] *f* (-; *sin pl*) cólera *m*
Cholesterin *quím* [-lɛste'ri:n] *n* (*-s*; *sin pl*) colesterol *m*
Chor [ko:r] *m* (*-[e]s*; *~e*) coro *m*; **~eogra-**

phie ['koreogra'fi:] *f* (-; *-n*) coreografía *f*
Christ [krist] *m* (*-en*; *-en*) cristiano *m*; **'~baum** *m* árbol *m* de Navidad; **'~enheit** *f* (-; *sin pl*) cristiandad *f*; **'~entum** *n* (*-s*; *sin pl*) cristianismo *m*; **'~fest** *n* (fiesta *f* de) Navidad *f*; **'~in** *f* (-; *-nen*) cristiana *f*; **'~kind** *n* Niño *m* Jesús; **'2lich** cristiano; **~us** ['-tus] *m* (*-ti*; *sin pl*) Cristo *m*, Jesucristo *m*
Chrom *quím* [kro:m] *n* (*-s*; *sin pl*) cromo *m*
Chromosom [kromo'zo:m] *n* (*-s*; *-e*) cromosoma *m*
'Chron|ik ['kro:nik] *f* (-; *-en*) crónica *f*; **2isch** crónico; **2ologisch** [krono'lo:giʃ] cronológico
circa ['tsirka] → ***zirka***
Cliché → ***Klischee***
'Clique ['klikə] *f* (-; *-n*) pandilla *f*; camarilla *f*; **~nwirtschaft** *f* pandillaje *m*, nepotismo *m*
Clown [klaʊn] *m* (*-s*; *-s*) payaso *m*
Club → ***Klub***
Cocktail ['kɔkte:l] *m* (*-s*; *-s*) cóctel *m*, combinado *m*
Code → ***Kode***
Coffein → ***Koffein***
Cognac ['kɔnjak] *m* (*-s*; *-s*) coñac *m*
Comic ['kɔmik] *m* (*-s*; *-s*) cómic *m*
Com'puter [-'pju:tər] *m* (*-s*; -) computadora *f*, ordenador *m*; **~ausdruck** *m* listado *m* del ordenador; **2gesteuert** [-gəʃtɔʏərt] con control por ordenador; **2gestützt** [-'-gəʃtytst] asistido por computador(a); **2i'sieren** (*h*) computerizar; **~kriminalität** *f* delincuencia *f* informática; **~spiel** *n* juego *m* electrónico; **~steuerung** *f* control *m* por ordenador; **~technik** *f* tecnología *f* de la computadora, del ordenador; **2unterstützt** asistido por computador(a), ordenador
Con'tainer [kɔn'te:nər] *m* (*-s*; -) contenedor *m*; **~schiff** *n* buque *m* portacontenedores
Copilot → ***Kopilot***
Copyright [kɔpi'raɪt] *n* (*-s*; *-s*) copyright *m*
Cord → ***Kord***
Couch [kaʊtʃ] *f* (-; *-es*, *-en*) sofá *m*
Coupé [ku'pe:] *n* (*-s*; *-s*) *auto* cupé *m*
Coupon → ***Kupon***
Cousin [ku'zɛ̃] *m* (*-s*; *-s*) primo *m*; **~e** [-'zi:nə] *f* (-; *-n*) prima *f*
Cowboy ['kaʊbɔʏ] *m* (*-s*; *-s*) vaquero *m*
Crêpe → ***Krepp***
Creme [krɛ:m] *f* (-; *-s*) crema *f*; *fig* ***die ~*** la flor y nata
Croupier [kru'pje:] *m* (*-s*; *-s*) cr(o)upier *m*
Cursor ['kœrsər] *m* (*-s*; -) *inform* cursor *m*

D

D, d [de:] *n* (-; -) D, d *f*; *mus* re *m*; ***D-Dur*** re *m* mayor; ***d-Moll*** re *m* menor
da [dɑ:] **1.** *adv* **a)** *örtlich*: (*dort*) ahí, allí; (*hier*) aquí; ***~ bleiben*** quedarse; ***~ sein*** estar presente, haber venido; (*vorhanden sn*) existir; ***nichts ~!*** ¡nada de eso!; **b)** *zeitlich*: entonces; ***von ~ an*** desde entonces; **2.** *cj* (*weil*) porque; ***~ (ja)*** como, puesto que, ya que
da'bei [da'baɪ] (*nahe*) cerca, junto; (*außerdem*) además; (*doch*) sin embargo; con todo eso; ***~ sein*** asistir (***bei*** a), participar (en); ***~ sn zu*** (*inf*) estar a punto de; estar (*ger*); ***er bleibt ~*** insiste en ello
Dach [dax] *n* (*-[e]s*; *⸚er*) tejado *m*; techo *m*; **'~boden** *m* desván *m*; **~decker** ['-dɛkər] *m* (*-s*; -) tejador *m*; **'~gepäckträger** *m* *auto* baca *f*; **'~geschoss**, *österr* **'~geschoß** *n* ático *m*; **'~gesellschaft** *f* holding *m*; **'~pappe** *f* cartón *m* piedra; **'~rinne** *f* canalón *m*; **'~verband** *m* organización *f* central; **'~ziegel** *m* teja *f*
Dackel ['dakəl] *m* (*-s*; -) (perro *m*) pachón *m*
dadurch [da'durç, 'dɑ:durç] así, de es(t)e modo; ***~, dass*** debido a que
dafür [da'fy:r, 'dɑ:fyr] por es(t)o; (*Tausch*) en cambio; (*Belohnung*) en recompensa; (*Zweck*) para eso; ***~ sn*** estar a *od* en favor de; ***ich kann nichts***

~ no es culpa mía
dagegen [da'ge:gən] contra eso; (*Vergleich*) comparado con eso; ~ ***sn*** estar en contra; ***nichts ~ haben*** no tener inconveniente
daheim [-'haɪm] en casa
daher ['da:he:r, da'he:r] **1.** *adv* de allí; de ahí; **2.** *cj* por eso, por lo tanto
dahin ['da:hin, da'hin] (hacia) allí; ***bis ~*** hasta allí; *zeitlich*: hasta entonces
da'hinter detrás
damals ['da:ma:ls] (en aquel) entonces
Dame ['da:mə] *f* (-; *-n*) señora *f*; *Schach*: reina *f*; *Brettspiel*: dama *f*; *Spielkarte*: caballo *m*; ***junge ~*** señorita *f*; ***~ spielen*** jugar a las damas
'Damen|bekleidung *f* ropa *f* de señoras; **~binde** *f* compresa *f*; **~doppel** (**~einzel**) *n Tennis*: doble *m* (individual *m*) femenino; **~friseur** *m* peluquero *m* para señoras; **~mode** *f* moda *f* femenina; **~moden** *f/pl* modas *f/pl* para señoras; **~toilette** *f* servicio *m* de señoras
damit [da'mit] **1.** *adv* [a 'da:mit] con eso; **2.** *cj* para que (*subj*)
dämlich F ['dɛ:mliç] imbécil, tonto
Damm [dam] *m* (*-[e]s*; *⸚e*) dique *m*; (*Erd*2) terraplén *m*
Dämmerung ['dɛməruŋ] *f* (-; *sin pl*) crepúsculo *m*; ***in der ~*** entre dos luces
Dampf [dampf] *m* (*-[e]s*; *⸚e*) vapor *m*; (*Dunst*) vaho *m*; **'2en** (*ge-*, *h*) echar humo
dämpfen ['dɛmpfən] (*ge-*, *h*) *Stimme*: bajar; *tec* amortiguar (*a Stoß*, *Schall usw*)
'Dampf|er ['dampfər] *m* (*-s*; -) vapor *m*; **~erfahrt** *f* viaje *m* en barco (de vapor); **~kessel** *m* caldera *f*; **~kochtopf** *m* olla *f* exprés *od* de vapor; **~maschine** *f* máquina *f* de vapor; **~schiff** *n* vapor *m*
danach [da'na:x, 'da:na:x] *zeitlich*: después (de esto), luego
Däne ['dɛ:nə] *m* (*-n*; *-n*) danés *m*
da'neben [da'ne:bən] junto, cerca, al lado; (*außerdem*) además; **~gehen** (*irr*, *sep*, *-ge-*, *sn*, → ***gehen***) F fracasar, fallar
'Dän|in ['dɛ:nin] *f* (-; *-nen*) danesa *f*; **2isch** danés
Dank [daŋk] **1.** *m* (*-[e]s*; *sin pl*) gracias *f/pl*; agradecimiento *m*; ***vielen ~!*** ¡muchas gracias!; **2.** 2 *prp* (*dat od gen*) gracias a; **'2bar** agradecido; **'2en** (*ge-*, *h*): ***j-m für et ~*** dar las gracias a alg por a/c, agradecer a/c a alg; ***danke*** (***sehr***)***!*** ¡(muchas) gracias!; **'~schreiben** *n* carta *f* de agradecimiento
dann [dan] luego, después; (*daraufhin*) entonces; ***~ und wann*** de vez en cuando
daran [da'ran, 'da:ran] en ello; ***dicht*** (*od* ***nahe***) ~ muy cerca; ***nahe ~ sn***, ***zu*** (*inf*) estar a punto de (*inf*); ***ich bin dran*** es mi turno, me toca a mí
darauf [da'raʊf, 'da:raʊf] **1.** *zeitlich*: después (de esto), luego; ***ein Jahr ~*** un año después; ***am Tage ~*** al día siguiente; **2.** *örtlich*: encima; **~hin** [-'hin] a lo cual, en vista de ello; (*dann*) entonces
daraus [da'raʊs, 'da:raʊs] de ahí, de eso
Darbietungen ['da:rbituŋən] *f/pl* programa *m*
darin [da'rin, 'da:rin] en eso; dentro
'darleg|en ['da:rle:gen] (*sep*, *-ge-*, *h*) exponer, explicar; **2ung** *f* (-; *-en*) explicación *f*, exposición *f*
'Darlehen ['-le:ən] *n* (*-s*; -) préstamo *m*; **~ssumme** *f* importe *m* del préstamo
Darm [darm] *m* (*-[e]s*; *⸚e*) intestino *m*
'darstell|en ['da:r-] (*sep*, *-ge-*, *h*) representar; *teat a* interpretar; (*beschreiben*) describir; **2er** *m* (*-s*; -) *teat* actor *m*, intérprete *m*; **2erin** *f* (-; *-nen*) actriz *f*, intérprete *f*; **2ung** *f* (-; *-en*) representación *f*; *teat a* interpretación *f*; (*Beschreibung*) descripción *f*
darüber [da'ry:bər, 'da:ry:bər] sobre eso; *örtlich*: encima
darum [da'rum, 'da:rum] *cj* por es(t)o
darunter [da'runtər] (por) debajo; (*weiter unten*) más abajo; (*dazwischen*) entre ellos
das [das] es(t)o, ello, aquello; ***~ alles*** todo es(t)o; **~, *was*** lo que
dass [das] que; ***so ~*** de modo que
Datei [da'taɪ] *f* (-; *-en*) fichero *m* de datos
'Daten ['da:tən] *pl* datos *m/pl*; **~autobahn** *f* (-; *-en*) autopista *f* de datos; **~bank** *f* (-; *-en*) banco *m* de datos; **~handschuh** *m* (*-s*; *sin pl*) *inform* guante *m* de datos; **~material** *n* datos *m/pl*; **~schutz** *m* protección *f* de datos; **~träger** *m* portador *m* de datos; **~transfer** *m* tra(n)sferencia *f* de datos; **~typist** *m* (*-en*; *-en*), **~typistin** *f* (-; *-nen*) perforista *su*; **~verarbeitung** *f* proceso *m* (*od* tratamiento *m*) de datos; ***elektronische ~*** proceso *od* tratamiento de

datos electrónico
datieren [da'ti:rən] (*h*) fechar; datar (***von*** de)
Dativ ['da:ti:f] *m* (*-s*; *-e*) dativo *m*
'Dattel ['datəl] *f* (*-*; *-n*) dátil *m*; **~palme** *f* palmera *f* datilera
'Datum ['da:tum] *n* (*-s*; *pl Daten*) fecha *f*; **~sangabe** *f* indicación *f* de la fecha; **~sstempel** *m* fechador *m*
'Dauer ['dauər] *f* (*-*; *sin pl*) duración *f*; (*Fort*≗) continuidad *f*; ***auf die ~*** a la larga; **~arbeitslosigkeit** *f* paro *m* permanente; **~auftrag** *m* orden *f* permanente; **≗haft** duradero; *Stoff*: resistente; **~karte** *f* abono *m*; pase *m*; **≗n** (*ge-*, *h*) durar; ***lange ~*** tardar mucho; **≗nd** continuo, permanente; **~welle** *f* permanente *f*
Daumen ['-mən] *m* (*-s*; *-*) pulgar *m*; *fig* ***j-m den ~ halten*** desear suerte a alg, hacer votos por alg
'Daune ['daunə] *f* (*-*; *-n*) plumón *m*; **~ndecke** *f* edredón *m*
da'von [da'fɔn] de ello, de esto; **~kommen** (*irr*, *sep*, *-ge-*, *sn*, → ***kommen***) escapar; ***mit dem Leben ~*** salir con vida; **~laufen** (*irr*, *sep*, *-ge-*, *sn*, → ***laufen***) echar a correr, huir
davor [-'fo:r] delante
da'zu [-'tsu:] a es(t)o; (*Zweck*) para esto, con este fin; (***noch***) ~ además; ***nicht ~ kommen*** no tener tiempo (para ello); **~gehören** (*sep*, *h*): ***~ zu*** formar parte de; **~kommen** (*irr*, *sep*, *-ge-*, *sn*, → ***kommen***) *et*: sobrevenir; (***noch***) ~ añadirse
dazwischen [-'tsviʃən] entre (*od* en medio de) ellos *bzw* esto; de por medio
Debatte [de'batə] *f* (*-*; *-n*) debate *m*, discusión *f*
debattieren [debati:rən] debatir
Deck *mar* [dɛk] *n* (*-s*; *-s*) cubierta *f*
Decke ['dɛkə] *f* (*-*; *-n*) cubierta *f*; *wollene*: manta *f*; (*Bett*≗) colcha *f*; (*Tisch*≗) mantel *m*; (*Zimmer*≗) techo *m*
Deckel ['-kəl] *m* (*-s*; *-*) tapa *f*, tapadera *f*
'deck|en ['-kən] (*ge-*, *h*) cubrir (*a com*, *mil*, *zo*); *Tisch*: poner; *dep* marcar; **≗ung** *f* (*-*; *sin pl*) cobertura *f*, provisión *f* de fondos; *dep* marcaje *m*
Decoder [di'koudər] *m* (*-s*; *-*) *TV* descodificador *m*
defekt [de'fɛkt] **1.** *adj* defectuoso; (*beschädigt*) deteriorado; **2.** ≗ *m* (*-[e]s*; *-e*) defecto *m*; desperfecto *m*
Defensive [-fɛn'zi:və] *f* (*-*; *sin pl*) defensiva *f*
defin|ieren [-fi'ni:rən] (*h*) definir; **≗ition** [-ni'tsjo:n] *f* (*-*; *-en*) definición *f*
Defizit ['de:fitsit] *n* (*-s*; *-e*) déficit *m*
Degen ['de:gən] *m* (*-s*; *-*) espada *f*
degradieren [degra'di:rən] (*h*) degradar
'dehn|en ['de:nən] (*ge-*, *h*) dilatar, extender; **≗ung** *f* (*-*; *-en*) dilatación *f*, extensión *f*
Deich [daıç] *m* (*-[e]s*; *-e*) dique *m*
dein [daın] tu; ***der ~e*** (el) tuyo; **~erseits** ['-nərzaıts] por tu parte; **~esgleichen** ['-nəs'glaıçən] tu(s) igual(es); **~etwegen** por ti; (*negativ*) por tu culpa
Dekan [de'ka:n] *m* (*-s*; *-e*) decano *m*
Deklination [-klina'tsjo:n] *f* (*-*; *-en*) declinación *f*
Dekor|ateur [-kora'tø:r] *m* (*-s*; *-e*) decorador *m*; **~ation** [-'tsjo:n] *f* (*-*; *-en*) decoración *f*; *teat* decorado *m*
Dele|gation [-lega'tsjo:n] *f* (*-*; *-en*) delegación *f*; **~'gierte** *m*/*f* (*-n*; *-n*) delegado *m*, -a *f*
Delfin → ***Delphin***
Delika'tesse [delika'tɛsə] *f* (*-*; *-n*) (*Speise*) manjar *m od* plato *m* exquisito; **~ngeschäft** *n* tienda *f* de comestibles finos
Delikt [-'likt] *n* (*-s*; *-e*) delito *m*
Delphin [dɛl'fi:n] *m* (*-s*; *-e*) delfín *m*
Delta ['-ta] *n* (*-s*; *-s*) delta *m*
Dementi [de'mɛnti] *n* (*-s*; *-s*) mentís *m*
'dem|entsprechend ['de:mˀɛnt'ʃprɛçənt] conforme a eso; en consecuencia; **~nach** según eso; **~nächst** dentro de poco
Demokrat [demo'kra:t] *m* (*-en*; *-en*) demócrata *m*; **~ie** [-kra'ti:] *f* (*-*; *-n*) democracia *f*; **≗isch** [-'kra:tiʃ] democrático; (*Person*) demócrata
demolieren [-'li:rən] (*h*) demoler
Demonstr|ant [-mɔn'strant] *m* (*-en*; *-en*) manifestante *m*; **~ation** [-stra'tsjo:n] *f* (*-*; *-en*) demonstración *f*; *pol* manifestación *f*; **≗'ieren** (*h*) demostrar; *pol* manifestarse
'demütig ['de:my:tiç] humilde; **~en** [-gən] (*ge-*, *h*) humillar; **≗ung** *f* (*-*; *-en*) humillación *f*
'denk|bar ['dɛŋkba:r] imaginable; **~en** (*dachte*, *gedacht*, *h*) pensar (***an*** *ac* en); ***sich*** *et* ***~*** figurarse, imaginarse; ***ich denke nicht daran!*** ¡ni pensarlo!; ~

Sie nur! ¡imagínese!
'Denkmal *n* (*-[e]s*; *⸚er*) monumento *m*; **~(s)schutz** *m* (*-es*; *sin pl*): ***unter ~ stellen*** declarar monumento nacional
'denk|würdig memorable; **ᘐzettel** *m* (*-s*; -) lección *f*
den|n [dɛn] pues, porque; ***mehr ~ je*** más que nunca; **~noch** ['-nɔx] sin embargo, no obstante, a pesar de todo
Denunz|iant [denun'tsjant] *m* (*-en*; *-en*) delator *m*, denunciante *m*; **ᘐ'ieren** (*h*) delatar, denunciar
Deo ['deo] *n* (*-s*; *-s*), **Deodorant** [deˀodo'rant] *n* (*-s*; *-s*, *-e*) desodorante *m*
Depo'nie [-po'niː] *f* (-; *-en*) vertedero *m* (de basuras)
Depot [-'poː] *n* (*-s*; *-s*) depósito *m*
Depres|sion [-prɛ'sjoːn] *f* (-; *-en*) depresión *f* (*a com*); **~siv** [-'siːf] depresivo
der, **die**, **das** [deːr, diː, das] **1.** *Artikel*: el, la, lo; **2.** *Relativpronomen*: que, quien; el (la) que, el (la) cual
derartig ['deːrˀɑːrtiç] tal, semejante
derb [dɛrp] (*grob*) rudo, grosero
deren ['deːrən] cuyo (-a); del cual, de la cual
der'gleichen tal, semejante
der-, **die-**, **dasjenige** ['deːr-, 'diː-, 'dasjeːnigə] el, la, lo que
dermaßen ['-mɑːsən] tanto; *vor adj u adv*: tan
der-, **die-**, **dasselbe** [deːr-, diː-, das'zɛlbə] el mismo, la misma, lo mismo (***wie*** que)
Desert|eur [dezɛr'tøːr] *m* (*-s*; *-e*) desertor *m*; **ᘐ'ieren** (*sn*) desertar
des|gleichen [dɛs'glaɪçən] igualmente, asimismo; **'~halb** por eso
De'sign [di'zaɪn] *n* (*-s*; *-s*) diseño *m*; **~er** *m* (*-s*; -), **~erin** *f* (-; *-nen*) diseñador(a *f*)*m*
Desinfektion [dɛsˀinfɛk'tsjoːn] *f* (-; *-en*) desinfección *f*; **~smittel** *n* desinfectante *m*
desinfi'zieren (*h*) desinfectar
Desktop-Publishing ['dɛsktɔp'pabliʃiŋ] *n* (-; *sin pl*) desktop publishing *m*
dessen ['dɛsən] *s* ***deren***; **~'ungeachtet** no obstante
Dessert [dɛ'sɛːr] *n* (*-s*; *-s*) postre *m*
destillieren [dɛsti'liːrən] (*h*) destilar
desto ['-to] tanto; ***~ besser!*** ¡(tanto) mejor!
deswegen ['-veːgən] por eso
Detail [de'taj] *n* (*-s*; *-s*) detalle *m*, pormenor *m*
Detektiv [detɛk'tiːf] *m* (*-s*; *-e*) detective *m*
'deut|en ['dɔʏtən] (*ge-*, *h*) **1.** *v/t* interpretar; **2.** *v/i* ***~ auf*** (*ac*) indicar, señalar; **~lich** distinto, claro; **ᘐlichkeit** *f* (-; *sin pl*) claridad *f*
deutsch [dɔʏtʃ] alemán; ***auf ᘐ*** en; **'ᘐe** *m/f* (*-n*; *-n*) alemán *m*, -ana *f*
Deutung ['-tuŋ] *f* (-; *-en*) interpretación *f*
De'visen [de'viːzən] *pl* divisas *f/pl*; **~kontrolle** *f* control *m* de divisas; **~kurs** *m* cotización *f* de moneda extranjera
Dezember [-'tsɛmbər] *m* (*-[s]*; *raro* -) diciembre *m*
dezent [-'tsɛnt] decoroso; *Farbe*, *Kleid*: discreto
Dia ['diːa] *n* (*-s*; *-s*) diapositiva *f*
Diabet|es *med* [dia'beːtɛs] *m* (-; *sin pl*) diabetes *f*; **~iker** ['-tikər] *m* (*-s*; -) diabético *m*
Diagnose [-'gnoːzə] *f* (-; *-n*) diagnóstico *m*
diagonal, **ᘐe** *f* [-go'nɑːl(ə)] (-; *-n*) diagonal (*f*)
Diagramm [-'gramm] *n* (*-s*; *-e*) diagrama *m*
Dialekt [-'lɛkt] *m* (*-[e]s*; *-e*) dialecto *m*
Dialog [-'loːk] *m* (*-s*; *-e*) diálogo *m*
Diamant [-'mant] *m* (*-n*; *-n*) diamante *m*
Diapositiv [-pozi'tiːf] *n* (*-s*; *-e*) diapositiva *f*
Diät [di'ɛːt] *f* (-; *-en*) dieta *f*, régimen *m* (***halten*** observar); **~en** *pl* dietas *f/pl*
dich [diç] te; *betont*: (a) ti
dicht [diçt] denso; *Gebüsch*, *Haar*, *Gewebe*: tupido, espeso; (*undurchlässig*) impermeable; ***~ bei***, ***~ an*** (muy) cerca de; **'~en** (*ge-*, *h*) *v/i* hacer versos; **'ᘐer** *m* (*-s*; -) poeta *m*; **'ᘐerin** *f* (-; *-nen*) poetisa *f*; **'ᘐung** *f* (-; *-en*) poesía *f*; *tec* junta *f*
dick [dik] grueso; (*beleibt*) gordo; (*geschwollen*) hinchado; ***~ werden*** *Person*: engordar; **'~flüssig** espeso; **'ᘐkopf** *m*, **~köpfig** ['-kœpfiç] cabezudo (*m*)
die [diː] *s* ***der***
Dieb [diːp] *m* (*-[e]s*; *-e*) ladrón *m*; **~in** ['-bin] *f* (-; *-nen*) ladrona *f*; **~stahl** ['diːpʃtɑːl] *m* (*-[e]s*; *⸚e*) robo *m*, hurto *m*; **'~stahlversicherung** *f* seguro *m* contra el robo
Diele ['-lə] *f* (-; *-n*) (*Vorraum*) vestíbulo

m, zaguán *m*
dien|en ['-nən] (*ge-*, *h*) servir (***als*** de; ***zu*** para); **⁓er** *m* (*-s*; -) criado *m*
Dienst [diːnst] *m* (*-es*; *-e*) servicio *m*; ***außer ~*** (*Abk* ***a D***) jubilado, *mil* retirado; ***~ haben*** estar de servicio; ***j-m e-n*** (***schlechten***) ***~ erweisen*** hacer un favor (un flaco servicio) a alg
Dienstag ['-tɑːk] *m* (*-s*; *-e*) martes *m*
'Dienst|alter ['diːnstˀ-] *n* antigüedad *f*; **⁓bereit** *Apotheke*: de guardia; **~boten** *m/pl* servidumbre *f*; **⁓frei** libre (de servicio); **~grad** *mil m* grado *m*
'Dienstleistung *f* (prestación *f* de) servicio *m*; **~sgewerbe** *n* sector *m* de servicio; **~ssektor** *m* sector *m* servicios; **~sunternehmen** *n* empresa *f* de servicios
'dienst|lich oficial, de oficio; **⁓mädchen** *n* criada *f*; **⁓reise** *f* viaje *m* oficial; **⁓stelle** *f* delegación *f*, negociado *m*; **⁓stunden** *f/pl* horas *f/pl* de servicio; **⁓vorschrift** *f* reglamento *m* (de servicio); **⁓wagen** *m* coche *m* oficial; **⁓weg** *m* vía *f od* trámite *m* oficial
dies *s* ***dieser***; **'~bezüglich** correspondiente; *adv* (con) respecto a es(t)o
'Diesel|motor ['diːzəlmoːtɔr] *m* (motor *m*) diesel *m*; **~öl** *n* gasoil *m*, gasóleo *m*
dieser, **diese**, **die(se)s** ['diːzər, '-zə, '-(zə)s] este, -a; *su* éste, -a, esto; ese, -a; *su* ése, -a, eso
dies|jährig ['diːsjɛːriç] de este año; **~mal** ['-mɑːl] esta vez; **~seits** ['-zaɪts] de este lado
Dietrich ['diːtriç] *m* (*-s*; *-e*) ganzúa *f*
Differenz [-'rɛnts] *f* (-; *-en*) diferencia *f* (*a Streit*); **~ial** *auto* [difərɛn'tsjɑːl] *n* (*-s*; *-e*), ***~getriebe*** *n* diferencial *m*
digi'tal [-gi'tɑːl] digital; **⁓anzeige** *f* indicador *m* digital; **⁓rechner** *m* calculadora *f* digital; **⁓uhr** *f* reloj *m* digital
Diktat [dik'tɑːt] *n* (*-[e]s*; *-e*) dictado *m* (***nach*** al); **~or** [-'-tɔr] *m* (*-s*; *-en* [-ta'toːrən]) dictador *m*; **~ur** [-ta'tuːr] *f* (-; *-en*) dictadura *f*
diktieren [-'tiːrən] (*h*) dictar
Dill *bot* [dil] *m* (*-[e]s*; *-e*) eneldo *m*
'DIN|-Format ['diːn-] *n* formato *m* DIN; **~-Norm** *f* norma *f* DIN
Ding [diŋ] *n* (*-[e]s*; *-e*, F *-er*) cosa *f*; objeto *m*; ***vor allen ~en*** ante todo; **'~sda** F *m/f* (-; *sin pl*) F fulano *m*, -a *f*
Diözese [diø'tseːzə] *f* (-; *-n*) diócesis *f*
Diphtherie [diftə'riː] *f* (-; *sin pl*) difteria *f*
Diplom [di'ploːm] *n* (*-[e]s*; *-e*) diploma *m*
Diplomat [-plo'mɑːt] *m* (*-en*; *-en*), **⁓isch** diplomático (*m*); **~ie** [-ma'tiː] *f* (-; *sin pl*) diplomacia *f*
dir [diːr] te; *betont*: a ti; ***mit ~*** contigo
di'rekt [di'rɛkt] directo; **⁓flug** *m* vuelo *m* directo; **⁓ion** [-'tsjoːn] *f* (-; *-en*) dirección *f*, *com a* gerencia *f*; **⁓or** [-'-tɔr] *m* (*-s*; *-en* [-'toːrən]), **⁓orin** [-'toːrin] *f* (-; *-nen*) director(a *f*) *m*; *com* gerente *su*; **⁓übertragung** *f Radio*, *TV*: (re)transmisión *f* en directo; **⁓verkauf** *m* venta *f* directa; **⁓werbung** *f* publicidad *f* directa
Dirig|ent [-ri'gɛnt] *m* (*-en*; *-en*) director *m* de orquesta; **⁓'ieren** (*h*) dirigir
Dirne ['dirnə] *f* (-; *-n*) prostituta *f*
Dis'kette [dis'kɛtə] *f* (-; *-n*) disquete *m*; **~nlaufwerk** *n* unidad *f* de disco
Diskjockey ['diskdʒɔki] *m* (*-s*; *-s*) discjockey *m*, F pinchadiscos *m*
Disko ['disko] *f* (-; *-s*) disco *f*
Dis'kont [-'kɔnt] *m* (*-s*; *-e*) descuento *m*; **~satz** *m* tipo *m* de descuento
Diskothek [-ko'teːk] *f* (-; *-en*) discoteca *f*
diskret [-'kreːt] discreto
diskrimi'nier|en [-krimi'niːrən] (*h*) discriminar; **⁓ung** *f* (-; *-en*) discriminación *f*
Diskussion [-ku'sjoːn] *f* (-; *-en*) discusión *f*
'Diskuswerfen *n* (*-s*; *sin pl*) lanzamiento *m* de disco
diskutieren [-ku'tiːrən] (*h*) discutir
disqualifizieren [-kvalifi'tsiːrən] (*h*) descalificar
Distanz [-'tants] *f* (-; *-en*) distancia *f*
Distel ['-təl] *f* (-; *-n*) cardo *m*
Disziplin [-tsi'pliːn] *f* (-; *sin pl*) disciplina *f*; (*pl -en*) (*Fach*) asignatura *f*
Divi|dende *com* [divi'dɛndə] *f* (-; *-n*) dividendo *m*; **⁓dieren** [-'diːrən] (*h*) dividir (***durch*** por); **~sion** [-'zjoːn] *f* (-; *-en*) división *f*
D-Mark ['deːmark] *f* marco *m* alemán
doch [dɔx] pues; (*indessen*) sin embargo; (*bejahend*) sí; ***ja ~*** que sí
Dock *mar* [dɔk] (*-s*; *-s*) dársena *f*; dique *m*
Dogge ['dɔgə] *f* (-; *-n*) dogo *m*
'Doktor ['dɔktɔr] *m* (*-s*; *-en* [-'toːrən]) doctor *m*
Dokument [doku'mɛnt] *n* (*-[e]s*; *-e*) do-

cumento *m*; **~arfilm** [-'taːrfilm] *m* documental *m*
Dolch [dɔlç] *m* (*-[e]s*; *-e*) puñal *m*
Dollar ['-lar] *m* (*-s*; *-s*) dólar *m*
'dolmetsch|en ['-mɛtʃən] (*ge-*, *h*) interpretar; **2er** *m* (*-s*; -), **2erin** *f* (-; *-nen*) intérprete *su*
Dom [doːm] *m* (*-s*; *-e*) catedral *f*
Domäne [do'mɛːnə] *f* (-; *-n*) *fig* dominio *m*
Domino ['doːmino] *n* (*-s*; *-s*) dominó *m*
'Donner ['dɔnər] *m* (*-s*; -) trueno *m*; **2n** (*ge-*, *h*) tronar; **~stag** *m* jueves *m*; **~wetter!** ¡caramba!
doof F [doːf] tonto, imbécil
dopen ['doːpən] (*ge-*, *h*) dopar
'Doppel ['dɔpəl] *n* (*-s*; -) doble *m* (*a dep*); duplicado *m*; **~besteuerung** *f* doble imposición *f*; **~besteuerungsabkommen** *n* convenio *m* para evitar la doble imposición; **~bett** *n* cama *f* de matrimonio; **~punkt** *m* dos puntos *m/pl*; **2t** doble; por duplicado; ***das 2e*** el doble; **~verdiener** *m Person*: persona *f* con dos sueldos; *Paar*: matrimonio *m* con dos sueldos; **~währungsphase** *f Euro*: período *m* de doble circulación de monedas; **~zentner** *m* quintal *m* métrico; **~zimmer** *n* habitación *f* doble
Dorf [dɔrf] *n* (*-[e]s*; *⸚er*) pueblo *m*, aldea *f*
Dorn [dɔrn] *m* (*-[e]s*; *-en*) espina *f*; (*pl -e*) *tec* espiga *f*
Dörrobst ['dœrʔoːpst] fruta *f* pasa *od* seca
Dorsch [dɔrʃ] *m* (*-es*; *-e*) bacalao *m*
dort [dɔrt] allí, allá; ahí; **'~hin** (hacia) allí, allá
'Dose ['doːzə] *f* (-; *-n*) caja *f*; (*Konserven2*) lata *f*; **~nöffner** *m* abrelatas *m*
Dosis ['doːzis] *f* (-; -sen) dosis *f*, toma *f*
Dotter ['dɔtər] *m u n* (*-s*; -) yema *f* (de huevo)
'downloaden ['daʊnloːdən] (*sep*, *-ge-*, *h*) *inform* bajar, descargar
Dozent [do'tsɛnt] *m* (*-en*; *-en*), **~in** *f* (-; *-nen*) profesor(a *f*) *m*
'Drache ['draxə] *m* (*-ns*; *-n*) dragón *m*; **~n** *m* (*-s*; -) (*Papier2*) cometa *f*; **~nfliegen** *n* vuelo *m* en ala-delta
Dragee [dra'ʒeː] *n* (*-s*; *-s*) gragea *f*
Draht [draːt] *m* (*-[e]s*; *⸚e*) alambre *m*; *dünner*: hilo *m*; **'~bürste** *f* cepillo *m* metálico; **'~seilbahn** *f* teleférico *m*
Drama ['draːma] *n* (*-s*; *-men*) drama *m* (*a fig*); **~tiker** [dra'maːtikər] *m* (*-s*; -) autor *m* dramático, dramaturgo *m*; **2tisch** [-'maːtiʃ] dramático
dran F [dran] *s* ***daran***
Drang [draŋ] *m* (*-[e]s*; *sin pl*) (*Trieb*) afán *m*, sed *f* (***nach*** de)
'dräng|eln F ['drɛŋəln] (*ge-*, *h*) apretujar; **~en** (*ge-*, *h*) **1.** *v/t* empujar; *fig* atosigar; *zur Eile*: meter prisa; ***sich ~*** agolparse; **2.** *v/i Zeit*: apremiar; *et*: correr prisa
drauf F [draʊf] *s* ***darauf***; **2gänger** ['-gɛŋər] *m* (*-s*; -) hombre *m* de rompe y rasga
draußen ['draʊsən] (a)fuera; (*im Freien*) al aire libre
drechseln ['drɛksəln] (*ge-*, *h*) tornear
Dreck F [drɛk] *m* (*-[e]s*; *sin pl*) (*Schlamm*) barro *m*; (*Schmutz*) suciedad *f*; *fig* porquería *f*; **'2ig** sucio
'Dreh|arbeiten ['dreː-] *f/pl Film*: rodaje *m*; **~bank** *f* (-; *⸚e*) torno *m*; **2bar** giratorio; **~buch** *n Film*: guión *m*; **2en** (*ge-*, *h*) volver, dar vueltas a; *Zigarette*: liar; *Film*: rodar; *im Kreis*: hacer girar; ***sich ~*** girar (***um*** sobre); *Unterhaltung*: versar sobre; **~kreuz** *n* torniquete *m* **~orgel** *f* organillo *m*; **~tür** *f* puerta *f* giratoria; **~ung** *f* (-; *-en*) vuelta *f*; rotación *f*; **~zahl** *f* número *m* de revoluciones; **~zahlmesser** *m* (*-s*; -) cuentarrevoluciones *m*
drei [draɪ] **1.** tres; **~ *Viertel*** tres cuartos; **2.** **2** *f* (-; *-en*) tres *m*; **'2bettzimmer** *n* habitación *f* de tres camas; **2eck** ['-ʔɛk] *n* (*-[e]s*; *-e*) triángulo *m*; **'~eckig** triangular; **~erlei** ['-ərlaɪ] de tres clases; **~fach** ['-fax] triple; **'~farbig** tricolor; **'~hundert** trescientos; **~jährig** ['-jɛːriç] de tres años, trienal; **2'königstag** *m* (fiesta *f* de los) Reyes *m/pl*; **~mal** ['-maːl] tres veces
'Drei|rad *n* triciclo *m*; **2sprachig** ['-ʃpraːxiç] trilingüe; **2spurig** ['-ʃpuːriç] de tres carriles
'dreißig ['-siç] treinta; **~ste** trigésimo
dreist [draɪst] atrevido, F fresco
dreistellig ['-ʃtɛliç] de tres dígitos
Drei'sternehotel *n* hotel *m* de tres estrellas
'drei|stöckig ['-ʃtœkiç] de tres pisos; **~tägig** ['-tɛgiç] de tres días; **~zehn** trece; **~zehnte** décimo tercero
'dresch|en (*drosch*, *gedroschen*, *h*) trillar; **2maschine** *f* trilladora *f*

D

dress|ieren [drɛ'siːrən] (*h*) amaestrar, adiestrar; **≗ur** [-'suːr] *f* (-; -*en*) amaestramiento *m*, adiestramiento *m*
dribbeln ['dribəln] (*ge*-, *h*) *dep* regatear, driblar
Drilling ['driliŋ] *m* (-*s*; -*e*) trillizo *m*
drin F [drin] *s* ***darin***
'dringen ['driŋən] (*drang*, *gedrungen*) **a)** (*sn*): ~ ***aus*** salir de; ~ ***durch*** (***in*** *ac*) penetrar por (en); ~ ***bis*** llegar hasta; **b)** (*h*): ~ ***auf*** (*ac*) insistir en; **~d** urgente; *Verdacht*: fundado
drinnen ['drinən] (por) dentro
dritt [drit]: ***zu*** ~ entre los tres; ***zu*** ~ ***sn*** ser tres; **'~e** tercero; ≗ ***Welt*** *f* Tercer Mundo *m*; **'≗el** *n* (-*s*; -) tercio *m*; **'~ens** tercero, en tercer lugar
'Droge ['droːgə] (-; -*n*) droga *f* (***weiche*** blanda; ***harte*** dura); **~nberatungsstelle** *f* centro *m* de asistencia a los drogadictos; **~nhandel** *m* narcotráfico *m*; **~nhändler** *m* narcotraficante *m*; **~nkonsum** *m* consumo *m* de drogas; **~nsüchtige** *su* (-*n*; -*n*) drogadicto *m*, -a *f*; **~rie** [drogə'riː] *f* (-; -*n*) droguería *f*
drohen ['droːən] (*ge*-, *h*) amenazar
dröhnen ['drøːnən] (*ge*-, *h*) retumbar, resonar
Drohung ['droːuŋ] *f* (-; -*en*) amenaza *f*
drollig ['drɔliç] gracioso; chusco
drosseln ['drɔsəln] (*ge*-, *h*) *fig* frenar, reducir
drüben ['dryːbən] al otro lado
Druck [druk] *m* (-*[e]s*) **a)** (*pl* ¨*e*) presión *f* (*a fig*); **b)** (*pl* -*e*) *tip* imprenta *f*; (*Bild*) estampa *f*
drucken ['drukən] (*ge*-, *h*) imprimir
'drücken ['drykən] (*ge*-, *h*) apretar (*a Schuh usw*); *Knopf*, *Taste*: pulsar; *Hand*: estrechar; (*schieben*) empujar; ***sich*** ~ zafarse (***vor*** de); escurrir el bulto; **~d** abrumador (*a fig*); *Hitze*: sofocante
Drucker ['drukər] *m* (-*s*; -) impresor *m*; (*Computer*) impresora *f*
Drücker ['drykər] *m* (-*s*; -) (*Tür*≗) picaporte *m*
Druck|erei [drukə'raɪ] *f* (-; -*en*) imprenta *f*; **'~fehler** *m* errata *f*; **'~knopf** *m* botón *m* automático; *tec* botón *m*, pulsador *m*; **'~luft** *f* aire *m* comprimido; **'~sache** *corr f* impreso *m*; **'~schrift** *f*: ***in*** ~ en letra de molde
drum F [drum] *s* ***darum***
'drunt|en ['druntən] (allá) abajo; **~er**: ***es geht alles*** ~ ***und drüber*** todo está patas arriba
Drüse ['dryːzə] *f* (-; -*n*) glándula *f*
Dschungel ['dʒuŋəl] *m* (-*s*; -) jungla *f*
du [duː] tú
Dübel ['dyːbəl] *m* (-*s*; -) tarugo *m*; taco *m*
ducken ['dukən] (*ge*-, *h*): ***sich*** ~ acurrucarse, agazaparse; *fig* doblegarse
Dudelsack ['duːdəlzak] *m* gaita *f*
Duft [duft] *m* (-*[e]s*; ¨*e*) olor *m*; (*Wohlgeruch*) perfume *m*; **'≗en** (*ge*-, *h*) oler bien; ~ ***nach*** oler a
dulden ['duldən] (*ge*-, *h*) (*ertragen*) aguantar; (*gestatten*) tolerar
dumm [dum] tonto, estúpido; **'≗heit** (-; *sin pl*) tontería *f*, estupidez *f*; (*Handlung*) (*pl* -*en*) bobada *f*, tontería *f*; **'≗kopf** *m* imbécil *m*
dumpf [dumpf] *Stimme*, *Schmerz*: sordo; *Luft*: pesado
'Dumping *com* ['dampiŋ] *n* (-*s*; *sin pl*) dumping *m*; **~preis** *m* precio *m* de dumping
Düne ['dyːnə] *f* (-; -*n*) duna *f*
'dünge|n ['dyŋən] (*ge*-, *h*) abonar, fertilizar; estercolar; **≗r** *m* (-*s*; -) abono *m*, fertilizante *m*; (*Mist*) estiércol *m*
dunkel ['duŋkəl] oscuro (*a fig u in Zssgn mit Farben*); *Teint*: moreno; (*finster*) tenebroso; ~ ***werden*** oscurecer
Dünkel ['dyŋkəl] *m* (-*s*; *sin pl*) presunción *f*
'Dunkel|heit ['duŋkəl-] *f* (-; *sin pl*) oscuridad *f*; **~kammer** *f* cámara *f* oscura; **≗rot** rojo oscuro
dünn [dyn] delgado; *Kaffee*: flojo; *Luft*: enrarecido; (*fein*) fino, débil; **'~ *besiedelt*** poco poblado
Dunst [dunst] *m* (-*[e]s*; *sin pl*) vapor *m*; (*pl* ¨*e*) vaho *m*
dünsten ['dynstən] (*ge*-, *h*) estofar
dunstig ['dunstiç] brumoso
Duplikat [dupli'kaːt] *n* (-*[e]s*; -*e*) duplicado *m*; copia *f*
Dur *mus* [duːr] *n* (-; *sin pl*) modo *m* mayor
durch [durç] **1.** *prp* (*ac*) por; (***quer*** ~) a través de; (*mittels*) mediante; **2.** *adv* ~ ***und*** ~ de parte a parte; a fondo; ***die ganze Nacht*** ~ (durante) toda la noche; **'~arbeiten** (*sep*, -*ge*-, *h*) **1.** *v/t* estudiar (a fondo); **2.** *v/i* trabajar sin descanso; **'~'aus** del todo; a todo trance;

~ nicht de ningún modo; **~ nicht leicht** nada fácil; **'~blättern** (*sep*, *-ge-*, *h*) hojear; **⁓'blutung** *f* (-; *sin pl*) riego *m* sanguíneo; **~'bohren** (*h*) traspasar, atravesar; **'~braten**: ***gut durchgebraten*** bien hecho; **~'brechen** (*durchbrach*, *durchbrochen*, *h*) romper; atravesar; *fig* infringir; **'~brennen** (*irr*, *sep*, *-ge-*, *sn*, → ***brennen***) *Sicherung*: fundirse; *fig* fugarse, escaparse; **'~drehen** (*sep*, *-ge-*, *h*) **1.** *v/t Fleisch*: picar; **2.** *v/i* F *fig* perder los nervios; **~'dringen** (*durchdrang*, *durchdrungen*, *h*) penetrar; **'~dringend** penetrante

durchein'ander 1. *adv* mezclado(s), revuelto(s); *fig* confuso; **2.** ⁓ *n* (*-s*; *sin pl*) confusión *f*; jaleo *m*, F follón *m*, caos *m*; **~bringen** (*irr*, *sep*, *-ge-*, *h*, → ***bringen***) desordenar; *fig* confundir

'durch|fahren (*irr*, *sep*, *-ge-*, *sn*, → ***fahren***) pasar por; (*nicht halten*) no parar; **'⁓fahrt** *f* paso *m*; travesía *f*; **'⁓fall** *m med* diarrea *f*; *fig* fracaso *m*; **'~fallen** (*irr*, *sep*, *-ge-*, *sn*, → ***fallen***) fracasar; *Examen*: ***ich bin durchgefallen*** me han suspendido; **'~finden** (*irr*, *sep*, *-ge-*, *h*, → ***finden***): (***sich***) **~** orientarse; **~führbar** ['-fy:rbɑr] realizable; **'~führen** (*sep*, *-ge-*, *h*) *fig* llevar a cabo, realizar; **'⁓führung** *f* (-; *-en*) realización *f*; **'⁓gang** *m* (*-[e]s*; *⁓e*) paso *m*; **'~gehen** (*irr*, *sep*, *-ge-*, → ***gehen***) **1.** *v/i* (*sn*) pasar (***durch*** por); *Pferd*: desbocarse; *fig* ***et ~ lassen*** F hacer la vista gorda; **2.** *v/t* (*h u sn*) repasar; **'~gehend** *ferro* directo; **~ geöffnet** abierto a mediodía; ***~e Arbeitszeit*** jornada *f* intensiva; **'~greifen** (*irr*, *sep*, *-ge-*, *h*, → ***greifen***) *fig* tomar medidas eficaces; **'~halten** (*irr*, *sep*, *-ge-*, *h*, → ***halten***) no cejar, mantenerse firme; **'~kommen** (*irr*, *sep*, *-ge-*, *sn*, → ***kommen***) (lograr) pasar; *fig* salir airoso (de); *med* curarse; *Examen*: aprobar; (*auskommen*) defenderse; **~'kreuzen** (*h*) *fig* desbaratar, contrariar; **'~lassen** (*irr*, *sep*, *-ge-*, *h*, → ***lassen***) dejar pasar; **'~lässig** permeable; **'~laufen** (*irr*, *sep*, *-ge-*, *sn*, → ***laufen***) *Wasser*: pasar; **~'laufen** (*durchlief*, *durchlaufen*, *h*) recorrer; **'⁓lauferhitzer** *m* (*-s*; -) calentador *m* continuo; **'~lesen** (*irr*, *sep*, *-ge-*, *h*, → ***lesen***) recorrer, leer; **~'leuchten** (*h*) *med* examinar con rayos X; **⁓'leuchtung** *med f* (-; *-en*) radioscopia *f*; **~löchern** [-'lœçərn] (*h*) agujerear; **'⁓messer** *m* (*-s*; -) diámetro *m*; **~nässt** [-'nɛst] mojado, calado; **~queren** [-'kve:rən] (*h*) atravesar; **'~rechnen** (*sep*, *-ge-*, *h*) calcular; **'⁓reise** *f*: ***auf der ~*** de paso, de tránsito; **'⁓reisende** *m* transeúnte *m*; **'⁓reisevisum** *n* visado *m* de tránsito; **'~reißen** (*irr*, *sep*, *-ge-*, → ***reißen***) **1.** *v/t* (*h*) rasgar, romper; **2.** *v/i* (*sn*) rasgarse, romperse; **'⁓sage** *f* (-; *-n*) mensaje *m* personal; **~'schauen** (*h*) *fig* calar las intenciones de; **'⁓schlag** *m* (*-[e]s*; *⁓e*) *com* copia *f*; **'~schlagen** (*irr*, *sep*, *-ge-*, *h*, → ***schlagen***) *v/t* cortar, partir; ***sich ~*** *fig* defenderse; **'~schlagend** eficaz; *Erfolg*: completo, rotundo; **'⁓schlagpapier** *n* papel *m* de copia; **'~schneiden** (*irr*, *sep*, *-ge-*, *h*, → ***schneiden***) cortar, partir en dos

'Durchschnitt *m* (*-[e]s*; *-e*) promedio *m*, término *m* medio (***im*** por); **⁓lich** medio; (*mittelmäßig*) regular, mediocre; *adv* por término medio; **~seinkommen** *n* ingresos *m/pl* medios; **~stemperatur** *f* temperatura *f* media

'durch|sehen (*irr*, *sep*, *-ge-*, *h*, → ***sehen***) **1.** *v/i* mirar (***durch*** por); **2.** *v/t* examinar, revisar; **'~setzen** (*sep*, *-ge-*, *h*) conseguir; *Willen*: imponer; ***sich ~*** imponerse; **'⁓sicht** *f* revisión *f*, repaso *m*; **'~sichtig** transparente; **'~sickern** (*sep*, *-ge-*, *sn*) *a fig* filtrarse, rezumar; **'~sprechen** (*irr*, *sep*, *-ge-*, *h*, → ***sprechen***) discutir punto por punto; **'~streichen** (*irr*, *sep*, *-ge-*, *h*, → ***streichen***) tachar, borrar; **~'suchen** (*h*) registrar; *j-n*: cachear; **⁓'suchung** *f* (-; *-en*) registro *m*; cacheo *m*; **~trieben** [-'tri:bən] taimado; **~'wachsen** *Speck*: entreverado; **'⁓wahl**(**nummer** *f*) *tel f* (-; *sin pl*) extensión *f*; **'~wählen** (*sep*, *-ge-*, *h*) *tel* marcar directamente; **~weg** ['-vɛk] sin excepción; **~'wühlen** (*h*) revolver; **'~zählen** (*sep*, *-ge-*, *h*) recontar; **'~ziehen** (*irr*, *sep*, *-ge-*, → ***ziehen***) **1.** *v/t* (*h*) hacer pasar (***durch*** por); **2.** *v/i* (*sn*) pasar (***durch*** por); **'⁓zug** *m* (*-[e]s*; *sin pl*) (*Luft*) corriente *f* de aire

dürfen ['dyrfən] (*durfte*, *gedurft*, *h*) poder; ***darf ich?*** ¿puedo?, ¿me permite?; ***nicht ~*** no deber

dürftig ['-tiç] escaso; (*ärmlich*) pobre; mezquino

dürr [dyr] árido; *Holz*: seco; *j*: flaco; **'⁓e** *f*

D

(-; *-n*) aridez *f*; sequía *f*
Durst [durst] *m* (*-es*; *sin pl*) sed *f* (***nach*** de); **'~ig**: ~ ***sn*** tener sed
'Dusche ['duːʃə, 'duʃə] *f* (-; *-n*) ducha *f*; **~n** (*ge-*, *h*) ducharse, tomar una ducha
'Düse *tec* ['dyːzə] *f* (-; *-n*) tobera *f*; **~nantrieb** *m* propulsión *f* a reacción *od* a chorro; **~nflugzeug** *n* avión *m* a reacción
düster ['dyːstər] tenebroso; *fig* sombrío
'Dutzend ['dutsənt] *n* (*-s*; *-e*) docena *f*; **~weise** por docenas
duzen ['duːtsən] (*ge-*, *h*) tutear
Dy'na|mik [dy'nɑːmik] *f* (-; *sin pl*) *fig* dinamismo *m*; **~misch** dinámico; **~mit** [-na'miːt] *n* (*-s*; *sin pl*) dinamita *f*; **~mo** [-'nɑːmo] *m* (*-s*; *-s*) dínamo *f*
D-Zug ['deːtsuːk] *m* tren *m* directo, rápido *m*

E

E

E, e [eː] *n* (-; -) E, e *f*; *mus* mi *m*; ***E-Dur*** mi *m* mayor; ***e-Moll*** mi *m* menor
Ebbe ['ɛbə] *f* (-; *-n*) marea *f* baja
'eben ['eːbən] **1.** *adj* plano; *bsd Boden*: llano; ***zu ~er Erde*** en el piso bajo; **2.** *adv* precisamente, justamente; ***er ist ~ angekommen*** acaba de llegar; **~e** *f* (-; *-n*) llanura *f*; *mat* plano *m*; *fig* nivel *m*; **~falls** igualmente, también; **~so** lo mismo (***wie*** que); ***~ groß wie*** tan grande como; ***~ viel*** tanto (***wie*** como); ***~ wenig*** tan poco (***wie*** como)
ebnen ['eːbnən] (*ge-*, *h*) allanar (*a fig*), aplanar
Echo ['ɛço] *n* (*-s*; *-s*) eco *m* (*a fig*)
echt [ɛçt] auténtico; verdadero; *Haar*: natural
'Eck|ball ['ɛkbal] *m dep* córner *m*, saque *m* de esquina; **~e** *f* (-; *-n*) *innen*: rincón *m*; *außen*: esquina *f*; ***gleich um die ~*** a la vuelta de la esquina; **~ig** angular, anguloso; **~lohn** *m* salario *m* de referencia; **~zahn** *m* colmillo *m*
Economyklasse [i'kɔnəmiklasə] *f* clase *f* económica
'edel ['eːdəl] noble; *Metall*: precioso; **~metall** *n* metal *m* precioso; **~stahl** *m* acero *m* inoxidable; **~stein** *m* piedra *f* preciosa
Efeu ['eːfɔʏ] *m* (*-s*; *sin pl*) yedra *f*
Effekt [ɛ'fɛkt] *m* (*-[e]s*; *-e*) efecto *m*
effizien|t [ɛfi'tsjɛnt] eficiente; **~z** [-'tsjɛnts] *f* (-; *-en*) eficiencia *f*
EG-... [eːgeː] comunitario, de la CE(E)
egal [e'gɑːl] igual; ***das ist mir ~*** me da igual *od* lo mismo
Egel *zo* ['eːgəl] *m* (*-s*; -) sanguijuela *f*
Egge ['ɛgə] *f* (-; *-n*) rastra *f*, grada *f*
Ego|ismus [ego'ˀismus] *m* (-; *sin pl*) egoísmo *m*; **~'ist** *m* (*-en*; *-en*), **~'istin** *f* (-; *-nen*), **~'istisch** egoísta *su*
ehe ['eːə] antes de que (*subj*)
'Ehe ['eːə] *f* (-; *-n*) matrimonio *m*; **~bruch** *m* adulterio *m*; **~frau** *f* esposa *f*, mujer *f*; **~leute** *pl* esposos *m/pl*; *jur* cónyuges *m/pl*; **~lich** conyugal, matrimonial; *Kind*: legítimo
ehemalig [-mɑːliç] antiguo
'Ehe|mann *m* marido *m*, esposo *m*; **~paar** *n* matrimonio *m*
eher ['eːər] antes (***als*** que); más temprano; (*lieber*) más bien; ***je ~, desto besser*** cuanto antes mejor
'Ehe|ring *m* anillo *m* de boda, alianza *f*; **~scheidung** *f* divorcio *m*; **~schließung** *f* casamiento *m*
ehrbar ['eːrbɑːr] honrado, honesto
'Ehre ['eːrə] *f* (-; *-n*) honor *m*, honra *f*; (*Ruf*) reputación *f*; ***zu ~n von*** en honor de; **~n** (*ge-*, *h*) honrar, respetar; ***sehr geehrter Herr X, ...*** estimado señor (X): ...
'Ehren|amt *n* cargo *m* honorífico; **~amtlich** a título honorífico; **~bürger** *m* ciudadano *m* de honor; **~gast** *m* huésped *m od* invitado *m* de honor; **~haft** honorable, decoroso; **~mitglied** *n* miembro *m* honorario; **~rechte** *n/pl*: ***bürgerliche ~e*** derechos *m/pl* civiles *od* cívicos; **~sache** *f* cuestión *f* de honor; **~voll** honroso, honorífico; **~wort** *n* (*-[e]s*; *sin pl*) palabra *f* de honor (***auf*** bajo)
'ehr|erbietig ['eːrˀɛrbiːtiç] respetuoso, reverente; **~furcht** *f* respeto *m*, vene-

ración *f*; **~fürchtig** ['-fyrçtiç] respetuoso; **≈gefühl** *n* (*-[e]s*; *sin pl*) pundonor *m*; **≈geiz** *m* ambición *f*; **~geizig** ambicioso; **~lich** honrado; (*aufrichtig*) sincero; ***~ gesagt*** a decir verdad; **≈lichkeit** *f* (*-*; *sin pl*) honradez *f*; **≈ung** *f* (*-*; *-en*) homenaje *m*; **~würdig** venerable; respetable; *Geistlicher*: reverendo

Ei [aɪ] *n* (*-[e]s*; *-er*) huevo *m* (***weiches*** pasado por agua; ***hartes*** duro)

'Eich|e ['aɪçə] *f* (*-*; *-n*) roble *m*; (*Stein≈*) encina *f*; **~el** *f* (*-*; *-n*) *bot* bellota *f*; **≈en** (*ge-*, *h*) *Maße*, *Gewichte*: contrastar; **~hörnchen** *n* ardilla *f*

Eid [aɪt] *m* (*-[e]s*; *-e*) juramento *m*; ***e-n ~ leisten*** prestar juramento

Eidechse ['-dɛksə] *f* (*-*; *-n*) lagarto *m*; *kleine*: lagartija *f*

eidesstattlich ['-dəsʃtatliç]: ***~e Erklärung*** *f* declaración *f* jurada

Eidgenosse ['aɪtgənɔsə] *m* confederado *m*

Eidotter ['aɪdɔtər] *m* yema *f*

'Eier|becher ['-ərbɛçər] *m* huevera *f*; **~kuchen** *m* tortilla *f*; **~likör** *m* licor *m* de huevos; **~schale** *f* cáscara *f* (de huevo); **~stock** *m* *anat* ovario *m*

'Eifer ['-fər] *m* (*-s*; *sin pl*) celo *m*, empeño *m*; (*Streben*) afán *m*; **~sucht** *f* (*-*; *sin pl*) celos *m/pl*; **≈süchtig** celoso (***auf*** de)

eifrig ['-friç] solícito; celoso; aplicado; *adv* con empeño *od* ahínco

Eigelb ['-gɛlp] *n* (*-s*; *-*) yema *f*

'eigen ['-gən] propio; (*eigentümlich*) particular, peculiar; ***auf ~e Rechnung*** *com* por cuenta propia; **≈art** *f* (*-*; *-en*) particularidad *f*; **~artig** particular; (*seltsam*) raro; **≈bedarf** *m* necesidades *f/pl* personales; **≈finanzierung** *f* autofinanciación *f*; **~händig** [-hɛndiç]: **~** (***geschrieben***) (escrito) de mi *usw* puño y letra; ***~ übergeben*** entregar en propia mano; **≈heim** *n* casa *f* propia; **≈heit** *f* (*-*; *-en*) particularidad *f*; singularidad *f*; **≈kapital** *n* capital *m* propio; **~mächtig** arbitrario; **≈name** *m* nombre *m* propio; **~nützig** [-nytsiç] interesado, egoísta; **≈schaft** *f* (*-*; *-en*) propiedad *f*; *j-s*: cualidad *f*; ***in s-r ~ als*** en su calidad de; **~sinnig** obstinado, terco; **~tlich** ['-tliç] **1.** *adj* verdadero; **2.** *adv* en el fondo, a decir verdad; **≈tum** *n* (*-s*; *sin pl*) propiedad *f*; **≈tümer** [-ty:mər] *m* (*-s*; *-*), **≈tümerin** *f* (*-*; *-nen*) propietario *m*, -a *f*; **~tümlich** [-ty:mliç] (*seltsam*) raro; **≈tumswohnung** *f* piso *m* de propiedad; **~willig** voluntarioso; peculiar

'eign|en ['aɪgnən] (*ge-*, *h*): ***sich ~ zu*** *od* ***für*** ser apropiado *od* adecuado para; **≈ung** *f* (*-*; *sin pl*) aptitud *f*; **≈ungstest** *m* test *m* *od* prueba *f* de aptitud

'Eil|bote ['aɪlbo:tə] *m*: *corr* ***durch ~n*** por expreso; **~brief** *m* carta *f* urgente; **~e** *f* (*-*; *sin pl*) prisa *f* (*oft pl*); ***es hat keine ~*** no corre prisa; ***ich bin in ~*** tengo prisa; **≈en** ['-lən] (*ge-*, *sn*) correr; (*h*) *Sache*: urgir, correr prisa; ***sich ~*** darse prisa; ***eilt!*** ¡urgente!; **~gut** *n*: ***als ~*** por gran velocidad; **≈ig** apresurado; (*dringlich*) urgente; ***es ~ haben*** tener prisa; **~zug** *ferro* *m* rápido *m*

Eimer ['-mər] *m* (*-s*; *-*) cubo *m*

ein [aɪn] un(o), -a; ***es ist ~ Uhr*** es la una; ***der ~e oder andere*** uno que otro; ***~ und derselbe*** el mismo

einander [aɪ'nandər] uno(s) a otro(s)

'einarbeit|en (*sep*, *-ge-*, *h*): ***sich ~ in*** (*ac*) iniciarse en, familiarizarse con; **≈ung** *f* (*-*; *-en*) iniciación *f*

Einäscherung ['-ˀɛʃəruŋ] *f* (*-*; *-en*) incineración *f*, cremación *f*

'einatmen (*sep*, *-ge-*, *h*) inspirar, aspirar

'Einbahnstraße *f* calle *f* de dirección única

'Ein|band *m* (*-[e]s*; *⸚e*) encuadernación *f*; **≈bändig** ['-bɛndiç] de *od* en un tomo

'einbau|en (*sep*, *-ge-*, *h*) montar, instalar; *in die Wand*: empotrar; **≈küche** *f* cocina *f* funcional; **≈schrank** *m* armario *m* empotrado

'einberuf|en (*irr*, *sep*, *h*, → ***berufen***) convocar; *mil* llamar a filas; **≈ung** *f* (*-*; *-en*) convocación *f*; *mil* llamamiento *m* a filas

'Einbettzimmer *n* habitación *f* individual

'einbeziehen (*irr*, *sep*, *h*, → ***beziehen***) incluir

'einbiegen (*irr*, *sep*, *-ge-*, *sn*, → ***biegen***) torcer (***nach*** a)

'einbild|en (*sep*, *-ge-*, *h*): ***sich*** (*dat*) **~** imaginarse, figurarse; ***sich et ~ auf*** (*ac*) presumir de; **≈ung** *f* (*-*; *sin pl*) imaginación *f*; ilusión *f*; (*Dünkel*) presunción *f*

'einbrech|en (*irr*, *sep*, *-ge-*, *sn*, → ***brechen***) *v/i* *Dieb*: cometer un robo con

fractura; **~ in** (*ac*) escalar (*ac*); **2er** *m* (*-s*; -) ladrón *m*, desvalijador *m* de pisos
'einbringen (*irr*, *sep*, *-ge-*, *h*, → ***bringen***) *Ernte*: recoger; *Nutzen*: rendir, producir; *Antrag*: presentar
'Einbruch *m* (*-[e]s*; *⸗e*) robo *m* con fractura; ***bei ~ der Nacht*** al anochecer
'einbürger|n ['-byrgərn] (*sep*, *-ge-*, *h*) naturalizar; ***sich ~*** *fig* generalizarse; **2ung** *f* (-; *-en*) naturalización *f*
'Ein|buße *f* (-; *-n*) pérdida *f*; **2büßen** (*sep*, *-ge-*, *h*) perder
'ein|checken ['-tʃɛkən] (*sep*, *-ge-*, *h*) *v/t u v/i* facturar; embarcar; **~cremen** (*sep*, *-ge-*, *h*) poner(se) crema
'ein|dämm|en ['-dɛmən] (*sep*, *-ge-*, *h*) contener (*a fig*); **~decken** (*sep*, *-ge-*, *h*): ***sich ~ mit*** aprovisionarse de
eindeutig ['-dɔʏtiç] inequívoco, claro
'eindring|en (*irr*, *sep*, *-ge-*, *sn*, → ***dringen***) penetrar (***in*** *ac* en, *a fig*); *mil* invadir (*ac*); **~lich** insistente; *adv* encarecidamente; **2ling** ['-driŋliŋ] *m* (*-s*; *-e*) intruso *m*
'Ein|druck *m* (*-[e]s*; *⸗e*) impresión *f*; **2drücken** (*sep*, *-ge-*, *h*) (*zerbrechen*) romper; *Tür*: forzar; **2drucksvoll** ['-druksfɔl] impresionante
einengen ['-ˀɛŋən] (*sep*, *-ge-*, *h*) estrechar; *fig* coartar; limitar
einer ['aɪnər] **1.** uno, alguno; **2. 2** *m* (*-s*; -) *mat* unidad *f*; *mar* esquife *m*; **~lei** [-'laɪ]: ***das ist ~*** es lo mismo, es igual; **'2'lei** *n* (*-s*; *sin pl*) monotonía *f*, uniformidad *f*; **~seits** [-'zaɪts] por un lado, por una parte
einfach ['-fax] sencillo, simple; *fig* modesto; ***~e Fahrt*** *f ferro* ida *f*
'einfahr|en (*irr*, *sep*, *-ge-*, → ***fahren***) **1.** *v/t* (*h*) rodar (*a fig*); **2.** *v/i* (*sn*): ***~ in*** (*ac*) entrar en; *min* bajar a; **2t** *f* (-; *-en*) entrada *f*; (*Tor*) puerta *f* cochera
'Einfall *m* (*-[e]s*; *⸗e*) *mil* invasión *f*; *fig* idea *f*; **2en** (*irr*, *sep*, *-ge-*, *sn*, → ***fallen***) (*einstürzen*) derrumbarse; *mil* invadir (***in*** *ac*); ***es fällt mir ein*** se me ocurre; ***was fällt Ihnen ein!*** ¡cómo se atreve!
einfältig ['-fɛltiç] ingenuo, simple
'Einfamilienhaus *n* casa *f* unifamiliar
'einfarbig unicolor; *Kleidung*: liso
'ein|fetten (*sep*, *-ge-*, *h*) engrasar, untar; **~finden** (*irr*, *sep*, *-ge-*, *h*, → ***finden***): ***sich ~*** acudir, personarse; **~flößen** (*sep*, *-ge-*, *h*) *Arznei*: administrar; *Furcht*: infundir
'Einflugschneise *f* corredor *m* de entrada
'Einfluss *m* (*-es*; *⸗e*) influencia *f*, influjo *m* (***auf*** *ac* en, sobre); **2reich** influyente
einförmig ['-fœrmiç] uniforme; *fig* monótono
'ein|frieren (*irr*, *sep*, *-ge-*, *h*, → ***frieren***) *v/t* congelar (*a fig*); **~fügen** (*sep*, *-ge-*, *h*) insertar
'Einfuhr ['-fuːr] *f* (-; *-en*) importación *f*; *Zoll*: *a* entrada *f*; **~beschränkungen** *f/pl* restricciones *f/pl* a la importación
'einführen (*sep*, *-ge-*, *h*) introducir; *com* importar; *Mode*, *neue Artikel*: lanzar; *j-n*: iniciar (***in*** *ac* en); *in ein Amt*: instalar
'Einfuhr|genehmigung ['aɪnfuːr-] *f* permiso *m* de importación; **~land** *n* país *m* importador
'Einführung *f* (-; *-en*) introducción *f*; **~sangebot** *n* oferta *f* de lanzamiento; **~spreis** *m* precio *m* de lanzamiento
'Einfuhrzoll ['-fuːr-] *m* derecho *m* de entrada
'einfüllen (*sep*, *-ge-*, *h*) envasar; *in Flaschen*: embotellar
'Eingabe *f* (-; *-n*) solicitud *f*; *Computer*: entrada *f*; **~gerät** *n* dispositivo *m* de entrada
'Eingang *m* (*-[e]s*; *⸗e*) entrada *f* (*a v Waren*); *v Geld*: ingreso *m*; **~sbestätigung** *f* acuse *m* de recibo; **~sdatum** *n* fecha *f* de entrada; **~sstempel** *m* sello *m* de entrada
'eingeben (*irr*, *sep*, *-ge-*, *h*, → ***geben***) *Arznei*: dar; *fig* inspirar; *inform* introducir
'eingebildet imaginario; *j*: presumido
'Eingeborene *m/f* (*-n*; *-n*) indígena *su*
Eingebung ['-geːbuŋ] *f* (-; *-en*) inspiración *f*
'eingehen (*irr*, *sep*, *-ge-*, → ***gehen***) **1.** *v/t* (*h*, *sn*) *Ehe*, *Verpflichtung*: contraer; *Wette*: hacer; **2.** *v/i* (*sn*) *Briefe*: llegar; *Gelder*: ingresar (en caja); *bot*, *Tier*: morirse; *Stoff*: encogerse; ***~ auf*** (*ac*) consentir en; aceptar (*ac*); **~d** *fig* detallado; *adv* a fondo
'ein|geschrieben *corr* certificado, *Am* registrado; **2geweide** ['-vaɪdə] *n/pl* vísceras *f/pl*; tripas *f/pl*; **~gewöhnen** (*sep*, *h*): ***sich ~*** acostumbrarse
'ein|gießen (*irr*, *sep*, *-ge-*, *h*, → ***gießen***)

echar, verter; **~gipsen** (*sep*, *-ge-*, *h*) enyesar; **~gleisig** *ferro* ['-glaɪziç] de vía única; **~gliedern** (*sep*, *-ge-*, *h*) incorporar (**in** *ac* a), integrar (en); **~graben** (*irr*, *sep*, *-ge-*, *h*, → **graben**) enterrar; **~greifen** (*irr*, *sep*, *-ge-*, *h*, → **greifen**) intervenir (**in** *ac* en); **2griff** *m* (*-[e]s*; *-e*) intervención *f*; *med a* operación *f*; **~halten** (*irr*, *sep*, *-ge-*, *h*, → **halten**) *v/t* (*beachten*) cumplir (con); observar, respetar; *Richtung*: seguir

einhändig ['-hɛndiç] manco

'einhängen (*sep*, *-ge-*, *h*) colgar (*a tel*)

'einheimisch del país, nacional; *zo*, *bot* indígena; autóctono; **2e** *m/f* (*-n*; *-n*) indígena *su*

'Einheit ['-haɪt] *f* (-; *-en*) unidad *f*; *tel* paso *m*; (*sin pl*) (*Ganzes*) conjunto *m*; **2lich** uniforme; **~spreis** *m* precio *m* único

'ein|holen (*sep*, *-ge-*, *h*) **1.** *v/t* (*erreichen*) alcanzar; *Zeit*: recuperar; *Auskunft*: tomar; *Erlaubnis*: pedir; **2.** *v/i*: **~** (**gehen**) ir de compras; **~hüllen** (*sep*, *-ge-*, *h*) envolver

'einig ['aɪniç] acorde, conforme; (*geeint*) unido; **sich ~ sn** (**werden**) estar (ponerse) de acuerdo; **~e** [-gə] *pl* algunos, unos; **~en** [-gən] (*ge-*, *h*) unir; **sich ~** ponerse de acuerdo (**über** *ac* sobre); **~ermaßen** [-gər'maːsən] en cierto modo; (*leidlich*) F regular; **~es** algo; **2keit** *f* (-; *sin pl*) conformidad *f*; (*Eintracht*) concordia *f*; **2ung** [-guŋ] *f* (-;*-en*) acuerdo *m*

einjährig ['-jɛːriç] de un año; *bot* anual

'Einkauf *m* (*-[e]s*; *⸚e*) compra *f*; **Einkäufe machen** hacer compras; **2en** (*sep*, *-ge-*, *h*) comprar; **~ gehen** ir de compras

'Einkaufs|bummel F *m*: **e-n ~ machen** ir de tiendas; **~preis** *m* precio *m* de compra; **~wagen** *m* carrito *m* de compras; **~zentrum** *n* centro *m* comercial

'ein|kehren (*sep*, *-ge-*, *sn*) entrar (en un restaurante, *etc*); **~klammern** (*sep*, *-ge-*, *h*) poner entre paréntesis

'Einklang *m* (*-[e]s*; *sin pl*) acorde *m*; **in ~ bringen** concertar, armonizar

'ein|kleiden (*sep*, *-ge-*, *h*) vestir; **~klemmen** (*sep*, *-ge-*, *h*) apretar, coger (**in** *ac* entre); **eingeklemmter Bruch** hernia *f* estrangulada

'Einkommen *n* (*-s*; -) ingresos *m/pl*, renta *f*; **~steuer** *f* impuesto *m* sobre la renta

Einkünfte ['-kynftə] *pl* ingresos *m/pl*

'einlad|en (*irr*, *sep*, *-ge-*, *h*, → **laden**) *et*: cargar; *j-n*: invitar (**zu** a); *zum Essen*: *a* convidar; **2ung** *f* (-; *-en*) invitación *f*

'Einlage *f* (-; *-n*) *im Brief*: anexo *m*; (*Kapital*) aportación *f*; (*Bank2*) imposición *f*; (*Schuh2*) plantilla *f* ortopédica

'Ein|lass ['-las] *m* (*-es*; *⸚e*) entrada *f*, admisión *f*; **2lassen** (*irr*, *sep*, *-ge-*, *h*, → **lassen**) dejar entrar; **sich ~ auf** (*ac*) meterse en, embarcarse en

'Einlauf *m* (*-[e]s*; *⸚e*) *med* lavativa *f*, enema *m*; **2en** (*irr*, *sep*, *-ge-*, *sn*, → **laufen**) entrar, llegar; *Stoff*: encogerse

'einleben (*sep*, *-ge-*, *h*): **sich ~** aclimatarse

'einlege|n (*sep*, *-ge-*, *h*) poner, meter (**in** *ac* en); (**in Essig**) **~** poner en vinagre; **2sohle** *f* plantilla *f*

'einleit|en (*sep*, *-ge-*, *h*) iniciar; *Verhandlungen*: *a* entablar; **~end** preliminar; **2ung** *f* (-; *-en*) introducción *f*

'einliefer|n (*sep*, *-ge-*, *h*) *med* hospitalizar, ingresar (en el hospital); **2ung** *f* (-; *-en*) *med* hospitalización *f*

'einloggen (*sep*, *-ge-*, *h*) *inform* entrar

'einlösen (*sep*, *-ge-*, *h*) *Scheck*: cobrar; *Pfand*: rescatar; *Versprechen*: cumplir

'einmal una vez; (*künftig*) un día; **auf ~** de una vez; (*plötzlich*) de repente; **noch ~** otra vez; **nicht ~** ni siquiera; **~ig** único (*a fig*)

'Einmarsch *m* entrada *f*

'einmieten (*sep*, *-ge-*, *h*): **sich ~** alquilar una habitación

'einmisch|en (*sep*, *-ge-*, *h*): **sich ~** mezclarse (**in** *ac* en), intervenir (en); **2ung** *f* (-; *-en*) intervención *f*

'ein|münden (*sep*, *-ge-*, *sn*) desembocar (*a Straße*); **~mütig** ['-myːtiç] unánime

'Ein|nahme ['-naːmə] *f* (-; *-n*) *mil* toma *f*; *com* ingreso *m*; *a v Steuern*: recaudación *f*; **2nehmen** (*irr*, *sep*, *-ge-*, *h*, → **nehmen**) tomar (*a mil u med*); *Stelle*, *Platz*: ocupar; *Geld*: recibir, cobrar; *a Steuern*: recaudar; *fig* prevenir (**für** a favor de)

'Einöde *f* (-; *-n*) desierto *m*, soledad *f*

'ein|ordnen (*sep*, *-ge-*, *h*) clasificar; *auto* **sich rechts ~** tomar la fila de la derecha; **~packen** (*sep*, *-ge-*, *h*) empaquetar, embalar; **~parken** (*sep*, *-ge-*, *h*) aparcar;

E

~pflanzen (*sep*, *-ge-*, *h*) plantar; *fig* implantar
'ein|prägen (*sep*, *-ge-*, *h*) estampar; grabar (*a fig*); ***sich*** (*dat*) ***et ~*** grabarse a/c en la memoria; **~programmieren** (*sep*, *h*) programar; **~quartieren** ['-kvarti:rən] (*sep*, *h*) alojar; *mil a* acantonar; **~rahmen** (*sep*, *-ge-*, *h*) encuadrar (*a fig*), poner un marco a; **~räumen** (*sep*, *-ge-*, *h*) colocar (en su sitio); (*zugestehen*) conceder; (*zugeben*) admitir; **~reden** (*sep*, *-ge-*, *h*) hacer creer (***j-m et*** a/c a alg); **~reiben** (*irr*, *sep*, *-ge-*, *h*, → ***reiben***) frotar, friccionar; **~reichen** (*sep*, *-ge-*, *h*) presentar
einreihig ['-raɪiç] de una (sola) fila
'Einreise *f* (-; *-n*) entrada *f*; **≈n** (*sep*, *-ge-*, *sn*) entrar; **~visum** *n* visado *m* (*Am* visa *f*) de entrada
'ein|reißen (*irr*, *sep*, *-ge-*, → ***reißen***) **1.** *v/t* (*h*) rasgar; *Mauer*: derribar; **2.** *v/i* (*sn*) *fig* extenderse, arraigarse; **~renken** ['-rɛŋkən] (*sep*, *-ge-*, *h*) *med* reducir; *fig* arreglar
'einricht|en (*sep*, *-ge-*, *h*) arreglar; organizar; disponer; (*ausstatten*) equipar; **≈ung** *f* (-; *-en*) institución *f*; (*Wohnungs≈*) mobiliario *m*; *tec* dispositivo *m*
eins [aɪns] **1.** uno; ***um ~*** a la una; **2.** **≈** *f* (-; *-en*) uno *m*; (*Note*) sobresaliente *m*
'einsam ['-zɑ:m] solitario, solo; aislado; **≈keit** *f* (-; *sin pl*) soledad *f*
'Einsatz *m* (*-es*; *⸚e*) *Spiel*: puesta *f*; (*Verwendung*) empleo *m*; ***unter ~ des Lebens*** arriesgando la vida
'einscannen (*sep*, *-ge-*, *h*) *v/t inform* escanear
'einschalt|en (*sep*, *-ge-*, *h*) insertar; *el* conectar; *Licht*: dar; *Radio*: poner; *tec* poner en marcha; *j-n*: acudir a; *auto* ***den ersten Gang ~*** poner la primera; **≈quote** *f TV* índice *m* de audiencia
'ein|schätzen (*sep*, *-ge-*, *h*) tasar (*a Steuer*); evaluar, valorar; **~schenken** (*sep*, *-ge-*, *h*) echar (de beber); **~schicken** (*sep*, *-ge-*, *h*) enviar; **~schieben** (*irr*, *sep*, *-ge-*, *h*, → ***schieben***) interponer, intercalar
'einschiff|en (*sep*, *-ge-*, *h*): (***sich***) **~** embarcar(se) (***nach*** para); **≈ung** *f* (-; *-en*) embarque *m*; *j-s*: embarco *m*
'ein|schlafen (*irr*, *sep*, *-ge-*, *sn*, → ***schlafen***) *a Glied*: dormirse; **~schläfern** ['-ʃlɛ:fərn] (*sep*, *-ge-*, *h*) adormecer
'Einschlag *m* (*-[e]s*; *⸚e*) *Blitz*: caída *f*; *Kugel*: impacto *m*; **≈en** (*irr*, *sep*, *-ge-*, *h*, → ***schlagen***) **1.** *v/t Tür*: derribar; *Nagel*: clavar; *Paket*: envolver; *Laufbahn*, *Weg*: seguir; **2.** *v/i Blitz*: caer; *Geschoss*: hacer impacto
einschlägig ['-ʃlɛ:giç] pertinente; *Geschäft*: del ramo
'einschleichen (*irr*, *sep*, *-ge-*, *h*, → ***schleichen***): ***sich ~*** colarse; *Fehler*: deslizarse
'einschließ|en (*irr*, *sep*, *-ge-*, *h*, → ***schließen***) encerrar; *fig* comprender; **~lich** (*gen*) incluso, inclusive
'einschnappen (*sep*, *-ge-*, *sn*) cerrarse de golpe; *fig* picarse, amoscarse
'ein|schneidend *fig* radical; **≈schnitt** *m* (*-[e]s*; *-e*) incisión *f* (*a med*); corte *m*; *fig* momento *m* crucial
'einschränk|en ['-ʃrɛŋkən] (*sep*, *-ge-*, *h*) reducir, limitar; restringir; ***sich ~*** reducir los gastos; **~end** restrictivo; **≈ung** *f* (-; *-en*) reducción *f*, limitación *f*; restricción *f*
'Einschreib|ebrief *m*, **~en** *n* (*-s-*; -) carta *f* certificada; **≈en** (*irr*, *sep*, *-ge-*, *h*, → ***schreiben***) inscribir (***in*** *ac* en); *corr* certificar, *Am* registrar; ***sich ~*** inscribirse; *Universität*, *Kurs*: matricularse; **~ung** *f* (-; *-en*) inscripción *f*; matrícula *f*
'ein|schreiten (*irr*, *sep*, *-ge-*, *sn*, → ***schreiten***) intervenir; **~schüchtern** (*sep*, *-ge-*, *h*) intimidar, amedrentar; **~sehen** (*irr*, *sep*, *-ge-*, *h*, → ***sehen***) (*begreifen*) comprender; *Irrtum*: reconocer
einseitig ['-zaɪtiç] unilateral; (*parteiisch*) parcial
'einsend|en (*irr*, *sep*, *-ge-*, *h*, → ***senden***) remitir, enviar; **≈er** *m* (*-s*; -) remitente *m*; **≈eschluss** *m* cierre *m* de admisión; **≈ung** *f* (-; *-en*) envío *m*
'einsetz|en (*sep*, *-ge-*, *h*) **1.** *v/t* poner, colocar; *Leben*: arriesgar; *Anzeige*: insertar; *in ein Amt*: instalar; *Ausschuss*: constituir; (*anwenden*) emplear; ***sich ~ für*** abogar por, interceder a favor de; **2.** *v/i* empezar; **≈ung** *f* (-; *sin pl*) colocación *f*; institución *f*; instalación *f*
'Einsicht *f* (-; *sin pl*) (*Prüfung*) examen *m*; (*pl -en*) (*Verständnis*) comprensión *f*; ***~ nehmen in*** (*ac*) examinar (*ac*); ***zur ~ kommen*** entrar en razón; **≈ig** razo-

nable; comprensivo
'Einsiedler *m* (*-s*; -) ermitaño *m*
'einspar|en (*sep*, *-ge-*, *h*) economizar, ahorrar; **⁀ung** *f* (-; *-en*) economía *f*, ahorro *m* (**an** *dat* de)
'ein|sperren (*sep*, *-ge-*, *h*) encerrar; *in ein Gefängnis*: encarcelar; **~spielen** (*sep*, *-ge-*, *h*) *mus* (*aufnehmen*) grabar; *Film*: dar en taquilla; ***gut aufea eingespielt sn*** formar un buen equipo; **~springen** (*irr*, *sep*, *-ge-*, *sn*, → ***springen***): ***für j-n ~*** sustituir a alg
'einspritz|en (*sep*, *-ge- h*) *med* inyectar; **⁀motor** *m* motor *m* de inyección; **⁀ung** *f* (-; *-en*) inyección *f*
'Einspruch *m* (*-[e]s*, *⁼e*) reclamación *f*; protesta *f*; *pol* veto *m*; ***~ erheben*** protestar
einst [aɪnst] (*zukünftig*) algún día; (*früher*) en otros tiempos
'Einstand *m* (*-[e]s*; *sin pl*) *Tennis*: igualdad *f*
'ein|stecken (*sep*, *-ge-*, *h*) *Geld*: embolsar; *Brief*: echar; *Hieb usw*: encajar; **~steigen** (*irr*, *sep*, *-ge-*, *sn*, → ***steigen***) subir (***in*** *ac* a); ***~!*** ¡viajeros, al tren!
'einstell|en (*sep*, *-ge-*, *h*) *Arbeiter*: contratar; (*aufhören*) parar, cesar; suspender (*a Zahlung usw*); *tec* regular, ajustar; *Vergaser usw*: poner a punto; *fot* enfocar; *Rekord*: igualar; ***sich ~ auf*** (*ac*) prepararse para, adaptarse a; **⁀ung** *f* (-; *-en*) *tec* ajuste *m*, regulación *f*; *fot* enfoque *m*; (*Ende*) suspensión *f*; *v Arbeitern*: contratación *f*; *fig* actitud *f*; **⁀ungsgespräch** *n* entrevista *f* personal
Einstieg ['-ʃtiːk] *m* (*-[e]s*; *-e*) entrada *f*
'einstimmig *fig* unánime; *adv* por unanimidad
'einstufen (*sep*, *-ge-*, *h*) clasificar
'Ein|sturz *m* (*-es*; *⁼e*) hundimiento *m*; **⁀stürzen** (*sep*, *-ge-*, *sn*) hundirse, derrumbarse
einstweilen ['aɪnst'vaɪlən] por de pronto
eintägig ['aɪntɛːgiç] de un día
'ein|tauchen (*sep*, *-ge-*, *h*) *v/t* mojar; sumergir; **~tauschen** (*sep*, *-ge-*, *h*) trocar, cambiar (***gegen*** por)
'einteil|en (*sep*, *-ge-*, *h*) dividir (***in*** *ac* en); clasificar; *Zeit*: disponer; **~ig** de una pieza; **⁀ung** *f* (-; *-en*) división *f*; clasificación *f*; disposición *f*
eintönig ['-tøːniç] monótono
'Eintopf(gericht *n*) *m* (*-[e]s*; *⁼*) plato *m* único; puchero *m*
'Ein|tracht *f* (-; *sin pl*) concordia *f*, armonía *f*; **⁀trächtig** *adv* en armonía
Ein|trag ['-traːk] *m* (*-[e]s*; *⁼e*) *s* ***Eintragung***; **⁀tragen** [-gən] (*irr*, *sep*, *-ge-*, *h*, → ***tragen***) inscribir, registrar; *fig* ocasionar; ***sich ~*** inscribirse; **⁀träglich** ['-trɛːkliç] lucrativo; **~tragung** ['-traːguŋ] *f* (-; *-en*) inscripción *f*
'ein|treffen (*irr*, *sep*, *-ge-*, *sn*, → ***treffen***) llegar; (*geschehen*) realizarse, cumplirse; **~treten** (*irr*, *sep*, *-ge-*, *sn*, → ***treten***) entrar; *fig* ingresar (***in*** *ac* en); (*geschehen*) suceder; ***~ für*** abogar por
'Eintritt *m* (*-[e]s*; *-e*) entrada *f* (*a fig*); *in Verein usw*: ingreso *m*; **~skarte** *f* entrada *f*, localidad *f*, *Am* boleto *m*; **~spreis** *m* precio *m* de entrada
'ein|trocknen (*sep*, *-ge-*, *h*) secarse; **~üben** (*sep*, *-ge-*, *h*) estudiar; *teat* ensayar
'Einver|nehmen *n* (*-s*; *sin pl*) acuerdo *m*; ***im ~ mit*** de acuerdo con; **⁀standen** conforme, de acuerdo (***mit*** con); **~ständnis** *n* (*-ses*; *sin pl*) acuerdo *m*; consentimiento *m*
'Einwahlknoten *m* (*-s*; -) *inform punto m* de enlace en la red
'Einwand *m* (*-[e]s*; *⁼e*) objeción *f*
'Einwander|er *m* (*-s*; -), **~in** *f* (-; *-nen*) inmigrante *su*; **⁀n** (*sep*, *-ge-*, *sn*) inmigrar; **~ung** *f* (-; *-en*) inmigración *f*
einwandfrei ['-vantfraɪ] intachable, impecable
'einwechseln (*sep*, *-ge-*, *h*) cambiar
'Einwegflasche *f* envase *m* no retornable
'einweih|en (*sep*, *-ge-*, *h*) inaugurar; *j-n*: iniciar (***in*** *ac* en); **⁀ung** *f* (-; *-en*) inauguración *f*
'ein|weisen (*irr*, *sep*, *-ge-*, *h*, → ***weisen***) *ins Krankenhaus*: ingresar, internar; (*anleiten*) iniciar (***in*** *ac* en); **~wenden** (*irr*, *sep*, *-ge-*, *h*, → ***wenden***) objetar (***gegen*** a); **~werfen** (*irr*, *sep*, *-ge-*, *h*, → ***werfen***) *Fenster*: romper; *Brief*: echar; *fig Bemerkung*: deslizar; **~wickeln** (*sep*, *-ge-*, *h*) envolver
'einwillig|en ['-viligən] (*sep*, *-ge-*, *h*) consentir (***in*** *ac* en); **⁀ung** *f* (-; *-en*) consentimiento *m*
'einwirken (*sep*, *-ge-*, *h*) actuar, influir

E

(**auf** *ac* en, sobre)
Einwohner ['-voːnər] *m* (-*s*; -), **~in** *f* (-; -*nen*) habitante *su*; *e-r Ortschaft*: vecino *m*, -a *f*; **~'meldeamt** *n* oficina *f* de empadronamiento
'Einwurf *m* (-*[e]s*; ⸚*e*) *corr* (boca *f* del) buzón *m*; *für Münzen*: ranura *f*; *dep* saque *m* de banda
'Einzahl *f* (-; *sin pl*) *gram* singular *m*; **ⓢen** (*sep*, -*ge*-, *h*) pagar, ingresar; **~ung** *f* (-; -*en*) pago *m*, ingreso *m*; **~ungsbeleg** *m* resguardo *m* de ingreso
Einzäunung ['-tsɔʏnuŋ] *f* (-; -*en*) cerca *f*, vallado *m*
'Einzel ['-tsəl] *n* (-*s*; -) *Tennis*: individual *m*; **~bett** *n* cama *f* individual; **~handel** *m* comercio *m* al por menor; **~handelsgeschäft** *n* tienda *f* de venta al por menor; **~händler** *m* detallista *m*; **~heit** *f* detalle *m*, pormenor *m*; **ⓢn** singular; (*besonder*) particular; (*lose*) suelto; (*abseits*) aislado; ***im ~en*** en detalle; ***ins ~e gehen*** entrar en detalles; ***jeder ~e*** cada uno; **~zimmer** *n* habitación *f* individual; **~zimmerzuschlag** *m* suplemento *m* por habitación individual
'einziehen (*irr*, *sep*, -*ge*-, → **ziehen**) **1.** *v/t* (*h*) *Steuern*: recaudar; *Geld*: cobrar; *jur* confiscar; *mil* llamar a filas; *avia Fahrgestell*: replegar; **2.** *v/i* (*sn*) entrar; *Wohnung*: instalarse
einzig ['-tsiç] solo, único; ***~ u allein*** (única y) exclusivamente; **~artig** singular; único
'Einzug *m* (-*[e]s*; ⸚*e*) entrada *f* (***in*** *ac* en); *Wohnung*: instalación *f* (en); **~sbereich** *m* área *f* de influencia; perímetro *m*
Eis [aɪs] *n* (-*es*; *sin pl*) hielo *m*; (*Speise*ⓢ) helado *m*; ***~ am Stiel*** polo *m*; ***~ laufen*** patinar sobre hielo; **'~bahn** *f* pista *f* de hielo; **'~becher** *m* copa *f* de helado; **'~berg** *m* iceberg *m*; **'~creme** *f* helado *m*; **'~diele** *f* heladería *f*
Eisen ['aɪzən] *n* (-*s*; *sin pl*) hierro *m*
'Eisenbahn *f* ferrocarril *m*; **~beamte** *m*, **~er** *m* (-*s*; -) ferroviario *m*; **~fähre** *f* transbordador *m*; **~knotenpunkt** *m* nudo *m* ferroviario; **~schiene** *f* carril *m*, rail *m*; **~wagen** *m* coche *m*, vagón *m*
'eisen|haltig [-haltiç] ferruginoso; **ⓢwaren(handlung** *f*) *f/pl* ferretería *f*
eisern ['-zərn] de hierro; férreo (*a fig*); ***~er Vorhang*** *teat* telón *m* metálico; *pol* telón *m* de acero
'eis|gekühlt ['aɪsgəkyːlt] helado; **ⓢhockey** *n* hockey *m* sobre hielo; **~ig** ['aɪziç] glacial (*a fig*); **ⓢkaffee** *m* café *m* con helado; blanco y negro *m*; **~kalt** helado; glacial (*a fig*); **ⓢ(kunst)lauf** *m* patinaje *m* (artístico) sobre hielo; **ⓢläufer(in** *f*) *m* patinador(a *f*) *m*; **ⓢpickel** *m* piolet *m*; **ⓢrevue** *f* revista *f* sobre hielo; **ⓢwürfel** *m* cubito *m* de hielo; **ⓢzeit** *f* período *m* glacial
'eitel ['aɪtəl] vanidoso; **ⓢkeit** *f* (-; *raro* -*en*) vanidad *f*
Eiter ['-tər] *m* (-*s*; *sin pl*) pus *m*; **ⓢn** (*ge*-, *h*) supurar
Eiweiß ['-vaɪs] *n* (-*es*; -*e*) clara *f* (del huevo); *quím* proteína *f*
'Ekel ['eːkəl] **1.** *m* (-*s*; *sin pl*) asco *m*; (*Widerwille*) repugnancia *f* (***vor*** *dat* a, de); **2.** F *n* (-*s*; -) tío *m* asqueroso; **ⓢhaft**, **ⓢig** asqueroso; **ⓢn** (*ge*-, *h*) *j-n*: dar asco a; ***sich ~ vor*** tener asco de
Ekzem *med* [ɛk'tseːm] *n* (-*s*; -*e*) eczema *m*
elastisch [e'lastiʃ] elástico
Elefant [ele'fant] *m* (-*en*; -*en*) elefante *m*
elegant [-'gant] elegante
Elektri|ker [e'lɛktrikər] *m* (-*s*; -) electricista *m*; **ⓢsch** ['-triʃ] eléctrico; **~zität** [-tsi'tɛːt] *f* (-; *sin pl*) electricidad *f*; **~zi'tätswerk** *n* central *f* eléctrica
E'lektro|gerät ['-tro-] *n* (aparato *m*) electrodoméstico *m*; **~geschäft** *n* (tienda *f* de) electrodomésticos *m/pl*; **~herd** *m* cocina *f* eléctrica
Elek'tron [-'troːn] *n* (-*s*; -*en*) electrón *m*; **~enblitz(gerät** *n*) *m* *fot* flash *m* electrónico; **~ik** [-'-nik] *f* (-; *sin pl*) electrónica *f*; **ⓢisch** electrónico
Elektro'techni|k [-tro'tɛçnik] *f* electrotecnia *f*; **ⓢsch** electrotécnico
Element [ele'mɛnt] *n* (-*[e]s*; -*e*) elemento *m*; **ⓢar** [-'taːr] elemental
Elend ['eːlɛnt] **1.** *n* (-*s*; *sin pl*) miseria *f*; (*Unglück*) desgracia *f*; **2.** ⓢ *adj* mísero, miserable; desgraciado
elf [ɛlf], ⓢ *f* (-; -*en*) once (*m*) (*a dep*); **'ⓢenbein** *n* (-*s*; *sin pl*) marfil *m*; **ⓢ'meter** *m* *dep* penalty *m*; **'~te** undécimo
Elite [e'liːtə] *f* (-; -*n*) lo más selecto, crema *f*, élite *f*
Ell(en)bogen ['ɛl(ən)-] *m* (-*s*; -) codo *m*
Ellipse [ɛ'lipsə] *f* (-; -*n*) elipse *f*
Elsäss|er ['ɛlzɛsər] *m* (-*s*; -), **~in** *f* (-; -*nen*), **ⓢisch** alsaciano *m*, -a *f*

'Eltern ['-tərn] *pl* padres *m/pl*; **~haus** *n* casa *f* paterna; **≗los** huérfano
Email [e'mɑːj] *n* (-*s*; -*s*) esmalte *m*
E-Mail ['imɛl] *f* (-; -*s*) correo *m* electrónico
Emanzipation [emantsipa'tsjoːn] *f* (-; -*en*) emancipación *f*
Embargo [ɛm'bargo] *n* (-*s*; -*s*) embargo *m*
Emis'sion [emi'sjoːn] *f* (-; -*en*) emisión *f*; **~swerte** *m/pl* valores *m/pl* de emisión
Emoticon [imoːtikən] *n* (-*[s]*; -*s*) *inform* emoticón *m*
Emp'fang [ɛm'pfaŋ] *m* (-*[e]s*; ¨-*e*) recepción *f*; (*sin pl*) *com* recibo *m*; (*Aufnahme*) acogida *f*; ***den ~ bestätigen*** acusar recibo; **≗en** (*empfing*, *empfangen*, *h*) recibir; acoger
Emp'fäng|er [-'pfɛŋər] *m* (-*s*; -), **~erin** *f* (-; -*nen*) *corr* destinatario *m*, -a *f*; *m Radio*: receptor *m*; **≗lich** susceptible, sensible (***für*** a); **≗nisverhütend**: ***~es Mittel*** anticonceptivo *m*, contraceptivo *m*
Emp'fangs|bestätigung [-'pfaŋs-] *f* acuse *m* de recibo; **~chef** *m* jefe *m* de recepción, recepcionista *m*; **~dame** *f* recepcionista *f*
empfehl|en [-'pfeːlən] (*empfahl*, *empfohlen*, *h*) recomendar; **~enswert** recomendable; **≗ung** *f* (-; -*en*) recomendación *f*; **≗ungsschreiben** *n* carta *f* de recomendación
empfind|en [-'pfindən] (*empfand*, *empfunden*, *h*) sentir, experimentar; **~lich** [-'pfintliç] sensible (***gegen*** a); (*leicht gekränkt*) susceptible; **≗ung** *f* (-; -*en*) (*Sinne*) sensación *f*; (*Gemüt*) sentimiento *m*
empor [-'poːr] (hacia) arriba
Empore [-'poːrə] *f* (-; -*n*) (*Kirche*) coro *m* (alto)
empörend [-'pøːrənt] escandaloso
Em'porkömmling [-'poːrkœmliŋ] *m* (-*s*; -*e*) advenedizo *m*, arribista *m*
em'pör|t [-'pøːrt] escandalizado; **≗ung** *f* (-; *sin pl*) indignación *f*
emsig ['-ziç] asiduo
'End|e ['ɛndə] *n* (-*s*; -*n*) *örtlich*: extremo *m*, final *m*; *zeitlich*: fin *m*, final *m*, término *m*; ***am ~*** al final; por fin; ***am ~ des Monats*** a fines del mes; ***letzten ~s*** al fin y al cabo; ***zu ~ gehen*** tocar a su fin; **≗en** (*ge-*, *h*) acabar(se), terminar (-*se*); *Frist*: expirar; **≗gültig** ['ɛntgyltiç] definitivo
Endivie *bot* [-'diːvjə] *f* (-; -*n*) escarola *f*
'End|lagerung ['ɛnt-] *f* almacenamiento *m* final; **≗lich** *adv* finalmente, en fin, por fin; **≗los** infinito; interminable; **~spiel** *n* final *f*; **~station** *f* (estación *f*) terminal *f od* final *f*; **~ung** ['-duŋ] *f* (-; -*en*) desinencia *f*, terminación *f*
Ener'gie [enɛr'giː] *f* (-; -*en*) energía *f* (*a fig*); **~quelle** *f* fuente *f* de energía; **~versorgung** *f* abastecimiento *m* energético
energisch [-'-giʃ] enérgico
eng [ɛŋ] estrecho; angosto; *Freundschaft*: íntimo; *Kleid*: ceñido; ***~ anliegend*** ajustado, ceñido; ***~er machen*** estrechar; **'≗e** *f* (-; *sin pl*) estrechez *f*; ***in die ~ treiben*** poner entre la espada y la pared
Engel ['-əl] *m* (-*s*; -) ángel *m*
'Engländer ['-lɛndər] *m* (-*s*; -) inglés *m*; *tec* llave *f* inglesa; **~in** *f* (-; -*nen*) inglesa *f*
englisch ['-liʃ] inglés
'Engpass *m* desfiladero *m*; *fig* cuello *m* de botella
Enkel ['ɛŋkəl] *m* (-*s*; -), **~in** *f* (-; -*nen*) nieto *m*, -a *f*
enorm [e'nɔrm] enorme
Ensemble [ɑ̃'sɑ̃blə] *n* (-*s*; -*s*) conjunto *m* (*a mus u Mode*); *teat* compañía *f*
entartet [ɛnt'ˀɑːrtət] degenerado
ent'behr|en [-'beːrən] (*h*) (*nicht haben*) carecer de; (*vermissen*) echar de menos; ***~ können*** poder prescindir de; **~lich** superfluo
Ent'bindung *f* (-; -*en*) *med* alumbramiento *m*, parto *m*; **~sheim** *n* casa *f* de maternidad
entblößen [-'bløːsən] (*h*) desnudar, descubrir
ent'deck|en (*h*) descubrir; **≗er** *m* (-*s*; -) descubridor *m*; **≗ung** *f* (-; -*en*) descubrimiento *m*
Ente ['ɛntə] *f* (-; -*n*) pato *m*, ánade *m*; *fig* bulo *m*
ent'eign|en [ɛnt'aɪgnən] (*h*) expropiar; **≗ung** *f* (-; -*en*) expropiación *f*
ent|'erben (*h*) desheredar; **~'fallen** (*entfiel*, *entfallen*, *sn*) caer; *Name*: olvidarse; (*wegfallen*) quedar suprimido; *Anteil*: tocar (***auf*** *ac* a); **~'falten** (*h*) desplegar (*a fig*); *fig* ***sich ~*** desarrollarse
ent'fern|en [-'fɛrnən] (*h*) alejar, apartar;

E

(*beseitigen*) quitar; **~t** alejado, apartado; *a Verwandte*: lejano; ***10 km ~ von*** a diez kilómetros de; **ꭥung** *f* (-; *-en*) distancia *f*; alejamiento *m*; *fig* eliminación *f*; **ꭥungsmesser** *m* (*-s*; -) telémetro *m*

ent|'fesseln (*h*) desencadenar; **~'fliehen** (*entfloh, entflohen, sn*) huir, fugarse

E

ent'führ|en (*h*) secuestrar; *Mädchen*: raptar; **ꭥer** *m* (*-s*; -) secuestrador *m*; raptor *m*; **ꭥung** *f* (-; *-en*) secuestro *m*; rapto *m*

ent'gegen (*dat*) al encuentro de, hacia; *fig* en contra de, contrario a; **~gehen** (*irr, sep, -ge-, sn,* → ***gehen***) (*dat*) ir al encuentro de; **~gesetzt** opuesto, contrario (a); **ꭥkommen** *n* (*-s*; *sin pl*) complacencia *f*; **~nehmen** (*irr, sep, -ge-, h,* → ***nehmen***) recibir, aceptar; **~stellen** (*sep, -ge-, h*) oponer; **~treten** (*irr, sep, -ge-, sn,* → ***treten***) (*dat*) *fig* hacer frente a; oponerse a

ent'gegn|en [-'geːgnən] (*h*) replicar; **ꭥung** *f* (-; *-en*) réplica *f*

ent'gehen (*entging, entgangen, sn*) (*dat*) escapar de; ***sich et*** (***nicht***) ***~ lassen*** (no) perderse a/c

Entgelt [-'gɛlt] *n* (*-[e]s*; *-e*) remuneración *f*

ent'gleis|en [-'glaɪzən] (*sn*) descarrilar; **ꭥung** *f* (-; *-en*) descarrilamiento *m*; *fig* desliz *m*, plancha *f*

ent'halt|en (*enthielt, enthalten, h*) contener; encerrar; *fig* comprender; ***sich ~*** (*gen*) abstenerse de; **~sam** abstemio; **ꭥung** *f* (-; *-en*) *pol* abstención *f*

ent|'härten (*h*) *Wasser*: ablandar; **~heben** (*enthob, enthoben, h*) dispensar (*gen* de); *des Amtes*: relevar (de)

ent'hüll|en (*h*) descubrir; *fig* revelar; **ꭥung** *f* (-; *-en*) revelación *f*

ent|'kalken (*h*) descalcificar; **~'kleiden** (*h*) desnudar; **~koffeiniert** [-kɔfei'niːrt] descafeinado; **~'kommen** (*entkam, entkommen, sn*) escaparse; **~'korken** (*h*) descorchar, destapar; **~kräften** [-'krɛftən] (*h*) debilitar, extenuar

ent'lad|en (*entlud, entladen, h*) descargar (*a el*); **ꭥung** *f* (-; *-en*) descarga *f*

ent'lang a lo largo de

entlarven [-'larfən] (*h*) desenmascarar

ent'lass|en (*entließ, entlassen, h*) despedir; *Beamte*: separar (del cargo), destituir; *med* dar de alta; ***aus dem Gefängnis ~*** poner en libertad; **ꭥung** *f* (-; *-en*) despido *m*; *Beamte*: separación *f*; *med* alta *f*

ent'last|en (*h*) descargar; *Verkehr*: descongestionar; **ꭥung** *f* (-; *-en*) descarga *f*; descongestión *f*

ent|'laufen (*entlief, entlaufen, sn*) evadirse, escaparse; **~ledigen** [-'leːdigən] (*h*): ***sich ~*** deshacerse, desembarazarse (*gen* de); **~'legen** remoto, alejado; **~'leihen** (*entlieh, entliehen, h*) tomar prestado; **~locken** (*h*) sonsacar, arrancar

entmündig|en [-'myndigən] (*h*) poner bajo tutela; **ꭥung** *f* (-; *-en*) interdicción *f* civil

entmutig|en [-'muːtigən] (*h*) desalentar, desanimar; **ꭥung** *f* (-; *-en*) desaliento *m*, desánimo *m*

ent|'nehmen (*entnahm, entnommen, h*) tomar, sacar; *Geld*: retirar; *fig* concluir (***aus*** de); **~rahmt** [-'raːmt] desnatado; **~'rätseln** (*h*) descifrar; **~'reißen** (*entriss, entrissen, h*) arrebatar, arrancar; **~'richten** (*h*) satisfacer, pagar; **~'rinnen** (*entrann, entronnen, sn*) escaparse (*dat* de)

ent'rüst|en (*h*): ***sich ~*** indignarse; **ꭥung** *f* (-; *sin pl*) indignación *f*

Entsafter [-'zaftər] *m* (*-s*; -) licuadora *f*

ent'sagen (*h*) (*dat*) renunciar a, desistir de

ent'schädig|en (*h*) indemnizar; compensar; **ꭥung** *f* (-; *-en*) indemnización *f*; compensación *f*

ent'schärfen (*h*) *Bombe usw*: desactivar; *fig* quitar hierro a

ent'scheid|en (*entschied, entschieden, h*) decidir (***über*** *ac* de, sobre); ***sich ~ für*** decidirse por; **~end** decisivo; **ꭥung** *f* (-; *-en*) decisión *f* (***treffen*** tomar)

entschieden [-'ʃiːdən] decidido; enérgico; firme

ent'schließen (*entschloss, entschlossen, h*): ***sich ~*** decidirse, resolverse (***zu*** a)

entschlossen [-'ʃlɔsən] resuelto, decidido; **ꭥheit** *f* (-; *sin pl*) resolución *f*, firmeza *f*

Ent'schluss *m* (*-es*; *⸚e*) resolución *f*, decisión *f* (***fassen*** tomar)

ent'schuldig|en [-'ʃuldigən] (*h*) disculpar, excusar; perdonar; ***sich ~*** disculparse, excusarse; **~ Sie!** ¡perdone!; **&ung** *f* (-; *-en*) disculpa *f*, excusa *f*; **~!** ¡perdón!; ***j-n um ~ bitten*** pedir perdón a alg

ent'setz|en (*h*): **(sich) ~** horrorizar(se), espantar(se) (**über** *ac* de); **&en** *n* (*-s*; *sin pl*) horror *m*, espanto *m*; **~lich** horrible, espantoso, *a* F *fig* terrible

ent'sinnen (*entsann*, *entsonnen*, *h*): **sich ~** (*gen*) acordarse de

Entsorgung [-'zɔrguŋ] *f* (-; *-en*) eliminación *f* de desechos

ent'spann|en (*h*): *fig* **sich ~** relajarse; **&ung** *f* (-; *-en*) relajación *f*; *pol* distensión *f*

ent'sprech|en (*entsprach*, *entsprochen*, *h*) (*dat*) corresponder a; *e-r Erwartung*: responder a; **~end** correspondiente; **&ung** *f* (-; *-en*) correspondencia *f*; equivalente *m*

ent'springen (*entsprang*, *entsprungen*, *sn*) *Fluss*: nacer; *fig* proceder (**aus** de)

ent'steh|en (*entstand*, *entstanden*, *sn*) nacer, originarse; **&ung** *f* (-; *-en*) nacimiento *m*; origen *m*

ent'stellen (*h*) desfigurar

ent'täusch|en (*h*) desengañar, desilusionar; decepcionar; **&ung** *f* (-; *-en*) desengaño *m*, desilusión *f*; decepción *f*

ent'waffn|en (*h*) desarmar (*a fig*); **&ung** *f* (-; *-en*) desarme *m*

Ent'warnung *f* (-; *-en*) fin *m* de alarma

ent'wässern (*h*) desaguar, drenar

'entweder: **~ ... oder** o ... o ...; sea ... o sea ...

ent|'weichen (*entwich*, *entwichen*, *sn*) escapar(se); **~'wenden** (*h*) hurtar, robar; **~'werfen** (*entwarf*, *entworfen*, *h*) bosquejar, esbozar; *Plan*: trazar

ent'wert|en (*h*) depreciar; *Briefmarken*: matasellar, inutilizar; *Fahrschein*: cancelar; **&er** *m* (*-s*; -) cancelador *m* de billetes; **&ung** *f* (-;*-en*) depreciación *f*

ent'wick|eln (*h*) desarrollar (*a fig*); *fot* revelar; **sich ~** desarrollarse; **&lung** *f* (-; *-en*) desarrollo *m*; evolución *f*; **&lungshelfer** *m* cooperante *m*; **&lungshilfe** *f* ayuda *f* al desarrollo; **&lungsland** *n* país *m* en vías de desarrollo; **&lungspolitik** *f* política *f* de desarrollo

ent|wirren [-'virən] (*h*) desenredar, desenmarañar; **~'wischen** F (*sn*) escaparse; **~wöhnen** [-'vøːnən] (*h*) *Kind*: destetar; *Süchtige*: desintoxicar

ent'würdigend degradante; humillante

Ent'wurf *m* (*-[e]s*; *⸗e*) bosquejo *m*, esbozo *m*; (*Plan*) plan *m*, proyecto *m*

ent'wurzeln (*h*) desarraigar

ent'zieh|en (*entzog*, *entzogen*, *h*) retirar; ***j-m et ~*** privar a alg de a/c; **sich ~** sustraerse a; **&ung** *f* (-; *-en*) privación *f*; **&ungskur** *f* cura *f* de desintoxicación

entziffern [-'tsifərn] (*h*) descifrar

ent'zücken **1.** *v/t* (*h*) encantar; **2.** **&** *n* (*-s*; *sin pl*) encanto *m*; **~d** encantador

Ent'zug *m* (*-[e]s*; *sin pl*) retirada *f*; **~serscheinungen** *f/pl* síndrome *m* de abstinencia, F mono *m*

ent'zünd|en (*h*) encender; inflamar (*a med u fig*); **&ung** *med f* (-; *-en*) inflamación *f*

ent'zwei [-'tsvaɪ] roto; **~gehen** (*irr*, *sep*, *-ge-*, *sn*, → **gehen**) romperse

Enzian *bot* ['ɛntsjaːn] *m* (*-s*; *-e*) genciana *f*

Epi|demie [epide'miː] *f* (-; *-n*) epidemia *f*; **~sode** [-'zoːdə] *f* (-; *-n*) episodio *m*

Epoche [e'pɔxə] *f* (-; *-n*) época *f*

Epos ['eːpɔs] *n* (-; *Epen*) epopeya *f*

er [eːr] él

Erachten [ɛr'ˀaxtən] *n*: ***m-s ~s*** a mi parecer

erbarmen [ɛr'barmən] **1.** *v/t* (*h*): **sich ~** (*gen*) compadecerse de; **2.** **&** *n* (*-s*; *sin pl*) lástima *f*, compasión *f*

erbärmlich [-'bɛrmliç] deplorable; miserable

erbarmungslos [-'barmuŋsloːs] despiadado; *adv* sin piedad

er'bau|en (*h*) construir, levantar; *fig* **(sich) ~** edificar(se) (**an** *dat* con); **&er** *m* (*-s*; -) constructor *m*; **&ung** *f* (-; *sin pl*) construcción *f*; edificación *f* (*a fig*)

'Erbe ['ɛrbə] **a)** *m* (*-n*; *-n*) heredero *m*; **b)** *n* (*-s*; *sin pl*) herencia *f*; **&n** (*ge-*, *h*) heredar

erbeuten [-'bɔʏtən] (*h*) apresar

erbieten [ɛr'biːtən] (*erbot*, *erboten*, *h*): **sich ~ zu** ofrecerse a

Erbin ['-bin] *f* (-; *-nen*) heredera *f*

er'bitten (*erbat*, *erbeten*, *h*) pedir, solicitar

erbittert [-'bitərt] irritado, exasperado; *Kampf*: encarnizado

erblich ['ɛrpliç] hereditario

er'blicken (*h*) ver, divisar

er'blind|en [-'blindən] (*sn*) perder la vis-

E

ta, quedar(se) ciego; ≗ung *f* (-; -*en*) pérdida *f* de la vista

erbrechen [ɛrˈbrɛçən] **1.** *v/t* (*erbrach*, *erbrochen*, *h*) *med* (*a* ***sich*** **~**) vomitar; **2.** ≗ *n* (-*s*; *sin pl*) *med* vómito *m*

ˈErbschaft [ˈɛrpʃaft] *f* (-; -*en*) herencia *f*; **~ssteuer** *f* impuesto *m* sobre sucesiones

Erbse [ˈ-sə] *f* (-; -*n*) guisante *m*, *Am* arveja *f*

ˈErbstück *n* objeto *m* heredado

ˈErd|ball [ˈeːrt-] *m* globo *m* terráqueo; **~beben** *n* terremoto *m*, temblor *m* de tierra; seísmo *m*; **~beere** *f* fresa *f*; (*Garten*≗) fresón *m*; *Am* frutilla *f*; **~boden** *m* (-*s*; *sin pl*) suelo *m*, tierra *f*; ***dem ~ gleichmachen*** arrasar

ˈErde [ˈeːrdə] *f* (-; *raro* -*n*) tierra *f*; (*Boden*) suelo *m*; ≗**n** (*ge*-, *h*) *el* poner *od* conectar a tierra

erdenklich [ɛrˈdeŋkliç] imaginable, concebible

ˈErd|gas [ˈeːrtgaːs] *n* gas *m* natural; **~geschoss**, *österr* **~geschoß** *n* piso *m* bajo, planta *f* baja; **~halbkugel** *f* hemisferio *m*

erdicht|en [ɛrˈdiçtən] (*h*) imaginar, fingir, inventar; **~et** ficticio, fingido

erdig [ˈeːrdiç] terroso, térreo; *Geschmack*: a tierra

ˈErd|karte [ˈeːrt-] *f* mapamundi *m*; **~kugel** *f* globo *m*; **~kunde** *f* geografía *f*; **~mandel** *bot f* chufa *f*; **~nuss** *f* cacahuete *m*, *Am* maní *m*

ˈErdöl *n* petróleo *m*; **~gesellschaft** *f* compañía *f* petrolera; **~industrie** *f* industria *f* petrolífera

erdrosseln [ɛrˈdrɔsəln] (*h*) estrangular

erˈdrücken (*h*) aplastar (*a fig*); **~d** aplastante (*a Mehrheit*); *Beweis*: contundente

ˈErd|rutsch [ˈeːrtrutʃ] *m* (-*[e]s*; -*e*) corrimiento *m od* desprendimiento *m* de tierras; **~teil** *m* continente *m*

erdulden [ɛrˈduldən] (*h*) sufrir; soportar

erˈeig|nen [ɛrˈʔaɪgnən] (*h*): ***sich*** **~** suceder, acontecer, ocurrir; ≗**nis** *n* (-*ses*; -*se*) suceso *m*, acontecimiento *m*

erˈfahr|en **1.** *v/t* (*erfuhr*, *erfahren*, *h*) saber, enterarse de; (*erleben*) experimentar; **2.** *adj* experimentado, versado; ≗**ung** *f* (-; -*en*) experiencia *f* (***aus*** por)

erˈfassen (*h*) coger, *Am* agarrar; *Daten usw*: fichar; *Text*: capturar; *fig* comprender

erˈfind|en (*erfand*, *erfunden*, *h*) inventar; ≗**er** *m* (-*s*; -) inventor *m*; **~erisch** inventivo, ingenioso; ≗**ung** *f* (-; -*en*) invento *m*; invención *f*

Erˈfolg [-ˈfɔlk] *m* (-*[e]s*; -*e*) éxito *m*; resultado *m*; ≗**en** [-ˈ-gən] (*sn*) suceder, tener lugar; efectuarse; verificarse; ≗**los** sin éxito; ≗**reich** eficaz; feliz; *adv* con éxito

erˈforder|lich [-ˈfɔrdərliç] preciso, necesario; **~n** (*h*) requerir, exigir, necesitar; ≗**nis** *n* (-*ses*; -*se*) necesidad *f*; requisito *m*

erˈforsch|en (*h*) explorar; (*untersuchen*) investigar; ≗**ung** *f* (-; -*en*) exploración *f*; investigación *f*

erˈfreu|en (*h*) alegrar, regocijar; ***sich ~*** (*gen*) *bzw* ***sich ~ an*** (*dat*) gozar, disfrutar de; **~lich** agradable

erˈfrieren (*erfror*, *erfroren*, *sn*) morir de frío

erfrisch|en [-ˈfriʃən] (*h*): (***sich***) **~** refrescar(se); ≗**ung** *f* (-; -*en*) refresco *m*

erˈfüll|en (*h*) llenar (***mit*** de; *a fig*); *Pflicht usw*: cumplir (con); *Bitte usw*: corresponder a; ***sich ~*** cumplirse; ≗**ung** *f* (-; -*en*) cumplimiento *m*, realización *f*

erˈgänz|en [-ˈgɛntsən] (*h*) completar; **~end** complementario; ≗**ung** *f* (-; -*en*) complemento *m*

erˈgeb|en **1.** *v/t* (*ergab*, *ergeben*, *h*) *a mat* dar (por resultado); ***sich ~*** resultar (***aus*** de); *mil* rendirse; **2.** *adj* adicto; devoto; leal; ≗**nis** [-ˈgeːpnis] *n* (-*ses*; -*se*) resultado *m*; *fig* fruto *m*; **~nislos** sin resultado

erˈgehen (*erging*, *ergangen*, *sn*): ***über sich ~ lassen*** soportar (con paciencia); ***wie ist es Ihnen ergangen?*** ¿cómo le ha ido?

ergiebig [-ˈgiːbiç] productivo, lucrativo

erˈgießen (*ergoss*, *ergossen*, *h*): ***sich ~*** derramarse; *Fluss*: desembocar (***in*** *ac* en)

erˈgreifen (*ergriff*, *ergriffen*, *h*) coger, *Am* agarrar; *Maßnahmen*, *Wort*: tomar; *Gelegenheit*: aprovechar; *Gemüt*: conmover, emocionar

ergriffen [-ˈgrifən] conmovido

erˈgründen (*h*) (*ermitteln*) averiguar

erˈhaben *fig* sublime; **~** ***über*** (*ac*) supe-

rior a; (por) encima de
Er'halt *m* (*-[e]s*; *sin pl*) recibo *m*, recepción *f*; **2en** (*erhielt*, *erhalten*, *h*) (*bewahren*) conservar; mantener; (*bekommen*) recibir
erhältlich [-'hɛltliç] en venta (***bei*** en)
er'hängen (*h*): (***sich***) ~ ahorcar(se)
er'heb|en (*erhob*, *erhoben*, *h*) levantar (*a Stimme*), alzar; *fig* elevar; *Steuern*: recaudar; ***sich ~*** levantarse; *pol* sublevarse; **~lich** [-'heːpliç] considerable; **2ung** [-'-buŋ] *f* (-; *-en*) (*Aufstand*) insurrección *f*; (*Umfrage*) encuesta *f*
erhellen [-'hɛlən] (*h*) iluminar
erhitzen [-'hitsən] (*h*) calentar
er'höh|en [-'høːən] (*h*) (*steigern*) aumentar (***um*** en); **2ung** *f* (-; *-en*) aumento *m*, subida *f*
er'holen (*h*): ***sich ~*** reposar, descansar; *med*, *com* recuperarse
Erholung [-'hoːluŋ] *f* (-; *sin pl*) reposo *m*, descanso *m*; *med*, *com* recuperación *f*; **~surlaub** *m* vacaciones *f/pl* de reposo
er'inner|n [-'ˀinərn] (*h*): ***j-n an et*** (*ac*) ~ recordar a/c a alg; ***sich ~ an*** (*ac*) acordarse de, recordar (*ac*); **2ung** *f* (-; *-en*) recuerdo *m*; (*Gedächtnis*) memoria *f*; ***zur ~ an*** en recuerdo *od* memoria de
erkält|en [-'kɛltən] (*h*): ***sich ~*** resfriarse, constiparse; **2ung** *f* (-; *-en*) resfriado *m*, constipado *m*
er'kenn|en (*erkannte*, *erkannt*, *h*) reconocer (***an*** *dat*, ***als*** por); (*wahrnehmen*) percibir, distinguir; ***sich zu ~ geben*** darse a conocer; **~tlich** [-'kɛntliç]: ***sich ~ zeigen*** mostrarse reconocido (***für*** por); **2tnis** *f* (-; *-se*) conocimiento *m*
Erker ['ɛrkər] *m* (*-s*; -) mirador *m*
er'klär|en (*h*) explicar; (*äußern*) declarar; **~lich** explicable; **2ung** *f* (-; *-en*) explicación *f*; declaración *f* (***abgeben*** hacer)
er'klingen (*erklang*, *erklungen*, *sn*) (re-) sonar
er'krank|en (*sn*) caer enfermo, enfermar; **2ung** *f* (-; *-en*) enfermedad *f*
er'kund|en [-'kundən] (*h*) explorar; **~igen** [-'-digən] (*h*): ***sich ~*** informarse (***nach*** *dat*, ***über*** *ac* de, sobre); **2igung** *f* (-; *-en*) información *f*; informe *m* (***einziehen*** tomar)
erlangen [-'laŋən] (*h*) obtener, conseguir, lograr
Erlass [-'las] *m* (*-es*; *-e*) decreto *m*; *Schuld*, *Strafe*: remisión *f*
er'lassen (*erließ*, *erlassen*, *h*) *Gesetz*: promulgar; ***j-m et ~*** dispensar a alg de a/c
erlaub|en [-'laʊbən] (*h*) permitir; **2nis** [-'laʊpnis] *f* (-; *sin pl*) permiso *m*
er'läuter|n (*h*) explicar; **2ung** *f* (-; *-en*) explicación *f*
er'leb|en (*h*) ver, presenciar; (*erfahren*) experimentar; **2nis** [-'leːpnis] *n* (*-ses*; *-se*) aventura *f*; experiencia *f*
er'ledig|en [-'leːdigən] (*h*) terminar, arreglar; *Arbeit*: despachar; *Auftrag*: ejecutar; **~t** F *fig* (*erschöpft*) F hecho polvo; **2ung** *f* (-; *sin pl*) despacho *m*; arreglo *m*; ejecución *f*
er'leichter|n [-'laɪçtərn] (*h*) *Schmerz usw*: aliviar; (*vereinfachen*) facilitar; **2ung** *f* (-; *-en*) alivio *m*; **~en** *pl* facilidades *f/pl*
er|'leiden (*erlitt*, *erlitten*, *h*) sufrir, experimentar; **~'lernen** (*h*) aprender; **~'logen** [-'loːgən] falso, inventado
Erlös [-'løːs] *m* (*-es*; *-e*) producto *m*
er'löschen (*erlosch*, *erloschen*, *sn*) apagarse; *jur* expirar, extinguirse
er'lös|en salvar; *rel a* redimir; *fig* librar (***von*** de); **2ung** *f* (-; *sin pl*) liberación *f*; *rel* redención *f*, salvación *f*
er'mächtig|en [-'mɛçtigən] (*h*) autorizar (***zu*** para); **2ung** *f* (-; *-en*) autorización *f*, poder *m*
er'mahn|en (*h*) exhortar, amonestar; **2ung** *f* (-; *-en*) exhortación *f*, amonestación *f*
er'mäßig|en (*h*) reducir, rebajar; **2ung** *f* (-; *-en*) reducción *f*, rebaja *f*
Er'messen *n* (*-s*; *sin pl*) juicio *m*, criterio *m*; ***nach freiem ~*** a discreción
er'mitt|eln [-'mitəln] (*h*) averiguar, indagar; **2lung** *f* (-; *-en*) indagación *f*; pesquisa *f* (***anstellen*** hacer)
er|möglichen [-'møːkliçən] (*h*) hacer posible, facilitar; **~'morden** (*h*) asesinar; **~müden** [-'myːdən] *v/t* (*h*) (*v/i sn*) cansar(se), fatigar(se); **~muntern** [-'muntərn] (*h*) animar
er'mutig|en [-'muːtigən] (*h*) alentar, animar; **2ung** *f* (-; *-en*) animación *f*
er'nähr|en (*h*) nutrir; alimentar; **2ung** *f* (-; *sin pl*) nutrición *f*, alimentación *f*
er'nenn|en (*ernannte*, *ernannt*, *h*) nombrar (***zum General*** general); **2ung** *f* (-;

E

-*en*) nombramiento *m*
er'neu|ern [-'nɔʏərn] (*h*) renovar, restaurar; (*wiederholen*) reiterar; **≈erung** *f* (-; -*en*) renovación *f*; **~t** de nuevo
erniedrigen [-'ni:drigən] (*h*) envilecer, humillar
Ernst [ɛrnst] **1.** *m* (-*es*; *sin pl*) seriedad *f*; gravedad *f*; ***im ~*** en serio, de veras; ***das ist mein ~*** hablo en serio; **2.** **≈** *adj* serio; grave; ***~ nehmen*** tomar en serio; **'≈haft**, **'≈lich** serio; grave
'Ernte ['ɛrntə] *f* (-; -*n*) cosecha *f*; recolección *f*; **≈n** (*ge-*, *h*) cosechar (*a fig*)
ernüchtern [ɛr'nyçtərn] (*h*) desembriagar; *fig* desilusionar
Er'ober|er [-'ʔo:bərər] *m* (-*s*; -) conquistador *m*; **≈n** (*h*) conquistar (*a fig*); **~ung** *f* (-; -*en*) conquista *f*
er'öffn|en (*h*) abrir; *feierlich*: inaugurar; **≈ung** *f* (-; -*en*) apertura *f*; inauguración *f*
er'örter|n [-'ʔœrtərn] (*h*) discutir; **≈ung** *f* (-; -*en*) discusión *f*
E'rot|ik [e'ro:tik] *f* (-; *sin pl*) erotismo *m*; **≈isch** erótico
er'press|en [ɛr'-] (*h*) hacer chantaje (a), extorsionar; **≈er** *m* (-*s*; -), **≈erin** *f* (-; -*nen*) chantajista *su*; **≈ung** *f* (-; -*en*) chantaje *m*, extorsión *f*
er'proben (*h*) probar, ensayar
er'raten (*erriet*, *erraten*, *h*) adivinar, acertar
er'reg|en (*h*) excitar; irritar; **≈er** *med m* (-*s*; -) agente *m* patógeno; **~t** [-'-kt] excitado; *Debatte*: acalorado; **≈ung** *f* (-; -*en*) excitación *f*; irritación *f*
er'reich|bar [-'raɪçba:r] asequible; al alcance (***für*** de); **~en** (*h*) alcanzar; *fig* conseguir, lograr; *Ort*: llegar a
er|'richten (*h*) erigir, levantar; (*gründen*) establecer, fundar; **~'ringen** (*errang*, *errungen*, *h*) conseguir; ganar; **~'röten** (*sn*) ruborizarse
Errungenschaft [-'ruŋənʃaft] *f* (-; -*en*) *fig* progreso *m*, avance *m*
Er'satz *m* (-*es*; *sin pl*) sustitución *f* (***als ... für*** en ... de); re(e)mplazo *m*; (*Entschädigung*) compensación *f*; (*Produkt*) sucedáneo *m*; **~dienst** *mil m* servicio *m* sustitutorio; **~reifen** *m* neumático *m* de repuesto; **~teil** *n* (pieza *f* de) recambio *m*, repuesto *m*
er'schein|en (*erschien*, *erschienen*, *sn*) parecer; aparecer; presentarse; *jur* comparecer; *Buch*: publicarse; **≈ung** *f* (-; -*en*) aparición *f* (*a Geist*); fenómeno *m*; (*Aussehen*) aspecto *m*
er|'schießen (*erschoss*, *erschossen*, *h*) fusilar; **~'schlagen** (*erschlug*, *erschlagen*, *h*) matar (a golpes)
er'schließ|en (*erschloss*, *erschlossen*, *h*) *Märkte*: abrir; *Gelände*: urbanizar; **≈ung** *f* (-; -*en*) urbanización *f*; **≈ungskosten** *pl* gastos *m*/*pl* de urbanización
er'schöpf|en (*h*) agotar (*a fig*); **≈ung** *f* (-; *sin pl*) agotamiento *m*
er|'schrecken **1.** *v*/*t* (*h*) asustar; **2.** *v*/*i* (*erschrak*, *erschrocken*, *sn*) asustarse (***über*** *ac* de), espantarse; **~schrocken** [-'ʃrɔkən] asustado
er'schütter|n [-'ʃytərn] (*h*) sacudir; *fig* conmover; **≈ung** *f* (-; -*en*) sacudida *f*; conmoción *f* (*a fig*)
erschweren [-'ʃve:rən] (*h*) dificultar
erschwinglich [-'ʃviŋliç] *Preis*: razonable
er|'sehen (*ersah*, *ersehen*, *h*) ver (***aus*** de); **~'setzen** (*h*) re(e)mplazar, sustituir; *Schaden*: reparar
er'sichtlich evidente, manifiesto
er'spar|en (*h*) ahorrar (*a fig*); economizar; **≈nis** *f* (-; -*se*) ahorro *m*, economía *f* (***an*** *dat* de)
erst [e:rst] **1.** *adj* ***~e*** primer(o); ***~e(r) Klasse*** (de) primera clase; ***am ~en Mai*** el primero de mayo; ***fürs ≈e*** de momento; **2.** *adv* (*zuerst*) primero; (*vorher*) antes; ***~ morgen*** sólo mañana
er'starr|en [ɛr'-] (*sn*) ponerse rígido; *med* entumecerse; **~t** *vor Kälte*: transido
er'statt|en [-'ʃtatən] (*h*) *Kosten*: re(e)mbolsar; ***Anzeige ~*** presentar una denuncia; **≈ung** *f* (-; -*en*) re(e)mbolso *m*
Erstaufführung ['e:rstʔ-] *f* estreno *m*
er'staun|en [ɛr'-] *v*/*t* (*h*) (*v*/*i* *sn*) asombrar(se), admirar(se) (***über*** *ac* de); **≈en** *n* (-*s*; *sin pl*) asombro *m*, sorpresa *f*; **~lich** asombroso, sorprendente
erste ['e:rst] *s* ***erst***
erstechen [ɛr'-] (*erstach*, *erstochen*, *h*) acuchillar, apuñalar
erstens ['e:rstəns] primero, en primer lugar
erstick|en [ɛr'ʃtikən] *v*/*t* (*h*) (*v*/*i* *sn*) ahogar(se); asfixiar(se); *fig* sofocar (-*se*) (***an*** *dat* de)
erstklassig ['e:rstklasiç] de primera ca-

tegoría *od* calidad
er'streben [ɛr'ʃtreːbən] (*h*) aspirar a; **~swert** deseable
er'strecken (*h*): ***sich ~*** extenderse (***auf, über*** *ac* por, sobre)
er|'tappen (*h*) coger, sorprender; **~'tönen** (*sn*) (re)sonar
Ertrag [-'trɑːk] *m* (*-[e]s*; *⸚e*) rendimiento *m*; **≗en** [-'-gən] (*ertrug, ertragen, h*) soportar, sufrir, aguantar
erträglich [-'trɛːkliç] soportable
er|'tränken (*h*): (***sich***) **~** ahogar(se); **~'trinken** (*ertrank, ertrunken, sn*) ahogarse
erübrigen [-'ʔyːbrigən] (*h*) ahorrar; ***sich ~*** no ser necesario
er'wachen (*sn*) despertar(se)
er'wachsen *adj* adulto, mayor; **≗e** *m*/*f* (*-n*; *-n*) adulto *m*, -a *f*
Erwägung [-'vɛːguŋ] *f* (*-*; *-en*) consideración *f*; ***in ~ ziehen*** tomar en consideración
er'wähn|en (*h*) mencionar; **≗ung** *f* (*-*; *-en*) mención *f*
er'wärmen (*h*) calentar
er'wart|en (*h*) esperar; contar con; **≗ung** *f* (*-*; *-en*) espera *f*
er'wecken (*h*) despertar (*a fig*)
er'weisen (*erwies, erwiesen, h*) probar; *Ehre*: rendir; *Dienst*: hacer; ***sich ~ als*** resultar
er'weiter|n [-'vaɪtərn] (*h*) ensanchar; *fig* ampliar, extender; **≗ung** *f* (*-*; *-en*) ensanche *m*; extensión *f*
Er'werb [-'vɛrp] *m* (*-[e]s*; *-e*) adquisición *f*; **≗en** [-'-bən] (*erwarb, erworben, h*) adquirir; *a fig* ganar; **≗slos** [-'vɛrpsloːs] parado; **≗stätig** asalariado; ***~e Bevölkerung*** población *f* activa
er'wider|n [-'viːdərn] (*h*) replicar (***auf*** *ac* a); *Besuch, Gruß*: devolver; **≗ung** *f* (*-*; *-en*) réplica *f*
er'wischen (*h*) atrapar, coger
erwünscht [-'vynʃt] deseado; oportuno
er'würgen (*h*) estrangular
Erz [ɛrts] *n* (*-es*; *-e*) mineral *m*
er'zähl|en [ɛr'tsɛːlən] (*h*) contar; **≗ung** *f* (*-*; *-en*) narración *f*; *lit* cuento *m*
'Erz|bischof ['ɛrtsbiʃɔf] *m* arzobispo *m*; **~bistum** *n* arzobispado *m*
er'zeug|en (*h*) (*herstellen*) producir; (*hervorrufen*) provocar; **≗er** *m* (*-s*; *-*) *com* productor *m*; **≗erland** *n* país *m* productor; **≗erpreis** *m* precio *m* al productor; **≗nis** [-'tsɔʏknis] *n* (*-ses*; *-se*) producto *m*; **≗ung** [-'-guŋ] *com f* (*-*; *sin pl*) producción *f*
er'zieh|en [ɛr'tsiːən] (*erzog, erzogen, h*) educar; **≗er** *m* (*-s*; *-*), **≗erin** *f* (*-*; *-nen*) pedagogo *m*, -a *f*; educador(a *f*) *m*
Er'ziehung *f* (*-*; *sin pl*) educación *f*
er'zielen (*h*) obtener, conseguir
er'zürnen (*h*) irritar, enojar
er'zwingen (*erzwang, erzwungen, h*) obtener por la fuerza
es [ɛs] le, la, lo; *betont*: e(s)to; ello; ***ich weiß ~*** lo sé; *oft unübersetzt*: ***~ scheint*** parece; ***~ schneit*** está nevando; ***so ist ~*** así es; ***ich bin ~*** soy yo; ***~ gibt*** hay
Esel ['eːzəl] *m* (*-s*; *-*) asno *m*, burro *m* (*a fig*)
Eskimo ['ɛskimo] *m* (*-s*; *-s*) esquimal *m*
Espresso [-'preso] *m* (*-[s]*; *-s*) *etwa*: café *m* solo
Essay ['ɛseː] *m* (*-s*; *-s*) ensayo *m*
'ess|bar ['ɛsbɑːr] comestible; **≗besteck** *n* cubierto *m*
'essen ['ɛsən] **1.** *v/t, v/i* (*aß, gegessen, h*) comer; ***zu Mittag ~*** comer, almorzar; ***zu Abend ~*** cenar; **2.** **≗** *n* (*-s*; *-*) comida *f*; **≗szeit** *f* hora *f* de comer
'Essig ['ɛsiç] *m* (*-s*; *-e*) vinagre *m*; **~gurke** *f* pepinillo *m* en vinagre
'Ess|löffel ['ɛslœfəl] *m* cuchara *f*; **~tisch** *m* mesa *f* de comedor; **~zimmer** *n* comedor *m*
Est|e ['ɛstə] (*-n*; *-n*), **~in** (*-*; *-nen*), **≗nisch** ['-niʃ] estoniano *m*, -a *f*
Estragon *bot* ['ɛstragɔn] *m* (*-s*; *sin pl*) estragón *m*
E'tage [e'tɑːʒə] *f* (*-*; *-n*) piso *m*; **~nbett** *n* litera *f*
Etappe [-'tapə] *f* (*-*; *-n*) etapa *f*
Etat [-'tɑː] *m* (*-s*; *-s*) presupuesto *m*
Eti'kett [eti'kɛt] *n* (*-[e]s*; *-e[n]*, *-s*) rótulo *m*, etiqueta *f*; **~e** *f* (*-*; *sin pl*) etiqueta *f*
etliche ['ɛtliçə] *pl* algunos; unos
Etui [e'tviː] *n* (*-s*; *-s*) estuche *m*
'etwa ['ɛtva] aproximadamente; ***~ dreißig*** unos treinta; **~ig** eventual
etwas ['-vas] algo; un poco (de)
euch [ɔʏç] (a) vosotros (-as); *unbetont*: os
euer ['ɔʏər] vuestro (-a)
Eule ['-lə] *f* (*-*; *-n*) lechuza *f*
euretwegen ['-rət-] por vosotros
Euro... ['ɔʏro] euro..., ... comunitario
'Euro *m* (***EUR***) euro *m*; ***die Einführung***

***des*~** el lanzamiento *m* del euro; **~cent** *m* céntimo *m*; **~'krat** *m* eurócrata *m/f* **~land** *n* zona *f* (del) euro; **~tunnel** *m* eurotúnel *m*

Euro'pä|er [-'pɛːər] *m* (*-s*; -), **~erin** *f* (-; *-nen*) europeo *m*, -a *f*

europäisch europeo; ***2er Börsenverband*** *m* (***EBV***) Federación *f* Europea de Bolsas (FEB); ***2er Gerichtshof*** *m* (***EuGH***) Tribunal *m* (Europeo) de Justicia; ***2e Investitionsbank*** *f* (***EIB***) Banco *m* Europeo de Inversiones; ***2e Kommission*** *f* Comisión *f* Europea; ***2es Parlament*** *n* Parlamento *m* Europeo; ***2er Rat*** *m* Consejo *m* europeo; ***2er Rechnungshof*** *m* Tribunal *m* de Cuentas Europeo; ***2e Union*** *f* (***EU***) Unión *f* Europea (UE); ***2e Währungseinheit*** *f* unidad *f* monetaria europea; ***2es Währungsinstitut*** *n* (***EWI***) Instituto *m* Monetario Europeo (IME); ***2es Währungssystem*** *n* (***EWS***) Sistema *m* Monetario Europeo (SME); ***2e (Wirtschafts- und) Währungsunion*** *f* (***EWU***, ***EWWU***) Unión *f* (Económica y) Monetaria Europea (UME); ***2e Zentralbank*** *f* (***EZB***) Banco *m* Central Europeo (BCE)

Eu'ropa|parlament [ɔʏ'roːpa-] *n* Parlamento *m* Europeo (PE); **~rat** *m* Consejo *m* de Europa; **~wahlen** *f/pl* elecciones *f/pl* europeas

'Euroscheck(karte *f*) *m* (tarjeta *f*) eurocheque *m*

Eurowährung *f* moneda *f* euro

Euter ['-tər] *n* (*-s*; -) ubre *f*

EU-Verordnung *f* decreto *m* de la UE

evangel|isch [evaŋ'geːliʃ] protestante; **2ium** [-'geːljum] *n* (*-s*; *-lien*) evangelio *m*

eventuell [evɛntu'ɛl] eventual

'ewig ['eːviç] eterno, perpetuo; **2keit** *f* (-; *raro -en*) eternidad *f*

exakt [ɛ'ksakt] exacto

Examen [ɛ'ksaːmən] *n* (*-s*; -, *-ina*) examen *m*; ***ein ~ ablegen*** pasar un examen, examinarse

Exekutive [ɛkseku'tiːvə] *f* (-; *-n*) (poder *m*) ejecutivo *m*

Exemplar [ɛksɛm'plaːr] *n* (*-s*; *-e*) ejemplar *m*

Exil [ɛ'ksiːl] *n* (*-s*; *-e*) destierro *m*, exilio *m*; ***ins ~ gehen*** exiliarse

Exi'stenz [ɛksis'tɛnts] *f* (-; *-en*) existencia *f*; **~minimum** *n* mínimo *m* vital

existieren [-'tiːrən] (*h*) existir

Expansion [ɛkspan'zjoːn] *f* (-; *-en*) expansión *f*

Expedition [-pedi'tsjoːn] *f* (-; *-en*) expedición *f*

Experiment [-ri'mɛnt] *n* (*-[e]s*; *-e*) experimento *m*

Experte [-'pɛrtə] *m* (*-n*; *-n*) perito *m*, experto *m*

explo|dieren [-plo'diːrən] (*sn*) estallar, explosionar; **2sion** [-'zjoːn] *f* (-; *-en*) explosión *f*

Ex'port [-'pɔrt] *m* (*-[e]s*; *-e*) exportación *f*; **~eur** [-'tøːr] *m* (*-s*; *-e*) exportador *m*; **2ieren** [-'tiːrən] (*h*) exportar; **~land** *n* país *m* exportador; **~überschuss** *m* excedente *m* de exportación

'extra ['-tra] extra; por separado, aparte; (*absichtlich*) expresamente; **2blatt** *n* edición *f* especial

ex'trem [-'treːm], **2** *n* (*-s*; *-e*) extremo (*m*); **2ist** [-tre'mist] *m* (*-en*; *-en*), **2istin** *f* (-; *-nen*) extremista *su*

exzentrisch [-'tsɛntriʃ] excéntrico

Exzess [-'tsɛs] *m* (*-es*; *-e*) exceso *m*

F

F, f [ɛf] *n* (-; -) F, f *f*; *mus* fa *m*; ***F-Dur*** fa *m* mayor; ***f-Moll*** fa *m* menor

'Fabel ['faːbəl] *f* (-; *-n*) fábula *f*; **2haft** excelente, F estupendo

Fa'brik [fa'briːk] *f* (-; *-en*) fábrica *f*; factoría *f*; **~ant** [-bri'kant] *m* (*-en*; *-en*) fabricante *m*; **~arbeiter(in** *f*) *m* trabajador(a *f*) *m* fabril *od* de fábrica; **~at** [-'kaːt] *n* (*-[e]s*; *-e*) producto *m*; **~ation** [-ka'tsjoːn] *f* (-; *-en*) fabricación *f*

Fach [fax] *n* (*-[e]s*; *¨er*) compartim(i)ento *m*; *im Schrank*: casilla *f*; (*Lehr2*) asignatura *f*, disciplina *f*; (*Branche*) ramo *m*; **'~arbeiter(in** *f*) *m* trabajador(a *f*) *m* especializado (-a); **'~arbeitermangel** *m* falta *f* de trabajadores especializados; **'~arzt** *m*, **'~ärztin** *f* especialista *su*; **'~ausdruck** *m* (*-[e]s*; *⸗e*) término *m* técnico

Fächer ['fɛçər] *m* (*-s*; -) abanico *m*

'Fach|frau ['fax-] *f* especialista *f*, profesional *f*; **~gebiet** *n* especialidad *f*; **~geschäft** *n* establecimiento *m* especializado *od* del ramo; **~kräfte** *f/pl* personal *m* cualificado; **~mann** *m* (*-[e]s*; *-leute*) profesional *m*, especialista *m*; **~messe** *f* feria *f* monográfica

'Fackel ['fakəl] *f* (-; *-n*) antorcha *f*; **~zug** *m* desfile *m* de antorchas

fad(e) [fɑːt, '-də] soso, insípido (*a fig*)

'Faden ['-dən] *m* (*-s*; *⸗*) hilo *m* (*a fig*)

'fähig ['fɛːiç] capaz (***zu*** de); apto (***zu*** para); **ℒkeit** *f* (-; *-en*) capacidad *f*; aptitud *f*

'fahnd|en ['fɑːndən] (*h*): ***nach j-m ~*** buscar a alg; **ℒung** *f* (-; *-en*) búsqueda *f*

Fahne ['fɑːnə] *f* (-; *-n*) bandera *f*

'Fahr|ausweis ['fɑːrˀ-] *m* billete *m*, *Am* boleto *m*; **~bahn** *f* calzada *f*; **~bereitschaft** *f* parque *m* móvil

Fähre ['fɛːrə] *f* (-; *-n*) transbordador *m*, ferry(-boat) *m*

'fahr|en ['fɑːrən] (*fuhr*, *gefahren*) **1.** *v/t* (*h*) *auto* conducir; *Last*: acarrear; transportar; *j-n*: llevar; **2.** *v/i* (*sn*) ir (***mit*** en), viajar (en); (*ab~*) salir; ***rechts ~*** circular por la derecha; ***~ durch*** atravesar (*ac*), pasar por; **ℒer** *m* (*-s*; -), **ℒerin** *f* (-; *-nen*) conductor(a *f*) *m*; **ℒerflucht** *f* fuga *f* del conductor (después de un accidente); **ℒerlaubnis** *f* permiso *m* de conducir; **ℒgast** *m* viajero *m*; pasajero *m*; *Taxi*: cliente *m*; **ℒgemeinschaft** *f* viaje *m* compartido; **ℒgestell** *n* chasis *m*; *avia* tren *m* de aterrizaje

'Fahrkarte *f* billete *m*, *Am* boleto *m*; **~nautomat** *m* máquina *f* expendedora de billetes; **~nschalter** *m* despacho *m* de billetes, *Am* boletería *f*

'fahrlässig negligente; imprudente

'Fahr|lehrer *m* profesor *m* de autoescuela; **~plan** *m* horario *m*; **ℒplanmäßig** regular; **~preis** *m* precio *m* del viaje; **~prüfung** *f* examen *m* de conducción; **~rad** *n* bicicleta *f*, F bici *f*; **~radverleih** *m* alquiler *m* de bicicletas; **~radweg** *m* carril-bici *m*; **~schein** *m* billete *m*, *Am* boleto *m*; **~schule** *f* autoescuela *f*; **~spur** *f* carril *m*; **~stuhl** *m* ascensor *m*

Fahrt [fɑːrt] *f* (-; *-en*) viaje *m*; recorrido *m*; (*Ausflug*) excursión *f*

Fährte ['fɛːrtə] *f* (-; *-n*) rastro *m*, huella *f*, pista *f*

'Fahr|tenschreiber ['fɑːrtən-] *m* tacógrafo *m*; **~trichtung** *f* dirección *f*; **~werk** *n avia* tren *m* de aterrizaje; **~zeug** *n* vehículo *m*; **~zeughalter** *m* titular *m* del vehículo

fair [fɛːr] leal, correcto; *dep* limpio

Faksimile [fak'ziːmilə] *n* (*-s*; *-s*) facsímil(e) *m*

Faktor ['faktɔr] *m* (*-s*; *-en* [-'toːrən]) factor *m*

F

Fakultät [fakul'tɛːt] *f* (-; *-en*) facultad *f*

Falke ['falkə] *m* (*-n*; *-n*) halcón *m* (*a fig*)

Fall [fal] *m* (*-[e]s*; *sin pl*) caída *f* (*a fig*); (*pl ⸗e*) (*Angelegenheit*) caso *m*; ***auf jeden ~*** en todo caso; ***auf keinen ~*** de ningún modo; ***für alle Fälle*** por si acaso

Falle ['falə] *f* (-; *-n*) trampa *f* (*a fig*)

fallen ['falən] (*fiel*, *gefallen*, *sn*) caer; (*stürzen*) caerse; (*sinken*) bajar

fällen ['fɛlən] (*ge-*, *h*) *Baum*: cortar, talar; *Urteil*: dictar

'fällig ['fɛliç] vencedero, pagadero; ***~ werden*** vencer; **ℒkeit** *f* (-; *-en*) vencimiento *m*

falls [fals] (en) caso (de) que (*subj*); si

'Fallschirm *m* paracaídas *m*; **~springer(in** *f*) *m* paracaidista *su*

falsch [falʃ] falso (*a fig*); *Haar*, *Zähne*: postizo; (*künstlich*) artificial; (*unehrlich*) pérfido, alevoso; *adv* mal; ***~ gehen*** *Uhr* andar mal

'fälsch|en ['fɛlʃən] (*ge-*, *h*) falsear; falsificar; **ℒer** *m* (*-s*; -) falsificador *m*

'Falsch|geld ['falʃgɛlt] *n* moneda *f* falsa; **~heit** *f* (-; *sin pl*) falsedad *f*

fälschlich ['fɛlʃliç] *adv* por error

Fälschung ['fɛlʃuŋ] *f* (-; *-en*) falsificación *f*; imitación *f*

Faltboot ['faltboːt] *n* bote *m* plegable

'Falte ['faltə] *f* (-; *-n*) pliegue *m* (***werfen*** hacer); (*Runzel*) arruga *f*; **ℒn** (*ge-*, *h*) plegar, doblar; *Hände*: juntar; **~nrock** *m* falda *f* plisada

Falter ['-tər] *m* (*-s*; -) *zo* mariposa *f*

faltig ['-tiç] plisado; *Haut*: arrugado

familiär [famil'jɛːr] familiar

Familie [-'miːljə] *f* (-; *-n*) familia *f*

Fa'milien|betrieb *m* empresa *f* familiar; **~mitglied** *n* miembro *m* de la fa-

milia, familiar *m*; **~name** *m* apellido *m*; **~stand** *m* (*-[e]s*; *sin pl*) estado *m* civil
Fan [fɛn] *m* (*-s*; *-s*) fan *m*; *bsd dep* hincha *m*, forofo *m*
Fanat|iker [fa'nɑːtikər] *m* (*-s*; -), **~ikerin** *f* (-; *-nen*), **≈isch** fanático *m*, -a *f*
Fang [faŋ] *m* (*-[e]s*; *sin pl*) (*Fangen*) captura *f*; (*Gefangenes*) presa *f*; (*Fisch≈*) pesca *f*; **'≈en** (*fing*, *gefangen*, *h*) coger, *Am* agarrar; *Dieb*: capturar, prender
Fanta'sie [fanta'ziː] *f* (-; *-n*) imaginación *f*, fantasía *f*; **≈ren** (*h*) fantasear, *a med* desvariar
'Farb|band ['farpbant] *n* cinta *f*; **~e** ['-bə] *f* (-; *-n*) color *m*; (*Anstrich≈*) pintura *f*; (*Färbung*) colorido *m*; *Kartenspiel*: palo *m*; **≈echt** de color sólido
färben ['fɛrbən] (*ge-*, *h*) teñir (***blau*** de azul); colorar, colorear
'farben|blind ['farbənblint] daltoniano; **~froh** vistoso, variopinto
'Farb|fernsehen *n* televisión *f* en color; **~fernseher** *m* televisor *m* en color; **~film** *m* película *f* en color; **~foto** *n* foto *f* en color; **≈ig** ['-biç] de color; coloreado; **≈los** incoloro; **~stift** *m* lápiz *m* de color; **~stoff** *m* colorante *m*
Färbung ['fɛrbuŋ] *f* (-; *-en*) coloración *f*, tinte *m*
Farn [farn] *m* (*-[e]s*; *-e*) helecho *m*
Fasan [fa'zɑːn] *m* (*-[e]s*; *-e[n]*) faisán *m*
Fasching ['-ʃiŋ] *m* (*-s*; *raro -e*, *-s*) carnaval *m*
Fa'schis|mus [-'ʃismus] *m* (-; *sin pl*) fascismo *m*; **~t** *m* (*-en*; *-en*), **~tin** *f* (-; *-nen*), **≈tisch** fascista *su*, F facha *m*
Faser ['-zər] *f* (-; *-n*) fibra *f*
Fass ['fas] *n* (*-es*; *⸚er*) tonel *m*; barril *m*
Fassade [fa'sɑːdə] *f* (-; *-n*) fachada *f*
'Fassbier *n* cerveza *f* de barril
fassen ['fasən] (*ge-*, *h*) coger (***an*** *dat* de, por), *Am* agarrar; *Plan*: concebir; *fig* (*verstehen*) comprender; ***der Saal fasst 300 Personen*** en la sala caben 300 personas; ***sich kurz ~*** ser breve
'Fassung ['fasuŋ] *f* (-; *-en*) *el* portalámpara *m*; (*Wortlaut*) versión *f*; (*sin pl*) *seelische*: serenidad *f*; ***aus der ~ bringen*** (***geraten***) desconcertar(se); **≈slos** desconcertado; **~svermögen** *n* capacidad *f*, cabida *f*; *fig* comprensión *f*
fast [fast] casi; cerca de
'fasten ['-tən] **1.** *v/i* (*ge-*, *h*) ayunar; **2.** **≈** *n* (*-s*; *sin pl*) ayuno *m*; **≈zeit** *f* cuaresma *f*
'Fast|nacht *f* (martes *m* de) carnaval *m*; **~tag** *m* día *m* de ayuno
fatal [fa'tɑːl] fatal
fauchen ['fauxən] (*ge-*, *h*) bufar
faul [faul] (*verfault*) podrido; (*träge*) perezoso, vago; *fig* dudoso; **'~en** (*ge-*, *sn*) pudrirse, corromperse
'faulenz|en ['-lɛntsən] (*h*) holgazanear; **≈er** *m* (*-s*; -) holgazán *m*
'Faul|heit ['-haɪt] *f* (-; *sin pl*) pereza *f*; **~pelz** F *m* perezoso *m*, holgazán *m*, gandul *m*
Faust [faust] *f* (-; *⸚e*) puño *m*; ***auf eigene ~*** por su (propia) cuenta; **'~handschuh** *m* manopla *f*; **'~schlag** *m* puñetazo *m*
Fazit ['fɑːtsit] *n* (*-s*; *-s*) resultado *m*
FCKW-frei sin CFC
Februar ['feːbruar] *m* (*-[s]*; *raro -e*) febrero *m*
'fecht|en ['fɛxtən] (*focht*, *gefochten*, *h*) esgrimir; **≈en** *n* (*-s*; *sin pl*) esgrima *f*; **≈er** *m* (*-s*; -), **≈erin** *f* (-; *-nen*) esgrimidor(a *f*) *m*
'Feder ['feːdər] *f* (-; *-n*) pluma *f*; *tec* resorte *m*, muelle *m*; **~ball** *m* volante *m*; *Spiel*: badmintón *m*; **~bett** *n* edredón *m*; **~gewicht** *n dep* peso *m* pluma; **~halter** *m* portaplumas *m*; **≈n** (*ge-*, *h*) *tec* ser elástico; **≈nd** *tec* elástico; **~ung** *tec f* (-; *-en*) suspensión *f*; **~zeichnung** *f* dibujo *m* a la pluma
Fee [feː] *f* (-; *-n*) hada *f*
'Fege|feuer ['feːgəfɔʏər] *n* purgatorio *m*; **≈n** (*ge-*, *h*) barrer
fehl [feːl]: ***~ am Platz sn*** estar fuera de lugar; **'≈betrag** *m* déficit *m*
fehlen ['-lən] **1.** *v/i* (*ge-*, *h*) hacer falta; (*abwesend sein*) estar ausente; ***was fehlt Ihnen?*** ¿qué le pasa?; ***es fehlt uns an*** (*dat*) nos (hace) falta *a/c*; ***das fehlte*** (***gerade***) ***noch!*** ¡sólo faltaba eso!; ***du fehlst mir sehr*** te echo mucho de menos; **2.** **≈** *n* (*-s*; *sin pl*) falta *f*; ausencia *f*
'Fehler ['-lər] *m* (*-s*; -) falta *f*, error *m*; defecto *m*; *moralischer*: vicio *m*; **≈frei**, **≈los** sin defecto; sin falta; correcto; **≈haft** defectuoso; incorrecto
'Fehl|geburt *f* aborto *m* (espontáneo); **~schlag** *m* fallo *m*, fracaso *m*; **≈schlagen** (*irr*, *sep*, *-ge-*, *sn*, → ***schlagen***) fallar, fracasar; frustrarse; **~tritt** *m* paso *m* en falso; *fig* desliz *m*; **~zündung** *tec f*

encendido *m* defectuoso

'Feier ['faɪər] *f* (-; *-n*) celebración *f*; (*Fest*) fiesta *f*; festividad *f*, ceremonia *f*; **~abend** *m* fin *m* del trabajo; **~ *machen*** terminar el trabajo; **2lich** solemne; **2n** (*ge-*, *h*) **1.** *v/t* celebrar; **2.** *v/i* hacer fiesta; **~tag** *m* día *m* festivo, (día *m* de) fiesta *f*

feig(e) [faɪk, '-gə] cobarde

'Feige *bot* ['-gə] *f* (-; *-n*) higo *m*; **~nbaum** *m* higuera *f*

'Feig|heit ['faɪkhaɪt] *f* (-; *sin pl*) cobardía *f*; **~ling** [-liŋ] *m* (*-s*; *-e*) cobarde *m*

'Feile ['-lə] *f* (-; *-n*) lima *f*; **2n** (*ge-*, *h*) limar (*a fig*)

feilschen ['-ʃən] *v/i* (*ge-*, *h*) regatear (***um et*** a/c)

fein [faɪn] fino (*a fig*); (*dünn*) delgado; sutil; (*zart*) delicado

Feind [faɪnt] *m* (*-[e]s*; *-e*), **~in** *f* (-; *-nen*) enemigo *m*, -a *f*; **'2lich** enemigo; **'~schaft** *f* enemistad *f*; **'2selig** hostil

'fein|fühlig ['-fy:liç] sensible, delicado; **2gefühl** *n* delicadeza *f*; **2kostgeschäft** *n* tienda *f* de comestibles finos; **2mechanik** *f* mecánica *f* de precisión; **2schmecker** ['-ʃmɛkər] *m* (*-s*; -) gastrónomo *m*; **2waschmittel** *n* detergente *m* para ropa delicada

Feld [fɛlt] *n* (*-es*; *-er*) campo *m* (*a fig*); *Schach*: casilla *f*; *dep* pelotón *m*; *fig* dominio *m*; **~bett** *n* catre *m*; **~webel** ['-ve:bəl] *m* (*-s*; -) sargento *m* primero; **'~weg** *m* camino *m* vecinal; **'~zug** *m* campaña *f*

Felge ['fɛlgə] *f* (-; *-n*) llanta *f*

Fell [fɛl] *n* (*-[e]s*; *-e*) piel *f*; pellejo *m*; *fig* ***ein dickes ~ haben*** tener buenas espaldas

'Fels [fɛls] *m* (*-en*; *-en*), **~en** [-zən] *m* (*-s*; -) roca *f*; (*Block*) peña *f*; **~enküste** *f* acantilado *m*; **2ig** rocoso

femi'n|in [femi'ni:n] femenino; **2istin** *f* (-; *-nen*), **~istisch** feminista (*f*)

Fenchel *bot* ['fɛnçəl] *m* (*-s*; *sin pl*) hinojo *m*

'Fenster ['fɛnstər] *n* (*-s*; -) ventana *f*; *e-s Wagens*: ventanilla *f*; **~brett** *n* alféizar *m*; **~glas** *n* vidrio *m* (común); **~laden** *m* contraventana *f*; postigo *m*; **~leder** *n* gamuza *f*; **~platz** *m* asiento *m* de ventanilla; **~rahmen** *m* bastidor *m*; **~scheibe** *f* cristal *m*, vidrio *m*

'Ferien ['fe:rjən] *pl* vacaciones *f/pl*; **~arbeit** *f* trabajo *m* durante las vacaciones; **~dorf** *n* pueblo *m* de vacaciones; **~haus** *n* casa *f* de vacaciones *bzw* de verano; **~kurs** *m* cursillo *m* de vacaciones; **~ort** *m* lugar *m* de vacaciones *bzw* de verano; **~wohnung** *f* apartamento *m* de vacaciones

Ferkel ['fɛrkəl] *n* (*-s*; -) cochinillo *m*, lechón *m*

fern [fɛrn] lejano, distante; *adv* lejos; ***der 2e Osten*** el Extremo Oriente

'Fern|amt *corr n* central *f* interurbana; **~bedienung** *f* mando *m* a distancia

'Fern|e *f* (-; *raro -n*) lejanía *f*; ***aus der ~*** de lejos; ***in der ~*** a lo lejos; **2er** además; **~fahrer** *m* camionero *m* de grandes rutas; **~gespräch** *corr n* conferencia *f* interurbana; **2gesteuert** teledirigido; **~glas** *n* gemelos *m/pl*, prismáticos *m/pl*; **~heizung** *f* calefacción *f* a distancia; **~licht** *auto n* (*-[e]s*; *sin pl*) luz *f* de carretera; **~meldetechnik** *f* técnica *f* de telecomunicaciones; **~rohr** *n* telescopio *m*; **~schnellzug** *m* tren *m* expreso de largo recorrido; **~schreiben** *n* télex *m*; **~schreiber** *m* teletipo *m*

'Fernseh... ['-ze:...]: *in Zssgn oft* televisivo; **~en** *n* (*-s*; *sin pl*) televisión *f*, F tele *f*; ***im ~ übertragen*** televisar; **2en** (*irr*, *sep*, *-ge*, *h*, → ***sehen***) mirar *od* ver la televisión; **~er** (*-s*; -) *m* televisor *m*; **~film** *m* telefilm *m*; **~gerät** *n* televisor *m*; **~sendung** *f* emisión *f* televisiva; **~spiel** *n* telenovela *f*; **~zuschauer(in *f*)** *m* telespectador(a *f*) *m*, televidente *su*

'Fernsicht *f* vista *f* (panorámica)

'Fernsprech... ['-ʃprɛç...]: *in Zssgn oft* telefónico; *s a* ***Telefon***; **~amt** *n* central *f* telefónica; **~auftragsdienst** *m* servicio *m* de encargos

'Fern|steuerung *f* mando *m* a distancia, control *m* remoto; **~verkehr** *m* transporte *m* a gran distancia; **~verkehrsstraße** *f* vía *f* interurbana; **~zug** *m* tren *m* de largo recorrido

Ferse ['fɛrzə] *f* (-; *-n*) talón *m*

'fertig ['-tiç] acabado, hecho; (*bereit*) dispuesto, listo; F (*erschöpft*) hecho polvo; ***~!*** ¡ya está!; ***~ bringen*** lograr (hacer), conseguir; ***~ machen*** terminar, acabar; ***sich ~ machen*** prepararse, disponerse; ***mit et ~ sn*** haber terminado a/c; **2gericht** *n* plato *m* precocinado; **≗haus** *n* casa *f* prefabricada; **≗keit** *f* (-; *-en*) destreza *f*, habilidad *f*; **≗produkt** *n* producto *m* acabado; **≗ung** [-guŋ] *f* (-; *sin pl*) fabricación *f*

'Fessel ['fɛsəl] *f* (-; *-n*) traba *f* (*a fig*); **≗n** (*ge-*, *h*) atar, encadenar; *fig* cautivar, fascinar; **≗nd** cautivador, fascinante

fest [fɛst] firme (*a fig*); sólido; fijo (*a Preis*); *Schlaf*: profundo

Fest *n* (*-[e]s*; *-e*) fiesta *f*; ***frohes ~!*** ¡felices Pascuas!; **'~beleuchtung** *f* iluminación *f*; **'~essen** *n* banquete *m*; **'~geld** *n* depósito *m* a plazo fijo; **'≗halten** (*irr*, *sep*, *-ge-*, *h*, → ***halten***) **1.** *v/t* retener; ***sich ~ an*** (*dat*) agarrarse a; **2.** *v/i* perseverar (***an*** *dat* en)

'festig|en ['-igən] (*ge-*, *h*) consolidar; *fig* estabilizar; **≗er** *m* (*-s*; -) (*Haar≗*) fijapelo *m*; **≗keit** ['-içkaıt] *f* (-; *sin pl*) solidez *f*; estabilidad *f*; *fig* firmeza *f*

'Fest|land *n* (*-[e]s*; *sin pl*) tierra *f* firme, continente *m*; **≗legen** (*sep*, *-ge-*, *h*) fijar; ***sich ~*** comprometerse (***auf*** *ac* a)

'festlich ['-liç] de fiesta; solemne; **≗keit** *f* (-; *-en*) fiesta *f*, festividad *f*

'fest|machen (*sep*, *-ge-*, *h*) sujetar; *mar* amarrar; *fig* concretar; **≗nahme** ['-nɑːmə] *f* (-; *-n*) detención *f*; **~nehmen** (*irr*, *sep*, *-ge-*, *h*, → ***nehmen***) detener; **≗netz** *n tel* red *f* fija; **≗platte** *f* disco *m* duro; **≗preis** *com m* precio *m* fijo; **≗saal** *m* salón *m* de fiestas; **~setzen** (*sep*, *-ge-*, *h*) fijar; *vertraglich*: estipular; **≗speicher** *m inform* memoria *f* dura **≗spiele** *n/pl* festival *m*; **~stehen** (*irr*, *sep*, *-ge-*, *h*, → ***stehen***) *fig* ser seguro; **~stellen** (*sep*, *-ge-*, *h*) *fig* averiguar, comprobar, constatar; **≗stellung** *f* (-; *-en*) averiguación *f*, comprobación *f*; constatación *f*; **≗tag** *m* (día *m* de) fiesta *f*

Festung ['fɛstuŋ] *f* (-; *-en*) fortaleza *f*

'fest|verzinslich de renta fija; **≗zug** *m* desfile *m*

fett [fɛt] **1.** *adj* graso; *j*: gordo; *tip* en negrita; **2.** **≗** *n* (*-[e]s*; *-e*) grasa *f*; **'~arm** pobre en grasa(s); **'~ig** grasiento

feucht [fɔYçt] húmedo; **'≗biotop** *n* biotopo *m* húmedo; **'≗igkeit** *f* (-; *sin pl*) humedad *f*

'Feuer ['fɔYər] *n* (*-s*; -) fuego *m* (*a mil u fig*); (*Brand*) incendio *m*; *fig* ardor *m*; ***~ fangen*** inflamarse; *fig* entusiasmarse; **~bestattung** *f* cremación *f*, incineración *f*; **≗fest** refractario; **≗gefährlich** inflamable; **~leiter** *f* escalera *f* de incendios; **~löscher** *m* extintor *m* (de incendios); **~melder** *m* avisador *m* de incendios; **≗n** (*ge-*, *h*) hacer fuego (*a mil*); **~wehr** *f* (-; *-en*) (cuerpo *m* de) bomberos *m/pl*; **~wehrmann** *m* bombero *m*; **~werk** *n* fuegos *m/pl* artificiales; **~zeug** *n* encendedor *m*, mechero *m*

feurig ['fɔYriç] ardiente; *fig* fogoso, impetuoso; *Wein*: generoso

Fichte ['fiçtə] *f* (-; *-n*) abeto *m* rojo

'Fieber ['fiːbər] *n* (*-s*; *sin pl*) fiebre *f*; **≗haft**, **≗ig** febril (*a fig*); **~mittel** *n* febrífugo *m*; **≗n** (*ge-*, *h*) tener fiebre; **~thermometer** *n* termómetro *m* clínico

Figur [fi'guːr] *f* (-; *-en*) figura *f*; *Schach*: pieza *f*; ***e-e gute ~ haben*** tener buen tipo

figürlich [-'gyːrliç] figurado

Filet [-'leː] *n* (*-s*; *-s*) (*Fisch≗*) filete *m*; (*Lende*) lomo *m*; **~steak** *n* bistec *m* de solomillo

Filiale [fil'jɑːlə] *f* (-; *-n*) sucursal *f*

Film [film] *m* (*-[e]s*; *-e*) película *f*, film(e) *m*; *fot* carrete *m*; **'~atelier** *n* estudio *m* cinematográfico; **'≗en** (*ge-*, *h*) rodar, filmar; **'~festspiele** *n/pl* festival *m* cinematográfico; **'~kamera** *f* tomavistas *m*; **'~schauspieler(in** *f*) *m* actor *m* (actriz *f*) de cine; **'~star** *m* estrella *f* de cine; **'~verleih** *m* (*Firma*) (casa *f*) distribuidora *f*

'Filter ['filtər] *m u n* (*-s*; -) filtro *m*; **≗n** (*ge-*, *h*) filtrar; **~papier** *n* papel *m* (de) filtro; **~zigarette** *f* cigarrillo *m* de filtro

Filz [filts] *m* (*-es*; *-e*) fieltro *m*; **'≗en** (*ge-*, *h*) F *fig* registrar, cachear; **'~stift** *m* rotulador *m*

Final|e [fi'nɑːlə] *n* (*-s*; -) *mus* final *m*; *dep* final *f*; **~ist** [-na'list] *m* (*-en*; *-en*), **~istin** *f* (-; *-nen*) finalista *su*

Fi'nanz|amt [-'nantsˀamt] *n* Delegación *f* de Hacienda; **~ausgleich** *m* (*-s*; *sin pl*) compensación *f* financiera; **~en** *f/pl* finanzas *f/pl*; **≗iell** [-'tsjɛl] financiero; **≗ieren** [-'tsiːrən] (*h*) financiar; **~ierung** [-'tsiːruŋ] *f* (-; *-en*) financiación *f*, financiamiento *m*; **~minister(ium** *n*) *m* ministro *m* (ministerio *m*) de Hacienda

'find|en (*fand*, *gefunden*, *h*) hallar, encontrar; ***~ Sie nicht?*** ¿no le parece?;

~erlohn *m* gratificación *f*
'Finger ['fiŋər] *m* (*-s*; -) dedo *m*; ***klei-ne(r)*** ~ meñique *m*; **~abdruck** *m* (*-[e]s*; ¨*e*) huella *f* dactilar; **~hut** *m* dedal *m*; *bot* digital *f*; **~nagel** *m* uña *f*
Fink [fiŋk] *m* (*-en*; *-en*) pinzón *m*
Finn|e ['finə] *m* (*-n*; *-n*), **~in** *f* (-; *-nen*), **~isch** finlandés *m*, -esa *f*
'finster ['-stər] oscuro; *fig* sombrío; **~nis** *f* (-; *-se*) oscuridad *f*; tinieblas *f|pl*
'Firm|a ['firma] *f* (-; *-men*) casa *f*, empresa *f*; **~enname** *m* razón *f* social
Firmung *rel* ['-muŋ] *f* (-; *-en*) confirmación *f*
Firnis ['-nis] *m* (*-ses*; *-se*) barniz *m*
Fisch [fiʃ] *m* (*-[e]s*; *-e*) pez *m*; *als Speise*: pescado *m*; **'~en** (*ge-*, *h*) pescar
'Fischer ['-ʃər] *m* (*-s*; -) pescador *m*; **~boot** *n* barco *m* pesquero; **~dorf** *m* pueblo *m* de pescadores; **~ei** [-'raɪ] *f* (-; *sin pl*) pesca *f*; **~'eihafen** *m* puerto *m* pesquero
'Fisch|fang *m* (*-[e]s*; *sin pl*) pesca *f*; **~gericht** *n* plato *m* de pescado; **~geschäft** *n* pescadería *f*; **~händler(in** *f*) *m* pescadero *m*, -a *f*; **~markt** *m* mercado *m* de pescado; **~suppe** *f* sopa *f* de pescado; **~zucht** *f* piscicultura *f*
Fistel ['fistəl] *f* (-; *-n*) *med* fístula *f*
fit [fit] en buena forma; **'~nesscenter** ['-nɛs-sɛntər] *n* (*-s*; -) gimnasio *m*; **'~nessraum** *m* sala *f* de gimnasia
fix [fiks] *com* fijo; F ligero, rápido; ***~ und fertig*** listo; ***~e Idee*** idea *f* fija; **'~en** F (*ge-*, *h*) pincharse; **'~er** F *m* (*-s*; -) yonqui *m*
fixieren [-'ksiːrən] (*h*) fijar; (*scharf ansehen*) mirar fijamente
FKK [ɛfkaː'kaː] *f* (-; *sin pl*) (des)nudismo *m*; **~-Camp** [-kɛmp] *n* (*-s*; *-s*) campamento *m* nudista; **~-Strand** *m* playa *f* nudista; **~-Urlaub** *m* vacaciones *f|pl* en una playa nudista
flach [flax] (*eben*) llano (*a Teller*); plano; (*seicht*) poco profundo; *fig* trivial
Fläche ['flɛçə] *f* (-; *-n*) superficie *f*; **~nstilllegung** *f agr* reducción *f* de las áreas agrarias
Flachland ['flax-] *n* (*-[e]s*; *sin pl*) llanura *f*
Flachs *bot* [flaks] *m* (*-es*; *sin pl*) lino *m*
flackern ['flakərn] (*ge-*, *h*) vacilar, titilar; *Feuer*: flamear
Fladen ['flaːdən] *m* (*-s*; -) torta *f*
Flagge ['flagə] *f* (-; *-n*) bandera *f*; *mar* pabellón *m*
Flak [flak] *f* (-; *-[s]*) defensa *f* antiaérea
Flakon [fla'kõ] *m* (*-s*; *-s*) frasquito *m*
Flame ['flaːmə] *m* (*-n*; *-n*), **Flämin** ['flɛːmin] *f* (-; *-nen*) flamenco *m*, -a *f*
flämisch ['flɛːmiʃ] flamenco
Flamme ['flamə] *f* (-; *-n*) llama *f*
Flanell [fla'nɛl] *m* (*-s*; *-e*) franela *f*
Flanke ['flaŋkə] *f* (-; *-n*) flanco *m* (*a mil*); *Fußball*: centro *m*
Fläschchen ['flɛʃçən] *n* (*-s*; -) frasco *m*
'Flasche ['flaʃə] *f* (-; *-n*) botella *f*; (*Säuglings~*) biberón *m*; F *fig* berzotas *m*; **~nbier** *n* cerveza *f* embotellada; **~nöffner** *m* abridor *m*; **~npfand** *n* depósito *m*; **~nwein** *m* vino *m* embotellado
flattern ['flatərn] (*ge-*, *h u sn*) *Vogel*: aletear; (*h*) *Fahne*: ondear
flau [flaʊ] flojo (*a com*)
Flaum [flaʊm] *m* (*-[e]s*; *sin pl*) vello *m*; *Vögel*: plumón *m*; *bot* pelusilla *f*
Flaute ['-tə] *f* (-; *-n*) *mar* calma *f* (chicha); *com* estancamiento *m*
'Flecht|e ['flɛçtə] *f* (-; *-n*) (*Haar*) trenza *f*; *med* herpe(s) *m*; *bot* liquen *m*; **~en** (*flocht*, *geflochten*, *h*) trenzar
Fleck [flɛk] *m* (*-[e]s*; *-en*) mancha *f*; (*Stelle*) sitio *m*, punto *m*; **'~enentferner** *m* (*-s*; -) quitamanchas *m*; **'~fieber** *n* tifus *m* exantemático; **'~ig** manchado; **'~typhus** *m* → ***Fleckfieber***
Fledermaus ['fleːdər-] *f* murciélago *m*
Flegel ['-gəl] *m* (*-s*; -) *fig* bruto *m*, mal educado *m*
flehen ['fleːən] (*ge-*, *h*) suplicar, implorar (***um*** *et ac*)
Fleisch [flaɪʃ] *n* (*-[e]s*; *sin pl*) carne *f*; **'~brühe** *f* caldo *m*, consomé *m*; **'~er** *m* (*-s*; -) carnicero *m*; **'~klößchen** *n* albóndiga *f*; **'~los** *Kost*: vegetariano, sin carne; **'~vergiftung** *f* botulismo *m*; **'~wolf** *m* triturador *m* de carne
Fleiß [flaɪs] *m* (*-es*; *sin pl*) aplicación *f*, diligencia *f*; **'~ig** aplicado, trabajador
'flick|en ['flikən] (*ge-*, *h*) remendar; **~en** *m* (*-s*; -) remiendo *m*; *Reifen*: parche *m*; **~zeug** *n* caja *f* de parches
Flieder ['fliːdər] *m* (*-s*; -) lila *f*
Fliege ['-gə] *f* (-; *-n*) *zo* mosca *f* (*a Bart*); (*Krawatte*) lazo *m*, pajarita *f*
'fliegen ['-gən] (*flog*, *geflogen*, *sn*) *v/i* volar; ir en avión; F *fig* ser despedido; ***in die Luft ~*** hacer explosión; **~gewicht** *n*

F

dep peso *m* mosca; **⁓klatsche** *f* matamoscas *m*; **⁓pilz** *bot m* oronja *f* falsa
'Flieger ['-gər] *m* (*-s*; -) aviador *m*, piloto *m*; (*Flugzeug*) avión *m*; **~in** *f* (*-*; *-nen*) aviadora *f*
fliehen ['fliːən] (*floh*, *geflohen*, *sn*) huir (***vor*** *dat* de), fugarse
Fliese ['-zə] *f* (-; *-n*) baldosa *f*; (*Kachel*) azulejo *m*
'Fließ|band ['fliːs-] *n* (*-[e]s*; *⁼er*) cadena *f* de montaje; **⁓en** (*floss*, *geflossen*, *sn*) correr, fluir; ***~ durch*** pasar por; **⁓end** *Wasser*: corriente; *Stil*, *Verkehr*: fluido; ***~ sprechen*** hablar con soltura
flimmern ['flimərn] (*ge-*, *h*) titilar, vibrar
flink [fliŋk] ágil; vivo
Flinte ['flintə] *f* (-; *-n*) escopeta *f*
flippern ['flipərn] (*ge-*, *h*) F jugar al millón
Flirt [flœrt, flirt] *m* (*-s*; *-s*) flirteo *m*; **'⁓en** (*ge-*, *h*) flirtear
'Flitter ['flitər] *m* (*-s*; *sin pl*) lentejuela *f*; **~wochen** *f/pl* luna *f* de miel
Flocke ['flɔkə] *f* (-; *-n*) copo *m*
Floh [floː] *m* (*-[e]s*; *⁼e*) pulga *f*; **'~markt** *m* mercadillo *m* (de viejo)
Flora ['floːra] *f* (-; *Floren*) flora *f*
Florett [flo'rɛt] *n* (*-[e]s*; *-e*) florete *m*
Floß [floːs] *n* (*-es*; *⁼e*) balsa *f*
Flosse ['flɔsə] *f* (-; *-n*) aleta *f*
Flöte ['fløːtə] *f* (-; *-n*) flauta *f*
flott [flɔt] *fig* elegante; (*schnell*) ágil; rápido; *Leben*: alegre; **'⁓e** *f* (-; *-n*) flota *f*; (*Kriegs⁓*) armada *f*
Fluch [fluːx] *m* (*-[e]s*; *⁼e*) maldición *f*; (*Kraftwort*) palabrota *f*, taco *m*; **'⁓en** (*ge-*, *h*) jurar, maldecir
Flucht [fluxt] *f* (-; *-en*) huida *f*, fuga *f*; ***in die ~ schlagen*** poner en fuga
'flücht|en ['flyçtən] (*ge-*, *sn*) huir, escaparse; ***sich ~*** refugiarse; **~ig** *fig* fugaz, pasajero; (*oberflächlich*) superficial; **⁓ling** ['-liŋ] *m* (*-s*; *-e*) *pol* refugiado *m*
Flug [fluːk] *m* (*-[e]s*; *⁼e*) vuelo *m*; **'~abwehr** *mil f* defensa *f* antiaérea; **'~bahn** *f* trayectoria *f*; **'~ball** *m Tennis*: volea *f*; **'~blatt** *n* octavilla *f*
Flügel ['flyːgəl] *m* (*-s*; -) ala *f*; (*Tür⁓*, *Fenster⁓*) hoja *f*, batiente *m*; *mus* piano *m* de cola
'Flug|gast ['fluːk-] *m* pasajero *m*; **~gesellschaft** *f* compañía *f* aérea; **~hafen** *m* aeropuerto *m*; **~kapitän** *m* comandante *m* (de a bordo); **~linie** *f* línea *f* aérea; **~lotse** *m* controlador *m* aéreo; **~lotsenstreik** *m* huelga *f* de (los) controladores aéreos; **~plan** *m* horario *m* de vuelo; **~platz** *m* aeródromo *m*; **~reise** *f* viaje *m* en avión; **~schein** *m* pasaje *m*, billete *m* de avión; **~schreiber** *m* caja *f* negra; **~sicherung** *f* control *m* aéreo *od* de vuelo; **~steig** *m* área *f* de embarque; **~ticket** *n* pasaje *m*; **~zeit** *f* duración *f* del vuelo
'Flugzeug *n* avión *m*; **~entführer** *m* secuestrador *m* aéreo; **~entführung** *f* secuestro *m* aéreo; **~träger** *m* porta(a)viones *m*
Flunder ['flundər] *f* (-; *-n*) *zo* platija *f*
Fluorchlorkohlenwasserstoff *m* (**FCKW**) clorofluorocarbono *m* (CFC)
Flur [fluːr] *m* (*-[e]s*; *-e*) pasillo *m*
Fluss [flus] *m* (*-es*; *⁼e*) río *m*; **⁓'abwärts** (**⁓'aufwärts**) río *od* aguas abajo (arriba); **'~bett** *n* cauce *m*, lecho *m*; **'~fisch** *m* pez *m* de río
'flüssig ['flysiç] líquido (*a com*); fluido (*a Stil*, *Verkehr*); *com* disponible; **⁓keit** *f* (-;*-en*) líquido *m*
flüstern ['flystərn] (*ge-*, *h*) cuchichear
Flut [fluːt] *f* (-; *-en*) marea *f* alta, pleamar *f*; *fig* torrente *m*, profusión *f*; **'~licht** *n* luz *f* difusa; **'~welle** *f* ola *f* de la marea
Föderalismus [fœdera'lismus] *m* (-; *sin pl*) federalismo *m*
Fohlen ['foːlen] *n* (*-s*; -) potro *m*
Föhn [føːn] *m* (*-[e]s*; *-e*) viento *m* cálido del sur, foehn *m*
Föhre *bot* ['føːrə] *f* (-; *-n*) pino *m* (silvestre)
'Folge ['fɔlgə] *f* (-; *-n*) (*Reihe*) serie *f*; (*Aufeinander⁓*) sucesión *f*; (*Fortsetzung*) continuación *f*; (*Ergebnis*) consecuencia *f*; ***zur ~ haben*** tener por consecuencia; **⁓n** (*ge-*, *sn*) (*dat*) seguir; (*nachfolgen*) suceder (***auf*** *ac* a); (*gehorchen*) obedecer; (*sich ergeben*) resultar (***aus*** de); **⁓nd** siguiente; **⁓ndermaßen** [-dərmɑːsən] como sigue; **⁓rn** (*ge-*, *h*) concluir, deducir (***aus*** de); **~rung** *f* (-; *-en*) conclusión *f*, deducción *f*
'folg|lich ['fɔlkliç] por consiguiente, por (lo) tanto; **~sam** obediente
Folie ['foːljə] *f* (-; *-n*) hoja *f*
Folk ['fɔlk] *m* (*-s*; *sin pl*) folk *m*; **~lore** [-'loːrə] *f* (-; *sin pl*) folklore *m*; **~'loreabend** *m* velada *f* folklórica; **'~musik**

F

f música *f* folk

'Folter ['fɔltər] *f* (-; *-n*) tortura *f*, tormento *m* (*a fig*); *fig* ***auf die ~ spannen*** tener en suspenso; **2n** (*ge-*, *h*) torturar

Fön *Wz* → ***Föhn***

Fonds *com* [fɔ̃] *m* (-; - [fɔ̃s]) fondo *m*

fönen ['føːnən] (*ge-*, *h*) secar con secador de pelo *od* de mano

Fontäne [fɔn'tɛːnə] *f* (-; *-n*) surtidor *m*

fordern ['fɔrdərn] (*ge-*, *h*) pedir (***et v j-m*** a/c a alg); *stärker*: exigir; *pol* reivindicar

'förder|n ['fœrdərn] (*ge-*, *h*) fomentar, promover; *j-n*: favorecer; *min* extraer; **2ung** *f* (-; *-en*) fomento *m*; *min* extracción *f*

Forderung ['fɔrdəruŋ] *f* (-; *-en*) exigencia *f*; *pol* reivindicación *f*; *com* (***ausstehende***) ***~en*** créditos *m/pl*

Forelle [fo'rɛlə] *f* (-; *-n*) trucha *f*

Form [fɔrm] *f* (-; *-en*) forma *f*; (*Kuchen2*) molde *m*; (***gut***, ***schlecht***) ***in ~ sn*** estar en (buena, baja) forma; **~alität** [-mali'tɛːt] *f* (-; *-en*) formalidad *f*; *pl* trámites *m/pl*; **~at** [-'maːt] *n* (*-[e]s*; *-e*) tamaño *m*; formato *m*; **2atieren** (*h*) *v/t inform* formatear; **~atierung** *f inform* formateo *m*; **'~blatt** *n* formulario *m*; **'~el** *f* (-; *-n*) fórmula *f*; **2ell** [-'mɛl] formal, ceremonioso; **'2en** (*ge-*, *h*) formar (*a fig*)

förmlich ['fœrmliç] formal, ceremonioso

Formu|lar [fɔrmu'laːr] *n* (*-[e]s*; *-e*) impreso *m*, formulario *m*; **2'lieren** (*h*) formular

'forsch|en ['-ʃən] (*ge-*, *h*) investigar; buscar (***nach j-m*** a alg); **2er** *m* (*-s*; -), **2erin** *f* (-; *-nen*) investigador(a *f*) *m*; explorador(a *f*) *m*; **2ung** *f* (-; *-en*) investigación *f*; exploración *f*; **2ungsauftrag** *m* encargo *m* de investigación; **2ungszentrum** *n* centro *m* de investigación

Forst [fɔrst] *m* (*-[e]s*; *-e[n]*) bosque *m*; monte *m*

Förster ['fœrstər] *m* (*-s*; -) guarda *m* forestal, guardabosque *m*

Forstwirtschaft ['fɔrst-] *f* (-; *sin pl*) silvicultura *f*

fort [fɔrt]: ***~ sn*** *j*: haberse ido *od* marchado; *et*: haber desaparecido; ***in e-m ~*** sin interrupción, continuamente; ***und so ~*** y así sucesivamente; etcétera; **'~bestehen** (*irr*, *sep*, *h*, → ***bestehen***) persistir, perdurar, subsistir; **'2bildung(skurs** *m*) *f* (curs(ill)o *m* de) perfeccionamiento *m*; **'2dauer** *f* continuación *f*; **'~fahren** (*irr*, *sep*, *-ge-*, → ***fahren***) **a)** (*sn*) salir (***nach*** para); **b)** (*h*) continuar, seguir (***mit*** con, ***zu*** *ger*); **~gehen** (*irr*, *sep*, *-ge-*, *sn*, → ***gehen***) marcharse; **'~geschritten** adelantado, avanzado; **'~laufend** seguido, continuo; **'2pflanzung** *f* (-; *sin pl*) *biol* reproducción *f*; **'~schaffen** (*sep*, *-ge-*, *h*) (*befördern*) llevar; **'2schritt** *m* (*-[e]s*; *-e*) progreso *m*; **'~schrittlich** avanzado; progresista; **'~setzen** (*sep*, *-ge-*, *h*) continuar, seguir; **'2setzung** *f* (-; *-en*) continuación *f*; ***~ folgt*** continuará; **'~während** continuo, perpetuo; **'~werfen** (*irr*, *sep*, *-ge-*, *h*, → ***werfen***) tirar

'Foto ['foːto] *n* (*-s*; *-s*) foto *f*; **~apparat** *m* máquina *f* fotográfica; **~geschäft** *n* tienda *f* de artículos fotográficos; **~graf** [-'graːf] *m* (*-en*; *-en*) fotógrafo *m*; **~grafie** [-gra'fiː] *f* fotografía *f*; **2grafieren** (*h*) fotografiar; **~grafin** [-'graːfin] *f* (-; *-nen*) fotógrafa *f*; **~ko'pie** *f* fotocopia *f*; **2ko'pieren** (*h*) fotocopiar

Foul [faʊl] *n* (*-s*; *-s*) *dep* falta *f*

Foyer [foa'jeː] *n* (*-s*; *-s*) foyer *m*

Fracht [fraxt] *f* (-; *-en*) *mar*, *avia* flete *m*; *ferro* transporte *m*; (*Ladung*) carga *f*; *mar* cargamento *m*; (*Gebühr*) porte *m*; **'~brief** *m* carta *f* de porte; *mar* conocimiento *m*; **'~er** *m* (*-s*; -) carguero *m*, buque *m* de carga; **'2frei** franco de porte *bzw* *mar* de flete; **'~kosten** *pl* gastos *m/pl* de transporte; *mar* flete *m*; **'~schiff** *n s* ***Frachter***

Frack [frak] *m* (*-[e]s*; *⸚e*) frac *m*

'Frage ['fraːgə] *f* (-; *-n*) pregunta *f* (***stellen*** hacer); (*Problem*) cuestión *f*, problema *m*; ***in ~ stellen*** poner en duda; ***in ~ kommen*** entrar en consideración; ***das kommt nicht in ~!*** ¡nada de eso!, ¡ni hablar!; **~bogen** *m* cuestionario *m*; **2n** (*ge-*, *h*) preguntar (***nach*** por); (*ausfragen*) interrogar; ***es fragt sich*** queda por saber; **~zeichen** *n* (signo *m* de) interrogación *f*

'frag|lich ['fraːkliç] en cuestión; (*unsicher*) incierto; **~würdig** dudoso

Frak'tion [frak'tsjoːn] *f* (-; *-en*) *pol* grupo *m* parlamentario; **~svorsitzende** *m* (*-n*; *-n*) jefe *m* del grupo parlamentario; **~szwang** *m* disciplina *f* del voto

Franc ['frã] *m* (-; *-[s]*) franco *m* (***französischer***, ***belgischer*** francés, belga)
Franken ['fraŋkən] *m* (*-s*; -): ***Schweizer ~*** franco *m* suizo
fran'kier|en [-'kiːrən] (*h*) franquear; **≗maschine** *f* máquina *f* de franquear
franko ['-ko] libre de porte
Franse ['franzə] *f* (-; *-n*) franja *f*
Franz|ose [-'tsoːzə] *m* (*-n*; *-n*) francés *m*; **~ösin** [-'tsøːzin] *f* (-; *-nen*) francesa *f*; **≗ösisch** [-'tsøːziʃ] francés
Frau [fraʊ] *f* (-; *-en*) mujer *f*; señora *f* (*a Anrede*)
'Frauen|arzt *m*, **~ärztin** *f* ginecólogo *m*, -a *f*; **~bewegung** *f* feminismo *m*; **~klinik** *f* clínica *f* ginecológica
Fräulein ['frɔylaɪn] *n* (*-s*; -) señorita *f*
frech [frɛç] descarado, F fresco; **'≗heit** *f* (-; *-en*) desfachatez *f*, F frescura *f*
frei [fraɪ] libre (***von*** de); exento (de); *Stelle*: vacante; *Beruf*: liberal; (*kostenlos*) gratuito; *com* ***~ Haus*** franco (a) domicilio; ***~er Tag*** día *m* libre *od* de asueto; ***im ≗en*** al aire libre
'Frei|bad *n* piscina *f* al aire libre; **~berufler** *m* (*-s*; -) profesional *m* liberal; **≗beruflich**: ***~ tätig sn*** ejercer una profesión liberal; **~exemplar** *n* ejemplar *m* gratuito; **~gabe** *f* desembargo *m*, desbloqueo *m*; **≗geben** (*irr*, *sep*, *-ge-*, *h*, → ***geben***) desembargar, desbloquear; ***für den Verkehr ~*** abrir al tráfico; **≗gebig** ['-geːbiç] liberal, generoso; **~gepäck** *n* equipaje *m* libre, franquicia *f* de equipaje; **≗haben** (*irr*, *sep*, *-ge-*, *h*, → ***haben***) tener libre; **~hafen** *m* puerto *m* franco; **~handel** *m* librecambio *m*; **~handelszone** *f* zona *f* de librecambio
'Freiheit *f* (-; *-en*) libertad *f*; **≗lich** liberal; **~sstrafe** *f* pena *f* privativa de libertad
'Frei|karte *f* entrada *f* gratuita; **~körperkultur** *f* (-; *sin pl*) (des)nudismo *m*; **≗lassen** (*irr*, *sep*, *-ge-*, *h*, → ***lassen***) poner en libertad, soltar; **~lassung** *f* (-; *-en*) puesta *f* en libertad; **~lauf** *m am Fahrrad*: rueda *f* libre; **≗lich** claro, desde luego; **~lichtbühne** *f* teatro *m* al aire libre; **≗machen** (*sep*, *-ge-*, *h*) *corr* franquear; **~maurer** *m* masón *m*; **≗mütig** ['-myːtiç] franco, sincero; *adv* con franqueza; **~spruch** *m* absolución *f*; **~stoß** *m dep* golpe *m* franco; **~tag** *m* viernes *m*; **~treppe** *f* escalinata *f*; **~umschlag** *m* sobre *m* franqueado; **≗willig**, **~willige** ['-viligə] *m*/*f* (*-n*; *-n*) voluntario *m*, -a *f*
Freizeit *f* tiempo *m* libre, (ratos *m*/*pl* de) ocio *m*; **~angebot** *n* ofertas *f*/*pl* para el tiempo libre; **~gestaltung** *f* aprovechamiento *m* del tiempo libre; **~kleidung** *f* ropa *f* de tiempo libre
fremd [frɛmt] (*unbekannt*) desconocido; (*seltsam*) extraño; (*orts~*) forastero; (*ausländisch*) extranjero; **'~artig** extraño, raro; **≗e** ['-də] **1.** *f*: ***in der ~*** en el extranjero; **2.** *m*/*f* (*-n*; *-n*) forastero *m*, -a *f*; (*Ausländer*) extranjero *m*, -a *f*
'Fremden|führer(in *f*) *m* ['frɛmdən-] guía *su*; **~verkehr** *m* turismo *m*; **~verkehrsamt** *n* oficina *f* de turismo; **~zimmer** *n* habitación *f*
Fremd|finanzierung ['frɛmt-] *f* financiación *f* ajena; **~kapital** *n* capital *m* ajeno; **~sprache** *f* idioma *m* extranjero, lengua *f* extranjera; **~sprachensekretärin** *f* secretaria *f* con idiomas; **≗sprachlich** en idioma extranjero; *Unterricht*: de idiomas; **~währung** *f* moneda *f* extranjera; **~wort** *n* (*-[e]s*; *⸚er*) extranjerismo *m*
Frequenz [fre'kvɛnts] *f* (-; *-en*) frecuencia *f*
Fresko ['frɛsko] *n* (*-s*; *-ken*) fresco *m*
fressen ['frɛsən] (*fraß*, *gefressen*, *h*) *Tiere*: comer; P tragar; *Raubtier*: devorar; ≗ *n* (*-s*; *sin pl*) comida *f*; P bazofia *f*
'Freud|e ['frɔydə] *f* (-; *-n*) alegría *f* (***machen*** dar); placer *m*; ***mit ~en*** con mucho gusto; **≗ig** alegre; *adv* de buena gana
freuen ['-ən] (*ge-*, *h*): ***sich ~*** alegrarse (***über*** *ac* de); ***sich ~ auf*** (*ac*) esperar con ilusión; ***es freut mich***, ***dass ...*** me alegro que ...; ***das freut mich*** lo celebro
Freund [frɔʏnt] *m* (*-[e]s*; *-e*) amigo *m*; (*Anhänger*) aficionado *m* (*gen* a); **~in** ['-din] *f* (-; *-nen*) amiga *f*; **≗lich** ['frɔʏntliç] amable; *Wetter*: agradable; *Farbe*: alegre; ***das ist sehr ~ von Ihnen*** es usted muy amable; **'~lichkeit** *f* (-; *sin pl*) amabilidad *f*, afabilidad *f*; **'~schaft** *f* (-; *-en*) amistad *f*; **'≗schaftlich** amistoso
Frieden ['friːdən] *m* (*-s*; *sin pl*) paz *f* (*a fig*); ***im ~*** en tiempos de paz
'Friedens|bewegung *f* movimiento *m*

pacifista; **~nobelpreis** *m* Premio *m* Nobel de la Paz; **~politik** *f* política *f* de paz

'fried|fertig ['fri:tfɛrtiç] pacífico; **2hof** *m* cementerio *m*; **~lich** pacífico, tranquilo; **~liebend** amante de la paz

frieren ['fri:rən] (*fror, gefroren, h*) helar(se); *j*: tener frío; ***es friert*** hiela; ***mich friert*** tengo frío

Fries [fri:s] *m* (*-es; -e*) *arqu* friso *m*

Frika|delle [frika'dɛlə] *f* (*-; -n*) hamburguesa *f*; **~ssee** [-'se:] *n* (*-s; -s*) fricasé *m*

frisch [friʃ] fresco (*a fig Wetter*); (*neu*) nuevo; *Wäsche*: limpio; ***~ gestrichen!*** ¡recién pintado!; **'2e** *f* (*-; sin pl*) frescura *f*, fresco *m*; *fig* vigor *m*

Friseur [fri'zø:r] *m* (*-s; -e*) peluquero *m*; **~in** [-'zø:zə] *f* (*-; -n*) peluquera *f*

fri'sier|en [-'zi:rən] (*h*) peinar; **2salon** *m* salón *m* de peluquería

Frist [frist] *f* (*-; -en*) plazo *m*; (*Termin*) término *m*; **'2los** sin (pre)aviso

Frisur [fri'zu:r] *f* (*-; -en*) peinado *m*

Fritt|euse [-'tø:zə] *f* (*-; -n*) freidora *f*; **2ieren** [-'ti:rən] (*h*) freír

froh [fro:] contento (***über*** *ac* de); (*fröhlich*) alegre; (*glücklich*) feliz

'fröhlich ['frø:liç] alegre; **2keit** *f* (*-; sin pl*) alegría *f*

fromm [frɔm] piadoso; devoto

Fron'leichnam(sfest *n*) *m* [fro:n-] (*-[e]s; sin pl*) (día *m* del) Corpus *m*

Front [frɔnt] *f* (*-; -en*) *arqu* fachada *f*; *mil* frente *m* (*a Wetter*); **'~antrieb** *m* tracción *f* delantera

Frosch [frɔʃ] *m* (*-[e]; ⸚e*) rana *f*; **'~mann** *m* (*-[e]s; ⸚er*) hombre-rana *m*

Frost [frɔst] *m* (*-[e]s; ⸚e*) helada *f*; **'~beule** *f* sabañón *m*

frösteln ['frœstəln] (*ge-, h*) tiritar de frío

'frost|ig ['frɔstiç] frío (*a fig*); **2schutzmittel** *n* anticongelante *m*

Frottee [frɔ'te:] *n od m* (*-[s]; -s*), *österr* **Frotté** (tejido *m* de) rizo *m*

frot'tier|en [-'ti:rən] (*h*) frotar; **2tuch** *n* toalla *f* de rizo (esponjoso)

Frucht [fruxt] *f* (*-; ⸚e*) fruto *m* (*a fig*); **'2bar** fértil, fecundo (*a fig*); **'~barkeit** *f* (*-; sin pl*) fertilidad *f*, fecundidad *f*; **'~eis** *n* sorbete *m*; **'2los** *fig* inútil, infructuoso; **'~saft** *m* zumo *m* de fruta

früh [fry:] temprano; ***heute*** (***morgen***) ***~*** esta (mañana por la) mañana; ***zu ~ kommen*** llegar antes de tiempo; **'2e** *f*: ***in aller ~*** muy de madrugada; **'~er 1.** *adj* (*ehemalig*) antiguo, ex...; (*vorhergehend*) precedente, anterior; **2.** *adv* antes; **'~estens** lo más pronto; ***~ morgen*** no antes de mañana; **'2jahr** *n*, **2ling** ['-liŋ] *m* (*-s; -e*) primavera *f*; **~'morgens** de madrugada; **'~reif** precoz; **'2stück** *n* (*-[e]s; -e*) desayuno *m*; **'~stücken** (*ge-, h*) desayunar; **'2stücksbüfett** *n* buffet *m* de desayuno; **'2stücksfernsehen** *n* televisión *f* matutina; **'~zeitig** temprano; (*rechtzeitig*) a tiempo

Frust F [frust] *m* (*-[e]s; sin pl*) F frustre *m*; **2rieren** [-'tri:rən] (*h*) frustrar

Fuchs [fuks] *m* (*-es; ⸚e*) zorro *m*; (*Pferd*) alazán *m*; **'~schwanz** *m tec* serrucho *m*

Fuge ['fu:gə] *f* (*-; -n*) *tec* juntura *f*; *mus* fuga *f*; ***aus den ~n gehen*** deshacerse (*a fig*)

'füg|en ['fy:gən] (*ge-, h*): ***sich ~*** someterse (***in*** *ac* a); **~sam** ['fy:kza:m] dócil

'fühl|bar ['fy:lba:r] palpable; *fig* sensible; perceptible; **~en** (*ge-, h*) (*tasten*) palpar; (*empfinden*) sentir; ***sich wohl ~*** sentirse bien; **2er** *m* (*-s; -*) *zo* antena *f*

'führen ['fy:rən] (*ge-, h*) **1.** *v/t* conducir (*a auto*); llevar (*a Namen, Bücher, Leben usw*); (*leiten*) dirigir, guiar; *avia* pilotar; *mil u mar* mandar; *Ware*: tener, vender; **2.** *v/i* llevar, conducir; *bsd dep* estar en (*od* ir a la) cabeza; ***zu nichts ~*** no conducir a ninguna parte; **~d** dirigente, líder

'Führer ['fy:rər] *m* (*-s; -*) conductor *m*; *avia* piloto *m*; (*Fremden2*) guía *m*; (*Buch*) guía *f*; (*Leiter*) jefe *m*; *pol* líder *m* (*a dep*); **~in** *f* (*-; -nen*) conductora *f*; (*Fremden2*) guía *f*; **~schein** *m* carnet *m od* permiso *m* de conducir

'Führung ['fy:ruŋ] *f* (*-; sin pl*) dirección *f*; (*Geschäfts2*) gerencia *f*; gestión *f*; *pol u dep* liderato *m*; *mil u mar* mando *m*; (*pl -en*) (*Besichtigung*) visita *f* guiada; ***in ~ liegen*** (***gehen***) estar (ponerse) en cabeza; **~szeugnis** *n* certificado *m* de buena conducta

Fuhrunternehmen ['fu:rˀ-] *n* empresa *f* de transportes

'Füll|e ['fylə] *f* (*-; sin pl*) abundancia *f*; **2en** (*ge-, h*) llenar; *gastr* rellenar; **~en** *n* (*-s; -*) *zo* potro *m*; **~er** F *m* (*-s; -*), **~federhalter** *m* (pluma *f*) estilográfica *f*;

~ung *f* (-; *-en*) relleno *m* (*a gastr*); (*Zahn*≈) empaste *m*
Fund [funt] *m* (*-[e]s*; *-e*) hallazgo *m*
Fundament [-da'mɛnt] *n* (*-[e]s*; *-e*) fundamento *m* (*a fig*)
'Fund|büro ['funt-] *n* oficina *f* de objetos perdidos; **~sache** *f* objeto *m* hallado
fünf [fynf] **1.** cinco; **2.** ≈ *f* (-; *-en*) cinco *m*; **'~fach** quíntuplo; **'~hundert** quinientos; **'≈kampf** *m dep* pentatlón *m*; **'~mal** cinco veces; **≈'sternehotel** *n* hotel *m* de cinco estrellas; **≈'tagewoche** *f* semana *f* inglesa; **'≈tel** *n* (*-s*; -) quinto *m*; **'~tens** (en) quinto (lugar); **'~te** quinto; **'~zehn** quince; **~zig** ['-tsiç] cincuenta
Funk [fuŋk] *m* (*-s*; *sin pl*) radio *f*; **'~amateur** *m* radioaficionado *m*
'Funke ['fuŋkə] *m* (*-ns*; *-n*) chispa *f* (***sprühen*** echar); **≈ln** (*ge-*, *h*) brillar, centellear; **≈n** (*ge-*, *h*) transmitir por radio; **~n** *m* (*-s*; -) chispa *f*; **~r** *m* (*-s*; -) radio(telegrafista) *m*
'Funk|haus *n* estación *f* emisora; **~spruch** *m* radiograma *m*; **~streife(nwagen** *m*) *f* (coche *m*) radiopatrulla *f*
Funktion [-'tsjoːn] *f* (-; *-en*) función *f*; **≈ieren** [-tsjo'niːrən] (*h*) funcionar
für [fyːr] *Zweck*, *Bestimmung*, *Ziel*: para; (*um ... willen*) por; *Preis*: por; (*anstelle von*) en lugar de, en vez de; (*zugunsten von*) a *od* en favor de; ***Wort ~ Wort*** palabra por palabra; ***Tag ~ Tag*** día tras día; ***was ~ ein?*** ¿qué (clase de)? (*a als Ausruf*); ***das ≈ und Wider*** el pro y el contra
Furche ['furçə] *f* (-; *-n*) surco *m*
Furcht [furçt] *f* (-; *sin pl*) temor *m*, miedo *m* (***vor*** a, de); **'≈bar** terrible, horrible, tremendo
fürcht|en ['fyrçtən] (*ge-*, *h*) temer; ***sich ~*** tener miedo (***vor*** *dat* a); **~erlich** ['-tərliç] terrible, horrible
'furcht|los ['furçtloːs] sin miedo; **~sam** miedoso, medroso
füreinander [fyrˀaɪn'andər] el uno para el otro; unos para otros
Furnier [fur'niːr] *n* (*-s*; *-e*) chapa *f* de madera
Für|sorge ['fyːrzɔrgə] *f* (-; *sin pl*) asistencia *f*; *öffentliche*: asistencia *f* pública *bzw* social; **~sorger** *m* (*-s*; -), **~sorgerin** *f* (-; *-nen*) asistente *su* social; **~sprache** *f* intercesión *f*
Fürst [fyrst] *m* (*-en*; *-en*) príncipe *m*; **'~entum** *n* (*-s*; *¨er*) principado *m*; **'~in** *f* (-; *-nen*) princesa *f*
Furt [furt] *f* (-; *-en*) vado *m*
Furunkel *med* [fu'ruŋkəl] *m* (*-s*; -) furúnculo *m*, divieso *m*
Fürwort ['fyːr-] *n* (*-[e]s*; *¨er*) pronombre *m*
Furz V [furts] *m* (*-es*; *¨e*) pedo *m*; **'≈en** V (*ge-*, *h*) soltar un pedo
Fusion [fu'zjoːn] *f* (-; *-en*) fusión *f*; **≈ieren** [-zjo'niːrən] (*h*) fusionar
Fuß [fuːs] *m* (*-es*; *¨e*) pie *m* (*a fig*); *Tier*, *Möbel*: pata *f*; ***zu ~*** a pie; **'~abtreter** *m* limpiabarros *m*
'Fußball *m* balón *m*; (*Spiel*) fútbol *m*; **~er** F *m* (*-s*; -) futbolista *m*; **~mannschaft** *f* (**~platz** *m*) equipo *m* (campo *m*) de fútbol; **~spiel** *n* partido *m* de fútbol; **~spieler(in** *f*) *m* futbolista *su*; **~toto** *n* quinielas *f*/*pl*
'Fuß|boden *m* piso *m*, suelo *m*; **~bremse** *f* freno *m* de pie; **~gänger** ['-gɛŋər] *m* (*-s*; -) peatón *m*; **~gängerampel** *f* semáforo *m* para peatones; **~gängerüberweg** *m* paso *m* de peatones; **~gängerzone** *f* zona *f* peatonal; **~marsch** *m* marcha *f* a pie, caminata *f*; **~note** *f* nota *f* (al pie de la página); **~pflege** *f* pedicura *f*; **~sohle** *f* planta *f* del pie; **~spur** *f* huella *f*, pisada *f*; **~tritt** *m* puntapié *m*, F patada *f*; **~weg** *m* camino *m* para peatones
Futter ['futər] *n* (*-s*; *sin pl*) alimento *m*; (*pl* -) (*Stoff*≈) forro *m*
Futteral [-'rɑːl] *n* (*-s*; *-e*) estuche *m*
'fütter|n ['fytərn] (*ge-*, *h*) *Vieh*: echar de comer a; *Kind*: dar de comer a; *Kleid*: forrar; **≈ung** *f* (-; *-en*) alimentación *f*
Futur [fu'tuːr] *n* (*-s*; *sin pl*) futuro *m*
Futurismus *m* futurismo *m*

G

G, g [geː] *n* (-; -) G, g *f*; *mus* sol *m*; ***G-Dur*** sol mayor; ***g-Moll*** sol menor
Gabe [ɡɑːbə] *f* (-; *-n*) regalo *m*; donativo *m*; *fig* don *m*, talento *m*
'Gabel ['-bəl] *f* (-; *-n*) *agr* horca *f*, horquilla *f* (*a Fahrrad*2); (*Ess*2) tenedor *m*; **2n** (*ge-*, *h*): ***sich ~*** bifurcarse
gackern ['gakərn] (*ge-*, *h*) cacarear
'gaff|en ['gafən] (*ge-*, *h*) mirar boquiabierto; **2er** *m* (*-s*; -) mirón *m*
Gage ['ɡɑːʒə] *f* (-; *-n*) sueldo *m*, *fr* cachet *m*
gähnen ['gɛːnən] (*ge-*, *h*) bostezar
Galaabend ['galaˀ-] *m* gala *f*; *teat* función *f* de gala
galant [-'lant] galante
Galeere [-'leːrə] *f* (-; *-n*) galera *f*
Galerie [-lə'riː] *f* (-; *-n*) galería *f*
'Galgen ['galgən] *m* (*-s*; -) horca *f*, patíbulo *m*; **~frist** *f* plazo *m* de gracia
Galic|ier [ga'liːtsjər] *m* (*-s*; -), **~ierin** *f* (-; *-nen*), **2isch** gallego *m*, -a *f*
'Galle ['galə] *f* (-; *sin pl*) bilis *f*, hiel *f*; **~nblase** *f* vesícula *f* biliar; **~nstein** *m* cálculo *m* biliar
Galopp [-'lɔp] *m* (*-s*; *-e*, *-s*) galope *m*; **2'ieren** (*sn*) galopar
gamm|eln ['gaməln] (*ge-*, *h*) gandulear; **2ler** ['-lər] *m* (*-s*; -) melenudo *m*
Gämse ['gɛmzə] *f* (-; *-n*) gamuza *f*
Gang [gaŋ] *m* (*-[e]s*; *sin pl*) (*Verlauf*) curso *m*; (*Gangart*) (modo *m* de) andar *m*; (*pl* ⸚*e*) (*Flur*) pasillo *m*; (*Spazier*2) vuelta *f* (***machen*** dar); (*Bewegung*, *bsd tec*) marcha *f*; *auto a*: velocidad *f*; (*Besorgung*) recado *m* (***machen*** hacer); (*Mahlzeit*) plato *m*; ***in vollem ~e sn*** estar en plena actividad; ***in ~ bringen***, ***setzen*** poner en marcha; *auto* ***im zweiten ~ fahren*** ir en segunda
gängig ['gɛŋiç] corriente; *com* de fácil salida
Gangschaltung ['gaŋʃaltuŋ] *f* cambio *m* de marchas
Gangster ['gɛŋstər] *m* (*-s*; -) gángster *m*
Gangway ['-vɛi] *f* (-; *-s*) *avia* escalerilla *f*; *mar* pasarela *f*
Ganove [ga'noːvə] *m* (*-n*; *-n*) tunante *m*, truhán *m*
Gans [gans] *f* (-; ⸚*e*) ganso *m*, oca *f*
'Gänse|blümchen ['gɛnzeblyːmçən] *n* (*-s*; -) margarita *f*; **~braten** *m* ganso *m* asado; **~füßchen** [-fyːsçən] *n*/*pl* comillas *f*/*pl*; **~haut** *f fig* carne *f* de gallina; **~leberpastete** *f* paté *m* de fuagrás; **~marsch** *m*: ***im ~*** en fila india
ganz [gants] **1.** *adj* entero; todo; (*heil*) intacto; (*vollständig*) completo; (*völlig*) total; ***den ~en Tag*** todo el día; ***e-e ~e Woche*** una semana entera; **2.** *adv* enteramente; completamente; totalmente; *vor adj u adv* muy; (*ziemlich*) bastante; ***~ und gar*** absolutamente; totalmente; ***~ und gar nicht*** de ningún modo, en absoluto; ***nicht ~*** no del todo; **'2e** *n* (*-n*; *sin pl*) conjunto *m*; todo *m*
Ganztagsarbeit ['gantstɑːksˀarbaɪt] *f* trabajo *m* de jornada entera
gar [gɑːr] **1.** *adj*: ***~ sn*** estar en su punto; **2.** *adv*: ***~ nicht*** en absoluto, de ningún modo; ***~ nicht einfach*** nada fácil; ***~ nichts*** absolutamente nada
Garage [ga'rɑːʒə] *f* (-; *-n*) garaje *m*
Garan'tie [-ran'tiː] *f* (-; *-n*) garantía *f*; **2ren** (*h*) garantizar; **~schein** *m* certificado *m* de garantía
Garbe ['garbə] *f* (-; *-n*) gavilla *f*
Garde'robe [-də'roːbə] *f* (-; *-n*) (*Raum*) guardarropa *m*; (*Flur*2) recibidor *m* (mural); (*sin pl*) (*Kleider*) ropa *f*, vestidos *m*/*pl*; **~nmarke** *f* ficha *f* del guardarropa; **~nständer** *m* percha *f*
Gardine [-'diːnə] *f* (-; *-n*) cortina *f*
gären ['gɛːrən] (*gärte*, *gor*, *gegoren*, *h*) fermentar
Garn [garn] *n* (*-[e]s*; *-e*) hilo *m*
Garnele *zo* [gar'neːlə] *f* (-; *-n*) camarón *m*; *größere*: gamba *f*
Garnison [-ni'zoːn] *f* (-; *-en*) guarnición *f*
Garnitur [-'tuːr] *f* (-; *-en*) (*Zs.gehöriges*) juego *m*; ***~ Bettwäsche*** juego *m* de cama
'Garten ['-tən] *m* (*-s*; ⸚) jardín *m*; (*Nutz*2) huerto *m*; **~geräte** *n*/*pl* útiles *m*/*pl* de jardinería; **~lokal** *n* restaurante *m* con jardín; **~möbel** *n*/*pl* muebles *m*/*pl* de jardín
Gärtner ['gɛrtnər] *m* (*-s*; -), **~in** *f* (-; *-nen*) jardinero *m*, -a *f*; (*Handels*2) horticultor(a *f*) *m*; **~ei** [-'raɪ] *f* (-; *-en*) horticul-

tura *f*; jardinería *f*
Gärung ['gɛːrʊŋ] *f* (-; *-en*) fermentación *f*; *fig* efervescencia *f*
Gas [gɑːs] *n* (*-es*; *-e*) gas *m*; *auto* ~ ***geben*** acelerar; ~ ***wegnehmen*** cortar *od* quitar el gas; **'~anzünder** *m* encendedor *m* de gas; **'~brenner** *m* mechero *m* de gas; **'~flasche** *f* bombona *f* de gas; **'~hahn** *m* llave *f* del gas; **'~hebel** *m* *auto* acelerador *m*; **'~heizung** *f* calefacción *f* de gas; **'~herd** *m* cocina *f* de gas; **'~maske** *f* careta *f* antigás; **'~pedal** *n* *auto* acelerador *m*
Gasse ['gasə] *f* (-; *-n*) calleja *f*, callejón *m*
Gast [gast] *m* (*-[e]s*; *⸗e*) huésped *m*; invitado *m*; (*im Restaurant*, *Hotel*) cliente *m*; **'~arbeiter** *m* trabajador *m* extranjero
'Gäste|buch ['gɛstəbuːx] *n* álbum *m* de visitantes; **~haus** *n* casa *f* de huéspedes; **~zimmer** *n* cuarto *m* de huéspedes
'gast|freundlich ['gast-] hospitalario; **≗freundschaft** *f* (-; *sin pl*) hospitalidad *f*; **≗geber** *m* anfitrión *m*; **≗geberin** *f* anfitriona *f*; **≗haus** *n*, **≗hof** *m* fonda *f*, hostería *f*; **≗land** *n* país *m* de acogida; **~lich** hospitalario
Gastronomie [gastrono'miː] *f* (-; *sin pl*) gastronomía *f*
'Gast|stätte ['gastʃtɛtə] *f* restaurante *m*; **~wirt** *m* fondista *m*; hostelero *m*; **~wirtschaft** *f* restaurante *m*
'Gas|uhr ['gɑːsˀuːr] *f* contador *m* de gas; **~vergiftung** *f* intoxicación *f* por gas(es); **~werk** *n* fábrica *f* de gas
'Gatt|e ['gatə] *m* (*-n*; *-n*) esposo *m*; **~in** *f* (-; *-nen*) esposa *f*
Gaul [gaʊl] *m* (*-[e]s*; *⸗e*) caballo *m*; *desp* rocín *m*
Gaumen ['gaʊmən] *m* (*-s*; -) paladar *m*
Gauner ['-nər] *m* (*-s*; -) truhán *m*, estafador *m*, timador *m*; **~ei** [-'raɪ] *f* (-; *-en*) estafa *f*, timo *m*
Gazelle [ga'tsɛlə] *f* (-; *-n*) gacela *f*
Gebäck [gə'bɛk] *n* (*-[e]s*; *-e*) pastelería *f*, pasteles *m/pl*
Gebärde [-'bɛːrdə] *f* (-; *-n*) ademán *m*
ge'bär|en [-'bɛːrən] (*gebar*, *geboren*, *h*) parir; *Mensch*: dar a luz; **≗mutter** *f* *anat* matriz *f*, útero *m*
Gebäude [-'bɔʏdə] *n* (*-s*; -) edificio *m*
Gebell [-'bɛl] *n* (*-[e]s*; *sin pl*) ladrido *m*
geben ['geːbən] (*gab*, *gegeben*, *h*) dar; (*reichen*) *a* pasar; (*über~*) entregar; (*gewähren*) conceder; *teat* representar; *Film*: poner; ***es gibt*** hay; ***was gibt's?*** ¿qué hay?; ¿qué pasa?; ***es wird Regen*** ~ va a llover; ***sich*** ~ (*aufhören*) cesar; calmarse
Geber ['-bər] *m* (*-s*; -), **~in** *f* (-; *-nen*) (*Spender*) donador(a *f*) *m*
Gebet [gə'beːt] *n* (*-[e]s*; *-e*) oración *f*
Gebiet [-'biːt] *n* (*-[e]s*; *-e*) región *f*, zona *f*, territorio *m*; *fig* campo *m*, terreno *m*; **≗erisch** [-'-təriʃ] imperioso, categórico
Gebilde [-'bildə] *n* (*-s*; -) forma(ción) *f*; figura *f*; (*Erzeugnis*) creación *f*
ge'bildet culto, instruido
Ge'birg|e [-'birgə] *n* (*-s*; -) montaña *f*; sierra *f*; **≗ig** montañoso
Ge'birgs|bewohner [-'birksbəwoːnər] *m* montañés *m*; **~zug** *m* cordillera *f*
Gebiss [-'bis] *n* (*-es*; *-e*) dentadura *f* (***künstliches*** postiza)
Gebläse [-'blɛːzə] *n* (*-s*; -) *tec* soplete *m*; ventilador *m*
ge|blümt [-'blyːmt] floreado; **~bogen** [-'boːgən] curvo, encorvado
geboren [-'boːrən] nacido; ~ ***in*** *a* natural de; ~ ***werden*** nacer
Gebot [-'boːt] *n* (*-[e]s*; *-e*) mandamiento *m* (*a rel*); orden *f*; *Auktion*: postura *f*, *höheres*: puja *f*
ge'braten asado; *in der Pfanne*: frito
Ge'brauch [-'braʊx] *m* (*-[e]s*; *sin pl*) uso *m*; utilización *f*, empleo *m*; (*pl ⸗e*) (*Sitte*) costumbre *f*; ~ ***machen von*** servirse de; **≗en** (*h*) usar; utilizar, emplear; servirse de; ***zu*** ~ ***sn*** servir (***zu*** para)
gebräuchlich [-'brɔʏçliç] usual, en uso; (*allgemein*) corriente
Ge'brauchs|anweisung [-'braʊxsˀ-] *f* instrucciones *f/pl* para el uso, modo *m* de empleo; **≗fertig** listo para el uso
ge'braucht [-'braʊxt] usado; de ocasión; de segunda mano; **≗wagen** *m* coche *m* usado *od* de segunda mano
Gebrüder [-'bryːdər] *pl* hermanos *m/pl*
Gebrüll [-'bryl] *n* (*-[e]s*; *sin pl*) *Löwe*: rugido *m*; *fig* griterío *m*, vocerío *m*
Gebühr [-'byːr] *f* (-; *-en*) derecho *m*; tarifa *f*, tasa *f*; ~ ***bezahlt*** porte pagado
ge'bühren (*h*) *j-m*: corresponder a; **~d** debido; conveniente; *adv* debidamente; **≗einheit** *f* *tel* paso *m* (de contador); **≗erhöhung** *f* aumento *m* de tasas; **~frei** exento de tasas; **≗ordnung** *f* tarifa *f*; *com* arancel *m*; **~pflichtig**

[-pfliçtiç] sujeto a derechos; *Autobahn*: de peaje
gebunden [-ˈbundən] *Buch*: encuadernado; *fig* ligado
Ge'burt [-ˈbuːrt] *f* (-; *-en*) nacimiento *m*; ***vor*** (***nach***) ***Christi ~*** antes (después) de Jesucristo; **~enkontrolle** *f* control *m* de natalidad; **~enrückgang** *m* disminución *f* de la natalidad; **≗enschwach** de baja natalidad; **≗enstark** de alta natalidad; **~enziffer** *f* natalidad *f*
gebürtig [-ˈbyrtiç] natural (***aus*** de)
Ge'burts|datum [geˈbuːrts-] *n* fecha *f* de nacimiento; **~ort** *m* lugar *m* de nacimiento; **~tag** *m* cumpleaños *m*; ***~ haben*** cumplir años; **~urkunde** *f* partida *f* de nacimiento
Gebüsch [-ˈbyʃ] *n* (*-[e]s*; *-e*) matorral *m*
Ge'dächtnis [-ˈdɛçtnis] *n* (*-ses*; *-se*) memoria *f*; (*Andenken*) recuerdo *m*; ***zum ~ an*** (*ac*) en memoria de; **~feier** *f* acto *m* conmemorativo
Gedanke [-ˈdaŋkə] *m* (*-ns*; *-n*) pensamiento *m*; idea *f*; ***kein ~!*** ¡ni pensarlo!; ¡ni por pienso!; ***sich ~n machen über*** (*ac*) preocuparse por
ge'danken|los irreflexivo, inconsiderado; **≗strich** *m* raya *f*
Gedärme [-ˈdɛrmə] *n/pl* intestinos *m/pl*, F tripas *f/pl*
Gedeck [-ˈdɛk] *n* (*-[e]s*; *-e*) cubierto *m*
gedeihen [-ˈdaɪən] (*gedieh*, *gediehen*, *sn*) prosperar, desarrollarse
ge'denk|en (*gedachte*, *gedacht*, *h*) (*gen*) acordarse de; *ehrend*: conmemorar *ac*; (*beabsichtigen*) pensar (***zu*** *inf*); **≗feier** *f* acto *m* conmemorativo; **≗stein** *m* (**≗tafel** *f*) lápida *f* (placa *f*) conmemorativa; **≗tag** *m* aniversario *m*
Gedicht [gəˈdiçt] *n* (*-[e]s*; *-e*) poesía *f*, poema *m*
gediegen [-ˈdiːgən] *fig* sólido; formal
Gedränge [-ˈdrɛŋə] *n* (*-s*; *sin pl*) (*Menschen≗*) gentío *m*, muchedumbre *f*
Ge'duld [-ˈdult] *f* (-; *sin pl*) paciencia *f*; **≗en** [-ˈ-dən] (*h*): ***sich ~*** tener paciencia; **≗ig** paciente, sufrido
geeignet [-ˈʔaɪgnət] apropiado, adecuado; *j*: apto (***für***, ***zu*** para)
Gefahr [-ˈfaːr] *f* (-; *-en*) peligro *m*; (*Risiko*) riesgo *m*; ***~ laufen zu*** correr peligro *od* el riesgo de; ***in ~ sn*** estar en peligro; ***auf die ~ hin***, ***zu*** a riesgo de
ge'fähr|den [-ˈfɛːrdən] (*h*) poner en peligro; comprometer; **~lich** peligroso, arriesgado
Gefährt|e [-ˈfɛːrtə] *m* (*-n*; *-n*), **~in** *f* (-; *-nen*) compañero *m*, -a *f*
Gefälle [-ˈfɛlə] *n* (*-s*; -) declive *m*, pendiente *f*; *a fig* desnivel *m*
gefallen [-ˈfalən] **1.** *v/i* (*gefiel*, *gefallen*, *h*) gustar, agradar; ***wie gefällt es Ihnen?*** ¿qué le parece?; ***sich et ~ lassen*** tolerar a/c; **2.** ≗ *n*: ***~ finden an*** tomar gusto a; **3.** ≗ *m* (*-s*; -) favor *m*; ***j-m e-n ~ tun*** hacer un favor a alg
ge'fällig [-ˈfɛliç] complaciente; agradable; ***j-m ~ sn*** complacer a alg; **≗keit** *f* (-; *sin pl*) complacencia *f* (***aus*** por); (*pl -en*) (*Dienst*) favor *m*
ge'fangen [-ˈfaŋən] prisionero; cautivo; ***~ nehmen*** *mil* hacer prisionero; **≗e** *m* (*-n*; *-n*) prisionero *m* (*a mil*); *jur* preso *m*; **≗schaft** *f* (-; *sin pl*) *mil* cautividad *f*, cautiverio *m*
Ge'fängnis [-ˈfɛŋnis] *n* (*-ses*; *-se*) cárcel *f*, prisión *f*; **~strafe** *f* (pena *f* de) prisión *f*; **~wärter** *m* carcelero *m*
Gefäß [-ˈfɛːs] *n* (*-es*; *-e*) vaso *m* (*a med*), recipiente *m*
gefasst [-ˈfast] sereno; ***sich ~ machen auf*** (*ac*) prepararse para
Gefecht [-ˈfɛçt] *n* (*-[e]s*; *-e*) combate *m*
Gefieder [-ˈfiːdər] *n* (*-s*; -) plumaje *m*
Geflecht [-ˈflɛçt] *n* (*-[e]s*; *-e*) trenzado *m*; (*Draht≗*) enrejado *m*
Ge'flügel [-ˈflyːgəl] *n* (*-s*; *sin pl*) aves *f/pl* (de corral); **~handlung** *f* pollería *f*; **~zucht** *f* avicultura *f*
Geflüster [-ˈflystər] *n* (*-s*; *sin pl*) cuchicheo *m*
Gefolge [-ˈfɔlgə] *n* (*-s*; -) séquito *m*
ge|fragt [-ˈfraːkt] *com* solicitado; **~fräßig** [-ˈfrɛːsiç] voraz, glotón
Gefreite *mil* [-ˈfraɪtə] *m* (*-n*; *-n*) cabo *m*
ge'frier|en (*gefror*, *gefroren*, *sn*) helar(se), congelarse; **≗fach** *n* congelador *m*; **≗punkt** *m*: ***unter dem ~*** bajo cero; **≗truhe** *f* congelador *m*
gefügig [-ˈfyːgiç] dócil; dúctil
Ge'fühl [-ˈfyːl] *n* (*-[e]s*; *-e*) sentimiento *m*; sensación *f*; (*Ahnung*) presentimiento *m*; (*~ssinn*) tacto *m*; (*Sinn*) sentido *m* (***für*** de); **≗los** insensible (***gegen*** a); **≗voll** sensible; sentimental
ge'gebenenfalls [-ˈgeːbənən-] dado el caso, eventualmente
gegen [ˈgeːgən] (*ac*) contra; *Richtung*,

G

Zeit: hacia; *Verhalten*: con, para con; *Tausch*: en cambio de; *Vergleich*: en comparación con; **~ *Abend*** hacia la noche; (***gut***) **~ ...** *Mittel*: (bueno) para *od* contra

'Gegen|angriff *m* contraataque *m*; **~befehl** *m* contraorden *f*; **~besuch** *m*: ***j-m e-n ~ machen*** devolver la visita a alg

Gegend ['ge:gənt] *f* (-; *-en*) región *f*; comarca *f*; (*Landschaft*) paisaje *m*

gegenein'ander uno(s) contra otro(s)

'Gegen|fahrbahn *f* carril *m* contrario; **~gewicht** *n* contrapeso *m* (*a fig*); **~gift** *n* contraveneno *m*, antídoto *m*; **~licht** *n*: ***bei ~*** a contraluz; **~mittel** *n* remedio *m*; antídoto *m* (*a fig*); **~partei** *jur f* parte *f* contraria; **~satz** *m* contraste *m*; oposición *f*; ***im ~ zu*** en contraposición a; **≗sätzlich** ['-zɛtsliç] opuesto, contrario; **~seite** *f* lado *m* opuesto; *jur* parte *f* contraria; **≗seitig** mutuo, recíproco; **~seitigkeit** *f* (-; *sin pl*) reciprocidad *f*; mutualidad *f*; ***auf ~*** mutuo; **~spieler(in** *f*) *m* adversario *m*, -a *f*; **~stand** *m* objeto *m*; (*Thema*) asunto *m*, tema *m*; **≗ständlich** ['-ʃtɛntliç] concreto; material; **~stimme** *f* voto *m* en contra; **~teil** *n* lo contrario; ***im ~*** al contrario

gegen'über 1. *adv* enfrente; **2.** *prp* (*dat*) enfrente de, frente a; (*verglichen mit*) comparado con; (*Verhalten*) para con, con; **~liegend** [-li:gənt] de enfrente; **~stehen** (*irr*, *sep*, *-ge-*, *h*, → ***stehen***) (*dat*) estar enfrente de; ***sich ~*** estar frente a frente; **~stellen** (*sep*, *-ge-*, *h*) oponer; *jur* confrontar; **≗stellung** *f* *jur* confrontación *f*

'Gegen|verkehr *m* circulación *f* en sentido contrario; **~wart** ['-vart] *f* (-; *sin pl*) *j-s*: presencia *f*; (*Zeit*) actualidad *f*; *gram* presente *m*; **≗wärtig** [-vɛrtiç] presente; (*jetzt*) actual; *adv* actualmente; **~wehr** *f* (-; *sin pl*) defensa *f*, resistencia *f*; **~wert** *m* contravalor *m*, equivalente *m*; **~wind** *m* viento *m* contrario; **≗zeichnen** (*sep*, *-ge-*, *h*) refrendar

'Gegner ['ge:gnər] *m* (*-s*; -), **~in** *f* (-; *-nen*) adversario *m*, -a *f* (*a dep*); rival *su*

Gehackte [-'haktə] *n* (*-n*; *sin pl*) carne *f* picada

Gehalt [-'halt] **1.** *m* (*-[e]s*; *-e*) contenido *m* (***an*** *dat* de); *fig* valor *m*, sustancia *f*; **2.** *n* (*-[e]s*; *¨er*) sueldo *m*; **~sabrechnung** *f* nómina *f*; **~sansprüche** *m/pl* pretensiones *f/pl* económicas; **~sempfänger** *m* asalariado *m*; **~serhöhung** *f* aumento *m* de sueldo; **~sgruppe** *f* categoría *f* de sueldo; **~skonto** *n* domiciliación *f* de la nómina; **≗voll** sustancioso, sustancial

gehässig [-'hɛsiç] hostil; odioso

Gehäuse [-'hɔʏzə] *n* (*-s*; -) caja *f* (*a Uhr≗*); (*Etui*) estuche *m*; *auto* cárter *m*

ge'heim [-'haɪm] secreto; (*verborgen*) oculto; (*heimlich*) clandestino; **≗dienst** *m* servicio *m* secreto

Ge'heimnis [-nis] *n* (*-ses*; *-se*) secreto *m* (***offenes*** a voces); misterio *m*; **≗voll** misterioso

Ge'heim|nummer *f* número *m* personal; **~polizei** *f* policía *f* secreta

'gehen ['ge:ən] **1.** *v/i* (*ging*, *gegangen*, *sn*) ir (***nach***, ***zu*** a; ***zu*** *j-m* a casa de, a vera); andar, marchar, caminar; *tec* funcionar; (*weg~*) irse, marcharse, salir; ***rechts ~*** tomar la derecha; ***gut ~*** *com Ware*: venderse bien; ***es geht mir gut*** estoy bien; ***falsch ~*** *Uhr*: andar mal; ***wie geht es Ihnen?*** ¿cómo está Vd.?, ¿cómo le va?; ***wie geht's?*** ¿qué tal?; ***das geht nicht*** no puede ser; ***~ auf*** *Fenster*: dar a; ***~ durch*** pasar por; ***~ in*** (*ac*) entrar en; ***ins Theater ~*** ir al teatro; ***sich ~ lassen*** descuidarse; ***~ über*** (*ac*) atravesar; cruzar (*ac*); *ferro* pasar por; ***es geht nichts über ...*** (no hay) nada mejor que ...; ***es geht um ...*** se trata de ...; **2. ≗** *n* (*-s*; *sin pl*) marcha *f*; *dep* marcha *f* atlética; ***das ~ fällt ihm schwer*** le cuesta andar

Geheul [-'hɔʏl] *n* (*-[e]s*; *sin pl*) aullido *m*

Gehilf|e [-'hilfə] *m* (*-n*; *-n*), **~in** *f* (-; *-nen*) ayudante *m*, -a *f*, asistente *m*, -a *f*

Ge'hirn [-'hirn] *n* (*-[e]s*; *-e*) cerebro *m*; *med* encéfalo *m*; **~erschütterung** *f* conmoción *f* cerebral; **~haut** *f* meninge *f*; **~hautentzündung** *f* meningitis *f*; **~schlag** *m* apoplejía *f*; **~wäsche** *f* lavado *m* de cerebro

gehoben [-'ho:bən] *Stellung*, *Stil*: elevado

Gehör [-'hø:r] *n* (*-[e]s*; *sin pl*) oído *m*; ***~ schenken*** dar oídos; ***~ finden*** ser escuchado

gehorchen [-'hɔrçən] (*h*) (*dat*) obedecer

ge'hör|en [-'hø:rən] (*h*) (*dat*) ser de, pertenecer a; formar parte (***zu*** de); ***das gehört mir*** es mío; ***das gehört nicht hierher*** no es del caso; ***das gehört sich nicht*** eso no se hace; ***wie es sich gehört*** como es debido; **~ig** (*passend*) conveniente; (*gebührend*) debido

gehorsam [-'hoːrzaːm] **1.** *adj* obediente; **2.** **♀** *m* (*-s*; *sin pl*) obediencia *f*

Geh|steig ['geːʃtaɪk] *m*, **~weg** *m* acera *f*

Geier ['gaɪər] *m* (*-s*; *-*) buitre *m*

'Geige ['-gə] *f* (*-*; *-n*) violín *m*; **~ *spielen*** tocar el violín; **~r** *m* (*-s*; *-*), **~rin** *f* (*-*; *-nen*) violinista *su*

geil [gaɪl] *j*: lascivo; F cachondo; (*toll*) chupi

Geisel ['-zəl] *f* (*-*; *-n*) rehén *m*; **~nahme** [-naːmə] *f* (*-*; *-n*) toma *f* de rehenes

Geißel ['-səl] *f* (*-*; *-n*) *fig* azote *m*

Geist [gaɪst] *m* (*-[e]s*; *sin pl*) espíritu *m*; mente *f*; (*Witz*) ingenio *m*; (*pl -er*) (*Gespenst*) fantasma *m*, espectro *m*; ***den ~ aufgeben*** entregar el alma a Dios; ***der Heilige ~*** el Espíritu Santo

'Geister|bahn *f* túnel *m* de los sustos; **~fahrer** *m* conductor *m* suicida *bzw* homicida

'geistes|abwesend ['-stəsˀ-] distraído; **♀blitz** *m* salida *f*, ocurrencia *f*; **♀gegenwart** *f* presencia *f* de ánimo; **~gestört** [-gəʃtøːrt] perturbado (mental); **~krank** enfermo mental; **♀wissenschaften** *f*/*pl* letras *f*/*pl*; humanidades *f*/*pl*; **♀zustand** *m* estado *m* mental

geistig ['-iç] espiritual; mental, intelectual; *Getränk*: espirituoso

'geistlich ['-liç] espiritual; (*kirchlich*) eclesiástico, clerical; *mus* sagrado; **♀e** *m* (*-n*; *-n*) sacerdote *m*; clérigo *m*; *protestantischer*: pastor *m*

'geist|los ['-loːs] falto de ingenio, insípido; **~reich** ingenioso

Geiz [gaɪts] *m* (*-es*; *sin pl*) avaricia *f*; **'~hals** *m* avaro *m*; **'♀ig** avaro

Gejammer [gə'jamər] *n* (*-s*; *sin pl*) lamentaciones *f*/*pl*

Geklapper [-'klapər] *n* (*-s*; *sin pl*) tableteo *m*

gekocht [-'kɔxt] cocido

gekonnt [-'kɔnt] *fig* logrado, bien hecho

Gekritzel [-'kritsəl] *n* (*-s*; *sin pl*) garrapatos *m*/*pl*, garabatos *m*/*pl*

gekünstelt [-'kynstəlt] artificial; afectado, amanerado

Gelächter [-'lɛçtər] *n* (*-s*; *-*) risa *f*, carcajada *f*; ***in ~ ausbrechen*** soltar una carcajada

gelähmt [-'lɛːmt] paralizado

Ge'lände [-'lɛndə] *n* (*-s*; *-*) terreno *m*; **~fahrzeug** *n* vehículo *m* (para) todo terreno; **♀gängig** para todo terreno

Geländer [-'-dər] *n* (*-s*; *-*) (*Treppen♀*) pasamano *m*

gelangen [-'-ən] (*sn*) llegar (***zu*** a); conseguir, lograr (***zu et*** a/c)

ge'lassen [-'lasən] sereno, impasible; **♀heit** *f* (*-*; *sin pl*) serenidad *f*

Gelatine [ʒela'tiːnə] *f* (*-*; *-n*) gelatina *f*

geläufig [gə'lɔʏfiç] corriente; (*vertraut*) familiar; *sprechen*: con soltura

gelaunt [-'laʊnt]: ***gut*** (***schlecht***) **~** de buen (mal) humor

gelb [gɛlp] amarillo; **'~lich** amarillento; **'♀sucht** *med f* (*-*; *sin pl*) ictericia *f*

Geld [gɛlt] *n* (*-[e]s*; *-er*) dinero *m*, *Am* plata *f*; ***~er*** *pl* fondos *m*/*pl*; **'~anlage** *f* inversión *f*; **~automat** *m* cajero *m* automático; **'~beutel** *m* monedero *m*; **'~buße** *f* multa *f*; **'~einwurf** *m* ranura *f* (para echar la moneda); **~geber** *m* socio *m* capitalista; inversor *m*; **'~institut** *n* instituto *m* bancario; **'~schein** *m* billete *m* de banco; **'~schrank** *m* caja *f* fuerte *od* de caudales; **'~strafe** *f* multa *f*; **'~stück** *n* moneda *f*; **'~umlauf** *m* circulación *f* monetaria; **'~umtausch** *m* cambio *m* de moneda; **'~wechsel** *m* cambio *m* (de moneda); **'~wert** *m* valor *m* monetario

Gelee [ʒə'leː] *n* (*-s*; *-s*) jalea *f*

gelegen [gə'leːgən] *örtlich*: situado, *bsd Am* ubicado; (*passend*) a propósito; ***das kommt mir sehr ~*** me viene de perlas

Ge'legenheit *f* (*-*; *-en*) ocasión *f*; ***bei dieser ~*** con este motivo; **~sarbeit** *f* trabajo *m* ocasional *od* eventual; **~skauf** *m* ocasión *f*, F ganga *f*

gelegentlich [-tliç] *adj* ocasional; eventual; *adv* en ocasiones

gelehr|ig [-'leːriç] dócil; **~t**, **♀te** *m*/*f* (*-n*; *-n*) sabio *m*, -a *f*, erudito *m*, -a *f*

Geleit [-'laɪt] *n* (*-[e]s*; *-e*) séquito *m*; *mil* escolta *f*; ***freies ~*** salvoconducto *m*; **♀en** (*h*) acompañar; *mil* escoltar

Ge'lenk [-'lɛŋk] *n* (*-[e]s*; *-e*) *med* articulación *f*; *tec* juntura *f*

gelernt [-'lɛrnt] (*von Beruf*) de oficio

Geliebte [-'liːptə] *m*/*f* (*-n*; *-n*) amado *m*,

-a *f*; *desp* amante *su*, querida *f*
gelingen [-'liŋən] **1.** *v/i* (*gelang*, *gelungen*, *sn*) salir bien; ***es gelingt mir*, *zu*** (*inf*) consigo (*inf*); ***ihm gelingt alles*** todo le sale bien; **2.** **♀** *n* (*-s*; *sin pl*) éxito *m*
gellend ['gɛlənt] estridente
geloben [gə'lo:bən] (*h*) prometer (solemnemente)
'gelten ['gɛltən] (*galt*, *gegolten*, *h*) valer, ser válido; *Gesetz*: estar en vigor; ***~ lassen*** admitir, dejar pasar; ***~ als*** pasar por; ***das gilt dir*** eso va por ti; ***das gilt nicht*** eso no vale; **~d** vigente; ***~ machen*** hacer valer, alegar
'Geltung *f* (-; *sin pl*) valor *m*; (*Gültigkeit*) validez *f*; (*Ansehen*) crédito *m*, prestigio *m*, autoridad *f*; ***zur ~ bringen*** hacer valer; ***zur ~ kommen*** resaltar
Gelübde [gə'lypdə] *n* (*-s*; -) voto *m*
ge'lungen [-'luŋən] logrado
gemächlich [-'mɛ:çliç] *adv* despacio
Ge'mälde [-'mɛ:ldə] *n* (*-s*; -) cuadro *m*, pintura *f*; **~ausstellung** *f* (**~galerie** *f*) exposición *f* (museo *m*, galería *f*) de pinturas
ge'mäß [-'mɛ:s] **1.** *adj* adecuado (a); **2.** *prp* (*dat*) según, conforme a; **~igt** [-'-siçt] moderado; *Klima*: templado
gemein [-'maın] común; (*gewöhnlich*) ordinario, vulgar; (*niedrig*) vil, infame
Ge'meinde ['-də] *f* (-; *-n*) *Verwaltung*: municipio *m*; (*Pfarr♀*) parroquia *f*; **~amt** *n* ayuntamiento *m*; **~rat** *m* concejo *m* municipal; (*Person*) concejal *m*; **~verwaltung** *f* administración *f* municipal; **~wahlen** *f/pl* elecciones *f/pl* municipales
Ge'mein|heit *f* (-; *sin pl*) bajeza *f*, infamia *f*; (*pl -en*) (*Handlung*) mala jugada *f*; **♀nützig** [-'-nytsiç] de utilidad pública; **~platz** *m* tópico *m*, lugar *m* común; **♀sam** común; colectivo; *adv* en común
Ge'meinschaft *f* comunidad *f*, colectividad *f*; **♀lich** común, colectivo; **~santenne** *f* antena *f* colectiva
gemessen [-'mɛsən] mesurado; (*ernst*) grave
Ge'misch [-'miʃ] *n* (*-[e]s*; *-e*) mezcla *f*; **♀t** mezclado, mixto
Gemse → ***Gämse***
Ge'müse [gə'my:zə] *n* (*-s*; -) verdura *f*; hortalizas *f/pl*, legumbres *f/pl*; **~garten** *m* huerto *m*; **~laden** *m* verdulería *f*
Ge'müt [-'my:t] *n* (*-[e]s*; *sin pl*) alma *f*, ánimo *m*, corazón *m*; **♀lich** *et*: agradable, acogedor, íntimo; (*bequem*) confortable; *j*: jovial; ***es sich ~ machen*** ponerse cómodo; **~sart** *f* carácter *m*; índole *f*, temperamento *m*
Gen [ge:n] *biol n* (*-s*; *-e*) gen(e) *m*
ge'nau [gə'naʊ] exacto, preciso; (*sorgfältig*) minucioso; ***~ um 8 Uhr*** a las ocho en punto; ***~ wie*** lo mismo que, igual que; ***es ~ nehmen*** ser escrupuloso; ***~ kennen*** conocer a fondo; **♀igkeit** *f* (-; *sin pl*) exactitud *f*, precisión *f*; **~so**: ***~ ... wie*** tan ... como
ge'nehmi|gen [-'ne:migən] (*h*) autorizar, permitir; **♀gung** *f* (-; *-en*) autorización *f*, aprobación *f*, permiso *m*; **~gungspflichtig** [-pfliçtiç] sujeto a autorización
geneigt [-'naıkt] inclinado, *fig a* dispuesto (***zu*** a)
Gene'ral [gene'ra:l] *m* (*-s*; *-e*, *⸚e*) general *m*; **~direktor** *m* director *m* general; **~probe** *teat f* ensayo *m* general; **~streik** *m* huelga *f* general
Generation [-ra'tsjo:n] *f* (-; *-en*) generación *f*; **~envertrag** *m* (*-[e]s*; *-⸚e*) contrato *m* generacional
Generator [-'ra:tɔr] *m* (*-s*; *-en* [-ra'to:rən]) generador *m*
generell [-'rɛl] general
Genesung [gə'ne:zuŋ] *f* (-; *sin pl*) convalecencia *f*
gen|etisch [gə'ne:tiʃ] genético; **♀forschung** ['ge:n-] *f* investigación *f* genética
genial [gen'ja:l] genial
Genick [gə'nik] *n* (*-[e]s*; *-e*) nuca *f*, cerviz *f*
Genie [ʒe'ni:] *n* (*-s*; *-s*) ingenio *m*, genio *m* (*a Person*)
genieren [-'ni:rən] (*h*): ***sich ~*** avergonzarse
genießen [gə'ni:sən] (*genoss*, *genossen*, *h*) saborear; paladear; *fig* disfrutar de, gozar de
Genitiv ['ge:niti:f] *m* (*-s*; *-e*) genitivo *m*
Genmanipul|ation *f* (-; *-en*) manipulación *f* genética; **♀iert** manipulado genéticamente
Ge'noss|e [gə'nɔsə] *m* (*-n*; *-n*), **~in** *f* (-; *-nen*) compañero *m*, -a *f*; camarada *su* (*a pol*); **~enschaft** *f* (-; *-en*) cooperativa *f*; **♀enschaftlich** cooperativo;

~enschaftsbank *f* banco *m* cooperativo

gentechnisch ~ ***verändert*** modificado genéticamente

genug [-'nuːk] bastante, suficiente; ***~!*** ¡basta!; ~ ***haben von*** estar harto de

Ge'nüge [-'nyːgə] *f*: ***zur*** ~ lo suficiente; **&n** (*h*) bastar, ser suficiente; **&nd** suficiente, bastante

genügsam [-'nyːkzaːm] contentadizo, modesto

Genugtuung [-'nuːktuːuŋ] *f* (-; *sin pl*) satisfacción *f* (***leisten*** dar)

Genuss [gə'nus] *m* (*-es*; *⸗e*) goce *m*, placer *m*, gozo *m*

Geograf|ie, **Geograph|ie** [geogra'fiː] *f* (-; *sin pl*) geografía *f*; **&isch** [-'grɑːfiʃ] geográfico

Geo|logie [-lo'giː] *f* (-; *sin pl*) geología *f*; **~metrie** [-me'triː] *f* (-; *sin pl*) geometría *f*

Ge'päck [gə'pɛk] *n* (*-[e]s*; *sin pl*) equipaje *m*; **~abfertigung** *f* facturación *f* de equipajes; **~annahme** *f* recepción *f* de equipajes; **~aufbewahrung** *f* consigna *f*; **~ausgabe** *f* entrega *f* de equipajes; **~kontrolle** *f* control *m* de equipajes; **~netz** *n* rejilla *f*; **~schalter** *f* taquilla *f* de equipajes; **~schein** *m* resguardo *m* (de consigna); **~stück** *n* bulto *m*; **~träger** *m* portaequipajes *m*; (*Person*) mozo *m* (de estación); **~versicherung** *f* seguro *m* de equipajes; **~wagen** *m* furgón *m*

gepfeffert [-'pfɛfərt] *fig Preis*: exorbitante; *Witz*: verde

ge'rade [-'rɑːdə] **1.** *adj* recto (*a fig*); *Haltung*: derecho (*a fig*); (*unmittelbar*) directo; *Zahl*: par; **2.** *adv* (*genau*) precisamente; (*soeben*) ahora mismo; ~ ***dabei sn zu*** *inf* estar + *ger*; ***ich wollte*** ~ ***...*** estaba a punto de ...; ***er ist*** ~ (***an***)***gekommen*** acaba de llegar; **3.** & *f* (*-n*; *-n*) *mat u dep* recta *f*; **~'aus**: (***immer***) ~ (todo) derecho, todo seguido; **~he'raus** francamente, con franqueza; **~stehen** (*irr*, *sep*, *-ge-*, *h*, → ***stehen***) *fig* responder (***für*** de); **~wegs** [-veːks] derecho, directamente; **~zu** verdaderamente

Geranie *bot* [-'rɑːnjə] *f* (-; *-n*) geranio *m*

Gerät [-'rɛːt] *n* (*-[e]s*; *-e*) utensilio *m*; (*Apparat*) aparato *m*

geraten [-'rɑːtən] (*geriet*, *geraten*, *sn*) (*gelangen*) llegar (***nach*** *dat*, ***in*** *ac* a), ir a parar (a); (*gelingen*) salir bien; ***außer sich*** ~ perder los estribos; ~ ***in*** (*ac*) caer en; ***in Schwierigkeiten*** ~ encontrar dificultades

Geräteturnen [-'rɛːtəturnən] *n* gimnasia *f* con aparatos

Geratewohl [-rɑːtə'voːl] *n*: ***aufs*** ~ al azar, a lo que salga

geräumig [-'rɔʏmiç] espacioso; amplio

Ge'räusch [-'rɔʏʃ] *n* (*-[e]s*; *-e*) ruido *m*; **&los** silencioso, sin ruido; **&voll** ruidoso

gerben ['gɛrbən] (*ge-*, *h*) curtir

gerecht [gə'rɛçt] justo; *Strafe*: merecido; ~ ***werden*** *j-m*: hacer justicia a alg; **&igkeit** *f* (-; *sin pl*) justicia *f*

Gerede [-'reːdə] *n* (*-s*; *sin pl*) habladurías *f*/*pl*, chismes *m*/*pl*

gereizt [-'raɪtst] irritado

Ge'richt [-'riçt] *n* (*-[e]s*; *-e*) **1.** *jur* tribunal *m*; *niederes*: juzgado *m*; *höheres*: audiencia *f*, *Am* corte *f*; ***vor*** ~ en juicio; ***vor*** ~ ***bringen*** llevar a juicio; **2.** (*Speise*) plato *m*; **&lich** *jur* judicial

Ge'richts|akten [-'riçtsˀaktən] *f*/*pl* autos *m*/*pl*; **~barkeit** *f* (-; *sin pl*) jurisdicción *f*; **~gebäude** *n* Palacio *m* de Justicia; **~stand** *m* tribunal *m* competente; **~verhandlung** *f* vista *f* (de una causa); **~vollzieher** [-'-fɔltsiːər] *m* (*-s*; -) agente *m* ejecutivo; **~weg** *m* vía *f* judicial

ge'ring [-'riŋ] pequeño; (*~fügig*) insignificante; (*wenig*) poco, escaso; ***~er*** menor; inferior (***als*** a); ***nicht im ~sten*** de ninguna manera; **~schätzig** [-'-ʃɛtsiç] desdeñoso; *Ton*: despectivo

gerinnen [-'rinən] (*gerann*, *geronnen*, *sn*) *Blut*: coagularse; *Milch*: cuajarse

gerissen [-'risən] *fig* taimado, astuto, zorro

Ger'man|en [gɛr'mɑːnən] *m*/*pl* germanos *m*/*pl*; **&isch** germano; germánico

gern(e) [gɛrn(ə)] con mucho gusto, de buena gana; ***ich lese*** ~ me gusta leer; ***j-n*** ~ ***haben*** querer a alg; ~ ***geschehen!*** de nada; ***ich möchte*** ~ quisiera

Gerste ['gɛrstə] *f* (-; *-n*) cebada *f*

Gerte ['-tə] *f* (-; *-n*) vara *f*

Geruch [gə'rux] *m* (*-[e]s*; *⸗e*) olor *m*; (*sin pl*) (*Sinn*) olfato *m*

Gerücht [-'ryçt] *n* (*-[e]s*; *-e*) rumor *m*; ***es geht das*** ~ corre el rumor *od* la voz

Gerümpel [-'rympəl] *n* (*-s*; *sin pl*) cachi-

G

vaches *m/pl*, trastos *m/pl* viejos

Gerundium *gram* [ge'rundjum] *n* (*-s*; *-dien*) gerundio *m*

Gerüst [-'ryst] *n* (*-[e]s*; *-e*) (*Bau*℈) andamio *m*, *a fig* armazón *f*

gesalzen [-'zaltsən] salado

ge'samt [-'zamt] total, entero; **℈ausgabe** *f* edición *f* completa; **℈heit** *f* (*-*; *sin pl*) totalidad *f*, conjunto *m*; **℈schule** *f* escuela *f* integrada; **℈summe** *f* total *m*

Ge'sandt|e [-'zantə] *m* (*-n*; *-n*) enviado *m*; *pol* ministro *m* (plenipotenciario); **~schaft** *f* (*-*; *-en*) legación *f*

Ge'sang [-'zaŋ] *m* (*-[e]s*; *⸚e*) canto *m*; **~verein** *m* orfeón *m*, coral *f*

Gesäß [-'zɛːs] *n* (*-es*; *-e*) nalgas *f/pl*

Ge'schäft [-'ʃɛft] *n* (*-[e]s*; *-e*) (*Handel*) negocio *m*; transacción *f*; (*Laden*) tienda *f*; (*Firma*) casa *f*; ***ein ~ abschließen*** cerrar un trato; **℈lich** comercial; *adv* por asuntos de negocio

Ge'schäfts|abschluss *m* conclusión *f* de un negocio; **~anteil** *m* participación *f*; **~aufgabe** *f* liquidación *f od* cese *m* del negocio; **~brief** *m* carta *f* comercial; **~essen** *n* comida *f* (almuerzo *m*, cena *f*) de negocios; **~frau** *f* mujer *f* de negocios; **~freund** *m* corresponsal *m*; **~führer(in** *f*) *m* gerente *su*, administrador(a *f*) *m*; **~führung** *f* gerencia *f*, gestión *f*; **~jahr** *n* ejercicio *m*; **~leitung** *f* dirección *f*; **~mann** *m* (*-[e]s*; *-leute*) hombre *m* de negocios, comerciante *m*; **~ordnung** *f* reglamento *m*; **~papiere** *n/pl* papeles *m/pl* de negocio; **~reise** *f* viaje *m* de negocios; **~stelle** *f* oficina *f*; **~stunden** *f/pl* horas *f/pl* de oficina *od* de despacho; horario *m* comercial; **~träger** *m pol* encargado *m* de negocios; **~verbindung** *f* relación *f* comercial; **~viertel** *n* barrio *m* comercial; **~zeit** *f s* ***~stunden***

geschehen [-'ʃeːən] **1.** *v/i* (*geschah*, *geschehen*, *sn*) suceder, ocurrir, pasar; ***was auch ~ mag*** pase lo que pase; **2.** ℈ *n* (*-s*; *sin pl*) suceso *m*, acontecimiento *m*

gescheit [-'ʃaɪt] inteligente, sensato

Geschenk [-'ʃɛŋk] *n* (*-[e]s*; *-e*) regalo *m*

Ge'schicht|e [-'ʃiçtə] *f* (*-*; *sin pl*) historia *f*; (*Erzählung*) cuento *m*; **℈lich** histórico

Ge'schick|lichkeit [-'ʃikliçkaɪt] *f* (*-*; *sin pl*) habilidad *f*, destreza *f*; **℈t** hábil, mañoso; ***sich ~ anstellen*** darse maña

geschieden [gə'ʃiːdən] divorciado

Ge'schirr [-'ʃir] *n* (*-[e]s*; *-e*) vajilla *f*; (*Kaffee*℈, *Tee*℈) juego *m*, servicio *m*; **~spülmaschine** *f* lavaplatos *m*, lavavajillas *m*; **~tuch** *n* paño *m* de cocina

Ge'schlecht [-'ʃlɛçt] *n* (*-[e]s*; *-er*) sexo *m*; *gram* género *m*; (*Abstammung*) familia *f*, linaje *m*, raza *f*; **℈lich** sexual

Ge'schlechts|krankheit *f* enfermedad *f* venérea; **~teile** *m/pl* genitales *m/pl*; **~verkehr** *m* relaciones *f/pl* sexuales; **~wort** *n* (*-[e]s*; *⸚er*) *gram* artículo *m*

geschlossen [-'ʃlɔsən] cerrado; *teat* ***~!*** no hay función

Ge'schmack [-'ʃmak] *m* (*-[e]s*; *⸚e*, F *⸚er*) sabor *m*; gusto *m* (*a fig*); ***~ finden an*** (*dat*) tomar gusto a; **℈los** insípido, soso; *fig* cursi, de mal gusto; **~losigkeit** *f* (*-*; *sin pl*) *fig* mal gusto *m*, falta *f* de gusto; **~(s)sache** *f* cuestión *f* de gusto; **~(s)sinn** *m* gusto *m*; **℈voll** de buen gusto

geschmeidig [-'ʃmaɪdiç] flexible; ágil

Geschöpf [-'ʃœpf] *n* (*-[e]s*; *-e*) criatura *f*

Ge'schoss [-'ʃɔs] *n* (*-es*; *-e*), *österr* **Geschoß** (*-sses*; *-sse*) proyectil *m*; *arqu* piso *m*, planta *f*

Geschrei [-'ʃraɪ] *n* (*-[e]s*; *sin pl*) gritos *m/pl*, voces *f/pl*

Geschütz [-'ʃyts] *n* (*-es*; *-e*) cañón *m*

Geschwader [-'ʃvaːdər] *n* (*-s*; *-*) *mar* escuadra *f*; *avia* escuadrón *m*

Ge'schwätz [-'ʃvɛts] *n* (*-es*; *sin pl*) parloteo *m*; chismes *m/pl*; **℈ig** locuaz, hablador, parlanchín

geschweige [-'ʃvaɪgə]: ***~ denn*** y mucho menos; por no hablar de

ge'schwind [-'ʃvint] rápido, veloz; **℈igkeit** [-'-diçkaɪt] *f* (*-*; *-en*) velocidad *f*, rapidez *f*; **℈igkeitsbeschränkung** *f* limitación *f* de velocidad; **℈igkeitsmesser** *m auto* tacómetro *m*; **℈igkeitsüberschreitung** *f* exceso *m* de velocidad

Geschwister [-'ʃvistər] *pl* hermanos *m/pl*

geschwollen [-'ʃvɔlən] *fig* ampuloso

Geschworene [-'ʃvoːrənə] *m/f* (*-n*; *-n*) jurado *m*, -a *f*

Geschwulst *med* [-'ʃvulst] *f* (*-*; *⸚e*) tumor *m*; (*Schwellung*) hinchazón *f*

Geschwür *med* [-'ʃvyːr] *n* (*-[e]s*; *-e*) úlcera *f*

Ge'sell|e [-'zɛlə] *m* (*-n*; *-n*) compañero

m; (*Handwerks*≈) oficial *m*; **~enbrief** *m etwa*: certificado *m* de oficial; **~enprüfung** *f etwa*: examen *m* de oficial; **≈ig** sociable; social

Ge'sellschaft [-'zɛlʃaft] *f* (-; *-en*) compañía *f* (*a com*); sociedad *f* (*a com*); (*Vereinigung*) reunión *f*; (*Abend*≈) velada *f*; ***~ leisten*** hacer compañía; **~er** *m* (-*s*; -) *com* socio *m*, asociado *m*; **≈lich** social

Ge'sellschafts|ordnung *f* orden *m* social; **~politik** *f* política *f* social; **~reise** *f* viaje *m* colectivo; **~schicht** *f* capa *f od* estrato *m* social; **~spiel** *n* juego *m* de sociedad; **~system** *n* sistema *m* social

Ge'setz [-'zɛts] *n* (-*es*; -*e*) ley *f*; **~buch** *n* código *m*; **~eskraft** *f* fuerza *f* legal; **≈gebend** legislativo; **~geber** *m* legislador *m*; **~gebung** *f* (-; -*en*) legislación *f*; **≈lich** legal; **≈los** anárquico; **≈mäßig** legítimo; *fig* regular

gesetzt [-'zɛtst] *fig* serio, grave; ***~ (den Fall), dass*** supongamos que (*subj*)

ge'setzwidrig ilegal

Gesicht [-'ziçt] *n* (-*[e]s*; -*er*) cara *f*; ***zu ~ bekommen*** (llegar a) ver; ***ein langes ~ machen*** quedar con un palmo de narices; ***das ~ wahren*** salvar la cara

Ge'sichts|farbe *f* tez *f*; **~kreis** *m* horizonte *m*; **~punkt** *m* punto *m* de vista; **~wasser** *n* loción *f* facial; **~zug** *m* rasgo *m*; *pl* facciones *f*|*pl*

Gesindel [-'zindəl] *n* (-*s*; *sin pl*) chusma *f*, canalla *f*

gesinnt [-'zint]: ***j-m freundlich ~ sn*** sentir simpatía hacia alg; ***feindlich ~*** hostil

Gesinnung [-'zinuŋ] *f* (-; -*en*) opinión *f*, convicción *f*

gesittet [-'zitət] civilizado

Gesöff [-'zœf] F *n* (-*[e]s*; -*e*) brebaje *m*

gespannt [-'ʃpant] *a fig* tenso, tirante; ***~ sn auf*** (*ac*) estar curioso por saber; estar ansioso de

Gespenst [-'ʃpɛnst] *n* (-*[e]s*; -*er*) fantasma *m*, espectro *m*

Gespött [-'ʃpœt] *n* (-*[e]s*; *sin pl*) burla *f*; ironía *f*; ***(sich) zum ~ machen*** poner (-se) en ridículo

Ge'spräch [-'ʃprɛːç] *n* (-*[e]s*; -*e*) conversación *f*; *tel* conferencia *f*; llamada *f*; **≈ig** comunicativo, locuaz; **~spartner(in *f*)** *m* interlocutor(a *f*) *m*

Ge'stalt [-'ʃtalt] *f* (-; -*en*) forma *f*; figura *f*; (*Wuchs*) estatura *f*; *lit* personaje *m*; **≈en** (*h*) formar; crear; organizar; **~ung** *f* (-; *sin pl*) formación *f*; creación *f*; organización *f*

geständ|ig [-'ʃtɛndiç] confeso; ***~ sn*** confesar; **≈nis** [-'ʃtɛntnis] *n* (-*ses*; -*se*) confesión *f*; ***ein ~ ablegen*** confesar

Gestank [-'ʃtaŋk] *m* (-*[e]s*; *sin pl*) hedor *m*, mal olor *m*

gestatten [-'ʃtatən] (*h*) permitir, autorizar; ***~ Sie!*** con su permiso

Geste ['gɛstə] *f* (-; -*n*) ademán *m*; *fig* detalle *m*, rasgo *m*

gestehen [gə'ʃteːən] (*gestand*, *gestanden*, *h*) confesar

Gestein [-'ʃtaɪn] *n* (-*s*; -*e*) roca *f*

Gestell [-'ʃtɛl] *n* (-*[e]s*; -*e*) (*Bock*) caballete *m*; (*Fuß*≈) pedestal *m*; (*Regal*) estante *m*

gestern ['gɛstərn] ayer; ***~ Morgen*** ayer por la mañana; ***~ Abend*** anoche

Gestirn [gə'ʃtirn] *n* (-*[e]s*; -*e*) astro *m*

gestorben [-'ʃtɔrbən] muerto

gestreift [-'ʃtraɪft] rayado, listado

gestrig ['gɛstriç] de ayer

Gestrüpp [gə'ʃtryp] *n* (-*[e]s*; -*e*) matorral *m*, maleza *f*

Gestüt [-'ʃtyːt] *n* (-*[e]s*; -*e*) acaballadero *m*

Ge'such [-'zuːx] *n* (-*[e]s*; -*e*) instancia *f*, solicitud *f*; (*Bittschrift*) petición *f*; **≈t** *com* demandado, solicitado; (*geziert*) rebuscado

ge'sund [-'zunt] sano; (*heilsam*) saludable (*a fig*), salubre; ***~ werden*** = **~en** [-'-dən] (*sn*) sanar, curarse

Ge'sundheit [-'zunthaɪt] *f* (-; *sin pl*) salud *f*; salubridad *f*; ***~!*** *beim Niesen*: ¡Jesús!; ***bei guter ~*** bien de salud; **≈lich** higiénico, sanitario; ***wie geht's Ihnen ~?*** ¿cómo va de salud?; **~samt** *n* delegación *f* de sanidad; **≈sgefährdend**, **≈sschädlich** perjudicial para la salud; **~spolitik** *f* política *f* sanitaria; **~swesen** *n* sanidad *f*; **~szeugnis** *n* certificado *m* de sanidad; **~szustand** *m* estado *m* de salud

Gesundung [-'-duŋ] *f* (-; *sin pl*) restablecimiento *m*; *fig* saneamiento *m*

Getöse [-'tøːzə] *n* (-*s*; *sin pl*) estrépito *m*, estruendo *m*, fragor *m*

Ge'tränk [-'trɛŋk] *n* (-*[e]s*; -*e*) bebida *f*; **~eautomat** *m* máquina *f* automática de bebidas; **~ekarte** *f* carta *f* de vinos

getrauen [-ˈtraʊən] (*h*): ***sich ~ zu*** atreverse a
Geˈtreide [-ˈtraɪdə] *n* (*-s*; -) cereales *m/pl*; **~bau** *m* (*-[e]s*; *sin pl*) cultivo *m* de cereales; **~ernte** *f* cosecha *f* de cereales
getrennt [-ˈtrɛnt] separado; *adv* aparte; *zahlen*: por separado; ***~ leben*** vivir separados
getreu(lich) [-ˈtrɔʏ(liç)] fiel, leal
Geˈtriebe [-ˈtriːbə] *n* (*-s*; -) *tec* engranaje *m*; *auto* caja *f* de cambios; **~öl** *n* aceite *m* de la caja de cambios; **~schaden** *m* avería *f* de la caja de cambios
Getue [gəˈtuːe] *n* (*-s*; *sin pl*) afectación *f*, aspavientos *m/pl*
Gewächs [-ˈvɛks] *n* (*-es*; *-e*) planta *f*; *med* tumor *m*
gewachsen [-ˈvaksən]: ***gut ~ sn*** tener buen tipo; *fig* ***j-m*** (***e-r Sache***) ***~ sn*** estar a la altura de alg (a/c)
Gewächshaus [-ˈvɛkshaʊs] *n* invernadero *m*
gewagt [-ˈvɑːkt] arriesgado, atrevido
Gewähr [-ˈvɛːr] *f* (-; *sin pl*) garantía *f*; seguridad *f*; ***ohne ~*** sin garantía, sin compromiso
geˈwähr|en [-ˈvɛrən] (*h*) conceder, otorgar; *Bitte*: acceder a; ***~ lassen*** dejar hacer; **~leisten** (*h*) garantizar
Gewahrsam [-ˈvɑːrzɑːm] *m* (*-s*; *sin pl*) custodia *f*; ***in ~*** bajo custodia
Geˈwalt [-ˈvalt] *f* (-; *-en*) (*Macht*) poder *m*; autoridad *f*; (*sin pl*) (*Zwang*) fuerza *f*, violencia *f*; ***höhere ~*** fuerza *f* mayor; ***mit ~*** a la fuerza; ***mit aller ~*** *fig* a todo trance; ***~ anwenden*** valerse de la fuerza; ***die ~ verlieren über*** (*ac*) perder el control de; **≗ig** poderoso; *fig* enorme; **≗sam** violento, brutal; *adv* a la fuerza; **≗tätig** violento, brutal
geˈwandt [-ˈvant] (*flink*) ágil, ligero; (*geschickt*) hábil, diestro; **≗heit** *f* (-; *sin pl*) agilidad *f*; habilidad *f*, destreza *f*
Geˈwässer [-ˈvɛsər] *n* (*-s*; -) aguas *f/pl*; **~schutz** *m* protección *f* de las aguas
Gewebe [-ˈveːbə] *n* (*-s*; -) tejido *m*
Gewehr [-ˈveːr] *n* (*-[e]s*; *-e*) fusil *m*; (*Jagd≗*) escopeta *f*
Geweih [-ˈvaɪ] *n* (*-[e]s*; *-e*) cornamenta *f*
Geˈwerbe [-ˈvɛrbə] *n* (*-s*; -) industria *f*; (*Beruf*) oficio *m*; **~aufsicht** *f* inspección *f* industrial; **~freiheit** *f* libertad *f* profesional; **~genehmigung** *f* licencia *f* profesional; **~schein** *m* licencia *f* (de oficio)
geˈwerb|lich [-ˈvɛrpliç] industrial; **~smäßig** profesional
Geˈwerkschaft [-ˈvɛrkʃaft] *f* (-; *-en*) sindicato *m*; **~(l)er** *m* (*-s*; -), **~(l)erin** *f* (-; *-nen*) sindicalista *su*; **≗lich** sindical(ista); **~sbund** *m* confederación *f* de sindicatos; **~svertreter** *m* representante *m* sindical
Geˈwicht [-ˈviçt] *n* (*-[e]s*; *-e*) peso *m*; (*~sstein*) pesa *f*; ***nach ~*** al peso; ***~ legen auf*** (*ac*) dar importancia a; **~heben** *n* *dep* levantamiento *m* de pesos, halterofilia *f*; **≗ig** *fig* de (mucho) peso, importante
Gewimmel [-ˈviməl] *n* (*-s*; *sin pl*) hormigueo *m*, hervidero *m*
Gewinde [-ˈvində] *n* (*-s*; -) *tec* rosca *f*, filete *m*
Geˈwinn [-ˈvin] *m* (*-[e]s*; *-e*) ganancia *f*; *com* beneficio *m*; (*Lotterie≗*) premio *m*; ***~ bringend*** provechoso, lucrativo; **~ausschüttung** *f* reparto *m* de beneficios; **~beteiligung** *f* participación *f* en los beneficios; **≗en** (*gewann*, *gewonnen*, *h*) ganar; *min* extraer; (*erlangen*) conseguir, obtener; **≗end** *fig* simpático; **~er** *m* (*-s*; -), **~erin** *f* (-; *-nen*) ganador(a *f*) *m*; vencedor(a *f*) *m*; *bei Preisausschreiben*, *Toto usw*: acertante *su*; **~spanne** *f* margen *f* de beneficios; **~ung** *f* (-; *sin pl*) obtención *f*; *min* extracción *f*
gewiss [-ˈvis] **1.** *adj* cierto, seguro; ***ein gewisser Martínez*** un tal Martínez; **2.** *adv* seguramente; ***aber ~!*** ¡claro que sí!
Geˈwissen [-ˈvisən] *n* (*-s*; -) conciencia *f*; **≗haft** escrupuloso, concienzudo; *adv* a conciencia; **≗los** sin escrúpulo(s); **~sbisse** *m/pl* remordimientos *m/pl*
gewissermaßen [-visərˈmɑːsən] en cierto modo
Gewissheit [-ˈvishaɪt] *f* (-; *sin pl*) certeza *f*, seguridad *f*
Geˈwitt|er [-ˈvitər] *n* (*-s*; -) tormenta *f*; **≗rig** [-ˈ-riç] tormentoso
gewitzt [-ˈvitst] listo, astuto
gewöhnen [-ˈvøːnən] (*h*): (***sich***) ***~ an*** (*ac*) acostumbrar(se) a, habituar(se) a
Geˈwohnheit [-ˈvoːnhaɪt] *f* (-; *-en*) costumbre *f*; ***aus ~*** por costumbre; **≗smäßig** habitual; **~srecht** *n* derecho *m* con-

suetudinario; **~strinker** *m* bebedor *m* habitual

gewöhnlich [-'vøːnlic] ordinario, corriente; (*üblich*) usual, habitual; (*unfein*) vulgar; *adv* de ordinario, normalmente; ***wie ~*** como de costumbre

gewohnt [-'voːnt] acostumbrado (*et*, ***an*** *ac* a), habituado (a)

Gewöhnung [-'vøːnuŋ] *f* (-; *sin pl*) habituación *f*

Gewölbe [-'vœlbə] *n* (-*s*; -) bóveda *f*

gewollt [-'vɔlt] intencionado

Gewühl [-'vyːl] *n* (-*[e]s*; *sin pl*) muchedumbre *f*, gentío *m*; (*Durcheinander*) barullo *m*

gewunden [-'vundən] *a fig* sinuoso, tortuoso

Ge'würz [-'vyrts] *n* (-*es*; -*e*) condimento *m*, especia *f*; **~gurke** *f* pepinillo *m* en vinagre; **~nelke** *f* clavo *m*

Gezeiten [-'tsaɪtən] *pl* marea *f*

geziert [-'tsiːrt] afectado

Gezwitscher [-'tsvitʃər] *n* (-*s*; *sin pl*) gorjeo *m*

gezwungen [-'tsvuŋən] *fig* forzado; (*geziert*) afectado

Gicht [giçt] *f* (-; *sin pl*) *med* gota *f*

Giebel ['giːbəl] *m* (-*s*; -) frontón *m*

Gier [giːr] *f* (-; *sin pl*) avidez *f* (***nach*** de), codicia *f*; **'~ig** ávido (***nach*** de)

'gieß|en ['giːsən] (*goss*, *gegossen*, *h*) verter, echar; *tec* fundir; *in Formen*: vaciar; *agr* regar; ***es gießt (in Strömen)*** F llueve a cántaros; **~e'rei** *f* (-; -*en*) fundición *f*; **~kanne** *f* regadera *f*

Gift [gift] *n* (-*[e]s*; -*e*) veneno *m* (*a fig*); tóxico *m*; **'~gas** *n* gas *m* tóxico *od* asfixiante; **'~ig** venenoso; *med* tóxico; *fig* mordaz; **'~igkeit** *f* (-; *sin pl*) venenosidad *f*; toxicidad *f*; **'~müll** *m* desechos *m/pl* tóxicos; **'~pilz** *m* hongo *m* venenoso; **'~schlange** *f* serpiente *f* venenosa

Gi'gant [gi'gant] *m* (-*en*; -*en*) gigante *m*; **~isch** gigantesco

'Gipfel [gipfəl] *m* (-*s*; -) cumbre *f* (*a pol*), cima *f* (*a fig*); *fig* ***das ist der ~!*** ¡es el colmo!; **~konferenz** *f* (conferencia *f* en la) cumbre *f*; **~punkt** *m* punto *m* culminante (*a fig*); **~treffen** *n* cumbre *f*

Gips [gips] *m* (-*es*; -*e*) *a med* yeso *m*, escayola *f*; **'~en** (*ge*-, *h*) enyesar; **'~verband** *med m* vendaje *m* enyesado, escayola *f*

Giraffe [gi'rafə] *f* (-; -*n*) jirafa *f*

Girlande [gir'landə] *f* (-; -*n*) guirnalda *f*

'Giro ['ʒiːro] *n* (-*s*; -*s*) giro *m*, transferencia *f*; **~konto** *n* cuenta *f* corriente; **~verkehr** *m* operaciones *f/pl* en cuenta corriente

Gitarr|e [gi'tarə] *f* (-; -*n*) guitarra *f*; **~ist** [-'rist] *m* (-*en*; -*en*) guitarrista *m*

'Gitter ['gitər] *n* (-*s*; -) reja *f*, verja *f*; **~fenster** *n* ventana *f* enrejada

Glanz [glants] *m* (-*es*; *sin pl*) brillo *m*, lustre *m*; *fig* esplendor *m*

'glänzen ['glɛntsən] (*ge*-, *h*) brillar (*a fig*); resplandecer; **~d** brillante; *fig* magnífico, espléndido

Glas [glɑːs] *n* (-*es*; *sin pl*) vidrio *m*, cristal *m*; (*pl* ⸗*er*) (*Trink*~) vaso *m*, *mit Fuß*: copa *f*; **'~aal** *zo m* angula *f*; **~er** ['-zər] *m* (-*s*; -) vidriero *m*; **~e'rei** *f* (-; -*en*) vidriería *f*

gläsern ['glɛːzərn] de cristal, de vidrio

glas|ieren [gla'ziːrən] (*h*) *gastr Kuchen*: glasear; *Früchte*: garapiñar; *Keramik*: vidriar; **~ig** ['glɑːziç] vidrioso (*a fig*)

'Glas|scheibe ['glɑːs-] *f* cristal *m*, vidrio *m*; **~scherbe** *f*, **~splitter** *m* casco *m* de vidrio; **~tür** *f* puerta *f* vidriera *od* de cristal

Glasur [gla'zuːr] *f* (-; -*en*) vidriado *m*; *gastr* baño *m* de azúcar

glatt [glat] **1.** *adj* liso (*a Haar*); pulido; (*schlüpfrig*) resbaladizo; **2.** *adv* sin dificultad; (*rundweg*) rotundamente

Glätte ['glɛtə] *f* (-; *sin pl*) (*Straßen*~) estado *m* resbaladizo

Glatteis ['glatˀaɪs] *n* hielo *m* (resbaladizo)

glätten ['glɛtən] (*ge*-, *h*) alisar

glatt rasiert ['glatraziːrt] apurado

'Glatz|e ['glatsə] *f* (-; -*n*) calva *f*; ***e-e ~ bekommen*** ponerse calvo; **~kopf** *m*, **~köpfig** ['-kœpfiç] calvo (*m*)

'Glaube ['glaʊbə] *m* (-*ns*; *sin pl*) fe *f* (***an*** *ac* en), creencia *f* (en); (*Religion*) religión *f*; **~n** (*ge*-, *h*) creer (***an*** *ac* en); (*meinen*) pensar; ***ich glaube, ja (nein)*** creo que sí (no); ***es ist nicht zu ~*** parece mentira

'Glaubensbekenntnis *n* confesión *f*; credo *m* (*a pol*)

glaubhaft ['glaʊphaft] digno de crédito, creíble

'gläubig ['glɔʏbiç] creyente; **~e** ['-bigə] *m* (-*n*; -*n*) creyente *m*; *pl a* fieles *m/pl*;

Ձer *com m* (*-s*; -) acreedor *m*
glaubwürdig ['glaup-] digno de crédito, fidedigno
gleich [glaıç] igual; mismo; (*sofort*) en seguida, ahora mismo; ***das Ձe*** lo mismo; ***das ist mir ~*** me da igual *od* lo mismo; ***~ bleibend*** invariable; ***~ darauf*** al poco rato, acto seguido; ***~ heute*** hoy mismo; ***~ lautend*** idéntico; *Abschrift*: conforme; ***ich komme ~!*** ¡ya voy!; ***bis ~!*** ¡hasta luego!
'gleich|altrig ['-ˀaltriç] de la misma edad; **~artig** similar, semejante; **~bedeutend** idéntico (***mit*** *dat* a), equivalente (a); **~berechtigt** con los mismos derechos; **Ձberechtigung** *f* igualdad *f* de derechos; **~en** (*glich, geglichen, h*) (*dat*) parecerse a, semejar a; **~falls** ['-fals] asimismo, igualmente; ***danke, ~!*** ¡gracias, igualmente!; **~förmig** ['-fœrmiç] uniforme; **Ձgewicht** *n* (*-[e]s*; *sin pl*) equilibrio *m*; ***ins ~ bringen*** equilibrar; **~gültig** indiferente; **Ձgültigkeit** *f* indiferencia *f*; **Ձheit** *f* (-; *sin pl*) igualdad *f*; **Ձheitsgrundsatz** *m* principio *m* de igualdad; **~machen** (*sep*, *-ge-*, *h*) igualar, *a fig* nivelar; **~mäßig** simétrico; regular; **Ձmut** *m* (*-[e]s*; *sin pl*) ecuanimidad *f*; (*Ruhe*) serenidad *f*; **~setzen** (*sep*, *-ge-*, *h*), **~stellen** (*sep*, *-ge-*, *h*) (*dat*) equiparar a; **Ձstrom** *el m* corriente *f* continua; **Ձung** *mat f* (-; *-en*) ecuación *f*; **~wertig** ['-veːrtiç] equivalente; **~zeitig** simultáneo; *adv* al mismo tiempo
Gleis *ferro* [glaıs] *n* (*-es*; *-e*) vía *f*
'gleit|en ['glaıtən] (*glitt, geglitten, sn*) resbalar, deslizarse; *avia* planear; ***~de Arbeitszeit*** *f* horario *m* flexible; **Ձflug** *m* vuelo *m* planeado; **Ձschutz** *m* antideslizante *m*; **Ձzeit** *f* horario *m* flexible
'Gletscher ['glɛtʃər] *m* (*-s*; -) glaciar *m*; **~spalte** *f* grieta *f* (de glaciar)
Glied [gliːt] *n* (*-[e]s*; *-er*) miembro *m*; (*Ketten*Ձ) eslabón *m*; ***männliches ~*** miembro *m* viril; **Ձern** ['-dərn] (*ge-*, *h*) dividir (***in*** *ac* en); desglosar (en); clasificar; **'~erung** *f* (-; *-en*) división *f*; desglose *m*; clasificación *f*; **~maßen** ['gliːtmaːsən] *pl* miembros *m/pl*, extremidades *f/pl*
glimmen ['glimən] (*glomm, geglommen, h*) arder sin llama
Glimmer ['glimər] *m* mica *f*
glitschig ['glitʃiç] resbaladizo; *Aal usw*: escurridizo
'glitzern ['glitsərn] (*ge-*, *h*) centellear, brillar; **~d** centelleante, brillante
global [glo'baːl] global; **Ձisierung** *f* (-; *-en*) globalización *f*; **Ձsteuerung** *f* (-; *-en*) mando *m* global
Globus ['gloːbus] *m* (*-[ses]*; *-ben*) globo *m* (terráqueo)
Glocke ['glɔkə] *f* (-; *-n*) campana *f*; (*Vieh*Ձ) esquila *f*; *el* timbre *m*
'Glocken|blume *bot f* campánula *f*; **~geläut(e)** *n* toque *m od* repique *m* de campanas; **~spiel** *n* carillón *m*; **~turm** *m* campanario *m*
'Glotz|e ['glɔtsə] F *f* (-; *-n*) caja *f* tonta; **Ձen** (*ge-*, *h*) mirar boquiabierto
Glück [glyk] *n* (*-[e]s*; *sin pl*) dicha *f*, felicidad *f*; (*~sfall*) suerte *f*, fortuna *f*; ***zum ~*** por suerte, afortunadamente; ***auf gut ~*** a la buena de Dios; *j-m* ***~ wünschen*** felicitar a, dar la enhorabuena a; ***viel ~!*** ¡que tenga(s) suerte!; **'Ձen** (*ge-*, *sn*) salir bien; ***es glückt mir zu*** logro (*inf*); **'Ձlich** feliz, dichoso; **'Ձlicherweise** afortunadamente
'Glücks|fall ['glyksfal] *m* suerte *f*; **~kind** *n*, **~pilz** *m*: ***er ist ein ~*** ha nacido de pie; **~spiel** *n* juego *m* de azar
'glück|strahlend radiante de felicidad; **Ձwunsch** *m* felicitación *f*; ***herzlichen ~!*** ¡enhorabuena!, ¡mis felicitaciones!; **Ձwunschtelegramm** *n* telegrama *m* de felicitación
'Glüh|birne *el* ['glyːbirnə] *f* bombilla *f*; **Ձen** (*ge-*, *h*) *v/i* arder (*a fig*, ***vor*** *dat* de); estar incandescente; **Ձend** incandescente; *fig* ardiente (*a Gesicht*), ferviente; *Hitze*: abrasador; **~lampe** *f* bombilla *f*; **~wein** *m* vino *m* caliente; **~würmchen** ['-vyrmçən] *n* (*-s*; -) *zo* luciérnaga *f*
Glut [gluːt] *f* (-; *-en*) ardor *m* (*a fig*); (*Kohlen*Ձ) brasa *f*, ascua *f*
Glyzerin [glitsə'riːn] *n* (*-s*; *sin pl*) glicerina *f*
Gnade ['gnaːdə] *f* gracia *f* (*a rel*); (*Gunst*) favor *m*; ***um ~ bitten*** pedir perdón
'Gnaden|frist *f* plazo *m* de gracia; **Ձlos** sin piedad; **~stoß** *m* golpe *m* de gracia (*a fig*)
gnädig ['gnɛːdiç] (*nachsichtig*) indulgente; ***~e Frau!*** ¡señora!

Gobelin [gobə'lɛ̃] *m* (*-s*; *-s*) tapiz *m*
Gold [gɔlt] *n* (*-es*; *sin pl*) oro *m*; **'~barren** *m* lingote *m* de oro; **'~barsch** *m* gallineta *f* nórdica; **ᘯen** ['-dən] de oro; dorado; ***~e Hochzeit*** bodas *f/pl* de oro; **'~fisch** *m* pez *m* rojo; **'ᘯgelb** (amarillo) dorado; **'~grube** *f* mina *f* de oro; *fig a* filón *m*; **ᘯhaltig** ['-haltiç] aurífero; **ᘯig** ['-diç] mono, encantador; **'~medaille** *f* medalla *f* de oro; **'~plombe** *f* empaste *m* de oro; **'~preis** *m* precio *m* del oro; **'~schmied** *m* orfebre *m*
Golf [gɔlf] **a)** *m* (*-s*; *-e*) *geo* golfo *m*; **b)** *n* (*-s*; *sin pl*) *dep* golf *m*; **'~ball** *m* pelota *f* de golf; **'~spieler** *m* golfista *m*; **'~platz** *m* campo *m* de golf
Gondel ['gɔndəl] *f* (*-*; *-n*) góndola *f*; *e-s Ballons*: barquilla *f*
Gong [gɔŋ] *m* (*-s*; *-s*) gong *m*, batintín *m*
'gönn|en ['gœnən] (*ge-*, *h*): ***nicht ~*** envidiar; ***sich et ~*** regalarse con a/c; ***ich gönne es dir*** me alegro por ti; **ᘯer** *m* (*-s*; *-*), **ᘯerin** *f* (*-*; *-nen*) protector(a *f*) *m*; bienhechor(a *f*) *m*
Gorilla [go'rila] *m* (*-s*; *-s*) gorila *m* (*a fig*)
Gosse ['gɔsə] *f* (*-*; *-n*) arroyo *m* (*a fig*)
'Got|ik ['go:tik] *f* (*-*; *sin pl*) (estilo *m*) gótico *m*; **ᘯisch** gótico
Gott [gɔt] *m* (*-es*; *ᐧᐧer*) Dios *m*; *heidnisch*: dios *m*; ***mein ~!*** ¡Dios mío!; ***um ~es willen!*** ¡por (amor de) Dios!; ***~ sei Dank!*** ¡gracias a Dios!
'Gottes|dienst *m* culto *m*, oficio *m* divino; **~lästerung** *f* blasfemia *f*
Gött|in ['gœtin] *f* (*-*; *-nen*) diosa *f*; **ᘯlich** divino (*a fig*)
gott|lob! [gɔt'lo:p] ¡gracias a Dios!; **'~los** ateo, impío; **'~verlassen** *Ort*: perdido; **'ᘯvertrauen** *n* confianza *f* en Dios
Götze ['gœtsə] *m* (*-n*; *-n*), **~nbild** *n* ídolo *m*
Grab [gra:p] *n* (*-es*; *ᐧᐧer*) tumba *f*, fosa *f*, sepultura *f*; **'ᘯen** [gra:bən] (*ge-*, *h*) cavar; **'~en** *m* (*-s*; *ᐧᐧ*) foso *m*; zanja *f*; (*Straßen*ᘯ) cuneta *f*; *mil* trinchera *f*; **~mal** ['gra:p-] *n* (*-s*; *ᐧᐧer*, *-e*) monumento *m* fúnebre; **'~stätte** *f* sepulcro *m*, sepultura *f*; **'~stein** *m* lápida *f* sepulcral
Grad [gra:t] *m* (*-[e]s*; *-e*) grado *m*; ***5 ~ Wärme*** (***Kälte***) cinco grados sobre (bajo) cero
Graf [gra:f] *m* (*-en*; *-en*) conde *m*
'Graf|ik [gra:fik] *f* (*-*; *-en*) artes *f/pl* gráficas; (*Zeichnung*) gráfico *m*; **~iker** *m* (*-s*; *-*) dibujante *m* (publicitario), grafista *m*; **~ikkarte** *f* (*-*; *-n*) *tarjeta f* gráfica; **ᘯisch** gráfico
Graffito [gra'fito] *m*, *n* (*-*; -ti) pintada *f*
Gräfin ['grɛ:fin] *f* (*-*; *-nen*) condesa *f*
Gram [gra:m] *m* (*-[e]s*; *sin pl*) pena *f*, pesar *m*
grämen ['grɛ:men] (*ge-*, *h*): ***sich ~*** afligirse (***über*** *ac* de)
Gramm [gram] *n* (*-[e]s*; *-e*) gramo *m*; ***100 ~*** cien gramos
Gram'mati|k [gra'matik] *f* (*-*; *-en*) gramática *f*; **ᘯsch** gramatical
Gra'nat [-'na:t] *m* (*-[e]s*; *-e*) *min* granate *m*; **~apfel** *m* granada *f*; **~e** *mil f* (*-*; *-n*) granada *f*
Granit [gra'ni:t] *m* (*-[e]s*; *-e*) granito *m*
Grapefruit ['gre:pfru:t] *f* (*-*; *-s*) pomelo *m*
Graphik → ***Grafik***
Graphologie [grafolo'gi:] *f* (*-*; *sin pl*) grafología *f*
Gras [gra:s] *n* (*-es*; *ᐧᐧer*) hierba *f* (*a* F *Marihuana*); **'ᘯen** ['gra:zən] (*ge-*, *h*) pacer, pastar
grässlich ['grɛsliç] horrible, atroz
Grat [gra:t] *m* (*-[e]s*; *-e*) cresta *f*
Gräte ['grɛ:tə] *f* (*-*; *-n*) espina *f*
Gratifikation [gratifika'tsjo:n] *f* (*-*; *-en*) gratificación *f*
gratiniert [-'ni:rt] *gastr* gratinado
gratis ['gra:tis] gratis, gratuitamente
Gratul|ant [gratu'lant] *m* (*-en*; *-en*) congratulante *m*, felicitante *m*; **~ation** [-la'tsjo:n] *f* (*-*; *-en*) felicitación *f*; **ᘯ'ieren** (*h*) felicitar (***j-m zu et*** a alg por a/c)
grau [graʊ] gris (*a fig*); *Haar*: cano; **'ᘯbrot** *n* pan *m* moreno; **'~en** (*ge-*, *h*) *Tag*: apuntar; ***der Morgen graut*** amanece; ***mir graut vor*** tengo horror a
'Gräu|el ['grɔʏəl] *m* (*-s*; *-*), **~eltat** *f* atrocidad *f*; **ᘯlich** horrible, atroz, espantoso
'Grau|en *n* (*-s*; *-*) horror *m*; **ᘯenhaft**, **ᘯenvoll** horrible, espantoso; **ᘯhaarig** cano(so)
gräulich ['grɔʏliç] grisáceo
Graupeln ['graʊpəln] *f/pl* granizo *m* menudo
'grausam cruel; **ᘯkeit** *f* (*-*; *-en*) crueldad *f*
gravieren [gra'vi:rən] (*h*) grabar; **~d** grave

Graz|ie ['grɑːtsjə] *f* (-; *sin pl*) gracia *f*; **≈iös** [gra'tsjøːs] gracioso

'greif|bar ['graɪfbɑːr] tangible (*a fig*); *com* disponible; **~en** (*griff, gegriffen, h*) coger, *Am reg* tomar, agarrar; ***zu e-m Mittel ~*** recurrir a; ***um sich ~*** propagarse

Greis [graɪs] *m* (*-es*; *-e*) anciano *m*; **'≈enhaft** ['graɪzən-] senil; **'~in** *f* (-; *-nen*) anciana *f*

grell [grɛl] *Licht*: deslumbrante; *Farbe*: llamativo, chillón; *Ton*: estridente

Gremium ['greːmjum] *n* (*-s*; *-mien*) entidad *f*, organismo *m*

'Grenz|e ['grɛntsə] *f* (-; *-n*) límite *m* (*a fig*); (*Landes≈*) frontera *f*; **≈en** (*ge-, h*) lindar, confinar (***an*** *ac* con); *fig* rayar (en); **≈enlos** ilimitado; inmenso; **~formalitäten** *f/pl* formalidades *f/pl* al pasar la frontera; **~gebiet** *n* región *f od* zona *f* fronteriza; **~kontrolle** *f* control *m* fronterizo; **~polizei** *f* policía *f* de fronteras; **~schutz** *m* protección *f* de la frontera; **~stein** *m* mojón *m* fronterizo; **~übergang** *m* paso *m* fronterizo; **≈überschreitend** transfronterizo; **~verkehr** *m* tráfico *m* fronterizo

'Greuel → ***Gräuel***

greulich → ***gräulich***

Griebe ['griːbə] *f* (-; *-n*) chicharrón *m*

Griech|e ['griːçə] *m* (*-n*; *-n*), **~in** *f* (-; *-nen*), **≈isch** griego *m*, -a *f*

Grieß [griːs] *m* (*-es*; *-e*) sémola *f*; *med* arenillas *f/pl*

Griff [grif] *m* (*-[e]s*; *-e*) asidero *m*; empuñadura *f*; (*Messer≈*) mango *m*; *e-r Schublade*: tirador *m*; (*Koffer≈*) asa *f*; ***im ~ haben*** dominar; **'≈bereit** al alcance de la mano

Grill [gril] *m* (*-[e]s*; *-e*) parrilla *f*; (*Garten≈*) barbacoa *f*; **'~e** *f* (-; *-n*) *zo* grillo *m*; *fig* capricho *m*; **'≈en** (*ge-, h*) asar a la parrilla; **'~fest** *n* barbacoa *f*; **'~restaurant** *n* parrilla *f*, asador *m*

Grimasse [gri'masə] *f* (-; *-n*) mueca *f*, gesto *m* (***schneiden*** hacer)

grinsen ['-zən] (*ge-, h*) (son)reír irónicamente

'Grippe *med* ['gripə] *f* (-; *-n*) gripe *f*; **~welle** *f* epidemia *f* de gripe

grob [groːp] grueso; (*roh*) bruto; (*plump*) tosco, grosero; *Ton*: bronco; *Fehler*: grave; **'≈heit** *f* (-; *-en*) grosería *f*

Grog [grɔk] *m* (*-s*; *-s*) grog *m*

grölen ['grøːlən] F (*ge-, h*) berrear

Groll [grɔl] *m* (*-[e]s*; *sin pl*) rencor *m*; **'≈en** (*ge-, h*): ***j-m ~*** guardar rencor a alg

Groschen [grɔʃən] *m* (*-s*; -) moneda *f* de 10 pfennigs

groß [groːs] gran(de); (*weit*) extenso, amplio; (*hoch*) alto (*a v Wuchs*); ***mein ~er Bruder*** mi hermano mayor; ***im ≈en*** (***und***) ***Ganzen*** en general, en conjunto; ***größer werden*** crecer, aumentar; **'≈aktionär** *m* accionista *m* mayoritario; **'~artig** grandioso, magnífico; **'≈aufnahme** *f Film*: primer plano *m*; **'≈bank** *f* gran banco *m*; **'≈betrieb** *m* (*-[e]s*; *-e*) gran empresa *f*; **'≈buchstabe** *m* mayúscula *f*

Größe ['grøːsə] *f* (-; *-n*) grandeza *f*; (*Ausdehnung*) extensión *f*; (*Umfang*) tamaño *m*, dimensión *f*; (*Höhe*) altura *f*; (*Körper≈, Kleider≈*) talla *f*; (*Person*) celebridad *f*

Groß|bildschirm ['groːs-] *m inform* pantalla *f* grande; **~eltern** *pl* abuelos *m/pl*

Größenwahn ['grøːsən-] *m* megalomanía *f*

'Groß|grundbesitz ['groːsgruntbəzits] *m* latifundio *m*; **~grundbesitzer** *m* terrateniente *m*, latifundista *m*; **~handel** *m* comercio *m* al por mayor; **~handelspreis** *m* precio *m* al por mayor; **~händler** *m* mayorista *m*, comerciante *m* al por mayor; **~industrie** *f* gran industria *f*

'groß|jährig [groːsjɛːriç] mayor de edad; **≈macht** *f* gran potencia *f*; **≈mama** F *f* abuelita *f*; **≈mut** *f* (-; *sin pl*) generosidad *f*; **≈mutter** *f* abuela *f*; **≈papa** F *m* abuelito *m*; **≈raum** *m*: ***der ~ Madrid*** el gran Madrid; **≈raumbüro** *n* despacho *m* colectivo; **≈schreibung** *f* empleo *m* de mayúsculas; **~spurig** ['-ʃpuːriç] arrogante; **≈stadt** *f* gran ciudad *f*; urbe *f*; **~städtisch** de gran ciudad; **≈stadtverkehr** *m* tráfico *m* de gran ciudad; **≈tankstelle** *f* estación *f* de servicio

größtenteils ['grøːstəntaɪls] por la mayor parte

'groß|tun ['groːstuːn] (*irr, sep, -ge-, h,* → ***tun***): (***sich***) ***~ mit*** jactarse de; **'≈unternehmen** *n* gran empresa *f*; **'≈vater** *m* abuelo *m*; **'≈wetterlage** *f* situación *f* meteorológica general; **'~zügig** generoso, liberal; '**2zügigkeit** *f* (-; *sin pl*) generosidad *f*, liberalidad *f*

Grotte ['grɔtə] *f* (-; *-n*) gruta *f*

Grübchen ['gry:pçən] *n* (*-s*; -) hoyuelo *m*

Grube ['gru:bə] *f* (-; *-n*) hoyo *m*; *min* mina *f*, pozo *m*

grübeln ['gry:bəln] (*ge-*, *h*) cavilar

Gruft [gruft] *f* (-; *¨e*) cripta *f*

grün [gry:n] verde; ***~e Versicherungskarte*** *f* carta *f* verde; ***(wieder) ~ werden*** (re)verdecer; ***die 2en*** los verdes; ***ins 2e*** al campo; '**2anlage** *f* zona *f* verde

Grund [grunt] *m* (*-[e]s*; *sin pl*) fondo *m*; (*Boden*) suelo *m*; (*pl ¨e*) (*Vernunft2*) razón *f*, argumento *m*; (*Beweg2*) motivo *m*; (*Ursache*) causa *f*; ***~ und Boden*** bienes *m/pl* raíces; ***aus diesem ~e*** por esta razón; ***auf ~ von*** en razón de, en virtud de; ***im ~e genommen*** en el fondo; ***zu ~e → zugrunde***; '**~bedingung** *f* ('**~begriff** *m*) condición *f* (noción *f*) fundamental; '**~besitz** *m* bienes *m/pl* raíces, terrenos *m/pl*; '**~besitzer(in** *f*) *m* propietario *m*, -a *f* (de tierras); '**~buch** *n* registro *m* de la propiedad

'**gründ|en** ['gryndən] (*ge-*, *h*) fundar; **2er** *m* (*-s*; -), **2erin** *f* (-; *-nen*) fundador(a *f*) *m*

'**Grund|gebühr** ['grunt-] *f* tarifa *f* básica; **~gesetz** *n* ley *f* fundamental; **~kapital** *n* capital *m* social; **~lage** *f* base *f*, fundamento *m*; **2legend** fundamental

'**gründlich** ['gryntliç] profundo; (*gewissenhaft*) minucioso; *adv* a fondo; **2keit** *f* (-; *sin pl*) minuciosidad *f*

'**grund|los** ['grunt-] *fig* infundado, inmotivado; *adv* sin fundamento; **2nahrungsmittel** *n/pl* alimentos *m/pl* básicos

Gründonnerstag [gry:n'dɔnərsta:k] *m* Jueves *m* Santo

'**Grund|rechte** ['grunt-] *n/pl* derechos *m/pl* fundamentales; **~riss** *m arqu* plano *m*, planta *f*; **~satz** *m* principio *m*; **2sätzlich** ['-zɛtsliç] fundamental; *adv* en *od* por principio; **~schule** *f* escuela *f* primaria; **~stein** *m*: ***den ~ legen*** poner la primera piedra (*a fig*); **~steuer** *f* impuesto *m* sobre bienes inmuebles; **~stück** *n* finca *f*; (*Bauplatz*) terreno *m*, solar *m*; (*bebaut*) inmueble *m*

Gründung ['grynduŋ] *f* (-; *-en*) fundación *f*

grund|verschieden ['grunt-] completamente distinto; '**2wasser** *n* (*-s*; *sin pl*) agua *f* subterránea; '**2zahl** *f* número *m* cardinal

'**Grün|fläche** ['gry:n-] *f* espacio *m* verde; **~gürtel** *m* cinturón *m* verde; **~kohl** *m* col *f* verde; **2lich** verdoso; **~span** *m* (*-[e]s*; *sin pl*) cardenillo *m*; **~streifen** *m Autobahn*: (franja *f*) mediana *f*

grunzen ['gruntsən] (*ge-*, *h*) gruñir

'**Grupp|e** ['grupə] *f* (-; *-n*) grupo *m*; **~enaufnahme** *f*, **~enbild** *n* (retrato *m* en) grupo *m*; **~enreise** *f* viaje *m* colectivo *od* en grupo; **2'ieren** (*h*) agrupar

gruselig ['gru:zəliç] horripilante, escalofriante

Gruß [gru:s] *m* (*-es*; *¨e*) saludo *m*, salutación *f*; ***viele Grüße!*** muchos recuerdos; ***mit herzlichen Grüßen*** con un cordial saludo

grüßen ['gry:sən] (*ge-*, *h*) saludar; ***j-n (vielmals) ~ lassen*** dar (muchos) recuerdos a alg; ***~ Sie ihn von mir*** salúdele de mi parte

'**guck|en** ['gukən] F (*ge-*, *h*) mirar; **2loch** *n* mirilla *f*

Gulasch ['gulaʃ] *n* (*-[e]s*; *-s*, *-e*) estofado *m* a la húngara

Gulden ['guldən] *m* (*-s*; -) florín *m*

'**gültig** ['gyltiç] valedero; *jur* válido; *Münze*: de curso legal; **2keit** *f* (-; *sin pl*) validez *f*

'**Gummi** ['gumi] *m u n* (*-s*; *sin pl*) goma *f*, caucho *m*; **~band** *n* (*-[e]s*; *¨er*) cinta *f* elástica, elástico *m*; **~handschuh** *m* guante *m* de goma; **~knüppel** *m* porra *f*; **~stiefel** *m/pl* botas *f/pl* de goma; **~zug** *m* elástico *m*

Gunst [gunst] *f*: ***zu m-n ~en*** en mi favor; ***zu ~en → zugunsten***

günstig ['gynstiç] favorable; (*vorteilhaft*) ventajoso

'**Gurgel** ['gurgəl] *f* (-; *-n*) garganta *f*; **2n** (*ge-*, *h*) hacer gárgaras

Gurke [-'kə] *f* (-; *-n*) pepino *m*; ***saure ~*** pepinillo *m* en vinagre

Gurt [gurt] *m* (*-[e]s*; *-e*) cinturón *m*; *a tec* correa *f*

'**Gürtel** ['gyrtəl] *m* (*-s*; -) cinturón *m* (*a fig*); **~reifen** *m* neumático *m* radial

'**Gurt|muffel** ['gurtmufəl] *m* (*-s*; -) persona *f* que se niega a utilizar el cinturón

G

de seguridad; **~pflicht** *f s* ***Anschnallpflicht***

Guss [gus] *m* (*-es; ¨-e*) (*Regen*) aguacero *m*, chaparrón *m*; (*Zucker≈*) baño *m* de azúcar; **'~eisen** *n* hierro *m* colado

gut [guːt] buen(o); *adv* bien; ***es ist (schon) ~*** (ya) está bien; ***sei so ~ und ...*** haz el favor de (*inf*); ***es wird alles ~ gehen*** todo saldrá bien; ***es sich ~ gehen lassen*** darse buena vida; ***~ gelaunt*** de buen humor; ***~ machen*** reparar; *Unrecht*: desagraviar; ***~ sn für*** servir para; ***~ tun*** hacer *od* sentar *od* probar bien; ***e-e ~e Stunde*** una hora larga; ***im ≈en*** por las buenas; ***du hast es ~!*** ¡qué suerte tienes!; ***das ist ~ möglich*** es muy posible

Gut [guːt] *n* (*-[e]s; ¨-er*) bien *m*; propiedad *f*; (*Land≈*) finca *f*; *Am* hacienda *f*; **'~achten** *n* (*-s; -*) dictamen *m*, peritaje *m*; **'~achter** *m* (*-s; -*) perito *m*; **'≈ artig** *med* benigno; **'~dünken** *n*: ***nach ~*** a discreción; **'~e** *n* (*-n; sin pl*): ***das ~*** lo bueno; ***~s tun*** hacer bien; ***alles ~!*** ¡mucha suerte!

Güte ['gyːtə] *f* (*-; sin pl*) bondad *f*; *com* calidad *f*

'Güter ['-tər] *n/pl* bienes *m/pl*; *com* mercancías *f/pl*; **~bahnhof** *m* estación *f* de mercancías; **~verkehr** *m* transporte *m* de mercancías; **~zug** *ferro m* tren *m* de mercancías **'gut|gläubig** de buena fe; **≈haben** *n* (*-s; -*) haber *m*, saldo *m* activo

'güt|ig ['gyːtiç] bueno; bondadoso; **~lich** amistoso, amigable

'gut|mütig ['-myːtiç] bondadoso, bonachón; **≈sbesitzer(in** *f*) *m* propietario *m*, -a *f* de una finca; **≈schein** *m* vale *m*; **~schreiben** (*irr, sep, -ge-, h,* → ***schreiben***) *com* abonar (en cuenta); **≈schrift** *f* abono *m* (en cuenta); **≈shof** *m* granja *f*

Gymnas|ium [gym'nɑːzjum] *n* (*-s; -sien*) instituto *m* de bachillerato; **~tik** [-'nastik] *f* (*-; sin pl*) gimnasia *f*

Gynäkolog|e [gynɛko'loːgə] *m* (*-n; -n*), **~in** *f* (*-; -nen*) ginecólogo *m*, -a *f*

H

H, h [hɑː] *n* (*-; -*) H, h *f*; *mus* si *m*; ***H-Dur*** si mayor; ***h-Moll*** si menor.

Haar [hɑːr] *n* (*-[e]s; -e*) pelo *m*; (*Kopf≈*) *a* cabello *m*; ***sich die ~e schneiden lassen*** cortarse el pelo; ***um ein ~*** por un pelo; **'~ausfall** *m* caída *f* del pelo; **'~bürste** *f* cepillo *m* para el cabello; **'≈en** (*ge-, h*) perder el pelo; **'~entferner** *m* (*-s; -*) depilatorio *m*; **'~festiger** *m* fijador *m*, fijapelo *m*; **'≈genau** exactamente; con pelos y señales; **'≈ig** peludo; *am Körper*: velloso; F *fig* peliagudo; **'~klammer** *f* clip *m*; **'~nadel** *f* horquilla *f*; **'~nadelkurve** *f* curva *f* en herradura; **'~netz** *n* redecilla *f*; **'~schneiden** *n*, **'~schnitt** *m* corte *m* de pelo; **'~spange** *f* pasador *m*; **'~spray** *m od n* laca *f*, spray *m*; **'≈sträubend** espeluznante, horripilante; **'~teil** *n* bisoñé *m*, peluquín *m*; **'~trockner** *m* (*-s; -*) secador *m*; **'~waschmittel** *n* champú *m*; **'~wasser** *n* loción *f* capilar; **'~zopf** *m* trensa *f*

Habe ['hɑːbə] *f* (*-; sin pl*) bienes *m/pl*, fortuna *f*

haben ['-bən] **1.** (*hatte, gehabt, h*): **a)** (*Hilfsverb*) haber; **b)** *v/t* (*besitzen*) tener; ***was hast du?*** ¿qué te pasa?; ***da ~ wir's!*** ¡ya lo decía yo!, ¡aquí estamos!; ***nichts zu essen ~*** no tener nada que comer; ***~ wollen*** querer, desear; ***~ zu*** *inf* (*müssen*) tener que, haber de; **2.** *com* ≈ *n* (*-s; sin pl*) haber *m*, crédito *m*

'Haben|saldo *com m* saldo *m* acreedor; **~seite** *f* lado *m* acreedor, haber *m*; **~zinsen** *m/pl* intereses *m/pl* acreedores

'Habgier ['hɑːpgiːr] *f* codicia *f*; **≈ig** codicioso

Habicht ['hɑːbiçt] *m* (*-[e]s; -e*) azor *m*

'Habseligkeiten ['hɑːpzeːliçkaɪtən] *f/pl* efectos *m/pl*, trastos *m/pl*

'Hack|braten ['hak-] *m* asado *m* de carne picada; **~e** *f* (*-; -n*) azada *f*, azadón *m*; (*Spitz≈*) pico *m*; **≈en** (*ge-, h*) *Vogel*: picotear; *Fleisch*: picar; *Holz*: cortar;

~fleisch *n* carne *f* picada

'Hafen ['hɑːfən] *m* (*-s*; *⸚*) puerto *m* (*a fig*); **~anlagen** *f/pl* instalaciones *f/pl* portuarias; **~behörde** *f* autoridad *f* portuaria; **~gebühren** *f/pl* derechos *m/pl* portuarios; **~polizei** *f* policía *f* del puerto; **~stadt** *f* ciudad *f* portuaria, puerto *m*; **~viertel** *n* barrio *m* portuario

'Hafer ['-fər] *m* (*-s*; *-*) avena *f*; **~flocken** *f/pl* copos *m/pl* de avena

Haft [haft] *f* (*-*; *sin pl*) detención *f*; **'⁀bar** responsable (***für*** de); **'~befehl** *m* orden *f* de detención; **'⁀en** (*ge-*, *h*) (*kleben*) estar pegado a; **~ *für*** responder de

Häftling ['hɛftliŋ] *m* (*-s*; *-e*) detenido *m*, preso *m*

'Haftpflicht ['haft-] *f* responsabilidad *f* civil; **~versicherung** *f* seguro *m* de responsabilidad civil

'Haft|schalen *f/pl* lentes *f/pl* de contacto, lentillas *f/pl*; **~ung** *f* (*-*; *-en*) responsabilidad *f*

Hagebutte ['hɑːgəbutə] *f* (*-*; *-n*) escaramujo *m*, agavanza *f*

'Hagel ['-gəl] *m* (*-s*; *sin pl*) granizo *m*; **~korn** *n* grano *m* de granizo; **⁀n** (*ge-*, *h*) granizar

hager ['-gər] enjuto, flaco

Hahn [hɑːn] *m* (*-[e]s*; *⸚e*) gallo *m*; (*Wasser⁀*) grifo *m*; (*Gas⁀*) llave *f*

Hähnchen ['hɛːnçən] *n* (*-s*; *-*) pollo *m*

Hai [haɪ] *m* (*-[e]s*; *-e*), **'~fisch** *m* tiburón *m*

'Häkel|arbeit ['hɛːkəlʔarbaɪt] *f* labor *f* de ganchillo; **⁀n** (*ge-*, *h*) hacer ganchillo; **~nadel** *f* ganchillo *m*

'Haken ['hɑːkən] *m* (*-s*; *-*) gancho *m* (*a Boxen*); garfio *m*; *für Kleider*: percha *f*; *für Öse*: corchete *m*; ***~ u Öse*** broche *m*; **~kreuz** *n* cruz *f* gamada

halb [halp] medio; *adv* a medias; ***~ drei*** (***Uhr***) las dos y media; ***e-e ~e Stunde*** media hora; ***~ angezogen*** a medio vestir; **'~amtlich** oficioso

'Halbe ['-bə] *f* (*-n*; *-[n]*) medio litro *m* de cerveza

'Halb|fabrikat *n* producto *m* semiacabado; **⁀fertig** a medio hacer; **⁀fett** *Käse*: semigraso; **~finale** *n dep* semifinal *f*; **⁀ieren** [-'biːrən] (*h*) dividir en dos partes iguales, partir por la mitad; **~insel** *f* península *f*; **~jahr** *n* semestre *m*; **⁀jährig** ['-jɛːriç] de seis meses; **⁀jährlich** semestral; *adv* cada seis meses; **~kreis** *m* semicírculo *m*; hemiciclo *m*; **~kugel** *f* hemisferio *m*; **⁀laut** a media voz; **~mast**: ***auf ~*** a media asta; **~messer** *m* radio *m*; **⁀monatlich** quincenal, bimensual; **~mond** *m* media luna *f*; **~pension** *f* media pensión *f*; **~schatten** *m* penumbra *f*; **~schlaf** *m* duermevela *m*; **~schuh** *m* zapato *m* (bajo); **~starke** *m* (*-n*; *-n*) gamberro *m*; **⁀stündig** ['-ʃtyndiç] de media hora; **⁀tags**: ***~ arbeiten*** hacer media jornada; **~tagsarbeit** *f* trabajo *m* de media jornada; **~tagskraft** *f* empleado *m*, -a *f* de media jornada; **⁀trocken** semiseco; **⁀voll** a medio llenar; **⁀wegs** ['-veːks] a medio camino; *fig* casi; F (*leidlich*) regular; **~zeit** *f dep* medio tiempo *m*; ***erste*** (***zweite***) **~** primer (segundo) tiempo

Hälfte ['hɛlftə] *f* (*-*; *-n*) mitad *f*; ***zur ~*** a mitad; a medias

Halle ['halə] *f* (*-*; *-n*) sala *f*; vestíbulo *m*; (*Hotel*) hall *m*; (*Ausstellung*) pabellón *m*

Halleluja [hale'luːjɑː] *n* (*-s*; *-s*) aleluya *f*

'hallen ['halən] (*ge-*, *h*) resonar; **⁀bad** *n* piscina *f* cubierta

hallo ['halo]: ***~!*** ¡oiga!; (*Gruß*) ¡hola!; *tel* ¡diga!

Halm [halm] *m* (*-[e]s*; *-e*) tallo *m*

Halo'gen|lampe [halo'geːn-] *f* lámpara *f* halógena; **~scheinwerfer** *m* faro *m* halógeno

Hals [hals] *m* (*-es*; *⸚e*) cuello *m*; (*Kehle*) garganta *f*; ***aus vollem ~e*** a voz en cuello, *lachen*: a carcajadas; F ***es hängt mir zum ~(e) heraus*** F estoy hasta la coronilla; **'~band** *n* (*-[e]s*; *⸚er*) collar *m*; **'~entzündung** *med f* inflamación *f* de la garganta, angina(s) *f*(*/pl*); **'~kette** *f* collar *m*; **'~-Nasen-'Ohren-Arzt** *m* otorrinolaringólogo *m*; **'~schmerzen** *m/pl* dolor *m* de garganta; **⁀starrig** ['-ʃtariç] tozudo, obstinado; **'~tuch** *n* bufanda *f*; pañuelo *m* (de cuello); **'~weh** *n* (*-s*; *sin pl*) dolor *m* de garganta

Halt [halt] **1.** *m* (*-[e]s*; *-e*) parada *f*, alto *m*; (*sin pl*) (*Stütze*) apoyo *m*, sostén *m* (*a fig*); **2.** ***⁀!*** ¡alto!; ***~ machen*** pararse, hacer alto

'haltbar ['-bɑːr] sólido; resistente; **⁀keitsdatum** *n* fecha *f* de caducidad

halten ['-tən] (*hielt*, *gehalten*, *h*) **1.** *v/t* tener; (*zurück~*) retener; (*ein~*) observar; *Rede*: pronunciar; *Zeitung*: estar sus-

H

crito a; *Versprechen, Wort*: cumplir; ~ ***für*** creer, considerar como, tomar por; ~ ***von*** pensar de; ***was ~ Sie davon?*** ¿qué le parece?; ***viel von j-m ~*** tener a alg en gran aprecio; **2.** *v/i* (*Halt machen*) parar(se), detenerse; (*festsitzen*) estar fijo; ***zu j-m ~*** estar de parte de alg; **3.** *v/refl*: ***sich ~*** (*frisch bleiben*) conservarse; *a Wetter*: mantenerse; ***sich an et*** (*ac*) ~ atenerse a; ***sich rechts ~*** llevar la derecha; ***sich ~ für*** tenerse por

Halter ['-tər] *m* (*-s*; -) (*Griff*) asidero *m*; (*Besitzer*) dueño *m*; *auto* titular *m*

'Halte|stelle *f* parada *f*; **~verbot** *auto n* prohibición *f* de parar; **~verbotsschild** *n* señal *f* de prohibición de parar

Haltung ['haltuŋ] *f* (-; *raro -en*) posición *f*, postura *f*; (*Auftreten*) actitud *f*

hämisch ['hɛːmiʃ] malicioso

'Hammel ['haməl] *m* (*-s*; -) carnero *m*; **~braten** *m* asado *m* de carnero; **~keule** *f* pierna *f* de carnero

Hammer ['hamər] *m* (*-s*; ¨) martillo *m*

hämmern ['hɛmərn] (*ge-*, *h*) martill(e)ar

Hämorrhoiden, **Hämorriden** *med* [hɛːmɔro'iːdən] *pl* hemorroides *f/pl*, almorranas *f/pl*

Hampelmann ['hampəlman] *m* (*-[e]s*; *¨er*) títere *m*, *a fig* fantoche *m*

'Hamster ['-stər] *m* (*-s*; -) *zo* hámster *m*; **~er** *m* (*-s*; -) acaparador *m*; **≗n** (*ge-*, *h*) acaparar

Hand [hant] *f* (-; *¨e*) mano *f*; ***mit der ~*** a mano; ***an ~ von*** por medio de; a base de; ***zu Händen von*** a la atención de; ***j-s rechte ~ sn*** ser el brazo derecho de alg; ***weder ~ noch Fuß haben*** no tener ni pies ni cabeza; ***auf der ~ liegen*** ser evidente; ***eine ~ voll*** *f* (-; -) puñado *m* (*a fig*); **'~arbeit** *f* trabajo *m* manual; *weibliche*: labor *f*; **'~ball** *m* balonmano *m*; **'~bremse** *f* freno *m* de mano; **'~buch** *n* manual *m*

'Hände|druck ['hɛndədruk] *m* (*-[e]s*; *¨e*) apretón *m* de manos; **~klatschen** *n* palmas *f/pl*

Handel ['handəl] *m* (*-s*; *sin pl*) comercio *m*; (*~sverkehr*) tráfico *m* (**mit** de); ***im ~*** en venta; ***~ treiben*** negociar, tratar (***mit et*** en a/c)

handeln ['handəln] (*ge-*, *h*) obrar, actuar; *com* comerciar, tratar, negociar (**mit** en); (*feilschen*) regatear; ***~ von*** tratar de; ***sich ~ um*** tratarse de

'Handels|abkommen *n* acuerdo *m* comercial; **~bank** *f* (-; *-en*) banco *m* comercial; **~beziehungen** *f/pl* relaciones *f/pl* comerciales; **~bilanz** *f* balanza *f* comercial; **~bilanzdefizit** *n* (**~bilanzüberschuss** *m*) déficit *m* (excedente *m*) de la balanza; **~gesellschaft** *f* sociedad *f od* compañía *f* mercantil; **~kammer** *f* Cámara *f* de Comercio; **~korrespondenz** *f* correspondencia *f* comercial; **~marine** *f* marina *f* mercante; **~recht** *n* derecho *m* mercantil; **~register** *n* registro *m* mercantil; **~schiff** *n* buque *m* mercante; **~schranken** *f/pl* barreras *f/pl* comerciales; **~schule** *f* escuela *f* de comercio; **~spanne** *f* margen *m* comercial; **≗üblich** usual en el comercio; **~unternehmen** *n* empresa *f* mercantil *od* comercial; **~vertrag** *m* tratado *m* comercial; **~vertreter** *m* representante *m* (de comercio); **~vertretung** *f* agencia *f* comercial

'Hand|feger ['hantfeːgər] *m* escobilla *f*; **~fläche** *f* palma *f* (de la mano); **~gelenk** *n* muñeca *f*; **≗gemacht** hecho a mano; **~gemenge** *n* pelea *f* (cuerpo a cuerpo); **~gepäck** *n* equipaje *m* de mano; **~granate** *f* granada *f* de mano; **≗haben** (*handhabte*, *gehandhabt*, *h*) manejar, manipular; **~karren** *m* carretilla *f*; **~koffer** *m* maleta *f*; **~kuss** *m* besamanos *m*; **~langer** ['-laŋər] *m* (*-s*; -) peón *m*

Händler ['hɛndlər] *m* (*-s*; -), **~in** *f* (-; *-nen*) comerciante *su*, negociante *su*

handlich ['hant-] manejable

'Handlung ['handluŋ] *f* (-; *-en*) acción *f*; acto *m*; *teat*, *lit* argumento *m*; *com* comercio *m*, tienda *f*; **~sreisende** *m* viajante *m*; **~sweise** *f* modo *m* de obrar

'Hand|rücken ['hant-] *m* dorso *m* de la mano; **~schellen** *f/pl* esposas *f/pl*; **~schlag** *m* apretón *m* de manos; ***per ~*** con un apretón de manos

'Handschrift *f* letra *f*, escritura *f*; (*Werk*) manuscrito *m*; **≗lich** escrito a mano

'Handschuh *m* guante *m*; **~fach** *n auto* guantera *f*; **~nummer** *f* número *m* de la mano

'Hand|stickerei *f* bordado *m* a mano; **~tasche** *f* bolso *m* (de mano); **~tuch** *n* toalla *f*; **~umdrehen** *n*: ***im ~*** en un santiamén

'Handwerk *n* (*-[e]s*; *-e*) oficio *m*; artesanía *f*; **~er** *m* (*-s*; -), **~erin** *f* (-; *-nen*) artesano *m*, -a *f*; **2lich** artesanal; **~sbetrieb** *m* empresa *f* artesanal; **~szeug** *n* útiles *m*/*pl*

'Handy ['hɛndi] *n* (*-[s]*; *-s*) (teléfono *m*) móvil *m*

Hanf [hanf] *m* (*-[e]s*; *sin pl*) cáñamo *m*

Hang [haŋ] *m* (*-[e]s*; *⸚e*) pendiente *f*; (*sin pl*) *fig* inclinación *f* (**zu** a)

Hangar *m* hangar *m*

'Hänge|brücke ['hɛŋə-] *f* puente *m* colgante; **~lampe** *f* lámpara *f* colgante; **~matte** *f* hamaca *f*

'hängen ['-ən] **1.** *v/i* (*hing*, *gehangen*, *h*) colgar, pender (***an*** *dat* de); estar colgado *od* suspendido; *fig* **~ *an*** (*dat*) tener apego a; **~ *bleiben*** quedar enganchado (***an*** *dat* en); **2.** *v/t* (*ge-*, *h*) colgar, suspender; (*an den Galgen*) ahorcar

Hansestadt ['hanzəʃtat] *f* ciudad *f* (*h*)anseática

Hanswurst [hans'vurst] *m* (*-[e]s*; *⸚e*) bufón *m*, payaso *m*

Hanteln ['hantəln] *f*/*pl* pesas *f*/*pl*

hantieren [-'tiːrən] (*h*) manejar, manipular (***mit et*** a/c)

Happen ['hapən] *m* (*-s*; -) bocado *m*

Hardware [hɑː(r)dwɛː(r)] *f* (-; *-s*) hardware *m*

Harfe ['harfə] *f* (-; *-n*) arpa *f*

Harke ['-kə] *f* (-; *-n*) rastrillo *m*

harmlos ['harmloːs] inofensivo (*a Person u med*), in(n)ocuo

Harmon|ie [harmo'niː] *f* (-; *-n*) armonía *f* (*a fig*); **2isch** [-'moːniʃ] *mus* armónico; *fig a* armonioso; **~i'sierung** [-moni'ziːruŋ] *f* (-; *sin pl*) armonización *f*

Harn [harn] *m* (*-[e]s*; *-e*) orina *f*; **'~blase** *f* vejiga *f*; **'~röhre** *f* uretra *f*

Harpune [-'puːnə] *f* (-; *-n*) arpón *m*

hart [hart] duro (*a fig u Ei*); (*fest*) firme; (*streng*) riguroso (*a Winter*), severo; *Währung*: duro, fuerte

Härte ['hɛrtə] *f* (-; *-n*) dureza *f* (*a fig*); rigor *m*

'Hart|faserplatte ['hartfɑːzərplatə] *f* plancha *f* de fibra dura; **~ *gekocht*** *Ei*: duro; **~geld** *n* (*-es*; *sin pl*) moneda *f* metálica; **2herzig** duro de corazón; **2näckig** ['-nɛkiç] terco, obstinado; *Krankheit*: persistente; **~näckigkeit** *f* (-; *sin pl*) terquedad *f*, obstinación *f*

Harz [harts] *n* (*-es*; *-e*) resina *f*

Haschee [ha'ʃeː] *n* (*-s*; *-s*) picadillo *m* (de carne)

'hasch|en ['-ʃən] (*ge-*, *h*) F fumar porros; **~ *nach et*** tratar de atrapar a/c; **2isch** *n* (*-[s]*; *sin pl*) hachís *m*, F chocolate *m*

Hase ['hɑːzə] *m* (*-n*; *-n*) liebre *f*

'Hasel|nuss ['-zəlnus] *f* avellana *f*; **~strauch** *m* avellano *m*

'Hasen|braten ['-zənbrɑːtən] *m* asado *m* de liebre; **~fuß** *m* cobarde *m*, gallina *m*

Hass [has] *m* (*-es*; *sin pl*) odio *m* (***gegen***, ***auf*** *ac* a)

hassen ['hasən] (*ge-*, *h*) odiar

hässlich ['hɛsliç] feo (*a fig*); **2keit** *f* (-; *sin pl*) fealdad *f*

Hast [hast] *f* (-; *sin pl*) prisa *f*, precipitación *f*; **'2en** (*ge-*, *sn*) precipitarse; **'2ig** precipitado; *adv* a toda prisa

Haube ['haubə] *f* (-; *-n*) cofia *f*; (*Nonnen2*) toca *f*; *auto* capó *m*

Hauch [haux] *m* (*-[e]s*; *sin pl*) (*Atem*) aliento *m*; (*Wind2*) soplo *m*; *fig* (*Spur*) toque *m*; asomo *m*; **'2en** (*ge-*, *h*) soplar

hauen ['hauən] (*hieb*, *haute*, *gehauen*, *h*) (*schlagen*) golpear, pegar; ***sich* ~** pelear, reñir

Haufen ['haufən] *m* (*-s*; -) montón *m* (*a fig*); (*Leute*) tropel *m*

'häuf|en ['hɔyfən] (*ge-*, *h*): (***sich***) **~** amontonar(se), *a fig* acumular(se); *Fälle*: ***sich* ~** menudear; **~ig** frecuente; *adv* con frecuencia; **2igkeit** *f* (-; *sin pl*) frecuencia *f*

Haupt ['haupt] *n* (*-[e]s*; *⸚er*) cabeza *f*; (*Führer*) jefe *m*, cabeza *m*; **'~aktionär** *m* accionista *m* mayoritario *bzw* principal; **'~bahnhof** *m* estación *f* central; **'~bestandteil** *m* elemento *m* principal; **'~darsteller(in *f*)** *m* protagonista *su*; **'~eingang** *m* entrada *f* principal; **'~gericht** *gastr n* plato *m* principal *od* fuerte; **'~geschäftsstraße** *f* calle *f* comercial principal; **'~gewinn** *m* primer premio *m*, F gordo *m*

Häuptling ['hɔyptliŋ] *m* (*-s*; *-e*) jefe *m* de tribu; (*Indianer2*) cacique *m*

'Haupt|mann ['haupt-] *mil m* (*-s*; *-leute*) capitán *m*; **~person** *f a fig* personaje *m* principal, protagonista *m*; **~postamt** *n* Central *f* de Correos; **~quartier** *n* cuartel *m* general; **~reisezeit** *f* temporada *f* alta; **~rolle** *f a fig* papel *m* principal; **~sache** *f* lo esencial, lo principal;

H

&sächlich principal; esencial; *adv* principalmente, sobre todo; **~saison** *f* temporada *f* alta; **~schulabschluss** *m etwa*: certificado *m* de escolaridad; **~schule** *f etwa*: Educación *f* General Básica (EGB), segundo ciclo; **~stadt** *f* capital *f*; **~straße** *f* calle *f* principal *od* mayor; **~verkehrsstraße** *f* arteria *f* (principal); **~verkehrszeit** *f* horas *f/pl* punta; **~versammlung** *f* junta *f* general; **~wohnsitz** *m* domicilio *m* principal

Haus [haʊs] *n* (*-es*; *¨er*) casa *f*; *teat* sala *f*; *Parlament*: Cámara *f*; ***nach ~e*** a casa; ***zu ~e*** en casa; ***außer ~*** fuera de casa; **'~angestellte** *f* empleada *f* de hogar, criada *f*; **'~apotheke** *f* botiquín *m*; **'~arbeit** *f* tareas *f/pl* domésticas, trabajos *m/pl* caseros; (*Schule*) deberes *m/pl*; **~'arzt** *m* médico *m* de cabecera; **'~besetzer** *m* ocupante *m* ilegal de casas, F ocupa *m*; **'~besetzung** *f* ocupación *f* ilegal de casas; **'~besitzer(in** *f*) *m* propietario *m*, -a *f*; **~diener** *m* mozo *m*

hausen ['haʊzən] (*ge-*, *h*) vivir; (*wüten*) hacer estragos

'Haus|flur ['haʊsfluːr] *m* vestíbulo *m*, zaguán *m*; **~frau** *f* ama *f* de casa; **~gast** *m im Hotel*: cliente *m*; **~gehilfin** *f s* ***~angestellte***; **&gemacht** casero; de fabricación casera; **~halt** *m* (*-[e]s*; *-e*) casa *f*; (*Etat*) presupuesto *m*; ***den ~ führen*** llevar la casa; **~hälterin** ['-hɛltərin] *f* (*-*;*-nen*) ama *f* de llaves; **~haltsdefizit** *n* déficit *m* presupuestario; **~haltsplan** *m* presupuesto *m*; **~herr** *m* amo *m od* dueño *m* de la casa

Hausierer [haʊ'ziːrər] *m* (*-s*; *-*) vendedor *m* ambulante, buhonero *m*

häuslich ['hɔʏsliç] doméstico; *a Person*: casero; *Leben*: hogareño

'Haus|mädchen ['haʊs-] *n* criada *f*; **~mannskost** *f* comida *f* casera; **~marke** *f* marca *f* de la casa; **~meister(in** *f*) *m* conserje *su*, portero *m*, -a *f*; **~mittel** *n* remedio *m* casero; **~nummer** *f* número *m* de (la) casa; **~ordnung** *f* reglamento *m* interior; **~rat** *m* enseres *m/pl* domésticos; **~schlüssel** *m* llave *f* de (la) casa; **~schuh** *m* zapatilla *f*

Hausse *com* ['hoːs(ə)] *f* (*-*; *-n*) alza *f*

'Haus|suchung ['haʊszuːxʊŋ] *f* (*-*; *-en*) *jur f* registro *m* domiciliario; **~tier** *n* animal *m* doméstico; **~tür** *f* puerta *f* de la calle; **~verwalter** *m* administrador *m*; **~wirt(in** *f*) *m* casero *m*, -a *f*; **~wirtschaft** *f* economía *f* doméstica; **~zelt** *n* tienda *f* chalet

Haut [haʊt] *f* (*-*; *¨e*) piel *f* (*a v Obst*); (*bsd Gesichts&*) cutis *m*; ***bis auf die ~ durchnässt*** calado hasta los huesos; **'~abschürfung** *f* desolladura *f*, excoriación *f*; **'~arzt** *m* dermatólogo *m*; **'~ausschlag** *m* exantema *m*; **'~creme** *f* crema *f* cutánea; **'&eng** muy ceñido, pegado al cuerpo; **'~farbe** *f* color *m* de la piel; **'~pflege** *f* cuidado *m* de la piel

Havarie *mar* [hava'riː] *f* (*-*; *-n*) avería *f*

Hebamme ['heːpʔamə] *f* (*-*; *-n*) comadrona *f*, partera *f*

'Hebe|bühne ['heːbə-] *f* plataforma *f* elevadora; **~l** *m* (*-s*; *-*) palanca *f*; **&n** (*hob*, *gehoben*, *h*) levantar, alzar; *tec* elevar; *fig* favorecer; aumentar; F ***e-n ~*** (*trinken*) empinar el codo; ***sich ~*** *Vorhang*: levantarse; *fig Stimmung*: animarse; **~r** *m* (*-s*; *-*) sifón *m*; *auto* gato *m*

hebräisch [he'brɛːiʃ] hebreo

Hecht [hɛçt] *m* (*-[e]s*; *-e*) lucio *m*; **'~sprung** *m* salto *m* de carpa

Heck [hɛk] *n* (*-[e]s*; *-e*, *-s*) *mar* popa *f*; *auto* parte *f* trasera; **'~e** *f* (*-*; *-n*) seto *m* (vivo); **'~enrose** *f* escaramujo *m*; **'~klappe** *f auto* portón *m* trasero; **'~motor** *m* motor *m* trasero; **'~scheibe** *f auto* lun(et)a *f* trasera (***heizbare*** térmica); **'~scheibenwischer** *m* limpiaparabrisas *m* trasero

Heer [heːr] *n* (*-[e]s*; *-e*) ejército *m*

Hefe ['heːfə] *f* (*-*; *-n*) levadura *f*

Heft [hɛft] *n* (*-[e]s*; *-e*) (*Schreib&*) cuaderno *m*; (*Zeitschrift*) número *m*; (*Griff*) mango *m*; **'&en** (*ge-*, *h*) sujetar; fijar (***an*** *ac* en); (*nähen*) hilvanar; **'~faden** *m* hilo *m* de hilvanar

'heftig ['-tiç] violento, vehemente; **&keit** *f* (*-*; *sin pl*) violencia *f*, vehemencia *f*

'Heft|klammer *f* grapa *f*; **~maschine** *f* grapadora *f*, cosedora *f*; **~pflaster** *n* esparadrapo *m*; **~zwecke** *f* chincheta *f*

hegen ['heːgən] (*ge-*, *h*) cuidar de; *Hoffnung*: abrigar

Hehle|r ['heːlər] *m* (*-s*; *-*), **~rin** *f* (*-*; *-nen*) encubridor(a *f*) *m*; **~'rei** *f* (*-*; *-en*) encubrimiento *m*

Heide[1] ['haɪdə] *m* (*-n*; *-n*) pagano *m*

'Heide[2] *f* (*-*; *-n*) brezal *m*; landa *f*; **~kraut** *n* brezo *m*

Heidelbeere ['-dəlbeːrə] *f* arándano *m*
'**Heiden|angst** F ['-dən'aŋst] *f* miedo *m* cerval; **~geld** F *n* dineral *m*; **~lärm** F *m* ruido *m* infernal
heidnisch ['-dniʃ] pagano
heikel ['haɪkəl] delicado, precario; *Person*: exigente, delicado
Heil [haɪl] **1.** *n* (*-[e]s*; *sin pl*) salud *f*; *rel* salvación *f*; ***sein ~ versuchen*** probar fortuna; **2.** ♀ *adj* entero, intacto; (*gesund*) sano (y salvo)
Heiland ['-lant] *m* (*-[e]s*; *sin pl*) Salvador *m*
'**Heil|bad** *n* estación *f* termal, balneario *m*; **♀bar** curable; **~butt** *m* (*-[e]s*; *-e*) hipogloso *m*, halibut *m*; **♀en** (*ge-*) **1.** *v/t* (*h*) curar; **2.** *v/i* (*sn*) curarse, sanar; **~gymnastik** *f* gimnasia *f* terapéutica; fisioterapia *f*; **~gymnastin** *f* (-; *-nen*) fisioterapeuta *f*
'**heilig** ['haɪliç] santo; sagrado; ***die ♀en Drei Könige*** los Reyes Magos; ***der ♀e Abend*** = **♀'abend** *m* Nochebuena *f*; **♀e** *m/f* (*-n*; *-n*) santo *m*, -a *f*; **♀enschein** *m* nimbo *m*, aureola *f*; **♀keit** ['-liçkaɪt] *f* (-; *sin pl*) santidad *f*; **♀sprechung** *f* (-; *-en*) canonización *f*; **♀tum** *n* (*-s*; *⸚er*) santuario *m*; **♀ung** *f* santificación *f*
'**Heil|kraft** *f* virtud *f* curativa; **~kraut** *n* hierba *f* medicinal; **~mittel** *n* remedio *m*; medicamento *m*; **~praktiker** *m etwa*: naturópata *m*; **~quelle** *f* aguas *f/pl* mineromedicinales; **♀sam** saludable (*a fig*); **~sarmee** *f* Ejército *m* de Salvación; **~ung** *f* (-; *-en*) cura(ción) *f*
Heim [haɪm] **1.** *n* (*-[e]s*; *-e*) hogar *m*, casa *f*; (*Anstalt*) asilo *m*; (*Wohn♀*) residencia *f*; **2.** ♀ *adv* a casa; '**~arbeit** *f* trabajo *m* a domicilio
'**Heimat** ['-maːt] *f* (-; *sin pl*) patria *f*, país *m* (natal); *engere*: patria *f* chica; **~adresse** *f* dirección *f* habitual; **~hafen** *mar m* puerto *m* de matrícula; **~land** *n* patria *f*
'**Heim|chen** ['-çən] *n* (*-s*; -) *zo* grillo *m*; **~computer** *m* ordenador *m* doméstico; **~fahrt** *f* viaje *m* de vuelta; **♀gehen** (*irr*, *sep*, *-ge-*, *sn*, → ***gehen***) volver a casa; **♀isch** local; del país; *fig* familiar; **~kehr** ['-keːr] *f* (-; *sin pl*) vuelta *f*, regreso *m* (a casa); **♀kehren** (*sep*, *-ge-*, *sn*), **♀kommen** (*irr*, *sep*, *-ge-*, *sn*, → ***kommen***) volver a casa
heimlich ['-liç] secreto; clandestino; *adv* en secreto
'**Heim|reise** *f* viaje *m* de vuelta; **~spiel** *n dep* partido *m* en casa; **♀tückisch** pérfido; *jur* alevoso; **♀wärts** ['-vɛrts] a casa; **~weg** ['-veːk] *m* vuelta *f*; **~weh** *n* (*-[e]s*; *sin pl*) nostalgia *f*, añoranza *f*; **~werker** *m* (*-s*; -) bricolador *m*
'**Heirat** ['haɪraːt] *f* (-; *-en*) casamiento *m*; **♀en** (*ge-*, *h*) casarse (***j-n*** con alg)
'**Heirats|antrag** *m* petición *f* de mano; **~schwindler** *m* timador *m* de matrimonio; **~urkunde** *f* acta *f* de matrimonio; **~vermittlung** *f* agencia *f* matrimonial
'**heiser** ['-zər] ronco; **♀keit** *f* (-; *sin pl*) ronquera *f*
heiß [haɪs] (muy) caliente; *Klima*: cálido; *Wetter*: caluroso; *fig* ardiente; ***mir ist ~*** tengo calor; ***es ist*** (***sehr***) ***~*** hace (mucho) calor
heißen ['-sən] (*hieß*, *geheißen*, *h*) llamarse; (*mit Familiennamen*) apellidarse; (*bedeuten*) querer decir, significar; ***das heißt*** es decir; ***es heißt, dass*** se dice que; ***wie heißt das auf Spanisch?*** ¿cómo se dice eso en español?
'**heißlaufen** (*irr*, *sep*, *-ge-*, *sn*, → ***laufen***) *Motor*: (re)calentarse
'**heiter** ['haɪtər] sereno; (*fröhlich*) alegre; despejado; **♀keit** *f* (-; *sin pl*) serenidad *f*; alegría *f*; (*Gelächter*) risas *f/pl*
'**heiz|en** ['-tsən] (*ge-*, *h*) calentar; *Ofen*: encender; **♀er** *m* (*-s*; -) fogonero *m*; **♀gerät** *n* calefactor *m*; **♀kissen** *n* almohadilla *f* eléctrica; **♀körper** *m* radiador *m*; **♀lüfter** *m* termoventilador *m*; **♀material** *n* combustible *m*; **♀öl** *n* fuel(-oil) *m*; **♀ung** *f* (-; *-en*) calefacción *f*
Hektar [hɛk'taːr] *n* (*-s*; *-[e]*) hectárea *f*
hektisch ['-tiʃ] febril, agitado
Held [hɛlt] *m* (*-en*; *-en*) héroe *m*
'**helden|haft** ['hɛldən-] heroico; **♀tat** *f* hazaña *f*
Heldin ['-din] *f* (-; *-nen*) heroína *f*
'**helf|en** ['-fən] (*half*, *geholfen*, *h*) (*dat*) ayudar; (*beistehen*) socorrer, asistir; (*nützen*) servir, ser útil (***zu*** para); ***es hilft*** (***alles***) ***nichts!*** no hay remedio; ***sich*** (*dat*) ***zu ~ wissen*** arreglárselas, defenderse; **♀er** *m* (*-s*; -), **♀erin** *f* (-; *-nen*) ayudante *su*, asistente *su*
hell [hɛl] claro (*a Farbe*, *Stimme*, *Haar*); (*erleuchtet*) iluminado; *fig* (*gescheit*)

espabilado; ***am ~en Tage*** en pleno día; **'~blau** azul claro; **'~blond** rubio claro; **'≗igkeit** *f* (-; *sin pl*) claridad *f*; luminosidad *f*; **'≗seher(in** *f*) *m* vidente *su*
Helm [hɛlm] *m* (-*[e]s*; -*e*) casco *m*
Hemd [hɛmt] *n* (-*[e]s*; -*en*) camisa *f*; **'~bluse** *f* blusa *f* camisera; **'~blusenkleid** *n* (vestido *m*) camisero *m*
Hemisphäre [hemi'sfɛːrə] *f* (-; -*n*) hemisferio *m*
'hemm|en ['hɛmən] (*ge-*, *h*) detener, parar; frenar; (*hindern*) impedir; *seelisch*: cohibir; **≗nis** *n* (-*ses*; -*se*) obstáculo *m*; traba *f*; **≗ung** *f* (-; -*en*) *seelische*: cohibición *f*; (*Bedenken*) escrúpulo *m*; **~ungslos** desenfrenado; sin escrúpulos
Hengst [hɛŋst] *m* (-*es*; -*e*) caballo *m* padre, semental *m*
H
Henkel ['hɛŋkəl] *m* (-*s*; -) asa *f*
Henker ['-kər] *m* (-*s*; -) verdugo *m*
Henne ['hɛnə] *f* (-; -*n*) gallina *f*
her [heːr] aquí, acá; ***~ damit!*** ¡démelo!; ***von ... ~*** desde; ***es ist lange ~, dass*** hace mucho tiempo que
he'rab [hɛ'rap] hacia abajo; ***von oben ~*** de arriba (abajo); *fig* altanero; **~lassen** (*irr*, *sep*, *-ge-*, *h*, → ***lassen***) bajar, descender; **~lassend** condescendiente, altanero; **~setzen** (*sep*, *-ge-*, *h*) reducir, bajar (*a Preis*); *fig* desacreditar; denigrar; **≗setzung** *f* (-; -*en*) reducción *f*; *fig* denigración *f*; **~steigen** (*irr*, *sep*, *-ge-*, *sn*, → ***steigen***) descender, bajar
he'ran [hɛ'ran] por aquí; ***näher ~*** más cerca; **~kommen** (*irr*, *sep*, *-ge-*, *sn*, → ***kommen***) acercarse; *fig* **an sich ~lassen** (*irr*, *sep*, *ließ*, *-ge-*, *h*) aguardar (con paciencia); **~treten** (*irr*, *sep*, *-ge-*, *sn*, → ***treten***): *fig* ***an j-n ~*** dirigirse a alg
he'rauf [hɛ'raʊf] hacia arriba; **~holen** (*sep*, *-ge-*, *h*) subir; **~kommen** (*irr*, *sep*, *-ge-*, *sn*, → ***kommen***) subir; **~setzen** (*sep*, *-ge-*, *h*) *Preis*: aumentar, subir
he'raus [hɛ'raʊs] fuera; afuera; ***von innen ~*** desde dentro; ***~ mit der Sprache!*** ¡explíquese!, F ¡desembucha!; **~bekommen** (*irr*, *sep*, *h*, → ***bekommen***) lograr sacar; (*entdecken*) descubrir; averiguar; *Geld*: recibir la vuelta; **~bringen** (*irr*, *sep*, *-ge-*, *h*, → ***bringen***) sacar; *Buch*: publicar; *fig* averiguar; **~finden** (*irr*, *sep*, *-ge-*, *h*, → ***finden***) descubrir; **~fordern** (*sep*, *-ge-*, *h*) provocar, desafiar; **~fordernd** provocador, provocativo; **≗forderung** *f* (-; -*en*) provocación *f*, desafío *m*; **≗gabe** *f* (-; -*n*) entrega *f*; restitución *f*; *e-s Buches*: publicación *f*; **~geben** (*irr*, *sep*, *-ge-*, *h*,→ ***geben***) devolver, restituir; *Buch*: publicar, editar; *Geld*: dar la vuelta; ***können Sie ~?*** ¿tiene cambio?; **≗geber** *m* editor *m*; **~holen** (*sep*, *-ge-*, *h*) sacar (***aus*** de); **~kommen** (*irr*, *sep*, *-ge-*, *sn*, → ***kommen***) salir (*a com*); (*bekanntwerden*) descubrirse; *Ergebnis*: resultar; *Buch*: publicarse; **~nehmen** (*irr*, *sep*, *-ge-*, *h*, → ***nehmen***) sacar; retirar; ***sich*** (*dat*) ***et ~*** permitirse a/c; **~rücken** (*sep*, *-ge-*, *h*): ***Geld ~*** F aflojar la mosca; **~stellen** (*sep*, *-ge-*, *h*) (*hervorheben*) hacer resaltar, subrayar; ***sich ~ als*** resultar; **~strecken** (*sep*, *-ge-*, *h*) sacar (*a Zunge*); ***den Kopf zum Fenster ~*** asomar la cabeza a la ventana
herb [hɛrp] acerbo; *a fig* áspero; *Wein*: seco
her'bei [hɛr'baɪ] (por) aquí, acá; **~holen** (*sep*, *-ge-*, *h*) ir a buscar
Herberge ['hɛrbɛrgə] *f* (-; -*n*) albergue *m*, posada *f*
herbringen ['heːr-] (*irr*, *sep*, *-ge-*, *h*, → ***bringen***) traer
Herbst [hɛrpst] *m* (-*[e]s*; -*e*) otoño *m*; ***im ~*** en otoño; **'≗lich** otoñal
Herd [heːrt] *m* (-*[e]s*; -*e*) (*Küchen≗*) cocina *f*; *fig u med* foco *m*
Herde ['heːrdə] *f* (-; -*n*) rebaño *m*, manada *f*; *fig* tropel *m*
he'rein [hɛ'raɪn] (hacia) adentro, hacia el interior; ***~!*** ¡adelante!; **~fallen** (*irr*, *sep*, *-ge-*, *sn*, → ***fallen***) F llevarse un chasco; **~kommen** (*irr*, *sep*, *-ge-*, *sn*, → ***kommen***) entrar; pasar; **~legen** (*sep*, *-ge-*, *h*) F tomar el pelo (a)
'Her|fahrt ['heːr-] *f* viaje *m* de ida; **≗fallen** (*irr*, *sep*, *-ge-*, *sn*, → ***fallen***): ***~ über*** (*ac*) abalanzarse sobre; *fig* arremeter contra; **~gang** *m* (-*[e]s*; *sin pl*) lo ocurrido; (*Verlauf*) desarrollo *m*; **≗geben** (*irr*, *sep*, *-ge-*, *h*, → ***geben***) entregar, dar; *fig* ***sich ~ zu*** prestarse a
Hering ['heːrɪŋ] *m* (-*s*; -*e*) arenque *m*; (*Zelt≗*) piquete *m*
'her|kommen ['heːrkɔmən] (*irr*, *sep*, *-ge-*, *sn*, → ***kommen***) venir; acercarse; *fig* provenir de; ***komm her!*** ¡ven acá!; ¡acércate!; **~kömmlich** ['-kœmlɪç] tra-

dicional; **⁓kunft** ['-kunft] *f* (-; *sin pl*) origen *m*, procedencia *f*; **⁓kunftsland** *n* país *m* de origen

hermetisch [hɛr'meːtiʃ] hermético

Hero'in [hero'iːn] *n* (-*s*; *sin pl*) heroína *f*; **⁓süchtig** heroinómano

hero|isch [-'roːiʃ] heroico; **⁓'ismus** [-ro'ismus] *m* (-; *sin pl*) heroísmo *m*

Herr [hɛr] *m* (-*[e]n*; -*en*) señor *m* (*a Anrede*), caballero *m*; (*Besitzer*) dueño *m*, amo *m*; ***meine*** (***Damen und***) ***⁓en!*** ¡(señoras y) señores!

'Herren|anzug *m* traje *m* de caballero; **⁓bekleidung** *f* ropa *f* para caballeros; **⁓doppel** (**⁓einzel**) *n Tennis*: doble (individual) *m* masculino; **⁓friseur** *m* peluquería *f* de caballeros; **⁓los** sin dueño; abandonado; **⁓mode** *f* moda *f* masculina; **⁓schneider** *m* sastre *m* para caballeros; **⁓toilette** *f* servicio *m* de caballeros

Herrgott ['-gɔt] *m* (-*[e]s*; *sin pl*): ***unser ⁓*** Nuestro Señor

herrichten ['heːrriçtən] (*sep*, -*ge*-, *h*) preparar; *Zimmer*: arreglar; ***sich ⁓*** arreglarse

'Herr|in ['hɛrin] *f* señora *f*; dueña *f*; **⁓isch** imperioso, autoritario; **⁓lich** magnífico, espléndido; **⁓schaft** *f* **a**) (-; *sin pl*) dominio *m*, dominación *f*; *e-s Fürsten*: reinado *m*; *pol* soberanía *f*; ***die ⁓ verlieren über*** (*ac*) perder el control de; **b**) *pl*: ***die ⁓en*** los señores

'herrsch|en ['hɛrʃen] (*ge*-, *h*) dominar; reinar (*a fig*); **⁓er** *m* (-*s*; -), **⁓erin** *f* (-; -*nen*) soberano *m*, -a *f*; **⁓erhaus** *n* dinastía *f*; **⁓süchtig** autoritario, despótico

herrühren ['heːrryːren] (*sep*, -*ge*-, *h*) (pro)venir (***von*** de)

'herstell|en (*sep*, -*ge*-, *h*) hacer, fabricar, producir; *Verbindung*: establecer; **⁓er** *m* (-*s*; -) fabricante *m*, productor *m*; **⁓ung** *f* (-; *sin pl*) producción *f*, fabricación *f*

herüber [hɛ'ryːbər] hacia aquí *od* acá

he'rum [-'rum] alrededor de (*a zeitlich*); ***hier*** (***dort***) ***⁓*** por aquí (allí); **⁓drehen** (*sep*, -*ge*-, *h*) dar la vuelta a; *Kopf*: volver; ***sich ⁓*** volverse; **⁓fahren** (*irr*, *sep*, -*ge*-, *sn*, → ***fahren***): ***⁓ um*** dar la vuelta a; **⁓führen** (*sep*, -*ge*-, *h*) acompañar, hacer de guía para; ***⁓ in*** (*dat*) llevar por; **⁓gehen** (*irr*, *sep*, -*ge*-, *sn*, → ***gehen***) *j*: pasearse (por); *et*: circular; *Zeit*: pasar; ***⁓ um*** dar la vuelta a; **⁓kommen** (*irr*, *sep*, -*ge*-, *sn*, → ***kommen***) correr mundo; ***weit ⁓*** ver mucho mundo; ***nicht ⁓ um*** no poder evitar (*ac*); **⁓laufen** (*irr*, *sep*, -*ge*-, *sn*, → ***laufen***) correr de un lado a otro; ***⁓ um*** correr alrededor de; ***frei ⁓*** andar suelto; **⁓lungern** (*sep*, -*ge*-, *h*) holgazanear, gandulear; **⁓reichen** (*sep*, -*ge*-, *h*) hacer circular, pasar; **⁓reisen** (*sep*, -*ge*-, *sn*) viajar mucho; ***⁓ in*** (*dat*) recorrer (*ac*); **⁓sprechen** (*irr*, *sep*, -*ge*-, *h*, → ***sprechen***): ***sich ⁓*** divulgarse; **⁓treiben** (*irr*, *sep*, -*ge*-, *h*, → ***treiben***): ***sich ⁓*** andar vagando (***in*** *dat* por), vagabundear

he'runter [-'runtər] (hacia) abajo; **⁓bringen** (*irr*, *sep*, -*ge*-, *h*, → ***bringen***) bajar; **⁓hauen** (*sep*, -*ge*-, *h*): ***j-m e-e ⁓***pegarle una bofetada a alg; **⁓laden** (*irr*, *sep*, -*ge*-, *h*, → ***laden***) *v/t inform* descargar; **⁓lassen** (*irr*, *sep*, -*ge*-, *h*, → ***lassen***) bajar

her'vor [hɛr'foːr] adelante; (*heraus*) fuera; ***hinter ...*** (*dat*) ***⁓*** (por) detrás de; **⁓bringen** (*irr*, *sep*, -*ge*-, *h*, → ***bringen***) producir, crear; *Worte*: proferir; **⁓gehen** (*irr*, *sep*, -*ge*-, *sn*, → ***gehen***) (*sich ergeben*) resultar (***aus*** de); ***als Sieger ⁓*** salir vencedor; **⁓heben** (*irr*, *sep*, -*ge*-, *h*, → ***heben***) *fig* poner de relieve, hacer resaltar, subrayar; **⁓ragen** (*sep*, -*ge*-, *h*) *a fig* sobresalir; *fig* distinguirse (***aus*** de); **⁓ragend** saliente; *fig* excelente; **⁓rufen** (*irr*, *sep*, -*ge*-, *h*, → ***rufen***) *fig* ocasionar, provocar; **⁓tun** (*irr*, *sep*, -*ge*-, *h*, → ***tun***): ***sich ⁓*** distinguirse

Herweg ['heːrveːk] *m*: ***auf dem ⁓*** al venir

Herz [hɛrts] *n* (-*ens*; -*en*) corazón *m* (*a fig u Karten*); ***von ganzem ⁓en*** de todo corazón; ***am ⁓en liegen*** preocupar, interesar mucho; ***sich et zu ⁓en nehmen*** tomar a/c a pecho; **'⁓anfall** *m* ataque *m* cardíaco *od* al corazón; **'⁓beschwerden** *f/pl* trastornos *m/pl* cardíacos

'Herzens|lust *f*: ***nach ⁓*** a mis (tus, sus) anchas; **⁓wunsch** *m* vivo deseo *m*

'herz|ergreifend conmovedor; **⁓fehler** *m* lesión *f* cardíaca; **⁓haft** valiente, resuelto; ***⁓er Schluck*** buen trago

herzig ['hɛrtsiç] mono

'Herz|infarkt *m* infarto *m* de miocardio; **⁓klopfen** *n* palpitaciones *f/pl* (del corazón); **≈krank** cardíaco; **~leiden** *n* afección *f* cardíaca; **≈lich** cordial, afectuoso; **~ *gern*** con mucho gusto; **~lichkeit** *f* (-; *sin pl*) cordialidad *f*; **≈los** sin corazón, insensible

'Herzog ['hɛrtso:k], **~in** [-gin] *f* (-; *-nen*) duque(sa *f*) *m*

'Herz|schlag *m* latido *m* del corazón; (*Anfall*) apoplejía *f*; **~schrittmacher** *m* marcapasos *m*; **~spezialist** *m* cardiólogo *m*; **~verpflanzung** *f* trasplante *m* de corazón

'Hetz|e ['hɛtsə] *f* (-; *sin pl*) (*Eile*) prisas *f/pl*, precipitación *f*; *fig* instigación *f*; *pol* agitación *f*; **≈en** (*ge-*, *h*) **1.** *v/t Hund*: azuzar; (*antreiben*) dar prisa a; **2.** *v/i* (*sich beeilen*) apresurarse, darse prisa; ***gegen j-n ~*** agitar los ánimos contra alg; **≈erisch** agitador; **~jagd** *f* cacería *f*

Heu [hɔʏ] *n* (*-[e]s*; *sin pl*) heno *m*

Heuch|elei [-çə'laɪ] *f* (-; *sin pl*) hipocresía *f*; **~ler** ['-çlər] *m* (*-s*; -), **~lerin** *f* (-; *-nen*) hipócrita *su*

heulen ['-lən] (*ge-*, *h*) aullar; (*weinen*) llorar

'Heu|schnupfen *med m* fiebre *f* del heno; **~schrecke** ['-ʃrɛkə] *f* (-; *-n*) langosta *f*, saltamontes *m*

'heut|e ['-tə] hoy; **~ *Morgen*** (***Abend***) esta mañana (noche); **~ *vor acht Tagen*** hace ocho días; **~ *in acht Tagen*** de hoy en ocho días; ***noch ~*** hoy mismo; **~ig** de hoy; actual; **~zutage** hoy (en) día

'Hexe ['hɛksə] *f* (-; *-n*) bruja *f*; **~njagd** *f fig* caza *f* de brujas; **~nschuss** *med m* lumbago *m*; **~'rei** *f* (-; *-en*) brujería *f*

Hieb [hi:p] *m* (*-[e]s*; *-e*) golpe *m*

hier [hi:r] aquí; (*Adresse*) en ésta; ciudad; ***~! bei Aufruf***: ¡presente!; **~ (*nimm*)*!*** ¡toma!; **~ *bin ich*** aquí estoy; **~ *ist*** (***sind***) aquí está(n); ***von ~ aus*** de(sde) aquí

'hier|auf ['hi:rauf] *örtlich*: sobre esto; *zeitlich*: después de esto, luego; **~aus** de aquí, de esto; **~bei** en esto; **~bleiben** (*irr*, *sep*, *-ge-*, *sn*, → ***bleiben***) quedarse (aquí); **~durch** por *od* con esto; así; **~her** aquí, acá; **~herum** por aquí; **~hin** aquí; **~ *u dorthin*** por aquí allá; **~in** en esto *od* ello; **~mit** con esto *od* ello; *Brief*: con la presente

'hier|über ['hi:ry:bər] de *od* sobre esto; **~unter** debajo de esto; entre estos; **~von** de esto; **~zu** a esto

hiesig ['hi:ziç] de aquí; *com* de esta plaza

Hi-Fi-Anlage ['haɪfi?-, 'haɪfaɪ?-] *f* equipo *m* de alta fidelidad

'Hilfe ['hilfə] *f* (-; *-n*) ayuda *f*, asistencia *f*; auxilio *m*, socorro *m*; → ***mithilfe***; ***erste ~*** primeros auxilios; (***zu***) ***~!*** ¡socorro!; ***mit ~ von*** con (la) ayuda de; por medio de; ***~ leisten*** prestar auxilio (***j-m*** a alg); ***um ~ bitten*** *bzw* ***rufen*** pedir auxilio; **~ruf** *m* grito *m* de socorro

'hilflos desamparado, desvalido

'Hilfs|arbeiter *m* peón *m*; **≈bedürftig** necesitado, menesteroso; **≈bereit** servicial; **~bereitschaft** *f* complacencia *f*; **~kraft** *f* auxiliar *su*; **~mittel** *n* (re)medio *m*; **~verb** *n* verbo *m* auxiliar

Himbeere ['himbe:rə] *f* (-; *-n*) frambuesa *f*

'Himmel ['himəl] *m* (*-s*; -) cielo *m*; ***um ~s willen!*** ¡por (el amor de) Dios!; ***unter freiem ~*** al aire libre; **≈blau** (azul) celeste; **~fahrt** *f* (-; *sin pl*) Ascensión *f*; ***Mariä ~*** Asunción *f*; **~reich** *n* (*-[e]s*; *sin pl*) reino *m* de los cielos

'Himmelsrichtung *f* punto *m* cardinal

'himmlisch celeste, celestial; *fig* magnífico, divino

hin [hin] hacia allí *od* allá; F (*kaputt*) estropeado; **~ *und zurück*** ida y vuelta; **~ *und wieder*** a veces, de vez en cuando; **~ *und her*** de un lado para otro, de acá para allá; **~ *und her gehen*** ir y venir

hi'nab [hi'nap] hacia abajo; **~gehen** (*irr*, *sep*, *-ge-*, *sn*, → ***gehen***) bajar, descender

hi'nauf [hi'naʊf] hacia arriba; **~fahren** (*irr*, *sep*, *-ge-*, *sn*, → ***fahren***), **~gehen** (*irr*, *sep*, *-ge-*, *sn*, → ***gehen***) subir; **~setzen** *Preis*: aumentar, subir; **~steigen** (*irr*, *sep*, *-ge-*, *sn*, → ***steigen***) subir (***auf*** *ac* a); ascender; **~tragen** (*irr*, *sep*, *-ge-*, *h*, → ***tragen***) subir

hi'naus [hi'naʊs] (hacia) afuera; ***~!*** ¡fuera (de aquí)!; ***zum Fenster ~*** por la ventana; ***über ... ~*** más allá de; **~gehen** (*irr*, *sep*, *-ge-*, *sn*, → ***gehen***) salir; **~ *auf*** (*ac*) *Fenster*: dar a; **~ *über*** (*ac*) pasar de, rebasar (*ac*); **~laufen** (*irr*, *sep*, *-ge-*, *sn*, → ***laufen***) salir corriendo; *fig* **~ *auf*** (*ac*) ir a parar a *od* en, acabar en; ***auf dasselbe ~*** ser lo mismo; **~lehnen** (*sep*, *-ge-*, *h*): ***sich ~*** asomarse; **~schieben** (*irr*, *sep*, *-ge-*, *h*, → ***schieben***) *fig* aplazar; **~werfen** (*irr*, *sep*, *-ge-*, *h*, →

werfen) echar, tirar; *j-n*: echar a la calle

'Hinblick *m*: ***im ~ auf*** (*ac*) en atención a, en vista de

'hinder|lich ['-dərliç] embarazoso; molesto; contrario; **~n** (*ge-*, *h*) impedir (***j-n an et*** *dat* a alg hacer a/c); (*stören*) estorbar; **2nis** *n* (*-ses*; *-se*) obstáculo *m*; **2nislauf** *m*, **2nisrennen** *n* carrera *f* de obstáculos

hindeuten ['-dɔʏtən] (*ge-*, *h*): ***~ auf*** (*ac*) señalar a, *a fig* indicar (*ac*)

hindurch [-'durç] *zeitlich*: durante; ***durch*** (*ac*) **~** a través de; por; ***den ganzen Tag ~*** (durante) todo el día

hi'nein [hi'naɪn] (hacia) adentro; ***in*** (*ac*) ... **~** en; ***bis tief in die Nacht ~*** hasta muy entrada la noche; **~fahren** (*irr*, *sep*, *-ge-*, *sn*, → ***fahren***) entrar; **~gehen** (*irr*, *sep*, *-ge-*, *sn*, → ***gehen***) entrar; *fig* caber; **~passen** (*sep*, *-ge-*, *h*) caber; **~ziehen** (*irr*, *sep*, *-ge-*, *h*, → ***ziehen***) *fig* implicar (***in*** *ac* en)

'hin|fahren ['hinfaːrən] (*irr*, *sep*, *-ge-*, → ***fahren***) **1.** *v/t* (*h*) llevar; transportar; **2.** *v/i* (*sn*) ir (a); **2fahrt** *f* viaje *m* de ida; **~fallen** (*irr*, *sep*, *-ge-*, *sn*, → ***fallen***) caer al suelo, caerse; **~fällig** caduco, decrépito; (*ungültig*) nulo, sin validez; **2flug** *m* vuelo *m* de ida

'Hin|gabe ['hingaːbə] *f* (*-*; *sin pl*) abnegación *f*, devoción *f*; **2geben** (*irr*, *sep*, *-ge-*, *h*, → ***geben***) dar; ***sich ~*** entregarse a (*a Frau*), abandonarse a; (*sich widmen*) dedicarse a; **2'gegen** en cambio; **2gehen** (*irr*, *sep*, *-ge-*, *sn*, → ***gehen***) ir (a)

'hinken ['hiŋkən] (*ge-*, *h*) cojear (*a fig*); **~d** cojo

'hin|knien ['hinkniːən] (*sep*, *-ge-*, *sn*) (*a* ***sich*** [h]) ponerse de rodillas; **~kriegen** F (*sep*, *-ge-*, *h*) arreglar, lograr; ***ich kriege es nicht hin*** no me sale; **~legen** (*sep*, *-ge-*, *h*) poner, colocar; ***sich ~*** echarse, tenderse; **~nehmen** (*irr*, *sep*, *-ge-*, *h*, → ***nehmen***) *fig* tolerar, soportar; **2reise** *f* viaje *m* de ida; **~reißend** arrebatador, irresistible; **~richten** (*sep*, *-ge-*, *h*) ejecutar; **2richtung** *f* (*-*; *-en*) ejecución *f*; **~schicken** (*sep*, *-ge-*, *h*) enviar, mandar; **~setzen** (*sep*, *-ge-*, *h*) poner, colocar; ***sich ~*** sentarse; **2sicht** *f*: ***in dieser ~*** a este respecto; **~sichtlich** (*gen*) con respecto a, en cuanto a; **2spiel** *n dep* partido *m* de ida; **~stellen** (*sep*, *-ge-*, *h*) poner, colocar; ***~ als*** presentar como; *j-n*: tachar, tildar de

'hinten ['hintən] (por) detrás, atrás; (*im Hintergrund*) en el fondo; ***von ~*** por detrás; ***nach ~*** hacia atrás; **~herum** por detrás; *fig* a escondidas

'hinter ['-tər] **1.** *prp* (*wo? dat*, *wohin? ac*) detrás de, tras; ***~ et kommen*** descubrir a/c; ***~ sich lassen*** dejar atrás; adelantar; *fig* ***~ j-m stehen*** respaldar a alg; **2.** *adj* trasero, posterior; **2achse** *f* eje *m* trasero; **2bliebene** [-'bliːbənə] *m/pl* deudos *m/pl*; **~ein'ander** uno tras otro; ***drei Tage ~*** tres días seguidos; **2gedanke** *m* segunda intención *f*; **~'gehen** (*hinterging*, *hintergangen*, *h*) engañar, embaucar; **2grund** *m* fondo *m*; *teat* foro *m*; *fot* segundo plano *m*; **2halt** *m* (*-[e]s*; *-e*) emboscada *f*; **~'her** después, posteriormente; **2hof** *m* patio *m* trasero; **2kopf** *m* occipucio *m*; **~'lassen** (*hinterließ*, *hinterlassen*, *h*) dejar; *im Testament*: legar; ***e-e Nachricht ~*** dejar recado; **~'legen** (*h*) depositar; **~listig** pérfido, alevoso; **2n** F *m* (*-*; *-*) trasero *m*; **2rad** *n* rueda *f* trasera; **2radantrieb** *m* tracción *f* trasera; **~rücks** [-ryks] por detrás; *fig* con alevosía, a traición; **2seite** *f* lado *m* posterior; **2teil** *n* parte *f* posterior *od* trasera; F trasero *m*; **2treppe** *f* escalera *f* de servicio; **2tür** *f* puerta *f* trasera; **~'ziehen** (*hinterzog*, *hinterzogen*, *h*) defraudar; **2'ziehung** *f* defraudación *f*, fraude *m*

hi'nüber [hi'nyːbər] al otro lado; *fig* ***~ sn*** estar estropeado; **~gehen** (*irr*, *sep*, *-ge-*, *sn*, → ***gehen***) pasar al otro lado

Hin- und 'Rückfahrt *f* ida *f* y vuelta

hi'nunter [hi'nuntər] (hacia) abajo; **~gehen** (*irr*, *sep*, *-ge-*, *sn*, → ***gehen***) bajar; **~schlucken** (*sep*, *-ge-*, *h*) tragar (*a fig*)

Hinweg ['hinveːk] *m*: ***auf dem ~*** a la ida

hin'weg [-'vɛk]: ***über ...*** (*ac*) **~** por encima de; **~setzen** (*sep*, *-ge-*, *h*): ***sich ~ über*** (*ac*) sobreponerse a, no hacer caso de

'Hin|weis ['-vaɪs] *m* (*-es*; *-e*) indicación *f*; (*Verweis*) referencia *f* (***auf*** *ac* a); **2weisen** (*irr*, *sep*, *-ge-*, *h*, → ***weisen***): ***~ auf*** (*ac*) indicar (*ac*); ***darauf ~, dass*** señalar *od* observar que; **~weisschild** *n* rótulo *m* indicador; **2werfen** (*irr*, *sep*, *-ge-*, *h*,

H

→ **werfen**) tirar (al suelo); *Arbeit*: abandonar; *Wort*: dejar caer; **⁀ziehen** (*irr*, *sep*, *-ge-*, *h*, → **ziehen**): **sich ~** *zeitlich*: prolongarse

hin'zu además; **~fügen** (*sep*, *-ge-*, *h*) añadir; **~kommen** (*irr*, *sep*, *-ge-*, *sn*, → **kommen**) sobrevenir; añadirse

Hirn [hirn] *n* (*-[e]s*; *-e*) cerebro *m*; *gastr* sesos *m/pl*; **'~haut** *f* meninge *f*; **'~hautentzündung** *f* meningitis *f*

Hirsch [hirʃ] *m* (*-[e]s*; *-e*) ciervo *m*

Hirse ['hirzə] *f* (*-*; *-n*) mijo *m*

Hirt [hirt] *m* (*-en*; *-en*), **'~in** *f* (*-n*; *-nen*) pastor(a *f*) *m*

Hispanist [hispa'nist] *m* (*-en*; *-en*), **~in** *f* (*-*; *-nen*) hispanista *su*

hissen ['-ən] (*ge-*, *h*) izar, enarbolar

Hi'stori|ker [-'toːrikər] *m* (*-s*; *-*) historiador *m*; **⁀sch** histórico

H

Hit [hit] *m* (*-[s]*; *-s*) (canción *f* de) éxito *m*; *com* éxito *m* de venta; **'~liste** *f* lista *f* de éxitos; **'~parade** *f* hit-parade *m*

'Hitz|e ['-sə] *f* (*-*; *sin pl*) calor *m*; *fig a* ardor *m*; **~ewelle** *f* ola *f* de calor; **⁀ig** fogoso, impetuoso; *Debatte*: acalorado; **~kopf** *m* hombre *m* colérico; **~schlag** *med m* insolación *f*

HI'V-|negativ [hɑːiː'faʊ-] seronegativo, VIH negativo; **~positiv** seropositivo, VIH positivo

Hobby ['hɔbi] *n* (*-s*; *-s*) hobby *m*

'Hobel ['hoːbəl] *m* (*-s*; *-*) cepillo *m* (de carpintero); **⁀n** (*ge-*, *h*) (a)cepillar

hoch [hoːx] **1.** *adj* (*s a* **höher**, **höchst**) alto; *a Stellung*, *Preis*: elevado; *Ton*: agudo; *Alter*: avanzado; *adv* (*sehr*) muy; ***wie ~ ist ...?*** ¿qué altura tiene ...?; ***wie ~ ist der Preis?*** ¿qué precio tiene?; ***~ empfindlich*** *fot* suprasensible; ***~ gewachsen*** alto de estatura; ***~ oben*** en lo alto; ***drei Meter ~*** tres metros de alto; (***er lebe***) ***~!*** ¡viva!; F ***das ist mir zu ~*** no lo comprendo; **2.** **⁀** *n* (*-s*; *-s*) (*Wetter*) zona *f* de alta presión, anticiclón *m*

'Hoch|achtung *f* gran estima *f*, respeto *m*; ***mit vorzüglicher ~*** = **⁀achtungsvoll** *im Brief*: atentamente; **~altar** *m* altar *m* mayor; **~bau** *m* construcción *f* sobre tierra; **~betrieb** *m* (*-[e]s*; *sin pl*) actividad *f* intensa; **⁀deutsch** alto alemán; **~druck** *m* (*-[e]s*; *sin pl*) alta presión *f*; **~druckgebiet** *n* zona *f* de alta presión; **~ebene** *f* altiplanicie *f*; meseta *f*; **⁀erfreut** encantado; **~form** *f*: ***in ~ sn*** estar en plena forma; **~frequenz** *f* alta frecuencia *f*; **~gebirge** *n* alta montaña *f*; **~genuss** *m* delicia *f*; **⁀geschlossen** *Kleid*: cerrado; **~geschwindigkeitszug** *m* tren *m* de alta velocidad; **~haus** *n* edificio *m* singular; **⁀heben** (*irr*, *sep*, *-ge- h*, → **heben**) levantar, alzar; **~konjunktur** *f* gran prosperidad *f*; alta coyuntura *f*; **~land** *n* tierra *f* alta; **~mut** *m* orgullo *m*, altanería *f*; **⁀mütig** ['-myːtiç] orgulloso, altanero; **⁀näsig** ['-nɛːziç] F encopetado; **~ofen** *tec m* alto horno *m*; **~rufe** *m/pl* vivas *m/pl*, vítores *m/pl*; **~saison** *f* temporada *f* alta; **~schulabschluss** *m* título *m* universitario; **~schule** *f* escuela *f* superior; universidad *f*; **~schulreife** *f* madurez *f* universitaria; **~seefischerei** *f* pesca *f* de altura; **~sommer** *m* pleno verano *m*; **~spannung** *el f* alta tensión *f*; **~sprung** *m* salto *m* de altura

höchst [høːçst] (*Superlativ v* **hoch**) el más alto; *fig* sumo, máximo; *adv* sumamente, altamente

Hochstapler ['hoːxʃtɑːplər] *m* (*-s*; *-*) estafador *m*, caballero *m* de industria

'höchst|ens ['høːçstəns] a lo más, a lo sumo; **⁀geschwindigkeit** *f* velocidad *f* máxima *od* punta; **⁀leistung** *f* rendimiento *m* máximo; **⁀maß** *n* máximo *m* (***an*** *dat* de); **⁀preis** *m* precio *m* máximo *od* tope; **⁀stand** *m* (*-[e]s*; *⸚e*) nivel *m* máximo

'hoch|trabend ['hoːx-] altisonante; **⁀verrat** *m* alta traición *f*; **⁀wasser** *n* inundación *f*, crecida *f*; **~wertig** de gran valor

'Hochzeit ['hɔxtsaɪt] *f* (*-*; *-en*) boda *f*; **~sreise** *f* viaje *m* de boda(s) *od* de novios

'hocke|n ['hɔkən] (*ge-*, *h*) estar en cuclillas; **⁀r** *m* (*-s*; *-*) taburete *m*

Höcker ['hœkər] *m* (*-s*; *-*) giba *f* (*a Kamel*), corcova *f*

Hockey ['hɔke] *n* (*-s*; *sin pl*) hockey *m* (sobre hierba)

'Hode ['hoːdə] *f* (*-*; *-n*), **~n** *m* (*-s*; *-*) testículo *m*

Hof [hoːf] *m* (*-[e]s*; *⸚e*) patio *m*; (*Bauern⁀*) granja *f*; (*Fürsten⁀*) corte *f*

hoffen ['hɔfən] (*ge-*, *h*) esperar (***auf et*** a/c); **~tlich** [-tliç]: ***~ kommt er*** espero que venga

'Hoffnung ['-nuŋ] *f* (-; *-en*) esperanza *f* (***auf*** *ac* en); ***in der ~ zu*** (*inf*) en espera de (*inf*); **⁓slos** desesperado; sin esperanza
'höflich ['hø:fliç] cortés; **⁓keit** *f* (-; *sin pl*) cortesía *f*
Höhe ['hø:ə] *f* (-; *-n*) altura *f* (*a mat, mar u avia*); altitud *f* (*a über dem Meeresspiegel*); ***auf der ~ von*** a la altura de; ***in gleicher ~*** al mismo nivel; ***in die ~*** (hacia) arriba; *com* ***in ~ von*** por el importe de; ***das ist die ~!*** ¡es el colmo!
'Hoheit ['ho:haɪt] *f* (-; *sin pl*) *pol* soberanía *f*; (*pl -en*) *Titel*: Alteza *f*; **~sgebiet** *n* territorio *m* (de soberanía); **~sgewässer** *n/pl* aguas *f/pl* territoriales *od* jurisdiccionales; **~szeichen** *n* emblema *m* nacional
'Höhen|krankheit ['hø:ən-] *f* mal *m* de las alturas, *Am* puna *f*, soroche *m*; **~kurort** *m* estación *f* de altura; **~messer** *m* altímetro *m*; **~sonne** *med f* lámpara *f* de rayos ultravioletas; **~unterschied** *m* diferencia *f* de nivel
'Höhepunkt *m* punto *m* culminante (*a fig*)
höher ['hø:ər] (*Komparativ v* ***hoch***) más alto; *fig* superior, mayor; ***~e Schule*** instituto *m* de segunda enseñanza
hohl [ho:l] hueco, vacío; *fig* huero
Höhle ['hø:lə] *f* (-; *-n*) caverna *f*, cueva *f*; gruta *f*; *anat* cavidad *f*; (*Tier*⁓) madriguera *f*, *größere*: guarida *f* (*a Räuber*⁓)
'Hohl|maß ['ho:l-] *n* medida *f* de capacidad; **~raum** *m* hueco *m*; **~weg** *m* desfiladero *m*, cañada *f*
Hohn [ho:n] *m* (*-[e]s*; *sin pl*) (*Spott*) escarnio *m*, sarcasmo *m*; (*Verachtung*) desdén *m*; ***j-m zum ~*** a despecho de alg
höhnisch ['hø:niʃ] irónico, sarcástico
Holdinggesellschaft ['ho:ldiŋ-] *f* (sociedad *f*) holding *m*
holen ['ho:lən] (*ge-*, *h*) ir a buscar, ir (a) por; *Arzt*: llamar; ***~ lassen*** mandar buscar, mandar (a) por; *Krankheit*: ***sich*** (*dat*) **~** pescar
Holländ|er ['hɔlɛndər] *m* (*-s*; -), **~erin** *f* (-; *-nen*), **⁓isch** holandés *m*, -esa *f*
'Hölle ['hœlə] *f* (-; *-n*) infierno *m* (*a fig*); **~nlärm** *m* ruido *m* infernal
höllisch ['-liʃ] infernal; ***~ aufpassen*** andar con muchísimo cuidado
Hollywoodschaukel ['hɔlivud-] *f* balancín *m*
holp(e)rig ['hɔlp(ə)riç] áspero, desigual, fragoso
Holunder [ho'lundər] *m* (*-s*; -) saúco *m*
Holz [hɔlts] *n* (*-es*; *⸗er*) madera *f*; (*Brenn*⁓) leña *f*
hölzern ['hœltsərn] de madera; *fig* torpe
'Holz|fäller ['hɔltsfɛlər] *m* (*-s*; -) leñador *m*; **⁓ig** leñoso; **~industrie** *f* industria *f* maderera; **~kohle** *f* carbón *m* vegetal; **~schnitt** *m* grabado *m* en madera; **~schnitzer** *m* tallista *m*; **~schuh** *m* zueco *m*; **~weg** ['-ve:k] *m*: ***auf dem ~ sn*** estar equivocado; **~wolle** *f* virutas *f/pl*
Homöo'path [homøo'pɑ:t] *m* (*-en*; *-en*) homeópata *m*; **⁓isch** homeopático
homosexuell [-mozɛksu'ɛl], **⁓e** *m* (*-n*; *-n*) homosexual (*m*), invertido (*m*)
'Honig ['ho:niç] *m* (*-s*; *-e*) miel *f*; **~kuchen** *m* pan *m* de especias
Honor|ar [hono'rɑ:r] *n* (*-s*; *-e*) honorarios *m/pl*; **⁓'ieren** (*h*) pagar, remunerar; *fig* apreciar
Hopfen *bot* ['hɔpfən] *m* (*-s*; *sin pl*) lúpulo *m*
hopsen ['hɔpsən] (*ge-*, *sn*) brincar
'hör|bar ['hø:r-] oíble, audible, perceptible; **⁓brille** *f* gafas *f/pl* acústicas
horchen ['hɔrçən] (*ge-*, *h*) escuchar (***auf et*** *ac* a/c)
'hören ['hø:rən] (*ge-*, *h*) oír; (*zu~*) escuchar; (*gehorchen*) obedecer; (*erfahren*) oír decir, enterarse; ***auf j-n ~*** hacer caso a alg; ***hör mal!*** ¡escucha!; ¡oye!; ***von sich ~ lassen*** dar noticias suyas; **⁓sagen** *n*: ***vom ~*** de oídas
'Hör|er ['hø:rer] *m* (*-s*; -) *tel* auricular *m*; **~er** *m*, **~erin** *f* (-; *-nen*) oyente *su*; **~funk** *m* radio *f*; **~gerät** *n* audífono *m*
Horizont [hori'tsɔnt] *m* (*-[e]s*; *-e*) horizonte *m* (*a fig*); **⁓al** [-'tɑ:l] horizontal
Hormon [hɔr'mo:n] *n* (*-s*; *-e*) hormona *f*
Horn [hɔrn] *n* (*-[e]s*; *⸗er*) cuerno *m*, asta *f*; *mus* trompa *f*
Hörnchen ['hœrnçən] *n* (*-s*; -) (*Gebäck*) croissant *m*
Hornhaut ['hɔrnhaʊt] *f* callosidad *f*; *Auge*: córnea *f*
Hornisse [hɔr'nisə] *f* (-; *-n*) avispón *m*
Horoskop [horɔs'ko:p] *n* (*-s*; *-e*) horóscopo *m*
'Hör|saal ['hø:r-] *m* aula *f*; *großer*: paraninfo *m*; **~spiel** *n* pieza *f* radiofónica
horten ['hɔrtən] (*ge-*, *h*) atesorar

H

Hörweite ['hø:r-] *f*: ***in (außer)* ~** al (fuera del) alcance del oído
'Hose ['ho:zə] *f* (-; *-n*) pantalón *m*; **~nanzug** *m* traje *m* pantalón; **~nrock** *m* falda *f* pantalón; **~nschlitz** *m* bragueta *f*; **~nträger** *m/pl* tirantes *m/pl*
Hostess [hɔs'tɛs] *f* (-; *-en*) azafata *f* de relaciones públicas
Hostie ['-tjə] *f* (-; *-n*) *rel* hostia *f*
Ho'tel [ho'tɛl] *n* hotel *m*; **~gewerbe** *n* industria *f* hotelera; **~halle** *f* vestíbulo *m*, hall *m*; **~ier** [-təl'je:] *m* (*-s*; *-s*) hotelero *m*; **~verzeichnis** *n* lista *f* de hoteles; **~zimmer** *n* habitación *f* de hotel
Hubraum ['hu:p-] *m* cilindrada *f*, cubicaje *m*
hübsch [hypʃ] bonito; *j*: guapo
'Hubschrauber ['hu:pʃraʊbər] *m* (*-s*; -) helicóptero *m*; **~landeplatz** *m* helipuerto *m*
'huckepack ['hukəpak] a cuestas; **♀-Verkehr** *m* transporte *m* combinado ferrocarril-carretera
Huf [hu:f] *m* (*-[e]s*; *-e*) uña *f*; (*Pferde♀*) casco *m*; **'~eisen** *n* herradura *f*; **'~schmied** *m* herrador *m*
'Hüft|e ['hyftə] *f* (-; *-n*) cadera *f*; **~gelenk** *n* articulación *f* de la cadera; **~gürtel** *m*, **~halter** *m* faja *f*
'Hügel ['hy:gəl] *m* (*-s*; -) colina *f*, cerro *m*; **♀ig** accidentado
Huhn ['hu:n] *n* (*-[e]s*; *⸗er*) gallina *f*
Hühnchen ['hy:nçən] *n* (*-s*; -) pollo *m*; ***mit j-m ein ~ zu rupfen haben*** tener una cuenta pendiente con alg
'Hühner|auge *med* ['-nər'aʊgə] *n* callo *m*; **~brühe** *f* caldo *m* de gallina; **~ei** *n* huevo *m* de gallina; **~farm** *f* granja *f* avícola; **~stall** *m* gallinero *m*
Hülle ['hylə] *f* (-; *-n*) envoltura *f*; (*Schutz♀*) funda *f*; (*Umschlag*) cubierta *f*; ***in ~ und Fülle*** en abundancia
Hülse ['hylzə] *f bot* vaina *f*; (*Schale*) cáscara *f*; **~nfrüchte** *f/pl* legumbres *f/pl* secas
human [hu'ma:n] humano; **~itär** [-mani'tɛ:r] humanitario
Hummel ['-əl] *f* (-; *-n*) *zo* abejorro *m*
Hummer ['-ər] *m* (*-s*; -) bogavante *m*
Hu'mor [hu'mo:r] *m* (*-s*; *sin pl*) humor *m*; humorismo *m*; **~ist** [-mo'rist] *m* (*-en*; *-en*) humorista *m*; **♀istisch** [-'ristiʃ] humorístico; **♀los** sin humor; **♀voll** humorístico, lleno de humor
humpeln ['humpəln] (*ge-*, *h u sn*) cojear
Hund [hunt] *m* (*-[e]s*; *-e*) perro *m*
'Hunde|futter ['hundə-] *n* alimento *m od* comida *f* para perros; **~hütte** *f* perrera *f*; **'♀'müde** F hecho polvo
'hundert ['-dərt] cien(to); ***zu ♀en*** a centenares; **~fach**, **~fältig** [-fɛltiç] céntuplo; **♀'jahrfeier** *f* centenario *m*; **~jährig** [-jɛ:riç] centenario; **~prozentig** [-protsɛntiç] cien por cien (*a fig*); **~ste** centésimo
Hündin ['hyndin] *f* (-; *-nen*) perra *f*
Hundstage ['hunts-] *m/pl* canícula *f*
Hüne ['hy:nə] *m* (*-n*; *-n*) gigante *m*
'Hunger ['huŋər] *m* (*-s*; *sin pl*) hambre *f* (***nach*** de); ***~ haben*** tener hambre; **~kur** *f* dieta *f* absoluta; **~lohn** *m* sueldo *m* de hambre; ***für e-n ~*** por una miseria; **♀n** (*ge-*, *h*) pasar hambre; (*fasten*) ayunar; **~snot** *f* hambre *f*; **~streik** *m* huelga *f* de hambre
hungrig ['-riç] hambriento; ***~ sein*** tener hambre
'Hupe ['hu:pə] *f* (-; *-n*) bocina *f*, claxon *m*; **♀n** (*ge-*, *h*) tocar la bocina *od* el claxon
hüpfen ['hypfən] (*ge-*, *sn*) brincar, dar brincos
Hupverbot ['hu:pfɛrbo:t] *n* prohibición *f* de señales acústicos
'Hürde ['hyrdə] *f* (-; *-n*) *dep* valla *f*; *fig* obstáculo *m*; **~nlauf** *m* carrera *f* de vallas
Hure ['hu:rə] P *f* (-; *-n*) ramera *f*, P puta *f*
hur'ra! [hu'rɑ:] ¡hurra!; **♀ruf** *m* hurra *m*
hüsteln ['hy:stəln] (*ge-*, *h*) toser ligeramente
'husten ['hu:stən] **1.** *v/i* (*ge-*, *h*) toser; **2.** **♀** *m* (*-s*; -) tos *f*; **♀mittel** *n* pectoral *m*; **♀saft** *m* jarabe *m* pectoral
Hut¹ [hu:t] *m* (*-[e]s*; *⸗e*) sombrero *m*; *fig* ***~ ab!*** F ¡chapó!
Hut² *f*: ***auf der ~ sn*** estar sobre aviso
hüten ['hy:tən] (*ge-*, *h*) guardar; ***sich vor et ~*** guardarse de a/c; F ***ich werde mich ~!*** ¡ni hablar!
Hut|geschäft ['hu:tgeʃɛft] *n*, **~laden** *m* sombrerería *f*
'Hütte ['hytə] *f* (-; *-n*) choza *f*, cabaña *f*; *tec* planta *f* metalúrgica; (*Berg♀*) refugio *m*; **~nwerk** *n* planta *f* metalúrgica
Hyäne [hy'ɛ:nə] *f* (-; *-n*) hiena *f*
Hyazinthe [-a'tsintə] *f* (-; *-n*) jacinto *m*
Hydrant [-'drant] *m* (*-en*; *-en*) boca *f* de riego

hydraulisch [-'draʊlɪʃ] hidráulico
Hy'gien|e [-'gjeːnə] *f* (-; *sin pl*) higiene *f*; **&isch** higiénico
Hymne ['hymnə] *f* (-; *-n*) himno *m*
Hypno|se [hyp'noːzə] *f* (-; *-n*) hipnosis *f*; **&ti'sieren** [-noti'ziːrən] (*h*) hipnotizar
Hypo'thek [-po'teːk] *f* (-; *-en*) hipoteca *f*; ***mit e-r ~ belasten*** hipotecar; **&arisch** [-te'kaːrɪʃ] hipotecario; **~enzinsen** *m/pl* intereses *m/pl* hipotecarios
Hyster|ie [hyste'riː] *f* (-; *sin pl*) histerismo *m*; **&isch** [-'teːrɪʃ] histérico

I

I, i [iː] *n* (-; -) I, i *f*; ***i wo!*** ¡qué va!
I'ber|er [i'beːrər] *m* (*-s*; -) ibero *m*; **&isch** ibérico
ich [iç] yo; ***~ bin es*** soy yo
ideal [ide'aːl], **&** *n* (*-s*; *-e*) ideal (*m*); **&ismus** [-a'lismus] *m* (-; *sin pl*) idealismo *m*; **&ist** [-'list] *m* idealista *m*
Idee [i'deː] *f* (-; *-n*) idea *f*; (*Einfall*) ocurrencia *f*
identi|fizieren [idɛntifi'tsiːrən] (*h*) identificar; **~sch** [-'-tiʃ] idéntico (***mit*** a); **&tät** [-'tɛːt] *f* (-; *sin pl*) identidad *f*
Ideolog|ie [ideolo'giː] *f* (-; *-en*) ideología *f*; **&isch** [-'loːgiʃ] ideológico
idiomatisch [idjo'maːtiʃ] idiomático
Idiot [i'djoːt] *m* (*-en*; *-en*), **&isch** idiota (*m*)
Idol [i'doːl] *n* (*-[e]s*; *-e*) ídolo *m*
I'dyll [i'dyl] *n* (*-s*; *-e*), **~e** *f* (-; *-n*) idilio *m*; **&isch** idílico
Igel ['iːgəl] *m* (*-s*; -) erizo *m*
ignorieren [igno'riːrən] (*h*) *et*: no hacer caso de; *j-n*: fingir no conocer
ihm [iːm] a él; *tonlos*: le
ihn [iːn] a él; *tonlos*: le, lo
ihnen ['iːnən] **1.** a ellos (-as); *tonlos*: les; **2.** **&** a usted(es); *tonlos*: le(s)
ihr [iːr] **1.** a ella; *tonlos*: le; **2.** *Nominativ pl von* ***du***) vosotros (-as); **3.** *besitzanzeigend*: su, *pl* sus; **&(*e*)** su(s); ***der, die, das ~e*** el suyo, la suya, lo suyo; **'~er** (*gen v* ***sie***) *sg* de ella, *pl* de ellos (-as)
ihrerseits ['iːrərzaɪts], **&** de *od* por su parte
ihresgleichen ['iːrəs'glaɪçən] su(s) igual(es)
ihretwegen por (causa de) ella, ellos, ellas; **&** por usted(es)
illegal ['ilegaːl] ilegal
illegitim [-gitiːm] ilegítimo
illoyal ['iloajaːl] desleal
Illusion [ilu'zjoːn] *f* (-; *-en*) ilusión *f*
Illustr|ation [ilustra'tsjoːn] *f* (-; *-en*) ilustración *f*; **~'ierte** [-'triːrtə] *f* (*-n*; *-n*) revista *f* (ilustrada)
im [im] = ***in dem***
'Image ['imidʒ] *n* (*-s*; *-s*) imagen *f* (pública); **~pflege** *f* cuidado *m* de la imagen
'Imbiss ['imbis] *m* (*-es*; *-e*) bocado *m*, colación *f*; **~bude** *f* chiringuito *m*; **~stube** *f* cafetería *f*, (snack-)bar *m*
Imitation [imita'tsjoːn] *f* (-; *-en*) imitación *f*
Imker ['imkər] *m* (*-s*; -) apicultor *m*
immer ['imər] siempre; ***auf*** *od* ***für ~*** para siempre; ***~ besser*** (***mehr***; ***weniger***) cada vez mejor (más; menos); ***~ noch*** todavía; **~'hin** de todos modos; (*wenigstens*) al menos; **~'zu** sin parar
Immo'bilien [imo'biːljən] *pl* bienes *m/pl* inmuebles; **~makler** *m* agente *m* de la propiedad inmobiliaria
immun [i'muːn] inmune, inmunizado (***gegen*** contra); **&ität** [imuni'tɛːt] *f* (-; *sin pl*) inmunidad *f*
Imperialismus [-perja'lismus] *m* (-; *sin pl*) imperialismo *m*
'impf|en ['-pfən] (*ge-*, *h*) vacunar (***gegen*** contra); **&pass** *m* (**&schein** *m*) carnet *m* (certificado *m*) de vacunación; **&stoff** *m* vacuna *f*; **&ung** *f* (-; *-en*) vacunación *f*
impo'nieren [-po'niːrən] (*h*) infundir respeto, imponer; **~d** imponente
Im'port [-'pɔrt] *m* (*-s*; *-e*) importación *f*; **~beschränkungen** *f/pl* restricciones *f/pl* a la importación; **~eur** [-'tøːr] *m* (*-s*; *-e*) importador *m*; **&'ieren** (*h*) importar
imposant [-po'zant] imponente
impotent ['-tɛnt] impotente

imprägnieren [-prɛːg'niːrən] (*h*) impermeabilizar
Impressionismus [-prɛsjo'nismus] *m* (-; *sin pl*) impresionismo *m*
improvisieren [improvi'ziːrən] (*h*) improvisar
Impuls [-'puls] *m* (*-es*; *-e*) impulso *m*
imstande [-'ʃtandə]: ~ ***sn zu*** ser capaz de; estar en condiciones de
in [in]: **a**) *örtlich*: en; (*innerhalb*) dentro de; ~ ***die Schule gehen*** ir a la escuela; **b**) *zeitlich*: en; dentro de; ~ ***der Nacht*** durante la noche; ***im Winter*** en invierno; ~ ***diesen Tagen*** estos días
inbegriffen ['inbəgrifən] incluido, inclusive
in'dem mientras; ~ ***er dies sagte*** diciendo esto
Inder ['indər] *m* (*-s*; -), **~in** *f* (-; *-nen*) indio *m*, -a *f*
Index ['indɛks] *m* (*-es*; *-e*, *Indizes* ['-ditseːs]) índice *m*
Indian|er [-'djɑːnər] *m* (*-s*; -), **~erin** *f* (-; *-nen*), **Ձisch** indio *m*, -a *f*
indirekt ['-dirɛkt] indirecto
indisch ['-diʃ] indio
indiskret ['-diskreːt] indiscreto
individuell [-individu'ɛl] individual
industrialisieren [-dustriali'ziːrən] (*h*) industrializar
Indus'trie [-'triː] *f* (-; *-n*) industria *f*; **~- *und Handelskammer*** *f* Cámara *f* de Comercio e Industria; **~gebiet** *n* región *f* industrial
industriell [-stri'ɛl], **Ձe** *m* (*-n*; *-n*) industrial (*m*)
Indus'triestaat [indus'triː-] *m* Estado *m* industrial(izado)
inein'ander uno(s) en (*od* dentro de) otro(s)
Infarkt *med* [-'farkt] *m* (*-[e]s*; *-e*) infarto *m*
Infek'tion [-fɛk'tsjoːn] *f* (-; *-en*) infección *f*; **~skrankheit** *f* enfermedad *f* infecciosa
Infinitiv ['-finitiːf] *m* (*-s*; *-e*) infinitivo *m*
infizieren [-'tsiːrən] (*h*) infectar, contagiar
Infla'tion [-fla'tsjoːn] *f* (-; *-en*) inflación *f*; **~srate** *f* tasa *f od* índice *m* de inflación
infolge [-'fɔlge] (*gen*) debido a, a consecuencia de; **~'dessen** por consiguiente, por lo tanto
Infor'matik [-fɔr'mɑːtik] *f* (-; *sin pl*) informática *f*; **~er** *m* (*-s*; -) informático *m*
Informa'tion [-ma'tsjoːn] *f* informe *m*, información *f*; **~sbüro** *n* oficina *f* de información; **~smaterial** *n* material *m* informativo; **~sschalter** *m* ventanilla *f* de información
infor'mieren (*h*): (***sich***) ~ informar(se) (***über*** *ac* de *od* sobre), enterar(se) (de)
infrage *adv* ~ ***stellen*** poner en duda; ~ ***kommen*** entrar en consideración
'infra|rot ['-fraroːt] infrarrojo; **Ձstruktur** *f* infraestructura *f*
Ingenieur [-ʒen'jøːr] *m* (*-s*; *-e*) ingeniero *m*
Ingwer *bot* ['iŋvər] *m* (*-s*; *sin pl*) jengibre *m*
Inhaber ['inhɑːbər] *m* (*-s*; -), **~in** *f* (-; *-nen*) titular *su*; *e-s Geschäfts usw*: propietario *m*, -a *f*, dueño *m*, -a *f*; *com e-s Papiers*: portador(a *f*) *m*, tenedor(a *f*) *m*
inhalieren [-ha'liːrən] (*h*) inhalar
'Inhalt ['-halt] *m* (*-[e]s*; *-e*) contenido *m*; (*Raum*Ձ) capacidad *f*, volumen *m*; (*Gesprächs*Ձ) tema *m*; **~sverzeichnis** *n* tabla *f* de materias, índice *m*
Initiative [initsja'tiːvə] *f* (-; *-n*) iniciativa *f* (***ergreifen*** tomar)
Injektion [injɛk'tsjoːn] *f* inyección *f*
inklu'siv|e [-klu'ziːvə] inclusive, incluido; **Ձpreis** [-'ziːf-] *m* precio *m* global
inkonsequent ['-kɔnzekvɛnt] inconsecuente
'Inland ['-lant] *n* (*-[e]s*; *sin pl*) interior *m* (del país); **~flug** *m* vuelo *m* nacional
inländisch ['-lɛndiʃ] nacional, del país; interior
'Inlands|geschäft ['inlants-] *n* transacción *f* en el mercado interior; **~gespräch** *n* conferencia *f* nacional; **~markt** *m* mercado *m* interior
inmitten [-'mitən] (*gen*) en medio de
'innen ['inən] dentro, en el interior; ***nach*** ~ adentro; **Ձarchitekt(in** *f*) *m* decorador(a *f*) *m* de interiores; **Ձminister(ium** *n*) *m* ministro *m* (ministerio *m*) del Interior; **Ձpolitik** *f* política *f* interior; **Ձstadt** *f* centro *m od* casco *m* urbano
'inner ['inər] interior; *a med* interno; **~betrieblich** intraempresarial; **Ձeien** [-'raɪən] *f/pl* tripas *f/pl*; *Geflügel*: menudillos *m/pl*; **Ձe** *n* (*-n*; *sin pl*) interior

m; **~halb** (*gen*) *örtlich*: dentro de; *zeitlich*: en; en el plazo de; **~lich** interior, interno; *adv* por dentro
'inoffiziell no oficial; oficioso
Inquisition [inkvizi'tsjo:n] *f* (-; *sin pl*) inquisición *f*
ins [ins] = ***in das***
'Insasse ['inzasə] *m* (-*n*; -*n*) ocupante *m*; *e-s Hauses*: inquilino *m*; **~nversicherung** *f* seguro *m* de ocupantes
insbesondere [insbə'zɔndərə] especialmente, particularmente, en particular
Inschrift ['inʃrift] *f* (-; -*en*) inscripción *f*
In'sekt [-'zɛkt] (-*[e]s*; -*en*) insecto *m*; **~enmittel** *n* insecticida *m*; **~enschutzmittel** *n* repelente *m*; **~enstich** *m* picadura *f* de insecto
Insel ['-zəl] *f* (-; -*n*) isla *f*
Inser|at [-zə'ra:t] *n* (-*[e]s*; -*e*) anuncio *m*; **≈'ieren** (*h*) poner un anuncio
insgesamt [insgə'zamt] en total, en conjunto
insofern [-'zo:fɛrn] en eso; [-zo'fɛrn] en tanto que
'insolven|t ['-zɔlvɛnt] insolvente; **≈z** [-vɛnts] *f* (-; -*en*) insolvencia *f*
Inspekt|ion [-ʃpɛk'tsjo:n] *f* (-; -*en*) inspección *f*; *auto* revisión *f*
Installateur [-stala'tø:r] *m* (-*s*; -*e*) instalador *m*; (*Wasser*) fontanero *m*
instand [-'ʃtant]: ~ ***halten*** mantener, entretener; ~ ***setzen*** arreglar, reparar
inständig ['-ʃtɛndiç]: ~ ***bitten*** instar
Instantgetränk [in'stant-] *n* bebida *f* instantánea
In'stanz *jur* [-'stants] *f* (-; -*en*) instancia *f*; **~enweg** *m* trámite *m*; ***auf dem*** ~ por vías de trámite
Instinkt [-'stiŋkt] *m* (-*[e]s*; -*e*) instinto *m*
Institut [-sti'tu:t] *n* (-*[e]s*; -*e*) instituto *m*; **~ion** [-tu'tsjo:n] *f* (-; -*en*) institución *f*
Instru'ment [-stru'mɛnt] *n* (-*[e]s*; -*e*) instrumento *m*; **~enbrett** *n* tablero *m* de mando *od* de instrumentos
Insulin [-zu'li:n] *n* (-*s*; *sin pl*) insulina *f*
Inszenierung [-stse'ni:ruŋ] *f* (-; -*en*) puesta *f* en escena
intakt [-'takt] intacto, íntegro
intellektuell [intɛlɛktu'ɛl] intelectual
intelligen|t [-li'gɛnt] inteligente; **≈z** [-'gɛnts] *f* (-; *sin pl*) inteligencia *f*
Intendant [-tɛn'dant] *m* (-*en*; -*en*) *teat*, *TV*, *Radio*: director *m*
inten'siv [-'zi:f] intenso; *agr* intensivo; **≈station** *f* unidad *f* de vigilancia intensiva
interaktiv interactivo
Inter'city [intɛr'siti] *m* (-*[s]*; -*[s]*) Intercity *m*; **~netz** *n* red *f* de trenes Intercity; **~zug** *m* tren *m* Intercity; **~zuschlag** *m* suplemento *m* de Intercity
interess|ant [-t(ə)rɛ'sant] interesante; **≈e** [-t(ə)'rɛsə] *n* (-*s*; -*n*) interés *m* (***für*** por); **≈ent** [-'sɛnt] *m* (-*en*; -*en*) interesado *m*; **~ieren** [-'si:rən] (*h*): (***sich***) ~ interesar(se) (***für*** por)
intern [-'tɛrn] interno; **~ational** [-tərnatsjo'na:l] internacional
Internet *inform* ['intɛrnet] *n* Internet *m*; **~café** *n* ciberbar *m*; cibercafé *m*
Internist *med* [-'nist] *m* (-*en*; -*en*) (médico *m*) internista *m*
Interrailkarte [-'reɪl-] *f* tarjeta *f* Interrail
Inter|vention [-vɛn'tsjo:n] *f* (-; -*en*) intervención *f*; **~view** ['-vju:] *n* (-*s*; -*s*) entrevista *f*, interviú *f*; **≈'viewen** (*h*) entrevistar
intim [-'ti:m] íntimo
intolerant ['-tɔlərant] intolerante
Intranet *inform* ['intranɛt] *n* Intranet *m*
intransitiv ['-tranziti:f] intransitivo
Intrig|e [-'tri:gə] *f* (-; -*n*) intriga *f*; **≈ieren** [-tri'gi:rən] (*h*) intrigar
Invalide [-va'li:də] *m* (-*n*; -*n*) inválido *m*
Invasion [-va'zjo:n] *f* (-; -*en*) invasión *f*
Inven|tar [-vɛn'ta:r] *n* (-*s*; -*e*) inventario *m*; **~tur** [-'tu:r] *f* (-; -*en*) inventario *m*; ~ ***machen*** hacer el inventario
investieren [-vɛs'ti:rən] (*h*) invertir
Investi'tion [-ti'tsjo:n] *f* (-; -*en*) inversión *f*; **~sgüter** *n*/*pl* bienes *m*/*pl* de equipo; **~shilfe** *f* subvención *f* para inversiones; **~sprogramm** *n* programa *m* de inversiones
inwie|'fern, **~'weit** hasta qué punto; en qué medida
in'zwischen entretanto
irdisch ['irdiʃ] terrestre
Ire ['i:rə] *m* (-*n*; -*n*) irlandés *m*
'irgend ['irgənt]: **~ein** algún; **~einer** alguno; alguien; **~etwas** algo; **~jemand** alguien; **'~'wann** algún día; **'~'welche** algunos; **'~'wie** de cualquier modo; **~'wo** en alguna parte
'Ir|in ['i:rin] *f* (-; -*nen*) irlandesa *f*; **≈isch** irlandés
Iron|ie [iro'ni:] *f* (-; *sin pl*) ironía *f*; **≈isch**

I

[i'roːniʃ] irónico
ironisieren ironizar
'irr|(e) ['ir(ə)] *med* enajenado, demente, *a fig* loco; **&e** *m/f* (*-n; -n*) loco *m*, -a *f*; **~eführen** (*sep, -ge-, h*) engañar, desorientar; **~en** (*ge-, sn*) errar (*a herum~*); (*h*) (*a* ***sich***) **~** estar equivocado, equivocarse; **&enanstalt** *f* manicomio *m*
irrig ['iriç] equivocado, erróneo
'Irr|licht *n* fuego *m* fatuo; **~sinn** *m* (*-[e]s; sin pl*) demencia *f*, locura *f*; **~tum** *m* (*-s; ¨er*) error *m*, equivocación *f*; ***im ~ sn*** estar equivocado; **&tümlich** ['-tyːmliç] erróneo; *adv* por equivocación
Ischias *med* ['iʃjas] *m od n* (*-; sin pl*) ciática *f*
Islam ['islam, -'laːm] *m* (*-; sin pl*) islam(ismo) *m*
Isländ|er ['iːslɛndər] *m* (*-s; -*), **~erin** *f* (*-; -nen*), **&isch** islandés *m*, -esa *f*
Iso'lier|band [izo'liːr-] *n* (*-[e]s; ¨er*) cinta *f* aislante; **&en** (*h*) aislar; *Gefangene*: *a* incomunicar; **~ung** (*-; -en*) *f* aislamiento *m*
Israeli [isra'eːli] *m* (*-; -s*), **&isch** israelí (*m*)
Italien|er [ital'jeːnər] *m* (*-s; -*), **~erin** *f* (*-; -nen*), **&isch** italiano *m*, -a *f*

J

J, j [jɔt] *n* (*-; -*) J, j *f*
ja [jaː] *adv* sí; ***~ doch*** (claro) que sí; ***~ sagen*** decir que sí; ***~ sogar*** incluso; ***wenn ~*** si es así; ***da ist er ~!*** ¡ahí viene!
Jacht [jaxt] *f* (*-; -en*) yate *m*; **'~klub** *m* club *m* náutico
'Jacke ['jakə] *f* (*-; -n*) chaqueta *f*, *Am* saco *m*; **~nkleid** *n* traje *m* de chaqueta
Jackett [ʒa'kɛt] *n* (*-s; -s*) chaqueta *f*, americana *f*, *Am* saco *m*
Jagd [jaːkt] *f* (*-; -en*) caza *f*; ***auf die ~ gehen*** ir de caza; **'~flugzeug** *n* (avión *m* de) caza *m*; **'~hund** *m* perro *m* de caza; **'~revier** *n* coto *m*; **'~schein** *m* licencia *f* de caza
jagen ['jaːgən] (*ge-, h*) cazar; *fig* (*sn*) correr (***nach*** tras); (*eilen*) correr a toda velocidad
Jäger ['jɛːgər] *m* (*-s; -*) cazador *m*; *avia* caza *m*
Jahr [jaːr] *n* (*-[e]s; -e*) año *m*; ***voriges*** *od* ***letztes ~*** el año pasado; ***nächstes ~*** el año que viene; ***nach ~en*** después de muchos años; ***vor zwei ~en*** hace dos años; **'~buch** *n* anuario *m*; **'&elang** durante muchos años
'Jahres|abonnement *n* abono *m bzw* suscripción *f* anual; **~abschluss** *com m* balance *m* anual; **~ausgleich** *m* reajuste *m* anual de impuestos; **~bericht** *m* informe *m* anual; **~bilanz** *f* balance *m* anual; **~einkommen** *n* renta *f* anual; **~hauptversammlung** *f* junta *f* general ordinaria; **~tag** *m* aniversario *m*; **~umsatz** *m* cifra *f* anual de ventas; **~zahl** *f* año *m*; **~zeit** *f* estación *f* (del año)
'Jahr|gang *m* (*-s; ¨e*) año *m*; *Universität*: promoción *f*; *Wein*: cosecha *f*; **~'hundert** *n* (*-s; -e*) siglo *m*; **~'hundertwende** *f* fin *m* de siglo
jährlich ['jɛːrliç] anual; *adv* al año
Jahr|markt ['jaːrmarkt] *m* feria *f*; **~'tausend** *n* (*-s; -e*) milenio *m*; **~'tausendwende** *f* fin *m* de milenio; **~'zehnt** [-'tseːnt] *n* (*-[e]s; -e*) década *f*, decenio *m*
jähzornig ['jɛːtsɔrniç] irascible
Jalousie [ʒalu'ziː] *f* (*-; -n*) celosía *f*, persiana *f*
Jammer ['jamər] *m* (*-s; sin pl*) (*Elend*) miseria *f*; ***es ist ein ~*** es una lástima
jämmerlich ['jɛmərliç] lastimoso, lamentable; (*elend*) miserable
jammern ['jamərn] (*ge-, h*) quejarse, lamentarse (***über*** *ac* de)
Januar ['januaːr] *m* (*-[s]; -e*) enero *m*
Japan|er [-'paːnər] *m* (*-s; -*), **~erin** *f* (*-; -nen*), **&isch** japonés *m*, -esa *f*
jäten ['jɛːtən] (*ge-, h*) escardar
Jauche ['jauxə] *f* (*-; -n*) estiércol *m* líquido
jauchzen ['-tsən] (*ge-, h*) lanzar gritos de júbilo
jawohl [ja'voːl] sí, ciertamente
Jazz [dʒɛs] *m* (*-; sin pl*) jazz *m*; **'~band** *f* conjunto *m* de jazz
je [jeː] (*jemals*) nunca, jamás; (*pro*) cada

uno; ~ ***zwei*** de dos en dos; (*von jedem*) dos de cada uno; ~ ***Person*** por persona; ~ ***... desto ...*** cuanto más ... (tanto) más ...; ~ ***nach*** según; ~ ***nachdem***, ***ob*** según que

Jeans [dʒiːns] *pl* tejanos *m/pl*, (pantalones *m/pl*) vaqueros *m/pl*

jede|nfalls ['jeːdən'fals] en todo caso, de todas maneras; **'~r**, **'~**, **'~s** *adj* cada; *substantivisch*: cada uno; (*irgendein*) cualquier(a); **'~rmann** todo el mundo; **'~rzeit** en todo momento; a cualquier hora; **'~smal** → ***Mal***

je'doch sin embargo, no obstante

Jeep [dʒiːp] *Wz m* (*-s*; *-s*) jeep *m* (*Wz*)

jeher ['jeː'heːr]: ***von*** ~ (desde) siempre

jemals ['-mɑːls] jamás; (*schon einmal*) alguna vez

jemand ['-mant] alguien, alguno; *verneint*: nadie, ninguno

jene|r ['-nər], **~**, **~s** aquél, aquélla, aquello (*adj ohne Akzent*)

'jenseit|ig ['jɛnzaɪtiç] del otro lado; opuesto; **~s** (*gen*) al otro lado de; más allá de

Jesu'it [jezu'iːt] *m* (*-en*; *-en*) jesuita *m*; **~enorden** *m* Compañía *f* de Jesús

Jesus ['jeːzus] *m* (*Jesu*; *sin pl*) Jesús *m*; ~ ***Christus*** *m* Jesucristo *m*

Jet [dʒɛt] *m* (*-[s]*; *-s*) jet *m*; **~-set** ['-sɛt] *m* (*-s*; *sin pl*) jet *f*

jetzig ['jɛtsiç] actual

jetzt [jɛtst] ahora, actualmente; ***bis*** ~ hasta la fecha; ***eben*** ~ ahora mismo; ***von*** ~ ***an*** (de ahora) en adelante

'jeweil|ig ['jeːvaɪliç] respectivo, correspondiente; **~s** respectivamente

Job [dʒɔp] F *m* (*-s*; *-s*) trabajo *m*; empleo *m* (provisional); **2ben** ['dʒɔbən] F (*ge-*, *h*) trabajar, F currar; **~ber** ['-bər] *m* (*-s*; *-*) F currante *m*; **~-Sharing** ['dʒɔpʃɛːriŋ] *n* (*-[s]*; *sin pl*) trabajo *m* compartido; **'~vermittlung** *f* agencia *f* de colocación

Jockey ['dʒɔki] *m* (*-s*; *-s*) jockey *m*

Jod [joːt] *n* (*-[e]s*; *sin pl*) yodo *m*

Joga ['-ga] *n od m* (*-[s]*; *sin pl*) yoga *m*

Jogging ['dʒɔgiŋ] *n* (*-s*; *sin pl*) footing *m*

Joghurt ['joːgurt] *m od n* (*-[e]s*; *sin pl*) yogur(t) *m*

Jo'hannis|beere *bot* [jo'hanisbeːrə] *f* grosella *f*; **~käfer** *m* luciérnaga *f*

johlen ['joːlən] (*ge-*, *h*) dar voces, chillar

Joint [dʒɔɪnt] *m* (*-s*; *-s*) F porro *m*; **~ Venture** ['-vɛntʃər] *n* (*-[s]*; *-[s]*) joint-venture *f*

Journalist [ʒurna'list] *m* (*-en*; *-en*), **~in** *f* (*-*; *-nen*) periodista *su*

'Jubel ['juːbəl] *m* (*-s*; *sin pl*) (gritos *m/pl* de) alegría *f*; **2n** (*ge-*, *h*) dar gritos de alegría

Jubiläum [jubi'lɛːum] *n* (*-s*; *-läen*) aniversario *m*

'juck|en ['jukən] (*ge-*, *h*) picar; escocer; **2reiz** *m* picor *m*

Jude ['juːdə] *m* (*-n*; *-n*) judío *m*

'Jüd|in ['jyːdin] *f* (*-*; *-nen*) judía *f*; **2isch** judío; *Religion*: judaico

'Jugend ['juːgənt] *f* (*-*; *sin pl*) juventud *f*; **~arbeitslosigkeit** *f* paro *m* juvenil; **2frei** *Film*: apto para menores; **~herberge** *f* albergue *m* juvenil; **~kriminalität** *f* delincuencia *f* juvenil; **2lich** juvenil; **~liche** *m/f* (*-n*; *-n*) menor *su*; adolescente *su*; **~stil** *m* (*-s*; *sin pl*) modernismo *m*; **~zentrum** *n* centro *m* juvenil

Jugoslaw|e [jugo'slɑːvə] *m* (*-n*; *-n*), **~in** *f* (*-*; *-nen*), **2isch** yugoslavo *m*, -a *f*

Juli ['juːli] *m* (*-[s]*; *-s*) julio *m*

Jumbojet ['jumbo-] *m* Jumbo *m*

jung [juŋ] joven; *Aktie*, *Wein*: nuevo; ***~er Mann*** (***~es Mädchen***) joven *m* (*f*)

Junge ['juŋə]: **a)** *m* (*-n*; *-n*) muchacho *m*, chico *m*; ***kleiner*** ~ chiquillo *m*; **b)** *n* (*-n*; *-n*) cría *f*; *Hund*, *Raubtiere*: cachorro *m*; ~ ***werfen*** *od* ***bekommen*** parir

Jünger ['jyŋər] **1.** *m* (*-s*; *-*) discípulo *m*; **2.** 2 (*Komparativ v* ***jung***) más joven; *Bruder usw*: menor

'Jung|frau *f* virgen *f*; *astr* Virgo *m*; **~geselle** *m* soltero *m*; **~gesellin** *f* (*-*; *-nen*) soltera *f*

Jüngling ['jyŋliŋ] *m* (*-s*; *-e*) adolescente *m*, joven *m*

jüngst [jyŋst] *adj* (*Superlativ v* ***jung***) el (la) más joven; *Bruder usw*: menor; *zeitlich*: reciente, último; ***das ~e Gericht*** el juicio final

Jungunternehmer ['juŋʔ-] *m* joven empresario *m*

Juni ['juːni] *m* (*-[s]*; *-s*) junio *m*

'junior ['juːniɔr] hijo, *a dep* junior; **2chef** *m* hijo *m* del jefe

Jura ['juːra] *jur pl*: ~ ***studieren*** estudiar derecho

Ju'rist [ju'rist] *m* (*-en*; *-en*), **~in** *f* (*-*; *-nen*) jurista *su*; **2isch** jurídico

Jury ['ʒyːri] *f* (*-*; *-s*) jurado *m*

J

Justitiar [justi'tsja:r] *m* (*-s*; *-e*) síndico *m*, asesor *m* jurídico
Ju'stiz [-'ti:ts] *f* (-; *sin pl*) justicia *f*; **~minister(ium** *n*) *m* ministro *m* (ministerio *m*) de Justicia
Juwel [ju've:l] *n* (*-s*; *-en*) joya *f* (*a fig*); **~ier** [-və'li:r] *m* (*-s*; *-e*) joyero *m*; **~kunst** *f* orfebrería *f*
Jux F [juks] *m* (*-es*; *-e*) broma *f*; ***aus ~*** de (en, por) broma, F de cachondeo

K

K, k [kɑ:] *n* (-; -) K, k *f*
Kabarett [kaba'rɛt] *n* (*-s*; *-s*, *-e*) cabaret *m* (literario)
'Kabel ['kɑ:bəl] *n* (*-s*; -) cable *m*; **~anschluss** *m* cableado *m*; **~fernsehen** *n* televisión *f* por cable
Kabeljau [-jaʊ] *m* (*-s*; *-s*, *-e*) bacalao *m* (fresco)
Kabine [ka'bi:nə] *f* (-; *-n*) cabina *f*; *mar* camarote *m*
Kabinett [-bi'nɛt] *n* (*-s*; *-e*) gabinete *m* (*a pol*)
Kabrio ['kɑ:brio] *n* (*-s*; *-s*), **~lett** [kabrio'lɛt] *n* (*-s*; *-s*) descapotable *m*
Kachel ['kaxəl] *f* (-; *-n*) azulejo *m*; (*Boden*ᛞ) baldosa *f*
Käfer ['kɛ:fər] *m* (*-s*; -) escarabajo *m*
'Kaffee ['kafe:, ka'fe:] *m* (*-s*; *-s*) café *m*; ***schwarzer ~*** café *m* solo; ***~ mit Milch*** cortado *m*; **~fahrt** *f etwa*: excursión *f* publicitaria; **~kanne** *f* cafetera *f*; **~maschine** *f* cafetera *f* eléctrica; **~mühle** *f* molinillo *m* de café; **~tasse** *f* taza *f* de café
Käfig ['kɛ:fiç] *m* (*-s*; *-e*) jaula *f*
kahl [kɑ:l] calvo; (*geschoren*) pelado; *bot* deshojado; *Wand usw*: desnudo
Kahn [kɑ:n] *m* (*-[e]s*; *¨e*) bote *m*, barca *f*
Kai [kaɪ] *m* (*-s*; *-s*) muelle *m*
'Kaiser ['-zər] *m* (*-s*; -) emperador *m*; **~in** *f* (-; *-nen*) emperatriz *f*; **ᛞlich** imperial; **~reich** *n* imperio *m*; **~schnitt** *med m* (operación *f*) cesárea *f*
Ka'jüt|boot [ka'jy:t-] *m* barco *m* con camarote(s); **~e** *f* (-; *-n*) camarote *m*
Kakao [-'kɑ:o] *m* (*-s*; *-s*) cacao *m*; (*Getränk*) chocolate *m*
'Kaktus ['kaktus] *m* (-; *Kakteen* [-'te:ən]) cacto *m*, cactus *m*; **~feige** *f* higo *m* chumbo
Kalb [kalp] *n* (*-[e]s*; *¨er*) ternero *m*; **'~fleisch** *n* ternera *f*; **'~sbraten** *m* asado *m* de ternera; **~shachse** ['-haksə] *f* (-; *-n*) pierna *f* de ternera
Ka'lender [ka'lɛndər] *m* (*-s*; -) calendario *m*; (*Termin*ᛞ) agenda *f*; **~jahr** *n* año *m* civil
Kaliber [ka'li:bər] *n* (*-s*; -) calibre *m* (*a fig*)
Kalif [ka'li:f] *m* (*-en*; *-en*) califa *m*
Kalium ['kɑ:ljum] *n* (*-s*; *sin pl*) potasio *m*
Kalk [kalk] *m* (*-[e]s*; *-e*) cal *f*; **'~stein** *m* (piedra *f*) caliza *f*
Kalkul|ation [-kula'tsjo:n] *f* (-; *-en*) cálculo *m*; **ᛞieren** [-'li:rən] (*h*) calcular
kalt [kalt] frío (*a fig*); ***es ist ~*** hace frío; ***mir ist ~*** tengo frío; ***~ werden*** enfriarse; ***~e Küche*** platos *m/pl* fríos; **~blütig** ['-bly:tiç] *adv* a sangre fría
'Kälte ['kɛltə] *f* (-; *sin pl*) frío *m*; *fig* frialdad *f*; ***zehn Grad ~*** diez grados bajo cero; **~periode** *f* periodo *m* de frío; **~welle** *f* ola *f* de frío
'Kalt|front ['kaltfrɔnt] *f* frente *m* frío; **~miete** *f* alquiler *m* neto
Kalzium ['kaltsjum] *n* (*-s*; *sin pl*) calcio *m*
Kamel [ka'me:l] *n* (*-[e]s*; *-e*) camello *m*; F *fig* burro *m*
Kamera ['-məra] *f* (-; *-s*) cámara *f*
Kame'rad [-'rɑ:t] *m* (*-en*; *-en*), **~in** ['-din] *f* (-; *-nen*) camarada *su*, compañero *m*, -a *f*; **~schaft** *f* (-; *-en*) compañerismo *m*
Kameramann ['-raman] *m* (*-[e]s*; *¨er*, *-leute*) operador *m*, cámara *m*
Ka'mille *bot* [-'milə] *f* (-; *-n*) manzanilla *f*; **~ntee** *m* (infusión *f* de) manzanilla *f*
Kamin [-'mi:n] *m* (*-s*; *-e*) chimenea *f*
Kamm [kam] *m* (*-[e]s*; *¨e*) peine *m*; (*Zier*ᛞ) peineta *f*; (*zo*, *Gebirgs*ᛞ) cresta *f*
kämmen ['kɛmən] (*ge-*, *h*) peinar
'Kammer ['kamər] *f* (-; *-n*) cuarto *m*; *pol*,

tec cámara *f*; *jur* sala *f*; **~musik** *f* música *f* de cámara

Kammgarn ['-garn] *n* estambre *m*

Kampf [kampf] *m* (*-[e]s*; *⸚e*) lucha *f* (*a fig*); combate *m*; *dep* encuentro *m*

'kämpfe|n ['kɛmpfən] (*ge-*, *h*) combatir; *a fig* luchar (***um*** por); (*sich schlagen*) pelear; **≗r** *m* (*-s*; -) combatiente *m*; *a fig* luchador *m*

'Kampf|richter ['kampf-] *m* árbitro *m*; **~stier** *m* toro *m* de lidia; **≗unfähig** fuera de combate

kampieren [kam'piːrən] (*h*) acampar

Kanad|ier [ka'nɑːdjər] *m* (*-s*; -), **~ierin** *f* (-; *-nen*), **≗isch** canadiense *su*

Kanal [-'nɑːl] *m* (*-[e]s*; *⸚e*) *a TV* canal *m*; (*Bewässerungs≗*) acequia *f*; (*Abfluss≗*) alcantarilla *f*; **~isation** [-naliza'tsjoːn] *f* (-; *-en*) canalización *f*; **≗i'sieren** (*h*) canalizar

Kanarienvogel [-'nɑːrjən-] *m* canario *m*

Kandid|at [-di'dɑːt] *m* (*-en*; *-en*), **~atin** *f* (-; *-nen*) candidato *m*, -a *f*; **~atur** [-da'tuːr] *f* (-; *-en*) candidatura *f*; **≗ieren** [-'diːrən] (*h*) presentar su candidatura (***für*** a, para)

kandieren [-'diːrən] (*h*) escarchar, garapiñar

Kandiszucker ['kandis-] *m* azúcar *m* cande

Känguru, **Känguruh** ['kɛŋguruː] *n* (*-s*; *-s*) canguro *m*

Kaninchen [ka'niːnçən] *n* (*-s*; -) conejo *m*

Kanister [-'nistər] *m* (*-s*; -) lata *f*, bidón *m*

Kanne ['kanə] *f* jarro *m*; jarra *f*

Kanon ['kɑːnɔn] *m* (*-s*; *-s*) canon *m*

Ka'none [ka'noːnə] *f* (-; *-n*) cañón *m*; F *fig* as *m*; **~nschuss** *m* cañonazo *m*

Kantate *mus* [kan'tɑːtə] *f* (-; *-n*) cantata *f*

'Kant|e ['-tə] *f* (-; *-n*) canto *m*; (*Rand*) borde *m*; **≗ig** anguloso (*a Gesicht*)

Kantine [-'tiːnə] *f* (-; *-n*) (*Betriebs≗*) comedor *m* colectivo

Kanton [-'toːn] *m* (*-s*; *-e*) cantón *m*

Kanu ['kɑːnu, ka'nuː] *n* (*-s*; *-s*) canoa *f*, piragua *f*; **~fahrer(in** *f*) *m* piragüista *su*

Kanüle *med* [ka'nyːlə] *f* (-; *-n*) cánula *f*

Kanzel ['kantsəl] *f* (-; *-n*) púlpito *m*

Kanz|lei [kants'laɪ] *f* (-; *-en*) *pol* cancillería *f*; (*Anwalts≗*) bufete *m*; **~ler** ['-lər] *m* (*-s*; -) canciller *m*

Kap [kap] *n* (*-s*; *-s*) cabo *m*

Kapazi'tät [kapatsi'tɛːt] *f* (-; *-en*) capacidad *f*; *fig* autoridad *f*; **~sauslastung** *f* utilización *f* de la capacidad

Ka'pell|e [-'pɛlə] *f* (-; *-n*) capilla *f*; *mus* banda *f* (de música); conjunto *m* (musical); **~meister** *m* director *m* de orquesta

Kaper *bot* ['kɑːpər] *f* (-; *-n*) alcaparra *f*

kapern ['-pərn] (*ge-*, *h*) apresar, capturar

kapieren F [ka'piːrən] (*h*) F caer

Kapi'tal [kapi'tɑːl] *n* (*-s*; *-ien*) capital *m*; **~anlage** *f* inversión *f* de capital; **~aufwand** *m* aportación *f* de capital; **~erhöhung** *f* ampliación *f* de capital; **~ertrag(s)(steuer** *f*) *m* (impuesto *m* sobre la) renta *f* del capital; **~flucht** *f* evasión *f od* fuga *f* de capitales; **~hilfe** *f* ayuda *f* en forma de capital; **≗i'sieren** (*h*) capitalizar; **~ismus** [-ta'lismus] *m* (-; *sin pl*) capitalismo *m*; **~ist** [-'list] *m* (*-en*; *-en*), **≗istisch** [-'listiʃ] capitalista (*m*); **~markt** *m* mercado *m* de capitales

Kapitän [-'tɛːn] *m* (*-s*; *-e*) capitán *m* (*a dep*); *avia* comandante *m*

Kapitel [-təl] *n* (*-s*; -) capítulo *m*

Kapitul|ation [-tula'tsjoːn] *f* (-; *-en*) capitulación *f*; **≗'ieren** (*h*) capitular

Kaplan [-'plɑːn] *m* (*-s*; *⸚e*) capellán *m*; coadjutor *m*

Kappe ['kapə] *f* (-; *-n*) gorra *f*; (*Bade≗*) gorro *m*

Kapsel ['kapsəl] *f* (-; *-n*) cápsula *f*

ka'putt F [ka'put] roto; (*müde*) rendido, hecho polvo; **~gehen** (*irr*, *sep*, *-ge-*, *sn*, → ***gehen***) romperse; **~machen** (*sep*, *-ge-*, *h*) estropear, romper

Kapuze [-'puːtsə] *f* (-; *-n*) capucha *f*

Karaffe [-'rafe] *f* (-; *-n*) garrafa *f*

Karambolage [-rambo'lɑːʒə] *f* (-; *-n*) choque *m*, colisión *f*

Karamell [-ra'mɛl] *m* (*-s*; *sin pl*) caramelo *m*

Karat [-'rɑːt] *n* (*-[e]s*; *-[e]*) quilate *m*; **~e** ['-tə] *n* (-; *sin pl*) karate *m*

Karawane [-ra'vɑːnə] *f* (-; *-n*) caravana *f* (*a fig*)

Kardanwelle [kar'dɑːn-] *f* árbol *m* cardán

Kardi'nal [-di'nɑːl] *m* (*-s*; *⸚e*) cardenal *m*; **~zahl** *f* número *m* cardinal

Karfreitag [kɑːr'-] *m* Viernes *m* Santo

kariert [ka'riːrt] cuadriculado; *Stoff*: a *od* de cuadros

Karies ['kɑːriɛs] *f* (-; *sin pl*) caries *f*
Karikatur [karika'tuːr] *f* (-; *-en*) caricatura *f*
Karneval ['-nəval] *m* (*-s*; *-e*) carnaval *m*
Karo ['kɑːro] *n* (*-s*; *-s*) cuadro *m*; *Kartenspiel*: oros *m/pl*
Karosserie [karɔsə'riː] *f* (-; *-n*) carrocería *f*
Karotte [-'rɔtə] *f* (-; *-n*) zanahoria *f*
Karpfen ['karpfən] *m* (*-s*; -) carpa *f*
'Karre ['karə] *f* (-; *-n*), **~n** *m* (*-s*; -) carro *m*; (*Schub*⁓) carretilla *f*
Karriere [kar'jɛːrə] *f* (-; *-n*) carrera *f*
Karsamstag [kɑːr'-] *m* Sábado *m* de Gloria
Karte ['kartə] *f* (-; *-n*) (*Fahr*⁓) billete *m*; *Am* boleto *m*; (*Besuchs*⁓, *Post*⁓) tarjeta *f* (*a Fußball*); (*Spiel*⁓, *Speise*⁓) carta *f*; (*Land*⁓, *Straßen*⁓) mapa *m*; (*Eintritts*⁓) entrada *f*; ***nach der ~ essen*** comer a la carta; ***~n spielen*** jugar a las cartas
Kar'tei [-'taɪ] *f* (-; *-en*) fichero *m*; **~karte** *f* ficha *f*; **~kasten** *m* fichero *m*; **~leiche** *f* *etwa*: ficha *f* inútil
Kar'tell *com* [-'tɛl] *n* (*-s*; *-e*) cártel *m*; **~gesetz** *n* ley *f* sobre cárteles
'Karten|spiel ['kartən-] *n* juego *m* de naipes *od* de cartas; (*Karten*) baraja *f*; **~telefon** *n* teléfono *m* de tarjeta; **~verkauf** *m* venta *f* de localidades; **~vorverkauf** *m* venta *f* anticipada de localidades
Kar'toffel [-'tɔfəl] *f* (-; *-n*) patata *f*, *Am* papa *f*; **~brei** *m*, **~püree** *n* puré *m* de patatas; **~chips** *m/pl* patatas *f/pl* fritas; **~salat** *m* ensalada *f* de patatas
Karton [-'tɔ̃] *m* (*-s*; *-s*) cartón *m*; (*Schachtel*) caja *f* de cartón; **⁓iert** [-to'niːrt] encartonado
Karussell [karu'sɛl] *n* (*-s*; *-e*, *-s*) tiovivo *m*, caballitos *m/pl*
Karwoche ['kɑːr-] *f* Semana *f* Santa
'Käse ['kɛːzə] *m* (*-s*; -) queso *m*; **~glocke** *f* quesera *f*; **~kuchen** *m* tarta *f* de queso
Kaserne [ka'zɛrnə] *f* (-; *-n*) cuartel *m*
Kasino [ka'ziːno] *n* (*-s*; *-s*) casino *m*
Kasperletheater ['kaspərlə-] *n* (teatro *m* de) guiñol *m*
Kasse ['kasə] *f* (-; *-n*) caja *f*; *teat usw*: taquilla *f*
'Kassen|arzt *m* médico *m* del seguro; **~bestand** *m* dinero *m* en caja; **~bon** *m* ticket *m*; **~patient(in** *f*) *m* paciente *su* del seguro; **~zettel** *m* ticket *m*
Kas'sette [ka'sɛtə] *f* *fot* chasis *m*; *mus*, *TV* cassette *su*, casete *su*; *Bücher*: estuche *m*; **~nrecorder** [-re'kɔrdər] *m* (magnetófono *m* a) cassette *m*
kas'sier|en [-'siːrən] (*h*) *com* cobrar; **⁓er** *m* (*-s*; -), **⁓erin** *f* (-; *-nen*) cajero *m*, -a *f*
Kastagnette [kastan'jɛtə] *f* (-; *-n*) castañuela *f*
Ka'stanie [-'tɑːnjə] *f* (-; *-n*) castaña *f*; **~nbaum** *m* castaño *m*
Kasten ['-tən] *m* (*-s*; ⸚) caja *f*
Ka'stil|ier [-'tiːljər] *m* (*-s*; -), **~ierin** *f* (-; *-nen*), **⁓isch** castellano *m*, -a *f*
Kat [kat] *m* (*-s*; *-s*) *auto* catalizador *m*
Katalan|e [kata'lɑːnə] *m* (*-n*; *-n*), **~in** *f* (-;*-nen*), **⁓isch** catalán *m*, -ana *f*
Kata'log [-'loːk] *m* (*-[e]s*; *-e*) catálogo *m*; **~preis** *m* precio *m* de catálogo
Kataly'sator [-ly'zɑːtɔr] *m* (*-s*; *-toren* [-za'toːrən]) catalizador *m*; **~auto** *n* coche *m* con catalizador
Katarr, **Katarrh** [-'tar] *m* (*-s*; *-e*) catarro *m*
katastroph|al [-tastro'fɑːl] catastrófico; **⁓e** [-'stroːfə] *f* (-; *-n*) catástrofe *f*
Kategor|ie [-tego'riː] *f* (-; *-n*) categoría *f*; **⁓isch** [-'goːriʃ] categórico
Kater ['kɑːtər] *m* (*-s*; -) gato *m*; F *fig* ***e-n ~ haben*** tener resaca
Kathedrale [-te'drɑːlə] *f* (-; *-n*) catedral *f*
Kathol|ik [-to'liːk] *m* (*-en*; *-en*), **~ikin** *f* (-; *-nen*), **⁓isch** [-'toːliʃ] católico *m*, -a *f*
Kätzchen ['kɛtsçən] *n* (*-s*; -) gatito *m*, minino *m*; *bot* amento *m*
Katze ['katsə] *f* (-; *-n*) gato *m*; (*Weibchen*) gata *f*
'Katzen|auge *tec* *n* catafoto *m*, ojo *m* de gato; **~sprung** *m*: *fig* ***es ist nur ein ~*** (***von hier***) está a dos pasos de aquí
kauen ['kaʊən] (*ge-*, *h*) mascar, masticar
Kauf [kaʊf] *m* (*-[e]s*; ⸚*e*) compra *f*; **'~anreiz** *m* incentivo *m* comercial; **'⁓en** (*ge-*, *h*) comprar
Käufer ['kɔʏfər] *m* (*-s*; -), **~in** *f* (-; *-nen*) comprador(a *f*) *m*
'Kauf|frau ['kaʊf-] *f* comerciante *f*; **~haus** *n* grandes almacenes *m/pl*; **~kraft** *f* (-; *sin pl*) poder *m* adquisitivo
'Kauf|mann ['kaʊfman] *m* (*-[e]s*; *-leute*) comerciante *m*, negociante *m*; **⁓männisch** ['-mɛniʃ] comercial, mercantil; **~preis** *m* precio *m* de compra; **~ver-**

K

trag *m* contrato *m* de compraventa
Kaugummi ['kaʊgummi] *m od n* (*-s*; *-s*) goma *f* de mascar, chicle *m*
kaum [kaʊm] apenas; ***wohl ~!*** no lo creo
Kautabak ['kaʊtaːbak] *m* tabaco *m* de mascar
Kaution [-'tsjoːn] *f* (-; *-en*) fianza *f*, caución *f*
Kautschuk ['kaʊtʃuk] *m* (*-s*; *-e*) caucho *m*
Kaval|ier [kava'liːr] *m* (*-s*; *-e*) caballero *m*; **~lerie** [-lə'riː] *f* (-; *-n*) caballería *f*
Kaviar ['kaːviar] *m* (*-s*; *-e*) caviar *m*
'Kegel ['keːgəl] *m* (*-s*; -) *mat* cono *m*; *Spiel*: bolo *m*; **~bahn** *f* bolera *f*; **2n** (*ge-*, *h*) jugar a los bolos
'Kehl|e ['keːlə] *f* (-; *-n*) garganta *f*; **~kopf** *m* laringe *f*
'kehr|en ['keːrən] (*ge-*, *h*) (*fegen*) barrer; (*wenden*) volver; ***j-m den Rücken ~*** volver la espalda a alg (*a fig*); **2reim** *m* estribillo *m*; **~seite** *f* revés *m*; *fig* ***die ~ der Medaille*** el reverso de la medalla
Keil ['kaɪl] *m* (*-[e]s*; *-e*) cuña *f*; **'~absatz** *m* tacón *m* cuña; **~e'rei** F *f* (-; *-en*) pelea *f*, camorra *f*; **'~riemen** *tec m* correa *f* trapezoidal
Keim [kaɪm] *m* (*-[e]s*; *-e*) germen *m* (*a fig*); **'2en** (*ge-*, *h u sn*) germinar (*a fig*); **'2frei** esterilizado; *med* aséptico
kein [kaɪn] no + *Verb*; (no ...) ningún; ***ich habe ~e Zeit*** no tengo tiempo; ***ich habe ~ Buch*** no tengo ningún libro; **'~er** ninguno; **~erlei** ['-nərlaɪ] ningún; **'~esfalls** en ningún caso; **~eswegs** ['-nəs'veːks] de ninguna manera, de ningún modo; **'~mal** ni una sola vez, nunca
Keks [keːks] *m od n* (*-[es]*; *-e*) galleta *f*
Kelle ['kɛlə] *f* (-; *-n*) cucharón *m*
Keller ['-lər] *m* (*-s*; -) sótano *m*; **~ei** [-'raɪ] *f* (-; *-en*) bodega *f*
Kellner ['kɛlnər] *m* (*-s*; -), **~in** *f* (-; *-nen*) camarero *m*, -a *f*
keltisch ['-tiʃ] celta
'kenn|en ['kɛnən] (*kannte*, *gekannt*, *h*) conocer; (*wissen*) saber; ***~ lernen*** (llegar a) conocer; **2er** *m* (*-s*; -) conocedor *m*, entendido *m*; **2tnis** ['-tnis] *f* (-; *-se*) conocimiento *m*; ***zur ~ nehmen*** tomar (buena) nota de; **2zeichen** *n* característica *f*; *auto* matrícula *f*; ***besondere ~*** señas *f/pl* particulares; **~zeichnend** característico (***für*** de); **2ziffer** *f bei Inseraten usw*: referencia *f*
kentern *mar* ['kɛntərn] (*ge-*, *sn*) zozobrar
Keramik [ke'raːmik] *f* (-; *-en*) cerámica *f*
Kerbe ['kɛrbə] *f* (-; *-n*) muesca *f*
Kerl F [kɛrl] *m* (*-s*; *-e*) tío *m*, tipo *m*; *desp* individuo *m*, sujeto *m*
Kern [kɛrn] *m* (*-[e]s*; *-e*) (*Kirsch2 usw*) hueso *m*; (*Apfel2 usw*) pepita *f*; (*Zell2*, *Atom2*) núcleo *m* (*a fig*); *fig* esencia *f*; **'~energie** *f* energía *f* nuclear; **'~forschung** *f* investigación *f* nuclear; **'~fusion** *f* fusión *f* nuclear; **'2gesund** rebosando salud; **'~kraftgegner** *m/pl* antinucleares *m/pl*; **'~kraftwerk** *n* central *f* nuclear; **'~reaktor** *m* reactor *m* nuclear; **'~spaltung** *f* fisión *f* nuclear; **'~waffe** *f* arma *f* nuclear; **'2waffenfrei** desnuclearizado
'Kerze ['kɛrtsə] *f* (-; *-n*) vela *f*; *rel* cirio *m*; (*Zünd2*) bujía *f*; **~nhalter** *m* candelero *m*
Kessel ['kɛsəl] *m* (*-s*; -) *tec* caldera *f*; (*Koch2*) olla *f*, marmita *f*
'Kette ['kɛtə] *f* (-; *-n*) cadena *f*; (*Hals2*) collar *m*; **~nreaktion** *f* reacción *f* en cadena
Ketzer ['kɛtsər] *m* (*-s*; -) hereje *m*
'keuch|en ['kɔʏçən] (*ge-*, *h*) jadear; **2husten** *med m* tos *f* ferina
Keule ['-le] *f* (-; *-n*) maza *f*; *gastr* pierna *f*; (*Wild2*) pernil *m*
keusch [kɔʏʃ] casto
Kfz|-Brief [kaˀɛf'tsɛt-] *m* carta *f* de vehículo; **~-Schein** *m* permiso *m* de circulación; **~-Steuer** *f* impuesto *m* sobre los vehículos de motor; **~-Werkstatt** *f* taller *m* de reparación de automóviles
'Kicher|erbse ['kiçərˀ-] *f* garbanzo *m*; **2n** (*ge-*, *h*) reírse a socapa
'Kiefer ['kiːfər] **1.** *m* (*-s*; -) *anat* mandíbula *f*, quijada *f*; **2.** *bot f* (-; *-n*) pino *m*; **~höhle** *anat f* seno *m* maxilar
Kiel [kiːl] *m* (*-[e]s*; *-e*) *mar* quilla *f*; **'~wasser** *mar n* (*-s*; -) estela *f*
Kieme ['kiːmə] *f* (-; *-n*) branquia *f*
Kies [kiːs] *m* (*-es*; *-e*) grava *f*; gravilla *f*; F (*Geld*) pasta *f*; **~el** ['kiːzəl] *m* (*-s*; -), **'~elstein** *m* guijarro *m*; canto *m*
Kilo ['kiːlo] *n* (*-s*; *-[s]*), **~'gramm** *n* kilo (-gramo) *m*; **~'meter** *m* kilómetro *m*; **~'meterzähler** *m* cuentakilómetros *m*; **~'watt** *n* kilovatio *m*; **~'wattstunde**

K

f kilovatio-hora *m*

Kind [kint] *n* (*-[e]s*; *-er*) niño *m*; ***m-e ~er*** mis hijos

'Kinder|arzt ['-dər?artst] *m*, **~ärztin** *f* pediatra *su*; **~betreuung** *f* cuidado *m* de los niños; **~fahrkarte** *f* billete *m* infantil; **~freibetrag** *m* deducción *f* (fiscal) por hijos; **~garten** *m* parvulario *m*, jardín *m* de infancia; **~gärtnerin** *f* maestra *f* de párvulos; **~geld** *n* subsidio *m* por hijos; **~heilkunde** *f* pediatría *f*; **~krankheit** *f* enfermedad *f* de la infancia; **~lähmung** *med f* parálisis *f* infantil, poliomielitis *f*; **'2'leicht** facilísimo; ***das ist ~*** es coser y cantar; **~mädchen** *n* niñera *f*; **2reich**: ***~e Familie*** familia *f* numerosa; **~spiel** *n* juego *m* de niños (*a fig*); **~spielplatz** *m* parque *m* infantil; **~wagen** *m* cochecito *m* de niño

'Kindes|alter ['-dəs?altər] *n* niñez *f*; **~entführung** *f* rapto *m* de menores

'Kind|heit ['kinthaɪt] *f* (-; *sin pl*) niñez *f*, infancia *f*; **2isch** ['-diʃ] infantil, pueril; *im Alter*: chocho; **2lich** infantil, de niño; *fig* ingenuo; *Liebe*: filial

K

Kinn [kin] *n* (*-[e]s*; *-e*) barbilla *f*; **'~haken** *m* gancho *m* a la mandíbula

Kino ['kiːno] *n* (*-s*; *-s*) cine *m*

Kiosk [ki'ɔsk] *m* (*-[e]s*; *-e*) kiosko *m*, quiosco *m*

'Kipp|e ['kipə] *f* (-; *-n*) F (*Zigaretten2*) colilla *f*; ***auf der ~ stehen*** *fig* estar en el alero: **2en** (*ge-*) **1.** *v/t* (*h*) volcar; **2.** *v/i* (*sn*) perder el equilibrio

Kirche ['kirçə] *f* (-; *-n*) iglesia *f*

'Kirchen|musik *f* música *f* sacra; **~steuer** *f* impuesto *m* eclesiástico

'Kirch|hof *m* cementerio *m*; **2lich** eclesiástico; **~turm** *m* campanario *m*; **~weih** *f* (-; *-en*) fiesta *f* patronal

Kirmes ['kirməs] *f* kermes *f*, verbena *f*; (*Messe*) feria *f*

Kirsch [kirʃ] *m* (*-[e]s*; -) kirsch *m*; **'~e** *f* (-; *-n*) cereza *f*; ***saure~*** guinda *f*; **'~wasser** *n* (*-s*; *⸚*) kirsch *m*

'Kissen ['kisən] *n* (*-s*; -) almohada *f*; (*Sofa2*) cojín *m*; **~bezug** *m* funda *f*

Kiste ['kistə] *f* (-; *-n*) caja *f*

Kitsch [kitʃ] *m* (*-[e]s*; *sin pl*) cursilería *f*; **'2ig** cursi, de mal gusto

Kitt [kit] *m* (*-[e]s*; *-e*) masilla *f*

Kittchen F ['-çən] *n* (*-s*; -) chirona *f*; ***ins ~ stecken*** meter en chirona

Kittel ['-əl] *m* (*-s*; -) bata *f*

kitten ['-ən] (*ge-*, *h*) enmasillar; *fig* arreglar

'Kitz|el ['kitsəl] *m* (*-s*; *sin pl*) cosquilleo *m*, cosquillas *f/pl*; *a fig* comezón *f*; **2(e)lig** cosquilloso; *fig* peliagudo, delicado; **2eln** (*ge-*, *h*) cosquillear, hacer cosquillas

Kiwi ['kiːvi] *f* (-; *-s*) kiwi *m*

kläffen ['klɛfən] (*ge-*, *h*) dar ladridos agudos

'Klage ['klɑːgə] *f* (-; *-n*) lamentación *f*; (*Beschwerde*) queja *f*; *jur* querella *f*, demanda *f*, acción *f*, pleito *m*; ***~ erheben gegen j-n*** poner pleito a alg, presentar una demanda contra alg; **2n** (*ge-*, *h*) quejarse (***über*** *ac* de); (*weh~*) lamentarse (***über*** *ac* de); *jur* poner pleito (***gegen*** a, ***wegen*** por)

'Kläger ['klɛːgər] *m* (*-s*; -), **~in** *f* (-; *-nen*) *jur* demandante *su*

kläglich ['klɛːkliç] lastimero; lastimoso; *Rolle usw*: lamentable; triste

klamm [klam] **1.** *adj* (*feucht*) mojado; *vor Kälte*: rígido; **2.** **2** *f* (-; *-en*) barranco *m*

'Klammer ['-mər] *f* (-; *-n*) grapa *f*; (*Wäsche2*) pinza *f*; (*Büro2*) clip *m*; *tip runde*: paréntesis *m*, *eckige*: corchete *m*; ***in ~n setzen*** poner entre paréntesis; **~affe** *m* (*@-Zeichen*) *inform* arroba *f*; **2n** (*ge-*, *h*): ***sich ~ an*** (*ac*) agarrarse a

Klang [klaŋ] *m* (*-[e]s*; *⸚e*) sonido *m*; *harmonischer*: son *m*; (*Stimme*) timbre *m*; **'~farbe** *f* timbre *m*; **'2voll** sonoro

'Klapp|bett ['klap-] *n* cama *f* plegable; **~e** *f* (-; *-n*) (*Deckel*) tapa *f*; *tec u anat* válvula *f*; F ***halt die ~!*** ¡cierra el pico!; **2en** (*ge-*, *h*) F *fig* ir *od* marchar bien; ***das klappt prima*** esto va que chuta

'Klapper ['-pər] *f* (-; *-n*) carraca *f*, matraca *f*; (*Kinder2*) sonajero *m*; **2n** (*ge-*, *h*) tabletear; **~schlange** *f* serpiente *f* de cascabel

'Klapp|messer *n* navaja *f* de muelle; **~rad** *n* bicicleta *f* plegable; **~sitz** *m* asiento *m* plegable; **~stuhl** *m* silla *f* plegable

Klaps [klaps] *m* (*-es*; *-e*) palmadita *f*

klar [klɑːr] claro (*a fig*); *Himmel*: despejado; ***sich über et im ~en sein*** darse cuenta de a/c

'Klär|anlage ['klɛːr?-] *f* planta *f* depuradora; **2en** (*ge-*, *h*) clarificar; *fig* aclarar

Klarheit ['klɑːrhaɪt] *f* (-; *sin pl*) claridad *f*

Klarinette *mus* [klari'nɛtə] *f* (-; *-n*) clarinete *m*
'klar|machen ['klaːr-] (*sep*, *-ge-*, *h*) aclarar, explicar; **~stellen** (*sep*, *-ge-*, *h*) poner en claro, puntualizar
Klärung ['klɛːruŋ] *f* (-; *-en*) clarificación *f*; *fig* aclaración *f*
Klasse ['klasə] *f* (-; *-n*) clase *f*; F ***~!*** ¡estupendo!
'Klassi|k ['-sik] *f* (-; *sin pl*) clasicismo *m*; **~ker** *m* (*-s*; -), **2sch** clásico (*m*)
Klatsch [klatʃ] *m* (*-es*; *-e*) chismes *m/pl*; **'2en** (*ge-*, *h*): F *fig* (*schwatzen*) chismorrear; (***in die Hände***) **~** dar palmadas; (***Beifall***) **~** aplaudir; **'2'nass** F hecho una sopa
'Klaue ['klaʊə] *f* (-; *-n*) uña *f*; *Raubtiere*, *Vögel*: garra *f*; *fig* mala letra *f*; **2n** (*ge-*, *h*) F soplar, birlar, mangar
Klausel ['-zəl] *f* (-; *-n*) cláusula *f*
Kla'vier [kla'viːr] *n* (*-[e]s*; *-e*) piano *m*; ***~ spielen*** tocar el piano; **~konzert** *n* (*Stück*) concierto *m* para piano; (*Veranstaltung*) recital *m* de piano; **~spieler(in** *f*) *m* pianista *su*
'Kleb|eband ['kleːbə-] *n* cinta *f* (autoadhesiva; **2en** (*ge-*, *h*) **1.** *v/t* pegar; F ***j-m e-e ~*** pegarle un tortazo a alg; **2.** *v/i* pegar, estar pegado (***an*** *dat* a); **2rig** pegajoso; **~stoff** ['kleːpʃtɔf] *m* pegamento *m*, adhesivo *m*; **~streifen** *m* cinta *f* adhesiva
Klecks [klɛks] *m* (*-es*; *-e*) mancha *f*; (*Tinten2*) borrón *m*
Klee [kleː] *m* (*-s*; *sin pl*) trébol *m*; **'~blatt** *n* hoja *f* de trébol
Kleid [klaɪt] *n* (*-es*; *-er*) vestido *m*, traje *m*
'Kleider|ablage ['klaɪdərˀ-] *f* guardarropa *m*; **~bügel** *m* percha *f*, colgador *m*; **~bürste** *f* cepillo *m* (para ropa); **~haken** *m* colgadero *m*; **~schrank** *m* ropero *m*, guardarropa *m*; **~ständer** *m* percha *f*, perchero *m*
'Kleidung ['-duŋ] *f* (-; *sin pl*) ropa *f*; vestidos *m/pl*; **~sstück** *n* prenda *f* de vestir
Kleie ['klaɪə] *f* (-; *sin pl*) salvado *m*
klein [klaɪn] pequeño; menudo; (*unbedeutend*) insignificante; *Wuchs*: bajo; ***von ~ auf*** desde niño; **'2anzeigen** *f/pl* anuncios *m/pl* por palabras; **'2buchstabe** *m* minúscula *f*; **'2bus** *m* microbús *m*; **'2gedruckte** *n* (*-n*; *sin pl*) letra *f* menuda; **'2geld** *n* (*-[e]s*; *sin pl*) calderilla *f*; (dinero *m*) suelto *m*; **'2händler** *m* detallista *m*; **'2igkeit** *f* (-; *-en*) menudencia *f*, bagatela *f*; **'2kind** *n* niño *m* de corta edad; **'~laut** apocado; **'~lich** (*genau*) meticuloso; (*geizig*) mezquino; **2od** ['-ˀoːt] *n* (*-[e]s*; *-e*) joya *f* (*a fig*), alhaja *f*; **'2stadt** *f* ciudad *f* pequeña; **'~städtisch** provinciano; **'2wagen** *m* coche *m* pequeño
'Klemme ['klɛmə] *f* (-; *-n*) pinza *f*; *el* borne *m*; F *fig* ***in der ~ sitzen*** estar en un apuro; **2n** (*ge-*, *h*) *Tür usw*: encajar mal; ***sich den Finger ~*** pillarse el dedo
Klempner ['klɛmpnər] *m* (*-s*; -) hojalatero *m*; (*Installateur*) fontanero *m*; lampista *m*
Klerus ['kleːrus] *m* (-; *sin pl*) clero *m*
Klette *bot* ['klɛtə] *f* (-; *-n*) lampazo *m*, bardana *f*
'kletter|n ['-tərn] (*ge-*, *sn*) trepar (***auf*** *ac* a); ***auf*** *e-e Mauer*: escalar (*ac*); **2pflanze** *bot f* planta *f* trepadora
Klient [kli'ɛnt] *m* (*-en*; *-en*), **~in** *f* (-; *-nen*) cliente *su*
'Klima ['kliːma] *n* (*-s*; *-s*) clima *m* (*a fig*); **~anlage** *f* aire *m* acondicionado; **~katastrophe** *f* catástrofe *f* climática; **2tisch** [kli'maːtiʃ] climático; **~veränderung** *f* cambio *m* climático
Klinge ['kliŋə] *f* (-; *-n*) hoja *f*, cuchilla *f*
'Klingel ['-əl] *f* (-; *-n*) campanilla *f*; (*Tür2*) timbre *m*; **~knopf** *m* botón *m* del timbre; **2n** (*ge-*, *h*) tocar el timbre; *an der Tür*: llamar; *tel* sonar
klingen ['-ən] (*klang*, *geklungen*, *h*) sonar
Klinik ['kliːnik] *f* (-; *-en*) clínica *f*
Klinke ['kliŋkə] *f* (-; *-n*) picaporte *m*
Klippe ['klipə] *f* (-; *-n*) peña *f*, roca *f*; *mar* escollo *m* (*a fig*)
klirren ['klirən] (*ge-*, *h*) sonar; *Gläser usw*: tintinear; *Fenster*: vibrar
Kli'schee [kli'ʃeː] *n* (*-s*; *-s*) clisé *m*, cliché *m* (*a fig*); **~vorstellung** *f* idea *f* tipificada
Klo F [kloː] *n* (*-s*; *-s*) *s* ***Klosett***
klopfen ['klɔpfən] (*ge-*, *h*) golpear; *Herz*: latir; *Motor*: picar; *an die Tür*: llamar; ***es klopft*** llaman
Klops [klɔps] *m* (*-es*; *⸗e*) albóndiga *f*
Klo'sett [klo'zɛt] *n* (*-s*; *-s*) retrete *m*, excusado *m*; **~bürste** *f* escobilla *f* de retrete; **~papier** *n* papel *m* higiénico
Kloß [kloːs] *m* (*-es*; *⸗e*) albóndiga *f*

K

Kloster ['klo:stər] *n* (*-s*; *⸚*) convento *m*; monasterio *m*
Klotz [klɔts] *m* (*-es*; *⸚e*) bloque *m*; (*Hack*𝔖) tajo *m*; *fig* zoquete *m*
Klub [klup] *m* (*-s*; *-s*) club *m*, círculo *m*; **'~sessel** *m* sillón *m*
Kluft [kluft] *f* (*-*; *⸚e*) abismo *m* (*a fig*)
klug [klu:k] inteligente; (*vernünftig*) sensato; (*vorsichtig*) prudente; **'𝔖heit** *f* (*-*; *sin pl*) inteligencia *f*; prudencia *f*; sensatez *f*
Klumpen ['klumpən] *m* (*-s*; *-*) (*Erde*) terrón *m*; *gastr* grumo *m*
knabbern ['knabərn] (*ge-*, *h*) mordisquear (***an et*** *dat* a/c)
Knabe ['knɑ:bə] *m* (*-n*; *-n*) muchacho *m*
Knäckebrot ['knɛkəbro:t] *n* pan *m* crujiente
knacken ['knakən] (*ge-*, *h*) **1.** *v/t* cascar; *Geldschrank*: forzar; **2.** *v/i* crujir
Knall [knal] *m* (*-[e]s*; *-e*) estallido *m*; (*Schuss*) estampido *m*, detonación *f*; F *fig* ***e-n ~ haben*** estar chiflado; **'𝔖en** (*ge-*, *h*) estallar; hacer detonación; ***es knallt*** se oye un disparo; **'𝔖rot** rojo subido
knapp [knap] (*eng*) estrecho, justo, apretado; (*dürftig*) escaso; *adv* apenas; ***mit ~er Not*** a duras penas; ***~ sn*** escasear; **'𝔖heit** *f* (*-*; *sin pl*) escasez *f*; (*Enge*) estrechez *f*
knarren ['knarən] (*ge-*, *h*) *Tür*, *Räder*: chirriar, rechinar
Knast F [knast] *m* (*-[e]s*; *-e*, *⸚e*) F chirona *f*
knattern ['knatərn] (*ge-*, *h*) crepitar; *Motorrad*: petardear
Knäuel ['knɔʏəl] *n od m* (*-s*; *-*) ovillo *m*; *v Menschen*: aglomeración *f*
'knautsch|en ['knaʊtʃən] (*ge-*, *h*) *v/i* arrugarse; **𝔖zone** *f auto* zona *f* de absorción de impactos
Knebel ['kne:bəl] *m* (*-s*; *-*) (*Mund*𝔖) mordaza *f*
'kneif|en ['knaɪfən] (*kniff*, *gekniffen*, *h*) **1.** *v/t* pellizcar; **2.** F *v/i* rajarse; **𝔖zange** *f* alicates *m/pl*, tenazas *f/pl*
Kneipe ['-pə] *f* (*-*; *-n*) tasca *f*
kneten ['kne:tən] (*ge-*, *h*) amasar; *Ton usw*: modelar
Knick [knik] *m* (*-[e]s*; *-e*) codo *m*; (*Falte*) doblez *m*; **'𝔖en** (*ge-*, *h*) doblar
Knie [kni:] *n* (*-*; *-* ['kni:ə]) rodilla *f*; *tec* codo *m*; ***auf ~n*** de rodillas; **~beuge** ['-bɔʏgə] *f* (*-*; *-n*) flexión *f* de rodillas; **𝔖n** ['kni:(ə)n] (*ge-*, *h*) estar de rodillas; (***sich ~***) arrodillarse; **'~scheibe** *f* rótula *f*; **'~strumpf** *m* media *f* corta *od* de sport
Kniff [knif] *m* (*-[e]s*; *-e*) (*Falte*) pliegue *m*; *fig* truco *m*
knipsen ['knipsən] (*ge-*, *h*) picar, perforar; *fot* hacer *od* sacar una foto
knirschen ['knirʃən] (*ge-*, *h*) crujir; ***mit den Zähnen ~*** rechinar los dientes
knistern ['knistərn] (*ge-*, *h*) crujir; *Feuer*: crepitar
'knitter|frei ['-tərfraɪ] inarrugable; **~n** (*ge-*, *h*) arrugarse
'Knoblauch ['kno:p, 'knɔb-] *m* (*-[e]s*; *sin pl*) ajo *m*; **~zehe** *f* diente *m* de ajo
Knöchel ['knœçəl] *m* (*-s*; *-*) (*Finger*𝔖) nudillo *m*; (*Fuß*𝔖) tobillo *m*
'Knochen ['knɔxən] *m* (*-s*; *-*) hueso *m*; **~bruch** *m* fractura *f*
Knödel ['knø:dəl] *m* (*-s*; *-*) albóndiga *f*
Knolle ['knɔlə] *f* (*-*; *-n*) tubérculo *m*; (*Zwiebel*) bulbo *m*
Knopf [knɔpf] *m* (*-[e]s*; *⸚e*) botón *m*; *tec a* pulsador *m*; **'~loch** *n* ojal *m*
Knorpel ['knɔrpəl] *m* (*-s*; *-*) cartílago *m*
Knospe ['knɔspə] *f* (*-*; *-n*) botón *m*
'knot|en ['kno:tən] (*ge-*, *h*) anudar; **𝔖en** *m* (*-s*; *-*) nudo *m* (*a mar u fig*); **𝔖enpunkt** *ferro m* empalme *m*, nudo *m* (ferroviario)
knüpfen ['knypfən] (*ge-*, *h*) anudar; (*binden*) atar; *Knoten*: hacer
Knüppel ['knypəl] *m* (*-s*; *-*) garrote *m*, palo *m*; (*Gummi*𝔖) porra *f*
knurren ['knurən] (*ge-*, *h*) gruñir
knusprig ['knuspriç] crujiente
knutschen F ['knu:tʃən] (*ge-*, *h*) besuquear
k.o. [ka'o:]: ***j-n ~ schlagen*** noquear a alg; F ***~ sn*** F estar hecho polvo
Koali'tion [ko:ali'tsjo:n] *f* (*-*; *-en*) coalición *f*; **~sregierung** *f* gobierno *m* de coalición
Koch [kɔx] *m* (*-[e]s*; *⸚e*) cocinero *m*; **'~buch** *n* libro *m* de cocina; **'𝔖en** (*ge-*, *h*) **1.** *v/t* cocer; cocinar; guisar; *Tee usw*: preparar, hacer; **2.** *v/i* cocinar, guisar; *Wasser usw*: hervir; **'~er** *m* (*-s*; *-*) hornillo *m* (eléctrico); **'𝔖fertig** listo para cocinar; **'~gelegenheit** *f* derecho *m* a cocina
Köchin ['kœçin] *f* (*-*; *-nen*) cocinera *f*

K

'Koch|kunst ['kɔxkunst] *f* arte *m* culinario; **~löffel** *m* cucharón *m*; **~nische** *f* rincón *m* cocina; **~topf** *m* olla *f*, marmita *f*
Kode [koːd] *m* (*-s*; *-s*) código *m*; clave *f*
Köder ['køːdər] *m* (*-s*; *-*) cebo *m*
Koffe'in [kɔfe'iːn] *n* (*-s*; *sin pl*) cafeína *f*; **≗frei** descafeinado, sin cafeína
'Koffer ['kɔfər] *m* (*-s*; *-*) maleta *f*; **~kuli** *m* (*-s*; *-s*) carrito *m* (para equipajes); **~radio** *n* radio *f* portátil; **~raum** *m auto* maletero *m*
Kognak → ***Cognac***
Kohl [koːl] *m* (*-[e]s*; *-e*) col *f*, berza *f*
Kohle ['-lə] *f* (*-*; *-n*) carbón *m*
'Kohlen|becken *n* brasero *m*; **~bergwerk** *n* mina *f* de carbón; **~dioxid** [-'diːɔksiːt] *n* dióxido *m* de carbono; **~hydrat** ['-hydraːt] *n* (*-[e]s*; *-e*) hidrato *m* de carbono; **~(mon)oxid** *n* (mon)óxido *m* de carbono; **~säure** *f* ácido *m* carbónico; **~stoff** *quím* *m* carbono *m*; **~'wasserstoff** *m* hidrocarburo *m*
'Kohle|papier *n* papel *m* carbón; **~tablette** *f* comprimido *m* de carbón; **~zeichnung** *f* dibujo *m* al carbón
'Kohl|kopf *m* repollo *m*; **~rabi** [-'raːbi] *m* (*-[s]*; *-[s]*) colinabo *m*; **~rübe** *f* naba *f*
Koka'in [koka'iːn] *n* (*-s*; *sin pl*) cocaína *f*; **≗süchtig**, **~süchtige** *m/f* cocainómano *m*, -a *f*
kokettieren [kokɛ'tiːrən] (*h*) coquetear
Kokosnuss ['koːkɔs-] *f* coco *m*
Koks [koːks] *m* (*-es*; *-e*) coque *m*; (*sin pl*) F (*Kokain*) nieve *f*
Kolben ['kɔlbən] *m* (*-s*; *-*) (*Gewehr≗*) culata *f*; *tec* émbolo *m*, pistón *m*; *bot* mazorca *f*
Kolik *med* [koːlik] *f* (*-*; *-en*) cólico *m*
Kollaps *med* ['kɔlaps] *m* (*-es*; *-e*) colapso *m*
Kolleg [-'leːk] *n* (*-s*; *-s*, *-ien* [-gjən]) curso *m*, clase *f*; **~e** [-'-gə] *m* (*-n*; *-n*), **~in** *f* (*-*; *-nen*) colega *su*; **~ium** [-'-gjum] *n* (*-s*; *-ien* [-gjən]) colegio *m*; *v Lehrern*: *a* claustro *m*, cuerpo *m* docente
Kollek|te [-'lɛktə] *f* (*-*; *-n*) cuestación *f*, colecta *f*; **~tion** [-'tsjoːn] *f* (*-*; *-en*) colección *f*; **≗tiv** [-'tiːf] colectivo; **~tiv** *n* (*-s*; *-e*) colectividad *f*, grupo *m*
Kollision [kɔli'zjoːn] *f* (*-*; *-en*) colisión *f*, choque *m*
Kölnischwasser [kœlniʃ'vasər] *n* (agua *f* de) colonia *f*
kolon|ial [kolo'njaːl] colonial; **≗ie** [-'niː] *f* (*-*; *-n*) colonia *f*; **~isieren** [-ni'ziːrən] (*h*) colonizar; **≗ist** [-'nist] *m* (*-en*; *-en*) colono *m*
Kolonne [-'lɔnə] *f* (*-*; *-n*) columna *f*; (*Arbeits≗*) brigada *f*; (*Auto≗*) fila *f*, caravana *f*; (*Fahrzeug≗*) convoy *m*
Koloss [-'lɔs] *m* (*-es*; *-e*) coloso *m*
Kolumbian|er [kolum'bjaːnər] *m* (*-s*; *-*), **~erin** *f* (*-*; *-nen*), **≗isch** colombiano *m*, -a *f*
Kombi ['kɔmbi] *m* (*-s*; *-s*) camioneta *f*; **~nation** [-na'tsjoːn] *f* (*-*; *-en*) combinación *f*; *Skisport*: combinada *f*; **≗'nieren** (*h*) combinar
Komet [ko'meːt] *m* (*-en*; *-en*) cometa *m*
Komfort [kɔm'foːr] *m* (*-s*; *sin pl*) comodidades *f/pl*, confort *m*; **≗abel** [-fɔr'taːbəl] confortable, cómodo
'Kom|ik ['koːmik] *f* (*-*; *sin pl*) comicidad *f*; **~iker** *m* (*-s*; *-*) cómico *m*; **≗isch** cómico; *fig* extraño, raro
Komitee [kɔmi'teː] *n* (*-s*; *-s*) comité *m*
Komma ['kɔma] *n* (*-s*; *-s*, *-ata*) coma *f*
Kommand|ant [kɔman'dant] *m* (*-en*; *-en*), **~eur** [-'døːr] *m* (*-s*; *-e*) comandante *m*; **≗'ieren** (*h*) **1.** *v/t* (co)mandar; **2.** *v/i* tener el mando
Kommando [-do] *n* (*-s*; *-s*) mando *m*; (*Abteilung*) comando *m*, destacamento *m*; (*Ruf*) voz *f* de mando
'kommen ['kɔmən] (*kam*, *gekommen*, *sn*) (*zum Sprechenden hin*) venir; (*vom Sprechenden weg*) ir; (*an~*) llegar; (*zurück~*) volver; ***ich komme (schon)!*** ¡(ya) voy!; ***wie kommt es, dass ...?*** ¿cómo es posible que ...?; ***~ lassen*** hacer venir; mandar por; ***~ auf*** (*ac*) *Anteil*: tocar a; (*sich entsinnen*) recordar *a/c*; (*kosten*) venir a costar; ***~ durch*** pasar por; ***hinter et ~*** descubrir a/c; ***um et ~*** perder a/c; ***das kommt von ...*** eso se debe a; ***das kommt davon!*** ahí lo ves; así aprenderás; (***wieder***) ***zu sich ~*** volver en sí; **~d** *zeitlich*: venidero, futuro; (*nächster*) que viene, próximo
Kommentar [-mɛn'taːr] *m* (*-s*; *-e*) comentario *m*
Kommerz [-'mɛrts] *m* (*-es*; *sin pl*) comercio *m*; **≗ialisieren** [-tsjali'ziːrən] (*h*) comercializar; **≗iell** [-'tsjɛl] comercial
Kommiss|ar [-mi'saːr] *m* (*-s*; *-e*) comisa-

K

rio *m*; **~ion** [-'sjoːn] *f* (-; *-en*) comisión *f*
Kommode [-'moːdə] *f* (-; *-n*) cómoda *f*
Kommun|alwahlen [-mu'nɑːl-] *f/pl* elecciones *f/pl* municipales *od* comunales; **~e** [-'muːnə] *f* (-; *-n*) comuna *f*
Kommuni|kation [-munika'tsjoːn] *f* (-; *-en*) comunicación *f*; **~on** [-mun'joːn] *f* (-; *-en*) comunión *f*; **~smus** [-mu'nismus] *m* (-; *sin pl*) comunismo *m*; **~st** [-'nist] *m* (*-en*; *-en*), **~stin** *f* (-; *-nen*), **⁁stisch** comunista *su*
Komödie [-'møːdjə] *f* (-; *-n*) comedia *f*
Kompa|gnon [kɔmpa'njɔ̃] *m* (*-s*; *-s*) socio *m*; **~nie** [-'niː] *f* (-; *-n*) compañía *f*
Komparativ *gram* [-ratiːf] *m* (*-s*; *-e*) comparativo *m*
Kompass ['-pas] *m* (*-es*; *-e*) brújula *f*; *mar* compás *m*
kompatibel [-pa'tiːbəl] compatible
Kompensation [-pɛnza'tsjoːn] *f* (-; *-en*) *f* compensación *f*
kompe'ten|t [-pə'tɛnt] competente; **⁁z** [-'tɛnts] *f* (-; *-en*) competencia *f*; **⁁zbereich** *m* (ámbito *m* de) competencia *f*
komplett [-'plɛt] completo
Komplex [-'plɛks] *m* (*-es*; *-e*) complejo *m* (*a psic*); conjunto *m*
Kompli|kation [-plika'tsjoːn] *f* (-; *-en*) complicación *f*; **~ment** [-'mɛnt] *n* (*-[e]s*; *-e*) cumplido *m*; **⁁zieren** [-'tsiːrən] (*h*) complicar
kompo|nieren [-po'niːrən] (*h*) componer; **⁁nist** [-'nist] *m* (*-en*; *-en*), **⁁nistin** *f* (-; *-nen*) compositor(a *f*) *m*
Kompott [-pɔt] *n* (*-[e]s*; *-e*) compota *f*
Kompresse *med* [-'prɛsə] *f* (-; *-n*) compresa *f*
Kompro|miss [-pro'mis] *m* (*-es*; *-e*) compromiso *m*, arreglo *m*; **~mittieren** [-mi'tiːrən] (*h*) comprometer
Kondensmilch [kɔn'dɛns-] *f* leche *f* condensada
Kondition [-di'tsjoːn] *f* (-; *-en*) condición *f*; (*sin pl*) *dep a* forma *f* física
Konditorei [-dito'raɪ] *f* (-; *-en*) pastelería *f*
Kondom [-'doːm] *n* (*-s*; *-e*) condón *m*
Konfekt [-fɛkt] *n* (*-[e]s*; *-e*) bombones *m/pl*; confites *m/pl*
Konfektion [-'tsjoːn] *f* (-; *sin pl*) confección *f*; **~s...** *in Zssgn*: de confección
Konferenz [-fə'rɛnts] *f* (-; *-en*) conferencia *f*
Konfession [-fɛ'sjoːn] *f* (-; *-en*) confesión *f*; religión *f*
Konfitüre [-fi'tyːrə] *f* (-; *-n*) confitura *f*
Konflikt [-'flikt] *m* (*-[e]s*; *-e*) conflicto *m*
Kongress [-'grɛs] *m* (*-es*; *-e*) congreso *m*
'König ['køːniç] *m* (*-s*; *-e*) rey *m* (*a Schach u Karte*); **~in** [-gin] *f* (-; *-nen*) reina *f*; **⁁lich** ['-nikliç] real; **~reich** *n* reino *m*
Konju|gation [kɔnjuga'tsjoːn] *f* (-; *-en*) conjugación *f*; **⁁'gieren** (*h*) conjugar
Konjunkt|ion [-juŋk'tsjoːn] *f* (-; *-en*) conjunción *f*; **~iv** [-tiːf] *m* (*-s*; *-e*) subjuntivo *m*; **~ur** [-'tuːr] *f* (-; *-en*) coyuntura *f*; **⁁urell** [-tu'rɛl] coyuntural
konkret [-'kreːt] concreto
Konkur'r|ent [-ku'rɛnt] *m* (*-en*; *-en*) competidor *m*; **~enz** [-'rɛnts] *f* (-; *sin pl*) competencia *f*; (*pl -en*) (*Konkurrenten*) competidores *m/pl*; **⁁enzfähig** capaz de competir, competitivo; **~enzkampf** *m* lucha *f* competitiva; **⁁ieren** [-'riːrən] (*h*) competir (***mit*** *dat* con)
Kon'kurs [-'kurs] *m* (*-es*; *-e*) quiebra *f*; **~ *machen*** quebrar; **~ *anmelden*** declararse en quiebra; **~masse** *f* masa *f* *od* activo *m* de la quiebra; **~verwalter** *m* síndico *m* de la quiebra
können ['kœnən] **1.** (*konnte*, *gekonnt*, *h*) poder; (*gelernt haben*) saber; ***Deutsch* ~** saber alemán; ***es kann sn, dass*** puede ser *od* es posible que; ***so gut ich kann*** lo mejor que pueda; **2. ⁁** *n* (*-s*; *sin pl*) capacidad *f*; habilidad *f*
konse'quen|t [kɔnze'kvɛnt] consecuente; **⁁z** [-'kvɛnts] *f* (-; *-en*) consecuencia *f*
konservat|iv ['-zɛrva'tiːf], **⁁ive** *m/f* conservador(a *f*) *m*; **⁁orium** [-'toːrjum] *n* (*-s*; *-rien* [rjən]) conservatorio *m*
Kon'ser|ve [-'-və] *f* (-; *-n*) conserva *f*; **~venbüchse** *f*, **~vendose** *f* lata *f* (de conservas); **⁁'vieren** (*h*) conservar; **~'vierung** *f* (-; *raro -en*) conservación *f*; **~'vierungsmittel** *n* conservante *m*
Konsonant [-zo'nant] *m* (*-en*; *-en*) consonante *f*
konstant [-'stant] constante
konstru|ieren [-stru'iːrən] (*h*) construir; **⁁ktion** [-struk'tsjoːn] *f* (-; *-en*) construcción *f*; **~ktiv** [-'tiːf] constructivo
Konsul ['-zul] *m* (*-s*; *-n*) cónsul *m*; **~at** [-'lɑːt] *n* (*-[e]s*; *-e*) consulado *m*
Kon'sum [-'zuːm] *m* (*-s*; *sin pl*) consumo *m*; **~artikel** *m* artículo *m* de consumo; **~ent** [-zu'mɛnt] *m* (*-en*; *-en*), **~entin**

K

f (-; *-nen*) consumidor(a *f*) *m*; **~genossenschaft** *f* cooperativa *f* de consumo; **~güter** *n/pl* bienes *m/pl* de consumo; **~verhalten** *n* comportamiento *f* de consumo

Kon'takt [-'takt] *m* (*-[e]s*; *-e*) contacto *m*; **~linse** *f* lente *f* de contacto, lentilla *f*

Kontinent ['-tinɛnt] *m* (*-[e]s*; *-e*) continente *m*

'Konto ['-to] *n* (*-s*; *-ten*) cuenta *f*; **~auszug** *m* extracto *m* de cuenta; **~inhaber** *m* titular *m* de una cuenta; **~nummer** *f* número *m* de la cuenta

Kontoristin *f* [-to'ristin] (-; *-nen*) oficinista *f*

Kontostand ['-toʃtant] *m* estado *m* de la cuenta

Kontrast [-'trast] *m* (*-[e]s*; *-e*) contraste *m*

Kon'troll|abschnitt [-'trɔlˀapʃnit] *m* talón *m* de control; **~e** *f* (-; *-n*) control *m*; inspección *f*, revisión *f*; *Zoll*: registro *m*; **~eur** [-'løːr] *m* (*-s*; *-e*) inspector *m*; *ferro* revisor *m*; **ᘔ'ieren** (*h*) controlar, comprobar; revisar; **~lampe** *f* piloto *m*

Konvention [-vɛn'tsjoːn] *f* (-; *-en*) convención *f*; **~alstrafe** [-tsjo'nɑːl-] *f* sanción *f* contractual; **ᘔell** [-'nɛl] convencional

Konvergenz [-vɛr'gɛnts] *f* (-; *-en*) convergencia *f*; **~kriterien** *n/pl* (*Euro*) criterios *m/pl* de convergencia

Konversati'on [-vɛrza'tsjoːn] *f* (-; *-en*) conversación *f*; **~slexikon** *n* diccionario *m* enciclopédico

konver'tier|bar [-'tiːrbɑːr] convertible; **ᘔbarkeit** *f* (-; *sin pl*) convertibilidad *f*; **~en** (*h*) convertir; **ᘔung** *f* (-; *-en*) *inform* conversión *f*

Konzentr|ation [-tsɛntra'tsjoːn] *f* (-; *-en*) concentración *f*; **~ati'onslager** *n* campo *m* de concentración; **ᘔieren** [-'triːrən] (*h*) concentrar

Konzern [-'tsɛrn] *m* (*-s*; *-e*) consorcio *m*; grupo *m*

Konzert [-'tsɛrt] *n* (*-[e]s*; *-e*) concierto *m*; (*Solisten*ᘔ) recital *m*

Konzession [-tsɛ'sjoːn] *f* (-; *-en*) concesión *f* (*a fig*), licencia *f*

Konzil [-'tsiːl] *n* (*-[e]s*; *-e*) concilio *m*

Kooper|ation [koˀɔpera'tsjoːn] *f* (-; *sin pl*) cooperación *f*; **ᘔativ** [-'tiːf] cooperativo; **ᘔ'ieren** (*h*) cooperar

Koordin|ation [-ˀɔrdina'tsjoːn] *f* (-; *-en*) coordinación *f*; **ᘔ'ieren** (*h*) coordinar

Kopf [kɔpf] *m* (*-[e]s*; *⸚e*) cabeza *f*; **~ hoch!** ¡ánimo!; *fig* ***den ~ verlieren*** perder la cabeza; ***sich et in den ~ setzen*** meterse a/c en la cabeza; ***von ~ bis Fuß*** de pies a cabeza; **'~bahnhof** *m* estación *f* terminal; **'~ende** *n* cabecera *f*; **'~hörer** *m* auricular *m*; **'~kissen** *n* almohada *f*; **'ᘔlos** *fig* atolondrado; **'~rechnen** *n* cálculo *m* mental; **~salat** *m* lechuga *f*; **'~schmerzen** *m/pl* dolor *m* de cabeza; **'~schmerztablette** *f* analgésico *m*; **'~sprung** *m* zambullida *f* de cabeza; **'~stütze** *f auto* reposacabezas *m*; **'~tuch** *n* pañuelo *m* (de cabeza); **ᘔ'über** de cabeza; **'~zerbrechen** *n* (*-s*; *sin pl*) quebradero *m* de cabeza

Ko'pie [ko'piː] *f* (-; *-n*) copia *f*; **ᘔren** (*h*) copiar (*a fig*); **~rer** *m* (*-s*; -), **~rgerät** *n* copiadora *f*

Kopilot ['koːpiloːt] *m* copiloto *m*

'Koppel ['kɔpəl] *f* (-; *-n*) (*Weide*) dehesa *f*; **ᘔn** (*ge-*, *h*) *a tec u el* acoplar

Koproduktion ['koː-] *f* coproducción *f*

Koralle [ko'ralə] *f* (-; *-n*) coral *m*

Koran [ko'rɑːn] *m* (*-s*; *sin pl*) Corán *m*

Korb [kɔrp] *m* (*-[e]s*; *⸚e*) (*Hand*ᘔ) cesta *f*; *hoher*: cesto *m*, canasto *m*; *flacher*: canasta *f*; *fig* ***e-n ~ geben*** dar calabazas; **'~ball** *m* (*-s*; *sin pl*) baloncesto *m*; **'~flasche** *f* bombona *f*, damajuana *f*; **'~möbel** *n/pl* (**'~sessel** *m*) muebles *m/pl* (sillón *m*) de mimbre

Kord [kɔrt] *m* (*-[e]s*; *-e*, *-s*) pana *f*; **'~hose** *f* pantalón *m* de pana

Kork [kɔrk] *m* (*-[e]s*; *-e*) corcho *m*; **'~en** *m* (*-s*; -) tapón *m* (de corcho), corcho *m*; **~enzieher** ['-tsiːər] *m* (*-s*; -) sacacorchos *m*

Korn [kɔrn] **a)** *n* (*-[e]s*; *⸚er*) grano *m*; (*sin pl*) (*Getreide*) cereales *m/pl*; **b)** *m* (*-[e]s*; -) (*Schnaps*) aguardiente *m* de trigo; **'~blume** *f* aciano *m*

'Körper ['kœrpər] *m* (*-s*; -) cuerpo *m*; **~bau** *m* (*-[e]s*; *sin pl*) constitución *f*; **ᘔbehindert** minusválido, impedido; **~größe** *f* estatura *f*, talla *f*; **ᘔlich** corporal, físico; **~pflege** *f* higiene *f*, aseo *m* personal; **~schaft** *f* (-; *-en*) corporación *f*; **~schaftssteuer** *f* impuesto *m* de sociedades; **~teil** *m* parte *f* del cuerpo

Korps [koːr] (-; - [koːrs]) cuerpo *m*

korrekt [kɔ'rɛkt] correcto

K

Korrek'tur [-'tuːr] *f* (-; *-en*) corrección *f*; **~band** *n* (*-[e]s*; *⸗er*) cinta *f* correctora; **~fahne** *f* prueba *f*, galerada *f*

Korrespond|ent [-rɛspɔn'dɛnt] *m* (*-en*; *-en*), **~entin** *f* (-; *-nen*) encargado *m*, -a *f* de la correspondencia; (*Zeitungs*≗) corresponsal *su*; **~enz** [-'dɛnts] *f* (-; *-en*) correspondencia *f*; **≗'ieren** (*h*) mantener correspondencia (***mit*** con)

Korridor ['-ridoːr] *m* (*-s*; *-e*) corredor *m*, pasillo *m*

korrigieren [-'giːrən] (*h*) corregir

korrupt [-'rupt] corrupto; **≗ion** [-'tsjoːn] *f* (-; *-en*) corrupción *f*

Kors|e ['kɔrzə] *m* (*-n*; *-n*), **~in** *f* (-; *-nen*), **≗isch** corso *m*, -a *f*

Korsett [-'zɛt] *n* (*-[e]s*; *-s*, *-e*) corsé *m*

Kos'met|ik [kɔs'meːtik] *f* (-; *sin pl*) cosmética *f*; **~ikerin** *f* esteticista *f*; **~ikkoffer** *m* neceser *m*; **~iksalon** *m* salón *m* de belleza; **≗isch** cosmético

Kost [kɔst] *f* (-; *sin pl*) alimentación *f*; comida *f*; dieta *f*

'kostbar ['-baːr] precioso; costoso; **≗keit** *f* (-; *-en*) preciosidad *f*

'kosten ['kɔstən] (*ge-*, *h*) **1.** *v/i* costar, valer; **2.** *v/t* gustar, probar; **3.** ≗ *pl* gastos *m/pl*; coste *m*, costos *m/pl*; *jur* costas *f/pl*; ***auf ~ von*** a expensas (*od* costas) de; **≗dämpfung** *f* (-; *-en*) moderación *f od* contención *f* de los gastos; **~deckend** que cubre los gastos; **≗erstattung** *f* devolución *f* de los gastos; **≗explosion** *f* explosión *f* de gastos; **≗faktor** *m* factor *m* coste; **~günstig** económico; **~los** gratuito; *adv* gratis; **~pflichtig** ['-pfliçtiç] de pago (obligatorio); **≗voranschlag** *m* presupuesto *m*

köstlich ['kœstliç] delicioso, exquisito

'Kost|probe ['kɔst-] *f* degustación *f*; *fig* prueba *f*; **≗spielig** ['-ʃpiːliç] costoso

Kostüm [kɔs'tyːm] *n* (*-s*; *-e*) traje *m*; (*Damen*≗) traje *m* de chaqueta; (*Masken*≗) disfraz *m*

Kot [koːt] *m* (*-[e]s*; *sin pl*) barro *m*, lodo *m*; (*Exkremente*) excrementos *m/pl*

Kote'lett [kot(ə)'lɛt] *n* (*-s*; *-s*) chuleta *f*, *Am* costeleta *f*; **~en** *f/pl* (*Bart*) patillas *f/pl*

Kotflügel ['koːt-] *m* guardabarros *m*

kotzen P ['kɔtsən] (*ge-*, *h*) vomitar, arrojar

Krabbe ['krabə] *f* (-; *-n*) camarón *m*; gamba *f*

Krach [krax] *m* (*-[e]s*; *sin pl*) ruido *m*, estrépito *m*; (*pl* *⸗e*) (*Streit*) bronca *f*; **'≗en** (*ge-*, *h*) dar estampidos, estallar

krächzen ['krɛçtsən] (*ge-*, *h*) graznar

Kraft [kraft] *f* (-; *⸗e*) fuerza *f*; *a jur* vigor *m*; *bsd tec* potencia *f*; *a el u fig* energía *f*; ***in ~ sn*** (***treten***, ***setzen***) estar (entrar, poner) en vigor; **'~brühe** *f* caldo *m*, consomé *m*; **'~fahrer(in** *f*) *m* automovilista *su*; **'~fahrzeug** *n* automóvil *m*; *s a* ***Kfz-...***; **'~fahrzeugsteuer** *f* impuesto *m* sobre los vehículos de motor; **'~fahrzeugversicherung** *f* seguro *m* del automóvil

kräftig ['krɛftiç] fuerte, vigoroso; (*nahrhaft*) sustancioso

'kraft|los ['kraftloːs] débil, flojo; **≗probe** *f* prueba *f* (de fuerza); **≗stoff** *m* carburante *m*; **≗wagen** *m* automóvil *m*, coche *m*; **≗werk** *el n* central *f* eléctrica

'Kragen ['kraːgən] *m* (*-s*; *⸗*) cuello *m*; **~weite** *f* medida *f* del cuello

'Krähe ['krɛːə] *f* (-; *-n*) corneja *f*; **≗n** (*ge-*, *h*) *Hahn*: cantar

Krake *zo* ['kraːkə] *m* (*-n*; *-n*) pulpo *m*

Kralle ['kralə] *f* (-; *-n*) uña *f*, garra *f*

Kram [kraːm] *m* (*-[e]s*; *sin pl*) trastos *m/pl*, chismes *m/pl*; **'~laden** *m* tenducho *m*

Krampf [krampf] *m* (*-[e]s*; *⸗e*) espasmo *m*, calambre *m*; **'~ader** *f* variz *f*; **'≗haft** convulsivo, espasmódico; *adv fig* por todos los medios

Kran [kraːn] *m* (*-[e]s*; *⸗e*) grúa *f*

krank [kraŋk] enfermo; ***~ werden*** ponerse enfermo; **'≗e** *m/f* (*-n*; *-n*) enfermo *m*, -a *f*

kränken ['krɛŋkən] (*ge-*, *h*) ofender, herir

'Kranken|geld ['kraŋkən-] *n* subsidio *m* de enfermedad; **~haus** *n* hospital *m*; ***ins ~ bringen*** ingresar en un hospital; **~kasse** *f* caja *f* de enfermedad; **~pfleger(in** *f*) *m* enfermero *m*, -a *f*; **~schein** *m* volante *m* del seguro; **~schwester** *f* enfermera *f*; **~versicherung** *f* seguro *m* de enfermedad; **~wagen** *m* ambulancia *f*

'krank|haft morboso, enfermizo; patológico; **≗haftigkeit** *f* morbosidad *f*; **≗heit** *f* (-; *-en*) enfermedad *f*

kränklich ['krɛŋkliç] enfermizo

'krankmelden *v/t*: ***sich ~*** darse de baja (por enfermo)

Kränkung ['krɛŋkʊŋ] *f* (-; *-en*) ofensa *f*, agravio *m*
Kranz [krants] *m* (*-es*; *⸚e*) corona *f*
Krapfen ['krapfən] *m* (*-s*; -) buñuelo *m*
Krater ['krɑːtər] *m* (*-s*; -) cráter *m*
Krätze *med* ['krɛtsə] *f* (-; *sin pl*) sarna *f*
'kratz|en ['kratsən] (*ge-*, *h*) rascar; (*ritzen*) arañar; (*schaben*) raspar; **⁀er** *m* (*-s*; -) arañazo *m*, rasguño *m*; *auf Möbeln*: raya *f*
kraulen ['kraʊlən] (*ge-*, *h*) rascar suavemente; *Schwimmen*: nadar a crol
kraus [kraʊs] crespo, rizado
Kraut [kraʊt] *n* (*-[e]s*; *⸚er*) hierba *f*; (*sin pl*) (*Kohl*) col *f*
Kräutertee ['krɔʏtər-] *m* infusión *f* de hierbas, tisana *f*
Krawall [kra'val] *m* (*-[e]s*; *-e*) tumulto *m*, alboroto *m*
Krawatte [-'vatə] *f* (-; *-n*) corbata *f*
Krebs [kreːps] *m* (*-es*; *-e*) cangrejo *m*; *med* cáncer *m*; *astr* Cáncer *m*; **'~ *erregend*** cancerígeno; **'~geschwulst** *f* tumor *m* canceroso; **~vorsorge** *f* (-; *sin pl*) prevención *f* del cáncer; **~vorsorgeuntersuchung** *f* (-; *-en*) chequeo *m* oncológico
Kre'dit [kre'diːt] *m* (*-[e]s*; *-e*) crédito *m*; ***auf~*** a crédito; **~hai** *m* tiburón *m* financiero; **~institut** *n* instituto *m* de crédito; **~karte** *f* tarjeta *f* de crédito; **~rahmen** *m* límites *m/pl* del crédito; **⁀würdig** digno de crédito, solvente
Kreide ['kraɪdə] *f* (-; *-n*) tiza *f*
Kreis [kraɪs] *m* (*-es*; *-e*) círculo *m*; (*Bezirk*) distrito *m*
'Kreise|l ['-zəl] *m* (*-s*; -) peonza *f*; **⁀n** (*ge-*, *sn*) girar; *Blut*, *Geld*: circular
'kreis|förmig ['kraɪsfœrmɪç] circular; **⁀lauf(mittel** *n*) *m* (medicamento *m* para la) circulación *f*; **⁀laufstörung** *f* trastorno *m* circulatorio; **⁀verkehr** *m* sentido *m* de giro obligatorio
Krematorium [krema'toːrjum] *n* (*-s*; *-ien* [-rjən]) crematorio *m*
Krempe ['krɛmpə] *f* (-; *-n*) ala *f*
Kreol|e [kre'oːlə] *m* (*-n*; *-n*), **~in** *f* (-; *-nen*) criollo *m*, -a *f*
krepieren [-'piːrən] (*sn*) *Tier*: reventar; P *Mensch*: P diñarla
Krepp → ***Crèpe***
Kresse *bot* ['krɛsə] *f* (-; *-n*) berro *m*
Kreuz [krɔʏts] *n* (*-es*; *-e*) cruz *f* (*a fig*); *anat* riñones *m/pl*; *mus* sostenido *m*; *Kartenspiel*: bastos *m/pl*; **'~band** *corr n*: ***unter~*** bajo faja; **'⁀en** (*ge-*, *h*): (***sich***) ~ cruzar(se) (*a biol*); **'~er** *mar m* (*-s*; -) crucero *m*; **'~fahrt** *mar f* crucero *m*; **⁀förmig** ['-fœrmɪç] cruciforme; **'~gang** *m* (*-[e]s*; *⸚e*) claustro *m*; **'~igung** ['-iguŋ] *f* (-; *-en*) crucifixión *f*; **'~otter** *f* víbora *f* (común); **'~ung** *f* (-; *-en*) cruce *m* (*a biol*); **'~worträtsel** *n* crucigrama *m*
'kriech|en ['kriːçən] (*kroch*, *gekrochen*, *sn*) arrastrarse; deslizarse (***durch*** por); *Tier*: reptar; *desp* adular (***vor j-m*** a alg); **~erisch** rastrero, servil; **⁀spur** *f* carril *m* para vehículos lentos; **⁀tempo** *n*: ***im ~*** a paso de tortuga
Krieg [kriːk] *m* (*-[e]s*; *-e*) guerra *f*; ***~ führen*** hacer la guerra; ***~ führend*** beligerante; **⁀en** F ['-gən] (*ge-*, *h*) obtener, recibir; *Krankheit*: F pescar; **'⁀erisch** belicoso, guerrero
'Kriegs|beschädigte ['kriːksbəʃɛːdɪçtə] *m* mutilado *m* de guerra; **~dienst** *m* servicio *m* militar; **~dienstverweigerer** *m* (*-s*; -) objetor *m* de conciencia; **~erklärung** *f* declaración *f* de guerra; **~gefangene** *m* prisionero *m* de guerra; **~schiff** *n* buque *m* de guerra; **~verbrecher** *m* criminal *m* de guerra
Krimi ['krimi] F *m* (*-s*; *-s*) novela *f bzw* película *f* policíaca
Krimi'nal|beamte [-'nɑːlbəˀamtə] *m* agente *m* de la policía criminal; **~film** *m* película *f* policíaca; **~ität** [-nali'tɛːt] *f* (-; *sin pl*) delincuencia *f*, criminalidad *f*; **~polizei** *f* brigada *f* de investigación criminal; **~roman** *m* novela *f* policíaca
kriminell [-'nɛl] criminal
Krippe ['kripə] *f* (-; *-n*) pesebre *m*; (*Weihnachts⁀*) *a* belén *m*; (*Kinder⁀*) guardería *f* infantil
'Krise ['kriːzə] *f* (-; *-n*) crisis *f*; **~nstab** *m* Estado *m* mayor de crisis
Kristall [kris'tal] *n* (*-[e]s*; *sin pl*) *u Mineralogie*: *m* (*pl -e*) cristal *m*
Kriti|k [kri'tiːk] *f* (-; *-en*) crítica *f*; (*Rezension*) reseña *f*; **~ker** ['kriːtikər] *m* (*-s*; -), **⁀sch** crítico (*m*); **⁀sieren** [kriti'ziːrən] (*h*) criticar; reseñar
kritzeln ['kritsəln] (*ge-*, *h*) garabatear, garrapatear
Kroat|e [kro'ɑːtə] *m* (*-n*; *-n*), **~in** *f* (-; *-nen*), **⁀isch** croata *su*
Krokette [krɔ'kɛtə] *f* (-; *-n*) *gastr* croqueta *f*

K

Krokodil [-ko'diːl] *n* (*-[e]s*; *-e*) cocodrilo *m*
'Kron|e ['kroːnə] *f* (-; *-n*) corona *f*; (*Zahn*≗) funda *f*; **~leuchter** *m* araña *f*; **~prinz** *m* príncipe *m* heredero
Krönung ['krøːnuŋ] *f* (-; *-en*) coronación *f* (*a fig*)
Kropf [krɔpf] *m* (*-[e]s*; *⸚e*) buche *m*, papo *m*; *med* bocio *m*
Kröte ['krøːtə] *f* (-; *-n*) sapo *m*
Krücke ['krykə] *f* (-; *-n*) muleta *f*
Krug [kruːk] *m* (*-[e]s*; *⸚e*) jarra *f*, cántaro *m*; (*Wasser*≗, *Kühl*≗) botijo *m*
Krümel ['kryːməl] *m* (*-s*; -) miga(ja) *f*
krumm [krum] corvo; *Rücken*: encorvado; *Beine*, *Nase*: torcido; *fig* tortuoso
'krümm|en ['krymən] (*ge-*, *h*) encorvar; doblar; torcer; ***sich vor Schmerzen*** (***Lachen***) **~** retorcerse de dolor (risa); **≗ung** *f* (-; *-en*) (*Weg*≗, *Fluss*≗) recodo *m*
Kruste ['krustə] *f* (-; *-n*) costra *f* (*a med*); (*Brot*≗) corteza *f*
Kruzifix [krutsi'fiks] *n* (*-es*; *-e*) crucifijo *m*
Krypta ['krypta] *f* (-; *-ten*) cripta *f*
Kuban|er [ku'bɑːnər] *m* (*-s*; -), **~erin** *f* (-; *-nen*), **≗isch** cubano *m*, -a *f*
Kübel ['kyːbəl] *m* (*-s*; -) cubo *m*
Kubik... [ku'biːk...]: *in Zssgn*: cúbico
Kubismus [ku'bismus] *m* (-; *sin pl*) cubismo *m*
Küche ['kyçə] *f* (-; *-n*) cocina *f*
'Kuchen ['kuːxən] *m* (*-s*; -) pastel *m*; **~form** *f* molde *m* (para pasteles)
'Küchen|geschirr ['kyçən-] *n* batería *f* de cocina; **~herd** *m* cocina *f*; **~kräuter** *n/pl* hierbas *f/pl* culinarias
'Kuckuck *zo* ['kukuk] *m* (*-s*; *-e*) cuclillo *m*, cuco *m*; **~suhr** *f* reloj *m* de cucú
Kufe ['kuːfə] *f* (-; *-n*) (*Schlitten*≗) patín *m*
'Kugel ['kuːgəl] *f* (-; *-n*) bola *f*; *mat* esfera *f*; (*Geschoss*) bala *f*; *dep* peso *m*; **≗förmig** [-fœrmiç] esférico; **~kopf(maschine** *f*) *m* (máquina *f* de escribir de) bola *f* portatipos; **~lager** *n* rodamiento *m* de bolas; **~schreiber** *m* bolígrafo *m*; **~stoßen** *n dep* lanzamiento *m* de peso
Kuh [kuː] *f* (-; *⸚e*) vaca *f*
kühl [kyːl] fresco; *fig* frío, reservado; ***~(er) werden*** refrescar; **'~en** (*ge-*, *h*) enfriar; *a tec* refrigerar; **'≗er** *auto m* (*-s*; -) radiador *m*; **'≗erhaube** *f* capó *m*; **'≗flüssigkeit** *f* líquido *m* de refrigeración; **'≗schrank** *m* nevera *f*, frigorífico *m*; **'≗tasche** *f* nevera *f* portátil, bolsa *f* termo; **'≗truhe** *f* congelador *m* (horizontal); **'≗wasser** *n auto* agua *f* del radiador
kühn [kyːn] atrevido, osado
Küken ['kyːkən] *n* (*-s*; -) polluelo *m*
Kuli ['kuːli] *m* (*-s*; *-s*) culi *m*; (*Kugelschreiber*) F boli *m*
kulinarisch [kuli'nɑːriʃ] culinario
Kul'tur [-'tuːr] *f* (-; *sin pl*) *agr* cultivo *m*; *fig* cultura *f*; (*pl -en*) *e-s Volkes*: civilización *f*; **~abkommen** *n* acuerdo *m* cultural; **~angebot** *n* oferta *f* cultural; **~austausch** *m* intercambio *m* cultural; **~beutel** *m* bolsa *f* de aseo; **≗ell** [-tu'rɛl] cultural; **~programm** *n* programa *m* cultural; **~schock** *m* shock *m* cultural
Kultusminister(ium *n*) *m* ['kultus-] ministro *m*) (ministerio *m*) de Cultura
Kümmel ['kyməl] *m* (*-s*; -) comino *m*
Kummer ['kumər] *m* (*-s*; *sin pl*) pena *f*
kümmern ['kymərn] (*ge-*, *h*) preocupar; ***sich ~ um*** ocuparse de
Kumpel ['kumpəl] *m* (*-s*; -) *min* minero *m*; F compañero *m*
kündbar ['kyntbɑːr] revocable; *Vertrag*: rescindible
'Kunde ['kundə] *m* (*-n*; *-n*) cliente *m*; **~ndienst** *m* servicio *m* pos(t)venta; asistencia *f* técnica
Kundgebung ['kuntgeːbuŋ] *f* (-; *-en*) manifestación *f*
'kündig|en ['kyndigən] (*ge-*, *h*) *j-m*: despedir (*ac*); *j*: despedirse; *Vertrag*: rescindir; **≗ung** *f* (-; *-en*) despido *m*; (*Vertrag*) rescisión *f*; **≗ungsfrist** *f* plazo *m* de denuncia; **≗ungsschutz** *m* protección *f* contra el despido
Kund|in ['kundin] *f* (-; *-nen*) clienta *f*; **~schaft** ['kuntʃaft] *f* (-; *sin pl*) clientela *f*
künftig ['kynftiç] venidero; futuro; *adv* de ahora en adelante
Kunst [kunst] *f* (-; *⸚e*) arte *m* (*pl f*); *fig* ***das ist keine ~*** eso lo hace cualquiera; **'~akademie** *f* escuela *f* de Bellas Artes; **'~ausstellung** *f* exposición *f* de arte; **'~dünger** *m* abono *m* químico; **'~faser** *f* fibra *f* sintética; **'≗fertig** hábil; **'~geschichte** *f* historia *f* del arte; **'~griff** *m* artificio *m*, truco *m*; **'~handwerk** *n* artesanía *f*; **'~leder** *n* cuero *m* artificial
'Künstler ['kynstlər] *m* (*-s*; -), **~in** *f* (-; *-nen*) artista *su*; **≗isch** artístico

K

künstlich ['-liç] artificial; *tec a* sintético; (*unecht*) falso; *Gebiss*: postizo

'Kunst|sammlung ['kunst-] *f* colección *f* de arte; **~schätze** *m/pl* tesoros *m/pl* artísticos; *e-s Landes*: patrimonio *m* artístico; **~stoff** *m* plástico *m*; **~stück** *n* muestra *f* de habilidad; ***das ist kein ~*** así cualquiera; **~werk** *n* obra *f* de arte

'Kupfer ['kupfər] *n* (*-s*; *sin pl*) cobre *m*; **~stich** *m* grabado *m* (en cobre)

Kupon [-'pɔ̃] *m* (*-s*; *-s*) cupón *m*

Kuppe ['kupə] *f* (-; *-n*) (*Berg*≗) cima *f*, cumbre *f*; (*Finger*≗) yema *f*

Kuppel ['-pəl] *f* (-; *-n*) cúpula *f*; **~ei** [-'laɪ] *f* (-; *sin pl*) *jur* proxenetismo *m*; alcahuetería *f*

'kupp|eln (*ge-*, *h*) *auto* embragar; **≗lung** ['-luŋ] *f* (-; *-en*) *tec* acoplamiento *m*; *auto* embrague *m*

Kur [kuːr] *f* (-; *-en*) cura *f*

Kür [kyːr] *f* (-; *-n*) *dep* ejercicios *m/pl* libres; *Eislauf*: figuras *f/pl* libres

'Kur|aufenthalt ['kurˀ-] *m* (estancia *f* con fines de) cura *f*; **~bad** *n* balneario *m*

'Kurbel ['kurbəl] *f* (-; *-n*) manivela *f*; **~welle** *f* cigüeñal *m*

Kürbis ['kyrbis] *m* (*-ses*; *-se*) calabaza *f*

'Kur|gast ['kuːr-] *m* bañista *m*; **~haus** *n* establecimiento *m* balneario; **≗ieren** [ku'riːrən] (*h*) curar

'Kur|ort ['kuːrˀɔrt] *m* estación *f* balnearia *bzw* termal; **~pfuscher** *m* curandero *m*, charlatán *m*

Kurs [kurs] *m* (*-es*; *-e*) *mar*, *avia* rumbo *m* (*a fig*); (*Lehrgang*) curso *m*, cursillo *m*; *com* cambio *m*, cotización *f*; **'~abfall** *m* descenso *m* de las cotizaciones; **'~anstieg** *m* alza *f* de las cotizaciones; **'~buch** *ferro n* guía *f* de ferrocarriles

Kürschner ['kyrʃnər] *m* (*-s*; -) peletero *m*

'Kurs|teilnehmer(in *f*) *m* ['kurs-] cursillista *su*; **~wagen** *ferro m* coche *m* directo

Kurtaxe ['kuːrtaksə] *f* tasa *f* sobre los bañistas.

Kurve ['kurvə] *f* (-; *-n*) curva *f*

kurz [kurts] corto; *a zeitlich*: breve; *fig* sucinto, conciso; ***~ und gut*** en suma, en fin; ***~ darauf*** poco después; ***nach ~er Zeit*** al poco rato; ***~ nach 7*** a las siete y pico; (***bis***) ***vor ~em*** (hasta) hace poco; ***zu ~ kommen*** quedarse con las ganas; **'≗arbeit** *f* jornada *f* reducida; **~ärmelig** ['-ˀɛrməliç] de manga corta

'Kürze ['kyrtsə] *f* (-; *sin pl*) brevedad *f*; ***in ~*** en breve, dentro de poco; **≗n** (*ge-*, *h*) acortar; (*mindern*) reducir; *Text*: abreviar

kurz|erhand ['kurtsər'hant] sin más ni más; **~fristig** ['-fristiç] a corto plazo; **'≗geschichte** *f* relato *m* corto

kürzlich ['kyrtsliç] recientemente

'Kurz|parkzone ['kurts-] *f* zona *f* azul; **~schluss** *el m* cortocircuito *m*; **~schrift** *f* taquigrafía *f*; **≗sichtig** ['-ziçtiç] miope, corto de vista; **≗'um** en una palabra

Kürzung ['kyrtsuŋ] *f* (-; *-en*) abreviación *f*; reducción *f*

'Kurzwahl *tel* ['kurtswaːl] *f* (-; *sin pl*) *tel* marcación rápida; **~taste** [-tastə] tecla *f* de marcación rápida

'Kurz|waren ['kurts-] *f/pl* mercería *f*; **≗weilig** divertido; **~welle** *f* onda *f* corta

Kusine [-'ziːnə] *f* (-; *-n*) prima *f*

Kuss [kus] *m* (*-es*; *¨-e*) beso *m*; **'≗echt** indeleble, a prueba de besos

küssen ['kysən] (*ge-*, *h*) besar

'Küste ['kystə] *f* (-; *-n*) costa *f*; (*Gebiet*) litoral *m*; **~ngewässer** *n/pl* aguas *f/pl* costaneras; **~nschifffahrt** *f* cabotaje *m*; **~nschutz** *m* protección *f* de las costas

Küster ['kystər] *m* (*-s*; -) sacristán *m*

'Kutsch|e ['kutʃə] *f* (-; *-n*) coche *m* (de caballos); **~er** *m* (*-s*; -) cochero *m*

Kutteln ['kutəln] *f/pl* callos *m/pl*

Kuvert [ku'vɛːr] *n* (*-s*; *-s*) sobre *m*

K

L

L, l [ɛl] *n* (-; -) L, l *f*
labil [la'biːl] inestable
Labor [la'boːr] *n* (*-s*; *-s*, *-e*) laboratorio *m*; **~ant** [-bo'rant] *m* (*-en*; *-en*), **~antin** *f* (-; *-nen*) auxiliar *su* de laboratorio
Lache ['lɑːxə] *f* (-; *-n*) charco *m*
'lächeln ['lɛçəln] **1.** *v/i* (*ge-*, *h*) sonreír; **2.** **≗** *n* (*-s*; *sin pl*) sonrisa *f*; **~d** sonriente
lachen ['laxən] **1.** *v/i* (*ge-*, *h*) reír(se) (***über*** *ac* de); ***laut* ~** soltar una carcajada; **2.** **≗** *n* (*-s*; *sin pl*) risa *f*; ***mir ist nicht zum* ~** no estoy para bromas
lächerlich ['lɛçərliç] ridículo; **~ *machen*** poner en ridículo; ***sich* ~ *machen*** hacer el *od* quedar en ridículo
Lachs [laks] *m* (*-es*; *-e*) salmón *m*
Lack [lak] *m* (*-[e]s*; *-e*) laca *f*; barniz *m*; *auto* pintura *f*; **≗'ieren** (*h*) barnizar; **'~leder** *n* charol *m*
'Lade|fläche ['lɑːdə-] *f* superficie *f* de carga; **~gerät** *el n* cargador *m*; **~gewicht** *n* peso *m* en carga; *mar* tonelaje *m*
laden ['-dən] (*lud*, *geladen*, *h*) cargar (*a el u Waffe*)
'Laden *m* (*-s*; *¨*) tienda *f*; (*Fenster≗*) contraventana *f*, persiana *f*; **~dieb** *m* ladrón *m* de tiendas; **~diebin** *f* F mechera *f*; **~diebstahl** *m* robo *m* en tiendas; **~preis** *m* precio *m* de venta al público; **~schluss** *m* (*-es*; *sin pl*) cierre *m* de los comercios; **~schlussgesetz** *n* ley *f* (sobre el horario) de cierre de los comercios; **~schlusszeit** *f* (horario *m* de) cierre *m* de los comercios; **~tisch** *m* mostrador *m*
'Lad|eraum *mar m* bodega *f*; **~ung** *f* (-; *-en*) carga *f* (*a el*); *bsd mar* cargamento *m*; *jur* citación *f*
Lage ['lɑːgə] *f* (-; *-n*) situación *f*; (*Stellung*) posición *f*; (*Zustand*) estado *m*; (*Standort*) sitio *m*; (*Schicht*) capa *f*; ***in der* ~ *sn zu*** estar en condiciones de
'Lager ['-gər] *n* (*-s*; -) *a pol* campo *m*; *com* almacén *m*, depósito *m*; ***auf* ~ *haben*** *com* tener en almacén; **~bestand** *m* existencias *f/pl* en almacén; **~feuer** *n* hoguera *f*; **~haltung(skosten** *pl*) *f* (gastos *m/pl* de) almacenaje *m*; **~haus** *n* almacén *m*; **≗n** (*ge-*, *h*) **1.** *v/i* acampar; *com* estar almacenado; *Wein*: estar en bodega; **2.** *v/t com* almacenar; **~raum** *m* depósito *m*; **~ung** *f* (-; *sin pl*) almacenamiento *m*, almacenaje *m*
Lagune [la'guːnə] *f* (-; *-n*) laguna *f*
lahm [lɑːm] cojo; *fig* flojo, débil
'lähm|en ['lɛːmən] (*ge-*, *h*) paralizar (*a fig*); **≗ung** *f* (-; *-en*) parálisis *f*; *fig* paralización *f*
Laib [laɪp] *m* (*-[e]s*; *-e*): **~ *Brot*** pan *m*
Laie ['laɪə] *m* (*-n*; *-n*) *rel* laico *m*, lego *m*; *fig* profano *m*, lego *m*
Laken ['lɑːkən] *n* (*-s*; -) sábana *f*
Lakritze [la'kritsə] *f* (-; *-n*) regaliz *m*
lallen ['lalən] (*ge-*, *h*) balbucear
Lama ['lɑːma] *n* (*-s*; *-s*) *zo* llama *f*
Lamm [lam] *n* (*-[e]s*; *¨er*) cordero *m*
'Lampe ['lampə] *f* (-; *-n*) lámpara *f*; **~nfieber** *n*: **~ *haben*** tener nervios; **~nschirm** *m* pantalla *f*
Lampion [-'pjõ] *m* (*-s*; *-s*) farolillo *m*
Land [lant] *n* (*-[e]s*; *¨er*) (*Fest≗*) tierra *f*; (*Grundstück*) terreno *m*; (*Gegensatz Stadt*) campo *m*; *pol* país *m*; ***auf dem* ~** en el campo; ***an* ~ *gehen*** desembarcar
'Land|ebahn *avia* ['landəbɑːn] *f* pista *f* de aterrizaje; **~eerlaubnis** *f* permiso *m* de aterrizaje; **≗en** (*ge-*, *sn*) *mar* arribar, tomar puerto; *j*: desembarcar; *avia* aterrizar, tomar tierra; **~enge** ['lantˀɛŋə] *f* istmo *m*; **~eplatz** ['-dəplats] *m* desembarcadero *m*
Länderspiel ['lɛndər-] *n* partido *m* internacional
'Landes|farben ['landəs-] *f/pl* colores *m/pl* nacionales; **~innere** *n* interior *m* (del país); **~sprache** *f* lengua *f* nacional; **~verrat** *m* alta traición *f*
'Land|gericht ['lant-] *n etwa*: audiencia *f* provincial; **~gut** *n* finca *f*, *Am* hacienda *f*; **~haus** *n* casa *f* de campo; **~karte** *f* mapa *m*; **~kreis** *m* distrito *m*
ländlich ['lɛntliç] rural, campesino
Landschaft ['lɑntʃaft] *f* (-; *-en*) paisaje *m*
Lands|mann ['lants-] *m* (*-[e]s*; *-leute*), **~männin** ['-mɛnin] *f* (-; *-nen*) compatriota *su*, paisano *m*, -a *f*
'Land|straße ['lant-] *f* carretera *f*; **~streicher** ['-ʃtraɪçər] *m* (*-s*; -) vaga-

bundo *m*; **~streitkräfte** *f/pl* fuerzas *f/pl* terrestres; **~tag** *m* dieta *f*

'Landung ['landuŋ] *f* (-; *-en*) *mar* arribada *f*; *j-s*: desembarco *m*; *avia* aterrizaje *m*; **~sbrücke** *f* desembarcadero *m*; **~ssteg** *m* pasarela *f*

'Land|weg ['lant-] *m*: ***auf dem ~*** por vía terrestre; **~wein** *m* vino *m* del país; **~wirt** *m* agricultor *m*; **~wirtschaft** *f* agricultura *f*; **2wirtschaftlich** agrícola

lang [laŋ] largo; ***ein(en) Meter ~ sn*** tener un metro de largo; ***ein Jahr ~*** durante un año; **~ärmelig** ['-ˀɛrməliç] de manga larga

lange ['laŋə] *adv* mucho tiempo; ***wie ~?*** ¿cuánto tiempo?; ***seit ~m*** desde hace mucho tiempo; ***~ brauchen*** tardar mucho

Länge ['lɛŋə] *f* (-; *-n*) largo *m*; *mat fís, geo* longitud *f*; (*Dauer*) duración *f*; ***in die ~ ziehen*** dar largas a

langen ['laŋən] (*ge-*, *h*) (*genügen*) bastar, ser suficiente; F ***jetzt langt's mir aber!*** ¡estoy harto!

Längengrad ['lɛŋəngraːt] *m* grado *m* de longitud

länger ['lɛŋər] más largo; *zeitlich*: más (tiempo)

Langeweile ['laŋəvaɪlə] *f* (-; *sin pl*) aburrimiento *m*; ***~ haben*** aburrirse

'lang|fristig ['-fristiç] a largo plazo; **~jährig** de muchos años; **2lauf** *m* esquí *m* de fondo; **2laufski** *m* esquí *m* de fondo; **~lebig** ['-leːbiç] *com* duradero

länglich ['lɛŋliç] oblongo, alargado

längs [lɛŋs] (*gen od dat*) a lo largo de

'lang|sam ['laŋzaːm] lento; *adv* despacio; **2samkeit** *f* (-; *sin pl*) lentitud *f*; **2spielplatte** *f* (disco *m*) microsurco *m*, elepé *m*

längst [lɛŋst] desde hace mucho tiempo; ***~ nicht*** ni con mucho

Languste [laŋ'gustə] *f* (-; *-n*) langosta *f*

'lang|weilen ['-vaɪlən] (*ge-*, *h*): **(*sich*) ~** aburrir(se); **~weilig** ['-vaɪliç] aburrido, pesado; **2welle** *f el* onda *f* larga; **~wierig** ['-viːriç] largo; *Krankheit*: lento

langzeitarbeitslos parado de larga duración; **'2igkeit** *f* paro *m* de larga duración

Lappen ['-pən] *m* (-*s*; -) trapo *m*

Lärche *bot* ['lɛrçə] *f* (-; *-n*) alerce *m*

Lärm [lɛrm] *m* (*-[e]s*; *sin pl*) ruido *m*; *v Menschen*: bullicio *m*, alboroto *m*, barullo *m*; **'2en** (*ge-*, *h*) hacer ruido; **'2end** ruidoso; **'~schutz** *m* protección *f* contra el ruido; **'~schutzwall** *m* pantalla *f* antirruidos

Laser ['leːzər] *m* (-*s*; -) láser *m*

lassen ['lasən] (*ließ*, *gelassen*, *h*) dejar; (*zu~*) permitir; (*unter~*) abstenerse de; (*veran~*) hacer, mandar; ***lass uns gehen!*** ¡vámonos!; ***lass das sein!*** ¡déjalo!; ***sich ein Kleid machen ~*** hacerse un vestido

Last [last] *f* (-; *-en*) carga *f* (*a fig*); *fig* peso *m*; ***j-m zur ~ fallen*** ser una carga para alg; ***zu ~en von*** a cargo de; **'~auto** *n* camión *m*; **'2en** (*ge-*, *h*) pesar (***auf*** *dat* sobre); **'~enaufzug** *m* montacargas *m*; **'~er**: **a**) *n* (-*s*; -) vicio *m*; **b**) F *m* (-*s*; -) camión *m*

lasterhaft ['lastərhaft] vicioso

lästern ['lɛstərn] (*ge-*, *h*): ***~ über j-n*** difamar a alg, hablar mal de alg

lästig ['lɛstiç] molesto; (*aufdringlich*) importuno

'Last|(kraft)wagen ['last-] *m* camión *m*; **~schrift** *com f* adeudo *m*, cargo *m* (en cuenta); **~wagenfahrer** *m* camionero *m*; **~zug** *m* camión *m* con remolque

La'tein [la'taɪn] *n* (-*s*; *sin pl*) latín *m*; **2amerikanisch** latinoamericano; **2isch** latino

Laterne [-'tɛrnə] *f* (-; *-n*) linterna *f*; (*Straßen2*) farol *m*, farola *f*; **~npfahl** *m* poste *m* de farol

latschen ['laːtʃən] (*ge-*, *sn*) F arrastrar los pies

'Latte ['latə] *f* (-; *-n*) listón *m* (*a Hochsprung*); (*Zaun2*) ripia *f*; **~nzaun** *m* empalizada *f*

Lätzchen ['lɛtsçən] *n* (-*s*; -) babero *m*

Latzhose ['lats-] *f* pantalón *m* de peto

lau [laʊ] tibio (*a fig*)

Laub [laʊp] *n* (*-[e]s*; *sin pl*) follaje *m*, hojas *f/pl*; **'~baum** *m* árbol *m* de hoja caduca *bzw* de fronda; **~e** ['-bə] *f* (-; *-n*) cenador *m*, glorieta *f*; **~frosch** ['laʊpfrɔʃ] *m* rana *f* verde

Lauch *bot* [laʊx] *m* (-*s*; *-e*) puerro *m*

lauern ['laʊərn] (*ge-*, *h*): ***~ auf*** (*ac*) acechar (*ac*)

Lauf [laʊf] *m* (*-[e]s*; *⸚e*) carrera *f* (*a dep*); (*Gewehr2*) cañón *m*; (*Fluss2*) curso *m*; (*sin pl*) (*Ver2*) curso *m*; ***im ~e der Zeit*** con el tiempo: **'~bahn** *f* carrera *f*; **'2en** (*lief*, *gelaufen*, *sn*) correr (*a Wasser*);

Strecke: recorrer; (*zu Fuß gehen*) andar, ir andando *od* a pie; *Maschine*: marchar; *Film*: proyectarse; **'~end** corriente; ***auf dem ~en sn*** (***halten***) estar (tener) al corriente, estar (poner) al tanto

Läufer ['lɔʏfər] *m dep* corredor *m*; (*Teppich*) alfombra *f* de escalera *bzw* de pasillo; *Schach*: alfil *m*

Lauffeuer ['laʊf-] *n fig*: ***sich wie ein ~ verbreiten*** difundirse como un reguero de pólvora

läufig ['lɔʏfiç] *zo* en celo

'Lauf|masche ['laʊf-] *f* carrera *f*; **~pass** *m*: ***j-m den ~ geben*** mandar a alg a paseo; **~schritt** *m* paso *m* de carrera; **~stall** *m für Kinder*: parque *m*; **~steg** *m* pasarela *f*; **~werk** *n inform* unidad *f* de disco; **~zeit** *f* plazo *m* de vencimiento

Lauge ['laʊgə] *f* (-; *-n*) lejía *f*; (*Wasch~*) colada *f*

'Laun|e ['-nə] *f* (-; *-n*) humor *m*; (*Grille*) capricho *m*; ***gute*** (***schlechte***) ***~ haben*** estar de buen (mal) humor; **~enhaft**, **~isch** caprichoso, veleidoso

Laus [laʊs] *f* (-; *⸚e*) piojo *m*; **'~bub** ['-buːp] *m* (*-s*; *-en*) pilluelo *m*

lauschen ['laʊʃən] (*ge-*, *h*) escuchar; *heimlich*: estar a la escucha

lausig ['laʊziç] miserable; *Kälte*: que pela

laut [laʊt] **1.** *adj* alto; sonoro; (*lärmend*) ruidoso; *adv* en voz alta; **2.** *prp* (*gen*) según; **3.** ~ *m* (*-[e]s*; *-e*) sonido *m*; ***keinen ~ von sich geben*** F no decir ni pío; **'~e** *mus f* (-; *-n*) laúd *m*; **'~en** (*ge-*, *h*) *Text*: decir, rezar

läuten ['lɔʏtən] **1.** *v/i u v/t* (*ge-*, *h*) tocar; *Glocken*: repicar; (*klingeln*) llamar; **2.** ~ *n* (*-s*; *sin pl*) toque *m* de campanas

'laut|los ['laʊt-] silencioso; **~schrift** *f* transcripción *f* fonética; **~sprecher** *m* altavoz *m*, *Am* altoparlante *m*; **~stärke** *f* intensidad *f* (de sonido); potencia *f*; *Radio*: volumen *m*

lauwarm ['laʊvarm] templado

Lava ['lɑːva] *f* (-; *Laven*) lava *f*

Lavendel *bot* [la'vɛndəl] *m* (*-s*; -) espliego *m*, lavanda *f*

Lawine [-'viːnə] *f* (-; *-n*) alud *m*, avalancha *f* (*beide a fig*)

Lazarett [latsa'rɛt] *n* (*-[e]s*; *-e*) hospital *m* militar

'leben ['leːbən] **1.** *v/i* vivir; existir; ***~ Sie wohl!*** ¡adiós!; ***es lebe ...!*** ¡viva ...!; **2.** ~ *n* (*-s*; -) vida *f*; existencia *f*; (*Geschäftigkeit*) animación *f*, movimiento *m*; ***am ~ sn*** estar con vida; ***ums ~ kommen*** perder la vida; ***am ~ bleiben*** quedar con vida; sobrevivir; ***sich das ~ nehmen*** suicidarse; ***sein ~ lang*** (durante) toda su vida; **~d** vivo

lebendig [le'bɛndiç] viviente; vivo (*a fig*); (*rege*) vivaz; **~keit** *f* (-; *sin pl*) viveza *f*; vivacidad *f*

'Lebens|abend ['leːbəns-] *m* vejez *f*; **~alter** *n* edad *f*; **~bedingungen** *f/pl* condiciones *f/pl* de vida; **~dauer** *f* (duración *f* de la) vida *f*; *tec* duración *f*; **~erwartung** *f* esperanza *f od* expectativa *f* de vida; **~fähig** viable; **~freude** *f* alegría *f* de vivir; **~gefahr** *f* peligro *m* de muerte; ***unter ~*** con riesgo de la vida; **~gefährlich** muy peligroso; **~gefährte** *m* compañero *m* de vida; **~haltungskosten** *pl* coste *m* de la vida; **~länglich** *Strafe*: perpetuo; *Rente usw*: vitalicio; **~lauf** *m* currículum *m* vitae

'Lebensmittel *n/pl* víveres *m/pl*, comestibles *m/pl*; **~abteilung** *f* sección *f* de alimentación; **~geschäft** *n* tienda *f* de comestibles; **~preise** *m/pl* precios *m/pl* de los alimentos; **~vergiftung** *f* intoxicación *f* alimenticia

'lebens|müde cansado *od* harto de vivir; **~notwendig** de primera necesidad; vital; **~standard** *m* nivel *m* de vida; **~stellung** *f* empleo *m* vitalicio; **~unterhalt** *m* subsistencia *f*; sustento *m*; (***sich***) ***sn ~ verdienen*** ganarse la vida; **~versicherung** *f* seguro *m* de vida; **~wandel** *m* conducta *f*; vida *f*; **~weise** *f* modo *m* de vivir; ***gesunde ~*** vida *f* sana; **~wichtig** vital; **~zeichen** *n* señal *f* de vida; **~zeit** *f* vida *f*; ***auf ~*** a perpetuidad, de por vida

'Leber ['-bər] *f* (-; *-n*) hígado *m*; **~entzündung** *f* hepatitis *f*; **~fleck** *m* lunar *m*; **~pastete** *f* foie-gras *m*; **~wurst** *f* embutido *m* de hígado

'Lebewesen *n* (*-s*; -) ser *m* vivo

'leb|haft ['leːphaft] vivo; *fig* animado; *Verkehr*: intenso; **~haftigkeit** *f* (-; *sin pl*) viveza *f*; vivacidad *f*; animación *f*; **~kuchen** *m* pan *m* de especias; **~los** sin vida, inanimado

leck [lɛk]: **~ *sn*** *mar* hacer agua; *Gefäß*: tener agujeros; **'~en** (*ge-*, *h*) *v/t u v/i* lamer; *fig* ***sich die Finger ~ nach*** chuparse los dedos por

'lecker ['-kər] sabroso; apetitoso; **&bissen** *m* manjar *m* exquisito

'Leder ['le:dər] *n* (*-s*; *-*) cuero *m* (*a* F *Fußball*); *weiches*: piel *f*; **~(ein)band** *m* encuadernación *f* en piel; **~handschuh** *m* guante *m* de piel; **~hose** *f* pantalón *m* de cuero; **~jacke** *f* chaqueta *f* de cuero; **~waren** *f/pl* artículos *m/pl* de piel; marroquinería *f*

ledig ['-diç] soltero; **&e** [-gə] *m/f* (*-n*; *-n*) soltero *m*, -a *f*; **~lich** [-kliç] solamente

Lee *mar* [le:] *f* (*-*; *sin pl*) sotavento *m*

leer [le:r] vacío; *Papier*: en blanco; *Platz*: libre, desocupado; *el Batterie*: descargado; *fig* vano; ***~ stehen*** *Haus usw*: estar desocupado; ***'~ stehend*** desocupado; ***~ werden*** vaciarse; **'&e** *f* (*-*; *sin pl*) vacío *m*; **'~en** (*ge-*, *h*) vaciar; *Glas*: *a* apurar; ***den Briefkasten ~*** recoger las cartas; **'&gut** *n* (*-[e]s*; *sin pl*) envases *m/pl* vacíos; **'&lauf** *m* (*-[e]s*; *sin pl*) *tec* marcha *f* en vacío; *auto* ralentí *m*, punto *m* muerto; (*pl* *⸚e*) *fig* actividad *f* inútil; **'&taste** *f* *Schreibmaschine*: espaciador *m*; **'&ung** *f* (*-*; *-en*) *corr* recogida *f*

legal [le'ga:l] legal

Legasthenie [-gaste'ni:] *f* (*-*; *sin pl*) dislexia *f*

Legat [-'ga:t] **1.** *m* (*-en*; *-en*) legado *m*; **2.** *n* (*-[e]s*; *-e*) legado *m*

legen ['le:gən] (*ge-*, *h*) poner (*a Eier*); colocar; meter; *Haare*: marcar; ***sich ~*** echarse; (*nachlassen*) calmarse; *Wind*: amainar; (*aufhören*) cesar

Legende [le'gɛndə] *f* (*-*; *-n*) leyenda *f*

leger [-'ʒɛ:r] informal, desenvuelto

Legierung [le'gi:ruŋ] *f* (*-*; *-en*) aleación *f*

Legislat|ive [le:gisla'ti:və] *f* (*-*; *-n*) (poder *m*) legislativo *m*; **~urperiode** [-'tu:rpɛrjo:də] *f* legislatura *f*

legitim [-gi'ti:m] legítimo

Lehm [le:m] *m* (*-[e]s*; *-e*) barro *m*; **'~ziegel** *m* adobe *m*

'Lehn|e ['le:nə] *f* (*-*; *-n*) respaldo *m*; (*Arm&*) brazo *m*; **&en** (*ge-*, *h*): (***sich***) ***~ an*** (*ac*) *od* ***gegen*** apoyar(se) contra, arrimar(se) contra; ***sich ~ aus*** asomarse a; **~sessel** *m* sillón *m*, butaca *f*

'Lehr|buch ['le:r-] *n* libro *m* de texto; (*Handbuch*) manual *m*; **~e** *f* (*-*; *-n*) *rel*, *fil* doctrina *f*; (*Lehrzeit*) aprendizaje *m*; (*Warnung*) lección *f*; ***das wird mir e-e ~ sn*** me servirá de lección; **&en** (*ge-*, *h*) enseñar (***zu*** a; ***j-n et*** a/c a alg); **~er** *m* (*-s*; *-*), **~erin** *f* (*-*; *-nen*) profesor(a *f*) *m*; (*Volksschule*) maestro *m*, -a *f*; **~erschaft** *f* (*-*; *sin pl*) profesorado *m*, cuerpo *m* docente; **~fach** *n* asignatura *f*; **~gang** *m* (*-[e]s*; *⸚e*) curso *m*, cursillo *m*; **~gangsteilnehmer(in *f*)** *m* cursillista *su*; **~jahr** *n* año *m* de aprendizaje; **~kraft** *f* profesor *m*; **~ling** ['-liŋ] *m* (*-s*; *-e*) aprendiz(a *f*) *m*; **~mittel** *n/pl* material *m* didáctico; **~pfad** *m* itinerario *m* didáctico; **~plan** *m* plan *m od* programa *m* de estudios; **&reich** instructivo; **~stelle** *f* plaza *f od* puesto *m* de aprendiz(aje); **~stuhl** *m* cátedra *f*; **~zeit** *f* aprendizaje *m*

Leib [laɪp] *m* (*-[e]s*; *-er*) cuerpo *m*; (*Bauch*) vientre *m*; abdomen *m*; ***bei lebendigem ~e*** vivo; ***mit ~ u Seele*** con cuerpo y alma

'Leibes|kräfte *f/pl* ['-bəskrɛftə]: ***aus ~n*** a más no poder; **~übungen** *f/pl* gimnasia *f*, ejercicios *m/pl* físicos; **~visitation** [-vizitatsjo:n] *f* (*-*; *-en*) cacheo *m*

'Leib|gericht ['laip-] *n* plato *m* favorito; **&haftig** [-'haftiç] mismo; en persona; **~wächter** *m* guardaespaldas *m*

Leiche ['laɪçə] *f* (*-*; *-n*) cadáver *m*

'leichen|blass cadavérico, lívido; **&schauhaus** *n* depósito *m* de cadáveres, *gal* morgue *f*; **&wagen** *m* coche *m* fúnebre; **&zug** *m* cortejo *m od* comitiva *f* fúnebre

Leichnam ['laɪçna:m] *m* (*-s*; *-e*) cadáver *m*

leicht [laiçt] ligero (*a fig*), *bsd Am* liviano; *Fehler*, *Krankheit*: leve; (*einfach*) fácil (***zu*** *inf* de), sencillo; ***~ bekleidet*** ligero de ropa; ***~ entzündlich*** fácilmente inflamable; ***~ fallen*** resultar fácil; ***~ verdaulich*** fácil de digerir; ***~ verderblich*** perecedero; **'&athlet(in *f*)** *m* atleta *su*; **'&athletik** *f* atletismo *m* (ligero); **'~fertig** ligero; descuidado; frívolo; **'&gewicht** *n dep* peso *m* ligero; **'~gläubig** crédulo; **'&igkeit** *f* (*-*; *sin pl*) facilidad *f*; (*Behändigkeit*) ligereza *f*, agilidad *f*; **'&metall** *n* metal *m* ligero; **'&sinn** *m* (*-s*; *sin pl*) ligereza *f*; **'~sinnig** ligero; imprudente

Leid [laɪt]: ***es tut mir ~*** lo siento; ***er tut***

mir ~ me da pena; **'≗en** ['-dən] (*litt, gelitten, h*) **1.** *v/i* sufrir (***an*** *dat* de); *med* padecer (***an*** *dat* de); **2.** *v/t* ***gut ~ können*** querer bien; ***nicht ~ können*** no poder tragar; **~en** *n* (*-s*; -) sufrimiento *m*; *med* afección *f*

'Leidenschaft *f* (-; *-en*) pasión *f* (***für*** por); **≗lich** apasionado

leid|er ['-dər] desgraciadamente, por desgracia; **≗tragende** ['laɪttrɑːgəndə] *m/f*: ***die ~n*** la familia del difunto; *fig* ***der ~ sn*** ser la víctima

Leierkasten ['laɪər-] *m* organillo *m*

'Leih|bibliothek ['laɪ-] *f*, **~bücherei** *f* biblioteca *f* con servicio de préstamo; **≗en** (*lieh, geliehen, h*): ***j-m et ~*** prestar a/c a alg; ***et von j-m ~*** tomar prestado a/c de alg; **~gebühr** *f* (derechos *m/pl* de) alquiler *m*; **~haus** *n* casa *f* de préstamos; **~mutter** *f* madre *f* alquilada *od* de alquiler; **~wagen** *m* coche *m* de alquiler (sin chófer); **≗weise** prestado

Leim [laɪm] *m* (*-[e]s*; *-e*) cola *f*

Leine ['-nə] *f* (-; *-n*) cuerda *f*; ***an der ~ führen*** *Hund*: llevar atado

'Lein|en ['-nən] *n* (*-s*; -) lino *m*, tela *f*; **~samen** *m* linaza *f*; **~wand** *f* lienzo *m* (*a pint*); *Film*: pantalla *f*

leise ['-zə] silencioso; *Stimme*: bajo, *adv* en voz baja; (*schwach*) ligero (*a Schlaf*); *adv* sin (hacer) ruido; **~(*r*) *stellen*** *Radio*: bajar

Leiste ['-stə] *f* (-; *-en*) listón *m*; *arqu* filete *m*; *anat* ingle *f*

leisten ['-stən] (*ge-, h*) hacer; *Zahlung*: efectuar; *tec* rendir; producir; *Arbeit*: ejecutar; *Dienst, Eid, Hilfe*: prestar; *Sicherheit*: ofrecer; ***sich*** (*dat*) ***et ~*** permitirse a/c; ***das kann ich mir nicht ~*** no puedo permitirme este lujo

'Leistenbruch *med m* hernia *f* inguinal

'Leistung ['-stuŋ] *f* (-; *-en*) *allgemein*: rendimiento *m* (*a tec, com u e-r Person*); *tec a* potencia *f*; (*Arbeit*) trabajo *m*; (*Dienst*) prestación *f* (*a e-r Versicherung*); (*Erfolg*) resultado *m*; **≗sfähig** productivo; eficaz; *j*: eficiente; **~sgesellschaft** *f* sociedad *f* de rendimiento; **~sprinzip** *n* principio *m* del rendimiento; **~ssport** *m* deporte *m* de competición

Leitartikel ['laɪtˀartiːkəl] *m* editorial *m*, artículo *m* de fondo

'leiten ['-tən] (*ge-, h*) conducir (*a el*), guiar; *fig* dirigir; **~d** *el* conductor; *com* directivo; **~e *Angestellte*** *m* alto empleado *m*

'Leiter ['-tər] **a)** *m* (*-s*; -) director *m* (*a mus*); jefe *m*; *com* gerente *m*; *fís* conductor *m*; **b)** *f* (-; *-n*) escalera *f* (de mano); **~in** *f* (-;*-nen*) directora *f*

'Leit|faden *m* (*Buch*) manual *m*, compendio *m*; **~planke** *f* valla *f* protectora

'Leitung *f* (-; *sin pl*) dirección *f*; (*pl -en*) *tec* conducción *f*; (*Rohr≗*) tubería *f*; *el, tel* línea *f*; **~srohr** *n* tubo *m*; **~swasser** *n* agua *f* del grifo

Lektion [lɛk'tsjoːn] *f* (-; *-en*) lección *f* (*a fig*)

Lektüre ['-tyːrə] *f* (-; *-n*) lectura *f*

'Lende ['lɛndə] *f* (-; *-n*) lomo *m* (*a gastr*); **~nbraten** *m*, **~nstück** *n* solomillo *m*

'lenk|en ['lɛŋkən] (*ge-, h*) dirigir; *auto* conducir, guiar (*a fig*); **≗rad** *n* volante *m*; **≗radschloss** *n* cerradura *f* de dirección; **≗stange** *f* guía *f*, manillar *m*; **≗ung** *f* (-; *-en*) *auto* dirección *f*

Lepra ['leːpra] *f* (-; *sin pl*) lepra *f*

Lerche ['lɛrçə] *f* (-; *-n*) alondra *f*

lernen ['lɛrnən] (*ge-, h*) aprender; estudiar; ***lesen*** *usw* **~** aprender a leer, *etc*

lesbar ['leːsbɑːr] legible, leíble

lesbisch ['lɛsbiʃ] lesbiano

Lese ['leːzə] *f* (-; *-n*) (*Wein≗*) vendimia *f*

'lese|n ['-zən] (*las, gelesen, h*) leer; *Messe*: decir; ***Trauben ~*** vendimiar; **≗r** *m* (*-s*; -), **≗rin** *f* (-; *-nen*) lector(a *f*) *m*; **~rlich** legible; **≗rzuschrift** *f* carta *f* al director; **≗saal** *m* sala *f* de lectura; **≗stoff** *m* lectura *f*; **≗zeichen** *n* señal *f*, registro *m*

'Lesung *f* (-; *-en*) lectura *f*

'Lett|e ['lɛtə] *m* (*-n*; *-n*), **~in** *f* (-; *-nen*), **≗isch** letón *m*, -ona *f*

letzt [lɛtst] último; (*äußerst*) extremo; ***~es Jahr*** el año pasado; ***in ~er Zeit*** últimamente; ***zu guter ≗*** por último; F ***das ist das ≗e!*** ¡es lo último!; **'~ere** este último

'Leucht|e ['lɔʏçtə] *f* (-; *-n*) lámpara *f*; **≗en** (*ge-, h*) lucir; (*glänzen*) brillar, resplandecer; **~en** *n* (*-s*; *sin pl*) brillo *m*, resplandor *m*; **≗end** luminoso (*a fig*); radiante; **~er** *m* (*-s*; -) candelabro *m*; **~feuer** *n* fanal *m*; **~käfer** *m* luciérnaga *f*; **~reklame** *f* publicidad *f* luminosa; anuncio *m* luminoso; **~stoffröhre** *f* tubo *m* fluorescente; **~turm** *m* faro *m*;

~zifferblatt *n* esfera *f* luminosa
leugnen ['lɔʏgnən] **1.** *v/t* (*ge-*, *h*) negar; **2.** ♀ *n* (*-s*; *sin pl*) negación *f*
Leukämie [-kɛ'miː] *f* (-; *-n*) leucemia *f*
Leute ['-tə] *pl* gente *f*; ***die jungen ~*** los jóvenes; ***die kleinen ~*** la gente humilde
Leutnant ['lɔʏtnant] *m* (*-s*; *-s*) segundo teniente *m*; alférez *m*
Lexikon ['lɛksikɔn] *n* (*-s*; *-ka*) diccionario *m*; (*Konversations*♀) enciclopedia *f*
Liane [li'ɑːnə] *f* (-; *-n*) bejuco *m*, liana *f*
Libanes|e [-ba'neːzə] *m* (*-n*; *-n*), **~in** *f* (-; *-nen*), **♀isch** libanés *m*, -esa *f*
Libelle [-'bɛlə] *f* (-; *-n*) libélula *f*
liberal [-bə'rɑːl], **♀e** *m/f* (*-n*; *-n*) liberal *su*
Libero ['liːbəro] *m* (*-s*; *-s*) líbero *m*
Libretto [li'brɛto] *n* (*-s*; *-s*, *-tti*) libreto *m*, letra *f*
Licht [liçt] *n* (*-[e]s*; *-er*, *fís sin pl*) luz *f*; (*Beleuchtung*) *a* alumbrado *m*; ***~ machen*** dar la luz; ***ans ~ bringen*** (***kommen***) sacar (salir) a la luz; *fig* ***j-n hinters ~ führen*** engañar a alg; **'~bild** *n* foto(grafía) *f*; **'~bildervortrag** *m* conferencia *f* con proyecciones; **'~blick** *m* rayo *m* de esperanza; **'♀durchlässig** tra(n)slúcido; **'♀echt** resistente a la luz; **'♀empfindlich** sensible a la luz; **'♀en** (*ge-*, *h*): ***die Anker ~*** levar anclas; **'~hupe** *f* bocina *f* luminosa; **'~maschine** *f* dínamo *f*; **'~reklame** *f* publicidad *f* luminosa; **'~schacht** *m* patio *m* de luces; **'~schalter** *m* interruptor *m*; **'~schutzfaktor** *m* factor *m* de protección solar; **'~signal** *n* señal *f* luminosa *od* óptica; **'~strahl** *m* rayo *m* de luz; **'♀undurchlässig** opaco; **'~ung** *f* (-; *-en*) calvero *m*, claro *m*
Lid [liːt] *n* (*-[e]s*; *-er*) párpado *m*; **'~schatten** *m* sombra *f* de ojos
lieb [liːp] querido; (*angenehm*) agradable; (*liebenswürdig*) amable; ***~ gewinnen*** tomar cariño a; ***~ haben*** querer; ***es wäre mir ~, wenn ...*** me gustaría que (*subj*); ***seien Sie so ~ und ...*** hágame el favor de (*inf*)
Liebe ['liːbə] *f* (-; *sin pl*) amor *m* (***zu*** a, por); cariño *m*; ***aus ~ zu*** por amor a; **~lei** [-'laɪ] *f* (-; *-en*) amorío *m*, flirteo *m*
'lieben ['-bən] (*ge-*, *h*) querer; amar; ***ich liebe es nicht, dass*** no me gusta que (*subj*); **♀de** [-də] *m/f* (*-n*; *-n*) amante *su*, enamorado *m*, -a *f*; **~swürdig** amable; **♀swürdigkeit** *f* (-; *sin pl*) amabilidad *f*
lieber ['-bər] *adv* más bien; ***~ haben*** *od* ***mögen*** *od* ***wollen*** preferir
'Liebes|brief ['liːbəs-] *m* carta *f* de amor; **~erklärung** *f* declaración *f* (de amor); **~kummer** *m* penas *f/pl* de amor; **~paar** *n* amantes *m/pl*, pareja *f* de enamorados
'liebevoll afectuoso, cariñoso
'Lieb|haber ['-hɑːbər] *m* (*-s*; -) amante *m*; (*Kunst*♀ *usw*) aficionado *m*; **~habe'rei** *f* (-; *-en*) afición *f*; **~haberin** *f* (-; *-nen*) amante *f*; aficionada *f*; **♀lich** *j*: lindo, gracioso; *Gegend*: ameno; **~ling** ['-liŋ] *m* (*-s*; *-e*) favorito *m*; (*Kosewort*) cariño *m*; **~lings...**: *in Zssgn* favorito, predilecto; **♀los** sin cariño, duro; **~reiz** *m* atractivo *m*, encanto *m*; **~schaft** *f* (-; *-en*) amores *m/pl*, amorío *m*
liebst [liːpst] preferido, favorito
Lied [liːt] *n* (*-[e]s*; *-er*) canción *f*; (*Kunst*♀) lied *m*
Lieder|abend ['liːdərˀ-] *m* recital *m*; **~buch** *n* cancionero *m*
liederlich [-liç] desordenado; *Arbeit*: desaliñado; *Leben*: disoluto; *adv* sin esmero, superficialmente
'Liedermacher *m* cantautor *m*
Liefer|ant [liːfə'rant] *m* (*-en*; *-en*) suministrador *m*, proveedor *m*; **'♀bar** disponible; **'~frist** *f* plazo *m* de entrega; **♀n** ['-fərn] (*ge-*, *h*) suministrar; (*übergeben*) entregar; **'~schein** *m* talón *m* de entrega; **'~ung** *f* (-; *-en*) suministro *m*; entrega *f*; *cien* fascículo *m*; **'~wagen** *m* camioneta *f* de reparto, furgoneta *f*
Liege ['liːgə] *f* (-; *-n*) tumbona *f*
'liegen ['-gən] (*lag*, *gelegen*, *h*) *Sachen*: estar (puesto); *Person*: estar echado; (*sich befinden*) hallarse, encontrarse; *Stadt usw.*: estar situado; ***~ bleiben*** quedarse acostado; *Arbeit*: quedar sin acabar; *auto* tener una avería; ***~ lassen*** dejar; (*vergessen*) olvidar; ***das Zimmer liegt zur Straße*** la habitación da a la calle; ***10 km von ... ~*** estar a diez kilómetros de ...; ***die Schwierigkeit liegt darin, dass*** la dificultad reside *od* consiste en que; ***woran liegt es?*** ¿a qué se debe?; ***es liegt an ihm*** depende de él; (*Schuld*) es culpa suya; ***mir liegt daran*** me importa; ***das liegt mir*** se me da bien; es lo mío

L

'Liege|platz *m mar* atracadero *m*; *ferro* litera *f*; **~sitz** *m* asiento *m* reclinable *bzw* abatible; **~stuhl** *m* hamaca *f*, gandula *f*; **~wagen** *ferro m* coche-literas *m*, litera *f*
Lift [lift] *m* (*-[e]s*; *-e*) ascensor *m*; **'~boy** *m* (*-s*; *-s*) ascensorista *m*
Liga ['li:ga] *f* (-; -gen) liga *f* (*a dep*)
Likör [li'kø:r] *m* (*-s*; *-e*) licor *m*
lila ['li:la] (de color) lila
Lilie ['li:ljə] *f* (-; *-n*) lirio *m* blanco
Limonade [limo'nɑ:də] *f* (-; *-n*) limonada *f*
Limousine [limu'zi:nə] *f* (-; *-n*) limusina *f*, sedán *m*
'Linde ['lində] *f* (-; *-n*) tilo *m*; **~nblütentee** *m* tila *f*
'linder|n ['-dərn] (*ge-*, *h*) suavizar, mitigar; (*erleichtern*) aliviar; *Schmerz*: calmar; **2ung** *f* (-; *sin pl*) mitigación *f*; alivio *m*
Lineal [line'ɑ:l] *n* (*-s*; *-e*) regla *f*
'Linie ['li:njə] *f* (-; *-n*) línea *f*; *fig* ***in erster ~*** en primer lugar; ***auf die ~ achten*** cuidar la línea; **~nbus** *m* coche *m* de línea; **~nflug** *m* vuelo *m* (de línea) regular; **~nflugzeug** *n*, **~nmaschine** *f* avión *m* de línea; **~nrichter** *m dep* juez *m* de línea, linier *m*; **~ntaxi** *n* taxi *m* de línea
lin(i)ieren [lin(i)'i:rən] (*h*) rayar
link [liŋk] izquierdo; ***~er Hand*** a la izquierda; **'2e** *f* (*-n*; *-n*) izquierda *f* (*a pol*); **'2e** *m*/*f* (*-n*; *-n*) izquierdista *su*; **'~isch** torpe
links [liŋks] a la izquierda; **'2abbieger** ['-apbi:gər] *m* (*-s*; -) vehículo *m* que gira a la izquierda; **'2'außen** *m* (-; -) *dep* extremo *m* izquierda; **'2extremismus** *m* ultraizquierdismo *m*; **2händer** ['-hɛndər] *m* (*-s*; -) zurdo *m*; **'~radikal** de la extrema izquierda
Linse ['linzə] *f* (-; *-n*) *bot* lenteja *f*; *Optik*: lente *f*
'Lippe ['lipə] *f* (-; *-n*) labio *m*; **~nstift** *m* lápiz *m* labial *od* de labios
lispeln ['lispəln] *v/i* (*ge-*, *h*) cecear
List [list] *f* (-; *-en*) astucia *f*
Liste ['listə] *f* (-; *-n*) lista *f*, relación *f*
listig ['listiç] astuto
Litau|er ['litaʊər] *m* (*-s*; -), **~erin** *f* (-; *-nen*), **2isch** lituano *m*, -a *f*
Liter ['li:tər] *m od n* (*-s*; -) litro *m*
litera|risch [litə'rɑ:riʃ] literario; **2tur** [-ra'tu:r] *f* (-; *-en*) literatura *f*
Litfaßsäule ['litfaszɔʏlə] *f* columna *f* de anuncios
Livesendung ['laɪfzɛnduŋ] *f* (re)transmisión *f* en directo
Lizenz [li'tsɛnts] *f* (-; *-en*) licencia *f*
Lkw [ɛlka've:] *m* (*-s*; *-s*) *s* ***Lastwagen***
Lob [lo:p] *n* (*-[e]s*; *sin pl*) elogio *m*, alabanza *f*; **'2en** ['-bən] (*ge-*, *h*) alabar; **'2enswert** laudable; **'~rede** *f* elogio *m*, panegírico *m*
Loch [lɔx] *n* (*-[e]s*; *¨er*) agujero *m*; (*Öffnung*) abertura *f*, orificio *m*; (*Höhlung*) hoyo *m* (*a Golf*); hueco *m*; F (*Kerker*) calabozo *m*; F (*Wohnung*) tugurio *m*; **'2en** (*ge-*, *h*) perforar; *Fahrkarte*: picar; **'~er** *m* (*-s*; -) *Büro*: taladro *m*
'Loch|karte ['lɔxkartə] *f* ficha *f* perforada; **~streifen** *m* cinta *f* perforada
Locke ['lɔkə] *f* (-; *-n*) rizo *m*, bucle *m*
'locken ['-kən] (*ge-*, *h*) *Haar*: **(*sich*) ~** rizar(se); (*an~*) atraer; **2wickel** *m* rulo *m*, bigudí *m*
'locker ['-kər] flojo; (*lose*) suelto; *fig* laxo; **~n** (*ge-*, *h*) aflojar; *fig* relajar; **2ung** *f* (-; *-en*) aflojamiento *m*; relajamiento *m*
lockig ['-kiç] rizado
Loden ['lo:dən] *m* (*-s*; -) loden *m*
Löffel ['lœfəl] *m* (*-s*; -) cuchara *f*; *größerer*: cucharón *m*
Loge ['lo:ʒə] *f* (-; *-n*) palco *m*
'Logi|k ['lo:gik] *f* (-; *sin pl*) lógica *f*; **2sch** lógico
Lohn [lo:n] *m* (*-[e]s*; *¨e*) salario *m*; (*sin pl*) *fig* recompensa *f*, premio *m*; **'~empfänger** *m* asalariado *m*; **'2en** (*ge-*, *h*) pagar; ***es lohnt sich*** vale *od* merece la pena; **'2end** ventajoso; lucrativo, rentable; **'~erhöhung** *f* aumento *m* de sueldo; **'~forderung** *f* reivindicación *f* salarial; **'~gruppe** *f* categoría *f* salarial; **'~liste** *f* nómina *f*; **'~steuer** *f* impuesto *m* sobre los salarios; **'~steuerjahresausgleich** *m* reajuste *m* anual de impuestos (sobre el salario); **'~steuerkarte** *f* tarjeta *f* de impuestos sobre el salario; **'~stopp** *m* congelación *f* salarial
Loipe ['lɔʏpə] *f* (-; *-n*) pista *f* de fondo
Lok [lɔk] *f* (-; *-s*) *s* ***Lokomotive***
Lo'kal [lo'kɑ:l] **1.** *n* (*-[e]s*; *-e*) local *m*; (*Gaststätte*) restaurante *m*; café *m*; **2.** **2** *adj* local; **~blatt** *n* (**~presse** *f*) periódico *m* (prensa *f*) local; **~verbot** *n*

prohibición *f* de admisión
Lokomotiv|e [lokomo'tiːvə] *f* (-; *-n*) locomotora *f*; **~führer** [-'tiːffyːrər] *m* maquinista *m*
Lorbeer ['lɔrbeːr] *m* (-*s*; *-en*) laurel *m*
Los [loːs] *n* (-*es*; *-e*) (*Lotterie*2) billete *m* de lotería; (*Schicksal*) suerte *f*, destino *m*; ***das große ~ ziehen*** sacar el gordo
los [loːs] suelto; (*frei*) libre; ***~!*** ¡vamos!; ***was ist ~?*** ¿qué pasa?
losbinden ['loːsbindən] (*irr*, *sep*, *-ge-*, *h*, → ***binden***) desatar; soltar
'Lösch|blatt ['lœʃblat] *n* (papel *m*) secante *m*; **2en** (*ge-*, *h*) *Licht*, *Durst*: apagar; *Brand*: *a* extinguir; *Schrift*, *Tonband*: borrar; *mar Ladung*: desembarcar; *Schuld*, *Konto*: cancelar
lose ['loːzə] suelto; (*beweglich*) movible; (*unverpackt*) a granel
Lösegeld ['løːzə-] *n* (*-[e]s*; *-er*) rescate *m*
losen ['loːzən] (*ge-*, *h*) echar suertes
lösen ['løːzən] (*ge-*, *h*) soltar (*a Bremse*); *Knoten usw*: deshacer; *quím* disolver; *Aufgabe*, *Problem*: resolver, solucionar; *Rätsel*: adivinar; *Vertrag*: anular; *Fahrkarte*: sacar; *Verbindung*: romper
'los|gehen (*irr*, *sep*, *-ge-*, *sn*, → ***gehen***) partir, ponerse en marcha; (*sich lösen*) desprenderse; *Schuss*: dispararse; F (*anfangen*) empezar; ***auf j-n ~*** arremeter contra alg (*a fig*); **~lassen** (*irr*, *sep*, *-ge-*, *h* → ***lassen***) soltar (*a fig*)
löslich ['løːsliç] soluble
los|lösen ['loːsløːzən] (*sep*, *-ge-*, *h*): (***sich***) **~** desprender(se); **~reißen** (*irr*, *sep*, *-ge-*, *h*, → ***reißen***) arrancar
'Lösung ['løːzuŋ] *f* (-; *-en*) solución *f* (*a quím*); separación *f*; *Vertrag*: anulación *f*; **~smittel** *n* disolvente *m*
loswerden ['loːsveːrdən] (*irr*, *sep*, *-ge-*, *sn*, → ***werden***) desembarazarse de; deshacerse de
Lot [loːt] *n* (*-[e]s*; *-e*) *mat* perpendicular *f*; *arqu* plomada *f*; *mar* sonda *f*
löten ['løːtən] (*ge-*, *h*) soldar
Lotion [lo'tsjoːn od 'louʃən] *f* (-; *-en od -s*) loción *f*
Lotse ['loːtsə] *m* (*-n*; *-n*) *mar* práctico *m*
Lotterie [lɔtə'riː] *f* (-; *-n*) lotería *f*
Lotto ['-toː] *n* (*-s*; *-s*) lotería *f*
'Löw|e ['løːvə] *m* (*-n*; *-n*) león *m*; **~enzahn** *bot m* diente *m* de león; **~in** ['-vin] *f* (-; *-nen*) leona *f*
loyal [loa'jaːl] leal; **2ität** [-jali'tɛːt] *f* (-; *sin pl*) lealtad *f*
Luchs [luks] *m* (*-es*; *-e*) lince *m* (*a fig*)
'Lücke ['lykə] *f* (-; *-n*) vacío *m*; hueco *m*; *fig a* laguna *f*; *fig* ***e-e ~ reißen*** (***füllen***) dejar (llenar) un vacío; **~nbüßer** *m* tapagujeros *m*
Luder ['luːdər] *n* (*-s*; -) carroña *f*; P *fig* bestia *f*, mal bicho *m*
Luft [luft] *f* (-; *⸚e*) aire *m*; ***in frischer ~*** al aire libre; (***frische***) ***~ schöpfen*** tomar el aire; F ***in die ~ gehen*** subirse a la parra; ***an die ~ setzen*** echar a la calle; **'~angriff** *m* ataque *m* aéreo; **'~aufnahme** *f*, **'~bild** *n* fotografía *f* aérea; **'~ballon** *m* globo *m*; **'2dicht** impermeable al aire; **'~druck** *m* (*-[e]s*; *sin pl*) presión *f* atmosférica
lüften ['lyftən] (*ge-*, *h*) airear, ventilar; *Geheimnis*: revelar, desvelar
'Luft|fahrt ['luftfaːrt] *f* (-; *sin pl*) aeronáutica *f*, aviación *f*; **~feuchtigkeit** *f* humedad *f* atmosférica; **~fracht** *f* carga *f* aérea; **2gekühlt** ['-gəkyːlt] refrigerado por aire; **~gewehr** *n* escopeta *f* de aire comprimido; **~kissen** *n* colchón *m* de aire; **~kissenboot** *n* aerodeslizador *m*; **2krank** mareado; ***~ werden*** marearse; **~krankheit** *f* mareo *m*; **~kurort** *m* estación *f* climática; **2leer** vacío; **~linie** *f* línea *f* directa; *avia* línea *f* aérea; **~loch** *n avia* bache *m*; **~matratze** *f* colchón *m* neumático; **~pirat** *m* pirata *m* aéreo; **~post** *f*: ***mit ~*** por avión; **~postleichtbrief** *m* aerograma *m*; **~pumpe** *f* *Fahrrad etc*: bomba *f* de inflar; **~raum** *m* espacio *m* aéreo; **~reifen** *m* neumático *m*; **~röhre** *anat f* tráquea *f*; **~schiff** *n* aeronave *f*; **~schifffahrt** *f* navegación *f* aérea; **~schutzkeller** *m* refugio *m* antiaéreo; **~streitkräfte** *f/pl* fuerzas *f/pl* aéreas; **~stützpunkt** *mil m* base *f* aérea; **~taxi** *n* taxi *m* aéreo; **~temperatur** *f* temperatura *f* del aire
Lüftung ['lyftuŋ] *f* (-; *-en*) ventilación *f*
'Luft|veränderung ['luft-] *f* cambio *m* de aires; **~verkehr** *m* tráfico *m* aéreo; **~verschmutzung** *f* contaminación *f* atmosférica; **~waffe** *f* fuerza *f* aérea; **~weg** ['-veːk] *m* vía *f* aérea; ***auf dem ~*** por vía aérea; **~widerstand** *m* resistencia *f* del aire; **~zug** *m* (*-[e]s*; *sin pl*) corriente *f* del aire
'Lüg|e ['lyːgə] *f* (-; *-n*) mentira *f*; **2en** (*log*, *gelogen*, *h*) mentir; **~ner** [-nər] *m*

(-s; -), **~nerin** *f* (-; *-nen*), **≈nerisch** mentiroso *m*, -a *f*
Luke ['lu:kə] *f* (-; *-n*) tragaluz *m*; *mar* escotilla *f*
Lump [lump] *m* (*-en*; *-en*) canalla *m*
Lumpen ['-pən] *m* (*-s*; -) harapo *m*, andrajo *m*; (*Putz≈*) trapo *m*
Lunchpaket ['lan(t)ʃ-] *n* bolsa *f* de merienda
Lunge ['luŋə] *f* (-; *-n*) pulmón *m*
'Lungen|entzündung *f* pulmonía *f*, neumonía *f*; **~flügel** *m* lóbulo *m* pulmonar; **~krebs** *med m* cáncer *m* de pulmón
Lupe ['lu:pə] *f* (-; *-n*) lupa *f*; *fig* ***unter die ~ nehmen*** pasar por el tamiz
Lust [lust] *f* (-; *sin pl*) ganas *f*/*pl*; (*Vergnügen*) placer *m*; (***keine***) ***~ haben zu*** (no) tener ganas de; ***hättest du ~ auszugehen?*** ¿te gustaría salir?
lüstern ['-tərn] voluptuoso, lascivo
'lust|ig ['lustiç] alegre; (*belustigend*) divertido, gracioso; ***sich ~ machen über*** (*ac*) burlarse de; **~los** desanimado; *com* poco animado; **≈spiel** *n* comedia *f*
lutherisch ['lutəriʃ] luterano
'lutsch|en ['lutʃən] (*ge-*, *h*) chupar; ***am Daumen ~*** chuparse el dedo; **≈er** *m* (*-s*; -) pirulí *m*
Luv *mar* [lu:f] *f* (-; *sin pl*) barlovento *m*
luxuriös [luksur'jø:s] lujoso
'Luxus ['-ksus] *m* lujo *m*; **~artikel** *m* artículo *m* de lujo; **~hotel** *n* hotel *m* de lujo
Lymphknoten ['lymf-] *m* ganglio *m* linfático
lynch|en ['lynçən] (*ge-*, *h*) linchar; **≈justiz** *f* linchamiento *m*
'Lyri|k ['ly:rik] *f* (-; *sin pl*) (poesía *f*) lírica *f*; **~ker** *m* (*-s*; -) poeta *m* lírico; **≈sch** lírico

M

M, m [ɛm] *n* (-; -) M, m *f*
'Mach|art ['maxˀɑ:rt] *f* hechura *f*; forma *f*; **≈bar** factible, practicable
machen ['-ən] (*ge-*, *h*) *v*/*t* hacer; poner, volver (+ *adj*); *Appetit, Freude usw*: dar; ***das macht nichts*** no importa; ***da kann man nichts ~*** no hay nada que hacer; ***was macht ...?*** ¿qué es de ...?; ***wie viel macht das?*** ¿cuánto es?
Macher ['maxər] *m* (*-s*; -) cerebro *m*
Macht [maxt] *f* (-; *sin pl*) poder *m*; (*pl* ¨*e*) (*Staat*) potencia *f*; ***an der ~ sn*** estar en el poder; **'~apparat** *m* aparato *m* del poder; **'~befugnis** *f* poder *m*; autoridad *f*; **'~bereich** *m* esfera *f* de influencia; **~haber** ['-hɑ:bər] *m* (*-s*; -) dirigente *m*; potentado *m*
mächtig ['mɛçtiç] poderoso, potente; F *fig* enorme
'Macht|kampf ['maxt-] *m* lucha *f* por el poder; **≈los** sin poder, impotente
'Mädchen ['mɛ:tçən] *n* (*-s*; -) chica *f*, muchacha *f*; (*Kind*) niña *f*; (*Dienst≈*) criada *f*; ***junges ~*** joven *f*; **~name** *m* apellido *m* de soltera
made in ['meɪd in] made in
'Mad|e ['mɑ:də] *f* (-; *-n*) cresa *f*, gusano *m*; **≈ig** agusanado
Madonna [ma'dɔna] *f* (-; *-nen*) Virgen *f*
Mafia ['mafja] *f* (-; *sin pl*) mafia *f*
Magazin [maga'tsi:n] *n* (*-s*; *-e*) almacén *m*, depósito *m*; (*Zeitschrift*) revista *f* ilustrada
'Magen ['mɑ:gən] *m* (*-s*; ¨) estómago *m*; **~bitter** *m* (*-s*; -) estomacal *m*; **~geschwür** *n* úlcera *f* gástrica *od* del estómago; **~krebs** *med m* cáncer *m* de(l) estómago; **~schmerzen** *m*/*pl* dolor(es) *m*(*pl*) de estómago
'mager ['-gər] flaco; *Fleisch*: magro; **≈keit** *f* (-; *sin pl*) flaqueza *f*; **≈milch** *f* leche *f* desnatada
Mag|ie [ma'gi:] *f* (-; *sin pl*) magia *f*; **≈isch** ['mɑ:giʃ] mágico (*a fig*)
Ma'gnet [ma'gne:t] *m* (*-en*, *-[e]s*; *-e[n]*) imán *m*; **~band** *n* cinta *f* magnética; **≈isch** magnético; **~karte** *f* tarjeta *f* magnética; **~nadel** *f* aguja *f* iman(t)ada; **~platte** *f* disco *m* magnético
Mahagoni [maha'go:ni] *n* (*-s*; *sin pl*) caoba *f*
'Mäh|drescher ['mɛ:drɛʃər] *m* (*-s*; -) se-

gadora-trilladora *f*; **≗en** (*ge-*, *h*) segar; *Gras*: *a* cortar
mahlen ['ma:lən] (*mahlte*, *gemahlen*, *h*) moler
'Mahlzeit *f* comida *f*; **(*gesegnete*) ~!** ¡que aproveche!
Mähmaschine ['mɛ:-] *f* segadora *f*; (*Gras*≗) guadañadora *f*
Mahnbescheid ['ma:n-] *m* carta *f* admonitoria
Mähne ['mɛ:nə] *f* (-; *-n*) melena *f* (*a fig*); (*Pferde*≗) crines *f*/*pl*
'mahn|en ['ma:nən] (*ge-*, *h*) advertir; exhortar (***zu*** a); ***j-n an et* ~** recordar a/c a alg; **≗gebühr** *f* recargo *m* de apremio; **≗ung** *f* (-; *-en*) advertencia *f*; *com* reclamación *f*
Mai [maɪ] *m* (*-[e]s*; *raro* *-e*) mayo *m*; **'~glöckchen** *n* (*-s*; -) muguete *m*; **'~käfer** *m* abejorro *m*
Mais [maɪs] *m* (*-es*; *-e*) maíz *m*; **'~kolben** *m* mazorca *f*
Majestät [majɛs'tɛ:t] *f* (-; *-en*) majestad *f*
Majonäse → ***Mayonnaise***
Major [-'jo:r] *m* (*-s*; *-e*) comandante *m*; **~an** *bot* [-jo'ra:n od 'ma:joran] *m* (*-s*; *-e*) mejorana *f*
makaber [-'ka:bər] macabro
'Makel [ma:kəl] *m* (*-s*; -) mancha *f*, tacha *f*; **≗los** intachable
Make-up [meik'ˀap] *n* (*-s*; *-s*) maquillaje *m*
Makkaroni [maka'ro:ni] *pl* macarrones *m*/*pl*
'Makler ['ma:klər] *m* (*-s*; -) corredor *m*, agente *m*; **~gebühr** *f* corretaje *m*
Makrele [ma'kre:lə] *f* (-; *-n*) caballa *f*
Makrone [-'kro:nə] *f* (-; *-n*) macarrón *m*
Mal [ma:l] **1.** *n* (*-[e]s*; *-e*) **a)** (*Zeichen*) marca *f*; (*pl* *¨er*) (*Denk*≗) monumento *m*; **b)** vez *f*; ***zum ersten* ~** por primera vez; **jedes ~** cada vez (***wenn*** que) ***2* ≗ *2*** dos por dos; ***mit e-m* ~** de repente; **2. ≗** *adv* F = ***einmal***
Malaria [-'la:rja] *f* (-; *sin pl*) paludismo *m*, malaria *f*
'mal|en ['ma:lən] (*ge-*, *h*) pintar (*a fig*); **≗er** *m* (*-s*; -) pintor *m*; (*Anstreicher*) pintor *m* (de brocha gorda); **≗e'rei** *f* (-; *-en*) pintura *f*; **≗erin** *f* (-; *-nen*) pintora *f*; **~erisch** pintoresco; **≗kasten** *m* caja *f* de colores *od* de pinturas
Malve *bot* ['malvə] *f* (-; *-n*) malva *f*
'Malz|bier ['malts-] *n* cerveza *f* de malta; **~kaffee** *m* (café *m* de) malta *f*
Mama [ma'ma:, F 'mama] *f* (-; *-s*) mamá *f*
man [man] se; uno; **~ *spricht Deutsch*** se habla alemán; **~ *wundert sich*** uno se extraña; **~ *sagt*** dicen; **~ *muss*** hay que
'Manag|ement ['mɛnidʒmənt] *n* (-; *sin pl*) dirección *f*, gerencia *f*; **≗en** (*ge-*, *h*) manejar, organizar; **~er** *m* (*-s*; -) ejecutivo *m*; *dep usw* mánager *m*
manch [manç] alguno; más de un(o); **~e** algunos; varios; **~es** mucho, muchas cosas; **'~mal** algunas veces, a veces, de vez en cuando
Mandarine [manda'ri:nə] *bot* *f* (-; *-n*) mandarina *f*
Mandat [-'da:t] *n* (*-[e]s*; *-e*) mandato *m*
'Mandel ['-dəl] *f* (-; *-n*) *bot* almendra *f*; *med* amígdala *f*; **~baum** *m* almendro *m*; **~entzündung** *f* amigdalitis *f*
Mandoline *mus* [-do'li:nə] *f* (-; *-n*) mandolina *f*
Manege [ma'ne:ʒə] *f* (-; *-n*) pista *f* de circo
'Mangel ['maŋəl] *m* (*-s*; *¨*) (*Fehler*) defecto *m*; (*Fehlen*) falta *f*, escasez *f* (***an*** *dat* de); ***aus* ~ *an*** (*dat*) por falta de; **~beruf** *m* profesión *f* con escasez de personal; **≗haft** defectuoso; insuficiente; **≗n** (*ge-*, *h*) (*fehlen*) faltar, hacer falta (***j-m an et*** a/c a alg); **≗s** (*gen*) por falta de; **~ware** *f* artículo *m* escaso; **~ *sn*** escasear
Mangold *bot* ['maŋgɔlt] *m* (*-[e]s*; *-e*) acelga(s) *f*(*pl*)
Manie [ma'ni:] *f* (-; *-n*) manía *f*
Manieren [-'ni:rən] *f*/*pl* modales *m*/*pl*
Manifest [-ni'fɛst] *n* (*-[e]s*; *-e*) manifiesto *m*
Mani'küre [-'ky:rə] *f* (-; *-n*) manicura *f* (*a Person*); **≗n** (*h*) hacer la manicura
Manipul|ation [-pula'tsjo:n] *f* (-; *-en*) manipulación *f*; **≗'ieren** (*h*) manipular
Mann [man] *m* (*-[e]s*; *¨er*) hombre *m*; (*Ehe*≗) marido *m*
Männchen ['mɛnçən] *n* (*-s*; -) hombrecillo *m*; *zo* macho *m*
Mannequin [manə'kɛ̃] *n* (*-s*; *-s*) maniquí *f*, modelo *f*
mannigfaltig ['maniçfaltiç] vario, variado, diverso
männlich ['mɛnliç] masculino (*a gram*); *zo* macho
'Mannschaft ['manʃaft] *f* (-; *-en*) equipo

m (*a dep*); *mar*, *avia* tripulación *f*; **~skapitän** *m dep* capitán *m* (del equipo)
Manöver [ma'nøːvər] *n* (-*s*; -) maniobra *f* (*a fig*)
Man'sarde [man'zardə] *f* (-; -*n*) buhardilla *f*, mansarda *f*; **~nwohnung** *f* ático *m*
Man'schette [-'ʃɛtə] *f* (-; -*n*) puño *m*; **~nknopf** *m* gemelo *m*
'Mantel ['-təl] *m* (-*s*; ⸚) abrigo *m*; **~tarif** *m* convenio *m* tipo; **~tarifvertrag** *m* convenio *m* colectivo tipo
manuell [manu'ɛl] manual
Manuskript [-'skript] *n* (-*[e]s*; -*e*) manuscrito *m*
Mappe ['mapə] *f* (-; -*n*) (*Akten*≗, *Schul*≗) cartera *f*; (*Ordner*) carpeta *f*
'Märchen ['mɛːrçən] *n* (-*s*; -) cuento *m* (de hadas); **~buch** *n* libro *m* de cuentos; **≗haft** fabuloso
Marder ['mardər] *m* (-*s*; -) marta *f*
Margarine [-ga'riːnə] *f* (-; -*n*) margarina *f*
Marienbild [ma'riːənbilt] *n* imagen *f* de la Virgen, madona *f*
Marihuana [-rihu'ɑːna] *n* (-*s*; *sin pl*) marihuana *f*
Marinade [-'nɑːdə] *f* (-; -*n*) escabeche *m*
Ma'rine [-'riːnə] *f* (-; -*n*) marina *f*; **~stützpunkt** *m* base *f* naval
marinieren [-ri'niːrən] (*h*) poner en escabeche, escabechar
Mario'nette [mario'nɛtə] *f* (-; -*n*) títere *m*, marioneta *f* (*a fig*); **~ntheater** *n* teatro *m* de títeres
Mark [mark] **1.** *n* (-*[e]s*; *sin pl*) tuétano *m*, meollo *m* (*alle a fig*); (*Frucht*≗) pulpa *f*; **2.** *f inv com* marco *m*
'Marke ['-kə] *f* (-; -*n*) marca *f* (*a com*); (*Spiel*≗) ficha *f*; (*Brief*≗) sello *m*, *Am* estampilla *f*; **~nartikel** *com m* artículo *m* de marca; **~nbewusstsein** *n* (**~nerzeugnis** *n*) conciencia *f* (artículo *m*) de marca; **~nimage** *n* imagen *f* de una marca; **~ntreue** *f* fidelidad *f* a una marca; **~nzeichen** *n* marca *f* (comercial)
'Marketing ['markətiŋ] *n* (-*s*; *sin pl*) marketing *m*; **~abteilung** *f* sección *f* de marketing
markier|en [-'kiːrən] (*h*) marcar (*a com*); señalar; (*beschriften*) rotular; F simular; **≗ung** *f* (-; -*en*) marca *f*; marcación *f*; señalización *f*
Markise [-'kiːzə] *f* (-; -*n*) toldo *m*; marquesina *f*
Markknochen ['mark-] *m* hueso *m* con tuétano
Markt [markt] *m* (-*[e]s*; ⸚*e*) mercado *m*; ***Gemeinsamer ~*** Mercado *m* Común; ***auf den ~ bringen*** lanzar al mercado; ***zum ~ gehen*** ir a la plaza; **'~analyse** *f* análisis *m* del mercado; **'~anteil** *m* cuota *f* de mercado; **'≗beherrschend** que domina el mercado; **'~forschung** *f* estudio *m* del mercado; **'~führer** *m* líder *m* (en el mercado); **'~halle** *f* mercado *m* cubierto; **'~lücke** *f* hueco *m* de la demanda; **'~platz** *m* mercado *m*, plaza *f*; **'~wert** *m* valor *m* de mercado; **'~wirtschaft** *f*: (***freie***) **~** economía *f* de mercado (libre); **≗wirtschaftlich** de (la) economía de mercado
Marmelade [marmə'lɑːdə] *f* (-; -*n*) mermelada *f*
'Marmor ['-mɔr] *m* (-*s*; -*e*) mármol *m*
Marok'kan|er [-rɔ'kɑːnər] *m* (-*s*; -), **~erin** *f* (-; -*nen*), **≗isch** marroquí *su*
Marone [-'roːnə] *f* (-; -*n*) castaña *f*
Marsch [marʃ] *m* (-*[e]s*; ⸚*e*) marcha *f* (*a mus*); **≗'ieren** (*sn*) marchar
Märtyrer ['mɛrtyrər] *m* (-*s*; -), **~in** *f* (-; -*nen*) mártir *su*
Mar'xis|mus [mar'ksismus] *m* (-*s*; *sin pl*) marxismo *m*; **~t** *m* (-*en*; -*en*), **~tin** *f* (-; -*nen*), **≗tisch** marxista *su*
März [mɛrts] *m* (-; *raro* -*e*) marzo *m*
Marzipan [martsi'pɑːn] *n* (-*s*; -*e*) mazapán *m*
Masche ['maʃə] *f* (-; -*n*) malla *f*; (*Strick*≗) punto *m*; F *fig* truco *m*
Maschin|e [-'ʃiːnə] *f* (-; -*n*) máquina *f*; *avia* avión *m*; ***mit der ~ schreiben*** escribir a máquina; **≗ell** [-ʃi'nɛl] a máquina
Ma'schinen|bau [-ʃiːnən-] *m* (-*[e]s*; *sin pl*) construcción *f* de máquinas; **~fabrik** *f* fábrica *f* de maquinaria; **≗geschrieben** escrito a máquina, mecanografiado; **~gewehr** *n* ametralladora *f*; **~pistole** *f* metralleta *f*, pistola *f* ametralladora
Ma'schineschreiben *n* (-*s*; *sin pl*) mecanografía *f*
Maschinist [maʃi'nist] *m* (-*en*; -*en*) maquinista *m*
'Maser|n [mɑːzərn] *med pl* sarampión *m*; **~ung** *f* (-; -*en*) vetas *f*/*pl*
'Mask|e ['maskə] *f* (-; -*n*) máscara *f*; (*Schutz*≗) careta *f*; (*Verkleidung*) dis-

M

fraz *m*; **~enbildner** *m* (*-s*; -) maquillador *m*; **2'ieren** (*h*) disfrazar (***als*** de)

Maß [maːs] *n* (*-es*; *-e*) medida *f*; (*Mäßigung*) moderación *f*; ***nach ~*** a (la) medida; ***in hohem ~e*** en alto grado; ***in dem ~e wie*** a medida que, conforme; ***~ nehmen*** tomar medida

Massage [ma'saːʒə] *f* (-; *-n*) masaje *m*

Masse ['masə] *f* (-; *-n*) masa *f*; *v Menschen*: *a* muchedumbre *f*

'Massen|abfertigung ['masən-] *f* tratamiento *m* masificado; **~absatz** *m* venta *f* en gran escala; **~andrang** *m* afluencia *f* masiva; **~arbeitslosigkeit** *f* desempleo *m* masivo; **~entlassung** *f* despido *m* masivo; **2haft** en grandes cantidades, en masa; **~karambolage** *f* choque *m od* colisión *f* en cadena; **~medien** *n/pl* medios *m/pl* de comunicación social; **~tierhaltung** *f* cría *f* de animales en gran escala; **~tourismus** *m* turismo *m* de masas; **~verkehrsmittel** *n/pl* medios *m/pl* de transporte colectivo; **2weise** en masa

Mas'seur [ma'søːr] *m* (*-s*; *-e*), **~in** *f* (-; *-nen*) masajista *su*

'maß|gebend ['maːs-], **~geblich** ['-geːpliç] *j*: competente; *et*: decisivo, determinante

massieren [ma'siːrən] (*h*) *med* dar un masaje (a)

'mäßig ['mɛːsiç] moderado; *Preis*: módico; *im Essen*: frugal; *im Trinken*: sobrio; (*mittel~*) mediocre, regular; **~en** [-gən] (*ge-*, *h*): (***sich***) ~ moderar(se); (*mildern*) suavizar; **2ung** *f* (-; *sin pl*) moderación *f*

Massiv [ma'siːf] *n* (*-s*; *-e*) macizo *m*

'Maß|krug ['maːs-] *m* jarro *m* de litro; **2los** desmesurado; inmenso; **~nahme** ['-naːmə] *f* (-; *-n*) medida *f*; **~nahmenkatalog** *m* catálogo *m* de medidas; **~stab** *m auf Karten usw*: escala *f*; *fig* ***in großem ~*** en gran escala

Mast [mast]: **1.** *f* (-; *-en*) engorde *m*, ceba *f*; **2.** *m* (*-[e]s*; *-e[n]*) *mar* palo *m*, mástil *m*; (*Leitungs2*) poste *m*; **'~darm** *m* recto *m*

mästen ['mɛstən] (*ge-*, *h*) engordar, cebar

Materi'al [mater'jaːl] *n* (*-s*; *-ien* [-jən]) material *m*; **~fehler** *m* defecto *m* de material

Materie [-'teːrjə] *f* (-; *-n*) materia *f*

materiell [-ter'jɛl] material

Mathema|tik [-təma'tiːk] *f* (-; *sin pl*) matemáticas *f/pl*; **2tisch** [-'maːtiʃ] matemático

Matinee [-ti'neː] *f* (-; *-n*) función *f* matinal

Matratze [-'tratsə] *f* (-; *-n*) colchón *m*

Matrize [-'triːtsə] *f* (-; *-n*) matriz *f*

Matrose [-'troːzə] *m* (*-n*; *-n*) marinero *m*

matt [mat] débil, flojo, fatigado; (*glanzlos*) mate (*a fot*); *Stimme*, *Augen*, *Farbe*: apagado; *Glas*: opaco; *Schach*: mate; **'2e** *f* (-; *-n*) estera *f*; (*Fuß2*) felpudo *m*; **'2scheibe** *f TV* pequeña pantalla *f*

Mauer ['maʊər] *f* (-; *-n*) muro *m*; (*Stadt2*) muralla *f*; (*Wand*) pared *f*

Maul [maʊl] *n* (*-[e]s*; *⸚er*) boca *f*; (*Schnauze*) hocico *m*; **'~esel** *m* burdégano *m*; **'~korb** *m* bozal *m*; **'~tier** *n* mulo *m*, macho *m*; **'~- und 'Klauenseuche** *f* glosopeda *f*, fiebre *f* aftosa; **'~wurf** *m* (*-[e]s*; *⸚e*) topo *m*

Maure ['maʊrə] *m* (*-n*; *-n*) moro *m*

Maurer ['-rər] *m* (*-s*; -) albañil *m*

'Maur|in ['-rin] *f* (-; *-nen*) mora *f*; **2isch** moro

Maus [maʊs] *f* (-; *⸚e*) *a inform* ratón *m*; **'~efalle** ['maʊzə-] *f* ratonera *f*; **~klick** *m inform* clic *m* con el ratón; ***per ~*** por un clic con el ratón

Maut ['maʊt] *f* (-; *-en*) peaje *m*; **'~gebühr** *f* peaje *m*; **'~stelle** *f* (**'~straße** *f*) estación *f* (carretera *f*) de peaje

maxi|mal [maksi'maːl] máximo; *adv* como máximo; a lo sumo; **2mierung** [-'miːruŋ] *f* (-; *-en*) maximización *f*

Mayonnaise [majɔ'nɛːzə] *f* (-; *-n*) mayonesa *f*

Mäzen [mɛ'tseːn] *m* (*-s*; *-e*) mecenas *m*

Me'chani|ker [me'çaːnikər] *m* (*-s*; -) mecánico *m*; **2sch** mecánico; *fig a* maquinal; **~'sierung** [-'ziːruŋ] *f* (-; *-en*) mecanización *f*; **~smus** [-'nismus] *m* (-; *-men*) mecanismo *m*

meckern ['mɛkərn] (*ge-*, *h*) *Ziege*: balar; F *fig* poner reparos a todo; quejarse

Medaille [me'daljə] *f* (-; *-n*) medalla *f*

'Medien ['meːdjən] *n/pl* medios *m/pl* de comunicación; **~spektakel** *n* (*-s*; -) espectáculo *m* multimedia

Medikament [medika'mɛnt] *n* (*-[e]s*; *-e*) medicamento *m*, medicina *f*

Medium ['meːdjum] *n* (*-s*; *-dien* [-djən]) medio *m*

M

Medi'zin [medi'tsiːn] *f* (-; *-en*; *als Fach sin pl*) medicina *f*; **≈isch** médico; (*arzneilich*) medicinal

Meer [meːr] *n* (*-[e]s*; *-e*) mar *su*; **'~aal** *m* congrio *m*; **'~blick** *m* vista *f* al mar; **'~enge** *f* estrecho *m*; **'~esfrüchte** *f/pl* mariscos *m/pl*; **'~esspiegel** *m* nivel *m* del mar; **'~rettich** *m* rábano *m* picante; **'~salz** *n* sal *f* marina; **'~schweinchen** ['-ʃvaɪnçən] *n* (*-s*; -) conejillo *m* de Indias, cobayo *m*; **'~wasser** *n* agua *f* de mar

Mehl [meːl] *n* (*-[e]s*; *-e*) harina *f*

mehr [meːr] más (***als*** que, *vor Zahlen*: de); ***nicht ~*** *zeitlich*: ya no; ***nichts ~*** nada más; ***~ oder weniger*** más o menos; ***et nicht ~*** (*wieder*) ***tun*** no volver a hacer a/c

'Mehr|arbeit *f* trabajo *m* adicional; **~aufwand** *m*, **~ausgabe** *f* aumento *m* de gastos; gasto *m* adicional; **~einnahme** *f* aumento *m* de ingresos; (*Überschuss*) excedente *m*; **≈ere** ['-rərə] varios, diversos; **≈fach** múltiple; *adv* repetidas veces; **~heit** *f* (-; *-en*) mayoría *f*; **~heitswahlrecht** *n* sistema *m* mayoritario; **~kosten** *pl* gastos *m/pl* suplementarios *od* adicionales; **≈mals** ['-maːls] varias *od* repetidas veces; **~parteiensystem** *n* pluripartidismo *m*; **≈stimmig** ['-ʃtimiç] de varias voces; **~wegflasche** *f* botella *f* recuperable; **~wert** *m* plusvalía *f*; **~wertsteuer** *f* impuesto *m* sobre el valor añadido; **~zahl** *f* (-; *sin pl*) mayoría *f*; *gram* plural *m*

Meile ['maɪlə] *f* (-; *-n*) legua *f*; (*See≈*) milla *f*

mein [maɪn] mi; ***der meine*** el mío; ***die ≈en*** los míos

Meineid ['-ʔaɪt] *m* perjurio *m*; ***e-n ~ leisten*** jurar en falso, perjurar

meinen ['-nən] (*ge-*, *h*) pensar, creer, opinar; (*sagen wollen*) querer decir; ***was ~ Sie dazu?*** ¿qué le parece?; ***das will ich ~!*** ¡ya lo creo!; ***wie Sie ~*** como Vd. quiera; ***er meint es gut*** tiene las mejores intenciones

meinerseits ['-nərzaɪts] por (*od* de) mi parte

'meinet|wegen ['-nət-] por mí (***kann er gehen*** que se vaya); ***~!*** ¡sea!; **~willen**: ***um ~*** por mí

'Meinung ['-nuŋ] *f* (-; *-en*) opinión *f*, parecer *m*; ***m-r ~ nach*** en mi opinión; a mi modo de ver; **~sforschung** *f* sondeo *m* de opinión; **~sforschungsinstitut** *n* instituto *m* de sondeo; **~sumfrage** *f* encuesta *f* demoscópica

Meise ['-zə] *zo f* (-; *-n*) paro *m*

Meißel ['-səl] *m* (*-s*; -) escoplo *m*; *des Bildhauers*: cincel *m*

meist [maɪst]: ***das ~e***, ***die ~en*** la mayoría *od* mayor parte (de); ***am ~en*** más; *s a* ***~ens***; **'≈begünstigungsklausel** *f* cláusula *f* de nación más favorecida; **'~ens** la mayoría de las veces, en general

'Meister ['-stər] *m* (*-s*; -) maestro *m*; *dep* campeón *m*; **≈haft** magistral; *adv* con maestría; **~in** *f* (-; *-nen*) *dep* campeona *f*; **~schaft** *f* (-; *sin pl*) maestría *f*; *dep* (*pl -en*) campeonato *m*; **~stück** *n* obra *f* maestra; **~werk** *n* obra *f* maestra

'Melde|behörde ['mɛldə-] *f* oficina *f* de registro; **≈n** (*ge-*, *h*) declarar; (*ankündigen*) anunciar; (*anzeigen*) denunciar; (*mitteilen*) informar, dar parte (***j-m et*** a alg de a/c); ***sich ~*** presentarse (***bei*** a); *tel* contestar; *polizeilich*: registrarse; (*an~*) inscribirse; **~pflicht** *f* declaración *f* obligatoria (*a med*); *amtlich*: registro *m* obligatorio; **~zettel** *m* hoja *f* de inscripción *bzw* de registro

Meldung ['-duŋ] *f* (-; *-en*) (*Nachricht*) noticia *f*; (*Anzeige*) denuncia *f*; (*Mitteilung*) aviso *m*; parte *m*; (*Bericht*) informe *m*; (*An≈*) inscripción *f*

Melisse *bot* [me'lisə] *f* (-; *-n*) melisa *f*

melken ['mɛlkən] (*molk*, *gemolken*, *h*) ordeñar

Melodie [melo'diː] *f* (-; *-n*) melodía *f*

Melone [-'loːnə] *f* (-; *-n*) melón *m*; (*Wasser≈*) sandía *f*

Memoiren [memo'ɑːrən] *pl* memorias *f/pl*

'Menge ['mɛŋə] *f* (-; *-n*) cantidad *f*; (*große Anzahl*) multitud *f*; (*Menschen≈*) *a* muchedumbre *f*; ***e-e ~*** (*su*) gran número de; **~nrabatt** *m* descuento *m* por cantidad

Mensa ['mɛnza] *f* (-; *-s*, *Mensen*) comedor *m* universitario

Mensch [mɛnʃ] *m* (*-en*; *-en*) hombre *m*; persona *f*; ***jeder ~*** todo el mundo; ***kein ~*** nadie

'Menschen|freund *m* filántropo *m*; **~kenntnis** *f* conocimiento *m* de los

M

hombres; 2**leer** despoblado; desierto; **~menge** *f* multitud *f*, muchedumbre *f*, gentío *m*; **~rechte** *n/pl* derechos *m/pl* humanos *od* del hombre; 2**scheu** huraño; **~seele** *f*: ***keine ~*** ni un alma (viviente); **~skind!** F ¡hombre!; 2**unwürdig** inhumano; **~verstand** *m*: ***gesunder ~*** sentido *m* común; 2**würdig** humano

'Mensch|heit *f* (-; *sin pl*) humanidad *f*; 2**lich** humano; **~lichkeit** *f* (-; *sin pl*) humanidad *f*

Menstruation [mɛnstrua'tsjoːn] *f* (-; *-en*) menstruación *f*

Mentalität [-tali'tɛːt] *f* (-; *-en*) mentalidad *f*

Menü [me'nyː] *n* (-*s*; -*s*) menú *m* (*a inform*), minuta *f*; (*Gedeck*) cubierto *m* (fijo)

Menuett [menu'ɛt] *n* (-*[e]s*; -*e*) minué *m*

Meridian [meri'djɑːn] *m* (-*s*; -*e*) meridiano *m*

'Merk|blatt ['mɛrk-] *n* hoja *f* informativa *od* explicativa; 2**en** (*ge-*, *h*) notar, darse cuenta de; ***sich et ~*** recordar a/c; 2**lich** perceptible; (*beträchtlich*) considerable; **~mal** *n* (-*s*; -*e*) señal *f*; (*Kennzeichen*) característica *f*; 2**würdig** curioso, raro, extraño

Mesner → ***Messner***

'Mess|band ['mɛs-] *n* (-*[e]s*; *⸚er*) cinta *f* métrica; 2**bar** mensurable

'Messe ['mɛsə] *f* (-; -*n*) *rel* misa *f*; *com* feria *f*; **~ausweis** *m* pase *m* (de la feria); **~besucher(in** *f*) *m com* feriante *su*; **~gelände** *n* recinto *m* ferial

messen ['-sən] (*maß*, *gemessen*, *h*) medir; ***sich ~ mit*** competir con

'Messeneuheit *f* novedad *f* de la feria

'Messer ['-sər] *n* (-*s*; -) cuchillo *m*; (*Klapp*2) navaja *f*; **~stich** *m* cuchillada *f*

'Messe|stadt *f* ciudad *f* de ferias; **~stand** *m* stand *m*

Messing ['mɛsiŋ] *n* (-*s*; *sin pl*) latón *m*

Messner ['mɛsnər] *m* (-*s*; -) sacristán *m*

Messung ['mɛsuŋ] *f* (-; -*en*) medición *f*

Me'tall [me'tal] *n* (-*s*; -*e*) metal *m*; ***~ verarbeitend*** metalúrgico; **~arbeiter** *m* (obrero *m*) metalúrgico *m*; **~industrie** *f* industria *f* metalúrgica; **~urgie** [-ur'giː] *f* (-; *sin pl*) metalurgia *f*

Meteor [-te'oːr] *m* (-*s*; -*en*) meteorito *m*; **~ologe** [-oro'loːgə] *m* (-*n*; -*n*) meteorólogo *m*; **~ologie** [-lo'giː] *f* (-; *sin pl*) meteorología *f*

'Meter ['meːtər] *m*, *a n* (-*s*; -) metro *m*; **~maß** *n* (-*es*; -*e*) (*Band*) cinta *f* métrica; (*Zollstock*) metro *m* (plegable)

Me'thod|e [me'toːdə] *f* (-; -*n*) método *m*; 2**isch** metódico

metrisch ['meːtriʃ] métrico

Metropole [metro'poːlə] *f* (-; -*n*) metrópoli *f*

Mette ['mɛtə] *f* (-; -*n*) maitines *m/pl*

Mettwurst ['mɛtvurst] *f especie de butifarra ahumada*

Metzge|r ['mɛtsgər] *m* (-*s*; -) carnicero *m*; **~'rei** *f* (-; -*en*) carnicería *f*

Meuterei [mɔʏtə'raɪ] *f* (-; -*en*) motín *m*

Mexikan|er [mɛksi'kɑːnər] *m* (-*s*; -), **~erin** *f* (-; -*nen*), 2**isch** mejicano *m*, -a *f*

miauen [mi'aʊən] (*h*) maullar

mich [miç] me; *betont*: a mí

Mieder ['miːdər] *n* (-*s*; -) corpiño *m*; (*Korsett*) corsé *m*, faja *f*

Miene ['miːnə] *f* (-; -*n*) cara *f*

mies F [miːs] malo, feo; **'2muschel** *f* mejillón *m*

'Miet|dauer ['miːt-] *f* duración *f* del alquiler; **~e** *f* (-; -*n*) alquiler *m*; 2**en** (*ge-*, *h*) alquilar; **~er** *m* (-*s*; -), **~erin** *f* (-; -*nen*) inquilino *m*, -a *f*; **~kauf** *m* alquiler-venta *m*; **~vertrag** *m* contrato *m* de alquiler (*Wohnung*: de inquilinato); **~wagen** *m* coche *m* de alquiler; **~wohnung** *f* piso *m* de alquiler

Migräne [mi'grɛːnə] *f* (-; -*n*) jaqueca *f*

'Mikro|chip ['mikro-] *m* microchip *m*; **~fiche** [-fiʃ] *m*, *n* (-*s*; -*s*) microficha *f*; **~film** *m* microfilm(e) *m*; **~fon**, [-'foːn] *n* (-*s*; -*e*) micrófono *m*; **~skop** [-'skoːp] *n* (-*s*; -*e*) microscopio *m*; **~wellenherd** *m* horno *m* microondas

Milch [milç] *f* (-; *sin pl*) leche *f*; **'~glas** *n* cristal *m* opalino; **'~kaffee** *m* café *m* con leche; **'~mixgetränk** *n* batido *m*; **'~pulver** *n* leche *f* en polvo; **'~reis** *m* arroz *m* con leche; **'~straße** *astr f* vía *f* láctea; **'~tüte** *f* bolsa *f* de leche; **'~zahn** *m* diente *m* de leche

mild [milt], **~e** ['-də] suave; *Wetter*: apacible; *Klima*: templado; *j*: indulgente; *Strafe*: leve; 2**e** ['-də] *f* (-; *sin pl*) suavidad *f*; *j-s*: indulgencia *f*; **'~ern** (*ge-*, *h*) templar, suavizar; (*lindern*) mitigar, aliviar; ***~der Umstand*** circunstancia *f* atenuante

M

Milieu [mil'jøː] *n* (*-s*; *-s*) ambiente *m*, medio *m*

Mili'tär [mili'tɛːr] *n* (*-s*; *sin pl*) ejército *m*; soldados *m/pl*; ***er ist beim ~*** está en filas; **~attaché** *m* agregado *m* militar; **≈isch** militar

Militarismus [-ta'rismus] *m* (*-*; *sin pl*) militarismo *m*

Milli|arde [mil'jardə] *f* (*-*; *-n*) mil millones *m/pl*; **~meter** [mili'-] *m*, *a n* milímetro *m*

Million [mil'joːn] *f* (*-*; *-en*) millón *m*; **~är** [-jo'nɛːr] *m* (*-s*; *-e*), **~ärin** *f* (*-*; *-nen*) millonario *m*, -a *f*

Milz [milts] *f* (*-*; *-en*) bazo *m*

Mimose *bot* [mi'moːzə] *f* (*-*; *-n*) mimosa *f*, sensitiva *f*

Minarett [mina'rɛt] *n* (*-s*; *-e*) alminar *m*, minarete *m*

'minder ['mindər] menor; (*geringer*) inferior; *adv* menos; **≈einnahme** *f* déficit *m* de ingresos; **≈heit** *f* (*-*; *-en*) minoría *f*; **≈heitsregierung** *f* gobierno *m* minoritario; **~jährig** menor (de edad); **~n** (*ge-*, *h*) reducir, disminuir; **≈ung** *f* (*-*;*-en*) reducción *f*, disminución *f*; **~wertig** [-veːrtiç] (de calidad) inferior; de escaso valor

'mindest ['-dəst]: ***das ≈e*** lo menos; ***nicht das ≈e*** ni lo más mínimo; ***nicht im ≈en*** de ningún modo; **~ens** por lo (*od* al) menos; como mínimo; **≈gebot** *n* postura *f* mínima; **≈lohn** *m* salario *m* mínimo

Mine ['miːnə] *f* (*-*; *-n*) *a Kugelschreiber*: mina *f*

Mine'ral [mine'raːl] *n* (*-s*; *-e*) mineral *m*; **~öl** *n* aceite *m* mineral; **~ölsteuer** *f* impuesto *m* sobre los aceites minerales; **~quelle** *f* fuente *f* de aguas minerales; **~wasser** *n* agua *f* mineral

'Mini|bus ['mini-] *m* microbús *m*; **~golf** *n a Anlage*: minigolf *m*; **~rock** *m* minifalda *f*

Mi'nister [-'nistər] *m* (*-s*; *-*), **~in** *f* (*-*; *-nen*) ministro *m*, -a *f*; **~ium** [-'teːrjum] *n* (*-s*; *-ien*) ministerio *m*; **~präsident(in** *f*) *m* Presidente *m*, -a *f* del Consejo; primer(a) ministro *m* (-a *f*); *Esp* presidente *m* del gobierno

'minus ['miːnus] **1.** *adv* menos; ***3 Grad ~*** tres grados bajo cero; **2.** ≈ *n inv* → **≈betrag** *m com* déficit *m*; **≈zeichen** *n* (signo *m* de) menos *m*

M

Mi'nute [mi'nuːtə] *f* (*-*; *-n*) minuto *m*; **~nzeiger** *m* minutero *m*

mir [miːr] me; *betont*: a mí; ***mit ~*** conmigo; ***ein Freund von ~*** un amigo mío

Mirabelle *bot* [miːra'bɛlə] *f* (*-*; *-n*) ciruela *f* amarilla *od* mirabel

'Misch|brot ['miʃ-] *n* pan *m* integral; **≈en** (*ge-*, *h*) mezclar; *Karten*: barajar; ***sich ~ in*** (*ac*) (entre)meterse en; **~gemüse** *n* macedonia *f* de verduras; **~ung** *f* (*-*; *-en*) mezcla *f*

miserabel [mizə'raːbəl] miserable; malísimo, pésimo

'Miss|achtung ['misˀ-] *f* (*-*; *sin pl*) desprecio *m*, desdén *m*; **~bildung** *f* (*-*; *-en*) deformación *f*; deformidad *f*; **≈'billigen** (*h*) desaprobar; **'~brauch** *m* (*-s*; *¨e*) abuso *m*; **≈'brauchen** (*h*) abusar de (*a Frau*); **≈bräuchlich** ['-brɔʏçliç] abusivo; **~erfolg** *m* fracaso *m*; **~ernte** *f* mala cosecha *f*

'Miss|fallen ['misfalən] *n* (*-s*; *sin pl*) desagrado *m*, disgusto *m*; **~geschick** *n* mala suerte *f*, desgracia *f*, adversidad *f*; **≈'glücken** (*sn*) fracasar, malograrse; salir mal; **≈'handeln** (*h*) maltratar; **~'handlung** *f* malos tratos *m/pl*

Mission [mis'joːn] *f* (*-*; *-en*) misión *f*; **~ar** [-jo'naːr] *m* (*-s*; *-e*) misionero *m*

'Miss|klang ['misklaŋ] *m* disonancia *f* (*a fig*); **≈lingen** [-'liŋən] (*misslang*, *misslungen*, *sn*) fracasar; ***j-m ~*** salir mal a alg; **~mut** *m* mal humor *m*; **≈'trauen** (*h*) (*dat*) desconfiar de; **~trauen** *n* (*-s*; *sin pl*) desconfianza *f*; **~trauensvotum** *n* voto *m* de censura; **≈trauisch** desconfiado (***gegen*** de); receloso; **≈verständlich** equívoco; **~verständnis** *n* (*-ses*; *-se*) equivocación *f*, malentendido *m*; **≈verstehen** (*missverstand*, *missverstanden*, *h*) entender *od* interpretar mal; **~wirtschaft** *f* (*-*; *sin pl*) desgobierno *m*, mala gestión *f*

Mist [mist] *m* (*-[e]s*; *sin pl*) estiércol *m*; F *fig* porquería *f*; (*Unsinn*) tonterías *f/pl*; **'~haufen** *m* estercolero *m*

mit [mit] (*dat*) con; *Mittel*: por; por medio de; ***~ der Post*** por correo; ***~ dem Zug*** en tren; ***~ 20 Jahren*** a los veinte años; ***~ blonden Haaren*** de cabellos rubios

'Mit|arbeit *f* colaboración *f*, cooperación *f*; **≈arbeiten** (*sep*, *-ge-*, *h*) colaborar, cooperar (***bei*** en); **~arbeiter(in** *f*) *m*

colaborador(a *f*) *m*; **~arbeiterstab** *m* equipo *m* de colaboradores; **~bestimmung** *f* (-; *sin pl*) cogestión *f*; **2bringen** (*irr, sep, -ge-, h,* → ***bringen***) traer; **~bringsel** ['-briŋzəl] *n* (-*s*; -) pequeño regalo *m*; **~eigentümer(in** *f*) *m* copropietario *m*, -a *f*; **2ein'ander** uno(s) con otro(s); juntos; **~esser** *med m* comedón *m*, espinilla *f*; **2fahren** (*irr, sep, -ge-, sn,* → ***fahren***) ir (***mit*** con), acompañar (a); **~fahrerzentrale** *f* central *f* de viajes compartidos; **~fahrgelegenheit** *f* viaje *m* compartido; **~gefühl** *n* simpatía *f*; (*Beileid*) pésame *m*; **~glied** *n* miembro *m*; *e-s Vereins usw*: socio *m*; **~gliedsbeitrag** *m* cuota *f* (de socio); **~gliedskarte** *f* carnet *m* de socio; **~gliedsland** *n* país *m* miembro; **2hilfe von**, *auch* **mit Hilfe** con (la) ayuda de; por medio de **2kommen** (*irr, sep, -ge-, sn,* → ***kommen***) ir (***mit*** con), acompañar (a); *fig* (poder) seguir; **~laut** *gram m* consonante *f*; **~leid** *n* (-*[e]s*; *sin pl*) compasión *f*; piedad *f*; **2leidig** compasivo; **2machen** (*sep, -ge, h*) ser de la partida; participar (***bei*** en); *Mode usw*: seguir; (*ertragen*) sufrir; **2nehmen** (*irr, sep, -ge-, h,* → ***nehmen***) llevarse, llevar consigo; ***hart, arg ~*** dejar malparado; **~reisende** *m/f* compañero *m*, -a *f* de viaje; **2reißen** (*irr, sep, -ge-, h,* → ***reißen***) arrastrar; *fig* entusiasmar; apasionar; **2schreiben** (*irr, sep, -ge-, h,* → ***schreiben***) tomar apuntes; **2schuldig** cómplice (***an*** *dat* en); **2spielen** (*sep, -ge-, h*) tomar parte en el juego; ***j-m übel ~*** jugar una mala partida a alg

'Mittag ['mitaːk] *m* (-*[e]s*; -*e*) mediodía *m*; ***zu ~ essen*** almorzar, comer; **~essen** *n* almuerzo *m*, comida *f*; **2s** a mediodía; **~shitze** *f* calor *m* de mediodía; **~spause** *f* hora *f* de almorzar; **~sruhe** *f*, **~sschlaf** *m* siesta *f*; ***~ halten*** dormir la siesta; **~szeit** *f* (hora *f* del) mediodía *m*

Mitte ['mitə] *f* (-; -*n*) medio *m*, centro *m*; ***~ Mai*** a mediados de mayo

'mitteil|en ['mit-taılən] (*sep, -ge-, h*) comunicar, participar; avisar, informar (de); **2ung** *f* (-; -*en*) comunicación *f*, participación *f*

'Mittel ['mitəl] *n* (-*s*; -) medio *m*; (*Ausweg*) recurso *m*; *med* remedio *m*; *pl* (*Geld2*) *a* recursos *m/pl*, fondos *m/pl*; **~alter** *n* (-*s*; *sin pl*) Edad *f* Media; **2alterlich** medieval; **2amerikanisch** centroamericano; **~finger** *m* dedo *m* medio *od* del corazón; **2fristig** a medio plazo; **2groß** de tamaño mediano; *j*: de estatura mediana; **~klasse** *f* categoría *f* media; **~klassewagen** *m* coche *m* de categoría media; **2los** sin medios *od* recursos; **2mäßig** mediocre; mediano, regular; **~meerklima** *n* clima *m* mediterráneo; **~meerraum** *m* región *f* mediterránea; **~ohrentzündung** *f* otitis *f* media; **~punkt** *m* centro *m* (*a fig*); **2s** (*gen*) por medio de, mediante; **~stand** *m* clase *f* media; **~streifen** *m* *Autobahn*: (franja *f*) mediana *f*; **~welle** *f* onda *f* media

mitten ['mitən]: ***~ in*** en medio de; en el centro de; ***~ im Winter*** en pleno invierno

Mitternacht ['-tərnaxt] *f* medianoche *f* (***um*** a)

mittler ['-lər] *adj* medio; central; (*durchschnittlich*) mediano

Mittwoch ['-vɔx] *m* miércoles *m*

mit|unter [mit'ʔuntər] de vez en cuando; **'2wirkung** *f* (-; *sin pl*) cooperación *f*, concurso *m*, participación *f*; ***unter ~ von*** con la colaboración de

'Mix|er ['miksər] *m* (-*s*; -) barman *m*; (*Gerät*) batidora *f*; **~getränk** *n* batido *m*

'mobb|en [mɔbən] (*ge-, h*) *v/t* hacer mobbing; **2ing** *n* (-*[s]*; *sin pl*) mobbing *m*

'Möbel ['møːbəl] *n* (-*s*; -) mueble *m*; **~wagen** *m* camión *m* de mudanzas

Mobil(funk)netz *n* (-*es*; -*e*) *tel* red *f* de telefonía móvil

mobilisieren [mobili'ziːrən] (*h*) *a fig* movilizar

möbliert [mø'bliːrt] amueblado

'Mode ['moːdə] *f* (-; -*n*) moda *f*; ***neueste ~*** última moda; (***in***) ***~ sn*** estar de moda *od fig* en boga; **~farbe** *f* color *m* de moda; **~geschäft** *n* tienda *f* de modas

Modell [mo'dɛl] *n* (-*s*; -*e*) modelo *m*; (*Person*) modelo *su*; *arqu* maqueta *f*

'Mode|macher ['moːdə-] *m* modisto *m*; **~nschau** *f* desfile *m* de modelos

Moder|ator [mode'raːtɔr] *m* (-*s*; -*toren* [-'toːrən]), **~a'torin** [-ra'toːrin] *f* (-; -*nen*) *TV usw*: moderador(a *f*) *m*, presentador(a *f*) *m*; **2ieren** [-'riːrən] (*h*)

M

moderar, presentar

modern [mo'dɛrn] moderno; **ℒi'sierung** *f* (-; *-en*) modernización *f*

'Mode|salon ['moːdəzalɔŋ] *m* salón *m* de modas; **~schmuck** *m* bisutería *f*; **~schöpfer** *m* modisto *m*; **~zeitschrift** *f* revista *f* de modas

modisch ['-diʃ] de moda

Mofa ['moːfa] *n* (-*s*; -*s*) velomotor *m*

mogeln ['moːgəln] F (*ge-*, *h*) hacer trampa

mögen ['møːgən] (*mochte*, *gemocht*, *h*) (*können*, *dürfen*) poder; (*wünschen*) querer; *a Speise*: gustar; ***lieber ~*** preferir; ***ich mag ihn sehr gern*** le aprecio mucho; ***ich möchte*** (***gern***) quisiera; (***es***) ***mag sn*** puede ser, es posible

'möglich ['møːkliç] posible; ***alles ℒe*** todo lo posible; ***das ist gut*** *od* ***leicht ~*** es muy posible; **~er'weise** posiblemente; a lo mejor; **ℒkeit** *f* (-; *-en*) posibilidad *f*; **~st**: ***sein ℒes tun*** hacer todo lo posible; ***~ bald*** cuanto antes

Mohammedan|er *a neg* [mohame'daːnər] *m* (-*s*; -), **~erin** *f* (-; *-nen*), **ℒisch** mahometano *m*, -a *f*

Mohn *bot* [moːn] *m* (-*[e]s*; -*e*) adormidera *f*; (*Klatschℒ*) amapola *f*

Möhre *bot* ['møːrə] *f* (-; -*n*), **Mohrrübe** ['moːryːbə] *f* zanahoria *f*

Mokka ['mɔka] *m* (-*s*; -*s*) moca *m*

Mole *mar* ['moːlə] *f* (-; -*n*) muelle *m*

Molkerei [mɔlkə'raɪ] *f* (-; *-en*) lechería *f*

Moll *mus* [mɔl] *n* (-; *sin pl*) modo *m* menor

mollig ['-liç] (*rundlich*) regordete

Moment [mo'mɛnt] *m* (-*[e]s*; -*e*) momento *m*, instante *m*; **ℒan** [-'taːn] momentáneo; *adv* de momento

Monarchie [monar'çiː] *f* (-; -*n*) monarquía *f*

'Monat ['moːnat] *m* (-*[e]s*; -*e*) mes *m*; **ℒlich** mensual; *adv* por (*od* al) mes; ***100 Mark ~*** cien marcos mensuales; **~seinkommen** *n* ingresos *m/pl* mensuales; sueldo *m* mensual; **~skarte** *f* billete *m od* abono *m* mensual; **~srate** *f* mensualidad *f*; **~sschrift** *f* revista *f* mensual

Mönch [mœnç] *m* (-*[e]s*; -*e*) monje *m*, fraile *m*

Mond [moːnt] *m* (-*[e]s*; -*e*) luna *f*; **'~finsternis** *f* eclipse *m* lunar; **'~schein** *m* claro *m* de luna; ***im ~*** a la luz de la luna

mone|tär [mone'tɛːr] monetario; **ℒten** [-'neːtən] F *pl* F pasta *f*

Monitor ['moːnitɔr] *m* (-*s*; *-en* [-'toːrən]) monitor *m*

Mono|gramm [mono'gram] *n* (-*s*; -*e*) monograma *m*; **~log** [-'loːk] *m* (-*[e]s*; -*e*) monólogo *m*; **~pol** [-'poːl] *n* (-*s*; -*e*) monopolio *m*; **ℒton** [-'toːn] monótono

Mon|stranz [mɔn'strants] *f* (-; *-en*) custodia *f*; **~strum** ['-strum] *n* (-*s*; *-ren*) monstruo *m*

Montag ['moːntaːk] *m* lunes *m*

Mon|tage [mɔn'taːʒə] *f* (-; -*n*) montaje *m* (*a Film*); ensamblaje *m*; **~tanindustrie** [mɔn'taːn-] *f* industria *f* del carbón y del acero; **~'tanunion** *f* Comunidad *f* Europea del Carbón y del Acero; **~teur** [-'tøːr] *m* (-*s*; -*e*) montador *m*; mecánico *m*; **ℒ'tieren** (*h*) montar, ensamblar; instalar

Moor [moːr] *n* (-*[e]s*; -*e*) pantano *m*; **'~bad** *n* baño *m* de lodo *od* fango

Moos *bot* [moːs] *n* (-*es*; -*e*) musgo *m*; (*sin pl*) F (*Geld*) F pasta *f*

Moped ['moːpeːt] *n* (-*s*; -*s*) ciclomotor *m*

Mopp [mɔp] *m* (-*s*; -*s*) mopa *f*

Mo'ral [mo'raːl] *f* (-; *sin pl*) (*Sittenlehre*) moral *f* (*a mil der Truppe*); *e-r Fabel*: moraleja *f*; (*Tugend*) moralidad *f*; **ℒisch** moral

Mo'rast [-'rast] *m* (-*[e]s*; -*e*) fango *m*, lodo *m*, cieno *m*; **ℒig** fangoso

Morchel ['mɔrçəl] *f* (-; -*n*) colmenilla *f*

Mord [mɔrt] *m* (-*[e]s*; -*e*) asesinato *m*; **ℒen** ['-dən] (*ge-*, *h*) asesinar

Mörder ['mœrdər] *m* (-*s*; -), **~in** *f* (-; *-nen*) asesino *m*, -a *f*

'Mord|kommission ['mɔrt-] *f* brigada *f* de homicidios; **~skrach** F *m* ruido *m* infernal; **~versuch** *m* tentativa *f* de asesinato

'Morgen ['mɔrgən] **1.** *m* (-*s*; -) mañana *f*; ***guten ~*** buenos días; ***heute ~*** esta mañana; ***gestern ~*** ayer por la mañana; **2.** ℒ *adv* mañana; ***~ in 14 Tagen*** de mañana en quince días; **~grauen** *n*: ***im ~*** al amanecer; **~rock** *m* bata *f*; **ℒs** por la mañana, de (la) mañana; **~zeitung** *f* (periódico *m*) matutino *m*

morgig ['-giç] de mañana

Morphium ['mɔrfium] *n* (-*s*; *sin pl*) morfina *f*

morsch [mɔrʃ] podrido

Mörtel ['mœrtəl] *m* (*-s*; -) mortero *m*
Mosaik [moza'iːk] *n* (*-s*; *-en*) mosaico *m*
Moschee [mɔ'ʃeː] *f* (-; *-n*) mezquita *f*
Mos'kito [mɔs'kiːto] *m* (*-s*; *-s*) mosquito *m*; **~netz** *n* mosquitero *m*
Moslem ['-lɛm] *m* (*-s*; *-s*) musulmán *m*
Most [mɔst] *m* (*-[e]s*; *-e*) mosto *m*; (*Apfel*≗) sidra *f*
Mostrich ['-triç] *m* (*-s*; *sin pl*) mostaza *f*
Motel [mo'tɛl] *n* (*-s*; *-s*) motel *m*
Motiv [-'tiːf] *n* (*-s*; *-e*) motivo *m* (*a mus*)
Motor ['moːtɔr, mo'toːr] *m* (*-s*; *-en* [-'toːrən]) motor *m*; **~boot** *n* gasolinera *f*, (lancha *f*) motora *f*; **~haube** *f* capó *m*; **≗isieren** [-tori'ziːrən] (*h*) motorizar; **~öl** *n* aceite *m* para motores; **~rad** *n* motocicleta *f*, F moto *f*; **~ fahren** ir en moto(cicleta); **~radfahrer(in** *f*) *m* motociclista *su*; **~roller** *m* escúter *m*; **~schaden** *m* avería *f* del motor; **~sport** *m* motorismo *m*
'Motte ['mɔtə] *f* (-; *-n*) polilla *f*; **~nkugel** *f* bola *f* antipolilla
Möwe ['møːvə] *f* (-; *-n*) gaviota *f*
'Mücke ['mykə] *f* (-; *-n*) mosquito *m*; **~nstich** *m* picadura *f* de mosquito
'müd|e ['myːdə] cansado, fatigado; **≗igkeit** *f* (-; *sin pl*) cansancio *m*, fatiga *f*
muffig ['mufiç]: ***~ riechen*** oler a encerrado
'Mühe ['myːə] *f* (-; *-n*) trabajo *m*, esfuerzo *m*; molestia *f*; ***sich*** (*dat*) ***~ geben zu*** (*inf*) esforzarse por; ***sich*** (*dat*) ***die ~ machen zu*** (*inf*) tomarse la molestia de; **≗los** sin esfuerzo
muhen ['muːən] (*ge-*, *h*) mugir
Mühle ['myːlə] *f* (-; *-n*) molino *m*
mühsam ['-zaːm] penoso; laborioso
Mulatt|e [mu'latə] *m* (*-n*; *-n*), **~in** *f* (-; *-nen*) mulato *m*, -a *f*
Mulde ['muldə] *f* (-; *-n*) (*Erd*≗) hondonada *f*
Müll [myl] *m* (*-s*; *sin pl*) basura(s) *f*(*pl*); **'~abfuhr** *f* recogida *f* de basuras; **'~beutel** *m* bolsa *f* de basura
Mullbinde ['mulbində] *f* venda *f* de gasa
'Müll|container ['myl-] *m* contenedor *m* de basuras; **~deponie** *f* vertedero *m* de basuras; **~eimer** *m* cubo *m* de (la) basura
Müller ['-lər] *m* (*-s*; -) molinero *m*
'Müll|fahrer *m*, **~mann** F *m* basurero *m*; **~schlucker** *m* (*-s*; -) evacuador *m* de basuras; **~tonne** *f* cubo *m* de basura; **~trennung** *f* recogida *f* selectiva de basuras; **~verbrennungsanlage** *f* planta *f* incineradora de basuras
'multi... ['multi] multi...; ≗ F *m* (*-s*; *-s*) multinacional *f*; **≗kulti** *m* multicultural *m*; **≗kultigesellschaft** *f* sociedad *f* multicultural; **~kulturell** multicultural; **~lateral** multilateral; **~national** multinacional
multiplizieren [-pli'tsiːrən] (*h*) multiplicar
Mumie ['muːmjə] *f* (-; *-n*) momia *f*
Mumps *med* [mumps] *m* (-; *sin pl*) paperas *f*/*pl*, parotiditis *f*
Mund [munt] *m* (*-[e]s*; *⸚er*) boca *f*; ***den ~ halten*** callar la boca; **'~art** *f* dialecto *m*
münden ['myndən] (*ge-*, *sn*, *h*) desembocar (***in*** *ac* en)
Mundharmonika ['munt-] *f* armónica *f*
mündig ['myndiç] mayor de edad
mündlich ['myntliç] oral; verbal
M-und-S-Reifen ['ɛmˀunt'ɛs-] *m*/*pl* neumáticos *m*/*pl* para barro y nieve
Mundstück ['munt-] *n* boquilla *f* (*a mus*)
Mündung ['myndʊŋ] *f* (-; *-en*) (*Fluss*≗) desembocadura *f*; (*Gewehr*≗) boca *f*
'Mund|wasser ['munt-] *n* agua *f* dentífrica; **~werk** *n*: ***ein gutes ~ haben*** tener mucha labia; **~-zu-'Mund-Beatmung** *f* (respiración *f* de) boca a boca *m*
Munition [muni'tsjoːn] *f* (-; *sin pl*) munición *f*
Münster ['mynstər] *n* (*-s*; -) catedral *f*
munter ['muntər] alegre, vivo; (*wach*) despierto
'Münz|e ['myntsə] *f* (-; *-n*) moneda *f*; (*Gedenk*≗) medalla *f*; **~(en)sammler** *m* numismático *m*; **~fernsprecher** *m* teléfono *m* público de monedas; **~tankstelle** *f* gasolinera *f* de monedas
'mürbe ['myrbə] (*brüchig*) frágil; (*zart*) tierno (*a Fleisch*); (*durchgekocht*) bien cocido; **≗teig** *m* pastaflora *f*
'Murmel ['murməl] *f* (-; *-n*) canica *f*; **≗n** (*ge-*, *h*) murmurar; **~tier** *n* marmota *f*
murren ['murən] (*ge-*, *h*) murmurar, quejarse (***über*** *ac* de)
mürrisch ['myriʃ] gruñón, malhumorado
Mus [muːs] *n* (*-es*; *-e*) compota *f*
'Muschel ['muʃəl] *f* (-; *-n*) concha *f*; *gastr* (*Mies*≗) mejillón *m*; (*Venus*≗) almeja *f*; *tel* auricular *m*; **~schale** *f* concha *f*

Museum [mu'ze:um] *n* (-*s*; -*seen*) museo *m*
Musik [mu'zi:k] *f* (-; *sin pl*) música *f*
Musika|lienhandlung [muzi'ka:ljən-] *f* casa *f* de música; **2lisch** [-'ka:liʃ] musical; ~ ***sn*** tener talento musical
Mu'sik|box [-'zi:kbɔks] *f* máquina *f* tocadiscos; **~er** ['mu:zikər] *m* (-*s*; -), **~erin** *f* (-; -*nen*) músico *m*, -a *f*; **~instrument** *n* instrumento *m* de música; **~stück** *n* pieza *f* de música
musizieren [-zi'tsi:rən] (*h*) hacer música
Muskat [mus'ka:t] *m* (-*[e]s*; -*e*), **~nuss** *f* nuez *f* moscada
Muskateller [-ka'tɛlər] *m* (-*s*; -), **~wein** *m* (vino *m*) moscatel *m*
'Muskel ['-kəl] *m* (-*s*; -*n*) músculo *m*; **~kater** F *m* agujetas *f/pl*; **~krampf** *m* calambre *m*; **~zerrung** *med f* distensión *f* muscular
muskulös [-ku'lø:s] muscoloso
Muße ['mu:sə] *f* (-; *sin pl*) ocio *m*
müssen ['mysən] (*musste*, *gemusst*, *h*) (*äußerer Zwang*) tener que; (*innerer Zwang*) deber; (*Annahme*) ***er muss zu Hause sn*** debe de estar en casa; ***man muss*** hay que (*inf*)
müßig ['my:siç] desocupado; (*nutzlos*) inútil
'Muster ['mustər] *n* (-*s*; -) modelo *m* (*a fig*); (*Stoff2*) dibujo *m*; *com* muestra *f* (***ohne Wert*** sin valor); **2gültig**, **2haft** ejemplar; **~kollektion** *f* muestrario *m*; **~messe** *f* feria *f* de muestras; **2n** (*ge-*, *h*) examinar; F tallar; **~ung** *f* (-; -*en*) *mil* revisión *f* médica
Mut [mu:t] *m* (-*[e]s*; *sin pl*) ánimo *m*, valor *m*; ***j-m ~ machen*** alentar a alg; ***den ~ verlieren*** desanimarse; ***nur ~!*** ¡ánimo!; **'2ig** animoso, valiente; **'2los** desanimado, desalentado
'mutmaß|lich ['-ma:sliç] presunto, supuesto, probable; **2ung** *f* (-; -*en*) conjetura *f*, presunción *f*
'Mutter ['mutər] *f*: **a)** (-; ¨) madre *f*; **b)** (-; -*n*) (*Schrauben2*) tuerca *f*; **~'gottes** *f* (-; *sin pl*) Nuestra Señora *f*
'mütterlich ['mytərliç] maternal; materno; **~erseits** [-çərzaɪts] (por el lado) materno
'Mutter|liebe ['mutər-] *f* amor *m* maternal; **~mal** *n* lunar *m*; **~milch** *f* leche *f* materna; **~schaft** *f* (-; *sin pl*) maternidad *f*; **~schaftsurlaub** *m* vacaciones *f/pl* por maternidad; **~schutz** *m* protección *f* de la maternidad; **~sprache** *f* lengua *f* materna; **~tag** *m* día *m* de la Madre
Mutti F ['muti] *f* (-; -*s*) mamá *f*, mamaíta *f*
mutwillig ['mu:t-] malicioso; travieso; (*vorsätzlich*) intencionado
Mütze ['mytsə] *f* (-; -*n*) gorro *m*; (*Schirm2*) gorra *f*
mysteri|ös [myster'jø:s] misterioso; **2um** [-'te:rjum] *n* (-*s*; -*ien* [-jən]) misterio *m*
'Mysti|k ['mystik] *f* (-; *sin pl*) mística *f*; **2sch** místico
Myth|ologie [mytolo'gi:] *f* (-; -*n*) mitología *f*; **~os** ['my:tɔs] *m* (-; -then) mito *m*

N

N

N, **n** [ɛn] *n* (-; -) N, n *f*
na! F [na] ¡pues!; ***~ so was!*** ¡vaya!; ¡hombre!; ***~ und?*** ¿y qué?; ***~ ja!*** ¡bueno!
Nabe *tec* ['na:bə] *f* (-; -*n*) cubo *m*
Nabel ['-bəl] *m* (-*s*; -) ombligo *m*
nach [na:x] **1.** *prp* (*dat*): **a)** *räumlich*: a; para; hacia; ***~ Spanien fahren*** ir a España; ***~ Madrid (ab)reisen*** salir para Madrid; ***~ Osten*** hacia el este; **b)** *zeitlich u Reihenfolge*: después de; ***~ drei Tagen*** a los tres días; ***~ zehn Jahren*** al cabo de diez años; ***zehn Minuten ~ drei*** (a) las tres y diez; ***~ Ihnen!*** ¡Vd. primero!; ***einer ~ dem ander(e)n*** uno tras otro; **c)** (*gemäß*) según, conforme a; ***~ m-r Meinung*** en mi opinión; ***~ m-m Geschmack*** a mi gusto; ***~ der neuesten Mode*** a la última moda; **2.** *adv*: ***~ und ~*** poco a poco; ***~ wie vor*** ahora (*od* hoy) como antes; ***das ist ~ wie vor interessant*** esto sigue siendo interesante
'nachahm|en ['-ˀa:mən] (*sep*, *-ge-*, *h*)

imitar; **2ung** *f* (-; *-en*) imitación *f*; (*Fälschung*) falsificación *f*

'Nachbar ['naxba:r] *m* (*-n*; *-n*), **~in** *f* (-; *-nen*) vecino *m*, -a *f*; **~schaft** *f* (-; *sin pl*) vecindad *f*; vecinos *m/pl*

'nach|bestellen ['na:x-] (*sep*, *h*) hacer un pedido suplementario; **2bestellung** *f* pedido *m* suplementario; **2bildung** *f* (-; *-en*) copia *f*, imitación *f*; reproducción *f*; **~blicken** (*sep*, *-ge-*, *h*) (*dat*) seguir con los ojos

nachdem [nax'de:m] después (de) que; después de (*inf*)

'nach|denken ['na:xdɛŋkən] reflexionar (***über*** *ac* sobre); meditar (sobre); pensar (*ac*); **~denklich** pensativo; **2druck** *m* (*-s*; *sin pl*) ahínco *m*, énfasis *m*; *tip* (*pl -e*) reproducción *f*, reimpresión *f*; **~ *legen auf*** (*ac*) poner énfasis en, insistir en; **~drücklich** ['-dryklіç] enérgico; **~eifern** (*sep*, *-ge-*, *h*) (*dat*) emular; **'~ei'nander** uno tras otro

'Nach|folge *f* (-; *sin pl*) sucesión *f*; **2folgen** (*sep*, *-ge-*, *sn*) suceder a; **2folgend** siguiente; consecutivo; **~folger** *m* (*-s*; -), **~folgerin** *f* (-; *-nen*) sucesor(a *f*) *m*; **2forschen** (*sep*, *-ge-*, *h*) investigar, indagar; **~forschung** *f* (-; *-en*) investigación *f*, indagación *f*; pesquisa *f*; **~frage** *com* *f* (-; *-n*) demanda *f* (***nach*** de); **2fragen** (*sep*, *-ge-*, *h*) preguntar; **2füllen** (*sep*, *-ge-*, *h*) rellenar; **2geben** (*irr*, *sep*, *-ge-*, *h*, → ***geben***) ceder; *Preise*: bajar; *Stoff*: dar de sí; *tec* ser elástico; **~gebühr** *f* sobretasa *f*; **2gehen** (*irr*, *sep*, *-ge-*, *sn*, → ***gehen***) *j-m*: ir tras, seguir (*ac*); *e-r Sache*: ocuparse de; *Geschäften*: dedicarse a; *Vergnügungen*: entregarse a; *Uhr*: ir atrasado; **~geschmack** *m* gustillo *m*, resabio *m*; *fig* deje *m*; **2giebig** ['-gi:biç] flexible, elástico; *fig* indulgente, transigente (***gegenüber*** con); **'2haltig** *Wachstum*, *Nutzung von Rohstoffen*: persistente, duradero; **2'hause** a casa; **'2'her** después; más tarde; ***bis ~!*** ¡hasta luego!; **~hilfestunde** *f* clase *f* particular (de repaso); **2holen** (*sep*, *-ge-*, *h*) recuperar

'Nachkomme ['-kɔmə] *m* (*-n*; *-n*) descendiente *m*; **2n** (*irr*, *sep*, *-ge-*, *sn*, → ***kommen***) (*dat*) seguir (*a fig*); *später*: llegar más tarde; *e-r Pflicht*: cumplir con; *e-r Bitte*: acceder a

'Nach|kriegszeit *f* posguerra *f*; **~lass** ['-las] *m* (*-es*; *⸚e*) *com* rebaja *f*, descuento *m*; *jur* herencia *f*; **2lassen** (*irr*, *sep*, *-ge-*, *h*, → ***lassen***) *v/i* (*sich vermindern*) disminuir; *Wind*: amainar; *Schmerz*: ceder

nachlässig ['-lɛsiç] negligente, descuidado

Nachlassverwalter ['na:xlas-] *m* administrador *m* de la herencia

'nach|laufen (*irr*, *sep*, *-ge-*, *sn*, → ***laufen***) (*dat*) correr tras; perseguir; **~liefern** (*sep*, *-ge-*, *h*) entregar más tarde; enviar lo que falta; **~lösen** (*sep*, *-ge-*, *h*) *Fahrkarte*: tomar un suplemento; **~machen** (*sep*, *-ge-*, *h*) imitar, copiar

'Nachmittag *m* (*-s*; *-e*) tarde *f*; ***heute ~*** esta tarde; ***morgen ~*** mañana por la tarde; **2s** por la tarde; **~s...**: *in Zssgn* de la tarde

'Nach|nahme ['-na:mə] *f* (-; *-n*) re(e)mbolso *m* (***gegen*** contra); **~name** *m* apellido *m*; **2prüfen** (*sep*, *-ge-*, *h*) verificar, comprobar; **2rechnen** (*sep*, *-ge-*, *h*) repasar (una cuenta); **2reisen** (*sep*, *-ge-*, *sn*) (*dat*) seguir (*ac*)

'Nachricht ['-riçt] *f* (-; *-en*) noticia *f*, información *f*; **~en** *pl* *TV*, *Radio*: noticias *f/pl*; **~enagentur** *f* agencia *f* de noticias; **~ensatellit** *m* satélite *m* de comunicaciones

'Nach|saison *f* temporada *f* baja; **2schicken** (*sep*, *-ge-*, *h*) *s* ***nachsenden***; **~schlagewerk** *n* obra *f* de consulta; **~schlüssel** *m* llave *f* falsa; **2sehen** (*irr*, *sep*, *-ge-*, *h*, → ***sehen***) (*prüfen*) examinar; **~, *ob*** ir a ver si; ***j-m et ~*** (*verzeihen*) dejar pasar, perdonar a/c a alg; **~sendeantrag** *m* solicitud *f* de reexpedición; **2senden** (*irr*, *sep*, *-ge-*, *h*, → ***senden***) reexpedir, hacer seguir; **2sichtig** ['-ziçtiç] indulgente; **~speise** *f* postre *m*; **2sprechen** (*irr*, *sep*, *-ge-*, *h*, → ***sprechen***) repetir

nächst [nɛ:çst] *Entfernung*: el más cercano; *Reihenfolge*: próximo (*a zeitlich*); *Verwandte*: más cercano; *Weg*: más corto; ***~e Woche*** la semana que viene (*od* próxima); ***in ~er Zeit*** próximamente; ***der ~e, bitte!*** ¡el siguiente!; **'2e** *m/f* (*-n*; *-n*) (*Mitmensch*) prójimo *m*, -a *f*

'nachstellen (*sep*, *-ge-*, *h*) *Uhr*: retrasar; *tec* ajustar

Nacht [naxt] *f* (-; *⸚e*) noche *f*; ***bei ~*** de noche; ***heute ~*** esta noche; ***gute ~!***

N

¡buenas noches!; **'~dienst** *m* servicio *m* nocturno
'Nachteil ['naːxtaɪl] *m* desventaja *f*, inconveniente *m*; ***zum ~ von*** en perjuicio de; **⁀ig** desventajoso, perjudicial
'Nacht|essen ['naxtʔ-] *n* cena *f*; **~fahrverbot** *n* prohibición *f* de circular de noche; **~flug** *m* vuelo *m* nocturno; **~hemd** *n* camisón *m*
Nachtigall ['-tigal] *f* (-; *-en*) ruiseñor *m*
Nachtisch ['naːxtiʃ] *m* postre *m*
'Nacht|leben ['naxt-] *n* vida *f* nocturna; **~lokal** *n* club *m* nocturno; **~portier** *m* portero *m* de noche
'nach|tragen ['naːx-] (*irr, sep, -ge-, h,* → ***tragen***) (*hinzufügen*) añadir; ***j-m et ~*** guardar rencor a alg por a/c; **~tragend** rencoroso; **~träglich** ['-trɛːkliç] ulterior, posterior; *adv* posteriormente
Nacht|ruhe ['naxt-] *f* reposo *m* nocturno; **⁀s** de noche, durante la noche
'Nacht|schicht *f* turno *m* de noche; **~schwester** *f* enfermera *f* de noche; **~tisch** *m* mesita *f* de noche; **~tischlampe** *f* lámpara *f* de cabecera; **~wächter** *m* vigilante *m* nocturno, sereno *m*
'Nachweis ['naːxvaɪs] *m* (*-es*; *-e*) prueba *f*; **⁀en** (*irr, sep, -ge-, h,* → ***weisen***) probar, demostrar
'Nach|wirkung *f* consecuencia *f*; repercusión *f*; **~wuchs** *m* (*-es; sin pl*) *fig* nueva generación *f*; *bsd dep* cantera *f*; F (*Kinder*) prole *f*; **⁀zahlen** (*sep, -ge-, h*) pagar un suplemento; **⁀zählen** (*sep, -ge-, h*) recontar; **~zahlung** *f* pago *m* suplementario; **~zügler** ['-tsyːglər] *m* (*-s*; -) rezagado *m*
Nacken ['nakən] *m* (*-s*; -) nuca *f*, cerviz *f*
nackt [nakt] desnudo (*a fig*); F en cueros; **'⁀badestrand** *m* playa *f* nudista
'Nadel ['naːdəl] *f* (-; *-n*) aguja *f* (*a tec*); (*Steck⁀*) alfiler *m*; *bot* pinocha *f*; **~baum** *m* conífera *f*; **~öhr** *n* ojo *m* de la aguja; **~stich** *m* alfilerazo *m* (*a fig*); **~wald** *m* bosque *m* de coníferas
'Nagel ['-gəl] *m* (*-s*; ⸚) *anat* uña *f*; *tec* clavo *m*; ***den ~ auf den Kopf treffen*** dar en el clavo; **~bürste** *f* cepillo *m* de uñas; **~feile** *f* lima *f* de uñas; **~lack** *m* laca *f* de uñas, esmalte *m* para uñas; **~lackentferner** *m* quitaesmalte *m*; **⁀n** (*ge-, h*) clavar; **'⁀'neu** flamante; **~schere** *f* tijeras *f/pl* para uñas; **~zange** *f* cortaúñas *m*
'nage|n ['-gən] (*ge-, h*) roer (***an et*** *dat* a/c); **⁀tier** *n* roedor *m*
nah [naː] cercano; próximo (*a zeitlich*); *adv* cerca; ***~ bei*** *od* ***an*** (*dat*) cerca de, junto a; ***von~em*** de cerca; **'⁀aufnahme** *f* primer plano *m*; **'~e** *s* ***nah***; ***~ legen*** sugerir, recomendar; ***~ liegend*** *fig* evidente; **'⁀bereich** *m S-, U-ferro*: ámbito *m* periférico
Nähe ['nɛːə] *f* (-; *sin pl*) proximidad *f*, cercanía *f*; ***in der ~*** (***von***) cerca (de)
nähen ['nɛːən] (*ge-, h*) coser; *med* suturar
'näher ['-ər] (*Komparativ v* ***nahe***) más cercano *od* próximo; más cerca; *Weg*: más corto; ***~ kennen*** conocer de cerca; **⁀e** *n* (*-n*; *sin pl*) más detalles *m/pl*
Naherholungsgebiet ['naːʔ-] *n* zona *f* periférica de recreo
nähern ['nɛːərn] (*ge-, h*): (***sich***) ~ acercar(se), aproximar(se)
nahezu ['naːətsuː] casi
'Näh|garn ['nɛːgarn] *n* hilo *m* (de coser); **~maschine** *f* máquina *f* de coser; **~nadel** *f* aguja *f*
Närboden *m* medio *m* de cultivo
nahrhaft ['naːrhaft] nutritivo, sustancioso
'Nahrung ['naːruŋ] *f* (-; *sin pl*) alimento *m*; (*Kost*) comida *f*; dieta *f*; **~smittel** *n* alimento *m*; *pl a* víveres *m/pl*; **~smittelvergiftung** *f* intoxicación *f* alimenticia
Nährwert ['nɛːr-] *m* valor *m* nutritivo
Naht [naːt] *f* (-; ⸚*e*) costura *f*; *med* sutura *f*; **'⁀los** sin costura; *fig* sin fisura; ***~ braun*** completamente moreno
'Nahverkehr ['naːfɛrkeːr] *m* tráfico *m* a corta distancia; *ferro* tráfico *m* de cercanías; **~szug** *m* tren *m* de cercanías
Nähzeug ['nɛːtsɔʏk] *n* útiles *m/pl bzw* neceser *m* de costura
naiv [na'iːf] ingenuo; *Kunst*: naif
Name ['naːmə] *m* (*-ns*; *-n*) nombre *m*; (*Familien⁀*) apellido *m*; ***im ~n von*** en nombre de; ***dem ~n nach*** de nombre
'Namenstag *m* (día *m* del) santo *m*
'nam|entlich ['-məntliç] nominal; *adv* (*besonders*) particularmente; **~haft** renombrado, notable
nämlich ['nɛːmliç] *adv* a saber, es decir; *begründend*: es que ...
nanu! [na'nuː] ¡hombre!; ¡atiza!

N

Napf [napf] *m* (*-[e]s*; *⸚e*) (*Fress*≈) comedero *m*
Narbe ['narbə] *f* (-; *-n*) cicatriz *f*
Narkose *med* [-'ko:zə] *f* (-; *-n*) narcosis *f*, anestesia *f*
Narr [nar] *m* (*-en*; *-en*) loco *m*; **'≈ensicher** a toda prueba
'Närr|in ['nɛrin] *f* (-; *-nen*) loca *f*; **≈isch** loco
Narzisse [nar'tsisə] *f* (-; *-n*) narciso *m*
'nasch|en ['naʃən] (*ge-*, *h*) ser goloso; **~ von** comer de; **~haft** goloso
Nase ['nɑ:zə] *f* (-; *-n*) nariz *f*; F ***pro ~*** porbarba; ***j-n an der ~ herumführen*** tomar el pelo a alg; ***s-e ~ in alles stecken*** meter las narices en todo; ***die ~ voll haben*** F estar hasta las narices
'Nasen|bluten *n*: ***~ haben*** sangrar por la nariz; **~loch** *n* ventana *f* de la nariz; **~spitze** *f* punta *f* de la nariz
Nashorn ['nɑ:s-] *n* rinoceronte *m*
nass [nas] mojado; (*feucht*) húmedo; ***~ machen*** (***werden***) mojar(se)
Nassauer F ['-saʊər] *m* (*-s*; -) gorrón *m*
Nässe ['nɛsə] *f* (-; *sin pl*) humedad *f*
nasskalt ['naskalt] frío y húmedo
Nation [na'tsjo:n] *f* (-; *-en*) nación *f*
natio'nal [-tsjo'nɑ:l] nacional; **≈feiertag** *m* fiesta *f* nacional; **≈gericht** *n* (**≈getränk** *n*) plato *m* (bebida *f*) nacional; **≈hymne** *f* himno *m* nacional; **≈ität** [-nali'tɛ:t] *f* (-; *-en*) nacionalidad *f*; **≈mannschaft** *f dep* selección *f* nacional; **≈park** *m* parque *m* nacional; **≈sozialismus** *m hist* nacionalsocialismo *m*; **≈tracht** *f* traje *m* nacional
Natr|ium ['nɑ:trium] *n* (*-s*; *sin pl*) sodio *m*; **~on** ['-trɔn] *n* (*-s*; *sin pl*) sosa *f*, F bicarbonato *m*
Natter ['natər] *f* (-; *-n*) culebra *f*
Na'tur [na'tu:r] *f* (-; *raro -en*) naturaleza *f* (*a Wesensart*); (*Körperbeschaffenheit*) constitución *f*; ***von ~*** (***aus***) por naturaleza; **≈alisieren** [-turali'zi:rən] (*h*) naturalizar, nacionalizar; **~erscheinung** *f* fenómeno *m* natural; **~katastrophe** *f* catástrofe *f* natural, cataclismo *m*; **~lehrpfad** *m* itinerario *m* pedagógico *od* didáctico
natürlich [-'ty:rliç] natural; *adv* naturalmente; (***aber***) ***~!*** ¡claro que sí!
Na'tur|park [na'tu:r-] *m* parque *m* natural; **~schutz** *m* protección *f* de la naturaleza; **~schützer** *m* (*-s*; -), **~schützerin** *f* (-; *-nen*) protector(a *f*) *m od* defensor(a *f*) *m* de la naturaleza; **~schutzgebiet** *n* reserva *f* natural *od* ecológica; **~schutzpark** *m* parque *m* natural; **~wissenschaften** *f/pl* ciencias *f/pl* naturales
Nazi ['nɑ:tsi] *m* (*-s*; *-s*) nazi *m*
'Nebel ['ne:bəl] *m* (*-s*; -) niebla *f*; (*Dunst*) bruma *f*; **≈ig** *s* ***neblig***; **~scheinwerfer** *auto m* faro *m* antiniebla; **~schlussleuchte** *f* luz *f* antiniebla trasera
'neben ['-bən] (*wo? dat*, *wohin? ac*) junto a, al lado de; (*dazu*) (*dat*) además de; **~'an** al lado; **≈anschluss** *m tel* extensión *f*; **~'bei** de paso; (*außerdem*) además; **≈beschäftigung** *f* ocupación *f* accesoria; **~ein'ander** uno al lado de otro; **≈eingang** *m* entrada *f* lateral; **≈erwerb** *m* ganancia *f* adicional; **≈fluss** *m* afluente *m*; **≈gebäude** *n* dependencia *f*, anexo *m*; **≈kosten** *pl* gastos *m/pl* accesorios; **≈produkt** *n* subproducto *m*; **≈rolle** *f* papel *m* secundario; **≈sache** *f* cosa *f* de poca importancia; ***das ist ~*** eso es lo de menos; **≈stelle** *f e-r Behörde*: delegación *f*; *tel* extensión *f*; **≈straße** *f* calle *f* lateral; *Landstraße*: carretera *f* secundaria; **≈wirkung** *f* efecto *m* secundario
neblig ['-bliç] nebuloso; ***es ist ~*** hace niebla
necken ['nɛkən] (*ge-*, *h*) embromar, burlarse de
Neffe ['nɛfə] *m* (*-n*; *-n*) sobrino *m*
negativ ['ne:gati:f], ≈ *fot n* (*-s*; *-e*) negativo (*m*)
nehmen ['-mən] (*nahm*, *genommen*, *h*) tomar (*a Bus*, *Taxi*); coger, *in Am reg nur* agarrar; (*an~*) aceptar; (*weg~*) quitar; *beim Einkauf*: quedarse (con); ***mit sich*** (*dat*) **~** llevarse; *et*: ***zu sich*** (*dat*) **~** tomar
Neid [naɪt] *m* (*-[e]s*; *sin pl*) envidia *f* (***erregen*** dar); **'≈isch** ['-diʃ] envidioso (***auf*** *ac* de)
'neig|en ['naɪgən] (*ge-*, *h*): (***sich***) **~** inclinar(se); *fig* tender (***zu*** a); **≈ung** *f* (-; *-en*) inclinación *f*; *fig* propensión *f*, tendencia *f*
Nein [naɪn] no; ***~ sagen*** decir que no
Nelke ['nɛlkə] *f* (-; *-n*) clavel *m*; (*Gewürz*≈) clavo *m*
'nenn|en ['nɛnən] (*nannte*, *genannt*, *h*) llamar; (*erwähnen*) mencionar; (*be-*

zeichnen als) calificar de; **~enswert** notable; **≈wert** *com m* valor *m* nominal

'Neon ['ne:ɔn] *n* (*-s*; *sin pl*) neón *m*; **~reklame** *f* publicidad *f* luminosa; **~röhre** *f* tubo *m* de neón

Nepp F [nɛp] *m* (*-s*; *sin pl*) timo *m*; **'≈en** (*ge-*, *h*) timar

Nerv [nɛrf] *m* (*-s*; *-en*) nervio *m*; ***j-m auf die ~en fallen*** F dar la lata a alg

'Nerven|arzt *m* neurólogo *m*; **~entzündung** *f* neuritis *f*; **~heilanstalt** *f* clínica *f* mental *od* psiquiátrica; **≈krank** neurótico; **~säge** F *f* pelma (zo *m*) *su*, pesado *m*; **~zusammenbruch** *m* crisis *f* nerviosa

nerv|ös [-'vø:s] nervioso (***machen*** poner); **≈osität** [-vozi'tɛ:t] *f* (*-*; *sin pl*) nerviosismo *m*

Nerz [nɛrts] *m* (*-es*; *-e*) visón *m* (*a Pelz*)

Nesselfieber ['nɛsəl-] *med n* urticaria *f*

Nest [nɛst] *n* (*-[e]s*; *-er*) nido *m*; *fig* (*Ort*) poblacho *m*

Netikette *inform* [nɛtikɛtə] *f* (*-*; *sin pl*) netiqueta *f*

nett [nɛt] (*angenehm*) agradable; (*freundlich*) simpático; (*hübsch*) bonito; ***das ist ~ von dir*** eres muy amable

'netto ['-to], **≈...**: *in Zssgn* neto; **≈einkommen** *n* ingresos *m/pl* netos

Netz [nɛts] *n* (*-es*; *-e*) red *f* (*a fig*); (*Haar≈*) redecilla *f*; (*Gepäck≈*) rejilla *f*; **'~anschluss** *el m* conexión *f* a la red; **'~haut** *anat f* retina *f*; **'~hemd** *n* camiseta *f* de malla; **'~karte** *f* abono *m*

neu [nɔʏ] nuevo; (*kürzlich*) reciente; fresco; moderno; F (*unerfahren*) novel; ***~este Mode*** última moda *f*; ***was gibt es ≈es?*** ¿qué hay de nuevo?; ***von ~em*** de nuevo; **'~artig** nuevo; moderno; **'≈bau** *m* (*-[e]s*; *-ten*) construcción *f* nueva; **'≈bauviertel** *n* barrio *m* de edificios nuevos; **'≈bauwohnung** *f* vivienda *f* de nueva construcción *od* planta; **'≈erung** *f* (*-*; *-en*) innovación *f*; **≈gier(de)** ['-gi:r(də)] *f* (*-*; *sin pl*) curiosidad *f*; **'~gierig** curioso (***auf*** *ac* por saber); **'≈heit** *f* (*-*; *-en*) novedad *f*; **'≈igkeit** *f* (*-*; *-en*) noticia *f*

'Neujahr *n* año *m* nuevo; **~stag** *m* día *m* de año nuevo

'neu|lich el otro día; **≈mond** *m* luna *f* nueva

neun [nɔʏn] **1.** nueve; **2.** **≈** *f* (*-*; *-en*) nueve *m*; **'~hundert** novecientos; **'~tausend** nueve mil; **'~te** noveno; **'~tens** en noveno lugar; **'~zehn** diecinueve; **'~zehnte** décimonoveno; **~zig** ['-tsiç] noventa; **'~zigste** nonagésimo

Neuralgie *med* [nɔʏral'gi:] *f* (*-*; *-n*) neuralgia *f*

neutral [-'tra:l] neutro; *pol* neutral; **≈ität** [-trali'tɛ:t] *f* (*-*; *sin pl*) neutralidad *f*

nicht [niçt] no; ***~ wahr?*** ¿verdad?; ***auch ~*** tampoco; ***wenn ~*** si no

Nichte ['niçtə] *f* (*-*; *-n*) sobrina *f*

'nichtig *jur* nulo; ***für ~ erklären*** declarar nulo

'Nichtraucher *m* no fumador *m*; **~abteil** *n* (**~zone** *f*) compartimiento *m* (zona *f*) de no fumadores

nichts [niçts] (no...) nada; ***für ~ und wieder ~*** por nada; ***~ mehr*** nada más; ***~ sagend*** insignificante

'Nichtschwimmer *m* no nadador *m*; **~becken** *n* piscina *f* para no nadadores

nichts|destoweniger [niçtsdɛsto've:nigər] sin embargo, no obstante; **≈tuer** ['-tu:ər] *m* (*-s*; *-*) gandul *m*, vago *m*

'Nichtzutreffende *n*: ***~s streichen*** táchese lo que no proceda

Nickel ['nikəl] *n* (*-s*; *sin pl*) níquel *m*

nicken ['nikən] (*ge-*, *h*) inclinar la cabeza; *zustimmend*: asentir con la cabeza

nie [ni:] (*bei Verben* no ...) nunca, jamás; ***~ mehr*** nunca jamás

'nieder ['-dər] **1.** *adj* bajo; **2.** *adv* abajo; ***~ mit ...!*** ¡abajo ...!; **~geschlagen** abatido, deprimido; **~knien** (*sep*, *-ge-*, *sn*) arrodillarse; **≈lage** *f* derrota *f*; **≈länder** [-lɛndər] *m* (*-s*; *-*), **≈länderin** *f* (*-*; *-nen*), **~ländisch** neerlandés *m*, -esa *f*; **~lassen** (*irr*, *sep*, *-ge-*, *h* → ***lassen***) bajar; ***sich ~*** instalarse; establecerse; **≈lassung** *f* (*-*; *-en*) establecimiento *m*; (*Zweig≈*) sucursal *f*; **~legen** (*sep*, *-ge-*, *h*) poner en el suelo; *Arbeit*: abandonar; ***sein Amt ~*** dimitir de su cargo; ***sich ~*** acostarse; **≈schlag** *m quím* precipitado *m*; *mst pl* (*Regen*) precipitaciones *f/pl*; **~schlagen** (*irr*, *sep*, *-ge-*, *h*, → ***schlagen***) *j-n*: derribar; *Augen*: bajar; *Aufstand*: reprimir; **~schlagsarm** (**~schlagsreich**) de escasas (de abundantes) precipitaciones; **~trächtig** vil, infame; **≈ung** *f* (*-*; *-en*) terreno *m* bajo; (*Ebene*) llanura *f*; **~werfen** (*irr*, *sep*, *-ge-*, *h*, → ***werfen***) derribar; *Aufstand*: reprimir

N

niedlich ['ni:tlıç] bonito, lindo; F mono
niedrig ['ni:drıç] bajo; *fig a* vil; infame
nie|mals ['-ma:ls] (*bei Verben* no...) nunca, jamás; **~mand** ['-mant] (no ...) nadie; ninguno; ***es ist ~ da*** no hay nadie
Niere ['-rə] *f* (-; *-n*) riñón *m* (*a gastr*)
'Nieren|entzündung *f* nefritis *f*; **~stein** *m* cálculo *m* renal
'niesel|n ['-zəln] (*ge-*, *h*) lloviznar; **2regen** *m* llovizna *f*
niesen ['-zən] **1.** *v/i* (*ge-*, *h*) estornudar; **2.** 2 *n* (*-s*; *sin pl*) estornudo *m*
Niete ['ni:tə] *f* (-; *-n*) billete *m* de lotería no premiado; F *fig* cero *m* a la izquierda
Niko'tin [niko'ti:n] *n* (*-s*; *sin pl*) nicotina *f*; **2arm** bajo en nicotina
Nilpferd ['ni:l-] *n* hipopótamo *m*
nipp|en ['nipən] (*ge-*, *h*) probar (***an*** *dat* a/c); **2sachen** *f/pl* chucherías *f/pl*, bibelots *m/pl*
nirgend|s ['nirgənts], **~(s)wo** (*bei Verben* no...) en ninguna parte
Nische ['ni:ʃə] *f* nicho *m*; hornacina *f*
Nitrat [ni'tra:t] *n* (*-[e]s*; *-e*) nitrato *m*
Niveau [ni'vo:] *n* (*-s*; *-s*) nivel *m* (*a fig*)
'Nobelhotel ['no:bəl-] *n* hotel *m* de lujo
Nobelpreis(träger) [no'bɛlprais(trɛ:gər)] *m* premio *m* Nobel
noch [nɔx] todavía, aún; ***~ immer*** todavía; ***~ nicht*** aún no; ***~ nie*** nunca, jamás; ***~ ein(er)*** otro; ***~ et*** otra cosa; ***~ et?*** ¿algo más?; ***~ heute*** hoy mismo; ***auch das ~!*** ¡lo que faltaba!; **~mals** ['-ma:ls] otra vez, una vez más
Nockenwelle ['nɔkən-] *f* árbol *m* de levas
Nomad|e [no'ma:də] *m* (*-n*; *-n*), **2isch** nómada (*m*)
nomi'nal [-mi'na:l] nominal; **2einkommen** *n* (**2wert** *m*) renta *f* (valor *m*) nominal
Nomi|nativ [-nati:f] *m* (*-s*; *-e*) nominativo *m*; **2'nieren** (*h*) nombrar
No-Name-Produkt ['nouneim-] *n* producto *m* sin marca (registrada)
Nonne ['nɔnə] *f* (-; *-n*) monja *f*
Non-Stop-Flug [nɔn'stɔpflu:k] *m* vuelo *m* sin escala
Nord... [nɔrt...]: *in Zssgn* septentrional, del Norte; **~ameri'kaner(in** *f*) *m*, **2ameri'kanisch** norteamericano *m*, -a *f*; **~en** ['-dən] *m* (*-s*; *sin pl*) norte *m*; **'2isch** nórdico
nördlich ['nœrtlıç] del norte, septentrional; ***~ von*** al norte de
'Nord|licht ['nɔrtlıçt] *n* aurora *f* boreal; **~'ost(en)** *m* nordeste *m*; **~pol** *m* polo *m* norte *od* ártico; **~'west(en)** *m* noroeste *m*; **~wind** *m* viento *m* del norte
nörgeln ['nœrgəln] (*ge-*, *h*) criticarlo todo
Norm [nɔrm] *f* (-; *-en*) norma *f*; regla *f*
nor'mal ['-ma:l], **2...**: *in Zssgn* normal; **2benzin** *n* gasolina *f* normal; **~isieren** [-mali'zi:rən] (*h*) normalizar; **2verbraucher** F *m* ciudadano *m* de a pie
Norweg|er ['-ve:gər] *m* (*-s*; -), **~erin** *f* (-; *-nen*), **2isch** noruego *m*, -a *f*
Not [no:t] *f* (-; *sin pl*) (*Mangel*) necesidad *f*; (*Elend*) miseria *f*; (*pl* ⸚*e*) (*Bedrängnis*) apuro *m*; ***~ leiden*** estar en la miseria; ***zur ~*** si no hay más remedio
Notar [no'ta:r] *m* (*-s*; *-e*) notario *m*; **~iat** [-tar'ja:t] *n* (*-[e]s*; *-e*) notaría *f*; **2iell** [-'jɛl] notarial; *adv* ante notario
'Not|arzt ['no:tʔ-] *m* médico *m* de urgencia *bzw* de guardia; **~arztwagen** *m* coche *m* del médico de urgencia; **~ausgang** *m*, **~ausstieg** *m* salida *f* de emergencia; **~bremse** *ferro f* freno *m* de alarma; **~dienst** *m* servicio *m* de urgencias; **2dürftig** apenas suficiente; provisional
Note ['no:tə] *f* (-; *-n*) nota *f* (*a mus u fig*); (*Bank*2) billete *m* (de banco); *mus* **~n** *pl* música *f*
'Noten|pult *n*, **~ständer** *m* atril *m*
'Not|fall ['no:tfal] *m* caso *m* de apuro *od* de emergencia; *med* urgencia *f*; **2falls** en caso de apuro; **2gedrungen** forzoso; *adv* por fuerza; **~hafen** *m* puerto *m* de refugio
no'tier|en [no'ti:rən] (*h*) apuntar; *com* cotizar; **2ung** *com f* (-; *-en*) cotización *f*
'nötig ['nø:tıç] preciso, necesario; ***~ haben*** necesitar, precisar; **~en** [-gən] (*ge-*, *h*) obligar, forzar (***zu*** *inf* a); ***sich ~ lassen*** hacerse de rogar; **'~en'falls** si es preciso
No'tiz [no'ti:ts] *f* (-; *-en*) nota *f*, apunte *m*; (*Zeitungs*2) noticia *f*; ***sich ~en machen*** tomar apuntes; ***~ nehmen von*** tomar nota de; **~block** *m* bloc *m* de notas; **~buch** *n* libreta *f*, agenda *f*
'Not|lage ['no:tla:gə] *f* apuro *m*; emer-

N

gencia *f*; **~ *leidend*** necesitado, indigente; **2landen** *avia* (*-ge-*, *sn*) hacer un aterrizaje forzoso; **~landung** *avia f* aterrizaje *m* forzoso *od* de emergencia; **~lösung** *f* solución *f* provisional; **~lüge** *f* mentira *f* disculpable

'Not|ruf ['no:tru:f] *m tel* llamada *f* de socorro; **~rufnummer** *f* número *m* de emergencia; **~rufsäule** *f* poste *m* de socorro; **~signal** *n* señal *f* de alarma; **~sitz** *m* traspontín *m*; **~stand** *m pol* estado *m* de emergencia; **~standsgebiet** *n* zona *f* siniestrada *bzw* catastrófica; **~verband** *med m* vendaje *m* provisional; **~wehr** *f* (-; *sin pl*) legítima defensa *f* (***aus*** en); **2wendig** preciso, necesario; **~wendigkeit** *f* (-; *-en*) necesidad *f*

Nougat ['nu:gat] *m*, *n* → ***Nugat***

Novelle [no'vɛlə] *f* (-; *-n*) novela *f* corta

November [-'vɛmbər] *m* (*-s*; -) noviembre *m*

Nu [nu:] *m*: ***im ~*** en un abrir y cerrar de ojos, en un santiamén

Nuance [ny'ɑ̃sə] *f* (-; *-n*) matiz *m*

'nüchtern ['nyçtərn] en ayunas; (*nicht betrunken*) que no está bebido; (*mäßig*) sobrio; (*sachlich*) realista, objetivo; (*unromantisch*) prosaico; (*besonnen*) sensato

'Nudel ['nu:dəl] *f* (-; *-n*): ***~n*** *pl* pastas *f*|*pl* (alimenticias); (*Faden2*) *f* fideos *m*|*pl*; **~holz** *n* rodillo *m*; **~suppe** *f* sopa *f* de fideos

Nudist [nu'dist] *m* (*-en*; *-en*) (des)nudista *m*

Nugat ['nu:gat] *m od n* (*-s*; *-s*) turrón *m* de chocolate

nuklear [nukle'ɑ:r], **2...**: *in Zssgn* nuclear

null [nul] **1.** cero; **2.** **2** *f* (-; *-en*) cero *m*; *fig* nulidad *f*, cero *m* a la izquierda; **'2punkt** *m* (punto *m*) cero *m*; **'2tarif** *m* tarifa *f* cero; **'2wachstum** *com n* crecimiento *m* cero

'Nummer ['-mər] *f* (-; *-n*) número *m*; *auto* matrícula *f*; **2ieren** (*h*) numerar **~nkonto** *n* cuenta *f* numerada *od* cifrada; **~nschild** *auto n* placa *f* de matrícula

nun [nu:n] (*jetzt*) ahora; *ein- bzw überleitend*: pues (bien); ***und ~?*** ¿y ahora qué?; ***von ~ an*** de ahora en adelante; **'~mehr** (desde) ahora

nur [nu:r] sólo, solamente; ***~ noch*** tan sólo; no ... más que; ***nicht ~, sondern auch*** no sólo, sino también; ***~ zu!*** ¡adelante!

Nuss [nus] *f* (-; *⸚e*) nuez *f*; (*Hasel2*) avellana *f*; **'~baum**(**holz** *n*) *m* nogal *m*; **~knacker** ['-knakər] *m* (*-s*; -) cascanueces *m*

Nutte P ['nutə] *f* (-; *-n*) P ramera *f*, fulana *f*, puta *f*

'nutz|en ['nutsən] (*a* **nützen** ['nytsən]) (*ge-*, *h*) **1.** *v*/*i* servir, ser útil (***zu*** para); ***es nützt nichts*** es inútil; **2.** *v*/*t* aprovechar, utilizar; **2en** *m* (*-s*; *sin pl*) utilidad *f*; (*Vorteil*) provecho *m*; *com* beneficio *m*; ***~ ziehen aus*** sacar provecho de; ***zum ~ von*** a beneficio de; **2fahrzeug** *n* vehículo *m* industrial; **2last** *f* carga *f* útil

'nützlich ['nytsliç] útil, provechoso; **2keit** *f* (-; *sin pl*) utilidad *f*

'nutz|los ['nutslo:s] inútil; **2losigkeit** *f* (-; *sin pl*) inutilidad *f*; **2nießer** ['-ni:sər] *m* (*-s*; -) beneficiario *m*; **2ung** *f* (-; *-en*) aprovechamiento *m*, utilización *f*; *a agr* explotación

Nylon ['naɪlɔn] *n Wz* (*-s*; *sin pl*) nilón *m*; **~strümpfe** *m*|*pl* medias *f*|*pl* de nilón

Nymphe ['nymfə] *f* (-; *-n*) ninfa *f*

O

O, o [o:] *n* (-; -) O, o *f*

Oase [o'ʔɑ:zə] *f* (-; *-n*) oasis *m* (*a fig*)

ob [ɔp] si; ***als ~*** como si (*subj*); ***so tun als ~*** fingir (*inf*); ***und ~!*** ¡ya lo creo!

'Obdach ['ɔpdax] *n* (*-[e]s*; *sin pl*) abrigo *m*, refugio *m*; **2los** sin hogar; **~lose** *m*|*f* (*-n*; *-n*) persona *f* sin hogar

Obduktion *med* [-duk'tsjo:n] *f* (-; *-en*) autopsia *f*

'oben ['o:bən] arriba; ***~ erwähnt*** arriba mencionado; ***nach ~*** hacia arriba; ***von ~ herab*** *fig* con altivez; ***von ~ bis un-***

ten de arriba abajo; **~'auf** (por) encima; **~'drein** además, por añadidura; **'~'hin** superficialmente

ober ['oːbər] **1.** superior; **2.** **&** *m* (-*s*; -) camarero *m*

'Ober...: *in Zssgn oft* superior; **~arm** *m* brazo *m*; **~arzt** *m* médico *m* adjunto; **~befehl** *m* mando *m* supremo; **~bürgermeister** *m* (primer) alcalde *m*; **~deck** *n mar* cubierta *f* superior; *Bus*: imperial *f*; **~fläche** *f* superficie *f*; **&flächlich** [-flɛçliç] superficial; **&halb** (*gen*) por encima de, más arriba de; **~haupt** *n* jefe *m*; **~hemd** *n* camisa *f* (de vestir); **~in** *f* (-; -*nen*) *rel* superiora *f*; **&irdisch** *tec* aéreo; **~kellner** *m* jefe *m* de comedor; *französisch*: maître *m*; **~kiefer** *m* maxilar *m* superior; **~körper** *m* busto *m*; **~leder** *n* pala *f*; **~leitung** *f* dirección *f* general; *el* línea *f* aérea; **~leutnant** *m* teniente *m*; **~lippe** *f* labio *m* superior; **~schenkel** *m* muslo *m*; **~schule** *f* Instituto *m* de Enseñanza Media; **~schwester** *f* jefe *f* de enfermeras; **&st** superior; supremo; **~st** *mil m* (-*en*; -*en*) coronel *m*; **~teil** *n* parte *f* superior; *v Kleidung a*: cuerpo *m*

obgleich [ɔp'glaɪç] aunque, bien que

Obhut ['-huːt] *f* (-; *sin pl*) guardia *f*, protección *f*; ***j-n in s-e ~ nehmen*** proteger a alg

obig ['oːbiç] arriba mencionado

Objekt [ɔp'jɛkt] *n* (-*[e]s*; -*e*) objeto *m*; *gram* complemento *m*; *fig* proyecto *m*; **&iv** [-'tiːf], **~iv** *fot n* (-*s*; -*e*) objetivo (*m*)

Obligation [ɔbliga'tsjoːn] *f* (-; -*en*) obligación *f*

Oboe [o'boːə] *f* (-; -*n*) oboe *m*

Observatorium [ɔpzɛrva'toːrjum] *n* (-*s*; -*ien* [-jən]) observatorio *m*

Obst [oːpst] *n* (-*[e]s*; *sin pl*) fruta *f*; **'~bau** *m* (-*[e]s*; *sin pl*) fruticultura *f*; **'~baum** *m* (árbol *m*) frutal *m*; **'~garten** *m* huerto *m* (frutal); **'~händler(in** *f*) *m* frutero *m*, -a *f*; **'~handlung** *f* frutería *f*; **'~kuchen** *m* tarta *f* de frutas; **'~messer** *n* cuchillo *m* para frutas; **'~plantage** *f* plantación *f* frutal; **'~salat** *m* macedonia *f* (de frutas)

obszön [ɔps'tsøːn] obsceno

Obus ['oːbus] *m* (-*ses*; -*se*) trolebús *m*

obwohl [ɔp'voːl] = ***obgleich***

'Ochse ['ɔksə] *m* (-*n*; -*n*) buey *m*; **~nschwanzsuppe** *f* sopa *f* de rabo de buey

öde ['øːdə] *adj* desierto; *fig* aburrido

oder ['oːdər] o, *vor* o *u* ho: u; **~ *aber*** o bien

Ofen ['oːfən] *m* (-*s*; ¨) estufa *f*; (*Back&*) horno *m*

offen ['ɔfən] abierto; *Stelle*: vacante; (*freimütig*) franco; (*unentschieden*) pendiente; **~ *gesagt*** dicho con franqueza, a decir verdad; **~ *lassen*** dejar abierto; *fig* dejar en suspenso;

offen'bar [-'baːr] manifiesto; evidente; *adv* por lo visto; **&ung** *f* (-; -*en*) revelación *f*

'Offen|heit *f* (-; *sin pl*) franqueza *f*, sinceridad *f*; **&herzig** franco, sincero; **&kundig** manifiesto, notorio; **&'sichtlich** manifiesto, evidente

Offensive [ɔfɛn'ziːvə] *f* (-; -*n*) ofensiva *f*

'öffentlich ['œfəntliç] público; *adv* en público; **&keit** *f* (-; *sin pl*) público *m*; *a jur* publicidad *f*; **&keitsarbeit** *f* relaciones *f*/*pl* públicas; **'~'rechtlich** de derecho público

Offerte [ɔ'fɛrtə] *f* (-; -*n*) oferta *f*

offiziell [ɔfi'tsjɛl] oficial

Offizier [-'tsiːr] *m* (-*s*; -*e*) oficial *m*

'öffn|en ['œfnən] (*ge-*, *h*) abrir; **&er** *m* (-*s*; -) abridor *m*; **&ung** *f* (-; -*en*) abertura *f* (*a Loch*); *bsd pol u fig* apertura *f*; **&ungszeiten** *f*/*pl* horas *f*/*pl* de apertura

oft [ɔft] a menudo, con frecuencia; ***nicht ~*** pocas veces; ***wie ~?*** ¿cuántas veces?; **~mals** ['-maːls] *s* ***oft***

ohne ['oːnə] *prp* (*ac*) sin; **~ *zu*** (*inf*) sin (*inf*); *cj* **~ *dass*** sin que (*subj*); **~'gleichen** sin igual, sin par; **~'hin** de todos modos

'Ohn|macht ['oːnmaxt] *f* (-; -*en*) *med* desmayo *m*, desvanecimiento *m*; ***in ~ fallen*** desmayarse; **&mächtig** *med* desmayado; **~ *werden*** desmayarse

Ohr [oːr] *n* (-*[e]s*; -*en*) oreja *f*; (*Innen&*, *Gehör*) oído *m*; ***bis über die ~en verliebt*** perdidamente enamorado; ***j-n übers ~ hauen*** dar gato por liebre a alg

Öhr [øːr] *n* (-*[e]s*; -*e*) ojo *m* (de la aguja)

'Ohren|arzt ['oːrənˀaːrtst] *m* otólogo *m*; **&betäubend** ensordecedor; **~sausen** *n* zumbido *m* de los oídos; **~schmerzen** *m*/*pl* dolor *m* de oídos

'Ohr|feige ['oːrfaɪgə] *f* bofetada *f*, F torta *f*; **&feigen** (*ge-*, *h*) abofetear; **~läpp-**

O

chen ['-lɛpçən] *n* (-*s*; -) lóbulo *m* de la oreja; **~ring** *m* pendiente *m*
'Öko|bewegung ['øko-] *f* movimiento *m* ecologista; **~laden** *m* tienda *f* ecológica; **~loge** [-lo:gə] *m* (-*n*; -*n*) ecólogo *m*; **~logie** [-lo'gi:] *f* (-; *sin pl*) ecología *f*; **2logisch** [-lo:giʃ] ecológico; **~nomie** [-no'mi:] *f* (-; -*n*) economía *f*; **2nomisch** [-'no:miʃ] económico; **~system** *n* ecosistema *m*
Ok'tan [ɔk'tɑ:n] *n* (-*s*; *sin pl*) octano *m*; **~zahl** *f* octanaje *m*
Oktave [-'tɑ:və] *f* (-; -*n*) octava *f*
Oktober [-'to:bər] *m* (-*[s]*; -) octubre *m*
ökumenisch [øku'me:niʃ] ecuménico
Öl [ø:l] *n* (-*[e]s*; -*e*) aceite *m*; (*Erd2*) petróleo *m*; *pint* óleo *m*; **'~baum** *m* olivo *m*
Oldtimer ['ouldtaɪmər] *m* (-*s*; -) coche *m* antiguo *od* de época
'öl|en ['ø:lən] (*ge*-, *h*) aceitar; *tec* engrasar; **2farbe** *f* pintura *f* al óleo; **2gemälde** *n* (pintura *f* al) óleo *m*; **2heizung** *f* calefacción *f* de fuel-oil
O'live [o'li:və] *f* (-; -*n*) aceituna *f*; **~nbaum** *m* olivo *m*; **~nöl** *n* aceite *m* de oliva
olivgrün [o'li:fgry:n] verde oliva
'Öl|kanister ['ø:l-] *m* bidón *m* de aceite; **~kanne** *f* aceitera *f*; **~leitung** *f* oleoducto *m*; **~pest** *f* marea *f* negra; **~sardine** *f* sardina *f* en aceite; **~stand(anzeiger)** *m* (indicador *m* del) nivel *m* de aceite; **~tanker** *m* petrolero *m*; **~teppich** *m* capa *f* de aceite; **~wechsel** *m* *auto* cambio *m* de aceite
Olympi|ade [olym'pjɑ:də] *f* (-; -*n*) Olimpíada *f*; **2sch** [-'lympiʃ] olímpico; ***~e Spiele*** *n*/*pl* juegos *m*/*pl* olímpicos
Oma F ['o:ma] *f* (-; -*s*) abuelita *f*
Omelett [ɔm(ə)'lɛt] *n* (-*[e]s*; -*s*) tortilla *f*
Omnibus ['ɔmnibus] *m* (-*ses*; -*se*) autobús *m*; (*Reise2*) autocar *m*
Onkel ['ɔŋkəl] *m* (-*s*; -) tío *m*
'Onlinedienst *inform* [ɔnlaɪndi:nst] *m* (-*es*; -*e*) servicio *m* en línea
Opa F ['o:pa] *m* (-*s*; -*s*) abuelito *m*
Oper ['o:pər] *f* (-; -*n*) ópera *f*
Operati'on [opəra'tsjo:n] *f* (-; -*en*) operación *f*; **~ssaal** *m* quirófano *m*
Operette [-'rɛtə] *f* (-; -*n*) opereta *f*
ope'rieren (*h*) operar; ***sich ~ lassen*** operarse
Opernsänger(in *f*) *m* ['o:pərn-] cantante *su* de ópera
'Opfer ['ɔpfər] *n* (-*s*; -) (*das man bringt*) sacrificio *m* (*a fig*); (*das man wird*) víctima *f* (*a fig*); **2n** (*ge*-, *h*) sacrificar (*a fig*); **~stock** *m* cepillo *m*
Opium ['o:pjum] *n* (-*s*; *sin pl*) opio *m*
Opportunismus [ɔpɔrtu'nismus] *m* (-; *sin pl*) oportunismo *m*
Oppositi'on [ɔpozi'tsjo:n] *f* (-; -*en*) oposición *f*; **2ell** [-tsjo'nɛl] de la oposición; **~spartei** *f* partido *m* de oposición
Optiker ['ɔptikər] *m* (-*s*; -), **~in** *f* (-; -*nen*) óptico *m*, -a *f*
Optimist [-'mist] *m* (-*en*; -*en*), **~in** *f* (-; -*nen*) optimista *su*; **2isch** optimista
optisch ['-tiʃ] óptico
O'range [o'rãʒə] *f* (-; -*n*) naranja *f*; **2** (de color) naranja; **~ade** [-'ʒɑ:də] *f* (-; -*n*) naranjada *f*; **~nbaum** *m* naranjo *m*; **~nsaft** *m* zumo *m* de naranja
Oratorium [ora'to:rjum] *n* (-*s*; -*ien* [-jən]) *mus* oratorio *m*
Orchester [ɔr'kɛstər] *n* (-*s*; -) orquesta *f*
Orchidee [-çi'de:ə] *f* (-; -*n*) orquídea *f*
Orden ['-dən] *m* (-*s*; -) *rel* orden *f*; (*Ehrenzeichen*) condecoración *f*; **~s-schwester** *f* religiosa *f*, monja *f*
ordentlich ['-tliç] ordenado (*a Person*); (*anständig*) formal, decente; *Mitglied, Professor*: numerario; *adv* como es debido
'Order *com* ['-dər] *f* (-; -*n*) orden *f*; **2n** (*ge*-, *h*) pedir
ordinär [ɔrdi'nɛ:r] vulgar
'ordn|en ['ɔrdnən] (*ge*-, *h*) ordenar, *a Haar*: arreglar; (*an~*) disponer; (*sortieren*) clasificar; **2er** *m* (-*s*; -) (*Mappe*) clasificador *m*, archivador *m*
'Ordnung ['-nuŋ] *f* (-; *sin pl*) orden *m*; ***in ~ bringen*** poner en orden; *fig* arreglar; ***in ~*** en orden; *Papiere*: en regla; ***in ~!*** ¡conforme!; **2sgemäß** debidamente; **~sstrafe** *f* multa *f*; **2swidrig** contrario al orden, irregular; **~szahl** número *m* ordinal
Or'gan [-'gɑ:n] *n* (-*s*; -*e*) órgano *m* (*a fig*); **~bank** *f* (-; -*en*) banco *m* de órganos; **~isation** [-ganiza'tsjo:n] *f* (-; -*en*) organización *f*; **2isch** orgánico; **2i'sieren** (*h*) organizar; **~ist** *mus* [-ga'nist] *m* (-*en*; -*en*), **~istin** *f* (-; -*nen*) organista *su*; **~spender(in** *f*) *m* donante *su* de órganos; **~transplantation** *f* trasplante *m* de órganos

Orgel ['-gəl] *f* (-; *-n*) órgano *m*
Orient ['oːrjɛnt] *m* (*-s*; *sin pl*) oriente *m*; **2'alisch** [orjɛn'tɑːliʃ] oriental; **2'ieren** (*h*): (***sich***) **~** orientar(se) (***über*** *ac* sobre); **~'ierung** *f* (-; *sin pl*) orientación *f*
origi'n|al [origi'nɑːl], **2** *n* (*-s*; *-e*) *a fig* original (*m*); **2alverpackung** *f* envase *m* original; **~ell** [-'nɛl] original; raro; singular
Orkan [ɔr'kɑːn] *m* (*-[e]s*; *-e*) huracán *m*
Ornament [-na'mɛnt] *n* (*-[e]s*; *-e*) ornamento *m*, adorno *m*
Ort [ɔrt] *m* (*-[e]s*; *-e*) lugar *m*, sitio *m*; *s a* ***~schaft***
Orthogra|fie, **~phie** [ɔrtogra'fiː] *f* (-; *-n*) ortografía *f*
Ortho'päd|e [-'pɛːdə] *m* (*-n*; *-n*), **~in** *f* (-; *-nen*) ortopedista *su*; **2isch** ortopédico
örtlich ['œrtliç] local (*a med*)
ortsansässig ['ɔrts-] domiciliado en el lugar
Ortschaft ['ɔrtʃaft] *f* (-; *-en*) población *f*, lugar *m*
'orts|fremd ['ɔrts-] forastero; **2gespräch** *n tel* conferencia *f* urbana; **2schild** *n* señal *f* indicadora de población; **2tarif** *m* tarifa *f* urbana; **2zeit** *f* hora *f* local
Öse ['øːzə] *f* (-; *-n*) corchete *m*
Ost [ɔst] *m inv* este *m*; **'~...**: *in Zssgn* oriental; **'~block** *m hist pol* bloque *m* oriental; **'~en** *m* (*-s*; *sin pl*) este *m*; oriente *m*; ***der Nahe* ~** el Próximo Oriente
'Oster|ei ['oːstərˀaɪ] *n* huevo *m* de Pascua; **~'montag** *m* lunes *m* de Pascua; **~n** *n inv*, *a pl* Pascua *f* (de Resurrección)
Österreich|er ['øːstəraɪçər] *m* (*-s*; -), **~erin** *f* (-; *-nen*), **2isch** austríaco *m*, -a *f*
Oster|samstag [oːstər'zamstɑːk] *m* Sábado *m* Santo *od* de Gloria; **~'sonntag** *m* Domingo *m* de Resurrección *od* de Pascua; **'~woche** *f* Semana *f* Santa
östlich ['œstliç] oriental, del este; **~ *von*** al este de
Ostwind ['ɔstvint] *m* viento *m* del este
Otter ['ɔtər] *f* (-; *-n*) víbora *f*
'outen [aʊtən] (*ge-*, *h*) manifestar públicamente la homosexualidad de alg; ***sich* ~** manifestar públicamente su homosexualidad
Ouvertüre [uvɛr'tyːrə] *f* (-; *-n*) obertura *f*
oval [o'vɑːl] oval
Overall ['ovərɔːl] *m* (*-s*; *-s*) mono *m*
Oxid [ɔ'ksiːt], **Oxyd** *n* (*-s*; *-e*) óxido *m*, **2ieren** [-si'diːrən] *v/i* (*sn*) oxidarse
Ozean ['oːtseɑːn] *m* (*-s*; *-e*) océano *m*
O'zon [o'tsoːn] *m* (*-s*; *sin pl*) ozono *m*; **~alarm** *m* alarma *f* por ozono; **~loch** *n* agujero *m* (en la capa) de ozono; **~schicht** *f* capa *f* de ozono

P

P, **p** [peː] *n* (-; -) P, p *f*
Paar [pɑːr] **1.** *n* (*-[e]s*; *-e*) *et*: par *m*; *j*: pareja *f*; **2.** **2** *adj*: ***ein* ~** unos cuantos, algunos, unos; **'~lauf** *m dep* patinaje *m* por parejas; **'2mal**: ***ein* ~** algunas veces; **'2weise** de dos en dos, a pares; por parejas
Pacht [paxt] *f* (-; *sin pl*) arriendo *m*, arrendamiento *m*; **'2en** (*ge-*, *h*) arrendar; tomar en arrendamiento
Pächter ['pɛçtər] *m* (*-s*; -), **~in** *f* (-; *-nen*) arrendatario *m*, -a *f*
Pachtvertrag ['paxt-] *m* contrato *m* de arrendamiento
Pack [pak] *n* (*-s*; *sin pl*) gentuza *f*, chusma *f*
Päckchen ['pɛkçən] *n* (*-s*; -) *corr* pequeño paquete *m*; *Zigaretten*: paquete *m*
'pack|en ['pakən] (*ge-*, *h*) (*ein~*) empaquetar, embalar; *Koffer*: hacer (la maleta); (*fassen*) agarrar; *fig* cautivar; **2en** *m* (*-s*; -) bulto *m*; paquete *m*; **~end** *fig* cautivador; **2er** *m* (*-s*; -) embalador *m*; **2papier** *n* papel *m* de embalar *od* de estraza; **2ung** *f* (-; *-en*) paquete *m*; *med* envoltura *f*
'Paddel ['padəl] *n* (*-s*; -) canalete *m*; **~boot** *n* piragua *f*, canoa *f*; **2n** (*ge-*, *h*) ir en piragua

Page ['pa:ʒə] *m* (-*n*; -*n*) (*Hotel*≗) botones *m*

Pa'ket [pa'ke:t] *n* (-*[e]s*; -*e*) paquete *m*; bulto *m*; **~karte** *f* boletín *m* de expedición; **~post** *f* servicio *m* de paquetes postales

Pakt [pakt] *m* (-*[e]s*; -*e*) pacto *m*

Palast [pa'last] *m* (-*[e]s*; -*̈e*) palacio *m*

Palm|e ['palmə] *f* palmera *f*; F *fig* ***j-n auf die ~ bringen*** sacar a alg de quicio; **~'sonntag** *m* Domingo *m* de Ramos

Pampelmuse [pampəl'mu:zə] *f* (-; -*n*) toronja *f*, pomelo *m*

pa'nier|en [pa'ni:rən] (*h*) rebozar, empanar; **≗mehl** *n* pan *m* rallado

'Pan|ik ['pa:nik] *f* (-; -*en*), **≗isch** pánico (*m*)

'Panne ['panə] *f* (-; -*n*) avería *f*; *fig* contratiempo *m*; F plancha *f*; **~ndienst** *m* servicio *m* de averías; **~nhilfe** *f* auxilio *m* en carretera

Panorama [pano'ra:ma] *n* (-*s*; -*men*) panorama *m*

panschen ['panʃən] (*ge*-, *h*) F *mit Wasser* F bautizar

Pan'toffel [-'tɔfəl] *m* (-*s*; -*n*) zapatilla *f*; **~held** F *m* bragazas *m*

Pantomime *f* pantomima *f*

'Panzer ['-tsər] *m* (-*s*; -) (*Rüstung*) coraza *f*; *zo* caparazón *m*; *mil* tanque *m*; **~...**: *in Zssgn oft* blindado, acorazado; **≗n** (*ge*-, *h*) blindar, acorazar; **~schrank** *m* caja *f* fuerte

Papa [pa'pa:, '-pa] *m* (-*s*; -*s*) papá *m*

Papagei [-pa'gaɪ] *m* (-*s*; -*en*) papagayo *m*, loro *m*

Pa'pier [-'pi:r] *n* (-*s*; -*e*) papel *m*; (*Urkunde*) documento *m*; **~e** *pl a* documentación *f*; *com* valores *m*/*pl*; **~geld** *n* papel *m* moneda; **~korb** *m* papelera *f*; **~serviette** *f* (**~taschentuch** *n*) servilleta *f* (pañuelo *m*) de papel

Pappe ['-pə] *f* (-; -*n*) cartón *m*

'Pappel *bot* ['-pəl] *f* (-; -*n*) álamo *m*, chopo *m*; **~allee** *f* alameda *f*

'Papp|karton *m*, **~schachtel** *f* caja *f* de cartón

'Paprika ['paprika] *m* (-*s*; -*[s]*) pimiento *m*; *gemahlen*: pimentón *m*; **~schote** *f* pimiento *m*

Papst [pa:pst] *m* (-*[e]s*; -*̈e*) papa *m*

päpstlich ['pɛ:pstliç] papal, pontificio

Parabol... [para'bo:l...]: *in Zssgn* parabólico

Parade [-'ra:də] *f* (-; -*n*) *mil* desfile *m*, revista *f*

Paradies [-ra'di:s] *n* (-*es*; -*e*) paraíso *m*; **≗isch** [-ziʃ] paradisíaco

paradox [-'dɔks] paradójico

Paragraph [-'gra:f] *m* (-*en*; -*en*) párrafo *m*; *jur* artículo *m*

parallel [-'le:l] paralelo (***zu*** a); **≗e** *f* (-; -*n*) paralela *f*; *fig* paralelo *m*

Paratyphus ['-raty:fus] *m* paratifoidea *f*

Parfüm [par'fy:m] *n* (-*s*; -*s*, -*e*) perfume *m*; **~erie** [-fymə'ri:] *f* (-; -*n*) perfumería *f*

pari *com* ['pa:ri] a la par

Parität [pari'tɛ:t] *f* (-; *sin pl*) paridad *f*

Park [park] *m* (-*s*; -*s*) parque *m*; **~-and-ride-System** [pa:rkənd'raɪd-] *n* sistema *m* „park-and-ride", aparcamientos *m*/*pl* de disuasión; **'≗en** (*ge*-, *h*) *v*/*t u v*/*i* aparcar; **'~en** *n* (-*s*; *sin pl*) aparcamiento *m*, estacionamiento *m*

Parkett [par'kɛt] *n* (-*s*; -*e*) parqué *m*, entarimado *m*; *teat* patio *m* de butacas, platea *f*

'Park|haus ['park-] *n* garaje-aparcamiento *m*, parking *m*; **~kralle** *f* cepo *m*; **~lücke** *f* hueco *m* (para aparcar); **~möglichkeit** *f* posibilidad *f* de aparcar; **~scheibe** *f* disco *m* de estacionamiento; **~uhr** *f* parquímetro *m*; **~verbot** *n* prohibición *f* de estacionamiento

Parlament [parla'mɛnt] *n* (-*[e]s*; -*e*) parlamento *m*; **≗arisch** [-'ta:riʃ] parlamentario

Parodie [paro'di:] *f* (-; -*n*) parodia *f* (***auf*** *ac* de)

Par'tei [par'taɪ] *f* (-; -*en*) partido *m*; *jur* parte *f*; ***~ ergreifen*** tomar partido (***für*** por); **≗isch** parcial

Parterre [-'tɛr] *n* (-*s*; -*s*) piso *m* bajo, planta *f* baja; *teat* platea *f*

Partie [-'ti:] *f* (-; -*n*) partida *f* (*a Schach usw*); *dep* partido *m*; *com* lote *m*

Partizip [-ti'tsi:p] *n* (-*s*; -*ien*) participio *m*

'Partner ['partnər] *m* (-*s*; -), **~in** *f* (-; -*nen*) *com* socio *m*, -a *f*; *dep* compañero *m*, -a *f*; (*Tanz*≗ *usw*) pareja *f*; **~schaft** *f* (-;-*en*) cooperación *f*; participación *f*; **~städte** *f*/*pl* ciudades *f*/*pl* gemelas

Party ['pa:rti] *f* (-*s*; -*s*) guateque *m*; **~service** *m* servicio *m* a domicilio

Pass [pas] *m* (-*es*; -*̈e*) *geo* puerto *m*, paso *m*; (*Reise*≗) pasaporte *m*

Passage [-'sa:ʒə] *f* (-; -*n*) pasaje *m*

Passa'gier [-sa'ʒi:r] *m* (-*s*; -*e*) viajero *m*;

P

mar, avia pasajero *m*; *pl a* pasaje *m*; **~schiff** *n* buque *m* de pasajeros; paquebote *m*
Passant [-'sant] *m* (*-en*; *-en*), **~in** *f* (-; *-nen*) transeúnte *su*
Passbild ['pasbilt] *n* foto(grafía) *f* de pasaporte
'passen ['pasən] (*ge-*, *h*) convenir (***für, zu*** a); ir bien (con); *Kleidung*: sentar *od* ir bien; *Spiel*: pasar; ***in et*** (*ac*) **~** caber en; ***zueinander ~*** llevarse bien; ***das passt mir*** (***nicht***) (no) me viene bien; **~d** conveniente, apropiado
pas'sier|en [-'siːrən] **1.** *v/i* (*sn*) (*geschehen*) pasar, suceder, ocurrir; **2.** *v/t* (*h*) pasar (*a gastr*), atravesar; **≗schein** *m* pase *m*
Passion [-'sjoːn] *f* (-; *-en*) pasión *f*; *rel* Pasión *f*
passiv ['-siːf, -'siːf] **1.** *adj* pasivo; **2. ≗** *gram n* (*-s*; *-e*) voz *f* pasiva; **≗a** [-'-va] *pl com* pasivo *m*; **≗ität** [-sivi'tɛːt] *f* (-; *sin pl*) pasividad *f*
'Pass|kontrolle ['paskɔntrɔlə] *f* control *m* de pasaportes; **~straße** *f* carretera *f* de puerto de montaña
Passwort *n* (*-[e]s*; *⸗er*) *inform* palabra *f* clave
Paste ['pastə] *f* (-; *-n*) pasta *f*
Pastell [-'tɛl] *n* (*-[e]s*; *-e*) pastel *m*
Pastete [-'teːtə] *f* (-; *-n*) (*Teig≗*) empanada *f*; (*Fleisch≗*, *Leber≗*) paté *m*
Pastor ['-tɔr] *m* (*-s*; *-en* [-'toːrən]) pastor *m*
'Pate ['paːtə] *m* (*-n*; *-n*) padrino *m*; **~nkind** *n* ahijado *m*, -a *f*
Pa'tent [pa'tɛnt] *n* (*-[e]s*; *-e*) patente *f*; **~amt** *n* oficina *f* de patentes; *Esp* registro *m* de la propiedad industrial; **≗'ieren** (*h*) patentar
Pater ['paːtər] *m* (*-s*; -, *-tres*) padre *m*
pathetisch [pa'teːtiʃ] patético
Patient [-'tsjɛnt] *m* (*-en*; *-en*), **~in** *f* (-; *-nen*) paciente *su*
Patin ['paːtin] *f* (-; *-nen*) madrina *f*
patriotisch [patri'oːtiʃ] patriótico
Patron [-'troːn] *m* (*-s*; *-e*) *rel* patrono *m*, patrón *m*; F *fig* tío *m*
Patrone [-'-nə] *f* (-; *-n*) cartucho *m*
Patsche ['patʃə] *f*: ***in der ~ sitzen*** estar en un apuro
patzig ['-tsiç] insolente; F fresco
'Pauke *mus* ['paʊkə] *f* (-; *-n*) bombo *m*; **≗n** (*ge-*, *h*) F *fig* empollar
pau'schal [paʊ'ʃaːl], **≗...**: *in Zssgn mst* global; **≗e** *f* (-; *-n*) suma *f* global; **≗reise** *f* viaje *m* (con) todo incluido
'Paus|e ['-zə] *f* (-; *-n*) pausa *f*; *mus a* silencio *m*; *Konzert usw*: descanso *m*; *teat a* entreacto *m*; *Schule*: recreo *m*; **≗enlos** continuamente, sin cesar
Pavillon ['paviljɔ̃] *m* (*-s*; *-s*) pabellón *m*; (*Verkaufs≗*) quiosco *m*
Pazi'fis|mus [patsi'fismus] *m* (-; *sin pl*) pacifismo *m*; **≗tisch** pacifista
Pech [pɛç] *n* (*-s*; *-e*) pez *f*; (*sin pl*) *fig* mala suerte *f*, F mala pata *f*; **'~strähne** *f* mala racha *f*; **'~vogel** *m* F cenizo *m*; ***ein ~ sn*** tener mala pata
Pedal [pe'daːl] *n* (*-[e]s*; *-e*) pedal *m*
Pe'dant [-'dant] *m* (*-en*; *-en*) hombre *m* meticuloso; **≗isch** meticuloso
Pediküre [-di'kyːrə] *f* (-; *-n*) pedicura *f* (*a Person*)
'Pegel ['peːgəl] *m* (*-s*; -) fluviómetro *m*; *a* = **~stand** *m* nivel *m* del agua
peilen ['paɪlən] (*ge-*, *h*) sondear; *mar a* marcar; *fig* ***die Lage ~*** tantear el terreno
peinlich ['paɪnliç] penoso; *Frage*: delicado; *Lage*: precario, embarazoso; (*unangenehm*) desagradable; ***~ genau*** meticuloso
Peitsche ['paɪtʃə] *f* (-; *-n*) látigo *m*
Pelikan ['peːlikaːn] *m* (*-s*; *-e*) pelícano *m*
'Pell|e ['pɛlə] *f* (-; *-n*) piel *f*; **≗en** (*ge-*, *h*) pelar; **~kartoffeln** *f/pl* patatas *f/pl* cocidas sin pelar
Pelz [pɛlts] *m* (*-es*; *-e*) piel *f*; **'~geschäft** *n* peletería *f*; **'~händler** *m* peletero *m*; **'~jacke** *f* chaquetón *m* de piel; **'~mantel** *m* abrigo *m* de piel(es)
'Pendel ['pɛndəl] *n* (*-s*; -) péndulo *m*; *der Uhr*: péndola *f*; **'≗n** (*ge-*, *h u sn*) oscilar; *fig* ir y venir; **~verkehr** *m* tráfico *m* de vaivén
Pendler ['pɛndlər] *m* (*-s*; -) trabajador *m* que diariamente viaja entre su casa y su lugar de trabajo
Penis ['peːnis] *m* (-; *-se*) pene *m*
Penizillin [penitsi'liːn] *n* (*-s*; *sin pl*) penicilina *f*
'penne|n F ['pɛnən] (*ge-*, *h*) dormir; **≗r** *m* (*-s*; -) vagabundo *m*
Pension [pɑ̃'zjoːn] *f* (-; *-en*) pensión *f* (*a Heim*); (*Alters≗*) *a* jubilación *f*; *mil* retiro *m*; **~är** [-zjo'nɛːr] *m* (*-s*; *-e*), **~ärin** *f* (-; *-nen*) pensionista *su*; **≗'ieren** (*h*):

P

(***sich***) ~ (***lassen***) jubilar(se); **ᴥ'iert** jubilado; **~'ierung** *f* (-; *-en*) jubilación *f*; *mil* retiro *m*

per [pɛr] por; ~ ***Adresse*** en casa de

perfekt [-'fɛkt] *adj* perfecto

Pergament [-ga'mɛnt] *n* (*-[e]s*; *-e*) pergamino *m*

Periode [per'joːdə] *f* (-; *-n*) periodo *m*, período *m*; *med a* regla *f*

Periphe'rie [perife'riː] *f* (-; *-n*) periferia *f*; **~geräte** *n/pl inform* periféricos *m/pl*

'Perl|e ['pɛrlə] *f* (-; *-n*) perla *f* (*a fig Person*); *Rosenkranz*: cuenta *f*; **ᴥen** (*ge-, h*) burbujear (*a Sekt*); **'~mutt** *n* (*-s*; *sin pl*) nácar *m*

Pers|er ['-zər] *m* (*-s*; -) persa *m*; (*Teppich*) alfombra *f* persa; **~ianer** [-'zjɑːnər] *m* (*-s*; -) astracán *m*

Person [-'zoːn] *f* (-; *-en*) persona *f*; *teat* personaje *m*

Perso'nal [-zo'nɑːl] *n* (*-s*; *sin pl*) personal *m*; **~abbau** *m* reducción *f* del personal *od* de la plantilla; **~abteilung** *f* departamento *m* de personal; **~ausweis** *m* documento *m* nacional de identidad, *Am* cédula *f* personal; **~computer** *m* ordenador *m* personal; **~ien** [-'-jən] *pl* datos *m/pl* personales; **~mangel** *m* escasez *f* de personal; **~vertretung** *f* representación *f* del personal

Per'sonen|aufzug [-'zoːnənˀ-] *m* ascensor *m*; **~(kraft)wagen** *m* turismo *m*; **~schaden** *m* daño *m* personal; **~zug** *m* (tren *m*) correo *m*; (*Reisezug*) tren *m* de viajeros

per'sönlich [-'zøːnliç] personal; *adv* en persona; **ᴥkeit** *f* (-; *-en*) personalidad *f*; (*bedeutender Mensch*) personaje *m*

Perspektive [-spɛk'tiːvə] *f* (-; *-n*) perspectiva *f*

Peru'an|er [peru'ɑːnər] *m* (*-s*; -), **~erin** *f* (-; *-nen*), **ᴥisch** peruano *m*, -a *f*

Perücke [pɛ'rykə] *f* (-; *-n*) peluca *f*

pervers [pɛr'vɛrs] perverso

Pesete [pe'zeːtə] *f* (-; *-n*) peseta *f*

Pessi'mist [pɛsi'mist] *m* (*-en*; *-en*), **~in** *f* (-; *-nen*), **ᴥ'isch** pesimista *su*

Pest *med* [pɛst] *f* (-; *sin pl*) peste *f* (*a fig*)

Petersilie [petər'ziːljə] *f* (-; *-n*) perejil *m*

Pe'troleum [-'troːleum] *n* (*-s*; *sin pl*) petróleo *m*; **~lampe** *f* quinqué *m*

Pfad [pfɑːt] *m* (*-[e]s*; *-e*) senda *f*, sendero *m*; **'~finder** *m* explorador *m*

Pfahl [pfɑːl] *m* (*-[e]s*; *⸚e*) palo *m*

Pfand [pfant] *n* (*-[e]s*; *⸚er*) prenda *f*; (*Flaschen*ᴥ) depósito *m* (para el envase); **'~flasche** *f* botella *f* retornable

pfänden ['pfɛndən] (*ge-, h*) embargar

'Pfand|haus ['pfant-] *n* monte *m* de piedad, casa *f* de empeños; **~leiher** *m* (*-s*; -) prestamista *m*

Pfändung ['pfɛnduŋ] *f* (-; *-en*) embargo *m*

'Pfann|e ['pfanə] *f* (-; *-n*) sartén *f*; **~kuchen** *m* crepe *m*; ***Berliner*** ~ buñuelo *m* berlinés

Pfarr|ei [pfa'raɪ] *f* (-; *-en*) parroquia *f*; **'~er** *m* (*-s*; -) pastor *m*; *katholisch*: cura *m*, párroco *m*; **'~haus** *n* casa *f* parroquial

Pfau [pfaʊ] *m* (*-[e]s*; *-en*) pavo *m* real

'Pfeffer ['pfɛfər] *m* (*-s*; -) pimienta *f*; **~kuchen** *m* pan *m* de especias; **~minze** *bot f* menta *f*; **~minztee** *m* infusión *f* de menta; **ᴥn** (*ge-, h*) echar pimienta a

'Pfeif|e ['pfaɪfə] *f* (-; *-n*) pito *m*; (*Tabaks*ᴥ) pipa *f*; ~ ***rauchen*** fumar en pipa; **ᴥen** (*pfiff, gepfiffen, h*) silbar, pitar; F *fig* ***ich pfeife darauf*** me importa un pito

Pfeil [pfaɪl] *m* (*-[e]s*; *-e*) flecha *f*; (*Wurf*ᴥ) dardo *m*; **'~er** *m* (*-s*; -) pilar *m*

Pfennig ['pfɛniç] *m* (*-s*; *-e*, *después de números en pl inv*) pfennig *m*

Pferd [pfeːrt] *n* (*-[e]s*; *-e*) caballo *m* (*a Schach*); *Turnen*: potro *m* con aros; ***zu ~e*** a caballo

'Pferde|rennen ['pfeːrdə-] *n* carrera *f* de caballos, concurso *m* hípico; **~schwanz** *m* cola *f* de caballo (*a Frisur*); **~stall** *m* cuadra *f*, caballeriza *f*; **~stärke** *f* (*Abk* ***PS***) caballo *m* de vapor

Pfiff [pfif] *m* (*-[e]s*; *-e*) silbido *m*; pitada *f*, pitido *m*; *fig* truco *m*; **'~erling** *bot* ['-fərliŋ] *m* (*-s*; *-e*) cantarela *f*; ***keinen ~ wert sn*** no valer nada; **'ᴥig** astuto, ladino; **'~igkeit** *f* (-; *sin pl*) astucia *f*

Pfingst|en ['pfiŋstən] *n* (-; -) Pentecostés *m*; **~rose** *bot f* peonía *f*

Pfirsich ['pfirziç] *m* (*-s*; *-e*) melocotón *m*, *Am* durazno *m*; **~baum** *m* melocotonero *m*; duraznero *m*

'Pflanz|e ['pflantsə] *f* (-; *-n*) planta *f*; vegetal *m*; **~en...**: *in Zssgn oft* vegetal; **ᴥen** (*ge-, h*) plantar; **~er** *m* (*-s*; -) colono *m*; plantador *m*; **ᴥlich** vegetal; **~ung** *f* (-; *-en*) plantación *f*

P

'Pflaster ['pflastər] *n* (*-s*; -) pavimento *m*; empedrado, adoquinado *m*; *med* emplasto *m*, parche *m*; (*Heft*≈) esparadrapo *m*; **'~maler** *m* persona *f* que pinta sobre la acera; **≈n** (*ge-*, *h*) empedrar, adoquinar; **~stein** *m* adoquín *m*

'Pflaume ['pflaʊmə] *f* (-; *-n*) ciruela *f*; **~nbaum** *m* ciruelo *m*

'Pfleg|e ['pfleːgə] *f* (-; *sin pl*) cuidados *m/pl*; *med* asistencia *f*; *tec* mantenimiento *m*; *fig* cultivo *m*; **≈eleicht** de fácil lavado; **≈en** (*ge-*, *h*) cuidar (de); atender a (*a med*); *fig* cultivar; **~ zu** (*inf*) soler, acostumbrar (*inf*); **~er** *m* (*-s*; -), **~erin** *f* (-; *-nen*) cuidador(a *f*) *m*; *med* enfermero *m*, -a *f*

Pflicht [pfliçt] *f* (-; *-en*) deber *m*, obligación *f*; **'~...**: *in Zssgn oft* obligatorio; **'≈bewusst** cumplidor; **'~bewusstsein** *n* sentido *m* del deber; **'~erfüllung** *f* cumplimiento *m* del deber; **'~fach** *n* asignatura *f* obligatoria; **'≈gemäß** debido; *adv* conforme a su deber; **'≈vergessen** descuidado; desleal; **'~versicherung** *f* seguro *m* obligatorio

Pflock [pflɔk] *m* (*-[e]s*; *⸚e*) estaquilla *f*

pflücken ['pflykən] (*ge-*, *h*) coger

Pflug [pfluːk] *m* (*-[e]s*; *⸚e*) arado *m*

pflügen ['pflyːgən] (*ge-*, *h*) arar

Pforte ['pfɔrtə] *f* (-; *-n*) puerta *f*

'Pförtner ['pfœrtnər] *m* (*-s*; -) portero *m*; conserje *m*; **~loge** *f* portería *f*

Pfosten ['pfɔstən] *m* (*-s*; -) poste *m*

Pfote ['pfoːtə] *f* (-; *-n*) pata *f*

Pfropfen ['pfrɔpfən] *m* (*-s*; -) tapón *m*

pfui! ['pfui] ¡qué asco!

Pfund [pfunt] *n* (*-[e]s*; *-e*, *después de números en pl inv*) libra *f* (***Sterling*** esterlina); *beim Einkauf*: medio kilo *m*

'pfusch|en ['pfuʃən] (*ge-*, *h*) chapucear; **≈er** *m* (*-s*; -) chapucero *m*

Pfütze ['pfytsə] *f* (-; *-n*) charco *m*

Phantasie → ***Fantasie***

phantastisch [-'tastiʃ] *a fig* fantástico

pharmazeutisch [farma'tsɔʏtiʃ] farmacéutico

Phase ['faːzə] *f* (-; *-n*) fase *f*

Philolog|e [-lo'loːgə] *m* (*-en*; *-en*), **~in** *f* (-; *-nen*) filólogo *m*, -a *f*; **~ie** [-lo'giː] *f* (-; *-n*) filología *f*

Philosoph [-'zoːf] *m* (*-en*; *-en*) filósofo *m*; **~ie** [-zo'fiː] *f* (-; *-en*) filosofía *f*; **≈isch** [-'zoːfiʃ] filosófico

Photo ['foːto] *n u Zssgn* → ***Foto***

Phrase ['fraːsə] *f* (-; *-n*) frase *f*; *pl a* palabrería *f*

Physik [fy'ziːk] *f* (-; *sin pl*) física *f*; **≈alisch** [-zi'kaːliʃ], **~er** ['fyːzikər] *m* (*-s*; -), **~erin** *f* (-; *-nen*) físico *m*, -a *f*

physisch ['fyːziʃ] físico

Pianist [pia'nist] *m* (*-en*; *-en*), **~in** *f* (-; *-nen*) pianista *su*

picheln F ['piçəln] (*ge-*, *h*) F empinar el codo

'Pick|el ['pikəl] *m* (*-s*; -) pico *m*; *med* grano *m*; **≈en** (*ge-*, *h*) picotear; (*hacken*) picar

'Picknick *n* ['-nik] *n* (*-s*; *-s*) merienda *f* al aire libre, picnic *m*; **≈en** (*ge-*, *h*) hacer (un) picnic

piep(s)en ['piːp(s)ən] (*ge-*, *h*) piar; F ***bei dir piept's wohl?*** ¿estás loco?

Pier *mar* [piːr] *m* (*-s*; *-e*) desembarcadero *m*

Pik [piːk] **1.** *n* (*-s*; *-s*) *Kartenspiel*: espadas *f/pl*; **2.** *m* F ***e-n ~ auf j-n haben*** tener tirria a alg; **≈ant** [pi'kant] picante

'Pilger ['pilgər] *m* (*-s*; -), **~in** *f* (-; *-nen*) peregrino *m*, -a *f*, romero *m*, -a *f*; **~fahrt** *f* peregrinación *f*, romería *f*

Pille ['pilə] *f* (-; *-n*) píldora *f* (*a die* **~**)

Pi'lot [pi'loːt] *m* (*-en*; *-en*) piloto *m*; **~projekt** *n* proyecto *m* piloto

Pilz [pilts] *m* (*-es*; *-e*) hongo *m*, seta *f*

pingelig F ['piŋəliç] meticuloso

Pinie *bot* ['piːnjə] *f* (-; *-n*) pino *m*

pinkeln P ['piŋkəln] (*ge-*, *h*) P mear

'Pinsel ['pinzəl] *m* (*-s*; -) pincel *m*; *grober*: brocha *f*; **≈n** (*ge-*, *h*) pincelar (*a med*)

Pinzette [-'tsɛtə] *f* (-; *-n*) pinzas *f/pl*

Pionier [pio'niːr] *m* (*-s*; *-e*) *mil* zapador *m*; *fig* pionero *m*

Pipeline ['paɪplaɪn] *f* (-; *-s*) oleoducto *m*; (*Gas*) gasoducto *m*

Pirat [pi'raːt] *m* (*-en*; *-en*) pirata *m*

Pistazie *bot* [pis'taːtsjə] *f* (-; *-n*) pistacho *m*

Piste ['-tə] *f* (-; *-n*) pista *f*

Pistole [-'toːlə] *f* (-; *-n*) pistola *f*

Pizz|a ['pitsa] *f* (-; *-s*) pizza *f*; **~eria** [-tsə'riːa] *f* (-; *-s*) pizzería *f*

'Plage ['plaːgə] *f* (-; *-n*) molestia *f*; **≈n** (*ge-*, *h*) molestar, fastidiar; ***sich ~*** ajetrearse

Plakat [pla'kaːt] *n* (*-[e]s*; *-e*) cartel *m*

Plakette [-'kɛtə] *f* (-; *-n*) placa *f*; (*Aufkleber*) pegatina *f*

P

Plan [plaːn] *m* (*-[e]s*; *⸗e*) plan *m*, proyecto *m*; *arqu* plano *m* (*a Stadt*⁀); **'~e** *f* (-; *-n*) toldo *m*, lona *f*; **'⁀en** (*ge-*, *h*) planear, proyectar
Planet [pla'neːt] *m* (*-en*; *-en*) planeta *m*
planieren [-'niːrən] (*h*) aplanar, nivelar
Planke ['plaŋkə] *f* (-; *-n*) tabla *f*, tablón *m*
'plan|los ['plaːnloːs] sin método; **~mäßig** metódico; *ferro*, *avia* regular
Planschbecken ['planʃ-] *n* piscina *f* para niños
Plantage [plan'taːʒə] *f* (-; *-n*) plantación *f*
'Plan|ung ['plaːnuŋ] *f* (-; *-en*) planificación *f*; **~wirtschaft** *f* economía *f* dirigida, dirigismo *m*
plappern ['plapərn] (*ge-*, *h*) charlar, parlotear
plärren ['plɛrən] (*ge-*, *h*) berrear; (*heulen*) lloriquear
'Plast|ik ['plastik] **1.** *f* (-; *-en*) (*Kunstwerk*) escultura *f*; **2.** *n* (*-s*; *sin pl*) plástico *m*; **~iktüte** *f* bolsa *f* de plástico; **⁀isch** plástico (*a fig*)
Platane [pla'taːnə] *f* (-; *-n*) plátano *m*
Platin ['plaːtin] *n* (*-s*; *sin pl*) platino *m*
plätschern ['plɛtʃərn] (*ge-*, *h*) chapalear; *Bach*: murmurar
platt [plat] llano, plano; aplastado; *fig* trivial, banal; F (*erstaunt*) perplejo; F ***e-n ⁀en haben*** tener un reventón *bzw* un pinchazo
Platte ['platə] *f* (-; *-n*) placa *f*, plancha *f*; (*Stein*⁀) losa *f*; (*Schall*⁀) disco *m*; (*Gericht*) plato *m*; F (*Glatze*) calva *f*
'Plätt|eisen ['plɛtʔ-] *n* (*-s*; -) plancha *f*; **⁀en** (*ge-*, *h*) planchar
'Plattenspieler ['platən-] *m* tocadiscos *m*
'Platt|form ['platfɔrm] *f* plataforma *f* (*a fig*); **~fuß** *m* pie *m* plano; F *auto* pinchazo *m*
Platz [plats] *m* (*-es*; *⸗e*) plaza *f*; (*Sitz*⁀) *a* asiento *m*; (*Stelle*) sitio *m*, lugar *m*; *dep* campo *m*; ***~ nehmen*** tomar asiento; ***~ machen*** hacer sitio; abrir paso; **'~anweiser** [-ʔanvaɪzər] *m* (*-s*; -), **~anweiserin** *f* (-; *-nen*) acomodador(a *f*) *m*
Plätzchen ['plɛtsçən] *n* (*-s*; -) rincón *m*; *gastr* pasta *f*
'platz|en ['platsən] (*ge-*, *sn*) estallar (*a mil*); *Reifen usw*: reventar (*a fig vor Lachen*, *Stolz usw*); F *fig* (*scheitern*) frustrarse; **⁀karte** *f* reserva *f* de asiento; **⁀regen** *m* chaparrón *m*, aguacero *m*, chubasco *m*; **⁀wunde** *f* herida *f*
plaudern ['plaʊdərn] (*ge-*, *h*) charlar, F estar de palique
plausibel [plaʊ'ziːbəl] plausible
Playboy ['pleː-] *m* (*-s*; *-s*) play-boy *m*
Pleite ['plaɪtə] *f* (-; *-n*) quiebra *f*; *fig* fracaso *m*; ***~ machen*** quebrar; ***⁀ sn*** estar en quiebra; F estar sin blanca
Pleuelstange ['plɔʏəl-] *f* biela *f*
Plisseerock [pli'seːrɔk] *m* falda *f* plisada
Plomb|e ['plɔmbə] *f* (-; *-n*) precinto *m*; (*Zahn*⁀) empaste *m*; **⁀'ieren** (*h*) precintar; *Zahn*: empastar
plötzlich ['plœtsliç] repentino, súbito; *adv* de repente
plump [plump] grosero; (*schwerfällig*) pesado; (*ungeschickt*) torpe; **~sen** ['-sən] (*ge-*, *sn*) caer(se) pesadamente; **'⁀sklo** *n* letrina *f*
Plunder ['plundər] *m* (*-s*; *sin pl*) trastos *m/pl*, cachivaches *m/pl*
'plünder|n ['plyndərn] (*ge-*, *h*) pillar, saquear; **⁀ung** *f* (-; *-en*) pillaje *m*, saqueo *m*
Plural ['pluːraːl] *m* (*-s*; *-e*) plural *m*
plus [plus] **1.** *adv* más; ***3 Grad ~*** tres grados sobre cero; **2.** ⁀ *n* (-; -) superávit *m*, excedente *m*; *fig* ventaja *f*
Plüsch [plyːʃ] *m* (*-[e]s*; *-e*) felpa *f*
Pluszeichen ['plus-] *n* (signo *m* de) más *m*
Po F [poː] *m* (*-s*; *-s*) *s* ***Popo***
Pöbel ['pøːbəl] *m* (*-s*; *sin pl*) populacho *m*, chusma *f*
pochen ['pɔxən] (*ge-*, *h*) *Herz*: latir, palpitar; *fig* ***~ auf*** (*ac*) insistir en; (*fordern*) reclamar (*ac*)
'Pocken *med* ['pɔkən] *f/pl* viruela *f*; **~(schutz)impfung** *f* vacunación *f* antivariólica
Podium ['poːdjum] *n* (*-s*; *-dien* [-djən]) podio *m*, estrado *m*
Poesie [poe'ziː] *f* (-; *-n*) poesía *f*
Po'et [-'eːt] *m* (*-en*; *-en*) poeta *m*; **~in** *f* (-;*-nen*) poetisa *f*; **⁀isch** poético
Pointe [po'ɛ̃tə] *f* (-; *-n*) agudeza *f*; *e-s Witzes*: gracia *f*
Pokal [po'kaːl] *m* (*-[e]s*; *-e*) copa *f*
'Poker ['poːkər] *n* (*-s*; *sin pl*) póker *m*, póquer *m*; **⁀n** (*ge-*, *h*) jugar al póker
Pol [poːl] *m* (*-[e]s*; *-e*) polo *m* (*a el*)
Polarkreis [po'laːr-] *m* círculo *m* polar

P

(***nördlicher*** ártico; ***südlicher*** antártico)
Pole ['poːlə] *m* (*-n*; *-n*) polaco *m*
Police [po'liːsə] *f* (-; *-n*) póliza *f*
polieren [-'liːrən] (*h*) pulir, sacar brillo a; *Möbel*: lustrar
Poliklinik ['poːli-] *f* policlínica *f*
Polin ['-lin] *f* (-; *-nen*) polaca *f*
Politesse [poli'tɛsə] *f* (-; *-n*) auxiliar *f* de policía
Polit|ik [poli'tiːk] *f* (-; *-en*) política *f*; **~iker** [-'liːtikər] *m* (*-s*; -), **~ikerin** *f* (-; *-nen*), **≗isch** [-'-tiʃ] político *m*, (mujer *f*) política *f*
Politur [-'tuːr] *f* (-; *-en*) lustre *m*, brillo *m*; *Mittel*: abrillantador *m*
Poli'zei [-'tsaɪ] *f* (-; *-en*) policía *f*; **~beamte** *m* agente *m* de policía; **~revier** *n* comisaría *f*; **~staat** *m* Estado *m* policía; **~streife** *f* patrulla *f* de policía; **~stunde** *f* hora *f* de cierre; **~wache** *f* puesto *m* de policía; comisaría *f*
Poli'zist [-'tsist] *m* (*-en*; *-en*) policía *m*; **~in** *f* (-; *-nen*) (mujer *f*) policía *f*
Pollen *bot* ['pɔlən] *m* (*-s*; -) polen *m*
polnisch ['pɔlniʃ] polaco
'Polo ['poːlo] *n* (*-s*; *-s*) polo *m*; **~hemd** *n* (camisa *f*) polo *m*
'Polster ['pɔlstər] *n* (*-s*; -) acolchado *m*; (*Kissen*) cojín *m*; **~möbel** *n*/*pl* muebles *m*/*pl* tapizados
poltern ['pɔltərn] (*ge-*, *h*) hacer ruido
Poly... ['poly...]: *in Zssgn mst* poli...; **~gamie** [-ga'miː] *f* (-; *sin pl*) poligamia *f*
Polyp [-'lyːp] *m* (*-en*; *-en*) *med u zo* pólipo *m*; F (*Polizist*) polizonte *m*
Pomade [-'mɑːdə] (-; *-n*) pomada *f*
Pommes ['pɔməs] *od* **~ frites** *fr* [pɔm'frit] *pl* patatas *f*/*pl* fritas
Pomp [pɔmp] *m* (*-[e]s*; *sin pl*) pompa *f*
Pony ['pɔni] **a)** *n* (*-s*; *-s*) poney *m*; **b)** *m* (*-s*; *-s*) (*Frisur*) flequillo *m*
Pool ['puːl] *m* (*-s*; *-s*) pool *m*; **'~billard** *n* billar *m* americano
'Pop|gruppe ['pɔp-] *f* grupo *m* pop; **~musik** *f* música *f* pop
Popo F [po'poː] *m* (*-s*; *-s*) pompis *m*
populär [-pu'lɛːr] popular
Pore ['poːrə] *f* (-; *-n*) poro *m*
Pornograph|ie [pɔrnogra'fiː] *f* (-; *sin pl*) pornografía *f*; **≗isch** [-'grɑːfiʃ] pornográfico
porös [po'røːs] poroso
Porree *bot* ['pɔreː] *m* (*-s*; *-s*) puerro *m*
Portal [pɔr'tɑːl] *n* (*-s*; *-e*) portal *m*
Portemonnaie [pɔrtmɔ'neː] *n* (*-s*; *-s*) monedero *m*
Portier [pɔr'tjeː] *m* (*-s*; *-s*) portero *m*, conserje *m*
Portion [-'tsjoːn] *f* ración *f*; porción *f*
'Porto ['-to] *n* (*-s*; *-s*, *-ti*) porte *m*, franqueo *m*; **~ *bezahlt*** porte pagado; **≗frei** franco de porte
Porträt [-'trɛː] *n* (*-s*; *-s*) retrato *m*
Portugies|e [-tu'giːzə] *m* (*-n*; *-n*), **~in** *f* (-;*-nen*), **≗isch** portugués *m*, -esa *f*
Portwein ['pɔrt-] *m* oporto *m*
Porzellan [pɔrtsə'lɑːn] *n* (*-s*; *-e*) porcelana *f*
Posaune *mus* [po'zaʊnə] *f* (-; *-n*) trombón *m*
Position [pozi'tsjoːn] *f* (-; *-en*) posición *f*; *mar* situación *f*
positiv [-tiːf] **1.** *adj* positivo; **2.** ≗ *fot n* (*-s*; *-e*) positivo *m*
Posse ['pɔsə] *f* (-; *-n*) farsa *f*
Post [pɔst] *Wz f* (-; *sin pl*) correo *m*; (*Gebäude*) (oficina *f* de) correos *m*/*pl*; ***auf die ~ bringen*** llevar al correo; ***mit der ~*** por correo; ***mit getrennter ~*** por (correo) separado
'Post|amt *n* oficina *f od* estafeta *f* de correos; **~anweisung** *f* giro *m* postal; **~bote** *m* cartero *m*
Posten ['pɔstən] *m* (*-s*; -) puesto *m*, empleo *m*; *com* partida *f*, lote *m*; *mil* centinela *m*; **~ *stehen*** montar la guardia; *fig* ***nicht auf dem ~ sn*** no sentirse bien
Poster ['postər] *m*, *n* (*-s*; -) póster *m*
'Post|fach *n* apartado *m* de correos, *Am* casilla *f*; **~karte** *f* (tarjeta *f*) postal *f*; **≗lagernd** lista de correos; **~leitzahl** *f* código *m* postal; **~scheck** *m* cheque *m* postal; **~scheckamt** *n* oficina *f* de cheques postales; **~scheckkonto** *n* cuenta *f* de cheques postales; **~schließfach** *n s* ***~fach***; **~sparbuch** *n* libreta *f od* cartilla *f* de ahorro postal; **~sparkasse** *f* caja *f* postal de ahorros; **~stempel** *m* matasellos *m*; **≗wendend** a vuelta de correo; **~wertzeichen** *n* sello *m* (de correo), *Am* estampilla *f*; **~wurfsendung** *f* envío *m* colectivo; impresos *m*/*pl* sin dirección
Poularde [pu'lardə] *f* (-; *-n*) pularda *f*
Pracht [praxt] *f* (-; *sin pl*) esplendor *m*; suntuosidad *f*

prächtig ['prɛçtiç] magnífico, espléndido, suntuoso

prägen ['prɛːgən] (*ge-, h*) imprimir, estampar; *Münzen, Wort*: acuñar; *fig* marcar

'**prahl|en** ['prɑːlən] (*ge-, h*) vanagloriarse, jactarse (***mit*** de); **&erei** [-lə'raɪ] *f* (-; *-en*) fanfarronería *f*, jactancia *f*

Prakti|kant [prakti'kant] *m* (*-en*; *-en*), **~kantin** *f* (-; *-nen*) practicante *su*; (*Rechtsanwalts&*) pasante *su*; **~kum** [-kum] *n* (*-s*; *-ka*) prácticas *f*/*pl*; '**&sch** práctico; ***~er Arzt*** médico *m* (de medicina) general; **&zieren** [-'tsiːrən] (*h*) practicar; *Arzt*: ejercer

Praline [pra'liːnə] *f* (-; *-n*) bombón *m*

prall [pral] (*straff*) tirante; (*voll*) repleto, relleno; *Ballon usw*: henchido; ***in der ~en Sonne*** a pleno sol; '**~en** (*ge-, sn*) chocar (***auf*** *ac*, ***gegen*** contra, con)

Prämie ['prɛːmjə] *f* (-; *-n*) premio *m*; *com* prima *f*

prämi(i)eren [prɛ'miːrən, -mi'iːrən] (*h*) premiar

Pranke ['praŋkə] *f* (-; *-n*) garra *f*, pata *f*

Präposition [prɛpozi'tsjoːn] *f* (-; *-en*) preposición *f*

Präsens *gram* ['prɛːzɛns] *n* (-; -sentia [prɛ'zɛntsja]) presente *m*

Präservativ [prɛzɛrva'tiːf] *n* (*-s*; *-e*) preservativo *m*

Präsi'dent [-zi'dɛnt] *m* (*-en*; *-en*), **~in** *f* (-; *-nen*) presidente *m*, -a *f*; **~schaft** *f* (-;*-en*) presidencia *f*

Praxis ['praksis] *f* (-; *sin pl*) práctica *f*; (*pl Praxen*) *jur* bufete *m*; *med* consultorio *m*; (*Sprechstunde*) consulta *f*

präzis [prɛ'tsiːs] preciso, exacto; **&ion** [-tsi'zjoːn] *f* (-; *sin pl*) precisión *f*

'**predig|en** ['preːdigən] (*ge-, h*) predicar; **&er** *m* (*-s*; -) predicador *m*; **&t** ['-diçt] *f* (-; *-en*) sermón *m* (*a fig*)

Preis [praɪs] *m* (*-es*; *-e*) precio *m*; (*Belohnung*) premio *m*; ***um jeden ~*** a toda costa, cueste lo que cueste; ***um keinen ~*** de ningún modo; '**~anstieg** *m* aumento *m od* subida *f* de precios; '**~ausschreiben** *n* concurso *m*

Preiselbeere ['praɪzəl-] *f* arándano *m* encarnado

'**Preis|erhöhung** ['praɪsʔ-] *f* aumento *m* de precios; **~ermäßigung** *f* reducción *f* de precios; **&gekrönt** ['-gəkrøːnt] premiado; **~lage** *f* categoría *f* de precios; **~liste** *f* lista *f* de precios; **~nachlass** *m* rebaja *f*, descuento *m*; **~niveau** *n* nivel *m* de precios; **~richter** *m* miembro *m* del jurado; juez *m*; **~senkung** *f* disminución *f od* rebaja *f* de (los) precios; **~stabilität** *f* estabilidad *f* de precios; **&wert** barato; *adv* a buen precio

'**prell|en** ['prɛlən] (*ge-, h*) *med* contusionar; *fig* estafar (***j-n um et*** a/c a alg); **&ung** *med f* (-; *-en*) contusión *f*

Premier|e [prəm'jɛːrə] *f* (-; *-n*) estreno *m*; **~minister(in** *f*) *m* [prəm'jeː-] primer(a) ministro *m*, -a *f*

'**Presse** ['prɛsə] *f* (-; *-n*) prensa *f* (*a tec*); **~agentur** *f* agencia *f* de prensa; **~freiheit** *f* libertad *f* de prensa; **~konferenz** *f* conferencia *f od* rueda *f* de prensa; **&n** (*ge-, h*) apretar; *a tec* prensar

'**Pressluft** ['prɛs-] *f* (-; *sin pl*) aire *m* comprimido; **~hammer** *m* martillo *m* neumático

'**prickeln** ['prikəln] (*ge-, h*) picar; *Sekt*: burbujear; *Glieder*: hormiguear; **~d** picante; excitante

'**Priester** ['priːstər] *m* (*-s*; -) sacerdote *m*, cura *m*; **~in** *f* (-; *-nen*) sacerdotisa *f*

prima ['priːma] *com* de primera calidad; F estupendo, formidable

primär [pri'mɛːr], **&...** primario

Primel *bot* ['priːməl] *f* (-; *-n*) primavera *f*

primitiv [primi'tiːf] primitivo

Prinz [prints] *m* (*-en*; *-en*) príncipe *m*; **~essin** [-'tsɛsin] *f* (-; *-nen*) princesa *f*

Prinzip [-'tsiːp] *n* (*-s*; *-ien* [jen]) principio *m*; ***im ~*** en principio; **&iell** [-tsi'pjɛl] en *od* por principio

Priorität [priori'tɛːt] *f* (-; *-en*) prioridad *f*

Prise ['priːzə] *f* (-; *-n*) *mar* presa *f*; (*Salz*) pellizco *m*, chispa *f*

pri'vat [pri'vɑːt] particular, privado; **&besitz** *m*, **&eigentum** *n* propiedad *f* privada; **&fernsehen** *n* televisión *f* privada; **&leben** *n* vida *f* privada; **&patient(in** *f*) *m* paciente *su* particular; **&person** *f* particular *m*; **&quartier** *n* alojamiento *m* en una casa particular; **&sache** *f* asunto *m* particular; **~versichert**: ***~ sn*** tener un seguro privado; **&wirtschaft** *f* (-; *sin pl*) economía *f* privada

Privileg [-vi'leːk] *n* (*-[e]s*; *-ien* [-gjən]) privilegio *m*

pro [proː] por; ***~ Kopf*** por cabeza; per cápita; ***~ Person*** por persona; ***~ Stück*** por (*od* la) pieza; ***~ Tag*** al día

P

'Probe ['proːbə] *f* (-; *-n*) prueba *f*; *com* muestra *f*; ***auf ~*** a prueba; ***auf die ~ stellen*** poner *od* someter a prueba; **~fahrt** *f* viaje *m* de prueba; **2n** (*ge-*, *h*) ensayar; **2weise** a (título de) prueba; **~zeit** *f* período *m* de ensayo *od* de prueba

probieren [pro'biːrən] (*h*) probar (*a Speise*), ensayar

Problem [-'bleːm] *n* (*-s*; *-e*) problema *m*; **2atisch** [-ble'mɑːtiʃ] problemático

Produkt [-'dukt] *n* (*-[e]s*; *-e*) producto *m*; **~ion** [-'tsjoːn] *f* (-; *-en*) producción *f*; **~ionskosten** *pl* costes *m/pl* de producción; **2iv** [-'tiːf] productivo; **~ivität** [-tivi'tɛːt] *f* (-; *sin pl*) productividad *f*

Produz|ent [-du'tsɛnt] *m* (*-en*; *-en*) productor *m*; fabricante *m*; **2ieren** [-'tsiːrən] (*h*) producir, fabricar

Professor [-'fɛsɔr] *m* (*-s*; *-en* [-'soːrən]), **~in** [-'soːrin] *f* (-; *-nen*) catedrático *m*, -a *f* (de universidad); *als Titel*: profesor(a *f*) *m*

Profi F ['proːfi] *m* (*-s*; *-s*) profesional *m*

Profil [pro'fiːl] *n* (*-s*; *-e*) perfil *m*; (*Reifen2*) dibujo *m*; *ferro* gálibo *m*

profilieren [-iːrən] perfilar

Pro'fit [-'fiːt] *m* (*-[e]s*; *-e*) provecho *m*; beneficio *m*; **2ieren** [-fi'tiːrən] (*h*) ganar, salir ganando (***von***, ***bei*** en); aprovecharse (de); **2orientiert** con ánimo de lucro

Prognose [-'gnoːzə] *f* (-; *-n*) pronóstico *m* (*a med*)

Pro'gramm [-'gram] *n* (*-s*; *-e*) programa *m*; **~gestaltung** *f* programación *f*; **2ieren** [-'miːrən] (*h*) programar; **~'ierer** *m* (*-s*; -) programador *m*; **~'iersprache** *f* lenguaje *m* de programación

progressiv [-grɛ'siːf] progresivo

Projekt [-'jɛkt] *n* (*-[e]s*; *-e*) proyecto *m*, plan *m*

Prokurist [-ku'rist] *m* (*-en*; *-en*) apoderado *m*

Prolet|ariat [-letar'jɑːt] *n* (*-[e]s*; *-e*) proletariado *m*; **~arier** [-'tɑːrjər] *m* (*-s*; -) proletario *m*

Promenade [-mə'nɑːdə] *f* (-; *-n*) paseo *m*

Promille [-'milə] *n* (*-[s]*; -) tanto *m* por mil

promi'nen|t [-mi'nɛnt] prominente, eminente, destacado; **2te** *su* (*-n*; *-n*) celebridad *f*; eminencia *f*

Promo|tion [-mo'tsjoːn] *f* (-; *-en*) doctorado *m*; **2vieren** [-'viːrən] (*h*) doctorarse

Pronomen [pro'noːmən] *n* (*-s*; -, *-mina*) pronombre *m*

Propaganda [-pa'ganda] *f* (-; *sin pl*) propaganda *f*

Propeller [-'pɛlər] *m* (*-s*; -) hélice *f*, propulsor *m*

prophezeien [-fe'tsaɪən] (*h*) profetizar; predecir; pronosticar

prophylaktisch [-fy'laktiʃ] profiláctico, preventivo

Proportion [-pɔr'tsjoːn] *f* (-; *-en*) proporción *f*; **2al** [-tsjo'nɑːl] proporcional

Prosa ['proːza] *f* (-; *sin pl*) prosa *f*

prosit! ['proːzit] ¡(a su) salud!; ***~ Neujahr!*** ¡feliz año nuevo!

Prospekt [pro'spɛkt] *m* (*-[e]s*; *-e*) prospecto *m*, folleto *m*

Prostata *anat* ['prɔstata] *f* (-; -tae ['-tɛː]) próstata *f*

Prostitu|ierte [-stitu'iːrtə] *f* (*-n*; *-n*) prostituta *f*; **~tion** [-'tsjoːn] *f* (-; *sin pl*) prostitución *f*

Protest [-'tɛst] *m* (*-[e]s*; *-e*) protesta *f*; *com* protesto *m*; **~ant** [-'tant] *m* (*-en*; *-en*), **~'antin** *f* (-; *-nen*), **2'antisch** protestante *su*; **2'ieren** (*h*) protestar

Prothese *med* [-teːzə] *f* (-; *-n*) prótesis *f*

Protokoll [-to'kɔl] *n* (*-s*; *-e*) acta *f*; *a diplomatisches*: protocolo *m*; **(*das*) *~ führen*** redactar el acta; **2'ieren** (*h*) levantar acta; protocolizar

Proviant [pro'vjant] *m* (*-s*; *-e*) provisiones *f/pl*, víveres *m/pl*

Provinz [-'vints] *f* (-; *-en*) provincia *f*

Provis|ion [-vi'zjoːn] *f* (-; *-en*) *com* comisión *f*; **2orisch** [-'zoːriʃ] provisional

provozieren [-vo'tsiːrən] (*h*) provocar

Pro'zent [-'tsɛnt] *n* (*-[e]s*; *-e*) (tanto *m*) por ciento; **~satz** *m* porcentaje *m*

Prozess [-'tsɛs] *m* (*-es*; *-e*) proceso *m*; *jur a* pleito *m*; ***e-n ~ führen*** seguir una causa

prozessieren [-'siːrən] (*h*) pleitear, litigar

Prozession [-'sjoːn] *f* (-; *-en*) procesión *f*

Pro'zesskosten *pl* costas *f/pl* procesales

'prüf|en ['pryːfən] (*ge-*, *h*) examinar; (*nach~*) revisar; comprobar; verificar; *tec* ensayar; **2er** *m* (*-s*; -) examinador *m*; **2ling** ['-liŋ] *m* (*-s*; *-e*) examinando *m*

P

'Prüfung ['-fuŋ] *f* (-; *-en*) examen *m*; prueba *f* (*a fig*); *tec* ensayo *m*; ***e-e ~ machen*** pasar un examen; **~sausschuss** *m*, **~skommission** *f* comisión *f* examinadora
'Prügel ['-gəl] *m* (-*s*; -) palo *m*; *pl* (*Schläge*) paliza *f*, palos *m*/*pl*; **≗n** (*ge-*, *h*) pegar, dar una paliza; ***sich ~*** andar a palos
Prunk [pruŋk] *m* (-*[e]s*; *sin pl*) fasto *m*, boato *m*, suntuosidad *f*; **'≗voll** suntuoso, fastuoso
Pseudonym [psɔʏdo'nyːm] *n* (-*s*; -*e*) seudónimo *m*
'Psych|e ['psyːçə] *f* (-; -*n*) (p)sique *f*; **≗isch** (p)síquico
Psycho|'loge [psyço'loːgə] *m* (-*n*; -*n*) (p)sicólogo *m*; **~logie** [-lo'giː] *f* (-; *sin pl*) (p)sicología *f*; **~'login** *f* (-; -*nen*) (p)sicóloga *f*; **~thera'pie** *f* (p)sicoterapia *f*
Pubertät [pubɛr'tɛːt] *f* (-; *sin pl*) pubertad *f*
Publi|kation [publika'tsjoːn] *f* (-; -*en*) publicación *f*; **~kum** [-kum] *n* (-*s*; *sin pl*) público *m*; **≗zieren** [-'tsiːrən] (*h*) publicar
Pudding ['pudiŋ] *m* (-*s*; -*e*, -*s*) pudín *m*
Pudel ['puːdəl] *m* (-*s*; -) perro *m* de aguas *od* de lanas, caniche *m*
Puder ['-dər] *m* (-*s*; -) polvos *m*/*pl*
Puff [puf] **a)** *m* (-*[e]s*; ⸚*e*) (*Stoß*) empujón *m*, empellón *m*; **b)** P *m* (-*s*; -*s*) (*Bordell*) casa *f* de putas
Pullover [pu'loːvər] *m* (-*es*; -) jersey *m*
Puls [puls] *m* (-*es*; -*e*) pulso *m*; ***den ~ fühlen*** tomar el pulso (*a fig*); **'~ader** *f* arteria *f*; **'~schlag** *m* pulsación *f*
Pult [pult] *n* (-*[e]s*; -*e*) pupitre *m*
'Pulver ['pulfər] *n* (-*s*; -) polvo *m*; *mil* pólvora *f*; **~kaffee** *m* café *m* en polvo; **~schnee** *m* nieve *f* polvo
'Pump|e ['pumpə] *f* (-; -*n*) bomba *f*; **≗en** (*h*) bombear; F *fig* prestar
Punkt [puŋkt] *m* (-*[e]s*; -*e*) punto *m*; *im Stoff*: lunar *m*; ***~ für ~*** punto por punto; ***~ drei Uhr*** a las tres en punto; **≗ieren** [-'tiːrən] (*h*) puntear; *med* puncionar
pünktlich ['pyŋktliç] puntual; *adv* con puntualidad
Punsch [punʃ] *m* (-*[e]s*; -*e*) ponche *m*
Pupille [pu'pilə] *f* (-; -*n*) pupila *f*, F niña *f* del ojo
'Puppe ['pupə] *f* (-; -*n*) muñeca *f*; *teat* títere *m*, marioneta *f*; **~nspiel** *n* (teatro *m* de) guiñol *m*; **~nwagen** *m* cochecito *m* de muñeca
pur [puːr] puro
purpurrot ['purpur-] purpúreo
'Puste F ['puːstə] *f* (-; *sin pl*) aliento *m*; **≗n** (*ge-*, *h*) soplar
'Pute ['puːtə] *f* (-; -*n*) pava *f*; **~r** *m* (-*s*; -) pavo *m*
Putsch [putʃ] *m* (-*[e]s*; -*e*) intentona *f*; golpe *m* (de Estado)
Putz [puts] *m* (-*es*; *sin pl*) atavío *m*; adorno *m*; *arqu* revoque *m*; **'≗en** (*ge-*, *h*) limpiar; fregar; *Zähne*: lavar; ***sich*** (*dat*) ***die Nase ~*** sonarse; **'~frau** *f* mujer *f* de limpieza *od* de faenas; asistenta *f*; **'~mittel** *n* producto *m* de limpieza; limpiador *m*
Puzzle ['pazl] *n* (-*s*; -*s*) rompecabezas *m*, puzzle *m*
Pyjama [py'dʒaːma, -'jaːma] *m* (-*s*; -*s*) pijama *m*
Pyramide [-ra'miːdə] *f* (-; -*n*) pirámide *f*

Q

Q, q [kuː] *n* (-; -) Q, q *f*
Qua'drat [kva'draːt] *n* (-*[e]s*; -*e*) cuadrado *m*; **~...**: *in Zssgn* = **≗isch** cuadrado; **~meter** *m u n* metro *m* cuadrado; **~meterpreis** *m* precio *m* por metro cuadrado
Qual [kvaːl] *f* (-; -*en*) pena *f*; tormento *m*, tortura *f*; martirio *m*
quälen ['kvɛːlən] (*ge-*, *h*) atormentar, torturar, molestar
Quali|fikation [kvalifika'tsjoːn] *f* (-; -*en*) calificación *f*; (*Fähigkeit*) capacidad *f*, aptitud *f*; **≗fi'zieren** [-'tsiːrən] (*h*) calificar; **≗fi'ziert** calificado, cualificado; **~tät** [-'tɛːt] *f* (-; -*en*) *com* calidad *f*; (*Eigenschaft*) cualidad *f*; **≗tativ** [-ta'tiːf]

cualitativo; **~tätskontrolle** *f* control *m* de calidad; **~tätssicherung** *f* garantía *f* de calidad; **~tätssteigerung** *f* mejora *f* de calidad

Qualle ['-lə] *f* (-; *-n*) medusa *f*

Qualm [kvalm] *m* (*-[e]s*; *sin pl*) humo *m* espeso; humareda *f*; '**2en** (*ge-*, *h*) humear, echar humo

qualvoll ['kvɑːlfɔl] doloroso; angustioso, congojoso; atormentador

Quant|ität [kvanti'tɛːt] *f* (-; *-en*) cantidad *f*; **2itativ** [-ta'tiːf] cuantitativo

Quarantäne [karan'tɛːnə] *f* (-; *-n*) cuarentena *f*

Quark [kvark] *m* (*-s*; *sin pl*) requesón *m*

Quart|al [kvar'tɑːl] *n* (*-s*; *-e*) trimestre *m*; **~ett** *mus* [-'tɛt] *n* (*-[e]s*; *-e*) cuarteto *m*

Quartier [-'tiːr] *n* (*-s*; *-e*) alojamiento *m*; habitación *f*; *mil* acantonamiento *m*, cuartel *m*

Quarz [kvarts] *m* (*-es*; *-e*) cuarzo *m*; '**~uhr** *f* reloj *m* de cuarzo

Quatsch F [kvatʃ] *m* (*-es*; *sin pl*) tonterías *f/pl*, pamplinas *f/pl*, F chorradas *f/pl*

Quecksilber ['kvɛkzilbər] *n* (*-s*; *sin pl*) mercurio *m*, azogue *m*

'**Quell|e** ['kvɛlə] *f* (-; *-n*) manantial *m*, fuente *f* (*a fig*); ***aus sicherer ~*** de fuente fidedigna, de buena tinta; **2en** (*quoll*, *gequollen*, *sn*) brotar, manar; (*auf~*) hincharse; *fig* emanar, proceder; **~ensteuer** *f* retención *f* fiscal en la fuente *od* en origen; **~wasser** *n* agua *f* de manantial

quer [kveːr] transversal; *adv* a (*od* de) través; ***~ über*** *et* (*ac*) ***gehen*** atravesar, cruzar (*ac*); **~feldein** [-fɛlt'ʔaɪn] a campo traviesa; '**2schnitt** *m* corte *m* *od* sección *f* transversal; '**~schnitt(s)gelähmt** parapléjico (por corte medular); '**2straße** *f* travesía *f*

'**quetsch|en** ['kvɛtʃən] (*ge-*, *h*) magullar; (*breit~*) aplastar; **2ung** *med* *f* (-; *-en*) contusión *f*; magulladura *f*

quietschen ['kviːtʃən] (*ge-*, *h*) chillar; *Tür*: rechinar

Quintett *mus* [kvin'tɛt] *n* (*-[e]s*; *-e*) quinteto *m*

'**Quitt|e** *bot* ['kvitə] *f* (-; *-n*) membrillo *m*; **2'ieren** (*h*) dar recibo de; **~ung** *f* (-; *-en*) recibo *m*; **~ungsblock** *m* talonario *m* de recibos

Quiz [kvis] *n* (-; -) concurso *m* radiofónico *od* televisivo; '**~master** ['-mɑːstər] *m* (*-s*; -) presentador *m* de concursos

'**Quote** ['kvoːtə] *f* (-; *-n*) cuota *f*; (*Anteil*) contingente *m*; cupo *m*; **~nregelung** *f* reparto *m* por cuotas

Quotient [kvo'tsjɛnt] *m* (*-en*; *-en*) cociente *m*

R

R, r [ɛr] *n* (-; -) R, r *f*

Ra'batt *com* [ra'bat] *m* (*-[e]s*; *-e*) descuento *m*, rebaja *f*; **~e** *agr* *f* (-; *-n*) arriate *m*

Rabe ['rɑːbə] *m* (*-n*; *-n*) cuervo *m*

rabiat [ra'bjɑːt] furioso

Rache ['raxə] *f* (-; *sin pl*) venganza *f*

Rachen ['-xən] *m* (*-s*; -) faringe *f*; (*Maul*) boca *f*; *a fig* fauces *f/pl*

rächen ['rɛçən] (*ge-*, *h*): **(*sich*) ~** vengar (*-se*) (***an*** *dat* de; ***für*** por)

Rad [rɑːt] *n* (*-[e]s*; *⸚er*) rueda *f*; (*Fahr2*) bicicleta *f*; ***~ fahren*** ir en bicicleta;

Ra'dar [ra'dɑːr] *m od n* (*-s*; *sin pl*) radar *m*; **~falle** *Vkw* *f* control *m* por (*od* de) radar; **~kontrolle** *f* control *m* por radar

Radau F [-'daʊ] *m* (*-s*; *sin pl*) alboroto *m*, ruido *m*; jaleo *m*

radebrechen ['radəbrɛçən] chapurrear

Rädelsführer ['rɛːdəlsfyːrər] *m* (*-s*; -) cabecilla *m*

radfahren → ***Rad***

'**Radfahrer(in** *f*) *m* ciclista *su*

ra'dier|en [ra'diːrən] (*h*) borrar; **2gummi** *m* (*-s*; *-s*) goma *f* de borrar; **2ung** *f* (-; *-en*) *pint* aguafuerte *m*

Radieschen *bot* [-'diːsçən] *n* (*-s*; -) rabanito *m*

radikal [-di'kɑːl] radical; *pol a* extremista

'**Radio** ['rɑːdjo] *n* (*-s*; *-s*) radio *f*; *in Zssgn s a* ***Rundfunk...***; **2ak'tiv** radiactivo; **~aktivi'tät** *f* (-; *sin pl*) radiactividad *f*; **~apparat** *m* aparato *m* de radio;

~recorder [-rekɔrdər] *m* (*-s*; -) radiocassette *m*
Radius ['-djus] *m* (-; *-dien*) radio *m*
'Rad|kappe ['ratkapə] *f* tapacubos *m*; **~rennbahn** *f* velódromo *m*; **~rennen** *n* carrera *f* ciclista; **~sport** *m* ciclismo *m*; **~tour** *f* excursión *f* en bicicleta; **~wanderung** *f* cicloturismo *m*; **~weg** *m* pista *f* para ciclistas, F carril-bici *m*
raffiniert [rafi'niːrt] *fig* astuto; *et*: sofisticado
ragen ['rɑːgən] (*ge-*, *h*) elevarse
Ragout [ra'guː] *n* (*-s*; *-s*) *gastr* ragú *m*
'Rahmen ['rɑːmən] *m* (*-s*; -) marco *m* (*a fig*); *tec* armazón *m u f*; *am Fahrrad*: cuadro *m*; **~bedingungen** *f/pl* condiciones *f/pl* básicas; **~gesetz** *n* ley *f* marco *od* básica; **~vertrag** *m* acuerdo *m* marco
Rakete [ra'keːtə] *f* (-; *-n*) cohete *m*; *mil a* misil *m*
Rallye ['rali] *f* (-; *-s*) rally(e) *m*
rammen ['ramən] (*ge-*, *h*) (*ein~*) pisar; *mar* embestir (*a auto*), abordar
Rampe ['-pə] *f* (-; *-n*) *ferro* rampa *f*, muelle *m* (de carga)
Ramsch [ramʃ] *m* (*-es*; *-e*) pacotilla *f*
Rand [rant] *m* (*-[e]s*; *¨er*) borde *m*, orilla *f*; (*Buch*) margen *m*; (*Saum*) orla *f*; (*Stadt*) periferia *f*; (*Wald*) linde *m*; ***zu ~e kommen mit et*** poder con a/c; **2alieren** [-da'liːrən] (*h*) alborotar; **'~bemerkung** *f* nota *f* marginal, anotación *f*; *fig* glosa *f*, comentario *m*; **~erscheinung** *f* fenómeno *m* secundario; **'~löser** ['-løːzər] *m* (*-s*; -) *Schreibmaschine*: desbloqueador *m* de márgenes; **'~notiz** *f* acotación *f*; **'~steller** ['-ʃtɛlər] *m* (*-s*; -) *Schreibmaschine*: marginador *m*; **'~streifen** *Vkw m* arcén *m*
Rang [raŋ] *m* (*-[e]s*; *¨e*) categoría *f*; clase *f*; rango *m*; (*~stufe*) grado *m* (*a mil*); (*Stand*) condición *f*; *teat* anfiteatro *m*; galería *f*
rangieren *ferro* [rɑ̃'ʒiːrən] (*h*) maniobrar, hacer maniobras
'Ranke ['-kə] *f* (-; *-n*) zarcillo *m*; (*Wein2*) pámpano *m*, sarmiento *m*; **2n** (*ge-*, *h*) echar pámpanos; (*a **sich ~***) trepar
ranzig ['rantsiç] rancio
rar [rɑːr] raro, escaso; **2ität** [rari'tɛːt] *f* (-; *-en*) objeto *m* raro; curiosidad *f*
rasch [raʃ] veloz; rápido; *adv a* pronto, de prisa; **~eln** ['-ʃəln] (*ge-*, *h*) crujir; *Laub*: susurrar
'rasen ['rɑːzən] (*ge-*, *h*) rabiar; *Sturm*: desencadenarse; (*sn*) (*schnell fahren*) correr a toda velocidad; **2** *m* (*-s*; -) césped *m*; **~d** rabioso; *Schmerz*: atroz; *Geschwindigkeit*: vertiginoso; **2mäher** [-mɛːər] *m* (*-s*; -) cortacésped(es) *m*
Raserei [-'raɪ] *f* (-; *-en*) *auto* velocidad *f* vertiginosa
Ra'sier|apparat [ra'ziːrˀ-] *m* máquina *f* de afeitar; **~creme** *f* crema *f* de afeitar; **2en** (*h*) afeitar; **~klinge** *f* (**~messer** *n*, **~pinsel** *m*) hoja *f* (navaja *f*, brocha *f*) de afeitar; **~seife** *f* jabón *m* de afeitar; **~wasser** *n* loción *f* (para después) del afeitado; **~zeug** *n* (*-[e]s*; *sin pl*) utensilios *m/pl* de afeitar
'Rasse ['-sə] *f* (-; *-n*) raza *f*; **~ntrennung** *f* segregación *f* racial; ***Gegner der ~*** integracionista *m*; **~nunruhen** *f/pl* disturbios *m/pl* raciales
'rass|ig castizo; *Tier*: de casta; **~isch** racial
Ras'sis|mus [-'sismus] *m* (-; *sin pl*) racismo *m*; **2tisch** racista
Rast [rast] *f* (-; *sin pl*) descanso *m*; (*Halt*) parada *f*, alto *m*; **'2en** (*ge-*, *h*) descansar; hacer (un) alto; **'~platz** *m* área *f* de descanso; **'~stätte** *f* restaurante *m* de carretera; *Autobahn*: área *f* de servicio
Rasur [ra'zuːr] *f* (-; *-en*) afeitado *m*
Rat [rɑːt] *m* (*-[e]s*; *sin pl*) (*~schlag*) consejo *m*; (*pl ¨e*) (*Berater*) consejero *m*; (*Stadt2*) concejo *m*; (*Person*) concejal *m*; ***zu ~e ziehen*** (*ac*) aconsejarse con; consultar a; ***um ~ fragen*** (*ac*) pedir consejo a
'Rate ['-tə] *f* (-; *-n*) plazo *m*; **2n** (*riet*, *geraten*, *h*) aconsejar; (*er~*) adivinar; **~nkauf** *m* compra *f* a plazos; **2nweise** a plazos; **~nzahlung** *f* pago *m* a plazos
'Rathaus *n* ayuntamiento *m*
ratifizieren [ratifi'tsiːrən] (*h*) ratificar
Ration [ra'tsjoːn] *f* (-; *-en*) ración *f*; porción *f*; **2al** [-jo'nɑːl] racional; **2alisieren** [-nali'ziːrən] (*h*) racionalizar; **~ali'sierung** *f* (-; *-en*) racionalización *f*; **2ell** [-'nɛl] racional, económico; **2ieren** [-'niːrən] (*h*) racionar
'rat|los ['rɑːtloːs] perplejo; **~sam** aconsejable; indicado, conveniente
Rätsel ['rɛːtsəl] *n* (*-s*; -) acertijo *m*, adivinanza *f*; *fig* enigma *m*
Ratte ['ratə] *f* (-; *-n*) rata *f*

R

rau [raʊ] áspero; *Klima*: rudo; *Stimme*: ronco; *fig* rudo, duro
Raub [raʊp] *m* (*-[e]s*; *sin pl*) robo *m*; (*Entführung*) secuestro *m*; rapto *m*; (*Überfall*) atraco *m*; (*Beute*) presa *f*; **'~bau** *m* (*-[e]s*; *sin pl*) explotación *f* abusiva; **'2en** ['-bən] (*ge-*, *h*) robar; *fig* quitar; **~tier** *n* animal *m* de presa, fiera *f*; **'~überfall** *m* atraco *m* a mano armada; **'~vogel** *m* ave *f* de rapiña *od* de presa; (ave *f*) rapaz *f*
Rauch [raʊx] *m* (*-[e]s*; *sin pl*) humo *m*; **'2en** (*ge-*, *h*) **1.** *v/i* echar (*Ofen*: hacer) humo; humear; **2.** *v/t u v/i* fumar; **2 *verboten!*** prohibido fumar; **'~er** *m* (*-s*; -), **'~erin** *f* (-; *-nen*) fumador(a *f*) *m*; **'~erabteil** *n* compartimiento *m* de fumadores
'Räucher|kerze ['rɔʏçər-] *f* pebete *m*; **2n**(*ge-*, *h*) ahumar
'rauch|ig ['raʊxiç] lleno de humo; humoso, humeante; **2verbot** *n* prohibición *f* de fumar; **2vergiftung** *f* intoxicación *f* por humo; **2waren** *f/pl* tabacos *m/pl*; (*Pelze*) peletería *f*; **2wolke** *f* humareda *f*
rauh → ***rau***
Raum [raʊm] *m* (*-[e]s*; *¨e*) espacio *m*; (*Platz*) sitio *m*, lugar *m*; (*Gebiet*) zona *f*; *abgegrenzt*: recinto *m*; (*Räumlichkeit*) local *m*; (*Zimmer*) pieza *f*, habitación *f*, cuarto *m*
räumen ['rɔʏmən] (*ge-*, *h*) quitar; *Gebiet*: evacuar (*a mil*); *Saal etc*: desalojar; *Wohnung*: desocupar; *com Lager*: vaciar; (*frei machen*) despejar
'Raum|fähre ['raʊmfɛːrə] *f* transbordador *m od* lanzadera *f* espacial; **~fahrer** *m* astronauta *m*; **~fahrt** *f* (-; *sin pl*) astronáutica *f*; **~flug** *m* vuelo *m* espacial; **~inhalt** *m* volumen *m*, capacidad *f*
'räumlich ['rɔʏmliç] espacial; **~ *begrenzt*** localizado; **2keit** *f* (-; *-en*) local *m*
'Raum|schiff ['raʊm-] *n* astronave *f*, nave *f* espacial; **~station** *f* estación *f* espacial *od* orbital
'Räumung ['rɔʏmuŋ] *f* (-; *-en*) evacuación *f*; desalojamiento *m*; despejo *m*; *jur* desahucio *m*; **~sverkauf** *com m* liquidación *f* de (las) existencias; liquidación *f* total
'Raupe ['raʊpə] *f* (-; *-n*) *zo* oruga *f*; **~nschlepper** *tec m* tractor-oruga *m*

raus! F [raʊs] ¡fuera!
Rausch [raʊʃ] *m* (*-[e]s*; *¨e*) borrachera *f*; *a fig* embriaguez *f*; ***s-n ~ ausschlafen*** F dormir la mona; **'2en** (*ge-*, *h*) murmurar; susurrar; crujir; **'~gift** *n* estupefaciente *m*, droga *f*; **'~giftbekämpfung** ['-bəkɛmpfuŋ] *f* (-; *sin pl*) lucha *f* antidroga; **'~gifthandel** *m* tráfico *m* de drogas, narcotráfico *m*; **'~gifthändler** *m* traficante *m* de drogas, narcotraficante *m*; **'~giftkriminalität** *f* delincuencia *f* en relación con la droga; **'2giftsüchtig** toxicómano, drogadicto
räuspern ['rɔʏspərn] (*ge-*, *h*): ***sich ~*** carraspear
Razzia ['ratsja] *f* (-; -ien) batida *f*, redada *f*
reagieren [reˀa'giːrən] (*h*) reaccionar (***auf*** *ac* a)
Reaktion [-ˀak'tsjoːn] *f* (-; *-en*) reacción *f*; **2är** [-tsjo'nɛːr] reaccionario
Reaktor [-'ˀaktɔr] *m* (*-s*; *-en* [-'toːrən]) reactor *m*
re'al [-'ɑːl] real; efectivo; **2einkommen** *n* renta *f* real; **~isieren** [-ali'ziːrən] (*h*) realizar; **2'ismus** *m* (-; *sin pl*) realismo *m*; **~'istisch** realista; **2ität** [-ali'tɛːt] *f* (-; *-en*) realidad *f*; **2schule** *f* escuela *f* secundaria con seis cursos
Rebe ['reːbə] *f* (-; *-n*) vid *f*; (*Zweig*) sarmiento *m*
Rebell [re'bɛl] *m* (*-en*; *-en*) rebelde *m*; **2'ieren** (*h*) rebelarse; sublevarse
'Rechen *agr* ['rɛçən] **1.** *m* (*-s*; -) rastrillo *m*; **2.** **2** *v/i* (*ge-*, *h*) rastrillar
'Rechen|fehler *m* error *m* de cálculo; **~maschine** *f* (máquina *f*) calculadora *f*; **~schaft** *f* (-; *sin pl*) cuenta *f*; ***~ ablegen über*** dar cuenta de; rendir cuentas de; ***zur ~ ziehen wegen*** pedir cuenta(s) por; **~schaftsbericht** *m* informe *m*
'rechn|en ['rɛçnən] (*ge-*, *h*) calcular; computar; (*zählen*) contar; ***~ mit*** (*dat*) contar con; **2er** *m* (*-s*; -) (*Gerät*) calculadora *f*; **~erisch** aritmético; calculatorio; **2ung** *f* (-; *-en*) cálculo *m*, operación *f* aritmética; *com* cuenta *f*; (*Waren2*) factura *f*; ***auf ~ von*** por cuenta de; ***in ~ stellen*** poner en cuenta
'Rechnungs|ablage *f* archivo *m* de facturas; **~betrag** *com m* importe *m* de la factura; **~führung** *f* (-; *sin pl*) contabilidad *f*; **~jahr** *n* ejercicio *m*; **~legung** *f* (-; *-en*) rendición *f* de cuentas; **~prüfer**

R

m (*-s*; -) auditor *m*

recht [rɛçt] derecho; *mat* recto; (*richtig*) justo; (*passend*) conveniente, oportuno; ***zur ~en Zeit*** a tiempo; ***ganz ~*** exactamente, exacto

Recht [rɛçt] *n* (*-[e]s*; *-e*, *a sin pl*) derecho *m*; ***von ~s wegen*** de derecho; ***ein ~ haben auf***, ***das ~ haben zu*** tener derecho a; ***zu ~ bestehen*** ser legal; ***~ haben*** tener razón; ***j-m ~ geben*** dar (la) razón a alg; **'2eckig** rectangular; **'2fertigen** (*h*) justificar; **'2haberisch** ergotista; **'2lich** *jur* jurídico; legal; **'2los** sin derecho(s); **'2mäßig** legítimo; legal

rechts [rɛçts] a (*od* por) la derecha; **'2abbieger** ['-apbiːgər] *m* (*-s*; -) *Vkw* vehículo *m* que gira a la derecha

'Rechts|anspruch *jur m* derecho *m* (***auf*** *ac* a); **~anwalt** *m*, **~anwältin** *f* abogado *m*, -a *f*; **~'außen** *m* (*-s*; -) *dep* extremo *m* derecha; **~berater** *m* asesor *m* jurídico

'Rechtschreib|(prüf)programm *n* programa *m* de verificación ortográfica; **~reform** *f* reforma *f* ortográfica; **~ung** ['rɛçt-] *f* ortografía *f*

'rechts|extrem ['rɛçtsˀ-] de la extrema derecha; **2extremismus** ['-ɛkstremismus] *m* (-; *sin pl*) extremismo *m* de derecha, ultraderechismo *m*; **2fall** *m* caso *m* jurídico; **2frage** *f* cuestión *f* jurídica; **2händer** ['-hɛndər] *m* (*-s*;)diestro *m*; **~kräftig** válido; **2mittel** *jur n* recurso *m* (***einlegen*** interponer)

Rechtsprechung ['rɛçtʃprɛçuŋ] *f* (-; *-en*) jurisprudencia *f*; jurisdicción *f*

'rechts|radikal ['rɛçtsradikaːl] ultraderechista; **2schutz** *m* protección *f* jurídica *od* legal; **2schutzversicherung** *f* seguro *m* de asistencia jurídica; **2staat** *m* Estado *m* de derecho; **2streit** *m* litigio *m*; **2weg** ['-veːk] *m* vía *f* judicial; ***den ~ beschreiten*** tomar medidas judiciales; **~widrig** ilegal

'recht|winklig ['rɛçtviŋk(ə)liç] rectangular; **~zeitig** oportuno; *adv* a tiempo

Redak't|eur [redak'tøːr] *m* (*-s*; *-e*), **~eurin** *f* (-; *-nen*) redactor(a *f*) *m*; **~ion** [-'tsjoːn] *f* (-; *-en*) redacción *f*

'Rede ['reːdə] *f* (-; *-n*) discurso *m*; *feierliche*: oración *f*; alocución *f*; (*Worte*) palabras *f|pl*; (*Ausdrucksweise*) lenguaje *m*; ***die ~ sn von*** tratarse de; ***j-n zur ~ stellen*** pedir explicaciones a alg; ***nicht der ~ wert sn*** no tener importancia; ***davon kann keine ~ sn*** no hay que pensarlo; **~freiheit** *f* (-; *sin pl*) libertad *f* de palabra; **2gewandt** diserto, elocuente; **2n** (*ge-*, *h*) hablar (***über*** *ac* de); (***nicht***) ***mit sich ~ lassen*** ser tratable (intransigente); **~wendung** *f* locución *f*, modismo *m*, giro *m*

Redner ['reːdnər] *m* (*-s*; -) orador *m*

redselig ['reːtzeːliç] locuaz

reduzieren [redu'tsiːrən] (*h*) reducir (***auf*** *ac* a)

'Reede *mar* ['reːdə] *f* (-; *-n*) rada *f*; **~r** *m* (*-s*; -) armador *m*; **~rei** [-'raɪ] *f* (-; *-en*) compañía *f* naviera

reell [re'ɛl] efectivo, real; *Ware*: bueno; *Geschäft*: serio, sólido; *Preis*: razonable

Refer|at [refə'raːt] *n* (*-[e]s*; *-e*) informe *m*, ponencia *f*; (*Verwaltungsabteilung*) negociado *m*; **~ent** [-'rɛnt] *m* (*-en*; *-en*) ponente *m*; **~enz** [-'rɛnts] *f* (-; *-en*) referencia *f*; **~en** *pl bei Bewerbung*: *a* informes *m|pl*

reffen *mar* ['rɛfən] (*ge-*, *h*) arrizar

reflektieren [reflɛk'tiːrən] (*h*) *fís* reflejar; ***~ auf*** (*ac*) interesarse por

Reflex [-'flɛks] *m* (*-es*; *-e*) reflejo *m*

Re'form [-'fɔrm] *f* (-; *-en*) reforma *f*; **~ation** [-ma'tsjoːn] *f* (-; *sin pl*) Reforma *f*; **~ator** [-'maːtɔr] *m* (*-s*; *-en* [-ma'toːrən]) reformador *m*; **2'ieren** (*h*) reformar; **~politik** *f* política *f* reformista, reformismo *m*

Refrain [rə'frɛ̃] *m* (*-s*; *-s*) estribillo *m*

Regal [re'gaːl] *n* (*-s*; *-e*) estante *m*; *großes*: estantería *f*

Regatta *mar* [-'gata] *f* (-; *-ten*) regata *f*

rege ['reːgə] activo; vivo; *Unterhaltung*: animado; *Geist*: despierto

'Regel ['-gəl] *f* (-; *-n*) regla *f* (*a med*); norma *f*; ***in der ~*** por regla general; **2mäßig** regular; regulado; periódico; **2n** (*ge-*, *h*) regular (*a Verkehr*); arreglar; *gesetzlich*: reglamentar; **~ung** *f* (-; *-en*) regulación *f*; arreglo *m*; reglamentación *f*; **2widrig** irregular

'Regen ['-gən] *m* (*-s*; -) lluvia *f*; **~bogen** *m* arco *m* iris; **~mantel** *m* impermeable *m*; **~schauer** *m* chubasco *m*; **~schirm** *m* paraguas *m*; **~tag** *m* día *m* lluvioso *od* de lluvia; **~tropfen** *m* gota *f* de lluvia; **~wetter** *n* (*-s*; *sin pl*) tiempo *m* lluvioso; **~wolke** *f* nube *f* de lluvia;

R

~wurm *m* lombriz *f* de tierra; **~zeit** *f* estación *f* de las lluvias
Regie *teat, Film* [re'ʒiː] *f* (-; *sin pl*) dirección *f*; **~ *führen*** dirigir
re'gier|en [-'giːrən] (*h*) *v/t u* **~ *über*** (*ac*) gobernar; (*herrschen*) reinar; **⁀ung** *f* (-; -*en*) gobierno *m*
Re'gierungs|bezirk *m* distrito *m*; **~form** *f* régimen *m* político; **~krise** *f* (**~partei** *f*) crisis *f* (partido *m*) gubernamental; **~zeit** *f* reinado *m*
Regime [-'ʒiːm] *n* (-*s*; - [-mə]) régimen *m*
Regiment [-gi'mɛnt] *n* (-*[e]s*; -*er*) *mil* regimiento *m*
Region [-'gjoːn] *f* (-; -*en*) región *f*; **⁀al** [-gjo'nɑːl] regional
Regisseur [-ʒi'søːr] *m* (-*s*; -*e*) director *m*, *Film*: *a* realizador *m*
Regist|er [-'gistər] *n* (-*s*; -) registro *m* (*a mus*); *im Buch*: tabla *f* de materias, índice *m*; **~ratur** [-tra'tuːr] *f* (-; -*en*) archivo *m*; **⁀'rieren** (*h*) registrar
Regler ['reːglər] *m* (-*s*; -) *tec* regulador *m*
'regn|en ['reːgnən] (*ge*-, *h*) llover; **~erisch** lluvioso
Re'gress *jur* [re'grɛs] *m* (-*es*; -*e*) recurso *m*; **⁀pflichtig** [-'-pfliçtiç] obligado a indemnización
regul|är [regu'lɛːr] regular; normal; **~'ieren** (*h*) reglar, regular; *tec* ajustar
Reh [reː] *n* (-*[e]s*; -*e*) corzo *m*
Rehabili|tation [rehabilita'tsjoːn] *f* (-; -*en*) rehabilitación *f* (*a med*); **⁀tieren** [-'tiːrən] (*h*) rehabilitar
'reib|en ['raɪbən] (*rieb*, *gerieben*, *h*) frotar; *leicht*: rozar; *gastr* rallar; (*ab~*) restregar; **⁀e'reien** *f/pl fig* roces *m/pl*, fricciones *f/pl*; **~ungslos** *fig* sin dificultades
reich [raɪç] **1.** *adj* rico (***an*** *dat* en); **~ *werden*** enriquecerse; **2.** **⁀** *n* (-*[e]s*; -*e*) imperio *m*; reino *m* (*a fig*); **'~en** (*ge*-, *h*) **1.** *v/t* pasar, alargar, tender; **2.** *v/i* llegar, extenderse; (*genügen*) ser suficiente; **~haltig** ['-haltiç] abundante; **'~lich** copioso; abundante; *adv* bastante; en abundancia; **'⁀tum** *m* (-*s*; ⸚*er*) riqueza *f*; **'⁀weite** *f* alcance *m*; ***außer ~*** fuera de alcance
reif [raɪf] maduro; **~ *werden*** madurar
Reif *m* (-*[e]s*; *sin pl*) (*Rau⁀*) escarcha *f*; **'~e** *f* (-; *sin pl*) madurez *f*; **'⁀en** (*ge*-) **a)** (*sn*) madurar; **b)** (*h*) ***es reift*** hay escarcha
'Reifen *m* (-*s*; -) aro *m*, cerco *m*; (*Rad⁀*) neumático *m*; **~druck** *m* presión *f* de los neumáticos; **~panne** *f* pinchazo *m*, reventón *m*; **~wechsel** *m* cambio *m* de neumático
'Reife|prüfung *f* examen *m* de bachillerato (superior); **~zeugnis** *n* certificado *m od* título *m* de bachiller
reiflich ['-liç]: ***es sich ~ überlegen*** pensarlo bien
'Reihe ['raɪə] *f* (-; -*n*) fila *f* (*a mil*); *Bäume, Knöpfe etc*: hilera *f*; (*Serie*) serie *f*; (*Linie*) línea *f*; ***der ~ nach*** por turno; **~nfolge** *f* sucesión *f*, orden *m*; turno *m*; **~nhaus** *n* chalet *m* adosado
Reim [raɪm] *m* (-*[e]s*; -*e*) rima *f*; **'⁀en** (*ge*-, *h*): (***sich***) **~** rimar (***auf*** *ac* con)
rein [raɪn] limpio; puro (*a fig*); claro; ***ins ~e kommen mit*** *et* resolver (*ac*), ***mit*** *j-m*: arreglarse con; ***ins ~e schreiben*** poner *od* sacar en limpio
'Rein|fall F *m* fracaso *m*, F chasco *m*; **~gewinn** *m* beneficio *m* neto; **~heit** *f* (-; *sin pl*) limpieza *f*; pureza *f* (*a fig*); nitidez *f*; **⁀igen** (*ge*-, *h*) limpiar; *a fig* purificar; ***chemisch ~*** limpiar *od* lavar en seco; **~igung** *f* (-; -*en*) limpieza *f*; purificación *f*; ***chemische ~*** limpieza *f od* lavado *m* en seco; (*Laden*) tintorería *f*, F tinte *m*; **~igungsmittel** *n* limpiador *m*; detergente *m*; **⁀rassig** de raza pura, castizo; **~schrift** *f* copia *f* en limpio
Reis *bot* [raɪs] *m* (-*es*; *sin pl*) arroz *m*
'Reise ['raɪzə] *f* (-; -*n*) viaje *m*; **~andenken** *n* recuerdo *m* (de viaje); **~apotheke** *f* botiquín *m* (de viaje); **~büro** *n* agencia *f* de viajes; **~fieber** *n* nerviosismo *m* ante el viaje; **~führer** *m* (*Buch*) guía *f*; (*Person*) guía *m*; **~gepäck** *n* equipaje *m*; **~gepäckversicherung** *f* seguro *m* de equipajes; **~gesellschaft** *f* grupo *m* de turistas; **~leiter(in** *f*) *m* guía *su* (turístico, -a); (guía *su*) acompañante *su*; **⁀n** (*ge*-, *sn*) viajar; **~ *nach*** ir a; **~nde** *m/f* (-*n*; -*n*) viajero *m*, -a *f*; *com* viajante *m*; **~pass** *m* pasaporte *m*; **~route** *f* itinerario *m*; ruta *f*; **~ruf** *Vkw m* mensaje *m* para automovilistas que se encuentran de viaje; **~scheck** *m* cheque *m* de viaje; **~spesen** *pl* gastos *m/pl* de viaje; **~tasche** *f* bolsa *f* de viaje; **~verkehr** *m* tráfico *m* de viajeros; turismo *m*; **~versicherung** *f* seguro *m* de viaje; **~wetterbericht** *m* previsión *f*

R

meteorológica (para el viaje); **~ziel** *n* destino *m* (del viaje)

'Reiß|brett ['raɪs-] *n* tablero *m* de dibujo; **2en** (*riss, gerissen*) **1.** *v/t* (*h*) arrancar; ***an sich ~*** arrebatar; *fig* apoderarse de; ***in Stücke ~*** hacer pedazos; ***sich ~ um*** (*ac*) disputarse *a/c*; **2.** *v/i* (*sn*) romperse; quebrarse; **2end** *Tier*: feroz; *Strom*: impetuoso; *Schmerz*: lancinante; **2erisch** chillón; **~verschluss** *m* (cierre *m* de) cremallera *f*; **~zwecke** *f* (-; -*n*) chincheta *f*

'reit|en ['raɪtən] (*ritt, geritten, sn*) *v/i* ir *od* montar a caballo; cabalgar; **2er** *m* (-*s*; -) jinete *m*; (*Kartei*) guión *m* de fichero; **2erin** *f* (-; -*nen*) amazona *f*; **2hose** *f* pantalón *m* de montar; **2lehrer** *m* maestro *m* de equitación; **2pferd** *n* caballo *m* de silla; **2peitsche** *f* látigo *m*; **2sport** *m* deporte *m* hípico, equitación *f*; **2stiefel** *m* bota *f* de montar; **2weg** ['-ve:k] *m* camino *m* de herradura

Reiz [raɪts] *m* (-*es*; -*e*) excitación *f* (*a med*); (*An2*) estímulo *m*; (*Lieb2*) atractivo *m*, encanto *m*; **'2en** (*ge-, h*) estimular, excitar; (*erzürnen*) irritar; (*locken*) atraer; tentar; **'2end** encantador, atractivo; **'~klima** *n* (-*s*; *sin pl*) clima *m* estimulante; **'2los** sin atractivo; **'~ung** *f* (-; -*en*) excitación *f*; irritación *f* (*a med*)

Reklamation [reklama'tsjo:n] *f* (-; -*en*) reclamación *f*

Reklam|e [-'kla:mə] *f* (-; -*n*) propaganda *f*; publicidad *f*; **2ieren** [-kla'mi:rən] (*h*) reclamar (***bei*** *j-m* a)

rekonstru|ieren [-kɔnstru'i:rən] (*h*) reconstruir; **2ktion** [-k'tsjo:n] *f* (-; -*en*) reconstrucción *f*

Rekonvaleszent [-kɔnvalɛs'tsɛnt] *m* (-*en*; -*en*) convaleciente *m*

Rekord [-'kɔrt] *m* (-*[e]s*; -*e*) (plus)marca *f*, récord *m* (*a in Zssgn*; ***aufstellen*** establecer; ***brechen***, ***schlagen*** batir)

Rektor ['rɛktɔr] *m* (-*s*; -*en* [-'to:rən]) *Universität*: rector *m*; *Schule*: director *m*

relativ [rela'ti:f] relativo

Relief [rə'ljɛf] *n* (-*s*; -*s*, -*e*) relieve *m*

Relig|ion [reli'gjo:n] *f* (-; -*en*) religión *f*; **2iös** [-'gjø:s] religioso; *Kunst*: sacro

Reling *mar* ['re:lɪŋ] *f* (-; -*s*) borda *f*

Reliquie [re'li:kvjə] *f* (-; -*n*) reliquia *f*

Renaissance [rənɛ'sɑ̃s] *f* (-; *sin pl*) Renacimiento *m*

Rendez'vous [rɑ̃de'vu:] *n* (-; - [-'vu:s]) cita *f*; **~manöver** *n Raumfahrt*: maniobra *f* de encuentro

Rendite *com* [rɛn'di:tə] *f* (-; -*n*) rédito *m*; rentabilidad *f*

'Renn|bahn ['rɛn-] *f* pista *f*; **~boot** *n* bote *m* de carreras; **2en** (*rannte, gerannt, sn*) correr; ***gegen et ~*** dar contra a/c; **~en** *n* (-*s*; -) carrera *f*; **~fahrer** *m* corredor *m*, piloto *m* de carreras; **~pferd** *n* caballo *m* de carreras; **~sport** *m* carreras *f/pl*; **~strecke** *f* pista *f*, recorrido *m*; **~wagen** *m* coche *m* de carreras

renommiert [renɔ'mi:rt] renombrado; famoso

reno'vier|en [-no'vi:rən] (*h*) renovar; **2ung** *f* (-; -*en*) renovación *f*

rent|abel [rɛn'tɑ:bəl] rentable; **2abilität** [-tabili'tɛ:t] *f* (-; *sin pl*) rendimiento *m*; rentabilidad *f*; **'2e** *f* (-; -*n*) (*aus Kapital*) renta *f*; (*soziale*) pensión *f*; **'2enversicherung** *f* seguro *m* de pensión; **~'ieren** (*h*): ***sich ~*** ser rentable; *fig* valer la pena; **'2ner** *m* (-*s*; -), **'2nerin** *f* (-; -*nen*) pensionista *su*

Repar|a'tur [repara'tu:r] *f* (-; -*en*) reparación *f*; **~aturwerkstatt** *f* taller *m* de reparaciones; **2'ieren** (*h*) reparar

Report|age [-pɔr'tɑ:ʒə] *f* (-; -*n*) reportaje *m*; **~er** [-'pɔrtər] *m* (-*s*; -) reportero *m*

Repräsen|tant [-prɛzɛn'tant] *m* (-*en*; -*en*) representante *m*; **2tativ** [-'ti:f] representativo; **2'tieren** (*h*) reprensentar

Repressalien [-prɛ'sɑ:ljən] *f/pl* represalias *f/pl*

reprivati'sier|en *com* [-privati'zi:rən] (*h*) desnacionalizar; **2ung** *com f* (-; -*en*) desnacionalización *f*

Repro|duktion [-produk'tsjo:n] *f* (-; -*en*) reproducción *f*; **2du'zieren** (*h*) reproducir

Reptil [rɛp'ti:l] *n* (-*[e]s*; -*lien*) reptil *m*

Republik [repu'bli:k] *f* (-; -*en*) república *f*; **2'anisch** [-bli'kɑ:nɪʃ] republicano

Reservat [-zɛr'vɑ:t] *n* (-*[e]s*; -*e*) reserva *f*

Re'serv|e [-'-və] *f* (-; -*n*) reserva *f*; *in Zssgn mil u com* de reserva; *tec* de recambio, de repuesto; **~erad** *n auto* rueda *f* de repuesto; **~etank** *m* depósito *m* de reserva; **2'ieren** (*h*) reservar; **2'iert** *a fig* reservado; **~'ierung** *f* (-; -*en*) reserva *f*

Resid|enz [-zi'dɛnts] *f* (-; -*en*) residencia

R

f; **2'ieren** (*h*) residir
resignieren [-zig'niːrən] (*h*) resignarse
resolut [-zo'luːt] resuelto, decidido
Respekt [res'pɛkt] *m* (*-[e]s*; *sin pl*) respeto *m* (***vor*** *dat* a); **2'ieren** (*h*) respetar
Ressort [-'soːr] *n* (*-s*; *-s*) negociado *m*, departamento *m*; sección *f*; (*Zuständigkeit*) incumbencia *f*
Rest [rɛst] *m* (*-[e]s*; *-e*) resto *m*; *quím*, *tec* residuo *m*; (*Speise*) sobras *f/pl*; (*Stoff*) retal *m*
Restaur|ant [rɛsto'rɑ̃] *n* (*-s*; *-s*) restaurante *m*; **2ieren** [-taʊ'riːrən] (*h*) restaurar
'Rest|bestand ['rɛst-] *com m* existencias *f/pl* restantes; **~betrag** *com m* saldo *m*, remanente *m*; **2los** entero, total; **~posten** *com m* restante *m*; **~urlaub** *m* vacaciones *f/pl* no gastadas; **~zahlung** *com f* pago *m* restante
Resul|tat [rezul'tɑːt] *n* (*-[e]s*; *-e*) resultado *m*; **2'tieren** (*h*) resultar
retten ['rɛtən] (*ge-*, *h*) salvar
Rettich *bot* ['-tiç] *m* (*-s*; *-e*) rábano *m*
'Rettung *f* (*-*; *-en*) salvación *f*, *a mar* salvamento *m*, rescate *m*; **~saktion** *f* operación *f* de rescate; **~sboot** *n* bote *m* salvavidas; **~sring** *m* salvavidas *m*
Revanch|e [rə'vɑ̃ʃə] *f* (*-*; *-n*) desquite *m*, *gal* revancha *f*; **2'ieren** (*h*): ***sich ~ für*** tomar el desquite *od* la revancha de; *für e-e Einladung etc*: devolver
revidieren [revi'diːrən] (*h*) revisar
Revier [-'viːr] *n* (*-s*; *-e*) *Forst*: coto *m*; *min* distrito *m*; *Polizei*: comisaría *f*
Revision [-vi'zjoːn] *f* (*-*; *-en*) revisión *f*; (*Zoll*) registro *m*; *jur* recurso *m* de casación (***einlegen*** interponer)
Revolt|e [-'vɔltə] *f* (*-*; *-en*) revuelta *f*, motín *m*; **2'ieren** (*h*) rebelarse (*a fig*), amotinarse
Revolution [-volu'tsjoːn] *f* (*-*; *-en*) revolución *f*; **2är** [-jo'nɛːr] revolucionario
Revolver [-'vɔlvər] *m* (*-s*; *-*) revólver *m*
Revue [rə'vyː] *f* (*-*; *-n*) *teat* revista *f*
Re'zept *med* [re'tsɛpt] *n* (*-[e]s*; *-e*) receta *f*; **2frei** sin receta médica; **~ion** [-'tsjoːn] *f* (*-*; *-en*) *Hotel*: recepción *f*; **2pflichtig** [-'-pfliçtiç] con receta médica
R-Gespräch ['ɛrgəʃprɛːç] *n tel* conferencia *f* de cobro revertido
Rhabarber *bot* [ra'barbər] *m* (*-s*; *sin pl*) ruibarbo *m*
Rheumatismus *med* [rɔʏma'tismus] *m* (*-*; *-men*) reumatismo *m*
Rhythmus ['rytmus] *m* (*-*; *-men*) ritmo *m*
'richt|en ['riçtən] (*ge-*, *h*) dirigir (***auf***, ***an*** *ac* a); *Aufmerksamkeit*: fijar (***auf*** en, sobre); *Waffe*: apuntar (***auf*** sobre); *tec* ajustar; arreglar; *jur* juzgar; sentenciar; ***sich ~ nach*** ajustarse a; atenerse a; **2er** *jur m* (*-s*; *-*) juez *m*; **~ig** justo; correcto; exacto; (*echt*) verdadero, auténtico; ***~!*** ¡eso es!; ***ganz ~!*** ¡perfectamente!; ***für ~ halten*** aprobar; ***~ gehen*** *Uhr*: andar bien; **~ stellen** rectificar; **2linien** *f/pl* directivas *f/pl*; **2preis** *com m* precio *m* indicativo *od* de orientación; **2ung** *f* (*-*; *-en*) dirección *f*; *fig* orientación *f*; tendencia *f*; **~ungweisend** orientador; normativo
riechen ['riːçən] (*roch*, *gerochen*, *h*) oler (***nach*** a)
Riegel ['-gəl] *m* (*-s*; *-*) cerrojo *m*; (*Tür2 etc*) pasador *m*; *am Schloss*: pestillo *m*; *Schokolade*: barra *f*; ***e-r Sache e-n ~ vorschieben*** poner coto a a/c
Riese ['-zə] *m* (*-n*; *-n*) gigante *m*
rieseln ['-zəln] (*ge-*, *sn*) correr; *Bach*: *a* murmurar; *Quelle*: manar
'Riesen|rad *n* noria *f*; **~schlange** *f* boa *f*; **~slalom** *m* slalom *m* gigante
'ries|ig ['-ziç] gigantesco; *fig* colosal, enorme; **2in** *f* (*-*; *-nen*) giganta *f*
Riff [rif] *n* (*-[e]s*; *-e*) arrecife *m*
rigoros [rigo'roːs] riguroso
Rille ['rilə] *f* (*-*; *-n*) ranura *f*; *der Schallplatte*: surco *m*
Rind [rint] *n* (*-[e]s*; *-er*) bovino *m*, vacuno *m*; **~e** ['-də] *f* (*-*; *-n*) corteza *f* (*a Brot2*); **'~erbraten** *m* asado *m* de vaca *od* de buey; **'~erwahn(sinn)** *m* (**BSE**) encefalopatía *f* espongiforme bovina (EEB); **'~fleisch** *n* carne *f* de buey *od* de vaca; **'~sleder** *n* vaqueta *f*
Ring [riŋ] *m* (*-[e]s*; *-e*) anillo *m*; aro *m*; (*Eisen2*) argolla *f*; (*Schmuck2*) sortija *f*; (*Ehe2*) alianza *f*; *tec* anilla *f*; *Boxen*: ring *m*; (*Kreis*) círculo *m*; *dep* ***~e*** *pl* anillas *f/pl*; ***~e*** *pl* ***um die Augen*** ojeras *f/pl*; **'~buch** *n* cuaderno *m* de anillas
'ringel|n ['riŋəln] (*ge-*, *h*): ***sich ~*** enroscarse; *Haar*: ensortijarse; **2natter** *f zo* culebra *f* de agua
'ring|en ['riŋən] (*rang*, *gerungen*, *h*) luchar (*a fig*; ***um*** por); ***nach Atem ~*** res-

R

pirar con dificultad; **≈er** *m* (*-s*; -) *dep* luchador *m*; **≈finger** *m* anular *m*; **≈kampf** *m* lucha *f*; **≈richter** *m dep* árbitro *m*

rings [riŋs], **'~herum** alrededor (de)

Ringstraße ['riŋ-] *f* cinturón *m*; ronda *f*

'Rinn|e ['rinə] *f* (-; *-n*) (*Dach≈*) canal *m*; **≈en** (*rann, geronnen, sn*) correr, fluir; (*tropfen*) gotear

'Rippe ['ripə] *f* (-; *-n*) *anat* costilla *f*; **~nfellentzündung** *f* pleuresía *f*

Ris|iko ['ri:ziko] *n* (*-s*; *-s*, *-ken*) riesgo *m* (***eingehen*** correr); **≈kant** [ris'kant] arriesgado; **≈'kieren** (*h*) arriesgar

Riss [ris] *m* (*-es*; *-e*) rotura *f*; desgarro *m* (*beide a med*); *im Stoff*: roto *m*, desgarrón *m*; *Haut, Mauer*: grieta *f*; (*Spalt*) hendidura *f*, rendija *f*

rissig ['-siç] agrietado

Ritter ['ritər] *m* (*-s*; -) caballero *m*

Ritus ['ri:tus] *m* (-; *-ten*) rito *m*

'Rival|e [ri'vɑ:lə] *m* (*-n*; *-n*), **~in** *f* (-; *-nen*) rival *su*, competidor(a *f*) *m*; **≈isieren** [-vali'zi:rən] (*h*) rivalizar, competir

Roastbeef ['ro:stbi:f] *n* (*-s*; *-s*) rosbif *m*

Robbe ['rɔbə] *f* (-; *-n*) foca *f*

Roboter ['-bɔtər] *m* (*-s*; -) robot *m*

robust [ro'bust] robusto

röcheln ['rœçəln] *v/i* (*ge-, h*) respirar con dificultad

Rock [rɔk] *m* (*-[e]s*; *⸚e*) (*Sakko*) chaqueta *f*; (*Frauen≈*) falda *f*, *Am* pollera *f*; **'~musik** *f* música *f* rock(era)

'Rodel|bahn ['ro:dəl-] *f* pista *f* de trineos *od* de luge; **≈n** (*ge-, h od sn*) ir en trineo; **~(schlitten)** *m* (*-s*; -) tobogán *m*, trineo *m* (pequeño), *dep a gal* luge *f*

roden ['-dən] (*ge-, h*) roturar; *Wald*: desmontar, talar

Rogen ['-gən] *m* (*-s*; -) huevas *f/pl*

Roggen ['rɔgən] *m* (*-s*; *sin pl*) centeno *m*

roh [ro:] crudo; (*unbearbeitet*) bruto; *fig* rudo, grosero; brutal; **'≈bau** *arqu m* (*-[e]s*; *-ten*) obra *f* bruta; **'≈kost** *f* régimen *m* crudo; **'≈material** *n* materia *f* prima; **'≈öl** *n* (petróleo *m*) crudo *m*

Rohr [ro:r] *n* (*-[e]s*; *-e*) *bot* caña *f*; *tec* tubo *m*

Röhre ['rø:rə] *f* (-; *-n*) tubo *m*; caño *m*; *el* válvula *f*, lámpara *f*; (*Back≈*) horno *m*

'rohstoff|arm ['ro:ʃtɔfˀ-] pobre en materias primas; **≈e** *m/pl* materias *f/pl* primas; **~reich** rico en materias primas

'Roll|bahn ['rɔl-] *avia f* pista *f* de rodadura; **~e** *f* (-; *-n*) rollo *m*; (*Walze*) rodillo *m*, cilindro *m*; (*Garn≈*) carrete *m*; (*Flaschenzug*) polea *f*; *teat* papel *m* (*a fig*); rol *m*; ***e-e ~ spielen*** desempeñar un papel; ***das spielt keine ~*** no tiene importancia; **≈en** (*ge-*) **1.** *v/i* (*sn*) rodar; **2.** *v/t* (*h*) (*auf~*) arrollar; (*ein~*) enrollar; *Wäsche*: calandrar; **~er** *m* (*-s*; -) (*Spielzeug*) patinete *m*; *auto* escúter *m*; **~film** *m* carrete *m*, rollo *m*; **~kragen(pullover** *m*) *m* (jersey *m* de) cuello *m* cisne *od* alto; **~laden** *m* persiana *f* (enrollable); **~mops** *m gastr* arenque *m* enrollado; **~schuh** *m* patín *m* de ruedas; **~stuhl** *m* sillón *m* de ruedas; **~stuhlfahrer(in** *f*) *m* persona *f* en sillón de ruedas; **~treppe** *f* escalera *f* mecánica (*od* automática)

Ro'man [ro'mɑ:n] *m* (*-[e]s*; *-e*) novela *f*; **~ik** [-'-nik] *f* (-; *sin pl*) (estilo *m*) románico *m*; **≈isch** *arqu* románico; *Sprache*: *a* romance

Ro'man|tik [-'mantik] *f* (-; *sin pl*) romanticismo *m*; **≈tisch** romántico (*a fig*)

'Röm|er ['rø:mər] *m* (*-s*; -) (*Glas*) copa *f* (para vino blanco); **~er** *m* (*-s*; -), **~erin** *f* (-; *-nen*) romano *m*, -a *f*; **≈isch** romano

'röntgen *med* ['rœntgən] (*ge-, h*) radiografiar; hacer una radiografía; **≈aufnahme** *f*, **≈bild** *n* radiografía *f*; **≈strahlen** *m/pl* rayos *m/pl* X

'rosa ['ro:za] *inv*, **~farben** rosa

'Rose ['-zə] *f* (-; *-n*) *bot* rosa *f*; *med* erisipela *f*; **~nkohl** *m* col *f* de Bruselas; **~nkranz** *rel m* rosario *m*; **~nmontag** [-zən'mo:ntɑ:k] *m* lunes *m* de carnaval

Rosine [ro'zi:nə] *f* (-; *-n*) pasa *f*

Rost [rɔst] *m* (*-[e]s*; *sin pl*) orín *m*, herrumbre *f*, óxido *m*; (*pl -e*) (*Brat≈*) parrilla *f*, gril *m*; (*Gitter≈*) rejilla *f*; **'≈en** (*ge-, sn od h*) oxidarse

rösten ['rœstən] (*ge-, h*) tostar

'rost|frei ['rɔst-] inoxidable; **~ig** oxidado, tomado de orín; **≈schutzmittel** *n* anticorrosivo *m*

rot [ro:t] rojo; encarnado; ***~e Zahlen*** *com* números *m/pl* rojos; ***das ≈e Kreuz*** la Cruz Roja

'Röte|ln ['rø:təln] *med pl* rubéola *f*; **≈n** (*ge-, h*): (***sich***) **~** enrojecer(se)

'Rot|käppchen ['ro:tkɛpçən] *n* (*-s*; *sin pl*) Caperucita *f* Roja; **~kohl** *m* (col *f*) lombarda *f*; **~stift** *m* lápiz *m* rojo;

~wein *m* vino *m* tinto; **~wild** *n* venado *m*

Rouge ['ruːʒ] *n* (*-s*; *-s*) colorete *m*

Roulade [ru'lɑːdə] *f* (-; *-n*) filete *m* relleno

Roulett [-'lɛt] *n* (*-[e]s*; *-e*) ruleta *f*

Route ['ruːtə] *f* (-; *-n*) ruta *f*, itinerario *m*

Rou'ti|ne [ru'tiːnə] *f* (-; *sin pl*) rutina *f*; **~nekontrolle** *f* control *m* rutinario; **≈niert** [-ti'niːrt] experto, versado

Rowdy ['raʊdi] *m* (*-s*; *-s*) camorrista *m*, gamberro *m*

Rübe ['ryːbə] *f* (-; *-n*) remolacha *f*; ***Weiße ~*** nabo *m*; ***Gelbe ~*** zanahoria *f*; ***Rote ~*** remolacha *f* colorada

Rubel ['ruːbəl] *m* (*-s*; -) rublo *m*

Rubin [ru'biːn] *m* (*-s*; *-e*) *min* rubí *m*

Rubrik [ru'briːk] *f* (-; *-en*) rúbrica *f*; *e-r Zeitung*: sección *f*, columna *f*

Ruck [ruk] *m* (*-[e]s*; *-e*) arranque *m*; (*Stoß*) empujón *m*; (*Erschütterung*) sacudida *f*

'Rück|antwort ['rykʔ-] *f*: ***~ bezahlt*** respuesta *f* pagada; **~antwortkarte** *f* tarjeta *f* de respuesta; **~blick** *fig m* (mirada *f*) retrospectiva *f*; **≈datieren** (*h*) antedatar

rücken ['rykən] (*ge-*) **1.** *v/t* (*h*) mover; empujar; **2.** *v/i* (*sn*) moverse; (*Platz machen*) correrse

'Rücken *m* (*-s*; -) *anat* espalda *f*; (*Buch≈*) lomo *m*; (*Berg≈*) loma *f*; **~mark** *n* médula *f* espinal; **~schwimmen** *n* natación *f* de espalda; **~wind** *m* viento *m* por atrás *od mar* en popa

'rück|erstatten (*h*) devolver; restituir; **≈erstattung** *f* devolución *f* (*a v Steuern*); restitución *f*; reintegro *m*; **≈fahrkarte** *f* billete *m* de ida y vuelta; **≈fahrscheinwerfer** *m auto* luz *f* de marcha atrás; **≈fahrt** *f* viaje *m* de regreso; **≈fall** *m med* recaída *f*, recidiva *f*; *jur* reincidencia *f*; **~fällig** reincidente; ***~ werden*** reincidir; **≈flug** *avia m* vuelo *m* de regreso; **≈frage** *f* demanda *f* de nuevos informes; **≈gabe** *f* (-; *sin pl*) devolución *f*, restitución *f*; **≈gang** *m* retroceso *m*; descenso *m*; baja *f*; *com* recesión *f*; **~gängig**: ***~ machen*** anular; **≈gewinnung** *f* recuperación *f*; **≈grat** *n* (*-[e]s*; *-e*) *anat* espina *f* dorsal; *a fig* columna *f* vertebral; **≈halt** *m* (*-[e]s*; *sin pl*) apoyo *m*, sostén *m*, respaldo *m*; **≈kauf** *m* readquisición *f*, rescate *m*; **≈kehr** ['-keːr] *f* (-; *sin pl*) vuelta *f*, regreso *m*; **≈lage** *f* reserva *f*; **≈lauf** *tec m* (*-[e]s*; *sin pl*) retroceso *m*; **~läufig** retrógrado; inverso; **≈licht** *n* (*-[e]s*; *-er*) *auto* luz *f* trasera; **≈marsch** *mil m* retirada *f*; **≈porto** *n* porte *m* de vuelta; **≈reise** *f* vuelta *f*; viaje *m* de regreso; **≈reiseverkehr** *m Esp* operación *f* retorno

'Rucksack ['rukzak] *m* mochila *f*; **~tourist** *m* turista *m* de mochila

'Rück|schlag ['ryk-] *m fig* revés *m*; contratiempo *m*; **≈schrittlich** reaccionario; **~seite** *f* parte *f* posterior *od* trasera; *e-s Blattes*: dorso *m*, vuelta *f*; *e-r Münze*: reverso *m*; **~sendung** *f* devolución *f*; **~sicht** *f* (-; *-en*) consideración *f*; ***~ nehmen auf j-n*** respetar a alg; ***~ nehmen auf et*** tomar en consideración a/c; **≈sichtslos** ['-ziçtsloːs] desconsiderado; brutal; **≈sichtsvoll** atento; considerado; **~sitz** *m* asiento *m* trasero; **~spiegel** *m auto* (espejo *m*) retrovisor *m*; **~spiel** *n dep* partido *m* de vuelta; **~sprache** *f* (-; *-n*) consulta *f*; ***~ nehmen mit*** ponerse al habla con; **≈ständig** atrasado (*a fig*); **~stau** *Vkw m* (*-s*; *-s*) retención *f*; **~taste** *f Schreibmaschine*: tecla *f* de retroceso; **~tausch** *com m* cambio *m*; **~tritt** *m* renuncia *f*; dimisión *f*; **~vergütung** *f* re(e)mbolso *m*; **~wand** *f* pared *f* del fondo; **≈wärts** ['-vɛrts] hacia atrás; **~wärtsgang** *auto m* marcha *f* atrás; **~weg** ['-veːk] *m* vuelta *f*; ***auf dem ~*** al volver

'rück|wirkend ['rykvirkənt] (de efecto) retroactivo; **~zahlbar** re(e)mbolsable; **≈zahlung** *f* re(e)mbolso *m*; **≈zug** *mil m* (*-[e]s*; *sin pl*) retirada *f*; repliegue *m*

Rudel ['ruːdəl] *n* (*-s*; -) tropa *f*; (*Wild*) manada *f*

'Ruder ['-dər] *n* (*-s*; -) remo *m*; (*Steuer*) timón *m* (*a fig*); **~boot** *n* barco *m od* bote *m* de remos; **≈n** (*ge-*) *v/t* (*h*), *v/i* (*a sn*) remar; bogar; **~sport** *m* (deporte *m* del) remo *m*

Ruf [ruːf] *m* (*-[e]s*; *-e*) grito *m*; llamada *f*; (*sin pl*) (*Ansehen*) reputación *f*; **'≈en** (*rief*, *gerufen*, *h*) llamar; (*schreien*) gritar; ***wie gerufen*** *fig* de perilla; **'~name** *m* nombre *m* de pila; **'~nummer** *f* número *m* de teléfono; **'~zeichen** *n tel* señal *f* de llamada

'Ruhe ['ruːə] *f* (-; *sin pl*) (*Stille*) silencio *m*, calma *f*; tranquilidad *f*; ***in ~ lassen***

dejar tranquilo *od* en paz; ***sich zur ~ setzen*** retirarse; *Beamte*: jubilarse; ***~!*** ¡silencio!; ***angenehme ~!*** ¡que descanse!; **2n** (*ge-*, *h*) descansar, reposar; *Verkehr etc*: estar paralizado; ***~ lassen*** *Arbeit*: suspender; **~stand** *m* (*-[e]s*; *sin pl*) jubilación *f*; retiro *m*; ***im ~*** jubilado, retirado; ***in den ~ versetzen*** jubilar; **~stätte** *f* retiro *m*, lugar *m* de descanso; ***letzte ~*** última morada *f*; **~störung** *f* perturbación *f* del orden público; **~tag** *m* día *m* de descanso
ruhig ['ruːiç] tranquilo, quieto; (*still*) silencioso
Ruhm [ruːm] *m* (*-[e]s*; *sin pl*) gloria *f*
rühmen ['ryːmən] (*ge-*, *h*) elogiar, alabar, ensalzar
'ruhm|reich ['ruːm-], **~voll** glorioso
Ruhr *med* [ruːr] *f* (*-*; *raro -en*) disentería *f*
'Rühr|ei ['ryːrˀaɪ] *n* huevos *m/pl* revueltos; **2en** (*ge-*, *h*) **1.** *v/t* mover; (*um~*) revolver, remover; *fig* conmover; **2.** *v/i* tocar (***an*** *ac* en); **3.** *v/refl*: ***sich ~*** moverse; **2end** conmovedor, emocionante; **~ung** *f* (*-*; *sin pl*) enternecimiento *m*, emoción *f*
'Ruin [ru'iːn] *m* (*-s*; *sin pl*) ruina *f*; **~e** *f* (*-*; *-n*) ruina *f* (*a fig*); **2'ieren** [rui'niːrən] (*h*) arruinar; F estropear
Rum [rum] *m* (*-s*; *-s*) ron *m*
Ru'män|e [ru'mɛːnə] *m* (*-n*; *-n*), **~in** *f* (*-*; *-nen*), **2isch** rumano *m*, -a *f*
'Rummel F ['ruməl] *m* (*-s*; *sin pl*) F jaleo *m*; (*Jahrmarkt*) feria *f*; **~platz** *m* parque *m* de atracciones
Rumpf [rumpf] *m* (*-es*; *⸚e*) *anat* tronco *m*; *mar* casco *m*; *avia* fuselaje *m*
rund [runt] redondo; circular; *adv* en cifras redondas; **'2blick** *m* (*-[e]s*; *-e*) panorama *m*; **2e** ['-də] *f* (*-*; *-n*) *dep* vuelta *f*; *Boxen*: asalto *m*; **2fahrt** *f* vuelta *f*; circuito *m*
'Rundfunk ['-fuŋk] *m* (*-s*; *sin pl*) radio (-difusión) *f*; **~gerät** *n* radio *f*; **~sender** *m* emisora *f* de radio; **~sendung** *f* emisión *f* radiofónica
'Rund|gang *m* (*-[e]s*; *⸚e*) vuelta *f* (***machen*** dar); ronda *f*; **2herum** ['-hɛ'rum] en redondo; **~reise** *f* viaje *m* circular, circuito *m*, gira *f*; **~schreiben** *n* circular *f*; **~ung** ['-duŋ] (*-*; *-en*) *f* redondez *f*; curva *f*; **~wanderweg** *m* circuito *m*
Rüsche ['ryːʃə] *f* (*-*; *-n*) volante *m*
Ruß [ruːs] *m* (*-es*; *sin pl*) hollín *m*, tizne *m*
Russe ['rusə] *m* (*-n*; *-n*) ruso *m*
Rüssel ['rysəl] *m* (*-s*; *-*) trompa *f*; *Schwein*: hocico *m*
rußig ['ruːsiç] lleno de hollín
'Russ|in ['rusin] *f* (*-*; *-nen*) rusa *f*; **2isch** ruso
'rüst|en ['rystən] (*ge-*, *h*) preparar; *mil* armar; **~ig** vigoroso; robusto; **2ung** *f* (*-*; *-en*) armamento *m*; (*Harnisch*) armadura *f*; **2ungsindustrie** *f* industria *f* de armamentos
'Rutsch|bahn ['rutʃ-] *f* deslizadero *m*; tobogán *m*; **2en** (*ge-*, *sn*) deslizarse; resbalar; *auto a* patinar; **~gefahr** *f* (*-*; *sin pl*) *Vkw* calzada *f* deslizante; **2ig** resbaladizo; **2sicher** antideslizante
rütteln ['rytəln] (*ge-*, *h*) sacudir, agitar

S

S, s [ɛs] *n* (*-*; *-*) S, s *f*
Saal [zaːl] *m* (*-[e]s*; *Säle*) sala *f*; salón *m*
Saat [zaːt] *f* (*-*; *-en*) (*Säen*) siembra *f*; (*Samen*) semillas *f/pl*, simientes *f/pl*
Säbel ['zɛːbəl] *m* (*-s*; *-*) sable *m*
Sabot|age [zabo'taːʒə] *f* (*-*; *-n*) sabotaje *m*; **~eur** [-'tøːr] *m* (*-s*; *-e*) saboteador *m*; **2'ieren** (*h*) sabotear
'Sach|bearbeiter(in *f*) *m* ['zaxbəˀarbaɪtər(in)] encargado *m*, -a *f*; **~beschädigung** *f* daño *m* material; **~buch** *n* libro *m* de divulgación científica
'Sach|e ['zaxə] *f* (*-*; *-n*) cosa *f*; (*Gegenstand*) objeto *m*; (*Angelegenheit*) asunto *m*; *jur* causa *f*; (*Fall*) caso *m*; (*Begebenheit*) suceso *m*; *pl* **~n** (*Habe*) efectos *m/pl*; ***zur ~ kommen*** ir al grano; ***in ~n*** (*gen*) en materia de, *jur* en la causa; **2gemäß** apropiado; **~kenntnis** *f* conocimiento *m* de causa; pericia *f*; **2kundig** experto, competente; **2lich** objetivo; imparcial

sächlich *gram* ['zɛçliç] neutro
Sachschaden ['zax-] *m* daño *m* material
Sachse ['zaksə] *m* (*-n*; *-n*) sajón *m*
'Sächs|in ['zɛksin] *f* (*-*; *-nen*) sajona *f*; **°isch** sajón
'Sach|verhalt ['zaxfɛrhalt] *m* (*-[e]s*; *-e*) estado *m* de cosas; circunstancias *f*/*pl*; **°verständig**, **~verständige** *m*/*f* (*-n*; *-n*) experto *m*, -a *f*, perito *m*, -a *f*; **~wert** *m* valor *m* real
Sack [zak] *m* (*-[e]s*; *¨e*) saco *m*; (*Post°*, *Geld°*) saca *f*; ***mit ~ und Pack*** con armas y bagajes; **'~gasse** *f* callejón *m* sin salida (*a fig*)
säen ['zɛːən] (*ge-*, *h*) *v*/*t u v*/*i* sembrar (*a fig*)
Safari [za'faːri] *f* (*-*; *-s*) safari *m*
Safe [seːf] *m* (*-s*; *-s*) caja *f* fuerte *od* de caudales; (*Bank°*) caja *f* de seguridad
Saft [zaft] *m* (*-[e]s*; *¨e*) jugo *m*; (*Frucht°*) zumo *m*; *bot* savia *f*; **'°ig** jugoso; suculento; F *fig* fuerte
Sage ['zaːgə] *f* (*-*; *-n*) leyenda *f*
Säge ['zɛːgə] *f* (*-*; *-n*) sierra *f*
sagen ['zaːgən] (*ge-*, *h*) decir; ***sich*** (*dat*) ***nichts ~ lassen*** no hacer caso de nadie
sägen ['zɛːgən] (*ge-*, *h*) (a)serrar
'Sahne ['zaːnə] *f* (*-*; *sin pl*) nata *f*, crema *f*; **~torte** *f* tarta *f* de crema
Sai'son [zɛ'zɔ̃] *f* (*-*; *-s*) temporada *f*; (*Jahreszeit*) estación *f*; **°abhängig** estacional; **~arbeiter** *m* temporero *m*; **~ausverkauf** *m* liquidación *f* por fin de temporada
'Saite *mus* ['zaɪtə] *f* (*-*; *-n*) cuerda *f*; **~ninstrument** *n* instrumento *m* de cuerda
Sakko ['zako] *m od n* (*-s*; *-s*) chaqueta *f*, americana *f*, *Am* saco *m*
Sakrament [-kra'mɛnt] *n* (*-[e]s*; *-e*) sacramento *m*
Salami [-'laːmi] *f* (*-*; *-[s]*) salami *m*
Salat [-'laːt] *m* (*-[e]s*; *-e*) ensalada *f*
Salbe ['zalbə] *f* (*-*; *-n*) pomada *f*; ungüento *m*
'Saldo *com* ['-do] *m* (*-s*; *-den*) saldo *m*; **~übertrag** *m* transporte *m* del saldo a nueva cuenta
Saline [za'liːnə] *f* (*-*; *-n*) salina *f*
Salmonellen [zalmo'nɛlən] *pl* salmonelas *f*/*pl*
Sa'lon [za'lɔ̃] *m* (*-s*; *-s*) salón *m*; **~wagen** *ferro m* coche *m* salón
salopp [-'lɔp] descuidado; (*ungezwungen*) desenvuelto
Salpeter [zal'peːtər] *m* (*-s*; *sin pl*) salitre *m*, nitro *m*
Salut *mil* [za'luːt] *m* (*-[e]s*; *-e*) salva *f*; ***~ schießen*** disparar una salva
Salve ['zalvə] *f* (*-*; *-n*) descarga *f*
Salz [zalts] *n* (*-es*; *-e*) sal *f*; **'°en** (*pp mst gesalzen*, *h*) salar; **'°ig** salado; **'~kartoffeln** *f*/*pl* patatas *f*/*pl* hervidas; **'~säure** *f* ácido *m* clorhídrico; **'~wasser** *n* agua *f* salada
'Samen ['zaːmən] *m* (*-s*; *-*) *bot* semilla *f*; simiente *f*; *Physiologie*: semen *m*, esperma *m*; **~erguss** *m* eyaculación *f*
'Sammel|anschluss ['zaməlˀ-] *tel m* línea *f* colectiva; **~bestellung** *com f* pedido *m* colectivo; **~büchse** *f* hucha *f*, alcancía *f*; **°n** (*ge-*, *h*) coleccionar; (*ein~*) recoger; (*anhäufen*) acumular; amontonar; *Geld*: colectar, recaudar; ***sich ~*** *fig* (re)concentrarse; **~platz**, **~punkt** *m* lugar *m* de reunión; **~transport** *m* transporte *m* colectivo
'Samml|er ['-lər] *m* (*-s*; *-*), **~erin** *f* (*-*; *-nen*) coleccionista *su*; **~ung** *f* (*-*; *-en*) colección *f*; (*Geld°*) recaudación *f*, colecta *f*; cuestación *f*; *fig* (re)concentración *f*
Samstag ['-staːk] *m* sábado *m*
Samt [zamt] *m* (*-[e]s*; *-e*) terciopelo *m*
sämtliche ['zɛmtliçə] *pl* todos; ***~ Werke*** *n*/*pl* obras *f*/*pl* completas
Sanatorium [zana'toːrjum] *n* (*-s*; *-rien* [rjən]) sanatorio *m*
Sand [zant] *m* (*-[e]s*; *¨e*) arena *f*; *fig* ***den Kopf in den ~ stecken*** esconder la cabeza bajo el ala
Sandale [-'daːlə] *f* (*-*; *-n*) sandalia *f*
'Sand|bank ['zantbaŋk] *f* (*-*; *¨e*) banco *m* de arena; **°ig** ['-diç] arenoso; **~kasten** *m* cajón *m* de arena; **~stein** *m* (*-[e]s*; *sin pl*) (piedra *f*) arenisca *f*; gres *m*; **~strand** *m* playa *f* de arena
sanft [zanft] suave; (*zart*) tierno; (*mild*) dulce
'Sänger ['zɛŋər] *m* (*-s*; *-*), **~in** *f* (*-*; *-nen*) *teat* cantante *su*
sa'nier|en [za'niːrən] (*h*) sanear; **°ung** *f* (*-*; *-en*) saneamiento *m*
sani|'tär [-ni'tɛːr] sanitario; **°'täranlagen** *f*/*pl* instalaciones *f*/*pl* sanitarias; **°'täter** *m* (*-s*; *-*) enfermero *m*; sanitario *m*
Sankt [zaŋkt] *vor Eigennamen*: San *od*

S

Santo (*m*), Santa (*f*)
Sanktion [-'tsjoːn] *f* (-; *-en*) sanción *f*; **≗'ieren** [-tsjo'niːrən] (*h*) sancionar
Saphir ['zɑːfir, za'fiːr] *m* (*-s*; *-e*) zafiro *m*
Sar|delle [zar'dɛlə] *f* (-; *-n*) anchoa *f*; **~dine** [-'diːnə] *f* (-; *-n*) sardina *f*
Sarg [zark] *m* (*-[e]s*; *⸚e*) ataúd *m*, féretro *m*
Satan ['zɑːtan] *m* (*-s*; *-e*) satanás *m*
Satel'lit [zatɛ'liːt] *m* (*-en*; *-en*) satélite *m* (*a fig*); **~enfernsehen** *n* televisión *f* vía satélite; **~enstadt** *f* ciudad *f* satélite
Satire [-'tiːrə] *f* (-; *-n*) sátira *f*
satt [zat] harto; *Farbe*: intenso; ***sich ~ essen*** (comer hasta) saciarse; ***et ~ sn*** *od* ***haben*** *fig* estar harto de a/c
'Sattel ['-təl] *m* (*-s*; *⸚*) silla *f*; (*Fahrrad≗*) sillín *m*; **≗fest** firme en la silla; *fig* ***~ in*** (*dat*) versado en; **~schlepper** *m* semirremolque *m*
sättigen ['zɛtigən] (*ge-*, *h*) saciar, hartar
Sattler ['zatlər] *m* (*-s*; -) guarnicionero *m*
Satz [zats] *m* (*-es*; *⸚e*) (*Sprung*) brinco *m*, salto *m*; (*Boden≗*) sedimento *m*; (*zs.-gehörende Gegenstände*) juego *m*; *v Waren*: surtido *m*; *gram* frase *f*, oración *f*; *mus* movimiento *m*; *Tennis*: set *m*; **'~ung** *f* (-; *-en*) estatuto *m*; reglamento *m*; **'~zeichen** *n* signo *m* de puntuación
Sau [zaʊ] *f* (-; -en *u* *⸚e*) cerda *f*; puerca *f*; *a fig* guarra *f*, marrana *f*; P *fig* cerdo *m*, cochino *m*
sauber ['-bər] limpio, aseado; pulcro; (*sorgfältig*) esmerado
'säuber|n ['zɔʏbərn] (*ge-*, *h*) limpiar, asear; *pol* depurar; **≗ung** *f* (-; *-en*) limpieza *f*, aseo *m*; *pol* depuración *f*
'sauer ['zaʊər] agrio; ácido (*a quím u Regen*); (*mühsam*) penoso, duro; ***~ werden*** agriarse; *Milch*: cuajarse; **≗braten** *m* carne *f* adobada; **≗kirsche** *f* guinda *f*; **≗kraut** *n* (*-[e]s*; *sin pl*) chucrut *m*
säuerlich ['zɔʏərliç] acídulo; avinagrado
'Sauer|stoff ['zaʊər-] *m* (*-[e]s*; *sin pl*) oxígeno *m*; **~teig** *m* levadura *f*
saufen ['-fən] (*soff*, *gesoffen*, *h*) *Tier*: beber; P *j*: beber con exceso
'Säufer ['zɔʏfər] *m* (*-s*; -), **~in** *f* (-; *-nen*) borracho *m*, -a *f*
saugen ['zaʊgən] (*sog*, *gesogen*, *h*) chupar; *Kind*: mamar; (*ge-*, *h*) *tec* aspirar, absorber; ***Staub ~*** pasar la aspiradora
säugen ['zɔʏgən] (*ge-*, *h*) amamantar, lactar; *a Tier*: criar
'Säugetier *n* mamífero *m*
'Säugling ['zɔʏkliŋ] *m* (*-s*; *-e*) niño *m* de pecho, lactante *m*; **~spflege** *f* puericultura *f*; **~ssterblichkeit** *f* mortalidad *f* infantil
'Säule ['zɔʏlə] *f* (-; *-n*) columna *f*; (*Pfeiler*) pilar *m*; **~ngang** *m* (*-[e]s*; *⸚e*) columnata *f*; **~nhalle** *f* pórtico *m*
Saum [zaʊm] *m* (*-[e]s*; *⸚e*) *am Kleid*: dobladillo *m*
'säum|en ['zɔʏmən] (*ge-*, *h*) **1.** *v/t* hacer un dobladillo en; orlar, ribetear; **2.** *v/i* tardar; retrasarse; **~ig** *Zahler*: *com* moroso
Sauna ['zaʊna] *f* (-; *-s*, *-nen*) sauna *f*
Säure ['zɔʏrə] *f* (-; *-n*) acidez *f*; *quím* ácido *m*
sausen ['zaʊzən] (*ge-*, *h*) *Wind*: silbar; F (*sn*) correr
Savanne [za'vanə] *f* (-; *-n*) sabana *f*
Saxo|fon [zakso'foːn] *n* (*-s*; *-e*) saxofón *m*, saxófono *m*
'S-Bahn ['ɛsbɑːn] *f* (tren *m*) suburbano *m*; **~hof** *m* estación *f* de(l) suburbano
'Schabe *zo* ['ʃɑːbə] *f* (-; *-n*) cucaracha *f*; **≗n** (*ge-*, *h*) raer, raspar, rascar
schäbig ['ʃɛːbiç] gastado, usado; *fig* mezquino, sórdido
Schablone [ʃa'bloːnə] *f* (-; *-n*) patrón *m*
Schach [ʃax] *n* (*-s*; *sin pl*) ajedrez *m*; ***~ bieten*** dar jaque; ***in ~ halten*** *fig* tener en jaque; **'~brett** *n* tablero *m* de ajedrez; **'~figur** *f* pieza *f* de ajedrez; **≗'matt** jaque mate; *fig* rendido; **'~spiel** *n* juego *m* de ajedrez
Schacht [ʃaxt] *m* (*-[e]s*; *⸚e*) pozo *m* (*a min*); **'~el** *f* (-; *-n*) caja *f*; cartón *m*; *Zigaretten*: cajetilla *f*
Schachzug ['ʃaxtsuːk] *m* jugada *f* de ajedrez; *fig* ***ein guter ~*** una buena jugada
schade ['ʃɑːdə] lástima; ***wie ~!*** ¡qué lástima!
'Schädel ['ʃɛːdəl] *m* (*-s*; -) cráneo *m*; **~bruch** *m* fractura *f* del cráneo
'schaden ['ʃɑːdən] **1.** *v/i* (*ge-*, *h*) dañar, perjudicar, causar daño; ***das schadet ihm gar nichts*** bien se lo merece; **2.** **≗** *m* (*-s*; *⸚*) daño *m*; perjuicio *m*, detrimento *m*; *tec* avería *f*; **≗ersatz** *m* indemnización *f* (por daños y perjuicios);

S

≈freiheitsrabatt *m* descuento *m* por libre de accidente; **≈sfall** *m* (caso *m* de) siniestro *m*; **≈sregulierung** *f* arreglo *m* de los daños

schadhaft ['ʃaːthaft] deteriorado; defectuoso; *Zahn*: cariado

schäd|igen ['ʃɛːdigən] (*ge-*, *h*) perjudicar; dañar; **~lich** ['-tliç] nocivo, perjudicial, dañino; **≈ling** ['-liŋ] *m* (*-s*; *-e*) parásito *m* (animal *od* vegetal), plaga *f*

'Schad|stoff ['ʃaːt-] *m* sustancia *f* nociva, contaminante *m*; **≈stoffarm** poco contaminante; **≈stofffrei** no contaminante

Schaf [ʃaːf] *n* (*-[e]s*; *-e*) oveja *f*; *fig* borrico *m*; ***schwarzes ~*** oveja *f* negra

'Schäfer ['ʃɛfər] *m* (*-s*; *-*) pastor *m*; **~hund** *m* perro *m* pastor

schaffen ['ʃafən] **1.** (*ge-*, *h*) (*befördern*) llevar, transportar; (*arbeiten*) trabajar; (*fertig bringen*) lograr, conseguir; **2.** (*schuf*, *geschaffen*, *h*) (*er~*) crear; producir

'Schaffner ['-nər] *m* (*-s*; *-*), **~in** *f* (*-*; *-nen*) cobrador(a *f*) *m*; *ferro* revisor(a *f*) *m*

Schafott [ʃa'fɔt] *n* (*-[e]s*; *-e*) patíbulo *m*, cadalso *m*

Schafpelz ['ʃaːfpɛlts] *m* zalea *f*

Schaft [ʃaft] *m* (*-[e]s*; *¨e*) mango *m*, cabo *m*; (*Lanzen≈*, *Fahnen≈*) asta *f*; (*Stiefel≈*) caña *f*; (*Säulen≈*) fuste *m*; (*Gewehr≈*) caja *f*

Schafzucht ['ʃaːftsuxt] *f* cría *f* de ganado lanar

Schal [ʃaːl] *m* (*-s*; *-s*, *-e*) chal *m*, bufanda *f*

Schale ['-lə] *f* (*-*; *-n*) (*Eier≈*, *Nuss≈*) cáscara *f*; *v Früchten*: piel *f*

schälen ['ʃɛːlən] (*ge-*, *h*) mondar, pelar

Schall [ʃal] *m* (*-[e]s*; *-e*, *¨e*) sonido *m*, son *m*; **≈dämmend** ['-dɛmənt] insonorizante; **'~dämpfer** *m* silenciador *m*; **'≈dicht** insonorizado; **'≈en** (*ge-*, *h*) (re)sonar; **'~geschwindigkeit** *f* velocidad *f* del sonido; **'~mauer** *f* barrera *f* del sonido; **'~platte** *f* disco *m*

'schalt|en ['ʃaltən] (*ge-*, *h*) *el* conmutar; conectar; *tec* mandar; *auto* cambiar de velocidad *od* de marcha; F *fig* (*begreifen*) caer (en la cuenta); **≈er** *m* (*-s*; *-*) ventanilla *f*; *ferro etc* taquilla *f*, despacho *m* de billetes; *el* conmutador *m*, interruptor *m*; **≈erbeamte** *m* empleado *m* de la ventanilla; *ferro* taquillero *m*; **≈erschluss** *m* cierre *m* de las ventanillas *od* taquillas; **≈erstunden** *f/pl* horas *f/pl* de despacho; **≈hebel** *auto m* palanca *f* de cambio de marchas; **≈jahr** *n* año *m* bisiesto; **≈pult** *n* pupitre *m* de mando *od* de control; **≈tafel** *el f* cuadro *m* de distribución; **≈ung** *f* (*-*; *-en*) *el* conmutación *f*, conexión *f*; *auto* cambio *m* de velocidad

Scham [ʃaːm] *f* (*-*; *sin pl*) vergüenza *f*; pudor *m*; *anat* partes *f/pl* (vergonzosas)

schämen ['ʃɛːmən] (*ge-*, *h*): ***sich ~*** tener vergüenza (*gen* de); avergonzarse (de); ***ich schäme mich, zu*** me da vergüenza (*inf*)

'Scham|gefühl ['ʃaːmgəfyːl] *n* (*-s*; *sin pl*) pudor *m*; **~haar** *n* vello *m* pubiano; **≈los** impúdico, indecente; (*frech*) desvergonzado, sinvergüenza

Schande ['ʃandə] *f* (*-*; *sin pl*) deshonra *f*; vergüenza *f*

schänden ['ʃɛndən] (*ge-*, *h*) deshonrar; *Frau*: violar; *rel* profanar

'Schand|fleck ['ʃant-] *m* mancha *f*, mancilla *f*; **~tat** *f* infamia *f*

Schänke → ***Schenke***

Schanze ['ʃantsə] *f* (*-*; *-n*) *Skisport*: trampolín *m* (de saltos)

Schar [ʃaːr] *f* (*-*; *-en*) multitud *f*; grupo *m*; (*Vögel*) bandada *f*

scharf [ʃarf] cortante; afilado; agudo (*a Blick*, *Verstand*); *Kritik*: mordaz; *Geruch*: acre, penetrante; *Speise*: picante; *Kurve*: cerrado; *Luft*: frío; *Wind*: cortante; *Ton*: estridente; *Gehör*: fino; (*deutlich*) nítido; ***~ bremsen*** frenar en seco; ***~ sn auf*** (*ac*) codiciar (*ac*); **'≈blick** *m* (*-[e]s*; *sin pl*) perspicacia *f*

'Schärfe ['ʃɛrfə] *f* (*-*; *sin pl*) agudeza *f* (*a fig*); (*Schliff*) corte *m*, filo *m*; **≈n** (*ge-*, *h*) afilar; *a fig* aguzar

'Scharf|schütze ['ʃarf-] *mil m* tirador *m* de precisión; **~sinn** *m* (*-[e]s*; *sin pl*) sagacidad *f*, perspicacia *f*

Scharlach ['ʃarlax] *m* (*-s*; *sin pl*) (*Farbe*) escarlata *f*; *med* escarlatina *f*

Scharnier [-'niːr] *n* (*-s*; *-e*) bisagra *f*, charnela *f*

scharren ['ʃarən] (*ge-*, *h*) rascar; *bsd Tier*: escarbar

'Schatt|en ['ʃatən] *m* (*-s*; *-*) sombra *f*; ***im ~*** a la sombra; ***in den ~ stellen*** *fig* hacer sombra a, eclipsar; **~enkabinett** *n* gobierno *m* fantasma *od* en la sombra;

S

~enseite *f* lado *m* de la sombra; *fig* inconveniente *m*; **~'ierung** [-tiːruŋ] *f* (-;-*en*) sombreado *m*; matiz *m*; **2ig** sombroso, umbroso; sombrío

Schatz [ʃats] *m* (-*es*; ⸚*e*) tesoro *m* (*a fig u Anrede*)

schätzen ['ʃɛtsən] (*ge*-, *h*) apreciar, estimar; evaluar, tasar; ***wie alt schätzt du ihn?*** ¿cuántos años le echas?

Schatzmeister ['ʃats-] *m* tesorero *m*

'Schätz|preis ['ʃɛts-] *m* precio *m* estimado; **~ung** *f* (-; -*en*) apreciación *f*, estimación *f*; tasación *f*, evalúo *m*; (*Hoch*2) estima *f*; **2ungsweise** aproximadamente; **~wert** *m* valor *m* estimativo

Schau [ʃaʊ] *f* (-; -*en*) vista *f*, aspecto *m*; visión *f*; ***zur ~ stellen*** exhibir; *fig* ostentar

schaudern ['-dərn] (*ge*-, *h*) estremecerse; ***mich schaudert*** siento escalofríos

schauen ['-ən] (*ge*-, *h*) mirar, ver

Schauer ['-ər] *m* (-*s*; -) estremecimiento *m*; (*Regen*2) aguacero *m*, chubasco *m*

'Schaufel ['-fəl] *f* (-; -*n*) pala *f*; **2n** (*ge*-, *h*) trabajar *od* mover con la pala; *Grab(en)*: abrir; *Schnee*: quitar

'Schaufenster ['-fɛnstər] *n* escaparate *m*, *Am* vidriera *f*; **~bummel** *m*: ***e-n ~ machen*** ir a ver escaparates

'Schaukel ['-kəl] *f* (-; -*n*) columpio *m*; **2n**(*ge*-, *h*) *v/t* (*v/i u* **sich**) columpiar(se), balancear(se)

Schaum [ʃaʊm] *m* (-*[e]s*; ⸚*e*) espuma *f*; ***zu ~ schlagen*** *Eiweiß*: batir a punto de nieve

schäumen ['ʃɔʏmən] (*ge*-, *h*) hacer espuma, espumar

'Schaum|gummi ['ʃaʊm-] *m* goma *f* espuma; **2ig** espumoso; **~löscher** *m* extintor *m* de espuma; **~stoff** *m* espuma *f*; **~wein** *m* vino *m* espumoso

'Schau|platz ['ʃaʊ-] *m* escenario *m*; teatro *m*; **2rig** horripilante; **~spiel** *n* espectáculo *m*; pieza *f* de teatro, drama *m*; **~spieler(in** *f*) *m* actor *m* (actriz *f*); **~spielhaus** *n* teatro *m*

Scheck *com* [ʃɛk] *m* (-*s*; -*s*) cheque *m*; F talón *m*; **'~heft** *n* talonario *m* de cheques; **'~karte** *f* tarjeta *f* de cheques; **'~verkehr** *com m* operaciones *f/pl* de cheques

'Scheibe ['ʃaɪbə] *f* (-; -*n*) disco *m*; *tec* rodaja *f*; *Wurst*: *a* tajada *f*; *Brot*: rebanada *f*; *Schinken*: lonja *f*; *Zitrone etc*: raja *f*; (*Glas*2) vidrio *m*, cristal *m*; (*Schieß*2) blanco *m*; **~nwaschanlage** *auto f* lavaparabrisas *m*; **~nwischer** *auto m* (-*s*; -) limpiaparabrisas *m*

'Scheide ['ʃaɪdə] *f* (-; -*n*) (*Degen*2) vaina *f*; *anat* vagina *f*; **2n** (*schied*, *geschieden*) **1.** *v/t* (*h*) separar; dividir; *Ehe*: divorciar; ***sich ~ lassen*** divorciarse (**von** de); **2.** *v/i* (*sn*) despedirse, irse; ***aus dem Amt ~*** cesar en el cargo

Scheidung ['-duŋ] *f* (-; -*en*) separación *f*; *jur* divorcio *m*

Schein [ʃaɪn] *m* (-*[e]s*) **1.** (*sin pl*) luz *f*; claridad *f*; (*Glanz*) brillo *m*; *fig* apariencia *f*; ***den ~ wahren*** salvar las apariencias; ***der ~ trügt*** las apariencias engañan; **2.** (*pl* -*e*) (*Bescheinigung*) certificado *m*; (*Beleg*) resguardo *m*; (*Geld*2) billete *m*; **'~asylant** *m* (-*en*; -*en*) asilado *m* ficticio; **'2bar** aparente; *adv* en apariencia; **'2en** (*schien*, *geschienen*, *h*) brillar, lucir; *fig* parecer; ***die Sonne scheint*** hace sol; **~werfer** ['-vɛrfər] *m* (-*s*; -) proyector *m*; *teat* a foco *m*; reflector *m*; *auto* faro *m*

Scheiße P ['ʃaɪsə] *f* (-; *sin pl*) mierda *f* (*a fig*)

'Scheit|el ['-təl] *m* (-*s*; -) coronilla *f*; *mat* vértice *m*; (*Haar*2) raya *f*; **2ern** (*ge*-, *sn*) *mar* naufragar (*a fig*); *fig* fracasar

Schellfisch ['ʃɛlfiʃ] *m* eglefino *m*

Schelm [ʃɛlm] *m* (-*[e]s*; -*e*) pícaro *m*; bribón *m*; **'2isch** pícaro

schelten ['-tən] (*schalt*, *gescholten*, *h*) reñir, reprender

Schema ['ʃeːma] *n* (-*s*; -*s*, -*ata* [ata] *u Schemen*) esquema *m*; **2tisch** [ʃe'maːtiʃ] esquemático

Schemel ['-məl] *m* (-*s*; -) taburete *m*; escabel *m*

Schenke ['ʃɛŋkə] *f* (-; -*n*) taberna *f*; bar *m*; F tasca *f*

Schenkel ['-kəl] *m* (-*s*; -) *anat* muslo *m*

'schenk|en ['-kən] (*ge*-, *h*) regalar; (*erlassen*) perdonar, dispensar; *Aufmerksamkeit*: dedicar; **2ung** *f* (-; -*en*) donación *f*; **'2ungssteuer** *f* impuesto *m* sobre donaciones; **2ungsurkunde** *f* acta *f* de donación

Scherbe ['ʃɛrbə] *f* (-; -*n*) casco *m*, pedazo *m*

Schere ['ʃeːrə] *f* (-; -*n*) tijeras *f/pl*

Scherz [ʃɛrts] *m* (-*es*; -*e*) broma *f*; ***im ~***

en broma; '**♀en** (*ge-*, *h*) bromear; burlarse, divertirse

scheu [ʃɔʏ] *adj* tímido; (*menschen*~) huraño; *Pferd*: desbocado; espantadizo; ~ ***machen*** (***werden***) espantar(se); '**~en** (*ge-*, *h*) **1.** *v/t* temer; ***keine Mühe*** ~ no regatear *od* escatimar esfuerzos; ***keine Kosten*** ~ no reparar en gastos; **2.** *v/i Pferd*: desbocarse; espantarse; ***sich*** ~ ***vor*** (*dat*) recelarse de

'**Scheuer|bürste** ['-ərbyrstə] *f* cepillo *m* de fregar; **~lappen** *m*, **~tuch** *n* bayeta *f*; **♀n** (*ge-*, *h*) fregar; (*reiben*) frotar

Scheuklappe ['-klapə] *f* anteojera *f*

Scheune ['-nə] *f* (-; -*n*) granero *m*; pajar *m*

Schi [ʃiː] *m* → ***Ski***

Schicht [ʃiçt] *f* (-; -*en*) capa *f*; (*Arbeiter*) equipo *m*; '**~arbeit** *f* trabajo *m* por turnos; '**~dienst** *m*: ~ ***haben*** estar de turno; '**♀en** (*ge-*, *h*) apilar

schick [ʃik] elegante, chic; '**~en** (*ge-*, *h*) enviar, expedir, mandar; ***nach j-m*** ~ enviar por alg, mandar buscar a alg; **♀eria** [ʃikə'riːa] *f* (-; *sin pl*) la gente guapa

Schicksal ['-zaːl] *n* (-*s*; -*e*) destino *m*; suerte *f*; fortuna *f*

'**Schieb|edach** ['ʃiːbə-] *n* techo *m* corredizo; **♀en** (*schob*, *geschoben*, *h*) **1.** *v/t* mover, empujar; **2.** *v/i fig* hacer chanchullos, traficar; **~er** *m* (-*s*; -) *tec* distribuidor *m*; corredera *f*; *fig* traficante *m*; F estraperlista *m*; **~etür** *f* puerta *f* corrediza; **~ung** *f* (-; -*en*) chanchullo *m*

'**Schieds|gericht** ['ʃiːtsgəriçt] *n* tribunal *m* arbitral *od* de arbitraje; **~richter** *m* árbitro *m*; **~spruch** *m* arbitraje *m*; sentencia *f* arbitral; '**~verfahren** *n* procedimiento *m* arbitral

schief [ʃiːf] oblicuo; (*geneigt*) inclinado; *fig* torcido; *adv* de soslayo, de reojo

Schiefer ['-ər] *m* (-*s*; -) pizarra *f*; *geo* esquisto *m*

schielen ['ʃiːlən] (*ge-*, *h*) *v/i* bizcar, ser bizco

'**Schien|bein** ['ʃiːn-] *n* tibia *f*; **~e** *f* (-; -*n*) *a ferro* carril *m*, riel *m*, raíl *m*; *med* tablilla *f*, férula *f*; **♀en** *med* (*ge-*, *h*) entablillar; **~enverkehr** *m* tráfico *m* ferroviario

'**Schieß|bude** ['ʃiːs-] *f* barraca *f* de tiro; **♀en** (*schoss*, *geschossen*, *h*) disparar, tirar; *Fußball*: *a* chutar; *Jagd*: cazar; *fig* (*sn*) (*stürzen*) precipitarse; ***in die Höhe*** ~ crecer rápidamente; *Kind*: F dar un estirón; **~e'rei** *f* (-; -*en*) tiroteo *m*; **~platz** *m* campo *m* de tiro; **~pulver** *n* pólvora *f*; **~scharte** ['-ʃartə] *f* (-; -*n*) aspillera *f*; **~scheibe** *f* blanco *m*; **~stand** *m* (polígono *m* de) tiro *m*

Schiff [ʃif] *n* (-*[e]s*; -*e*) buque *m*, barco *m*; navío *m*; *a arqu* nave *f*

'**schiff|bar** ['-baːr] navegable; **♀bau** *m* (-*[e]s*; *sin pl*) construcción *f* naval; **♀bruch** *m* naufragio *m*; ~ ***erleiden*** *a fig* naufragar; **~brüchig** ['-bryçiç] náufrago; **♀er** *m* (-*s*; -) navegante *m*; (*Fluss*♀) batelero *m*, barquero *m*

'**Schifffahrt** ['-aːrt] *f* (-; *sin pl*) navegación *f*; **~sgesellschaft** *f* compañía *f* naviera *od* de navegación

'**Schiffs|arzt** *m* médico *m* de a bordo; **~junge** *m* grumete *m*; **~reise** *f* crucero *m*; viaje *m* marítimo

Schikan|e [ʃi'kaːnə] *f* (-; -*n*) vejación *f*; **♀ieren** [-ka'niːrən] (*h*) vejar; F hacer la pascua (a alg)

Schikoree → ***Chicorée***

Schild [ʃilt] **1.** *m* (-*[e]s*; -*e*) escudo *m*; ***im ~e führen*** *fig* tramar, maquinar; **2.** *n* (-*[e]s*; -*er*) letrero *m*, rótulo *m*; (*Tür*♀) placa *f*; (*Plakat*) cartel *m*; (*Etikett*) etiqueta *f*; '**~drüse** *anat f* (glándula *f*) tiroides *m*; **♀ern** ['-dərn] (*ge-*, *h*) pintar, describir; explicar; **~erung** ['-dəruŋ] *f* (-; -*en*) descripción *f*; '**~kröte** *f* tortuga *f*

Schilf [ʃilf] *n* (-*[e]s*; -*e*) **1.** cañaveral *m*; juncal *m*; **2.** = '**~rohr** *n* caña *f*, junco *m*

schillern ['ʃilərn] (*ge-*, *h*) tornasolar; irisar; *Stoff*: hacer visos

Schilling ['-liŋ] *m* (-*s*; -*e*, *después de números inv*) chelín *m*

'**Schimmel** ['ʃiməl] *m* (-*s*; *sin pl*) *bot* moho *m*; (*pl* -) *zo* caballo *m* blanco; **♀ig** mohoso, enmohecido; ~ ***werden*** = **♀n** (*ge-*, *h*) enmohecer(se)

'**Schimmer** ['-mər] *m* (-*s*; -) vislumbre *f*; resplandor *m*; **♀n** (*ge-*, *h*) brillar, relucir

Schimpanse [ʃim'panzə] *m* (-*n*; -*n*) chimpancé *m*

schimpfen ['ʃimpfən] (*ge-*, *h*) insultar; reñir; renegar, maldecir (***über*** *ac* de)

Schindel ['ʃindəl] *f* (-; -*n*) ripia *f*

schinden ['-dən] (*schindete*, *geschunden*, *h*) *fig* vejar; ***sich*** ~ trabajar como un negro

Schinken ['ʃiŋkən] *m* (*-s*; -) jamón *m* (***gekochter*** dulce *od* York; ***roher*** serrano)
Schippe ['ʃipə] *f* (-; *-n*) pala *f*
Schirm [ʃirm] *m* (*-[e]s*; *-e*) pantalla *f*; (*Mützen*≗) visera *f*; (*Regen*≗) paraguas *m*; *fig* abrigo *m*; amparo *m*; '**~herrschaft** *f* patronato *m*, patrocinio *m*; '**~mütze** *f* gorra *f* de visera
Schiss P [ʃis] *m* (*-es*; *sin pl*) P cagueta *f*; ***~ haben*** F estar acojonado
Schlacht [ʃlaxt] *f* (-; *-en*) batalla *f*; '**≗en** (*ge-*, *h*) matar; '**~enbummler** *m dep* F hincha *m*; '**~er** *m* (*-s*; -) carnicero *m*; *im Schlachthof*: matarife *m*; **~e'rei** *f* (-; *-en*) carnicería *f*; '**~feld** *n* campo *m* de batalla; '**~hof** *m* matadero *m*
Schlacke ['ʃlakə] *f* (-; *-n*) *tec* escoria *f*; (*Eisen*≗) cagafierro *m*
Schlaf [ʃlaːf] *m* (*-[e]s*; *sin pl*) sueño *m*; '**~anzug** *m* pijama *m*
Schläfe ['ʃlɛːfə] *f* (-; *-n*) sien *f*
schlafen ['ʃlaːfən] (*schlief*, *geschlafen*, *h*) dormir; ***~ gehen*** acostarse; ***~ Sie gut!*** que (usted) descanse
schlaff [ʃlaf] flojo; *a Haut*: fláccido; *a fig* laxo; *fig* decaído, lánguido
'**Schlaf|gelegenheit** ['ʃlaːfgəleːgənhaɪt] *f* alojamiento *m*; **≗los** insomne; ***~e Nacht*** noche *f* en blanco; **~losigkeit** *f* (-; *-en*) insomnio *m*; **~mittel** *n* somnífero *m*; **~raum** *m* dormitorio *m*
schläfrig ['ʃlɛːfriç] soñoliento
'**Schlaf|sack** ['ʃlaːf-] *m* saco *m* de dormir; **~stadt** *f* ciudad *f* dormitorio; **~wagen** *ferro m* coche *m* cama, *Am* vagón *m* dormitorio; **~zimmer** *n* dormitorio *m*
Schlag [ʃlaːk] *m* (*-[e]s*; *⸚e*) golpe *m*; *med* ataque *m* de apoplejía; (*Herz*≗) latido *m*; *el* descarga *f*; (*Art*) especie *f*; *fig* ***harter*** (*od* ***schwerer***) ~ rudo golpe *m*; F *fig* ***ich dachte, mich trifft der ~*** me quedé de una pieza; '**~ader** *f* arteria *f*; '**~anfall** *med m* ataque *m* de apoplejía; '**≗artig** brusco; *adv* de (un) golpe; '**~baum** *m* barrera *f*
schlagen ['ʃlaːgən] (*schlug*, *geschlagen*, *h*) **1.** *v/t* golpear; (*prügeln*) pegar; (*besiegen*) vencer; derrotar, batir; *Schlacht*: librar; *Eier*: batir; *Sahne*: montar; ***sich ~*** reñir, pelearse; batirse; **2.** *v/i Herz*: latir, palpitar; *Uhr*: dar la hora; ***es schlägt drei*** dan las tres

Schlager ['-gər] *m* (*-s*; -) *mus* canción *f* de moda; *com* gran éxito *m*
Schläger ['ʃlɛːgər] *m* (*-s*; -) pala *f*; *Tennis*: raqueta *f*; (*Person*) matón *m*; **~'ei** *f* (-; *-en*) riña *f*, pelea *f*
Schlagersänger(in *f*) *m* ['ʃlaːgər-] intérprete *su* de la canción moderna
'**schlag|fertig** ['ʃlaːkfɛrtiç] que sabe replicar; **≗fertigkeit** *f* (-; *sin pl*) prontitud *f* en la réplica; **≗instrument** *mus n* instrumento *m* de percusión; **≗loch** *n* bache *m*; **≗sahne** *f* nata *f* batida *od* montada; **≗seite** *mar f* inclinación *f*; ***~ haben*** dar labanda; **≗stock** *m* porra *f*; **≗wort** *n* (*-[e]s*; *-e*, *⸚er*) lema *m*; slogan *m*; **≗zeile** *tip f* titular *m*; **≗zeug** *mus n* batería *f*
Schlamm [ʃlam] *m* (*-[e]s*; *-e*, *⸚e*) lodo *m*, barro *m*, cieno *m*; fango *m* (*a med*); '**≗ig** lodoso, fangoso
Schlamp|e ['ʃlampə] *f* (-; *-n*) mujer *f* desaseada; F puerca *f*; **~e'rei** *f* (-; *-en*) negligencia *f*; desorden *m*; dejadez *f*; (*Arbeit*) chapuza *f*; **≗ig** desaseado; desordenado, desaliñado; *Arbeit*: chapucero
Schlange ['ʃlaŋə] *f* (-; *-n*) serpiente *f*, culebra *f*; *fig* víbora *f*; *tec* serpentín *m*; (*Reihe*) cola *f*; ***~ stehen*** hacer cola
schlängeln ['ʃlɛŋəln] (*ge-*, *h*): ***sich ~*** serpentear; enroscarse (***um*** en)
'**Schlangen|biss** ['ʃlaŋən-] *m* picadura *f* de serpiente; **~linie** *f* línea *f* sinuosa
schlank [ʃlaŋk] delgado, esbelto; ***~ werden*** adelgazar
schlapp [ʃlap] flojo; enervado; ***~ werden*** aflojarse; fatigarse; '**~machen** F (*sep*, *-ge-*, *h*) desfallecer, desmayarse
schlau [ʃlaʊ] listo, astuto; avispado
Schlauch [ʃlaʊx] *m* (*-[e]s*; *⸚e*) tubo *m* (flexible); *auto*, *Fahrrad*: cámara *f* (de aire); (*Garten*≗) mang(uer)a *f*; '**~boot** *n* bote *m* neumático
schlecht [ʃlɛçt] malo, *Kurzform u adv* mal; *Luft*: viciado; (*verdorben*) podrido; ***~ aussehen*** tener mala cara; ***~ machen*** hablar mal de; denigrar; ***~ werden*** echarse a perder; ***mir ist ~*** me siento mal≗'**wetterperiode** *f* periodo *m* de mal tiempo
Schlegel ['ʃleːgəl] *m* (*-s*; -) mazo *m*; *mus* palillo *m*, baqueta *f*
Schlehe ['ʃleːə] *f* (-; *-n*) *bot* endrina *f*
'**schleich|en** ['ʃlaɪçən] (*schlich*, *geschlichen*, *sn*) andar furtivamente *od* a hur-

S

tadillas; (*h*) ***sich ~ in*** (*ac*) colarse en; **²werbung** *f* publicidad *f* cubierta

Schleier ['-ər] *m* (*-s*; -) velo *m* (*a fig*); mantilla *f*

Schleife ['-fə] *f* (-; *-n*) lazo *m*, nudo *m*; (*Kurve*) viraje *m*

'schleif|en ['-fən] **1.** (*schliff, geschliffen, h*) afilar, amolar, aguzar; *Glas*: pulir (*a fig*); *Diamant*: tallar; **2.** (*ge-, h*) arrastrar; *mil* arrasar, desmantelar; **²maschine** *f* afiladora *f*; **²scheibe** *f* muela *f*; **²stein** *m* piedra *f* de afilar

Schleim [ʃlaɪm] *m* (*-[e]s*; *-e*) mucosidad *f*, moco *m*; **'~haut** *f* mucosa *f*; **'²ig** mucoso, viscoso

'schlemm|en ['ʃlɛmən] (*ge-, h*) regalarse; **²erlokal** *n* restaurante *m* para sibaritas

schlenkern ['ʃlɛnkərn] bambolear

'Schlepp|e ['ʃlɛpə] *f* (-; *-n*) cola *f* (de vestido); **²en** (*ge-, h*) arrastrar; *mar, auto* remolcar, llevar a remolque; ***sich ~*** arrastrarse; **~er** *m* (*-s*; -) tractor *m*; *mar* remolcador *m*; **~lift** *m* telearrastre *m*; **~tau** *n* cable *m* de remolque; *mar* sirga *f*; ***ins ~ nehmen*** *a fig* llevar a remolque

'Schleuder ['ʃlɔʏdər] *f* (-; *-n*) honda *f*; (*Katapult*) catapulta *f*; *tec* centrífuga *f*; **²n** (*ge-, h*) **1.** *v/t* arrojar, lanzar; *Wäsche*: centrifugar; **2.** *v/i* (*a sn*) *auto* resbalar, patinar; **~n** *n*: ***ins ~ geraten*** dar un patinazo, derrapar; **~preis** *m* precio *m* ruinoso; **~sitz** *avia m* asiento *m* catapulta *od* eyectable

Schleuse ['-zə] *f* (-; *-n*) esclusa *f*

schlicht [ʃliçt] sencillo, simple; modesto; **'~en** (*ge-, h*) alisar; *Streit*: dirimir; arreglar; **'²er** *m* (*-s*; -) mediador *m*; árbitro *m*; **'²ung** *f* (-; *sin pl*) conciliación *f*

'schließ|en ['ʃliːsən] (*schloss, geschlossen, h*) cerrar; *Veranstaltung*: clausurar; *Vertrag*: concluir; *Frieden*: concertar, hacer; *Ehe*: contraer; *Freundschaft*: trabar; *Sitzung*: levantar; (*folgern*) deducir, concluir, inferir (***aus*** de); **²fach** *n corr* apartado *m* (de correos), *Am* casilla *f*; *Bahnhof*: consigna *f* automática; *Bank*: caja *f* de seguridad; **~lich** finalmente, al *od* por fin; **²ung** *f* (-; *-en*) cierre *m*

Schliff [ʃlif] *m* pulimento *m*; *Messer, Klinge*: filo *m*; *Edelstein*: talla *f*

schlimm [ʃlim] malo; *Kurzform u adv* mal

'Schling|e ['ʃliŋə] *f* (-; *-n*) lazo *m* (*a Jagd*); **²en** (*schlang, geschlungen, h*) (*flechten*) enlazar, entrelazar; (*herunter~*) tragar

Schlips [ʃlips] *m* (*-es*; *-e*) corbata *f*

Schlitten ['ʃlitən] *m* (*-s*; -) trineo *m*; (*Rodel²*) tobogán *m*, *bsd dep* luge *f*; ***~ fahren*** ir en trineo

'Schlitter|bahn ['-tərbaːn] *f* resbaladero *m*; **²n** (*ge-, sn*) resbalar

'Schlittschuh ['-ʃuː] *m* patín *m*; ***~ laufen*** patinar (sobre hielo); **~laufen** *n* patinaje *m* (sobre hielo); **~läufer(in** *f*) *m* patinador(a *f*) *m*

Schlitz [ʃlits] *m* (*-es*; *-e*) raja *f*; rendija *f*; abertura *f*, ranura *f*: *am Kleid*: cuchillada *f*

Schloss [ʃlɔs] *n* (*-es*; *⸚er*) **a)** cerradura *f*; (*Gewehr²*) cerrojo *m*; **b)** *arqu* palacio *m*; castillo *m*; alcázar *m*

Schlosser ['-ər] *m* (*-s*; -) cerrajero *m*

Schlot [ʃloːt] *m* (*-[e]s*; *-e*) chimenea *f*; F ***rauchen wie ein ~*** fumar más que una chimenea

Schlucht [ʃluxt] *f* (-; *-en*) barranco *m*

schluchzen ['-tsən] (*ge-, h*) *v/i* sollozar

Schluck [ʃluk] *m* (*-[e]s*; *-e*) trago *m*, sorbo *m*; **'²en** (*ge-, h*) tragar (*a fig*); deglutir; **'~impfung** *f* vacunación *f* oral

schlummern ['ʃlumərn] (*ge-, h*) dormitar; dormir

Schlund [ʃlunt] *m* (*-es*; *⸚e*) garganta *f*; fauces *f/pl*; *fig* abismo *m*

'schlüpf|en ['ʃlypfən] (*ge-, sn*) deslizarse; ***aus dem Ei ~*** salir del huevo; **²er** *m* (*-s*; -) bragas *f/pl*

Schlupfwinkel ['ʃlupf-] *m* guarida *f*; escondrijo *m*

Schluss [ʃlus] *m* (*-es*; *⸚e*) fin *m*; final *m*; término *m*; (*Folgerung*) conclusión *f*; ***~ machen mit*** acabar con; poner fin *od* término a; **'~bilanz** *com f* balance *m* final

'Schlüssel ['ʃlysəl] *m* (*-s*; -) llave *f*; *fig* clave *f* (*a mus*); **~bein** *n* clavícula *f*; **~bund** *m od n* (*-[e]s*; *-e*) manojo *m* de llaves; **~industrie** *f* industria *f* clave; **~loch** *n* ojo *m* de la cerradura; **~stellung** *f* posición *f* clave

'Schluss|folgerung ['ʃlus-] *f* conclusión *f*; consecuencia *f*; **~kurs** *m* cotización *f* de cierre

'Schluss|licht ['ʃlusliçt] *n auto* luz *f* trasera; *fig* farolillo *m* rojo; **~strich** *m fig*: ***e-n ~ ziehen unter*** poner punto final a; **~verkauf** *m* venta *f* de fin de temporada

schmackhaft ['ʃmakhaft] sabroso

schmal [ʃmaːl] estrecho; *Gestalt*: delgado, esbelto; *Gesicht*: afilado; *fig* escaso, exiguo

schmälern ['ʃmɛːlərn] (*ge-*, *h*) reducir, disminuir

'Schmal|film ['ʃmaːlfilm] *m* película *f* estrecha; **~spurbahn** *f* ferrocarril *m* de vía estrecha

Schmalz [ʃmalts] *n* (*-es*; *-e*) manteca *f* (de cerdo)

schmarotz|en [ʃma'rɔtsən] (*h*) parasitar; *fig* vivir de gorra; **≈er** *m* (*-s*; -), **≈erin** (-; *-nen*) parásito *m*, -a *f*; *fig a* zángano *m*, gorrón *m*

schmecken ['ʃmɛkən] (*ge-*, *h*) **1.** *v/i* saber, tener gusto *od* sabor (***nach*** a); ***gut ~*** saber bien, tener buen gusto; **2.** *v/t* (de)gustar

Schmeich|elei [ʃmaiçə'lai] *f* (-; *-en*) lisonja *f*; halago *m*; adulación *f*, zalamería *f*; **'≈elhaft** lisonjero; halagüeño; **'≈eln** (*ge-*, *h*) (*dat*) adular, lisonjear, halagar; *Bild*: favorecer

schmeißen F ['-sən] (*schmiss*, *geschmissen*, *h*) arrojar, lanzar

'schmelz|en ['ʃmɛltsən] (*schmolz*, *geschmolzen*) **1.** *v/t* (*h*) fundir; **2.** *v/i* (*sn*) fundirse; derretirse; **≈punkt** *m* punto *m* de fusión

Schmerz [ʃmɛrts] *m* (*-es*; *-en*) dolor *m*; (*Kummer*) pena *f*, pesar *m*; **'≈en** (*ge-*, *h*) causar dolor; doler; *fig* afligir, apenar; **'≈lich** doloroso; penoso; **'≈lindernd**, **'≈stillend** analgésico, calmante, sedativo; **'~tablette** *f* analgésico *m*, calmante *m*

'Schmetter|ling ['ʃmɛtərliŋ] *m* (*-s*; *-e*) mariposa *f*; **≈n** (*ge-*, *h*) **1.** *v/t* lanzar con violencia; *Lied*: cantar con brío; ***zu Boden ~*** arrojar al suelo; **2.** *v/i mus* resonar

Schmied [ʃmiːt] *m* (*-[e]s*; *-e*) herrero *m*

'Schmiede ['-də] *f* (-; *-n*) herrería *f*; forja *f*; **≈n** (*ge-*, *h*) forjar; *Pläne*: hacer

schmiegen ['-gən] (*ge-*, *h*): ***sich ~*** amoldarse, ajustarse (***an*** *ac* a); ***sich an j-n ~*** estrecharse contra alg

'Schmier|e ['-rə] *f* (-; *-n*) grasa *f*; sebo *m*; (*Schmutz*) mugre *f*; **≈en** (*ge-*, *h*) (*bestreichen*) untar; *tec* lubri(fi)car, engrasar; (*kritzeln*) garabatear; F ***j-n ~*** untar la mano a alg; **~e'rei** *f* (-; *-en*) garabatos *m/pl*; **~geld** F *n* soborno *m*; **~mittel** *n* lubri(fi)cante *m*

'Schminke ['ʃmiŋkə] *f* (-; *-n*) maquillaje *m*; afeite *m*; **≈n** (*ge-*, *h*) maquillar

schmirgel|n ['ʃmirgəln] (*ge-*, *h*) esmerilar; **≈papier** *n* papel *m* de lija

'Schmöker F ['ʃmøːkər] *m* (*-s*; -) libraco *m*; **≈n** F (*ge-*, *h*) hojear, leer

'Schmor|braten ['ʃmoːrbraːtən] *m* estofado *m*; **≈en** (*ge-*, *h*) estofar, guisar; *v/i fig* asarse

Schmuck [ʃmuːk] *m* (*-[e]s*; *sin pl*) adorno *m*; (*Juwelen*) joyas *f/pl*

schmücken ['ʃmykən] (*ge-*, *h*) adornar; decorar

'Schmuck|kästchen ['ʃmukkɛstçən] *n* (*-s*; -) joyero *m*; **≈los** sencillo; sin adorno; **~stück** *n* joya *f* (*a fig*), alhaja *f*

'Schmugg|el ['ʃmugəl] *m* (*-s*; *sin pl*) contrabando *m*; **≈eln** (*ge-*, *h*) **1.** *v/t* pasar *od* introducir de contrabando; **2.** *v/i* hacer contrabando; **~ler** *m* (*-s*; -), **~lerin** *f* (-; *-nen*) contrabandista *su*

Schmutz [ʃmuts] *m* (*-es*; *sin pl*) suciedad *f*; (*Straßen≈*) barro *m*; *fig* ***in den ~ ziehen*** arrastar por el lodo; **'~fink** F *m* cochino *m*; **'~fleck** *m* mancha *f* (de barro); **'≈ig** sucio; *fig* sórdido

Schnabel ['ʃnaːbəl] *m* (*-s*; ⸚) pico *m* (*a e-r Kanne u fig*)

Schnalle ['ʃnalə] *f* (-; *-n*) hebilla *f*; broche *m*

'schnapp|en ['ʃnapən] (*ge-*, *h*) **1.** atrapar, F pescar; *Dieb*: P trincar; **2.** *Schloss*: cerrarse; ***nach Luft ~*** jadear; **≈schuss** *fot m* instantánea *f*

Schnaps [ʃnaps] *m* (*-es*; *⸚e*) aguardiente *m*

schnarchen ['ʃnarçən] (*ge-*, *h*) roncar

schnauben ['ʃnaubən] (*ge-*, *h*) resoplar; bufar (*a vor Wut*); ***sich die Nase ~*** sonarse

'Schnauz|bart F ['ʃnauts-] *m* mostacho *m*; **~e** *f* (-; *-n*) hocico *m* (*a* P *fig*); **~er** *m* (*-s*; -) *zo* schnauzer *m*

schnäuzen ['ʃnɔytsən] (*ge-*, *h*): ***sich ~*** sonarse

'Schnecke ['ʃnɛkə] *f* (-; *-n*) caracol *m* (*a anat*); (*Nackt≈*) babosa *f*, limaza *f*; *tec* (tornillo *m*) sinfín *m*; rosca *f* (*a Ge-*

bäck); **~npost** *f* correo *m* a paso de tortuga; **~ntempo** *n*: *fig* ***im ~*** a paso de tortuga

Schnee [ʃneː] *m* (*-s*; *sin pl*) nieve *f* (*a* F *Kokain*); **'~ball** *m* bola *f* de nieve; *bot* viburno *m*; **'~fall** *m* nevada *f*; **'~flocke** *f* copo *m* de nieve; **'~gestöber** *n* ventisca *f*; nevasca *f*; **'~glöckchen** *bot n* campanilla *f* de las nieves; **'~grenze** *f* límite *m* de las nieves; **'~kette** *f* cadena *f* antideslizante; **'~mann** *m* muñeco *m* *od* monigote *m* de nieve; **'~pflug** *m* quitanieves *m*; *Skisport*: barrenieve *m*; **'2sicher** con garantía de nieve; **'~sturm** *m* temporal *m* de nieve; **'2'weiß** blanco como la nieve, níveo; **~wittchen** [-'vitçən] *n* (*-s*; *sin pl*) Blancanieves *f*

'Schneid|e ['ʃnaɪdə] *f* (-; *-n*) corte *m*; filo *m*; **2en** (*schnitt*, *geschnitten*, *h*) cortar; *Fleisch*: tajar; *Braten*: trinchar; *Bäume*: podar; *in Holz*: grabar; *Film*: montar

'Schneider ['-dər] *m* (*-s*; -) sastre *m*; (*Damen*2) modisto *m*; **~in** *f* (-; *-nen*) modista *f*; sastra *f*; **2n** (*ge-*, *h*) hacer vestidos; trabajar de sastre

'Schneidezahn *m* (diente *m*) incisivo *m*

schneien ['-ən] (*ge-*, *h*) nevar

schnell [ʃnɛl] rápido, pronto; veloz; *adv* de prisa; ***mach ~!*** ¡date prisa!; **'~en** (*ge-*, *sn*): ***in die Höhe ~*** saltar; *Preis*: dispararse; **'2gaststätte** *f* restaurante *m* rápido; snack(-bar) *m*; **'2gericht** *n* *jur* tribunal *m* de urgencia; *gastr* plato *m* rápido; **'2hefter** *m* carpeta *f* (flexible); **'2imbiss** *m* refrigerio *m*, tentempié *m*; **'2straße** *f* autovía *f*, vía *f* de circulación rápida; **'2zug** *m* (tren *m*) expreso *m*

schneuzen → ***schnäuzen***

'Schnipp|chen ['ʃnipçən] *n*: ***j-m ein ~ schlagen*** burlarse de, dar chasco a alg; **2isch** respondón

Schnipsel ['-səl] *m u n* (*-s*; -) recortadura *f*, recorte *m*

Schnitt [ʃnit] *m* (*-[e]s*; *-e*) corte *m* (*a Schneiderei*); sección *f*; *med* incisión *f*; (*Wunde*) cortadura *f*, corte *m*; (*Muster*) patrón *m*; ***im ~*** por término medio; ***s-n ~ machen*** hacer su agosto; **'~blumen** *f/pl* flores *f/pl* cortadas; **'~e** *f* (-; *-n*) *Brot*: rebanada *f*; **'~fläche** *f* superficie *f* de corte; **'2ig** elegante; **'~lauch** *m* cebollino *m*; **'~stelle** *inform f* interface *m*, interfaz *f*; **'~wunde** *f* cortadura *f*, corte *m*, herida *f* incisa

'Schnitz|el ['ʃnitsəl] *n* (*-s*; -) **a)** *gastr* escalopa *f*, escalope *m*; **b)** (*a m*) (*Papier*) recorte *m*; **2en** (*ge-*, *h*) tallar en madera; **~e'rei** *f* (-; *-en*) talla *f* (en madera) (*a Werk*)

Schnorchel ['ʃnɔrçəl] *m* (*-s*; -) esnórquel *m*; (tubo *m*) respirador *m*

Schnörkel ['ʃnœrkəl] *m* (*-s*; -) rasgo *m* (ornamental); F ringorrango *m*; *am Namenszug*: rúbrica *f*

'schnüff|eln ['ʃnyfəln] (*ge-*, *h*) oliscar, olfatear; *fig* husmear; fisg(one)ar; **2ler** *m* (*-s*; -) husmeador *m*; fisgón *m*

'schnupf|en ['ʃnupfən] (*ge-*, *h*) tomar rapé; **2en** *m* (*-s*; -) constipado *m*, resfriado *m*; ***e-n ~ haben*** estar resfriado

schnuppern ['-pərn] (*ge-*, *h*) oliscar, olfatear

Schnur [ʃnuːr] *f* (-; *¨e*) cordón *m*; cuerda *f*, cordel *m*; (*Bindfaden*) bramante *m*; *el* flexible *m*

schnüren ['ʃnyːrən] (*ge-*, *h*) atar, liar

'Schnurr|bart ['ʃnurbaːrt] *m* bigote *m*; **2en** *Katze*: ronronear

'Schnür|schuh ['ʃnyːrʃuː] *m* zapato *m* de cordones; **~senkel** ['-zɛŋkəl] *m* (*-s*; -) cordón *m*

Schober ['ʃoːbər] *m* (*-s*; -) pajar *m*; (*Heu*2) henil *m*

Schock [ʃɔk] *med m* (*-[e]s*; *-s*) choc *m*, choque *m*, shock *m*; **2'ieren** (*h*) chocar, escandalizar; **2'ierend** chocante, escandaloso

Schokolade [ʃoko'laːdə] *f* (-; *-n*) chocolate *m*

Scholle ['ʃɔlə] *f* (-; *-n*) gleba *f* (*a fig*); (*Eis*2) témpano *m*; *zo* solla *f*

schon [ʃoːn] ya; ***~ jetzt*** ahora mismo; ***~ lange*** desde hace tiempo; ***~ wieder*** otra vez

schön [ʃøːn] **1.** hermoso; bello; *iron* valiente; *Wetter*: bueno; ***e-s ~en Tages*** algún día; ***~en Dank!*** ¡muchas gracias!; **2.** *adv* bien; ***~!*** ¡está bien!

schonen ['ʃoːnən] (*ge-*, *h*) tratar con cuidado; ***sich ~*** cuidarse

'Schönheit [ʃøːnhaɪt] *f* (-; *-en*) hermosura *f*, belleza *f*; **~spflege** *f* cosmética *f*

Schonkost ['ʃoːn-] *f* dieta *f* *od* régimen *m* suave

'Schon|ung ['ʃoːnuŋ] *f* (-; *sin pl*) cuidado *m*; (*Rücksicht*) miramientos *m/pl*;

S

(*Nachsicht*) indulgencia *f*; **≈ungslos** desconsiderado; sin miramiento

Schön'wetter|lage *f* situación *f* de buen tiempo; **~periode** *f* periodo *m* de buen tiempo

'schöpf|en ['ʃœpfən] (*ge-*, *h*) sacar; **≈er** *m* (*-s*; -) creador *m*; **~erisch** creador, creativo; **≈kelle** *f*, **≈löffel** *m* cucharón *m*; **≈ung** *f* (-; *-en*) creación *f*

Schorf [ʃɔrf] *m* (*-[e]s*; *-e*) costra *f*, escara *f*

'Schornstein ['ʃɔrn-] *m* chimenea *f*; **~feger** [-feːgər] *m* (*-s*; -) deshollinador *m*

Schoß [ʃoːs] *m* (*-es*; *⸚e*) regazo *m*; *bsd fig* seno *m*; (*Rock≈*) faldón *m*

Schote *bot* ['ʃoːtə] *f* (-; *-n*) vaina *f*

'Schott|e ['ʃɔtə] *m* (*-n*; *-n*) escocés *m*; **~er** *m* (*-s*; -) grava *f*, gravilla *f*; *ferro* balasto *m*; **~in** *f* (-; *-nen*) escocesa *f*; **≈isch** escocés

schräg [ʃrɛːk] oblicuo, sesgo; diagonal; (*quer laufend*) transversal; (*geneigt*) inclinado; *adv* de través

Schrank ['ʃraŋk] *m* (*-[e]s*; *⸚e*) armario *m*; **'~e** *f* (-; *-n*) barrera *f* (*a fig*); *jur* barra *f*; **'~enwärter** *m* guardabarrera *m*; **'~wand** *f* librería *f* mural

'Schraub|e ['ʃraʊbə] *f* (-; *-n*) tornillo *m*; *mar*, *avia* hélice *f*; **≈en** (*ge-*, *h*) atornillar; ***in die Höhe ~*** *Preis*: hacer subir; **~enschlüssel** *m* llave *f* de tuercas; **~enzieher** [-ntsiːər] *m* (*-s*; -) destornillador *m*; **~stock** ['ʃraʊpʃtɔk] *m* torno *m*; **~verschluss** *m* cierre *m* roscado

Schreck [ʃrɛk] *m* (*-[e]s*; *-e*), **'~en** *m* (*-s*; -) susto *m* (***einjagen*** dar); sobresalto *m*; espanto *m*; ***e-n ~ bekommen*** asustarse, llevarse un susto; **'≈lich** terrible; espantoso; **'~schuss** *m* tiro *m* al aire

Schrei [ʃraɪ] *m* (*-[e]s*; *-e*) grito *m* (***ausstoßen*** dar)

'Schreib|arbeit ['ʃraɪpʔarbaɪt] *f* trabajo *m* mecanográfico; **~block** *m* bloc *m*; **~büro** *n* oficina *f* de trabajos mecanográficos; **≈en** ['-bən] (*schrieb*, *geschrieben*, *h*) escribir; **~en** *n* (*-s*; -) carta *f*, escrito *m*; **~fehler** *m* falta *f* de escritura; **~heft** *n* cuaderno *m*; **~kraft** *f* mecanógrafa *f*; **~maschine** *f* máquina *f* de escribir; ***mit der ~ schreiben*** mecanografiar; **~papier** *n* papel *m* de escribir; **~tisch** *m* escritorio *m*; **~ung** ['-buŋ] *f* (-; *-en*) ortografía *f*; **~waren** *f/pl* artículos *m/pl* de escritorio *od* de papelería; **~warengeschäft** *n* papelería *f*

schreien ['ʃraɪən] (*schrie*, *geschrien*, *h*) gritar; vociferar; ***um Hilfe ~*** dar gritos de auxilio

schreiten ['ʃraɪtən] (*schritt*, *geschritten*, *sn*) andar, caminar

Schrift [ʃrift] *f* (-; *-en*) escritura *f*; (*Hand≈*) letra *f*; (*~stück*) escrito *m*, documento *m*; *tip* caracteres *m/pl*, tipo *m*, letra *f*; ***die Heilige ~*** la Sagrada Escritura; **'~deutsch** *n* alemán *m* literario; **'≈lich** escrito; *adv* por escrito; **'~probe** *f* prueba *f* de escritura; **'~sprache** *f* lenguaje *m* culto; **~steller** ['-ʃtɛlər] *m* (*-s*; -), **'~stellerin** *f* (-; *-nen*) escritor(a *f*) *m*; **'≈stellerisch** literario; **'~stück** *n* escrito *m*, documento *m*; **'~verkehr** *m*, **'~wechsel** *m* (*-s*; *sin pl*) correspondencia *f*; **'~zeichen** *tip n* letra *f*, *pl a* caracteres *m/pl*

schrill [ʃril] estridente, agudo

Schritt [ʃrit] *m* (*-[e]s*; *-e*) paso *m*; *der Hose*: entrepierna *f*; *fig* gestión *f*; ***~ halten mit*** llevar el paso a; *fig* adaptarse a; **'~macher** *m* (*-s*; -) *dep* guía *m*; *fig* pionero *m*; *med* marcapasos *m*; **'≈weise** paso a paso

schroff [ʃrɔf] escarpado; *fig* brusco, rudo

Schrot [ʃroːt] *m u n* (*-[e]s*; *-e*) grano *m* triturado; *Jagd*: perdigones *m/pl*

Schrott [ʃrɔt] *m* (*-[e]s*; *-e*) chatarra *f*; **'≈reif** para desguace

schrumpfen ['ʃrumpfən] (*ge-*, *sn*) contraerse; encogerse; *fig* disminuir, reducirse; *med* atrofiarse

Schub [ʃuːp] *m* (*-[e]s*; *⸚e*) empujón *m*, empellón *m*; *tec* empuje *m*; **'~fach** *n*, **'~kasten** *m*, **~lade** ['-laːdə] *f* (-; *-n*) cajón *m*, gaveta *f*; **'~karren** *m* carretilla *f*

schüchtern ['ʃyçtərn] tímido

Schuft [ʃuft] *m* (*-[e]s*; *-e*) canalla *m*, infame *m*; **'≈en** F (*ge-*, *h*) trabajar como un negro, bregar

Schuh [ʃuː] *m* (*-[e]s*; *-e*) zapato *m*; *fig* ***j-m et in die ~e schieben*** imputarle a/c a alg; **~anzieher** ['-ʔantsiːər] *m* (*-s*; -) calzador *m*; **'~bürste** *f* cepillo *m* para los zapatos; **'~creme** *f* crema *f* para el calzado, betún *m*; **'~geschäft** *n* zapatería *f*; **'~größe** *f* número *m*; ***welche ~ haben Sie?*** ¿qué número calza?; **'~macher** *m* (*-s*; -) zapatero

S

m; '**~sohle** *f* suela *f*

'**Schul|abschluss** ['ʃuːlˀapʃlus] *m* graduación *f* escolar; **~arbeiten** *f*/*pl* deberes *m*/*pl*; **~bildung** *f* (-; *sin pl*) formación *f* escolar; **~buch** *n* libro *m* de texto

Schuld [ʃult] *f* (-; *-en*) culpa *f*; *bsd jur* culpabilidad *f*; *com* deuda *f*; **≗ *sn an*** (*dat*) tener la culpa de; '**≗bewusst** consciente de su culpabilidad; → ***zuschulden***

'**schulden** ['-dən] (*ge-*, *h*) deber; **≗berg** *m* montón *m* de deudas; **~frei** libre de deudas; **≗tilgung** *f* amortización *f* (de deudas)

'**Schuldienst** ['ʃuːl-] *m*: ***im ~ tätig sein*** ejercer de profesor *bzw* de maestro

'**schuld|ig** ['ʃuldiç] culpable; ***j-m et ~ sn*** deber a/c a alg; **~los** inocente; **≗ner** ['ʃuldnər] *m* (-*s*; -) deudor *m*

'**Schul|e** ['ʃuːlə] *f* (-; -*n*) escuela *f*; ***zur ~ gehen*** ir a la escuela; ***aus der ~ plaudern*** cometer una indiscreción; irse de la lengua; **≗en** (*ge-*, *h*) instruir, entrenar; formar; **~englisch**, **~französisch** *etc* inglés, francés, *etc* aprendido en la escuela

'**Schüler** ['ʃyːlər] *m* (-*s*; -) alumno *m*; discípulo *m*; **~austausch** *m* intercambio *m* de alumnos; **~in** *f* (-; -*nen*) alumna *f*; discípula *f*

'**Schul|ferien** ['ʃuːl-] *pl* vacaciones *f*/*pl* escolares; **~funk** *m* emisión *f* escolar; **~geld** *n* matrícula *f*; **~hof** *m* patio *m* de la escuela; **~jahr** *n* año *m* escolar; curso *m*; **~kamerad(in** *f*) *m* condiscípulo *m*, -a *f*; **~leiter** *m* director *m*; **~pflicht** *f* (-; *sin pl*) escolarización *f od* escolaridad *f* obligatoria; **~schiff** *n* buque *m* escuela; **~schluss** *m* (-*es*; *sin pl*) clausura *f* del curso; salida *f* de clase; **~stunde** *f* clase *f*, lección *f*; **~tasche** *f* cartera *f*

Schulter ['ʃultər] *f* (-; -*n*) hombro *m*; ***et auf die leichte ~ nehmen*** tomar a/c a la ligera

'**Schul|ung** ['ʃuːluŋ] *f* (-; -*en*) instrucción *f*; formación *f*; **~zeit** *f* años *m*/*pl* escolares; escolaridad *f*; **~zeugnis** *n* boletín *m* de calificaciones

schummeln F ['ʃuməln] (*ge-*, *h*) hacer trampa

Schund [ʃunt] *m* (-*[e]s*; *sin pl*) baratija *f*, pacotilla *f*

'**Schupp|e** ['ʃupə] *f* (-; -*n*) escama *f*; (*Kopf≗*) caspa *f*; **~en** *m* (-*s*; -) cobertizo *m*; tinglado *m*; *avia* hangar *m*

schüren ['ʃyːrən] (*ge-*, *h*) atizar (*a fig*)

'**Schürf|ung** ['ʃyrfuŋ] *f* (-; -*en*) prospección *f*; *med* = **~wunde** *f* excoriación *f*

Schurke ['ʃurkə] *m* (-*n*; -*n*) canalla *m*, infame *m*

Schurwolle ['ʃuːr-] *f* lana *f* virgen

'**Schürze** ['ʃyrtsə] *f* (-; -*n*) delantal *m*; **≗n** (*ge-*, *h*) arremangar

Schuss [ʃus] *m* (-*es*; *¨-e*) tiro *m*, disparo *m*; *Fußball*: *a* chut *m*; ***weit vom ~*** fuera de peligro

Schüssel ['ʃysəl] *f* (-; -*n*) fuente *f*; plato *m* (*a Gericht*)

'**Schuss|fahrt** ['ʃusfaːrt] *f Ski*: descenso *m* en línea recta; **~linie** *f* línea *f* de tiro; **~waffe** *f* arma *f* de fuego; **~wunde** *f* herida *f* de bala *od* por arma de fuego; balazo *m*

Schuster ['ʃuːstər] *m* (-*s*; -) zapatero *m*

Schutt [ʃut] *m* (-*[e]s*; *sin pl*) escombros *m*/*pl*; (*Bau≗*) cascotes *m*/*pl*; ***in ~ und Asche legen*** reducir a cenizas; '**~abladeplatz** *m* escombrera *f*, vertedero *m* de escombros

'**Schüttel|frost** ['ʃytəlfrɔst] *m* escalofríos *m*/*pl*; **≗n** (*ge-*, *h*) sacudir; agitar; *Kopf*: menear; *Hand*: estrechar

schütten ['ʃytən] (*ge-*, *h*) echar, verter; *fig* ***es schüttet*** está diluviando

Schutz [ʃuts] *m* (-*es*; *sin pl*) protección *f*; amparo *m*; (*Verteidigung*) defensa *f*; (*Zuflucht*) refugio *m*; abrigo *m*; ***in ~ nehmen*** salir en defensa de; '**~blech** *n* guardabarros *m*; **~brief** *m etwa*: talonario *m* de bono-cheques (para automovilistas); '**~brille** *f* gafas *f*/*pl* protectoras; '**~dach** *n* alero *m*; marquesina *f*

'**Schütze** ['ʃytsə] *m* (-*n*; -*n*) tirador *m*; *mil* cazador *m*; *astr* Sagitario *m*; **≗n** (*ge-*, *h*) proteger (***vor*** de, contra); defender; preservar (de), resguardar (de)

Schutzengel ['ʃutsˀɛŋəl] *m* ángel *m* custodio *od* de la guarda

Schützengraben ['ʃytsən-] *m* trinchera *f*

S

'**Schutz|gebiet** ['ʃuts-] *n* zona *f* protegida; *pol* protectorado *m*; **~hütte** *f* refugio *m*; **~impfung** *f* vacunación *f* preventiva; **≗los** desamparado; indefenso; **~marke** *com f* marca *f* registrada; **~maßnahme** *f* medida *f* preventiva

schwach [ʃvax] débil; *bsd fig* flojo (*a Getränk*); *Gesundheit*: delicado, frágil;

Gedächtnis: flaco
'Schwäche ['ʃvɛçə] *f* (-; *-n*) debilidad *f* (*a fig*; ***für*** por); flojedad *f*; flaqueza *f*; *fig* (punto *m*) flaco *m*; **2n** (*ge-*, *h*) debilitar; aflojar
Schwachheit ['ʃvaxhaɪt] *f* (-; *sin pl*) debilidad *f*
schwächlich ['ʃvɛçliç] débil; delicado
'Schwach|sinn ['ʃvax-] *m* (-*[e]s*; *sin pl*) debilidad *f* mental; imbecilidad *f* (*a fig*); **2sinnig** imbécil; **~strom** *el m* corriente *f* de baja tensión
Schwächung ['ʃvɛçuŋ] *f* (-; *-en*) debilitación *f*; extenuación *f*
Schwager ['ʃvaːgər] *m* (-*s*; ¨) cuñado *m*, hermano *m* político
Schwägerin ['ʃvɛːgerin] *f* (-; *-nen*) cuñada *f*, hermana *f* política
Schwalbe ['ʃvalbə] *f* (-; *-n*) golondrina *f*
Schwall [ʃval] *m* (-*[e]s*; *-e*) aluvión *m* (*a v Menschen*); *v Worten*: cascada *f*, torrente *m*
Schwamm [ʃvam] *m* (-*[e]s*; ¨*e*) esponja *f*; *bot* hongo *m*, seta *f*; **'2ig** esponjoso; *Gesicht*: fofo
Schwan [ʃvaːn] *m* (-*[e]s*; ¨*e*) cisne *m*
'schwanger ['ʃvaŋər] encinta, embarazada; **2e** *f* (-*n*; *-n*) embarazada *f*
'Schwangerschaft [-ʃaft] *f* (-; *-en*) embarazo *m*; **~sabbruch** *m* interrupción *f* del embarazo
'schwank|en ['ʃvaŋkən] (*ge-*, *h*) vacilar (*a fig*); oscilar; *com* fluctuar; **2ung** *f* (-; *-en*) vacilación *f*; oscilación *f*; fluctuación *f*
Schwanz [ʃvants] *m* (-*es*; ¨*e*) cola *f*, rabo *m*
'schwänzen F ['ʃvɛntsən] (*ge-*, *h*) fumarse; ***die Schule ~*** hacer novillos
Schwarm [ʃvarm] *m* (-*[e]s*; ¨*e*) (*Bienen*) enjambre *m*; (*Insekten*) nube *f*; (*Vögel*) bandada *f*; (*Fische*) banco *m*, cardumen *m*; *v Menschen*: enjambre *m*, nube *f*, tropel *m*
'schwärm|en ['ʃvɛrmən] (*ge-*, *h u sn*) *Bienen*: enjambrar; (*h*) *fig* entusiasmarse (***für*** por); **~erisch** exaltado, entusiástico
schwarz [ʃvarts] negro; ***~e Zahlen*** *f/pl* números *m/pl* negros; ***~ werden*** ennegrecer; ***sich ~ ärgern*** reventar de rabia; **'2arbeit** *f* trabajo *m* clandestino; **'~arbeiten** (*sep*, *-ge-*, *h*) trabajar clandestinamente; **'2arbeiter(in** *f*) *m* trabajador(a *f*) *m* clandestino (-a); **'2brot** *n* pan *m* negro
'Schwarz|e ['ʃvartsə] *m/f* (-*n*, *-n*) negro *m*, -a *f*; **2fahren** (*irr*, *sep*, *-ge-*, *sn*, → ***fahren***) viajar sin billete; **~fahrer(in** *f*) *m* viajero *m*, -a *f* sin billete; **~handel** *m* comercio *m* *od* tráfico *m* clandestino; F estraperlo *m*; **~händler** *m* traficante *m* clandestino, F estraperlista *m*; **~markt** *m* mercado *m* negro; **~marktpreise** *m/pl* precios *m/pl* en el mercado negro; **~'weißfilm** *m* película *f* en blanco y negro; **~wurzel** *bot f* escorzonera *f*, salsifí *m* negro
schwatzen ['ʃvatsən] (*ge-*, *h*) parlotear, charlar, F estar de palique
'Schwebe ['ʃveːbə] *f*: ***in der ~*** en vilo, en suspenso; **~bahn** *f* ferrocarril *m* colgante; **2n** (*ge-*, *sn*) flotar (en el aire); (*h*) estar suspendido, colgar; *Vögel*: cernerse; *jur* estar pendiente; ***in Gefahr ~*** estar en peligro
Schwed|e ['-də] *m* (-*n*, *-n*), **~in** *f* (-; *-nen*), **2isch** sueco *m*, -a *f*
'Schwefel ['-fəl] *m* (-*s*; *sin pl*) azufre *m*; **~säure** *f* ácido *m* sulfúrico
Schweif [ʃvaɪf] *m* (-*[e]s*; *-e*) cola *f*; *astr a* cabellera *f*; **'2en** (*ge-*, *sn*) *v/i* vagar, vagabundear; errar; (*h*) ***~ lassen*** *Blick*: pasear la mirada (***über*** *ac* por)
'schweig|en ['ʃvaɪgən] (*schwieg*, *geschwiegen*, *h*) callar(se); guardar silencio; **2en** *n* (-*s*; *sin pl*) silencio *m*; ***zum ~ bringen*** hacer callar; acallar; **2epflicht** *f* (-; *sin pl*) secreto *m* profesional; **~sam** ['-kzaːm] taciturno
Schwein [ʃvaɪn] *n* (-*[e]s*; *-e*) cerdo *m*, puerco *m*, cochino *m* (*alle a fig desp*); *Am* chancho *m*; F (*Glück*) suerte *f*, chamba *f*; P churra *f*; **'~ebraten** *m* asado *m* de cerdo; **'~efleisch** *n* (carne *f* de) cerdo *m*; **~e'rei** *f* (-; *-en*) porquería *f*; **'~estall** *m* pocilga *f* (*a fig*); **'2isch** cochino; **'~sleder** *n* cuero *m* de cerdo
Schweiß [ʃvaɪs] *m* (-*es*; *-e*) sudor *m*, transpiración *f*; **'2en** *tec* (*ge-*, *h*) soldar; **'~er** *m* (-*s*; -) soldador *m*
'Schweizer ['ʃvaɪtsər] *m* (-*s*; -) suizo *m*; ***~ Käse*** gruyère *m*; **~in** *f* (-; *-nen*) suiza *f*; **2isch** suizo
schwelen ['ʃveːlən] (*ge-*, *h*) arder sin llama
schwelgen ['ʃvɛlgən] (*ge-*, *h*) darse la gran vida, regalarse

S

'Schwell|e ['ʃvɛlə] *f* (-; *-n*) umbral *m*; *ferro* traviesa *f*; **≈en** (*schwoll*, *geschwollen*, *sn*) hincharse, inflarse; **~enland** *n* país *m* umbral; **~ung** *f* (-; *-en*) hinchazón *f*; *med a* tumefacción *f*

'Schwemme ['ʃvɛmə] *f* (-; *-n*) abrevadero *m*; *fig* aluvión *f*

schwenken ['ʃvɛŋkən] (*ge-*, *h*) *v/t* agitar; (*spülen*) enjuagar; *gastr* saltear

schwer [ʃveːr] pesado; (*schwierig*) difícil; (*mühevoll*) duro, penoso; (*ernst*) grave (*a med*); *Wein*, *Tabak*: fuerte; *Strafe*: severo; ***3 Kilo ~ sn*** pesar tres kilos; ***~ arbeiten*** trabajar mucho; ***~ fallen*** costar (mucho); ***~ tun***: ***sich*** tener dificultades (***mit*** con); **'≈arbeiter** *m* obrero *m* de trabajos duros; **'≈behinderte** *m/f* (*-n*; *-n*) gran inválido *m*, -a *f*; **'≈e** *f* (-; - *sin pl*) (*Gewicht*) peso *m*; pesadez *f*; *fís* gravedad *f* (*a fig*); *der Strafe*: severidad *f*; **'≈elosigkeit** *f* (-; *sin pl*) ingravidez *f*; **'~fällig** pesado, torpe; **'~hörig** duro *od* tardo de oído, sordo; **≈industrie** *f* industria *f* pesada; **'≈kraft** *f* (-; *sin pl*) gravitación *f*; **'~krank** gravemente enfermo; **~mütig** ['-myːtiç] melancólico; **'≈punkt** *m* centro *m* de gravedad; *fig a* punto *m* esencial

Schwert [ʃveːrt] *n* (*-[e]s*; *-er*) espada *f*

'Schwer|verbrecher *m* criminal *m* peligroso; **~verletzte** *m* herido *m* grave; **≈wiegend** *fig* (muy) serio; de mucho peso

Schwester ['ʃvɛstər] *f* (-; *-n*) hermana *f*; *med* enfermera *f*; *rel* religiosa *f*, *Anrede*: sor

'Schwieger|eltern ['ʃviːgərˀɛltərn] *pl* suegros *m/pl*, padres *m/pl* políticos; **~mutter** *f* suegra *f*, madre *f* política; **~sohn** *m* yerno *m*, hijo *m* político; **~tochter** *f* nuera *f*, hija *f* política; **~vater** *m* suegro *m*, padre *m* político

'schwierig ['-riç] difícil; **≈keit** *f* (-; *-en*) dificultad *f*

'Schwimm|bad ['ʃvim-] *n* piscina *f*; **~becken** *n* piscina *f*; **≈en** (*schwamm*, *geschwommen*, *h u sn*) nadar; *Gegenstand*: flotar; **~en** *n* (*-s*; *sin pl*) natación *f*; **~er** *m* (*-s*; -) nadador *m*; *tec*, *avia* flotador *m*; *Angel*: veleta *f*; **~erin** *f* (-; *-nen*) nadadora *f*; **~flosse** *f* aleta *f* (*a dep*); **~weste** *f* chaleco *m* salvavidas

'Schwindel ['ʃvindəl] *m* (*-s*; *sin pl*) *med* vértigo *m*, vahído *m*; mareo *m*; *fig* patraña *f*; (*Betrug*) estafa *f*, embuste *m*, engaño *m*; timo *m*; **≈frei** que no se marea; **≈n** (*ge-*, *h*) mentir; ***mir schwindelt*** me da vértigo

schwinden ['-dən] (*schwand*, *geschwunden*, *sn*) (*ver~*) desaparecer

'Schwind|ler ['-dlər] *m* (*-s*; -), **~lerin** *f* (-; *-nen*) estafador(a *f*) *m*; **≈lig** mareado; ***mir wird*** (*od* ***ist***) **~** se me va la cabeza; me mareo

'schwing|en ['ʃviŋən] (*schwang*, *geschwungen*, *h*) **1.** *v/t* agitar; **2.** *v/i* vibrar; *Pendel*: oscilar; **≈ung** *f* (-; *-en*) vibración *f*; oscilación *f*

schwirren ['ʃvirən] (*ge-*, *h u sn*) silbar; *Insekt*: zumbar

schwitzen ['ʃvitsən] (*ge-*, *h*) sudar, transpirar

schwören ['ʃvøːrən] (*schwor*, *geschworen*, *h*) jurar (***bei*** por); prestar juramento; *fig* tener absoluta confianza (***auf*** *ac* en)

schwul F [ʃvuːl] homosexual, F gay

schwül [ʃvyːl] cargado; sofocante, bochornoso

Schwund [ʃvunt] *m* (*-es*; *sin pl*) disminución *f*; merma *f*; *med* atrofia *f*

Schwung [ʃvuŋ] *m* (*-[e]s*; *¨e*) impulso *m*, empuje *m*, arranque *m*; *fig a* ímpetu *m*; brío *m*; énfasis *m*; **'~rad** *n* volante *m*

Schwur [ʃvuːr] *m* (*-[e]s*; *¨e*) juramento *m*

sechs [zɛks] **1.** seis; **2.** **≈** *f* (-; *-en*) seis *m*; **'~eckig** hexagonal; **'≈erpack** *m* lote *m* de seis unidades; **'~fach** séxtuplo; **'~'hundert** seiscientos; **'~te** *adj* sexto; **'≈tel** *n* (*-s*; -) sexto *m*; **'~tens** en sexto lugar; sexto

sechzehn ['zɛçtseːn] dieciséis

'sechzig ['-tsiç] sesenta; **~ste** sexagésimo

See [zeː] **a)** *f* (-; *sin pl*) mar *m* (*bsd mar f*); ***auf hoher ~*** en alta mar; ***in ~ stechen*** hacerse a la mar; **b)** *m* (*-s*; *-n*) lago *m*; **'~bad** *n* playa *f*; balneario *m* de mar; **'~blick** *m* vista *f* al mar; **'~gang** *m* (*-[e]s*; *sin pl*) oleaje *m*; ***hoher ~*** marejada *f*; **'~hafen** *m* puerto *m* marítimo; **'~handel** *m* comercio *m* marítimo; **'~herrschaft** *f* (-; *sin pl*) soberanía *f* marítima; **'~igel** *m* erizo *m* de mar; **'~karte** *f* carta *f* marina; **'≈krank** mareado; ***~ werden*** marearse; **'~krankheit** *f* (-; *sin pl*) mal *m* de mar; **'~lachs** *zo m* carbonero *m*

Seele ['-lə] *f* (-; *-n*) alma *f* (*a fig*); *rel* ánima *f*
'Seelen|heil ['zeːlənhaɪl] *n* salvación *f*; **~ruhe** *f* quietud *f*, serenidad *f*; **≗ruhig** sereno; *adv* con mucha calma
Seelsorge ['zeːlzɔrgə] *f* (-; *sin pl*) cura *f* de almas
See|luft ['zeːluft] *f* aire *m* de mar; **~macht** *f* potencia *f* naval *od* marítima; **~mann** *m* (*pl -leute*) marinero *m*; marino *m*; **~meile** *f* milla *f* marina; **~not** *f* (-;*sin pl*) peligro *m* marítimo; ***in ~*** en peligro de naufragar; **~räuber** *m* pirata *m*; **~reise** *f* viaje *m* por mar; crucero *m*; **~schlacht** *f* batalla *f* naval; **~streitkräfte** *f*/*pl* fuerzas *f*/*pl* navales; **≗tüchtig** en (perfecto) estado de navegar; marinero; **~weg** ['-veːk] *m* vía *f* marítima; ***auf dem ~*** por mar; por vía marítima; **~zeichen** *n* señal *f* marítima
'Segel ['zeːgəl] *n* (*-s*; -) vela *f*; **~boot** *n* barco *m* de vela, velero *m*; **~flieger** *m* aviador *m* a vela, volovelista *m*; **~flug** *m* vuelo *m* sin motor; **~flugzeug** *n* planeador *m*; avión *m* sin motor; **≗n** (*ge-*, *h u sn*) navegar a vela; **~schiff** *n* buque *m* de vela, velero *m*
Segen ['-gən] *m* (*-s*; -) bendición *f*; *fig* felicidad *f*; prosperidad *f*
Segler ['-glər] *m* (*-s*; -) deportista *m* de la vela; (*Schiff*) velero *m*
segnen ['zeːgnən] (*ge-*, *h*) bendecir
'sehen ['zeːən] (*sah*, *gesehen*, *h*) *v*/*t* ver; (*an~*) mirar; ***siehe ...*** véase ...; **~swert**, **~swürdig** digno de verse; curioso; **≗swürdigkeit** *f* (-; *-en*) curiosidad *f*; monumento *m* artístico; lugar *m* de interés
'Sehkraft *f* (-; *sin pl*) facultad *f* visual
'Sehne ['-nə] *f* (-; *-n*) *anat* tendón *m*; **≗n** (*ge-*, *h*): ***sich nach et ~*** anhelar, ansiar a/c; ***sich nach j-m ~*** ansiar ver a alg; suspirar por alg
'Sehnerv *m* nervio *m* óptico
sehnig ['-niç] tendinoso
'sehn|lich ['zəːnliç] ardiente, vivo; *adv* con ardor; **≗sucht** *f* (-; *⸚e*) anhelo *m*, ansia *f*; nostalgia *f*; añoranza *f* (***nach*** de); **~süchtig** ansioso, anheloso; nostálgico; añorante
sehr [zeːr] mucho; *vor adj u adv* muy; ***so ~, dass*** tanto que; ***wie ~ auch*** por más que; ***zu ~*** demasiado
'Seh|störung ['zeː-] *f* trastorno *m* de la vista; **~test** *m* test *m* visual
Seide ['zaɪdə] *f* (-; *-n*) seda *f*
Seidenpapier ['-dən-] *n* papel *m* de seda
seidig ['-diç] sedoso; *Stoff*: sedeño
Seife ['-fə] *f* (-; *-n*) jabón *m*
'Seifen|blase *f* pompa *f* de jabón; **~dose** *f* jabonera *f*; **~lauge** *f* lejía *f* de jabón; **~pulver** *n* jabón *m* en polvo
seifig ['-fiç] jabonoso
Seil [zaɪl] *n* (*-[e]s*; *-e*) cuerda *f*; soga *f*; (*Tau*) cabo *m*, cable *m*; **'~bahn** *f* teleférico *m*; funicular *m* aéreo; **'~schaft** *f* (-; *-en*) cordada *f*
sein[1] [zaɪn] **1.** (*war*, *gewesen*, *sn*) *dauernd*: ser; *vorübergehend*: estar; (*vorhanden ~*) existir; ***es ist schönes Wetter*** hace buen tiempo; ***es ist drei Uhr*** son las tres; ***was ist?*** ¿qué hay?; ***da ist*** (***sind***) hay; **2.** ≗ *n* (*-s*; *sin pl*) ser *m*; existencia *f*
sein[2] [zaɪn] *pron* su; ***die ≗en*** los suyos; **~erseits** ['-nər'zaɪts] de su lado *od* parte; **'~es'gleichen** su igual; sus semejantes; **'~et'wegen** por él; por culpa suya
seit [zaɪt] **1.** *prp* desde, a partir de; *Zeitraum*: desde hace; ***~ kurzem*** desde hace poco; ***~ langem*** desde hace tiempo; ***~ einer Woche ...*** hace una semana que ...; **2.** *cj* desde que; **~'dem 1.** *adv* desde entonces; **2.** *cj* desde que
Seite ['-tə] *f* (-; *-n*) lado *m*; (*Körper≗*) costado *m* (*a mar*); (*Buch≗*) página *f*; *e-r Münze*, *Schallplatte*: cara *f*; ***auf die ~ legen*** apartar; *Geld*: ahorrar; ***auf beiden ~n*** de ambos lados
'Seiten|ansicht ['zaɪtənˀansiçt] *f* vista *f* lateral; **~blick** *m* mirada *f* de soslayo; **~sprung** *fig m* escapada *f*; **~stechen** *med n* (*-s*; *sin pl*) dolores *m*/*pl* de costado; **~straße** *f* calle *f* lateral; **~streifen** *m* arcén *m*
'seit|lich ['-liç] lateral; de lado; **~wärts** ['-vɛrts] de lado; al lado (de)
Sekre't|är [zekre'tɛːr] *m* (*-s*; *-e*) secretario *m*; (*Möbel*) secreter *m*; **~ariat** [-tar'jɑːt] *n* (*-[e]s*; *-e*) secretaría *f*; **~ärin** *f* (-; *-nen*) secretaria *f*
Sekt [zɛkt] *m* (*-[e]s*; *-e*) champán *m*, cava *m*; **'~e** *f* (-; *-n*) secta *f*; **~ion** [-'tsjoːn] *f* (-; *-nen*) sección *f*; *med* disección *f*, autopsia *f*; **~or** ['-tɔr] *m* (*-s*; *-en* [-'toːrən]) sector *m*

S

Sekunde [ze'kundə] *f* (-; -*n*) segundo *m*
sekundieren secundar, ayudar
selbst [zɛlpst] mismo; (*sogar*) hasta, aun; ***ich ~*** yo mismo; ***von ~*** por sí mismo; espontáneamente
'selbständig ['-ʃtɛndiç] → ***selbstständig***
'Selbst|auslöser ['zɛlpstˀaʊsløːzər] *fot m* autodisparador *m*; **~bedienung** *f* autoservicio *m*; **~bedienungsladen** *m* (tienda *f* de) autoservicio *m*; **~bedienungsrestaurant** *n* restaurante *m* de autoservicio; **~beherrschung** *f* dominio *m* de sí mismo, autodominio *m*; **~bestätigung** *f* autoafirmación *f*; **~bestimmung(srecht** *n*) *f* (derecho *m* de) autodeterminación *f*; **ꝏbewusst** consciente de su propio valor; (*anmaßend*) presumido; **~bewusstsein** *n* conciencia *f* de sí mismo; **~gespräch** *n* soliloquio *m*, monólogo *m*; **~hilfe** *f* (-; *sin pl*) defensa *f* propia; **~kostenpreis** *m* precio *m* de coste; **~kritik** *f* (-; *sin pl*) autocrítica *f*; **~laut** *m* vocal *f*; **ꝏlos** desinteresado, abnegado; **~mord** *m* suicidio *m*; **~mörder(in** *f*) *m*, **ꝏmörderisch** suicida (*su*)
'selbstständig ['-ʃtɛndiç] independiente; *Arbeiter*: autónomo; ***sich ~ machen*** independizarse; **ꝏe** *m/f* (-*n*, -*n*) trabajador(a *f*) *m* autónomo (-a); **ꝏkeit** *f* (-; *sin pl*) independencia *f*; **'selbst|tätig** automático; **ꝏunterricht** *m* enseñanza *f* autodidáctica; **ꝏversorger** *m*: ***~ sn*** autoabastecerse; **ꝏversorgung** *f* (-; *sin pl*) autoabastecimiento *m*; autarquía *f*; **~verständlich** natural, evidente; *adv* por supuesto, desde luego; claro que sí, *bsd Am* ¿cómo no?; **ꝏverteidigung** *f* autodefensa *f*; **ꝏvertrauen** *n* confianza *f* en sí mismo, autoconfianza *f*; **ꝏverwaltung** *f* autonomía *f* (administrativa), autogestión *f*; **ꝏwähldienst** *tel m* servicio *m* telefónico automático; **ꝏzweck** *m* (-*[e]s*; *sin pl*) fin *m* absoluto; finalidad *f* en sí
selig ['zeːliç] bienaventurado; *fig* feliz; (*verstorben*) fallecido, difunto
Sellerie ['zɛləriː] *m* (-*s*; -*[s]*) apio *m*
'selten ['zɛltən] raro; escaso; ***nicht ~*** a menudo; **ꝏheit** *f* (-; -*en*) rareza *f*; escasez *f*
Selterswasser ['-tərsvasər] *n* (-*s*; *sin pl*) agua *f* de Seltz, sifón *m*
seltsam ['zɛltzaːm] raro, extraño; extravagante
Se'mester [ze'mɛstər] *n* (-*s*; -) semestre *m*; **~ferien** *pl* vacaciones *f/pl* semestrales
Semikolon [-mi'koːlɔn] *n* (-*s*; -*s*, -*kola*) punto *m* y coma
Seminar [-'naːr] *n* (-*s*; -*e*) *rel u Universität*: seminario *m*
Semmel ['zɛməl] *f* (-; -*n*) panecillo *m*
Senat [ze'naːt] *m* (-*[e]s*; -*e*) senado *m*; *jur* sala *f*
'Send|egebiet ['zɛndə-] *n* alcance *m* de las emisiones; **ꝏen** (*sandte*, *gesandt*, *h*) enviar, mandar; *com* remitir; (*ge*-, *h*) *TV*, *Radio*: emitir; **~er** *m* (-*s*; -) emisora *f*; (*Gerät*) emisor *m*; **~eschluss** *m* cierre *m* de las emisiones; **~ung** *f* (-; -*en*) envío *m*; (*Auftrag*) misión *f*; *TV*, *Radio*: emisión *f*
Senf [zɛnf] *m* (-*[e]s*; -*e*) mostaza *f*
'senior ['zeːnjɔr] **1.** *adj*: ***Herr X ~*** el señor X padre; **2.** ꝏ *m* (-*s*; -*en* [zeː'njoːrən]) decano *m*; *dep* senior *m*; ***die ~en*** la tercera edad; **ꝏenpass** *m Esp* tarjeta *f* dorada
'Senk|e ['zɛŋkə] *f* (-; -*n*) hondonada *f*; **ꝏen** (*ge*-, *h*) bajar; *Preise usw*: *a* reducir; ***sich ~*** *Gebäude*: hundirse; **ꝏrecht** vertical; **~rechtstarter** *m* (-*s*; -) avión *m* de despegue vertical; **~ung** *f* (-; -*en*) declive *m*, pendiente *f*; *com* baja *f*, reducción *f*; *geo* depresión *f*
Sensation [zɛnza'tsjoːn] *f* (-; -*en*) sensación *f*
Sense ['-zə] *f* (-; -*n*) guadaña *f*
sensibel [-'ziːbəl] sensible
sentimental [-timɛn'taːl] sentimental
Separatismus [zepara'tismus] *m* (-; *sin pl*) separatismo *m*
September [zɛp'tɛmbər] *m* (-*[s]*; -) se(p)tiembre *m*
'Serb|e ['zɛrbə] *m* (-*n*; -*n*), **~in** *f* (-; -*nen*), **ꝏisch** serbio *m*, -a *f*
'Serie ['zeːrjə] *f* (-; -*n*) serie *f*; **~nherstellung** *f* fabricación *f* en serie; **ꝏnmäßig** de serie; **~nproduktion** *f* producción *f* en serie; **ꝏnreif** apto para fabricar en serie
Serpentine [zɛrpɛn'tiːnə] *f* (-; -*n*) serpentina *f*
Serum ['zeːrum] *n* (-*s*; -*en*) suero *m*
Service: **a)** [zɛr'viːs] *n* (-; -['viːs(ə)]) servicio *m od* juego *m* de mesa; **b)** ['søːr-

S

vis] *m od n* (-; -s [-vis(is)]) servicio *m*
ser'vier|en [zɛr'viːrən] (*h*) servir (a la mesa); **2erin** *f* (-; *-nen*) camarera *f*
Serviette [-'vjɛtə] *f* (-; *-n*) servilleta *f*
'Sessel ['zɛsəl] *m* (*-s*; -) sillón *m*; butaca *f*; **~lift** *m* telesilla *m*
sesshaft ['zɛshaft] sedentario
'setz|en ['zɛtsən] (*ge-*, *h*) colocar; poner; (*nieder~*) (a)sentar; (*wetten*) apostar (***auf*** *ac* por); *tip* componer; *Frist*: fijar, señalar; ***sich ~*** sentarse, tomar asiento; **2er** *m* (*-s*; -) cajista *m*; **2e'rei** *f* (-; *-en*) taller *m* de composición
'Seuche ['zɔʏçə] *f* (-; *-n*) epidemia *f*; *fig* plaga *f*
Sex [zɛks] *m* (*-[es]*; *sin pl*) sexo *m*; **~ualität** [-uali'tɛːt] *f* (-; *sin pl*) sexualidad *f*; **2uell** [-u'ɛl] sexual
sezieren [ze'tsiːrən] (*h*) disecar, hacer la autopsia
Shorts [ʃɔːts] *pl* pantalones *m*/*pl* cortos
Show [ʃou] *f* (-; *-s*) espectáculo *m*, show *m*; **~master** ['-mɑːstər] *m* (*-s*; -) presentador *m*; animador *m*
sibirisch [zi'biːriʃ] siberiano
sich [ziç] *betont*: sí; *unbetont*: se; ***an*** (***und für***) ~ en sí, de por sí; ***bei ~*** consigo; ***von ~ aus*** espontáneamente; por sí solo
Sichel ['-çəl] *f* (-; *-n*) hoz *f*
'sicher ['-çər] seguro; (*fraglos*) indudable; *adv* con toda seguridad; ***e-r Sache ~ sein*** estar seguro de a/c; **2heit** *f* (-; *-en*) seguridad *f*; certidumbre *f*; *com* garantía *f*; **2heitsgurt** *m* cinturón *m* de seguridad; **2heitskopie** *f* copia *f* de seguridad; **2heitsleistung** *f* garantía *f*; **2heitsnadel** *f* imperdible *m*; **2heitsrat** *m* Consejo *m* de Seguridad; **2heitsschloss** *n* cerradura *f* de seguridad; **~n** (*ge-*, *h*) *v/t* asegurar; garantizar; (*schützen*) proteger (***gegen***, ***vor*** contra); preservar (de); **~stellen** (*sep*, *-ge-*, *h*) poner en seguro; asegurar; (*beschlagnahmen*) confiscar; incautarse de; **2ung** *f* (-; *sin pl*) protección *f*; (*pl -en*) *el* fusible *m*; **2ungsdiskette** *f inform* disquete *m* de seguridad
Sicht [ziçt] *f* (-; *sin pl*) vista *f*; **'2bar** visible; *fig* evidente, manifiesto; **'2en** (*ge-*, *h*) avistar, divisar; (*ordnen*) ordenar, clasificar; **'~vermerk** *m* visto *m* bueno, visado *m*; **'~weite** *f* alcance *m* visual *od* de la vista

sickern ['zikərn] (*ge-*, *sn*) rezumar, filtrarse
sie [ziː] *pron 3. Pers sg* ella; *ac* la; *3. Pers pl* ellos, -as; *ac* los (les), las; **2** (*Anrede*) usted(es *pl*)
Sieb [ziːp] *n* (*-[e]s*; *-e*) colador *m*, cedazo *m*; (*feines*) tamiz *m*; (*grobes*) criba *f*
sieben ['ziːbən] siete; **~'hundert** setecientos
'siebt|e ['ziːptə] *adj* sé(p)timo (*m*); **2el** *n* (*-s*; -), **~ens** en sé(p)timo lugar
'siebzehn ['ziːptseːn] diecisiete; **~te** décimosé(p)timo
'siebzig ['-tsiç] setenta; **~ste** septuagésimo
'siede|ln ['ziːdəln] (*ge-*, *h*) establecerse; **~n** (*ge-*, *h*) hervir; (*kochen*) cocer; **2punkt** *m* (*-[e]s*; *sin pl*) punto *m* de ebullición
'Sied|ler ['ziːdlər] *m* (*-s*; -) colono *m*, poblador *m*; **~lung** *f* (-; *-en*) colonia *f*; urbanización *f*
Sieg [ziːk] *m* (*-[e]s*; *-e*) victoria *f*, triunfo *m* (*a fig*)
Siegel ['ziːgəl] *n* (*-s*; -) sello *m*
'sieg|en ['-gən] (*ge-*, *h*) vencer (***über j-n*** a alg); *a fig* triunfar (de); **2er** *m* (*-s*; -), **2erin** *f* (-; *-nen*) vencedor(a *f*) *m*; *a fig* triunfador(a *f*) *m*
Signal [zig'nɑːl] *n* (*-[e]s*; *-e*) señal *f*; **2isieren** [-nali'ziːrən] (*h*) señalar, dar señales
'signieren [-'niːrən] (*h*) marcar, señalar; (*unterzeichnen*) firmar
'Silbe ['zilbə] *f* (-; *-n*) sílaba *f*; **~ntrennung** *f* separación *f* de sílabas
'Silber ['-bər] (*-s*; *sin pl*) plata *f*; **~hochzeit** *f* bodas *f*/*pl* de plata; **2n** de plata; plateado
Silhouette [zilu'ɛtə] *f* (-; *-n*) silueta *f*
Silo ['ziːlo] *m* (*-s*; *-s*) silo *m*
Silvester [zil'vɛstər] *m od n* (*-s*; -) nochevieja *f*
Sims [zims] *m u n* (*-es*; *-e*) *arqu* cornisa *f*; (*Fenster2*) moldura *f*; (*Wandbrett*) estante *m*, anaquel *m*
Simu|lation [zimula'tsjoːn] *f* (-; *-nen*) simulación *f*; **2'lieren** (*h*) simular, fingir
simul'tan [-'tɑːn] simultáneo; **2dolmetscher(in** *f*) *m* intérprete *su* simultáneo
Sinfo'nie [zinfo'niː] *f* (-; -n ['niːən]) sinfonía *f*; **~orchester** *n* orquesta *f* sinfónica

S

'sing|en ['ziŋən] (*sang, gesungen, h*) cantar; **⁓ular** ['-gulaːr] *m* (*-s; -e*) *gram* singular *m*; **⁓vogel** *m* pájaro *m* cantor, ave *f* canora

sinken ['-kən] (*sank, gesunken, sn*) *v/i* caer; descender; *Preise*: bajar; *Sonne*: ponerse; *Schiff*: hundirse, irse a pique

Sinn [zin] *m* (*-[e]s; -e*) sentido *m*; (*sin pl*) (*Bedeutung*) significación *f*; *e-s Wortes*: acepción *f*, significado *m*; **~ *für*** interés *m* (*od* gusto *m*) por; ***~ für Humor haben*** tener sentido del humor; ***im ~ haben*** tener (la) intención (de hacer a/c); ***das geht mir nicht aus dem ~*** no se me quita de la cabeza; ***sich*** (*dat*) ***et aus dem ~ schlagen*** quitarse a/c de la cabeza; **'~bild** *n* símbolo *m*; alegoría *f*; **'~estäuschung** *f* alucinación *f*; **'⁓gemäß** conforme al sentido; **'⁓lich** sensual; voluptuoso; (*wahrnehmbar*) físico, material; **'~lichkeit** *f* (*-; sin pl*) sensualidad *f*; voluptuosidad *f*; **'⁓los** absurdo; insensato, desatinado; (*zwecklos*) inútil; **'⁓verwandt**: ***~es Wort*** *n* sinónimo *m*; **'⁓voll** ingenioso; (*zweckmäßig*) oportuno; razonable

Sintflut ['zintfluːt] *f* (*-; sin pl*) diluvio *m*

Siphon ['ziːfɔn] *m* (*-s; -s*) sifón *m*

Sippe ['zipə] *f* (*-; -n*) estirpe *f*, clan *m*

Sirene [-'reːnə] *f* (*-; -n*) sirena *f*

Sirup ['ziːrup] *m* (*-s; -e*) jarabe *m*

Sitte ['zitə] *f* (*-; -n*) costumbre *f*; (*Brauch*) uso *m*; usanza *f*

'Sitten|losigkeit *f* (*-; sin pl*) inmoralidad *f*; **~polizei** *f* brigada *f* contra el vicio

sitt|lich ['-liç] moral; **⁓lichkeit** *f* (*-; sin pl*) moralidad *f*; **⁓lichkeitsverbrechen** *n* delito *m* contra la honestidad

Situation [zitua'tsjoːn] *f* (*-; -en*) situación *f*

Sitz [zits] *m* (*-es; -e*) asiento *m*; (*Amts⁓ etc*) sede *f*; **'⁓en** (*saß, gesessen, h*) estar sentado; *Kleid*: sentar *od* caer bien; F (*im Gefängnis sn*) F estar a la sombra *od* en chirona; (*sn*) ***~ bleiben*** quedar sentado; *Schüler*: suspender un curso; ***~ lassen*** abandonar; F dejar plantado; ***et auf sich ~ lassen*** tragar(se) a/c; **'~platz** *m* asiento *m*; plaza *f* sentada

'Sitzung ['-tsuŋ] *f* (*-; -en*) sesión *f*; junta *f*; reunión *f*; *jur* audiencia *f*; **~sprotokoll** *n* acta *f* (de la sesión); **~ssaal** *m* sala *f* de sesiones

Skala ['skaːla] *f* (*-; -en, -s*) escala *f*

Skan'dal [skan'daːl] *m* (*-s; -e*) escándalo *m*; (*Lärm*) alboroto *m*, barullo *m*; **~presse** *f* prensa *f* sensacionalista

Skandi'nav|ier [-di'naːvjər] *m* (*-s; -*), **~ierin** *f* (*-; -nen*), **⁓isch** escandinavo *m*, -a *f*

Skateboard ['skeitbɔːd] *n* (*-s; -s*) monopatín *m*

Skelett [ske'lɛt] *n* (*-[e]s; -e*) esqueleto *m*

skeptisch ['skɛptiʃ] escéptico

Ski [ʃiː] *m* (*-s; -[er]*) esquí *m*; ***~ laufen*** esquiar; **'~ausrüstung** *f* equipo *m* de esquiador; **'~gebiet** *n* estación *f* de esquí; **'~langlauf** *m* esquí *m* de fondo; **'~lauf** *m* esquí *m*; **'~läufer(in** *f*) *m* esquiador(a *f*) *m*; **'~lehrer** *m* profesor *m* *od* monitor *m* de esquí; **'~lift** *m* telesquí *m*; **'~springen** *n* salto *m* de esquís; **'~stiefel** *m/pl* botas *f/pl* de esquí; **'~urlaub** *m* vacaciones *f/pl* destinadas a esquiar

Skizz|e ['skitsə] *f* (*-; -n*) bosquejo *m*; esbozo *m*, boceto *m*; croquis *m*; **⁓'ieren** (*h*) bosquejar, esbozar

'Sklave [sklaːvə] *m* (*-n; -n*) esclavo *m*

skont|ieren [skɔn'tiːrən] (*h*) descontar; **⁓o** ['-to] *n u m* (*-s; -s*) descuento *m*

Skorbut *med* [skɔr'buːt] *m* (*-[e]s; sin pl*) escorbuto *m*

'Skrupel ['skruːpəl] *m* (*-s; -*) escrúpulo *m*; **⁓los** sin escrúpulos

Skulptur [skulp'tuːr] *f* (*-; -en*) escultura *f*

Slalom ['slaːlɔm] *m* (*-s; -s*) slalom *m*

'Slaw|e ['-və] *m* (*-n; -n*), **~in** *f* (*-; -nen*), **⁓isch** eslavo *m*, -a *f*

Slip [slip] *m* (*-s; -s*) slip *m*

Slogan ['sloːgən] *m* (*-s; -s*) (e)slogan *m*

Slowen|e [slo'veːnə] *m* (*-n; -n*), **~in** *f* (*-; -nen*), **⁓isch** esloveno *m*, -a *f*

Smaragd [sma'rakt] *m* (*-[e]s; -e*) *min* esmeralda *f*

Smog [smɔk] *m* (*-[s]; -s*) smog *m*; **'~alarm** *m* alerta *f* de smog

Smoking ['smoːkiŋ] *m* (*-s; -s*) smoking *m*, esmoquin *m*

Snob [snɔp] *m* (*-s; -s*) (e)snob *m*

so [zoː] así; *vor adj u adv* tan; (*solch*) tal; ***~?*** ¿de veras?, ¿es posible?; ***ach ~!*** ¡ah, bueno!; ¡ya!; ***~ sehr, ~ viel*** tanto (***wie*** como); ***noch einmal ~ viel*** otro tanto; ***~ (et) was!*** ¡parece mentira!; ¡qué barbaridad!; ***~ genannt*** llamado, dicho; (*angeblich*) pretendido; ***~ gut wie***

S

möglich lo mejor posible; ***wir sind ~ weit*** ya estamos; ***~' wenig*** tan poco; → ***sodass***
sobald [zɔ'balt] tan pronto como, en cuanto
'Socke ['zɔkə] *f* (-; *-n*) calcetín *m*
Sockel ['zɔkəl] *m* (*-s*; -) pedestal *m*, zócalo *m*; base *f*
so'dass [zoː das] de modo que, de manera que
Sofa ['zoːfa] *n* (*-s*; *-s*) sofá *m*, canapé *m*; diván *m*
sofern [zɔ'fɛrn] en tanto que, (en) caso que (*subj*); si es que
so'fort [-'fɔrt] en seguida, en el acto, al instante; **2bildkamera** *f* cámara *f* para fotos al instante; **~ig** inmediato
Software ['sɔftwɛːr] *f* (-; *-s*) software *m*
sogar [-'gaːr] hasta, aun, incluso
sogenannt ['zoːgənant] → ***so***
Sohle ['zoːlə] *f* (-; *-n*) (*Fuß2*) planta *f*; (*Schuh2*) suela *f*; (*Boden*) fondo *m*
Sohn [zoːn] *m* (*-[e]s*; *⸚e*) hijo *m*
solange [zo'laŋə] mientras, en tanto que; ***~ bis*** hasta que
So'lar|ium [-'laːrjum] *n* (*-s*; *-rien*) solario *m*, solárium *m*; **~zelle** *f* célula *f* solar
solch [zɔlç] tal, semejante; ***~ ein ...!*** ¡qué ...!
Soldat [-'daːt] *m* (*-en*; *-en*) soldado *m*, militar *m*
Söldner ['zœltnər] *m* (*-s*; -) mercenario *m*
solidari|sieren [zolidari'ziːrən] (*h*): ***sich ~ mit*** solidarizarse con; **2'tät** [-'tɛːt] *f* (-; *sin pl*) solidaridad *f*
solid(e) [-'liːt, -'-də] sólido; *Person*: formal, serio; *Firma*: solvente
So'list [-'list] *m* (*-en*; *-en*), **~in** *f* (-; *-nen*) solista *su*
Soll *com* [zɔl] *n* (*-[s]*; *-[s]*) debe *m*; pasivo *m*; ***~ und Haben*** debe y haber; **'~-Bestand** *m* efectivo *m* teórico *od* previsto; **'2en** (*sollte*, *gesollt*, *h*) *Pflicht*: deber; *Notwendigkeit*: haber de; *Annahme*: deber de; ***du hättest es sagen ~*** debieras haberlo dicho; ***was soll ich tun?*** ¿qué quieres que haga?, ¿qué he de hacer?; ***ich weiß nicht, was ich tun soll*** no sé qué hacer; ***was soll das (heißen)?*** ¿qué significa esto?; ***sollte er kommen, falls er kommen sollte*** (en) caso que venga, si viniera; **'~seite** *f* debe *m*; **'~zinsen** *m/pl* intereses *m/pl* deudores
Solo ['zoːlo] *n* (*-s*; *-s*, *-li*) solo *m*
'Sommer ['zɔmər] *m* (*-s*; -) verano *m*; ***im ~*** en verano; **~anfang** *m* comienzo *m* del verano; **~fahrplan** *ferro m* horario *m* de verano; **~ferien** *pl* vacaciones *f/pl* de verano; **~gast** *m* veraneante *m*; **2lich** veraniego, de verano; **~reifen** *auto m* neumático *m* de verano; **~schlussverkauf** *m* rebajas *f/pl* de verano; **~sprosse** *f* peca *f*; **~urlaub** *m* vacaciones *f/pl* de verano; **~zeit** *f* (-; *sin pl*) (*Uhrzeit*) horario *m* de verano
Sonde ['zɔndə] *f* (-; *-n*) sonda *f* (*a med*)
'Sonder|angebot *com* ['-dərˀ-] *n* oferta *f* especial; **~ausgabe** *f* edición *f* especial; (*Zeitung*) número *m* extraordinario; **2bar** singular, extraño; curioso, raro; **~fahrt** *Vkw f* servicio *m* discrecional; **~fall** *m* caso *m* excepcional; **~maschine** *avia f* avión *m* especial; **2n** *cj* sino; **~preis** *com m* precio *m* especial; **~recht** *n* privilegio *m*; **~zeichen** *n tip* carácter *m* especial; **~zug** *m* tren *m* especial
Sonnabend ['zɔnˀabənt] *m* sábado *m*; ***2s*** los sábados
'Sonne ['zɔnə] *f* (-; *sin pl*) sol *m*; ***in der ~*** al sol; **2n** (*ge-*, *h*): ***sich ~*** tomar el sol
'Sonnen|aufgang *m* salida *f* del sol; **~bad** *n* baño *m* de sol; **~blume** *f* girasol *m*; **~brand** *m* (*-[e]s*; *sin pl*) quemadura *f* de sol; **~brille** *f* gafas *f/pl* de sol; **~creme** *f* crema *f* bronceadora; **~deck** *mar n* cubierta *f* solar; **~energie** *f* energía *f* solar; **~finsternis** *f* eclipse *m* solar; **~öl** *n* aceite *m* solar; **~schein** *m* (*-[e]s*; *sin pl*) (luz *f* del) sol *m*; **~schirm** *m* sombrilla *f*, parasol *m*; **~stich** *med m* insolación *f*; **~strahl** *m* rayo *m* de sol; **~uhr** *f* reloj *m* de sol; **~untergang** *m* puesta *f* del sol; **~wende** *f* solsticio *m*
sonnig ['-niç] expuesto al sol, soleado; *fig* alegre; radiante
'Sonntag ['-taːk] *m* domingo *m*; **~sdienst** *m* guardia *f* de domingo
sonst [zɔnst] (*andernfalls*) de lo contrario, si no; (*übrigens*) por lo demás; (*außerdem*) además; ***~ noch etwas?*** ¿alguna otra cosa?; ***~ nichts*** nada más; ***~ niemand*** ningún otro, nadie más; ***mehr als ~*** más que de ordinario; **'~ig** otro

sooft [zo'ʔɔft] cada vez que; cuando, siempre que
Sopran [zo'praːn] *m* (*-s*; *-e*) soprano *m*
Sorge ['zɔrgə] *f* (-; *-n*) preocupación *f*; *stärker*: inquietud *f*, alarma *f*; (*Für*≗) cuidado *m*; (*Kummer*) aflicción *f*, pena *f*; ***sich ~n machen*** preocuparse; ***keine ~!*** ¡descuide!
'sorgen ['-gən] (*ge-*, *h*): ***~ für*** cuidar de; atender a; (*beschaffen*) procurar; ***sich ~*** preocuparse, inquietarse (***um*** de, por); **~frei** libre de cuidados
'sorg|fältig ['zɔrkfɛltiç] cuidadoso; esmerado; *adv* con esmero; **~los** despreocupado; descuidado
Sort|e ['zɔrtə] *f* (-; *-n*) clase *f*, especie *f*; *bot* variedad *f*; **≗'ieren** (*h*) clasificar; (*auswählen*) seleccionar, escoger; **~iment** [-ti'mɛnt] *n* (*-[e]s*; *-e*) surtido *m*
sosehr [zo'zeːr] por más (*od* mucho) que
Soße ['zoːsə] *f* (-; *-n*) salsa *f*
'Soundkarte [zaʊndkartə] *f* tarjeta *f* de sonido
Souvenir [zuvə'niːr] *n* (*-s*; *-s*) recuerdo *m*
souverän [-və'rɛːn] soberano; **≗ität** [-ni'tɛːt] *f* (-; *sin pl*) soberanía *f*
so'viel [zo'fiːl] → ***so ~ ich weiß*** que yo sepa
so'weit [zo'vaɪt] en cuanto; ***~ nicht*** a menos que; → ***so***
so'wie [zo'viː] (así) como; tan pronto como, en cuanto; **~'so** en todo caso, de todos modos
sowjetisch [zɔ'vjɛtiʃ] *hist* soviético
sowohl [zo'voːl]: ***~ ... als auch*** tanto ... como
so'zial [zo'tsjaːl] social; **≗abgaben** *f/pl* cargas *f/pl* sociales; **≗arbeiter(in** *f*) *m* asistente *su* social; **≗demokrat** *m*, **~demokratisch** socialdemócrata (*m*); **≗hilfe** *f* (-; *sin pl*) asistencia *f* social; **~isieren** [-tsjali'ziːrən] (*h*) socializar; **≗ismus** [-'lismus] *m* (-; *sin pl*) socialismo *m*; **~istisch** [-'listiʃ] socialista; **≗leistungen** *f/pl* prestaciones *f/pl* sociales; **≗politik** *f* política *f* social; **≗produkt** *n* (*-[e]s*; *-e*) producto *m* nacional *od* social; **≗versicherung** *f* seguridad *f* social; **≗wohnung** *f* vivienda *f* de protección oficial
Soziolog|e [zotsjo'loːgə] *m* (*-n*; *-n*), **~in** *f* (-; *-nen*) sociólogo *m*, -a *f*
sozusagen [zoːtsu'-] por decirlo así
Spag(h)etti [ʃpa'gɛti] *pl* espagueti *m*
Spalt [ʃpalt] *m* (*-[e]s*; *-e*) hendedura *f*, raja *f*, grieta *f*; fisura *f*; **'~e** *f* (-; *-n*) = ***Spalt***; *tip* columna *f*; **'≗en** (*pp gespalten*, *h*) dividir, partir; *pol* escindir; *quím* disociar; *fís* desintegrar; **'~ung** *f* (-; *-en*) *quím* disociación *f*; *fís* fisión *f*; *fig* división *f*; escisión *f* (*a pol*)
Spange ['ʃpaŋə] *f* (-; *-n*) prendedero *m*; pasador *m*
'Span|ier ['ʃpaːnjər] *m* (*-s*; -), **~ierin** *f* (-; *-nen*) español(a *f*) *m*; **≗isch** español; *Sprache*: *a* castellano
'Spann|e ['ʃpanə] *f* (-; *-n*) (*Zeit*) lapso *m*, espacio *m*; *com* margen *m*; **≗en** *v/t* (*ge-*, *h*) tender; (*straffen*) estirar; *Waffe*: amartillar; **≗end** *fig* (de interés) palpitante; cautivador; *Film etc*: de suspense; **'~ung** *f* (-; *-en*) *el* tensión *f* (*a fig*), voltaje *m*; *fig* impaciencia *f*; *Film etc*: suspense *m*
'Spar|buch ['ʃpaːrbuːx] *n* libreta *f od* cartilla *f* de ahorro; **≗en** (*ge-*, *h*) ahorrar; economizar, hacer economías; **~er** *m* (*-s*; -), **~erin** *f* (-; *-nen*) ahorrador(a *f*) *m*
Spargel ['ʃpargəl] *m* (*-s*; -) espárrago *m*
'Spar|guthaben ['ʃpaːr-] *n* ahorro *m*; **~kasse** *f* caja *f* de ahorros; **~konto** *n* cuenta *f* de ahorro; **~maßnahme** *f* medida *f* de economía; **~paket** *n* (*-[e]s*; *-e*) *pol* paquete *m* de ahorro; **≗sam** económico; ahorrativo; **~samkeit** *f* (-; *sin pl*) economía *f*; **~zins** *m* interés *m* sobre el ahorro
Spaß [ʃpaːs] *m* (*-es*; *⸚e*) broma *f*, burla *f*; (*Witz*) chiste *m*; (*Vergnügen*) diversión *f*; ***zum ~*** en broma; ***viel ~!*** ¡que te diviertas!; (***keinen***) ***~ verstehen*** (no) aguantar *od* consentir las bromas; **'≗en** (*ge-*, *h*) bromear; **'~vogel** *fig m* bromista *m*
spät [ʃpɛːt] tardío; *adv* tarde; ***wie ~ ist es?*** ¿qué hora es?; ***zu ~ kommen*** venir tarde
Spaten ['ʃpaːtən] *m* (*-s*; -) laya *f*
'spät|er ['ʃpɛːtər] posterior, ulterior (***als*** a); *adv* más tarde; ***eine Stunde ~*** una hora después; **~estens** lo más tarde, a más tardar
Spatz [ʃpats] *m* (*-en*; *-en*) gorrión *m*
spa'zieren [ʃpa'tsiːrən] (*sn*) pasear(se); ***~ fahren*** dar un paseo en coche; ***~ ge-***

S

hen pasear(se), dar un paseo

Spa'ziergang *m* (*-[e]s*; *⸚e*) paseo *m*

Specht [ʃpɛçt] *m* (*-[e]s*; *-e*) pájaro *m* carpintero, pico *m*

Speck [ʃpɛk] *m* (*-[e]s*; *-e*) tocino *m*; *geräucherter*: bacon *m*

Spedit|eur [ʃpedi'tøːr] *m* (*-s*; *-e*) agente *m* de transportes; transportista *m*; **~ion** [-'tsjoːn] *f* (*-*; *-en*) expedición *f*, transporte *m*; *Firma*: agencia *f* de transportes

Speer [ʃpeːr] *m* (*-[e]s*; *-e*) lanza *f*; (*Wurf*♀) jabalina *f*; **'~werfen** *n* (*-s*; *sin pl*) *dep* lanzamiento *m* de jabalina

Speiche ['ʃpaɪçə] *f* (*-*; *-n*) *tec* rayo *m*

Speichel ['-çəl] *m* (*-s*; *sin pl*) saliva *f*

'Speicher ['-çər] *m* (*-s*; *-*) (*Lager*) almacén *m*; (*Getreide*♀) granero *m*; silo *m*; *Computer*: memoria *f*; **~kapazität** *f inform* capacidad *f* de almacenamiento *od* de memoria; **♀n** (*ge-*, *h*) almacenar (*a Daten*), *Daten*: memorizar; *el u fig* acumular

'Speise ['-zə] *f* (*-*; *-n*) comida *f*; alimento *m*; (*Gericht*) plato *m*, manjar *m*; **~eis** *n* helado *m*; **~karte** *f* lista *f* de platos; menú *m*, minuta *f*; **~lokal** *n* restaurante *m*; **♀n** (*ge-*, *h*) **1.** *v/t* alimentar (*a tec*); dar de comer a; **2.** *v/i* comer; **~saal** *m* comedor *m*; **~wagen** *ferro m* coche *m* *od* vagón *m* restaurante

Spektakel [ʃpɛk'tɑːkəl] *m* (*-s*; *sin pl*) jaleo *m*

Spekul|ant [ʃpeku'lant] *m* (*-en*; *-en*) especulador *m*; **~ation** [-la'tsjoːn] *f* (*-*; *-en*) especulación *f*; **♀'ieren** (*h*) especular (***auf*** *ac* sobre); ***an der Börse ~*** jugar a la bolsa

'Spend|e ['ʃpɛndə] *f* (*-*; *-n*) donativo *m*; **♀en** (*ge-*, *h*) dar; *a Blut*: donar; **~enkonto** *n* cuenta *f* para donativos; **♀'ieren** (*h*) regalar, ofrecer

Sperling ['ʃpɛrlɪŋ] *m* (*-s*; *-e*) gorrión *m*

Sperma ['-ma] *n* (*-s*; *-men*) esperma *m*

'Sperr|e ['ʃpɛrə] *f* (*-*; *-n*) cierre *m*; (*Schranke*) barrera *f*; (*Blockade*) bloqueo *m*; **♀en** (*ge-*, *h*) cerrar; *Gas*, *Strom*, *Wasser*, *Straße*: cortar; *com Kredit*, *Scheck*: bloquear; *Konto*: *a* congelar; **~gebiet** *n* zona *f* prohibida; **~gut** *n* mercancías *f/pl* de gran bulto; **~holz** *n* (*-[e]s*; *sin pl*) madera *f* contrachapeada *od* terciada; **♀ig** voluminoso, abultado; **~konto** *n* cuenta *f* bloqueada *od* congelada; **~müll** *m* residuos *m/pl* voluminosos

Spesen ['ʃpeːzən] *pl* gastos *m/pl*

Spe'zial|gebiet [ʃpe'tsjɑːl-] *n* especialidad *f*; **~geschäft** *n* comercio *m* del ramo, tienda *f* especializada; **♀isieren** [-tsjali'ziːrən] (*h*) especializar (***auf*** *ac* en); **~'ist** *m* (*-en*; *-en*), **~istin** *f* (*-*; *-nen*) especialista *su* (*a med*); **~ität** [-'tɛːt] *f* (*-*; *-en*) especialidad *f*; **~i'tätenrestaurant** *n* restaurante *m* de especialidades

speziell [-'tsjɛl] especial, particular

spezifisch [-tsiːfiʃ] específico

Sphär|e ['sfɛːrə] *f* (*-*; *-n*) esfera *f*; *fig a* ambiente *m*; **♀isch** esférico

Sphinx [sfɪŋks] *f* (*-*; *-e*) esfinge *f*

'Spiegel ['ʃpiːgəl] *m* (*-s*; *-*) espejo *m*; (*Schrank*♀) luna *f*; **~bild** *n* imagen *f* reflejada, reflejo *m*; **~ei** *gastr n* huevo *m* frito *od* al plato; **♀n** (*ge-*, *h*) reflejar (*a fig*); ***sich ~*** reflejarse

Spiel [ʃpːl] *n* (*-[e]s*; *-e*) juego *m*; *Schach etc*: partida *f*; *dep* partido *m*; (*Karten*) baraja *f*; *teat* interpretación *f*; ***aufs ~ setzen*** arriesgar, poner en juego; jugarse *a/c*; ***auf dem ~ stehen*** estar en juego; **~automat** *m* (máquina *f*) tragaperras *m/f* **'~bank** *f* (*-*; *-en*) casa *f* de juego; casino *m*; **'♀en** (*ge-*, *h*) **1.** *v/t* jugar; *Instrument*: tocar; *teat* representar; *Rolle*: interpretar; (*vorgeben*) simular; **2.** *v/i* jugar; *teat* actuar; *Handlung*: pasar; **'♀end** *fig* fácilmente; sin dificultades; **'~er** *m* (*-s*; *-*), **'~erin** *f* (*-*; *-nen*) jugador(a *f*) *m*; *teat* actor *m*, actriz *f*; **'~feld** *n* campo *m* *od* terreno *m* de juego, *Am* cancha *f*; **'~film** *m* largometraje *m*; **'~halle** *f* salón *m* recreativo; **'~karte** *f* naipe *m*, carta *f*; **'~kasino** *n* casino *m* de juego; **'~marke** *f* ficha *f*; **'~plan** *teat m* programa *m*, repertorio *m*; cartelera *f*; **'~platz** *m für Kinder*: parque *m* infantil; **'~raum** *m tec* juego *m*; *fig* libertad *f* (de movimiento); **'~regel** *f* regla *f* de(l) juego; **'~sachen** *f/pl* juguetes *m/pl*; **'~uhr** *f* reloj *m* de música; **'~zeit** *f teat* temporada *f*; *dep* duración *f* del partido; **'~zeug** *n* (*-[e]s*; *sin pl*) juguete *m*

Spieß [ʃpiːs] *m* (*-es*; *-e*) pica *f*; (*Brat*♀) asador *m*

Spinat [ʃpi'nɑːt] *m* (*-[e]s*; *-e*) espinaca(s) *f*(*/pl*)

S

Spind [ʃpint] *m u n* (*-[e]s*; *-e*) armario *m*
'Spinn|e ['ʃpinə] *f* (-; *-n*) araña *f*; **≗en** (*spann*, *gesponnen*, *h*) hilar; *fig* tramar, urdir; F estar chiflado; **~(en)gewebe** *n* telaraña *f*; **~rad** *n* torno *m* de hilar
Spi'on [ʃpi'oːn] *m* (*-s*; *-e*), **~in** *f* (-; *-nen*) espía *su*; **~age** [-o'nɑːʒə] *f* (-; *sin pl*) espionaje *m*; **≗'ieren** (*h*) espiar
Spirale [-'rɑːlə] *f* (-; *-n*) espiral *f*
Spirituosen [-ritu'oːzən] *pl* bebidas *f*/*pl* espirituosas
Spiritus ['ʃpiːritus] *m* (-; *-se*) alcohol *m*
spitz [ʃpits] *adj* agudo (*a mat*); puntiagudo; *fig* picante, mordaz; **'≗e** *f* (-; *-n*) punta *f*; (*Ende*) extremidad *f*, cabo *m*; (*Berg≗*) pico *m*, cima *f*; (*Turm≗*) flecha *f*; (*Gewebe*) encaje *m*, puntilla *f*; *fig* cabeza *f*; (*Höchstwert*) tope *m*; (*Bosheit*) indirecta *f*; ***an der ~*** al frente; en (*od* a la) cabeza; **'≗el** *m* (*-s*; -) espía *m*; confidente *m*; F soplón *m*; **'~en** (*ge-*, *h*) afilar, aguzar; ***die Ohren ~*** aguzar el oído
'Spitzen|klasse *f* (-; *sin pl*) primera calidad *f*; **~leistung** *f dep* récord *m*; *tec* rendimiento *m* máximo
'spitz|findig ['-findiç] sutil; **≗name** *m* apodo *m*, mote *m*
Spleen F [ʃpliːn] *m* (*-s*; *-e*, *-s*) esplín *m*; manía *f*; **'≗ig** excéntrico
Splitt [ʃplit] *m* (*-[e]s*; *-e*) gravilla *f*
'Splitter ['ʃplitər] *m* (*-s*; -) astilla *f*; *in der Haut*: espina *f*; (*Bruchstück*) fragmento *m*; **≗frei** inastillable; **≗n** (*ge-*, *h u sn*) astillarse
'spons|ern ['ʃpɔnzərn] (*ge-*, *h*) patrocinar; **≗or** ['-zɔr] *m* (*-s*; *-s*, *-en* [-'zoːrən]) patrocinador *m*
spontan [-'tɑːn] espontáneo
sporadisch [ʃpo'rɑːdiʃ] esporádico
Sport [ʃpɔrt] *m* (*-[e]s*; *sin pl*) deporte *m*; ***~ treiben*** practicar un deporte; **'~art** *f* deporte *m*; **'~flugzeug** *n* avioneta *f*; **'~geschäft** *n* tienda *f* de artículos de deporte; **'~hotel** *n* hotel *m* de deporte; **'~ler** *m* (*-s*; -), **'~lerin** *f* (-; *-nen*) deportista *su*; **'≗lich** deportivo; **'~möglichkeiten** *f*/*pl* posibilidades *f*/*pl* para practicar deportes; **'~platz** *m* campo *m* de deportes; **'~verein** *m* sociedad *f* deportiva, club *m* deportivo; **'~wagen** *m auto* coche *m* deportivo
Spott [ʃpɔt] *m* (*-[e]s*; *sin pl*) burla *f*; mofa *f*; escarnio *m*; **'≗en** (*ge-*, *h*) reírse (***über*** *ac* de); mofarse (de)
spöttisch ['ʃpœtiʃ] burlón; sarcástico
'Sprach|e ['ʃprɑːxə] *f* (-; *-n*) lengua *f*, idioma *m*; (*Sprechfähigkeit*) habla *f*; palabra *f*; (*Sprechart*) lenguaje *m*; (*Ausdrucksweise*) dicción *f*; ***zur ~ bringen*** poner sobre el tapete; ***zur ~ kommen*** (llegar a) discutirse; **~enschule** *f* escuela *f* de idiomas; **~erkennung** *f inform* reconocimiento *m* de voz; **~führer** *m* manual *m* de conversación; **~gebrauch** *m* (*-[e]s*; *sin pl*) uso *m* del idioma; **≗gewandt** elocuente; de palabra fácil; **≗kundig** experto en idiomas; **~kurs** *m* curs(ill)o *m* de idiomas; **~labor** *n* laboratorio *m* de idiomas; **~lehrer(in** *f*) *m* profesor(a *f*) *m* de idiomas; **≗lich** lingüístico; **≗los** *fig* atónito; **~reise** *f* viaje *m* para aprender idiomas; **~unterricht** *m* enseñanza *f* de idiomas; **~wissenschaft** *f* filología *f*; lingüística *f*
Spray [ʃpre, spreː] *m od n* (*-s*; *-s*) spray *m*
'Sprech|anlage ['ʃprɛçˀanlɑːgə] *f* interfono *m*; **~blase** *f* globito *m*; **≗en** (*sprach*, *gesprochen*, *h*) hablar (***über*** *ac* de); (*sagen*) decir; ***dafür ~*** hablar en favor *od* en pro de; ***zu ~ sn*** recibir; **~er** *m* (*-s*; -), **~erin** *f* (-; *-nen*) orador(a *f*) *m*; (*Wortführer*) portavoz *m*; *Radio*: locutor(a *f*) *m*; **~funk** *m* radiotelefonía *f*; **~stunde** *f* hora *f* de despacho; *med* (hora *f* de) consulta *f*; **'~stundenhilfe** *f* auxiliar *f* de médico, enfermera *f*; **~zimmer** *n* locutorio *m*; *med* sala *f* de consulta, consultorio *m*
spreizen ['ʃpraɪtsən] (*ge-*, *h*) abrir; extender; *Beine*: separar
'spreng|en ['ʃprɛŋən] (*ge-*, *h*) *Garten etc*: regar; *Schloss*: forzar; *Spielbank*: hacer saltar; (***in die Luft***) **~** hacer saltar, volar; **≗körper** *m* (cuerpo *m*) explosivo *m*; **≗stoff** *m* explosivo *m*; **≗ung** *f* (-; *-en*) voladura *f*
Sprichwort ['ʃpriç-] *n* (*-[e]s*; *⸚er*) refrán *m*, proverbio *m*
'Spring|brunnen ['ʃpriŋbrunən] *m* surtidor *m*, fuente *f*; **≗en** (*sprang*, *gesprungen*, *sn*) saltar; (*hüpfen*) brincar; (*platzen*) reventar, estallar; *Glas*: rajarse; **≗end**: ***der ~e Punkt*** el punto esencial, F el busilis, el quid; **~er** *m* (*-s*; -), **~erin** *f* (-; *-nen*) *dep* saltador(a *f*) *m*;

Schach: caballo *m*; **~reiten** *n* concurso *m* de saltos

Sprit [ʃprit] *m* (*-[e]s*; *-e*) alcohol *m*; F gasolina *f*

'Spritz|e ['-sə] *f* -; *-n*) jeringa *f*, *med a* jeringuilla *f*; (*Einspritzung*) inyección *f*; **2en** (*ge-*, *h*) **1.** *v/t* rociar, regar; *med* inyectar; **2.** *v/i* (*a sn*) saltar, brotar; *Schmutz*: salpicar; **~er** *m* (*-s*; -) salpicadura *f*; **~tour** F *f* vuelta *f*, escapada *f*

spröde ['ʃprøːdə] frágil, quebradizo; *Haut*: áspero; *fig* esquivo

Spross [ʃprɔs] *m* (*-es*; *-e*) *bot* retoño *m*, vástago *m* (*beide a fig*); renuevo *m*

Sprosse ['-sə] *f* (-; *-n*) escalón *m*, peldaño *m*

Spruch [ʃprux] *m* (*-[e]s*; *⸚e*) (*Aus2*) dicho *m*, sentencia *f*; (*Sinn2*) adagio *m*, proverbio *m*; *jur* fallo *m*, sentencia *f*; **'2reif** maduro; *jur* concluso para sentencia

'Sprudel ['ʃpruːdəl] *m* (*-s*; -) (*Getränk*) gaseosa *f*, agua *f* mineral con gas; **2n** (*ge-*, *sn u h*) brotar a borbotones, surtir; (*sieden*) hervir; *Sekt*: burbujear

'Sprüh|dose ['ʃpryːdoːzə] *f* spray *m*; **2en** (*ge-*, *sn u h*) chispear (*a fig*); (*Regen*) lloviznar; **~regen** *m* llovizna *f*

Sprung [ʃpruŋ] *m* (*-[e]s*; *⸚e*) salto *m*; (*Satz*) brinco *m*; (*Riss*) raja *f*, grieta *f*; **'~brett** *n* trampolín *m* (*a fig*); **'2haft** *fig* inconstante; veleidoso; **'~schanze** *f* trampolín *m* de saltos

'Spuck|e F ['ʃpukə] *f* (-; *sin pl*) saliva *f*; **2en** (*ge-*, *h*) escupir

spuken ['ʃpuːkən] (*ge-*, *h*) trasguear; ***es spukt*** andan duendes

Spülbecken ['ʃpyːlbɛkən] *n* fregadero *m*, pila *f*

Spule ['ʃpuːlə] *f* (-; *-n*) *el* bobina *f*; (*Rolle*) carrete *m*

'spül|en ['ʃpyːlən] (*ge-*, *h*) lavar; *med* irrigar; *Mund*, *Gläser*: enjuagar; *Wäsche*: aclarar; **2mittel** *n* detergente *m*

Spur [ʃpuːr] *f* (-; *-en*) huella *f* (*a fig*); (*Fuß2*) pisada *f*; (*Rad2*) rodada *f*; *ferro* vía *f*; *Vkw* carril *m*; (*Tonband*) canal *m*; (*Fährte*) pista *f* (*a fig*); *fig* indicio *m*

'spür|bar ['ʃpyːrbaːr] perceptible; *fig* sensible; **~en** *v/t* (*ge-*, *h*) sentir; (*wahrnehmen*) notar, percibir

spurlos ['ʃpuːrloːs] sin dejar rastro

Spürsinn ['ʃpyːr-] *m* (*-[e]s*; *sin pl*) olfato *m*

Spurt [ʃpurt] *m* (*-[e]s*; *-s*) sprint *m*

Spurweite *ferro* ['ʃpuːrvaɪtə] *f* ancho *m* de vía, *Am* trocha *f*

Staat [ʃtaːt] *m* (*-[e]s*; *-en*) Estado *m*; **'2enlos** apátrida; **'2lich** del Estado; estatal; nacional; ***~ geprüft*** diplomado

'Staats|akt ['-sʔakt] *m* ceremonia *f* oficial; **~angehörige** *su* súbdito *m*, -a *f*; ciudadano *m*, -a *f*; **~angehörigkeit** *f* (-; *-en*) nacionalidad *f*; ciudadanía *f*; **~anwalt** *m* fiscal *m*; **~bürger(in** *f*) *m* ciudadano *m*, -a *f*; **~dienst** *m* (*-[e]s*; *sin pl*) servicio *m* público; **~examen** *n* examen *m* de Estado; licenciatura *f*; **2gefährdend** subversivo; **~haushalt** *m* presupuesto *m* del Estado; **~kasse** *f* Tesoro *m* público, fisco *m*; **~mann** *m* (*-[e]s*; *⸚er*) hombre *m* de Estado, estadista *m*; **~oberhaupt** *n* jefe *m* de Estado; **~sekretär** *m* secretario *m* de Estado; *Esp* subsecretario *m*; **~streich** *m* golpe *m* de Estado

Stab [ʃtaːp] *m* (*-[e]s*; *⸚e*) bastón *m*; (*Stange*) vara *f*; (*Metall2*) barra *f*; *dep* pértiga *f*; (*Mitarbeiter2*) plana *f* mayor; *mil* Estado *m* Mayor; **'~hochsprung** *m* salto *m* con pértiga

stabil [ʃta'biːl] estable; **~isator** *m* estabilizador *m*; **~isieren** [-bili'ziːrən] (*h*) estabilizar; **2ität** [-'tɛːt] *f* (-; *sin pl*) estabilidad *f*; **2itätspolitik** *f* política *f* estabilizadora

'Stachel ['ʃtaxəl] *m* (*-s*; *-n*) pincho *m*; *bot a* espina *f*; *zo* púa *f*; (*Insekten2*) aguijón *m* (*a fig*); **~beere** *f* grosella *f* espinosa; **~draht** *m* (*-[e]s*; *sin pl*) alambre *m* de espino; **2ig** espinoso; erizado; **~schwein** *n* puerco *m* espín

Stad|ion ['ʃtaːdjɔn] *n* (*-s*; *-dien*) estadio *m*; **~ium** ['-djum] *n* (*-s*; *-dien*) fase *f*, estad(i)o *m*

Stadt [ʃtat] *f* (-; *⸚e*) ciudad *f*; **'~autobahn** *f* autopista *f* urbana; **'~bahn** *f* ferrocarril *m* metropolitano; **'~bezirk** *m* distrito *m*; **'~bild** *n* aspecto *m* urbano, fisonomía *f* de la ciudad; **'~bummel** *m* paseo *m* por la ciudad

'Städte|bau ['ʃtɛtə-] *m* (*-[e]s*; *sin pl*) urbanismo *m*; **~partnerschaft** *f* hermanamiento *m od* gemelación *f* de ciudades; **~r** *m* (*-s*; -) hombre *m* de ciudad; ciudadano *m*

'Stadt|gas ['ʃtat-] *n* (*-es*; *sin pl*) gas *m* ciudad; **~gebiet** *n* término *m* municipal

S

städtisch ['ʃtɛːtiʃ] urbano; (*Verwaltung*) municipal
'Stadt|kern ['ʃtat-] *m* casco *m* urbano; **~mauer** *f* muralla *f*; **~mitte** *f* centro *m* urbano; **~plan** *m* plano *m* de la ciudad; **~rand** *m* (*-[e]s*; *sin pl*) periferia *f*, afueras *f/pl*; **~rundfahrt** *f* visita *f* de la ciudad; **~teil** *m* barrio *m*; **~zentrum** *n* centro *m* de la ciudad
'Staffel ['ʃtafəl] *f* (-; *-n*) escalón *m*; *dep* relevo *m*; *avia* escuadrilla *f*; **~lauf** *dep m* carrera *f* de relevos; **2n** (*ge-*, *h*) escalonar; graduar
Stag|nation [ʃtagna'tsjoːn] *f* (-; *-en*) estancamiento *m*; **2'nieren** (*h*) estancarse
Stahl [ʃtaːl] *m* (*-[e]s*; *¨e*) acero *m*; **'~beton** *m* hormigón *m* armado; **'2hart** duro como acero; **'~industrie** *f* industria *f* del acero; **'~kammer** *f* cámara *f* acorazada; **'~werk** *n* acería *f*, fábrica *f* de acero
Stall [ʃtal] *m* (*-[e]s*; *¨e*) establo *m*; (*Pferde2*) cuadra *f*
Stamm [ʃtam] *m* (*-[e]s*; *¨e*) tronco *m*; (*Geschlecht*) linaje *m*, estirpe *f*; (*Volks2*) tribu *f*; **'~aktie** *com f* acción *f* ordinaria; **'~baum** *m* árbol *m* genealógico; **'2en** (*ge-*, *h*) provenir, proceder (***aus*** de); (*ab~*) descender (***von*** de); ***~ aus*** ser natural de; **'~gast** *m* cliente *m* habitual; parroquiano *m*; **'~haus** *n* casa *f* matriz
stämmig ['ʃtɛmiç] robusto, vigoroso
'Stamm|kapital ['ʃtam-] *n* capital *m* social; **~kunde** *m* cliente *m* fijo; **~lokal** *n* bar *m* habitual; **~personal** *n* personal *m* de plantilla; **~tisch** *m* tertulia *f*; peña *f*
Stand [ʃtant] *m* (*-[e]s*; *¨e*) (*Verkaufs2*) puesto *m*; (*Messe2*) stand *m*; (*sin pl*) (*Höhe*) nivel *m*; (*Zu2*) estado *m*; (*Rang*) rango *m*, categoría *f*; ***auf den neuesten ~ bringen*** poner al día, actualizar; ***außer ~e → außerstande***; ***im ~e → imstande***; ***in ~ → instand***; ***zu ~e → zustande***
Standard ['-dart] *m* (*-s*; *-s*) standard *m*, estándar *m*; patrón *m*; tipo *m*; **2isieren** [-di'ziːrən] (*h*) estandarizar
Standbild ['ʃtant-] *n* estatua *f*
Ständ|chen ['ʃtɛntçən] *n* (*-s*; -) serenata *f* (***bringen*** dar); **~er** ['-dər] *m* (*-s*; -) soporte *m*; (*Regal*) estante *m*; *tec* montante *m*
'Standesamt ['ʃtandəsʔamt] *n* registro *m* civil; **2lich** *Trauung*: civil; ***~ heiraten*** casarse por lo civil
'stand|haft ['ʃtant-] constante; **~halten** (*irr*, *sep*, *-ge-*, *h*, → ***halten***) resistir
ständig ['ʃtɛndiç] permanente
'Stand|licht *auto* ['ʃtant-] *n* (*-[e]s*; *-er*) luz *f* de población; **~ort** *m* lugar *m*, sitio *m*; emplazamiento *m*; **~punkt** *m* punto *m* de vista; ***auf dem ~ stehen, dass*** opinar que; **~spur** *Vkw f* carril *m* de aparcamiento
Stange ['ʃtaŋə] *f* (-; *-n*) vara *f*; pértiga *f*; palo *m*; (*Kleider2*) percha *f*; (*Metall2*) barra *f*; *Zigaretten*: cartón *m*
'Stapel ['ʃtaːpəl] *m* (*-s*; -) pila *f*, montón *m*; *mar* grada *f*; ***vom ~ lassen*** botar; **~lauf** *mar m* botadura *f*; **2n** (*ge-*, *h*) amontonar, apilar
Star [ʃtaːr] *m* (*-[e]s*; *-e*) **a)** *zo* estornino *m*; **b)** *med*: ***grauer ~*** catarata *f*; ***grüner ~*** glaucoma *m*; **c)** [a staːr] (*-s*; *-s*) *teat*, *Film*: estrella *f*
stark [ʃtark] fuerte; robusto; vigoroso; *Kaffee*: cargado; *tec* potente; (*dick*) grueso, gordo, obeso; *Verkehr etc*: intenso; *adv* mucho
'Stärke ['ʃtɛrkə] *f* (-; *sin pl*) fuerza *f*; robustez *f*; vigor *m*; (*pl -n*) intensidad *f*; *tec* potencia *f*; (*Wäsche2*) almidón *m*; **2n** (*ge-*, *h*) fortalecer, fortificar; robustecer; *med* tonificar; ***sich ~*** confortarse
Starkstrom ['ʃtark-] *el m* (*-[e]s*; *sin pl*) corriente *f* de alta tensión
Stärkung ['ʃtɛrkuŋ] *f* (-; *-en*) confortación *f*; (*Imbiss*) refrigerio *m*
starr [ʃtar] rígido, tieso; (*unbeweglich*) fijo, inmóvil; ***~ vor Kälte*** transido *od* aterido de frío; **'~en** (*ge-*, *h*) mirar fijamente (***auf*** *ac*); ***~ von*** estar cubierto de; **'~sinnig** obstinado
Start [ʃtart] *m* (*-[e]s*; *-s*) salida *f* (*a dep*), arranque *m*; *avia* despegue *m*; **'~automatik** *auto f* arranque *m* automático; **'~bahn** *avia f* pista *f* de despegue; **'2bereit** *avia* listo para el despegue; *fig* listo para partir; **'2en** (*ge-*) **1.** *v/i* (*sn*) salir, arrancar; *avia* despegar; **2.** *v/t* (*h*) *Rakete etc*: lanzar; *a fig* poner en marcha; **'~hilfekabel** *n* cable *m* de emergencia; **'~nummer** *f dep* dorsal *m*
Statik ['ʃtaːtik] *f* (-; *sin pl*) estática *f*
Station [ʃta'tsjoːn] *f* (-; *-en*) estación *f*; *med* sección *f*; (*Halt*) parada *f*; **2är**

S

[-tsjo'nɛːr] estacionario; *med* **~e Behandlung** tratamiento *m* clínico; **2'ieren** (*h*) estacionar; *Raketen*: instalar, desplegar

Sta'tist|ik [-'tistik] *f* (-; *-en*) estadística *f*; **2isch** estadístico

Stativ [-'tiːf] *n* (*-s*; *-e*) trípode *m*

statt [ʃtat] *prp* (*gen*, **zu** + *inf*) en lugar de, en vez de

Stätte ['ʃtɛtə] *f* (-; *-n*) lugar *m*, sitio *m*

stattfinden ['ʃtatfindən] (*irr*, *sep*, *-ge-*, *h*, → **finden**) tener lugar, celebrarse; verificarse, realizarse

Statue ['ʃtɑːtuə] *f* (-; *-n*) estatua *f*

Statur [ʃta'tuːr] *f* (-; *-en*) estatura *f*, talla *f*

Status ['ʃtɑːtus] *m* (-; -) estado *m*; estatus *m* (social)

Statut [ʃta'tuːt] *n* (*-[e]s*; *-en*) estatuto *m*

Stau [ʃtaʊ] *m* (*-[e]s*; *-s*, *-e*) *a Vkw* retención *f*

Staub [ʃtaʊp] *m* (*-[e]s*; *sin pl*) polvo *m*; **~ saugen** pasar la aspiradora; **2en** ['-bən] (*ge-*, *h*) levantar polvo; **es staubt** hay polvo; **'2ig** ['-biç] polvoriento; **'~sauger** *m* (*-s*; -) aspiradora *f*; **'~tuch** *n* trapo *m* quitapolvo; **'~wolke** *f* polvareda *f*

'Staudamm *m* presa *f*; dique *m* (de contención)

'staue|n (*ge-*, *h*) estancar; *Wasser*: represar; *mar* estibar; **sich ~** *Verkehr*: congestionarse

staunen ['-nən] *v/i* (*ge-*, *h*) asombrarse, admirarse (**über** *ac* de)

'Stausee *m* pantano *m*

Steak [steːk] *n* (*-s*; *-s*) bistec *m*

'stech|en ['ʃteçən] (*stach*, *gestochen*, *h*) pinchar; punzar; *Insekt*, *Sonne*: picar; *Kartenspiel*: hacer baza; **~end** punzante; *Schmerz*: *a* lancinante; *Geruch*: penetrante; **2mücke** *f* mosquito *m*; *Am* zancudo *m*

'Steck|brief ['ʃtɛk-] *m* (carta *f*) requisitoria *f*; orden *f* de búsqueda y captura; **~dose** *f* (caja *f* de) enchufe *m* **'stecken** ['ʃtɛkən] (*ge-*, *h*) **1.** *v/t* meter, poner; *Geld in et*: invertir; (*fest~*) prender, fijar; **2.** *v/i* estar (metido), hallarse; *Schlüssel*: estar puesta; **~ bleiben** atascarse (*a fig*); *Fahrzeug*: quedarse parado; quedar detenido (**im Schnee** por la nieve); **~ lassen** *Schlüssel*: dejar puesto; **dahinter steckt et** F aquí hay gato encerrado; **~er** *el m* (*-s*; -) clavija *f*, enchufe *m*; **~nadel** *f* alfiler *m*

Steg [ʃteːk] *m* (*-[e]s*; *-e*) pasadera *f*; pasarela *f*; **'~reif** *m*: **aus dem ~ sprechen** improvisar (un discurso)

'stehen ['ʃteːən] *v/i* (*stand*, *gestanden*, *h*) estar de *od* en pie; (*sich befinden*) estar, encontrarse; *in e-m Text*: figurar en; *Uhr*, *Verkehr*: estar parado; *Kleidung*: ir, sentar; **~ bleiben** pararse (*a Uhr*), detenerse, quedarse parado; **~ lassen** (dejar (*j-n*: plantado); (*vergessen*) olvidar; **wie stehst du dazu?** ¿qué opinas de esto?; **sich gut mit j-m ~** llevarse bien con alg; *fig* **hinter j-m ~** respaldar a alg; **wie steht es mit ...?** ¿qué hay de ...?; **~d** de pie; derecho; *Wasser*: estancado, muerto

'Steh|lampe *f* lámpara *f* de pie; **~leiter** *f* escalera *f* de tijera

stehlen ['-lən] (*stahl*, *gestohlen*, *h*) hurtar, robar

Stehplatz ['-plats] *m teat* localidad *f* de pie

steif [ʃtaɪf] tieso, rígido; *Grog*, *Wind*: fuerte; *Glieder*: entumecido; *Benehmen*: formal, ceremonioso

'steig|en ['ʃtaɪgən] (*stieg*, *gestiegen*, *sn*) subir (**auf**, **in** *ac* a); (*zunehmen*) aumentar, crecer; **~end** en alza; creciente; **~ern** (*ge-*, *h*) acrecentar, aumentar; elevar, alzar; *Preis a* subir; (*Auktion*) pujar; **sich ~** aumentar, ir en aumento; **2erung** *f* (-; *-en*) aumento *m*, subida *f*; **2erungsrate** *f* tasa *f* de incremento; **2ung** *f* (-; *-en*) subida *f*; cuesta *f*, pendiente *f*

steil [ʃtaɪl] escarpado, empinado; *Küste*: acantilado; **'2hang** *m* despeñadero *m*; tajo *m*; **'2küste** *f* acantilado *m*; **'2wandzelt** *n* tienda *f* canadiense

Stein [ʃtaɪn] *m* (*-[e]s*; *-e*) piedra *f*; *med* cálculo *m*; (*Spiel2*) pieza *f*, peón *m*; (*Obst2*) hueso *m*; **'~bock** *m zo* cabra *f* montés; *astr* Capricornio *m*; **'~bruch** *m* cantera *f*; **'2ern** de piedra; **'~gut** *n* (*-[e]s*; *sin pl*) loza *f*; gres *m*; **'2ig** pedregoso; **'~kohle** *f* hulla *f*; **~metz** ['-mɛts] *m* (*-en*; *-en*) cantero *m*, picapedrero *m*; **'~pilz** *bot m* boleto *m* comestible; **'~schlag** *m* caída *f* de piedras; **'~zeit** *f* (-; *sin pl*) edad *f* de piedra

Steiß [ʃtaɪs] *m* (*-es*; *-e*) trasero *m*

Stelle ['ʃtɛlə] *f* (-; *-n*) sitio *m*, lugar *m*; (*Anstellung*) empleo *m*, puesto *m*, colocación *f*; *in Büchern*: pasaje *m*; (*Behörde*) servicio *m*; centro *m* (oficial); ***an ~ von*** en lugar de; ***ich an deiner ~*** yo que tú

'stellen ['-lən] (*ge-*, *h*) **1.** *v/t* colocar; poner, meter; *tec* ajustar; *Uhr*: poner en hora; *Aufgabe*: proponer; *Antrag*, *Frage*: hacer; **2.** *v/refl*: ***sich ~*** colocarse, ponerse, meterse; *Täter*: entregarse; (*so tun als ob*) fingir, simular *inf*; **≗abbau** *m* reducción *f* de empleo; **≗angebot** *n* oferta *f* de empleo *od* colocación; **≗gesuch** *n* demanda *f od* solicitud *f* de empleo; **≗vermittlung** *f* agencia *f* de colocaciones; **~weise** aquí y allá; en parte

'Stellplatz *m* plaza *f* de parking

'Stellung ['-luŋ] *f* (-; *-en*) posición *f* (*a mil*); (*An≗*) empleo *m*, puesto *m*, colocación *f*; ***~ nehmen zu*** tomar posición *od* opinar sobre; **~nahme** ['-nɑːmə] *f* (-; *-n*) toma *f* de posición; parecer *m*, opinión *f*; **~(s)suche** *f* busca *f* de empleo; **~(s)suchende** *m/f* (*-n*; *-n*) solicitante *su* de empleo

'Stellvertreter(in *f*) *m* sustituto *m*, -a *f*, suplente *su*; representante *su*

stemmen ['ʃtɛmən] (*ge-*, *h*): ***sich ~ gegen*** apoyarse contra; *fig* resistirse a

'Stempel ['-pəl] *m* (*-s*; -) sello *m* (*a fig*); timbre *m*; (*Namens≗*) estampilla *f*; *corr* matasellos *m*; *tec* punzón *m*; **~kissen** *n* tampón *m*, almohadilla *f*; **≗n** (*ge-*, *h*) sellar; timbrar; *corr Marke*: matasellar, inutilizar

Steno'gramm [ʃteno'gram] *n* (*-s*; *-e*) taquigrama *m*; **~block** *m* (*-[e]s*; *-s*) bloc *m* de taquigrafía

Steno'graf [-'grɑːf] *m* (*-en*; *-en*), **~in** *f* (-; *-nen*) taquígrafo *m*, -a *f*; **~ie** [-gra'fiː] *f* (-; *-n*) taquigrafía *f*; **≗ieren** [-'fiːrən] (*h*) taquigrafiar

Stenotypistin [-ty'pistin] *f* (-; *-nen*) taquimecanógrafa *f*, F taquimeca *f*

'Stepp|decke ['ʃtɛp-] *f* colcha *f* pespunteada; edredón *m*; **~e** *f* (-; *-n*) estepa *f*

'Sterbe|bett ['ʃtɛrbə-] *n* lecho *m* de muerte; **~fall** *m* fallecimiento *m*; **≗n** (*starb*, *gestorben*, *sn*) morir (**an** *dat* de), fallecer; ***im ~ liegen*** estar muriéndose; **~urkunde** *f* partida *f* de defunción

'sterblich ['ʃtɛrpliç] mortal; **≗keit** *f* mortalidad *f*

Stereo|anlage ['ʃteːreoˀ-] *f* equipo *m* estereofónico *od* estéreo; **≗typ** [-'tyːp] estereotípico, estereotipado (*a fig*)

steril [ʃte'riːl] estéril; **~isieren** [-rili'siːrən] (*h*) esterilizar

Stern [ʃtɛrn] *m* (*-[e]s*; *-e*) estrella *f*, *astr a* astro *m*; **'~bild** *n* constelación *f*; **'~enbanner** *n* bandera *f* estrellada; **'~enhimmel** *m* (*-s*; *sin pl*) firmamento *m*; **≗förmig** ['-fœrmiç] estrellado, radiado; **'~schnuppe** *f* (-; *-n*) estrella *f* fugaz; **'~warte** *f* observatorio *m* (astronómico)

'stet|ig ['ʃteːtiç] constante, continuo; **~s** siempre

'Steuer ['ʃtɔʏər] **a)** *f* (-; *-n*) impuesto *m*, contribución *f*; **b)** *n* (*-s*; -) *mar*, *avia* timón *m* (*a fig*); *auto* volante *m*; **~aufkommen** *n* recaudación *f* fiscal; **~befreiung** *f* exención *f* fiscal; **~berater** *m* asesor *m* fiscal; **~bord** *mar n* (*-[e]s*; *sin pl*) estribor *m*; **~erklärung** *f* declaración *f* de impuestos; **≗frei** libre de impuestos; **~freibetrag** *m* importe *m* exento de impuestos; **~hinterziehung** *f* (-; *-en*) fraude *m* fiscal; **~klasse** *f* categoría *f* impositiva; **~knüppel** *avia m* palanca *f* de mando; **≗lich** fiscal; **≗n** (*ge-*, *h*) *mar* gobernar; *avia* pilotar; *auto* conducir, guiar; *tec* mandar; **≗pflichtig** *et*: imponible; *j*: contribuyente; **~rad** *n auto* volante *m*; *mar* timón *m*; **~recht** *n* (*-[e]s*; *sin pl*) derecho *m* fiscal; **~rückvergütung** *f* devolución *f* de impuestos; **~satz** *m* tipo *m* impositivo; **~ung** *f* (-; *sin pl*) *mar* gobierno *m*; *avia* pilotaje *m*; *auto* conducción *f*; *tec* mando *m*; control *m*; **~vergünstigung** *f* ventaja *f* fiscal; **~vorauszahlung** *f* pago *m* anticipado de impuestos; **~zahler** *m* (*-s*; -) contribuyente *m*

'Steward ['stjuːərt] *m* (*-s*; *-s*) *avia* auxiliar *m* de vuelo; *mar* camarero *m*; **~ess** [-dɛs] *f* (-; -en) *avia* azafata *f*, *Am* aeromoza *f*; *mar* camarera *f*

Stich [ʃtiç] *m* (*-[e]s*; *-e*) pinchazo *m*; punzada *f* (*a Schmerz*); *e-s Insekts*: picadura *f*; *Kartenspiel*: baza *f*; (*Bild*) grabado *m*, lámina *f*, estampa *f*; ***im ~ lassen*** abandonar; **'≗eln** *fig* (*ge-*, *h*) echar indirectas *od* pullas; **'≗haltig** concluyente; fundado; **'~probe** *f* prueba *f* (hecha) al azar; **'~tag** *m* día *m* fijado; fecha *f* tope; ***~ zur Einführung des Euro*** día *m* fijado para la introducción del euro;

S

'~wahl *f* votación *f* de desempate, balotaje *m*; **'~wort** *n* (*Notiz*) apunte *m*; *tip* voz *f* guía, entrada *f*

'stick|en ['ʃtikən] (*ge-*, *h*) bordar; **2e'rei** *f* (-; *-en*) bordado *m*; **~ig** sofocante; **2stoff** *quím m* (*-[e]s*; *sin pl*) nitrógeno *m*

Stiefbruder ['ʃtiːf-] *m* hermanastro *m*

Stiefel ['-fəl] *m* (*-s*; -) bota *f*

'Stief|mutter ['ʃtiːf-] *f* madrastra *f*; **~mütterchen** *bot n* (*-s*; -) pensamiento *m*; **~schwester** *f* hermanastra *f*; **~sohn** *m* (**~tochter** *f*) hijastro *m* (hijastra *f*); **~vater** *m* padrastro *m*

Stiege ['ʃtiːgə] *f* (-; *-n*) escalera *f* (estrecha)

Stiel [ʃtiːl] *m* (*-[e]s*; *-e*) mango *m*; *bot* tallo *m*; *a zo* pedúnculo *m*

Stier [ʃtiːr] *m* (*-[e]s*; *-e*) toro *m*; *astr* Tauro *m*; *fig* ***den ~ bei den Hörnern packen*** agarrar el toro por los cuernos; **'~kampf** *m* corrida *f* de toros; **'~kampfarena** *f* plaza *f* de toros; **'~kämpfer** *m* torero *m*

Stift [ʃtift] *m* (*-[e]s*; *-e*) clavija *f*; espiga *f*; (*Nagel*) tachuela *f*; (*Blei2*) lápiz *m*; **'2en** (*ge-*, *h*) fundar, crear; (*schenken*) donar, regalar; **'~ung** *f* (-; *-en*) fundación *f*; (*Schenkung*) donación *f*

Stil [ʃtiːl] *m* (*-[e]s*; *-e*) estilo *m*; ***in großem ~*** por todo lo alto; **2isieren** [ʃtili'ziːrən] (*h*) estilizar; **2istisch** [-'listiʃ] estilístico

still [ʃtil] (*ruhig*) tranquilo, quieto; (*lautlos*) silencioso; (*unbeweglich*) inmóvil; (*schweigend*) tácito, taciturno; ***~er Teilhaber*** socio *m* tácito *od* participante; **'2e** *f* (-; *sin pl*) tranquilidad *f*; silencio *m*; calma *f*; ***in aller ~*** en la (más estricta) intimidad

'still|en ['ʃtilən] (*ge-*, *h*) *Schmerz*: calmar; *Hunger*: matar; *Durst*: apagar; *Blut*: restañar; *Kind*: dar el pecho, amamantar; **~halten** (*irr*, *sep*, *-ge-*, *h*, → ***halten***) no moverse, quedarse quieto

Stillleben *pint* ['ʃtil-] *n* (*-s*; -) naturaleza *f* muerta, bodegón *m*

'stilllegen (*sep*, *-ge-*, *h*) parar; cerrar; paralizar

'Still|schweigen *n* (*-s*; *sin pl*) silencio *m*; mutismo *m*; **2schweigend** callado, tácito; ***~ übergehen*** silenciar; **~stand** *m* (*-[e]s*; *sin pl*) parada *f*; suspensión *f*, paro *m*; paralización *f*; **2stehen** (*irr*, *sep*, *-ge-*, *h*, → ***stehen***) quedarse parado *od* quieto, no moverse; *Betrieb*: estar parado

'Stil|möbel ['ʃtiːl-] *n*/*pl* muebles *m*/*pl* de estilo; **2voll** de buen gusto; de estilo refinado

'Stimm|bänder *anat* ['ʃtim-] *n*/*pl* cuerdas *f*/*pl* vocales; **2berechtigt** con derecho a votar; **~e** *f* (-; *-n*) voz *f*; *pol* voto *m*; *mus* parte *f*; ***s-e ~ abgeben*** votar

'stimmen ['-mən] (*ge-*, *h*) **1.** *v*/*t mus* afinar; *fig* ***traurig ~*** entristecer; ***gut*** (***schlecht***) ***gestimmt*** de buen (mal) humor; **2.** *v*/*i* (*zutreffen*) ser exacto *od* cierto *od* justo; *pol* ***~ für*** votar por; **2mehrheit** *f* mayoría *f* de votos

'Stimm|enthaltung abstención *f*; **~recht** *n* (*-[e]s*; *sin pl*) derecho *m* de voto; **~ung** *f* (-; *-en*) *fig* disposición *f*; humor *m*; estado *m* de ánimo; ambiente *m*, atmósfera *f*; ***in ~ kommen*** animarse; **2ungsvoll** (muy) expresivo; (muy) animado; **~zählung** *f* recuento *m* de votos, escrutinio *m*; **~zettel** *m* papeleta *f* de votación

stinken ['ʃtiŋkən] (*stank*, *gestunken*, *h*) heder (***nach*** a); oler mal, apestar

Stipendi|at [ʃtipɛn'djaːt] *m* (*-en*; *-en*), **~atin** *f* (-; *-nen*) becario *m*, -a *f*; **~um** [-'pɛndjum] *n* (*-s*; *-dien*) beca *f*; bolsa *f* de estudios

Stirn [ʃtirn] (-; *-en*) frente *f*

Stock [ʃtɔk] *m* **a)** (*-[e]s*; *⸚e*) bastón *m*; palo *m*; (*Billard2*) taco *m*; **b)** *arqu* (*-[e]s*; -, *a -werke*) piso *m*, planta *f*

'stock|en ['ʃtɔkən] (*ge-*, *h*) interrumpirse; pararse, detenerse; *Verkehr*: congestionarse; *beim Reden*: atascarse, cortarse; **2ung** *f* (-; *-en*) interrupción *f*; detención *f*; estancamiento *m*; (*Verkehr*) congestión *f*; **2werk** *n* piso *m*, planta *f*

Stoff [ʃtɔf] *m* (*-[e]s*; *-e*) materia *f*, sustancia *f*; (*Tuch*) paño *m*, tela *f*, tejido *m*; (*Thema*) tema *m*, asunto *m*; F (*Rauschgift*) polvo *m*; **'2lich** material; **'~wechsel** *med m* (*-s*; *sin pl*) metabolismo *m*

stöhnen ['ʃtøːnən] *v*/*i* (*ge-*, *h*) gemir; *fig* quejarse (***über*** *ac* de)

Stollen ['ʃtɔlən] *m* (*-s*; -) *min* galería *f*; (*Gebäck*) bollo *m* de Navidad

stolpern ['-pərn] (*ge-*, *sn*) tropezar (***über*** *ac* con); dar un traspié

stolz [ʃtɔlts] **1.** *adj* orgulloso (***auf*** *ac* de);

S

soberbio, altanero; **2.** ♀ *m* (*-[e]s*; *sin pl*) orgullo *m*; soberbia *f*, altanería *f*

'stopf|en ['ʃtɔpfən] (*ge-*, *h*) meter (***in*** *ac* en); *Loch*: tapar; *Strumpf*: zurcir; **♀garn** *n* (**♀nadel** *f*) hilo *m* (aguja *f*) de zurcir

Stopp [ʃtɔp] **1.** *m* (*-s*; *-s*) parada *f*; **2.** ***♀!*** ¡alto!

'Stoppel ['-pəl] *f* (*-*; *-n*) rastrojo *m*; **~bart** *m* barba *f* de varios días

'stopp|en ['-pən] (*ge-*, *h*) **1.** *v/t* (hacer) parar; detener; *Zeit*: cronometrar; **2.** *v/i* parar(se), detenerse; **♀schild** *Vkw n* señal *f* de parada *od* de stop; **♀uhr** *f* cronómetro *m*

Stöpsel ['ʃtœpsəl] *m* (*-s*; *-*) tapón *m* (*a* F *fig*); *el* clavija *f*

Storch [ʃtɔrç] *m* (*-[e]s*; *⸚e*) cigüeña *f*

'stör|en ['ʃtøːrən] (*ge-*, *h*) estorbar; perturbar; (*belästigen*) molestar, incomodar; **~end** molesto; perturbador

stor'nier|en *com* [ʃtɔr'niːrən] (*h*) anular; cancelar; **♀ungsgebühr** *f* gastos *m/pl* de anulación

'Storno *com* ['ʃtɔrno] *n* (*-s*; *-ni*) anulación *f*; **~buchung** *f* asiento *m* anulado

störrisch ['ʃtœriʃ] terco, recalcitrante

'Störung ['ʃtøːruŋ] *f* (*-*; *-en*) estorbo *m*; molestia *f*; perturbación *f*; *med* trastorno *m*; *el* interferencia *f*; *tec* avería *f*; **~sstelle** *f* servicio *m* de averías

Stoß [ʃtoːs] *m* (*-[e]s*; *⸚e*) golpe *m*; empujón *m*; *mit dem Ellenbogen*: codazo *m*; (*Erschütterung*) sacudida *f*; (*Anprall*) choque *m*; (*Haufen*) pila *f*, montón *m*; (*Akten♀*) legajo *m*; **'~dämpfer** *auto m* (*-s*; *-*) amortiguador *m*

'stoß|en ['ʃtoːsən] (*stieß*, *gestoßen*, *h*) **1.** *v/t* empujar; ***sich ~*** darse un golpe; hacerse daño; **2.** *v/i Stier*: dar cornadas; (*sn*) ***~ auf*** (*ac*) dar *od* topar con; (*h u sn*) ***~ an*** (*ac*) chocar (*od* dar) contra; tropezar con; (*h*) (*angrenzen*) lindar con; **♀stange** *auto f* parachoques *m*; **♀verkehr** *m* tráfico *m* en horas punta; **♀zahn** *m* colmillo *m*; **♀zeit** *f* horas *f/pl* punta

stottern ['ʃtɔtərn] (*ge-*, *h*) tartamudear

'Straf|anstalt ['ʃtraːfˀ-] *f* penal *m*; centro *m* penitenciario; **~anzeige** *f* denuncia *f* (***erstatten*** presentar); **♀bar** punible, delictivo; criminal; ***sich ~ machen*** incurrir en una pena; delinquir; **~e** *f* (*-*; *-n*) castigo *m*; *jur* pena *f*; (*Geld♀*) multa *f*; **♀en** (*ge-*, *h*) castigar; multar

straff [ʃtraf] tieso, tirante; *fig* enérgico; riguroso, severo

straffällig ['ʃtraːffɛliç] culpable; ***~ werden*** delinquir

straffen ['ʃtrafən] (*ge-*, *h*) estirar, atiesar

'straf|frei ['ʃtraːf-] impune; ***für ~ erklären*** despenalizar; **♀gefangene** *m/f* preso *m*, -a *f*; **♀gesetzbuch** *n* código *m* penal; **♀kammer** *jur* sala *f* de lo criminal; **♀mandat** *n* multa *f*; **♀maß** *jur n* (*-[e]s*; *sin pl*) (cuantía *f* de la) pena *f*; **~mildernd** atenuante; **♀porto** *corr n* sobretasa *f* de franqueo; **♀prozess** *m* proceso *m* penal; **♀punkt** *m dep* penalización *f*; **♀recht** *n* derecho *m* penal; **~rechtlich** penal; **♀stoß** *m dep* penalty *m*; **♀tat** *f* hecho *m* delictivo; acción *f* punible; **♀verteidiger** *m* abogado *m* criminalista; **♀zettel** F *m* (hoja *f* de la) multa *f*

Strahl [ʃtraːl] *m* (*-[e]s*; *-en*) rayo *m*; (*Wasser♀*) chorro *m*; **'♀en** (*ge-*, *h*) radiar; (*aus~*) irradiar; *fig* estar radiante (***vor*** de); **'~enschädigung** *f* radiolesión *f*; **'~enschutz** *m* protección *f* contra las radiaciones; **'~ung** *f* (*-*; *-en*) radiación *f*

'Strähn|e ['ʃtrɛːnə] *f* (*-*; *-n*) *Haar*: mechón *m*; **♀ig** lacio

strampeln ['ʃtrampəln] (*ge-*, *h*) patalear; F (*Rad fahren*) pedalear

Strand [ʃtrant] *m* (*-[e]s*; *⸚e*) playa *f*; **'~bad** *n* playa *f*; **'~korb** *m* sillón *m* de mimbre (para la playa); **~nähe** *f*: ***in ~*** cerca de la playa; **'~promenade** *f* paseo *m* marítimo

Strang [ʃtraŋ] *m* (*-[e]s*; *⸚e*) cuerda *f*, soga *f*; (*Schienen♀*) vía *f*; *fig* ***an e-m ~ ziehen*** tirar de la misma cuerda

Strapaz|e [ʃtra'paːtsə] *f* (*-*; *-n*) fatiga *f*; **♀ieren** [-pa'tsiːrən] (*h*) fatigar, cansar; *et*: gastar (mucho); **♀'ierfähig** resistente

Straße ['ʃtraːsə] *f* (*-*; *-n*) calle *f*; (*Land♀*) carretera *f*; vía *f*; *mar* estrecho *m*; *fig* ***auf die ~ setzen*** poner en la calle

'Straßen|arbeiten *f/pl* obras *f/pl* viales; **~bahn** *f* tranvía *m*; **~bahnhaltestelle** *f* parada *f* de tranvía; **~beleuchtung** *f* alumbrado *m* público; **~benutzungsgebühr** *f* peaje *m*; **~café** *n* café *m* con terraza; **~ecke** *f* esquina *f*; **~graben** *m* cuneta *f*; **~händler(in** *f*) *m* vendedor(a *f*) *m* ambulante; **~karte** *f* mapa *m* de carreteras; **~kreuzung** *f* cruce *m*; **~laterne** *f* farol *m*; farola *f*; **~mädchen** *n* ramera *f*; F fulana *f*; **~reinigung** *f* limpieza *f* pública; **~schild** *n* rótulo *m* de calle; **~sperre** *f* barrera *f*; **~verhältnisse** *n/pl* estado *m* de las carreteras; **~verkehr** *m* tráfico *m*, circulación *f*; **~verkehrsordnung** *f* código *m* de la circulación

Strateg|ie [ʃtrate'giː] *f* (-; *-n*) estrategia *f*; **&isch** [-'teːgiʃ] estratégico

sträuben ['ʃtrɔʏbən] (*ge-*, *h*): (***sich***) **~** erizar(se); ***sich* ~** *fig* oponerse, resistirse (***gegen*** a)

Strauch [ʃtraʊx] *m* (*-[e]s*; *¨er*) arbusto *m*, mata *f*

Strauß [ʃtraʊs] *m* (*-es*) **a)** (*Blumen&*) (*pl ¨e*) ramo *m*, ramillete *m*; **b)** *zo* (*pl -e*) avestruz *m*

streben ['ʃtreːbən] (*ge-*, *h*): **~ *nach*** aspirar a; ambicionar (*ac*)

'Streck|e ['ʃtrɛkə] *f* (-; *-n*) recorrido *m* (*a dep*), trayecto *m*; (*Entfernung*) distancia *f*; (*Teilstück*) trecho *m*; *ferro* línea *f* (***nach*** de); **&en** (*ge-*, *h*) estirar, extender; *Waffen*: rendir; *Vorräte*: alargar; **&enweise** a trechos; **~verband** *m* vendaje *m* de extensión

Streich [ʃtraɪç] *m* (*-[e]s*; *-e*) golpe *m*; *fig* travesura *f*; ***dummer* ~** tontería *f*; **'&eln** (*ge-*, *h*) acariciar; **'&en** (*strich*, *gestrichen*, *h*) **1.** *v/i* pasar (***über*** *ac* por); **2.** *v/t* pintar; (*aus~*) borrar, tachar; *Text*: suprimir; *Auftrag*: anular; *Butter*: extender; **'~holz** *n* cerilla *f*, fósforo *m*; **'~instrument** *n* instrumento *m* de arco; **'~ung** *f* (-; *-en*) supresión *f*; anulación *f*; cancelación *f*

'Streif|e ['ʃtraɪfə] *f* (-; *-n*) patrulla *f*; ronda *f*; **~en** *m* (*-s*; -) raya *f*; tira *f*; (*Film*) cinta *f*; (*Gelände&*) faja *f*; **&en** (*ge-*) **1.** *v/t* (*h*) rozar, *a fig* tocar; (*ab~*) quitar (***von*** de); **2.** *v/i* (*sn*) vagar (***durch*** por); **~enwagen** *m* coche *m* patrulla; **~schuss** *m* rozadura *f* (causada por un balazo); **~zug** *m* correría *f*, incursión *f*

Streik [ʃtraɪk] *m* (*-[e]s*; *-s*) huelga *f*; **~brecher** ['-brɛçər] *m* (*-s*; -) esquirol *m*; **'&en** (*ge-*, *h*) estar en huelga; *fig* pasar; *Motor etc*: fallar; **'~ende** *m/f* (*-n*; *-n*) huelguista *su*; **'~posten** *m* piquete *m*; **~recht** *n* (*-[e]s*; *sin pl*) derecho *m* de huelga

Streit [ʃtraɪt] *m* (*-[e]s*; *-e*) querella *f*, conflicto *m*; riña *f*, pendencia *f*; (*Wort&*) disputa *f*, controversia *f*; *jur* litigio *m*; **'&en** (*stritt*, *gestritten*, *h*) disputar (***über*** *ac* sobre); reñir (***um*** por); luchar, combatir; *jur* litigar; ***sich um et* ~** disputarse a/c; **'~frage** *f* punto *m* litigioso; **'~kräfte** *f/pl* fuerzas *f/pl* armadas; **'&süchtig** pendenciero

streng [ʃtrɛŋ] severo; riguroso; *Kälte*: intenso; *Sitte*: austero; *adv* estrictamente; **~(*stens*) *verboten*** terminantemente prohibido

Stress [ʃtrɛs] *m* (*-es*; *sin pl*) stress *m*, estrés *m*

'stress|en (*ge-*, *h*) estresar; **~ig** estresante

streuen ['ʃtrɔʏən] (*ge-*, *h*) esparcir; echar; dispersar

Strich [ʃtrɪç] *m* (*-[e]s*; *-e*) raya *f*; línea *f*; (*Land&*) comarca *f*, región *f*; *fig* ***e-n* ~ *unter et machen*** hacer borrón y cuenta nueva; P ***auf den* ~ *gehen*** hacer la calle *od* la carrera; **~code** *m* código *m* de barras; **'&eln** (*ge-*, *h*) rayar; ***gestrichelte Linie*** línea *f* discontinua

Strick [ʃtrɪk] *m* (*-[e]s*; *-e*) cuerda *f*, soga *f*; *fig* pilluelo *m*; **'&en** (*ge-*, *h*) hacer calceta *od* punto, tricotar; ***gestrickt*** de punto; **'~jacke** *f* chaqueta *f* de punto; **'~nadel** *f* aguja *f* para labores de punto; **'~waren** *f/pl* géneros *m/pl* de punto

Striemen ['ʃtriːmən] *m* (*-s*; -) cardenal *m*, verdugón *m*

Stroh [ʃtroː] *n* (*-[e]s*; *sin pl*) paja *f*; **'~halm** *m* brizna *f* de paja; *zum Trinken*: paja *f*; **'~hut** *m* sombrero *m* de paja; **'~sack** *m* jergón *m*

Strom [ʃtroːm] *m* (*-[e]s*; *¨e*) río *m*; (*Strömung*, *el*) corriente *f*; *fig* torrente *m*; *fig* ***mit dem*** (***gegen den***) **~ *schwimmen*** irse con (ir contra) la corriente; **&'ab(wärts** [vɛrts]) aguas abajo; **'~anschluss** *m* conexión *f* a la red eléctrica; toma *f* de corriente; **&'auf(wärts)** aguas arriba; **'~ausfall** *m* apagón *m*

strömen ['ʃtrøːmən] (*ge-*, *sn*) correr (***aus*** por); chorrear; *Regen*: caer a chorros; *fig* afluir (***nach*** a); acudir en masa

'Strom|kreis *el* ['ʃtroːm-] circuito *m*; **&linienförmig** aerodinámico; **~netz** *el n* red *f* de corriente; **~schnelle** *f* (-; *-n*) rápido *m*; **~stärke** *el f* intensidad *f* de la corriente

S

Strömung ['ʃtrøːmuŋ] *f* (-; *-en*) corriente *f* (*a fig*)
Stromverbrauch *el* ['ʃtroːm-] *m* consumo *m* de corriente
Strophe ['ʃtroːfə] *f* (-; *-n*) estrofa *f*
Strudel ['ʃtruːdəl] *m* (*-s*; -) remolino *m*, torbellino *m*, vorágine *f* (*alle a fig*)
Struktur [ʃtruk'tuːr] *f* (-; *-en*) estructura *f*
Strumpf [ʃtrumpf] *m* (*-[e]s*; *⸚e*) media *f*; **'~hose** *f* leotardos *m/pl*, panty *m*
Stube ['ʃtuːbə] *f* (-; *-n*) cuarto *m*, habitación *f*, pieza *f*
Stück [ʃtyk] *n* (*-[e]s*; *-e*; *como medida después de números inv*) pieza *f* (*a teat, mus*); trozo *m*, pedazo *m*; (*Bruch*≗) fragmento *m*; *Seife*: pastilla *f*; *Zucker*: terrón *m*; *Brot*: mendrugo *m*; ***~ Land*** (lote *m* de) terreno *m*; ***~ Vieh*** res *f*; ***~ für ~*** pieza por pieza; **'≗weise** a trozos; **'~werk** *n* (*-[e]s*; *sin pl*) obra *f* imperfecta; chapuza *f*; **'~zahl** *f* número *m* de piezas
Stu'dent [ʃtu'dɛnt] *m* (*-en*; *-en*), **~in** *f* (-; *-nen*) estudiante *su*; universitario *m*, -a *f*; **~enausweis** *m* carnet *m* de estudiante; **~enheim** *n* residencia *f* de estudiantes
'Studie ['ʃtuːdjə] *f* (-; *-n*) estudio *m*; **~nabbrecher** *m* (*-s*; -) estudiante *m* que abandona los estudios; **~nabschluss** *m* grado *m* universitario; **~naufenthalt** *m* estancia *f* por estudios; **~nfach** *n* asignatura *f*; **~nrat** *m* catedrático *m* de Instituto; **~nreise** *f* viaje *m* de estudios
studieren [ʃtu'diːrən] (*h*) estudiar
Stud|io ['ʃtuːdjo] *n* (*-s*; *-s*) estudio *m*; **~ium** ['-jum] *n* (*-s*; *-dien*) estudios *m/pl*
'Stufe ['-fə] *f* (-; *-n*) escalón *m* (*a fig*); peldaño *m*; grada *f*; **≗nweise** gradualmente
Stuhl [ʃtuːl] *m* (*-[e]s*; *⸚e*) silla *f*; **'~gang** *med m* (*-[e]s*; *sin pl*) deposiciones *f/pl*; defecación *f*
stülpen ['ʃtylpən] (*ge-*, *h*) (*um~*) volver; (*auf~*, *über~*) poner
stumm [ʃtum] mudo; **'≗el** *m* (*-s*; -) muñón *m*; (*Kerzen*≗) cabo *m*; (*Zigaretten*≗) colilla *f*, *Am* pucho *m*; **'≗film** *m* película *f* muda, cine *m* mudo
stumpf [ʃtumpf] **1.** *adj* sin filo; romo; **2.** ≗ *m* (*-[e]s*; *⸚e*) (*Glied*) muñón *m*; (*Baum*) tronco *m*; **'≗sinn** *m* (*-[e]s*; *sin pl*) estupidez *f*
'Stunde ['ʃtundə] *f* (-; *-n*) hora *f*; (*Unterrichts*≗) lección *f*, clase *f*; **≗n** (*ge-*, *h*) aplazar (el pago de); conceder un plazo; **~ngeschwindigkeit** *f* velocidad *f* por hora; **~nkilometer** *m/pl* kilómetros *m/pl* por hora; **~nlohn** *m* salario *m* por hora; **~nplan** *m* horario *m*; **~nzeiger** *m* horario *m*
stündlich ['ʃtyntliç] cada hora
Stundung ['ʃtunduŋ] *f* (-; *-en*) aplazamiento *m* de pago; prórroga *f*
stur [ʃtuːr] testarudo, terco
Sturm [ʃturm] *m* (*-[e]s*; *⸚e*) tempestad *f* (*a fig*); (*Gewitter*≗) tormenta *f* (*a fig*); temporal *m*; *mar a* borrasca *f*; **'~angriff** *m* asalto *m*
stürm|en ['ʃtyrmən] (*ge-*, *h*) **1.** *v/t mil* tomar por asalto; **2.** *v/i mil* dar el asalto; *fig* lanzarse (***auf*** *ac* sobre); ***es stürmt*** hay tempestad *od* temporal; **≗er** *m* (*-s*; -) *dep* delantero *m*
Sturmflut ['ʃturm-] *f* marea *f* viva
stürmisch ['ʃtyrmiʃ] tempestuoso; borrascoso, tormentoso; *fig* turbulento; impetuoso; *Beifall*: delirante, frenético
Sturmwarnung *f* ['ʃturm-] aviso *m* de tempestad
Sturz [ʃturts] *m* (*-es*; *⸚e*) caída *f*; *arqu* dintel *m*
stürzen ['ʃtyrtsən] (*ge-*) **1.** *v/t* (*h*) derribar (*a fig*); *pol a* derrocar; (*hinab~*) arrojar, precipitar; **2.** *v/refl* (*h*): ***sich ~*** arrojarse (***aus dem Fenster*** por la ventana); **3.** *v/i* (*sn*) caer(se); (*eilen*) precipitarse; ***~ auf*** (*ac*) *avia* estrellarse contra
Sturzhelm ['ʃturts-] *m* casco *m* protector
Stute ['ʃtuːtə] *f* (-; *-n*) yegua *f*
'Stütze ['ʃytsə] *f* (-; *-n*) apoyo *m*, soporte *m* (*beide a fig*); *agr* rodrigón *m*; *fig* pilar *m*, puntal *m*; **≗n** (*ge-*, *h*) apoyar (*a fig*), sostener; *arqu* apuntalar; *fig* ***sich ~ auf*** (*ac*) basarse *od* fundarse en
stutzig ['ʃtutsiç] perplejo; (*argwöhnisch*) suspicaz; ***~ machen*** (***werden***) escamar(se)
'Stütz|pfeiler ['ʃtyts-] *m* pilar *m* de sostén; **~punkt** *m* punto *m* de apoyo; *mil, mar* base *f*
Subjekt [zup'jɛkt] *n* (*-[e]s*; *-e*) sujeto *m* (*a fig desp*); **≗iv** [-'tiːf] subjetivo
Substantiv ['-stantiːf] *n* (*-s*; *-e*) sustantivo *m*

Substanz [-'stants] *f* (-; *-en*) sustancia *f*
subtra|hieren [-tra'hiːrən] (*h*) restar, sustraer; **℘ktion** [-trak'tsjoːn] *f* (-; *-en*) sustracción *f*, resta *f*
subtropisch ['-troːpiʃ] subtropical
Subventio|n [-vɛn'tsjoːn] *f* (-; *-en*) subvención *f*; **℘'nieren** [-tsjo'niːrn] (*h*) subvencionar
'Such|e ['zuːxə] *f* (-; *-n*) busca *f*, búsqueda *f*; **℘n** (*ge-*, *h*) buscar; (*ver~*) **~ zu** *inf* tratar de; **~maschine** *f inform* motor *m* de búsqueda
Sucht [zuxt] *f* (-; *¨e*) manía *f*, pasión *f*; afán *m*; *med* adicción *f*
süchtig ['zyçtiç] toxicómano; adicto
'Süd|en ['zyːdən] *m* (*-s*; *sin pl*) sur *m*, mediodía *m*; **~früchte** ['zyːtfryçtə] *f/pl* frutos *m/pl* meridionales; **℘lich** meridional, del sur; austral; **~ von** al sur de; **~'osten** *m* sudeste *m*; **~pol** *m* polo *m* sur *od* antártico; **~'westen** *m* sudoeste *m*; **~wind** *m* viento *m* del sur
suggerieren [zuge'riːrən] (*h*) sugerir, insinuar
'Sühn|e ['zyːnə] *f* (-; *-n*) expiación *f*; **℘en** (*ge-*, *h*) expiar
Suite ['sviːt(ə)] *f* (-; *-n*) *mus u Hotel*: suite *f*
Sülze ['zyltsə] *f* (-; *-n*) carne *f* en gelatina
'Summ|e ['zumə] *f* (-; *-n*) suma *f*; total *m*; cantidad *f*; **℘en** (*ge-*, *h*) zumbar; *Lied*: canturrear; **~er el** *m* (*-s*; -) vibrador *m*; zumbador *m*; **℘'ieren** (*h*) sumar; ***sich ~*** acumularse
Sumpf [zumpf] *m* (*-[e]s*; *¨e*) pantano *m*; **'℘ig** pantanoso
'Sünd|e ['zyndə] *f* (-; *-n*) pecado *m*; **~er** *m* (*-s*; -), **~erin** *f* (-; *-nen*) pecador(a *f*) *m*; **℘igen** ['-digən] (*ge-*, *h*) pecar
'super F ['zuːpər] F estupendo; bárbaro; **℘(benzin)** *n* (*-s*; -) (gasolina *f*) super *m*; **~klug** que se pasa de listo; **℘lativ** ['-latiːf] *m* (*-s*; *-e*) superlativo *m*; **℘markt** *m* supermercado *m*

'Suppe ['zupə] *f* (-; *-n*) sopa *f*; *fig* ***die ~ auslöffeln*** pagar los vidrios *od* platos rotos; **~nkelle** *f* cucharón *m*; **~nteller** *m* plato *m* sopero *od* hondo
'Surf|brett ['sœːfbrɛt] *n* tabla *f* deslizadora *od* de surf; **℘en** (*ge-*, *h u sn*) practicar el surf; ***im Internet ~*** *inform* navegar por la red; **~er** *m* (*-s*; -), **~erin** *f* (-; *-nen*) surfista *su*, practicante *su* del surf(ing)
suspendieren [zuspɛn'diːrən] (*h*) suspender (de sus funciones)
süß [zyːs] dulce; *Kind*: F mono; **'~en** (*ge-*, *h*) endulzar; edulcorar; **'℘igkeit** *f* (-; *-en*) dulzura *f*; **~en** *pl* dulces *m/pl*; golosinas *f/pl*; **'~lich** dulzón (*a fig*); **'~sauer** agridulce; **'℘speise** *f* dulce *m*; **'℘stoff** *m* edulcorante *m*; sacarina *f*; **'℘wasser** *n* (*-s*; -) agua *f* dulce
Swimmingpool ['sviminpuːl] *m* (*-s*; *-s*) piscina *f*
Sym'bol [zym'boːl] *n* (*-s*; *-e*) símbolo *m*; emblema *m*; **℘isch** simbólico
symmetrisch [-'meːtriʃ] simétrico
sympathi|sch [-'pɑːtiʃ] simpático; **~sieren** [-pati'ziːrən] (*h*) simpatizar
Symphonie [-fo'niː] *f* → ***Sinfonie***
Symptom [-p'toːm] *n* (*-s*; *-e*) síntoma *m*
Synagoge [zyna'goːgə] *f* (-; *-n*) sinagoga *f*
Synchron|isation [-kroniza'tsjoːn] *f* (-; *-en*) sincronización *f*; *Film*: doblaje *m*; **℘i'sieren** (*h*) sincronizar; *Film*: doblar
Synode *rel* [-'noːdə] *f* (-; *-n*) sínodo *m*
Synonym [-no'nyːm] *n* (*-s*; *-e*), **℘** *adj* sinónimo (*m*)
synthetisch [-'teːtiʃ] sintético
Syphilis *med* ['zyːfilis] *f* (-; *sin pl*) sífilis *f*
'Syr|er ['-rər] *m* (*-s*; -), **~erin** *f* (-; *-nen*), **℘isch** sirio *m*, -a *f*
System [zys'teːm] *n* (*-s*; *-e*) sistema *m*; **℘atisch** [-ste'mɑːtiʃ] sistemático
Szene ['stseːnə] *f* (-; *-n*) escena *f* (*a fig*); *Film*: secuencia *f*

S

T

T, **t** [teː] *n* (-; -) T, t *f*

'Tabak ['taːbak] *m* (*-s*; *-e*) tabaco *m*; **~(waren)laden** *m* tabaquería *f*, *Esp* estanco *m*; **~spfeife** *f* pipa *f*

tabell|arisch [tabɛ'laːriʃ] en forma de cuadro *od* de tabla; sinóptico; **≈e** [-'-lə] *f* (-; *-n*) cuadro *m*; tabla *f*

Tablette [-'blɛtə] *f* (-; *-n*) tableta *f*; comprimido *m*

Tacho *auto* F ['taxo] *m* (*-s*; *-s*), **~'meter** *m u n* (*-s*; -) taquímetro *m*; tacómetro *m*

'Tadel ['taːdəl] *m* (*-s*; -) censura *f*; reprensión *f*, reprimenda *f*; **≈n** (*ge-*, *h*) censurar, criticar (***wegen*** por); (*rügen*) reprender, reprochar (***j-n wegen et*** a/c a alg)

Tafel ['-fəl] *f* (-; *-n*) tablero *m*, tabla *f*; (*Schild*) letrero *m*; (*Tisch*) mesa *f*; (*Schokolade*) tableta *f*

Täfelung ['tɛːfəluŋ] *f* (-; *-en*) (*Wand≈*) revestimiento *m* de madera; (*Decken≈*) artesonado *m*

'Tafelwein ['taːfəl-] *m* vino *m* de mesa

Tag [taːk] *m* (*-[e]s*; *-e*) día *m*; *als Dauer*: jornada *f*; ***bei ~e*** de día; ***am ~(e) danach*** al día siguiente; ***am ~(e) zuvor*** el día antes, la víspera; ***e-s (schönen) ~es*** (*Vergangenheit*) un (buen) día, (*Zukunft*) algún día; ***in 14 ~en*** dentro de quince días; ***guten ~!*** ¡buenos días!, *nachmittags*: ¡buenas tardes!

'Tage|buch ['-gə-] *n* diario *m*; **~geld** *n* dietas *f/pl*; **≈lang** días y días; **≈n** (*ge-*, *h*) (*beraten*) celebrar sesión; reunirse (en sesión)

'Tages|anbruch ['-gəsʔ-] *m*: ***bei ~*** al amanecer; al alba; **~fahrt** *f* excursión *f* de un día; **~gericht** *gastr n* plato *m* del día; **~karte** *f* ticket *m* diario; *gastr* carta *f* del día; **~kurs** *m* clases *f/pl* diurnas; *com* cambio *m bzw* cotización *f* del día; **~licht** *n* (*-[e]s*; *sin pl*) luz *f* del día; **~ordnung** *f* orden *m* del día; **~rückfahrkarte** *f* billete *m* de ida y vuelta (válido por un solo día); **~zeit** *f* hora *f* del día; **~zeitung** *f* diario *m*

täglich ['tɛːkliç] diario, cotidiano; *adv* todos los días, cada día

tagsüber ['taːksʔ-] durante el día

Tagung ['-guŋ] *f* (-; *-en*) sesión *f*; congreso *m*; jornada(s) *f*(*/pl*)

Taifun [taɪ'fuːn] *m* (*-s*; *-e*) tifón *m*

Taille ['taljə] *f* (-; *-n*) talle *m*, cintura *f*

Takelage *mar* [takə'laːʒə] *f* (-; *-n*) *n* jarcias *f/pl*, aparejo *m*

Takt [takt] *m* (*-[e]s*; *-e*) *mus* compás *m*; (*Motor*) tiempo *m*; **'~gefühl** *fig n* (*-[e]s*; *sin pl*) tacto *m*; delicadeza *f*; discreción *f*; **~ik** ['-ik] *f* (-; *-en*) táctica *f*; **'≈isch** táctico; **'≈los** indiscreto; sin tacto; **'≈voll** delicado, discreto

Tal [taːl] *n* (*-[e]s*; *¨er*) valle *m*

Talent [ta'lɛnt] *n* (*-[e]s*; *-e*) talento *m*; **≈'iert** de talento, dotado

Talisman ['taːlisman] *m* (*-s*; *-e*) talismán *m*

Talsperre ['taːl-] *f* presa *f*

Tampon *med* ['tampɔn] *m* (*-s*; *-s*) tapón *m*, tampón *m*

Tang *bot* [taŋ] *m* (*-[e]s*; *-e*) alga *f* marina

Tank [taŋk] *m* (*-[e]s*; *-s*) depósito *m*; cisterna *f*; *a mil* tanque *m*; (*Wasser≈*) *a* aljibe *m*; **'~anzeige** *f* indicador *m* del nivel de gasolina; **'≈en** (*ge-*, *h*) echar gasolina; repostar; **'~er** *mar m* (*-s*; -) petrolero *m*, buque *m* cisterna; **'~stelle** *f* gasolinera *f*, estación *f* de servicio; **'~wart** *m* (*-[e]s*; *-e*) empleado *m* de gasolinera, gasolinero *m*

'Tanne ['tanə] *f* (-; *-n*), **~nbaum** *m* abeto *m*; **~nzapfen** *m* piña *f* (de abeto)

Tante ['tantə] *f* (-; *-n*) tía *f*; **~-Emma-Laden** [-'ʔɛmalaːdən] *m* pequeño comercio *m* del barrio

Tanz [tants] *m* (*-[e]s*; *¨e*) baile *m*; danza *f*; **'~abend** *m* (velada *f* de) baile *m*; **'≈en** (*ge-*, *h*) bailar

'Tänzer ['tɛntsər] *m* (*-s*; -), **~in** *f* (-; *-nen*) bailador(a *f*) *m*; (*Berufs≈*) bailarín *m*, -ina *f*

'Tanz|lokal ['tants-] *n* salón *m* de baile; **~musik** *f* música *f* de baile, bailable *m*

Tape|te [ta'peːtə] *f* (-; *-n*) papel *m* pintado; **≈zieren** [-pe'tsiːrən] (*h*) empapelar

tapfer ['tapfər] valiente; intrépido

Ta'rif [-'riːf] *m* (*-s*; *-e*) tarifa *f*; **~autonomie** *f* autonomía *f* en materia de tarifas; **~erhöhung** *f* aumento *m* de (las) tarifas; **~konflikt** *m* conflicto *m* salarial; **2lich** tarifario; según tarifa; **~lohn** *m* salario *m* según convenio; **~partner** *m/pl* partes *f/pl* contratantes de un convenio colectivo; **~verhandlungen** *f/pl* negociaciones *f/pl* colectivas; **~vertrag** *m* convenio *m* colectivo

tarnen ['tarnən] (*ge-*, *h*) disimular; enmascarar; *bsd mil* camuflar

'Tasche ['taʃə] *f* (-; *-n*) bolsillo *m*; (*Beutel*) bolsa *f*; (*Hand2*) bolso *m*; **~nbuch** *n* libro *m* de bolsillo; **~ndieb** *m* ratero *m*, carterista *m*; **~ngeld** *n* (*-[e]s*; *sin pl*) dinero *m* para gastos menudos; **~nlampe** *f* linterna *f* de bolsillo; **~nmesser** *n* navaja *f*; **~nrechner** *m* calculadora *f* de bolsillo; **~ntuch** *n* pañuelo *m*

Tasse ['tasə] *f* (-; *-n*) taza *f*; *große*: tazón *m*

Tast|atur [tasta'tu:r] *f* (-; *-en*) teclado *m*; **'~e** *f* (-; *-n*) tecla *f*; **'2en** (*ge-*, *h*) tentar, palpar; **'~entelefon** *n* teléfono *m* de teclado

Tat [tɑ:t] *f* (-; *-en*) hecho *m*; acción *f*, acto *m*; (*Helden2*) hazaña *f*, proeza *f*; (*Straf2*) crimen *m*; ***in die ~ umsetzen*** realizar, llevar a efecto; **'2enlos** inactivo; *adv* con los brazos cruzados

'Täter ['tɛ:tər] *m* (*-s*; -), **~in** *f* (-; *-nen*) autor(a *f*) *m*; *jur* culpable *su*

'tätig ['-tiç] activo; (*beschäftigt*) ocupado; ***~ sein als*** actuar de; **2keit** *f* (-; *-en*) actividad *f*; (*Beschäftigung*) ocupación *f*; (*Beruf*) profesión *f*; *in e-m Amt*: actuación *f*; funciones *f/pl*; *tec* ***in ~ setzen*** poner en marcha

tatkräftig ['tɑ:t-] enérgico; activo

'tätlich ['tɛ:tliç]: ***~ werden*** pasar a las vías de hecho; venir *od* llegar a las manos; **2keiten** *f/pl* vías *f/pl* de hecho

Tatort ['tɑ:tʔɔrt] *m* lugar *m* del suceso *od* del crimen; *jur* lugar *m* de autos

täto'wier|en [tɛto'vi:rən] (*h*) tatuar; **2ung** *f* (-; *-en*) tatuaje *m*

'Tat|sache ['tɑ:tzaxə] *f* hecho *m*; **2sächlich** real, positivo, efectivo; *adv* de hecho, en efecto

Tau [taʊ] **a)** *n* (*-[e]s*; *-e*) cuerda *f*, maroma *f*, cable *m*; *mar* cabo *m*; **b)** *m* (*-[e]s*; *sin pl*) rocío *m*

taub [taʊp] sordo; *Glied*: entumecido

Taube ['-bə] *f* (-; *-n*) paloma *f*

taubstumm ['taʊp-] sordomudo

'tauch|en ['taʊxən] (*ge-*, *h*) *v/t* (*v/i a sn*) sumergir(se); zambullir(se); *Taucher*: bucear; **2er** *m* (*-s*; -) buceador *m*; (*Berufs2*) buzo *m*; **2gerät** *n* escafandra *f*; (*Tiefsee2*) batiscafo *m*; **2sieder** ['-zi:dər] *m* (*-s*; -) calentador *m* de inmersión; **2sport** *m* submarinismo *m*

tauen ['taʊən] (*ge-*, *h u sn*) caer rocío; (*auf~*) deshelarse; *Schnee*: derretirse; ***es taut*** hay deshielo

'Tauf|e ['-fə] *f* (-; *-n*) (*Sakrament*) bautismo *m*; (*Handlung*) bautizo *m*; **2en** (*ge-*, *h*) bautizar (*a fig*); **~pate** *m* padrino *m*; **~patin** *f* madrina *f*; **~schein** *m* partida *f* de bautismo

'taug|en ['taʊgən] (*ge-*, *h*) valer; ***~ zu*** servir para; **~lich** ['-kliç] útil, apto, idóneo (***zu*** para); **2lichkeit** *f* (-; *sin pl*) aptitud *f*, idoneidad *f*

taumeln ['-məln] (*ge-*, *sn*) vacilar; tambalearse; dar traspiés *od* tumbos

Tausch [taʊʃ] *m* (*-[e]s*; *raro -e*) cambio *m*; (*Aus2*) trueque *m*; (*Um2*) canje *m*; (*bsd Ämter2*, *Wohnungs2*) permuta *f*; **'2en** (*ge-*, *h*) cambiar (***gegen*** por); trocar; canjear; permutar

täuschen ['tɔʏʃən] (*ge-*, *h*) engañar; embaucar; ***sich ~*** engañarse; estar equivocado

'Tausch|geschäft ['taʊʃ-] *n*, **~handel** *m* trueque *m*

Täuschung ['tɔʏʃuŋ] *f* (-; *-en*) (*Betrug*) engaño *m*; (*Irrtum*) equivocación *f*; error *m*

'tausend ['taʊzənt] **1.** mil; **2.** **2** *n* (*-s*; *-e*) millar *m*; ***zu ~en*** por millares; **~jährig** [-jɛ:riç] milenario; **~mal** mil veces; **~ste** milésimo; **2stel** *n* (*-s*; -) milésima parte *f*

'Tauwetter *n* deshielo *m* (*a pol*)

Taverne *f* taberna *f*

'Tax|i ['taksi] *n* (*-s*; *-s*) taxi *m*; **2'ieren** (*h*) tasar, evaluar, estimar; **~ifahrer(in** *f*) *m* taxista *su*; **~istand** *m* parada *f* de taxis

Team [ti:m] *n* (*-s*; *-s*) equipo *m*; **'~arbeit** *f*, **~work** ['-vœ:k] *n* (*-s*; *sin pl*) trabajo *m* en equipo

'Techni|k ['tɛçnik] *f* (-; -en *od sin pl*) técnica *f*; **2sch** técnico

Technolo'g|ie [-nolo'gi:] *f* (-; *-n*) tecnología *f*; **~iepark** *m* parque *m* tecnológico; **~ietransfer** *m* transferencia *f* de tecnología; **2isch** [-'lo:giʃ] tecnológico

Techtelmechtel [-təl'mɛçtəl] *n* (*-s*; -) amorío *m*, lío *m* (amoroso)

Teddybär ['tɛdi-] *m* osito *m* de trapo *od* de peluche

Tee [teː] *m* (*-s*; *-s*) té *m*; *med* tisana *f*, infusión *f*; **~ *trinken*** tomar té; **'~beutel** *m* bolsita *f* de té; **'~gebäck** *n* pastas *f/pl* (de té); **'~kanne** *f* tetera *f*; **'~löffel** *m* cucharilla *f*

Teer [teːr] *m* (*-[e]s*; *-e*) alquitrán *m*, brea *f*

Teich [taɪç] *m* (*-[e]s*; *-e*) estanque *m*

Teig [taɪk] *m* (*-[e]s*; *-e*) masa *f*; pasta *f*; **'~waren** *f/pl* pastas *f/pl* alimenticias

Teil [taɪl] *m u n* (*-[e]s*; *-e*) parte *f*; (*An≈*) porción *f*; cuota *f*; (*Bruch≈*) trozo *m*, fracción *f*; *tec* pieza *f*; ***zum* ~** en parte; **'≈en** (*ge-*, *h*) dividir (*a mat*); partir; *Meinung*, *Zimmer*: compartir; **~haber** ['-haːbər] *m* (*-s*; *-*), **'~haberin** *f* (*-*; *-nen*) socio *m*, -a *f*; **'~kaskoversicherung** *f* seguro *m* contra riesgos parciales; **~nahme** ['-naːmə] *f* (*-*; *sin pl*) participación *f* (***an*** *dat* en); (*Beileid*) pésame *m*; **'≈nahmslos** indiferente; apático; **'≈nehmen** (*irr*, *sep*, *-ge-*, *h*, → ***nehmen***): **~ *an*** (*dat*) participar en, tomar parte en; (*anwesend sein*) asistir a; **~nehmer** ['-neːmər] *m* (*-s*; *-*), **'~nehmerin** *f* (*-*; *-nen*) participante *su*; *tel* abonado *m*, -a *f*; (*Anwesende*) asistente *su*, concurrente *su*

teils [taɪls] en parte; **~ ..., ~ ...** ya ..., ya ...; medio ..., medio ...

'Teil|ung *f* (*-*; *-en*) división *f*; partición *f*; **≈weise** parcial; *adv* en parte; **~zahlung** *f* pago *m* parcial *od* fraccionado; pago *m* a plazos; (*Rate*) plazo *m*; **~zeitarbeit** *f* trabajo *m* a tiempo parcial

Teint [tɛ̃ː] *m* (*-s*; *-s*) tez *f*; (color *m* del) cutis *m*

Tele ['teːle] *n* (*-[s]*; *-[s]*) F → ***Teleobjektiv***

Telefax [-'faks] *n* (*-*; *-[e]*) telefax *m*

Tele'fon [tele'foːn] *n* (*-s*; *-e*) teléfono *m*; **~anruf** *m* llamada *f* telefónica; **~anschluss** *m* conexión *f* (a la red) telefónica; **~buch** *n* guía *f* telefónica, listín *m*; **~gespräch** *n* conversación *f* telefónica; **≈'ieren** [-fo'niːrən] (*h*) telefonear; **≈isch** telefónico; *adv* por teléfono; **~karte** *f* tarjeta *f* telefónica *od* de teléfono; **~konferenz** *f* conferencia *f* telefónica; **~marke** *f* ficha *f*; **~nummer** *f* número *m* de teléfono; **~zelle** *f* cabina *f* telefónica; **~zentrale** *f* central *f* telefónica; *in Betrieben*: centralita *f*

tele|grafieren [-gra'fiːrən] (*h*) telegrafiar; **≈'gramm** *n* (*-s*; *-e*) telegrama *m*; **≈kommunikation** ['teːləkɔmunikatsjoːn] *f* (*-*; *sin pl*) telecomunicación *f*; **'≈objektiv** *fot n* teleobjetivo *m*; **≈skop** [tele'skoːp] *n* (*-s*; *-e*) telescopio *m*

Telex ['teːlɛks] *n* (*-*; *-[e]*) télex *m*

Teller ['tɛlər] *m* (*-s*; *-*) plato *m*; ***flacher*** (***tiefer***) **~** plato llano (hondo)

Tempel ['tɛmpəl] *m* (*-s*; *-*) templo *m*

Tempera'ment [-pəra'mɛnt] *n* (*-[e]s*; *-e*) temperamento *m*; brío *m*, vivacidad *f*; **≈voll** brioso; vivo

Temperatur [-'tuːr] *f* (*-*; *-en*) temperatura *f*

'Tempo ['-po] *n* (*-s*; *-s*) ritmo *m*; velocidad *f*; **~limit** *auto* [-limit] *n* (*-s*; *-s*, *-e*) límite *m* de velocidad

Tend|enz [tɛn'dɛnts] *f* (*-*; *-en*) tendencia *f*; **≈'ieren** (*h*) tender (***zu*** a)

'Tennis ['-nis] *n* (*-*; *sin pl*) tenis *m*; **~platz** *m* pista *f* (*bsd Am* cancha *f*) de tenis; **~schläger** *m* raqueta *f*; **~spieler(in** *f*) *m* tenista *su*; **~turnier** *n* campeonato *m* *od* torneo *m* de tenis

Tenor *mus* [te'noːr] *m* (*-s*; *¨-e*) tenor *m*

'Teppich ['tɛpiç] *m* (*-s*; *-e*) alfombra *f*; (*Wand≈*) tapiz *m*; **~boden** *m* moqueta *f*, *Am* alfombrado *m*

Ter'min [tɛr'miːn] *m* (*-s*; *-e*) término *m*; (*Frist*) plazo *m*; (*Datum*) fecha *f*; *beim Arzt*: hora *f* (de visita); *jur* (*Verhandlung*) vista *f*; juicio *m* oral; **~kalender** *m* agenda *f*

Terrasse [tɛ'rasə] *f* (*-*; *-n*) terraza *f*; (*Dach≈*) azotea *f*

Territorium [-ri'toːrjum] *n* (*-s*; *-rien*) territorio *m*

Terror ['-rɔr] *m* (*-s*; *sin pl*) terror *m*; **~ismus** [-'rismus] *m* (*-*; *sin pl*) terrorismo *m*; **~ist** [-'rist] *m* (*-en*; *-en*), **~istin** *f* (*-*; *-nen*), **≈istisch** terrorista (*su*)

Test [tɛst] *m* (*-[e]s*; *-s*, *a -e*) prueba *f*, test *m*

Testa'ment [-ta'mɛnt] *n* (*-[e]s*; *-e*) testamento *m*; *rel* ***Altes*** (***Neues***) **~** Antiguo (Nuevo) Testamento *m*; **≈arisch** [-'taːriʃ] testamentario; *adv* por testamento; **~seröffnung** *f* apertura *f* del testamento

'testen (*ge-*, *h*) probar, ensayar

'teuer ['tɔʏər] caro (*a fig*); ***wie* ~ *ist ...?*** ¿cuánto vale *od* cuesta ...?; **≈ung** *f* (*-*; *-en*) carestía *f*; **≈ungsrate** *f* tasa *f* de incremento de precios

'Teufel ['-fəl] *m* (-*s*; -) diablo *m*; demonio *m*; **~skreis** *m* círculo *m* vicioso
Text [tɛkst] *m* (-*[e]s*; -*e*) texto *m*
Tex'til|ien [-'tiːljən] *pl* textiles *m/pl*; tejidos *m/pl*; **~industrie** *f* industria *f* textil
'Textverarbeitung *f* tratamiento *m od* proceso *m* de textos; **~ssystem** *inform n* procesador *m* de textos
The'ater [te'ɑːtər] *n* (-*s*; -) teatro *m*; **~aufführung** *f* representación *f* teatral *od* de teatro; **~karte** *f* entrada *f*, localidad *f*; **~stück** *n* pieza *f od* obra *f* de teatro
Theke ['teːkə] *f* (-; -*n*) mostrador *m*; (*Bar*) barra *f*
Thema ['-ma] *n* (-*s*; -*men*) tema *m* (*a mus*); asunto *m*
Theolog|e [teo'loːgə] *m* (-*n*; -*n*) teólogo *m*; **~ie** [-lo'giː] *f* (-; -*n*) *f* teología *f*
theor|etisch [-'reːtiʃ] teórico; **≗ie** [-'riː] *f* (-; -*n*) teoría *f*
Thera|peut [tera'pɔʏt] *m* (-*en*; -*en*), **~peutin** *f* (-; -*nen*) terapeuta *su*; **~pie** [-'piː] *f* (-; -*n*) terapia *f*
Ther'mal|bad [tɛr'mɑːlbɑːt] *n* baño *m* termal; (*Ort*) estación *f* termal; **~schwimmbad** *n* piscina *f* termal
Thermometer [-mo'meːtər] *n* (-*s*; -) termómetro *m*
Thermos|flasche ['-mɔsflaʃə] *f* termo *m*; **~tat** [-mo'stɑːt] *m* (-*[e]s*, -*en*; -*e[n]*) termostato *m*
These ['teːzə] *f* (-; -*n*) tesis *f*
Thron [troːn] *m* (-*[e]s*; -*e*) trono *m*; **~folger** *m* ['-fɔlgər] *m* (-*s*; -) heredero *m* al trono
T(h)unfisch ['tuːnfiʃ] *m* atún *m*
Tick [tik] *m* (-*[e]s*; -*e*) *med* tic *m*; *fig* F chifladura *f*; ***e-n ~ haben*** tener vena de loco; **'≗en** (*ge-*, *h*) *Uhr*: hacer tic tac; **'~et** *mar*, *avia* ['-kət] *n* (-*s*; -*s*) ticket *m*
tief [tiːf] **1.** *adj* hondo, profundo (*a fig*); (*niedrig*) bajo; ***~ greifend*** profundo; ***2 Meter ~*** dos metros de profundidad *od* de fondo; **2.** ≗ *met n* (-*s*; -*s*) zona *f* de baja presión; **'≗bau** *m* (-*[e]s*; *sin pl*) obras *f/pl* públicas; **'≗druckgebiet** *met n* zona *f* de baja presión; **'≗e** *f* (-; -*n*) profundidad *f* (*a fig*); (*Abgrund*) abismo *m*; **'≗ebene** *f* llano *m*, llanura *f*; **'≗flug** *m* vuelo *m* rasante; **'≗garage** *f* garaje *m od* aparcamiento *m* subterráneo; **'~gekühlt** congelado; **'≗kühltruhe** *f* arca *f* congeladora, congelador *m* (horizontal); **'≗punkt** *m fig* bache *m*; **'≗stand** *m* (-*[e]s*; *sin pl*) nivel *m* más bajo; depresión *f*
Tiegel ['tiːgəl] *m* (-*s*; -) cacerola *f*
Tier [tiːr] *n* (-*[e]s*; -*e*) animal *m*; **'~arzt** *m*, **'~ärztin** *f* veterinario *m*, -a *f*; **'~kreis (-zeichen** *n*) *m* (signo *m* del) zodíaco *m*; **~quäle'rei** *f* (-; -*en*) crueldad *f* con los animales; **'~welt** *f* (-; *sin pl*) fauna *f*
Tiger ['tiːgər] *m* (-*s*; -) tigre *m*
'tilg|en ['tilgən] (*ge-*, *h*) *com* amortizar; anular; cancelar; (*auslöschen*) borrar; **≗ung** *f* (-; -*en*) amortización *f*; anulación *f*; cancelación *f*; **≗ungsfonds** *com m* fondo *m* de amortización
Tinktur [tiŋk'tuːr] *f* (-; -*en*) tintura *f*
'Tinte ['tintə] *f* (-; -*n*) tinta *f*; **~nfisch** *m* sepia *f*; calamar *m*
Tipp [tip] *m* (-*s*; -*s*) *dep* pronóstico *m*; (*Wink*) aviso *m* (secreto); pista *f*; F soplo *m*; ***ein guter ~*** un buen consejo; **≗en** (*ge-*, *h*) escribir a máquina; **'~fehler** *m* error *m* de máquina
Tisch [tiʃ] *m* (-*[e]s*; -*e*) mesa *f*; ***bei ~*** a la mesa; ***den ~ (ab)decken*** poner (quitar) la mesa; **'~decke** *f* mantel *m*; **'~ler** *m* (-*s*; -) carpintero *m*; (*Kunst*≗) ebanista *m*; **'~tennis** *n* pingpong *m*, tenis *m* de mesa; **'~wein** *m* vino *m* de mesa
'Titel ['tiːtəl] *m* (-*s*; -) título *m*; **~blatt** *n* portada *f*; **~geschichte** *f* reportaje *m* de portada; **~verteidiger** *m dep* defensor *m* del título
Toast [toːst] *m* (-*[e]s*; -*e*, -*s*) *gastr* tostada *f*; (*Trinkspruch*) brindis *m*; ***e-n ~ auf j-n ausbringen*** brindar por alg; **'~brot** *n* pan *m* tostado *bzw* para tostar; **'≗en** (*ge-*, *h*) tostar; **'~er** *m* (-*s*; -) tostador *m* de pan
toben ['toːbən] (*ge-*, *h*) rabiar, estar furioso; *Kind*: retozar; *Sturm*, *See*: bramar
'Tochter ['tɔxtər] *f* (-; ¨) hija *f*; **~gesellschaft** *com f* (sociedad *f*) filial *f*
Tod [toːt] *m* (-*es*; -*e*) muerte *f*; fallecimiento *m*, defunción *f*
'Todes|anzeige ['-dəsˀ-] *f* esquela *f* de defunción; **~fall** *m* defunción *f*; ***im ~*** en caso de muerte; **~strafe** *f* pena *f* capital *od* de muerte
todkrank ['toːt'-] enfermo de muerte
tödlich ['tøːtliç] mortal; fatal; (*todbringend*) mortífero; ***~ verunglücken*** su-

frir un accidente mortal

'tod|'müde ['to:t'my:də] muerto de cansancio *od* sueño; **~'schick** muy elegante *od* chic; **²sünde** *f* pecado *m* mortal

Toi'lette [toa'lɛtə] *f* (-; *-n*) (*Kleid*) vestido *m*; (*Abort*) lavabo *m*, servicios *m*/*pl*; **~npapier** *n* papel *m* higiénico

tole'r|ant [tole'rant] tolerante; **²anz** *f* (-; *sin pl*) tolerancia *f*; **~'ieren** (*h*) tolerar

toll [tɔl] loco; frenético; furioso; F *fig* fantástico, F estupendo; **'~en** (*ge-*, *h u sn*) retozar; alborotar; **'²wut** *med f* rabia *f*, hidrofobia *f*

To'mate [to'mɑ:tə] *f* (-; *-n*) tomate *m*; **~nsaft** *m* jugo *m od* zumo *m* de tomate

Tombola ['tɔmbola] *f* (-; *-s*) tómbola *f*, rifa *f*

Ton [to:n] *m* **a)** (*-[e]s*; *⸚e*) (*Klang*) sonido *m*; *mus u fig* tono *m*; (*Klangfarbe*) timbre *m*; (*Betonung*) acento *m*; **b)** (*pl -e*) *min* arcilla *f*, barro *m*; **'²angebend** *fig* que da el tono; **'~art** *f* tonalidad *f*; tono *m*; **'~band** *n* cinta *f* magnetofónica; **'~bandgerät** *n* magnetofón *m*, magnetófono *m*

tönen ['tø:nən] (*ge-*, *h*) **1.** *v*/*i mus* (re)sonar; **2.** *v*/*t* matizar; *Haar*: dar reflejos

'Ton|ingenieur ['to:nˀ-] *m* ingeniero *m* del sonido; **~kopf** *m* cabeza *f* fonocaptora; **~leiter** *f* escala *f* (musical), gama *f*

Tonnage [tɔ'nɑ:ʒə] *f* (-; *-n*) tonelaje *m*

Tonne ['-nə] *f* (-; *-n*) tonel *m*; barril *m*; *mar* boya *f*; (*Maß*) tonelada *f*

Tontaubenschießen ['to:ntaʊbənʃi:sən] *n* tiro *m* al plato

Tönung ['tø:nuŋ] *f* (-; *-en*) colorido *m*; matiz *m*

Topf [tɔpf] *m* (*-[e]s*; *⸚e*) olla *f*; marmita *f*; cacerola f; F *fig* ***in e-n ~ werfen*** meter en el mismo saco

'Töpfer ['tœpfər] *m* (*-s*; -) alfarero *m*; **~waren** *f*/*pl* (objetos *m*/*pl* de) alfarería *f*; cacharrería *f*

topfit ['tɔp'fit] en plena forma, en perfectas condiciones físicas

topographisch [topo'grɑ:fiʃ] topográfico

Toppsegel ['tɔp-] *n* juanete *m*

Tor [to:r] *n* (*-[e]s*; *-e*) puerta *f*; portal *m*; *dep* portería *f*; *erzieltes*: gol *m*, tanto *m* (***schießen*** marcar)

Torf [tɔrf] *m* (*-[e]s*; *sin pl*) turba *f*; **'~mull** *m* serrín *m* de turba

Torhüter ['to:rhy:tər] *dep m* (*-s*; -) portero *m*, (guarda)meta *m*

töricht ['tø:riçt] tonto, necio; estúpido

torkeln ['tɔrkəln] (*ge-*, *sn*, *h*) tambalearse; F ir haciendo eses

Torlinie *dep* ['to:r-] *f* línea *f* de gol *od* de meta

torped|ieren [tɔrpe'di:rən] (*h*) torpedear (*a fig*); **²o** [-'pe:do] *m* (*-s*; *-s*) torpedo *m*; **²oboot** *n* torpedero *m*

Torschütze *dep* ['to:r-] *m* autor *m* del gol; goleador *m*

Torso ['tɔrzo] *m* (*-s*; *-s*) torso *m*

Torte ['-tə] *f* (-; *-n*) tarta *f*

Torwart *dep* ['to:rvart] *m* (*-[e]s*; *-e*) portero *m*, (guarda)meta *m*

'tosen ['to:zən] (*ge-*, *h u sn*) bramar, rugir; **~d** *Beifall*: atronador

tot [to:t] muerto; (*verstorben*) difunto, fallecido; (*leblos*) inanimado; *Kapital*: inactivo

to'tal [to'tɑ:l] total; entero, completo; **²ausverkauf** *m* liquidación *f* total; **~itär** [-tali'tɛ:r] totalitario; **²schaden** *m auto* siniestro *m* total

'tot|arbeiten F ['to:tˀarbaɪtən] (*sep*, *-ge-*, *h*): ***sich ~*** matarse trabajando; **~ärgern** F (*sep*, *-ge-*, *h*): ***sich ~*** reventar de rabia; **²e** *m*/*f* (*-n*; *-n*) muerto *m*, -a *f*; difunto *m*, -a *f*

töten ['tø:tən] (*ge-*, *h*) matar

'Toten|bett ['to:tən-] *n* (*-[e]s*; *sin pl*) lecho *m* mortuorio; **~kopf** *m* calavera *f*; **~messe** *f* misa *f* de réquiem *od* de difuntos; **~schein** *m med* certificado *m* de defunción; **~starre** *f* rigidez *f* cadavérica

'totlachen (*sep*, *-ge-*, *h*): ***sich ~*** morirse de risa

'Toto ['to:to] *m u n* (*-s*; *-s*) quinielas *f*/*pl*; **~schein** *m* quiniela *f*

'Totschlag *jur* ['to:t-] *m* (*-[e]s*; *sin pl*) homicidio *m*; **²en** (*irr*, *sep*, *-ge-*, *h*, → ***schlagen***) matar (*a fig Zeit*)

Tou|pet [tu'pe:] *n* (*-s*; *-s*) bisoñé *m*; **²'pieren** (*h*) cardar

Tour [tu:r] *f* (-; *-en*) (*Umdrehung*) revolución *f*, *a dep* vuelta *f*; (*Ausflug*) excursión *f*; gira *f*

Tou'ris|mus [tu'rismus] *m* (-; *sin pl*) turismo *m*; **~t** *m* (*-en*; *-en*) turista *m*; **~tenklasse** *f* clase *f* turista; **~tin** *f* (-; *-nen*) turista *f*; **²tisch** turístico

Tournee [tur'ne:] *f* (-; *-s*, *-n*) gira *f*; tournée *f*

Trabrennen ['tra:p-] *n* carrera *f* al trote
Tracht [traxt] *f* (-; *-en*) traje *m* regional; (*Schwestern*≗ *etc*) uniforme *m*; '**≗en** (*ge-*, *h*): **~ nach** aspirar a; pretender, anhelar (*ac*); '**~enfest** *n* fiesta *f* folklórica; '**~engruppe** *f* grupo *m* folklórico
Tradition [tradi'tsjo:n] *f* (-; *-en*) tradición *f*; **≗ell** [-tsjo'nɛl] tradicional
'**trag|bar** ['tra:k-] portátil; **≗e** ['-gə] *f* (-; *-n*) angarillas *f/pl*, andas *f/pl*
träge ['trɛ:gə] perezoso; indolente
tragen ['tra:gən] (*trug*, *getragen*, *h*) **1.** *v/t* llevar; *Brille*, *Bart*: *a* gastar; *Zinsen*: producir; *Früchte*: dar; (*stützen*) sostener; ***die Kosten ~*** correr con los gastos, costear (a/c); **2.** *v/i Eis*: resistir; *Baum*: dar fruto
'**Träger** ['trɛ:gər] *m* (-*s*; -) portador *m*; *arqu* soporte *m*, sostén *m*; *an Kleidungsstücken*: tirante *m*; '**~rakete** *f* cohete *m* portador
'**Trag|etasche** ['tra:gə-] *f* bolsa *f*; **~fläche** *avia* ['tra:k-] *f* ala *f*; **~flügelboot** *n* hidroala *m*, hidrofoil *m*
'**Tragi|k** ['tra:gik] *f* (-; *sin pl*) lo trágico; **≗sch** trágico
Tragödie [tra'gø:djə] *f* (-; *-n*) tragedia *f* (*a fig*)
Tragweite ['tra:k-] *f* (-; *sin pl*) alcance *m*; *fig a* tra(n)scendencia *f*, envergadura *f*
'**Train|er** ['trɛ:nər] *m* (-*s*; -), **~erin** *f* (-; *-nen*) entrenador(a *f*) *m*; **≗'ieren** [trɛ'ni:rən] (*h*) *v/t* (*v/i*) entrenar(se); **~ing** ['-niŋ] *n* (-*s*; -*s*) entrenamiento *m*; **~ingsanzug** *m* chándal *m*
Traktor ['traktɔr] *m* (-*s*; *-en* [-'to:rən]) tractor *m*
trampeln ['trampəln] (*ge-*, *h*) pat(al)ear
'**tramp|en** ['trɛmpən] (*ge-*, *sn*) hacer autostop, viajar por autostop; **≗er** *m* (-*s*; -), **≗erin** *f* (-; *-nen*) autostopista *su*
'**Träne** ['trɛ:nə] *f* (-; *-n*) lágrima *f*; **≗n** (*ge-*, *h*) lagrimear; **~ngas** *n* gas *m* lacrimógeno
'**Tränke** ['trɛŋkə] *f* (-; *-n*) abrevadero *m*; **≗n** (*ge-*, *h*) abrevar; (*durch~*) empapar, impregnar (***mit*** de)
Transaktion [transˀak'tsjo:n] *f* transacción *f*
Trans|fer [trans'fe:r] *m* (-*s*; -*s*) transferencia *f*; *v Personen*: traslado *m*; **≗ferieren** [-fe'ri:rən] (*h*) transferir; **~formator** [-fɔr'ma:tɔr] *el m* (-*s*; *-en* [-ma'to:rən]) transformador *m*; **≗gen** transgénico
Tran'sistor *tec* [-'zistɔr] *m* (-*s*; *-en* [-'to:rən]), **~radio** *n* transistor *m*
Tran'sit [-'zi:t] *m* (-*s*; -*e*) tránsito *m*; **~strecke** *f* trayecto *m* de tránsito; **~visum** *n* visado *m* de tránsito
Trans|parent [transpa'rɛnt] *n* (*-[e]s*; -*e*) transparente *m*; (*Spruchband*) pancarta *f*; **~plantation** *med* [-planta'tsjo:n] *f* (-; *-en*) trasplante *m*
Trans'port [-'pɔrt] *m* (*-[e]s*; -*e*) transporte *m*; **≗abel** [-'ta:bəl] transportable; **~eur** [-'tø:r] *m* (-*s*; -*e*) transportista *m*; *tec*, *mat* transportador *m*; **≗fähig** transportable; **≗'ieren** (*h*) transportar; **~kosten** *pl* gastos *m/pl* de transporte; **~mittel** *n* medio *m* de transporte; **~unternehmen** *n* empresa *f od* agencia *f* de transportes; **~unternehmer** *m* transportista *m*; agente *m* de transportes; **~versicherung** *f* seguro *m* de transporte; **~wesen** *n* transportes *m/pl*
Trapez [tra'pe:ts] *n* (*-es*; -*e*) trapecio *m*
Trasse *f* ['trasə] trazado *m*
'**Traube** ['traʊbə] *f* (-; *-n*) racimo *m* (*a fig*); (*Wein*≗) uva *f*; **~nsaft** *m* zumo *m* de uva; **~nzucker** *m* glucosa *f*
trauen (*h*) **1.** *v/i* (*ge-*) confiar (***j-m*** en alg); fiarse (de); ***s-n Augen*** (***Ohren***) ***nicht ~*** no dar crédito a sus ojos (oídos); **2.** *v/t* (***sich ~ lassen***) casar (*-se*); **3.** *v/refl* (*ge-*): ***sich ~ zu*** atreverse a
'**Trauer** *f* (-; *sin pl*) tristeza *f*; (*Toten*≗) duelo *m*, luto *m*; **~fall** *m* defunción *f*; **~feier** *f* funerales *m/pl*, exequias *f/pl*; **~kleidung** *f* luto *m*; **~marsch** *m* marcha *f* fúnebre; **≗n** (*ge-*, *h*): ***~ um*** llorar la muerte de; estar de luto por; **~zug** *m* cortejo *m* fúnebre
träufeln ['trɔʏfəln] (*ge-*, *h*) echar gota a gota; *med* instilar
Traum [traʊm] *m* (*-[e]s*; *¨e*) sueño *m*; ensueño *m*
träumen ['trɔʏmən] (*ge-*, *h*) soñar (***von*** con)
Traumwelt ['traʊm-] *f* mundo *m* fantástico *od* imaginario
traurig ['traʊriç] triste; afligido
'**Trau|ring** *m* alianza *f*; **~schein** *m* acta *f* de matrimonio; **~ung** *f* (-; *-en*) matrimonio *m* (***kirchliche*** religioso; ***standesamtliche*** civil); **~zeuge** *m* padrino *m* de boda; **~zeugin** *f* madrina *f* de boda

T

Travellerscheck ['trɛvələr-] *m* cheque *m* de viaje

Trecking → ***Trekking***

'treff|en ['-fən] (*traf, getroffen, h*) **1.** *v/t u v/i* alcanzar; (*begegnen*) encontrar; *zufällig*: tropezar con; *Maßnahmen*: tomar; *Vorbereitungen*: hacer; *Verabredung*: concertar; (*sn*) ~ ***auf*** (*ac*) dar con; **2.** *v/refl* (*h*): ***sich*** ~ reunirse; darse cita; encontrarse; **≈en** *n* (*-s*; -) encuentro *m* (*a dep*); reunión *f*; cita *f*; *mil* combate *m*; **~end** acertado; exacto; justo; **≈er** *m* (*-s*; -) *mil* impacto *m*; *dep* gol *m*, tanto *m*; *Lotterie*: billete *m* premiado; *fig* gran éxito *m*; **≈punkt** *m* punto *m* de reunión; lugar *m* de (la) cita

'treib|en ['traɪbən] (*trieb, getrieben*) **1.** *v/t* (*h*) empujar; impeler; (*an~*) *tec* accionar; impulsar; *Vieh*: conducir; (*be~*) practicar, ejercitar, ejercer; (*ver~*) expulsar, echar (***aus*** de); *fig* (*drängen*) atosigar; *Preis*: (***in die Höhe***) ~ hacer subir; ***es zu weit*** *od* ***zu bunt*** ~ ir demasiado lejos, (pro)pasarse; **2.** *v/i* (*h u sn*) flotar; *mar* ir a la deriva; *bot* brotar; germinar; **~*de Kraft*** fuerza *f* motriz; *j*: iniciador *m*, propulsor *m*; **≈en** *n* (*-s*; *sin pl*) (*Tun*) actividad *f*; (*Bewegung*) movimiento *m*; animación *f*; **≈haus** *n* invernadero *m*; **≈hauseffekt** *m* efecto *m* invernadero; **≈jagd** *f* batida *f*; caza *f* en ojeo; **≈stoff** *m* carburante *m*

Trekking ['trɛkiŋ] *n* (*-s*; *-s*) trekking *m*

Trend [trɛnt] *m* (*-s*; *-s*) tendencia *f* (***zu*** a)

'trenn|en ['trɛnən] (*ge-, h*) separar; *a quím* disociar; (*entzweien*) desunir; *tel* cortar; ***sich*** ~ separarse (*a Eheleute*); **≈ung** *f* (-; *-en*) separación *f*; división *f*

'Treppe ['trɛpə] *f* (-; *-n*) escalera *f*; ***drei ~n hoch*** en el tercer piso; **~nabsatz** *m* descansillo *m*, rellano *m*; **~ngeländer** *n* pasamano(s) *m*; **~nhaus** *n* caja *f od* hueco *m* de la escalera

Tre'sor [tre'zoːr] *m* (*-s*; *-e*) *in Banken*: cámara *f* acorazada; (*Geldschrank*) caja *f* fuerte *od* de caudales; **~raum** *m* cámara *f* acorazada

'Tret|boot ['treːt-] *n* patín *m* (acuático); **≈en** (*trat, getreten*) **1.** *v/i* (*h u sn*): ***auf*** *od* ***in et*** ~ pisar a/c; ***in*** *e-n Raum* ~ entrar en; ***aus*** *et* ~ salir de; ***zu j-m*** ~ acercarse a alg; **2.** *v/t* (*h*) pisar; ***j-n*** ~ dar un puntapié *od* una patada a alg

treu [trɔʏ] fiel (*a fig*), leal; **'≈e** *f* (-; *sin pl*) fidelidad *f*; lealtad *f*; **≈händer** *com* ['-hɛndər] *m* (*-s*; -) (agente *m*) fiduciario *m*; **'≈handgesellschaft** *com f* sociedad *f* fiduciaria; **'~los** desleal, infiel; pérfido

Tribunal [tribu'naːl] *n* (*-s*; *-e*) tribunal *m*

Tribüne [-'byːnə] *f* (-; *-n*) tribuna *f*

Trichter ['triçtər] *m* (*-s*; -) embudo *m*; (*Füll≈*) tolva *f*; (*Vulkan≈*) cráter *m*

Trick [trik] *m* (*-s*; *-s*) truco *m*; **'~film** *m* dibujos *m/pl* animados

Trieb [triːp] *m* (*-[e]s*; *-e*) (*Antrieb*) impulso *m*; (*Instinkt*) instinto *m*; (*Neigung*) inclinación *f*; *bot* brote *m*, retoño *m*; **'~kraft** *f* fuerza *f* motriz; **'~wagen** *ferro m* automotor *m*; **'~werk** *n* mecanismo *m* de accionamiento; *a avia* propulsor *m*

'triefen ['triːfən] (*ge-, h*) chorrear; *Nase*: moquear; *Auge*: lagrimear; **~d** empapado (***vor*** de)

triftig ['triftiç] concluyente, plausible; (bien) fundado

Trikot [tri'koː] *n* (*-s*; *-s*) (*Kleidungsstück*) malla *f*, tricot *m*

'Trimm|-dich-Pfad ['trimdiçpfaːt] *m* circuito *m* natural; **≈en** (*ge-, h*): ***sich*** ~ hacer ejercicio; entrenarse

'trink|bar ['triŋk-] potable; **≈becher** *m* vaso *m*; **~en** (*trank, getrunken, h*) beber (***aus*** en); *Tee, Kaffee*: tomar; ***auf et*** *od* ***j-n*** ~ brindar por a/c *od* alg; **≈er** *m* (*-s*; -), **≈erin** *f* (-; *-nen*) bebedor(a *f*) *m*; alcohólico *m*, -a *f*; **≈geld** *n* propina *f*; **≈spruch** *m* brindis *m*; ***e-n ~ ausbringen auf*** (*ac*) brindar por; **≈wasser** *n* (*-s*; ··) agua *f* potable

Trio ['triːo] *n* (*-s*; *-s*) trío *m* (*a fig*)

'tripp|eln ['tripəln] (*ge-, sn*) andar a pasitos cortos y rápidos; **≈er** *med m* (*-s*; -) gonorrea *f*, blenorragia *f*

Tritt [trit] *m* (*-[e]s*; *-e*) paso *m*; (*Fuß≈*) puntapié *m*; **'~brett** *n* estribo *m*; **'~leiter** *f* escalerilla *f*

Triumph [tri'umf] *m* (*-[e]s*; *-e*) triunfo *m*; **≈'ieren** (*h*) triunfar (***über*** *ac* de)

'trocken ['trɔkən] seco (*a fig*); (*dürr*) árido; ~ ***legen*** desecar; *Gelände*: desaguar; *Kind*: cambiar los pañales a; ~ ***werden*** secarse; **≈dock** *n* dique *m* seco; **≈haube** *f* (casco *m*) secador *m*; **≈heit** *f* (-; *sin pl*) sequedad *f* (*a fig*); sequía *f*; (*Dürre*) aridez *f*; **≈zeit** *f* temporada *f* seca, sequía *f*

T

trocknen ['-nən] (*ge-*) *v/t* (*h*) secar; *v/i* (*h u sn*) secarse

'Trödel ['trøːdəl] *m* (*-s*; *sin pl*) baratijas *f/pl*; trastos *m/pl* viejos; **~markt** *m* mercadillo *m* (de viejo); **2n** (*ge-*, *h*) perder el tiempo; rezagarse

'Trommel ['trɔməl] *f* (*-*; *-n*) tambor *m* (*a tec*); **~fell** *n anat* tímpano *m*; **2n** (*ge-*, *h*) tocar el tambor

Trommler ['-lər] *m* (*-s*; *-*) tambor *m*

Trom'pete [-'peːtə] *f* (*-*; *-n*) trompeta *f*; **2n** (*h*) tocar la trompeta; **~r** *m* (*-s*; *-*) trompeta *m*, trompetista *m*

'Tropen ['troːpən] *pl* trópicos *m/pl*; **~helm** *m* salacot *m*

Tropf *med* [trɔpf] *m* (*-[e]s*; *-e*) gota a gota *m*; **'2en** *v/i* (*ge-*, *h*) gotear; **'~en** *m* (*-s*; *-*) gota *f*; **'~stein** *m an der Decke*: estalactita *f*; *am Boden*: estalagmita *f*; **'~steinhöhle** *f* gruta *f* de estalactitas

Trophäe [trɔ'fɛːə] *f* (*-*; *-n*) trofeo *m*

tropisch ['troːpiʃ] tropical

Trosse *mar* ['trɔsə] *f* (*-*; *-n*) cable *m*; amarra *f*

Trost [troːst] *m* (*-[e]s*; *sin pl*) consuelo *m*

trösten ['trøːstən] (*ge-*, *h*) consolar

'trost|los ['troːstloːs] desconsolado; desesperado; (*öde*) desolado; **2preis** *m* premio *m* de consolación

trotz [trɔts] **1.** *prp* (*gen u dat*) a pesar de, no obstante, pese a; **2.** **2** *m* (*-es*; *sin pl*) obstinación *f*, terquedad *f*; ***j-m zum ~*** a despecho de alg; **'~dem** sin embargo, no obstante, a pesar de todo; **'~ig** obstinado, terco, porfiado

trübe ['tryːbə] *Flüssigkeit*: turbio, borroso; *Licht*: mortecino; (*glanzlos*) deslucido; *Glas*: empañado; *Tag*: gris; *Wetter*: nuboso; *Himmel*: nublado; *fig* sombrío, triste

Trubel ['truːbəl] *m* (*-s*; *sin pl*) jaleo *m*, barullo *m*; bulla *f*

'trüb|en ['tryːbən] (*ge-*, *h*) enturbiar (*a fig*); (*verdunkeln*) oscurecer; *Glas*: empañar (*a fig Freude*); *Verstand* turbar; **~selig** ['tryːp-] triste; afligido; **~sinnig** melancólico

Trüffel ['tryfəl] *f* (*-*; *-n*) trufa *f*

Trugbild ['truːk-] *n* fantasma *m*, espejismo *m*

'trüg|en ['tryːgən] (*trog*, *getrogen*, *h*) engañar; **~erisch** engañoso; falaz

Trugschluss ['truːk-] *m* conclusión *f* errónea

T

Truhe ['truːə] *f* (*-*; *-n*) arca *f*; cofre *m*

Trümmer ['trymər] *pl* escombros *m/pl*; ruinas *f/pl*

Trumpf [trumpf] *m* (*-[e]s*; *⸚e*) triunfo *m*; *fig* baza *f*

'Trunkenheit ['truŋkən-] *f* (*-*; *sin pl*) embriaguez *f*; ***wegen ~ am Steuer*** por conducir en estado de embriaguez

Trupp [trup] *m* (*-s*; *-s*) grupo *m*; *Arbeiter*: brigada *f*, equipo *m*; **'~e** *f* (*-*; *-n*) *mil* tropa *f*; **'~enübungsplatz** *m* campo *m* de maniobras

Trust *com* [trast] *m* (*-[e]s*; *-e*, *-s*) trust *m*

Truthahn ['truːt-] *m* pavo *m*

'Tschech|e ['tʃɛçə] *m* (*-n*; *-n*), **~in** *f* (*-*; *-nen*), **2isch** checo *m*, -a *f*

tschüs F [tʃys, tʃyːs] chao

T-Shirt ['tiːʃœːt] *n* (*-s*; *-s*) camiseta *f*

Tube ['tuːbə] *f* (*-*; *-n*) tubo *m*

Tuberkulose *med* [tubɛrku'loːzə] *f* (*-*; *-n*) tuberculosis *f*

Tuch [tuːx] *n* (*-[e]s*; *⸚er*) (*Wisch2*) trapo *m*; (*Hals2*, *Kopf2 etc*) pañuelo *m*

tüchtig ['tyçtiç] hábil; capaz, eficiente; bueno; *adv* de lo lindo

tückisch ['tykiʃ] pérfido; malicioso; traidor (*a Tier*); (*Krankheit*) insidioso

tüfteln ['tyftəln] (*ge-*, *h*) sutilizar

Tugend ['tuːgənt] *f* (*-*; *-en*) virtud *f*

Tulpe ['tulpə] *f* (*-*; *-n*) tulipán *m*

tummeln ['tuməln] (*ge-*, *h*): ***sich ~*** *Kinder*: retozar

Tumor *med* ['tuːmɔr] *m* (*-s*; *-en* [tu'moːrən]) tumor *m*

Tumult [tu'mult] *m* (*-[e]s*; *-e*) tumulto *m*; alboroto *m*

tun [tuːn] (*tat*, *getan*, *h*) hacer; ***in et*** (***hinein***)***~*** introducir, meter, poner en; echar en; (***viel***) ***zu ~ haben*** estar (muy) ocupado; tener (mucho) que hacer; ***mit j-m zu ~ haben*** (tener que) tratar con alg; ***nichts zu ~ haben mit*** no tener nada que ver con; ***so ~, als ob*** hacer como si; fingir

Tu'nes|ier [tu'neːzjər] *m* (*-s*; *-*), **~ierin** *f* (*-*; *-nen*), **2isch** tunecino *m*, -a *f*

Tunfisch → ***Thunfisch***

Tunke ['tuŋkə] *f* (*-*; *-n*) salsa *f*; **2n** (*ge-*, *h*) mojar (***in*** *ac* en)

Tunnel ['tunəl] *m* (*-s*; *-*) túnel *m*

tupfen ['tupfən] (*ge-*, *h*) tocar ligeramente

Tür [tyːr] *f* (*-*; *-en*) puerta *f*; (*Wagen2*) portezuela *f*; ***hinter verschlossenen***

~en a puerta cerrada; ***vor die ~ setzen*** echar a la calle; **'~angel** *f* gozne *m*
Turban ['turba:n] *f* (*-s*; *-e*) turbante *m*
Turbine [-'bi:nə] *f* (-; *-n*) turbina *f*
turbulent [-bu'lɛnt] turbulento
Türflügel ['ty:r-] *m* hoja *f* de puerta
'Türk|e ['tyrkə] *m* (*-n*; *-n*), **~in** *f* (-; *-nen*), **~isch** turco *m*, -a *f*
'Tür|klinke ['ty:r-] *f* picaporte *m*; **~klopfer** *m* (*-s*; -) aldaba *f*
Turm [turm] *m* (*-[e]s*; *⸚e*) torre *f* (*a Schach*); (*Glocken~*) campanario *m*; (*Festungs~*) torreón *m*; (*Wacht~*) atalaya *f*; **'~spitze** *f* aguja *f*, flecha *f*; **'~springen** *n* (*-s*; *sin pl*) saltos *m/pl* de palanca; **'~uhr** *f* reloj *m* de torre
'turn|en ['turnən] (*ge-*, *h*) hacer gimnasia; **~en** *n* (*-s*; *sin pl*) gimnasia *f* (deportiva); **~er** *m* (*-s*; -), **~erin** *f* (-; *-nen*) gimnasta *su*; **~gerät** *n* aparato *m* gimnástico; **~halle** *f* gimnasio *m*; **~hose** *f* pantalón *m* de gimnasia; **~ier** [-'ni:r] *n* (*-s*; *-e*) torneo *m*; **~schuhe** *m/pl* zapatillas *f/pl*
'Turnus ['-nus] *m* (-; *-se*) turno *m*; **~mäßig** por turno(s)
'Tür|öffner ['ty:rʔ-] *m*: ***automatischer ~*** portero *m* electrónico; **~schild** *n* placa *f*; **~schließer** *m* (*-s*; -) (*Apparat*) cierre *m* (de puertas) automático; **~schloss** *n* cerradura *f*
Tusch|e ['tuʃə] *f* (-; *-n*) tinta *f* china; **'~eln** (*ge-*, *h*) cuchichear
Tüte ['ty:tə] *f* (-; *-n*) cucurucho *m*, bolsa *f* (de papel)
tuten ['tu:tən] (*ge-*, *h*) tocar (la sirena; la bocina, *etc*); (hacer) sonar
TÜV [tyf] *m* (-; *sin pl*) *Esp* Inspección *f* Técnica de Vehículos (ITV)
Typ [ty:p] *m* (*-s*; *-en*) tipo *m*; **'~e** *f* (-; *-n*) *tip* tipo *m* (de imprenta); letra *f* de molde; F *fig* tío *m*, tipejo *m*; **'~enrad** *f* margarita *f*
Typhus *med* ['ty:fus] *m* (-; *sin pl*) tifus *m*, fiebre *f* tifoidea
typisch ['-piʃ] típico
Tyrann [ty'ran] *m* (*-en*; *-en*) tirano *m*; **~i'sieren** (*h*) tiranizar

U

U, **u** [u:] *n* (-; -) U, u *f*
'U-Bahn ['u:ba:n] *f* (-; *-en*) metro *m*, *Am* subterráneo *m*; **~hof** *m* estación *f* de metro; **~netz** *n* red *f* de metro
'übel ['y:bəl] *adj* mal(o); *adv* mal; ***~ nehmen*** tomar a mal; **~täter(in** *f*) *m* malhechor(a *f*) *m*
üben ['y:bən] (*ge-*, *h*) **1.** *v/t* ejercitar, practicar, ejercer; *mus* estudiar; **2.** *v/i* hacer ejercicios; entrenarse
über ['y:bər] **1.** *prp* (*wo? dat*; *wohin? ac*) sobre; encima de; (*~ ... hinweg*) por encima de; (*~ ... hinaus*) más allá de; (*während*) durante; (*mehr als*) más de; (*von*) de, sobre; *ferro* vía, por; ***ein Scheck ~ 100 Mark*** un cheque (por valor) de cien marcos; **2.** *adv*: ***~ und ~*** completamente
über|'all [-'ʔal] en *od* por todas partes; **'~angebot** *com n* (*-[e]s*; *-e*) oferta *f* excesiva; **~'anstrengen** (*h*) fatigar excesivamente; **~'arbeiten** (*h*) revisar; retocar; ***sich ~*** trabajar demasiado
über|'backen (*irr*, *sin ge-*, *h*, → ***backen***) gratinar; **'~belichten** (*h*) *fot* sobreexponer; **~'bieten** (*irr*, *sin ge-*, *h*, → ***bieten***) sobrepujar (*a fig*); **'~blick** *m* (*-[e]s*; *-e*) *a fig* vista *f* general *od* de conjunto; (*Zusammenfassung*) resumen *m*; sumario *m*; **~'blicken** (*h*) abarcar con la vista; *a fig* dominar; **~'dauern** (*h*) sobrevivir a; **~'denken** (*irr*, *sin ge-*, *h*, → ***denken***) reflexionar sobre; recapacitar; **'~dosis** *f* (-; -sen) sobredosis *f*; **'~durchschnittlich** superior al promedio; extraordinario; **~eilen** (*h*) precipitar
überein'ander [-ʔaɪn'ʔandər] uno sobre otro; ***~ schlagen*** *Beine*: cruzar
über'ein|kommen [-'ʔaɪnkɔmən] (*irr*, *sep*, *-ge-*, *sn*, → ***kommen***) ponerse de acuerdo (***über*** *ac* sobre); convenir (en); **~kommen** *n* (*-s*; -), **~kunft** [-'-kunft] *f* (-; *⸚e*) convenio *m*, acuerdo *m*, arreglo *m*; **~stimmen** (*sep*, *-ge-*, *h*) coincidir; concordar; estar conforme

od de acuerdo; **ℒstimmung** *f* (-; *-en*) concordancia *f*; armonía *f*; conformidad *f*

'überempfindlich hipersensible

über|'fahren (*irr, sin ge-, h,* → ***fahren***) atropellar, arrollar; *Signal*: pasar; **'ℒfahrt** *f* (-; *-en*) travesía *f*; pasaje *m*; **'ℒfall** *m* (*-[e]s*; *⸚e*) agresión *f*; (*Raubℒ*) atraco *m*; **~'fallen** (*irr, sin ge-, h,* → ***fallen***) atracar, asaltar; *fig* sorprender; **'~fällig** retrasado; *com* vencido (y no pagado); **'ℒfluss** *m* (*-es*; *sin pl*) abundancia *f*, profusión *f* (***an*** *dat* de); **'ℒflussgesellschaft** *f* sociedad *f* opulenta; **'~flüssig** superfluo; **~ *sn*** sobrar, estar de sobra *od* de más; **~'fordern** (*h*) exigir demasiado de; **~'führen** (*h*) *jur* convencer; **ℒ'führung** *f* (-; *-en*) traslado *m*; transporte *m*; *e-r Leiche*: conducción *f*; *Verkehr*: paso *m* superior *od* elevado; *jur* convicción *f*; **~'füllt** [-'fylt] repleto, atestado, F de bote en bote

'Über|gabe *f* (-; *-n*) entrega *f*; *mil* rendición *f*; **~gang** *m* (*-[e]s*; *⸚e*) paso *m*; *fig* transición *f*; **~gangsphase** *f* período *m* de transición; **ℒ'geben** (*irr, sin ge-, h,* → ***geben***) entregar; *mil* rendir; ***sich ~*** vomitar; **ℒ'gehen** (*irr, sin ge-, h,* → ***gehen***) pasar por alto; (*auslassen*) omitir; *bei der Beförderung*: postergar; **~gepäck** *n* (*-[e]s*; *sin pl*) exceso *m* de equipaje; **~gewicht** *n* (*-[e]s*; *sin pl*) sobrepeso *m*, exceso *m* de peso; *fig* preponderancia *f*; **ℒglücklich** muy feliz; loco de alegría; **~größe** talla *f* grande, talla *f* especial

über|'hand: **~ nehmen** llegar a ser excesivo; aumentar demasiado; menudear

über|häufen (*h*) colmar (***mit*** de); *mit Arbeit etc*: agobiar, abrumar (de); **~'haupt** generalmente; en suma; ***~ nicht*** de ningún modo; ***~ nichts*** absolutamente nada; **~heblich** [-'heːpliç] presuntuoso, arrogante; **~'höht** [-'høːt] *Preis*: abusivo; **~'holen** (*h*) adelantar; pasar; *fig* aventajar; *tec* revisar; repasar; **ℒ'holspur** *f* carril *m* de adelantamiento; **ℒ'holverbot** *n* prohibición *f* de adelantar; **~'hören** (*h*) no oír; *absichtlich*: hacerse el desentendido; **'ℒkapazität** *f* sobrecapacidad *f*; **'~kochen** (*sep, -ge-, sn*) rebosar al hervir; *Milch*: salirse

über|'laden (*irr, sin ge-, h,* → ***laden***) sobrecargar; *fig* recargar; **~'lagern** (*h*) superponer; **'ℒlandbus** *m* coche *m* de línea; **~'lassen** (*irr, sin ge-, h,* → ***lassen***) (*abtreten*) ceder; (*anheim stellen*) dejar; **~'lasten** (*h*) sobrecargar; *fig* agobiar, abrumar (***mit*** de); **'~laufen** (*irr, sep, -ge-, sn,* → ***laufen***) derramarse, rebosar; salirse; *mil* pasarse al enemigo; **~'leben** (*h*) sobrevivir a; **ℒlebende** *m/f* (*-n*; *-n*) superviviente *su*; **~'legen 1.** *v/t* (*h*) pensar, considerar; reflexionar; **2.** *adj* superior; **~'liefern** (*h*) transmitir

'Über|macht *f* (-; *sin pl*) *mil* superioridad *f* de fuerzas *bzw* numérica; **ℒmäßig** excesivo; desmesurado; *adv* demasiado; **ℒ'mitteln** (*h*) transmitir; **ℒmorgen** pasado mañana; **ℒmütig** [-myːtiç] loco de alegría; petulante, travieso

'über|nächst: ***am ~en Tag*** dos días después *od* más tarde; **~nachten** [-'naxtən] (*h*) pasar la noche (***in*** *dat* en), pernoctar; **ℒ'nachtung** *f* (-; *-en*) pernoctación *f*; ***~ mit Frühstück*** alojamiento *m* con desayuno; **ℒnahme** [-nɑːmə] *f* (-; *-n*) aceptación *f*; recepción *f*; *e-s Amtes*: toma *f* de posesión; ***feindliche ~*** toma *f* hostil; **ℒnahmeangebot** *n* oferta *f* pública de adquisición (de acciones), opa *f*; **~national** supranacional; **~'nehmen** (*irr, sin ge-, h,* → ***nehmen***) tomar, aceptar; recibir; *Amt*: tomar posesión de; *Arbeit, Auftrag*: encargarse de; *Stelle, Firma*: hacerse cargo de; *Verantwortung*: asumir; **ℒproduktion** *f* (-; *-en*) sobreproducción *f*; **~'prüfen** (*h*) examinar; revisar, comprobar; **~queren** [-'kveːrən] (*h*) atravesar, cruzar

über'rasch|en [-'raʃən] (*h*) sorprender; **~end** sorprendente; inesperado; **ℒung** *f* (-; *-en*) sorpresa *f*

über'reden (*h*) persuadir

'über|regional suprarregional; **~reich** abundante; ***~ sn an*** (*dat*) abundar en; **~'reichen** (*h*) entregar; presentar; **~'rumpeln** (*h*) coger desprevenido; sorprender; **~'runden** (*h*) tomar la delantera (*a fig*)

'über|satt repleto; **ℒschallflugzeug** *n* avión *m* supersónico; **ℒschallgeschwindigkeit** *f* velocidad *f* supersónica; **~'schätzen** (*h*) sobr(e)estimar; **ℒschlag** *m* (*-[e]s*; *⸚e*) cálculo *m* aproximativo; (*Turnen*) paloma *f*; **~'schla-**

gen (*irr, sin ge-, h,* → ***schlagen***) (*auslassen*) pasar por alto, omitir; (*berechnen*) calcular; ***sich ~*** dar una vuelta de campana; *a avia* capotar; **~'schneiden** (*irr, sin ge-, h,* → ***schneiden***): ***sich ~*** cruzarse; (*zeitlich*) coincidir; **~'schreiten** (*irr, sin ge-, h,* → ***schreiten***) atravesar, cruzar, pasar; *fig* exceder, pasar de, rebasar; *Gesetz, Gebot*: violar, infringir; **Ձschrift** *f* (-; *-en*) título *m*; **Ձschuss** *m* (*-es*; *⸚e*) excedente *m*, sobrante *m*; (*Kassen*Ձ) superávit *m*, saldo *m* activo; **Ձschussproduktion** *f* producción *f* excedentaria; **~'schütten** (*h*) cubrir (***mit*** de); *fig a* colmar (de); **~'schwemmen** (*h*) *a fig* inundar (***mit*** de); **Ձ'schwemmung** *f* (-; *-en*) inundación *f*

'Über|see *f* ultramar *m*; **~seedampfer** *m* transatlántico *m*; **Ձ'sehen** (*irr, sin ge-, h,* → ***sehen***) abarcar con la vista; (*nicht sehen*) no ver; omitir; (*nicht beachten*) no hacer caso de, desatender; **Ձ'senden** (*irr, sin ge-, h,* → ***senden***) enviar, mandar, remitir; **Ձsetzen** (*sep, -ge-, h*) *mit Fähre*: pasar (a la otra orilla); **Ձ'setzen** (*h*) *Text*: traducir; **~'setzer(in** *f*) *m* traductor(a *f*) *m*; **~'setzung** *f* (-; *-en*) traducción *f*; *in die Muttersprache*: versión *f*; *tec* transmisión *f*; *am Fahrrad*: multiplicación *f*; **~'setzungsbüro** *n* agencia *f* de traducción; **~'setzungsdienst** *m* servicio *m* de traducción; **~'setzungsprogramm** *n* programa *m* de traducción; **~'setzungssoftware** *f* software *m* de traducción; **~sicht** *f* (-; *-en*) vista *f* general *od* de conjunto; cuadro *m* sinóptico; **Ձsichtlich** claro; *Gelände*: abierto; **~sichtskarte** *f* mapa *m* general; **Ձsiedeln** (*sep, -ge-, sn*) trasladarse; **Ձspannt** [-'ʃpant] *fig* exagerado, exaltado, extravagante; **Ձ'spielen** (*h*) *Schallplatte*: regrabar; *fig* disimular; **Ձ'springen** (*irr, sin ge-, h,* → ***springen***) saltar (por encima de); *fig* saltarse; **Ձ'stehen** (*irr, sin ge-, h,* → ***stehen***) pasar; vencer; ***glücklich ~*** salir airoso de; **Ձ'steigen** (*irr, sin ge-, h,* → ***steigen***) pasar por encima de; *fig* exceder; desbordar; **Ձ'stimmen** (*h*) vencer por mayoría de votos; **~stunde** *f* hora *f* extraordinaria; **~stundenzuschlag** *m* (*Aufschlag*) suplemento *m* por horas extra(ordinaria)s

'Über|trag [-tra:k] *com m* (*-[e]s*; *⸚e*) suma *f* anterior, suma *f* y sigue; ***~ auf neue Rechnung*** saldo *m od* traslado *m* a cuenta nueva; **Ձ'tragbar** transferible; *a med* transmisible; ***nicht ~*** intransferible; **Ձ'tragen** (*irr, sin ge-, h,* → ***tragen***) trasladar; *a med, tec* transmitir (***auf*** *ac* a); *jur, com* transferir; *Steno*: transcribir; *Radio, TV*: (re)transmitir; *Amt, Aufgabe*: encargar, confiar; ***in ~er Bedeutung*** en sentido figurado; **~'tragung** *f* (-; *-en*) *jur, com* transferencia *f*; transmisión *f* (*a tec*); *med a* contagio *m*; (*Steno*) transcripción *f*; *Radio, TV*: (re)transmisión *f*; **Ձ'treffen** (*irr, sin ge-, h,* → ***treffen***) exceder, superar; *j-n*: aventajar (***an*** *dat* en); llevar ventaja a; **Ձ'treiben** (*irr, sin ge-, h,* → ***treiben***) exagerar; **Ձ'treten** *jur* (*irr, sin ge-, h,* → ***treten***) contravenir a, infringir, violar

übervölkert [-'fœlkərt] superpoblado

über|'wachen (*h*) vigilar, inspeccionar, controlar; **~weisen** [-'vaɪzən] (*irr, sin ge-, h,* → ***weisen***) transferir; *Geld*: *a* girar; **Ձ'weisung** *f* (-; *-en*) transferencia *f*; giro *m*; **Ձ'weisungsformular** *n* formulario *m* de transferencia; **~'wiegen** (*irr, sin ge-, h,* → ***wiegen***) preponderar, predominar, prevalecer (sobre); **~'winden** (*irr, sin ge-, h,* → ***winden***) vencer; superar; *Hindernisse*: *a* allanar; *Gefühle*: dominar; ***sich ~*** (*et zu tun*) hacer de tripas corazón

'Über|zahl *f* (-; *sin pl*) superioridad *f* numérica; **Ձ'zeugen** (*h*) convencer (***von*** de); **~'zeugung** *f* (-; *-en*) convencimiento *m*, convicción *f*; **Ձ'ziehen** (*irr, sin ge-, h,* → ***ziehen***) revestir, (re)cubrir; forrar (***mit*** de); *Möbel*: tapizar; *Kissen*: enfundar; *Konto*: dejar en descubierto; *Kredit, Zeit*: rebasar; ***das Bett frisch ~*** mudar la ropa de la cama; **~'ziehungskredit** *m* crédito *m* por descubierto; **~zug** *m* (*-[e]s*; *⸚e*) *tec* revestimiento *m*; (*Hülle*) funda *f*

üblich ['y:pliç] usual; acostumbrado; ***wie ~*** como de costumbre

U-Boot ['u:bo:t] *n* submarino *m*

'übrig ['y:briç] sobrante, restante; ***das Ձe*** el resto; lo demás; ***die Ձen*** los demás; ***~ bleiben*** quedar, sobrar; ***~ haben*** tener de sobra; ***~ sn*** sobrar; ***was bleibt mir anderes übrig?*** ¡qué remedio!; **~ *lassen*** dejar

Übung ['-buŋ] *f* (-; *-en*) ejercicio *m*; práctica *f*; (*Training*) entrenamiento *m*

'Ufer ['uːfər] *n* (*-s*; -) orilla *f*; borde *m*; (*Fluss*2) *a* ribera *f*; ***über die ~ treten*** desbordarse; **~promenade** *f* paseo *m* marítimo *bzw* ribereño; **~straße** *f* carretera *f* ribereña *od* del litoral

Uhr [uːr] *f* (-; *-en*) reloj *m*; *Zeit*: hora *f*; ***wie viel ~ ist es?*** ¿qué hora es?; ***es ist ein ~*** es la una; ***es ist zwei ~*** son las dos; **'~macher** [-maxər] *m* (*-s*; -) relojero *m*; **'~zeiger** *m* aguja *f*, manecilla *f*; **'~zeigersinn** *m*: ***im ~*** en el sentido de las agujas del reloj; **'~zeit** *f* hora *f*

Uhu *zo* ['uːhu] *m* (*-s*; *-s*) búho *m*

Ulme *bot* ['ulmə] *f* (-; *-n*) olmo *m*

Ultimatum [-ti'mɑːtum] *n* (*-s*; *-ten*) ultimátum *m* (***stellen*** poner)

Ultra|'kurzwelle [-tra'-] *f el* onda *f* ultracorta; *Radio*: frecuencia *f* modulada; **'~schall** *m* ultrasonido *m*; **'2violett** ultravioleta

um [um] **1.** *prp* (*ac*) **a)** *örtlich*: (*~ ... herum*) alrededor de; **b)** *zeitlich*: a; (*ungefähr*) hacia, a eso de; **c)** *Grund*: (*~ ... willen*) por, a causa de; **d)** *Preis*: por, al precio de; **2.** *cj*: ***~ zu*** (*inf*) para; **3.** *adv*: ***~ und ~*** por todos lados

umarmen [-'ˀarmən] (*h*) abrazar, dar un abrazo a

'Umbau *m* (*-[e]s*; *-ten*) *arqu* reformas *f/pl*, transformación *f*; *teat* cambio *m* de decorados; *fig* reorganización *f*; **2en** (*sep*, *-ge-*, *h*) reformar, transformar; *fig* reorganizar

'umbilden (*sep*, *-ge-*, *h*) transformar; remodelar; *fig* reorganizar

'um|binden (*irr*, *sep*, *-ge-*, *h*, → ***binden***) *Schürze*, *Krawatte*: ponerse; **~bringen** (*irr*, *sep*, *-ge-*, *h*, → ***bringen***) matar, asesinar

'umbuch|en (*sep*, *-ge-*, *h*) *com* pasar a otra cuenta; *Reise*: cambiar la reserva (de); **2ung** *f* (-; *-en*) cambio *m* de asiento (*Reise*: de reserva)

'um|datieren (*sep*, *h*) cambiar la fecha; **~disponieren** (*sep*, *h*) cambiar las disposiciones; **~drehen** (*sep*, *-ge-*, *h*) volver; dar vuelta a; *Hals*: torcer; ***sich ~*** volverse, volver la cabeza; **~fahren** (*irr*, *sep*, *-ge-*, *h*, → ***fahren***) derribar; *j-n*: atropellar; **~fallen** (*irr*, *sep*, *-ge-*, *sn*, → ***fallen***) caerse; *Wagen etc*: volcar; *fig* cambiar bruscamente de opinión

'Umfang *m* (*-[e]s*; *sin pl*) circunferencia *f*; *mat* perímetro *m*; periferia *f*; (*Dicke*) espesor *m*; *fig* extensión *f*; envergadura *f*; proporciones *f/pl*; **2reich** voluminoso; extenso

umfassend [-'fasənd] amplio, extenso; completo

'Umfrage *f* (-; *-n*) encuesta *f* (***halten*** hacer)

'umfüllen (*sep*, *-ge-*, *h*) tra(n)svasar, trasegar

'Umgangs|sprache ['-gaŋs-] *f* lenguaje *m* familiar *od* coloquial; **2sprachlich** coloquial

Um|'gebung [-'geːbuŋ] *f* (-; *-en*) **1.** *fig* entorno *m*; ambiente *m*, medio *m*; **2.** = **'~gegend** *f* (-; *-en*) alrededores *m/pl*; inmediaciones *f/pl*, cercanías *f/pl*

umgeh|en (*irr* → ***gehen***) **1.** ['-geːən] *v/i* (*sep*, *-ge-*, *sn*) *Gerücht*: circular; ***~ mit j-m*** tratar a alg; **2.** [-'-] *v/t* (*sin ge-*, *h*) dar la vuelta alrededor de; *fig* evitar, eludir; **2ungsstraße** ['-uŋs-] *f* carretera *f* de circunvalación

umgekehrt ['-gəkeːrt] invertido, inverso; contrario; *adv* al revés, por el (*od* al) contrario

'um|graben (*irr*, *sep*, *-ge-*, *h*, → ***graben***) cavar; remover; **2hang** *m* (*-[e]s*; *¨e*) mantón *m*; capa *f*

'umhänge|n (*sep*, *-ge-*, *h*) colgar; *Mantel*: ponerse sobre los hombros; *Bild*: colocar de otro modo; *über die Schulter*: poner en bandolera; **2tasche** *f* bolso *m* en bandolera

um'her alrededor, en torno; **~streifen** (*sep*, *-ge-*, *sn*) andar vagando (***in*** *dat* por); **~ziehen** (*irr*, *sep*, *-ge-*, *sn*, → ***ziehen***) vagar, errar

'Umkehr ['-keːr] *f* (-; *sin pl*) vuelta *f*; **2en** (*sep*, *-ge-*) **1.** *v/t* (*h*) volver, dar vuelta a; *mat*, *el* invertir; **2.** *v/i* (*sn*) volver; dar media vuelta

um'klammern (*h*) abrazar; agarrar; *mil* envolver

'umkleide|n *v/refl* (*sep*, *-ge-*, *h*): ***sich ~*** cambiarse, mudarse de ropa; **2raum** *m* vestuario *m*

'um|kommen (*irr*, *sep*, *-ge-*, *sn*, → ***kommen***) perecer; (*verderben*) desperdiciarse; echarse a perder; **2kreis** *m* (*-es*; *sin pl*) periferia *f*, circunferencia *f*; (*Bereich*) ámbito *m*; ***im ~ von 10***

km en diez kilómetros a la redonda; **~laden** (*irr, sep, -ge-, h,* → ***laden***) transbordar; **~'lagern** (*h*) sitiar, cercar; **~land** *n* (*-[e]s; sin pl*) alrededores *m/pl*

'Umlauf *m* (*-[e]s; ⸚e*) circulación *f*; (*Schreiben*) circular *f*; ***in ~ bringen*** poner en circulación; ***im ~ sn*** circular, estar en circulación

'Umlaut *m* (*-[e]s; -e*) metafonía *f*

'umlegen (*sep, -ge-, h*) (*anders legen*) colocar de otro modo; *Mantel, Schmuck*: ponerse; (*umwerfen*) derribar; P (*töten*) dejar tieso

'umleit|en (*sep, -ge-, h*) desviar; **~ung** *f* (*-; -en*) desviación *f*; **~ungsschild** *n* señal *f* de desviación

'um|packen (*sep, -ge-, h*) empaquetar de nuevo; *Koffer*: volver a hacer; *Ware*: cambiar el embalaje; **~quartieren** ['-kvartiːrən] (*sep, h*) cambiar de alojamiento; **~räumen** (*sep, -ge-, h*) disponer de otro modo

'umrechn|en (*sep, -ge-, h*) convertir (***in*** en); **~ungskurs** *m* tipo *m* de cambio

um|'reißen (*irr, sin ge-, h,* → ***reißen***) perfilar; esbozar; **~'ringen** (*h*) rodear; *mil a* cercar; **'~riss** *m* (*-es; -e*) contorno *m*; **'~rühren** (*sep, -ge-, h*) remover, agitar

'Umsatz *com m* (*-es; ⸚e*) volumen *m* de negocios, cifra *f* de ventas, facturación *f*; (*Absatz*) (volumen *m* de) ventas *f/pl*; **~provision** *f* comisión *f* sobre la cifra de ventas; **~rückgang** *m* descenso *m* de las ventas; **~steigerung** *f* incremento *m od* aumento *m* de las ventas; **~steuer** *f* impuesto *m* sobre el volumen de negocios

'um|schalten (*sep, -ge-, h*) *el* conmutar; *TV* cambiar de canal; **~schauen** (*sep, -ge-, h*): ***sich ~*** volver la cabeza

'Umschlag *m* (*-[e]s; ⸚e*) (*Hülle*) envoltura *f*; (*Buch~*) cubierta *f*; forro *m*; (*Brief~*) sobre *m*; *fig* (*Wendung*) cambio *m* repentino *od* brusco; *com* movimiento *m*; (*Umladen*) transbordo *m*; **~en** (*irr, sep, -ge-,* → ***schlagen***) **1.** *v/i* (*sn*) (*kippen*) volcar; *Wetter*: cambiar bruscamente; **2.** *v/t* (*h*) *Stoff*: doblar; *Ärmel*: arremangar; *Seite*: volver; *com* transbordar; **~hafen** (**~platz**) *com m* puerto *m* (lugar *m*) de transbordo

um'schließen (*irr, sin ge-, h,* → ***schließen***) circundar; encerrar; *com* cercar

umschreib|en (*irr, h,* → ***schreiben***) **1.** ['-] *v/t* (*sep, -ge-*) transcribir; refundir; *jur* transferir (***auf*** *ac* a, en); **2.** [-'-] *v/t* (*sin ge-*) circunscribir; *fig* parafrasear; **~ung** [-'-] *f* (*-; -en*) circunscripción *f*; circunlocución *f*, perífrasis *f*

'um|schulden *com* (*sep, -ge-, h*) convertir una deuda; **~schuldung** *f* (*-; -en*) conversión *f* de una deuda

'um|schulen (*sep, -ge-, h*) *beruflich*: readaptar (profesionalmente); **~schüler** (**-in** *f*) *m* readaptor(a *f*) *m*; **~schulung** *f* (*-; -en*) readaptación *f* profesional; **~schulungsmaßnahme** *f* (*-; -en*) medida *f* de readaptación profesional

'Um|schwung *m* (*-[e]s; ⸚e*) cambio *m* brusco *od* repentino; revolución *f*; **~sehen** (*irr, sep, -ge-, h,* → ***sehen***): ***sich ~*** mirar (hacia) atrás, volver la cabeza; mirar alrededor; *fig* ***sich ~ nach*** buscar

'um|setzen (*sep, -ge-, h*) cambiar de sitio; trasladar; *com* vender, colocar; *agr* trasplantar; ***~ in*** transformar en; **~siedeln** (*sep, -ge-, h*) reasentar

umso: ***~ besser*** (***schlimmer***) tanto mejor (peor);

um'sonst (*kostenlos*) gratis, de balde; (*vergeblich*) en vano, en balde; inútil (-mente)

'Umstand *m* (*-[e]s; ⸚e*) circunstancia *f*; hecho *m*; ***besonderer ~*** particularidad *f*

Umständ|e ['-ʃtɛndə] *m/pl* circunstancias *f/pl*; (*Lage*) situación *f*; ***unter ~n*** tal vez, eventualmente; ***unter allen ~n*** en todo caso, a todo trance; ***unter keinen ~n*** en ningún caso, de ningún modo; ***in anderen ~n*** encinta, embarazada; **~lich** ['-ʃtɛntliç] circunstanciado; (*genau*) minucioso

'Umstandskleidung *f* vestidos *m/pl* para futura mamá

'um|steigen (*irr, sep, -ge-, sn,* → ***steigen***) cambiar (de tren, *etc*); hacer tra(n)sbordo; **~stellen** (*sep, -ge-, h*) colocar en otro sitio; cambiar de sitio; *fig* reorganizar; ***sich ~ auf*** (*ac*) (re)adaptarse a; **~stellung** *f* (*-; -en*) reorganización *f*; (re)adaptación *f*; *a com* reconversión *f*; **~stimmen** (*sep, -ge-, h*) hacer cambiar de opinión; **~stoßen** (*irr, sep, -ge-, h,* → ***stoßen***) derribar; volcar; *fig* anular; invalidar; **~strukturieren**

['-ʃtrukturiːrən] (*sep*, *h*) reestructurar; **2strukturierung** *f* (-; *-en*) reestructuración *f*; **2sturz** (*-es*; *⸚e*) *pol m* subversión *f*; revolución *f*; **~stürzen** (*sep*, *-ge-*) **1.** *v/t* (*h*) volcar, derribar; **2.** *v/i* (*sn*) volcar, derrumbarse

'Umtausch *m* (*-[e]s*; *-e*) cambio *m*; canje *m*; **2en** (*sep*, *-ge-*, *h*) cambiar; canjear; **~kurs** *m* tipo *m* de cambio *m*

Umwälzung ['-vɛltsuŋ] *f* (-; *-en*) revolución *f*

'umwand|eln (*sep*, *-ge-*, *h*) transformar; cambiar; *com* convertir; **2lung** *f* (-; *-en*) transformación *f*; cambio *m*; *com* conversión *f*

Umweg ['-veːk] *m* (*-[e]s*; *-e*) rodeo *m* (*a fig*)

'Umwelt *f* (-; *sin pl*) medio *m* ambiente, ambiente *m*; entorno *m*; **~belastung** *f* impacto *m* ambiental *od* ecológico; **2bewusst** consciente de los problemas medioambientales; **~bewusstsein** *n* conciencia *f* ecológica; **~einfluss** *m* influencia *f* ambiental; **2feindlich** contaminante del medio ambiente; **2freundlich** ecológico; **~schäden** ['-ʃɛːdən] *m/pl* daños *m/pl* ecológicos *od* del medio ambiente; **2schädlich** que daña el medio ambiente; **~schutz** *m* protección *f* del medio ambiente; **~schützer** *m* [-ʃytsər] (*-s*; -) ecologista *m*; **~verschmutzung** *f* contaminación *f* ambiental; **2verträglich** compatible con el medio ambiente

'um|wenden (*irr*, *sep*, *-ge-*, *h*, → ***wenden***) volver; ***sich ~*** volverse; volver la cabeza; **~werfen** (*irr*, *sep*, *-ge-*, *h*, → ***werfen***) derribar, volcar; **~ziehen** (*irr*, *sep*, *-ge-*, → ***ziehen***) **1.** *v/i* (*sn*) mudarse de casa, trasladarse; **2.** *v/refl* (*h*): ***sich ~*** mudarse de ropa, cambiarse

'Umzug *m* (*-[e]s*; *⸚e*) mudanza *f* (de casa); traslado *m*; (*Festzug*) desfile *m*; cabalgata *f*

'unabhängig ['unˀaphɛŋiç] independiente; **2keit** *f* (-; *sin pl*) independencia *f*

unab|kömmlich [-'kœmliç] insustituible; **'~sichtlich** involuntario; *adv* sin intención, sin querer(lo)

'unachtsam distraído, inadvertido; (*nachlässig*) descuidado

unan|'fechtbar incontestable, indiscutible; **'~genehm** desagradable; molesto; ***es ist mir ~*** me sabe mal; **'~ständig** indecente, indecoroso; **~tastbar** [-'tastbaːr] intangible; inviolable

'unappetitlich poco apetitoso; repugnante

'Unart *f* (-; *-en*) mala costumbre *f*; vicio *m*; *e-s Kindes*: travesura *f*; **2ig** *Kind*: travieso, malo

'unauf|dringlich, **~fällig** discreto; **~gefordert** ['-gəfɔrdərt] espontáneo; **~merksam** desatento; distraído; **~richtig** insincero

'unaus|gefüllt ['-ˀaʊsgəfylt] *Formular*: en blanco; *fig* vacío; **~stehlich** [-'ʃteːliç] insoportable

'unbe|absichtigt ['-bəˀapziçtiçt] involuntario; *adv* sin querer(lo); **~achtet** [-ˀaxtət] inadvertido (***bleiben*** pasar); ***~ lassen*** no hacer caso de; **~antwortet** ['-ˀantvɔrtət] sin respuesta, sin contestación; **~dacht** inconsiderado; irreflexivo; **~deutend** insignificante; de poca monta; **~dingt** incondicional; absoluto; *adv* a toda costa; **~'fahrbar** intransitable, impracticable; *mar* innavegable; **~fangen** imparcial; sin prejuicios; (*arglos*) ingenuo, cándido; **~friedigend** poco satisfactorio; insuficiente; **~friedigt** descontento, poco satisfecho; **~fristet** ilimitado; **~fugt** no autorizado; ilícito; **~gabt** poco inteligente; poco apto; sin talento; **~'greiflich** incomprensible, inconcebible; **~grenzt** [-grɛntst] ilimitado; **~gründet** [-gryndət] infundado; **~helligt** [-'hɛliçt] sin ser molestado; **~herrscht** [-hɛrʃt] que no sabe dominarse; **~holfen** [-hɔlfən] torpe; **~irrt** [-'ˀirt] firme; imperturbable; *adv* sin turbarse; **~kannt** desconocido; **~kleidet** [-klaɪdət] desnudo; **~kümmert** despreocupado; descuidado; indiferente; **~lehrbar** [-'leːrbaːr] incorregible; **~liebt** impopular; **~mannt** [-mant] sin tripulación, no tripulado; **~merkt** [-mɛrkt] inadvertido, sin ser visto; **~nutzt** [-nutst] sin utilizar; **~quem** incómodo; (*lästig*) molesto; engorroso; **~'rechenbar** [-'rɛçənbaːr] incalculable; *j*: caprichoso, veleidoso; **~rechtigt** injustificado; infundado; *adv* sin autorización; **~rührt** [-ryːrt] intacto; *a fig* virgen; **~schädigt** intacto; *com* en buenas condiciones; **~schränkt** ilimitado; absoluto; **~schreiblich** [-'ʃraɪpliç] in-

U

descriptible; **~sehen** *adv* sin reparo; **~siegbar** [-ˈziːkbaːr] invencible; **~sonnen** atolondrado; irreflexivo; **~ständig** inconstante, inestable; *a Wetter*: variable; **~stechlich** incorruptible; **~stimmt** indeterminado, indefinido (*a gram*); indeciso, vago; **~streitbar** [-ˈʃtraɪtbaːr] incontestable, indiscutible; **~stritten** [-ˈʃtritən] incontestado, indiscutido; **~teiligt** [-taɪliçt] desinteresado; ajeno (***an*** a); **~tont** [-toːnt] átono

unbeugsam [-ˈbɔʏkzaːm] inflexible; rígido

ˈunbe|wacht [ˈ-bəvaxt] no vigilado; sin guarda; **~weglich** inmóvil; fijo (*a Fest*); rígido; ***~e Güter*** *n/pl* bienes *m/pl* inmuebles; **~wohnt** [-voːnt] inhabitado; *Gebäude*: deshabitado; **~wusst** inconsciente; instintivo; involuntario; *adv* sin darse cuenta; **~zahlbar** [-ˈtsaːlbaːr] impagable (*a fig*)

ˈunbrauchbar inutilizable; inservible; *j*: inútil; incapaz; ***~ machen*** inutilizar

und [unt] y, (*vor* i *od* hi) e

ˈUndank *m* (*-[e]s*; *sin pl*) ingratitud *f*; desagradecimiento *m*; **2bar** ingrato (*a fig*); desagradecido

un|definierbar [-defiˈniːrbaːr] indefinible; **~ˈdenkbar** inimaginable; impensable; **ˈ~deutlich** indistinto; vago; *Laut*: inarticulado; *Schrift*: ilegible; *Bild*: borroso; **ˈ~dicht** permeable; ***~ sn*** *Fenster etc*: juntar mal; *Gefäß*: salirse, rezumar; **ˈ~duldsam** intolerante

undurch|dringlich [-durçˈdriŋliç] impenetrable (*a fig*); impermeable; **~ˈführbar** irrealizable, impracticable; **ˈ~lässig** impermeable; **ˈ~sichtig** opaco; *fig* impenetrable; ambiguo

ˈuneben desigual; *Gelände*: escabroso; accidentado; *Weg*: áspero; **2heit** *f* (-; *-en*) desigualdad *f*; aspereza *f*; escabrosidad *f*; ***~en des Geländes*** accidentes *m/pl* del terreno

ˈunecht falso; falsificado; imitado

ˈunehelich ilegítimo

ˈunehrlich falso; insincero; desleal

ˈuneigennützig desinteresado

uneingeschränkt [ˈ-ˀaɪngəʃrɛŋkt] ilimitado; absoluto

ˈunempfindlich *a fig* insensible (***gegen*** a); apático, indiferente; *med* anestesiado

unˈendlich infinito (*a mat*); *fig a* inmenso

unent|ˈbehrlich indispensable, imprescindible; **~geltlich** [-ˈgɛltliç] gratuito; *adv* gratis; **ˈ~schieden** indeciso; *Spiel, Wahl*: empatado; ***~ spielen*** empatar; **ˈ~schlossen** irresoluto

ˈuner|fahren [ˈ-ˀɛrfaːrən] inexperto, sin experiencia; **~forschlich** [-ˈfɔrʃliç] impenetrable; inescrutable; **~freulich** desagradable; **~giebig** improductivo; **~ˈgründlich** insondable (*a fig*); **~hört** [-ˈhøːrt] inaudito; increíble; ***das ist ~!*** ¡habráse visto!; **~kannt** [-kant] *adv* sin ser reconocido; de incógnito; **~ˈklärlich** inexplicable; **~lässlich** [-ˈlɛsliç] indispensable, imprescindible; **~laubt** [-laʊpt] ilícito; **~messlich** [-ˈmɛsliç] inmenso; **~müdlich** [-ˈmyːtliç] infatigable; **~ˈreichbar** inalcanzable; inaccesible; *fig* inasequible; **~sättlich** [-ˈzɛtliç] insaciable (*a fig*); **~schöpflich** [-ˈʃœpfliç] inagotable; **~schrocken** intrépido, denodado; **~schütterlich** [-ˈʃytərliç] imperturbable; impávido; *Wille*: inquebrantable; **~ˈschwinglich** inasequible; *Preis*: exorbitante; **~setzlich** [-ˈzɛtsliç] insustituible; *Verlust*: irreparable; **~ˈträglich** insoportable, inaguantable; intolerable; **~wartet** [-vartət] inesperado, imprevisto; *adv* de improviso; **~wünscht** indeseable

ˈunfähig incapaz (***zu*** de); inepto (***zu*** para)

unfair [ˈ-fɛːr] desleal; injusto; *dep* sucio

ˈUnfall *m* (*-[e]s*; *ˈˈe*) accidente *m*; **~flucht** *f* huida *f* en caso de accidente; **~hergang** *m* desarrollo *m* del accidente; **~station** *f* puesto *m* de socorro; **~verhütung** *f* prevención *f* de accidentes; **~versicherung** *f* seguro *m* de accidentes

unˈfassbar inconcebible

unfehlbar [-ˈfeːlbaːr] infalible

ˈunfolgsam desobediente

unförmig [ˈ-fœrmiç] informe, deforme

unfrankiert [ˈ-fraŋkiːrt] no franqueado; sin franquear

ˈunfrei que no es libre; *corr* (a) porte debido; **~willig** involuntario

ˈunfreundlich poco amable *od* amigable; *Gesicht*: F de pocos amigos; *Wetter*: desapacible

'unfruchtbar estéril (*a fig*); infecundo; *Boden*: árido; **℞keit** *f* (-; *sin pl*) esterilidad *f*; infecundidad *f*; aridez *f*

Unfug ['-fu:k] *m* (-*[e]s*; *sin pl*) (*Streich*) travesura *f*

'Ungar ['uŋgar] *m* (-*n*; -*n*), **~in** *f* (-; -*nen*) húngaro *m*, -a *f*; **℞isch** húngaro

'unge|achtet ['ungəˀaxtət] **1.** *adj* poco apreciado *od* respetado; **2.** *prp* (*gen*) no obstante, a pesar de; **~ahnt** ['-ˀɑ:nt] insospechado; **~beten** ['-be:tən] no invitado; ***~er Gast*** intruso *m*; **~bildet** inculto; **~boren** no nato; **~bräuchlich** poco usado; **~braucht** no usado; (completamente) nuevo

'unge|bunden *Buch*: en rústica; *fig* libre, independiente; **~deckt** ['-dɛkt] *com* descubierto; **℞duld** *f* (-; *sin pl*) impaciencia *f*; **~duldig** impaciente; ***~ werden*** impacientarse; **~eignet** inadecuado, impropio (***für*** para)

'ungefähr [-fɛ:r] aproximativo; *adv* aproximadamente, (poco) más o menos; ***von ~*** por casualidad; **~lich** inofensivo

'Unge|heuer [-hɔʏər] *n* (-*s*; -) monstruo *m*; **℞heuer** monstruoso; enorme; **℞hindert** [-hindərt] sin ser molestado; **℞horsam** desobediente; **℞kündigt** [-kyndiçt] no despedido; **℞künstelt** natural; sin afectación; **℞kürzt** [-kyrtst] *Text*: completo, íntegro; **℞legen** inoportuno, intempestivo; *adv* a deshora, a destiempo; **℞lernt** *Arbeiter*: no cualificado; **℞mein** extraordinario; *adv* extremadamente; sobremanera; **℞mütlich** desagradable; poco confortable; *j*: poco simpático; *Wetter*: desapacible; **℞nau** inexacto, impreciso; **~nauigkeit** *f* (-; -*en*) inexactitud *f*; imprecisión *f*; **℞niert** ['-ʒeni:rt] desenvuelto, desenfadado; sin cumplidos; **℞nießbar** incomible; imbebible; *fig* insoportable; **℞nügend** insuficiente; *Prüfungsnote*: suspenso; **℞pflegt** ['-pfle:gt] descuidado; *Person*: *a* desaseado, desaliñado; **℞rade** *Zahl*: impar

'ungerecht injusto; **~fertigt** injustificado

'ungern de mala gana; a disgusto; con desgana; ***ich tue es ~*** no me gusta hacerlo

'ungeschehen: ***~ machen*** deshacer lo hecho

'Ungeschick *n* (-*[e]s*; *sin pl*), **~lichkeit** *f* (-; *sin pl*) torpeza *f*; **℞t** torpe, desmañado

'unge|schminkt [-ʃmiŋkt] *fig Bericht*: verídico; *Wahrheit*: crudo; **~schrieben** [-ʃri:bən]: *fig* ***~es Gesetz*** convenio *m* tácito; **~setzlich** ilegal; ilegítimo; **~sittet** inculto; indecente; **~spritzt** [-ʃpritst] *Obst etc*: no tratado; **~stört** [-ʃtø:rt] tranquilo; *adv* sin ser molestado; sin ningún estorbo; **~straft** [-ʃtrɑ:ft] impune; **~stüm** [-ʃty:m] impetuoso, fogoso; **~sund** malsano; insalubre; **~trübt** [-try:pt] *fig* inalterable; *Glück*: puro; **℞tüm** [-ty:m] *n* (-*s*; -*e*) monstruo *m*; **~wiss** incierto; dudoso; **℞wissheit** *f* (-; *sin pl*) incertidumbre *f*; **~wöhnlich** poco común; insólito; extraordinario; (*seltsam*) raro, extraño; **~wohnt** desacostumbrado, insólito

Ungeziefer [-tsi:fər] *n* (-*s*; *sin pl*) bichos *m*/*pl*

'unge|zogen [-tso:gən] mal educado; *Kind*: travieso; malo; (*frech*) impertinente; **~zwungen** *fig* desenvuelto; natural; informal; sin afectación

'ungläubig incrédulo, descreído; *rel* infiel; no creyente

un'glaublich increíble

'unglaubwürdig inverosímil; *Person*: de poco crédito

'ungleich desigual; diferente; *adv* (*viel*) infinitamente, mucho; **~mäßig** desigual

'Unglück *n* (-*[e]s*; -*e*) desgracia *f*, desdicha *f*; (*Missgeschick*) infortunio *m*; ***ins ~ stürzen*** perder, arruinar; **℞lich** desgraciado, infeliz; **℞licher'weise** desgraciadamente, por desgracia

'un|gültig nulo; inválido; caducado; ***für ~ erklären***, ***~ machen*** cancelar, anular, invalidar; **~günstig** desfavorable; *Aussicht*: poco prometedor; **~haltbar** insostenible

'Unheil *n* (-*s*; *sin pl*) mal *m*; desgracia *f*; desastre *m*; **℞bar** [-bɑ:r] irremediable; *med* incurable

'un|heimlich inquietante, fatídico; lúgubre; F *fig* enorme; F *adv* enormemente; **~höflich** descortés; **~'hörbar** imperceptible, inaudible; **~hygienisch** antihigiénico

Uniform [uni'fɔrm] *f* (-; -*en*) uniforme *m*

'uninteressant poco interesante

Union [un'jo:n] *f* (-; *-en*) unión *f*
univers|al [univɛr'zɑ:l] universal; **≈ität** [-zi'tɛ:t] *f* (-; *-en*) universidad *f*; **≈um** [-zum] *n* (*-s*; *sin pl*) universo *m*
'unkennt|lich irreconocible; desfigurado; **~ *machen*** desfigurar; **≈nis** *f* (-; *sin pl*) ignorancia *f*
'unklar poco claro; confuso; (*trübe*) turbio; *Bild*: borroso; ***im ~en sn über*** (*ac*) no ver claro en; **≈heit** *f* (-; *sin pl*) falta *f* de claridad; confusión *f*
'un|klug poco inteligente; imprudente; **~konzentriert** distraído
'Unkosten *pl* gastos *m/pl*; ***sich in ~ stürzen*** meterse en gastos
'Unkraut *n* (*-[e]s*; *⸚er*) mala hierba *f*, *Am* yuyo *m*; ***~ vergeht nicht*** mala hierba nunca muere
'un|kündbar *Vertrag*: irrevocable, irrescindible; *Stellung*: permanente; **~längst** hace poco, recientemente; **~lauter** *Geschäft*: sucio; turbio; *Wettbewerb*: desleal; **~leserlich** ilegible; **~logisch** ilógico
un'lös|bar, **~lich** insoluble
'un|männlich afeminado; poco varonil; **~mäßig** inmoderado; desmesurado; *im Genuss*: intemperante
'Unmenge *f* (-; *-n*) cantidad *f* enorme; ***e-e ~ von*** F la mar de
'Unmensch *m* (*-en*; *-en*) monstruo *m*
'unmenschlich inhumano; **≈keit** *f* (-; *sin pl*) inhumanidad *f*
un|'merklich imperceptible; **'~missverständlich** inequívoco; categórico; **'~mittelbar** inmediato; directo; **~möbliert** ['-møbli:rt] sin amueblar; **'~modern** pasado de moda, anticuado
'unmöglich imposible (*a fig*); ***das ist ~ a*** no puede ser; **≈keit** *f* (-; *raro -en*) imposibilidad *f*
'un|moralisch inmoral; **~mündig** menor de edad; **~musikalisch** sin talento *od* sentido musical
'unnach|ahmlich ['-nɑ:x'ʔɑ:mliç] inimitable; **~giebig** inflexible, intransigente; **~sichtig** severo
unnahbar [-'nɑ:bɑ:r] inaccesible; intratable
'un|natürlich poco natural; afectado; **~nötig** inútil, superfluo
'unord|entlich en desorden; *j*: desordenado; descuidado; **≈nung** *f* (-; *sin pl*) desorden *m*; desarreglo *m*
'un|parteiisch imparcial; **~passend** impropio (***für*** de); inconveniente; (*unschicklich*) incorrecto; (*ungelegen*) inoportuno; **~passierbar** intransitable, impracticable; *mar* innavegable
unpässlich ['-pɛsliç] indispuesto
'un|persönlich impersonal; **~politisch** apolítico; **~populär** impopular; **~praktisch** poco práctico; *j*: poco hábil; **~produktiv** improductivo; **~pünktlich** poco puntual; **~rationell** poco racional
'unrecht 1. *adv* injusto; (*unrichtig*) equivocado, falso; (*übel*) malo; *adv* mal; **~mäßig** ilegítimo; ilegal; ***j-m ~ tun*** ser injusto con alg
'Unrecht *n* (*-[e]s*; *sin pl*) injusticia *f*; *angetanes*: agravio *m*; ***im ~ sn*** no tener razón; ***zu ~*** injustamente; sin razón; ***~ haben*** no tener razón; estar equivocado
'un|regelmäßig irregular; *Leben*: desordenado; **~reif** inmaduro (*a fig*); *Obst*: *a* verde; **~rentabel** no rentable
'Unruh|e *f* (-; *sin pl*) inquietud *f*, desasosiego *m*; intranquilidad *f*; (*Besorgnis*) preocupación *f*; alarma *f*; (*pl -en*) (*Aufruhr*) agitación *f*, disturbio *m*; **≈ig** inquieto; intranquilo; agitado
uns [uns] nos; *betont*: a nosotros (-as); ***ein Freund von ~*** un amigo nuestro
'unsach|gemäß inadecuado; no apropiado; **~lich** subjetivo; parcial; que no viene al caso
'un|schädlich inofensivo; in(n)ocuo; ***~ machen*** *Gift*: neutralizar; *Mine etc*: desactivar; *Person*: eliminar; **~scharf** *fot* borroso, poco nítido; **~schätzbar** [-'ʃɛtsbɑ:r] inestimable; incalculable; **~scheinbar** de poca apariencia; poco vistoso; insignificante; (*zurückhaltend*) discreto; **~schicklich** indecoroso, indecente
unschlagbar [-'ʃlɑ:kbɑ:r] imbatible
'unschlüssig irresoluto, indeciso
'Unschuld *f* (-; *sin pl*) inocencia *f*; **≈ig** inocente
'unselbstständig dependiente; *fig* (*unbeholfen*) falto de iniciativa
'unser ['-zər] nuestro, -a; **~einer**, **~eins** uno; (gente como) nosotros
'unsicher inseguro; incierto; dudoso; *Lage*: precario; ***~ machen*** *Gegend*: infestar; **≈heit** *f* (-; *sin pl*) inseguridad *f*; incertidumbre *f*; dudas *f/pl*
'unsichtbar invisible

'Unsinn *m* (*-[e]s*; *sin pl*) absurdo *m*; (*dummes Zeug*) disparates *m/pl*, tonterías *f/pl*; *~ reden* desatinar, disparatar; **꞉ig** absurdo; insensato

'Unsitt|e *f* (*-*; *-n*) mala costumbre *f*; vicio *m*; **꞉lich** inmoral

'un|sozial antisocial; **~sportlich** antideportivo

un'sterblich inmortal; *~ machen* inmortalizar

'Un|stimmigkeit ['-ʃtimiçkaɪt] *f* (*-*; *-en*) desacuerdo *m*; divergencia *f*, discrepancia *f*; **꞉sympatisch** antipático; **꞉tätig** ocioso; inactivo; **꞉tauglich** inútil (*a mil*); no apto (***für*** para); incapaz (de)

un'teilbar indivisible

unten ['untən] abajo; ***nach ~*** hacia abajo; ***von ~*** de abajo; ***weiter ~*** más abajo; ***siehe ~!*** véase más abajo *od* más adelante

unter ['-tər] **1.** *prp* (*wo? dat*; *wohin? ac*) debajo de; bajo; (*zwischen*) entre; (*während*) durante; (*weniger*) menos de; *fig* bajo; ***~ ... hervor*** de debajo de; **2.** *adj* inferior; de debajo; bajo

'Unter|arm (*-[e]s*; *-e*) *m* antebrazo *m*; **꞉belichten** (*h*) subexponer; **~bewusstsein** *n* (*-s*; *sin pl*) subconsciente *m*; **꞉'bieten** (*irr*, *sin ge-*, *h*, → ***bieten***) ofrecer mejor precio que; *Rekord*: mejorar; **꞉'binden** (*irr*, *sin ge-*, *h*, → ***binden***) *med* ligar; *fig* prohibir; impedir; **꞉'brechen** (*irr*, *sin ge-*, *h*, → ***brechen***) interrumpir; *zeitweilig*: suspender; *el* cortar; **~'brechung** *f* (*-*; *-en*) interrupción *f*; suspensión *f*; *el* corte *m*; **꞉bringen** (*irr*, *sep*, *-ge-*, *h*, → ***bringen***) colocar (*a com*); *Gast*: alojar, hospedar; **~'bringung** *f* (*-*; *sin pl*) colocación *f*; alojamiento *m*; **꞉'drücken** (*h*) suprimir; *Volk*: oprimir; *Aufstand*: reprimir; (*vertuschen*) disimular; **~'drückung** *f* (*-*; *-en*) supresión *f*; represión *f*; opresión *f*; **꞉ein'ander** entre sí; entre nosotros; (*gegenseitig*) mutuamente, recíprocamente; **꞉entwickelt** ['-ˀɛntvikəlt] subdesarrollado; **꞉ernährt** ['-ˀɛrnɛːrt] insuficientemente *od* mal alimentado; desnutrido; **~'führung** *f* (*-*; *-en*) paso *m* inferior *od* subterráneo; **~gang** *m* (*-[e]s*; *꞊e*) *mar* hundimiento *m*; *astr* puesta *f*; *fig* ruina *f*; decadencia *f*; ocaso *m*; **~'gebene** *m/f* (*-n*; *-n*) subordinado *m*, -a *f*; **꞉gehen** (*irr*, *sep*, *-ge-*, *sn*, → ***gehen***) *mar* irse a pique, hundirse; *astr* ponerse; *fig* perderse; perecer; **꞉geordnet** ['-gəˀɔrdnət] subordinado; subalterno; *an Bedeutung*: inferior, secundario; **~gewicht** *n* (*-[e]s*; *sin pl*) falta *f* de peso; **꞉'graben** (*irr*, *sin ge-*, *h*, → ***graben***) socavar; *a fig* minar; **~grund** *m* (*-[e]s*; *꞊e*) subsuelo *m*; **~grundbahn** *f* metro *m*; *Am* subterráneo *m*; **꞉halb** (*gen*) (por) debajo de

'Unterhalt *m* (*-[e]s*; *sin pl*) sustento *m*; mantenimiento *m*, manutención *f*; (*Lebens꞉*) subsistencia *f*; *jur* alimentos *m/pl*; pensión *f* alimenticia; *jur* ***~ zahlen*** pagar una pensión; **꞉en** [-'-] (*irr*, *sin ge-*, *h*, → ***halten***) conservar (en buen estado); (*ernähren*) sustentar, mantener; (*vergnügen*) divertir, distraer; ***sich ~*** divertirse, entretenerse; (*plaudern*) conversar; **~ung** [-'haltuŋ] *f* (*-*; *-en*) conversación *f*; (*Zerstreuung*) entretenimiento *m*, diversión *f*, distracción *f*

'Unter|händler *m* (*-s*; *-*) negociador *m*; mediador *m*; **~haus** *n* (*-es*; *sin pl*) Cámara *f* de los Comunes; **~hemd** *n* (*-[e]s*; *-en*) camiseta *f*; **~hose** *f* (*-*; *-n*) calzoncillos *m/pl*; **꞉irdisch** subterráneo; **~kiefer** *m* (*-s*; *-*) maxilar *m* inferior; **꞉kommen** (*irr*, *sep*, *-ge-*, *sn*, → ***kommen***) hallar alojamiento; alojarse; (*Anstellung*) colocarse; **~kunft** [-kunft] *f* (*-*; *꞊e*) alojamiento *m*; **~lage** *f* (*-*; *-n*) base *f* (*a fig*); *tec* soporte *m*; apoyo *m*; (*Schreib꞉*) carpeta *f*; (*Beleg*) documento *m*; *pl* **~n** documentación *f*; **꞉'lassen** (*irr*, *sin ge-*, *h*, → ***lassen***) dejar, dejarse de; omitir; **~'lassung** *f* (*-*; *-en*) omisión *f*; **꞉legen** (*sep*, *-ge-*, *h*) poner *od* colocar debajo; *fig* atribuir; **꞉'legen** *adj* inferior (***j-m*** a alg; ***an*** *dat* en); **~'legenheit** *f* (*-*; *sin pl*) inferioridad *f*; **~leib** *m* (*-[e]s*; *-e*) (bajo) vientre *m*; abdomen *m*; **꞉'liegen** (*irr*, *sin ge-*, *sn*, → ***liegen***) sucumbir; ser vencido; *fig* estar sujeto a; **~lippe** *f* (*-*; *-n*) labio *m* inferior; **~mieter** *m* (*-s*; *-*), **~mieterin** *f* (*-*; *-nen*) subinquilino *m*, -a *f*, realquilado *m*, -a *f*

unter'nehm|en (*irr*, *sin ge-*, *h*, → ***nehmen***) emprender; **꞉en** *n* (*-s*; *-*) empresa *f*; **꞉ensberater** *m* asesor *m* de empresas; **꞉ensberatung** *f* asesoramiento *m*, *Büro*: asesoría *f* de empresas; **꞉er**

[-'neːmər] *m* (*-s*; -), **≗erin** *f* (*-*; *-nen*) empresario *m*, -a *f*; **~ungslustig** emprendedor; activo, dinámico

'Unter|offizier *m* (*-s*; *-e*) suboficial *m*; **~ordnung** *f* (*-*; *-en*) subordinación *f*; **~redung** [-'reːduŋ] *f* (*-*; *-en*) conversación *f*; entrevista *f*

'Unterricht [-riçt] *m* (*-[e]s*; *sin pl*) enseñanza *f*; instrucción *f*; (*Stunden*) clases *f*/*pl*, lecciones *f*/*pl*; **≗en** [-'riçtən] (*h*) enseñar, dar clases; *j-n*: instruir; *fig* **~ über** (*ac*) informar sobre, enterar de

'Unter|rock *m* (*-[e]s*; *⸚e*) combinación *f*; enaguas *f*/*pl*; **~satz** *m* (*-es*; *⸚e*) soporte *m*; base *f*; pie *m*; (*Sockel*) zócalo *m*, pedestal *m*; (*Teller*) platillo *m*; *für Gläser*: posavasos *m*

unter'schätzen (*h*) subestimar

unter'scheid|en (*irr*, *sin ge-*, *h*, → ***scheiden***) distinguir; discernir; diferenciar; **≗ung** *f* (*-*; *-en*) distinción *f*; diferenciación *f*

'Unterschied [-ʃiːt] *m* (*-[e]s*; *-e*) diferencia *f*; distinción *f*; ***im ~ zu*** a diferencia de; **≗lich** distinto, diferente

unter|'schlagen (*irr*, *sin ge-*, *h*, → ***schlagen***) *Geld*: sustraer, malversar, defraudar; *Brief*: interceptar; **≗'schlagung** *f* (*-*; *-en*) sustracción *f*, malversación *f*, defraudación *f*; **~'schreiben** (*irr*, *sin ge-*, *h*, → ***schreiben***) firmar; *fig* suscribir; **'≗schrift** *f* (*-*; *-en*) firma *f*; *e-s Bildes*: leyenda *f*; **'≗seeboot** *n* submarino *m*; **'≗seite** *f* (*-*; *-n*) lado *m* inferior; **~setzt** [-'zɛtst] regordete, rechoncho; **~'stehen** (*irr*, *sin ge-*, *h*, → ***stehen***) *j-m*: estar subordinado a; depender de; ***sich ~ zu*** atreverse a; **'~stellen** (*sep*, *-ge-*, *h*) poner *od* colocar debajo de; (***sich***) **~** poner(se) al abrigo; **~'stellen** (*h*) subordinar; (*annehmen*) suponer; (*zuschreiben*) atribuir, imputar; **~'streichen** (*irr*, *sin ge-*, *h*, → ***streichen***) subrayar (*a fig*)

unter'stütz|en (*h*) apoyar, respaldar; (*helfen*) ayudar, socorrer; (*fördern*) favorecer; fomentar; subvencionar; **≗ung** *f* (*-*; *-en*) apoyo *m*; respaldo *m*; ayuda *f*, socorro *m*; fomento *m*; *finanzielle*: subsidio *m*, subvención *f*

unter'suchen (*h*) examinar; *med a* reconocer; *Gepäck*: registrar; (*erforschen*) investigar; *jur* indagar, pesquisar

Unter'suchung [-'zuːxuŋ] *f* (*-*; *-en*) examen *m*; registro *m*; investigación *f*; *med* reconocimiento *m*; *jur* indagación *f*, pesquisa *f*; **~shaft** *f* prisión *f* preventiva

'Unter|tan [-taːn] *m* (*-s*, *-en*; *-en*) súbdito *m*; **~tasse** *f* (*-*; *-n*) platillo *m* (***fliegende*** volante); **≗tauchen** (*sep*, *-ge-*, *h*) sumergir; zambullir; (*sn*) *fig* desaparecer; esconderse; **~teil** *n od m* (*-[e]s*; *-e*) parte *f* inferior; **≗'teilen** (*h*) subdividir; **~titel** *m* (*-s*; -) subtítulo *m* (*a Film*); **≗versichert** insuficientemente asegurado; **≗'wandern** (*h*) infiltrarse en; **~wäsche** *f* (*-*; *sin pl*) ropa *f* interior; **≗wegs** [-'veːks] en el camino; durante el viaje; **≗'weisen** (*irr*, *sin ge-*, *h*, → ***weisen***) instruir; **~'weisung** *f* (*-*; *-en*) instrucción *f*; **≗'werfen** (*irr*, *sin ge-*, *h*, → ***werfen***): (***sich***) **~** someter(se); *fig* sujetar; **≗würfig** [-'vyrfiç] sumiso, servil

unter'zeichn|en (*h*) firmar; **≗ung** *f* (*-*; *-en*) firma *f*

unter'ziehen (*irr*, *sin ge-*, *h*, → ***ziehen***) someter; ***sich ~*** (*dat*) someterse a; *e-r Aufgabe*: encargarse de

un|'tragbar ['untraːgbaːr] insoportable; **~'trennbar** inseparable

'untreu desleal; infiel; **≗e** *f* (*-*; *sin pl*) deslealtad *f*; infidelidad *f*

un'tröstlich inconsolable

'unüber|legt ['-ʔyːbərleːkt] irreflexivo; atolondrado; inconsiderado; **~'sehbar** inmenso; incalculable; **~sichtlich** poco claro; complejo; intrincado; *Gelände*: de difícil orientación; **~windlich** [-'vintliç] invencible; *Schwierigkeit*: insuperable, insalvable

unumgänglich ['-ʔum'gɛŋliç] indispensable, imprescindible

ununterbrochen ['-ʔuntər'brɔxən] continuo; *adv* sin interrupción

unver'änderlich ['unfɛrʔɛndərliç] invariable, inalterable; inmutable; constante

unver'antwortlich irresponsable; imperdonable

'unver|bindlich sin compromiso; (*unfreundlich*) poco amable; **~bleit** ['-fɛrblaɪt] (*Benzin*) sin plomo; **~daulich** indigesto (*a fig*); **~dient** inmerecido; **~dorben** en buen estado; *fig* incorrupto; puro; inocente; **~dünnt** ['-dynt] sin diluir; **~'einbar** incompatible; **~fälscht**

U

[-fɛlʃt] verdadero; legítimo, auténtico; puro; **~gänglich** imperecedero; inmortal; **~'gesslich** inolvidable; **~gleichlich** [-'glaɪçliç] incomparable; inigualable; **~heiratet** [-haɪratət] soltero; **~hofft** [-hɔft] inesperado; imprevisto; *adv* de improviso; **~käuflich** invendible; **~kennbar** [-'kɛnbaːr] inequívoco; evidente; **~letzt** ileso; sano y salvo; **~meidlich** [-'maɪtliç] inevitable; **~mittelt** [-mitəlt] súbito; brusco; *adv* de repente; **~mutet** [-muːtət] imprevisto; **~nünftig** irracional; insensato; imprudente; **~schämt** desvergonzado, descarado, insolente; ***~er Kerl*** sinvergüenza *m*; **~sehrt** [-zɛːrt] ileso, incólume; intacto; **~söhnlich** irreconciliable; implacable, intransigente; **~standen** [-ʃtandən] incomprendido; **~ständlich** ininteligible, incomprensible; **~steuert** [-ʃtɔʏərt] libre de impuestos *od* derechos; **~sucht** [-zuːxt]: ***nichts ~ lassen*** no perdonar medio; **~wechselbar** [-'vɛksəlbaːr] inconfundible; **~wüstlich** [-'vyːstliç] indestructible; muy robusto; **~'zeihlich** imperdonable; **~zollt** [-tsɔlt] sin pagar derechos; **~züglich** [-'tsyːkliç] inmediato; *adv* en el acto, sin demora

'unvoll|endet inacabado; incompleto; **~kommen** imperfecto; defectuoso; **~ständig** incompleto

'unvor|bereitet ['-foːrbəraɪtət] desprevenido; improvisado; *adv* sin preparación; **~eingenommen** sin prejuicios; imparcial; **~hergesehen** [-heːrgəzeːən] imprevisto; **~sichtig** imprudente, incauto; **~stellbar** [-'ʃtɛlbaːr] inimaginable

'unwahrscheinlich improbable, inverosímil; F *fig* increíble

un|'weigerlich [-'vaɪgərliç] inevitable; *adv* sin falta; **'~wesentlich** insignificante; irrelevante; de poca importancia; **'≈wetter** *n* (*-s*; -) temporal *m*; borrasca *f*; tempestad *f*; (*Gewitter*) tormenta *f*; **'~wichtig** insignificante; irrelevante; de poca importancia; ***~ sn*** no tener importancia

unwider|'legbar irrefutable; **~'ruflich** irrevocable

'un|willkürlich involuntario; maquinal, automático; *adv a* sin querer; **~wirksam** ineficaz, inoperante; **~wirtschaftlich** poco económico; antieconómico

'unwissen|d ['-visənt] ignorante; **~schaftlich** poco científico

'unwohl indispuesto; ***ich fühle mich ~*** no me siento bien; **≈sein** *n* (*-s*; *sin pl*) indisposición *f*

'un|würdig indigno (*gen* de); **~zählig** [-'tsɛːliç] innumerable, incontable

'unzeitgemäß pasado de moda; anacrónico

unzer|'brechlich, **~'reißbar** irrompible; **~trennlich** [-tsɛr'trɛnliç] inseparable

'Unzucht *f* (-; *sin pl*) impudi(ci)cia *f*, deshonestidad *f*

'unzu|frieden descontento; **≈friedenheit** *f* (-; *sin pl*) descontento *m*; **~gänglich** inaccesible; **~lässig** inadmisible; ilícito; *jur* improcedente; **~rechnungsfähig** irresponsable (de sus acciones); **~reichend** ['-tsuːraɪçənt] insuficiente; **~verlässig** inseguro, dudoso; *j*: informal; de poca confianza

üppig ['ypiç] exuberante; abundante; opulento; *Mahl*: opíparo; (*schwelgerisch*) voluptuoso; ***~ leben*** vivir a cuerpo de rey

'Ur|abstimmung ['uːrˀ-] *f* (-; *-en*) referéndum *m*; **≈alt** muy viejo; vetusto

Uran *quím* [u'raːn] *n* (*-s*; *sin pl*) uranio *m*

Uraufführung ['uːrˀaʊffyːrʊŋ] *f* (-; *-en*) estreno *m* absoluto

'Ur|bevölkerung *f* (-; *-en*), **~bewohner** *m*/*pl* habitantes *m*/*pl* primitivos; aborígenes *m*/*pl*; **~enkel(in** *f*) *m* bisnieto *m*, -a *f*; **~großmutter** *f* bisabuela *f*; **~großvater** *m* bisabuelo *m*

'Urheber ['-heːbər] *m* (*-s*; -), **~in** *f* (-; *-nen*) autor(a *f*) *m*; **~recht** *n* derechos *m*/*pl* de autor; derecho *m* de la propiedad intelectual; **~schutz** *m* protección *f* de la propiedad intelectual

Urin [u'riːn] *m* (*-s*; *-e*) orina *f*

'Urkund|e ['uːrkundə] *f* (-; *-n*) documento *m*; título *m*; instrumento *m*; *notarielle*: escritura *f*; **~enfälschung** *f* falsedad *f* en documentos; falsificación *f* de documentos

Urlaub ['-laʊp] *m* (*-[e]s*; *-e*) vacaciones *f*/*pl*; ***auf ~ sn*** estar de vacaciones; **~er** ['-bər] *m* (*-s*; -), **~erin** *f* (-; *-nen*) turista *su*; vacacionista *su*; **~erstrom** *m* afluencia *f* (masiva) de turistas; **~sanschrift** *f* dirección *f* de vacaciones; **~sgeld** *n* suplemento *m* por vacaciones; **~sort** *m* lugar *m* de vacaciones; **~sreise** *f* viaje *m* turístico *od* de vacaciones; **~svertretung** *f* suplencia *f* durante las vacaciones; **~szeit** *f* tiempo *m od* periodo *m* de vacaciones

'Ur|sache *f* (-; *-n*) causa *f*; (*Anlass*) motivo *m*; ***keine ~!*** de nada, no hay de qué; **2sächlich** causal; **~sprung** *m* (*-[e]s*; *⸚e*) origen *m*; procedencia *f*; **2sprünglich** primitivo, original; *fig* natural

'Urteil ['urtaɪl] *n* (*-s*; *-e*) juicio *m*; (*Meinung*) parecer *m*, opinión *f*; *jur* sentencia *f*, fallo *m*; (*Gutachten*) dictamen *m*; **2en** (*ge-*, *h*) juzgar (***über*** *ac* de); *jur* sentenciar, fallar; (*meinen*) opinar; **2sfähig** competente (para juzgar)

'Ur|wald ['uːr-] *m* (*-[e]s*; *⸚er*) selva *f* virgen; **2wüchsig** ['-vyːksiç] primitivo; original; *j*: de pura cepa; natural; **~zeit** *f* (-; *-en*) tiempos *m*/*pl* primitivos; **~zustand** *m* (*-[e]s*; *⸚e*) estado *m* primitivo

Usus *m* uso *m*, costumbre *f*

Utop|ie [uto'piː] *f* (-; *-n*) utopía *f*; **2isch** [-'toːpiʃ] utópico

V

V, v [faʊ] *n* (-; -) V, v *f*

Vagabund [vaga'bunt] *m* (*-en*; *-en*) vagabundo *m*

vage ['vɑːgə] impreciso, vago

vakant [va'kant] vacante

'Vakuum ['vɑːkuˀum] *n* (*-s*; *-kua*) vacío *m*; **2verpackt** envasado al vacío

Valuta [va'luːta] *f* (-; *-ten*) moneda *f* extranjera

Vanille [va'nil(j)ə] *f* (-; *sin pl*) vainilla *f*

Varieté [varie'teː] *n* (*-s*; *-s*) teatro *m* de variedades, music-hall *m*

Vase ['vɑːzə] *f* (-; *-n*) florero *m*; *große*: jarrón *m*

Vaseline [vazə'liːnə] *f* (-; *sin pl*) vaselina *f*

'Vater ['fɑːtər] *m* (*-s*; *⸚*) padre *m*; **~land** *n* (*-[e]s*; *⸚er*) patria *f*

väterlich ['fɛːtərliç] paterno, paternal

Vater'unser *n* (*-s*; -) Padrenuestro *m*

Vege|tarier [vege'tɑːrjər] *m* (*-s*; -), **~tarierin** (-; *-nen*), **2'tarisch** vegetariano *m*, -a *f*; **~tation** [-ta'tsjoːn] *f* (-; *-en*) vegetación *f*

Veilchen ['faɪlçən] *n* (*-s*; -) violeta *f*

'Vene ['veːnə] *f* (-; *-n*) vena *f*; **~nentzündung** *f* flebitis *f*

Ventil [vɛn'tiːl] *n* (*-s*; *-e*) válvula *f*; *mus* pistón *m*; **~ation** [-tila'tsjoːn] *f* (-; *-en*) ventilación *f*; **~ator** [-'lɑːtɔr] *m* (*-s*; *-en* [-la'toːrən]) ventilador *m*

ver'ab|reden [fɛr'ˀapreːdən] (*h*) concertar; convenir; ***sich ~*** apalabrarse; citarse; **2redung** *f* (-; *-en*) cita *f*; **~schieden** [-'-ʃiːdən] (*h*) despedir; *Gesetz*: votar; ***sich ~*** despedirse (***von*** de)

ver|'achten (*h*) despreciar, menospreciar; **~ächtlich** [-'ˀɛçtliç] despreciable; **2'achtung** *f* (-; *sin pl*) desprecio *m*, menosprecio *m*, desdén *m*

verallge'meinern (*h*) generalizar

veraltet [-'ˀaltət] anticuado, pasado de moda

Veranda [ve'randa] *f* (-; *-den*) veranda *f*

ver'änder|lich [fɛr'ˀɛndərliç] variable; **~n** (*h*) cambiar, modificar; ***sich ~*** cambiar; **2ung** *f* (-; *-en*) cambio *m*

ver'an|lagen [-'ˀanlɑːgən] (*h*) *Steuer*: tasar, estimar; **2lagung** *f* (-; *-en*) *Steuer*: tasación *f*, estimación *f*; *med* predisposición *f*; *geistige*: disposición *f*; **~lassen** (*h*) ocasionar, originar; motivar; (*anordnen*) disponer; **2lassung** *f* (-; *-en*) causa *f*, motivo *m*; **~stalten** [-'-ʃtaltən] (*h*) organizar; **2staltung** *f* (-; *-en*) organización *f*; *feierliche*: acto *m*; *gesellschaftliche*: reunión *f*; *sportliche*: concurso *m*; **2staltungskalender** *m* calendario *m* de actos; *in Zeitungen etc*: cartelera *f*

ver'antwort|en (*h*) responder de; ***sich ~*** justificarse (***wegen*** de); **~lich** responsable (***für*** de); **2ung** *f* (-; *sin pl*) responsabilidad *f*; ***j-n zur ~ ziehen*** pedir cuentas a alg

ver'arbeit|en (*h*) elaborar, transformar; **2ung** *f* (-; *-en*) elaboración *f*

Verb [vɛrp] *n* (*-s*; *-en*) verbo *m*

Ver'band [fɛr'-] *m* (*-[e]s*; *⸗e*) (*Verein*) asociación *f*; federación *f*; *med* vendaje *m*; **~(s)kasten** *m* botiquín *m*; **~(s)watte** *f* algodón *m* hidrófilo; **~(s)zeug** *n* vendajes *m/pl*
ver'bann|en (*h*) desterrar; **⁀ung** *f* (*-*; *-en*) destierro *m*
ver'bergen (*irr, sin ge-, h,* → ***bergen***) esconder, ocultar
ver'besser|n (*h*) mejorar; perfeccionar; corregir; **⁀ung** *f* (*-*; *-en*) mejora(miento *m*) *f*; perfeccionamiento *m*; corrección *f*
ver'beug|en (*h*): ***sich ~*** hacer una reverencia, inclinarse; **⁀ung** *f* (*-*; *-en*) reverencia *f*, inclinación *f*
ver|'beulen (*h*) abollar; **~'biegen** (*irr, sin ge-, h,* → ***biegen***) torcer, deformar; **~'bieten** (*irr, sin ge-, h,* → ***bieten***) prohibir
ver'billigen (*h*) abaratar
ver'bind|en (*irr, sin ge-, h,* → ***binden***) unir, juntar; *med u Augen*: vendar; *el* conectar; *tec* ensamblar; *tel* poner (en comunicación); **~lich** [-'bintliç] obligatorio; (*gefällig*) complaciente, amable; **⁀ung** *f* (*-*; *-en*) unión *f*; enlace *m* (*a ferro*); reunión *f*; (*Beziehung*) relación *f*, contacto *m*; *quím* combinación *f*; *tel* comunicación *f*; *el* conexión *f*; ***sich mit j-m in ~ setzen*** ponerse al habla *od* en contacto con alg
verbittert [-'bitərt] amargado
verblassen [-'blasən] (*sn*) perder el color, desteñirse
verbleit [-'blaɪt] con plomo
ver'blüff|en [-'blyfən] (*h*) desconcertar; **~t** perplejo, estupefacto
ver|'blühen (*sn*) marchitarse; **~'bluten** (*sn*) desangrarse
ver'borgen *adj* escondido, oculto; secreto
Ver'bot [-'boːt] *n* (*-[e]s*; *-e*) prohibición *f*; **~sschild** *n* señal *f* de prohibición
Ver'brauch *m* (*-[e]s*; *sin pl*) consumo *m*; **⁀en** (*h*) consumir; gastar; **~er** *m* (*-s*; *-*) consumidor *m*; **~ermarkt** *m* mercado *m* de consumo; hipermercado *m*; **~erschutz** *m* protección *f* del consumidor; **~erzentrale** *f* asociación *f* de consumidores; **~sgüter** *n/pl* bienes *m/pl* de consumo; **~ssteuer** *f* impuesto *m* sobre el consumo
Ver'breche|n *n* (*-s*; *-*) crimen *m*; **~r** (*-s*; *-*), **~rin** *f* (*-*; *-nen*) criminal *su*, delincuente *su*; **⁀risch** criminal
ver'breit|en (*h*) difundir; propagar; *Geruch*: despedir; **~ern** (*h*) ensanchar; **⁀ung** *f* (*-*; *sin pl*) difusión *f*; propagación *f*
ver'brenn|en (*irr, sin ge-,* → ***brennen***) *v/t* (*h*) (*v/i sn*) quemar(se); *Tote*: incinerar; **⁀ung** *f* (*-*; *-en*) *med* quemadura *f*; (*Leichen⁀*) incineración *f*, cremación *f*
ver'bringen (*irr, sin ge-, h,*→ ***bringen***) pasar
ver|'brühen (*h*): (***sich***) ~ escaldar(se); **~'buchen** (*h*) *com* sentar (en los libros); *fig* apuntarse; **~bünden** [-'byndən] (*h*): ***sich ~*** aliarse, unirse; **⁀'bündete** *m* (*-n*; *-n*) aliado *m*; **⁀'bundglas** *n* vidrio *m* laminado; **⁀'bundsystem** *n* red *f* de transporte público
ver'bürgen (*h*) garantizar; ***sich ~ für*** responder de
Verdacht [-'daxt] *m* (*-[e]s*; *sin pl*) sospecha *f* (***auf*** *ac* de); recelo *m*; ***j-n in ~ haben*** sospechar de alg; ***~ erregen*** (***schöpfen***) inspirar (concebir) sospechas
verdächtig [-'dɛçtiç] sospechoso; **~en** [-gən] (*h*) sospechar de; ***j-n e-r Sache ~*** imputar a/c a alg
ver'damm|en [-'damən] (*h*) condenar; **~t** maldito
ver'dampfen *v/t* (*h*) (*v/i sn*) evaporar (-se)
ver'danken (*h*) deber (***j-m et*** a/c a alg)
ver'dau|en [-'daʊən] (*h*) digerir (*a fig*); **~lich**: ***leicht ~*** de fácil digestión; ***schwer ~*** indigesto; **⁀ung** *f* (*-*; *sin pl*) digestión *f*; **⁀ungsbeschwerden** *f/pl*, **⁀ungsstörung** *f* indigestión *f*
Ver'deck *n* (*-s*; *-e*) *auto* capota *f*; **⁀en** (*h*) cubrir, tapar; *fig* ocultar
verderb|en [-'dɛrbən] (*verdarb, verdorben*) **1.** *v/t* (*h*) deteriorar, estropear; *Freude*: turbar; *fig* pervertir, corromper; ***sich den Magen ~*** coger una indigestión; **2.** *v/i* (*sn*) deteriorarse, echarse a perder; **~lich** [-'-pliç] *Ware*: perecedero, corruptible
ver'diene|n (*h*) ganar; *fig* merecer; ***sein Brot ~*** ganarse la vida; **⁀r** *m* (*-s*; *-*) el que gana el dinero
Verdienst [-'diːnst] (*-es*; *-e*): **a)** *n* mérito *m*; **b)** *m* ganancia *f*, beneficio *m*; (*Lohn*) sueldo *m*, salario *m*

verdoppeln [-ˈdɔpəln] (*h*) doblar, (re-) duplicar; *a fig* redoblar
verdorben [-ˈdɔrbən] *Lebensmittel*: podrido; *Luft*: viciado; *fig* corrupto, perverso; ***e-n ~en Magen haben*** tener una indigestión
verˈdräng|en (*h*) desalojar; expulsar; *a mar* desplazar; *psic* reprimir; **2ung** *f* (-; *-en*) *psic* represión *f*
verˈdreh|en (*h*) torcer; *fig* tergiversar, falsear; **~t** excéntrico; F chiflado; **2ung** *f* (-; *-en*) *fig* tergiversación *f*, falseamiento *m*
verdreifachen [-ˈdraɪfaxən] (*h*) triplicar
verdrießlich [-ˈdriːsliç] malhumorado, de mal humor; *et*: molesto
verdrossen [-ˈdrɔsən] malhumorado
ver|ˈdrücken (*h*) *Kleid*: arrugar; F (*essen*) tragar; F ***sich ~*** escabullirse; **2druss** [-ˈdrus] *m* (*-es*; *sin pl*) disgusto *m*; **~ˈduften** F (*sn*) esfumarse
verˈdunkeln (*h*) oscurecer; *Glanz*: deslucir; *astr u fig* eclipsar
verdünnen [-ˈdynən] (*h*) diluir; *Luft*: enrarecer
ver|dunsten [-ˈdunstən] (*sn*) evaporarse; **~ˈdursten** (*sn*) morir(se) de sed; **~dutzt** [-ˈdutst] perplejo
veredeln [-ˈˀeːdəln] (*h*) refinar (*a tec*); *Güter*: elaborar
verˈehr|en (*h*) venerar, respetar; adorar; ***j-m et ~*** obsequiar a alg con a/c; **2er** *m* (*-s*; -), **2erin** *f* (-; *-nen*) admirador(a *f*) *m*; adorador(a *f*) *m*; **2ung** *f* (-; *sin pl*) veneración *f*, respeto *m*; adoración *f*
vereidig|en [-ˈˀaɪdigən] (*h*) juramentar; **~t** jurado
Verein [-ˈˀaɪn] *m* (*-[e]s*; *-e*) unión *f*; asociación *f*; círculo *m*, club *m*
verˈeinbar [-ˈaɪnbaːr] compatible; **~en** (*h*) convenir, concertar
verˈein|en (*h*) (re)unir; ***die Vereinten Nationen*** las Naciones Unidas; **~fachen** [-ˈ-faxən] (*h*) simplificar; **~heitlichen** [-ˈ-haɪtliçən] (*h*) unificar; estandarizar; **~igen** (*h*): **(*sich*) ~** unir(se); juntar(se); asociar(se); **2igung** *f* (-; *-en*) unión *f*; **~zelt** [-ˈ-tsəlt] aislado
vereisen [-ˈˀaɪzən] (*sn*) helarse, cubrirse de hielo
ver|eiteln [-ˈˀaɪtəln] (*h*) frustrar; hacer fracasar; **~ˈenden** (*sn*) morir; *Tier*: *a* reventar
verenge(r)n [-ˈˀɛŋə(r)n] (*h*) estrechar
verˈerb|en (*h*) dejar en herencia: *testamentarisch*: legar; **2ung** *f* (-; *sin pl*) transmisión *f* hereditaria
verˈfahren 1. (*irr*, *sin ge-*, → ***fahren***) *v/i* (*sn u h*) proceder, obrar; **2.** *v/refl* (*h*): ***sich ~*** extraviarse, errar el camino; **3. 2** *n* (*-s*; -) *tec*, *quím*, *jur* procedimiento *m*
Verˈfall *m* (*-s*; *sin pl*) decaimiento *m*; decadencia *f*; **2en 1.** *v/i* (*irr*, *sin ge-*, *sn*, → ***fallen***) decaer (*a med u fig*); *arqu* desmoronarse; *com* vencer; (*ungültig werden*) caducar; **2.** *pp* decaído; en ruinas; (*ungültig*) caducado; **~sdatum** *n* fecha *f* de caducidad; **~(s)tag** *com m* fecha *f od* día *m* de vencimiento
verfälschen (*h*) falsificar
verfänglich [-ˈfɛŋliç] *Frage*: capcioso; *Lage*: embarazoso
verˈfass|en (*h*) componer; redactar; **2er** *m* (*-s*; -), **2erin** *f* (-; *-nen*) autor(a *f*) *m*
Verˈfassung *f* (-; *sin pl*) estado *m*, condición *f*; (*pl -en*) *pol* constitución *f*; **2smäßig** constitucional; **2swidrig** anticonstitucional
verˈfaulen (*sn*) pudrirse
verˈfehl|en (*h*) *Ziel*: errar; *Zug*: perder; *j-n*: no encontrar; **~t** equivocado; fracasado
verˈfilmen (*h*) llevar a la pantalla, filmar
ver|ˈfliegen (*irr*, *sin ge-*, *sn*, → ***fliegen***) *Zeit*: pasar volando; (*h*) *avia* ***sich ~*** desorientarse, perder el rumbo; **~ˈfließen** (*irr*, *sin ge-*, *sn*, → ***fließen***) *Zeit*: pasar, transcurrir; **~flixt** [-ˈflikst] maldito; *iron* dichoso
verˈfluch|en (*h*) maldecir; **~t** *adj* maldito; ***~!*** ¡maldita sea!
verˈfolg|en [-ˈfɔlgən] (*h*) perseguir (***gerichtlich*** judicialmente); *fig* proseguir; (*beobachten*) seguir de cerca, observar; *Spur*: seguir; **2ung** *f* (-; *-en*) persecución *f*
verˈfüg|bar [-ˈfyːkbaːr] disponible; **~en** [-ˈ-gən] (*h*) **1.** *v/t* disponer, ordenar; **2.** *v/i*: ***~ über*** (*ac*) disponer de; (*besitzen*) contar con; **2ung** *f* (-; *-en*) disposición *f*; ***j-m zur ~ stellen*** (***stehen***) poner (estar) a la disposición de alg
verˈführ|en (*h*) seducir; **~erisch** seductor, tentador; **2ung** *f* (-; *-en*) seducción *f*
verˈgangen [-ˈgaŋən] pasado; **2heit** *f* (-; *sin pl*) pasado *m*; *gram* pretérito *m*

Vergaser [-ˈgɑːzər] *auto m* (*-s*; -) carburador *m*

verˈgeb|en (*irr, sin ge-, h,* → ***geben***) (*weggeben*) dar; (*verzeihen*) perdonar; **~ens** en vano; **~lich** [-ˈgeːpliç] vano, inútil; *adv* en vano; **≈ung** [-ˈ-buŋ] *f* (-; *sin pl*) perdón *m*; *der Sünden*: remisión *f*

verˈgehen 1. (*irr, sin ge-,* → ***gehen***) *v/i* (*sn*) *Zeit*: pasar, transcurrir; (*verschwinden*) desaparecer; *fig* ***~ vor*** morirse de; (*h*) ***sich ~ an*** (*dat*) violar (*ac*); ***sich ~ gegen*** faltar a; **2.** ≈ *n* (*-s*; -) falta *f*; *jur* delito *m*

verˈgelt|en (*irr, sin ge-, h,* → ***gelten***) *Dienst*: devolver; pagar; ***Gleiches mit Gleichem ~*** pagar con la misma moneda; **≈ung** *f* (-; *sin pl*) desquite *m*

ver|gessen [-ˈgɛsən] (*vergaß, vergessen, h*) olvidar; ***~ et zu tun*** olvidarse de hacer a/c; **~ˈgesslich** [-ˈgɛsliç] olvidadizo

vergeuden [-ˈgɔʏdən] (*h*) *Geld*: despilfarrar, derrochar; *Zeit*: desperdiciar

vergeˈwaltig|en [-gəˈvaltigən] (*h*) violar; **≈ung** *f* (-; *-en*) violación *f*

vergewissern [-ˈvisərn] (*h*): ***sich ~*** cerciorarse, asegurarse

verˈgießen (*irr, sin ge-, h,* → ***gießen***) derramar, verter

vergift|en [-ˈgiftən] (*h*) intoxicar; *a fig* envenenar; **≈ung** *f* (-; *-en*) intoxicación *f*; envenenamiento *m*

Vergissmeinnicht [-ˈgismaɪnniçt] *n* (*-[e]s*; *-[e]*) nomeolvides *f*

Verˈgleich *m* (*-[e]s*; *-e*) comparación *f*; *com* arreglo *m*, acuerdo *m*; *jur* conciliación *f*; ***im ~ zu*** en comparación con; **≈bar** comparable; **≈en** (*irr, sin ge-, h,* → ***gleichen***) comparar (***mit*** con, a); ***vergleiche S. 12*** véase pág. 12

verˈgnüg|en [-ˈgnyːgən] (*h*): (***sich***) ~ divertir(se), distraer(se); **≈en** *n* (*-s*; -) placer *m*; ***zum ~*** para divertirse; ***mit ~!*** ¡con mucho gusto!; ***viel ~!*** ¡que se divierta!; **~t** [-ˈ-kt] alegre; contento

Verˈgnügung [-ˈ-guŋ] *f* (-; *-en*) diversión *f*; **~spark** *m* parque *m* de atracciones; **~sviertel** *n* barrio *m* de diversiones

verˈgoldet [-ˈgɔldət] dorado

verˈgraben (*irr, sin ge-, h,* → ***graben***) enterrar, soterrar

vergriffen [-ˈgrifən] *Buch, Ware*: agotado

verˈgrößer|n [-ˈgrøːsərn] (*h*) agrandar, engrandecer; aumentar; ampliar (*a fot*); **≈ung** *f* (-; *-en*) engrandecimiento *m*; aumento *m*; ampliación *f* (*a fot*)

Vergünstigung [-ˈgynstiguŋ] *f* (-; *-en*) privilegio *m*, ventaja *f*

Vergütung [-ˈgyːtuŋ] *f* (-; *-en*) remuneración *f*; (*Entschädigung*) indemnización *f*

verˈhaft|en (*h*) detener; **≈ung** *f* (-; *-en*) detención *f*

verˈhalten 1. *v/t* (*irr, sin ge-, h,* → ***halten***): ***sich ~*** conducirse, portarse; ***sich ruhig ~*** quedarse *od* estarse quieto; **2.** ≈ *n* (*-s*; *sin pl*) conducta *f*, comportamiento *m*

Verˈhältnis [-ˈhɛltnis] *n* (*-ses*; *-se*) relación *f*, proporción *f*; (*Liebes*≈) lío *m* (amoroso); ***~se*** *pl* circunstancias *f/pl*, condiciones *f/pl*; (*Lage*) situación *f*; ***im ~ zu*** en proporción *od* relación a; en comparación con; **≈mäßig** *adj* relativo; **~wahl** *f* elección *f* según el sistema proporcional; **~wahlrecht** *n* representación *f* proporcional

verˈhand|eln (*h*) negociar (***über et*** (*ac*) a/c); discutir (sobre *od* a/c); *jur* ver una causa; **≈lung** *f* (-; *-en*) negociación *f*; discusión *f*; *jur* vista *f* (de la causa)

verheerend [-ˈheːrənt] asolador; *fig* desastroso

ver|ˈheilen (*sn*) cicatrizarse; curarse; **~heimlichen** [-ˈhaɪmliçən] (*h*) disimular, ocultar

verˈheirate|n (*h*): (***sich***) ~ casar(se); **~t** casado

verˈhelfen (*irr, sin ge-, h,* → ***helfen***): ***j-m zu et ~*** proporcionar a/c a alg

verherrlichen [-ˈhɛrliçən] (*h*) glorificar, ensalzar

verˈhindern (*h*) impedir; (*vorbeugen*) evitar; ***verhindert sn*** no poder asistir

verˈhöhnen (*h*) escarnecer, burlar (-se)

Verˈhör [-ˈhøːr] *n* (*-s*; *-e*) interrogatorio *m*; **≈en** (*h*) interrogar; *Zeugen*: oír; ***sich ~*** entender mal

ver|ˈhüllen (*h*) cubrir; *a fig* velar; **~ˈhungern** (*sn*) morir(se) de hambre; **~hunzen** F [-ˈhuntsən] (*h*) estropear; **~ˈhüten** (*h*) evitar, prevenir

Verˈhütung *f* (-; *sin pl*) prevención *f*; *med a* profilaxis *f*; **~smittel** *n* anticonceptivo *m*

ver'irren (*h*): ***sich ~*** extraviarse, perderse

ver'jagen (*h*) ahuyentar (*a fig*)

ver'jähr|en [-'jɛːrən] (*sn*) *jur* prescribir; **≗ung** *f* (-; *-en*) (**≗ungsfrist** *f*) (plazo *m* de) prescripción *f*

verjüngen [-'jyŋən] (*h*) rejuvenecer

ver'kabeln (*h*) cablear

ver'kalk|t [-'kalkt] calcificado; *med* esclerótico; F *fig* chocho; **≗ung** *f* (-; *-en*) calcificación *f*; *med* esclerosis *f*

verkatert [-'kaːtərt]: ***~ sn*** F tener resaca

Ver'kauf *m* (*-[e]s*; *⸚e*) venta *f*; **≗en** (*h*) vender; ***zu ~*** en venta

Ver'käuf|er *m* (*-s*; -), **~erin** *f* (-; *-nen*) vendedor(a *f*) *m*; **≗lich** vendible, en venta; ***leicht ~*** de venta fácil

Ver'kaufs... [-'kaʊfs...]: *in Zssgn oft* de venta; **~leiter** *m* jefe *m* de ventas; **≗offen** abierto; **~preis** *m* precio *m* de venta; **~stand** *m* puesto *m*

Ver'kehr [-'keːr] *m* (*-s*; *sin pl*) circulación *f*, tráfico *m*; (*Umgang*) trato *m*; relaciones *f/pl*; ***aus dem ~ ziehen*** *Banknoten*: retirar de la circulación; **≗en** (*h*) *v/i* circular; ***mit j-m ~*** tener trato con alg

Ver'kehrs|ader *f* arteria *f*; **~aufkommen** *n* volumen *m* de tráfico; **≗beruhigt** de tráfico reducido; **~betriebe** *m/pl* transportes *m/pl* públicos; **~chaos** *n* caos *m* circulatorio; **~funk** *m* información *f* viaria; **~mittel** *n* medio *m* de transporte; **~polizei** *f* policía *f* de tráfico; **~regel** *f* norma *f* de circulación; **~schild** *m* señal *f* (vertical) de circulación; **~stau(ung** *f*) *m*, **~stockung** *f* embotellamiento *m*, atasco *m*; **~unfall** *m* accidente *m* de tráfico; **~verbindungen** *f/pl* comunicaciones *f/pl*; **~verein** *m* oficina *f* de turismo; **~zeichen** *n* señal *f* de tráfico

verkehrt [-'keːrt] invertido; (*falsch*) falso; *adv* al revés

verklagen (*h*) *jur* demandar a, poner pleito a

verklapp|en (*h*) *verter al mar*; **≗ung** *f* (-; *-en*) *vertido m* al mar

ver'kleid|en (*h*) disfrazar; *tec* revestir (***mit*** de); **≗ung** *f* (-; *-en*) disfraz *m*; *tec* revestimiento *m*

ver'kleiner|n [-'klaɪnərn] (*h*) empequeñecer (*a fig*); disminuir; *mat* reducir; **≗ung** *f* (-; *-en*) disminución *f*; reducción *f*

verklemmt [-'klɛmt] atascado; *fig* reprimido

Verknappung [-'knapuŋ] *f* (-; *-en*) escasez *f*

ver'knittern (*h*) arrugar

ver'knoten (*h*) anudar

ver'kommen 1. *v/i* (*irr*, *sin ge-*, *sn*, → ***kommen***) echarse a perder, depravarse; **2.** *adj* depravado

verkörpern [-'kœrpərn] (*h*) personificar, *a teat* encarnar

ver|krampft [-'krampft] crispado; **~krüppelt** [-'krypəlt] lisiado; contrahecho; **~'kühlen** (*h*): ***sich ~*** coger frío

ver'künd|(ig)en (*h*) anunciar; publicar; *Gesetz*: promulgar; *jur Urteil*: pronunciar; **≗igung** *f* (-; *-en*) anuncio *m*; publicación *f*; ***Mariä ~*** Anunciación *f*; **≗ung** *f* (-; *-en*) promulgación *f*

ver'kürz|en (*h*) acortar; (*vermindern*) reducir (*a Arbeitszeit*); **≗ung** *f* (-; *-en*) acortamiento *m*; reducción *f*

ver'laden (*irr*, *sin ge-*, *h*, → ***laden***) cargar; *mar* embarcar

Verlag [-'laːk] *m* (*-[e]s*; *-e*) editorial *f*

ver'langen 1. (*h*) pedir (***von*** *j-m* a), exigir; ***nach j-m ~*** desear ver a alg; **2.** ≗ *n* (*-s*; *sin pl*) deseo *m*; ***auf ~*** a petición, a requerimiento

ver'länger|n [-'lɛŋərn] (*h*) alargar; *zeitlich*: prolongar; *jur* prorrogar; **≗ung** *f* (-; *-en*) alargamiento *m*; prolongación *f*; *jur* prórroga *f*; **≗ungsschnur** *el f* prolongación *f*

verlangsamen [-'laŋzaːmən] (*h*) retardar; *Geschwindigkeit*: reducir

ver'lassen 1. *v/t* (*irr*, *sin ge-*, *h*, → ***lassen***) dejar, abandonar; ***sich ~ auf*** (*ac*) fiarse de, contar con; **2.** *adj* abandonado; *Ort*: desierto

Ver'lauf *m* (*-[e]s*; *⸚e*) curso *m*, transcurso *m*; (*Entwicklung*) desarrollo *m*; ***nach ~ von*** al cabo de; **≗en** (*irr*, *sin ge-*, *sn*, → ***laufen***) pasar; (*h*) ***sich ~*** perderse, perder el camino

ver'leben (*h*) pasar

ver'leg|en 1. *v/t* (*h*) trasladar; *irrtümlich*: extraviar, *Papiere*: *a* traspapelar; (*aufschieben*) aplazar; *Buch*: publicar, editar; *Leitung*: colocar; **2.** *adj* azorado, turbado; ***~ werden*** turbarse, cortarse; **≗enheit** *f* (-; *-en*) confusión *f*, turbación *f*; (*Geld*≈) apuro *m*; ***in ~ bringen*** poner en un apuro; ***aus der ~ helfen*** sacar del apuro; **≈er** *m* (*-s*; -) editor *m*; **≈ung** *f* (-; *-en*) traslado *m*; *zeitlich*: aplazamiento *m*

Ver'leih [-'laɪ] *m* (*-[e]s*; *-e*) alquiler *m*; *Film*: distribución *f*; **≈en** (*irr, sin ge-, h*, → ***leihen***) prestar; (*vermieten*) alquilar; *Titel*: conferir; *Preis*: conceder; *Recht*: otorgar; **~ung** *f* (-; *-en*) concesión *f*

ver|'leiten (*h*) inducir (***zu*** a); **~'lernen** (*h*) desaprender, olvidar

ver'letz|en (*h*) herir (*a fig*); lesionar (*a Interessen*); (*kränken*) ofender; **~end** hiriente; ofensivo; **≈te** *m/f* (*-n*; *-n*) herido *m*, -a *f*; **≈ung** *f* (-; *-en*) herida *f*

ver'leumd|en [-'lɔʏmdən] (*h*) calumniar, difamar; **≈ung** *f* (-; *-en*) calumnia *f*, difamación *f*

ver'lieb|en (*h*): ***sich ~ in*** (*ac*) enamorarse de; **~t** [-'-pt] enamorado

verlier|en [-'liːrən] (*verlor, verloren, h*) perder; **≈er** *m* (*-s*; -) perdedor *m*

ver'lob|en (*h*): ***sich ~*** prometerse; **~t** [-'loːpt] prometido; **≈te** *m/f* prometido *m*, -a *f*, F novio *m*, -a *f*; **≈ung** [-'-buŋ] *f* (-; *-en*) esponsales *m/pl*

ver'lockend seductor, tentador

verlogen [-'loːgən] mentiroso

ver'loren [-'loːrən] perdido; ***~ gehen*** perderse, extraviarse

ver'los|en (*h*) sortear; **≈ung** *f* (-; *-en*) sorteo *m*

Verlust [-'lust] *m* (*-[e]s*; *-e*) pérdida *f*

ver'machen (*h*) legar

Vermarktung [-'marktuŋ] *f* (-; *-en*) comercialización *f*

ver'mehr|en (*h*) aumentar, acrecentar; ***sich ~*** aumentar; *biol* multiplicarse; **≈ung** *f* (-; *-en*) aumento *m*, incremento *m*; multiplicación *f*

ver'meiden (*vermied, vermieden, h*) evitar

Ver'merk [-'mɛrk] *m* (*-s*; *-e*) nota *f*; apunte *m*; **≈en** (*h*) anotar, apuntar

ver'messen 1. *v/t* (*irr, sin ge-, h*, → ***messen***) medir; **2.** *adj* temerario

ver'miet|en (*h*) alquilar; ***zu ~*** se alquila; **≈er** *m* (*-s*; -), **≈erin** *f* (-; *-nen*) alquilador(a *f*) *m*; **≈ung** *f* (-; *-en*) alquiler *m*

ver'minder|n (*h*) disminuir; reducir; **≈ung** *f* disminución *f*; reducción *f*

ver'mischen (*h*) mezclar

ver'missen (*h*) echar de menos

ver'mitt|eln [-'mitəln] (*h*) **1.** *v/i* mediar, intervenir; **2.** *v/t* procurar, proporcionar; **≈ler** *m* (*-s*; -) intermediario *m*; *bei Konflikt*: mediador *m*; **≈lung** *f* (-; *-en*) intervención *f*; mediación *f*; *tel* central *f*

Ver'mögen [-'møːgən] *n* (*-s*; -) (*Besitz*) fortuna *f*, bienes *m/pl*, patrimonio *m*; **≈d** adinerado, acaudalado; **~sberatung** *f* gestión *f* de patrimonio; **~ssteuer** *f* impuesto *m* sobre el patrimonio; **~swerte** *m/pl* bienes *m/pl*

vermummt [-'mumt] embozado

vermut|en [-'muːtən] (*h*) suponer; **~lich** presunto; **≈ung** *f* (-; *-en*) suposición *f*

vernachlässigen [-'naːxlɛsigən] (*h*) descuidar

ver'nehm|en (*irr, sin ge-, h*, → ***nehmen***) percibir, oír; *jur* interrogar; **≈ung** *f* (-; *-en*) *jur* interrogatorio *m*; toma *f* de declaración

ver'neigen (*h*): ***sich ~*** inclinarse

ver'nein|en [-'naɪnən] (*h*) negar; **~end** negativo; **≈ung** *f* (-; *-en*) negación *f*

ver'nicht|en [-'niçtən] (*h*) destruir; **≈ung** *f* (-; *-en*) destrucción *f*

Vernunft [-'nunft] *f* (-; *sin pl*) razón *f*; ***zur ~ bringen*** poner en razón; ***zur ~ kommen*** entrar en razón, sentar la cabeza

vernünftig [-'nynftiç] razonable; *j*: sensato

ver'öffentlich|en [-'ʔœfəntliçən] (*h*) publicar; **≈ung** *f* (-; *-en*) publicación *f*

ver'ordn|en (*h*) ordenar; *med* prescribir; **≈ung** *f* orden *f*; *med* prescripción *f*

ver'pacht|en (*h*) arrendar; **≈ung** *f* (-; *-en*) arrendamiento *m*

ver'pack|en (*h*) embalar, envasar; **≈ung** *f* (-; *-en*) embalaje *m*, envase *m*; **≈ungsmaterial** *n* material *m* de embalaje

ver|'passen (*h*) perder; **~'pflanzen** (*h*) trasplantar

ver'pfleg|en (*h*) alimentar; **≈ung** *f* (-; *sin pl*) alimentación *f*, comida *f*

ver'pflicht|en [-'pfliçtən] (*h*) obligar; ***sich ~ zu*** comprometerse a; **≈ung** (-; *-en*) obligación *f*, compromiso *m*

ver|plempern F [-'plɛmpərn] (*h*) malgastar, desperdiciar; **~pönt** [-'pøːnt] mal visto; **~'prügeln** (*h*) dar una paliza;

~'putzen (*h*) *arqu* revocar, enlucir; F (*essen*) tragar
Ver'rat [-'ra:t] *m* (*-[e]s*; *sin pl*) traición *f*; **&en** (*irr*, *sin ge-*, *h*, → ***raten***) traicionar; *Geheimnis*: descubrir
Ver'räter [-'rɛ:tər] *m* (*-s*; -), **~in** *f* (-; *-nen*) traidor(a *f*) *m*
ver'rechn|en (*h*) poner en cuenta; compensar; ***sich ~*** equivocarse en sus cálculos; *fig* equivocarse; **&ung** *f* (-; *-en*) compensación *f*; *com* ***nur zur ~*** para abonar en cuenta; **&ungsscheck** *m* cheque *m* cruzado *od* barrado
ver|'recken P (*sn*) reventar, P diñarla; **~regnet** [-'re:gnət] lluvioso
ver'reis|en (*sn*) salir *od* irse de viaje; **~t**: ***~ sn*** estar de viaje
ver'renk|en [-'rɛŋkən] (*h*): (***sich den Arm***) **~** dislocar(se el brazo); **&ung** *f* (-; *-en*) dislocación *f*
verriegeln [-'ri:gəln] (*h*) echar el cerrojo a
ver'ringer|n [-'riŋərn] (*h*) disminuir, reducir; **&ung** *f* (-; *-en*) disminución *f*, reducción *f*
ver'rosten (*sn*) corroerse, oxidarse
ver'rückt loco; ***~ machen*** volver loco; **&heit** *f* (-; *-en*) locura *f*
Vers [fɛrs] *m* (*-es*; *-e*) verso *m*
ver'sag|en [fɛr'za:gən] (*h*) **1.** *v/t* (de)negar, rehusar; **2.** *v/i* fallar, no funcionar; *Person*: fracasar; **&en** *n* (*-s*; *sin pl*) fallo *m*; ***menschliches ~*** fallo *m* humano; **&er** *m* (*-s*; -) (*Person*) fracasado *m*
ver'salzen (*pp* versalzt *od* versalzen, *h*) salar demasiado
ver'samm|eln (*h*) reunir; **&lung** *f* (-; *-en*) reunión *f*; asamblea *f*; *pol* mitin *m*
Ver'sand [-'zant] *m* (*-[e]s*; *sin pl*) expedición *f*, envío *m*; **~abteilung** *f* (departamento *m* de) expedición *f*; **~haus** *n* casa *f* de venta(s) por correo *od* por catálogo; **~hauskatalog** *m* catálogo *m* (de una casa de ventas por correo)
ver|'säumen (*h*) omitir; (*verpassen*) perder; *Pflicht*: faltar a; **~'schaffen** (*h*) proporcionar, procurar, facilitar; **~'schärfen** (*h*) agravar, agudizar; intensificar; **~'scharren** (*h*) enterrar; **~'schenken** (*h*) regalar, dar; **~scheuchen** [-'ʃɔʏçən] (*h*) ahuyentar (*a fig*), espantar; **~'schicken** (*h*) enviar, expedir; **~'schieben** (*irr*, *sin ge-*, *h*, → ***schieben***) cambiar de sitio (*a refl*), desplazar; *zeitlich*: aplazar
ver'schieden [-'ʃi:dən] *adj* diferente, distinto; (*pl -e*) (*mehrere*) diversos, varios; **~artig** distinto; **&heit** *f* (-; *-en*) diferencia *f*, diversidad *f*
ver'schiff|en (*h*) embarcar; **&ung** *f* (-; *-en*) embarque *m*
ver|'schimmeln (*sn*) enmohecerse; **~'schlafen 1.** *v/t* (*irr*, *sin ge-*, *h*, → ***schlafen***): (***sich***) **~** levantarse *bzw* despertarse tarde; **2.** *adj* soñoliento; **~'schlagen 1.** *v/t* (*irr*, *sin ge-*, *h*, → ***schlagen***): ***~ werden nach*** ir a parar a; ***es verschlug ihm die Sprache*** se quedó de una pieza; **2.** *adj* taimado, astuto
ver'schlechter|n [-'ʃlɛçtərn] (*h*) empeorar; ***sich ~*** empeorarse; **&ung** *f* (-; *-en*) empeoramiento *m*
verschleiern [-'ʃlaɪərn] (*h*) velar; *fig* encubrir
ver'schlepp|en (*h*) *j-n*: secuestrar; deportar; *et*: dar largas a; *med* descuidar; **&ung** *f* (-; *-en*) secuestro *m*; deportación *f*
ver'schleudern (*h*) dilapidar; *com* malbaratar
ver'schließ|bar [-'ʃli:sba:r] con cerradura; **~en** (*irr*, *sin ge-*, *h*, → ***schließen***) cerrar (con llave); (*einschließen*) encerrar
ver'schlimmer|n [-'ʃlimərn] (*h*): (***sich***) **~** agravar(se); **&ung** *f* (-; *-en*) agravación *f*
ver'schlingen (*irr*, *sin ge-*, *h*, → ***schlingen***) (*essen*) devorar (*a fig*), tragarse
ver'schlossen [-'ʃlɔsən] cerrado; *fig a* reservado; **&heit** *f* (-; *sin pl*) reserva *f*
ver|'schlucken (*h*) tragar; ***sich ~*** atragantarse (***an*** *dat* con); **&'schluss** *m* (*-es*; *¨e*) cierre *m*; *fot* obturador *m*; **~'schmähen** (*h*) despreciar, desdeñar; **~'schmelzen** (*irr*, *sin ge-*, → ***schmelzen***) **1.** *v/t* (*h*) fundir; **2.** *v/i* (*sn*) fundirse
ver'schmutz|en *v/t* (*h*) (*v/i sn*) ensuciar(se); *Umwelt*: contaminar; **&ung** *f* (-; *-en*) *der Umwelt*: contaminación *f*, polución *f*
Ver|schnitt [-'ʃnit] *m* (*-[e]s*; *-e*) (*Wein usw*) mezcla *f*; **&schnupft** [-'ʃnupft] constipado; *fig* amoscado, picado; **&'schnüren** (*h*) atar (con cuerda); **&schönern** [-'ʃø:nərn] (*h*) embellecer, hermosear
ver|schossen [-'ʃɔsən] *Farbe*: desteñi-

V

do; F *fig* ~ ***in*** (*ac*) chalado por; ~**'schrauben** (*h*) atornillar; ~**'schreiben** (*irr, sin ge-, h,* → ***schreiben***) *med* recetar, prescribir; ***sich*** ~ equivocarse al escribir; ~**'schreibungspflichtig** con receta médica; ~**schrotten** [-'ʃrɔtən] (*h*) desguazar

ver'schuld|en (*h*) tener la culpa de; causar; 2**en** *n* (*-s; sin pl*) culpa *f*, falta *f*; ~**et** endeudado; 2**ung** *f* (-; *-en*) endeudamiento *m*

ver|'schütten (*h*) derramar; ~**'schweigen** (*irr, sin ge-, h,* → ***schweigen***) callar

ver'schwend|en [-'ʃvɛndən] (*h*) prodigar, disipar; derrochar; *a Zeit*: desperdiciar; 2**ung** *f* (-; *-en*) disipación *f*, derroche *m*, despilfarro *m*

verschwiegen [-'ʃviːgən] callado; discreto

ver|'schwinden (*irr, sin ge-, sn,* → ***schwinden***) desaparecer; F eclipsarse; ~**'schwitzen** (*h*) F *fig* olvidarse de

verschwommen [-'ʃvɔmən] vago; nebuloso; *Bild usw*: borroso

Ver'schwörung [-'ʃvøːruŋ] *f* (-; *-en*) conjuración *f*, conspiración *f*

ver'sehen 1. *v/t* (*irr, sin ge-, h,* → ***sehen***): ~ ***mit*** dotar de, proveer de; **2.** 2 *n* (*-s;* -) equivocación *f*, error *m*; descuido *m*, inadvertencia *f*; ***aus*** ~ = ~**tlich** por descuido

ver'send|en (*irr, sin ge-, h,* → ***senden***) expedir, enviar; 2**ung** *f* (-; *-en*) expedición *f*, envío *m*

ver|'sengen (*h*) chamuscar; ~**'senken** (*h*) sumergir; *mar* hundir; ***sich*** ~ ***in*** (*ac*) sumirse *od* abismarse en; ~**'setzen** (*h*) trasladar (*a Beamte*); *Schlag*: asestar, propinar; (*entgegnen*) replicar; *als Pfand*: empeñar; F ***j-n*** ~ dar esquinazo *od* un plantón a alg

verseuch|en [-'zɔʏçən] (*h*) infestar, contaminar; 2**ung** *f* (-; *-en*) contaminación *f*

Ver'sicher|er [fɛr'ziçərər] *m* (*-s;* -) asegurador *m*; 2**n** (*h*) *com* asegurar; (*behaupten*) aseverar, afirmar; ~**te** *m*/*f* (*-n; -n*) asegurado *m*, -a *f*; ~**ung** *f* (-; *-en*) *com* seguro *m*; (*Behauptung*) aseveración *f*, afirmación *f*

Ver'sicherungs... [-ruŋs...]: *in Zssgn oft* de seguro; ~**agent** *m* agente *m* de seguros; ~**nehmer** *m* contratante *m*; ~**police** *f* póliza *f* de seguro

ver|'siegeln (*h*) sellar; ~**'siegen** (*sn*) secarse; *fig* agotarse; ~**'sinken** (*irr, sin ge-, sn,* → ***sinken***) hundirse, sumergirse; *mar* irse a pique; ***in Gedanken*** ~ ensimismarse

ver'söhn|en [fɛr'zøːnən] (*h*) reconciliar; 2**ung** *f* (-; *-en*) reconciliación *f*

ver'sorg|en (*h*) proveer, abastecer (***mit*** de); *com* surtir (***mit*** de); 2**ung** *f* (-; *sin pl*) abasto *m*, abastecimiento *m*, aprovisionamiento *m*; 2**ungsengpass** *m*, 2**ungslücke** *f* desabastecimiento *m*

ver'spät|en [-'ʃpɛːtən] (*h*): ***sich*** ~ retrasarse, llegar tarde; ~**et** con retraso; 2**ung** *f* (-; *-en*) retraso *m*; ~ ***haben*** llevar retraso

ver|'sperren (*h*) cerrar; obstruir; *Weg*: atajar; *Aussicht*: quitar; ~**'spielen** (*h*) perder en el juego; ~**'spotten** (*h*) burlarse de, mofarse de

ver'sprech|en (*irr, sin ge-, h,* → ***sprechen***) prometer; ***sich*** ~ equivocarse (al hablar); ***sich viel*** ~ ***von*** esperar mucho de; 2**en** *n* (*-s;* -), 2**ung** *f* (-; *-en*) promesa *f*

ver'staatlich|en [-'ʃtaːtliçən] (*h*) nacionalizar; 2**ung** *f* (-; *-en*) nacionalización *f*

Verstand [-'ʃtant] *m* (*-[e]s; sin pl*) inteligencia *f*; intelecto *m*; (*Vernunft*) razón *f*; (*Urteilskraft*) juicio *m*; ***den*** ~ ***verlieren*** perder el juicio

ver'ständig|en [-'ʃtɛndigən] (*h*) enterar, informar (***von*** de); ***sich*** ~ entenderse; (*sich einigen*) ponerse de acuerdo; 2**ung** *f* (-; *sin pl*) acuerdo *m*, arreglo *m*; *tel* comunicación *f*

verständlich [-'ʃtɛntliç] inteligible; comprensible; ***sich*** ~ ***machen*** hacerse entender

Ver'ständnis [-'-nis] *n* (*-sses; sin pl*) comprensión *f*, entendimiento *m*; 2**voll** comprensivo

ver'stärk|en (*h*) reforzar (*a tec u mil*); *el* amplificar; intensificar; 2**er** *el m* (*-s;* -) amplificador *m*; 2**ung** *f* (-; *-en*) refuerzo *m* (*a mil*); intensificación *f*; *el* amplificación *f*

ver'stauch|en [-'ʃtaʊxən] (*h*): ***sich den Fuß*** ~ torcerse el pie; 2**ung** *f* (-; *-en*) torcedura *f*

Versteck [-'ʃtɛk] *n* (*-[e]s; -e*) escondrijo *m*; 2**en** (*h*) esconder (***vor*** *dat* de); ***sich*** ~ esconderse

ver'stehen (*irr, sin ge-, h,* → ***stehen***) entender (***unter*** *dat* por); comprender; (*können*) saber; ***sich ~*** entenderse; ***zu ~ geben*** dar a entender; ***sich auf et ~*** entender de a/c; ***das versteht sich von selbst*** eso se sobrentiende

ver'steiger|n (*h*) subastar, rematar; **²ung** *f* (-; *-en*) subasta *f*, remate *m*

ver'stell|bar ajustable, regulable; **~en** (*h*) ajustar, regular; (*versperren*) obstruir; cerrar; *Schrift*, *Stimme*: desfigurar; ***sich ~*** disimular, fingir; **²ung** *f* (-; *sin pl*) disimulo *m*

ver'steuern (*h*) pagar impuestos por

verstimmt [-'ʃtimt] *mus* desafinado; *fig* de mal humor, disgustado

ver'stopf|en (*h*) obstruir; *Loch*: tapar; **²ung** *f* (-; *-en*) *med* estreñimiento *m*; *Verkehr*: embotellamiento *m*, atasco *m*

verstorben [-'ʃtɔrbən] fallecido

Ver'stoß *m* (*-es*; *¨e*) falta *f* (***gegen*** a); **²en** (*irr*, *sin ge-*, *h*, → ***stoßen***) **1.** *v/t* expulsar; **2.** *v/i*: ***~ gegen*** faltar a, contravenir a

ver|'streichen (*irr*, *sin ge-*, *sn*, → ***streichen***) *v/i* transcurrir, pasar; *Frist*: vencer; **~'streuen** (*h*) dispersar, esparcir; **~'stümmeln** [-'ʃtyməln] (*h*) mutilar (*a fig*); **~'stummen** [-'ʃtumən] (*sn*) enmudecer; *Lärm*: cesar

Ver'such [-'zu:x] *m* (*-[e]s*; *-e*) tentativa *f*, intento *m* (*a jur*); (*Probe*) prueba *f*, ensayo *m*; *fís usw*: experimento *m*; **²en** (*h*) probar (*a kosten*), ensayar; ***~ zu*** (*inf*) intentar, procurar (*inf*); tratar de; **²sweise** a título de ensayo *od* prueba; **~ung** *f* (-; *-en*) tentación *f*; ***in ~ führen*** tentar

ver|sunken [-'zuŋkən] *fig*: ***~ in*** (*ac*) absorto en; **~'süßen** (*h*) endulzar; *fig Pille*: dorar

ver'tag|en (*h*) aplazar (***auf*** *ac* hasta); **²ung** *f* (-; *-en*) aplazamiento *m*

ver'tauschen (*h*) cambiar (***gegen*** por); (*verwechseln*) confundir (***mit*** con)

ver'teidig|en [-'taɪdigən] (*h*) defender; **²er** *m* (*-s*; -) defensor *m* (*a jur*); *dep* defensa *m*; **²ung** *f* (-; *sin pl*) defensa *f*; **²ungs...**: *in Zssgn* defensivo; **²ungsminister(ium** *n*) *m* ministro *m* (ministerio *m*) de Defensa

ver'teil|en (*h*) distribuir, repartir; ***sich ~*** dispersarse; **²er** *m* (*-s*; -) repartidor *m*; *a tec* distribuidor *m*; **²ung** *f* (-; *-en*) distribución *f*; reparto *m*

ver'tief|en [-'ti:fən] (*h*) ahondar, profundizar; ***sich ~ in*** (*ac*) absorberse en; **²ung** *f* (-; *-en*) (*Mulde*) hondonada *f*; (*Höhlung*) hueco *m*

vertikal [vɛrti'kɑ:l] vertical

vertilgen [fɛr'tilgən] (*h*) destruir, exterminar; F comerse

Ver'trag [-'trɑ:k] *m* (*-[e]s*; *¨e*) contrato *m*; *pol* tratado *m*; **²en** [-'-gən] (*irr*, *sin ge-*, *h*, → ***tragen***) (*ertragen*) aguantar, resistir; (*dulden*) soportar; ***sich*** (***gut***) ***~*** llevarse bien; **²lich** [-'trɑ:kliç] contractual; *adv* por contrato

Ver'trags|händler *m* concesionario *m*; **~werkstatt** *f* taller *m* oficial

ver'trauen (*h*) **1.** *v/i* confiar (***j-m*** *od* ***auf*** *ac* en alg *od* a/c); **2.** **²** *n* (*-s*; *sin pl*) confianza *f* (***auf*** *ac*, ***zu*** en); ***im ~*** en confianza, confidencialmente; **²sstellung** *f* puesto *m* de confianza; **~swürdig** (digno) de confianza

ver'traulich confidencial; (*familiär*) familiar, íntimo

vertraut [-'traʊt] íntimo; familiar; ***sich ~ machen mit*** familiarizarse con

ver'treiben (*irr*, *sin ge-*, *h*, → ***treiben***) expulsar; *fig* ahuyentar; *com* vender, distribuir; ***sich*** (*dat*) ***die Zeit ~*** pasar *od* matar el tiempo

ver'tret|en (*irr*, *sin ge-*, *h*, → ***treten***) representar; (*ersetzen*) re(e)mplazar, sustituir; *Meinung*: sostener; defender; F ***sich*** (*dat*) ***die Beine ~*** F estirar las piernas; ***sich den Fuß ~*** torcerse el pie; **²er** *m* (*-s*; -), **²erin** *f* (-; *-en*) representante *su* (*a com*); (*Stell²*) sustituto *m*, -a *f*, suplente *su*; **²ung** *f* representación *f*; sustitución *f*

Vertrieb [-'tri:p] *com m* (*-[e]s*; *sin pl*) venta *f*; distribución *f*; **~ene** [-'-benə] *m* (*-n*; *-n*) expulsado *m*; **~sabteilung** [-'tri:ps-] *f* sección *f od* departamento *m* de ventas; **~sleiter** *m* jefe *m* de ventas

ver|'trocknen (*sn*) secarse; **~'trödeln** (*h*) *Zeit*: perder; **~'tuschen** (*h*) disimular, encubrir; **~'üben** (*h*) cometer, perpetrar

ver'un|glücken [-'ʔunglykən] (*sn*) *j*: tener *od* sufrir un accidente; *et*: fracasar; **²glückte** *m* (*-n*; *-n*) accidentado *m*; **²reinigung** *f* (-; *-en*) polución *f*, contaminación *f*; **~sichern** (*h*) confundir;

V

ẞtreuung *f* (-; *-en*) defraudación *f*, malversación *f*
ver'ur|sachen [-'ʔuːrzaxən] (*h*) causar, ocasionar; **~teilen** (*h*) condenar (*a fig*); **ẞteilung** *f* (-; en) condena *f*
vervielfältigen [-'fiːlfɛltigən] (*h*) *fot usw*: reproducir; (*abziehen*) multicopiar
vervoll|kommnen [-'fɔlkɔmnən] (*h*) perfeccionar; **~ständigen** [-'-ʃtɛndigən] (*h*) completar
verwackelt [-'vakəlt] *fot* movido
verwählen (*h*): ***sich ~*** *tel* marcar mal
ver'wahr|en [-'vaːrən] (*h*) guardar; ***sich ~*** protestar (***gegen*** contra); **~lost** [-'-loːst] abandonado; **ẞung** *f* (-; *sin pl*) custodia *f*; ***in ~ geben*** dar en depósito
verwaist [-'vaɪst] huérfano; *fig* abandonado
ver'walt|en (*h*) administrar; *Amt*: desempeñar; **ẞer** *m* (*-s*; -), **ẞerin** *f* (-; *-nen*) administrador(a *f*) *m*; **ẞung** *f* (-; *-en*) administración *f*; **ẞungs...**: *in Zssgn oft* administrativo; **ẞungskosten** *pl* gastos *m/pl* de administración
ver'wand|eln (*h*) transformar, cambiar (***in*** *ac* en); **ẞlung** *f* (-; *-en*) transformación *f*; cambio *m*
ver'wandt [-'vant] pariente (***mit*** de); *fig* semejante (a); **ẞe** *m/f* (*-n*; *-n*) pariente *su*, familiar *su*; **ẞschaft** *f* parentesco *m*; (*die Verwandten*) parentela *f*
Ver'warnung *f* (-; *-en*) amonestación *f*
ver'wechs|eln (*h*) confundir; **ẞlung** *f* (-; *-en*) confusión *f*; equivocación *f*
verwegen [-'veːgən] temerario
ver'weigern (*h*) rehusar, (de)negar
Verweis [-'vaɪs] *m* (*-es*; *-e*) (*Tadel*) reprensión *f*, reprimenda *f*; (*Hinweis*) remisión *f* (***auf*** *ac* a); **ẞen** [-'-zən] (*irr*, *sin ge-*, *h*, → ***weisen***) (*hinweisen*) remitir (***an***, ***auf*** *ac* a); ***des Landes ~*** expulsar
ver'welken (*sn*) marchitarse
ver'wend|en (*irr*, *sin ge-*, *h*, → ***wenden***) utilizar, emplear; *Geld*, *Zeit*, *Sorgfalt*: gastar (***für***, ***auf*** *ac* en); **ẞung** *f* (-; *-en*) empleo *m*, uso *m*, utilización *f*
ver'wert|en (*h*) utilizar, aprovechar; **ẞung** *f* (-; *-en*) utilización *f*, aprovechamiento *m*
verwes|en [-'veːzən] (*sn*) pudrirse, corromperse; **ẞung** *f* (-; *sin pl*) putrefacción *f*, descomposición *f*
ver'wick|eln (*h*) enredar, enmarañar; *fig* complicar; ***sich in Widersprüche ~*** incurrir en contradicciones; **~elt** *fig* complicado; enredado; ***~ sn in*** (*ac*) estar implicado *od* envuelto en; **ẞlung** *f* complicación *f*
ver'wirklich|en (*h*) realizar; **ẞung** *f* (-; *-en*) realización *f*
ver'wirr|en [-'virən] (*h*) enmarañar, enredar; *fig* desconcertar, confundir; **~t** confuso, desconcertado; **ẞung** *f* (-; *sin pl*) embrollo *m*, confusión *f*
ver|'wischen (*h*) borrar (*a fig*); **~witwet** [-'vitvət] viudo; **~wöhnen** [-'vøːnən] (*h*) mimar
verworren [-'vɔrən] embrollado
verwunden [-'vundən] (*h*) herir (*a fig*)
ver'wunder|lich extraño, sorprendente; **~n** (*h*) extrañar, sorprender; **ẞung** *f* (-; *sin pl*) admiración *f*, asombro *m*
Ver'wundete *m/f* (*-n*; *-n*) herido *m*, -a *f*
ver|'wünschen (*h*) maldecir, imprecar; **~wüsten** [-'vyːstən] (*h*) devastar, asolar; **~'zählen** (*h*): ***sich ~*** equivocarse (al contar); **~zaubern** (*h*) encantar, hechizar
Ver'zehr [-'tseːr] *m* (*-s*; *sin pl*) consumo *m*; **ẞen** (*h*) consumir (*a fig*), comer(se)
Ver'zeichnis [-'tsaɪçnis] *n* (*-ses*; *-se*) lista *f*, relación *f*
ver'zeih|en (*verzieh*, *verziehen*, *h*) perdonar, disculpar; **~lich** perdonable; **ẞung** *f* (-; *sin pl*) perdón *m*; ***~!*** ¡perdone!, ¡perdón!; ***j-n um ~ bitten*** pedir perdón a alg
ver'zerren (*h*) deformar; *a Ton*, *Bild*: distorsionar
Ver'zicht [-'tsiçt] *m* (*-[e]s*; *sin pl*) renuncia *f* (***auf*** *ac* a); **ẞen** (*h*) renunciar (***auf*** *ac* a)
verziehen (*irr*, *sin ge-*, *h*, → ***ziehen***) *v/t Kind*: mimar; ***das Gesicht ~*** torcer el gesto; ***sich ~*** *Holz*: alabearse; *Wolken*: disiparse; F *Person*: esfumarse
Ver'zierung *f* (-; *-en*) adorno *m*; *arqu* ornamento *m*
ver'zins|en [-'tsinzən] (*h*) pagar intereses; ***sich ~*** devengar intereses; ***mit 5% ~*** pagar un 5% de interés; **ẞung** [-'-zuŋ] *f* (-; *-en*) rédito *m*
ver'zöger|n (*h*) retardar; ***sich ~*** retrasarse; **ẞung** *f* (-; *-en*) retraso *m*; demora *f*
verzollen [-'tsɔlən] (*h*) pagar aduana;

V

haben Sie et zu ~? ¿tiene usted algo que declarar?
Verzug [-'tsuːk] *m* (*-[e]s; sin pl*) demora *f*; ***in ~ geraten*** retrasarse
ver'zweif|eln (*sn*) desesperar (***an*** *dat* de); **②lung** *f* (-; *sin pl*) desesperación *f*; ***zur ~ bringen*** desesperar
verzwickt F [-'tsvikt] complicado
'Vetter ['fɛtər] *m* (*-s*; -) primo *m*; **~nwirtschaft** *f* nepotismo *m*
vibrieren [vi'briːrən] (*h*) vibrar
'Video ['viːdeo] *n* (*-s*; *-s*) vídeo *m*; **~film** *m* videofilm(e) *m*; **~kamera** *f* videocámara *f*; **~kassette** *f* videocassette *f*; **~recorder** [-rekɔrdər] *m* (*-s*; -) videocassette *m*, F vídeo *m*; **~spiel** *n* videojuego *m*; **~thek** [-'teːk] *f* (-; *-en*) videoteca *f*
Vieh [fiː] *n* (*-s*; *sin pl*) ganado *m*; (***Stück*** *n*) **~** res *f*; **'~wagen** *ferro m* vagón *m* para ganado; **'~zucht** *f* cría *f* de ganado
viel [fiːl] (*Komparativ*: ***mehr***, *Superlativ*: ***meist***) mucho; ***~ sagend*** significativo; ***~ versprechend*** muy prometedor; ***sehr ~*** muchísimo; ***so ~*** tanto; ***ziemlich ~*** bastante; **~erlei** ['-lər'laɪ] *inv* toda clase de; **'~fach** múltiple; (*wiederholt*) reiterado, repetido; *adv* a menudo, con frecuencia; **②falt** ['-falt] *f* (-; *sin pl*) diversidad *f*; variedad *f*; **'~farbig** multicolor; **~'leicht** quizá(s), tal vez; **~mals** ['-maːls]: ***danke ~!*** ¡muchísimas gracias!; **'~mehr** más bien; **~seitig** ['-zaɪtiç] variado; universal; *Person*: polifacético; *Gerät*: versátil; **'②völkerstaat** *m* Estado *m* multinacional
vier [fiːr] cuatro; ***unter ~ Augen*** a solas; ***auf allen ~en*** a gatas; **②eck** ['-ˀɛk] *n* (*-[e]s*; *-e*) cuadrángulo *m*, cuadrilátero *m*; **'~eckig** cuadrangular; **'~fach** cuádruplo; **②füß(l)er** ['-fyːs(l)ər] *m* (*-s*; -) cuadrúpedo *m*; **'~'hundert** cuatrocientos; **'~jährig** de cuatro años; **②linge** ['-liŋə] *m/pl* cuatrillizos *m/pl*; **'~mal** cuatro veces; **~rädrig** ['-rɛːdriç] de cuatro ruedas; **'~stellig** de cuatro cifras *od* dígitos; **'②taktmotor** *m* motor *m* de cuatro tiempos; **'~'tausend** cuatro mil; **'~te** cuarto
'Viertel ['firtəl] *n* (*-s*; -) cuarto *m*; (*Stadt*②) barrio *m*; ***~ nach fünf*** las cinco y cuarto; ***~ vor fünf*** las cinco menos cuarto; **~'jahr** *n* trimestre *m*; **②jährlich** trimestral; **~note** *mus f* negra *f*; **~'stunde** *f* cuarto *m* de hora
'vier|tens ['fiːrtəns] en cuarto lugar; **~zehn** ['firtseːn] catorce; ***~ Tage*** quince días; **~zehntägig** quincenal; **~zehnte** décimo cuarto
'vierzig ['firtsiç] cuarenta; **~ste** cuadragésimo
Villa ['vila] *f* (-; *-len*) chalet *m*, torre *f*
Viola *mus* [vi'oːla] *f* (-; *-len*) viola *f*
violett [vio'lɛt] violeta
Violine [-'liːnə] *f* (-; *-n*) violín *m*
Virus ['viːrus] *n*, *m* (-; *-ren*) virus *m*
Vision [vi'zjoːn] *f* (-; *-en*) visión *f*
Vi'site [-'ziːtə] *f* (-; *-n*) visita *f* (*a med*); **~nkarte** *f* tarjeta *f* (de visita)
Visum ['viːzum] *n* (*-s*; *Visa*, *Visen*) visado *m*, *Am* visa *f*
Vitamin [vita'miːn] *n* (*-s*; *-e*) vitamina *f*
'Vizekanzler ['fiːtsə-, 'viːtsə-] *m* vicecanciller *m*
'Vogel ['foːgəl] *m* (*-s*; ⸚) ave *f*; *kleiner*: pájaro *m*; F ***e-n ~ haben*** estar chiflado; **~futter** *n* alpiste *m*; **~perspektive**, **~schau** *f*: ***aus der ~*** a vista de pájaro; **~scheuche** *f* [-ʃɔʏçə] *f* (-; *-n*) espantajo *m* (*a fig*), espantapájaros *m*
Vokab|el [vo'kaːbəl] *f* (-; *-n*) vocablo *m*, voz *f*; **~ular** [-kabu'laːr] *n* (*-s*; *-e*) vocabulario *m*
Vokal [-'kaːl] *m* (*-s*; *-e*) vocal *f*
Volk [fɔlk] *n* (*-[e]s*; *⸚er*) pueblo *m*, nación *f*
'Völker|kunde ['fœlkər-] *f* etnología *f*; **~recht** *n* derecho *m* internacional; **②rechtlich** del derecho internacional; **~wanderung** *hist f* Invasión *f* de los Bárbaros
'Volks|abstimmung ['fɔlks-] *f* plebiscito *m*; referéndum *m*; **~fest** *n* fiesta *f* popular; **~hochschule** *f* universidad *f* popular; **~lied** *n* canción *f* popular; **~republik** *f* républica *f* popular; **~tanz** *m* danza *f* popular; **~tracht** *f* traje *m* nacional *bzw* regional; **②tümlich** ['-tyːmliç] popular; **~wirtschaft** *f* economía *f* política; **~wirt(schaftler** *m* (*-s*;-)) *m* economista *m*
voll [fɔl] lleno (de); *fig* pleno; (*ganz*) completo, entero; P (*betrunken*) borracho; ***~ machen*** llenar; completar; F ensuciar; ***~ tanken*** llenar el depósito; ***~ und ganz*** totalmente; (***nicht***) ***für ~ nehmen*** (no) tomar en serio; **'~auf** completamente; **'~automatisch** com-

pletamente automático; '≈**bart** *m* barba *f* (cerrada); '≈**beschäftigung** *f* pleno empleo *m*; '≈**blut(pferd)** *n* (caballo *m* de) pura sangre *m*; ~'**bringen** (*irr, sin ge-, h,* → ***bringen***) llevar a cabo, realizar; '≈**dampf** *m*: ***mit*** ~ a toda máquina (*a fig*); ~'**enden** (*h*) acabar, terminar; ~'**endet** (*vollkommen*) perfecto; ~***e Tatsache*** hecho *m* consumado; ~**ends** ['-lɛnts] por completo, completamente

Volleyball ['vɔlibal] *m* voleibol *m*, balonvolea *m*

voll|führen [fɔl'fyːrən] (*h*) realizar, ejecutar; '≈**gas** *n*: ***mit*** ~ a todo gas, a toda marcha; ~ ***geben*** pisar a fondo

völlig ['fœliç] completo, entero

'**voll|jährig** ['fɔljɛːriç] mayor de edad; ≈**kasko**(**versicherung** *f*) *n* seguro *m* a todo riesgo; ~'**kommen** perfecto; ≈'**kommenheit** *f* (-; *sin pl*) perfección *f*; ≈**kornbrot** *n* pan *m* integral; ≈**macht** *f* (-; *-en*) poder *m*; (plenos) poderes *m/pl*; ≈**milch** *f* leche *f* entera *od* completa; ≈**mond** *m* luna *f* llena, plenilunio *m*; ≈**pension** *f* pensión *f* completa; ~**ständig** completo, entero; íntegro; ~'**strecken** (*h*) ejecutar; ≈'**streckung** *f* (-; *-en*) ejecución *f*; ≈**text** *m inform* texto *m* completo; ≈**textsuche** *f inform* búsqueda *f* por texto completo; ~**wertig** ['-veːrtiç] de valor integral; ~**zählig** ['-tsɛːliç] completo; ~'**ziehen** (*irr, sin ge-, h,* → ***ziehen***) ejecutar, efectuar

Volontär [volɔn'tɛːr] *m* (*-s*; *-e*) practicante *m*

Volt [vɔlt] *n* (-, *-[e]s*; -) voltio *m*; '~**zahl** *f* voltaje *m*

Volumen [vo'luːmən] *n* (*-s*; -, *-mina*) volumen *m*

vom [fɔm] = ***von dem***

von [fɔn] *prp* (*dat*) de; *beim Passiv mst* por; ~ ***... ab, an*** desde, a partir de; ~ ***jetzt*** (*od* ***nun***) ***an*** de ahora en adelante; ~ ***... bis*** de ... a, desde ... hasta; ***ein Freund*** ~ ***mir*** un amigo mío; ~ ***mir aus*** por mí; por mi parte; ~**ein'ander** uno(s) de otro(s)

vor [foːr] **1.** *prp* (*wo?, wann? dat; wohin? ac*): **a)** *örtlich*: delante de; *a fig* ante; *fig* ~ ***sich gehen*** tener lugar; ocurrir; **b)** *zeitlich*: antes de; ~ ***fünf Jahren*** hace cinco años; ***fünf Minuten*** ~ ***drei*** las tres menos cinco; **c)** *kausal*: (*dat*) de; ~ ***Freude*** de alegría; **2.** *adv*: ***nach wie*** ~ ahora como antes; '≈**abend** *m* víspera *f*; ***am*** ~ ***von*** en vísperas de; '≈**ahnung** *f* presentimiento *m*

vor'an [fo'ran] delante, adelante; ~**gehen** (*irr, sep, -ge-, sn,* → ***gehen***) ir delante (***j-m*** de alg); tomar la delantera; *zeitlich*: preceder; ~**kommen** (*irr, sep, -ge, sn,* → ***kommen***) adelantar, avanzar

'**Voran|meldung** ['foːrˀanmɛlduŋ] *f tel* preaviso *m*; ~**schlag** *m* presupuesto *m*

Voranzeige ['foːrˀantsaɪgə] *f* previo aviso *m*; *TV, Film*: avance *m* (de programa)

'**Vorarbeiter** *m* capataz *m*

vor'aus [fo'raʊs] hacia adelante; ***j-m*** ~ ***sn*** llevar ventaja a alg; ***im*** ≈ ['-] de antemano, con anticipación, por adelantado; ~**datieren** (*h*) poner posfecha; ~**gehen** (*irr, sep, -ge-, sn,* → ***gehen***) ir delante; preceder; ~**gesetzt**: ~, ***dass ...*** suponiendo que ...; a condición de que (*subj*); ~**sagen** (*sep, -ge-, h*) predecir, pronosticar; ~**sehen** (*irr, sep, -ge-, h,* → ***sehen***) prever; ~**setzen** (*sep, -ge-, h*) (pre)suponer; ≈**setzung** *f* (-; *-en*) suposición *f*; (*Bedingung*) condición *f* (previa); ~**sichtlich** probable; ≈**zahlung** *f* pago *m* por adelantado

'**Vorbe|deutung** ['foːr-] *f* (-; *-en*) presagio *m*, agüero *m*; ~**dingung** *f* (-; *-en*) condición *f* previa

Vorbehalt ['-bəhalt] *m* (*-[e]s*; *-e*) reserva *f*

vor'bei [for'baɪ] por delante (***an*** *dat* de); junto a; *zeitlich*: pasado; ***es ist*** ~ ya pasó; ***es ist alles*** ~ todo se acabó; ~**fahren** (*irr, sep, -ge-, sn,* → ***fahren***), ~**gehen** (*irr, sep, -ge-, sn,* → ***gehen***) pasar (***an*** *dat* por delante de, junto a); ~**lassen** (*irr, sep, -ge-, h,* → ***lassen***) dejar pasar

'**vorbereit|en** ['foːr-] (*sep, h*) preparar; ~**end**, ≈**ungs...** preparatorio; ≈**ung** *f* preparación *f*; ~**en** *pl* preparativos *m/pl*

'**vorbe|stellen** (*sep, h*) reservar; ≈**stellung** *f* (-; *-en*) reserva *f*; ~**straft**: (***nicht***) ~ con (sin) antecedentes penales

'**vorbeug|en** (*sep, -ge-, h*) **1.** *v/refl*: ***sich*** ~ inclinarse hacia adelante; **2.** *v/i* prevenir (***e-r Sache*** *a/c*); ~**end**, ≈**ungs...** preventivo; *med a* profiláctico; ≈**ung** *f* (-; *sin pl*) prevención *f*; *med a* profilaxis *f*

'**Vorbild** *n* (*-[e]s*; *-er*) modelo *m*, ejemplo

V

m; ideal *m*; **~lich** ejemplar, modelo (*inv*)

'vordatieren (*sep*, *h*) poner posfecha

'vorder ['fɔrdər] de delante, delantero; anterior; **~achse** *f* eje *m* delantero; **~bein** *n*, **~fuß** *m* pata *f* delantera; **~grund** *m* primer plano *m* (*a fig*); **~rad** *n* rueda *f* delantera; **~radantrieb** *m* tracción *f* delantera; **~seite** *f* parte *f* anterior *od* delantera; *Münze*: cara *f*; *arqu* fachada *f*; **~sitz** *m* asiento *m* delantero; **~teil** *n od m* parte *f* delantera

'vor|drängen ['fo:r-] (*sep*, *-ge-*, *h*): ***sich ~*** abrirse paso a codazos; **~dringlich** urgente; **~druck** *m* (*-[e]s*; *-e*) formulario *m*, impreso *m*

'voreilig precipitado; prematuro

'voreingenommen parcial; prevenido (***gegen*** contra)

Vorfahr ['-fa:r] *m* (*-en*; *-en*) antepasado *m*

Vorfahrt|(srecht *n*) *f* prioridad *f od* preferencia *f* de paso; ***Vorfahrt beachten!*** ceda el paso; **~sschild** *n* señal *f* de prioridad; **~sstraße** *f* calle *f bzw* carretera *f* con preferencia (de paso)

'Vorfall *m* (*-[e]s*; *¨e*) suceso *m*, acontecimiento *m*; *med* prolapso *m*

'vorfinden (*irr*, *sep*, *-ge-*, *h*, → ***finden***) encontrar

'vorführ|en (*sep*, *-ge-*, *h*) exhibir, presentar, demostrar; *Film*: proyectar; **~ung** *f* (*-*; *-en*) exhibición *f*, presentación *f*, demostración *f*; *e-s Films*: proyección *f*

'Vor|gang *m* (*-[e]s*; *¨e*) suceso *m*, acontecimiento *m*; *tec*, *quím*, *med* proceso *m*; (*Akten~*) expediente *m*; **~gänger** ['-gɛŋər] *m* (*-s*; *-*), **~gängerin** *f* (*-*; *-nen*) antecesor(a *f*) *m*, predecesor(a *f*) *m*; **~gebirge** *n* cabo *m*, promontorio *m*; **~gefertigt** prefabricado

'vorgehen (*irr*, *sep*, *-ge-*, *sn*, → ***gehen***) pasar adelante; *Uhr*: ir adelantado; (*den Vorrang haben*) tener preferencia; (*geschehen*) ocurrir, pasar; (*handeln*) proceder

'Vorge|schmack *m fig* prueba *f*; anticipo *m*; **~setzte** [-zɛtstə] *m*/*f* (*-n*; *-n*) superior(a *f*) *m*

'vorgestern anteayer; ***~ Abend*** anteanoche

'vor|haben (*irr*, *sep*, *-ge-*, *h*, → ***haben***) tener la intención de, pensar (*inf*); proponerse (*inf*); ***et*** (***nichts***) ***~*** (no) tener un (ningún) compromiso; **~haben** *n* (*-s*; *-*) intención *f*; proyecto *m*; **~halle** *f* vestíbulo *m*

vorhanden [-'handən] existente; presente; *com* disponible; ***~ sn*** existir

'Vorhang *m* (*-[e]s*; *¨e*) cortina *f*; *teat* telón *m*

'Vorhängeschloss *n* candado *m*

'vorher antes; (*im voraus*) con anticipación; ***kurz*** (***lang***) ***~*** poco (mucho) antes

vor'her|gehend, **~ig** precedente, anterior

Vor'hersage *f* (*-*; *-n*) predicción *f*, pronóstico *m*

vor'hin hace un momento

'vor|ig precedente, anterior; pasado; **~jahr** *n* año *m* pasado

'Vor|kasse *f* pago *m* por anticipado; **~kenntnisse** *f*/*pl* conocimientos *m*/*pl* preliminares

'vorkomm|en (*irr*, *sep*, *-ge-*, *sn*, → ***kommen***) (*geschehen*) ocurrir, pasar, suceder; (*auftreten*) encontrarse, existir; (*scheinen*) parecer; **~en** *n* (*-s*; *-*) presencia *f*, existencia *f*; *geo* yacimientos *m*/*pl*; **~nis** *n* (*-ses*; *-se*) suceso *m*, incidente *m*

'Vorladung *f* (*-*; *-en*) citación *f*, emplazamiento *m*

'Vor|lage *f* (*-*; *-n*) presentación *f*; (*Gesetz*) proyecto *m*; (*Muster*) muestra *f*, modelo *m*; **~läufig** provisional; *adv* por ahora, por de pronto

'vorleg|en (*sep*, *-ge-*, *h*) presentar; enseñar, mostrar; someter; *Speise*: servir; **~er** *m* (*-s*; *-*) alfombrilla *f*; **~eschloss** *n* candado *m*

'vorles|en (*irr*, *sep*, *-ge-*, *h*, → ***lesen***) leer (en voz alta); **~ung** *f* (*-*; *-en*) clase *f*, curso *m*; ***~en halten*** dar *od* impartir clases

'vor|letzt penúltimo; **~liebe** *f* (*-*; *-n*) predilección *f* (***für*** por), preferencia *f*

'vormal|ig ['-ma:liç] anterior, precedente; **~s** antes

'vormerken (*sep*, *-ge-*, *h*) apuntar, anotar; tomar nota de

'Vormittag *m* (*-s*; *-e*) mañana *f*; ***morgen ~*** mañana por la mañana; **~s** por la mañana

'Vormund *m* (*-[e]s*; *-e*, *¨er*) tutor *m*; **~schaft** *f* (*-*; *-en*) tutela *f*

vorn [fɔrn] (por) delante; ***von ~*** por delante, de frente; *zeitlich*: de nuevo; ***nach ~*** hacia adelante; (***wieder***) ***von***

V

~ *anfangen* volver a empezar
'**Vorname** *m* nombre *m* de pila
'**vornehm** ['-neːm] noble; distinguido; elegante; **~en** (*irr, sep, -ge-, h,* → ***nehmen***) efectuar; ***sich*** (*dat*) ***et ~*** proponerse a/c; **≗heit** *f* (-; *sin pl*) nobleza *f*; distinción *f*
vornherein ['fɔrnhɛ'raɪn]: ***von ~*** desde un principio
'**Vorort** ['foːrˀɔrt] *m* (-*[e]s*; -*e*) suburbio *m*; **~zug** *m* tren *m* suburbano
'**Vor|platz** *m* entrada *f*; explanada *f*; **≗programmiert** preprogramado; **~rang** *m* (-*[e]s*; *sin pl*) primacía *f* (***vor*** *dat* sobre); preferencia *f*; **~rat** *m* (-*[e]s*; ⸗*e*) provisión *f*; *com* existencias *f/pl*, stock *m*; **≗rätig** ['-rɛːtiç] disponible; **~recht** *n* privilegio *m*; prerrogativa *f*
'**Vorrichtung** *f* (-; -*en*) dispositivo *m*, mecanismo *m*
'**Vor|ruhestand** *m* (-*[e]s*; *sin pl*) prejubilación *f*, jubilación *f* anticipada; **~runde** *f dep* eliminatoria *f*; **~saison** *f* temporada *f* baja; **~satz** *m* propósito *m*, intención *f*; **≗sätzlich** ['-zɛtsliç] premeditado; *adv* de propósito; *a jur* con premeditación; **~schau** *f TV* avance *m* de programa; *Film*: *a* trailer *m*; **~schein** *m*: ***zum ~ kommen*** salir a la luz, aparecer
'**Vorschlag** *m* (-*[e]s*; ⸗*e*) proposición *f*; propuesta *f*; **≗en** (*irr, sep, -ge-, h,* → ***schlagen***) proponer
'**Vor|schlussrunde** *f dep* semifinal *f*; **≗schreiben** (*irr, sep, -ge-, h,* → ***schreiben***) *fig* prescribir
'**Vorschrift** *f* (-; -*en*) prescripción *f* (*a med*); reglamento *m*; **≗smäßig** reglamentario; *adv* en (su) debida forma
Vorschuss *m* (-*es*; ⸗*e*) anticipo *m*, adelanto *m*
'**vorsehen** (*irr, sep, -ge-, h,* → ***sehen***) prever; ***sich ~*** tener cuidado; guardarse (***vor*** *dat* de)
'**Vorsicht** *f* (-; *sin pl*) precaución *f*; cuidado *m*; ***~!*** ¡cuidado!; F ¡ojo!; **≗ig** prudente, cauto; *adv* con cuidado; ***~ sn*** tener cuidado
'**Vorsilbe** *f* (-; -*n*) prefijo *m*
'**Vorsitz** *m* (-*es*; *sin pl*) presidencia *f*; ***den ~ führen*** presidir (*ac*); **~ende** *m/f* (-*n*; -*n*) presidente *m*, -a *f*
'**Vorsorg|e** *f* (-; *sin pl*) previsión *f*; ***~ treffen*** tomar (sus) precauciones *bzw* las medidas necesarias; **~euntersuchung** *med f* chequeo *m* preventivo; **≗lich** ['-zɔrkliç] previsor; *adv* por precaución
'**Vor|spann** *m* (-*[e]s*; -*e*) *Film*: títulos *m/pl* (de crédito); **~speise** *f* (-; -*n*) entrada *f*, entremés *m*, entrante *m*
'**Vorspiel** *n* (-*[e]s*; -*e*) preludio *m* (*a fig*); *teat* prólogo *m*
'**vor|springend** saliente; *Kinn*: prominente; **≗sprung** *m* (-*[e]s*; ⸗*e*) *arqu* resalto *m*, saledizo *m*; *fig* ventaja *f*; ***e-n ~ haben vor*** llevar ventaja a; **≗stadt** *f* arrabal *m*
'**Vorstand** *m* (-*[e]s*; ⸗*e*) junta *f* directiva; (*Vorsteher*) jefe *m*, director *m*; **~setage** *f* planta *f* de los directivos; **~svorsitzende** *m* presidente *m* de la junta directiva
'**vorstehend** saliente
'**vorstell|en** (*sep, -ge-, h*) *Uhr*: adelantar; *j-n*: presentar; (*darstellen*) representar; (*bedeuten*) significar; ***sich j-m ~*** presentarse a alg; ***sich*** (*dat*) *et* **~** figurarse, imaginarse; **≗ung** *f* (-; -*en*) *j-s*: presentación *f*; *teat* representación *f*, función *f*; *Kino*: sesión *f*; (*Begriff*) idea *f*; concepto *m*; **≗ungsgespräch** *n* entrevista *f* personal; **≗ungskraft** *f* imaginación *f*
'**Vor|strafen** *f/pl* antecedentes *m/pl* penales; **≗strecken** (*sep, -ge-, h*) *Geld*: adelantar
'**Vorteil** ['fɔrtaɪl] *m* (-*s*; -*e*) ventaja *f*; (*Gewinn*) provecho *m*; **≗haft** ventajoso
Vortrag ['foːrtrɑːk] *m* (-*[e]s*; ⸗*e*) conferencia *f* (***halten*** dar); **≗en** [-gən] (*irr, sep, -ge-, h,* → ***tragen***) exponer; declamar, recitar; *mus* interpretar
vor'trefflich excelente
vor'über [fo'ryːbər] pasado; **~gehen** (*irr, sep, -ge-, sn,* → ***gehen***) pasar (***an*** *dat* por delante de); **~gehend** pasajero; (*zeitweilig*) temporario; *adv* de paso
'**Vorurteil** ['foːr-] *n* prejuicio *m*
'**Vor|verkauf** *teat m* venta *f* anticipada; **~verkaufsstelle** *f* (taquilla *f* para la) venta *f* anticipada; **≗vorgestern** hace tres días; **~wahl** *f* (-; *sin pl*), **~wählnummer** *f* prefijo *m*; **~wand** *m* (-*[e]s*; ⸗*e*) pretexto *m*
'**vorwärts** ['fɔrvɛrts] (hacia) adelante; ***~ gehen*** avanzar; ***~ kommen*** *fig* salir adelante; progresar

V

vorweg [foːr'vɛk] de antemano
'vor|werfen ['foːr-] (*irr, sep, -ge-, h,* → **werfen**) echar; *fig* reprochar, echar en cara; **~wiegend** predominante, preponderante; *adv* en su mayoría
'Vorwort *n* (*-[e]s; -e*) prefacio *m*, prólogo *m*
'Vorwurf *m* (*-[e]s; ⸚e*) reproche *m*; **zum ~ machen** reprochar
'Vor|zeichen *n* (*-s; -*) augurio *m*, presagio *m*, agüero *m*; *mat* signo *m*; **2zeigen** (*sep, -ge-, h*) presentar; enseñar; **2zeitig** prematuro, anticipado; *adv* antes de tiempo; **2ziehen** (*irr, sep, -ge-, h,* → **ziehen**) *Vorhang*: correr; *fig* preferir; **vorzuziehen** preferible; **~zimmer** *n* antesala *f*; **~zug** *m* (*-[e]s; ⸚e*) preferencia *f*; (*Vorteil*) ventaja *f*; (*gute Eigenschaft*) mérito *m*
vorzüglich [-'tsyːkliç] excelente, exquisito; superior
'Vorzugspreis *m* precio *m* de favor
Votivbild [vo'tiːfbilt] *n* exvoto *m*
vulgär [vul'gɛːr] vulgar; grosero
Vul'kan [-'kaːn] *m* (*-[e]s; -e*) volcán *m*; **2isch** volcánico; **2isieren** [-kani'ziːrən] (*h*) vulcanizar; *auto* recauchutar

W

W, w [veː] *n* (*-; -*) W, w *f*
'Waage ['vaːgə] *f* (*-; -n*) balanza *f*; báscula *f*; **sich die ~ halten** equilibrarse; **2recht** horizontal
Wabe ['vaːbə] *f* (*-; -n*) panal *m*
wach [vax] despierto; *fig a* espabilado, vivo; **~ werden** despertarse; **'2e** *f* (*-; -n*) guardia *f*; (*Mannschaft*) cuerpo *m* de guardia; **~ stehen** estar de guardia; **'~en** (*ge-, h*) estar despierto; **~ bei** velar (*ac*); **~ über** (*ac*) vigilar (*ac*), velar por
Wacholder *bot* [va'xɔldər]*m* (*-s; -*) enebro *m*
Wachs [vaks] *n* (*-es; -e*) cera *f*
wachsam ['vaxzaːm] vigilante
wachsen ['vaksən] **1.** *v/i* (*wuchs, gewachsen, sn*) crecer; *fig a* aumentar; acrecentar; **2.** *v/t* (*ge-, h*) encerar; **~d** creciente
Wachstuch *n* hule *m*
'Wachstum *n* (*-s; sin pl*) crecimiento *m*; **~srate** *f* tasa *f* de crecimiento
Wachtel ['vaxtəl] *f* (*-; -n*) codorniz *f*
Wächter ['vɛçtər] *m* (*-s; -*) guarda *m*, guardián *m*
Wachtturm ['vaxt-] *m* vigía *f*, atalaya *f*
'wack|(e)lig ['vak(ə)liç] tambaleante; movedizo; *Möbel*: cojo; *fig* inseguro; **2elkontakt** *el m* contacto *m* flojo *od* intermitente; **~eln** (*ge-, h*) tambalear (-se); moverse (*a Zahn*); (*Möbel*) cojear
Wade ['vaːdə] *f* (*-; -n*) pantorrilla *f*
Waffe ['vafə] *f* (*-; -n*) arma *f*
Waffel ['-fəl] *f* (*-; -n*) barquillo *m*
'Waffen|schein *m* licencia *f* de armas; **~stillstand** *m* armisticio *m*
Wagemut ['vaːgəmuːt] *m* osadía *f*, temeridad *f*, audacia *f*
wagen ['-gən] (*ge-, h*) atreverse a, osar (*inf*); (*riskieren*) arriesgar, aventurar
'Wagen *m* (*-s; -*) coche *m* (*a ferro, auto*); (*Karren*) carro *m*; *ferro* vagón *m*; **~heber** *m* (*-s; -*) gato *m*; **~papiere** *n/pl* documentación *f* del coche
Waggon [va'gɔŋ] *m* (*-s; -s*) vagón *m*
waghalsig ['vaːkhalziç] temerario, atrevido
Wagnis ['-nis] *n* (*-ses; -se*) riesgo *m*
Wahl [vaːl] *f* (*-; -en*) elección *f* (*a pol*); *zwischen zwei Möglichkeiten*: alternativa *f*, opción *f*; *com* **erste ~** primera calidad
wählbar ['vɛːlbaːr] elegible
'wahl|berechtigt ['vaːl-] con derecho a votar; **~ sn** tener voto; **2beteiligung** *f* participación *f* electoral
'wähl|en ['vɛːlən] (*ge-, h*) elegir; (*aus~*) escoger, seleccionar; (*abstimmen*) votar; *tel* marcar; **2er** ['-lər] *m* (*-s; -*), **2erin** *f* (*-; -nen*) elector(a *f*) *m*, votante *su*
Wahlergebnis ['vaːlʔ-] *n* resultado *m* de las elecciones
'wähler|isch ['vɛːləriʃ] difícil (de contentar); **2liste** *f* censo *m* electoral

'Wahl|heimat ['vaːl-] *f* patria *f* adoptiva; **~kampf** *m* lucha *f* electoral; **~kreis** *m* distrito *m* electoral; **~lokal** *n* colegio *m* electoral; **2los** confuso; *adv* al azar; sin orden ni concierto; **~recht** *n* (*-[e]s; sin pl*) derecho *m* de votar; ***allgemeines ~*** sufragio *m* universal; **~zettel** *m* papeleta *f* electoral

'Wahnsinn ['vaːn-] *m* (*-s; sin pl*) locura *f* (*a fig*); *med* demencia *f*; **2ig** loco (*a fig*); *med* demente

wahr [vaːr] verdadero, verídico; (*echt*) auténtico; (*aufrichtig*) sincero; ***das ist ~*** es verdad; ***nicht ~?*** ¿verdad?

wahren ['vaːrən] (*ge-, h*) cuidar de; *Rechte, Interessen*: defender

'währen ['vɛːrən] (*ge-, h*) durar; continuar; **~d** **1.** *prp* (*gen*) durante; **2.** *cj* mientras; *Gegensatz*: mientras que

wahr|haftig [vaːr'haftiç] *adv* verdaderamente; realmente; **2heit** ['-haɪt] *f* (*-; -en*) verdad *f*

'wahrnehm|bar ['-neːmbaːr] perceptible; **~en** (*irr, sep, -ge-, h,* → ***nehmen***) percibir; (*bemerken*) notar, observar; *Gelegenheit*: aprovechar

wahrsagen (*h*) profetizar

Wahrsagerin ['-zaːgərin] *f* (*-; -nen*) adivina *f*

wahr'scheinlich [-'ʃaɪnliç] probable; ***er wird ~*** (***nicht***) ***kommen*** (no) es probable que venga; **2keit** *f* (*-; sin pl*) probabilidad *f*

'Währung ['vɛːruŋ] *f* (*-; -en*) moneda *f*; **~sbuchhaltung** *f* ***doppelte ~*** contabilidad *f* doble de la moneda; **~sfonds** *m* fondo *m* monetario; **~skurs** *m* tipo *m* de cambio; **~sordnung** *f* sistema *m* monetario; **~spolitik** *f* política *f* monetaria **~sreform** *f* reforma *f* monetaria; **~sschlange** *f* serpiente *f* monetaria; **~ssystem** *n* sistema *m* monetario; **~umstellung** *f Euro*: reforma *f* monetaria; **~union** *f* unión *f* monetaria

Wahrzeichen ['vaːrtsaɪçən] *n* símbolo *m*

'Waise ['vaɪzə] *f* (*-; -n*) huérfano *m*, -a *f*; **~nhaus** *n* orfanato *m*

Wal [vaːl] *m* (*-[e]s; -e*) ballena *f*

Wald [valt] *m* (*-[e]s; ¨er*) bosque *m*, monte *m*; **'~brand** *m* incendio *m* forestal; **'~erdbeere** *f* fresa *f* (de los bosques); **2ig** ['-diç], **'2reich** poblado de bosques, boscoso; **'~sterben** *n* muerte *f* lenta de los bosques; **~weg** *m* camino *m* forestal

Wall [val] *m* (*-[e]s; ¨e*) (*Erd2*) terraplén *m*; (*Mauer*) muralla *f*

'Wallfahr|er *m* (*-s; -*) peregrino *m*, romero *m*; **~t** *f* peregrinación *f*, romería *f*

Walnuss ['-nus] *f* nuez *f*

Walze ['valtsə] *f* (*-; -n*) rodillo *m*; *tec* cilindro *m*

wälzen ['vɛltsən] (*ge-, h*) hacer rodar, arrollar; *Bücher*: manejar; *Probleme*: dar vueltas a; ***sich ~*** revolcarse (***in*** *dat* en)

Walzer ['valtsər] *m* (*-s; -*) vals *m*

Wand [vant] *f* (*-; ¨e*) pared *f* (*a Berg2*); (*Mauer*) muro *m*

'Wandel ['vandəl] *m* (*-s; sin pl*) cambio *m*; transformación *f*; **2n** (*ge-*) **1.** *v/i* (*sn*) caminar, deambular; **2.** *v/t* (*h*) cambiar (*a* ***sich***); transformar

'Wander|ausstellung ['vandər-] *f* exposición *f* ambulante; **~er** *m* (*-s; -*) excursionista *m*, caminante *m*; **~karte** *f* mapa *m* excursionista; **2n** (*ge-, sn*) caminar, viajar a pie; hacer excursiones; **~pokal** *m* copa *f* ambulante; **~ung** *f* (*-; -en*) excursión *f*, caminata *f*; **~weg** *m* itinerario *m*; **~zirkus** *m* circo *m* ambulante

'Wand|kalender ['vant-] *m* calendario *m* de pared; **~lung** ['-dluŋ] *f* (*-; -en*) transformación *f*; **~male'rei** *f* pintura *f* mural; **~schrank** *m* armario *m* empotrado; **~uhr** *f* reloj *m* de pared; **~zeitung** *f* periódico *m* mural

Wange ['vaŋə] *f* (*-; -n*) mejilla *f*

wann [van] cuando; ***~?*** ¿cuándo?

'Wanne ['vanə] *f* (*-; -n*) *tec* tina *f*; (*Bade2*) bañera *f*

Wanze ['vantsə] *f* (*-; -n*) chinche *f*; F *fig* micro-espía *m*

Wappen ['vapən] *n* (*-s; -*) armas *f/pl*, blasón *m*

Ware ['vaːrə] *f* (*-; -n*) mercancía *f*, *Am* mercadería *f*

'Waren|angebot *n* oferta *f* de artículos; **~automat** *m* máquina *f* automática de venta, expendedora *f* automática; **~haus** *n* grandes almacenes *m/pl*, *Am* emporio *m*; **~korb** *m Statistik*: cesta *f* de la compra; **~probe** *f* muestra *f*; **~sendung** *f* envío *m* (de mercancías); remesa *f*; **~test** *m* control *m* de productos; **~zeichen** *n* marca *f* (***eingetrage-***

W

nes registrada)
warm [varm] caliente; *Klima*: cálido (*a fig*); *Wetter*: caluroso (*a fig Empfang usw*); *Kleidung*: de abrigo; ***es ist ~*** hace calor; ***mir ist ~*** tengo calor
'Wärme ['vɛrmə] *f* (-; *sin pl*) calor *m* (*a fig*); **~kraftwerk** *n* central *f* térmica; **⁀n** (*ge-*, *h*): (***sich***) **~** calentar(se)
'Wärmflasche *f* bolsa *f* de agua caliente
'Warm|front ['varmfrɔnt] *f* frente *m* cálido; **~luft** *f* aire *m* caliente
Warm'wasser|bereiter *m* calentador *m* de agua; **~speicher** *m* termo *m*
'Warn|anlage ['varnˀ-] *f* dispositivo *m* de alarma; **~blinkanlage** *f*, **~blinker** *m* luz *f* intermitente de alarma; **~dreieck** *n* triángulo *m* de peligro; **⁀en** (*ge-*, *h*) advertir, prevenir (***vor*** contra); ***vor... wird gewarnt*** cuidado con ...; **~schuss** *m* tiro *m* al aire *od* de aviso; **~streik** *m* huelga *f* de advertencia; **~ung** *f* (-; *-en*) advertencia *f*, aviso *m*; *abschreckende*: escarmiento *m*
'Warte|liste ['vartə-] *f* lista *f* de espera; **⁀n** (*ge-*, *h*) **1.** *v/i* esperar (***auf j-n*** a alg, ***auf et*** a/c); **2.** *v/t* cuidar de
Wärter ['vɛrtər] *m* (*-s*; -) guardián *m*
'Warte|raum *m*, **~saal** *m*, **~zimmer** *n* ['vartə...] sala *f* de espera
'Wartung *f* (-; *-en*) *tec* mantenimiento *m*, entretenimiento *m*
warum? [va'rum] ¿por qué?
Warze ['vartsə] *f* (-; *-n*) verruga *f*
was [vas] **1.** *pron interr* ¿qué?; **2.** *pron relativo* que; lo que, lo cual; ***~ für*** (***ein***) qué (clase de); **3.** F (*etwas*) algo
'Wasch|anlage ['vaʃ-] *f auto*: tren *m od* túnel *m* de lavado; **~automat** *m* lavadora *f* automática; **⁀bar** lavable; **~becken** *n* lavabo *m*
'Wäsche ['vɛʃə] *f* (-; *sin pl*) ropa *f*; (*Waschen*) lavado *m*; ***in die ~ geben*** dar a lavar; **~geschäft** *n* lencería *f*; (*Herren⁀*) camisería *f*; **~klammer** *f* pinza *f* (para la ropa); **~leine** *f* cuerda *f* (para tender la ropa)
waschen ['vaʃən] **1.** *v/t* (*wusch*, *gewaschen*, *h*) lavar; ***sich ~*** lavarse; **2.** **⁀** *n* (*-s*; *sin pl*) lavado *m*
Wäsche|rei [vɛʃə'raɪ] *f* (-; *-en*) lavandería *f*; **'~schleuder** *f* secadora *f* centrífuga
'Wasch|lappen ['vaʃ-] *m* manopla *f* para baño; F *fig* calzonazos *m*; **~maschine** *f* lavadora *f*; **~mittel** *n*, **~pulver** *n* detergente *m*; **~raum** *m* lavabo *m*, cuarto *m* de aseo; **~salon** *m* lavandería *f*; **~schüssel** *f* jofaina *f*, palangana *f*
'Wasser ['vasər] *n* (*-s*; -, ⁼) agua *f*; ***kölnisch ~*** agua *f* de Colonia, colonia *f*; ***zu ~ und zu Lande*** por tierra y por mar; *fig* ***ins ~ fallen*** aguarse; **~ball**(**spiel** *n*) *m* waterpolo *m*; **⁀dicht** impermeable; **~fall** *m* salto *m* de agua, cascada *f*; *großer*: catarata *f*; **~farbe** *f* aguada *f*; **~flugzeug** *n* hidroavión *m*; **~glas** *n* vaso *m* para agua; **~hahn** *m* grifo *m*
wässerig ['vɛsəriç] acuoso; ***den Mund ~ machen*** dar dentera
'Wasser|kanne ['vasərkanə] *f* jarro *m* para agua; **~kessel** *m* hervidor *m*; *tec* caldera *f*; **~klosett** *n* wáter *m*, inodoro *m*; **~kraftwerk** *n* central *f* hidroeléctrica; **~kühlung** *f* refrigeración *f* por agua; **~kur** *f* cura *f* hidroterápica; **~lauf** *m* corriente *f* de agua; **~leitung** *f* tubería *f* de agua; **⁀löslich** soluble en agua, hidrosoluble; **~mann** *astr m* Acuario *m*; **~melone** *f* sandía *f*; **⁀n** *avia* (*ge-*, *h*) amarar, amerizar
wässern ['vɛsərn] (*ge-*, *h*) regar; (*einweichen*) poner a remojo
'wasser|scheu ['vasər-] que tiene miedo al agua; *med* hidrófobo; **⁀ski** *m* esquí *m* acuático *od* náutico; **⁀sport** *m* deporte *m* acuático *od* náutico; **⁀stand** *m* nivel *m* del agua; **⁀stoff** *m* hidrógeno *m*; **⁀turm** *m* arca *f* de agua; **⁀uhr** *f* contador *m* de agua; **⁀versorgung** *f* abastecimiento *m* de agua; **⁀weg** ['-veːk] *m*: ***auf dem ~*** por vía fluvial *bzw* marítima; **⁀welle** *f* ondulación *f*; **⁀zähler** *m* contador *m* de agua
waten ['vaːtən] (*ge-*, *sn*) vadear (***durch*** *ac*); caminar (***in*** *dat* por)
Watt [vat] *n* **1.** *geo* (*-[e]s*; *-en*) marisma *f*; **2.** *el* (*-s*; -) vatio *m*; **'~e** *f* (-; *-n*) algodón *m*; **'~enmeer** *n* aguas *f/pl* bajas de la costa; **⁀'ieren** (*h*) enguatar
WC [veː'tseː] *n* (*-s*; *-s*) wáter *m*
'web|en ['veːbən] (*ge-*, *h*) tejer; **⁀e'rei** *f* (-; *-en*) tejeduría *f*; fábrica *f* de tejidos; **⁀stuhl** ['veːpʃtuːl] *m* telar *m*
'Wechsel ['vɛksəl] *m* (*-s*; -) cambio *m*; variación *f*; *regelmäßiger*: alternación *f*; *Jagd*: pista *f*; *com* letra *f* de cambio; ***gezogener ~*** giro *m*; **~fieber** *n* fiebre *f* intermitente; **~geld** *n* cambio *m*, vuelta

f; **~getriebe** *tec n* engranaje *m* de cambio (de velocidades); **⁀haft** cambiante; *Wetter*: inestable; **~jahre** *n/pl* climaterio *m*, menopausia *f*; **~kurs** *m* tipo *m* de cambio; **~kursmechanismus** *m* mecanismo *m* de tipo de cambio; **~kursrisiko** *n* riesgo *m* de tipo de cambio; **~kursschwankungen** *f/pl* variaciones *f/pl* de tipo de cambio; **⁀n** (*ge-*, *h*) cambiar (*a Geld u fig*); variar; ***die Stellung ~*** cambiar de empleo; ***die Kleider, die Wohnung ~*** mudarse de ropa, de casa; ***können Sie ~?*** ¿tiene Vd. cambio?; **⁀seitig** [-zaɪtiç] mutuo, recíproco; **~strom** *el m* corriente *f* alterna; **~stube** *f* oficina *f od* casa *f* de cambio

'**Weck|auftrag** ['vɛkˀ-] *m* encargo *m* para despertar; **~dienst** *m tel* servicio *m* de despertador; **⁀en** (*ge-*, *h*) despertar (*a fig*); *im Hotel*: llamar; *fig* evocar; **~er** *m* (*-s*; -) despertador *m*; F *fig* ***j-m auf den ~ fallen*** dar la lata a alg

wedeln ['veːdəln] (*ge-*, *h*): ***mit dem Schwanz ~*** menear la cola

weder ['-dər]: ***~ ... noch*** ni ... ni

Weg [veːk] *m* (*-[e]s*; *-e*) camino *m* (*a fig*); vía *f* (*a fig*); (*Strecke*) recorrido *m*; (*Route*) itinerario *m*; ***auf halbem ~e*** a medio camino; ***auf dem ~e nach*** camino de; ***sich auf den ~ machen nach*** ponerse en camino para; ***aus dem ~e gehen*** *j-m*: evitar un encuentro con; *e-r Frage*: eludir; ***im ~e sn*** *od* ***stehen*** estorbar

weg [vɛk] (*abwesend*) ausente; (*verloren*) perdido; ***er ist ~*** (*gegangen*) ha salido; se ha ido; ***~ da!*** ¡fuera de aquí!; F *fig* ***ganz ~ sn*** no caber en sí (***vor*** *dat* de)

wegen ['veːgən] (*gen od dat*) por, a *od* por causa de; (*anlässlich*) con motivo de; (*infolge*) debido a

'**weg|fahren** ['vɛk-] (*irr*, *sep*, *-ge-*, *sn*, → ***fahren***) irse, marcharse; salir (***nach*** para); **~fallen** (*irr*, *sep*, *-ge-*, *sn*, → ***fallen***) quedar suprimido, omitirse; **~gehen** (*irr*, *sep*, *-ge-*, *sn*, → ***gehen***) irse, marcharse; **~kommen** (*irr*, *sep*, *-ge-*, *sn*, → ***kommen***) (*abhanden kommen*) perderse; ***gut*** (***schlecht***) ***bei et ~*** salir bien (mal) librado de a/c; **~laufen** (*irr*, *sep*, *-ge-*, *sn*, → ***laufen***) irse corriendo, huir; **~nehmen** (*irr*, *sep*, *-ge-*, *h*, → ***nehmen***) quitar; **~räumen** (*sep*, *-ge-*, *h*) quitar; **~reißen** (*irr*, *sep*, *-ge-*, *h*, → ***reißen***) arrancar; arrebatar; **~rennen** (*irr*, *sep*, *-ge-*, *sn*, → ***rennen***) salir corriendo, huir; **~schicken** (*sep*, *-ge-*, *h*) enviar, mandar; *Person*: despedir; **~sehen** (*irr*, *sep*, *-ge-*, *h*, → ***sehen***) apartar la vista

Wegweiser ['veːkvaɪzər] *m* (*-s*; -) indicador *m* (de camino); poste *m* indicador

'**Wegwerf|...** ['vɛkvɛrf...]: *in Zssgn mst* desechable; **⁀en** (*irr*, *sep*, *-ge-*, *h*, → ***werfen***) tirar; **~gesellschaft** *f* sociedad *f* del despilfarro

wegziehen (*irr*, *sep*, *-ge-*, → ***ziehen***) **1.** *v/t* (*h*) retirar; *Vorhang*: descorrer; **2.** *v/i* (*sn*) mudarse de casa, cambiar de domicilio

weh [veː] ***o ~!*** ¡vaya!; **~tun** doler, hacer daño; *j-m*: causar dolor; *fig* afligir; **sich ~tun** hacerse daño;

Wehen ['veːən] *med f/pl* dolores *m/pl* del parto

'**wehen** (*ge-*, *h*) soplar; *Fahne*: ondear, flotar

wehmütig ['-myːtiç] melancólico; nostálgico

Wehr [veːr] *n* (*-[e]s*; *-e*) presa *f*; '**~dienst** *m* servicio *m* militar; '**~dienstverweigerer** *m* objetor *m* de conciencia; '**~dienstverweigerung** *f* objeción *f* de conciencia; '**⁀en** (*ge-*, *h*): ***sich ~*** defenderse (***gegen*** contra); '**⁀los** indefenso; '**~pflicht** *f* ('**⁀pflichtig** sujeto al) servicio *m* militar obligatorio

Weib [vaɪp] *n* (*-[e]s*; *-er*) *mst desp* mujer *f*; **~chen** *zo* ['-çən] *n* (*-s*; -) hembra *f*; **~erheld** ['vaɪbər-] *m* tenorio *m*, (hombre *m*) mujeriego *m*; **⁀isch** ['-biʃ] afeminado, mujeril; **⁀lich** ['-pliç] femenino

weich [vaɪç] blando (*a Wasser*, *Droge*); (*zart*) tierno (*a Fleisch*); *fig* sensible, impresionable; (*sanft*) suave; *Ei*: pasado por agua; ***~ gekocht*** *Ei*: pasado por agua; ***~ machen*** (***werden***) ablandar (-se); '**⁀e** *f* (-; *-n*) *ferro* aguja *f*; '**~en** (*wich*, *gewichen*, *sn*) (*nachgeben*) ceder; '**~lich** blando, flojo; *fig* débil; F blandengue; '**⁀spüler** *m* (*-s*; -) suavizante *m*

'**Weide** ['vaɪdə] *f* (-; *-n*) *agr* pasto *m*, dehesa *f*; *bot* sauce *m*; **⁀n** (*ge-*, *h*) *v/i* pacer, pastar; **~nkorb** *m* cesto *m* de mimbre

W

'weiger|n ['vaɪgərn] (*ge-, h*): ***sich ~*** negarse (***zu*** a); **2ung** *f* (-; *-en*) negativa *f*

'Weihe [vaiə] *f* (-; *-n*) *rel* consagración *f*; **'2n** (*ge-, h*) consagrar; *Priester*: ordenar; (*widmen*) dedicar (a); **'~r** *m* (*-s*; -) estanque *m*

'Weihnacht ['-naxt] *f inv*, **~en** *n inv* Navidad(es) *f(pl)*; ***Fröhliche ~!*** ¡felices Pascuas!; ¡felices Navidades!; **~sabend** *m* Nochebuena *f*; **~sbaum** *m* árbol *m* de Navidad; **~sferien** *pl* vacaciones *f/pl* de Navidad; **~sgeld** *n* gratificación *f* navideña; **~sgeschäft** *n* negocio *m* navideño; **~sgeschenk** *n* regalo *m* de Navidad; **~slied** *n* villancico *m*; **~smann** *m* Papá *m* Noel

'Weih|rauch *m* (*-[e]s*; *sin pl*) incienso *m*; **~wasser** *n* (*-s*; *sin pl*) agua *f* bendita; **~wasserbecken** *n* pila *f* del agua bendita

weil [vaɪl] porque

Weil|chen ['-çən] *n* (*-s*; *sin pl*) ratito *m*; **~e** *f* (-; *sin pl*) rato *m*; ***e-e ganze ~*** un buen rato; **~er** *m* (*-s*; -) caserío *m*

Wein [vaɪn] *m* (*-[e]s*; *-e*) vino *m*; (*Rebe*) vid *f*; **'~bau** *m* (*-[e]s*; *sin pl*) viticultura *f*; **'~beere** *f* uva *f*; **'~berg** *m* viña *f*, viñedo *m*; **'~brand** *m* aguardiente *m* de vino

'wein|en ['-ən] (*ge-, h*) llorar (***vor*** *dat* de; ***um*** por); **~erlich** llorón

'Wein|essig *m* vinagre *m* de vino; **~flasche** *f* botella *f* de vino; **~garten** *m* viña *f*; **~gegend** *f* región *f* vitícola; **~glas** *n* vaso *m* *bzw* copa *f* para vino; **~händler** *m* tratante *m* en vinos, vinatero *m*; **~handlung** *f* bodega *f*; vinatería *f*; **~karte** *f* carta *f* de vinos; **~keller** *m* bodega *f*; **~lese** *f* vendimia *f*; **~lokal** *n* taberna *f*; **~probe** *f* degustación *f* *od* cata *f* de vinos; **~rebe** *f* vid *f*; **~stock** *m* cepa *f*; **~traube** *f* racimo *m* de uvas; *einzelne*: uva *f*

'weise ['vaɪzə] **1.** *adj* sabio; **2.** **2** *f* (-; *-n*) manera *f*, modo *m*; *mus* melodía *f*, aire *m*; ***auf diese ~*** de esta manera, de este modo; **~n** (*wies, gewiesen, h*) señalar, indicar; mostrar; ***von sich ~*** rechazar

'Weis|heit ['vaɪshaɪt] *f* (-; *-en*) sabiduría *f*; **~heitszahn** *m* muela *f* del juicio; **2machen** (*sep, -ge-, h*) hacer creer; ***mach das e-m andern weis!*** ¡a otro perro con ese hueso!

weiß [vaɪs] *adj* blanco; ***~e Haare*** canas *f/pl*

'Weiß|bier *n* cerveza *f* blanca; **~brot** *n* pan *m* blanco; **~e** *m/f* (*-n*; *-n*) blanco *m*, -a *f*; **~glut** *f* incandescencia *f*; F *fig* ***j-n zur ~ bringen*** sacar a alg de quicio; **~kohl** *m*, **~kraut** *n* repollo *m*; **~wein** *m* vino *m* blanco

Weisung ['vaɪzuŋ] *f* (-; *-en*) orden *f*, instrucción *f*

weit [vaɪt] (*geräumig*) espacioso, amplio; ancho (*a Kleid*); (*ausgedehnt*) extenso, vasto; *Weg, Reise*: largo; (*fern*) lejano, *adv* lejos; ***2 Kilometer ~ vom Meer entfernt*** a dos kilómetros del mar; ***wie ~ ist es bis ...?*** ¿cuánto falta para *od* hasta ...?; ***bei ~em*** (***nicht***) (ni) con mucho; ***~ größer*** mucho mayor; ***von ~em*** desde lejos; *fig* ***zu ~ gehen*** (pro)pasarse, extralimitarse; ***das geht zu ~*** esto pasa de la raya; ***es ~ bringen*** llegar lejos; ***~ reichend*** extenso; ***~ und breit*** a la redonda; ***~ verbreitet*** muy frecuente *od* corriente; **'~'ab** muy lejos; **'~'aus** con mucho; **'2blick** *m* (*-[e]s*; *sin pl*) perspicacia *f*; visión *f* de futuro; **'2e** *f* (-; *-n*) anchura *f*; (*Ausdehnung*) extensión *f*; (*Länge*) largo *m*; (*Entfernung*) distancia *f*; (*Ferne*) lejanía *f*

'weiter ['-ər] **1.** *Komparativ v weit*; **2.** *fig* (*sonstig*) otro; ulterior; (*außerdem*) además; ***~!*** ¡adelante!; ***bitte ~!*** ¡siga Vd.!; ***~ nichts*** nada más; ***ohne ~es*** sin más ni más; ***bis auf ~es*** por ahora; hasta nuevo aviso *od* nueva orden; ***und ~?*** ¿qué más?; ***und so ~*** etcétera; ***~ et tun*** seguir haciendo a/c; ***alles 2e*** todo lo demás; **~bilden** (*sep, -ge-, h*): ***sich ~*** perfeccionarse, ampliar estudios; **2bildung** *f* perfeccionamiento *m*, ampliación *f* de estudios; **2fahrt** *f* (**2flug** *m*) continuación *f* del viaje (del vuelo); **~geben** (*irr, sep, -ge-, h,* → ***geben***) transmitir; pasar (***an*** *ac* a); **~hin** (*außerdem*) además; **~kommen** (*irr, sep, -ge-, sn,* → ***kommen***) adelantar; **~machen** (*sep, -ge-, h*) seguir, continuar; **2reise** *f* continuación *f* del viaje

'weit|gehend ['-geːənt] amplio; considerable; *adv* en gran parte; **~sichtig** ['-ziçtiç] *med* présbita; *fig* perspicaz; **2sprung** *m* salto *m* de longitud; **2winkelobjektiv** *n* objetivo *m* granangular

Weizen ['vaɪtsən] *m* (*-s*; -) trigo *m*

welch [vɛlç]: ***~*** (***ein***[***e***]) ...*!* ¡qué ...!; ***~e***(***r***) *fragend*: ¿qué?; ¿cuál (de)?; *relativ*: que; el (la) cual; *pl* **~e** (*einige*) unos, algunos

welk [vɛlk] marchito, ajado (*a fig*)

'Well|blech ['vɛlblɛç] *n* chapa *f* ondulada; **~e** *f* (-; *-n*) ola *f* (*a fig*); *a fís* onda *f*; *tec* árbol *m*

'Wellen|bereich *m* gama *f* de ondas; **~brecher** [-brɛçər] *m* (*-s*; -) rompeolas *m*; **~gang** *m* (*-[e]s*; *sin pl*) oleaje *m*; **~länge** *f* longitud *f* de onda; **~reiten** *n* surf *m*; **~sittich** [-zitiç] *m* (*-s*; *-e*) periquito *m*

Welpe ['vɛlpə] *m* cachorro *m*

Welt [vɛlt] *f* (-; *-en*) mundo *m*; universo *m*; ***alle ~*** todo el mundo; ***auf der ~*** en el mundo; ***zur ~ bringen*** dar a luz

'Welt... ['vɛlt...]: *in Zssgn oft* universal, mundial; del mundo; **~all** *n* universo *m*; **~anschauung** *f* ideología *f*; concepción *f* del mundo; **~ausstellung** *f* exposición *f* universal; **~bank** *f* Banco *m* Mundial; **2berühmt** de fama mundial; **~handel** *m* comercio *m* internacional; **~karte** *f* mapamundi *m*; **~krieg** *m* guerra *f* mundial; **2lich** mundano, mundanal; *rel* seglar; **~macht** *f* potencia *f* mundial; **~markt** *m* mercado *m* mundial; **~meister(schaft** *f*) *m* campeón *m* (campeonato *m*) del mundo; **~raum** *m* espacio *m* interplanetario; **~reise** *f* vuelta *f* al (*od* viaje *m* alrededor del) mundo; **~rekord** *m* marca *f od* récord *m* mundial; **~ruf** *m* (*-[e]s*; *sin pl*), **~ruhm** *m* fama *f* mundial; **~sprache** *f* lengua *f* universal; **~stadt** *f* metrópoli *f*; **2weit** universal

wem? [veːm] (*s* ***wer***) ¿a quién?; ***von ~?*** ¿de quién?

wen? [veːn] (*s* ***wer***) ¿a quién? (*a* = ***an ~?***)

'Wende ['vɛndə] *f* (-; *-n*) vuelta *f*; **~kreis** *m* trópico *m*; *auto* radio *m* de giro; **~ltreppe** *f* escalera *f* de caracol

'wend|en ['-dən] **1.** *v/t* (*ge-*, *h*) volver, dar la vuelta a; ***bitte ~!*** ¡véase al dorso!; **2.** *v/i* (*ge-*, *h*) *auto u mar* virar; dar la vuelta; **3.** *v/refl* (*wandte*, *gewandt*, *h*) ***sich ~ an*** dirigirse a; ***sich ~ gegen*** volverse contra; **~ig** ágil; *auto* de fácil manejo, manejable; **2ung** *f* (-; *-en*) vuelta *f*; *auto* viraje *m*; *sprachliche*: giro *m*, locución *f*; (*Wechsel*) cambio *m*

'wenig ['veːniç] poco; ***ein ~*** un poco; ***~er*** menos (***als*** que; *vor Zahlen* de); ***~er werden*** disminuir; **~st** [-çst]: ***das ~e***, ***am ~en*** lo menos; ***die ~en*** (***Leute***) muy poca gente; **~stens** al (*od* por lo) menos

wenn [vɛn] *Bedingung*: si; *zeitlich*: cuando; ***~ auch*** si bien; aun cuando, aunque (*subj*); ***~ nur*** con tal que; ***als ~*** como si (*subj*); ***selbst ~*** aun cuando (*subj*); ***~ man ihn trifft*** al encontrarle; ***~ er doch käme!*** ¡ojalá viniera!

wer [veːr] **1.** *fragend*: ¿quién?; ***~ da?*** ¿quién vive?; ***~ von beiden?*** ¿cuál de los dos?; **2.** *relativ*: el que, quien; ***~ auch immer*** quienquiera que (*subj*)

'Werbe|abteilung ['vɛrbəˀ-] *f* sección *f* de publicidad; **~agentur** *f* agencia *f* publicitaria *od* de publicidad; **~geschenk** *n* regalo *m* de empresa; **2n** (*warb*, *geworben*, *h*): ***~ für*** hacer propaganda *od* publicidad por; **~slogan** *m* slogan *m* publicitario; **~spot** [-spɔt] *m* (*-s*; *-s*) spot *m* publicitario, cuña *f* publicitaria

'Werbung *f* (-; *sin pl*) *com* publicidad *f*, propaganda *f*; **~skosten** *pl* gastos *m/pl* de publicidad

werden ['-dən] **1.** *v/i* (*wurde*, *geworden*, *sn*) **a)** *mit su*: llegar a ser, hacerse; **b)** *mit adj*: volverse, ponerse, quedar, resultar; **c)** *selbständiges Verb*: ***was willst du ~?*** ¿qué quieres ser (de mayor)?; ***was ist aus ihm geworden?*** ¿qué ha sido de él?; ***was soll daraus ~?*** ¿dónde va a parar eso?; ***es wird schon ~!*** ¡ya se arreglará!; **2.** *Hilfsverb*: **a)** *Futur*: ***sie ~ es tun*** lo harán, lo van a hacer; **b)** *passiv* (*wurde*, *worden*, *sn*) ser (*a* quedar, resultar) *od refl* (***es wurde getan*** se hizo)

werfen ['vɛrfən] (*warf*, *geworfen*, *h*) echar, tirar; (*schleudern*) arrojar, lanzar; *Junge*: parir

Werft [vɛrft] *f* (-; *-en*) astillero(s) *m*(*/pl*)

Werk [vɛrk] *n* (*-[e]s*; *-e*) obra *f*; (*Arbeit*) trabajo *m*; (*Fabrik*) fábrica *f*, talleres *m/pl*; planta *f*; (*Getriebe*) mecanismo *m*; **'~bank** *f* (-; *-̈e*) banco *m* (de trabajo); **'~meister** *m* capataz *m*, contramaestre *m*; jefe *m* de taller; **'~statt** *f* (-; *-̈en*) taller *m*; **'~tag** *m* día *m* laborable; **'2tags** en días laborables; **'2tätig**: ***~e Bevölkerung*** población *f* activa; **'~zeug** *n tec* herramienta *f*; *fig* instrumento *m*

Wermut ['veːrmuːt] *m* (*-[e]s*; *sin pl*) *bot* ajenjo *m*; (*Wein*) vermut *m*

wert [veːrt] **1.** ~ ***sn*** valer; ***er ist es*** ~ se lo merece; **2.** ≗ *m* (*-[e]s*; *-e*) valor *m*; *fig* mérito *m*; ***im ~e von*** por valor de; ~ ***legen auf*** (*ac*) dar importancia a; '**≗angabe** *f* declaración *f* de valor; '**≗brief** *m* valores *m*/*pl* declarados; '**≗gegenstand** *m* objeto *m* de valor; '**~los** sin valor; '**≗paket** *n* envío *m* con valor declarado; '**≗papier** *n* título *m*, valor *m*; '**≗papiermärkte** *m*/*pl* mercados *m*/*pl* de valores; '**≗sachen** *f*/*pl* objetos *m*/*pl* de valor; '**≗ung** *f* (*-*; *-en*) valoración *f*; *dep* calificación *f*; '**~voll** precioso, valioso, de mucho valor

'**Wesen** ['veːzən] *n* (*-s*; *-*) ser *m*; (*sin pl*) (*Gehalt*) sustancia *f*; esencia *f*; (*Wesensart*) carácter *m*, naturaleza *f*; **≗tlich** esencial, sustancial; *adv vor Komparativ*: mucho; ***im ~en*** en sustancia

weshalb [vɛs'halp] **1.** *fragend*: ¿por qué?; **2.** *relativ*: por lo que, por lo cual

Wespe ['-pə] *f* (*-*; *-n*) avispa *f*

wessen ['vɛsən] *fragend*: ¿de quién?; ~ ***Haus ist dies?*** ¿de quién es esta casa?

Weste ['vɛstə] *f* (*-*; *-n*) chaleco *m*

'**West|en** ['-tən] *m* (*-s*; *sin pl*) oeste *m*; occidente *m*; **~gote** *m*, **≗gotisch** visigodo (*m*); **≗lich** occidental, del oeste; *adv* al oeste; **≗wärts** hacia el oeste; **~wind** *m* viento *m* del oeste

weswegen [vɛs'veːgən] *s* ***weshalb***

'**Wett|bewerb** ['vɛtbəvɛrp] *m* (*-s*; *-e*) concurso *m*, competición *f*; *com* competencia *f*; **~bewerbsfähigkeit** *f* competitividad *f*; **~bewerbsnachteil** *m* desventaja *f* competitiva; **~bewerbsvorteil** *m* ventaja *f* competitiva; **~e** *f* (*-*; *-n*) apuesta *f*; ***um die*** ~ a porfía, a cual más *od* mejor; **≗en** (*ge-*, *h*) apostar (***auf***, ***um*** *ac* por); ~, ***dass ich Recht habe?*** F ¿a que yo tengo razón?

'**Wetter** ['vɛtər] *n* (*-s*; *-*) tiempo *m*; ***es ist schönes*** (***schlechtes***) ~ hace buen (mal) tiempo; **~bericht** *m* boletín *m* *od* parte *m* meteorológico; **≗fest** resistente a la intemperie; impermeable; **≗fühlig** [-fyːliç] sensible a los cambios del tiempo; **~karte** *f* mapa *m* meteorológico; **~kunde** *f* meteorología *f*; **~lage** *f* situación *f* meteorológica; **~leuchten** *n* relampagueo *m*; **~satellit** *m* satélite *m* meteorológico; **~vorhersage** *f* previsión *f od* pronóstico *m* del tiempo

'**Wett|kampf** ['vɛt-] *m dep* competición *f*; campeonato *m*; **~lauf** *m* carrera *f*; **~rennen** *n* carrera *f*; **~rüsten** *n* (*-s*; *sin pl*) carrera *f* armamentista *od* de armamentos; **~streit** *m* rivalidad *f*; competición *f*

wetzen ['vɛtsən] (*ge-*, *h*) afilar

Whisky ['viski] *m* (*-s*; *-s*) whisky *m*, güisqui *m*

'**wichtig** ['viçtiç] importante; ~ ***tun***, ***sich*** ~ ***machen*** F darse importancia *od* tono; **≗keit** *f* (*-*; *sin pl*) importancia *f*; **≗tuer** [-tuːər] *m* (*-s*; *-*) presumido *m*, F farolero *m*

'**Wickel** ['-kəl] *m* (*-s*; *-*) (*Haar*≗) bigudí *m*, rulo *m*; *med* envoltura *f*; compresa *f*; **≗n** (*ge-*, *h*) arrollar; *Kind*: fajar; poner *bzw* cambiar los pañales a; **~rock** *m* falda *f* cruzada

Widder ['vidər] *m* (*-s*; *-*) morueco *m*; *astr* Aries *m*

'**wider** ['viːdər] (*ac*) contra; **~'fahren** (*irr*, *sin ge-*, *sn*, → ***fahren***) ocurrir, suceder; **≗haken** *m* garfio *m*; **≗hall** *m* (*-[e]s*; *-e*) eco *m*, resonancia *f* (*a fig*); **~'legen** (*h*) refutar; **~lich** repugnante, asqueroso; **~rechtlich** ilegal; contrario a la ley; **~'rufen** (*irr*, *sin ge-*, *h*, → ***rufen***) revocar; *Aussage*: retractarse de, desmentir; **≗sacher** [-zaxər] *m* (*-s*; *-*) adversario *m*; **≗schein** *m* reflejo *m*; **~'setzen** (*h*): ***sich*** ~ oponerse (*dat* a); **~sinnig** absurdo; **~spenstig** [-ʃpɛnstiç] reacio, terco; rebelde; **~spiegeln** (*sep*, *-ge-*, *h*) reflejar (*a fig*); **~'sprechen** (*irr*, *sin ge-*, *h*, → ***sprechen***) (*dat*) contradecir (*ac*); **≗spruch** *m* contradicción *f*; (*Einspruch*, *Protest*) protesta *f*, oposición *f*; ***im*** ~ ***stehen zu*** estar en contradicción con; **~sprüchlich** contradictorio; **≗stand** *m* (*-[e]s*; *⸚e*) resistencia *f* (*a el*); ~ ***leisten*** resistirse a; **~standsfähig** resistente; **~'stehen** (*irr*, *sin ge-*, *h*, → ***stehen***) resistir (*dat a*/*c*); (*zuwider sn*) repugnar; **~'streben** (*h*): ***es widerstrebt mir***, ***zu ...*** me repugna (*inf*); **~wärtig** [-vɛrtiç] antipático, repugnante; **≗wille** *m* repugnancia *f* (***gegen*** a, por), aversión *f* (a); antipatía *f* (contra, a, por); **~willig** de mala gana, a disgusto

'**widm|en** ['vitmən] (*ge-*, *h*): (***sich***) ~ dedicar(se); *Zeit*: consagrar; **≈ung** *f* (-; -*en*) dedicatoria *f*

wie [viː] **1.** *adv* **a)** *fragend*: ¿cómo?; **~ bitte?** ¿cómo (dice)?; **b)** *Ausruf*: **und ~!** ¡y tanto!; **~ hübsch sie ist!** ¡qué bonita es!; **~ dumm!** ¡qué tontería!; **~ ich mich freue!** ¡cuánto me alegro!; **2.** *cj* como; **ich denke ~ du** pienso como (*od* igual que) tú; **~ ich sehe** según veo; por lo que veo; **c)** *Menge*: **~ viel?** ¿cuánto?; *pl* **~?** ¿cuántos?

'wieder ['-dər] de nuevo, nuevamente; otra vez; *in Zssgn oft Umschreibung mit* volver a (*inf*); **~ erkennen** reconocer; **~ finden** hallar, encontrar; **~ gutmachen** reparar; **nicht ~ gutzumachen** irreparable; **nie ~** nunca más; **immer ~** una y otra vez; **ich bin gleich ~ da** vuelvo enseguida; **≈'aufbau** *m* reconstrucción *f*; **≈'aufbereitung** *tec f* reciclaje *m*; **≈'aufbereitungsanlage** *f* planta *f* recicladora; **~bekommen** (*irr, sep, h,* → **bekommen**) recobrar, recuperar; **≈belebung** *f* reanimación *f*; *fig* relanzamiento *m*, reactivación *f*; **~bringen** (*irr, sep, -ge-, h,* → **bringen**) devolver; **≈eröffnung** *f* reapertura *f*; **≈gabe** *f* reproducción *f*; *mus* interpretación *f*; **~geben** (*irr, sep, -ge-, h,* → **geben**) devolver, restituir; reproducir; interpretar; **≈geburt** *f* renacimiento *m*; *fig a* regeneración *f*; **≈'gutmachung** *f* (-; -*en*) reparación *f*; **~holen** (*sep, -ge-, h*) ir a buscar; **~'holen** (*h*) repetir, reiterar; **~'holt** repetido, reiterado; *adv* repetidas veces; **≈'holung** *f* (-; -*en*) repetición *f*; recapitulación *f*; **≈kehr** ['-keːr] *f* (-; *sin pl*) vuelta *f*, regreso *m*; **~kommen** (*irr, sep, -ge-, sn,* → **kommen**) volver, regresar; **~sehen** (*irr, sep, -ge-, h,* → **sehen**) volver a ver; **≈sehen** *n* (-*s*; *sin pl*) reencuentro *m*; **auf ~!** ¡adiós!; **auf baldiges ~!** ¡hasta pronto!; **~um** de nuevo; (*andererseits*) por otra parte; **≈vereinigung** *f* reunificación *f*; **≈verwendung** *f* reutilización *f*; **≈verwertung** *f* recuperación *f*; reciclaje *m*; **≈wahl** *f* reelección *f*

'Wiege ['viːgə] *f* (-; -*n*) cuna *f*; **≈n** *v/t u v/i* (*wog, gewogen, h*) pesar; **~nlied** *n* canción *f* de cuna

wiehern ['-ərn] (*ge-, h*) relinchar

'Wiener ['-nər] *m* (-*s*; -), **~in** *f* (-; -*nen*), **≈isch** vienés *m*, -esa *f*

Wiese ['viːzə] *f* (-; -*n*) prado *m*

Wiesel ['-zəl] *zo n* (-*s*; -) comadreja *f*

wie|so? [-'zoː] ¿cómo?; **~ denn?** ¿por qué?; **~ nicht?** ¿cómo que no?

wieviel → **wie**

wie'vielte: **den ≈n haben wir heute?** ¿a cuántos estamos hoy?

wild [vilt] **1.** salvaje (*a Streik*); *Stier*: bravo; *bot* silvestre; *Tier u fig*: feroz; (*heftig*) violento; *Kind*: travieso, revoltoso; *Gerücht*: fantástico; F *fig* **~ sn auf** (*ac*) estar loco por; **das ist halb so ~** no es para tanto; **2. ≈** *n* (-[*e*]*s*; *sin pl*) caza *f*; venado *m*; **'≈bach** *m* torrente *m*; **≈e** ['-də] *m/f* (-*n*; -*n*) salvaje *su*; **'≈erer** *m* (-*s*; -) cazador *m* furtivo; **'~ern** (*ge-, h*) hacer caza furtiva; **'≈hüter** *m* guardabosque(s) *m*; **'≈leder** *n* gamuza *f*; ante *m*; **'≈nis** *f* (-; -*se*) desierto *m*; selva *f*; **'≈schwein** *n* jabalí *m*; **≈'westfilm** *m* película *f* del Oeste, western *m*

'Will|e ['vilə] *m* (-*ns*; *sin pl*) voluntad *f*; **freier ~** libre albedrío *m*; **aus freiem ~n** de buen grado, de buena voluntad; **letzter ~** última voluntad *f*; **gegen m-n ~n** a pesar mío; **wider ~n** de mala gana; sin quererlo; **≈en**: **um … ~** por; **≈enlos** sin energía; **~enlosigkeit** *f* falta *f* de energía; **~ensfreiheit** *f* libre albedrío *m*; **~enskraft** *f* fuerza *f* de voluntad, energía *f*; **≈ig** servicial, solícito; dócil; *adv* de buena voluntad; **≈'kommen** *adj j*: bienvenido; *et*: oportuno; **j-n ~ heißen** dar la bienvenida a alg; **≈kürlich** arbitrario

'wimm|eln ['viməln] (*ge-, h*) hormiguear, pulular; **~ von** rebosar de; estar plagado de; **~ern** ['-mərn] (*ge-, h*) gemir, gimotear

'Wimp|el ['-pəl] *m* (-*s*; -) banderín *m*; *mar* gallardete *m*; **~er** *f* (-; -*n*) pestaña *f*; **~erntusche** *f* rímel *m*

Wind [vint] *m* (-[*e*]*s*; -*e*) viento *m*; **'~beutel** *m* buñuelo *m* de viento; *fig* F calavera *m*

Winde ['-də] *f* (-; -*n*) *tec* torno *m*, cabrestante *m*; *bot* enredadera *f*

Windel ['-dəl] *f* (-; -*n*) pañal *m*

winden ['-dən] (*wand, gewunden, h*) *Kranz*: tejer; **sich ~** retorcerse; *Fluss*: serpentear

'Wind|hose ['vint-] *f* manga *f* de viento; **~hund** *m* lebrel *m*, galgo *m*; *fig* calavera *m*; **≈ig** ['-diç] expuesto al viento; *fig*

casquivano; ***es ist ~*** hace viento; **~mühle** *f* molino *m* de viento; **~pocken** *f/pl* varicela *f*; **~richtung** *f* dirección *f* del viento; **~schutzscheibe** *f* parabrisas *m*; **~seite** *f* lado *m* expuesto al viento; **~stärke** *f* fuerza *f* del viento; **~stille** *f* calma *f*; ***völlige ~*** calma *f* chicha; **~stoß** *m* ráfaga *f* de viento; **~surfen** ['-sœːfən] *n* windsurfing *m*, surf *m* a vela; **~ung** ['-duŋ] *f* (-; *-en*) (*Schrauben*≗) vuelta *f*, espira *f*; *e-s Weges*: sinuosidad *f*; *e-s Flusses*: *a* meandro *m*

Wink [viŋk] *m* (*-[e]s*; *-e*) seña(l) *f*; *fig* advertencia *f*, aviso *m*

'Winkel ['-kəl] *m* (*-s*; -) ángulo *m*; (*Ecke*) rincón *m*

winken ['-kən] (*ge-*, *h*) hacer señas

winseln ['vinzəln] (*ge-*, *h*) *Hund*: ladrar lastimeramente

'Winter ['-tər] *m* (*-s*; -) invierno *m*; ***im ~*** en invierno; **~anfang** *m* (**~einbruch** *m*) comienzo *m* (irrupción *f*) del invierno; **~fahrplan** *m* horario *m* de invierno; **~kurort** *m* estación *f* de invierno; **≗lich** invernal; **~reifen** *m* neumático *m* de invierno; **~schlussverkauf** *m* rebajas *f/pl* de invierno; **~spiele** *n/pl*: ***Olympische ~*** juegos *m/pl* olímpicos de invierno; **~sport** *m* deporte(s) *m*(*pl*) de invierno; **~urlaub** *m* vacaciones *f/pl* de invierno

Winzer ['-tsər] *m* (*-s*; -) viñador *m*, viticultor *m*

winzig ['-tsiç] diminuto, minúsculo

Wipfel ['vipfəl] *m* (*-s*; -) cima *f*

wir [viːr] nosotros (-as)

'Wirbel ['virbəl] *m* (*-s*; -) torbellino *m*; remolino *m* (*a Haar*≗); *anat* vértebra *f*; F *fig* (*Trubel*) jaleo *m*; **~säule** *f* columna *f* vertebral; **~sturm** *m* ciclón *m*, tornado *m*

'wirk|en ['virkən] (*ge-*, *h*) *v/i* obrar; *a med* actuar, producir efecto (***auf*** *ac* sobre); *tec* accionar (***auf*** sobre); ***~ als*** actuar de; ***gut ~*** hacer buen efecto; **≗en** *n* (*-s*; *sin pl*) actuación *f*; **~lich** real, efectivo; (*echt*) verdadero; ***~?*** ¿de veras?; **≗lichkeit** *f* (-; *sin pl*) realidad *f*; **~sam** eficaz; ***~ sn*** surtir efecto; **≗samkeit** *f* (-; *sin pl*) eficacia *f*

'Wirkung ['-kuŋ] *f* (-; *-en*) efecto *m*; **≗slos** ineficaz; **≗svoll** eficaz

Wirkwaren ['virkvaːrən] *f/pl* géneros *m/pl* de punto

wirr [vir] confuso (*a fig*); *Haar*: desgreñado; **'≗warr** *m* (*-s*; *sin pl*) confusión *f*, caos *m*; barullo *m*

'Wirsing ['virziŋ] *m* (*-s*; *sin pl*), **~kohl** *m* col *f* rizada

Wirt [virt] *m* (*-[e]s*; *-e*) (*Gast*≗) dueño *m*; (*Haus*≗) *a* patrón *m*; **'~in** *f* (-; *-nen*) dueña *f*, patrona *f*

'Wirtschaft ['-ʃaft] *f* (-; *-en*) economía *f*; (*Gast*≗) restaurante *m*; cervecería *f*, taberna *f*; **≗en** (*ge-*, *h*) administrar; llevar la casa; **≗lich** económico; rentable; **~lichkeit** *f* rentabilidad *f*; **~s...**: *in Zssgn oft* económico; **~sabkommen** *n* acuerdo *m* económico; **~sasylant** *m* asilado *m* por razones económicas; **~saufschwung** *m* auge *m od* despegue *m* económico; **~sbeziehungen** *f/pl* relaciones *f/pl* económicas; **~skrise** *f* crisis *f* económica; **~slage** *f* situación *f* económica; **~sministerium** *n* ministerio *m* de Economía; **~spolitik** *f* política *f* económica; **~swachstum** *n* crecimiento *m* económico

Wirtshaus ['virtshaus] *n* restaurante *m*; mesón *m*

'wisch|en ['viʃən] (*ge-*, *h*) (*putzen*) fregar; (*ab~*) limpiar; ***Staub ~*** quitar el polvo; **≗lappen** *m*, **≗tuch** *n* trapo *m*; bayeta *f*

wissbegierig deseoso de aprender; curioso

wissen ['visən] **1.** *v/t* (*wusste*, *gewusst*, *h*) saber; ***nicht ~*** ignorar; ***soviel ich weiß*** que yo sepa; ***nicht, dass ich wüsste*** no que yo sepa; ***man kann nie ~*** nunca se sabe; **2.** ≗ *n* (*-s*; *sin pl*) saber *m*, conocimientos *m/pl*; ***m-s ~s*** que yo sepa

'Wissenschaft *f* (-; *-en*) ciencia *f*; **~ler** *m* (*-s*; -) hombre *m* de ciencia, científico *m*; **~lerin** *f* científica *f*; **≗lich** científico

wissentlich [-tliç] *adv* a sabiendas; a propósito

wittern ['vitərn] (*ge-*, *h*) olfatear (*a fig*), husmear; *fig* oler

Witterung [-ruŋ] *f* (-; *-en*) **a)** (*Wetter*) tiempo *m*; **b)** *Wild u fig* olfato *m*

'Witwe ['vitvə] *f* (-; *-n*) viuda *f*; **~r** *m* (*-s*; -) viudo *m*

Witz [vits] *m* (*-es*; *sin pl*) gracia *f*, salero *m*; (*pl -e*) (*Scherz*) chiste *m*, broma *f*; ***~e machen*** gastar bromas; **'~blatt** *n* revista *f* humorística; **'~bold** ['-bɔlt] *m* (*-[e]s*; *-e*) bromista *m*; **'≗ig** chistoso;

gracioso; ~ ***sn*** tener gracia

wo [voː] donde; **~?** ¿dónde?; **~'anders** en otro sitio; **~'bei** en *od* con lo cual; ***~ es möglich ist, dass*** siendo posible que

Woche ['vɔxə] *f* (-; *-n*) semana *f*; ***heute in zwei ~n*** hoy en quince días

'Wochen|arbeitszeit *f* horario *m* semanal de trabajo; **~ende** *n* fin *m* de semana; **~karte** *f* abono *m* semanal; **~markt** *m* mercado *m* semanal; **2lang** durante semanas enteras; **~tag** *m* día *m* de (la) semana; (*Werktag*) día *m* laborable; ***an ~en*** = **2tags** los días laborables

wöchentlich ['vœçəntliç] semanal; hebdomadario; ***einmal ~*** una vez a la *od* por semana

wo|durch [voː'durç] por donde; por lo que; **~?** ¿por qué medio?, ¿cómo?; **~'für** por (*od* para) lo cual; **~?** ¿para qué?

Woge ['voːgə] *f* (-; *-n*) onda *f*, ola *f*

wo|her? [-'heːr] ¿de dónde?; **~'hin?** ¿(a)dónde?, ¿hacia dónde?; **~hin'gegen** mientras que

wohl [voːl] **1.** *adv* bien; ***~ oder übel*** por las buenas o por las malas; ***sich ~ fühlen*** estar bien; ***ob er ~ krank ist?*** ¿estará enfermo?; **2.** **2** *n* (*-[e]s*; *sin pl*) bien *m*; bienestar *m*; ***auf Ihr ~!*** ¡a su salud!; **~'auf** bien de salud; **'2befinden** *n* bienestar *m*; **'~behalten** sano y salvo; **'2fahrtsstaat** *m* Estado *m* providencia; **'~gemerkt!** bien entendido; **'~gesinnt** bienintencionado; ***j-m ~ sn*** estar bien dispuesto hacia alg; **'~habend** acomodado; pudiente, adinerado; **'~ig** agradable; muy cómodo; **'2klang** *m* armonía *f*; **'2stand** *m* (*-[e]s*; *sin pl*) bienestar *m*; prosperidad *f*; **'2standsgesellschaft** *f* sociedad *f* de bienestar; **'2tat** *f* beneficio *m*; *fig* alivio *m*; **'2täter(in** *f*) *m* bienhechor(a *f*) *m*; **'~tätig** benéfico; caritativo; **'2tätigkeit** *f* (-; *sin pl*) beneficencia *f*; caridad *f*; **'2tätigkeits...** de beneficencia, benéfico; **~tuend** ['-tuːənt] agradable; benéfico; **'~verdient** bien merecido; **'2wollen** *n* (*-s*; *sin pl*) benevolencia *f*; (*Gunst*) favor *m*; **'~wollend** benévolo; *adv* con buenos ojos

'Wohn|block ['voːnblɔk] *m* bloque *m* de viviendas, polígono *m* residencial; **2en** (*ge-*, *h*) vivir, habitar; *vorübergehend*: estar alojado; **~gemeinschaft** *f* comuna *f*; **2haft** domiciliado; residente; **~mobil** *n* coche-vivienda *m*, autocaravana *f*; **~sitz** *m* domicilio *m*

'Wohnung ['voːnuŋ] *f* (-; *-en*) vivienda *f*, casa *f*; (*Etagen2*) piso *m*, *Am* departamento *m*; **~sbau** *m* (*-[e]s*; *sin pl*) construcción *f* de viviendas (***sozialer*** de protección oficial); **~snot** *f* (-; *sin pl*) escasez *f* de viviendas

'Wohn|viertel *n* barrio *m* residencial; **~wagen** *m* caravana *f*, *gal* roulotte *f*; **~zimmer** *n* cuarto *m* de estar

Wölbung *f* (-; *-en*) (*Gewölbe*) bóveda *f*

Wolf [vɔlf] *zo m* (*-[e]s*; *⸚e*) lobo *m*

Wölfin ['vœlfin] *f* (-; *-nen*) loba *f*

'Wolk|e ['vɔlkə] *f* (-; *-n*) nube *f*; F *fig* ***aus allen ~n fallen*** quedarse perplejo *od* atónito; **~enbruch** *m* aguacero *m*; **~enkratzer** *m* rascacielos *m*; **2enlos** despejado; **2ig** nublado, nuboso

'Woll|decke ['vɔldɛkə] *f* manta *f* de lana; **~e** *f* (-; *-n*) lana *f*; **'2en**[1] *adj* de lana

wollen[2] ['-lən] (*wollte*, *gewollt*, *h*) querer; (*wünschen*) desear; (*beabsichtigen*) tener la intención de, pensar; (*behaupten*) afirmar, pretender; ***lieber ~*** preferir; ***wir ~ essen*** vamos a comer; ***wir ~ gehen*** vámonos; ***wir ~ sehen*** ya veremos; ***wie du willst*** como quieras

wo|mit [voː'mit] con que; con lo cual; **~?** ¿con qué?; **~'möglich** si es posible; F a lo mejor

Wonne ['vɔnə] *f* (-; *-n*) delicia *f*, deleite *m*

wo'r|an [voː'ran] a que; ***~ denkst du?*** ¿en qué estás pensando?; ***er weiß nicht, ~ er ist*** no sabe a qué atenerse; **~auf** sobre que, sobre lo cual; *zeitlich*: después de lo cual; ***~ wartest du?*** ¿(a) qué esperas?; **~aus** de que, de lo cual; de donde; **~in** en que, en el cual, donde

Wort [vɔrt] *n* (*-[e]s*; *-e*, *⸚er*) palabra *f*; (*Ausdruck*) término *m*, voz *f*; (*Ausspruch*) frase *f*, dicho *m*; *rel* Verbo *m*; ***~ für ~*** palabra por palabra; ***aufs ~ glauben*** creer a pies juntillas; ***in ~en*** en letra(s); ***mit anderen ~en*** en otras palabras; ***mit e-m ~*** en una palabra; en resumen; ***sein ~ geben*** (***halten***) dar (cumplir) su palabra; ***zu ~e kommen lassen*** dejar hablar; ***j-n beim ~ nehmen*** coger la palabra a alg; F ***hast du ~e?*** ¿será posible?

Wörterbuch ['vœrtər-] *n* diccionario *m*

W

'Wort|führer ['vɔrt-] *m* portavoz *m*; **~laut** *m* texto *m*, tenor *m*; ***im ~*** textualmente

wörtlich ['vœrtliç] literal, textual; *adv* al pie de la letra

'Wort|schatz ['vɔrt-] *m* vocabulario *m*; **~spiel** *n* juego *m* de palabras; **~wechsel** *m* disputa *f*, altercado *m*

wo|rüber [voː'ryːbər] sobre que, de que; **~'rum** de que; **~'von** de que, de lo cual; ***~?*** ¿de qué?; **~'vor** delante de que; ***~?*** ¿de qué?; **~'zu** a que, a lo cual; ***~?*** ¿para qué?

Wrack [vrak] *n* (*-[e]s*; *-s*) buque *m* naufragado; *fig* piltrafa *f*

wringen ['vriŋən] (*wrang*, *gewrungen*, *h*) *Wäsche*: torcer

'Wucher ['vuːxər] *m* (*-s*; *sin pl*) usura *f*; **~er** *m* (*-s*; -) usurero *m*; **≗n** (*ge-*, *h*) *bot* multiplicarse rápidamente; *med* proliferar (*a fig*); **~preis** *m* precio *m* abusivo; **~zinsen** *m/pl* intereses *m/pl* usurarios

Wuchs [vuːks] *m* (*-es*; *sin pl*) (*Wachstum*) crecimiento *m*; (*Gestalt*) estatura *f*, talla *f*

Wucht [vuxt] *f* (-; *sin pl*) empuje *m*, ímpetu *m*; ***mit voller ~*** con toda fuerza; **'≗ig** pesado; macizo; *Schlag*: violento

wühlen ['vyːlən] (*ge-*, *h*) *Schwein*: hozar; *a fig* hurgar (***in*** *dat* en); *in Papieren usw*: revolver (*a/c*)

Wulst [vulst] *m* (*-es*; *⸗e*) abombamiento *m*, bulto *m*

wund [vunt] excoriado, desollado; ***~ reiben*** excoriar; *fig* ***~er Punkt*** punto *m* delicado *od* flaco; **≗e** ['-də] *f* (-; *-n*) herida *f*, llaga *f* (*a fig*)

'Wunder ['-dər] *n* (*-s*; -) milagro *m* (*a rel*); (*~werk*) maravilla *f*; ***das ist kein ~*** no es nada sorprendente; **≗bar** maravilloso, milagroso; (*großartig*) estupendo; *adv* a maravilla; **~kind** *n* niño *m* prodigio; **≗lich** extravagante, raro; **≗n** (*ge-*, *h*): ***sich ~*** asombrarse, extrañarse (***über*** *ac* de); **≗'schön** hermosísimo; maravilloso; **≗voll** maravilloso, magnífico; **~werk** *n* maravilla *f*

Wundstarrkrampf ['vuntʃtarkrampf] *m* (*-[e]s*; *sin pl*) tétanos *m*

Wunsch [vunʃ] *m* (*-es*; *⸗e*) deseo *m*; ***auf ~*** a petición; ***nach ~*** a voluntad, a pedir de boca; ***haben Sie noch e-n ~?*** ¿desea algo más?

'wünschen ['vynʃən] (*ge-*, *h*) desear; ***j-m Glück ~*** desear (buena) suerte a alg; ***was ~ Sie?*** ¿qué desea?, *com* ¿qué se le ofrece?; ***ganz wie Sie ~*** como Vd. quiera; **~swert** deseable

'Würde ['vyrdə] *f* (-; *-n*) dignidad *f*; (*Titel*) título *m*; **≗los** indigno; **~nträger** *m* dignatario *m*; **≗voll** grave, solemne

'würdig ['-diç] digno; ***sich e-r Sache ~ erweisen*** hacerse digno de a/c; **~en** [-gən] (*ge-*, *h*) apreciar; ***j-n keiner Antwort*** (***keines Blickes***) ***~*** no dignarse contestar (mirar) a alg; **≗ung** [-guŋ] *f* (-; *-en*) apreciación *f*

Wurf [vurf] *m* (*-[e]s*; *⸗e*) tiro *m*; *a dep* lanzamiento *m*; *zo* camada *f*

'Würfel ['vyrfəl] *m* (*-s*; -) dado *m*; *mat* cubo *m*; (*Zucker*) terrón *m*; *auf Stoffen*: cuadro *m*; **≗n** (*ge-*, *h*) jugar a (*od* echar) los dados; **~spiel** *n* juego *m* de dados; **~zucker** *m* azúcar *m* en terrones

würgen ['vyrgən] (*ge-*, *h*) **1.** *v/t* estrangular; **2.** *v/i* atragantarse

Wurm [vurm] (*-[e]s*; *⸗er*) *m* gusano *m*; **'≗en** (*ge-*, *h*): ***das wurmt mich*** me sabe mal, me da rabia; **≗stichig** ['-ʃtiçiç] carcomido; *Obst*: agusanado

Wurst [vurst] *f* (-; *⸗e*) embutido *m*; (*Hart≗*) salchichón *m*; ***das ist mir ~*** F me importa un comino

Würstchen ['vyrstçən] *n* (*-s*; -) salchicha *f* (***Frankfurter*** de Francfort)

Würze ['vyrtsə] *f* (-; *-n*) condimento *m*; (*Gewürz*) especia *f*; *fig* sal *f*

Wurzel ['vurtsəl] *f* (-; *-n*) raíz *f* (*a fig*); ***~(n) schlagen*** *a fig* echar raíces

'würz|en ['vyrtsən] (*ge-*, *h*) condimentar, sazonar; **~ig** aromático

wüst [vyːst] (*öde*) desierto, desolado; (*unordentlich*) desordenado; (*ausschweifend*) libertino; **'≗e** *f* (-; *-n*) desierto *m*

Wut [vuːt] *f* (-; *sin pl*) furia *f*, rabia *f*; ***in ~ bringen*** poner furioso; ***in ~ geraten*** ponerse furioso, enfurecerse; **'~anfall** *m* ataque *m* de rabia

'wüten ['vyːtən] (*ge-*, *h*) *Sturm*: desencadenarse; *Seuche*: causar estragos; **~d** furioso, enfurecido; ***auf j-n ~ sn*** tener rabia a alg

Wüterich *m* hombre furioso

X

X, x [iks] *n* (-; -) X, x *f*
'X-|Beine *n/pl* piernas *f/pl* en X; **℗beinig** ['-baɪnɪç] (pati)zambo; **'℗beliebig** cualquier(a)
x-mal ['iksmaːl] mil veces
x-te ['-tə]: ***zum ~n Mal*** por enésima vez
Xylophon *mus* [ksylo'foːn] *n* (-*s*; -*e*) xilófono *m*, xilofón *m*

Y

Y, y ['ypsilɔn] *n* (-; -) Y, y *f*
Yacht ['jaxt]→ ***Jacht***
Yankee ['jɛŋki] *m* (-*s*; -*s*) yanqui *m*
Yuppie ['jupi] *m* (-*s*; -*s*) yuppie *m*

Z

Z, z [tsɛt] *n* (-; -) Z, z *f*
Zacke ['tsakə] *f* (-; -*n*), **~n** *m* (-*s*; -) punta *f*; *tec* diente *m*
'zaghaft ['tsaːkhaft] tímido, temeroso; **℗igkeit** *f* (-; *sin pl*) timidez *f*
zäh [tsɛː] resistente; *Fleisch*: duro; *fig* tenaz, pertinaz; **'~flüssig** viscoso; *Verkehr*: lento; **'℗igkeit** *f* (-; *sin pl*) tenacidad *f*, dureza *f*
Zahl [tsaːl] *f* (-; -*en*) número *m*; (*Ziffer*) cifra *f*; **'℗bar** pagadero; **'℗en** (*ge*-, *h*) pagar; ***bitte ~!*** la cuenta, por favor; ***was habe ich zu ~?*** ¿cuánto le debo?
zählen ['tsɛːlən] (*ge*-, *h*) contar (***auf*** *ac* con); ~ ***zu*** figurar entre
Zähler ['tsɛːlər] *m* (-*s*; -) *mat* numerador *m*; *el*, *tec* contador *m*
'Zahl|grenze ['tsaːl-] *f* límite *m* de zona *bzw* de tarifa; **~karte** *corr f* impreso *m* para giro postal; **℗los** innumerable, sin número; **℗reich** numeroso; **~e** *pl a* gran número de; **~ung** *f* (-; -*en*) pago *m*; ***in ~ nehmen*** (***geben***) aceptar (dar) en pago
Zählung ['tsɛːluŋ] *f* (-; -*en*) numeración *f*; *v Stimmen usw*: recuento *m*
'Zahlungs|anweisung ['tsaːluŋs-] *f* orden *f* de pago; **~aufforderung** *f* requerimiento *m* de pago; **~aufschub** *m* prórroga *f*, moratoria *f*; **~bedingungen** *f/pl* condiciones *f/pl* de pago; **~befehl** *m* orden *f* de pago; **~bilanz** *f* balanza *f* de pagos; **~bilanzdefizit** *n* (**~bilanzüberschuss** *m*) déficit *m* (excedente *m*) de la balanza de pagos; **℗fähig** solvente; **℗unfähig** insolvente; **~verkehr** *m* servicio *m* de pagos; ***elektronischer ~*** servicio *m* de pagos electrónico; **~weise** *f* modo *m* de pago
'Zahlwort *n* numeral *m*
zahm [tsaːm] manso; *fig* dócil
zähmen ['tsɛːmən] (*ge*-, *h*) amansar, *a fig* domar
Zahn [tsaːn] *m* (-*[e]s*; ⸚*e*) diente *m* (*a tec*); **'~arzt** *m*, **'~ärztin** *f* odontólogo *m*, -a *f*, dentista *su*; **'~bürste** *f* cepillo *m* de dientes; **'~creme** *f* crema *f* dental
zahnen ['tsaːnən] (*ge*-, *h*) echar los dientes
'Zahn|ersatz *m* prótesis *f* dental; **~fleisch** *n* encía(s *pl*) *f*; **~lücke** *f* mella *f*; **~pasta** *f* (-; -*sten*), **~paste** *f* pasta *f* dentífrica, dentífrico *m*; **~rad** *n* rueda *f* dentada; *kleines*: piñón *m*; **~radbahn** *f* ferrocarril *m* de cremallera; **~schmerzen** *m/pl* dolor *m* de muelas; **~spange** *f* aparato *m* ortodóncico; **~stocher** ['-ʃtɔxər] *m* (-*s*; -) palillo *m*;

~techniker *m* protésico *m* dental, mecánico *m* dentista
Zander ['tsandər] *m* (-*s*; -) lucioperca *f*
Zange ['tsaŋə] *f* (-; -*n*) tenazas *f/pl*; (*Flach*≗) alicates *m/pl*
Zank [tsaŋk] *m* (-*[e]s*; *sin pl*) disputa *f*, riña *f*; '**≗en** (*ge*-, *h*): ***sich*** **~** reñir, pelearse, disputarse (***um et*** a/c)
Zäpfchen ['tsɛpfçən] *n* (-*s*; -) (*Gaumen*≗) úvula *f*; *med* supositorio *m*
Zapfen ['tsapfən] *m* (-*s*; -) *tec* (*Stift*) espiga *f*, clavija *f*, tarugo *m*; (*Fass*≗) espita *f*; *bot* cono *m*
'**Zapfsäule** *f* surtidor *m* (de gasolina)
zappeln (*ge*-, *h*) agitarse
Zar [tsaːr] *m* (-*en*; -*en*) zar *m*; **~in** ['-rin] *f* (-; -*nen*) zarina *f*
zart [tsaːrt] tierno (*a Fleisch*); *Haut, Gesundheit*: delicado; (*dünn*) delgado, fino; (*sanft*) suave; '**≗gefühl** *n* delicadeza *f*; '**≗heit** *f* (-; *sin pl*) ternura *f*; delicadeza *f*; finura *f*
'**zärtlich** ['tsɛːrtliç] cariñoso (***zu*** con); **≗keit** *f* (-; *sin pl*) cariño *m*; (*pl* -*en*) (*Liebkosung*) caricia *f*
'**Zauber** ['tsaʊbər] *m* (-*s*; *sin pl*) encanto *m*; **~er** *m* (-*s*; -) hechicero *m*; (*Künstler*) mago *m*; **≗haft** encantador; **~künstler** *m* prestidigitador *m*; **~kunststück** *n* juego *m* de manos; **≗n** (*ge*-, *h*) hacer juegos de manos; **~spruch** *m* fórmula *f* mágica; **~stab** *m* varita *f* mágica
zaudern ['-dərn] (*ge*-, *h*) vacilar, titubear
Zaum [tsaʊm] *m* (-*[e]s*; ⸚*e*) brida *f*, freno *m*; *fig* ***im ~ halten*** refrenar
Zaun [tsaʊn] *m* (-*[e]s*; ⸚*e*) cerca *f*, cercado *m*; (*Holz*≗) vallado *m*, valla *f*
'**Zebra** *zo* ['tseːbra] *n* (-*s*; -*s*) cebra *f*; **~streifen** *m* paso *m* cebra
Zeche ['tsɛçə] *f* (-; -*n*) *min* mina *f*; (*Rechnung*) cuenta *f*; *fig* ***die ~ bezahlen*** pagar el pato
Zecke *zo* ['tsɛkə] *f* (-; -*n*) garrapata *f*
Zeder *bot* ['tseːdər] *f* (-; -*n*) cedro *m*
Zeh [tseː] *m* (-*s*; -*en*), '**~e** *f* (-; -*n*) dedo *m* del pie; ***große(r) ~*** dedo *m* gordo; '**~enspitze** *f*: ***auf ~n*** de puntillas
zehn [tseːn] **1.** diez; (***etwa***) **~ …** una decena de; **2.** **≗** *f* (-; -*en*) diez *m*; '**≗er** *mat m* (-*s*; -) decena *f*; '**≗erkarte** *f* abono *m* de diez viajes *bzw* entradas; '**~fach** décuplo; '**≗kampf** *m* decat(*h*)lón *m*; '**~te** décimo; '**≗tel** *n* (-*s*; -) décimo *m*, décima parte *f*; '**~tens** (en) décimo (lugar)

'**Zeichen** ['tsaɪçən] *n* (-*s*; -) signo *m*; (*Signal*) señal *f*; (*Wink*) seña *f*; (*Kenn*≗) marca *f*; (*An*≗) indicio *m*, *a med* síntoma *m*; ***j-m ein ~ geben*** hacer señas a alg; *com* ***Ihr ~*** su referencia; **~block** *m* bloc *m* de dibujo; **~brett** *n* tablero *m* de dibujo; **~papier** *n* papel *m* para dibujar; **~setzung** *gram f* (-; *sin pl*) puntuación *f*; **~sprache** *f* (-; *sin pl*) lenguaje *m* por señas; **~(trick)film** *m* dibujos *m/pl* animados
'**zeichn|en** ['-çnən] (*ge*-, *h*) dibujar; (*kenn~*) marcar; (*unter~*) firmar; *Anleihe*: suscribir; **≗en** *n* (-*s*; *sin pl*) dibujo *m*; **≗er** *m* (-*s*; -), **≗erin** *f* (-; -*nen*) dibujante *su*, delineante *su*; *com* suscritor *m*; **≗ung** *f* dibujo *m*; **~ungsberechtigt** autorizado para firmar
'**Zeige|finger** ['-gəfiŋər] *m* índice *m*; **≗n** (*ge*-, *h*) enseñar, mostrar; (*beweisen*) demostrar, probar; **~ *auf*** (*ac*) señalar (*ac*); ***sich ~*** mostrarse, aparecer; ***das wird sich ~*** eso se verá; **~r** *m* (-*s*; -) aguja *f*
Zeile ['-lə] *f* (-; -*n*) línea *f*, renglón *m*; ***j-m ein paar ~n schreiben*** poner cuatro letras a alg
Zeit [tsaɪt] *f* (-; -*en*) tiempo *m*; (*~raum*) período *m*; (*~alter*) era *f*, época *f*, edad *f*; (*Uhr*≗) hora *f*; ***für alle ~en*** para siempre; ***von ~ zu ~*** de vez en cuando; ***vor langer ~*** hace mucho tiempo; ***seit einiger ~*** desde hace algún tiempo; ***es ist*** (***höchste***) **~** ya es (más que) hora; ***zur ~*** (*gegenwärtig*) → ***zurzeit***; ***sich*** (*dat*) **~ *lassen*** *od* ***nehmen*** tomarse tiempo, no precipitarse; ***das hat ~*** no corre prisa; ***mit der ~*** con el tiempo; ***mit der ~ gehen*** ir con el tiempo; '**~abschnitt** *m* período *m*; época *f*; '**~alter** *n* era *f*; edad *f*; siglo *m*; época *f*; '**~arbeit** *f* trabajo *m* temporal; '**~fahren** *n dep* carrera *f* contra reloj; '**≗gemäß** de actualidad, moderno; '**~genosse** *m*, **≗genössisch** ['-gənœsiʃ] contemporáneo (*m*); '**≗ig** temprano; a tiempo; '**~karte** *f* abono *m*; '**~lang** *f*: ***e-e ~*** (por) algún tiempo; **≗'lebens** durante toda mi (tu, su) vida; '**≗lich** temporal; '**~lohn** *m* salario *m* por unidad de tiempo; '**≗los** independiente de la moda; '**~lupe** *f* cámara *f* lenta; ***in ~*** a cámara lenta, *gal* al ralentí; '**~mangel** *m*: ***aus ~*** por falta de tiempo; '**~plan** *m* calendario

m; **'~punkt** *m* momento *m*; **'~raum** *m* espacio *m* de tiempo, período *m*; **'~rechnung** *f* cronología *f*; ***christliche* ~** era *f* cristiana; **'~schrift** *f* revista *f*; **'~spanne** *f* lapso *m* de tiempo

Zeitung ['-tuŋ] *f* (-; *-en*) periódico *m*, diario *m*

'Zeitungs|abonnement *n* suscripción *f* a un periódico; **~anzeige** *f* anuncio *m* (en el periódico); **~artikel** *m* artículo *m* de periódico; **~ausschnitt** *m* recorte *m* de periódico; **~kiosk** *m* quiosco *m* de periódicos

'Zeit|unterschied *m* diferencia *f* horaria; **~vertreib** ['-fɛrtraɪp] *m* (*-[e]s*; *-e*) pasatiempo *m*; ***zum* ~** para pasar el rato; **&weise** por momentos; **~wort** *n* (*-[e]s*; *⸚er*) verbo *m*; **~zeichen** *n Radio*: señal *f* horaria; **~zone** *f* huso *m* horario

'Zell|e ['tsɛlə] *f* (-; *-n*) célula *f*; *arqu* celda *f* (*a Kloster&*); *tel* cabina *f*; **~stoff** *m* celulosa *f*

Zelt [tsɛlt] *n* (*-[e]s*; *-e*) tienda *f* (de campaña); *großes*: entoldado *m*; **'&en** (*ge-*, *h*) acampar, hacer camping; **'~en** *n* (*-s*; *sin pl*) camping *m*; **'~lager** *n* campamento *m* (de tiendas); **~ler** ['-lər] *m* (*-s*; -) campista *m*; **'~platz** *m* (terreno *m* de) camping *m*

Zement [tse'mɛnt] *m* (*-[e]s*; *-e*) cemento *m*

zens|ieren [tsɛn'tsi:rən] (*h*) censurar; *Schule*: calificar; **&ur** [-'tsu:r] *f* (-; *sin pl*) censura *f*; (*pl -en*) *Schule*: nota *f*

Zentimeter [-ti'me:tər] *m od n* (*-s*; -) centímetro *m*

Zentner ['tsɛntnər] *m* (*-s*; -) cincuenta kilos *m/pl*

zen'tral [-'tra:l] central; **~ *gelegen*** céntrico; **&bank** *f* (-; *-en*) banco *m* central; **&bankpräsident** *m EU* Presidente *m* del Banco Central; **&e** *f* (-; *-n*) *com*, *el*, *tel* central *f*; **&heizung** *f* calefacción *f* central; **~isieren** [-trali'zi:rən] centralizar; **&ismus** [-'lismus] *m* (-; *sin pl*) centralismo *m*

Zentrum ['-trum] *n* (*-s*; *-tren*) centro *m*

zer|beißen [tsɛr'baɪsən] (*irr*, *sin ge-*, *h*, → ***beißen***) romper con los dientes; **~'brechen** (*irr*, *sin ge-*, → ***brechen***) *v/t* (*h*) (*v/i sn*) romper(se), quebrar(se); **~'brechlich** frágil; quebradizo; **~'drücken** (*h*) aplastar; *Kleid usw*: arrugar

Zeremonie [tseremo'ni:, -'mo:nje] *f* (-; *-n*) ceremonia *f*

zer'fallen [tsɛr'-] (*irr*, *sin ge-*, *sn*, → ***fallen***) descomponerse, *a fig* desintegrarse; **~ *in*** (*ac*) dividirse en; **~'fetzen** [-'fɛtsən] (*h*) desgarrar; **~'fressen** (*irr*, *sin ge-*, *h*, → ***fressen***) roer; *tec* corroer; **~'gehen** (*irr*, *sin ge-*, *sn*, → ***gehen***) derretirse; *in Flüssigkeit*: desleírse; **~'kauen** (*h*) masticar (bien); **~'kleinern** [-'klaɪnərn] (*h*) desmenuzar; **~'knittern** (*h*) arrugar; **~'kratzen** (*h*) rasgar, arañar; *Möbel*: rayar; **~'lassen** (*irr*, *sin ge-*, *h*, → ***lassen***) derretir; **~'legen** (*h*) dividir (en partes); descomponer; *Fleisch*: trinchar; *tec* desmontar, desarmar

zerlumpt [-'lumpt] harapiento, andrajoso

zer|malmen [-'malmən] (*h*) aplastar; *fig a* aniquilar; **~mürben** [-'myrbən] (*h*) agotar; desmoralizar; **~'platzen** (*sn*) reventar, estallar; **~'quetschen** (*h*) machacar, aplastar; **~reißen** (*irr*, *sin ge-*, → ***reißen***) **1.** *v/t* (*h*) romper, despedazar, rasgar; **2.** *v/i* (*sn*) romperse

zerren ['tsɛrən] (*ge-*, *h*) tirar (***an** dat* de); (*schleppen*) arrastrar; *med* distender

zerrissen [-'risən] roto

Zerrung *med* ['tsɛruŋ] *f* (-; *-en*) distensión *f*

zerrüttet [-'rytət] *Ehe*: desunido, desavenido

zer|schellen [-'ʃɛlən] (*sn*) estrellarse (***an** dat* contra); **~'schlagen** (*irr*, *sin ge-*, *h*, → ***schlagen***) romper, hacer pedazos; *fig* ***sich* ~** fracasar; **~'schneiden** (*irr*, *sin ge-*, *h*, → ***schneiden***) partir, cortar (en trozos)

zer'setz|en (*h*) descomponer; disolver; *fig* desmoralizar; **~end** *fig* desmoralizador; **&ung** *f* (-; *sin pl*) descomposición *f*; disolución *f*; *fig* desmoralización *f*

zer|'splittern *v/t* (*h*) (*v/i sn*) hacer(se) astillas (*od* pedazos), astillar(se); **~'springen** (*irr*, *sin ge-*, *sn*, → ***springen***) romperse

zer'stör|en (*h*) destruir, destrozar (*a fig*); **&ung** *f* (-; *-en*) destrucción *f*; demolición *f*; estragos *m/pl*

zer'streu|en (*h*) dispersar; *fig Bedenken*: disipar; (*erheitern*) distraer; ***sich* ~** *Menge*: dispersarse; **~t** *fig* distraído, F despistado; **&theit** *f* (-; *sin pl*) distracción *f*, F despiste *m*; **≗ung** *f* (-; *-en*) *fig* distracción *f*, diversión *f*

zer'stückeln (*h*) desmenuzar, despedazar, descuartizar

Zertifikat [tsɛrtifikaːt] *n* (*-[e]s*; *-e*) certificado *m*

zer|'treten (*irr*, *sin ge-*, *h*, → ***treten***) aplastar, pisar; **~'trümmern** [-'trymərn] (*h*) destruir, destrozar; *Atom*: desintegrar

zerzaust [-'tsaʊst] desgreñado

'Zettel ['tsɛtəl] *m* (*-s*; -) papel(ito) *m*; (*Blatt*) hoja *f*; (*Kartei≗*) ficha *f*; **~kasten** *m* fichero *m*

Zeug [tsɔʏk] *n* (*-[e]s*; *sin pl*) (*Material*) material *m*; (*Geräte*) útiles *m/pl*, utensilios *m/pl*; (*Sachen*) cosas *f/pl*, F chismes *m/pl*, trastos *m/pl*; ***dummes ~*** tonterías *f/pl*, disparates *m/pl*; ***das ~ haben zu*** tener madera de; ***sich ins ~ legen*** F arrimar el hombro

'Zeug|e ['-gə] *m* (*-n*; *-n*) testigo *m*; **≗en** (*ge-*, *h*) **1.** *v/i* declarar (como testigo); ***~ von*** demostrar, evidenciar (*ac*); **2.** *v/t* procrear, engendrar; **~enaussage** *f* declaración *f* testimonial; **~in** ['-gin] *f* (-; *-nen*) testigo *f*; **~nis** ['-knis] *n* (*-ses*; *-se*) *jur* testimonio *m*; (*Bescheinigung*) certificado *m*; (*Diplom*) diploma *m*; (*Schul≗*) boletín *m* de calificaciones

Zeugung ['-guŋ] *f* (-; *-en*) generación *f*, procreación *f*

Zickzack ['tsiktsak] *m* (*-[e]s*; *-e*) zigzag *m*, eses *f/pl*; ***im ~ gehen*** zigzaguear

Ziege ['tsiːgə] *f* (-; *-n*) cabra *f*

'Ziegel ['-gəl] *m* (*-s*; -) ladrillo *m*; (*Dach≗*) teja *f*; **~ei** [-'laɪ] *f* (-; *-en*) fábrica *f* de tejas y ladrillos; tejar *m*; **~stein** *m* ladrillo *m*

'Ziegen|bock ['tsiːgən-] *m* macho *m* cabrío, cabrón *m*; **~käse** *m* queso *m* de cabra; **~peter** *med* [-peːtər] *m* (*-s*; *sin pl*) paperas *f/pl*

ziehen ['-ən] (*zog*, *gezogen*, *h*) **1.** *v/t* tirar; (*heraus~*) sacar, extraer (*a Zahn*, *mat Wurzel*); *Linie*: trazar; *Spielfigur*: mover; *agr* cultivar; *Hut*: quitarse; ***die Blicke auf sich ~*** atraer las miradas; ***die Aufmerksamkeit auf sich ~*** llamar la atención; *fig* ***nach sich ~*** acarrear; **2.** *v/refl*: ***sich ~*** extenderse, estirarse; **3.** *v/i* **a**) *Ofen*, *Zigarre*, *auto*: tirar; *Schach usw*: jugar; ***~ an*** (*dat*) tirar de; ***~ lassen*** *Tee*: dejar reposar *od* en reposo; ***es zieht*** hay corriente; **b**) (*sn*) ir (***nach*** a); *Vögel*, *Wolken*: pasar; ***zu j-m ~*** ir a vivir en casa de alg

'Zieh|harmonika *f* acordeón *m*; **~ung** *f* (-; *-en*) (*Lotterie*) sorteo *m*

Ziel [tsiːl] *n* (*-[e]s*; *-e*) *dep* meta *f* (*a fig*); (*Zweck*) fin *m*; objetivo *m* (*a mil*); (*~scheibe*) blanco *m*; (*Reise≗*) destino *m*; *com* (*Frist*) término *m*, plazo *m*; ***das ~ treffen*** (***verfehlen***) dar en (errar) el blanco; *fig* ***sein ~ erreichen*** lograr su fin; ***sich et zum ~ setzen*** proponerse a/c; **'≗en** (*ge-*, *h*) apuntar (***auf*** *ac* a); **'~fernrohr** *n* mira *f* telescópica; **'~gruppe** *f* grupo *m* de destino; **'~hafen** *m* puerto *m* de destino; **'≗los** sin rumbo fijo; **'~scheibe** *f* blanco *m* (*a fig*); **'~sprache** *f* lengua *f* objetivo

ziemlich ['tsiːmliç] considerable; *adv* bastante

'zier|en ['tsiːrən] (*ge-*, *h*) (ad)ornar, decorar; ***sich ~*** hacer remilgos *od* melindres; **'~lich** grácil; delicado, fino; **≗pflanze** *f* planta *f* ornamental *od* de adorno

'Ziffer ['tsifər] *f* (-; *-n*) cifra *f*; guarismo *m*; **~blatt** *n* esfera *f*

Ziga'rette [tsiga'rɛtə] *f* (-; *-n*) cigarrillo *m*, F pitillo *m*; **~nautomat** *m* máquina *f* expendedora de cigarrillos; **~netui** *n* pitillera *f*; **~npapier** *n* papel *m* de fumar; **~nspitze** *f* boquilla *f*

Zigarillo [-'ril(j)o] *m* (*-s*; *-s*) purito *m*

Zi'garre [-'garə] *f* (-; *-n*) puro *m*, cigarro *m*; **~netui** *n* petaca *f*; **~nkiste** *f* caja de puros

Zigeuner *a neg* [-'gɔʏnər] *m* (*-s*; -), **~in** *f* (-; *-nen*) gitano *m*, -a *f*

Zikade *zo* [-'kaːdə] *f* (-; *-n*) cigarra *f*

'Zimmer ['tsimər] *n* (*-s*; -) cuarto *m*, habitación *f*; **~kellner** *m* camarero *m* de piso; **~mädchen** *n* camarera *f* (de piso); **~nachweis** *m* información *f* sobre alojamientos; **~nummer** *f* (**~service** *m*) número *m* (servicio *m*) de habitación

zimperlich ['tsimpərliç] melindroso

Zimt [tsimt] *m* (*-[e]s*; *-e*) canela *f*

Zink [tsiŋk] *n* (*-[e]s*; *sin pl*) cinc *m*, zinc *m*; **'~e** *f* (-; *-n*) diente *m*; púa *f*

Zinn [tsin] *n* (*-[e]s*; *sin pl*) estaño *m*; **'~e** *arqu* *f* (-; *-n*) almena *f*

Zins [tsins] *m* (*-es*; *-en*) *com* (*mst pl*) interés *m*, intereses *m/pl*; ***3% ~en bringen*** dar un interés del 3%; **~eszins**

Z

['tsinzəstsins] *m* interés *m* compuesto; '**2günstig** *Kredit etc*: a bajo interés; '**2los** sin interés, libre de intereses; '**~satz** *m* tipo *m* de interés

Zipfel ['tsipfəl] *m* (-*s*; -) punta *f*

zirka ['tsirka] aproximadamente, cerca de

Zirkel ['-kəl] *m* (-*s*; -) compás *m*; *fig* círculo *m*

Zirkus ['-kus] *m* (-; -*se*) circo *m*

zischen ['tsiʃən] (*ge-*, *h*) silbar; *teat* sisear

Zitadelle [tsita'dɛlə] *f* (-; -*n*) ciudadela *f*

Zitat [-'tɑːt] *n* (-*[e]s*; -*e*) cita *f*

Zither ['-tər] *f* (-; -*n*) cítara *f*

zitieren [-'tiːrən] (*h*) citar

Zi'trone [-'troːnə] *f* (-; -*n*) limón *m*; **~nbaum** *m* limonero *m*; **~nlimonade** *f* limonada *f*; **~npresse** *f* exprimidor *m*; **~nsaft** *m* zumo *m* de limón

Zitrusfrüchte ['tsiːtrusfryçtə] *f/pl* agrios *m/pl*, cítricos *m/pl*

zittern ['tsitərn] (*ge-*, *h*) temblar (***vor*** *dat* de); ***vor Kälte ~*** tiritar de frío

zi'vil [tsi'viːl] civil; *Preis*: módico; ***in 2*** de paisano; ***2 tragen*** vestir de paisano; **2bevölkerung** *f* población *f* civil; **2dienst** *m* servicio *m* civil (sustitutorio); **2isation** [-viliza'tsjoːn] *f* (-; -*en*) civilización *f*; **~i'sieren** (*h*) civilizar; **2'ist** *m* (-*en*; -*en*) paisano *m*

Zobel ['tsoːbəl] *m* (-*s*; -) cebellina *f*

zögern ['tsøːgərn] **1.** *v/i* (*ge-*, *h*) tardar (***mit*** en); (*schwanken*) titubear; vacilar (***zu*** *inf* en); **2.** *2 n* (-*s*; *sin pl*) tardanza *f*, demora *f*; vacilación *f*

Zölibat [tsøːli'bɑːt] *n*, *m* (-*[e]s*; *sin pl*) celibato *m*

Zoll [tsɔl] *m* (-*[e]s*) **1.** (*Maß*, *pl* -) pulgada *f*; **2.** (*pl* ¨*e*) (*Abgabe*) (derechos *m/pl* de) aduana *f*; '**~abfertigung** *f* despacho *m* aduanero; '**~amt** *n* aduana *f*; '**~beamte** *m* funcionario *m* de aduana, vista *m*; '**~bescheinigung** *f* certificado *m* de aduana; '**~erklärung** *f* declaración *f* de aduana; '**2frei** exento de aduana; '**~gebühren** *f/pl* derechos *m/pl* de aduana; '**~kontrolle** *f* control *m* aduanero

'**zoll|pflichtig** ['tsɔlpfliçtiç] sujeto a aduana; **2schranke** *f* barrera *f* arancelaria; **2stock** *m* metro *m* plegable; **2tarif** *m* arancel *m* (de aduana); '**2union** *f* unión *f* aduanera

Zone ['tsoːnə] *f* (-; -*n*) zona *f*

Zoo [tsoː] *m* (-*s*; -*s*) zoo *m*

Zoolog|e [tsoˀo'loːgə] *m* (-*n*; -*n*), **~in** *f* (-; -*nen*) zoólogo *m*, -a *f*; **~ie** [-lo'giː] *f* (-; *sin pl*) zoología *f*; **2isch** [-'loːgiʃ] zoológico

Zopf [tsɔpf] *m* (-*[e]s*; ¨*e*) trenza *f*

Zorn [tsɔrn] *m* (-*[e]s*; *sin pl*) cólera *f*, ira *f*; '**2ig** encolerizado, furioso

zu [tsuː] **1.** *prp* **a)** *örtlich*: a; ***~m Arzt*** al médico; ***~ j-m gehen*** ir a casa de alg; ***der Weg ~m Bahnhof*** el camino de la estación; ***~r Tür hinaus*** por la puerta; ***~ Hause*** en casa; **b)** *zeitlich*: a, en, para, por; ***~ Anfang*** al principio; ***~ jener Zeit*** en aquella época; ***~ Ostern*** para Pascua; **c)** *Art und Weise*, *Mittel*: ***~ Fuß*** a pie; ***~ Pferd*** a caballo; **d)** *Bestimmung*, *Zweck*: para; ***zu s-m Geburtstag*** para su cumpleaños; **e)** *bei Zahlen*: ***zu 30 Peseten das Kilo*** a treinta pesetas el kilo; ***3:0 siegen*** ganar por tres a cero; ***~ dreien*** de tres en tres; (*alle drei*) los tres juntos; **f)** *vor inf*: ***leicht ~ behalten*** fácil de recordar; ***ich habe ~ tun*** tengo que hacer; **2.** *adv* (*geschlossen*) cerrado; (*allzu*) demasiado; ***~ viel*** demasiado; ***~ wenig*** demasiado poco; ***Tür ~!*** ¡cierre la puerta!; **~'aller'erst** (**~'aller'letzt**) en primer (último) lugar

Zubehör *tec* ['-bəhøːr] *n* (-*s*; -*e*) accesorios *m/pl*

'**zubereit|en** (*sep*, *h*) preparar; '**2ung** *f* (-; -*en*) preparación *f*

'**zubring|en** (*irr*, *sep*, *-ge-*, *h*, → ***bringen***) *Zeit*: pasar; **2er** *m* (-*s*; -) *Vkw* (vía *f* de) acceso; **2erbus** *m* servicio *m* de autobuses; **2erdienst** *m* servicio *m* de enlace; **2erstraße** *f* carretera *f* de acceso

Zucchini [tsu'kiːni] *m/pl* calabacines *m/pl*

Zucht [tsuxt] *f* (-; -*en*) *zo* cría *f*; *bot* cultivo *m*; (*sin pl*) *fig* disciplina *f*

'**zücht|en** ['tsyçtən] (*ge-*, *h*) *zo* criar; *bot* cultivar; **2er** *m* (-*s*; -) criador *m*; cultivador *m*

Zuchthaus ['tsuxthaʊs] *n* presidio *m*

Zuchtperle ['tsuxt-] *f* perla *f* cultivada

Züchtung ['tsyçtuŋ] *f* (-; -*en*) cría *f*; *bot* cultivo *m*; selección *f*

zucken ['tsukən] (*ge-*, *h*) palpitar; contraerse (convulsivamente)

'**Zucker** ['tsukər] *m* (-*s*; -) azúcar *m*; *med* F ***~ haben*** tener diabetes; **~dose** *f* azucarero *m*; **2krank** diabético; **~krank-**

heit *f* diabetes *f*; **≈n** (*ge-*, *h*) azucarar; **~rohr** *n* caña *f* de azúcar; **~rübe** *f* remolacha *f* azucarera; **~streuer** *m* azucarero *m*

zudecken ['tsu:dɛkən] (*sep*, *-ge-*, *h*) cubrir, tapar; ***sich ~*** cubrirse

zudem [tsu'de:m] además

'zudrehen ['tsu:-] (*sep*, *-ge-*, *h*) *Hahn*: cerrar; ***j-m den Rücken ~*** volver las espaldas a alg

'zudringlich importuno, impertinente; **≈keit** *f* (-; *-en*) importunidad *f*, (*sin pl*) impertinencia *f*

'zudrücken (*sep*, *-ge-*, *h*) cerrar; *fig* ***ein Auge ~*** hacer la vista gorda

zuein'ander uno(s) a *bzw* con otro(s)

'zuerkennen (*irr*, *sep*, *h*, → ***erkennen***) adjudicar; conceder

zu'erst primero, en primer lugar; (*als erster*) el primero

'Zufahrt *f* (-; *-en*) acceso *m*; **~sstraße** *f* vía *f* de acceso

'Zufall *m* (*-[e]s*; *⸚e*) casualidad *f*

'zufällig casual, accidental, fortuito; *adv* por casualidad

'Zuflucht *f* (-; *-en*) refugio *m*; asilo *m*; *vor Unwetter*: abrigo *m*; *fig* recurso *m*

zufolge [tsu'fɔlgə] (*dat*) según, conforme a

zu'frieden [-'fri:dən] contento, satisfecho (***mit*** con, de); ***sich ~ geben*** darse por satisfecho; ***~ lassen*** dejar en paz; ***~ stellen*** satisfacer, complacer; ***~ stellend*** satisfactorio; **≈heit** *f* (-; *sin pl*) contento *m*, satisfacción *f*

'zu|frieren ['tsu:fri:rən] (*irr*, *sep*, *-ge-*, *sn*, → ***frieren***) helarse; **~fügen** (*sep*, *-ge-*, *h*) *Schaden*: causar

Zufuhr [-'fu:r] *f* (-; *-en*) aprovisionamiento *m*, abastecimiento *m*; acarreo *m*

Zug [tsu:k] (*-[e]s*; *⸚e*) *ferro* tren *m*; (*Ruck*) tirón *m*; *tec* tracción *f*; (*Schluck*) trago *m*; *Rauchen*: chupada *f*; (*Luft≈*) corriente *f* (de aire); (*Fest≈*) procesión *f*; desfile *m*; *Vögel*: bandada *f*; (*Schach≈*) jugada *f*; (*Gesichts≈*, *Charakter≈*) rasgo *m*; ***in e-m ~*** de un trago; *fig* de un tirón; ***e-n ~ tun*** echar un trago

Zugabe ['tsu:ga:bə] *f* (-; *-n*) añadidura *f*; *mus* bis *m*

Zugabteil ['tsu:kˀ-] *m* compartimiento *m*

'Zugang ['tsu:gaŋ] *m* (*-[e]s*; *⸚e*) acceso *m*; entrada *f*

zugänglich ['-gɛŋliç] accesible; *fig* abierto (***für*** a); (*umgänglich*) tratable

'Zug|anschluss ['tsu:kˀ-] *m* enlace *m* (de trenes); **~begleiter** *m* revisor *m* (del tren); **~brücke** *f* puente *m* levadizo

zugeben ['tsu:ge:bən] (*irr*, *sep*, *-ge-*, *h*, → ***geben***) añadir; (*zulassen*) admitir; (*bekennen*) confesar

zugegen [tsu'ge:gən]: ***~ sn bei*** asistir a, presenciar (*ac*)

zugehen ['tsu:ge:ən] (*irr*, *sep*, *-ge-*, *sn* → ***gehen***) *Tür*: cerrarse; ***~ auf*** (*ac*) dirigirse a *od* hacia

'Zugehörigkeit *f* (-; *sin pl*) pertenencia *f*; *pol* (a)filiación *f*

'Zügel ['tsy:gəl] *m* (*-s*; -) rienda *f*; *a fig* freno *m*; **≈los** desenfrenado (*a fig*); **≈n** (*ge-*, *h*) refrenar

Zugereiste ['tsu:-] *m*/*f* (*-n*; *-n*) forastero *m*, -a *f*

'Zugeständnis *n* (*-ses*; *-se*) concesión *f*

Zugführer ['tsu:k-] *m* *ferro* jefe *m* de tren

zugig ['-giç] expuesto a la corriente de aire; ***es ist ~*** hay corriente de aire

zugleich [tsu'glaiç] a la vez; al mismo tiempo (***mit mir*** que yo)

Zug|luft ['tsu:kluft] *f* corriente *f* de aire; **~maschine** *f* tractor *m*; **~personal** *n* personal *m* del tren

zugreifen ['tsu:graifən] (*irr*, *sep*, *-ge-*, *h*, → ***greifen***) *bei Tisch*: servirse; *fig* aprovechar la oportunidad

zugrunde [tsu'grundə]: ***~ gehen*** perecer, perderse; ***~ richten*** echar a perder, arruinar

'Zug|schaffner ['tsu:k-] *m* revisor *m*; **~telefon** *n* teléfono *m* (en el tren)

zugunsten [tsu'gunstən] *auch* **zu Gunsten** (*gen*) a *od* en favor de

Zugverbindung ['tsu:k-] *f* comunicación *f* ferroviaria

'zuhalten [tsu:-] (*irr*, *sep*, *-ge-*, *h*, → ***halten***) (man)tener cerrado

Zuhälter ['-hɛltər] *m* (*-s*; -) rufián *m*, *jur* proxeneta *m*

Zuhause [tsu'hauzə] *n* (*-s*; *sin pl*) hogar *m*, casa *f*; **≈** en casa

zuheilen ['tsu:hailən] (*sep*, *-ge-*, *sn*) cerrarse

'zuhör|en (*sep*, *-ge-*, *h*) escuchar; **≈er(in** *f*) *m* oyente *su*

'zu|jubeln (*sep*, *-ge-*, *h*) (*dat*) aclamar, vitorear; ovacionar (*ac*); **'~kleben** (*sep*, *-ge-*, *h*) pegar; **'~knallen** (*sep*, *-ge-*, *h*) F cerrar de golpe; ***die Tür ~*** dar un portazo; **'~knöpfen** (*sep*, *-ge-*, *h*) abotonar

'Zu|kunft ['-kunft] *f* (-; *sin pl*) porvenir *m*; futuro *m* (*a gram*); ***in ~*** en el futuro, (de aquí) en adelante; **2künftig** futuro, venidero; *adv* en el futuro; F ***m-e 2e*** mi futura; **~kunftsindustrie** *f* industria *f* del futuro

'Zulage *f* (-; *-n*) suplemento *m*; plus *m*

'zu|langen (*sep*, *-ge-*, *h*) *bei Tisch*: servirse; **'~lassen** (*irr*, *sep*, *-ge-*, *h*, → ***lassen***) dejar cerrado; *Person*: admitir (*a fig Zweifel usw*); (*erlauben*) permitir, tolerar; *auto* matricular

'zulässig admisible; autorizado, lícito

'Zulassung *f* (-; *-en*) admisión *f*; permiso *m*; *auto* permiso *m* de circulación

zu'lasten: ***~ von*** a cargo de

'zulegen (*sep*, *-ge-*, *h*) (*hinzufügen*) añadir; ***sich*** (*dat*) ***et ~*** comprarse a/c; F ***sich e-e Braut ~*** echarse novia

Zulieferindustrie ['tsu:li:fər?-] *f* industria *f* suministradora de componentes

zuletzt [tsu'lɛtst] en último lugar; por último; al fin; (*als letzter*) el último

zu'liebe: ***j-m ~*** por amor a alg

zum [tsum] = ***zu dem***

zumachen ['tsu:-] (*sep*, *-ge-*, *h*) cerrar; *Jacke usw*: abrochar

zu|meist [tsu'maɪst] la mayoría de las veces; en general; **~'mindest** por lo menos, al menos

Zumutung ['tsu:mu:tuŋ] *f* (-; *-en*) exigencia *f* exagerada; impertinencia *f*, F frescura *f*

zunächst [tsu'nɛ:çst] en primer lugar, ante todo; (*vorläufig*) por de pronto, de momento

'zunähen ['tsu:-] (*sep*, *-ge-*, *h*) coser

Zunahme ['-nɑ:mə] *f* (-; *-n*) aumento *m*, incremento *m*

'Zuname *m* (*-ns*; *-n*) apellido *m*

'zünd|en ['tsyndən] *v/i* (*ge-*, *h*) encenderse; prender; *fig* entusiasmar; electrizar; **~end** *fig* vibrante

'Zünd|er ['tsyndər] *m* (*-s*; -) espoleta *f*; detonador *m*; **~holz** ['-thɔlts] *n* cerilla *f*; **~kerze** *tec f* bujía *f*; **~schloss** *n* cerradura *f* de contacto; **~schlüssel** *m* llave *f* de contacto; **~ung** ['-duŋ] *f* (-; *-en*) encendido *m*

zunehmen ['tsu:-] (*irr*, *sep*, *-ge-*, *h*, → ***nehmen***) aumentar (***an*** *dat* de); crecer (*a Mond*); *an Gewicht*: engordar

'Zuneigung *f* (-; *-en*) cariño *m*, simpatía *f*

Zunge ['tsuŋə] *f* (-; *-n*) lengua *f*; ***es liegt mir auf der ~*** lo tengo en la (punta de la) lengua

zunichte [tsu'niçtə]: ***~ machen*** *Plan usw*: desbaratar; *Hoffnungen*: frustrar

zupfen ['tsupfən] (*ge-*, *h*) tirar (***an*** *dat* de); *mus* puntear

zur [tsu:r] = ***zu der***

zurande kommen, *auch* **zu Rande** *adv* ***mit et ~*** poder con a/c

zurate ziehen, *auch* **zu Rate** (*ac*) aconsejarse con; consultar a

zurechnungsfähig ['tsu:rɛçnuŋs-] responsable de sus actos

zu'recht|kommen [tsu'rɛçt-] (*irr*, *sep*, *-ge-*, *sn*, → ***kommen***) *fig* arreglárselas; ***mit j-m ~*** entenderse con alg; **~machen** (*sep*, *-ge-*, *h*) arreglar, disponer; ***sich ~*** arreglarse; **2weisung** *f* (-; *-en*) reprimenda *f*

'zu|reden ['tsu:-] (*sep*, *-ge-*, *h*) (*dat*) tratar de persuadir; (***gut***) ***~*** animar (***zu*** a); **~richten** (*sep*, *-ge-*, *h*) preparar; ***übel ~*** dejar maltrecho; *et*: echar a perder

zu'rück [tsu'ryk] (hacia *od* para) atrás; (*im Rückstand*) retrasado, atrasado; ***~ sn*** estar de vuelta; **~bekommen** (*irr*, *sep*, *h*, → ***bekommen***) recuperar, recobrar; *Wechselgeld*: recibir; ***ich habe es ~*** me lo han devuelto; **~bleiben** (*irr*, *sep*, *-ge-*, *sn*, → ***bleiben***) quedarse atrás; rezagarse; *in Leistungen*: quedar retrasado; **~bringen** (*irr*, *sep*, *-ge-*, *h*, → ***bringen***) *j-n*: acompañar a casa; *et*: devolver, restituir; **~drängen** (*sep*, *-ge-*, *h*) hacer retroceder; *fig* contener; **~erstatten** (*sep*, *h*) devolver; restituir; **~fahren** *v/i* (*irr*, *sep*, *-ge-*, *sn*, → ***fahren***) regresar, volver; **~fordern** (*sep*, *-ge-*, *h*) reclamar, reivindicar; **~führen** (*sep*, *-ge-*, *h*): ***~ auf*** (*ac*) atribuir a; **~geben** (*irr*, *sep*, *-ge-*, *h*, → ***geben***) devolver, restituir; **~geblieben** atrasado; *fig* retrasado; **~gehen** (*irr*, *sep*, *-ge-*, *sn*, → ***gehen***) volver; (*abnehmen*) bajar, disminuir; *fig* ***~ auf*** (*ac*) remontarse a; ser debido a; ***~ lassen*** devolver; **~gezogen**

retirado; **~halten** (*irr, sep, -ge-, h,* → ***halten***) retener; *a fig* contener; ***sich ~*** contenerse; **~haltend** reservado; **≗haltung** *f* (-; *sin pl*) reserva *f*; **~kehren** (*sep, -ge-, sn*) volver, regresar; **~kommen** (*irr, sep, -ge-, sn,* → ***kommen***) volver, regresar; ***~ auf*** (*ac*) volver a; **~lassen** (*irr, sep, -ge-, h,* → ***lassen***) dejar (atrás); abandonar; **~legen** (*sep, -ge-, h*) reservar; *Geld*: ahorrar; *Strecke*: recorrer; **~nehmen** (*irr, sep, -ge-, h,* → ***nehmen***) recoger; *fig* revocar; **~schicken** (*sep, -ge-, h*) devolver; *j-n*: hacer volver; **~schlagen** (*irr, sep, -ge-, h,* → ***schlagen***) rechazar (*a mil*); *Ball*: devolver; **~setzen** (*sep, -ge-, h*) **1.** *v/i auto* hacer marcha atrás; **2.** *v/t fig* postergar; **~stellen** (*sep, -ge-, h*) poner en su sitio; *Uhr*: atrasar; *fig* aplazar, dejar para más tarde; **~treten** (*irr, sep, -ge-, sn,* → ***treten***) dar un paso atrás, retroceder; *vom Amt*: dimitir, renunciar a; **~weisen** (*irr, sep, -ge-, h,* → ***weisen***) rechazar; **~werfen** (*irr, sep, -ge-, h,* → ***werfen***) rechazar; *Ball*: devolver; *fig* poner en retraso; **~zahlen** (*sep, -ge-, h*) devolver, re(e)mbolsar; **~ziehen** (*irr, sep, -ge-, h,* → ***ziehen***): (***sich***) ~ retirar(se)

Zuruf ['tsu:ru:f] *m* (*-[e]s; -e*) grito *m*; llamada *f*; ***durch ~*** por aclamación

zur'zeit *adv* de momento, actualmente

'Zusage *f* (-; *-n*) promesa *f*; (*Zustimmung*) consentimiento *m*; *auf e-e Einladung*: aceptación *f*; **≗n** (*sep, -ge-, h*) **1.** *v/t* prometer; **2.** *v/i* aceptar (una invitación); (*gefallen*) gustar

zu'sammen [tsu'zamən] juntos; juntamente; (*im ganzen*) en total; ***~ mit*** junto con; **≗arbeit** *f* (-; *sin pl*) cooperación *f*, colaboración *f*; **~arbeiten** (*sep, -ge-, h*) cooperar, colaborar; **~bauen** (*sep, -ge-, h*) *tec* montar, ensamblar; **~binden** (*irr, sep, -ge-, h,* → ***binden***) atar, liar; **~brechen** (*irr, sep, -ge-, sn,* → ***brechen***) *a fig* derrumbarse, hundirse; *a Person*: desplomarse; **≗bruch** *m* (*-[e]s; ⸗e*) *fig* derrumbamiento *m*, hundimiento *m*; *med* colapso *m*; *com* quiebra *f*; **~fallen** (*irr, sep, -ge-, sn,* → ***fallen***) hundirse; *zeitlich*: coincidir; **~fassen** (*sep, -ge-, h*) reunir; ***kurz ~*** resumir; **≗fassung** *f* (-; *-en*) resumen *m*; **≗fluss** *m* confluencia *f*; **~fügen** (*sep, -ge-, h*) juntar; *tec a* ensamblar; **~gesetzt** compuesto; **≗hang** *m* (*-[e]s; ⸗e*) conexión *f*; (*Beziehung*) relación *f*; (*Text*) contexto *m*; ***in diesem ~*** a este respecto; ***in ~ bringen mit*** relacionar con; **~hängen** (*irr, sep, -ge-, h,* → ***hängen***) estar unido (***mit*** a); estar relacionado (***mit*** con); **~hängend** coherente; **~klappbar** plegable; **~kommen** (*irr, sep, -ge-, sn,* → ***kommen***) reunirse; *zu e-r Besprechung*: entrevistarse; *Umstände*: concurrir, coincidir; **≗kunft** [-kunft] *f* (-; *⸗e*) reunión *f*; (*Besprechung*) entrevista *f*; **~leben** (*sep, -ge-, h*) vivir juntos; (con)vivir (***mit j-m*** con alg); **≗leben** *n* (*-s; sin pl*) vida *f* (en) comun; convivencia *f*; **~legen** (*sep, -ge-, h*) poner juntos; *Geld*: reunir; (*falten*) doblar, plegar; **~nehmen** (*irr, sep, -ge-, h,* → ***nehmen***) *Kräfte, Gedanken*: concentrar; ***s-n Mut ~*** hacer acopio de valor; ***sich ~*** contenerse, dominarse; **~passen** (*sep, -ge-, h*) *v/i* ir bien (***mit*** con); hacer juego; *a Personen*: armonizar; **~prallen** (*sep, -ge-, sn*) chocar, colisionar (*a fig*); **~rechnen** (*sep, -ge-, h*) sumar; **~reißen** (*irr, sep, -ge-, h,* → ***reißen***): ***sich ~*** hacer un esfuerzo; **~schlagen** (*irr, sep, -ge-, h,* → ***schlagen***) *v/t* hacer pedazos, demoler; *j-n*: apalear; **~schließen** (*irr, sep, -ge-, h,* → ***schließen***): ***sich ~*** unirse, asociarse; *pol, com* fusionarse; **≗schluss** *m* (*-es; ⸗e*) unión *f*, asociación *f*; fusión *f*; **~schrumpfen** (*sep, -ge-, sn*) encogerse, contraerse; *fig* disminuir; **~setzen** (*sep, -ge-, h*) juntar, (re)unir; *tec* montar, ensamblar; ***sich ~*** sentarse juntos; ***sich ~ aus*** componerse de; **≗setzung** *f* composición *f*; **~stellen** (*sep, -ge-, h*) reunir, agrupar; componer (*a Menü*); *Daten*: compilar; *Programm*: organizar; *Liste*: hacer, confeccionar; **≗stoß** *m* (*-es; ⸗e*) choque *m*, colisión *f* (*a fig*); **~stoßen** (*irr, sep, -ge-, sn,* → ***stoßen***) chocar (*a fig*), entrar en colisión; *fig* tener un altercado; **~stürzen** (*sep, -ge-, sn*) hundirse, derrumbarse; **~treffen** (*irr, sep, -ge-, sn,* → ***treffen***) encontrarse, entrevistarse; *zeitlich*: coincidir; **≗treffen** *n* (*-s; sin pl*) encuentro *m*; coincidencia *f*; *v Umständen*: concurso *m*; **~treten** (*irr, sep, -ge-, sn,* → ***treten***) reunirse; **≗tritt** *m* reunión *f*; **~zählen** (*sep, -ge-, h*) sumar; **~ziehen** (*irr, sep, -ge-,* → ***ziehen***) **1.** *v/t* (*h*) contraer;

Z

(*sammeln*) reunir; concentrar (*a mil*); **sich ~** contraerse; **2.** *v/i* (*sn*) ir a vivir juntos

Zu|satz ['tsu:zats] *m* (*-es*; *⸚e*) adición *f*, añadidura *f*; *quím* aditivo *m*; (*Nachtrag*) suplemento *m*; **&sätzlich** ['-zɛtsliç] adicional; suplementario; *adv* además

'zuschau|en (*sep*, *-ge-*, *h*) estar mirando; ser espectador (***bei*** de); **&er** *m* (*-s*; *-*), **&erin** *f* (*-*; *-nen*) espectador(a *f*) *m*; *pl* público *m*

'zuschicken enviar, mandar

'Zuschlag *m* (*-[e]s*; *⸚e*) *Auktion*, *Ausschreibung*: adjudicación *f*; (*Aufschlag*) recargo *m*, *a corr* sobretasa *f*; *a ferro* suplemento *m*; **&en** (*irr*, *sep*, *-ge-*, *h*, → ***schlagen***) **1.** *v/t* cerrar de golpe; *Auktion*, *Auftrag*: adjudicar; **2.** *v/i* pegar; *Tür*: cerrarse de golpe; **&pflichtig** sujeto a suplemento

'zu|schließen (*irr*, *sep*, *-ge-*, *h*, → ***schließen***) cerrar con llave; **~schneiden** (*irr*, *sep*, *-ge-*, *h*, → ***schneiden***) cortar; **~schreiben** (*irr*, *sep*, *-ge-*, *h*, → ***schreiben***) atribuir, imputar; ***zu~ sn*** ser debido a; **&schrift** *f* (*-*; *-en*) carta *f*; **~schulden** [tsu'ʃuldən] *auch* **zu Schulden**: ***sich*** (*dat*) ***et*** (***nichts***) ***~ kommen lassen*** (no) hacerse culpable de a/c (nada)

'Zuschuss ['tsu:ʃus] *m* (*-es*; *⸚e*) ayuda *f*; *staatlich*: subvención *f*; **~betrieb** *m* empresa *f* subvencionada *bzw* deficitaria

'zusehen (*irr*, *sep*, *-ge-*, *h*, → ***sehen***) *s* ***zuschauen***; **~ds** a ojos vistas

'zu|senden (*irr*, *sep*, *-ge-*, *h*, → ***senden***) enviar, mandar; **~setzen** (*sep*, *-ge-*, *h*) añadir; *Geld*: perder: ***j-m*** (***hart***) **~** apretar, acosar a alg

'zusicher|n (*sep*, *-ge-*, *h*) asegurar; **&ung** *f* (*-*; *-en*) seguridad *f*; promesa *f*

'zu|spielen (*sep*, *-ge-*, *h*) *Ball*: pasar; *fig* facilitar; **~spitzen** (*sep*, *-ge-*, *h*): *fig* ***sich ~*** agravarse, agudizarse

Zustand *m* estado *m*; (*Lage*) situación *f*; ***in gutem ~*** en buen estado

zustande [tsu'ʃtandə] *auch* **zu Stande**: ***~ bringen*** llevar a cabo; ***~ kommen*** realizarse, efectuarse

'zuständig ['tsu:ʃtɛndiç] competente; **&keit** *f* (*-*; *-en*) competencia *f*

'zu|stehen (*irr*, *sep*, *-ge-*, *h*, → ***stehen***) corresponder, incumbir a; **~steigen** (*irr*, *sep*, *-ge-*, *sn*, → ***steigen***) subir (al tren, *etc*)

'zustell|en (*sep*, *-ge-*, *h*) entregar, enviar; *corr* repartir, distribuir; *jur* notificar; **&ung** *f* (*-*; *-en*) entrega *f*, envío *m*; *corr* reparto *m*, distribución *f*; *jur* notificación *f*

'zustimm|en (*sep*, *-ge-*, *h*) (*dat*) consentir (en); aprobar (*ac*); **~end** afirmativo; **&ung** *f* (*-*; *sin pl*) consentimiento *m*, aprobación *f*

'zustoßen (*irr*, *sep*, *-ge-*, *sn*, → ***stoßen***) *v/i j-m*: suceder, pasar, ocurrir

Zutaten ['tsu:tɑ:tən] *f/pl gastr* ingredientes *m/pl*

'zuteil|en (*sep*, *-ge-*, *h*) asignar, adjudicar (***j-m et*** a/c a alg); *j-n*: agregar; **&ung** *f* (*-*; *-en*) asignación *f*; adjudicación *f*

'zutragen (*irr*, *sep*, *-ge-*, *h*, → ***tragen***) *fig* contar, delatar; ***sich ~*** suceder, ocurrir

'zutrau|en (*sep*, *-ge-*, *h*): ***j-m et ~*** creer a alg capaz de a/c; ***sich*** (*dat*) ***zu viel ~*** excederse; **&en** *n* (*-s*; *sin pl*) confianza *f* (***zu*** en); **~lich** confiado; *Kind*: cariñoso; *Tier*: manso

'zutreffen (*irr*, *sep*, *-ge-*, *h*, → ***treffen***) ser justo, ser verdad; ***~ auf*** (*ac*) aplicarse a

'Zutritt *m* (*-[e]s*; *sin pl*) entrada *f*; acceso *m*; ***~ verboten!*** ¡se prohibe la entrada!

'zuverlässig ['tsu:fɛr:lɛsiç] seguro; *Person*: formal; (digno) de confianza; *a tec* fiable; **&keit** *f* (*-*; *sin pl*) seguridad *f*; formalidad *f*; *a tec* fiabilidad *f*

'Zuversicht ['-fɛrziçt] *f* (*-*; *sin pl*) confianza *f*; **&lich** confiado, lleno de confianza

zuviel → ***zu***

zu'vor antes, primero

zu'vorkommen (*irr*, *sep*, *-ge-*, *sn*, → ***kommen***) *j-m*: adelantarse a; *e-r Gefahr*: prevenir (*ac*); **~d** atento, solícito (***gegen*** con)

Zuwachs ['tsu:vaks] *m* (*-es*; *sin pl*) aumento *m*, incremento *m* (***an*** *dat* de); crecimiento *m*

zu'weilen [tsu'vaılən] a veces

'zuweis|en ['tsu:-] (*irr*, *sep*, *-ge-*, *h*, → ***weisen***) asignar, señalar; **&ung** *f* (*-*; *-en*) asignación *f*

'zuwend|en (*irr*, *sep*, *-ge-*, *h*, → ***wenden***) (*dat*) volver hacia; ***sich ~*** dirigirse a; *fig* dedicarse a; **&ung** *f* (*-*; *-en*) donativo *m*; *jur* donación *f*

zuwenig → ***zu***

zuwerfen ['tsu:vɛrfən] (*irr, sep, -ge-, h,* → **werfen**) *Blick*: lanzar, echar; *Ball*: tirar, pasar; *Tür*: cerrar de golpe; *Graben*: cegar

zu'wider [tsu'vi:dər]: ***er ist mir ~*** me es antipático; ***es ist mir ~*** me repugna; lo detesto; **≈handlung** *f* (-; *-en*) contravención *f*, infracción *f*

'zu|winken ['tsu:viŋkən] hacer señas (***j-m*** a alg); **~ziehen** (*irr, sep, -ge-,* → ***ziehen***) **1.** *v/t* (*h*) *Vorhang*: correr; (*fest* ~) apretar; ***sich*** (*dat*) ~ *Krankheit*: contraer; **2.** *v/i* (*sn*) establecerse; **~züglich** ['-tsy:kliç] (*gen*) más (*ac*)

Zwang [tsvaŋ] *m* (*-[e]s*; *⸗e*) (*Gewalt*) fuerza *f*, violencia *f*; (*Druck*) presión *f*; *moralischer*: obligación *f*; *stärker*: coacción *f*; *jur* coerción *f*

zwanglos ['tsvaŋlo:s] *fig* informal; sin cumplidos

'Zwangs|jacke *f* camisa *f* de fuerza; **≈läufig** *adv* forzosamente, a la *od* por fuerza; **~maßnahme** *f* medida *f* coercitiva; **~umtausch** *m* cambio *m* obligatorio (de divisas); **~versteigerung** *f* subasta *f* forzosa; **~vollstreckung** *f* ejecución *f* forzosa; **≈weise** por (*od* a la) fuerza

'zwanzig ['tsvantsiç] veinte; ***etwa ~*** una veintena; **~ste** vigésimo; **≈stel** *n* (*-s*; *-*) veintavo *m*

zwar [tsva:r] en verdad; es cierto *od* verdad que; ***und ~*** es decir, a saber

Zweck [tsvɛk] *m* (*-[e]s*; *-e*) fin *m*; finalidad *f*; (*Absicht*) intención *f*; (*Ziel*) objetivo *m*; objeto *m*; ***zu diesem ~*** con este fin; ***zu welchem ~?*** ¿para qué?; ***keinen ~ haben*** ser inútil; **'~e** *f* (-; *-n*) (*Reiß≈*) chincheta *f*; **'≈los** inútil; **'≈mäßig** conveniente, oportuno; apropiado; **≈s** (*gen*) con el fin (*od* objeto) de, para (*inf*)

zwei [tsvaɪ] **1.** dos; **2.** **≈** *f* (-; *-en*) dos *m*; **'≈bettzimmer** *n* habitación *f* de dos camas; **~deutig** ['-dɔʏtiç] equívoco, ambiguo; **'≈deutigkeit** *f* doble sentido *m*, ambigüedad *f*; **~erlei** ['-ər'laɪ] de dos clases; ***das ist ~*** son dos cosas distintas; **'~fach** doble; ***in ~er Ausfertigung*** por duplicado

'Zweifel ['-fəl] *m* (*-s*; *-*) duda *f*; ***ohne ~*** sin duda alguna; **≈haft** dudoso; (*ungewiss*) incierto; (*verdächtig*) sospechoso; **≈los** indudable; *adv* sin duda alguna; **≈n** (*ge-, h*) dudar (***an*** *dat* de); **~sfall** *m*: ***im ~*** en caso de duda

Zweig [tsvaɪk] *m* (*-[e]s*; *-e*) ramo *m*; rama *f* (*beide a fig*)

zweigleisig ['tsvaɪglaɪziç] de vía doble

'Zweigstelle ['tsvaɪk-] *f* sucursal *f*; agencia *f* (urbana); **~nleiter(in** *f*) *m* director(a *f*) *m* de la sucursal

'zwei|händig *mus* ['tsvaɪhɛndiç] a dos manos; **~'hundert** doscientos; **~jährig** ['-jɛ:riç] de dos años; bienal; **≈kampf** *m* duelo *m*; **~mal** dos veces; ***~ monatlich*** (***wöchentlich***) ***erscheinend*** bimensual (bisemanal); **~motorig** ['-moto:riç] bimotor; **≈reiher** *m* traje *m* cruzado; **~schneidig** de dos filos (*a fig*); **~seitig** ['-zaɪtiç] bilateral; **≈sitzer** ['-zitsər] *m* coche *m* de dos asientos; **~sprachig** ['-ʃpra:xiç] bilingüe; **~stöckig** ['-ʃtœkiç] de dos pisos; **~stündig** ['-ʃtyndiç] de dos horas; **~t** [tsvaɪt]: ***zu ~*** dos a dos; de dos en dos; **≈taktmotor** *m* motor *m* de dos tiempos; **~'tausend** dos mil; **~te** segundo; ***jeden ~n Tag*** un día sí y otro no; **~teilig** de dos partes; *Kleid*: de dos piezas; **~tens** en segundo lugar; **≈twohnung** *f* segunda residencia *f*

Zwerchfell *anat* ['tsvɛrçfɛl] *n* diafragma *m*

Zwerg [tsvɛrk] *m* (*-[e]s*; *-e*) enano *m* (*a fig*)

Zwetsch(g)e ['tsvɛtʃ(g)ə] *f* (-; *-n*) ciruela *f*

zwicken ['tsvikən] (*ge-, h*) pellizcar

Zwieback ['tsvi:bak] *m* (*-s*; *-e*) bizcocho *m* (seco)

'Zwiebel ['-bəl] *f* (-; *-n*) cebolla *f*; (*Blumen≈*) bulbo *m*; **~suppe** *f* sopa *f* de cebolla

'Zwie|licht *n* (*-[e]s*; *sin pl*) media luz *f*; ***im ~*** entre dos luces; **~tracht** *f* (-; *sin pl*) discordia *f* (***säen***, ***stiften*** sembrar)

'Zwilling ['-liŋ] *m* (*-s*; *-e*) gemelo *m*, mellizo *m*; *astr* **~e** Géminis *m*; **~sbruder** *m* hermano *m* gemelo

'zwing|en ['tsviŋən] (*zwang, gezwungen, h*) obligar, *stärker*: forzar (***zu*** a); ***sich ~*** forzarse (***zu*** a), hacer un esfuerzo (para); ***sich gezwungen sehen zu*** verse obligado a; **~end** obligatorio, forzoso; *Grund*: concluyente

zwinkern ['tsviŋkərn] (*ge-, h*): ***mit den Augen ~*** guiñar los ojos

Zwirn [tsvirn] *m* (*-s*; *-e*) hilo *m*

'zwischen ['tsviʃən] entre; **2...**: *in Zssgn oft* intermediario; intermedio; **2aufenthalt** *m* parada *f*; escala *f*; **2deck** *mar n* entrepuente *m*; **~'durch** *zeitlich*: entretanto; *et* **~ *essen*** comer entre horas; **2fall** *m* incidente *m*; **2geschoss** *arqu n* entresuelo *m*, *österr* **2geschoß**; **2handel** *m* comercio *m* intermediario; **~landen** (*sep*, *-ge-*, *sn*) *avia* hacer escala; **2landung** *avia f* escala *f*; **2raum** *m* espacio *m*; *zeitlich*: intervalo *m*; **2runde** *f dep* semifinal *f*; **~staatlich** internacional; **2stock** *m* entresuelo *m*; **2zeit** *f* intervalo *m*; ***in der ~*** entretanto, mientras tanto; **~zeitlich** interino, provisional

Zwist [tsvist] *m* (*-[e]s*; *-e*) discordia *f*; controversia *f*; desavenencia *f*

zwitschern ['tsvitʃərn] (*ge-*, *h*) gorjear, trinar

zwölf [tsvœlf] **1.** doce; **~ *Stück*** una docena; **2.** **2** *f* (-; *-en*) doce *m*; **2'fingerdarm** *m* duodeno *m*; **'~te** duodécimo; **'2tel** *n* (*-s*; -) dozavo *m*

Zyankali [tsyan'kɑːli] *n* (*-s*; *sin pl*) cianuro *m* de potasio

zyklisch ['tsyːkliʃ] cíclico

Zyklon [tsy'kloːn] *m* (*-s*; *-e*) ciclón *m*

Zyklus ['tsyːklus] *m* (-; *Zyklen*) ciclo *m*

Zy'linder [tsi'lindər] *m* (*-s*; -) *tec* cilindro *m*; (*Hut*) sombrero *m* de copa; **~kopf** *auto m* culata *f*

'Zyn|iker ['tsyːnikər] *m* (*-s*; -), **2isch** cínico (*m*); **~ismus** [tsy'nismus] *m* (-; *-men*) cinismo *m*

Zypresse *bot* [tsy'prɛsə] (-; *-n*) ciprés *m*

Zyste *med* ['tsystə] (-; *-en*) quiste *m*

Spanische geographische Namen
Nombres geográficos españoles

A

Ádige ['ađixe] *m* Etsch *f*
Adriático [a'đrĭatiko] *m* Adria *f*
Afganistán [afganis'tan] *m* Afghanistan *n*
África ['afrika] *f* Afrika *n*; **~ *del Sur*** Südafrika *n*
Albania [al'ƀanĭa] *f* Albanien *n*
Alejandría [alɛxan'dria] *f* Alexandria *n*
Alemania [ale'manĭa] *f* Deutschland *n*
Alpes ['alpes] *m/pl* Alpen *f/pl*
Alsacia [al'saθĭa] *f* Elsass *n*
Amazonas [ama'θonas] *m* Amazonas *m*
Amberes [am'beres] *f* Antwerpen *n*
América [a'merika] *f* Amerika *n*; **~ *Central*** Mittelamerika *n*; **~ *Latina*** Lateinamerika *n*; **~ *del Norte*** Nordamerika *n*; **~ *del Sur*** Südamerika *n*
Andalucía [andalu'θia] *f* Andalusien *n*
Andes ['andes] *m/pl* Anden *pl*
Andorra [an'dɔrra] *f* Andorra *n*
Antártida [an'tartiđa] *f* Antarktis *f*
Antillas [an'tiʎas] *f/pl* Antillen *pl*
Apeninos [ape'ninos] *m/pl* Apennin *m*
Aquisgrán [akiz'gran] *m* Aachen *n*
Arabia Saudita *od* **Saudí** [a'raƀĭa saŭ'đi(ta)] *f* Saudi-Arabien *n*
Aragón [ara'gɔn] *m* Aragonien *n*
Argel [ar'xɛl] *m* Algier *n*
Argelia [ar'xelĭa] *f* Algerien *n*
Argentina [arxen'tina] *f* Argentinien *n*
Armenia [ar'menĭa] *f* Armenien *n*
Ártico ['artiko] *m* Arktis *f*
Asia ['asĭa] *f* Asien *n*; **~ *Menor*** Kleinasien *n*
Asturias [as'turĭas] *f/pl* Asturien *n*
Atenas [a'tenas] *f* Athen *n*
Atlántico [at'lantiko] *m*: (***Océano*** *m*) ~ Atlantik *m*, Atlantischer Ozean *m*
Australia [aŭs'tralĭa] *f* Australien *n*
Austria ['aŭstrĭa] *f* Österreich *n*
Azores [a'θores] *m/pl* Azoren *pl*

B

Balcanes [bal'kanes] *m/pl* Balkan *m*
Baleares [bale'ares] *f/pl* Balearen *pl*
Báltico ['baltiko] *m* Ostsee *f*
Basilea [basi'lea] *f* Basel *n*
Baviera [ba'ƀĭera] *f* Bayern *n*; ***Alta* ~** Oberbayern *n*; ***Baja* ~** Niederbayern *n*
Belén [be'len] *m* Bethlehem *n*
Bélgica ['bɛlxika] *f* Belgien *n*
Belgrado [bɛl'građo] *f* Belgrad *n*
Berlín [bɛr'lin] *m* Berlin *n*
Berna ['bɛrna] *f* Bern *n*
Bolivia [bo'liƀĭa] *f* Bolivien *n*
Bohemia [bo'emĭa] *f* Böhmen *n*
Borgoña [bɔr'goɲa] *f* Burgund *n*
Bósforo ['bɔsforo] *m* Bosporus *m*
Bosnia ['bɔsnĭa] *f* Bosnien *n*; **~ *y Herzegovina*** [~ i jɛrθe'goƀina] *f* Bosnien-Herzegovina *n*
Brande(n)burgo [brande(n)'burgo] *m* Brandenburg *n*
Brasil [bra'sil] *m* Brasilien *n*
Brema [brema] *f* Bremen *n*
Bretaña [bre'taɲa] *f* Bretagne *f*
Brisgovia [briz'goƀĭa] *f* Breisgau *m*
Brujas ['bruxas] *m* Brügge *n*
Bruselas [bru'selas] *f* Brüssel *n*
Bulgaria [bul'garĭa] *f* Bulgarien *n*
Burdeos [bur'đeɔs] *f* Bordeaux *n*

C

Cabo, El ['kaƀo] Kapstadt *n*
Cabo de Buena Esperanza ['kaƀo đe 'ƀŭena espe'ranθa] *m* Kap *n* der Guten Hoffnung
Cabo de Hornos ['kaƀo đe 'ɔrnos] *m* Kap *n* Ho(o)rn
Cairo, El ['kaĭro] Kairo *n*
California [kali'fɔrnĭa] *f* Kalifornien *n*
Camboya [kam'boja] *f* Kambodscha *n*
Canadá [kana'đa] *m* Kanada *n*
Canal de la Mancha [ka'nal de la 'mantʃa] *m* Ärmelkanal *m*
Canarias [ka'narĭas] *f/pl*: (***Islas*** *f/pl*) ~ Kanarische Inseln *f/pl*, Kanaren *pl*
Cantábrico [kan'taƀriko] *m*: (***Mar*** *m*) ~ Golf *m* von Biskaya
Caribe [ka'riƀe] *m* Karibik *f*
Carintia [ka'rintĭa] *f* Kärnten *n*
Cárpatos ['karpatos] *m/pl* Karpaten *pl*
Caspio ['kaspĭo] *m*: (***Mar*** *m*) ~ Kaspisches Meer *n*
Castilla [kas'tiʎa] *f* Kastilien *n*

Cataluña [kata'luɲa] *f* Katalonien *n*
Cáucaso ['kaŭkaso] *m* Kaukasus *m*
Centroamérica [θentroa'merika] *f* Mittelamerika *n*
Cerdeña [θɛr'đeɲa] *f* Sardinien *n*
Chad ['tʃađ] *m* Tschad *m*
Checoslovaquia *hist* [tʃekoslo'ƀakĭa] *f* Tschechoslowakei *f*
Chile ['tʃile] *m* Chile *n*
China ['tʃina] *f* China *n*
Chipre ['tʃipre] *m* Zypern *n*
Ciudad [θĭu'đađ] *f*: ~ ***del Cabo*** Kapstadt *n*; ~ ***del Vaticano*** Vatikanstadt *f*
Coblenza [ko'ƀlenθa] *f* Koblenz *n*
Colombia [ko'lɔmbĭa] *f* Kolumbien *n*
Colonia [ko'lonĭa] *f* Köln *n*
Congo ['kɔŋgo] *m* Kongo *m*
Constanza [kɔns'tanθa] *f* Konstanz *n*
Copenhague [kope'nage] *f* Kopenhagen *n*
Córcega ['kɔrθega] *f* Korsika *n*
Corea [ko'rea] *f* Korea *n*
Corriente del Golfo [kɔ'rrĭente del 'gɔlfo] *f* Golfstrom *m*
Costa Azul ['kɔsta a'θul] *f* Côte d'Azur *f*
Costa de Marfil ['kɔsta đe mar'fil] *f* Elfenbeinküste *f*
Costa Rica ['kɔsta 'rika] *f* Costa Rica *n*
Creta ['kreta] *f* Kreta *n*
Crimea [kri'mea] *f* Krim *f*
Croacia [kro'aθĭa] *f* Kroatien *n*
Cuba ['kuƀa] *f* Kuba *n*

D

Dalmacia [dal'maθĭa] *f* Dalmatien *n*
Damasco [da'masko] *m* Damaskus *n*
Danubio [da'nuƀĭo] *m* Donau *f*
Dardanelos [darđa'nelos] *m/pl* Dardanellen *pl*
Dinamarca [dina'marka] *f* Dänemark *n*
Dresde ['drezđe] *m* Dresden *n*
Dunquerque [duŋ'kɛrke] *m* Dünkirchen *n*

E

Ecuador [ekŭa'đɔr] *m* Ecuador *n*
Edimburgo [eđim'burgo] *m* Edinburg *n*
Egeo [ɛ'xeo] *m* Ägäis *f*
Egipto [ɛ'xipto] *m* Ägypten *n*
Elba ['ɛlƀa] *m* Elbe *f*
Emiratos Árabes Unidos [emi'ratos 'araƀes u'niđos] *m/pl* Vereinigte Arabische Emirate *n/pl*
Escandinavia [eskandi'naƀĭa] *f* Skandinavien *n*
Escocia [es'koθĭa] *f* Schottland *n*
Eslovaquia [ezlo'ƀakĭa] *f* Slowakei *f*
Eslovenia [ezlo'ƀenĭa] *f* Slowenien *n*
España [es'paɲa] *f* Spanien *n*
Esparta [es'parta] *f* Sparta *n*
Espira [es'pira] *f* Speyer *n*
Estados Unidos de América [es'tađos u'niđoz đe a'merika] *m/pl* Vereinigte Staaten von Amerika *m/pl*
Estambul [estam'bul] *f* Istanbul *n*
Estiria [es'tirĭa] *f* Steiermark *f*
Estocolmo [esto'kɔlmo] *m* Stockholm *n*
Estonia [es'tonĭa] *f* Estland *n*
Estrasburgo [estraz'ƀurgo] *m* Straßburg *n*
Etiopía [etĭo'pia] *f* Äthiopien *n*
Europa [eŭ'ropa] *f* Europa *n*
Extremadura [estrema'đura] *f* Estremadura *f*

F

Filipinas [fili'pinas] *f/pl* Philippinen *pl*
Finlandia [fin'landĭa] *f* Finnland *n*
Flandes ['flandes] *m* Flandern *n*
Florencia [flo'renθĭa] *f* Florenz *n*
Francfort-del-Meno [fraŋk'fɔrt del 'meno] *m* Frankfurt am Main *n*
Francia ['franθĭa] *f* Frankreich *n*
Franconia [fran'konĭa] *f* Franken *n*
Friburgo [fri'ƀurgo] *m* Freiburg *n*
Frisia ['frisĭa] *f* Friesland *n*

G

Gabón [gaƀon] *m* Gabun *n*
Gales ['gales] *m* Wales *n*
Galicia [ga'liθĭa] *f* Galicien *n* (*Spanien*); Galizien *n* (*Osteuropa*)
Gante ['gante] *m* Gent *n*
Garona [ga'rona] *m* Garonne *f*
Génova ['xenoƀa] *f* Genua *n*
Georgia [xe'ɔrxĭa] *f* Georgien *n*
Ginebra [xi'neƀra] *f* Genf *n*
Gotinga [go'tiŋga] *f* Göttingen *n*
Gran Bretaña [gran bre'taɲa] *f* Großbritannien *n*
Grecia [grɛθĭa] *f* Griechenland *n*
Grisones [gri'sones] *m/pl* Graubünden *n*
Groenlandia [groen'landĭa] *f* Grönland *n*
Guatemala [gŭate'mala] *f* Guatemala *n*

Guinea Ecuatorial [gi'nea ekŭato'rĭal] *f* Äquatorialguinea *n*

H

Habana, La [a'ƀana] Havana *n*
Haití [ai'ti] *m* Haiti *n*
Hamburgo [am'burgo] *m* Hamburg *n*
Haya, La ['aja] *f* Den Haag *n*
Holanda [o'landa] *f* Holland *n*
Honduras [ɔn'duras] *f* Honduras *n*
Hungría [uŋ'gria] *f* Ungarn *n*

I

India ['indĭa] *f* Indien *n*
Índico ['indiko] *m*: (***Océano*** *m*) ~ Indischer Ozean *m*
Indonesia [indo'nesĭa] *f* Indonesien *n*
Inglaterra [iŋgla'ɛrra] *f* England *n*
Irak [i'rak] *m* Irak *m*
Irán [i'ran] *m* Iran *m*
Irlanda [ir'landa] *f* Irland *n*
Islandia [iz'landĭa] *f* Island *n*
Italia [i'talĭa] *f* Italien *n*

J

Jamaica [xa'maĭka] *f* Jamaika *n*
Japón [xa'pɔn] *m* Japan *n*
Jerusalén [xerusa'len] *f* Jerusalem *n*

K

Kremlin ['kremlin] *m* Kreml *m*

L

Lago de Constanza ['lago đe kɔns'tanθa] *m* Bodensee *m*
Lago de los Cuatro Cantones ['lago đe los 'kŭatro kan'tones] *m* Vierwaldstätter See *m*
Lago Lemán ['lago le'man] *m* Genfer See *m*
Laponia [la'ponĭa] *f* Lappland *n*
Lausana [laŭ'sana] *f* Lausanne *n*
Letonia [le'tonĭa] *f* Lettland *n*
Líbano ['liƀano] *m* Libanon *m*
Liberia [liƀerĭa] *f* Liberia *n*
Libia ['liƀĭa] *f* Libyen *n*
Lieja ['lĭɛxa] *f* Lüttich *n*
Lisboa [liz'ƀoa] *f* Lissabon *n*
Lituania [li'tŭanĭa] *f* Litauen *n*
Loira [lo'ira] *m* Loire *f*
Lombardía [lɔmbar'đia] *f* Lombardei *f*
Londres ['lɔndres] *m* London *n*
Lorena [lo'rena] *f* Lothringen *n*
Lovaina [lo'ƀaĭna] *f* Löwen *n*
Lucerna [lu'θɛrna] *f* Luzern *n*
Luxemburgo [lugsem'burgo] *m* Luxemburg *n*

M

Macedonia [maθe'đonĭa] *f* Mazedonien *n*
Madagascar [mađagas'kar] *m* Madagaskar *n*
Maguncia [ma'gunθĭa] *f* Mainz *n*
Malasia [ma'lasĭa] *f* Malaysia *n*
Maldivas [mal'diƀas] *f/pl* Malediven *pl*
Malí [ma'li] *m* Mali *n*
Malvinas [mal'ƀinas] *f/pl* Falklandinseln *f/pl*
Mallorca [ma'ʎɔrkal] *f* Mallorca *n*
Mar Adriático [mar a'đrĭatiko] *m* Adriatisches Meer *n*, Adria *f*
Mar Báltico [mar 'ƀaltiko] *m* Ostsee *f*
Mar Caribe [mar ka'riƀe] *m* Karibisches Meer *n*
Mar Glacial [mar gla'θĭal] *m* Eismeer *n*
Mar Muerto [mar 'mŭɛrto] *m* Totes Meer *n*
Mar Negro [mar 'negro] *m* Schwarzes Meer *n*
Mar del Norte [mar đel 'nɔrte] *m* Nordsee *f*
Mar Rojo [mar 'rrɔxo] *m* Rotes Meer *n*
Mar Tirreno [mar ti'rreno] *m* Tyrrhenisches Meer *n*
Marruecos [ma'rrŭekos] *m* Marokko *n*
Marsella [mar'seʎa] *f* Marseille *n*
Mauritania [maŭri'tanĭa] *f* Mauretanien *n*
Mediterráneo [međitɛ'rraneo] *m*: (***Mar*** *m*) ~ Mittelmeer *n*
Méjico ['mɛxiko] *m* Mexiko *n*
Meno ['meno] *m* Main *m*
México ['mɛxiko] *m* Mexiko *n*
Milán [mi'lan] *m* Mailand *n*
Moldáu [mɔl'daŭ] *m*, **Moldava** [mɔl'daƀa] *m* Moldau *f*
Mónaco ['monako] *m* Monaco *n*
Mongolia [mɔŋ'golĭa] *f* Mongolei *f*
Montenegro [mɔnte'negro] *m* Montenegro *n*
Moravia [mo'raƀĭa] *f* Mähren *n*
Mosa ['mosa] *m* Maas *f*
Moscú [mɔs'ku] *m* Moskau *n*

Mosela [mo'sela] *m* Mosel *f*
Múnich [mu'nik] *f* München *n*

N

Nápoles ['napoles] *m* Neapel *n*
Nicaragua [nika'ragŭa] *f* Nicaragua *n*
Níger ['nixer] *m* Niger *n*
Nigeria [ni'xerĭa] *f* Nigeria *n*
Nilo ['nilo] *m* Nil *m*
Niza ['niθa] *f* Nizza *n*
Normandía [nɔrman'dia] *f* Normandie *f*
Noruega [no'rŭega] *f* Norwegen *n*
Nueva Guinea ['nŭeƀa gi'nea] *f* Neuguinea *n*
Nueva York ['nŭeƀa 'jɔrk] New York *n*
Nueva Zelanda ['nŭeƀa θe'landa] *f* Neuseeland *n*
Nuremberg ['nurembɛrg] *f* Nürnberg *n*

O

Oceanía [oθea'nia] *f* Ozeanien *n*
Océano Glacial [o'θeano gla'θĭal] *m* Eismeer *n*
Oriente [o'rĭente] *m*: ***Extremo ~*** Ferner Osten *m*; ***Próximo ~*** Naher Osten *m*

P

Pacífico [pa'θifiko] *m*: (***Océano*** *m*) ~ Stiller Ozean *m*, Pazifik *m*
País Vasco [pa'is 'ƀasko] *m* Baskenland *n*
Países Bajos [pa'ises 'ƀaxos] *m/pl* Niederlande *n/pl*
Pakistán [pakis'tan] *m* Pakistan *n*
Palatinado [palati'nađo] *m* Pfalz *f*
Palestina [pales'tina] *f* Palästina *n*
Panamá [pana'ma] *m* Panama *n*
Paraguay [para'gŭaĭ] *f* Paraguay *n*
París [pa'ris] *f* Paris *n*
Pekín [pe'kin] *m* Peking *n*
Perú [pe'ru] *m* Peru *n*
Pirinieos [piri'neos] *m/pl* Pyrenäen *pl*
Polinesia [poli'nesĭa] *f* Polynesien *n*
Polonia [po'lonĭa] *f* Polen *n*
Pomerania [pɔme'ranĭa] *f* Pommern *n*
Portugal [pɔrtu'gal] *m* Portugal *n*
Praga ['praga] *f* Prag *n*
Provenza [pro'ƀenθa] *f* Provence *f*

R

Ratisbona [rratiz'ƀona] *f* Regensburg *n*
Renania [rrɛ'nanĭa] *f* Rheinland *n*
República Dominicana [rrɛpuƀlika domini'kana] *f* Dominikanische Republik *f*
Rin [rrin] *m* Rhein *m*
Ródano ['rrɔđano] *m* Rhone *f*
Rodas ['rrɔđas] *m* Rhodos *n*
Roma ['rrɔma] *f* Rom *n*
Rumania [rru'manĭa] *f* Rumänien *n*
Rusia ['rrusĭa] *f* Russland *n*

S

Saboya [sa'ƀoja] *f* Savoyen *n*
Sajonia [sa'xonĭa] *f* Sachsen *n*; ***Baja ~*** Niedersachsen *n*
Salvador, El [ɛl salƀa'đɔr] El Salvador *n*
San Gotardo [saŋ go'tarđo] *m* Sankt Gotthard *m*
Sarre ['sarrɛ] *m* Saar *f*
Selva Negra ['sɛlƀa 'negra] *f* Schwarzwald *m*
Sena ['sena] *m* Seine *f*
Serbia ['sɛrƀĭa] *f* Serbien *n*
Siberia [si'ƀerĭa] *f* Sibirien *n*
Sicilia [si'θilĭa] *f* Sizilien *n*
Silesia [si'lesĭa] *f* Schlesien *n*
Siria ['sirĭa] *f* Syrien *n*
Suabia ['sŭaƀĭa] *f* Schwaben *n*
Sudáfrica [su'đafrika] *f* Südafrika *n*
Sudamérica [suđa'merika] *f* Südamerika *n*
Suecia ['sŭeθĭa] *f* Schweden *n*
Suiza ['sŭiθa] *f* Schweiz *f*

T

Tailandia [taĭ'landĭa] *f* Thailand *n*
Támesis ['tamesis] *m* Themse *f*
Tánger ['taŋxɛr] *m* Tanger *n*
Tejas ['texas] *m* Texas *n*
Tenerife [tene'rife] *f* Teneriffa *n*
Terranova [tɛrra'noƀa] *f* Neufundland *n*
Tierra del Fuego ['tĭɛrra del 'fŭego] *f* Feuerland *n*
Tolón [to'lɔn] *m* Toulon *n*
Tolosa [to'losa] *f* Toulouse *n*
Torino [to'rino] *m* Turin *n*
Transilvania [transil'ƀanĭa] *f* Siebenbürgen *n*
Trento ['trento] *m* Trient *n*
Tréveris ['treƀeris] *m* Trier *n*
Túnez ['tuneθ] *m* Tunis *n*; Tunesien *n*
Tunicia [tu'niθĭa] *f* Tunesien *n*
Turingia [tu'riŋxĭa] *f* Thüringen *n*
Turquía [tur'kia] *f* Türkei *f*

U

Ucrania [u'kranĭa] *f* Ukraine *f*
Unión de Repúblicas Socialistas Soviéticas *hist* [u'nĭɔn de rrɛ'puƀlikas soθĭa'listas so'ƀĭetikas] *f* Union *f* der Sozialistischen Sowjetrepubliken
Unión Sudafricana *hist* [u'nĭɔn suđafri'kana] *f* Südafrikanische Union *f*
Urales [u'rales] *m/pl* Ural *m*
Uruguay [uru'gŭaĭ] *m* Uruguay *n*

V

Varsovia [bar'soƀĭa] *f* Warschau *n*
Vascongadas [baskɔŋ'gađas] *f/pl* Baskische Provinzen *f/pl*
Vaticano [bati'kano] *m* Vatikan *m*
Venecia [be'neθĭa] *f* Venedig *n*
Venezuela [bene'θŭela] *f* Venezuela *n*
Versailles [bɛr'saʎes] *f* Versailles *n*
Vesubio [be'suƀĭo] *m* Vesuv *m*
Viena ['bĭena] *f* Wien *n*
Vietnam [bĭɛt'nam] *n* Vietnam *n*
Vístula ['bistula] *m* Weichsel *f*
Vizcaya [biθ'kaja] *f* Biscaya *f*
Volga ['bɔlga] *m* Wolga *f*
Vosgos ['bɔzgɔs] *m/pl* Vogesen *pl*

W

Westfalia [best'falĭa] *f* Westfalen *n*

Y

Yemen ['jemen] *m* Jemen *m*
Yugoslavia [jugos'laƀĭa] *f* Jugoslawien *n*

Z

Zaragoza [θara'goθa] *f* Saragossa *n*
Zimbabue [θim'baƀŭe] *m* Simbabwe *n*
Zúrich ['θurik] *m* Zürich *n*

Deutsche geographische Namen
Nombres geográficos alemanes

A

Aachen ['ɑːxən] *n* Aquisgrán *m*
Adria [ɑːdria] *f*, **Adriatisches Meer** [adri'ɑːtiʃəs meːr] *n* (Mar *m*) Adriático *m*
Afghanistan [af'gɑːnistɑːn] *n* Afganistán *m*
Afrika ['ɑːfrika] *n* África *f*
Ägäis [ɛ'gɛːis] *f*, **Ägaisches Meer** [ɛ'gɛːiʃəs meːr] *n* (Mar *m*) Egeo *m*
Ägypten [ɛ'gyptən] *n* Egipto *m*
Albanien [al'bɑːnjən] *n* Albania *f*
Alexandria [alɛ'ksandria] *n* Alejandría *f*
Algerien [al'geːrjən] *n* Argelia *f*
Algier ['alʒiːr] *n* Argel *m*
Alpen ['alpən] *pl* Alpes *m/pl*
Amazonas [ama'tsoːnas] *m* Amazonas *m*
Amerika [a'meːrika] *n* América *f*
Andalusien [anda'luːzjən] *n* Andalucía *f*
Anden ['andən] *pl* Andes *m/pl*
Andorra [an'dɔra] *n* Andorra *f*
Antarktis [ant'arktis] *f* Antártida *f*
Antillen [an'tilən] *pl* Antillas *f/pl*
Antwerpen [ant'vɛrpən] *n* Amberes *f*
Apennin(en) [apɛ'niːn(ən)] *m(pl)* Apeninos *m/pl*
Äquatorialguinea [ɛkvato'rjɑːlgineːa] *n* Guinea *f* Ecuatorial
Arabien [a'rɑːbjən] *n* Arabia *f*
Aragonien [ara'goːnjən] *n* Aragón *m*
Ardennen [ar'dɛnən] *pl* Ardenas *f/pl*
Argentinien [argɛn'tiːnjən] *n* (la) Argentina
Armenien [ar'meːnjən] *n* Armenia *f*
Ärmelkanal ['ɛrməlkanɑːl] *m* Canal *m* de La Mancha
Asien ['ɑːzjən] *n* Asia *f*
Asturien [as'tuːrjən] *n* Asturias *f/pl*
Athen [a'teːn] *n* Atenas *f*
Äthiopien [ɛ'tjoːpjən] *n* Etiopía *f*
Atlantik [at'lantik] *m*, **Atlantischer Ozean** *m* [at'lantiʃər 'oːtseɑːn] (Océano *m*) Atlántico *m*
Ätna ['ɛtna] *m* Etna *m*
Augsburg ['aʊksburk] *n* Augsburgo *m*
Australien [aʊs'trɑːljən] *n* Australia *f*
Avignon [avin'jɔ̃ː] *n* Aviñón *m*
Azoren [a'tsoːrən] *pl* Azores *f/pl*

B

Baden-Württemberg ['bɑːdən 'vyrtəmbɛrk] *n* Baden-Wurtemberg *m*
Bahamas [ba'hɑːmas] *f/pl las* Bahamas
Balearen [bale'ɑːrən] *pl* Baleares *f/pl*
Balkan ['balkɑːn] *m* Balcanes *m/pl*
Basel ['bɑːzəl] n Basilea *f*
Baskenland ['baskənlant] *n País* m Vasco
Bayern ['baɪərn] *n* Baviera *f*
Belgien ['bɛlgjən] *n* Bélgica *f*
Belgrad ['bɛlgrɑːt] *n* Belgrado *m*
Beneluxstaaten [beːne'luksʃtɑːtən] *m/pl* (Estados *m/pl*) Benelux *m*
Berlin [bɛr'liːn] *n* Berlín *m*
Bern [bɛrn] *n* Berna *f*
Bethlehem ['beːtlehɛm] *n* Belén *m*
Biskaya [bis'kɑːja] *f* Vizcaya *f*; ***Golf*** *m* ***von ~*** Golfo *m* de Vizcaya
Bodensee ['boːdənzeː] *m* Lago *m* de Constanza
Böhmen ['bøːmɛn] *n* Bohemia *f*
Bolivien [bo'liːvjən] *n* Bolivia *f*
Bordeaux [bɔr'doː] *n* Burdeos *f*
Bosnien-Herzegowina ['bɔsnjən hɛrtse'goːvina] *n* Bosnia y Herzegovina *f*
Brandenburg ['brandənburk] *n* Brande(n)burgo *m*
Brasilien [bra'ziːljən] *n* (el) Brasil
Braunschweig ['braʊnʃvaɪk] *n* Brunswick *f*
Breisgau ['braɪsgaʊ] *m* Brisgovia *f*
Bremen ['breːmən] *n* Brema *f*
Bretagne [bre'tanjə] *f* Bretaña *f*
Brügge ['brygə] *n* Brujas *f*
Brüssel ['brysəl] *n* Bruselas *f*
Bulgarien [bul'gɑːrjən] *n* Bulgaria *f*
Bundesrepublik *f* **Deutschland** ['bundəsrepubliːk 'dɔʏtʃlant] República *f* Federal de Alemania
Burgund [bur'gunt] *n* Borgoña *f*

C

Chile ['tʃiːlə, 'çiːlə] *n* Chile *m*
China ['çiːna] *n* China *f*
Costa Rica ['kɔsta 'riːka] *n* Costa Rica *f*
Côte d'Azur [kot da'zyːr] *f* Costa *f* Azul

D

Dalmatien [dal'mɑːtsjən] *n* Dalmacia *f*
Dänemark ['dɛːnəmark] *n* Dinamarca *f*
Dardanellen [darda'nɛlən] *pl* Dardanelos *m/pl*
Den Haag [den hɑːk] *n* La Haya
Deutsche Demokratische Republik *hist* ['dɔʏtʃə demo'krɑːtiʃə repu'bliːk] *f* República *f* Democrática Alemana
Deutschland [dɔʏtʃlant] *n* Alemania *f*
Dominikanische Republik [domini'kɑːniʃə repu'bliːk] *f* República *f* Dominicana
Donau ['doːnaʊ] *f* Danubio *m*
Dresden ['dreːsdən] *n* Dresde *f*
Dünkirchen ['dyːnkirçən] *n* Dunquerque *m*

E

Ecuador [ekua'doːr] *n* Ecuador *m*
Edinburg ['eːdinburk] *n* Edimburgo *m*
Eismeer ['aɪsmeːr] *n* Océano *m* Glacial
Elbe ['ɛlbə] *f* Elba *m*
Elfenbeinküste ['ɛlfənbaɪnkystə] *f* Costa *f* de Marfil
El Salvador [ɛl salva'doːr] *n* El Salvador
Elsass ['ɛlzas] *n* Alsacia *f*
England ['ɛŋlant] *n* Inglaterra *f*
Estland ['eːstlant] *n* Estonia *f*
Etsch ['ɛtʃ] *f* Ádige *m*
Europa [ɔʏ'roːpa] *n* Europa *f*

F

Falklandinseln ['falklantʔinzəln] *f/pl* (Islas *f/pl*) Malvinas *f/pl*
Feuerland ['fɔʏərlant] *n* Tierra *f* del Fuego
Finnland ['finlant] *n* Finlandia *f*
Flandern ['flandərn] *n* Flandes *m*
Florenz [flo'rɛnts] *n* Florencia *f*
Franken ['fraŋkən] *m* Franconia *f*
Frankfurt ['fraŋkfurt] *n* Francfort *m* (***am Main*** del Meno; ***an der Oder*** del Oder)
Frankreich ['frankraɪç] *n* Francia *f*
Freiburg ['fraɪburk] *n* Friburgo *m*
Friesland ['friːslant] *n* Frisia *f*

G

Galicien [ga'liːtsjən] *n* Galicia *f* (*en España*)
Galizien [ga'liːtsjən] *n* Galicia *f* (*en Europa oriental*)
Garonne [ga'rɔn] *f* Garona *m*
Gascogne [gas'kɔɲ] *f* Gascuña *f*
Genf [gɛnf] *n* Ginebra *f*; ***~er See*** Lago *m* Lemán *od.* de Ginebra
Gent [gɛnt] *n* Gante *f*
Genua ['geːnua] *n* Génova *f*
Georgien [ge'ɔrgjən] *n* Georgia *f*
Golfstrom ['gɔlfʃtroːm] *m* Corriente *f* del Golfo
Göttingen ['gœtiŋən] *n* Gotinga *f*
Graubünden [graʊ'byndən] *n* Grisones *m/pl*
Griechenland ['griːçənlant] *n* Grecia *f*
Grönland ['grønlant] *n* Groenlandia *f*
Großbritannien [groːsbri'tanjən] *n* Gran Bretaña *f*
Guatemala [guate'mɑla] *n* Guatemala *f*
Guinea [gi'neːa] *n* Guinea *f*

H

Haiti [ha'iːti] *n* Haití *m*
Hamburg ['hamburk] *n* Hamburgo *m*
Hannover [ha'noːfər] *n* Hanóver *m*
Havanna [ha'vana] *n* La Habana
Hawaii [ha'vai(i)] *n* Hawai *m*
Helgoland ['hɛlgolant] *n* (Isla *f* de) Hel(i)goland
Hessen ['hɛsən] *n* Hesse *f*
Hispanoamerika [his'panoʔa'meːrika] *n* Hispanoamérica *f*
Holland ['hɔlant] *n* Holanda *f*
Honduras [hɔn'duːras] *n* Honduras *f*

I

Iberische Halbinsel [i'beːriʃə 'halpʔinzəl] *f* Península *f* Ibérica
Iberoamerika [ibeːroʔa'meːrika] *n* Iberoamérica *f*
Indien ['indjən] *n* la India
Indischer Ozean ['indiʃər 'oːtseɑːn] *m* Océano *m* Índico, Mar *m* de las Indias
Indonesien [indo'neːzjən] *n* Indonesia *f*
Ionisches Meer ['joːniʃəs meːr] *n* Mar *m* Jónico
Irak [i'rɑːk] *m* Irak *m*
Iran [i'rɑːn] *m* Irán *m*
Irland ['irlant] *n* Irlanda *f*
Island ['iːslant] *n* Islandia *f*
Israel ['israeːl] *n* Israel *m*
Istanbul ['istambuːl] *n* Estambul *f*
Italien [i'tɑːljən] *n* Italia *f*

J

Jamaika [ja'maɪka] *n* Jamaica *f*
Japan ['jɑːpan] *n* (el) Japón
Jemen ['jeːmən] *m* (el) Yemen
Jerusalem [je'ruːzalɛm] *n* Jerusalén *m*
Jordan ['jɔrdan] *m* Jordán *m*
Jordanien [jɔr'dɑːnjən] *m* Jordania *f*
Jugoslawien [jugo'slɑːvjən] *n* Yugo(e)slavia *f*

K

Kairo ['kaɪro] *n* El Cairo
Kalifornien [kali'fɔrnjən] *n* California *f*
Kambodscha [kam'bɔdʒa] *n* Camboya *f*
Kanada ['kanada] *n* (el) Canadá
Kanarische Inseln [ka'nɑːriʃə 'inzəln] *f/pl* (Islas *f/pl*) Canarias *f/pl*
Kap *n* **der Guten Hoffnung** [kap dər 'guːtən 'hɔfnuŋ] Cabo *m* de Buena Esperanza
Kap *n* **Ho(o)rn** [kap hoːrn] Cabo *m* de Hornos
Kapstadt ['kapʃtat] *n* Ciudad *f* del Cabo
Karibik [ka'riːbik] *f* Caribe *m*
Kärnten ['kɛrntən] *n* Carintia *f*
Karpaten [kar'pɑːtən] *pl* Cárpatos *m/pl*
Kaspisches Meer ['kaspiʃəs meːr] *n* (Mar *m*) Caspio *m*
Kastilien [kas'tiːljən] *n* Castilla *f*
Katalonien [kata'loːnjən] *n* Cataluña *f*
Kaukasus ['kaʊkazus] *m* Cáucaso *m*
Kleinasien [klaɪn'ɑːzjən] *n* Asia *f* Menor
Koblenz ['koːblɛnts] *n* Coblenza *f*
Köln [kœln] *n* Colonia *f*
Kolumbien [ko'lumbjən] *n* Columbia *f*
Kongo ['kɔŋgo] *m* (el) Congo
Konstanz ['kɔnstants] *n* Constanza *f*
Kopenhagen [koːpən'hɑgən] *n* Copenhague *f*
Korea [ko'reːa] *n* Corea *f*
Korsika ['kɔrzika] *n* Córcega *f*
Krakau ['krɑːkaʊ] *n* Cracovia *f*
Kreml [kreːml] *m* Kremlin *m*
Kreta ['kreːta] *n* Creta *f*
Krim [krim] *f* Crimea *f*
Kroatien [kro'ɑtsjən] *n* Croacia *f*
Kuba ['kuːba] *n* Cuba *f*
Kuwait [ku'vaɪt] *n* Kuwait *m*

L

Lappland ['laplant] *n* Laponia *f*
Lateinamerika [la'taɪnˀameːrika] *n* América *f* Latina
Lausanne [loː'zan] *n* Lausana *f*
Lettland ['lɛtlant] *n* Letonia *f*
Libanon ['liːbanɔn] *m* Líbano *m*
Libyen ['liːbyən] *n* Libia *f*
Liechtenstein ['liçtənʃtaɪn] *n* Liechtenstein *m*
Lissabon ['lisabɔn] *n* Lisboa *f*
Litauen ['litaʊən] *n* Lituania *f*
Loire [lo'ɑːr] *f* Loira *m*
Lombardei [lɔmbar'daɪ] *f* Lombardía *f*
London ['lɔndɔn] *n* Londres *m*
Lothringen ['loːtriŋən] *n* Lorena *f*
Löwen ['løːvən] *n* Lovaina *f*
Lüttich ['lytiç] *n* Lieja *f*
Luxemburg ['luksəmburk] *n* Luxemburgo *m*
Luzern [lu'tsɛrn] *n* Lucerna *f*

M

Maas [mɑːs] *f* Mosa *m*
Mähren ['mɛːrən] *n* Moravia *f*
Mailand ['maɪlant] *n* Milano *m*
Main [maɪn] *m* Meno *m*
Mainz [maɪnts] *n* Maguncia *f*
Mali *n* Malí *m*
Malediven [male'diːvən] *pl* Maldivas *f/pl*
Marokko [ma'rɔko] *n* Marruecos *m*
Marseille [mar'sɛːj] *n* Marsella *f*
Mazedonien [matse'doːnjən] *n* Macedonia *f*
Mecklenburg-Vorpommern ['meːklənburk-foːrpɔmərn] *n* Mecklemburgo-Pomerania Occidental *m*
Mexiko ['mɛksiko] *n* Méjico, México *m*
Mittelamerika ['mitəlˀameːrika] *n* América *f* Central, Centroamérica *f*
Mittelmeer ['mitəlmeːr] *n* (mar *m*) Mediterráneo *m*
Moldau ['mɔldaʊ] *f* Moldáu *m*, Moldava *m*
Monaco [mo'nako] *n* Mónaco *m*
Mongolei [mɔŋgo'laɪ] *f* Mongolia *f*
Montenegro [mɔnte'neːgro] *n* Montenegro *m*
Mosel [moːzəl] *f* Mosela *m*
Moskau [mɔ́skaʊ] *n* Moscú *m*
München ['mynçən] *n* Múnich *f*

N

Neapel [ne'ɑːpəl] *n* Nápoles *m*
Neufundland [nɔʏ'funtlant] *n* Terranova *f*

Neuguinea [nɔʏgi'neːa] *n* Nueva Guinea *f*
Neuseeland [nɔʏ'zeːlant] *n* Nueva Zelanda *f*
New York [njuː 'jɔː(r)k] *n* Nueva York *f*
Nicaragua [nika'ragua] *n* Nicaragua *f*
Niederbayern ['niːdərbaɪərn] *n* Baja Baviera *f*
Niederlande ['niːdərlandə] *n/pl* Países *m/pl* Bajos
Niedersachsen ['niːdərzaksən] *n* Baja Sajonia *f*
Niger ['niːgər] *n* Níger *m*
Nigeria [ni'geːrja] *n* Nigeria *f*
Nil [niːl] *m* Nilo *m*
Nizza ['nitsa] *n* Niza *f*
Nordamerika [nɔrtˀa'meːrika] *n* América *f* del Norte
Nordirland [nɔrtˀ'irlant] *n* Irlanda *f* del Norte
Nordkorea ['nɔrtko'reːa] *n* Corea *f* del Norte
Nordrhein-Westfalen ['nɔrtraɪn-vest-'faːlən] *n* Renania del Norte-Westfalia *f*
Nordsee ['nɔrtzeː] *f* Mar *m* del Norte
Normandie [nɔrman'diː] *f* Normandía *f*
Norwegen ['nɔrveːgən] *n* Noruega *f*
Nürnberg ['nyrnbɛrk] *n* Nuremberg *m*

O

Oberbayern ['oːbərbaɪərn] *n* Alta Baviera *f*
Osten ['ɔstən] *m*: ***Ferner ~*** Extremo Oriente *m*; ***Naher ~*** Próximo Oriente *m*
Österreich ['øːstəraɪç] *n* Austria *f*
Ostsee ['ɔstzeː] *f* (Mar *m*) Báltico *m*

P

Pakistan ['pakistan] *n* Pakistán *m*
Palästina [palɛ'stiːna] *n* Palestina *f*
Panama ['panama] *n* Panamá *m*
Paraguay [para'gvaɪ] *n* Paraguay *m*
Paris [pa'riːs] *n* París *m*
Pazifik [pa'tsiːfik] *m*, **Pazifischer Ozean** [pa'tsiːfiʃər 'oːtseaːn] *m* (Océano *m*) Pacífico *m*
Peking ['peːkiŋ] *n* Pekín *m*
Persien ['pɛrzjən] *n* Persia *f*
Peru [pe'ruː] *n* (el) Perú
Philippinen [fili'piːnən] *pl* Filipinas *f/pl*
Polen ['poːlən] *n* Polonia *f*
Pommern ['pɔmərn] *n* Pomerania *f*
Portugal ['pɔrtugal] *n* Portugal *m*
Prag [praːk] *n* Praga *f*
Provence [prɔ'vɑ̃ːs] *f* Provenza *f*
Puerto Rico ['puɛrto 'riko] *n* Puerto Rico *m*
Pyrenäen [pyre'nɛːən] *pl* Pirineos *m/pl*

R

Regensburg ['reːgənsburk] *n* Ratisbona *f*
Rhein [raɪn] *m* Rin *m*
Rheinland ['raɪnlant] *n* Renania *f*; **~-Pfalz** [--pfalts] *n* Renania-Palatinado *m*
Rhodos ['rɔdɔs] *n* Rodas *m*
Rhone ['roːnə] *f* Ródano *m*
Rom [roːm] *n* Roma *f*
Rotes Meer ['roːtəs meːr] *n* Mar *m* Rojo
Rumänien [ru'mɛːnjən] *n* Rumania *f*
Russland ['ruslant] *n* Rusia *f*

S

Saar [zaːr] *f* Sarre *m*
Saarbrücken [zaːr'brykən] *n* Sarrebruck *m*
Saarland ['zaːrlant] *n* Saarland *m*
Sachsen ['zaksən] *n* Sajonia *f*; ***~-Anhalt*** [--'anhalt] Sajonia-Anhalt *f*
Sahara [za'haːra] *f* Sáhara *m*
Salvador, El [zalva'doːr] *n* El Salvador
Salzburg ['zaltsburk] *n* Salzburgo *m*
Sankt Gotthard [zaŋkt 'gɔthart] *m* San Gotardo *m*
Saragossa [zara'gɔsa] *n* Zaragoza *f*
Sardinien [zar'diːnjən] *n* Cerdeña *f*
Saudi-Arabien ['zaʊdiˀaraːbjən] *n* Arabia *f* Saudita *od.* Saudí
Savoyen [za'vɔʏən] *n* Saboya *f*
Schelde ['ʃɛldə] *f* Escalda *m*
Schlesien ['ʃleːzjən] *n* Silesia *f*
Schottland ['ʃɔtlant] *n* Escocia *f*
Schwaben ['ʃvaːbən] *n* Suabia *f*
Schwarzes Meer ['ʃvartsəs meːr] *n* Mar *m* Negro
Schwarzwald ['ʃvartsvalt] *m* Selva *f* Negra
Schweden ['ʃveːdən] *n* Suecia *f*
Schweiz ['ʃvaɪts] *f* Suiza *f*
Seine ['zɛːn(ə)] *f* Sena *m*
Serbien ['zɛrbjən] *n* Serbia *f*, Servia *f*
Sibirien [zi'biːrjən] *n* Siberia *f*
Siebenbürgen [ziːbən'byrgən] *n* Transilvania *f*

Sizilien [zi'tsiːljən] *n* Sicilia *f*
Skandinavien [skandi'naːvjən] *n* Escandinavia *f*
Slowakei [slova'kaɪ] *f* Eslovaquia *f*
Slowenien [slo'veːnjən] *n* Eslovenia *f*
Sowjetunion *hist* [zɔ'vjɛtˀunjoːn] *f* Unión *f* Soviética
Spanien [ʃpaːnjən] *n* España *f*
Steiermark ['ʃtaɪərmark] *f* Estiria *f*
Stiller Ozean ['ʃtilər 'oːtseaːn] *m s.* ***Pazifik***
Stockholm ['ʃtɔkhɔlm] *n* Estocolmo *m*
Straßburg ['ʃtrasburk] *n* Estrasburgo *m*
Südafrika [zyːtˀ'aːfrika] *n* Sudáfrica *f*
Südamerika [zyːtˀa'meːrika] *n* América *f* del Sur
Suezkanal ['suːɛtskanaːl] *m* Canal *m* de Suez
Syrien ['zyːrjən] *n* Siria *f*

T

Tanger ['taŋər] *n* Tánger *m*
Teneriffa [tene'rifa] *n* Tenerife *f*
Tessin [tɛ'siːn] *m* (*Fluss*) *u. n* (*Kanton*) Tesino *m*
Texas ['tɛksas] *n* Tejas *m*
Thailand ['taɪlant] *n* Tailandia *f*
Themse ['tɛmzə] *f* Támesis *m*
Thüringen ['tyːriŋən] *n* Turingia *f*
Tirol [ti'roːl] *n* (el) Tirol
Totes Meer ['toːtəs meːr] *n* Mar *m* Muerto
Trient [tri'ɛnt] *n* Trento *m*
Trier [triːr] *n* Tréveris *m*
Tschad [tʃat] *m* el Chad
Tschechien [tʃɛçjən] *f* República Checa *f*
Tschechoslowakei *hist* [tʃɛçoslova'kaɪ] *f* Checoslovaquia *f*
Tübingen ['tyːbiŋən] *n* Tubinga *f*
Tunesien [tu'neːzjən] *n* Túnez m, Tunicia *f*
Tunis ['tuːnis] *n* Túnez *m*
Turin [tu'riːn] *n* Torino *m*
Türkei [tyr'kaɪ] *f* Turquía *f*
Tyrrhenisches Meer [ty'reːniʃəs meːr] *n* Mar *m* Tirreno

U

Ukraine [u'kraɪnə] *f* Ucrania *f*
Ungarn ['uŋgarn] *n* Hungría *f*
Ural [u'raːl] *m* (*Fluss*) Ural *m*; (Gebirge) Urales *m*/*pl*
Uruguay [uru'gvaɪ] *n* Uruguay *m*

V

Vatikan(stadt *f*) [vati'kaːn(ʃtat)] *m* (Ciudad *f* del) Vaticano *m*
Venedig [ve'neːdiç] *n* Venecia *f*
Venezuela [venetsu'eːla] *n* Venezuela *f*
Vereinigte Arabische Emirate [fɛr'aɪniçtə a'raːbiʃə emi'raːtə] *pl* Emiratos *m*/*pl* Árabes Unidos
Vereinigte Staaten *m*/*pl* **von Amerika** [fɛr'aɪniçtə ʃtaːtən fɔn a'meːrika] Estados *m*/pl Unidos de América
Versailles [vɛr'zaɪ] *n* Versalles *f*
Vesuv [ve'zuːf] *m* Vesubio *m*
Vierwaldstätter See [fiːr'valtʃtɛtər zeː] *m* Lago *m* de los Cuatro Cantones
Vietnam [viɛt'nam] *n* Vietnam *m*
Vogesen [vo'geːzən] *pl* Vosgos *m*/*pl*
Vorderasien ['fɔrdərˀaːzjən] *n* Asia *f* Menor

W

Wales ['weilz] *n* Gales *m*
Warschau ['varʃaʊ] *n* Varsovia *f*
Weichsel ['vaɪçsəl] *f* Vístula *m*
Westfalen [vɛst'faːlən] *n* Westfalia *f*
Westindien [vɛstˀindjən] *n* Indias *f*/*pl* Occidentales
Wien [viːn] *n* Viena *f*
Wolga ['vɔlga] *f* Volga *m*
Württemberg ['vyrtəmbɛrk] *n* Wurtemberg *m*

Z

Zentralafrika [tsɛn'traːlˀaːfrika] *n* Centroáfrica *f*
Zürich ['tsyːriç] *n* Zúrich *m*
Zypern ['tsyːpərn] *n* Chipre *m*

Spanische Abkürzungen
Abreviaturas españolas

A

a ***área*** Ar
(a) ***alias*** alias
AA.EE. ***Asuntos Exteriores*** Auswärtige Angelegenheiten
a/c ***a cargo*** zulasten; ***a cuenta*** auf Rechnung
a.c. ***año corriente*** laufendes Jahr
a.C. ***antes de Cristo*** vor Christus (v. Chr.)
a/f. ***a favor*** zugunsten
Apdo. ***Apartado*** Postfach (PF, Pf.)
art. o **art.°** ***artículo*** Artikel (Art.)
ATS ***Ayudante Técnico-Sanitaria*** *etwa*: medizinisch-technische Assistentin (MTA)
atte. ***atentamente*** hochachtungsvoll
Av(da). ***Avenida*** Avenue
AVE ***Alta Velocidad Española*** *span.* Hochgeschwindigkeitszug
AVIACO ***Aviación y Comercio, S.A.*** *span. Fluggesellschaft*

B

BANESTO ***Banco español de Crédito*** *span. Bank*
BARNA ***Barcelona***
BBV ***Banco de Bilbao Vizcaya*** *span. Bank*
BCE ***Banco Central Europeo*** Europäische Zentralbank (EZB)
BOE ***Boletín Oficial del Estado*** Staatliches Amts-, Gesetzblatt
BUP ***Bachillerato Unificado Polivalente*** *in Spanien: die beiden letzten Oberschuljahre*

C

c. ***capítulo*** Kapitel (Kap.)
c/ ***cargo*** zulasten
C/, c/ ***calle*** Straße (Str.)
C.ª ***compañia*** Gesellschaft (Ges.)
CAMPSA ***Compañia Arrendataria del Monopolo de Petróleos, S.A.*** *span. Erdölgesellschaft*
cap. *o* **cap.°** ***capitulo*** Kapitel (Kap.)
c/c ***cuenta corriente*** laufendes Konto
c.c. ***centímetro(s) cúbico(s)*** Kubikzentimeter (cm^3)
CC. ***Código Civil*** Bürgerliches Gesetzbuch
CC. OO. ***Comisiones Obreras*** *kommunistische Gewerkschaft*
CE ***Comunidad Europea*** *hist* Europäische Gemeinschaft (EG)
CEDE ***Compañía Española de Electricidad*** Spanische Elektrizitätsgesellschaft
CEI ***Comunidad de Estados Independientes*** Gemeinschaft Unabhängiger Staaten (GUS)
CEOE ***Confederación Española de Organizaciones Empresariales*** *Dachverband der span. Arbeitgeberorganisationen*
CEPSA ***Compañía Española de Petróleos, S.A.*** *span. Erdölgesellschaft*
CEPYME ***Confederación Española de la Pequeña y Mediana Empresa*** *Arbeitgeberverband der Klein- und Mittelbetriebe*
Cía. ***Compañía*** Gesellschaft (Ges.); Compagnie (Co.)
cm ***centímetro(s)*** Zentimeter (cm)
CNT ***Confederación Nacional de Trabajadores*** *span. Gewerkschaft*
COI ***Comité Olímpico Internacional*** Internationales Olympisches Komitee (IOK)
CON ***Comité Olímpico Nacional*** Nationales Olympisches Komitee (NOK)
COPE ***Cadenas de Ondas Populares Españolas*** *private span. Rundfunkgesellschaft*
C.O.U. ***Curso de Orientación Universitaria*** *bis 1991 in Spanien Voruniversitätsjahr*
C.P. ***Código Postal*** Postleitzahl (PLZ)
CSCE ***Conferencia de Seguridad y Cooperación en Europa*** Konferenz über Sicherheit u. Zusammenarbeit in Europa (KSZE)
CSIC ***Consejo Superior de Investigaciones Científicas*** *oberster span. Forschungsrat*
cta. ***cuenta*** Rechnung

CV ***caballo de vapor*** Pferdestärke (PS)

D

D. ***Don*** Herr (*vor dem Vornamen*)
Da. ***Doña*** Frau (*vor dem Vornamen*)
d.C. ***después de Cristo*** nach Christus (n. Chr.)
D.F. ***Distrito Federal*** Bundesdistrikt
DGT ***Dirección General de Turismo*** *Generaldirektion für Fremdenverkehr*
D.m. ***Dios mediante*** so Gott will
Dn. ***Don*** Herr (*vor dem Vornamen*)
D.N.I. ***Documento Nacional de Identidad*** *span. Personalausweis*
Dr. ***doctor*** Doktor (Dr.)

E

E ***este*** Osten (O)
EA ***Ejército del Aire*** Luftstreitkräfte
Ed. ***Edición*** Ausgabe, Auflage (Aufl.)
EEE ***Espacio Económico Europeo*** Europäischer Wirtschaftsraum (EWR)
EE.UU ***Estados Unidos*** Vereinigte Staaten (USA)
EGB ***Enseñanza General Básica*** *span. Grundschulwesen*
E.M. ***Estado Mayor*** Generalstab
EME ***Estado Mayor del Ejército*** *Generalstab des Heeres*
ENAGAS ***Empresa Nacional del Gas*** *Staatl. Gasversorgungsbetrieb*
ENDESA ***Empresa Nacional de Electricidad, S.A.*** *Staatl. Energieversorgungsbetrieb*
entlo. ***entresuelo*** Hochparterre
E.P.D. ***en paz descanse*** ruhe in Frieden
e.p.m. ***en propia mano*** persönlich zu übergeben
ET ***Ejército de Tierra*** Landstreitkräfte
ETA ***Euskadi Ta Askatasuna*** (*Baskenland u. Freiheit*) *bask. Terroristenorganisation* (ETA)
ETB ***Euskal Telebista*** *bask. Fernsehen*
etc. ***etcétera*** usw.
Exca. ***Excelencia*** Exzellenz
Excmo. ***Excelentísimo*** Exzellenz

F

FERE ***Federación Española de Religiosos de Enseñanza*** *Arbeitgeberverband der kirchlichen Privatschulen in Spanien*
FEVE ***Ferrocarriles de Vía Estrecha*** *span. Schmalspur-Eisenbahngesellschaft*
FF.CC. ***Ferrocarriles*** Eisenbahnen
FM ***Frecuencia Modulada*** Ultrakurzwelle (UKW)
FMI ***Fondo Monetario Internacional*** Internationaler Währungsfonds (IWF)
FN ***Fuerzas Navales*** Seestreitkräfte
FORPPA ***Fondo de Ordenación y Regulación de Producciones y Precios Agrarios*** *staatl. Regulationsfonds für Agrarprodukte*
FP ***Formación Profesional*** Berufsausbildung

G

GEO ***Grupo Especial de Operaciones*** *Eliteeinheit der span. Polizei*
gr. ***gramo*** Gramm (g)
gral. ***general*** allgemein (allg.)
GRAPO ***Grupo de Resistencia Antifascista Primero de Octubre*** *span. Terroristenorganisation*

H

h ***hora*** Stunde (Std., h)
HB ***Herri Batasuna*** (*Einiges Volk*) *bask. Partei*
Hnos. ***hermanos*** Gebrüder (Gebr.)

I

ib. ***ibídem*** ebendort (ib.)
IBI ***Impuesto sobre bienes inmuebles*** *die span. Grundsteuer*
ICEX ***Instituto Español de Comercio Exterior*** *span. Außenhandelsinstitut*
ICONA ***Instituto para la Conservación de la Naturaleza*** *Naturschutzinstitut*
íd. ***ídem*** dasselbe (id.)
Ilmo. ***ilustrísimo*** Hochwürdigste(r)
IME ***Instituto Monetario Europeo*** Europäisches Währungsinstitut (EWI)
INDO ***Instituto Nacional de Denominaciones de Origen*** *Staatl. Institut für Herkunftsbezeichnungen*
I.N.E. ***Instituto Nacional de Estadística*** Staatliches Institut für Statistik
INEM ***Instituto Nacional de Empleo*** *Staatl. Arbeitsbeschaffungsinstitut*

I.N.I. ***Instituto Nacional de Industria*** *Staatliches Institut für Industrie*
IPC ***Índice de Precios al Consumo*** Verbraucherpreisindex
IRPF ***Impuesto sobre la Renta de las Personas Físicas*** *span.* Einkommensteuer
ITV ***Inspección Técnica de Vehículos*** *der span. TÜV*
IU ***Izquierda Unida*** (*Vereinte Linke*) *Kommunistisches Parteienbündnis*
IVA ***Impuesto sobre el Valor Añadido*** Mehrwertsteuer (MwSt.)

J

J.C. ***Jesucristo*** Jesus Christus
JJ.OO. ***Juegos Olímpicos*** Olympische Spiele

K

kg. ***kilogramo*** Kilogramm (kg)
km. ***kilómetro(s)*** Kilometer (km)
km/h ***kilómetros por hora*** Stundenkilometer (km/h)
kwh ***kilovatio-hora*** Kilowattstunde (kWh)

L

l ***litro*** Liter (l)
Lic(do). ***licenciado*** Lizentiat
LOGSE ***Ley Orgánica General del Sistema Educativo*** *Gesetz über das Erziehungssystem*
LRU ***Ley de Reforma Universitaria*** *Gesetz über Hochschulreform*
Ltda. ***Limitada*** mit beschränkter Haftung (mbH)

M

m ***metro(s)*** Meter (m); ***minuto(s)*** Minute(n) (Min.)
M.ª ***María*** Maria
MC ***Mercado Común*** Gemeinsamer Markt
MEC ***Ministerio de Educación y Ciencia*** Erziehungsministerium
mg ***miligramo(s)*** Milligramm (mg)
ml. ***mililitro*** Milliliter (ml)
mm ***milimetro(s)*** Millimeter (mm)
Mons. ***Monseñor*** Monsignore
MOPT ***Ministerio de Obras Públicas y Transportes*** Ministerium für öffentliche Arbeiten und Verkehrswesen
mts. ***metros*** Meter (m)
MUE ***Mercado Único (Europeo)*** (Europäischer) Binnenmarkt

N

N ***norte*** Norden (N)
n/ ***nuestro*** unser
n/c ***nuestra cuenta*** unser Konto
NE ***nordeste*** Nordosten (NO)
NIF ***Número de Indentificación Fiscal*** *steuerliche Identifizierungsnummer*
NN.UU. ***Naciones Unidas*** Vereinte Nationen (UN)
NO ***noroeste*** Nordwesten (NW)
n/o ***nuestra orden*** unsere Order
n° ***número*** Nummer (Nr.)
N.S. ***Nuestro Señor*** Unser Herr (*Jesus Christus*)
ntro. ***nuestro*** unser
núm. ***número*** Nummer (Nr.)

O

O ***oeste*** Westen (W)
OCDE ***Organización de Cooperación y Desarrollo Económico*** Organisation für wirtschaftliche Zusammenarbeit u. Entwicklung (OECD)
OEA ***Organización de Estados Americanos*** Organisation der Amerikanischen Staaten (OAS)
OID ***Oficina de Información Diplomática*** Diplomatisches Informationsbüro
OIT ***Organización Internacional del Trabajo*** Internationale Arbeitsorganisation (IAO)
OMS ***Organización Mundial de la Salud*** Weltgesundheitsorganisation (WHO)
ONCE ***Organización Nacional de Ciegos Españoles*** *span. Blindenorganisation*
ONU ***Organización de las Naciones Unidas*** Organisation der Vereinten Nationen (UNO)
OPA ***Oferta pública de adquisición de acciones*** *Angebot des Erwerbs von Aktien*
OPEP ***Organización de Países Exportadores de Petróleo*** Organisation Erdöl ausführender Länder (OPEC)

OTAN ***Organización del Tratado del Atlántico Norte*** Nordatlantikpakt-Organisation (NATO)
OVNI ***Objeto Volante No Identificado*** Unbekanntes Flugobjekt (UFO)

P

p. ***página*** Seite (S.)
p.a. ***por autorización*** im Auftrag (i. A.)
pág., págs. ***página(s)*** Seite, Seiten (S.)
p/c ***por cuenta*** auf Rechnung
PCE ***Partido Comunista Español*** Kommunistische Partei Spaniens
p.d. ***por delegación*** in Vertretung (i. V.)
P.D. ***posdata*** Nachschrift (PS)
p.ej. ***por ejemplo*** zum Beispiel (z. B.)
PIB ***Producto Interior Bruto*** Bruttoinlandsprodukt
PM ***Policía Militar*** Militärpolizei (MP)
PMM ***Parque Móvil Ministerial*** *Kraftfahrzeugpark der span. Ministerien*
PNB ***Producto Nacional Bruto*** Bruttosozialprodukt (BSP)
PNV ***Partido Nacional Vasco*** *Baskische Nationalpartei*
p.o. ***por orden*** im Auftrag (i. A.)
p.p. ***por poder*** per Prokura (pp., p. pa.)
PP ***Partido Popular*** (*Volkspartei*) *rechtsgerichtete span. Partei*
pral. ***principal*** erster Stock
prof. ***profesor*** Professor (Prof.)
P.S. ***post scriptum*** Nachschrift (PS)
PSOE ***Partido Socialista Obrero Español*** Sozialistische Arbeiterpartei Spaniens
pta(s). ***peseta(s)*** Pesete(n) (Pta(s))
pts. ***pesetas*** Peseten (Ptas)
p.v. ***pequeña velocidad*** Frachtgut
PVP ***precio de venta al público*** Verkaufspreis
PYME ***Pequeñas y Medianas Empresas*** *Klein- u. Mittelbetriebe*

Q

q.e.p.d. ***que en paz descanse*** ruhe in Frieden

R

RACE ***Real Automóvil Club de España*** span. Automobilclub
R.A.E. ***Real Academica Española*** Königliche Spanische Akademie
RDA *hist* ***República Democrática Alemana*** Deutsche Demokratische Republik (DDR)
RENFE ***Red Nacional de Ferrocarriles Españoles*** *Staatliches Netz der spanischen Eisenbahnen*
RFA ***República Federal de Alemania*** Bundesrepublik Deutschland (BRD)
R.I.P. ***requiescat in pace*** ruhe in Frieden (R.I.P.)
RNE ***Radio Nacional de España*** *staatlicher span. Rundfunk*
r.p.m. ***revoluciones por minuto*** Umdrehungen pro Minute (U/min)
rte. ***remite(nte)*** Absender (Abs.)
RTVE ***Radiotelevisión Española*** *Spanischer Rundfunk und Fernsehen*

S

s. ***siglo*** Jahrhundert (Jh.)
S ***Sur*** Süden (S)
S. ***San, Santo*** heilig (hl)
s.a. ***sin año*** ohne Jahr (o. J.)
S.A. ***Su Alteza*** Seine (Ihre) Hoheit
S.A. ***Sociedad Anónima*** Aktiengesellschaft (AG)
S.A.R. ***Su Alteza Real*** Seine (Ihre) Königliche Hoheit
S.E. ***Su Excelencia*** Seine (Ihre) Exzellenz
SE ***sudeste*** Südost (SO)
SEAT ***Sociedad Española de Automóviles Turismo*** *span. Automobilwerk, heute in VW-Besitz*
SER ***Sociedad Española de Radiodifusión*** *span. Rundfunkgesellschaft*
SIDA ***Síndrome de Immunodeficienca Adquirida*** Aids
S.M. ***Su Majestad*** Seine (Ihre) Majestät
SME ***Sistema Monetario Europeo*** Europäisches Währungssystem (EWS)
s/n ***sin número*** ohne Hausnummer
SO ***sudoeste*** Südwesten (SW)
SP ***Servicio Público*** *öffentlicher Dienst*
Sr. ***Señor*** Herr (Hr.)
Sra., Sras. ***Señora, Señoras*** Frau, Frauen (Fr.)
Sres. ***Señores*** Herren
S.R.L. ***Sociedad de Responsabilidad limitada*** Gesellschaft mit beschränkter Haftung (GmbH)
Srta. ***Señorita*** Fräulein (Frl.)
SS ***Seguridad Social*** Sozialversicherung

S.S. ***Su Santidad*** Seine Heiligkeit
SSE ***sudsudeste*** Südsüdost (SSO)
SS.MM. ***Sus Majestadas*** Ihre Majestäten
SSO ***sudsudoeste*** Südsüdwest (SSW)
Sta. ***Santa*** Heilige
Sto. ***Santo*** Heiliger

T

t., T. ***tomo*** Band (Bd.)
TALGO ***Tren Articulado Ligero Golcoechea Oriol*** *spanischer Gliederzug aus Leichtmetall*
TAV ***Tren de Alta Velocidad*** Hochgeschwindigkeitszug (etwa: ICE)
TC ***Tribunal Constitucional*** *Verfassungsgericht*
Tel. ***teléfono*** Telefon (Tel.)
TIR ***Transportes Internacionales en Ruta*** Internationale Lkw-Transporte (TIR)
TV ***Televisión*** Fernsehen (TV)
TVE ***Televisión Española*** *span. Fernsehen*
TVG ***Televisión de Galicia*** *galicisches Fernsehen*

U

UCD ***Unión de Centro Democrático*** *ehemalige Zentrumspartei*
UCI ***Unidad de Cuidados Intensivos*** Intensivstation
Ud. ***Usted*** Sie (*sg.*)
Uds. ***Ustedes*** Sie (*pl.*)
UE ***Unión Europea*** Europäische Union (EU)
UEM ***Unión Económica y Monetaria*** (***Europea***) (Europäische) Wirtschafts- und Währungsunion (EWU)
UGT ***Unión General de Trabajadores*** *sozialistische span. Gewerkschaft*
UME ***Unión Monetaria Europea*** Europäische Währungsunion (EWU)
UNED ***Universidad Nacional de Educación a Distancia*** *span. Fernuniversität*
URSS *hist* ***Unión de Repúblicas Socialistas Soviéticas*** Union der Sozialistischen Sowjetrepubliken (UdSSR)
USO ***Unión Sindical Obrera*** *span. Gewerkschaft*
UVI ***Unidad de Vigilancia Intensiva*** Intensivstation

V

v. ***véase*** siehe (s.)
V.B., V°B° ***Visto Bueno*** gesehen u. genehmigt
Vd. ***usted*** Sie (*sg.*)
Vda. ***viuda*** Witwe (Wwe.)
Vds. ***Ustedes*** Sie (*pl.*)
V.E. ***Vuestra Excelencia*** Euer Exzellenz
vg., v.gr. ***verbigracia*** zum Beispiel (z. B.)
VIH ***Virus de Inmunodeficiencia Humana*** Aids-Virus (HIV)
vol. ***volumen*** Band (Bd.)
vols. ***volúmenes*** Bände (Bde.)

Z

ZUR ***Zona de Urgente Reindustrialización*** *Zone dringender Reindustrialisierung*

Deutsche Abkürzungen
Abreviaturas alemanas

A

AA ***Auswärtiges Amt*** Ministerio de Asuntos Exteriores
a. a. O. ***am angeführten Ort*** en el lugar citado
Abb. ***Abbildung*** figura
Abf. ***Abfahrt*** salida (S.)
Abk. ***Abkürzung*** abreviatura (abr.)
Abs. ***Absatz*** párrafo (párr.); ***Absender*** remitente (rte.)
ABS ***Antiblockiersystem*** Sistema Antibloqueo de Frenos (ABS)
Abt. ***Abteilung*** sección; departamento (dpto.)
a. d. ***an der*** (*bei Ortsnamen*) del
a. D. ***außer Dienst*** jubilado, retirado
ADAC ***Allgemeiner Deutscher Automobil-Club*** Automóvil Club General de Alemania
Adr. ***Adresse*** dirección
AG ***Aktiengesellschaft*** Sociedad Anónima (S.A.)
allg. ***allgemein*** general(mente) (gral.)
a. M. ***am Main*** del Meno
Anh. ***Anhang*** apéndice
Ank. ***Ankunft*** llegada (Ll.)
Anl. ***Anlage*** *im Brief* anejo
Anm. ***Anmerkung*** observación; nota (N.)
AOK ***Allgemeine Ortskrankenkasse*** *caja local de enfermedad*
ARD ***Arbeitsgemeinschaft der öffentlich-rechtlichen Rundfunkanstalten der Bundesrepublik Deutschland*** *Asociación de las estaciones de radio de la República Federal de Alemania*
a. Rh. ***am Rhein*** del Rin
Art. ***Artikel*** artículo (art.)
AStA ***Allgemeiner Studentenausschuss*** *asociación general de estudiantes*
ASU, AU ***Abgas(sonder)untersuchung*** *control de gases de combustión*
Aufl. ***Auflage*** edición (ed.); tirada
Az. ***Aktenzeichen*** referencia (ref.)

B

b. ***bei***; *bei Ortsangaben*: cerca de; *Adresse*: *en casa de*
B ***Bundesstraße*** carretera federal
Bd. ***Band*** tomo (t.), volumen (vol.)
BDI ***Bundesverband der Deutschen Industrie*** Unión Federal de la Industria Alemana
beil. ***beiliegend*** adjunto
bes. ***besonders*** especialmente; en particular
Best.-Nr. ***Bestellnummer*** número de pedido
betr. ***betreffend, betreffs*** concerniente a, con respecto a
Betr. ***Betreff*** referencia (ref.); objeto
bez. ***bezahlt*** pagado
BGB ***Bürgerliches Gesetzbuch*** Código civil (CC)
BH F ***Büstenhalter*** sujetador
Bhf. ***Bahnhof*** estación
Bl. ***Blatt*** hoja
BLZ ***Bankleitzahl*** clave bancaria
BND ***Bundesnachrichtendienst*** Servicio Federal de Inteligencia
BP *hist* ***Bundespost*** Correos Federales
BRD ***Bundesrepublik Deutschland*** República Federal de Alemania
brosch. ***broschiert*** en rústica
BRT ***Bruttoregistertonne*** tonelada de registro bruto
b. w. ***bitte wenden*** véase al dorso
bzw. ***beziehungsweise*** o bien; respectivamente

C

C ***Celsius*** centígrado; Celsius
ca. ***circa, ungefähr, etwa*** aproximadamente; *vor Zahlen*: unos
CD ***Compact Disc*** disco compacto (CD)
CDU ***Christlich-Demokratische Union*** Unión Cristiano-Demócrata
CH ***Confoederatio Helvetica*** Confederación Helvética
Cie. ***Kompanie*** compañía (Cía.)
cl ***Zentiliter*** centilitro (cl)
cm ***Zentimeter*** centímetro (cm)

Co. ***Compagnie*** compañía (Cía.)
CSU ***Christlich-Soziale Union*** Unión Social-Cristiana

D

DAG ***Deutsche Angestellten-Gewerkschaft*** Sindicato Alemán de Empleados
DB ***Deutsche Bahn*** Ferrocarriles Alemanes
DBP ***Deutsche Bundespost*** Correos Federales Alemanes
DDR *hist* ***Deutsche Demokratische Republik*** República Democrática Alemana (RDA)
DER ***Deutsches Reisebüro*** Agencia Alemana de Viajes
desgl. ***desgleichen*** ídem
DFB ***Deutscher Fußballbund*** Federación Alemana de Fútbol
DGB ***Deutscher Gewerkschaftsbund*** Confederación de Sindicatos Alemanes
dgl. ***dergleichen*** tal; semejante; análogo
d. h. ***das heißt*** es decir; o sea
DIN ***Deutsche Industrie-Norm(en)*** norma(s) industrial(es) alemana(s); ***Deutsches Institut für Normung*** Instituto alemán de estandarización
Dipl.-Ing. ***Diplomingenieur*** ingeniero diplomado
DM ***Deutsche Mark*** marco alemán
d. M. ***dieses Monats*** del (mes) corriente
dpa ***Deutsche Presse-Agentur*** Agencia Alemana de Prensa
Dr. ***Doktor*** doctor
Dr.-Ing. ***Doktor der Ingenieurwissenschaft*** doctor en ingeniería
Dr. jur. ***Doktor der Rechte*** doctor en derecho
Dr. med. ***Doktor der Medizin*** doctor en medicina
Dr. med. dent. ***Doktor der Zahnheilkunde*** doctor en odontología
Dr. med. vet. ***Doktor der Tierheilkunde*** doctor en veterinaria
Dr. phil. ***Doktor der Philosophie*** doctor en filosofía (y letras)
Dr. rer. nat. ***Doktor der Naturwissenschaften*** doctor en ciencias (físicas, químicas y naturales)
Dr. rer. pol. ***Doktor der Staatswissenschaften*** doctor en ciencias políticas
Dr. theol. ***Doktor der Theologie*** doctor en teologíca
DRK ***Deutsches Rotes Kreuz*** Cruz Roja Alemana
dt(sch). ***deutsch*** alemán, alemana
Dtz(d). ***Dutzend*** docena

E

E ***Eilzug*** rápido
Ed. ***Edition, Ausgabe*** edición (Ed.)
EDV ***Elektronische Datenverarbeitung*** proceso electrónico de datos
EFTA (*European Free Trade Association*) ***Europäische Freihandelszone*** Asociación Europea de Libre Comercio (AELC)
EG ***Europäische Gemeinschaft*** *hist* Comunidad Europea (CE)
ehem., ehm. ***ehemals*** antes; antiguamente
EIB ***Europäische Investitionsbank*** Banco Europeo de Inversiones
eig., eigtl. ***eigentlich*** propiamente
einschl. ***einschließlich*** inclusive
EKG ***Elektrokardiogramm*** electrocardigrama (ECG)
entspr. ***entsprechend*** correspondiente
erg. ***ergänze*** complétese; añádase
EU ***Europäische Union*** Unión Europea (UE)
EUR ***Euro*** euro
EURATOM ***Europäische Atomgemeinschaft*** Comunidad Europea de Energía Atómica (EURATOM)
ev. ***evangelisch*** protestante
e. V. ***eingetragener Verein*** asociación registrada
evtl. ***eventuell*** eventualmente
EWA ***Europäisches Währungabkommen*** Acuerdo Monetario Europeo (AME)
EWI ***Europäisches Währungsinstitut*** Instituto Monetario Europeo (IME)
EWR ***Europäischer Wirtschaftsraum*** Espacio Económico Europeo (EEE)
EWS ***Europäisches Währungssystem*** Sistema Montetario Europeo (SME)
EWU ***Europäische Währungsunion*** Unión Monetaria Europea (UME)
exkl. ***exklusive*** excluido; excepto
Expl. ***Exemplar*** ejemplar
EZB ***Europäische Zentralbank*** Banco Central Europeo (BCE)

F

f. ***folgende Seite*** página siguiente; ***für*** para
Fa. ***firma*** casa, razón social
F. C. ***Fußballclub*** club de fútbol
FD ***Fernschnellzug*** expreso internacional
F.D.P. ***Freie Demokratische Partei*** Partido Liberal Demócrata
ff. ***folgende Seiten*** páginas siguientes
FKK ***Freikörperkultur*** desnudismo
Forts. ***Fortsetzung*** continuación
Fr. ***Frau*** señora (Sra.)
frdl. ***freundlich*** amable
Frl. ***Fräulein*** señorita (Srta.)
frz. ***französisch*** francés (fr.)

G

g ***Gramm*** gramo (gr.)
geb. ***geboren*** nacido; ***gebunden*** encuadernado
Gebr. ***Gebrüder*** Hermanos (Hnos.)
gegr. ***gegründet*** fundado
geh. ***geheftet*** en rústica
Ges. ***Gesellschaft*** sociedad; ***Gesetz*** ley
gesch. ***geschieden*** divorciado
ges. gesch. ***gesetzlich geschützt*** registrado legalmente, patentado
gest. ***gestorben*** difunto; fallecido
gez. ***gezeichnet*** firmado
GG ***Grundgesetz*** ley fundamental
ggf. ***gegebenenfalls*** si fuera preciso, eventualmente
GmbH ***Gesellschaft mit beschränkter Haftung*** sociedad de responsabilidad limitada (S.R.L.)
GUS ***Gemeinschaft Unabhängiger Staaten*** Comunidad de Estados Independientes (CEI)

H

ha ***Hektar*** hectárea
Hbf. ***Hauptbahnhof*** estación central
h. c. ***honoris causa*** honoris causa
hg. ***herausgegeben*** editado
HGB ***Handelsgesetzbuch*** Código de Comercio
HIV (*Human Immundeficiency Virus*) ***Aids-Erreger*** Virus de Immunodeficiencia Humana (VIH)
HR ***Hessischer Rundfunk*** Radio de Hesse
Hr., Hrn. ***Herr(n)*** señor (Sr.)
hrsg. ***herausgegeben*** editado (ed.)
Hrsg. ***Herausgeber*** editor

I

i. A. ***im Auftrag*** por orden (p.o.)
IAO ***Internationale Arbeitsorganisation*** Organización Internacional de Trabajo (OIT)
IATA (*International Air Transport Association*) ***Internationaler Luftverkehrsverband*** Asociación de Transporte Aéreo Internacional (ATAI)
ib(d). ***ibidem, ebendort*** ibídem (ib.)
IC ***Intercity-Zug*** tren Intercity
ICE ***Intercity Express*** tren de alta velocidad
Id. ***idem*** ídem (íd.)
IG ***Industriegewerkschaft*** sindicato industrial
IHK ***Industrie- und Handelskammer*** Cámara de Industria y Comercio
i. J. ***im Jahre*** en el año
Ing. ***Ingenieur*** ingeniero (ing.)
Inh. ***Inhaber*** proprietario; ***Inhalt*** contenido
inkl. ***inklusive*** inclusive
IOK ***Internationales Olympisches Komitee*** Comité Olímpico Internacional (COI)
i. R. ***im Ruhestand*** jubilado, retirado
i.V. ***in Vertretung*** por autorización (p.a.); ***in Vollmacht*** por poder (p.p.)
IWF ***Internationaler Währungsfonds*** Fondo Monetario Internacional (FMI)

J

Jg. ***Jahrgang*** año
JH ***Jugendherberge*** albergue juvenil
Jh. ***Jahrhundert*** siglo (s.)
jr., jun. ***junior*** hijo, junior

K

Kap. ***Kapitel*** capítulo (cap.)
kart. ***kartoniert*** empastado
kath. ***katholisch*** católico
Kfm. ***Kaufmann*** comerciante
Kfz. ***Kraftfahrzeug*** automóvil; vehículo de motor
kg ***Kilogramm*** kilogramo (kg.)
KG ***Kommanditgesellschaft*** sociedad en comandita (S. en C.)
kgl. ***königlich*** real

Kl. ***Klasse*** clase
km ***Kilometer*** kilómetro (km.)
KP ***Kommunistische Partei*** Partido Comunista (PC)
Kr. ***Kreis*** distrito
Kripo ***Kriminalpolizei*** policía de investigación criminal
KSZE ***Konferenz über Sicherheit und Zusammenarbeit in Europa*** Conferencia de Seguridad y Cooperación en Europa (CSCE)
Kto. ***Konto*** cuenta (cta.)
kW ***Kilowatt*** kilovatio (kw.)
kWh ***Kilowattstunde*** kilovatio-hora (kwh)
KZ ***Konzentrationslager*** campo de concentración

L

l ***Liter*** litro (l)
led. ***ledig*** soltero
lfd. ***laufend*** corriente (cte.)
lfd. Nr. ***laufende Nummer*** número de orden
Lfg., Lfrg. ***Lieferung*** entrega
Lkw ***Lastkraftwagen*** camión
LP Langspielplatte elepé
lt. ***laut*** según

M

m ***Meter*** metro (m)
MAD ***Militärischer Abschirmdienst*** Servicio Militar de Contraespionaje
MdB, M.d.B. ***Mitglied des Bundestages*** Miembro del Bundestag
MdL, M.d.L. ***Mitglied des Landtags*** Miembro del Landtag
m. E. ***meines Erachtens*** a mi parecer
MEZ ***Mitteleuropäische Zeit*** hora de la Europa Central
mg ***Milligramm*** miligramo(s) (mg.)
MG ***Maschinengewehr*** ametralladora
Mill. ***Million(en)*** millón, millones
Min. ***Minute*** minuto
Mio. ***Million(en)*** millón, millones
mm ***Millimeter*** milímetro (mm)
möbl. ***möbliert*** amueblado
MP ***Militärpolizei*** policía militar (PM); ***Maschinenpistole*** metralleta
Mrd. ***Milliarde(n)*** mil milones
Ms., Mskr. ***Manuskript*** manuscrito
m/s ***Meter pro Sekunde*** metros por segundo
mtl. ***monatlich*** mensual
MwSt. ***Mehrwertsteuer*** impuesto sobre el valor añadido (IVA)

N

N ***Norden*** norte
N(a)chf. ***Nachfolger*** sucesor
nachm. ***nachmittags*** por la tarde
NATO (*North Atlantic Treaty Organization*) ***Nordatlantikpakt-Organisation*** Organización del Tratado del Atlántico Norte (OTAN)
NB ***nota bene*** nota bene
n. Chr. ***nach Christus*** depués de Jesucristo (d.C.)
NDR ***Norddeutscher Rundfunk*** Radio de la Alemania del Norte
n. J. ***nächsten Jahres*** del año próximo
N. N. ***nomen nescio,*** *Name unbekannt* señor X
NO ***Nordosten*** nordeste (NE)
NOK ***Nationales Olympisches Komitee*** Comité Olímpico Nacional (CON)
Nr. ***Nummer*** número (núm.)
NS ***Nachschrift*** posdata (P.D.)
NW ***Nordwesten*** noroeste (NO)

O

O ***Osten*** este (E)
o. ***oben*** arriba; ***ohne*** sin
o. Ä. ***oder Ähnliches*** o algo parecido
OAS ***Organisation der amerikanischen Staaten*** Organización de los Estados Americanos (OEA)
o. B. (*med.*) ***ohne Befund*** sin hallazgo
OB ***Oberbürgermeister*** (primer) alcalde
Obb. ***Oberbayern*** Alta Baviera
ÖBB ***Österreichische Bundesbahnen*** Ferrocariles Federales de Austria
od. ***oder*** o
OECD (*Organization for Economic Cooperation and Development*) ***Organisation für wirtschaftliche Zusammenarbeit und Entwicklung*** Organización de Cooperación y Desarrollo Económico (OCDE)
OEZ ***Osteuropäische Zeit*** hora de la Europa del Este
OHG ***offene Handelsgesellschaft*** sociedad colectiva
o. J. ***ohne Jahr*** sin año
OP ***Operationssaal*** quirófano

op. ***Opus, Werk*** obra
ÖTV ***Öffentliche Dienste, Transport und Verkehr*** (*Gewerkschaft*) servicios públicos y transportes (*sindicato*)

P

p. A. ***per Adresse*** en casa de
PC ***Personalcomputer*** ordenador personal (PC)
PDS ***Partei des Demokratischen Sozialismus*** partido del socialismo democrático
Pf ***Pfennig*** pfennig
Pfd. ***Pfund*** libra
PH ***Pädagogische Hochschule*** Escuela Normal
Pkt. ***Punkt*** punto
Pkw ***Personenkraftwagen*** turismo
PLZ ***Postleitzahl*** código postal (C.P.)
pp., ppa. ***per procura*** por poder (p.p.)
Prof. ***Professor*** catedrático; profesor (prof.)
PS ***Pferdestärke*** caballo de vapor (CV); ***Postskriptum*** postdata (P.D.)
PSchA ***Postscheckamt*** oficina de cheques postales

R

rd. ***rund*** (***gerechnet***) alrededor de; en números redondos
Reg.-Bez. ***Regierungsbezirk*** distrito administrativo
Rel. ***Religion*** religión
resp. ***respective*** respectivamente
rh, Rh ***Rhesusfaktor*** factor Rhesus
Rhld. ***Rheinland*** Renania
RIAS ***Rundfunk im amerikanischen Sektor*** (***von Berlin***) *Radio en el sector americano* (*de Berlin*)
r.-k. ***römisch-katholisch*** católico romano

S

S ***Süden*** sur (S)
S. ***Seite*** página (pág.)
s. ***siehe*** véase (v.)
s. a. ***siehe auch*** véase también
Sa. ***Summa, Summe*** suma; total
S-Bahn ***Stadtbahn*** tren suburbano
SBB ***Schweizerische Bundesbahnen*** Ferrocarriles Federales de Suiza
s. d. ***siehe dies*** véase esto
SDR ***Süddeutscher Rundfunk*** Radio de Alemania del Sur
sec ***Sekunde*** segundo
SED *hist* ***Sozialistische Einheitspartei Deutschlands*** (*DDR*) Partido Socialista Unificado de Alemania (*RDA*)
sen. ***senior*** padre, senior
SO ***Südosten*** sudeste (SE)
s. o. ***siehe oben*** véase más arriba
sog. ***so genannt*** llamado
SPD ***Sozialdemokratische Partei Deutschlands*** Partido Socialdemócrata de Alemania
SS ***Sommersemester*** semestre de verano
St. ***Sankt*** santo
St., Std. ***Stunde*** hora (h)
StGB ***Strafgesetzbuch*** Código penal
StPO ***Strafprozessordnung*** Ley de enjuiciamiento criminal
Str. ***Straße*** calle (C/, c/)
StVO ***Straßenverkehrsordnung*** Código de la circulación
s. u. ***siehe unten*** véase más abajo
SW ***Südwesten*** sudoeste (SO)
s. Z. ***seinerzeit*** en su día

T

t ***Tonne*** tonelada
TB(c) ***Tuberkulose*** tuberculosis
TEE *hist* ***Trans-Europ-Express*** Exprés Transeuropeo (TEE)
Tel. ***Telefon*** teléfono (tel.)
TH ***Technische Hochschule*** Escuela Superior Técnica
Tsd. ***Tausend*** mil
TU ***Technische Universität*** Universidad Técnica
TÜV ***Technischer Überwachungsverein*** Servicio de Inspección Técnica
TV ***Turnverein*** Club de gimnasia; ***Television*** televisión (TV)

U

u. ***und*** y
u. a. ***unter anderem*** entre otras cosas; ***unter anderen*** entre otros; ***und andere(s)*** y otro(s)
u. Ä. ***und Ähnliche(s)*** y cosas semejantes
u. a. m. ***und andere(s) mehr*** y otros más; etcétera
u. A. w. g. ***um Antwort wird gebeten*** se ruega contestación

ü. d. M. ***über dem Meeresspiegel*** sobre el nivel del mar

UdSSR *hist* ***Union der Sozialistischen Sowjetrepubliken*** Unión de Repúblicas Socialistas Soviéticas (URSS)

u. E. ***unseres Erachtens*** a nuestro parecer

UFO ***Unbekanntes Flugobjekt*** objeto volante no identificado (OVNI)

UKW ***Ultrakurzwelle*** onda ultracorta: frecuencia modulada (FM)

U/min ***Umdrehungen pro Minute*** revoluciones por minuto (r.p.m.)

UNO ***Organisation der Vereinten Nationen*** Organización de las Naciones Unidas (ONU)

urspr. ***ursprünglich*** originalmente

USA ***United States of America*** (*Vereinigte Staaten von Nordamerika*) Estados Unidos de América (EE.UU.)

usf. ***und so fort*** y así secesivamente; etcétera (etc.)

usw. ***und so weiter*** etcétera (etc.)

u. U. ***unter Umständen*** tal vez, eventualmente

V

v. ***von*** de

V ***Volt*** voltio (v.)

v. Chr. ***vor Christus*** antes Jesucristo (a.C.)

VEB *hist* ***Volkseigener Betrieb*** (*DDR*) *empresa socializada* (*RDA*)

Verf. ***Verfasser*** autor

verh. ***verheiratet*** casado

Verl. ***Verlag*** editorial, casa editorial

verw. ***verwitwet*** viudo

vgl. ***vergleiche*** compárese

v. g. u. ***vorgelesen, genehmigt, unterschrieben*** leído, aprobado, firmado

v. H. ***vom Hundert*** por ciento

VHS ***Volkshochschule*** universidad popular

v. J. ***vorigen Jahres*** del año pasado

v. M. ***vorigen Monats*** del mes pasado

vorm. ***vormals*** antes; antaño; ***vormittags*** por la mañana

Vors. ***Vorsitzender*** presidente

v. T. ***vom Tausend*** por mil

VW ***Volkswagen*** Volkswagen

W

W ***Westen*** oeste (O)

WDR ***Westdeutscher Rundfunk*** Radio de la Alemania del Oeste

WEZ ***Westeuropäische Zeit*** hora de la Europa Occidental

WS ***Wintersemester*** semestre de invierno

Wwe. ***Witwe*** viuda (Vda.)

Wz. ***Warenzeichen*** marca registrada

Z

z. B. ***zum Beispiel*** por ejemplo (p.ej.)

ZDF ***Zweites Deutsches Fernsehen*** Segundo canal de la televisión alemana

z. H(d). ***zu Händen*** (***von***) a manos de

ZPO ***Zivilprozessordnung*** Ley de enjuiciamiento civil

z. S. ***zur See*** de Marina

z. T. ***zum Teil*** en parte

Ztg. ***Zeitung*** diario; periódico

Ztr. ***Zentner*** (*50 kg*) quintal

zus. ***zusammen*** junto

zw. ***zwischen*** entre

zzt., z. Zt. ***zurzeit, zur Zeit*** actualmente

Die Konjugation der spanischen Verben

In den folgenden Konjugationsmustern sind die Stämme mit gewöhnlicher, die Endungen mit kursiver Schrift gedruckt. Unregelmäßigkeiten sind durch **fette** Schrift kenntlich gemacht.

Anweisung für die Bildung der Zeiten

Aus den nachstehenden Stammformen lassen sich folgende Ableitungen* bilden:

Stammformen

I. Aus dem **Presente de Indicativo,** und zwar der 3. Pers. *sg.*
(mand*a*, vend*e*, recib*e*)

II. Aus dem **Presente de subjuntivo,** und zwar der 2. und 3. Pers. *sg.* und dem ganzen *pl.*
(mand*es*, mand*e*, mand*emos*, mand*éis*, mand*en* – vend*as*, vend*a*, vend*amos*, vend*áis*, vend*an* – recib*as*, recib*a*, recib*amos*, recib*áis*, recib*an*)

III. Aus dem **Pretérito indefinido,** und zwar der 3. Person *pl.*
(mand*aron*, vend*ieron*, recib*ieron*)

IV. Aus dem **Infinitivo**
(mand*ar*, vend*er*, recib*ir*)

V. Aus dem Participio
(mand*ado*, vend*ido*, recib*ido*)

Ableitungen

1. der **Imperativo** 2. Pers. *sg.*
(¡mand*a*! ¡vend*e*!, ¡recib*e*!)

2. der **Imperativo** 1. Pers. *pl.*, 3. Person *sg.* und *pl.*, sowie die verneinte 2. Person *sg.* u. *pl.*
(no mand*es*, mand*e* Vd., mand*emos*, no mand*éis*, mand*en* Vds. – no vend*as*, vend*a* Vd., vend*amos*, no vend*áis*, vend*an* Vds. – no recib*as* usw.)

3. der **Imperf. de subj. I** durch Verwandlung von ...ron in ...*ra*
(mand*ara*, vend*iera*, recib*iera*)

4. der **Imperf. de subj. II** durch Verwandlung von ...ron in ...*se*
(mand*ase*, vend*iese*, recib*iese*)

5. der **Futuro de subj.** durch Verwandlung von ...ron in ...*re*
(mand*are*, vend*iere*, recib*iere*)

6. der **Imperativo** 2. Person *pl.* durch Verwandlung von ...r in ...*d*
(mand*ad*, vend*ed*, recib*id*)

7. der **Gerundio** durch Verwandlung von ...ar in ...*ando*, von ...er und ...ir in ...*iendo* (zuweilen ...*yendo*)
(mand*ando*, vend*iendo*, recib*iendo*)

8. der **Futuro** durch Anhängen der Endung des *Pres.* von haber
(mand*aré*, vend*eré*, recib*iré*)

9. der **Condicional** durch Anhängen der Endungen des *Imperf.* von haber
(mand*aria*, vend*eria*, recib*iria*)

10. alle **zusammengesetzten Zeiten** durch Vorsetzung einer Form von haber oder ser.

---

*Diese Ableitungen entsprechen nur teilweise den sprachgeschichtlichen Zusammenhängen; sie sind als praktische Hinweise für die Bildung der Zeiten zu verstehen.

Erste Konjugation

1 a mandar. Der Stamm bleibt in Schrift und Aussprache unverändert.

Einfache Zeiten

Indicativo

	Presente		*Imperfecto*		*Pretérito indefinido*
sg.	mand*o*	*sg.*	mand*aba*	*sg.*	mand*é*
	mand*as*		mand*abas*		mand*aste*
	mand*a*		mand*aba*		mand*ó*
pl.	mand*amos*	*pl.*	mand*ábamos*	*pl.*	mand*amos*
	mand*áis*		mand*abais*		mand*asteis*
	mand*an*		mand*aban*		mand*aron*

	Futuro		*Condicional*
sg.	mand*aré*	*sg.*	mand*aría*
	mand*arás*		mand*arías*
	mand*ará*		mand*aría*
pl.	mand*aremos*	*pl.*	mand*aríamos*
	mand*aréis*		mand*aríais*
	mand*arán*		mand*arían*

Subjuntivo

	Presente		*Imperfecto I*		*Imperfecto II*
sg.	mand*e*	*sg.*	mand*ara*	*sg.*	mand*ase*
	mand*es*		mand*aras*		mand*ases*
	mand*e*		mand*ara*		mand*ase*
pl.	mand*emos*	*pl.*	mand*áramos*	*pl.*	mand*ásemos*
	mand*éis*		mand*arais*		mand*aseis*
	mand*en*		mand*aran*		mand*asen*

	Futuro		**Imperativo**
sg.	mand*are*	*sg.*	–
	mand*ares*		mand*a* (no mand*es*)
	mand*are*		mand*e* Vd.
pl.	mand*áremos*	*pl.*	mand*emos*
	mand*areis*		mand*ad* (no mand*éis*)
	mand*aren*		mand*en* Vds.

Infinitivo: mand*ar* **Gerundio:** mand*ando* **Participio:** mand*ado*

Zusammengesetzte Zeiten

1. Im Aktiv

(Durch Vorsetzung von haber vor unveränderliches *Part.*)

Infinitivo

perfecto: *haber* mand*ado*

Gerundio

perfecto: *habiendo* mand*ado*

Indicativo

pretérito perf.: *he* mand*ado*
pluscuamp: *había* mand*ado*
pret. anterior: *hube* mand*ado*
futuro perf.: *habré* mand*ado*
cond. perf.: *habría* mand*ado*

Subjuntivo

pretérito perf.: *haya* mand*ado*
pluscuamp: { *hubiera* mand*ado* / *hubiese* mand*ado* }
fut. perf.: *hubiere* mand*ado*

2. Im Passiv

(Durch Vorsetzen von ser [und haber] vor veränderliches *Part.*)

Infinitivo

presente: *ser* mand*ado* usw.
perfecto: *haber sido* mand*ado*

Gerundio

presente: *siendo* mand*ado*
perf.: *habiendo sido* mand*ado*

Indicativo

presente: *soy* mand*ado*
imperf.: *era* mand*ado*
pret. indef.: *fui* mand*ado*
pret. perf.: *he sido* mand*ado*
pluscp.: *había sido* mand*ado*
pret. ant.: *hube sido* mand*ado*
futuro: *seré* mand*ado*
fut. perf.: *habré sido* mand*ado*
condicional: *sería* mand*ado*
cond. pf.: *habría sido* mand*ado*

Subjuntivo

presente: *sea* mand*ado*
imperfecto: { *fuera* mand*ado* / *fuese* mand*ado* }
perf.: *haya sido* mand*ado*
pluscp.: { *hubiera sido* mand*ado* / *hubiese sido* mand*ado* }
futuro: *fuere* mand*ado*
fut. perf.: *hubiere sido* mand*ado*

Infinitivo	Presente de ind.	Presente de subj.	Pretérito indefinido
1b **cambiar.** Ebenso alle Verben auf *...iar*, soweit sie nicht wie *variar* (1c) gebildet werden	camb*io* camb*ias* camb*ia* cambi*amos* cambi*áis* cambi*an*	camb*ie* cambi*es* cambi*e* cambi*emos* cambi*éis* cambi*en*	cambi*é* cambi*aste* cambi*ó* cambi*amos* cambi*asteis* cambi*aron*
1c **variar.** Das *i* wird in den stammbetonten Formen mit Akzent versehen	var**í***o* var**í***as* var**í***a* vari*amos* vari*áis* var**í***an*	var**í***e* var**í***es* var**í***e* vari*emos* vari*éis* var**í***en*	vari*é* vari*aste* vari*ó* vari*amos* vari*asteis* vari*aron*
1d **evacuar.** Ebenso alle Verben auf *...uar*, soweit sie nicht wie *acentuar* (1e) gebildet werden	evacu*o* evacu*as* evacu*a* evacu*amos* evacu*áis* evacu*an*	evacu*e* evacu*es* evacu*e* evacu*emos* evacu*éis* evacu*en*	evacu*é* evacu*aste* evacu*ó* evacu*amos* evacu*asteis* evacu*aron*
1e **acentuar.** Das *u* wird in den stammbetonten Formen mit Akzent versehen	acent**ú***o* acent**ú***as* acent**ú***a* acentu*amos* acentu*áis* acent**ú***an*	acent**ú***e* acent**ú***es* acent**ú***e* acentu*emos* acentu*éis* acent**ú***en*	acent*é* acentu*aste* acentu*ó* acentu*amos* acentu*asteis* acentu*aron*
1f **cruzar.** Der Stammauslaut *z* wird *c* vor *e*. Ebenso alle Verben auf *...zar*	cruz*o* cruz*as* cruz*a* cruz*amos* cruz*áis* cruz*an*	cru**c***e* cru**c***es* cru**c***e* cru**c***emos* cru**c***éis* cru**c***en*	cru**c***é* cruz*aste* cruz*ó* cruz*amos* cruz*asteis* cruz*aron*

Infinitivo	Presente de ind.	Presente de subj.	Pretérito indefinido
1 g **tocar.** Der Stammauslaut *c* wird *qu* vor *e*. Ebenso alle Verben auf *...car*	toc*o*	to**qu***e*	to**qu***é*
	toc*as*	to**qu***es*	toc*aste*
	toc*a*	to**qu***e*	toc*ó*
	toc*amos*	to**qu***emos*	toc*amos*
	toc*áis*	to**qu***éis*	toc*asteis*
	toc*an*	to**qu***en*	toc*aron*
1 h **pagar.** Der Stammauslaut *g* wird *gu* (*u* stumm!) vor *e*. Ebenso alle Verben auf *...gar*	pag*o*	pa**gu***e*	pa**gu***é*
	pag*as*	pa**gu***es*	pag*aste*
	pag*a*	pa**gu***e*	pag*ó*
	pag*amos*	pa**gu***emos*	pag*amos*
	pag*áis*	pa**gu***éis*	pag*asteis*
	pag*an*	pa**gu***en*	pag*aron*
1 i **fraguar.** Der Stammauslaut *gu* wird *gü* (*u* mit Trema lautend) vor *e*. Ebenso alle Verben auf *...guar*	fragu*o*	fra**gü***e*	fra**gü***é*
	fragu*as*	fra**gü***es*	fragu*aste*
	fragu*a*	fra**gü***e*	fragu*ó*
	fragu*amos*	fra**gü***emos*	fragu*amos*
	fragu*áis*	fra**gü***éis*	fragu*asteis*
	fragu*an*	fra**gü***en*	fragu*aron*
1 k **pensar.** Betontes Stamm-*e* wird *ie*	**pien***so*	**pien***se*	pens*é*
	pien*sas*	**pien***ses*	pens*aste*
	pien*sa*	**pien***se*	pens*ó*
	pens*amos*	pens*emos*	pens*amos*
	pens*áis*	pens*éis*	pens*asteis*
	pien*san*	**pien***sen*	pens*aron*
1 l **errar.** Betontes Stamm-*e* wird (weil es am Anfang des Wortes steht) *ye*	**yerr***o*	**yerr***e*	err*é*
	yerr*as*	**yerr***es*	err*aste*
	yerr*a*	**yerr***e*	err*ó*
	err*amos*	err*emos*	err*amos*
	err*áis*	err*éis*	err*asteis*
	yerr*an*	**yerr***en*	err*aron*
1 m **contar.** Betontes Stamm-*o* wird *ue* (*u* lautend!)	**cuent***o*	**cuent***e*	cont*é*
	cuent*as*	**cuent***es*	cont*aste*
	cuent*a*	**cuent***e*	cont*ó*
	cont*amos*	cont*emos*	cont*amos*
	cont*áis*	cont*éis*	cont*asteis*
	cuent*an*	**cuent***en*	cont*aron*
1 n **agorar.** Betontes Stamm-*o* wird zu *üe* (*u* mit Trema lautend!)	ag**üer***o*	ag**üer***e*	agor*é*
	ag**üer***as*	ag**üer***es*	agor*aste*
	ag**üer***a*	ag**üer***e*	agor*ó*
	agor*amos*	agor*emos*	agor*amos*
	agor*áis*	agor*éis*	agor*asteis*
	ag**üer***an*	ag**üer***en*	agor*aron*
1 o **jugar.** Betontes Stamm-*u* wird *ue*; Stammauslaut *g* wird vor *e* zu *gu*: s. (1 h); *conjugar*, *enjugar* und *enjugarse* sind regelmäßig	**jueg***o*	**juegu***e*	ju**gu***é*
	jueg*as*	**juegu***es*	jug*aste*
	jueg*a*	**juegu***e*	jug*ó*
	jug*amos*	ju**gu***emos*	jug*amos*
	jug*áis*	ju**gu***éis*	jug*asteis*
	jueg*an*	**juegu***en*	jug*aron*

Infinitivo		Presente de ind.	Presente de subj.	Pretérito indefinido
1 p	**estar.** *Pres. de ind.* 1. Pers. *sg.* auf ...*oy*, sonst regelm., aber mit betontem *a*; der *Pres. de subj.* hat durchweg betontes Endungs-*e*; *Pret. indef.* usw. wie (21). Sonst regelmäßig	esto**y**	est**é**	est**uve**
		est**á***s*	est**é***s*	est**uvi***ste*
		est**á**	est**é**	est**uvo**
		est*amos*	est*emos*	est**uvi***mos*
		est*áis*	est*éis*	est**uvi***steis*
		est**á***n*	est**é***n*	est**uvie***ron*
1 q	**andar.** *Pret. indef.* und Ableitungen in Angleichung an *estar* wie (21); sonst regelmäßig	and*o*	and*e*	and**uve**
		and*as*	and*es*	and**uvi***ste*
		and*a*	and*e*	and**uvo**
		and*amos*	and*emos*	and**uvi***mos*
		and*áis*	and*éis*	and**uvi***steis*
		and*an*	and*en*	and**uvie***ron*
1 r	**dar.** *Pres. de ind.* 1. Pers. *sg.* auf ...*oy*, sonst regelm. *Pres. de subj.* 1. u. 3. Pers. *sg.* mit Akzent. *Pret. indef.* usw. nach der zweiten regelm. Konjugation. Sonst regelmäßig	do**y**	**dé**	d**i**
		d*as*	d*es*	d**i***ste*
		d*a*	**dé**	d**i***o*
		d*amos*	d*emos*	d**i***mos*
		d*áis*	d*éis*	d**i***steis*
		d*an*	d*en*	d**ie***ron*

Zweite Konjugation

2 a vender. Der Stamm bleibt in Schrift und Aussprache unverändert.

Einfache Zeiten

Indicativo

	Presente		*Imperfecto*		*Pretérito idefinido*
sg.	vend*o*	*sg.*	vend*ía*	*sg.*	vend*í*
	vend*es*		vend*ías*		vend*iste*
	vend*e*		vend*ía*		vend*ió*
pl.	vend*emos*	*pl.*	vend*íamos*	*pl.*	vend*imos*
	vend*éis*		vend*íais*		vend*isteis*
	vend*en*		vend*ían*		vend*ieron*

	Futuro		*Condicional*
sg.	vender*é*	*sg.*	vender*ía*
	vender*ás*		vender*ías*
	vender*á*		vender*ía*
pl.	vender*emos*	*pl.*	vender*íamos*
	vender*éis*		vender*íais*
	vender*án*		vender*ían*

Subjuntivo

	Presente		*Imperfecto I*		*Imperfecto II*
sg.	vend*a*	*sg.*	vend*iera*	*sg.*	vend*iese*
	vend*as*		vend*ieras*		vend*ieses*
	vend*a*		vend*iera*		vend*iese*
pl.	vend*amos*	*pl.*	vend*iéramos*	*pl.*	vend*iésemos*
	vend*áis*		vend*ierais*		vend*ieseis*
	vend*an*		vend*ieran*		vend*iesen*

	Futuro		**Imperativo**
sg.	vend*iere*	*sg.*	–
	vend*ieres*		vend*e* (no ...*as*)
	vend*iere*		vend*a* Vd.
pl.	vend*iéremos*	*pl.*	vend*amos*
	vend*iereis*		vend*ed* (no ...*áis*)
	vend*ieren*		vend*an* Vds.

Infinitivo: vend*er* **Gerundio:** vend*iendo* **Participio:** vend*ido*
Zusammengesetzte Zeiten: Vom *Participio* mithilfe von *haber* und *ser*; *s.* (1 a)

Infinitivo	Presente de ind.	Presente de subj.	Pretérito indefinido
2b **vencer.** Der Stammauslaut *c* wird *z* vor *a* und *o*. Ebenso alle Verben auf ...*cer* mit vorhergehendem Konsonanten	ven**z***o* venc*es* venc*e* venc*emos* venc*éis* venc*en*	ven**z***a* ven**z***as* ven**z***a* ven**z***amos* ven**z***áis* ven**z***an*	venc*í* venc*iste* venc*ió* venc*imos* venc*isteis* venc*ieron*
2c **coger.** Der Stammauslaut *g* wird *j* vor *a* und *o*. Ebenso alle Verben auf ...*ger*	co**j***o* cog*es* cog*e* cog*emos* cog*éis* cog*en*	co**j***a* co**j***as* co**j***a* co**j***amos* co**j***áis* co**j***an*	cog*í* cog*iste* cog*ió* cog*imos* cog*isteis* cog*ieron*
2d **merecer.** Der Stammauslaut *c* wird *zc* vor *a* und *o*	mere**zc***o* merec*es* merec*e* merec*emos* merec*éis* merec*en*	mere**zc***a* mere**zc***as* mere**zc***a* mere**zc***amos* mere**zc***áis* mere**zc***an*	merec*í* merec*iste* merec*ió* merec*imos* merec*isteis* merec*ieron*
2e **creer.** Unbetontes *i* zwischen zwei Vokalen wird *y* Participio: *creído* Gerundio: *creyendo*	cre*o* cre*es* cre*e* cre*emos* cre*éis* cre*en*	cre*a* cre*as* cre*a* cre*amos* cre*áis* cre*an*	cre*í* cre*íste* cre**y***ó* cre*ímos* cre*ísteis* cre**y***eron*
2f **tañer.** Unbetontes *i* nach *ñ* und *ll* fällt aus; vgl. (3 h) Gerundio: *tañendo*	tañ*o* tañ*es* tañ*e* tañ*emos* tañ*éis* tañ*en*	tañ*a* tañ*as* tañ*a* tañ*amos* tañ*áis* tañ*an*	tañ*í* tañ*iste* ta**ñó** tañ*imos* tañ*isteis* ta**ñe***ron*

	Infinitivo	Presente de ind.	Presente de subj.	Pretérito indefinido
2g	**perder.** Betontes Stamm-*e* wird *ie*; ebenso viele Verben	p**ie**rd_o_ p**ie**rd_es_ p**ie**rd_e_ perd_emos_ perd_éis_ p**ie**rd_en_	p**ie**rd_a_ p**ie**rd_as_ p**ie**rd_a_ perd_amos_ perd_áis_ p**ie**rd_an_	perd_í_ perd_iste_ perd_ió_ perd_imos_ perd_isteis_ perd_ieron_
2h	**mover.** Betontes Stamm-*o* wird *ue*. Die Verben auf *...olver* haben im *Participio ... uelto*	m**ue**v_o_ m**ue**v_es_ m**ue**v_e_ mov_emos_ mov_éis_ m**ue**v_en_	m**ue**v_a_ m**ue**v_as_ m**ue**v_a_ mov_amos_ mov_áis_ m**ue**v_an_	mov_í_ mov_iste_ mov_ió_ mov_imos_ mov_isteis_ mov_ieron_
2i	**oler.** Betontes Stamm-*o* wird (wenn es am Anfang des Wortes steht) *hue...*	**hue**l_o_ **hue**l_es_ **hue**l_e_ ol_emos_ ol_éis_ **huel**_en_	**hue**l_a_ **hue**l_as_ **hue**l_a_ ol_amos_ ol_áis_ **huel**_an_	ol_í_ ol_iste_ ol_ió_ ol_imos_ ol_isteis_ ol_ieron_
2k	**haber.** Unregelmäßig in vielen Formen. Im *Fut.* u. *Cond.* fällt *e* hinter dem Stamm *hab...* aus Futuro: *habré* Imperativo: *2. Pers. sg. he*	**he** **has** **ha** h_emos_ hab_éis_ ha_n_	**hay**_a_ **hay**_as_ **hay**_a_ **hay**_amos_ **hay**_áis_ **hay**_an_	**hube** **hub**_iste_ **hubo** **hub**_imos_ **hub**_isteis_ **hub**_ieron_
2l	**tener.** Unregelmäßig in den meisten Formen. Im *Futuro* und *Cond.* Ausfall des dem Stamm folgenden *e* und Einfügung von *d* Futuro: *tendré* Imperativo: *2. Pers. sg. ten*	**teng**_o_ **tie**n_es_ **tie**n_e_ ten_emos_ ten_éis_ **tie**n_en_	**teng**_a_ **teng**_as_ **teng**_a_ **teng**_amos_ **teng**_áis_ **teng**_an_	**tuve** **tuv**_iste_ **tuvo** **tuv**_imos_ **tuv**_isteis_ **tuv**_ieron_
2m	**caber.** Unregelmäßig in vielen Formen. Im *Fut.* u. *Cond.* fällt das dem Stamm folgende *e* aus Futuro: *cabré*	**quep**_o_ cab_es_ cab_e_ cab_emos_ cab_éis_ cab_en_	**quep**_a_ **quep**_as_ **quep**_a_ **quep**_amos_ **quep**_áis_ **quep**_an_	**cupe** **cup**_iste_ **cupo** **cup**_imos_ **cup**_isteis_ **cup**_ieron_
2n	**saber.** Unregelmäßig in vielen Formen. Im *Fut.* u. *Cond.* fällt das dem Stamm folgende *e* aus Futuro: *sabré*	**sé** sab_es_ sab_e_ sab_emos_ sab_éis_ sab_en_	**sep**_a_ **sep**_as_ **sep**_a_ **sep**_amos_ **sep**_áis_ **sep**_an_	**supe** **sup**_iste_ **supo** **sup**_imos_ **sup**_isteis_ **sup**_ieron_
2o	**caer.** Im *Pres.* Einschiebung von *...ig* hinter dem Stamm. Unbetontes *i* zwischen Vokalen geht wie bei (2e) in *y* über Participio: *caído* Gerundio: *cayendo*	ca**ig**_o_ ca_es_ ca_e_ ca_emos_ ca_éis_ ca_en_	ca**ig**_a_ ca**ig**_as_ ca**ig**_a_ ca**ig**_amos_ ca**ig**_áis_ ca**ig**_an_	ca_í_ ca_íste_ ca**y**_ó_ ca_ímos_ ca_ísteis_ ca**y**_eron_

	Infinitivo	Presente de ind.	Presente de subj.	Pretérito indefinido
2p	**traer.** Im *Pres.* Einschiebung von ...*ig*... hinter dem Stamm. Endung des *Pret. indef.* ...*je*. Im *Gerundio* Übergang von *i* in *y* Participio: *traido* Gerundio: *trayendo*	traigo traes trae traemos traéis traen	traiga traigas traiga traigamos traigáis traigan	traje trajiste trajo trajimos trajisteis trajeron
2q	**valer.** Im *Pres.* Einschiebung von ...*g*... hinter dem Stamm. Im *Futuro* u. *Cond.* Ausfall des dem Stamm folgenden *e* und Einführung von ...*d*... Futuro: *valdré*	valgo vales vale valemos valéis valen	valga valgas valga valgamos valgáis valgan	valí valiste valió valimos valisteis valieron
2r	**poner.** Im *Pres.* Einfügung von ...*g*... Unregelm. im *Pret. indef.* u. *Part.* Im *Futuro* u. *Cond.* Ausfall des dem Stamm folgenden ...*e*... und Einfügung von ...*d*... Futuro: *pondré* Participio: *puesto* Imperativo: *2. Pers. sg. pon*	pongo pones pone ponemos ponéis ponen	ponga pongas ponga pongamos pongáis pongan	puse pusiste puso pusimos pusisteis pusieron
2s	**hacer.** Im *Pres.* in der 1. Person des *Ind.* und im *Subj.* *g* für *c*. Unregelmäßig im *Pret. indef.* u. *Part.* Im *Fut.* u. *Cond.* Ausfall von *ce*. Im *Imperativo sg.* reiner Stamm unter Verwandlung von ...*c* in ...*z* Futuro: *haré* Imperativo: *2. Pers. sg. haz* Participio: *hecho*	hago haces hace hacemos hacéis hacen	haga hagas haga hagamos hagáis hagan	hice hiciste hizo hicimos hicisteis hicieron
2t	**poder.** Betontes Stamm-*o* geht (im *Pres.* u. im *Imper.*) in ...*ue*... über. Unregelm. Im *Pret. indef.* u. *Gerundio.* Im *Fut.* u. *Cond.* Ausfall des dem Stamm folgenden *e* Futuro: *podré* Gerundio: *pudiendo*	puedo puedes puede podemos podéis pueden	pueda puedas pueda podamos podáis puedan	pude pudiste pudo pudimos pudisteis pudieron
2u	**querer.** Betontes Stamm-*e* geht (im *Pres.* u. im *Imper.*) in *ie* über. Unregelmäßig im *Pret. indef.* Im *Futuro* und *Cond.* Ausfall des dem Stamm folgenden *e* Futuro: *querré*	quiero quieres quiere queremos queréis quieren	quiera quieras quiera queramos queráis quieran	quise quisiste quiso quisimos quisisteis quisieron
2v	**ver.** *Pres. de ind.* 1. Pers. *sg.*, *Pres. de subj.* und *Impf.* vom Stamm *ve*..., sonst regelm. vom verkürzten Stamm *v*... Unregelmäßig im *Participio* Participio: *visto*	veo ves ve vemos veis ven	vea veas vea veamos veáis vean	vi viste vio vimos visteis vieron

Infinitivo	Presente de ind.	Presente de subj.	Imperf. de ind.	Pretérito indefinido
2w **ser.** Ganz unregelmäßig, da verschiedene Stämme miteinander abwechseln Participio: *sido* Imperativo: *2. Pers. sg. sé* *2. Pers. pl. sed*	so**y** **er***es* **es** s*omos* so*is* so*n*	se*a* se*as* se*a* se*amos* se*áis* se*an*	**er***a* **er***as* **er***a* **ér***amos* **er***ais* **er***an*	**fu***i* **fu***iste* **fue** **fu***imos* **fu***isteis* **fu***eron*

2x **placer.** Fast nur in der 3. Person *sg.* gebräuchlich. Unregelmäßige Formen: *Pres. de subj. pl***eg***a* und *pl***egue** neben *plazca*; *Pret. indef. pl***ugo** (oder *plació*), *pl***ugu**ieron (oder *placieron*); *Imperf. de subj. pl***ugu***iera*, *pl***ugu***iese* (oder *placiera*, *placiese*); *Futuro de sub. pl***ugu***iere* (oder *placiere*).

2y **yacer.** Namentlich auf Grabschriften, daher vornehmlich in der 3. Person gebräuchlich. Im *Presente de ind.* 1. Person *sg.* und im *Pres. de subj.* drei Nebenformen. *Imper.* regelmäßig; daneben reiner Stamm mit Verwandlung von *c* in *z*. *Pres. de ind.*: *ya***zco**, *ya***zgo**, *ya***go**; *yaces* usw.; *Pres. de subj.*: *ya***zca**, *ya***zga**, *ya***ga** usw.; *Imperativo yace* und *ya***z**.

2z **raer.** *Pres. de ind.* 1. Person *sg.* und *Pres. de subj.* zeigen neben den weniger gebräuchlichen regelmäßigen Formen solche mit Einschiebungen von ...*ig*... wie (2o): *ra***igo**, *ra***iga**; daneben *ra***yo**, *ra***ya** (weniger gebräuchlich). Sonst regelmäßig.

2za **roer.** *Pres. de ind.* 1. Person *sg.* und *Pres. de subj.* zeigen neben den regelmäßigen Formen weniger gebräuchliche: *ro***igo**, *ro***iga**; *ro***yo**, *ro***ya**.

Dritte Konjugation

3a recibir. Der Stamm bleibt in Schrift und Aussprache unverändert.

Einfache Zeiten

Indicativo

	Presente		*Imperfecto*		*Pretérito idefinido*
sg.	recib*o*	*sg.*	recib*ía*	*sg.*	recib*í*
	recib*es*		recib*ías*		recib*iste*
	recib*e*		recib*ía*		recib*ió*
pl.	recib*imos*	*pl.*	recib*íamos*	*pl.*	recib*imos*
	recib*ís*		recib*íais*		recib*isteis*
	recib*en*		recib*ían*		recib*ieron*

	Futuro		*Condicional*
sg.	recibi*ré*	*sg.*	recibi*ría*
	recibi*rás*		recibi*rías*
	recibi*rá*		recibi*ría*
pl.	recibi*remos*	*pl.*	recibi*ríamos*
	recibi*réis*		recibi*ríais*
	recibi*rán*		recibi*rían*

Subjuntivo

	Presente		*Imperfecto I*		*Imperfecto II*
sg.	recib*a*	*sg.*	recib*iera*	*sg.*	recib*iese*
	recib*as*		recib*ieras*		recib*ieses*
	recib*a*		recib*iera*		recib*iese*
pl.	recib*amos*	*pl.*	recib*iéramos*	*pl.*	recib*iésemos*
	recib*áis*		recib*ierais*		recib*ieseis*
	recib*an*		recib*ieran*		recib*iesen*

	Futuro		**Imperativo**
sg.	recib*iere*	*sg.*	–
	recib*ieres*		recib*e* (no ...*as*)
	recib*iere*		recib*a* Vd.
pl.	recib*iéremos*	*pl.*	recib*amos*
	recib*iereis*		recib*id* (no ...*áis*)
	recib*ieren*		recib*an* Vds.

Infinitivo: recib*ir* **Gerundio:** recib*iendo* **Participio:** recib*ido*
Zusammengesetzte Zeiten: Vom *Participio* mithilfe von *haber* und *ser*; *s.* (1 a).

Infinitivo	Presente de ind.	Presente de subj.	Pretérito indefinido
3b **esparcir.** Der Stammauslaut *c* wird *z* vor *a* und *o*	espar**z***o* esparc*es* esparc*e* esparc*imos* esparc*ís* esparc*en*	espar**z***a* espar**z***as* espar**z***a* espar**z***amos* espar**z***áis* espar**z***an*	esparc*í* esparc*iste* esparc*ió* esparc*imos* esparc*isteis* esparc*ieron*
3c **dirigir.** Der Stammauslaut *g* wird *j* vor *a* und *o*	diri**j***o* dirig*es* dirig*e* dirig*imos* dirig*ís* dirig*en*	diri**j***a* diri**j***as* diri**j***a* diri**j***amos* diri**j***áis* diri**j***an*	dirig*í* dirig*iste* dirig*ió* dirig*imos* dirig*isteis* dirig*ieron*
3d **distinguir.** Der Stammauslaut *gu* wird *g* vor *a* und *o*	disting*o* distingu*es* distingu*e* distingu*imos* distingu*ís* distingu*en*	disting**a** disting*as* disting*a* disting*amos* disting*áis* disting*an*	distingu*í* distingu*iste* distingu*ió* distingu*imos* distingu*isteis* distingu*ieron*
3e **delinquir.** Der Stammauslaut *qu* wird *c* vor *a* und *o*	delin**c***o* delinqu*es* delinqu*e* delinqu*imos* delinqu*ís* delinqu*en*	delin**c***a* delin**c***as* delin**c***a* delin**c***amos* delin**c***áis* delin**c***an*	delinqu*í* delinqu*iste* delinqu*ió* delinqu*imos* delinqu*isteis* delinqu*ieron*
3f **lucir.** Der Stammauslaut *c* wird *zc* vor *a* und *o*	lu**zc***o* luc*es* luc*e* luc*imos* luc*ís* luc*en*	lu**zc***a* lu**zc***as* lu**zc***a* lu**zc***amos* lu**zc***áis* lu**zc***an*	luc*í* luc*iste* luc*ió* luc*imos* luc*isteis* luc*ieron*

	Infinitivo	Presente de ind.	Presente de subj.	Pretérito indefinido
3g	**concluir.** Schiebt in allen Formen, deren Endung nicht mit einem silbenbildenden *i* beginnt, ein *y* hinter dem Stamm ein Participio: *concluido* Gerundio: *concluyendo*	concluyo concluyes concluye concluimos concluís concluyen	concluya concluyas concluya concluyamos concluyáis concluyan	concluí concluiste concluyó concluimos concluisteis concluyeron
3h	**gruñir.** Unbetontes *i* nach *ñ*, *ll* und *ch* fällt aus. Dementsprechend von *mullir*: *mulló*, *mulleron*, *mullendo*, von *henchir*: *hinchó*, *hincheron*, *hinchendo* Gerundio: *gruñendo*	gruño gruñes gruñe gruñimos gruñís gruñen	gruña gruñas gruña gruñamos gruñáis gruñan	gruñí gruñiste gruñó gruñimos gruñisteis gruñéron
3i	**sentir.** Betontes Stamm-*e* wird *ie*; unbetontes *e* bleibt vor silbenbildendem *i* der Endung, sonst geht es in *...i...* über; dementsprechend *adquirir*: betontes Stamm-*i* wird *ie*; unbetontes *i* bleibt überall erhalten Gerundio: *sintiendo*	siento sientes siente sentimos sentís sienten	sienta sientas sienta sintamos sintáis sientan	sentí sentiste sintió sentimos sentisteis sintieron
3k	**dormir.** Betontes Stamm-*o* wird *ue*; unbetontes *o* bleibt, wenn die Endung ein silbenbildendes *i* hat; sonst geht es in *...u...* über Gerundio: *durmiendo*	duermo duermes duerme dormimos dormís duermen	duerma duermas duerma durmamos durmáis duerman	dormí dormiste durmió dormimos dormisteis durmieron
3l	**medir.** Das Stamm-*e* bleibt, wenn in der Endung ein silbenbildendes *...i...* steht, sonst wird es, gleichviel ob betont oder nicht, zu *...i...* Gerundio: *midiendo*	mido mides mide medimos medís miden	mida midas mida midamos midáis midan	medí mediste midió medimos medisteis midieron
3m	**reír.** Geht wie *medir* (3l); folgt unmittelbar auf das aus *e* entstandene *i* ein zweites *i* (der Endung), so fällt letzteres aus Participio: *reído* Gerundio: *riendo*	río ríes ríe reímos reís ríen	ría rías ría ríamos ríáis rían	reí reíste rió reímos reísteis rieron
3n	**erguir.** Geht wie *medir*; im *Pres. de ind.* und *subj.* und *Imper.* Nebenformen nach *sentir* mit Übergang von anleutendem *ie...* in *ye...* Gerundio: *irguiendo* Imperativo: *irgue*, *yergue*	irgo, yergo irgues, yergues irgue, yergue erguimos erguís irguen, yerguen	irga, yerga irgas, yergas irga, yerga irgamos, yergamos irgáis, yergáis irgan, yergan	erguí erguiste irguió erguimos erguisteis irguieron

Infinitivo	Presente de ind.	Presente de subj.	Pretérito indefinido
3o conducir. Der Stammauslaut *c* wird wie bei *lucir* (3f) vor *a* und *o* zu *zc. Pretérito indef.* auf *...je* unregelmäßig	conduz*co* conduc*es* conduc*e* conduc*imos* conduc*ís* conduc*en*	conduz*ca* conduz*cas* conduz*ca* con-duz*camos* conduz*cáis* conduz*can*	condu**je** condu**j***iste* condu**jo** condu**j***imos* condu**j***isteis* condu**j***eron*
3p decir. Im *Pres.* und *Imper.* Wechsel von *e* und *i* wie bei *medir*; im *Pres. de ind.* 1. Pers. *sg.* u. im *Pres. de subj.* wird *c* zu g. Unregelm. *Fut.* u. *Cond.* vom verkürzten *Inf. dir*; *Pret. indef.* auf *je* Futuro: *diré* Participio: *dicho* Gerundio: *diciendo* Imp. 2. Pers. *sg.*: *di*	**dig***o* **di**c*es* **di**c*e* dec*imos* dec*ís* **di**c*en*	**dig***a* **dig***as* **dig***a* **dig***amos* **dig***áis* **dig***an*	**dije** **dij***iste* **dijo** **dij***imos* **dij***isteis* **dij***eron*
3q oír. Im *Pres. de ind.* 1. Pers. *sg.* und im *Pres. de subj.* wird hinter dem Stamm *o...* die Verbindung *...ig...* eingeschoben. Unbetontes *...i...* geht zwischen zwei Vokalen in *...y...* über Participio: *oído* Gerundio: *oyendo*	o**ig***o* o**y***es* o**y***e* o*ímos* o*ís* o**y***en*	o**ig***a* o**ig***as* o**ig***a* o**ig***amos* o**ig***áis* o**ig***an*	o*í* o*íste* o**y***ó* o*ímos* o*ísteis* o**y***eron*
3r salir. Im *Pres. de ind.* 1. Pers. *sg.* und im *Pres. de subj.* wird *...g...* hinter dem Stamm eingeschoben. Im *Fut.* und *Cond.* wird *i* durch *d* ersetzt Futuro: *saldré* Imp. 2 Pers. *sg.*: *sal*	sal**g***o* sal*es* sal*e* sal*imos* sal*ís* sal*en*	sal**g***a* sal**g***as* sal**g***a* sal**g***amos* sal**g***áis* sal**g***an*	sal*í* sal*iste* sal*ió* sal*imos* sal*isteis* sal*ieron*

Infinitivo	Presente de ind.	Presente de subj.	Imperf. de ind.	Pretérito indefinido
3s venir. Im *Pres.* wird entweder *...g...* hinter dem Stamm eingeschoben, oder es zeigt denselben Wechsel von *e* und *ie* und *i* wie *sentir.* Im *Fut.* und *Cond.* fällt *i* aus und wird durch *d* ersetzt Futuro: *vendré* Gerundio: *viniendo* Imp. 2. Pers. *sg.*: *ven*	ven**g***o* v**ie**n*es* v**ie**n*e* ven*imos* ven*ís* v**ie**n*en*	ven**g***a* ven**g***as* ven**g***a* ven**g***amos* ven**g***áis* ven**g***an*	ven*ía* ven*ías* ven*ía* ven*íamos* ven*íais* ven*ían*	**vine** **vin***iste* **vino** **vin***imos* **vin***isteis* **vin***ieron*

Infinitivo	Presente de ind.	Presente de subj.	Imperf. de ind.	Pretérito indefinido
3t **ir.** Ganz unregelmäßig, da verschiedene Stämme miteinander abwechseln Gerundio: *yendo* *Imperativo*: **ve** (no **vay***as*), **vay***a* Vd., **va***mos*, *i*d (no **vay***áis*), **vay***an* Vds.	**voy** **va***s* **va** **va***mos* **vai***s* **va***n*	**vay***a* **vay***as* **vay***a* **vay***amos* **vay***áis* **vay***an*	**ib***a* **ib***as* **ib***a* **íb***amos* **ib***ais* **ib***an*	**fu***i* **fu***iste* **fue** **fu***imos* **fu***isteis* **fue***ron*

Zahlwörter – Numerales

Die spanischen **Ordnungszahlen** sowie die Grundzahlen *uno* und *die Hunderte von doscientos* ab haben für das weibliche Geschlecht eine besondere Form, die durch Verwandlung des auslautenden *-o* in *-a* (Mehrzahl *-as*) gebildet wird.

Wir geben im Folgenden nur die männliche Form ohne Artikel.

Die spanischen Ordnungszahlen 13te bis 19te werden mithilfe von *décimo* und der Ordnungszahl des betreffenden Einers gebildet. Von 20ste ab haben alle Ordnungszahlen die Endung *-ésimo*.

Grundzahlen – Números cardinales

0 null *cero*

1 eins *uno* (Kurzform: *un*), *una*

2 zwei *dos*

3 drei *tres*

4 vier *cuatro*

5 fünf *cinco*

6 sechs *seis*

7 sieben *siete*

8 acht *ocho*

9 neun *nueve*

10 zehn *diez*

11 elf *once*

12 zwölf *doce*

13 dreizehn *trece*

14 vierzehn *catorce*

15 fünfzehn *quince*

16 sechzehn *dieciséis*

17 siebzehn *diecisiete*

18 achtzehn *dieciocho*

19 neunzehn *diecinueve*

20 zwanzig *veinte*

21 einundzwanzig *veintiuno*, Kurzform: *veintiún*

22 zweiundzwanzig *veintidós*

30 dreißig *treinta*

31 einunddreißig *treinta y un(o)*

40 vierzig *cuarenta*

50 fünfzig *cincuenta*

60 sechzig *sesenta*

70 siebzig *setenta*

80 achtzig *ochenta*

90 neunzig *noventa*

100 hundert *ciento*, Kurzform: *cien*

101 (ein)hunderteins *ciento un(o)*

200 zweihundert *doscientos, -as*

300 dreihundert *trescientos*

400 vierhundert *cuatrocientos*

500 fünfhundert *quinientos*

600 sechshundert *seiscientos*

700 siebenhundert *setecientos*

800 achthundert *ochocientos*

900 neunhundert *novecientos*

1000 tausend *mil*

1875 eintausendachthundertfünfundsiebzig *mil ochocientos setenta y cinco*

3000 dreitausend *tres mil*

5000 fünftausend *cinco mil*

10 000 zehntausend *diez mil*

100 000 hunderttausend *cien mil*

500 000 fünfhunderttausend *quinientos mil*

1 000 000 eine Million *un millón (de)*

2 000 000 zwei Millionen *dos millones (de)*

Ordnungszahlen – Números ordinales

Die spanischen Ordnungszahlen werden **1.°, 2.°, 3.°** usw. geschrieben, die Kurzform **1.er** und **3.er**, die weiblichen Formen **1.^{a} 2.^{a}** usw.

1. erste *primero*, Kurzform: *primer*
2. zweite *segundo*
3. dritte *tercero*, Kurzform: *tercer*
4. vierte *cuarto*
5. fünfte *quinto*
6. sechste *sexto*
7. siebte, siebente *sé(p)timo*
8. achte *octavo*
9. neunte *noveno, nono*
10. zehnte *décimo*
11. elfte *undécimo*
12. zwölfte *duodécimo*
13. dreizehnte *décimotercero, décimotercio*
14. vierzehnte *décimocuarto*
15. fünfzehnte *décimoquinto*
16. sechzehnte *décimosexto*
17. siebzehnte *décimosé(p)timo*
18. achtzehnte *décimoctavo*
19. neunzehnte *décimonono*
20. zwanzigste *vigésimo*
21. einundzwanzigste *vigésimo primero, vigésimo primo*
22. zweiundzwanzigste *vigésimo segundo*
30. dreißigste *trigésimo*
31. einunddreißigste *trigésimo prim(er)o*
40. vierzigste *cuadragésimo*
50. fünfzigste *quincuagésimo*
60. sechzigste *sexagésimo*
70. siebzigste *septuagésimo*
80. achtzigste *octogésimo*
90. neunzigste *nonagésimo*
100. hundertste *centésimo*
101. hunderterste *centésimo primero*
200. zweihundertste *ducentésimo*
300. dreihundertste *trecentésimo*
400. vierhundertste *cuadringentésimo*
500. fünfhundertste *quingentésimo*
600. sechshundertste *sexcentésimo*
700. siebenhundertste *septingentésimo*
800. achthundertste *octingentésimo*
900. neunhundertste *noningentésimo*
1000. tausendste *milésimo*
1875. eintausendachthundertfünfundsiebzigste *milésimo octingentésimo septuagésimo quinto*
3000. dreitausendste *tres milésimo*
100 000. hunderttausendste *cien milésimo*
500 000. fünfhunderttausendste *quinientos milésimo*
1 000 000. millionste *millonésimo*
2 000 000. zweimillionste *dos millonésimo*

Bruchzahlen – Números quebrados

$^1/_2$ ein halb *medio, media*; $1^1/_2$ eineinhalb *od.* anderthalb *uno y medio*; $^1/_2$ Meile *media legua*; $1^1/_2$ Meilen *legua y media*; $2^1/_2$ Meilen *dos leguas y media.*

$^1/_3$ ein Drittel *un tercio*; $^2/_3$ *dos tercios.*

$^1/_4$ ein Viertel *un cuarto*; $^3/_4$ *tres cuartos od. las tres cuartas partes*; $^1/_4$ Stunde *un cuarto de hora*; $1^1/_4$ Stunden *una hora y un cuarto.*

$^1/_5$ ein Fünftel *un quinto*; $3^4/_5$ *tres y cuatro quintos.*

$^1/_{11}$ ein Elftel *un onzavo*; $^5/_{12}$ *cinco dozavos*; $^7/_{13}$ *siete trezavos usw.*

Erklärung der im Wörterbuch angewendeten Abkürzungen

Explicación de las abreviaturas empleadas en el diccionario

a	auch, *también*
abr	Abkürzung, *abreviatura*
a/c	etwas, *alguna cosa*
ac	Akkusativ, *acusativo*
adj	Adjektiv, *adjetivo*
adv	Adverb, *adverbio*
agr	Landwirtschaft, Gartenbau, *agricultura, horticultura*
alg	jemand, *alguien, alguno*
Am	Spanisch-Amerika, *Hispanoamérica*
anat	Anatomie, *anatomía*
arqu	Baukunst, *arquitectura*
astr	Astronomie, *astronomía*
auto	Kraftfahrzeugwesen, *automovilismo*
avia	Flugwesen, *aviación*
biol	Biologie, *biología*
bot	Pflanzenkunde, *botánica*
bsd	besonders, *especialmente*
bzw	beziehungsweise, *o bien*
cien	wissenschaftlich, *científico*
cj	Konjunktion, *conjunción*
com	Handel, *comercio*
cor	Postwesen, *correos*
dat	Dativ, *dativo*
dep	Sport, *deporte*
desp	verächtlich, *despectivo*
dim	Diminutiv, *diminutivo*
d-s	dies, dieses, *esto*
ea	einander, *uno(s) a otro(s)*
e-e	eine, *una*
elec	Elektrotechnik, *electrotecnia*
e-m	einem, *a un(o)*
e-n	einen, *(a) un(o)*
e-r	einer, *de una, a una*
e-s	eines, *de un(o)*
Esp	Spanien, *España*
et	etwas, *algo, alguna cosa*
etc	und so weiter, *etcétera*
F	familiär, *familiar*
f	Femininum, *femenino*
ferro	Eisenbahn, *ferrocarril*
fig	figürlich, *en sentido figurado*
fil	Philologie, Philosophie, *filología, filosofía*
fis	Physik, *física*
fot	Fotografie, *fotografía*
f/pl	Femininum Plural, *femenino plural*
fr	französisch, *francés*
gal	Gallizismus, *galicismo*
gastr	Gastronomie, *gastronomía*
gen	Genitiv, *genitivo*
geo	Geografie, Geologie *geografía, geología*
ger	Gerundium, *gerundio*
gram	Grammatik, Linguistik, *gramática, lingüística*
h	haben, *tener, haber*
hist	historisch, *histórico*
imp	Imperativ, *imperativo*
ind	Indikativ, *indicativo*
inf	Infinitiv, *infinitivo*
inform	Informatik, *informática*
int	Interjektion, *interjección*
interr	interrogativ, *interrogativo*
inv	unveränderlich, *invariable*
iron	ironisch, *irónico*
j	jemand, *alguien*
j-m	jemanden, *a alguien (dat)*
j-n	jemanden, *(a) alguien (ac)*
j-s	jemandes, *de alguien (gen)*
jur	Rechtswesen, *jurisprudencia*
lit	Literatur, *literatura*
lt	lateinisch, *latín*
m	Maskulinum, *masculino*
mar	Schifffahrt, Marine, *navegación, marina*
mat	Mathematik, *matemáticas*
m-e	meine, *mi, mis*
med	Medizin, *medicina*